感覚・知覚心理学ハンドブック

第三版

和氣典二
重野　純　編
村上郁也

誠信書房

まえがき

『感覚・知覚心理学ハンドブック』はわれわれの先輩である和田陽平先生（東京都立大学教授）を中心に大山正先生（当時，千葉大学教授），今井省吾先生（当時，東京都立大学助教授）と雑談をしているときに話題に上がった事柄である。それが上記の書籍のシリーズである。第1版は，1969年に和田先生を中心に上記2名の先生が編者として加わったものを出版するという具体的な提案であった。そのときの話を漏れ聞いたことによれば，感覚・知覚心理学としてまとめたいということであった。19世紀当時，感覚や知覚の研究は心理学のなかでもユニークなものであり，Wundt が 1879 年に心理学のなかで実験室を開設したことは多くの影響を周囲の領域の研究者に与えた。それは研究のレベルがいっそう高まったことに裏打ちされている。この辺りの事情はこのシリーズの第1版に記述されている。

Wundt が実験室を開設してから，感覚・知覚心理学の研究はいっそう盛んになり，その研究レベルは上昇したといわれている。それまでは心理学という名称のなかで下支えをしていた感覚や知覚の研究が注目されるようになった。上記3名は感覚や知覚の研究者であり，このシリーズの出版とは無関係で

ない。心理学というゆるい結束の状態が感覚や知覚の研究を通して，この領域の研究の発展につながった。最近では，感覚や知覚を測定法の類似性からこれらを他の学問領域の研究者が生理学や医学の研究に役に立てようとする面を強調するため，共同で研究する試みがなされている。

ところで，和田先生が没してから今井先生が亡くなり，2019 年には大山先生が急逝した。特に，大山先生はご自身が編者を統括する監査となり，執筆者や章立てに力を注いできた。また，最近では生理学・医学・工学の研究者との研究協力にも注目していることは論を待たない。この意味では，多くの研究者同士の研究協力は今後とも必要となろう。本シリーズの出版がますます増えて若手の研究に心地よい環境が造成されることを祈ってやまない。

2024 年 10 月 1 日

和氣 典二
重野 純
村上 郁也

執筆者一覧

(五十音順)

蘆田 宏	笠松 千夏	重野 純	東山 篤規
天野 薫	梶川 祥世	柴田 和久	平原 達也
天野 成昭	柏野 牧夫	下野 孝一	福田 一帆
綾部 早穂	可児 一孝	庄司 憲明	不二門 尚
荒木 茂樹	蒲池 みゆき	杉山 東子	藤崎 和香
五十嵐 由夏	河合 美佐子	鈴木 まや	何 昕霓
石金 浩史	川島 尊之	諏訪部 武	細川 研知
石川 均	河瀬 諭	積山 薫	堀澤 麗也
板倉 拓海	川畑 秀明	竹内 龍人	前川 喜久雄
一川 誠	河原 純一郎	武見 充晃	松田 圭司
市原 茂	河原 英紀	竹村 文	松永 理恵
伊藤 裕之	河邉 隆寛	竹谷 隆司	松宮 一道
今水 寛	河本 けい（健一郎）	田嶋 圭一	丸谷 和史
入野 俊夫	北崎 充晃	立石 雅子	三浦 佳世
岩槻 健	北澤 茂	田中 章浩	三浦 健一郎
岩宮 眞一郎	北田 亮	田中 真樹	三浦 雅展
植﨑 梨乃	木原 健	田谷 修一郎	光藤 宏行
上田 和夫	木村 英司	辻村 誠一	峯松 信明
宇賀 貴紀	日下部 裕子	寺本 渉	村井 祐基
氏家 弘裕	倉片 憲治	東原 和成	村上 郁也
内川 惠二	栗木 一郎	永井 岳大	望月 登志子
内田 照久	鯉田 孝和	永井 聖剛	望月 秀紀
大内 進	古賀 一男	中島 祥好	本吉 勇
大芝 芳明	小島 奉子	仲谷 正史	矢口 博久
大島 研介	小早川 達	仲泊 聡	安間 哲史
大塚 翔	小林 剛史	中野 詩織	八十島 安伸
大森 馨子	駒井 三千夫	中野 泰志	山内 泰樹
大山 正	小松原 仁	中村 芳樹	山口 真美
岡嶋 克典	齋木 潤	新美 亮輔	山田 祐樹
岡林 繁	斎田 真也	西田 眞也	山本 晃輔
岡本 安晴	斉藤 幸子	二宮 くみ子	横澤 一彦
小川 緑	酒井 邦嘉	能登谷 晶子	葭田 貴子
小川 洋和	酒井 宏	花川 隆	吉本 早苗
小坂 直敏	坂井 信之	林 孝彰	四本 裕子
苧阪 直行	櫻井 研三	林 由佳子	和氣 典二
苧阪 満里子	佐々木 正晴	林 隆介	和氣 洋美
小野 誠司	佐藤 正之	原澤 賢充	渡邊 淳司
小野 史典	塩入 諭	番 浩志	

凡　例

1．本文について

（1）本章は口語体，現代仮名づかいとし，漢字は常用漢字，新字体を原則とした。

（2）専門的な術語は文部省『学術用語集 心理学編』などを参考にしながら，最終的には慣例に従って表記した。

（3）重要な術語もしくは特に必要と認められるものには原語も付記した。

（4）欧米人名は姓を原語で表し，同一章もしくは節内に同一姓の人が引用される場合は名前のイニシャルをもって区別した。

（5）人名の後の（ ）内の数字は論文の発表年，書籍の刊行年等を示す。なお，引用文献は章末に一括して記載した。

（6）内容構成は，部，章（第1章 感覚・知覚研究の歴史，……），節（1・1 感覚研究，……）に分け，さらに，2・1・1，2・1・2，……のように小見出しを用いた。

（7）関連する見出し番号は部の番号から示した。たとえば（II・6・7参照）は，第II部・第6章・第7節を指示している。

（8）＊印は脚注があることを示す。脚注は同一段内に収めるのを原則としたが，隣接の段に移した場合もある。

（9）単位は原則としてSI単位を使用した。

（10）執筆者名は，節ごとの執筆箇所の末尾に（ ）で示した。

2．文献について

表記法は，原則として，日本心理学会編『執筆・投稿の手びき』に準じた。

3．索引について

索引の凡例（1685ページ）に示した。

vii

目　次

※各部の下の【　】内は担当編者を示す。
※各章の下の［　］内は当該章の執筆者（五十音順，共著は中黒で列挙）を示す。実際の担当箇所は本文参照。

まえがき　iii
執筆者一覧　v
凡　例　vii

第I部　総　論
【村上　郁也】

第1章　感覚・知覚研究の歴史――――――――――――――――2
［大山　正，苧阪　直行］

1・1　感覚研究　2
1・2　生得説と経験説　3
1・3　精神物理学（心理物理学）　5
1・4　主観的方法と客観的方法　7
1・5　要素論と全体論　10
1・6　知覚と認知　11
1・7　1980 年以降の感覚・知覚研究の潮流　14
　1・7・1　認知と情報処理　14
　1・7・2　直接論と間接論　15
　1・7・3　知覚の脳内メカニズム　16

1・7・4　注意の研究　17
1・7・5　仮想空間と現実空間　18
1・8　意識研究の理論的展開　18
　1・8・1　意識の捉え方　18
　1・8・2　意識と無意識　19
　1・8・3　NCC 問題　20
　1・8・4　意識のモデル　20
1・9　展望　21
文献　21

第2章　感覚・知覚測定法――――――――――――――――27
［岡本　安晴］

2・1　心理物理学的測定法（精神物理学的測定法）
　　　27
　2・1・1　弁別閾と主観的等価点　28
　2・1・2　心理測定関数（精神測定関数）　28
　2・1・3　測定法　31
　2・1・4　弁別閾の法則　39
　2・1・5　刺激閾・絶対閾　41
2・2　心理学的尺度構成法　42
　2・2・1　弁別尺度：間接法　43
　2・2・2　マグニチュード推定法：直接法　44
　2・2・3　一対比較法　47

2・2・4　カテゴリ尺度法　49
2・2・5　差尺度法　51
2・3　多次元尺度構成法　53
　2・3・1　多次元尺度構成法の基本的考え方　54
　2・3・2　個人差尺度構成法　58
　2・3・3　展開法　60
　2・3・4　確率モデル　61
　2・3・5　セマンティックディファレンシャル　62
2・4　信号検出理論　63
　2・4・1　ガウス型モデル　64
　2・4・2　評定法　70

ix

2・4・3　2AFC 課題　72

2・4・4　多次元モデル　74

2・4・5　内部雑音と外部雑音　76

2・4・6　閾値モデル　78

2・5　付記　79

2・5・1　方程式の根の計算　79

2・5・2　極値探索法　79

2・5・3　確率モデルのパラメータ値推定　81

文献　83

第3章　脳の記録法・刺激法・破壊法　———————————————— 87

［天野　薫，花川　隆，花川　隆・武見　充晃・天野　薫，番　浩志］

3・1　EEG, MEG　87

3・1・1　EEG, MEG で計測される信号　87

3・1・2　EEG/MEG 計測法　88

3・1・3　EEG/MEG 解析の基礎　89

3・1・4　活動源推定　90

3・1・5　近年の動向　92

3・1・6　むすび　94

3・2　MRI, fMRI, MRS　94

3・2・1　MRI　94

3・2・2　fMRI　95

3・2・3　MRS　102

3・3　その他の測定手法：PET・SPECT・NIRS
103

3・3・1　はじめに　103

3・3・2　神経－代謝－血液動態連関　104

3・3・3　PET　105

3・3・4　SPECT　107

3・3・5　NIRS　107

3・4　介入手法　108

3・4・1　TMS　108

3・4・2　tES　110

3・4・3　ニューロフィードバック　112

文献　115

第4章　注意　————————————————————————— 123

［小川　洋和，河原　純一郎，塩入　諭，竹谷　隆司・田中　真樹，横澤　一彦］

4・1　注意の時間特性と空間特性　123

4・1・1　注意の空間特性　123

4・1・2　解像度　123

4・1・3　空間範囲　124

4・1・4　視野依存性　127

4・1・5　注意の分割　128

4・1・6　空間的注意の柔軟性　129

4・1・7　注意の時間特性　129

4・2　変化の見落とし，非注意による見落とし，境界拡
張　131

4・2・1　注意と仮想表象　131

4・2・2　変化の見落とし　132

4・2・3　非注意による見落とし　134

4・2・4　境界拡張　136

4・2・5　気づきと構え　137

4・3　視覚探索　137

4・3・1　視覚探索とは　137

4・3・2　探索関数とその解釈　138

4・3・3　刺激属性と探索効率　138

4・3・4　探索処理と知識・構え　139

4・3・5　視覚探索における履歴効果　140

4・3・6　報酬の影響　143

4・4　注意の理論　145

4・4・1　注意の役割　145

4・4・2　注意の研究手法　145

4・4・3　注意の理論の礎　148

4・4・4　選択の所在　150

4・4・5　空間選択的注意　150

4・4・6　注意ネットワーク　151

4・4・7　物体認知と注意の理論　152

4・4・8　実行機能　153

4・5　注意の諸現象　154

4・5・1　注意の捕捉　154

4・5・2　トップダウンとボトムアップの制御　155

4・5・3　物体に基づく注意選択　156

4・5・4　特徴に基づく注意選択　157

4・5・5　マインドワンダリング（心のさまよい）
159

4・5・6　記憶表象への注意　159

4・6　注意の神経メカニズム　160

4・6・1　注意のネットワーク　160

4・6・2　注意の神経相関　161

4・6・3　眼球運動と注意の操作　167

4・6・4　注意に関与する神経調節因子　169

4・7　注意の障害　171

4・7・1　半側空間無視　171

4・7・2　注意欠如・多動症（ADHD）　173

文献　174

第5章　ワーキングメモリ ———————————————— 198
［苧阪　満里子］

5・1　ワーキングメモリのモデル　198

5・2　ワーキングメモリの個人差　201

5・3　ワーキングメモリの脳内メカニズム　203

5・4　中央実行系の脳内メカニズム　203

5・5　個人差の脳基盤　204

5・6　ワーキングメモリに関わる脳内ネットワーク　205

5・7　ワーキングメモリネットワークとデフォルトモードネットワーク　206

文献　206

第6章　感性・質感 ———————————————————— 211
［川畑　秀明，河邉　隆寛，鯉田　孝和，三浦　佳世，山田　祐樹，横澤　一彦］

6・1　感性・質感研究の流れ　211

6・1・1　感性研究の流れ　211

6・1・2　質感研究の流れ　212

6・2　質感，光沢感と関連色　213

6・2・1　光反射の測定とモデル　213

6・2・2　光学と逆光学　214

6・2・3　光沢感を予想する手がかり単純化の試み　215

6・2・4　脳情報処理　215

6・2・5　おわりに　216

6・3　透明感・粘性　216

6・3・1　透明感　216

6・3・2　粘性　217

6・4　美，魅力　218

6・4・1　美，美しさ　218

6・4・2　魅力　220

6・5　気持ち悪さ　220

6・5・1　吐き気・嘔気・悪心　220

6・5・2　嫌悪感　220

6・5・3　視覚的不快感　221

6・5・4　トライポフォビア　221

6・5・5　不気味の谷　222

6・6　共感覚　222

6・6・1　共感覚の定義　222

6・6・2　共感覚の存在確率　223

6・6・3　共感覚と芸術活動　223

6・6・4　共感覚の分類　223

6・6・5　共感覚を生起させるメカニズム　224

6・6・6　個人特異性と共通性　224

文献　225

第7章　多感覚 ———————————————————————— 235
［積山　薫，寺本　渉，寺本　渉・積山　薫］

7・1　多感覚統合に関する基本事項　235

7・1・1　多様な多感覚統合と最適重み付け仮説　235

7・1・2　対応付け問題と学習　236

7・2　多感覚情報による身体知覚　237

7・2・1　ラバーハンド錯覚　237

7・2・2　幻肢　238

7・2・3　身体近傍空間　239

7・3　空間知覚と身体性　240

7・3・1　身体イメージ（運動イメージ）　240

7・3・2　道具使用と身体図式　241

7・3・3　逆さメガネなどの変換された視野への適応　241

7・4　多感覚統合の個人差　242

7・4・1　多感覚統合の発達的変化　242

7・4・2　視聴覚音声知覚をめぐる経験・発達要因　243

7・4・3　発達障害による影響　244

文献　245

第 II 部　視　覚
【村上 郁也】

第 1 章　視覚の本質————————————————————254
[今水 寛, 齋木 潤, 柴田 和久, 新美 亮輔, 村上 郁也, 本吉 勇]

1・1　視覚における事前知識と予測　254
　1・1・1　視覚運動制御における予測　254
　1・1・2　外界の予測と予測誤差　255
　1・1・3　視覚表現の更新とデフォルト知覚　256
1・2　3次元物体認知とその理論　258
　1・2・1　3次元物体認知の理論的背景　258
　1・2・2　3次元物体認知に用いられる情報表現とその
　　　　　理論　259
1・3　画像特徴量に基づく視覚認知　263
　1・3・1　3次元構造復元に基づく視覚認知　263
　1・3・2　画像特徴量に基づく視覚認知　263
　1・3・3　画像特徴量に基づく視覚認知の限界　266
1・4　運動のための視覚　267
　1・4・1　二つの視覚経路　267
　1・4・2　知覚のための視覚と運動のための視覚　268
　1・4・3　盲視　269
　1・4・4　錯視と運動　269
　1・4・5　腹側経路と背側経路の相互連絡　270
1・5　視覚の可塑性と知覚学習　271

　1・5・1　はじめに　271
　1・5・2　知覚学習の特徴　271
　1・5・3　可塑性と安定性のジレンマ　272
　1・5・4　注意による知覚学習の制御　272
　1・5・5　意識的な注意も知覚も必要としない知覚学習
　　　　　272
　1・5・6　報酬との対呈示のみで起こる知覚学習　274
　1・5・7　注意と報酬の効果を説明する理論　274
　1・5・8　情報の読み出しの向上によって起こる知覚学
　　　　　習　275
　1・5・9　まとめと展望　276
1・6　視覚記憶　276
　1・6・1　変化検出課題：視覚性短期記憶研究の標準パ
　　　　　ラダイム　277
　1・6・2　記憶容量と視覚性短期記憶システムの構造特
　　　　　性　278
　1・6・3　物体の短期記憶表象の構造　279
　1・6・4　視覚性短期記憶の神経機構　281
文献　281

第 2 章　視覚刺激とその呈示法・測定法————————————293
[小松原 仁, 原澤 賢充, 細川 研知・丸谷 和史]

2・1　電磁波と光の定義　293
　2・1・1　測光量　293
　2・1・2　光源の種類　295
　2・1・3　光源の色温度および相関色温度　300
　2・1・4　フィルタの種類　301
2・2　測光・測色方法　305
　2・2・1　発光色（光源色）の測定　305
　2・2・2　分光測色方法　305
　2・2・3　刺激値直読方法（光電色彩計による測定）
　　　　　307
　2・2・4　物体色の測定　307
2・3　視角の概念と算出法，空間周波数，時間周波数，
　　　輝度コントラスト，錐体コントラスト　309
　2・3・1　視角　309
　2・3・2　空間周波数　309

　2・3・3　空間周波数と画像の関係について　310
　2・3・4　空間周波数と広がり　311
　2・3・5　ガボールパッチ　312
　2・3・6　ランダムドットパターン　312
　2・3・7　時間周波数　314
　2・3・8　輝度コントラスト　315
　2・3・9　錐体コントラスト　316
2・4　各種表示デバイス　316
　2・4・1　CRT　317
　2・4・2　フラットパネルディスプレイ（FPD）　317
　2・4・3　プロジェクタ　321
　2・4・4　立体表示装置　323
　2・4・5　頭部搭載型ディスプレイ　326
　2・4・6　OETF, EOTF とガンマ　327
2・5　各種開発プラットフォーム　327

2・5・1　概説　327

2・5・2　具体的な開発環境について　330

2・5・3　近年よく使われる刺激作成・呈示技術　333

文献　336

第3章　視覚系の構造と機能 339

［石金　浩史，石川　均，宇賀　貴紀，辻村　誠一，山内　泰樹］

3・1　瞳孔反応・調節　339

3・1・1　はじめに　339

3・1・2　虹彩の解剖　339

3・1・3　虹彩の神経支配と薬理　340

3・1・4　対光反射の神経経路　340

3・1・5　交感神経の神経経路　340

3・1・6　瞳孔の経年変化・日内変動・瞳孔動揺　340

3・1・7　瞳孔の機能的役割　341

3・1・8　まとめ　342

3・2　補償光学を用いた錐体モザイク撮像　342

3・2・1　補償光学システム　342

3・2・2　AO システムによる網膜像撮影　343

3・2・3　選択的ブリーチング法による L, M, S 錐体の
同定　344

3・2・4　2 色覚者の錐体モザイク　345

3・3　網膜の神経機構　347

3・3・1　網膜の構造と情報伝達の流れ　347

3・3・2　視細胞　348

3・3・3　双極細胞　349

3・3・4　水平細胞　350

3・3・5　アマクリン細胞　350

3・3・6　神経節細胞　351

3・3・7　光感受性神経節細胞　353

3・3・8　桿体信号系と錐体信号系　353

3・3・9　網膜出力における並列的な視覚情報の符号化
354

3・4　皮質下核の視覚経路　354

3・4・1　外側膝状体　355

3・4・2　膝状体外系　358

3・5　一次視覚野　360

3・5・1　V1 野への入力と層構造　360

3・5・2　V1 野の受容野と視野　360

3・5・3　V1 野ニューロンの代表的な応答特性　361

3・5・4　V1 野の機能構築　363

3・6　背側視覚経路，腹側視覚経路　364

3・6・1　背側視覚経路　364

3・6・2　腹側視覚経路　365

3・6・3　背側視覚経路の主な機能　365

3・6・4　腹側視覚経路の主な機能　368

3・7　トップダウン制御　369

3・7・1　ボトムアップ・トップダウン情報の伝達経路
369

3・7・2　トップダウン投射の性質　369

3・7・3　トップダウン制御　370

3・8　メラノプシン神経節細胞と非視覚像形成系経路
370

文献　373

第4章　光覚 383

［栗木　一郎］

4・1　はじめに　383

4・2　視物質と光受容器（錐体・桿体）　383

4・3　明順応・暗順応　384

4・4　絶対閾の測定　386

4・4・1　予備知識の整理　386

4・4・2　結果の解釈　388

4・4・3　空間加算・時間加算　389

4・5　コントラスト感度（弁別閾，ペデスタル，ディッ
パー関数）　390

4・6　メラノプシン（ipRGC）の影響　392

4・7　膝状体系経路と膝状体外系経路　392

4・8　単一錐体刺激による光覚　393

4・9　おわりに　394

文献　395

第5章　明るさ知覚 ———————————————— 398

[岡嶋　克典]

5・1　明るさ知覚　398

5・2　明度知覚　399

5・3　明るさ・明度の知覚に関する諸現象　400

5・4　明るさ感とグレア　404

文献　406

第6章　色知覚 ———————————————————— 409

[内川　惠二，河本　けい（健一郎），木村　英司，鯉田　孝和，永井　岳大，福田　一帆]

6・1　色覚の初期過程　409

　　6・1・1　色覚研究の発展と古典的色覚理論　409

　　6・1・2　3種類の錐体　409

　　6・1・3　等色　410

　　6・1・4　網膜内の神経細胞の結合　412

　　6・1・5　色覚の初期過程モデル　414

6・2　色知覚の時空間特性　416

　　6・2・1　時間特性　416

　　6・2・2　空間特性　420

6・3　色恒常性　424

　　6・3・1　色恒常性の原理と実例　424

　　6・3・2　色恒常性に関する心理物理実験　426

　　6・3・3　色恒常性理論とその利用による照明光推定　429

　　6・3・4　課題　431

6・4　色の認知　432

　　6・4・1　色の認知と色の効用　432

6・4・2　記憶色と色の記憶　432

6・4・3　色の好み　439

6・5　色名法（色名呼称法）とカテゴリカル色知覚　444

　　6・5・1　はじめに　444

　　6・5・2　基本的色名　444

　　6・5・3　カテゴリカル色知覚に及ぼす照明光による照度の変化と色票の明度の変化　445

6・6　色処理の神経生理：初期　450

　　6・6・1　光受容器　450

　　6・6・2　網膜情報処理　452

6・7　色処理の神経生理：高次　457

　　6・7・1　外側膝状体と枢軸色　457

　　6・7・2　V1野とV2野　459

　　6・7・3　V4野から下側頭皮質　461

文献　464

第7章　表色系 ———————————————————— 481

[矢口　博久]

7・1　単一変数の原理と三色説　482

7・2　等色　483

7・3　CIE表色系　486

　　7・3・1　CIE表色系の基となった等色実験　486

　　7・3・2　CIE1931標準観測者　488

　　7・3・3　CIE1964標準観測者　489

7・4　均等色空間と色差　490

　　7・4・1　物理量と感覚量　490

　　7・4・2　MacAdamの楕円　491

　　7・4・3　均等色度図　492

　　7・4・4　CIE1976 L*u*v*色空間（CIELUV）　492

　　7・4・5　CIE1976 L*a*b*色空間（CIELAB）　493

7・4・6　色差式の改良　494

7・5　色の見えモデル　497

　　7・5・1　CIE色の見えモデル（CIECAM02）　497

　　7・5・2　CIECAM02の応用　501

7・6　錐体基本関数に基づく表色系　502

　　7・6・1　CIE1931 XYZ表色系の問題点　502

　　7・6・2　錐体基本関数　503

　　7・6・3　錐体基本関数に基づく分光視感効率関数　508

　　7・6・4　錐体基本関数に基づく色度図　509

　　7・6・5　錐体基本関数に基づく $X_F Y_F Z_F$ 表色系　510

文献　511

第 8 章　色覚の型と障害 ——————————————— 515

［仲泊 聡，林 孝彰，安間 哲史］

8・1　先天色覚異常　515

　8・1・1　先天色覚異常の発生　515

　8・1・2　混同色線　521

　8・1・3　臨床的検査　525

8・2　先天色覚異常の特性　530

　8・2・1　先天色覚異常の生理学的特性　530

　8・2・2　色覚異常保因者の特性　534

8・3　後天色覚異常の性質　539

　8・3・1　後天色覚異常の特徴　539

　8・3・2　後天色覚異常の分類　540

　8・3・3　後天色覚異常の検査　541

　8・3・4　後天青黄異常もしくはS錐体系障害が起きやすい理由　543

　8・3・5　後天色覚異常を引き起こす疾患とその特徴　544

8・4　色失認など高次機能障害　548

　8・4・1　一次視覚野損傷における色覚の異常　548

　8・4・2　大脳性色覚異常　549

　8・4・3　色名呼称障害・色失認　552

文献　553

第 9 章　視野 ——————————————— 561

［可児 一孝］

9・1　動的視野と静的視野　561

　9・1・1　さまざまな視野測定手法　561

　9・1・2　静的動的乖離　565

　9・1・3　眼底視野測定　566

9・2　瞳孔視野測定　571

9・3　視覚の受容野　574

9・4　視野測定の問題点　578

文献　584

第 10 章　空間視と時間視 ——————————————— 588

［竹内 龍人・吉本 早苗・本吉 勇・西田 眞也］

10・1　正弦波格子縞における空間周波数とその意義　588

　10・1・1　正弦波格子縞　588

　10・1・2　画像の空間周波数成分　589

　10・1・3　空間コントラスト感度関数　591

　10・1・4　空間周波数チャンネル　592

　10・1・5　ガボール関数　593

　10・1・6　方位と位相　594

10・2　空間コントラスト感度関数とその規定要因　595

　10・2・1　コントラスト感度関数の特徴　595

　10・2・2　コントラスト感度関数の理想的観察者分析　596

　10・2・3　初期視覚系の image-computable モデル　597

　10・2・4　コントラスト感度関数における順応輝度の効果　598

　10・2・5　コントラスト感度関数における面積の効果と空間加算　599

　10・2・6　コントラスト感度関数における網膜偏心度の効果　600

　10・2・7　コントラスト感度関数と視覚属性　601

10・3　空間視のモデル（1）: Dipper 関数と除算正規化モデル　601

　10・3・1　マスキング課題　601

　10・3・2　Dipper 関数　602

　10・3・3　Foley（1994）のモデル　603

　10・3・4　除算正規化とコントラストゲインコントロール　605

　10・3・5　コントラスト弁別におけるマスカーの種類　607

　10・3・6　空間的に離れたマスカーの効果　607

10・4　空間視のモデル（2）: ModelFest　609

　10・4・1　ModelFest における刺激　609

　10・4・2　ModelFest におけるモデル　610

10・5　空間視のモデル（3）: 等価入力ノイズ法と知覚的テンプレートモデル　611

　10・5・1　観察者モデルと内部ノイズ　611

　10・5・2　等価入力ノイズ法　612

　10・5・3　知覚的テンプレートモデル　612

10・6　空間視のモデル（4）: Image-computable（任意の入力画像計算可能）モデル　614

10・6・1　Image-computable モデルの例　614

10・6・2　自然画像への適用　616

10・7　時間視：コントラスト感度関数とインパルス応答関数　617

10・7・1　CFF（臨界融合周波数）　617

10・7・2　時間コントラスト感度関数と時間インパルス応答関数　618

10・7・3　空間周波数の効果　621

10・7・4　TIR 関数により説明できる現象　623

10・8　時間視：時間周波数チャンネルとコントラスト弁別　624

10・8・1　時間周波数チャンネルの推定　624

10・8・2　Dipper 関数　625

文献　627

第11章　形の知覚 ———————————————————— 636

［伊藤 裕之，蒲池 みゆき，永井 聖剛］

11・1　視対象の輪郭　636

11・1・1　図地分化と border ownership　636

11・1・2　Border ownership の脳内表現　638

11・1・3　主観的輪郭　638

11・1・4　主観的輪郭の脳内表現　640

11・2　知覚的体制化　641

11・2・1　群化の法則　641

11・2・2　輪郭の統合　643

11・2・3　輪郭の中間表現　644

11・3　幾何学的錯視　646

11・3・1　幾何学的錯視　646

11・3・2　幾何学的錯視の諸要因　647

11・4　図形残効，透明視と X 字接合　651

11・4・1　図形残効　651

11・4・2　透明視と X 字接合　652

11・5　形状知覚研究における classification image　653

11・5・1　Classification image を導入するメリット　654

11・5・2　Classification image の測定　656

11・5・3　多様な刺激に対する CI の適用　656

11・5・4　知覚テンプレートと理想的観察者　658

11・5・5　形状を識別するニューロンの受容野測定　658

11・6　顔の知覚　659

11・6・1　発達による顔の形状変化　659

11・6・2　刺激としての顔の寸法　660

11・6・3　顔の情報処理モデル　660

11・6・4　顔の知覚の脳内メカニズム　662

11・6・5　倒立効果，ずらし効果と顔の全体処理　662

11・6・6　顔知覚課題の空間周波数特性　663

11・6・7　顔の表情知覚における運動情報　664

11・6・8　顔の魅力　664

11・6・9　多感覚情報処理　665

文献　665

第12章　面の知覚 ———————————————————— 675

［酒井 宏］

12・1　面知覚の神経基盤　675

12・2　パターン，テクスチャの知覚　676

12・2・1　テクスチャの分凝と群化　677

12・2・2　テクスチャ合成・自然テクスチャ　678

12・2・3　テクスチャからの 3 次元知覚　679

12・2・4　面の特徴からの 3 次元知覚　680

12・3　面の形成：図地・充填・補完　680

12・3・1　図地分化　681

12・3・2　補完　682

12・3・3　面の充填　682

12・4　質感の知覚　683

文献　684

第13章　奥行き知覚：3次元空間知覚の方向・距離・順序 ———————— 688

［一川 誠，木原 健，櫻井 研三，下野 孝一，田谷 修一郎，松宮 一道，光藤 宏行］

13・1　3 次元空間知覚の問題　688

13・1・1　用語と概念　688

13・1・2　奥行き知覚の情報源　692

13・2　視方向　694

目 次

13・2・1 視方向原点（サイクロープスの眼）と基礎概念 694

13・2・2 視方向原理 695

13・2・3 視方向原理と方向錯視 695

13・2・4 視方向原理の例外現象 696

13・2・5 視方向原点（サイクロープスの眼）の位置 698

13・3 距離の知覚 699

13・3・1 距離手がかりの分類 699

13・3・2 距離と大きさの相互作用 704

13・3・3 距離と大きさの錯視 706

13・3・4 視野制限の効果 708

13・4 両眼性奥行き知覚 708

13・4・1 両眼融合とその限界 708

13・4・2 両眼立体視 709

13・4・3 両眼視の諸現象 712

13・4・4 両眼視研究のツール 716

13・5 単眼性奥行き知覚 719

13・5・1 動的手がかり 720

13・5・2 静的手がかり 725

13・6 手がかり間の相互作用と奥行きの錯覚 730

13・6・1 手がかり解釈の多義性と不良設定問題 730

13・6・2 拘束条件の利用 732

13・6・3 大きさ・形の恒常性と錯視 733

13・6・4 拘束条件の利用が生む錯視 735

13・7 奥行き知覚の学習と個人差 738

13・7・1 奥行き知覚の学習とベイズ推定 738

13・7・2 奥行き手がかりの統合と個人差 740

13・7・3 両眼立体視の異方性と個人差 742

13・7・4 ステレオアノマリー 743

文献 744

第14章 運動知覚 ——————————— 766

［蘆田 宏，北崎 充晃］

14・1 運動視の諸相 766

14・1・1 運動視の独立性 766

14・1・2 仮現運動と実際運動 767

14・1・3 静止画が動いて見える錯視 770

14・2 運動信号の検出と統合 771

14・2・1 運動刺激の検出と弁別 771

14・2・2 局所的運動検出のモデル 774

14・2・3 高次の運動検出 776

14・2・4 運動信号の2次元的統合 778

14・2・5 速度の知覚 781

14・2・6 運動視の脳内機構 782

14・3 運動視と他属性との相互作用 783

14・3・1 運動視と位置知覚 783

14・3・2 運動視と形 785

14・4 オプティックフローからの知覚 786

14・4・1 視覚誘導性自己運動知覚（ベクション） 786

14・4・2 視覚誘導性身体動揺 790

14・4・3 自己進行方向知覚 792

14・4・4 自己進行方向の制御 796

14・4・5 衝突までの時間 798

14・4・6 ナビゲーション 799

14・5 身体の運動知覚 799

14・5・1 バイオロジカルモーション 799

14・5・2 姿勢と動作の知覚 800

14・6 事象知覚 801

14・6・1 アニマシーの知覚 801

14・6・2 因果の知覚 804

文献 806

第15章 眼球運動 ——————————— 824

［小野 誠司，小島 奉子，竹村 文，松田 圭司・竹村 文，三浦 健一郎・竹村 文，村上 郁也］

15・1 眼球運動の測定法 824

15・1・1 計測法概論 824

15・1・2 視線計測法 828

15・1・3 まとめ 828

15・2 動眼系のメカニズム 829

15・2・1 動眼系の末梢メカニズム 829

15・2・2 眼球運動のキネマティクス 831

15・2・3 眼球運動の中枢メカニズム 832

15・2・4 両眼運動の中枢メカニズム 832

15・2・5 眼球運動の種類 833

15・3 サッケードと視覚 834

15・3・1 サッケード 834

xvii

15・3・2 サッケード運動信号に関与する神経機構 834

15・3・3 サッケード運動信号の補正 835

15・3・4 サッケード適応 836

15・3・5 サッケード，視覚，行動 838

15・4 追跡眼球運動と視覚 839

15・4・1 追跡眼球運動 839

15・4・2 追跡眼球運動における視覚性運動知覚のメカニズム 839

15・4・3 追跡眼球運動が視覚性運動知覚に及ぼす影響 841

15・4・4 追跡眼球運動の適応と視覚性ニューロン活動の特徴 842

15・4・5 運動の適応がMSTl視覚ニューロン活動に及ぼす影響 843

15・5 反射的眼球運動と視覚 844

15・5・1 不随意眼球運動 844

15・5・2 共同性眼球運動と非共同性眼球運動 844

15・6 固視微動と視覚 850

15・6・1 固視微動の種類 850

15・6・2 固視微動に伴う網膜像運動に対する神経応答 852

15・6・3 固視微動の機能 852

15・6・4 固視微動と錯視・注意との関係 855

文献 857

第16章 視覚発達・視覚弱者 ———————————————— 871

［佐々木 正晴，仲泊 聡，中野 泰志，不二門 尚，望月 登志子，山口 真美，和氣 洋美，和氣 典二］

16・1 乳児・幼児の視覚 871

16・1・1 乳児を対象とした実験方法：選好注視法と馴化法 871

16・1・2 視力発達とコントラスト視力 871

16・1・3 抑制システムの発達 873

16・1・4 時間的な変化を検出する能力 874

16・1・5 大脳皮質の成熟と皮質下処理 875

16・2 開眼手術後の高次視覚と認知 877

16・2・1 立体の形態認知 878

16・2・2 事物の識別 879

16・2・3 奥行き距離知覚 880

16・2・4 実体鏡による両眼立体視 881

16・2・5 主観的輪郭の知覚 882

16・2・6 立体の透視的線画と写真における陰影と影の立体知覚 883

16・2・7 線遠近法と肌理パターンからの奥行き知覚 884

16・2・8 2次元形態の把握：視覚系と触覚系の活動 886

16・3 ロービジョン者の知覚・認知 888

16・3・1 ロービジョンケアが誕生するまでの歴史 888

16・3・2 ロービジョンの定義 888

16・3・3 ロービジョン者の人口 890

16・3・4 ロービジョン者の眼疾患と知覚・認知機能の関係 890

16・3・5 視機能低下のタイプとタスクや環境調整の関係 891

16・4 発達障害（神経発達障害群）の知覚認知特性 892

16・4・1 発達障害と脳の発達・遺伝 892

16・4・2 発達障害の知覚認知特性 892

16・4・3 錯覚は発達障害の特異性を示す尺度となるか？ 895

16・4・4 発達障害の視覚運動処理能力 898

16・4・5 発達障害の顔認知と注意 898

16・4・6 発達障害の感覚過敏と鈍麻 899

16・4・7 視覚認知発達検査とトレーニングによる発達支援の意義 900

16・5 加齢に伴う視知覚機能・視覚的注意の変化 901

16・5・1 視認性とは 901

16・5・2 可読性の簡便な測定法 903

16・5・3 視覚（文字）探索 908

16・5・4 変化の見落とし 912

16・6 末梢性視覚障害，中枢性視覚障害，失認 914

16・6・1 末梢障害と中枢障害 914

16・6・2 視覚野の機能分化 917

16・6・3 中枢性視覚障害 918

16・7 視覚再建 920

16・7・1 網膜レベルの視覚再建 920

16・7・2 大脳皮質視覚領における視覚再建 925

文献 925

第 17 章　視覚の応用 ——— **941**

［市原 茂，氏家 弘裕，岡林 繁，中村 芳樹，林 隆介］

17・1　ヘッドマウントディスプレイ（HMD）の視覚研究への利用　941
　17・1・1　HMD の眼球制御への影響　941
　17・1・2　HMD と VR 酔い　942
　17・1・3　身体動揺への影響　943
　17・1・4　距離知覚への影響　944
　17・1・5　視点のズレによる動作等への影響　945
　17・1・6　リダイレクティド・ウォーキング　946
　17・1・7　バーチャルハンドと身体所有感　947

17・2　AR（augmented reality）の自動車用表示装置への応用　948
　17・2・1　はじめに　948
　17・2・2　自動車用表示装置の評価と実験心理学　948
　17・2・3　まとめ　954
　17・2・4　おわりに　954

17・3　視覚のモデル　954
　17・3・1　はじめに　954
　17・3・2　Marr の三つの水準　955
　17・3・3　リバース・エンジニアリングとしての視覚モデル研究　955
　17・3・4　外側膝状体・神経細胞の DOG フィルタモデルとエッジ検出　956
　17・3・5　一次視覚野の単純型細胞とガボールフィルタ

モデル　956
　17・3・6　一次視覚野の複雑型細胞とエネルギーモデル　957
　17・3・7　ガボールフィルタとエネルギーモデルの拡張　957
　17・3・8　二次視覚野，四次視覚野のモデル　958
　17・3・9　深層ニューラルネットワークによる一般物体認識の実現　958
　17・3・10　一般物体認識用の深層ニューラルネットワークと腹側視覚経路の比較　959
　17・3・11　深層ニューラルネットワークを利用した視覚モデルの拡張　960

17・4　視覚と視環境　961
　17・4・1　視環境の評価と設計　961
　17・4・2　視環境評価と測光色画像　961
　17・4・3　視対象を想定した視環境評価　962
　17・4・4　空間フィルタを用いた評価パラメータの抽出　963
　17・4・5　実環境で体験する見え方を近似する画像変換　964

17・5　視覚デザイン評価　966
　17・5・1　質問紙による評価　966
　17・5・2　行動指標による評価　969

文献　970

第 III 部　聴覚

【重野 純】

第 1 章　聴覚刺激の性質と呈示方法 ——— **982**

［平原 達也］

1・1　音とは何か　982

1・2　音圧レベルと音の強さのレベル　982

1・3　聴覚実験システム　984
　1・3・1　刺激音のディジタル信号波形　984
　1・3・2　DA 変換器　984
　1・3・3　音響機器（アンプなど）　985
　1・3・4　電気音響変換器（ラウドスピーカとイヤホン）　986
　1・3・5　聴覚実験室（防音室，無響室）　987

　1・3・6　録音系　988
　1・3・7　信号レベルの管理　988
　1・3・8　聴覚実験システムに混入するノイズ　989
　1・3・9　音響機器の接続ケーブルと入出力インピーダンス　990
　1・3・10　測定器　991

1・4　結言　991

文献　991

第2章　聴覚モデルと高次脳機能 ———————————— 993

［入野 俊夫・大塚 翔，酒井 邦嘉・大芝 芳明・堀澤 麗也］

2・1　聴覚モデル　993
　2・1・1　聴覚末梢系の特性　993
　2・1・2　聴覚末梢系モデル　993
　2・1・3　聴覚フィルタ　993
　2・1・4　聴覚中枢系のモデル　994
　2・1・5　時間周波数受容野　996

　2・1・6　生理学的モデル　996
　2・1・7　聴覚遠心系のモデル　996
2・2　聴覚・音声言語の脳機能イメージング　997
　2・2・1　聴覚の脳機能イメージング　997
　2・2・2　音声言語の脳機能イメージング　1005
文献　1009

第3章　聴覚障害・言語聴覚障害 ———————————— 1013

［立石 雅子，能登谷 晶子］

3・1　聴覚障害（難聴）者の知覚・認知　1013
　3・1・1　聴覚障害の種類　1013
　3・1・2　聴覚障害を発見する技術　1017
3・2　言語聴覚障害者の知覚・認知　1018
　3・2・1　失語症とは　1018

　3・2・2　失語症者の知覚・認知　1020
　3・2・3　失語症者の言語聴覚療法：課題への対応
　　　　　1022
文献　1023

第4章　音の知覚 ———————————————————— 1026

［岩宮 眞一郎，上田 和夫，小坂 直敏，柏野 牧夫，川島 尊之，倉片 憲治］

4・1　音の大きさ　1026
　4・1・1　音の大きさの定義　1026
　4・1・2　音の大きさの加算性　1026
　4・1・3　音の大きさに影響する物理的変数　1027
　4・1・4　音の大きさの部分マスキング　1032
　4・1・5　音の大きさの両耳加算　1033
　4・1・6　音の大きさの恒常性　1034
　4・1・7　変動音の大きさ　1034
　4・1・8　まとめとその他の問題　1035
4・2　騒音　1035
　4・2・1　騒音の評価　1035
　4・2・2　聴覚閾値　1035
　4・2・3　騒音の大きさ評価　1036
　4・2・4　低周波音　1037
　4・2・5　高周波音　1038
　4・2・6　聴覚に及ぼす騒音の影響　1038
4・3　音の高さと音脈分凝　1039
　4・3・1　音の高さ（ピッチ）　1039
　4・3・2　ミッシング・ファンダメンタル　1040
　4・3・3　ピッチ知覚のメカニズム　1040
　4・3・4　聴覚情景分析と音脈　1042
　4・3・5　同時的群化　1043
　4・3・6　継時的群化　1044
4・4　音色の知覚と音のデザイン　1046

　4・4・1　音の3要素と音色　1046
　4・4・2　音色の印象的側面は3次元　1046
　4・4・3　音色の識別的側面は聞き分ける力　1047
　4・4・4　音質評価指標　1047
　4・4・5　音響機器の物理特性と音色の関係　1048
　4・4・6　製品音の快音化　1048
　4・4・7　日常生活においてリアルに音色を伝える擬音
　　　　　語　1049
　4・4・8　音色評価の対象の広がり　1049
4・5　マスキング　1050
　4・5・1　同時マスキング　1050
　4・5・2　周波数選択性　1051
　4・5・3　共変調マスキング解除　1051
　4・5・4　両耳マスキングレベル差　1052
　4・5・5　非同時マスキング　1053
4・6　音源定位　1054
　4・6・1　音源の距離の知覚　1054
　4・6・2　複数同時音源の知覚　1056
　4・6・3　おわりに　1059
4・7　音の機能的側面の活用（映画音楽，環境音楽，効
　　　果音，サイン音など）　1059
　4・7・1　音のノンバーバル・コミュニケーション
　　　　　1059
　4・7・2　映像メディアで用いられる音楽：音楽で印象

目　次

　　　操作する　1059

　4・7・3　環境音楽（BGM）：生活の中に音楽を取り入
　　　れる　1060

　4・7・4　映像メディアで用いられる効果音：リアリティ
　　　を演出する音　1061

　4・7・5　サイン音：メッセージを伝える音響信号
　　　1062

　4・7・6　音のチカラを活かす音のデザイン　1063

4・8　音の加工　1063

　4・8・1　アナログ方式以来の伝統的なエフェクト
　　　1063

　4・8・2　デジタル方式によるエフェクト　1063

4・9　音質評価　1065

　4・9・1　音色と音質　1065

　4・9・2　音質評価の特徴　1066

　4・9・3　CODEC の歪み　1067

　4・9・4　高臨場感オーディオの音質評価　1068

文献　1069

第5章　音楽の知覚 — 1082

［河瀬　諭，佐藤　正之，中島　祥好，松永　理恵，三浦　雅展］

5・1　音楽的高さの知覚と音感　1082

　5・1・1　音楽的高さの知覚　1082

　5・1・2　音感　1082

5・2　和声の知覚　1086

　5・2・1　情報処理技術による和音研究　1087

　5・2・2　行動実験や生理実験による実証研究　1091

5・3　旋律の知覚　1092

　5・3・1　旋律の知覚とは　1092

　5・3・2　拍節的体制化　1093

　5・3・3　調性的体制化　1095

　5・3・4　拍節的体制化と調性的体制化の関係　1098

5・4　リズムの知覚　1099

　5・4・1　リズムとは何か　1099

　5・4・2　時間の長短関係　1101

　5・4・3　時間的規則性　1102

　5・4・4　時間の異方性　1105

　5・4・5　文化とリズム　1106

　5・4・6　むすび　1107

5・5　音楽の脳内処理機構　1108

　5・5・1　症例研究と脳賦活化実験　1108

　5・5・2　純粋失音楽症からみた責任病巣　1108

　5・5・3　脳賦活化実験からみた音楽の受容の局在
　　　1109

　5・5・4　症例研究と脳賦活化実験からいえること
　　　1109

　5・5・5　今後の課題　1109

5・6　音楽の感性情報　1113

　5・6・1　音楽と感情　1113

　5・6・2　音楽による身体の動きとグルーヴ　1115

　5・6・3　音楽的表現と音響的特徴の関係　1116

　5・6・4　合奏　1116

　5・6・5　音楽鑑賞における聴覚と視覚の関係　1117

文献　1118

第6章　音声の知覚 — 1129

［天野　成昭，内田　照久，梶川　祥世，河原　英紀，重野　純，田嶋　圭一，田中　章浩，前川　喜久雄，峯松　信明］

6・1　音声・音声言語の基本的性質　1129

　6・1・1　音声が有する情報　1129

　6・1・2　音声言語の生成　1129

　6・1・3　言語音の種類　1132

　6・1・4　音声言語の単位　1133

　6・1・5　音声言語の知覚的特性　1134

6・2　音声合成と加工　1135

　6・2・1　分析合成に基づく方法　1136

　6・2・2　音声知覚研究への応用　1140

　6・2・3　新しい可能性：深層学習　1141

　6・2・4　音声モーフィング用のツール　1141

6・3　音韻知覚とそのモデル　1141

　6・3・1　音韻知覚の様相　1141

　6・3・2　音韻知覚のモデル　1145

6・4　マルチモーダルな音声知覚　1148

　6・4・1　読唇　1149

　6・4・2　McGurk 効果　1149

　6・4・3　McGurk 効果の生じるメカニズム　1151

　6・4・4　視聴覚音声知覚の神経基盤　1152

　6・4・5　視聴覚音声知覚の言語差・個人差　1152

　6・4・6　視聴覚音声知覚の発達　1153

6・5　音声の音響分析（acoustic analysis of

xxi

speech) 1153

6・5・1 音声の音響分析とは 1153

6・5・2 音声の生成プロセスとそのモデル 1154

6・5・3 音声に含まれる情報とその音響的対象物 1154

6・5・4 音声の音響的分析 1155

6・6 パラ言語情報 1158

6・6・1 言語情報・非言語情報・パラ言語情報 1158

6・6・2 パラ言語情報の生成 1159

6・6・3 パラ言語情報研究の諸問題 1162

6・6・4 今後の展望 1163

6・7 個人性情報の知覚 1163

6・7・1 声が伝達する話者に関わる情報 1163

6・7・2 話者の属性の関数としての声の多様性 1164

6・7・3 音声信号としての声の生成機序 1164

6・7・4 生成過程での声の個人差の発現 1165

6・7・5 話者の類似性判断からのアプローチ 1165

6・7・6 話者の顕著性を際立たせる音響パラメータ 1166

6・7・7 新しい声の学習と話者の同定 1166

6・7・8 声の同一性の表現とプロトタイプ 1167

6・7・9 声の認知研究と社会的な応用 1167

6・8 感情音声の知覚・認知 1168

6・8・1 感情音声の記述 1168

6・8・2 感情音声の表出 1168

6・8・3 感情音声の加工 1170

6・8・4 感情音声と表情の相互作用 1170

6・8・5 言葉の感情的意味が感情音声の知覚・認知に及ぼす影響 1172

6・9 言語獲得と音声知覚の発達 1174

6・9・1 韻律情報 1174

6・9・2 母語の音韻体系 1174

6・9・3 単語音声 1176

6・10 音声単語認知 1178

6・10・1 音声単語認知に関わる特性 1178

6・10・2 音声単語認知モデル 1179

6・10・3 研究の動向 1184

文献 1185

第IV部　触覚
【和氣 典二】

第1章　機械的刺激の物理量 ——————————————————————— 1206
［斎田 真也］

1・1 物理量および皮膚の機械的特性 1206

1・2 機械的刺激呈示装置 1207

文献 1208

第2章　触覚の生理学 ——————————————————————————— 1210
［北田 亮］

2・1 末梢神経系 1210

2・1・1 皮膚と受容器 1210

2・1・2 機械受容器の特性と役割 1212

2・1・3 自由神経終末の特性と役割 1213

2・1・4 有毛部の受容器 1214

2・1・5 皮膚以外の受容器 1214

2・2 末梢から中枢神経系へ 1214

2・3 大脳皮質の基礎知識と活動の計測方法 1216

2・4 大脳皮質での触覚の情報処理 1217

2・4・1 一次体性感覚野 1217

2・4・2 二次体性感覚野 1219

2・4・3 島 1220

2・4・4 他の脳部位 1220

2・5 物体の認識に関わる脳内ネットワーク 1220

2・5・1 物体的属性の分散的処理モデル 1220

2・5・2 脳機能イメージング研究 1220

2・5・3 空間的な触知覚に関わる脳領域 1221

2・5・4 素材の触知覚に関わる脳領域 1222

2・5・5 物体的属性の統合と視覚野 1222

2・6 視覚障害者の脳内ネットワーク 1223

目　次

2・7　感情的触覚に関わる神経基盤　1225
2・8　最後に　1225

文献　1225

第3章　温度感覚 ——————————————————— 1230

［何　昕霓］

3・1　温度を感じるしくみ　1230
　3・1・1　温度受容器　1230
　3・1・2　感覚伝導路　1231
3・2　温度感覚の特性　1232
　3・2・1　知覚感度と知覚強度　1232
　3・2・2　空間・時間特性　1235

3・2・3　温度感覚における錯覚　1237
3・3　温度感覚と材質認識　1238
　3・3・1　物理的プロセス　1238
　3・3・2　温度手がかり（thermal cues）に基づく材質
　　　　　　の知覚および認知プロセス　1239
文献　1240

第4章　痛みとかゆみ ——————————————————— 1244

［望月　秀紀］

4・1　はじめに　1244
4・2　皮膚から脳へ　1245
4・3　体性感覚野　1245
4・4　帯状回　1247
4・5　頭頂葉内側部　1247
4・6　島皮質　1248
4・7　ドーパミン神経システム　1249
4・8　心理的要因による痛みやかゆみの抑制　1249
4・9　触刺激によって痛みが抑制されるメカニズム
　　　1250
4・10　かゆいところを掻くとかゆみが抑制されるメカ

ニズム　1250
4・11　掻くと気持ちいいのはなぜ？　1251
4・12　慢性疼痛や慢性掻痒　1251
4・13　痛みを想像する　1252
4・14　かゆみを想像する　1253
4・15　かゆそうな画像を見ているときの脳活動
　　　1253
4・16　脳を標的とした痛みやかゆみの抑制法　1255
4・17　おわりに　1255
文献　1256

第5章　触覚の研究史と現象的理解 ——————————————— 1260

［東山　篤規］

5・1　ハプティクスとは　1260
5・2　Weberの研究　1261
5・3　感覚点　1262
5・4　混触による複雑な体験の生成　1264
5・5　筋肉の感覚　1265
5・6　Katzの研究　1267
　5・6・1　触の現れ方　1267
　5・6・2　触質と触識　1268
　5・6・3　振動感覚と空間感覚　1269
　5・6・4　触印象の視覚イメージと言語化　1269
5・7　点字を含む触図形　1270

5・8　身体の定位と触空間　1271
　5・8・1　能動触に必要な感官（皮膚あるいは関節）の
　　　　　　通常の位置を変えたときに生じる錯覚　1271
　5・8・2　意図された習慣的行為の遂行ができなくなっ
　　　　　　たときに生じる錯覚　1272
　5・8・3　視覚的印象によって能動触が影響される錯覚
　　　　　　1272
　5・8・4　接触対象の運動の形や運動の方向に関する錯
　　　　　　覚　1272
5・9　能動触と視覚の関係　1272
文献　1273

xxiii

第6章　触覚の感度と解像力───────────1279
［仲谷 正史・植﨑 梨乃］

6・1　身体の触覚感度と空間解像度　1279
　6・1・1　手先の触覚の感度と空間解像度　1279

6・1・2　健康状態に依存した触覚感度の研究　1285
文献　1286

第7章　触覚における仮現運動───────────1290
［斎田 真也］

7・1　一過性の圧刺激による仮現運動（黎明期の研究）
　　　1290
7・2　振動および電気パルス刺激による仮現運動：最適
　　　SOA と刺激呈示時間の関係　1290
7・3　対側間の仮現運動：体外，体内間の振動感覚の移
　　　動　1292
7・4　最適 SOA と刺激呈示間隔（距離）：視覚におけ
　　　る Korte の第3法則との関連　1293
7・5　ファンタム感覚と実刺激との間の仮現運動
　　　1293

7・6　振動周波数の効果　1294
7・7　視覚経験の関与　1294
7・8　仮現運動に関わる神経機構：脳内における情報処
　　　理　1294
　7・8・1　fMRI による研究　1294
　7・8・2　MEG による研究　1295
7・9　皮膚"うさぎ"錯覚　1295
文　献　1296

第8章　触空間知覚───────────1300
［和氣 典二］

8・1　触空間は存在するか　1300
8・2　触対象の探索モード　1301
8・3　受動触による文字の可読性　1301
8・4　Water jet Braille 装置（ウォータージェット点
　　　字装置）　1303
8・5　ペーパーレス点字装置（paperless Braille 装置）
　　　1303
8・6　能動触による文字の可読性　1304
8・7　能動触／受動触モードによる触図形認知の視覚的

　　　体制化　1306
8・8　健常若年者の触図形認知における視覚的体制化
　　　1307
8・9　情報収集の大きさ（範囲）と視覚的体制化
　　　1308
8・10　観察者の特性と触図形認知における視覚的体制
　　　化　1310
文献　1313

第9章　身体外部の物体と空間の特性を触的に知覚する際に生じる錯覚───────1316
［和氣 洋美・大森 馨子］

9・1　幾何学的錯視図形の触的錯覚　1316
　9・1・1　長さ・大きさに関する触的錯覚　1317
　9・1・2　角度・方向に関する触的錯覚　1318
　9・1・3　触覚における主観的輪郭線効果　1319
　9・1・4　触的錯覚とストラテジー　1319
　9・1・5　触的錯覚と視覚化　1320
　9・1・6　触的錯覚の神経心理学・神経生理学的アプ
　　　　　ローチ　1320
9・2　皮膚の変形等による形の触錯覚　1321
　9・2・1　円盤を指で回転すると楕円に感じられる触的
　　　　　錯覚　1321

　9・2・2　凹凸反転錯覚　1322
　9・2・3　輪郭強調錯覚と触覚コンタクトレンズ
　　　　　1323
　9・2・4　平らな板が湾曲した板に感じられる疑似触錯
　　　　　覚　1324
　9・2・5　触的湾曲の残効　1324
　9・2・6　湾曲に対する触的同時対比効果　1324
9・3　物体の性質に関する触錯覚　1325
　9・3・1　実際の面のテクスチャと仮想面のテクスチャ
　　　　　1325
　9・3・2　物体の硬さ・軟らかさと剛性（変形のしづら

目　次

さ）　1325

9・3・3　温熱の錯覚　1325

9・3・4　重さの錯覚　1327

9・4　空間に関する触錯覚　1328

9・4・1　触空間の異方性・斜め効果　1328

9・4・2　閉眼描画の縮小現象　1329

文献　1329

第10章　身体に関する触的錯覚および触錯覚の応用 ————————— 1338

［和氣 洋美・五十嵐 由夏］

10・1　身体に関わる触的錯覚　1338

10・1・1　Aristoteles の錯覚（交差指錯覚・触覚の複視）　1338

10・1・2　身体図式を変容させる触的錯覚　1339

10・1・3　身体運動残効と触運動残効　1343

10・2　マルチモーダル錯覚：触錯覚への視聴覚の影響

／視聴覚への触覚の影響　1344

10・3　触覚・触錯覚研究の学際性と応用　1346

10・3・1　感覚代行機器の開発とその応用　1346

10・3・2　VR 環境における疑似触覚の生成とその応用　1347

文献　1353

第11章　行為と自己身体認識過程 ————————————————— 1361

［葭田 貴子］

11・1　複数感覚情報の統合と自己身体知覚過程　1361

11・2　種々の自己身体感覚モデルとマジカルナンバー300–500 ms　1362

11・3　自己身体の一部や全身の位置および形状の知覚

過程　1365

11・4　自己そのものの位置の知覚過程と一人称視野感覚など今後の展望　1368

文献　1373

第12章　点字と点字ユーザの多様性 ———————————————— 1377

［大島 研介］

12・1　はじめに　1377

12・2　点字の特徴　1377

12・2・1　点字とは　1377

12・2・2　点字のサイズ（物理的寸法）とその多様性　1377

12・3　点字ユーザの多様性　1379

12・3・1　点字ユーザの広がりと点字の識字率の低さ　1379

12・3・2　点字習得の効用　1379

12・3・3　点字ユーザの多様性と関連要因　1380

12・4　点字パターンの触知覚　1380

12・4・1　形の触知覚における点字の特徴　1380

12・4・2　点字のパターンごとの読み取りやすさ　1381

12・4・3　点字の配列はどのようにまとまって知覚されているか　1381

12・5　点字読書　1381

12・5・1　点字読書の特徴　1381

12・5・2　熟練の点字ユーザの点字読書における手の動き　1382

12・5・3　中途失明の点字ユーザにおける点字読書の習得・熟達の難しさ　1382

文献　1383

第13章　視覚障害教育における 3D プリンター活用と意義 —————— 1387

［大内 進］

13・1　立体教材活用の意義　1387

13・2　3D プリンターの概要　1387

13・2・1　さまざまな 3D 造形法　1387

13・2・2　主な 3D 造形法の概要　1387

13・3　触覚教材作製における 3D プリンターの活用事例　1388

13・3・1　触地図　1388

13・3・2　点字　1389

13・3・3 教科用触覚教材 1389

13・4 文化遺産やアートの分野における利用 1391

13・4・1 絵画の翻案と3Dプリンターの活用 1391

13・4・2 美術館・博物館における視覚障害者支援のための利用 1391

13・5 手でみる絵本と3D造形 1392

13・6 触覚教材用3Dデータの作製のためのガイドラインの策定 1392

13・7 3Dプリンターの活用と当事者の参加 1393

13・8 課題と展望 1393

文献 1394

第14章 触覚における感性問題：触り心地 ———————————————————— 1398
［渡邊 淳司］

14・1 触り心地に関する研究 1398

14・2 材質感の知覚 1398

14・2・1 材質感の主要因 1398

14・2・2 材質感の知覚メカニズム 1399

14・3 触り心地の言語表現 1399

14・3・1 形容詞 1399

14・3・2 オノマトペ 1400

14・3・3 言語表現と触り心地 1401

14・4 触り心地の感性評価 1402

14・4・1 材質感との関連 1402

14・4・2 オノマトペ分布図による把握 1402

14・4・3 触れる行為との関連 1402

14・4・4 感性評価と標準触素材 1403

文献 1403

第V部　前庭機能
【古賀 一男】

第1章 前庭感覚 ———————————————————————————————————— 1408
［古賀 一男］

文献 1410

第2章 前庭感覚器の構造と機能 ——————————————————————————— 1411
［古賀 一男］

2・1 前庭機能 1411

2・1・1 有毛細胞 1411

2・1・2 半規管 1413

2・1・3 耳石器官 1414

2・2 前庭器官と他感覚器官の相互関係 1417

2・2・1 前庭刺激による眼球運動の偏位 1417

2・2・2 前庭動眼反射の神経支配 1423

2・2・3 前庭・視覚協応運動と感覚 1424

文献 1425

第3章 重力と前庭器官 ——————————————————————————————————— 1427
［古賀 一男］

3・1 重力の意味 1427

3・2 重力と生体 1428

3・3 過重力，微小重力を負荷する実験方法 1429

3・3・1 過重力を負荷する研究 1429

3・3・2 直線加速度負荷装置 1430

3・3・3 落下塔装置によって微小重力を負荷する実験 1432

3・3・4 観測用ロケットを用いて微小重力環境を実現する実験 1433

3・3・5 パラボリック飛行によって微小重力を実現する方法 1433

3・3・6 スペースシャトル，宇宙ステーションなどの大規模なシステムを使用した微小重力実験 1436

3・3・7 その他の微小重力環境をミミック（疑似）す

る方法　1437

3・4　微小重力環境における研究　1439

　3・4・1　宇宙適応症候群　1440

　3・4・2　スペースシャトルを用いた生命科学実験
　　　　　1441

3・4・3　FMPT 宇宙実験の意義　1446

3・4・4　前庭感覚と重力の関係について残されたいく
　　　　つかの課題　1447

文献　1450

第 VI 部　嗅覚
【綾部 早穂】

第1章　ニオイの受容機構 ―――――――――――――――― 1454
［板倉 拓海・東原 和成］

1・1　嗅覚受容体　1454

　1・1・1　嗅覚受容体遺伝子の発見，機能の解明
　　　　　1454

　1・1・2　嗅覚受容体遺伝子レパートリー　1455

　1・1・3　嗅覚受容体とニオイ物質の対応関係　1456

　1・1・4　ニオイ物質の構造とニオイの質　1456

　1・1・5　嗅覚受容体の配列の多様性と嗅覚の個人差
　　　　　1457

1・2　ニオイ信号から電気信号への変換　1457

　1・2・1　嗅上皮，嗅神経細胞　1457

　1・2・2　シグナル伝達機構　1457

1・3　嗅覚一次中枢（嗅球）における情報処理　1458

　1・3・1　嗅球　1458

　1・3・2　嗅球におけるニオイ情報の表現　1458

　1・3・3　嗅球におけるニオイ情報の処理・伝達
　　　　　1458

1・4　ニオイの高次中枢における情報処理　1459

　1・4・1　嗅球から嗅皮質への投射パターン　1459

　1・4・2　嗅皮質および他の領域でのニオイ情報処理
　　　　　1459

文献　1461

第2章　嗅覚の精神物理学（心理物理学）―――――――――― 1464
［綾部 早穂・斉藤 幸子，小林 剛史，中野 詩織］

2・1　ニオイの閾値　1464

　2・1・1　ニオイの閾値の種類　1464

　2・1・2　検知閾　1464

　2・1・3　検知閾とニオイ物質の物理化学特性　1465

　2・1・4　ニオイの閾値の社会的問題への応用　1466

　2・1・5　ニオイの閾値を変動させる要因　1466

2・2　ニオイの感覚強度　1466

　2・2・1　ニオイの感覚強度の測定　1466

　2・2・2　ニオイの強度関数　1467

　2・2・3　混合したニオイの強度予測モデル　1467

　2・2・4　ニオイの感覚強度に影響する要因　1468

2・3　ニオイの順応と慣れ　1469

文献　1471

第3章　ニオイの知覚 ――――――――――――――――――― 1475
［杉山 東子，鈴木 まや，中野 詩織，山本 晃輔］

3・1　ニオイの同定　1475

　3・1・1　ニオイの同定とは　1475

　3・1・2　ニオイの同定に関わる要因　1475

　3・1・3　ニオイの同定能力を測定する方法　1476

3・2　ニオイの分類と知覚の世界における快−不快
　　　　1476

　3・2・1　ニオイの分類　1476

　3・2・2　ニオイの快−不快の機能と中枢反応　1479

　3・2・3　ニオイの快−不快を測る　1480

　3・2・4　ニオイの快−不快を規定するもの　1480

3・3　ニオイの知覚学習　1484

3・4　ニオイの記憶　1485

3・5　ニオイの条件づけ　1488　　　　　　　　　文献　1489

第4章　嗅覚と他の感覚の相互作用────────────────1500
［小川 緑, 鈴木 まや］

4・1　嗅覚と味覚　1500　　　　　　　　　　4・3　嗅覚と触覚　1503
4・2　嗅覚と視覚　1502　　　　　　　　　　文献　1504

第5章　ニオイによる生理・心理反応────────────────1508
［小早川 達, 中野 詩織］

5・1　脳神経細胞の電気的活動　1508　　　　　　　　　1510
5・2　ニオイの快-不快による生理反応　1509　　　5・5　ニオイに対する注意や関心　1511
5・3　ニオイによる痛みの緩和作用　1510　　　　　文献　1512
5・4　ニオイによる持続的注意や認知課題成績への影響

第 VII 部　味覚
【坂井 信之】

第1章　味覚と味────────────────1516
［坂井 信之］

文献　1518

第2章　味覚の分子生物学────────────────1519
［岩槻 健・日下部 裕子］

2・1　味覚受容器の形状　1519　　　　　　　　2・3・1　味刺激の変換および伝達に関わる分子
　2・1・1　味蕾を構成する細胞とその性質　1519　　　　　1526
　2・1・2　味乳頭と味蕾, その発生について　1520　　　2・3・2　シナプスを介さない味情報の伝達経路
2・2　味受容体の分子生物学　1522　　　　　　　　　1526
　2・2・1　味覚受容体の存在の予想　1522　　　　2・4　消化器に分布する味細胞　1527
　2・2・2　基本味の受容体の概要　1522　　　　　2・5　再生する味細胞と味神経終末　1528
　2・2・3　味覚受容体の発現と細胞構造　1525　　2・6　味細胞の培養系　1528
2・3　受容器における味刺激の変換　1526　　　　文献　1528

第3章　味覚の神経科学────────────────1533
［小早川 達, 諏訪部 武, 林 由佳子］

3・1　味神経線維の応答性　1533　　　　　　　3・2・1　孤束核における味覚情報処理　1536
　3・1・1　味神経　1533　　　　　　　　　　3・2・2　孤束核における味覚情報処理機構の発達
　3・1・2　味神経と味情報　1533　　　　　　　　　　1537
　3・1・3　味神経と味蕾形成　1535　　　　　　3・3　ヒト味覚中枢の非侵襲計測　1539
3・2　味覚中枢における神経情報処理とその発達　　　3・3・1　概要　1539
　　1536　　　　　　　　　　　　　　　　　3・3・2　PET による味覚関連脳部位の同定　1539

3・3・3 fMRI による味覚関連脳部位の同定　1539

3・3・4 事象関連電位による味覚応答の計測　1540

3・3・5 事象関連磁場による味覚応答の計測　1540

3・3・6 事象関連電位と磁場による味覚応答の同時計測　1542

3・3・7 ヒトの一次味覚野　1543

3・4 ヒト味覚の事象関連応答計測時の注意点　1544

3・4・1 刺激呈示法に関する国際基準　1544

3・4・2 国際基準を満たした味覚刺激呈示装置の使用例　1545

文献　1545

第4章　味覚の精神物理学―――――――――――――――――――1551

［河合 美佐子・笠松 千夏・坂井 信之］

4・1 実験法　1551

4・1・1 実験の環境・設備　1551

4・1・2 味刺激の調製法　1551

4・1・3 味覚刺激の呈示　1552

4・2 閾値と感受性　1555

4・2・1 閾の測定　1555

4・3 閾上の味覚の評定法　1555

4・3・1 直接法：ラインスケール　1556

4・3・2 直接法：マグニチュード推定法　1557

4・3・3 間接尺度：等価濃度測定　1559

4・3・4 経時的測定　1559

4・3・5 その他の測定法　1561

4・4 味覚の相互作用　1566

4・4・1 相互作用の様式とその判定　1566

4・4・2 相互作用のメカニズム　1567

4・4・3 相互作用の事例　1570

文献　1570

第5章　味覚の欲求と嗜好―――――――――――――――――――1575

［駒井 三千夫，八十島 安伸］

5・1 空腹・満腹要因　1575

5・1・1 満腹感の発生　1576

5・1・2 空腹感の発生　1576

5・1・3 食欲調節機構　1577

5・2 栄養要因　1580

5・2・1 栄養状態と食塩の嗜好性　1580

5・2・2 摂取タンパク質レベルとアルコールの嗜好性　1581

5・3 運動要因　1582

5・4 妊娠など体内環境の変化　1583

5・5 おわりに　1586

5・6 摂食に関わる動機づけ・学習と脳のしくみ　1586

5・6・1 概要　1586

5・6・2 摂食行動へと影響する感覚要因：味覚・嗅覚要因　1587

5・6・3 外発的な要因に基づく摂食　1588

5・6・4 一般飢餓と特殊飢餓　1588

5・6・5 学習性の食欲調節　1589

5・6・6 感情と摂食　1589

5・6・7 社会的要因　1590

文献　1590

第6章　味覚の異常・障害―――――――――――――――――――1599

［庄司 憲明］

6・1 味覚異常と味覚障害　1599

6・2 遺伝性味覚異常と味盲　1599

6・2・1 一塩基多型による味覚感受性の相違　1599

6・2・2 遺伝的味覚異常と疾患　1600

6・3 味覚障害　1601

6・3・1 味覚障害の臨床統計　1601

6・3・2 味覚障害の疫学調査　1601

6・3・3 味覚障害の分類　1602

6・3・4 味覚障害の原因　1603

6・3・5 味覚障害の治療　1603

6・4 味覚検査法　1604

6・4・1 問診　1604

6・4・2 臨床検査　1604

6・4・3 味覚機能検査　1604

文献　1606

第7章　料理・飲料と味覚 —————————————————— 1609
［荒木 茂樹，坂井 信之，二宮 くみ子］

7・1　はじめに　1609

7・2　料理とうま味　1609

　7・2・1　はじめに　1609

　7・2・2　食品中の主なうま味物質　1610

　7・2・3　和食における '出汁' の特徴　1610

　7・2・4　料理におけるうま味の役割　1612

7・3　飲料のおいしさ　1614

　7・3・1　嚥下運動計測法　1615

　7・3・2　ビール飲用時の嚥下運動と官能評価　1617

　7・3・3　ビール飲用時の嚥下運動とビール中の成分
　　　1617

　7・3・4　筋電図による飲みやすさの評価　1619

　7・3・5　まとめ　1619

7・4　おわりに　1620

文献　1621

第8章　味覚と他の感覚の相互作用 —————————————————— 1623
［坂井 信之］

8・1　嗅覚との相互作用　1623

　8・1・1　学習性の共感覚　1623

　8・1・2　相互作用に関する認知的要因　1624

　8・1・3　味覚と嗅覚の相互作用における時間的空間的
　　　要因　1625

8・2　味覚と他の感覚の相互作用　1626

　8・2・1　味覚と視覚の相互作用　1626

　8・2・2　味覚と聴覚の相互作用　1627

　8・2・3　味覚と触覚の相互作用　1628

8・3　おわりに　1628

文献　1629

第 VIII 部　時間知覚
【村上 郁也】

第1章　時間知覚研究の課題 —————————————————— 1634
［小野 史典，北澤 茂］

1・1　時間知覚研究の問題設定　1634

　1・1・1　心理的時間と物理的時間の関係　1634

　1・1・2　物理的時間に関する世界観の変遷　1634

　1・1・3　心理的時間の A 系列と B 系列　1636

1・2　時間知覚研究の方法論　1637

　1・2・1　時間の見当識　1637

　1・2・2　同時性判断　1637

　1・2・3　時間順序判断　1638

　1・2・4　時間長判断　1638

1・3　時間知覚の生物学的基礎の研究および症例研究
　　　1640

　1・3・1　A 系列の神経基盤　1640

　1・3・2　B 系列の神経基盤　1642

文献　1644

第2章　時間知覚のモデル —————————————————— 1649
［一川 誠］

2・1　同時性知覚と時間順序知覚　1649

2・2　時間の長さの知覚　1649

　2・2・1　時間の長さの知覚に関する研究の基礎
　　　1649

　2・2・2　時間の長さの知覚についてのモデル　1651

文献　1657

目 次

第3章　時間知覚の諸現象—————————————————1660

［藤崎 和香，村井 祐基，四本 裕子］

3・1　視覚運動，フリッカ，フラッタ，順応による知覚
　　　時間長の変容　　1660

　3・1・1　視覚刺激特性が知覚時間長に及ぼす効果
　　　　　1660

　3・1・2　聴覚や触覚について　　1661

　3・1・3　順応による知覚時間長の変容　　1661

3・2　知覚時間長の変容・クロノスタシス　　1662

　3・2・1　注意と時間長知覚　　1662

　3・2・2　予期的時間知覚と追想的時間知覚　　1662

　3・2・3　時間長知覚と passage of time judgment
　　　　　（POTJ）知覚　　1662

　3・2・4　知覚時間の変容　　1662

　3・2・5　クロノスタシス　　1664

3・3　時間知覚の履歴依存性　　1664

　3・3・1　時間知覚における履歴効果の諸現象　　1664

　3・3・2　履歴効果の計算モデル　　1666

　3・3・3　履歴効果の神経基盤　　1667

　3・3・4　時間知覚の履歴依存性研究の展望　　1667

3・4　クロスモーダルな知覚的同時性判断，時間順序判
　　　断　　1668

　3・4・1　事象時間，脳時間，主観時間　　1668

　3・4・2　主観的同時点に影響する諸要因　　1668

　3・4・3　主観時間の観察方法　　1670

　3・4・4　クロスモーダルな同時性判断における限界
　　　　　1673

3・5　サッケード眼球運動と時間知覚　　1674

3・6　二重フラッシュ錯覚，時間領域の腹話術師効果，
　　　その他の錯誤　　1675

文献　　1676

人名索引　　1680
和文事項索引　　1716
欧文事項索引　　1737

xxxi

第I部

総論

第1章　感覚・知覚研究の歴史

第2章　感覚・知覚測定法

第3章　脳の記録法・刺激法・破壊法

第4章　注意

第5章　ワーキングメモリ

第6章　感性・質感

第7章　多感覚

第1章　感覚・知覚研究の歴史

　感覚と知覚の心理学的研究の現状を正しく理解し，さらにその研究に新たな一歩を加えるためには，その研究史の大略を知っておく必要があろう。

　感覚と知覚の心理学的研究は，心理学が19世紀後半に独立した学問の地位を獲得する以前から，さまざまの領域の人々の手によってなされてきた。思弁的研究を含めれば古代ギリシャの哲学者たちにまで遡ることができるであろうが，ここでは実証的研究に限ることにする。

　以下では，年代順によらず，感覚と知覚の研究史上の主要なトピックスをいくつか取り上げ，それらがどのような立場から，どのような方法で研究され，どのような成果を上げ，その後の研究にどのような影響を与えているかの概略を述べることにする。あくまで，上記の目的に沿った範囲に止め，細部には立ち入らない。興味のある人は章末に示した文献を参照されたい。

（大山 正）

1・1　感覚研究

　今日の感覚の心理学は，19世紀の生理学者の研究に負うところが大である。偉大な生理学者であり物理学者であるとともに心理学に大きな影響を与えている Hermann L. F. von Helmholtz（1821-1894）の著『生理光学ハンドブック（*Handbuch der physiologischen Optik*）』（1856-1866）と『聴覚論（*Die Lehre von den Tonempfindungen*）』（1863）は，それらの成果の集大成ともいえよう。以下では19世紀の感覚研究の重要な成果について2，3述べよう。

　その後の感覚研究にきわめて重要な影響を与えたものとして，まず Johannes P. Müller（1801-1858）の特殊感官エネルギー説（独 die Lehre von den spezifischen Sinnesenergien，英 theory of the specific energies of senses）あるいは特殊神経エネルギー説（the doctrine of specific energies of nerves）として知られている学説が挙げられる。その主要部分は「感覚は，感覚領が神経を媒介として，かつ外的原因の結果として，外界の事物ではなく，感覚神経自体の性質や状態に関する知識を受けとることによって成り立つものである。このような感覚神経の性質は各感官で異なっていて，各感官の神経はそれぞれ固有の性質すなわち固有のエネルギーをもつ」（Müller, 1838：Herrnstein & Boring, 1965, p. 31 による）である。彼は，ここで，まず感覚は外界の反映ではないことを明確に指摘している。たとえば視覚は光線を目に受けて生じるが，光線の物理的性質がそのまま視覚神経に伝わるわけではなく，視覚神経に固有な性質（これを彼は特殊神経エネルギーと呼んだ）が光の感覚を生じさせているのだと主張する。したがって，光線以外の原因（たとえば眼球に対する圧）によって視覚神経が興奮したときにも，光線による刺激による場合とまったく同様な光の感覚が生じることになる。すなわち，不適当刺激（inadequate stimulus）による感覚の生起は，彼のこの説によって適切に説明される。また，視，聴，嗅，味，触の各感覚モダリティ（sense modality）の差は，それぞれの感覚神経の性質（特殊神経エネルギー）の差として説明された。

　この J. P. Müller の説を感覚モダリティの差だけでなく，さらに，同一感覚モダリティ内の感覚の質（quality）の差にも拡張させて適用したのが，Young-Helmholtz の三色説（trichromatic theory）と Helmholtz の聴覚の共鳴説（resonance theory）である。Thomas Young（1773-1829）は，19世紀

初頭に，赤，緑，菫の3種の光線にそれぞれ共振する神経のフィラメントがあると仮定して，すでにNewtonが見いだしていた混色の現象を説明した（Young, 1802）。しかし，Youngの説が発表されたのは，Müllerの特殊感官（神経）エネルギー説が提出されるよりだいぶ前のことであったため，その時代の学者によって受け入れられるところとはならなかった。ところが，これより半世紀以上経ってからHelmholtz（1860：Herrnstein & Boring, 1965による）が，Müllerの説に基礎づけてYoungの説を定式化すると，人々の注目するところとなり，その後，Young-Helmholtzの三色説と2人の名を冠して呼ばれるようになった。Helmholtz（1863：Herrnstein & Boring, 1965による）は，さらに音の高さの弁別の基礎を，内耳の蝸牛の基底膜を横断する線維が長さの長短に応じて，それぞれ共鳴する固有振動数が異なり，またそれぞれ別の神経線維と連絡しているためと考えた。

このような特殊感官（神経）エネルギー説の考え方は，さらに皮膚や網膜上の位置の差異に応じて，異なった感覚の性質が生じるという，後述の局所徴験説の基礎ともなっている。また近年におけるHubel & Wiesel（1959, 1962）による大脳視覚野における方位検出器（orientation detector）の発見とともに提出された，特徴的な空間的性質の知覚はそれぞれの性質に対応する特徴検出器（feature detector）に基づくとする理論モデルの原流とも考えられる。

一方，E. H. Weber（1795-1878）は，後に述べるように，重さの弁別に関する有名な研究（Weber, 1834：Herrnstein & Boring, 1965による）により，弁別閾が刺激の絶対値が増加するのにほぼ比例して増加する実験事実を発見し，Fechnerの精神物理学（心理物理学）の基礎を築いた。Weberは，また皮膚面に，種々の間隔に開いたコンパスの2本の脚を同時に接触させて，1点と感じるか2点と感じるかを調べる実験によって2点閾（two-point limen）の測定を行っている。彼は，その結果に基づいて，皮膚表面が，多くの神経線維それぞれの感受範囲である感覚圏（sensory circle）に分かれているという説を唱えている。これは，今日の受容野（receptive field）の概念の先駆をなすものともいえよう。

二重視覚説（duplicity theory of vision）も，19世紀の感覚研究が達成した重要な成果である。19世紀半ばにH. Müller, A. Köllikerらの網膜の解剖学的研究によって桿体（rod）と錐体（cone）の区別が明らかにされ，つづいてM. Schultzらによって，網膜の中心から周辺に行くにしたがって，錐体の分布が少なくなるとともに色覚弁別も視力も減退するという事実，および夜行動物に錐体が見いだし難い事実が指摘された。さらに1870年代には，F. Boll, W. Kühnらによって桿体中の視紅（visual purple）の光による褪色反応が研究された。これらの研究成果の蓄積に基づいて，明所視と暗所視，中心視と周辺視，色覚と明るさ感覚などにおける錐体と桿体の機能の差異に関する体系的理論である二重視覚説がJ. von Kriesによって1894年に提出された（Boring, 1942）。

（大山 正）

1・2　生得説と経験説

John Lockeは，その著『人間知性論（*An essay concerning human understanding*）』（1706）第2巻の第9章において，彼の友人William Molyneuxが提起した問題について次のように述べている。「生まれつきの盲人が今は成人して，同じ金属のほぼ同じ大きさの立方体と球体を触覚で区別することを教わり，それぞれに触れるとき，どちらが立方体で，どちらが球体かを告げるようになったとしよう。それから，テーブルの上に立方体と球体を置いて，盲人が見えるようになったとしよう。問い。盲人は見える今，触れる前に視覚で区別でき，どちらが球体で，どちらが立方体かを言えるか」（Locke, 1706 大槻訳，1972, p. 205）。LockeもMolyneuxもこの問いに否と答えている。

この問いは後に，Molyneux問題（Molyneux's problem）と呼ばれるようになったものであるが，われわれが眼前の世界を知覚できるのは，生まれながらにもっている人間の能力によるものであろうか，それとも生後の経験によるものであろうかを端的に問うたものである。このうちの前者の立場を生得説（nativism），後者の立場を経験説（empiricism）とい

う。知覚研究の一つの大きな側面は，この問いをめ
ぐって発展してきたともいえる。特に空間知覚の研
究史は，それをよく表している（Boring, 1942, 1950;
Hochberg, 1962）。

　生得説の源は，René Descartes の本有観念
（idea innata）の思想まで遡ることができる。ま
た Immanuel Kant が時間と空間を先天的直観（独
Anschauung a priori）と論じたのも生得説とい
える。前出の特殊感官エネルギー説を唱えた J. P.
Müller は，空間知覚についても，神経線維の空間配
列が，そのまま知覚される空間関係に反映されると
して，生得説の立場に立っている。

　また Hering（1864：Herrnstein & Boring, 1965 に
よる）は，さらに組織的な生得的空間知覚説を提唱
した。すなわち，彼は，両眼網膜の各点が上下，左
右，奥行きに関して，それぞれ異なった空間感覚を生
得的に備えていると考えた。それらの空間感覚の値
は，網膜の中央から離れるほど大となり，その符号
は，網膜上の上下左右の位置に応じて正負に分かれ
ているとした。その際，両眼の対応点間で，上下左
右に関する空間の感覚の値は同一符号であるが，奥
行きに関しては符号が両眼で反対であると仮定され
た。この仮定によると，ある対象が両眼の網膜に結
像すると，両眼における結像点の上下，左右に関する
空間感覚の値の和に応じて，その対象の方向が知覚
され，奥行きに関する空間の感覚の値の和に応じて，
注視点との相対的奥行きが知覚されることになる。

　Hering の後も，Stumpf は空間的性質は，色と同
様に，視覚に本来備わった性質であるという生得説
の立場を主張した。またゲシュタルト心理学も，後
述のように心理物理同型説の立場に立つ点で広義の
生得説といえよう。

　一方，経験説は，その源を J. Locke まで遡ること
ができよう。彼は Descartes のいうような本有観念
（生得観念）を否定し，人の心は本来，白紙（tabula
rasa）の状態であり，すべての観念は経験によって
与えられると主張した（Locke, 1706 大槻訳, 1972）。
空間知覚の問題を経験説の立場から組織的に考察し
たのは，George Berkeley である。彼はその著『視
覚新論（An essay towards a new theory of vision）』
（1709）において，次のように述べている。「距離そ

のものは，直接的に見ることはできない。なぜなら，
距離はその一端を目に向けている直線であり，目の
基底には 1 点を投影しているに過ぎないからであ
る」「かなり遠い対象の距離に関するわれわれの見積
りは，感覚のはたらきによるというよりもむしろ経
験にもとづく判断のはたらきによるということも，
人びとから認められているようである」（Berkeley,
1969, p. 13）。そこで彼は，その後，奥行き知覚の手
がかりとしてあげられるようになった輻輳，調節，
大気遠近法，重なり合い，網膜像の大きさ（現代の
用語による，II・13 参照）と経験との連合によって距
離の知覚が成立すると主張した。

　また Rudolf H. Lotze（1817-1881）は，局所徴験
（独 Lokalzeichen, 英 local sign）の概念を用いて空
間知覚を説明した。すなわち皮膚上の各位置，網膜
上の各位置は，それぞれの位置に特有な感覚の性質
をもつと考え，それを局所徴験と呼んだ。しかし，
本来その局所徴験自体には空間性はなく，それぞれ
の局所徴験が身体や眼球の運動と経験を通して連合
したときに，空間性が獲得されると考えた。たとえ
ば網膜上のそれぞれの点の局所徴験と，その点に結
像した対象を注目するときの眼球運動量とが連合す
ることにより，それぞれの局所徴験が空間的に秩序
づけられると考えた。生得的な局所徴験に経験的に
空間性が付与されていくという生得・経験両説の折
衷説である（Boring, 1942）。

　Helmholtz は前述のように特殊感官（神経）エネ
ルギー説に基づいて三色説や共鳴説を提唱している
点で，感覚レベルにおいては生得説の色が濃いが，
知覚に関してはイギリス経験論の影響を強く受け
て，経験説の立場にある。それをよく表しているの
が彼の無意識的推論（独 unbewusster Schluss, 英
unconscious inference）の説である。彼は『生理光
学ハンドブック』の第 3 巻の序論において次のよう
に述べている。「われわれの前方のある場所に，ある
性質をもつ対象が存在するという判断に到達させる
心的活動は，一般に意識的活動ではなく，無意識的
活動である。それらは，それらがもたらす結果にお
いて，推論に等しい。われわれの感覚に及ぼす観察
される作用から，その作用の原因となるものの観念
をうるという点において，それらの無意識的活動は

推論と等しい役割を果たしている。もちろん，われわれが直接に知覚するものは，常に神経の興奮，すなわち作用であって，けっして外的対象そのものではない。通常の意味での推論と，この無意識的活動が違っているのは，推論が意識的思考によるものである点である」（Helmholtz, 1910, S. 5-6）。

　彼は，このなかでわれわれが直接知覚するのは神経の興奮であると述べ，特殊感官エネルギー説の立場を堅持しながら，その興奮を生じさせる原因となった外界の対象を無意識的に推論するという説を展開している。そして，この無意識的推論は，過去経験における連合と反復によって形成されるもので，抵抗しがたいものであり，意識的にこれを修正することはできないとしている。

　経験説は，その後，知覚の問題に限らず，心理学全体における過去経験重視の傾向（たとえば行動主義における学習の重視）に支えられて，多くの人々によって唱えられてきた。後述する New Look 心理学，Brunswik の確率論的機能主義，transactionism，さらには比較的最近の Gregory (1966, 1970) の説もこの系列に入れられよう。

　このような生得説と経験説との論争に対して，実証的研究により解答を求めようとする試みが多くなされてきている。その一つは前出の Molyneux の疑問に答えて，実際に開眼手術を受けた後の先天性盲人の空間知覚を調べようとする試みである。これは Senden (1932) が多くの症例を集め検討し，わが国でも鳥居 (1982) らにより研究が進められている（II・16・2参照）。もう一つの試みは，逆転眼鏡などの着用により人為的に視野を変換し，新しい知覚状況への順応過程と，着用停止後の残効を調べる研究であり，Stratton (1897) 以来多くの研究がなされ，わが国でも盛んである（I・8・3参照）。第3に，動物を用い，生後の知覚経験に人為的制限ないし変化を加えて，その後の知覚行動への影響を調べるもので，たとえば照明が下方から与えられる環境で育てたヒヨコの立体知覚に及ぼす明暗手がかりの影響を調べた Hess (1950) の研究や，暗黒中で育てた動物の視覚的断崖（visual cliff）に対する反応を調べた Gibson & Walk (1960) の研究などがその例である。

（大山 正）

1・3　精神物理学（心理物理学）

　精神物理学（英 psychophysics, 独 Psychophysik）という独特な名称は，G. T. Fechner (1801-1887) に由来する。彼はライプチヒ大学の物理学教授であったが，病を得て療養と思索の生活に入った。その間に着想したのがこの精神物理学である。彼の著『精神物理学』Elemente der Psychophysik (1860) の序文によれば，精神物理学とは身体と精神の関係に関する精密理論であり，物理学と同様に，経験と，経験的諸事実の数学的結合の上に基礎づけられなければならないという（Fechner, 1907）。もっと一般的にいえば，物質世界と精神世界，物理的世界と心理的世界との関連の解明を目指したものである。

　このように，Fechner が意図したものは，大変哲学的なものであったが，彼が実際に行ったのは，物理的世界に属する刺激強度と心理的世界に属する感覚の強さとの数学的関数関係の究明であった。彼は，それを実行するにあたって，後世の Stevens (1957, 1961) のように，感覚の強さを直接的に数量化することはせず，弁別閾を単位として間接的な方法で数量化することを企てた。すなわち，Fechner は，感覚の大きさそのものは測ることができないものであり，二つの感覚は大きいか，等しいか，小さいかの比較ができるに過ぎないと考えた。そこで，大小関係が区別できる最小の刺激強度差すなわち弁別閾（differential limen）あるいは丁度可知差異（just noticeable difference：JND）を単位として，感覚の大きさを間接的に表そうとした。つまり，二つの感覚の大きさの差は，その間に，いくつの弁別閾が介在しているかによって表し，個々の感覚の大きさは，感じうる最小の刺激すなわち刺激閾（stimulus limen）に何個の弁別閾を加えると，その感覚の大きさに達するかによって表そうとした。その際，弁別閾の大きさは，刺激の強度の水準に応じて変化するから，加える刺激量は次第に変化してゆく。まず刺激閾に相当する刺激強度を求め，次にどれだけ刺激強度を増加させれば，それより大きいと初めて感じる刺激強度となるかを調べる。さらに，こうして求められた第2の刺激強度を基準として，それより大

きいと初めて感じる第3の刺激強度を求める。このような操作をくり返して，問題の感覚の大きさを生じさせる刺激強度に到達するためには，刺激強度の増加を何回行えばよいかにより，感覚の大きさが測定できる。しかし，このような面倒な操作を実際に行わなくても，当時すでに知られていた Weber の法則を用いれば，必要な刺激強度の増加の回数が推定できることが Fechner により指摘された。

すでに Weber は，重さの弁別の実験を行い，弁別閾の値は一定せず，基準となる重さの増大とともに比例的に増大することを見いだしていた。彼は，たとえば，30・半オンスと29・半オンスがやっと弁別できる人は，30ドラムと29ドラムがやっと区別できる例（1ドラム＝1/8・半オンス）を挙げ，われわれは物の間の差異そのものを知覚するのではなく，物の大きさに対するこの差異の比率を知覚するのであると述べている（Weber, 1834：Herrnstein & Boring, 1965 による）。この重さの弁別の例では弁別閾は基準の重さの1/30ということになる。さらに彼は，視覚で長さを弁別する際には1/100，音の高さの弁別のときには1/160-1/322という値を挙げている。現在，このような弁別閾の刺激強度に対する比率を Weber 比（Weber fraction）と呼んでいる。

Fechner は Weber が見いだしたこの事実を Weber の法則（Weber's law）と名付け，これに基づいて，彼自身の理論を展開した（Fechner, 1907）。まず Fechner は，Weber の法則が一般的に成立すれば，次の式が成り立つとした。

$$dγ = k \frac{dβ}{β} \tag{1}$$

ここで，$β$ は刺激強度，$γ$ は感覚の大きさ，$dβ$, $dγ$ は刺激強度と感覚の大きさの微小の増分を示している。k は比例定数である。彼は式(1)を基本公式（独 Fundamentalformel, 英 fundamental formula）と呼んだ。

ここで式(1)の両辺を積分すれば，

$$γ = k(\log β - \log b) \tag{2}$$

となる。ただし $\log b$ は積分定数である。式(2)を変形すれば，

$$γ = k \log \frac{β}{b} \tag{3}$$

となる。彼はこの式(3)を測定公式（独 Massformel, 英 measurement formula）と呼んだ。彼はこの公式の内容を次のように表している。「感覚の大きさ（$γ$）は，刺激の絶対的大きさではなく刺激の大きさの対数に比例する。ここで刺激の大きさは，閾値（b）すなわち感覚が生じかつ消失する刺激値を単位としている。要するに，感覚の大きさは基本的刺激値の対数に比例する」（Fechner, 1907）。これがその後 Fechner の法則（Fechner's law）と呼ばれるようになったものである。これは習慣的に法則と呼ばれているが，Weber の法則から理論的に導出されたもので，それ自体は実験法則ではない。

この Fechner の法則に対しては，その後さまざまな批判が提起されているが，そのうちの主要なものを次に述べる。第1に Fechner が彼の法則の基礎とした Weber の法則が一般的に成り立つか否かに関する疑問である。たしかに刺激強度の変化範囲を広くすると Weber 比は一定とならない場合が生じる。一般に，刺激強度が小さい間は Weber 比が大となり，刺激強度が増大すると次第に Weber 比が減少し，その後ほぼ一定となる傾向がある。しかし，Weber 比が一定とならなくても，刺激強度の関数として Weber 比を表す数式を確定しさえすれば，それを積分して Fechner の法則に代わる理論式を導くことができる。すなわち Fechner と同じ考え方に従った Fechner の法則の修正である。

第2に Fechner は弁別閾に対応する感覚の大きさの変化を，感覚の大きさの最小の変化と考えている一方で，それより微小な感覚の大きさの連続的変化を仮定して，微分式を導入している点の矛盾に関する批判である。この矛盾を避けるためには，式(1)のような微分方程式を用いずに感覚尺度を導く方法が考えられている（Luce & Edwards, 1958）。

第3に弁別閾がはたして常に等しい感覚の差異に対応しているかに関する疑問である。たとえば ABC の三つの刺激強度があり，AB 間と BC 間にそれぞれ同一個数の弁別閾が存在するとき，AB 間の差異が BC 間の差異と等しく感じられるかの疑問がある。ここで Weber の法則が成り立っているならば，$B = \sqrt{A \times C}$ が成り立たなければならない。これは Plateau, Delboeuf らにより，検討された（Titchener,

1905)。

第4は，Fechner の法則がはたして Fechner が意図した心身の関係を表しているか否かの疑問である。彼が究極的に追求したかったのは生理的過程と感覚との関係であり，彼はこれを内的精神物理学（独 innere Psychophysik，英 inner psychophysics）と呼び，刺激と感覚に関する外的精神物理学（独 äussere Psychophysik，英 outer psychophysics）と区別していた。Fechner の法則は外的精神物理学に属する成果であるから，これがはたして生理過程と感覚との真の心身関係を反映しているかはすこぶる疑問である。むしろ，Fechner の法則はともに物理的世界に属する刺激と生理過程の量的関係を反映している可能性が強い。この点で，彼の法則は Fechner の本来の意図に反したものである。しかし，それでも今日の心理学者の関心における，Fechner の法則の価値は少しも低下しないであろう。

Fechner が今日の心理学に与えている大きな貢献は，むしろ，彼が，刺激閾，弁別閾等の測定法を確立した点であろう。彼は，すでに何人かの研究者により散発的に用いられていた測定法を3種に分類して体系化し，丁度可知差異法（独 Methode der eben merklichen Unterschiede，英 method of just noticeable differences），当否法（独 Methode der richtigen und falschen Fälle，英 method of right and wrong cases），平均誤差法（独 Methode der mittleren Fehler，英 method of average error）と名付けた。これらはその後，それぞれ極限法，恒常法，調整法に発展し，精神物理学的測定法と総称して，現在も広く用いられている（I・2・1参照）。Fechner が時に実験心理学の実質的な創始者とされるのは，実験心理学の発展に非常に重要な役割を果たしている精神物理学的測定法を確立した彼の功績によるところが多いであろう。

一方，Fechner が，感覚を測定し，感覚尺度を作ることを組織的に試みたことも彼の大きな貢献であろう。Stevens（1961）は，「『精神物理学』百年記念シンポジウム」で "To honor Fechner and repeal his law" と題する講演を行い，この面の功績を称えているが，Stevens 自身はより直接的な感覚測定法

を考案し，感覚の大きさを刺激のべき関数で表すことを提案している（I・2・2参照）。

現在 psychophysics の語はさまざまに用いられているが，一般に，刺激の物理的性質と，その刺激によって生じる感覚・知覚との間の量的関係を研究する実験心理学の分野を指す。これは Fechner のいう外的精神物理学の伝統を継いだものであり，刺激と感覚・知覚の間を媒介する生理過程等には言及しないことが多い。また，その多くの場合，精神物理学的測定法で得られる刺激閾，弁別閾，主観的等価点などの測定値が感覚・知覚の指標とされている。

（大山 正）

1・4　主観的方法と客観的方法

感覚と知覚の研究には二つの側面がある。研究者が自分自身の感覚・知覚経験に基づいて，これを研究しようとする場合と，光や音などの刺激に対する他人または他の動物の行動に基づいてそこに介在すると推定される感覚・知覚過程を研究する場合である。おそらく，感覚や知覚の問題が人々の関心を呼び，研究の対象とされたきっかけは多くの場合，自分自身の主観的経験であったろう。残像や錯覚が人々の関心をひいたのは，それぞれの人が自分で体験するからであろう。しかし，自分と他人の見え方の違い，聞こえ方の違いから研究が出発する場合もある。John Dalton が，色盲の研究に着手したのは，Dalton 自身が色盲で，周囲の人々と色の見え方が違うらしいことに気づいたからであったという（原，1951）。また，ある生物（たとえばミツバチ）が色の区別ができるか否かといった他者の弁別行動に関する疑問から，感覚研究が出発することもある（Frisch, 1969）。

感覚・知覚の研究史の上においても，主観的方法と客観的方法は明らかな対照を示している。色の研究における Newton（1642-1727）と Goethe（1749-1832）の方法の違いがその典型的な例である。Newton は，その著『光学（Opticks）』（1704）に記しているように，室内に入る一条の太陽光をプリズムを通して分散させ，壁面に赤から菫までの7色のスペクトルを投射させ，助手と2人で，赤，橙，黄，緑，青，藍，菫の範囲を測定した（Newton, 1704

第Ⅰ部　総論

阿部・堀訳，1940, p. 117）。ここには Newton 自身の体験に基づくというよりは，万人共通の現象を助手と自分が代表して観察しようとする自然科学者の態度が認められる。彼の色覚研究へのおもな貢献は，このようにして分散させた光をレンズを用いて集光させると再び白色光に戻ること，さらに分散させた光の一部のみを集光させると混色が生じることを発見し，混色の原理の基礎を確立したことである。すなわち，客観的手法を用いて，色覚の生じる物理的条件を明らかにしたもので，客観的研究法の代表例といえる。

　一方 Goethe は,その著『色彩論 (*Zur Farbenlehre*)』(1810) において,この Newton を批判した。彼がプリズムを用いた際には，自分自身の目の前にそれを置いて，白壁を見たが,スペクトルは現れなかった事実から，Newton の説は誤りであるとした（Goethe, 1810 菊池訳，1952, p. 368）。これは物理学的に明らかに誤りであるが，自分自身の主観的経験を重んじる彼のこのような研究態度は，色順応，色対比，残像などの研究にすぐれた貢献を生み出している（Goethe, 1810 石原・島地訳，1942）。Newton の客観的研究方法と Goethe の主観的研究方法はたがいに補い合って，それぞれ今日の色覚研究の主要領域の基礎を築いた（Ⅱ・6，Ⅱ・7 参照）。

　このうちの Newton が用いた客観的研究法は，その後 Fechner らによって確立された精神物理学的方法につながり，Goethe が用いた直接的観察に基づく方法は，後述の実験現象学的方法に発展したといえよう。これに対して，Wilhelm Wundt (1832-1920) や Edward B. Titchener (1867-1927) らの構成主義心理学者が用いた内観法（英 introspection, 独 Selbstbeobachtung）による知覚研究は，大別すれば主観的方法に分類されるが，Goethe らの直観的方法とはかなり趣きを異にしている。内観とは，特殊な訓練を受けた心理学者が初めて行うことができるもので，実験室において，ある刺激を与えられ，それを知覚している際に，その知覚を経験している自分の意識を冷静に観察し，さらにその意識の内容を，感覚や感情の要素に分析して言葉で報告する方法である。時には，一瞬の間の経験内容を長い時間かけて報告することもあったという。

　これに対して，実験現象学（experimental phenomenology）の立場では，見えるもの，聞こえるもの，感じられるものを，特殊な分析的態度をとらずにありのまま捉え，その特徴を見いだし，記述し，分類し，それらの特徴の間の関係を吟味し，さらに進んではそのように分類されたそれぞれの現れ方（英 mode of appearance, 独 Erscheinungsweise）を生じさせる客観的条件を明らかにしようとする。その代表的成果は，David Katz (1884-1953) の色の現れ方の研究である。彼は，この立場から，同じ青の色でも，青空の青のように明確に定位されずに現れる面色（英 film colour, 独 Flächenfarbe），物体の表面に密着して現れる表面色（英 surface colour, 独 Oberflächenfarbe），空間に充満して現れる空間色（英 volume colour, 独 Raumfarbe）などの現れ方があることを明らかにした（Katz, 1911, 1935）（Ⅱ・6・5 参照）。また Edgar Rubin (1886-1951) は，やはり実験現象学の立場から視知覚における図（英 figure, 独 Figur）と地（英 ground, 独 Grund）の差異を明らかにした（Rubin, 1921）（Ⅱ・11・1 参照）。ゲシュタルト心理学者もしばしばこの実験現象学的立場に立って知覚現象の記述分類を行っている。たとえば，Max Wertheimer (1880-1943) の仮現運動の研究（Wertheimer, 1912），Wolfgang Metzger (1899-1979) の全体野（独 Ganzfeld）の研究（Metzger, 1930）などがその代表例である。しかし，ゲシュタルト心理学者は単に現れ方の記述，分類だけでは満足せず，その背後の機制の解明をも目指した。

　一方,客観的方法を標榜したのは，John B. Watson (1878-1958) の唱えた行動主義（behaviorism）の立場である。彼は，心理学を自然科学の純粋に客観的な実験的分野と定義し，動物と人間の行動の予測と統制を目標とした。内観法は排除され，意識は研究の対象とされなくなった。感覚・知覚の問題は弁別行動として取り扱われた。たとえば，色覚の問題は，どのような色が見えるかとして取り上げられるのではなく，ある生物が，ある波長と別の波長に対して異なった行動をとるように訓練できるか，すなわちその二つの波長の弁別訓練が可能かという形で取り扱われた（Watson, 1914）。現在，わずかに異なった波長をもつ二つの光の色相の差がどこまで弁別でき

るかの問題を，色相弁別（hue discrimination）とも波長弁別（wavelength discrimination）とも呼ぶが，後者の呼び方はこの行動主義の客観的視点に立ったものである（II・8・2参照）。

Watsonより半世紀も前にFechnerによって確立された精神物理学的方法が，この行動主義的立場と両立しうる客観性があることを指摘したのは，Clarence H. Graham（1906-1971）である。彼は，内観法や現象学的方法では刺激と反応の規定と記述があいまいで量化されていない場合が多いのに対して，精神物理学的方法では，刺激の統制，記述が厳密で量化されており，かつ反応もyes, noなどの少数のカテゴリーに限定され，（その出現回数などにより）数量化され，十分客観性をもっていると主張する（Graham, 1950, 1958）。これらの点から，調整法，極限法，恒常法などの精神物理学的測定法においても，行動主義的心理学が常に基礎としている刺激−反応関係に基づいて分析が進められることを指摘している。感覚・知覚実験においても，他の行動研究の場合と同様に，まず反応Rが種々の独立変数の関数として観察され，記述される。

$$R = f(a, b, c, \cdots, n, \cdots, t, \cdots, x, y, z) \qquad (4)$$

ここで，a, b, cは刺激変数，nは回数，tは時間，x, y, zは教示の効果を含む，実験参加者内変数を示す。多くの感覚・知覚研究では，x, y, z等の実験参加者内変数はできる限り一定に保たれ，いくつかの刺激変数を量的に変化して，yes, noなどの反応が観察される。たとえば明るさの弁別閾測定の例であれば，背景光強度Iと検査領域における強度増分ΔIを刺激変数としてRが測定される。

$$R = f(I, \Delta I) \qquad (5)$$

ここでRをある一定の値R_1（たとえばyes反応の出現率が50%）に固定する。

$$R_1 = f(I, \Delta I) \qquad (6)$$

この式(6)の関係を満足するためのΔIとIの関係を求めると，

$$\Delta I_t = \phi(I) \qquad (7)$$

という関係式が経験的に得られる。これは弁別閾ΔI_tを背景光強度の関数として示したもので，弁別閾の実験結果としてしばしば得られるカーブを示している。

Graham（1958, 1965）によれば多くの精神物理学的実験の結果は，このような刺激-刺激関数の形で示されるが，これはあるクリティカルな反応を生じさせるクリティカルな刺激値（閾，主観的等価点，など）を他の刺激変数の関数として表したものである。したがって，刺激と刺激の関係を表したものであっても，それらの物理学的な関係を示したものではない。その関数中には表示されてはいないが，必ずその背後には，ある特定のクリティカルな反応がある。いわば，ある心理学的効果を代表するクリティカルな反応を生じさせるための，刺激変数間の補償関数を示したものである。たとえば閾測定の事態であれば，「見える」反応と「見えない」反応が0.5ずつの確率で生じるように保つためには，背景光強度Iの増減に伴って背景光と検査光の強度差ΔIをどのように変えたらよいかを示した関数である。精神物理学的測定法の結果を示す論文や書籍中でわれわれがしばしば遭遇する図は，このような刺激-刺激関数を示す曲線を描いている。横軸も縦軸も刺激変数を表しているが，あくまで心理学的データを示している。本書においてもこの種の曲線がきわめて多く出現する。

以上のように精神物理学的方法が，行動主義的立場とも両立しうる客観性に富んだ方法であるならば，これは人間だけでなく動物に対しても適用できるはずである。このような試みを初めて組織的に行ったのがBlough（1956, 1958）である。彼は，人間の実験参加者に与える教示のかわりに，ハトに対して予備訓練を行い，スキナー箱中で刺激光が点灯していればキーAをつつき，消灯していればキーBをつつくように条件づけた。その後，刺激光の強度がキーと連動して増減するようにスキナー箱で検査を行った。すると光が見えている間はハトはキーAをつつくから光強度は次第に減少し，光が見えなくなるとハトはキーBをつつくから光強度が上昇するという具合に，刺激光の強度は常にハトが光が見えるか見えないかの境を上下することになる。これはまさに精神物理学的方法の一種である上下法（あるいはトラッキング法）（I・2・1参照）をハトに適用したことになる。彼はこのようにしてハトの暗順応過程の測定に成功した。

このBloughの研究以後，動物の精神物理学（animal psychophysics）の研究が盛んになってきている。さらに近年では，精神物理学的方法を，まだ言葉を理解できない乳児に適用する試みもされるようになった（II・16・1参照）。これらの傾向は，精神物理学が言語の媒介を必要としない客観性に富んだ方法であることをよく物語っている。

（大山 正）

1・5 要素論と全体論

万物が少数の原子のさまざまな組み合わせで生じるという考えはギリシャ時代からすでにあったが，19世紀の自然科学では，すべての物質がいくつかの元素の組み合わせからできるというJohn Daltonらの近代的原子論が成功をおさめた。このような自然科学における要素論は心理学にも大きな影響を与えた。それを最もよく示しているのが，W. Wundtらの構成心理学（structural psychology）である。

Wundt（1920）は，人間の意識を心理学の研究対象とし，意識に含まれている心的複合体（独psychisches Gebilde, 英psychical compound）は，少数の心的要素（独psychisches Element, 英psychical element）の組み合わせにより成り立っていると考えた。そして，このような心的要素を見いだし，その結合の様式を示し，さらに心的要素の結合の法則を明らかにすることが心理学の課題であるとした。彼によれば，純粋感覚（独reine Empfindung, 英pure sensation）は単一感情（独einfaches Gefühl, 英simple feeling）とともに心的要素であり，それぞれ質と属性を備えている。一方，知覚的表象は情意とともに心的複合体であり，心的要素から成り立っていると仮定された。しかし，心的複合体は，時にその構成要素にない新しい性質をもつことがある。これについては，Wundtは創造的総合の原理（独Prinzip der schöpferischen Synthese, 英principle of creative synthesis）を提唱している。たとえば，複合音はどの要素音にも含まれていない音色をもつのはこのためであるとした（須藤，1915）。

このWundtの伝統を受けついだTitchenerは知覚は具体的な意味をもった複雑な経験であり，それを分析すれば感覚（sensation）と心像（image）になるが，なぜ感覚には意味がないのに知覚には意味をもつかは，意味の文脈説（the context theory of meaning）より説明した（高木，1932；Titchener, 1910, 1923），意味とは心的過程の前後関係（文脈）であり，ある感覚を中心にいくつかの心像が結合すれば，それらの心像はその感覚の意味となると考えた。

このように構成心理学では，感覚が知覚の構成要素であるという基本的な仮定の下で知覚を考えていたが，このような要素論に真正面から反対したのがWertheimerらのゲシュタルト心理学である。Wertheimerが，ゲシュタルト心理学の立場を初めて明らかにしたのが1912年に発表された仮現運動（独Scheinbewegung, 英apparent motion）の研究である（Wertheimer, 1912）。暗黒中で，やや離れた二つの位置にa, bの2光点を継時的に呈示したとき，その間隔時間が適切であれば，二つの光点の継時的点滅とは見えず，一つの光点が運動しているように見える（II・14参照）。これは，静止画像の継時呈示に過ぎない映画やテレビで運動が見える基本原理である。要素論から考えれば，これはa, bの2静止光点に対応した二つの感覚の集まりに過ぎないはずなのに，明確な運動印象が生じるのである。過去経験の再生や推理のはたらきを援用すれば，要素論の立場からも説明可能かもしれない。しかし，それは本質的解決ではないとゲシュタルト心理学者は指摘した。ゲシュタルト心理学者は，継時的に呈示された2光点刺激が生み出した生理過程は二つの独立の過程の集まりではなく，一つのまとまった系をなしていると考える。仮現運動という知覚過程は，複数の感覚過程の集まりではなく，一つの全体を形成していると考えるのである。

このようなゲシュタルト心理学者の立場を支持する事実は数多く存在する。黒地に白い線で描かれた正方形と，白地に黒い線で描かれた正方形では，要素となっている感覚はまったく異なるのに，正方形という共通の形が知覚される。正方形は，大きくても小さくても，赤くても青くても正方形である。このように形態は，その形態の素材となっているものとは独立に知覚される。ゲシュタルト心理学とは，形態

を意味するドイツ語Gestaltに由来する。このような形態の性質は，通常の意味での形の知覚に限らない。たとえば，聴覚におけるメロディは，一種の形態と考えられる。転調して個々の音の高さをすべて変えても，同じメロディに聞こえる。このメロディや正方形の例のようにGestaltは素材となる音や色を変えても保存される性質である。これを音楽の転調の語に基づいて移調可能性（独Transponierbarkeit,英transposability）と呼んでいる。

Wertheimerとともにゲシュタルト心理学の発展に重要な役割を果たしたKöhler（1887-1967）は，要素論的心理学に対して，恒常仮定（独Konstanzannahme,英constant hypothesis）がその暗黙の前提となっていることを取り上げて，激しく批判している。恒常仮定とは，同一の刺激要素は常に同じ心的要素と1対1に対応していて，その関係は恒常であるという仮定である。この恒常仮定が不適当であることを示す実例は数多く示すことができる。その一例が，明るさの恒常性の事実である。炎天下の石炭と，室内の白紙がわれわれの目の網膜に与える光刺激の強度が同一である場合，恒常仮定に従えば，同一の明るさの感覚を生じさせるはずであるが，実際は，石炭はあくまで黒く，白紙はあくまで白く見える。このような明るさの恒常性（II・5・2参照）は，恒常仮定に反する現象である。このように知覚の恒常性と恒常仮定は名称は似ているが，両者はまったく相反する。

ゲシュタルト心理学は，構成心理学者が用いた内観法は，分析的であり，要素論に基づいたものであり，真の経験を歪めるものとして批判する。むしろ現象をありのままに捉える現象学的方法を用いる。この点，前述の実験現象学派の人々と同様である。しかし，ゲシュタルト心理学者は，実験現象学的観察と記述だけでは満足しない。現象の背後にあるメカニズムの解明をも試みた。たとえば，図と地の問題も，図と地の現象的特性の差異と，図－地反転現象の記述にとどまらず，それらを生じさせる生理的メカニズムをも考察している。

Köhler（1920, 1940）は，一般にゲシュタルト性は，心理学的過程だけでなく，その背後にある生理過程にも成立し，両者は異質の過程であるが，対応した性質をもっていると仮定し，心理物理同型説（psychophysical isomorphism）を唱えた。彼はこの立場から大胆な生理学的モデルを提出し，網膜から大脳までの電流の流れの方向と密度が図と地の対応領域の間で異なっていると考えた。これは生理学的知見とあまりかけ離れているので，大脳神話として批判された。しかし，Köhler（1940）は，この仮説に基づいて，図－地反転図形に限らず，同一箇所に図形過程が持続すると，その領域にある種の飽和が蓄積され，その後の図形過程を妨害すると予想し，知覚実験を行い，図形残効（figural aftereffect：II・11参照）の発見に到達した。これはKöhlerの心理物理同型説が原動力となって得られた研究成果であるが，必ずしも彼の説の妥当性を示したものとはいえない。その他ゲシュタルト心理学者は知覚研究に多くの貢献をなし，その後の知覚研究に大きな影響を与えているが，現在その理論的立場をそのまま継承するものは多くはない。

（大山 正）

1・6　知覚と認知

知覚には，現在外界から与えられている刺激だけでなく，多くの要因が関与していることは，古くから気づかれていた。特に過去経験の重要性についてはBerkeley以来論じられてきたことはすでに述べた。前出のHelmholtzの無意識的推論説も，知覚には過去経験だけでなく，高次の精神活動が参与していることを示唆している。また構成心理学は，知覚には感覚以外の心的要素が構成要素として参加していると考えた。

ゲシュタルト心理学は，過去経験の要因を過大に評価することには批判的であったが，知覚者の構え（独Einstellung,英set）の影響を重視した。Wertheimer（1923）は，有名な群化の要因の研究中で，彼の頭文字であるMとWを上下につなげた模様が呈示された際に，それは，生まれて以来非常に見なれているはずの自分の名の頭文字に分かれては見えないで，つながった曲線として見えることを指摘している。彼は，この事実に基づいて，よい連続の要因や閉合の要因のほうが過去経

験の要因（独Faktor der Erfahrung, 英factor of past experience）よりも有力にはたらくことを示した。一方，同じ論文中で，彼は客観的構えの要因（独Faktor der objektiven Einstellung, 英factor of objective set）についても論じ，わずかずつ変化していく刺激系列を順々に呈示するという客観的操作を用いて導入される知覚者の構えが，知覚的群化を規定することを示した。単なる反復効果は知覚にあまり影響しないが，系列的呈示の規則性により形成される構えは知覚を大いに規定することは，同じゲシュタルト心理学者のGottschaldt（1926, 1929）の実験により明確な形で示されている。一方，スキーマ（schema）の概念を導入し，後年の認知心理学の発展に大きな影響を与えているBartlett（1886-1969）は，主として記憶の研究成果に基づいて彼の立場を確立したが，図形の知覚の研究も行い，（直後再生を伴った）知覚の際の，知覚者による知覚対象の命名，既知の類似対象との関連づけなどの傾向を見いだしている（Bartlett, 1932）。

1940年代の後半より1950年代の初めにわたってNew Look心理学とか社会的知覚（social perception）と呼ばれる傾向が盛んであった（加藤，1969）。知覚における要求，価値，経験，期待，情動の効果を示す実験的研究が多くなされた。貨幣の大きさはそれと客観的に等大の幾何学的図形より大きく知覚され，低所得者層の児童にその傾向が大きい（Bruner & Goodman,1947），興味のある領域の単語は他の領域の語より認知閾が低い（Postman et al., 1948），タブー語は中性語より認知閾が高くなる（McGinnies, 1949），口頭反応で測定された認知閾以下の強度の刺激語に対してもGSR（galvanic skin response）反応はショック語か否かを弁別している（Lazarus & McCleary, 1951）などの研究が発表され，それをめぐる議論や吟味実験が盛んになされた。

それらの研究において中心的役割を果たしたBruner（1915-2016）は，これらの研究に，次のような理論的基礎を与えている（Bruner, 1951）。彼によると，知覚過程（perceiving）は，基本的に次の3ステップの循環よりなっているという。①まず知覚者は期待（expectancy）ないし仮説（hypothesis）をもっている。すなわち，何か特定のものを見たり

聞いたりするように，ある程度準備している。②次に環境から情報が入力される。③環境からの入力情報によって知覚者があらかじめもっていた仮説が確認されるか，あるいは仮説との不一致が生じる。不一致の場合には，仮説が修正される。その修正の方向は，内部的，人格的，経験的要因によっても規定される。そして，以上のようなステップがその後も繰り返されるという。ここで，知覚者のもつ仮説は強度において変化し，仮説が強いほど，それに適合的な刺激情報はわずかであっても知覚が成立し，それに矛盾する知覚は情報が多くないと成立しないとされた。そしてこの仮説の強度を規定する要因として，過去経験，関連する仮説数，動機づけ，社会的要因などがあげられた。

その後，認知心理学者のNeisser（1976）はこれと類似の考えを，予期的スキーマ→探索→対象からの情報の抽出→スキーマの修正→探索という図式として示し，これを知覚サイクル（perceptual cycle）と呼んだ。彼の「スキーマ」の概念のほうが，Brunerのいう「仮説」よりもより包括的，体系的であるとともに，情報の探索をも知覚サイクルに含めた点で単に情報の入力を待つBrunerの図式よりもより積極的といえよう。

空間知覚に関しても，知覚者側の要因を重視する説が，次第に盛んになってきた。Brunswik（1903-1955）は，多くの知覚恒常性の研究に基づき，独自の確率論的機能主義（probabilistic functionalism）の立場に立って知覚に関するレンズ・モデル（lens model）を提出している。彼は，知覚とは近刺激（網膜像など）を手がかりとしながらも，環境中の遠刺激（知覚対象）に近似した中枢反応を生じさせる過程と考えた（Brunswik, 1952, 1956）。その際，遠刺激は複数の近刺激を知覚者に与えるが，それらの近刺激と遠刺激との相関の程度はさまざまであり，遠刺激を忠実に再現して知覚するための手がかりとしての有効性（生態学的妥当性：ecological validity）はそれぞれ異なっている。知覚者はそれらの近刺激のもつ情報に，それぞれの生態学的妥当性に応じた重み付けをして統合して，遠刺激にできるだけ忠実な知覚像を形成していると論じられた（船津，1972；Postman & Tolman, 1959）。そして知覚恒常性はそ

のような知覚過程の現れであると考えられた。

　このBrunswikと類似の考え方は，Ames, Jr.（1880-1955）によっても提出された。彼はDewey（1859-1952）のtransactionの思想に基づき，知覚を有機体と環境の相互のはたらきかけの過程として見る立場から，ゆがんだ部屋（distorted room）や回転台形窓（rotating trapezoidal window）などの興味深いデモンストレーションを行った（Ittelson, 1952）。彼の考えはIttelson（1960）らによって発展されているが，過去経験に基づいて知覚者の抱く仮定（assumption）を重視し，外界からの刺激パターンの許す範囲において知覚者がもつ仮定が知覚を成立させていると考えた。

　J. J. Gibson（1904-1979）も，日常的環境における空間知覚に独自の見解を提示している（Gibson, 1950, 1959, 1979）。彼は，空虚な空間中の点の知覚から出発する従来の視空間研究に代わって，表面の知覚に空間知覚を基礎づけた。一般に知覚者が，身体や頭や眼を動かし，それに伴って網膜像が大いに移動変形しても，知覚される空間は比較的安定している。彼によると，このような安定した空間知覚の基礎となっている情報は，すでに網膜上の刺激パターンのなかに含まれているという。それは刺激パターン中の個々の点は大きく移動しても，刺激パターンの内部関係のなかに何らかの不変的特性が存在し，これが対象や環境の不変的特性に対応しているからであるとされた。彼は，この観点からテクスチャ勾配（texture gradient）や運動視差（motion parallax）などの奥行き手がかり（II・13参照）としての重要性を早くから指摘するとともに，さらに，この立場を生態学的光学（ecological optics）として体系化した。また，Johansson（1975, 1978）は，Gibsonと似た立場に立って，数個の刺激光点の2次元的運動によって知覚される物体や生物体の運動や変化についてユニークな研究を行っている。

　1950年代になると，知覚を一種の情報処理過程として扱う立場が生まれてきた。その初期にはShannon流の情報理論（information theory）が知覚研究に導入され，たとえば図形に含まれている情報量と冗長度とゲシュタルト法則との関係などが論じられた（Attneave, 1954）。また長らく実験心理学者の関心から遠ざけられていた注意の問題が，情報処理的見地から再び取り上げられ，選択的注意（selective attention）の研究もなされるようになった（Broadbent, 1958；Cherry, 1953）。

　従来，知覚の過程と考えられていたものに記憶ないし情報保存の過程が含まれていることを明確に指摘したのはSperling（1960）である。たとえば，3行4列計12個の文字を瞬間的に呈示して，実験参加者に答えさせると（全体報告法）平均約4.5文字しか答えられない。しかし，実験参加者の回答の負担を軽くするため，文字列の呈示直後に，そのうちの任意の1行を，音の高さの高低を用いて指定し，その行のみを答えさせると平均して約3文字答えられた。その際に指定した行を無作為抽出した標本と考えれば，他の列もその時点には同一率で答えられたはずであり，全体で約9文字が答えられたことになる。Sperlingはこの部分報告法の結果と全体報告法の差は，きわめて急速に減衰する情報保存機構の介在によると考えて，それを視覚情報保存（visual information storage）と名付けた。これは，後にアイコニック・メモリ（iconic memory）と呼ばれ，認知過程の初期段階と考えられるようになった（Neisser, 1967）（II・1・6参照）。Sperlingの研究は，知覚過程を短期記憶や長期記憶につながる認知過程の一環と考える契機となった重要な研究である。

　同じ頃，文字を含むパターンの知覚における同定（identification）の過程について，特徴検出に基づくパンデモニアム（Pandemonium）モデル（Selfridge, 1959）や鋳型照合（template matching）モデル（Selfridge & Neisser, 1960）が提出され，また，その後Shepard & Metzler（1971）の心的イメージ（mental imagery）を用いた心的回転（mental rotation）の画期的研究がなされ，心的イメージの研究の再興のきっかけとなり，知覚に密接に関係する認知の研究が急速に盛んになってきた（II・11参照）。

（大山　正）

1・7 1980年以降の感覚・知覚研究の潮流

1・7・1 認知と情報処理

1980年以降，2020年までのおよそ40年にわたる感覚と知覚研究の大きな流れを実験的・理論的研究から俯瞰してみたい。この分野はFechnerの精神（心理）物理学の創設以来160年の歴史と，ライプチヒ大学における実験心理学研究室創設以来140年の歴史をもつ。この1世紀半の間，20世紀中葉に認知心理学が芽生え，感覚や知覚の研究が，注意，記憶，学習，思考や意識など高次認知過程を基礎づける領域として盛んに行われるようになったことは特筆に値する。大山も触れているように（I・1・6参照），知覚過程は記憶につながる認知過程の一部と見なされるようになったのである。

その背景には1970年代から始まった情報処理革命とそれに伴うコンピュータの急速な発展があった。コンピュータによる情報処理や学習のモデルが，人間の情報処理のメカニズムの研究のメタファーとされた時代でもあった。1990年代以降のデジタルIT（情報技術），インターネット通信技術（information and communication technology：ICT）を駆使した実験手法の革新も，研究の大きなパラダイムシフトをもたらした。1970年代に用いられていた「タキストスコープ」と呼ばれる瞬間露出器はごく短期間でCRT画面への表示に置き換わった。従来のハードウェアからソフトウェア重視への転換が促され，デジタル方式による情報の呈示や処理が感覚・知覚研究法の幅広い領域に急速に拡大した（大山，2010）。CRTディスプレイを内蔵した小型で安価なパーソナルコンピュータ（パソコン，初期にはマイコンと呼ばれた）は自由度の高い研究ツールを提供し，視覚や聴覚の感覚研究を促進した。たとえば，ガボールパッチ（Gabor patch）のような定式化された統計量をもつ空間周波数画像がソフトウェア上で作成でき，その動画像も作成可能となった。視覚系を画像処理システムとして捉え，また多彩な色彩画像が高精細のディスプレイ上に創れるようにな

り，視覚の計算論，コントラスト知覚，運動視，錯視，色知覚や注意などの解明とそれを説明する情報処理モデルの構築が進展した。

1980年代には，行動主義的な考えが機能主義的アプローチをとる認知主義（I・1・6参照）へと徐々に入れ替わり，容量制約があるものの，情報を選択的に統合するシステムとして注意の研究が盛んになり，感覚・知覚研究に情報処理的なアプローチが加わると同時に，感覚・知覚の脳内メカニズムを解明する研究が進んだ。

ゲシュタルト心理学が，構成主義心理学の要素論を批判したように（I・1・5参照），従来の感覚・知覚研究がボトムアップ的アプローチのなかで見逃してきた，高次認知からのトップダウンの影響を調べる研究も増加した。1990年代には視覚の計算理論，ニューラルネットを用いたコネクショニズム（人間の認知や行動をシミュレーションの手法でモデル化する手法）など，情報処理アプローチに基づくモデリングや機能的磁気共鳴映像法（functional magnetic resonance imaging：fMRI）などの脳イメージングを用いた視覚の研究が盛んになり，初期感覚から高次視覚までの情報処理の流れを全脳レベルで解明する研究が進んだ。

網膜に投影された2次元（2D）画像から外界の3次元（3D）構造を推定する逆光学（inverse optics）問題は，一般に不良設定問題とされており解くことは困難である。しかし，視覚システムは拘束条件をうまく利用して，これを解くことで3Dの外界を推定し，これによって，人間は近刺激（網膜上の2D画像）から環境中の遠刺激（知覚対象）の知覚特性をうまく推定することができると考えられた。1980年代には，このような視覚システムの基本問題について，計算論的アプローチからの研究が進んだ。たとえば，逆光学問題の理解には，計算理論（computational theory），原始スケッチおよび$2\frac{1}{2}$Dスケッチから始まる情報表現のアルゴリズム（algorithm），および神経回路（ハードウェア）からなる実装（implementation）という三つのレベルからのアプローチが必要となることが示された（Marr, 1982）。知覚入力が曖昧性を残す場合，知覚システムは常に事前確率（prior probability）から

事後確率（posterior probability）を推定するベイズ推定（Bayesian estimation）で最適化され，環境に適合するように外界を推定しているというベイズ知覚も論議されている。この1980年代の時期に，視覚の脳内メカニズムの解明が進展し，網膜 - 外側膝状体 - 視覚皮質にわたる大細胞経路（magnocellular pathway）と小細胞経路（parvocellular pathway）が異なる役割をもつことや，視覚システムの機能と構造が時空間特性の異なるチャンネルの相互作用によって評価できることもわかった。

時代は遡るが，1950年代に，視覚による脳のパターン認識をシンプルなニューラルネット（コンピュータ上で作られた疑似的ニューロンのネットワーク）の結合強度を変化させることで実現した試みに，単純パーセプトロン（simple perceptron）がある。ニューラルネットによるアルゴリズムは視覚システムをモデル化して考える新しいアプローチを示した。単純パーセプトロンでは，パターン認識は，（感覚）入力層から反応出力層に向けて情報処理を行うフィードフォーワード型ニューラルネットワークで実現される（Rosenblatt, 1958）。単純パーセプトロンはその後，中間層をもつ多層パーセプトロン（multilayer perceptron）に発展し，1980年代には誤差逆伝搬学習則（backpropagation learning rule）を用いた並列分散処理（parallel distribution processing：PDP）モデルを生みだし，数理的アプローチによる理論研究が盛んになった（Rumelhart et al., 1986）。複雑なパターン認識が学習機械でも可能であることが示されたのである。このような，ニューラルネットによるコネクショニズムのアプローチが，現在の人工知能（artificial intelligence：AI）研究の源流の一つとなり，学習や推論ができるマシンビジョンやロボットの実現を可能にした。中間層の層数やデータ数を増やすことで，AIで使われるディープラーニング（deep learning）に発展し，最近では，画像のビッグデータを用いて，たとえばネコを視覚的に認識することがコンピュータに可能であることをIT企業Googleが示している。しかし，脳の視覚メカニズムがそれで明らかになったわけではなく，人間の視覚が思いのほか複雑で記憶や注意などの高次機能なしでは理解が困難であること

もわかってきた。

1950年代の認知革命以降，視覚，聴覚，嗅覚，味覚，平衡感覚，皮膚感覚，内臓感覚や自己受容感覚（固有感覚）など，伝統的に個別に研究されてきた領域間（I・1・1参照）の，マルチモーダルな融合研究も進んでいる。たとえば，刺激に対して通常の感覚だけでなく，他の感覚も同時に生じさせる知覚現象として知られる共感覚（synesthesia）では，音や文字に色を感じたりする現象が報告されている（Cytowic, 2002）。このような，諸感覚の相互作用がマルチモーダルな知覚的意識を生みだす仕組みにも興味がもたれている。さらに，知覚が外界認識を担うシステムとしてのみならず，自己や他者の内的存在への気づきに向かう認知システムとしても関心をもたれつつある。自己の身体意識やアイデンティティの基礎となる自己受容感覚（固有感覚）は自己認識に必要である。たとえばラバーハンド錯覚（rubber hand illusion：RHI；Ehrsson et al., 2004）にみられるような身体の自己所有感（Gallagher, 2000）の脆弱性なども明らかになってきた。この錯覚では，両腕を机に置き，仕切り板で左腕を隠したうえで，代わりにゴム製の左腕が自分の腕のように見えるように置かれる。ここで実験者が左腕とゴムの腕を同時になでるとゴムの腕が自分の腕のように感じられ，視覚情報が触感に影響を及ぼす錯覚である。近年の，自己認知への興味の一端が窺われる。

1・7・2　直接論と間接論

視覚は脳が世界についての内的表象（internal representation）を生みだす過程だと考える知覚理論では，脳での内的表象やその変換が想定される。その過程としては初期から高次までの階層的な流れが想定され，知覚の間接論と呼ばれる。一方，内的表象を想定せずに，知覚を生態学的に捉えることの重要性を指摘するのが直接論である（I・1・6参照）。J. J. Gibsonの直接知覚論（theory of direct perception）では，包囲光配列（ambient optic array）という流動的に変化する視覚環境から，いわゆる不変項（invariant）を抽出することで，事物の見え方が直接に与えられ，その環境がもつアフォーダンス（affordance）が特定されると考えた。アフォーダン

第Ⅰ部　総論

スとは知覚者側の要因を重視した，生態学的な適応の概念をいう（Gibson, 1979）。ここでは，知覚の役割が生態学的光学にあると考えられている（Ⅰ・1・6参照）。直接論では，知覚者自身の身体や環境にもっと目を向ければ，わざわざ内的表象や逆光学をもち出す必要はないと考えるのである（しかし，包囲光配列が検出されるには計算論的なアルゴリズムが必要という見方もある）。このような，知覚についての直接的な捉え方は，ドイツの現象学の創設者Husserlに始まり，知覚心理学でも実験現象学的見方にその影響の一部が及んでいる（Ⅰ・1・6参照）。

1・7・3　知覚の脳内メカニズム

　1980年代後半に入ると，すでに触れたように，認知脳科学が目覚ましい進展を始めた。微小電極により，サルの視覚関連皮質の詳細なマッピングが行われ，後頭葉，側頭葉，頭頂葉や前頭葉にかけて広く視覚処理に関わる多くの視覚モジュールが見いだされ，視覚神経科学の研究が本格化した（Felleman & Van Essen, 1991）。1990年代以降になると，人間の視覚についてもポジトロン断層撮影（positron emission tomography：PET），fMRI，脳磁図（magnetoencephalography：MEG），機能的近赤外線スペクトロスコピー（functional near-infrared spectroscopy：fNIRS）などの脳活動測定法により，視覚地図のマッピング研究が大きく進展した。

　1990年代のもう一つの興味ある発見として，ミラーニューロン（mirror neuron）がある。これは，実験者が餌を拾い上げるのを見たサルの脳において，サルが自分で餌を取るときと同じニューロン活動を示すことが運動前野や下頭頂小葉などで偶然発見されたことによる（Rizzolatti et al., 1996）。鏡（ミラー）のような模倣反応を示すのでミラーニューロンと名づけられ，必ずしも視覚と関わるわけではないが，共感，他者理解や言語獲得などの高次認知活動と関わるとする見方もある。

　New Look心理学で触れた（Ⅰ・1・6参照），情動，価値や期待さらに文化などが社会的知覚に及ぼす影響についても社会脳の研究が拓かれ，広がりをみせている（苧阪，2012）。ここでは，社会的知覚の対象として顔や風景を取り上げた実験を見て

みたい。顔を見ているときは，視覚野腹側面の紡錘状回顔領域（fusiform face area：FFA）が，一方風景に注意を向けているときは海馬傍回場所領域（parahippocampal place area：PPA）が活動することがわかった（Kanwisher et al., 1997；O'Craven & Kanwisher, 2000）。このうち，PPAや海馬は風景と関わることから，場所や空間の認知と関わることがわかってきた。海馬傍回が風景や空間位置を符号化することは1970年代のO'Keefeのラットを用いた場所細胞（place cell：動物がある場所にいるときにのみ活動）の研究で明らかにされている（O'Keefe & Dostrovsky, 1971）。空間の認知，特に自分が空間のどこにいるのかを知る脳の仕組みを知ることは視知覚にとって重要である。この脳内でのいわばGPSのようなはたらきの仕組みは，2000年代に入ってMoser夫妻によるグリッド細胞（grid cell）の発見でさらに進展した。動き回るラットのデータから，海馬とつながる嗅内野で場所細胞がグリッド状に並んでいることが見いだされたのである（Moser & Moser, 2013）。まだ動物研究の段階であるが，人間の脳でも，空間をマッピングし認知地図（cognitive map）を創る仕組みが明らかになれば，位置や方向の知覚情報が生態環境の情報と融合してその脳内表現をもつ様子が解明できる。グリッド細胞は「どこに」という情報をもたらすが，人間の場合，アルツハイマー病による海馬萎縮が空間認識の障害をもたらし，徘徊行動を生むというデータや，業務上詳細な認知地図を要する，ロンドンのタクシー運転手の海馬容積が平均より少し大きいという報告などとも符合する。

　1980年代にFFAが顔以外にも，色や形などで活性化するという知見が見いだされたこともあり，海馬が「どこに（空間視, where）」という情報と関わるのに対して，紡錘状回は「何が（物体視, what）」という視覚対象についてのより詳細な情報も担うことがわかった。そして，「どこに」と「何が」の視覚経路がそれぞれ，初期視覚野から頭頂連合野に向かう背側経路（dorsal pathway：位置，奥行きや運動の処理－V5野－）と側頭連合野に向かう腹側経路（ventral pathway：形や色はそれぞれV2野やV4野で処理される）に分かれることがわかっ

た（Ungerleider & Mishkin, 1982）。背側経路は視覚が行為を導くルート（how-to）でもあること，さらに背側経路は無意識的であることに対し，腹側経路は意識が伴うことも示唆されている（Goodale & Milner, 2004）。両経路は相互に連携して視覚処理にあたっているといえる。身体運動に伴う光点群の移動を手がかりとしたバイオロジカルモーション（biological motion；Johansson, 1973）の知覚や模倣行動と関わるミラーニューロンにも，それぞれ頭頂葉ともつながる上側頭溝などが関与することもわかってきた。このように，空間や運動の知覚と色，形や顔の知覚が密接に連携しながら異なった処理の流れをもつことがわかったのは，2020年までのこの分野の研究上の一つの成果である。さらに，視覚脳の解明はこれまで未知であった神経美学などの芸術領域をも拓いた（Zeki, 1999）。

1・7・4　注意の研究

　James（1890）は注意を「同時に可能な複数の対象のなかから，鮮明に心を捉える対象を選ぶこと」だと述べているが，この定義は現在でも当てはまる。

　人間の認知には制約があることはすでに情報化社会の黎明期に示唆されている。この制約は時間的に保持しうる記憶容量などに由来し，いずれも注意のはたらきと関わる。知覚された多くの情報から特定の情報を選択し，認知に至る次のステージである短期記憶（short-term memory）で処理されるまで情報を保持する記憶を感覚記憶（sensory memory）と呼び，特に視覚ではSperlingの巧妙な実験が示した通り，ms単位ではたらくアイコニックメモリ（iconic memory）と呼ばれる（Sperling, 1960）。短期記憶では，意味のない数字を何桁まで憶えられるかを実験的に示したMillerのマジカルナンバー7 ± 2（Miller, 1956）の実験が有名である。日常生活で，騒々しいパーティー会場で，相手の声だけを選択的に聴取できるのも短期記憶と注意のはたらきによっており，カクテルパーティー効果（cocktail party effect）と呼ばれている。2000年以降になると，感覚記憶や短期記憶の知見を踏まえ，さらに注意によって情報を束ねる高次認知過程として，視覚性ワーキングメモリ（visual working memory）が

注目を浴びている（Wolfe, 2014）。ここでは，単に情報の保持のみでなくその処理や操作も担う記憶システムとして，多くの情報から特定の情報のみを選択し統合的認知に束ねていく注意のはたらきが示されている。

　注意に限界があることは，複数の対象を同時的に追跡させて分割的注意の容量を検討する多物体追跡（multiple object tracking：MOT）課題や，変化の見落とし課題を用いた視覚的ワーキングメモリなどの実験でも明らかにされた。1960年頃に始まった選択的注意の実験のうち，フィルターモデル（Broadbent, 1958）では入力された全情報のうち，選択された情報のみがフィルターを通過し短期記憶で意味的処理を受ける（初期選択モデル）とされたが，一方，全情報が意味処理を受けており，そのなかから必要なものが選択されるという後期選択説も提案され（Deutsch & Deutsch, 1963），注意のボトルネックのはたらきが注目された。

　注意のメカニズムの研究は，感覚・知覚がバッファのような記憶のはたらきも併せもつこと，つまり記憶との接続性が示されたことで進展した（苧阪，2013）。1980年代初頭には，多くの刺激から指定された特徴をもつ標的刺激の視覚探索（visual search）をしたり，なかでも特に複合特徴をもつ刺激を見いだす結合探索（conjunction search）をしたりする際の特性などを説明する特徴統合理論（feature integration theory：Treisman & Gelade, 1980）が提案され，視覚的注意の研究分野に新たな展望を開いた。ここでは，まず刺激の特徴が自動的に（前注意過程で）並列処理され，独立した特徴マップに一時的に記憶保持され，焦点化された注意のはたらきにより位置についてのマップと結合される（注意過程）。また，静的光景の詳細な情報の変化は光景に注意を向けていても気づかれにくい，という変化の見落とし（change blindness：Rensink et al., 1997）という現象が見いだされた。加えて，同時的に呈示された複数の刺激の一部が見落とされる，非注意による見落とし（inattentional blindness：Mack & Rock, 1998）がビデオの動画像などでも確認されている（Simons & Chabris, 1999）。これは，3人1組の白と黒シャツのチームでボールゲームを行っているビデオを視

第Ⅰ部 総論

聴させ，並行してボールのパス回数を数えさせる負荷課題を遂行させると，コート中央をゴリラの着ぐるみが横断する画像を入れてもほとんど気づかれないという実験である。変化の見落としや非注意による見落としは，人間は注意を向けているものだけを見ているということを示している。他方，高速逐次視覚呈示（rapid serial visual presentation：RSVP）事態で，標的刺激を検出した直後に一時的に注意がはたらかなくなる，注意の瞬き（attentional blink）現象も見いだされた（Raymond et al., 1992）。

1・7・5 仮想空間と現実空間

近年の情報社会が生んだ技術であるバーチャルリアリティ（仮想現実：virtual reality：VR）の3D空間も，人類が新たに創出した空間であり，臨場感の豊かな没入型の頭部搭載型ディスプレイ（head-mounted display：HMD）が創りだすVR空間への新たな空間適応にも興味がもたれている。人が生活する物理空間を現実空間とすれば，HMDなどを装着して観察される，コンピュータで仮想的に生成された空間は仮想空間と呼べる。来るべき超スマート社会では，臨場感があり自己投射性をもつ仮想空間と現実空間が5G技術で融合した空間にわれわれは向き合うことになると予測されている。3D仮想空間では，五感の情報は各種のセンサーにより人間にフィードバックされるが，VR空間で創られた疑似的感覚や知覚が，どのように真正な（veridical）知覚を生み出すのか興味あるところである。ラバーハンド錯覚の事例も併せ考えると，知覚の真正性とは何かという新たな哲学的な検討課題が姿を現してくる。次節で紹介する，意識のハードプロブレムも同様の側面を共有しているように思われる。

（苧阪 直行）

■ 1・8 意識研究の理論的展開

1・8・1 意識の捉え方

意識（英 consciousness，独 Bewusstsein，仏 conscience）の研究は長い哲学の歴史と短い実験心理学の歴史をもつ。機能主義的心理学では，知覚と同様に意識は環境に対する適応の役割を果たすと考えられ，その生物学的意義を捉えようとしてきた。

近世では，17世紀の哲学者Descartesが心身二元論を提案してから，科学的な意識の研究がようやく始まったといえる。Descartesは心と身体が相互作用する松果体が意識を担うと考えたが（「Descartesの劇場」と呼ばれる局在論），すべての情報が集められて意識が形成される特定の脳の領域はない，というのが現在の意識科学の共通の見解である（Dennett, 1991）。しかし，「Descartesの劇場」モデルはわかりやすい説明のため，往々にして人々に信じられてきた。このような誤りは，脳が分散された情報を結びつけてまとめる（バインディング）はたらきをもつこと，さらにすべての脳領域が等しく意識と関わることはないことが明らかになったことで是正された。意識についても，この種の問題は解くことができるという意味で意識のイージープロブレムと呼ばれている。一方，感覚の主観性やその内容（クオリア）は科学的に解くことは困難であるという哲学者の主張を意識のハードプロブレムと呼んでいる（Chalmers, 1996）。

近年，哲学，心理学，情報科学，脳科学やロボット学から意識への認知科学的アプローチが探索されるなかで，人間の意識から機械の意識までさまざまな意識のモデルが提案されるようになってきた（Block et al., 1997）。意識を大きく，アクセス的意識（意識の内容）と現象的意識（クオリア）に分ける考え方（Block, 2005）では，前者がまず科学的意識の研究対象となろう。

実験心理学では，19世紀のFechnerの精神（心理）物理学，Helmholtzの無意識的推論，さらにはW. Jamesの「意識の流れ」など機能主義的な意識についての論考が意識の科学的研究の嚆矢となった。ただし，20世紀初頭に起こった行動主義では意識は観察不可能とされ，残念ながら研究対象とはならなかった。

意識は脳という物質からどのように生まれるのか，という問題は21世紀になっても科学の大きな謎の一つである。意識の解釈や理論は多いが，あらゆるものが意識をもつという汎心論から，言語こそが意識の担い手であるなどと解釈する両極の考えがあ

る。一方，意識には覚醒，アウェアネス（注意に基づく気づき）と，自己などに関わる意識の三階層があるという考えがある。覚醒は感覚システムがはたらくための準備状態，アウェアネスは知覚と適応行動に関わり，注意に基づく刺激選択性が認められている。そして，自己意識は自己に向かう再帰的なメタ意識であり自己や他者の心の想像に関わると考えられる（苧阪，1996）。

さらに，哲学的には，意識（心）と身体の関わりについて，意識のはたらきは物理的レベルに還元可能である，とする一元論があり，他方，二つの実在を区別する二元論，さらに多くの実在を想定する多元論がある。また，心的レベルと物理的レベルのはたらきの相互作用を，さまざまなタイプの二元論（Descartes 的二元論，実体二元論や性質二元論など）から捉える立場なども提案されている（Rose，2006）。一方，意識は計算により生み出される脳内表現であると見なす見方もある。神経科学者には還元主義的一元論者が多いが，一方，性質二元論で提案されている創発的性質二元論を支持する認知科学者もいる。これは，複雑な脳の神経システムがニューロンの相互作用により，意識を創発する特性をもつという見方である。創発特性（emergent property）とは，全体としてのシステムにはその部分（ニューロンやその集合）の総計以上の特性が現れるという考えで，脳のはたらきとは異なる意識を表現できると考えるのである。意識は W. James も指摘するようにプロセスであるが，それは単一のプロセスではなく，分散した専門的システムが注意による制御を受けて情報を統合することから生み出される創発特性だと考えるのである。

1・8・2　意識と無意識

注意の研究を契機として，視覚における意識や無意識の研究も盛んになってきた。感覚・知覚過程にはアウェアネスを伴わない無意識な過程がある。意識と無意識の情報処理過程を比較してみると，意識は継時直列的で遅く，非モジュール的，文脈依存的，意図的，整合的，随意的でその制御には意識的注意が必要とされる。一方，無意識は同時並列的で速く，モジュール的，文脈独立的，自働的，非整合的，不

随意的で意識的注意なしにはたらくという特徴をもつ（苧阪，1996）。意識とは何かについての問いに答えるには，外側の環境世界の認識のみならず，心的あるいは身体的自己へのアウェアネスといった内的環境世界についての理解も必要である。しかし，ここでも意識化されるのはわずかで多くは無意識なレベルにあるとする見方がある。

意識が伴わなくても適応行動が可能である場合もある。1980 年代に見いだされた盲視（blindsight）と呼ばれる現象は，V1 野などの一次視覚野が損傷を受けた患者が現象的には視覚的意識をもたないにもかかわらず，行動的には視覚が残存する現象で，V1野を経由せず視床枕などを経由して高次な視覚領域に情報を伝達するルートがあるためと推定されている（Weiskrantz，1986）。

知覚を意識と接続して理解するためには，知覚過程をすでに触れた what と where のような視覚的意識の流れのなかに位置づける必要がある。つまり，知覚と高次な心的活動とのつながりを意識現象として説明する必要があろう。New Look 心理学（I・1・6 参照）への言及でも触れたが，認知の背景に情動，期待や構えなどがある場合，通常の知覚では予測していなかった事態に遭遇し，認知の再構造化や再帰的処理が促された結果として意識が現れるという見方も可能となろう。これによれば，環境の変化や新奇性もアウェアネスを伴う意識化の要件といえるだろう。

情動への関与についてみれば，1990 年代には，意識化には身体と不可分な情動が関与することもわかった。前頭眼窩野（orbitofrontal cortex：OFC）（前頭前野腹内側領域）に障害があると，情動に基づいた判断が困難になるのである。視覚的意識にとって，適切な判断は情動なしには困難であることが，Damasio のソマチックマーカー（somatic marker）説で示された（Damasio，1994）。彼はまた，意識を自己の生物的存在感と関わる中核的意識とより複雑なワーキングメモリに依存した拡張的意識に分け，さらに原自己，中核的自己や自伝的自己などの階層から捉えている（Damasio，1999）。

1・8・3　NCC問題

　意識という主観的経験を脳のはたらきとの関わりから解明するアプローチを，意識の神経相関（neural correlates of consciousness：NCC）と呼んでいる（Koch, 2004）。意識があるとかないという表現は，たとえば路上に倒れた人からの応答の有無などの行動指標によって判断されてきた。しかし，この二分法では捉えきれないグレーゾーンがあることがOwenらによって示唆された（Owen, 2017）。最小意識（minimum conscious state）と呼ばれる意識の状態で，事故によって昏睡状態に入り，受け答えできない植物状態になった患者にも判断可能な意識があることが，fMRIによる脳の観察で明らかになったのである。応答はできないが聴くことはできる患者にテニスの試合をしているところを想像させると，健常人と同様の運動前野の活性化が生じることが，研究者によって報告されたのである。

　以上のような，脳研究がもたらした新たな研究の展開は，意識との接続問題として感覚・知覚研究を捉える必要性を示している。

1・8・4　意識のモデル

　意識の役割が適応であるとすると，そのはたらきはW. Jamesが意識を流れと捉えたように，静的というより動的であると考えられる。たとえば，認知哲学者Dennettのマルチプルドラフトモデルでは，短い多元的な草稿が次々と並列的に生みだされ，そのなかから利用可能で整合性のある解釈ができる草稿を次々に選択していくのが意識の役割であるという（Dennett, 1991）。利用可能な情報が活性化されている状態を意識と考える立場では，注意に先導された志向的で一貫性のある意識は短期性の能動的記憶システムである，ワーキングメモリ（working memory：I・5参照）で生み出さだされると考えられる。現在の情報を短い時間保持し，その時間内で注意による情報の統合を行う適応のための記憶としてワーキングメモリを想定するのが現代の意識論の一つの方略といえる（Osaka, 2003；Osaka et al., 2007）。

　ここで，最近の意識のモデルについて代表的な認知モデルと情報処理モデルについてみてみたい。

Baarsが提案し，その後Dehaeneがその脳内メカニズムも含めて展開したグローバルワークスペース理論（global workspace theory；Baars, 1988, 1997；Dehaene, 2014）とTononiが提案した情報統合理論（information integration theory；Tononi, 2004）についてその概略をみてみたい。

　まず，認知心理学モデルの伝統に立った，グローバルワークスペース理論は，劇場の照明を浴びる舞台を（注意のスポットライトの当たる）ワーキングメモリがはたらくワークスペース（作業空間）と想定し，意識は照明を受けて役割を演じる役者が観客にメッセージを伝える舞台と想定されている（Baars, 1988, 2003）。グローバルワークスペースは脳の黒板のような役割を果たし，神経システム全体に広くメッセージを発信するはたらきをもつと想定されている。意識内容は無意識な期待，活性化された記憶やスキーマなどの文脈を背景に意識の流れをつくる。グローバルワークスペースの三つの基本要素は，ワークスペース，専門的プロセッサと文脈である。プロセッサはワークスペースにアクセスしようとして相互に競合・協調し，関連システムに広くメッセージを送ろうとする。ここでは，注意の容量が制約をもつことが選択を導き，ワークスペースの活性化された高次構造が意識の内容として経験されると考える。そして，それを担うのは視床の拡張された脳幹網様体視床活性化システムや前頭前野など脳のネットワークであると想定されている（Dehaene, 2014）。

　次に，意識の情報統合理論では，意識の発生には，複雑な情報とその同期的統合が必要であると考える。そして，多様性を統合する値を統合情報量（ϕ）で定量的に示すことができるという（Tononi, 2004）。たとえば，覚醒状態と睡眠状態にある脳に経頭蓋磁気刺激（transcranial magnetic stimulation：TMS）を与えて，刺激によって脳の活動が脳内にどのように広がるかを検討したところ，深い眠りにあるときはごく限られた領域しか刺激されず活動は減衰し，ϕは小さくなるが，覚醒状態で意識があるときは，脳活動が広域ネットワークの間で同期的に接続され，その相互作用により，活動は統合されϕは大きくなるという。統合の程度が数値化できる点も

他のモデルと異なりユニークであるが，対応した脳内メカニズムの詳細な裏づけはこれからの課題であろう。

（苧阪 直行）

1・9　展望

　この40年間の感覚・知覚システムの解明は，20世紀半ばに始まった情報処理革命の進展に伴って大きく進展した。また，意識の科学的解明も哲学が主導した時代から，脳イメージングの発展につれて実験心理学と認知心理学が主導する時代に入った。しかし，そのモデリングは情動と身体性を考慮した能動的な記憶メカニズムの新たな解明を待つ必要がありそうである。脳は身体に，身体は環境にそれぞれ組み込まれていることから，NCC問題に取り組む際

には身体と環境のループを取り込む必要があると考えられる。意識を脳との関わりで考えると，当初の局在論から出発し，課題ごとに異なる役割を担う複数のネットワーク間の動的相互作用として意識が捉えられるようになってきたといえる。神経接続の結合性の詳細なマップを明らかにするヒューマンコネクトームプロジェクトでは，安静状態の脳においても，視覚，デフォルトモードネットワーク（default mode network：DMN）やワーキングメモリなどの複数のネットワークがはたらき，前頭前野の背外側領域は主として外界に，腹内側領域は主として社会と自己の意識に関わることもわかってきた（苧阪・越野，2018）。近い将来に意識が科学的に解明されることを期待したい。

（苧阪 直行）

文献

(1・1)

Boring, E. G. (1942). *Sensation and Perception in the History of Experimental Psychology*. Appleton-Century-Crofts.

Herrnstein, R. J., & Boring, E. G. (1965). *A Source Book in the History of Experimental Psychology*. Harvard University Press.

Hubel, D. H., & Wiesel, T. N. (1959). Receptive fields of single neurones in the cat's striate cortex. *Journal of Physiology*, *148*, 574–591. ［doi: 10.1113/jphysiol.1959.sp006308］

Hubel, D. H., & Wiesel, T. N. (1962). Receptive fields, binocular interaction and functional architecture in the cat's visual cortex. *Journal of Physiology*, *160*, 106–154. ［doi: 10.1113/jphysiol.1962.sp006837］

Young, T. (1802). On the theory of light and colors. In D. MacAdam (Ed.), (1970). *Sources of Color Science* (p. 51). MIT Press.

(1・2)

Berkeley, G. (1969). *A New Theory of Vision and Other Writings* (Everyman's Library 483). Dent.
　　（下條 信輔・植村 恒一郎・一ノ瀬 正樹（訳）（1990）．視覚新論　勁草書房）

Boring, E. G. (1942). *Sensation and Perception in the History of Experimental Psychology*. Appleton-Century-Crofts.

Boring, E. G. (1950). *A History of Experimental Psychology* (2nd ed.). Appleton-Century-Crofts.

Gibson, E. J., & Walk, R. D. (1960). The "visual cliff." *Scientific American*, *202*, 64–71. ［doi: 10.1038/scientificamerican0460-64］

Gregory, R. L. (1966). *Eye and Brain*. McGraw-Hill.

Gregory, R. L. (1970). *Intelligent Eye*. Weidenfeld and Nicolson.
　　（金子 隆芳（訳）（1972）．インテリジェント・アイ：見ることの科学　みすず書房）

Helmholtz, H. L. F. von (1910). *Handbuch der physiologischen Optik* (3. Aufl, 3. Bd.). von Leopold Voss.

Herrnstein, R. J., & Boring, E. G. (1965). *A Source Book in the History of Experimental Psychology*. Harvard University Press.

Hess, E. H. (1950). Development of the chick's responses to light and shade cues of depth. *Journal of Comparative and Physiological Psychology*, *43*, 112–122. ［doi: 10.1037/h0059235］

第Ⅰ部 総論

Hochberg, J. E. (1962). Nativism and empiricism in perception. In L. Postman (Ed.), *Psychology in the Making* (pp. 255-330). Knopf.

Locke, J. (1706). *An Essay Concerning Human Understanding*.

（大槻 春彦（訳）（1972）．人間知性論（一）岩波書店）

Senden, M. von (1932). *Raum-und Gestaltauffassung bei operierten Blindgeboren vor und nach der Operation*. Barth.

Stratton, G. M. (1897). Vision without inversion of the retinal image. *Psychological Review, 4*, 463-481. ［doi: 10.1037/h0071173］

鳥居 修晃（1982）．視知覚の発生と成立 鳥居 修晃（編） 知覚2（現代基礎心理学3, pp. 45-82） 東京大学出版会

(1・3)

Fechner, G. T. (1907). *Elemente der Psychophysik* (I u. II, 3. Aufl.). Breitkopf u. Hartel.

Herrnstein, R. J., & Boring, E. G. (1965). *A Source Book in the History of Experimental Psychology*. Harvard University Press.

Luce, R. D., & Edwards, W. (1958). The derivation of subjective scales from just noticeable differences. *Psychological Review, 65*, 222-237. ［doi: 10.1037/h0039821］

Stevens, S. S. (1957). On the psychophysical law. *Psychological Review, 64*, 153-181. ［doi: 10.1037/h0046162］

Stevens, S. S. (1961). To honor Fechner and repeal his law. *Science, 133*, 80-86. ［doi: 10.1126/science.133.3446.80］

Titchener, E. B. (1905). *Experimental Psychology* (Vol. II, Part II). Macmillan.

(1・4)

Blough, D. C. (1956). Dark adaptation in the pigeon. *Journal of Comparative and Physiological Psychology, 49*, 425-430. ［doi: 10.1037/h0043257］

Blough, D. C. (1958). A method for obtaining psychophysical thresholds from the pigeon. *Journal of the Experimental Analysis of Behavior, 1*, 31-43. ［doi: 10.1901/jeab.1958.1-31］

Frisch, K. von (1969). *Aus dem Leben des Bienen* (8 Aufl.). Springer-Verlag.

（桑原 万寿太郎（訳）（1975）．ミツバチの生活から 岩波書店）

Goethe, J. W. (1810). *Zur Farbenlehre*.

（石原 純・島地 威雄（訳）（1942）．色彩論 大東出版社；菊池 栄一（訳）（1952）．色彩論：色彩学の歴史 岩波書店）

Graham, C. H. (1950). Behavior, perception, and the psychophysical methods. *Psychological Review, 57*, 108-120. ［doi: 10.1037/h0061771］

Graham, C. H. (1958). Sensation and perception in an objective psychology. *Psychological Review, 65*, 65-76. ［doi: 10.1037/h0046960］

Graham, C. H. (1965). *Vision and Visual Perception*. Wiley.

原 光雄（1951）．近代科学の父：ジョン・ドールトン 岩波書店

Katz, D. (1911). Die Erscheinungsweisen der Farben und ihre Beeinflussung durch die individuelle Erfahrung. *Zeitschrift für Psychologie*. 7. Erg. Bd.

Katz, D. (1935). *The World of Colour* (R. B. MacLeod & C. W. Fox, Trans.). Kegan Paul.

Metzger, W. (1930). Optische Untersuchungen am Ganzfeld, II. Zur Phönomenologie des homogenen Ganzfelds. *Psychologische Forschung, 13*, 6-29. ［doi: 10.1007/BF00406757］

Newton, I. (1704). *Opticks*.

（阿部 良夫・堀 伸夫（訳）（1940）．光学 岩波書店）

Rubin, E. (1921). *Visuell wahrgenommne Figuren*. Gyldendalske.

Watson, J. B. (1914). *Behavior: An Introduction to Comparative Psychology*. Henry Holt.

Wertheimer, M. (1912). Experimentelle Studien über das Sehen von Bewegung. *Zeitshrift für Psychologie, 61*, 161-265.

第 1 章　感覚・知覚研究の歴史

（1・5）

Köhler, W.（1920）. *Die physischen Gestalten in Ruhe und im stationären Zustand*. Vieweg.

Köhler, W.（1940）. *Dynamics is Psychology*. Liveright.

　（相良　守次（訳）（1951）．心理学の力学説　岩波書店）

須藤　新吉（1915）．ヴントの心理学　内田老鶴圃

高木　貞二（1932）．知覚の問題（講座哲学 8）　岩波書店

Titchener, E. B.（1910）. *A Text-Book of Psychology*. Macmillan.

Titchener, E. B.（1923）. *A Beginner's Psychology*. Macmillan.

Wertheimer, M.（1923）. Untersuchungen zur Lehre von der Gestalt II. *Psychologische Forschung, 4*, 301–350.〔doi: 10.1007/BF00410640〕

Wundt, W.（1920）. *Grundriss der Psychologie*. Kroner.

（1・6）

Attneave, F.（1954）. Some informational aspects of visual perception. *Psychological Review, 61*, 183–193.〔doi: 10.1037/h0054663〕

Bartlett, F. C.（1932）. *Remembering: A Study in Experimental and Social Psychology*. Cambridge University Press.

　（宇津木　保・辻　正三（訳）（1983）．想起の心理学　誠信書房）

Broadbent, D. E.（1958）. *Perception and Communication*. Pergamon Press.〔doi: 10.1016/C2013-0-08164-9〕

Bruner, J. S.（1951）. Personality dynamics and the process of perceiving. In R. R. Blake & G. V. Ramsey（Eds.）, *Perception: An Approach to Personality*（pp. 121–147）. Ronald Press.〔doi: 10.1037/11505-005〕

Bruner, J. S., & Goodman, C. C.（1947）. Value and need as organizing factors in perception. *Journal of Abnormal and Social Psychology, 42*, 33–44.〔doi: 10.1037/h0058484〕

Brunswik, E.（1952）. *The Conceptual Framework of Psychology*（*International Encyclopedia of Unified Sciences*, Vol. 1, No. 10）. University of Chicago Press.

Brunswik, E.（1956）. *Perception and the Representative Design of Psychological Experiments*. University of California Press.

Cherry, E. C.（1953）. Some experiments on the recognition of speech, with one and with two ears. *Journal of the Acoustical Society of America, 25*, 975–979.〔doi: 10.1121/1.1907229〕

船津　孝行（1972）．恒常性研究の方法論　秋重　義治（編）　知覚的世界の恒常性（認識心理学IV, pp. 199–383）　以文社

Gibson, J. J.（1950）. *Perception of the Visual World*. Houghton Mifflin.

Gibson, J. J.（1959）. Perception as a function of stimulation. In J. S. Koch（Ed.）, *Psychology: A Study of a Science*（Vol. 1, pp. 456–501）. McGraw-Hill.

Gibson, J. J.（1979）. *The Ecological Approach to Visual Perception*. Houghton Mifflin.

Gottschaldt, K.（1926）. Über den Einfluß der Erfahrung auf die Wahrnehmung von Figuren I. *Psychologische Forschung, 8*, 261–317.〔doi: 10.1007/BF02411523〕

Gottschaldt, K.（1929）. Über den Einfluß der Erfahrung auf die Wahrnehmung von Figuren II. *Psychologische Forschung, 12*, 1–87.〔doi: 10.1007/BF02409206〕

Ittelson, W. H.（1952）. *The Ames Demonstrations in Psychology*. Princeton University Press.

Ittelson, W. H.（1960）. *Visual Space Perception*. Springer.

Johansson, G.（1975）. Visual motion perception. *Scientific American, 232*, 365–376.

　（河内　十郎（訳）（1975）．人は動くものをどう見る　サイエンス, 8 月号, 72-81）

Johansson, G.（1978）. Visual event perception. In R. Held, II. W. Leibowitz, & H.-L. Teuber（Eds.）, *Perception*（*Handbook of Sensory Physiology*, Vol. 8, pp. 675–711）. Springer-Verlag.

加藤　義明（1969）．知覚学習　和田　陽平・大山　正・今井　省吾（編）　感覚・知覚心理学ハンドブック（pp. 122–139）　誠信書房

Lazarus, R. S., & McCleary, R. A.（1951）. Autonomic discrimination without awareness: A study of subception. *Psychological Review, 58*, 113–122.〔doi: 10.1037/h0054104〕

McGinnies, E.（1949）. Emotionality and perceptual defense. *Psychological Review, 56*, 244–251.〔doi: 10.1037/h0056508〕

第 I 部　総論

Neisser, U. (1967). *Cognitive Psychology*. Appleton-Century-Crofts.
　（大羽 蓁（訳）（1981）．認知心理学　誠信書房）

Neisser, U. (1976). *Cognition and Reality: Principle and Implications of Cognitive Psychology*. Freeman.
　（古崎 敬・村瀬 旻（訳）（1978）．認知の構図　サイエンス社）

Postman, L., Bruner, J. S., & McGinnies, E. (1948). Personal values as selective factors in perception. *Journal of Abnormal and Social Psychology, 43*, 142-154. ［doi: 10.1037/h0059765］

Postman, L., & Tolman, E. C. (1959). Brunswik's probabilistic functionalism. In S. Koch (Ed.), *Psychology: A Study of a Science* (Vol. 1, pp. 502-564). McGraw-Hill.

Selfridge, O. G. (1959). Pandemonium: A paradigm for learning. In D. V. Blake & A. M. Uttley (Eds.), *Proceedings of the Symposium on the Mechanization of Thought Process* (pp. 511-529). H. M. Stationary Office.

Selfridge, O. G., & Neisser, U. (1960). Pattern recognition by machine. *Scientific American, 203*, 60-58. ［doi: 10.1038/scientificamerican0860-60］

Shepard, R. N., & Metzler, J. (1971). Mental rotation of three-dimensional objects. *Science, 161*, 701-703. ［doi: 10.1126/science.171.3972.701］

Sperling, G. (1960). Information available in brief visual presentations. *Psychological Monographs, 74*, 1-29. ［doi: 10.1037/h0093759］

Wertheimer, M. (1923). Untersuchungen zur Lehre von der Gestalt II. *Psychologische Forschung, 4*, 301-350. ［doi: 10.1007/BF00410640］

（1・7）

Broadbent, D. E. (1958). *Perception and Communication*. Pergamon Press.

Cytowic, R. E. (2002). *Synesthesia: A Union of the Senses* (2nd ed.). MIT Press.

Deutsch, J. A., & Deutsch, D. (1963). Attention: Some theoretical considerations. *Psychological Review, 70*, 80-90. ［doi: 10.1037/h0039515］

Ehrsson, H. H., Spence, C., & Passingham, R. E. (2004). That's my hand! Activity in premotor cortex reflects feeling of ownership of a limb. *Science, 305*, 875-877. ［doi: 10.1126/science.1097011］

Felleman, D. J., & Van Essen, D. C. (1991). Distributed hierarchical processing in the primate cerebral cortex. *Cerebral Cortex, 1*, 1-47. ［doi: 10.1093/cercor/1.1.1-a］

Gallagher, S. (2000). Philosophical conceptions of the self: Implications for cognitive science. *Trends in Cognitive Sciences, 4*(1), 14-21. ［doi: 10.1016/S1364-6613(99)01417-5］

Gibson, J. J. (1979). *The Ecological Approach to Visual Perception*. Houghton Mifflin.
　（古崎 敬・古崎 愛子・辻 敬一郎・村瀬 旻（訳）（1986）．生態学的視覚論：ヒトの知覚世界を探る　サイエンス社）

Goodale, M. A., & Milner, A. D. (2004). *Sight Unseen: An Exploration of Conscious and Unconscious Vision*. Oxford University Press.
　（鈴木 光太郎・工藤 信雄（訳）（2008）．もうひとつの視覚：〈見えない視覚〉はどのように発見されたか　新曜社）

James, W. (1890). *The Principles of Psychology*. Harvard University Press.

Johansson, G. (1973). Visual perception of biological motion and a model for its analysis. *Perception & Psychophysics, 14*, 201-211. ［doi: 10.3758/BF03212378］

Kanwisher, N., McDermott, J., & Chun, M. M. (1997). The fusiform face area: A module in human extrastriate cortex specialized for face perception. *Journal of Neuroscience, 17*, 4302-4311. ［doi: 10.1523/JNEUROSCI.17-11-04302.1997］

Mack, A., & Rock, I. (1998). *Inattentional Blindness*. MIT Press.

Marr, D. (1982). *Vision: A Computational Investigation into the Human Representation and Processing of Visual Information*. Henry Holt.
　（乾 敏郎・安藤 広志（訳）（1987）．ビジョン：視覚の計算理論と脳内表現　産業図書）

Miller, G. A. (1956). The magical number seven, plus or minus two: Some limits on our capacity for processing information. *Psychological Review, 63*, 81-97. ［doi: 10.1037/h0043158］

Moser, E. I., & Moser, M.-B. (2013). Grid cells and neural coding in high-end cortices. *Neuron, 80*, 765-774.［doi: 10.1016/j.neuron.2013.09.043］

O'Craven, K. M., & Kanwisher, N. (2000). Mental imagery of faces and places activates corresponding stimulus-specific brain regions. *Journal of Cognitive Neuroscience, 12*, 1013-1023.［doi: 10.1162/08989290051137549］

O'Keefe, J., & Dostrovsky, J. (1971). The hippocampus as a spatial map: Preliminary evidence from unit activity in the freely-moving rat. *Brain Research, 34*, 171-175.［doi: 10.1016/0006-8993(71)90358-1］

苧阪 直行（編著）（2012）．社会脳科学の展望：脳から社会をみる（社会脳シリーズ 1）　新曜社

苧阪 直行（編著）（2013）．注意をコントロールする脳：神経注意学からみた情報の選択と統合（社会脳シリーズ 3）　新曜社

大山 正（2010）．知覚を測る：実験データで語る視覚心理学　誠信書房

Raymond, J. E., Shapiro, K. L., & Arnell, K. M. (1992). Temporary suppression of visual processing in an RSVP task: An attentional blink? *Journal of Experimental Psychology: Human Perception and Performance, 18*, 849-860.［doi: 10.1037/0096-1523.18.3.849］

Rensink, R. A., O'Regan, J. K., & Clark, J. J. (1997). To see or not to see: The need for attention to perceive changes in scenes. *Psychological Science, 8*, 368-373.［doi: 10.1111/j.1467-9280.1997.tb00427.x］

Rizzolatti, G., Fadiga, L., Gallese, V., & Fogassi, L. (1996). Premotor cortex and the recognition of motor actions. *Cognitive Brain Research, 3*, 131-141.［doi: 10.1016/0926-6410(95)00038-0］

Rosenblatt, F. (1958). The perceptron: A probabilistic model for information storage and organization in the brain. *Psychological Review, 65*, 386-408.［doi: 10.1037/h0042519］

Rumelhart, D. E., Hinton, G. E., & Williams, R. J. (1986). Learning representations by back-propagating errors. *Nature, 323*, 533-536.［doi: 10.1038/323533a0］

Simons, D. J., & Chabris, C. F. (1999). Gorillas in our midst: Sustained inattentional blindness for dynamic events. *Perception, 28*, 1059-1074.［doi: 10.1068/p281059］

Sperling, G. (1960). The information available in brief visual presentations. *Psychological Monographs: General and Applied, 74*, 1-29.［doi: 10.1037/h0093759］

Treisman, A. M., & Gelade, G. (1980). A feature-integration theory of attention. *Cognitive Psychology, 12*, 97-136.［doi: 10.1016/0010-0285(80)90005-5］

Ungerleider, L. G., & Mishkin, M. (1982). Two cortical visual systems. In D. J. Ingle, M. A. Goodale, & R. J. W. Mansfield (Eds.), *Analysis of Visual Behavior* (pp. 549-586). MIT Press.

Wolfe, J. M. (Ed.). (2014). Special issue on visual working memory. *Attention, Perception, & Psychophysics, 76*(7), 1861-2170.

Zeki, S. (1999). *Inner Vision: An Exploration of Art and the Brain*. Oxford University Press.
（河内 十郎（訳）（2002）．脳は美をいかに感じるか：ピカソやモネが見た世界　日本経済新聞社）

（1・8）

Baars, B. J. (1988). *A Cognitive Theory of Consciousness*. Cambridge University Press.

Baars, B. J. (1997). *In the Theater of Consciousness: The Workspace of the Mind*. Oxford University Press.
（苧阪 直行（監訳）（2004）．脳と意識のワークスペース　協同出版）

Baars, B. J. (2003). Working memory requires conscious processes, not vice versa: A global workspace account. In N. Osaka (Ed.), *Neural Basis of Consciousness* (pp. 11-26). John Benjamins.

Block, N. (2005). Two neural correlates of consciousness. *Trends in Cognitive Sciences, 9*, 46-52.［doi: 10.1016/j.tics.2004.12.006］

Block, N., Flanagan, O., & Güzeldere, G. (Eds.). (1997). *The Nature of Consciousness: Philosophical Debates*. MIT Press.

Chalmers, D. J. (1996). *The Conscious Mind: In Search of a Fundamental Theory*. Oxford University Press.
（林 一（訳）（2001）．意識する心：脳と精神の根本理論を求めて　白揚社）

Damasio, A. R. (1994). *Descartes' Error: Emotion, Reason and the Human Brain*. Putnam Publishing.

（田中 三彦（訳）（2000）．生存する脳：心と脳と身体の神秘　講談社）

Damasio, A. R. (1999). *The Feeling of What Happens: Body and Emotion in the Making of Consciousness*. Harcourt Brace & Co.

（田中 三彦（訳）（2003）．無意識の脳 自己意識の脳：身体と情動と感情の神秘　講談社）

Dehaene, S. (2014). *Consciousness and the Brain: Deciphering How the Brain Codes our Thoughts*. Viking Penguin.

（高橋 洋（訳）（2015）．意識と脳：思考はいかにコード化されるか　紀伊國屋書店）

Dennett, D. C. (1991). *Consciousness Explained*. Little, Brown & Company.

（山口 泰司（訳）（1997）．解明される意識　青土社）

Koch, C. (2004). *The Quest for Consciousness: A Neurobiological Approach*. Roberts & Company Publishers.

（土谷 尚嗣・金井 良太（訳）（2006）．意識の探求：神経科学からのアプローチ（全2巻）　岩波書店）

苧阪 直行（1996）．意識とは何か：科学の新たな挑戦　岩波書店

Osaka, N. (Ed.). (2003). *Neural Basis of Consciousness*. John Benjamins.

Osaka, N., Logie, R. H., & D'Esposito, M. (Eds.). (2007). *The Cognitive Neuroscience of Working Memory*. Oxford University Press.

Owen, A. (2017). *Into the Gray Zone: A Neuroscientist Explores the Border Between Life and Death*. Simon & Schuster.

（柴田 裕之（訳）（2018）．生存する意識：植物状態の患者と対話する　みすず書房）

Rose, D. (2006). *Consciousness: Philosophical, Psychological, and Neural Theories*. Oxford University Press.

（苧阪 直行（監訳）（2008）．意識の脳内表現：心理学と哲学からのアプローチ　培風館）

Tononi, G. (2004). An information integration theory of consciousness. *BMC Neuroscience, 5*, 42.［doi: 10.1186/1471-2202-5-42］

Weiskrantz, L. (1986). *Blindsight: A Case Study and Implications*. Oxford University Press.

（1・9）
苧阪 直行・越野 英哉（2018）．社会脳ネットワーク入門：社会脳と認知脳ネットワークの協調と競合　新曜社

第2章　感覚・知覚測定法

感覚・知覚の測定法として，閾を主に扱うものを
I・2・1，感覚の大きさを扱うものをI・2・2，複数の
次元を用いるものをI・2・3，感覚・知覚に対する反
応における判断基準の影響を考慮するものをI・2・
4で説明する。これら心理物理学的方法では，データ
にモデルを適用してそのパラメータを推定すると
いう方法がとられる。パラメータの推定などに関わ
る数値計算法および統計分析法についてI・2・5で
簡単に説明する。

（岡本　安晴）

2・1　心理物理学的測定法
（精神物理学的測定法）

精神物理学（psychophysics：心理物理学とも
訳される）は，Fechner（1860/1966）によって
"an exact theory of the functionally dependent
relations of body and soul or, more generally, of
the material and the mental, of the physical and
the psychological worlds"（Fechner, 1860/1966,
p. 7）を指すものとして提案され，外的精神物
理学（outer psychophysics）と内的精神物理学
（inner psychophysics）とに区別される（Fechner,
1860/1966, p. 9；大山，2010a，p. 54）。外的精神物
理学は身体の外側の世界（物理刺激）と精神活動の
関係を扱い，内的精神物理学は身体の内的過程（神
経生理過程）と精神活動の関係を扱う。現代では，
「精神物理学」は，理論（theory）の側面より，方法
あるいは領域を指す言葉として使われ（Kingdom &
Prins, 2010, p. 1），外的精神物理学が研究領域になっ
ている。精神物理学の中心領域を閾の研究とするも
の（Gescheider, 1997, p. 1）に対して，物理刺激値と
感覚・知覚（心理尺度）の関係を研究領域と考える

もの（Marks, 1974, p. 4；Marks & Gescheider, 2002,
p. 91）があるが，閾と尺度の両方を研究領域とする
説明もある（Macmillan & Creelman, 2005, p. 22）。
本節では，閾に関することを扱い，心理尺度につい
ては次節で説明する。

なお，「精神物理学」の訳は，心理学史のなかで言
及するときに用いられ，現在の研究について言及す
るときは「心理物理学」の訳が主流であるとされて
いるが（村上，2011），現在の研究法としての説明で
「精神物理学」も用いられている（大山他，2005）。
本章では，読者の便を考え，一方の用語に限定せず，
「精神物理学（心理物理学）」のような併記なども用
いた。

日常用語としての「感じることのできる最小の
刺激値」に対応する心理物理学的値として刺激閾
（stimulus threshold），検知閾・検出閾（detection
threshold），絶対閾（absolute threshold）あるいは
RL（Reiz Limen）と呼ばれているものがあり，あ
る刺激の感覚との違いが判る最小の刺激値の差に
相当する心理物理学的値として弁別閾（difference
threshold），DL（Differentz Limen）あるいは丁度
可知差異（just noticeable difference：JND）と呼
ばれているものがある（Macmillan, 2002, p. 60；村
上，2011，pp. 17-18）。刺激閾と弁別閾を合わせて
感覚閾（sensory threshold）と呼ぶ。これらは，心
理測定関数（psychometric function：PF）に基づい
て与えられる。PFは精神測定関数とも呼ばれ（大
山，2010b，p. 11），心理物理学的課題の成績（正反
応数，「より重い」と感じられた試行数の割合など）
と物理刺激との関係を表すものである（Kingdom &
Prins, 2016, p. 55）。まず，弁別閾の測定法について
説明し，その後，刺激閾の測定法について説明する。
刺激閾は，I・2・4において，信号検出理論の観点

第Ⅰ部　総論

からも論じる。

2・1・1　弁別閾と主観的等価点

　弁別閾の測定で基本となるのは，基準となる値の固定された標準刺激（standard stimulus, St）と，それと比較される種々の値をとる比較刺激（comparison stimulus, Co）であり，観察者はStと比べてCoのほうが，感覚が強いか（「より重い」など）弱いか（「より軽い」など）の判断が求められる。Coのほうが，感覚がより強いと判断される確率をCoの関数$P(Co)$として表したものがPFとして用いられる（Gescheider, 1997, p. 46）。Coの値がStより十分に小さいときは$P(Co) \approx 0$となり，Stより十分に大きいときは$P(Co) \approx 1$となる。CoがStより強い感覚であると判断される確率がpであるCoをx_pで表すと，

$$P(x_p) = p$$

である。

　感覚の比較判断の確率$p = 0.75$および$p = 1 - 0.75 = 0.25$に対応するCoの値$x_{0.75}$および$x_{0.25}$に対して，丁度可知差異（JND，弁別閾）は典型的に次式

$$JND = \frac{x_{0.75} - x_{0.25}}{2}$$

で与えられる（Falmagne, 1985, p. 208；Macmillan, 2002, p. 60）。確率$p = 0.75$の値は，Fechnerがprobable error（公算誤差：正規分布における中央値と第1四分位数あるいは第3四分位数との差）に対応する確率として選んだものである（Link, 1992, p. 9）。現在では，閾の測定法に合わせて他の値，たとえば$p = \sqrt{0.5} \approx 0.707$が用いられることもある（Falmagne, 1985, p. 228）。JNDの大きさは，その算出に用いられた弁別確率pに依存しているので注意が必要である。弁別確率$p = 0.75$に対応するCoの値$x_{0.75}$は，Stとの感覚の違いがわかりにくいCoであると理解されるが，弁別確率が$P(x_{0.5}) = 0.5$である$x_{0.5}$は，Stに対して強く感じられる確率と弱く感じられる確率が等しく0.5である。この$x_{0.5}$を主観的等価点（point of subjective equality：PSE）と呼ぶ。このPSEを基準として，弁別閾を与えるCoの値$x_{0.75}$および$x_{0.25}$（一般に，x_pおよびx_{1-p}；$p > 0.5$）に対して上弁別閾（Δ_u：upper difference threshold,

DL_u）と下弁別閾（Δ_l：lower difference threshold, DL_l）が次式

$$\Delta_u = DL_u = x_{0.75} - x_{0.5}$$
$$（一般に，\Delta_u = DL_u = x_p - x_{0.5}）$$
$$\Delta_l = DL_l = x_{0.5} - x_{0.25}$$
$$（一般に，\Delta_l = DL_l = x_{0.5} - x_{(1-p)}）$$

で与えられる（Gescheider, 1997, p. 53；村上，2011, p. 19）。また，$x_{0.75}$と$x_{0.25}$は，上限閾（upper limen）および下限閾（lower limen）と呼ばれる（難波・桑野，1998, p. 33）。

　主観的等価点PSEは，標準刺激Stと同じ値であるとは限らない。その差を恒常誤差（constant error, CE）と呼ぶ。すなわち，

$$CE = x_{0.5} - St$$

である。たとえば，Stを1s間呈示してから1sの間を空けてCoを1s呈示するというように，標準刺激と比較刺激の呈示が異なる時間で行われるとき，CEは時間誤差（time error）と呼ばれ，標準刺激と比較刺激の呈示は同時であるが呈示位置が右側と左側というように異なるとき，CEは空間誤差（space error）と呼ばれる（Gescheider, 1997, p. 53；柿崎，1974, p. 8）。

2・1・2　心理測定関数（精神測定関数）

　閾値と主観的等価点を求めるときに用いられる心理測定関数として以下のものを挙げることができる。

・累積正規分布関数（cumulative normal distribution function）もしくは累積ガウス分布関数（cumulative Gaussian distribution function）

$$F_N(x;\alpha,\beta) = \int_{-\infty}^{x} \frac{1}{\sqrt{2\pi}\beta} \exp\left(-\frac{1}{2}\left(\frac{t-\alpha}{\beta}\right)^2\right) dt$$
$$(-\infty < x < +\infty)$$

・ロジスティック関数（logistic function）

$$F_L(x;\alpha,\beta) = \frac{1}{1 + \exp(-\beta(x-\alpha))}$$
$$(-\infty < x < +\infty)$$

・ナカーラシュトンの式（Naka-Rushton function）

$$F_{NR}(x;\alpha,\beta) = \frac{x^\beta}{x^\beta + \alpha^\beta}$$
$$(0 < x < +\infty)$$

・ワイブル関数（Weibull function）
$$F_W(x;\alpha,\beta) = 1 - \exp\left(-\left(\frac{x}{\alpha}\right)^\beta\right)$$
$$(0 < x < +\infty)$$

・ガンベル関数（Gumbel function）もしくは対数ワイブル関数（log-Weibull function）
$$F_G(x;\alpha,\beta) = 1 - \exp\left(-10^{\beta(x-\alpha)}\right)$$
$$(-\infty < x < +\infty)$$

・クイック関数（Quick function）
$$F_Q(x;\alpha,\beta) = 1 - 2^{-(x/\alpha)^\beta}$$
$$(0 < x < +\infty)$$

これは，ワイブル関数において指数関数の底 e（ネイピア数）を底2に変えたものである。

・対数クイック関数（log-Quick function）
$$F_{LQ}(x;\alpha,\beta) = 1 - 2^{-10^{\beta(x-\alpha)}}$$
$$(-\infty < x < +\infty)$$

これは，ガンベル関数において指数関数の底 e（ネイピア数）を底2に変えたものである。

・双曲線正割関数（hyperbolic secant function）
$$F_{HS}(x;\alpha,\beta) = \frac{2}{\pi}\tan^{-1}\exp\left(\frac{2}{\pi}\beta(x-\alpha)\right)$$
$$(-\infty < x < +\infty)$$

上記PFから F_N, F_L, F_G, F_{HS} を選んでグラフを描くと図2-1-1のようになる。実験データでこれらのPFの適合度の違いを示すためには，かなりの数のデータが必要と思われる。

歴史的に長く使われ（Macmillan & Creelman, 2005, p. 274），理論的に最も正当化される（Kingdom & Prins, 2016, p. 79）ものとして累積正規分布関数がある。PFが累積正規分布関数で表すことができるという仮説は，ファイ－ガンマ仮説（phi-gamma hypothesis）と呼ばれている（Falmagne, 1985, p. 167）。多数の独立な要因が加法的にはたらいているとき，その分布は正規分布に近づく（中心極限定理：central limit theorem；Hogg et al., 2005, p. 220）。累積正規分布関数は積分の形で与えられているが，これによい近似を与えるものとしてロジスティック関数を用いることができる。

いま，物理量の値（強度）x のデシベル値として y が与えられているとする。すなわち，
$$y = 10\log_{10}\frac{x}{x_0}$$
である。この値をロジスティック関数に代入すると以下のようになる。
$$F_L(y;\alpha,\beta)$$
$$= \frac{1}{1+\exp\left(-\beta\left(10\log_{10}\frac{x}{x_0} - \alpha\right)\right)}$$
$$= \frac{x^{\frac{10}{\log 10}\beta}}{x^{\frac{10}{\log 10}\beta} + \left(\exp\left(\log 10 \cdot \log_{10}x_0 + \frac{\alpha\log 10}{10}\right)\right)^{\frac{10}{\log 10}\beta}}$$
$$= F_{NR}\left(x;\exp\left(\log 10 \cdot \log_{10}x_0 + \frac{\alpha\log 10}{10}\right), \frac{10}{\log 10}\beta\right)$$

ロジスティック関数の変数 y がデシベル値であるとき，物理量の値 x に戻すとナカ－ラシュトンの式が得られる。

ワイブル関数は，注目すべき理論的性質があり，視覚研究において広く用いられているものである（Macmillan & Creelman, 2005, pp. 275-276）。理論的性質に関して Macmillan & Creelman (2005) は Green & Luce (1975) を引用しているが，Green & Luce は検出実験のモデルに基づいて議論している。

ワイブル関数とガンベル関数の関係を以下のように導くことができる。

いま，物理強度 x のデシベル値を y とおく。すなわち，
$$y = 10\log_{10}\frac{x}{x_0}$$
である。これより

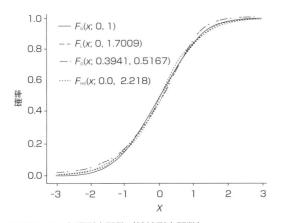

図2-1-1 心理測定関数（精神測定関数）
F_N：累積正規分布関数，F_L：ロジスティック関数，F_G：ガンベル関数，F_{HS}：双曲線正割関数

第 I 部　総論

$$x = x_0 10^{y/10}$$

を得る。したがって，

$$\left(\frac{x}{\alpha}\right)^{\beta} = \left(\frac{x_0 10^{y/10}}{\alpha}\right)^{\beta} = 10^{\frac{\beta}{10}\left(y - 10\log_{10}\frac{\alpha}{x_0}\right)} \tag{1}$$

となり，

$$F_W(x;\alpha,\beta) = 1 - \exp\left(-\left(\frac{x}{\alpha}\right)^{\beta}\right)$$

$$= 1 - \exp\left(-10^{\frac{\beta}{10}\left(y - 10\log_{10}\frac{\alpha}{x_0}\right)}\right)$$

を得る。すなわち，

$$F_W(x;\alpha,\beta) = F_G\left(y\,;10\log_{10}\frac{\alpha}{x_0}, \frac{\beta}{10}\right)$$

が成り立つ。

ワイブル関数とクイック関数の関係は以下のように導かれる。

次式

$$e^{-\left(\frac{x}{\alpha}\right)^{\beta}} = 2^{-\left(\frac{x}{\alpha(\log 2)^{1/\beta}}\right)^{\beta}}$$

より，

$$F_W(x;\alpha,\beta) = 1 - \exp\left(-\left(\frac{x}{\alpha}\right)^{\beta}\right)$$

$$= 1 - 2^{-\left(\frac{x}{\alpha(\log 2)^{1/\beta}}\right)^{\beta}}$$

$$= F_Q\left(x\,;\alpha(\log 2)^{1/\beta}, \beta\right)$$

が成り立つ。

いま，物理強度 x のデシベル値を y とおく。すなわち，

$$y = 10\log_{10}\frac{x}{x_0}$$

とおけば，式(1)より，

$$F_Q(x;\alpha,\beta) = 1 - 2^{-(x/\alpha)^{\beta}}$$

$$= 1 - 2^{-10^{\frac{\beta}{10}\left(y - 10\log_{10}\frac{\alpha}{x_0}\right)}}$$

$$= F_{LQ}\left(y\,;10\log_{10}\frac{\alpha}{x_0}, \frac{\beta}{10}\right)$$

が導かれる。

双曲線正割関数は，PF の値が 0 あるいは 1 に近づく速さが累積正規分布関数より遅いものが適しているときの関数として推奨されている（King-Smith & Rose, 1997, p. 1597）。

上にあげた関数は二つのパラメータ α と β をも

つものである。これらの二つのパラメータに加えて γ と λ を加えた心理測定関数

$$P(x;\,\alpha,\beta,\gamma,\lambda) = \gamma + (1 - \gamma - \lambda)F(x;\,\alpha,\beta)$$

が設定されることがあるが，これについては絶対閾値の測定のところで論じる。パラメータ γ は推量率（guess rate）と呼ばれ，λ は失策率（lapse rate）と呼ばれる（Kingdom & Prins, 2016, p. 79；村上，2011, p. 52）。パラメータ α は位置パラメータ（location parameter），β は傾きパラメータ（slope parameter）と呼ばれているが（Kingdom & Prins, 2016, p. 79；村上，2011, p. 53），これは次の性質に対応している。

上にあげた PF（γ および λ を含まないもの）において $x = \alpha$ とおくと以下のようになる。

$$F_N(\alpha;\alpha,\beta) = F_L(\alpha;\alpha,\beta)$$

$$= F_{NR}(\alpha;\alpha,\beta)$$

$$= F_Q(\alpha;\alpha,\beta)$$

$$= F_{LQ}(\alpha;\alpha,\beta)$$

$$= F_{HS}(\alpha;\alpha,\beta)$$

$$= \frac{1}{2}$$

$$F_W(\alpha;\alpha,\beta) = F_G(\alpha;\alpha,\beta)$$

$$= 1 - e^{-1} \approx 0.6321$$

ここで，$\approx$ は近似式であることを表す。上式より，PF の値が $1/2$ あるいは $1 - e^{-1}$ になる刺激値の値が $x = \alpha$ であり，心理測定関数 PF の横軸方向の位置を表すものであると解釈できる。

パラメータ β については，以下のようである。まず，累積正規分布関数については次式が成り立つ。

$$F_N(\alpha + \beta;\alpha,\beta) = F_N(1;0,1) \approx 0.841$$

累積正規分布関数について，パラメータ β は，関数値が $1/2$ から $F_N(1;0,1)$ に増加するのに必要な $x = \alpha$ からの増分である。したがって，β の値が大きいとき，x の増加に伴う PF の値の増加は遅い。

次の関係式に注目する。

$$F_L(\alpha + \frac{1}{\beta};\alpha,\beta) = \frac{1}{1 + e^{-1}} \approx 0.731$$

$$F_G(\alpha + \frac{1}{10\beta};\alpha,\beta) = 1 - e^{-10^{0.1}} \approx 0.716$$

$$F_{HS}(\alpha + \frac{1}{\beta};\alpha,\beta) = \frac{2}{\pi}\tan^{-1}\exp\frac{2}{\pi} \approx 0.690$$

上式は，パラメータ β の値が大きくなると，$x = \alpha$

に対する PF の値からそれぞれの上式の右辺の値に PF の値が増加するのに必要な x の増分は $1/\beta$ あるいは $1/10\beta$ であることを示している。すなわち，パラメータ β の値が大きくなると PF の値の増加に必要な x の増分は小さくなる。

次に以下の関係式に注目する。

$$F_{NR}(2\alpha;\alpha,\beta) = \frac{2^\beta}{2^\beta+1}$$

$$F_W(2\alpha;\alpha,\beta) = 1 - \exp(-2^\beta)$$

$$F_Q(2\alpha;\alpha,\beta) = 1 - 2^{-2^\beta}$$

上式の右辺の値は，x の値が $x=\alpha$ から α 増加したときの PF の値であり，パラメータ β の値が大きくなると，その増加した値も大きくなっている。

以上のことから，パラメータ β は心理測定関数 PF の増加の速さ（傾き）を表すものであると解釈できる。

累積正規分布関数 $F_N(x;\alpha,\beta)$ においては，位置パラメータ α と傾きパラメータ β は，それぞれ統計学での呼び方に従い平均 μ および標準偏差 σ で表されることが多く，次の対称性が成り立つ。

$$F_N(\mu+x;\mu,\sigma) + F_N(\mu-x;\mu,\sigma) = 1$$

平均 0，標準偏差 1 の累積標準正規分布関数 $F_N(x;0,1)$ に対して次式を満たす値 $z_{0.75}$ と $z_{0.25}$ をとる。

$$F_N(z_{0.75};0,1) = 0.75, \quad F_N(z_{0.25};0,1) = 0.25$$

このとき，

$$-z_{0.25} = z_{0.75} \approx 0.6745$$

である（図 2-1-2）。

主観的等価点 $x_{0.5}$，上限閾 $x_{0.75}$，下限閾 $x_{0.25}$ は $F_N(x;\mu,\sigma)$ に対して

$$F_N(x_{0.5};\mu,\sigma) = 0.5,$$
$$F_N(x_{0.75};\mu,\sigma) = 0.75,$$
$$F_N(x_{0.25};\mu,\sigma) = 0.25$$

を満たす値であることから，次式が導かれる。

$$x_{0.5} = \mu,$$
$$x_{0.75} - x_{0.5} = x_{0.5} - x_{0.25} = z_{0.75}\sigma \approx 0.6745\sigma$$

2・1・3　測定法

心理測定関数あるいは感覚閾，主観的等価点を求める実験法について説明する。

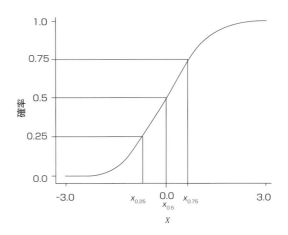

図 2-1-2　累積標準正規分布関数 $F_N(x;0,1)$ と主観的等価点 $x_{0.5}$，上限閾 $x_{0.75}$，下限閾 $x_{0.25}$

2・1・3・1　恒常法

心理測定関数のパラメータの推定法として，まず恒常法（method of constant stimuli）について説明する。恒常法では，一つの標準刺激 St に対して複数（M 個）の比較刺激 Co が用いられる。これら M 個の比較刺激から一つを選んで St との間での感覚の強さについての比較判断が求められる。各比較刺激 Co が R 回 St と比較されるとすると，全部で $N = M \times R$ 回の比較判断が求められることになる。心理測定関数 $F(x;\alpha,\beta)$ の二つのパラメータ α と β について安定した推定値を得るためには N = 400 試行ぐらいは必要であるとされる（Kingdom & Prins, 2016, p. 57）。比較刺激の数 M は $M = 5$-9 個が多い（苧阪，1994, p. 26）。比較刺激の値として用いる最小のもの Co-min と最大のもの Co-max は，標準刺激 St との比較判断において「より強い感覚」の確率が Co-min の場合はほぼ 0，Co-max の場合はほぼ 1 であるように選ぶ。ただし，Co-min が弱すぎる，あるいは Co-max が強すぎて複数の異なる比較刺激値の「より強い」という比較判断の確率がほぼ 0，あるいはほぼ 1 になると，データとして冗長になり，実質的なデータ数が少なくなるので注意が必要である。しかし，比較刺激値の範囲が狭すぎて PF の値が 0 から 1 まで変化する範囲を十分にカバーできていないときはパラメータの推定は不安定になる。本実験の前に簡単な調整法などで Co-min と Co-max

第 I 部　総論

の値を選んでおくとよい。データ数 N が同じであれば、比較刺激値の個数 M は 5 個でも 9 個でも推定値の統計的精度に差はない（岡本，2017，p. 90）。比較刺激値間の間隔は、PF のパラメータ推定をより安定させるために PF の横軸上にできるだけ等間隔であることが望ましいが、厳密に等間隔である必要はない。毎試行の比較刺激は、M 個のものからランダムに選んで標準刺激と比較されるが、比較刺激はそれぞれ R 回呈示されるので、総試行数 $N = M \times R$ 試行において同じ比較刺激値 Co が続いて呈示されることも単純なランダム呈示の場合は起こりうる。これを避けるために、たとえば M 個の比較刺激値の値を 1 ブロックとしてまとめ、計 R ブロック用意して、各ブロック内で呈示順序をランダムにするという方法がある。

　恒常法のデータを分析するための確率モデルを以下のように設定する。

　第 i 試行において呈示された比較刺激値を $Co_{(i)}$ で表し、比較刺激 $Co_{(i)}$ と標準刺激 St との比較判断を $Res_{(i)}$ で表す。

$$Res_{(i)} = \begin{cases} 1 & Co_{(i)} \text{のほうが St より強いと判断} \\ 0 & Co_{(i)} \text{のほうが St より弱いと判断} \end{cases}$$

とおくと、

$$P(Res_{(i)})$$
$$= F(Co_{(i)}; \alpha, \beta)^{Res(i)} (1 - F(Co_{(i)}; \alpha, \beta))^{1 - Res(i)}$$

である。総試行数 N のデータによる尤度関数 $L(\alpha, \beta)$ は、定数項を除いて考えればよいので、次式で与えられる（Kingdom & Prins, 2016, p. 87）。

$$L(\alpha, \beta)$$
$$= \prod_{i=1}^{N} P(Res_{(i)})$$
$$= \prod_{i=1}^{N} F(Co_{(i)}; \alpha, \beta)^{Res(i)} (1 - F(Co_{(i)}; \alpha, \beta))^{1 - Res(i)}$$

$$(2)$$

このとき、ベイズ統計における事後確率分布は次式で与えられる（Gelman et al., 2014；Kruschke, 2010）。

$$P(\alpha, \beta) \propto P_0(\alpha, \beta) L(\alpha, \beta)$$

ここで、$P_0(\alpha, \beta)$ は事前確率分布であり、特に理由がない場合は無情報確率分布として有界な範囲での一様分布が用いられる。事後分布が発散するなど

求まらないときは、弱い拘束を与える事前分布を用いればよい。

　二つの刺激値 s_1 と s_2 に対しての感覚の強さの比較判断は、たとえば、二つの呈示刺激 s_1 と s_2 のどちらのほうが感覚の強い刺激かを選ぶことであると考え、2 肢強制選択（two-alternative forced choice：2AFC）法と呼ばれている（Luce, 1993, pp. 118-119）。s_1 と s_2 が呈示されたとき、s_1 と比べて s_2 のほうが弱いと答えることは、強いほうの刺激として s_1 を選ぶことと同じであると考える。なお、心理物理学における 2AFC など実験法の呼び方の基準には厳密な統一性はないという指摘がある（Kingdom & Prins, 2016, pp. 14, 24）ので注意が必要である。一般に、M-AFC という呼び方については、I・2・4 で説明している。

　2AFC 法としての恒常法の場合、反応カテゴリは「より強い」と「より弱い」など二つであり、2 件法（method of two categories：池田，2013，p. 429）と呼ばれている。しかし、反応に対する観察者自身の確信の度合いを評定させるために、反応カテゴリ数を確信の度合いの評定に対応して 3 あるいは 4 に増やしたほうが観察者にはよいという考え方もある（神作，1998，p. 317；Klein, 2001, pp. 1436-1437）。PSE と JND に関するパラメータ推定における統計学的観点から 3 件法あるいは 4 件法を勧める報告もある（岡本，2017）。3 件法および 4 件法に対するモデルは以下のように設定される。

2・1・3・2　3 件法

　3 件法では、比較判断は「比較刺激の感覚のほうが強い：$St \prec Co_{(i)}$」、「同じ／判らない：$St \approx Co_{(i)}$」、「比較刺激の感覚のほうが弱い：$St \succ Co_{(i)}$」の 3 カテゴリから選ばれる。このとき、隣接カテゴリをまとめて考えれば 3 件法の場合は二つの心理測定関数 $F(x; \alpha, \beta)$ を想定することができる（大山，1969，p. 45）。それぞれの位置パラメータを C_1 および C_2 とおけば、3 件法における比較判断の確率は次式で与えられる。

$$P(St \prec Co_{(i)}) = F(Co_{(i)}; C_2, \beta)$$
$$P(St \approx Co_{(i)}) = F(Co_{(i)}; C_1, \beta) - F(Co_{(i)}; C_2, \beta)$$
$$P(St \succ Co_{(i)}) = 1 - F(Co_{(i)}; C_1, \beta)$$

ここで，

$$C_1 \leq C_2$$

である。

上の式では，傾きパラメータ β は二つの心理測定関数において同じとしているが，心理測定関数のパラメータを求める実験では位置パラメータの近傍で刺激が呈示されるので，傾きパラメータが同じとする仮定は問題ないと考えられる。しかし，傾きパラメータが二つの心理測定関数で同じとする仮定をおかない場合は，次のようにモデル設定することができる（岡本，2017）。

傾きパラメータが異なる値 β_1 と β_2 をとるときは，心理測定関数は分布の裾のほうで交わり，上式のモデルでは確率が負になる部分が出てくる。この確率は小さいので実験データの分析結果には影響が無視できるものと考えられるが，負になることを避けるため次の関数を設定する。

$$F_{\min}(x; \alpha_1, \beta_1, \alpha_2, \beta_2)$$
$$= \min \left\{ F(x; \alpha_1, \beta_1), F(x; \alpha_2, \beta_2) \right\}$$
$$F_{\max}(x; \alpha_1, \beta_1, \alpha_2, \beta_2)$$
$$= \max \left\{ F(x; \alpha_1, \beta_1), F(x; \alpha_2, \beta_2) \right\}$$

これらの関数により判断の確率モデルを以下のように設定する。

$$P(\mathrm{St} < Co_{(i)}) = F_{\min}(Co_{(i)}; C_1, \beta_1, C_2, \beta_2)$$
$$P(\mathrm{St} \approx Co_{(i)}) = F_{\max}(Co_{(i)}; C_1, \beta_1, C_2, \beta_2)$$
$$- F_{\min}(Co_{(i)}; C_1, \beta_1, C_2, \beta_2)$$
$$P(\mathrm{St} > Co_{(i)}) = 1 - F_{\max}(Co_{(i)}; C_1, \beta_1, C_2, \beta_2)$$

ここで，

$$C_1 \leq C_2$$

としている。また，このとき主観的等価点 PSE は

$$\mathrm{PSE} = \frac{C_1 + C_2}{2}$$

として算出されることがある（大山，1969，p. 45）。

以下の議論では，傾きパラメータの値は等しいとしているが，傾きパラメータが等しくない場合に以下の議論を拡張することは容易である。

第 i 試行における比較判断を $Res_{(i)}$ で表すと，尤度関数は，定数項を無視できるので，次式で与えられる。

$$L(C_1, C_2, \beta) = \prod_{i=1}^{N} P(Res_{(i)})$$

ここで，$P(Res_{(i)})$ は，$Res_{(i)}$ を第 i 試行における比較判断 $\mathrm{St} < Co_{(i)}$，$\mathrm{St} \approx Co_{(i)}$ あるいは $\mathrm{St} > Co_{(i)}$ で置き換えれば上に設定した確率モデル（式(3)）で与えられる。この尤度関数に対して，ベイズ統計における事後確率分布は次式で与えられる（Gelman et al., 2014；Kruschke, 2010）。

$$P(C_1, C_2, \beta) \propto P_0(C_1, C_2, \beta) L(C_1, C_2, \beta)$$

ここで，$P_0(C_1, C_2, \beta)$ は事前確率分布であり，特に理由がない場合は，無情報確率分布として有界な範囲での一様分布が用いられる。事後分布が発散するなど求まらないときは，弱い拘束を与える事前分布を用いればよい。

2・1・3・3　4件法

4件法では，比較判断は標準刺激 St に対して比較刺激の感覚のほうが「強い：$\mathrm{St} << Co_{(i)}$」，「どちらかといえば強い：$\mathrm{St} < ? Co_{(i)}$」，「どちらかといえば弱い：$\mathrm{St} > ? Co_{(i)}$」，「弱い：$\mathrm{St} >> Co_{(i)}$」の4カテゴリから選ばれる。このとき，3件法の場合と同様に考え，三つの心理測定関数を設定して比較判断の確率を以下のように表す。

$$P(\mathrm{St} << Co_{(i)}) = F(Co_{(i)}; C_3, \beta)$$
$$P(\mathrm{St} < ? Co_{(i)})$$
$$= F(Co_{(i)}; C_2, \beta) - F(Co_{(i)}; C_3, \beta)$$
$$P(\mathrm{St} > ? Co_{(i)}) \qquad\qquad (4)$$
$$= F(Co_{(i)}; C_1, \beta) - F(Co_{(i)}; C_2, \beta)$$
$$P(\mathrm{St} >> Co_{(i)}) = 1 - F(Co_{(i)}; C_1, \beta)$$

ここで，$C_1 \leq C_2 \leq C_3$ であり，C_2 が主観的等価点 PSE に対応している。すなわち，

$$\mathrm{PSE} = C_2$$

である。

4件法において三つの心理測定関数の傾きが同じであるという仮定をおかないときは，3件法の場合と同様に以下のように比較判断の確率を設定することができる。

まず，傾きの異なる心理測定関数が交差してそれらの差が負になることを避けるため，以下の関数を用意する。

$$F_{\min}(x; C_1, \beta_1, C_2, \beta_2, C_3, \beta_3)$$
$$= \min \left\{ F(x; C_1, \beta_1), F(x; C_2, \beta_2), F(x; C_3, \beta_3) \right\}$$

第Ⅰ部　総論

$$F_{\max}(x;C_1,\beta_1,C_2,\beta_2,C_3,\beta_3)$$
$$=\max\bigl\{F(x;C_1,\beta_1),F(x;C_2,\beta_2),F(x;C_3,\beta_3)\bigr\}$$

これらの関数により判断の確率を以下のように設定する。

$$P\bigl(St\!<\!<\!Co_{(i)}\bigr)$$
$$=F_{\min}(x;C_1,\beta_1,C_2,\beta_2,C_3,\beta_3)$$
$$P\bigl(St\!<\!?\,Co_{(i)}\bigr)$$
$$=F(x;C_2,\beta_2)-F_{\min}(x;C_1,\beta_1,C_2,\beta_2,C_3,\beta_3)$$
$$P\bigl(St\!>\!?\,Co_{(i)}\bigr)$$
$$=F_{\max}(x;C_1,\beta_1,C_2,\beta_2,C_3,\beta_3)-F(x;C_2,\beta_2)$$
$$P\bigl(St\!>\!>\!Co_{(i)}\bigr)$$
$$=1-F_{\max}(x;C_1,\beta_1,C_2,\beta_2,C_3,\beta_3)$$

以下の議論では傾きパラメータの値は等しいとして説明されるが，傾きが等しいという仮定をおかない場合に上の確率モデルを適用することは容易である。

第 i 試行における比較判断を $Res_{(i)}$ で表すと，尤度関数は定数項を無視できるので次式で与えられる。

$$L(C_1,C_2,C_3,\beta)=\prod_{i=1}^{N}P\bigl(Res_{(i)}\bigr)$$

ここで，$P(Res_{(i)})$ は，$Res_{(i)}$ を第 i 試行における比較判断 $St\!<\!<\!Co_{(i)}$，$St\!<\!?\,Co_{(i)}$，$St\!>\!?\,Co_{(i)}$ あるいは $St\!>\!>\!Co_{(i)}$ で置き換えれば，上に設定した確率モデル（式(4)）で与えられる。この尤度関数に対して，ベイズ統計における事後確率分布は次式で与えられる（Gelman et al., 2014；Kruschke, 2010）。

$$P(C_1,C_2,C_3,\beta)$$
$$\propto P_0(C_1,C_2,C_3,\beta)L(C_1,C_2,C_3,\beta)$$

ここで，$P_0(C_1,C_2,C_3,\beta)$ は事前確率分布であり，特に理由がない場合は無情報確率分布として有界な範囲での一様分布が用いられる。事後分布が発散するなど求まらないときは，弱い拘束を与える事前分布を用いればよい。

2・1・3・4　適応的方法

恒常法では，すべての比較刺激値が同じ回数呈示される。しかし，主観的等価点に関連する位置パラメータ α の推定のためには，その周辺の刺激値に対するデータがより有効であり，弁別閾に関連する傾きパラメータ β の推定のためには，上限閾および下限閾周辺の刺激値についてのデータがより有効である。適応的方法では，各試行における呈示刺激値が，観察者のそ

の試行より以前の反応に基づいて選ばれる。まず，位置パラメータと傾きパラメータの二つのパラメータを求める Psi 法（Psi method：Ψ法：Kontsevich & Tyler, 1999）について説明する。Psi 法は，二つのパラメータを求める洗練された方法であると説明されている（Kingdom & Prins, 2016, p. 137）。

2・1・3・5　Psi 法

Psi 法では，第 t 試行における呈示刺激値として，その刺激値が呈示されたときのパラメータの事後分布の期待エントロピーが最小になるものを選ぶ。ここで，エントロピーとは，次のように定義されるものである。

n 個の素事象 $\omega_1,\cdots,\omega_n$ からなる標本空間 Ω において，素事象 ω_i の確率を p_i とおく。このとき，確率分布 $\{p_i\}$ のエントロピーは次式

$$H(\{p_i\})=-\sum_i^n p_i\log_2 p_i$$

で与えられる。エントロピーは，確率分布が一様分布

$$p_1=p_2=\cdots=p_n=\frac{1}{n}$$

のとき最大

$$H(\{p_i\})=\log_2 n$$

となり，確率が一つの事象に集中しているとき，たとえば，

$$p_1=1,\quad p_2=p_3=\cdots=p_n=0$$

のとき最小

$$H(\{p_i\})=0$$

となる。ただし，$0\log_2 0=0$ と定義する。エントロピーは，事象の確率の散らばりの程度を表す指標であると解釈できる。

エントロピーは離散確率に対して定義されているので，パラメータ α と β を離散化する。実験終了後，連続量のパラメータとして分析すればよいので，離散化は細かく行う必要はない。呈示刺激値も，呈示法などを考慮して離散化を行うが，実験実施中に呈示刺激値の計算が行えるように，あまり細かく設定する必要はない。パラメータ α および β を離散化した値を

$$\alpha_1<\alpha_2<\cdots<\alpha_{N_a}$$
$$\beta_1<\beta_2<\cdots<\beta_{N_b}$$

で表す。離散化の数 N_a および N_b は 40 以上であれば十分である。多くすれば計算に時間が掛かり、次の試行になかなか進めないことになるが、どれくらいの数まで増やせるかはコンピュータの性能に依存する。区間 $[\alpha_1, \alpha_{N_a}]$ は予想される PSE を含むものでなければならないが、刺激値が α_1 であればほぼ確実に標準刺激より弱い感覚であると判断され、刺激値が α_{N_a} であればほぼ確実に標準刺激より強い感覚であると判断されるように設定する。β_1 は正の値でできるだけ小さい値にする。たとえば、予想される JND の 100 分の 1 より小さい値をもたらすものとすればよい。β_{N_b} は予想される JND の 10 倍ぐらいをもたらすものにすればよい。β_{N_b} の値を大きくとったときは、N_b の値も大きく 100 ぐらいにして β_i の間隔が広がりすぎないようにする。β_i の間隔として妥当なのは、刺激値が JND ぐらい離れていることが一つの目安である。呈示刺激値も離散値

$$x_1 < x_2 < \cdots < x_{N_x}$$

を用いる。各 x_i の値は、用意できる呈示刺激値に合わせて設定すればよく、等間隔でなくてもよい。刺激値の間隔は、JND の 1/3 ぐらいの場合と 3 倍ぐらいの場合とでパラメータの推定に実質的に差が認められないという報告がある（岡本、2006b、p. 559）。区間 $[x_1, x_{Nx}]$ の範囲は、α_i の場合と同じく、x_1 の感覚のほうが標準刺激より弱いという判断の確率がほぼ 0 であるように x_1 を選び、x_{Nx} の感覚のほうが標準刺激より強いという判断の確率がほぼ 1 であるように x_{Nx} を選べばよい。刺激値の個数 N_x は、区間 $[x_1, x_{Nx}]$ の範囲と刺激値間の間隔で決まるが、50 個ぐらいまでで十分であろう。

いま、パラメータ値 α_j, β_k に対する心理測定関数 PF において比較刺激 Co が x のときの値を

$$F(x; \alpha_j, \beta_k)$$

で表す。第 t 試行終了後におけるパラメータの事後確率分布における α_j, β_k の確率を

$$p_t(\alpha_j, \beta_k)$$

で表す。$t=0$ でのものは、実験開始前の事前分布であり、特に理由がない場合は一様分布とする。

第 $t+1$ 試行における呈示刺激値 $x^{(t+1)}$ を、パラメータの事後分布の期待エントロピーが最小になるように（すなわち、確率分布ができるだけ一つの値

の周辺に集まるように）決める。実験開始時は $t=0$ である。

比較刺激に対する反応を r で表す。

　$r = St < x_i$、すなわち、比較刺激 x_i の感覚のほうが標準刺激 St の感覚より強いと判断

または、

　$r = St > x_i$、すなわち、比較刺激 x_i の感覚のほうが標準刺激 St の感覚より弱いと判断

である。

パラメータ値が α_j, β_k のとき、比較刺激 x_i に対する比較判断 r の確率を $P(r | \alpha_j, \beta_k, x_i)$ で表すと

　$r = St < x_i$ のとき

$$P(r | \alpha_j, \beta_k, x_i) = F(x_i; \alpha_j, \beta_k)$$

　$r = St > x_i$ のとき

$$P(r | \alpha_j, \beta_k, x_i) = 1 - F(x_i; \alpha_j, \beta_k)$$

である。

以上の準備のもとで、Psi 法の手順は以下のようになる。

試行数 t の初期値を 0 とする。

(1) 第 t 試行終了後の次の試行における刺激値 x_i に対する反応 r の確率 $P_t(r | x_i)$ を、パラメータ α_j, β_k の確率分布に関して $P(r | \alpha_j, \beta_k, x_i)$ の期待値として求める。すなわち、

$$P_t(r | x_i) = \sum_{j,k} P(r | \alpha_j, \beta_k, x_i) P_t(\alpha_j, \beta_k)$$

である。したがって、x_i に対する反応が r であったときの事後分布は次式で与えられる。

$$P_t(\alpha_j, \beta_k | r, x_i) = \frac{P(r | \alpha_j, \beta_k, x_i) P_t(\alpha_j, \beta_k)}{\sum_{j,k} P(r | \alpha_j, \beta_k, x_i) P_t(\alpha_j, \beta_k)}$$
$$= \frac{P(r | \alpha_j, \beta_k, x_i) P_t(\alpha_j, \beta_k)}{P_t(r | x_i)}$$

(2) 事後分布 $P_t(\alpha_j, \beta_k | r, x_i)$ のエントロピー

$$H_t(r, x_i)$$
$$= -\sum_{j,k} P_t(\alpha_j, \beta_k | r, x_i) \log_2 P_t(\alpha_j, \beta_k | r, x_i)$$

を求める。$H_t(r, x_i)$ を r の確率で期待値をとって r を消して次式を得る。

$$H_t(x_i) = \sum_r H_t(r, x_i) P_t(r | x_i)$$

(3) 第 $t+1$ 試行における呈示刺激値 $x^{(t+1)}$ としてエントロピー $H_t(x_i)$ が最小となるものを選ぶ。すなわち、

$$x^{(t+1)} = \arg\min_{x_i} H_t(x_i)$$

である。

(4) 第 $t+1$ 試行において刺激値 $x^{(t+1)}$ を呈示し, 得られた反応を $r^{(t+1)}$ で表す. このとき, 第 $t+1$ 試行における事後確率は次式

$$P_{t+1}(\alpha_j, \beta_k) = P_t(\alpha_j, \beta_k | r^{(t+1)}, x^{(t+1)})$$

で与えられる.

(5) 試行数 $t+1$ があらかじめ決めておいた総試行数より少ないときは, $t+1$ を新しい t の値として

$$t \leftarrow t+1$$

とおき, (1)に戻る. 試行数 $t+1$ があらかじめ決めておいた総試行数に達していたときは実験を終了する.

総試行数は 80 試行ぐらいあれば事後分布は安定する. Psi 法では, 呈示刺激値が直前の試行における反応に依存しているが, 観察者がこのことに気づく可能性が高い. これを避けるために, Psi 法の系列を2系列用意して, 二つの系列の試行をランダムに混合して (interleaved) 実施することが望ましい. このとき, 各系列の総試行数を 40 試行とすれば, 実験全体での総試行数は 40×2 = 80 試行となる. 総試行数は多いほど分析結果は安定するが, 観察者の負担は増大する.

実験データの分析法は, 恒常法のときと同じである. 離散化されたパラメータ α_j と β_k を元の連続量のパラメータとして扱い, 式(2)により事後確率 $P(\alpha, \beta)$ を求めればよい.

Psi 法は比較判断が「比較刺激のほうが感覚が強い/弱い」の2件法であるが, 比較判断が3件法あるいは4件法の場合にも用いることができる. 3件法に Psi 法を適用したものとして岡本 (2004) がある. 3件法のモデル (式(3)) において

$$\mu = \frac{C_1 + C_2}{2}$$
$$C = C_2 - \mu = \mu - C_1$$
$$\sigma = \beta_1 = \beta_2$$

と三つのパラメータ μ, C, σ を設定したモデルが用いられ, パラメータ μ, C, σ をそれぞれ離散化したモデルにおいてエントロピー最小化基準で呈示刺激値 $x^{(t+1)}$ が選ばれている.

4件法に Psi 法を適用したものとして Okamoto (2012) がある. 式(4)のタイプのモデルにおいて, 比較判断の4カテゴリに対応して三つの PF を設定して, それぞれの PF に基づいて算出されるエントロピーの平均を最小化するものとして呈示刺激値 $x^{(t+1)}$ が選ばれている. モデル (式(4)) には6個のパラメータがあるが, これらを離散化して一括して扱うと格子点は膨大な数になる. たとえば, 各パラメータを 50 個の離散値に離散化すると全体で $50^6 ≈ 10^{10}$ 個の格子点となり, 実験実行中にオンラインで計算することは無理である. これを三つの PF に分けると $50^2 × 3 = 7500$ 個の格子点になるので, 実験中のオンライン計算が可能である. パラメータ数が6個である4件法の Psi 法において Okamoto (2012) は 100 試行からなる系列を2系列用い, この2系列をランダムに混ぜて (interleaved) 総試行数 200 試行として実施している. 4件法の場合のパラメータ数は6個であり, 2件法の場合のパラメータ数2個より多いので, 安定したパラメータ値の推定に必要な総試行数も多くなっている.

2・1・3・6 上下法/階段法

上下法 (up-and-down method) は, 比較刺激の感覚のほうが標準刺激より強いという比較判断のときは次試行においてはより弱い刺激値を用い, 弱いという比較判断のときは次試行においてより強い刺激値を用いるという方法で, 手続きは簡単である. 試行数を横軸, 刺激値を縦軸として描いたときのグラフの形状から階段法 (staircase method) とも呼ばれる (図 2-1-3). 上下法では, 刺激値の変化量 Δ を決めておき, 第 $t+1$ 試行における刺激値 $x^{(t+1)}$ は,

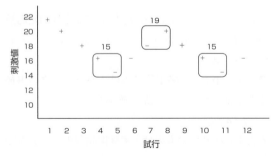

図 2-1-3 上下法
+:「比較刺激のほうが強い」という判断, −:「比較刺激のほうが弱い」という判断. ボックスで囲まれた呈示比較刺激値の平均値がボックスの上に示されている.

$x^{(t)}$ の感覚と標準刺激 St の感覚を比較して，

　$x^{(t)}$ のほうが弱いと判断されたとき

　　$x^{(t+1)} = x^{(t)} + \mathit{\Delta}$

　$x^{(t)}$ のほうが強いと判断されたとき

　　$x^{(t+1)} = x^{(t)} - \mathit{\Delta}$

で与えられる。最初の刺激値は，明らかに St より強いあるいは弱い刺激値から始めればよい。$x^{(t+1)}$ の値は，「弱い」判断が続くと $\mathit{\Delta}$ ずつ増加するが，増やしていくと「強い」という判断が行われるようになる。「強い」判断が行われると $x^{(t+1)}$ の値は $\mathit{\Delta}$ だけ減らされ，「強い」判断が続く間は $x^{(t+1)}$ の値は $\mathit{\Delta}$ ずつ減少していく。このように同じ判断が続く間は $x^{(t+1)}$ の値は $\mathit{\Delta}$ ずつ増える，あるいは減少していくが，逆の判断が行われたところで $x^{(t+1)}$ の値の変化の方向は逆になる。この変化の方向が逆になる回数が予め決めておいた回数に達したところで実験を終了する。判断の方向が逆になった試行とその直前の試行の刺激値の平均を求める。たとえば，図 2-1-3 では，$\mathit{\Delta}=2$ として上下法を行った場合が表されている（＋で「強い」判断，－で「弱い」判断が表されている）が，第 4 試行と第 5 試行で判断が逆になっているので，その平均値 $(16+14)/2=15$ を算出する。同様に，第 7 試行と第 8 試行で判断が逆になっているので，その平均 $(18+20)/2=19$ を算出し，第 10 試行と第 11 試行で判断が逆になっているので，その平均 $(16+14)/2=15$ が算出されている。実験全体におけるこれらの平均の平均値を求めて PSE の値とする（大山，1969，pp. 43-44；大山，2005，p. 133；鳥居，2001，pp. 35-38）。上下法では，次の刺激値が観察者に予測されやすいので，これを避けるため上下法を 2 系列用意し，二つの系列をランダムに混ぜて（interleaved）実施するとよい（二重上下法：大山，2005，p. 133）。

　モデル（式(2)）を適用して分析すると位置パラメータ α（PSE）に加えて傾きパラメータ β（これより JND が求められる）も推定することができる。ただし，上下法のデータをモデル（式(2)）で分析すると，傾きパラメータ β の事後分布が発散して求められないことがある。これを避けるためには，一つの系列は比較刺激の感覚のほうが強いと判断されるものから始め，もう一つの系列は比較刺激の感覚の

ほうが弱いと判断されるものから始めるとよい。標準刺激より強い比較刺激から始まる系列と弱い比較刺激から始まる系列の 2 系列を用いた場合に，モデル（式(2)）による分析と上下法の標準的分析との比較を行ったシミュレーション実験が報告されている（岡本，2011）。PSE の推定においては，判断の逆転した試行の平均の平均から求める標準的方法とモデル（式(2)）の事後分布から推定値を求める方法の間に統計学的な精度に差は認められなかった。一方，モデル（式(2)）による JND の推定においては，点推定値としての β の事後分布の平均値，中央値と MAP（maximum a posteriori，事後分布のモード）推定値が比較されたが，MAP 推定値が最も良い推定値であった。これは，β の事後分布の裾が正の方向に伸びていることによると解釈されている。

　上下法において，最初の刺激値として，その比較判断が確実に「強い」という判断あるいは「弱い」という判断になるように十分に強いあるいは弱い刺激値が選ばれたとき，呈示刺激値が速やかに PSE の近傍に近づくように最初の試行の刺激値の変化量 $\mathit{\Delta}$ を大きく設定しておき，試行が進むにつれて $\mathit{\Delta}$ の値を小さくする，たとえば 1/2 にするという方法がある。しかし，変化量を限りなく小さくすることは不適切であるので，最小の変化量 $\mathit{\Delta}_{\min}$ を決めておき，$\mathit{\Delta}/2$ が $\mathit{\Delta}_{\min}$ より小さくなる試行以降では $\mathit{\Delta}_{\min}$ を変化量 $\mathit{\Delta}$ として用いる。このとき，上下法の標準的方法では $\mathit{\Delta}_{\min}$ が採用された試行以降において判断が逆方向に変わった試行での平均を求め，それらの平均の平均値を PSE の値とする。しかし，確率モデル（式(2)）に基づいて分析するときは，すべてのデータを用いる。最初の方の試行でのデータを含めることにより事後分布は安定する。なお，3 件法あるいは 4 件法による上下法も提案されており，2 件法より精度の高い結果が得られるというシミュレーション結果が報告されている（岡本，2019）。

　上下法において PSE 以外の値を求める方法として，比較判断における刺激値の変化基準を変える UDTR（up-and-down transformed response：Wetherill & Levitt, 1965）法と呼ばれているものがある。この方法では，たとえば 2 回分の試行での判断が 1 回の根拠データとして扱われ，「強い」判断

（＋で表す）が2回続いたとき，すなわち「＋＋」のとき次の刺激値がΔだけ弱くされる。1回の根拠データとして扱われる2回分の試行においては同じ刺激値が続いて用いられる。しかし，「＋＋」の場合以外は，「－」判断1回と見なされるので，2試行のうち実際には第1試行目が「－」判断であれば第2試行目は行わずに，2試行まとめて考えたときの判断が「－」であると見なして次の2試行分での呈示刺激値をΔだけ増やせばよい。この2試行をまとめて1回分の根拠データとして扱う場合，＋が2回の「＋＋」で1回の＋であるかのように見なされるので，次式

$$\{P(St<x)\}^2 = 0.5$$

が成り立つ刺激値xが求められる。このとき

$$P(St<x) = \sqrt{0.5} \approx 0.707 \tag{5}$$

となり，弁別確率が0.707である上限閾が求められる。

3試行分をまとめて1回分の根拠データとして扱うときは，

$$\{P(St<x)\}^3 = 0.5$$

より

$$P(St<x) = 0.5^{1/3} \approx 0.794 \tag{6}$$

となる。このときも，3試行の途中で「－」判断が出たときは，3試行すべてを行わずに3試行まとめて考えたときの「－」判断であるとして扱い，次の刺激値の値を増やせばよい。判断値の値を減らすのは，「＋」判断が3回続いたときである。

上の「＋」判断に注目する方法を「－」判断に注目する方法に読み替えると以下のようになる。

2試行分を1回分の根拠データとして扱うとき，「－」判断が2回続く「－－」判断に対しては次の刺激値をΔだけ強くし，「＋＋」，「＋－」および「－＋」判断に対しては次の刺激値をΔだけ弱くするという方法を用いると，次式

$$\{P(St>x)\}^2 = 0.5$$

より

$$P(St>x) = \sqrt{0.5} \approx 0.707$$

すなわち

$$P(St<x) = 1 - \sqrt{0.5} \approx 0.293 \tag{7}$$

を得る。

3試行をまとめて1根拠データとして扱い，「－」

判断が3試行続いたとき「－」判断1個分の根拠データとして見なすと

$$\{P(St>x)\}^3 = 0.5$$

となり，これより

$$P(St>x) = 0.5^{1/3} \approx 0.794$$

すなわち

$$P(St<x) = 1 - 0.5^{1/3} \approx 0.206 \tag{8}$$

を得る。

式(5)〜(8)は，それぞれ弁別確率が0.707，0.794，0.293および0.206である比較刺激値$x_{0.707}$，$x_{0.794}$，$x_{0.293}$，$x_{0.206}$を与えるものである。これらより，弁別確率が0.707および0.794に対応する弁別閾$JND_{0.707}$および$JND_{0.794}$は次式で算出される（Levitt, 1971, p. 474）。

$$JND_{0.707} = \frac{x_{0.707} - x_{0.293}}{2}$$

$$JND_{0.794} = \frac{x_{0.794} - x_{0.206}}{2}$$

主観的等価点PSEは，上限閾と下限閾の中点であるという仮定のもとで，次式で与えられる。

$$PSE = \frac{x_{0.707} + x_{0.293}}{2} = \frac{x_{0.794} + x_{0.206}}{2}$$

2系列をランダムに混ぜた（interleaved）系列を用いるときに，1系列は「＋」に注目した系列，もう一つの系列は「－」に注目した系列，たとえば，「＋＋」を「＋」判断1個分の根拠データとして扱う系列と，「－－」を「－」判断1個分の根拠データとして扱う系列の2系列を用いると，$x_{0.707}$と$x_{0.293}$の二つの推定値が得られ，上式よりJNDとPSEを算出することができる。

• PEST, The Best PEST, QUEST

上下法のように先行試行での観察者の判断に基づいて呈示刺激値を決めるものにPEST（parameter estimation by sequential testing : Taylor & Creelman, 1967）と呼ばれているものがある。上下法では刺激値の変化量は一定であるが，PESTではそれまでの試行の反応パターンによって変化量が調整される。The Best PEST（Pentland, 1980）では，呈示刺激値は，それまでの試行での反応データに対して最尤法が適用され，呈示刺激値としてPFの

50％の確率に対応するように推定された刺激値が選ばれる（Lieberman & Pentland, 1982）。QUEST（Watson & Pelli, 1983）では，それまでの試行での反応データに基づいて呈示刺激値が選ばれることはthe Best PEST と同じであるが，QUEST では最尤法ではなく，ベイズ統計分析法が用いられ，呈示刺激値は事後分布のモードに設定される。The Best PEST および QUEST ともに呈示刺激値の計算において用いられる PF の傾きパラメータは，実験者によって選ばれた値に固定されており（Macmillan & Creelman, 2005, p. 285），パラメータ値としてデータに応じて値が動くのは位置パラメータである。

2・1・3・7 極限法，調整法

極限法（method of limits）では，1 系列内の試行においては刺激値は常に増加あるいは常に減少する。各系列は試行ごとに刺激値が増加する上昇系列と減少する下降系列が用いられ，比較判断は典型的には3 件法（たとえば，比較刺激のほうが「強い」「わからない／同じ」「弱い」の 3 カテゴリ）で行われる（大山，2005c，pp. 132-136）。系列内での刺激値の変化量は少しずつで一定である。3 件法の場合，上昇系列内においては，確実に「弱い」と判断される刺激値から始め，「わからない／同じ」判断が出るまで $\varDelta$ ずつ値を増やしていき，初めて「わからない／同じ」判断が出た刺激値を記録する。さらに刺激値を $\varDelta$ ずつ強めていき，初めて「強い」判断の出た刺激値を記録してその系列を終える。下降系列では逆に確実に「強い」と判断される刺激値から始め，「わからない／同じ」判断が出るまで $\varDelta$ ずつ刺激値を弱めていき，初めて「わからない／同じ」判断の出た刺激値を記録する。さらに「弱い」判断が出るまで $\varDelta$ ずつ刺激値を弱めていき，初めて「弱い」判断の出た刺激値を記録してその系列を終える。上昇系列と下降系列をそれぞれ複数用意し，それらの系列において判断の変化した刺激値の記録の平均をもってPSE の値とする。複数系列はランダム順に行う。各系列における最初の呈示刺激値は系列ごとにランダムに変えたものを用いる。

極限法で JND を求めるときは次のようにする（Gescheider, 1997, pp. 57-59）。

まず，上限閾は，各下降系列において「強い」判断から「わからない／同じ」判断に変わった前後の試行の刺激値の平均を求め，それらの各下降系列における平均の平均値を上限閾 L_u とする。下限閾も同様に，上昇系列において「弱い」判断から「わからない／同じ」判断に変わった前後の試行の刺激値の平均を求め，それらの各上昇系列における平均の平均値を下限閾 L_l とする。弁別閾は次式

$$JND = \frac{L_u - L_l}{2}$$

で与えられる。弁別確率は判断基準の影響を受けるが，観察者固有の判断基準への依存性があるため，この JND の弁別確率の値は不明である。

調整法（method of adjustment）では，観察者は当該の感覚次元において標準刺激と主観的に同じ感覚の強さになるように比較刺激の強さを調整する（Kingdom & Prins, 2016, p. 46；鳥居，2001，pp. 32-35）。この調整は，普通は観察者が自由に行う。明らかに比較刺激の感覚の方が強いところから等しいと判断されるところまで弱めていく下降系列／下降試行／下降的調整（descending trial）と，比較刺激が弱いと判断されるところから等しいと判断されるところまで強めていく上昇系列／上昇試行／上昇的調整（ascending trial）の 2 系列を同数用意する。各系列における調整において等しくなる値を越えた場合は，観察者は自由に値を戻して調整することができる。上昇系列・下降系列の実施順序については，合計 4 系列の場合は「上昇・下降・下降・上昇」，合計 8 系列の場合は「上昇・下降・下降・上昇・下降・上昇・上昇・下降」がよいとされている。空間誤差を除くときは，この系列の順序と呈示位置関係を組み合わせることが薦められている。二つの呈示位置関係を α と β で表せば，「上昇 α・下降 β・下降 α・上昇 β」，あるいは「上昇 α・下降 β・下降 α・上昇 β・下降 α・上昇 β・上昇 α・下降 β」などとなる（鳥居，2001）。等しい値として調整された値の平均値として PSE が得られる。

2・1・4 弁別閾の法則

弁別閾の物理刺激値に対する比を Weber 比（Weber fraction）と呼ぶ（Luce, 1993, p. 121）。す

なわち，物理刺激値 ϕ における弁別閾を $\Delta\phi$ で表すとき，次式

$$\frac{\Delta\phi}{\phi} \quad \text{(Weber 比)}$$

の値が Weber 比である。Weber 比を ϕ の関数とみたとき，Weber 関数（Weber function）と呼ぶ（Luce, 1993, p. 121）。

感覚は，プロセティック（prothetic）とメタセティック（metathetic）の2種類に区別される（Luce, 1993, p. 133）。プロセティック感覚は量的（amount）なもので，音の大きさ，光の明るさ，重さなどであり，メタセティック感覚は質的（quality）なもので，音の高さ，色などである。プロセティック感覚の場合，Weber 比が ϕ の値によらずほぼ一定であるという関係が成り立ち，Weber の法則（Weber's law）と呼ばれている。すなわち，

$$\frac{\Delta\phi}{\phi} = 一定$$

である。

Weber の法則は，ϕ の値が小さい領域では成り立たないので，一般化 Weber の法則（the generalized Weber's law）と呼ばれている次式

$$\Delta\phi = a\phi + b$$

が提案されている（Luce, 1993, p. 122）。

一般化 Weber の法則を変形すると

$$\frac{\Delta\phi}{\phi} = a + \frac{b}{\phi}$$

となる。ϕ の値が大きいときは b/ϕ は 0 に近い値として無視できるので，$\Delta\phi/\phi \approx a$ となり Weber の法則を表すが，ϕ の値が小さくなると b/ϕ の値は大きくなり，Weber の法則からのずれを表す。

一般化 Weber の法則は多くのプロセティック感覚に対して成り立つが，純音の大きさについては次式

$$\frac{\Delta\phi}{\phi} = a \cdot \phi^{-\mu}$$

が成り立ち，Weber の法則のニアミス（the near-miss to Weber's law）と呼ばれている（Luce, 1993, p. 124）。デシベル値

$$dB = 10 \cdot \log_{10}\frac{\phi}{\phi_0}, \quad \phi_0 = 10^{-9}\,\mathrm{erg/scm}^2$$

を用いて Weber の法則のニアミスを表すと

$$\log_{10}\frac{\Delta\phi}{\phi} = -\frac{\mu}{10} \cdot dB + \log_{10}a \cdot \phi_0{}^{-\mu}$$

を得る。Weber の法則のニアミスが成り立つとき，Weber 比の対数は刺激のデシベル値の1次式で表される（Luce, 1993, p. 124）。

Weber 比は同じ単位の物理量の比であるので，物理単位がない。しかし，物理量の単位の影響を受ける場合がある。

長さの弁別の場合，$\phi = 10\,\mathrm{cm}$ の長さに対する弁別閾が $\Delta\phi = 0.5\,\mathrm{cm}$ であれば，Weber 比は

$$\frac{\Delta\phi}{\phi} = \frac{0.5\,\mathrm{cm}}{10\,\mathrm{cm}} = 0.05$$

となる。これを mm を単位としても

$$\frac{\Delta\phi}{\phi} = \frac{5\,\mathrm{mm}}{100\,\mathrm{mm}} = 0.05$$

となり，Weber 比の値は変わらない。

しかし，図形の広がり具合の弁別の場合は，Weber 比は何で広がり具合を表すかに依存する。たとえば，正方形の大きさの弁別の場合，一辺の長さで大きさを表したとき，一辺 1\,cm の正方形における弁別閾が 0.1\,cm であったとする。このときの Weber 比は

$$\frac{\Delta\phi}{\phi} = \frac{0.1\,\mathrm{cm}}{1\,\mathrm{cm}} = 0.1$$

となる。これを面積で表して計算すると

$$\frac{\Delta\phi}{\phi} = \frac{(1.1\,\mathrm{cm})^2 - (1\,\mathrm{cm})^2}{(1\,\mathrm{cm})^2} = 0.21$$

となる。Weber 比は正方形の大きさを一辺の長さで表すか面積で表すかによって変わる。一方が他方の2乗の関数として表されるものとしては，長さと面積の他に音圧 p と音の強さ I の関係 $I \propto p^2$ がある。

一般に，弁別される対象の物理量が二つの異なる物理量 x と y で表すことができるとき，二つの物理量の間に

$$y = kx^2$$

の関係があれば，Weber 比は x で計算するか y で計算するかによって異なる値となる。いま，x によって表された弁別閾を Δx とおけば，そのときの Weber 比 w_x は次式で与えられる。

$$w_x = \frac{\Delta x}{x}$$

同じ弁別閾を y で表したときの値を Δy とおき，Weber 比 w_y を計算すると

$$w_y = \frac{\Delta y}{y} = \frac{k(x+\Delta x)^2 - kx^2}{kx^2} = 2w_x + w_x^2$$

となる。すなわち，y で算出した Weber 比 w_y は，x で算出した Weber 比 w_x の約 2 倍

$$\frac{w_y}{w_x} = 2 + w_x \approx 2$$

となる。

Weber の法則も単位に依存している。いま，x に関して一般化 Weber の法則

$$\Delta x = ax + b$$

が成り立つとする。$b=0$ のときが Weber の法則である。このとき，上の x と y の関係のもとで，

$$\begin{aligned}\Delta y &= k(x+\Delta x)^2 - kx^2 \\ &= k\{a^2x^2 + 2a(1+b)x + 2b + b^2\} \\ &= a^2 y + 2a(1+b)\sqrt{k}\sqrt{y} + k(2b+b^2)\end{aligned}$$

となり，右辺に $\sqrt{y}$ の項が存在する。すなわち，一般化 Weber の法則は y に関しては成り立たない。

2・1・5 刺激閾・絶対閾

刺激の物理強度 x の値が 0 のとき，その刺激は呈示されていないので感じられないが，x の値を 0 より大きくしていくとその刺激が感じられるようになる。このことは，次式で表される（Wichmann & Hill, 2001, p. 1294）。

$$\begin{aligned}\psi(x;\alpha,\beta,\gamma,\lambda) \\ = \gamma + (1-\gamma-\lambda)F(x;\alpha,\beta)\end{aligned} \quad (9)$$

ここで $\psi(x;\alpha,\beta,\gamma,\lambda)$ は，物理強度 x の刺激が呈示されたとき，それが感じられたと判断される確率を表し，四つのパラメータ $\alpha,\beta,\gamma,\lambda$ をもつものである（図2-1-4；図では $F(x;\alpha,\beta)$ としてワイブル関数 F_W を用いている）。$F(x;\alpha,\beta)$ は，0 から 1 までの値をとる単調増加関数で，弁別閾のところで説明している心理測定関数が用いられ，刺激値 x が感じられる確率を表すと解釈される。パラメータ γ は，$F(x;\alpha,\beta)=0$ のとき，すなわち物理刺激が感じられないときに観察者が「刺激が呈示された」と答える確率で，信号検出理論において誤警報（false alarm）と呼

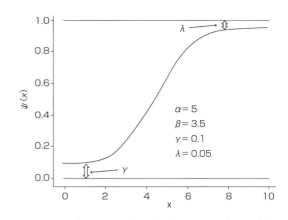

図 2-1-4 パラメーターを 4 個（$\alpha,\beta,\gamma,\lambda$）もつ心理測定関数 $\psi(x) = \gamma + (1-\gamma-\lambda)FW(x;\alpha,\beta)$
パラメーター α と β は，ワイブル関数 F_W のパラメーターである。γ は誤警報，λ はミスの確率を表し，それぞれ推量率（guess rate），失策率（lapse rate）と呼ばれている。

ばれている反応の確率である。これに対して $1-\lambda$ は，刺激値 x が十分に強い値で $F(x;\alpha,\beta)\approx 1$ のときに「刺激が呈示された」と答える確率であり，このとき「刺激は呈示されなかった」と答える反応（信号検出理論においてミス（miss）と呼ばれている反応）の確率は $1-(1-\lambda)=\lambda$ となる。誤警報あるいはミスにおける感覚と判断基準の関係は信号検出理論で扱われている。信号検出理論では，判断基準の影響を分離した刺激閾の定義が与えられているが，このことは I・2・4 において説明する。

刺激閾を測定する場合も，弁別閾の場合と同様に恒常法，上下法などが用いられる。しかし，データの分析において最尤法を用いると λ の推定値が負になったり，大き過ぎたりすることがあるという問題が指摘されている（Wichmann & Hill, 2001, p. 1295）。Wichmann & Hill は，この λ の不適切な推定値を避けるために，事前分布の制約によるベイズ分析を推奨している。λ の事前分布として，$0 \leq \lambda \leq 0.06$ の範囲での一様分布が挙げられている。

なお，モデル（式(9)）のパラメータ $\alpha,\beta,\gamma,\lambda$ を求める確率モデルは以下のようになる。各刺激値 x_i に対して検出データ

$$Res_{(i)} = \begin{cases} 1 & \text{刺激が呈示されたと判断} \\ 0 & \text{刺激は呈示されなかったと判断}\end{cases}$$

第 I 部　総論

が与えられたとき，尤度関数を次式で与える。

$$L\left(\alpha, \beta, \gamma, \lambda \mid Res_{(i)}s\right)$$
$$= \prod_{i=1}^{N} \psi(x_i; \alpha, \beta, \gamma, \lambda)^{Res(i)}$$
$$\left(1 - \psi(x_i; \alpha, \beta, \gamma, \lambda)\right)^{1 - Res(i)}$$

ここで，$Res_{(i)}s$ は $Res_{(1)} \sim Res_{(N)}$ を表す。このとき，ベイズ推定を行うため，λ に制約をおいた事前分布を $W(\alpha, \beta, \gamma, \lambda)$ で表すと，パラメータ $\alpha, \beta, \gamma, \lambda$ の事後分布（ベイズ分析の結果）は次式で与えられる。

$$P(\alpha, \beta, \gamma, \lambda \mid Res_{(i)}s)$$
$$\propto W(\alpha, \beta, \gamma, \lambda) L(\alpha, \beta, \gamma, \lambda \mid Res_{(i)}s)$$

データにモデル（式(9)）を適用してパラメータ $\alpha, \beta, \gamma, \lambda$ の値を求めたとき，刺激閾／絶対閾 RL は $F(x; \alpha, \beta)$ の値がたとえば 0.5 になる刺激値として求めることができる。この場合，

$$F(RL; \alpha, \beta) = 0.5$$

しかし，RL をパラメータ α の値

$$RL = \alpha$$

として与えたときは，PF がワイブル関数 $F_W(x; \alpha, \beta)$ の場合

$$F_W(\alpha; \alpha, \beta) = 1 - e^{-1} \approx 0.6321$$

となる（Kingdom & Prins, 2016, p. 81）。

（岡本 安晴）

2・2　心理学的尺度構成法

感覚の強度を表す尺度の構成法は，間接法（indirect method）と直接法（direct method）に区別される（Stevens, 1975, p. 2）。間接法では，感覚の強さの弁別（discrimination）あるいは混同（confusion）データに基づいて，構成概念としての感覚の強さが推定される。直接法では，観察者は感覚の強さを直接評価（estimation）できると考え，観察者による評価に基づいて感覚尺度が構成される。

また一般に，尺度の水準（type）について，名義尺度（nominal scale），順位（または順序）尺度（ordinal scale），間隔尺度（interval scale），比（率）尺度（ratio scale）の四つの区別が指摘されている（大山，2005, p. 9；Stevens, 1975, p. 49）。名義尺度では数値は対象を区別するためだけの目的で使われる。スポーツ選手の背番号は，選手の能力の高低に対応している必要はない。順位尺度では，数値の大小は尺度が表している属性の強さの順位に対応しているが，その差の大小は意味をもたない。競技の結果において，1 位，2 位，3 位は競技内容の順位に対応しているが，1 位と 2 位の差と 2 位と 3 位の差が競技の内容の差において同じであることまで表すものではない。間隔尺度では，尺度値の大小だけではなく，差も意味がある。温度において，10℃ と 20℃ の差 10℃ は 50℃ と 60℃ の差 10℃ と物理学的に同じ差である。しかし，0℃ と 0℉ はともに数値 0 で表されているが，いずれも温度がないことを意味するものではない。比率尺度では，差が意味をもつ（間隔尺度）ことに加えて，数値 0 はその表すものの量がないことを意味する。1 m と 2 m の差 1 m と，5 m と 6 m の差 1 m は同じ長さの差 1 m を表し，0 m の表す長さは長さが無いことを表す。比率尺度では尺度値の比が意味をもつ。2 m が 1 m の 2 倍（2 m/1 m = 2）の長さであることは，単位を cm に変えても 200 cm/100 cm = 2 となり 2 倍になっている。間隔尺度である温度の場合は，単位が ℃ と ℉ の場合とで比が変わる。

上記四つの尺度水準に対して，それぞれ許される尺度値の変換方法（関数）が対応している。

名義尺度においては，尺度値の変換は異なる数値に同じ数値を対応させなければよいので，1 対 1 対応の関数であればよい。

順序尺度の場合は，順序関係が保たれればよいので，変換の関数は単調増加関数であればよい。

間隔尺度では，差の関係が保存される関数であればよい。四つの値 x_1, x_2, x_3, x_4 において，

$$\frac{x_2 - x_1}{x_4 - x_3} = k$$

の関係があるとき，x_i の変換値 $y_i = f(x_i)$ が同じ関係

$$\frac{y_2 - y_1}{y_4 - y_3} = k$$

を満たす変換関数 $y = f(x)$ は，1 次関数

$$y = f(x) = ax + b \tag{1}$$

である。
このとき，

$$\frac{y_2 - y_1}{y_4 - y_3} = \frac{(ax_2 + b) - (ax_1 + b)}{(ax_4 + b) - (ax_3 + b)} = \frac{x_2 - x_1}{x_4 - x_3}$$

が成り立つ。

比率尺度での変換関数は，間隔尺度に対する条件（式(1)）に加えて，0が0に対応することが求められる。比率尺度における変換関数 $y=f(x)$ は次式

$$y=f(x)=ax \tag{2}$$

の形のものである。このとき，二つの値 x_1, x_2 の変換値 $y_i=f(x_i)$ に対して

$$\frac{y_1}{y_2}=\frac{f(x_1)}{f(x_2)}=\frac{ax_1}{ax_2}=\frac{x_1}{x_2}$$

が成り立ち，比の値が変換後も保たれている。

感覚の尺度は，比率尺度であれば変換（式(2)）が許され，間隔尺度であれば式(1)が許される。

Fechner は，感覚を量的なものと質的なものの2種類に区別し，Stevens は量的なものをプロセティック，質的なものをメタセティックと呼んだ（Luce, 1993, p. 133）。この二つの感覚の区別は，心理物理学的な違いとして特徴づけられる（Stevens, 1975, p. 13）。たとえば，Weber の法則はプロセティック連続体（連続体とは，1次元数直線のことであるが，ここでは特に感覚の強さを表す連続体のことである）において成り立つものである（Stevens, 1975, p. 169, Table 9）。

歴史的に初期の感覚の尺度構成についての考え方として Fechner（1860/1966）のものが挙げられる（Luce, 1993, p. 133）。まず，Fechner の考え方について説明する。

2・2・1　弁別尺度：間接法

Fechner の弁別尺度（discrimination scale）の考え方は，弁別閾に基づいて尺度を構成するものであり，この尺度は JND 尺度（JND scale）とも呼ばれる（Stevens, 1975, p. 8）。刺激値 ϕ とその弁別閾 $\Delta\phi$ について，それらの比 $\Delta\phi/\phi$ が Weber 比であるが，Weber 比を刺激値 ϕ の関数とみた Weber 関数を $f(\phi)$ で表すと，

$$f(\phi)=\frac{\Delta\phi}{\phi} \tag{3}$$

である。

弁別閾 $\Delta\phi$ に対応する感覚の差分を $\Delta\psi$ で表す。Fechner は感覚の差分が一定である

$$\Delta\psi=d \quad (\text{一定}) \tag{4}$$

と仮定して尺度構成を行った（Gescheider, 1997, p. 297；Luce & Edwards, 1958, p. 224）。

尺度を構成するときの ϕ の最小値（たとえば，絶対閾）を ϕ_0，それに対する感覚 ψ の最小値（たとえば 0）を ψ_0 とおく。刺激値 ϕ_0 における弁別閾を $\Delta\phi_0$，対応する ψ の感覚の差分を $\Delta\psi_0$ とおけば，Weber 関数および Fechner の仮定（式(4)）より

$$\Delta\phi_0=\phi_0 f(\phi_0), \quad \Delta\psi_0=d$$

が成り立つ。いま，刺激値 ϕ_0 およびそれに対する感覚 ψ_0 に対して，それぞれの差分を加えた値を ϕ_1 および ψ_1 とおけば，

$$\phi_1=\phi_0+\Delta\phi_0=\phi_0\bigl(1+f(\phi_0)\bigr)$$
$$\psi_1=\psi_0+\Delta\psi_0=\psi_0+d$$

となる。

いま，弁別閾の積み上げで算出された $i-1$ 番目の ϕ の値を ϕ_{i-1}，対応する ψ の値を ψ_{i-1} とおき，対応する差分を $\Delta\phi_{i-1}$ および $\Delta\psi_{i-1}$ とおけば，i 番目の ϕ の値 ϕ_i と ψ_i は

$$\phi_i=\phi_{i-1}+\Delta\phi_{i-1}, \quad \psi_i=\psi_{i-1}+\Delta\psi_{i-1}$$

と書ける。ここで，$\Delta\phi_{i-1}$ と $\Delta\psi_{i-1}$ は，Weber 関数（式(3)）および弁別閾に対応する感覚の差分が一定（式(4)）の仮定より

$$\Delta\phi_{i-1}=\phi_{i-1}f(\phi_{i-1}), \quad \Delta\psi_{i-1}=d$$

とおけば，

$$\phi_i=\phi_{i-1}\bigl(1+f(\phi_{i-1})\bigr) \tag{5}$$
$$\psi_i=\psi_{i-1}+d \tag{6}$$

を得る。

感覚 ψ の単位は任意なので，たとえば

$$d=1$$

であるようにとれば，式(6)は

$$\psi_i=\psi_{i-1}+1 \tag{7}$$

となる。さらに，感覚 ψ の原点を ψ_0 にとれば，

$$\psi_0=0$$

となり，式(7)は

$$\psi_i=i \tag{8}$$

となる。

弁別実験により Weber 関数（式(3)）が与えられると，漸化式（式(5)と式(6)）（あるいは式(7)または式(8)）から，刺激値 ϕ とそれに対する感覚 ψ の組 (ϕ_0,ψ_0)，(ϕ_1,ψ_1)，… を算出することができるので，これらの点を通る曲線として心理尺度を構成す

第Ⅰ部　総論

ることができる。弁別閾の積み上げで得られる尺度として次に説明する対数関数がよく知られている。

Fechner は，弁別閾についての Weber の法則（Weber 関数が一定値）と，弁別閾に対応する感覚の差分が一定であるという仮定から Fechner の法則（Fechner's law）と呼ばれている次式（式(9)）を導いた（Gescheider, 1997, p. 297；Luce & Edwards, 1958, p. 224）。

$$\psi = a \log \phi + b \tag{9}$$

ここで，ϕ は刺激値の物理量，ψ は ϕ に対する感覚を表す。

Weber の法則は

$$\frac{\Delta\phi}{\phi} = c \quad （一定） \tag{10}$$

と書き表される。Fechner の仮定（式(4)）を再掲すると

$$\Delta\psi = d \quad （一定） \tag{11}$$

と書き表すことができるので，式(10)と式(11)より

$$\frac{\Delta\phi}{\phi} = \frac{c}{d}\Delta\psi$$

を得る。定数を $k = c/d$ とおき，差分 $\Delta\phi$ と $\Delta\psi$ を微分 $d\phi$ と $d\psi$ に置き換えれば，

$$\frac{d\phi}{\phi} = k d\psi$$

を得る。この微分方程式を解いて

$$\log \phi = k\psi + h \quad （h:定数）$$

を得る。上式を変形すれば

$$\psi = \frac{1}{k}\log \phi + \left(\frac{-h}{k}\right)$$

となり，式(9)を得る。

上の差分 $\Delta\phi$ と $\Delta\psi$ を微分 $d\phi$ と $d\psi$ に置き換えることについて，Luce & Edwards (1958) の批判がある。差分を微分に置き換えずに，対数関数を以下のように導くこともできる（大山, 1994, pp. 125-127）。

Weber の法則が成り立つ ϕ の区間の最小値を ϕ_0 とおき，それに対応する感覚を ψ_0 とおく。ϕ_0 に対する弁別閾を $\Delta\phi_0$，弁別閾に対応する感覚の差分を $\Delta\psi_0$ とおけば，Weber の法則（式(10)）と仮定（式(11)）より

$$\frac{\Delta\phi_0}{\phi_0} = c, \quad \Delta\psi_0 = d$$

となる。物理量が ϕ_0 から $\Delta\phi_0$ だけ増えた値を ϕ_1，対応する感覚が ψ_0 から $\Delta\psi_0$ だけ増えた値を ψ_1 とおくと，

$$\phi_1 = \phi_0 + \Delta\phi_0 = \phi_0(1+c)$$

$$\psi_1 = \psi_0 + \Delta\psi_0 = \psi_0 + d$$

を得る。上の差分を積み重ねる操作を i 回繰り返す。すなわち，第 $i-1$ 番目の ϕ と ψ の値を ϕ_{i-1} および ψ_{i-1} とおき，第 $i-1$ 番目の値に対する弁別閾およびそれに対応する感覚の差分を $\Delta\phi_{i-1}$ および $\Delta\psi_{i-1}$ とおくと，

$$\phi_i = \phi_{i-1} + \Delta\phi_{i-1} = \phi_{i-1}(1+c) = \phi_0(1+c)^i \tag{12}$$

$$\psi_i = \psi_{i-1} + \Delta\psi_{i-1} = \psi_{i-1} + d = \psi_0 + i \times d \tag{13}$$

を得る。式(12)と式(13)より

$$i = \frac{\log \phi_i/\phi_0}{\log(1+c)} = \frac{\psi_i - \psi_0}{d}$$

が成り立つ。これを変形して

$$\psi_i = A\log \phi_i + B$$

を得る。ただし，

$$A = \frac{d}{\log(1+c)}, \quad B = -\frac{d \log \phi_0}{\log(1+c)} + \psi_0$$

である。すなわち，感覚量 ψ_i は物理量 ϕ_i の対数関数による変換として与えられる。

2・2・2　マグニチュード推定法：直接法

呈示された刺激によって引き起こされた感覚に対して，その強さを表す数値を直接報告させる方法がマグニチュード推定法（magnitude estimation）である。Stevens はこの方法をプロセティック連続体に適用して，物理量 ϕ と感覚の強さとして報告された数値 ψ との間に次式

$$\psi = k \cdot \phi^a \tag{14}$$

の関係が成り立つことを見いだした（Stevens, 1975, p. 13）。式(14)は，Stevens のべき法則（Stevens' power law）と呼ばれているが，ϕ の値が小さい領域においてもデータに対する当てはまりがよくなるように修正された次式

$$\psi = k \cdot (\phi - \phi_0)^a \tag{15}$$

がある（Gescheider, 1997, p. 313）。べき関数のべき指数（exponent）の値 α は，刺激の種類あるいはその呈示条件により異なり，点光源の明るさでは $\alpha = 0.5$，線の長さでは $\alpha = 1.0$，電気ショック（指

の間) では $\alpha = 3.5$ となっている (Stevens, 1975, p. 15)。べき指数の値 $\alpha = 0.5, 1.0, 3.0$ のべき関数と対数関数のグラフを図 2-2-1 に示す。べき指数に影響する要因として刺激の dynamic range（刺激として用いることのできる最大値の最小値に対する比。強すぎる刺激は人の感覚器に損傷を与える) が指摘されている (Gescheider, 1997, p. 334)。Teghtsoonian (1971) は，刺激の dynamic range は刺激の種類により異なるが，対応する感覚の強さの範囲は刺激の種類に依らずほぼ同じであるという仮説を提案し (Teghtsoonian, 1971, p. 72)，べき指数の違いを説明した。

　感覚の強さを数値によって直接報告させる際，標準となる刺激［モジュラス (modulus) と呼ぶ］と，それに対する感覚強度の数値を決めておいて，他の刺激値に対する感覚の強度をモジュラスの感覚の強度に対する比で報告させる方法と，モジュラスを用いずに感覚強度を最もよく表す数値を報告させる方法があるが，モジュラスを用いない方法がよいという見解がある (Gescheider, 1997, p. 254；Stevens, 1975, p. 27)。

　式(14)の両辺の対数をとると
$$\log \psi = \log k + \alpha \log \phi$$
となる。すなわち，物理刺激 ϕ_i に対するマグニチュード推定値 ψ_i が与えられたとき，点 $(\log \phi_i, \log \psi_i)$ は直線上 $y = \log k + \alpha x$ 上に並ぶことになる。点 $(\log \phi_i, \log \psi_i)$ をプロットして，その中央を通る直線を引けば，傾き α および y 切片 $\log k$ が得られ，べき指数 α と定数 k が求められる。より精密に求めるときは，重み付き最小 2 乗法 (Wilcox, 2003, p. 182) などを用いればよい。

　式(15)の場合は，両辺の対数をとると
$$\log \psi = \log k + \alpha \log (\phi - \phi_0)$$
となり，$\log \psi$ は $\log \phi$ ではなく $\log(\phi - \phi_0)$ の 1 次関数になっている。したがって，点 $(\log \phi_i, \log \psi_i)$ は直線上には並ばないので，直線を引いてパラメータ値を求めることはできない。確率モデルを設定すれば，最尤法あるいはベイズ統計法で求めることができる。

　べき法則は，プロセティック連続体が対象であるが，プロセティック連続体の場合，ϕ に対する ψ の分布は対数正規分布で近似できる (Stevens, 1975, p. 169)。このことは，
$$\log \psi \sim N(\log k + \alpha \log (\phi - \phi_0), \sigma^2)$$
と表すことができる。したがって，N 個のデータ (ϕ_i, ψ_i) に対して尤度関数は次式
$$L(\alpha, k, \phi_0, \sigma) \propto \prod_{i=1}^{N} P(\log \psi_i | \alpha, k, \phi_0, \sigma) \quad (16)$$
で与えられる。ここで，
$$P(\log \psi_i | \alpha, k, \phi_0, \sigma)$$
$$= f(\log \psi_i - (\log k + \alpha \log (\phi_i - \phi_0)), \sigma)$$
であり，$f(x, \sigma)$ は正規分布密度関数
$$f(x, \sigma) = \frac{1}{\sqrt{2\pi} \cdot \sigma} \exp\left(-\frac{1}{2} \cdot \left(\frac{x}{\sigma}\right)^2\right)$$
である。

　尤度関数(16)により，最尤法あるいはベイズ統計法により，パラメータ $\alpha, k, \phi_0, \sigma$ の値を求めることができる。

　マグニチュード推定法に直接関係するものとしてマグニチュード産生法 (magnitude production)，クロスモダリティマッチング (cross-modality matching)，分割尺度法 (partition scaling) がある。マグニチュード産生法では，与えられた数値に対応する強さの感覚を引き起こす刺激を報告させる。クロスモダリティマッチングでは，2 種類の刺激において感覚の強さが対応する（等しい）刺激対を選ばせる。いま，二つの種類の刺激 A と B のべき関数が

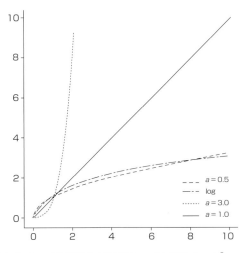

図 2-2-1　べき関数と対数関数。べき関数 $\psi = \phi^a$，$a = 0.5, 1, 3$；対数関数 $\psi = \log (1 + 2\phi)$

第Ⅰ部　総論

それぞれ

$$\psi_A = k_A \phi_A^{\alpha_A}, \quad \psi_B = k_B \phi_B^{\alpha_B}$$

で与えられているとする。刺激AとBの感覚の強さが同じであるとき，

$$\psi_A = \psi_B$$

より

$$\phi_A = (k_B/k_A)^{1/\alpha_A} \phi_B^{\alpha_B/\alpha_A}$$

が成り立つ。すなわち，クロスモダリティマッチングで与えられる刺激値の対(ϕ_A, ϕ_B)の関係はべき関数で与えられ，そのべき指数はそれぞれの刺激のべき指数の比α_B/α_Aで与えられることが予測される。

　分割尺度法には，等分割尺度法（equisection scaling）とカテゴリ尺度法（category scaling）がある（Gescheider, 1997, pp. 207-230）。等分割尺度法は，両端の刺激値を固定して，その間に刺激の感覚が等間隔になるように刺激値を設定するものである。設定する刺激値が一つのときは，両端の刺激の感覚を等しく2分する位置に刺激値を設定することになる（bisection）。両端の刺激をS_1およびS_2とおき，感覚の強さがS_1とS_2の中点になるように設定された刺激をS_3とおくとき，S_1とS_3，およびS_3とS_2をそれぞれ両端の値として感覚の2等分点を求めることを繰り返すことができる。この2等分割の繰り返しによって得られた刺激値から尺度が構成される。カテゴリ尺度法では，刺激を感覚の強さによってカテゴリに分類するが，カテゴリ間の感覚の差はすべて同じとする（等現間隔法：method of equal-appearing intervals：Gescheider, 1997, p. 214）。各カテゴリに等間隔の数値を割り当てて，各刺激値が分類されたカテゴリの平均値から尺度が構成される。カテゴリ間の等間隔を仮定しない方法については，間接法のThurstoneモデルのところで説明する。

　Fechnerは，弁別閾に対応する感覚の差分が一定であるという仮定からFechnerの法則を導いたが（Luce & Edwards, 1958, p. 224），弁別閾に対応する感覚の差分がEkmanの法則（Ekman's law）（Stevens, 1975, p. 235）に従うとすると，Stevensのべき法則が導かれる。ここで，Ekmanの法則とは，感覚ψのJND$\Delta\psi$について物理量に対するWeberの法則と同じ関係を表すもので，次式

$$\frac{\Delta\psi}{\psi} = d \quad (\text{一定}) \tag{17}$$

で表される。

　Weberの法則（式(10)）とEkmanの法則（式(17)）より

$$\frac{\Delta\psi}{\psi} = \frac{d}{c}\frac{\Delta\phi}{\phi}$$

が導かれる。差分$\Delta\psi$と$\Delta\phi$を微分$d\psi$と$d\phi$に置き換えると

$$\frac{d\psi}{\psi} = k\frac{d\phi}{\phi} \tag{18}$$

となる。kは定数d/cである。式(18)を解いて

$$\log\psi = k\log\phi + h \quad (h：定数)$$

を得る。これより

$$\psi = A \cdot \phi^k, \quad A = e^h$$

となる。

　差分を微分で置き換えることについてはLuce & Edwards（1958）の批判があるが，大山（1994, pp. 125-127）の方法を用いれば，差分のままでべき法則を以下のように導くことができる。

　Weberの法則とEkmanの法則の両方が成り立つ区間の最小値をそれぞれϕ_0およびψ_0とおく。ϕ_0およびψ_0に対するJNDをそれぞれ$\Delta\phi_0$および$\Delta\psi_0$とおくと，Weberの法則（式(10)）とEkmanの法則（式(17)）より

$$\frac{\Delta\phi_0}{\phi_0} = c, \quad \frac{\Delta\psi_0}{\psi_0} = d$$

となる。物理量ϕ_0とその感覚ψ_0がJND分増加した値をϕ_1およびψ_1とおくと

$$\phi_1 = \phi_0 + \Delta\phi_0 = \phi_0(1+c)$$
$$\psi_1 = \psi_0 + \Delta\psi_0 = \psi_0(1+d)$$

となる。上の差分を積み重ねる操作をi回繰り返す。すなわち，$i-1$番目のϕとψの値をϕ_{i-1}およびψ_{i-1}とおき，対応するJNDを$\Delta\phi_{i-1}$および$\Delta\psi_{i-1}$とおくと

$$\phi_i = \phi_{i-1} + \Delta\phi_{i-1} = \phi_{i-1}(1+c) = \phi_0(1+c)^i$$
$$\psi_i = \psi_{i-1} + \Delta\psi_{i-1} = \psi_{i-1}(1+d) = \psi_0(1+d)^i$$

を得る。これより

$$i = \frac{\log\phi_i/\phi_0}{\log(1+c)} = \frac{\log\psi_i/\psi_0}{\log(1+d)}$$

が成り立つ。これを変形して

$$\log \psi_i = A \log \phi_i + B \tag{19}$$

を得る。ここで，

$$A = \frac{\log(1+d)}{\log(1+c)}$$

$$B = -\frac{\log(1+d)}{\log(1+c)} \log \phi_0 + \log \psi_0$$

である。

式(19)より，

$$\psi_i = K \cdot \phi_i^{A}$$

を得る。ここで，

$$K = e^{B}$$

である。

すなわち，感覚量 ψ_i は物理量 ϕ_i のべき関数による変換で与えられる。

差分 $\varDelta \phi$ および $\varDelta \psi$ を用いずに，心理測定関数 PF と Thurstone の比較判断のモデル（Thurstone, 1927；後述）から物理量 ϕ と感覚量 ψ の関係を導く方法がある（Okamoto, 2001, 2004）。刺激 ϕ_2 が刺激 ϕ_1 より強い感覚をもたらす（曲線の不等号を用いて $\phi_2 > \phi_1$ で表す）という確率は，PF により

$$P(\phi_2 > \phi_1)$$

$$= \Phi \left(\frac{1}{k(\phi_1)} \frac{\phi_2 - \phi_1}{\phi_1} + o(\phi_2 - \phi_1) \right) \tag{20}$$

で表される。ここで，Φ は累積標準正規分布関数であり，$k(\phi_1)$ は ϕ_1 における PF の傾きに関する係数である。$o(\phi_2 - \phi_1)$ は，PF が累積正規分布関数で正確に表されないときの補正項で，$x \to 0$ のとき $o(x)/x \to 0$ である（Landau の記号）。比較判断「$\phi_2 > \phi_1$」は，Thurstone の比較判断のモデル（式(23)参照）により

$$P(\phi_2 > \phi_1)$$

$$= \Phi \left(\frac{\psi_2 - \psi_1}{\sqrt{(\sigma^2(\phi_2) + \sigma^2(\phi_1) - 2r \cdot \sigma(\phi_2)\sigma(\phi_1)}} \right.$$

$$\left. + o(\psi_2 - \psi_1) \right) \tag{21}$$

と表すこともできる。ここで，ψ_1 および ψ_2 は，ϕ_1 および ϕ_2 の感覚であり，$\sigma(\phi_1)$ および $\sigma(\phi_2)$ は ψ_1 および ψ_2 の標準偏差，r は ψ_1 と ψ_2 の相関係数である。$o(\psi_2 - \psi_1)$ は，ψ_1 と ψ_2 の差が大きくなったときの補正項である。補正項の導入により，モデル（式(21)）はモデル（式(23)）より精密化されている。

式(20)および式(21)から

$$\frac{\sqrt{2(1-r)} \cdot \sigma(\phi)}{k(\phi) \cdot \phi} = \frac{d\psi}{d\phi} \tag{22}$$

が導かれる。式(22)において，Weber の法則と $\sigma(\phi)$ が一定であるという Fechner の仮定から Fechner の対数法則が導かれ，一般化された Weber の法則と Ekman の法則から Stevens のべき法則が導かれる（Okamoto, 2004）。

2・2・3　一対比較法

二つの刺激の各々から引き起こされる感覚を比べてどちらのほうが強いかの判断を求めて心理尺度を構成する方法は一対比較法（method of paired comparison：Gescheider, 1997, p. 204）と呼ばれている。この方法は，Thurstone の比較判断の法則（Thurstone's law of comparative judgment：Thurstone, 1927）と呼ばれているモデルに基づいて尺度構成を行うものである。Thurstone は，二つの刺激 ϕ_i と ϕ_j の比較判断において，ϕ_i の引き起こす感覚のほうが ϕ_j の引き起こすものより強いという判断（曲線の不等号 $>$ を用いて $\phi_i > \phi_j$ と表す）を，次のようにモデル化した。

刺激 ϕ_i および ϕ_j がそれぞれ引き起こす感覚を X_i および X_j で表すとき，それらはそれぞれ平均 ψ_i および ψ_j，標準偏差 σ_i および σ_j の正規分布に従うものとする。すなわち，

$$X_i \sim N(\psi_i, \sigma_i^2)$$

$$X_j \sim N(\psi_j, \sigma_j^2)$$

である。刺激は，音の大きさなど物理刺激に限らず，社会的あるいは文化的な対象であってもよい。

刺激 ϕ_i と ϕ_j の比較判断において引き起こされた感覚 X_i と X_j の相関係数を r とおく。比較判断「$\phi_i > \phi_j$」は「$X_i > X_j$」のときに行われるとすると，確率 $P(\phi_i > \phi_j)$ は次式

$$P(\phi_i > \phi_j) = P(X_i - X_j > 0)$$

$$= \Phi \left(\frac{\psi_i - \psi_j}{\sqrt{\sigma_i^2 + \sigma_j^2 - 2r\sigma_i\sigma_j}} \right) \tag{23}$$

で与えられる（図2-2-2）。ここで，Φ は累積標準正規分布関数である。

刺激 ϕ_i の感覚のほうが ϕ_j より強い「$\phi_i > \phi_j$」と判断された回数を N_{ij}，ϕ_j のほうが強いと判断された回

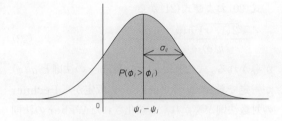

図2-2-2　比較判断の法則
$P(\phi_i > \phi_j) = \Phi((\psi_i - \psi_j)/\sigma_{ij})$,
$\sigma_{ij}^2 = \sigma_i^2 + \sigma_j^2 - 2r\sigma_i\sigma_j$

数をN_{ji}とおく。刺激は，$\phi_1, \cdots, \phi_N$のN個あるとすると，尤度関数は次式

$$L(\psi_1, \cdots, \psi_N, \sigma_1, \cdots, \sigma_N, r)$$
$$\propto \prod_{i,j} \{P(\phi_i > \phi_j)^{N_{ij}} P(\phi_j > \phi_i)^{N_{ji}}\} \quad (24)$$

で与えられる。

N個の刺激$\phi_1, \cdots, \phi_N$があるとき，モデル（式(23)）あるいは尤度関数（式(24)）のパラメータの数は，ψ_iとσ_iがそれぞれN個と相関係数rの計$2N+1$個である。モデル（式(23)）は，原点と単位の設定が任意であるので，刺激系列のなかほどの刺激ϕ_mの感覚量を原点0，標準偏差を単位1に設定してよい。すなわち，

$$\psi_m = 0, \ \sigma_m = 1$$

である。このとき，推定するべきパラメータの総数は

$$2N + 1 - 2 = 2N - 1$$

となる。

データの数（自由度）のほうは，N個の刺激から対を選んで比較判断を行うので

$$_N C_2 = \frac{N(N-1)}{2}$$

となる。パラメータの値が推定されるためには，推定されるパラメータの数はデータの数以下でなければならない。したがって，Nは次式

$$2N - 1 \leq \frac{N(N-1)}{2} \quad (25)$$

を満たす必要がある。式(25)を変形して

$$\left(N - \frac{5}{2}\right)^2 \geq \frac{17}{4}$$

を得る。これより，

$$N \geq 5$$

となる。モデル（式(23)）のパラメータが推定されるためには5個以上の刺激値について対の比較判断データが必要であることがわかる。$N \geq 5$のとき，尤度関数（式(24)）により，最尤法あるいはベイズ統計法を用いてパラメータの推定を行うことができるが，Thurstoneは，モデル（式(23)）に対して以下の五つの場合を区別した。

ケース I：
1人の観察者からすべての対比較判断データを得る場合。

ケース II：
複数の観察者から構成されるグループに対して対比較判断を求める場合。

ケース III：
相関係数rを0とする場合。

ケース IV：
相関係数$r=0$の仮定に加えて，σ_iとσ_jの差がσ_iとσ_jと比べて小さい

$$|\sigma_i - \sigma_j| \ll \sigma_i, \sigma_j$$

とする場合。このとき，

$$\psi_i - \psi_j \approx 0.707 z_{ij} \sigma_j + 0.707 z_{ij} \sigma_i$$

が成り立つ（Thurstone, 1927, p. 281）。ここで，z_{ij}は確率$P(\phi_i > \phi_j)$と累積標準正規分布関数Φに対して

$$\Phi(z_{ij}) = P(\phi_i > \phi_j)$$

で与えられる値である。

ケース V：
相関係数$r=0$に加えて，感覚量の標準偏差がすべて等しい（$\sigma_i = \sigma_j$）とする場合である。$\sigma_m = 1$としているので，すべての標準偏差$\sigma_i = 1$である。このとき，式(23)は

$$P(\phi_i > \phi_j) = \Phi\left(\frac{\psi_i - \psi_j}{\sqrt{2}}\right)$$

となる。

Gescheider（1997）によれば，Thurstoneの対判断モデルで尺度構成が行われる場合，普通ケース V が用いられ，尺度はべき法則に従わないが，Stevens（1966）はσ_iがψ_iに比例する場合をケース VI（Stevens, 1959, p. 389）として設定して，このケース VI を用いればべき法則に従う尺度が得ら

れるであろうと指摘しているという。ケースVは Weber の法則，ケースVI は Ekman の法則に対応している。

2・2・4 カテゴリ尺度法

観察者が刺激の感覚の強さを順序カテゴリで答え，それに基づいて尺度を構成する方法は，カテゴリ尺度法（Gescheider, 1997, p. 214），評定尺度法（難波・桑野，1998, pp. 72-86），あるいは継次カテゴリ法／系列カテゴリ法（method of successive categories），継次間隔法（method of successive intervals：中谷，1969, p. 162）と呼ばれている。カテゴリ尺度法によるデータは，以下に説明する刺激の感覚量とカテゴリ境界の関係に Thurstone の判断の基本モデルを適用したカテゴリ判断の法則（law of categorical judgment：Torgerson, 1958, p. 205）を用いて分析することができる。

刺激の感覚の強さが順序カテゴリによって判断されるとする。たとえば，カテゴリ数が7個の場合，「非常に弱い」「弱い」「やや弱い」「どちらでもない」「やや強い」「強い」「非常に強い」のカテゴリから一つを選んで答える。「強弱」ではなく，他の評価語が適切なときは，それが用いられる。また，カテゴリは上の例のように言語表現である必要はない。7カテゴリの場合，最も弱い感覚を「1」，最も強い感覚を「7」で表して，その間の感覚の強さを1-7までの対応する整数値で答える方法も可能である。カテゴリ判断の法則では，カテゴリが等間隔である（等現間隔法）という仮定は必要ないので，言語カテゴリは観察者にとって自然なものを用いることができる。

いま，観察者は呈示された刺激 i から引き起こされる感覚の強さを G 個のカテゴリから選んで答えるものとし，観察者の答えたカテゴリを R_i で表す。G 個の順序カテゴリを1から G までの整数で表しても一般性は失われない。刺激 i の引き起こす感覚量を確率変数 X_i で，感覚量の連続体上における G 個のカテゴリの境界を確率変数 Y_g で表す（図 2-2-3）。感覚量 X_i がカテゴリ境界 Y_{g-1} と Y_g の間の値のとき，その感覚の強さの判断は g であるとする。すなわち，

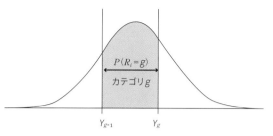

図 2-2-3　カテゴリ判断の法則「$Y_{g-1}<X_i<Y_g$ のとき $R_i=g$」

$Y_{g-1}<X_i<Y_g$ のとき $R_i=g$

である。ただし，

$Y_0=-\infty$，$Y_G=+\infty$

とおく。

X_i が平均 ψ_i，分散 σ_i^2 の正規分布，

$Y_g(1\leq g\leq G-1)$ が平均 t_g，分散 σ_g^2 の正規分布に従うものとする。すなわち，

$X_i\sim N(\psi_i,\sigma_i^2)$

$Y_g\sim N(t_g,\sigma_g^2)$

また，X_i と Y_g の相関係数を r_{ig} とおく。すなわち，

$r_{ig}=Cor(X_i,Y_g)$

である。

このとき，刺激 i の感覚の強さのカテゴリ判断 R_i がカテゴリ g 以下である確率は

$$P(R_i\leq g)=P(X_i<Y_g)$$
$$=\Phi\left(\frac{t_g-\psi_i}{\sqrt{\sigma_i^2+\sigma_g^2-2r_{ig}\sigma_i\sigma_g}}\right) \quad (26)$$

で与えられる（Torgerson, 1958, p. 206）。ここで，Φ は累積標準正規分布関数である。

モデル（式(26)）において，理論的には，たとえば $Y_{g-1}>Y_g$ となる確率は0ではない。すなわち，カテゴリ $g-1$ の境界 Y_{g-1} がカテゴリ g の境界 Y_g より大きい値をとりうることになる。Torgerson (1958, p. 208) は，継次間隔法の一般的方法においては $\sigma_g=0$ が仮定されていると説明している。モデル（式(26)）は，統計モデルとしては一般化線型モデル（generalized linear model：GLM）の順序データ（ordinal predicted variable）に対するものである。この場合も，カテゴリ境界の分散は0である（Kruschke, 2015, pp. 671-702）。分析がベイズ統計で行われる場合は，カテゴリ境界に無視できない変動があれば事後確率分布に反映されると思われる。本

第Ⅰ部　総論

節においても $\sigma_g = 0$，したがって $Y_g = t_g$ とする。このとき，刺激 i の感覚がカテゴリ g であると判断される確率は

$$P(R_i = g) = P(R_i \leq g) - P(R_i \leq g-1)$$
$$= \Phi\left(\frac{t_g - \psi_i}{\sigma_i}\right) - \Phi\left(\frac{t_{g-1} - \psi_i}{\sigma_i}\right) \quad (27)$$

で与えられる。ただし，

$$t_0 = -\infty, \quad t_G = +\infty$$
$$\Phi(-\infty) = 0, \quad \Phi(+\infty) = 1$$

とおく。

　いま，刺激 i の感覚の強さがカテゴリ g であると判断された度数を N_{ig} とおく。このとき，尤度関数は

$$L(\boldsymbol{t}, \boldsymbol{\psi}, \boldsymbol{\sigma}) = \prod_{i,g} P(R_i = g)^{N_{ig}} \quad (28)$$

とおくことができる。ここで，パラメータ $\boldsymbol{t}, \boldsymbol{\psi}, \boldsymbol{\sigma}$ は

$$\boldsymbol{t} = (t_1, \cdots, t_{G-1})$$
$$\boldsymbol{\psi} = (\psi_1, \cdots, \psi_M)$$
$$\boldsymbol{\sigma} = (\sigma_1, \cdots, \sigma_M)$$

を表し，M は刺激値の数である。

　モデル（式(28)）は，式(27) の形（差 $t_g - \psi_i$，および差と σ_i との比）から明らかなように，感覚量の原点（差 $t_g - \psi_i$ は原点の影響を受けない）と単位（比は単位の影響を受けない）が任意であり，パラメータ値を推定するためには原点と単位を設定する必要がある。そのためには，たとえば一つの刺激値を選び，その感覚量の平均を原点，標準偏差を単位とすることができる。たとえば，刺激 1 を選ぶと

$$\psi_1 = 0, \quad \sigma_1 = 1$$

である。

　あるいは，カテゴ定することも考えられる。すなわち，

$$t_1 = 0, \quad t_{G-1} = 1 \quad (29)$$

とおく。感覚の強さの範囲が刺激の種類によらずほぼ同じであるという仮定（Teghtsoonian, 1971）に従えば，制約条件（式(29)）は自然なものである。

　カテゴリ尺度構成のためのデータ収集においては，呈示刺激の範囲と呈示頻度を考慮して実験デザインを決める必要がある。カテゴリ評定における要因として Parducci（1974）は，呈示刺激の範囲の効果（range effects）と頻度の効果（frequency

effects）を挙げている。範囲の効果とは，観察者の使用判断カテゴリの範囲が，呈示刺激の範囲に合わせられることをいう。このため，同じ刺激値であっても，その評価カテゴリは呈示される刺激値全体の範囲における相対的位置の影響を受ける（Parducci, 1974, p. 129）。頻度の効果とは，各カテゴリに同じ数の刺激値を割り振ろうとすることであり（Parducci, 1974, p. 134），刺激値の間隔が狭い，あるいは呈示回数が多い刺激値の領域では，グラフを描いたときカテゴリ値の増加が急になる。これは，評定判断において各カテゴリの使用頻度が同じになるように判断が行われる傾向を反映していると考えられる（Parducci, 1974, p. 136）。カテゴリ尺度法においては，その実験デザインを考えるとき，あるいはデータの分析結果の解釈において，以上の要因は留意すべきことである。

2・2・4・1　（例）カテゴリ評定データの分析

　10 個の刺激値それぞれに対して 7 カテゴリによる評定を 200 回実施したとき，表 2-2-1 に示すデータを得たとする。このデータに対してモデル（式(27)）を用いてベイズ分析を行い，パラメータの事後分布を MCMC（Markov chain Monte Carlo）サンプリングにより推定した。刺激値 i の感覚の強さ ψ_i の事後分布の中央値と 50% 確信区間および 95% 確信区間を，横軸に刺激値をとって示したものが図 2-2-4 である。条件（式(29)）により，カテゴリ境界の t_1 と t_6 の値がそれぞれ 0 と 1 になるように感覚連続体の原点と単位が設定されていることに注意。

表 2-2-1　カテゴリ評定データ（シミュレーションで作成）

刺激値	カテゴリ評定値						
	Cat-1	Cat-2	Cat-3	Cat-4	Cat-5	Cat-6	Cat-7
1	166	34	0	0	0	0	0
2.78	79	110	10	1	0	0	0
5.94	14	111	74	1	0	0	0
10.89	0	33	117	46	4	0	0
18.03	0	8	74	95	23	0	0
27.76	0	1	38	91	59	10	1
40.47	0	0	8	44	99	38	11
56.57	0	0	2	25	64	82	27
76.46	0	0	0	10	30	74	86
100.54	0	0	0	2	10	52	136

第 2 章 感覚・知覚測定法

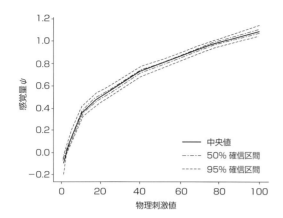

図 2-2-4 評定カテゴリデータ（表 2-2-1）の分析結果－1
物理刺激 i ($i=1,\cdots,10$) に対する感覚の強さ ψ_i の事後分布の中央値，50％確信区間の端点，95％確信区間の端点を求め，それぞれを折れ線（順に実線，一点鎖線，破線）でつないだもの。

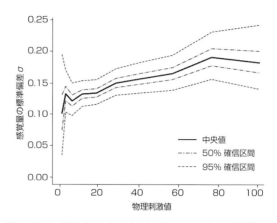

図 2-2-5 評定カテゴリデータ（表 2-2-1）の分析結果－2
物理刺激 i ($i=1,\cdots,10$) に対する感覚量の標準偏差 σ の事後分布の中央値，50％確信区間の端点，95％確信区間の端点を求め，それぞれを折れ線（順に実線，一点鎖線，破線）でつないだもの。

各刺激値 i に対する ψ_i の中央値の変化量（ほぼ 0 から 1）に比べて確信区間の幅は小さく，安定した推定である。

感覚の標準偏差 σ_i の中央値および 50％確信区間と 95％確信区間を，横軸に刺激値をとって示したものが図 2-2-5 であり，横軸を感覚量 ψ_i の事後分布の中央値にとったものが図 2-2-6 である。確信区間の幅に比べて中央値の変化は小さいが，刺激値が強くなるにつれて σ_i の中央値も大きくなる傾向が認められ，この増加傾向は感覚量を横軸にとった図 2-2-6 においてより明瞭である。また，σ_i の確信区間の幅は図 2-2-5 横軸の両端の刺激値 1 と 100.54 で大きくなっている。これは，カテゴリ評定における床効果あるいは天井効果がこれらの両端の刺激値に対して認められるが，そのために σ_i の事後分布の推定が他の刺激値に対するものと比べてより不確かになっていることが表されていると考えられる。

カテゴリ境界 t_g の事後分布における 2.5 パーセンタイル，25 パーセンタイル，50 パーセンタイル（中央値），75 パーセンタイル，97.5 パーセンタイルの値を線分で結んで累積分布の形で示したものが図 2-2-7 である。両端の境界値 t_1 と t_6 は，それぞれ感覚連続体の原点と単位の設定のために 0 および 1 に設定されているので，累積分布のグラフは横軸（感覚連続体）に対して垂直な線分になっている。カテ

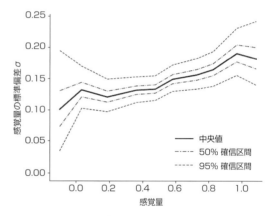

図 2-2-6 評定カテゴリデータ（表 2-2-1）の分析結果－3
物理刺激 i ($i=1,\cdots,10$) に対する感覚量の標準偏差 σ の事後分布の中央値，50％確信区間の端点，95％確信区間の端点を求め，各物理刺激値に対する感覚量の事後分布の中央値を横軸にとって折れ線（順に実線，一点鎖線，破線）でつないだもの。

ゴリ境界 t_2 から t_5 までの累積分布のグラフは，ほぼ垂直で，それらはお互いに十分離れているので，境界 t_g の事後分布の推定は安定しているといえる。

2・2・5 差尺度法

差の一対比較データに基づいて尺度構成を行うものに最尤法を用いた差尺度法（maximum likelihood difference scaling : MLDS : Kingdom & Prins, 2016,

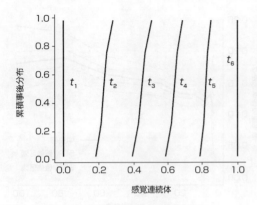

図 2-2-7 カテゴリ境界 t_g の累積事後分布

pp. 232-244；Maloney & Yang, 2003）がある。今日の統計法の標準は最尤法からベイズ統計法になりつつあるので（Gill, 2014, p. xxv），ここではベイズ統計法を前提として差尺度法の説明を行う。ベイズ統計法の場合も基本となる確率モデルは最尤法の場合と同じであるが，ベイズ統計法を用いる場合は略称として MLDS を用いることは不適切であるので，BDS (Bayesian difference scaling) を用いることにする。統計モデリング言語 Stan による BDS のためのスクリプトは，図 2-2-8 に示すように簡単である。

差尺度法では，感覚の差の比較判断を行う。刺激 i, j, s, t の感覚量を $\psi_i, \psi_j, \psi_s, \psi_t$ で表したとき，刺激 i と刺激 j の感覚の差は $I_{ij}=|\psi_i-\psi_j|$ で表され，刺激 s と刺激 t の感覚の差は $I_{st}=|\psi_s-\psi_t|$ で表される。いま，刺激 i と刺激 j および刺激 s と刺激 t が呈示されたとき，刺激 i と刺激 j の感覚の差と刺激 s と刺激 t の感覚の差の違い（差）の感覚はランダムに変動するとして確率変数 $X_{\langle i,j\rangle\langle s,t\rangle}$ で表し，$X_{\langle i,j\rangle\langle s,t\rangle}$ は平均 $I_{ij}-I_{st}$，分散 σ^2 の正規分布に従うとする。すなわち，

$$X_{\langle i,j\rangle\langle s,t\rangle} \sim N(I_{ij}-I_{st}, \sigma^2) \qquad (30)$$

である。

刺激 i と刺激 j の感覚の差（違い）のほうが刺激 s と刺激 t の感覚の差より大きいという判断（曲線の不等号記号 > を用いて「$I_{ij}>I_{st}$」と表す）は $X_{\langle i,j\rangle\langle s,t\rangle}>0$ のときに行われるとすると，その確率は

$$P(I_{ij}>I_{st}) = P(X_{\langle i,j\rangle\langle s,t\rangle}>0)$$
$$= \Phi\bigl((I_{ij}-I_{st})/\sigma\bigr) \qquad (31)$$

で与えられる。ここで，Φ は累積標準正規分布関数である。モデル（式(31)）において，感覚量 ψ_i の連

```
data {
  int N_data;
  int N_st;
  int<lower = 1, upper = N_st>ID_i[N_data];
  int<lower = 1, upper = N_st>ID_j[N_data];
  int<lower = 1, upper = N_st>ID_s[N_data];
  int<lower = 1, upper = N_st>ID_t[N_data];
  int<lower = 0> N[N_data];
  int<lower = 1> TN[N_data];
}

parameters {
  simplex[N_st - 1]theta;
  real<lower = 0.0>sgm;
}

transformed parameters {
  real psi[N_st];
  psi[1]=0.0;
  for(i in 2:N_st)
    psi[i]=psi[i-1]+theta[i-1];
}

model {
  for(i in 1:N_data)
    N[i]~binomial(TN[i],
      Phi((fabs(psi[ID_i[i]]-psi[ID_j[i]])
      -fabs(psi[ID_s[i]]-psi[ID_t[i]]))/sgm));
}
```

図 2-2-8 Bayesian Difference Scaling(BDS) の Stan スクリプト

続体の原点および単位が不定であるので，

$$\psi_1=0, \quad \psi_N=1 \qquad (32)$$

とおいて原点と単位を設定する（Maloney & Yang, 2003, p. 576）。ここで，N は刺激値の総数であり，刺激は刺激値の小さいものから大きさの順に通し番号が付けられているものとする。

刺激 i と刺激 j の差と刺激 s と刺激 t の差の比較判断が $TN_{\langle i,j\rangle\langle s,t\rangle}$ 回行われ，そのうち「$I_{ij}>I_{st}$」の判断が $N_{\langle i,j\rangle\langle s,t\rangle}$ 回であったとすると，その確率は

$$\binom{TN_{\langle i,j\rangle\langle s,t\rangle}}{N_{\langle i,j\rangle\langle s,t\rangle}} P(I_{ij}>I_{st})^{N_{\langle i,j\rangle\langle s,t\rangle}}$$
$$\bigl\{1-P(I_{ij}>I_{st})\bigr\}^{TN_{\langle i,j\rangle\langle s,t\rangle}-N_{\langle i,j\rangle\langle s,t\rangle}}$$

で与えられる。したがって，比較判断の行われた四つ組の刺激 i, j, s, t にわたる全体の尤度は，定数である 2 項係数を無視して，

$$L(\boldsymbol{\psi}, \sigma) \propto \prod_{i,j,s,t} P(I_{ij} > I_{st})^{N_{\langle i,j \rangle \langle s,t \rangle}}$$
$$\{1 - P(I_{ij} > I_{st})\}^{TN_{\langle i,j \rangle \langle s,t \rangle} - N_{\langle i,j \rangle \langle s,t \rangle}} \quad (33)$$

で与えられる。ここで,

$$\boldsymbol{\psi} = (\psi_1, \cdots, \psi_N)$$

であり,N は刺激の数である。四つ組の刺激において,$j = s$ であれば,三つの刺激 i, j, t に対して差 $I_{\langle i,j \rangle}$ と $I_{\langle j,t \rangle}$ の比較を行うことになる。

互いに異なる刺激からなる四つ組における差の比較判断の場合,$i < j < s < t$ の条件のもとで i と j の差と s と t の差が構成されたとき(Kingdom & Prins, 2016;Maloney & Yang, 2003),刺激の数が N 個であれば四つ組の可能な数は

$$\binom{N}{4} = {}_N C_4 = \frac{N!}{4!(N-4)!}$$

で与えられる。差の比較実験においては,この四つ組の数 ${}_N C_4$ は $N = 10$ のときは ${}_{10} C_4 = 210$ 組であるが,$N = 20$ のときは ${}_{20} C_4 = 4845$ 組となり四つ組すべてに対して比較データを取得することは困難になる。Maloney & Yang(2003)のシミュレーション実験では,$N = 12$ のときの ${}_{12} C_4 = 495$ 組の四つ組すべてを用いたときのパラメータ推定値の分散と,$N = 20$ のときの ${}_{20} C_4 = 4845$ 組の四つ組からランダムに 10% を選んだ 484 組に対するデータからのパラメータ推定値の分散はほぼ等しいことが報告されている(Maloney & Yang, 2003, p. 578)。Maloney et al. は,パラメータ推定値の分散の大きさに関係するのは,刺激の総数ではなく,四つ組の比較判断が行われた試行の総数であると説明している(Maloney & Yang, 2003, p. 579)。

モデル(式(30))においては二つの仮定,$X_{\langle i,j \rangle \langle s,t \rangle}$ が正規分布に従うこと,および正規分布の分散が刺激の組み合わせにかかわらず一定値 σ^2 であることが設定されている。これらの仮定に対して差尺度法は頑健であることがシミュレーションによって確認されている(Maloney & Yang, 2003, p. 579)。

2・2・5・1　例:差尺度法のベイズ分析

感覚尺度を構成する刺激値の範囲から 6 個の刺激を選び,四つ組による差の比較判断実験を行ったところ,表 2-2-2 に示す結果が得られたとする。刺激

表 2-2-2　差の比較判断データ(シミュレーションで作成)

刺激番号				差の比較判断	
i	j	s	t	$\langle i,j \rangle > \langle s,t \rangle$ の判断数	総判断数
1	2	3	4	13	30
1	2	3	5	4	30
1	2	3	6	0	30
1	2	4	5	14	30
1	2	4	6	6	30
1	2	5	6	10	30
1	3	4	5	28	30
1	3	4	6	14	30
1	3	5	6	29	30
1	4	5	6	29	30
2	3	4	5	14	30
2	3	4	6	6	30
2	3	5	6	15	30
2	4	5	6	25	30
3	4	5	6	13	30

は 1-6 までの通し番号で表されている。各四つ組に対して 30 回の判断が行われているが,これは 1 人の個人からのデータと考えてもよいし,当該の感覚に関して同じ感覚特性をもつ複数の観察者による判断をまとめたものと考えてもよい。差の比較判断「$I_{ij} > I_{st}$」の判断数 $N_{\langle i,j \rangle \langle s,t \rangle}$ と各四つ組に対する総判断数 $TN_{\langle i,j \rangle \langle s,t \rangle}$ に対してモデル(式(33))を適用して,各刺激 i の事後分布を求めた。感覚量 ψ_i の事後分布の中央値,50% 確信区間,95% 確信区間を求め,横軸に刺激の通し番号をとって描いたものが図 2-2-9 である。感覚量の値 $\psi_1 = 0$ と $\psi_N = \psi_6 = 1$ は,パラメータ推定のための仮定(式(32))であることに注意。

(岡本 安晴)

2・3　多次元尺度構成法

色空間あるいは音空間のように感覚対象間の関係・構造は空間における布置・配置として表すことができる。対象間の類似度あるいは非類似度を表現する空間布置を構成する方法として多次元尺度構成法(multidimensional scaling:MDS)がある。本節においてその基本的考え方を説明する。また,対象の心理的意味の違い(差)を多面的に表現するものにセマンティックディファレンシャル(semantic differential:SD 法)と呼ばれている方法があるが,

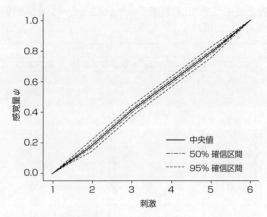

図 2-2-9　差尺度法のベイズ分析結果
表 2-2-2 のデータに対して，各刺激の感覚量 ψ の事後分布を求め，それらの中央値，50%確信区間の端点，95%確信区間の端点を，それぞれ折れ線（順に実線，一点鎖線，破線）でつないだもの。

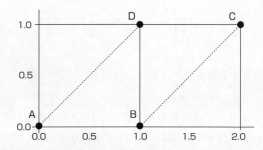

図 2-3-1　4 点 A，B，C，D の布置

表 2-3-1　図 2-3-1 の 4 点 A，B，C，D 間の距離

	A	B	C	D
A	0	1	$\sqrt{5}$	$\sqrt{2}$
B	1	0	$\sqrt{2}$	1
C	$\sqrt{5}$	$\sqrt{2}$	0	1
D	$\sqrt{2}$	1	1	0

注：$\sqrt{5} \approx 2.23607$，$\sqrt{2} \approx 1.41421$

これについても本節の最後で取り上げる。

2・3・1　多次元尺度構成法の基本的考え方

空間における複数点の布置が与えられると，それらの間の距離が算出される。逆に，点の間の距離が与えられたときに，それらの距離関係を表す複数点の布置を求める方法が多次元尺度構成法である。たとえば，4 点 A, B, C, D の布置が図 2-3-1 に示すように与えられたとき，点間のユークリッド距離は表 2-3-1 のようになる。多次元尺度構成法では，表 2-3-1 の距離データが与えられたとき，それらの距離データに対応する点 A, B, C, D の布置（図 2-3-1）を求める。これは，ユークリッド距離の場合は以下のようにして求めることができるが，具体的に 4 点 A, B, C, D についてではなく，一般的に N 個の点 $P_1, \cdots, P_N$ の場合について説明する。

各点 P_i が q 次元空間の点であるとし，その座標を
$$\boldsymbol{x}_i = (x_{i1}, \cdots, x_{iq})$$
とおく。このとき，点 P_i と点 P_j の間のユークリッド距離 d_{ij} は次式
$$d_{ij} = \sqrt{\sum_{s=1}^{q}(x_{is}-x_{js})^2} \quad (1)$$
で与えられる。

式(1)の形より，点の布置全体を平行移動あるいは回転・反転しても距離 d_{ij} は変わらない。したがって，布置の重心が原点にあると考えてもよい。すなわち，
$$\sum_{i=1}^{N} x_{is} = 0$$
とする。このとき，次式
$$b_{ij} = \sum_{s=1}^{q} x_{is} x_{js} = -\frac{1}{2}(d_{ij}^2 - d_{\cdot j}^2 - d_{i\cdot}^2 + d_{\cdot\cdot}^2) \quad (2)$$
が成り立つ（Carroll & Wish, 1974, pp. 84-85）。ここで，
$$d_{\cdot j}^2 = \frac{1}{N}\sum_{i=1}^{N} d_{ij}^2$$
$$d_{i\cdot}^2 = \frac{1}{N}\sum_{j=1}^{N} d_{ij}^2$$
$$d_{\cdot\cdot}^2 = \frac{1}{N^2}\sum_{i=1}^{N}\sum_{j=1}^{N} d_{ij}^2$$
である。

式(2)を導く手続きは，以下に説明する手続きの形から，二重中心化（double centering：Borg & Groenen, 2005, p. 262；Carroll & Wish, 1974, p. 84）と呼ばれている。行列 $D^{(2)}$ を
$$D^{(2)} = (d_{ij}^2)$$
とおいたとき，式(2)の値 b_{ij} は行列 $D^{(2)}$ の左右から中心化行列（centering matrix：Borg & Groenen, 2005, p. 262）を掛けて，$-1/2$ を乗じたものの第 (i, j) 成分として得られる。ここで，中心化行列 J は

$$J = I - \frac{1}{N}\,11'$$

で与えられるもので，I は単位行列，1 はすべての要素が 1 である N 次元列ベクトルである。この J を行列 $D^{(2)}$ の右から掛けると $D^{(2)}J$ は $D^{(2)}$ の各要素からそれぞれの行の平均値を引いたものになる。J を行列 $D^{(2)}$ の左から掛けると $JD^{(2)}$ は $D^{(2)}$ の各要素からそれぞれの列の平均値を引いたものになる。J を行列 $D^{(2)}$ の左右から掛けて，$-1/2$ を乗じたものの第 (i,j) 要素が式(2)の左辺の値である。すなわち，

$$B = \big(b_{ij}\big)$$

とおくと，

$$B = -\frac{1}{2} J D^{(2)} J \tag{3}$$

である（Borg & Groenen, 2005, p. 262）。
　いま，

$$X = \big(x_{is}\big)$$

とおくと，式(2)は

$$B = XX' \tag{4}$$

と書ける（Carroll & Wish, 1974, p. 85）。すなわち，距離 d_{ij} が与えられたとき，式(2)あるいは式(3)によって B を構成すれば，対応する点の布置を与える座標は，式(4)によって与えられる行列 X の行ベクトルとして与えられる。この方法は，Torgerson (1958) の尺度法（Torgerson scaling）と呼ばれている（Borg et al., 2013, p. 81）。
　式(4)の X は，B の固有分解によって得ることができる（岡本，2009, p. 44）。行列 B の固有分解を

$$B = U \Lambda U' \tag{5}$$

とおく。行列 Λ は，対角行列

$$\Lambda = \begin{pmatrix} \lambda_1 & & 0 \\ & \ddots & \\ 0 & & \lambda_r \end{pmatrix}$$

であり，次式

$$\lambda_1 \geq \cdots \geq \lambda_r > 0$$

が満たされるように構成される。いま，

$$\Lambda^{1/2} = \begin{pmatrix} \sqrt{\lambda_1} & & 0 \\ & \ddots & \\ 0 & & \sqrt{\lambda_r} \end{pmatrix}$$

とおけば，

$$B = \big(U\Lambda^{1/2}\big)\big(U\Lambda^{1/2}\big)'$$

と書くことができる。したがって，

$$X = U\Lambda^{1/2}$$

とおけば

$$B = XX'$$

となり，式(4)が成り立つ。
　いま，(r, r) 型の行列 T として

$$TT' = I \tag{6}$$

を満たすものをとる。I は単位行列である。
　式(6)を満たす行列は，直交回転と呼ばれ，行列 X に T を掛けた XT は，X の表す点の布置を回転あるいは反転した布置になっている。この T に対して

$$B = (XT)(XT)' = XX'$$

が成り立ち，XT を X と置き換えることができる。直交回転 T は無数に存在するので，それに対応して式(4)を満たす X，すなわち XT は無数に存在する。これは，距離（式(1)）が布置の回転および反転に関して同じ値を与えることに対応している。

2・3・1・1　例

　表 2-3-1 の距離データに対して行列 B（式(3)）を求めると次式のようになる（以下の計算では小数点以下 5 桁に丸められている）。

$$B \approx \begin{pmatrix} 1.25002 & 0.25000 & -1.25005 & -0.24998 \\ 0.25000 & 0.24999 & -0.24998 & -0.25001 \\ 1.25005 & -0.24998 & 1.25002 & 0.25000 \\ -0.24998 & -0.25001 & 0.25000 & 0.24999 \end{pmatrix}$$

　上式の B の固有分解は次式で与えられる。

$$B \approx \begin{pmatrix} 0.68819 & -0.16245 \\ 0.16245 & 0.68819 \\ -0.68819 & 0.16245 \\ -0.16245 & -0.68819 \end{pmatrix} \begin{pmatrix} 2.61809 & 0 \\ 0 & 0.38198 \end{pmatrix} \begin{pmatrix} 0.68819 & -0.16245 \\ 0.16245 & 0.68819 \\ -0.68819 & 0.16245 \\ -0.16245 & -0.68819 \end{pmatrix}'$$

　これより，X は次式で与えられる。

$$X \approx \begin{pmatrix} 0.68819 & 0.16245 \\ 0.16245 & 0.68819 \\ -0.68819 & 0.16245 \\ -0.16245 & -0.68819 \end{pmatrix} \begin{pmatrix} \sqrt{2.61809} & 0 \\ 0 & \sqrt{0.38198} \end{pmatrix}'$$

$$\approx \begin{pmatrix} 1.11353 & -0.10040 \\ 0.26285 & 0.42533 \\ -1.11353 & 0.10040 \\ -0.26285 & -0.42533 \end{pmatrix}$$

X の第 i 行の値 (x_{i1}, x_{i2}) が点 P_i の座標である。表 2-3-1 の場合，点 P_1, P_2, P_3, P_4 は点 A, B, C, D のことである。この座標で 4 点の布置を描くと図 2-3-2 のようになる。図 2-3-1 の布置を約 180° 回転した布

置になっている。固有分解（式(5)）によって得られる解（布置）は，布置の変化の最も大きい方向に第1座標がとられるが，その正負の向きは固有分解を行うプログラムに依存して決まる。図2-3-2の場合は，図2-3-1に示される方向とほぼ逆方向になっている（図2-3-2の布置は，プログラミング言語Pythonで書かれたスクリプトで求められたものである）。第2座標は，第1座標と直交する方向にとられるが，その正負の向きもプログラムに依存して決まる。

距離に関するデータは，非類似度（dissimilarity）あるいは類似度（similarity）として与えられることが普通である。ここで距離とは，後述の与えられた条件を満たすものとして数学的に定義されたものであることに注意。非類似度あるいは類似度は近接度（proximity）と呼ばれる（Borg & Groenen, 2005, p. 38）。類似度は非類似度と逆の関係にあるので，類似度についての議論は非類似度に対して逆にして考えればよい。以下では，非類似度について説明する。

対象iと対象jの非類似度をδ_{ij}で表す。非類似度δ_{ij}に対応する対象の布置を求める。すなわち，対象iの座標を

$$x_i = (x_{i1}, \cdots, x_{iq})$$

で表し，対象iと対象jの距離d_{ij}を式(1)で与えたとき，

$$\delta_{ij} < \delta_{kh} \quad ならば \quad d_{ij} \leq d_{kh} \quad (7)$$

が成り立つようにする。非類似度δ_{ij}が距離d_{ij}と一致する（すなわち，非類似度が数学的に定義された距離の条件を満たす）ことは期待できないので，δ_{ij}と順序関係が対応する距離の推定値$\hat{d}_{ij}$を求め，この$\hat{d}_{ij}$に対して布置x_iを求めるという方法が用いられる。条件（式(7)）は，単調（monotonic：Borg & Groenen, 2005, p. 40）あるいは同調（isotonic：Borg & Groenen, 2005, p. 28）と呼ばれる。この$\hat{d}_{ij}$の算出法によりMDSはmetric MDSとnonmetric MDSに分けられる（Borg & Groenen, 2005, pp.199-225）。Nonmetric MDSはordered MDSとも呼ぶ（Borg et al., 2013, p. 37）。Metric MDSでは，δ_{ij}から$\hat{d}_{ij}$の変換として，

1次式

$$\hat{d}_{ij} = a + b\delta_{ij}$$

対数関数

$$\hat{d}_{ij} = a + b\log\delta_{ij}$$

指数関数

$$\hat{d}_{ij} = a + b\exp\delta_{ij}$$

などが用いられる。1次式による変換では，非類似度データδ_{ij}は間隔尺度の水準で考えられ，さらに定数aが0のときはδ_{ij}を比尺度の水準で考えていることになる。

Nonmetric MDSでは，データδ_{ij}と推定値$\hat{d}_{ij}$との関係は大小関係（順序関係）のみが保存される。すなわち，次の条件

$$\delta_{ij} < \delta_{kh} \quad ならば \quad \hat{d}_{ij} \leq \hat{d}_{kh} \quad (8)$$

が成り立つように$\hat{d}_{ij}$を設定する。Nonmetric MDSでは非類似度データを順序尺度の水準で考えていることになるが，大小の順序データでも情報量は多い。たとえば，対象の数が10個の場合，距離は${}_{10}C_2 = 45$対の対象間にわたり，それらの比較の数は${}_{45}C_2 = 990$対である。

距離d_{ij}の大小順と非類似度δ_{ij}の大小順が一致している（式(7)）ときは

$$\hat{d}_{ij} = d_{ij}$$

とおけばよい。布置から算出される距離d_{ij}が条件（式(7)）を満たさないときは，d_{ij}から条件（式(8)）を満たす$\hat{d}_{ij}$を求める方法としてKruskal's up-and-down-block algorithm (Kruskal, 1964, pp. 127-128) と呼ばれている方法がある（Borg & Groenen, 2005, p. 206）。このアルゴリズムでは，まずd_{ij}をδ_{ij}の大小順に従って並べる。d_{ij}の大小順がδ_{ij}の大小順に

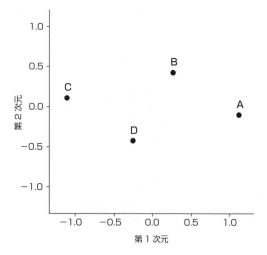

図2-3-2　表2-3-1のデータに対する解の例

合わないところでは，それらの d_{ij} の平均を $\hat{d}_{ij}$ の値とする。この手順を図2-3-3に示す。横軸が δ_{ij} である（図では，δ_{ij} は1-8までの整数値としてある）。縦軸が d_{ij} および $\hat{d}_{ij}$ の値である。図中，菱形の印で点 (δ_{ij}, d_{ij}) が表されている。δ_{ij} の大小順と d_{ij} の大小順が合っているときは菱形の点は右上がりの方向に並ぶが，単調関係（式(7)）が成り立たないときは右下がりの並びになる。この右下がりの部分（ブロック）の d_{ij} の平均を $\hat{d}_{ij}$ の値とする。点 $(\delta_{ij}, \hat{d}_{ij})$ が，これらを結ぶ折れ線のノードとして表されている。横軸に非類似度 δ_{ij}，縦軸に d_{ij} あるいは $\hat{d}_{ij}$ をとった図2-3-3のようなグラフは，Shepard diagram（Borg & Groenen, 2005, p. 43）と呼ばれている。

データ δ_{ij} と単調関係にある $\hat{d}_{ij}$ に対して，$\hat{d}_{ij}$ に最もよく合う距離を与える布置が求められる。これは，解が安定するまで布置と $\hat{d}_{ij}$ を交互に繰り返し求めるという方法がとられる。すなわち，

ステップ0：
　まず，初期値として適当な布置が設定される。
ステップ1：
　与えられた布置から距離 d_{ij} が算出され，この距離から δ_{ij} と単調関係にある距離の推定値 $\hat{d}_{ij}$ が求められる。
ステップ2：
　ステップ1で算出した $\hat{d}_{ij}$ に対して布置が求め直される。
ステップ3：
　ステップ2で得られた解（布置）が安定したものであれば計算を終了する。安定したものと見なされないときは，ステップ2で得られた布置に対してステップ1に戻る。布置が安定したかどうかの判定は，次に説明する誤差の指標Stressの変化によって行われる。ステップ1における布置のStressとステップ2で求められた布置のStressがほぼ同じ大きさであれば，布置は安定したと考える。

いま，点 x_i の布置をまとめて行列の形

$$X = \begin{pmatrix} x_1 \\ \vdots \\ x_N \end{pmatrix}$$

で表し，X によって与えられる距離であることを $d_{ij}(X)$ の形で示す。距離 d_{ij} が $\hat{d}_{ij}$ をどの程度よく表しているかを示す指標としてStressと呼ばれている次の三つのものがある（Borg & Groenen, 2005, p. 251；Borg et al., 2013, p. 25）。

Stress formula 1:

$$\text{Stress-1} = \sqrt{\frac{\sum_{i<j}(d_{ij}(X)-\hat{d}_{ij})^2}{\sum_{i<j}d_{ij}(X)^2}}$$

Stress formula 2:

$$\text{Stress-2} = \sqrt{\frac{\sum_{i<j}(d_{ij}(X)-\hat{d}_{ij})^2}{\sum_{i<j}(d_{ij}(X)-\bar{d})^2}}$$

ここで，

$$\bar{d} = \sum_{i<j} d_{ij}(X) \bigg/ \frac{N(N-1)}{2}$$

である。

Squared stress:

$$\text{S-Stress} = \frac{\sum_{i<j}(d_{ij}(X)^2-\hat{d}_{ij}^2)^2}{\sum_{i<j}\hat{d}_{ij}^4}$$

Stressが小さいほど，布置 X での距離 $d_{ij}(X)$ はデータ δ_{ij} と単調関係にある $\hat{d}_{ij}$ との差が小さい，すなわち布置 X は δ_{ij} によく対応していることになる。一般的には指標としてStress-1がよいとされている（Borg et al., 2013, p. 25）。Stress-2は分母が $d_{ij}(X)$ の平均からの散らばりになっているが，これは展開法というMDS（後述）において退化解を避けるために用いられる（Borg & Groenen, 2005, p.

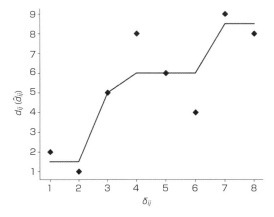

図2-3-3　Shepard diagram
　　　菱形は点 (δ_{ij}, d_{ij}) を表し，折れ線は点 $(\delta_{ij}, \hat{d}_{ij})$ を結んだものである。

251)。S-Stress は ALSCAL（Takane et al., 1977, p. 27）という MDS で用いられているが，大きい δ_{ij} の影響が強くなるという特徴がある（Borg et al., 2013, pp. 25-26）。

Stress を最小化する布置 X は，数値計算法の最適化アルゴリズムによって求められる。Kruskal（1964）は，目的関数として Stress-1 を設定して最急降下法を用いている。この最急降下法では，すべてのパラメータ x_{is} に対して同時に Stress の最小化のための値の更新が行われるが，MDS のパラメータをいくつかのグループに分け，値の更新をこれらのグループごとに順番に行う方法もある。各グループにおける更新において最小 2 乗法の基準が用いられているので交互最小 2 乗法（alternating least squares（ALS）method）と呼ばれている（Borg & Groenen, 2005, p. 221；高根，1980，p. 240）。

非類似度 δ_{ij} と距離 d_{ij} を区別して考え，これまでの議論では距離は式(1)で与えられるユークリッド距離として説明してきたが，数学的には距離は次の三つの条件を満たすものとして定義される（Borg et al., 2013, p. 12）。

(1)非負値（Nonnegative values）

$$d_{ij} \geq d_{ii} = d_{jj} = 0$$

(2)対称性（Symmetry）

$$d_{ij} = d_{ji}$$

(3)3 角不等式（Triangle inequality）

$$d_{ij} \leq d_{ik} + d_{kj}$$

上の距離の条件（公理）を満たすものとして，Minkowski r-metric distance（Kruskal, 1964, p. 116），Minkowski metric あるいは Minkowski distance（Borg & Groenen, 2005, p. 363）と呼ばれているものがあり，次式で与えられる。

$$d_{ij} = \left[\sum_{s=1}^{q} |x_{is} - x_{js}|^r \right]^{1/r} \quad (r \geq 1) \tag{9}$$

ここで，$(x_{i1}, \cdots, x_{iq})$ および $(x_{j1}, \cdots, x_{jq})$ は点 i および点 j の座標である。

式(9)において，$r=2$ の場合がユークリッド距離（式(1)）である。$r=1$ のとき，式(9)は

$$d_{ij} = \sum_{s=1}^{q} |x_{is} - x_{js}|$$

となる。これは，city-block distance あるいは

Manhattan metric と呼ばれている（Kruskal, 1964, p. 117）。$r = +\infty$ のとき式(9)は

$$d_{ij} = \max_{s} |x_{is} - x_{js}|$$

となる。これは，dominance metric（Borg & Groenen, 2005, p. 364）あるいは l_∞-metric または sup metric（Kruskal, 1964, p. 117）と呼ばれている。

Dominance metric は，対象間の差異の最も顕著な次元が（非）類似度の判断に影響を与えることを表し，city-block distance は各次元における差異が分析されて足し合わされた結果に基づいて（非）類似度の判断が行われることを表し，ユークリッド距離は各次元の差異が統合的に処理されるときに有効であると解釈されている（Borg et al., 2013, pp. 13-14）。

ユークリッド距離，city-block distance および dominance metric の違いは，それぞれの距離で円を描くとよくわかる。2 次元空間における原点を中心とする半径 1 の円は，円周上の点の座標を (x, y) で表すと次式で与えられる。

ユークリッド距離の場合

$$\sqrt{x^2 + y^2} = 1$$

City-block distance の場合

$$|x| + |y| = 1$$

Dominance metric の場合

$$\max \{|x|, |y|\} = 1$$

上の三つの円を描いたものを図 2-3-4 に示す。図から，ユークリッド距離の場合は布置を回転しても距離は変わらないが，ユークリッド距離以外では布置の回転により距離が変わることがわかる。

2・3・2　個人差尺度構成法

多次元尺度構成法で表される対象の布置は個人ごとに異なりうるが，これを一つの空間にまとめて表現しようとする方法に個人差尺度構成法（individual differences scaling：INDSCAL：Carroll & Wish, 1974）がある。いま，個人 i における対象 j と対象 k の非類似度を $\delta_{jk}^{(i)}$ で表すとき，この $\delta_{jk}^{(i)}$ に対応する距離が次式で与えられる。

$$d_{jk}^{(i)} = \sqrt{\sum_{s=1}^{q} w_{is}(x_{js} - x_{ks})^2} \tag{10}$$

ここで，$\boldsymbol{x}_j = (x_{j1}, \cdots, x_{jq})$ は対象 j の座標であり，$\boldsymbol{w}_i = (w_{i1}, \cdots, w_{iq})$ は個人 i における重みで w_{is} の値が大き

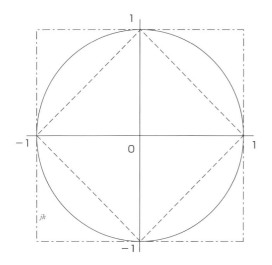

図 2-3-4 Minkowski distance による単位円
Dominance metric, $r=+\infty$（一点鎖線）; Euclidean distance, $r=2$（実線）; City-block distance, $r=1$（破線）

いほど次元 s の距離 $d_{jk}^{(i)}$ における影響は大きくなる。

求められた座標 x_j と重み w_i のデータ $\delta_{jk}^{(i)}$ への適合度は, $\delta_{jk}^{(i)}$ と単調関係にある $d_{jk}^{(i)}$ に対して次式で与えられる（Carroll & Wish, 1974, p. 89）。

$$Stress = \sqrt{\sum_i \left[\frac{\sum_{j,k}(d_{jk}^{(i)} - \hat{d}_{jk}^{(i)})^2}{\sum_{j,k}(d_{jk}^{(i)} - \bar{d}^{(i)})^2} \right]}$$

ここで, $\hat{d}_{jk}^{(i)}$ は式(8)における $\hat{d}_{jk}$ を個人 i ごとに求めたものである。

布置 x_j および重み w_i は，INDSCAL では NILES (Nonlinear Iterative LEast Squares) と呼ばれている交互最小2乗法によって求められている（Carroll & Wish, 1974, p. 87）。得られた解は，対象の布置

$$X = \begin{pmatrix} x_1 \\ \vdots \\ x_N \end{pmatrix}$$

と重み

$$W = \begin{pmatrix} w_1 \\ \vdots \\ w_M \end{pmatrix}$$

にまとめられる。ここで, N と M は対象の数と個人の人数である。X はグループ対象空間 (group stimulus space) で個人のグループ全体にわたる対象の共通空間である。W は個人空間（subject space）で,個人の各次元に対する重みを表すものである。

図 2-3-5 と図 2-3-6 にグループ対象空間 X と個人空間 W の例を示す。図 2-3-5 では，九つの対象が格子点上に配置されている。図 2-3-6 では，2人の個人の重みが表されていて，個人 1 では次元 1 の重みが大きく，個人 2 では次元 2 の重みが大きいことが表されている。

距離（式(10)）は

$$d^{(i)} = \sqrt{\sum_{s=1}^{q} \left(\sqrt{w_{is}}\, x_{js} - \sqrt{w_{is}}\, x_{ks} \right)^2}$$

と書けるので, 個人 i における対象 j の座標は

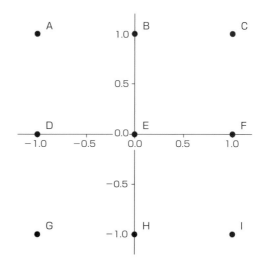

図 2-3-5 グループ対象空間（横軸：次元 1）

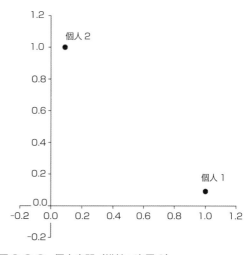

図 2-3-6 個人空間（横軸：次元 1）

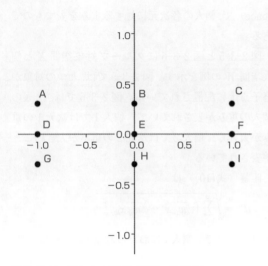

図 2-3-7　個人 1 の空間（横軸：次元 1）

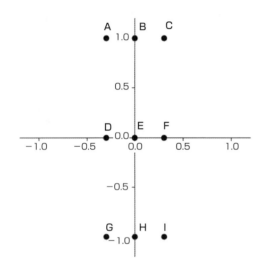

図 2-3-8　個人 2 の空間（横軸：次元 1）

$$\boldsymbol{x}_j^{(i)} = (\sqrt{w_{i1}}\, x_{j1}, \cdots, \sqrt{w_{iq}}\, x_{jq})$$

で与えられることになる．図 2-3-5 のグループ対象空間および図 2-3-6 の個人空間に対して，この $\boldsymbol{x}_j^{(i)}$ を個人別に表すと図 2-3-7（個人 1）および図 2-3-8（個人 2）となる．

2・3・3　展開法

対象に対する好みなどは，理想的な対象に近いものほどよく好まれると考えられるが，このとき展開法（unfolding）と呼ばれている多次元尺度構成法による表現を試みることができる．いま，簡単な例として，紅茶に入れる砂糖の量の好みについて考える．

「砂糖なしの紅茶」「砂糖が少しの紅茶」「砂糖が普通の量の紅茶」「砂糖たっぷりの紅茶」の四つの甘さの紅茶があるとする．甘いほど好きという人は砂糖が多いほどその紅茶を好み，甘いものが嫌な人は砂糖が少ないほど好むということになる．ほどほどの甘さを好む人は紅茶に入れる砂糖も普通の量を選ぶ．この紅茶の砂糖の量に対する好みは，図 2-3-9 のように表すことができる．砂糖の量を直線上に表し，好みを 3 人の人 A, B, C の直線上の位置で表している．甘いものが嫌いな人 A は図 2-3-9 の直線で左端「砂糖なし」の側に置かれ，A と各砂糖の量の紅茶との距離で A の好みが表されている．A に近い砂糖の量の紅茶ほど A はよく好み，A から離れているほどその砂糖の量の紅茶を A は好まないことが表されている．C は A と逆で，紅茶は甘いほど好きということが表されている．B は，やや甘いのが好きというタイプである．B と各砂糖の量の紅茶との距離（近さ）が B の好みの度合いを表しているので，B の好みの順序は，

「砂糖少し」＞「砂糖普通」＞「砂糖なし」＞「砂糖たっぷり」

となっている．記号＞で好みの強弱を表している．この B の好みは，図 2-3-10 では B の右側に B からの距離で表されている．図 2-3-10 は，図 2-3-9 の両側に延びた直線を B のところで折り曲げたものである．この折り曲げられた図 2-3-10 における B の右側に並んでいる順番が B の紅茶の砂糖の量に対する好みの順番であり，B の好みのデータはこの折り曲げられた半直線上の好みの順番として与え

図 2-3-9　対象○（紅茶の砂糖の量）と個人の理想点◇（A，B，C）

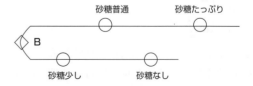

図 2-3-10　図 2-3-9 の直線を理想点 B で折り曲げたもの

られる。この好みの順序関係を表す図2-3-10から，砂糖の量の順序関係を表す図2-3-9を構成することになるが，これは図2-3-10の折り曲げられた（foldされた）直線をBのところで開いて（unfoldして）図2-3-9の両側に延びた直線を構成することであり，展開法と呼ばれている（Coombs, 1950；Borg & Groenen, 2005）。それぞれの個人が最も好む砂糖の量を表す点A, B, Cは理想点（ideal point）と呼ばれている。展開法では，各個人の対象に対する好みの度合いのデータから，対象の布置とその布置における各個人の好みを表す理想点が求められる。

いま，q次元空間で考える。個人iの対象jへの好みの強さをπ_{ij}で表す。個人iの理想点の座標を

$$x_i = (x_{i1}, \cdots, x_{iq})$$

対象jの座標を

$$y_j = (y_{j1}, \cdots, y_{jq})$$

とおき，個人iと対象jの距離d_{ij}を次式

$$d_{ij} = \sqrt{\sum_{s=1}^{q}(x_{is} - y_{js})^2} \tag{11}$$

で与える。ユークリッド距離以外でもよいが，ここでは式(11)で与えられるユークリッド距離としておく。このとき，好みの強さπ_{ij}と，距離d_{ij}から算出される$\hat{d}_{ij}$の間に

$$\pi_{ij} > \pi_{hk} \quad \text{ならば} \quad \hat{d}_{ij} \leq \hat{d}_{hk} \tag{12}$$

の単調関係が成り立つように$\hat{d}_{ij}$をとり，この$\hat{d}_{ij}$とd_{ij}の差が小さくなるように布置x_iとy_jを求める。式(12)は，個人iと個人hが共通の距離空間に置かれ，個人iの座標（理想点）x_iに対象jの座標y_jが近いほどよく好まれることを表す。

多次元展開法として2次元空間におけるモデルを考える。例として，紅茶の砂糖の量に温度の要因を加えた図2-3-11のモデルについて説明する。横軸が砂糖の量を表し，縦軸が紅茶の温度を表している。理想点としてA, B, C, Dの4人の好みが示されている。2次元（多次元）展開法の場合も，理想点に近い対象ほど好まれる（図2-3-11）。個人Aは，甘くて熱い紅茶を好み，砂糖なしの冷たい紅茶（ストレートのアイスティー）は嫌だというタイプである。Aと正反対なのが理想点Cで表されるタイプである。ストレートのアイスティーを最も好み，甘くて熱い

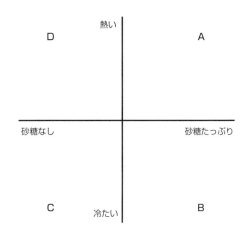

図2-3-11　展開法の2次元モデル例
　　点A, B, C, Dは理想点を表す。

のは嫌いというタイプである。理想点Bで表されるタイプは，甘くて冷たい紅茶を最も好み，ストレートの熱い紅茶は好まないというタイプである。理想点DはBと逆のタイプを表し，ストレートの熱い紅茶を好むが甘いアイスティーは嫌いという好みのパターンを表している。

2・3・4　確率モデル

多次元尺度構成法において布置を求める方法として，Stressなどの2乗和の最小化の他に，確率モデルを設定して求める方法もある。たとえば，距離d_{ij}が布置により与えられたとき，データとしての観測値δ_{ij}は，次式で与えられる対数正規分布に従うとするものがある（Schiffman et al., 1981）。

$$P(\delta_{ij}) = \frac{1}{\sqrt{2\pi}\sigma\delta_{ij}} \exp\left[-\frac{(\log \delta_{ij} - \log d_{ij})^2}{2\sigma^2}\right]$$

対数正規分布の特徴として次の三つが挙げられている（Schiffman et al., 1981, p. 392）。

(1) δ_{ij}が正の値に対してのみ定義される。

(2) δ_{ij}の散らばりは，d_{ij}が大きいほど広く散らばる。

(3) 分布は正の方向に歪んでいる。

確率モデルが設定されると，パラメータ値としての座標（布置）は最尤法あるいはベイズ分析法によって求めることができる。その場合，パラメータ（座標値）の信頼区間あるいは確信区間なども求め

2・3・5 セマンティックディファレンシャル

セマンティックディファレンシャル（Osgood, 1952）は簡単にSD法とも呼ばれるが，概念あるいは対象の心理学的意味の違いを調べる方法である。ここで，心理学的意味とは，Osgood（1952, p. 227）は操作的定義としてSD法で測られるものと説明しているが，これは評定用の形容詞対で測定される感覚印象である。測定対象は，色彩，図形，音楽，絵画，商品，人物など多様なものにわたる（井上・小林，1985）。これらの対象に対して，反対語の対で構成される形容詞対による評定が行われる。形容詞対による評定は，図2-3-12に示すように，通常7件法によって行われる（Osgood, 1952, p. 228；大山, 2010, p.15）。図2-3-12では，形容詞対「かたい－やわらかい」に対して「かなりやわらかい」が，「陽気な－陰気な」に対して「やや陽気な」が選ばれていることが示されている。SD法では多数の形容詞対を用いてそれぞれの対象（概念）に対する評定判断が行われる。評定判断データはしばしば因子分析されて因子が抽出され，抽出された因子によって形容詞対はグループ分けされる。一般論として，順序カテゴリ変数に対して因子分析のような分析を行うときは，カテゴリ数は5以上がよいとされている（狩野・三浦，2002, p. 153）。評定判断を順序カテゴリではなく，線分上の位置によって行う方法（Visual Analogue Scale：VAS）もある。図2-3-12の例でいえば，「かたい」から「やわらかい」までの線分上において，評定対象の「かたさ／やわらかさ」の印象に合う位置に印を付けるという方法である。評定値は，0から線分の長さまでの間の連続値からの値となる。因子分析を行うときは，データ値は標準化されるので，具体的な線分の長さの影響はない。評定用紙での評定のときは，カテゴリ評定と比べてVASはデータ入力において定規で位置を読み取らねばならないという煩わしさがあるが，コンピュータあるいはタブレットなどによって評定データを収集するときは，評定者の評定時にプログラムで自動的に線分上の位置を読み取ることができるのでVASを用いてもデータ入力時の煩わしさはない。

評定用形容詞対は，それらの形容詞対によって対象の印象が測定されるので，印象を構成していると想定（予想）される因子に関わるものを用意する必要がある。そのためには先行研究が参考になるが，それ以外に新たなものを加えて評定をより豊かな確かなものにする，あるいは先行研究では見いだせなかった因子を発見することも考えられる。新たに形容詞対を加えるときは，多義的な形容詞，適当な反対語のないものは避けて，誰にでも共通して理解できる感覚的，直感的なものを採用するようにする（大山，2005, p. 68）。

形容詞対の分析は因子分析によって行われる際は，その基礎となる相関係数が因子構造をよく反映するように注意しなければならない。形容詞対に対する評定値の分布が狭い範囲のカテゴリに集中する（たとえば，いずれかの形容詞のほうに評定が偏る，あるいは中央の少数のカテゴリに評定が集中する）ものは，相関係数は因子の影響をよく反映しないおそれがある。因子分析を行う前に，形容詞対ごとに評定値の分布を調べておく必要がある。また，評定対象を用意するとき，因子を抽出するためにその因子に対応する形容詞対において評定対象の印象が十分に散らばっているように注意しなければならない。また，評定方向のバイアスを避けるために，同じ因子に対応していると予想される形容詞対は，対の形容詞のどちらを左に置くかをランダムに決めるなどして，たとえば左側に特定の印象の評定形容詞が並ばないように注意する。

評定者の人数 N は，因子分析における次の基準が参考になる。評定形容詞対の数を M 対，評定対象の数を P 個とすると，因子分析の対象となるデータは，形容詞対の M 変数に対して，ケース数は P 個の

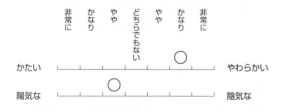

図2-3-12 SD法用評定形容詞対
評定用紙には複数の評定形容詞対が並べられる。

対象について N 人分のデータがあるので $N \times P$ 個のケース数となる。このとき，M および $N \times P$ は，因子分析における変数の数およびサンプル数に関する以下の三つの基準のいずれかを満たすように選べばよい（Thompson, 2004, p. 24）。

(1) サンプル数にかかわらず各因子は構造係数の絶対値が 0.6 以上の 4 個以上の変数によって与えられる。

(2) サンプル数が 150 以上であれば，各因子は構造係数の絶対値が 0.4 ぐらいの 10 個以上の変数によって与えられる。

(3) サンプル数が 300 以上である。

　SD 法における因子は，一般的には価値 E (evaluation)，活動性 A (activity)，力量性 P (potency) の 3 因子が見いだされるが，色・形などを対象とすると力量性が軽明性 L (lightness) と鋭さ S (sharpness) に分かれることもあるとされている（大山, 2010, p. 15）。これらの 4 因子にわたる評定形容詞対として，次の 11 対が多くの感覚領域で共通して有用であるとされている（大山, 2010, p. 15）。

価値 E：

　　良い－悪い，好きな－嫌いな，美しい－汚い

活動性 A：

　　騒がしい－静かな，動的－静的，派手な－地味な

軽明性 L：

　　軽い－重い，明るい－暗い，陽気な－陰気な

鋭さ S：

　　鋭い－鈍い，緊張した－ゆるんだ

　形容詞対に関する評定データの因子分析により因子が確定すれば，因子ごとに形容詞対をまとめ，評定対象ごとの平均値を算出する。このとき，構造係数の符号から逆転項目と考えられるものはカテゴリ得点（評定点）を逆にする必要がある。算出された平均点で各対象のプロフィールを描くと，評定対象の心理学的意味（印象）の違いが視覚的に表される。平均ではなく，因子得点を用いることもできる。各因子に対応する平均値（あるいは因子得点）を座標軸にとって対象を多次元空間に表示することもできる。因子得点は，因子モデルにおける印象の推定値として理論的に他の要因による値が除去されたもの

であるが，因子分析の結果に依存して決まるため，同じ対象と形容詞対群において分析ごとに変動するという不安定性がある。平均値は，操作的に形容詞対に対する評定カテゴリから算出されるため，分析による不安定さはないが，印象の因子得点以外の要因の影響が含まれる。

　評定対象の形容詞対に関する評定により心理的印象の因子と得点が得られると，それらの得点を用いてさらに分析を進めることができる。SD 法における各因子と色の関係を回帰分析により調べたものとしては，配色効果（大山, 2001），単色の感情効果（大山・宮田, 2017）を扱ったものがある。

（岡本 安晴）

2・4　信号検出理論

　信号検出理論（signal detection theory：SDT）は，バックグラウンドのノイズのなかで呈示された弱い刺激の検出の問題を扱うために提案されたが（Macmillan & Creelman, 2005, p. xiii），信号検出理論のモデルは 2 種類の刺激（たとえば，前のセッションで呈示された多数の写真と呈示されなかった多数の写真）の弁別の問題にも適用される（Macmillan & Creelman, 2005, p. 1；Wickens, 2001, pp. 3-6）。本節では，信号検出理論の説明において検出の場合を想定するが，この説明は弁別など他の同じ構造の実験に対しても適用されることに注意されたい。2 種類の区別が容易ではない刺激の弁別，たとえば，前のセッションで呈示された写真と呈示されなかった写真の場合，呈示されなかった写真がノイズ刺激（noise stimulus）であり，呈示された刺激がシグナルを含む刺激（以下では簡便のためシグナル刺激（signal stimulus）と表記する）として扱われる。ここで，本節で扱われる実験デザインに関する用語についてまとめておきたい。

　検出実験や再認実験（たとえば，前のセッションで呈示された写真であると再認）のように，反応の選択肢が Yes（「シグナルを含む」「前のセッションで呈示された」など）と No（「ノイズのみ」「前のセッションで呈示されなかった」など）のように与えられており，観察者は呈示された刺激に対して

第Ⅰ部　総論

与えられた反応の選択肢から一つを選んで答える実験法で，統一的に記述する形式として，強制選択（forced-choice）法としてまとめることが提案されている（Kingdom & Prins, 2016, pp. 25-27）。強制選択法の分類に関して次の3点が挙げられる。

N：各1試行において呈示される刺激の数。

m：観察者の反応選択肢の数。

M：各1試行において呈示される刺激選択肢の数。

強制選択法は，上記の3点のうち刺激選択肢数 M を付けて M 選択肢強制選択（M alternative forced-choice：M-AFC）と呼ばれる（Kingdom & Prins, 2016, p. 26, 41, 151）。反応の選択肢に対する確信度評定（「確かに」「たぶん」等）が求められる場合がある（Swets, 1996, p. 38）が，これは3件法（たとえば，「確かにシグナル」「わからない」「確かにノイズ」），4件法（たとえば，「確かにシグナル」「たぶんシグナル」「たぶんノイズ」「確かにノイズ」）など，評定判断カテゴリ数が K であれば K 件法と呼ばれる。

信号検出理論の基本モデルの説明のために，まず1AFC において考えるが，この種の実験には以下の三つの特徴がある（Wickens, 2001, pp. 5-6）。

(1)観察者の反応は明確に定義された Yes-No の判断である。

(2)観察者は弱いシグナルの検出が求められる。

(3)シグナルの検出を妨害するもの（ノイズ，前のセッションで呈示された写真によく似た写真，等）が存在する。

このとき，各試行において呈示される刺激は「ノイズのみの刺激（Noise と表記）」か「ノイズにシグナルが含まれている刺激（Signal と表記）」のいずれか一つであり（$N=1$），当然 $M=1$ となるので1AFC と分類される。観察者の反応は Yes（シグナルを含む）と No（シグナルを含まない）の二つで $m=2$ である（Kingdom & Prins, 2016, p. 151）。したがって，呈示刺激と反応の組み合わせは表 2-4-1 のように分類される（Macmillan, 2002；村上，2011）。呈示刺激が「ノイズのみ」（Noise と表記）のとき，観察者の反応が「ノイズのみ」（No と表記）の場合を正棄却（correct rejection：CR），「シグナルを含

む」（Yes と表記）の場合を誤警報（false alarm：FA）と呼ぶ。呈示刺激が「シグナルを含む」（Signal と表記）のとき，反応が「No」の場合をミス（Miss），「Yes」の場合をヒット（Hit）と呼ぶ。

この 1AFC に対して信号検出理論の代表的なモデルであるガウス型モデル（Gaussian model）をまず取り上げる。

2・4・1　ガウス型モデル

ガウス型モデルでは，呈示刺激によって引き起こされる感覚はガウス分布（正規分布）に従い，観察者が設定した基準値より感覚が強いとき Yes の判断が行われ，弱いとき No の判断が行われるとする。ノイズ刺激によって引き起こされる感覚を X_N，シグナル刺激によって引き起こされる感覚を X_S で表すとき，それぞれ次の正規分布に従うとする（図2-4-1）。

$$X_N \sim N(\mu_N, \sigma_N^2), \quad X_S \sim N(\mu_S, \sigma_S^2)$$

判断の基準値（criterion）を C とおくとき，表2-4-1 の各反応の確率は次式で与えられる。

$$P(FA) = P(X_N > C)$$
$$= 1 - \Phi\left(\frac{C - \mu_N}{\sigma_N}\right) = \Phi\left(\frac{\mu_N - C}{\sigma_N}\right) \quad (1)$$

$$P(CR) = P(X_N < C) = 1 - P(FA)$$
$$= \Phi\left(\frac{C - \mu_N}{\sigma_N}\right) \quad (2)$$

$$P(Hit) = P(X_S > C)$$
$$= 1 - \Phi\left(\frac{C - \mu_S}{\sigma_S}\right) = \Phi\left(\frac{\mu_S - C}{\sigma_S}\right) \quad (3)$$

$$P(Miss) = P(X_S > C) = 1 - P(Hit)$$
$$= \Phi\left(\frac{C - \mu_S}{\sigma_S}\right) \quad (4)$$

ここで，Φ は累積標準正規分布関数である。また，連続変量の確率変数 X については

$$P(X < C) = P(X \le C), \quad P(X > C) = P(X \ge C)$$

であり，不等号に等号が付いても付かなくても値は変わらないことに注意。

式(1)～(4)における Φ の引数をみると，分子が差であり，その差と標準偏差との比の形で与えられているので，感覚 X_N および X_S の値の連続体は原点と単位が任意にとれることがわかる。そこで，原点を

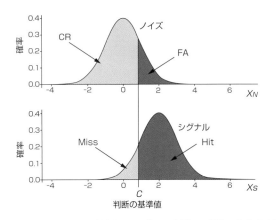

図 2-4-1 ノイズ刺激とシグナル刺激の感覚の分布と判断

ノイズ刺激の感覚 X_N の平均 μ_N，単位を X_N の標準偏差 σ_N であるようにとる．すなわち，

$$\mu_N=0, \quad \sigma_N=1$$

とする．

モデル（式(1)〜(4)）において，ノイズ刺激の感覚 X_N の平均 μ_N とシグナル刺激の感覚 X_S の平均 μ_S の差

$$\Delta m = \mu_S - \mu_N$$

は，ノイズ刺激とシグナル刺激の感覚の強さの差を表すもので検出力（sensitivity）と呼ぶ．原点が $\mu_N=0$ となるように設定されているので

$$\Delta m = \mu_S$$

である．特にシグナル刺激の感覚 X_S の分散がノイズ刺激の感覚 X_N の分散 $\sigma_N=1$ に等しいとき（等分散ガウス型モデル：equal-variance Gaussian model），Δm は d' で表される．

$$d'=\mu_S \quad (\text{ただし，} \sigma_S=\sigma_N=1 \text{のとき})$$

判断の基準値 C がノイズ刺激の感覚の平均 μ_N とシグナル刺激の感覚の平均 μ_S の中点に設定された場合について考える．ノイズ刺激とシグナル刺激の呈示確率が等しく，等分散ガウス型モデルが成り立つとき，すなわち

$$C=\frac{\mu_N+\mu_S}{2}$$
$$P(Signal)=P(Noise)=\frac{1}{2}$$
$$\sigma_S=\sigma_N=1$$

のとき，

$$P(Yes)=P(Signal)P(Hit)+P(Noise)P(FA)$$
$$=\frac{1}{2}\left(P(Hit)+P(FA)\right)=\frac{1}{2}$$
$$P(No)=1-P(Yes)=\frac{1}{2}=P(Yes)$$

が成り立つ．すなわち，判断の基準値 $C=(\mu_N+\mu_S)/2$ は，Yes 反応および No 反応いずれへの偏りのない基準値と考えられる．基準値を，この μ_N と μ_S の中点からの偏り・バイアス（bias）として表したものを C_{center} とおく．

$$C_{center}=C-\frac{\mu_N+\mu_S}{2}=C-\frac{d'}{2}$$

である．

呈示刺激に対する反応（判断）の効用（value）を表 2-4-1 に対応して表 2-4-2 のように表す．CR あるいは Hit の場合は効用は正の値であるが，FA あるいは Miss の効用は負の値である．ノイズ刺激およびシグナル刺激の呈示確率を $P(Noise)$ および $P(Signal)$ で表すとき，期待効用は判断の基準値 C の関数として次式で表される（Green & Swets, 1988, p. 22）．

$$U(C)=P(Noise)P(CR)V(CR)$$
$$+P(Noise)P(FA)V(FA)$$
$$+P(Signal)P(Miss)V(Miss)$$
$$+P(Signal)P(Hit)V(Hit)$$

ノイズ刺激とシグナル刺激の呈示される確率が等

表 2-4-1 信号検出理論における呈示刺激と反応の組み合わせ

		反応	
		ノイズのみ No	シグナルを含む Yes
呈示刺激	ノイズのみ Noise	正棄却 correct rejection	誤警報 false alarm
	シグナルを含む Signal	ミス miss	ヒット hit

表 2-4-2 呈示刺激に対する反応（判断）の効用

		反応	
		ノイズのみ No	シグナルを含む Yes
呈示刺激	ノイズのみ Noise	$V(CR)$	$V(FA)$
	シグナルを含む Signal	$V(Miss)$	$V(Hit)$

第 I 部　総論

しく 1/2 であり，効用が表 2-4-3 で与えられている場合について考える。表 2-4-3 における効用は，絶対値がすべて同じ場合を代表して表すものである。このとき，

$$U(C) = \frac{1}{2}\left\{P(CR) - P(FA) - P(Miss) + P(Hit)\right\}$$

となる。

一般に，等分散ガウス型モデルのもとでは次式が成り立つ。

$$P(CR) = \Phi(C) \tag{5}$$
$$P(FA) = 1 - \Phi(C) \tag{6}$$
$$P(Miss) = \Phi(C - d') \tag{7}$$
$$P(Hit) = 1 - \Phi(C - d') \tag{8}$$

したがって，

$$U(C) = \Phi(C) - \Phi(C - d')$$

を得る。

効用を最大にする基準値 C は次式を満たす。

$$\frac{d}{dC}U(C) = \phi(C) - \phi(C - d') = 0$$

これより，効用を最大にする基準値 C は

$$C = \frac{d'}{2} \tag{9}$$

であることがわかる。

与えられた状況において最適な行動をする仮想的な観察者を理想的観察者（ideal observer）と呼ぶが（Wickens, 2001, p. 32），式(9)で与えられる基準値は，式(9)が導かれた条件における理想的観察者のとる基準値である。

検出力 d' によって閾値が定義される場合，

$$d' = 1$$

に対応する刺激値がしばしば用いられる（Klein, 2001, p. 1430；Macmillan, 2002, p. 60；Macmillan & Creelman, 2005, p. 119）。このとき，判断の基準値

$$C = \frac{d'}{2}$$

に対する Yes 反応の確率は

$$P(Hit) = \Phi\left(\frac{d'}{2}\right) = \Phi(0.5) \approx 0.69$$
$$P(FA) = \Phi\left(-\frac{d'}{2}\right) = \Phi(-0.5) \approx 0.31$$

である。

検出力 $d' = 1$ に対応する物理刺激値に関しては，複数の d' と物理刺激値 x の組み合わせが与えられたとき，補間によって $d' = 1$ に対応する物理刺激値を推定することができる。検出力 d' と物理刺激値 x の関係式として次式が提案されている（Kingdom & Prins, 2016, p. 168）。

$$d' = (gx)^\tau \tag{10}$$

パラメータ g と τ の値を複数の d' と x の組み合わせのデータから推定すれば，式(10)より方程式

$$1 = d' = (gx)^\tau$$

の解として $d' = 1$ に対応する刺激値 $x_{d'=1}$ を求めることができる。

式(10)の両辺の対数をとると

$$\log d' = \tau \log g + \tau \log x \tag{11}$$

となる。対数値 $\log d'$ が対数値 $\log x$ の 1 次関数なので，点 $(\log x, \log d')$ のプロットに対する直線の当てはめにより直線（式(11)）を求め，その直線と横軸との交点の横軸座標値として $d' = 1$ に対応する刺激値 $\log x \ (d' = 1)$ すなわち閾値 $x_{d'=1}$ が得られる。

$$\log d' = \log 1 = 0$$

より

$$x_{d'=1} = g^{-1}$$

である。

ベイズ分析により求める場合は，たとえば，データから d' と x の組み合わせに対する事後分布からのサンプルを求め，その事後分布のサンプルに対応して式(10) のパラメータ g と τ の分布のサンプルを求めて式(11) より $x_{d'=1}$ の分布のサンプルを求めることができる。

判断の基準値が次式

$$C_\Phi = -\frac{1}{2}\left[\Phi^{-1}\left(P(Hit)\right) + \Phi^{-1}\left(P(FA)\right)\right]$$

で与えられる場合がある（Macmillan & Creelman, 2005, p. 29）。上式の右辺を展開すると

表 2-4-3　呈示刺激に対する反応の効用の例

		反応	
		ノイズのみ No	シグナルを含む Yes
呈示刺激	ノイズのみ Noise	+1	−1
	シグナルを含む Signal	−1	+1

$$C_\Phi = -\frac{1}{2}\left[\frac{\mu_S - C}{\sigma_S} + (-C)\right]$$

$$= \frac{1}{2}\left(1 + \frac{1}{\sigma_S}\right)C - \frac{1}{2} \cdot \frac{\mu_S}{\sigma_S}$$

となる。等分散モデル $\sigma_S = 1$ のとき

$$C_\Phi = C - \frac{1}{2}d'$$

となり,

$C_\Phi = C_{center}$ (ただし, $\sigma_S = 1$)

を得る。

検出力が次式

$$d'_\Phi = \Phi^{-1}(P(Hit)) - \Phi^{-1}(P(FA))$$

で与えられる場合がある (Macmillan & Creelman, 2005, p. 8)。上式を展開すると

$$d'_\Phi = \frac{\mu_S - C}{\sigma_S} - (-C) = \frac{d'}{\sigma_S} + C\left(1 - \frac{1}{\sigma_S}\right)$$

となる。等分散モデル $\sigma_S = 1$ のとき

$d'_\Phi = d'$

となるが, 不等分散ガウス型モデル (unequal-variance Gaussian model: Wickens, 2001, p. 48) のときは d'_Φ は判断の基準値 C を含む値である。

検出力 d' (等分散ガウス型モデル) あるいは Δm (不等分散ガウス型モデル) が一定のもとで判断の基準値 C を $-\infty$ から $+\infty$ まで動かすと, 点 $(P(FA), P(Hit))$ は点 $(1, 1)$ から点 $(0, 0)$ までの軌跡を描く (isosensitivity curve: Macmillan & Creelman, 2005, p. 9)。この軌跡は ROC (receiver operating characteristic) 曲線と呼ばれている。等分散モデルにおいて, 検出力 d' が 0.5, 1.0, 2.0 の場合の ROC 曲線を図 2-4-2 に示す。検出力 d' が大きくなると ROC 曲線は点 $(0, 0)$ と点 $(1, 1)$ を結ぶ対角線から離れ, 点 $(0, 1)$ に近づくことがわかる。

等分散モデルにおいては ROC 曲線は直線 $X + Y = 1$ に関して対称であるが, これは以下のように示すことができる (図 2-4-3)。

基準値が $C_0 = d'/2$ であるときの $P(FA)$ と $P(Hit)$ の値を F_0 と H_0 で表す。このとき,

$$F_0 = 1 - \Phi(C_0) = \Phi\left(-\frac{d'}{2}\right)$$

$$H_0 = 1 - \Phi(C_0 - d') = \Phi\left(\frac{d'}{2}\right)$$

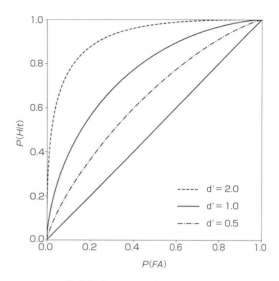

図 2-4-2 等分散ガウス型モデルの ROC 曲線
検出力 $d' = 2.0, 1, 0.5$。

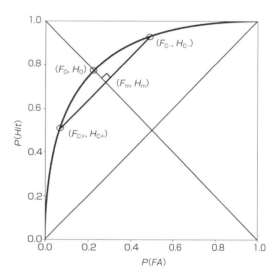

図 2-4-3 等分散ガウス型モデルにおける ROC 曲線の対称性

である。したがって

$$F_0 + H_0 = \Phi\left(-\frac{d'}{2}\right) + \Phi\left(\frac{d'}{2}\right) = 1$$

が成り立ち, 点 (F_0, H_0) が対角線 $X + Y = 1$ の上にあることがわかる。

判断の基準値を $C_0 = d'/2$ から ΔC 大きくしたときの $P(FA)$ と $P(Hit)$ の値を F_{C+} と H_{C+} で表す。このとき, F_0 と F_{C+} の差 ΔF, および H_0 と H_{C+} の差 ΔH は

$$\Delta F = F_0 - F_{C_+}$$
$$= \Phi\left(\frac{d'}{2} + \Delta C\right) - \Phi\left(\frac{d'}{2}\right) \quad (12)$$
$$\Delta H = H_0 - H_{C_+}$$
$$= \Phi\left(-\frac{d'}{2} + \Delta C\right) - \Phi\left(-\frac{d'}{2}\right) \quad (13)$$

となる。

判断の基準値を $C_0 = d'/2$ から ΔC 小さくしたときの $P(FA)$ と $P(Hit)$ の値を F_{C_-} と H_{C_-} で表せば,

$$F_{C_-} = F_0 + \left\{\Phi\left(\frac{d'}{2}\right) - \Phi\left(\frac{d'}{2} - \Delta C\right)\right\}$$
$$= F_0 + \left\{\Phi\left(-\frac{d'}{2} + \Delta C\right) - \Phi\left(-\frac{d'}{2}\right)\right\}$$
$$= F_0 + \Delta H \quad (14)$$
$$H_{C_-} = H_0 + \left\{\Phi\left(-\frac{d'}{2}\right) - \Phi\left(-\frac{d'}{2} - \Delta C\right)\right\}$$
$$= H_0 + \left\{\Phi\left(\frac{d'}{2} + \Delta C\right) - \Phi\left(\frac{d'}{2}\right)\right\}$$
$$= H_0 + \Delta F \quad (15)$$

である。

点 (F_{C_+}, H_{C_+}) と点 (F_{C_-}, H_{C_-}) の中点を (F_m, H_m) とおくと式(12)〜(15)より

$$F_m = \frac{F_{C_+} + F_{C_-}}{2} = \frac{2F_0 - \Delta F + \Delta H}{2}$$
$$H_m = \frac{H_{C_+} + H_{C_-}}{2} = \frac{2H_0 - \Delta H + \Delta F}{2}$$

となる。したがって,

$$F_m + H_m = \frac{2F_0 - \Delta F + \Delta H}{2} + \frac{2H_0 - \Delta H + \Delta F}{2} = 1$$

が成り立ち, 中点 (F_m, H_m) が対角線 $X + Y = 1$ 上にあることがわかる。

点 (F_{C_+}, H_{C_+}) と点 (F_{C_-}, H_{C_-}) を結ぶ線分の傾きを求める。

$$\frac{H_{C_-} - H_{C_+}}{F_{C_-} - F_{C_+}} = \frac{(H_0 + \Delta F) - (H_0 - \Delta H)}{(F_0 + \Delta H) - (F_0 - \Delta F)} = 1$$

となり, 対角線 $X + Y = 1$ と直交していることがわかる。

点 (F_{C_+}, H_{C_+}) と点 (F_{C_-}, H_{C_-}) の中点が対角線 $X + Y = 1$ 上にあり, 2点を結ぶ線分が対角線 $X + Y = 1$ と直交していることより, 点 (F_{C_+}, H_{C_+}) と点 (F_{C_-}, H_{C_-}) は対角線 $X + Y = 1$ に関して対称であ

ることがわかる。ΔC を 0 から $+\infty$ まで変化させることにより, ROC 曲線が対角線 $X + Y = 1$ に関して対称であることがわかる。

不等分散ガウス型モデルの場合は ROC 曲線の対角線 $X + Y = 1$ に関する対称性は成り立たない。検出力 $\Delta m = 1$ の場合の $\sigma_S = 0.5$, および $\sigma_S = 2$ に対する ROC 曲線を $\sigma_S = 1$ の場合とともに図2-4-4 に示す。

確率 P を次式

$$Z(P) = \Phi^{-1}(P) \quad (16)$$

により変換した値 $Z(P)$ は z 得点(z-score), z 座標(z coordinate), ガウス座標(Gaussian coordinate)などと呼ばれ(Kingdom & Prins, 2016, p. 171 ; Macmillan & Creelman, 2005, p. 8, 12, 56 ; 永井, 2011, p. 82 ; Wickens, 2001, p. 46), 変換(式(16))は z 変換(z transformation)あるいはガウス変換(Gaussian transformation)と呼ばれている(Macmillan & Creelman, 2005, p. 8 ; Wickens, 2001, p. 46)。このとき,

$$Z(FA) = \Phi^{-1}(P(FA))$$
$$Z(Hit) = \Phi^{-1}(P(Hit))$$

とおけば, 式(1)および式(3)より

$$Z(FA) = -C$$
$$Z(Hit) = \frac{\mu_S - C}{\sigma_S}$$

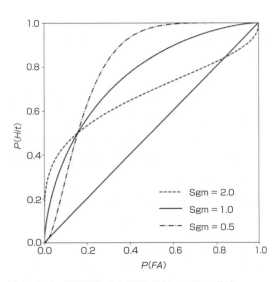

図2-4-4 不等分散ガウス型モデルの ROC 曲線
Sgm はシグナル刺激の標準偏差 σ_S を表す。

を得る（$\mu_N=0$，$\sigma_N=1$ に注意）。これより

$$Z(Hit) = \frac{\mu_S}{\sigma_S} + \frac{1}{\sigma_S} \cdot Z(FA)$$

$$= \frac{\Delta m}{\sigma_S} + \frac{1}{\sigma_S} \cdot Z(FA) \quad (17)$$

となる。z 得点座標において式(17)で表される ROC 曲線は直線になる。

等分散ガウス型モデル（$\sigma_S=1$）においては

$$Z(Hit) = d' + Z(FA)$$

となり，x 切片の値が $-d'$，y 切片の値が d' である（図 2-4-5）。原点と ROC 直線の距離 $\overline{OA}$（点 A は原点から直線への垂線の足）の $\sqrt{2}$ 倍が検出力 d' に等しい。すなわち

$$d' = \sqrt{2} \cdot \overline{OA}$$

である。検出力 d' が高いほど $\overline{OA}$ は大きい値となり，ROC 直線（式(17)）は原点から離れる。

不等分散ガウス型モデルの場合の検出力を ROC 直線（式(17)）と原点との距離に基づいて表すものがある（図 2-4-6）。原点から ROC 直線に下ろした垂線の足を A，直線 $Y=-X$ と ROC 直線との交点を B とおくとき，次式で検出力 d_a と d_e が与えられる。

$$d_a = \sqrt{2} \cdot \overline{OA} = \frac{\sqrt{2} \cdot \mu_S}{\sqrt{1+\sigma_S^2}} \quad (18)$$

$$d_e = \sqrt{2} \cdot \overline{OB} = \frac{2\mu_S}{1+\sigma_S}$$

等分散モデルのときは $\sigma_S=1$ であるので

$$d_a = d_e = d'$$

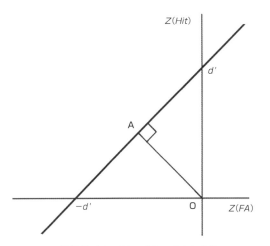

図 2-4-5　等分散ガウス型モデルの ROC 直線

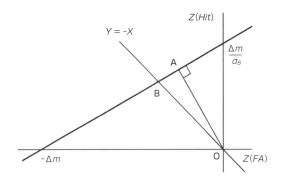

図 2-4-6　不等分散ガウス型モデルの ROC 直線

である。

実験データが表 2-4-4 のように与えられたとする。このとき，等分散ガウス型モデルに対する尤度関数は次式で与えられる。

$$L(データ \mid d', C) =$$
$$P(CR)^{N_{CR}} P(FA)^{N_{FA}} P(Miss)^{N_{Miss}} P(Hit)^{N_{Hit}}$$
$$(19)$$

ここで，確率 $P(CR)$，$P(FA)$，$P(Miss)$，$P(Hit)$ は式(5)～(8)で与えられるものである。

表 2-4-4 のデータは，ノイズ条件およびシグナル条件において，それぞれ総頻度 $N_{CR}+N_{FA}$ および $N_{Miss}+N_{Hit}$ における Yes 反応あるいは No 反応の比率データとしてみれば，独立なデータの個数は $1+1=2$ 個であり，尤度関数（式(19)）のパラメータの個数も d' と C の 2 個であるので，表 2-4-4 のデータからパラメータの値を求めることができる。

不等分散ガウス型モデルの尤度関数は

$$L(データ \mid \mu_S, C, \sigma_S) =$$
$$P(CR)^{N_{CR}} P(FA)^{N_{FA}} P(Miss)^{N_{Miss}} P(Hit)^{N_{Hit}}$$

で与えられる。ここで，確率 $P(CR)$，$P(FA)$，$P(Miss)$，$P(Hit)$ は式(1)～(4)で与えられるものである。表 2-4-4 のデータの自由度は等分散ガウス

表 2-4-4　呈示刺激に対する反応の頻度

		反応	
		ノイズのみ No	シグナルを含む Yes
呈示刺激	ノイズのみ Noise	N_{CR}	N_{FA}
	シグナルを含む Signal	N_{Miss}	N_{Hit}

型モデルの場合と同じ2であるが，パラメータの個数は μ_S, C, σ_S の3個となり，データの自由度より多い。すなわち，不等分散ガウス型モデルの場合は，表2-4-4のデータに対してはパラメータの値は不定となる。データの自由度を上げるためには，検出力が同じ条件下で判断の基準値が異なるデータを収集する必要がある。表2-4-2の呈示刺激と反応の組み合わせに対する効用を変える（たとえば，FAあるいはMissという誤反応に対するペナルティを変える，CRあるいはHitの正反応に対する報酬を変えるなど）ことによって判断の基準値Cを変化させてデータを収集するという方法がある。この場合，各効用の組み合わせに対して実験を行うということになるが，次に説明する評定法では1回の実験で複数の基準値に対するデータを得ることができる。

2・4・2 評定法

評定法を用いた1AFC実験では，YesあるいはNoの判断についての確信度の評定が求められる（Kingdom & Prins, 2016, pp. 158-160；Macmillan & Creelman, 2005, chap. 3；Wickens, 2001, chap. 5）。確信度の評定が，たとえば「そうである」「たぶんそうである」の2カテゴリのとき，Yes/No判断と確信度評定を組み合わせると，「Noである」「たぶんNoである」「たぶんYesである」「Yesである」の4カテゴリの評定となる。これらの判断カテゴリ「Noである」から「Yesである」までをカテゴリ1からカテゴリ4までの数値で表し，感覚の次元でのカテゴリ k とカテゴリ $k+1$ の境界値を C_k で表す。ノイズ刺激の感覚 X_N あるいはシグナル刺激の感覚 X_S がカテゴリ境界 C_{k-1} と C_k の間の値のとき，カテゴリ k の反応になる。すなわち，

$$C_{k-1} < X_N < C_k \quad \text{あるいは} \quad C_{k-1} < X_S < C_k$$

のとき，

観察者の判断 $= k$

である。ここで，

$$C_0 = -\infty, \quad C_4 = +\infty$$

とおく（図2-4-7）。

一般に，カテゴリ数が K のときは，図2-4-8のように表せる。ノイズ刺激あるいはシグナル刺激が呈示されたときの評定判断がカテゴリ k である確率をそれぞれ $P(k|Noise)$ あるいは $P(k|Signal)$ で表せば，

$$P(k|Noise) = \Phi(C_k) - \Phi(C_{k-1})$$

$$P(k|Signal) = \Phi\left(\frac{C_k - \mu_S}{\sigma_S}\right) - \Phi\left(\frac{C_{k-1} - \mu_S}{\sigma_S}\right)$$

である。ここで，

$$\Phi(-\infty) = 0, \quad \Phi(+\infty) = 1$$

とする。

K カテゴリによる評定データは，ノイズ刺激あるいはシグナル刺激に対する評定判断がカテゴリ k であった頻度をそれぞれ $N_{n,k}$ あるいは $N_{s,k}$ で表すと表

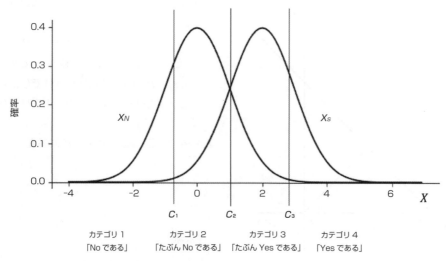

図2-4-7 評定法（4カテゴリの場合）の信号検出理論

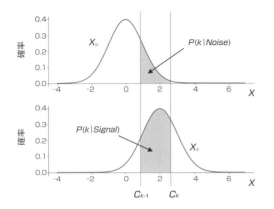

図 2-4-8 評定法（Kカテゴリの場合）の信号検出理論

2-4-5 のようにまとめられる。このとき，尤度関数は

$$L(データ|\mu_S, \sigma_S, C_1, \cdots, C_{K-1}) = \left\{\prod_{k=1}^{k} P(k|Noise)^{N_{n,k}}\right\}\left\{\prod_{k=1}^{k} P(k|Signal)^{N_{s,k}}\right\}$$

(20)

で与えられる。

尤度関数（式(20)）のパラメータの自由度 df_M は

$$df_M = 1 + 1 + (K-1) = K+1$$

である。表 2-4-5 のデータをノイズ刺激およびシグナル刺激に対する各カテゴリの比率と考えれば，その自由度 df_D は，

$$df_D = (K-1) \times 2$$

である。データに対してパラメータの値が求められるためには，データの自由度はパラメータの自由度以上でなければならないので，次式

$$df_M \leq df_D$$

すなわち

$$K+1 \leq (K-1) \times 2$$

が満たされなければならない。これより，

$$K \geq 3$$

となる。すなわち，評定判断のカテゴリ数 K は 3 以上であればよい。カテゴリ数が 3 の場合の評定判断

表 2-4-5 呈示刺激に対する判断評定カテゴリの頻度

	判断評定カテゴリ					
	カテゴリ1	⋯	カテゴリ k	⋯	カテゴリ K	計
Noise 刺激	$N_{n,1}$	⋯	$N_{n,k}$	⋯	$N_{n,K}$	N_n
Signal 刺激	$N_{s,1}$	⋯	$N_{s,k}$	⋯	$N_{s,K}$	N_s

の例として，「No である」「わからない」「Yes である」が考えられる。

評定判断における ROC 曲線上の各評定判断基準値 C_k に対応する点 $(P(FA), P(Hit))$ は，評定判断基準値 C_k に関してノイズ刺激およびシグナル刺激の感覚の確率分布関数を 2 分することによって得られる。評定判断カテゴリ 1 からカテゴリ k までを「No」，カテゴリ k+1 以上を「Yes」と見なし，この場合の FA を $FA_{(k)}$，Hit を $Hit_{(k)}$ で表すと

$$P(FA_{(k)}) = 1 - \Phi(C_k)$$

$$P(Hit_{(k)}) = 1 - \Phi\left(\frac{C_k - \mu_S}{\sigma_S}\right)$$

となる。図 2-4-9 に $\mu_S = 1, \sigma_S = 2, C_1 = 0, C_2 = 1, C_3 = 2$ の場合の ROC 曲線と点 $(P(FA_{(k)}), P(Hit_{(k)}))$ を示す。

データに対して評定判断の基準点に対応する ROC 曲線の点を算出するときは，$P(FA_{(k)})$ と $P(Hit_{(k)})$ に対応して，カテゴリ 1 からカテゴリ k までの頻度をまとめたものを「No」判断の頻度，カテゴリ k+1 以上のものを「Yes」判断として計算すればよい。このとき，CR の頻度が $\sum_{h \leq k} N_{n,h}$，FA の頻度が $\sum_{h > k} N_{n,h}$，Miss の頻度が $\sum_{h \leq k} N_{s,h}$，Hit の頻度が $\sum_{h > k} N_{s,h}$ となる。これらのまとめられた頻度によって FA と Hit の比率 $F_{(k)}$ と $H_{(k)}$ を次式で求める。

$$F_{(k)} = \left(\sum_{h \leq k} N_{n,h}\right)/N_n, \quad H_{(k)} = \left(\sum_{h \leq k} N_{s,h}\right)/N_s$$

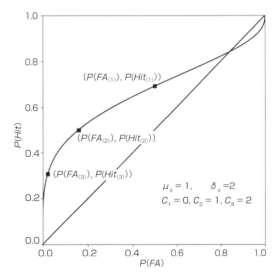

図 2-4-9 評定法（4 カテゴリの場合）の ROC 曲線

第Ⅰ部　総論

ここで,

$$N_n = \sum_{h=1}^{K} N_{n,h}, \quad N_s = \sum_{h=1}^{K} N_{s,h}$$

である。

データから求めた ROC 曲線上の点は,k の値を 1 から $K-1$ まで動かして点 $(F_{(k)}, H_{(k)})$ をプロットすればよい。

2・4・3　2AFC課題

Yes/No 課題では,各試行において一つの刺激が呈示され,シグナルを含む（Yes）か,含まない（No）かの判断が求められた（1AFC 課題）。各試行において複数（M 個）の刺激が呈示され,シグナルを含む刺激はどれかの判断が求められる M-AFC 課題について考える。信号検出実験が M-AFC 課題として行われる場合,各試行において M 個の刺激が呈示され（N = M）,そのうちの一つがシグナル刺激であって,M 個の刺激から一つをシグナル刺激として選択する（m = M）（Kingdom & Prins, 2016, p. 153）。M = 2（2AFC 課題）の場合について考える。M>2 の場合も基本的考え方は同様であるが式が複雑になる（たとえば,Wickens, 2001, pp. 106-108）。

2AFC 課題の場合,ノイズ刺激 S_N とシグナル刺激 S_S が各試行において呈示されるが,空間的位置を変えて（右と左,あるいは上と下など）同時に呈示される場合,あるいは呈示の時間順序を変えて（第 1 インタバルと第 2 インタバル）呈示される場合がある。統計モデルを考えるときは,空間順序あるいは時間順序における二つの刺激呈示法をともに $<S_N, S_S>$ あるいは $<S_S, S_N>$ で表してよい。$<S_N, S_S>$ は,刺激が空間位置で呈示されているときは,たとえば,左側にノイズ刺激,右側にシグナル刺激が呈示されることを表し,時間順序のときは第 1 インタバルでノイズ刺激が呈示され,第 2 インタバルでシグナル刺激が呈示されることを表す。$<S_S, S_N>$ のときは,順序が逆になる。以後の説明では,たとえば $<S_N, S_S>$ は,S_N は第 1 位置,S_S は第 2 位置に呈示される条件を表すということにする。刺激呈示条件別に判断（反応）を分類すると表 2-4-6 のようになる。

いま,1AFC 課題のモデルと同じく,ノイズ刺激の感覚 X_N が平均 0,分散 1 の正規分布に従い,シ

表 2-4-6　2AFC 課題における刺激呈示条件と反応（判断）

	シグナル刺激の呈示位置として判断された位置	
	第 1 位置	第 2 位置
$<S_N, S_S>$	誤反応	正反応
$<S_S, S_N>$	正反応	誤反応

グナル刺激の感覚 X_S が平均 μ_S,分散 1 の正規分布に従うものとする（等分散ガウス型モデル）。すなわち,

$$X_N \sim N(0,1), \quad X_S \sim N(\mu_S, 1)$$

である。刺激呈示が $<S_N, S_S>$ あるいは $<S_S, S_N>$ のいずれの場合も,シグナル刺激の感覚 X_S がノイズ刺激の感覚 X_N より強いときに正反応になる（正しくシグナル刺激の呈示位置を選ぶ）と考える。したがって,正反応の確率 P_C は次式で与えられる。

$$P_C = P(X_S > X_N) = P(X_S - X_N > 0)$$

二つの感覚の独立性の仮定のもとで

$$X_S - X_N \sim N(\mu_S, 2)$$

であるので,

$$P_C = \Phi\left(\frac{\mu_S}{\sqrt{2}}\right)$$

となる。これより,

$$d' = \mu_S = \sqrt{2} \cdot \Phi^{-1}(P_C) = \sqrt{2} \cdot Z(P_C)$$

を得る。ここで,$Z(P_C)$ は z 得点である（式(16)）。

シグナル刺激の感覚 X_S の分散 σ_S^2 がノイズ刺激の感覚 X_N の分散 $\sigma_N^2 = 1$ と異なるときは次のようになる。

$$X_S \sim N(\mu_S, \sigma_S^2)$$

とおけば,二つの感覚の独立性の仮定のもとで

$$X_S - X_N \sim N(\mu_S, \sigma_S^2 + 1)$$

となる。したがって,正答の確率 P_C は

$$P_C = P(X_S > X_N) = P(X_S - X_N > 0)$$

$$= \Phi\left(\frac{\mu_S}{\sqrt{\sigma_S^2 + 1}}\right) \tag{21}$$

で与えられる。

正答確率 P_C については,「2AFC 課題における正答確率 P_C が ROC 曲線の下の面積 A に等しい」という面積定理（Green & Swets, 1966/1988, p. 47 ; Wickens, 2001, p. 104）が成り立つ（図 2-4-10）。すなわち,

$$P_C = \Phi\left(\frac{\mu_S}{\sqrt{\sigma_S^2+1}}\right) = \Phi\left(\frac{d_a}{\sqrt{2}}\right) = A$$

である。上式において，検出力 d_a は式(18)で与えられるものである。

式(21)におけるパラメータは μ_S と σ_S^2 の二つであるので，データとして正答率 P_C だけが与えられたときは，パラメータの推定は不定となる。不等分散ガウス型モデル $(\sigma_S^2 \neq 1)$ に対してパラメータの推定を行うために評定法の利用が考えられるが，X_N と X_S の同時分布を扱うため，以下の式(24)および式(25)に示されるように σ_S^2 は不定である。しかし，バイアスは推定できる。

呈示条件 $<S_N, S_S>$ および $<S_S, S_N>$ において，感覚の違いの弁別とは別に第1位置あるいは第2位置の選択を好む傾向を第2位置を基準にした第1位置へのバイアス効果 τ として表すと，感覚 X_N および X_S の分布は以下のようになる。

刺激呈示が $<S_N, S_S>$ のとき，
$$X_N \sim N(\tau, 1)$$
$$X_S \sim N(\mu_S, \sigma_S^2)$$
で与えられ，
$$X_S - X_N \sim N(\mu_S - \tau, 1 + \sigma_S^2) \tag{22}$$
となる。

刺激呈示が $<S_S, S_N>$ のとき，
$$X_N \sim N(0,1)$$

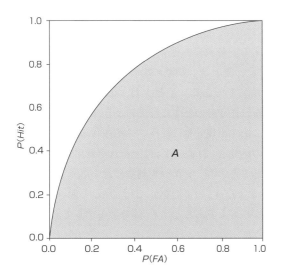

図2-4-10 面積定理「ROC曲線の下の面積 A が2AFC課題における正答確率に等しい」

$$X_S \sim N(\mu_S + \tau, \sigma_S^2)$$
で与えられ，
$$X_S - X_N \sim N(\mu_S + \tau, 1 + \sigma_S^2) \tag{23}$$
となる。

評定法における判断カテゴリの境界値（基準値）を C_k とおく。すなわち，シグナル刺激の感覚とノイズ刺激の感覚の差 $X_S - X_N$ が C_{k-1} と C_k の間にあるときカテゴリ k の判断になると考える。
$$C_{k-1} < X_S - X_N < C_k$$
のとき
　　観察者の判断 = カテゴリ k
である。

判断カテゴリの総数が4カテゴリのとき，たとえば判断カテゴリは次のようになる。ここで，$X_S - X_N$ の値は，シグナル刺激の感覚 X_S が強いほどカテゴリ k の値は大きい値になるが，$<S_N, S_S>$ と $<S_S, S_N>$ ではシグナル刺激の呈示位置が異なることに注意。

$<S_N, S_S>$ のとき，
　　カテゴリ1：シグナルは第1位置である。
　　カテゴリ2：シグナルはたぶん第1位置である。
　　カテゴリ3：シグナルはたぶん第2位置である。
　　カテゴリ4：シグナルは第2位置である。
$<S_S, S_N>$ のとき，
　　カテゴリ1：シグナルは第2位置である。
　　カテゴリ2：シグナルはたぶん第2位置である。
　　カテゴリ3：シグナルはたぶん第1位置である。
　　カテゴリ4：シグナルは第1位置である。

いま，判断カテゴリの総数を K とおいたとき，カテゴリ境界を
$$-\infty = C_0 < C_1 < \cdots < C_{K-1} < C_K = +\infty$$
とおく。累積標準正規分布関数 Φ に対して
$$\Phi(-\infty) = 0, \quad \Phi(+\infty) = 1$$
とおいたとき，判断カテゴリがカテゴリ k である確率は次のように与えられる。

$<S_N, S_S>$ のとき，カテゴリ k である確率 $P_{NS}(k)$ は，式(22)より
$$P_{NS}(k) = P(C_{k-1} < X_S - X_N < C_k)$$
$$= \Phi\left(\frac{C_k - (\mu_S - \tau)}{\sqrt{1 + \sigma_S^2}}\right)$$

第 I 部　総論

$$-\Phi\left(\frac{C_{k-1}-(\mu_S-\tau)}{\sqrt{1+\sigma_S^2}}\right) \tag{24}$$

となる。

$\langle S_S, S_N \rangle$ のとき，カテゴリ k である確率 $P_{SN}(k)$ は，式(23)より

$$P_{SN}(k) = P(C_{k-1} < X_S - X_N < C_k)$$

$$= \Phi\left(\frac{C_k-(\mu_S+\tau)}{\sqrt{1+\sigma_S^2}}\right)$$

$$-\Phi\left(\frac{C_{k-1}-(\mu_S+\tau)}{\sqrt{1+\sigma_S^2}}\right) \tag{25}$$

となる。

各刺激呈示条件に対するカテゴリ判断の頻度が表 2-4-7 のようであるとき，尤度関数は次式で与えられる。

$$L\left(\text{データ} \mid \mu_S, \sigma_S, \tau, C_1, \cdots, C_{K-1}\right)$$

$$= \left\{\prod_{k=1}^{K} P_{NS}(k)^{N_{NS}(k)}\right\}\left\{\prod_{k=1}^{K} P_{SN}(k)^{N_{SN}(k)}\right\}$$

モデルのパラメータの数は

$$3+(K-1) = K+2$$

であるが，式(24)および式(25)の関数 Φ の引数の分数形から以下のようなパラメータ値の不定性が認められる。

分数の分母子に同じ数を掛けても値は変わらないので，分母の値を $\sqrt{2}$ とおいても一般性は失われない。これは，等分散モデル $(\sigma_N = \sigma_S = 1)$ あるいはより一般的には感覚の単位を $\sigma_N^2 + \sigma_S^2 = 2$ であるように設定するということである。等分散モデルのもとでは

$$d' = \mu_S - \mu_N = \mu_S$$

と表記される。

また，分子における C_k と μ_S に同じ定数 δ を加えても

$$(C_k+\delta) - (\mu_S+\delta) = C_k - \mu_S$$

であるので，パラメータ値を決めるためには制約条件が必要である。感覚の差 $X_S - X_N$ の判断が原点に

関して対称であるとすると，これはカテゴリ境界に次の仮定をおくことである。

カテゴリ数 K が偶数 $K=2H$ （H：自然数）のとき

$$C_H = 0$$

$$C_k = -C_{2H-k}\ (1 \le k < H)$$

このとき，モデルのパラメータの自由度は

$$df_M = 2+(K/2)-1$$

となる。

カテゴリ数 K が奇数 $K=2H+1$ （H：自然数）のとき

$$C_k = -C_{2H+1-k}\ (1 \le k \le H)$$

このとき，モデルのパラメータの自由度は

$$df_M = 2+(K-1)/2$$

となる。

表 2-4-7 のデータの自由度 df_D は，表 2-4-7 のデータを刺激呈示条件における頻度の比率データと考えれば

$$df_D = (K-1) \times 2$$

となる。パラメータの推定が不定とならないためには，パラメータの自由度 df_M はデータの自由度 df_D 以下でなければならない。すなわち，

$$df_M \le df_D$$

であるが，この条件は満たされている。

2・4・4　多次元モデル

シグナル刺激が光と音のように複数の次元から構成されているときは，多次元モデルが設定される。ここでは，「光と音」のように 2 次元の場合について考える。各次元の感覚を X および Y で表す。たとえば，「光と音」刺激の場合，光の感覚が X，音の感覚が Y である。X と Y は，お互いに独立で正規分布に従うものとする。このとき，確率変数 (X, Y) は 2 次元正規分布に従う。ノイズ刺激に対する光と音の感覚 X_N および Y_N は，それぞれ平均 0，分散 1 であるとする。シグナル刺激に対する光と音の感覚 X_S および Y_S の平均を μ_X および μ_Y とおき，分散はいずれも 1 であるとする。等分散モデルであるので，

$$d'_X = \mu_X,\ \ d'_Y = \mu_Y$$

と表記する（図 2-4-11）。

多次元モデルにおける観察者の判断規則として，分離決定規則（decisionally separable rule），最大

表 2-4-7　刺激呈示条件に対するカテゴリ評定判断の頻度

	カテゴリ 1	$\cdots$	カテゴリ k	$\cdots$	カテゴリ K
$\langle S_N, S_S \rangle$	$N_{NS}(1)$	$\cdots$	$N_{NS}(k)$	$\cdots$	$N_{NS}(K)$
$\langle S_S, S_N \rangle$	$N_{SN}(1)$	$\cdots$	$N_{SN}(k)$	$\cdots$	$N_{SN}(K)$

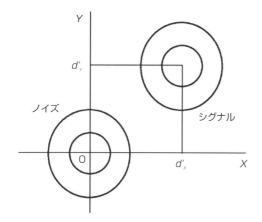

図 2-4-11　信号検出理論の 2 次元モデル

規則（maximum rule），最小規則（minimum rule），最適規則（optimal rule）を考える（Macmillan & Creelman, 2005, chap. 6）。式を簡単にするために
$$d' = d'_X = d'_Y$$
とする。

　分離決定規則では，観察者は複合刺激の感覚 (X, Y) に対して，いずれか一つのみに基づいて判断を行い，他の感覚は無視される。たとえば，「光と音」刺激に対して，音は無視して光の感覚のみによってシグナルが含まれるかどうかの判断が行われる。このとき，判断の基準値が C であると，FA と Hit の確率は
$$P(FA) = 1 - \Phi(C) = \Phi(-C)$$
$$P(Hit) = 1 - \Phi(C - d') = \Phi(d' - C)$$
となる（図 2-4-12）。

　最大規則では，二つの次元の感覚 X と Y がともにそれぞれの基準値 C_X と C_Y を越えたときに Yes の判断が行われる。X と Y の独立性の仮定のもとで，
$$P(X > C_X \text{ かつ } Y > C_Y)$$
$$= P(X > C_X) P(Y > C_Y)$$
が成り立つ。式を簡単にするために二つの基準値は等しい
$$C = C_X = C_Y$$
とおくと，FA と Hit の確率は
$$P(FA) = (1 - \Phi(C))(1 - \Phi(C))$$
$$= |\Phi(-C)|^2$$
$$P(Hit) = (1 - \Phi(C - d'))(1 - \Phi(C - d'))$$
$$= |\Phi(d' - C)|^2$$
となる（図 2-4-13）。

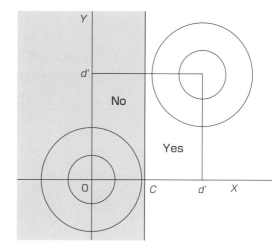

図 2-4-12　分離決定規則の例「感覚量 X のみに基づいて判断」

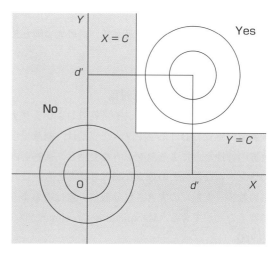

図 2-4-13　最大規則の例「感覚量 X と Y がともに基準値 C を越えたときに Yes 判断」

　最小規則では，二つの次元の感覚 X あるいは Y の少なくともいずれか一つがそれぞれの基準値 C_X あるいは C_Y を越えたとき Yes の判断が行われる。二つの感覚 X と Y の独立性の仮定のもとで
$$P(X > C_X \text{ または } Y > C_Y)$$
$$= 1 - P(X < C_X \text{ かつ } Y < C_Y)$$
$$= 1 - P(X < C_X) P(Y < C_Y)$$
が成り立つ。式を簡単にするために二つの基準値は等しい
$$C = C_X = C_Y$$
とおくと，FA と Hit の確率は
$$P(FA) = 1 - |\Phi(C)|^2$$

$$P(Hit) = 1 - |\Phi(C-d')|^2$$

となる（図2-4-14）。

最適規則では，感覚の和 $X+Y$ が基準値 C を越えたとき Yes 判断が行われる。和 $X+Y$ の確率分布は次式

$$X_N + Y_N \sim N(0, 2)$$
$$X_S + Y_S \sim N(2d', 2)$$

で与えられるので，

$$P(FA) = 1 - \Phi(C/\sqrt{2}) = \Phi(-C/\sqrt{2})$$
$$P(Hit) = 1 - \Phi\left(\frac{C-2d'}{\sqrt{2}}\right) = \Phi\left(\sqrt{2}\,d' - \frac{C}{\sqrt{2}}\right)$$

となる。

それぞれの規則に対する ROC 曲線を図2-4-15に示す。最適規則の ROC 曲線が対角線から最も離れているので検出力が最も高く，分離決定規則が最も対角線に近くて検出力が最も低い。最大規則と最小規則はそれらの中間である。

2・4・5　内部雑音と外部雑音

信号検出理論において，ノイズ刺激およびシグナル刺激の感覚におけるランダムな変動は，刺激呈示装置の特性などによるランダムな変動と，観察者内のランダムな雑音との独立な和と考えるとき，これらの雑音（変動）の大きさ（分散）の比は次のように導くことができる（Macmillan & Creelman, 2005, p. 303）。

いま，二つの物理刺激 S_1 と S_2 に対して，S_1 をノ

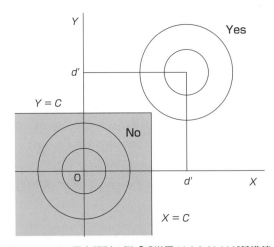

図2-4-14　最小規則の例「感覚量 X または Y が基準値 C を越えたときに Yes 判断」

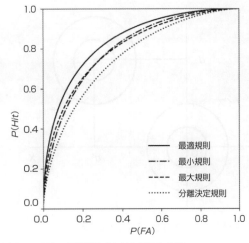

図2-4-15　各規則に対する ROC 曲線
ただし，$d' = 1$。

イズ刺激，S_2 をシグナル刺激と考える。S_1 および S_2 の値は，それぞれ分散が同じ値 σ_{ex}^2，平均が μ_1 および μ_2 の正規分布に従うとする。この S_1 および S_2 の値の変動は，実験者が用意する刺激呈示法によって決まる外部雑音で，観察者の外部の要因である。このときの S_1 と S_2 の弁別の程度は，内部雑音が存在しない理想的観察者においては，信号検出理論の等分散モデルのもとで次式

$$d'_{ex} = \frac{\mu_2 - \mu_1}{\sigma_{ex}} \tag{26}$$

で与えられる。

物理刺激 S_1 あるいは S_2 を観察者が観察したとき，観察者の内部雑音が加わるが，その大きさを分散 σ_{in}^2 で表す。このとき，観察された刺激の雑音は，外部雑音と内部雑音の和となり，分散は $\sigma_{ex}^2 + \sigma_{in}^2$ で与えられる。したがって，観察者の弁別力は次式

$$d'_{ob} = \frac{\mu_2 - \mu_1}{\sqrt{\sigma_{ex}^2 + \sigma_{in}^2}} \tag{27}$$

で与えられる。

式(26)と式(27)より

$$\sigma_{in}^2 = \left[\left(\frac{d'_{ex}}{d'_{ob}}\right)^2 - 1\right] \cdot \sigma_{ex}^2 \tag{28}$$

を得る。すなわち，観察者の弁別力 d'_{ob} が与えられれば，内部雑音の大きさ（分散）σ_{in}^2 が式(28)により与えられる。

2・4・5・1 尤度比

これまでの議論では，呈示された刺激の感覚 X の大きさに基づいて観察者の判断が行われていた。これに対して，感覚 X の大きさではなく，その確率に基づいて判断が行われるモデルもある。いま，観察者がノイズ刺激の感覚 X_N の確率密度関数 $f_N(x)$ とシグナル刺激の感覚 X_S の確率密度関数 $f_S(x)$ を知っているとする。それぞれの感覚が次の分布

$$X_N \sim N(0, 1), \quad X_S \sim N(\mu_S, \sigma_S^2)$$

に従うとする。観察者の判断は，呈示刺激の感覚が X のとき，「シグナル刺激であった場合の確率 $f_S(X)$」の「ノイズ刺激であった場合の確率 $f_N(X)$」に対する比

$$L(X) = \frac{f_S(X)}{f_N(X)}$$

に基づいて行われると考える。確率の比 $L(X)$ を尤度比（likelihood ratio）と呼ぶが，この値が大きいとき「シグナル刺激」と判断され，小さいとき「ノイズ刺激」と判断される。

等分散ガウス型モデル（$\sigma_S^2 = 1$）の場合は，

$$\begin{aligned} L(X) &= \exp\left\{-\frac{1}{2}(X - \mu_S)^2 + \frac{1}{2}X^2\right\} \\ &= \exp\left\{\mu_S X - \frac{1}{2}\mu_S^2\right\} \end{aligned}$$

となる。尤度比の大きさに基づく判断は，その単調増加関数である対数をとった対数尤度比（log likelihood ratio）で考えても同じである。対数尤度比は次式

$$\log L(X) = \mu_S X - \frac{1}{2}\mu_S^2 \tag{29}$$

で与えられる。対数尤度比（式(29)）は感覚 X の1次関数である。すなわち，等分散ガウス型モデルの場合，感覚 X の大きさによる判断と（対数）尤度比による判断は同じとなる。

不等分散ガウス型モデルの場合は，$\sigma_S^2 \neq 1$ であるので，

$$\begin{aligned} \log L(X) &= -\log \sigma_S - \frac{1}{2}\left(\frac{X - \mu_S}{\sigma_S}\right)^2 + \frac{1}{2}X^2 \\ &= -\log \sigma_S + \frac{1}{2}\left(1 - \frac{1}{\sigma_S^2}\right)X^2 \end{aligned}$$

$$+ \frac{\mu_S}{\sigma_S^2}X - \frac{1}{2} \cdot \frac{\mu_S^2}{\sigma_S^2}$$

となる。対数尤度比 $\log L(X)$ は感覚 X の2次関数である。このとき，（対数）尤度比による判断は感覚 X の強さで判断する場合とは異なった反応パターンになる。たとえば，$\mu_S = 1$, $\sigma_S = 2$ の場合（図2-4-16），感覚 X の値が小さいとき（図中，左側の黄色の領域）もシグナル刺激に対する確率密度関数 $f_S(X)$ の値のほうがノイズ刺激に対する確率密度関数 $f_N(X)$ の値より大きくなり「シグナルを含む」と判断される。$\mu_S = 1$, $\sigma_S = 0.3$ であれば（図2-4-17），感覚 X が大きくなるとノイズ刺激に対する確率密度関数 $f_N(X)$ の値のほうがシグナル刺激に対する確率密度関数 $f_S(X)$ の値より大きくなり，「ノイズのみ」と判断される。

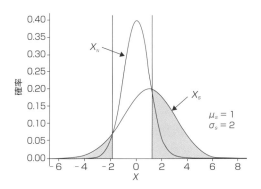

図 2-4-16 ノイズ刺激とシグナル刺激の感覚量 X_N と X_S の確率密度関数（$\sigma_S > \sigma_N$ の場合）

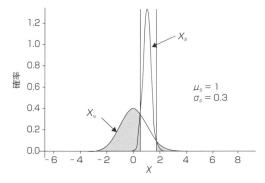

図 2-4-17 ノイズ刺激とシグナル刺激の感覚量 X_N と X_S の確率密度関数（$\sigma_S < \sigma_N$ の場合）

2・4・6 閾値モデル

信号検出理論のガウス型モデルは，刺激に対して引き起こされる感覚は連続分布（ガウス分布／正規分布）に従うとされる連続型モデル（continuous model）であるが，呈示刺激によって引きおこされる内的状態が有限個であるとする離散型モデル（discrete model）もある。連続型モデルのほうが離散型モデルより優れているとされている（Macmillan & Creelman, 2005, p. 82, 104）。離散型モデルとして，高閾値モデル（high-threshold model）と低閾値モデル（low-threshold model）について簡単に説明する。

高閾値モデルでは，二つの内部状態 D_1 と D_2 が設定される（Macmillan & Creelman, 2005, p. 82；Wickens, 2001, pp. 131-140：図 2-4-18）。シグナル刺激が呈示されて状態 D_2 が引き起こされれば観察者は Yes（シグナルを含む）と答えるが，状態 D_1 のときは確率 u で Yes，確率 $1-u$ で No（ノイズのみ）と答える。シグナル刺激が呈示されたときに状態 D_2 が引き起こされる確率は q であり，状態 D_1 が引き起こされる確率は $1-q$ である。ノイズ刺激が呈示されたときは状態 D_1 が確率 1 で引き起こされる。これらの確率を図 2-4-18 に示す。

図 2-4-18 から誤警報（FA）とヒット（Hit）の確率が

$$P(FA) = u, \quad P(Hit) = q + (1-q)u$$

で与えられることがわかる。これより，

$$P(Hit) = q + (1-q)P(FA)$$

となる。確率 u を 0 から 1 まで動かすと，点 $(P(FA), P(Hit))$ は点 $(0, q)$ から点 $(1, 1)$ を結ぶ線分上を動く（図 2-4-19）。

低閾値モデル（Macmillan & Creelman, 2005, pp. 86-88）では，内部状態は高閾値モデルと同じく二つ

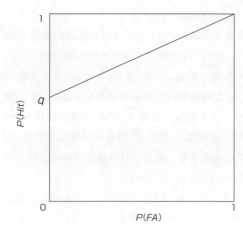

図 2-4-19 高閾値モデルの ROC 曲線

設定されるが，高閾値モデルと異なり，ノイズ刺激に対しても内部状態 D_2 が生起しうるとされる（図 2-4-20，図 2-4-21）。各刺激に対する内部状態の生起確率を

$$P(D_2|シグナル) = q_2$$
$$P(D_1|シグナル) = 1 - q_2$$
$$P(D_2|ノイズ) = q_1$$
$$P(D_1|ノイズ) = 1 - q_1$$

とおく。

内部状態 D_1 および D_2 において Yes 反応および No 反応の生起確率は，上方肢方略（upper limb strategy：図 2-4-20）と下方肢方略（lower limb

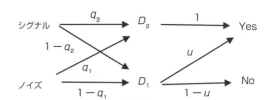

図 2-4-20 低閾値モデル（ノイズ刺激に対しても状態 D_2 が生起しうる）における上方肢方略（Upper Limb Strategy）

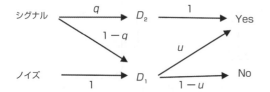

図 2-4-18 高閾値モデル
ノイズ刺激に対しては状態 D_1（非検出状態）のみが生起する。

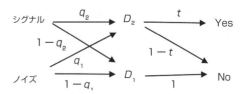

図 2-4-21 低閾値モデル（ノイズ刺激に対しても状態 D_2 が生起しうる）における下方肢方略（Lower Limb Strategy）

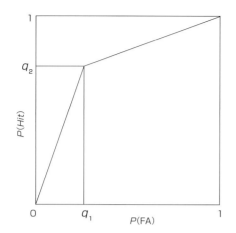

図 2-4-22　低閾値モデルの ROC 曲線

strategy：図 2-4-21）の二つの場合があると考える。上方肢方略では，内部状態 D_1 から Yes 反応が確率 u で出る（図 2-4-20 における D_1 から Yes 反応への上向き矢印）。すなわち，上方肢方略では，

$$P(FA) = q_1 + (1-q_1)u$$
$$P(Hit) = q_2 + (1-q_2)u$$

となる。このとき，点 $(P(FA), P(Hit))$ は，u が 0 から 1 まで動くとき点 (q_1, q_2) から点 $(1,1)$ を結ぶ線分上を動く（図 2-4-22）。

下方肢方略では，内部状態 D_2 からの No 反応の確率が t である（図 2-4-21 における D_2 から No 反応への下向き矢印）。すなわち，下方肢方略では，

$$P(FA) = q_1 t$$
$$P(Hit) = q_2 t$$

である。このとき，点 $(P(FA), P(Hit))$ は，t が 0 から 1 まで動くとき点 $(0,0)$ から点 (q_1, q_2) を結ぶ線分上を動く（図 2-4-22）。

（岡本　安晴）

2・5　付記

心理物理学的測定では，データに対してモデルを適用して，そのパラメータ値を求めるということが行われる。パラメータ値の推定は，普通，コンピュータによって数値計算法のアルゴリズムなどを用いて行われる。心理物理学的測定におけるパラメータ値の推定に関わることについて簡単に説明する。

2・5・1　方程式の根の計算

主観的等価点や閾値などは，心理測定関数 $y = f(x)$ が特定の値 y_0 をとる刺激値 x_0 の値として求められる。いま，

$$g(x) = f(x) - y_0$$

とおけば，x_0 は方程式

$$g(x) = 0$$

の根である。逆関数が解析的に入手困難なときに根を求める方法としては，たとえばニュートン–ラフソン法（Newton-Raphson method）がある（Press et al., 2007, pp. 456-463）。これは，根の漸化式として次式

$$x_{i+1} = x_i - \frac{f(x_i)}{f'(x_i)}$$

を用いるものである。

ニュートン–ラフソン法で根が収束しない場合があるが，このときはバイセクション法（bisection method）を用いればよい。この方法は，根の存在区間を 1/2 に分割して求めることを繰り返すもので，ニュートン–ラフソン法で求められない場合でも，バイセクション法を使えば求められる（Press et al., 2007, pp. 447-449）。バイセクション法では導関数が必要ないので，心理物理学における複雑な関数でも容易に扱うことができる。

2・5・2　極値探索法

心理物理学モデルとデータとの適合度を最大にするパラメータ値を求めるとき，極値探索法（optimization）が使われる。心理物理学モデルが，θ をパラメータ，x_i を独立変数とし，$\hat{y}_i$ を予測値とする次式

$$\hat{y}_i = F(x_i | \theta)$$

で表されるものを考える。$F(x_i | \theta)$ が心理測定関数のときは，x_i は呈示刺激値，θ は心理測定関数の位置パラメータ α と傾きパラメータ β のベクトル $\theta = (\alpha, \beta)$ である。パラメータあるいは独立変数が複数個のときは，θ あるいは x_i はベクトルである。このとき，データ y_i に対して誤差の 2 乗和

$$SS = \sum_i |y_i - \hat{y}_i|^2 = \sum_i |y_i - F(x_i | \theta)|^2 \qquad (1)$$

あるいは，重み w_i を付けた誤差の 2 乗和

$$SS_w = \sum_i w_i |y_i - \hat{y}_i|^2 = \sum_i w_i |y_i - F(x_i | \theta)|^2 \qquad (2)$$

第 I 部　総論

を最小にする θ を極値探索法で求めることができる。式(1)は最小 2 乗（ordinary least squares），式(2)は重み付き最小 2 乗（weighted least squares）と呼ばれている（Judd et al., 2009, p. 16；Wilcox, 2003, p. 182）。極値探索法は，尤度関数 $L(\theta|\text{data})$ を最大にするパラメータ値 θ を求めるときにも用いられる。（重み付き）最小 2 乗のときは（重み付き）2 乗和を最小にするパラメータ値が求められるが，尤度関数のときは関数値を最大にするパラメータ値が求められる。関数を単調減少関数で変換すれば，関数の最小値を求める方法と最大値を求める方法は共通である。たとえば，尤度関数を最大にする最尤推定値は，尤度関数に -1 を掛けた関数の最小化によって求められる。

極値探索法の基本的な方法として最急降下法（steepest descent method）があるが（Burden & Faires, 1997, pp. 614-620），探索効率をより高くしたものとして共役勾配法（conjugate gradient method），あるいは準ニュートン法（quasi-Newton method）などがある（Press et al., 2007, pp. 515-524）。これらは勾配を用いる方法であるが，勾配を用いない方法もある。たとえば，Rosenbrock（1960）の方法では，勾配は用いずに，探索の座標軸を回転させながら極値探索が行われる。勾配などを用いる方法に比べて時間は掛かるが，勾配の計算を行う必要がないので使いやすい。心理物理学モデルでパラメータ数が多くない場合，あるいは高速の計算が必要でない場合には有効な方法である。

極値探索を行うとき，独立変数の関数に及ぼす精度が半減していることに注意する必要がある。関数の極値では勾配が 0 であるので，2 次関数で近似できると考えられる。簡単な例として次の関数

$$y = f(x) = 1 + (x-1)^2$$

について考える。この関数は $x=1$ で最小値 $1 = f(1)$ をとる。最小値を与える x の値 $x=1$ から ε だけ値を変化したときの関数値は

$$f(1+\varepsilon) = 1 + \varepsilon^2$$

となる。典型的なコンピュータの場合，実数値の精度が double 型で 15 桁であるとする。このとき，たとえば

$$\varepsilon = 1.0 \times 10^{-9}$$

```
>>> def f(x):
        return 1.0 + (x - 1.0) ** 2
>>> f(1.0)
1.0
>>> f(1.0 + 1.0e-9)
1.0
>>> f(2.0)
2.0
>>> f(2.0 + 1.0e-9)
2.000000002
>>> |
```

図 2-5-1　独立変数の精度の関数値への効果（Python スクリプト）

とおくと，

$$\varepsilon^2 = 1.0 \times 10^{-18}$$

であるので，ε^2 は 1.0 と比較して有効桁数 15 桁を超えて小さくなり 1.0 と足したとき消えてしまう。すなわち，

$$1 + \varepsilon^2 = 1 + 1.0 \times 10^{-18} = 1$$

となる。したがって，

$$f(1) = f(1 + 1.0 \times 10^{-9})$$

となる。最小値を与える x の精度は 9 桁より落ちている（図 2-5-1）。

関数が極値になる点以外では，独立変数 x の 1 次の項が存在するので，x の精度が 9 桁以上で有効である。たとえば，上の関数の場合

$$f(x) = f(2) + f'(2)\cdot(x-2) + \frac{f''(2)}{2}\cdot(x-2)^2$$

$$= 2 + 2(x-2) + (x-2)^2$$

であるので

$$f(2+\varepsilon) = 2 + 2\varepsilon + \varepsilon^2$$

と書ける。したがって，

$$\varepsilon = 1.0 \times 10^{-9}$$

に対して，

$$\varepsilon^2 = 1.0 \times 10^{-18}$$

であるので，有効桁数（いまの場合，double 型の 15 桁の精度で考えている）を超える部分は消えることから

$$f(2+\varepsilon) = 2 + 2\varepsilon + \varepsilon^2$$

$$= 2 + 2\varepsilon$$

$$= 2 + 2 \times 10^{-9} > 2 = f(2)$$

となる。独立変数 x の $x=2$ の近傍における $f(x)$ に対する効果は，$f'(2) \neq 0$ であるので，double 型の精度で有効である（図2-5-1）。

2・5・3　確率モデルのパラメータ値推定

　心理物理学モデルが確率モデルとして構成されたときのモデルのパラメータ値推定法の代表的なものとして最尤法とベイズ法がある。まず最尤法について説明し，続いてベイズ法について説明するとともに最尤法との比較を行う。

2・5・3・1　最尤法

　最尤法（maximum likelihood method）は，与えられたデータに対して尤度と呼ばれる確率を最大にするパラメータ値を求めるものである（Hogg et al., 2005, pp. 311-366；岡本，2006a, pp. 242-252）。データ x が生成される確率を，パラメータ θ をもつ確率モデル

$$P(x|\theta)$$

で表す。ここで，データが x_1 から x_N まで独立に N 個生成される確率は

$$\prod_{i=1}^{N} P(x_i|\theta) \tag{3}$$

となる。このとき，データ $x_1, \cdots, x_N$ が与えられたという条件のもとでは，式(3)は θ の関数とみることができる。与えられたデータ $x_1, \cdots, x_N$ に対して式(3)を θ の関数とみたものを尤度関数（likelihood function）と呼び，次式

$$L(\theta|\boldsymbol{x}) = \prod_{i=1}^{N} P(x_i|\theta)$$

で表す。ここで，$\boldsymbol{x} = (x_1, \cdots, x_N)$ である。

　尤度関数 $L(\theta|\boldsymbol{x})$ の対数をとったものは

$$L(\theta|\boldsymbol{x}) = \log L(\theta|\boldsymbol{x}) = \sum_{i=1}^{N} \log P(x_i|\theta)$$

とかける。

　最尤法では，尤度関数 $L(\theta|\boldsymbol{x})$ を最大にする θ の値をデータ $\boldsymbol{x}$ に対するパラメータ θ の推定値 θ とする。すなわち，

$$\hat{\theta} = \mathrm{argmax}\, L(\theta|\boldsymbol{x})$$

である。argmax は，右側の関数値を最大にする変数 θ を表すものである。この推定値を θ の最尤推定

値（maximum likelihood estimator：MLE）と呼ぶ。最尤推定値 $\hat{\theta}$ には，データ数 N が大きくなると，その推定値の分布は正規分布に近づくという漸近定理（式(4)）が成り立つ（Hogg et al., 2005, p. 325）。

$$\sqrt{N}(\hat{\theta} - \theta_0) \rightarrow N\left(0, \frac{1}{I(\theta_0)}\right) \tag{4}$$

ここで，θ_0 はモデル $P(x|\theta)$ のパラメータ θ の真値である。$I(\theta)$ は，フィッシャー情報量（Fisher information：Hogg et al., 2005, p. 320）と呼ばれているもので，次式で与えられる。

$$I(\theta) = E\left[\left(\frac{\partial \log P(x|\theta)}{\partial \theta}\right)^2\right]$$

$$= -E\left[\frac{\partial^2 \log P(x|\theta)}{\partial \theta^2}\right]$$

データ数が十分に多いと判断されるときは，$\hat{\theta}$ が式(4)で与えられる正規分布に従うと考えて信頼区間が算出される。このとき，真値 θ_0 は不明であるが，推定値 $\hat{\theta}$ を θ_0 に置き換えて計算が行われる。

2・5・3・2　ベイズ法

　ベイズ法では，最尤法より拡張した確率モデルが用いられる（Gelman et al., 2014；岡本，2006a, pp. 252-262）。最尤法における確率モデルは次式

$$P(x|\theta)$$

に示されるように，パラメータ θ をもつモデルとして設定される。データ x は，θ をパラメータとする確率 $P(x|\theta)$ に従って生成される。ベイズ法では，パラメータ θ もデータ x と一緒に考えて，θ と x の同時確率のモデルを設定する。この確率は次式

$$P(\theta, x) = P(\theta)P(x|\theta) \tag{5}$$

で与えられる。すなわち，最尤法における確率モデル $P(x|\theta)$ のパラメータ θ の確率 $P(\theta)$ を考え，θ と x の同時確率（joint probability）が式(5)によって与えられる。Gelman et al.（2014, p. xiii）は，ベイズ法の普及において，ベイズ的考え方の理論的・論理的長所よりも，新しい計算法の導入の影響が強かったと指摘している。Gill（2014, p. xxv）は，ベイズ法は社会科学における標準になったとしている。

　データ x が与えられると，モデル（式(5)）のもとでパラメータ θ の確率が次式

$$P(\theta|x) = \frac{P(\theta,x)}{P(x)} = \frac{P(\theta)P(x|\theta)}{P(x)} \quad (6)$$

で与えられる．式(6)の確率 $P(\theta|x)$ は θ の事後分布 (posterior distribution) と呼ばれ，式(5)における確率 $P(\theta)$ は事前分布 (prior distribution) と呼ばれる．ベイズ分析は，事後分布 $P(\theta|x)$ に基づいて行われる．

事後分布 $P(\theta|x)$ は，数学的取り扱いが複雑でない関数で与えられる場合がある．また，パラメータが1次元あるいは2次元ぐらいの次元数のものであれば，数学的取り扱いが複雑なものであっても，グリッド法で求めることができる (Gelman et al., 2014, p. 78)．しかし，一般的には，確率分布 $P(\theta|x)$ からのサンプリングを行い，そのサンプルに基づいて分析が行われる．このサンプリング法として広く用いられているのが Markov chain Monte Carlo (MCMC) である．MCMCを行うためのソフトウェアは無料のものがいろいろ公開されていて，日進月歩の状態であり，解説書も多い．

2・5・3・3 例

状態 N のときは平均0，分散1の正規分布に従う測定値 x が観測され，状態 S のときは平均2，分散1の正規分布に従う測定値 x が観測される場合について考える．状態 N のときの測定値 x の確率分布は

$$P(x|N) = \frac{1}{\sqrt{2\pi}} \exp\left(-\frac{1}{2}x^2\right)$$

で与えられ，状態 S のときの測定値 x の確率分布は

$$P(x|S) = \frac{1}{\sqrt{2\pi}} \exp\left(-\frac{1}{2}(x-2)^2\right)$$

で与えられる（図2-5-2）．このとき，状態 (N/S) と観測値 x の同時分布は

$$P(N,x) = P(N)P(x|N)$$
$$P(S,x) = P(S)P(x|S)$$

である．
いま，
$$x = 1.5$$
の値が観測されたとする．このときの尤度関数の値は

$$L(N|1.5) = P(1.5|N) \approx 0.1295$$
$$L(S|1.5) = P(1.5|S) \approx 0.3521$$

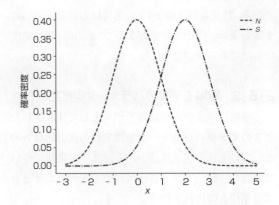

図 2-5-2　状態 N のときの分布 $P(x|N) = N(x;0, 1)$ と状態 S のときの分布 $P(x|S) = N(x;2, 1)$

である．パラメータ値は連続変量の値ではなくカテゴリ変量（状態 N または S）であるが，最尤推定値として「状態 S」を得る．

ベイズ法での分析は，次のようになる．
事前分布として次式
$$P(N) = 0.9, \quad P(S) = 0.1$$
の場合を考える．状態 N に比べて状態 S の可能性は1/9である．このとき，$x = 1.5$ が観測されたときの状態 N および S の事後分布は次のようになる．

$$P(N|1.5) = \frac{P(N,1.5)}{P(1.5)}$$
$$= \frac{P(N)P(1.5|N)}{P(N)P(1.5|N) + P(S)P(1.5|S)}$$
$$\approx 0.7680$$

$$P(S|1.5) = \frac{P(S,1.5)}{P(1.5)} \approx 0.2320$$

すなわち，
$$P(N|1.5) > P(S|1.5)$$
であり，状態 N の事後確率のほうが高い（図2-5-3）．これは，事後確率には事前分布の情報が反映されているからである．

観測値 $x = 3$ のときは，状態 N および S の事後分布は
$$P(N|3) \approx 0.1415, \quad P(S|3) \approx 0.8585$$
となり，状態 S の事後確率のほうが状態 N より大きくなる（図2-5-3）．

事前分布として一様分布を設定すると，尤度関数を最大にするパラメータ値と事後分布を最大にする

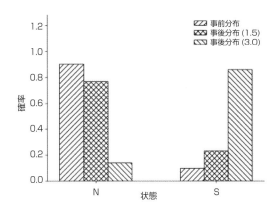

パラメータ値は一致する。これは，事前分布が一様分布のときは，式(6)をパラメータ θ の関数とみたとき

$$P(\theta|x) \propto P(x|\theta)$$

となることからわかる。

（岡本 安晴）

図 2-5-3 状態 N と状態 S の事前分布とデータ x=1.5 が観測されたときの事後分布（1.5）およびデータ x=3.0 が観測されたときの事後分布（3.0）

文献

（2・1）

Falmagne, J.-C. (1985). *Elements of Psychophysical Theory*. Oxford University Press.

Fechner, G. T. (1860/1966). *Elemente der Psychophysik / Elements of Psychophysics* (Vol. I, H. E. Adler, Trans.). Holt, Rinehart and Winston.

Gelman, A., Carlin, J. B., Stern, H. S., Dunson, D. B., Vehtari, A., & Rubin, D. B. (2014). *Bayesian Data Analysis* (3rd ed.). CRC Press.

Gescheider, G. A. (1997). *Psychophysics : The Fundamentals* (3rd ed.). Lawrence Erlbaum Associates.

Green, D. M., & Luce, R. D. (1975). Parallel psychometric functions from a set of independent detectors. *Psychological Review*, 82, 483–486.［doi: 10.1037/0033-295X.82.6.483］

Hogg, R. V., McKean, J. W., & Craig, A. T. (2005). *Introduction to Mathematical Statistics* (6th ed.). Pearson Prentice Hall.

池田 まさみ （2013）．精神物理学的測定法　藤永 保（監修）　最新 心理学事典（pp. 428-431）　平凡社

柿崎 祐一 （1974）．知覚判断　培風館

神作 博 （1998）．閾値とその測定法　日本色彩学会（編）　新編 色彩科学ハンドブック（第2版, pp. 316-326）　東京大学出版会

Kingdom, F. A. A., & Prins, N. (2010). *Psychophysics: A Practical Introduction*. Elsevier.

Kingdom, F. A. A., & Prins, N. (2016). *Psychophysics: A Practical Introduction* (2nd ed.). Elsevier.

King-Smith, P. E., & Rose, D. (1997). Principles of an adaptive method for measuring the slope of the psychometric function. *Vision Research*, 37, 1595–1604.［doi: 10.1016/S0042-6989(96)00310-0］

Klein, S. A. (2001). Measuring, estimating, and understanding the psychometric function: A commentary. *Perception & Psychophysics*, 63, 1421–1455.［doi: 10.3758/BF03194552］

Kontsevich, L. L., & Tyler, C. W. (1999). Bayesian adaptive estimation of psychometric slope and threshold. *Vision Research*, 39, 2729–2737.［doi: 10.1016/S0042-6989(98)00285-5］

Kruschke, J. K. (2010). *Doing Bayesian Data Analysis: A Tutorial with R and BUGS*. Elsevier.

Levitt, H. (1971). Transformed up-down methods in psychoacoustics. *Journal of the Acoustical Society of America*, 49, 467–477.［doi: 10.1121/1.1912375］

Lieberman, H. R., & Pentland, A. P. (1982). Microcomputer-based estimation of psychophysical thresholds: The best PEST. *Behavior Research Methods & Instrumentation*, 14, 21–25.［doi: 10.3758/BF03202110］

Link, S. W. (1992). *The Wave Theory of Difference and Similarity*. Lawrence Erlbaum Associates.

Luce, R. D. (1993). *Sound & Hearing: A Conceptual Introduction*. Lawrence Erlbaum Associates.

Macmillan, N. A. (2002). Signal detection theory. In H. Pashler (Ed.-in-Chief), J. Wixted (Volume Ed.), *Steven's Handbook of Experimental Psychology* (3rd ed., Vol. 4, pp. 43-90). John Wiley & Sons.

Macmillan, N. A., & Creelman, C. D. (2005). *Detection Theory: A User's Guide* (2nd ed.). Lawrence Erlbaum Associates, Publishers.

Marks, L. E. (1974). *Sensory Processes: The New Psychophysics*. Academic Press.

Marks, L., & Gescheider, G. A. (2002). Psychophysical scaling. In H. Pashler (Ed.-in-Chief), J. Wixted (Volume Ed.), *Stevens' Handbook of Experimental Psychology* (3rd ed., Vol. 4, pp. 91-138). John Wiley & Sons.

村上 郁也（編著）（2011）．感覚・知覚（心理学研究法 1）　誠信書房

難波 精一郎・桑野 園子（1998）．音の評価のための心理学的測定法　コロナ社

岡本 安晴（2004）．3 件法に対する Bayesian Up-down 法　日本行動計量学会大会発表論文抄録集, *32*, 4-5.

岡本 安晴（2006）．適応的恒常法の可能性について　日本心理学会第 70 回大会発表論文集. p. 559.

岡本 安晴（2011）．上下法データのベイズ的分析：確率モデルによるデータの活用　基礎心理学研究, *30*, 44-55.

Okamoto, Y. (2012). An experimental analysis of psychometric functions in a threshold discrimination task with four response categories. *Japanese Psychological Research, 54*, 368-377. [doi: 10.1111/j.1468-5884.2012.00513.x]

岡本 安晴（2017）．恒常法における反応カテゴリー数の影響　基礎心理学研究, *36*, 85-91.

岡本 安晴（2019）．多件法による上下法　基礎心理学研究, *38*, 90-104.

苧阪 直行（1994）．感覚・知覚測定法　大山 正・今井 省吾・和気 典二（編）　新編 感覚・知覚心理学ハンドブック（pp. 19-41）　誠信書房

大山 正（1969）．感覚・知覚測定法　和田 陽平・大山 正・今井 省吾（編）　感覚・知覚心理学ハンドブック（pp. 32-55）　誠信書房

大山 正（2005）．精神物理学的測定法　大山 正・岩脇 三良・宮埜 壽夫（著）　心理学研究法：データ収集・分析から論文作成まで（pp. 125-141）　サイエンス社

大山 正（2010a）．心理学史：現代心理学の生い立ち　サイエンス社

大山 正（2010b）．知覚を測る：実験データで語る視覚心理学　誠信書房

大山 正・岩脇 三良・宮埜 壽夫（2005）．心理学研究法：データ収集・分析から論文作成まで　サイエンス社

Pentland, A. (1980). Maximum likelihood estimation: The best PEST. *Perception & Psychophysics, 28*, 377-379. [doi: 10.3758/BF03204398]

Taylor, M. M., & Creelman, C. D. (1967). PEST: Efficient estimates on probability functions. *Journal of the Acoustical Society of America, 41*, 782-787. [doi: 10.1121/1.1910407]

鳥居 修晃（2001）．知覚研究の方法　5 節　主な測定法　相場 覚・鳥居 修晃（編著）　知覚心理学（pp. 31-39）　放送大学教育振興会

Watson, A. B., & Pelli, D. G. (1983). QUEST: A Bayesian adaptive psychometric method. *Perception & Psychophysics, 33*, 113-120. [doi: 10.3758/BF03202828]

Wetherill, G. B., & Levitt, H. (1965). Sequential estimation of points on a psychometric function. *British Journal of Mathematical and Statistical Psychology, 18*, 1-10. [doi: 10.1111/j.2044-8317.1965.tb00689.x]

Wichmann, F. A., & Hill, N. J. (2001). The psychometric function: I. Fitting, sampling, and goodness of fit. *Perception & Psychophysics, 63*, 1293-1313. [doi: 10.3758/BF03194544]

（2・2）

Fechner, G. T. (1860/1966). *Elemente der Psychophysik / Elements of Psychophysics* (Vol. I, H. E. Adler, Trans.). Holt, Rinehart and Winston.

Gescheider, G. A. (1997). *Psychophysics: The Fundamentals* (3rd ed.). Lawrence Erlbaum Associates.

Gill, J. (2014). *Bayesian Methods: A Social and Behavioral Sciences Approach* (3rd ed.). CRC Press.

Kingdom, F. A. A., & Prins, N. (2016). *Psychophysics: A Practical Introduction* (2nd ed.). Elsevier.

Kruschke, J. K. (2015). *Doing Bayesian Data Analysis: A Tutorial with R, JAGS, and Stan* (2nd ed.). Elsevier.

Luce, R. D. (1993). *Sound & Hearing: A Conceptual Introduction*. Lawrence Erlbaum Associate.

Luce, R. D., & Edwards, W. (1958). The derivation of subjective scales from just noticeable differences. *Psychological*

Review, 65, 222-237.〔doi: 10.1037/h0039821〕

Maloney, L. T., & Yang, J. N. (2003). Maximum likelihood difference scaling. *Journal of Vision, 3,* 573-585.〔doi: 10.1167/3.8.5〕

中谷 和夫 （1969）．尺度構成法　八木 冕（監修），田中 良久（編）　計量心理学（講座心理学 2, pp. 141-172）　東京大学出版会

難波 精一郎・桑野 園子 （1998）．音の評価のための心理学的測定法　コロナ社

Okamoto, Y. (2001). On Fechner's problem. 金沢大学文学部論集行動科学・哲学篇, *21,* 1-25.

Okamoto, Y. (2004). Generalization of Fechner's approach. 日本女子大学紀要人間社会学部, *15,* 107-121.

大山 正 （1994）．色彩心理学入門：ニュートンとゲーテの流れを追って（中公新書）　中央公論社

大山 正 （2005）．心理学研究法の特色　大山 正・岩脇 三良・宮埜 壽夫（著）　心理学研究法：データ収集・分析から論文作成まで（pp. 1-15）　サイエンス社

Parducci, A. (1974). Contextual effects: A range-frequency analysis. In E. C. Carterette & M. P. Friedman (Eds.), *Handbook of Perception* (Vol. II, pp. 127-141). Academic Press.

Stevens, S. S. (1959). Review of L. L. Thurstone: The measurement of values. *Contemporary Psychology, 4,* 388-389.

Stevens, S. S. (1966). A metric for the social consensus. *Science, 151,* 530-541.

Stevens, S. S. (1975). *Psychophysics: Introduction to its Perceptual, Neural, and Social Prospects.* Wiley.

Teghtsoonian, R. (1971). On the exponents in Stevens' law and the constant in Ekman's law. *Psychological Review, 78,* 71-80.〔doi: 10.1037/h0030300〕

Thurstone, L. L. (1927). A law of comparative judgment. *Psychological Review, 34,* 273-286.〔doi: 10.1037/h0070288〕

Torgerson, W. S. (1958). *Theory and Methods of Scaling.* John Wiley & Sons.

Wilcox, R. R. (2003). *Applying Contemporary Statistical Techniques.* Academic Press.

（2・3）

Borg, I., & Groenen, P. J. F. (2005). *Modern Multidimensional Scaling: Theory and Applications* (2nd ed.). Springer.

Borg, I., Groenen, P. J. F., & Mair, P. (2013). *Applied Multidimensional Scaling.* Springer.

Carroll, J. D., & Wish, M. (1974). Models and methods for three-way multidimensional scaling. In D. H. Krantz, R. D. Luce, R. C. Atkinson, & P. Suppes (Eds.), *Contemporary Developments in Mathematical Psychology* (Vol. II, pp. 57-105). W. H. Freeman and Company.

Coombs, C. H. (1950). Psychological scaling without a unit of measurement. *Psychological Review, 57,* 145-158.〔doi: 10.1037/h0060984〕

井上 正明・小林 利宣 （1985）．日本における SD 法による研究分野とその形容詞対尺度構成の外観　教育心理学研究, *33,* 253-260.

狩野 裕・三浦 麻子 （2002）．AMOS, EQS, CALIS によるグラフィカル多変量解析：目で見る共分散構造分析（増補版 2 刷）　現代数学社

Kruskal, J. B. (1964). Nonmetric multidimensional scaling: A numerical method. *Psychometrika, 29,* 115-129.〔doi: 10.1007/BF02289694〕

岡本 安晴 （2009）．統計学を学ぶための数学入門（下）：データ分析に活かす　培風館

Osgood, C. E. (1952). The nature and measurement of meaning. *Psychological Bulletin, 49,* 197-237.〔doi: 10.1037/h0055737〕

大山 正 （2001）．色彩調和か配色効果か：心理学の立場から　日本色彩学会誌, *25,* 283-287.

大山 正 （2005）．セマンティック・ディファレンシャル法（SD 法）　大山 正・岩脇 三良・宮埜 壽夫（著）　心理学研究法：データ収集・分析から論文作成まで（pp. 65-78）　サイエンス社

大山 正 （2010）．知覚を測る：実験データで語る視覚心理学　誠信書房

大山 正・宮田 久美子 （2017）．単色の感情効果の重回帰分析　基礎心理学研究, *35,* 119-124.

Schiffman, S. S., Reynolds, M. L., & Young, F. W. (1981). *Introduction to Multidimensional Scaling: Theory, Methods, and Applications.* Academic Press.

第I部　総論

Thompson, B. (2004). *Exploratory and Confirmatory Factor Analysis: Understanding Concepts and Applications*. American Psychological Association.

高根 芳雄 (1980). 多次元尺度法　東京大学出版会

Takane, Y., Young, F. W., & de Leeuw, J. (1977). Nonmetric individual differences multidimensional scaling: An alternating least squares method with optimal scaling features. *Psychometrika, 42*, 7-67. [doi: 10.1007/BF02293745]

Torgerson, W. S. (1958). *Theory and Methods of Scaling*. John Wiley & Sons.

(2・4)

Green, D. M., & Swets, J. A. (1966/1988). *Signal Detection Theory and Psychophysics* (reprint ed.). Peninsula Publishing.

Kingdom, F. A. A., & Prins, N. (2016). *Psychophysics: A Practical Introduction* (2nd ed.). Elsevier.

Klein, S. A. (2001). Measuring, estimating, and understanding the psychometric function: A commentary. *Perception & Psychophysics, 63*, 1421-1455. [doi: 10.3758/BF03194552]

Macmillan, N. A. (2002). Signal detection theory. In H. Pashler (Ed.-in-Chief), J. Wixted (Volume Ed.), *Steven's Handbook of Experimental Psychology* (3rd ed., Vol. 4, pp. 43-90). John Wiley & Sons.

Macmillan, N. A., & Creelman, C. D. (2005). *Detection Theory: A User's Guide* (2nd ed.). Lawrence Erlbaum Associates.

永井 聖剛 (2011). 信号検出理論　大山 正 (監修), 村上 郁也 (編著)　感覚・知覚 (心理学研究法 1, pp. 71-97)　誠信書房

Swets, J. A. (1996). *Signal Detection Theory and ROC Analysis in Psychology and Diagnostics: Collected Papers*. Lawrence Erlbaum Associates.

Wickens, T. D. (2001). *Elementary Signal Detection Theory*. Oxford University Press.

Torgerson, W. S. (1958). *Theory and Methods of Scaling*. John Wiley & Sons.

(2・5)

Burden, R. L., & Faires, J. D. (1997). *Numerical Analysis* (6th ed.). Brooks/Cole Publishing Company.

Gelman, A., Carlin, J. B., Stern, H. S., Dunson, D. B., Vehtari, A., & Rubin, D. B. (2014). *Bayesian Data Analysis* (3rd ed.). CRC Press.

Gill, J. (2014). *Bayesian Methods: A Social and Behavioral Sciences Approach* (3rd ed.). CRC Press.

Hogg, R. V., McKean, J. W., & Craig, A. T. (2005). *Introduction to Mathematical Statistics* (6th ed.). Pearson Prentice Hall.

Judd, C. M., McClelland, G. H., & Ryan, C. S. (2009). *Data Analysis: A Model Comparison Approach* (2nd ed.). Routledge.

村上 郁也 (編著) (2011). 感覚・知覚 (心理学研究法 1)　誠信書房

岡本 安晴 (2006). 計量心理学：心の科学的表現をめざして　培風館

Press, W. H., Teukolsky, S. A., Vetterling, W. T., & Flannery, B. P. (2007). *Numerical Recipes: The Art of Scientific Computing* (3rd ed.). Cambridge University Press.

Rosenbrock, H. H. (1960). An automatic method for finding the greatest or least value of a function. *Computer Journal, 3*, 175-184. [doi: 10.1093/comjnl/3.3.175]

Wilcox, R. R. (2003). *Applying Contemporary Statistical Techniques*. Academic Press.

第3章 脳の記録法・刺激法・破壊法

3・1　EEG, MEG

3・1・1　EEG, MEGで計測される信号

　脳内の電気的活動は，Biot-Savartの法則に従ってその周囲に微弱な磁場(脳磁界)を生じさせるとともに，容積伝導を経て頭皮上に伝わる。頭皮上の電位を計測するのが脳波(electroencephalography：EEG)，磁場を高感度磁気センサで計測するのが脳磁図(magnetoencephalography：MEG)である。EEGおよびMEGで計測している電気的活動は，錐体細胞(pyramidal cell)の興奮性シナプス後電位(excitatory postsynaptic potential：EPSP)に由来するものが中心であると考えられている(Hämäläinen et al., 1993；南部・佐々木，1993)。EPSPは静止膜電位との差が大きいうえ，10 ms程度持続するためニューロン間で時間的に加重が生じるのに対して，活動電位は持続時間が1 ms程度で時間的な加重が起きにくいため，また抑制性シナプス後電位(inhibitory postsynaptic potential：IPSP)は静止膜電位からの差が小さいため，いずれもEEG, MEGでは計測しにくいと考えられている。EPSPが電流双極子1個でモデル化され，距離の2乗に反比例して減衰するのに対して，活動電位は電流四重極子(互いに逆向きの電流双極子2個)でモデル化され，距離の3乗に反比例して減衰することも，EEG, MEGで活動電位が計測しにくい原因とされる。ただし，近年MEGによる活動電位の計測を報告する研究も存在する。たとえば，正中神経刺激によって生じる体性感覚野のMEG反応(M20)の前に，視床から皮質に伝搬する活動電位を反映すると考えられる活動源の変位が得られ，その変位速度は生理学的に妥当なものであることが報告されている(Kimura et al., 2008)。その後，視覚刺激に関しても，外側膝状体(lateral geniculate nucleus：LGN)から視放線を介して視覚皮質に伝搬する活動電位についての報告がなされている(Yoshida et al., 2017)。いずれの研究においても通常よりかなり多い回数の加算(1000試行以上)が行われており，100回程度の通常の加算平均で計測されるのはEPSPに由来するものが大半である。

　EEG, MEGは主としてEPSP由来の活動を計測している点で共通しているが，EEGはEPSPによって発生する細胞外体積電流を計測しているのに対して，MEGはEPSPによる細胞内電流(脳表面と直交して配列する錐体細胞に沿って流れる)を主として計測しており体積電流の影響は小さいと考えられる。体積電流による磁場成分は球状の伝導体ではキャンセルしあうことが知られており，頭部形状は球で近似することが可能であるためである。MEGは頭皮に垂直な法線成分の電流に対する感度が低く，接線成分の電流を生み出す脳溝の活動を主として計測している。一方EEGはより多くの脳活動に感度があるが，脳溝に対する感度は相対的に低い。EEG/MEGいずれにおいても脳深部の活動に対する感度は脳表の活動に比べて低いが，実験パラダイムや信号処理を工夫することにより計測できる場合もある。一般にEEGのほうが脳深部の活動に対する検出感度は高く，たとえばEEGで明瞭に観察される聴性脳幹反応(auditory brainstem response：ABR)などはMEGでの計測が難しい(湯本，2008)。MEGでも視床，扁桃体などの活動を調べた論文が複数報告されている(Balderston et al., 2014；Roux et al., 2013)。なお時間分解能に関して，EEGは頭皮に信号が到達するまでの間にその高周波成分が減

第Ⅰ部　総論

衰してしまう一方，MEG ではそのような減衰がなく高周波数帯域の信号が保持されているという特徴がある（湯本，2008）。

EEG と MEG の大きな違いの一つに相対量と絶対量の違いがある。基本的に 2 点間の電位差を記録する EEG では，耳朶を基準とする基準電極導出法や頭皮上の電極間の電位差を記録する双極導出法など，さまざまな誘導法が考案され実施されている。一方，磁場（磁束密度）は絶対量であり計測点が決まれば計測値は一意に決まるため，MEG には誘導法は存在しない。

3・1・2　EEG/MEG計測法

3・1・2・1　EEG計測システム

脳波計は，センサとしての電極，増幅部，AD（analog-to-digital）変換等の信号計測部から構成される。標準的な電極配置法が決まっているため，実験参加者間や実験間でデータを比較することが容易である（それに対して，MEG のセンサ位置はメーカーによって異なる）。鼻根と後頭結節，および左右の耳介前点をそれぞれ計測し，これらの四点から等距離になる点を vertex（Cz）とし，鼻根と後頭結節の間，および左右耳介前点の間を 10, 20, 20, 20, 20, 10％に分割し電極を配置する国際 10-20 法（international 10-20 method）が最も一般的である。この方法により，頭の大きさに関係なく大脳の大半の領域にほぼ等間隔で電極を配置できる。電極があらかじめ取り付けてあるキャップを用いて計測する場合が多い。

一般的な脳波計では，頭皮と電極間の接触インピーダンスを下げて増幅器（アンプ）で脳波信号を増幅する。接触インピーダンスを下げるため，皮膚の汚れと皮脂をエタノールに浸した脱脂綿等で除いてから，脳波ペーストを用いて皿電極を頭皮上に装着する。電極をつけて少し時間が経過してからペーストが馴染んで接触インピーダンスが下がってくることも多い。脳波ペーストを用いることは計測後に洗髪が必要になるなど実験参加者にかかる負担が大きいため，電極がスポンジで覆われており，測定時にこのスポンジを電解液に浸すことでインピーダンスを下げるタイプの高密度（64/128/256 チャンネ

ル）脳波計も市販されている（Electrical Geodesics, Inc., GES400 シリーズ）。さらに脳波ペーストや電解液を用いずに脳波の記録を可能とするドライ電極技術も開発されている。ドライ電極では接触インピーダンスが高めになるが，電極と増幅器を一体化したアクティブ電極を使用することで，高精度の脳波計側が可能となる。最近では，アンプおよび計測部を小型化し，外部コンピュータに信号を無線伝送可能なワイヤレス型脳波計も複数販売されている。たとえば Neuroelectrics 社は，脳波計測用の電極と電流刺激用の電極を自由に選択できる Starstim と呼ばれるワイヤレス型脳波計を販売している。

3・1・2・2　MEG計測システム

脳活動に由来する微弱な磁場を計測するため，超伝導量子干渉素子（superconducting quantum interference device：SQUID）が使われる。SQUID は Josephson 効果，すなわち弱く結合した二つの超伝導体の間に，超伝導電子対のトンネル効果によって超伝導電流が流れる現象を利用したセンサであり，MEG では超伝導リングのなかにジョセフソン接合を二つ用いたもの（dc-SQUID）が使われている（原・栗城，1997）。dc-SQUID に一定の直流バイアス電流を加えると，SQUID の両端に発生する電圧が SQUID リングを貫く磁束に応じて変化するため，この電圧変化を測定することで微小な磁場の変化を計測することができ，磁場センサとしての使用が可能となる。

MEG で用いられるセンサには単一のコイルで磁場をそのまま計測するマグネトメーター（magnetometer）と磁場の空間差分を検出するグラディオメーター（gradiometer）が存在する。後者では，二つ以上のコイルが逆相に巻かれており，空間的に一様な環境ノイズをキャンセルすることが可能である。頭表に対し法線方向の磁場の法線方向の微分を得る軸型に対し，頭表の法線方向の磁場の接線方向の微分を得る平面型では，頭表から遠い（深い）部分で発生する磁場に対する感度が低い。マグネトメーターは深部の活動も拾えるがノイズが非常に大きいため，通常何らかの信号処理を施してからデータを解析することとなる。

脳磁界は地磁気の一億分の一程度，各種の都市雑音の一万分の一程度の大きさであるため，一般に磁気ノイズを遮蔽する磁気シールドルーム内で計測が行われる。MEG室の壁に設置された磁気センサやMEGのマグネトメーター等で磁気ノイズを検出し，シールドルームの壁等に設置されたコイルで逆位相の磁界を生成してノイズを低減するアクティブシールドが用いられることもある。

一般的なMEGではSQUIDセンサを動作させるために液体ヘリウムによる冷却が必要となるが，光ポンピング磁力計（optically pumped magnetometers：OPM）を用いたMEGも近年報告されている（Boto et al., 2018；Boto et al., 2017）。SQUIDに比べたOPMの大きなメリットは液体ヘリウムによるセンサの冷却を必要とせず常温での動作が可能であり，装置の小型化，ポータブル化が可能である点である。このため，NIRS（near-infrared spectroscopy）などと同様に自由に運動している際のMEGを計測することも可能となった。しかしながら地磁気等の磁場ノイズが軽減された状況下での計測が必要となるため，ポータブル脳波計のようにどこでも計測が可能というわけではない。OPMは従来型のMEGに比べてコストが大幅に抑えられるため，今後普及する可能性もある。

MRI（magnetic resonance imaging）信号をSQUIDによって計測する，MEG, MRI一体型の装置も提案されており（Zotev et al., 2008），MEGデータと解剖画像の位置合わせの精度向上，低価格，静環境での実験が可能などのメリットがあるが広く普及するには至っていない。

3・1・3　EEG/MEG解析の基礎

EEG/MEG信号は環境ノイズに比べて小さいので，通常100試行程度の刺激，タスクを繰り返す。試行にわたる加算平均，直流成分の除去，バンドパスフィルタ（たとえば1-40 Hz程度）を適用した後，ピークの潜時，強度を調べるのが最も基本的な解析である。

3・1・3・1　ノイズの除去と加算平均

まずは各試行のデータを順に観察し，大きなノイズの乗っている試行を除去することが重要である。電源ノイズに加えて，眼球運動や瞬き，筋電位によるノイズについては，独立成分分析（independent component analysis：ICA）を適用し，時間に対して統計的に独立な異なる信号源にデータを分解することで，ある程度除去できる（Vigario et al., 2000）。この他MEG限定となるが，球面調和関数を用いた級数展開によって，脳内由来の信号と脳外由来の信号を分離するsignal source separation（SSS）と呼ばれる方法（Taulu et al., 2004）およびその時間方向への拡張（temporal SSS；Taulu & Simola, 2006）がMEGIN社（元Neuromag社）のシステムに実装されており，ノイズの除去に効果的である。ただし，ノイズの除去，真の信号の保存とも完全ではないことに注意されたい。

3・1・3・2　時間領域解析

外的あるいは内的な事象に伴って生じる一過性のEEG, MEG反応のことをそれぞれ事象関連電位（event-related potential：ERP），事象関連磁場（event-related field：ERF）と呼ぶ。ERP, ERFのうち，視覚刺激，聴覚刺激，体性感覚刺激などの感覚刺激によって生じるものをそれぞれ誘発電位（evoked potential：EP），誘発磁場（evoked field：EF）と呼ぶこともあり，たとえば視覚性の場合にはそれぞれ視覚性誘発電位（visually evoked potential：VEP），視覚性誘発磁場（visually evoked field：VEF）と呼ぶ。感覚刺激に対する反応の加算平均を行い，刺激パラメータ（たとえば視覚刺激のコントラスト，運動速度）に応じたEP/EFのピーク強度，ピーク潜時の変化を評価する研究が数多く行われている。一般に刺激の強度に応じて，ピーク強度は強く，ピーク潜時は短くなる傾向がみられる。出現頻度の異なる複数の刺激を継時的に呈示するオッドボールパラダイム（oddball paradigm）では，低頻度刺激に対するP3成分が，高頻度刺激に対するものに比べて増強することが知られており，P300成分と呼ばれる（Polich, 2007）。同一の刺激を周期的に（たとえば10-20 Hzで）繰り返し呈示すると，その周波数での誘発反応が計測され，視覚刺激の場合には定常状態視覚性誘発電位（steady-state visually evoked potential：

SSVEP），定常状態視覚性誘発磁場（steady-state visually evoked field：SSVEF）と呼ばれる（Norcia et al., 2015）。この方法を用いると，異なる刺激（たとえば視野上の異なる位置の刺激）を異なる周波数の誘発反応によって対応づけることが可能であり比較的短い呈示時間で頑健な反応が得られる。

　感覚刺激に対する反応に加えて，随意運動の前には運動準備電位（motor readiness potential）が観察されることが知られており，随意運動の意図が生じた時点より前から運動準備電位が発生するとの実験結果がLibet et al.（1983）により報告されている。この他にも数多くのERP/ERF成分が知られており，本項で抜粋したのはごく一部である。ERP/ERFの詳細については以下引用の資料を参照されたい（Luck et al., 2000；中尾，2018；入戸野，2005）。

3・1・3・3　周波数領域解析

　各試行のデータを時間周波数解析しそのパワーを試行にわたって平均することで，刺激のオンセットに対して位相がロックした成分のみならず，ロックしていない成分も時刻，周波数ごとに抽出することが可能である。この方法によって事象関連同期（event-related synchronization：ERS）や事象関連脱同期（event-related desynchronization：ERD）を観察することができる（Pfurtscheller & Lopes da Silva, 1999）。特に，刺激の入力によるα律動の抑制［αブロッキング（alpha blocking）と呼ばれる］，運動や運動想起に伴うβ律動の抑制，特定の作業に集中している際に前頭部で生じるθ律動の増強などがよく知られている。従来，積極的な機能をもっておらず脳のアイドリング状態を反映すると考えられてきたα律動は，近年の研究で視覚情報処理と密接な関係をもつことが知られてきている（Jensen et al., 2012；Jensen et al., 2014）。もともと視覚的注意との関連が広く知られており，最近では視覚情報処理のタイミングを決める機能をもつ可能性も示唆されている（Minami & Amano, 2017）。γ律動など高い周波数帯域の活動は試行間で位相がそろう可能性が特に低いためこの分析方法が有益であり，注意，情報統合などさまざまな認知機能との関連が多数報告されている（Luck et al., 2000）。ただし，刺激呈示後

に生じるγ律動の少なくとも一部は固視微動によって生じる眼電位（electrooculography：EOG）を反映していることが報告されており，真の脳活動を反映したものであるのか注意深く観察することが重要である（Yuval-Greenberg et al., 2008）。

　センサ間で，あるいは活動源推定後に皮質領域間で，位相がどの程度そろっているかを分析することによって，領域間の情報伝達を調べることも可能であり，特定の周波数帯域での領域間の情報のやり取りを明らかにできる可能性がある（Schoffelen & Gross, 2009）。ただし，特に脳波のチャンネル間で分析する場合には，解析対象のチャンネル対が同一の信号源からの信号を拾っている可能性も高いため注意が必要である。この問題もあり，位相やコヒーレンスに基づくMEGの安静時機能結合（resting-state functional connectivity）の推定は再現性が高くなく，振幅包絡線を用いた推定のほうが信頼性が高いことが報告されている（Colclough et al., 2016）。

　異なる周波数成分が相互に関連するcross-frequency coupling（CFC）と呼ばれる現象も注目されている（Canolty & Knight, 2010；Jensen & Colgin, 2007）。特に，γ帯域などの高周波数律動の強度が，θ帯域，α帯域などの低周波律動の位相によって変調されるphase-amplitude coupling（PAC）がよく観察され，感覚入力や認知課題，運動課題等によってPACが変化することが報告されている。

3・1・4　活動源推定

3・1・4・1　EEG/MEG逆問題

　脳内の活動源からEEG/MEG信号を算出する問題がEEG/MEG順問題，逆に計測されたEEG/MEG信号から脳内の活動源を推定するのがEEG/MEG逆問題である。順問題解は物理法則に従い一意に定まるのに対して，逆問題解は一位に定まらない。なぜなら，脳活動の自由度の大きさに対して計測データから得られる制約式はたかだか数十から数百個（センサ数に対応）であり方程式の解が不定となるためである。以下に示すようにさまざまな手法が提案されているものの，研究者によって使う手法は一貫せず，また推定手法間で必ずしも同一の結果が得られ

ないのが実情である。

3・1・4・2　ダイポール推定法

　最もシンプルな方法は，数か所の領域が局所的に活動したと仮定して解の自由度を下げ，等価電流双極子（equivalent current dipole）の位置，方向と強度を計算するダイポール推定法（dipole estimation）である。この場合には，推定パラメータが計測データ数より少なくなるため，計測磁場と最も近い磁場を生ずるダイポールの位置と電流ベクトルを推定する。仮定するダイポールの数は磁場の空間パターンや先行研究等を参考に実験者が事前に決定する必要がある。単純な視覚刺激や聴覚刺激等を用いた実験等，局在した活動が予想される場合には，高い精度での位置推定が可能である。

3・1・4・3　ノルム最小化法

　脳を格子状に区切り，各格子点での活動強度を推定する場合には，センサ数に比べて解の自由度が高くなるため，何らかの基準で解を選択する必要がある。ノルム最小化法（norm minimization）はその代表例で，たとえば，L2ノルムを最小化する方法（Hämäläinen & Ilmoniemi, 1994）が一般的である。この方法では，表面に近い活動源が推定されやすいため，このバイアスを緩和する重み付き最小ノルム法（weighted minimum norm estimate；wMNE）が使われることが多い（Lin et al., 2006）。さらにラプラシアンフィルタをかけたうえでノルムを最小化するLORETA法（Pascual-Marqui et al., 1994）やその拡張であるsLORETA法（Pascual-Marqui, 2002）なども提案されている。また，脳の解剖画像をMRIで事前に計測しておき灰白質のみに活動源の候補を置く方法（Dale & Sereno, 1993）や，機能的磁気共鳴映像法（functional magnetic resonance imaging：fMRI）での活動情報を事前情報として用いる方法（Dale et al., 2000）も提案されている。

3・1・4・4　適応的空間フィルタ法

　計測された磁場パターンのうち，ターゲットとする脳部位の活動のみを通過させ，それ以外の部位の活動を抑制するような空間フィルタを適用する適応的空間フィルタ法（adaptive spatial filtering）の典型が，LCMV（linear constraint minimum variance；Van Veen et al., 1997）などのビームフォーマー法（beamformer）である。通常，fMRIの解析と同様に二つの条件間のコントラストを取るため，タスク期間とほぼ同じ長さのベースライン期間を設けられるように実験をデザインすることが推奨される。LCMVではデータの共分散行列を用いて適応的なフィルタを作成するため，たとえば左右聴覚野の活動など，時間的な相関が非常に高い二つの活動が存在する場合には分離が困難であり，この問題に対応する手法も提案されている（Brookes et al., 2007）。

3・1・4・5　EEGとMEGの活動源推定結果の比較

　上記の推定手法はいずれもEEG，MEGの両者に適用可能であり，多くのソフトウェアに実装されている（Gramfort et al., 2014；Litvak et al., 2011；Oostenveld et al., 2011；Tadel et al., 2011）。EEGにおいては導電率が頭皮，頭蓋，脳脊髄液などの間で大きく異なり電流分布が非常に複雑で空間的に広がったものになる一方，MEGにおいては生体の透磁率がほぼ一定であるせいで空間的にゆがみの少ないデータが得られるため活動源推定に有利である。

　図3-1-1は同一の活動源を仮定した場合のMEGとEEGでの活動源推定結果の比較である（Baillet, 2017）。一般にEEGのほうが活動源推定のバイアスが大きい。図3-1-1aは皮質表面上の1cm^{2}の局所的な活動を仮定した場合に得られるデータ（順問題解）で，275チャンネルMEGと256チャンネルEEGシステムに基づくシミュレーションの結果である。図3-1-1bはノルム最小化法を用いた推定結果であり，EEGでは真の活動源（緑）とずれた脳回部に推定されており，64チャンネルEEGの場合にはよりバイアスが大きいことがみてとれる。図3-1-1cは頭部モデルを三層球で近似した場合の推定結果で（図3-1-1a, bではMRI画像に基づき脳の実形状を仮定），MEGの推定結果は頭部モデルにあまり影響を受けないのに対して，EEGでは推定位置のバイアスに加えて，強度がかなり小さく推定されている。なお本シミュレーションでは単一の活動源を仮定しているが，実際には同時に脳の複数箇所が活動

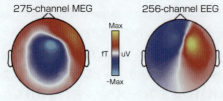
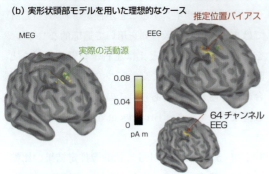
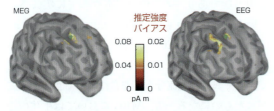

図 3・1・1 EEG と MEG での活動源推定結果の比較
(a) 皮質表面上 1 cm² の局所的な活動によって生じる MEG，EEG 信号の空間パターン。(b) ノルム最小化法による活動源推定の結果。MEG では真の活動源（緑）に近い位置に推定される一方，EEG ではずれた位置に推定されている。(c) 頭部モデルを脳の実形状モデルから三層球モデルでの近似に変更すると，MEG では影響が小さいのに対して，EEG では位置ずれに加えて強度も小さく推定される（Baillet, 2017）。

する場合が多く，活動源推定はより複雑となる。

3・1・5 近年の動向

以下では，EEG/MEG を用いた最近の研究のうち興味深いものをいくつか紹介する。

3・1・5・1 Brain-computer interface

脳活動を利用して意図を読み取ったり，機械を操作したりするコンピュータ技術を brain-computer interface（BCI）あるいは brain-machine interface（BMI）と呼び，皮質脳波（electrocorticography：ECoG）等を用いた侵襲型と EEG/MEG 等を用いた非侵襲型とがある。ここでは非侵襲型の BCI について簡単に述べる。

時間領域解析で述べた P300 成分を利用した BCI は比較的頑健であることが知られている。P300 スペラーと呼ばれる商品では，格子状に呈示された 36 個の文字のなかから一つの行あるいは列が時々刻々と点滅するようになっている（Farwell & Donchin, 1988）。入力したい一つの文字にユーザーが注目すると，その文字を含む行や列が点滅した際の P300 が増大するため，入力したい文字を判別することができる。同じく時間領域解析で述べた SSVEP/SSVEF を用いる方法も存在する（Middendorf et al., 2000）。たとえば視野の異なる位置にそれぞれ異なる周波数でフリッカー刺激を呈示すると，各フリッカー刺激に対する反応を EEG，MEG の周波数によって対応付けることができるため，実験参加者がどの視野位置に注意を向けているのかを SSVEP/SSVEF の増強により推定することが可能となる。

視覚的注意や運動想起に伴って変化する律動成分の変化を検出するタイプの BCI も存在し，スイッチのオン，オフなどの二値判別には利用が可能であるが，一定のトレーニングが必要であるうえ，文字の入力など多クラスの判別に応用するのは一般に難しい。緩変動電位（slow cortical potential：SCP）を用いた BCI も提案されているがやはりトレーニングが必要となるうえ，SCP の特性上文字入力の効率性は高くない（Birbaumer et al., 1999）。

3・1・5・2 デコーディング解析

前項の BCI で用いられているのもデコーディング解析の一種であるが，以下では応用面より脳の理解に重点を置いた研究について述べる。fMRI におけるサーチライトデコーディング（searchlight decoding）と同様，活動源推定を行った MEG データに対してデコーディング解析（decoding analysis）を行い，時間的にも空間的にも高い解像度で神経情報の存在の有無を調べる研究がなされており，情報表現の時空間変化を調べるための有用なツールといえる（Cichy & Pantazis, 2017；Su et al., 2012）。ただし，活動源推定とサーチライト解析の組み合わせにおいては，真の信号源が存在する脳領域だけでなくかなり広範囲の脳領

域からデコードできてしまうことがシミュレーション，実データの両方から示唆されており注意が必要である（Sato et al., 2018）。

Cichy et al. の研究では，さまざまなオブジェクトの刺激（顔，体のパーツ，果物，建物など）を呈示した際のMEGを計測しそのデコーディング成績を元に，時刻ごとに representational dissimilarity matrix (RDM) を計算している（Cichy et al., 2014）。RDMとは，刺激のペアに対する反応がどれだけ異なっているかを表す行列のことであり，二つの刺激に対する反応の空間パターンの相関を1から引いた値，あるいは二つの刺激のデコーディング成績などから計算される。図3-1-2aに示すようにCichy et al. は，各時刻におけるMEGデータに基づく刺激のペアごとのデコーディング成績からRDMの時系列を算出している。さらにfMRIデータから領域ごと（V1, IT）のRDMを算出し，それらとMEGに基づくRDMの時系列との相関を計算することにより，V1, ITの活動のタイムコースを分離することに成功している（図3-1-2b）。この研究では，活動源推定の曖昧さを回避しつつ，特定の領域の活動の時間変化を抽出することに成功しており，非常に有用なアプローチであるといえる。

3・1・5・3 レイヤー解析

大脳皮質は層構造をなしており，低次領野からの入力を受ける層と高次領野からの入力を受ける層は異なることが生理学的に知られている。最も標準的なfMRIの空間解像度（3 mm）においては異なる層の活動を分離することが難しかったが，7 T（テスラ）MRI装置の普及により1 mm以下の解像度での計測も可能となっており，皮質の層と特定の機能を対応付けるレイヤー解析（layer analysis）も広く行われつつある。近年MEGでも同様のアプローチが始まっており，head castsを用いて非常に精密に頭部を固定したうえで（Troebinger, Lopez, Lutti, Bradbury et al., 2014），層ごとの活動を分離して計測することが可能であることを主張する論文も出てきている（Troebinger, Lopez, Lutti, Bestmann et al., 2014）。さらに，empirical Bayesian beamformerと呼ばれる活動源推定手法を用いて皮質表層（浅層）と白質境界（深層）に活動源の再構築を行い，α律動は深層にγ律動は浅層に推定できることが報告されている（Bonaiuto, Meyer et al., 2018; Bonaiuto, Rossiter et al., 2018）。これらの結果はサルを対象とした侵襲的な研究と一致するものであるが，結果の頑健性については今後の検討が待たれる。

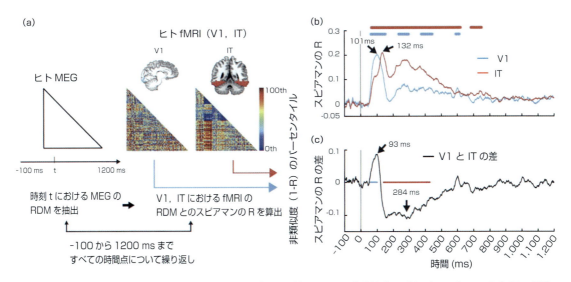

図3-1-2　MEGデータに対するRDM解析とfMRIデータに対するRDM解析を組み合わせることで，V1とITの活動のタイムコースを算出（Cichy et al., 2014）

第I部　総論

3・1・5・4　MEG ビッグデータ

ヒューマンコネクトームプロジェクトには MEG データも含まれ，安静時や運動課題，短期記憶課題，言語課題遂行時のデータが提供されている（Larson-Prior et al., 2013）。Open MEG Archives（OMEGA）と呼ばれる安静時 MEG データのデータベースも存在する（Niso et al., 2016）。今後 EEG/MEG データの信頼性を向上させていくためにも，データの再現性は非常に重要なポイントとなるため，このようなデータベースがさらに充実していくことが期待される。

3・1・6　むすび

EEG, MEG は，fMRI では得られないミリ秒単位の時間分解能を有し，脳の電気的な活動を計測できる一方で，全ての脳活動を計測できるわけではない点や原理的に活動源が一意には定まらず推定結果に曖昧性が残る点は弱点であるといえる。これらの点を十分に理解したうえで，実験に用いることが望まれる。更に詳しい原理や解析手法に興味のある読者には，以下引用の資料を参照されたい（Hämäläinen et al., 1993；原・栗城，1997；南部・佐々木，1993；入戸野，2005）。

（天野　薫）

3・2　MRI, fMRI, MRS

3・2・1　MRI

3・2・1・1　MRI による脳機能イメージング技術の発明とその機序

磁気共鳴映像法（magnetic resonance imaging：MRI）は，1.5-3.0 T（テスラ）ほどの強い静磁場内（比較として，地球の磁場は 10^{-9} T 程度）における磁気共鳴現象と呼ばれる物理法則を利用して詳細な脳構造をコントラストの違いとして画像化する技術である（Lauterbur, 1973；Mansfield, 1977）。MRI 技術が登場する以前の知覚心理学研究では，心理物理学的な手法に代表されるように，厳密にコントロールされた種々の条件下におけるヒトの反応を取得し，その違いを

精査することで，脳の知覚情報処理機構を予測するさまざまな手続きが考案されてきた。ただ，脳そのものはあくまでブラックボックスであり，その中身を直接計測することは不可能であった。しかしながら，1980 年代に実用化された MRI 装置の登場により，脳の病態や脳損傷（脳の構造的な変化）と知覚との直接的な関係性を非侵襲的（生体に傷をつけず）に記述する新たな手法が知覚研究に加えられた。

MRI において脳構造を画像化する際には，特に生体に最も多く存在する水素の原子核（単一の陽子であるプロトンからなる点でも扱いやすい）の核磁気共鳴（nuclear magnetic resonance：NMR）の特性を利用している。プロトンは強い静磁場へ暴露されると，ある一定の方位に沿った軸を中心に特定の周波数（ラーモア周波数：Larmor frequency）で自転（歳差）運動（precession）を行う。これを核スピン（nuclear spin）と呼ぶ。このとき，プロトンは正電荷をもつため自転によって電流が生まれる。この電流から磁気が生じ，磁気モーメントと角運動量の二つが発生する。この両者が MRI 信号計測に必要不可欠な要素である。すなわち，MRI 信号の取得に利用できる（NMR 特性を有する）原子核は限られている。ここで，歳差運動中のプロトンにラジオ周波数のパルス（RF パルス：radio frequency pulse）によってさらに電磁波を照射すると，エネルギー準位が低いほうから高いほうへと遷移（励起）し，歳差運動の軸が傾く。このとき，歳差運動の横断面上の磁化成分と縦方向の磁化成分の二つが生じる。この励起現象は永続するわけではなく，RF パルスの照射が終わると，横断面上の磁化は急速に減衰し（T_2 減衰），縦方向の磁化成分はゆっくりと回復（T_1 回復）して元の歳差運動状態へと回復する（緩和現象）。このとき，プロトンのエネルギー準位が高いほうから低いほうへと遷移するとともに，二つの準位の差に相当するエネルギーが放出される。そのエネルギーを取得することで画像化を行う。これら 2 種の緩和の強弱を決めるプロトンの割合等は組織によって異なるため，この違いをうまく可視化するパラメータを選べば，脳組織の違いや脳活動の強弱をコントラストに反映した画像を取得することができる。しかしながら，均質の RF パルスを照射した場合には，緩和現象によるエネルギーの放出が脳のどの部位で生

じたか，その位置を同定することはできない。そこでRFパルスの磁場強度を脳部位ごとに段階的に変化させる（傾斜磁場）とともに，RFパルスをXYZ軸の3方向からそれぞれ照射することで，MRI信号が脳のどこを発生源として検出されたかを同定することが可能となり，脳の3次元組織構造の画像化が実現する。

3・2・1・2　MRIの安全性

MRI装置およびその装置を用いたさまざまな撮像技法自体は，1980年代初頭からこれまでに及ぶ膨大なスキャンによりその安全性が確立されている（ただし，強い静磁場への暴露による長期的な人体への影響については，MRI装置の発明から数十年しか経っていないこともあり，未検証である）。ただし，MRI装置を用いた研究では，実験参加者が金属類を身につけていないか，実験前に入念に確認することを怠ってはいけない。MRI装置は強力な磁石であり，強磁性体（鉄，ニッケル，コバルトなど）を吸着するため，ペースメーカや動脈瘤クリップなどを装着した者は実験参加者となることができない。また，不注意によりMRI室へ持ち込まれた強磁性体がMRI装置のボアへ吸着される事故も多数報告されている。

3・2・2　fMRI

3・2・2・1　fMRI法の発明とその機序

MRIの登場により，脳の組織構造をコントラストに反映させて画像化することが可能となったが，知覚の研究者は脳の構造よりも脳の働き・機能により強い興味をもつかもしれない。この脳のはたらきそのものを間接的に可視化する技術が1990年に小川誠二によって発見されたBOLD (blood oxygenation level dependent) 信号を捉える撮像方法であり，機能的磁気共鳴映像法（functional magnetic resonance imaging：fMRI）と呼ばれる（Ogawa et al., 1990；Ogawa et al., 1992）。

強い磁場中に磁化率の異なるものが存在すると，その周辺の磁場が歪むことが知られている。ここで，脳内の大小多くの血管中では神経細胞に酸素を供給するためにヘモグロビンが多数行き来する。このとき，ヘモグロビンは鉄を含むため，酸素分子と結合（酸化鉄）している際には反磁性を示し，酸素を供給した後（還元ヘモグロビン）では常磁性を示す。常磁性体の存在は，その周辺部位の磁場を歪め，MRI信号を減弱させる。すなわち，強い静磁場中に置かれたヒトの脳内においても，脳活動に付随する酸素の需要と供給に伴う磁化率の局所的な変化が絶えず生じている。なお，神経活動によって酸素が消費されるため，活動部位では還元ヘモグロビンが増えるように思えるが，実際には逆の現象が生じており，脳活動が生じた部位ではグリア細胞等のはたらきによって血管が拡張されるため，血流量の増加と酸素の過剰供給が起こり，還元ヘモグロビンの相対量が減るため，反磁性傾向が強くなる。このため，脳活動が生じた周辺部位では磁場の歪み効果が減弱し，MRI信号がわずかに増強される。これがBOLD効果である。この原理を利用して，すなわちBOLD効果による磁場の不均一性を画像コントラストに反映させる（T_2^*強調画像）ことで脳の機能的な活動様態を可視化する方法がfMRIである。ちなみに，I・3・2・1・1で述べた脳の構造画像の撮像では，組織間のコントラストを強調する（T_1強調画像）ことで明瞭な脳構造を取得している。このように撮像パラメータをうまく調整することで，同じ1台のMRI装置を用いてさまざまな目的に応じた種々の画像の取得が可能となる。

fMRI法の登場により，MRI技術は心理学や神経科学にとどまらず，行動経済学などの分野においてさえ，ヒトの知覚，認知，行動，学習を実現する情報処理機構を同定するために欠かせないツールの一つとなった。ただし，fMRIが捉えているBOLD信

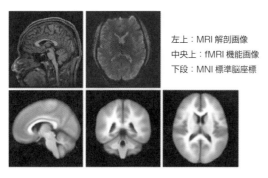

図3-2-1　MRI/fMRIで取得された脳画像の例

左上：MRI解剖画像
中央上：fMRI機能画像
下段：MNI標準脳座標

号は，あくまでも脳の活動に付随して生じる血流へモグロビンの酸化還元比率を反映したものであり，知覚を生み出す本体である神経細胞の活動そのものを直接捉えたものでない点には十分に注意しなければならない。電気生理学的な手法とfMRI法を比較した研究などにより，神経活動とfMRI信号の相関が報告される一方で，fMRI信号は神経活動よりも脳の局所場電位（local field potential：LFP）の変化に近いとする報告が多数なされている（Logothetis et al., 2001；Shi et al., 2017）。fMRI法で得られた研究結果を過度に信頼せず，他の脳活動計測手法や心理行動実験手法とを組み合わせた多重の検討が肝要である。

3・2・2・2　基本的なfMRI実験デザイン

fMRI法を導入することにより，脳をブラックボックス化せず，知覚や行動とその情報処理基盤である神経活動とをより密接に結びつけた研究パラダイムを構築することが可能となった。しかしながら，BOLD信号の特性により，fMRI実験を実施する際にはいくつかの注意が必要であり，またいくつかの制約のなかで実験を実施しなければならない。本節では，それら注意点とともに知覚研究に有効なfMRI実験パラダイムを概説する。

fMRI法で取得するBOLD信号は，血流動態（hemodynamics）に基づいたものであり，神経活動よりも数秒遅れて生じ，またその信号の持続時間も数秒から数十秒単位となる。つまり，一言でいえばBOLD信号は遅い。この特性こそ，fMRI法を用いた実験パラダイムを構築するうえで最も大きな制約である。このBOLD信号の遅さにより，ある種の知覚・認知体験が生じるその瞬間をリアルタイムで捉える実験パラダイムや，数百msから1-2 s内における脳活動の時々刻々とした変化を詳細に捉えるような実験パラダイムはfMRI法には不向きである。さらに，fMRI法は時間分解能が低い。最先端の撮像テクニックを用いても，数秒程度のサンプリング間隔でしか脳活動を撮像できない。ただし，技術発展の速度は著しく，昨今，マルチバンドシーケンスと呼ばれる撮像技術などを用いて，数百ms刻みで脳活動を捉える技術が実用化されつつある。一方で，fMRI法は空間分解能が優れており，現在一般的な3Tほどの磁場のMRI装置を用いれば，1-2 mm程度の空間分解能で全脳を撮像することが可能である。また，BOLD信号はノイズ（熱や静磁場の不均一性などに由来するMRI装置のノイズ，生体内ノイズ，撮像中の実験参加者の頭部運動によるノイズ）の影響を受けるため，たった一度の刺激に対する脳活動は解析に耐えない。特定の実験条件に対して繰り返し脳活動計測を行う必要がある。

これらfMRI法の制約を克服するために，さまざまな刺激呈示パラダイムが考案されている。このうち，最も標準的で，かつ頑健にBOLD信号を捉える実験デザインとして，「ブロックデザイン（blocked-design）」が挙げられる。視覚刺激を例に，大脳皮質で条件A（たとえば，顔）を選択的に処理する領域と条件B（たとえば，建物）を選択的に処理する領域をfMRI法で同定したいとする。このとき，ブロックデザインによる実験パラダイムでは，それぞれの条件に属する多くの刺激パターンを用意し，それらの刺激カテゴリを数秒から数十秒の「ブロック」ごとに交互に（あるいはランダムな順序で）呈示する。ここで各ブロック内では，数秒おきに当該条件に含まれる多数の刺激を次々と入れ替えて呈示する（刺激間にブランクを挟んでもよい）。この理由は，順応効果による脳活動の減衰を防ぐためである。すなわち，一つのブロック内で同一の刺激を数十秒間にわたって呈示視続けると，脳活動が次第に減衰してしまうが，刺激を入れ替えることでその減衰を抑制している。また，特定の刺激を呈示し続けると，その刺激に偶然含まれる特定の（目的とは異なる）特徴に対する脳活動が拾われてしまう可能性がある。こう

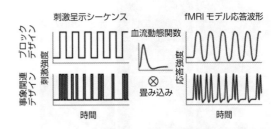

図3-2-2　fMRI実験における代表的な刺激呈示パラダイム
ブロックデザインと事象関連デザイン。

した問題を防ぎ，特定の刺激に限定されず，目的の条件に対する脳活動を正しく捉えるためには，複数の刺激を呈示することが重要である。また，ブロック内で何度も刺激を呈示することにより，BOLD信号のSN比を向上させ，よりロバストな応答の取得が可能となる。ただし，ブロックは長ければよいというわけでもなく，刺激や課題にもよるが6-30s前後で十分であることが示されている（Huettel et al., 2008）。この刺激呈示ブロックを何度か繰り返した際の脳活動をfMRI法で計測した後に，最も単純な解析では，それぞれのブロックに対応するfMRI信号を脳部位ごとにそれぞれ加算平均する。そして，脳部位ごとの信号の強弱を比較することで条件Aと条件Bのそれぞれに選択的な応答を示す脳部位を同定する。このブロックデザインは，ごく単純な手法ではあるが，その頑健性から信頼度の高い実験パラダイムであり，本番の実験で他の手法を用いる予定があっても，事前に課題設計の妥当性や刺激強度の設計などを検証するためのパイロット実験で利用可能な効果的な手法である。

しかしながら，ブロックデザインはどのような課題にも対応できる万能の手法ではない。たとえば，次々と呈示される刺激が条件Aと条件Bのどちらのカテゴリに属するかを逐次判別する課題を遂行中の実験参加者の脳活動を計測する場合を考えたい。このとき，上記のブロックデザインでは，一つのブロックにおいて繰り返し刺激を呈示し続ける必要があるため，あるブロック呈示中に一度でも刺激のカテゴリが判明してしまった場合には，残りの刺激群を判別しなくとも正解がわかってしまうため，実験デザインとしては不適切である。こうした予測の影響を実験から排除するためには，異なる刺激呈示パラダイムを用いる必要がある。そのための効果的な刺激呈示法の一つが「事象関連法（イベントリレイテッドデザイン：event-related design）」である。事象関連法では，数秒から数十秒おきに一度のみ（あるいは，予測の影響を排除する必要がない場合には，数秒の刺激呈示期間や課題遂行期間を設ける場合もある），刺激を呈示する（この単発の刺激呈示をイベントと呼ぶ）。刺激条件が複数ある場合には，条件間で呈示順序をうまくランダムにする必要があり，M

系列を利用するなど，より頑健で偏りのない信号を捉えるための手法が多く考案されている（Buracas & Boynton, 2002）。この手法を用いれば，予測効果の影響を排除することが可能である。ただし，単発の刺激呈示のため，各イベントに対するfMRI信号強度はブロックデザインと比べて弱く，SN比も低いため，イベントを何度も繰り返す必要がある。また，この手法では刺激の呈示間隔もランダムにすることが多く，特に短い刺激呈示が続く場合には実験参加者が刺激の呈示を見逃してしまうことも起こりうるため，別途課題開始の合図を準備するなど，刺激呈示に工夫が必要である。

最後に，どちらの刺激呈示パラダイムを用いた場合でも，あくまで計測しているのは刺激条件と脳活動との「相関」であり，「因果関係」ではない点に注意しなければならない。刺激条件が複雑になるほど，意図しない効果で脳活動との擬似的な相関が得られてしまう。刺激呈示パラダイムの選択とは別に，厳密な条件の設定と制御が重要である。また，因果関係を調べるためには，fMRIと経頭蓋磁気刺激（transcranial magnetic stimulation：TMS），tDCS（transcranial direct current stimulation），tACS（transcranial alternating current stimulation）などの脳刺激法とを組み合わせた研究を実施することも必要であろう。

3・2・2・3　その他のfMRI実験デザイン

上に紹介した二つの刺激呈示手法がすべてのfMRI実験の基礎となる2大実験パラダイムであり，まずはこの二つの手法のどちらかを利用して実験デザインを組むことが推奨される。しかしながら，研究の目的によっては他の特殊な実験パラダイムを利用したほうが効果的な場合もある。たとえば，ヒトの大脳皮質第一次感覚野には，トポグラフィックな表象が存在する。このトポグラフィックな表象を可視化し，その表象における知覚課題の処理様態を調べる研究を行いたいとする。具体例として，一次視覚野におけるレチノトピー表象（網膜部位再現：視野のある1点と大脳皮質の初期の視覚野のある1点との1対1の対応関係）を捉えるにはどうすればよいだろうか。これまでに述べた方法を応用するな

らば，まずブロックデザインを用いて視野位置ごとに順番に刺激を呈示しながら脳活動を計測する。続いて，それぞれのブロックに選択的に応答する脳部位を解析的に同定すればレチノトピー表象を可視化することが可能であろう。しかしながら，ではこの手法を採用する場合，視野をいくつの領域（刺激呈示ブロック）に分割すればよいだろうか。その基準は明確ではない。また，詳細は本節では省くが，ブロックデザインのように長時間の刺激呈示法を用いるとfMRI信号が大脳皮質上で広範囲に拡がってしまうため，ブロックを跨いで脳活動部位に重なりが生じてしまい，明瞭なレチノトピー表象を得ることは難しいだろう。これらの問題を克服するため，「位相符号化法（phase-encoded method）」と呼ばれるトポグラフィックな表象をうまく可視化することに特化した実験デザインが考案されている（DeYoe et al., 1994；Engel et al., 1997；Sereno et al., 1995）。この手法では，たとえばレチノトピー表象を同定する場合，視野を定速かつ周期的に掃引するような刺激呈示法が採用され，その刺激に対するfMRI信号にフーリエ解析を適用することで，視野位置と脳活動部位との対応関係を明らかにする。同様の手法を適用することにより，体性感覚野のソマトトピー（体部位局在性）表象や聴覚野のトノトピー（周波数局在）表象，さらには注意のトポグラフィックな表象や眼球運動方向のトポグラフィックな表象までもがfMRI法のみで明瞭に同定されている（Schluppeck et al., 2005）。その他，電気生理学的な研究で確立された受容野の同定手法をfMRI実験パラダイムに落とし込むことで，位相符号化法のように周期的な刺激呈示の制約を課さなくとも，高い精度でトポグラフィックな表象を同定することを可能としたpRF（population-receptive field）法なども考案されている（Dumoulin & Wandell, 2008）。

また，脳内における刺激の表現様態を調べる他の手法として，fMR順応（fMR-adaptation）のパラダイムも考案されている（Grill-Spector et al., 2006）。たとえば，刺激Aと刺激Bの二つのカテゴリがあるとき，新たに用意した刺激Cが脳内ではAとBのどちらのカテゴリに属するかを知りたいとする。このとき，事象関連法を応用して，1回のイベン

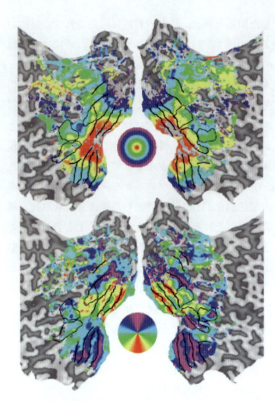

図3-2-3　位相符号化法で明らかになったヒト大脳皮質視覚野のレチノトピー表象（Ban & Welchman, 2015）

ト中にAとC，あるいはBとCをこの順番通りに500 msなど非常に短い時間間隔で1度ずつ連続して呈示し，そのときのfMRI信号を取得する。すると，もしCが脳内でBではなくAと同じカテゴリとして処理されている場合，Cに先行してAが呈示されたイベントでは，Aの呈示によって脳が順応し，後続のCに対するfMRI信号（実際にはAとCに対する脳活動が混合した信号が得られる）は減衰する。対して，Cに先行してBが呈示されたイベントではfMRI信号は減衰しない。この差から脳内における刺激カテゴリや刺激表象の様態に迫る手法がfMR順応法である。

さらに最近では，従来のように厳密に統制された刺激と呈示パラダイムを用いるのではなく，より自然な状態に近い環境で刺激を呈示し，より自然な状態の脳活動を取得するアプローチも一般的になりつつある。こうした新しいアプローチでは，たとえばビデオカメラで撮像した映像や映画のシーンなどを特別な統制を設けずにそのまま実験参加者に長時間

観察してもらう。その際に取得した膨大なfMRI時系列データに対して，ビデオの1コマずつに含まれる特徴・手がかり（顔が呈示されているコマ，建物が呈示されているコマ，など）に基づいてパラメトリックに構築したモデル波形を当てはめることで，刺激を選択的に処理する脳部位を同定したり，脳内の刺激表象の様態を可視化する（エンコーディングモデル解析，Nishimoto et al., 2011）。

3・2・2・4　fMRIデータ解析手法の概略

fMRI法で得られた脳活動の時系列信号データは，複数の前処理を経た後，おおまかに全脳解析かROI（regions of interest：関心領域）解析が適用される。結果と仮説の比較検証には，心理行動研究や他の神経科学研究と同じく，推測統計学の枠組みを適用することが主流である。このおおまかな手続きのなかで，解析対象となるデータに単変量（univariate）解析手法を適用する場合もあれば，現在主流となったデコーディング解析や多ボクセル類似度解析に代表されるような多変量（multivariate）解析手法が用いられる場合もあり，解析の選択肢は多岐にわたる。このため，それぞれの手法の利点と欠点，そして適用限界を把握し，目的に応じて適切な手法を選択することが重要である。

fMRI信号の前処理は，主に信号の補正とノイズの除去を目的に適用され，撮像スライスの取得時間のズレを補正するslice timing correction（スライスタイミング補正），撮像中の実験参加者の頭部運動を補正するmotion correction（頭部運動補正），時系列信号に含まれる低周波のドリフト成分やトレンドを除去するhighpass filter（低周波成分除去フィルタ）などがある。なお，通常fMRI信号にはlowpass filter（高周波成分除去フィルタ）は適用しない。前処理後のfMRIデータは，別途取得した実験参加者本人の脳解剖画像（1mm程度の空間解像度で撮像される）とマッチングされる（coregistration：コレジストレーション）。これにより，関心とする脳活動がどこで生じたのかを解剖学的に詳細に同定することが可能となる。さらに，ある実験参加者の特有の脳構造上ではなく，標準座標上で活動部位を議論するために，個人の解剖画像とfMRI画像を標準脳構造テンプレートへとマッチングする場合が多い（normalization：標準脳への変換）。一般的にはTalairach標準座標かMNI標準座標が用いられるが，解析対象とする実験参加者グループのみを用いて生成した実験参加者内平均脳構造へマッチングする場合もある（spherical averagingなどの手法が用いられる）。

その後，fMRI信号波形が仮説による予測と合致するかを検証するために，一般的にはGLM（general linear model：一般線型モデル）による重回帰分析を適用する。この際，fMRI信号は従属変数となり，独立変数としては刺激呈示パラダイムと標準BOLD信号波形（hemodynamics response function：HRF：血流動態関数；Boynton et al., 1996；Glover, 1994）との畳み込みによって生成したモデル波形を組み合わせたデザインマトリックスが用いられる。デザインマトリックスには，刺激条件をモデル化した波形の他に，脳活動と課題の他の側面，たとえば反応時間や反応バイアスとの関連を調べるために，それらの心理行動指標パフォーマンスを組み込むといったことも可能である。頭部運動補正のパラメータを組み込むことも一般的である。さらに，ノイズ除去の目的で，灰白質外で生じた信号ドリフト成分などをnuisance regressor（意味のない回帰モデルパラメータ）として組み込む場合もあるが，灰白質外の信号は本当にノイズのみから成り立つのか議論の余地があり，注意が必要である。

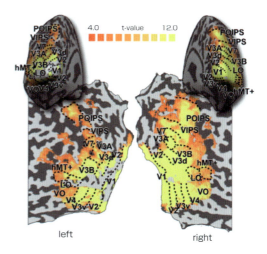

図3-2-4　GLM解析結果の例

第Ⅰ部　総論

刺激条件の処理に関わる脳領域を探索的に解析するアプローチでは，全脳にわたってボクセルごとに個別に重回帰分析を適用する必要がある。しかし，もし何らかの仮説に基づいてあらかじめ解析対象となる少数の脳領域が決定しているような場合には，その部位をROIとし，ROI内のボクセル信号を加算平均することで重回帰分析のSN比を向上させることができる。

しかしながら，ROI内のボクセルをすべて加算平均する解析（単変量解析）では，特定のROIに含まれる多くのボクセルからなる「脳活動のパターン」に刺激条件間で違いがあったとしても，その違いが見落とされてしまう危険を伴う。この違いを無視せず，多ボクセルからなる脳活動パターンには，わずかながらも頑健な特徴が存在すると仮定し［たとえば，一次視覚野の方位選択性コラム構造の至適方位の局所的偏りがボクセルの応答分布パターンに反映されている可能性がある（Boynton, 2005）］，fMRIデータをパターンとして扱う多変量解析手法が主流を占めつつある。こうした多変量解析手法の一つに，機械学習法を適用して多ボクセルパターンの分類を行い，脳内の刺激表現や情報処理様態に迫る「デコーディング解析（decoding analysis）」が挙げられる（Haynes & Rees, 2005；Kamitani & Tong, 2005）。デコーディング解析は，BMI（brain-machine interface：脳と機械をつなぐインターフェース）の基盤技術としての応用も試みられており，現在，fMRIを含むすべての脳機能イメージング法の最重要解析手法の一つとなっている。また，デコーディング解析のように脳活動から刺激を分類・同定するのではなく，逆のアプローチでfMRI応答モデルを先に構築し，そのモデルによってfMRI応答を説明する解析手法が前節最後に挙げたエンコーディングモデル解析（encoding model analysis）である。この他，多ボクセルパターンの類似度（距離や相関など）を刺激条件間で比較して類似度行列へと落とし込むことで，種々の解析モデルやシミュレーション結果，他の脳イメージングモダリティ，行動パフォーマンス，さらには異生物種間の脳活動までをも同じ空間に落とし込んで比較することを可能とした解析技術として，多ボクセル相違度解析

（representational dissimilarity analysis）が挙げられる（Kriegeskorte et al., 2008）。これらの新しい多変量解析を特定のROIの活動パターンに限定するのではなく，仮想的に作った小さなROI（例として，半径5 mmの球状のROI）を全脳中を移動させながら適用し，どの脳部位のパターンに刺激情報が存在するかを探索する「サーチライト解析」も考案されている（Kriegeskorte et al., 2006）。

また，上に紹介した解析の他，脳領域間のつながりを可視化するconnectivity analysis（結合強度解析）や脳部位間を行き来する情報の流れを解析するcausality analysis（因果関係解析）の手法なども提案されている。因果関係の解析にはGCM（Granger causality modeling）などの手法が用いられる。

最後に，fMRI解析では多くのボクセルデータを同時に扱うため，常に多重比較の問題に直面し，適切な有意差検定を行わなければ容易に誤った結論が導かれてしまう（第1種の過誤の問題；Bennett et al., 2009；Eklund et al., 2016）。よって，解析においては常に多重比較の適切な補正を意識する必要がある。一方で，ボクセルがあまりに多い場合，多重比較の補正によって真に有意である差が誤って検出できない事態も起こりうる（第2種の過誤の問題）。一つの解決策として，有意差検定を適用するのではなく，分割データを用いながらデコーディング解析のテストを繰り返し，再現性の軸で結果を評価するアプローチへと解析手続きを切り替えることができれば，有意差検定の呪縛から解放されるかもしれない。

3・2・2・5　fMRIデータ解析に用いられる専用ソフトウェア

fMRIデータ解析手続きの高度化と大規模化により，自身で解析プログラムを記述するのは最小限（最後の仮説検証部位など）にとどめ，前処理や脳構造の標準化など，大部分のルーチンにはfMRIデータ解析専用のソフトウェアを利用することが一般的となっている。実験結果の再現性や過去の論文報告との整合性の担保などの理由から特に使用が推奨されるソフトウェアとして，英国UCL発のSPM（Statistical Parametric Mapping；https://www.fil.ion.ucl.ac.uk/spm/），英国オックス

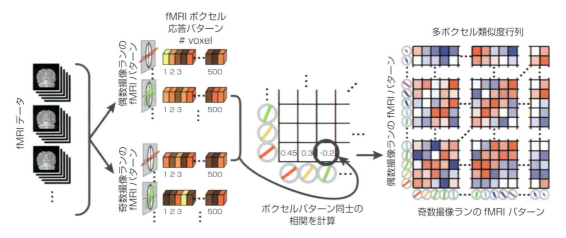

図 3-2-5　多変量解析法の適用―多ボクセルパターン類似度解析の概略図（Ban & Welchman, 2015 を改変）

フォード大学発の FSL（FMRIB Software Library；https://fsl.fmrib.ox.ac.uk/fsl/fslwiki/），オランダ・Brain Innovation 社およびマーストリヒト大学発の BrainVoyager（http://www.brainvoyager.com/），米国 NIH 発の AFNI/SUMA（https://afni.nimh.nih.gov/）が挙げられる。また，fMRI の結果をマッピングするための脳解剖構造画像を詳細に処理・加工するためのソフトウェアとして，米国ハーバード大学および MGH 発の FreeSurfer（https://surfer.nmr.mgh.harvard.edu/）が最も広く利用されている。これらのソフトウェアと連携して動作する多くのツールやプラグインが公開されており，そのほぼすべてが MATLAB か Python 言語で記述されている。よって，これから fMRI の使用を予定している学生・研究者はこれら 2 種のプログラミング言語を学ぶと有利である。

3・2・2・6　fMRI 技術の未来と倫理的な問題点

fMRI の技術発展は驚くべき速度で進んでおり，最近では 7 T の超高磁場 MRI が実用化されている。超高磁場 fMRI 法を用いると 1 mm 以下の空間解像度で脳活動を捉えることができる。この超高磁場 fMRI 法の高空間分解能を活用し，大脳皮質の層構造ごとに脳活動を個別に解析することが可能となりつつある（レイヤー解析法）。この技術により，脳内のフィードフォワード経路とフィードバック経路を fMRI で分離するような研究が可能となるかもしれない。また超高磁場 fMRI 法は，大脳皮質の方位選択性コラムや眼優位性コラムの可視化にも成功している。さらには，超高速に脳活動を計測する技術の研究も進みつつある。近い将来，fMRI によってリアルタイムに脳内を行き来する情報の流れを高解像度で可視化できるようになるかもしれない。一方で，超高磁場 MRI は磁場の歪みの影響を受けやすく，利用範囲が限定されるとの懸念も存在する。今後のさらなる技術発展に期待したい。この他，fMRI のように BOLD 効果に基づいた相対的な脳活動変化を捉えるのではなく，神経細胞の軸索の髄鞘（ミエリン）化の度合いなどの絶対値を計測する定量 MRI（quantitative MRI：qMRI）法の開発が進められている。この手法を応用することにより，知覚特性と脳の組織特性との関係を定量的に評価することが可能となるかもしれない。

また，昨今のオープンサイエンスとデータ共有の潮流とともに，脳イメージング研究結果の再現性を高めるため，個別の研究者がそれぞれ fMRI データを取得して解析するのではなく，共通の枠組みに基づいて取得された誰もが利用可能な大規模な fMRI データベースの構築と共同利用を目指す取り組みも進められている。これらのデータベースを利用することにより，数人から数十人単位の脳活動のみから議論を展開していた従来の研究では決して見いだせなかった新たな脳部位間の結合や，脳構造，脳活動と個性などの特性との関係性が明らかになりつつある。代表的な大規模脳データベースとして，米国 NIH が主導する Human Connectome Project

第 I 部　総論

（https://www.humanconnectome.org/）や，当初は
疾患と遺伝子，環境要因との関係をデータベース化
していたが近年はそれらに MRI 脳画像データも組
み込まれた UK Biobank（https://www.ukbiobank.
ac.uk/）プロジェクトが挙げられる。

　最後に，fMRI 技術は，すでに知覚，認知に関わ
る脳内情報処理機構を解明するにとどまらず，広告
やマーケティングへの応用など主観的な嗜好，好悪
などを客観的に可視化するツールとして応用されつ
つある（McClure et al., 2004）。技術は人間の幸福の
ために使われるべきであるが，飛躍的な脳イメージ
ング研究技術の発展に比して，その研究内容の倫理
的・法的なガイドラインの整備は必ずしも追いつい
ていないため，現状では，研究内容が知らぬ間に実
験参加者のプライバシーを侵害するような事態が起
こりうる。今後は，脳イメージング研究そのものと
並行して，fMRI を使用する心理学・神経科学など
の研究者らと倫理学者・法学者とが連携しながら，
しっかりとした fMRI 研究のためのガイドラインを
策定することが肝要である。

3・2・3　MRS

3・2・3・1　MRS 技術の発明とその機序，知覚研究 への応用

　fMRI が脳の活動様態を画像化する技術であるの
に対し，生体の局所部位内における代謝物の種類
や濃度などの情報を得るための撮像技術が MR ス
ペクトロスコピー（分光法：magnetic resonance
spectroscopy：MRS）である（Bovey et al., 1988）。
MRS では，構造などの違いに起因して脳内の代謝物
の原子核の共鳴周波数が異なることを利用して，代
謝物の磁気共鳴信号を周波数に分類する。この周波
数特性の違いを観察することで，代謝物の種類や濃
度を同定することが可能となる。すなわち，言い換
えれば，fMRI が神経学・生理学的な反応を観察す
る手法であるのに対し，MRS は脳の化学的な反応
を観察する手法といえる。fMRI と比較してなじみ
のない手法かもしれないが，実際には MRS は MRI
の登場とほぼ同時期から始まる長い研究の歴史を有
する。しかしながら，MRS で分類できる周波数特

性は磁場の強度に強く左右され，従来主流であった
1.5 T 程度の磁場強度では周波数分解能に乏しかっ
たため，ごく最近まで知覚研究に積極的に導入され
ることはなかった。ところが近年になって高磁場
3 T MRI や超高磁場 7 T MRI が主流となり，SN 比
と周波数分解能の飛躍的な向上が実現したことによ
り，脳内のさまざまな代謝物を同定するための手法
として MRS 技術が確立されつつある。ただし，高
磁場 MRI では磁場の不均一性などの影響が強いた
め，より厳密な調整を経なければ MRS 信号をうま
く取得することは難しい点にも注意が必要である。

　最近の脳 MRS では，MEGA-PRESS（MEshcher-
GArwood Point RESolved Spectroscopy）シー
ケンスと呼ばれる計測手法が一般的に利用される
（Mullins et al., 2014）。この計測法は，周波数選択
的なパルスをうまく照射することにより，特定の信
号のみを増強して評価することを可能にするもの
で，代表的な神経伝達物質である GABA（γアミノ
酪酸，抑制性シナプス伝達を担う）やグルタミン酸
（主に興奮性シナプス伝達を担う）の計測に有用で
ある。

　MRS 法の適用例として，従来は脳腫瘍や脳梗塞の
鑑別や病状評価など，臨床研究での利用が主であっ
たが，近年は基礎的な心理学・神経科学的研究にも応
用が進みつつある。特に MRS 法を用いた知覚研究
では，最近，視覚手がかりの統合や知覚学習，運動
学習の効果・達成度と抑制性神経伝達物質（GABA）
濃度との関連を調べる多くの研究が精力的に進めら
れており，新たな興味深い知見が次々と蓄積されつ
つある（Rideaux & Welchman, 2018；Shibata et al.,
2017；Stagg et al., 2011）。たとえば，知覚課題を過
学習した前後など，いくつかの学習条件前後におけ
る脳を MRS 法で計測した研究では，過学習をしな
い場合にはグルタミン酸の濃度が高くなるが（学習
しやすくなるといわれる），過学習をした場合には
グルタミン酸の濃度が低下する一方，GABA の濃
度が向上することが明らかになった（Shibata et al.,
2017）。この結果は，長らく不明であった過学習の原
理に迫る成果であり，過学習後に学習の痕跡が他の
課題によって上書きされることを防いでいると考え
られる。こうした知見は従来の fMRI 法のみでは決

して得ることはできず，知覚研究におけるMRS法の有用性を示す最たる例だろう。

また，MRSは従来は時間情報をもたない計測手法であったが，近年，代謝の化学的な反応の時間的なダイナミクスを取得する機能的MRS（functional MRS：fMRS）法も研究が始まっている。fMRS法を用いれば，知覚課題遂行中のヒト脳内の興奮・抑制性のダイナミックな変化を捉えることが可能となるため，知覚と脳活動との新しい因果関係を見いだす有望な手法としてその将来的な発展が期待される。

（番 浩志）

3・3 その他の測定手法：PET・SPECT・NIRS

3・3・1 はじめに

本章では，脳血流・代謝あるいは神経伝達物質の受容体やトランスポーターに関わる分子情報を可視化する計測技術を扱う。歴史的には，ポジトロン断層撮影（positron emission tomography：PET）と単一光子放射断層撮影（single photon emission computed tomography：SPECT）は，放射性同位元素を用いる核医学的計測手法として発達した。

課題中にPETで計測した脳血流・代謝指標の変化が，課題中の神経活動の代用マーカー（surrogate marker）として使われ始めたのが，脳機能イメージング（functional brain imaging）あるいは脳賦活（brain activation）研究の嚆矢である。さらにその起源は，米国のLouis Sokoloffが，実験動物を対象とし，^{14}Cで標識した2-デオキシグルコース（2-deoxyglucose：2-DG）とオートラジオグラフィー（autoradiography）法を用いて，神経活動の変化を糖代謝の変化として検出できることを示したことに遡る。

この原理は，^{18}Fで標識したフルオロデオキシグルコース（fluorodeoxyglucose：FDG）を脳代謝のトレーサーとしたPETに応用され，ヒトを対象とした脳糖代謝の測定が行われるようになった。そして，課題負荷による糖代謝の変化が神経活動の代用マーカーとして用いられるようになった。さらに，半減期が2分程度の^{15}Oで標識した水を用いたPETによる脳血流測定では，課題条件の反復測定が可能になり，今日にまでつながる脳機能イメージング研究の発展の礎となった。またSPECTは，空間解像度の点でPETに劣るものの，PETよりも安価で簡便なことから広く臨床応用されていることに加え，特殊な条件での脳賦活検査にも用いられてきた。

しかし，PETやSPECTによる脳機能イメージング研究は高価であるうえ，侵襲性，すなわち注射や放射性トレーサーによる放射線被曝という大きな欠点がある。やがてfMRIの普及により，脳機能イメージング研究の主役の座を明け渡すことになった。

一方，近赤外線スペクトロスコピー（near-infrared spectroscopy：NIRS）は，赤血球中のヘモグロビン分子が酸素と結合しているか否かで，吸光度が異なることを利用し，非侵襲的に脳血流の増減を測定することを意図した技術であり，簡便で侵襲がないことから広く用いられるようになった。

ただし，現在のところ脳伝達物質の動態に関わる情報をMRIやNIRSで取得することは困難であるため，PETによる脳機能イメージング研究が，医学的・科学的に重要であることには変わりがない。このことを表すのが分子イメージング（molecular imaging）という言葉である。分子イメージングは生体内の分子プロセスを可視化する手法のことだが，PETやSPECTはヒトを含む個体を対象とした分子イメージング技術である。

現在使われている脳機能イメージング解析の基本原理もPET研究から生まれている。PETによる脳賦活研究の黎明期には，関心領域を設定して脳血流や代謝の変化を検出していた。その後，各研究参加者の全脳を標準脳に変換することで，ボクセル（PETやMRI画像の空間単位）レベルでの統計解析を可能にするstatistical parametric mapping（SPM）法も，そもそもはPETの解析技術として生まれた。その過程で，同一人から得られた画像データの位置ずれの補正（realignment），脳の形状の個人差を補正するために標準脳に合わせて個人の脳画像の空間的標準化（spatial normalization）をすること，そして，一般線型モデル（general linear model）を用いて多数のボクセル由来のデータを同時に統計解析し，有

意な変化を示したボクセルを3平面に投影する技術（SPM）が生まれた。これらの解析技術は，多少の修正と改善を経て，fMRIの解析に用いられている。

本章では，まず多くの脳機能イメージングが神経活動の代用マーカーとして脳の糖代謝や酸素代謝・血流変化を使用していることの根拠を説明する。その後，PET，SPECT，NIRSの特性について概説する。

3・3・2　神経–代謝–血液動態連関

糖代謝や脳血流のPET，SPECTやNIRSによる脳機能イメージング研究の結果を正しく解釈するうえで，どのような過程を経て神経活動の変化が代謝・血液動態の変化に結びつくかを理解しておくことは大事である（Hanakawa, 2015）。また，この過程を理解することは，より複雑な過程であるblood-oxygenation level-dependent（BOLD）信号変化（fMRIの計測原理）の発生機序を理解する助けともなる。

脳の領域が課題に関わる情報を処理する際，その領域には神経活動，末梢や他の脳領域からの入力によるシナプス活動，神経伝達物質の放出などが活発に生じる（図3-3-1）。これらは電気的・生化学的過程であり，エネルギーを要求する。まず静止状態の神経細胞の内部は負に荷電しており，約−70 mVの静止膜電位（resting membrane potential）をもつ。神経細胞へのシナプス入力などに由来する膜電位変化の総和が閾値を超えた際には，細胞内にナトリウムイオン（Na^+）が急速に流入し，細胞内が大幅に脱分極する。これが活動電位（action potential）の発生である。脱分極後，直ちに（数ms）ナトリウム–カリウムポンプがはたらいて細胞外へナトリウムを汲み出し，神経細胞は静止状態に戻る（再分極）。ナトリウム–カリウムポンプはエネルギー源としてアデノシン三リン酸（adenosine triphosphate：ATP）を必要とする。同様の過程は，閾値に達しない興奮性シナプス後電位（EPSP）の発生時にも生じている。

このEPSPの多くは大脳皮質における興奮性神経伝達物質であるグルタミン酸（glutamate）が放出されてシナプス後細胞で受容されることで生じる。グルタミン酸は，グリア細胞に取り込まれ，グルタミン（glutamine）に変換されたのち，神経細胞に戻されて再度グルタミン酸に合成される（再利用）。グルタミン酸以外にも多くの神経伝達物質が存在するが，このような神経伝達物質放出と再利用・合成に伴う生化学的過程にもエネルギーが必要である。

すなわち，脳領域が活動すると，シナプス後電位や活動電位などが発生し，神経伝達物質の放出や再利用などのためにエネルギーを必要とする。エネルギー源として使われるのはATPである。脳は通常，グルコース（glucose）を代謝してATPを産生している（飢餓時にはケトン体も使用される）。解糖系はグルコースをピルビン酸（pyruvic acid）に代謝し，差し引きATP2分子を産生する。解糖系は酸素を必要としない。さらにピルビン酸はミトコンドリア内トリカルボン酸（tricarboxylic acid：TCA）回路で

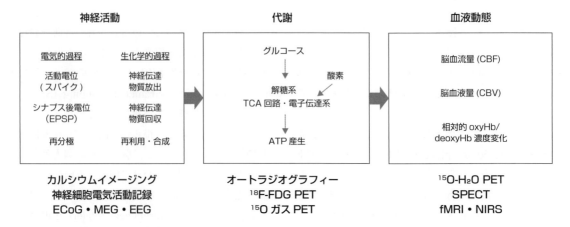

図3-3-1　神経活動–代謝–血液動態連関

代謝され，ニコチンアミドアデニンジヌクレオチド（nicotinamide adenine dinucleotide：NADH）などが産生される。そしてNADHは電子伝達系で代謝され，最終的にTCA回路－電子伝達系では，グルコース1分子からATP36分子が産生される。そしてTCA回路－電子伝達系は酸素を必要とする。すなわち，脳領域が活動すると，グルコースと酸素の代謝が亢進し，エネルギー要求が満たされる。逆にみれば，活動が増加している脳領域では，グルコースと酸素の代謝が活発になっているはずである。この考えを実験的に証明したのがSokoloffである（Sokoloff et al., 1977）。

グルコースと酸素が必要になると，脳はこれらを血中から取り込む必要がある。脳はグルコースや酸素を蓄えておくことができないからである。そのため，神経活動が盛んになった脳領域では，グルコースと酸素を供給するために脳血流量（cerebral blood flow：CBF）が増加する。神経活動が盛んになると，一酸化窒素（NO）が産生され，細動脈の平滑筋を弛緩させて動脈血液量が増える。血液の流入により，脳血液量（cerebral blood volume：CBV）も増加するが，古典的には毛細血管や細静脈は風船のように受動的に拡張するだけと考えられていた。ところが最近，グルタミン酸の放出依存的にプロスタグランジンE2（prostaglandin E2）が増加し，毛細血管の血管外皮細胞が弛緩することが示された（Hall et al., 2014）。これは細動脈が弛緩して動脈血が増えるよりも早い。すなわち，脳血液量・血管床の増大には複数のメカニズムが関与する。

脳血液の量だけでなく，内容にも変化が起こる。動脈血中の赤血球は，酸素化ヘモグロビン（oxyhemoglobin：oxyHb）を豊富にもつ。ヘモグロビンは局所で酸素を放出して，活動している脳部位の酸素要求を満たす。ヘモグロビンは酸素を放出すると脱酸素化（還元型）ヘモグロビン（deoxyhemoglobin：deoxyHb）となる。酸素化ヘモグロビンの相対濃度の変化はNIRSで，脱酸素化ヘモグロビンの相対濃度の変化はNIRSとT_2^*強調MRIで検出することが可能である。酸素要求の増大に伴い，一過性に還元型ヘモグロビンが増える可能性はあるが，一般的には過剰な動脈血の流入に伴い，還元型ヘモグロビンの濃度の低下と酸素化ヘモグロビンの濃度の増大が計測される。神経活動に伴う脳血流と酸素飽和度の動的変化を総称して血液動態反応（hemodynamic response）と呼ぶ。

脳機能イメージングを用いた心理実験を行うために，これら複雑な過程のすべてを理解しておく必要はない。しかし，脳血液動態を神経活動の代用マーカーとして使用してよいとはいっても，その間にはこれだけ複雑な過程が介在しているのだ，というイメージをもっておくことは有用だろう。ちなみに，脳は特に何もしていない「安静時（resting state）」であっても，自発的に生じている神経活動のために多くのエネルギーを必要としている。安静時の脳ネットワーク活動を計測（安静時fMRI）することにも大きな意義があるが，その詳細は他章に譲る。

3・3・3 PET

PETは，β^+崩壊する陽電子（ポジトロン）放出核種で標識した薬剤を生体に投与し，臓器に取り込まれた核種由来の放射線を検出して画像化する技術である。陽電子放出核種には，^{11}C（炭素，半減期20分），^{13}N（窒素，同10分），^{15}O（酸素，同2分），^{18}F（フッ素，同110分）などがある。これらの核種から放出される陽電子は，近傍の電子と出会って消滅するが，その際に電子の静止質量分のエネルギー（511 keV）に相当する一対の消滅放射線（γ線）を放出する（図3-3-2）。このγ線はエネルギーレベルが高いために透過性が高い。また，一対の消滅放射線は互いに反対方向に放出されるため，対向する検出器で一対の消滅放射線を同時に検出すれば，核種が存在した位置を正確に同定できる。このことが理由で，核医学的画像法としてはPETが最も高い空間解像度をもつ。検出器にはシンチレーション・カメラ（2次元

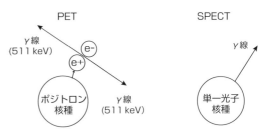

図3-3-2 PETとSPECTの違い

配置したシンチレータと光電子倍増管）が用いられてきた。生体の周囲に配置した検出器から，生体内の核種分布の投影像が得られる。なお，最近の PET では半導体を用いた検出器をもつものがあり，装置の小型化や PET-MRI 装置の開発に活用されている。投影像から断層像を再構成（reconstruction）する手法として，フィルタ重畳逆投影法や逐次近似再構成法（ordered subsets expectation maximization：OSEM）などがある。なお，^{15}O や ^{11}C のような短い半減期の核種を用いた研究や検査を行うためには，PET 装置だけでなく，サイクロトロン設備と合成装置を所有する必要がある。^{18}F で標識した薬剤については，配送で入手できる場合もある。

　生体中で核種がどのように分布するかは，他の核医学的手法と同様，標識された放射性薬剤（トレーサー）の薬理学的性質によって決まる。^{15}O で標識した水（$H_2^{15}O$）は脳血流量に比例して脳に取り込まれる。神経 - 代謝 - 血液動態連関の節で述べたように，脳血流は脳局所での神経活動の代用マーカーとして用いることができる。1980-1990 年代には，さまざまな課題を行っている間に $H_2^{15}O$ を静脈注射し，PET で脳血流を測定して，課題に伴う脳賦活部位を調べる研究が盛んに行われた。実際，同じ課題を行っている間の脳活動を $H_2^{15}O$ PET と機能的 MRI で比較すると，検出される脳部位はよく一致する（Hanakawa et al., 2002）。脳血流量は定量することも可能である（ただし，定量には通常動脈採血が必要）。^{15}O で標識した一酸化炭素（$C^{15}O$），酸素（$^{15}O_2$），二酸化炭素（$C^{15}O_2$）の 3 種類のガスを用いると，血流量，酸素代謝率，酸素摂取率，脳血液量を定量することができる。

　^{18}F-FDG はグルコーストランスポーター（glucose transporter：GLT）を介して，神経細胞とアストログリア細胞に取り込まれる。^{18}F-FDG はグルコースと同様にヘキソキナーゼによってリン酸化されるが，それ以上の代謝は進まないため（解糖系に入らない），ヘキソキナーゼ活性を反映した状態で細胞内にトラップされる。つまり，^{18}F-FDG PET では脳部位へのグルコース取り込みとヘキソキナーゼ活性が評価できる。^{18}F は半減期が長いため，$H_2^{15}O$ を用いた賦活検査のような頻回測定はできない。しかし

課題を行っている時点で ^{18}F-FDG を投与し，課題終了後に（たとえば麻酔下に）PET 撮像することで，課題実施中の糖代謝を反映する画像を得るという使い方ができる。この方法は，歩行中の糖代謝の測定や，実験動物の自由行動中の糖代謝の評価に応用できる。また，認知症やてんかんなど，さまざまな精神・神経疾患に ^{18}F-FDG PET を応用すると，疾患特異性のある脳機能異常の分布を，安静時糖代謝の低下や病的亢進として検出することができる。

　脳機能イメージングにおいて，脳血流や糖代謝の評価以上に重要な PET の役割は，神経伝達物質の受容体（receptor）やトランスポーター（transporter）に特異性の高い放射性薬剤を用いて，脳内のさまざまな分子の状態をイメージングすることである。そのような研究や検査を可能にする放射性薬剤には，ドパミン神経系の評価に関わるものだけでも，ドパミン合成酵素を評価する ^{18}F-fluorodopa，ドパミントランスポーター（dopamine transporter：DAT）評価用の ^{11}C-PE21，ドパミン D1 受容体評価用の ^{11}C-NNC-112 や ^{11}C-SCH-23390，ドパミン D2/3 受容体評価用の ^{11}C-raclopride や ^{18}F-fallypride など，多くの種類がある。アセチルコリン（Ach）神経系の評価としては，アセチルコリンエステラーゼ（AChE）活性評価用の ^{11}C-MP4A や ^{11}C-PMP，ニコチン性 ACh 受容体評価用の ^{11}C-nicotine や ^{18}F-AZAN，ムスカリン性 ACh 受容体評価用の ^{11}C-NMPB などがある。セロトニン神経系の評価に関わるものとしては，セロトニントランスポーター用の ^{11}C-DASB などがある。このうち ^{11}C-raclopride（ドパミン D2/3 受容体評価用）を用いると，課題や薬剤に関係した内因性ドパミン放出の動的な評価が可能になる。これは内因性のドパミンがある条件で多く放出されると，^{11}C-raclopride のドパミン D2/3 受容体との結合と競合することを利用している。すなわち，^{11}C-raclopride の結合を条件間で比較し，結合が低下していた条件で内因性のドパミンがより多く放出されていた，と考える。

　医療への応用としては，^{18}F-FDG ががん細胞によく取り込まれることから腫瘍イメージングとして広く用いられている。また，アルツハイマー病を始

めとする神経変性疾患の病態に深く関わる分子であるアミロイド（amyloid）β蛋白やタウ蛋白（tau protein）の評価が可能になっている。神経炎症の評価としての活性化ミクログリア細胞の検出なども PET 研究の重要なターゲットである。

3·3·4　SPECT

SPECT では，^{123}I（ヨード），^{201}Tl（タリウム）や ^{99m}Tc（テクネシウム）などの単光子核種で標識された薬剤を生体に投与する。薬剤は臓器に取り込まれ，そこで単光子核種が崩壊（核異性体転移や軌道電子捕獲）する際に，単一の γ 線を放出する（図 3-3-2）。このγ線を，核種由来の放射線をシンチレーション・カメラ（γ カメラ）で検出して画像化する技術が SPECT である。PET と同様に，最近の装置のシンチレーション・カメラには半導体が用いられ始めている。投影像から断層像を再構成する手法は PET に準じて可能である。SPECT の空間解像度は PET に劣るが，SPECT 装置は PET 装置と比べると安価であり，単光子核種標識薬剤の入手もポジトロン核種の入手より容易である（サイクロトロン設備の必要がない）ことから，多くの医療機関で用いられている。

^{123}I-IMP，^{99m}Tc-HMPAO，^{99m}Tc-ECD は脳血流の測定に用いられる。SPECT で複数回の撮像を行うことで，PET と似た脳賦活検査が可能になる。たとえば，^{99m}Tc-HMPAO や ^{99m}Tc-ECD が注射後 5 分程度の脳血流を反映して脳内に固定されることを利用して，PET や fMRI では難しい，起立や歩行中の課題に伴う脳活動を測定することができる（Iseki & Hanakawa, 2013）。

その他，SPECT による分子イメージングは臨床で広く用いられている。^{123}I-ioflupane は，パーキンソン病とその関連疾患における DAT の評価に広く用いられている。中枢性ベンゾジアゼピン受容体に高い親和性をもつ ^{123}I-iomazenil は，部分てんかん患者の焦点診断に適応がある。

3·3·5　NIRS

NIRS は，送光プローブから近赤外線（波長が 700-900 nm）の光を投射し，送光プローブと受光プローブの間に形成されるチャンネルを通過する近赤外線の強度を測定する装置である。チャンネルを通過する近赤外線の強度変化から，チャンネル内の吸光物質の濃度の変化を推定することができる（modified Lambert-Beer 則による）。生体においては，この波長帯での数少ない吸光物質の一つがヘモグロビンである。つまり，チャンネルを通過する近赤外線の強度が変化すれば，それはヘモグロビン濃度の変化に伴うものである，といえる。

さらに，酸素化ヘモグロビン（oxyHb）と脱酸素化ヘモグロビン（deoxyHb）の吸光度には，近赤外線内の波長帯によって差がある。そこで 700-900 nm 内の複数の波長帯で近赤外線の強度変化を測定することで，oxyHb と deoxyHb の吸光度変化を別々に推定することができる。結果として，oxyHb, deoxyHb，および oxyHb と deoxyHb を合わせた total Hb の相対的変化が測定できる。これらの測定値を時系列データとして扱い，安静条件や課題条件を繰り返すことで，oxyHb, deoxyHb と total Hb の変化を測定することができる。

近赤外線は頭蓋内も前方散乱を繰り返しながら通過する。送光プローブから投射された近赤外線はさまざまな経路を通って受光プローブに到達するが，チャンネルは送光プローブと受光プローブを両端にもつ楕円体で近似することができる。プローブ間距離を 3 cm 程度に設定すれば，チャンネルが脳の表層を含むように設定できる。NIRS 信号が脳血管に由来するヘモグロビンの濃度変化を反映するような適切な条件を設定できれば，NIRS 信号を神経活動変化の代用マーカーとすることが可能である。

信頼性の高いデータを得るためには，送光プローブと受光プローブを頭皮に密着させて配置する必要がある。髪の毛の影響も大きい。また，信号変化には，脳内だけでなく，頭皮内の oxyHb と deoxyHb の変化も含まれることは忘れてはならない（図 3-3-3）。NIRS と fMRI の同時測定によれば，NIRS 信号が脳内の血液動態変化を反映する程度は部位によって大きく異なり，信号変化のほとんどが皮下組織の血液動態変化に由来する部位すらあることには注意が必要である（Moriguchi et al., 2017）。

NIRS の利点は，ほぼ完全に非侵襲であること，簡

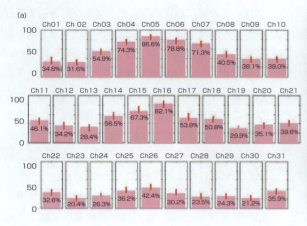
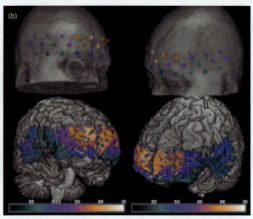

図3-3-3 NIRSとfMRIの同時計測により皮下組織と脳灰白質の両方からfMRI信号変化を計測し，NIRS信号への貢献度をNIRSチャンネルの位置ごとに比較した．(a) ピンク色で示すのが脳灰白質の貢献度であり，高い部位では80%以上が脳灰白質由来の信号だが，低い部位では20%程度にとどまる．(b) 同じ情報を頭表上と脳表上に表示したもので，前頭上部ではNIRS信号への脳灰白質由来の割合が高い（Moriguchi et al., 2017）．

便であること，そしてMRIやPETと比較すると安価であることである．ランニングコストもほとんどかからない．また，MRIやPETと比較すると拘束の必要が乏しいことから，小児での研究では他の手法を凌駕する強みをもつ．小児は頭蓋が薄いことから測定の信頼性も高い．すでに医療としても，言語優位半球の同定や，精神疾患の診断補助に応用されている．

（花川　隆）

3・4　介入手法

本節では，代表的な非侵襲脳刺激法（non-invasive brain stimulation：NIBS）である経頭蓋磁気刺激（transcranial magnetic stimulation：TMS）および経頭蓋電気刺激（transcranial electrical stimulation：tES）とニューロフィードバック（neurofeedback）について概説する．

3・4・1　TMS

TMSは，世界中で広く用いられている非侵襲脳刺激法である．1985年にBarkerらが開発した（Barker et al., 1985）．コンデンサ（英語ではcapacitor）に蓄電した静電気をコイル部分に急速に通電することで，短時間に強い磁場を発生させている．単相性パルス（monophasic pulse）の場合，磁場強度は最大2T（テスラ）程度に達し，200μs程度で元に戻る．なお，TMS装置は単相性パルスを出す装置と二相性パルス（biphasic pulse）を出す装置に大別される．両者を切り替えて出すことのできる装置も存在する．単相性パルスを出す装置は，一台で単発あるいは，複数の装置を組み合わせて2-4連発の単相性刺激を与えるために用いられる．2連発の単相性刺激はのちに述べる皮質内抑制・促進研究に頻用される．また，二相性パルスを出す装置は，高頻度の連発刺激を用いる際に使用される．

磁場はコイル部分に発生し，発生する磁場の特性はコイルの形状によって変わる．TMSのコイルとしてよく使用される形状は，円形コイル，ダブルコイルとダブルコーンコイルである．円形コイルは直径70-90 mmで，円周の直下で磁場密度が最大になる．ダブルコイルは8の字型（figure-of-eight）とも呼ばれ，二つの円形コイルを同一平面で8の字型に配置したものである．二つの円形コイルの接合部直下で磁場密度が最大となり，現在使用されているコイルのうちでは，最も限局した刺激を与えられる[半径1 cm以下で，高さ2 cmの円柱状（Hanajima et al., 2003）]．ダブルコーンコイルは，二つの円形コイルを角度をつけて配置したものであり，ダブルコイルよりも深い部位を刺激できる．

TMSが発生させる磁場は，どのように神経細胞を刺激するのか．実際には，磁場そのものではな

く，変動磁場が脳内に誘導する渦電流が神経細胞を興奮させている。ファラデーの電磁誘導の法則により，TMSコイルと電気的に絶縁されている脳内には，変動磁場を打ち消す方向に電流が流れる。この誘導電流は，脳表に水平であり，向きはTMSコイルに流れる電流と逆である。誘導電流が，どのように神経細胞を興奮させるのか，実はよくわかっていない。一次運動野（M1野）へのTMS刺激による運動誘発電位（motor evoked potential：MEP）の解析による理解が最も進んでいる。TMSでM1野を刺激すると，刺激の方向によって，いくつか潜時の異なるMEP成分が誘発されることが知られている。外から内向き（LM）の単相刺激では潜時の早いMEP成分が誘発されやすく，これは錐体細胞の軸索への直接刺激成分といわれている（D-wave）。後ろから前方向（PA）の刺激では，最も閾値が低いI1-waveに，I2-waveとI3-waveが約1.5 msの間隔で続く。前から後ろ方向（AP）の刺激では，閾値は高いが，I3-waveが誘発されやすい。これらI1, I2, I3-waveは，介在ニューロンなどを介して，錐体細胞を間接的に興奮させた結果として出現すると考えられている。通常M1野をTMS刺激した場合に観測されるMEPは，I1-waveからI3-waveを中心にさまざまな成分が重畳していると考えるのが妥当だろう。同様に，M1野以外の領域をTMSで刺激した場合，刺激の向きや強度によって神経細胞集団の興奮や出力にはさまざまなパターンが混在すると考えておくべきである。

M1野におけるTMSの閾値は，50 μV以上のMEPが50％以上出現する刺激強度と定義されることが多い。閾下から閾上まで強度を変えてM1野を刺激し，応答が誘発される運動野ネットワークの活動をfMRIで同時計測すると，閾値前後で多くの領域の活動が非線形型的に増加する（Hanakawa et al., 2009）。このことから，閾値付近で急激に多くの神経細胞が動員され，刺激された領域の活動が急速に高まるとともに，他の領域への出力が増えていることが想定される。なお視覚野では，閃光（phosphene）が知覚できる刺激強度を用いて閾値を定義する。

複数のTMS刺激を組み合わせたり，あるいは他の刺激と組み合わせたりすると，MEPはさまざまに修飾される。これら刺激パラメータの組み合わせは非常に複雑であり，TMS刺激だけを組み合わせる場合に限っても，①刺激部位，②コイルの種類，③コイルの向き，④刺激の数（単発，2連発，頻回など），⑤刺激強度，⑥刺激周波数，⑦刺激持続時間などの組み合わせによって修飾の向きや程度はさまざまに異なる。

M1野への2連発TMSでは，二つの刺激の間隔によってMEPの修飾が動的に変化する。MEPを誘発する試験刺激（test stimulus）の前に，単独ではMEPを誘発しない弱い条件刺激（conditional stimulus）を与える，対パルス刺激（paired pulse stimulation）による研究が広く行われている。刺激間間隔が1-5 msの場合，MEPが減少し，この効果は短潜時皮質内抑制（short-interval intracortical inhibition：SICI）と呼ばれる。「皮質内」と呼ばれるのは，抑制過程にGABA（γアミノ酪酸）-A受容体をもつ抑制性介在ニューロンが関与している薬理学的証拠に基づく（Ziemann et al., 2001）。皮質内促通（intracortical facilitation：ICF）は，刺激間間隔が8-30 msでみられるMEPの増大現象である。さらに刺激間間隔を50-200 msに伸ばすと，再びMEPの減少がみられる。これは長潜時皮質内抑制（long-interval intracortical inhibition：LICI）と呼ばれ，GABA-B受容体を介すると考えられている。

反復磁気刺激法（repetitive TMS：rTMS）を用いると，30分程度の刺激で数十分間，皮質興奮性を変化させることができる。1 Hz以下を低頻度刺激，1 Hzを超えるものを高頻度刺激と呼び，1 Hzを境に皮質興奮性の変化の方向が異なる。閾上単発刺激TMSによるMEPは，M1野に低頻度rTMSを与えた後では低下する。すなわち低頻度rTMSにより大脳皮質興奮性は低下する。逆に，M1野に高頻度rTMS（5 Hz以上のプロトコルがほとんど）を与えると，刺激前と比較してMEPは増加，すなわち大脳皮質興奮性は亢進する。シータバースト刺激（theta burst stimulation：TBS）は，50 Hzの3連発刺激を，5 Hz（θ波帯域）で与えることを基本とするプロトコルであり，数分程度の刺激で数十分間効果が持続するとされるが，効果の再現性については議論がある。5 Hzの刺激を持続的に与える持続

的TBS（continuous TBS：cTBS）と，5Hzの刺激を2秒間与え8秒間休む間欠的TBS（intermittent TBS：iTBS）がある。iTBSでは皮質興奮性は亢進し，cTBSでは低下する。TMSを用いて皮質興奮性を変化させることは，ある脳領域の活動が感覚や認知過程に必要であるかを証拠立てるために欠くことのできない技術になっている。たとえば，1Hz以下のrTMSあるいはcTBSなどを与えてある皮質領域の活動を一過性に抑制し，結果として成績が低下すれば，その領域の機能が当該の認知機能に必要であることを示すことができる。このように可逆性の異常状態を実験的に作り出す研究はvirtual lesion studyと呼ばれる。

TMS研究は最新の国際的な安全基準並びに日本臨床神経生理学会や日本神経科学学会が公開しているガイドラインに従って行う必要がある（松本・宇川，2011；Rossi et al., 2009）。特に高頻度rTMSを行う場合，けいれんなどが生じた場合に対応できる体制で行うことが必須であり，医師がプロトコルやパラメータ決定に関与し，医師の監督・責任のもとで行うことが推奨されている。

3・4・2 tES

tESは非侵襲的な脳機能修飾法であり，直流電流を用いるtDCS（transcranial direct current stimulation），交流電流を用いるtACS（transcranial alternating current stimulation），ホワイトノイズ様の電流を用いるtRNS（transcranial random noise stimulation）に大別される（図3-4-1）。TMSとの相違点は以下の通りである。

(1) 電流強度と通電時間：TMSは，頭部に置いたコイルに5000A以上の大電流を約200μs流す。これに対してtESは，頭皮に貼付した導電性シリコンゴム等の電極に約1-2mAの微弱な電流を数十秒から数十分流す。
(2) 皮質内電場：TMSは急激な変動磁場を介して皮質内に100V/mオーダーの電場を誘導し，刺激部位や強度によっては誘発筋電図や閃光知覚を引き起こす。これに対してtESは1V/m以上の電場を脳内に誘導することは稀で，刺激自体が誘発筋電図や閃光知覚を惹起することはない。tESは

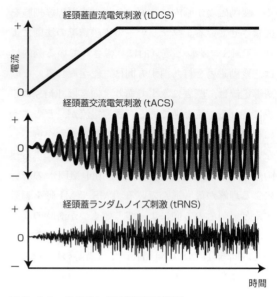

図3-4-1　代表的な経頭蓋電気刺激法
通常tESは，刺激開始から数秒かけて徐々に強度を上げ，同様に徐々に強度を下げて刺激を停止する。tACSには，単一周波数の正弦波を用いる方法（黒色の線）と，高周波の搬送波を低周波で振幅変調する方法（灰色の線）がある。

TMSと比べて空間分解能が悪く，刺激による皮質内電場が広範囲に及ぶ。
(3) 使用上の特性：電極を頭皮に貼付するtESのほうが，コイルを頭部上に固定し続ける必要があるTMSよりも体動に強く，課題中に刺激（オンライン刺激）しやすい。一方で課題のタイミングに合わせた刺激（chronometry研究）は，瞬間的に脳内に渦電流を誘起するTMSでは簡単だが，tESの場合はtACSの位相に合わせる場合を除いて難しい。

ヒトにおけるtDCS研究の端は，Nitsche & Paulusによって拓かれた（Nitsche & Paulus, 2000）。彼らは陽極電極をM1野の直上の頭皮上，陰極電極を対側の前額上に貼付して，1mAの直流電流を5分間流した。その前後でM1野の興奮性をTMSで評価したところ，tDCSによる介入後には，興奮性の指標であるMEPの大きさが約40%増加することを示した。また陽極と陰極を入れ替えて，M1野上の電極を陰極にすると，MEPは約30%低下した。すなわち彼らは，たかだか1mAでの5分間の刺激によって，ヒトの皮質興奮性を操作できる

ことを明らかにした。

　では，なぜtDCSは皮質興奮性を変化させられるのか。直接大脳皮質表面に直流電流を流し，刺激電極近傍の神経細胞の発火を記録した研究は，陽極刺激が神経細胞の膜電位の脱分極を誘起してその発火頻度を増し，陰極刺激が神経細胞の膜電位の過分極を誘起してその発火頻度を下げることを示した（Creutzfeldt et al., 1962）。tDCSも同様に，静止膜電位を修飾すると考えられている。ただし先の研究とは異なり，tDCSでは頭皮と頭蓋骨を介して直流電流を流すため，頭蓋内電流密度は頭皮上の約10%に減衰する。たとえば1 mAのtESによる皮質内電場は約0.3 V/mと推定されている（Antal & Herrmann, 2016：表3-4-1）。ラット海馬のスライスで電場1 V/mあたり膜電位が0.12±0.05 mV変化することを参考にすると（Bikson et al., 2004），tDCSは神経細胞を直接発火させるのではなく，その細胞群としての発火頻度を調整する条件刺激に過ぎないことがわかる。

　tDCSは神経生理学的な変化だけでなく，運動や認知機能といった行動レベルの変化も引き起こす。たとえば視覚的短期記憶課題中の後頭頂皮質（posterior parietal cortex：PPC）への陽極刺激や（Wang et al., 2019），運動課題中のM1野への陽極刺激は（Reis et al., 2009），それぞれ学習した知識や技能の保持を改善している。このメカニズムとしては，tDCSによるシナプス長期増強の促通が提唱されている。実際，マウス運動野のスライスを用いた研究では，シナプス前細胞を0.1 Hzで反復電気刺激して活動させつつ，シナプス前細胞から後細胞に向かう直流電流（陽極刺激）を15分流すと，直流電流を止めた後も30分にわたって長期増強が生じることが示されている（Fritsch et al., 2010）。この研究は，直流刺激だけでは長期増強が生じないことも

示しており，tDCSによる長期増強の促通には，直流刺激と同時に神経細胞を活動させる必要があることを明らかにした。tDCSによる行動変化が，課題によって活動する脳領域をtDCSにより刺激した際にのみ起こることを示唆したこれらの結果は，tDCSを用いて脳領域の機能を調べることができる根拠となっている。

　EEGやMEGで計測される神経律動の振幅は，同期した神経細胞群の活動を反映するとされている。tACSは，この神経律動を模した1-数百Hzの交流電流を用いる刺激法であり，神経細胞の活動同期性を修飾すると考えられている。実際，フェレット視覚野のスライスを用いた研究では，神経細胞群の自発発火のタイミングが交流刺激によって徐々に刺激周波数に同期する「引き込み現象」が示されている（Fröhlich & McCormick, 2010）。また興味深いことに，4 V/mの刺激では神経細胞の自発発火頻度に依らず刺激周波数への引き込みが生じた一方で，2 V/mの刺激では神経細胞の自発発火頻度と刺激周波数の相違に比例して引き込みが弱くなっていた。類似の結果はヒトでも得られており，M1野への1 mA，20 HzのtACSによる皮質内抑制の変調は，M1野に由来する神経律動がもともと20 Hzに近い人でより顕著であった（Guerra et al., 2016）。tDCSの項で述べた通り，1 mAのtESによる皮質内電場は約0.3 V/mと非常に弱いため，tACSを用いて引き込みを誘起するには，その刺激周波数を脳領野固有の神経律動の周波数に合わせる必要がある。加えて頭蓋骨はローパスフィルタ特性を有することにも留意すべきである。サルでの実験では，1 HzのtACSに対して100 HzのtACSでは頭蓋内電位が5-8%減衰することが報告されている（Opitz et al., 2016）。

　tACSは，その刺激周波数と刺激領野に応じてさまざまなレベルの行動変化を引き起こす。聴覚閾値は上・中側頭回へのθ帯（4 Hz）tACSにより（Riecke et al., 2015），指先感覚閾値は体性感覚野へのα帯（8-13 Hz）tACSにより（Gundlach et al., 2016），運動速度は運動野へのβ帯（20 Hz）tACSにより変化することが知られている（Pogosyan et al., 2009）。またこれら行動変化の神経基盤を明らか

表3-4-1　tESの強度と皮質内電場との関連（Antal & Herrmann, 2016, Fig. 4をもとに著者作成）

	tESの強度	頭蓋内電流密度	灰白質の抵抗率	皮質内電場
単位	mA	A/m^2	Ω m	V/m
値	1	0.1	2.84-3.03	0.284-0.303

第Ⅰ部　総論

にするため，tACS を用いる行動実験において EEG や MEG を計測する例も増えているが，tACS による電気的なアーチファクトをこれらの計測信号から完全に除去する方法は存在しない（Noury & Siegel, 2017）。そこでここ数年，計測信号からアーチファクトを除去するのではなく，解析で注目する信号帯域にアーチファクトが生じないことをねらいとする振幅変調を用いた tACS（図 3-4-1 中段灰色の線）にも注目が集まっている（Minami & Amano, 2017；Witkowski et al., 2015）。これは，高周波数 Fc の搬送波を低周波数 Fm で振幅変調すると，電気的アーチファクトのパワースペクトルは Fc と Fc±Fm の周波数に生じるが，Fm の周波数には生じないことを利用している。たとえば Fc=200 Hz, Fm=10 Hz とした場合，刺激波形は 10 Hz の包絡線を有するが，理論的には計測信号に 10 Hz の電気的アーチファクトを生じない。ただし振幅変調 tACS が，従来の tACS と同じメカニズムで神経活動の引き込みを誘起するのかどうかは，いまだ実証されていない。また 2018 年には，刺激・計測装置に内在する非線形特性により，振幅変調 tACS の Fm 周波数においても計測信号に電気的アーチファクトが発生することが報告された（Kasten et al., 2018）。したがって 2022 年現在，tACS 中に EEG・MEG を同時計測する手法は確立していない。

　tES の空間分解能は悪く，二つ以上の刺激電極間を流れる電流は，電極直下だけでなく電極間をまたぐ周辺の脳領域も同時に刺激する。そこで研究を始める前には，一例で構わないので電場モデリングを行い，刺激される脳領域を推定することを推奨する。M1 野への tDCS は，M1 野の直上の頭皮と対側前額部に電極を貼付して行われることが多い。図 3-4-2a は，この電極位置による皮質内電場をモデリングした結果であるが，電場は運動前野や補足運動野で最も大きい。したがって，この電極配置による tES が行動変化を誘起した場合には，実は電極直下の M1 野よりも，運動前野や補足運動野の関与が大きいかもしれない。モデリングの結果がなければ，電極直下の M1 野が最も行動変化に関与している，という考察に留まる可能性が高い。

　電場モデリングは，刺激局所性に優れた電極配置

を探す際にも活用できる。たとえば，陰極にリング状電極を用いて M1 野上の陽極電極を囲む方法は，従来法よりも局所性に優れる（図 3-4-2b）。またモデリングの結果は，従来法と同等強度の皮質内電場を誘起するためには電流を強くすべきことを示しているが，これは陽極電極と陰極電極の距離が近くなると，頭皮や皮質の表面を滑走して皮質内に流入しない電流の割合が増えることに起因している。あるいは M1 野を挟むように電極を配置すると，局所性に優れ，かつ電流強度も弱くできる（図 3-4-2c）。ただしこの配置では，膜電位の脱分極を誘起する電場の皮質表面に対する垂直流入成分と，膜電位の過分極を誘起する垂直流出成分が（Rahman et al., 2013），脳溝と脳回の影響により近接領域で複雑に入れ替わる。ゆえにこの配置では，tES が行動変化を引き起こした場合に，その神経基盤を議論しにくい可能性がある。

　tES は簡便な脳機能修飾法であるが，それゆえに研究方法の統制が杜撰な報告も多く，再現性の低さが問題となっている。また安易な使用は火傷等の原因にもなりうる。tES を使用した研究計画を立案する際の留意点と，使用上の安全面における注意点は次の参考文献を参照されたい（Bikson et al., 2016；Matsumoto & Ugawa, 2017；Ridding & Ziemann, 2010）。実験参加者には事前にチェックリストに回答してもらい，一般的な除外基準（Thair et al., 2017）や脳刺激の絶対禁忌（松本・宇川，2011）に該当しないことを必ず確認することが重要である。

3・4・3　ニューロフィードバック

　心拍，皮膚発汗，脳活動など，通常では能動的に制御するのが難しい生体反応を，画像や音などを使って人間が知覚できるようにフィードバックし，そのフィードバックを手がかりに意識的に自分自身の生体反応を制御する技術をバイオフィードバック（biofeedback）と呼ぶ。ニューロフィードバクもその一種であり，EEG/MEG, fMRI, NIRS などで計測した脳活動の状態を実験参加者にリアルタイムでフィードバックし，実験参加者が自分自身の脳活動を変化させていくことを促す方法である（Birbaumer et al., 2013；Sitaram et al., 2017）。も

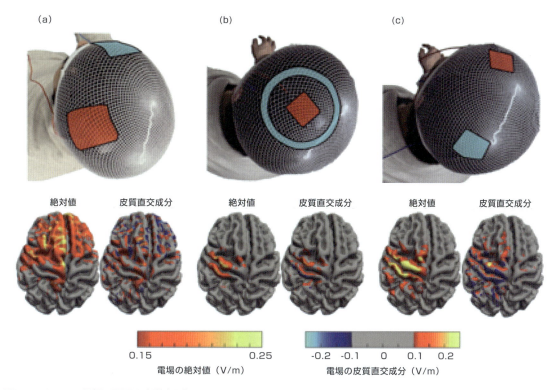

図 3-4-2　tES 電極の配置と皮質内電場
　上段の図では橙色が陽極，水色が陰極を表す。(a) 一般的な配置（強度 1 mA）。M1 野を刺激する場合，陽極電極は M1 野の直上に配置されることが多いが，電場は運動前野や補足運動野で最も強くなる。(b) リング状電極（強度 1.5 mA）。陰極にリング状電極を用いて陽極を囲むと局所刺激ができるが，陽極と陰極の距離が近いので，(a) と同等の電場を惹起するには電流を強くする必要がある。(c) 挟み込み（強度 0.75 mA）。刺激したい脳領域を陽極と陰極で挟めば，(a) よりも弱い強度で局所刺激ができる。ただしこの配置では，神経興奮性への影響が大きい電場の皮質直交成分が，近接する領域で複雑に入れ替わる。

　もともとニューロフィードバックは，人が EEG 信号をリアルタイムで変調できることを示した実験から始まり，脳活動を用いて外部デバイスを操作する brain-machine interface（BMI），brain-computer interface（BCI）の発展にもつながっていった。学習を通じて脳活動が意図的に制御されるニューロフィードバックにおいては，脳活動を独立変数と見なすことができ，脳活動と行動の間の因果関係を導くことが可能である。言い方を変えると，ニューロフィードバックは内因的な脳刺激と見なすことができ，脳活動と行動の因果関係を実証する研究が近年報告されている。一方でその効果，再現性については必ずしも安定せず，TMS や tES に比べて基礎研究および臨床での普及は限定的であるといえる。
　BMI 研究の文脈において，M1 野の神経細胞の発火パターンに基づきカーソルを操作できることが，サルにおいても（Nicolelis, 2001），ヒトにおいても（Hochberg et al., 2006）報告されている。これらの研究からも，神経活動を能動的に制御できること自体は確実であると考えられる。通常ヒトに対して侵襲的な方法を用いるのは困難であるため，非侵襲的な方法が用いられることが多い。特に EEG を使ったニューロフィードバックは古くから行われており，特定の EEG 成分（たとえば α 波，θ 波，β 波などの強度）の変調が一般的である。たとえば，後頭部の θ 波を抑制したり増強したりすることによって注意機能の向上，低下がみられたとの報告がある（Beatty et al., 1974）。また，注意欠如・多動症（ADHD）の児童は低周波数帯域律動（δ 波，θ 波）の強度が増大していることが知られており，この活動を減少させるニューロフィードバックが数多く行われている。ADHD の改善がみられたとの研究が

複数報告されているが（Gevensleben et al., 2009；Lubar et al., 1995），ランダム化比較に基づくプラセボ対照試験では効果が得られなかったとの報告もあり（Arnold et al., 2013），有効性についての議論が続いている（Arns et al., 2014）。

fMRIを用いたニューロフィードバックによって，脳の特定領域の活動を増減させる試みも行われている。たとえば運動野のニューロフィードバックによる運動成績の向上（Bray et al., 2007），背外側前頭前野（dorsolateral prefrontal cortex：dlPFC）のニューロフィードバックによるワーキングメモリ（working memory）成績の向上（Sherwood et al., 2016）などが報告されている。臨床研究においては，慢性疼痛の患者に対して，痛みの知覚と関連すると考えられている吻側前帯状皮質（rostral anterior cingulate cortex：rACC）のニューロフィードバックを行った結果，痛みの軽減がみられたことが報告されているが（deCharms et al., 2005），この結果は再現ができないとの主張もある（Birbaumer et al., 2013）。

TMSやtDCS/tACS，あるいはEEG/fMRIを用いたニューロフィードバックにより特定の領域における全体的な活動を興奮させたり抑制したりすることが可能である一方，より細かい空間スケールで表現されている情報も数多く存在すると考えられる。実際，機能的MRIで計測された脳の特定の領域の活動パターンを調べることで，実験参加者が見ている画像，さらには見ている夢の内容までも予測できることが報告されており，この手法はデコーディング解析と呼ばれる（Kamitani & Tong, 2005）。この原理をニューロフィードバックに応用したDecNef（decoded fMRI neurofeedback）法（Shibata et al., 2011）は，特定の情報表現に対応した脳活動のパターンを操作することができるという利点をもっている。実験参加者に特定の方位に対応した低次視覚野の脳活動パターンを誘起することにより，その方位に対する知覚学習が生じその方位の弁別感度が向上すること（Shibata et al., 2011），物理的に呈示された白黒の縞刺激の方位と低次視覚野における色の脳内表現の間での連合学習が成立し，白黒の縞に色が付いて見えるようになること（Amano et al., 2016），

帯状回の活動を変調することによって顔の好みを変えられること（Shibata et al., 2016）などが報告されている。また，特定の画像に対する恐怖反応が，その画像に対する低次視覚野の脳活動と報酬を結びつけることで軽減できることが示され（Koizumi et al., 2016），二重盲検の実験においても再現されている（Taschereau-Dumouchel et al., 2018）。

従来のニューロフィードバックは特定の領域の活動を対象としたものが多かったが，ネットワークレベルの脳活動を操作する研究も行われている。ネットワークレベルでのニューロフィードバックは，特定の領域の活動のニューロフィードバックや解剖学的に特異性のない薬理的介入と比べてより効果的である可能性がある。具体的には，EEG/MEGではコヒーレンス（coherence）を，fMRIでは機能的結合（functional connectivity）をフィードバックすることになる。たとえばMEGを用いた運動野の半球間のコヒーレンスをニューロフィードバックすることが非同期指タッピングの成績向上につながったと報告されている（Sacchet et al., 2012）。また，fMRIを用いて，認知制御に関係する背内側前頭前野（dorsomedial prefrontal cortex：dmPFC）から感情処理に関係する扁桃体へのトップダウン結合を強化した結果，感情刺激に対する主観的な感情価評定が増加したとの報告もある（Koush et al., 2017）。

ニューロフィードバックにおいて，実験参加者はフィードバックを手がかりに自分で自分の脳活動を変えていく。実験者から操作の方略が与えられる場合と与えられない場合があり，後者のほうが効果的であることを示唆するfMRIニューロフィードバックの実験結果も報告されている（Sepulveda et al., 2016）。また，EEGを使ったニューロフィードバックにおいても，運動野・体性感覚野の律動の操作には，口頭で説明できるような明示的な方略は関係していないことが示唆されている（Kober et al., 2013）一方で，実験者がフィードバック対象となっている脳領域の機能に関係する方略を示してはじめて操作が可能となる場合もあり，ケースバイケースといえる。

ニューロフィードバックにおける脳活動操作のメカニズム自体の研究も行われている。EEGに基

づくニューロフィードバック中の脳活動のfMRI計測，fMRIニューロフィードバック実験のメタ解析，ラットを用いた動物実験などから，前帯状皮質（ACC），島皮質前部（anterior insular cortex：AIC），腹側線条体（ventral striatum：VS）などを含む報酬の処理に関するネットワーク，外側後頭複合体（lateral occipital complex：LOC），dlPFC，後頭頂皮質（posterior parietal cortex：PPC），視床などの認知制御ネットワークそして，背側線条体（dorsal striatum：DS）を含む学習のためのネットワークが関与していると考えられる（Sitaram et al., 2017）。

ニューロフィードバックは因果関係に迫る有力なツールである一方で今後の課題も多い。特にDecNef法は細かな情報表現を操作できる可能性を秘めているが，特定のボクセルパターンを生じる神経発火パターンは多数存在するにもかかわらず，特定のボクセルパターンを生じるように誘導すること

で特定の神経発火パターンに対応すると考えられる特定の行動を変容させることができるのか現時点では明らかでない（Watanabe et al., 2017）。今後，BOLD信号と神経活動を同時計測しながら，BOLD信号に基づくニューロフィードバック時に神経活動がどのように変化しているのかを調べる研究が非常に重要となる。また，脳神経回路に根ざした理論モデルが近年提唱されており（Shibata et al., 2019），このようなモデルを基礎にした生理学実験によってメカニズムの理解を進めることも今後の課題となる。ニューロフィードバックの効果は，TMSやtESと比べてマイルドであると考えられるが，長期的な効果などはまだ十分に検討されておらず，ガイドラインなども参考にしながら慎重に実験を進める必要がある（Ros et al., 2019）。

（花川 隆・武見 充晃・天野 薫）

文献

(3・1)

Baillet, S. (2017). Magnetoencephalography for brain electrophysiology and imaging. *Nature Neuroscience, 20,* 327-339. [doi: 10.1038/nn.4504]

Balderston, N. L., Schultz, D. H., Baillet, S., & Helmstetter, F. J. (2014). Rapid amygdala responses during trace fear conditioning without awareness. *PLoS ONE, 9.* [doi: 10.1371/journal.pone.0096803]

Birbaumer, N., Ghanayim, N., Hinterberger, T., Iversen, I., Kotchoubey, B., Kubler, A., ... Flor, H. (1999). A spelling device for the paralysed. *Nature, 398,* 297-298. [doi: 10.1038/18581]

Bonaiuto, J. J., Meyer, S. S., Little, S., Rossiter, H., Callaghan, M. F., Dick, F., ... Bestmann, S. (2018). Lamina-specific cortical dynamics in human visual and sensorimotor cortices. *Elife, 7.* [doi: 10.7554/eLife.33977.001]

Bonaiuto, J. J., Rossiter, H. E., Meyer, S. S., Adams, N., Little, S., Callaghan, M. F., ... Barnes, G. R. (2018). Non-invasive laminar inference with MEG: Comparison of methods and source inversion algorithms. *NeuroImage, 167,* 372-383. [doi: 10.1016/j.neuroimage.2017.11.068]

Boto, E., Holmes, N., Leggett, J., Roberts, G., Shah, V., Meyer, S. S., ... Brookes, M. J. (2018). Moving magnetoencephalography towards real-world applications with a wearable system. *Nature, 555,* 657-661. [doi: 10.1038/nature26147]

Boto, E., Meyer, S. S., Shah, V., Alem, O., Knappe, S., Kruger, P., ... Brookes, M. J. (2017). A new generation of magnetoencephalography: Room temperature measurements using optically-pumped magnetometers. *NeuroImage, 149,* 404-414. [doi: 10.1016/j.neuroimage.2017.01.034]

Brookes, M. J., Stevenson, C. M., Barnes, G. R., Hillebrand, A., Simpson, M. I., Francis, S. T., & Morris, P. G. (2007). Beamformer reconstruction of correlated sources using a modified source model. *NeuroImage, 34,* 1454-1465. [doi: 10.1016/j.neuroimage.2006.11.012]

Canolty, R. T., & Knight, R. T. (2010). The functional role of cross-frequency coupling. *Trends in Cognitive Sciences, 14,* 506-515. [doi: 10.1016/j.tics.2010.09.001]

Cichy, R. M., & Pantazis, D. (2017). Multivariate pattern analysis of MEG and EEG: A comparison of representational

第Ⅰ部　総論

structure in time and space. *NeuroImage, 158*, 441–454. [doi: 10.1016/j.neuroimage.2017.07.023]

Cichy, R. M., Pantazis, D., & Oliva, A. (2014). Resolving human object recognition in space and time. *Nature Neuroscience, 17*, 455–462. [doi: 10.1038/nn.3635]

Colclough, G. L., Woolrich, M. W., Tewarie, P. K., Brookes, M. J., Quinn, A. J., & Smith, S. M. (2016). How reliable are MEG resting-state connectivity metrics? *NeuroImage, 138*, 284–293. [doi: 10.1016/j.neuroimage.2016.05.070]

Dale, A. M., Liu, A. K., Fischl, B. R., Buckner, R. L., Belliveau, J. W., Lewine, J. D., & Halgren, E. (2000). Dynamic statistical parametric mapping: Combining fMRI and MEG for high-resolution imaging of cortical activity. *Neuron, 26*, 55–67. [doi: 10.1016/s0896-6273(00)81138-1]

Dale, A. M., & Sereno, M. I. (1993). Improved localizadon of cortical activity by combining EEG and MEG with MRI cortical surface reconstruction: A linear approach. *Journal of Cognitive Neuroscience, 5*, 162–176. [doi: 10.1162/jocn.1993.5.2.162]

Farwell, L. A., & Donchin, E. (1988). Talking off the top of your head: Toward a mental prosthesis utilizing event-related brain potentials. *Electroencephalography and Clinical Neurophysiology, 70*, 510–523. [doi: 10.1016/0013-4694(88)90149-6]

Gramfort, A., Luessi, M., Larson, E., Engemann, D. A., Strohmeier, D., Brodbeck, C., ... Hamalainen, M. S. (2014). MNE software for processing MEG and EEG data. *NeuroImage, 86*, 446–460. [doi: 10.1016/j.neuroimage.2013.10.027]

Hämäläinen, M., Hari, R., Ilmoniemi, R. J., Knuutila, J., & Lounasmaa, O. V. (1993). Magnetoencephalography: Theory, instrumentation, and applications to noninvasive studies of the working human brain. *Reviews of Modern Physics, 65*, 413–497.

Hämäläinen, M. S., & Ilmoniemi, R. J. (1994). Interpreting magnetic fields of the brain: Minimum norm estimates. *Medical & Biological Engineering & Computing, 32*, 35–42. [doi: 10.1007/BF02512476]

原 宏・栗城 真也　(1997). 脳磁気科学：SQUID 計測と医学応用　オーム社

Jensen, O., Bonnefond, M., & VanRullen, R. (2012). An oscillatory mechanism for prioritizing salient unattended stimuli. *Trends in Cognitive Sciences, 16*, 200–206. [doi: 10.1016/j.tics.2012.03.002]

Jensen, O., & Colgin, L. (2007). Cross-frequency coupling between neuronal oscillations. *Trends in Cognitive Sciences, 11*, 267–269. [doi: 10.1016/j.tics.2007.05.003]

Jensen, O., Gips, B., Bergmann, T. O., & Bonnefond, M. (2014). Temporal coding organized by coupled alpha and gamma oscillations prioritize visual processing. *Trends in Neurosciences, 37*, 357–369. [doi: 10.1016/j.tins.2014.04.001]

Kimura, T., Ozaki, I., & Hashimoto, I. (2008). Impulse propagation along thalamocortical fibers can be detected magnetically outside the human brain. *Journal of Neuroscience, 28*, 12535–12538. [doi: 10.1523/JNEUROSCI.3022-08.2008]

Larson-Prior, L. J., Oostenveld, R., Della Penna, S., Michalareas, G., Prior, F., Babajani-Feremi, A., ... WU-Minn HCP Consortium. (2013). Adding dynamics to the Human Connectome Project with MEG. *NeuroImage, 80*, 190–201. [doi: 10.1016/j.neuroimage.2013.05.056]

Libet, B., Gleason, C. A., Wright, E. W., & Pearl, D. K. (1983). Time of conscious intention to act in relation to onset of cerebral activity (readiness-potential): The unconscious initiation of a freely voluntary act. *Brain, 106*(Pt 3), 623–642. [doi: 10.1093/brain/106.3.623]

Lin, F. H., Witzel, T., Ahlfors, S. P., Stufflebeam, S. M., Belliveau, J. W., & Hämäläinen, M. S. (2006). Assessing and improving the spatial accuracy in MEG source localization by depth-weighted minimum-norm estimates. *NeuroImage, 31*, 160–171. [doi: 10.1016/j.neuroimage.2005.11.054]

Litvak, V., Mattout, J., Kiebel, S., Phillips, C., Henson, R., Kilner, J., ... Friston, K. (2011). EEG and MEG data analysis in SPM8. *Computational Intelligence and Neuroscience, 2011*, 852961. [doi: 10.1155/2011/852961]

Luck, S. J., Woodman, G. F., & Vogel, E. K. (2000). Event-related potential studies of attention. *Trends in Cognitive Sciences, 4*, 432–440. [doi: 10.1016/S1364-6613(00)01545-X]

Middendorf, M., McMillan, G., Calhoun, G., & Jones, K. S. (2000). Brain-computer interfaces based on the steady-state visual-evoked response. *IEEE Transactions on Rehabilitation Engineering, 8*, 211–214. [doi: 10.1109/86.847819]

Minami, S., & Amano, K. (2017). Illusory jitter perceived at the frequency of alpha oscillations. *Current Biology, 27*, 2344-2351. e2344. [doi: 10.1016/j.cub.2017.06.033]

中尾 敬 (2018). 時間領域分析 日本基礎心理学会（監修） 基礎心理学実験法ハンドブック（pp. 436-439） 朝倉書店

南部 篤・佐々木 和夫 (1993). 脳磁場計測によるヒトの脳機能研究 *Medical Imaging Technology, 11*, 472-482. [doi: 10.11409/mit.11.472]

Niso, G., Rogers, C., Moreau, J. T., Chen, L. Y., Madjar, C., Das, S., ... Baillet, S. (2016). OMEGA: The Open MEG Archive. *NeuroImage, 124*, 1182-1187. [doi: 10.1016/j.neuroimage.2015.04.028]

入戸野 宏 (2005). 心理学のための事象関連電位ガイドブック 北大路書房

Norcia, A. M., Appelbaum, L. G., Ales, J. M., Cottereau, B. R., & Rossion, B. (2015). The steady-state visual evoked potential in vision research: A review. *Journal of Vision, 15*, 4. [doi: 10.1167/15.6.4]

Oostenveld, R., Fries, P., Maris, E., & Schoffelen, J. M. (2011). FieldTrip: Open source software for advanced analysis of MEG, EEG, and invasive electrophysiological data. *Computational Intelligence and Neuroscience, 2011*, 156869. [doi: 10.1155/2011/156869]

Pascual-Marqui, R. D. (2002). Standardized low-resolution brain electromagnetic tomography (sLORETA): Technical details. *Methods and Findings in Experimental and Clinical Pharmacology, 24* (Suppl D), 5-12.

Pascual-Marqui, R. D., Michel, C. M., & Lehmann, D. (1994). Low resolution electromagnetic tomography: A new method for localizing electrical activity in the brain. *International Journal of Psychophysiology, 18*, 49-65. [doi: 10.1016/0167-8760(84)90014-X]

Pfurtscheller, G., & Lopes da Silva, F. H. (1999). Event-related EEG/MEG synchronization and desynchronization: Basic principles. *Clinical Neurophysiology, 110*, 1842-1857. [doi: 10.1016/s1388-2457(99)00141-8]

Polich, J. (2007). Updating P300: An integrative theory of P3a and P3b. *Clinical Neurophysiology, 118*, 2128-2148. [doi: 10.1016/j.clinph.2007.04.019]

Roux, F., Wibral, M., Singer, W., Aru, J., & Uhlhaas, P. J. (2013). The phase of thalamic alpha activity modulates cortical gamma-band activity: Evidence from resting-state MEG recordings. *Journal of Neuroscience, 33*, 17827-17835. [doi: 10.1523/JNEUROSCI.5778-12.2013]

Sato, M., Yamashita, O., Sato, M. A., & Miyawaki, Y. (2018). Information spreading by a combination of MEG source estimation and multivariate pattern classification. *PLoS ONE, 13*, e0198806. [doi: 10.1371/journal.pone.0198806]

Schoffelen, J. M., & Gross, J. (2009). Source connectivity analysis with MEG and EEG. *Human Brain Mapping, 30*, 1857-1865. [doi: 10.1002/hbm.20745]

Su, L., Fonteneau, E., Marslen-Wilson, W., & Kriegeskorte, N. (2012). Spatiotemporal searchlight representational similarity analysis in EMEG source space. In *2012 Second International Workshop on Pattern Recognition in NeuroImaging*. pp. 97-100.

Tadel, F., Baillet, S., Mosher, J. C., Pantazis, D., & Leahy, R. M. (2011). Brainstorm: A user-friendly application for MEG/EEG analysis. *Computational Intelligence and Neuroscience, 2011*, 879716. [doi: 10.1155/2011/879716]

Taulu, S., Kajola, M., & Simola, J. (2004). Suppression of interference and artifacts by the Signal Space Separation Method. *Brain Topography, 16*, 269-275. [doi: 10.1023/B:BRAT.0000032864.93890.f9]

Taulu, S., & Simola, J. (2006). Spatiotemporal signal space separation method for rejecting nearby interference in MEG measurements. *Physics in Medicine & Biology, 51*, 1759-1768. [doi: 10.1088/0031-9155/51/7/008]

Troebinger, L., Lopez, J. D., Lutti, A., Bestmann, S., & Barnes, G. (2014). Discrimination of cortical laminae using MEG. *NeuroImage, 102*(Pt 2), 885-893. [doi: 10.1016/j.neuroimage.2014.07.015]

Troebinger, L., Lopez, J. D., Lutti, A., Bradbury, D., Bestmann, S., & Barnes, G. (2014). High precision anatomy for MEG. *NeuroImage, 86*, 583-591. [doi: 10.1016/j.neuroimage.2013.07.065]

Van Veen, B. D., van Drongelen, W., Yuchtman, M., & Suzuki, A. (1997). Localization of brain electrical activity via linearly constrained minimum variance spatial filtering. *IEEE Transactions on Biomedical Engineering, 44*, 867-880. [doi: 10.1109/10.623056]

Vigario, R., Sarela, J., Jousmaki, V., Hamalainen, M., & Oja, E. (2000). Independent component approach to the analysis of

EEG and MEG recordings. *IEEE Transactions on Biomedical Engineering, 47*, 589-593. [doi: 10.1109/10.841330]

Yoshida, F., Hirata, M., Onodera, A., Goto, T., Sugata, H., & Yorifuji, S. (2017). Noninvasive spatiotemporal imaging of neural transmission in the subcortical visual pathway. *Scientific Reports, 7*, 4424. [doi: 10.1038/s41598-017-04700-x]

湯本 真人 (2008). 神経磁気診断法 *Laboratory and Clinical Practice, 26*, 117-127.

Yuval-Greenberg, S., Tomer, O., Keren, A. S., Nelken, I., & Deouell, L. Y. (2008). Transient induced gamma-band response in EEG as a manifestation of miniature saccades. *Neuron, 58*, 429-441. [doi: 10.1016/j.neuron.2008.03.027]

Zotev, V. S., Matlashov, A. N., Volegov, P. L., Savukov, I. M., Espy, M. A., Mosher, J. C., ... Kraus, R. H., Jr. (2008). Microtesla MRI of the human brain combined with MEG. *Journal of Magnetic Resonance, 194*, 115-120. [doi: 10.1016/j.jmr.2008.06.007]

(3・2)

Ban, H., & Welchman, A. E. (2015). fMRI analysis-by-synthesis reveals a dorsal hierarchy that extracts surface slant. *Journal of Neuroscience, 35*(27), 9823-9835. [doi: 10.1523/JNEUROSCI.1255-15.2015]

Bennett, C. M., Michael B. M., & George L. W. (2009). Neural correlates of interspecies perspective taking in the post-mortem Atlantic Salmon: An argument for multiple comparisons correction. *NeuroImage, 47*, S125. [doi: 10.1016/S1053-8119(09)71202-9]

Bovey, F. A., Mirau, P. A., & Gutowsky, H. S. (1988). *Nuclear Magnetic Resonance Spectroscopy*. Elsevier.

Boynton, G. M. (2005). Imaging orientation selectivity: Decoding conscious perception in V1. *Nature Neuroscience, 8*, 541-542. [doi: 10.1038/nn0505-541]

Boynton, G. M., Engel, S. A., Glover, G. H., & Heeger, D. J. (1996). Linear systems analysis of functional magnetic resonance imaging in human V1. *Journal of Neuroscience, 16*(13), 4207-4221. [doi: 10.1523/JNEUROSCI.16-13-04207.1996]

Buracas, G. T., & Boynton, G. M. (2002). Efficient design of event-related fMRI experiments using M-sequences. *NeuroImage, 16*, 801-813. [doi: 10.1006/nimg.2002.1116]

DeYoe, E. A., Bandettini, P., Neitz, J., Miller, D., & Winans, P. (1994). Functional magnetic resonance imaging (FMRI) of the human brain. *Journal of Neuroscience Methods, 54*(2), 171-187. [doi: 10.1016/0165-0270(94)90191-0]

Dumoulin, S. O., & Wandell, B. A. (2008). Population receptive field estimates in human visual cortex. *NeuroImage, 39*(2), 647-660. [doi: 10.1016/j.neuroimage.2007.09.034]

Eklund, A., Nichols, T. E., & Knutsson, H. (2016). Cluster failure: Why fMRI inferences for spatial extent have inflated false-positive rates. *Proceedings of the National Academy of Sciences of the USA, 113*(28), 7900-7905. [doi: 10.1073/pnas.1602413113]

Engel, S. A., Glover, G. H., & Wandell, B. A. (1997). Retinotopic organization in human visual cortex and the spatial precision of functional MRI. *Cerebral Cortex, 7*(2), 181-192. [doi: 10.1093/cercor/7.2.181]

Glover, G. H. (1994). Deconvolution of impulse response in event-related BOLD fMRI. *NeuroImage, 9*(4), 416-429. [doi: 10.1006/nimg.1998.0419]

Grill-Spector, K., Henson, R., & Martin, A. (2006). Repetition and the brain: Neural models of stimulus-specific effects. *Trends in Cognitive Sciences, 10*(1), 14-23. [doi: 10.1016/j.tics.2005.11.006]

Haynes, J.-D., & Rees, G. (2005). Predicting the orientation of invisible stimuli from activity in human primary visual cortex. *Nature Neuroscience, 8*, 686-691. [doi: 10.1038/nn1445]

Huettel, S. A., Song, A. W., & McCarthy, G. (Eds.). (2008). *Functional Magnetic Resonance Imaging* (2nd ed.). Sinauer Associate.

Kamitani, Y., & Tong, F. (2005). Decoding the visual and subjective contents of the human brain. *Nature Neuroscience, 8*, 679-685. [doi: 10.1038/nn1444]

Kriegeskorte, N., Goebel, R., & Bandettini, P. (2006). Information-based functional brain mapping. *Proceedings of the National Academy of Sciences of the USA, 103*(10), 3863-3868. [doi: 10.1073/pnas.0600244103]

Kriegeskorte, N., Mur, M., & Bandettini, P. (2008). Representational similarity analysis — connecting the branches of systems neuroscience. *Frontiers in Systems Neuroscience, 2*(4). [doi: 10.3389/neuro.06.004.2008]

Lauterbur, P. C. (1973). Image formation by induced local interactions: Examples employing nuclear magnetic resonance. *Nature*, *242*, 190-191. ［doi: 10.1038/242190a0］

Logothetis, N. K., Pauls, J., Augath, M., Trinath, T., & Oeltermann, A. (2001). Neurophysiological investigation of the basis of the fMRI signal. *Nature*, *412*, 150-157. ［doi: 10.1038/35084005］

Mansfield, P. (1977). Multi-planar image formation using NMR spin echoes. *Journal of Physics C: Solid State Physics*, *10*(3), L55.

McClure, S. M., Li, J., Tomlin, D., Cypert, K. S., Montague, L. M., & Montague, P. R. (2004). Neural correlates of behavioral preference for culturally familiar drinks. *Neuron*, *44*(2), 379-387. ［doi: 10.1016/j.neuron.2004.09.019］

Mullins, P. G., McGonigle, D. J., O'Gorman, R. L., Puts, N. A. J., Vidyasagar, R., Evans, C. J., ... Edden, R. A. E. (2014). Current practice in the use of MEGA-PRESS spectroscopy for the detection of GABA. *NeuroImage*, *86*, 43-52. ［doi: 10.1016/j.neuroimage.2012.12.004］

Nishimoto, S., Vu, A. T., Naselaris, T., Benjamini, Y., Yu, B., & Gallant, J. L. (2011). Reconstructing visual experiences from brain activity evoked by natural movies. *Current Biology*, *21*(19), 1641-1646. ［doi: 10.1016/j.cub.2011.08.031］

Ogawa, S., Lee, T. M., Kay, A. R., & Tank, D. W. (1990). Brain magnetic resonance imaging with contrast dependent on blood oxygenation. *Proceedings of the National Academy of Sciences of the USA*, *87*, 9868-9872. ［doi: 10.1073/pnas.87.24.9868］

Ogawa, S., Tank, D. W., Menon, R., Ellermann, J. M., Kim, S.-G., Merkle, H., & Ugurbil, K. (1992). Intrinsic signal changes accompanying sensory stimulation: Functional brain mapping with magnetic resonance imaging. *Proceedings of the National Academy of Sciences of the USA*, *89*, 5951-5955. ［doi: 10.1073/pnas.89.13.5951］

Rideaux, R., & Welchman, A. E. (2018). Proscription supports robust perceptual integration by suppression in human visual cortex. *Nature Communications*, *9*, 1502. ［doi: 10.1038/s41467-018-03400-y］

Schluppeck, D., Glimcher, P., & Heeger, D. J. (2005). Topographic organization for delayed saccades in human posterior parietal cortex. *Journal of Neurophysiology*, *94*(2), 1372-1384. ［doi: 10.1152/jn.01290.2004］

Sereno, M. I., Dale, A. M., Reppas, J. B., Kwong, K. K., Belliveau, J. W., Brady, T. J., ... Tootell, R. B. (1995). Borders of multiple visual areas in humans revealed by functional magnetic resonance imaging. *Science*, *268*(5212), 889-893. ［doi: 10.1126/science.7754376］

Shi, Z., Wu, R., Yang, P.-F., Wang, F., Wu, T.-L., Mishra, A., ... Gore, J. C. (2017). High spatial correspondence at a columnar level between activation and resting state fMRI signals and local field potentials. *Proceedings of the National Academy of Sciences of the USA*, *114*(20), 5253-5258. ［doi: 10.1073/pnas.1620520114］

Shibata, K., Sasaki, Y., Bang, J. W., Walsh, E. G., Machizawa, M. G., Tamaki, M., ... Watanabe, T. (2017). Overlearning hyperstabilizes a skill by rapidly making neurochemical processing inhibitory-dominant. *Nature Neuroscience*, *20*, 470-475. ［doi: 10.1038/nn.4490］

Stagg, C. J., Bachtiar, V., & Johansen-Berg, H. (2011). The role of GABA in human motor learning. *Current Biology*, *21*(6), 480-484. ［doi: 10.1016/j.cub.2011.01.069］

（3・3）

Hall, C. N., Reynell, C., Gesslein, B., Hamilton, N. B., Mishra, A., Sutherland, B. A., ... Attwell, D. (2014). Capillary pericytes regulate cerebral blood flow in health and disease. *Nature*, *508*, 55-60. ［doi: 10.1038/nature13165］

Hanakawa, T. (2015). Clinical systems neuroscience. In K. Wada (Ed.), *Neurodegenerative Disorders as Systemic Diseases* (pp. 89-114). Springer.

Hanakawa, T., Honda, M., Sawamoto, N., Okada, T., Yonekura, Y., Fukuyama, H., & Shibasaki, H. (2002). The role of rostral Brodmann area 6 in mental-operation tasks: An integrative neuroimaging approach. *Cerebral Cortex*, *12*(11), 1157-1170. ［doi: 10.1093/cercor/12.11.1157］

Iseki, K., & Hanakawa, T. (2013). PET/SPECT imaging during dynamic motor control. In F. B. Nahab & N. Hattori (Eds.), *Neuroimaging of Movement Disorders* (pp. 59-69). Humana Press.

Moriguch, Y., Noda, T., Nakayashiki, K., Takata, Y., Setoyama, S., Kawasaki, S., ... Hanakawa, T. (2017). Validation of

第 I 部　総論

brain-derived signals in near-infrared spectroscopy through multivoxel analysis of concurrent functional magnetic resonance imaging. *Human Brain Mapping*, *38*(10), 5274–5291. [doi: 10.1002/hbm.23734]

Sokoloff, L., Reivich, M., Kennedy, C., Des Rosiers, M. H., Patlak, C. S., Pettigrew, K. D., ... Shinohara, M. (1977). The [14C] deoxyglucose method for the measurement of local cerebral glucose utilization: Theory, procedure, and normal values in the conscious and anesthetized albino rat. *Journal of Neurochemistry*, *28*(5), 897–916. [doi: 10.1111/j.1471-4159.1977. tb10649.x]

(3・4)

Amano, K., Shibata, K., Kawato, M., Sasaki, Y., & Watanabe, T. (2016). Learning to associate orientation with color in early visual areas by associative decoded fMRI neurofeedback. *Current Biology*, *26*, 1861–1866. [doi: 10.1016/ j.cub.2016.05.014]

Antal, A., & Herrmann, C. S. (2016). Transcranial alternating current and random noise stimulation: Possible mechanisms. *Neural Plasticity*, *2016*, 3616807. [doi: 10.1155/2016/3616807]

Arnold, L. E., Lofthouse, N., Hersch, S., Pan, X., Hurt, E., Bates, B., ... Grantier, C. (2013). EEG neurofeedback for ADHD: Double-blind sham-controlled randomized pilot feasibility trial. *Journal of Attention Disorders*, *17*, 410–419. [doi: 10.1177/1087054712446173]

Arns, M., Heinrich, H., & Strehl, U. (2014). Evaluation of neurofeedback in ADHD: The long and winding road. *Biological Psychology*, *95*, 108–115. [doi: 10.1016/j.biopsycho.2013.11.013]

Barker, A. T., Jalinous, R., & Freeston, I. L. (1985). Non-invasive magnetic stimulation of human motor cortex. *Lancet*, *1*, 1106–1107. [doi: 10.1016/s0140-6736(85)92413-4]

Beatty, J., Greenberg, A., Deibler, W. P., & O'Hanlon, J. F. (1974). Operant control of occipital theta rhythm affects performance in a radar monitoring task. *Science*, *183*, 871–873. [doi: 10.1126/science.183.4127.871]

Bikson, M., Grossman, P., Thomas, C., Zannou, A. L., Jiang, J., Adnan, T., ... Woods, A. J. (2016). Safety of transcranial direct current stimulation: Evidence based update 2016. *Brain Stimulation*, *9*, 641–661. [doi: 10.1016/j.brs.2016.06.004]

Bikson, M., Inoue, M., Akiyama, H., Deans, J. K., Fox, J. E., Miyakawa, H., & Jefferys, J. G. R. (2004). Effects of uniform extracellular DC electric fields on excitability in rat hippocampal slices in vitro. *Journal of Physiology*, *557*, 175–190. [doi: 10.1113/jphysiol.2003.055772]

Birbaumer, N., Ruiz, S., & Sitaram, R. (2013). Learned regulation of brain metabolism. *Trends in Cognitive Sciences*, *17*, 295–302. [doi: 10.1016/j.tics.2013.04.009]

Bray, S., Shimojo, S., & O'Doherty, J. P. (2007). Direct instrumental conditioning of neural activity using functional magnetic resonance imaging-derived reward feedback. *Journal of Neuroscience*, *27*, 7498–7507. [doi: 10.1523/ JNEUROSCI.2118-07.2007]

deCharms, R. C., Maeda, F., Glover, G. H., Ludlow, D., Pauly, J. M., Soneji, D., ... Mackey, S. C. (2005). Control over brain activation and pain learned by using real-time functional MRI. *Proceedings of the National Academy of Sciences of the USA*, *102*, 18626–18631. [doi: 10.1073/pnas.0505210102]

Creutzfeldt, O. D., Fromm, G. H., & Kapp, H. (1962). Influence of transcortical d-c currents on cortical neuronal activity. *Experimental Neurology*, *5*, 436–452. [doi: 10.1016/0014-4886(62)90056-0]

Fritsch, B., Reis, J., Martinowich, K., Schambra, H. M., Ji, Y., Cohen, L. G., & Lu, B. (2010). Direct current stimulation promotes BDNF-dependent synaptic plasticity: Potential implications for motor learning. *Neuron*, *66*, 198–204. [doi: 10.1016/j.neuron.2010.03.035]

Fröhlich, F., & McCormick, D. A. (2010). Endogenous electric fields may guide neocortical network activity. *Neuron*, *67*, 129–143. [doi: 10.1016/j.neuron.2010.06.005]

Gevensleben, H., Holl, B., Albrecht, B., Vogel, C., Schlamp, D., Kratz, O., ... Heinrich, H. (2009). Is neurofeedback an efficacious treatment for ADHD? A randomised controlled clinical trial. *Journal of Child Psychology and Psychiatry*, *50*, 780–789. [doi: 10.1111/j.1469-7610.2008.02033.x]

Guerra, A., Pogosyan, A., Nowak, M., Tan, H., Ferreri, F., Di Lazzaro, V., & Brown, P. (2016). Phase dependency of the human primary motor cortex and cholinergic inhibition cancelation during beta tACS. *Cerebral Cortex*, *26*, 3977–3990. [doi: 10.1093/cercor/bhw245]

Gundlach, C., Müller, M. M., Nierhaus, T., Villringer, A., & Sehm, B. (2016). Phasic modulation of human somatosensory perception by transcranially applied oscillating currents. *Brain Stimulation*, *9*, 712–719. [doi: 10.1016/j.brs.2016.04.014]

Hanajima, R., Furubayashi, T., Iwata, N. K., Shiio, Y., Okabe, S., Kanazawa, I., & Ugawa, Y. (2003). Further evidence to support different mechanisms underlying intracortical inhibition of the motor cortex. *Experimental Brain Research*, *151*, 427–434. [doi: 10.1007/s00221-003-1455-z]

Hanakawa, T., Mima, T., Matsumoto, R., Abe, M., Inouchi, M., Urayama, S., ... Fukuyama, H. (2009). Stimulus-response profile during single-pulse transcranial magnetic stimulation to the primary motor cortex. *Cerebral Cortex*, *19*, 2605–2615. [doi: 10.1093/cercor/bhp013]

Hochberg, L. R., Serruya, M. D., Friehs, G. M., Mukand, J. A., Saleh, M., Caplan, A. H., ... Donoghue, J. P. (2006). Neuronal ensemble control of prosthetic devices by a human with tetraplegia. *Nature*, *442*, 164–171. [doi: 10.1038/nature04970]

Kamitani, Y., & Tong, F. (2005). Decoding the visual and subjective contents of the human brain. *Nature Neuroscience*, *8*, 679–685. [doi: 10.1038/nn1444]

Kasten, F. H., Negahbani, E., Fröhlich, F., & Herrmann, C. S. (2018). Non-linear transfer characteristics of stimulation and recording hardware account for spurious low-frequency artifacts during amplitude modulated transcranial alternating current stimulation (AM-tACS). *NeuroImage*, *179*, 134–143. [doi: 10.1016/j.neuroimage.2018.05.068]

Kober, S. E., Witte, M., Ninaus, M., Neuper, C., & Wood, G. (2013). Learning to modulate one's own brain activity: The effect of spontaneous mental strategies. *Frontiers in Human Neuroscience*, *7*, 695. [doi: 10.3389/fnhum.2013.00695]

Koizumi, A., Amano, K., Cortese, A., Shibata, K., Yoshida, W., Seymour, B., ... Lau, H. (2016). Fear reduction without fear through reinforcement of neural activity that bypasses conscious exposure. *Nature Human Behaviour*, *1*, 0006. [doi: 10.1038/s41562-016-0006]

Koush, Y., Meskaldji, D. E., Pichon, S., Rey, G., Rieger, S. W., Linden, D. E., ... Scharnowski, F. (2017). Learning control over emotion networks through connectivity-based neurofeedback. *Cerebral Cortex*, *27*, 1193–1202. [doi: 10.1093/cercor/bhv311]

Lubar, J. F., Swartwood, M. O., Swartwood, J. N., & O'Donnell, P. H. (1995). Evaluation of the effectiveness of EEG neurofeedback training for ADHD in a clinical setting as measured by changes in T.O.V.A. scores, behavioral ratings, and WISC-R performance. *Biofeedback and Self-regulation*, *20*, 83–99. [doi: 10.1007/BF01712768]

松本 英之・宇川 義一 （2011）．臨床神経生理学会 脳刺激の安全性に関する委員会：磁気刺激法の安全性に関するガイドライン　臨床神経生理学，*39*，34–45.

Matsumoto, H., & Ugawa, Y. (2017). Adverse events of tDCS and tACS: A review. *Clinical Neurophysiology Practice*, *2*, 19–25. [doi: 10.1016/j.cnp.2016.12.003]

Minami, S., & Amano, K. (2017). Illusory jitter perceived at the frequency of alpha oscillations. *Current Biology*, *27*, 2344–2351. e4. [doi: 10.1016/j.cub.2017.06.033]

Nicolelis, M. A. L. (2001). Actions from thoughts. *Nature*, *409*, 403–407. [doi: 10.1038/35053191]

Nitsche, M. A., & Paulus, W. (2000). Excitability changes induced in the human motor cortex by weak transcranial direct current stimulation. *Journal of Physiology*, *527*(Pt 3), 633–639. [doi: 10.1111/j.1469-7793.2000.t01-1-00633.x]

Noury, N., & Siegel, M. (2017). Analyzing EEG and MEG signals recorded during tES, a reply. *NeuroImage*, *167*, 53–61. [doi: 10.1016/j.neuroimage.2017.11.023]

Opitz, A., Falchier, A., Yan, C.-G., Yeagle, E. M., Linn, G. S., Mégevand, P., ... Schroeder, C. E. (2016). Spatiotemporal structure of intracranial electric fields induced by transcranial electric stimulation in humans and nonhuman primates. *Scientific Reports*, *6*, 31236. [doi: 10.1038/srep31236]

Pogosyan, A., Gaynor, L. D., Eusebio, A., & Brown, P. (2009). Boosting cortical activity at Beta-band frequencies slows movement in humans. *Current Biology*, *19*, 1637–1641. [doi: 10.1016/j.cub.2009.07.074]

Rahman, A., Reato, D., Arlotti, M., Gasca, F., Datta, A., Parra, L. C., & Bikson, M. (2013). Cellular effects of acute direct current stimulation: Somatic and synaptic terminal effects. *Journal of Physiology*, *591*, 2563–2578. [doi: 10.1113/

jphysiol.2012.247171]

Reis, J., Schambra, H. M., Cohen, L. G., Buch, E. R., Fritsch, B., Zarahn, E., ... Krakauer, J. W. (2009). Noninvasive cortical stimulation enhances motor skill acquisition over multiple days through an effect on consolidation. *Proceedings of the National Academy of Sciences of the USA, 106*, 1590–1595. [doi: 10.1073/pnas.0805413106]

Ridding, M. C., & Ziemann, U. (2010). Determinants of the induction of cortical plasticity by non-invasive brain stimulation in healthy subjects. *Journal of Physiology, 588*, 2291–2304. [doi: 10.1113/jphysiol.2010.190314]

Riecke, L., Formisano, E., Herrmann, C. S., & Sack, A. T. (2015). 4-Hz transcranial alternating current stimulation phase modulates hearing. *Brain Stimulation, 8*, 777–783. [doi: 10.1016/j.brs.2015.04.004]

Ros, T., Enriquez-Geppert, S., Zotev, V., Young, K., Wood, G., Whitfield-Gabrieli, S., ... Thibault, R. T. (2019). Consensus on the reporting and experimental design of clinical and cognitive-behavioural neurofeedback studies (CRED-nf checklist). PsyArXiv.

Rossi, S., Hallett, M., Rossini, P. M., Pascual-Leone, A., & Safety of TMS Consensus Group. (2009). Safety, ethical considerations, and application guidelines for the use of transcranial magnetic stimulation in clinical practice and research. *Clinical Neurophysiology, 120*, 2008–2039. [doi: 10.1016/j.clinph.2009.08.016]

Sacchet, M. D., Mellinger, J., Sitaram, R., Braun, C., Birbaumer, N., & Fetz, E. (2012). Volitional control of neuromagnetic coherence. *Frontiers in Neuroscience, 6*, 189. [doi: 10.3389/fnins.2012.00189]

Sepulveda, P., Sitaram, R., Rana, M., Montalba, C., Tejos, C., & Ruiz, S. (2016). How feedback, motor imagery, and reward influence brain self-regulation using real-time fMRI. *Human Brain Mapping, 37*, 3153–3171. [doi: 10.1002/hbm.23228]

Sherwood, M. S., Kane, J. H., Weisend, M. P., & Parker, J. G. (2016). Enhanced control of dorsolateral prefrontal cortex neurophysiology with real-time functional magnetic resonance imaging (rt-fMRI) neurofeedback training and working memory practice. *NeuroImage, 124*, 214–223. [doi: 10.1016/j.neuroimage.2015.08.074]

Shibata, K., Lisi, G., Cortese, A., Watanabe, T., Sasaki, Y., & Kawato, M. (2019). Toward a comprehensive understanding of the neural mechanisms of decoded neurofeedback. *NeuroImage, 188*, 539–556. [doi: 10.1016/j.neuroimage.2018.12.022]

Shibata, K., Watanabe, T., Kawato, M., & Sasaki, Y. (2016). Differential activation patterns in the same brain region led to opposite emotional states. *PLoS Biology, 14*, e1002546. [doi: 10.1371/journal.pbio.1002546]

Shibata, K., Watanabe, T., Sasaki, Y., & Kawato, M. (2011). Perceptual learning incepted by decoded fMRI neurofeedback without stimulus presentation. *Science, 334*, 1413–1415. [doi: 10.1126/science.1212003]

Sitaram, R., Ros, T., Stoeckel, L., Haller, S., Scharnowski, F., Lewis-Peacock, J., ... Sulzer, J. (2017). Closed-loop brain training: The science of neurofeedback. *Nature Reviews Neuroscience, 18*, 86–100. [doi: 10.1038/nrn.2016.164]

Taschereau-Dumouchel, V., Cortese, A., Chiba, T., Knotts, J. D., Kawato, M., & Lau, H. (2018). Towards an unconscious neural reinforcement intervention for common fears. *Proceedings of the National Academy of Sciences of the USA, 115*, 3470–3475. [doi: 10.1073/pnas.1721572115]

Thair, H., Holloway, A. L., Newport, R., & Smith, A. D. (2017). Transcranial direct current stimulation (tDCS): A beginner's guide for design and implementation. *Frontiers in Neuroscience, 11*, 641. [doi: 10.3389/fnins.2017.00641]

Wang, S., Itthipuripat, S., & Ku, Y. (2019). Electrical stimulation over human posterior parietal cortex selectively enhances the capacity of visual short-term memory. *Journal of Neuroscience, 39*, 528–536. [doi: 10.1523/JNEUROSCI.1959-18.2018]

Watanabe, T., Sasaki, Y., Shibata, K., & Kawato, M. (2017). Advances in fMRI real-time neurofeedback. *Trends in Cognitive Sciences, 21*, 997–1010. [doi: 10.1016/j.tics.2017.09.010]

Witkowski, M., Cossio, E. G., Chander, B. S., Braun, C., Birbaumer, N., Robinson, S. E., & Soekadar, S. R. (2015). Mapping entrained brain oscillations during transcranial alternating current stimulation (tACS). *NeuroImage, 140*, 89–98. [doi: 10.1016/j.neuroimage.2015.10.024]

Ziemann, U., Muellbacher, W., Hallett, M., & Cohen, L. G. (2001). Modulation of practice-dependent plasticity in human motor cortex. *Brain, 124*, 1171–1181. [doi: 10.1093/brain/124.6.1171]

第4章　注意

4・1　注意の時間特性と空間特性

　ヒトはもの，ひと，場所，事柄などさまざまなものに注意を向けるが，通常注意を向ける対象は，ある時間にある空間的位置を占めるものである。したがって注意処理にとって，時間特性，空間特性は基本特性であるといえる。ここでは，視覚を中心とした空間的注意を対象として，その空間特性，時間特性についてまとめるが，そこで扱われる計測技術，処理過程，概念などは，他の感覚や対象に対する注意処理にも適応できる。聴覚空間や触覚空間との関連はもちろん，空間の概念を色空間など特徴空間に広げることで，より一般的な注意処理過程にも適用できる（Franconeri et al., 2013）。なお，視覚において注意を向けるという場合，特定の空間位置の対象の視覚処理を促進することを意図し，通常そこに視線が向けられる。視線を向けるためには，眼球運動のみならず，頭部や体全体の移動も含むこと（Fang et al., 2015）になるが，本稿では視覚の空間的注意の基本である視線移動を介さない注意，いわゆる隠れた注意（covert attention）のみを扱う。

4・1・1　注意の空間特性

　初期視覚特性と同様に，視覚の空間的注意においても解像度や処理範囲などが基本特性といえ，多くの知見が積み上げられている。一方，注意の空間分割の問題は，注意に特有の問題といえ，やはり多くの研究が報告されている。

　空間特性は，基本的特性というだけでなく，注意選択（attentional selection）に関する古典的な議論と深く関連する点でも重要である。この議論では，注意による選択が，課題が要求する信号のみの選択である（Broadbent のフィルタ理論）のか，その対象外の信号を減衰するものである（Treisman の減衰理論）のかを問題とする（Driver, 2001）。空間的注意においてこれは，まさに注意の空間特性の問題そのものといえる。注意を向けた位置の周辺にその効果が広がれば，減衰説と一致することになり，周辺刺激が完全に無視されるなら，フィルタによる選択といえる。いずれも注意の空間分布の違いと考えることもでき，そのメカニズムの詳細はともかく少なくとも機能的には注意の空間特性として捉えられる。注意による選択の空間特性を知ることはその点でも重要である。

　以下，I・4・1・6 まで，注意の空間特性として，解像度と処置範囲を中心に視野依存，分割，柔軟な変化などの空間特性について述べる。

4・1・2　解像度

　視覚の空間特性といってまず思い浮かぶのは視力であろう。視力は視覚系の空間解像度に対応するものであり，注意についても空間解像度を考えることができる。たとえば隣接する視覚刺激を観察する場合に，それぞれに対して別々に注意を向けることができる最小の距離を調べれば，それが注意の空間解像度に対応する。Eriksen & Eriksen (1974) は，隣接する刺激要素の間の相互作用を用いて注意の解像度を推定した。彼らは，標的となる刺激の認識に対して，周囲に呈示された妨害刺激の影響を距離を変えて調べ，その妨害効果をもたらす範囲を求めた。彼らはその範囲内に妨害刺激がある場合それを無視できないと考え，妨害効果が及ぶ範囲を注意の範囲とした。ここでは，標的刺激と妨害刺激を分離できない範囲という意味で，注意の解像度と考えることとする。彼らの実験では標的刺激と妨害刺激とを

1°程度離すことにより妨害効果を取り除くことができることから，注意の解像度は1°以内と結論づけられる。

より系統的な計測に基づき，Intriligator & Cavanagh（2001）は注意の解像度のチャートを提案した。彼らは隣接する二つの刺激（黒丸）それぞれに個別に注意を向けられる間隔を計測し，その実験結果（注意の解像度計測）に基づきこのチャートを作成した。そこでは中央を固視した条件で，それぞれの位置の刺激が注意による見分けやすさが同等となるように配置されている。解像度は視野位置に依存し，視力などと同様に視野の中心から離れるに従い低下する。彼らの推定では，視野中心から5°の位置で，1°程度の解像度となる。また彼らは下視野では上視野よりも高い解像度があることも見いだし，それに基づき作成したチャートでは，上側で広く（解像度が低く）作られている。

このチャートの基礎になる実験は，並んだ刺激を注意で追跡する課題の正答率による。たとえばある場所から始めて，左，左，右，左，……といった，口頭指示に従って注意位置を変え，32ステップ後に注意を向けた位置が，正解かどうかを調べる（図4-1-1）。刺激要素の密度を変えて実験し（円周方向には5段階，半径方向に3段階），一定の正答率となる密度を計測することで解像限界を決めることができる。注意の解像度より狭い範囲に並んだ2点は，注意で分離できないと考えると，この方法で注意の解像度を推定できることになる。彼らは円周方向と半径方向別々に計測し，注意の解像度を2次元的に評価している。

4・1・3 空間範囲

解像度は，2点を分離できない距離であるのに対して，注意の範囲は注意効果が及ぶ範囲である。理論的には注意の範囲が解像度と同一のメカニズムで決められている可能性もあるが，実際には大きく異なると考えられる。解像度については，たとえば物差しの目盛り一つ一つに注意を向けようとすることから，その限界が理解できる。それに対して，注意範囲の存在は図4-1-2のような例によって主観的に体験できる。図中それぞれの大きさの数字を読むためには，注意の範囲を変化させる必要がある。あるいは，少なくともそのように感じられ，処理するために注意の範囲があるように思われる。ちなみにこのように特性を柔軟に変化することができる点は，他の視機能にはない注意の特性といえる。

注意の空間範囲を知るためには，注意を向けた位置のみならず，その周辺で注意効果を計測する必要がある。心理物理実験による計測では，手がかり刺激などを用いて注意の位置を決め，その付近に呈示される刺激の検出や認識課題に対する反応を計測する。位置による感度や反応時間をもとに注意効果の広がりが推定できる。Downing & Pinker（1985）は，反応時間の短縮効果が注意位置の周囲に広が

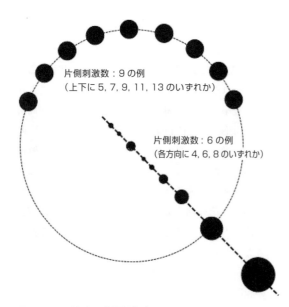

図4-1-1 注意の空間解像度

図4-1-2 注意範囲変更の主観的確認用画像

り，離れるほど小さくなることを示した。このような注意の広がりは，コントラスト感度や文字識別，フラッシュラグ効果などにより，多くの研究で示されている（LaBerge, 1983；Matsubara et al., 2007；Palmer & Moore, 2009；Sagi & Julesz, 1986；Shioiri et al., 2016；Shioiri et al., 2002）。その結果は実験によって異なるが，広いものは視角で10°程度の広がりを示す。これは上記の解像度に関するEriksen & Eriksenの1°程度とは異なり，解像度と注意効果の広がりが同一のメカニズムに基礎を置くとは考えにくいことがわかる。図4-1-3は，注視点から等距離刺激における実験結果であり，複数の計測手法，すなわちコントラスト閾値（contrast threshold），サッケード潜時（saccade latency），フラッシュラグ効果（flash-lag effect：FLE）での結果が同様の空間的広がりを示す（Shioiri et al., 2010）。

上記は，刺激呈示位置が数か所に限られた条件での実験である。より広範囲の多数の位置に呈示される刺激に対する注意効果を計測した研究も報告されている（Taylor et al., 2015；Tse, 2004）。Taylor et al. は，2次元的に広がる100点以上の位置での計測を行い，注意効果が対側半視野まで広がる結果を示した。手がかり刺激呈示後に，画面上11×11のマス目上の位置のどこかに刺激が呈示され，それに対する単純反応時間を計測し，注意効果が広く広がることを示した。彼らの結果には視野位置の影響も含まれるが，その周辺位置の影響を調べた実験（Bennett & Pratt, 2001）からその影響は小さいといえそうである。また，注意効果に関して空間周波数特性を計測する試みからも空間的広がりに関する知見が得られている。Gobell et al.（2004）は，注意を向ける場所と無視すべき場所を縞状に交互に配置し，その縞の幅を変数として注意効果を計測することで，空間特性を推定している。彼らの結果は低域通過型の特性を示し，注意位置を中心に広く広がる注意の空間特性を支持する。

注意の空間特性の計測結果には，注意位置の隣接領域で抑制効果を示すものもある（Cave & Zimmerman, 1997；Chen et al., 2008；Cutzu & Tsotsos, 2003；Falkner et al., 2010；Hopf et al., 2006；Steinman et al., 1995）。典型的な特性は，注意効果は注意位置のみで高く，その周囲で急激に低下し，さらに離れると影響がないレベルに回復するものである。これらは注意効果が広く広がり徐々に効果が低下するものとはまったく異なり，注意位置周辺での抑制を示唆する。Hopf et al.（2006）は，注意位置の隣接位置に呈示された刺激に対する応答が減少することから，注意位置周辺での抑制効果があることを示した（図4-1-4）。これは事象関連脳磁界（ERMF）の計測結果であり，注意位置とその周辺に呈示され

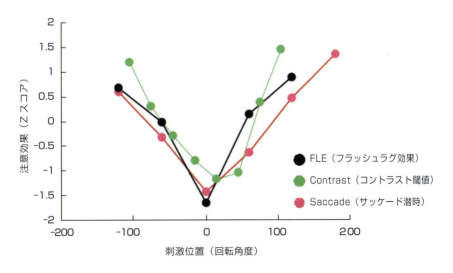

図4-1-3　注意効果の空間的広がりの計測（Shioiri et al., 2010）
　　　　縦軸の値が小さいほど注意効果が大きい。

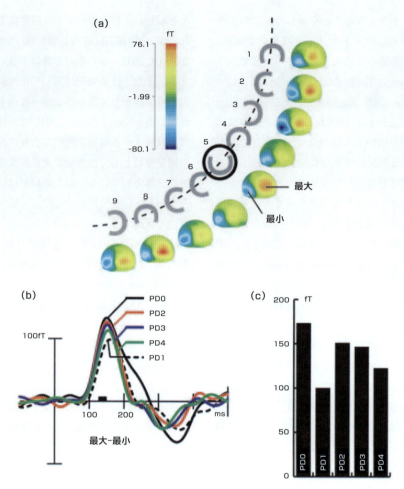

図4-1-4 ERPによる注意による抑制効果（Hopf et al., 2006）

た刺激に対する振幅を注意位置からの距離の関数として示す。刺激は注視点から等距離の円周上に並べられたランドルト環で，色の異なるものが一つだけあり，それが標的刺激である。実験参加者は標的刺激であるランドルト環の向きを答える。この課題を行うことで，注意が標的刺激位置に誘導され，その状態でさまざまな位置に呈示される検査刺激に対するERMFの計測が行われた。実験結果は標的刺激位置で大きな振幅があり，そのすぐ隣の位置では振幅が低下，さらに離れると回復することを示す（図4-1-4）。そのほか，心理物理実験による周辺抑制効果も知られていて（Steinman et al., 1995），注意の抑制効果を支持する根拠は少なくない。

広い注意範囲と周辺抑制は一つの処理過程の特性として説明することは難しい。一つの説明は，それぞれが異なる処理レベル／処理過程で異なる空間特性を反映するというものである。Shioiri et al. (2016) は，同一の脳波データをもとに，定常状態視覚性誘発電位（SSVEP）によって注意を推定した結果と，ERP（P3成分）で推定した結果が異なる空間特性を示すことを見いだした。前者では注意効果は周辺に広がる山型の特性を示すが，後者では注意位置の刺激に対してのみで大きな振幅を示した。2か所に注意を向けた条件で，両者を比較するとSSVEPは2か所を覆う広い山型の単一の分布になるが，P3の結果は，注意を向けた2か所のみで高い振幅を示した（図4-1-5）。Shioiri et al. は，低次の視覚処理過程では注意効果が広がるのに対して，高次の処理においては注意を向けた位置の情報を選択する（あるいは周囲を抑制する）との考えを提案している。この考えは，初期視覚過程において周囲への広がりを示すfMRIによる空間的注意計測結果（Datta &

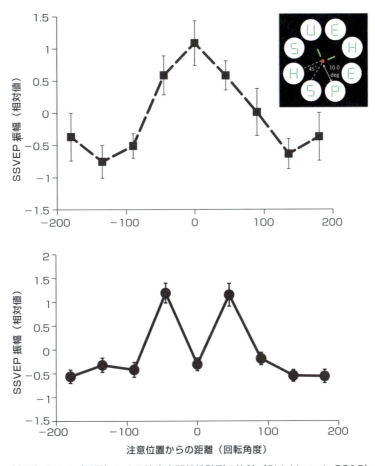

図 4-1-5 SSVEP（上図）と P3（下図）による注意空間特性計測の比較（Shioiri et al., 2016）

DeYoe, 2009），特定の位置での注意効果を示す頭頂葉 LIP 野の神経細胞についての電気生理実験の結果（Nishida et al., 2013）とも一致する。

主観的には，注意の範囲は固定ではなく，注意を向ける対象によりその範囲が変わると感じる。実際に注意を向ける対象に応じて注意による処理の促進の範囲が変化することは理にかなっている。実際，課題によって注意範囲が影響を受けることは知られている（Ikeda & Takeuchi, 1975；LaBerge, 1983；Matsubara et al., 2007；Palmer & Moore, 2009；Shioiri et al., 2010）。たとえば，Matsubara et al. (2007) は，セッション内で呈示される刺激位置範囲によって，注意範囲が変化する可能性を示すことをコントラスト感度によって示した。つまり各試行における条件は同一であっても，課題に関わる刺激が呈示される範囲が変化すると，計測される注意効果が異なるということである。また，課題の難易度に依存して注意範囲が変化することを指摘する研究もある。Lavie & Cox (1997) は，課題と関係しない刺激による妨害効果を，課題の難易度を変えて計測した。結果は，課題が難しいほど妨害効果が小さくなるとの直感に反する結果を示した。この結果は，課題が難しくなるほど注意範囲が狭くなるため，ある距離にある妨害刺激の影響を受けにくくなると考えることで説明できる。

4・1・4 視野依存性

視覚の空間的注意の研究において，視野位置に依存した効果は重要な要因である。その理由の一つは，注意による処理の促進を評価するためには，視覚処理自体の視野依存性を排除する必要があることである。たとえば，前述の Downing & Pinker (1985) は，注意位置の反応時間と中立条件での同一位置の反応時間との差分を注意効果として計測している。注意

位置以外での反応時間の増大と注意位置付近での反応時間の短縮，つまり損失と利得（cost and benefit）による注意効果計測である。興味深いことに，彼らの研究では，注意効果を損失と利得で評価したうえで，中心視野では周辺視に比べて注意の広がりが狭いとの視野位置による影響も示されている。これは注意効果自体が，視野位置に依存することを意味する。この視野依存の影響が網膜の不均一に始まる視機能の問題であるのか，周辺視情報に対する注意機能の問題であるのかは不明である。

注意効果自体の視野依存性については，左右視野，上下視野の違いが調べられている。左右視野の比較では左視野刺激への感度が高く，空間的注意の右脳優位と関連づける考えがある。一方，左右視野に呈示された刺激に対する注意の瞬き（attentional blink：AB）効果の違いから，右視野における処理の高さを示す研究もある（Sheppard et al., 2002）。現状で健常者に対する実験的研究からは，顕著な左右視野の差異については十分明らかになっているとはいえない。

上述の注意の解像度の研究からは，下視野で解像度が高い傾向が示されている（図4-1-1）。また，運動対象追跡実験や視覚探索でも下視野で高い能力を示す（Carrasco et al., 2001；Harasawa & Shioiri, 2011；Intriligator & Cavanagh, 2001）。これらは，注意機能そのものが，視野位置に依存することの反映と考えることができる。

4・1・5　注意の分割

注意の空間特性においてもう一つの問題は，空間分割の問題である。つまり離れた2か所に注意を向けられるかどうかである。注意のスポットライトやズームレンズ（zoom lens）という比喩は，単一の選択領域を仮定しているといえる。主観的には2か所に注意を向けることは，難しいが可能と感じられる人が多そうである。注意分割を示す実験結果は多いが，その一方でそれぞれの実験方法に関する問題点の指摘もあり，分割の可否に関する議論は続けられている（Jans et al., 2010）。

注意分割を示す研究では，たとえば2か所に注意を向ける条件を設定し，その中間位置の注意効果を調べる。その条件で中間位置の刺激に注意効果が得られた場合は，注意の分割ができないことを支持する（Pan & Eriksen, 1993）。また，2か所で注意効果を得るためにはその距離が近いことが必要であるとの結果も，注意の分割に否定的な結果といえる（Posner et al., 1980）。一方，左右視野に分かれた刺激に対して同時に注意を向けることができることを示す報告は心理物理実験や脳活動計測で少なくない（Alvarez & Cavanagh, 2005；Castiello & Umilta, 1992；Harasawa & Shioiri, 2011；McMains & Somers, 2004）。これらは左右半球別々に割くことができる注意資源があることで説明できる。それは同一視野内での分割については別途検討が必要であることを意味する。それに対して同一視野内における分割を示す報告（Awh & Pashler, 2000；Itthipuripat et al., 2013）もある。Awh & Pashler（2000）は，注意を向けた4か所（注視点を中心とした正方形の頂点位置）で，他の位置よりも高い文字認識感度が得られることを示した。この結果は同一視野の2か所を含み，4か所に注意のスポットライトがあることで説明できる。以上の研究などから，注意分割が可能であると考えている研究者は多い。

一方，注意の分割の問題が完全に結論づけられていないとの立場もある（Jans et al., 2010）。そこで指摘される実験上の問題で特に解決が難しいものは，2か所を高速で移動する注意のスポットライトに関するものである。2か所の間での注意の高速移動と，注意の分割とを分離することは難しい。ごく短時間（たとえば1 ms）ごとに2か所を移動する注意と，同時に2か所に向けられる注意を実験的に区別する実験手法は見当たらない。しかし，このような時間解像度限界を超えていると思われる高速の注意移動の可能性を調べる意味は感じられないし，1 msでの高速移動と同時を区別する刺激条件を設定するのは不可能であろう。

注意の移動に要する時間の推定については，時間特性の項の通り，距離によらず数十から数百 msであると考えられる。したがって，注意の高速移動を考えるのであれば，この時間オーダーでの可否を考えるべきであろう。上述のAwh & Pashler（2000）の研究では刺激呈示時間は100 ms 程度であり，

4か所すべてに移動するのは難しい条件である。その他，100 ms 程度の短時間呈示の実験としては，Kawahara & Yamada（2006）の報告がある。彼らは，異なる2か所で100 ms 間隔で連続呈示される刺激系列からターゲットを検出する課題でABの効果を計測し，2か所それぞれで同様の効果を報告している。ただし同様の実験において，単一の注意過程によって説明できるとの報告もあり（Jefferies et al., 2014），注意の空間分割に関して，決定的な知見が得られているとはいえない。

4・1・6　空間的注意の柔軟性

注意の分割の問題は，選択範囲に対する注意の柔軟性の問題ともいえる。注意を資源の配分と捉えるなら，その配分方法を柔軟に変えられるとすると，必要に応じ2か所に分割することも広く両者を覆うこともできることになる。分割以外でも上述の通り，注意範囲が可変であることは多くの研究が示すところである。また，オブジェクトに基づく注意は，空間的特性として考えるとオブジェクトの形状に合致した領域に向けられているともいえ，空間的注意がある制限のなかで自由度をもって変化するものと捉えることもできる。一方，オブジェクト内もその内外においても，空間的注意の効果が観察されることは（栗木他，2015），柔軟性の限界の反映ともいえる。

注意の柔軟性は，注意による運動対象の追跡に関わる機能においてもみられる。注意による追跡は，物理的には方向が決まらない条件で，注意による追跡によって方向を決めることができる現象を説明できる（Cavanagh, 1992；Shioiri et al., 2002；Verstraten & Ashida, 2005；Verstraten et al., 2000）。図4-1-6でフレームAとフレームBを入れ替えると，時計回りと反時計回りいずれかが見える曖昧な条件となるが，時計回りの動きに注意を向けると，時計回りが見え，反時計回りの動きに注意を向けると反時計回りの動きが知覚される。この効果はいずれかの運動成分が優位な場合にも生じ，優位な運動方向に逆らって注意による追跡ができる。その能力には限界があるが，その限界によって注意効果の強さを計測できるともいえる（Culham et al.,

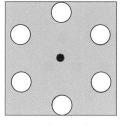 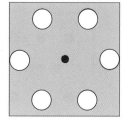

フレーム A　　　　　フレーム B

図4-1-6　曖昧運動刺激

2000；Verstraten & Ashida, 2005）。注意による追跡は，曖昧な運動刺激を一定方向の運動として群化する問題といえる（図4-1-7）が，さらに複雑な運動にも群化が生じることも知られている（Cavanagh et al., 2001）。図4-1-8の例は，円軌道に沿って運動する刺激を中心にその周りを回転する刺激の見え方が，注意の影響を受ける例を示す。地球の周りを回る月のような軌道的運動（orbiting）と，二つがお互いの中央の点を中心に回転する運動（tumbling）を見分けるためには，注意による追跡が必要であるという。

4・1・7　注意の時間特性

注意位置を移動してから，移動先で注意効果が得られるまでにはある程度の時間が必要であると考えると，時間特性は空間的注意にとって本質的な問題である。実生活においても，周辺状況への適用において注意移動の時間は大きな意味をもつ。この点は，路上に飛び出した子供を見つけて車を停止させる状況や，球技などのスポーツでの的確な反応をすることなど考えれば議論の余地はないであろう。

注意移動に要する時間は，手がかりが与えられたあと，さまざまな時間で呈示される刺激に対する処理への効果を計測することで推定できる。注意位置に関する手がかり刺激呈示後，その効果が生じるまでの時間が移動に要する時間と捉えることができる。その注意移動の時間計測のためにいくつかの実験手法が利用されている。ここでは基本的に視線移動を伴わない注意移動を問題にしているが，より一般的には視線移動に必要な時間，200 ms 程度との比較なども必要になる。以下四つの手法による注意移動時間の計測について説明する。

第I部 総論

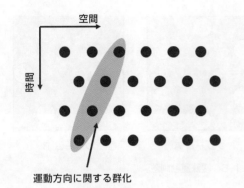

図4-1-7 曖昧運動刺激における群化による一定方向運動の知覚

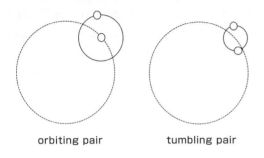

図4-1-8 2種類の動きを区別するためには注意を向ける必要がある（Cavanagh et al., 2001）

先行手がかり法（cueing paradigm）は，手がかり刺激を呈示した後の処理の促進を計測するものであり，多くの研究で使用されている（Posner, 1980）。手がかり刺激呈示後，さまざまな時間遅れの後にテスト刺激を呈示することで，時間に伴い注意がどのように変化したかがわかる（Eriksen & Collins, 1969；Nakayama & Mackeben, 1989）。Nakayama & Mackebenは，手がかり刺激の50 ms後には検出感度の上昇がみられ，100 ms程度でその効果は最大となり，その後徐々に減少するとの結果を報告した。これは刺激位置に手がかりが呈示される，いわゆる外発的注意条件の典型的な結果である。それに対して，注意位置を矢印などで指定する，内発的注意の場合は，100 msから400 msにわたり効果が上昇し，その後一定レベルが維持される（Carlson et al., 2006；Muller & Rabbitt, 1989）。

連続的に視覚刺激を短時間呈示する，高速逐次視覚呈示法（rapid serial visual presentation：RSVP）は，視覚処理の時間特性を調べる実験方法であるが，注意の瞬き（AB）という現象を利用して注意の時間特性の検討にも利用されている。ABは，連続呈示される刺激（T1, T2と呼ばれる）の検出，認識実験で見つけられた現象で，最初の刺激（T1）の処理の後に数百msの間，次の刺激（T2）に対する処理能力が低下するもので，あたかも一定期間視覚刺激を取り入れない処理にみえるため，注意の瞬きと呼ばれる（Chun & Potter, 1995；Raymond et al., 1992）。ABは，注意が最初の刺激に向けられている間は，次の刺激に向けられないために生じると考えられ，注意の時間特性の反映ということができる。つまり注意資源を必要とする処理が一定時間を要することから，連続した処理が求められると効率が低下すると説明される。T2のみへの反応を課した場合には生じないことから，視覚処理の時間特性が原因ではなく，注意処理の問題とされる。また，ABの実験で計測された結果には，T1の処理内容に依存した時間要因も含まれている。先行手がかり法においては，一般に手がかり刺激は検出のみでその処理にかかる時間は考慮されない。それに対してABでは文字認識などが求められ，処理時間を無視することはない点は，両者の意識すべき相違点である。

ABを用いた2点間の注意の移動時間の推定では，距離によらず100-200 ms程度と報告されている（Remington & Pierce, 1984；Sperling & Weichselgartner, 1995）。異なる位置にRSVP刺激を呈示し，T1とT2を異なる位置のRSVPに設定することで，空間的に離れた位置の間のABを調べることができる。T1とT2が異なる位置に呈示された場合と，同じ位置に呈示される場合とを比較する。T1とT2の間の時間と組み合わせることで，時空間特性が評価できる。具体的にはラグ1スペアリング（Lag1-sparing）という現象を利用し，その効果がみられる時空間範囲を調べる。ラグ1スペアリングは，T2がT1の直後に呈示される条件で，T1と一緒にT2が処理されるため，それ以降のT2よりも処理成績が高いというものである。ラグ1スペアリングが生じるのであれば，それは注意の範囲内にあったからであるといえるわけである。その結果，注意の空間的広がりが時間とともに変化することなどが示されている（Jefferies et al., 2014）。

注意移動の時間，速さに関する議論として，視覚探

索に基づくものがある（Treisman & Gelade, 1980）。
視覚探索実験においては，セットサイズ（探索画面
内の刺激項目数）による反応時間の変化を計測す
る。注意移動が必要な場合，セットサイズの増大に伴
い反応時間が増加する。反応時間の増加から刺激項
目一つを処理する時間と刺激項目間の注意移動時間
を合わせた時間を推定することができる。推定値は
他の手法での推定よりも速いものが得られる。視覚
探索実験からの注意移動時間推定は，間接的であり，
いくつかの仮定に基づく。特に各刺激項目が1個ずつ
処理され，毎回注意が刺激項目間を移動することを
前提としている点は問題となりうる（Pashler, 1995）。
注意の広さの範囲で複数の刺激項目を同時に処理す
ると考えた場合，注意が数msで刺激項目間を移動す
るとの視覚探索からの推定をそのまま受け入れるこ
とには疑問が生じる（塩入，2007）。また，セットサ
イズの増大に伴い反応時間が長くなるとの結果は，標
的刺激と妨害刺激の比較のための処理時間の増加で
も説明可能である（Eckstein et al., 2000；Pashler,
1995；Verghese, 2001）。

　その他，運動対象を注意で追跡する場合には，視
角で30°/s程度の速度でも追跡可能（固視点から7°
の位置で固視点の回りを回転角で250°/sで回転す
る運動刺激の追跡が可能）である（Shioiri et al., 2000）。
さらに時間周波数で評価した場合，4Hz程度の変化
が注意によって追従する上限であるとの報告もあ
る（Verstraten et al., 2000）。注意の移動は，ある
点から別の点に移動する場合は距離に依存しない時
間特性をもつのに対して，運動対象を注意で追跡す
る場合は，移動速度が問題になるものと考えられる
（Horowitz et al., 2004）。

　空間特性と時間特性の両方を考慮することで，よ
り一般的に時空間特性としてまとめることができ
る。注意がどこに向けられているかをその時間変化
とともに表示するためには，注意の効果を時空間座
標で表現すればよい。原理的には手がかり刺激など
で注意位置と時間が決められたとして，そこから時
空間的距離を変えて注意効果を計測すればよい。た
とえば，刺激変化の検出課題に対して，手がかり刺
激位置からの距離と呈示までの時間をさまざまに変
えてターゲットを呈示することで注意効果の時空間

効果を計測した例が報告されている（Tse, 2004）。そ
の他，空間特性の変化を時間の関数として計測する
研究も報告されている（Jefferies & Di Lollo, 2009；
Jefferies et al., 2014；Jefferies et al., 2019；Jefferies
& Witt, 2019；Tse, 2004）。いずれも現状では十分
系統的な評価がされているとはいえない。一方，時
空間特性は注意の動きとして捉えることができ，注
意による運動対象の追従特性で表現することもでき
る。刺激の動きに依存する運動視処理から，純粋な
注意の運動を分離することは難しいが，不可能では
ない。Cavanaghは2フレームの仮現運動刺激を利
用し，注意による追跡を刺激に依存した運動処理と
分離している（Cavanagh, 1992）。Shioiri et al. は，
この方法を利用して，連続的な注意移動があること
を示した（Shioiri et al., 2000；Shioiri et al., 2002）。
これは，位置変化が不連続で空間的な中間に向けら
れることはないとの結果と一致しない。この点は，
眼球運動にサッケードと滑動性追跡眼球運動がある
ことと対応づけて理解することができる（Horowitz
et al., 2004）。

（塩入 諭）

4・2　変化の見落とし，非注意による見落とし，境界拡張

4・2・1　注意と仮想表象

　注意という機能によって，日常生活に必要な外界
情報を適宜取り込むことができ，瞬時に情景理解に
至るが，身体の動きや眼球運動によって，脳に伝え
られる外界の視覚入力は常に変動するし，サッケー
ドと呼ぶ跳躍眼球運動に伴うサッケード抑制や瞬き
によって，外界からの視覚入力は頻繁に途切れてい
るにもかかわらず，脳で認識される情景は連続的で
安定した世界として捉えられている。そもそも，注
意と呼ぶ機能の制約から，スポットライトとか注意
の窓とかのメタファーで表現されるように，外界の
情報を限られた容量で，逐次的にしか脳に伝えるこ
とができないにもかかわらず，常に足りない部分が
補われ，主観的には目の前の情景が理解できている
し，日常生活に支障を感じることはない。膨大な情

第Ⅰ部　総論

報量をもつ外界の情景を瞬時に理解するには，効率的で簡略化した処理を実現する必要があり，安定した外界を前提とすることで，効率的で簡略化した処理が成り立っているので，情景内の多数のオブジェクトを含む詳細な脳内表象が存在しなければならないわけではない。しかしながら，情景の詳細な脳内表象が存在すると錯覚させる補填が常に行われていることに気づくことはほとんどない。

　瞬時の情景理解を実現しているのは，われわれが脳内で仮想表象（virtual representation）を使っているからである（Rensink, 2000）。ジスト（雰囲気：gist）やレイアウト（layout）という外界の概略情報と，長期記憶に入れられた抽象的な情景スキーマ（scene schema）との連携からなる仮想表象が瞬時に生成され，そのような仮想表象に対して集中的注意を向けることで，特定の対象やオブジェクトの詳細な高次認知処理が行われるが，それ以外の部分には処理負担も記憶負担もほとんどかからず，すぐに仮想表象は消失してしまうと仮定されている。視覚情報処理において最も重要な特徴である，この仮想表象が，情景すべての脳内表象が存在すると錯覚させる正体であり，われわれが不安なく日常生活での行動をとることを可能にしている。

　すなわち，集中的注意を向けた対象もしくはオブジェクト以外は，仮想表象にとどまり，詳細な高次認知処理が行われていないことになる。しかしながら，仮想表象により，目の前の情景のほとんどが脳内表象として存在していると錯覚しているので，詳細な処理が実は行われていないという実態を顕在させるような実験環境を作れば，にわかには信じがたい現象を体験できることになる。その代表が，ここで取り上げる変化の見落とし，非注意による見落とし，境界拡張ということになる。すなわち，注意を中心とするわれわれの視覚情報処理メカニズムでの制約では当然生じるはずの現象なのに，通常はそのような制約に気づくことがないので，情景を正しく理解していると錯覚する根拠となっている仮想表象の脆弱さに驚くのであろう。

4・2・2　変化の見落とし

　仮想表象が想像以上に脆弱であること，特に何らかの変化を見つけだすことが予想以上に困難であることを体験させてくれる現象が，変化の見落とし（change blindness）である（Simons & Levin, 1997；Simons & Rensink, 2005；横澤・大谷, 2003）。変化の見落としは，集中的注意によって高次認知に至る情報が想像以上に少なく，大量の視覚的外界情報が捨て去られていることを明らかにする。

　変化というのは過渡的（transient）であるので，仮想表象が脆弱でも，変化によって生ずる過渡信号が視覚系の運動検出器によって検出されれば，変化を見落とすことはない。したがって，変化の見落としを生起させるためには，運動検出器で抽出できない変化を生起させる実験パラダイムを考案する必要がある。通常の変化は過渡信号を含み，運動検出器で検出できるので，運動検出器で抽出できない変化を生起させるには，非日常的実験環境を作らなければならない。これまでに，さまざまな実験パラダイムが考案され，変化の見落としが確認されている（横澤・大谷, 2003）。大別すると，サッケード法，瞬き法，フリッカー法，スプラッシュ法，漸次法，カット法，遮蔽法の七つになる。いずれも，変化が運動印象として検出できないような実験課題になっているが，サッケード法からスプラッシュ法までが静止画，カット法が動画，遮蔽法が動画もしくは実世界環境を用いて検討されている。漸次法は，静止画と動画の中間的な呈示法である。以下では，順に七つの実験パラダイムを説明する。

　サッケード法は，跳躍眼球運動であるサッケード時に視覚情報入力が遮断される，サッケード抑制と呼ばれる期間があるので，その短時間内に画像の一部を変化させる方法である（Grimes, 1996）。このサッケード法によって，変化の見落としという現象が初めて明らかになった。瞬き法は，瞬きによって視覚情報入力が遮断される期間があるので，その短時間内に画像の一部を変化させる方法である（O'Regan et al., 2000）。画像の一部に変化を加え切り替えるのが，サッケード抑制時であるのがサッケード法，瞬き時であるのが瞬き法であるが，これらの方法は，いずれも短時間に生じる実験参加者のサッケードや瞬きに同期させて画像を変化させるという実験操作が必要なので，実験実施に困難さが伴

うので，その後の変化の見落とし現象の解明において，大きな影響を与えることはなかった。

　それらに比べて，変化の見落とし現象を確認する典型的な実験パラダイムとなったのが，フリッカー法である。フリッカー法は，図4-2-1 のように，一部を変化させた画像を，同じ場所に交互に繰り返し呈示する実験方法である（Rensink et al., 1997）。二つの画像に刺激間時間間隔（inter-stimulus interval：ISI），すなわち空白時間を与えなければ，過渡信号として運動検出され，変化部分がすぐにわかってしまう。ところが，たとえばわずか 80 ms 程度だけ二つの画像間に空白を加えることで，視覚系の運動検出器が機能せず，変化が劇的にわからなくなってしまう。数十秒にわたってフリッカー呈示しても，変化部分に気づくことができない場合もあり，いわゆる目を疑うという類いの不安に襲われることさえある。フリッカー法では，視覚系の運動検出器を機能させない空白呈示が重要であったが，逆に視覚系の運動検出器が画面全体に機能してしまうような変化呈示をすれば，空白呈示がなくても変化の見落としは生じることになる。図4-2-2のように，切り替える際に空白を入れず，変化部分に加えて，泥はねのような妨害刺激を画面全体にばらまくように加えるのがスプラッシュ法である（O'Regan et al., 1999）。

　これまで紹介した実験パラダイムは，2 枚の画像を使用する実験方法であったが，その 2 枚を補完する画像を連続的に多数作成し，ゆっくりと切り替えて呈示することで，過渡信号として視覚系の運動検出器に検出させないようにする実験パラダイムが漸次法である（Simons et al., 2000）。このように連続的に変化する画像群をある程度の速さで呈示すれば，変化部分が動画，もしくはいわゆるパラパラ漫画のように感じられ，すぐに変化検出できるが，漸次法では運動として検出できないほど，ゆっくりと切り替えて呈示されるので，最初に呈示された画像と最後に呈示される画像に大きな変化があっても，それを検出することが困難になる。

　カット法（Simons, 1996）は，ビデオカメラ位置を変えて撮影した，すなわちカメラ視点の異なる二つの動画を切り替えて，このようなカット割りを形成する動画内のオブジェクトや登場人物を変化させる実験パラダイムである。たとえばカットが変わるたびに，身につけているスカーフがなくなったり，テーブルの上の皿の色が変わったり，さらに主人公が別人に変わっていても気づかない。二つの動画内容に連続性があるとき，一つの情景スキーマに基づいて仮想表象が作られているために，変化の見落とし現象が生じると考えられる。ここまでに紹介した 6 種類の実験方法は，画面上に呈示される静止画もしくは動画を使用しているが，遮蔽法（Simons & Levin, 1998）は，現実世界において遮蔽物で実験参加者の視界を遮ることによって，遮蔽物が通過する間に別人もしくは別オブジェクトに変えてしまうという実験パラダイムである。

　変化の見落としという現象は，われわれ自身の予想を大きく上回る劇的な現象であると感じられる。

図4-2-1　フリッカー法（Rensink et al., 1997）

図4-2-2　スプラッシュ法（O'Regan et al., 1999）

変化の見落とし現象を知らない300人ほどの実験参加者に，変化部分をあらかじめ説明した上で，カット法や遮蔽法による実験で変化の見落としが生ずると思うかどうかをアンケートで調べた（Levin et al., 2000）。その結果，別人へと変わる変化については，もし自分が実験に参加すれば気づくだろうと答える人の割合が97.6%になった。しかし，実際の変化検出実験では46%の割合の人しかわからなかった。このような大きな差異を，変化の見落としの見落とし（change blindness blindness）と呼ぶ（横澤・大谷，2003）。自分の変化検出能力を過信しているわけだが，そもそも映画のスタントマンなどの仕事は，このような画面の中心人物が別人に変わっても気づかない変化の見落とし現象が生じ，かつ，視聴者がよもや自分がそれほど認知の誤りをするとは思ってもいないというメタ認知的知識に基づいているから成り立つのである。逆にいえば，映画制作に関わるような人たちは，変化の見落とし，さらに変化の見落としの見落としに相当する現象を昔から知っていたので，スタントマンを起用してきたのである。

　変化の見落としは，変化検出に非常に時間がかかる現象ということになるが，なぜこのように変化検出に至るまでに必要な処理が長くかかるのかについても検討されている。フリッカー法で使用される2枚の情景画像を細かく分割して，部分的に呈示する方法で調べてみると，呈示された領域の量に比例して，変化検出時間が長くかかる（Yokosawa & Mitsumatsu, 2003）。すなわち，われわれは変化検出のために細かい領域に変化があるかを一つずつ順番に確認するような逐次探索をしなければ変化検出できず，しかも一つ一つの領域について1サイクル分のフリッカーを待たなければ両者を比較できないので，通常の視覚探索課題における逐次探索以上に時間がかかることになる。一方，情景画像全体に対しては，瞬時に仮想表象が作成され，情景すべての脳内表象が存在すると錯覚してしまうので，簡単に変化を検出できるのではないかと人は予想してしまうのである。これが，変化の見落としの見落としが生じるからくりである。

　変化の見落とし現象が生じにくい変化検出課題も簡単に作ることができる。たとえば，フリッカー法で使用する画像において，変化部分は，その画像において中心的興味（central interest）が向けられない領域を選んでいる（Rensink et al., 1997；Yokosawa & Mitsumatsu, 2003）。すなわち，逐次探索で変化検出をする際に，まずは画像の中心的興味領域に注意を向けがちなので，その領域を変化させた画像を作成しておけば，変化の見落としが生じにくくなる。登場人物が1人の動画では当然ながらその登場人物に中心的興味が向くことになるが，そのような場合にカット法で別人に変えても，変化の見落としが起こりうる。これが生じるとすれば，たとえ登場人物に中心的興味が向いてもその登場人物が誰なのかに関しては中心的興味がないためであろう。

　変化の見落としの見落としは，情景すべての脳内表象が存在すると錯覚させている仮想表象の脆弱性を白日のもとにさらすので，変化の見落としが劇的な現象であると人が感じていることの証明になっていると考えられるが，われわれには外界の情報を限られた容量で逐次的にしか脳に伝えることができない視覚情報処理の限界，注意容量の限界があるので，それらの知見から，変化の見落としは起こりうるものであると科学的には予測することができる。われわれは目に映った情景におけるすべてのオブジェクトが同時に認識されていると誤解しがちであるが，実際にはそうではなく，仮想表象によって情景の大まかな情報をもとに，情景の詳細を見ているような錯覚をしているのにすぎないのである。

4・2・3　非注意による見落とし

　変化の見落としと同様に，代表的な見落とし現象

として挙げることができるのは，非注意による見落とし（inattentional blindness）である。非注意による見落とし現象は，静止画実験パラダイムと動画実験パラダイムで確認することができる（横澤・大谷，2003）。静止画実験パラダイムとは，図4-2-3のように静止画のなかで，実験課題として処理することを課せられていないために，予期しておらず，集中的注意も向けられていない刺激が処理されるかを調べる実験方法である（Mack & Rock, 1998）。Mack & Rock（1998）が用いた典型的な実験刺激系列を説明すると，各試行では，注視点に続いて，大きな直交線分が短時間呈示され，その後マスク刺激が呈示される。直交する2本の線分のどちらが長いかを判断することが実験参加者に求められる実験課題である。このような試行が3回繰り返されるが，4回目は大きな直交線分と同時に，何らかの付加刺激が画面の中央付近に呈示された。このような付加刺激の呈示の可能性について，実験参加者はあらかじめ知らされていない。この4回目の試行を非注意試行と呼ぶ。4回目の試行終了後に，直交線分以外の何かを見たかどうかを問うと，25%の実験参加者は付加刺激があったという事実や画面が何らかの別のものに変わっていたという事実を見落としていた。Mack & Rock（1998）は，さまざまな条件で非注意による見落とし現象を調べているが，非注意試行は各実験参加者に対して1試行しか実施できないので，大勢の実験参加者が必要となり，実に7年がかりで約5000人の実験参加者で実験を行っている。

動画実験パラダイムでは，たとえば図4-2-4のように，異なる二つの動画を重ねて呈示し，どちらかの動画に注意を向け，課題を遂行するように指示する（Neisser, 1979）。具体例としては，バスケットボールに興じる数人がパス回しをしている動画が二つあり，一つはユニホームが白，もう一つはユニホームが黒のチームだったとする。すなわち，これらの動画を重ね合わせると，動画のなかで二つのボールが行き交いしていることになり，両者を固定した領域で切り分けることができないのだが，たとえば片側の白チームが動画で何回のパス回しをしたのかは正しく回答することができる。すなわち，重ね合わせた動画が切り分けにくく複雑であっても，片側の動画を正しく把握し理解できることが確認できる。このとき，バスケットボールのパス回し以外に，傘をもった女性（Neisser, 1979）やゴリラの着ぐるみを着た人（Simons & Chabris, 1999）を動画の途中で横切らせる奇妙な光景が加わっても，予想以上に多くの場合そのような光景に気づくことができず，この現象も非注意による見落としと呼ぶ（横澤・大谷，2003）。Simons & Chabris（1999）の実験で，ゴリラの着ぐるみを着た人が，ドラミングと呼ばれる胸を叩く行動を真似て，バスケットボールのパス回しとはかなり異質の行動をしていたとしても，非注意による見落としが生じることが世界中に衝撃を与え，この研究に対して，人を笑わせると同時

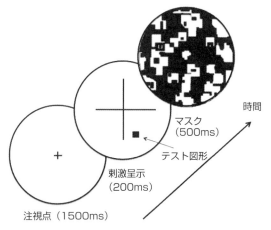

図4-2-3 静的な非注意による見落とし（Mack & Rock, 1998）

図4-2-4 動的な非注意による見落とし（Neisser, 1979）

第Ⅰ部　総論

に考え込ませる研究に与えられるイグ・ノーベル賞が2004年に授与されている。もっと統制された状況で，ゴリラのような黒い刺激ではなく，非常に目立つ色刺激を用いても，30%見落とすという非注意による見落としが生じることが確認されている（Most et al., 2000）。もちろん，奇妙な光景に注意を向けていないことが重要であり，画面上を動き回る白チームのパス回しの回数を正しく答えられないような状態で，傘を持った女性やゴリラの着ぐるみを検出できたとしても，顕著なものに注意が向けられがちなので当然である。ここで重要なのは，2種類のパス回しが呈示され，実験参加者はその片側だけに注意を向けているが，当然ながら奇妙な光景も視野に入っている状況が作り出されており，しかもそれに注意を向けない（すなわち非注意の状態が作られる）課題が与えられていることにある。すなわち，本来ならば注意を引き付けるような奇妙な光景でも，それに重なって呈示される他の情報に注意を向けてしまうと，なかなか気づけないのである。

　非注意による見落としの特徴は，変化の見落としとの違いを明らかにすることによって説明することができる。変化の見落としは，ほとんどの実験パラダイムにおいて，変化前と変化後の視覚刺激は同等であり，変化前後という時間差が存在するとき，変化前後の刺激差分を見落としてしまう現象であった。変化前と変化後の視覚情報は同等という意味は，変化前と変化後の視覚刺激を用意するとき，どちらが原刺激で，どちらが変化刺激であっても，両者に変化が存在すれば構わないということである（カット法だけは，ストーリーの連続性を確保するために，前後関係はあらかじめ決まっているが）。非注意による見落としも，静止画実験パラダイムでも動画実験パラダイムでも基本的に2種類の刺激を用いるという点で同様であるが，両刺激が時間差なしに，すなわち重ねて呈示され，さらに両刺激が実験参加者にとって同等ではなく，片方の刺激だけに集中的注意を向けさせられている点が異なっている。これにより，それ以外の情報に注意が行き届かなくなることをもって非注意の状態と呼んでいる。

　このような相違があるにせよ，非注意による見落としと変化の見落としは，注意の構えから逸れている位置で起こる見落とし現象であり，注意の裏側（the dark side of attention）とも呼ばれ（Chun & Marois, 2002），注意機能の解明を目指す研究において重要な示唆を与えている。

4・2・4　境界拡張

　変化の見落としが生じるようなフリッカー呈示で，数十秒にわたり情景画像のなかの変化部分を探しても，変化検出ができないことがあるということは，数十秒経っても，脳内に正確な情景表象が形成できていないことを反映している。実は，変化部分が検出された後でも，外界の情景の表象すべてが脳内で形成されたことを必ずしも反映するわけではないことは明白だろう。仮想表象によって情景すべての脳内表象が存在すると錯覚しがちであるが，この仮想表象が脆弱なために，記憶との正確な照合が難しい状態であり続けるのである。数十秒間呈示された情景について記憶させてから再生させたときの特異な現象として，境界拡張（boundary extension）がある。

　具体的には，実験参加者にある情景写真を30秒間呈示した後，その写真を隠し，その写真の情景を手描きで描いてもらうと，実験試行の95%で，写真では見ていないはずの外側まで報告されることがわかった（Intraub, 1997）。すなわち，情景写真を呈示した後に描いてもらった線画には，写真に写っていた構成オブジェクトは描かれるが，それに加えて，呈示された写真に実際には写っていなかった両端の柵や，上部の空間が描かれる。これは，もう少しカメラを後ろに置いて写した写真に相当することから境界拡張と呼ばれ，情景を拡張して予測して記憶する視覚系の特性を表していると考えられている。

　境界拡張は，情景写真のような2次元の情報でなく，3次元の空間情報を与えても生じる。そもそも，普通に撮影した写真とそれを少しクローズアップし，周囲が切り取られた写真を作成し，その2枚を使って継時的に呈示するとき，普通に撮影した写真を最初に呈示し，次にクローズアップ写真を呈示すると両者の差異に気づきやすいが，境界拡張が生じるような，クローズアップ写真を最初に呈示し，次に普通に撮影した写真を呈示するときは，差異に気

づきにくい。このような非対称性があることから，境界拡張が単なる情景写真に対する距離推定のあいまいさに起因するわけではないと考えられる。また，背景を消し，情景のなかのオブジェクトだけを呈示する場合には，上記のような非対称の現象は生じないので，オブジェクトの大きさ変化を覚えておけないわけでなく，情景写真の境界部分の外側まで推定しているために生じる現象であると考えられる。このことは，以下のような脳機能計測に基づく研究でも明らかにされている。

　普通に撮影した写真とそれをクローズアップした写真を使って継時的に呈示するときの，海馬傍回場所領域（parahippocampal place area：PPA）と外側後頭複合体（lateral occipital complex：LOC）の脳活動を比べてみると，普通に撮影した写真を最初に呈示し，次にクローズアップ写真を呈示するときだけ高次視覚処理領域であるPPAの活性化が変化せず，初期視覚情報処理領域であるLOCではすべての条件で脳活動が減弱する（Park et al., 2007）。脳内で同じ刺激として処理されるならば，繰り返し刺激入力されれば活性化が弱まるはずであるが，PPAではクローズアップ写真を新規の刺激として捉えており，逆にいえば，境界拡張が生じるような条件のときには，同じ刺激入力として扱われていることになる。PPAとLOCの活性化の違いから，境界拡張が一般的な知覚的充塡のような初期視覚現象ではないことを反映しているものと考えられる。

4・2・5　気づきと構え

　変化の見落とし，非注意による見落とし，境界拡張は，いずれもわれわれが気づくことが困難な状況に設定されたときに生じる現象であることが共通している。気づかないことは必ずしもわれわれの視覚情報処理の不備なのではなく，限られた処理資源が他のもっと重要な外界情報の処理に割り当てられていることを意味する。些末な情報を見落としても，重要な情報だけを取り入れられれば，効率的な処理が可能になり，迅速な行動も可能になる。周囲環境の情報が制約されても，長期記憶に入れられた情景スキーマから境界拡張して補塡しておけば，その情景文脈に基づいたオブジェクト認知も容易になるは

ずである。目の前で人が入れ替わったり，オブジェクトの色や形が突然変わったり，もとに戻ったりするような不安定な状況は，自然環境や日常生活ではほとんどないだろう。外的世界が常に安定しているという思い込み，一種の構え（set）を形成しておけば，外界の多くの情報に気づく必要もないというのが，効率的な脳情報処理の原理ともいえるだろう。変化の見落とし，非注意による見落とし，境界拡張は，われわれが期待している高速で高精度な能力より低いことで，視覚情報処理の不備につながった現象と捉えるのではなく，処理しきれないような膨大な情報量を有する外界に対して非常に効率的な情報処理をしていることに気づかせてくれる現象として理解すべきであろう。

（横澤　一彦）

▍4・3　視覚探索

4・3・1　視覚探索とは

　視覚探索（visual search）とは，視覚場面のなかから特定の対象を探索し検出することである。視覚探索はこれまで視覚的注意に関する研究のなかで最も多く利用されてきた実験課題の一つである。視覚探索には視覚的注意だけでなく，眼球運動の制御や記憶，報酬や意思決定といったさまざまなプロセスが関わっており，視覚情報処理を総合的に検討するために用いられる実験課題である。

　これまでの研究の多くは，色や形，線分の方位など複数の属性からなる幾何学図形を対象とした視覚探索課題を用いている。一般的には，実験参加者は課題開始前にあらかじめ教示された標的刺激（target）を，それ以外の複数の妨害刺激（distractor）のなかから検出し，キー押しなどで反応することが求められる。探索画面を呈示してから標的刺激を検出するまでの反応時間（reaction time）が，探索のしやすさ，すなわち探索処理の効率を反映した指標として検討される。その他にも，特定の刺激属性を指定せず画面のなかで他の刺激項目（item）と異なった特徴をもつ項目を標的刺激とする仲間はずれ探索（odd-one search）を行う場合や，複数の標的を探索させ

る場合など多くのバリエーションが存在する。参加者に要求する反応については，検出反応以外にも，画面内に常に存在する標的刺激の属性値を報告させる弁別反応を求めることもある。また，画面を短時間呈示して消去した後に強制的に反応させ，その正答率を指標として用いることもできる。

4・3・2　探索関数とその解釈

探索課題の結果から探索中の注意処理を検討する際には，画面内に呈示される刺激の数，すなわちセットサイズ（set size）を操作することが多い。セットサイズに対して得られた反応時間を線形回帰させた関数は探索関数（search function）と呼ばれ，探索中の注意の振る舞いを示す指標として用いられる。探索関数は傾きと切片の二つのパラメータをもつが，このうち傾きが探索中の注意処理の効率を示す指標とされる。一方，切片には注意処理以前の視覚処理や，意思決定，反応生成にかかる時間など，注意処理以外の要素が反映されるとされる。

探索関数の傾きはさまざまな要因によって変化する。たとえば，複数の赤い妨害刺激のなかに緑の標的刺激が存在するかどうかを判断する視覚探索課題では，標的刺激が注意を誘導するユニークな特徴（この場合は特定の色）をもっているため，画面上の刺激の数に影響されることなく，速やかに反応できる。つまり，セットサイズが増加しても反応時間はほとんど増加しないため，探索関数の傾きが非常に小さくなる。また，標的刺激が存在する試行と存在しない試行を比較しても，傾きに違いは見られない。一方，さまざまなアルファベット文字のなかから特定の文字を探索する場合など，標的刺激が妨害刺激と比較して顕著な特徴をもっていない場合には，すべての刺激に対して注意を向けて探索する必要がある。そのため，セットサイズの増加するにつれ反応時間が長くなり，明瞭に正の傾きをもった探索関数が観察される。この場合の傾きは，各刺激に対して注意が向けられ，それが標的刺激かどうかを決定するために必要な時間と解釈することができる。標的刺激が存在する場合は期待値として約半分の刺激をスキャンした時点で標的刺激を発見できるが，標的が存在しない場合にはすべての刺激をチェックしなければ標的刺激の有無の判断を下すことができない。そのため，標的刺激がある試行とない試行を比較すると，後者では前者の約2倍の傾きをもつ探索関数が得られる。

以前はおおよその基準（刺激一つあたり10 msがよく用いられていた）をもとにして，傾きが基準よりも小さい探索のことを並列的探索（parallel search）あるいはポップアウト（pop out）と呼び，傾きが基準よりも大きな探索を逐次的探索（serial search）と呼んで区別していた。しかし，そのような二分法には問題があることがいくつかの研究で指摘されている。Wolfe（1998）は，さまざまな種類の探索課題における反応時間をもとに算出された探索関数の傾きの分布が二峰性の特徴をもっていないことから，探索関数の傾きをもとに探索が並列的あるいは逐次的かを区別することはできないと主張した。いくつかの計算論的モデリング研究においても，処理容量の制限のある並列的探索処理でも，逐次的探索と同様の特性をもった結果となることが示されている（Bundesen, 1990；Thornton & Gilden, 2007；Townsend, 1990）。このようなことから，現在では並列的探索・逐次的探索で二分するのではなく，探索関数の傾きが小さい探索を効率的探索（efficient search），傾きが大きい探索を非効率的探索（inefficient search）と呼ぶことが増えている。

4・3・3　刺激属性と探索効率

一般的に探索画面のなかでユニークな特徴をもっている刺激はシングルトン（singleton）と呼ばれ優先的に注意が向けられるが，すべての特徴次元におけるシングルトンが効率的に探索されるわけではない。視覚探索において注意誘導を引き起こす特徴次元を特定しようという試みが非常に多くの研究でなされてきた。Wolfe & Horowitz（2004, 2017）によると，これまで蓄積された研究知見から，確実に注意を捕捉すると考えられる属性，おそらくそうである属性，おそらくそうではない属性など，その確実性からいくつかのカテゴリに分類できる。たとえば，色や運動方向，方位（線分の傾き），大きさの次元におけるシングルトンは確実に注意を捕捉する。輝度のオンセット（あるいはフリッカー）や背景輝度

に対する輝度の極性，線分の終端などは注意を捕捉する可能性が高い属性とされている。一方，刺激のもつ新奇性や文字，オプティックフローなどは必ずしもポップアウトをもたらさず，どの程度探索効率に影響を与えるのかは課題依存であるとされる。また，それ自体は注意を誘導しないが，他の特徴による誘導を生起させる特徴もある。たとえば，絵画的な奥行きによって刺激の見かけ上のサイズが変わると，それによって注意が誘導される（Aks & Enns, 1996）。

　ヒトの顔が注意を捕捉する特徴次元であるかどうかは論争が続いている。顔処理にはそれに特化した紡錘状回顔領域（fusiform face area：FFA）（Kanwisher et al., 1997）と呼ばれる神経機構が存在しており，視覚系にとって「特別な」刺激であることには間違いない。顔は他のオブジェクトのなかに存在する場合に効率的に探索されるが（Golan et al., 2014；Hershler & Hochstein, 2005），一方で空間周波数特性などの低次の画像特徴を統制した場合にはポップアウトしない（Hershler & Hochstein, 2006；VanRullen, 2006）という報告もある。また，顔の表情が探索に影響することがわかっており，笑顔のなかから怒り顔を探索するほうが怒り顔のなかから笑顔を探すよりも反応時間が短くなる怒り顔優位性効果（anger superiority effect：Hansen & Hansen, 1988）が知られている。ただし，怒り表情が注意を捕捉しているのではなく，妨害刺激として怒り顔が呈示されているときに，注意が向けられた後の解放のプロセスが阻害されることによると考えられている（Horstmann et al., 2006）。

　探索の効率はそれぞれの刺激のもつ属性値の類似性によって変化する（Duncan & Humphreys, 1989）。標的刺激と妨害刺激の類似性が高い場合には探索効率は低下する。また妨害刺激同士の類似性・均一性も重要である。たとえば，垂直線分を見つける探索において，妨害刺激がすべて右に 20° 傾いている場合は標的刺激を非常に素早く見つけることができるが，妨害刺激が右または左に 20° 傾いている不均一な画面では，標的刺激を見つけることは困難になる。妨害刺激が群化しやすいときには探索が容易になり，探索関数の傾きが負になる場合もある

（Bacon & Egeth, 1991；Bravo & Nakayama, 1992）。

　また，多くの場合，ある属性値についてそれを有する刺激を標的として探索するよりも，もたない刺激を探索するほうが探索効率が低下する。これにより，標的刺激と妨害刺激を入れ替えた際に探索効率が大きく変わる探索非対称性（search asymmetry）という現象が生じる。たとえば，静止した刺激のなかから運動している刺激を検出するのは，その逆，つまり運動している刺激のなかから静止している刺激を検出するよりも容易である。これは運動という特徴の有無によって標的を定義しているため，その特徴がない刺激に対する探索よりも，その特徴がある刺激に対する探索が効率的になる例である。一般的に，探索非対称性は刺激を入れ替えた二つの探索のうち，いずれか一方の探索が十分に効率的に行われ，他方が非効率的に行われる場合を指す。たとえば，正像の文字のなかから鏡像文字を探す探索とそれらを入れ替えた探索を比較すると，前者のほうが相対的に探索効率は高くなるとはいえ，この二つの探索がいずれも非効率的な探索であるなら，探索非対称性が生じているとは見なされない。探索非対称性については Rosenholtz（2001）の詳細なレビューを参照のこと。

4・3・4　探索処理と知識・構え

　探索前に標的についての情報を手がかりとして与えると，その手がかりの具体性に応じて探索が効率的になる（Wolfe et al., 2004）。標的とまったく同じ画像であれば探索画面の直前（たとえば，200 ms 前）に手がかりを呈示したときでも探索効率を向上させるが，同じオブジェクトではあるが違う見た目の画像や，単語で手がかりを呈示した際には，まったく同じ画像と同程度に探索を効率化させるためにはより多くの時間が必要となる。Bravo & Farid（2009）は，実験参加者に熱帯魚の画像と名前を結びつけて学習させた後に探索課題を行わせた。探索画面の呈示前に標的刺激の画像または名前を手がかりとして与えたところ，写真・名前のいずれでも手がかりによる促進効果があったが，同種ではあるが種類の違う魚を標的とした場合には画像手がかりのみが促進効果を生起させた。これらの事前手がかりに

よる促進は，探索テンプレート（search template）と呼ばれる，標的刺激の見た目に関する内的な表象が活性化されることによって探索が効率化されたためとされる。

　一般的に，標的の有無の判断を求める視覚探索課題では，標的が存在する試行としない試行が等確率で出現するように設定されるが，われわれが日常生活や業務のなかで行う視覚探索における出現確率は必ずしもそうはならない。たとえば，日常的な空港の手荷物検査で検出すべき対象（武器などの危険物）が出現することはほとんどないだろう。そのような標的の出現頻度がきわめて低い探索では，標的を見落とす確率が大幅に上昇することがわかっている（石橋・喜多，2013；Wolfe et al., 2005；Wolfe & Van Wert, 2010）。この現象は，標的頻度効果（target prevalence effect）あるいは低出現頻度効果（low-prevalence effect）と呼ばれる。Wolfe et al. (2005) は，空港のセキュリティにおける手荷物X線検査を模した刺激を用いて，トランクのなかから標的となる物体（ペンチやドリルなどの工具）を探索する課題を行った。このとき，標的刺激の出現頻度を1％まで下げると，セットサイズが3という，通常であればきわめて容易な探索においてさえ，標的を見落とす確率が40％程度まで上昇することを示した。この効果は，一般的な自然画像を用いた探索課題（Levin et al., 2011）や，線分の傾きを探索する課題（Navalpakkam et al., 2009）や文字を探索する課題（Rich et al., 2008）といった比較的シンプルな探索画面を用いた場合でも生起することが報告されている。比較的容易な探索において各試行の終了後に実験参加者が直前の反応を修正できる機会を与えると標的頻度効果が大きく低減するが（Fleck & Mitroff, 2007），困難な探索においては反応の修正が可能でも標的頻度効果が生起する（Van Wert et al., 2009）。これらのことから，標的頻度効果の生起因は，比較的容易な効率的探索では運動・反応段階のエラーであるが，より困難な非効率的探索ではそれ以外の要因であると考えられる。

4・3・5　視覚探索における履歴効果

　探索処理は，それ以前に行われた探索の履歴から形成される記憶によってさまざまな影響を受ける。Shore & Klein (2000) は，現象のタイムスパンから，視覚探索における履歴の効果を三つのタイプに分類している。すなわち，試行内で生じる短いタイムスパンでの効果，実験内の複数試行の間で生じるやや長めのタイムスパンでの効果，そして，数日から数年にわたる長いタイプスパンでの効果である。

4・3・5・1　抑制的タグ付け

　試行内で生じる履歴効果の代表的なものが抑制的タグ付け（inhibitory tagging：Klein, 1988；Takeda & Yagi, 2000）である。探索を効率的に行うためには，一度注意を向けた妨害刺激に何度も注意が向かないようにすることが必要となる。そのために一度注意を向けた場所に抑制が生じるのが抑制的タグ付けである。先行手がかり法における復帰の抑制（inhibition of return：Posner & Cohen, 1984）の視覚探索版といえる。Klein (1988) は，視覚探索が行われた直後に画面上に光点を呈示し，それに対する検出反応を求めると，探索中に刺激がなかった位置に光点が呈示されたときよりも，妨害刺激の位置に呈示されたときのほうが検出反応が遅延する抑制効果が生じたこと，またこの抑制の効果量は，標的がある試行では標的がない試行の約半分となることを示した。これは，標的あり試行では期待値として探索刺激のおよそ半分の刺激が調べられた時点で標的が検出されるという想定とも一致し，この抑制的タグ付けの存在を裏付ける証拠であるとされた。

　この抑制がどの程度実際の探索処理に影響しているかについては議論がある。たとえば，Horowitz & Wolfe (1998) は，110 ms ごとに画面がフラッシュして探索する刺激の位置がシャッフルされるディスプレイにおいても，位置が変化しないディスプレイと同程度の効率で探索が行われることを示した。このようなディスプレイにおいては抑制的タグ付けは機能しないため，試行中に抑制的タグ付けのような形では探索履歴が蓄積されていないと主張した。しかしながら，Horowitz & Wolfe の実験は通常の視覚探索課題とは大きく異なった刺激呈示方法を用いており，その結果を典型的な視覚探索に一般化することはできない。実際その後，試行内の探索履歴が注

意誘導のために保存・利用されていることを示す研究結果が複数報告されている（Kristjánsson, 2000；McCarley et al., 2003；Takeda, 2004；von Mühlenen et al., 2003）。これらのことから，抑制的タグ付けのような探索履歴に基づいた抑制処理が存在することについてはおおむねコンセンサスが得られているといってよいだろう。

ただし，抑制的タグ付けによって完全に注意が制御されているわけではない。探索中の眼球運動を測定した研究（Gilchrist & Harvey, 2000；Hooge & Frens, 2000；Klein & MacInnes, 1999）では，サッケードは直前の注視位置から離れる方向に向けて生起する傾向があるが，一度注視した位置に対して再びサッケードが生じることもある。ただし，一度注意した位置に再び向かうサッケードの直前の注視時間は長くなる傾向にある。これらの知見を総合すると，抑制的タグ付けは一度チェックされた妨害刺激を完全に抑制するわけではないが，まだ探索していない場所に方向付けることで探索を促進していると考えられる。

4・3・5・2　視覚的印付け

探索画面の刺激を一部ずつ逐次的に呈示した際，先に呈示された刺激を抑制することによって，後から呈示される刺激に優先的に注意を向けて探索することができる。これを視覚的印付け（visual marking：Watson & Humphreys, 1997）と呼ぶ。図4-3-1に示したように，視覚的印付けの実験では，たとえば五つの緑色の「H」が先に呈示される（プレビュー刺激）。一定時間後に，半数の試行では四つの青色の「A」と一つの青色の「H」が，残りの半数の試行では五つの青色の「A」が呈示される。このとき，実験参加者の課題は青い「H」の有無を判断することであった（図4-3-1）。すべての刺激が呈示された結合探索条件では，色と文字の組み合わせによって標的が定義された結合探索（conjunction search）の探索画面となるため，非効率的探索となる。しかし，2段階に分けて刺激を呈示するギャップ条件では，あたかも後に現れた刺激だけで探索を行っているような探索効率となる。プレビュー期間中に注意資源が必要な別課題を課せられると効果が消失する（Braithwaite et al., 2005；Humphreys et al., 2002）こと，またプレビュー画面は少なくとも400 ms程

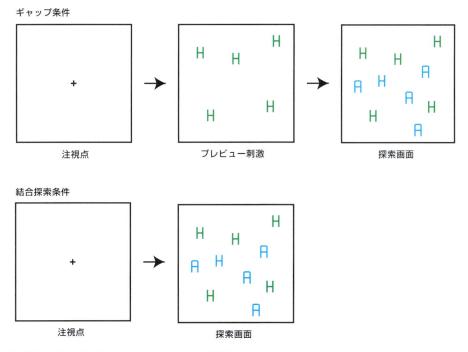

図4-3-1　視覚的印づけを検討する実験で用いられる刺激例

度呈示される必要があることから，処理資源と時間が必要となるトップダウン的な処理が介在していると考えられる。

視覚的印付け効果については，プレビュー刺激への抑制以外の説明として，後発画面のオンセットによる注意の捕捉（Donk & Theeuwes, 2001）や，時間的な群化（Jiang et al., 2002）によって説明する立場もある。しかし，視覚的印付けが後発刺激による注意の捕捉や時間的群化によって生じているのであれば，プレビュー刺激の輝度が後発刺激のオンセットと同時に大きく変化することによって，注意の捕捉や群化が阻害されるため，視覚的印付けの効果が減弱されるはずであるが，実際にはそうはならない（Watson et al., 2008）。プレビュー刺激が後発刺激のオンセットと同時に変化した際に，同一のオブジェクトとして連続性を保つ場合には視覚的印付けの効果は生起するが，そうでない場合にはプレビュー刺激に対する抑制が消去することから，この効果は先行して呈示された刺激が一貫して存在する場合には抑制するが，大きく変化した場合には抑制を解除して注意を向けることができるという，適応的な性質をもったメカニズムであるとWatson et al.（2008）は論じている。

4・3・5・3　ポップアウトのプライミング

実験内の複数試行間など，やや長めのタイムスパンで生起する履歴効果として代表的なものの一つに，Maljkovic & Nakayama（1994, 1996, 2000）の一連の研究で報告されたポップアウトのプライミング（priming of pop out：PoP）がある。図4-3-2のように，複数の妨害刺激のなかから一つだけ色の違う標的刺激を探索しその形状（欠けた角の左右位置）を回答するような探索課題においては，標的の探索は非常に効率的になりポップアウトする。このとき，緑色の妨害刺激のなかから赤色の標的を探す試行とその逆の色の組み合わせの試行がランダムな順序で出現すると，連続する試行間で標的の特徴が変化する場合としない場合が生じるが，比較すると後者のほうが前者よりも反応時間が短くなる。このプライミング効果には，標的刺激の特徴に対する促進効果と妨害刺激に対する抑制効果が関わっており，繰り返しに関して知識をもっていても影響を受けない，自動的で無意識的な処理を反映していると考えられている。

4・3・5・4　文脈手がかり効果

日常場面でも，似たような状況で繰り返し探索を行う際，初めてのときよりも2回目以降のほうが探

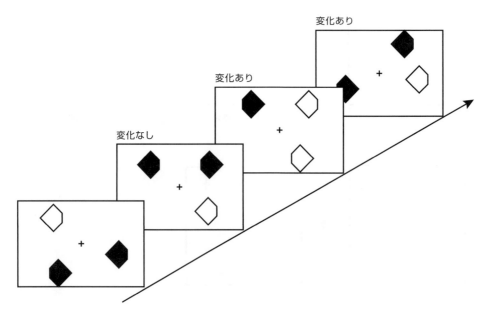

図4-3-2　ポップアウトのプライミングを検討する実験の試行の流れ

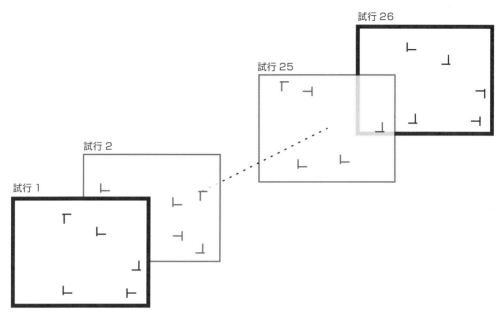

図 4-3-3 文脈手がかり効果を検討する実験における試行の流れ
太線枠の画面は反復されるレイアウトを示している。

索が容易になることを経験したことがあるかもしれない。このような場面内に存在する統計的な規則性が無意識のうちに抽出され学習される認知過程を統計学習（statistical learning）と呼ぶ。統計学習は，言語処理やオブジェクト認知などさまざまな認知処理において生起するが，視覚探索も同様に統計学習によって促進されることがわかっている。たとえば図 4-3-3 のように，さまざまな方向に回転した「L」のなかから左右いずれか 90°に回転した「T」を探しその方向を回答するような，標的に対する弁別反応を求める非効率的探索課題を行う。このとき，実験開始時に複数の探索画面が生成され，それらにおいては個々の刺激の形状は試行ごとに変化するが画面全体のレイアウトは固定されたまま，実験のなかで繰り返し呈示される。それらとほぼ同数の試行では，毎回新しく生成される探索画面が呈示されるので，実験参加者は約半数の試行でレイアウトが繰り返されていることに気づかないが，それにもかかわらず，新しく生成されたレイアウトと比べて固定されたレイアウトでは探索時間が短縮される。この促進効果は文脈手がかり効果（contextual cueing；Chun & Jiang, 1998；小川・八木，2002；Sisk et al., 2019）と呼ばれ，画面のレイアウトが文脈情報として潜在的に学習され，それに基づいて注意が誘導されることで探索効率が向上することを反映していると解釈される。文脈情報として学習されるのは刺激のレイアウトだけとは限らない。探索刺激に無意味図形を用いたときに，妨害刺激の形状が標的刺激の形状を予測する場合にも同様の文脈手がかり効果が生起する（Chun & Jiang, 1999）。効率的探索においても文脈学習は生じ，学習された文脈は非効率的探索にも転移する（Geyer et al., 2010；Ogawa & Kumada, 2008）。さらに，異なるモダリティ間での学習・転移が生じ（Kawahara, 2007；Nabeta et al., 2003），文脈に対する学習は長期間（少なくとも 1 週間程度）は持続する（Jiang et al., 2005）など，文脈手がかり効果にはさまざまな規則性に対して柔軟に機能する統計学習のメカニズムが介在していることが示唆される。

4・3・6 報酬の影響

ヒトだけでなく，さまざまな動物の行動は，その行動の結果としてどのような報酬（あるいは罰）が得られるかによって強く影響される。一般にある反応に対して望ましい結果が生じると反応の生起頻度は上がり，場合によっては習慣化されることは効

の法則（law of effect）として以前から知られてきた（Thorndike, 1911）。同様に，視覚探索における注意制御に対しても，過去にどのような報酬を受けてきたかの履歴が影響することが多くの研究で示されている。

標的刺激の特定の特徴あるいは位置に対して報酬を与えると刺激特徴と報酬の連合が学習され，探索パフォーマンスが向上する（Kiss et al., 2009；Kristjánsson et al., 2010）。たとえば，Kiss et al.（2009）は，色シングルトンの探索において特定の色に対して大きな報酬を与える探索課題を行い，ブロック内でシングルトンの色がランダムに変わるため探索画面が呈示されるまで報酬の大きさがわからないような状況においても，報酬の大きさによって探索効率が変化することを示した。

報酬が課題とは非関連な刺激と連合したときにも注意制御に影響する（Hickey et al., 2010）。Hickey et al. の実験では，実験参加者は菱形のなかから丸を探し，そのなかにある線分の傾きを回答する探索課題を課せられた（図4-3-4）。このとき，菱形の一つは他の菱形や丸と異なる色で表示されていた。つまり，探索画面のなかには形状と色の二つのシングルトンが存在しており，後者は課題に非関連な妨害刺激であった。各試行では，参加者が線分の向きを正しく反応すると，直後に高報酬あるいは低報酬のフィードバックが与えられ，それに応じた金銭報酬を実験後に受け取ると教示されていた。標的刺激と色シングルトンの色は試行ごとに割当が変化したため，連続する2試行で変化しない場合と，入れ替わる場合があった。このような状況下で，たとえばある試行で赤色の標的刺激に対して高報酬を与えられたのち，次の試行で標的刺激の色がそのまま変わらないときと，刺激色が切り替わって色シングルトンが赤色で表示されたときを比べると，後者で反応が遅延することが示された。つまり，直前に大きな報酬を与えられた特徴に対して，注意が強く捕捉されたことがわかる。逆に報酬が低いときには，色が入れ替わらなかった場合に反応が遅延した。これらの結果は，課題とは非関連であっても報酬と結びつけられた特徴（この場合は色）に対して自動的な選択バイアスが生じることを示している。このバイアスは，参加者に高報酬が与えられたときは80％の確率で次試行で色の入れ替わりがあると教示された場合においても生起した。つまり，実験参加者が高報酬を与えられた色に注意を向け続けるべきでないとわかっている場合でもその色に対して優先的に注意が向けられることから，課題要求などのトップダウン的な要因による注意制御とも独立していることがわかる。

この Hickey et al. の発見は，注意制御が刺激の顕

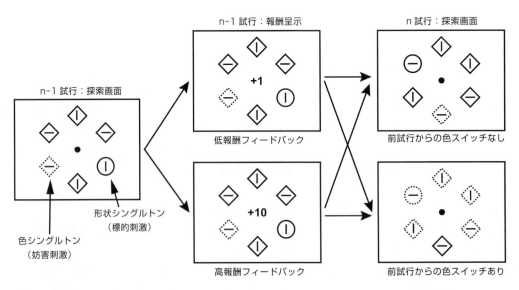

図 4-3-4　Hickey et al.（2010）の実験の試行の流れ（Hickey et al., 2010 をもとに著者作成）
　　　　　詳細は本文を参照。

著性などによるボトムアップ的要因でも，意図などによるトップダウン的要因でもない要因によって影響を受けることを示した点において重要である。ここから，トップダウン・ボトムアップの2分法ではなく，履歴効果を第3の要因とした新しい注意モデルが提案されている（Awh et al., 2012）。

（小川 洋和）

4・4　注意の理論

　本節と次節では，注意の理論と諸現象について概説する。その際，注意は複数の認知機能の総称であるがゆえに，さまざまな理論が提案されており，論争が解決していないものもあることに留意する。それに加えて，いくつかの注意に関わる現象も知られているので，まず本節で注意の理論について述べた後，次節で注意の諸現象について解説する。

4・4・1　注意の役割

　注意は情報の取捨選択，抑制，制御など複数の認知機能の総称であり，単一の定義を導き出しにくい。強いていえば適応的に行動するために知覚・認知システムにバイアスをかけるはたらきであるといえる。視空間に関していえば，われわれは水平方向に約180°，垂直方向にはそれよりもやや狭い範囲に広がる視野をもつが，このなかで日常的な意識的気づきをするうえで意識的に知覚し，認識できる範囲はずっと狭い（Hüttermann & Memmert, 2017）。高次の視覚認知は容量が限られているため，視野内の情報のうち，現在の行動目的や経験から重要なものを優先し，さらに深い処理をすべき部分を選ぶ必要が生じる。こうした優先順位をつけ，選択するはたらきを選択的注意という。こうしたはたらきはあらゆる感覚モダリティで必要になるが，これまでの研究は主として視覚と聴覚をもとに進められてきた。特に視覚は実験操作が比較的容易であるという理由から，最も知見が蓄積されている。

　視覚における選択的注意には機能的に異なる二つのプロセスが関わっていると考えられてきた。一つは初期の知覚段階で，視野全体に対して並列的にはたらくプロセスである。もう一つが逐次的

に，一度に少しの対象のみを分析するプロセスである。後者は何を分析するかを選択してはたらくため，注意プロセス（attentive process）と呼び，前者をその前にはたらくという意味で前注意プロセス（preattentive process）と呼ぶことがある。これらの2段階の区別は必ずしも厳密ではないが，1960–70年代から指摘され始めている（Atkinson & Shiffrin, 1968；LaBerge & Samuels, 1974；Posner & Snyder, 1975；Shallice, 1972）。Schneider & Shiffrin（1977），Shiffrin & Schneider（1977）は自動的なプロセス（automatic process）と意図的なプロセス（controlled process）という二つの基本的なメカニズムを想定した。自動的なプロセスは並列的な知覚処理が関わっており，認知負荷とは独立で，訓練によって形成され，個人の制御が及ばない。一方，意図的なプロセスは容量制限があり，認知負荷の影響を受け，本質的には逐次的で個人の意図によって制御される。現在の注意の理論はおおむね，この自動的なプロセスと意図的なプロセスの二つの枠組みに従っている（Itti & Koch, 2001；Koch & Ullman, 1985；Li, 2002；Navalpakkam & Itti, 2005；Treue, 2003；Wolfe, 2014）。これら二つのプロセスを想定するモデルでは，第1段階の分析の結果が第2段階に渡され，何を分析するかが決まる（Treisman & Gelade, 1980）。ただし，Moors & De Houwer（2006）は，すべての認知的な機能をこの自動的なプロセスと意図的なプロセスに単純に分けることに警鐘を鳴らしている。たとえば，非常に素早くはたらくが意識できる機能もあるだろう。したがって，単純な二分法ではなく，自動的なプロセスと意図的なプロセスを両極とし，多くの機能は両者の性質が混じった形をとると考え，自動性の基準として「意識されないこと」「効率的であること」「高速にはたらくこと」「現在の行動目的に影響を受けないこと」という4点を挙げている。これらの二重性を仮定する考え方の他には，すべての対象は高次の水準まで処理されると考える立場もある（Bundesen, 1990）。

4・4・2　注意の研究手法

　注意の探求によく使われる実験手法として，干渉法（interference paradigm），先行手がかり法

（cueing paradigm），視覚探索法（visual search paradigm）の三つが挙げられる。両耳分離聴取（dichotic listening）課題は干渉法の一例である。この手続きでは，実験参加者の左右それぞれの耳に別々の音声を呈示する。標的とされた片側の音声を実験参加者がどれだけ正確に追唱できるか，非標的側の音声がどれだけ干渉するかを注意の主たる測度とする。また，カクテルパーティー効果（cocktail party effect）の生起を調べるために，非注意側の音声に実験参加者の名前をこっそりと潜ませて，抜き打ちテストのようにこの自分の名前に気づくか否かや，気づいたときの影響を測定することもある（Wood & Cowan, 1995）。フランカ干渉課題（flanker interference task）やStroop課題（Stroop task）は視覚で同様の干渉法を実現したものだといえる。フランカ干渉課題では中央に標的文字，その両側に非標的文字（フランカ）を呈示する。たとえば，「AAAAA」あるいは「BBABB」のような配列を用いる。実験参加者は標的文字（「A」または「B」）の弁別をする。これらの配列のいずれでも標的は中央の「A」なので，選択が完全ならば，フランカが標的と一致していても不一致でも標的の同定には影響しないはずである。しかし，標的への反応は一般に，フランカと標的が一致しているときに比べて不一致のときは遅く，誤答しやすい。これはフランカから標的への干渉があることを示している。Stroop課題（I・4・4・3で詳述）は標的となる対象物の異なる属性からの干渉を引き出している。これらの課題は非関連刺激または非関連特徴からの干渉という点では類似しているが，認知制御の水準や関与する神経機構に相違もある（Tillman & Wiens, 2011）。

先行手がかり法は図4-4-1にあるように，検出や弁別すべき標的に先立って，光点などを手がかりとして呈示する。手がかりと標的の位置が一致していたときは，一致していないときに比べて検出や同定成績が高いことがある。このような事態では，手がかりへの眼球運動を伴う場合（overtという）でも，伴わない場合（covertという）でもこの手がかりと標的の位置の一致効果が生じる。この効果は手がかりによって空間内の位置に注意が向けられるために起こると解釈でき，手がかりによる空間的注意の定位

効果（cue-triggered attentional-orienting effect）という。注意の定位は目立つ過渡的な出来事に対して生得的に備わっている定位反射（orienting reflex：Sokolov, 1963）にきわめて近い。定位反射は注意を向けることとその結果としての刺激の知覚を分離していないのに対し，注意の定位は知覚に先立つ点が異なる。手がかりが特定の位置を示さない中立条件（ベースライン）に比べて，一致条件で成績が向上する分を手がかりによる利得効果と呼ぶ。同じくベースラインと不一致条件で成績が低下する分を手がかりによる損失効果という。先行手がかり法は注意の時間的・空間的側面を測定することを可能にしただけでなく，さまざまなタイプの先行情報が後の知覚分析や物体認知，文章理解や判断に及ぼす影響を調べるための有効な手法となった。

フラッシュ光のように環境内に現れる過渡的な刺激に対して，その刺激が現れた位置に注意を向けることを外発的な定位（exogenous orienting）という。一般に，外発的な定位の場合は手がかりが呈示されてから比較的短時間で注意の効果が生じ始める。また，こうした外発的手がかり（exogenous cue，直接手がかりともいう）は標的の位置を知らせるための情報価をもたない場合であっても，手がかり位置に注意を定位させる効果をもつ。すなわち，外発的手がかりの呈示位置とその後の標的の位置が無作為な組み合わせであっても，手がかりの位置にたまたま標的が呈示されたときはそうでないときに比べて定位効果をもつ。こうした性質をもつ外発的手がかりに対して，矢印や単語も間接的な定位手がかりとして機能する。数字で「1」は右，「2」は左というように，記号と位置を恣意的に組み合わせ，解釈が必要な場合や，教示によって位置を指定することによっても定位手がかりとしてはたらく。これらを内発的手がかり（endogenous cue，または間接手がかり）といい，それによって生じる定位を内発的な定位（endogenous orienting）という。内発的手がかりは外発的手がかりに比べて効果を生じるまでに時間を要し，位置に関する情報価をもたない内発的手がかりは定位効果を生じない。

手がかりを使って，空間以外の属性にも注意を誘導することができる。たとえば標的が呈示される

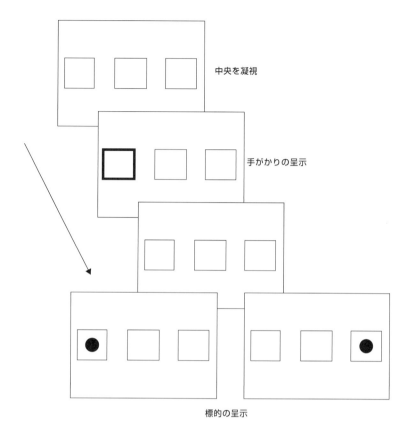

図 4-4-1　空間的手がかり　典型的な試行の例
　　　　実験参加者は中央の矩形を注視した後，手がかりが呈示されるのを見る。その後，左右いずれかに呈示された標的（●）に対してできるだけ素早く反応する。手がかりと標的の位置が一致していたときは，一致していないときに比べて検出や同定成績が高い。

特徴次元や特徴値（Kumada, 2001；Reeder et al., 2018），意味（Posner & Snyder, 1975），時間間隔（Coull & Nobre, 1998）といったさまざまなものに注意を向けることができる。先行手がかり法は神経生理指標とも組み合わせることができ，空間的注意に対応する事象関連電位（ERP）成分が同定されている（Mangun, 1995）。空間的手がかりについては，注意位置での標的の出現に伴うP1，N1成分の振幅の増大とそれに対応した検出成績の向上がみられる。一方，色，線分方位，空間周波数，運動方向といった特徴への手がかりではこうした成分の変調はみられず，後頭で陰性もしくは陽性成分の増大が生じる（Baas et al., 2002；Hillyard & Anllo-Vento, 1998；Martínez & Hillyard, 2005）。

　注意研究によく使われる三つ目の実験手法が視覚探索法である。空間的な視覚探索はⅠ・4・3で扱っているため詳述は避けるが，重要な点としては探索すべき刺激の数（セットサイズ）を操作することである。この操作は，注意は同時に多数の箇所に向けることができないという特性に対応して空間的な負荷を変えることを意味する。正答率を従属変数とする場合は，セットサイズを固定して呈示時間（逆向マスク刺激のオンセットまでの時間）を操作する場合もある。このときも同時に多数の箇所に注意できないという特性に基づき，注意を要する探索では呈示時間が短いときには探索できる箇所は少なくなると解釈する。

　一方，空間的な負荷は与えず，多数の物体に同時に注意できないことに注目した実験手法として，高速逐次視覚呈示（rapid serial visual presentation：RSVP）の手続きも視覚探索法の亜種であるといえる。この手法は注意の時間的な側面を扱っており，通常は視野中心に1秒間に10個程度の文字や単語や画像を呈示する。空間的な視覚探索課題では画面

第Ⅰ部　総論

全体に探索項目を分散させて呈示して，比較的限定されたサイズの注意の焦点を少しずつ動かしながら探索することを促していたが，この手法では判断すべき項目を高速に時間軸上で分散させて次々に同じ位置に呈示していることになる。このとき，標的となる項目を実験目的に応じて1個から複数個含めておき，実験参加者に回答を求めたり神経応答を記録したりする。RSVPで出される刺激群から，あらかじめ指定された標的を選択し，検出・同定できる限界を知ること自体も研究の対象となる（Potter, 1975；Potter et al., 2014）。注意の瞬き（attentional blink：Raymond et al., 1992），反復の見落とし（repetition blindness：Kanwisher, 1987）や一部のタイプの注意の捕捉（Folk et al., 2002）はこの手続きによって研究が進められた。このうち，注意の瞬きはRSVPで出された刺激系列中の二つの標的を検出あるいは同定するときの，第2標的の処理不全を指す。この現象は二つの標的の刺激オンセット時間差（stimulus-onset asynchrony：SOA）が200-300 msのときに最も顕著に生じやすい。主として第1標的をワーキングメモリ（working memory）へ書き込むプロセスを反映していると考えられ，空間が関わらない事態での注意の操作手法として広範囲で使われるようになった（Dux & Marois, 2009）。

　なお，ここまでに述べた三つの手法は組み合わせて使われることもあり，注意や関連する幅広い知覚・認知機構を調べる有益な手段となっている（たとえば，干渉法と先行手がかり法，Siemann et al., 2018；干渉法と視覚探索法，Kerzel & Barras, 2016；視覚探索法と先行手がかり法，Beck et al., 2018；干渉法と先行手がかり法および視覚探索法，Moher & Egeth, 2012）。これらは代表的な注意研究の手続きであるが，この他にも神経心理学的手法（Ⅰ・4・7参照）など多様な測定法が開発されている。

4・4・3　注意の理論の礎

　注意は現在の行動目的や経験に基づいて重要な事象に高い優先順位（priority）を与え，選択することによって，われわれの知覚と認知を適応的に方向づけるはたらきである。注意の理論は主として，認知革命の時期に精緻化されていく。ただし，認知

革命以前に注意の研究がまったく行われていなかったわけではなく，いくつかの重要な発見と報告があった。たとえば，注意の一形態である知覚的構え（perceptual set）についての研究の先駆けとして，Wundt（1880/1907）は，刺激が視覚，聴覚，触覚のいずれで呈示されるかわからないときは，あらかじめわかっているときに比べて反応時間が長くかかることを見いだした。空間的注意に関しては，von Helmholtz（1894）は電気のスパークによって一瞬だけ文字が見える事態を作り出し，注意が向かない位置にある文字は読むことができないと報告している。もう少し下ると，今でいう実行系の先駆的研究としてJersild（1927）は課題切り替えのコスト（task-switching cost）を見いだしている。足し算ばかり，掛け算ばかりをそれぞれまとめて行うときに比べて，足し算と掛け算を交互にする場合は遂行時間が長くなることを報告した。1931年には心理的不応期（psychological refractory period）の効果が発見されている。Telford（1931）は，音に対してキーを押すだけの単純課題を課し，音の間隔を0.5，1，2，4秒と操作したところ，一つ前の音の0.5秒後に出た音への反応が最も遅かった。神経細胞が興奮するとその後に新たな刺激に対して感度が低下する不応期が伴うことになぞらえて，彼はこの現象を心理的不応期と呼んだ。心理的不応期は自発的な反応や弁別反応でも生じる，一般的な現象であることがわかった。

　1935年には課題に非関連な情報からの干渉を反映する現象が報告されており（Stroop, 1935），これはStroop効果（Stroop effect）と現在呼ばれている。たとえば色名単語「緑」を紫色で印刷し，インク色を答えるというStroop課題（紫が正解）は，単に色パッチの色を答えるときに比べて倍近くの時間を要する。逆に，色名単語を読むとき（緑が正解）にはインク色は干渉しない。Stroop効果はその後30年間はわずか16件の引用に甘んじた（MacLeod, 1992）。しかし，この干渉は非関連な情報とインク色を答えるという反応との関連の程度を反映するという重要な点をKlein（1964）が指摘すると，注目が集まった。これは，ちょうど認知心理学の関心が逐次プロセスから並列プロセスにシフトし始め，上述し

た二重プロセスの提案と検証が始まった（Atkinson & Shiffrin, 1968；Posner & Snyder, 1975）頃に重なる。このとき，Stroop効果は自動的なプロセス（文字の読み）と意図的なプロセス（インク色の回答）がせめぎ合う事態を作り出すことができる好例として評価され，これ以降は注意研究で欠かせない手続きとなった。

1950年代から始まった認知革命期には，産業や軍事場面での注意に関する選択的聴取や持続を調べることを端緒としつつ，注意研究は実践と理論の両面から進んだ。両耳分離聴取法（Cherry, 1953）と追唱（speech shadowing）課題を使った研究をもとに，Broadbent（1958）は初めての注意理論ともいうべきフィルタ理論（filter theory）を提案した。Broadbentは，人を情報処理システムと見なしたとき，どの段階で選択がかかるかに注目した。選択は一連の情報処理のうち比較的早い段階でかかり，音声の高さや大きさ，入力位置などの物理的特徴に基づいていて，意味が同定される前に選択がなされると主張した。したがって，フィルタ理論は後の後期選択理論（late selection theory）と対比して初期選択理論（early selection theory）とも呼ばれる。この時期の注意研究は実験手法の制約から，聴覚が主体であった。しかし，視覚呈示の手法が簡便になるにつれ，視空間的な注意研究が大幅に増えた。Sperling（1960）は音を利用して視覚的位置に関する手がかりを得ることに基づいて選択が起こることを示したという点で，初期選択の立場を支持している。

ただし，自分に関わることや，現在遂行中の課題に関連した情報は無視されずに意識に上るという知見が見つかった。そこで，選択は完全に物理的特徴のみに基づくのではなく，弱められるにすぎないという修正も提案された（Treisman, 1960）。これは減衰理論（attenuation theory）と呼ばれ，無視した情報でも，一部は意味まで分析されうるという立場であった。Deutsch & Deutsch（1963）は，さらにこの立場を極端にして，注意しなかった情報でも意味まで分析され，選択されるのは反応する直前でのことだと考えた。この立場は，意味が同定された後に選択されるという点で，後期選択理論と呼ばれる。

1970年代に初期選択と後期選択それぞれを支持

する知見が蓄積される一方で，Kahneman（1973）はフィルタを用いない，別の解釈を提案した。すなわち，注意は容量に上限のある資源のようなもので，覚醒状態や課題の困難度，方略に応じて意図的に容量の配分ができるという立場である。容量が配分された対象は知覚的な分析がされる。複数の対象に容量が配分されるとき，容量が尽きない範囲であれば並列処理ができる。しかし，容量の上限を超えていれば足りない資源で分析するので，処理の効率は落ちる。こうした立場を注意の容量モデル（attention capacity model）という。容量モデルは心理的不応期，二重課題（double task）や課題切り替えに関わる成績低下の説明に貢献した。また後述するように，注意選択が初期か，後期かという論争にも重要な役割を果たした。しかし，その一方で，二重課題は単一の感覚モダリティで行うよりも感覚モダリティが異なっていたときのほうが干渉が少ないという知見が蓄積された。その結果，注意は多重資源（multiple resources）の運用ができると見なす立場がとられるようになった（Navon & Gopher, 1979）。Wickens（2008）はこの立場を拡張した多重資源モデル（multiple resource model）を提案している。このモデルでは，注意資源を処理段階（知覚，認知，反応），処理符号（空間，言語）の主要な2次元で捉える。さらに，処理段階次元のうち，知覚に関して感覚モダリティ（視覚，聴覚）を細分化し，同じく処理段階次元のうち反応については，出力モダリティ（手指，音声）を細分化している。これらに加えて，視覚チャンネルという次元を設け，視覚資源のなかに焦点的視覚と周辺視覚という区分を取り入れている。焦点的視覚資源は，物体認知や高い解像度を要する文字の判断などに必要とされる。周辺視覚資源は視野全体に分散させ，歩行や姿勢制御のための方向判断に利用される。このモデルでは複数の次元ごとに分かれているため，二つの課題がこれらの次元それぞれで異なっていれば，使う資源が別であることを意味する。したがって，そのような事態では二重課題を同時にうまく実行できると予測される。しかし，自動車の運転などの現実場面では，二重課題に取り組むために複雑な方略をとっているため，遂行成績は必ずしもこのモデルの予測と一致す

第Ⅰ部　総論

るわけではない（Lu et al., 2013）。

4・4・4　選択の所在

　注意選択がどの段階ではたらくかについては，長く議論されてきた。負荷理論（load theory：Lavie, 2005, 2010）は，注意選択が初期か，後期かを問題にしたのではなく，初期選択あるいは後期選択が起こる条件を特定しようとしたところに特徴があった。そして注意選択は課題要求に応じて初期選択としても後期選択としてもはたらくとの主張に至った。この立場は容量モデルを用いており，余剰の資源は自動的に消費されると仮定する。知覚負荷（perceptual load）が低いときは，標的を探すために特に資源を費やす必要がない。単純なものを見ていることになるので情報を分析するための容量が余剰となる。このときは課題に非関連な情報であってもその余力が自動的に使われてしまい，分析されることになる。その結果，課題非関連の情報が干渉を起こす。一方，知覚負荷が高いときは標的を探すために容量を使ってしまい，自由に配分できる容量は減る。そのため，課題非関連な情報の処理に割かれる容量は少なく，主課題への干渉は減る。ただし，認知負荷（cognitive load）が高いときは様子がまったく異なる。認知負荷が高いとき（たとえば同時に難しいワーキングメモリ課題を実施するとき），認知制御のための資源が減り，妨害刺激からの干渉が増えてしまう。したがって，課題の困難度が高い事態で常に干渉が減ると予測するわけではない。干渉が減るのは，知覚負荷が高いときのみである。知覚負荷の定義が不正確であるとの批判はあるが（Benoni & Tsal, 2013；Giesbrecht et al., 2014），容量制限のある知覚プロセスと認知制御プロセスが競合するという考え方は，これまでの単純な二分法に基づく初期選択・後期選択論争に強い影響力をもたらした。適応的な認知行動は，感覚分析，物体認知，ワーキングメモリ，意思決定および反応選択といった複数の下位機構によって支えられていることは疑いがない。したがって，課題の性質や負荷に応じて，複数の下位機構で注意による選択が起こっている可能性はあり（Luck & Hillyard, 1999；Nobre, 2018），選択の所在については現在は単純な二分法はとられて

いない。

4・4・5　空間選択的注意

　注意は視野内の一部に焦点を当てる，スポットライト（spotlight）のようなものだとたとえることができる（Posner, 1980）。これは空間的な位置に基づいて選択がなされるという初期選択の考えから発展した捉え方である。1980年代には空間的手がかり課題や視覚探索課題を用いて，注意のスポットライトの焦点幅，焦点のシフト速度，意図的制御の可否など，多様な特性が調べられるようになった（Carrasco, 2011）。空間的な注意のシフトは，過渡的，反射的・不随意的な成分と，定常的，意図的な成分に分けることができる。前者のシフトは100 ms程度で起こり，その後，効果は急速に消失する。この効果はさらにその後の刺激検出を妨げる方向に作用する。これを復帰の抑制（inhibition of return）と呼ぶ。いったん注意を向けた後（手がかり呈示後約300 ms後）はその位置とは別の位置に注意を向けさせ，環境の探索を促すはたらきがあると解釈されている（Klein, 2000；Posner et al., 1985）。一方，後者のシフトには300 ms程度の時間を要するが，効果は比較的持続しやすい。注意にはこうした二つのタイプの制御があるとされ，この違いは後の注意の理論にも異なる成分の注意として組み込まれていく。注意を空間的にある箇所に向けることで，その場所での検出や弁別のための感度が高まり（Handy et al., 1996），周囲からの干渉が減る（Eriksen & Eriksen, 1974）だけでなく，刺激の見た目の鮮明さも上昇する（Carrasco & Barbot, 2018）。注意の捕捉のような自動的な注意の配置には腹側頭頂皮質（ventral parietal cortex）の側頭頭頂接合部（temporoparietal junction：TPJ），および腹側前頭皮質（ventral frontal cortex：VFC）が関わる。一方，意図的な注意の配置には背側頭頂皮質（dorsal parietal cortex）の上頭頂小葉（superior parietal lobule：SPL）と頭頂間溝（intraparietal sulcus：IPS），および前頭眼野（frontal eye field：FEF）が関わる（Serences et al., 2005）。空間的注意を左視野に向けると，これに対応して右半球の初期視覚領野での刺激誘発性神経活動が増大する（Yantis et al.,

2002)。こうした神経活動の変調はERPのP1，N1成分の振幅増大としても観察される（Luck et al., 2000）。

スポットライトとしてたとえられる注意の焦点幅については，Eriksen & Eriksen（1974）はフランカ課題の文字列の間隔を調整することで，注意の焦点幅は視覚で約1°と推定している。Wundt（1880/1907）はすでに注意の範囲は変化させることができると考えていたが，LaBerge（1983）は単語の語彙判断または単語に含まれる文字の弁別課題と，その後に続くプローブ光点の検出課題を組み合わせた実験でこの予測を実証した。その結果，課題要求に応じて，単語全体か，特定の位置に注意の範囲を変更できることを示した。スポットライトの焦点幅だけでなく，注意する箇所の個数までも柔軟に変更できることを示唆する知見もある。Müller et al.（2003）は定常状態視覚性誘発電位（SSVEP）を利用して，4か所に呈示された文字のうち隣接しない二つに注意を分割できることを示す結果を報告した。McMains & Somers（2004）は機能的磁気共鳴映像法（fMRI）による脳活動計測によって，注意の焦点は分割しうることを示した。画面の四隅と中央に刺激を呈示し，対角の位置だけに注意させた。注意が分割できていれば画面中央に相当する一次視覚野と外線条皮質の皮質対応領域の活動は変化せず，対角の位置に相当する領域の活動のみが増大するはずである。実験の結果はこの仮説を支持していた。Jans et al.（2010）はこれまでの行動および脳活動計測研究をレビューしたところ，注意が分割できると主張した研究には，課題が平易すぎる，単一の注意が複数の位置間でシフトしうる，課題設定が特殊すぎて広い意味での注意の分割といえないなどの問題点があると指摘した。したがって，同時に注意のスポットライトが複数の位置に分割できる証拠は今のところ見当たらないとJans et al. は結論している。視覚探索課題の一種である多物体追跡（multiple object tracking：MOT）課題を用いた研究では，4-6個程度の同種の物体を追跡可能だという知見がある（Bettencourt & Somers, 2009；Cavanagh & Alvarez, 2005）。しかし，要素の形状が異なっていたり，要素の変化を追跡する場合は2個程度にまで低

下する（Wu & Wolfe, 2016）ことから，注意の分割は可能だとしてもきわめて限定的であるといえる。

4・4・6　注意ネットワーク

注意のスポットライトモデル（Posner & Petersen, 1990）では，三つの主要な注意機能が仮定されている。一つは準備状態の維持であり，警戒した状態で外的刺激への高速な反応を促進する。二つ目は外的な出来事への定位，三つ目は意識的な処理（実行系ネットワーク）である。定位にはさらに三つの下位の過程があり，現在の注意の焦点からの解除，新しい焦点位置へのシフト，新しい位置での注意の再定位という三つの位相が仮定されている。解除，シフトと再定位機能は，脳内の神経解剖学的基盤が異なる。解除は頭頂皮質，シフトは上丘（superior colliculus：SC），再定位は視床枕（pulvinar）が関わる。警戒準備状態の維持には青斑核（locus coeruleus），前頭・頭頂皮質のノルアドレナリン系が関与する。定位ネットワークには上下頭頂小葉と，前頭眼野が関わり，アセチルコリンが調整物質としてはたらく（Posner & Fan, 2008）。三つ目の検出・実行系ネットワークには前部帯状回，外側前頭前野，基底核が関与し，ドパミンが作用する。この三つの注意ネットワークの動作効率を測定する手法として開発されたのが注意ネットワーク検査（attention network test：ANT；Fan et al., 2002）である。これはタイミングの手がかり，空間的手がかり，およびフランカ干渉課題がすべて一式含まれる実験手続きであり，比較的短い時間で子どもから成人までで測定できる手続きであった。タイミングの手がかりの有無の効果を比較することで警戒ネットワークを，空間的手がかりの効果で定位ネットワークを，フランカによる干渉効果で実行系ネットワークの効率を測定できるとされる。現在は改良が進み，いくつかの派生型がある（たとえばRueda et al., 2004；Wang et al., 2015；Weaver et al., 2013）。

Posner & Petersen のモデルはのちに更新され，それぞれのネットワークはさらに精緻化された（Petersen & Posner, 2012）。警戒ネットワークでは過渡的警戒と定常的警戒の二つの成分を分離した。過渡的警戒はタイミングを知らせる手がかりに

よって，標的への素早い反応として反映される成分である。定常的警戒は全体的な準備状態を維持する成分である。2012年のモデルでは定位システムは解除，シフト，再定位というサブシステムには分類されなくなった。その代わり，Corbetta & Shulman（2002）のモデルを取り入れて，注意の意図的制御をする背側ネットワークと，注意の捕捉のような外的な過渡変化へ再定位を可能にする割り込み応答に関わる腹側ネットワークの二つが，定位ネットワークの下位成分として分類されるようになった。実行制御システムはPosner & Petersen（1990）の意識的検出機能を拡張してさらに二つに分類されるようになり，反応葛藤とエラー検出，およびモニタリングに関わるとされる。更新されたモデルのもつ成分のうちの一つは過渡的な制御を担う。これは前頭頭頂皮質ネットワークを通じて，現在の課題要求に応じた素早い適応的制御を行う。もう一つは帯状回 - 弁蓋部神経ネットワークが関与し，課題の構えをもっと長いタイムスパンで維持する。この成分は記憶検索，葛藤とエラーモニタリング，ネットワーク間の切替（Sadaghiani & D'Esposito, 2014；Sylvester et al., 2012；Wallis et al., 2015）などに関わると考えられる。

注意は大規模な脳内連絡性を反映した創発特性であるという立場（Fox et al., 2005；Rosenberg et al., 2017）では，集中状態と散漫状態にそれぞれはたらきが強まる2タイプのネットワークに注目している。特に後者はデフォルトモード（default mode）とも呼ばれ，課題遂行中よりも安静状態で強まる領域群のネットワークである。マインドワンダリング（Mason et al., 2007；Schooler et al., 2011）は後者の活動と関わりがあるとされる。

4・4・7　物体認知と注意の理論

注意をスポットライトのような空間選択のための基準としてだけでなく，物体認知の鍵となる役割として捉えたのが特徴統合理論（feature integration theory：Treisman & Gelade, 1980）である。この理論では，第1段階において，網膜像の基本的特徴（basic feature）は視野全体にわたって，自動的・並列的に特徴マップ（feature map）と呼ばれる特徴

分析に特化したモジュールで符号化される。そのため，誰もいない教室の机の上に赤い帽子が一つ残っていれば一目でわかるように，単純な特徴で区別できる特徴をもつ標的は注意を細かく向けなくてもすぐに見つけることができる（ポップアウトする）。第2段階においては，ある位置に注意を向け，位置を媒介として，そこにある物体の特徴を参照する。たとえば，教室にいる大勢の人のなかから白い上着で青い帽子の人を探すときは，一目では見つけられない。そこで注意を順に向け，左前座席の人は上着は何色で帽子は何色，その後ろの人は……というように，逐次的な探索が必要となる。このように，特徴の組み合わせとして決まる標的を見つけるときは，注意を向けて糊付けするように特徴を統合しなければならない。統合された特徴はオブジェクトファイル（object file）と呼ばれる一時的な記憶内の表象に維持され，そうした特徴群が長期記憶内に保持されているひな形と一致したときは特定の物体であるという判断がなされ，物体認識ができる。

この理論では物体認識の中核に注意が据えられている。非標的の数が増えたり，二重課題などで個々の物体に注意を向ける時間が不足していると，特徴同士の組み合わせを誤る結合錯誤（illusory conjunction）が生じ，物体認識が損なわれる。一方で，Duncan & Humphreys（1989）は探索の効率は特徴の統合を反映するのではなく，妨害刺激と標的の類似性や，妨害刺激同士の均一性に左右されると主張した。そして標的，非標的の類似性で探索効率を説明するモデルを提案した。特徴統合理論は数々の検証を経て，どこに注意を向けるかは光景の文脈や知識，意図などによっても変調を受けるという柔軟な形態に修正された。こうした修正の一つに，注意の役割の過大視が対象となった。特徴統合理論では，注意を向けなければ結合錯誤が頻発し，あり得ない特徴の組み合わせだらけが見えてしまうはずであるが，実際にはそうはならない。日常光景の認識は文脈やトップダウンの知識を使っており，周辺視で見る物体の詳細に至るまですべてに注意を向けているわけではない（Freeman & Simoncelli, 2011）。現在のモデルでは，並列的で詳細な情報をもちつつ不安定な，注意を向ける前（前注意）の低次システ

ム，容量制限のある注意システムに加えて，容量制限付きの自動システムで，注意誘導（attentional guidance）に貢献する第3のシステムが含まれている（Navalpakkam & Itti, 2005；Rensink, 2000；Wolfe, 2014）。本来ある特徴が存在することだけを表象していた特徴マップを拡張して，トップダウンの知識を利用しながら，視覚属性ごとに優先順位マップ（priority map）を作り，ここでの順位が高い順に選択的注意が向けられると考えられている（Vo & Wolfe, 2012）。たとえば初めて使う台所でもまな板を探すときは床や天井を見ないように，光景についての大まかな知識（gist）は探索を助ける。

　スポットライトのたとえは，空間に基づいて注意を向けるのだという単純な立場から出されたものであったが，この立場だけでは説明しきれない知見が蓄積されるようになった。注意のバイアス競合モデル（biased competition model：Desimone & Duncan, 1995）はスポットライトモデルに対する反論の一つといえる。このモデルでは，物体の表象は，一連の物体認知の流れの複数の時点で処理資源を競合し合って成立するという主張がなされている。この立場では，動く，明るい，新奇なものに応答するボトムアップの刺激駆動プロセスと，目下の課題との関連性に従って視覚処理をするために物体を選ぶ，トップダウンの目的指向プロセスを仮定する。ある特定の物体の表象一つが選ばれる前に，複数の表象が視覚システム内に作られる。ボトムアップとトップダウンのプロセスによって重みが付けられ，この重みに従って選択される。すなわち，注意は処理資源を競合し行動を制御する結果として生じてくると見なされる。バイアス競合説は，後の注意のモデルにさまざまな形で取り込まれるようになった。

　ボトムアップの刺激駆動プロセスと，トップダウンの目的指向プロセスの二本立ては現在の多くの注意の理論が備えている特徴である。Corbetta & Shulman（2002, 2011）も刺激駆動と目的指向の2タイプの注意を組み込んだモデルを提案した。トップダウンの目的指向プロセスは，現在行うべき課題に関連した刺激を選択するとともに反応を調整し，構えを維持する。これによって課題に関連した刺激の知覚処理を促進するために，対応する皮質領野の活

動が重み付けられる。背側前頭頭頂ネットワークが目的指向的な注意の維持に関与する。一方，環境内での異変に対応するのが刺激駆動プロセスで，不意に出現する新奇・顕著なもの，予期しない事態へ注意を向けるシステムである。これは目的指向的注意で構えを維持している状態に対して，回路遮断器としてはたらき，右大脳半球の腹側前頭頭頂ネットワークがこの役割を果たす。

4・4・8　実行機能

　注意の関わる実行機能（遂行機能）（executive function）を適切な水準で維持することは日常生活には重要である。実際には，実行機能の水準は過度に集中した状態から漫然と集中を欠いた状態まで刻々と変化する。長時間にわたる注意の維持を測定するために，古くは Mackworth の時計課題（Mackworth, 1948）が開発されている。この課題では目印のない秒針のみの時計を長時間（最大2時間）見続け，まれに生じる，刻み二つ分のジャンプを検出した。こうした異変の検出成績は最初の 15-30 分で低下することが知られており，課題の負荷が高いときはさらに早く低下する（Davies & Parasuraman, 1982；Temple et al., 2000）。ただし，このような課題では実施時間の割に得られるデータが少ないため，連続遂行課題（continuous performance task：CPT）が開発された。A-X CPT（Cohen et al., 1999）では，実験参加者は標的文字（たとえば「X」）が呈示されたら指定された反応キーを押し，それ以外の文字に対しては別のキーを押す。ただし，「X」は直前に「A」が出たときだけ標的となる。一方，「B」「X」の順のときは「X」は標的ではない。このとき「A」「X」という組み合わせのほうが頻出するので，実験参加者は「A」の後には「X」を予期して反応しがちであるが，時として「A」の後に別の文字「Y」が出る。これを抑制しなければならないので，実験参加者は課題の構え（「A」の後に「X」が出たらそれは標的として扱う）を維持しつつ，「B」の後は標的ではないという文脈を処理する，という二重課題事態になっている。Robertson et al.（1997）の SART（Sustained Attention to Response Test）でも同様に反応の抑制が関わっている。この課題で

は，1分間に約50個のペースで数字とそれをマスクする刺激が呈示される。数字が出るたびにキーを押すが，「3」に対してのみキー押しをしないように教示される。Robertsonらは，前頭葉損傷患者ではキー押しの抑制失敗率は損傷の重篤度に相関することを見いだした。さらに，誤答は日常の認知的失敗傾向を測定する質問紙（Broadbent et al., 1982）のスコアとも相関することから，Manly et al. (1999) は，この課題は比較的安定的な個人差を反映していると解釈している。ただし，こうした連続遂行課題では，個々の刺激が突然に出現することが注意を捕捉している可能性があるとして，Esterman et al. (2013) は，過渡的変化を減らすために刺激画像をピクセルごとに徐々に呈示していく手法を提案した。同時に，彼らは参加者ごとに反応時間を標準化・平滑化し，その値が中央値より小さい場合（反応時間のばらつきが小さい）を集中状態，それが大きい状態を散漫状態として定義した。この定義のもとでは，抑制失敗は散漫状態に多く生じることがわかっている（Rosenberg et al., 2013）。

　注意の実行機能的側面に関する主要な理論としては，実行機能の共通性・多様性モデル（unity and diversity of executive functions：Miyake & Friedman, 2012；Miyake et al., 2000）が挙げられる。実験参加者ごとのワーキングメモリスパン，二重課題，ウィスコンシンカード分類課題など実行機能が関わる課題の成績を因子分析し，Miyakeらはシフト機能，更新機能，抑制機能の三つを同定した。抑制機能はStroop課題の成績に反映されるような，優位な反応や妨害を抑制するはたらきを指す。シフト機能は空間的な注意のシフトとは異なり，課題間での構えのシフトを意味する。更新機能はワーキングメモリ中の課題関連な内容を監視し，更新する機能である。実行機能の個人差は主としてこれら三つの要因で説明できると主張されている。この理論では，これら三つの機能は共通成分と多様性からなると考える。すなわち，シフト機能は共通成分と，シフト機能固有の成分で構成される。同様に，更新機能も共通成分と更新機能固有の成分からなる。ただし，抑制機能は共通成分と非常に相関が高いため，固有成分はもたないと仮定されている。したがって抑制成分は共通成分とほぼ同義であり，広い意味では抑制は実行機能の基本成分であるといえるかもしれない。Diamond（2013）もほぼ同様の3成分を実行機能の核として捉え，推論，計画，問題解決といった高次の実行機能を担うと述べている。

（河原　純一郎）

4・5　注意の諸現象

4・5・1　注意の捕捉

　現在行うべき課題に対する構えや意図にかかわらず，顕著な特徴をもつ妨害刺激に注意が引きつけられることを注意の捕捉（attentional capture）という。これは，複数の刺激のなかから一つのものが自動的に選ばれるという点から，注意選択の一種の形態であると見なすことができる。刺激駆動的な注意制御という立場では，刺激のもつ物理的な顕著性（saliency）によって注意が引きつけられるか否かが決まると考える。いったん最も顕著な対象に注意が捕捉され，選択されると，その後その対象は抑制され，注意は次に顕著な対象へシフトする。視覚探索行動を予測する計算モデルのうち，ボトムアップ成分を重視するタイプのものでは，視野全体に対して，どの特徴次元からきた情報かにかかわらず，フィードフォワード様式で顕著なものを抽出し，まとめた結果を顕著性マップ（saliency map）として形成する（Borji et al., 2012）。そしてこの顕著性に関する情報を重視して注意をシフトさせる（Itti & Koch, 2001）。一方，ボトムアップの顕著性という刺激駆動的な成分よりもトップダウンの成分を重視している計算モデルから説明されるのが，構え依存の注意の捕捉である。この場合，注意は観察者のもつ構えに一致した特徴をもつものだけに捕捉され，それ以外の特徴は無視される。

　注意の捕捉を調べる手続きは追加要素法，非関連特徴法，先行手がかり法，RSVP法の四つに大別できる。まず，視覚探索課題の亜種である2タイプについて説明する。追加要素法では，標的は唯一異なる特徴をもつものとして定義される（たとえば複数の丸に紛れた唯一の菱形，すべての要素は緑色）。こ

のとき，非標的の数にかかわらず，探索に要する時間は一定である。非標的の数にかかわらず即座に標的が検出できたということは，すべての要素が同時に分析できていたことを意味する。上述の緑の丸に紛れた唯一の菱形を探す例に，非常に顕著な妨害刺激（たとえば赤い丸）が追加で含まれるとき，標的の検出は一定の時間遅延する。この遅延時間は，緑の菱形よりも先に，さらに顕著な赤い丸に注意が捕捉された証拠だと解釈される（Hickey et al., 2010；Theeuwes, 1992）。

　非関連特徴法は逐次探索を利用する。たとえば緑のアルファベット文字のなかからあらかじめ決めた文字（たとえば「H」または「U」）を探して弁別する課題に，文字の探索とは非関連な次元で他とは異なった顕著な刺激（たとえば赤色）を一つ組み込み，セットサイズを操作する。どの文字がこの非関連特徴となるかは毎試行で無作為に決める。非関連特徴が存在しない場合は通常ならば逐次探索となり，標的の探索時間はセットサイズに依存する。しかし，この非関連特徴が注意を捕捉するならば，特徴が偶然標的となったときの探索時間は短く，セットサイズに依存しない探索となる。追加要素法や非関連特徴法は眼球運動測定と組み合わせ，マーケティングや交通場面などの応用研究でも活用される例がある（Milosavljevic et al., 2012；Orquin & Lagerkvist, 2015）。

　構えを操作する先行手がかり法は空間的手がかり課題を発展させたものである。手がかりと標的を定義する特徴を独立して操作できるという点が古典的な空間的手がかり課題と異なる。たとえばFolk et al.（1992）は標的の属性に一致した手がかりのみが効果をもつことを空間的手がかり課題によって示した。彼らの実験では，赤色の標的に対しては，赤色の手がかりのみが有効で，それ以外の属性（たとえば運動や過渡変化）では空間的手がかりの効果はなかった。これは赤色を探そうとする構えに一致した特徴をもつ刺激だけが注意を引きつけるという，構え依存の注意の捕捉の証拠だとされる。

　RSVP法は，同じ位置に刺激文字や画像を1秒間に10枚程度のペースで呈示する。たとえば白色で画面中央に1文字ずつ，合計20文字程度呈示し，こ

の途中に1文字だけ赤い文字を標的として混ぜておく。このとき，標的の数百ms前後のいずれかのタイミングで，周辺に記号を一つ100ms間だけ妨害刺激として呈示する。標的の同定成績は，妨害刺激が標的の約200ms前に呈示されるときに大きく損なわれる。標的と同時，もしくは標的の後に呈示される妨害刺激はまったく効果をもたない。このことから，注意はいったん周辺の妨害刺激に捕捉されると，解放されて再び中心の標的同定に使えるようになるまでに200ms程度かかることがわかる。

4・5・2　トップダウンとボトムアップの制御

　注意の捕捉はボトムアップの要因を反映しており，トップダウンに制御できないという主張（Theeuwes, 2010）と，トップダウンの構えによって変調可能だとする主張（Folk & Remington, 2008）の間には論争があった。後者によれば，顕著な妨害刺激が存在することによる注意の捕捉は，標的に注意をシフトさせるために，この非関連な妨害刺激を排除するためのフィルタリングコスト（Kahneman et al., 1983）の一種だと解釈されることもある。脳波（EEG）のN2pc（N2 posterior contralateral）成分に注目しながら追加要素法で注意の捕捉の様子を測定しても，妨害刺激に空間的な注意がシフトしている形跡は認められなかったという知見（McDonald et al., 2013）は，後者の主張を支持している。一方，トップダウン制御ができるとする説明も無批判で受け入れられたわけではない。上述の先行手がかり法を用いた研究の結果（Folk et al., 1992）は標的の属性に一致した手がかりのみが効果をもつという点で注意の捕捉にトップダウンの影響があることの証拠だとされていたが，Theeuwes et al.（2000）は注意の解除による別の説明を提案した。フィードフォワードの視覚処理によって，過渡的な視覚的顕著性が計算され，意図にかかわらず，このとき計算した顕著性が最も高いものに非自発的に注意は向く。重要なのはその後である。いったん注意が向いた後，注意を捕捉した刺激の特徴と，トップダウンの目的に応じた特徴が不一致のときは，一致しているときに比べて注意の解除が速くなるとTheeuwesらは考えた。そのため，不一致のときは手がかり効果が小さいと説明さ

第Ⅰ部　総論

れる。しかし、注意の解除にもトップダウンの制御が影響するという知見（Boot & Brockmole, 2010）もあり、論争の解決には至っていない。

さらに、追加要素法による知見は探索モードの違いで説明できるという主張（Bacon & Egeth, 1991; Leber & Egeth, 2006）もある。すなわち、追加要素法で測定された注意の捕捉は、実験参加者がそもそも唯一異なる要素のものを探そうとする異物（シングルトン）検出モード（singleton detection mode）をとっていたために生じたという主張である。そこで、教示を操作して特定の特徴を探す特徴探索モード（feature search mode）にしたところ、注意の捕捉が生じなくなったという。さらに、Gaspelin & Luck（2018）は、実験参加者が特徴探索モードをとったときは、唯一異なる妨害刺激が強いボトムアップ信号を出していたとしても、その信号はトップダウンにあらかじめ抑制できるという信号抑制説（Sawaki & Luck, 2010）を考えた。Gaspelin et al.（2015）は、通常の追加要素法の探索課題にプローブ課題を加えた。プローブ課題では、探索画面の途中で探索していた全要素内に文字が短時間出て消えた。実験参加者に見えた文字をすべて回答するよう求めたところ、文字の回答は標的位置で最も高かった。重要なのは、異物内に出た文字は、異物ではない非標的内に出た文字よりも回答されにくかったことから、Gaspelin らは異物は抑制できていると主張した。しかし、Wang & Theeuwes（2020）は、この抑制はセットサイズが小さいとき（4個程度）にしか起こらず、10個以上の多要素の場合は依然としてボトムアップの注意捕捉が起こると主張している。

これらの知見をまとめると、トップダウンの重みづけを強くすればボトムアップの注意の捕捉が弱められるような個々の実験事態は確かに存在しうる。しかし、生体にとって重要な情報を伝える強い外的な動乱もトップダウンの構えで排除してしまうことは適応的だとはいえない（Kawahara et al., 2012）。したがって、ボトムアップの注意の捕捉を完全に抑止できるという考えはいまだ定説に至っていない（Luck et al., 2021）。

注意の捕捉は標的の色や形状、物体の運動といった物理的な特徴だけでなく、情動刺激に対しても起こる。RSVP法で風景画像を順に呈示し、一つだけ向きの異なる画像（標的）の方向を同定させる課題を行う。負の情動価の高い画像が標的の200 ms 程度前に呈示されると、中立的な画像が呈示されるときに比べて標的を見落としやすくなる。この見落としの程度はパーソナリティにも関連しており、損害回避傾向が高いほど大きいとされる（Most et al., 2005）。

4・5・3　物体に基づく注意選択

視覚は本質的に空間についての感覚であるので、空間は選択的注意がはたらくための有力な参照枠として機能する。しかし、空間以外の参照枠に依拠して注意がはたらくこともある。たとえば、Neisser & Becklen（1975）, Simons & Chabris（1999）のビデオ画像を使った有名なデモンストレーションは、ただ空間のみが選択の参照枠なのではないことを示している（Ⅰ・4・2参照）。空間的な距離が同じでも、単一の物体に属する2か所に注意するときに比べて、二つの別の物体に由来する2か所に注意するときはコストが生じることがわかってきた（Shomstein, 2012）。たとえば、Duncan（1984）は、矩形に線分を重ね、図4-5-1左の図形を作成した。このとき、矩形は左か右に切れ込みが入っており、矩形の縦横比もずんぐりまたはほっそりという2タイプが用意されていた。線分も左右いずれかにわずかに傾いており、線が細かい点線か、粗い点線という2タイプがあった。これらの属性それぞれを弁別する困難度は同程度になるように調整されていた。矩形の二つの属性（切れ込みの位置、縦横比）、または線分の二つの属性（傾き、線種）を答えるときの正答率に比べて、矩形の属性一つおよび線分の属性一つ（たとえば切れ込みの位置と線種）を答えるときの正答率は低かった。答えるべき数や困難度という点では同じ負荷であるし、二つの物体は重なっており、同じ空間的なスポットライトの範囲に収まるはずである。しかし、二つの物体を跨いだ判断はコストがかかり、単独の物体から複数の属性を選択するほうが利得があるといえる。さらに、空間的な要因を統制するために、図4-5-1右のように注視点から等距離の3点 A, B, C のうち A と B の2か所は同じ物体上に来る

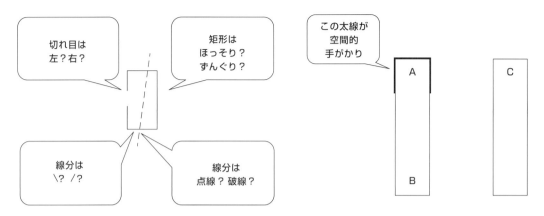

図4-5-1 （左）Duncan (1984) の手続き。この図形の後にマスク刺激が呈示される。線分の二つの属性あるいは矩形の二つの属性のみを答える場合のほうが線分と矩形それぞれの属性を答える場合よりも正答しやすい (Duncan, 1984 をもとに著者作成)．（右）2 物体法 (Egly et al., 1994) の手続き。A の周囲の太線が空間的手がかり。A-B, A-C の距離は同じであるにもかかわらず，空間的手がかりの効果は同じ物体 B のほうが大きい (Egly et al., 1994 をもとに著者作成)。

ように選ぶ事態を設ける手続きもある（2 物体法：Egly et al., 1994；Hollingworth et al., 2012）。このとき，共通の物体に含まれる A，B 点のうち一方の位置 A に空間的手がかりを呈示する。AB と AC は等距離にあるので，手がかりの出なかった残りの 2 点 B，C には空間的手がかりの効果は同様に及ぶはずである。しかし，実際は同じ物体を共有している位置 B の方が手がかりの効果が大きく生じる。これを物体に基づく注意選択（object-based attentional selection）の効果と呼ぶ。物体に基づく注意選択は，空間や特徴に基づくものとは別タイプの注意選択である。ただし，これらは排他的にはたらくわけではなく，同じ物体を共有する利得は，空間的手がかりの利得と同時に生じうる。また，注意が狭い範囲に絞られる前の比較的早い段階で，手がかりのあった物体に対する優先的な順位づけが機能することを示す知見がある（Shomstein & Yantis, 2004）。

こうした行動指標をもとにした研究に加えて，神経活動計測でも物体に基づく選択の証拠が見いだされている。O'Craven et al. (1999) は，顔および家の画像を重ねたものを呈示し，それらを静止したまま あるいは移動しながら呈示した。実験参加者はこうした画像を次々観察し，あらかじめブロックごとに指定された次元の画像（どの顔か，どの家か，運動しているか否か）が重複していたらボタンを押して回答した。fMRI 計測をしたところ，動く顔に注意していた場合は紡錘状回顔領域（FFA）および視覚運動領野 hMT/MST に活動がみられたが，注意していないほうの家への選択性があるはずの海馬傍回場所領域（PPA）には活動は認められなかった。したがってこの結果は，同じ空間位置に呈示されていたとしても，特定の物体のみに選択的に注意できることの神経基盤を示している。EEG を使った研究でも物体に基づく注意が視覚関連活動を変調することが示されている。Valdes-Sosa et al. (1998) は互いに反対方向へ動くコヒーレント運動の面を二つ重ねたものを観察させた。実験参加者は片方の表面がときどき横に動くのを検出した。横運動に対する EEG は，その面に対して注意が向いていたか否かで P1 と N1 に変調が起きた。光点はどちらも同じ空間的な範囲内にあり，運動はどちらの表面にも起こっているので，これも物体に基づく注意選択の効果であるといえる。

4・5・4 特徴に基づく注意選択

ある特徴に一致する視覚入力成分の表象を，視野全体にわたって促進する能力を特徴に基づく注意選択（feature-based attentional selection）と呼ぶ。紫色のシャツを着た友人を探すというような場面ではこの機能が発揮される。標的に一致する特徴をもつものを探すときは，その特徴をもつ表象が活性化され，逆にその特徴をもたないものは抑制される

（Arita et al., 2012；Egeth et al., 1984；Liu & Hou, 2011）。先述の Folk et al.（1992）の知見は特徴に基づく注意選択の例である。彼らは構えを操作する先行手がかり法を用いて，手がかりと標的を定義する特徴が一致するときにのみ手がかり効果が生じることを見いだした。この場合は，位置にかかわらず色あるいは刺激の出現という特徴に関して注意選択ができることを示している。別の刺激特徴に関しても同様の特徴に基づく注意選択を示した知見がある。たとえば Davis & Graham（1981）は空間周波数に基づく注意選択を扱っている。彼女らは，音を2回短時間呈示し，このうちどちらかに同期させて，正弦波格子縞を一つ呈示した。このとき，特徴を固定したブロックでは，ほとんどの試行（95%）では標的空間周波数の縞を，残りの5%ではその他6種類の空間周波数のうちの一つをもつ縞を呈示した。一方，不確実ブロックでは，どの空間周波数の縞が呈示されるかを等しい確率とした。その結果，特徴固定ブロックでは標的空間周波数の縞はその他の空間周波数の縞よりも検出しやすかった。しかし，不確実ブロックではそうした差は認められなかった。この結果は，特定の空間周波数に対して選択的に注意できることを示している。

　特徴に基づく注意選択は対象が呈示される位置にかかわらず，視野全体に対してはたらきうる。Rossi & Paradiso（1995）は，まず二つのガボールパッチを画面中央に一つずつ短時間呈示し，実験参加者はこれら二つの縞の方位（または空間周波数，実験間で操作）について弁別した。無作為に選ばれた1/3の試行ではこの後さらに，周辺課題が続いた。周辺課題では，中央パッチを除いた画面全体の範囲に正弦波格子縞を50%の確率で閾値付近の強度で呈示し，実験参加者はこの縞の有無を報告した。その結果，周辺での縞検出閾は中央課題で弁別している特徴に影響された。中央課題として垂直に近い標的を弁別しているとき，周辺の縞が垂直に近いものの場合は，その他の方位の場合に比べて検出されやすかった。この結果は，特徴に基づく注意選択は視野全体にはたらきうることを示している。さらに重要なことは，この中心と周辺の一致効果には課題依存性がある。すなわち，中心と周辺での一致効果は中

央で方位の弁別をしているときにのみ生じ，中央で空間周波数の弁別をしているときは，中央と周辺の方位に基づく一致効果はなかった。したがって，中央と周辺の特徴一致による検出感度の向上は，単なる受動的な効果ではなく，現在遂行中の課題と同じ特徴を能動的に取り出す注意の機能を反映しているといえる。

　こうした特徴に基づく注意選択に対応した神経活動は Corbetta et al.（1990, 1991）が先駆けて見いだしている。彼らはポジトロン断層撮影（PET）を利用して，形，色，運動に注目する知覚課題を遂行中に，対応する特徴に選択的な外線条皮質の活動の増加を観測している。Schoenfeld et al.（2007）は fMRI を用いて同様の効果を見いだした。運動に注意を向けた場合は hMT，色の場合は V4v に BOLD（blood oxygenation level dependent）信号の増大がみられた。この研究では，同時に EEG を計測しており，これらに対応する脳部位で刺激の呈示から 90-120 ms で注意の効果が生じていた。この時間特性は特徴間での注意選択にかかる時間を反映していると解釈できる。一方で，特徴内の注意選択はさらに遅いタイミングで生じるという知見がある（Liu et al., 2007）。

　特徴に基づく注意選択の一種として Arita et al.（2012）は，たとえば「赤以外のものを探す」というように特徴に基づく注意抑制ができるというデータを示した。実験参加者は赤または緑半数ずつの円環のうちから，上下いずれかに切れ込みの入ったもの（標的）を探した。非標的は左右いずれかに切れ込みが入っていた。視覚探索画面に先立って手がかりが呈示された。このときの手がかりは3条件あり，探すべき標的の色を示す探索条件，もう一つは非標的の色を示す抑制条件，最後の一つは探索画面に出てこない色を示す中立条件があった。中立条件に比べて探索条件と抑制条件は効率的に標的を検出，同定できた。このことから，標的色での探索を促進するテンプレートや，非標的色の探索を抑制するテンプレートを作ることができると Arita らは主張した。しかし，こうした抑制が成立しない場合もあり（Beck & Hollingworth, 2015），メカニズムについては議論が続いている（Reeder et al., 2018；Tanda & Kawahara, 2019）。

第４章　注意

4・5・5　マインドワンダリング（心のさまよい）

　われわれの注意は，必ずしも外的な情報に常に向いているわけではない。人間は起きている時間の約半分くらいは自分で生成した思考を含む内的な表象に注意を向けているともいわれる（Schooler et al., 2011）。したがって，「注意を向けること」と「感覚情報に注意を向けること」は同義ではない。ある程度の時間，外から入る情報以外のものに注意が向き，思考が現在の行動目的に関連する情報から離れてしまうことをマインドワンダリング（心のさまよい：mind wandering）という（Smallwood & Schooler, 2006）。この状態は外的情報由来の意識的経験についての顕著性が下がっている状態である。このような場合は外的刺激入力からの注意の解除が生じ，結果としてエラーが起こる（Kam & Handy, 2013）。心のさまよいが生じると，一般に反応時間は延長し，誤答は増え，反応のばらつきが大きくなる（Cheyne et al., 2006；Seli et al., 2014）。心のさまよいの状態に自動車運転中に陥ると自分に責任がある事故を起こしやすい（Galera et al., 2012）し，読書内容（Dixon & Bortolussi, 2013）や授業の理解を妨げる。Lindquist & McLean（2011）は，授業中に聴覚プローブを５回にわたって呈示し，その時点で心のさまよいを起こしていたかを尋ねた。その結果，心のさまよいの頻度は，年齢，ノートを取っていた内容の詳細，および授業の関心との間で負の相関がみられた。また，教室の前 1/3 に座っている受講者は心のさまよいが少なかった。さらに，心のさまよいの頻度が高いほどその授業の試験の成績が低い傾向がみられた。

　心のさまよいには生じやすい条件がある。認知的負荷が低いときや学習して自動化した課題を遂行中（Mason et al., 2007），退屈なとき，疲労を感じているとき（Kane et al., 2007），抑制が外れているとき（Sayette et al., 2009），若年者（Nagamatsu et al., 2013）に生じやすい。心のさまよいと知覚処理のための注意は競合する。そのため，ワーキングメモリに情報を維持する必要のない課題は，その必要がある課題に比べて心のさまよいを起こしやすい（Smallwood et al., 2007）。心のさまよいは常に起こるわけではない。大幅に知覚的に逸脱した事象に遭遇すると，心のさまよいが生じていてもそうした事象の知覚は抑制されず，注意を捕捉する（Kam et al., 2013）。現在遂行中の課題の知覚的な困難度や課題の呈示レートが上がるなど，行動目的に関連する課題の負荷が上昇すると，心のさまよいが起こりにくくなる（Forster & Lavie, 2009；Levinson et al., 2012）。Szpunar et al.（2013）は，オンライン授業の合間に小テストを挟むことで授業中の心のさまよいを減らすことができ，ノートを取るなど授業に関する活動が増え，講義内容の学習を促進したことを報告した。

　なぜ心のさまよいが起こるのか。その機能は不明であるが，すぐに行動できないときに当該の問題解決に関連のある内省的な思考に注意を向けられるようにするはたらきはある。そのため，問題解決や創造的な思考に役立つ可能性が指摘されている（Baird et al., 2012）。たとえば，個人的な問題が生じた場面を想像して，その解決策を数多く生成できる人は，心のさまよいをしやすい傾向にあった（Ruby et al., 2013）。ただし，過去の出来事に関する心のさまよいと不安傾向の強さが相関するという知見もある（Deng et al., 2012）。したがって，認知的に健康であるという状態は，常に心のさまよいをする・しないという単純なことではなく，注意を外界からの情報に向ける必要があるときには心のさまよいを制御できる能力があることだともいえるだろう。

4・5・6　記憶表象への注意

　注意は身の回りにある外的情報について，適応的に優先順位を付けて選択することである。しかし，内的な状態に注意を向けて，選択の対象とすることもできる。認知心理学では外的・知覚的な注意について主として研究されてきたが，Landman et al.（2003）および Griffin & Nobre（2003）は遡及手がかり法を使って，ワーキングメモリ内の表象への注意の定位を調べた（Nobre, 2018）。ちょうどこれは James（1890）が注意の種類として，感覚対象に向けられるもの（感覚的注意）と，観念的あるいは表象された対象に向けられるもの（知的注意）の二つに分類したうちの，後者に該当する。

　Posner の手続きが外的な知覚場面で先行手がか

第I部　総論

り（pre-cue）を呈示し，反応を求めるのと同様に，遡及手がかり（retro-cue）は注意をワーキングメモリ内の表象に向けさせる（実際にこれらは単なる類似ではなく，記憶内の内的な意味構造に注意を向けることも注意の定位に含むと Posner は定義している：Posner, 1980）。実験参加者はまず，記憶すべき画面を見る。この後1秒程度間を空けてから記憶のテスト画面が呈示される。この間，遡及手がかりが呈示され，大多数の試行ではこの手がかりが示した位置にあったものを再認することが課せられる。このとき，遡及手がかりが指していた位置にあった項目を答える場合は，手がかりが指さなかった位置の項目よりも再認成績が高い。統制条件として，手がかりを含まない試行を用いることがあるが，神経活動を測定する場合は報告すべき項目の位置を示さない中立手がかりがよく用いられる（Makovski et al., 2008；Murray et al., 2013；Myers et al., 2015）。テスト課題としては，変化検出，再認，連続遅延評価等が用いられる。

　この手続きで測るものはワーキングメモリ以前の短期的感覚記憶でないことを保証するために，遡及手がかりは0.5秒以上の保持期間をおいた後に呈示する。遡及手がかりは中心手がかり（矢印）または周辺手がかりとして呈示される。遡及手がかりは手がかりのタイプにかかわらず利得を生じる（Matsukura et al., 2014；Sligte et al., 2008）。手がかりの遅延時間については，Souza et al.（2014）は再認課題を用いて手がかりとテスト遅延間隔を操作したところ手がかりの利得は 400 ms 後から出始め，それから 1000 ms まで利得は増え続けた。遡及手がかりは複数あってもよい。逐次的に手がかりを出しても，それらがすべて課題関連項目として後からテストされる可能性があるならば，どの手がかりに対しても利得が生じる（Li & Saiki, 2014；Souza et al., 2015）。

　遡及手がかり効果が生じる原因として，Souza & Oberauer（2016）は次の4点を挙げている。それらは，①遡及手がかりが向かなかった項目をワーキングメモリから除外して捨てること，②記憶痕跡の更新，③検索のために徐々に情報蓄積を開始させること，④知覚的干渉からの保護，である。

（河原　純一郎）

■ 4・6　注意の神経メカニズム

　注意の脳内メカニズムは fMRI，PET などの脳機能画像や，脳波，局所場電位（local field potential：LFP），単一神経細胞記録などの電気生理学的手法を用いて詳しく調べられている。本節では，まず注意に関わる脳領域について述べた後，注意の神経相関について概説する。また，脳活動と注意機能の因果関係や注意機能を支えている神経調節物質についても現在までの知見を紹介する。

4・6・1　注意のネットワーク

　前節までで見てきたように，注意を特定の場所や物体や特徴に向けることで情報処理が速く正確になる。これに対応して，大脳の多くの感覚領野の神経活動が注意によって修飾を受けることが示されている。たとえば，同一の刺激に対する視覚皮質の BOLD 信号は，刺激が呈示される位置に注意を向けている場合，そうでない場合に比べて大きくなる。この変化は高次の視覚野ほど大きいが（Kastner et al., 1998；Liu et al., 2005：図4-6-1b），一次視覚野（V1 野）の手前の外側膝状体（lateral geniculate nucleus：LGN）でも注意の影響は認められる（Schneider & Kastner, 2009）。また，色や形などの特徴（Corbetta et al., 1990），家や顔といった物体など（O'Craven et al., 1999），空間以外の属性に注意を向けた場合でも，それらの処理を担う大脳領野で BOLD 信号の上昇がみられる。このように，特定の空間，特徴，物体などの処理に特化した処理モジュールの活動を調節することが注意の実体であると考えられる。

　注意を向けている際には，こうした感覚情報処理の経路に加えて，その制御に関わる脳領域も活動している。課題に関連した視覚刺激を呈示する前に，それらが現れる位置を予告する手がかりを与えて脳活動を計測すると，右頭頂皮質や前頭前野を中心とした複数の領域が賦活される（Fan et al., 2005；Giesbrecht et al., 2003）。なかでも前頭前野は注意制御に中心的な役割を果たすと考えられている（Duncan, 2001；Miller & Cohen, 2001）。聴覚刺激に

対する空間的注意の制御でも，視覚刺激に対するものの場合とよく似た脳領域が活動することが知られている（Smith et al., 2010）。

注意制御に関わる脳領域は，注意を向ける様式によってそれぞれ異なった活動性を示す。注意には意図的に向ける内発的な注意と，目立つものに自動的に惹きつけられる外発的な注意がある（I・4・3参照）。これらの注意制御には，前頭眼野（frontal eye field：FEF）- 頭頂間溝（intraparietal sulcus：IPS）- 視覚皮質を中心とする背側ネットワークと，腹側前頭皮質（ventral frontal cortex：VFC）- 側頭頭頂接合部（temporoparietal junction：TPJ）- 視覚皮質からなる腹側ネットワークがそれぞれ中心的な役割を担っており，状況に応じてこれら二つのシステムが使い分けられると考えられている（Vossel et al., 2014：図4-6-1a）。次節で述べるが，特に後者に関しては右半球がより重要であり，右TPJの損傷により注意の障害である半側空間無視を生じることがある。

また，注意の制御には皮質下の脳領域も関与する。中脳の上丘（superior colliculus）や間脳の視床（thalamus）の後部にある視床枕（pulvinar）などが代表的であり，注意課題中に活動の増加がみられる（Desimone et al., 1990；LaBerge & Buchsbaum, 1990）。後述するように，上丘は眼球運動の中枢でもあり，前頭葉や頭頂葉の眼球運動中枢と視床を介した双方向性の神経連絡をもつ。また，視床枕は視床のいわゆる連合核であり，すべての視覚領野と双方向性の連絡をもつとともに上丘からも入力を受け，注意や視覚情報処理において重要な役割を果たしていると考えられている（Shipp, 2004）。実際，注意を向けた際の視覚領野間の神経活動の同期や（Saalmann et al., 2012），注意を向けるべきではない妨害刺激の情報処理の抑制（Fischer & Whitney, 2012）などに関与しているとの報告がある。

4・6・2　注意の神経相関

瞬時に変化する注意の神経機構を調べるためには，脳波や脳磁図，LFP，単一神経細胞記録といった電気生理学的な手法が有用である。これらを用いることで，高い時間解像度で脳の状態を可視化することができる。本節では，注意に関わるヒトの脳波律動，事象関連電位（ERP），サルを用いたLFP，単一神経細胞記録について概説する。

4・6・2・1　脳波律動

脳波は，大脳皮質内に整然と並んだ錐体細胞のシナプス後電位を反映したものであり，視床や他の大脳領野からの入力や，局所回路による情報処理に応じてダイナミックに変化する。同様に，大脳の多数のシナプス後電位を磁場の変化として捉えたものが脳磁図であり，脳波が脳回の活動をよく反映するのに対し，脳磁図は脳溝の活動をよく反映する（I・3参照）。注意を向けることで，脳波の特定の周波数

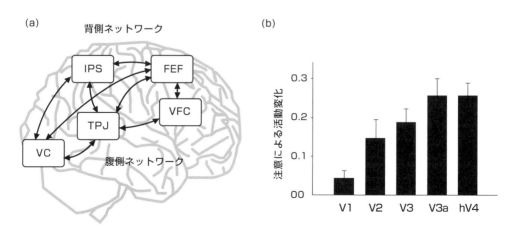

図4-6-1　(a) 注意制御に関わる大脳皮質の背側・腹側ネットワーク（Vossel et al., 2014）。FEF：frontal eye field, IPS：intraparietal sulcus, VFC：ventral frontal cortex, TPJ：temporo-parietal junction, VC：visual cortex。(b) 注意による視覚皮質の活動量の相対的変化（Liu et al., 2005）

成分が変化することが知られている。たとえば，後方部から記録される 8-13 Hz の α 波は注意によって減衰する。刺激の出現を予測しただけでも，それに一致したタイミングで α 波の減衰がみられる（Rohenkohl & Nobre, 2011）。安静閉眼時には逆に α 波の振幅が増大することから，注意による α 帯域の脱同期（つまり α 波の減衰）は個別の情報処理を行うための準備状態を反映している可能性があり，こうした脱同期によって情報処理資源の配分にバイアスをかけることができると考えられる。左右同時に呈示された刺激のいずれかに注意を向けると，非注意視野の対側半球では α 波が増大する。これは α 帯域の同期を増大させることで，情報処理を能動的に抑制しているためであると解釈されている（Foxe & Snyder, 2011；Händel et al., 2011；Sauseng et al., 2005）。実際，ニューロフィードバックによって片半球の α 波を増大させる訓練をすると，同側視野に注意を向けたのと同様に視覚情報処理が促進することが示されている（Bagherzadeh et al., 2020；Okazaki et al., 2015）。

また，α 帯域の活動が情報処理のサンプリング周期を反映している可能性が示唆されている。注意を複数の場所に向けているとき，注意資源は同時に均等に配分されるのではなく，10 Hz 前後で順に移動すると考えられている（Busch & VanRullen, 2010）。これは注意をある一点に持続的に向けているときも同様であり，そのサンプリングのタイミングは後頭から記録される約 7 Hz の脳波成分の位相と一致しているとの報告がある（VanRullen et al., 2011）。

一方，30 Hz 以上の γ 波は逆に注意によって活動を増大させる脳波成分である。γ 波はより局所の情報処理を反映し，各領野の神経活動と局所ネットワークにおける情報統合を反映すると考えられている（Buzsáki & Wang, 2012；Jensen et al., 2007）。注意を向けた視野の対側大脳半球で視覚皮質の γ 波が増大し（Gruber et al., 1999），その位相は他の広い頭皮上で記録される γ 波の位相と同期する（Doesburg et al., 2007）。また，注意制御時には前述の背側ネットワークに含まれる FEF と視覚領野間での γ 波の位相同期が見られることが報告されている（Siegel et al., 2008）。このように，γ 波は注意に

よる感覚情報処理の向上とその制御のいずれにも関わっている。

さらに遅い周期での律動も，これらの脳波成分の変調に関係している。たとえば，δ 波（< 4 Hz）や θ 波（4-7 Hz）は，注意を向けた刺激系列のリズムに同期することが知られているが（Cravo et al., 2013；Henry & Obleser, 2012；Stefanics et al., 2010），その位相に合わせて γ 波や α 波の振幅に変化が認められる（Lakatos et al., 2008；Neuling et al., 2012）。こうした異なる周波数律動の相関関係は，視覚，聴覚いずれにおいても見られ，それらの関係性と機能についてのモデルが提案されている（Clayton et al., 2015）。

4・6・2・2　事象関連電位（ERP）

脳波をイベントのタイミングに合わせて加算平均すると，特定の脳領域における一過性の反応である ERP が得られる。その潜時や振幅，出現する脳部位や状況などで分類された ERP の各成分が注意によってどのような影響を受けるのか，非常に多くの研究によって調べられている。たとえば，視覚刺激呈示後に記録される陽性の P1（90-150 ms）や陰性の N1（150-200 ms）成分は，刺激に注意を向けることでその振幅が増大する（図 4-6-2a）。一度注意を向けた位置に再び注意が向きにくくなる復帰の抑制（I・4・4 参照）の際には，逆に P1 振幅の減少がみられる（Mcdonald et al., 1999）。これら ERP 成分の潜時や頭皮上分布は注意の有無によってほとんど変化しないことから，空間的注意は視覚情報処理のゲインコントロールとして作用すると考えられている（Hillyard et al., 1998）。これは後述するように，単一ニューロンのレベルでさらに詳しく調べられている。

このように，注意によって比較的早い段階の視覚情報処理が変化することが明らかにされている。近年，さらに潜時が短く，V1 野を主な信号源とする C1 成分（約 60-100 ms）も空間的注意によって変化することが示されているが（Kelly et al., 2008），その測定には増幅器の周波数フィルターによる影響なども大きく，解釈には注意を要する（Acunzo et al., 2012）。視覚以外の感覚モダリティに関しても，注意

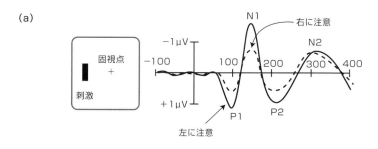

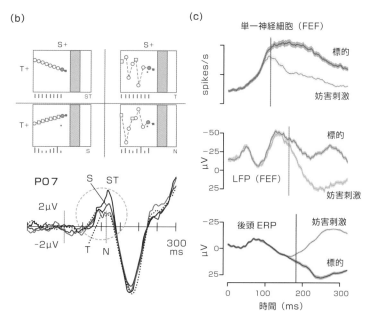

図4-6-2 注意によるERPの修飾
(a) 事前に注意を向けておくことで,視覚誘発成分が増大するが,潜時はほとんど変化しない(Luck et al., 2000)。
(b) 空間・時間的注意の影響(Doherty et al., 2005)。視覚刺激が右に向かって移動し,遮蔽物(灰色の帯)に隠れたあと再出現する。各図下の縦線はその位置での刺激呈示の長さを示す。ST:spatio-temporal, S:spatial, T:temporal, N:no prediction. 下図:再出現した刺激へのERP。空間的注意の効果は初期成分(P1)に認められ,時間予測によりその効果が増大している。(c) 視覚探索課題における注意効果の潜時(Cohen et al., 2009)。FEFの単一神経細胞活動(上2段:FEFの出力を反映)で最初に標的と妨害刺激の弁別が行われ,次に同部のLFP(中段:シナプス後電位つまり入力を反映)に変化が生じ,さらに遅れて後頭から記録したERP(下段)で変化が認められる。

によって初期の情報処理が変化することが示されている。聴覚刺激に対するN1成分(約100-140 ms)は一次聴覚野,触覚刺激に対するN1成分(120-140 ms)は一次体性感覚野を信号源とする成分であり,それぞれ空間的注意の影響を受ける(García-Larrea et al., 1995;Hillyard et al., 1973)。

注意の効果は空間以外の属性についても調べられている。色や形,運動方向などの特徴に注意を向けた場合,その属性をもった刺激に対して緩やかな陰性波成分が検出される。これは選択陰性電位(selection negativity:SN)と呼ばれ,その潜時や分布は注意を向ける特徴や弁別課題の難易度などによって異なるが,概して空間的注意よりも遅い潜時で観察されることが知られている(Hillyard & Anllo-Vento, 1998;Smid et al., 1997)。選択陰性電位は,特徴への注意と空間的注意の神経基盤の比較や順序,相互関係などを調べるために利用されており,刺激間の競合が強い場合にはより短い潜時で注意による調整が生じる(Zhang & Luck, 2009)。

注意資源の配分は,空間やその他の属性に対して

第 I 部　総論

行われる以外に，適切なタイミングで行われる必要
もある。こうした時間的注意もまた初期の ERP 成分
を修飾することが知られている。刺激が出現するタ
イミングを予告すると，その時間に現れた刺激に対
する P1 や N1 成分は，それ以外のタイミングで現れ
た刺激に比べ増大する（Griffin et al., 2002；Miniussi
et al., 1999）。刺激出現の空間的，時間的な予測の相
互作用を調べるために，Doherty et al.（2005）はそ
れぞれの予測性を独立に操作した条件下で ERP を
測定し，その振幅を比較した（図 4-6-2b）。その結
果，P1 成分への空間的注意の効果は時間予測が難し
い場合にもみられたが，時間予測が可能な場合はこ
れがさらに増大し，両者の交互作用が認められた。
一方，彼女らの実験条件では時間予測のみによる注
意効果は小さく，時間的注意は単独ではたらくこと
はほとんどなく，むしろ空間的注意を調整する作用
があることが示唆された。時間的注意の研究は比較
的歴史が浅く，また時間予測の神経機構の多くが未
解明であるため，今後の研究の進展が期待される。

　ERP を用いた注意研究の大半は，刺激に対する感
覚応答の変化を捉えたものであるが，注意の制御に
関する知見も報告されている。たとえば，注意を向
けるべき位置を示す手がかり刺激に対して，対側半
球の側頭・頭頂後部を中心に約 200-400 ms の潜時
で陰性波が出現する（Nobre et al., 2000；Yamaguchi
et al., 1994）。さらに遅い潜時では焦点が前頭に移
動すると同時にいくつかの緩やかな ERP 成分が出
現し，それぞれが頭頂，前頭皮質の注意制御活動，
後頭皮質の準備活動を反映すると考えられている
（Nobre et al., 2000）。

4・6・2・3　局所場電位（LFP）

　頭皮上から記録した脳波の時間分解能は高い
が，脳表の電位変化は頭蓋骨によって大きく減衰し
ており，また，頭皮や脳脊髄液が弱い電気伝導体
であるため空間分解能は低く，脳活動の起源を特
定することは難しい。一方，検査目的で脳外科手
術の際に埋設した電極を用いて測定する皮質脳波
（electrocorticography：ECoG）は空間分解能が比較
的高いが，これを利用した研究には倫理上の制約が
多く，また，症例数も限られている。これらに対し，

実験動物を用いることで，より高精度に局所的な脳
活動を調べることができる。LFP は脳内に刺入した
電極から記録され，数百 μm から数 mm 程度の比較
的せまい範囲にあるニューロン群のシナプス後電位
を反映する。特にサルを用いた研究では，心理物理
実験と類似の行動課題を行わせている最中に頭皮上
または頭蓋骨上脳波と LFP を同時計測することで，
ヒトで調べられてきた脳波・ERP 成分の起源を明ら
かにすることができる。脳波と同様，感覚野におけ
る LFP の誘発反応は注意によって振幅が増減し，さ
まざまな周波数成分の変化も伴う。たとえば，視覚
皮質から記録される LFP は注意により γ 波成分が
増大し，α 波成分が減衰する（Fries et al., 2001）。ま
た，注意のトップダウン制御が必要になる状況では
前頭連合野の γ 波が増大し（Monosov et al., 2008），
これが高次視覚野の γ 波と位相同期する（Bichot et
al., 2015）。このように，注意に関わる脳の律動活動
はヒトとサルで類似しており，LFP を記録すること
でその信号源を正確に同定し，後述の単一神経細胞
記録と合わせることでその生成メカニズムにせまる
ことができる。

　高い時間解像度で局所的な神経活動を測定でき
る LFP の長所を活かして，脳における情報処理の
階層性が明らかにされている。視野内の複数の物
体のなかから一つの標的を選ぶ視覚探索を行わせ
ると，頭皮上からは約 175 ms 以上の潜時で標的が
呈示された視野の対側半球後方部に陰性波 N2pc
（N2 posterior contralateral）が記録される（Luck,
2012）。この ERP 成分は，注意を向ける位置やタイ
ミングによって変化し，探索時の空間的注意の移動
に関連すると考えられている（Woodman & Luck,
1999）。Cohen et al.（2009）は視覚探索課題遂行中
のサルの頭皮上から N2pc を記録すると同時に，前
頭眼野（frontal eye field：FEF）の LFP および単一
神経細胞記録を行った（図 4-6-2c）。その結果，標
的と妨害刺激を区別する反応は FEF の単一ニュー
ロン活動で最初に観察され，その後 LFP，N2pc の
順に生じていた。このことから，FEF の神経活動が
まず注意選択を行い，これが頭頂部から記録される
ERP 成分に反映されるものと考えられる（Monosov
et al., 2008）。

4・6・2・4 単一ニューロン活動

注意を向けた場所や属性に対する神経応答が増大することは、サルを用いた実験によって単一ニューロンのレベルでも確かめられている。たとえば、図4-6-3の例では、サルが中央の固視点を見ている最中に、左右の視野に呈示したランダムドットを同じ方向に動かす（Maunsell & Treue, 2006）。サルは固視点の輝度またはいずれかのランダムドットの方向がわずかに変化するのを検出するように訓練されている。図4-6-3bにMT（middle temporal）野ニューロンの発火率をランダムドットの動きの方向ごとにプロットしているが、サルが固視点に注意を向けているときに比べ、受容野と反対視野のランダムドットの動きに注意を向けているときに活動の変化が大きくなっている。さらに詳しく見てみると、このニューロンの至適方向の動きに注意を向けているときには活動が増大しているが、動きの方向が90°以上離れると逆に活動が抑制され、結果的にニューロンの空間特性には大きな変化が見られない。このように、注意は神経応答のゲインを変化させるが、単一ニューロンの精度を向上させることはない（Treue & Martínez-Trujillo, 1999）。これは動きのような視覚属性だけではなく、一定の空間位置に注意を向けた場合でも同様である（Reynolds & Chelazzi, 2004）。

機能画像研究でも示されているように、注意による活動変化は高次の領野ほど大きくなることが単一ニューロンでも明らかにされている。たとえば、V1野ニューロンの活動は受容野のある場所に注意を向けることで平均10％程度しか増加しないのに対し、V4野やMT野では約25％、MST（medial superior temporal）野やVIP（ventral intraparietal）野では約40％、7a野では約50％もの増加がみられることが示されている（Maunsell & Cook, 2002）。

では、注意による神経活動の変化はどのようにもたらされるのだろうか。前節まででみてきたように、注意には感覚入力の特徴によって惹起される外発的なものと、状況に応じて意図的に向けられる内発的なものに分けられる。前者に関しては、網膜から入力された視覚情報が輝度や方位、色、動きなどの属性ごとに処理された後、その網膜部位ごとの顕著性が一つの地図に統合されると考えられている（Koch & Ullman, 1984）。顕著性はその部分の視覚入力の性質が周囲と異なる度合いによって計算され、視野内を自由に探索している際の眼球運動の行き先はそうした統計量によってよく説明できる（Itti & Koch, 2001）。こうした顕著性マップ（saliency map）の候補として、単一ニューロンのもつ性質から中脳にある上丘の浅層が挙げられている。ここには対側視野の完全な網膜部位再現があり、各ニューロンは刺激の属性にかかわらず、その顕著性によって視覚応答の大きさを変化させる。一方、状況依存的なトップダウン信号は前頭連合野で生成され、その時々に注意をむけるべき網膜部位の優先順位マップ（priority map）が脳内に再現されていると考えられている。図4-6-4bに示すように、これにはFEFや頭頂葉のLIP（lateral intraparietal）野などが候補として挙げられている（Bisley & Goldberg, 2010；Veale et al., 2017）。

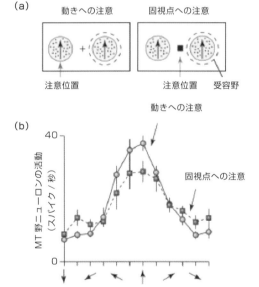

図4-6-3 注意によるMT野ニューロンの活動変化（Maunsell & Treue, 2006）
(a) サルは中央の固視点の形によって、固視点の輝度変化か、神経活動記録を行っている大脳半球と同側の半視野内に呈示されたランダムドットの動く方向の変化を検出するように訓練されている。(b) MT野ニューロンの運動方向選択性。動きに注意を向けたときに活動の増大がみられるが、方向選択性は変化していない。

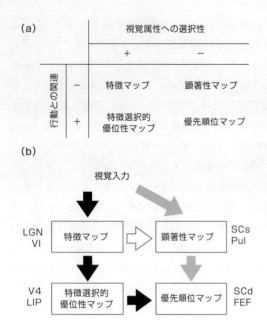

図 4-6-4 注意の空間マップと脳部位
(a) 注意マップの分類，(b) 各注意マップの階層性と想定されている脳部位 (Veale et al., 2017)。FEF：前頭眼野，LGN：外側膝状体，LIP：外側頭頂間野，Pul：視床枕，SCs：上丘浅層，SCd：上丘深層。

注意を向けた場所に対する感覚情報処理が促進される一方，それ以外の場所に対する処理は抑制される。では，注意を向けていない場所や物体への情報処理は一様に低下しているのだろうか。サルの眼球運動課題を用いた研究では，注意を向けている場所に受容野が近いほど抑制の程度が大きいことが示されている (Suzuki & Gottlieb, 2013)。これには局所の側抑制による神経機構が関与するものと考えられ，このような抑制は頭頂葉に比べて前頭葉でより顕著である。同様の現象は視覚探索を行っている際にもみられることが報告されている (Schall & Hanes, 1993 ; Schall et al., 1995)。

このように，ある場所に注意を向けることによって生じる二次的で非選択的な抑制のほかに，無視すべき物体に対する選択的な抑制機構の存在が示唆されている。たとえばPylyshyn et al. (2008)の実験では，多物体追跡課題 (multiple object tracking task) の最中にプローブ刺激を呈示してその検出感度を調べた。注意を向けている物体の場所で感度が上昇するのはいうまでもないが，物体が何もない場所に比べ，無視すべき物体の位置でより大きな感度の低下が認められた。こうした選択的な抑制の神経機構についてはまだ知見が乏しいが，類似の内的（眼球運動を伴わない）追跡課題を訓練したサルの前頭前野から，妨害刺激の場所を符号化するニューロン群が記録されている (Matsushima & Tanaka, 2012)。また，注意との関連が深い眼球運動についても選択的な抑制機構の存在が知られており (Hasegawa et al., 2004)，今後，前頭葉や大脳基底核などによる行動抑制との関連が明らかになるものと期待される (Aron, 2007)。

感覚入力や運動出力のない場合であっても，次にくる刺激を予測して何を選択するかといったトップダウン的な制御，すなわち注意の構え (attentional set) は存在しており，これはワーキングメモリ (working memory) と密接な関係がある。ワーキングメモリに関しては，背側ネットワークの一部である，FEFを含む背外側前頭前野 (dorsolateral prefrontal cortex) が重要な役割を果たしていることが知られている。サルを用いた研究では，従来，視覚刺激の位置の記憶表象として一括りにされていたニューロン活動の多くが，過去の記憶でも将来の運動方向でもなく，現在の注意の方向を符号化していることが示されている (Lebedev et al., 2004)。今後は非空間的な注意の構えに関しても，ニューロンレベルでの理解が進んでくるものと期待される。

これまでサルを用いた多くの研究では，報酬量を変えることで注意を向けさせ，ニューロン活動への影響を調べてきた。Baruni et al. (2015) はガボールパッチの傾きを答える2肢強制選択課題をサルに訓練し，成功した場合の報酬量を変化させて行動とV4野の神経活動を調べた。大きな報酬が見込める刺激と小さな報酬しか見込めない刺激を同時に呈示すると，課題成績は相対的に大きな報酬量と結びついた刺激で向上し，注意による影響を認めたが，両方とも大きな報酬が見込める場合には課題成績に変化はみられなかった。一方，V4野の神経活動は絶対的な報酬量によってゲインを変化させ，行動の変化とは必ずしも一致しなかった。このことから，V4野ニューロンは受容野内の刺激に結びついた報酬によって活動を変化させ，注意によるバイアスはV4

野全体の出力を比較する下流の脳領域で生じるものと考えられる。このように，トップダウン信号による注意のバイアスは，大脳基底核を中心として行われる各刺激の報酬価値の判断に基づいた信号を比較することによって生じるのではないかといった仮説も最近提唱されている（Krauzlis et al., 2014）。これらを検証するためには，課題関連性，報酬量，注意配分，さらには時間予測性などを実験的に統制・操作した状況で神経活動を調べる必要がある。

4・6・3 眼球運動と注意の操作

注意と眼球運動は密接に関連している。注意と視線の動く方向はしばしば一致するし，眼球運動の最中に標的以外の場所に注意を向けることは不可能である（Kowler et al., 1995）。注意の前運動理論（premotor theory of attention）によると，ある場所に意図的に注意を向けることは，その場所への眼球運動を準備することに等しい（Rizzolatti et al., 1987）。実際，前述の注意の背側ネットワークを構成するFEFやLIP野は眼球運動の制御に関与しており，fMRIを用いた研究によれば，画面上の視覚刺激に次々に注意を移動させたときと視線を移動させたときでは，これらの脳領野の近傍では賦活部位の8割以上が重複する（Corbetta et al., 1998）。

サルのFEFを電気刺激すると，一定の振幅と方向をもったサッケード眼球運動が約40 msの潜時で誘発される。強度を弱めた運動閾値下の電気刺激を同部位に与えることで，実際のサッケードが誘発されない状態で空間的注意を操作できることが示されている。Moore & Fallah（2001）の実験では，強い電気刺激を与えると誘発されるであろうサッケードの終点の位置（movement field）に標的を呈示し，その輝度変化をサルに検出させた（図4-6-5）。課題の難度を上げるために，多数の妨害刺激が点滅している状態で課題を行わせた。運動閾値下の電気刺激をFEFに与えると，その直後の輝度変化への検出感度が上昇し，その影響は数百 ms間持続した。また別の実験では，FEFの電気刺激によって輝度以外の視覚属性の処理も向上されることが示されている（Schafer & Moore, 2007）。さらに，FEFの電気刺激は注意を特定の場所に配分するだけでなく，物体

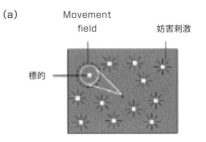

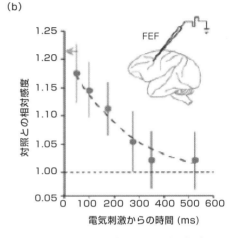

図4-6-5 前頭眼野（FEF）による注意制御（Awh et al., 2006）
（a）サルが中央を固視している最中に，FEFのmovement field内に標的を呈示し，その輝度変化を答えさせる。（b）電気刺激の直後から，変化検出の感度が上昇している。図中の矢印は妨害刺激がない場合の検出感度，下の点線は電気刺激を与えない対照条件での検出感度を示している。

の内的な選択にも影響を及ぼすことが報告されている（Matsushima & Tanaka, 2014）。

こうした行動への影響に加え，FEFの刺激により，同部位の示すmovement fieldに対応した視野上の位置に受容野をもつV4野ニューロンの視覚応答ゲインが上昇すること（Moore & Armstrong, 2003；図4-6-6）や視覚刺激の方位に対する弁別能が改善すること（Armstrong & Moore, 2007）が示されている。また，FEFからV4野に投射するニューロンの多くは遅延期間中に持続的な活動を示し，こうしたワーキングメモリに関係した活動によってV4野やMT野ニューロンの感覚応答が増大し，受容野の拡大とシフトが生じることが報告されている（Merrikhi et al., 2017）。このように，FEFによる空

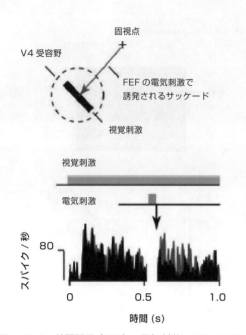

図4-6-6 前頭眼野（FEF）の電気刺激によるV4野の視覚応答の変化（Awh et al., 2006）
V4野ニューロンの受容野に視覚刺激を持続的に呈示すると，徐々に視覚応答が低下してくる。FEFに電気刺激を与えると，V4野ニューロンの視覚応答が増強する（灰色）。

間的注意の制御機構が因果性を通じて行動や神経活動のレベルで証明され，その詳細なメカニズムの解明が進んでいる。

FEFからは中脳視蓋の上丘に強い投射がある。上丘の中間層・深層からは眼球運動に伴って一過性に活動するニューロンが多数記録され，同部位の電気刺激によって約25-30 msの潜時でサッケードが誘発される。上丘ニューロンは脳幹に投射して運動制御信号を送るとともに，視床を介してFEFやLIP野といった大脳領野や大脳基底核にも情報を送っている。

多くの視覚関連領野でみられるように，注意を向けた場所に受容野をもつ上丘ニューロンの視覚応答が上昇し，さらには運動を伴わない内的な注意の移動で一群の上丘ニューロンの活動が増加することが報告されている（Ignashchenkova et al., 2004）。前述のFEFと同様に，運動閾値下の電気刺激を上丘に与えると，刺激位置に対応した再現部位に選択的な注意の配分が生じ（Müller et al., 2005），逆に上丘を不活化すると対側視野に呈示した視覚刺激の変化検出が困難になる（Lovejoy & Krauzlis, 2010）。さらに，上丘の電気刺激や不活化によって，サッケードや滑動性追跡眼球運動，リーチングなどさまざまな実験条件で刺激選択に影響が生じることが示されている（McPeek et al., 2003; Nummela & Krauzlis, 2010; Song et al., 2011）。

これらの事実は上丘が注意の制御に関与することを示している。では，上丘と大脳の注意ネットワークとはどのような関係にあるのだろうか。Zénon & Krauzlis（2012）はランダムドットの動きの変化検出課題をサルに訓練し，上丘の不活化の前後での知覚判断とMST野の単一ニューロン活動の変化を調べた（図4-6-7）。上丘の不活化部位に対応した位置に呈示した刺激に対しては，事前に与えた手がかり刺激による注意の影響が著しく低下し，パフォーマンスが低下した。一方，MST野ニューロンは手がかり刺激によって視覚応答を増加させ，これは上丘の不活化中も変化しなかった。このように，上丘を不活化すると，大脳でみられる視覚応答とサルの行動（知覚）の間で注意の効果が乖離する。上述のように，視覚領野における注意の影響はFEFからのトップダウン信号で調整されるため，視覚関連ニューロンの活動は上丘の不活化によって影響を受けないのかもしれない。一方，課題成績への影響は，

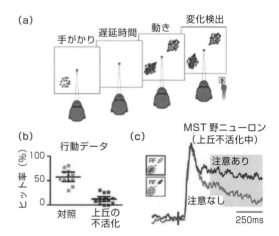

図4-6-7 上丘による注意の制御（Krauzlis et al., 2013）
（a）実験パラダイム。サルは手がかり刺激の場所にあるランダムドットの動きの変化を検出してボタンを押す。（b）上丘を不活化すると，対応する位置の変化検出のヒット率が低下する。（c）上丘の不活化によって，MST野ニューロンの注意による活動変化には影響がない。

大脳レベルでの知覚判断後，行動選択を行う過程で上丘を含んだ皮質下ネットワークが関与することによるのかもしれない。ただし，上丘の不活化が知覚判断の感度にも影響することが最近示されており，上丘が知覚判断そのものに関わっている可能性も否定できない（Lovejoy & Krauzlis, 2017）。

　静止した物体を固視している場合であっても，1°以下のサッケードが絶えず生じていることが知られている。このマイクロサッケードの頻度と方向が空間的注意と関連することがヒトとサルで明らかにされている（Hafed & Clark, 2002；Hafed et al., 2011）。サルの上丘のニューロン活動を調べた研究によると，マイクロサッケードの前後で視野全体の視覚応答ゲインが変化する（Chen et al., 2015）。さらに興味深いことに，固視中のマイクロサッケードの直後数百 ms にわたり，10 Hz 前後の周期的な注意の変動がみられることが示されている（Bellet et al., 2017）。マイクロサッケードの生成には上丘吻側部が関与しており，注意による神経活動のバイアスがこうした運動を生じさせている可能性が考えられる（Hafed et al., 2009）。上述のように，注意は 10 Hz 前後で間欠的・周期的に配分されることが示されており（VanRullen et al., 2007），こうした神経機構がマイクロサッケードの発現にも関与しているのかもしれない。

4・6・4　注意に関与する神経調節因子

　神経調節物質であるアセチルコリンやモノアミン類，一部のペプチドは主に代謝型受容体を介した複雑な反応によってシナプス後膜に広く作用し，グルタミン酸や GABA などによるチャネル型受容体を介した速いシナプス伝達を調節すると考えられている。多くの精神神経疾患ではこれらの情報伝達に異常を来しており，その作動薬・拮抗薬は治療ターゲットとして重要である。選択的注意に関与するものとして，アセチルコリン（acetylcholine：ACh），ドパミン（dopamine：DA），ノルアドレナリン（noradrenaline：NAdr）が挙げられる。

4・6・4・1　アセチルコリン（ACh）

　大脳皮質に広く存在する ACh は，前脳基底部（basal forebrain）の Meynert 核（nucleus basalis of Meynert）や Broca 対角帯（nucleus of the diagonal band of Broca），内側中隔核（medial septal nucleus）などの ACh 作動性ニューロンに由来する。特に，アルツハイマー病では頭頂・側頭葉の ACh が低下することが症状の発現に重要であり，同疾患では病初期から選択的注意の障害が認められる。実験動物の前脳基底部を刺激すると，大脳皮質における感覚応答が増強することが知られている（Goard & Dan, 2009；Metherate & Ashe, 1993；Tremblay et al., 1990）。これがチャネル型のニコチン性 ACh 受容体を介したものか，代謝型のムスカリン性 ACh 受容体を介したものか，あるいは両者が関与するのか，定かではない。前者に作用する喫煙が多くの認知課題の成績を向上させることはよく知られているし，げっ歯類において前頭連合野のニコチン性受容体が注意課題に重要であることが示されている（Guillem et al, 2011）。また，霊長類において，V1野に投射する外側膝状体ニューロンの終末にニコチン性受容体が発現しており，その活性化によってV1 野の視覚応答が増大することが報告されている（Disney et al., 2007）。一方，サルの頭頂葉にムスカリン性受容体の拮抗薬を投与すると注意機能が低下する（Davidson & Marrocco, 2000）。Thiele らの実験では，二つの視覚刺激の一方に注意を向けるようにサルを訓練し，V1 野のニューロン活動への注意の効果を調べた（Herrero et al., 2008：図 4-6-8）。単一ニューロンの記録中にイオン泳動の技術を用いて記録部位に ACh を局所投与すると，注意による視覚応答の上昇率が増した。注意の効果はムスカリン性受容体の拮抗薬の局所投与で減少し，ニコチン性受容体の拮抗薬では変化がなかったため，少なくとも V1 野での注意効果は前者を介して調節されると考えられる。

　このように ACh は注意に関係しているが，前脳基底部から大脳皮質への投射は広汎で選択的とはいえない。こうした解剖学的な制約があるにもかかわらず，どのようにして ACh が「選択的」注意に関与しうるのだろうか。有力な仮説の一つは，神経終末での神経伝達物質の放出の制御である。シナプス前終末への神経投射によって，局所的な ACh の放出

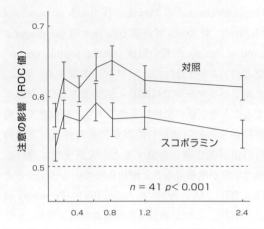

図 4-6-8 V1野ニューロンの記録中，受容野内の視覚刺激に注意を向けると神経活動が増大する（対照）。記録部位にイオン泳動によってムスカリン性ACh受容体の拮抗薬（スコポラミン）を投与すると，注意の効果が減少した。縦軸は受容野内に注意を向けたときとそれ以外のときで活動にどの程度の違いがあったか，ROC値で示している。横軸は視覚刺激（バー）の長さを示す（Herrero et al., 2008）。

がなされる可能性が指摘されている（Sarter et al., 2014）。こうした機構は同様に広汎な投射をもつ他の神経調節物質による注意制御にも当てはまるのかもしれない。

4・6・4・2　ドパミン（DA）

DAは中脳の黒質（substantia nigra）や腹側被蓋野（ventral tegmental area）で産生され，後者のニューロン群が大脳皮質，特に前頭連合野に広く投射している。注意に対するDAの作用は主として前頭連合野を介したものであり，注意欠如・多動症（ADHD）や統合失調症の病態の一部に関係していると考えられる。5種類あるDA受容体は大きくD1様受容体とD2様受容体に分けることができるが，その作用は複雑である。前頭連合野に最も多く発現しているD1受容体はグルタミン酸性の情報伝達を促進するが，その効果は薬剤の濃度に強く依存し，逆U字型となることが知られている（Seamans & Yang, 2004; Vijayraghavan et al., 2007）。最近のサルを用いた研究では，FEFにD1受容体の拮抗薬を投与したところ，注入部位に対応する再現部位に受容野をもつV4野ニューロンの視覚応答ゲインが増加し，方位選択性が高まり，試行ごとの精度が上昇したが，D2受容体の拮抗薬では変化を認めなかった（Noudoost & Moore, 2011a）。一方，二つの標的を呈示して眼球運動で自由に一つを選ばせると，いずれの受容体拮抗薬を投与した場合でも対応部位に呈示した標的を選ぶ確率が増加した。これらのことから，注意機能にはD1受容体，行動選択にはD1, D2受容体の両者が関わっていると考えられる。前頭連合野において，D1受容体は皮質全層，D2受容体は皮質深層によく発現していることから，D1受容体はFEFの浅層ニューロンによる頭頂葉へのトップダウン制御を調節し，D2受容体は深層ニューロンによる上丘への運動制御を調節しているのかもしれない。DAはグルタミン酸性の帰還回路のゲインを調節し，注意による活動変化の振れ幅を制御している可能性が示唆されている（Noudoost & Moore, 2011b）。

4・6・4・3　ノルアドレナリン（NAdr）

NAdr作動性ニューロンの最大の起始核は橋の背側にある青斑核（locus coeruleus）である。これは1-2万個程度のニューロンから成る小さな核で，ここから大脳基底核を除く全脳に投射がある。このような解剖学的な特徴から，NAdrは覚醒度のような非選択的で全体的な制御に関与すると一般に考えられている。青斑核のニューロンは，特徴的で目立つ刺激に一過性に応答し，持続的な神経活動の大きさは瞳孔径とよく相関する（Aston-Jones & Cohen, 2005）。その一方で，ただ目立つだけではなく，課題に関連した刺激とそれ以外の刺激で活動を変化させることも知られている。サルの前頭連合野に$\alpha2$アドレナリン作動性受容体（$\alpha2$ adrenoreceptor）の拮抗薬を投与すると行動抑制が困難となり（Ma et al., 2005），逆にシナプス間隙のNAdr濃度を上昇させるNAdr再取り込み阻害薬はADHDの治療薬として使われている。また，サルの頭頂葉に$\alpha2$受容体の拮抗薬を投与した研究では，空間的注意への影響は見られなかったが，警戒信号による行動への影響が低下した（Witte & Marrocco, 1997）。このことから，NAdrは特定の感覚入力の選択ではなく，特定の時間に注意を集中させることに関与する可能性

がある。DAと同様に、α2受容体に作用する薬剤の局所投与によって前頭連合野ニューロンの活動が変化することが知られており（Arnsten, 2011），今後，注意機能の時間的側面における NAdr の役割が明らかになるかもしれない。

（竹谷 隆司・田中 真樹）

4・7 注意の障害

前節でみたように，注意機能には多くの脳部位が関わっており，さまざまな疾患や脳損傷によって障害される。ここでは特異的な注意の障害である半側空間無視（hemispatial neglect）と，不注意や衝動性を主徴とする注意欠如・多動症（attention deficit hyperactivity disorder：ADHD）について概説する。

4・7・1 半側空間無視

半側空間無視とは，脳損傷の対側空間に呈示された刺激の発見，報告，反応，定位などが障害される病態である。視野の一部が欠ける視野欠損とは異なり，視覚機能そのものは正常であり，無視が生じていること自体を自覚しないという特徴がある。自身の身体に触れられても気づかない，皿の上の右半分の料理にしか手をつけない，顔の半分にしか化粧をしない，などといった多彩な症状を示す。また，脳損傷が大きい場合には，反対側の片麻痺の存在に気づかないといった病態失認（anosognosia）を来すこともある。多くの場合，右大脳半球の損傷による左半側無視であり，これは後述する注意の腹側ネットワークの左右差によるものと考えられている。

4・7・1・1 半側空間無視の病態

半側空間無視の基本的な検査として，線分二等分試験，抹消試験，模写試験などがある（図4-7-1a）。抹消試験は，紙上に描かれた物体すべてに印をつける検査であり，片側の物体に気づかないなどの症状が現れる。模写試験では，サンプル図形にある時計の文字盤の数字のうち右側しか書かない，右側に 1-12 のすべての数字を書くなどの例が報告されている。線分二等分法では，線分の中央に線を書き込むように指示される。無視がある場合，線分の一部を見逃

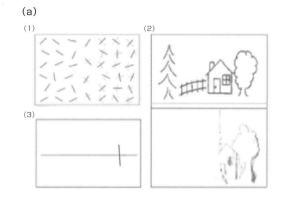

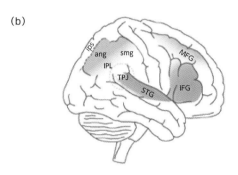

図 4-7-1 (a) 半側空間無視の検査。(1) 抹消試験 (2) 模写試験 (3) 線分二等分試験 (Moon et al., 2006)。(b) 損傷されたときに半側空間無視が生じる大脳皮質領域。側頭頭頂接合部 (TPJ) が最重要と考えられている (Parton et al., 2004)。

してしまうため，反対側に偏った位置に線を書いてしまう。また，机上での検査ではなく，生活動作における障害を評価する方法もあり，たとえば左側の歯を磨き忘れる，左側にあるものを探さない，左側の着衣が困難である，といった項目についてスコア化する（石合・BIT 日本版作製委員会，1999）。

半側空間無視には，消去（extinction）と呼ばれる現象がみられることがある。これは二つの刺激が一つずつ呈示された場合には正常に知覚できるが，同時に呈示されると一方を知覚できないというものである。特徴的な消去の場合，左右両視野に同時に刺激が呈示されると，左側の刺激だけを見落としてしまう。左右の刺激を呈示する時間をずらすことで消去は軽減し，比較的軽度な無視症状となる。これは半側空間無視の場合，いったんどこかに向けた注意を解放することが困難で，新たに別の場所に注意を

第 I 部　総論

振り向けることができなくなるためと解釈されている。

半側空間無視と類似した注意の障害として Bálint 症候群（Bálint syndrome）が知られている。これは両側の頭頂葉の損傷で生じ，①視線が一定方向（または対象物）に固定してしまって他の方向に眼を向けられない「精神性注視麻痺」，②注視した対象物の周囲の物体が認知できない「視覚性注意障害」（同時失認），③注視した対象物を手で捉えることができない「視覚性運動失調」の三つを主徴とする。これらの症状は半側空間無視のように左右いずれかの空間に特異的な注意障害ではないが，併発する場合もある（Gilchrist et al., 1996；Humphreys, 1998）。

4・7・1・2　半側空間無視の責任病巣

さまざまな大脳領野の損傷で半側空間無視が生じうる（Parton et al., 2004：図 4-7-1b）。特に右下頭頂小葉（inferior parietal lobule：IPL）から上側頭回（superior temporal gyrus：STG）後部にかけた損傷による半側空間無視の報告は多く，その中心である TPJ（temporoparietal junction）は責任病巣として重要視されている（Karnath et al., 2001）。また，これら側頭頭頂領域の他に，前頭葉腹外側部や帯状回（cingulate gyrus）の損傷でも無視が生じることが知られている（Husain & Kennard, 1996；Maeshima et al., 1994）。このように，半側空間無視を生じる損傷部位は，注意のボトムアップ制御に関わる腹側ネットワーク（I・4・6・1参照）とおおまかに一致する。

これらの皮質領域に加え，大脳基底核や視床など皮質下の損傷による半側空間無視も報告されている（Damasio et al., 1980；Watson et al., 1981）。無視の有無によって皮質下の損傷例を比較した研究から，線条体（striatum：被殻および尾状核）と視床枕が関与していることが示唆されている（Karnath et al., 2002）。これらの脳部位は直接あるいは間接的に TPJ と密接な線維連絡をもっており，注意制御ネットワークの一部を担っていると考えられる。このように，TPJ，前頭葉，帯状回，視床，線条体などで構成される注意回路の機能障害が半側空間無視のメカニズムであると考えられる（Mesulam, 1981；

Watson et al., 1981）。

上述のように，無視は右半球の損傷で生じることが圧倒的に多い。これは，右半球は両視野に注意を向けることに，左半球は右視野に注意を向けることに重要であるという注意制御の非対称性のためと考えられている（Pardo et al., 1991；Weintraub & Mesulam, 1987）。脳梗塞によって左右の大脳をつなぐ脳梁の大部分と左帯状回の一部が損傷した症例の報告によると，右手を使って模写をしたり数列を読み上げたりする場合に左半側空間無視が認められたが，左手を用いた場合には正常か，ごく軽度の右半側無視のみがみられた（Kashiwagi et al., 1990）。これは，右半球は両視野に，左半球は右視野のみに注意を配分することに関与するという仮説に合致する。

近年，これらの大脳領野そのものよりも，その下にある白質の損傷が半側空間無視の発症により重要である可能性が示唆されている。拡散テンソル画像（diffusion tensor image）を用いた研究によると，TPJ の灰白質の損傷のみでは半側空間無視は出現せず，後頭葉と前頭葉をつなぐ連合線維である下前頭後頭束（inferior fronto-occipital fasciculus）の損傷を伴う場合に半側空間無視が出現する（Urbanski et al., 2008）。また，頭頂−前頭前野ネットワークの白質線維の損傷と障害の程度が相関し（Thiebaut de Schotten et al., 2012），開脳手術中に頭頂葉と前頭葉を結ぶ上縦束（superior longitudinal fasciculus）を電気刺激することで，線分二等分法で右方向へのずれが生じることが報告されている（Thiebaut de Schotten et al., 2005）。これらの研究は，注意の腹側ネットワークの一部である右 TPJ−前頭葉間の線維連絡の損傷が半側空間無視の責任病巣であることを示唆するが，腹側ネットワークと背側ネットワーク，さらには左右の背側ネットワークのバランスを保つ交連性の連絡もまた重要である。たとえば，fMRI を用いて機能的結合を調べた研究によると，上縦束を損傷した半側空間無視の患者では，背側ネットワークの一部である左右の後頭頂葉間の機能的結合が低下していたことが報告されている（Corbetta & Shulman, 2011；He et al., 2007）。このように，半側空間無視の発症には右半球の腹側

ネットワークの傷害が重要であるが，これに付随したさまざまな領野間の機能不全がその重症度を決定していると考えられる。以上のように，半側空間無視のメカニズムは大脳の特定領野のダメージのみでは説明が難しく，前頭－頭頂葉の大域的なネットワークにおける情報処理と神経活動のバランスを考慮する必要がある。

4・7・1・3　半側空間無視の種類

半側空間無視にはさまざまなサブタイプが知られており，対応する脳部位が調べられている。片側性の運動量の減少や線分抹消試験，探索課題などでの成績低下を来す「運動性」無視は前頭葉の損傷で，消去現象や線分二等分試験での偏位が目立つ「感覚性」無視は下頭頂小葉の損傷で多くみられるという報告があるが（Bisiach et al., 1990），これについては反論もある（Mattingley et al., 1998）。また，半側空間無視は自身の体（personal），手の届く範囲（peri-personal），それよりも外（extra-personal）の空間にそれぞれ限局して生じることが知られている。その責任病巣として，peri-personal な無視は下頭頂葉，extra-personal の無視は上側頭葉の損傷で生じるという仮説が提案されている（Adair & Barrett, 2008）。さらに，自身を中心とした自己中心座標系（egocentric coordinates）における半側空間無視は下頭頂小葉（角回）の損傷でよくみられ，視覚対象物を中心とした物体中心座標系（allocentric coordinates）における半側空間無視は上側頭葉の損傷でよく観察されるという報告もある（Hillis et al., 2005）。多数の半側空間無視患者の注意課題の成績と脳画像データから VBM（voxel-based morphometry）解析を行った研究もこれを支持しており，自己中心座標系における無視には右下頭頂小葉，物体中心座標系における無視には上側頭葉が関与し，探索課題で生じる無視には背側経路の右背外側前頭前野が関与することが示されている（Verdon et al., 2009）。このようにさまざまな半側空間無視のタイプがあることから，注意制御は複数のシステムによって支えられているものと考えられる。

4・7・2　注意欠如・多動症（ADHD）

注意の障害は種々の発達障害でも認められる。なかでも ADHD は不注意と多動・衝動性を主徴とする疾患で，物忘れがひどい，物事に長時間取り組めない，約束や決まりごとを守れない，待つことが苦手で動き回る，我慢ができないといった症状が学童期までに出現する。男児に多く，評価者または本人が「不注意」と「多動・衝動性」のそれぞれに関する項目について主観的に判定し，その点数によって診断される。多動性や衝動性は成長とともに寛解することが多いが，注意障害は大人になっても継続する場合がある。疾患に対する一般の認知度の地域差や，診断のための客観的なバイオマーカーが定められていないことなどから，有病率は国や地域によって大きく異なっており，学童期に限るとアジア全域で約3％，北米では約6％とされる。その病態は多彩であり，実際，ADHD で障害される認知機能は，選択的注意，持続的注意，柔軟性，ワーキングメモリ，時間処理，反応抑制などさまざまである。それぞれの障害の神経基盤が調べられているが（Mueller et al., 2017；Sharma & Couture, 2014），これらの症候には個人差が大きく，病因・病態の究明が困難になっている（Caylak, 2012）。

病態モデルとして広く受け入れられているのは，実行機能（executive function）と報酬系（reward system）の障害からなる dual pathway model である（Sonuga-Barke, 2003；Sonuga-Barke et al., 2010）。実行機能の障害は主に「抑制の障害」であり，課題に関係のある情報に注意を向け，不必要な情報処理を抑えるということができない。これには，背外側前頭前野や尾状核頭部，背側淡蒼球，視床などで構成される大脳－大脳基底核経路のいわゆる認知ループ（Alexander et al., 1986；Smith et al., 2004）の機能不全が関与していると考えられる。報酬系の障害は「遅延嫌悪」であり，遅延報酬への時間割引率が高く，事の成り行きをじっと待つことが難しくなる。これには，前頭眼窩野や前帯状皮質，側坐核，腹側淡蒼球，視床などで構成される辺縁系ループの機能低下が関係している。いずれの回路においても DA や NAdr，セロトニンなどのモノアミン類による神経調節が重要であり，実際，これらの

第 I 部　総論

関連薬によって上記の症状を軽減させることができる（Faraone et al., 2015）。

　ADHD の治療ターゲットである DA による選択的注意の調節機構が，近年，主に動物実験によって明らかになるに伴い，ADHD における注意障害のメカニズムの一端を説明する試みがなされている（Mueller et al., 2017）。たとえば，ADHD における DA トランスポーター密度の異常が報告されている（Dougherty et al., 1999）。I・4・6 でみたように，選択的注意には意図的に向ける内発的なものと，感覚入力の特徴によって自動的に向けられる外発的なものがあり，それぞれ異なる脳内ネットワークが関与している。ADHD の児童が人の話を聞けないのは，声に注意を向け，それ以外の雑音の処理を抑制することができないためであると考えられる。あるいはまた，感覚入力の些細な特徴に対する感度が高くなっていて，外発的な注意がすぐに惹起されることもあるだろう。前頭連合野の DA によって，意図的な注意選択が制御されていることが明らかにされており（I・4・6・4・2 参照），ADHD における不注意との関連性が示唆される。また，I・4・6・3 でみたように，眼球運動は注意選択や行動抑制との関連が深く，ADHD 診断のバイオマーカーとして注目されている。標的が現れる前に固視点を消すことによってサッケードの反応時間が短縮するいわゆる gap 効果（gap effect）は ADHD で小さいことが示されているし（Matsuo et al., 2015），行動抑制を必要とするアンチサッケード課題でも成績の低下が認められる（Munoz et al., 2003）。さらに，これらの症状は ADHD 治療薬（メチルフェニデート）によって改善することが報告されている（Bucci et al., 2017；Klein et al., 2002）。従来の質問紙による評価法に加え，こうした客観的な行動指標を併用することにより，ADHD の診断と治療効果のより詳しい解析が可能になるものと期待される。

（竹谷 隆司・田中 真樹）

文献

(4・1)

Alvarez, G. A., & Cavanagh, P. (2005). Independent resources for attentional tracking in the left and right visual hemifields. *Psychological Science, 16,* 637-643.［doi: 10.1111/j.1467-9280.2005.01587.x］

Awh, E., & Pashler, H. (2000). Evidence for split attentional foci. *Journal of Experimental Psychology: Human Perception and Performance, 26,* 834-846.［doi: 10.1037/0096-1523.26.2.834］

Bennett, P. J., & Pratt, J. (2001). The spatial distribution of inhibition of return. *Psychological Science, 12,* 76-80.［doi: 10.1111/1467-9280.00313］

Carlson, T. A., Hogendoorn, H., & Verstraten, F. A. (2006). The speed of visual attention: What time is it? *Journal of Vision, 6,* 1406-1411.［doi: 10.1167/6.12.6］

Carrasco, M., Talgar, C. P., & Cameron, E. L. (2001). Characterizing visual performance fields: Effects of transient covert attention, spatial frequency, eccentricity, task and set size. *Spatial Vision, 15,* 61-75.［doi: 10.1163/15685680152692015］

Castiello, U., & Umilta, C. (1992). Splitting focal attention. *Journal of Experimental Psychology: Human Perception and Performance, 18,* 837-848.［doi: 10.1037/0096-1523.18.3.837］

Cavanagh, P. (1992). Attention-based motion perception. *Science, 257,* 1563-1565.［doi: 10.1126/science.1523411］

Cavanagh, P., Labianca, A. T., & Thornton, I. M. (2001). Attention-based visual routines: Sprites. *Cognition, 80,* 47-60.［doi: 10.1016/s0010-0277(00)00153-0］

Cave, K. R., & Zimmerman, J. M. (1997). Flexibility in spatial attention before and after practice. *Psychological Science, 8,* 399-403.［doi: 10.1111/j.1467-9280.1997.tb00433.x］

Chen, Y., Martinez-Conde, S., Macknik, S. L., Bereshpolova, Y., Swadlow, H. A., & Alonso, J.-M. (2008). Task difficulty modulates the activity of specific neuronal populations in primary visual cortex. *Nature Neuroscience, 11,* 974-982.［doi: 10.1038/nn.2147］

Chun, M. M., & Potter, M. C. (1995). A two-stage model for multiple target detection in rapid serial visual presentation. *Journal of Experimental Psychology: Human Perception and Performance, 21,* 109-127.［doi: 10.1037/0096-

1523.21.1.109]

Culham, J. C., Verstraten, F. A., Ashida, H., & Cavanagh, P. (2000). Independent aftereffects of attention and motion. *Neuron, 28*, 607-615. [doi: 10.1016/S0896-6273(00)00137-9]

Cutzu, F., & Tsotsos, J. K. (2003). The selective tuning model of attention: Psychophysical evidence for a suppressive annulus around an attended item. *Vision Research, 43*, 205-219. [doi: 10.1016/S0042-6989(02)00491-1]

Datta, R., & DeYoe, E. A. (2009). I know where you are secretly attending! The topography of human visual attention revealed with fMRI. *Vision Research, 49*, 1037-1044. [doi: 10.1016/j.visres.2009.01.014]

Downing, C. J., & Pinker, S. (1985). The spatial structure of visual attention. In M. I. Posner & O. S. M. Marin (Eds.), *Mechanisms of Attention: Attention and Performance XI* (pp. 171-187). Erlbaum.

Driver, J. (2001). A selective review of selective attention research from the past century. *British Journal of Psychology, 92*(Part 1), 53-78.

Eckstein, M. P., Thomas, J. P., Palmer, J., & Shimozaki, S. S. (2000). A signal detection model predicts the effects of set size on visual search accuracy for feature, conjunction, triple conjunction, and disjunction displays. *Perception & Psychophysics, 62*, 425-451. [doi: 10.3758/BF03212096]

Eriksen, B. A., & Eriksen, C. W. (1974). Effects of noise letters upon the identification of a target letter in a nonsearch task. *Perception & Psychophysics, 16*, 143-149. [doi: 10.3758/BF03203267]

Eriksen, C. W., & Collins, J. F. (1969). Temporal course of selective attention. *Journal of Experimental Psychology, 80*, 254-261. [doi: 10.1037/h0027268]

Falkner, A. L., Krishna, B. S., & Goldberg, M. E. (2010). Surround suppression sharpens the priority map in the lateral intraparietal area. *Journal of Neuroscience, 30*, 12787-12797. [doi: 10.1523/JNEUROSCI.2327-10.2010]

Fang, Y., Nakashima, R., Matsumiya, K., Kuriki, I., & Shioiri, S. (2015). Eye-head coordination for visual cognitive processing. *PLoS ONE, 10*, e0121035. [doi: 10.1371/journal.pone.0121035]

Franconeri, S. L., Alvarez, G. A., & Cavanagh, P. (2013). Flexible cognitive resources: Competitive content maps for attention and memory. *Trends in Cognitive Sciences, 17*, 134-141. [doi: 10.1016/j.tics.2013.01.010]

Gobell, J. L., Tseng, C. H., & Sperling, G. (2004). The spatial distribution of visual attention. *Vision Research, 44*, 1273-1296. [doi: 10.1016/j.visres.2004.01.012]

Harasawa, M., & Shioiri, S. (2011). Asymmetrical brain activity induced by voluntary spatial attention depends on the visual hemifield: A functional near-infrared spectroscopy study. *Brain and Cognition, 75*, 292-298. [doi: 10.1016/j.bandc.2011.01.006]

Hopf, J.-M., Boehler, C. N., Luck, S. J., Tsotsos, J. K., Heinze, H.-J., & Schoenfeld, M. A. (2006). Direct neurophysiological evidence for spatial suppression surrounding the focus of attention in vision. *Proceedings of the National Academy of Sciences of the USA, 103*, 1053-1058. [doi: 10.1073/pnas.0507746103]

Horowitz, T. S., Holcombe, A. O., Wolfe, J. M., Arsenio, H. C., & DiMase, J. S. (2004). Attentional pursuit is faster than attentional saccade. *Journal of Vision, 4*, 585-603. [doi: 10.1167/4.7.6]

Ikeda, M., & Takeuchi, T. (1975). Influence of foveal load on the functional visual field. *Perception & Psychophysics, 18*, 255-260. [doi: 10.3758/BF03199371]

Intriligator, J., & Cavanagh, P. (2001). The spatial resolution of visual attention. *Cognitive Psychology, 43*, 171-216. [doi: 10.1006/cogp.2001.0755]

Itthipuripat, S., Garcia, J. O., & Serences, J. T. (2013). Temporal dynamics of divided spatial attention. *Journal of Neurophysiology, 109*, 2364-2373. [doi: 10.1152/jn.01051.2012]

Jans, B., Peters, J. C., & De Weerd, P. (2010). Visual spatial attention to multiple locations at once: The jury is still out. *Psychological Review, 117*, 637-682. [doi: 10.1037/a0019082]

Jefferies, L. N., & Di Lollo, V. (2009). Linear changes in the spatial extent of the focus of attention across time. *Journal of Experimental Psychology: Human Perception and Performance, 35*, 1020-1031. [doi: 10.1037/a0014258]

Jefferies, L. N., Enns, J. T., & Di Lollo, V. (2014). The flexible focus: Whether spatial attention is unitary or divided depends on observer goals. *Journal of Experimental Psychology: Human Perception and Performance, 40*, 465-470. [doi:

10.1037/a0034734]

Jefferies, L. N., Enns, J. T., & Di Lollo, V. (2019). The exogenous and endogenous control of attentional focusing. *Psychological Research, 83*, 989–1006. [doi: 10.1007/s00426-017-0918-y]

Jefferies, L. N., & Witt, J. B. (2019). First unitary, then divided: The temporal dynamics of dividing attention. *Psychological Research, 83*, 1426–1443. [doi: 10.1007/s00426-018-1018-3]

Kawahara, J., & Yamada, Y. (2006). Two noncontiguous locations can be attended concurrently: Evidence from the attentional blink. *Psychonomic Bulletin & Review, 13*, 594–599. [doi: 10.3758/BF03193968]

栗木 一郎・大森 暢喬・柏瀬 啓起・松宮 一道・德永 留美・塩入 諭 (2015). Measurement of object-based attention with steady-state visual evoked potential. *Physiological Psychology and Psychophysiology, 33*, 33–46. [doi: 10.5674/jjppp.1505si]

LaBerge, D. (1983). Spatial extent of attention to letters and words. *Journal of Experimental Psychology: Human Perception & Performance, 9*, 371–379. [doi: 10.1037/0096-1523.9.3.371]

Lavie, N., & Cox, S. (1997). On the efficiency of visual selective attention: Efficient visual search leads to inefficient distractor rejection. *Psychological Science, 8*, 395–398. [doi: 10.1111/j.1467-9280.1997.tb00432.x]

Matsubara, K., Shioiri, S., & Yaguchi, H. (2007). Spatial spread of visual attention while tracking a moving object. *Optical Review, 14*, 57–63.

McMains, S. A., & Somers, D. C. (2004). Multiple spotlights of attentional selection in human visual cortex. *Neuron, 42*, 677–686. [doi: 10.1016/S0896-6273(04)00263-6]

Muller, H. J., & Rabbitt, P. M. (1989). Reflexive and voluntary orienting of visual attention: Time course of activation and resistance to interruption. *Journal of Experimental Psychology: Human Perception and Performance, 15*, 315–330. [doi: 10.1037/0096-1523.15.2.315]

Nakayama, K., & Mackeben, M. (1989). Sustained and transient components of focal visual attention. *Vision Research, 29*, 1631–1647. [doi: 10.1016/0042-6989(89)90144-2]

Nishida, S., Tanaka, T., & Ogawa, T. (2013). Separate evaluation of target facilitation and distractor suppression in the activity of macaque lateral intraparietal neurons during visual search. *Journal of Neurophysiology, 110*, 2773–2791. [doi: 10.1152/jn.00360.2013]

O'Regan, L., & Serrien, D. J. (2018). Individual differences and hemispheric asymmetries for language and spatial attention. *Frontiers in Human Neuroscience, 12*, 380. [doi: 10.3389/fnhum.2018.00380]

Palmer, J., & Moore, C. M. (2009). Using a filtering task to measure the spatial extent of selective attention. *Vision Research, 49*, 1045–1064. [doi: 10.1016/j.visres.2008.02.022]

Pan, K., & Eriksen, C. W. (1993). Attentional distribution in the visual field during same-different judgments as assessed by response competition. *Perception & Psychophysics, 53*, 134–144. [doi: 10.3758/BF03211723]

Pashler, H. (1995). Attention and visual perception: Analyzing divided attention. In S. M. Kosslyn & D. N. Osherson (Eds.), *Visual Cognition* (pp. 245–260). MIT Press.

Posner, M. I., Snyder, C. R., & Davidson, B. J. (1980). Attention and the detection of signals. *Journal of Experimental Psychology, 109*, 160–174.

Posner, M. I. (1980). Orienting of attention. *Quarterly Journal of Experimental Psychology, 32*, 3–25. [doi: 10.1080/00335558008248231]

Raymond, J. E., Shapiro, K. L., & Arnell, K. M. (1992). Temporary suppression of visual processing in an RSVP task: An attentional blink? *Journal of Experimental Psychology: Human Perception and Performance, 18*, 849–860. [doi: 10.1037/0096-1523.18.3.849]

Remington, R., & Pierce, L. (1984). Moving attention: Evidence for time-invariant shifts of visual selective attention. *Perception & Psychophysics, 35*, 393–399. [doi: 10.3758/BF03206344]

Sagi, D., & Julesz, B. (1986). Enhanced detection in the aperture of focal attention during simple discrimination tasks. *Nature, 321*, 693–695. [doi: 10.1038/321693a0]

Sheppard, D. M., Duncan, J., Shapiro, K. L., & Hillstrom, A. P. (2002). Objects and events in the attentional blink.

第４章　注意

Psychological Science, 13, 410–415.［doi: 10.1111/1467-9280.00473］

塩入 諭 （2007）．視覚的注意 内川 恵二（総編集），塩入 諭（編）感覚・知覚の科学2 視覚Ⅱ：視覚系の中期・高次機能（pp. 183–224）朝倉書店

Shioiri, S., Cavanagh, P., Miyamoto, T., & Yaguchi, H. (2000). Tracking the apparent location of targets in interpolated motion. *Vision Research, 40*, 1365–1376.［doi: 10.1016/S0042-6989(99)00249-7］

Shioiri, S., Honjyo, H., Kashiwase, Y., Matsumiya, K., & Kuriki, I. (2016). Visual attention spreads broadly but selects information locally. *Scientific Reports, 6*, 35513.［doi: 10.1038/srep35513］

Shioiri, S., Yamamoto, K., Kageyama, Y., & Yaguchi, H. (2002). Smooth shifts of visual attention. *Vision Research, 42*, 2811–2816.［doi: 10.1016/S0042-6989(02)00405-4］

Shioiri, S., Yamamoto, K., Oshida, H., Matsubara, K., & Yaguchi, H. (2010). Measuring attention using flash-lag effect. *Journal of Vision, 10*, 10.［doi: 10.1167/10.10.10］

Sperling, G., & Weichselgartner, E. (1995). Episodic theory of the dynamics of spatial attention. *Psychological Review, 102*, 503–532.［doi: 10.1037/0033-295X.102.3.503］

Steinman, B. A., Steinman, S. B., & Lehmkuhle, S. (1995). Visual attention mechanisms show a center-surround organization. *Vision Research, 35*, 1859–1869.［doi: 10.1016/0042-6989(94)00276-r］

Taylor, J. E., Chan, D., Bennett, P. J., & Pratt, J. (2015). Attentional cartography: Mapping the distribution of attention across time and space. *Attention, Perception & Psychophysics, 77*, 2240–2246.［doi: 10.3758/s13414-015-0943-0］

Treisman, A. M., & Gelade, G. (1980). A feature-integration theory of attention. *Cognitive Psychology, 12*, 97–136.［doi: 10.1016/0010-0285(80)90005-5］

Tse, P. U. (2004). Mapping visual attention with change blindness: New directions for a new method. *Cognitive Science, 28*, 241–258.［doi: 10.1016/j.cogsci.2003.12.002］

Verghese, P. (2001). Visual search and attention: A signal detection theory approach. *Neuron, 31*, 523–535.［doi: 10.1016/S0896-6273(01)00392-0］

Verstraten, F. A., & Ashida, H. (2005). Attention-based motion perception and motion adaptation: What does attention contribute? *Vision Research, 45*, 1313–1319.［doi: 10.1016/j.visres.2004.11.007］

Verstraten, F. A., Cavanagh, P., & Labianca, A. T. (2000). Limits of attentive tracking reveal temporal properties of attention. *Vision Research, 40*, 3651–3664.［doi: 10.1016/S0042-6989(00)00213-3］

（4・2）

Chun, M. M., & Marois, R. (2002). The dark side of visual attention. *Current Opinion in Neurobiology, 12*, 184–189.［doi: 10.1016/s0959-4388(02)00309-4］

Grimes, J. A. (1996). On the failure to detect changes in scenes across saccades. In K. Akins (Ed.), *Vancouver Studies in Cognitive Science: Vol. 5. Perception* (pp. 89–110). Oxford University Press.

Intraub, H. (1997). The representation of visual scenes. *Trends in Cognitive Sciences, 1*, 217–232.［doi: 10.1016/S1364-6613(97)01067-X］

Levin, D. T., Momen, N., Drivdahl, S. B., & Simons, D. J. (2000). Change blindness blindness: The metacognitive error of overestimating change-detection ability. *Visual Cognition, 7*, 397–412.［doi: 10.1080/135062800394865］

Mack, A., & Rock, I. (1998). *Inattentional Blindness*. MIT Press.

Most, S. B., Simons, D. J., Scholl, B. J., Jimenez, R., Clifford, E., & Chabris, C. F. (2001). How not to be seen: The contribution of similarity and selective ignoring to sustained inattentional blindness. *Psychological Science, 12*, 9–17.［doi: 10.1111/1467-9280.00303］

Neisser, U. (1979). The control of information pickup in selective looking. In A. D. Pick (Ed.), *Perception and its Development: Attribute to Eleanor J. Gibson* (pp. 201–219). Laurence Erlbaum.

O'Regan, J. K., Deubel, H., Clark, J. J., & Rensink, R. A. (2000). Picture changes during blinks: Looking without seeing and seeing without looking. *Visual Cognition, 7*, 191–211.［doi: 10.1080/135062800394766］

O'Regan, J. K., Rensink, R. A., & Clark, J. J. (1999). Change-blindness as a result of 'mudsplashes'. *Nature, 398*, 34.［doi:

第 I 部 総論

10.1038/17953]

Park, S., Intraub, H., Yi, D. J., Widders, D., & Chun, M. M. (2007). Beyond the edges of a view: Boundary extension in human scene-selective visual cortex. *Neuron, 54,* 335–342. [doi: 10.1016/j.neuron.2007.04.006]

Rensink, R. A. (2000). The dynamic representation of scenes. *Visual Cognition, 7,* 17–42. [doi: 10.1080/135062800394667]

Rensink, R. A., O'Regan, J. K., & Clark, J. J. (1997). To see or not to see: The need for attention to perceive changes in scenes. *Psychological Science, 8,* 368–373. [doi: 10.1111/j.1467-9280.1997.tb00427.x]

Simons, D. J. (1996). In sight, out of mind: When object representations fail. *Psychological Science, 7,* 301–305.

Simons, D. J., & Chabris, C. F. (1999). Gorillas in our midst: Sustained inattentional blindness for dynamic events. *Perception, 28,* 1059–1074. [doi: 10.1068/p281059]

Simons, D. J., Franconeri, S. L., & Reimer, R. L. (2000). Change blindness in the absence of a visual disruption. *Perception, 29,* 1143–1154. [doi: 10.1068/p3104]

Simons, D. J., & Levin, D. T. (1997). Change blindness. *Trends in Cognitive Sciences, 1,* 261–267. [doi: 10.1016/S1364-6613(97)01080-2]

Simons, D. J., & Levin, D. T. (1998). Failure to detect changes to people during a real-world interaction. *Psychonomic Bulletin and Review, 5,* 644–649. [doi: 10.3758/BF03208840]

Simons, D. J., & Rensink, R. A. (2005). Change blindness: Past, present, and future. *Trends in Cognitive Sciences, 9,* 16–20. [doi: 10.1016/j.tics.2004.11.006]

Yokosawa, K., & Mitsumatsu, H. (2003). Does disruption of a scene impair change detection? *Journal of Vision, 3,* 41–48. [doi: 10.1167/3.1.5]

横澤 一彦・大谷 智子 （2003）．見落とし現象における表象と注意：非注意による見落としと変化の見落とし　心理学評論, *46,* 484–500. [doi: 10.24602/sjpr.46.3_482]

(4・3)

Aks, D. J., & Enns, J. T. (1996). Visual search for size is influenced by a background texture gradient. *Journal of Experimental Psychology: Human Perception and Performance, 22,* 1467–1481. [doi: 10.1037/0096-1523.22.6.1467]

Awh, E., Belopolsky, A. V., & Theeuwes, J. (2012). Top-down versus bottom-up attentional control: A failed theoretical dichotomy. *Trends in Cognitive Sciences, 16,* 437–443. [doi: 10.1016/j.tics.2012.06.010]

Bacon, W. F., & Egeth, H. E. (1991). Local processes in preattentive feature detection. *Journal of Experimental Psychology: Human Perception and Performance, 17,* 77–90. [doi: 10.1037/0096-1523.17.1.77]

Braithwaite, J., Humphreys, G., Watson, D., & Hulleman, J. (2005). Revisiting preview search at isoluminance: New onsets are not necessary for the preview advantage. *Perception & Psychophysics, 67*(7), 1214–1228. [doi: 10.3758/bf03193554]

Bravo, M. J., & Farid, H. (2009). The specificity of the search template. *Journal of Vision, 9*(1):34, 1–9. [doi: 10.1167/9.1.34]

Bravo, M. J., & Nakayama, K. (1992). The role of attention in different visual-search tasks. *Perception & Psychophysics, 51,* 465–472. [doi: 10.3758/BF03211642]

Bundesen, C. (1990). A theory of visual attention. *Psychological Review, 97,* 523–547. [doi: 10.1037/0033-295x.97.4.523]

Chun, M., & Jiang, Y. (1998). Contextual cueing: Implicit learning and memory of visual context guides spatial attention. *Cognitive Psychology, 36*(1), 28–71. [doi: 10.1006/cogp.1998.0681]

Chun, M., & Jiang, Y. (1999). Top-down attentional guidance based on implicit learning of visual covariation. *Psychological Science, 10*(4), 360–365. [doi: 10.1111/1467-9280.00168]

Donk, M., & Theeuwes, J. (2001). Visual marking beside the mark: Prioritizing selection by abrupt onsets. *Perception & Psychophysics, 63,* 891–900. [doi: 10.3758/bf03194445]

Duncan, J., & Humphreys, G. W. (1989). Visual search and stimulus similarity. *Psychological Review, 96,* 433–458. [doi: 10.1037/0033-295X.96.3.433]

Fleck, M. S., & Mitroff, S. R. (2007). Rare targets are rarely missed in correctable search. *Psychological Science, 18,* 943–947. [doi: 10.1111/j.1467-9280.2007.02006.x]

Geyer, T., Zehetleitner, M., & Müller, H. J. (2010). Contextual cueing of pop-out visual search: When context guides the deployment of attention. *Journal of Vision, 10*, 20. [doi: 10.1167/10.5.20]

Gilchrist, I. D., & Harvey, M. (2000). Refixation frequency and memory mechanisms in visual search. *Current Biology, 10*, 1209–1212. [doi: 10.1016/s0960-9822(00)00729-6]

Golan, T., Bentin, S., DeGutis, J. M., Robertson, L. C., & Harel, A. (2014). Association and dissociation between detection and discrimination of objects of expertise: Evidence from visual search. *Attention, Perception, & Psychophysics, 76*, 391–406. [doi: 10.3758/s13414-013-0562-6]

Hansen, C. H., & Hansen, R. D. (1988). Finding the face in the crowd: An anger superiority effect. *Journal of Personality and Social Psychology, 54*, 917–924. [doi: 10.1037/0022-3514.54.6.917]

Hershler, O., & Hochstein, S. (2005). At first sight: A high-level pop out effect for faces. *Vision Research, 45*, 1707–1724. [doi: 10.1016/j.visres.2004.12.021]

Hershler, O., & Hochstein, S. (2006). With a careful look: Still no low-level confound to face pop-out. *Vision Research, 46*, 3028–3035. [doi: 10.1016/j.visres.2006.03.023]

Hickey, C., Chelazzi, L., & Theeuwes, J. (2010). Reward changes salience in human vision via the anterior cingulate. *Journal of Neuroscience, 30*, 11096–11103. [doi: 10.1523/JNEUROSCI.1026-10.2010]

Hooge, I. T. C., & Frens, M. A. (2000). Inhibition of saccade return (ISR): Spatio-temporal properties of saccade programming. *Vision Research, 40*, 3415–3426. [doi: 10.1016/s0042-6989(00)00184-x]

Horowitz, T., & Wolfe, J. (1998). Visual search has no memory. *Nature, 394*(6693), 575–577. [doi: 10.1038/29068]

Horstmann, G., Scharlau, I., & Ansorge, U. (2006). More efficient rejection of happy than of angry face distractors in visual search. *Psychonomic Bulletin & Review, 13*, 1067–1073. [doi: 10.3758/bf03213927]

Humphreys, G., Watson, D. G., & Jolicœur, P. (2002). Fractionating the preview benefit in search: Dual-task decomposition of visual marking by timing and modality. *Journal of Experimental Psychology: Human Perception and Performance, 28*(3), 640–660. [doi: 10.1037/0096-1523.28.3.640]

石橋 和也・喜多 伸一 (2013). 視覚探索における出現頻度効果 基礎心理学研究, *32*, 40-48. [doi: 10.14947/psychono. KJ00008988954]

Jiang, Y., Chun, M. M., & Marks, L. E. (2002). Visual marking: Selective attention to asynchronous temporal groups. *Journal of Experimental Psychology: Human Perception & Performance, 28*, 717–730. [doi: 10.1037/0096-1523.28.3.717]

Jiang, Y., Song, J. H., & Rigas, A. (2005). High-capacity spatial contextual memory. *Psychonomic Bulletin & Review, 12*, 524–529. [doi: 10.3758/bf03193799]

Kanwisher, N., McDermott, J., & Chun, M. M. (1997). The fusiform face area: A module in human extrastriate cortex specialized for face perception. *Journal of Neuroscience, 17*, 4302–4311. [doi: 10.1523/JNEUROSCI.17-11-04302.1997]

Kawahara, J. (2007). Auditory-visual contextual cuing effect. *Perception & Psychophysics, 69*, 1399–1408. [doi: 10.3758/BF03192955]

Kiss, M., Driver, J., & Eimer, M. (2009). Reward priority of visual target singletons modulates event-related potential signatures of attentional selection. *Psychological Science, 20*, 245–251. [doi: 10.1111/j.1467-9280.2009.02281.x]

Klein, R. (1988). Inhibitory tagging system facilitates visual search. *Nature, 334*(6181), 430–431. [doi: 10.1038/334430a0]

Klein, R. M., & MacInnes, W. J. (1999). Inhibition of return is a foraging facilitator in visual search. *Psychological Science, 10*, 346–352. [doi: 10.1111/1467-9280.00166]

Kristjánsson, Á. (2000). In search of remembrance: Evidence for memory in visual search. *Psychological Science, 11*(4), 328–332. [doi: 10.1111/1467-9280.00265]

Kristjánsson, Á., Sigurjónsdóttir, Ó., & Driver, J. (2010). Fortune and reversals of fortune in visual search: Reward contingencies for pop-out targets affect search efficiency and target repetition effects. *Attention, Perception, & Psychophysics, 72*, 1229–1236. [doi: 10.3758/APP.72.5.1229]

Levin, D. T., Angelone, B. L., & Beck, M. R. (2011). Visual search for rare targets: Distracter tuning as a mechanism for learning from repeated target-absent searches. *British Journal of Psychology, 102*, 313–327. [doi: 10.1348/000712610X519503]

Maljkovic, V., & Nakayama, K. (1994). Priming of pop-out: I. Role of features. *Memory & Cognition, 22*(6), 657–672. [doi:

第 I 部　総論

10.3758/bf03209251〕

Maljkovic, V., & Nakayama, K. (1996). Priming of pop-out: II. The role of position. *Perception & Psychophysics, 58*(7), 977-991. 〔doi: 10.3758/bf03206826〕

Maljkovic, V., & Nakayama, K. (2000). Priming of popout: III. A short-term implicit memory system beneficial for rapid target selection. *Visual Cognition, 7*(5), 571-595. 〔doi: 10.1080/135062800407202〕

McCarley, J. S., Wang, R. F., Kramer, A. F., Irwin, D. E., & Peterson, M. S. (2003). How much memory does oculomotor search have? *Psychological Science, 14*(5), 422-426. 〔doi: 10.1111/1467-9280.01457〕

von Mühlenen, A., Müller, H. J., & Müller, D. (2003). Sit-and-wait strategies in dynamic visual search. *Psychological Science, 14*(4), 309-314. 〔doi: 10.1111/1467-9280.14441〕

Nabeta, T., Ono, F., & Kawahara, J. (2003). Transfer of spatial context from visual to haptic search. *Perception, 32*, 1351-1358. 〔doi: 10.1068/p5135〕

Navalpakkam, V., Koch, C., & Perona, P. (2009). Homo economicus in visual search. *Journal of Vision, 9*, 1-16. 〔doi: 10.1167/9.1.31〕

Ogawa, H., & Kumada, T. (2008). The encoding process of nonconfigural information in contextual cuing. *Perception & Psychophysics, 70*, 329-336. 〔doi: 10.3758/pp.70.2.329〕

小川 洋和・八木 昭宏　(2002)．文脈手がかりによる視覚的注意の誘導　心理学評論, *45*, 213-224．〔doi: 10.24602/sjpr.45.2_213〕

Posner, M. I., & Cohen, Y. (1984). Components of visual orienting. In H. Bouma & D. G. Bouwhuis (Eds.), *Attention and Performance X: Control of Language Processes* (pp. 531-556). Erlbaum.

Rich, A. N., Kunar, M. A., Van Wert, M. J., Hidalgo-Sotelo, B., Horowitz, T. S., & Wolfe, J. M. (2008). Why do we miss rare targets? Exploring the boundaries of the low prevalence effect. *Journal of Vision, 8*, 1-17. 〔doi: 10.1167/8.15.15〕

Rosenholtz, R. (2001). Search asymmetries? What search asymmetries? *Perception & Psychophysics, 63*, 476-489. 〔doi: 10.3758/BF03194414〕

Shore, D. I., & Klein, R. M. (2000). On the manifestations of memory in visual search. *Spatial Vision, 14*, 59-75. 〔doi: 10.1163/156856801741369〕

Sisk, C. A., Remington, R. W., & Jiang, Y. V. (2019). Mechanisms of contextual cueing: A tutorial review. *Attention, Perception, & Psychophysics, 81*, 2571-2589. 〔doi: 10.3758/s13414-019-01832-2〕

Takeda, Y. (2004). Search for multiple targets: Evidence for memory-based control of attention. *Psychonomic Bulletin & Review, 11*, 71-76. 〔doi: 10.3758/BF03206463〕

Takeda, Y., & Yagi, A. (2000). Inhibitory tagging in visual search can be found if search stimuli remain visible. *Perception & Psychophysics, 62*(5), 927-934. 〔doi: 10.3758/bf03212078〕

Thorndike, E. L. (1911). *Animal Intelligence: Experimental Studies*. Macmillan.

Thornton, T. L., & Gilden, D. L. (2007). Parallel and serial processes in visual search. *Psychological Review, 114*, 71-103. 〔doi: 10.1037/0033-295X.114.1.71〕

Townsend, J. T. (1990). Serial vs. parallel processing: Sometimes they look like Tweedledum and Tweedledee but they can (and should) be distinguished. *Psychological Science, 1*, 46-54. 〔doi: 10.1111/j.1467-9280.1990.tb00067.x〕

Van Wert, M. J., Horowitz, T. S., & Wolfe, J. M. (2009). Even in correctable search, some types of rare targets are frequently missed. *Attention, Perception, & Psychophysics, 71*, 541-553. 〔doi: 10.3758/APP.71.3.541〕

VanRullen, R. (2006). On second glance: Still no high-level pop-out effect for faces. *Vision Research, 46*, 3017-3027. 〔doi: 10.1016/j.visres.2005.07.009〕

Watson, D., Braithwaite, J., & Humphreys, G. (2008). Resisting change: The influence of luminance changes on visual marking and the preview benefit. *Perception & Psychophysics, 70*(8), 1526-1539. 〔doi: 10.3758/pp.70.8.1526〕

Watson, D., & Humphreys, G. (1997). Visual marking: Prioritizing selection for new objects by top-down attentional inhibition of old objects. *Psychological Review, 104*(1), 90-122. 〔doi: 10.1037/0033-295x.104.1.90〕

Wolfe, J. M. (1998). What do 1,000,000 trials tell us about visual search? *Psychological Science, 9*, 33-39. 〔doi: 10.1111/1467-9280.00006〕

Wolfe, J. M., & Horowitz, T. S. (2004). What attributes guide the deployment of visual attention and how do they do it? *Nature Reviews Neuroscience*, *5*, 1–7. [doi: 10.1038/nrn1411]

Wolfe, J. M., & Horowitz, T. S. (2017). Five factors that guide attention in visual search. *Nature Human Behaviour*, *1*, 1–8. [doi: 10.1038/s41562-017-0058]

Wolfe, J. M., Horowitz, T. S., & Kenner, N. M. (2005). Rare items often missed in visual searches. *Nature*, *435*, 439–440. [doi: 10.1038/435439a]

Wolfe, J. M., Horowitz, T. S., Kenner, N., Hyle, M., & Vasan, N. (2004). How fast can you change your mind? The speed of top-down guidance in visual search. *Vision Research*, *44*, 1411–1426. [doi: 10.1016/j.visres.2003.11.024]

Wolfe, J. M., & Van Wert, M. J. (2010). Varying target prevalence reveals two dissociable decision criteria in visual search. *Current Biology*, *20*, 121–124. [doi: 10.1016/j.cub.2009.11.066]

(4・4)

Atkinson, R. C., & Shiffrin, R. M. (1968). Human memory: A proposed system and its control processes. In K. W. Spence & J. T. Spence (Eds.), *Advances in the Psychology of Learning and Motivation Research and Theory* (Vol. 2, pp. 89–195). Academic Press.

Baas, J. M., Kenemans, J. L., & Mangun, G. R. (2002). Selective attention to spatial frequency: An ERP and source localization analysis. *Clinical Neurophysiology*, *113*, 1840–1854. [doi: 10.1016/s1388-2457(02)00269-9]

Beck, V. M., Luck, S. J., & Hollingworth, A. (2018). Whatever you do, don't look at the⋯: Evaluating guidance by an exclusionary attentional template. *Journal of Experimental Psychology: Human Perception and Performance*, *44*, 645–662. [doi: 10.1037/xhp0000485]

Benoni, H., & Tsal, Y. (2013). Conceptual and methodological concerns in the theory of perceptual load. *Frontiers in Psychology*, *4*, 522. [doi: 10.3389/fpsyg.2013.00522]

Bettencourt, K. C., & Somers, D. C. (2009). Effects of target enhancement and distractor suppression on multiple object tracking capacity. *Journal of Vision*, *9*, 9. [doi: 10.1167/9.7.9]

Broadbent, D. E. (1958). *Perception and Communication*. Pergamon Press.

Broadbent, D. E., Cooper, P. F., FitzGerald, P., & Parkes, K. R. (1982). The Cognitive Failures Questionnaire (CFQ) and its correlates. *British Journal of Clinical Psychology*, *21*, 1–16. [doi: 10.1111/j.2044-8260.1982.tb01421.x]

Bundesen, C. (1990). A theory of visual attention. *Psychological Review*, *97*, 523–547. [doi: 10. 1037/0033-295x.97.4.523]

Carrasco, M. (2011). Visual attention: The past 25 years. *Vision Research*, *51*, 1484–1525. [doi: 10.1016/j.visres.2011.04.012]

Carrasco, M., & Barbot, A. (2018). Attention alters appearance. *Current Opinion in Psychology*, *29*, 56–64. [doi: 10.1016/j.copsyc.2018.10.010]

Cavanagh, P., & Alvarez, G. A. (2005). Tracking multiple targets with multifocal attention. *Trends in Cognitive Sciences*, *9*, 349–354. [doi: 10.1016/j.tics.2005.05.009]

Cherry, E. C. (1953). Some experiments on the recognition of speech, with one and with two ears. *Journal of the Acoustical Society of America*, *25*, 975–979. [doi: 10.1121/1.1907229]

Cohen, J. D., Barch, D. M., Carter, C. S., & Servan-Schreiber, D. (1999). Context-processing deficits in schizophrenia: Converging evidence from three theoretically motivated cognitive tasks. *Journal of Abnormal Psychology*, *108*, 120–133. [doi: 10.1037/0021-843x.108.1.120]

Corbetta, M., & Shulman, G. L. (2002). Control of goal-directed and stimulus-driven attention in the brain. *Nature Reviews Neuroscience*, *3*, 201–215. [doi: 10.1038/nrn755]

Corbetta, M., & Shulman, G. L. (2011). Spatial neglect and attention networks. *Annual Review of Neuroscience*, *34*, 569–599. [doi: 10.1146/annurev-neuro-061010-113731]

Coull, J. T., & Nobre, A. C. (1998). Where and when to pay attention: The neural systems for directing attention to spatial locations and to time intervals as revealed by both PET and fMRI. *Journal of Neuroscience*, *18*, 7426–7435. [doi: 10.1523/JNEUROSCI.18-18-07426.1998]

Davies, D. R., & Parasuraman, R. (1982). *The Psychology of Vigilance*. Academic Press.

第 I 部　総論

Desimone, R., & Duncan, J. (1995). Neural mechanisms of selective visual attention. *Annual Review of Neuroscience, 18,* 193–222. [doi: 10.1146/annurev.ne.18.030195.001205]

Deutsch, J. A., & Deutsch, D. (1963). Attention: Some theoretical considerations. *Psychological Review, 70,* 80–90. [doi: 10.1037/h0039515]

Diamond, A. (2013). Executive functions. *Annual Review of Psychology, 64,* 135–168. [doi: 10.1146/annurevpsych-113011-143750]

Duncan, J., & Humphreys, G. W. (1989). Visual search and stimulus similarity. *Psychological Review, 96,* 433–458. [doi: 10.1037/0033-295X.96.3.433]

Dux, P. E., & Marois, R. (2009). The attentional blink: A review of data and theory. *Attention, Perception, & Psychophysics, 71,* 1683–1700. [doi: 10.3758/APP.71.8.1683]

Eriksen, B. A., & Eriksen, C. W. (1974). Effects of noise letters upon the identification of a target letter in a nonsearch task. *Perception & Psychophysics, 16,* 143–149. [doi: 10.3758/BF03203267]

Esterman, M., Noonan, S. K., Rosenberg, M., & DeGutis, J. (2013). In the zone or zoning out? Tracking behavioral and neural fluctuations during sustained attention. *Cerebral Cortex, 23,* 2712–2723. [doi: 10.1093/cercor/bhs261]

Fan, J., McCandliss, B. D., Sommer, T., Raz, A., & Posner, M. I. (2002). Testing the efficiency and independence of attentional networks. *Journal of Cognitive Neuroscience, 14,* 340–347. [doi: 10.1162/089892902317361886]

Folk, C. L., Leber, A., & Egeth, H. (2002). Made you blink! Contingent attentional capture in space and time. *Perception & Psychophysics, 64,* 741–753. [doi: 10.3758/bf03194741]

Fox, M. D., Snyder, A. Z., Vincent, J. L., Corbetta, M., Van Essen, D. C., & Raichle, M. E. (2005). The human brain is intrinsically organized into dynamic, anticorrelated functional networks. *Proceedings of the National Academy of Sciences of the USA, 102,* 9673–9678. [doi: 10.1073/pnas.0504136102]

Freeman, J., & Simoncelli, E. P. (2011). Metamers of the ventral stream. *Nature Neuroscience, 14,* 1195–1201. [doi: 10.1038/nn.2889]

Giesbrecht, B., Sy, J., Bundesen, C., & Kyllingsbaek, S. (2014). A new perspective on the perceptual selectivity of attention under load. *Annals of the New York Academy of Sciences, 1316,* 71–86. [doi: 10.1111/nyas.12404]

Handy, T. C., Kingstone, A., & Mangun, G. R. (1996). Spatial distribution of visual attention: Perceptual sensitivity and response latency. *Perception & Psychophysics, 58,* 613–627. [doi: 10.3758/bf03213094]

von Helmholtz, H. (1867). *Handbuch der physiologischen Optik* (pp. 342–343.). Leopold Voss.

Hillyard, S. A., & Anllo-Vento, L. (1998). Event-related brain potentials in the study of visual selective attention. *Proceedings of the National Academy of Sciences of the USA, 95,* 781–787. [doi: 10.1073/pnas.95.3.781]

Hüttermann, S., & Memmert, D. (2017). The attention window: A narrative review of limitations and opportunities influencing the focus of attention. *Research Quarterly for Exercise and Sport, 88,* 169–183. [doi: 10.1080/02701367.2017.1293228]

Itti, L., & Koch, C. (2001). Computational modelling of visual attention. *Nature Reviews Neuroscience, 2,* 194–204. [doi: 10.1038/35058500]

Jans, B., Peters, J. C., & De Weerd, P. (2010). Visual spatial attention to multiple locations at once: The jury is still out. *Psychological Review, 117,* 637–684. [doi: 10.1037/a0019082]

Jersild, A. T. (1927). Mental set and shift. *Archives of Psychology, 89,* 5–82.

Kahneman, D. (1973). *Attention and Effort.* Prentice-Hall.

Kanwisher, N. (1987). Repetition blindness: Type recognition without token individuation. *Cognition, 27,* 117–143. [doi: 10.1016/0010-0277(87)90016-3]

Kerzel, D., & Barras, C. (2016). Distractor rejection in visual search breaks down with more than a single distractor feature. *Journal of Experimental Psychology: Human Perception and Performance, 42,* 648–657. [doi: 10.1037/xhp0000180]

Klein, G. S. (1964). Semantic power measured through the interference of words with color-naming. *American Journal of Psychology, 77,* 576–588. [doi: 10.2307/1420768]

Klein, R. M. (2000). Inhibition of return. *Trends in Cognitive Sciences, 4*, 138–147. [doi: 10.1016/S1364-6613(00)01452-2]

Koch, C., & Ullman, S. (1985). Shifts in selective visual attention: Towards the underlying neural circuitry. *Human Neurobiology, 4*, 219–227.

Kumada, T. (2001). Feature-based control of attention: Evidence for two forms of dimension weighting. *Perception & Psychophysics, 63*, 698–708. [doi: 10.3758/BF03194430]

LaBerge, D. (1983). Spatial extent of attention to letters and words. *Journal of Experimental Psychology: Human Perception and Performance, 9*, 371–379. [doi: 10.1037/0096-1523.9.3.371]

LaBerge, D., & Samuels, S. J. (1974). Toward a theory of automatic information processing in reading. *Cognitive Psychology, 6*, 293–323. [doi: 10.1016/0010-0285(74)90015-2]

Lavie, N. (2005). Distracted and confused?: Selective attention under load. *Trends in Cognitive Sciences, 9*, 75–82. [doi: 10.1016/j.tics.2004.12.004]

Lavie, N. (2010). Attention, distraction, and cognitive control under load. *Current Directions in Psychological Science, 19*, 143–148. [doi: 10.1177/0963721410370295]

Li, Z. (2002). A saliency map in primary visual cortex. *Trends in Cognitive Sciences, 6*, 9–16. [doi: 10.1016/s1364-6613(00)01817-9]

Lu, S. A., Wickens, C. D., Prinet, J. C., Hutchins, S. D., Sarter, N., & Sebok A. (2013). Supporting interruption management and multimodal interface design: Three meta-analyses of task performance as a function of interrupting task modality. *Human Factors, 55*, 697–724. [doi: 10.1177/0018720813476298]

Luck, S. J., & Hillyard, S. A. (1999). The operation of selective attention at multiple stages of processing: Evidence from human and monkey electrophysiology. In M. S. Gazzaniga (Ed.), *The New Cognitive Neurosciences* (2nd ed., pp. 687–700). MIT Press.

Luck, S. J., Woodman, G. F., & Vogel, E. K. (2000). Event-related potential studies of attention. *Trends in Cognitive Sciences, 4*, 432–440. [doi: 10.1016/s1364-6613(00)01545-x]

Mackworth, N. H. (1948). The breakdown of vigilance during prolonged visual search. *Quarterly Journal of Experimental Psychology, 1*, 6–21. [doi: 10.1080/17470214808416738]

MacLeod, C. M. (1992). The Stroop task: The "gold standard" of attentional measures. *Journal of Experimental Psychology: General, 121*, 12–14. [doi:10.1037/0096-3445.121.1.12]

Mangun, G. R. (1995). Neural mechanisms of visual selective attention. *Psychophysiology, 32*, 4–18. [doi:10.1111/j.1469-8986.1995.tb03400.x]

Manly, T., Robertson, I. H., Anderson, V., & Nimmo-Smith, I. (1999). *The Test of Everyday Attention for Children* (TEA-CH). Thames Valley Test Company.

Martínez, A., & Hillyard, S. A. (2005). Electrophysiological and neuroimaging approaches to the study of visual attention. In L. Itti, G. Rees, & J. K. Tsotsos. (Eds.), *Neurobiology of Attention* (pp. 507–513). Elsevier. [doi: 10.1016/B978-012375731-9/50088-4]

Mason, M. F., Norton, M. I., Van Horn, J. D., Wegner, D. M., Grafton, S. T., & Macrae, C. N. (2007). Wandering minds: The default network and stimulus-independent thought. *Science, 315*, 393–395. [doi: 10.1126/science.1131295]

McMains, S. A., & Somers, D. C. (2004). Multiple spotlights of attentional selection in human visual cortex. *Neuron, 42*, 677–686. [doi: 10.1016/S0896-6273(04)00263-6]

Miyake, A., & Friedman, N. P. (2012). The nature and organization of individual differences in executive functions: Four general conclusions. *Current Directions in Psychological Science, 21*, 8–14. [doi: 10.1177/0963721411429458]

Miyake, A., Friedman, N. P., Emerson, M. J., Witzki, A. H., Howerter, A., & Wager, T. D. (2000). The unity and diversity of executive functions and their contributions to complex "Frontal Lobe" tasks: A latent variable analysis. *Cognitive Psychology, 41*, 49–100. [doi: 10.1006/cogp.1999.0734]

Moher, J., & Egeth, H. E. (2012). The ignoring paradox: Cueing distractor features leads first to selection, then to inhibition of to-be-ignored items. *Attention, Perception, & Psychophysics, 74*, 1590–1605. [doi: 10.3758/s13414-012-0358-0]

Moors, A., & De Houwer, J. (2006). Automaticity: A theoretical and conceptual analysis. *Psychological Bulletin, 132*,

第I部　総論

297–326.［doi: 10.1037/0033-2909.132.2.297］

Müller, M. M., Malinowski, P., Gruber, T., & Hillyard, S. A. (2003). Sustained division of the attentional spotlight. *Nature*, *424*, 309–312.［doi: 10.1038/nature01812］

Navalpakkam, V., & Itti, L. (2005). Modeling the influence of task on attention. *Vision Research*, *45*(2), 205–231.［doi: 10.1016/j.visres.2004.07.042］

Navon, D., & Gopher, D. (1979). On the economy of the human-processing system. *Psychological Review*, *86*, 214–255.［doi: 10.1037/0033-295X.86.3.214］

Nobre, A. C. (2018). Attention. In J. T. Wixted (Ed.), *Stevens' Handbook of Experimental Psychology and Cognitive Neuroscience, Vol. 2: Sensation, Perception and Attention* (4th ed., pp. 241–316). John Wiley & Sons.

Petersen, S. E., & Posner, M. I. (2012). The attention system of the human brain: 20 years after. *Annual Review of Neuroscience*, *35*, 73–89.［doi: 10.1146/annurev-neuro-062111-150525］

Posner, M. I. (1980). Orienting of attention. *Quarterly Journal of Experimental Psychology*, *32*, 3–25.［doi: 10.1080/00335558008248231］

Posner, M. I., & Fan, J. (2008). Attention as an organ system. In J. R. Pomerantz (Ed.), *Topics in Integrative Neuroscience: From Cells to Cognition* (pp. 31–61). Cambridge University Press.

Posner, M. I., & Petersen, S. E. (1990). The attention system of the human brain. *Annual Review of Neuroscience*, *13*, 25–42.［doi: 10.1146/annurev.ne.13.030190.000325］

Posner, M. I., Rafal, R. D., Choate, L. S., & Vaughan, J. (1985). Inhibition of return: Neural basis and function. *Cognitive Neuropsychology*, *2*(3), 211–228.［doi: 10.1080/02643298508252866］

Posner, M. I., & Snyder, C. R. R. (1975). Attention and cognitive control. In R. L. Solso (Ed.), *Information Processing and Cognition: The Loyola Symposium* (pp.55-85). Lawrence Erlbaum Associates.

Potter, M. C. (1975). Meaning in visual search. *Science*, *187*, 965–966.［doi: 10.1126/science.1145183］

Potter, M. C., Wyble, B., Hagmann, C. E., & McCourt, E. S. (2014). Detecting meaning in RSVP at 13 ms per picture. *Attention, Perception, & Psychophysics*, *76*, 270–279.［doi: 10.3758/s13414-013-0605-z］

Raymond, J. E., Shapiro, K. L., & Arnell, K. M. (1992). Temporary suppression of visual processing in an RSVP task: An attentional blink? *Journal of Experimental Psychology: Human Perception and Performance*, *18*, 849–860.［doi: 10.1037/0096-1523.18.3.849］

Reeder, R., Olivers, C. N. L., Hanke, M., & Pollmann, S. (2018). No evidence for enhanced distractor template representation in early visual cortex. *Cortex*, *108*, 279–282.［doi: 10.1016/j.cortex.2018.08.005］

Rensink, R. A. (2000). Dynamic representation of scenes. *Visual Cognition*, *7*, 17–42.［doi: 10.1080/135062800394667］

Robertson, I. H., Manly, T., Andrade, J., Baddeley, B. T., & Yiend, J. (1997). 'Oops!': Performance correlates of everyday attentional failures in traumatic brain injured and normal subjects. *Neuropsychologia*, *35*, 747–758.［doi: 10.1016/S0028-3932(97)00015-8］

Rosenberg, M. D., Finn, E. S., Scheinost, D., Constable, R. T., & Chun, M. M. (2017). Characterizing attention with predictive network models. *Trends in Cognitive Sciences*, *21*, 290–302.［doi: 10.1016/j.tics.2017.01.011］

Rosenberg, M., Noonan, S., DeGutis, J., & Esterman, M. (2013). Sustaining visual attention in the face of distraction: A novel gradual-onset continuous performance task. *Attention, Perception, & Psychophysics*, *75*, 426–439.［doi: 10.3758/s13414-012-0413-x］

Rueda, M. R., Fan, J., McCandliss, B. D., Halparin, J. D., Gruber, D. B., Lercari, L. P., & Posner, M. I. (2004). Development of attentional networks in childhood. *Neuropsychologia*, *42*, 1029–1040.［doi: 10.1016/j.neuropsychologia.2003.12.012］

Sadaghiani, S., & D'Esposito, M. (2014). Functional characterization of the cingulo-opercular network in the maintenance of tonic alertness. *Cerebral Cortex*, *25*, 2763–2773.［doi: 10.1093/cercor/bhu072］

Schneider, W., & Shiffrin, R. M. (1977). Controlled and automatic human information processing: I. Detection, search, and attention. *Psychological Review*, *84*, 1–66.［doi: 10.1037/ 0033-295X.84.1.1］

Schooler, J. W., Smallwood, J., Christoff, K., Handy, T. C., Reichle, E. D., & Sayette, M. A. (2011). Meta-awareness, perceptual decoupling and the wandering mind. *Trends in Cognitive Sciences*, *15*, 319–326.［doi: 10.1016/j.tics.2011.05.006］

Serences, J. T., Shomstein, S., Leber, A. B., Golay, X., Egeth, H. E., & Yantis, S. (2005). Coordination of voluntary and stimulus-driven attentional control in human cortex. *Psychological Science, 16*, 114–122. [doi: 10.1111/j.0956-7976.2005.00791.x]

Shallice, T. (1972). Dual functions of consciousness. *Psychological Review, 79*(5), 383–393. [doi: 10.1037/h0033135]

Shiffrin, R. M., & Schneider, W. (1977). Controlled and automatic human information processing: II. Perceptual learning, automatic attending and a general theory. *Psychological Review, 84*, 127–190. [doi: 10.1037/0033-295X.84.2.127]

Siemann, J., Herrmann, M., & Galashan, D. (2018). The effect of feature-based attention on flanker interference processing: An fMRI-constrained source analysis. *Scientific Reports, 8*, 1580. [doi: 10.1038/s41598-018-20049-1]

Sokolov, E. N. (1963). Higher nervous functions: The orienting reflex. *Annual Review of Physiology, 25*, 545–580. [doi: 10.1146/annurev.ph.25.030163.002553]

Sperling, G. (1960). The information available in brief visual presentations. *Psychological Monographs: General and Applied, 74*, 1–29. [doi: 10.1037/h0093759]

Stroop, J. R. (1935). Studies of interference in serial verbal reactions. *Journal of Experimental Psychology, 18*, 643–662. [doi: 10.1037/h0054651]

Sylvester, C. M., Corbetta, M., Raichle, M. E., Rodebaugh, T. L., Schlaggar, B. L., Sheline, Y. I., … Lenze, E. J. (2012). Functional network dysfunction in anxiety and anxiety disorders. *Trends in Neurosciences, 35*, 527–535. [doi: 10.1016/j.tins.2012.04.012]

Telford, C. W. (1931). The refractory phase of voluntary and associative responses. *Journal of Experimental Psychology, 14*, 1–36. [doi: 10.1037/h0073262]

Temple, J. G., Warm, J. S., Dember, W. N., Jones, K. S., LaGrange, C. M., & Matthews, G. (2000). The effects of signal salience and caffeine on performance, workload, and stress in an abbreviated vigilance task. *Human Factors, 42*, 183–194. [doi: 10.1518/001872000779656480]

Tillman, C. M., & Wiens, S. (2011). Behavioral and ERP indices of response conflict in Stroop and flanker tasks. *Psychophysiology, 48*, 1405–1411. [doi: 10.1111/j.1469-8986.2011.01203.x]

Treisman, A. M. (1960). Contextual cues in selective listening. *Quarterly Journal of Experimental Psychology, 12*, 242–248. [doi: 10.1080/17470216008416732]

Treisman, A. M., & Gelade, G. (1980). A feature-integration theory of attention. *Cognitive Psychology, 12*, 97–136. [doi: 10.1016/0010-0285(80)90005-5]

Treue, S. (2003). Visual attention: The where, what, how and why of saliency. *Current Opinion in Neurobiology, 13*, 428–432. [doi: 10.1016/S0959-4388(03)00105-3]

Vo, M. L.-H., & Wolfe, J. M. (2012). When does repeated search in scenes involve memory? Looking at versus looking for objects in scenes. *Journal of Experimental Psychology: Human Perception and Performance, 38*, 23–41. [doi: 10.1037/a0024147]

Wallis, G., Stokes, M., Cousijn, H., Woolrich, M., & Nobre, A. C. (2015). Frontoparietal and cingulo-opercular networks play dissociable roles in control of working memory. *Journal of Cognitive Neuroscience, 27*, 2019–2034. [doi: 10.1162/jocn_a_00838]

Wang, Y. F., Jing, X. J., Liu, F., Li, M. L., Long, Z. L., Han, J. H., & Chen, H. F. (2015). Reliable attention network scores and mutually inhibited inter-network relationships revealed by mixed design and nonorthogonal method. *Scientific Reports, 5*, 10251. [doi: 10.1038/srep10251]

Weaver, B., Bedarda, M., & McAuliffe, J. (2013). Evaluation of a 10-minute version of the Attention Network Test. *Clinical Neuropsychologist, 27*, 1281–1299. [doi: 10.1080/13854046.2013.851741]

Wickens, C. D. (2008). Multiple resources and mental work load. *Human Factors, 50*, 449–455. [doi: 10.1518/001872008X288394]

Wolfe, J. M. (2014). Approaches to visual search: Feature integration theory and guided search. In A. C. Nobre & S. Kastner (Eds.), *The Oxford Handbook of Attention* (pp. 11–55). Oxford University Press. [doi: 10.1093/oxfordhb/9780199675111.013.002]

第 I 部　総論

Wood, N., & Cowan, N. (1995). The cocktail party phenomenon revisited: How frequent are attention shifts to one's name in an irrelevant auditory channel? *Journal of Experimental Psychology: Learning, Memory, and Cognition, 21*, 255–260. [doi: 10.1037/0278-7393.21.1.255]

Wu, C. C., & Wolfe, J. M. (2016). Multiple event monitoring. *Cognitive Research, 1*, 21. [doi: 10.1186/s41235-016-0022-7]

Wundt, W. M. (1880/1907). *Lectures on Human and Animal Psychology*. Macmillan.

Yantis, S., Schwarzbach, J., Serences, J. T., Carlson, R. L., Steinmetz, M. A., Pekar, J. J., & Courtney, S. M. (2002). Transient neural activity in human parietal cortex during spatial attention shifts. *Nature Neuroscience, 5*, 995–1002. [doi: 10.1038/nn921]

(4・5)

Arita, J. T., Carlisle, N. B., & Woodman, G. F. (2012). Templates for rejection: Configuring attention to ignore task-irrelevant features. *Journal of Experimental Psychology: Human Perception and Performance, 38*, 580–584. [doi: 10.1037/a0027885]

Bacon, W. F., & Egeth, H. E. (1991). Local processes in preattentive feature detection. *Journal of Experimental Psychology: Human Perception and Performance, 17*, 77–90. [doi: 10.1037/0096-1523.17.1.77]

Baird, B., Smallwood, J., Mrazek, M. D., Kam, J. W., Franklin, M. S., & Schooler, J. W. (2012). Inspired by distraction: Mind wandering facilitates creative incubation. *Psychological Science, 23*, 1117–1122. [doi: 10.1177/0956797612446024]

Beck, V. M., & Hollingworth, A. (2015). Evidence for negative feature guidance in visual search is explained by spatial recoding. *Journal of Experimental Psychology: Human Perception and Performance, 41*, 1190–1196. [doi: 10.1037/xhp0000109]

Boot, W. R., & Brockmole, J. R. (2010). Irrelevant features at fixation modulate saccadic latency and direction in visual search. *Visual Cognition, 18*, 481–491. [doi: 10.1080/13506280903356780]

Borji, A., Sihite, D. N., & Itti, L. (2012). Quantitative analysis of human-model agreement in visual saliency modeling: A comparative study. *IEEE Transactions on Image Processing, 22*, 55–69. [doi: 10.1109/TIP.2012.2210727]

Cheyne, J. A., Carriere, J. S. A., & Smilek, D. (2006). Absent-mindedness: Lapses of conscious awareness and everyday cognitive failures. *Consciousness and Cognition, 15*, 578–592. [doi: 10.1016/j.concog.2005.11.009]

Corbetta, M., Miezin, F. M., Dobmeyer, S., Shulman, G. L., & Petersen, S. E. (1990). Attentional modulation of neural processing of shape, color, and velocity in humans. *Science, 248*, 1556–1559. [doi: 10.1126/science.2360050]

Corbetta, M., Miezin, F. M., Dobmeyer, S., Shulman, G. L., & Petersen, S. E. (1991). Selective and divided attention during visual discriminations of shape, color, and speed: Functional anatomy by positron emission tomography. *Journal of Neuroscience, 11*(8), 2383–2402. [doi: 10.1523/JNEUROSCI.11-08-02383.1991]

Davis, E. T., & Graham, N. (1981). Spatial frequency uncertainty effects in the detection of sinusoidal gratings. *Vision Research, 21*, 705–712. [doi: 10.1016/0042-6989(81)90079-1]

Deng, Y.-Q., Li, S., & Tang, Y.-Y. (2012). The relationship between wandering mind, depression and mindfulness. *Mindfulness, 5*, 124–128. [doi: 10.1007/s12671-012-0157-7]

Dixon, P., & Bortolussi, M. (2013). Construction, integration, and mind wandering in reading. *Canadian Journal of Experimental Psychology, 67*, 1–10. [doi: 10.1037/a0031234]

Duncan, J. (1984). Selective attention and the organization of visual information. *Journal of Experimental Psychology: General, 113*, 501–517. [doi: 10.1037/0096-3445.113.4.501]

Egeth, H. E., Virzi, R. A., & Garbart, H. (1984). Searching for conjunctively defined targets. *Journal of Experimental Psychology: Human Perception and Performance, 10*, 32–39. [doi: 10.1037/0096-1523.10.1.32]

Egly, R., Driver, J., & Rafal, R. D. (1994). Shifting visual attention between objects and locations: Evidence from normal and parietal lesion subjects. *Journal of Experimental Psychology: General, 123*, 161–177. [doi: 10.1037/0096-3445.123.2.161]

Folk, C. L., & Remington, R. W. (2008). Bottom-up priming of top-down attentional control settings. *Visual Cognition, 16*, 215–231. [doi: 10.1080/13506280701458804]

Folk, C. L., Remington, R. W., & Johnston, J. C. (1992). Involuntary covert orienting is contingent on attentional control

第 4 章　注意

settings. *Journal of Experimental Psychology: Human Perception and Performance, 18*, 1030–1044.

Forster, S., & Lavie, N. (2009). Harnessing the wandering mind: The role of perceptual load. *Cognition, 111*, 345–355.［doi: 10.1016/j.cognition.2009.02.006］

Galera, C., Orriols, L., M'Bailara, K., Laborey, M., Contrad, B., Ribereau-Gayon, R., … Lagarde, E. (2012). Mind wandering and driving: Responsibility case-control study. *BMJ, 345*, e8105.［doi: 10.1136/bmj.e8105］

Gaspelin, N., Leonard, C. J., & Luck, S. J. (2015). Direct evidence for active suppression of salient-but-irrelevant sensory inputs. *Psychological Science, 26*(11), 1740–1750.［doi: 10.1177/0956797615597913］

Gaspelin, N., & Luck, S. J. (2018). The role of inhibition in avoiding distraction by salient stimuli. *Trends in Cognitive Sciences, 22*(1), 79–92.［doi: 10.1016/j.tics.2017.11.001］

Griffin, I. C., & Nobre, A. C. (2003). Orienting attention to locations in internal representations. *Journal of Cognitive Neuroscience, 15*, 1176–1194.［doi: 10.1162/089892903322598139］

Hickey, C., Chelazzi, L., & Theeuwes, J. (2010). Reward changes salience in human vision via the anterior cingulate. *Journal of Neuroscience, 30*, 11096–11103.［doi: 10.1523/JNEUROSCI.1026-10.2010］

Hollingworth, A., Maxcey-Richard, A. M., & Vecera, S. P. (2012). The spatial distribution of attention within and across objects. *Journal of Experimental Psychology: Human Perception and Performance, 38*, 135–151.［doi: 10.1037/a0024463］

Itti, L., & Koch, C. (2001). Computational modelling of visual attention. *Nature Reviews Neuroscience, 2*, 194–204.［doi: 10.1038/35058500］

James, W. (1890). *The Principles of Psychology.* Holt.

Kahneman, D., Treisman, A., & Burkell, J. (1983). The cost of visual filtering. *Journal of Experimental Psychology: Human Perception and Performance, 9*, 510–522.［doi: 10.1037/0096-1523.9.4.510］

Kam, J. W. Y., Dao, E., Stanciulescu, M., Tildesley, H., & Handy, T. C. (2013). Mind wandering and the adaptive control of attentional resources. *Journal of Cognitive Neuroscience, 25*, 952–960.［doi: 10.1162/jocn_a_00375］

Kam, J. W., & Handy, T. C. (2013). The neurocognitive consequences of the wandering mind: A mechanistic account of sensory-motor decoupling. *Frontiers in Psychology, 4*, 725.［doi: 10.3389/fpsyg.2013.00725］

Kane, M. J., Brown, L. H., McVay, J. C., Silvia, P. J., Myin-Germeys, I., & Kwapil, T. R. (2007). For whom the mind wanders, and when: An experience-sampling study of working memory and executive control in daily life. *Psychological Science, 18*, 614–621.［doi: 10.1111/j.1467-9280.2007.01948.x］

Kawahara, J., Yanase, K., & Kitazki, M. (2012). Attentional capture by the onset and offset of motion signals outside the spatial focus of attention. *Journal of Vision, 12*(12), 10.［doi: 10.1167/12.12.10］

Landman, R., Spekreijse, H., & Lamme, V. A. (2003). Large capacity storage of integrated objects before change blindness. *Vision Research, 43*, 149–164.［doi: 10.1016/S0042-6989(02)00402-9］

Leber, A. B., & Egeth, H. E. (2006). Attention on autopilot: Past experience and attentional set. *Visual Cognition, 14*, 565–583.［doi: 10.1080/13506280500193438］

Levinson, D. B., Smallwood, J., & Davidson, R. J. (2012). The persistence of thought: Evidence for a role of working memory in the maintenance of task-unrelated thinking. *Psychological Science, 23*, 375–380.［doi: 10.1177/0956797611431465］

Li, Q., & Saiki, J. (2014). The effects of sequential attention shifts within visual working memory. *Frontiers in Psychology, 5*, 965.［doi: 10.3389/fpsyg.2014.00965］

Lindquist, S. I., & McLean, J. P. (2011). Daydreaming and its correlates in an educational environment. *Learning and Individual Differences, 21*, 158–167.［doi: 10.1016/j.lindif.2010.12.006］

Liu, T., & Hou, Y. (2011). Global feature-based attention to orientation. *Journal of Vision, 11*(10), 8.［doi: 10.1167/11.10.8］

Liu, T., Stevens, S. T., & Carrasco, M. (2007). Comparing the time course and efficacy of spatial and feature-based attention. *Vision Research, 47*, 108–113.［doi: 10.1016/j.visres.2006.09.017］

Luck, S. J., Gaspelin, N., Folk, C. L., Remington, R. W., & Theeuwes, J. (2021). Progress toward resolving the attentional capture debate. *Visual Cognition, 29*(1), 1–21.［doi: 10.1080/13506285.2020.1848949］

Makovski, T., Sussman, R., & Jiang, Y. V. (2008). Orienting attention in visual working memory reduces interference

187

from memory probes. *Journal of Experimental Psychology: Learning, Memory, and Cognition, 34*(2), 369–380. [doi: 10.1037/0278-7393.34.2.369]

Mason, M. F., Norton, M. I., Van Horn, J. D., Wegner, D. M., Grafton, S. T., & Macrae, C. N. (2007). Wandering minds: The default network and stimulus-independent thought. *Science, 315,* 393–395. [doi: 10.1126/science.1131295]

Matsukura, M., Cosman, J. D., Roper, Z. J. J., Vatterott, D. B., & Vecera, S. P. (2014). Location-specific effects of attention during visual short-term memory maintenance. *Journal of Experimental Psychology: Human Perception and Performance, 40,* 1103–1116. [doi: 10.1037/a0035685]

McDonald, J. J., Green, J. J., Jannati, A., & Di Lollo, V. (2013). On the electrophysiological evidence for the capture of visual attention. *Journal of Experimental Psychology: Human Perception and Performance, 39,* 849–860. [doi: 10.1037/a0030510]

Milosavljevic, M., Navalpakkam, V., Koch, C., & Rangel, A. (2012). Relative visual saliency differences induce sizable bias in consumer choice. *Journal of Consumer Psychology, 22,* 67–74. [doi: 10.1016/j.jcps.2011.10.002]

Most, S. B., Chun, M. M., Widders, D. M., & Zald, D. H. (2005). Attentional rubbernecking: Cognitive control and personality in emotion-induced blindness. *Psychonomic Bulletin & Review, 12,* 654–661. [doi: 10.3758/BF03196754]

Murray, A. M., Nobre, A. C., Clark, L. A., Cravo, A. M., & Stokes, M. G. (2013). Attention restores discrete items to visual short-term memory. *Psychological Science, 24,* 550–556. [doi: 10.1177/0956797612457782]

Myers, N. E., Walther, L., Wallis, G., Stokes, M. G., & Nobre, A. C. (2015). Temporal dynamics of attention during encoding versus maintenance of working memory: Complementary views from event-related potentials and alpha-band oscillations. *Journal of Cognitive Neuroscience, 27,* 492–508. [doi: 10.1162/jocn_a_00727]

Nagamatsu, L. S., Kam, J. W. Y., Liu-Ambrose, T., Chan, A., & Handy, T. C. (2013). Mind-wandering and falls risk in older adults. *Psychology and Aging, 28,* 685–691. [doi: 10.1037/a0034197]

Neisser, U., & Becklen, R. (1975). Selective looking: Attending to visually specified events. *Cognitive Psychology, 7,* 480–494. [doi: 10.1016/0010-0285(75)90019-5]

Nobre, A. C. (2018). Attention. In J. T. Wixted (Ed.), *Stevens' Handbook of Experimental Psychology and Cognitive Neuroscience, Vol. 2: Sensation, Perception and Attention* (4th ed., pp. 241–316). John Wiley & Sons.

O'Craven, K. M., Downing, P. E., & Kanwisher, N. (1999). fMRI evidence for objects as the units of attentional selection. *Nature, 401,* 584–587. [doi: 10.1038/44134]

Orquin, J. L., & Lagerkvist, C. J. (2015). Effects of salience are both short-and long-lived. *Acta Psychologica, 160,* 69–76. [doi: 10.1016/j.actpsy.2015.07.001]

Posner, M. I. (1980). Orienting of attention. *Quarterly Journal of Experimental Psychology, 32,* 3–25. [doi: 10.1080/00335558008248231]

Reeder, R., Olivers, C. N. L., Hanke, M., & Pollmann, S. (2018). No evidence for enhanced distractor template representation in early visual cortex. *Cortex, 108,* 279–282. [doi: 10.1016/j.cortex.2018.08.005]

Rossi, A. F., & Paradiso, M. A. (1995). Feature-specific effects of selective visual attention. *Vision Research, 35,* 621–634. [doi: 10.1016/0042-6989(94)00156-g]

Ruby, F. J., Smallwood, J., Sackur, J., & Singer, T. (2013). Is self-generated thought a means of social problem solving? *Frontiers in Psychology, 4,* 962. [doi: 10.3389/fpsyg.2013.00962]

Sawaki, R., & Luck, S. J. (2010). Capture versus suppression of attention by salient singletons: Electrophysiological evidence for an automatic attend-to-me signal. *Attention, Perception, & Psychophysics, 72,* 1455–1470. [doi: 10.3758/APP.72.6.1455]

Sayette, M. A., Reichle, E. D., & Schooler, J. W. (2009). Lost in the sauce: The effect of alcohol on mind wandering. *Psychological Science, 20,* 747–752. [doi: 10.1111/j.1467-9280.2009.02351.x]

Schoenfeld, M. A., Hopf, J. M., Martinez, A., Mai, H. M., Sattler, C., Gasde, A., … Hillyard, S. A. (2007). Spatiotemporal analysis of feature-based attention. *Cerebral Cortex, 17,* 2468–2477. [doi: 10.1093/cercor/bhl154]

Seli, P., Carriere, J. S. A., Thomson, D. R., Cheyne, J. A., Martens, K. A. E., & Smilek, D. (2014). Restless mind, restless body. *Journal of Experimental Psychology: Learning, Memory, and Cognition, 40,* 660–668. [doi: 10.1037/a0035260]

第 4 章　注意

Shomstein, S. (2012). Object-based attention: Strategy versus automaticity. *WIREs Cognitive Science, 3*, 163–169. ［doi: 10.1002/wcs.1162］

Shomstein, S., & Yantis, S. (2004). Control of attention shifts between vision and audition in human cortex. *Journal of Neuroscience, 24*, 10702–10706. ［doi: 10.1523/JNEUROSCI.2939-04.2004］

Simons, D. J., & Chabris, C. F. (1999). Gorillas in our midst: Sustained inattentional blindness for dynamic events. *Perception, 28*, 1059–1074. ［doi: 10.1068/p281059］

Sligte, I. G., Scholte, H. S., & Lamme, V. A. (2008). Are there multiple visual short-term memory stores? *PLoS ONE, 3*(2), e1699. ［doi: 10.1371/journal.pone.0001699］

Smallwood, J., O'Connor, R. C., Sudbery, M. V., & Obonsawin, M. C. (2007). Mind-wandering and dysphoria. *Cognition and Emotion, 21*(4), 816–842. ［doi: 10.1080/02699930600911531］

Smallwood, J., & Schooler, J. W. (2006). The restless mind. *Psychological Bulletin, 132*, 946–958. ［doi: 10.1037/0033-2909.132.6.946］

Souza, A. S., & Oberauer, K. (2016). In search of the focus of attention in working memory: 13 years of the retro-cue effect. *Attention, Perception, & Psychophysics, 78*, 1839–1860. ［doi: 10.3758/s13414-016-1108-5］

Souza, A. S., Rerko, L., & Oberauer, K. (2014). Unloading and reloading working memory: Attending to one item frees capacity. *Journal of Experimental Psychology: Human Perception and Performance, 40*, 1237–1256. ［doi: 10.1037/a0036331］

Souza, A. S., Rerko, L., & Oberauer, K. (2015). Refreshing memory traces: Thinking of an item improves retrieval from visual working memory. *Annals of the New York Academy of Sciences, 1339*, 20–31. ［doi: 10.1111/nyas.12603］

Szpunar, K. K., Kahn, N. Y., & Schacter, D. L. (2013). Interpolated memory tests reduce mind wandering and improve learning of online lectures. *Proceedings of the National Academy of Sciences of the USA, 110*, 6313–6317. ［doi: 10.1073/pnas.1221764110］

Tanda, T., & Kawahara, J. (2019). Association between cue lead time and template-for-rejection effect. *Attention, Perception, & Psychophysics, 81*, 1880–1889. ［doi: 10.3758/s13414-019-01761-0］

Theeuwes, J. (1992). Perceptual selectivity for color and form. *Perception & Psychophysics, 51*, 599–606. ［doi: 10.3758/BF03211656］

Theeuwes, J. (2010). Top-down and bottom-up control of visual selection. *Acta Psychologica, 135*, 77–99. ［doi: 10.1016/j.actpsy.2010.02.006］

Theeuwes, J., Atchley, P., & Kramer, A. F. (2000). On the time course of top-down and bottom-up control of visual attention. In S. Monsell & J. Driver (Eds.), *Control of Cognitive Processes: Attention and Performance XVIII* (pp. 105–124). MIT Press.

Valdes-Sosa, M., Bobes, M. A., Rodriguez, V., & Pinilla, T. (1998). Switching attention without shifting the spotlight: Object-based attentional modulation of brain potentials. *Journal of Cognitive Neuroscience, 10*, 137–151. ［doi: 10.1162/089892998563743］

Wang, B., & Theeuwes, J. (2020). Salience determines attentional orienting in visual selection. *Journal of Experimental Psychology: Human Perception & Performance, 46*, 1051–1057. ［doi: 10.1037/xhp0000796］

(4・6)

Acunzo, D. J., MacKenzie, G., & van Rossum, M. C. (2012). Systematic biases in early ERP and ERF components as a result of high-pass filtering. *Journal of Neuroscience Methods, 209*, 212–218. ［doi: 10.1016/j.jneumeth.2012.06.011］

Armstrong, K. M., & Moore, T. (2007). Rapid enhancement of visual cortical response discriminability by microstimulation of the frontal eye field. *Proceedings of the National Academy of Sciences of the USA, 104*, 9499–9504. ［doi: 10.1073/pnas.0701104104］

Arnsten, A. F. (2011). Catecholamine influences on dorsolateral prefrontal cortical networks. *Biological Psychiatry, 69*, 89–99. ［doi: 10.1016/j.biopsych.2011.01.027］

Aron, A. R. (2007). The neural basis of inhibition in cognitive control. *Neuroscientist, 13*, 214–228. ［doi:

10.1177/1073858407299288]

Aston-Jones, G., & Cohen, J. D. (2005). An integrative theory of locus coeruleus-norepinephrine function: Adaptive gain and optimal performance. *Annual Review of Neuroscience, 28,* 403-450. [doi: 10.1146/annurev.neuro.28.061604.135709]

Awh, E., Armstrong, K. M., & Moore, T. (2006). Visual and oculomotor selection: Links, causes and implications for spatial attention. *Trends in Cognitive Sciences, 10,* 124-130. [doi: 10.1016/j.tics.2006.01.001]

Bagherzadeh, Y., Baldauf, D., Pantazis, D., & Desimone, R. (2020). Alpha synchrony and the neurofeedback control of spatial attention. *Neuron, 105,* 577-587. [doi: 10.1016/j.neuron.2019.11.001]

Baruni, J. K., Lau, B., & Salzman, C. D. (2015). Reward expectation differentially modulates attentional behavior and activity in visual area V4. *Nature Neuroscience, 18,* 1656-1663. [doi: 10.1038/nn.4141]

Bellet, J., Chen, C. Y., & Hafed, Z. M. (2017). Sequential hemifield gating of α - and β -behavioral performance oscillations after microsaccades. *Journal of Neurophysiology, 118,* 2789-2805. [doi: 10.1152/jn.00253.2017]

Bichot, N. P., Heard, M. T., DeGennaro, E. M., & Desimone, R. (2015). A source for feature-based attention in the prefrontal cortex. *Neuron, 88,* 832-844. [doi: 10.1016/j.neuron.2015.10. 001]

Bisley, J. W., & Goldberg, M. E. (2010). Attention, intention, and priority in the parietal lobe. *Annual Review of Neuroscience, 33,* 1-21. [doi: 10.1146/annurevneuro-060909-152823]

Busch, N. A., & VanRullen, R. (2010). Spontaneous EEG oscillations reveal periodic sampling of visual attention. *Proceedings of the National Academy of Sciences of the USA, 107,* 16048-16053. [doi: 10.1073/pnas.1004801107]

Buzsáki, G., & Wang, X. J. (2012). Mechanisms of gamma oscillations. *Annual Review of Neuroscience, 35,* 203-225. [doi: 10.1146/annurev-neuro-062111-150444]

Chen, C. Y., Ignashchenkova, A., Thier, P., & Hafed, Z. M. (2015). Neuronal response gain enhancement prior to microsaccades. *Current Biology, 25,* 2065-2074. [doi: 10.1016/j.cub.2015.06.022]

Clayton, M. S., Yeung, N., & Kadosh, R. C. (2015). The roles of cortical oscillations in sustained attention. *Trends in Cognitive Sciences, 19,* 188-195. [doi: 10.1016/j.tics.2015.02.004]

Cohen, J. Y., Heitz, R. P., Schall, J. D., & Woodman, G. F. (2009). On the origin of event-related potentials indexing covert attentional selection during visual search. *Journal of Neurophysiology, 102,* 2375-2386. [doi: 10.1152/jn.00680.2009]

Corbetta, M., Akbudak, E., Conturo, T. E., Snyder, A. Z., Ollinger, J. M., Drury, H. A., ⋯ Shulman, G. L. (1998). A common network of functional areas for attention and eye movements. *Neuron, 21,* 761-773. [doi: 10.1016/s0896-6273(00)80593-0]

Corbetta, M., Miezin, F. M., Dobmeyer, S., Shulman, G. L., & Petersen, S. E. (1990). Attentional modulation of neural processing of shape, color, and velocity in humans. *Science, 248,* 1556-1559. [doi: 10.1126/science.2360050]

Cravo, A. M., Rohenkohl, G., Wyart, V., & Nobre, A. C. (2013). Temporal expectation enhances contrast sensitivity by phase entrainment of low-frequency oscillations in visual cortex. *Journal of Neuroscience, 33,* 4002-4010. [doi: 10.1523/JNEUROSCI.4675-12.2013]

Davidson, M. C., & Marrocco, R. T. (2000). Local infusion of scopolamine into intraparietal cortex slows covert orienting in rhesus monkeys. *Journal of Neurophysiology, 83,* 1536-1549. [doi: 10.1152/jn.2000.83.3.1536]

Desimone, R., Wessinger, M., Thomas, L., & Schneider, W. (1990). Attentional control of visual perception: Cortical and subcortical mechanisms. *Cold Spring Harbor Symposia on Quantitative Biology, 55,* 963-971.

Disney, A. A., Aoki, C., & Hawken, M. J. (2007). Gain modulation by nicotine in macaque v1. *Neuron, 56,* 701-713. [doi: 10.1016/j.neuron.2007.09.034]

Doesburg, S. M., Roggeveen, A. B., Kitajo, K., & Ward, L. M. (2007). Large-scale gamma-band phase synchronization and selective attention. *Cerebral Cortex, 18,* 386-396. [doi: 10.1093/cercor/bhm073]

Doherty, J. R., Rao, A., Mesulam, M. M., & Nobre, A. C. (2005). Synergistic effect of combined temporal and spatial expectations on visual attention. *Journal of Neuroscience, 25,* 8259-8266. [doi: 10.1523/JNEUROSCI.1821-05.2005]

Duncan, J. (2001). An adaptive coding model of neural function in prefrontal cortex. *Nature Reviews Neuroscience, 2,* 820-829. [doi: 10.1038/35097575]

Fan, J., McCandliss, B. D., Fossella, J., Flombaum, J. I., & Posner, M. I. (2005). The activation of attentional networks. *NeuroImage, 26,* 471-479. [doi: 10.1016/j.neuroimage.2005.02.004]

第 4 章　注意

Fischer, J., & Whitney, D. (2012). Attention gates visual coding in the human pulvinar. *Nature Communications, 3*, 1051. [doi: 10.1038/ncomms2054]

Foxe, J. J., & Snyder, A. C. (2011). The role of alpha-band brain oscillations as a sensory suppression mechanism during selective attention. *Frontiers in Psychology, 2*(154), 1–13. [doi: 10.3389/fpsyg.2011.00154]

Fries, P., Reynolds, J. H., Rorie, A. E., & Desimone, R. (2001). Modulation of oscillatory neuronal synchronization by selective visual attention. *Science, 291*, 1560–1563. [doi: 10.1126/science.1055465]

García-Larrea, L., Lukaszewicz, A.-C., & Mauguière, F. (1995). Somatosensory responses during selective spatial attention: The N120-to-N140 transition. *Psychophysiology, 32*, 526–537. [doi: 10.1111/j.1469-8986.1995.tb01229.x]

Giesbrecht, B., Woldorff, M. G., Song, A. W., & Mangun, G. R. (2003). Neural mechanisms of top-down control during spatial and feature attention. *NeuroImage, 19*, 496–512. [doi: 10.1016/s1053-8119(03)00162-9]

Goard, M., & Dan, Y. (2009). Basal forebrain activation enhances cortical coding of natural scenes. *Nature Neuroscience, 12*, 1444–1449. [doi: 10.1038/nn.2402]

Griffin, I. C., Miniussi, C., & Nobre, A. C. (2002). Multiple mechanisms of selective attention: Differential modulation of stimulus processing by attention to space or time. *Neuropsychologia, 40*, 2325–2340. [doi: 10.1016/s0028-3932(02)00087-8]

Gruber, T., Müller, M. M., Keil, A., & Elbert, T. (1999). Selective visual-spatial attention alters induced gamma band responses in the human EEG. *Clinical Neurophysiology, 110*, 2074–2085. [doi: 10.1016/s1388-2457(99)00176-5]

Guillem, K., Bloem, B., Poorthuis, R. B., Loos, M., Smit, A. B., Maskos, U., ⋯ Mansvelder, H. D. (2011). Nicotinic acetylcholine receptor *β* 2 subunits in the medial prefrontal cortex control attention. *Science, 333*, 888–891. [doi: 10.1126/science.1207079]

Hafed, Z. M., & Clark, J. J. (2002). Microsaccades as an overt measure of covert attention shifts. *Vision Research, 42*, 2533–2545. [doi: 10.1016/S0042-6989(02)00263-8]

Hafed, Z. M., Goffart, L., & Krauzlis, R. J. (2009). A neural mechanism for microsaccade generation in the primate superior colliculus. *Science, 323*, 940–943. [doi: 10.1126/science.1166112]

Hafed, Z. M., Lovejoy, L. P., & Krauzlis, R. J. (2011). Modulation of microsaccades in monkey during a covert visual attention task. *Journal of Neuroscience, 31*, 15219–15230. [doi: 10.1523/JNEUROSCI.3106-11.2011]

Händel, B. F., Haarmeier, T., & Jensen, O. (2011). Alpha oscillations correlate with the successful inhibition of unattended stimuli. *Journal of Cognitive Neuroscience, 23*, 2494–2502. [doi: 10.1162/jocn.2010.21557]

Hasegawa, R. P., Peterson, B. W., & Goldberg, M. E. (2004). Prefrontal neurons coding suppression of specific saccades. *Neuron, 43*, 415–425. [doi: 10.1016/j.neuron.2004.07.013]

Henry, M. J., & Obleser, J. (2012). Frequency modulation entrains slow neural oscillations and optimizes human listening behavior. *Proceedings of the National Academy of Sciences of the USA, 109*, 20095–20100. [doi: 10.1073/pnas.1213390109]

Herrero, J. L., Roberts, M. J., Delicato, L. S., Gieselmann, M. A., Dayan, P., & Thiele, A. (2008). Acetylcholine contributes through muscarinic receptors to attentional modulation in V1. *Nature, 454*, 1110–1114. [doi: 10.1038/nature07141]

Hillyard, S. A., Hink, R. F., Schwent, V. L., & Picton, T. W. (1973). Electrical signs of selective attention in the human brain. *Science, 182*, 177–180. [doi: 10.1126/science.182.4108.177]

Hillyard, S. A., & Anllo-Vento, L. (1998). Event-related brain potentials in the study of visual selective attention. *Proceedings of the National Academy of Sciences of the USA, 95*, 781–787. [doi: 10.1073/pnas.95.3.781]

Hillyard, S. A., Vogel, E. K., & Luck, S. J. (1998). Sensory gain control (amplification) as a mechanism of selective attention: Electrophysiological and neuroimaging evidence. *Philosophical Transactions of the Royal Society B: Biological Sciences, 353*, 1257–1270. [doi: 10.1098/rstb.1998.0281]

Ignashchenkova, A., Dicke, P. W., Haarmeier, T., & Thier, P. (2004). Neuron-specific contribution of the superior colliculus to overt and covert shifts of attention. *Nature Neuroscience, 7*, 56–64. [doi: 10.1038/nn1169]

Itti, L., & Koch, C. (2001). Computational modelling of visual attention. *Nature Reviews Neuroscience, 2*, 194–203. [doi: 10.1038/35058500]

191

第I部　総論

Jensen, O., Kaiser, J., & Lachaux, J. P. (2007). Human gamma-frequency oscillations associated with attention and memory. *Trends in Neurosciences, 30*, 317-324. [doi: 10.1016/j.tins.2007.05.001]

Kastner, S., De Weerd, P., Desimone, R., & Ungerleider, L. G. (1998). Mechanisms of directed attention in the human extrastriate cortex as revealed by functional MRI. *Science, 282*, 108-111. [doi: 10.1126/science.282.5386.108]

Kelly, S. P., Gomez-Ramirez, M., & Foxe, J. J. (2008). Spatial attention modulates initial afferent activity in human primary visual cortex. *Cerebral Cortex, 18*, 2629-2636. [doi: 10.1093/cercor/bhn022]

Koch, C., & Ullman, S. (1984). Selecting one among the many: A simple network implementing shifts in selective visual attention. *Human Neurobiology, 4*, 219-227.

Kowler, E., Anderson, E., Dosher, B., & Blaser, E. (1995). The role of attention in the programming of saccades. *Vision Research, 35*, 1897-1916. [doi: 10.1016/0042-6989(94)00279-U]

Krauzlis, R. J., Bollimunta, A., Arcizet, F., & Wang, L. (2014). Attention as an effect not a cause. *Trends in Cognitive Sciences, 18*, 457-464. [doi: 10.1016/j.tics.2014.05.008]

Krauzlis, R. J., Lovejoy, L. P., & Zénon, A. (2013). Superior colliculus and visual spatial attention. *Annual Review of Neuroscience, 36*, 165-182. [doi: 10.1146/annurevneuro-062012-170249]

LaBerge, D., & Buchsbaum, M. S. (1990). Positron emission tomographic measurements of pulvinar activity during an attention task. *Journal of Neuroscience, 10*, 613-619. [doi: 10.1523/JNEUROSCI.10-02-00613.1990]

Lakatos, P., Karmos, G., Mehta, A. D., Ulbert, I., & Schroeder, C. E. (2008). Entrainment of neuronal oscillations as a mechanism of attentional selection. *Science, 320*, 110-113. [doi: 10.1126/science.1154735]

Lebedev, M. A., Messinger, A., Kralik, J. D., & Wise, S. P. (2004). Representation of attended versus remembered locations in prefrontal cortex. *PLoS Biology, 2*(e365), 1919-1935. [doi: 10.1371/journal.pbio.0020365]

Liu, T., Pestilli, F., & Carrasco, M. (2005). Transient attention enhances perceptual performance and fMRI response in human visual cortex. *Neuron, 45*, 469-477. [doi: 10.1016/j.neuron.2004.12.039]

Lovejoy, L. P., & Krauzlis, R. J. (2010). Inactivation of primate superior colliculus impairs covert selection of signals for perceptual judgments. *Nature Neuroscience, 13*, 261-266. [doi: 10.1038/nn.2470]

Lovejoy, L. P., & Krauzlis, R. J. (2017). Changes in perceptual sensitivity related to spatial cues depends on subcortical activity. *Proceedings of the National Academy of Sciences of the USA, 114*, 6122-6126. [doi: 10.1073/pnas.1609711114]

Luck, S. J. (2012). Electrophysiological correlates of the focusing of attention within complex visual scenes: N2pc and related ERP components. In S. J. Luck & E. S. Kappenman (Eds.), *The Oxford Handbook of Event-Related Potential Components* (pp. 329-360). Oxford University Press.

Luck, S. J., Woodman, G. F., & Vogel, E. K. (2000). Event-related potential studies of attention. *Trends in Cognitive Sciences, 4*, 432-440. [doi: 10.1016/S1364-6613(00)01545-X]

Ma, C. L., Arnsten, A. F., & Li, B. M. (2005). Locomotor hyperactivity induced by blockade of prefrontal cortical *a* 2-adrenoceptors in monkeys. *Biological Psychiatry, 57*, 192-195. [doi: 10.1016/j.biopsych.2004.11.004]

Matsushima, A., & Tanaka, M. (2012). Neuronal correlates of multiple top-down signals during covert tracking of moving objects in macaque prefrontal cortex. *Journal of Cognitive Neuroscience, 24*, 2043-2056. [doi: 10.1162/jocn_a_00265]

Matsushima, A., & Tanaka, M. (2014). Manipulation of object choice by electrical microstimulation in macaque frontal eye fields. *Cerebral Cortex, 24*, 1493-1501. [doi: 10.1093/cercor/bht009]

Maunsell, J. H., & Cook, E. P. (2002). The role of attention in visual processing. *Philosophical Transactions of the Royal Society of London B: Biological Sciences, 357*, 1063-1072. [doi: 10.1098/rstb.2002.1107]

Maunsell, J. H., & Treue, S. (2006). Feature-based attention in visual cortex. *Trends in Neurosciences, 29*, 317-322. [doi: 10.1016/j.tins.2006.04.001]

Mcdonald, J. J., Ward, L. M., & Kiehl, K. A. (1999). An event-related brain potential study of inhibition of return. *Perception & Psychophysics, 61*, 1411-1423. [doi: 10.3758/bf03206190]

McPeek, R. M., Han, J. H., & Keller, E. L. (2003). Competition between saccade goals in the superior colliculus produces saccade curvature. *Journal of Neurophysiology, 89*, 2577-2590. [doi: 10.1152/jn.00657.2002]

Merrikhi, Y., Clark, K., Albarran, E., Parsa, M., Zirnsak, M., Moore, T., & Noudoost, B. (2017). Spatial working memory alters the efficacy of input to visual cortex. *Nature Communications, 8*(15041), 1–10. [doi: 10.1038/ncomms15041]

Metherate, R., & Ashe, J. H. (1993). Nucleus basalis stimulation facilitates thalamocortical synaptic transmission in the rat auditory cortex. *Synapse, 14*, 132–143. [doi: 10.1002/syn.890140206]

Miller, E. K., & Cohen, J. D. (2001). An integrative theory of prefrontal cortex function. *Annual Review of Neuroscience, 24*, 167–202. [doi: 10.1146/annurev.neuro.24.1.167]

Miniussi, C., Wilding, E. L., Coull, J. T., & Nobre, A. C. (1999). Orienting attention in time: Modulation of brain potentials. *Brain, 122*, 1507–1518. [doi: 10.1093/brain/122.8.1507]

Monosov, I. E., Trageser, J. C., & Thompson, K. G. (2008). Measurements of simultaneously recorded spiking activity and local field potentials suggest that spatial selection emerges in the frontal eye field. *Neuron, 57*, 614–625. [doi: 10.1016/j.neuron.2007.12.030]

Moore, T., & Armstrong, K. M. (2003). Selective gating of visual signals by microstimulation of frontal cortex. *Nature, 421*, 370–373. [doi: 10.1038/nature01341]

Moore, T., & Fallah, M. (2001). Control of eye movements and spatial attention. *Proceedings of the National Academy of Sciences of the USA, 98*, 1273–1276. [doi: 10.1073/pnas.98.3.1273]

Müller, J. R., Philiastides, M. G., & Newsome, W. T. (2005). Microstimulation of the superior colliculus focuses attention without moving the eyes. *Proceedings of the National Academy of Sciences of the USA, 102*, 524–529. [doi: 10.1073/pnas.0408311101]

Neuling, T., Rach, S., Wagner, S., Wolters, C. H., & Herrmann, C. S. (2012). Good vibrations: Oscillatory phase shapes perception. *NeuroImage, 63*, 771–778. [doi: 10.1016/j.neuroimage.2012.07.024]

Nobre, A. C., Sebestyen, G. N., & Miniussi, C. (2000). The dynamics of shifting visuospatial attention revealed by event-related potentials. *Neuropsychologia, 38*, 964–974. [doi: 10.1016/S0028-3932(00)00015-4]

Noudoost, B., & Moore, T. (2011a). Control of visual cortical signals by prefrontal dopamine. *Nature, 474*, 372–375. [doi: 10.1038/nature09995]

Noudoost, B., & Moore, T. (2011b). The role of neuromodulators in selective attention. *Trends in Cognitive Sciences, 15*, 585–591. [doi: 10.1016/j.tics.2011.10.006]

Nummela, S. U., & Krauzlis, R. J. (2010). Inactivation of primate superior colliculus biases target choice for smooth pursuit, saccades, and button press responses. *Journal of Neurophysiology, 104*, 1538–1548. [doi: 10.1152/jn.00406.2010]

O'Craven, K. M., Downing, P. E., & Kanwisher, N. (1999). fMRI evidence for objects as the units of attentional selection. *Nature, 401*, 584–587. [doi: 10.1038/44134]

Okazaki, Y. O., Horschig, J. M., Luther, L., Oostenveld, R., Murakami, I., & Jensen, O. (2015). Real-time MEG neurofeedback training of posterior alpha activity modulates subsequent visual detection performance. *NeuroImage, 107*, 323–332. [doi: 10.1016/j.neuroimage.2014.12.014]

Pylyshyn, Z. W., Haladjian, H. H., King, C. E., & Reilly, J. E. (2008). Selective nontarget inhibition in multiple object tracking. *Visual Cognition, 16*, 1011–1021. [doi: 10.1080/13506280802247486]

Reynolds, J. H., & Chelazzi, L. (2004). Attentional modulation of visual processing. *Annual Reviews of Neuroscience, 27*, 611–647. [doi: 10.1146/annurev.neuro.26.041002.131039]

Rizzolatti, G., Riggio, L., Dascola, I., & Umiltá, C. (1987). Reorienting attention across the horizontal and vertical meridians: Evidence in favor of a premotor theory of attention. *Neuropsychologia, 25*, 31–40. [doi: 10.1016/0028-3932(87)90041-8]

Rohenkohl, G., & Nobre, A. C. (2011). Alpha oscillations related to anticipatory attention follow temporal expectations. *Journal of Neuroscience, 31*, 14076–14084. [doi: 10.1523/JNEUROSCI.3387-11.2011]

Saalmann, Y. B., Pinsk, M. A., Wang, L., Li, X., & Kastner, S. (2012). The pulvinar regulates information transmission between cortical areas based on attention demands. *Science, 337*, 753–756. [doi: 10.1126/science.1223082]

Sarter, M., Lustig, C., Howe, W. M., Gritton, H., & Berry, A. S. (2014). Deterministic functions of cortical acetylcholine. *European Journal of Neuroscience, 39*, 1912–1920. [doi: 10.1111/ejn.12515]

Sauseng, P., Klimesch, W., Stadler, W., Schabus, M., Doppelmayr, M., Hanslmayr, S., … Birbaumer, N. (2005). A shift of visual spatial attention is selectively associated with human EEG alpha activity. *European Journal of Neuroscience, 22*,

2917-2926. [doi: 10.1111/j.1460-9568.2005.04482.x]

Schafer, R. J., & Moore, T. (2007). Attention governs action in the primate frontal eye field. *Neuron, 56*, 541-551. [doi: 10.1016/j.neuron.2007.09.029]

Schall, J. D., & Hanes, D. P. (1993). Neural basis of saccade target selection in frontal eye field during visual search. *Nature, 366*, 467-469. [doi: 10.1038/366467a0]

Schall, J. D., Hanes, D. P., Thompson, K. G., & King, D. J. (1995). Saccade target selection in frontal eye field of macaque: I. Visual and premovement activation. *Journal of Neuroscience, 15*, 6905-6918. [doi: 10.1523/JNEUROSCI.15-10-06905.1995]

Schneider, K. A., & Kastner, S. (2009). Effects of sustained spatial attention in the human lateral geniculate nucleus and superior colliculus. *Journal of Neuroscience, 29*, 1784-1795. [doi: 10.1523/JNEUROSCI.4452-08.2009]

Seamans, J. K., & Yang, C. R. (2004). The principal features and mechanisms of dopamine modulation in the prefrontal cortex. *Progress in Neurobiology, 74*, 1-58. [doi: 10.1016/j.pneurobio.2004.05.006]

Shipp, S. (2004). The brain circuitry of attention. *Trends in Cognitive Sciences, 8*, 223-230. [doi: 10.1016/j.tics.2004.03.004]

Siegel, M., Donner, T. H., Oostenveld, R., Fries, P., & Engel, A. K. (2008). Neuronal synchronization along the dorsal visual pathway reflects the focus of spatial attention. *Neuron, 60*, 709-719. [doi: 10.1016/j.neuron.2008.09.010]

Smid, H. G. O. M., Jakob, A., & Heinze, H. J. (1997). The organization of multidimensional selection on the basis of color and shape: An event-related brain potential study. *Perception & Psychophysics, 59*, 693-713. [doi: 10.3758/BF03206016]

Smith, D. V., Davis, B., Niu, K., Healy, E. W., Bonilha, L., Fridriksson, J., … Rorden, C. (2010). Spatial attention evokes similar activation patterns for visual and auditory stimuli. *Journal of Cognitive Neuroscience, 22*, 347-361. [doi: 10.1162/jocn.2009.21241]

Song, J. H., Rafal, R. D., & McPeek, R. M. (2011). Deficits in reach target selection during inactivation of the midbrain superior colliculus. *Proceedings of the National Academy of Sciences of the USA, 108*, 1433-1440. [doi: 10.1073/pnas.1109656108]

Stefanics, G., Hangya, B., Hernádi, I., Winkler, I., Lakatos, P., & Ulbert, I. (2010). Phase entrainment of human delta oscillations can mediate the effects of expectation on reaction speed. *Journal of Neuroscience, 30*, 13578-13585. [doi: 10.1523/JNEUROSCI.0703-10.2010]

Suzuki, M., & Gottlieb, J. (2013). Distinct neural mechanisms of distractor suppression in the frontal and parietal lobe. *Nature Neuroscience, 16*, 98-104. [doi: 10.1038/nn.3282]

Tremblay, N., Warren, R. A., & Dykes, R. W. (1990). Electrophysiological studies of acetylcholine and the role of the basal forebrain in the somatosensory cortex of the cat: II. Cortical neurons excited by somatic stimuli. *Journal of Neurophysiology, 64*, 1212-1222. [doi: 10.1152/jn.1990.64.4.1212]

Treue, S., & Martínez-Trujillo, J. C. (1999). Feature-based attention influences motion processing gain in macaque visual cortex. *Nature, 399*, 575-579. [doi: 10.1038/21176]

VanRullen, R., Busch, N., Drewes, J., & Dubois, J. (2011). Ongoing EEG phase as a trial-by-trial predictor of perceptual and attentional variability. *Frontiers in Psychology, 2*(60), 1-9. [doi: 10.3389/fpsyg.2011.00060]

VanRullen, R., Carlson, T., & Cavanagh, P. (2007). The blinking spotlight of attention. *Proceedings of the National Academy of Sciences of the USA, 104*, 19204-19209. [doi: 10.1073/pnas.0707316104]

Veale, R., Hafed, Z. M., & Yoshida, M. (2017). How is visual salience computed in the brain? Insights from behaviour, neurobiology and modelling. *Philosophical Transactions of the Royal Society B: Biological Sciences, 372*, 20160133. [doi: 10.1098/rstb.2016.0113]

Vijayraghavan, S., Wang, M., Birnbaum, S. G., Williams, G. V., & Arnsten, A. F. (2007). Inverted-U dopamine D1 receptor actions on prefrontal neurons engaged in working memory. *Nature Neuroscience, 10*, 376-384. [doi: 10.1038/nn1846]

Vossel, S., Geng, J. J., & Fink, G. R. (2014). Dorsal and ventral attention systems: Distinct neural circuits but collaborative roles. *Neuroscientist, 20*, 150-159. [doi: 10.1177/1073858413494269]

Witte, E. A., & Marrocco, R. T. (1997). Alteration of brain noradrenergic activity in rhesus monkeys affects the alerting component of covert orienting. *Psychopharmacology, 132*, 315-323. [doi: 10.1007/s002130050351]

Woodman, G. F., & Luck, S. J. (1999). Electrophysiological measurement of rapid shifts of attention during visual search. *Nature*, *400*, 867–869. [doi: 10.1038/23698]

Yamaguchi, S., Tsuchiya, H., & Kobayashi, S. (1994). Electroencephalographic activity associated with shifts of visuospatial attention. *Brain*, *117*, 553–562. [doi: 10.1093/brain/117.3.553]

Zénon, A., & Krauzlis, R. J. (2012). Attention deficits without cortical neuronal deficits. *Nature*, *489*, 434–437. [doi: 10.1038/nature11497]

Zhang, W., & Luck, S. J. (2009). Feature-based attention modulates feedforward visual processing. *Nature Neuroscience*, *12*, 24–25. [doi: 10.1038/nn.2223]

(4・7)

Adair, J. C., & Barrett, A. M. (2008). Spatial neglect: Clinical and neuroscience review: A wealth of information on the poverty of spatial attention. *Annals of the New York Academy of Sciences*, *1142*, 21–43. [doi: 10.1196/annals.1444.008]

Alexander, G. E., DeLong, M. R., & Strick, P. L. (1986). Parallel organization of functionally segregated circuits linking basal ganglia and cortex. *Annual Review of Neuroscience*, *9*, 357–381. [doi: 10.1146/annurev.ne.09.030186.002041]

Bisiach, E., Geminiani, G., Berti, A., & Rusconi, M. L. (1990). Perceptual and premotor factors of unilateral neglect. *Neurology*, *40*, 1278–1281. [doi: 10.1212/wnl.40.8.1278]

Bucci, M. P., Stordeur, C., Septier, M., Acquaviva, E., Peyre, H., & Delorme, R. (2017). Oculomotor abnormalities in children with attention-deficit/hyperactivity disorder are improved by methylphenidate. *Journal of Child and Adolescent Psychopharmacology*, *27*, 274–280. [doi: 10.1089/cap.2016.0162]

Caylak, E. (2012). Biochemical and genetic analyses of childhood attention deficit/hyperactivity disorder. *American Journal of Medical Genetics Part B: Neuropsychiatric Genetics*, *159*, 613–627. [doi: 10.1002/ajmg.b.32077]

Corbetta, M., & Shulman, G. L. (2011). Spatial neglect and attention networks. *Annual Review of Neuroscience*, *34*, 569–599. [doi: 10.1146/annurev-neuro-061010-113731]

Damasio, A. R., Damasio, H., & Chui, H. C. (1980). Neglect following damage to frontal lobe or basal ganglia. *Neuropsychologia*, *18*, 123–132. [doi: 10.1016/0028-3932(80)90058-5]

Dougherty, D. D., Bonab, A. A., Spencer, T. J., Rauch, S. L., Madras, B. K., & Fischman, A. J. (1999). Dopamine transporter density in patients with attention deficit hyperactivity disorder. *Lancet*, *354*, 2132–2133. [doi: 10.1016/S0140-6736(99)04030-1]

Faraone, S. V., Asherson, P., Banaschewski, T., Biederman, J., Buitelaar, J. K., Ramon-Quiroga, J. A., … Franke, B. (2015). Attention-deficit/hyperactivity disorder. *Nature Reviews Disease Primers*, *1*, 15020. [doi: 10.1038/nrdp.2015.20]

Gilchrist, I. D., Humphreys, G. W., & Riddoch, M. J. (1996). Grouping and extinction: Evidence for low-level modulation of visual selection. *Cognitive Neuropsychology*, *13*, 1223–1249. [doi: 10.1080/026432996381737]

He, B. J., Snyder, A. Z., Vincent, J. L., Epstein, A., Shulman, G. L., & Corbetta, M. (2007). Breakdown of functional connectivity in frontoparietal networks underlies behavioral deficits in spatial neglect. *Neuron*, *53*, 905–918. [doi: 10.1016/j.neuron.2007.02.013]

Hillis, A. E., Newhart, M., Heidler, J., Barker, P. B., Herskovits, E. H., & Degaonkar, M. (2005). Anatomy of spatial attention: Insights from perfusion imaging and hemispatial neglect in acute stroke. *Journal of Neuroscience*, *25*, 3161–3167. [doi: 10.1523/JNEUROSCI.4468-04.2005]

Humphreys, G. W. (1998). Neural representation of objects in space: A dual coding account. *Philosophical Transactions of the Royal Society B: Biological Sciences*, *353*, 1341–1351. [doi: 10.1098/rstb.1998.0288]

Husain, M., & Kennard, C. (1996). Visual neglect associated with frontal lobe infarction. *Journal of Neurology*, *243*(9), 652–657. [doi: 10.1007/BF00878662]

石合 純夫・BIT 日本版作製委員会 （1999）．BIT 行動性無視検査 日本版　新興医学出版社

Karnath, H. O., Ferber, S., & Himmelbach, M. (2001). Spatial awareness is a function of the temporal not the posterior parietal lobe. *Nature*, *411*, 950–953. [doi: 10.1038/35082075]

Karnath, H. O., Himmelbach, M., & Rorden, C. (2002). The subcortical anatomy of human spatial neglect: Putamen, caudate

第Ⅰ部 総論

nucleus and pulvinar. *Brain, 125*, 350-360. [doi: 10.1093/brain/awf032]

Kashiwagi, A., Kashiwagi, T., Nishikawa, T., Tanabe, H., & Okuda, J. (1990). Hemispatial neglect in a patient with callosal infarction. *Brain, 113*, 1005-1023. [doi: 10.1093/brain/113.4.1005]

Klein, C., Fischer, B., & Hartnegg, K. (2002). Effects of methylphenidate on saccadic responses in patients with ADHD. *Experimental Brain Research, 145*, 121-125. [doi: 10.1007/s00221-002-1105-x]

Maeshima, S., Funahashi, K., Ogura, M., Itakura, T., & Komai, N. (1994). Unilateral spatial neglect due to right frontal lobe haematoma. *Journal of Neurology, Neurosurgery & Psychiatry, 57*, 89-93. [doi: 10.1136/jnnp.57.1.89]

Matsuo, Y., Watanabe, M., Taniike, M., Mohri, I., Kobashi, S., Tachibana, M., … Kitamura, Y. (2015). Gap effect abnormalities during a visually guided pro-saccade task in children with attention deficit hyperactivity disorder. *PLoS ONE, 10*, e0125573. [doi: 10.1371/journal.pone.0125573]

Mattingley, J. B., Husain, M., Rorden, C., Kennard, C., & Driver, J. (1998). Motor role of human inferior parietal lobe revealed in unilateral neglect patients. *Nature, 392*, 179-182. [doi: 10.1038/32413]

Mesulam, M. M. (1981). A cortical network for directed attention and unilateral neglect. *Annals of Neurology, 10*, 309-325. [doi: 10.1002/ana.410100402]

Moon, S. Y., Lee, B. H., & Na, D. L. (2006). Therapeutic effects of caloric stimulation and optokinetic stimulation on hemispatial neglect. *Journal of Clinical Neurology, 2*, 12-28. [doi: 10.3988/jcn.2006.2.1.12]

Mueller, A., Hong, D. S., Shepard, S., & Moore, T. (2017). Linking ADHD to the neural circuitry of attention. *Trends in Cognitive Sciences, 21*, 474-488. [doi: 10.1016/j.tics.2017.03.009]

Munoz, D. P., Armstrong, I. T., Hampton, K. A., & Moore, K. D. (2003). Altered control of visual fixation and saccadic eye movements in attention-deficit hyperactivity disorder. *Journal of Neurophysiology, 90*, 503-514. [doi: 10.1152/jn.00192.2003]

Pardo, J. V., Fox, P. T., & Raichle, M. E. (1991). Localization of a human system for sustained attention by positron emission tomography. *Nature, 349*, 61-64. [doi: 10.1038/349061a0]

Parton, A., Malhotra, P., & Husain, M. (2004). Hemispatial neglect. *Journal of Neurology, Neurosurgery & Psychiatry, 75*, 13-21.

Sharma, A., & Couture, J. (2014). A review of the pathophysiology, etiology, and treatment of attention-deficit hyperactivity disorder (ADHD). *Annals of Pharmacotherapy, 48*, 209-225. [doi: 10.1177/1060028013510699]

Smith, Y., Raju, D. V., Pare, J. F., & Sidibe, M. (2004). The thalamostriatal system: A highly specific network of the basal ganglia circuitry. *Trends in Neurosciences, 27*, 520-527. [doi: 10.1016/j.tins.2004.07.004]

Sonuga-Barke, E. J. (2003). The dual pathway model of AD/HD: An elaboration of neuro-developmental characteristics. *Neuroscience & Biobehavioral Reviews, 27*, 593-604. [doi: 10.1016/j.neubiorev.2003.08.005]

Sonuga-Barke, E., Bitsakou, P., & Thompson, M. (2010). Beyond the dual pathway model: Evidence for the dissociation of timing, inhibitory, and delay-related impairments in attention-deficit/hyperactivity disorder. *Journal of the American Academy of Child & Adolescent Psychiatry, 49*, 345-355. [doi: 10.1016/j.jaac.2009.12.018]

Thiebaut de Schotten, M., Tomaiuolo, F., Aiello, M., Merola, S., Silvetti, M., Lecce, F., … Doricchi, F. (2012). Damage to white matter pathways in subacute and chronic spatial neglect: A group study and 2 single-case studies with complete virtual "in vivo" tractography dissection. *Cerebral Cortex, 24*, 691-706. [doi: 10.1093/cercor/bhs351]

Thiebaut de Schotten, M., Urbanski, M., Duffau, H., Volle, E., Lévy, R., Dubois, B., & Bartolomeo, P. (2005). Direct evidence for a parietal-frontal pathway subserving spatial awareness in humans. *Science, 309*, 2226-2228. [doi: 10.1126/science.1116251]

Urbanski, M., Thiebaut de Schotten, M., Rodrigo, S., Catani, M., Oppenheim, C., Touzé, E., … Bartolomeo, P. (2008). Brain networks of spatial awareness: Evidence from diffusion tensor imaging tractography. *Journal of Neurology, Neurosurgery & Psychiatry, 79*, 598-601. [doi: 10.1136/jnnp.2007.126276]

Verdon, V., Schwartz, S., Lovblad, K. O., Hauert, C. A., & Vuilleumier, P. (2009). Neuroanatomy of hemispatial neglect and its functional components: A study using voxel-based lesion-symptom mapping. *Brain, 133*, 880-894. [doi: 10.1093/brain/awp305]

Watson, R. T., Valenstein, E., & Heilman, K. M. (1981). Thalamic neglect: Possible role of the medial thalamus and nucleus reticularis in behavior. *Archives of Neurology, 38,* 501-506. [doi: 10.1001/archneur.1981.00510080063009]

Weintraub, S., & Mesulam, M. M. (1987). Right cerebral dominance in spatial attention: Further evidence based on ipsilateral neglect. *Archives of Neurology, 44,* 621-625. [doi: 10.1001/archneur.1987.00520180043014]

第5章　ワーキングメモリ

　知覚を注意に基づく高次認知と考える立場から近年注目されているのがワーキングメモリである。ここでは，広義の記憶システムのなかに知覚のプロセスを位置づけて考える。

　ワーキングメモリ（作業記憶・作動記憶：working memory）は，目標達成のために行動の遂行を進めながら必要な情報の保持を支える記憶システムである（Baddeley, 1986；Just & Carpenter, 1992；苧阪, 2002）。ワーキングメモリは，私たちの日常生活に必要な二重課題を含むマルチタスクの遂行能力を支え，知覚学習や思考などの高次認知機能を支える重要な役割を担っている。対話や読解などの言語の情報処理について考えてみると，言葉の意味を追いながら，すでに聞いた内容や読んだ内容を活性化させて保持するはたらきがそれにあたる。言語情報だけでなく，物体の認知や空間の情報の処理も同様である。ワーキングメモリに保持された情報は，いつでも検索が可能な状態で一時的に保持され，それに基づいて処理が進められ，逐次統合されていく。統合された情報は多様な文脈効果として，上位から下位へとトップダウンにはたらき処理を促進する。

　人間の記憶システムについては，1950年代から，短期記憶と長期記憶の二つの記憶システムからなる二重貯蔵モデル（modal model）が想定されてきた（Atkinson & Shiffrin, 1971）。しかし，二重貯蔵モデルにおける二つの記憶システムに疑問を投げかける症例が報告された。たとえば短期記憶に重い障害が認められるにもかかわらず，長期記憶は健常なはたらきを示して過去の出来事を想起できるなど，二つの記憶システムの機能の乖離を示す症例が報告されたのである（Warrington & Shallice, 1969）。そこで，短期記憶，長期記憶という二つの記憶システムを媒介するシステムが存在する可能性が指摘された。

　こうした背景のなかで，より高次な認知活動と結びついた新たな記憶のシステムを提唱する試みが始まった。英国の心理学者である Baddeley & Hitch は，二重貯蔵モデルの問題点を，新しい記憶システムの存在を指摘することにより解決しようとした。彼らは言語理解や推論などの人間の高次な認知活動と関連する記憶のモデルが必要であるとして，そして提言されたのがワーキングメモリの概念であった（Baddeley & Hitch, 1974）。

　ワーキングメモリには資源制約があると仮定されていて，保持できる情報量と課題遂行とはトレード・オフの関係にあることが，主に二重課題法（dual task method）により検証されてきた。二重課題法は，2種類の異なる課題を並行して行うことが求められる実験パラダイムである。先駆的研究となった Baddeley & Hitch（1974）の報告では，文を理解する一次課題（primary task）と，数字を保持する二次課題（secondary task）が並列して行われるように実験が組み立てられた。

（苧阪 満里子）

5・1　ワーキングメモリのモデル

　通常私たちが何かを見たり聴いたりしても，ほとんどの情報は時間の経過とともに次第に消えてしまう。Baddeley は，このような記憶を passive memory と呼び，これに対してその情報に注意を向けることや，音韻的なリハーサル（rehearsal）などによりある程度の間保持される記憶を active memory として区別し，ワーキングメモリは active memory に対応するものと考えた。

　Baddeley らの提唱したワーキングメモリの概念では，主に保持機能にのみ注目されていた短期

記憶の概念が処理にまで拡大され，文の理解や推論などの高次の認知機能と関連するアクティブな保持の場としての役割が強調されることになる。Baddeleyはこのようなワーキングメモリの考えを発展させてマルチコンポーネントモデル（multi-component model）を構築した（Baddeley, 1986）。モデルの中央には中心的な役割を担う中央実行系（central executive）が想定されている。中央実行系のサブシステムには，言語情報の保持を担う音韻ループ（phonological loop）と非言語情報の保持を担う視覚・空間性スケッチパッド（visuo-spatial sketchpad）が想定されている。この二つのサブシステムは，情報の一時的な貯蔵庫（バッファ）として機能する場として想定されている。これに加えてサブシステムにエピソード・バッファ（episodic buffer）が加わり，長期記憶からの参照，検索システム，処理している情報の統合機能などが付加されている（Baddeley, 2000）。図5-1-1には，Baddeley（2012）のモデルの概要を示す。

Baddeley（1986）のモデルのなかでワーキングメモリの中心となる中央実行系は，注意の制御系とも呼ばれるように，人間のさまざまな情報処理を支える制御システムである。そこでは，目標となる課題を遂行するために，注意を方向づけること，課題を遂行するのに必要な処理資源を確保すること，サブシステム間の調整をすることなどに関わると考えられている（Baddeley, 1992, 1996；Cowan, 1999；Engle et al., 1999）。

サブシステムの一つである音韻ループは，しばらくの間だけ保持しておかなければならない情報を内的な言語の反復によるリハーサルを用いて保持する機能と考えられる。音韻ループは構音コントロール過程（articulatory control process）と音韻ストア（phonological store）からなると想定されている。構音コントロール過程は視覚呈示された言語刺激や音韻ストアからの情報を音韻コードに変換する役割を果たし，音韻ストアは聴覚入力では直接に，視覚入力では構音コントロール過程を経てそれぞれが維持される言語性短期貯蔵庫として機能する。音韻ループには，2種類の特徴的な効果が認められる。音韻的類似性効果（phonological similarity effect）と語長効果（word length effect）である。音韻的類似性効果は，音韻的に類似している系列は類似していない系列よりも記憶再生率が劣ることを，語長効果は，発音時間が長い刺激材料では，記憶できる項目数が少なくなる効果をいう。音韻ループの解明には，構音抑制（articulatory suppression）という実験的手法が導入され，その特性が明らかにされてきた。構音抑制とは，刺激を記憶するときや保持しているときに，記憶する刺激とは無関係な言葉を繰り返しつぶ

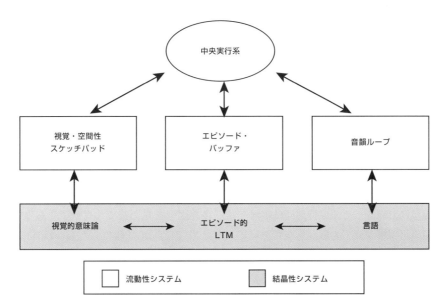

図5-1-1　Baddeley（2012）のワーキングメモリモデルの概要（Baddeley, 2012より著者一部改変）

やく（構音する）ことで，そのリハーサル（subvocal rehearsal system による）を妨害する実験手法である．構音抑制を用いて語長効果と音韻的類似性効果の二つの効果を検証したところ，記憶刺激の感覚モダリティにより異なる結果が得られている．視覚呈示では，音韻的類似性効果は語長効果とともに構音抑制により消失した．一方，聴覚呈示の場合には，語長効果は構音抑制により消失したが，音韻的類似性効果は構音抑制により影響を受けなかった．語長効果は構音抑制により妨害される構音リハーサル過程で生じていると考えられるため，刺激が聴覚的および視覚的に呈示されても，ともに構音抑制の効果を受ける．一方，音韻的類似性効果は音韻ストアの機能を反映すると考えると，構音抑制により構音リハーサルが機能できなくても，聴覚刺激は音韻ストアに直接入力されるのでその効果は消失しないと考えられた．この結果は，語長効果は構音コントロール過程の，音韻的類似性効果は音韻ストアの機能をそれぞれ反映することを示している（Baddeley, 1986）．

モデルのもう一つのサブシステムは視覚・空間性スケッチパッドである．視覚・空間性スケッチパッドは，非言語的な情報の一時的貯蔵の場が想定されている．ここでは，言語の音韻体系に組み入れられない視覚的，空間的な情報を，視覚イメージにより保持する状況が想定されている．図 5-1-2 にそれぞれの概念図を示す．

視覚・空間性スケッチパッドには，音韻ストアに対応する視覚キャッシュ（visual cache）と，構音コントロールに対応するインナースクライブ（inner scribe）が想定されている（Logie, 1995）．前者は視覚像（visual appearance）を一時的に保持する貯蔵庫であり，後者は場面（シーン）の配置（レイアウト）をシーンの動きとともに維持するはたらきをもつと考えられる．両者の特性は，いくつかの研究により検証されている．視覚キャッシュについては色相を記憶する課題において，その保持期間に線画を呈示すると色相の再認率が低下するが，空間タッピングによる干渉は認められなかったと報告されている（Logie & Marchetti, 1991）．インナースクライブは空間の布置に関連し，空間的な運動システムからも干渉を受けると考えられている．たとえば単語

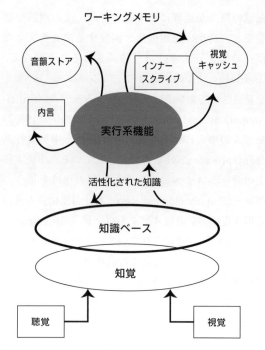

図 5-1-2　ワーキングメモリの言語性，非言語性システムと実行系機能（Logie, 2003 をもとに作成）

を記憶するときに空間的な場所法を用いると追跡回転盤により強く干渉を受けることが報告されている（Baddeley & Lieberman, 1980）．さらに，マトリックスパターンの記憶課題には腕の運動が干渉することも指摘されている（Logie & Marchetti, 1991）．

眼や耳からの視覚，聴覚感覚器官からの入力情報は知識を媒介として，音韻ストアや視覚貯蔵庫に入力される．すなわち，知覚内容は，過去の学習や経験により得られた知識を参照した処理を経て，音韻ストアや視覚貯蔵庫に入力されると考えられる（Logie, 2003）．たとえば，「ウサギとアヒル」の多義図形を用いた研究では，視覚貯蔵庫には，視覚入力により長期記憶内の表象が活性化されたものを保持していると推定されている（Brandimonte & Gerbino, 1993；Chambers & Reisberg, 1985）．実験参加者は多義図形を見た後で「ウサギ」あるいは「アヒル」と報告したが，「報告したもの以外に何かに見えましたか」と質問されても，いずれも答えることができなかった．しかし，見たものを描かせてみると，その描写から図形のもう一つの解釈を答えることができたのである．このように，知覚対象は特定の

「もの」として解釈されたうえで，ワーキングメモリに心的表象として保持される。ひとたび解釈されると，変更することは困難となる。こうした特性を示すように，多義図形を瞬間呈示する際に対象の命名を妨害する目的で実験参加者に構音抑制をさせたところ，多義図形のもう一つの解釈を報告する割合が高まることが報告されている。また，命名が困難な図形のほうが，容易な図形よりも心的表象を再解釈する確率は高いという（Brandimonte et al., 1992）。

視覚性ワーキングメモリ（visual working memory）に関しては，形と色，空間位置を用いた変化検出課題（change detection）からも検討されている。そこでは，空間のなかに配置された複数の図形の刺激特性を記憶することが求められるが，一定の遅延時間を置いた後で図形の色，あるいは形を変化させてそれを検出できるかどうかが問われる。その実験結果から，刺激の数が3-4個までなら正しく検出することができるが，それ以上になると誤りの数が急増するという（Luck & Vogel, 1997）。

Luck & Vogelの一連の研究報告によれば（図5-1-3），四角形を用いてその空間的配置を変化させた場合や，さらに配置と色を組み合わせて変化させた場合にも報告できる図形の数は変わらないことが報告されている（Vogel et al., 2001）。

これは，言語情報ではチャンク化（chunking）を用いた統合により情報の質を変えて保持できる容量を変化させるように，視覚的な情報でも形，色，空間の位置などの情報を統合することにより，いくつかの情報を統合することで保持できる容量資源を維持することを示していると考えられる。

ワーキングメモリの容量制約に関しては，言語刺激に関してチャンク化やグループ化などの方略を使用しない限りにおいては従来から考えられてきたマジックナンバー7±2（Miller, 1956）より少なく，容量制約は約4項目（アイテム）であると報告されている（Cowan, 2000）。この容量制約に関しては，ワーキングメモリに保持されている刺激を正しく検出できる割合およびそれ以外のフィラーを正しく棄却できる割合に基づいて算出できると考えられている。容量制約の限界値は，変化検出課題を用いた視覚性ワーキングメモリの実験結果と符合すると考えられている。

（苧阪 満里子）

5・2　ワーキングメモリの個人差

ワーキングメモリは資源制約を伴い，処理と保持の間にはトレード・オフが生じ，資源には個人差があることが指摘されている（Just & Carpenter, 1992）。

リーディングスパンテスト（reading span test：RST）に代表される複合スパンテスト（complex span test：CST）は，処理と保持の二重課題状況における課題遂行の程度から，ワーキングメモリ資源の個人差を測定するテストである（Daneman & Carpenter, 1980；苧阪, 2002；苧阪・苧阪, 1994）。

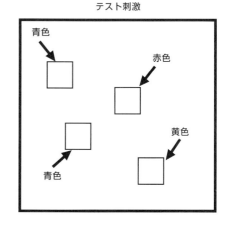

図5-1-3　視覚性ワーキングメモリの変化検出課題の例（Vogel et al., 2001 より改変）

RSTでは，読みの過程での処理と保持のトレードオフ関係を想定し，文の読みと文中の単語の保持という二重課題が設定されている。そこでは短文を"口頭"で読みながら，短文の文末単語を保持していくことが要求される。文の読みによるワーキングメモリの資源削減状態で，いくつまで単語を保持することができるかを測定するのである。読ませる短文の数が増すと，それだけ保持しておかなければならない単語の数も多くなる。このように読みと単語の保持の二重課題の測定により，日本語の文の読みと関連したワーキングメモリの個人差を測定することができる。

図5-2-1に日本語版RSTの例を示す。日本語版では，日本語の文法や意味構造などを考慮して文中の一単語がターゲット語として赤い下線で示されている（苧阪，2002）。

RSTの一つの特徴は，その評価値が言語理解と関連することである。RSTの評価値と読解力テストの評価値との相関を調べたところ，両者の間で高い相関を示すことが多くの研究者により指摘されている（Daneman & Merikle, 1996；苧阪，2000）。言語理解と相関を示すことは，異なる感覚モダリティである聴覚を用いて文を聴き取るリスニングスパンテスト（listening span test : LST）の場合についても同様の結果を示し，LSTの評価値も言語理解の評価値と高い相関が認められている（Daneman & Carpenter, 1980）。

複合スパンテストには文の読みを計算課題に置き換えたオペレーションスパンテスト（operation span test : OST）も開発されている。

(2+5)－3=4？計画

OSTでは，上記のように計算式の正誤判断をすることと，数式の後に表示された単語を記憶すること

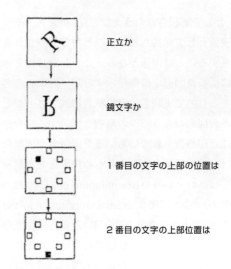

図5-2-2　空間スパンテスト（Shah & Miyake, 1996）

が求められる。OSTの評価値についても，RSTと同様に言語の読解力テストの評価値との正の相関が認められる（Turner & Engle, 1989）。

一方，視覚空間性ワーキングメモリを測定する複合テストも開発されている（Shah & Miyake, 1996）。そこでは，アルファベットの文字が空間の8方向に傾けて呈示されているが，それが正立か左右反転（鏡文字）かどうかを判断する処理過程と，呈示された文字の上部の位置方向を記憶する保持過程の二重課題が求められる（図5-2-2）。この課題の評価値は，視覚空間性課題の評価値と相関を示すが，言語性のRSTはこれらの評価値とは関連しないことから，このテストが視覚空間性ワーキングメモリを測定できることを示している。

以下のような複合スパンテストについては，高い成績を示す人たちの特徴が，低い成績にとどまる人たちと比較してどのような違いがあるのかについて，注意の制御機能との関わりについて検討が進め

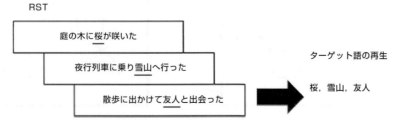

図5-2-1　RSTの例

られている（苧阪，2014；苧阪，2020）。

（苧阪 満里子）

5·3 ワーキングメモリの脳内メカニズム

　ワーキングメモリの脳内基盤は，ポジトロン断層撮影（PET）や機能的磁気共鳴映像法（fMRI）などのニューロイメージングを用いて探索が進められてきた。その多くの研究がBaddeleyのモデルに基づいてサブシステムと中央実行系の脳内基盤を中心に探索している。

　サブシステムに関しては，単語や図形を刺激として，その保持過程を含む記憶条件と統制条件として知覚条件が設定され，両条件を比較して保持に関わる脳領域が推定されている（Jonides et al., 1993）。たとえば，記憶条件ではドットパターンが呈示され，一定の遅延後に円形だけが呈示され，呈示された円形の位置がドットパターンの呈示位置と一致していたかどうかを判断するのである。知覚条件では円形とドットパターンは同時に呈示されるので，ドットの位置を記憶しておく必要はない。両条件でPET測定を行い実験参加者の脳血流量の変化を比較したところ，記憶課題では脳の右半球の前頭葉，運動前野，頭頂葉や後頭葉などの領域に活性化が確認された。そこで，視覚・空間的な情報の保持には，これらの領域が必要であるとされた。なお，このネットワークはいずれも右半球を中心としていることから，視覚・空間的情報の右半球優位性を反映していると考えられた。

　音韻ループに関しては，音韻をリハーサルしながら保持する音韻保持課題と，アルファベットの音韻の同異判断を行う音韻同定課題における脳活動について検討されている（Paulesu et al., 1993）。そこでは両課題ともに左半球下前頭回のBroca領域（BA44）の活動が明らかであることから，両課題に必要な構音コントロールのはたらきはBroca領域に関係していると指摘された。また，音韻ストアに対応する部位を詳細にみるため，音韻保持課題と音韻同定課題間で活動部位を比較したところ，縁上回（supramarginal gyrus, BA40）周辺の活動が認められ，音韻ストアの機能は縁上回周辺部が関与してい

ると推定された。

　この結果は，音韻ストアは縁上回周辺に，構音コントロール，いわゆるリハーサル機構はBroca領域で，それぞれ左半球で主に処理されていることを示している。

　さらに，色と空間位置を用いた変化検出課題に伴う脳活動をfMRIにより測定した結果からは，頭頂間溝（intraparietal sulcus：IPS）と後頭間溝（intraoccipital sulcus：IOS）領域における信号変化率が視覚性ワーキングメモリの容量限界に対応して増加することが報告されている（Todd & Marois, 2004）。

（苧阪 満里子）

5·4 中央実行系の脳内メカニズム

　中央実行系の機能の脳内基盤は，二重課題やN-バック課題（N-back task：Owen et al., 2005）を用いたニューロイメージング研究により探索が行われている。

　二重課題を用いた研究では，意味的カテゴリ判断を行う言語性課題と心的回転を行う空間性課題を用いて，それぞれの課題を単独で行っているときと二種類の課題を並行して遂行する二重課題のもとで，脳の活動領域がfMRIにより比較されている。その結果，二重課題の遂行時にはそれぞれの課題を単独で行っているときに比較して，両側の背外側前頭前野（dorsolateral prefrontal cortex：DLPFC）（BA9, 46）において活動が増強することが認められた（D'Esposito et al., 1995）。DLPFCの活動は単独課題を困難にしても確認できなかったことから，二重課題に必要な調整機能をDLPFCが担っていると考えられた。

　N-バック課題は，記憶更新の脳内基盤を検証するために頻繁に用いられる課題である。この課題では，一連の刺激が継続的に呈示されるときに，その刺激よりもN個前に呈示された刺激との同異判断が問われる（Smith & Jonides, 1999）。1-バックでは一つ前の，2-バックでは二つ前に呈示された文字や図形がターゲットとなる。Nの数が増加すると記憶しておかなければならない刺激の数が増えるとともに，

次々と記憶した内容を更新することが求められ、課題の負荷が増えていく。N-バック課題を用いた研究では、Nの数が2以上になるとDLPFC（BA9/46）、腹外側前頭前野（ventrolateral prefrontal cortex：VLPFC；BA44）や頭頂葉（BA40/7）などの活動増強が認められるようになる（Awh et al., 1996；Braver et al., 1997）。

複合スパンテストを用いて脳活動を測定した研究は数が少ないが、その遂行中の中央実行系の脳内基盤が探索されている（Bunge et al., 2000；M. Osaka et al., 2003；N. Osaka et al., 2004；Smith et al., 2001）。fMRIを用いてRST遂行時において文を読みかつ単語を保持するという二重課題条件での脳活動を、文を読むだけ、および単語を保持するだけの単純課題条件での脳活動と比較したところ、3条件ではいずれも左半球の前頭前野に活動増強が認められた（Bunge et al., 2000）。さらに左半球の中側頭回、両側の前帯状皮質（anterior cingulate cortex：ACC）、両側の頭頂葉、後頭葉および小脳にも活性化が認められたが、単純課題の2条件に比較してRSTの二重課題条件において特に活動増強が認められたのは左右半球の前頭前野であり、中央実行系の脳基盤が前頭前野にあることを示唆する結果となった。

（苧阪 満里子）

5・5 個人差の脳基盤

RSTなどの課題を遂行時の脳活動を個人差の視点から検討することにより、中央実行系の機能を支える脳内メカニズムを探索する研究も報告されてきた。そこではLST（リスニングスパンテスト：M. Osaka et al., 2003）、RST（N. Osaka et al., 2004）やOST（Kondo et al., 2004）を実施中の脳活動をfMRIにより測定して、高得点群と低得点群の両グループ間で比較している。その結果、それぞれの課題遂行中には、単語を保持すること、文を読むことの単一課題に比較してDLPFCとACCさらに上頭頂小葉（superior parietal lobule：SPL）の活動増強が認められている。図5-5-1に高得点群のそれぞれの領域における活動を示す。

個人差に関しては、低得点群に比較して高得点群ではDLPFCとACCが共通して活性化することが確認されている。両方の領域間のfMRI信号変化率についてDLPFCとACCの二つの領域間の相関係数を比較すると、高得点群が低得点群に比較して有意に高い相関を示す結果が得られた（M. Osaka et al., 2003；N. Osaka et al., 2004）。領域間の相関の強さが群間で異なることは、高得点群において、課題遂行に際して領域間での機能的連携が強いことを示唆している。

RSTを遂行中のDLPFCとACCは、中央実行系の機能のなかでも特に注意制御に関連すると考えられている（Osaka & Osaka, 2007）。特にDLPFCは課題目標に注意を維持する役割を担い、ACCはStroop課題（Stroop task）のような認知的葛藤に直面したときの抑制制御などを担っていると考えられる（MacDonald et al., 2000；Smith & Jonides, 1999）。また、上頭頂小葉（SPL）を含む頭頂領域は、注意の制御と注意の移行と関連することが報告されている（Corbetta et al., 2008；Coull & Nobre, 1998；

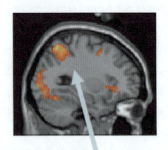
left SPL

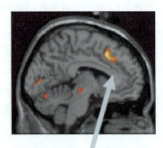
ACC

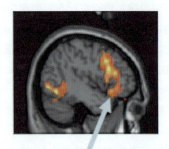
left DLPFC

図5-5-1　RSTを遂行時の活動増強を示す領域（N. Osaka et al., 2004）

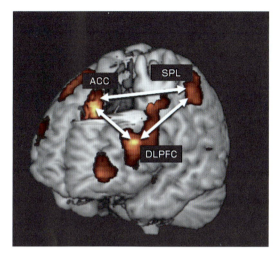

図5-5-2 ワーキングメモリの中央実行系の脳内機構
（苧阪, 2014）

Culham & Kanwisher, 2001)。このことから, ワーキングメモリの中央実行系機能に関連する脳活動においては, 前頭領域を中心とする実行機能に加えて頭頂領域における注意制御機能の重要性が指摘されている (Osaka & Osaka, 2007; Wager & Smith, 2003)。

一方, 視覚・空間性スパンテストを用いた脳基盤を測定する試みも行われている (Kondo et al., 2004)。そこでは, 視覚・空間性スパンテスト (Shah & Miyake, 1996) 遂行時の脳活動をfMRIで測定したところ, 右半球のDLPFCとACCとの間の信号変化率に有意な相関が認められた。さらに信号変化率から推定される領域間の機能的結合性は, RSTと同様に高得点群が低得点群よりも高いことが確認されている。

言語性と空間性の両刺激を用いた複合スパン課題を遂行時の脳基盤を探索した研究からは, モダリティに関わりなく二重課題遂行時には, 外側前頭前野 (lateral prefrontal cortex：LPFC), ACC, 頭頂領域の活動増強が認められている (Chein et al., 2011; Minamoto et al., 2017)。

このように, 高得点群と低得点群の差はワーキングメモリの中央実行系の注意制御が要求される二重課題で明らかになる。ワーキングメモリにおける中央実行系の機能が要請される場面では, 課題目標を的確に維持するため必要な情報に注意を移行してそ

れを保持するとともに不必要な情報を適宜抑制することが必要であり, 高得点群は, DLPFC, ACCやSPLを中心とするネットワークを利用して, より効果的に課題に対処していると考えられる (苧阪, 2014：図5-5-2参照)。

（苧阪 満里子）

5・6 ワーキングメモリに関わる脳内ネットワーク

ワーキングメモリ課題遂行に関わる脳領域間の相関関係に個人差が認められた結果は, 中央実行系に関わる領域間の機能的結合性がワーキングメモリ課題の遂行に影響することを推察させる。

脳内ネットワークに関しては, 安静時と課題遂行時の脳活動を比較したときに, 課題遂行時よりも安静時に高い脳活動を示す脳領域があることから, 複数の脳領域で共通した活動を示す安静時脳内ネットワーク (resting state brain network) の存在が指摘されている (Fransson, 2005; Raichle et al., 2001)。

その代表的な安静時ネットワークであるデフォルトモードネットワーク (default mode network：DMN) は, 内側前頭前野 (medial prefrontal cortex：MPFC), 後部帯状皮質 (posterior cingulate cortex：PCC), 楔前部 (precuneus), 下頭頂小葉 (inferior parietal lobule：IPL), 外側側頭葉 (lateral temporal cortex：LTC) や海馬 (hippocampus) を含んでいる。

一方, ワーキングメモリに関わるワーキングメモリネットワーク (working memory network：WMN) はDLPFCおよび後頭頂皮質 (posterior parietal cortex：PPC) を中心とすると考えられている。特に, 中央実行系の機能のうち注意制御と関係すると考えられているものとして前頭−頭頂ネットワーク (frontal-parietal network：FPN) が挙げられる (Buckner et al., 2008)。また, 課題実施中には, 特に注意の制御に関してはDLPFC, PPCを中心とする背側注意ネットワーク (dorsal attentional network) も活動を高める。図5-6-1にDMNとWMNの脳領域を示す。

（苧阪 満里子）

 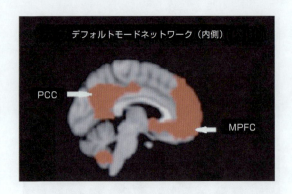

図 5-6-1　DMN と WMN の脳領域（苧阪・越野, 2018）

5・7　ワーキングメモリネットワークとデフォルトモードネットワーク

　WMN と DMN については，安静時に DMN が活動しているときは WMN が活動の低下を示すが，ワーキングメモリ課題遂行時には WMN の活動が上昇する一方，DMN は活動の低下を示すことが指摘されていて，DMN と WMN の間には反相関が認められることが報告されている（Fox et al., 2005）。

　このような課題遂行に伴う DMN の活動の低下は，課題遂行に必要な処理資源が対応する領域に配分されることによるものと考えられる（Persson et al., 2007 ; Raichle et al., 2001）。すなわち，ワーキングメモリ課題が困難になり課題遂行のための資源がさらに必要になるにつれ，DMN に関わる領域に配分できる資源量が低下し，そのため DMN の活動は低下する（Mayer et al., 2010）。さらに，課題遂行中に WMN の領域の活動が高い実験参加者ほど DMN の活動低下が認められる結果も指摘されている（Greicius & Menon, 2004）。さらにワーキングメモリの個人差についても，課題遂行時のみならず安静時にも，安静時ネットワークの結合度の差が認められることがわかってきた（M. Osaka et al., 2021）。

　このような WMN と DMN 間の活動の切り替えを担っているネットワークには，ACC と前島皮質（anterior insular cortex）を中心とする顕著性ネットワーク（saliency network）が想定されている（Bressler & Menon, 2010）。

　一方，DMN と WMN は競合するだけでなく，他者の性格判断などを伴う社会性ワーキングメモリ課題を遂行しているとき（Meyer et al., 2012）や，課題遂行に入る前の準備状況（Koshino et al., 2014 ; 苧阪・越野，2018）では，両者はともに活動することが指摘されている。

　このように，ワーキングメモリの基盤となる脳領域は，単独でその機能を支えているのではなく，複数の脳領域とネットワークを維持して，協調あるいは競合を繰り返しながら，適切な調整を可能としていると考えられる。こうした脳内ネットワークの協調によりワーキングメモリは知覚から認知までの心のはたらきを担っているのである。

　　　　　　　　　　　　　　　　　（苧阪 満里子）

文献

（5・0）

Atkinson, R. C., & Shiffrin, R. M. (1971). The control of short-term memory. *Scientific American, 225*, 82-90. [doi: 10.1038/scientificamerican0871-82]

Baddeley, A. (1986). *Working Memory*. Oxford University Press.

Baddeley, A., & Hitch, G. (1974). Working memory. In G. H. Bower (Ed.), *The Psychology of Learning and Motivation* (Vol. 8, pp. 47-89). Academic Press.

Just, M. A., & Carpenter, P. A. (1992). A capacity theory of comprehension: Individual differences in working memory. *Psychological Review, 99,* 122–149.［doi: 10.1037/0033-295x.99.1.122］

苧阪 満里子 (2002). 脳のメモ帳：ワーキングメモリ　新曜社

Warrington, E. K., & Shallice, T. (1969). The selective impairment of auditory verbal short-term memory. *Brain, 92,* 885–896.［doi: 10.1093/brain/92.4.885］

（5・1）

Baddeley, A. (1986). *Working memory*. Oxford University Press.

Baddeley, A. (1992). Working memory. *Science, 255,* 556–559.［doi: 10.1126/science.1736359］

Baddeley, A. (1996). Exploring the central executive. *Quarterly Journal of Experimental Psychology, 49,* 5–28.［doi: 10.1080/713755608］

Baddeley, A. (2000). The episodic buffer: A new component of working memory? *Trends in Cognitive Sciences, 4,* 417–423.［doi: 10.1016/S1364-6613(00)01538-2］

Baddeley, A. (2012). Working memory: Theories, models, and controversies. *Annual Review of Psychology, 63,* 1–29.［doi: 10.1146/annurev-psych-120710-100422］

Baddeley, A., & Lieberman, K. (1980). Spatial working memory. In R. S. Nickerson (Ed.), *Attention and Performance 8* (pp. 521–539). Erlbaum.

Brandimonte, M., Hitch, G., & Bishop, D. (1992). Influence of short-term memory codes on visual image processing: Evidence from image transformation tasks. *Journal of Experimental Psychology: Learning, Memory and Cognition, 18,* 157–165.［doi: 10.1037/0278-7393.18.1.157］

Brandimonte, M., & Gerbino, W. (1993). Mental image reversal and verbal recoding: When ducks become rabbits. *Memory and Cognition, 21,* 23–33.［doi: 10.3758/BF03211161］

Chambers, D., & Reisberg, D. (1985). Can mental images be ambiguous? *Journal of Experimental Psychology: Human Perception & Performance, 11,* 317–328.［doi: 10.1037/0096-1523.11.3.317］

Cowan, N. (1999). An embedded-processes model of working memory. In A. Miyake & P. Shah (Eds.), *Models of Working Memory: Mechanisms of Active Maintenance and Executive Control* (pp. 62–101). Cambridge University Press.

Cowan, N. (2000). The magical number 4 in short-term memory: A reconsideration of mental storage capacity. *Behavioral Brain Science, 24,* 87–185.［doi: 10.1017/s0140525x01003922］

Engle R. W., Kane, M. J., & Tuholski, S. W. (1999). Individual differences in working memory capacity and what they tell us about controlled attention, general fluid intelligence, and functions of the prefrontal cortex. In A. Miyake & P. Shah (Eds.), *Models of Working Memory: Mechanisms of Active Maintenance and Executive Control* (pp. 102–134). Cambridge University Press.

Logie, R. H. (1995). *Visuo-Spatial Working Memory*. Lawrence Erlbaum Associates.

Logie, R. H. (2003). Spatial and visual working memory: A mental workspace. *The Psychology of Learning and Motivation, 42,* 37–78.［doi: 10.1016/S0079-7421(03)01002-8］

Logie, R. H., & Marchetti, C. (1991). Visuo-spatial working memory: Visual, spatial or central executive? In R. H. Logie & M. Denis (Eds.), *Mental Images in Human Cognition* (pp. 105–115). North Holland Press.

Luck, S. J., & Vogel, E. D. (1997). The capacity of visual working memory for features and conjunctions. *Nature, 390,* 279–281.［doi: 10.1038/36846］

Miller, G. A. (1956). The magical number seven, plus or minus two: Some limits on our capacity for processing information. *Psychological Review, 63,* 81–97.［doi: 10.1037/h0043158］

Vogel, E. K., Woodman, G. F., & Luck, S. J. (2001). Storage of features, conjunctions, and objects in visual working memory. *Journal of Experimental Psychology: Human Perception and Performance, 27,* 92–114.［doi: 10.1037/0096-1523.27.1.92］

（5・2）

Daneman, M., & Carpenter, P. A. (1980). Individual differences in working memory and reading. *Journal of Verbal*

Learning and Verbal Behavior, 19, 450-466. [doi: 10.1016/S0022-5371(80)90312-6]

Daneman, M., & Merikle, P. M. (1996). Working memory and language comprehension: A meta-analysis. *Psychonomic Bulletin & Review, 3*, 422-433. [doi: 10.3758/BF03214546]

Just, M. A., & Carpenter, P. A. (1992). A capacity theory of comprehension: Individual differences in working memory. *Psychological Review, 99*, 122-149. [doi: 10.1037/0033-295x.99.1.122]

苧阪 満里子 (2002). 脳のメモ帳：ワーキングメモリ 新曜社

苧阪 満里子 (2014). もの忘れの脳科学 講談社

苧阪 満里子 (2020). 高齢者のもの忘れを測る：リーディングスパンテストによるワーキングメモリ評価 新曜社

苧阪 満里子・苧阪 直行 (1994). 読みとワーキングメモリ容量：リーディングスパンテストによる検討 心理学研究, *65*, 339-345.

苧阪 直行 (編著) (2000). 脳とワーキングメモリ 京都大学学術出版会

Shah, P., & Miyake, A. (1996). The separability of working memory resources for spatial thinking and language processing: An individual differences approach. *Journal of Experimental Psychology: General, 125*, 4-27. [doi: 10.1037/0096-3445.125.1.4]

Turner, M. L., & Engle, R. W. (1989). Is working memory capacity task dependent? *Journal of Memory and Language, 28*, 127-154. [doi: 10.1016/0749-596X(89)90040-5]

(5・3)

Jonides, J., Smith, E. E., Koeppe, R. A., Awh, E., Minoshima, S., & Mintun, M. A. (1993). Spatial working memory in humans as revealed by PET. *Nature, 363*, 623-625. [doi: 10.1038/363623a0]

Paulesu, E., Frith, C. D., & Frackowiak, R. S. (1993). The neural correlates of the verbal component of working memory. *Nature, 362*, 342-345. [doi: 10.1038/362342a0]

Todd, J. J., & Marois, R. (2004). Capacity limit of visual short-term memory in human posterior parietal cortex. *Nature, 428*, 751-754. [doi: 10.1038/nature02466]

(5・4)

Awh, E., Jonides, J., Smith, E. E., Schumacher, E. H., Keoppe, R. A., & Katz, S. (1996). Dissociation of storage and rehearsal in verbal working memory: Evidence from PET. *Psychological Science, 7*, 25-31. [doi: 10.1111/j.1467-9280.1996.tb00662.x]

Braver, T. S., Cohen, J. D., Nystrom, L. E., Jonides, J., Smith, E. E., & Noll, D. C. (1997). A parametric study of prefrontal cortex involvement in human working memory. *NeuroImage, 5*, 49-62. [doi: 10.1006/nimg.1996.0247]

Bunge, S. A., Klinberg, T., Jacobson, R. B., & Gabrieli, D. E. (2000). A resource model of the neural basis of executive working memory. *Proceeding of National Academy of Science of the USA, 97*, 3573-3578. [doi: 10.1073/pnas.97.7.3573]

D'Esposito, M., Detre, J. A., Alsop, D. C., Shin, R. K., Atlas, S., & Grossman, M. (1995). The neural basis of the central executive system of working memory. *Nature, 378*, 279-281. [doi: 10.1038/378279a0]

Osaka, M., Osaka, N., Kondo, H., Morishita, M., Fukuyama, H., Aso, T., & Shibasaki, H. (2003). The Neural basis of individual differences in working memory capacity: An fMRI study. *NeuroImage, 18*, 789-797. [doi: 10.1016/s1053-8119(02)00032-0]

Osaka, N., Osaka, M., Kondo, H., Morishita, M., Fukuyama, H., & Shibasaki, H. (2004). The neural bases of executive function in working memory: An fMRI study based on individual differences. *NeuroImage, 21*, 623-631. [doi: 10.1016/j.neuroimage.2003.09.069]

Owen, A. M., McMillan K. M., Laird, A. R., & Bullmore, E. (2005). N-back working memory paradigm: A meta-analysis of normative functional neuroimaging studies. *Human Brain Mapping, 25*, 46-59. [doi: 10.1002/hbm.20131]

Smith, E. E., Geva, A., Jonides, J., Miller, A., Reuter-Lorenz, P., & Koeppe, R. A. (2001). The neural basis of task-switching in working memory: Effects of performance and aging. *Proceedings of the National Academy of Sciences, 98*, 2095-2100. [doi: 10.1073/pnas.98.4.2095]

Smith, E. E., & Jonides, J. (1999). Storage and executive processes in the frontal lobes. *Science, 283*, 1657-1661. [doi:

10.1126/science.283.5408.1657］

（5・5）

Chein, J. M., Moore, A. B., & Conway, A. R. A. (2010). Domain-general mechanisms of complex working memory span. *NeuroImage*, *54*, 550–559.［doi: 10.1016/j.neuroimage.2010.07.067］

Corbetta, M., Patel, G., & Shulman, G. L. (2008). The reorienting system of the human brain: From environment to theory of mind. *Neuron*, *58*, 306–324.［doi: 10.1016/j.neuron.2008.04.017］

Coull, J. T., & Nobre, A. C. (1998). Where and when to pay attention: The neural systems for directing attention to spatial locations and to time intervals as revealed by both PET and fMRI. *The Journal of Neuroscience*, *18*(18), 7426–7435.［doi: 10.1523/JNEUROSCI.18-18-07426.1998］

Culham, J. C., & Kanwisher, N. G. (2001). Neuroimaging of cognitive functions in human parietal cortex. *Current Opinion in Neurobiology*, *11*, 157–163.［doi: 10.1016/s0959-4388(00)00191-4］

Kondo, H., Osaka, N., & Osaka, M. (2004). Cooperation of the anterior cingulate cortex and dorsolateral prefrontal cortex for attention shifting. *NeuroImage*, *23*, 670–679.［doi: 10.1016/j.neuroimage.2004.06.014］

MacDonald, A. W. III., Cohen, J. D., Stenger, V. A., & Carter, C. S. (2000). Dissociating the role of the dorsolateral prefrontal and anterior cingulate cortex in cognitive control. *Science*, *288*, 1835–1838.［doi: 10.1126/science.288.5472.1835］

Minamoto, T., Tsubomi, H., & Osaka, N. (2017). Neural mechanisms of individual differences in working memory capacity: Observations from functional imaging studies. *Current Directions in Psychological Science*, *26*, 335–345.［doi: 10.1177/0963721417698800］

苧阪 満里子 （2014）．もの忘れの脳科学　講談社

Osaka, M., & Osaka, N. (2007). Neural basis of focusing attention in working memory. An fMRI study based on individual differences. In N. Osaka, R. H. Logie, & M. D'Esposito (Eds.), *The Cognitive Neuroscience of Working Memory* (pp. 99–118). Oxford University Press.

Osaka, M., Osaka, N., Kondo, H., Morishita, M., Fukuyama, H., Aso, T., & Shibasaki, H. (2003). The neural basis of individual differences in working memory capacity: An fMRI study. *NeuroImage*, *18*, 789–797.［doi: 10.1016/s1053-8119(02)00032-0］

Osaka, N., Osaka, M., Kondo, H., Morishita, M., Fukuyama, H., & Shibasaki, H. (2004). The neural bases of executive function in working memory: An fMRI study based on individual differences. *NeuroImage*, *21*, 623–631.［doi: 10.1016/j.neuroimage.2003.09.069］

Shah, P., & Miyake, A. (1996). The separability of working memory resources for spatial thinking and language processing: An individual differences approach. *Journal of Experimental Psychology: General*, *125*, 4–27.［doi: 10.1037/0096-3445.125.1.4］

Smith, E. E., & Jonides, J. (1999). Storage and executive processes in the frontal lobes. *Science*, *283*, 1657–1661.［doi: 10.1126/science.283.5408.1657］

Wager, T. D., & Smith, E. E. (2003). Neuroimaging studies of working memory: A meta-analysis. *Cognitive, Affective, & Behavioral Neuroscience*, *3*, 255–274.［doi: 10.3758/cabn.3.4.255］

（5・6）

Buckner, R. L., Andrews-Hanna, J. R., & Schacter, D. L. (2008). The brain's default network: Anatomy, function, and relevance to disease. *Annals of the New York Academy of Sciences*, *1124*, 1–38.［doi: 10.1196/annals.1440.011］

Fransson, P. (2005). Spontaneous low-frequency BOLD signal fluctuations: An fMRI investigation of the resting-state default mode of brain function hypothesis. *Human Brain Mapping*, *26*, 15–29.［doi: 10.1002/hbm.20113］

苧阪 直行・越野 英哉 （2018）．社会脳ネットワーク入門　新曜社

Raichle, M. E., MacLeod, A. M., Snyder, A. Z., Powers, W. J., Gusnard, D. A., & Shulman, G. L. (2001). A default mode of brain function. *Proceedings of the National Academy Sciences of the USA*, *98*, 676–682.［doi: 10.1073/pnas.98.2.676］

（5・7）

Bressler, S. L., & Menon, V. (2010). Large-scale brain networks in cognition: Emerging methods and principles. *Trends in Cognitive Sciences, 14,* 277-290. [doi: 10.1016/j.tics.2010.04.004]

Fox, M. D., Snyder, A. Z., Vincent, J. L., Corbetta, M., Van Essen, D. C., & Raichle, M. E. (2005). The human brain is intrinsically organized into dynamic, anticorrelated functional networks. *Proceedings of the National Academy Science of the USA, 102,* 9673-9678. [doi: 10.1073/pnas.0504136102]

Greicius, M. D., & Menon, V. (2004). Default-mode activity during a passive sensory task: Uncoupled from deactivation but impacting activation. *Journal of Cognitive Neuroscience, 16,* 1484-1492. [doi: 10.1162/0898929042568532]

Koshino, H., Minamoto, T., Yaoi, K., Osaka, M., & Osaka, N. (2014). Coactivation of the default mode network regions and working memory network regions during task preparation. *Scientific Reports, 4, 5954.* [doi: 10.1038/srep05954]

Mayer, J. S., Roebroeck, A., Maurer, K., & Linden, D. E. J. (2010). Specialization in the default mode: Task-induced brain deactivations dissociate between visual working memory and attention. *Human Brain Mapping, 31,* 126-139. [doi: 10.1002/hbm.20850]

Meyer, M. L., Spunt, R. P., Berkman, E. T., Taylor, S. E., & Lieberman, M. D. (2012). Evidence for social working memory from a parametric functional MRI study. *Proceedings of the National Academy Sciences of the USA, 109,* 1883-1888. [doi: 10.1073/pnas.1121077109]

Osaka, M., Kaneda, M., Azuma, M., Yaoi, K., & Osaka, N. (2021). Capacity differences in working memory based on resting state brain networks. *Scientific Reports, 11,* 19502. [doi: 10.1038/s41598-021-98848-2]

苧阪 直行・越野 英哉 （2018）．社会脳ネットワーク入門　新曜社

Persson, J., Lustig, C., Nelson, J. K., & Reuter-Lorenz, P. A. (2007). Age differences in deactivation: A link to cognitive control? *Journal of Cognitive Neuroscience, 19,* 1021-1032. [doi: 10.1162/jocn.2007.19.6.1021]

Raichle, M. E., MacLeod, A. M., Snyder, A. Z., Powers, W. J., Gusnard, D. A., & Shulman, G. L. (2001). A default mode of brain function. *Proceedings of the National Academy Sciences of the USA, 98,* 676-682. [doi: 10.1073/pnas.98.2.676]

第6章 感性・質感

6・1 感性・質感研究の流れ

6・1・1 感性研究の流れ

感性（*Kansei*）とは「包括的，直感的に行われる心的活動およびその能力」である（三浦，2013）とする定義がある。具体的には，印象や評価を伴う知覚（質感，速度感など），感覚照応（音象徴，オノマトペなど），評価性判断（美しさ，よさなど），論理を基盤としない思考や判断（ヒューリスティクス，革新的思考，創造性）などを指すとされる。

感性がこのように幅広い活動を内包するのは，この言葉が，Sinnlichkeit（感覚）と sensibility（感情）という異なる哲学用語の訳語として日本語に入ってきたこと，また，それぞれの原語が，前者には批判力や創造性，後者には美的感受性といった異なる意味を有していたことによる（佐々木，2001）。その結果，日本語の「感性」に適切な訳語を当てはめることが難しくなり，感性科学の領域では Kansei のまま流通させる試みもとられてきた。

一方，哲学領域で「感性学（美学）」と訳される Ästhetik は，「感性による認識」を考える学問として 18 世紀に誕生したものであるが，この語のもととなった古代ギリシャ語アイステーシス（Aisthesis）は，感覚から感情までを含む広義の知覚を意味していた。したがって，感覚，感情，直観，美的センスなどを含む日本語の「感性」は偶然にもアイステーシスの原義を引き継いでおり，感性科学の訳語に Aesthetic science を当てることも妥当といえる。

日本において，感性が科学の対象として取り上げられるようになったのは，1992 年の文部省科学研究費補助金重点領域研究「感性情報処理の情報学・心理学的研究」の採択からである。これをきっかけに，感性を冠した学会・研究会の創設（1998 年の日本感性工学会など），科研費の細目・キーワードへの採用（2012 年），事典・ハンドブックでの項目立て（行場，2007；三浦，2006, 2013）などが行われ，学問領域として確立していった。

ただし，科学としての感性研究は Fechner（1876）に遡ることができる。彼は心理値（例：美しさ）と物理値（例：縦横比）の関係を実証的に調べ，データに基づく「下からの美学」，すなわち実験美学（empirical aesthetics）を提唱した。Birkhoff（1932）による美度（aesthetic measure）の提案もこの流れにある。これらは美や快を対象の物理特性の観点から考える試みであり，その後，フラクタル（fractal：Taylor et al., 2000），1/f ゆらぎ（1/f fluctuation：長，2015），ランダムネス（randomness：三浦，2007）などの観点も加わり，また，嫌悪感のような負の印象についても，空間周波数の観点から議論されるようになっていく（Cole & Wilkins, 2013）。

これに対し，ヒトの心理特性や生理反応に注目し，快や好みを考えたのが Berlyne（1960）である。彼は快を脳の覚醒度（arousal）［後に照合変数（collative variable）に変更］との関係で捉え，覚醒ポテンシャルモデル（arousal potential model）を提案した。内的過程を考える彼の発想は認知心理学に引き継がれ，処理流暢性理論（Reber et al., 2004），単純接触効果（Cutting, 2003），典型性選好理論（Whitfield & Slatter, 1979），身体特異性理論（Casasanto, 2009）などの多様な考察の枠組みが加わった。また，負の評価を議論する枠組みとして，感情評価理論（Silvia, 2012）や「不気味の谷（uncanny valley）」（Yamada et al., 2013）などの観点も提案されている。

一方，これらの流れと独立して注目すべきは，20

第Ⅰ部 総論

世紀初頭のゲシュタルト心理学である。彼らは知覚理論を提唱するにあたって、「よさ」という感性評価を基盤におき、デモンストレーションによる直感的な説明を採用した。また、Arnheim の視覚的思考（visual thinking：Arnheim, 1969）、Köhler の洞察（insight：Köhler, 1921）、Aha 体験（Aha experience）、takete-maluma 効果も感性に関わる概念や現象といえる。野口（2007）や鷲見（1992）による美や芸術への論考もある。

ゲシュタルト心理学が指摘した定性的な「よさ」を定量的に示そうとする試みは、1950 年以降、情報学の影響を受け、冗長度やエントロピーの概念を取り入れた議論が行われるようになった（Garner & Clement, 1963；Hochberg & Brooks, 1960；今井, 1977）。このなかで始まったパターンのよさ（pattern goodness）の研究は、身体の関与（中嶋・一川, 2008）やパターンの気持ち悪さ（Cole & Wilkins, 2013；三浦他, 2016；Sasaki et al., 2016）へと視点を広げている。

他方、「よさ」という 1 次元にとどまらず、多様な印象を捉えるのに有効なのが、Osgood et al.（1957）の考案した SD 法（semantic differential method）である。この手法を用いて、よさ自体の多次元性（行場他, 1985）や因子の加算性（Oyama et al., 1998）の研究が行われた。なお、SD 法のもつ顕在評価の問題を排除するため、潜在連合テスト（implicit association test：IAT）の適用も試みられている（Stieger & Swami, 2015）。多次元の印象を捉える他の方法として、三浦（1999）は記述選択法を用いて絵画の分析を行い、Namba et al.（1991）は連続記述選択法（method of selected description）を用いて時々刻々と変化する音楽の印象を評価させている。さらに、鈴木他（2006）は SD 法にヒントを得て、感性印象を多感覚の観点から検討する MD 法（modality differential method）を開発している。

生理学的研究としては、古くは Olds & Milner（1954）によるラットの快・不快中枢の研究があり、Berlyne のモデルに理論的基盤を与えた。現在では、神経美学（neuroaesthetics）として、事象関連電位（Höfel & Jacobsen, 2007）、fMRI（Kawabata & Zeki, 2004）、MEG（Cela-Conde et al., 2004）、PET

（Blood et al., 1999）などを用いたヒトの脳での研究が進んでいる。一方、呼吸の測定を通して、音楽や会話の間や、演奏者と聴衆での「息が合う」現象を考察した研究もある（中村他, 2010）。さらに、比較行動学の視点から芸術を鍵刺激の概念で理解する試みや（Ramachandran & Hirstein, 1999）、行動生物学に立脚して絵画の制作や鑑賞を考える研究（齋藤, 2014；渡辺, 2016；Watanabe et al., 1995）も行われている。

上記の概観では、主に評価性判断（美しさ、よさ）に関する研究を取り上げた。これに関しては三浦他（2018）に詳しい。以下では質感研究の流れに言及する。

6・1・2 質感研究の流れ

質感研究の出発点の一つは、色の現れ方（mode of appearance：Katz, 1935）にある。面色、表面色、光沢色、透明色、金属色など、色を質的な観点から記述・分類することが行われた。これらの質感は、画家がそうしてきたように、画像として再現することができる。再現された画像は実際の物体とは異なる分光特性をもつが、同様の質感が知覚される。このため、再現された画像の局所的な特徴を調べる研究が行われるようになる。ハイライトによる光沢感、明暗配置に基づく透明視、輝度勾配によるグレア効果（光輝）などの心理物理学的研究もその例である（Beck & Prazdny, 1981；Metelli, 1974；大山・中原, 1960；山内他, 1997；Zavagno, 1999）。

もう一つの流れは、visual texture の文脈である。ヒトはテクスチャをどのように知覚しているか、テクスチャ知覚にはどのような画像特性が重要か、どのような変数で自然画像の質感を再現できるかといった研究が行われ、限られた低次の画像特性によってテクスチャが予測可能であることが指摘された（Portilla & Simoncelli, 2000；Rao & Lohse, 1996；Rubner & Tomasi, 1998）。この流れのなかで、Nishida & Shinya（1998）は見かけの反射率（光沢感）が輝度ヒストグラムに関係していることを示し、Fleming et al.（2003）は輝度ヒストグラムの歪度で再現可能であることを指摘した。さらに、Motoyoshi et al.（2007）は多様な質感を単純な画像

統計量によって説明できることを示し，Motoyoshi（2013）では順応実験を通して，その生理学的基盤を提案している。

一方，質感は触覚と関わっている。第3の流れは感覚間相互作用の文脈である。80年代には，布の風合いや建材の視感・触感に関する研究が官能検査の文脈で紹介されている（小林，1982；吉田・山下，1982）。2000年代に入ると，多感覚統合の観点から，たとえば，山本他（2014）はオノマトペを測度に，触覚への順応実験を行い，視覚的触感に及ぼす触覚の影響が，評価段階ではなく感覚段階で生じていることを報告している。

2010年代以降，質感研究は食物の新鮮さ（Wada et al., 2010），液体の粘性（Kawabe, 2015），質感の脳科学（Hiramatsu et al., 2011），発達研究（Yang et al., 2011）など，一段と広がりと深まりを見せている。新学術領域研究「質感認知の脳神経メカニズムと高度質感情報処理技術の融合的研究」の採択（2010年）もこの動向に拍車をかけた。それらの一部は『質感の科学』（小松，2016）にまとめられている。

（三浦　佳世）

■ 6・2　質感，光沢感と関連色

質感とは物体の素材や構成，状態に関する知覚である。したがって質感には色や明るさも含まれる。色や質感の見え方を最初に分類したのはKatz（1935）であろう。Katzはその著書で色の見え方を九つに分類した。分類には表面色，光輝といった色や光に関する見えだけでなく，鏡面，光沢，透明表面といった複雑な質感に関係する見えも含まれていた。色知覚の研究が進むにつれ，色の見えの分類は再区分され，現在は大きく分けて二つのモードとして取り扱われることが多い。二つのモードとは表面色（物体色，関連色とも），発光色（面色，開口色，無関連色とも）である（Hunt, 1985；OSA, 1943）。表面色は周辺とのコントラストが重要な手がかりとなっており，照明光の強さや色による影響を分離して物体の色の特性を知覚することが可能になる。これは色恒常性として知られる色覚特性である。一方でKatz

の分類に含まれていた鏡面，光沢，透明といった知覚は，色と比べて複雑である。色は1点の三刺激値で記述可能であり，周辺とのコントラストを考慮しても中心周辺の2点のみを考慮するだけで多くの現象が記述可能である（Fairchild, 2013）。一方で鏡面，光沢，透明は刺激映像の1点を抽出してもまったく再現できない。明らかに2次元的な画像的手がかりが必要である。このように複雑な手がかりに基づいた知覚である質感ではあるが，比較的単純な特性である光沢感は近年大幅に理解が進んでいる。

光沢感（glossiness）とは表面のつや，光沢，映り込みなどを手がかりにした物体表面の滑らかさや状態，素材に関わる知覚量である。磨いた表面，濡れた面，金属材料などで強い。拡散反射（diffuse reflection）に関わる色と明度（アルベド：albedo）や，マクロな立体形状，照明環境などと密接に関係している。近年の高品質なコンピューターグラフィックス（CG）による精緻な光学計算による画像の生成と解析，画像統計量などのパラメトリックな操作によって研究が大きく進んだ。素朴な予想通り，光沢感は鏡面反射（specular reflection）が作り出す強く鋭い光沢（ハイライト：highlight）が重要な手がかりとなる。光沢の明るさ，コントラスト（Motoyoshi et al., 2007；Sharan et al., 2008；Wiebel et al., 2015），面積，エッジの鋭利さ（Marlow & Anderson, 2013），位置，向き，物体表面の陰影との整合性（Kim et al., 2011；Kim et al., 2012；Marlow et al., 2011；Marlow et al., 2012）などが重要である。

6・2・1　光反射の測定とモデル

光沢感を議論する際には光学現象の正しい理解が前提となる。物体表面における反射には，大きく分けて鏡面反射と拡散反射の二者がある。鏡面反射は入射角（表面の法線に対する入射光の角度）に対して特定の角度のみに強く反射し，その角度は表面の法線に対して入射角と反射角（表面の法線に対する反射光の角度）が等しい関係となる。鏡面反射は素材（金属などの導電体，溶媒の屈折率，濡れ状態）に基づいて強度が決まり，表面の滑らかさに応じて反射の鋭さが決まる。拡散反射は入射光の角度にかかわらず全方位に均質に光を反射する特性である。拡

散反射は入射角のみに基づいて強度が決まり，界面の乱反射と物体内部の散乱，色素による光の吸収で分光反射率が決まる。これら両者が足し合わされた光が観察者に届く。色彩工学の古典的な測定条件では，拡散反射のみが見えるように平面の対象物に斜めから光をあてることが多い（図6-2-1a）。立体形状をもつ物体では照明光の鏡面反射方向が観察者とおおむね一致する部位で光沢が支配的となり，その他の部位では拡散反射が支配的となることが多い。また，表面の滑らかさの程度に応じて鏡面反射の反射角分布の鋭さは変わる。滑らかな表面で生じる鋭い反射は物体画像においてエッジのはっきりした光沢を生み出し，全周光源としての周りの環境が映り込む。表面が粗くなるにつれて光沢の輪郭は曖昧となり，映り込み像は見えなくなる。十分に粗い表面はもはや光沢が失われ，拡散反射だけの面となる。

ただし以上のモデルは2色性反射モデル（dichromatic reflection model）と呼ばれるきわめて単純化した物理モデルであり，実際の表面とは異なる。たとえば鏡面反射強度は表面に浅い角度で入射するときわめて強くなる。これは湖の水面の遠くを見たときに鏡のように風景が映り込むことに対応し，球体のような立体物を考えた際には，観察者から見て端の部分に強い光沢が生じることに対応する（Faul, 2019）。

物体表面の反射特性は厳密に測定が可能である。入射光と測定点の両者を仰角と方位を変えて反射強度を測定したものが双方向反射率分布関数（bidirectional reflectance distribution function：BRDF）である。BRDFは計測にたいへんな労力がかかり，データサイズも4次元（波長も含めると5次元）になるため大きいものの，BRDFを用いてCGレンダリングを行うとリアリティの高い質感や光沢感を作り出すことができる（Matusik et al., 2003）。BRDFを考慮した観察条件では物体表面からの照明光と観察者の角度を考慮して反射強度と色が決まる（図6-2-1b）。

その一方で，BRDFより測定軸を減らし，測定を簡素化した3次元変角光度計（ゴニオフォトメーター：goniophotometer）や，最も簡略化した例では，入射角度と測定角度を一定とし（表面の法線から20-60°傾けることが多い），鏡面反射強度のみを測定する光沢計（gloss meter）もある。逆に表面の拡散反射のみを測定する積分球光度計（integrating sphere photometer）では，鏡面反射角度の光を除外して計測を行うことができる。

6・2・2　光学と逆光学

光沢や映り込みを持つ物体画像は，上記の反射特性に加え，物体の3次元形状，照明環境の三者が関わる。ヒトは眼で見た画像情報を手がかりに，これら三者を分解することで形や光沢感などを知覚する逆光学過程を行っているのかもしれない。確かに光沢感は光沢反射強度，表面粗さ，拡散反射の強さ（明度）といった物理量と関係する（Ferwerda et al., 2001）。しかしながら光沢感知覚は光学特性以外の要因により大きく変動する。その例を以下に列挙する。

形を変えると鏡面反射率を見間違える（Nishida

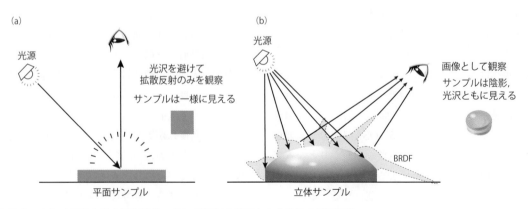

図6-2-1　（a）古典的な色の観察条件，（b）BRDFを考慮した立体物の観察条件

& Shinya, 1998）。表面の凹凸が大きいほど光沢感は強くなる（Marlow et al., 2012）。照明環境の種類や光源の向きによっても大きく影響を受ける（Marlow et al., 2012）。スムーズな曲面は光沢感が強く，ポリゴンのようなカクカクした面は無光沢（matte）な面に見えがちである（Vangorp et al., 2007）。色づいた物体において，色は拡散反射領域に現れる一方で，光沢は照明光と同じスペクトルを持つため白色照明下では白色である。つまり，色づいた面に明るく白い領域があれば，光沢である可能性が高い。実際，刺激に色情報を含めることで光沢の恒常性が向上した（Wendt et al., 2010）。運動も関係する。物体が回転したときに光沢は物体表面のテクスチャとは異なる動きをすることから，動き情報は光沢感を強め（Doerschner et al., 2011），恒常性に寄与する（Wendt et al., 2010）。さらに観察者が頭を自由に動かしながら実物体を観察すると，光沢感の実験参加者間一致度が増し（Lichtenauer et al., 2013），CG でも実験参加者の頭部運動に追随した運動視差を再現すると光沢感に影響した（Sakano & Ando, 2010）。また単に異なる 2 視点から画像を見比べるだけでは恒常性を達成できないことから，動き情報が必要である（Ho et al., 2007）。両眼視差も寄与する（Marlow et al., 2012；Wendt et al., 2008；Wendt et al., 2010）。

リアルな照明は光沢感に重要である。実世界の照明環境を用いるとランダムノイズ照明よりも環境間での光沢度評価が安定する（Fleming et al., 2003）。ただし，光沢感評価の安定性や恒常性は完全ではなく，光沢感強度は変わりうる（Olkkonen & Brainard, 2010）。ただし，相対的な光沢感（順序尺度）は維持されやすいようである（Doerschner et al., 2010）。物体形状にかかわらず安定した光沢感を知覚できるかという恒常性は，上記の多様な手がかり例が示すように弱いが，自然光の下では改善され（Dror et al., 2004；Fleming et al., 2003），色，動き，視差情報を含めるとさらに改善される（Wendt et al., 2010）。

6・2・3　光沢感を予想する手がかり単純化の試み

以上のように明らかに多数の手がかりが光沢感に寄与するが，最も効果的に説明するパラメータを抽出できれば価値がある。そのような試みのなかで最も特筆すべきものが，単純な画像統計量で説明可能であるとした Motoyoshi et al.（2007）の研究である。Motoyoshi et al. は光沢表面の画像を分析し，ピクセルの輝度ヒストグラムの歪度（特に特定の空間周波数帯を抽出した画像の歪度）が光沢知覚に重要であり，画像が正の歪度を持つと光沢面として，負の歪度を持つと無光沢な面として知覚されやすいことを示した。歪度が正であるとは，きわめて明るいピクセルがわずかに存在する一方で，多数の暗いピクセルが平均付近にとどまる画像である。強い光沢は概して小さい領域に現れることから，正の歪度との関係性は説得力があった。

しかし，知覚システムが実際に歪度を用いて光沢感を導いているかについては批判がある。使用された刺激が現実世界で遭遇する可能性のある刺激よりも狭い範囲に過ぎない可能性や（Anderson & Kim, 2009），順応実験の再現ができなかったこと（Kim & Anderson, 2010），光沢面積，両眼視差，コントラストなどで重回帰すると歪度の寄与は 0 である（Marlow et al., 2012）などである。Motoyoshi et al. 自身も，正の歪度をもつ画像であっても光沢に見えないケースは簡単に作り出せることを示している（本吉，2012）。単純な特徴量であれば，輝度の分散，つまりコントラストのほうが支配的である（Wiebel et al., 2015）。

上述のようなさまざまな要因の分析結果から，視覚系は照明環境，3 次元形状，光学特性に関して経験的に学んだ多種多様な特徴から，光沢感に典型的な画像情報を学び取り，光沢感を知覚していると考えられる（Fleming, 2014；Chadwick & Kentridge, 2015；本吉，2012）。自然な視環境ではこれら多数の手がかりが精細に矛盾なく表れているため，実験室的な限定的な条件よりも安定した光沢感が知覚されるのだろう。

6・2・4　脳情報処理

光沢感については神経生理学的な知見も得られている。光沢感は色と同様にヒトの脳の腹側経路において表現されている（Sun et al., 2015；Wada et al.,

2014)。光沢感は色やテクスチャと似た表面特性であるが，脳部位は完全には一致していないようである。その理由の一つとして，大脳性色覚異常者や，テクスチャ弁別ができない脳損傷患者であっても，光沢感の弁別や想起が可能であることが挙げられる（Kentridge et al., 2012）。細胞レベルでの光沢情報表現を示したパイオニア的研究が小松らの研究である。サルの腹側視覚経路の一つである下側頭皮質（inferior temporal cortex：IT），上側頭溝の下壁領域に位置する細胞が，光沢物体に選択的に応答することを発見した（Nishio et al., 2012；Nishio et al., 2014）。その応答特性は形状や照明を変えても類似しており，安定した光沢情報を表していることを示した。並行して，fMRIを用いたサル視覚応答特性から，V1からIT（上記の上側頭溝領域を含む）までの腹側経路で広く見つかることがわかった（Okazawa et al., 2012）。

6・2・5　おわりに

　光沢感の研究は，正確な計測とCG合成により研究が進んだが，明らかになったのは単純な仕組みではなく，自然な観察条件に含まれる多種多様なディテールの重要性であった。光沢感に寄与する手がかりのさらなる探索が必要とされる一方で，今後は対象物や観察者の課題を限定することで，個々の手がかりがどのように不要となっていくのかという情報の刈り込みを可能にする研究もまた重要となるだろう（Fleming, 2014）。

（鯉田　孝和）

6・3　透明感・粘性

6・3・1　透明感

　光は物体表面での反射だけではなく，透過・散乱・屈折などの複雑な挙動をみせる。そして，この挙動の組み合わせがさまざまな物体表面の質感へとつながる。一方でその質感の知覚は，光の挙動の直接的な知覚に基づくのではなく，網膜像として与えられた視覚手がかりに基づく表面素材の推定であると考えるべきである。本節は，どのような手がかりによって物体表面の質感知覚が生起するかという問題について，透明感（perception of transparency/translucency）をキーワードに議論する。ここでいう透明感とは，同一の観察方向に二つの面が重なり合っている状態（透明視状態）にある面の質感のことを指す。

　古くから，明るさ手がかりに基づく透明視（phenomenal transparency）が盛んに研究されてきた。Metelli（1974）は，加法混色に基づくエピスコティスターモデル（episcotister model）によって透明視を説明しようとしたが，その適用範囲が限られることがBeck & Ivry（1988）などによって指摘されている。その後，Adelson & Anandan（1990）は画像中の輝度エッジで構成されるX字接合（X junction）が透明視生起に重要であるとし，X字接合における輝度の空間構造が透明視の見え方を質的に決定すると議論した（図6-3-1）。透明視手がかりとしてのX字接合は静止情報として存在する必要はなく，時系列的に表示させる画像列において時空間統合後に知覚されるX字接合も強い透明視手がかりとなることがわかっている（Mitsudo, 2004）。X字接合は布の透明感を表現するための絵画表現としてすでに古代エジプトの壁画に用いられており，その後も頑健な透明感表現技法として重宝されている（Sayim & Cavanagh, 2011）。

　ここまで述べてきた透明視は，英語でいうところの「transparency」の知覚を生起させるものである。一方で，「translucency」の知覚を生起させる視覚手がかりも報告されている。translucency知覚は，

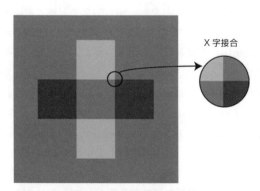

図6-3-1　明るさに基づく透明視を生起させる図形中のX字接合

表面下散乱（物体内部での光の乱反射）がその物理原因とされる。一方で，表面下散乱は大変複雑であり，その物理的振る舞いを知覚的に把握するのは困難である。そのため視覚系は，利用可能な何らかの手がかりを用いて translucency を知覚していると考えられる。Fleming & Bülthoff（2005）は，拡散反射する面を有する立方体画像に高空間周波数成分の輝度極性を反転させて加算すると，translucency 知覚が生じることを報告している。また，光沢情報と非光沢情報との空間関係やコントラスト関係が，translucency 知覚に重要であることも報告されている（Motoyoshi, 2010）。

透明視は明るさ手がかりのみならず，他の手がかりによっても生じる。二つの異なる方向へ移動するドットパターン同士が重ねられた場合，互いのドットパターンは異なる知覚面を形成し，これを運動透明視（motion transparency）という（Snowden et al., 1991）。ドットパターン間に異なる両眼視差が与えられた場合にも透明視が生じ，これをステレオ透明視（stereoscopic transparency）という（Akerstrom & Todd, 1988）。また異なるテクスチャが重ねられた際，もしテクスチャ間の空間周波数や方位が十分に異なれば透明視が得られる（Kingdom & Keeble, 2000；Watanabe & Cavanagh, 1996）。重ねられたテクスチャによって形成される X 字接合が透明視生起の有無を決定することも報告されている（Kawabe & Miura, 2004）。X 字接合を伴わない画像中のコントラスト変調が透明視を生じさせる可能性も示唆されている（Koenderink, 2003）。

動的な画像変形も透明視の手がかりとなる。液体などいくつかの素材では，素材内部からの光が表面で屈折する。この屈折は素材背後に存在する情景を光学的に変形させる。従来，この変形情報は透明視にとって重要な手がかりではないと指摘されてきた（Sayim & Cavanagh, 2011）。彼らは，屈折に基づく変形パターン自体は透明視の生起に影響しないと主張した。一方で Fleming et al.（2011）は，光沢成分をもつ透明物体の屈折率を変化させるとその物体の知覚的な厚みが変容する実験結果を報告している。また別の研究では，画像変形が動的に与えられた場合に透明な層が知覚されることも報告されて

いる（Kawabe et al., 2015）。特に，動的画像変形の時空間周波数のうち，特定の帯域が透明視生起と関連することが示されている。また，動的画像変形の変形量が大きい場合は液体素材であるように知覚され，変形量が小さい場合は熱気のような素材であるように知覚されることがわかっている（Kawabe & Kogovšek, 2017）。さらには，動的変形する領域の輪郭情報が変形するほど，透明液体の印象が強くなることも報告されている（Kawabe, 2017）。

6・3・2　粘性

透明感は，物体表面の光学的特性を捉えた知覚であるといえる。Adelson（2001）は，質感を検討する際，光学的特性の知覚のみならず機械的特性の知覚も捉えるべきだと提言している。機械的特性とは，たとえば布を例にとると，その硬さ，厚さ，弾性などの物理特性である。生物が周囲の環境の状態を把握するという観点では，光学的特性（光沢やざらつき）の知覚だけではなく，機械的特性（木の硬さ，土のぬかるみ，果実の柔らかさ）の知覚もきわめて重要であることはいうまでもない。しかしながら現時点での視覚科学分野では，光学的特性に関する質感知覚研究は数多く行われてきたものの，機械的特性に関する質感知覚研究はあまりなされてこなかった。本節は機械的特性のうち，粘性（viscosity）の知覚に関する研究について言及したい。

粘性とは物質のねばり度のことである。たとえば，水に比べて油は高粘性であり，油に比べてはちみつは高粘性である。粘性は粘性係数によって物理的に定量化できるが，どのような手がかりを用いて観察者が粘性の違いを判断しているのかという問題は現時点で完全に解明されているわけではない。この問題に最初に取り組んだのは，Kawabe et al.（2015）である。彼らは物理演算エンジンを用いてシミュレーションした液体の映像から運動ベクトル成分（映像フレーム間の画素の動き方向や動き量）を抽出し，その運動ベクトル成分に基づいて移動するノイズ刺激を作成した。観察者はこのノイズ刺激から粘性印象を得ることが可能であった。さらには，運動ベクトルのノルム成分（速さ）が粘性印象を規定することが示された。一方で，ノイズ刺激の空間構

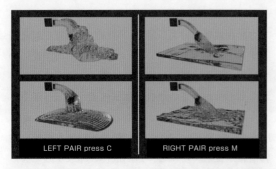

図 6-3-2　Paulun et al.(2015)で用いられた液体画像

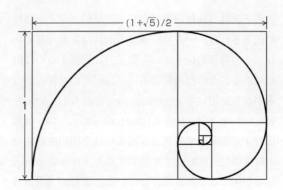

図 6-4-1　黄金比の例

造を破壊するとノルム成分が保たれていたとしても粘性の報告が難しくなり，さらには液体の印象も低下した。液体印象低下は，運動ベクトル成分の統計量のうち，オプティックフローの滑らかさに関係する空間ラプラシアンの上昇に起因するものであるとされた。以上の結果から Kawabe et al. は，視覚系がオプティックフローの滑らかさに基づき液体を知覚し，さらに運動ベクトルのノルムから液体粘性を判断する可能性を議論している。

　その一方で，画像の運動ではなく液体の形状によって粘性を判断できることを示した研究もある。液体がカップに注がれたり，カップから飛び跳ねたり，あふれたりする際，その液体の形状情報は劇的に変化する（図 6-3-2）。Paulun et al.（2015）は流動液体の形状情報の画像統計量を主成分分析し，多次元主成分空間における液体画像間のユークリッド距離が観察者の粘性判断を説明することを報告している。Van Assen & Fleming（2016）は粘性判断における液体の形状情報と光学的特性（色や光沢感）との相互作用を調べ，光学的特性は粘性判断にほとんど影響しないことを報告している。

〔河邉 隆寛〕

6・4　美，魅力

　私たちは美しいものを好み，美しくありたいと願う。絵画や彫刻，音楽などの芸術作品を太古より人々は創作し，それらに魅了されてきた。芸術作品だけでなく自分自身や他者についても，美を求めたり判断したりする。美（beauty）を感じることは進化的適応によって形成されてきた機能・能力であり，人間らしさの基盤となる一つの要素と考えられる（Gazzaniga, 2008 柴田訳，2010）。美に関する研究や論考は哲学としては古代ギリシャ時代より，実証科学の枠組みのなかでは，Fechner（1876）による黄金比（図 6-4-1：およそ 1 : 1.618）の研究をその発端として位置づけることができる。近年では，心理学や認知神経科学において，視覚や聴覚を刺激する単純なパターンから芸術作品に感じる美，さらには顔や身体の魅力など，幅広い対象に対して検討されてきた（三浦他，2018）。本節では美，魅力，好ましさについて述べるが，それらは切り分けることが難しく，再帰的定義となってしまう可能性がある。

6・4・1　美，美しさ

6・4・1・1　黄金比研究

　Fechner（1876）による黄金比（golden ratio）の研究では，さまざまな縦横比をもつほぼ同面積の白い矩形 10 個を黒いテーブルの上にランダムな方向で呈示し，評価者は「最も快く，満足でき，調和がとれ，優美な」矩形を選ぶように教示された。その結果，300 名以上に及ぶ評価者は黄金比に近い矩形を最も多く選択し，その前後の比率の矩形がその次に選択されている。しかし，その後の追試研究ではその再現性を支持するものも（Berlyne, 1970），否定するものもある（Birkhoff, 1932；Höge, 1997；一部支持している研究に Macrosson & Strachan, 1997）。選択法ではなく，潜在連合テスト（implicit association test : IAT）を用いて検討した Stieger & Swami（2015）は，潜在的評価では矩形内部に呈示

されたターゲットが黄金比の位置にある場合よりも矩形中心部にあるときのほうが好まれるという結果を示し、一方で評定法による評定では、芸術愛好家においてのみ黄金比にある位置にターゲットが呈示されている場合にも好まれることも示している。黄金比が美しいかどうかの実証的結論としては、必ずしも正しくない、といえよう。

一方で、Di Dio et al.（2007）は古代ギリシャやローマ時代の彫刻の写真画像を改変して、身体の画像の空間的比率を自然な状態から崩したときの脳活動変化を機能的磁気共鳴映像法（fMRI）を用いて調べた。古代彫刻はヘソを境界にしてほぼ黄金比が成り立っているなど、さまざまな部分に黄金比が隠されているとされる。彼らは、美術批評の知識がまったくない観察者に、黄金比が保たれた彫刻画像や黄金比が崩された画像を観察させると、観察者はそれらの画像の違いを区別することができるほどではなかったが、黄金比が保たれた彫刻画像を観察しているときにはそうでない画像を観察しているときに比べて、島皮質（insular cortex）の活動が高まることを明らかにした。

黄金比は自然や日常の対象、さらには芸術作品など至る所に当てはめることができる。そこに美しいに違いないという経験的知識が影響し、美の感じ方に何らかの基準や枠組みとしてたとえば黄金比や対称性といった手がかりを求める傾向にあるのではないだろうか。実際、黄金比への好みは知識依存であり、芸術活動の経験者においてより生じやすいとされる（Macrosson & Strachan, 1997；Stieger & Swami, 2015）。また、ヒトは単純すぎるものには快を感じず、複雑すぎるものには不快を感じ、その中間に快感を最大にする覚醒ポテンシャル（arousal potential）が存在するという理論がある（Berlyne, 1970）。この理論では、ヒトは覚醒ポテンシャルが過小であるときにはより大きい覚醒ポテンシャルを有する刺激を求め、覚醒ポテンシャルが過大であるときには、覚醒ポテンシャルを低下させるようにするという。快・不快感に関与する変数としては、複雑性以外にも、新奇性、不明瞭性、曖昧性、驚愕性、不協和性、変化性などの刺激特性などが提起されている。黄金比もまた、この覚醒ポテンシャルにも合致しているが、単純すぎるよりもより複雑なものに美を求めようとする傾向の現れなのかもしれない。

6・4・1・2　芸術美

美の基準となるものが何であるのかは、対象の物理的側面と（たとえば、黄金比、対称性、複雑性など）、ヒトの主観的経験の側面とに分けて考えることができる。Kawabata & Zeki（2004）はfMRIを用いて、観察者がさまざまな絵画画像を観察し、美しさの判断をしているときの脳活動を調べ、「美しい」という判断がなされているときは前頭眼窩野内側部（medial orbitofrontal cortex：mOFC）の活動が、また「醜い」という判断がなされているときは左半球の運動野の活動がそれぞれ高まることを見いだした。前頭眼窩野は報酬系（reward system）に位置づけられ、快の情動体験と密接に関わっている。芸術美に対する報酬系のはたらきは絵画などの視覚芸術でも音楽のような聴覚芸術でも同様の動きをみせる（Ishizu & Zeki, 2011）。また、Vessel et al.（2013）は実験参加者に自分の好みの芸術家の作品の画像を持参させ、どの程度その作品に対して感動が引き起こされるかを答えさせる実験を行っているときの脳のはたらきをfMRIで検討した。この研究では引き起こされる強い感動によって前頭前野の内側部を含むデフォルトモードネットワーク（default mode network：DMN）の活動が引き起こされることを確認した。芸術に対する感動がDMNの活動を引き起こすのは、DMNが自己のイメージの形成や自己の内的状態のモニタリングの機能と関連しており、芸術美と自己認知が結びついているという示唆をもたらしている。

6・4・1・3　数学的美，規則的美

フィボナッチ数列の隣り合う二つの数の比は限りなく黄金比に近似するという性質がある。美と知識の関係は、数学者にとって美しい数式が存在すると指摘されることにも見受けられる（Russell, 1919）。Zeki et al.（2014）は、数学者が数学の方程式の解法の美醜判断を行っているときの脳のはたらきをfMRIで計測し、美しいと評価された方程式では数の処理に関与する脳領域（中側頭回や角回など）と

第Ⅰ部　総論

ともにmOFCが強い活動を示すことを明らかにした。数学的美は誰にでも当てはめられるわけではなく，知識や経験に依存した高次な美であると考えられる。

6・4・2　魅力

　芸術作品だけでなくヒトの顔や身体についても美的評価を行うことがある。対人認知における「よさ」や「美しさ」といった心理尺度は総じて「魅力（attraction/attractiveness）」と呼ぶことが多い。多くの実験研究では，さまざまな刺激画像を呈示し，刺激の魅力について評価や判断をさせるが，その際，実験対象者に魅力の基準や定義をあらかじめ与えることはほとんどない。恋愛対象の性とそうでない性に対してでは，魅力の意味合いは異なり，恋愛対象の性に関する魅力は性的魅力（sexual attraction）と呼ばれるのに対して（Rhodes, 2006），社会的な関係の望ましさを意味する社会的魅力（social attraction）では性的な意味合いを持たない（Little et al., 2011）。これらの異なるタイプの魅力が性的覚醒や競争力，養育といった情動や行動をもたらす（Rhodes, 2006）。顔の魅力知覚に関与する形態的要素としては，たとえば，平均性（averageness）や対称性（symmetry），性的二型性（sexual dimorphism）を挙げることができる。平均性とは，顔の各部位の大きさや形，配置などが集団内の人々の平均的な性質を有しており，典型的で極端な特徴を有していないことを意味する（Thornhill & Gangestad, 1999）。たとえば，平均性の高い顔や平均化した顔，左右の対称性が高い顔はより魅力的とされ，見かけの健康らしさと結びついている（Rhodes et al., 2001）。また，fMRIを用いて顔魅力判断を行っているときの脳のはたらきを検討した研究では，魅力が高いと評価しているときにはmOFCの活動が高くなり，特に恋愛対象の性についての高い評価に結びついていることが示されている（Ishai, 2007；O'Doherty et al., 2003）。このように，芸術作品に対する美も顔の魅力も，それらを支えるものとして報酬系が基礎となっているといえる。

　美に関する実証的研究は19世紀後半から行われてきたものの，特に2000年代前後から急速に研究

が進展してきた。しかし，美とは何かを明らかにするには，これまでの哲学的議論を踏まえ，その心理的・神経的過程（どのように美しいと感じられるか）と対象の刺激特性（何が美しいとされるのか）の両面から研究を進める必要がある。

(川畑 秀明)

6・5　気持ち悪さ

　気持ち悪さという感情は，対象からの回避的な反応を導くことから「不快」の情動価をもつものとして分類できる。また気持ち悪さという用語の使用範囲は広く，反応も嘔吐のみに限定されないため，「吐き気」や「嫌悪感」よりも広い意味の用語であると考えられる。しかしこれ以上に詳細な分類はいまだなされていないため，以下に気持ち悪さと関連すると思われる事項について個別に概説していく。

6・5・1　吐き気・嘔気・悪心

　吐き気・嘔気・悪心（nausea）は気持ち悪さの中心的な感覚であり，さまざまな心理的・神経的原因によって生じ，生理的反応として嘔吐（vomiting）をもたらす。嘔吐は延髄の嘔吐中枢によって制御されており，主に消化器における異常や障害（たとえば胃炎）によって生じるが，乗り物酔いなどによる自律神経系の失調やジゴキシンなどの薬物摂取による中毒によっても生じる。神経性大食症（bulimia nervosa）などによる過食嘔吐のように心因性のものもある。化学療法の初期によくみられる予期性悪心は，薬剤のことを考えただけで生じる学習性の吐き気である。広義では，薬剤に限らず治療時の室内環境や関係人物あるいはその他の嘔吐を誘導する事柄について考えた際に生じる吐き気のことを指す。

6・5・2　嫌悪感

　嫌悪感（disgust）と恐怖感（fear）はともに回避的な感情であるが，これらが異なるのは，嫌悪感が回避しようとしているのが中長期的な危険だという点である。恐怖感は，いま目の前の外敵に対処するために生じるが，嫌悪感は有毒物を摂取することで生じる中毒や病気を回避するために生じる（Curtis et al.,

2004；Oaten et al., 2009）。

　嫌悪感を生じる対象は主に三つに分類される（Olatunji et al., 2007a）。その一つは中核的嫌悪（core disgust）であり，腐敗物・排泄物・血液などの病原体や寄生虫による感染の可能性に関わるものを対象とする。特に身体に接触する場合にこの種の嫌悪は強く喚起され，それがたとえラバーハンド錯覚（rubber-hand illusion）によって形成された錯覚的な身体表象であっても生じる（Jalal et al., 2015；Nitta et al., 2018）。二つ目は，疾病症状を示す他者や，他人の使った食器や便器などに対して抱く汚染嫌悪（contamination disgust），三つ目は死体や内臓などの死を連想させるものに対して抱く動物性嫌悪（animal reminder disgust）である。われわれは犯罪行為やその他の非道徳的な事柄にも嫌悪感を抱き（Haidt et al., 1997），吐き気を催す。この道徳的嫌悪は「魂」の汚染や劣化を防ぐためのものであると説明されている（Rozin et al., 1999）。また嫌悪感は直接的な嫌悪対象だけでなく，それと接触した対象（Nemeroff & Rozin, 1992）や嫌悪対象と類似した外観をもつものからも喚起される。

　嫌悪感の感じやすさには個人差があり，それを測定する尺度として Disgust Scale-Revised（DS-R）（Olatunji et al., 2007b 岩佐他訳, 2018）や Disgust Propensity and Sensitivity Scale-Revised（DPSS-R）（Olatunji et al., 2007a；日本語版：Iwasa et al., 2016）がある。尺度研究によって，男性よりも女性のほうが嫌悪感感度が高いことや（Druschel & Sherman, 1999），嫌悪感感度の高い人は保守的な政治的志向や同性愛差別の傾向が強いことが示されている（Inbar et al., 2009）。fMRI を用いた研究では政治的志向の個人差を嫌悪画像観察中の神経応答によって予測している（Ahn et al., 2014）。

　嫌悪感は有毒物を体内に取り込まないための機能であるため（Rozin & Fallon, 1987）主として味覚情報に基づいて生じるが，嗅覚，視覚，触覚といった他の感覚情報によっても生じる。有毒物の味を検出した時点ですでに生体は危険にさらされており，ニオイや外観などによって嫌悪対象から遠隔的に危険性を察知できることには適応上のメリットがある。たとえば粘性をもつ対象に触れた際に生じる嫌悪感

（Oum et al., 2011）は，その対象を見ただけでも同様に不快感や嫌悪感を生じさせる（岩佐・小松, 2015；薛他, 2017）。

6・5・3　視覚的不快感

　高い輝度コントラストをもつ縞模様などの反復パターンを観察すると，頭痛や吐き気などの不快感や，光感受性発作（photosensitive seizure）を生じることがある（Wilkins, 1995）。これは視覚的不快感（visual discomfort）と呼ばれており（レビューとして吉本, 2017），特に縞の空間周波数が 3 cpd 前後の中域に多い場合でかつ自然情景の振幅スペクトルを逸脱するような高いコントラストをもつときに顕著である（Fernandez & Wilkins, 2008；O'Hare & Hibbard, 2011）。視覚的不快感は初期視覚野における神経応答特性を基礎としてモデル化されている（Hibbard & O'Hare, 2015）。また，空間的反復だけでなく，時間的反復，すなわちフリッカー刺激による視覚的不快感にもそれと類似した機構が関与している可能性があるが，空間と時間の視覚的不快感では位相において異なる特徴をもつことも指摘されている（Yoshimoto et al., 2017）。

6・5・4　トライポフォビア

　多数の穴や物体が密集した対象を見た際に強い不快感を感じる場合がある（レビューとして佐々木・山田, 2018）。当初このトライポフォビア（集合体恐怖症：trypophobia）は視覚的不快感のように中空間周波数帯域のコントラスト強度で決まっていると考えられていたが（Cole & Wilkins, 2013），当該帯域の情報を削除した画像もなお不快感を喚起することから（Le et al., 2015），中間帯域の情報のみでトライポフォビアが生じているのではないことが示唆された。中間帯域と同様に低空間周波数帯域の視覚情報も重要であることもわかり（Sasaki et al., 2017），帯域別の視覚処理や帯域間の相互作用を考慮したモデルが想定される。

　さらに，トライポフォビアの個人差についての研究からは認知過程の関与が示唆されている。トライポフォビア尺度（trypophobia questionnaire）を用いた研究は（今泉他, 2016；Le et al., 2015），中核

第Ⅰ部　総論

的嫌悪（Imaizumi et al., 2016；Kupfer & Le, 2018）や社交不安との関連を見いだしている（Chaya et al., 2016）。また皮膚病を回避する機能との関連性も指摘されており（Yamada & Sasaki, 2017；Zhu et al., 2020），病気を回避するための心理的メカニズムである行動免疫システムの観点からのアプローチが提案されている（Wagner et al., 2019）。

6・5・5　不気味の谷

「不気味の谷（uncanny valley）」とはロボット工学分野にて仮説的に提案された心理現象である（Mori, 1970）。技術が進むとロボットの外見は徐々に人間に近づき，それにつれて徐々に親近感が生じていく。だがある一定の類似度を超えたところで親近感が大幅に低下し，逆に不気味に感じるようになると予測された。この現象には動物性嫌悪が関与している可能性が指摘されている（MacDorman & Ishiguro, 2006）。あるいは，ある対象が同時にもつべきはずの知覚的特徴が一致しないことが不気味さにつながるといった知覚的不整合説（Kätsyri et al., 2015）や現実性不整合説（MacDorman & Chattopadhyay, 2016）が提案されている。一方で，ロボットや人間へカテゴライズすることの困難自体が不気味さを喚起するという説明（Kawabe et al., 2017；Yamada et al., 2013）も提案されており，これは「食わず嫌い」にも適用されている（Yamada et al., 2012；Yamada et al., 2014）。

（山田　祐樹）

▌ 6・6　共感覚

6・6・1　共感覚の定義

ある入力刺激（誘因刺激，inducer）から一般的に喚起される感覚に加えて，他の感覚（励起感覚，concurrent）も同時に喚起されることを共感覚（synesthesia）という（浅野・横澤，2020）。共感覚には，文字を見ると色を感じる色字共感覚，音を聴くと色を感じる色聴共感覚，他にも音に形や動きを感じる，数字順に特定の空間配置で並んでいると感じる，文字に味を感じる，文字に人格や性別を感じ

る共感覚など，さまざまな種類があることが知られており，共感覚の保持者は共感覚者（synesthete）と呼ばれる。

ギリシャ語で統合を意味するsyn-と，感覚を意味する-aesthesiaを組み合わせて，「synesthesia」と名付けられた共感覚は，200年前から知られ，19世紀末には脳由来の現象と認識されていたものの（Galton, 1880），客観的な行動指標として観察できる術がなかったことから，行動主義の台頭以来50年以上の研究空白期間があった。だが，Cytowic（1989）が取り上げて以降，重要な学際的研究分野と見なされるようになり，2013年には共感覚に関する内容で1000ページを超えるハンドブックが出版された（Simner & Hubbard, 2013）。

色字共感覚者は白い紙に黒色で書かれた文字を読むとき，同時に共感覚色の印象も感じ取るのであり，非共感覚者と同様に文字の形や読み，意味などを処理し，物理的には黒色の文字があるのだという視覚像をもっていることもわかっている。錯覚のように文字の視覚処理自体に歪みが生じるわけではなく，文字の物理色と共感覚色が混色することもない。共感覚者は共感覚色が物理的に存在する色ではないことはわかっており，この点で妄想とも区別される（Ward, 2013）。

共感覚の操作的定義として，個人内における対応関係（色字共感覚ならば，文字と色の対応関係）の時間的安定性の高さが挙げられる（Eagleman et al., 2007）。Uno et al.（2021）は，5年から8年経過後でも色字共感覚者の時間安定性が高いことを確認している。その他には，色が付いていない数字の「5」のなかに三角形などに配置された「2」が隠れているような課題で，色字共感覚者の成績が高くなるという報告がある一方（Ramachandran & Hubbard, 2001），そのような課題においては共感覚色が利用されていないことが指摘されている（Rich & Karstoft, 2013；Ward et al., 2010）。

最近では，fMRIを使った神経科学的研究によって，共感覚者が経験する励起感覚から予想される脳部位の活動（たとえば，共感覚色が知覚される際，通常は色に反応する脳部位が活性化する）が確認され，認知科学的研究では，非共感覚者の処理機構

との異同に興味が移っている（Robertson & Sagiv, 2005）。Nagai et al.（2016）は，非共感覚者に文字と色の組み合わせを強制選択させたときに，時間的安定性が個人ごとに著しく異なることを明らかにした。このことは，色字共感覚が特異だと考えるよりも，色字共感覚者と非共感覚者との境界が明確ではなく，連続的に分布している可能性を示唆している。Cytowic（1993）は，共感覚は私たちが誰でももっている正常な脳機能なのだが，そのはたらきが意識にのぼる人が一握りしかいないということを強調している。

6・6・2　共感覚の存在確率

共感覚者は思い出せる限り昔から共感覚があると答えるが，共感覚は誰もが持っているものではないことを子どもの頃，もしくは青年期に自分自身で発見すると，自分の能力に口を閉ざすことが多い（Harrison, 2001）。このことが，共感覚の存在確率を推定することを困難にしてきた。1990年代初頭でさえ10万人に1人の割合で存在すると考えられてきたが（Cytowic, 1993），最近では，それに比べれば，非常に存在確率が高いことが明らかになってきた。たとえば，共感覚について500人に説明した後に，いずれかのタイプの共感覚があるかを調べると，その割合は4.4％（約24人に1人）で，男性対女性の割合には有意差はなく，色字共感覚は1.4％（約70人に1人）であった（Simner et al., 2006）。色字共感覚者の存在確率は，ほぼ人口の1-2％くらいという認識が定着してきた（Carmichael et al., 2015；Cytowic & Eagleman, 2009；Ward, 2013）。

ただし，家系図をもとにした分析から共感覚には遺伝の影響があることは知られており（Cytowic, 1989），いくつかの遺伝子が関わっていることも報告されている（Tomson et al., 2011）。また，二卵性双生児より一卵性双生児のほうが両者とも共感覚者である確率は高いが（Bosley & Eagleman, 2015），たとえ一卵性双生児でも，両者が共感覚者と非共感覚者に分かれる場合があることから（Smilek et al., 2002），不完全浸透の遺伝であり，遺伝子によって必ずしも共感覚の有無が決まるわけではない。

6・6・3　共感覚と芸術活動

共感覚者の存在確率が10万人に1人もしくはそれ以下だと考えられていたときには，音楽家や画家に共感覚者が多いという言説にはそれなりの信憑性があったかもしれないが，人口の1-2％くらい共感覚者が存在することが明らかになってくると，音楽家や画家の100人に1人くらいが共感覚者でも，統計的な有意差がないことになる。

真偽を確認することは難しいが，スクリャービンが交響曲の作曲において自分自身の共感覚を表現しようとしたり，カンディンスキーが感覚の融合を理解し，共感覚が表出する直接経験に近づけようとしたといわれており，さまざまな記録からも共感覚者であった可能性が高い（Cytowic, 1993）。一方，ランボーが「母音」と題するソネットにおいて母音に色を結びつけたり，ベートーヴェンがニ長調をオレンジの調，ロ短調を黒の調といつも呼んでいたということは確かであるが，それだけで共感覚者であるとは断定できないだろう。マリリン・モンローは，色鮮やかなものを好み，自身のヌード写真について「何かつけていたのですか」という質問に対して，「ええ，ラジオを」と返したことが根拠に，共感覚者だったとされていたり，ビリー・ジョエルが作曲するとき，色のスペクトルを旅し，空色とエメラルド・グリーンの入り江ではバラードが生まれ，火の国ではロックが作られると，インタビューに答えたという逸話に至るまで（Seaberg, 2011），共感覚へのこじつけは枚挙にいとまがないが，共感覚は芸術的才能とは独立であると考えていたほうがよい。認知テスト，ライフスタイル，職業，社会階層などにおいても，共感覚の有無で有意差はないと考えられている（Harrison, 2001）。

6・6・4　共感覚の分類

誘因刺激と励起感覚の組合せによって，共感覚は数十種類に分類されている。たとえば，Day（2005）は，共感覚の事例を35種類の共感覚に分類しており，この分類においても，励起感覚が色である共感覚が多いことがわかる。色字共感覚が68.8％を占め，最も多く，音楽や一般的な音，あるいは音素に色を感じる色聴共感覚も多い（色聴共感覚についてはⅢ・

5・1を参照)。味覚や嗅覚，痛覚や触覚に対して色を感じる共感覚も比較的多い。ただし，この分類と出現確率については，主観報告に基づく調査であるという批判がある。

共感覚色の見えによる分類には，投射型（projector）と連想型（associator）という2分法的な分類もあるが（Dixon et al., 2004)，もう少し詳細な分類として，Skelton et al.（2009）が提唱している5分類が有効である。すなわち，共感覚色の主観的見えが，外界で紙の上だったり，宙に浮いていたり，頭のなかに字の形として感じたり，頭のなかに塊として感じたり，単に知っているという感覚をもったりするという違いに基づく分類である。

6・6・5　共感覚を生起させるメカニズム

Bargary & Mitchell（2008）は，二つの感覚，すなわち誘導感覚と励起感覚間の結合関係で共感覚が生起すると仮定すると，図6-6-1のような二つの要因からなる四つのモデルで，共感覚者と非共感覚者の違いを説明できると考えた。一つは，誘導感覚と励起感覚間の直接結合か，間接結合かという要因であり，もう一つは興奮性結合の増長か，抑制性結合の減弱かという要因である。これまでに蓄積されてきた共感覚の特性から，誘導感覚と励起感覚間の興奮性結合関係に基づくのではなく，二つの感覚間の階層的な高次処理経路のなかで間接的に，興奮性と抑制性の結合関係のバランスが崩れたときに，共感覚が現れるという説明が妥当であると考えられる。このように考えると，脳機能計測で共感覚に関わる主要部位を同定しようとしても，誘導感覚と励起感覚にそれぞれ直接関連する部位以外に，階層的な高次処理経路のなかで興奮性と抑制性の結合関係のバランスが崩れる部位が一定しない可能性が高い。

6・6・6　個人特異性と共通性

色字共感覚者間では文字と色の組み合わせが異なる個人特異性も存在するが，そのような個人特異性を超えて文字と共感覚色の結びつけを規定する

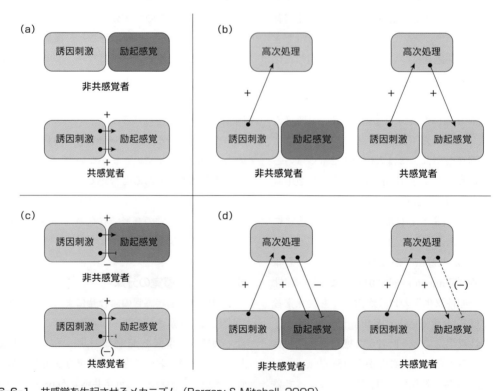

図6-6-1　共感覚を生起させるメカニズム（Bargary & Mitchell, 2008）
　　　　直接結合（a, c）か間接結合（b, d）か，また興奮性結合の存在（a, b）か抑制性結合の減弱（c, d）かによって異なる。明るい灰色は活性状態，暗い灰色は不活性状態を示す。

要因の存在が明らかにされつつある。

　Asano & Yokosawa（2011）は，対応する平仮名と片仮名の共感覚色が非常に類似していることから，仮名の共感覚色の規定因は主に音韻であることを明らかにした。さらに，Asano & Yokosawa（2012）は，共感覚色がまず平仮名やアラビア数字などの文字に結びつき，それが文字の音韻や意味などの属性を介して，漢字の共感覚色に般化する可能性を明らかにした。Asano & Yokosawa（2013）は，英語の色字共感覚では音韻の影響が弱いのに，日本語では強いというような，言語間での違いも含め，その文字を習得する過程で，一意に弁別できる特徴が重要な役割を果たすという色字対応付けの文字習得過程仮説を提唱し，色字共感覚が文字の形態と色という2種類の視覚処理の単なる混線ではなく，言語処理も密接に関わった複雑な現象であることを主張している。Root et al.（2018）は，日本，米国，スペイン，オランダ，韓国の5か国で行われた色字共感覚に関する実験データにおいて，アルファベット文字「A」に対する共感覚色が赤になりやすいのは，形状や読みに基づくのでもなく，また必ずしも「A」から連想される単語に基づくのでもなく，文字セットの最初の文字が赤になりやすいという共通要因であることを突き止めた。このような研究手法は，共感覚研究が，かつて稀有な存在とされた共感覚者個人の事例研究から，各国で行われている実験室実験のメタ解析に基づく国際共同研究に発展している現状を反映している。

（横澤　一彦）

文献

（6・1）

Arnheim, R.（1969）. *Visual Thinking*. University of California Press.
　　（関　計夫（訳）（1974）．視覚的思考：創造心理学の世界　美術出版社）

Beck, J., & Prazdny, S.（1981）. Highlights and the perception of glossiness. *Perception & Psychophysics, 30*, 407-410.［doi: 10.3758/bf03206160］

Berlyne, D. E.（1960）. *Conflict, Arousal, and Curiosity*. McGraw-Hill.

Birkhoff, G. D.（1932）. *Aesthetic Measure*. Harvard University. Press.

Blood, A. Z., Zatorre, R. J., Bermudez, P., & Evans, A. C.（1999）. Emotional responses to pleasant and unpleasant music correlate with activity in paralimbic brain regions. *Nature Neuroscience, 2*, 382-387.［doi: 10.1038/7299］

Casasanto, D.（2009）. Embodiment of abstract concepts: Good and bad in right-and left-handers. *Journal of Experimental Psychology: General, 138*(3), 351-367.［doi: 10.1037/a0015854］

Cela-Conde, C. J., Marty, G., Maestú, F., Ortiz, T., Munar, E., Fernández, A., Roca, M., Rosselló, J. & Quesney, F.（2004）. Activation of the prefrontal cortex in the human visual aesthetic perception. *Proceedings of the National Academy of Sciences of the USA, 101*(16), 6321-6325.［doi: 10.1073/pnas.0401427101］

長　潔容江・原口　雅浩・三浦　佳世　（2015）．絵画のゆらぎと美的評価の関係　日本心理学会第79回大会発表論文集［doi: 10.4992/pacjpa.79.0_3PM-081］

Cole, G. G., & Wilkins, A. J.（2013）. Fear of holes. *Psychological Science, 24*(10), 1980-1985.［doi: 10.1177/0956797613484937］

Cutting, J. E.（2003）. Gustave Caillebotte, French Impressionism, and mere exposure. *Psychonomic Bulletin & Review, 10*, 319-343.［doi: 10.3758/BF03196493］

Fechner, G. T.（1876）. *Vorschule der Aesthetik*. Breitkopf.

Fleming, R. W., Torralba, A., & Adelson, E. H.（2004）. Specular reflections and the perception of shape. *Journal of Vision, 4*, 798-820.［doi: 10.1167/4.9.10］

Garner, W. R., & Clement, D. E.（1963）. Goodness of pattern and pattern uncertainty. *Journal of Verbal Learning and Verbal Behavior, 2*, 446-452.［doi: 10.1016/S0022-5371(63)80046-8］

行場　次朗　（2007）．感覚・知覚と感性　大山　正・今井　省吾・和氣　典二・菊池　正（編）　新編　感覚・知覚心理学ハンドブック Part 2（pp. 108-124）　誠信書房

行場　次朗・瀬戸　伊佐生・市川　伸一　（1985）．パターンの良さ評定における問題点：SD法による分析結果と変換構造説の

対応　心理学研究, *56*, 111-115.

Hiramatsu, C., Goda, N., & Komatsu, H. (2011). Transformation from image-based to perceptual representation of materials along the human ventral visual pathway. *NeuroImage, 57*(2), 482-494. ［doi: 10.1016/j.neuroimage.2011.04.056］

Hochberg, J., & Brooks, V. (1960). The psychophysics of form: Reversible-perspective drawings of spatial objects. *American Journal of Psychology, 73*, 337-354. ［doi: 10.2307/1420172］

Höfel, L., & Jacobsen, T. (2007). Electrophysiological indices of processing aesthetics: Spontaneous or intentional processes? *International Journal of Psychophysiology, 65*(1), 20-31. ［doi: 10.1016/j.ijpsycho.2007.02.007］

今井 四郎　(1977)．パターンの良さについての諸学説　心理学評論, *20*(4), 258-272. ［doi: 10.24602/sjpr.20.4_258］

Katz, D. (1935). *The World of Colour*. Kegan Paul.

Kawabata, H., & Zeki, S. (2004). Neural correlates of beauty. *Journal of Neurophysiology, 91*, 1699-1705. ［doi: 10.1152/jn.00696.2003］

Kawabe, T., Maruya, K., Fleming, R. W., & Nishida, S. (2015). Seeing liquids from visual motion. *Vision Research, 109*, 125-138. ［doi: 10.1016/j.visres.2014.07.003］

小林 茂雄　(1982)．布の風合いと官能評価　心理学評論, *25*(1), 74-89. ［doi: 10.24602/sjpr.25.1_74］

Köhler, W. (1921). *Intelli-genzpru ̈ fungen an Menschenaffen. 2nd ed.* Springer.

　（宮 孝一（訳）（1962）．類人猿の知恵試験　岩波書店）

小松 英彦（編）（2016）．質感の科学：知覚・認知メカニズムと分析・表現の技術　朝倉書店

Metelli, F. (1974). The perception of transparency. *Scientific American, 230*, 90-98. ［doi: 10.1038/scientificamerican 0474-90］

三浦 佳世　(1999)．絵画における時間：視覚要因の分析を通して　基礎心理学研究, *17*(2), 121-126. ［doi: 10.14947/psychono. KJ00004413576］

三浦 佳世　(2006)．感性心理学　海保 博之・楠見 孝（監修）　心理学総合事典（pp. 606-612）　朝倉書店

三浦 佳世　(2007)．よいパターン　知覚と感性の心理学（pp. 111-120）　岩波書店

三浦 佳世　(2013)．感性　日本認知心理学会（編）　認知心理学ハンドブック（pp. 64-67）　有斐閣

三浦 佳世・川畑 秀明・横澤 一彦　(2018)．美感：感と知の統合　勁草書房

三浦 佳世・山崎 麻里奈・手島 悠里　(2016)．ドットパターンの不快感：草間彌生の水玉模様の気持ち悪さはどこから来るのか？　電子情報通信学会技術研究報告, *116*(377), 7-10.

Motoyoshi, I. (2013). Visual aftereffects in natural object categories. *Journal of Vision, 13*(9), 62. ［doi: 10.1167/13.9.62］

Motoyoshi, I., Nishida, S., Sharan, L., & Anderson, E. H. (2007). Image statistics and the perception of surface qualities. *Nature, 447*, 206-209. ［doi: 10.1038/nature05724］

中嶋 優・一川 誠　(2008)．画像の具象性と刺激位置が配置の美的印象に及ぼす効果　日本感性工学会論文誌, *8*, 137-143. ［doi: 10.5057/jjske.8.137］

中村 敏枝・長岡 千賀・河瀬 諭・小森 政嗣　(2010)．音響感性情報としての「間」　三浦 佳世（編）　知覚と感性（pp. 185-212）　北大路書房

Namba, S., Kuwano, S, Hatoh, T., & Kato, M. (1991). Assessment of musical performance by using the method of continuous judgment by selected description. *Music Perception, 8*, 251-276. ［doi: 10.2307/40285502］

Nishida, S., & Shinya, M. (1998). Use of image-based information in judgments of surface-reflectance properties. *Journal of Optical Society of America A, 15*(12), 2951-2965. ［doi: 10.1364/JOSAA.15.002951］

野口 薫（編）（2007）．美と感性の心理学　冨山房インターナショナル

Olds, J., & Milner, P. (1954). Positive reinforcement produced by electrical stimulation of septal area and other regions of rat brain. *Journal of Comparative and Physiological Psychology, 47*(6), 419-427. ［doi: 10.1037/h0058775］

Osgood, C. E., Suci, G. J., & Tannenbaum, P. H. (1957). *The Measurement of Meaning*. University of Illinois Press.

大山 正・中原 淳一　(1960)．透明視に及ぼす明度，色相，面積の影響　心理学研究, *31*, 35-48.

Oyama, T., Yamada, H., & Iwasawa, H. (1998). Synesthetic tendencies as the basis of sensory symbolism: A review of a series of experiments by means of semantic differential. *Psychologia, 41*, 203-215.

Portilla, J., & Simoncelli, E. P. (2000). A parametric texture model based on joint statistics of complex wavelet coefficients.

International Journal of Computer Vision, 40, 49-70.［doi: 10.1023/A:1026553619983］

Ramachandran, V. S., & Hirstein, W. (1999). The science of art: A neurological theory of aesthetic experience. *Journal of Consciousness Studies, 6*(6-7), 15-51.

Rao, A. R., & Lohse, G. L. (1996). Towards a texture naming system: Identifying relevant dimensions of texture. *Vision Research, 36*(11), 1649-1669.［doi: 10.1016/0042-6989(95)00202-2］

Reber, R., Schwartz, N., & Winkielman, P. (2004). Processing fluency and aesthetic pleasure: Is beauty in the perceiver's processing experience? *Personality and Social Psychology Review, 8,* 364-382.［doi: 10.1207/s15327957pspr0804_3］

Rubner, Y., & Tomashi, C. (1998). Texture metrics. *Proceedings of the IEEE International Conference on Systems, Man, and Cybernetics, 5,* 4601-4607.［doi: 10.1109/ICSMC.1998.727577］

齋藤 亜矢 (2014)．ヒトはなぜ絵を描くのか：芸術認知科学への招待　岩波書店

佐々木 健一 (2001)．感性は創造的でありうるか　京都市立芸術大学美学文化理論研究会（編）　アイステーシス：21 世紀の美学にむけて（pp. 21-45）　行路社

Sasaki, K., Yamada, Y., Kuroki, D., & Miura, K. (2016). Can discomfort from trypophobia-inducing images be based on spatial frequency? *Japanese Journal of Psychonomic Science, 35,* 87-88.

Silvia, P. J. (2012). Human emotions and aesthetic experience: An overview of empirical aesthetics. In A. P. Shimamura & S. E. Palmer (Eds.), *Aesthetic Science: Connecting Minds, Brains, and Experience* (pp. 250-271). Oxford University Press.

Stieger, S., & Swami, V. (2015). Time to let go? No automatic aesthetic preference for the golden ratio in art picture. *Psychology of Aesthetics, Creativity and the Arts, 9,* 91-100.［doi: 10.1037/a0038506］

鷲見 成正 (1992)．"未完の完"についての心理学的考察　映像学, *46,* 27-37.［doi: 10.18917/eizogaku.46.0_27］

鈴木 美穂・行場 次朗・山口 浩・川畑 秀明・小松 紘 (2006)．モダリティ・ディファレンシャル法による形容詞対の感覚関連性の分析　心理学研究, *77,* 464-470.［doi: 10.4992/jjpsy.77.464］

Taylor, R. P., Micolich, A. P., & Jonas, D. (2000). Using science to investigate Jackson Pollock's drip paintings. *Journal of Consciousness Studies, 7,* 137-150.

Wada, Y., Arce-Lopera, C., Masuda, T., Kimura, A., Dan, I., Goto, S., Tsuzuki, D., & Okajima, K. (2010). Influence of luminance distribution on the appetizingly fresh appearance of cabbage. *Appetite, 54*(2), 363-368.［doi: 10.1016/j.appet.2010.01.002］

渡辺 茂 (2016)．美の起源：アートの行動生物学　共立出版

Watanabe, S., Wakita, M., & Sakamoto, J. (1995). Pigeons' discrimination of paintings by Monet and Picasso. *Journal of Experimental Analysis of Behavior, 63,* 165-174.［doi: 10.1901/jeab.1995.63-165］

Whitfield, T. W. A., & Slatter P. E. (1979). The effects of categorization and prototypicality on aesthetic choice in a furniture selection task. *British Journal of Psychology, 70,* 65-75.［doi: 10.1111/j.2044-8295.1979.tb02144.x］

Yamada, Y., Kawabe, T., & Ihaya, K. (2013). Categorization difficulty is associated with negative evaluation in the "uncanny valley" phenomenon. *Japanese Psychological Research, 55*(1), 20-32.［doi: 10.1111/j.1468-5884.2012.00538.x］

Yang, J., Otsuka, Y., Kanazawa, S., Yamaguchi, M., & Motoyoshi, I. (2011). Perception of surface glossiness by infants aged 5 to 8 months. *Perception, 40*(12), 1491-1502.［doi: 10.1068/p6893］

山本 健太郎・崔 原齊・三浦 佳世 (2014)．視覚的触感に触覚情報が及ぼす影響　基礎心理学研究, *33*(1), 9-18.［doi: 10.14947/psychono.33.2］

山内 泰樹・内川 惠二・栗木 一郎 (1997)．表面色モード知覚における周辺刺激の作用　*Vision, 9,* 69-72.［doi: 10.24636/vision.9.2_69］

吉田 正昭・山下 勝之助 (1982)．建築内装材の視感及び触感の多変量解析　心理学評論, 25(1), 48-71.［doi: 10.24602/sjpr.25.1_48］

Zavagno, D. (1999). Some new luminance-gradient effects. *Perception, 28,* 835-838.［doi: 10.1068/p2633］

(6・2)

Anderson, B. L., & Kim, J. (2009). Image statistics do not explain the perception of gloss and lightness. *Journal of Vision,*

第 I 部　総論

$9(11)$:10, 1-17. [doi: 10.1167/9.11.10]

Chadwick, A. C., & Kentridge, R. W. (2015). The perception of gloss: A review. *Vision Research*, *109*, 221-235. [doi: 10.1016/j.visres.2014.10.026]

Doerschner, K., Boyaci, H., & Maloney, L. T. (2010). Estimating the glossiness transfer function induced by illumination change and testing its transitivity. *Journal of Vision*, *10*(4):8, 1-9. [doi: 10.1167/10.4.8]

Doerschner, K., Fleming, R. W., Yilmaz, O., Schrater, P. R., Hartung, B., & Kersten, D. (2011). Visual motion and the perception of surface material. *Current Biology*, *21*(23), 2010-2016. [doi: 10.1016/j.cub.2011.10.036]

Dror, R. O., Willsky, A. S., & Adelson, E. H. (2004). Statistical characterization of real-world illumination. *Journal of Vision*, *4*(9), 821-837. [doi: 10.1167/4.9.11]

Fairchild, M. D. (2013). *Color Appearance Models* (3rd ed.). Wiley.

Faul, F. (2019). The influence of Fresnel effects on gloss perception. *Journal of Vision*, *19*(13), 1. [doi: 10.1167/19.13.1]

Ferwerda, J. A., Pellacini, F., & Greenberg, D. P. (2001). Psychophysically based model of surface gloss perception. *Proceedings of the SPIE*, *4299*, 291-301.

Fleming, R. W. (2014). Visual perception of materials and their properties. *Vision Research*, *94*, 62-75. [doi: 10.1016/j.visres.2013.11.004]

Fleming, R. W., Dror, R. O., & Adelson, E. H. (2003). Real-world illumination and the perception of surface reflectance properties. *Journal of Vision*, *3*(5), 347-368. [doi: 10.1167/3.5.3]

Ho, Y. X., Maloney, L. T., & Landy, M. S. (2007). The effect of viewpoint on perceived visual roughness. *Journal of Vision*, *7*(1), 1-16. [doi: 10.1167/7.1.1]

Hunt, R. W. G. (1985). Perceptual factors affecting colour order systems. *Color Research & Application*, *10*, 12-19. [doi: 10.1002/col.5080100105]

Katz, D. (1935). *The World of Colour* (R. B. MacLeod & C. W. Fox, Trans.) Kegan Paul. (Original work published 1930)

Kentridge, R. W., Thomson, R., & Heywood, C. A. (2012). Glossiness perception can be mediated independently of cortical processing of colour or texture. *Cortex*, *48*(9), 1244-1246. [doi: 10.1016/j.cortex.2012.01.011]

Kim, J., & Anderson, B. L. (2010). Image statistics and the perception of surface gloss and lightness. *Journal of Vision*, *10*(9), 3. [doi: 10.1167/10.9.3]

Kim, J., Marlow, P., & Anderson, B. L. (2011). The perception of gloss depends on highlight congruence with surface shading. *Journal of Vision*, *11*(9), 4. [doi: 10.1167/11.9.4]

Kim, J., Marlow, P. J., & Anderson, B. L. (2012). The dark side of gloss. *Nature Neuroscience*, *15*, 1590-1595. [doi: 10.1038/nn.3221]

Lichtenauer, M. S., Schuetz, P., & Zolliker, P. (2013). Interaction improves perception of gloss. *Journal of Vision*, *13*(14), Article 14. [doi: 10.1167/13.14.14]

Marlow, P. J., & Anderson, B. L. (2013). Generative constraints on image cues for perceived gloss. *Journal of Vision*, *13*(14), 2. [doi: 10.1167/13.14.2]

Marlow, P., Kim, J., & Anderson, B. L. (2011). The role of brightness and orientation congruence in the perception of surface gloss. *Journal of Vision*, *11*(9), 16. [doi: 10.1167/11.9.16]

Marlow, P. J., Kim, J., & Anderson, B. L. (2012). The perception and misperception of specular surface reflectance. *Current Biology*, *22*, 1909-1913. [doi: 10.1016/j.cub.2012.08.009]

Matusik, W., Pfister, H., Brand, M., & McMillan, L. (2003). A data-driven reflectance model. *ACM Transactions on Graphics*, *22*(3), 759-769. [doi: 10.1145/882262.882343]

本吉 勇 (2012). 視覚的質感の知覚メカニズム　映像情報メディア学会誌, *66*(5), 338-342. [doi: 10.3169/itej.66.338]

Motoyoshi, I., Nishida, S., Sharan, L., & Adelson, E. H. (2007). Image statistics and the perception of surface qualities. *Nature*, *447*, 206-209. [doi: 10.1038/nature05724]

Nishida, S., & Shinya, M. (1998). Use of image-based information in judgments of surface-reflectance properties. *Journal of the Optical Society of America A*, *15*(12), 2951-2965. [doi: 10.1364/JOSAA.15.002951]

Nishio, A., Goda, N., & Komatsu, H. (2012). Neural selectivity and representation of gloss in the monkey inferior temporal cortex. *Journal of Neuroscience, 32*(31), 10780-10793. [doi: 10.1523/JNEUROSCI.1095-12.2012]

Nishio, A., Shimokawa, T., Goda, N., & Komatsu, H. (2014). Perceptual gloss parameters are encoded by population responses in the monkey inferior temporal cortex. *Journal of Neuroscience, 34*(33), 11143-11151. [doi: 10.1523/JNEUROSCI.1451-14.2014]

Okazawa, G., Goda, N., & Komatsu, H. (2012). Selective responses to specular surfaces in the macaque visual cortex revealed by fMRI. *NeuroImage, 63*(3), 1321-1333. [doi: 10.1016/j.neuroimage.2012.07.052]

Olkkonen, M., & Brainard, D. H. (2010). Perceived glossiness and lightness under real-world illumination. *Journal of Vision, 10*(9), 5. [doi: 10.1167/10.9.5]

OSA Committee on Colorimetry. (1943). The concept of color. *Journal of the Optical Society of America, 33*, 544-554. [doi: 10.1364/JOSA.33.000544]

Sakano, Y., & Ando, H. (2010). Effects of head motion and stereo viewing on perceived glossiness. *Journal of Vision, 10*(9), 15. [doi: 10.1167/10.9.15]

Sharan, L., Li, Y., Motoyoshi, I., Nishida, S., & Adelson, E. H. (2008). Image statistics for surface reflectance perception. *Journal of the Optical Society of America. A, Optics, image science, and vision, 25*(4), 846-865. [doi: 10.1364/JOSAA.25.000846]

Sun, H. C., Ban, H., Di Luca, M., & Welchman, A. E. (2015). fMRI evidence for areas that process surface gloss in the human visual cortex. *Vision Research, 109*, 149-157. [doi: 10.1016/j.visres.2014.11.012]

Uno, K., Asano, H., & Yokosawa, K. (2021). Consistency of synesthetic association varies with grapheme familiarity: A longitudinal study of grapheme-color synesthesia. *Consciousness and Cognition, 89*, 103090. [doi: 10.1016/j.concog.2021.103090]

Vangorp, P., Laurijssen, J., & Dutré, P. (2007). The influence of shape on the perception of material reflectance. *ACM Transactions on Graphics, 26*(3), 77. [doi: 10.1145/1275808.1276473]

Wada, A., Sakano, Y., & Ando, H. (2014). Human cortical areas involved in perception of surface glossiness. *NeuroImage, 98*, 243-257. [doi: 10.1016/j.neuroimage.2014.05.001]

Wendt, G., Faul, F., & Mausfeld, R. (2008). Highlight disparity contributes to the authenticity and strength of perceived glossiness. *Journal of Vision, 8*(1), 14. [doi: 10.1167/8.1.14]

Wendt, G., Faul, F., Ekroll, V., & Mausfeld, R. (2010). Disparity, motion, and color information improve gloss constancy performance. *Journal of Vision, 10*(9), 7. [doi: 10.1167/10.9.7]

Wiebel, C. B., Toscani, M., & Gegenfurtner, K. R. (2015). Statistical correlates of perceived gloss in natural images. *Vision Research, 115*, 175-187. [doi: 10.1016/j.visres.2015.04.010]

（6・3）

Adelson, E. H. (2001). On seeing stuff: The perception of materials by humans and machines. *Proceedings of the SPIE, 4299*, 1-12. [doi: 10.1117/12.429489]

Adelson, E. H., & Anandan, P. (1990). Ordinal characteristics of transparency. *Proceedings of AAAI Workshop on Qualitative Vision*, 77-81.

Akerstrom, R. A., & Todd, J. T. (1988). The perception of stereoscopic transparency. *Perception & Psychophysics, 44*(5), 421-432. [doi: 10.3758/BF03210426]

Beck, J., & Ivry, R. (1988). On the role of figural organization perceptual transparency. *Perception & Psychophysics, 44*(6), 585-594. [doi: 10.3758/BF03207492]

Fleming, R. W., & Bülthoff, H. H. (2005). Low-level image cues in the perception of translucent materials. *ACM Transactions on Applied Perception, 2*(3), 346-382. [doi: 10.1145/1077399.1077409]

Fleming, R. W., Jäkel, F., & Maloney, L. T. (2011). Visual perception of thick transparent materials. *Psychological Science, 22*(6), 812-820. [doi: 10.1177/0956797611408734]

Kawabe, T. (2017). What property of the contour of a deforming region biases percepts toward liquid? *Frontiers in Psychology, 8*, 1014.

Kawabe, T., & Kogovšek, R. (2017). Image deformation as a cue to material category judgment. *Scientific Reports, 7*, 44274. [doi: 10.1038/srep44274]

Kawabe, T., Maruya, K., Fleming, R. W., & Nishida, S. (2015). Seeing liquids from visual motion. *Vision Research, 109*(Part B), 125–138. [doi: 10.1016/j.visres.2014.07.003]

Kawabe, T., Maruya, K., & Nishida, S. (2015). Perceptual transparency from image deformation. *Proceedings of the National Academy of Sciences, 112*(33), E4620–E4627. [doi: 10.1073/pnas.1500913112]

Kawabe, T., & Miura, K. (2004). Surface segregation driven by orientation-defined junctions. *Experimental Brain Research, 158*(3), 391–395. [doi: 10.1007/s00221-004-2065-0]

Kingdom, F. A. A., & Keeble, D. R. T. (2000). Luminance spatial frequency differences facilitate the segmentation of superimposed textures. *Vision Research, 40*(9), 1077–1087. [doi: 10.1016/S0042-6989(99)00233-3]

Koenderink, J. J. (2003). Another babel. *Perception, 32*(4), 391–394. [doi: 10.1068/p3204ed]

Metelli, F. (1974). The perception of transparency. *Scientific American, 230*(4), 90–98. [doi: 10.1038/scientificamerican0474-90]

Mitsudo, H. (2004). Rapid image-segmentation and perceptual transparency share a process which utilises X-junctions generated by temporal integration in the visual system. *Perception, 33*(4), 471–484. [doi: 10.1068/p5214]

Motoyoshi, I. (2010). Highlight-shading relationship as a cue for the perception of translucent and transparent materials. *Journal of Vision, 10*(9):6, 1–11. [doi: 10.1167/10.9.6]

Paulun, V. C., Kawabe, T., Nishida, S., & Fleming, R. W. (2015). Seeing liquids from static snapshots. *Vision Research, 115*(Part B), 163–174. [doi: 10.1016/j.visres.2015.01.023]

Sayim, B., & Cavanagh, P. (2011). The art of transparency. *I-Perception, 2*(7), 679–696. [doi: 10.1068/i0459aap]

Snowden, R. J., Treue, S., Erickson, R. G., & Andersen, R. A. (1991). The response of area MT and V1 neurons to transparent motion. *Journal of Neuroscience, 11*(9), 2768–2785. [doi: 10.1523/JNEUROSCI.11-09-02768.1991]

Van Assen, J. J. R., & Fleming, R. W. (2016). Influence of optical material properties on the perception of liquids. *Journal of Vision, 16*(15):12, 1–20. [doi: 10.1167/16.15.12]

Watanabe, T., & Cavanagh, P. (1996). Texture laciness: The texture equivalent of transparency? *Perception, 25*(3), 293–303. [doi: 10.1068/p250293]

(6・4)

Berlyne, D. E. (1970). The golden section and hedonic judgments of rectangles: A cross-cultural study. *Sciences de l'art, 7*, 1–6.

Birkhoff, G. D. (1932). *Aesthetic Measure*. Harvard University Press.

Di Dio, C., Macaluso, E., & Rizzolatti, G. (2007). The golden beauty: Brain response to classical and renaissance sculptures. *PLoS ONE, 2*(11), e1201. [doi: 10.1371/journal.pone.0001201]

Fechner, G. T. (1876). *Vorschule der Aesthetik*. Breitkopf & Härtel.

Gazzaniga, M. S. (2008). *Human: The Science Behind What Makes Your Brain Unique*. Harper Collins.
（柴田 裕之（訳）（2010）．人間らしさとはなにか？：人間のユニークさを明かす科学の最前線　インターシフト）

Höge, H. (1997). The golden section hypothesis: Its last funeral. *Empirical Studies of Arts, 15*, 233–255. [doi: 10.2190/2PNH-8TT0-EMC5-FTW5]

Ishai, A. (2007). Sex, beauty and the orbitofrontal cortex. *International Journal of Psychophysiology, 63*, 181–185. [doi: 10.1016/j.ijpsycho.2006.03.010]

Ishizu, T., & Zeki, S. (2011). Toward a brain-based theory of beauty. *PLoS ONE, 6*(7), e21852. [doi: 10.1371/journal.pone.0021852]

Kawabata, H., & Zeki, S. (2004). Neural correlates of beauty. *Journal of Neurophysiology, 91*, 1699–1705. [doi: 10.1152/jn.00696.2003]

Little, A. C., Jones, B. C., & DeBruine, L. M. (2011). Facial attractiveness: Evolutionary based research. *Philosophical Transactions of the Royal Society of London B: Biological Sciences, 366*, 1638–1659. [doi: 10.1098/rstb.2010.0404]

第６章　感性・質感

Macrosson, W. D. K., & Strachan, G. C. (1997). The preference amongst product designers for the golden section in line partitioning. *Empirical Studies of the Arts, 15,* 153-163. [doi: 10.2190/8LC4-EMQW-LPEV-XW3U]

三浦 佳世・川畑 秀明・横澤 一彦　(2018).　美感：感と美の統合　勁草書房

O'Doherty, J., Winston. J., Critchley, H., Perrett. D., Burt, D. M., & Dolan, R. J. (2003). Beauty in a smile: The role of medial orbitofrontal cortex in facial attractiveness. *Neuropsychologia, 41,* 147-155. [doi: 10.1016/s0028-3932(02)00145-8]

Rhodes, G. (2006). The evolutionary psychology of facial beauty. *Annual Review of Psychology, 57,* 199-226. [doi: 10.1146/annurev.psych.57.102904.190208]

Rhodes, G., Zebrowitz, L. A., Clark, A., Kalick, S. M., Hightower, A., & McKay, R. (2001). Do facial averageness and symmetry signal health? *Evolution and Human Behavior, 22,* 31-46. [doi: 10.1016/s1090-5138(00)00060-x]

Russell, B. (1919). *Mysticism and Logic and Other Essays.* Allen and Unwin.

Stieger, S., & Swami, V. (2015). Time to let go? No automatic aesthetic preference for the golden ratio in art picture. *Psychology of Aesthetics, Creativity and the Arts, 9,* 91-100. [doi: 10.1037/a0038506]

Thornhill, R., & Gangestad, S. W. (1999). Facial attractiveness. *Trends in Cognitive Sciences, 3,* 452-460. [doi: 10.1016/S1364-6613(99)01403-5]

Vessel, E. A., Starr, G. G., & Rubin, N. (2013). Art reaches within: Aesthetic experience, the self and the default mode network. *Frontiers in Neuroscience, 7,* 258. [doi: 10.3389/fnins.2013.00258]

Zeki, S., Romaya, J. P., Benincasa, D. M., & Atiyah, M. F. (2014). The experience of mathematical beauty and its neural correlates. *Frontiers in Human Neuroscience, 8,* 6. [doi: 10.3389/fnins.2013.00258]

(6・5)

Ahn, W.-Y., Kishida, K. T., Gu, X., Lohrenz, T., Harvey, A., Alford, J. R., ... Montague, P. R. (2014). Nonpolitical images evoke neural predictors of political ideology. *Current Biology, 24,* 2693-2699. [doi: 10.1016/j.cub.2014.09.050]

Chaya, K., Xue, Y., Uto, Y., Yao, Q., & Yamada, Y. (2016). Fear of eyes: Triadic relation among social anxiety, trypophobia, and discomfort for eye cluster. *PeerJ, 4,* e1942. [doi: 10.7717/peerj.1942]

Cole, G. G., & Wilkins, A. J. (2013). Fear of holes. *Psychological Science, 24,* 1980-1985. [doi: 10.1177/0956797613484937]

Curtis, V., Aunger, R., & Rabie, T. (2004). Evidence that disgust evolved to protect from risk of disease. *Proceedings Biological Sciences, 271,* S131-S133. [doi: 10.1098/rsbl.2003.0144]

Druschel, B. A., & Sherman, M. F. (1999). Disgust sensitivity as a function of the Big Five and gender. *Personality and Individual Differences, 26,* 739-748. [doi: 10.1016/S0191-8869(98)00196-2]

Fernandez, D., & Wilkins, A. J. (2008). Uncomfortable images in art and nature. *Perception, 37,* 1098-1113. [doi: 10.1068/p5814]

Haidt, J., Rozin, P., McCauley, C., & Imada, S. (1997). Body, psyche, and culture: The relationship between disgust and morality. *Psychology & Developing Societies, 9,* 107-131. [doi: 10.1177/097133369700900105]

Hibbard, P. B., & O'Hare, L. (2015). Uncomfortable images produce non-sparse responses in a model of primary visual cortex. *Royal Society Open Science, 2,* 140535. [doi: 10.1098/rsos.140535]

今泉 修・古野 真菜実・日比野 治雄・小山 慎一　(2016).　日本語版 Trypophobia Questionnaire（TQ-J）の作成　パーソナリティ研究, *25,* 171-173. [doi: 10.2132/personality.25.171]

Imaizumi, S., Furuno, M., Hibino, H., & Koyama, S. (2016). Trypophobia is predicted by disgust sensitivity, empathic traits, and visual discomfort. *SpringerPlus, 5,* 1449. [doi: 10.1186/s40064-016-3149-6]

Inbar, Y., Pizarro, D. A., & Bloom, P. (2009). Conservatives are more easily disgusted than liberals. *Cognition & Emotion, 23,* 714-725. [doi: 10.1080/02699930802110007]

岩佐 和典・小松 孝徳　(2015).　視覚的な触質感認知と不快感に対する命名の影響：触覚オノマトペによる検討　人工知能学会論文誌, *30,* 265-273. [doi: 10.1527/tjsai.30.265]

Iwasa, K., Tanaka, T., & Yamada, Y. (2016). Factor structure, reliability, and validity of the Japanese version of the Disgust Propensity and Sensitivity Scale-Revised. *PLoS ONE, 11*(10), e0164630. [doi: 10.1371/journal.pone.0164630]

岩佐 和典・田中 恒彦・山田 祐樹　(2018).　日本語版嫌悪尺度（DS-R-J）の因子構造, 信頼性, 妥当性の検討　心理学研

231

究, *89*, 82–92. [doi: 10.4992/jjpsy.89.16230]

Jalal, B., Krishnakumar, D., & Ramachandran, V. S. (2015). "I feel contaminated in my fake hand": Obsessive-compulsive-disorder like disgust sensations arise from dummy during rubber hand illusion. *PLoS ONE, 10*(12), e0139159. [doi: 10.1371/journal.pone.0139159]

Kätsyri, J., Förger, K., Mäkäräinen, M., & Takala, T. (2015). A review of empirical evidence on different uncanny valley hypotheses: Support for perceptual mismatch as one road to the valley of eeriness. *Frontiers in Psychology, 6*, 390. [doi: 10.3389/fpsyg.2015.00390]

Kawabe, T., Sasaki, K., Ihaya, K., & Yamada, Y. (2017). When categorization-based stranger avoidance explains the uncanny valley: A comment on MacDorman and Chattopadhyay (2016). *Cognition, 161*, 129–131. [doi: 10.1016/j.cognition.2016.09.001]

Kupfer, T. R., & Le, A. T. D. (2018). Disgusting clusters: Trypophobia as an overgeneralised disease avoidance response. *Cognition and Emotion, 32*, 729–741. [doi: 10.1080/02699931.2017.1345721]

Le, A. T. D., Cole, G. G., & Wilkins, A. J. (2015). Assessment of trypophobia and an analysis of its visual precipitation. *The Quarterly Journal of Experimental Psychology, 68*, 2304–2322. [doi: 10.1080/17470218.2015.1013970]

MacDorman, K. F., & Chattopadhyay, D. (2016). Reducing consistency in human realism increases the uncanny valley effect; increasing category uncertainty does not. *Cognition, 146*, 190–205. [doi: 10.1016/j.cognition.2015.09.019]

MacDorman, K. F., & Ishiguro, H. (2006). The uncanny advantage of using androids in cognitive and social science research. *Interaction Studies, 7*, 297–337. [doi: 10.1075/is.7.3.03mac]

Mori, M. (1970). The uncanny valley. *Energy, 7*, 33–35.

Nemeroff, C., & Rozin, P. (1992). Sympathetic magical beliefs and kosher dietary practice: The interaction of rules and feelings. *Ethos, 20*, 96–115. [doi: 10.1525/eth.1992.20.1.02a00040]

Nitta, H., Tomita, H., Zhang, Y., Zhou, X., & Yamada, Y. (2018). Disgust and the rubber hand illusion: A registered replication report of Jalal, Krishnakumar, and Ramachandran (2015). *Cognitive Research: Principles and Implications, 3*(1), 15. [doi: 10.1186/s41235-018-0101-z]

Oaten, M., Stevenson, R. J., & Case, T. I. (2009). Disgust as a disease-avoidance mechanism. *Psychological Bulletin, 135*, 303–321. [doi: 10.1037/a0014823]

O'Hare, L., & Hibbard, P. B. (2011). Spatial frequency and visual discomfort. *Vision Research, 51*, 1767–1777. [doi: 10.1016/j.visres.2011.06.002]

Olatunji, B. O., Cisler, J. M., Deacon, B. J., Connolly, K., & Lohr, J. M. (2007). The disgust propensity and sensitivity scale-revised: Psychometric properties and specificity in relation to anxiety disorder symptoms. *Journal of Anxiety Disorders, 21*, 918–930. [doi: 10.1016/j.janxdis.2006.12.005]

Olatunji, B. O., Williams, N. L., Tolin, D. F., Abramowitz, J. S., Sawchuk, C. N., Lohr, J. M., & Elwood, L. S. (2007). The disgust scale: Item analysis, factor structure, and suggestions for refinement. *Psychological Assessment, 19*, 281–297. [doi: 10.1037/1040-3590.19.3.281]

Oum, R. E., Lieberman, D., & Aylward, A. (2011). A feel for disgust: Tactile cues to pathogen presence. *Cognition and Emotion, 25*, 717–725. [doi: 10.1080/02699931.2010.496997]

Rozin, P., & Fallon, A. E. (1987). A perspective on disgust. *Psychological Review, 94*, 23–41. [doi: 10.1037/0033-295X.94.1.23]

Rozin, P., Lowery, L., Imada, S., & Haidt, J. (1999). The CAD triad hypothesis: A mapping between three moral emotions (contempt, anger, disgust) and three moral codes (community, autonomy, divinity). *Journal of Personality and Social Psychology, 76*, 574–586. [doi: 10.1037/0022-3514.76.4.574]

佐々木 恭志郎・山田 祐樹 （2018）．トライポフォビア：過去から未来へ　認知科学, *25*, 50–62. [doi: 10.11225/jcss.25.50]

Sasaki, K., Yamada, Y., Kuroki, D., & Miura, K. (2017). Trypophobic discomfort is spatial-frequency dependent. *Advances in Cognitive Psychology, 13*, 224–231. [doi: 10.5709/acp-0222-2]

Wagner, K. D., Yamada, Y., Croley, J. A., & Wilson, J. (2018). Trypophobia: Implications for dermatology. Manuscript submitted for publication.

Wilkins, A. J. (1995). *Visual Stress*. Oxford University Press.

薛 玉婷・郷原 皓彦・佐々木 恭志郎・山田 祐樹 （2017）．粘性オノマトペは視覚的嫌悪感を変容させる：「べとべと」と「さらさら」を用いた検討　認知科学, *24*, 360-375.［doi: 10.11225/jcss.24.360］

Yamada, Y., Kawabe, T., & Ihaya, K. (2012). Can you eat it? A link between categorization difficulty and food likability. *Advances in Cognitive Psychology, 8*, 248-254.［doi: 10.2478/v10053-008-0120-2］

Yamada, Y., Kawabe, T., & Ihaya, K. (2013). Categorization difficulty is associated with negative evaluation in the "uncanny valley" phenomenon. *Japanese Psychological Research, 55*, 20-32.［doi: 10.1111/j.1468-5884.2012.00538.x］

Yamada, Y., & Sasaki, K. (2017). Involuntary protection against dermatosis: A preliminary observation on trypophobia. *BMC Research Notes, 10*, 658.［doi: 10.1186/s13104-017-2953-6］

Yamada, Y., Sasaki, K., Kunieda, S., & Wada, Y. (2014). Scents boost preference for novel fruits. *Appetite, 81*, 102-107.［doi: 10.1016/j.appet.2014.06.006］

吉本 早苗 （2017）．不快感に関する視覚の時間特性　基礎心理学研究, *36*, 75-84.［doi: 10.14947/psychono.36.1］

Yoshimoto, S., Garcia, J., Jiang, F., Wilkins, A. J., Takeuchi, T., & Webster, M. A. (2017). Visual discomfort and flicker. *Vision Research, 138*, 18-28.［doi: 10.1016/j.visres.2017.05.015］

Zhu, S., Sasaki, K., Jiang, Y., Qian, K., & Yamada, Y. (2020). Trypophobia as an urbanized emotion: Comparative research in ethnic minority regions of China. *PeerJ, 8*, e8837.［doi: 10.7717/peerj.8837］

(6・6)

Asano, M., & Yokosawa, K. (2011). Synesthetic colors are elicited by sound quality in Japanese synesthetes. *Consciousness and Cognition, 20*(4), 1816-1823.［doi: 10.1016/j.concog.2011.05.012］

Asano, M., & Yokosawa, K. (2012). Synesthetic colors for Japanese late acquired graphemes. *Consciousness and Cognition, 21*(2), 983-993.［doi: 10.1016/j.concog.2012.02.005］

Asano, M., & Yokosawa, K. (2013). Grapheme learning and grapheme-color synesthesia: Toward a comprehensive model of grapheme-color association. *Frontiers in Human Neuroscience, 7*, 757.［doi: 10.3389/fnhum.2013.00757］

浅野 倫子・横澤 一彦 （2020）．共感覚：総合の多様性　勁草書房

Bargary, G., & Mitchell, K. J. (2008). Synaesthesia and cortical connectivity. *Trends in Neurosciences, 31*, 335-342.［doi: 10.1016/j.tins.2008.03.007］

Bosley, H., & Eagleman, D. M. (2015). Synesthesia in twins: Incomplete concordance in monozygotes suggests extragenic factors. *Behavioural Brain Research, 286*, 93-96.［doi: 10.1016/j.bbr.2015.02.024］

Carmichael, D. A., Down, M. P., Shillcock, R. C., Eagleman, D. M., & Simner, J. (2015). Validating a standardised test battery for synesthesia: Does the Synesthesia Battery reliably detect synesthesia? *Consciousness and Cognition, 33*, 375-385.［doi: 10.1016/j.concog.2015.02.001］

Cytowic, R. E. (1989). *Synesthesia: A Union of the Senses*. Springer-Verlag.

Cytowic, R. E. (1993). *The Man Who Tasted Shapes*. G. P. Putnam's Sons.
　　（山下 篤子 （訳） （2002）．共感覚者の驚くべき日常：形を味わう人，色を聴く人　草思社）

Cytowic, R. E., & Eagleman, D. M. (2009). *Wednesday is Indigo Blue: Discovering the Brain of Synesthesia*. MIT Press.
　　（山下 篤子 （訳） （2010）．脳のなかの万華鏡：「共感覚」のめくるめく世界　河出書房新社）

Day, S. (2005). Some demographic and socio-cultural aspects of synesthesia. In L. C. Robertson & N. Sagiv (Eds.), *Synesthesia: Perspectives from Cognitive Neuroscience* (pp. 11-33). Oxford University Press.

Dixon, M. J., Smilek, D., & Merikle, P. M. (2004). Not all synaesthetes are created equal: Projector versus associator synaesthetes. *Cognitive, Affective, & Behavioral Neuroscience, 4*(3), 335-343.［doi: 10.3758/cabn.4.3.335］

Eagleman, D. M., Kagan, A. D., Nelson, S. S., Sagaram, D., & Sarma, A. K. (2007). A standardized test battery for the study of synesthesia. *Journal of Neuroscience Methods, 159*, 139-145.［doi: 10.1016/j.jneumeth.2006.07.012］

Galton, F. (1880). Visualized numerals. *Nature, 21*, 252-256.［doi: 10.1038/021252a0］

Harrison, J. E. (2001). *Synaesthesia: The Strangest Thing*. Oxford University Press.
　　（松尾 香弥子 （訳） （2006）．共感覚：もっとも奇妙な知覚世界　新曜社）

Nagai, J., Yokosawa, K., & Asano, M. (2016). Biases and regularities of grapheme-colour associations in

Japanese nonsynaesthetic population. *Quarterly Journal of Experimental Psychology, 69*, 11–23. [doi: 10.1080/17470218.2015.1018835]

Ramachandran, V. S., & Hubbard, E. M. (2001). Psychophysical investigations into the neural basis of synaesthesia. *Proceedings of the Royal Society: Biological Sciences, 268*, 979–983. [doi: 10.1098/rspb.2001.1576]

Rich, A. N., & Karstoft, K.-I. (2013). Exploring the benefit of synaesthetic colours: Testing for "pop-out" in individuals with grapheme-colour synaesthesia. *Cognitive Neuropsychology, 30*, 110–125. [doi: 10.1080/02643294.2013.805686]

Robertson, L. C., & Sagiv, N. (Eds.). (2005). *Synesthesia: Perspectives from Cognitive Neuroscience*. Oxford University Press.

Root, N. B., Rouw, R., Asano, M., Kim, C.-Y., Melero, H., Yokosawa, K., & Ramachandran, V. S. (2018). Why is the synesthete's "A" red? Using a five-language dataset to disentangle the effects of shape, sound, semantics, and ordinality on inducer-concurrent relationships in grapheme-color synesthesia. *Cortex, 99*, 375–389. [doi: 10.1016/j.cortex.2017.12.003]

Seaberg, M. (2011). *Tasting the Universe: People Who See Colors in Words and Rainbows in Symphonies*. Career Press. (和田 美樹 (訳) (2012). 共感覚という神秘的な世界：言葉に色を見る人，音楽に虹を見る人　エクスナレッジ)

Simner, J., & Hubbard, E. M. (2013). *The Oxford Handbook of Synesthesia*. Oxford University Press.

Simner, J., Mulvennao, C., Sagiv, N., Tsakanikos, E., Witherby, S. A., Fraser, C., ... Ward, J. (2006). Synaesthesia: The prevalence of atypical cross-modal experiences. *Perception, 35*, 1024–1033. [doi: 10.1068/p5469]

Skelton, R., Ludwig, C., & Mohr, C. (2009). A novel, illustrated questionnaire to distinguish projector and associator synaesthetes. *Cortex, 45*, 721–729. [doi: 10.1016/j.cortex.2008.02.006]

Smilek, D., Moffatt, A., Pasternak, J., White, B. N., Dixon, M. J., & Merikle, P. M. (2002). Synaesthesia: A case study of discordant monozygotic twins. *Neurocase, 8*, 338–342. [doi: 10.1076/neur.8.3.338.16194]

Tomson, S. N., Avidan, N., Lee, K., Sarma, A. K., Tushe, R., Milewicz, D. M., ... Eagleman, D. M. (2011). The genetics of colored sequence synesthesia: Suggestive evidence of linkage to 16q and genetic heterogeneity for the condition. *Behavioural Brain Research, 223*, 48–52. [doi: 10.1016/j.bbr.2011.03.071]

Uno, K., Asano, H., & Yokosawa, K. (2021). Consistency of synesthetic association varies with grapheme familiarity: A longitudinal study of grapheme-color synesthesia. *Consciousness and Cognition, 89*, 103090. [doi: 10.1016/j.concog.2021.103090]

Ward, J. (2013). Synesthesia. *Annual Review of Psychology, 64*, 49–75. [doi: 10.1146/annurev-psych-113011-143840]

Ward, J., Jonas, C., Dienes, Z., & Seth, A. (2010). Grapheme-colour synaesthesia improves detection of embedded shapes, but without pre-attentive 'pop-out' of synaesthetic colour. *Proceedings of the Royal Society, 277*, 1021–1026. [doi: 10.1098/rspb.2009.1765]

第7章 多感覚

7・1 多感覚統合に関する基本事項

7・1・1 多様な多感覚統合と最適重み付け仮説

われわれは周囲の環境を眼や耳，皮膚などさまざまな感覚器官を通して捉える。色や音色など単一感覚でしか捉えられない刺激属性もある一方で，位置，大きさ，形，運動など複数の感覚によって捉えられる（redundant）属性もある。この場合には，複数の感覚情報が統合され一つの事象として知覚される。これまで確認されている多感覚統合は多岐にわたる。たとえば，音の位置が近傍に呈示される映像の位置に誤って感じられたりする腹話術効果（ventriloquism effect；Howard & Templetson, 1966），/ba/ という音声を /ga/ と発話している顔映像とともに呈示すると "da"（もしくは "ga"）と聞こえたりする McGurk 効果（McGurk effect；McGurk & MacDonald, 1976），触覚的には正方形でも視覚的に長方形であれば長方形を体験しているように感じたりする visual capture（Rock & Victor, 1964）などが挙げられる。また，1回のフラッシュ光とともに2回音を呈示すると，フラッシュ光が2回明滅したように知覚されるダブルフラッシュ錯覚（double-flash illusion；Shams et al., 2000）や，二つのフラッシュ光を順序がわからないほど短い時間間隔で呈示しても，音とともに呈示すると順番がわかるようになる時間的腹話術効果（temporal ventriloquism effect；Morein-Zamir et al., 2003）もある。さらに，音によって肌理の知覚や食感が変化することもある（Jousmäki & Hari, 1998；Spence, 2015）。

従来，多感覚統合においては，より正確な情報を提供する感覚が優位になると考えられてきた（Welch & Warren, 1980, 1986）。このモダリティ適切性仮説（modality appropriateness hypothesis）の立場では，視覚は空間解像度が高くより正確に事象の位置を特定できるため空間課題では常に優位となる。一方，聴覚は時間解像度が高くより正確に事象のタイミングを捉えられるため時間課題では常に優位となる。上記のさまざまな多感覚現象はこの枠組みでほぼ説明可能である。しかし，これが当てはまらない事例も数多くある。たとえば，視覚刺激にぼけを与えて位置情報を曖昧にすると聴覚情報が視覚的定位に強い影響を与える（Alais & Burr, 2004）。運動知覚は通常視覚優位であるが（dynamic visual capture；Mateeff et al., 1985），視覚刺激を周辺視野に呈示すると聴覚運動情報によって静止視覚刺激が運動して見える（sound induced visual motion；Hidaka et al., 2009）。また，通常高速で明滅するフラッシュ光とともにそれとは異なる回数のクリック音を聞かせると，クリック音の呈示に合わせて光の明滅数が多く／少なく感じられるが（聴覚ドライビング；Shipley, 1964），高速呈示される視聴覚系列の変化方向（加減速）を回答させる課題において，音系列の変化方向を曖昧にする（変化させず一定のリズムを刻む）と，同時に呈示される光系列の影響を受けるようになる（Wada et al., 2003）。このような現象まで包括的に説明できるのが，最適重み付け仮説（optimal weighting hypothesis；Ernst & Banks, 2002）である。この仮説では二つ以上の感覚情報を使って最尤推定（maximum likelihood estimation）をするものである。すなわち，信頼性は各感覚の精度（分散の逆数）とし，より信頼性の高い感覚信号により大きな重み付けを与え，足し合わせることによって高い精度の推定値を得るものである。各感覚情報は環境ノイズや内部ノイズがあるため必ずしも

精度は高くない。また，一方の感覚が曖昧な場合もあるため，二つ以上の感覚情報を使ってこうした推定を行うことによって高い精度の推定値を得ることができる。

7・1・2　対応付け問題と学習

最適重み付け仮説は複数の感覚情報を結びつける前提で示されたものであるが，適切な多感覚統合を実現するためには，脳はまず各感覚から受け取る無数の信号のなかから同一事象を発生源とするものかどうかを見極める必要がある。その重要な手がかりが空間的一致性と時間的一致性である。たとえば，腹話術効果は単純刺激を用いた場合，2刺激の距離が8°を超えると生起しにくい。また，150 ms 以上離れると同じ位置に呈示されても異なる二つの事象として知覚される（Slutsky & Recanzone, 2001）。McGurk 効果やダブルフラッシュ錯覚でも時間ずれが大きくなると効果も減少する（Jones & Jarick, 2006；Shams et al., 2002）。他には感覚間の時系列パターンの相関（correlation of temporal structure）も重要である。Paries et al. (2012) は短い音と光が2秒間でランダムに10回呈示（1回 16 ms）される刺激系列を用意し，位置を同定させた。単一感覚系列のほか，視聴覚系列間に相関がある場合とない場合を設定し比較すると，相関がある場合にのみ最適重み付け仮説に一致する結果が得られたという。こうした物理的手がかりに加えて重要なのが，一体性の仮定（unity assumption；Welch & Warren, 1980）として知られている意味的（認知的）一致性である。たとえば，腹話術効果については，視聴覚刺激間の距離が90°離れていても意味的に一致している（たとえば，やかんと汽笛音）と影響がある（Jackson, 1953）。発話者と音声の性別が異なる場合，一致している場合に比べて McGurk 効果は減少し（Green & Gerdeman, 1995），時間ずれの違いに気づきやすくなる（Vatakis & Spence, 2007）。

計算モデルでは，感覚間の結びつきの強さを表す変数は，多感覚のベイズ統合理論（Bayesian integration theory；Ernst, 2007, 2012）における coupling prior としてモデル化される。視覚と触覚二つの感覚モダリティ V, H において刺激が与えら

れるとき，物理刺激を $s = (s_V, s_H)$，その感覚信号を $\hat{s} = (\hat{s}_V, \hat{s}_H)$ とすると（いずれも確率分布は独立なガウス分布とする）

$$p(s|\hat{s}) = \frac{p(\hat{s}|s) \cdot p(s)}{C}$$

と表すことができる。なお，C は正規化定数である。$p(\hat{s}|s)$ は s の条件のもとで $\hat{s}$ が生じる確率であり，上述の最適重み付けによる推定値である。$p(s)$ が先行知識等によって与えられる coupling prior である。これらを掛け合わせることによって事後分布 $p(s|\hat{s})$ が得られ，その最大値を与える点がベイズ則に沿った最適な推定値となる。2次元平面上に表すと図 7-1-1 のようになる。先行知識が一切ない場合（図 7-1-1 左列），coupling prior は一様分布になり，2刺激が結びつけられるか否かはチャンスレベルにとどまる。逆に，よく知った人が話をしている場合などは強い coupling prior がはたらき，多少の時空間的ずれにかかわらず結びつけられうる（図 7-1-1 右列）。

coupling prior は多くの場合，環境内の統計的性質を学習することによって獲得されると考えられる。Ernst (2007) は，本来結びつけられていない

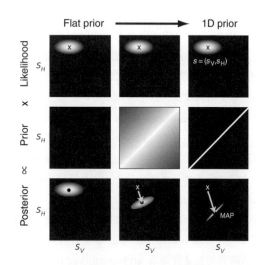

図 7-1-1　異なる coupling prior が異なる二つの感覚情報統合に及ぼす影響の例（Ernst, 2007）
上：二つの感覚情報（s_V, s_H）による最尤推定量の確率分布。中央：prior の確率分布（左からフラット prior，中程度の prior，強い prior）。下：最終的な推定量。MAP 値（maximum a posteriori，最大事後確率）は黒丸で示す。

任意の視触覚特徴（明るさと硬さ）を使い1時間程度フィードバック学習させることによって，最終的には多感覚のベイズ統合理論に沿った形で多感覚統合が行われることを示している。また，Teramoto et al. (2010) は視覚的運動と聴覚的な音色の変化を使って実験し，3分間受動的に観察するだけでも学習が成立し，少なくとも3日間は持続することを示している。彼らは，学習時に左右に仮現運動する視覚刺激の位置変化に合わせて高音（2000 Hz）と低音（500 Hz）を呈示した（たとえば，右運動時には音色は「高→低」と変化し，左運動時には音色は「低→高」と変化）。学習後，その場で2回点滅する視覚刺激に合わせて「高→低」または「低→高」と音高が変化する刺激を呈示したところ，学習時の視覚運動方向と音色変化を再現する形で刺激の動きが知覚されたという。学習は網膜位置依存的であり，眼依存性，音の周波数選択性もあることから，視聴覚の情報処理の比較的初期段階で学習が行われていることが示唆される（Hidaka et al., 2011；Kobayashi et al., 2012a, 2012b）。さらに，一度獲得した coupling prior は固定したものではなく，環境に合わせて柔軟にアップデート（再較正）されうるようである。たとえば，Fujisaki et al. (2004) は数百 ms ずれた映像と音にわずか3分間順応するだけで，少しずれた状態を同時と感じるようになり，同時性の窓が広がるという，時間的再較正（temporal recalibration）が生じることを報告している。わずか1試行のずれを経験するだけで後続の試行に影響があるとの報告もある（Van der Burg et al., 2013）。以上の研究は成人を対象としたものであり，成人であっても比較的容易に環境内の統計的性質を学習し，その後の知覚に反映させていることが示唆される。

（寺本 渉）

7・2　多感覚情報による身体知覚

7・2・1　ラバーハンド錯覚

　自己身体は外部環境や他者と自分を明確に分けるものであり，自己を定義するための基本要素である。また，他者を含めた外部環境と関わる際の基準

になっている。この身体知覚には，触覚や自己受容感覚（固有感覚），内受容感覚以外にも視覚や聴覚等も強く影響を与えている。

　近年急速に発展した自己身体知覚研究の契機となったのが Botvinick & Cohen (1998) によるラバーハンド錯覚（rubber hand illusion：RHI）の発見である。偽物の手と参加者の手を並べて置き，本当の手は衝立によって見えない状態にする。参加者には偽物の手に注目させたまま，本当の手と偽物の手に触覚刺激を同期して数分間与えると，あたかも偽物の手が自分の手であるかのように感じるようになる（身体所有感の変容）。また，RHI 生起後に，本当の手の位置がどこであると感じるかを定位させると，RHI 生起前に比べて数 cm 程度偽物の手側に偏位する（実際の手間距離の 15-30％程度：Makin et al., 2008）という自己受容感覚ドリフト（proprioceptive drift）が生じる。RHI 生起時には，偽物の手への脅威刺激（手の指を逆方向に曲げる／ハンマーで叩く）に対する皮膚コンダクタンス反応の上昇（Armel & Ramachandran, 2003），本物の手の体温低下（Moseley et al., 2008），偽物の手に与えられる温度刺激の錯覚的検知（Kanaya et al., 2012）などが生じ，これらはいずれも偽物の手に身体所有感（body ownership）が生じていることを示すものである。

　視触覚刺激を用いて RHI を生起させるには視触覚刺激の同期が必要不可欠であることから，ボトムアップ信号による視触覚間の多感覚統合が強く関わっていることがわかる。また，偽物の手が本当の手から 30 cm 以上離れると生起しないことが示されており，身体近傍空間（I・7・2・3 参照）を形成する視触覚バイモーダルニューロンの関与が示唆される（Lloyd, 2007）。さらに，1週間腕を動かせない状態にしたうえで測定すると（Burin et al., 2017）強い RHI が生起するようになることから，日常生活のなかで調整された視覚，触覚，自己受容感覚間の重み付けが強く影響しているものと考えられる。他にも，偽物の手と本当の手の姿勢のずれ（Constantini & Haggard, 2007；Ehrsson et al., 2004；Tsakiris & Haggard, 2005），大きさ，形，色や表面特徴の違い（Armel & Ramachandran, 2003；Haans et al.,

2008；Pavani & Zampini, 2007；Tsakiris et al., 2009；Tsakiris & Haggard, 2005）によって RHI が減少することも示されており，自分の腕に関する知識などトップダウン信号の影響もある。また，能動運動状況で生じる RHI も報告されており（moving RHI：Kalckert & Ehrsson, 2012），運動指令信号や運動主体感（Gallagher, 2000）との関連性も指摘されている。

RHI は手（腕）という身体の一部のみの身体所有感を対象としたものであるが，偽物の身体と本当の身体の体幹部への視触覚同期刺激を用いることによって，身体全体の身体所有感の変容も生じうる（full body illusion：FBI）。正立した参加者にヘッドマウントディスプレイ（頭部搭載型ディスプレイ：head-mounted display：HMD）によって自身を 2 m 後方から撮影した映像を呈示する。参加者は 1 分間背中を棒で刺激されると同時にその映像を観察する。すると，映像と触覚刺激に時間遅れがない同期条件では，映像として見えている身体が自分の身体であるかのように感じるようになる。さらに，FBI 生起後に閉眼のうえ別の位置に移動させ，もとの位置に戻るように求めると，錯覚的身体位置方向にずれた位置に戻る（同期条件：24.1 cm±9.0 cm，非同期条件：12.0 cm±8.5 cm）（Lenggenhager et al., 2007 も参照のこと）。これはマネキンでも生じるが，非身体物体では生起しないことから，RHI と同様に身体に関する知識の影響もある。

FBI では一人称視点での身体経験の重要性を示す研究もある。モーションキャプチャシステムを使って参加者の動きを取得し，それをリアルタイムでバーチャルリアリティ（virtual reality：VR）環境内のアバター（avatar）の動きに反映させる。参加者が HMD を通して自分の身体を観察したり，VR 空間内にある鏡を通して自身のアバターの行為を一人称視点で経験すると，三人称視点（俯瞰視点など自身のアバターの行為が客観的に見える視点）で経験する場合に比べてアバターに身体所有感を感じるようになるという（Slater et al., 2010）。また，アバターが 4 歳児（参加者は成人）であっても FBI が生じ，行動面でも周囲に呈示される物体を過大視するようになる（Banakou et al., 2013）。以上は，一人称視点での身体経験や行為とその視覚フィードバックも身体全体の身体所有感にとって重要な要素であることを示している。

7・2・2　幻肢

RHI は自分の身体があるにもかかわらず，自分の身体以外の対象に対して身体所有感をもつ現象であるが，身体が実際存在しないにもかかわらず，そこに身体所有感を感じる現象がある。それは四肢切断後に生じる幻肢（phantom limb）である。四肢を切断すると 90-98％にこの症状が生じる（Ramachandran & Hirstein, 1998）。切断直後に生じる幻肢は形・大きさ・長さの面で切断前とほぼ変わらず，動かすこともできる感じがする（Melzack & Wall, 1988）。時間経過とともに小さくなり（telescoping），最後には指先だけになる場合もある一方，何十年にもわたって持続する場合もある。時間経過による減少は切断側からの感覚信号入力がないことによる皮質対応領域の減少（Haber, 1995；Katz, 1992）あるいは運動指令に対する感覚フィードバック欠如に伴う矛盾解決としての感覚抑制（Ramachandran & Rogers-Ramachandran, 1996）として説明される。切断と同側の顔に触刺激を与えると，その顔の体部位に触覚を感じるだけではなく，幻肢に触覚を感じることがある（Ramachandran & Hirstein, 1998）。これも切断肢に対応する脳領域が顔の体部位再現に取って代わられたという原因によるものと考えられる。

四肢切断後 60-80％の患者は幻肢に痛みを感じ，これを幻肢痛（phantom limb pain）という（Hill, 1999）。幻肢痛を感じる患者のなかには自由に幻肢を動かせると感じる人もいるが，事故で欠損した場合や切断以前から痛みがあった場合などは，事故前後の姿勢を保ち，痛みを保ったままで幻肢が生じることもある（Katz & Melzack, 1990）。Ramachandran & Rogers-Ramachandran（1996）は，四肢に運動指令信号が発せられた後に視覚や自己受容感覚による感覚フィードバックがないことが「痛み」として知覚されると考え，ミラーセラピー（mirror therapy）を考案している。両腕が入るほどの箱の中央に鏡を立てておく。健側の手を鏡の前に配置し，鏡の反対側のちょうど鏡映像と重なる位置に切断側の幻肢の

訴えのある手を入れる。そして両手で同じ運動をするように試みると（たとえば，手を開く），健側の手の鏡映像が視覚フィードバックとなり，あたかも切断した手を動かしているかのように感じる。幻肢に麻痺を感じている患者のなかには動いているように見えるとすぐに痛みが消え，最終的には幻肢および幻肢痛が軽減された人もいたという。また，22 人の幻肢患者をランダムにミラーセラピー群（鏡映像を見ながら左右の腕で同じ運動を行う），ミラーなし群（鏡映像がない以外はミラーセラピー群と同様），心的イメージ群（眼を閉じて幻肢側の腕の動きをイメージ）に分け，1 日 15 分ずつ 4 週間続けて訓練を行ったところ，ミラーセラピー群においてのみ痛み評価が改善したとの報告もある（Chan et al., 2007）。ミラーセラピーを通じて運動指令信号と視覚フィードバックの関係を再学習したことが，幻肢のしびれや痛みおよび幻肢自体の軽減につながっていると考えられる（Ramachandran & Altschuler, 2009）。脳研究では，切断肢からの感覚信号入力がないことによる皮質対応領域の減少および他の身体部位に対応する領域による「侵食」と幻肢痛との間に関係があること（Flor et al., 1995）や，ミラーセラピーによる幻肢痛の改善と対応領域の回復との間に関係があること（Foell et al., 2014）を示した研究はあるが，一致した見解は得られていない。

7・2・3　身体近傍空間

われわれの知覚する空間は途切れのないひと続きの実体である。しかし，脳内では必ずしもそうではないことがこれまでの研究によって明らかにされている。特に，身体のすぐ近傍の空間，すなわち身体近傍空間（近位空間）（peripersonal space：PPS）は，外部対象に対するはたらきかけを制御するうえで重要な空間であるため，他の身体外空間（遠位空間）（extrapersonal space）とは分けて表現されている。

現在の PPS 研究の発展は Rizzolatti et al.（1981）を中心としたサルの単一細胞応答記録によるところが大きい。サルの F4 野のニューロンは，顔，首，腕，手など身体部位ごとに受容野が形成され，触覚刺激に対して応答する。その大部分が近傍の視

覚刺激にも応答する（視触覚バイモーダルニューロン；聴覚刺激に応答するものもある：Graziano et al., 1999）。この視覚受容野の範囲が PPS と操作的に定義され，PPS は当該身体部位の移動に伴い移動する（Gentilucci et al., 1983；Graziano et al., 1994）。同様の特徴は F4 野と密なつながりをもつ頭頂葉の 7b 野や VIP 野でもみられる。そのなかには，視覚対象の接近速度増大（Fogassi et al., 1996）や道具使用（Iriki et al., 1996）により受容野を拡大するものもあり，PPS は固定されたものではなく，相互作用する環境に応じてダイナミックに変化するものと考えられる。また，自分の PPS を表現するニューロンのなかには，他者の PPS（自分にとっては身体外空間）に対しても応答するものもあり（Ishida et al., 2010），隣接脳領域に存在するミラーニューロン（mirror neuron）と同様の役割も担っていると考えられる。

ヒトにおける PPS の証拠は，右の頭頂葉・前頭葉の損傷によって感覚間消去（crossmodal extinction）を来した患者を対象とした研究によって示されており，そこではサルで確認された PPS 特徴と一致した特徴がみられる（di Pellegrino et al., 1997；Farnè et al., 2005；Farnè & Làdavas, 2000；Làdavas et al., 2001）。消去とは，身体の右側と左側いずれであっても刺激が単独で呈示されると検出可能であるが，両側に同時に呈示された場合には損傷半球の反対側の刺激が検出できなくなる症状である。これが感覚間で起きる事例を感覚間消去という。両側同時呈示時には損傷により不足した認知資源の競合が起き，損傷側表現にアクセスできなくなるために生じるとされる（Ward et al., 1994）。感覚間消去患者は視覚刺激を右手近傍に呈示すると，同時に呈示される左手触覚刺激が検出できなくなる一方，視覚刺激を右手から離すと検出が向上するという（di Pellegrino et al., 1997）。これは身体近傍の視覚刺激によって視触覚バイモーダルニューロン相当の表現が活性化し，両側の触覚表現同士で競合が起きたと解釈できる。

健常者でも，身体近傍の視・聴覚刺激は遠方に比べて触覚弁別や検出に強く影響を与える（Sambo & Forster, 2009；Spence et al., 2004；Teramoto & Kakuya, 2015）。また，接近／後退運動する音刺激

第I部　総論

呈示中にさまざまなタイミングで触覚刺激を呈示し，触覚検出反応時間の変化からPPSの境界線を割り出すと，接近刺激（Canzoneri et al., 2012），道具使用（Canzoneri et al., 2013）や前進自己運動（Noel et al., 2015）によるPPSの拡大などもみられる。さらに，ヒトにおけるPPS表現の自他共有現象も明らかになっている（Teramoto, 2018）。視覚刺激を参加者の近傍または遠方で接近または後退運動させ，参加者にはその間に呈示される指先への触覚刺激を素早く検出させる。すると，参加者が1人で課題を行うときには，接近視覚運動刺激が手の近傍に呈示された場合に他の条件に比べて触覚刺激が素早く検出される。一方，参加者の向かい側にパートナーがいるときには，パートナーの近傍でパートナーに向かって視覚刺激が運動する条件においても，あたかも観察者の近傍であるかのような反応が得られる。以上の事実から，サルとヒトにかかわらず，同様の特性を持ったPPS表現を脳内に有しているものと考えられる。

(寺本　渉)

7・3　空間知覚と身体性

前節でみたように，視覚と触覚の強い相互作用は身体近傍空間にまで及ぶ。その背後には，多感覚知覚の源としての自己身体経験が多感覚的な身体図式を形成し，一つの感覚入力が身体図式を活性化させることで，身体図式のもつ他の感覚情報をも賦活するというメカニズムが考えられる。身体図式（body schema）の概念は，もともとは姿勢知覚を可能にする自己受容感覚的スケールのような意味で提案されたが（Head & Holmes, 1911），今日では多くの場合，多感覚的なものとして受け止められている（Maravita et al., 2003）。その表れとして，本節では空間知覚の身体性について概観する。

7・3・1　身体イメージ（運動イメージ）

私たちは目を閉じても自己の手や足のイメージを思い浮かべることができる。こうした主観的現象に対して，心的イメージ（mental imagery）を客観的に測定しようとする試みは，1970年前後の認知心理

学の隆盛期から行われてきた（Kosslyn, 1980；Pavio, 1969；Shepard & Metzler, 1971）。当初は，物体の視覚イメージに関する研究が主流であったが，視覚イメージ以上のものである多感覚的な身体イメージ（body imagery）に関する研究が1980年代から始まり（Parsons, 1987；Sekiyama, 1982），今日ではbrain-computer interface（BCI）などへの工学的応用も含め（Pfurtscheller & Neuper, 2001），その全貌を摑むことが困難なほど多くの研究が見られる。

物体のイメージと比した身体イメージの特徴は，そこに含まれる触運動的な性質である。このことを強調した場合には，運動イメージ（motor imagery）という語が使われる。運動イメージを一人称的なものと三人称的なものに区別する場合もあるが（樋口，2013），ここでは一人称的な筋運動感覚を含んだイメージを指す（Jeannerod, 1995）。身体イメージに触運動的な性質があることの客観的な証拠の一つは，手の心的回転（mental rotation）課題の反応時間にみられる生体力学的制約（biomechanical constraints）である。この課題では，手の線画が画面上にさまざまな角度で回転して呈示され，各々が右手か左手かの判断が求められる。その際の反応時間は，もし実際に自分の手を動かして刺激図形の方位に合わせるなら運動が困難であろう角度で遅くなる（Parsons, 1987；Sekiyama, 1982）。このことから，手の心的回転課題において，自分の手のイメージを心的に動かして刺激図形に合わせるようにする過程が生じ，そのイメージ操作に実際の手を動かす際の生体力学的制約が働くと考えられる。発達的には，手の心的回転課題を自分の手を動かさずにできるようになるのは7-8歳からであるが，この年齢の「運動イメージ初心者」の子どもでは，生体力学的制約が大人よりも大きい（Sekiyama et al., 2014）。また，手の心的回転課題時の運動イメージは，実験参加者自身の姿勢の影響も受け，手を後ろ手に組むと，机上に置いた通常の姿勢と比べ，反応時間が増大する（Ionta et al., 2007）。実験参加者の姿勢が手の心的回転課題に及ぼす影響は，6歳ごろの子どものほうが大学生より大きい（Funk et al., 2005）。

運動イメージの特徴は脳活動で明瞭にみられる。1990年代の後半から普及し始めた機能的磁気共鳴

映像法（functional magnetic resonance imaging：fMRI）などを用いて脳活動を調べると，手の心的回転課題中には，身体運動の計画に関わるとされる運動前野（premotor area）など，物体の心的回転にはみられない運動関連部位の活動がみられる（de Lange et al., 2005；Kosslyn et al., 1998；Parsons et al., 1995）。運動イメージ時の運動関連領野の脳活動は，手の心的回転課題だけではなく，自分の指でタッピングするところをイメージしてもらう課題などでも広くみられる（Hanakawa et al., 2008）。運動実行と運動イメージとは，その神経基盤がまったく同じではないものの，重なり合うところが多い（Hanakawa et al., 2008；Porro et al., 1996）。

　運動イメージには，運動実行時にみられるFittsの法則（Fitts's law；Fitts, 1954）が成り立つ（Jeannerod, 1995）。Fittsの法則とは，「小さいターゲットほど正確に操作するための時間が長くなる」という関係である。この課題では，実験参加者は「ポインティング運動の所定回数の反復がイメージ上で完了した」といった自己報告をする。そのイメージ上の所要時間とターゲットサイズの関係は，健常成人ではFittsの法則に適合するため，運動イメージ時に運動実行時と同じような過程が生じていると考えられる（Jeannerod, 1995）。しかし，運動イメージが未発達な子どもや低下する高齢者，また運動イメージ障害の患者では，Fittsの法則に適合しない（Caeyenberghs et al., 2009；Sirigu et al., 1996；Skoura et al., 2005）。これらの集団では，ターゲットサイズが小さくなり課題が困難になると，イメージ条件で実行時よりも素早くポインティングができたと報告しがちで，正確な運動イメージができないと推察される。

　運動イメージの応用として，メンタルプラクティス（mental practice）による運動スキルの維持・向上，リハビリテーション効果などが考えられる。山田他（2009）は，肩関節周囲炎の患者に通常の理学療法と手の心的回転課題をリハビリテーションとして実施したところ，通常の理学療法のみよりも肩の機能改善が大きかったと報告している。

7・3・2　道具使用と身体図式

　身体図式が多感覚的であるという今日的な概念を裏付ける研究として，Iriki et al.（1996）の道具使用による多感覚ニューロンの振る舞いの変容に関する研究の影響は大きい。頭頂葉には，視覚刺激にも触覚刺激にも応答する視触覚ニューロンが存在し，刺激が空間内でそのニューロンの受容野に入れば，応答がみられる。通常，触覚刺激の受容野は身体皮膚上であり，視覚刺激の受容野は，そのニューロンの触覚刺激の受容野に相当する身体部位かその近傍に限られる。ところが，その視覚受容野は道具使用経験によって大きく拡大し，サルが熊手を使って遠くの餌を引き寄せて食べる経験を数分するだけで，熊手で到達できる距離をプラスした範囲まで広がったという。すなわち，熊手使用経験以前は手のそばに呈示された視覚刺激にしか応答しなかった視触覚ニューロンが，熊手使用後は遠く離れた視覚刺激に対しても応答するようになったのである。

　さらには，単一感覚ニューロンが運動経験に伴って多感覚性を獲得することもある。もともと手への触覚刺激にしか応答しなかったサルの頭頂葉のニューロンが，手を伸ばして少し離れたところの餌を取る訓練を通して，手の近くの視覚刺激にも応答するようになるという（Obayashi et al., 2000）。運動指令は，運動経験を通した視覚と触覚の結びつきを表象した身体図式を活性化する強力なトリガーになると思われる。

7・3・3　逆さメガネなどの変換された視野への適応

　知覚の可塑性を研究する手段であるプリズムなどの光学系で視野を逆さや横ずれにする視野変換実験では，視覚と触運動系との関係を変換する。このことから，身体図式や身体イメージとの関わりが考えられるが，そのことは必ずしも明示的に研究されてこなかった（Welch, 1986）。しかし，少なくとも視覚と触運動系との矛盾が顕著に意識される逆さメガネでは，新たな身体表象の形成が知覚的順応にとって重要である（Sekiyama et al., 2000；Stratton, 1896, 1897）。たとえば，Sekiyama et al.（2000）は，左右反転メガネを約5週間連続着用した実験参加者

第 I 部　総論

に手の左右同定課題を課し，手の新しい表象の形成を示唆する正答の出現を，着用 3-4 週間に見いだした。これと同時期に，視空間定位課題でも正答が出現したことから，左右反転した視野で見慣れた手の視覚的配置（通常とは左右が逆）と触運動系が結びついた新たな身体表象が形成され，これが視空間定位回復（感覚間再調和）の枠組みになると考えられた。また，新たに形成された身体表象を利用する際には，見まね学習に関与する Broca 野が活動することが fMRI で確認され，新しい身体図式が学習過程にあることが示唆された。

　上記のような逆さメガネ連続着用による新たな身体表象の形成や感覚間再調和を示す行動的変化は，必ずしも容易に観察されるものではない。逆さメガネ実験においては，短期的な「行動適応」，すなわち視空間内で身体を適切にナビゲートする行動の着用直後の混乱が 1-2 週間で劇的に改善することは，客観指標を用いたほぼすべての先行研究に共通する一方で（Ewert, 1930；Linden et al., 1999；Richter et al., 2002；Sekiyama et al., 2000；Snyder & Pronko, 1952），より長期的にのみ観察される「知覚的順応（感覚間再調和）」を客観指標で報告している研究はごく一部である（Sekiyama et al., 2012；Sekiyama et al., 2000）。このことは，研究数の多い側方偏位プリズムを用いた研究で提唱されている二つの適応過程（Redding et al., 2005），すなわち，より短期的な recalibration と，進行が遅い realignment になぞらえて理解できる。Recalibration（再調整，もしくは意図的修正）とは，特定の視覚刺激に触運動系を振り向ける際にエラー情報のフィードバックを用いながら修正していく過程であり，realignment（再配置，もしくは真の知覚的順応）とは，視空間と触運動空間の全体が新しい関係で結びつくことである。真の知覚的順応の指標は，プリズム除去後の残効である。すなわち，側方偏位プリズムを通した視覚刺激へのポインティング課題において，試行を繰り返すうちにエラーがなくなった後，プリズムを除去すると，プリズムによる偏位方向とは逆方向にズレたところを指してしまう誤りである（Kitazawa et al., 1997；Rossetti et al., 1998）。側方偏位プリズムの研究では，数分間のポインティング反復でエラーが

なくなるものの，残効の増大はもっとゆっくり進行する（Redding & Wallace, 1996）。逆さメガネの場合，1-2 週間でナビゲーションのエラーがなくなるが，残効がみられる程度の知覚的順応には 3-5 週間の適応期間を要すると考えられる（Sekiyama et al., 2012）。

（積山　薫）

7・4　多感覚統合の個人差

7・4・1　多感覚統合の発達的変化

　多感覚情報の統合／相互作用には刺激の物理的特徴が強く影響を与える。しかし，個人差も存在し，年齢や障害等による系統的な変化も指摘されている。たとえば，発達初期段階では時間窓（temporal window：複数の感覚が同時に知覚される時間範囲／多感覚の錯覚が生起する時間範囲）は非常に広い。発達が進むにつれ，自然環境に本来備わっている光と音の時間関係を統計的に学習し，時間窓は次第に狭くなる（Hillock et al., 2011）。しかし，単一感覚の成熟よりもゆっくりと進み，10 代であっても成人とは異なるものもある（Barutchu et al., 2009；Hillock-Dunn & Wallace, 2012）。

　多感覚統合の一般原理にも発達的変化がみられる。一般に，成人では各感覚モダリティ信号の信頼性（精度，precision）に基づき，精度が高まるように多感覚統合が行われる（I・7・1・1 参照）。しかし，10 歳以下を対象として視触覚による大きさ弁別や方位弁別を行わせた実験では，低年齢（5 歳程度）の子どもは信頼性に基づく最適統合はせず，大きさ弁別では触覚のみ，方位弁別では視覚のみといった形でより正確性（accuracy）の高い感覚に依存した知覚判断をするという（Gori et al., 2008）。同様の結果は，通常，視覚，前庭覚，自己受容感覚情報に基づいて行われるナビゲーション課題（4-5 歳，7-8 歳；Nardini et al., 2008）や視聴覚空間二等分課題（12 歳以下：Gori et al., 2012）でもみられる。感覚が未成熟な時期には，精度が高まるように複数感覚信号の最適統合をするのではなく，ある課題に対してより正確性の高い感覚信号のみを使って知覚判

断を行いつつ，その情報を使って正確性の低い感覚
を較正している可能性がある（Gori, 2015；Gori et
al., 2008）。

　高齢になると各感覚の精度や正確性は次第に衰え，
実行機能や記憶など認知機能にも変化がみられるよ
うになる。多感覚統合も例外ではなく，いずれの感
覚の組み合わせでも加齢変化が報告されている。視
聴覚統合では，単純検出課題（Peiffer et al., 2007），
弁別課題（Laurienti et al., 2006），時間的腹話術効
果（de Boer-Schellekens & Vroomen, 2014），ダブ
ルフラッシュ錯覚（DeLoss et al., 2013；Setti et al.,
2011），McGurk 効果（Setti et al., 2013）などの場面
で高齢者のほうが若齢者よりも強い多感覚統合がみ
られる。たとえば，単純な視聴覚刺激を使って 20-60
代の視聴覚時間順序知覚の弁別閾を測定すると，同
一感覚内，感覚間を問わず，高齢になるほど大きく
なり，特に 50 代以降では顕著になる。同じ参加者に
対して時間的腹話術効果を使って聴覚情報による視
覚時間弁別閾の改善効果を測定すると，すべての年
代で改善され，50 代以降の改善幅が特に大きい（de
Boer-Schellekens & Vroomen, 2014）。一般に，単
一感覚信号が弱いときほど多感覚統合の利得は大き
くなることが知られており（inverse effectiveness；
Meredith & Stein, 1983, 1986），加齢による単一感覚
機能の衰えを補う形で，強い多感覚統合が生起して
いる例といえる。一方で，単純検出課題を用いた研
究では，単一感覚による反応時間は高齢者と若齢者
で変わらない一方，複数感覚呈示による利得は高齢
者のほうが大きいと報告されている（Peiffer et al.,
2007）。このことは，各感覚入力の信頼性が高齢者に
おいては日常的に低いため，状況を選ばず複数の感
覚情報を高確率で結びつける方略がとられている可
能性を示唆するものである（I・7・1・2 も参照のこと）。

　高齢者においては，身体活動量や転倒経験／リス
クと多感覚統合の関係も指摘されている。高齢者
におけるダブルフラッシュ錯覚が生起する時間窓
を計測すると，若齢者に比して高齢者のほうが広
く，特に，転倒経験者のほうが広いという（時間ず
れが 270 ms あっても生起：Setti et al., 2011）。こ
のことから，必要以上に多感覚統合に依存している
ことが転倒につながっている可能性も考えられる。

他にも，バランスが不安定で転倒経験がある高齢者
（Mahoney et al., 2014）や身体活動量の少ない高齢
者（Mahoney et al., 2015）はより強い視触覚相互作
用が生じるという。視触覚課題を用いて身体近傍空
間を計測すると，歩行・バランス機能の高い高齢者
の身体近傍空間は若齢者とほぼ変わらないが，それ
が低い高齢者の身体近傍空間は拡大しているという
（Teramoto et al., 2017）。高齢者にみられるこうし
た強い多感覚統合が，補償か機能不全かは，今後，
感覚機能，認知機能，身体運動機能等を十分に統制
した研究によって明らかにしていくことが求められ
る。

7・4・2　視聴覚音声知覚をめぐる経験・発達要因

　相手の顔が見える対面での会話の聞き取りにおい
ては，口の動きの視覚情報（読唇情報）が聴覚的な
音声知覚に少なからず影響を与える。このことは，
自然な会話を騒音下で聞き取る際に読唇情報が助け
となること（Sumby & Pollack, 1954），実験場面に
おいて吹き替えにより矛盾した口の動きの映像が音
声の聞こえを変容させる McGurk 効果（例：聴覚
/ba/ に視覚 /ga/ を同期させると "da" に聞こえる：
McGurk & MacDonald, 1976）の現象などからうか
がわれる。こうした音声知覚への視覚の影響は，声
と口の動きが一致した自然な音声では強いノイズを
付加した状況でしか確認できないが，矛盾した視聴
覚音声を用いる McGurk 効果はノイズの少ない明
瞭な音声でも観察される。

　McGurk 効果の生じやすさに関しては，経験・発達
要因の影響が報告されている。この錯聴現象を最初
に報告した McGurk & MacDonald（1976）も，3-8
歳の子どもでは 18-40 歳の大人よりも視覚の影響が
弱く，子どもは聴覚情報に依存して音声を正しく聞
き取りやすいことを示していた。視覚のみの読唇条
件を付加した実験によれば，子どもは大人より読唇
能力が低く，このため視覚の影響が弱いと考えられ
る（Massaro et al., 1986）。逆に，聴力が低下する高
齢者においては，日常生活でより視覚に依存する習
慣があるためか，McGurk 効果が増大する傾向があ
る（Sekiyama et al., 2014）。

第Ⅰ部　総論

McGurk 効果の生じやすさには母語の影響もみられ，平均的には，日本語母語者では英語母語者よりも McGurk 効果が小さい（Sekiyama & Tohkura, 1991, 1993）。発達的に検討すると，McGurk 効果の大きさは6歳では日本語母語児と英語母語児との間で差がみられないが，8歳ごろから英語母語児のほうが大きくなる。この背景として，視覚のみの読唇，聴覚のみの聴取の反応時間をみたとき，英語母語児においてのみ，読唇の反応時間が聴取より短くなる発達傾向が指摘されている（Sekiyama & Burnham, 2008）。これらのことから，英語母語者においては，対面での音声コミュニケーションで視覚的な読唇情報が年齢とともに重要さを増すことがうかがわれる。若年成人における視聴覚音声刺激を視聴する際の脳活動データでは，英語母語者と日本語母語者とでは脳内での処理様式が異なることが示唆され（Hisanaga et al., 2016），日本語母語者では視覚と聴覚の情報統合は比較的高次の多感覚統合野である上側頭溝（superior temporal sulcus）に至らないと生じないが，英語母語者，仏語母語者では処理のより早い段階（感覚野）でも視聴覚統合が起きるようである（Arnal et al., 2009；Driver & Noesselt, 2008；Okada et al., 2013；Sekiyama et al., 2003；Shinozaki et al., 2016）。

なお，視聴覚音声知覚中に話者の顔のどこを見るかを調べた視線計測研究では，若年成人での言語間比較において，英語母語者は話者の口が動き始める前から口を注視しているのに対して，日本語母語者は相対的に目や鼻を見る時間が長いことが報告されている（Hisanaga et al., 2016）。乳幼児においても類似した言語差が示唆されており，英語圏の研究で乳児期後半に報告されている話者の口への選好が（たとえば，Lewkowicz & Hansen-Tift, 2012；Morin-Lessard et al., 2019；Tenenbaum et al., 2013），日本の乳児では明瞭ではなかった（Sekiyama et al., 2021）。こうした視線布置の言語差は，近年のコロナ禍におけるマスク着用率の文化差と関係しているかもしれない。

7・4・3　発達障害による影響

DSM-5（精神疾患の診断・統計マニュアル）から

感覚や知覚の障害も自閉症スペクトラム障害（自閉スペクトラム症：autism spectrum disorder：ASD）の診断基準の一つとして組み込まれた。各単一感覚の障害は，多感覚統合にも深く関連する。ASD によくみられるものとして時間窓の広さが挙げられる。同時性判断課題（Stevenson et al., 2014），時間順序判断課題（de Boer-Schellekens et al., 2013），ダブルフラッシュ錯覚（Foss-Feig et al., 2010），時間的腹話術効果（Kwakye et al., 2011），McGurk 効果（Stevenson et al., 2014）などさまざまな課題で確認されている。たとえば，定型発達（typical development：TD）者の時間的腹話術効果生起の許容時間遅れは150 ms 程度であるのに対して，ASD者は300 ms でも生起する（Kwakye et al., 2011）。また，ASD 者は視覚刺激に対して300 ms 音が遅れてもダブルフラッシュ錯覚が生じる（Foss-Feig et al., 2010）。単純非音声（フラッシュ／ビープ），複雑非音声（拍手），音声の3種類の刺激を使って時間順序知覚の弁別閾を計測すると，いずれにおいてもASD のほうが TD 者よりも大きい（時間窓が広い：de Boer-Schellekens et al., 2013）。同期呈示視聴覚音声刺激に対する McGurk 効果は，ASD 者のほうがTD 者よりも生起しにくく，その生起率と時間窓の幅との間には負の相関があるという（Stevenson et al., 2014）。視聴覚同時呈示時における McGurk 効果の起こりにくさと広い時間窓は子どもでも報告されており，時間的一致性が視聴覚刺激を対応付けるための手がかりとして十分な信頼性を得ていないものと考えられる（弱い coupling prior：Ⅰ・7・1・2参照）。この研究では音声単独刺激や視覚単独刺激（読唇）では ASD 者と TD 者で成績は変わらなかったことも報告されており，ASD 者が苦手な読唇処理や顔処理（de Gelder et al., 1991；Smith & Bennetto, 2007）と McGurk 効果の起こりにくさとは関係ないものと考えられる。以上は，ASD 者を情報の時間的統合の障害（Brock et al., 2002）とする見方を支持するものである。他にも，ASD 者には視触覚ではラバーハンド錯覚の生起の遅れ（Cascio et al., 2012）や自己受容感覚ドリフト量の少なさ（Paton et al., 2012）等が見られる。ASD 以外にもディスレクシア（dyslexia）や注意欠陥・多動性障害（注意欠如・多

動症）やその傾向をもった者を対象とした研究も進められており，多感覚統合が TD 者とは異なることが報告されている（Hairston et al., 2005；Panagiotidi et al., 2017）。しかし，TD 者との間に違いはないと

の報告もあり，障害の程度，年齢，刺激や課題の種類などの影響が考えられる。

（寺本 渉・積山 薫）

文献

（7・1）

Alais, D., & Burr, D. (2004). The ventriloquist effect results from near-optimal bimodal integration. *Current Biology, 14*(3), 257–262.［doi: 10.1016/j.cub.2004.01.029］

Ernst, M. O. (2007). Learning to integrate arbitrary signals from vision and touch. *Journal of Vision, 7*, 7.［doi: 10.1167/7.5.7］

Ernst, M. O. (2012). Optimal multisensory integration: Assumptions and limits. In B. E. Stein (Ed.), *The New Handbook of Multisensory Processes* (pp. 1084–1124). MIT Press.

Ernst, M. O., & Banks, M. S. (2002). Humans integrate visual and haptic information in a statistically optimal fashion. *Nature, 415*, 429–433.［doi: 10.1038/415429a］

Fujisaki, W., Shimojo, S., Kashino, M., & Nishida, S. (2004). Recalibration of audiovisual simultaneity. *Nature Neuroscience, 7*, 773–778.［doi: 10.1038/nn1268］

Green, K. P., & Gerdeman, A. (1995). Cross-modal discrepancies in coarticulation and the integration of speech information: The McGurk effect with mismatched vowels. *Journal of Experimental Psychology: Human Perception & Performance, 21*, 1409–1426.［doi: 10.1037/0096-1523.21.6.1409］

Hidaka, S., Manaka, Y., Teramoto, W., Sugita, Y., Miyauchi, R., Gyoba, J., ... Iwaya, Y. (2009). Alternation of sound location induces visual motion perception of a static object. *PLoS ONE, 4*, e8188.［doi: 10.1371/journal.pone.0008188］

Hidaka, S., Teramoto, W., Kobayashi, M., & Sugita, Y. (2011). Sound-contingent visual motion aftereffect. *BMC Neuroscience, 12*, 44.［doi: 10.1186/1471-2202-12-44］

Howard, I. P., & Templeton, W. B. (1966). *Human Spatial Orientation*. Wiley.

Jones, J. A., & Jarick, M. (2006). Multisensory integration of speech signals: The relationship between space and time. *Experimental Brain Research, 174*, 588–594.［doi: 10.1007/s 00221-006-0634-0］

Jackson, C. V. (1953). Visual factors in auditory localization. *Quarterly Journal of Experimental Psychology, 5*, 52–65.［doi: 10.1080/17470215308416626］

Jousmäki, V., & Hari, R. (1998). Parchment-skin illusion: Sound-biased touch. *Current Biology, 8*, R190.［doi: 10.1016/S0960-9822(98)70120-4］

Kobayashi, M., Teramoto, W., Hidaka, S., & Sugita, Y. (2012a). Indiscriminable sounds determine the direction of visual motion. *Scientific Reports, 2*, 365.［doi: 10.1038/srep00365］

Kobayashi, M., Teramoto, W., Hidaka, S., & Sugita, Y. (2012b). Sound frequency and aural selectivity in sound-contingent visual motion aftereffect. *PLoS ONE, 7*, e36803.［doi: 10.1371/journal.pone.0036803］

Mateeff, S., Hohnsbein, J., & Noack, T. (1985). Dynamic visual capture: Apparent auditory motion induced by a moving visual target. *Perception, 14*, 721–727.［doi: 10.1068/p140721］

McGurk, H., & MacDonald, J. (1976). Hearing lips and seeing voices. *Nature, 264*, 746–748.［doi: 10.1038/264746a0］

Morein-Zamir, S., Soto-Faraco, S., & Kingstone, A. (2003). Auditory capture of vision: Examining temporal ventriloquism. *Cognitive Brain Research, 17*, 154–163.［doi: 10.1016/S0926-6410(03)00089-2］

Parise, C. V., Spence, C., & Ernst, M. O. (2012). When correlation implies causation in multisensory integration. *Current Biology, 22*, 46–49.［doi: 10.1016/j.cub.2011.11.039］

Rock, I., & Victor, J. (1964). Vision and touch: An experimentally created conflict between the two senses. *Science, 143*, 594–596.［doi: 10.1126/science.143.3606.594］

Shams, L., Kamitani, Y., & Shimojo, S. (2000). What you see is what you hear. *Nature, 408*, 788.［doi: 10.1038/35048669］

第Ⅰ部　総論

Shams, L., Kamitani, Y., & Shimojo, S. (2002). Visual illusion induced by sound. *Cognitive Brain Research, 14*, 147–152. [doi: 10.1016/S0926-6410(02)00069-1]

Shipley, T. (1964). Auditory flutter-driving of visual flicker. *Science, 145*, 1328–1330. [doi: 10.1126/science.145.3638.1328]

Slutsky, D. A., & Recanzone, G. H. (2001). Temporal and spatial dependency of the ventriloquism effect. *Neuro Report, 12*, 7–10. [doi: 10.1097/00001756-200101220-00009]

Spence, C. (2015). Eating with our ears: Assessing the importance of the sounds of consumption on our perception and enjoyment of multisensory flavour experiences. *Flavour, 4*, 3. [doi: 10.1186/2044-7248-4-3]

Teramoto, W., Hidaka, S., & Sugita, Y. (2010). Sounds move a static visual object. *PLoS ONE, 5*, e12255. [doi: 10.1371/journal.pone.0012255]

Van der Burg, E., Alais, D., & Cass, J. (2013). Rapid recalibration to audiovisual asynchrony. *Journal of Neuroscience, 33*, 14633–14637. [doi: 10.1523/JNEUROSCI.1182-13.2013]

Vatakis, A., & Spence, C. (2007). Crossmodal binding: Evaluating the "unity assumption" using audiovisual speech stimuli. *Perception & Psychophysics, 69*, 744–756. [doi: 10.3758/BF03193776]

Wada, Y., Kitagawa, N., & Noguchi, K. (2003). Audiovisual integration in temporal perception. *International Journal of Psychophysiology, 50*(1–2), 117–124. [doi: 10.1016/S0167-8760(03)00128-4]

Welch, R. B., & Warren, D. H. (1980). Immediate perceptual response to intersensory discrepancy. *Psychological Bulletin, 88*, 638–667. [doi: 10.1037/0033-2909.88.3.638]

Welch, R. B., & Warren, D. H. (1986). Intersensory interactions. In K. R. Boff, L. Kaufman, & J. P. Thomas (Eds.), *Handbook of Perception and Human Performance* (Vol. 2., pp. 25.1–25.36). Wiley.

(7・2)

Armel, K. C., & Ramachandran, V. S. (2003). Projecting sensations to external objects: Evidence from skin conductance response. *Proceedings of the Royal Society London B Biological Sciences, 270*, 1499–1506. [doi: 10.1098/rspb.2003.2364]

Banakou, D., Groten, R., & Slater, M. (2013). Illusory ownership of a virtual child body causes overestimation of object sizes and implicit attitude changes. *Proceedings of the National Academy of Sciences of the USA, 110*(31), 12846–12851. [doi: 10.1073/pnas.1306779110]

Botvinick, M., & Cohen, J. (1998). Rubber hands 'feel' touch that eyes see. *Nature, 391*, 756. [doi: 10.1038/35784]

Burin, D., Garbarini, F., Bruno, V., Fossataro, C., Destefanis, C., Berti, A., & Pia, L. (2017). Movements and body ownership: Evidence from the rubber hand illusion after mechanical limb immobilization. *Neuropsychologia, 107*, 41–47. [doi: 10.1016/j.neuropsychologia.2017.11.004]

Canzoneri, E., Magosso, E., & Serino, A. (2012). Dynamic sounds capture the boundaries of peripersonal space representation in humans. *PLoS ONE, 7*, e44306. [doi: 10.1371/journal.pone.0044306]

Canzoneri, E., Ubaldi, S., Rastelli, V., Finisguerra, A., Bassolino, M., & Serino, A. (2013). Tool-use reshapes the boundaries of body and peripersonal space representations. *Experimental Brain Research, 228*, 25–42. [doi: 10.1007/s00221-013-3532-2]

Chan, B. L., Witt, R., Charrow, A. P., Magee, A., Howard, R., Pasquina, P. F., ... Tsao, J. W. (2007). Mirror therapy for phantom limb pain. *New England Journal of Medicine, 357*, 2206–2207. [doi: 10.1056/NEJMc071927]

Constantini, M., & Haggard, P. (2007). The rubber hand illusion: Sensitivity and reference frame for body ownership. *Consciousness & Cognition, 16*, 229–240. [doi: 10.1016/j.concog.2007.01.001]

Ehrsson, H. H. (2007). The experimental induction of out-of-body experiences. *Science, 317*, 1048. [doi: 10.1126/science.1142175]

di Pellegrino, G., Làdavas, E., & Farnè, A. (1997). Seeing where your hands are. *Nature, 388*, 730. [doi: 10.1038/41921]

Ehrsson, H. H., Spence, C., & Passingham, R. E. (2004). That's my hand! Activity in premotor cortex reflects feeling of ownership of a limb. *Science, 305*, 875–877. [doi: 10.1126/science.1097011]

Farnè, A., Iriki, A., & Làdavas, E. (2005). Shaping multisensory action-space with tools: Evidence from patients with cross-modal extinction. *Neuropsychologia, 43*, 238–248. [doi: 10.1016/j.neuropsychologia.2004.11.010]

Farnè, A., & Làdavas, E. (2000). Dynamic size-change of hand peripersonal space following tool use. *Neuroreport, 11*(8), 1645–1649. [doi: 10.1016/s0010-9452(08)70468-4]

Foell, J., Bekrater-Bodmann, R., Diers, M., & Flor, H. (2014). Mirror therapy for phantom limb pain: Brain changes and the role of body representation. *European Journal of Pain, 18*, 729–739. [doi: 10.1002/j.1532-2149.2013.00433.x]

Flor, H., Elbert, T., Knecht, S., Wienbruch, C., Pantev, C., Birbaumer, N., … Taub, E. (1995). Phantom-limb pain as a perceptual correlate of cortical reorganization following arm amputation. *Nature, 375*, 482–484. [doi: 10.1038/375482a0]

Fogassi, L., Gallese, V., Fadiga, L., Luppino, G., Matelli, M., & Rizzolatti, G. (1996). Coding of peripersonal space in inferior premotor cortex (area F4). *Journal of Neurophysiology, 76*, 141–157. [doi: 10.1152/jn.1996.76.1.141]

Gallagher, S. (2000). Philosophical conceptions of the self: Implications for cognitive science. *Trends in Cognitive Sciences, 4*(1), 14–21.

Gentilucci, M., Scandolara, C., Pigarev, I. N., & Rizzolatti, G. (1983). Visual responses in the postarcuate cortex (area 6) of the monkey that are independent of eye position. *Experimental Brain Research, 50*, 464–468. [doi: 10.1007/BF00239214]

Graziano, M. S., Reiss, L. A., & Gross, C. G. (1999). A neuronal representation of the location of nearby sounds. *Nature, 397*, 428–430. [doi: 10.1038/17115]

Graziano, M. S. A., Yap, G. S., & Gross, C. G. (1994). Coding of visual space by premotor neurons. *Science, 266*, 1054–1057. [doi: 10.1126/science.7973661]

Haans, A., Ijsselsteijn, W. A., & de Kort, Y. A. (2008). The effect of similarities in skin texture and hand shape on perceived ownership of a fake limb. *Body Image, 5*, 389–394. [doi: 10.1016/j.bodyim.2008.04.003]

Haber, W. B. (1995). Effects of loss of limb on sensory functions. *Journal of Psychology, 40*, 115–123. [doi: 10.1080/00223980.1955.9712969]

Hill, A. (1999). Phantom limb pain: A review of the literature on attributes and potential mechanisms. *Journal of Pain and Symptom Management, 17*, 125–142. [doi: 10.1016/S0885-3924(98)00136-5]

Iriki, A., Tanaka, M., & Iwamura, Y. (1996). Coding of modified body schema during tool use by macaque postcentral neurons. *Neuroreport, 7*, 2325–2330. [doi: 10.1097/00001756-199610020-00010]

Ishida, H., Nakajima, K., Inase, M., & Murata, A. (2010). Shared mapping of own and others' bodies in visuotactile bimodal area of monkey parietal cortex. *Journal of Cognitive Neuroscience, 22*, 83–96. [doi: 10.1162/jocn.2009.21185]

Kalckert, A., & Ehrsson, H. H. (2012). Moving a rubber hand that feels like your own: A dissociation of ownership and agency. *Frontiers in Human Neuroscience, 6*, 40. [doi: 10.3389/fnhum.2012.00040]

Kanaya, S., Matsushima, Y., & Yokosawa, K. (2012). Does seeing ice really feel cold? Visual-thermal interaction under an illusory body-ownership. *PLoS ONE, 7*, e47293. [doi: 10.1371/journal.pone.0047293]

Katz, J. (1992). Psychophysical correlates of phantom limb experience. *Journal of Neurology, Neurosurgery, & Psychiatry, 55*, 811–821. [doi: 10.1136/jnnp.55.9.811]

Katz, J., & Melzack, R. (1990). Pain 'memories' in phantom limbs: Review and clinical observations. *Pain, 43*, 319–336. [doi: 10.1016/0304-3959(90)90029-D]

Làdavas, E., Pavani, F., & Farnè, A. (2001). Auditory peripersonal space in humans: A case of auditorytactile extinction. *Neurocase, 7*, 97–103. [doi: 10.1093/neucas/7.2.97]

Lenggenhager, B., Tadi, T., Metzinger, T., & Blanke, O. (2007). Video ergo sum: Manipulating bodily self-consciousness. *Science, 317*, 1096–1099. [doi: 10.1126/science.1143439]

Lloyd, D. M. (2007). Spatial limits on referred touch to an alien limb may reflect boundaries of visuo-tactile peripersonal space surrounding the hand. *Brain & Cognition, 64*, 104–109. [doi: 10.1016/j.bandc.2006.09.013]

Makin, T. R., Holmes, N. P., & Ehrsson, H. H. (2008). On the other hand: Dummy hands and peripersonal space. *Behavioral Brain Research, 191*, 1–10. [doi: 10.1016/j.bbr.2008.02.041]

Melzack, R., & Wall, P. D. (1988). *The Challenge of Pain* (2nd ed.). Penguin Books.

Moseley, G. L., Olthof, N., Venema, A., Don, S., Wijers, M., Gallace, A., & Spence, C. (2008). Psychologically induced cooling of

第Ⅰ部　総論

a specific body part caused by the illusory ownership of an artificial counterpart. *Proceedings of the National Academy of Sciences of the USA, 105,* 13169-13173. [doi: 10.1073/pnas.0803768105]

Noel, J. P., Grivaz, P., Marmaroli, P., Lissek, H., Blanke, O., & Serino, A. (2015). Full body action remapping of peripersonal space: The case of walking. *Neuropsychologia, 70,* 375-384. [doi: 10.1016/j.neuropsychologia.2014.08.030]

Pavani, F., & Zampini, M. (2007). The role of hand size in the fake-hand illusion paradigm. *Perception, 36,* 1547-1554. [doi: 10.1068/p5853]

Ramachandran, V. S., & Altschuler, E. L. (2009). The use of visual feedback, in particular mirror visual feedback, in restoring brain function. *Brain, 132,* 1693-1710. [doi: 10.1093/brain/awp135]

Ramachandran, V. S., & Hirstein, W. (1998). The perception of phantom limbs: The D. O. Hebb lecture. *Brain, 121,* 1603-1630. [doi: 10.1093/brain/121.9.1603]

Ramachandran, V. S., Rogers-Ramachandran, D. C. (1996). Synaesthesia in phantom limbs induced with mirrors. *Proceedings of the Royal Society of London B, 263,* 377-386. [doi: 10.1098/rspb.1996.0058]

Rizzolatti, G., Scandolara, C., Matelli, M., & Gentilucci, M. (1981). Afferent properties of periarcuate neurons in macaque monkeys: II. Visual responses. *Behavioral Brain Research, 2,* 147-163. [doi: 10.1016/0166-4328(81)90053-X]

Sambo, C. F., & Forster, B. (2009). An ERP investigation on visuotactile interactions in peripersonal and extrapersonal space: Evidence for the spatial rule. *Journal of Cognitive Neuroscience, 21,* 1550-1559. [doi: 10.1162/jocn.2009.21109]

Slater, M., Spanlang, B., Sanchez-Vives, M. V., & Blanke, O. (2010). First person experience of body transfer in virtual reality. *PLoS ONE, 5,* e10564. [doi: 10.1371/journal.pone.0010564]

Spence, C., Pavani, F., Maravita, A., & Holmes, N. (2004). Multisensory contributions to the 3-D representation of visuotactile peripersonal space in humans: Evidence from the crossmodal congruency task. *Journal of Physiology-Paris, 98,* 171-189. [doi: 10.1016/j.jphysparis.2004.03.008]

Teramoto, W. (2018). A behavioral approach to shared mapping of peripersonal space between oneself and others. *Scientific Reports, 8,* 5431. [doi: 10.1038/s41598-018-23815-3]

Teramoto, W., & Kakuya, T. (2015). Visuotactile peripersonal space in healthy humans: Evidence from crossmodal congruency and redundant target effects. *Interdisciplinary Information Science, 21,* 133-142. [doi:10.4036/iis.2015.A.04]

Tsakiris, M., Carpenter, L., James, D., & Fotopoulou, A. (2009). Hands only illusion: Multisensory integration elicits sense of ownership for body parts but not for non-corporeal objects. *Experimental Brain Research, 204,* 343-352. [doi: 10.1007/s00221-009-2039-3]

Tsakiris, M., & Haggard, P. (2005). The rubber hand illusion revisited: Visuotactile integration and self-attribution. *Journal of Experimental Psychology: Human Perception & Performance, 31,* 80-91. [doi: 10.1037/0096-1523.31.1.80]

Ward, R., Goodrich, S., & Driver, J. (1994). Grouping reduces visual extinction: Neuropsychological evidence for weight-linkage in visual selection. *Visual Cognition, 1,* 101-129. [doi: 10.1080/13506289408402295]

(7・3)

Caeyenberghs, K., Wilson, P. H., van Roon, D., Swinnen, S. P., & Smits-Engelsman, B. C. (2009). Increasing convergence between imagined and executed movement across development: Evidence for the emergence of movement representations. *Developmental Science, 12*(3), 474-483. [doi: 10.1111/j.1467 - 7687.2008.00803.x]

de Lange, F. P., Hagoort, P., & Toni, I. (2005). Neural topography and content of movement representations. *Journal of Cognitive Neuroscience, 17*(1), 97-112. [doi: 10.1162/0898929052880039]

Ewert, P. H. A. (1930). A study of the effect of inverted retinal stimulation upon spatially coordinated behavior. *Genetic Psychology Monographs, 7,* 177-363.

Fitts, P. M. (1954). The information capacity of the human motor system in controlling the amplitude of movement. *Journal of Experimental Psychology, 47*(6), 381-391. [doi: 10.1037/h0055392]

Funk, M., Brugger, P., & Wilkening, F. (2005). Motor processes in children's imagery: The case of mental rotation of hands. *Developmental Science, 8*(5), 402-408. [doi: 10.1111/j.1467-7687.2005.00428.x]

Hanakawa, T., Dimyan, M. A., & Hallett, M. (2008). Motor planning, imagery, and execution in the distributed motor network: A time-course study with functional MRI. *Cerebral Cortex, 18*(12), 2775–2788. [doi: 10.1093/cercor/bhn036]

Head, H., & Holmes, G. (1911). Sensory disturbances from cerebral lesions. *Brain, 34,* 102–254. [doi: 10.1093/brain/34.2-3.102]

樋口 貴広 （2013）．運動支援の心理学：知覚・認知を活かす　三輪書店

Ionta, S., Fourkas, A. D., Fiorio, M., & Aglioti, S. M. (2007). The influence of hands posture on mental rotation of hands and feet. *Experimental Brain Research, 183*(1), 1–7. [doi: 10.1007/s00221-007-1020-2]

Iriki, A., Tanaka, M., & Iwamura, Y. (1996). Coding of modified body schema during tool use by macaque postcentral neurones. *Neuroreport, 7*(14), 2325–2330. [doi: 10.1097/00001756-199610020-00010]

Jeannerod, M. (1995). Mental imagery in the motor context. *Neuropsychologia, 33*(11), 1419–1432. [doi: 10.1016/0028-3932(95)00073-C]

Kitazawa, S., Kimura, T., & Uka, T. (1997). Prism adaptation of reaching movements: Specificity for the velocity of reaching. *Journal of Neuroscience, 17*(4), 1481–1492. [doi: 10.1016/0028-3932(95)00073-C]

Kosslyn, S. M. (1980). *Image and Mind.* Harvard University Press.

Kosslyn, S. M., Digirolamo, G. J., Thompson, W. L., & Alpert, N. M. (1998). Mental rotation of objects versus hands: Neural mechanisms revealed by positron emission tomography. *Psychophysiology, 35*(2), 151–161. [doi: 10.1017/S0048577298001516]

Linden, D. E., Kallenbach, U., Heinecke, A., Singer, W., & Goebel, R. (1999). The myth of upright vision: A psychophysical and functional imaging study of adaptation to inverting spectacles. *Perception, 28*(4), 469–481. [doi: 10.1068/p2820]

Maravita, A., Spence, C., & Driver, J. (2003). Multisensory integration and the body schema: Close to hand and within reach. *Current Biology, 13*(13), R531–R539. [doi: 10.1016/S0960-9822(03)00449-4]

Obayashi, S., Tanaka, M., & Iriki, A. (2000). Subjective image of invisible hand coded by monkey intraparietal neurons. *Neuroreport, 11*(16), 3499–3505. [doi: 10.1097/00001756-200011090-00020]

Parsons, L. M. (1987). Imagined spatial transformations of one's hands and feet. *Cognitive Psychology, 19*(2), 178–241. [doi: 10.1016/0010-0285(87)90011-9]

Parsons, L. M., Fox, P. T., Downs, J. H., Glass, T., Hirsch, T. B., Martin, C. C., ... Lancaster, J. L. (1995). Use of implicit motor imagery for visual shape discrimination as revealed by PET. *Nature, 375*(6526), 54–58. [doi: 10.1038/375054a0]

Pavio, A. (1969). Mental imagery in associative learning and memory. *Psychological Review, 76*(3), 241–263. [doi: 10.1037/h0027272]

Pfurtscheller, G., & Neuper, C. (2001). Motor imagery and direct brain-computer communication. *Proceedings of the IEEE, 89*(7), 1123–1134. [doi: 10.1109/5.939829]

Porro, C. A., Francescato, M. P., Cettolo, V., Diamond, M. E., Baraldi, P., Zuiani, C., ... di Prampero, P. E. (1996). Primary motor and sensory cortex activation during motor performance and motor imagery: A functional magnetic resonance imaging study. *Journal of Neuroscience, 16*(23), 7688–7698. [doi: 10.1523/JNEUROSCI.16-23-07688.1996]

Redding, G. M., Rossetti, Y., & Wallace, B. (2005). Applications of prism adaptation: A tutorial in theory and method. *Neuroscience & Biobehavioral Reviews, 29*(3), 431–444. [doi: 10.1016/j.neubiorev.2004.12.004]

Redding, G. M., & Wallace, B. (1996). Adaptive spatial alignment and strategic perceptual-motor control. *Journal of Experimental Psychology, 22*(2), 379–394. [doi: 10.1037/0096-1523.22.2.379]

Richter, H., Magnusson, S., Imamura, K., Fredrikson, M., Okura, M., Watanabe, Y., & Långström, B. (2002). Long-term adaptation to prism-induced inversion of the retinal images. *Experimental Brain Research, 144*(4), 445–457. [doi: 10.1007/s00221-002-1097-6]

Rossetti, Y., Rode, G., Pisella, L., Farnè, A., Li, L., Boisson, D., & Perenin, M. T. (1998). Prism adaptation to a rightward optical deviation rehabilitates left hemispatial neglect. *Nature, 395*(6698), 166–169. [doi: 10.1038/25988]

Sekiyama, K. (1982). Kinesthetic aspects of mental representations in the identification of left and right hands. *Perception & Psychophysics, 32,* 89–95. [doi: 10.3758/bf03204268]

Sekiyama, K., Hashimoto, K., & Sugita, Y. (2012). Visuo-somatosensory reorganization in perceptual adaptation to reversed vision. *Acta Psychologica, 141*(2), 231–242. [doi: 10.1016/j.actpsy.2012.05.011]

Sekiyama, K., Kinoshita, T., & Soshi, T. (2014). Strong biomechanical constraints on young children's mental imagery of hands. *Royal Society Open Science, 1*(4). [doi: 10.1098/rsos.140118]

Sekiyama, K., Miyauchi, S., Imaruoka, T., Egusa, H., & Tashiro, T. (2000). Body image as a visuomotor transformation device revealed in adaptation to reversed vision. *Nature, 407*(6802), 374–377. [doi: 10.1038/35030096]

Shepard, R. N., & Metzler, J. (1971). Mental rotation of three-dimensional objects. *Science, 171*(3972), 701–703. [doi: 10.1126/science.171.3972.701]

Sirigu, A., Duhamel, J. R., Cohen, L., Pillon, B., Dubois, B., & Agid, Y. (1996). The mental representation of hand movements after parietal cortex damage. *Science, 273*(5281), 1564–1568. [doi: 10.1126/science.273.5281.1564]

Skoura, X., Papaxanthis, C., Vinter, A., & Pozzo, T. (2005). Mentally represented motor actions in normal aging: I. Age effects on the temporal features of overt and covert execution of actions. *Behavioural Brain Research, 165*(2), 229–239. [doi: 10.1016/j.bbr.2005.07.023]

Snyder, F. W., & Pronko, N. H. (1952). *Vision with Spatial Inversion*. University of Wichita Press.

Stratton, G. M. (1896). Some preliminary experiments on vision without inversion of the retinal image. *Psychological Review, 3*, 611–617. [doi: 10.1037/h0072918]

Stratton, G. M. (1897). Vision without inversion of the retinal image. *Psychological Review, 4*, 463–481. [doi: 10.1037/h0071173]

Welch, R. B. (1986). Adaptation of space perception. In K. R. Boff, L. Kaufman, & J. P. Thomas (Eds.), *Handbook of Human Perception and Performance* (Vol. 1, pp. 24.1–24.45). Wiley and Sons.

山田 実・樋口 貴広・森岡 周・河内 崇 (2009). 肩関節周囲炎における機能改善とメンタルローテーション能力の関連性 理学療法学, *36*(5), 281–286. [10.15063/rigaku.KJ00005654286]

(7・4)

Arnal, L. H., Morillon, B., Kell, C. A., & Giraud, A. L. (2009). Dual neural routing of visual facilitation in speech processing. *Journal of Neuroscience, 29*(43), 13445–13453. [doi: 10.1523/Jneurosci.3194-09.2009]

Barutchu, A., Crewther, D. P., & Crewther, S. G. (2009). The race that precedes coactivation: Development of multisensory facilitation in children. *Developmental Science, 12*, 464–473. [doi: 10.1111/j.1467-7687.2008.00782.x]

Brock, J., Brown, C. C., Boucher, J., & Rippon, G. (2002). The temporal binding deficit hypothesis of autism. *Development and Psychopathology, 14*, 209–224. [doi: 10.1017/S0954579402002018]

Cascio, C. J., Foss-Feig, J. H., Burnette, C. P., Heacock, J. L., & Cosby, A. A. (2012). The rubber hand illusion in children with autism spectrum disorders: Delayed influence of combined tactile and visual input on proprioception. *Autism, 16*, 406–419. [doi: 10.1177/1362361311430404]

de Boer-Schellekens, L., Eussen, M., & Vroomen, J. (2013). Diminished sensitivity of audiovisual temporal order in autism spectrum disorder. *Frontiers in Integrative Neuroscience, 7*, 8. [doi: 10.3389/fnint.2013.00008]

de Boer-Schellekens, L., & Vroomen, J. (2014). Multisensory integration compensates loss of sensitivity of visual temporal order in the elderly. *Experimental Brain Research, 232*, 253–262. [doi: 10.1007/s00221-013-3736-5]

de Gelder, B., Vroomen, J., & Van der Heide, L. (1991). Face recognition and lip-reading in autism. *European Journal of Cognitive Psychology, 3*(1), 69–86. [doi: 10.1080/09541449108406220]

DeLoss, D. J., Pierce, R. S., & Andersen, G. J. (2013). Multisensory integration, aging, and the sound-induced flash illusion. *Psychology and Aging, 28*, 802–812. [doi: 10.1037/a0033289]

Driver, J., & Noesselt, T. (2008). Multisensory interplay reveals crossmodal influences on 'sensory-specific' brain regions, neural responses, and judgments. *Neuron, 57*(1), 11–23. [doi: 10.1016/j.neuron.2007.12.013]

Foss-Feig, J. H., Kwakye, L. D., Cascio, C. J., Burnette, C. P., Kadivar, H., Stone, W. L., & Wallace, M. T. (2010). An extended multisensory temporal binding window in autism spectrum disorders. *Experimental Brain Research, 203*, 381–389. [doi: 10.1007/s00221-010-2240-4]

Gori, M. (2015). Multisensory integration and calibration in children and adults with and without sensory and motor disabilities. *Multisensory Research, 28*, 71–99. [doi: 10.1163/22134808-00002478]

Gori, M., Del Viva, M., Sandini, G., & Burr, D. (2008). Young children do not integrate visual and haptic form information. *Current Biology, 18*, 694–698. [doi: 10.1016/j.cub.2008.04.036]

Gori, M., Sandini, G., & Burr, D. (2012). Development of visuo-auditory integration in space and time. *Frontiers in Integrative Neuroscience, 6*, 77. [doi: 10.3389/fnint.2012.00077]

Hairston, D. W., Burdette, J. H., Flowers, D. L., Wood, F. B., & Wallace, M. T. (2005). Altered temporal profile of visual-auditory multisensory interactions in dyslexia. *Experimental Brain Research, 166*, 474–480. [doi: 10.1007/s00221-005-2387-6]

Hillock, A. R., Powers, A. R., & Wallace, M. T. (2011). Binding of sights and sounds: Age-related changes in multisensory temporal processing. *Neuropsychologia, 49*, 461–467. [doi: 10.1016/j.neuropsychologia.2010.11.041]

Hillock-Dunn, A., & Wallace, M. T. (2012). Developmental changes in the multisensory temporal binding window persist into adolescence. *Developmental Science, 15*, 688–696. [doi: 10.1111/j.1467-7687.2012.01171.x]

Hisanaga, S., Sekiyama, K., Igasaki, T., & Murayama, N. (2016). Language/culture modulates brain and gaze processes in audiovisual speech perception. *Scientific Reports, 6*, 35265. [doi: 10.1038/srep35265]

Kwakye, D., Foss-Feig, J., Cascio, C., Stone, W., & Wallace, M. (2011). Altered auditory and multisensory temporal processing in autism spectrum disorders. *Frontiers in Integrative Neuroscience, 4*, 129. [doi: 10.3389/fnint.2010.00129]

Laurienti, P. J., Burdette, J. H., Maldjian, J. A., & Wallace, M. T. (2006). Enhanced multisensory integration in older adults. *Neurobiology of Aging, 27*, 1155–1163. [doi: 10.1016/j.neurobiolaging.2005.05.024]

Lewkowicz, D. J., & Hansen-Tift, A. M. (2012). Infants deploy selective attention to the mouth of a talking face when learning speech. *Proceedings of the National Academy of Sciences of the USA, 109*(5), 1431–1436. [doi: 10.1073/pnas.1114783109]

Mahoney, J. R., Dumas, K., & Holtzer, R. (2015). Visual-somatosensory integration is linked to physical activity level in older adults. *Multisensory Research, 28*, 11–29. [doi: 10.1163/22134808-00002470]

Mahoney, J. R., Holtzer, R., & Verghese, J. (2014). Visual-somatosensory integration and balance: Evidence for psychophysical integrative differences in aging. *Multisensory Research, 27*, 17–42. [doi: 10.1163/22134808-00002444]

Massaro, D. W., Thompson, L. A., Barron, B., & Laren, E. (1986). Developmental changes in visual and auditory contributions to speech perception. *Journal of Experimental Child Psychology, 41*, 93–113. [doi: 0022-0965(86)90053-6]

McGurk, H., & MacDonald, J. (1976). Hearing lips and seeing voices. *Nature, 264*(5588), 746–748. [doi: 10.1038/264746a0]

Meredith, M. A., & Stein, B. E. (1983). Interactions among converging sensory inputs in the superior colliculus. *Science, 221*, 389–391. [doi: 10.1126/science.6867718]

Meredith, M. A., & Stein, B. E. (1986). Visual, auditory, and somatosensory convergence on cells in superior colliculus results in multisensory integration. *Journal of Neurophysiology, 56*, 640–662. [doi: 10.1152/jn.1986.56.3.640]

Morin-Lessard, E., Poulin-Dubois, D., Segalowitz, N., & Byers-Heinlein, K. (2019). Selective attention to the mouth of talking faces in monolinguals and bilinguals aged 5 months to 5 years. *Developmental Psychology, 55*(8), 1640–1655. [doi: 10.1037/dev0000750]

Nardini, M., Jones, P., Bedford, R., & Braddick, O. (2008). Development of cue integration in human navigation. *Current Biology, 18*, 689–693. [doi: 10.1016/j.cub.2008.04.021]

Okada, K., Venezia, J. H., Matchin, W., Saberi, K., & Hickok, G. (2013). An fMRI study of audiovisual speech perception reveals multisensory interactions in auditory cortex. *PLoS ONE, 8*, e68959. [doi: 10.1371/journal.pone.0068959]

Panagiotidi, M., Overton, P. G., & Stafford, T. (2017). Multisensory integration and ADHD-like traits: Evidence for an abnormal temporal integration window in ADHD. *Acta Psychologica, 181*, 10–17. [doi: 10.1016/j.actpsy.2017.10.001]

Paton, B., Hohwy, J., & Enticott, P. (2011). The rubber hand illusion reveals proprioceptive and sensorimotor differences in autism spectrum disorders. *Journal of Autism and Developmental Disorders, 42*, 1870–1883. [doi: 10.1007/s10803-011-1430-7]

Peiffer, A. M., Mozolic, J. L., Hugenschmidt, C. E., & Laurienti, P. J. (2007). Age-related multisensory enhancement in a simple audiovisual detection task. *Neuroreport, 18*, 1077–1081. [doi: 10.1097/WNR.0b013e3281e72ae7]

Sekiyama, K., & Burnham, D. (2008). Impact of language on development of auditory-visual speech perception. *Developmental Science, 11*, 306–320. [doi: 10.1111/j.1467-7687.2008.00677.x]

Sekiyama, K., Hisanaga, S., & Mugitani, R. (2021). Selective attention to the mouth of a talker in Japanese-learning infants and toddlers: Its relationship with vocabulary and compensation for noise. *Cortex, 140*, 145–156. [doi: 10.1016/j.cortex.2021.03.023]

Sekiyama, K., Kanno, I., Miura, S., & Sugita, Y. (2003). Auditory-visual speech perception examined by fMRI and PET. *Neuroscience Research, 47*, 277–287. [doi: 10.1016/s0168-0102(03)00214-1]

Sekiyama, K., Soshi, T., & Sakamoto, S. (2014). Enhanced audiovidual integration with aging in speech perception: A heightened McGurk effect in older adults. *Frontiers in Psychology, 5*, 323. [doi: 10.3389/fpsyg.2014.00323]

Sekiyama, K., & Tohkura, Y. (1991). McGurk effect in non-English listeners: Few visual effects for Japanese subjects hearing Japanese syllables of high auditory intelligibility. *Journal of the Acoustical Society of America, 90*, 1797–1805. [doi: 10.1121/1.401660]

Sekiyama, K., & Tohkura, Y. (1993). Inter-language differences in the influence of visual cues in speech perception. *Journal of Phonetics, 21*, 427–444. [doi: 10.1016/S0095-4470(19)30229-3]

Setti, A., Burke, K. E., Kenny, R. A., & Newell, F. N. (2011). Is inefficient multisensory processing associated with falls in older people? *Experimental Brain Research, 209*, 375–384. [doi: 10.1007/s00221-011-2560-z]

Setti, A., Burke, K., Kenny, R., & Newell, F. (2013). Susceptibility to a multisensory speech illusion in older persons is driven by perceptual processes. *Frontiers in Psychology, 4*, 575. [doi: 10.3389/fpsyg.2013.00575]

Shinozaki, J., Hiroe, N., Sato, M. A., Nagamine, T., & Sekiyama, K. (2016). Impact of language on functional connectivity for audiovisual speech integration. *Scientific Reports, 6*, 31388. [doi: 10.1038/srep31388]

Smith, E. G., & Bennetto, L. (2007). Audiovisual speech integration and lipreading in autism. *Journal of Child Psychology and Psychiatry and Allied Disciplines, 48*, 813–821. [doi: 10.1111/j.1469-7610.2007.01766.x]

Stevenson, R. A., Siemann, J. K., Schneider, B. C., Eberly, H. E., Woynaroski, T. G., Camarata, S. M., & Wallace, M. T. (2014). Multisensory temporal integration in autism spectrum disorders. *Journal of Neuroscience, 34*, 691–697. [doi: 10.1523/JNEUROSCI.3615-13.2014]

Sumby, W. H., & Pollack, I. (1954). Visual contribution to speech intelligibility in noise. *Journal of the Acoustical Society of America, 26*(2), 212–215. [doi: 10.1121/1.1907309]

Tenenbaum, E. J., Shah, R. J., Sobel, D. M., Malle, B. F., & Morgan, J. L. (2013). Increased focus on the mouth among infants in the first year of life: A longitudinal eye-tracking study. *Infancy, 18*(4), 534–553. [doi: 10.1111/j.1532-7078.2012.00135.x]

Teramoto, W., Honda, K., Furuta, K., & Sekiyama, K. (2017). Visuotactile interaction even in far sagittal space in older adults with decreased gait and balance functions. *Experimental Brain Research, 235*, 2391–2405. [doi: 10.1007/s00221-017-4975-7]

第II部
視覚

第1章　視覚の本質

第2章　視覚刺激とその呈示法・測定法

第3章　視覚系の構造と機能

第4章　光覚

第5章　明るさ知覚

第6章　色知覚

第7章　表色系

第8章　色覚の型と障害

第9章　視野

第10章　空間視と時間視

第11章　形の知覚

第12章　面の知覚

第13章　奥行き知覚
：3次元空間知覚の方向・距離・順序

第14章　運動知覚

第15章　眼球運動

第16章　視覚発達・視覚弱者

第17章　視覚の応用

第1章　視覚の本質

1・1　視覚における事前知識と予測

1・1・1　視覚運動制御における予測

　ヒトや他の動物は，視覚情報を最大限に活かして外界に対して運動出力をもって相互作用することにより，適応行動をとっている。それを可能にするために，知覚運動学習を繰り返すことで，視覚的手がかりを入力として重要な内部データに変換するための内的マップを学習し，またそもそもの外界対象の統計的性質に関する知識を蓄積すると考えられる（Kawato, 1999）。その恩恵として，われわれはさまざまな予期的な視覚運動制御をすることができる。
　たとえば訓練を積んだクリケット選手は，投球直後わずか0.14 s における投球位置の固視の後，ボールが地面で跳ね返るであろう位置に対して予期的サッケード（anticipatory saccade）を行い，跳ね返ったボールに対してさらに0.2 s の間だけ追跡眼球運動をするだけで，ボールを全期間にわたり追跡することを必要とせず正確に打撃することができる（Land & McLeod, 2000）。これの解釈としては，投球直後のボールの統計データを手がかりにして，知覚運動学習によって成立した内的マップを介して跳ね返り位置を予測し，跳ね返り後のボールの統計データとボールの性質に関する知識を統合して最適な行動選択をしているとされる。
　滑動性眼球運動（smooth eye movement）でも予測的振る舞いが見られる（Kowler et al., 2019）。たとえば右方向に等速直線運動した後に突然左方向に変化して等速直線運動するような運動標的に対して追跡眼球運動をするという課題では，習熟につれて，標的の運動方向に伴ってほぼ時間遅れなく眼球

運動方向が逆転するようになり（図1-1-1），かつサッケードを伴わず緩徐制御のみでこれを行うため標的の運動方向逆転の数百 ms 前に眼球運動の減速が開始する（Boman & Hotson, 1992）。滑動性眼球運動の機能には，追跡中の標的の網膜像スリップを引き金にして眼球回転速度を計算するアクティブな誤差補正制御という側面だけでなく（Shidara et al., 1993），内的に生成された標的予測位置に向けてほぼ時間遅れなしに中心窩視を続けるという側面もあることが示唆される（Barnes & Collins, 2008）。曲線軌跡に従い運動をしている運動標的が短時間遮蔽されている間に，標的の現在位置を推定しているかのように滑動性眼球運動を持続できることからも，内的モデルの参照による眼球運動の維持が可能であることが示唆される（Orban de Xivry et al., 2008）。
　視覚運動制御が実時間における外界との相互作用

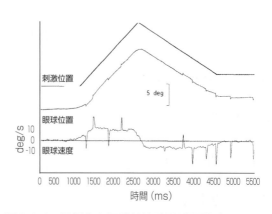

図 1-1-1　予測的な滑動性追跡眼球運動（Boman & Hotson, 1992, p. 677, Fig.1）
　図の縦軸は，上に行くほど水平軸上で右方向に進むことを意味する。標的は 10 deg/s で 1500 ms かけて右方向に進み，突然方向を逆転させて 6 deg/s で 2000 ms かけて左方向に進み，次いで静止する。標的運動の変化に先んじて緩徐な眼球運動速度が変化している。

という機能を提供しなければならない以上，未来における対象位置を予測しながら運動指令の生成を制御することには合目的性がある。では運動出力ではなく，意識的気づきとしての視覚世界そのものも，視覚情報処理の時間遅れ，潜時のぶんだけ経過した時刻における外界のありようを推定した結果を，内的に表象し，意識的な見えとして体験するようになっているのだろうか。この考え方には賛否両論あり（Eagleman & Sejnowski, 2000；Krekelberg & Lappe, 2000；Nijhawan, 1994；Whitney & Murakami, 1998），少なくとも実験室環境で運動対象の知覚的位置を測定した研究では，そうした運動外挿（motion extrapolation）の理論が必ずしも支持されていない（II・14・3・1・2 参照）。

1・1・2 外界の予測と予測誤差

より俯瞰的，包括的な観点から視覚入力信号と視覚的意識との関係を捉えた計算論モデルには，外界の予測（prediction）を行う計算機として視覚系を捉えるという考え方に立脚したものがある。その目的のために外界構造に関するある種の信念をシステム内部に仮に措定して，その信念から予測される現今の感覚データであろうものを内部的にシミュレートして生成する過程を含むようなモデルを，大まかに生成モデル（generative model）という総称でくくることができる（渡辺，2017）。ここでの「予測」とは，上述したような神経処理時間に基づく潜時を考慮したときの時間軸上の直近未来の予測というよりは，未知の対象から到来するであろう信号値をモデル側が自らの仮説に立脚して「予測」して検証する，という実証手続き的な意味で用いられている。

生成モデルに限らず視覚研究の総論として，視覚系の行う重要ミッションの一つは未知の外界を推定して視覚世界（visual world）を成立させることに他ならない。そのために網膜像を感覚証拠（sensory evidence）として利用するのみならず，生後発達での知覚学習内容または進化的に獲得した形質として保有している，外界に関する事前知識（prior knowledge）を利用して，推定作業を行っている。この事前知識という概念については心理学史上いくつかの術語が当てられて論じられてきたが，近年は

ベイズ統計学の枠組みを当てて論じることも多い。入手可能なデータ（感覚証拠）に対して事前確率を乗じたうえで求められる事後確率の分布をもとに，事物を観察することのできる最大事後確率という基準で，最もありそうな解（視覚世界の最適候補）を選択する，というベイズ推定の用語法が視覚研究者の共通言語の一つになっている。生成モデルの考え方に立脚すれば，視覚系は，自らの行うべきミッションを再帰的ネットワーク（recurrent network）として実現するために，現在の事後確率分布から導かれる外界構造に関する仮説を当座の最適な仮説として採用し，その解をもたらすに至った下位の計算材料が何であるのかについての予測を行う。すなわち，現在システムの上位の計算プロセスにある外界に関する何らかの仮説が正しいという仮定のもとで，下位の計算プロセスではどのような表象が存在するはずであるかを予測するのであり，そのようなフィードバック過程において，究極的にはどのような網膜像が入手されるべきかを具体的に予測する。それを入力データとしての現実の網膜像と突き合わせ，差分を予測誤差（prediction error）としてフィードフォワード過程を上行させることで，外界に関する仮説に修正を加える（Rao & Ballard, 1999）。近年の深層ニューラルネットワークの隆盛に伴い，計算機による実装と検証が容易になってきている関係から，実際の視覚系の動作の詳細について情報科学分野からの具体的提言ができる可能性が高まっている（II・17・3 参照）。

外界構造に関するモデルを脳内に仮に作り，モデルの正しさの検証のために眼からの入力データを用いて予測誤差を計算してモデルを更新する，というものが本当に視覚系の設計原理として妥当な考え方なのか否かは，今後の研究による解明が待たれる。しかし，このような「モデルからの予測→誤差の取得→モデルの更新→モデルからの予測……」というループを実際に脳内で動作させるためには，下位階層から上位階層へのフィードフォワード経路と同程度に潤沢に，上位階層から下位階層へのフィードバック経路が敷設されていなければならないと考えられる。視覚系に限らず，大脳皮質の階層間連絡については，まさにそのような双方向性の経路が存在

第II部　視覚

し，皮質の6層構造のうちフィードフォワード経路とフィードバック経路で住み分けがなされていることが従前より知られている（Markov et al., 2013）。そして，各ニューロン対のレベルで双方向性の情報伝達がランダムな時刻にランダムな電気回路の配置をもって勝手に行われるというよりは，送り手側の皮質で膨大な個数のニューロン群が同期性をもって発信し，受け手側の皮質でも膨大な個数のニューロン群が同じ方向に電流を生むことから，巨視的には経頭蓋の電極で記録できるような律動的な電圧変化が生じる。これはあたかも，時間軸上で連続というよりはむしろ離散的なタイミングで，予測して予測誤差を得る「仮説検証」の回路が動作していることを思わせる。

1・1・3　視覚表現の更新とデフォルト知覚

　離散的なタイミングで知覚像の更新が行われるという考え方と一貫した現象はいくつかある。たとえば，ジター錯視（jitter illusion）においては，赤背景上に緑色の刺激といったように色で定義された等輝度の刺激が運動し，その近傍に輝度で定義された刺激が同じ方向に同じ速度で運動すると，なぜか，等輝度の刺激が数Hzで振動しながら（輝度運動に対して少し遅れ，そして遅れを取り戻そうとするように前に跳ぶというような往復運動をしながら）動いているように感じられる（Arnold & Johnston, 2003）。この説明として，刺激の現在位置を割り出すために視覚系では離散的に更新作業を行っており，時空間処理に適した輝度定義の刺激の位置に比べて等輝度の刺激では離散的な更新作業の頻度が遅いために更新頻度に同期した振動（ジター）が生じるのだとされている。この振動の周波数が，視覚皮質でのα波のリズムと同じであることを示す研究成果も出されており（Minami & Amano, 2017），上述の律動的「仮説検証」ネットワークという考え方と一貫している。

　離散的なタイミングでの情報更新と関わりがありそうなもう一つの現象として，ワゴンホイール効果（wagon wheel effect）について視知覚過程との関わりが調べられている。毎秒24コマで撮影されるフィルム映画で見られるような，スポークやアルミホ

イール付きの車輪の回転が実際の回転方向と逆転して感じられる，いわゆる古典的なワゴンホイール効果は，言うまでもなく毎秒何コマという離散的な撮像によるエイリアシング（aliasing），すなわち標本化周波数の半分よりも高い周波数の周期関数の振る舞いは標本化によって失われるためフレーム間の誤対応が生まれるという，標本化定理の宿命によって容易に説明できる。ところが，連続照明下すなわち網膜に投影される前の時点では標本化されていないはずの事態であるにもかかわらず，回転運動図形を観察するとワゴンホイール効果のようなものが感じられるという錯視現象の報告が挙がっている（Purves et al., 1996）。このことは，あたかも時間の関数として脳内で離散的な過程がはたらくことで視覚情報の更新がなされ，それらが視覚運動処理過程に入力する，という図式を想起させる。

　ただし，上述の現象の説明には諸説あり，いまだ決着を見ていない。連続照明下で真の運動方向とは異なる運動方向が知覚されるという効果は，脳内の離散的標本化というよりは，知覚的曖昧性（perceptual ambiguity）の存在下での多義的知覚（multistable perception）の例であるかもしれない。たとえば多義図形の代表例である「Rubinの盃」に回転運動を加えた場合に，知覚的曖昧性の解決のされ方が運動情報によって強く影響されるように（Wake et al., 2014），多義図形を観察する際にはさまざまな要因によって知覚的な解決のされ方が影響を受ける。しかし，多義のままでどちらであるか不明である状態の知覚が続くことはなく，ほとんどの場合は多義的解釈のなかの一つがシステムによって選択された以降はその解釈に固執した状態がしばらく続く。連続照明下でのワゴンホイール効果を生む運動刺激では，高速回転運動があることによって，回転運動が存在するという感覚証拠は強いが回転方向に関する感覚証拠が弱く，脳内で回転方向を勝手に定めてしまうがゆえに，場合によっては現実符合的でない回転方向に固執する状態が保たれてしまうのかもしれない（VanRullen et al., 2005）。同様の形式の議論は，仮現運動においてフレーム間でD_{max}を超えた変位がある際の運動知覚にも当てはまるかもしれない。ランダムドットキネマトグラムにおいては，フレーム

間でランダムドットパターンに小さな変位を与えることにより，その変位方向にパターンがずれてありありとした運動が知覚される。しかし，一定以上の大きさの変位があると，もはや一方向の運動として知覚されず，パターンが新しいものに切り替わったかのように見える。運動知覚が生じうる最大の変位を D_{max} と呼ぶ（たとえば，Nakayama & Silverman, 1984）。変位が D_{max} を超えると，何らかの運動があるという感覚証拠があるが，一方向であるという感覚証拠が入手不可能なため，一意な運動知覚が生じなくなるのである。面白いことに，フレーム間でそのような大きな変化があっても，たとえばその直前に D_{max} より十分小さな運動をわずかな時間だけ与えると，その次に生じる大きなパターン変化は事前の運動と同方向の高速仮現運動（high phi）としてのみ知覚される（Wexler et al., 2013）。また，事前に遅い運動を一定時間観察した後にフレーム間で大きな変化を与えると，事前の運動と反対方向の高速仮現運動としてのみ知覚される（図1-1-2）。方向に関する感覚証拠が入手不可能である場合，視覚系がその運動を解釈するにあたって，「運動検出過程が一意な解を出さない以上，D_{max} より小さな運動があるはずはない」けれども「事前の運動と関連する何らかの運動があるに違いない」と仮定し，「D_{max} を超えた変位をもつ素早い運動があるに違いない」と結論づけてしまうというわけである。これは，感覚証拠がない場合に視覚系が事前情報に依拠して採用する，いわゆるデフォルト知覚（default perception）の例であるとされる。デフォルトで定まる知覚とは，前述のベイズ推定の枠組みで語れば，感覚証拠によって特定の知覚が決定されない場合に事前確率に強く従って知覚がバイアスされるものであるといえる。

デフォルトで知覚が定まるとは，知覚の恒常性の理解にも通じるところがあるかもしれない。たとえば，両眼視の際には常に輻輳の時間的揺らぎがあり，それに連動して固視ずれ（fixation disparity）の時間的揺らぎがあるため，同じ物体を見ていてもその絶対視差が時間的に揺らぐ。しかし，視覚健常者においてはそれに連動して視覚世界全体の遠近感が揺らぐことはない（McKee et al., 1990）。同様に，微小眼球運動によって網膜像が常に揺れていても，視覚健常者においては視野全体に動揺が生じることは

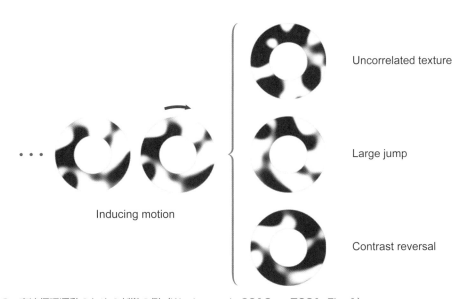

図1-1-2　高速仮現運動のための刺激の例（Wexler et al., 2013, p. 7081, Fig. 1）
　　　　初めの段階では，時計回りの遅い回転を呈示し，突然，まったく新しいテクスチャ（Uncorrelated texture），回転角度を大きく変えたテクスチャ（Large jump），同じテクスチャながらポジネガ反転した図形（Contrast reversal）などを呈示する。いずれの場合も，突然変化する前後で，運動検出過程では運動方向に関する一意な解を得ることができない。初めの段階で遅い回転を非常に短時間だけ呈示する場合は，突然の変化はそれと同方向への高速回転のように見える。初めの段階で遅い回転を長時間呈示する場合，突然の変化はそれと反対方向への高速回転のように見える。

第Ⅱ部　視覚

ない（Murakami, 2004）。他にも，瞳孔径や回旋眼球運動など，入力装置である眼には緩慢な生理学的揺らぎが常に生じているが，それらと相関した視覚信号の時間変化に対応する揺らぎが特に意識的気づきに上ることがないのは，世界は静止しているべきものであるという事前知識に依拠してデフォルトで静止知覚へと知覚が定まりがちであるいってもいいかもしれない。そうしたデフォルト知覚を覆す感覚証拠があったときに初めて，奥行き変化や動きや照明光量変化があるのだとして意識化するべきだというわけである。世界は静止しているべきだという事前知識と関連しそうな要因として，視野内の刺激の運動速度に関して，解に曖昧性のある際はできるだけ遅い運動速度が解として選ばれがちであるという制約条件があることが報告されており（Weiss et al., 2002），このことはたとえば，格子縞刺激の運動方向において窓問題に由来する曖昧性があるにもかかわらずなぜ縞方位と直交する方向に動いているように感じられがちであるのか，についての簡便な説明になる。ただし，この「緩徐な世界」の事前知識（"slow-world" prior）なるものの妥当性についてはいまだ議論が続いていることにも注意が必要である（Rideaux & Welchman, 2020）。

（村上　郁也）

■ 1・2　3次元物体認知とその理論

1・2・1　3次元物体認知の理論的背景

1・2・1・1　狭義の視覚物体認知とその計算論的問題
イスを見てイスとわかるような，既知の物体の即座の再認ないし名称の想起が狭義の物体認知（object recognition）である（DiCarlo et al., 2012）。これには網膜上の物体像を処理し物体の記憶表象と照合する必要がある。その神経基盤は後頭葉・側頭葉下部の腹側視覚経路（Ⅱ・3・6）であり，その損傷により物体認知の困難である視覚失認（visual agnosia）が生じる（Farah, 1995）。古典的には，物体形状知覚が損なわれ物体認知が困難になる統覚型失認（apperceptive agnosia）と，形状知覚が保たれな

がら物体認知が困難になる連合型失認（associative agnosia）とがあり，後者は記憶との照合に問題が生じたものと考えられる。また，視覚的要素の統合が困難になる統合型失認（integrative agnosia）というタイプも存在する。

狭義の物体認知以外でも，物体像の知覚処理は行われる。初めて見る新奇物体（抽象彫刻など）は再認できないが，詳細な立体形状の知覚や学習が行われるだろう。物体を手にとる場合，その方向や距離，材質等が処理されるが，これには背側経路等のアクティブ・ビジョン（Ⅱ・1・4参照）が関わる。機能や目的によって，必要な処理や物体表象は当然異なる（Peelen & Downing, 2017）。また，物体認知は視覚だけでなく触覚や聴覚などの他の感覚やその統合によっても行われる。

狭義の物体認知のために解決の必要な問題が三つある。第1に，視野中の物体像を見つけて分節化しなければならない。これは図地分化（Ⅱ・11参照）や注意（Ⅰ・4参照）の問題である。第2の問題は観察条件である。同一の物体でも，視点（距離・方向），照明，遮蔽などの観察条件により異なった網膜像となる。生物や非剛体であれば，形状も一定ではない。こういった像の変化にもかかわらず同じ物体として認識できる必要がある。第3に，カテゴリの問題がある。物体認知とは，特定事例（Aさんの顔，自分の車）の再認だけでなく，カテゴリの認識（顔の検出，車一般の認識）でもある。ヒトは，色や形が異なるいろいろな車を（初めて見る車でさえも）一目で車と認識できる。つまり，車と車以外の像の違いに敏感で［選択性（selectivity）が高い］，かつ，車カテゴリ内での像のばらつきに対しては頑健である。一般に選択性と頑健性の間にはトレード・オフの関係があるが，物体認知機構はその両立を実現している（Rust & DiCarlo, 2010；Zoccolan et al., 2007）。観察条件やカテゴリ内のばらつきによる物体像の変化があっても物体認知が頑健であることを「不変性（invariance）が高い」という。

現実には，物体認知の不変性は完全ではない。2次元網膜像からの3次元物体形状の完全な復元は不良設定問題（Ⅱ・1・1参照）であり，原理的には不可能だからである。また，物体カテゴリ内には典型的

な特徴をもつ事例もそうでない事例もあり（Rosch & Mervis, 1975），カテゴリの境界は一意に定まらない（座イスはイスか？ベビーカーは乗り物か？）．

不変性を高めるには，複数の特徴を組み合わせることが有効である．眼の特徴だけで顔を認識する場合，サングラスや帽子で眼が隠れると認識に失敗する．しかし口や鼻の特徴も用いれば，不変性が高まる．種々の制約条件や文脈を用いた推測的処理も不変性を高める．たとえば，多くの人工物は左右対称な立体形状をもつが，対称性を仮定することは 3 次元物体認知を促進しうる（Koning & van Lier, 2006；Vetter et al., 1994）．あるいは，宙に浮いた物体があればそれがイスである可能性は低く，鳥や飛行機であろうと推定できる．こういった文脈情報は，背景や他の物体も考慮に入れることで得られる．情景のジスト（II・1・3 参照）は文脈として物体認知を助けることが知られている（Biederman, 1972；Davenport & Potter, 2004；Oliva & Torralba, 2007）．

1・2・1・2 視点依存性

観察条件のうち照明条件による物体像の変化は，明るさの恒常性（II・5・2 参照）や色の恒常性（II・6・3 参照）により解決できる．観察距離の変化に対しては大きさの恒常性が，遮蔽には知覚的補完が機能する．そのため，前・横・上といった視点による物体像の変化の問題をどう解決するかが物体認知理論の要諦である．

実験的には，ヒトの物体認知課題の成績（物体像を見てその名称を口頭で回答したり，事前に呈示された物体名と一致しているかをキー押しで回答したりするときの，反応時間や正答率）が視点によって変化することが確かめられる．図 1-2-1a, c のような物体認知が容易で典型的な視点からの像は典型的見え（canonical view；Blanz et al., 1999；Palmer et al., 1981）と呼ばれる．物体の正面・側面・上面がすべて隠れずに見える斜めの視点（three-quarter view）は典型的見えをもたらしやすい．一方，図 1-2-1b, d のような特定の視点では物体認知が困難で（Lawson & Humphreys, 1996；Marr, 1982 乾・安藤訳，1987, p. 346），偶然的見え（accidental view）と呼ばれる．偶然的見えでは，物体像の親近性が低

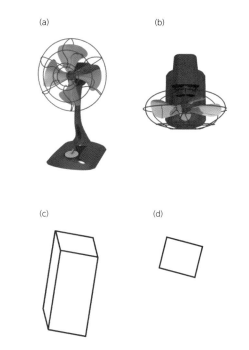

図 1-2-1 (a) 典型的見え，(b) 偶然的見えの例．直方体 (c) も，(d) のような偶然的見えの視点では例外的に同定が困難になる．

く，物体の重要な特徴の多くが隠れている．このように視点によって物体認知の性質が変わることを視点依存性（viewpoint dependence）と呼ぶ．

視点依存性は新奇物体の学習でもみられる．学習時に観察した視点と近い視点の像では物体の再認が容易だが，学習時と大きく異なる視点では再認が遅く，不正確になる（Tarr, 1995）．つまり，異なる視点への学習の般化は起こるが，限度がある．視点依存性は，物体認知において必ずしも完全な 3 次元形状情報が記憶されるわけではないことを示している．

1・2・2 3 次元物体認知に用いられる情報表現とその理論

1・2・2・1 輪郭線表現

物体認知機構の主たる入力は輪郭線像だと考えられてきた．実際にヒトの初期視覚野ではエッジやその局所形状が抽出されている（II・3・5 参照）．狭義の物体認知は写真からでも，また片眼をつぶっても容易だから，両眼視差の情報は必須ではない．カラー写真と輪郭線画像を比較すると物体認知課題

の成績は変わらないことが多い（Biederman & Ju, 1998）。色やテクスチャ，陰影といった表面特徴は照明条件により変化しやすいので，不変な物体認知に適さない。ただし，色が物体認知を促進する場合もあり，表面特徴は物体認知に補足的に用いられている（Bramão et al., 2011；Tanaka & Presnell, 1999）。また，腹側経路での材質感や両眼視差定義立体形状の処理を示す研究もある（Hiramatsu et al., 2011；Janssen et al., 1999）。

輪郭線の凸点（convex）や凹点（concave）などの特徴を抽出すれば，物体形状の表現が得られる。例として，コドン（codon）による閉合輪郭形状表現があるとする理論がある（Richards et al., 1987）。この理論では，5種類のコドンと呼ばれる基本パーツを想定し（図1-2-2a），その連なりによって輪郭形状を表現する。コドンを二つ連ねれば5^2種類の形状が可能で，そのうち滑らかな閉合輪郭形状は3種類である（図1-2-2b）。五つ連ねれば25の滑らかな閉合輪郭形状が表現できる。各パーツ（コドン）の長さなどの量的特性（metric property）は捨象されており，形状は質的に表現される（形状の種類を数えられる）ので，物体カテゴリの表現に適している。3次元物体認知の理論として知られるジオン理論（geon theory；Biederman, 1987）も同様に，輪郭線の特徴の組み合わせによって立体形状パーツ（ジオン，geon）の質的な表現を得るが，それらのジオンをさらに組み合わせることで物体形状を表現する。

1・2・2・2　3次元形状の復元は必要か

視点による物体輪郭像の変化に対処する方法において，物体認知理論は大きく二つに分かれる。一つは，輪郭像からおおまかな3次元形状を復元する構造記述理論である。一方，画像ベースの理論では3次元形状の表象を用いない。両者の間では1990年代に論争があった（視点依存性論争；Biederman & Gerhardstein, 1995；Peissig & Tarr, 2007；Tarr & Bülthoff, 1995）。もし記憶に物体の3次元形状情報があれば，それは視点非依存（viewpoint-invariant）で物体中心（object-centered）の表象であり，どんな視点から見た物体像とも照合可能なはずだから，不変な物体認知を実現できるはずである。しかし現実のヒトの物体認知には視点依存性がある。これを，3次元形状の復元や照合に例外的に失敗するケースだと考えることはできる。一方，物体認知で用いられるのは視点依存（viewpoint-dependent）で観察者中心（observer-centered）の表象であり，符号化された2次元的情報だと考えるなら，記憶に含まれない視点では物体認知が困難なので視点依存性が生じると説明できる。

記憶中に3次元形状表象があれば，それを心的回転（mental rotation）によって網膜上の物体像と照合し不変な物体認知ができそうである。しかし，一般に心的回転の反応時間は狭義の物体認知より長く，また心的回転では腹側経路ではなく頭頂葉領域が主に活性化することなどから，心的回転が狭義の物体認知のメカニズムとは考えにくい（Cheung et al., 2009；Wilson & Farah, 2006）。また，下側頭（inferior temporal：IT）ニューロンは物体のある程度複雑な2次元的特徴を符号化しているようで（図1-2-3），車やイスの立体構造を符号化しているという明確な証拠はない。

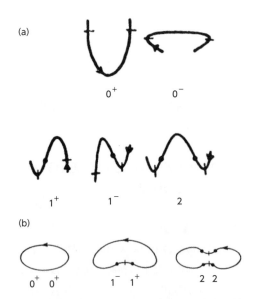

図1-2-2　(a) 5種類のコドン。数字は変曲点の数を表す。(b) 二つのコドンを組み合わせると，滑らかな閉合輪郭形状を3種類表現できる。(Richards et al., 1987, Fig. 1, 2)

図 1-2-3 田中（2004, p. 309）が示した，サル下側頭皮質（IT）の視覚ニューロンが選択的に応答する視覚刺激
ある程度複雑な形状で，なかには色やテクスチャといった表面特徴を含むものもある。

1・2・2・3 パターン認識および3次元形状知覚と物体認知の関係

近年の生理学的研究やコンピュータ・ビジョン研究では，物体像が含む適度に複雑な局所特徴の組み合わせによる不変な物体認識機構が検討されている（藤吉，2007；Ullman et al., 2002）。個々のニューロンは不変性の低い，局所的特徴に応答するとしても，ニューロン集団により不変な物体表現が可能だからだ（Lehky & Tanaka, 2016）。実際，側頭葉のニューロン集団の活動パターンから，ある程度不変な物体カテゴリの情報を読み出すことができる（Hung et al., 2005；Majima et al., 2014）。コンピュータによる物体認識も，物体形状の明確なモデルを仮定せず画像の特徴量を処理してパターン認識を行うアピアランス・ベースの手法により，急速に発展している（II・17・3参照）。このことは，ヒトの3次元物体認知も本質的にはパターン認識である可能性を示している。文字認識に代表される2次元パターン認識は，従来，物体認識の特殊なケース（3次元的な視点変化が起こらない）と見なされてきた。しかし，2次元画像を入力として何が写っているか判定するという問題系は，文字認識・3次元物体認識・情景認識のいずれも同じで，パターン認識と見なせる。

この考え方は，ヒトは3次元形状知覚ができないということを意味しない。狭義の物体認知（既知の物体の高速な再認）の機構とは別に3次元形状知覚の機構が存在することは可能である。初めて見る新奇物体の学習では，物体の詳細な3次元形状の処理が必要であろう。事実，日常的物体の再認では両眼視差を付与しても成績は向上しないが（Pasqualotto & Hayward, 2009），新奇物体では両眼視差により成績が向上する（Bennett & Vuong, 2006；Burke, 2005）。また，背側経路（II・3・6参照）の頭頂間溝（intraparietal sulcus）では物体や面の方向が処理されている（James et al., 2002；Shikata et al., 2001；Verhoef et al., 2010）。Marr（1982）は，2½次元スケッチ（2½D sketch）と呼ばれる面の3次元方向の表象を想定したが，これは狭義の物体認知より立体形状知覚の1段階として考えられるべきかもしれない。

1・2・2・4 構造記述理論と画像ベースの理論

物体の抽象化された3次元構造表現を用いる古典的物体認知理論が構造記述理論（structural description theory）である。Marr（1982）は，物体輪郭像を凹点に基づいてパーツに分け，各パーツを一般化円筒（generalized cylinder）で表現し立体形状を記述する方法を提案した（図1-2-4a）。これを精緻化したのがBiederman（1987）で，数十種類

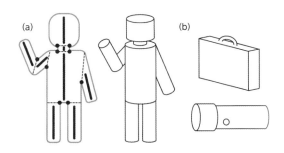

図 1-2-4 (a) 物体の構造記述（Marr, 1982をもとに著者作成）。物体の輪郭線の凹点（黒いドットで示す）を手がかりに，物体をパーツに分け（点線），各パーツの軸（太線）を同定する。この軸を持つような円筒形により，物体形状を表現した。(b) ジオン形状による物体表現の例（Biederman, 1987をもとに著者作成）

の基礎的3次元形状であるジオンの組み合わせで物体形状を表現する（図1-2-4b）。ジオンは輪郭線像から容易に同定が可能とされ，たとえば直方体ジオン（図1-2-1c）はいくつかの平行線分と三つの矢印型接合（arrow junction），一つのY字接合（Y junction）により同定できる。これらの特徴は，大部分の視点で観察可能な，不変性の高い特徴，すなわち非偶然的特徴（non-accidental property）である。ただし，例外的な（accidental）視点ではただの四角形の像となるので（図1-2-1d），直方体ジオンの同定は困難になる。物体認知の視点依存性は，このようなジオンの同定困難によって説明されるとした。

構造記述表象が得られれば，視点の問題は解決しやすい。また，構造記述表象は単純なパーツ形状の組み合わせなので物体の詳細な特徴は捨象され，抽象度が高い表象である。そのためカテゴリ認識の頑健性も高く，たとえば車種による細かな違いは無視され，いろいろな車を車として認識しやすい。

一方，画像ベースの物体認知理論（Tarr, 1995；Ullman, 1996）では物体像を符号化した見え（view）と呼ばれる表象を考える。イスを認識するためにイスのあらゆる物体像を記憶することはもちろん不可能である。しかし，あるイスが生じるさまざまな像も，大部分は互いに似通っている。したがって，主要な有限個の像の表象を記憶にとどめれば，記憶に含まれない中間の視点の像も内挿的処理などにより復元・再認が可能だと考えられる（Ullman, 1998）。新奇物体の学習が学習時と近い視点に般化するのもこのためであろう。

3次元物体の像は，質的に異なる有限個のカテゴリにまとめられる（Koenderink & Van Doorn, 1979；Tarr & Kriegman, 2001）。単純な例として三角錐の輪郭線像を考えると，3カテゴリしかない（図1-2-5a, b, c）。これらのカテゴリを見え（view）と呼ぶ。それぞれの見えに属する物体像は無数にあるが，一次変換などの単純な操作によって一致可能である（b′ → b）。現実の複雑な形状の物体でも同様で，たとえばNiimi & Yokosawa（2008）はイスなどの物体像を使い，正面とそこから15°方向がずれた像は区別しやすいが，30°とそこから15°ずれた像は似ており，区別しにくいことを確かめた（図1-2-5）。つまり，「正面」と「斜め」は異なる見えだが，15°と30°はどちらも同じ「斜め」の見えと見なせる。

このような見えの表象を有限個組み合わせることで3次元物体認知に十分な物体表現が得られる。これをTarr（1995）は見えの複合体（multiple views）と呼んだ。網膜上のイスの像を処理して得られた見えが，記憶にあるイスの見えの複合体のなかのどれかの見えに合致すれば，イスとして認識される。

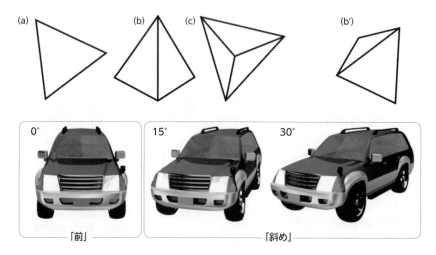

図 1-2-5　三角錐の輪郭形状は（a）（b）（c）の3種類にカテゴリ分けできる。（b′）は（b）とは異なる像だが，質的には同じであり，同じカテゴリの見え（view）である。同様の像のカテゴリ化は日常的な物体でも可能で，車の正面の像と斜め15°の像には質的な違い（たとえば，正面では後輪が見えない）が多いが，15°と30°の像はかなり似ており，同じ「斜め」カテゴリの像と見なすことができる。

構造記述理論は物体認知の高度な不変性を説明しやすい。しかし、立体形状が明確に定まらない物体（木や動物、布）の認識には向かない。親近性の低い視点（真下から見たイスなど）での物体認知が難しいことも、画像ベースの理論のほうが説明しやすい（その視点の見えが複合体に含まれていない）。構造記述理論は形状の抽象化の度合いが高く、高いレベルのカテゴリでの認識（たとえば、飛行機か否か）には適する。しかし、低いレベルのカテゴリでの認識（車種の識別や、顔による個人の同定）には画像ベースの表象のほうが適する。一般に、認識のカテゴリレベルが高いほど抽象度の高い・視点不変的情報が重要で、カテゴリレベルが低いほど詳細な画像的情報・視点依存的情報が重要になる（Hayward & Williams, 2000；Tarr & Bülthoff, 1995）。ヒトはどちらもできなければならないから、構造記述的な表象と画像ベースの表象の両者を使い分けているという折衷的な提案もなされている（Foster & Gilson, 2002；Wilson & Farah, 2003）。

（新美 亮輔）

1・3　画像特徴量に基づく視覚認知

1・3・1　3次元構造復元に基づく視覚認知

Marr（1982）に代表される古典的な視覚認知の計算理論は「視覚とは2次元の網膜像から外界の面の3次元構造や反射特性を復元する情報処理過程である」と定義してきた。これは、視覚系はいかなる場合もまず外界の3次元構造を復元しており、視覚認知のすべてはその汎用的な3次元表現に基づくという主張を必然的に含んでいる。たとえば、目の前に置かれた一つのリンゴを認識する場合も、脳は常に網膜像からリンゴの3次元形状と反射特性を復元し、その3次元表象を記憶中の表象と照らし合わせることにより、それがリンゴであると私たちは認識するということである。この理論は確かに、私たちが物体のもつ立体感や風景の遠近感をありありと知覚できるという事実や（奥行き知覚）、視点が多少変わっても物体の形を安定して知覚できるという事実（知覚の恒常性）と、よく合致する。

しかし、立体形状の認識と物体の認識は同一の機能ではない。立体形状を明示的に吟味する場合はともかく、単に物体や光景を認知するためにも常に視覚系が3次元構造を復元しているかは疑わしい。たとえば、もし3次元形状の復元が物体認識に必須ならば、物体認知を司る視覚経路の途上に（両眼視差によらず）面の局所的な3次元方向を符号化するニューロンが見つかってもよいはずだが、根拠は限られる（たとえば、Yamane et al., 2008）。また、そもそも人間が複雑な物体の各面の3次元方向を自動的・並列的に知覚できるという行動的な証拠もない。かつて3次元立体の並列処理を示唆する心理物理学的データが報告されたが（Enns & Rensink, 1990）、この知見は現在では否定されている（Rosenholtz et al., 2012）。さらに原理的な問題として、3次元復元に基づく視覚認知の理論は現実世界の画像のもつ複雑さに太刀打ちできない。私たちが見ている日常の光景には、多彩な材質でできた複雑な形をもつ物体がいくつも含まれ、それぞれの物体は光源からの光のみならず地面や他の物体からの反射光によっても照明される。この複雑な画像から視野の各所における詳しい3次元構造を速やかに復元することは、未知のパラメータがあまりに多く、脳の計算能力を考えるときわめて困難にみえるのである。

1・3・2　画像特徴量に基づく視覚認知

視覚系は何らかの行動目標のために必要な情報を画像から取り出すシステムである。背側経路（where経路）と腹側経路（what経路）に代表される脳の機能局在が示唆するように（Goodale & Milner, 1992；Mishkin et al., 1983）、視覚系は行動目標に応じて異なる情報を取り出すと考えるのが自然である。物にぶつからずに歩いたり、物を掴むという行動目標のためには3次元情報の推定は必要かもしれないが、物体や光景が何であるかを認識するために幾何学的な復元が必須であると考える理由はない。

限られた計算能力しかもたない脳の視覚系が、複雑な現実世界の画像から物体や光景あるいは材質などを認識するための、一つの方略として浮かび上がるのは、低次の視覚処理で抽出される方位や曲

第Ⅱ部　視覚

率，色などの画像特徴あるいはその集合を直接に用いることである。私たちがふだん見ている自然画像（natural image）には，空間周波数スペクトルのような一般的傾向に加え（Simoncelli & Olshausen, 2001），たとえば物体に凹凸があるとき凹の部分はたいてい暗い，といった事物の物理的状態を反映する規則性がある（Purves & Lotto, 2003）。この規則性を利用すると，視覚系は低次の神経計算で抽出できる画像特徴を手がかりに外界の事物を速やかに推測することができる。そして近年の理論・実験研究は，視覚系が実際に画像の特徴量を利用して光景や物体，材質などを素早く認識していることを示す根拠を数多く報告している。

1・3・2・1　物体認知と 'bag-of-features'

　物体認知とは現実の光景に置かれた日常の物体が何であるかを認識することである。しかし，古典的な物体認知研究は，ブロックなどで構成される人工的な3次元形状の同定課題を物体認知と定義し，物体認知における3次元表現の重要性を検討してきた（Biederman, 1987；Biederman & Gerhardstein, 1993）。これらは非現実的な仮定に基づいたアプローチであるが，典型的見えの存在（Edelman & Bülthoff, 1992），下側頭皮質ニューロンの視点依存的な応答特性（Logothetis et al., 1994；Tsunoda et al., 2001）などの重要な知見を生み出し，皮肉にも物体認知が2次元画像のアピアランスに基づく可能性を示唆した。1990年代になると，現実の光景内の物体を対象としてアピアランスベースの物体認知理論が提案されるようになる（Murase & Nayar, 1995；Poggio & Edelman, 1990）。2000年代に入る頃には，SIFT（scale-invariant feature transform），SURF（speeded up robust features），HOG（histogram of oriented gradients）など単純な画像特徴の集合に基づく一般物体認識アルゴリズムが続々と提案された（たとえば，Lowe, 1999）。これらは基本的に，画像の各位置における局所特徴（方位をもつエッジなど）を検出し，その分布を記憶にある各物体の典型的見えに関する局所特徴分布と照合することにより，光景内の物体を従来の方法よりも圧倒的に高い性能で判別できる。このような手法は一般に 'bag-of-features' と呼ばれている。これらは軽い計算で実現できることからきわめて高速で効率的である。また，低次の画像特徴が視覚皮質でニューロンの特徴選択性・同調性の形で表現されていることは明らかである。

1・3・2・2　光景認知とジスト特徴量

　人間が瞬間的に呈示された自然画像の大まかな内容を容易に認識できることは古くから知られている（Potter & Faulconer, 1975）。Thorpe et al.（1996）は，自然な光景の写真を瞬間呈示し，そこに動物が含まれているかを観察者に判断させる単純な実験を行い，観察者がわずか数十msの呈示時間で正しく動物を検出しうることを見いだした。さまざまな自然画像が1コマわずか13msで次々と現れる高速逐次視覚呈示（RSVP）においても，特定の光景カテゴリ（花など）をチャンスレベル以上の確率で検出できることも報告されている（Potter et al., 2014）。視覚皮質の各レベルにおける神経応答潜時を参照すると（Schmolesky et al., 1998），数十msほどの短時間では低次の視覚皮質がせいぜい単純な特徴を抽出することくらいしかできないと想像される。この超高速範疇化（ultra-rapid categorization）という能力から，視覚系は低次の画像特徴の分布を直接利用して光景のジスト（gist）を抽出できるという考えが導かれる（Bar, 2004；Oliva & Schyns, 2000）。理論研究から，光景画像の大まかな位置（たとえば右上や左下）ごとに輝度の空間周波数・方位スペクトルや色などの低次画像統計量を計算し，その量や関係からジスト・パラメータを抽出し，光景カテゴリの判別を可能にするモデルが提出されている（Oliva & Torralba, 2001）。モデルの予測通りに人間が光景カテゴリを素早く判別できること（Serre et al., 2007），画像特徴量に基づきジストを合成した画像からも人間が光景を同定できること（Oliva & Torralba, 2006），などが心理実験により示されている。特徴量の位置関係という情報をもなくした画像全体のテクスチャ統計量のみでも光景の判別はあるていど可能であることも報告されている（Ehinger & Rosenholtz, 2016；Rosenholtz et al., 2012）。

1・3・2・3　質感知覚と画像統計量

　自然界の物体にはたいてい複雑な凹凸形状があり，その材質に特有の反射特性に応じて照明光を反射する。私たちはこの複雑な物体表面の画像を見て，その光沢や透明度などの質感を容易に知覚する。前述の通り，視覚系が個々の局所的な凹凸や反射特性を復元すると考えるのは難しい。その一方で，多くの心理物理学研究から，自然な表面の光沢の知覚は輝度ヒストグラムのような単純な画像統計量とよく相関することが示されている（Fleming et al., 2003；Motoyoshi et al., 2007；Nishida & Shin-ya, 1998；Wiebel et al., 2015）。同様に，透明度（Fleming & Bülthoff, 2005；Motoyoshi, 2010）や凹凸（Ho et al., 2008），湿り気（Sawayama et al., 2017）などについても特定の画像統計量と知覚の強い関連が示唆されている。これらの知見より，視覚系は単純な画像特徴量を利用して表面の質感を推定するという考えが提案されている。この説を支持する強い心理物理学的根拠として，画像特徴量への順応により光沢や色や凹凸が変化する残効現象がある（Motoyoshi, 2011；Motoyoshi et al., 2007）。また，表面の光沢や明度，凹凸の知覚が照明の構造に強く依存することを示し，構造復元説が最大の根拠の一つとしてきた照明に対する知覚の恒常性という法則そのものを否定する実験結果も報告されている（Ho et al., 2008；Motoyoshi & Matoba, 2012）。

　以上の知見は，質感に限らずさまざまな「テクスチャ」の知覚が全般的に画像統計量に基づくという考えと一致する。任意の自然テクスチャ画像（たとえば砂利）のさまざまな画像統計量を割り出し，白色ノイズ画像の統計量をそれと等価にするだけで知覚的に類似したテクスチャ画像を生成することができるという，テクスチャ合成の研究成果は，そのなかでも最も説得力のある根拠である（Portilla & Simoncelli, 2000）。テクスチャに限らず周辺視野における知覚全般が画像統計量により決定されているという説もある（Freeman & Simoncelli, 2011；Rosenholtz et al., 2012）。

1・3・2・4　アンサンブル知覚

　上に述べた三つの知覚研究の流れとは別に，注意やワーキングメモリに関する実験研究からは，アンサンブル知覚（ensemble perception）という概念が提案されている（Whitney & Yamanashi Leib, 2018）。これはたとえば，多数の人々の顔を「人々」という集合として知覚するということである。こうした要約表現は，小さな容量しかもたない高次認知過程が複雑な光景のなかから重要な情報をピックアップし，記憶するための有益な方略となる（Alvarez, 2011；Alvarez & Cavanagh, 2004；Ariely, 2001）。この研究分野でいうアンサンブル情報は上述のテクスチャ情報や画像統計量とほとんど等価にみえるが，近年の心理物理学的研究は，方位や色などの低次の画像特徴を超えた顔などの高次の視覚属性についても，視覚系はその集合をアンサンブルとして知覚できると主張している（Whitney & Yamanashi Leib, 2018）。典型的には，さまざまな直径をもつ数十個の円環図形の平均的なサイズや，さまざまな人の顔の集合の平均的な表情や相貌を，一部の要素の知覚からの当て推量では説明できないほどの高い精度で弁別できることが示されている（Chong & Treisman, 2003；Haberman & Whitney, 2009）。このアンサンブル知覚研究は，視覚探索などの注意研究にも影響を与えるのみならず（Wolfe et al., 2011），ノイジーな入力情報から何らかの判断を下す意思決定の機構に関する研究とも結びつき（De Gardelle & Summerfield, 2011；Hanks & Summerfield, 2017；Yashiro et al., 2020），大きな発展を見せつつある。

1・3・2・5　さまざまな視覚判断と画像特徴量

　光景全体やそのなかに含まれる物体（thing）や材質（stuff）の認識という基礎的な視覚機能における画像特徴量の役割が判明するとともに，さまざまな感性的判断における画像特徴量の役割も考察されている。たとえば，美醜を含む画像の感性的判断に関する近年の研究は，人間が自然画像の平均的な統計量から逸脱した空間周波数や方位スペクトルをもつ画像に不快さを感じることを明らかにしている（Cole & Wilkins, 2013；Motoyoshi & Mori, 2016；Ogawa & Motoyoshi, 2020, 2021；Spehar et al., 2003）。歴史的に高い評価を受けた絵画などの芸術作品の画像特徴量を解析する研究も，具象・抽象を問わず名画が

第Ⅱ部　視覚

自然画像の統計的規則性を保持していることを示している（Graham & Redies, 2010；Motoyoshi, 2022；Taylor et al., 1999）。その他にも，コンピュータグラフィクス（computer graphics：CG）画像のリアリティ（Farid & Bravo, 2007），偽造写真や贋作の検出（Farid, 2008；Lyu et al., 2004）など，一見すると非常に高度で微妙な視覚判断を画像特徴量の点から予測・説明する研究も増えている。

1・3・3　画像特徴量に基づく視覚認知の限界

　画像特徴量は，視覚系が素早く効率的に外界の事物を把握することを可能にするが，当然それだけでは限界がある。光景認知については，画像特徴量から判別できるのは光景全体のジストにすぎず，光景を構成する物体やそのレイアウトを把握するにはセマンティックな情報を含む他の表現を考える必要があることが指摘されている（Kveraga & Bar, 2014）。物体認知においても，上述の単純な画像特徴集合のみでは視覚系の物体認知能力の一部しか説明できない（たとえば，Li et al., 2010）。質感認知については，画像統計量の重要性を指摘した最初の研究じたいが画像統計量の限界を明確に指摘している（Motoyoshi et al., 2007）。さまざまな表面材質カテゴリに属する画像を観察している人間の脳活動を探った研究は，画像統計量と強く相関する活動パターンは低次視覚野では認められる一方で，高次視覚野では認められないことを示している（Goda et al., 2014；Hiramatsu et al., 2011；Nishio et al., 2012）。

　人間の視覚系がこの限界をどのように克服しているかは重要な問題である。主に二つの解決法がある。一つは，低次の画像特徴ではなく高次のより複雑な特徴表現を用いることである。もう一つは，「ひと目で」判断するのではなく情報を系列的に取り入れ統合することである。

1・3・3・1　高次の特徴

　中次・高次の視覚皮質で複雑な画像特徴が表現されていることは古くから知られており（Fujita et al., 1992；Pasupathy & Connor, 2002），そうした高次の特徴量を利用すれば視覚系は上記の限

界を超えることができる，と考えるのは自然である。理論的研究から，その考えは正しそうだということがわかっている。Riesenhuber & Poggio（2000）は，Fukushima（1980）のネオコグニトロン（neocognitron）と類似の構成をもつ，特徴表現を自ら学習する多層のニューラルネットワークを用いて，高次の特徴量に基づき物体をよりロバストに判別できるモデルを考案した。これは現在の人工知能の基礎をなす深層畳み込みニューラルネットワーク（deep convolutional neural network：DCN）の一つである。このモデルでは，上層にいくほどユニットの受容野は大きくなり位置や大きさに関係なく特定の特徴集合に反応するが奥行き方向の回転には弱い。表現されているのはあくまで複雑な画像特徴だといえる。DCN上層の表現はサルの腹側経路の高次視覚野の神経表現と類似しているという指摘もある（Yamins et al., 2014）。

　ただし，高次の画像特徴量に基づく視覚認知の理論は強力であるが，現時点ではその評価に関して留意すべき点が多くある。①高次表現が画像からどのように計算されるかの理解がなされていない，②計算資源や処理速度など脳のハードウェアとしての限界を考慮していない，③視覚のなかの特定の機能のみをゴールとしている，④人間には決してできないことができることがある——人間が遂行できない速度や精度で課題を遂行できるモデルは，機械としては優秀であるが人間の脳のモデルとしてはただちに適用可能とはいえない。今後，行動と神経表現の双方の面で生物の脳のモデルとして妥当な深層学習モデルが発展することが期待される。

1・3・3・2　系列処理

　単純な画像特徴量に基づく認知の限界を超えるための別の方途は，画像のなかのある部分や側面に注目して単純な特徴量を順番に取り出し，それらを統合して正しい判断に必要な情報を得ることである。この考えは，視覚系は単純な視覚特徴を自動的・並列的に処理するが，それ以上の複雑な情報を得るには画像のさまざまな場所に系列的に注意を向けて分析しなければならない，という古典的な前注意・注意過程の枠組みと部分的に一致する（Treisman &

Gormican, 1988；Wolfe, 1994）。

　比較的大きな領域の画像を扱う光景認知および光景内の物体認知においては，この考えは広く検討されている。たとえば，画像内のさまざまな場所に注意や視線を移動させて系列的に情報を集めることにより光景認知は正確になり，それにより得られた文脈情報は物体の認知を促進する（Oliva & Torralba, 2007）。同様の方略は，視野のなかの比較的小さな領域に含まれる一つの物体に関する判断においても利用されている可能性がある。最近の材質知覚研究の一つは，ある立体を自由に観察してその明度や色を正確に推定する課題において，観察者の知覚的な判断は視線を向けた位置近傍の平均輝度などの単純な画像特徴に依存することを示している（Toscani et al., 2013）。

（本吉 勇）

1・4　運動のための視覚

1・4・1　二つの視覚経路

　人間は眼や耳などの感覚器官から外部世界の情報を得て，手や足を動かし，外部世界にはたらきかけることを繰り返している。視覚から得た情報は，遅かれ早かれ外部世界へのはたらきかけに役立つのであるから，すべての視覚情報は運動に役立てられるといえる。しかし，たとえば不意に自分に向かって高速で飛んでくるものをよけるなど，視覚情報をすぐさま運動に役立てなくては命が危ないときもある。飛んでくるものが石であるかボールであるかはさしあたり重要ではなく，ともかくよける必要がある。脳には，視覚情報を詳細に分析し，外部世界の知識として蓄積するための経路と，詳細な分析を省略してすぐさま身体の運動に役立てる経路が存在する。

　1960年代の後半には，目的に応じた異なる視覚経路が脳内に存在することが指摘された。とりわけ，動物の進化において古くから存在する「網膜から上丘に至る経路」と，比較的新しい「網膜から外側膝状体を経て，大脳の一次視覚野（線条皮質）に至る経路」の役割の違いは注目を集めた。Trevarthen（1968）は，サルや人間の脳損傷事例から，上丘経路は身体の移動や姿勢制御に役立ち，外側膝状体－線条皮質経路は手で物体を操作するなど，正確で細やかな運動に役立つと考えた。Schneider（1969）は，上丘経路は対象物の位置を知るために必要で，外側膝状体－線条皮質経路は対象物が何であるかを認識するために必要と考えた。

　1980年代には，大脳皮質のなかでも，目的に応じた異なる経路が存在することが知られるようになった。Ungerleider & Mishkin（1982）は，対象物の特徴を知るための視覚情報と，対象物の空間内での位置を知るための情報は，大脳皮質の異なる場所が情報処理を担当することを指摘した。彼女らは，下側頭葉，または頭頂葉に脳損傷（図1-4-1aの灰色部分）のあるサルに，目の前に置かれた物体を手がかりとする2種類の課題を行わせた。一つの課題は，最初に物体（たとえば縞模様の三角柱：図1-4-1b左）を見せ，次にその物体とは形や表面のパターンが異なる物体（編み目模様の直方体：図1-4-1b右）と最初に見せた物体とをペアにして見せ，サルが新しい物体に手を伸ばせばエサを与える。もう一つの

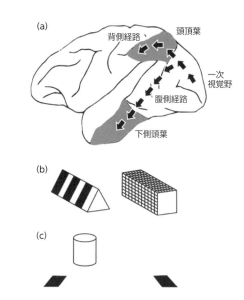

図1-4-1　(a) サルの脳の頭頂葉と下側頭葉。灰色部分が損傷部位，(b) 呈示された物体の例，(c) 物体の位置を手がかりにエサを探す課題。エサが入っている穴は，黒いふたが被されている（Ungerleider & Mishkin, 1982をもとに著者作成）

第II部　視覚

課題は，2か所の穴のどちらかにエサを入れてふた
をしておく（図1-4-1cの黒い四角）。目印となる物
体（円柱）があり，たとえば，物体に近いほうの穴
にいつもエサを入れておき，サルは物体と穴の位置
関係で，どちらの穴にエサがあるかがわかる。下側
頭葉に損傷のあるサルは，物体の位置が手がかりに
なる課題は問題なくできたが，物体の形やパターン
を手がかりとする課題は困難であった。一方，頭頂
葉に損傷のあるサルは，形やパターンを手がかりに
する課題はできたが，物体の位置を手がかりとする
課題は困難であった。このことから，下側頭葉は物
体が「何であるか（what）」を認識するために必要
であり，頭頂葉は物体が「どこにあるか（where）」
を知るために必要と考えた。

　このような区別は先に述べたSchneiderの区別と
似ているが，Schneiderの場合は網膜からの経路で
ある。Ungerleider & Mishkinは，大脳皮質の内部
で，初期視覚野から分かれる視覚経路があることを
指摘した。大脳皮質の内部で，一次視覚野から下側
頭葉に至るルートは「腹側経路（ventral pathway）」
「what経路（what pathway）」，一次視覚野から頭
頂葉に至るルートは「背側経路（dorsal pathway）」
「where経路（where pathway）」と呼ばれ，今日
に至るまで神経科学用語として幅広く使用されて
いる。その後の研究では，背側経路はさらに二つ
（Rizzolatti & Matelli, 2003）あるいは三つ（Kravitz
et al., 2011）に分岐するといわれている。その根拠
となっているのは，神経細胞の結合パターンや最終
的な出力先の違いである。

1・4・2　知覚のための視覚と運動のための視覚

　1990年代になり，大脳皮質の二つの経路に関し
て，whatとwhereの区別とは異なる新たな区別が
提案された。腹側経路は「知覚のための視覚（vision
for perception）」であり，背側経路は「運動のため
の視覚（vision for action）」である，という説であ
る。きっかけとなったのは，以下のような発見であ
る（Goodale et al., 1991）。症例DFという患者（女
性，実験時35歳）は，一酸化炭素中毒の事故のあと，
視覚で形を認識できない視覚失認（visual agnosia）
となった。視力など基本的な視覚のはたらきは正常

であったが，親しい人の顔，線で描かれた絵が何を
表しているか，丸や三角などの単純な図形も認識で
きなかった。MRIによる検査では，左右の後頭葉と
下側頭葉の間の部分，すなわち，腹側経路の途中に
損傷があった。Goodale et al.（1991）は，DFに協
力してもらい，次のような実験を行った。まず，ポ
ストの投函口のような細長い溝をDFの前にさまざ
まな角度で呈示した。手に持ったカードの角度を手
元で溝と同じ角度に合わせるようにDFに指示する
と，角度を合わせられなかった。しかし，手を伸ば
してカードを溝に入れるように指示すると，苦もな
くカードを溝に差し込むことができた。差し込む直
前のカードと溝の角度を測るとほぼ一致しており，
健常者と変わらなかった。

　同じ論文のなかで紹介されている別の実験では，
さまざまなサイズの長方形の板を用意した。同じま
たは違うサイズの板をペアにして見せても，DFは，
同じか違うかを判断できなかった。次に，テーブル
の上に置いた板を親指と人差し指でつまみ上げても
らった。運動中の指と指の間隔を，赤外線カメラで
測定した。すると，板に手が届く手前から，DFの
指の間隔は板のサイズに正確に対応して大きくなっ
ていた。つまり，DFは目で見たサイズから，板を
摑むのに必要十分な指の間隔になるように，あらか
じめ指の間隔を調節していた。二つの実験は，DF
は視覚情報を知覚や認知のために役立てられなくて
も，運動のためには役立てられることを示している。

　次に，Goodale et al.（1994）は，DFとは対照的に
背側経路に損傷のある患者（症例RV，女性，実験時
55歳）も含めて，新たな実験を行った。RVは脳卒
中のため，左右の後頭葉と頭頂葉の間に損傷があっ
た。RVは，目の前に示された物体を指さすことや，
手を伸ばして摑むことができなかった。そのため，視
覚性運動失調（optic ataxia）と診断されていた。DF
とRVに行ってもらった課題は以下のようなもので
あった。まず，雲の形のような板（図1-4-2a）を，
二つずつペアにして示す。同じ形，または異なる形
の板のペアが呈示され，DFとRVは，同じである
か異なるかを判断するように求められた。RVの正
答率は90%に達したが，DFの正答率は50%よりも
少し高い程度だった。次に，板をテーブルの上に置

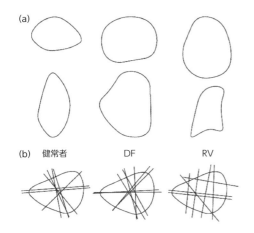

図 1-4-2 (a) 物体をつまみ上げる実験で使われた板の形, (b) それぞれ実験参加者のつまみ方の例。親指と人差し指の先が板と接触した点を線で結んで示す (Goodale et al., 1994 をもとに著者作成)

いて, 親指と人差し指でつまみ上げることを行った。このような場合, 健常者は, 板を安定した状態で持ち上げるため, 親指と人差し指で板の重心を挟むように, また, 指と指の間隔がなるべく狭くなるようにつまみ上げることが知られている (図1-4-2b)。つまり, 親指と人差し指が板と接触する2点を結ぶ線分は, 板の重心の近くを通るような, なるべく短い線分になる。DF は, ほぼ健常者と同じパターンで板をつまみ上げることができた。一方, RV のつまみ方は, そのようなパターンを示さなかった。以上の結果から, ①腹側経路に損傷があり, 背側経路に損傷のない DF は, 視覚情報を物体形状の知覚・認知に役立てられなくても, 運動には役立てられる。一方, ②腹側経路には損傷がなく, 背側経路には損傷がある RV は, 視覚情報を運動には役立てられなくても, 物体形状の知覚・認知に役立てられることがわかった。①と②は, 脳損傷研究で重視される二重乖離の原則を満たし, 「知覚のための視覚」と「運動のための視覚」が, 脳内の別な場所 (経路) で処理されるという, 先に述べた仮説を支持している。

その後, DF は複数の実験に協力したが, 視覚に基づいた運動にも, 問題はあったことが知られている。つまり, DF は中心視で捉えた対象物には正確に手を伸ばすことができるが, 周辺視で捉えた対象物への手伸ばし運動は不正確であり (視覚性運動失調

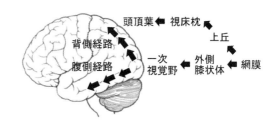

図 1-4-3 網膜から外側膝状体を経由して大脳一次視覚野に至る経路と, 上丘・視床枕を経由して頭頂葉に至る経路 (Goodale et al., 1994 をもとに著者作成)

と診断できるレベル), 背側経路にまったく問題がないとは言い切れないことが指摘されている (Rossit et al., 2018)。

1・4・3 盲視

症例 DB と呼ばれる患者は, 慢性の激しい偏頭痛の治療のために後頭葉を切除し, 大脳右半球の一次視覚野をほとんど失った。右半球の一次視覚野は, 左視野を担当するので, 患者は視野の左半分に現れるものを認識できなくなった。本人の自覚においても, 左視野に現れるものは見えなくなったと思っていた。しかし, 医師が左視野に示した物体を, DB は指さすことができた。本人はあてずっぽうで指さしていると答えたが, それは偶然では説明できないほど正確であった。さらなる研究から, 視覚以外の手がかりの存在や, 散乱した光が健常な右視野に入っている可能性が否定された。このように視覚意識に上らない視力のことを, Weiskranz らは「盲視 (blindsight)」と名付けた (Sanders et al., 1974; Weiskrantz et al., 1974)。このような現象が生じる理由は, 一次視覚野を介さずに, 高次視覚野につながる視覚経路が存在することを示している。先に述べた上丘を経由する視覚経路が, それにあたると考えられている (図1-4-3)。

1・4・4 錯視と運動

知覚のための視覚と, 運動のための視覚という概念が提案されたあと, 健常者でも知覚と運動の乖離を調べる研究が多く行われた。知覚に現れる錯視の効果が, 運動にも現れるかを調べる研究が代表例である。Aglioti et al. (1995) は, Ebbinghaus

(Titchener) 錯視における中央の円を，ポーカーチップのような厚みのある円盤にして摑めるようにした（図1-4-4）。親指と人差し指の先に赤外線の発光ダイオードを付けて，運動中の指の間隔の最大値を求めた。その結果，知覚的な大きさの判断とは無関係に，実際の円の大きさが大きい場合には指の距離の最大値も大きく，実際の大きさが小さい場合には最大値も小さくなっていた。物を摑むときの指の調節などは，ほぼ無意識のうちに行われる運動である。このような運動は，錯視のような意識的な知覚経験を生じさせるシステムとは独立なシステムで調節されている可能性を示している。この研究については，さまざまな追加の条件も加えて追試が行われた。しかし，現象と解釈はいまだに一定していない。たとえば，図1-4-4のように錯視図形を二つ並べず，単独で示す場合には運動にも錯視の効果が現れること（Franz et al., 2000），周辺に配置した円が暗黙の障害物となり，指の運動に影響を与えたなど，錯覚以外の要因が関与していた可能性（Haffenden et al., 2001）が指摘されている。

1・4・5　腹側経路と背側経路の相互連絡

　腹側経路と背側経路は，互いに独立にはたらいているのではなく，多くの神経線維でつながっていて相互に連絡する。たとえば，カップに手を伸ばしてコーヒーを飲もうとするとき，カップの位置，大きさ，向きなどの大まかな視覚情報も重要であるが，カップの持ち手がどのような形をしているかなど，詳細な形態に関する情報も，適切に把持するためには重要である。

　Fagg & Arbib（1998）は，サルの電気生理実験が明らかにしてきた頭頂葉と側頭葉のさまざまな領域の機能から，物を摑む把持動作のために脳内でどのような情報の流れが生じるかをまとめた（FARS：Fagg-Arbib-Rizzolatti-Sakataモデル：図1-4-5）。FARSモデルによれば，把持動作に関する視覚情報は，背側経路の末端ともいえるAIP野に集約される。AIP野はPIP野から，対象物の形・大きさ・向きなどの情報を受け取る。またAIP野は，腹側経路の末端である下側頭葉から，記憶に蓄積された知識（たとえば，特定のコーヒーカップの形態についての知識，あるいは，コーヒーカップは一般にどれくらいの大きさと形かという知識）を受け取る。物体に関する情報はAIP野から腹側運動前野（F5野）に

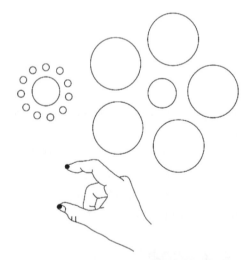

図1-4-4 錯視（Ebbinghaus錯視）が運動に与える影響を調べる実験（Aglioti et al., 1995をもとに著者作成）
実験参加者が手を伸ばして中央の円盤を摑みにいくとき，運動中の指先の間隔を計測する。指先の黒い円は赤外線の発光ダイオードを取り付けた位置を示す。

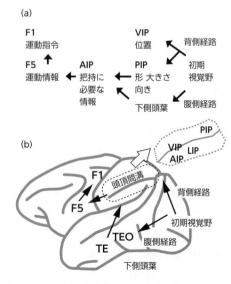

図1-4-5 （a）FARS（Fagg-Arbib-Rizzolatti-Sakata）モデル，（b）モデルが想定するサルの脳の場所（右上の図は頭頂間溝を開いた図）（Janssen et al., 2018をもとに著者作成）

送られ，そこで運動情報へと変換される。最終的には一次運動野（F1野）で運動指令へと変換され，脊髄・筋肉へと伝えられる。このようなモデルのなかで，AIP野に集約される情報は，運動を誘発・規定する環境情報という意味で知覚心理学者Gibsonのいう「アフォーダンス（affordance）」と対応すると考えられる。

解剖学的には，頭頂葉と下側頭葉の間でさまざまな神経連絡があることが知られている。下側頭葉のTEO野とTE野に，神経細胞の細胞体から神経終末へと向かう順行性のトレーサー，または神経終末から細胞体へと向かう逆行性のトレーサーを入れ，頭頂葉のどこがラベルされるかを調べた研究がある（Webster et al., 1994）。それによると，TEO野は主に頭頂葉ではLIP野とつながり，TE野はLIP野の前方部分・AIP野の後方部分とつながる。多くの結合は双方向性である。多くの場合，下側頭葉から頭頂葉への結合はフィードフォワード（前向き），頭頂葉から下側頭葉への結合はフィードバック（帰還）であることが指摘されている。一方，頭頂葉AIP野にトレーサーを入れた研究で，下側頭葉のTEO・TE野がラベルされることが確認されている（Borra et al., 2008）。

近年は，サルが3次元物体を見ているときの皮質脳波やfMRIで機能的な結合を調べることや，微小電気刺激とfMRIを組み合わせ，活動の因果関係を解明することも行われている（Janssen et al., 2018）。また，ヒトでも拡散強調MRIなどの非侵襲的な方法を用いて，腹側経路と背側経路がどのようにつながっているかを広い範囲で詳細に調べることが行われている（Takemura et al., 2016）。

（今水　寛）

1・5　視覚の可塑性と知覚学習

1・5・1　はじめに

経験を積んだ医師は，身体の断層画像から，一般人には認識できないような異変を瞬時に読み取ることができる。宝石鑑定士は，似通って見えるがグレードの異なるダイヤモンドを正確に判別し，空港

の荷物検査係はX線画像から違反物をものの数秒で見つけ出す。この驚くほど高い視覚能力は，長年の鍛錬や経験によって培われたものである。知覚学習（perceptual learning）と言われるこの視覚能力の向上は，経験に応じて起こる脳の可塑的な変化を反映している（Sagi, 2011；Sasaki et al., 2010）。

古典的には，知覚学習の成立には，学習対象に向ける意識的な努力や注意が必要と考えられてきた。しかし，最近の知見によって，意識的な努力や注意以外の要因によっても，知覚学習が制御されることが明らかになってきた。本節では，まず知覚学習の特徴を概説した後，知覚学習研究における近年の成果を紹介し，知覚学習に伴う視覚の可塑性の制御モデルや脳における可塑性の座について議論する。

1・5・2　知覚学習の特徴

徹底した訓練によって，成人でも特定の視覚課題における成績の向上が得られる（Gold & Watanabe, 2010）。知覚学習と呼ばれるこの訓練効果は，通常，訓練に用いられた課題や視覚刺激に特異的である。しかし，訓練方法を工夫することで，訓練効果を異なる課題や視覚刺激に般化させることも可能である（Xiao et al., 2008）。知覚学習によって得られた視覚能力の向上は，数か月から数年の間維持される場合がある（Karni & Sagi, 1993；Watanabe et al., 2002）。

サルなどの動物を対象にした電気生理実験やヒトを対象にした脳機能イメージング実験からは，知覚学習訓練の結果，脳のさまざまな領域において可塑的変化が起こりえることが報告されている（Gilbert & Li, 2012；Sasaki et al., 2010）。このような領域には，一次視覚野（Li et al., 2004；Schoups et al., 2001；Schwartz et al., 2002；Shibata et al., 2011；Yotsumoto et al., 2008）や高次視覚野（Adab & Vogels, 2011；Chen et al., 2015；Shibata et al., 2012；Yang & Maunsell, 2004）などの視覚皮質，意思決定に関わるとされる後部頭頂皮質（Law & Gold, 2008），より高次領域に位置づけられる前部帯状皮質（Kahnt et al., 2011）などが含まれる。知覚学習による視覚能力の向上と一口に言っても，脳の情報処理におけるさまざまな段階が可塑的に変化するのである。

1・5・3 可塑性と安定性のジレンマ

知覚学習に伴う視覚の可塑性は，どのように制御されているのだろうか。われわれは日常生活のなかで絶えず大量の感覚刺激にさらされており，重要なのは通常その一部のみである。新しい視覚情報が与えられるたびに脳の視覚システムが変化すると，視覚システムは絶えず不安定になってしまう。一方，脳が可塑性をもたず，視覚システムが新しい環境に適応しなければ，訓練による視覚感度の向上は望めない。したがって，知覚学習を制御するための何らかの仕組みが必要となる（Abraham & Robins, 2005）。可塑性と安定性を適切に切り替えることで，脳は限られた容量と計算資源という制約を乗り越え，絶えず変化する環境への適応を果たしてきたと考えられる。

1・5・4 注意による知覚学習の制御

知覚学習を制御するための仕組みとして第一に挙げられるのが，訓練課題に対する意識的な注意である。Weiss et al. (1993) が行った実験を例にとろう。この実験では，副尺視力課題が用いられた。最初に，2本の水平線分がわずかに離れて呈示されている場合を考えよう（図1-5-1a）。左側の線が右側の線に比べて上方または下方にずれて呈示され，ずれ方向の判断が課された。次に，水平方向と垂直方向，2種類の線分ペアが呈示される場合を考えよう（図1-5-1b）。左の線分は右の線分に対して上方または下方にずれ，上の線分は下の線分に対して右方または左方にずれる。まず水平方向の線分ペアに関してずれ判断が課されたが，ずれは非常にわずかなので，開始当初では実験参加者はこのずれを正確に報告できな

かった。しかし，数百試行後には80％以上の確率で正解できるようになった。

続いて，垂直方向の線分ペアに関してずれ判断が課された。面白いことに，垂直方向の線分ペアに対する課題成績は，水平方向の線分ペアに対する課題を始めたときと同じ程度から始まり，数百試行を経て再び同じように上昇していった。すなわち，実験参加者が水平方向の線分ペアに対して課題を行っている間は，垂直方向の線分ペアに対する学習は起こっていなかった。その間，垂直方向の線分ペアのずれも試行ごとに変化していたので，実験参加者に呈示された回数という点では，水平方向と垂直方向の条件は同一である。しかし，ただ網膜に像が写っているというだけでは，垂直方向の線分ペアに対する学習は起こらず，実験参加者が意識的に注意を向けていた水平方向にのみ学習がみられた。このような結果がいくつかの異なる条件で報告されたことから（Ahissar & Hochstein, 1993；Crist et al., 2001；Ramachandran & Braddick, 1973；Shiu & Pashler, 1992），知覚学習の成立には課題に対する意識的な注意が不可欠であると考えられてきた。

1・5・5 意識的な注意も知覚も必要としない知覚学習

このような従来の知見に対し，Watanabeらによる一連の実験結果（Chang et al., 2014；Seitz, Lefebvre et al., 2005；Seitz, Nanez et al., 2005；Seitz & Watanabe, 2003；Tsushima et al., 2008；Watanabe et al., 2001）は，視覚刺激に対する意識的な注意や知覚がなくても知覚学習が起こりうることを示している。

Watanabe et al. (2001) の実験では，訓練前テスト，訓練，訓練後テストの三つの段階があり，訓練前および訓練後テスト段階では，実験参加者はランダムに運動するドット群の方向判別課題を行った（図1-5-2a）。ドット群の何％が特定の方向に運動するかというコヒーレンスに依存して，運動方向の知覚しやすさが異なる（II・14・2・1参照）。この実験では，コヒーレンス10％だと実験参加者は偶然よりも高い確率で運動方向を判別できたが，コヒーレンス5％だと運動刺激は閾下であり，物理的に呈示され

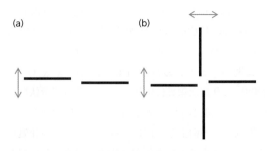

図1-5-1 （a）水平方向の副尺視力課題，（b）水平方向と垂直方向を組み合わせた副尺視力課題

第1章 視覚の本質

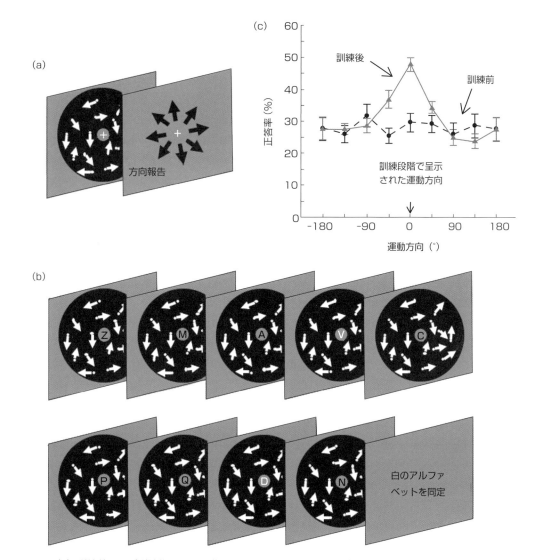

図1-5-2 (a) 訓練前および訓練後テスト段階における運動方向判別課題，(b) 訓練段階におけるRSVP課題。ここでは白いアルファベットが何であったかを報告する。(c) 訓練前および訓練後テスト段階の運動方向判別成績。0°は訓練段階に背景に呈示されていた課題非関連の運動刺激の運動方向を示す（Watanabe et al., 2001をもとに著者作成）

ていても方向が知覚できない。訓練前および訓練後テスト段階では，運動コヒーレンス閾付近の10%の運動刺激が用いられた。訓練段階では，実験参加者は画面中央に次々に高速逐次視覚呈示（rapid serial visual presentation：RSVP）される文字群のなかから，特定の文字を同定することを求められた。課題の間，背景には閾下の5%の運動刺激が呈示された（図1-5-2b）。実験参加者はこの課題を1日約1000試行，計20日間続けた。その間，背景に呈示された運動刺激の方向は常に一定であった。ここでポイントとなるのは，背景に呈示された運動刺激は課題に非関連であり，実験参加者は運動刺激に意識的な注意を向けておらず，かつ運動方向の知覚も不可能な点である。そうであるにもかかわらず，運動刺激に対する知覚学習は起こるのだろうか。訓練段階の前後のテスト結果を比較すると，訓練段階に呈示されていた運動方向に特異的に，運動方向判別の成績が上昇していた（図1-5-2c）。この驚くべき結果から，運動刺激に対する意識的な注意や知覚は，知覚学習の成立に必ずしも必要ではないことが示された。

273

第II部　視覚

意識的な注意は知覚学習に必要なのか否か，上述の一見矛盾した知見を解くためのヒントは，Tsushima et al.（2006）の行った脳機能イメージング実験によって得られた。実験参加者は前述のRSVP課題を行い，背景には課題に非関連な運動するドット群が呈示され，コヒーレンスは0％から20％までさまざまに変化した。面白いことに，コヒーレンス5％，すなわち運動が閾下の条件でのみ，RSVP課題の成績が顕著に低下した。これは，5％の課題非関連の刺激がRSVP課題の遂行を最も妨げやすいことを意味する。

この現象の神経機構を調べるために，Tsushima et al.（2006）はさらに機能的磁気共鳴映像法（functional magnetic resonance imaging：fMRI）を用い，上記課題を遂行中の実験参加者のBOLD信号を測定した。MT野は視覚運動の処理に関わっており，そのBOLD信号応答強度は，通常はドット群の運動強度に比例する。しかし，運動刺激が課題非関連であるこの実験の場合，特徴的な応答強度変化がみられた。5％刺激までは応答強度が運動刺激強度に比例するものの，コヒーレンスが10％以上になると，応答強度は0％刺激に対するものと変わらないレベルまで落ち込んだのである。また，10％刺激でMT野の応答が落ち込むと同時に，脳前部に位置し知覚情報の抑制に関わる外側前頭前野（lateral prefrontal cortex：LPFC）のBOLD信号強度が急激に上昇し，10％より強い運動刺激に対しては一定の強度を保った。このfMRI実験の結果は，閾上の運動刺激に対しては，意識的な注意によって課題非関連刺激に対する抑制がはたらくが，閾下の刺激に対しては抑制がはたらかず，その結果MT野が比較的強く応答してしまうことを示唆する。

Tsushima et al.（2006）の実験結果は，Watanabeらの実験において課題非関連の運動刺激に対する知覚学習がなぜ起こったのかを説明しうる。すなわち，閾下であったため，運動刺激に対する注意による抑制が効かず，結果として知覚学習が起こったという可能性である。Tsushima et al.（2008）は後にこの仮説を心理物理実験によって直接調べ，課題非関連刺激が閾下である場合は知覚学習が起こるが，閾上の場合は起こらないことを確認している。

1・5・6　報酬との対呈示のみで起こる知覚学習

Seitz et al.（2009）は，実験参加者が視覚刺激を知覚しておらず，かつ実験参加者が課題を行っていない状態でも，視覚刺激と報酬の対呈示のみで知覚学習が成立しうることを示した。実験は訓練前テスト，訓練，訓練後テストの三つの段階に分けられた。訓練前および訓練後テスト段階では，実験参加者は格子縞刺激の判別課題を行った。20日間の訓練段階では，実験参加者は毎日，実験開始5時間前から水と食事の摂取を制限された。実験中，実験参加者は画面中央の固視点をただ見つめ続けることを求められた。このとき実験参加者の口に設置されたチューブから，断続的に少量の水が供給された。実験参加者の片方の眼（訓練眼）には格子縞が，もう片方（非訓練眼）にはモンドリアン図形が呈示され，連続フラッシュ抑制（continuous flash suppression：CFS）（Tsuchiya & Koch, 2005）により格子縞の意識化が阻害された。水が供給されるタイミングは，訓練眼に特定方位の格子縞が呈示されるときに限られ，他の方位の格子縞が呈示されたときは水は供給されなかった。

特定方位の格子縞と水の対呈示による効果を調べるために，20日間の訓練段階の前後で格子縞の方位判別課題に対する成績が比較されたところ，水との対呈示があった方位に対してのみ，実験参加者の判別成績が顕著に増加した。また，水と食事の摂取制限なしでは，方位と水の対呈示による効果が生じなかった。絶水の状況下では訓練段階中の水は報酬価が高いため，この報酬と同時に呈示される格子縞に対して，たとえ格子縞が知覚されていなくても知覚学習が起こったのである。

1・5・7　注意と報酬の効果を説明する理論

知覚学習の成立には注意が必要であるという従来の理論は，この約20年で積み上げられた知見によって再考を余儀なくされている。しかし，本節で紹介した新しい知見は必ずしも従来の知見と相反せず，両知見を組み合わせて，知覚学習に伴う視覚の可塑性の制御についての統合的な理論が立てられている（Sasaki et al., 2010）。

第一に，選択的注意は知覚学習に対して促進と抑

制両方の影響を与える（図1-5-3a）。視覚刺激が課題に関連している場合は注意による促進，課題に非関連の場合は注意による抑制が生じる。しかし課題に非関連の刺激が閾下の場合，注意による抑制がはたらかないため，課題非関連刺激に対しても知覚学習が起こりうる。第二に，報酬は知覚学習を促進する（図1-5-3b）。これは視覚刺激への注意の有無によらない。したがって，課題関連・非関連を問わず，視覚刺激に対する知覚学習は報酬によって強化されうる。意識的な注意と報酬は互いに排他的ではなく，状況によって別々にはたらくことも，同時にはたらくこともあると思われる。

1・5・8 情報の読み出しの向上によって起こる知覚学習

これまで解説してきた知見は，視覚システムにおける視覚情報表現の変化によって説明できる。すなわち，視覚刺激の繰り返し呈示に伴い，脳の視覚野においてその刺激の情報表現が洗練されたことにより視覚課題成績の向上が起こる，というモデルである。このモデルにおいて，選択的注意や報酬は，この視覚情報表現の変化を修飾するという役割を果たす。

一方，2010年前後から，この視覚情報表現の向上を仮定したモデルに対する反証的な知見が報告されてきた。この新しい潮流をきっかけとして，視覚情報の読み出しの向上によって知覚学習が起こる，というモデルが注目されるようになった。

先駆的な知見として，Xiao et al. (2008) による実験を紹介する。この実験では，二連訓練（double training）と名付けられた特徴的な手順が用いられている（図1-5-4）。この実験では，実験参加者はまず，視野の左上に呈示された垂直の縞模様に対し，コントラスト弁別課題の訓練を6日間行った（図1-5-4左，期間1）。次に実験参加者は，視野の右下で水平格子縞に対する方位弁別課題の訓練を6日間行った（図1-5-4右，期間2）。

この実験の肝は，期間2における訓練によって，期間1で得られた訓練視野（左上）における訓練効果が非訓練視野（右下）に般化するか，という問いである。知覚学習は多くの場合，訓練に用いられた視野と視覚特徴の両方に特異的である。この実験の場合，左上で行った垂直の格子縞に対する訓練効果は，右下や水平の格子模様には般化しないはずである。また，期間2で行う課題は方位弁別であり，期間1で行ったコントラスト弁別とは無関係である。訓練視野に対応する視野表現における情報表現の向上というモデルに照らすと，期間2のあとも上記の

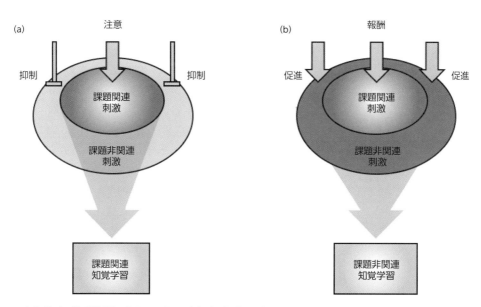

図1-5-3 (a) 注意が知覚学習に与える影響，(b) 報酬が知覚学習に与える影響

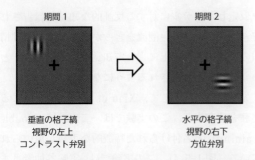

図 1-5-4 Xiao et al.（2008）における二連訓練の概略（Xiao et al., 2008 をもとに著者作成）

般化は起こらないはずである。

この予想に反し，二連訓練によって上記の般化が起こることが明らかになった。第一に，期間1の前後で，訓練視野における垂直の格子縞に対するコントラスト弁別成績は有意に向上したが，このような向上は非訓練視野にはみられなかった。すなわち，期間1のみの場合，過去の研究と同じく知覚学習は訓練視野に特異的であった。しかし，期間2のあとでは，非訓練視野における垂直の格子縞に対するコントラスト弁別成績が有意に向上した。この結果は，訓練視野に対応する視覚野の視野表現における視覚情報表現の変化，というモデルとは相容れない。二連訓練による知覚学習の般化という現象は，これまで複数の研究グループにより，さまざまな刺激や課題を用いて確認されている（Hung & Seitz, 2014；Zhang, Xiao et al., 2010；Zhang, Zhang et al., 2010）。

二連訓練を用いた一連の研究結果は，視覚情報の読み出しの向上というモデルで説明がつく（Dosher et al., 2013）。このモデルは，「知覚学習」＝「視覚野で表現されている視覚情報を高次領域がどのように重み付けるかについての学習」と仮定する。すなわち，刺激の情報表現を洗練させるのではなく，情報の取捨選択を洗練させるというモデルである。このモデルを支持する生理学的研究も存在する。知覚学習に伴い視覚野では変化は起こらないが，頭頂葉や前頭葉など，より高次の領域で変化がみられたという知見が報告されている（Kahnt et al., 2011；Law & Gold, 2008, 2009）。

1・5・9　まとめと展望

1990年代からの約30年間，知覚学習研究には大きく分けて三つの潮流が訪れた。初期は，知覚学習は視覚野における情報表現の向上と注意による制御の組み合わせにより実現されると考えられていた（図1-5-1）。その後，課題非関連知覚学習の発見（図1-5-2）により，学習される刺激が課題に関連しているか非関連か，そして注意や報酬の有無によって知覚学習が修飾を受けることがわかった（図1-5-3）。さらに，二連課題の登場（図1-5-4）によって，頭頂葉や前頭葉など視覚野より高次の領域における情報の取捨選択の向上というモデルが注目されるようになった。この三つの潮流を統合的に説明する理論も提案されているが（Shibata et al., 2014；Watanabe & Sasaki, 2014），これらの潮流はそれぞれの研究で用いられている刺激や課題の違いを反映しているに過ぎないという批判もある。今後は，心理物理実験，脳機能イメージング手法などを組み合わせ，共通の刺激や課題を用いて複数要因を網羅的に検討する統合的なアプローチが，ますます重要になるだろう。

また，上述の話題以外にも，訓練後，安静時や睡眠時に知覚学習がどのように固定化され（Censor et al., 2012；Sasaki et al., 2010），脳のどのような変化によって実現されるかなど（Shibata et al., 2014；Watanabe & Sasaki, 2014），重要な研究課題が山積みである。

（柴田 和久）

1・6　視覚記憶

記憶は心理学の中心テーマの一つであるが，見たものの記憶である視覚記憶（visual memory）の研究が本格的に始まったのは1960年代からである。その端緒はSperling（1960）による部分報告法（partial report）を用いたアイコニックメモリ（iconic memory）の発見である。保持期間の短い感覚情報の前カテゴリ的な記憶である感覚記憶の発見は，視覚情報の短期記憶，長期記憶に関する多くの研究のきっかけとなった。たとえば，短期記憶においてはPhillips（1974）が音韻や意味の影響を排除して純粋な視覚情報の短期記憶の測定を行った。また，長期記憶についても，Brady et al.（2008）は視覚的詳細が正確に記憶されていることを示した。

本節では，現在盛んに研究されている視覚記憶のうち，視覚性短期記憶（visual short-term memory：VSTM）に焦点を当てる。VSTM は視覚性ワーキングメモリ（visual working memory）とも呼ばれ，視覚世界の情報が意識から消失した後も一時的に保持することにより，意思決定，行為，思考，推論など，多くの心的機能を可能にしている。その意味でVSTM は外界と心のインターフェイスといえる。VSTM 研究は 1990 年代後半から急速な進歩を遂げてきたが，膨大な数の研究のうち，記憶システムの構造特性，物体の記憶表象の構造，およびそれらの神経基盤についての研究動向を概観する。

1・6・1　変化検出課題：視覚性短期記憶研究の標準パラダイム

Luck & Vogel（1997）は変化検出（change detection）課題を用いて VSTM の容量（capacity）がきわめて限られていること，また，VSTM の機能単位が，色，線分の方位といった基礎的な視覚特性ではなくこれらの視覚特性が統合された物体であることを明らかにした。変化検出課題自体は，視覚記憶研究で古くから用いられている。たとえば，VSTM 研究の端緒とされる Phillips（1974）も Luck & Vogel（1997）と同じ構造の課題を用いている。しかしながら，Luck & Vogel（1997）の用いた変化検出課題はいくつかの点でその後の研究の標準となる特徴を含んでいる。まず，呈示する視覚刺激としてそれ以前の研究のような無意味図形やパターンではなく，命名可能な刺激（色パッチ，傾いた線分など）を用いている。Luck & Vogel（1997）は構音抑制（articulatory suppression）を用いて言語的符号化をできない状態で実験を行って，言語的な符号化が課題に影響を与えていないことを確認している。彼らのパラダイムにおいては，記憶画面の呈示時間が短く（通常は 100 ms），記憶保持期間も短く（通常 1000 ms）なっており，これらの点により言語的符号化が抑制されていると考えられる。

Luck & Vogel（1997）が用いた変化検出課題は以下のようなものである（図 1-6-1）。複数の視覚刺激を含む記憶画面が短時間呈示され，協力者はこれらをできるだけ正確に記憶することが求められる。そ

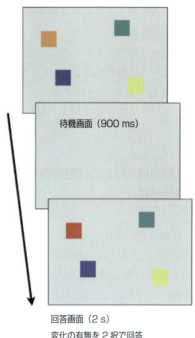

図 1-6-1　変化検出課題（Luck & Vogel, 1997 をもとに著者作成）

の後，1 秒から数秒間のブランク画面を経て，テスト刺激が呈示される。テスト刺激は，記憶刺激とまったく同じ刺激が呈示される場合と，1 個の刺激物体が変化している場合があり，協力者は変化の有無を判断する。この変化検出課題の主要な変数は記憶画面の物体数（セットサイズ）である。Luck & Vogel（1997）はセットサイズが 3-4 個程度まではきわめて高い正答率を示すのに対して，それ以上になると記憶課題成績は急激に低下することを明らかにし，VSTM の容量がきわめて小さく，およそ 3-4 個の物体にすぎないことを示した。この結果は，その後多くの研究で追試されるとともに，言語材料を用いたその後の研究（Cowan, 2001）でも記憶容量は従来主張されていた容量限界よりも少ない 4 個程度の項目であることが明らかにされている。

Luck & Vogel（1997）のもう一つの重要な知見は，VSTM が保持されている単位が要素的な視覚特徴ではなく，それらが統合された物体であるというものである。無意味図形ではなく，さまざまな視覚特徴を組み合わせた日常物体に近い刺激を用いるこ

とで，記憶保持の単位の議論が可能になった。また，この知見は物体表象の構造の実験的解明を可能にするという点で重要である。

Luck & Vogel（1997）が示した二つの主要な知見，VSTM 容量が 3-4 個であること，および VSTM の保持単位が特徴ではなく物体であることは，以後，理論的に重要な議論を引き起こし現在に至っている。

1・6・2 記憶容量と視覚性短期記憶システムの構造特性

1・6・2・1 記憶容量の推定

VSTM の標準パラダイムである変化検出課題の行動成績から記憶容量を理論的に推定する方法が Pashler（1988）や Cowan（2001）によって提案されている。変化検出課題の反応は，一般の検出課題同様，ヒット率（h），誤警報率（f）を用いて表現できるが，Pashler の指標（K_p）は，

$$K_p = N\left(\frac{h-f}{1-f}\right)$$

と表現される。他方，Cowan の指標（K_c）は

$$K_c = N(h-f)$$

と表される。ここで，N はセットサイズを表す。これら二つの指標は従来，研究者によって恣意的に選択されてきたが，Rouder et al.（2011）は各指標の理論的な背景を整理したうえで，Pashler, Cowan の指標は，それぞれ whole probe, single probe 型の変化検出課題で用いられるべきであることを示した。whole probe 型とは，probe 刺激に記憶画面に呈示したすべての物体を呈示するものであり，single probe 型は，probe に単一刺激を呈示するものである。これらの指標を用いた研究から VSTM の容量が 3-4 個であるという知見が繰り返し示されてきた。また，後述するような VSTM の神経基盤をめぐる研究でも，容量推定値を用いて記憶保持を担う脳領域が同定されるなど研究の進歩に大きく貢献してきた。

記憶容量の推定に関して注意すべきことは，これらは単なる記述的な指標ではなく，視覚記憶の性質に関する理論的な仮定に基づいていることである。

すなわち，Pashler, Cowan の両指標とも，変化を確実に検出できる記憶状態と当て推量でしか反応できない無記憶状態のみを仮定する高閾値モデル（high-threshold model）に基づいて構築されている。

1・6・2・2 記憶容量でシステム構造を議論することの限界

Luck & Vogel（1997）の VSTM の容量が 3-4 個であるという知見は，記憶容量の限界が何に起因するかという記憶システムの構造特性に関する議論を引き起こした。Luck & Vogel（1997）は，VSTM は 3-4 個の離散的なスロットとして構成されており，各スロットは物体の複雑さによらず一つの物体情報を保持できるというモデルを提案した。この離散スロットモデル（discrete slot model）に対して，VSTM は物体の複雑さ，課題要求などの要因によって保持される物体表象の数が柔軟に変化するとする柔軟資源モデル（flexible resource model）が提案され（Bays & Husain, 2008），その妥当性を巡って議論が続いている。柔軟資源モデルでは容量限界をもつ VSTM の処理資源を仮定し，この資源を記憶項目の複雑さ，課題要求などに従って柔軟に配分すると考える。

離散スロットモデルと柔軟資源モデルは，物体の複雑さと記憶容量の関係に関して異なる予測をする。離散スロットモデルは物体の複雑さに関係なく記憶容量が一定であると予測するのに対し，柔軟資源モデルは複雑な物体に対する記憶容量が減少すると予測する。Alvarez & Cavanagh（2004）は色パッチ，アルファベット，無意味図形，色分けされた立方体など複雑さが異なるさまざまな視覚刺激を用いて記憶容量を推定し，色パッチなどでは従来報告されてきた 4 個程度の記憶容量であったのに対し，無意味図形や立方体では大幅に減少して 2 個程度しかないことを示した。

しかし，この結果に関しては Awh et al.（2007）が物体の複雑さによる記憶成績の変化は記憶容量の減少によるのではなく，記憶表象と probe 刺激の類似性を反映していることを明らかにした。彼らは，従来の変化検出課題とは異なり，異なる種類の視覚刺激が混在した記憶画面を用いた。たとえば，漢字と立

方体が混在した記憶画面を用い，probe画面において同じカテゴリの物体に変化する場合と異なるカテゴリの物体へと変化する場合を比較した。この結果，カテゴリ内変化に関しては，Alvarez & Cavanagh (2004) の研究と同様に課題成績の大幅な低下を示したのに対して，カテゴリ間変化において成績低下はみられなかった。この結果は，複雑な視覚刺激に対して記憶容量自体は4個程度のままであるが記憶精度が低下することにより，比較が困難なカテゴリ内変化で成績が低下するものと解釈された。この研究は，従来の研究が「記憶されていれば確実に変化検出でき，記憶されていなければ当て推量でしか反応しない」という高閾値モデルを仮定していることの限界を示しており，この後，記憶精度を測定する研究が現れてきた。

1・6・2・3 連続報告法による記憶精度の測定

Zhang & Luck (2008) は連続報告法 (continuous report task) という実験方法を開発し，VSTMの精度の測定を行った（図1-6-2）。記憶画面は変化検出課題と同じであるが，probe画面においては，変化検出の代わりに記憶した特徴の再生が求められる。たとえば，色の記憶課題の場合，複数の色パッチが記憶画面で呈示され，ブランク画面の後，反応すべきパッチの位置を示す手がかりと色相環が画面に呈示される。協力者は手がかり位置に呈示されていた色をできるだけ正確に色相環から選択して反応する。Zhang & Luck (2008) は協力者の反応の正解からの誤差を分析した。複数試行の誤差の分布をvon Mises分布と一様分布の混合分布としてモデル化し，von Mises分布の標準偏差の逆数を記憶精度の指標として用いた。また，一様分布の頻度の推定値を用いて記憶容量を推定した。

現在でも，精度測定を含む行動実験や脳機能計測実験を用いた離散スロットモデルと柔軟資源モデルの妥当性の検討が続いている。最近の研究動向については，離散スロットモデルの立場から概観したものとしてLuck & Vogel (2013)，柔軟資源モデルの立場から概観したものとしてMa et al. (2014) を参照されたい。

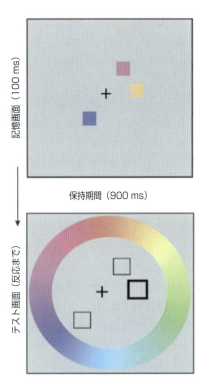

図1-6-2 連続報告法 (Zhang & Luck, 2008)

1・6・3 物体の短期記憶表象の構造

1・6・3・1 物体記憶仮説の妥当性

Luck & Vogel (1997) の研究では，VSTMの保持単位は，個々の視覚特徴ではなく，特徴が統合された物体であると主張されている。この根拠は，記憶すべき特徴の数に関係なく記憶成績が記憶画面の物体数にのみ依存するという結果である。複数の特徴（色と方位）を含んだ物体を用い，ある特定の特徴のみを記憶する条件と，すべての特徴を記憶する条件を比較しても記憶成績にはまったく差がみられなかった。しかし，この結果自体は物体がVSTMの保持単位であることの強い証拠ではなく，各特徴を記憶する下位システムが並行して機能するモデルでも説明可能である。Luck & Vogel (1997) はこの対立仮説を排除するために，色と色（内部と外部で異なる色をもつ物体）の組み合わせを記憶する課題を設定し，上述の色と方位の場合と同様に組み合わせ記憶課題のコストがみられなかったことから特徴が統合された物体が記憶保持単位であると結論した。

しかし、この結果は、その後の追試研究では確認されず（Wheeler & Treisman, 2002）、物体が記憶保持単位であるという主張の妥当性に関しては議論の余地がある。

一方、VSTMにおいて特徴が統合されることなく独立に保持されていると主張する研究もある。Fougnie & Alvarez (2011) は方位と色を組み合わせた物体を用いて、連続報告法を用いて色と方位を再生させ、その報告誤差を測定した。もし、物体の記憶表象が特徴を統合した形で保持しているならば、同一物体に対する色と方位の報告誤差には正の相関が予測される。しかし、両特性の報告誤差にはまったく相関がないことが示された。この結果は、物体の色と方位はVSTMのなかで独立に保持されているという仮説を支持する。

このように、VSTMにおける物体特徴の統合の問題は、対立する仮説、知見が報告されている。また、統合された表象の存在を支持する研究、支持しない研究いずれも効果の欠如をもとに議論している点で説得力に欠ける。Luck & Vogel (1997) の研究は、特徴の組み合わせ課題によるコストの欠如が特徴統合の根拠であり、Fougnie & Alvarez (2011) の研究は、色と方位の報告誤差の相関の欠如がその主張の根拠となっている。特徴統合の存在を、たとえば、組み合わせ課題のコストの欠如のように「あるべき効果がないこと」を根拠とするのではなく、「効果が存在すること」を根拠として積極的に示す研究が求められてきた。

1・6・3・2　視覚性短期記憶における特徴の統合

Saiki (2016) は、VSTMにおける特徴統合の問題に対する新しい行動課題（冗長特徴レビュー課題、図1-6-3）を開発し、VSTMにおいて色と形態の統合が成立している証拠を示した。この研究では、冗長性利得（redundancy gain）における特徴の共活性化（feature coactivation）という現象に着目した。冗長性利得とは、たとえば色と方位の二つの特徴を選言的に検出する場合、個々の特徴の単独検出をする場合よりも検出反応時間が短縮する現象である。冗長性利得自体は、色と方位の独立した処理チャンネルのレースモデルを仮定しても説明できるため、特徴統合の証拠ではない。しかし、Miller (1982) がレースモデル不等式テスト（test of the race model inequality）と呼ばれる特徴統合の関与を検出する方法を提案して以降、知覚判断課題、多感覚情報の知覚課題等を用いて特徴統合に関する多くの知見が蓄積されている。

Saiki (2016) の冗長特徴レビュー課題では刺激として、色と形態の組み合わせで定義される無意味図形を用いた。画面の左右のプレースホルダーに二つの色つきの無意味図形が200 ms呈示される。その後ブランク画面に続いて、左右いずれかのプレースホルダー内に標的刺激が呈示される。課題は、標的刺激が記憶画面中の2物体の色、形態のどれか一つ

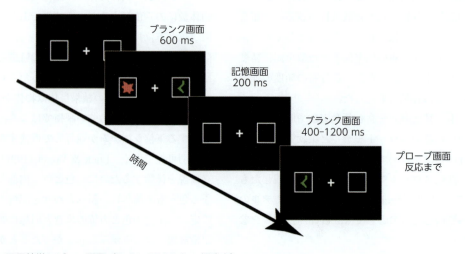

図1-6-3　冗長特徴レビュー課題（Saiki, 2016を一部改変）

でも含んでいるかどうかの判断であった。この課題は，形式的に冗長性利得課題と同一である。

　実験の結果，標的刺激の色と形態が記憶画面の単一物体に呈示されている集合条件でのみ有意な特徴の共活性化がみられ，物体の短期記憶表象における色と形態特徴の統合の積極的証拠が得られた。また，特徴の共活性化は標的刺激と記憶刺激の位置共有，位置非共有いずれの条件でも観察され，物体位置の共有は共活性化の必要条件ではないことが示された。本研究は，課題要求に関係なく物体の色と形態が統合された物体表象が形成され，標的刺激と記憶刺激の位置共有に関係なく利用可能な頑健性をもつことを示唆する。

1・6・4　視覚性短期記憶の神経機構

　VSTM の容量限界に対応する脳領域に関しては，fMRI 研究，脳波研究とも頭頂葉の関与を報告している。Todd & Marois（2003）は変化検出課題遂行時の脳活動を fMRI によって測定し，記憶保持時の頭頂間溝（intraparietal sulcus），後頭間溝（intraoccipital sulcus）領域の脳活動が，記憶している物体数に対応していることを見いだした。脳活動の強度が刺激数1個から各協力者の記憶容量までは単調に増加するのに対し，容量を超過すると呈示刺激個数によらず一定の活動を示した。一方，脳波研究でも，Vogel & Machizawa（2004）が変化検出課題遂行時の反対側遅延活動（contralateral delay activity：CDA）の振幅が記憶物体の個数に対応していることを報告した。これらの知見は，共通の脳活動を反映していると考えられ，VSTM における物体情報の保持は，前頭前野ではなく，頭頂葉が担っている可能性を示唆している。

　その後の研究では，VSTM 表象が初期視覚野にも存在することを示している。Harrison & Tong（2009）は多重ボクセルパターン解析（multi-boxel pattern analysis：MVPA）を用いて，一次視覚野の記憶保持時の活動パターンが記憶刺激の方位を予測可能であることを示した。また，頭頂葉の活動は後続刺激からの干渉に対して頑健であるのに対し初期視覚野の活動は干渉に弱いことから，記憶表象の性質が異なるという指摘もある（Bettencourt & Xu, 2016）。

　近年の脳波研究では，α 波の VSTM における役割が注目されている。CDA と同じように α 波の振幅が記憶されている物体数に関連することが示されている（Fukuda et al., 2015；Sauseng et al., 2009）。また，逆符号化モデル（inverted encoding model）という解析手法を用いて α 波の空間分布パターンから記憶刺激の空間位置を予測可能であることを示した研究もある（Foster et al., 2016）。

　ワーキングメモリに関する脳機能イメージング研究においては古くから前頭前野の関与が報告されてきた。VSTM においても前頭前野の関与を示す報告がある（たとえば，Lee et al., 2013）。このように，VSTM に関しては，初期視覚や頭頂葉，前頭前野など広範な脳領域が関与していることがわかってきているが，それらの相互作用の様態についてはまだ不明な点が多く，今後の研究が待たれる。

（齋木　潤）

文献

（1・1）

Arnold, D. H., & Johnston, A. (2003). Motion-induced spatial conflict. *Nature*, *425*(6954), 181-184.［doi: 10.1038/nature01955］

Barnes, G. R., & Collins, C. J. S. (2008). Internally generated smooth eye movement: Its dynamic characteristics and role in randomised and predictable pursuit. *Progress in Brain Research*, *171*, 441-449.［doi: 10.1016/S0079-6123(08)00665-1］

Boman, D. K., & Hotson, J. R. (1992). Predictive smooth pursuit eye movements near abrupt changes in motion direction. *Vision Research*, *32*(4), 675-689.［doi: 10.1016/0042-6989(92)90184-K］

Eagleman, D. M., & Sejnowski, T. J. (2000). Motion integration and postdiction in visual awareness. *Science*, *287*(5460), 2036-2038.［doi: 10.1126/science.287.5460.2036］

Kawato, M. (1999). Internal models for motor control and trajectory planning. *Current Opinion in Neurobiology*, *9*(6),

718-727. [doi: 10.1016/s0959-4388(99)00028-8]

Kowler, E., Rubinstein, J. F., Santos, E. M., & Wang, J. (2019). Predictive smooth pursuit eye movements. *Annual Reviews of Vision Science, 5*, 223-246. [doi: 10.1146/annurev-vision-091718-014901]

Krekelberg, B., & Lappe, M. (2000). A model of the perceived relative positions of moving objects based upon a slow averaging process. *Vision Research, 40*(2), 201-215. [doi: 10.1016/s0042-6989(99)00168-6]

Land, M. F., & McLeod, P. (2000). From eye movements to actions: How batsmen hit the ball. *Nature Neuroscience, 3*(12), 1340-1345. [doi: 10.1038/81887]

Markov, N. T., Ercsey-Ravasz, M., Van Essen, D. C., Knoblauch, K., Toroczkai, Z., & Kennedy, H. (2013). Cortical high-density counterstream architectures. *Science, 342*(6158), 1238406. [doi: 10.1126/science.1238406]

McKee, S. P., Welch, L., Taylor, D. G., & Bowne, S. F. (1990). Finding the common bond: Stereoacuity and the other hyperacuities. *Vision Research, 30*(6), 879-891. [doi: 10.1016/0042-6989(90)90056-q]

Minami, S., & Amano, K. (2017). Illusory jitter perceived at the frequency of alpha oscillations. *Current Biology, 27*(15), 2344-2351. [doi: 10.1016/j.cub.2017.06.033]

Murakami, I. (2004). Correlations between fixation stability and visual motion sensitivity. *Vision Research, 44*(8), 751-761. [doi: 10.1016/j.visres.2003.11.012]

Nakayama, K., & Silverman, G. H. (1984). Temporal and spatial characteristics of the upper displacement limit for motion in random dots. *Vision Research, 24*(4), 293-299. [doi: 10.1016/0042-6989(84)90054-3]

Nijhawan, R. (1994). Motion extrapolation in catching. *Nature, 370*(6487), 256-257. [doi: 10.1038/370256b0]

Orban de Xivry, J. J., Missal, M., & Lefèvre, P. (2008). A dynamic representation of target motion drives predictive smooth pursuit during target blanking. *Journal of Vision, 8*(15), 6. [doi: 10.1167/8.15.6]

Purves, D., Paydarfar, J. A., & Andrews, T. J. (1996). The wagon wheel illusion in movies and reality. *Proceedings of the National Academy of Sciences of the USA, 93*(8), 3693-3697. [doi: 10.1073/pnas.93.8.3693]

Rao, R. P., & Ballard, D. H. (1999). Predictive coding in the visual cortex: A functional interpretation of some extra-classical receptive-field effects. *Nature Neuroscience, 2*(1), 79-87. [doi: 10.1038/4580]

Rideaux, R., & Welchman, A. E. (2020). But still it moves: Static image statistics underlie how we see motion. *Journal of Neuroscience, 40*(12), 2538-2552. [doi: 10.1523/jneurosci.2760-19.2020]

Shidara, M., Kawano, K., Gomi, H., & Kawato, M. (1993). Inverse-dynamics model eye movement control by Purkinje cells in the cerebellum. *Nature, 365*(6441), 50-52. [doi: 10.1038/365050a0]

VanRullen, R., Reddy, L., & Koch, C., (2005). Attention-driven discrete sampling of motion perception. *Proceedings of the National Academy of Sciences of the USA, 102*(14), 5291-5296. [doi: 10.1073/pnas.0409172102]

Wake, H., Wake, T., & Oyama, T. (2014). Rotating goblet and talking profiles: Does a rotating goblet increase the figural dominance of profiles in Rubin's type of figure-ground reversal patterns? *Perception, 43*(10), 1018-1032. [doi: 10.1068/p7600]

渡辺 正峰 (2017). 脳の意識 機械の意識：脳神経科学の挑戦 (中公新書) 中央公論新社

Weiss, Y., Simoncelli, E. P., & Adelson, E. H. (2002). Motion illusions as optimal percepts. *Nature Neuroscience, 5*(6), 598-604. [doi: 10.1038/nn0602-858]

Wexler, M., Glennerster, A., Cavanagh, P., Ito, H., & Seno, T. (2013). Default perception of high-speed motion. *Proceedings of the National Academy of Sciences of the USA, 110*(17), 7080-7085. [doi: 10.1073/pnas.1213997110]

Whitney, D., & Murakami, I. (1998). Latency difference, not spatial extrapolation. *Nature Neuroscience, 1*(8), 656-657. [doi: 10.1038/3659]

(1・2)

Bennett, D. J., & Vuong, Q. C. (2006). A stereo advantage in generalizing over changes in viewpoint on object recognition tasks. *Perception & Psychophysics, 68*, 1082-1093. [doi: 10.3758/bf03193711]

Biederman, I. (1972). Perceiving real-world scenes. *Science, 177*, 77-80. [doi: 10.1126/science.177.4043.77]

Biederman, I. (1987). Recognition-by-components: A theory of human image understanding. *Psychological Review, 94*,

115–147. [doi: 10.1037/0033-295x.94.2.115]

Biederman, I., & Gerhardstein, P. C. (1995). Viewpoint-dependent mechanisms in visual object recognition: Reply to Tarr and Bülthoff (1995). *Journal of Experimental Psychology: Human Perception and Performance, 21*, 1506–1514. [doi: 10.1037/0096-1523.21.6.1506]

Biederman, I., & Ju, G. (1998). Surface versus edge-based determinants of visual recognition. *Cognitive Psychology, 20*, 38–64. [doi: 10.1016/0010-0285(88)90024-2]

Blanz, V., Tarr, M. J., & Bülthoff, H. H. (1999). What object attributes determine canonical views? *Perception, 28*, 575–599. [doi: 10.1068/p2897]

Bramão, I., Reis, A., Petersson, K. M., & Faísca, L. (2011). The role of color information on object recognition: A review and meta-analysis. *Acta Psychoogica, 138*, 244–253. [doi: 10.1016/j.actpsy.2011.06.010]

Burke, D. (2005). Combining disparate views of objects: Viewpoint costs are reduced by stereopsis. *Visual Cognition, 12*, 705–719. [doi: 10.1080/13506280444000463]

Cheung, O. S., Hayward, W. G., & Gauthier, I. (2009). Dissociating the effects of angular disparity and image similarity in mental rotation and object recognition. *Cognition, 113*, 128–133. [doi: 10.1016/j.cognition.2009.07.008]

Davenport, J. L., & Potter, M. C. (2004). Scene consistency in object and background perception. *Psychological Science, 15*, 559–564. [doi: 10.1111/j.0956-7976.2004.00719.x]

DiCarlo, J. J., Zoccolan, D., & Rust, N. C. (2012). How does the brain solve visual object recognition? *Neuron, 73*, 415–434. [doi: 10.1016/j.neuron.2012.01.010]

Farah, M. (1995). Visual agnosia: Disorders of object recognition and what they tell us about normal vision. MIT Press. （河内 十郎・福沢 一吉（訳）（1996）．視覚性失認：認知の障害から健常な視覚を考える　新興医学出版社）

Foster, D. H., & Gilson, S. J. (2002). Recognizing novel three-dimensional objects by summing signals from parts and views. *Proceedings of the Royal Society of London B, 269*, 1939–1947. [doi: 10.1098/rspb.2002.2119]

藤吉 弘亘　（2007）．Gradient ベースの特徴抽出：SIFT と HOG　情報処理学会研究報告コンピュータビジョンとイメージメディア（CVIM），*2007*(87(2007-CVIM-160))，211–224.

Hayward, W. G., & Williams, P. (2000). Viewpoint dependence and object discriminability. *Psychological Science, 11*, 7–12. [doi: 10.1111/1467-9280.00207]

Hiramatsu, C., Goda, N., & Komatsu, H. (2011). Transformation from image-based to perceptual representation of materials along the human ventral visual pathway. *NeuroImage, 57*, 482–494. [doi: 10.1016/j.neuroimage.2011.04.056]

Hung, C. P., Kreiman, G., Poggio, T., & DiCarlo, J. J. (2005). Fast readout of object identity from macaque inferior temporal cortex. *Science, 310*, 863–866. [doi: 10.1126/science.1117593]

James, T. W., Humphrey, G. K., Gati, J. S., Menon, R. S., & Goodale, M. A. (2002). Differential effects of viewpoint on object-driven activation in dorsal and ventral streams. *Neuron, 35*, 793–801. [doi: 10.1016/s0896-6273(02)00803-6]

Janssen, P., Vogels, R., & Orban, G. A. (1999). Macaque inferior temporal neurons are selective for disparity-defined three-dimensional shapes. *Proceedings of the National Academy of Sciences of the USA, 96*, 8217–8222. [doi: 10.1073/pnas.96.14.8217]

Koenderink, J. J., & van Doorn, A. J. (1979). The internal representation of solid shape with respect to vision. *Biological Cybernetics, 32*, 211–216. [doi: 10.1007/bf00337644]

Koning, A., & van Lier, R. (2006). No symmetry advantage when object matching involves accidental viewpoints. *Psychological Research, 70*, 52–58. [doi: 10.1007/s00426-004-0191-8]

Lawson, R., & Humphreys, G. W. (1996). View specificity in object processing: Evidence from picture matching. *Journal of Experimental Psychology: Human Perception and Performance, 22*, 395–416. [doi: 10.1037/0096-1523.22.2.395]

Lehky, S. R., & Tanaka, K. (2016). Neural representation for object recognition in inferotemporal cortex. *Current Opinion in Neurobiology, 37*, 23–35. [doi: 10.1016/j.conb.2015.12.001]

Majima, K., Matsuo, T., Kawasaki, K., Kawai, K., Saito, N., Hasegawa, I., & Kamitani, Y. (2014). Decoding visual object categories from temporal correlations of ECoG signals. *NeuroImage, 90*, 74–83. [doi: 10.1016/j.neuroimage.2013.12.020]

Marr, D. (1982). *Vision*. W. H. Freeman.

（乾 敏郎・安藤 広志（訳）（1987）．ビジョン：視覚の計算理論と脳内表現　産業図書）

Niimi, R., & Yokosawa, K. (2008). Determining the orientation of depth-rotated familiar objects. *Psychonomic Bulletin & Review, 16*, 289–294. [doi: 10.3758/pbr.15.1.208]

Oliva, A., & Torralba, A. (2007). The role of context in object recognition. *Trends in Cognitive Sciences, 11*, 520–527. [doi: 10.1016/j.tics.2007.09.009]

Palmer, S., Rosch, E., & Chanse, P. (1981). Canonical perspective and the perception of objects. In J. B. Long & A. Baddeley (Eds.), *Attention & Performance IX* (pp. 135–151). Lawrence Earlbaum.

Pasqualotto, A., & Hayward, W. G. (2009). A stereo disadvantage for recognizing rotated familiar objects. *Psychonomic Bulletin & Review, 16*, 832–838. [doi: 10.3758/pbr.16.5.832]

Peelen, M. V., & Downing, P. E. (2017). Category selectivity in human visual cortex: Beyond visual object recognition. *Neuropsychologia, 105*, 177–183. [doi: 10.1016/j.neuropsychologia.2017.03.033]

Peissig, J. J., & Tarr, M. J. (2007). Visual object recognition: Do we know more now than we did 20 years ago? *Annual Review of Psychology, 58*, 75–96. [doi: 10.1146/annurev.psych.58.102904.190114]

Richards, W. A., Koenderink, J. J., & Hoffman, D. D. (1987). Inferring three-dimensional shapes from two-dimensional silhouettes. *Journal of the Optical Society of America A, 4*, 1168–1175. [doi: 10.1364/josaa.4.001168]

Rosch, E., & Mervis, C. B. (1975). Family resemblances: Studies in the internal structure of categories. *Cognitive Psychology, 7*, 573–605. [doi: 10.1016/0010-0285(75)90024-9]

Rust, N. C., & DiCarlo, J. J. (2010). Selectivity and tolerance ("invariance") both increase as visual information propagates from cortical area V4 to IT. *Journal of Neuroscience, 30*, 12978–12995. [doi: 10.1523/jneurosci.0179-10.2010]

Shikata, E., Hamzei, F., Glauche, V., Knab, R., Dettmers, C., Weiller, C., & Büchel, C. (2001). Surface orientation discrimination activates caudal and anterior intraparietal sulcus in humans: An event-related fMRI study. *Journal of Neurophysiology, 85*, 1309–1314. [doi: 10.1152/jn.2001.85.3.1309]

Tanaka, J. W., & Presnell, L. M. (1999). Color diagnosticity in object recognition. *Perception & Psychophysics, 61*, 1140–1153. [doi: 10.3758/bf03207619]

田中 啓治（2004）．視覚系の構造と機能　大山 正・今井 省吾・和氣 典二（編）　新編 感覚・知覚心理学ハンドブック（p. 309）　誠信書房

Tarr, M. J. (1995). Rotating objects to recognize them: A case study on the role of viewpoint dependency in the recognition of three-dimensional objects. *Psychonomic Bulletin & Review, 2*, 55–82. [doi: 10.3758/bf03214412]

Tarr, M. J., & Bülthoff, H. H. (1995). Is human object recognition better described by geon structural descriptions or by multiple views? Comment on Biederman and Gerhardstein (1993). *Journal of Experimental Psychology: Human Perception and Performance, 21*, 1494–1505. [doi: 10.1037/0096-1523.21.6.1494]

Tarr, M. J., & Kriegman, D. J. (2001). What defines a view? *Vision Research, 41*, 1981–2004. [doi: 10.1016/S0042-6989(01)00024-4]

Ullman, S. (1996). *High-Level Vision*. MIT Press.

Ullman, S. (1998). Three-dimensional object recognition based on the combination of views. In M. J. Tarr & H. H. Bülthoff (Eds.), *Object Recognition in Man, Monkey, and Machine* (pp. 21–44). MIT Press.

Ullman, S., Vidal-Naquet, M., & Sali, E. (2002). Visual features of intermediate complexity and their use in classification. *Nature Neuroscience, 5*, 682–687. [doi: 10.1038/nn870]

Verhoef, B. E., Vogels, R., & Janssen, P. (2010). Contribution of inferior temporal and posterior parietal activity to three-dimensional shape perception. *Current Biology, 20*, 909–913. [doi: 10.1016/j.cub.2010.03.058]

Vetter, T., Poggio, T., & Bülthoff, H. H. (1994). The importance of symmetry and virtual views in three-dimensional object recognition. *Current Biology, 4*, 18–23. [doi: 10.1016/s0960-9822(00)00004-x]

Wilson, K. D., & Farah, M. J. (2003). When does the visual system use viewpoint-invariant representations during recognition? *Cognitive Brain Research, 16*, 399–415. [doi: 10.1016/s0926-6410(03)00054-5]

Wilson, K. D., & Farah, M. J. (2006). Distinct patterns of viewpoint-dependent BOLD activity during common-object recognition and mental rotation. *Perception, 35*, 1351–1366. [doi: 10.1068/p5571]

Zoccolan, D., Kouh, M., Poggio, T., & DiCarlo, J. J. (2007). Trade-off between object selectivity and tolerance in monkey inferotemporal cortex. *Journal of Neuroscience, 27*, 12292–12307. ［doi: 10.1523/jneurosci.1897-07.2007］

（1・3）

Alvarez, G. A. (2011). Representing multiple objects as an ensemble enhances visual cognition. *Trends in Cognitive Sciences, 15*(3), 122–131. ［doi: 10.1016/j.tics.2011.01.003］

Alvarez, G. A., & Cavanagh, P. (2004). The capacity of visual short-term memory is set both by visual information load and by number of objects. *Psychological Science, 15*(2), 106–111. ［doi: 10.1111/j.0963-7214.2004.01502006.x］

Ariely, D. (2001). Seeing sets: Representation by statistical properties. *Psychological Science, 12*(2), 157–162. ［doi: 10.1111/1467-9280.00327］

Bar, M. (2004). Visual objects in context. *Nature Reviews Neuroscience, 5*(8), 617–629. ［doi: 10.1038/nrn1476］

Biederman, I. (1987). Recognition-by-components: A theory of human image understanding. *Psychological Review, 94*(2), 115–147. ［doi: 10.1037/0033-295x.94.2.115］

Biederman, I., & Gerhardstein, P. C. (1993). Recognizing depth-rotated objects: Evidence and conditions for three-dimensional viewpoint invariance. *Journal of Experimental Psychology: Human Perception and Performance, 19*(6), 1162–1182. ［doi: 10.1037/0096-1523.19.6.1162］

Chong, S. C., & Treisman, A. (2003). Representation of statistical properties. *Vision Research, 43*(4), 393–404. ［doi: 10.1016/s0042-6989(02)00596-5］

Cole, G. G., & Wilkins, A. J. (2013). Fear of holes. *Psychological Science, 24*(10), 1980–1985. ［doi: 10.1177/0956797613484937］

De Gardelle, V., & Summerfield, C. (2011). Robust averaging during perceptual judgment. *Proceedings of the National Academy of Sciences of the USA, 108*(32), 13341–13346. ［doi: 10.1073/pnas.1104517108］

Edelman, S., & Bülthoff, H. H. (1992). Orientation dependence in the recognition of familiar and novel views of three-dimensional objects. *Vision Research, 32*(12), 2385–2400. ［doi: 10.1016/0042-6989(92)90102-O］

Ehinger, K. A., & Rosenholtz, R. (2016). A general account of peripheral encoding also predicts scene perception performance. *Journal of Vision, 16*(2), 13. ［doi: 10.1167/16.2.13］

Enns, J. T., & Rensink, R. A. (1990). Influence of scene-based properties on visual search. *Science, 247*(4943), 721–723. ［doi: 10.1126/science.2300824］

Farid, H. (2008). Digital image forensics. *Scientific American, 298*, 66–71.

Farid, H., & Bravo, M. J. (2007). Photorealistic rendering: How realistic is it? *Journal of Vision, 7*(9), 766. ［doi: 10.1167/7.9.766］

Fleming, R. W., & Bülthoff, H. H. (2005). Low-level image cues in the perception of translucent materials. *ACM Transactions on Applied Perception, 2*, 346–382. ［doi: 10.1145/1077399.1077409］

Fleming, R. W., Dror, R. O., & Adelson, E. H. (2003). Real-world illumination and the perception of surface reflectance properties. *Journal of Vision, 3*(5), 347–368. ［doi: 10.1167/3.5.3］

Freeman, J., & Simoncelli, E. P. (2011). Metamers of the ventral stream. *Nature Neuroscience, 14*(9), 1195–1201. ［doi: 10.1038/nn.2889］

Fujita, I., Tanaka, K., Ito, M., & Cheng, K. (1992). Columns for visual features of objects in monkey inferotemporal cortex. *Nature, 360*, 343–346. ［doi: 10.1038/360343a0］

Fukushima, K. (1980). Neocognitron: A self-organizing neural network model for a mechanism of pattern recognition unaffected by shift in position. *Biological Cybernetics, 36*, 193–202. ［doi: 10.1007/bf00344251］

Goda, N., Tachibana, A., Okazawa, G., & Komatsu, H. (2014). Representation of the material properties of objects in the visual cortex of nonhuman primates. *Journal of Neuroscience, 34*, 2660–2673. ［doi: 10.1523/jneurosci.2593-13.2014］

Goodale, M. A., & Milner, A. D. (1992). Separate visual pathways for perception and action. *Trends in Neurosciences, 15*, 20–25. ［doi: 10.1016/0166-2236(92)90344-8］

Graham, D. J., & Redies, C. (2010). Statistical regularities in art: Relations with visual coding and perception. *Vision Research, 50*, 1503–1509. ［doi: 10.1016/j.visres.2010.05.002］

第 II 部　視覚

Haberman, J., & Whitney, D. (2009). Seeing the mean: Ensemble coding for sets of faces. *Journal of Experimental Psychology: Human Perception and Performance*, 35(3), 718–734. [doi: 10.1037/a0013899]

Hanks, T. D., & Summerfield, C. (2017). Perceptual decision making in rodents, monkeys, and humans. *Neuron*, *93*(1), 15–31. [doi: 10.1016/j.neuron.2016.12.003]

Hiramatsu, C., Goda, N., & Komatsu, H. (2011). Transformation from image-based to perceptual representation of materials along the human ventral visual pathway. *NeuroImage*, *57*, 482–494. [doi: 10.1016/j.neuroimage.2011.04.056]

Ho, Y. X., Landy, M. S., & Maloney, L. T. (2008). Conjoint measurement of gloss and surface texture. *Psychological Science*, *19*, 196–204. [doi: 10.1111/j.1467-9280.2008.02067.x]

川人 光男 （1996）. 脳の計算理論　産業図書

Kveraga, K., & Bar, M. (Eds.). (2014). *Scene Vision: Making Sense of What We See*. MIT Press.

Li, L. J., Su, H., Fei-Fei, L., & Xing, E. (2010). Object bank: A high-level image representation for scene classification & semantic feature sparsification. *Advances in Neural Information Processing Systems*, *23*, 1378–1386.

Logothetis, N., Pauls, J., & Poggio, T. (1995). Shape representation in the inferior temporal cortex of monkeys. *Current Biology*, *5*(5), 552–563.

Lowe, D. G. (1999). Object recognition from local scale-invariant features. *Proceedings of the Seventh IEEE International Conference on Computer Vision*, *2*, 1150–1157. [doi: 10.1109/iccv.1999.790410]

Lyu, S., Rockmore, D., & Farid, H. (2004). A digital technique for art authentication. *Proceedings of the National Academy of Sciences of the USA*, *101*, 17006–17010. [doi: 10.1073/pnas.0406398101]

Marr, D. (1982). *Vision: A Computational Investigation into the Human Representation and Processing of Visual Information*. W. H. Freeman.

Mishkin, M., Ungerleider, L. G., & Macko, K. A. (1983). Object vision and spatial vision: Two cortical pathways. *Trends in Neurosciences*, *6*, 414–417. [doi: 10.1016/0166-2236(83)90190-x]

Motoyoshi, I. (2010). Highlight-shading relationship as a cue for the perception of translucent and transparent materials. *Journal of Vision*, *10*(9), 6. [doi: 10.1167/10.9.6]

Motoyoshi, I. (2011). Ecological-optics origin of the style of European and East-Asian classical painting. *Journal of Vision*, *11*(11), 1188. [doi: 10.1167/11.11.1188]

Motoyoshi, I. (2022). Climate, illumination, and the style of Western and Eastern Paintings. *Art & Perception*, *10*(3), 244–256.

Motoyoshi, I., & Matoba, H. (2012). Variability in constancy of the perceived surface reflectance across different illumination statistics. *Vision Research*, *53*, 30–39. [doi: 10.1016/j.visres.2011.11.010]

Motoyoshi, I., & Mori, S. (2016). Image statistics and the affective responses to visual surfaces. *Journal of Vision*, *16*(12), 645–645.

Motoyoshi, I., Nishida, S., Sharan, L., & Adelson, E. H. (2007). Image statistics and the perception of surface qualities. *Nature*, *447*, 206–209. [doi: 10.1038/nature05724]

Murase, H., & Nayar, S. K. (1995). Visual learning and recognition of 3-D objects from appearance. *International Journal of Computer Vision*, *14*, 5–24. [doi: 10.1007/bf01421486]

Nishida, S., & Shin-ya, M. (1998). Use of image-based information in judgments of surface-reflectance properties. *Journal of the Optical Society of America A*, *15*, 2951–2965. [doi: 10.1364/josaa.15.002951]

Nishio, A., Goda, N., & Komatsu, H. (2012). Neural selectivity and representation of gloss in the monkey inferior temporal cortex. *Journal of Neuroscience*, *32*, 10780–10793. [doi: 10.1523/jneurosci.1095-12.2012]

Ogawa, N., & Motoyoshi, I. (2020). Differential effects of orientation and spatial-frequency spectra on visual unpleasantness. *Frontiers in Psychology*, *11*, 1342. [doi: 10.3389/fpsyg.2020.01342]

Ogawa, N., & Motoyoshi, I. (2021). Spatiotemporal frequency characteristics of the visual unpleasantness of dynamic bandpass noise. *Vision Research*, *184*, 37–42. [doi: 10.1016/j.visres.2021.03.001]

Oliva, A., & Schyns, P. G. (2000). Diagnostic colors mediate scene recognition. *Cognitive Psychology*, *41*(2), 176–210. [doi: 10.1006/cogp.1999.0728]

Oliva, A., & Torralba, A. (2001). Modeling the shape of the scene: A holistic representation of the spatial envelope. *International Journal of Computer Vision, 42*, 145–175. ［doi: 10.1023/A:1011139631724］

Oliva, A., & Torralba, A. (2006). Building the gist of a scene: The role of global image features in recognition. *Progress in Brain Research, 155*, 23–36. ［doi: 10.1016/s0079-6123(06)55002-2］

Oliva, A., & Torralba, A. (2007). The role of context in object recognition. *Trends in Cognitive Sciences, 11*(12), 520–527. ［doi: 10.1016/j.tics.2007.09.009］

Pasupathy, A., & Connor, C. E. (2002). Population coding of shape in area V4. *Nature Neuroscience, 5*(12), 1332–1338. ［doi: 10.1038/nn972］

Poggio, T., & Edelman, S. (1990). A network that learns to recognize three-dimensional objects. *Nature, 343*, 263–266. ［doi: 10.1038/343263a0］

Portilla, J., & Simoncelli, E. P. (2000). A parametric texture model based on joint statistics of complex wavelet coefficients. *International Journal of Computer Vision, 40*, 49–70. ［doi: 10.1023/A:1026553619983］

Potter, M. C., & Faulconer, B. A. (1975). Time to understand pictures and words. *Nature, 253*(5491), 437–438. ［doi: 10.1038/253437a0］

Potter, M. C., Wyble, B., Hagmann, C. E., & McCourt, E. S. (2014). Detecting meaning in RSVP at 13 ms per picture. *Attention, Perception, & Psychophysics, 76*, 270–279. ［doi: 10.3758/s13414-013-0605-z］

Purves, D., & Lotto, R. B. (2003). *Why We See What We Do: An Empirical Theory of Vision*. Sinauer Associates.

Riesenhuber, M., & Poggio, T. (2000). Models of object recognition. *Nature Neuroscience, 3*(11), 1199–1204.

Rosenholtz, R., Huang, J., & Ehinger, K. A. (2012). Rethinking the role of top-down attention in vision: Effects attributable to a lossy representation in peripheral vision. *Frontiers in Psychology, 3*, 13. ［doi: 10.3389/fpsyg.2012.00013］

Sawayama, M., Adelson, E. H., & Nishida, S. Y. (2017). Visual wetness perception based on image color statistics. *Journal of Vision, 17*(5), 7. ［doi: 10.1167/17.5.7］

Schmolesky, M. T., Wang, Y., Hanes, D. P., Thompson, K. G., Leutgeb, S., Schall, J. D., & Leventhal, A. G. (1998). Signal timing across the macaque visual system. *Journal of Neurophysiology, 79*(6), 3272–3278. ［doi: 10.1152/jn.1998.79.6.3272］

Serre, T., Oliva, A., & Poggio, T. (2007). A feedforward architecture accounts for rapid categorization. *Proceedings of the National Academy of Sciences of the USA, 104*, 6424–6429. ［doi: 10.1073/pnas.0700622104］

Simoncelli, E. P., & Olshausen, B. A. (2001). Natural image statistics and neural representation. *Annual Review of Neuroscience, 24*(1), 1193–1216. ［doi: 10.1146/annurev.neuro.24.1.1193］

Spehar, B., Clifford, C. W. G., Newell, B. R., & Taylor, R. P. (2003). Universal aesthetic of fractals. *Computers & Graphics, 27*, 813–820. ［doi: 10.1016/s0097-8493(03)00154-7］

Taylor, R. P., Micolich, A. P., & Jonas, D. (1999). Fractal analysis of Pollock's drip paintings. *Nature, 399*, 422. ［doi: 10.1038/20833］

Thorpe, S., Fize, D., & Marlot, C. (1996). Speed of processing in the human visual system. *Nature, 381*, 520–522. ［doi: 10.1038/381520a0］

Toscani, M., Valsecchi, M., & Gegenfurtner, K. R. (2013). Selection of visual information for lightness judgements by eye movements. *Philosophical Transactions of the Royal Society B: Biological Science, 368*(1628), 20130056. ［doi: 10.1098/rstb.2013.0056］

Treisman, A., & Gormican, S. (1988). Feature analysis in early vision: Evidence from search asymmetries. *Psychological Review, 95*(1), 15–48. ［doi: 10.1037/0033-295x.95.1.15］

Tsunoda, K., Yamane, Y., Nishizaki, M., & Tanifuji, M. (2001). Complex objects are represented in macaque inferotemporal cortex by the combination of feature columns. *Nature Neuroscience, 4*(8), 832–838. ［doi: 10.1038/90547］

Whitney, D., & Yamanashi Leib, A. (2018). Ensemble perception. *Annual Review of Psychology, 69*, 105–129. ［doi: 10.1146/annurev-psych-010416-044232］

Wiebel, C. B., Toscani, M., & Gegenfurtner, K. R. (2015). Statistical correlates of perceived gloss in natural images. *Vision Research, 115*, 175–187. ［doi: 10.1016/j.visres.2015.04.010］

第 II 部　視覚

Wolfe, J. M. (1994). Guided search 2.0: A revised model of visual search. *Psychonomic Bulletin & Review, 1*, 202–238.

Wolfe, J. M., Võ, M. L. H., Evans, K. K., & Greene, M. R. (2011). Visual search in scenes involves selective and nonselective pathways. *Trends in Cognitive Sciences, 15*(2), 77–84. [doi: 10.1016/j.tics.2010.12.001]

Yamane, Y., Carlson, E. T., Bowman, K. C., Wang, Z., & Connor, C. E. (2008). A neural code for three-dimensional object shape in macaque inferotemporal cortex. *Nature Neuroscience, 11*(11), 1352–1960. [doi: 10.1038/nn.2202]

Yamins, D. L., Hong, H., Cadieu, C. F., Solomon, E. A., Seibert, D., & DiCarlo, J. J. (2014). Performance-optimized hierarchical models predict neural responses in higher visual cortex. *Proceedings of the National Academy of Sciences of the USA, 111*(23), 8619–8624. [doi: 10.1073/pnas.1403112111]

Yashiro, R., Sato, H., Oide, T., & Motoyoshi, I. (2020). Perception and decision mechanisms involved in average estimation of spatiotemporal ensembles. *Scientific Reports, 10*(1), 1–10. [doi: 10.1038/s41598-020-58112-5]

(1・4)

Aglioti, S., DeSouza, J. F., & Goodale, M. A. (1995). Size-contrast illusions deceive the eye but not the hand. *Current Biology, 5*(6), 679–685. [doi: 10.1016/s0960-9822(95)00133-3]

Borra, E., Belmalih, A., Calzavara, R., Gerbella, M., Murata, A., Rozzi, S., & Luppino, G. (2008). Cortical connections of the macaque anterior intraparietal (AIP) area. *Cerebral Cortex, 18*(5), 1094–1111. [doi: 10.1093/cercor/bhm146]

Fagg, A. H., & Arbib, M. A. (1998). Modeling parietal-premotor interactions in primate control of grasping. *Neural Networks, 11*(7–8), 1277–1303. [doi: 10.1016/s0893-6080(98)00047-1]

Franz, V. H., Gegenfurtner, K. R., Bülthoff, H. H., & Fahle, M. (2000). Grasping visual illusions: No evidence for a dissociation between perception and action. *Psychological Science, 11*(1), 20–25. [doi: 10.1111/1467-9280.00209]

Goodale, M. A., Meenan, J. P., Bülthoff, H. H., Nicolle, D. A., Murphy, K. J., & Racicot, C. I. (1994). Separate neural pathways for the visual analysis of object shape in perception and prehension. *Current Biology, 4*(7), 604–610. [doi: 10.1016/s0960-9822(00)00132-9]

Goodale, M. A., Milner, A. D., Jakobson, L. S., & Carey, D. P. (1991). A neurological dissociation between perceiving objects and grasping them. *Nature, 349*(6305), 154–156. [doi: 10.1038/349154a0]

Haffenden, A. M., Schiff, K. C., & Goodale, M. A. (2001). The dissociation between perception and action in the Ebbinghaus illusion: Nonillusory effects of pictorial cues on grasp. *Current Biology, 11*(3), 177–181. [doi: 10.1016/s0960-9822(01)00023-9]

Janssen, P., Verhoef, B.-E., & Premereur, E. (2018). Functional interactions between the macaque dorsal and ventral visual pathways during three-dimensional object vision. *Cortex, 98*, 218–227. [doi: 10.1016/j.cortex.2017.01.021]

Kravitz, D. J., Saleem, K. S., Baker, C. I., & Mishkin, M. (2011). A new neural framework for visuospatial processing. *Nature Reviews Neuroscience, 12*(4), 217–230. [doi: 10.1038/nrn3008]

Rizzolatti, G., & Matelli, M. (2003). Two different streams form the dorsal visual system: Anatomy and functions. *Experimental Brain Research, 153*(2), 146–157. [doi: 10.1007/s00221-003-1588-0]

Rossit, S., Harvey, M., Butler, S. H., Szymanek, L., Morand, S., Monaco, S., & McIntosh, R. D. (2018). Impaired peripheral reaching and on-line corrections in patient DF: Optic ataxia with visual form agnosia. *Cortex, 98*, 84–101. [doi: 10.1016/j.cortex.2017.04.004]

Sanders, M. D., Warrington, E. K., Marshall, J., & Wieskrantz, L. (1974). "Blindsight": Vision in a field defect. *Lancet, 1*(7860), 707–708. [doi: 10.1016/s0140-6736(74)92907-9]

Schneider, G. E. (1969). Two visual systems. *Science, 163*(3870), 895–902. [doi: 10.1126/science.163.3870.895]

Takemura, H., Rokem, A., Winawer, J., Yeatman, J. D., Wandell, B. A., & Pestilli, F. (2016). A major human white matter pathway between dorsal and ventral visual cortex. *Cerebral Cortex, 26*(5), 2205–2214. [doi: 10.1093/cercor/bhv064]

Trevarthen, C. B. (1968). Two mechanisms of vision in primates. *Psychologische Forschung, 31*(4), 299–337. [doi: 10.1007/BF00422717]

Ungerleider, L. G., & Mishkin, M. (1982). Two cortical visual systems. In D. Ingle, M. A. Goodale, & R. Mansfield (Eds.), *Analysis of Visual Behavior* (pp. 549–586). MIT Press.

Webster, M. J., Bachevalier, J., & Ungerleider, L. G. (1994). Connections of inferior temporal areas TEO and TE with parietal and frontal cortex in macaque monkeys. *Cerebral Cortex, 4*(5), 470–483. ［doi: 10.1093/cercor/4.5.470］

Weiskrantz, L., Warrington, E. K., Sanders, M. D., & Marshall, J. (1974). Visual capacity in the hemianopic field following a restricted occipital ablation. *Brain, 97*(4), 709–728. ［doi: 10.1093/brain/97.1.709］

(1・5)

Abraham, W. C., & Robins, A. (2005). Memory retention: The synaptic stability versus plasticity dilemma. *Trends in Neurosciences, 28*, 73–78. ［doi: 10.1016/j.tins.2004.12.003］

Adab, H. Z., & Vogels, R. (2011). Practicing coarse orientation discrimination improves orientation signals in macaque cortical area v4. *Current Biology, 21*, 1661–1666. ［doi: 10.1016/j.cub.2011.08.037］

Ahissar, M., & Hochstein, S. (1993). Attentional control of early perceptual learning. *Proceedings of the National Academy of Sciences of the USA, 90*, 5718–5722. ［doi: 10.1073/pnas.90.12.5718］

Censor, N., Sagi, D., & Cohen, L. G. (2012). Common mechanisms of human perceptual and motor learning. *Nature Reviews Neuroscience, 13*, 658–664. ［doi: 10.1038/nrn3315］

Chang, L. H., Shibata, K., Andersen, G. J., Sasaki, Y., & Watanabe, T. (2014). Age-related declines of stability in visual perceptual learning. *Current Biology, 24*, 2926–2929. ［doi: 10.1016/j.cub.2014.10.041］

Chen, N., Bi, T., Zhou, T., Li, S., Liu, Z., & Fang, F. (2015). Sharpened cortical tuning and enhanced cortico-cortical communication contribute to the long-term neural mechanisms of visual motion perceptual learning. *NeuroImage, 115*, 17–29. ［doi: 10.1016/j.neuroimage.2015.04.041］

Crist, R. E., Li, W., & Gilbert, C. D. (2001). Learning to see: Experience and attention in primary visual cortex. *Nature Neuroscience, 4*, 519–525. ［doi: 10.1038/87470］

Dosher, B. A., Jeter, P., Liu, J., & Lu, Z. L. (2013). An integrated reweighting theory of perceptual learning. *Proceedings of the National Academy of Sciences of the USA, 110*, 13678–13683. ［doi: 10.1073/pnas.1312552110］

Gilbert, C. D., & Li, W. (2012). Adult visual cortical plasticity. *Neuron, 75*, 250–264. ［doi: 10.1016/j.neuron.2012.06.030］

Gold, J. I., & Watanabe, T. (2010). Perceptual learning. *Current Biology, 20*, R46–R48. ［doi: 10.1016/j.cub.2009.10.066］

Hung, S. C., & Seitz, A. R. (2014). Prolonged training at threshold promotes robust retinotopic specificity in perceptual learning. *Journal of Neuroscience, 34*, 8423–8431. ［doi: 10.1523/jneurosci.0745-14.2014］

Kahnt, T., Grueschow, M., Speck, O., & Haynes, J. D. (2011). Perceptual learning and decision-making in human medial frontal cortex. *Neuron, 70*, 549–559. ［doi: 10.1016/j.neuron.2011.02.054］

Karni, A., & Sagi, D. (1993). The time course of learning a visual skill. *Nature, 365*, 250–252. ［doi: 10.1038/365250a0］

Law, C. T., & Gold, J. I. (2008). Neural correlates of perceptual learning in a sensory-motor, but not a sensory, cortical area. *Nature Neuroscience, 11*, 505–513. ［doi: 10.1038/nn2070］

Law, C. T., & Gold, J. I. (2009). Reinforcement learning can account for associative and perceptual learning on a visual-decision task. *Nature Neuroscience, 12*, 655–663. ［doi: 10.1038/nn.2304］

Li, W., Piech, V., & Gilbert, C. D. (2004). Perceptual learning and top-down influences in primary visual cortex. *Nature Neuroscience, 7*, 651–657. ［doi: 10.1038/nn1255］

Ramachandran, V. S., & Braddick, O. (1973). Orientation-specific learning in stereopsis. *Perception, 2*, 371–376. ［doi: 10.1068/p020371］

Sagi, D. (2011). Perceptual learning in Vision Research. *Vision Research, 51*, 1552–1566. ［doi: 10.1016/j.visres.2010.10.019］

Sasaki, Y., Nanez, J. E., & Watanabe, T. (2010). Advances in visual perceptual learning and plasticity. *Nature Reviews Neuroscience, 11*, 53–60. ［doi: 10.1038/nrn2737］

Schoups, A., Vogels, R., Qian, N., & Orban, G. (2001). Practising orientation identification improves orientation coding in V1 neurons. *Nature, 412*, 549–553. ［doi: 10.1038/35087601］

Schwartz, S., Maquet, P., & Frith, C. (2002). Neural correlates of perceptual learning: A functional MRI study of visual texture discrimination. *Proceedings of the National Academy of Sciences of the USA, 99*, 17137–17142. ［doi: 10.1073/pnas.242414599］

第Ⅱ部 視覚

Seitz, A. R., Kim, D., & Watanabe, T. (2009). Rewards evoke learning of unconsciously processed visual stimuli in adult humans. *Neuron, 61*, 700-707. [doi: 10.1016/j.neuron.2009.01.016]

Seitz, A., Lefebvre, C., Watanabe, T., & Jolicoeur, P. (2005). Requirement for high-level processing in subliminal learning. *Current Biology, 15*, R753-R755. [doi: 10.1073/pnas.242414599]

Seitz, A. R., Nanez, J. E., Holloway, S. R., Koyama, S., & Watanabe, T. (2005). Seeing what is not there shows the costs of perceptual learning. *Proceedings of the National Academy of Sciences of the USA, 102*, 9080-9085. [doi: 10.1073/pnas.0501026102]

Seitz, A. R., & Watanabe, T. (2003). Psychophysics: Is subliminal learning really passive? *Nature, 422*, 36. [doi: 10.1038/422036a]

Shibata, K., Chang, L., Kim, D., Náñez, J. E., Kamitani, Y., Watanabe, T., & Sasaki, Y. (2012). Decoding reveals plasticity in V3A as a result of motion perceptual learning. *PLoS ONE, 7*, e44003. [doi: 10.1371/journal.pone.0044003]

Shibata, K., Sagi, D., & Watanabe, T. (2014). Two-stage model in perceptual learning: Toward a unified theory. *Annals of the New York Academy of Sciences, 1316*, 18-28. [doi: 10.1111/nyas.12419]

Shibata, K., Watanabe, T., Sasaki, Y., & Kawato, M. (2011). Perceptual learning incepted by decoded fMRI neurofeedback without stimulus presentation. *Science, 334*, 1413-1415. [doi: 10.1126/science.1212003]

Shiu, L. P., & Pashler, H. (1992). Improvement in line orientation discrimination is retinally local but dependent on cognitive set. *Perception & Psychophysics, 52*, 582-588. [doi: 10.3758/bf03206720]

Tsuchiya, N., & Koch, C. (2005). Continuous flash suppression reduces negative afterimages. *Nature Neuroscience, 8*, 1096-1101. [doi: 10.1038/nn1500]

Tsushima, Y., Sasaki, Y., & Watanabe, T. (2006). Greater disruption due to failure of inhibitory control on an ambiguous distractor. *Science, 314*, 1786-1788. [doi: 10.1126/science.1133197]

Tsushima, Y., Seitz, A. R., & Watanabe, T. (2008). Task-irrelevant learning occurs only when the irrelevant feature is weak. *Current Biology, 18*, R516-R517. [doi: 10.1016/j.cub.2008.04.029]

Watanabe, T., Nanez, J. E., Sr., Koyama, S., Mukai, I., Liederman, J., & Sasaki, Y. (2002). Greater plasticity in lower-level than higher-level visual motion processing in a passive perceptual learning task. *Nature Neuroscience, 5*, 1003-1009. [doi: 10.1038/nn915]

Watanabe, T., Nanez, J. E., & Sasaki, Y. (2001). Perceptual learning without perception. *Nature, 413*, 844-848. [doi: 10.1038/35101601]

Watanabe, T., & Sasaki, Y. (2014). Perceptual learning: Toward a comprehensive theory. *Annual Review of Psychology, 66*, 197-221. [doi: 10.1146/annurev-psych-010814-015214]

Weiss, Y., Edelman, S., & Fahle, M. (1993). Models of perceptual learning in vernier hyperacuity. *Neural Computation, 5*, 695-718. [doi: 10.1162/neco.1993.5.5.695]

Xiao, L. Q., Zhang, J. Y., Wang, R., Klein, S. A., Levi, D. M., & Yu, C. (2008). Complete transfer of perceptual learning across retinal locations enabled by double training. *Current Biology, 18*, 1922-1926. [doi: 10.1016/j.cub.2008.10.030]

Yang, T., & Maunsell, J. H. (2004). The effect of perceptual learning on neuronal responses in monkey visual area V4. *Journal of Neuroscience, 24*, 1617-1626. [doi: 10.1523/JNEUROSCI.4442-03.2004]

Yotsumoto, Y., Watanabe, T., & Sasaki, Y. (2008). Different dynamics of performance and brain activation in the time course of perceptual learning. *Neuron, 57*, 827-833. [doi: 10.1016/j.neuron.2008.02.034]

Zhang, J. Y., Zhang, G. L., Xiao, L. Q., Klein, S. A., Levi, D. M., & Yu, C. (2010). Rule-based learning explains visual perceptual learning and its specificity and transfer. *Journal of Neuroscience, 30*, 12323-12328. [doi: 10.1523/JNEUROSCI.0704-10.2010]

Zhang, T., Xiao, L. Q., Klein, S. A., Levi, D. M., & Yu, C. (2010). Decoupling location specificity from perceptual learning of orientation discrimination. *Vision Research, 50*, 368-374. [doi: 10.1016/j.visres.2009.08.024]

(1・6)

Alvarez, G. A., & Cavanagh, P. (2004). The capacity of visual short-term memory is set both by visual information load and by number of objects. *Psychological Science, 15*, 106–111. [doi: 10.1111/j.0963-7214.2004.01502006.x]

Awh, E., Barton, B., & Vogel, E. K. (2007). Visual working memory represents a fixed number of items regardless of complexity. *Psychological Science, 18*, 622–628. [doi: 10.1111/j.1467-9280.2007.01949.x]

Bays, P. M., & Husain, M. (2008). Dynamic shifts of limited working memory resources in human vision. *Science, 321*, 851–854. [doi: 10.1126/science.1158023]

Bettencourt, K. C., & Xu, Y. (2016). Decoding the content of visual short-term memory under distraction in occipital and parietal areas. *Nature Neuroscience, 19*, 150–157. [doi: 10.1038/nn.4174]

Brady, T. F., Konkle, T., Alvarez, G. A., & Oliva, A. (2008). Visual long-term memory has a massive storage capacity for object details. *Proceedings of the National Academy of Sciences of the USA, 105*, 14325–14329. [doi: 10.1073/pnas.0803390105]

Cowan, N. (2001). The magical number 4 in short-term memory: A reconsideration of mental storage capacity. *Behavioral and Brain Science, 24*, 87–114. [doi: 10.1017/s0140525x01003922]

Foster, J. J., Sutterer, D. W., Serences, J. T., Vogel, E. K., & Awh, E. (2016). The topography of alpha-band activity tracks the content of spatial working memory. *Journal of Neurophysiology, 115*, 168–177. [doi: 10.1152/jn.00860.2015]

Fougnie, D., & Alvarez, G. A. (2011). Object features fail independently in visual working memory: Evidence for a probabilistic feature-store model. *Journal of Vision, 11*, 1–12. [doi: 10.1167/11.12.3]

Fukuda, K., Mance, I., & Vogel, E. K., (2015). α power modulation and event-related slow wave provide dissociable correlates of visual working memory. *Journal of Neuroscience, 35*, 14009–14016. [doi: 10.1523/JNEUROSCI.5003-14.2015]

Harrison, S. A., & Tong, F. (2009). Decoding reveals the contents of visual working memory in early visual areas. *Nature, 458*, 632–635. [doi: 10.1038/nature07832]

Lee, S. H., Kravitz, D. J., & Baker, C. I. (2013). Goal-dependent dissociation of visual and prefrontal cortices during working memory. *Nature Neuroscience, 16*, 997–999. [doi: 10.1038/nn.3452]

Luck, S. J., & Vogel, E. K. (1997). The capacity of visual working memory for features and conjunctions. *Nature, 390*, 279–281. [doi: 10.1038/36846]

Luck, S. J., & Vogel, E. K. (2013). Visual working memory capacity: From psychophysics and neurobiology to individual differences. *Trends in Cognitive Sciences, 17*, 391–400. [doi: 10.1016/j.tics.2013.06.006]

Ma, W. J., Husain, M., & Bays, P. M. (2014). Changing concepts of working memory. *Nature Neuroscience, 17*, 347–356. [doi: 10.1038/nn.3655]

Miller, J. (1982). Divided attention: Evidence for coactivation with redundant signals. *Cognitive Psychology, 14*, 247–279. [doi: 10.1016/0010-0285(82)90010-X]

Pashler, H. (1988). Familiarity and visual change detection. *Perception & Psychophysics, 44*, 369–378. [doi: 10.3758/bf03210419]

Phillips, W. A. (1974). On the distinction between sensory storage and short-term visual memory. *Perception & Psychophysics, 16*, 283–290. [doi: 10.3758/BF03203943]

Rouder, J. N., Morey, R. D., Morey, C. C., & Cowan, N. (2011). How to measure working memory capacity in the change detection paradigm. *Psychonomic Bulletin & Review, 18*, 324–330. [doi: 10.3758/s13423-011-0055-3]

Saiki, J. (2016). Location-unbound color-shape binding representations in visual working memory. *Psychological Science, 27*, 178 – 190. [doi: 10.1177/0956797615616797]

Sauseng, P., Klimesch, W., Heise, K. F., Gruber, W. R., Holz, E., Karim, A. A., ... Hummel, F. C. (2009). Brain oscillatory substrates of visual short-term memory capacity. *Current Biology, 19*, 1846–1852. [doi: 10.1016/j.cub.2009.08.062]

Sperling, G. (1960). The information available in brief visual presentations. *Psychological Monographs, 74*(11), 1–29. [doi: 10.1037/h0093759]

Todd, J. J., & Marois, R. (2004). Capacity limit of visual short-term memory in human posterior parietal cortex. *Nature, 428*, 751–754. [doi: 10.1038/nature02466]

Vogel, E. K., & Machizawa, M. G. (2004). Neural activity predicts individual differences in visual working memory capacity.

第 II 部　視覚

Nature, 428, 748–751. [doi: 10.1038/nature02447]

Wheeler, M. E., & Treisman, A. M. (2002). Binding in short-term visual memory. *Journal of Experimental Psychology: General, 131*, 48–64. [doi: 10.1037/0096-3445.131.1.48]

Zhang, W., & Luck, S. J. (2008). Discrete fixed-resolution representations in visual working memory. *Nature, 453*, 233–235. [doi: 10.1038/nature06860]

第2章 視覚刺激とその呈示法・測定法

2・1 電磁波と光の定義

眼を刺激して視覚を起こす物理的原因は放射（radiation）と呼ばれる。正確には，電磁放射（electromagnetic radiation）といい，次のように定義されている。

(1) 光子の性質を伴っている電磁波の形での，エネルギーの放出または伝搬
(2) これらの電磁波または光子

放射は波長が1 nmから1 mmの電磁波であり，視覚に明るさを起こす放射を光（light）または可視放射（visible radiation）という。光の波長は360 nmから830 nmである。

2・1・1 測光量

光を見たときにある明るさを感じるが，波長によってどのように明るく感じるかに関連する，波長ごとのシステムの感度を分光感度という。標準観察者の場合，比較的明るい明所視（photopic vision）の状態で，光の感度を比較すると波長555 nmの光に対する感度が最大になり，この波長の感度を1として他の波長の感度を表すと図2-1-1のようになる。これは，国際照明委員会（Commission Internationale de l'Éclairage：CIE）が観察者251名の測定結果の平均値から決めたもので，分光視感効率（分光比視感度：spectral luminous efficiency），特に明所視の標準分光視感効率（$V(\lambda)$）という（CIE, 2004）。

微小波長範囲$d\lambda$内の放射束（radiant flux）を$F_e(\lambda)d\lambda$とし，これが眼に入って$F(\lambda)d\lambda$の光量として知覚されたとすると，放射束から知覚光量への変換率は次のようになる。$F(\lambda)$を分光光束（spectral

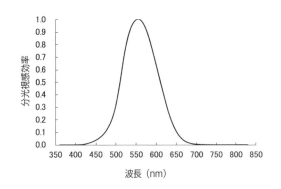

図2-1-1 分光視感効率

luminous flux）という。

$$K(\lambda) = F(\lambda)d\lambda/F_e(\lambda)d\lambda = F(\lambda)/F_e(\lambda)$$

$K(\lambda)$を波長λに対する分光発光効率といい，放射束をワット（watt：W），光束をルーメン（lumen：lm）で表すと分光発光効率の単位はルーメン/ワット（lm/W）になる。明所視では分光発光効率は波長555 nmで最大となり，$K(555) = K_m = 680$ (lm/W)である。K_mを最大視感度という。K_mを使って分光視感効率を表すと次のようになる。

$$V(\lambda) = K(\lambda)/K_m$$

分光視感効率を用いて放射束を評価した量を光束（luminous flux）Fというが，光束のほかに次のような測光量と呼ばれる基本単位がある。

2・1・1・1 光度

光源の大きさに対して，光源から受光面までの距離が十分に大きく，光源を点と見なすことのできるような微小な光源（点光源という）を考える（Hentschel, 1993 森訳 1995）。光源からすべての方向に放射されている全放射束を分光視感効率で評価した値が光束であるが，光源を見ている人間には光源からある方向に放射されている光だけが観察され

る。今,光源を中心とした球を考えると,図2-1-2のようにある方向に放射される光束は,角度αを頂角とする円錐によって切られた球面積を通過した光束に相当する。したがって,球面積を通過する光束の密度が,観察している光源の光量に相当する。しかし,この球面積Aは光源から観察者までの観察距離rの大小によって変化するので,球面積Aをr^2で正規化した量を用いる。これを立体角（記号：w,オメガ）という。光束（ϕ_V）の立体角当たりの密度を光度（luminous intensity）Iといい,単位はカンデラ（candela：cd）で表す。光度Iは,立体角内の光度が均一であれば次式で表される。

$I = \phi_V / \omega$

2・1・1・2　照度

光度は,光源を見たときに,ある方向に放射される光束の密度を表したものであるが,光源によって照明されている側から見ると,光源によって照らされている面にどのくらいの光束が到達しているかが問題となる。このときの光量を照度（illuminance）Eといい,単位はルクス（lux：lx）で表す。照度Eは,照明されている面積A内の光束が均一であれば次式で表される。

$E = \phi_V / A$

今,照明されている面が光源に対して傾いている場合には,入射角θに対して光束が当たっている面の面積が$A/\cos\theta$に従って変化するので,照度は次のようになる。照度が入射角θの余弦に比例するので,入射角の余弦法則という。

$E = \phi_V / (A/\cos\theta)$

また,光源から十分に距離があり,光源を点光源と見なせる距離では,面積Aは距離rの二乗に比例することから,照度は次のようになる。この関係を逆二乗の法則という。

$E = (I/r^2)\cos\theta$

2・1・1・3　輝度

光源を直接見たときに,輝いて見える。この光量は光度に比例するであろうことは光度の定義から容易に想像できる。ただし,実際の光源はある大きさをもつので,光源の大きさにも関係している。日常の生活で,小さい光源のほうが大きい光源に較べてまぶしく感じられることからも想像できる。このような光源の光量を輝度（luminance）Lといい,単位はcd/m^2で表す。立体角内の光度が均一であれば光源の面積をAとして次式で表す。θは光源の法線に対する観察角度である。

$L = I/(A \cdot \cos\theta)$

照度は光源との距離によって変化するが,輝度は距離に関係なく光源を見る角度によって変化する光源の見かけの光量を表す量である。輝度は光源（一次光源という）で直接照明されている面（二次光源という）から反射された光の光量にも適用できる。その場合の輝度は,一次光源によって照明されている面の照度Eと二次光源面の反射率Rから次式によって計算する。

$L = (R/\pi)E$

2・1・1・4　網膜照度（Maxwell視光学系）

心理物理実験では,視対象からの光が眼球内に入る光束によって照らされる網膜上の照度に対応する網膜照度（retinal illuminance）T（単位：td）が使われる。Maxwell視（Maxwellian view）は視対象からの光を瞳孔径の中心に集光するようにして観測するもので,観察条件によって変化する瞳孔径の影響を受けないで,網膜上の光量を定義できる利点がある。網膜照度は次式のように光束Fの立体角あたりの密度として定義される。

$T = F/\omega$

面積$S\,m^2$の輝度L（cd/m^2）の光源による網膜上の照度を考えると,自然視における眼球に入る全光束は,光源に対して瞳孔面積$A\,m^2$が張る立体角ω_s,および,光度と光束の関係から次式のように表すことができる。

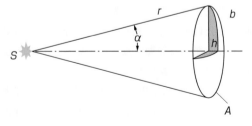

図2-1-2　点光源と立体角

$$F = I \times \omega$$
$$= L \times S \times \omega_s$$
$$= L \times S \times A/r^2$$

眼球光学系によって，網膜上に光源像が投影されるので，光束 F によって，瞳孔の中心で光源面が張る立体角 ω_d によって表される面が照らされることになる．網膜照度 T は，定義から，次式のように表すことができる．

$$T = F/\omega_d$$
$$= F/(S/r^2)$$
$$= L \times A$$

光源面の輝度と瞳孔面積を測定することで，網膜照度を求めることができる．網膜照度の単位にはトローランド（troland：td）が用いられるが，1 td は次で定義される．

$$1\ \text{td} = 10^{-6}\ \text{lm/sr}$$

自然視とは異なり，光源を観察する際に，図 2-1-3 のようにレンズにより瞳孔面に光源像を結像させて観察する方法を Maxwell 視という．光源像が瞳孔面積より大きい場合には，網膜照度は，光源の輝度と瞳孔面積によって決まり，光源像が瞳孔面積より小さい場合は，瞳孔面積の代わりに光源像の面積（$S' = S \times (r'^2/r^2)$）を用いる．Maxwell 視の場合は，光源が光学系のなかに入っている場合が多いため，光源面の輝度を測定することが困難な場合が多い．網膜照度を実際に測定する場合には，瞳孔上に集光する光束による照度と距離を測定して求める．瞳孔面の光学像から距離 x の位置で照度 E を測定する．照度計の受光面の面積を A および立体角を ω_d とすると E は次のようになる．

$$E = F/A$$
$$= F/(\omega_d \times x^2)$$

したがって，網膜照度 T は，定義から，次式のように表すことができる．

$$T = F/\omega_d$$
$$= E \times x^2$$

また，次の輝度と照度の関係を利用して，照度計の代わりに白色の拡散反射面を置いて，その輝度 L (mL) を測定して求めることもできる．輝度の単位ミリランバート（milli-lambert：mL）と cd/m^2 との間には次のような関係がある．

$$1\ \text{cd/m}^2 = 3.14 \times 10^{-1}\ \text{mL}$$

この場合の網膜照度 T は，拡散反射面の反射率を R とすると，次のようになる．

$$T = (L \times x^2) \times 10^7/R\ (\text{td})$$

2・1・2 光源の種類

日常生活における光源は，自然光（昼光），蛍光ランプ（fluorescent lamp），発光ダイオード（light-emitting diode：LED），有機 EL（organic electroluminescence：organic EL）などの人工光源に大別できる．昼光の特性は，時刻，天候，季節，場所などで大きく変化する．代表的なものとして，アメリカ，イギリスおよびカナダにおける観測結果が知られている．観測結果の統計的解析から，II・2・2・4 で述べる任意の相関色温度をもつ昼光の分光分布（spectral power distribution）を合成する方法が開発され，CIE 昼光（CIE daylight）と呼ばれている．CIE 昼光の分光分布の例を図 2-1-4 に示す．

光源の発光原理から光源を分類すると図 2-1-5 の

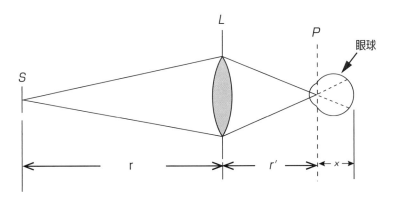

図 2-1-3　Maxwell 視

第II部 視覚

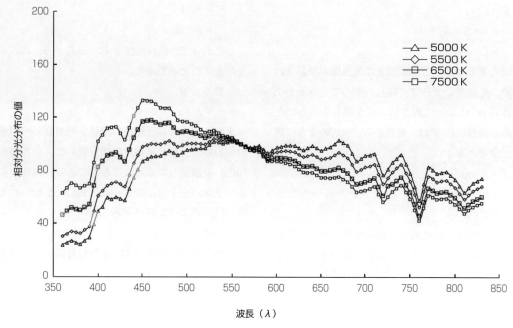

図 2-1-4　昼光の分光分布の例

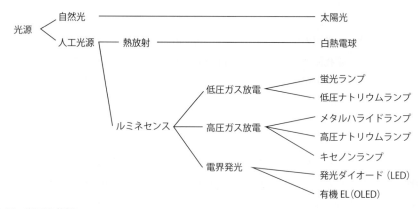

図 2-1-5　光源の分類

ようになるが，人工光源としては，主に熱放射とルミネセンスが一般照明用として利用されている。熱放射の代表は白熱電球であり，ルミネセンスは放電現象を利用した蛍光ランプおよび電界現象を利用したLEDが代表的な光源である。白熱電球は省エネルギーの観点から製造メーカが少なくなっており，LEDや有機ELが主流になりつつある。

2・1・2・1　熱放射

入射するあらゆる放射を完全に吸収する理想的な熱放射体を黒体（blackbody）という。黒体は，同じ温度で熱平衡状態にある熱放射体のうちで最大の分光放射輝度をもち，その放射輝度はプランクの放射則によって次式で表すことができる。

$$L_{ev}(\lambda, T) = \frac{c_1}{\pi} \lambda^{-5} \left[\frac{c_2}{\lambda T} - 1 \right]^{-1}$$

ここで，L_{ev}は黒体の放射輝度（単位：$W \cdot m^2 \cdot sr^{-1}$），$\lambda$は波長（単位：nm），$T$は黒体の絶対温度（単位：K），$c_1$および$c_2$は放射の第一定数および第二定数である。白熱電球は口金の発熱などによる熱損失があるが，分光分布は黒体放射に近似する。黒体の温度の違いによる分光分布の計算例を図2-1-6に示す。

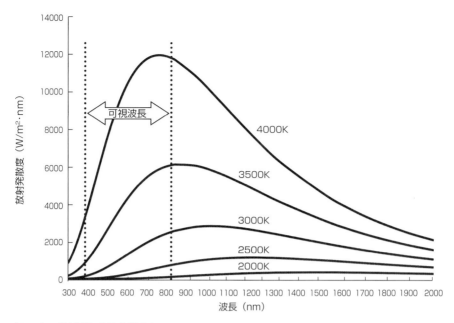

図 2-1-6　プランクの放射則による分光分布

温度の上昇によって分光分布が規則的に変化し，可視放射の放射輝度も大きくなっている．温度によって規則的に変化することから，分光分布や光色の詳細を記述しなくても温度で表示することができる．黒体の分光分布と等しい光源の表示には分布温度（distribution temperature），黒体の光色と等しい光源の表示には色温度（color temperature）または相関色温度（correlated color temperature：単位はケルビン）で表示する．

2・1・2・2　放電ランプ

放電現象を利用した代表的な光源として蛍光ランプが用いられている．蛍光ランプは水銀の低圧蒸気中における放電を利用したもので，放電によって放射される紫外放射によって蛍光ランプのガラス管に塗布されている蛍光物質（蛍光体）を励起することによって放射される蛍光と放電による可視放射から構成されている．蛍光物質の種類によってさまざまに光色が変化する．図 2-1-7 に世界で一般照明用として市販されている代表的な蛍光ランプの分光分布を示す．蛍光ランプの種類によって，特定の波長にみられる輝線と呼ばれる放電による放射と可視波長全域にわたる蛍光体からの放射が変化している．わが国で普及している蛍光ランプは，F6，F8 および F10 である．

蛍光ランプ以外の放電ランプとしては，水銀ランプ，低圧ナトリウムランプ，高圧ナトリウムランプ，メタルハライドランプ，キセノンランプなどがある．

2・1・2・3　LED

発光ダイオード（light emitting diode：LED）は化合物半導体から作製され，当初は赤，橙，黄，緑など有彩色系のLEDが商品化され，表示用素子などに用いられていた．1993年に青色が開発され，赤，緑および青の3原色が揃ったことからフルカラーディスプレイや一般照明用白色光源への利用が進んだ．照明用として用いられている白色LEDは，青色LEDの光とその青色LEDで蛍光物質を励起することによって放射される蛍光を組み合わせたタイプと，赤，緑および青のLEDを組み合わせたタイプが開発されている．わが国では前者のタイプが普及している．図 2-1-8 に白色LEDの分光分布の例を示す．

2・1・2・4　測色用の標準イルミナント（標準の光）および標準光源

測色に用いる照明光として測色用の標準イルミナント（standard illuminant）が規定されている（JIS

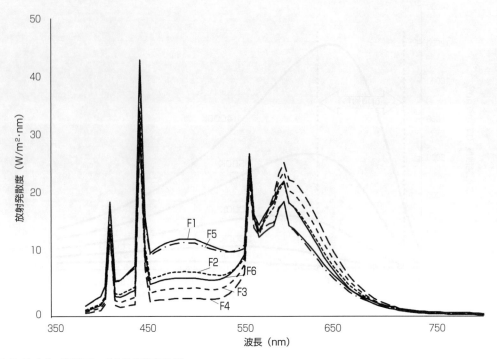

図 2-1-7（a） 蛍光ランプの分光分布の例

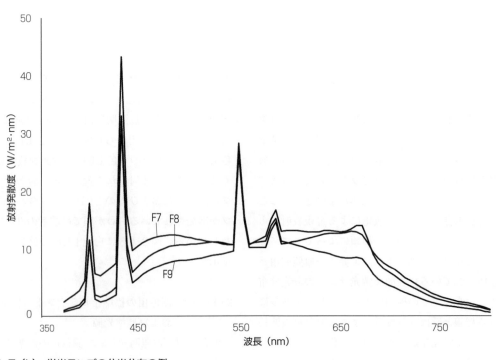

図 2-1-7（b） 蛍光ランプの分光分布の例

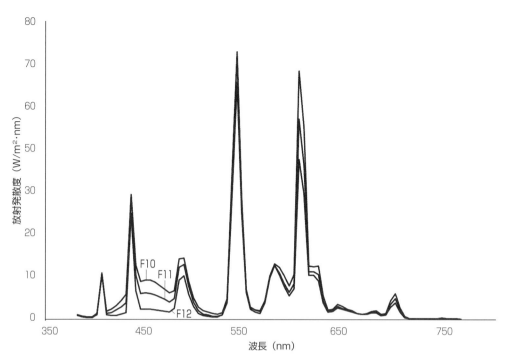

図2-1-7（c） 蛍光ランプの分光分布の例

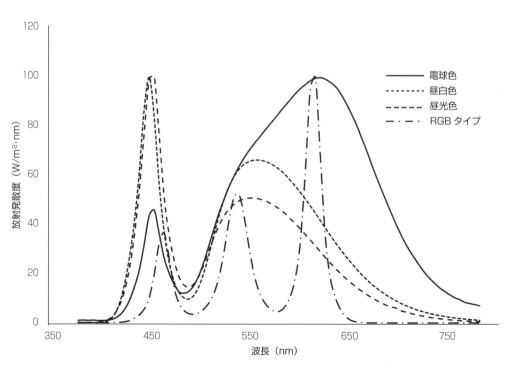

図2-1-8 白色LEDの分光分布の例

Z 8720, 2012)。測色用の標準イルミナントには標準イルミナントAおよび標準イルミナントD65の2種類がある。標準イルミナントAは，分布温度2856 Kの黒体放射に相当する。標準イルミナントD65は相関色温度6504 KのCIE昼光である。標準イルミナントAは無色透明のガラス球のガス入りタングステン電球または石英ガラス球の二重コイルハロゲン電球で実現可能であり，標準光源Aと呼ばれる。標準イルミナントD65を実現した標準光源は存在せず，物体色の色比較を行う場合に，実用的に標準イルミナントD65の代用として常用光源蛍光ランプD65が用いられてきた。常用光源蛍光ランプD65はわが国で開発されたもので，その形式および性能がJIS Z 8716 (1991)（表面色の比較に用いる常用光源蛍光ランプD65 － 形式及び性能）に規定されている。

2・1・3 光源の色温度および相関色温度

プランクの放射則によって分光放射発散度が決まるような熱放射体，たとえば白熱電球では，分布温度のわかっている標準電球との比較測定によって分布温度を測定することができる。この場合の比較測定は，特定の2波長（原則として，460 nmおよび660 nm）での分光測光器の出力が用いられる。しかし，蛍光ランプのように黒体と分光分布が大きく異なる場合では，分光分布の近似性を表す分布温度を測定することができないので，色度の近似性を表す色温度または相関色温度を測定する。相関色温度は，図2-1-9に示す色度図上の黒体の色度軌跡（黒体軌跡）との関係から，次によって測定する。

(1) 三刺激値XYZおよび色度座標xyを測定する。
(2) 三刺激値XYZおよび色度座標xyから均等色度図（CIE1960UCS色度図）での色度を計算する。

$$u = 4X/(X+15Y+3Z)$$
$$= 2x/(-x+6y+1.5)$$
$$v = 6Y/(X+15Y+3Z)$$
$$= 3y/(-x+6y+1.5)$$

(3) CIE1960UCS色度図上での等色温度線との距離を計算し，一致する等色温度線を求めて相関色温度とする。

$$v = (1/m_0)\cdot u + v_0 - (u_0/m_0)$$

ここで，u_0, v_0は等色温度線と交わる黒体軌跡上の色度座標，m_0は等色温度線の傾斜（黒体軌跡への法線）の逆数を意味する。

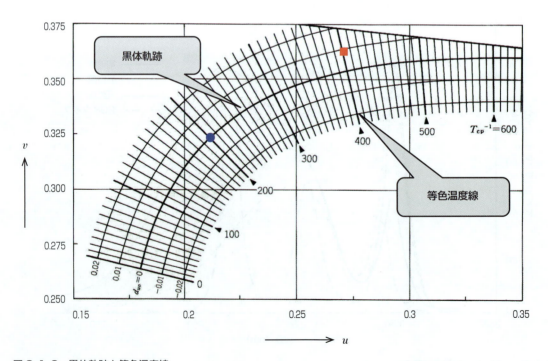

図2-1-9　黒体軌跡と等色温度線

一致する等色温度線を求めるには，試料の色度座標 (u_S, v_S) から等色温度線への垂線を計算し，等色温度線までの距離を計算する。等色温度線までの距離 l は次によって求める。

$$l = \{1/(1+m_0)^{1/2}\} \cdot \{(u_S - u_0) - m_0(v_S - v_0)\}$$

(4) 距離 l が0になるまで，逐次近似的に計算を繰り返すにはかなりの時間を要するので，あらかじめ適当な間隔で黒体の色度座標および等色温度線の傾きを数表として準備しておき，距離 l の正負から試料の色度座標を挟む等色温度線を求めて，補間によって色温度を計算する。JIS Z 8725 (2009)（光源の分布温度及び色温度・相関色温度の測定方法）では，黒体軌跡の色度座標の間隔がほぼ等間隔に取れることから，相関色温度の逆数 $(M = 10^6/T : \mathrm{MK}^{-1})$ である逆数相関色温度が等間隔になった数表が規定されている。逆数相関色温度の差 $1\,\mathrm{MK}^{-1}$ は，識別可能な色温度の差に相当する。また，JIS には計算の手順およびプログラム例が参考として規定されている。

相関色温度は，黒体軌跡との近似性に着目したものであり，黒体軌跡からどの程度離れているかによって，同じ色温度であっても光色の見え方が変わって見える。このため，黒体軌跡からの距離を計算して，相関色温度と併記して表示することが望ましい。黒体軌跡からの距離（黒体軌跡からの偏差）は，次式によって求める。

$$d_{UV} = \pm \{(u_S - u_0)^2 + (v_S - v_0)^2\}^{1/2}$$

ここで，u_0, v_0 は黒体軌跡の色度座標，u_S, v_S は試料の色度座標を意味し，±は試料の色度座標が黒体軌跡の上側にあるときは正の値をとり，下側にある場合は負の値をとる。

蛍光ランプおよび白色 LED は，相関色温度の違いによって電球色（L），温白色（WW），白色（W），昼白色（N）および昼光色（D）の5種類に光色が分類されている。それぞれの光色に対する相関色温度の範囲は JIS Z 9112（蛍光ランプ・LED の光源色及び演色性による区分）で図 2-1-10 のように規定されている。

2・1・4 フィルタの種類

光源からの放射の一部を吸収，反射あるいは透過することによって，特定の波長の放射量の波長密度

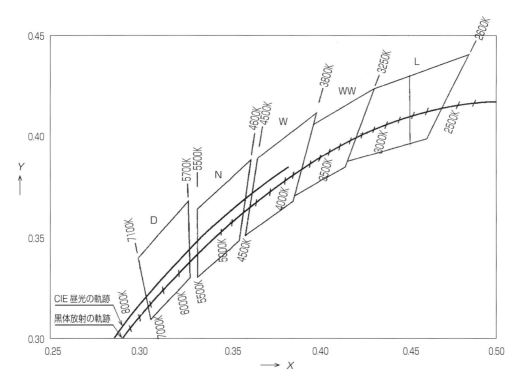

図 2-1-10　蛍光ランプおよび LED の光色区分

第II部　視覚

を制御するために用いる光学的なデバイスを光学フィルタ（optical filter）という。ガラスフィルタは，可視放射を選択的に吸収・透過するので，その特性によってさまざまな色をもっている。このため，色ガラスフィルタと呼ばれる。フィルタはその用途によって，ショートパスフィルタ（short-pass filter），ロングパスフィルタ（long-pass filter），バンドパスフィルタ（band-pass filter），ニュートラルデンシティフィルタ（neutral density filter），色補正フィルタ（color correction filter）などがある（HOYA, 2007）。ショートパスフィルタおよびロングパスフィルタは，波長選択性がシャープなことが要求されるためシャープカットフィルタ（sharp cut filter）と呼ばれる。

2・1・4・1　シャープカットフィルタ

可視放射の短波長から長波長にわたって，ある波長以下の光をシャープに吸収し，それより長い波長の光を透過するフィルタで，ガラスの透過率が72%（高透過限界波長）と5%（吸収限界波長）に相当する波長およびその間隔などで表す。無色のフィルタは CeO_2 を含有する鉛珪酸塩ガラスによる紫外吸収を利用して短波長帯の光をカットしている。また，吸収波長が長波長のフィルタは，主に珪酸塩ガラスに CdS および CdSe を分散させた固溶体のコロイド吸収を利用して短波長帯の光をカットしている。吸収端波長は CdS および CdSe の成分比を変えて調整する。図2-1-11に分光透過率曲線の一例を示す。

2・1・4・2　バンドパスフィルタ

二つの吸収波長をもつ釣鐘形の分光透過率曲線をもつフィルタで，透過帯の最大透過率と透過率の2分の1になる波長およびその波長幅（半値幅）などで表す。用途によって可視放射を吸収して紫外放射を透過する紫外透過フィルタ，比較的短い波長帯の光だけを透過する青および緑フィルタ，赤外放射の狭い波長帯だけを透過する赤外透過フィルタがある。図2-1-12に青および緑フィルタの分光透過率曲線の一例を示す。

2・1・4・3　ニュートラルデンシティフィルタ

可視域の波長全体にわたって，ほぼ波長選択性が

ない分光透過率曲線をもつ，一様に光を吸収するフィルタでNDフィルタ（ND filter）ともいう。光量調節などに用いられる。図2-1-13に分光透過率曲線の一例を示す。

2・1・4・4　色補正フィルタ

光色を調整するために用いられるフィルタで撮像管などの感度補正，ディスプレイのコントラストを強調するために用いられる。光源との組み合わせでは，照明光の色温度または相関色温度を調整するために色温度変換フィルタが用いられる。色温度（K）の逆数を 10^6 倍した逆数相関色温度（T_{cp}^{-1} : K^{-1}，単位はミレッド）の差（m）で色温度の変換の程度を表す。

$$M = T_{cp,1}^{-1} - T_{cp,2}^{-1}$$

この値は，アンバーフィルタでは「＋」となり色温度または相関色温度が低下し，青フィルタでは「－」となり色温度または相関色温度が上昇する。図2-1-14に分光透過率曲線の一例を示す。

2・1・4・5　ゼラチンフィルタおよびプラスチックフィルタ

ガラスフィルタ以外に，特定の波長帯の放射を選択的に透過・吸収させるフィルタを，比較的容易に作製できるゼラチンを基材としたゼラチンフィルタが用いられている。多くのメーカで作られていたが，耐候性，耐久性に難があることから市販されている製品は少なくなっているが，現在もラッテンゼラチンフィルタが用いられている。ゼラチンフィルタの欠点を補うものとして，アクリル樹脂やポリエステル樹脂などを用いたプラスチックフィルタが作られ，写真やスタジオ・舞台用のフィルタとして用いられている。

（小松原 仁）

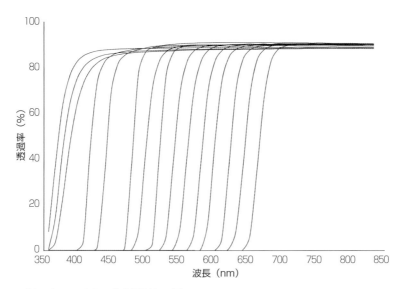

図 2-1-11　シャープカットフィルタの分光透過率の例

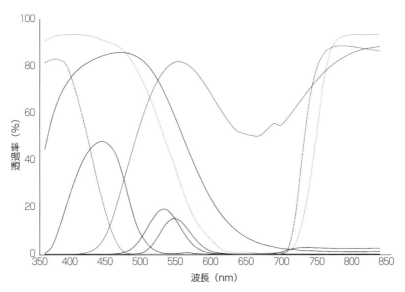

図 2-1-12　青および緑フィルタの分光透過率の例

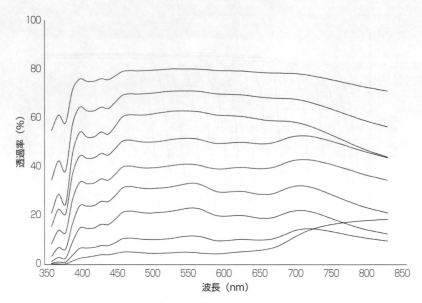

図2-1-13 ニュートラルデンシティフィルタの分光透過率の例

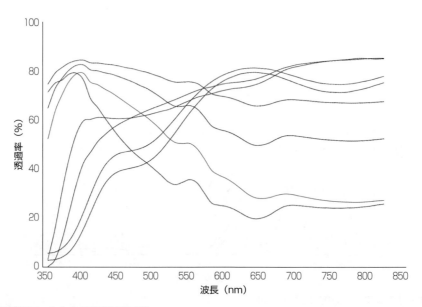

図2-1-14 色補正フィルタの分光透過率の例

2・2 測光・測色方法

2・2・1 発光色（光源色）の測定

発光色（光源色）の測定はⅡ・2・1・1で述べた光束に代表される測光量を測定する場合と三刺激値を測定する場合とに分けられる。光学系を用いた輝度や照度の測定には分光視感効率と等しい分光応答度をもつ $V(\lambda)$ 受光器が用いられる。照度計の特性は JIS C 1609-1（照度計）に規定されている。ここでは発光色の表示に用いられる三刺激値の測定方法について概説する（小松原，2013）。

2・2・2 分光測色方法

光源の三刺激値（Ⅱ・7・3参照）を測定するためには光源（二次光源を含む）から放射される光（以下，試料光源という）の分光分布を測定する必要がある。分光分布の測定にはモノクロメータやポリクロメータ（回折格子などで分散したスペクトルの結像面にアレイ状の受光素子を置いて，放射の分光的組成を並列に検出する装置）による分光測光器（spectrophotometer）が用いられる。測定の具体的な方法については JIS Z 8724 (1997)（色の測定方法-光源色）に詳細が規定されているが，分光分布が何らかの方法で値付けされている標準光源からの放射光の強度と試料光源との比較測定を基本としている。実際には，図 2-2-1 のように標準光源からの光と試料光を分光測光器（モノクロメータまたはポリクロメータ）に導いて測定する。図 2-2-1 は積分球の壁面を完全拡散面として利用する方法で，積分球壁面からの反射光の強度比を測定する例である。分光測光器への測定光の導き方としては，図 2-2-1 の他に，硫酸バリウムまたはハロン（PTFE）の粉末を圧着成形した面を拡散反射面として利用する方法や拡散透過面を利用したものがある。これらの方法は積分球を用いる方法に比べて，偏向の著しい光源の場合には，測定の誤差が大きくなるとされている。標準光源には，計量法に基づいて供給される分光放射照度標準電球または分布温度標準電球が用いられる。わが国では，分光放射照度標準電球または分布

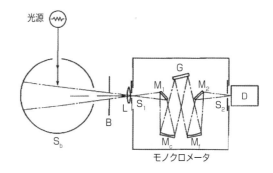

図 2-2-1 測定光の分光測光器への導き方（JISZ8724）
光源の光を積分球に入射させ，積分球からの拡散光をモノクロメータに導入する方法。
S_b：積分球，B：遮光絞り，G：回折格子，
S_1，S_2：入，出射スリット，M_1，M_2：平面ミラー，M_c：コリメータミラー，M_f：フォーカシングミラー，D：放射検出器，L：フィールドレンズ

温度標準電球の値は，産業技術総合研究所の標準に基づいて，日本電気計器検定所が供給する校正値，または計量法に基づいて国から標準光源の供給を認定された認定事業者が供給する校正値を用いる。なお，認定事業者の標準は，日本電気計器研究所の標準に基づいている。

2・2・2・1 分光測光器の性能

分光測光器の主な性能を次に示す。

1) 波長目盛

モノクロメータでは，その表示波長と測定装置の応答を代表する波長（重心波長 λ_g）との差が，波長 360-830 nm の範囲で 0.5 nm 以下であること。ポリクロメータでは，波長 435.8 nm，546.1 nm および 585.3 nm の単色放射に対して，アレイ状の受光素子の各素子の光電出力から求めた重心波長 λ_g と表示波長の差が 0.5 nm 以下であること。

$$\lambda_g = \frac{\int_0^\infty \lambda \times R(\lambda)\, d\lambda}{\int_0^\infty R(\lambda)\, d\lambda}$$

ここで，λ_g は重心波長，λ は波長，$R(\lambda)$ は放射束が波長に対して一定である単色光に対する，波長 λ での分光測光器の応答値を意味する。

2) 応答の直線性および繰返し性

強度比 2：1 の入射光に対する，波長 450 nm，

第II部　視覚

550 nm および 650 nm における分光測光器の出力の直線性からの外れが 0.5 % 以下であり，繰返し性は，10 回の繰返し測定結果の標準偏差の 2 倍が 0.2 % 以下であること。

また，強度比 10：1 の入射光に対する波長 450 nm，550 nm および 650 nm における分光測光器の出力の直線性からの外れが 1 % 以下であり，繰返し性は，10 回の繰返し測定結果の標準偏差の 2 倍が 0.5 % 以下であること。

3）迷光

モノクロメータでは，タングステン電球を光源として，波長 450 nm において，透過限界波長が 500 ± 5 nm のシャープカットフィルタを入射光路に挿入したときの出力が，挿入しないときの出力の 1 % 以下であること。ポリクロメータの場合は，透過限界波長が 500 ± 5 nm，560 ± 5 nm および 660 ± 5 nm のシャープカットフィルタを入射光路に挿入したときの，波長がそれぞれ 450 nm，500 nm および 600 nm の受光素子の出力が，挿入しないときの出力の 1 % 以下であること。

2・2・2・2　分光分布測定の実施条件

分光分布は，波長範囲 360-830 nm の範囲で，次の条件で測定し，分光分布の計算方法によって求める。

1）スリット波長幅

モノクロメータでは，入射スリット波長幅（スリットの機械幅，分散素子に入射光を照射するためのレンズの焦点距離および分散素子の波長的分散によって決まる透過波長帯域特性の実効的な幅）および出射スリット波長幅は，波長 546.1 nm において，5 nm またはその整数分の 1 とする。ポリクロメータでは波長 436 nm，546 nm および 585 nm において，1 受光素子の分散方向の幅を出射スリットの機械幅として求めたスリット波長幅の値またはその整数倍が 5 nm 以下であること。なお，入射スリット幅および出射スリット幅とスリットの機械的な幅との関係は次式のようになる。

モノクロメータの入射スリット波長幅 b_I および出射スリット幅 b_O

$$b_I = w_I / (f_I \times d\theta/d\lambda)$$

ここで，b_I は入射スリット波長幅，w_I は入射スリッ

トの機械幅，f_I はコリメータの焦点距離，$\theta/d\lambda$ は入射側の波長的分散（角分散）を意味する。

$$b_O = w_O / (f_O \times d\theta/d\lambda)$$

ここで，b_O は出射スリット波長幅，w_O は出射スリットの機械幅，f_O は分散像を出射スリットに結像する光学系の焦点距離，$\theta/d\lambda$ は出射側の波長的分散（角分散）を意味する。

ポリクロメータの出射スリット幅 b_O は，アレイ状の受光素子の 1 素子の受光面における分散方向の幅を出射スリットの機械幅と見なして計算する。

$$b_O = w_O / (f_O \times d\theta/d\lambda)$$

ここで，b_O は出射スリット波長幅，w_O は出射スリットの機械幅，f_O は分散像を受光素子に結像する光学系の焦点距離，$\theta/d\lambda$ は出射側の波長的分散（角分散）を意味する。

2）波長間隔（分光分布を測定する波長間隔）

モノクロメータでは，スリット波長幅と等しいか，その整数分の 1 の波長間隔とする。ポリクロメータでは，アレイ状の受光素子の各素子を代表する波長（重心波長）の間隔を波長間隔と見なし，スリット波長幅と等しいか，その整数分の 1 の波長間隔とする。

3）（分光測光器の光電出力の）積分時間

光源の点灯電源周波数の整数倍。

4）分光分布の計算方法

分光分布は次式によって求める。

$$S_t(\lambda) = |R_t(\lambda)/R_S(\lambda)| \cdot S_S(\lambda)$$

ここで，$S_t(\lambda)$ は試料の分光分布の波長 λ における値，$S_S(\lambda)$ は標準光源の分光分布の波長 λ における値，$R_t(\lambda)$ は測定試料の波長 λ における分光測光器の出力値，$R_S(\lambda)$ は標準光源の波長 λ における分光測光器の出力値，λ は分光測光器の設定波長を意味する。

ただし，ポリクロメータでは，アレイ状の受光素子の各素子の出力値が $R_t(\lambda)$ および $R_S(\lambda)$ に相当する。また，分光測光器の設定波長が 5 nm 間隔でない場合は，5 nm 間隔の出力値 $R^*(\lambda)$ を次式によって求める。

$$R^*(\lambda_k) = \left\{ \sum_{j=f}^{g} (5 - |\lambda_k - \lambda_g| \times R(\lambda_j)) \right\} / 5$$

ここで，$\lambda_j, \lambda_f, \lambda_g$ は分光測光器の設定波長，λ_f は $(\lambda_k - \lambda_f) < 5$ となる最小の値，λ_g は $(\lambda_g - \lambda_k) < 5$ とな

る最大の値を意味する。

2・2・3 刺激値直読方法（光電色彩計による測定）

三刺激値を測定するには，分光測色方法によらずに，次式の条件を満たした分光応答度をもつ光電色彩計（photoelectric colorimeter）で，直接測定することができる。この条件をルータ条件（Luther condition）という。

$$\left| \frac{\sum_{\lambda_1}^{830} \bar{f}(\lambda)}{\sum_{\lambda=\lambda_1}^{360} s(\lambda)} \times s(\lambda) - \bar{f}(\lambda) \right| \leq t$$

ここで，$\bar{f}(\lambda)$ は XYZ 表色系の等色関数，$s(\lambda)$ は色彩計の 5 nm 間隔の分光応答度，t は分光応答度偏差の許容限界で次の値，$\bar{x}(\lambda)$ は 0.1（500 nm 以下）および 0.15（500 nm 以上），$\bar{y}(\lambda)$ は 0.1，$\bar{z}(\lambda)$ は 0.40 を意味する。

光電色彩計の分光応答度は，分光分布の測定と同様に，国または公的機関で分光応答度の値付けされた標準受光器または応答度が波長に対して一定な受光器（たとえば，放射の吸収率の高い黒色放射吸収層を受光面とする，吸収による温度上昇によって物理的効果が生じるような熱形放射検出器）との比較によって求めることができる。

2・2・3・1 光電色彩計による光の受光条件

光電色彩計を用いて試料からの光を受光する場合，次のような方法によって行う。

(1)試料全体からある方向に放射される光を，その光軸に対して垂直に受光面を置いて受光する（照度計形色彩計）。

(2)光学系を用いて，試料の特定部分からある方向に放射される光を，その光軸に対して垂直に受光面を置いて受光する（輝度計形色彩計）。

(3)試料全体からあらゆる方向に放射される光を，積分球などによって集積して受光する。積分球を利用する場合は，積分球内に試料を設置する。

2・2・3・2 光電色彩計の校正方法

光電色彩計の場合，ルータ条件を完全に満足させることが難しいため，正確な測定を行う場合には色校正を行う必要がある。色校正の方法は，分光測色方法により三刺激値 XYZ が値付けされている校正用光源を用いて，次の方法によって行う。

(1)光電色彩計によって，校正用光源および試料を同一の受光条件によって測定する。

(2)試料の三刺激値を次式によって補正し，測定値とする。

$$T = (T'/F') \times F$$

ここで，T は試料の三刺激値，T' は光電色彩計によって測定した試料の三刺激値，F は校正用光源に値付けされている三刺激値，F' は光電色彩計によって測定した校正用光源の三刺激値を意味する。

校正用光源は，試料と分光分布が近似し，かつ色度座標もあまり変わらない試料と同種のものが望ましく，三刺激値またはその相対値が正確に測定されていることが必要である。

2・2・4 物体色の測定

発光色の測定と同様に，分光測色方法と刺激値直読方法による測定が，JIS Z 8722（色の測定方法－反射及び透過物体色）で規定されている。ここでは分光測色方法による反射物体色の三刺激値の測定方法について概説する。分光測色方法を用いる分光測光器には，以下に述べる第一種分光測光器と第二種分光測光器の 2 種類があるが，現在国内で製造販売されている分光色彩計は第二種分光測光器を用いたものだけになっている。分光測光器の波長範囲，有効波長幅（測定波長間隔），波長および測光目盛，繰返し性および反復性の条件については JIS Z 8722 に詳細が規定されている。第一種分光測光器は，測定波長を逐次走査しながら分光反射率係数を測定するのに対して，第二種分光測光器はアレイ型の受光器を用いて測定波長範囲の分光反射率係数を同時に測定するものである。したがって，測定時間が短く，多くの試料の測定に適している。試料の分光反射率係数は，分光反射率係数が既知である標準白色面を用いて目盛り定められた常用標準白色面との比較によって，次式によって求める。標準白色面の目盛り定めは，国家標準にトレーサブルとなるか，それに準じた方法で行う。式中の参考白色面は，二光路の

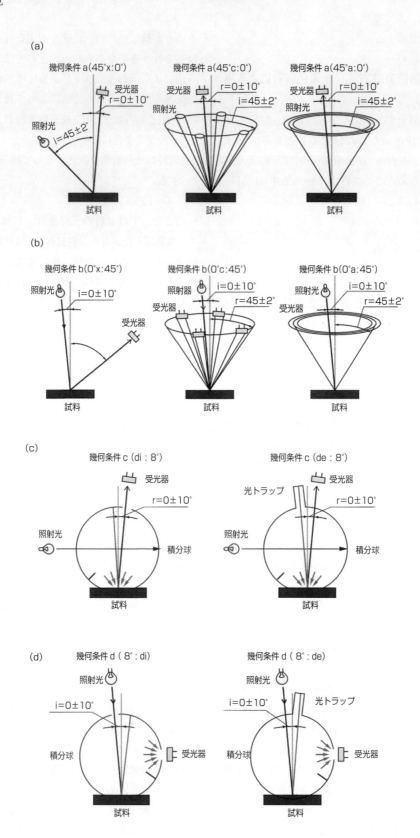

図 2-2-2 反射物体色の照明と受光の幾何条件（JIS Z 8722 解説図）

分光測光器を用いて置換方法によって測定する場合に，常用標準白色面または試料との比較に用いる白色面である。

$$R(\lambda) = \{r(\lambda)/r_w(\lambda)\} \cdot R_w(\lambda)$$

ここで，$R(\lambda)$ は試料の分光反射率係数，$r(\lambda)$ は試料の参考白色面に対する相対分光反射率係数，$r_w(\lambda)$ は常用標準白色面の参考白色面に対する相対分光反射率係数，$R_w(\lambda)$ は常用標準白色面の分光反射率係数，λ は分光測光器の設定波長を意味する。

分光反射率係数から三刺激値を計算する方法についてはⅡ・7・3による。

分光反射率係数の測定では，常用標準白色面と試料を同じ条件で照射し，常用標準白色面と試料から同じ方向および同じ光線束に含まれる反射光の比を測定するため，常用標準白色面と試料の空間的な反射光分布が等しいことを仮定している。しかし，反射光分布が等しくないことも多く，照明と受光の幾何条件によっては，同じ試料であっても分光反射率係数の値が異なることがある。このため，図2-2-2のような照明と受光の幾何条件のいずれかが用いられる。透過物体色の分光透過率係数の測定においても同様で，4種類の照明と受光の幾何条件のいずれかが用いられる。

（小松原 仁）

2・3 視角の概念と算出法，空間周波数，時間周波数，輝度コントラスト，錐体コントラスト

2・3・1 視角

視覚刺激の大きさを記述する方法は2通りあり，一つは遠刺激として実世界での大きさを記述するものである。たとえば紙面に書かれた文字の大きさをcm単位で計測して得られる値がこれに相当する。もう一つは近刺激として網膜に投影された像の大きさを記述するものである。一般に視知覚は網膜像によって生じた神経信号に基づいているため，刺激の網膜上での特性を記述することは特に重要である。しかし，実際に網膜像の大きさを計測することは困難であるため，視覚刺激が眼に対して張る角度すなわち視角（visual angle）を用いることになる。

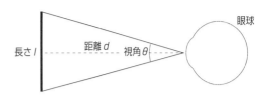

図2-3-1 物体の大きさ，距離と視角の関係

図2-3-1のように，視角は距離 d で長さ l の物体を眺めたときに眼に対して張る角 θ に相当する。したがって，$l/2$ と $\theta/2$ の間に

$$\tan(\theta/2) = l/2d$$

という関係が成り立つため，

$$\theta = 2\arctan(l/2d)$$

となる。d すなわち視距離が57 cmのとき，1 cmの視覚刺激の視角は

$$2\arctan(1/114) = 0.018$$

となる。この値はラジアンであるため以下の式で角度（°）に変換できる。

$$0.018/\pi \times 180 = 1.005$$

つまり視距離57 cmの前額平行面上の1 cmの物体を観察するときの視角は約1°となる。実際の実験では，この値を利用して簡易的に視覚刺激の視角を操作する場面がよくみられる。

2・3・2 空間周波数

空間上の一定の広がりをもつ領域のなかにある特徴が何回出現するのかを示したものが空間周波数（spatial frequency）である。視角1°あたりの輝度や色の変化の繰り返しの数を示したものが最もよく用いられており，cycle per degree（cpd, c/d, c/degなど）が単位として用いられている。視覚系の機構について議論する場合には，網膜に投影された画像を対象とすることとなるので単位視角あたりの繰り返し数を空間周波数の単位として用いることが多いが，他の場面では異なる単位が用いられている。顔画像の特徴について論じる場合には，顔の横幅を基準とした単位である cycle per face width が用いられることが多い。顔に限らず物体一般の画像を扱う場合には，cycle per object width を使う例もみられる。また，画像や絵画などの特徴を論じるときには，cycle per image width を用いることもある。以下で

は輝度変化の繰り返しに関する空間周波数について記すが，当然ながら他の特徴次元（色，方位，運動など）の空間上の繰り返しを記述する場合においても空間周波数という考え方で刺激を記述することは可能である。

2・3・3　空間周波数と画像の関係について

たとえば輝度が正弦波状に変化する正弦波格子縞（sinusoidal grating）の空間周波数を用いた場合，図2-3-2左のように視角1°の範囲で4回の明暗が繰り返されている縞の周波数は4 cpdであると記述できる。同様に6回の明暗があれば6 cpdとなる（図2-3-2中央）。このときの輝度の空間上の変化は各縞画像の下にある波形のように記述できる。この二つの縞の輝度を足し合わせて合成すると図2-3-2右のような画像が得られ，輝度波形も元の縞の波形を足し合わせたものになる。このように複数の正弦波を合成することで新たな波形を生成することをフーリエ合成（Fourier synthesis）という。この反対に，何らかの波形を正弦波の集まりに分解することをフーリエ分解（Fourier analysis）もしくはフーリエ変換（Fourier transform）という。フーリエ分解された結果，元の波形にどのような周波数の成分がどの程度の強さで含まれていたのかを示すときにはパワースペクトル（図2-3-2下）を用いる。この図から，横軸で示された各周波数の成分がどの程度の強さで含まれているのかがわかる。

このように周波数の異なる複数の正弦波波形を合成することで新たな波形を生成するのと同様に，正弦波格子縞の組み合わせから新たな画像を生成することができる。同時に，画像を正弦波格子縞の集合として分解することも可能である。図2-3-2では垂直縞のみが用いられているが，多様な方位，周波数，強度，位相の正弦波格子縞を組み合わせることで複雑な画像を合成することが可能であり，したがって自然画像をそのような縞の集合に分解することも可能である。たとえば図2-3-3上段左の画像をフーリエ分解したときのパワースペクトルが図2-3-3下段左となる。これは図2-3-2下段のパワースペクトルを2次元に拡張したものである。図中の点の位置で縞の空間周波数と方位を示している。中心が最も低い空間周波数成分つまり画像全体の平均輝度に対応し，そこから離れるほど周波数が高くなる。縦軸が垂直方向の周波数，横軸が水平方向の周波数を示すのが一般的なので，これに従うと時計の12時・6時の方向にある点が水平縞，3時・9時の方向にある点

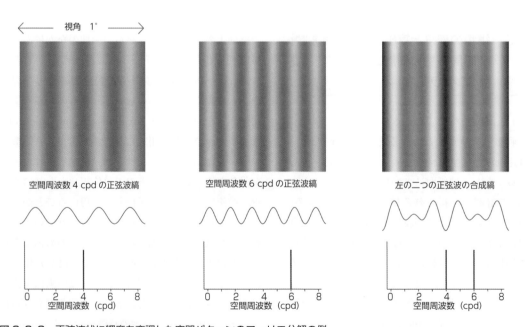

図2-3-2　正弦波状に輝度を変調した空間パターンのフーリエ分解の例
　　　上段：空間輝度分布，中段：水平方向の輝度変調を示した波形，下段：輝度のフーリエパワースペクトル。

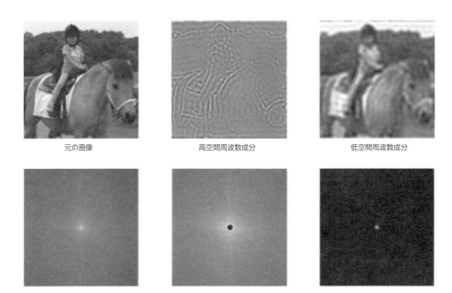

図 2-3-3 自然画像のフーリエ分解と周波数フィルタの例
　上段：（左）元の画像，（中）元の画像の高空間周波数成分，（右）元の画像の低空間周波数成分。中央の画像と右の画像の輝度値を合算すると元の画像と同じ値になる。下段：上段の各画像の2次元フーリエパワースペクトル。中央が低空間周波数成分，周辺が高空間周波数成分に相当し，各点の明るさがその周波数の成分の強さを意味する。中央のパワースペクトルと右のパワースペクトルを合算すると元の画像のパワースペクトルと同じ値になる。

が垂直縞に対応する。各点の明るさがその位置の縞の強度を示している。

　分解した縞の集合のうち，ある範囲の空間周波数をもつ縞のみを選んで画像を合成することができる。図2-3-3下段左に示された縞のうち，ある基準となる値よりも高い周波数の縞だけを選んだパワースペクトルが図2-3-3下段中央である。中央部が黒くなっているのはこの領域に対応する空間周波数成分を除いたことを意味している。このようなパワースペクトルで示される縞を合成すると図2-3-3上段中央の画像が得られる。これとは逆に図2-3-3下段左のパワースペクトルのうち，中心部分で示される空間周波数の低い成分のみを選びそれ以外を除いたものが図2-3-3下段右のパワースペクトルとなり，これに対応する画像が図2-3-3上段右である。これは基準となる周波数（カットオフ周波数）を境にしたフィルタリングを行ったことになり，それぞれ元の画像の高空間周波数成分，低空間周波数成分を抜き出したものといえる。このとき使用したフィルタはそれぞれ高域通過型フィルタ（high-pass filter），低域通過型フィルタ（low-pass filter）と呼ばれる。通過させる周波数が上限と下限をもつある範囲に定められているようなフィルタは帯域通過型フィルタ（band-pass filter）と呼ぶ。フィルタの基準となる周波数にもよるが，一般的に高空間周波数成分は画像の輪郭情報，低空間周波数成分は全体の明暗の情報を含んでいることが多い。この図の例では，フィルタを施した結果，元の画像には存在しない波打つようなパターンがみられる。これはリンギング・アーチファクトと呼ばれるもので，カットオフ周波数を境に急峻に周波数成分を除去したために生じたものである。一方，なだらかな周波数特性でカットオフした場合にはこのような現象はみられない（図2-3-4）。しかし，いずれの場合でも画像上端に元の画像には存在しない暗い部分が見られる。この現象はフィルタ特性によって解消することはできないため，回避するためには十分に大きな画像をフィルタ処理した後に中央部分のみを切り出して実験に供するなどの手続きをとる必要がある。

2・3・4 空間周波数と広がり

　上記の通り，フーリエ変換を行い周波数次元でフィルタリングすることで，画像のうち特定の空間周波数成分のみを取り出すことができる。本来の

急峻なカットオフ　　　なだらかなカットオフ

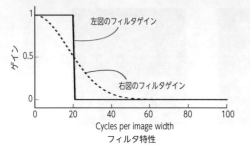

図 2-3-4　フィルタ特性による違い
　　　　上段：（左）急峻なカットオフ特性をもつフィルタによる画像（図 2-3-3 から再掲）。（右）なだらかなカットオフ特性をもつフィルタによる画像。下段：上段のそれぞれの画像に用いられたフィルタの特性。いずれも 20 cycles per image width をカットオフ周波数とする二つのフィルタの特性を示す。片方は急峻な特性をもち、もう片方はこの周波数を半値半幅とするガウシアンの形状をもつ。なだらかな特性をもつフィルタを使用するとリンギングが見られない。

フーリエ変換は無限に広がる連続関数に対して行われるものであるが，ここでは有限の広がりをもつ離散的な画素の集まりである画像を対象としている。そのような場合には，高速フーリエ変換（fast Fourier transform：FFT）という手法が用いられる。

　一方，人間の視覚情報処理も，有限個の視細胞から入力される有限の広がりの網膜像に対して行われるのであって，その成り立ちは数学的なフーリエ変換とは異なる。人間の視覚系の場合は，視野の特定の範囲を占める受容野の性質によって，空間周波数への選択性がもたらされる。視覚研究においては，このような受容野を想定し，視野上の特定の領域に対して特定の空間周波数成分による刺激を呈示したいという場面はよくみられる。そうした用途に用いられる視覚刺激について解説する。

2・3・5　ガボールパッチ

　ある空間周波数のみを含んだ刺激としていちばんに思い浮かぶのは正弦波格子縞だが，これをそのまま視覚刺激として呈示すると，図 2-3-5 左のように縞パッチと背景の境界部分に輝度の急峻な変化ができてしまい，この部分に高空間周波数成分が含まれてしまう。一方，右のようなパターンの場合，エッジ部分の輝度の変調が滑らかなため，高空間周波数成分が混じることは避けられる。このパターンは，正弦波状の縞にガウス状の変調をほどこしたものであり，ガボールパッチ（Gabor patch）と呼ばれ，輝度は下記の式で表される。

$$L(x, y) = L_m \left\{ 1 + C\cos[2\pi xf + \psi] \cdot \exp\left[-\frac{x^2+y^2}{2\sigma^2}\right] \right\}$$

　このとき，L_m は平均輝度，C は正弦波格子縞のコントラスト，f は空間周波数，ψ は位相，σ はガウス関数の標準偏差を意味する。

　ガボールパッチに含まれている正弦波縞の繰り返し回数は有限であるため，実際の画像の空間周波数成分は正弦波縞の波長から計算される空間周波数を中心にいくらかの広がりをもつことになる。繰り返しの回数を増やすと空間周波数成分の広がりを狭めることができるが，その場合はパッチ全体が大きくなるため刺激している視野上の領域も大きくなる（図 2-3-6）。このようにガボールパッチには刺激する空間周波数領域の特異性と視野上の領域の特異性の間にトレードオフが存在する。

　上記の式と図 2-3-5 は垂直縞を示しているが，実験場面では縞の方位を操作する必要のあるときもありうる。その場合は，cos の [ ] のなかの x を $x \cdot \cos\theta + y \cdot \sin\theta$ に置換すれば任意の方位 θ の縞を表示することができる。

2・3・6　ランダムドットパターン

　ガボールパッチや正弦波格子縞は特定の空間周波数，特定の方位をもつ刺激を表示するのに向いているが，空間周波数や方位の特異性のない刺激が必要なときにはランダムドットパターンが用いられる。ランダムドットパターンは，すべての画素の輝度がランダムに決定されたものであり，一般的には輝度

第 2 章　視覚刺激とその呈示法・測定法

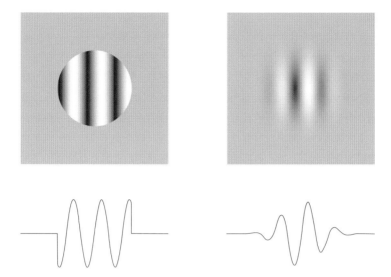

図 2-3-5　（左）正弦波格子縞パッチ，（右）ガボールパッチ
　　下段は上段の画像の中央部分の水平方向の輝度プロファイル。

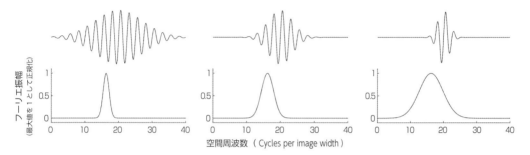

図 2-3-6　（上段）垂直ガボールパッチ（たとえば 図 2-3-5 右）の水平方向の輝度変調，（下段）それに対応するフーリエ振幅
　　ガボールパッチの大きさに対応するガウス関数の標準偏差が大きくなると縞の繰り返し数が増えるとともに，空間周波数帯域が狭くなる。ガボールパッチの大きさと空間周波数帯域の間にトレードオフの関係があることがわかる。

の確率密度が黒（最小値）から白（最大値）まで一様であるものを指す。このような輝度分布はホワイトノイズ（white noise，白色雑音）であるといえ，このランダムドットパターンをフーリエ変換すると理論上すべての方位すべての空間周波数が一様に含まれることになる（正確には，空間周波数の範囲は画素の大きさや画像全体の大きさの影響を受ける）。このようなパターンを用いることで，方位や空間周波数に対して偏りのない刺激を作成することができる。また，これに図 2-3-3 のようなフィルタを施すことで，任意の方位と空間周波数を含んだ刺激を作成したり，図 2-3-5 のガボールパッチのようなガウス窓を施すことで空間的に限局された刺激を作成し

たりすることも可能である。

　上記のように，一般的に視覚実験に用いられているほとんどのランダムドットパターンは，ホワイトノイズからなっているが，ピンクノイズからなるランダムドットパターンが用いられる場合もある。ピンクノイズではフーリエパワーが周波数に反比例する，つまり空間周波数が高くなるほどその強度が小さくなる性質をもっている。自然画像をフーリエ分解するとしばしばこのような高空間周波数成分ほど小さくなる特性を示すため，空間周波数成分的に自然画像を模擬する場合にピンクノイズによるランダムドットパターンを用いるケースもみられる。

2・3・7 時間周波数

ある特徴の時間あたりの周期的変化の回数を示したものが時間周波数（temporal frequency）である。1 s あたりの繰り返しの数を示したものが最もよく用いられており，Hz（ヘルツ）もしくは cycle per second（省略形は cps）が単位として用いられている。したがって，たとえば輝度の時間あたり変化を問題とする場合，時間周波数が高いというのは明滅が速いことを意味し，時間周波数が低いというのは明滅がゆっくりとしていることを意味する。視覚刺激において時間周波数を操作しようとする場合，最も単純な方法は刺激面全体を一様に明滅させることである。この明滅が時間軸に沿って正弦波状の輝度変調だった場合，その刺激に含まれている時間周波数は明滅の周波数のみによって規定することができる。

一方，特定の空間周波数をもつ刺激の時間周波数を操作する場合には，正弦波格子縞やガボールパッチなどを用いることが多い。ただし，明滅の仕方によって刺激に含まれる時間周波数成分が異なるので注意が必要である。

正弦波格子縞を縞と直交する方向に移動させると，各画素の点滅の時間周波数 f（cycle/second）は縞の移動速度 m（cycle/second）と一致する。このような格子縞の移動はドリフト運動と呼ばれる。これを空間・時間プロット（x-t plot ともいう）で図示すると図 2-3-7 左のようになる。この刺激をフーリエ分解し，縞の空間周波数と一致する成分のみを表示すると図 2-3-7 左下のようになり，移動に対応した成分のみが存在することがわかる。

一方，白点が黒点に，黒点が白点に変化するように，各画素がそれぞれ全体の平均輝度を中心に正弦波状に白黒反転する場合，この輝度変化はカウンターフェイズ（counter-phase，位相反転）変調されているということができる（図 2-3-7 中央）。このときの時間周波数は明滅のタイミングによる成分のみが含まれていることになる。この刺激のフーリエ成分は図 2-3-7 中央下のようになり，反対方向にドリフトする二つの縞が合成されたものであることがわかる。このように，印象としては運動が見えないような刺激であっても運動する成分が含まれていることはありえる。

一方，正弦波格子縞の各点がそれぞれ最低輝度（≒暗黒）との間で正弦波変調する場合（図 2-3-7 右），つまり変調の途中で刺激全体が最低輝度になる瞬間があるように変調する場合，これはオンオフ変調されているということができる。このときの時間周波数成分（図 2-3-7 右下）はカウンターフェイ

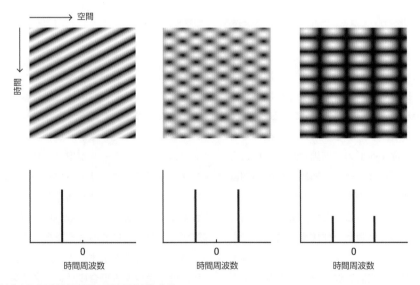

図 2-3-7　点滅する正弦波格子縞の時間周波数成分
　　　　左はドリフトする正弦波格子縞，中央はカウンターフェイズ変調する正弦波格子縞，右はオンオフ変調する正弦波格子縞。上は縞が時間の進行に対してどのように点滅するかを示した x-t プロット図，下はフーリエスペクトル。

第 2 章 視覚刺激とその呈示法・測定法

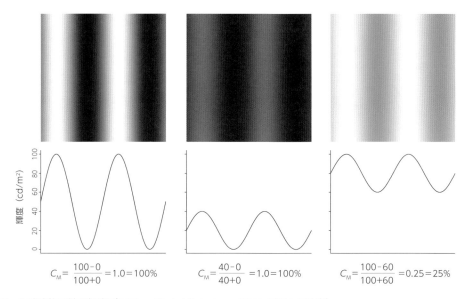

図 2-3-8 正弦波格子縞の輝度プロファイルと Michelson コントラストの関係
上段：正弦波格子縞の画像，中段：その水平方向の輝度プロファイル，下段：Michelson コントラストの算出式。

ズ変調に含まれる二つのドリフト成分に加えて時間周波数ゼロつまり時間変調しない成分も含まれている。したがってこの刺激にも運動の成分が含まれていることになる。ところで，時間変調は電気信号と同じ用語で表現されることが多いが，明滅に対応した時間周波数成分は交流成分（alternating current component：AC component），時間変調しない成分は直流成分（direct current component：DC component）と表現される。オンオフ変調刺激は AC 成分と DC 成分の両方をもっているということができる。

2・3・8 輝度コントラスト

視覚刺激の輝度次元での強度に関して記述する場合にはコントラストを用いることが多い（Pelli & Bex, 2013）。特に感度特性の記述の場面で最も多く用いられているのが Michelson コントラスト（Michelson contrast）で，

$$C_\mathrm{M} = \frac{L_\mathrm{max} - L_\mathrm{min}}{L_\mathrm{max} + L_\mathrm{min}}$$

で定義される。L_max は刺激の最大輝度，L_min は最小輝度を示す。これを用いて正弦波格子縞のコントラストの値を求めると図 2-3-8 のようになる。

図 2-3-8 左・中央を見るとわかる通り，最大輝度によらず最小輝度が 0 であるとその縞のコントラストは 100% となる。一方，図中央と右を見ると，振幅（最大輝度と最小輝度の差）が等しくとも最小輝度が異なると，コントラストの値は大きく異なることがわかる。このように Michelson コントラストは 0 から 100% までの値を取りうる。

他にもいくつかのコントラスト算出法が存在する。Weber コントラスト（Weber contrast）は文字刺激などの強度を記述するのによく用いられ，

$$C_\mathrm{W} = \frac{L - L_\mathrm{background}}{L_\mathrm{background}}$$

で定義される。$L_\mathrm{background}$ は背景領域の輝度を示し，L は文字などの表現しようとしている対象の輝度を示す。したがって，たとえば白地に黒い文字が書かれている場合，最小 -1 までの負の値をとり，黒地に白い文字が書かれている場合無限大までの正の値をとる。また，RMS コントラスト（root mean square contrast：RMS contrast）は

$$C_\mathrm{RMS} = \frac{L_\sigma}{L_\mu}$$

で定義される（L_σ は輝度標準偏差，L_μ は平均輝度を示す）。RMS コントラストは自然画像などの複雑な画像の記述に用いられる。さらに，band-limited コントラスト（band-limited contrast）は特定の空

315

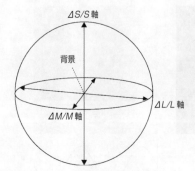

図 2-3-9 錐体コントラストを表す球
個々の色は原点からのベクトルとして表現される。

間周波数成分の強度を示すのに用いられ，

$$C_L(x, y) = \frac{L_b(x, y)}{L_l(x, y)},$$

$$C_{bl} = \overline{C_L(x, y)}$$

と定義される。ただし $L_b(x, y)$ はある空間周波数帯でバンドパスフィルタされた画像の点 (x, y) での輝度，$L_l(x, y)$ はローパスフィルタされた画像の同地点での輝度を示し，$C_L(x, y)$ はその空間周波数帯の局所的コントラスト（local contrast）を示す。これを画像全体について平均したものが band-limited コントラストとなる。

画像表示装置の性能を表記するときに用いられるのはコントラスト比（contrast ratio）と呼ばれ

$$C_{ratio} = \frac{L_{max}}{L_{min}}$$

と定義される。L_{max} は表示可能な最大輝度，L_{min} は表示可能な最小輝度を示す。この値が大きいほど，Michelson コントラストが 100% により近い刺激を表示することができる。これは，そのディスプレイで表示可能な最低輝度が $0\,cd/m^2$ でなければ，コントラスト 100% の刺激を呈示することはできないことを意味する。液晶ディスプレイはバックライトの光を遮ることで輝度の調整を行う技術を採用しているため（詳細は II・2・4 参照），表示可能な最低輝度であっても光の漏れが生じることがある。この場合は輝度コントラスト 100% の刺激を呈示することはできない。最低輝度が問題となる実験を計画する場合には，この点に留意して装置を選定する必要がある。

2・3・9 錐体コントラスト

輝度コントラストと同様に色についてのコントラストも定義されている。ただし，色に関するコントラストを記述する場合には輝度とは大きく異なった手法を用いる。輝度はその強度が 0 となる状態を一意に定めることができるが，色の強度が 0 である状態を一意に定めるのは困難である。したがって，色コントラストの定量化は知覚に対して相対的なものになる。色を物理的な測定値に直接的に対応させるのではなく，色度の定量化に使う何らかの次元による相対値として記述する。

色コントラストを記述する代表的な手法として錐体コントラスト（cone contrast）が挙げられる。錐体コントラストは錐体刺激値による Weber コントラストによって表現される。錐体刺激値は色刺激の強度の分光分布 $[E(\lambda)]$ と三錐体の分光感度 $[L(\lambda), M(\lambda), S(\lambda)]$ の積として

$$l = \int_\lambda L(\lambda)E(\lambda),$$

$$m = \int_\lambda M(\lambda)E(\lambda),$$

$$s = \int_\lambda S(\lambda)E(\lambda)$$

と定義される。刺激の背景領域での錐体刺激値からの差分（$\Delta L, \Delta M, \Delta S$）と，背景領域での錐体刺激値（$L, M, S$）による Weber コントラスト

$$\left(\frac{\Delta L}{L}, \frac{\Delta M}{M}, \frac{\Delta S}{S}\right)$$

が錐体コントラストとなる。このように錐体コントラストは背景領域からの差分として表現されるので，背景領域への順応による錐体の感度変化にも対応できるものとなっている。錐体コントラストは三つの値からなるベクトルとして表現できるので，対象となる刺激の錐体コントラストは錐体コントラスト空間（図 2-3-9）内である方向を向いたベクトルとして理解することができる。

〔原澤 賢充〕

2・4 各種表示デバイス

近年の視覚実験では刺激を呈示するにあたってコ

第2章 視覚刺激とその呈示法・測定法

ンピュータに接続された表示装置を用いることが多い。ここでは，さまざまな表示装置の特性について視覚実験で注意すべき点を中心に概説する。

2・4・1 CRT

CRT（cathode ray tube）は日本語ではブラウン管もしくは陰極線管と呼ばれており，真空管の一種であり，電子銃から放射される電子ビームを制御（走査）し，画面に形成された蛍光体を励起・発光させ画像を表示する。蛍光体として赤緑青の三色を用意し，それぞれに対応する電子銃を制御することで，カラー画像を表示することができる。したがって，厳密には画面全体が同時に光っているわけではなく，その時々で電子銃の向いている一点のみが発光することになる。

蛍光体の励起・脱励起にかかる時間は1ms程度であり，高速な時間特性が特徴である。

空間特性にはいくつかの問題が認められる。第一に，輝度の均一性に課題がある。全面が同じ白色であるような表示を意図しても，画面の端部分は中央よりも暗くなる現象が生じる。画面中央部分は比較的均一性が高いので，正確な輝度再現性を重視する場合には中央部のみに刺激を表示するなどの対応が必要となる。第二に，幾何再現の問題が挙げられる。たとえば，直線が曲がって表示されるなどの歪みが生じることがある。この場合，幾何補正が必要となる。第三に，同期ずれの問題が挙げられる。CRTはビデオメモリ上の1フレームの画像を表示するために左上から順に画面上において電子銃の方向を移動させる，すなわち走査する必要がある。右下まで走査が終わったら次のフレームの描画を開始するために左上に電子銃を向けるが，この期間は電子銃からビームが照射されない垂直ブランキング期間（vertical blanking interval）となる。この期間中にビデオメモリ上のフレーム画像を切り替えればズレは生じないが，この期間の外でフレーム画像を書き換えると，たとえば横に移動する縦棒が途中で切れて見えるなど，動く物体の形が崩れて表示される「ティアリング（tearing）」という現象が生じることになる。

コントラスト特性（最大・最小輝度の比）・色再現特性は良好であり，蛍光体の特性にもよるが一般の

CRTではコントラスト比（contrast ratio）は1500：1以上，色深度（color depth）は24bit以上の再現が達成されている。画面を斜めから見込んだ場合でもこれらの特性の劣化が少ないことも特徴である。

2・4・2 フラットパネルディスプレイ（FPD）

CRTの画面は中央部がわずかに凸に湾曲しているが，フラットパネルディスプレイ（flat panel display：FPD）と呼ばれる薄型のパネルを用いた表示装置は一般的に表示面が平面であり，CRTに比べて奥行きが短く，より大きな画面のものが入手しやすい。FPDには表示原理の違いによっていくつかの種類が存在している。

2・4・2・1 LCD

液晶ディスプレイ（liquid crystal display：LCD）は，CRTのような発光型ではなく，光変調による非発光型表示装置である。光透過度が制御可能なパネル（液晶パネル）とその背面の光源（バックライト）とで構成され，画素ごとに光透過度を制御することで，任意の画像を表示する。つまり，バックライトから発せられた白色光を液晶素子によって遮ることで階調を表現している。カラー画像を表現する1画素は，さらに赤緑青のカラーフィルタを配置した副画素（サブピクセル）の集合で構成される。各副画素の透過度の制御により，1画素で任意の色を表示する。したがって，LCDの色特性はバックライトのスペクトルと各副画素のカラーフィルタの分光特性によって決定されることになる。

LCDは，時間特性に課題があり速い動きのある動画の表示が苦手である。CRTでは各ピクセルが瞬間的に明滅するインパルス型表示を行うのに対し，LCDでは駆動回路の制約によって，各ピクセルが1フレームのあいだ点灯し続けるホールド型表示を行うため，動きの速い映像を表示するときに動きボケと呼ばれるblurが生じる。また，ピクセル明滅にかかる応答時間は10ms以上といわれ，さらにこの時間は画素輝度に依存して変動する。応答時間の遅さは，前フレームが次のフレーム表示に影響することを意味し，コントラスト低下の原因となる。最近ではこのような時間特性上の課題を解決するためにオー

第Ⅱ部　視覚

バードライブと呼ばれる機構を用いて中間階調を表示するために必要な時間の短縮が図られている。空間特性としては，幾何的な歪みは生じず隣接画素の独立性も非常に良好である。しかし，バックライトの特性によって，輝度の不均一性が生じることがある。

1）LCD のバックライト

LCD はバックライトの特性によってその表示性能・品質が大きく異なる。

・色再現特性

バックライトに用いられる光源には冷陰極管（cold cathode fluorescent lamp：CCFL）と発光ダイオード（light-emitting diode：LED）がある。従来は CCFL が用いられることが多かったが，近年は LED が用いられることが多い。CCFL の発光スペクトルは三原色の各主波長の間にサブピークがあるため，混色が生じ純度が低下することで色域上の色再現性領域が狭くなる特徴がある。一方 LED はそのようなサブピークがないため，より広い色再現性領域が得られる。近年ではさらに色再現性を高める方式が開発されている。バックライトとしてよく用いられている LED は白色 LED と呼ばれ，青色 LED チップと黄色蛍光体もしくは，緑色・赤色の混合蛍光体を組み合わせて白色発光が得られていた。この場合，赤と緑のカラーフィルタの間の波長も光っているため，特に赤の純度が下がる傾向があった。これを解決するために開発されたレーザーバックライト方式では，青と緑にピークをもつシアン色 LED と赤色半導体レーザーを組み合わせることで純度の高い赤色を実現した。さらに LED を用いず，RGB の三つのレーザーを組み合わせた RGB レーザーバックライトというさらに色純度の高い方式も開発されている（新倉，2015）。また，これとは異なる方式による試みもなされている。量子ドットディスプレイは，バックライトと液晶素子の間に量子ドットのシートを挟みこんだものである。量子ドットはその大きさを操作することによって任意の波長の光だけを通すシートを作ることができる。このとき，大きさのばらつきを小さくすると発光スペクトルの半値幅が小さくなる。これまでに半値全幅約 30 nm というきわめて先鋭な発光スペクトルを示す材料も報告

されている（都築，2014）。

・階調表現特性

初期の LCD は液晶パネルの開口率の操作のみによって階調が表現されていたが，現在ではバックライトの光量の動的な操作も階調表現に用いられている。バックライトの明るさを制御する方法として，周期的に明滅を繰り返すときのパルス幅で点灯時間と消灯時間を制御する PWM（pulse width modulation）調光方式が用いられることが多い。しかし，CCFL はパルスの ON 期間を短くしすぎると点灯しなくなる性質があり，このために調光範囲が約 10-100％の間に制限されてしまい黒が沈みきらないという課題がある。一方 LED ではほぼ 0-100％の間で調光制御をすることができる。しかし，LED にも ON 期間を短くするとちらつきが気になるという問題がある。一方，電流の変化によって点灯時の輝度を操作する DC（direct current）調光方式では，輝度を下げたときに発光部が目立って画面の均質性が損なわれることがあるという課題がある。そこでこれらを組み合わせた方式も用いられている。

・空間特性

バックライトの配置の仕方には，直下型とエッジ型（導光板型）の 2 種類がある。直下型は液晶ディスプレイの初期から用いられてきた方式で，光源を液晶パネルの背面に並べ，光源の分布が見えないように拡散板を用いて面光源を作るものである。一方エッジ型は，ディスプレイの端に光源を配置し，導光板を用いて面光源を作る方式である。拡散板や導光板の性質によっては必ずしもバックライトがすべての画素に対して等しく照射されないことがある。LED バックライトは CCFL バックライトよりも輝度の不均一性の問題は低減されている。

階調表現のために画面を分割して表示する画像の輝度に応じてバックライトの輝度と液晶パネルの開口率をリアルタイムで表現する技術をローカルディミング（local dimming）と呼ぶ。直下型の場合は画面を縦方向と横方向に分割して 2 次元的に照射領域を制御する 2D ディミングを用いることができるが，エッジ型では縦もしくは横のいずれかの方向でのみ分割可能であるため 2D ディミングを用いる

ことは困難であり1Dディミングが用いられる（横溝，2010）。

2）液晶パネル

バックライトから照射された光源をどのくらい通過させるかを制御しているのが液晶パネルである。その駆動方法にはいくつかの方式があり，それぞれで特性が異なる。TN（twisted nematic）方式は応答速度が速いため高速で表示する必要がある用途に適しているが，視野角が狭く見る角度によっては，色合いが変わってしまうため大画面ディスプレイには適さない。VA（vertical alignment）方式は非透過状態で黒を表示するため，黒の深みやコントラストの表現に優れている。IPS（in-plane switching）方式は，視野角が広く見る角度による輝度変化や色変化が少ないが，応答速度は比較的遅い（久保・岡本，2007）。

2・4・2・2　PDP

プラズマディスプレイ（plasma display panel：PDP）は放電による発光を利用したディスプレイである。放電現象は蛍光灯で用いられている原理であり，放射光波長は管内に封入されたガスの種類や励起レベルによって異なる。PDPでは紫外線を効率よく放射するキセノンが用いられることが多く，その紫外線で管壁にある蛍光体を励起発光させ表示に用いている。このように2枚のガラスに挟まれた小さな部屋にガスを封入した構造をセルと呼び，赤・緑・青の蛍光体を塗布された三つのセルがそれぞれサブピクセルを構成し，これが合わさって一つの画素となる（図2-4-1）。このような構造であるため，表示画像の幾何的な歪みは生じず隣接画素の独立性も非常に良好である。また，画素ごとに独立して発光するため，LCDに見られるような輝度の不均一性が生じることもない（村井・打土井，2009）。

PDPでは一つの発光素子の単位時間あたりの発光強度を変化させることができないため，階調表現は発光時間の長さを制御することによってデジタル的になされている。1枚の画像（フレーム）は八つのサブフレームに分割され，それぞれのサブフレームはどの画素を発光させるかを指定するアドレス期間と選択された画素のみを所定の輝度比に応じた時間長で発光させる発光期間からなっている。各サブフレームの発光時間の比率を1：2：4：8：16：32：64：128のように2のべき乗にすると，いずれのサブフレームも発光しない「0」から，すべてのサブフレームが発光する「255」までの256段階での階

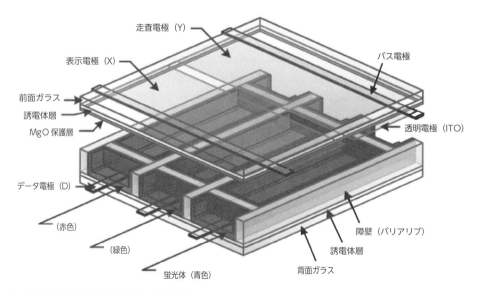

図2-4-1　PDPのパネル構造（志賀，2013）
パネルは前面ガラス基板と背面ガラス基板から構成される。前面板には表示用電極群が形成される。背面板には誘電体で覆われたデータ電極が表示用電極群と直交するように配置される。これらが交差する領域が一つの放電部となりサブピクセルを形成する。

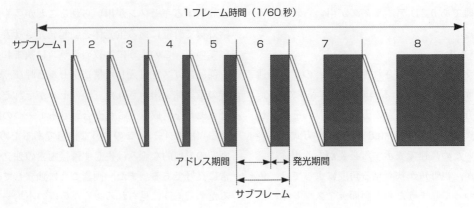

図 2-4-2　PDP 階調駆動方式の例（小川他，1998）
1 フレーム時間内のサブフレームの発光時間の合計で輝度を表現する。

調表現が可能となる（図2-4-2）。このような方法で階調を表現していることから，動画像を表示する場合には輝度変化のある輪郭部分で偽輪郭（dynamic false contour）と呼ばれる画質劣化が生じることがある。これは空間上を輝度エッジが移動した場合，そのエッジに沿って発光しているサブフレームを時間積分すると指定した輝度とは異なる値が現れることによるものである。この現象を低減するため，サブフレームの時空間的配置の最適化や誤差拡散法などの技術が開発されている（小川他，1998；志賀，2013）。

2・4・2・3　OLED

有機ELは，本来，有機材料に電気を流したときの発光現象「エレクトロルミネッセンス（electroluminescence：EL）現象」のことを指す言葉である。この現象を利用した発光素子が OLED（organic light-emitting diode）と呼ばれる。この素子を用いたディスプレイが有機ELディスプレイもしくは OLED ディスプレイと呼ばれる。バックライトが必要な液晶ディスプレイに比べて，自ら発光する OLED は，薄さ・軽さ・コントラスト・応答速度などの優位性から，次世代の大画面表示デバイスとして期待されている。

OLED の発光素子は，二つの電極間に正孔注入層，正孔輸送層，発光層，電子輸送層，電子注入層という複数の層を挟んだ構造をもち（図2-4-3），各層の厚みは 30-50 nm，陽極と陰極を含めた総厚は数百 nm 程度である。発光過程は，①陰極および陽極からの電子および正孔の注入（電荷注入）過程，②発光層近傍における電子-正孔対生成による励起子生成過程，③励起子の輻射再結合過程，および④外部への光放出（光取出し）という 4 段階に分けられる。発光色は，発光層を構成する色素によりほぼ決定される（清水，2014）。

OLED の色表現には，RGB 各色の塗り分け方式と，白色の素子にカラーフィルタを用いる方式がある。カラーフィルタを用いる場合には色再現性は液晶ディスプレイとほぼ同じだが，塗り分け方式を用いる場合には R（赤）G（緑）B（青）の各色素の色純度が高く，よりよい色再現性が得られる。さらに，デバイスの厚みを各色に応じて制御することで，光の干渉を利用して色の純度をさらに高めることも可能である。ただし，大型のディスプレイについては 2019 年現在塗り分け方式による製品は存在せず，カラーフィルタ方式のみが用いられている。

OLED はバックライトを用いない自発光方式であるため低輝度領域でも良好な階調表現が可能であり，暗部の表現に優れている。ただし，高輝度を表現しようとすると消費電力や発熱が大きくなるという問題がある。そのため，市販のディスプレイの多くは画面全体を高輝度にするような映像が入力されたときに自動的に輝度を下げる回路が組み込まれている。したがって，表示しようとする映像によっては意図通りの輝度で出力されない可能性があることに留意されたい。

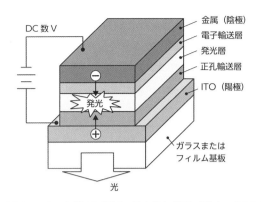

図 2-4-3 有機 EL 素子の基本的な構造（清水, 2014）
陽極から注入された正孔は, 正孔輸送層中の電子の詰まった軌道を移動し, また, 陰極より注入された電子は, 電子輸送層中の空の軌道を移動して, 発光層に到達する。そして, 発光層で正孔と電子が再結合し発光する。

2・4・3 プロジェクタ

　CRT を始めとして液晶, プラズマ, OLED などの装置は, これらから発せられた像が直接的に観察者の眼に映されるため, 直射型と呼ばれる。これに対して, 装置から発せられた光がスクリーン（投影用幕）上に像を結びこれを観察するような装置は投写型もしくは投射型と呼ばれる。プロジェクタ（projector）にはさまざまな方式が存在するが, いずれの場合も像の品質はスクリーンの設置方法やスクリーンの特性に大きく影響を受ける。

　装置とスクリーンの位置関係に関して像の投写には前面投写（front projection）と背面投写（rear projection もしくは back projection）という二つの異なる投影方法がある。前面投写はプロジェクタをスクリーンに対して観察者と同じ側に配置しスクリーンで反射する光を観察するのに対し, 背面投写はプロジェクタをスクリーンに対して観察者と反対側に配置し透過する光を観察する。一般的に, 前面投写のほうがより明るい像とより良好な空間解像度特性が得られる。一方, 前面投写でスクリーンまでの観察距離が短い場合には観察者の身体がスクリーン上に影となって映り込むことがあり, 小さなスクリーンでより広い視野角を得ることが困難になる場合がある。また, 環境光の影響を受けやすく, コントラストが低下しやすい。一方背面投写ではこのような問題が生じない代わりに, スクリーンの背後に大きな空間が必要となるため, 設置する部屋の大きさなどに制限が生じることになる。一方最近では, 数十 cm の距離から 100 インチ程度の大きさのスクリーンに投影可能な超短焦点プロジェクタや, 投影の光軸からずれた光の反射を抑制して環境光の影響を低減させたスクリーンや透過光の空間解像度特性の低下を抑えたスクリーンなどが入手できるようになってきたため, 上記の問題の一部を解決することも可能となりつつある。

　プロジェクタの映像をスクリーンに投写するとき, プロジェクタからスクリーンまでの距離は必ずしも自由に設定できるわけではなく, レンズの特性などによって制限される。レンズからスクリーンまでの距離（投写距離）をスクリーン上の画面の横幅で割った値をスロー比（スローレシオ：throw ratio）と呼ぶ。家庭用の製品ではスロー比は 0.5-2 程度の値を取ることが多い。超短焦点と呼ばれる製品のなかには 0.3 前後の値を取るものもある。反対に劇場で用いられるものはより大きな値を取ることが多い。

　プロジェクタにはいくつかの異なる方式が存在する。かつては CRT を用いたものも使われていた。CRT 方式は光源として CRT を使っているため, 輝度が低くなりがちである。これを解決するために, RGB ごとに別の CRT を備え, それらからの映像をスクリーン上で合成する三管式という方式が採られていた。そのため, 装置が大きく重いこと, 色ずれを避けるために投写距離に制限があるなどの特徴がある。また, CRT ディスプレイと同様に, スクリーンの中心部分と周辺部分で光量が大きく異なる例も多かった。

　現在主として流通している方式は, LED, レーザー, ランプなどを光源とし, これらからの光を空間光変調器（spatial light modulator：SLM）で変調してスクリーンに投映するものであり, LCD, LCoS (Liquid Crystal on Silicon, エルコス), DLP (Digital Light Processing) の三種が挙げられる。

2・4・3・1 LCD 方式

　LCD プロジェクタ（液晶プロジェクタ）は, 光源

からの光を液晶パネルに照射することによって変調し，これをスクリーンに投写するものである．階調の表現はFPDのLCDと同様の方法で実現される．

かつては，単一の液晶パネルによって構成される単板式も使われていたが，現在はRGBそれぞれ別の液晶パネルを用いる三板式（3LCDと呼ばれる）が主流である．単板式では，各画素に対してRGBのモザイク状カラーフィルタが配置されているため，入射光に対して透過される光が少なくなり，光の利用効率が低く輝度を上げにくいという特徴がある．三板式では，波長選択的に反射・透過するダイクロイックミラーと呼ばれる鏡を利用することで光源からの光をRGBの三つに分け，それぞれを液晶パネルに照射したのちにプリズムで合成してスクリーンに投写する（図2-4-4）．カラーフィルタを用いないため，単板式よりも光の利用効率が高く，高輝度を実現させやすい（古畑，2006）．

階調表現に液晶パネルを用いているため，黒レベルが十分でないことがあり，DLP方式よりもコントラスト比が低くなりがちである．またパネルに液晶駆動回路が組み込まれていることで開口率が低くなり，そのため他の方式に比べて同一出力の光源に対して輝度やコントラストが低下しやすい．

2・4・3・2　LCoS方式

LCDプロジェクタが透過型のSLMを用いるのに対し，LCoSとDLPは反射型のSLMを用いる．LCoS方式で用いられるLCoSデバイスは入射光を反射させるとともに光の位相情報を制御するものであり，文字通りシリコン基板の上に液晶層が積層された構造をしている．画素電極間の隙間を狭くすることが容易であるため光の利用効率が高いこと，画素電極の微細化が進んだことで画素が高密度化したことなどによって高い画質を実現することができている（網干，2014）．

かつては単板式の製品もみられたが，現在流通しているLCoSプロジェクタはほとんどが三板式である．高輝度高画質の特徴をいかしたホームシアター向けの高価格帯の製品が多くみられる．

2・4・3・3　DLP方式

DLPは，画素の一つずつが1枚の微小な鏡で構成されたDMD（digital micromirror device）という素子をSLMとして利用した方式である．DLPはテキサス・インスツルメンツ（Texas Instruments）社の商標である．すべての鏡は独立に二つの傾きのうちいずれかを取ることができる．これを利用して画素ごとに点灯か消灯の2値を取ることができる．階調の表現は点灯時間の制御によって実現されている．そのため，黒や暗部の表現に優れている．鏡の状態変化はきわめて高速に行われるため，液晶素子を利用した方式でみられるような残像は生じない．また，鏡同士の間隙が小さいため，投映された画素間の隙間が小さく，高い画質が得られる．

DLP方式でも他の方式と同様に単板式と三板式があるが，主流なのは単板式である．この場合，色の表現はカラーホイールを用いることで実現されている．カラーホイールは円盤状のカラーフィルタであり，中心部から伸びる放射状線分でR, G, Bの領域に分けられている．これを高速で回転させたところに光源からの光を透過させることで時系列的に色分離を行っている．つまり，階調と色の両者が時間制御によって実現されていることになる．そのため，速い動きのある映像を表示するときや視線の移動を行ったときに，レインボーノイズと呼ばれる元画像には存在しない色が見える現象が生じることがある．最近の製品では，カラーホイールの回転速度

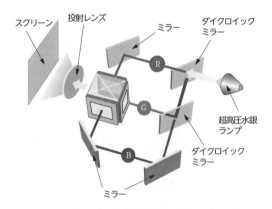

図2-4-4　3LCD方式の基本構成（古畑，2006）
ダイクロイックミラーによって分光されたRGBの各光がミラーによる反射を経てそれぞれの液晶パネルに照射されて空間パタンが形成される．それらがクロスプリズムで合成されたのちに投射レンズを経てスクリーンに投射される．

を上げたりフィルタの分割を細かくしたりすること
でこれを抑制している例がみられる。

2・4・3・4 光源

CRT 方式は CRT そのものが光源であるため，別
途光源を必要としないが，他の方式では光源からの
光を SLM で透過（LCD），反射（LCoS，DLP）す
ることで映像を生成している。光源には，高圧水銀
ランプやキセノンランプなどのランプ，LED，レー
ザーが用いられる。

ランプは低価格であり高出力が得られやすいが，
耐久性や消費電力の点で他の方式よりも劣ってい
る。また，電源投入してから出力が安定するまで時間
がかかるという欠点もある。一方，LED は消費電力
に優れ，小型化しやすく，色純度も高いが，出力が
小さいという難点がありあまり普及していない。近
年ではレーザーを用いた製品が増えている。長寿命，
高輝度，高色純度，低発熱，電源投入からの早い立
ち上がりなどの多くの長所をもつが，現時点ではラ
ンプに比べて価格が高いのが難であるといえる。

2・4・4 立体表示装置

人間の左右の眼は 6-7 cm 程度離れているため，
自然な状況では両眼の網膜像には少しずれが生じる
ことになる。このずれは両眼網膜像差と呼ばれ，そ
の大きさは対象までの距離によって異なるため，こ
れを手がかりとして奥行きを知覚することが可能
である。このような左右網膜像のずれを人工的に
生成して奥行き感のある画像や映像を観察させる
ための装置はステレオスコープ（立体鏡，実体鏡：
stereoscope）と呼ばれ，左右それぞれの眼で観察す
る画像の対はステレオグラム（stereogram）と呼ば
れる。

2 枚の画像の対を左右に並べて配置し，なんの装
置も用いずにそれぞれの眼でそれぞれの画像を観察
する事態を裸眼立体視，裸眼融像（free-fusing）と
呼ぶ。裸眼立体視には，左眼用の画像を左，右眼用
の画像を右に配置する非交差法（もしくは平行法）
と呼ばれる方式と，左眼用の画像を右，右眼用の画
像を左に配置する交差法と呼ばれる方式がある。い
ずれの方式であっても，輻輳角と調節の関係が自然

に画像を観察している状態と著しく異なっているた
め，多くの場合立体視が成立するためには訓練が必
要であり，立体視が成立しうる観察距離や画像の大
きさに制限があるなどの欠点がある。

立体表示装置を用いることで，このような制限が
ないもしくは緩和されたより自然な状態で立体視画
像を観察することが可能となる。

2・4・4・1 Wheatstone mirror stereoscope

最も初期のステレオスコープは Wheatstone
（1838）の発明した Wheatstone mirror stereoscope
である（図 2-4-5）。これは 2 枚の鏡を使ったもので，
自然な状況で対象を観察するのと変わらない輻輳角
で刺激を観察することができる点で優れており，当
初用いられていた絵画や写真の代わりにコンピュー
タディスプレイと組み合わせることで現在も研究場
面で用いられている。鏡の位置と方向を適切に設定
することで，調節と輻輳に矛盾のない状態で刺激を
観察することができる。

初期の Wheatstone mirror stereoscope は，2 枚の
鏡と二つの刺激呈示装置からなっていたが，これを
拡張し 2 組 4 枚の鏡を利用したものも多く用いられ
ている（図 2-4-6）。こうすることで装置全体の小型
化が可能になるのと同時に，前面に設置した一つの
表示装置の左右 2 か所の部分を観察することができ
るようになるため，左右の刺激の特性を合わせる調
整が容易になる，時間的同期が取りやすくなるなど
の利点が得られた。

2・4・4・2 アナグリフ

アナグリフ（anaglyph）は左右の眼に異なる色の
フィルタ（赤とシアンが典型的）を装着してステレ
オグラムを観察するものである。左右眼それぞれの
ための画像をそれぞれのフィルタに適した色で重畳
して描画し，これをフィルタごしに観察することで
立体視を実現する。従来はモノクロ画像のみに適用
可能だったが，フィルタの改良により制限はあるも
のの色付き画像の利用が可能となった。

非常に簡便で安価な機構で実現できるという利点
があるものの，常に色による両眼視野闘争が生じて
いることによる違和感や，色再現性の問題などの欠

第Ⅱ部　視覚

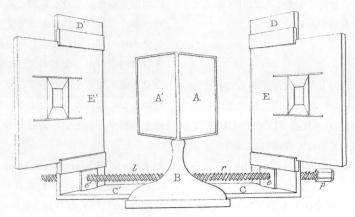

図 2-4-5　Wheatstone mirror stereoscope（Wheatstone, 1838）
　　　　A' と A の鏡で反射した E' と E の画像を左右の眼で観察する。

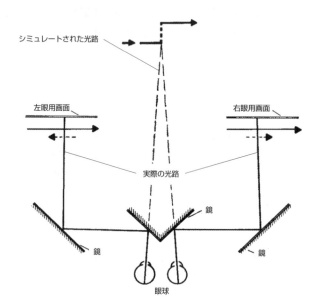

図 2-4-6　2 組 4 枚の鏡を用いたステレオスコープ（Ono, 1983）

点がある。

2・4・4・3　液晶シャッター方式

　液晶シャッター（liquid crystal shutter）方式は，アクティブシャッター（active shutter）方式もしくはフレームシーケンシャル（frame sequential）方式ともいう。液晶によって光の透過状態を調節可能なシャッターを備えたメガネ（ゴーグル）を利用する。シャッターは左右眼それぞれで分離している。ディスプレイやスクリーンに映像を表示する際，奇数番目のフレームは左眼用，偶数番目のフレームは右眼用というように，左右眼用の画像を交互に表示する。それと同期して左右のシャッターを交互に開閉することでそれぞれの眼に適切な画像を呈示して立体視を実現する。時分割的にステレオグラムを表示するため左右眼あたりのフレームレートは表示装置のもつ本来の時間解像度の半分になるが，そのぶん空間解像度を損なわずに利用することができる。一方時分割的表示のため左右眼での厳密な同期が必要な事態には利用できない。

　また，シャッターの時間的な応答性能などに依存するが，遮光が十分でないことで二重像（ghost）

が見えてしまうことがある。この効果をクロストーク（cross talk）と呼ぶ。クロストークの出現はメガネ側の性能だけでなく表示装置側の性能にも依存する。一部の液晶ディスプレイなど，時間特性の遅い表示装置を用いた場合にもクロストークは出現しやすくなる。

左右の眼のシャッターを交互に開閉するため，全体として半分の時間は遮光されることになり明るさが損なわれることになる。シャッターに用いられる偏光板によってはさらに減衰があるため，ディスプレイやスクリーンから発せられる光のうち眼に入射する光の量が1/4を下回ることもある。

2・4・4・4　偏光グラス方式

光は電磁波の一種であり，その進行方向に垂直な面内で振動する横波と考えられる。自然光は振動方向に偏りがない。一方特定の方向にのみ振動する光を偏光と呼び，偏光フィルタ（偏光板：polarizing filter）によって取り出すことができる。取り出される偏光はフィルタの特性によって異なり，振動が直線的で一つの面に特定される状態を直線偏光（linear polarization），振動方向が回転しながら円状に進む状態を円偏光（circular polarization）と呼ぶ。ある偏光フィルタを通過した偏光はそれと直交する偏光フィルタを通過することができない。たとえば垂直方向の直線偏光は水平方向の偏光フィルタを通過することができない。同様に右円偏光は左円偏光フィルタを通過することができない。この仕組みを用いて，左右眼それぞれに異なる偏光フィルタを用いることで立体映像を表示することができる。

偏光フィルタによる立体映像の表示方式は投写型（プロジェクタ）と直射型（ディスプレイ）で異なっている。いずれの場合も，観察者は左右眼それぞれに直交する偏光フィルタの対を備えたメガネ（＝偏光グラス）を装着する。偏光グラスはアクティブ方式のゴーグルと異なり特殊な機構や電源などを必要とせず，適切なフィルタさえ備えていればよいため比較的安価に入手することができる。

投写型の場合，左右眼それぞれ用の映像を表示する2台のプロジェクタを利用する方式と，1台のプロジェクタで偏光特性を継時的に変化させて時分割

で左右眼用映像を表示する方式がある。偏光フィルタとしては直線偏光と円偏光いずれを使用した方式も存在する。直線偏光の場合は，観察者が頭を傾けたときに光量低下やクロストークが起こりやすい。円偏光の場合，このような現象は生じない。

直射型の場合，画面最上部から1ラインずつ互い違いに左右眼用の偏光フィルタを貼り付けた方式が用いられる。したがって表示される立体映像はもとの映像と比べて垂直方向の空間解像度が半分になる。直射型パネルの表示方式にも依存するが，画面中央から垂直方向に離れるほど見込む角度が画面に対して垂直ではなくなるためパネル上の画素と対応するフィルタの間のずれが発生し，クロストークが生じやすくなる。この傾向は観察距離が短いときに顕著となる。偏光グラスで立体表示が可能なディスプレイは偏光グラスを装着していないときは通常のディスプレイとしても利用することが可能である（大田原，2011）。

2・4・4・5　裸眼立体ディスプレイ

アナグリフ，アクティブシャッター，偏光グラスを使った方式は専用のメガネを必要とするが，そのようなメガネを用いることなく立体映像を観察することが可能な装置を裸眼立体ディスプレイと呼ぶ。裸眼立体ディスプレイにはいくつかの方式が存在する。代表的なのはレンティキュラーレンズ（lenticular lens）を用いた方式と視差バリア（parallax barrier）を用いた方式である（図2-4-7）。

レンティキュラーレンズは垂直方向に長い蒲鉾型であり，これを水平方向に並べたシートをフラットパネルの前面に貼り付けることで構成される。レンズの中心軸から画素までの水平距離で画素から発せられる光線がレンズ通過後に進む水平方向が決まる。したがって，一つのレンティキュラーレンズの背後に左眼用画素と右眼用画素を並べて配置することでそれぞれからの光線が異なる方向に進むため，その位置に顔を合わせて観察することで立体映像を観察することが可能となる。視差バリアはレンズの代わりにスリットを用いたものである。パネルからスリットまでの距離によって画素から進む光線の方向が決まるので，これを適切に調節して配置するこ

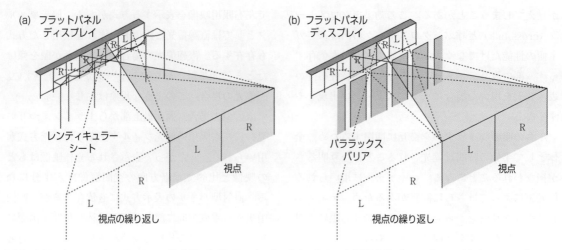

図 2-4-7　レンティキュラーレンズと視差（パララックス）バリアを用いた裸眼立体ディスプレイ（高木, 2011）
(a) レンティキュラーレンズを用いる方法, (b) パララックスバリアを用いる方法。フラットパネルディスプレイの前にシート状の構造を設置することで左右眼に異なる像を観察させることができる。

とで立体映像が表示可能になる。いずれの方式も，顔を適切な位置に置かないと左右眼用画像が反対の眼に入力されることがある。また，画素を互い違いに配置することになるので，水平空間解像度が1/2になる。視差バリアはマスクで遮光するため光の利用効率が低い。レンティキュラーレンズはレンズを用いるため光の利用効率は高いが，樹脂で作製されることが多いため，湿度や温度などの環境変化による形状変化が問題になることがある（高木, 2011）。

ここまでに紹介したすべての表示方式は左右眼用の2枚の画像を用意しそれを適切に左右眼に表示しようと構成されたものであり2眼式と呼ばれる。これを拡張し，三つ以上の視点からの映像を観察可能にしたものは多眼式と呼ばれる。多眼化はレンティキュラーレンズと視差バリアのいずれでも実現可能である。多眼式立体表示では，視点位置に応じて見える画像が変化するので，観察者の頭部運動によって運動視差を実現することが可能である。視点数をより多くすることも可能だが，フラットパネルディスプレイの画素数が一定だとすると多眼化を進めるほどレンズ数（もしくはスリット数）が減少し，画像の空間解像度が低下することになる。

レンティキュラーレンズに代わって小さなレンズを垂直・水平方向に敷き詰めたレンズアレイを用いると，水平方向だけでなく垂直方向にも複数の視点を実現することができる。この方式をインテグラルイメージング（integral imaging）と呼ぶ。インテグラルイメージングにおいて，レンズアレイを構成する微小レンズを要素レンズと呼びフラットパネルディスプレイにおいて一つの要素レンズの背後に表示される画素群を要素画像と呼ぶ。要素画像が高解像度であるほど，多数の視点を実現することができるが，全体の画素数が一定であるならばその分要素レンズ数が少なくなるため最終的な立体画像の空間解像度が低下することになる。このように，インテグラルイメージングでは一つの要素レンズが立体画像の一つの画素に対応する。インテグラルイメージングでは，レンズや画素の仕様によって定められた視域の範囲内ならば上下左右前後に視点を移動することができ，そこでの光線を観察することができる（三科, 2014）。これは空間に光学像を再生したことによるものであり，このような3次元映像表示方式を空間像再生方式と呼ぶ。空間像再生には光線再生型，体積表示型，波面再生型などの方式がある。インテグラルイメージングは光線再生型の一つである。光線情報を取得し情報処理して空間に光線を再生する技術全般は「ライトフィールド技術」と呼ばれ，これを利用したディスプレイはライトフィールドディスプレイと呼ばれている（河北, 2020）。

2・4・5　頭部搭載型ディスプレイ

頭部搭載型ディスプレイ（head-mounted display：

HMD）は頭部に装着する表示装置である。実用化当初のHMDは単にディスプレイを頭部に装着しただけのものであったが，近年のHMDの多くはジャイロ等を備えており装置の向き（仰角，方位角，傾斜角）を検出し，接続されたコンピュータにこの値を伝えることで，向きに応じた画像を表示することができる。これによって観察者は仮想的に自己の周囲の全方位を見回すことができるようになる。このとき，3自由度（3 degrees of freedom：3DoF）が実現されているといえる。さらに，観察者の周囲の3次元空間でのHMDの位置を取得する仕組みを備えたものも多く見られる。この情報もコンピュータに送ることで，観察者の頭部の位置と方向に応じて仮想的3次元空間内の任意の位置と方向の画像を表示することが可能となる。この場合，6自由度（6DoF）が実現されているといえる。HMDの位置取得には二つの異なる方式がある。一つはアウトサイドインと呼ばれる方式で，外部に設置されたカメラやセンサーでHMDの状態を取得しこれをコンピュータに送ることで位置を算出するものである。もう一つはインサイドアウトと呼ばれる方式であり，HMD本体に備えたカメラやセンサーによって外部の情報を取得し，そこから自身の位置を算出するものである。

　表示パネルの視野角や解像度，フレームレートは製品によって異なる。視野角は水平90°前後，解像度は単眼あたり2000画素四方程度，フレームレートは90 fps程度のものが多く見られる。

　HMDは一般的に児童・幼児の使用は推奨されないことが多い（ロケーションベースVR協会，2017）。若年者は立体視の発達過程にあり輻輳と調節の関係が自然視と異なる状態になることの悪影響を否定できないこと，成人に比べて瞳孔間距離が短く成人よりも両眼視差が強調される状態になることなどが理由とされる（不二門，2011）。

2・4・6　OETF, EOTF とガンマ

　カメラに入力された光の強度とそれに対応する映像信号の関係を定めたのがOETF（opto-electronic transfer function）であり，映像信号の強度とディスプレイでの輝度の関係を定めたのがEOTF（electro-optical transfer function）である。この二つを適切に対応させることで，入力された光強度と画面上の輝度の関係を望ましい状態にすることができる。EOTFは通常0-1の値をとる入力信号に対してべき関数の形をとり，$L = V^\gamma$と表現される。これはCRTの入力電圧と輝度の関係がべき関数で近似できたことに由来し，γ（ガンマ）は標準解像度テレビ（standard definition television：SDTV）では2.2，高精細度テレビ（high definition television：HDTV）では，2.4の値が標準とされている。視覚心理学的実験においては，ソフトウェア上で0.5の信号強度が必ずしも画面上では黒(0)と白(1)の中間値を取らないことに注意をする必要がある。このような事態を含め，映像信号と輝度が適切な関係になるようガンマの値を勘案して信号強度を調節することをガンマ補正（gamma correction）と呼ぶ。

（原澤　賢充）

2・5　各種開発プラットフォーム

2・5・1　概説

2・5・1・1　はじめに：視覚実験のための開発環境の動向

　近年では，視覚実験の多くはコンピュータを利用することが一般的で，実験遂行には何らかのプログラミングが必要となる。プログラミングには使用する言語に応じた開発ツールが利用され，視覚実験を目的としたものも複数提供されている。これらのツールは，汎用的なプログラミング開発環境やソフトウェアの上でツールキット，ライブラリとして提供されていることが多い。

2・5・1・2　視覚実験プログラミングの大まかな流れ

　視覚実験の実施にあたり，プログラミングの中心となるのは，①刺激作成，②刺激呈示を含む実験フローの実装，③データ取得の三つである。一般的な個人用コンピュータ（personal computer：PC）では，これらに加えて，オペレーティングシステム（operating system：OS）上で実験環境を整えるためのソフトウェア上での基本的な準備（たとえば描画

第Ⅱ部　視覚

のためのウインドウを開く，他のプログラムからの干渉を最低限にするようなモード変更を行うなど）が先立って必要となる。これらの実装は，実験計画によっては複雑なプログラミングが必要である。視覚実験用のツールでは，これらを簡単に実現するための補助命令が提供されていることもある。

1）刺激の作成と呈示のためのプログラミング

視覚実験のための刺激の作成と呈示では，少なくとも時間，空間，色の三つの精度をあらかじめ計画されたレベルで確保する必要がある。それぞれ一般的に想定されるレベルは，時間精度については，表示画面のリフレッシュレート（refresh rate）に従った間隔（60 Hzであれば16.7 ms）で表示内容の切替が起こり，切替タイミングの検証において測定された切替タイミングと理論的なタイミングの間にミリ秒オーダのずれが観測されないこと，空間精度については，画面上の画素（pixel）で表示位置を制御できること，色精度については，R, G, Bのそれぞれの色チャンネルについて，最低8ビットの階調で指示通りの光の強度で表示ができることである。

2）データ取得について

実験では，測定する変数に応じて必要な精度が要求される。たとえば，反応時間を計測する際には入力インタフェースの時間精度（反応取得の潜時，誤差）がミリ秒オーダで必要とされる。一般用PCのみでこのような精度を確保することは難しく，専用の反応ボックスとそれに対応する命令セットを併用して精度を確保することが一般的である。

2・5・1・3　実験プログラムにおける精度保証

プログラム中で指定した色や時間の値がディスプレイに呈示される刺激にそのまま反映されるとは限らない。そのため，プログラムの指定値通りに刺激が呈示されるよう，あらかじめ呈示システムを較正し，実験に必要な精度を確保する必要がある。

1）基本的な計算精度の確保

コンピュータは有限の精度（桁数）の数値しか処理できない。数値計算では通常64ビット浮動小数点型が用いられるため精度が問題になることはほとんどないが，画像処理において問題が起きる場合もある。たとえば，画像は通常8ビット整数型で扱われるた

め，画像に複数回フィルタをかけると精度が不足する（桁落ちする）場合がある（図2-5-1）。そのような場合は，あらかじめ複数回のフィルタ処理を一つにまとめる，画像を浮動小数点の配列に変換するなど，桁落ちを回避するアルゴリズムに変更する必要がある。

2）色精度の確保

色精度について重要なポイントは，輝度，色調の違いを精密に実現するための階調の確保と，プログラム中での指定値とディスプレイ上での描画色を適切に制御するための両者間での線形性の確保である。

色階調について，近年用いられている一般用PCでは特に複雑な設定をすることなくR, G, Bの各チャンネルで8ビット（256段階）の階調が利用できることがほとんどである。ただし，コントラスト感度測定などの厳密さが要求される実験で，10ビット以上の色階調が必要となる場合，専用ハードウェアを用いて拡張する手法やディザリング等のソフトウェア的な方法（Allard & Faubert, 2008；Ulichney, 1987, 1988）などが用いられる。

通常のコンピュータ用表示機器では，輝度を制御するための信号と画面上の輝度は正比例の関係にない。たとえば，CRTディスプレイでは電圧と輝度は式(1)のような関係にある。

$$L = V^{\gamma} \tag{1}$$

ここでLは画面上の輝度（ただし$V=0$のとき$L=0$と仮定し，$V=1$のとき$L=1$であるような単位とする），Vは制御装置の電圧，γは機器ごとの定数である。プログラムで指定する値に，この関数の逆関数を適用することで，プログラム値と輝度値が正比例するように較正できる（Ban & Yamamoto, 2013；Brainard et al., 2002）。このような較正はガンマ補正（gamma correction）と呼ばれる（図2-5-2）。ただし，これらの較正方法はCRTをもとにしており，液晶ディスプレイの較正を行う際には個別に特性を確認する必要がある（Sharma, 2002；須長，2012）。

3）時間精度の確保

時間精度については，画面の更新が適切な時間間隔とタイミングで行われることがポイントとなる。コンピュータでの視覚刺激呈示では，コマ（フレーム：frame）と呼ばれる静止画を一定時間ごとに更新しながら呈示する。コマの更新タイミングは，垂直

第 2 章　視覚刺激とその呈示法・測定法

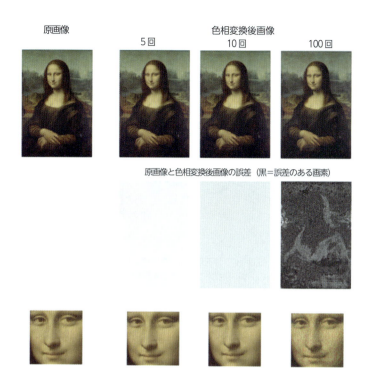

図 2-5-1　同一の色相変換を所定の回数繰り返して色相を 360°回転させた場合の誤差の発生の様子
RGB 各 8 ビット深度の画像に対して色相変換を繰り返した。変換の回数に応じて誤差が増加している。色相変換は HSV 色空間中で行った。

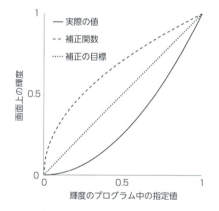

図 2-5-2　一般用 PC におけるガンマ補正方式による線形性補正の例
プログラム中の指定輝度と画面上の輝度が正比例しない場合，そのプログラム中の指定値に補正関数を適用することで正比例の関係に較正できる。

同期（vertical synchronizing signal：V-sync）と呼ばれる信号が周期的に発行されることで制御されている。垂直同期信号と同期した描画を実現するには，ビデオカードのドライバに付随するディスプレイ環境の設定プログラムやOSのディスプレイ設定の項目で垂直同期に合わせた描画を強制的に適用するように設定する。また，ビデオカード中には現在表示されるコマのデータが格納されたフレームバッファ（frame buffer）と呼ばれる領域がある。現在では，このフレームバッファを画面二つ分用意し，一つを現在のコマの表示に，残りを次のコマの準備に割り当て，垂直同期に合わせて送信元のデータ領域を切り替えるダブルバッファリング（double buffering）の手法を用いて，垂直同期に合わせた描画を実現することが一般的である（図2-5-3）。これらの手法を通して，画面の定期的な更新とそれに同期した描画内容の更新が可能になる。

4）空間精度の確保

精密な視覚刺激の呈示ではデータ上の 1 画素が表示装置上の 1 画素に厳密に対応している必要がある。汎用のプログラミングツールを用いて実験プログラムを開発する場合では，ビデオカードによる画像変換でモアレやエイリアシングが発生しないよう，プログラム内での実行環境のセットアップの段階で，適切な設定をする必要がある。視覚実験のた

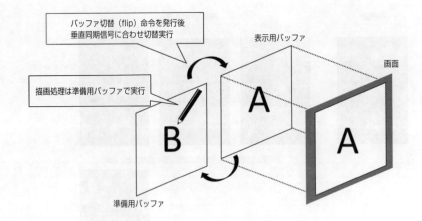

図 2-5-3　ダブルバッファリングの模式図
内部に表示用と準備用の二つのフレームバッファを用意し，準備用フレームバッファに描画処理を行う。準備が済んだらバッファ切替（flip）命令を発行し，垂直同期に合わせて表示用バッファと準備用バッファを入れ替える。

めのツールキットを用いた場合，これらは自動的に行われることが多く，ユーザは特に意識することなくプログラム上での画素値の指定に沿った描画が可能である。ただし，きわめて精密な空間精度のコントロールが必要な刺激描画において，1 画素以下の位置移動が必要とされる場合には特別な計算法を使用する必要がある。たとえば，画面解像度よりも細かい仮想画素を対象として描画を行った後に，画面の画素に合わせ仮想画素を平均化するサブピクセル法は描画する図形を問わず適用できる。

2・5・2　具体的な開発環境について

2・5・2・1　概況

現代の PC で画面に刺激を呈示するには，ほとんどの場合，OpenGL 等の 3 次元コンピュータグラフィックス（3DCG）用ライブラリを通じてビデオカードを操作する。しかし，これらのライブラリは画素単位で時間・空間・色の制御を直接行う命令を備えていない。視覚実験を行うには，3DCG 用の低次命令群を通じて画素単位の制御を可能にする必要がある。また，視覚実験での厳密な制御のため，OS や専用機器の制御に使用する低次の命令群を用いることが求められる場合もある。これらの問題は，主に以下のようなアーキテクチャで解決できる（図 2-5-4）。

(1) 汎用の 3DCG 用機器を使用せず視覚実験専用装置を用いる。
(2) C 言語等を使用し，低次制御命令を直接呼び出す。
(3) C 言語等を使用し，低次制御命令と補助ライブラリを併用する。
(4) 低次制御ルーチンとそれを呼び出す Python 等高次の環境をセットにしたツールセットを用いる。
(5) 低次制御ルーチンを組むのが困難な環境では，高次言語で可能な限り精度の確保を行う。

2・5・2・2　MATLAB/GNU Octave 環境

MATLAB は MathWorks 社によって開発された数値計算用ソフトウェアである。スクリプト型の独自言語によって，行列計算やデータの可視化を行えるほか，Toolbox と呼ばれる追加ツール群を利用して，機械学習，信号処理，機械制御等の多様な機能を実行できる。MATLAB は比較的高価であるが，その言語と互換性をもつソフトウェア GNU Octave（https://octave.org/）がフリーで提供されている。

視覚科学向けのツールキットとしては PsychToolbox（http://psychtoolbox.org/，以下 PTB）が提供されている。PTB は数度改訂されており，2023 年現在のメジャーバージョンは 2007 年に公開された 3 である（Kleiner et al., 2007）。輝度精度は標準でガンマ補正による線形化較正をサポートしており，Cambridge Research Systems（CRS）社や VPixx

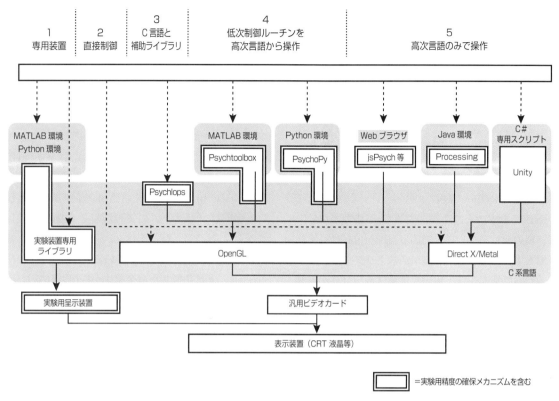

図 2-5-4 代表的なライブラリとそのアーキテクチャの分類

表 2-5-1 各ライブラリ・ツール類の言語環境，対応 OS とアーキテクチャの分類

	専用機器	Psychlops C++	Psychtoolbox 3	PsychoPy	jsPsych	Processing	Unity
言語環境	機器による	C++	MATLAB Octave	Python	JavaScript	Java VM JavaScript	C# 専用スクリプト
OS	機器による	Windows	Windows macOS Linux（推奨）	Windows macOS Linux	Windows macOS Linux iOS Android	Windows macOS Linux iOS Android	Windows macOS Linux iOS Android
その他の要件	機器による	OpenGL 2.0 以降 VRAM 16MB 以上	OpenGL 2.1 以降 VRAM 16MB 以上	OpenGL 2.0 以降 VRAM 16MB 以上	WebGL 対応の 最新のブラウザ	RAM 128MB	DirectX 10 以降
アーキテクチャ	1	3	4	4	5	5	5
備考	ViSaGe VIEWPixx 等					精度無保証	精度無保証
コスト	十〜数百万円	フリー	MATLAB 約 30 万円 Octave フリー	フリー	フリー	フリー	フリー〜 月 125 ドル
出典		細川他 (2009)	Kleiner et al. (2007)	Peirce (2007)	de Leeuw (2015)	Reas & Fry (2007)	

第Ⅱ部　視覚

社製ハードウェアのサポート関数を備えている。PTB3は多くのユーザが存在し，デモプログラムの入手等を通じた学習は比較的容易である。配布元でも一通りのデモプログラムが公開されている。また，公式のユーザフォーラムでも活発な意見交換や質問が行われている。日本語でもいくつかのローカルなユーザフォーラムや入門サイトが存在し，入門者に向けた書籍も出版されている（実吉・前原，2015）。

2・5・2・3　Python 環境

Python はスクリプト型の言語で，さまざまな分野で一定のシェアを獲得している。Psython は科学分野でもよく利用されているが，スクリプト型言語の制約から特別な手法を用いなければ数値計算が遅くなるため，高速化を支援するツールやパッケージを同梱した Anaconda 等の配布物（ディストリビューション）が広く使われている。

PsychoPy（Peirce, 2007, 2009）は Python 上で動作する心理実験用ツールキットである。PsychoPy が導入済みの Python 環境をパッケージ化したインストーラが提供されており，パッケージソフトに近い感覚で導入できる。時間精度は，インストール直後の起動時に自動的に精度確認プログラムが動作し，それぞれのユーザ環境で OS のサポートするリフレッシュレートでの正確な描画の可否が通知される。輝度精度は標準でガンマ補正による線形化較正をサポートしており，また CRS 社 Bits# 用のサポート関数を備える。PsychoPy は GUI による実験設計システムを備え，必要ならば設計した実験プロジェクトを Python 言語として記述されたプログラムとして閲覧・修正できる混合型のツールとなっている。GPU 描画のための PsychoPy の命令セットや，同梱の NumPy（Walt et al., 2011）等専用ライブラリを活用すれば，刺激描画や計算の高速化が可能である。

Python は教育用言語として普及しており，科学技術計算用の NumPy や SciPy といったライブラリも充実している。このため，日英問わず豊富な学習資料にあたることができる。PsychoPy 向けの学習資料も多く，日本語による解説もある（十河，2016）。

2・5・2・4　その他のカスタム環境

1）汎用言語と汎用描画ライブラリを用いた環境

C 言語でドライバが提供されている機器やライブラリを用いて視覚実験プログラムを開発するには，Visual Studio や Xcode 等汎用の開発環境で OpenGL や DirectX 等の汎用描画ライブラリを呼び出す必要がある。その際に精度を確保するための視覚刺激呈示支援ライブラリも存在する。OpenGL の補助ツールとして，Psychlops（細川他，2009）がある。Psychlops は C++ 言語用ライブラリで，視覚実験向けプログラムの実行環境を自動的に確保する命令セット，たとえば 2 次元描画やガンマ補正の適用などの機能を備えている。また，PTB や Processing に類似した命令記法が採用されており，C 言語を使ったプログラミングの難しさが緩和されている。Windows 向けにパッケージが配布されているほか，コードに互換性のある JavaScript 言語をベースにしたブラウザ用実験ツール（Psychlops JS）（https://psychlopsdev.github.io/PsychlopsJS/）も用意されている。

2）アート・ゲーム向けライブラリ

視覚刺激呈示にはゲームやアート向けのツールが用いられることもある。ゲーム開発環境の Unity（https://unity3d.com/）は汎用性が高く，PC やスマートフォン，ブラウザ等多くの環境で動作し，バーチャルリアリティ機器等の特殊機器を使うための補助機能もある。Processing（Reas & Fry, 2007）は Java 言語をベースとして平面上の図形や画像の表示に特化した言語であり，開発環境導入やプログラム学習の敷居が低い。これらの開発環境は精度等の点で視覚実験に用いるには工夫が必要になるが，視覚刺激の呈示に用いることもできる（津田，2012）。

3）プログラミング不要な GUI を備えた実験環境

実験設計を文字によるプログラム入力ではなくダイアグラム等の視覚的入力方法（以下 GUI）によって行うツールキットもある。無償で利用できる例として，PsychoPy は Python ベースだが GUI による刺激設計機能も備えている。また，これらのツールキットと連携した商用サーバの Pavlovia（Peirce et al., 2019；https://pavlovia.org/）がある。商用ツールキットでは E-Prime, Presentation,

SuperLab，Psykinematix，またオンライン向けの Gorilla（Anwyl-Irvine et al., 2020；https://gorilla. sc/），lab.js（https://labjs.felixhenninger.com/）と いったものがある。

2・5・3　近年よく使われる刺激作成・呈示技術

　近年，実世界を模したリアリスティックなコン ピュータグラフィックス（CG）や高精細な画像を 実験刺激として用いることが増えている。リアリス ティックな刺激の作成・利用においては，カメラや ビデオで撮影したものをコンピュータに取り込んで 利用する方法がある。近年では画像データベース等 を利用し，実画像をコンピュータにより解析・加工 することも行われる。さらに，CG の作成技法の発 展により，実画像を用いず，物理シミュレーション 等によって作成することも可能となりつつある。

2・5・3・1　画像データベースの利用

　刺激として実画像を用いる際には，研究者自らが それを用意する方法のほか，公開されているデータ セットを用いることもできる。特に機械学習研究の ために多数の画像セットが公開されており（中山, 2017），多くの場合研究目的であれば自由に使用で きる。自然画像を収集したデータセットとしては Stanford ImageNet や Microsoft COCO が代表的で あり，それぞれ数万以上の画像に被写体についての 情報が付属している。顔画像は肖像権の問題が生じ うるため，加工や合成処理が施されたデータベース も用いられている（Ma et al., 2015）。日本人の顔画 像については，JAFEE データベース（Lyons et al., 1998）や ATR 顔表情データベース（https://www. atr-p.com/products/face-db.html）がある。

2・5・3・2　画像の解析と操作

　画像の解析と操作のための方法は工学分野では多 数発表されており，研究者らによってさまざまなラ イブラリが公表されている。また，これらのうちで代 表的な解析・操作法を総合的に集約したライブラリ （OpenCV 等）も提供されている（https://opencv. org）。OpenCV は C++ 用ライブラリであるが， Python でも中継ライブラリ opencv-python を通じ

て利用できる。MATLAB 言語の場合は Computer Vision System Toolbox（以下 CVST）に同様の機能 が含まれている（https://jp.mathworks.com/help/ vision/）。以下では，静止画・動画の解析によく用 いられるアルゴリズムの例を紹介する。

1）基礎的な画像特徴量の計算とフィルタ処理

　輝度ヒストグラムなど基礎的な画像特徴量の計 算，アフィン変換など基礎的なフィルタ処理は多 くの実装が公開されており，OpenCV や MATLAB にも含まれている。スケール変化や回転に頑健な画 像間対応点検出手法である SIFT（scale invariant feature transform）特徴量（Lowe, 2004）や SURF （speeded up robust features）特徴量（Bay et al., 2006），高速フーリエ変換（fast Fourier transform： FFT）による時空間周波数の解析やフィルタ処理 も OpenCV，MATLAB 双方に備わっている。FFT は C 言語では FFTW（Frigo & Johnson, 1998）， Python では NumPy や SciPy 中のモジュールを用 いることもできる。そのほか Portilla & Simoncelli （2000）がテクスチャ合成のために開発した二次以 上の画像統計量など，さまざまな統計量の解析プロ グラムがそれぞれの研究者によって公開されてお り，C 言語や MATLAB を用いて画像の解析・操作 ができる。

2）顔の検出，加工

　顔等の特定の特徴をもつ物体が画像中に存在す るか否かを判定するには，カスケード型分類器 （cascade classifier）が一般的に用いられる。このよ うなアルゴリズムは，OpenCV や MATLAB CVST に含まれており，顔を抽出するためのパラメータも 標準で含まれている。また，顔の検出器とモデルを あらかじめ用意し利用できるようにしたライブラリ が複数作成されており，C++，Python，JavaScript 言語で使用できるものが「FaceTracker」等の名前 で公開されている（図 2-5-5）。

3）オプティカルフロー抽出

　動画中に含まれる運動信号の空間分布（オプティ カルフロー）は，動画刺激の解析と作成にしばしば 用いられる。オプティカルフローの解析法は，Lucas- Kanade 法（Lucas & Kanade, 1981）など所与の注 目部位や特徴部位のパターンを追跡する疎なものと

第II部　視覚

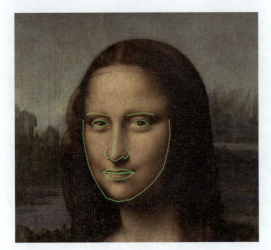

図2-5-5　モデルベースの顔検出の実行例（Saragih et al., 2011）

図2-5-6　Lucas-Kanade法によるオプティカルフロー検出（OpenCV.js を利用　https://docs.opencv.org/3.4/db/d7f/tutorial_js_lucas_kanade.html）

（図2-5-6），Horn-Schunck法（Horn & Schunck, 1981）やFarnebäck（2003）の方法など全画素でベクトルを推定する密なものに大別される。OpenCV, MATLAB CVSTの双方に，疎なものと密なものの両方の機能が含まれている。

4）モーションキャプチャ

　人体等の動きを記録するモーションキャプチャは，通常，高価な専用の装置や産業用ソフトウェアを利用して実施する。ファイルフォーマットも装置に合わせ20種類近く存在する。これらをノウハウなく利用することは難しいが，キャプチャ済みのモーションデータが公開されており，それらのキャプチャデータが利用できる場合，自身でのキャプチャ

は不要となる。また，それらのデータをMATLAB言語上に読み込み視覚刺激呈示ツールキットに表示させるためのライブラリも存在する（van Boxtel & Lu, 2013）。

2・5・3・3　モデルからの刺激生成

　実画像を加工，利用するのではなく，3次元の仮想空間や物理法則のモデル等を用いて刺激を生成することも行われている。それらの画像生成は，3次元物体や光源，カメラを配置するモデル作成・シーン設定の工程と，与えられたモデル・シーンからカメラに映るべき像を計算するレンダリングの工程に大まかに分けられる。

1）3次元モデルからの刺激画像生成

　一般に，静止画や短時間の動画を商用・フリーを含め数多く存在する既成の3次元CG製作ソフトウェアを用いて製作し，刺激として利用することも可能である。厳格なシミュレーションに基づく精緻な刺激を必要としない場合には，これらのソフトウェアで作業を完結することもできる。また，顔画像は，肖像権の問題のため，FaceGen（https://facegen.com/）等のソフトウェアを用いて3次元モデルから合成することもある。

　精緻な視覚刺激用の3次元CGでは，光線の追跡（レイトレーシング：ray tracing）や反射，散乱を近似したモデルを利用した「物理に基づくレンダリング（physically based rendering）」が用いられることも多い（Pharr et al., 2016）。このレンダリングを行うソフトウェアコンポーネント（レンダラ）も多数存在しており，これらを3次元CG製作システムに組み込んで使用する。

2）物体の動きの物理シミュレーション

　3次元CG用の3次元モデルの動きを物理法則に従って生成した動画が刺激として呈示されることがある（Battaglia et al., 2013 など）。このシミュレーションにはニュートン力学など基礎的な物理法則に従って物体の運動を記述する物理エンジンと呼ばれるライブラリを利用することが多い。認知科学の分野ではOpen Dynamics Engine（Smith, 2005）を使用した研究がある。

第2章　視覚刺激とその呈示法・測定法

2・5・3・4　刺激呈示

1）GPU の利用

　高精度の CG 描画は多量の計算時間を必要とする。このため，画像専用のプロセッサユニット（graphics processing unit：GPU）を利用した高速化が盛んである。GPU は簡易的な3次元 CG の描画用プロセッサとして出発したが，近年は GPU をより汎用的に使うようになっている。たとえば2次元的な刺激も各画素の色の計算を GPU に行わせるシェーダプログラミング（shader programming）を用いて高速描画することができる。PsychoPy や Psychlops は OpenGL に付属するシェーダを用いて高速描画する機能を備える。

　ただし，GPU は高速化のために精度を犠牲にしている場合があるほか，ノイズ生成等 GPU 演算に向かないアルゴリズムもある。これらの困難を回避するためには，検証済みのライブラリを用いるほか，自力でプログラムする場合には中央処理装置（central processing unit：CPU）で生成した画像と GPU で生成した画像の差分を自作プログラムで計算するなどの方法で精度を確認する必要がある。

2）インターネット環境での刺激呈示

　近年は，クラウドソーシング等，参加者をインターネット上で募集し，参加者が自宅で実験を行う例も増えている。インターネット実験では多くの場合ブラウザ上で動作する JavaScript を用いる。JavaScript は本来文字中心の文書を扱うための言語であり，質問紙法に類する実験や文字刺激のみを使う実験を中心に行われているが，PsychoPy（PsychoJS；https://www.psychopy.org/online/psychojsCode.html）や jsPsych（de Leeuw, 2015；https://www.jspsych.org/），Psychlops JS など視覚刺激を生成するのに適したライブラリも存在する。また，独自プログラムでインターネット実験を行うには Web サーバが必要であり，その管理に手間がかかるため，Pavlovia, Gorilla などのサービスでは，実験ライブラリと Web サーバをセットで提供している。ただし，これらのサービスは有料である場合が多い。また海外の業者などでは，日本と異なるポリシーのプライバシー保護法が適用されている場合もあるので，その利用には注意が必要である。簡単

な質問紙実験であれば，クラウドソーシング業者の提供する質問紙作成ツールも利用可能である。

2・5・3・5　機械学習を基盤とする実験刺激・環境の構築

　近年，いわゆる深層学習を基盤とする機械学習モデルによって画像や音声を生成するシステムの開発が盛んであり，実用レベルに達していると評価されるものも増えている。

　画像の生成では，学習元の画像につけられた言語タグのモデルと組み合わせてテキストベースの入力によって画像を生成するモデル（Rombach et al., 2022）が急速に発展した。このモデルを利用して，学習済みモデルに任意のテキストを入力して画像を生成するツールがある。代表的なものとして，Midjourney（https://midjourney.com/）や DALL・E 2（https://openai.com/dall-e-2/）が挙げられる。これらのツールは，無償で基本的な機能が提供されることもあるが，特に高速な画像生成など高度な機能を利用する場合には有償であることが多い。また，論文で提案されている基本アルゴリズムを実装した学習プログラムを Github 等から入手・改変して，自身で用意した画像群を学習に用いた画像生成もできる。

　また，音声でも，WaveNet（Oord et al., 2016）などの，機械学習を応用して任意のテキストに対応する音声データを生成する技術が盛んに提案されており，音声の自然さを保ったまま，話者性を変更したり，音声から受ける話者の感情を付与・変化させたりすることが可能になりつつある。また，それらの音声合成技術を利用したソフトウェアが多く市販されている。

　プログラミング分野においても，機械学習を基盤としたコード補完・記述支援システムが増えている。プログラミング特化のものとして GitHub Copilot や，言語モデルによるより一般化した対話 AI である ChatGPT もコード生成機能をもつ。これらの仕組みは将来的にプログラミング初心者の手助けとなると予想されるが，現在のところ信頼性には限界があるとされている（Dakhel et al., 2022）。

　これらのツールは，学習に利用したデータときわ

335

第 II 部　視覚

めて類似したデータを生成する可能性があり，生成物の利用には知的財産管理の側面等で取り扱いに一応の注意が必要である。特に，実験刺激などをオンラインで不特定多数に公開する場合には著作権への十分な配慮が必要である。

（細川 研知・丸谷 和史）

文献

(2・1)

CIE. (2004). *Colorimetry* (3rd ed.). Publication CIE.

Hentschel, H. J. (1993). *Licht und Beleuchtung: Theorie und Praxis der Lichttechnik*. VDE VERLAG; 4., neubearb. Aufl. Edition.
　　（森 礼於（訳）（1995）．光と照明：光工学の理論と実際　日本理工出版会）

HOYA　(2017)．カラーフィルタガラスの種類　HOYA

日本工業規格　(1991)．JIS Z 8716 表面色の比較に用いる常用光源蛍光ランプ D65：形式及び性能

日本工業規格　(2009)．JIS Z 8722 色の測定方法：反射及び透過物体色

日本工業規格　(2012)．JIS Z 8720 測色用の標準イルミナント（標準の光）及び標準光源

(2・2)

小松原 仁　(2013)．色彩の基礎と測色の活用　日本電色工業

日本工業規格　(1997)．JIS Z 8724 色の測定方法：光源色

日本工業規格　(2009)．JIS Z 8722 色の測定方法：反射及び透過物体色

(2・3)

Pelli, D. G., & Bex, P. (2013). Measuring contrast sensitivity. *Vision Research, 90*, 10-14. [doi: 10.1016/j.visres.2013.04.015]

(2・4)

網干 和敬　(2014)．LCOS 技術のプロジェクタ応用　映像情報メディア学会誌, *68*(7), 512-517. [doi: 10.3169/itej.68.512]

不二門 尚　(2011)．3D 映像の生体影響　視覚の科学, *32*(2), 19-22. [doi: 10.11432/jpnjvissci.32.19]

古畑 睦弥　(2006)．3LCD 方式によるプロジェクションテレビ技術　映像情報メディア学会誌, *60*(9), 1352-1355. [doi: 10.3169/itej.60.1352]

河北 真宏　(2020)．光線による空間像再生技術の研究開発動向　NHK 技研 R&D, *180*, 16-28.

久保 真澄・岡元 謙次　(2007)．高画質液晶テレビの技術動向　映像情報メディア学会誌, *61*(9), 1272-1276. [doi: 10.3169/itej.61.1272]

三科 智之　(2014)．インテグラル方式の概要　NHK 技研 R&D, *144*, 10-17.

村井 隆一・打土井 正孝　(2009)．プラズマディスプレイの高画質・省電力化技術の進歩　映像情報メディア学会誌, *63*(4), 411-414. [doi: 10.3169/itej.63.411]

新倉 栄二　(2015)．レーザーバックライト液晶テレビ　生産と技術, *67*(3), 60-62.

大田原 一成　(2011)．偏光方式 3D ディスプレイ　映像情報メディア学会誌, *65*(4), 459-466. [doi: 10.3169/itej.65.459]

小川 清隆・吉田 昌弘・上田 壽男　(1998)．PDP の高画質化技術　Fujitsu, *49*(3), 209-213.

Ono, H. (1983). The combination of version and vergence. In C. M. Schor & K. J. Ciuffreda (Eds.), *Vergence Eye Movements: Basic and Clinical Aspects* (pp. 373-400). Butterworth.

ロケーションベース VR 協会　(2011)．VR コンテンツのご利用年齢に関するガイドライン　https://lva.or.jp/pdf/guidelines.pdf（2020 年 12 月 28 日アクセス）

志賀 智一　(2013)．プラズマディスプレイの基礎　映像情報メディア学会誌, *67*(8), 680-685. [doi: 10.3169/itej.67.680]

清水 貴央　(2014)．有機 EL の研究動向（シート型ディスプレー特集号）　NHK 技研 R&D, *145*, 18-27.

高木 康博　(2011) 裸眼 3D ディスプレイ　映像情報メディア学会誌, *65*(5), 654-659. [doi: 10.3169/itej.65.654]

都築 俊満　(2014)．量子ドットディスプレイ　映像情報メディア学会誌, *68*(9), 745-747. [doi: 10.3169/itej.68.745]

Wheatstone, C. (1838). Contributions to the physiology of vision. —Part the first. On some remarkable, and hitherto unobserved, phenomena of binocular vision. *Philosophical Transactions of the Royal Society of London, 128*, 371–394. [doi: 10.1098/rstl.1838.0019]

横溝 寛治 （2010）．LED バックライト　映像情報メディア学会誌，*64*(5)，708–710．[doi: 10.3169/itej.64.708]

（2・5）

Allard, R., & Faubert, J. (2008). The noisy-bit method for digital displays: Converting a 256 luminance resolution into a continuous resolution. *Behavior Research Methods, 40*(3), 735–743. [doi: 10.3758/brm.40.3.735]

Anwyl-Irvine, A. L., Massonnié, J., Flitton, A., Kirkham, N., & Evershed, J. K. (2020). Gorilla in our midst: An online behavioral experiment builder. *Behavior Research Methods, 52*(1), 388–407. [doi: 10.3758/s13428-019-01237-x]

Ban, H., & Yamamoto, H. (2013). A non-device-specific approach to display characterization based on linear, nonlinear, and hybrid search algorithms. *Journal of Vision, 13*(6), 20. [doi: 10.1167/13.6.20]

Battaglia, P. W., Hamrick, J. B., & Tenenbaum, J. B. (2013). Simulation as an engine of physical scene understanding. *Proceedings of the National Academy of Sciences of the USA, 110*(45), 18327–18332. [doi: 10.1073/pnas.1306572110]

Bay, H., Tuytelaars, T., & Van Gool, L. (2006). Surf: Speeded up robust features. *European Conference on Computer Vision, 2006*, 404–417. [doi: 10.1007/11744023_32]

Brainard, D. H., Pelli, D. G., & Robson, T. (2002). Display characterization. In J. P. Hornak (Ed.), *Encyclopedia of Imaging Science and Technology*. Wiley-Interscience.

Dakhel, A. M., Majdinasab, V., Nikanjam, A., Khomh, F., Desmarais, M. C., & Ming, Z. (2022). *GitHub Copilot AI pair programmer: Asset or Liability?* arXiv preprint arXiv:2206.15331.

de Leeuw, J. R. (2015). jsPsych: A JavaScript library for creating behavioral experiments in a web browser. *Behavior Research Methods, 47*(1), 1–12. [doi: 10.3758/s13428-014-0458-y]

Farnebäck, G. (2003). Two-frame motion estimation based on polynomial expansion. In J. Bigun & T. Gustavsson (Eds.), *Image Analysis* (SCIA 2003. Lecture Notes in Computer Science, Vol. 2749, pp. 363–370). Springer. [doi: 10.1007/3-540-45103-X_50]

Frigo, M., & Johnson, S. G. (1998). FFTW: An adaptive software architecture for the FFT. *Proceedings of the 1998 IEEE International Conference on Acoustics, Speech and Signal Processing*, 1381–1384. [doi: 10.1109/icassp.1998.681704]

Horn, B. K., & Schunck, B. G. (1981). Determining optical flow. *Artificial intelligence, 17*, 185–203. [doi: 10.1016/0004-3702(81)90024-2]

細川 研知・丸谷 和史・佐藤 隆夫 （2009）．Psychlops: C++ 言語による汎用的な視覚刺激提示ライブラリ　*VISION, 21*(3)，165–172．[doi: 10.24636/vision.21.3_165]

Kleiner, M., Brainard, D., Pelli, D., Ingling, A., Murray, R., & Broussard, C. (2007). What's new in Psychtoolbox-3. *Perception, 36*(14), 1–16. [doi: 10.1068/v070821]

Lowe, D. G. (2004). Distinctive image features from scale-invariant keypoints. *International Journal of Computer Vision, 60*(2), 91–110. [doi: 10.1023/b:visi.0000029664.99615.94]

Lucas, B. D., & Kanade, T. (1981). An iterative image registration technique with an application to stereo vision. *IJCAI '81: Proceedings of the 7th International Joint Conference on Artificial Intelligence, 2*, 674–679.

Lyons, M., Akamatsu, S., Kamachi, M., & Gyoba, J. (1998). Coding facial expressions with gabor wavelets. *Proceedings Third IEEE International Conference on Automatic Face and Gesture Recognition*, 200–205. [doi: 10.1109/afgr.1998.670949]

Ma, D. S., Correll, J., & Wittenbrink, B. (2015). The Chicago face database: A free stimulus set of faces and norming data. *Behavior Research Methods, 47*(4), 1122–1135. [doi: 10.3758/s13428-014-0532-5]

中山 英樹 （2017）．画像解析関連コンペティションの潮流　電子情報通信学会誌，*100*(5)，373–380．

Oord, A. V. D., Dieleman, S., Zen, H., Simonyan, K., Vinyals, O., Graves, A., … Kavukcuoglu, K. (2016). *Wavenet: A generative model for raw audio.* arXiv preprint arXiv:1609.03499.

Peirce, J. W. (2007). PsychoPy—Psychophysics software in Python. *Journal of Neuroscience Methods, 162*(1), 8–13. [doi:

10.1016/j.neumeth.2006.11.017]

Peirce, J. W. (2009). Generating stimuli for neuroscience using PsychoPy. *Frontiers in Neuroinformatics, 2*, 10. [doi: 10.3389/neuro.11.010.2008]

Peirce, J., Gray, J. R., Simpson, S., MacAskill, M., Höchenberger, R., Sogo, H., ⋯ Lindeløv, J. K. (2019). PsychoPy2: Experiments in behavior made easy. *Behavior Research Methods, 51*(1), 195–203. [doi: 10.3758/s13428-018-01193-y]

Pharr, M., Jakob, W., & Humphreys, G. (2016). *Physically Based Rendering: From Theory to Implementation*. Morgan Kaufmann.

Portilla, J., & Simoncelli, E. P. (2000). A parametric texture model based on joint statistics of complex wavelet coefficients. *International Journal of Computer Vision, 40*(1), 49–71. [doi: 10.1023/A:1026553619983]

Reas, C., & Fry, B. (2007). *Processing: A Programming Handbook for Visual Designers and Artists*. MIT Press.

Rombach, R., Blattmann, A., Lorenz, D., Esser, P., & Ommer, B. (2022). High-resolution image synthesis with latent diffusion models. *Proceedings of the IEEE/CVF Conference on Computer Vision and Pattern Recognition*, 10674–10685. [doi: 10.1109/CVPR52688.2022.01042]

実吉 綾子・前原 吾朗 （2015）．はじめよう実験心理学：MATLAB と Psychtoolbox を使って　勁草書房

Saragih, J. M., Lucey, S., & Cohn, J. F. (2011). Deformable model fitting by regularized landmark mean-shift. *International Journal of Computer Vision, 91*(2), 200–215. [doi: 10.1007/s11263-010-0380-4]

Sharma, G. (2002). LCDs versus CRTs-color-calibration and gamut considerations. *Proceedings of the IEEE, 90*(4), 605–622. [doi: 10.1109/JPROC.2002.1002530]

Smith, R. (2005). Open dynamics engine. http://ode.org/ode-latest-userguide.pdf（2023 年 8 月 20 日アクセス）

十河 宏行 （2016）．PsychoPy Builder で作る心理学実験　http://www.s12600.net/psy/python/（2023 年 2 月 2 日アクセス）

須長 正治 （2012）．色彩・視覚実験のための画像表示機器のキャリブレーション　*VISION, 24*, 149–153. [doi: 10.24636/vision.24.4_149]

津田 裕之 （2012）．Processing による心理実験プログラミング入門　http://hiroyukitsuda.com/tutorial/processing（2023 年 2 月 2 日アクセス）

Ulichney, R. A. (1987). *Digital Halftoning*. MIT Press.

Ulichney, R. A. (1988). Dithering with blue noise. *Proceedings of the IEEE, 76*, 56–79.

van Boxtel, J. J., & Lu, H. (2013). A biological motion toolbox for reading, displaying, and manipulating motion capture data in research settings. *Journal of Vision, 13*(12), 1–16. [doi: 10.1167/13.12.7]

Walt, S. V. D., Colbert, S. C., & Varoquaux, G. (2011). The NumPy array: A structure for efficient numerical computation. *Computing in Science & Engineering, 13*(2), 22–30. [doi: 10.1109/mcse.2011.37]

第3章 視覚系の構造と機能

3・1 瞳孔反応・調節

3・1・1 はじめに

　瞳孔（pupil）は虹彩（iris）に囲まれた穴の部分であり，ヒトでは真円に近く，その中心はわずかに下鼻側に偏位している。われわれが見ている瞳孔は角膜により拡大された光学像であり，実際の瞳孔より約1割大きい。瞳孔は光・近見刺激等で縮瞳（constriction）し，痛み・驚愕等により散瞳（dilation）する。すなわち，瞳孔は交感神経の刺激にて瞳孔散大筋（pupillary dilator）が収縮して散瞳が，副交感神経の刺激にて瞳孔括約筋（pupillary sphincter）が収縮して縮瞳が惹起される。同時に副交感神経の刺激は毛様体筋（ciliary muscle）を収縮，Zinn小帯（zonule）を弛緩させ，その結果，水晶体（lens）は自己の弾性により主に水晶体前面の曲率を増加させ，焦点調節を行う。本節では虹彩，毛様体の基礎，瞳孔反応，調節，近見反応について述べる。

3・1・2 虹彩の解剖

　虹彩はぶどう膜（uvea）の最も前方に位置し，血管が豊富で前面を前房に，後面を後房に向け，水晶体の前面を緩やかに覆い，辺縁部（虹彩根部）で毛様体と連なりそこで支持される柔軟かつ繊細な膜状構造物である。側方から見ると，虹彩は平坦ではなく，水晶体前面のカーブに沿い瞳孔縁を頂点とする緩やかな湾曲を呈している。その厚さは虹彩捲縮輪のところで0.6 mm，また虹彩根部ではその半分以下である。そのため，外力に対してきわめて脆弱である。当然，外傷を受けた瞳孔は，その形状，径や反応が正常とは大きく異なる。

　虹彩組織は角膜側より順に，前境界層，支質，筋上皮性前色素細胞層，後上皮細胞層へと続く。前境界層は綱工を形成し，細胞間隙が広く，そのため分子量が巨大な物質でも自由に通過しうる。すなわち角膜側には上皮がなく，ほとんどの物質，特に薬物は，前房から支質や平滑筋層へ向かい浸潤する。支質（中胚葉性）は虹彩の本体で大部分を占め，血管に富む疎性結合組織である。また瞳孔縁に近い支質部分には瞳孔括約筋が輪状に分布している。一方，虹彩の後面は，筋上皮性前色素性細胞（前上皮細胞）層と後上皮細胞層の2層の色素細胞層からなっている。これら2層の細胞層は閉鎖結合やデスモゾームで結合されており，上皮間の結合は非常に密である。すなわち支質へ侵入した薬物は水晶体側へは通過できない。さらに同部位には色素顆粒が豊富に存在するため，薬物が色素顆粒へ沈着し，長期間停留することとなり，上皮，同時に筋組織を障害する原因となる。前上皮細胞層は神経外胚葉由来の筋上皮組織であるが，ここから瞳孔括約筋と瞳孔散大筋が分化する。瞳孔括約筋は分化が完成すると前上皮細胞層から離れ連続性がなくなるが，瞳孔散大筋は前上皮細胞層の筋突起部として残存し，前上皮細胞と核も共通であり，多くの場合上皮の障害と散大筋の障害は同時に生じる。後上皮細胞は，細胞質全体に豊富にメラニン顆粒を含む単層の上皮細胞層で構成されている（石川，2013）。

　このように虹彩の裏面は，多量のメラニン顆粒を含んだ上皮細胞で覆われており，濃い暗色調を帯びている。色素の影響で虹彩の色に個人差がでる。色素が多ければ暗色調に，色素が少なければ青色に見える。これは，前眼部を通過した光が眼底で反射して，長波長の光は吸収され，短波長の光のみが観察

第 II 部　視覚

者の眼に入るためである。

3・1・3　虹彩の神経支配と薬理

虹彩は自律神経である副交感（コリン作動性）神経支配による瞳孔括約筋の収縮により縮瞳が、交感（アドレナリン作動性）神経支配である瞳孔散大筋の収縮により散瞳が生じる。このように自律神経支配を受ける瞳孔は光刺激、近見刺激のみならず疲労、痛み、快不快で容易にその大きさが変化する。しかも実際の虹彩神経支配はさらに複雑で、組織化学的研究により瞳孔散大筋にもコリン作動性抑制神経が、そして瞳孔括約筋にもアドレナリン作動性抑制神経が存在することが種々の動物で明らかにされている（Hutchins & Hollyfield, 1984；Nishida & Sears, 1969）。ヒトにおいては、瞳孔散大筋にはコリン作動性抑制神経が分布しているが、瞳孔括約筋におけるアドレナリン作動性抑制神経に関する機能的証明はなされていない（Yoshitomi et al., 1985）。

その他、虹彩平滑筋はエンドセリン（Ishikawa et al., 1996；Ishikawa et al., 1993），calcitonin gene-related peptide（CGRP；Haruno et al., 1996），pituitary adenylate cyclase activating peptide（PACAP；Yoshitomi et al., 2002）など、種々の生体内活性物質（Yoshitomi & Ishikawa, 2009）や一酸化窒素（Chuman et al., 1997；Chuman et al., 1996）によって収縮あるいは弛緩を生じる。その作用は平滑筋そのものに効果を表すもの、また神経末端からの神経伝達物質の放出を抑制、もしくは促進して作用を表すものとさまざまであるうえ、種による差が大きい（Yoshitomi et al., 1995）。しかも前述したごとく、虹彩はその解剖学的特徴から薬物の影響、さらに外傷に非常に脆弱であることを考慮せねばならない。すなわち、瞳孔は径というきわめて定量性の高い数値をもって評価することができるが、散瞳は単に交感神経、縮瞳は単に副交感神経が優位であるという関係を意味するものではない。

3・1・4　対光反射の神経経路

対光反射は網膜の視細胞である錐体・杆体を受容器として、双極細胞、網膜神経節細胞（retinal ganglion cell：RGC），さらに RGC の軸索が集合して

視神経となり、視交叉、視索を経て、外側膝状体を経由する通常の視覚路から離れ、視蓋前域（pretectal area）に終わる。そこでニューロンを変え、一部交差して後交連を通り、Edinger-Westphal 核（E-W 核：Edinger-Westphal nucleus：E-W nucleus）に至る。E-W 核から出た線維は動眼神経（oculomotor nerve）と合流し、眼窩内では動眼神経下枝中を走行し毛様体神経節でニューロンを変え、短毛様体神経として視神経の周囲から眼球内に入り、瞳孔括約筋、毛様体筋に至る。そのため片眼に光刺激を加えても、両眼同時に、かつ同程度に縮瞳する。また興味深いことに視細胞のほぼ消失した広範囲な網膜疾患でも、対光反射が生じることが知られている。これは網膜神経節細胞のなかにメラノプシン（melanopsin）と称される視物質（photopigment）を含んだメラノプシン含有網膜神経節細胞（melanopsin containing RGC：mRGC）が存在し、視交叉上核、松果体、E-W 核へ投射し、概日リズムや瞳孔径を調整しているためと判明した（詳細は II・3・8 参照）。

3・1・5　交感神経の神経経路

交感神経線維は視床下部から発し、脳幹内、脊髄を下降し、脊髄毛様神経節（ciliospinal center of Budge）を通り、その後、上頸部交感神経節に入る。ここでシナプスを変えた節後線維は内頸動脈に巻き付くように頭蓋内に入り内頸動脈叢、毛様体神経節を通過して瞳孔散大筋に至る。

3・1・6　瞳孔の経年変化・日内変動・瞳孔動揺

瞳孔径は幼少時期に小さく、二次性徴とともに増大して12-20歳頃に最大となり、その後は年齢とともに徐々に縮小する年齢変化を有していることが知られている（長谷川・石川, 1989）。また瞳孔径は概日リズムをもつ。その径は早朝6時前後に最大となり、夜9時前後に最小となる。自律神経のリズムと同期していると考えられている（浅川・石川, 2009）が、近年発見されたメラノプシンの影響もあると推察されている。さらに瞳孔は、一定の条件下であっても、リズミカルな運動を繰り返し、瞳孔動揺（pupillary unrest）が生じる。眠気時、過度なコンピュータ作業や運動負荷直後に明らかとなるが、

機能的な意味をもっているとは考えにくく，ノイズと考えられている。

3・1・7 瞳孔の機能的役割
(1) 明所で縮瞳し，網膜への光量を調節する。瞳孔は周囲の明るさにより大きさが変化するが，光刺激に続き 200-300 ms の潜時で縮瞳が始まる。1秒以内に反応は終了する。縮瞳の大きさは光の強さに依存する。
(2) 近方視にて縮瞳し，焦点深度を深めて明視域を拡大するとともに，収差による網膜像のぼやけを減少させる（詳細は後述）。

3・1・7・1 調節
調節のメカニズムはHelmholtzの説が広く信じられている。すなわち，調節（accommodation）は毛様体中の毛様体筋が収縮，Zinn小帯が弛緩し，水晶体が自己の弾性によってその形状を変化させ，水晶体前面の曲率が増加し，屈折力を増すはたらきをいう。また毛様体筋が弛緩するとZinn小帯が引っ張られ，水晶体が薄くなり遠方にピントが合う。その神経支配は，動眼神経核中の調節核から発して動眼神経核中を走行し，毛様体神経節，短毛様体神経を経て毛様体筋へ至る。この副交感神経の作用で，近方視に際して毛様体筋の収縮，すなわち近方への調節がはたらく。一方，遠方への調節はこの副交感神経の弛緩により生じると考えられている。しかし毛様体筋には薬理学的，解剖学的に交感神経β受容体が存在して同筋の弛緩を生じる。ただし実際は近方視から遠方視への際にアクティブな交感神経の関与があるかは未だ不明である。しかし，ヒトの調節安静位は無調節の無限遠ではなく眼前 1-1.5 D とされ，それは調節方向にはたらく副交感神経と，弛緩のほうにはたらく交感神経の作用が中和した点と理解されており，本事実を一部支持する結果となっている。さらに近方の物体に調節していても，実際の調節量はやや足りない状態にあることを調節ラグ（lag of accommodation）といい，一方で眼前においた固視目標を固視しているつもりでも固視目標にぴったりと眼位（視線）が合っていないことが多く，それを固視ずれ（fixation disparity）という。

3・1・7・2 近見反応
近見反応（near reflex triad）は図 3-1-1 のごとく，輻輳運動，焦点調節，瞳孔近見反応で，この3者は中枢でお互いに連関している。まず注視点と眼球との距離が変わると，網膜像のぼやけと両眼視差が生じる。焦点調節は網膜像のぼやけ，輻輳運動は両眼視差を誤差信号とするフィードバック制御と考えられる。遅れて近見補助を担う瞳孔制御系が駆動し，縮瞳を誘発する。輻輳運動は潜時 160 ms，ピークに達するまでに約1秒を要する緩徐な運動である。焦点調

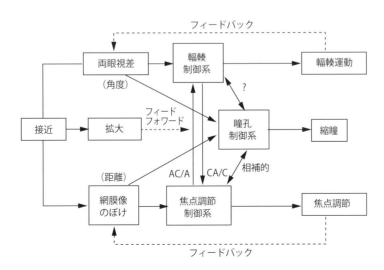

図 3-1-1 近見反応の考え方（高木他, 2004）
　　　調節により生じる輻輳は調節性輻輳（AC/A），輻輳により生じる調節を輻輳性調節（CA/C）と呼ぶ。

第Ⅱ部　視覚

節は単眼視の場合，潜時360 ms，約0.5秒でピークに達するが，両眼視下では輻輳運動との連関により潜時は50-100 ms短くなる。焦点調節は網膜像のぼやけの情報単独では遠近の方向性は不明確である。調節には調節微動（accommodative fluctuation）と称される微小な揺らぎがあり，0-0.5 cycle/sec成分と2 cycle/sec成分から構成され，高周波成分は循環器系の影響などの生体ノイズだが，低周波成分は視覚や調節の状態を反映し，遠近の方向性を試行錯誤で検出する機構とする考えもある。縮瞳は潜時500 msである。しかも視標が近方から遠ざかった際には約500 msの潜時の後，ゆっくり散瞳し，元の瞳孔径に戻るまでに要する時間は，通常の対光反射における瞳孔反応の10倍を要するとされている（高木他，2004）。対光反応の潜時が200 msであることを考えると，大脳での視覚情報処理を要するための差であろう。近見時の縮瞳は焦点深度を深めて明視域を拡大するとともに，水晶体の曲率増加に伴う球面収差，色収差の減少に貢献する。しかし若年者に関しては近見時の縮瞳は著明ではなく，40歳以上の老視，すなわち調節力の減衰に伴い瞳孔応答は著明となり，調節の不足を代償するはたらきをする（高木他，2004）。さらに瞳孔径も加齢とともに縮瞳する傾向にあり，これらの連関は合目的的である。

3・1・8　まとめ

瞳孔は光刺激，近見視時に縮瞳するほか，痛み刺激，驚愕による反射性の散瞳，さらに個人の感情の変化や瞳孔動揺にて，その大きさが刻一刻と変化する。瞳孔は自律神経支配であり，かつ種々の生体内活性物質に影響されるうえ，虹彩炎や軽度の眼球打撲でも虹彩平滑筋は容易に萎縮する。このように瞳孔は，研究者の眼からみると"径"というきわめて定量性の高い数値で表すことが可能であり，実験数が少ないと逆の結果を生じる可能性もあり，その評価には多大な注意を要する。

（石川　均）

3・2　補償光学を用いた錐体モザイク撮像

人間の眼光学系には，軸長方向の歪み以外にもコマ収差（comatic aberration）や球面収差（spherical aberration）等の高次の歪みが存在することが知られている。すなわち，近視や乱視を矯正するような眼鏡を装着しても，まだ人間の眼光学系は光学的には不完全であり，外界からの光は光学系を通過する際に劣化しているのである。光学系は可逆的に考えることができるので，入射光が眼光学を通過するときに歪みによって劣化するということは，逆に網膜像を眼の外から観察するときも劣化した像しか観察できないということである。そのため，網膜の微細構造などを調べたいときにも生体の眼を直接観察することができず，ドナーの眼球を摘出し，それを解剖するより他に方法がなかった。特に，人間の網膜上には異なる波長に対する感度をもつ3種類の錐体と，暗いところで主にはたらく桿体が存在することが知られているが，それらがどのように網膜上に分布しているか，また錐体分布と色の見えの関連性などを求めることは従来の撮像技術では不可能であった。

1997年に，補償光学（adaptive optics：AO）システムと呼ばれる技術を人間の視覚系に用いること（Liang & Williams, 1997；Liang et al., 1997）で高次の波面歪み（wavefront distortion）を補正することが可能になり，これまで以上にクリアな像を網膜上に投影すること，および生体の網膜の精細像を観察することが可能になった（Liang & Williams, 1997）。これらにより，かつては不可能であった錐体配列や網膜構造を解明することが初めて可能になった。

本節では，AOシステムを用いた視覚系の高次歪み補正方法，並びに3種類の錐体モザイク（cone mosaic）を同定する手法を紹介する。

3・2・1　補償光学システム

AOシステムはもともと天文学の分野で開発された技術である（Babcock, 1953）。大気のゆらぎなどが原因で劣化した天体写真の画質において，そのゆ

らぎ成分を測定，補正することでクリアな画像を得ることができる．この技術を視覚系に応用する試みがアメリカのRochester大学においてなされ，その高いパフォーマンスが報告された（Liang & Williams, 1997 ; Liang et al., 1997）．AOシステムの概念図を図3-2-1aに，実際に構築されたAOシステムの概略図を図3-2-1bに示す．システムは，眼光学系に含まれる波面収差（wavefront aberration）を測定する波面センサ（wavefront sensor）と，その収差の補正手段である可変形ミラー（deformable mirror）の二つの要素に大別できる．レーザダイオードからの光（790 nm）が網膜に照射され，その光を点光源として網膜からの反射光が波面センサで受光される．この光は，眼光学系（主に角膜および水晶体）が不完全なために眼球から出射した際には平面波にならない．この歪みを含む出射光が格子状に配列されたレンズ群に捉えられると，個々のレンズによって集光された結像点は規則的に並ばずに，波面の歪みに応じて変位してしまう．これらの個々のレンズによる結像点群をCCDカメラで撮影し，その変位量から収差を計算することで眼光学系に含まれる光学的歪みを測定することができる．この波面の歪みの補正には，可変形ミラーと呼ばれる表面形状を変化させることができるミラーが用いられる．可変形ミラーには鏡面の後側に一定間隔でアクチュエーターがついており，コンピュータからの制御信号でそれらを駆動することによって表面の形状を自由に変化させることができる．図3-2-1bに示したシステムでは，直径75 mmの可変形ミラーが用いられ，可変形ミラーの裏面には97個のアクチュエーターが装着されている．図3-2-2に示したのが，実験参加者YYのAOシステムによる補正前（図3-2-2a），補正後（図3-2-2b）の波面歪みである．屈折異常（近視成分）はトライアルレンズによって補正されている．波面歪みが大きく減少しており，AOシステムによって眼光学系の収差がほぼ完全に補正できることがわかる．

3・2・2　AOシステムによる網膜像撮影

上述したように，AOシステムを用いた波面歪み測定，およびその補正によって，眼光学系に含まれる光学的な歪みを劇的に小さくすることができる．これにより，網膜からの反射光に含まれる歪みが最小限の状態で網膜を撮影することが可能になった．図3-2-1bに示したシステムには，網膜像を撮影するための光源とCCDカメラが含まれている．

撮影は，光源（クリプトンランプ）から550 nmの干渉フィルタを透過したフラッシュ光を網膜上に照射することによって行われる．眼球運動の影響を最小限にするため，露光時間は4 msである．網膜

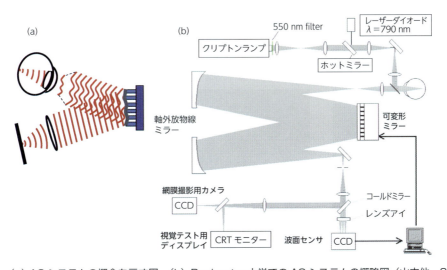

図3-2-1　(a) AOシステムの概念を示す図，(b) Rochester大学でのAOシステムの概略図（山内他，2002）
(a)では可変形ミラーで波面の収差を補償できることを表す．(b)では，波面センサ，可変形ミラーを含むAOシステムで，網膜像撮影，刺激呈示ができる構成を示す．

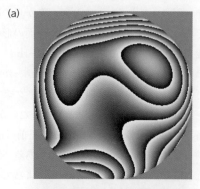

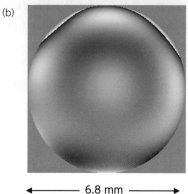

図3-2-2 AOシステムによる波面収差補正効果の例
実験参加者YYの波面収差の（a）補正前，（b）補正後。

に照射された光の一部は錐体で吸収され，残りの光は反射する。その光は，眼球光学系に含まれる歪みを有するが，可変形ミラーにおいて補正され，高解像CCDカメラに結像する。図3-2-3に示したのがこの光学系を用いて撮影された網膜写真である。図3-2-3aが補正前に撮影した画像，図3-2-3bが補正後の画像，図3-2-3cが補正後の画像を59枚重ね合わせた画像である。複数枚の画像を重ね合わせることによって，S/N比を向上させてより鮮明な網膜像が獲得できる。このように，AOシステムを用いた眼光学の歪み補正によって，網膜上の個々の錐体がはっきりと識別できる高画質の網膜像が撮影可能になる。

3・2・3 選択的ブリーチング法によるL, M, S錐体の同定

錐体に含まれる視物質は光を吸収して反応を起こすと無色透明に変化し（褪色；bleach），再度光を吸収可能になるまでに一定の時間を要する。この特性を用いると，前順応として特定の波長帯域の光で視物質を褪色させるブリーチング（bleaching）を行うことにより各錐体が吸収しうる光の量を選択的に変化させることが可能になる。たとえば，赤色光に対してはL錐体のほうが感度がよいため，赤色光を一定時間網膜に照射すると，相対的にL錐体のほうがM錐体よりも多く褪色され，逆に青色光を用いるとM錐体がより褪色される。このような褪色状態の直後に網膜を撮影することで，相対的な光の吸収量の変化から個々の錐体を特定することが可能になる。図3-2-3で撮影した網膜像は，網膜からの反射光がCCDカメラに捉えられたものであるが，青色光でのブリーチング直後にはM錐体のほうが褪色されたため，吸収可能な光量が減少し，相対的にM錐体が

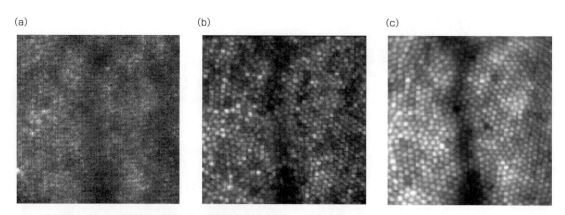

図3-2-3 AOシステムを用いて撮影した網膜像写真（Liang & Williams, 1997）
（a）が補正前，（b）が補正後，（c）が補正後の画像を59枚重ね合わせたものであり，S/Nが向上していることがわかる。

明るく写り，赤色光のブリーチング直後には，L 錐体のほうが吸収可能な光量が減少するために明るく写る。また，S 錐体は，撮像に用いる波長 (550 nm) に対する感度が低いので，暗順応時の撮像においても錐体が光を吸収しないので，暗順応時の撮像で特定することが可能であり，選択的褪色を行う必要はない。

このように，選択的に褪色したそれぞれの条件で網膜像を撮影して，個々の錐体の反射光量を求める。さらに，L，M 両錐体を褪色した条件と錐体を暗順応させて感度を最大限にした条件でも網膜像を撮影し，個々の錐体が各褪色状態においてどれくらい光を吸収したかを計算し，図 3-2-4a に示したように青色光ブリーチング後の吸収率と赤色光ブリーチング後の吸収率の 2 次元で張られる散布図を描くことができ，x 軸からの角度 (θ)，および原点からの距離 (r) の極座標で個々の点を表記することができる。θ に関するヒストグラムを描くと，図 3-2-4b に示すような双峰分布が得られる。L 錐体は，その感度から 650 nm の褪色後の光吸収量が 470 nm の褪色時よりも小さくなるため，θ は 45°よりも小さくなる。よって図 3-2-4b の双峰分布のうち θ が小さいものが L 錐体，大きいものが M 錐体と考えられる。このようにして錐体写真の個々の錐体を特定した網膜写真に擬似的に着色 (L 錐体：赤，M 錐体：緑，S 錐体：青) したものを図 3-2-5 に示す。個々の実験参加者における撮影部位は中心窩から 1 deg であり，図中のバーが 5 min を表す (Hofer et al., 2002)。心理物理実験などにより，L 錐体と M 錐体の比は 2 : 1 であるといわれていたが，図 3-2-5 から，錐体比が個人によって大きく異なることが明らかになった。

3・2・4　2色覚者の錐体モザイク

2 色覚者は，3 種類の錐体のうちの 1 種類が機能していないことが知られているが，その網膜構造がどのようになっているのか，たとえば錐体自体が欠落しているのか，もともと 1 種類の錐体が存在しないのかは特定する術がなかった。本節において概説した AO システムを用いた網膜像撮影により，この疑問に答えることが可能である。

図 3-2-6 に示したのは，2 色覚者の網膜像である (Carroll et al., 2004)。機能的には，1 種類の錐体が機能しないという点で同じであるが，網膜写真を見ると，網膜上にきれいに錐体モザイクが配列されている実験参加者と，網膜上に錐体が部分的に存在しておらず，光を反射しないモザイクの欠損がみられる実験参加者の二つのタイプが存在することが明らかになった。このことは，2 色覚者の発生には，二つの異なる要因が作用していることを示す。

（山内　泰樹）

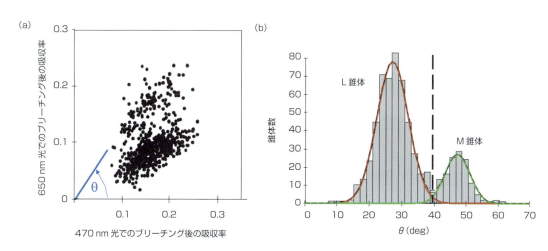

図 3-2-4　L 錐体と M 錐体を分離する方法（Roorda & Williams, 1999）
（a）撮影前に青色光，赤色光にそれぞれ褪色させた後の撮影光の吸収率の散布図。（b）x 軸からの角度でプロットしたヒストグラム。L 錐体は長波長領域に感度が高いので，赤色光でより多く褪色し，その後の撮影光の吸収量が少なくなると考えられ，相対的に θ の値が小さくなると考えられる。

第II部　視覚

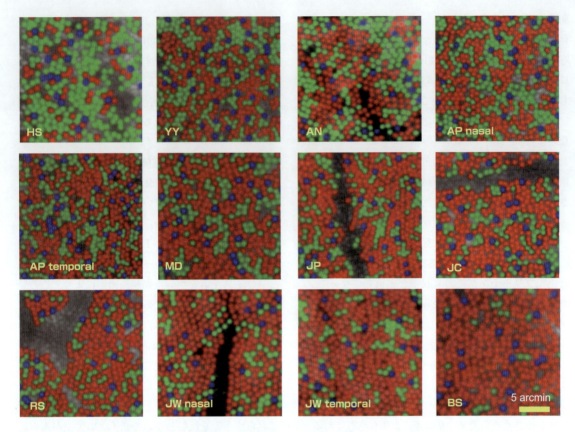

図 3-2-5　異なる実験参加者における各錐体分布（Hofer et al., 2002）
　　　　　図中 AP と JW は同一実験参加者で撮影箇所が鼻側（nasal），耳側（temporal）と異なる。

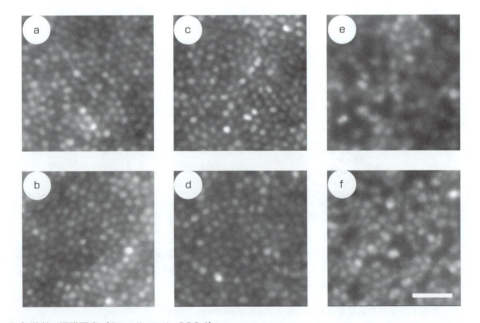

図 3-2-6　2 色覚者の網膜写真（Carroll et al., 2004）
　　　　　図中（a）（b）が 3 色覚者，（c）〜（f）が 2 色覚者を示す。（c）（d）では錐体配列が 3 色覚者とほとんど変わらないのに対し，（e）（f）の錐体配列には欠損が見られる（写真では黒領域として写っている）。

3・3 網膜の神経機構

眼に入った外界像は角膜，水晶体で屈折して網膜に投影される。網膜は眼球内にある光情報処理を行う視覚系の最初の神経組織である。将来前脳となる部位から発生するため，中枢神経系に分類される。網膜では in vivo 実験だけでなく，in vitro 実験でも視覚刺激に対する情報処理を観察記録できるため，各種実験法の適用範囲が広く，神経科学的な視覚系の研究史上，比較的古くからその解剖学的構造から光情報処理に至るまで重要な知見が示されてきた。以上のことから an approachable part of the brain とも呼ばれている（Dowling, 1987）。本節では，網膜の構造と機能について，脊椎動物において共通する事項について取り扱う。

3・3・1 網膜の構造と情報伝達の流れ

網膜（retina）はシート状に広がった薄い組織であり，その厚さは動物種により異なるが，ヒトで0.2-0.3 mm である。ヒトの網膜には，視野中心部が投影される部位に中心窩（fovea）と呼ばれる構造があり，中心視における高い空間分解能に貢献する（II・6・6・2参照）。神経組織である網膜は，色素上皮層側から角膜側に向けて，視細胞（photoreceptor：PR），双極細胞（bipolar cell：BC），神経節細胞（ganglion cell：GC）（または網膜神経節細胞，retinal ganglion cell：RGC）の順に並び，それぞれの間でシナプス結合が形成されている（図3-3-1）。角膜側から到達した光が，ほぼ透明な網膜組織を透過し，一番奥の色素上皮側にある視細胞に到達することから視覚神経系による光情報処理が始まる。視細胞が受容した光情報は双極細胞に伝達され，双極細胞の活動は神経節細胞に伝達される。神経節細胞の軸索は，視神経乳頭（optic papilla）（または視神経円板，optic disc）から眼球の外に出て脳に投射しており，光情報を脳に伝える。なお，視神経乳頭は神経節細胞の軸索の出口および血管の通路という機能を供する代わりに視細胞は発現しておらず，そのため視野上の対応領域は盲点（blind spot）と呼ばれ，その内側に呈示された光は受容することができない。視細胞から双極

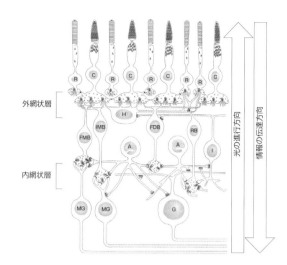

図3-3-1 霊長類網膜断面図（Dowling, 2012, Fig. 3.22）
R：桿体，C：錐体，H：水平細胞，FDB：平板型拡散性双極細胞，FMB：平板型ミジェット双極細胞，IMB：陥入型ミジェット双極細胞，RB：桿体双極細胞，A：アマクリン細胞，I：網状層間細胞，MG：ミジェット細胞（ミジェット型神経節細胞），G：パラソル細胞（パラソル型神経節細胞）FDB，FMB，IMBは，錐体双極細胞のサブタイプ。

細胞へのシナプス伝達は水平細胞（horizontal cell）により修飾され，双極細胞から神経節細胞へのシナプス伝達はアマクリン細胞（amacrine cell）により修飾される。視細胞・双極細胞・水平細胞がシナプス結合を形成している層を外網状層（outer plexiform layer），双極細胞・神経節細胞・アマクリン細胞がシナプス結合を形成している層を内網状層（inner plexiform layer）と呼び，それぞれの層におけるシナプス伝達の相互作用により，光入力をもとに複雑な神経情報処理を行っている（図3-3-1）。また，内網状層の情報を逆行性に外網状層に伝達するニューロンである網状層間細胞（interplexiform cell）が存在し（図3-3-1，網状層間細胞），内網状層での処理結果を外網状層にフィードバックしていると考えられている（Boycott et al., 1975；Gallego, 1971）。脊椎動物の網膜において，これらの細胞の種類や解剖学的構造および情報伝達の流れは基本的に共通している。

第II部　視覚

3・3・2　視細胞

　視細胞は網膜における1次ニューロンである。視細胞は感度の高い桿体（rod）と，感度の低い錐体（cone）に分かれる。錐体は，分光感度特性が異なる複数のサブタイプに分かれることで，色彩視に関与する。錐体・桿体とも外節部に視物質（photopigment）をもつ。視物質は，光を吸収して最終的に細胞の電気的な活動へと導く一連のフォトトランスダクション（phototransduction）の起点となる。このフォトトランスダクションの結果変動する細胞膜内外の電位差（膜電位）に応じて軸索終末部から神経伝達物質であるグルタミン酸が放出される。桿体におけるフォトトランスダクションを説明する。桿体の視物質であるロドプシン（rhodopsin）は，外節部内の積み重なった円盤膜（disc membrane）に埋め込まれて存在している。ロドプシンは，ビタミンAのアルデヒド型であるレチナールとタンパク質からなり，光を吸収するとレチナールが光異性化（11-シス型から全トランス型に異性化）し，タンパク質部分の構造変化により細胞内のGタンパク質を活性化する。Gタンパク質であるトランスデューシン（transducin）が活性化すると，加水分解酵素であるホスホジエステラーゼ（phosphodiesterase）を活性化させ，cGMP（cyclic-guanosine monophosphate）を分解する。桿体の細胞膜には細胞内のcGMPの濃度に依存して開くイオンチャネルが発現しており，光が照射される前においては，このイオンチャネルを介して細胞外の陽イオンが細胞内に流入（この電流を暗電流という）することで桿体の膜電位が通常の神経細胞より高く保たれている。光照射によりcGMPの濃度が低下すると，このイオンチャネルが閉じ，膜電位が下がる（過分極）。そのため，それまでの高い膜電位において開いていた膜電位依存性カルシウムチャネルが閉じる。神経伝達物質の放出にはカルシウムイオンが必要であり，それまで細胞内に流入していたカルシウムイオンが流入しなくなることで，神経伝達物質であるグルタミン酸の放出量が減る。これが桿体におけるフォトトランスダクションの流れである。光の照射により膜電位が下降（過分極）し，神経伝達物質であるグルタミン酸の放出が減少する。光が照射されないと膜電位が上昇（脱分極）し，グルタミン酸の放出量が増大する。フォトトランスダクションのそれぞれの過程において，単一の分子が複数の分子に作用することにより，信号の増幅が行われる。特に桿体の感度は高く，桿体に1個の光量子が到達するだけで，膜電位の変化が生じる（Baylor et al., 1979；Schneeweis & Schnapf, 1995）。この変化は，網膜から脳へ出力する神経節細胞が，光情報を脳に伝達するにあたり，十分な大きさである（Barlow et al., 1971）。

　錐体においても視物質は異なるが，桿体と同様のフォトトランスダクションが行われる。明所視において，桿体は飽和しているためほとんど機能せず，主に錐体が機能する。ヒトにはS錐体（short-wavelength-sensitive cone）・M錐体（middle-wavelength-sensitive cone）・L錐体（long-wavelength-sensitive cone）があり，それぞれ分光吸収特性の異なる視物質であるS-opsin・M-opsin・L-opsinをもつ。これらの錐体は分光感度特性が異なり，色彩視に関与するとともに，光の三原色の起源ともなっている。網膜における桿体・錐体の分布密度は，偏心度により異なる（図3-3-2）。中心窩（II・6・6・2参照）では，特にM錐体とL錐体が高密度に分布している。また，網膜周辺部では，一つの神経節細胞に対して多くの桿体および錐体に由来する信号が伝達されているのに対し，中心窩では，一つまたはごく少数の錐体に由来する信号が，一つの神経節細胞に対して伝達される。これらのことが，中心視における高い空間分解能に貢献している。桿体は中心窩には分布せず，偏心度において20°付近で密度が最大になり，暗所視におけるこの付近の周辺視の光に対する感度の高さに貢献する（図3-3-2）。なお，一般に脊椎動物では桿体・錐体とも光刺激の変化に対して連続的に変化する緩電位（graded potential）による応答を示す。光刺激に対する応答の時間的特性は桿体と錐体とで異なる。感度の高い桿体は閃光刺激に対して持続的な電気的応答を示し，時間分解能が低いが，感度の低い錐体は一過性の電気的応答を示し，時間分解能が高い（Baylor, 1987）。

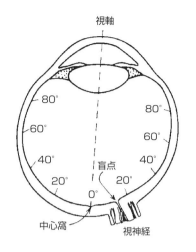
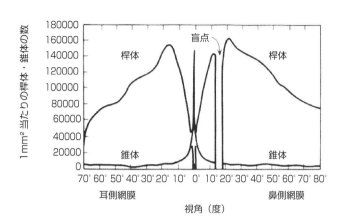

図3-3-2 左眼の断面図と網膜位置に対応した桿体・錐体の分布密度（Pirenne, 1967）
（左）左眼の断面図，（右）その網膜位置に対応した桿体・錐体の分布密度。

3・3・3 双極細胞

双極細胞は網膜における2次ニューロンである。外網状層において視細胞から情報を受け取り，内網状層で神経節細胞やアマクリン細胞に対して情報を送る。双極細胞は光の照射に対して脱分極して神経伝達物質であるグルタミン酸の放出量を増大させるON型（脱分極型）と，反対に過分極して神経伝達物質の放出量を減少させるOFF型（過分極型）に大別される。視細胞は光の照射によりグルタミン酸の放出量を減らすため，ON型の双極細胞は極性が反転した信号伝達を行い，OFF型の双極細胞は極性を維持した信号伝達を行う。これは，それぞれの双極細胞の樹状突起に発現しているグルタミン酸受容体の種類の違いに起因する（Nakanishi, 1995；Nomura et al., 1994；Vardi & Morigiwa, 1997）。なお，双極細胞も基本的に電位依存性ナトリウムチャネルを介した活動電位を発生せず，光刺激に対して緩電位により応答する（Dacey et al., 2000; Werblin & Dowling, 1969; Zhang & Wu, 2009）。桿体とシナプス結合しているものを桿体双極細胞，錐体とシナプス結合しているものを錐体双極細胞という。

視覚系の神経細胞の機能を推定するうえで重要なのは，受容野（receptive field）である。受容野はその神経細胞が担当する視野上の領域である。古典的には，小さな光刺激を視野上に呈示し，その神経細胞の電気的活動に変化が観察される領域を受容野の領域と定義している（Hartline, 1938, 1940）。この受容野には神経細胞ごとにさまざまな特性がある。たとえば，光の照射によりその神経細胞が興奮（緩電位においては脱分極，活動電位においては発火頻度の上昇）する場合にはその領域をON領域と呼び，逆に抑制（緩電位においては過分極，活動電位においては発火頻度の下降）される場合にはOFF領域と呼ぶ。受容野の特性は視覚情報処理の段階が進んでいくと複雑になる傾向がある。初期過程である網膜の双極細胞の多くにおいて，ON型細胞では受容野の中心部がON領域であり，周辺部のドーナツ状の領域がOFF領域であるのに対し，OFF型細胞では受容野の特性が反転しており，中心部がOFF領域であり，周辺部がON領域である。このような受容野構造を中心周辺拮抗型（center-surround antagonism）と呼ぶ。後述する神経節細胞も中心周辺拮抗型の受容野をもつが（図3-3-3），このような受容野構造は，コントラストの検出に貢献することが知られている。

双極細胞の段階で，神経細胞がON型とOFF型に分かれるが，これが視覚系におけるON経路，OFF経路の始まりとなる。ON型双極細胞は主としてON型神経節細胞と内網状層のb亜層においてシナプス結合を形成し，OFF型双極細胞は主としてOFF型神経節細胞と内網状層のa亜層においてシナプス結合を形成している（Famiglietti et al.,

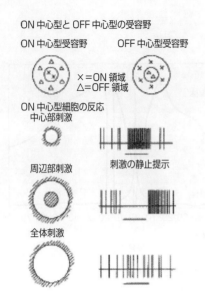

図 3-3-3 神経節細胞の中心周辺拮抗型受容野（田中，2007）
（左）ON 中心型，（右）OFF 中心型。受容野中の「×」で示された領域を，ON 領域もしくは興奮性領域と呼び，光が照射されると細胞が興奮する。「△」で示された領域を，OFF 領域もしくは抑制性領域と呼び，光が照射されると細胞が抑制される。

1977；Nelson et al., 1978）。サルでは，網膜におけるON 経路を遮断する薬物の投与と行動実験を組み合わせることにより，ON 経路と OFF 経路が分かれることでコントラスト感度が上昇することが示されている（Schiller et al., 1986）。神経節細胞における自発発火の頻度は比較的低く，網膜由来の情報を受け取る大脳皮質における神経細胞の自発発火の頻度はさらに低い。そのため，たとえば ON 経路の発火頻度だけで光強度の上昇と下降を表現すると，網膜から皮質に対して光強度の下降の情報を伝達することに限界がある。ON 経路と OFF 経路が分かれることで，それぞれ光強度の上昇と下降を双方とも興奮性の過程（発火頻度の上昇）で表現することが可能となり，効率的に情報伝達していると考えられている（Schiller et al., 1986）。

3・3・4　水平細胞

　水平細胞は，双極細胞とともに，網膜における 2 次ニューロンである。外網状層において視細胞から放出されるグルタミン酸を受容し，視細胞と双極細胞との間のシナプス伝達を修飾する。解剖学的に水平に広がった構造をもち，広い範囲の視細胞から入力を集めることができる。また，水平細胞同士が活動を電気的に伝えるギャップジャンクション（gap junction）により互いに結合し，広いネットワークを形成している。特に暗順応時に電気的な結合の程度が強く，視野上でより広い領域の光情報が統合されることに貢献する（Popova, 2014；Weiler et al., 2000）。暗順応時の水平細胞の受容野サイズは，明順応時に比較して大きくなる。ギャップジャンクションの結合強度は，一般的にドーパミンの投与により低下し，水平細胞の受容野サイズは小さくなる。網膜内におけるドーパミン作動性の細胞は，ごく一部のアマクリン細胞と網状層間細胞であり，網状層間細胞が内網状層の情報をドーパミンの放出により外網状層に伝えることで，ギャップジャンクションの制御を行っていると考えられている。多くの種において，網膜内におけるドーパミンの放出量は概日リズムに従って変化し，昼間に増加して夜間に低下する。これらのことから，ドーパミンを介したギャップジャンクションの結合強度の制御により，昼間の明順応時には，水平細胞の受容野が小さくなることで視覚情報処理における空間分解能の向上に関与すると考えられている。また，夜間の暗順応時には，水平細胞の受容野が大きくなることで，感度の向上に関与すると考えられている。

　双極細胞の中心周辺拮抗型の受容野構造は，水平細胞のはたらきにより形成されていると考えられているが，その機序には不明な点が多い（Hirasawa et al., 2012；Vroman et al., 2013）。

3・3・5　アマクリン細胞

　アマクリン細胞は網膜における 3 次ニューロンである。内網状層において双極細胞から放出されるグルタミン酸を受容し，双極細胞と神経節細胞との間のシナプス伝達を修飾する。基本的に軸索をもたない細胞であり，サブタイプが数十も存在する。サブタイプにより形態や放出する神経伝達物質も異なる。形態については，樹状突起が水平に広がった構造をもつ細胞もあれば，広がっていない細胞もある。少数ではあるが，軸索をもち，細胞体か

ら離れた網膜内の領域に投射するサブタイプもある。放出する神経伝達物質としては，ガンマアミノ酪酸（gamma-aminobutyric acid：GABA），アセチルコリン（acetylcholine：ACh），ドーパミン（dopamine：DA），グリシン（glycine：Gly），セロトニン（serotonin）などが知られている。神経伝達物質は，神経節細胞にフィードフォワードとして放出されることもあれば，そのアマクリン細胞に対して出力した細胞にフィードバックとして放出されることもある。神経伝達物質の種類と受容体のサブタイプの組み合わせにより，放出された神経伝達物質は，受取側の細胞において興奮性に機能する場合もあれば，抑制性に機能する場合もある。アマクリン細胞の多様性は，神経節細胞の受容野特性の多様性につながっている。また，アマクリン細胞間や，アマクリン細胞と神経節細胞の間にギャップジャンクションが形成されており，水平方向に広い回路網を形成することで，視野上の広い範囲の情報統合に貢献している。

アマクリン細胞より網膜内で末梢側に位置する視細胞・双極細胞・水平細胞は，基本的に光刺激に対して活動電位を発生せず緩電位による応答を示すが，アマクリン細胞には活動電位を発生するサブタイプもあり，速い伝導を介して視野上の広い範囲の情報統合や神経節細胞群の正確な同期活動に貢献すると考えられている。たとえば，哺乳類の網膜において活動電位を発生するアマクリン細胞のなかには，網膜上の広い範囲に同じ速度で像が横切るような刺激が呈示されると，GABA の放出を介して一過性に神経節細胞の活動を抑制するサブタイプがあり，サッケード抑制（II・15・3・4 参照）に関与すると考えられている（Roska & Werblin, 2003）。

3・3・6　神経節細胞

神経節細胞は，アマクリン細胞とともに，網膜における 3 次ニューロンである。内網状層において双極細胞から放出されるグルタミン酸を受容するとともに，アマクリン細胞からも信号を受け取る。神経節細胞は，その軸索を視神経乳頭から眼球の外に伸ばして脳に投射しており，視細胞で受容し，網膜内神経回路網により処理された光情報を脳に出力する

細胞である。神経節細胞のサブタイプは，形態学的，免疫組織化学的，機能的（受容野の特性）に分類される。哺乳類の網膜研究で主に使用されているマウスの神経節細胞では，機能的な分類に限っても 30 種以上のサブタイプに分かれることが示されている（Baden et al., 2016；Baden et al., 2020）。

哺乳類で最初に多くの知見が蓄積された神経節細胞は，ネコの α, β, γ 細胞（Boycott & Wässle, 1974）である。相対的に大きな細胞体をもつ α 型神経節細胞は，樹状突起を大きく広げていて受容野が大きく，太い軸索をもつため活動電位の伝導速度が速い。光刺激の呈示中に一過性の応答を示し，生理学的な分類として Y 型神経節細胞とも呼ばれる（Enroth-Cugell & Robson, 1966）。相対的に小さな細胞体をもつ β 型神経節細胞は，狭い範囲に密に樹状突起を分布させていて受容野が狭く，細い軸索をもつため活動電位の伝導速度が遅い。光刺激の呈示中に持続性の応答を示し，生理学的な分類として X 型神経節細胞とも呼ばれる（Enroth-Cugell & Robson, 1966）。α 細胞も β 細胞もその多くは同心円状の中心周辺拮抗型の受容野構造をもち，それぞれ ON 中心型と OFF 中心型のサブタイプが存在している（図3-3-3）。双極細胞と同様に，中心周辺拮抗型の受容野構造は，コントラストの検出に貢献する（II・3・3・3 参照）。最も小さな細胞体をもつ γ 型神経節細胞は，β 型神経節細胞よりさらに軸索の伝導速度が遅い性質をもつ細胞であり，生理学的な分類として W 型神経節細胞とも呼ばれるが，受容野特性が多岐にわたるため，複数のサブタイプの神経節細胞群から構成される集団であると考えられている。

サルの神経節細胞は，細胞体が大きなパラソル細胞（parasol cell）と小さなミジェット細胞（midget cell）がよく知られている（Perry et al., 1984；図3-3-1，図 3-3-4）。サルの神経節細胞には全部で少なくとも 17 種類のサブタイプが存在するが（Field & Chichilnisky, 2007），パラソル細胞とミジェット細胞以外のサブタイプの機能はあまり研究されていない。パラソル細胞，ミジェット細胞とも，偏心度が大きくなるにつれて，細胞体が大きくなり，樹状突起の拡がる範囲が大きくなる（図 3-3-4）。また，偏心度が小さい部位ではパラソル細胞とミジェット

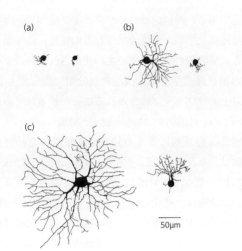

図 3-3-4 サル網膜神経節細胞（Perry et al., 1984, Fig. 2）
各パネルで左がパラソル細胞で、右がミジェット細胞。(a) 中心窩から鼻側へ 0.18 mm、(b) 中心窩から鼻側へ 6.3 mm、(c) 中心窩から耳側へ 7.6 mm。

細胞の大きさの差が小さい（図 3-3-4a）。樹状突起の拡がりと対応するように，網膜中心部に分布する神経節細胞は小さな受容野をもち，周辺部に分布する神経節細胞は大きな受容野をもつ傾向がある。パラソル細胞はネコのα細胞（Y 細胞）と同様に一過性の応答を示し，ミジェット細胞はネコのβ細胞（X 細胞）と同様に光刺激の呈示中に持続性の応答を示す。全網膜神経節細胞数の約 10% がパラソル細胞，約 80% がミジェット細胞であり，そのほとんどが外側膝状体外側核（dorsal lateral geniculate nucleus: dLGN）に投射する（Perry et al., 1984）。また，神経節細胞の約 10% はパラソル細胞にもミジェット細胞にも分類されない細胞であり，上丘などに投射する（Perry & Cowey, 1984；Perry et al., 1984）。中心窩に多く分布するミジェット細胞は，すでに紹介した中心周辺拮抗型の受容野をもつが，応答が光刺激の波長に感受性をもたない広帯域細胞と光刺激の波長に依存して応答が影響を受ける色対立細胞にサブタイプが分かれる。たとえば，赤色光を照射すると活動電位の発火頻度が上昇する細胞では，緑色光を照射すると発火頻度が低下し，照射を止めると発火頻度が上昇する。この反対のパターンの応答を示す細胞（緑色光の照射で発火頻度が上昇し，赤色光の照射で発火頻度が減少する）もある。これらは赤-緑の色対立細胞（または反対色細胞）ともいえるが，波長特性およびその由来となる入力信号の所在から考えて，L 錐体と M 錐体の応答の差分をとる錐体反対型（cone-opponent）の細胞と呼ぶのが妥当である。このような神経節細胞の存在は，網膜の出力の時点ですでに反対色過程の情報処理が開始されていることを示している。神経節細胞の投射先の一つである外側膝状体において，パラソル細胞は大細胞層（magnocellular layer）に，ミジェット細胞は小細胞層（parvocellular layer）に投射している。そのため，パラソル細胞を M 細胞（M cell），ミジェット細胞を P 細胞（P cell）とも呼ぶ。サル網膜には，受容野に明確な中心周辺の区別がない神経節細胞で，青色光の照射で活動電位の発火頻度が上昇し，黄色光の照射で活動電位の発火頻度が低下するものがある（Dacey & Lee, 1994）。この細胞は青-黄色対立細胞であり，S 錐体の応答と L, M 錐体の応答との差分をとる錐体反対型であって，解剖学的に小型だが，パラソル細胞でもミジェット細胞でもない。また，樹状突起を内網状層の a 亜層と b 亜層の 2 層に伸ばすとともに，外側膝状体の層間層にある顆粒細胞層（koniocellular layer）に投射しており，小型両亜層分枝型神経節細胞（small bistratified ganglion cell）または K 細胞（K cell）と呼ばれる。この細胞は，a 亜層（OFF 情報が伝達される層）において L 錐体と M 錐体の双方から入力を受ける OFF 型双極細胞から入力を受け取り，b 亜層（ON 情報が伝達される層）において S 錐体から入力を受ける ON 型双極細胞から入力を受け取ると考えられている。そのため，K 細胞は青色光の照射に対して発火頻度が上昇し，黄色光の照射に対して発火頻度が低下する。なお，S 錐体は周囲の L 錐体および M 錐体から水平細胞を介した抑制性の入力も受けており，S 錐体から入力を受ける ON 型双極細胞を介して K 細胞における青-黄色対立に関与する（Packer et al., 2010）。

神経節細胞の受容野中心部のサイズは照明に対する順応水準によって変化する。順応水準が変化すると，主に作動する視細胞が桿体から錐体，あるいは錐体から桿体に切り替わるだけでなく，視細胞から

神経節細胞に至るまでの神経回路網に動的な変化が生じる。神経節細胞の受容野中心部のサイズは，照明が暗いときは大きくなり，明るいときは小さくなる（Barlow et al., 1957；Devries & Baylor, 1997；Enroth-Cugell & Robson, 1966；Peichl & Wässle, 1983）。また，応答の時間特性も順応水準により変化する。光刺激に対する桿体由来の信号は，錐体由来の信号と比較して遅く神経節細胞に届く（Gouras, 1967）。また，神経節細胞は，明順応時に暗順応時と比較してより一過性に応答する（Müller et al., 1988；Peichl & Wässle, 1983）。

網膜には運動方向選択性神経節細胞（direction-selective ganglion cell：DSGC）が存在している。DSGC は視覚系で最初に運動方向を検出することに関与する細胞であり，その情報処理を実現する局所神経回路網に関する知見が蓄積されている。DSGCは，受容野に呈示された特定の運動方向の光刺激に対しては最も高い頻度で活動電位を発生し，その反対方向の光刺激に対してはほとんど活動電位を発生しない性質をもつ。DSGC が最も強く応答する運動方向を選好方向（preferred direction），応答しない方向を非選好方向（null direction）と呼ぶ。最初に調べられたのはウサギ網膜の DSGC である（Barlow & Hill, 1963）。DSGC は，フラッシュ光に対する反応特性から ON 型と ON-OFF 型のサブタイプに分かれる。ON 型 DSGC は，視野の上方向，左方向，右方向のいずれかに選好方向をもち，ON-OFF 型 DSGC は，視野の上方向，下方向，左方向，右方向のいずれかに選好方向をもつ。併せて，DSGC の投射先のなかに眼球運動の制御に関与する上丘や副視索系の神経核があることから，DSGC による運動方向の検出が眼球運動の制御に重要な役割を果たすと考えられてきた。分子生物学的手法が進展した 1990 年代になると，マウス網膜を用いた研究が盛んになった。運動方向選択性を形成する局所神経回路網で中心的役割を果たすと考えられていたスターバーストアマクリン細胞（starburst amacrine cell）を，分子生物学的手法により成体マウスの網膜内から消失させると，神経節細胞の運動方向選択性が消失するとともに，視運動性眼振（optokinetic nystagmus：OKN）が消失した（Yoshida et al., 2001）。これらの

結果は，スターバーストアマクリン細胞が DSGC による運動方向の検出に関与すること，そして，DSGC が眼球運動の制御に関与することを示している。

3・3・7 光感受性神経節細胞

脊椎動物の網膜における光情報処理において，光を直接受容して活動を変化させるニューロンは視細胞である桿体，錐体だけであり，その他のニューロンは直接光を受容することはないという定説は長く信じられてきた。しかしながら，神経核に色素を注入し，逆行性輸送を利用してその神経核に投射する網膜神経節細胞を標識し，その細胞から光応答を記録する手法が広く使われるようになり，分子生物学的手法が発展することで，状況が変わった。概日リズムに関与する視交叉上核（suprachiasmatic nucleus：SCN）や，瞳孔反射に関与する視蓋前域オリーブ核（olivary pretectal nucleus：OPN）に投射する神経節細胞は，桿体や錐体由来の信号が入力されなくても，網膜に呈示した光刺激に対して応答を示す（Hattar et al., 2002）。これらの神経節細胞は視物質であるメラノプシン（melanopsin）を発現しており，神経節細胞内の代謝経路を介して光応答を形成する。このメラノプシンを発現しているメラノプシン含有網膜神経節細胞（melanopsin-containing retinal ganglion cell：mRGC）は，内因性光感受性網膜神経節細胞（intrinsically photosensitive RGC：ipRGC）とも呼ばれる。詳しくは II・3・8 を参照されたい。

3・3・8 桿体信号系と錐体信号系

暗所視では桿体が，明所視では錐体が主に作動する。桿体も錐体もその出力された信号は双極細胞，神経節細胞と伝達されていくが，哺乳類においては特にその信号伝達経路に関する研究が進んでいる。桿体とシナプス結合している双極細胞を桿体双極細胞，錐体とシナプス結合している双極細胞を錐体双極細胞と呼ぶ。哺乳類において，桿体とシナプス結合している桿体双極細胞はほぼすべて ON 型であり，OFF 型の桿体双極細胞はほとんど存在しない。ON 型の桿体双極細胞はアマクリン細胞のサブタイプの一つである AII アマクリン細胞にグルタミン酸を放出して信号極性を保ったまま興奮性の出力を

する。AIIアマクリン細胞はON経路とOFF経路に対して2系統の出力をもつ（Famiglietti & Kolb, 1975；Kolb & Famiglietti, 1974；Wässle & Boycott, 1991；Wässle et al., 1995；図3-3-5）。一方の系統は，ON型の錐体双極細胞に対してギャップジャンクションを介して信号極性を保った出力を行う。他方の系統は，OFF型の錐体双極細胞にシナプス結合し，グリシンによる抑制性のシナプス伝達をすることで信号極性が反転した出力を行う。ON型の錐体双極細胞とOFF型の錐体双極細胞はそれぞれON型神経節細胞とOFF型神経節細胞に出力する。このように，哺乳類の網膜においては，桿体双極細胞はほぼすべてがON型であるが，AIIアマクリン細胞を経由したON型とOFF型の錐体双極細胞に対する2系統の出力により，暗所視においてもON経路とOFF経路の双方に信号を伝達している。

3・3・9　網膜出力における並列的な視覚情報の符号化

網膜では視野上のある1点の視覚情報について，その領域を受容野とする複数のサブタイプの神経節細胞が存在する。各サブタイプの神経節細胞は，その受容野特性に応じてそれぞれ特徴を抽出し，活動電位のパルス列により符号化して，並列的に情報を脳に送る。また，神経節細胞は受容野の領域が近接している場合にミリ秒レベルの正確さで時間的に相関して発火する傾向がある（Arnett, 1978；Ishikane et al., 1999；Meister et al., 1995）。同一サブタイプの場合には，同期発火する傾向があり，受容野特性が反転するON型とOFF型のサブタイプの間では，一方が発火した場合に他方の発火する確率が低下する傾向がある。そして，受容野の近接する二つの神経節細胞において，受容野が重複する領域に光が照射されると同期発火することも示されている（Meister et al., 1995）。この二つの神経節細胞の同期発火が中枢側で解読されることを仮定すると，視覚情報の視野上の位置について，受容野の分布密度から推定される空間分解能より高い分解能の位置情報が，神経節細胞群の相関発火によって並列的に脳に送られていることとなる。また，神経節細胞間の時間的な相関発火は，受容野が重ならないほど離れた神経節細胞間でも周期的な同期発火として観察される（Ishikane et al., 1999；Neuenschwander & Singer, 1996）。受容野の離れた細胞間の相関発火は，一次視覚野でも観察され（Gray et al., 1989），視野上の広い範囲にわたる視覚情報のゲシュタルト的な知覚統合に関与することが示唆されたが，神経活動の結果生じた副産物である可能性があるため，機能的意義が示されていない。網膜においては，受容野の離れた神経節細胞間の相関発火が機能的意義をもつ例が示されている（Ishikane et al., 2005）。神経節細胞がそれぞれ独立して各受容野内の情報を符号化するだけの場合と比較して，時間的な相関発火などの細胞集団による符号化を行うと，より多くの情報量を脳に伝達することが可能になる。

（石金　浩史）

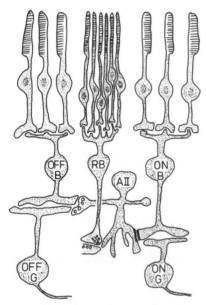

図3-3-5　哺乳類におけるAIIアマクリン細胞の回路（Wässle & Boycott, 1991）
哺乳類網膜の錐体経路と桿体経路。RB：桿体双極細胞，ON B：ON型錐体双極細胞，OFF B：OFF型錐体双極細胞，AII：AIIアマクリン細胞，ON G：ON型神経節細胞，OFF G：OFF型神経節細胞。

3・4　皮質下核の視覚経路

ヒトやサルにおいて，片眼の網膜神経節細胞の数は100-120万個あり，その軸索は視神経乳頭から眼

球外に出て視神経を形成する。視神経は視交叉で同側と対側の脳半球に投射先がより分けられて視索を形成する。ごく少数の細胞を除き，基本的にどちらの眼球の網膜神経節細胞であっても，右視野上に受容野をもつ細胞の軸索は左半球の外側膝状体背側核（dorsal lateral geniculate nucleus：dLGN；図 3-4-1）に投射し，左視野上に受容野をもつ細胞の軸索は右半球の dLGN に投射する。この経路は，網膜から dLGN を経由して一次視覚野（V1 野）に至る経路であり，膝状体系（geniculate system）と呼ばれる（図 3-4-2a）。膝状体系は知覚に深く関与する経路である。また，一部の網膜神経節細胞の軸索は dLGN の手前で視索から分岐し，dLGN 以外の脳内の複数の部位（上丘，視床枕，視蓋前域，副視索系，視交叉上核）にも直接投射し，膝状体外系（extrageniculate system）を形成する（図 3-4-2）。膝状体外系は，複数の経路から構成されるが，神経核における処理を経て膝状体系のように皮質に情報を送る機能をもつとともに，膝状体系を介さず直接眼球運動の制御に関わるなど，視覚情報に依存した行動の制御や生体の調整にも関与する。

3・4・1 外側膝状体

膝状体系の外側膝状体（lateral geniculate body：LGB）は，視床に属し，外側膝状体背側核（dLGN）と外側膝状体腹側核（ventral lateral geniculate nucleus：vLGN）とに分かれる。ヒトやサルでは他の動物種と比べて vLGN が小さく，膝状体前核（pregeniculate nucleus）と呼び，dLGN を指して外側膝状体（lateral geniculate nucleus：LGN）と呼ぶ場合が多い。

dLGN は，網膜から皮質である V1 野に至る経路の中継を主として担う部位であるが，網膜から受け取った情報をそのまま処理を加えずに V1 野へ中継するものではなく，核内の抑制性の神経機構により処理がなされる。また，皮質下の神経核群から投射を受けるとともに，V1 野（Briggs et al., 2016；Briggs & Usrey, 2009；Hendrickson et al., 1978；Lund et al., 1975）や他の皮質（Briggs et al., 2016；Hendrickson et al., 1978；Lin & Kaas, 1977）からも

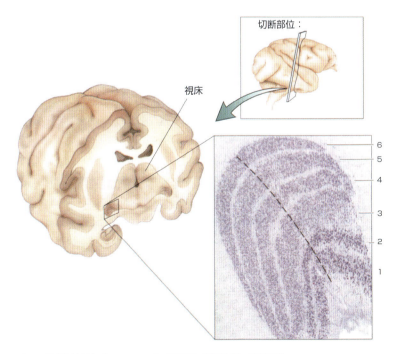

図 3-4-1　マカクザルの外側膝状体（Bear et al., 2006 加藤他訳, 2007）
　　　　右下は外側膝状体の染色切片。細胞体が粒として確認できる。背側核（dLGN）の 6 層構造のうち，腹側の第 1, 2 層（大細胞層）では細胞体が大型であり，第 3-6 層（小細胞層）では小型である。これらの層間には顆粒細胞層がある。

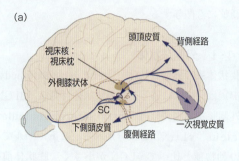
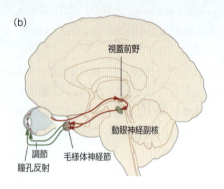
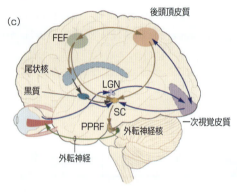

図3-4-2 膝状体系と機能別に示した膝状体外系の例（Kandel et al., 2013 金澤・宮下監修, 2014）
(a) 外側膝状体を経由して皮質に至る膝状体系と，網膜から上丘（SC）と視床枕を経由して皮質に対して投射することで，皮質における情報処理に関与する経路。(b) 視蓋前域（視蓋前野）を経由して瞳孔反射と調節に関与する経路。(c) 眼球運動を制御する経路。上丘（SC）に対しては，(a) で示された網膜から直接投射する経路と，この図で示されている通り，膝状体系を経て皮質から投射する経路とがある。上丘は橋背側の傍正中橋網様体（paramedian pontine reticular formation: PPRF）へ投射し，さらにそこから外転神経核や動眼神経核に対して投射があり，眼球運動の制御に関与する。FEF: 前頭眼野。

フィードバックの投射を受ける。dLGN内には，網膜神経節細胞から投射を受けて皮質に対して投射する中継細胞（relay cell）と，dLGN内の細胞に出力する介在細胞（interneuron）とが存在する。介在細胞は中継細胞に対してGABAを放出して抑制を行う。

dLGNは整然とした層構造をもち，外側膝状体の名称は膝のように折れ曲がった層構造の形状に由来する。ヒトやサルのdLGNにおいて，腹側から背側にかけて各層を順に第1-6層と呼ぶ（図3-4-1）。また，前述のように，dLGNは基本的に反対側の視野上に受容野をもつ網膜神経節細胞からの投射を受けるため，右半球に位置するdLGNの細胞は左視野上に受容野をもち，左半球に位置するdLGNの細胞は右視野上に受容野をもつ。右または左半球のdLGNは，どちらも左右両眼の網膜神経節細胞から投射を受ける。しかし，dLGNの第1, 4, 6層は基本的に反対側の眼球にある網膜神経節細胞から投射を受け，第2, 3, 5層は同側の眼球にある網膜神経節細胞から投射を受けており，それらの層は，dLGN内において基本的に解剖学的に分離している。そのため，これらの層にあるほとんどの細胞は，網膜から単眼性の興奮性入力を受ける。また，各層では，網膜神経節細胞から解剖学上の相対的な位置関係が維持された状態で投射を受けている。そのため，解剖学的に隣り合うdLGNの細胞は視野上において隣り合う位置に受容野をもち，各層における網膜部位再現（retinotopy）が保たれている。さらに各層を垂直に貫く直線上の細胞は視野上の同じ位置に受容野をもつため，各層の網膜部位対応地図（retinotopic map）が重なっている。また，視野上の単位面積に対応する地図上で比較すると，視野の中心部に受容野をもつ細胞の数は，視野の周辺部に受容野をもつ細胞より多く，解剖学的に占める領域が相対的に大きい（Malpeli & Baker, 1975）。

dLGNの各層における細胞の形態や機能は，それぞれが投射を受ける網膜神経節細胞と関連する（Dreher et al., 1976; Merigan & Maunsell, 1993; Schiller & Malpeli, 1978; Shapley & Hugh Perry, 1986）。サルにおいて，第1, 2層の細胞は網膜神経節細胞のなかでも比較的大きなM細胞（II・3・3参照）

から投射を受け，細胞体が大きい。そのため，第1，2層を大細胞層（magnocellular layer）と呼ぶ（図3-4-1）。第3-6層の細胞は，比較的小さな網膜神経節細胞であるP細胞（II・3・3参照）から投射を受け，細胞体が小さい。そのため，第3-6層を小細胞層（parvocellular layer）と呼ぶ（図3-4-1）。また，大細胞層と小細胞層の間には顆粒細胞層（koniocellular layer, K層）があり（Fitzpatrick et al., 1983；Hendry & Yoshioka, 1994；図3-4-1），網膜の小型両亜層分枝型神経節細胞（Dacey & Lee, 1994；II・3・3参照）から投射を受けると考えられている（Hendry & Reid, 2000）。基本的に，大細胞層，小細胞層，顆粒細胞層における細胞の受容野特性は，それぞれ網膜のM細胞，P細胞，小型両亜層分枝型神経節細胞と類似しており，その多くは円形の受容野をもつ。網膜のM細胞からdLGNの大細胞層を経由してV1野に至る経路を大細胞経路（magnocellular pathway）と呼び，低い空間分解能と高い時間分解能をもつ。この経路は，主に視野内の変化や動きに関連した情報を伝えると考えられており，光の波長スペクトルの違いに対しては感受性をもたない。網膜のP細胞からdLGNの小細胞層を経由してV1野に至る経路を，小細胞経路（parvocellular pathway）と呼ぶ。この経路は高い空間分解能と低い時間分解能をもち，主に形態や色に関連した情報を伝えると考えられている。そして，網膜の小型両亜層分枝型神経節細胞（II・3・3・6参照）からdLGNの顆粒細胞層を経由してV1野に至る経路を，顆粒細胞経路（koniocellular pathway）と呼ぶ。顆粒細胞経路は色覚への関与が推定されているが，その機能には不明な点が多い。視覚情報処理に関与する皮質において，その経路は主に空間や運動に関する情報を処理する背側経路（dorsal pathway）と，主に形態や色に関する情報を処理する腹側経路（ventral pathway）とに分岐する（II・3・6を参照）。大細胞経路，小細胞経路により運ばれる視覚情報は，それぞれ背側経路と腹側経路における主要な情報源となっている。ただし，背側経路と腹側経路に対し，大細胞経路と小細胞経路がそれぞれ完全に排他的に情報を提供しているわけではなく，背側経路は小細胞経路由来の情報も受け取り，腹側経路は大細胞経路由来の情報も

受け取る。

知覚に深く関与する膝状体系において，右眼と左眼の双方の網膜由来の入力を受け取る両眼性の細胞は，V1野以降の皮質に存在する。ヒトにおける知覚的順応実験で両眼間転移が観察された場合は，その順応に関与する神経基盤が，網膜や基本的に単眼性の細胞しかないdLGNではなく，両眼性細胞が豊富に存在するV1野以降に存在することを推定することが多い。ただし，サルのdLGNに対する入力は，網膜由来よりもV1野を中心とした皮質および後述する神経核由来のほうが多くの割合を占めており，V1野の第6層ニューロンの約15%がdLGNに入力している（Fitzpatrick et al., 1994）。また，dLGNの顆粒細胞層の細胞の30%（dLGNにおける全細胞数の3%）は両眼性である（Cheong et al., 2013；Zeater et al., 2015）。さらに，dLGNの大細胞層や小細胞層の単眼性の細胞のなかには，少数ではあるが，両眼への刺激呈示が細胞の活動に変調を与えることがわかっている（Marrocco & McClurkin, 1979；Rodieck & Dreher, 1979；Schroeder et al., 1990）。しかしながら，網膜以外の部位からのdLGNに対する入力の機能的意義や，dLGN細胞における両眼刺激による変調および顆粒細胞層に存在する両眼性細胞の果たす機能的意義については不明な点が多い（Dougherty et al., 2019）。

dLGNからは，主としてV1野に対する直接投射があるが，サルでは，V2野（Benevento & Yoshida, 1981；Bullier & Kennedy, 1983；Fries, 1981；Yukie & Iwai, 1981），V4野（Lysakowski et al., 1988），MT野（Sincich et al., 2004；Stepniewska et al., 1999）への直接投射も確認されている。また，dLGNは，網膜神経節細胞，V1野を中心とした皮質から多くの投射を受けるが，上丘浅層・視蓋前域・視床網様核をはじめとした多くの神経核からも投射を受けており（Bickford et al., 2000；Wilson et al., 1995），これらがdLGNの細胞の活動を修飾したり，調整することで，視覚情報処理やその出力制御に関与すると考えられている。

vLGNは，網膜神経節細胞から直接投射を受けるとともに，視覚情報処理に関連する皮質や上丘，視蓋前域などからも投射を受け，上丘，視蓋前域など

に投射する。サルのvLGNにおいては，眼球運動に関連して活動が変調する細胞があることが報告されている（Büttner & Fuchs, 1973）。

3・4・2 膝状体外系

嗅覚を除く感覚では，感覚器からの情報が基本的に視床を経て各感覚皮質に送られる。ヒトやサルにおいて，網膜神経節細胞により出力された網膜像の情報がdLGNを経てV1野に至る膝状体系が，主要な視覚情報処理の経路ではあるが，網膜神経節細胞の軸索はdLGN以外の部位にも投射しており，膝状体系と並行して複数の情報処理の経路を構成している（図3-4-2）。ここでは，これら膝状体外系について概説する。

3・4・2・1 上丘と視床枕

中脳に属する上丘（superior colliculus）は，網膜や視覚皮質から投射を受ける。上丘は，哺乳類と比較して大脳皮質の発達していない両生類や鳥類では視蓋（optic tectum）と呼ばれ，脳内で広い領域を占め，主たる視覚経路となっている。しかしながら，特に皮質の発達しているヒトやサルにおいて上丘は比較的小さく，脳幹の背側に位置する。

哺乳類の上丘には，表面に対して平行な7層の層構造があり（Kanaseki & Sprague, 1974），表層から帯状層（I層），浅灰白層（II層），視神経層（III層），中間灰白層（IV層），中間白質層（V層），深灰白層（VI層），深白質層（VII層）と呼び，線維層と細胞層が交互に重なっている（図3-4-3）。網膜神経節細胞の軸索はIII層を通り，主にII，III層において終わる。また，V1野からの線維もII層に投射している。上丘のIV層より深い層では，聴覚や体性感覚に関連する領域と投射関係がある。

視床枕（pulvinar）は，間脳に属する視床の背側に位置する。視床枕は進化的に新しい哺乳類においてよく発達している。サルの視床枕は前側核，内側核，外側核，下核の四つの部位に分かれる。視床枕は，V1野および視覚情報処理に関連する皮質領域や前頭葉，頭頂葉，側頭葉にある多くの皮質領域と互いに投射関係があり（Bridge et al., 2016; Kaas & Lyon, 2007; Shipp, 2003），上丘浅層および深層からも投射を受ける（Benevento & Standage, 1983; Huerta & Harting, 1983）。また，網膜神経節細胞から直接の投射もある（Itaya & Van Hoesen, 1983; Mizuno et al., 1982; Nakagawa & Tanaka, 1984）。

以下，上丘および視床枕を経由する経路について，視覚情報処理に関連するものを概説する。

1）上丘浅層とその経路

哺乳類において，上丘のI-III層（浅層）の細胞は視覚刺激に応答するため，視覚機能に関与する部位と考えられており，浅層を視覚層とも呼ぶ。また，網膜部位再現があり，中心視野において高い機能を有するサルでは，中心視野に受容野をもつ細胞群が広い範囲を占める。ただし，直径7°以内の網膜中心部に位置する網膜神経節細胞からは直接の投射は存在せず，V1野を介して投射を受けている（Wilson & Toyne, 1970）。浅層の細胞は，動きのある光刺激に対して強く応答する（上丘細胞の応答特性の詳細についてはII・15・3参照）。そして，細胞の位置する層が深いほど，受容野がより大きくなる傾向がある。サルでは，浅層から視蓋前域への投射や（Benevento & Fallon, 1975），dLGN, 視床枕への投射がある（Lin

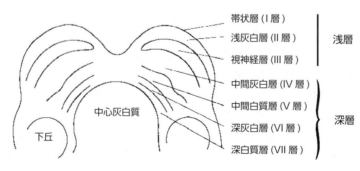

図3-4-3　サル上丘の層構造（Wurtz & Albano, 1980）

& Kaas, 1979；Stepniewska et al., 2000）。そして，前述の通り，dLGN，視床枕とも，V1 野および V1 野以外の視覚情報処理に関連する皮質領域（外線条皮質，extrastriate cortex）に対する直接の投射がある（図 3-4-2a）。そのため，「網膜→上丘浅層→（dLGN または視床枕）→ V1 野」「網膜→上丘浅層→（dLGN または視床枕）→外線条皮質」「網膜→ dLGN →外線条皮質」という視覚情報処理の経路が存在することとなる。たとえば，V1 野を破壊した場合，光刺激に対する MT 野の細胞の応答は大きく減少するが，少し残存する（Rodman et al., 1990）。この残存する MT 野の細胞の応答は，上丘の破壊により消失する（Rodman et al., 1990）。V1 野を損傷すると，その部位に応じて視野上に主観的に見えない領域である暗点（scotoma）が生じる。しかしながら，その暗点での視覚情報処理の結果が行動に反映される場合があり，これを盲視（blindsight）という。ここで述べた V1 野を経由しない視覚情報処理の経路が，V1 野破壊後に残存する MT 野の細胞の応答や，盲視に関与している可能性がある（I・1・8 参照）。

2）上丘深層とその経路

哺乳類の上丘の IV-VII 層（中間層および深層，本節では感覚信号処理の観点から浅層と対置させて「深層」と総称）は，網膜神経節細胞からの直接の投射はないが，皮質の広い領域から投射を受けるとともに（Kawamura & Konno, 1979），皮質下の広い範囲からも投射を受ける（Edwards et al., 1979）。上丘深層には，視覚・聴覚・体性感覚などのいずれか一つの感覚種の刺激に対して感度をもつ細胞と，複数の感覚種に対して感度をもつ細胞とがあり，網膜部位再現，周波数局在，体部位局在性がある。また，上丘深層からは，橋，延髄，視床枕および脊髄に対して投射がある。サルにおいて，上丘深層から視床枕の内側核に投射するが（Benevento & Standage, 1983），この内側核からは，前頭眼野（frontal eye field：FEF；Trojanowski & Jacobson, 1974），下頭頂小葉（inferior parietal lobule：IPL；Baleydier & Mauguière, 1987），上側頭溝（superior temporal sulcus：STS；Mauguière & Baleydier, 1978）などへの投射がある。上丘深層から橋にも投射するが，橋は眼球運動を制御する外転神経核および動眼神経核

に投射しており（図 3-4-2c），この経路はサッケードの制御に関与する（II・15・3 参照）。

以上のことから，上丘深層では，視覚・聴覚・体性感覚の情報を空間的に統合し，外界の対象物の位置や運動方向を分析し，その対象物に対して眼球・頭部・身体を向ける空間定位に関連する情報が処理されていると考えられている。

3）上丘および視床枕を含む経路の機能

ヒトやサルでは，中心視の機能が特に発達しており，対象物を中心視野で捉えることは，視覚情報処理上の利点が多い。この対象物に対して視線を向ける定位反応の対象となる視野の範囲は，注意を向けている範囲と相関が高いが，一致するわけではない。しかしながら，注意が捕捉されるとともに，定位反応が行われており，注意に関与する神経基盤と，定位反応を制御する神経基盤には密接な関係がある。上丘および視床枕を含む経路は，注意に関与する前頭眼野とも投射関係があり（図 3-4-2c），定位反応と注意に関与する（I・4・6 参照）。また，この経路は網膜神経節細胞から視覚情報の入力を受け，多くの皮質下および皮質領域に情報を伝達するとともに，多くの皮質下および皮質領域からも情報を伝達されており，これらのシステムの一部となって，相互作用することで機能を実現している。

3・4・2・2　視蓋前域

視蓋前域（視蓋前野：pretectum）は，上丘の前側に隣接する視索核（II・3・5 参照），視索前域オリーブ核，視蓋前域前核，視蓋前域後核などの神経核群である。網膜神経節細胞から直接の投射を受けるほか，上述の通り上丘浅層からも投射を受ける。視蓋前域は，動眼神経核・視床枕・dLGN などに投射している。特に動眼神経副核（Edinger-Westphal 核）へ投射する経路（図 3-4-2b）は，最終的に眼球の瞳孔括約筋や毛様体筋を制御し，それぞれ瞳孔径や水晶体の厚さを調節することで，瞳孔反射や調節反射に関与する（II・3・1 参照のこと）。

3・4・2・3　副視索系と視索核

副視索系（accessory optic system：AOS）は，視索から分岐した網膜神経節細胞の軸索が脳幹の三つの

第II部　視覚

終止核である背側終止核（dorsal terminal nucleus：DTN），外側終止核（lateral terminal nucleus：LTN），内側終止核（medial terminal nucleus：MTN）に投射する経路である。これら三つの終止核は脊椎動物において共通して存在している。また，上述の視蓋前域に位置する視索核（nucleus of the optic tract：NOT）も網膜神経節細胞から投射を受ける。AOSとNOTはウサギ，ネコ，マウスにおいて詳細に調べられている（Collewijn, 1975；Grasse & Cynader, 1982, 1984；Oyster et al., 1972；Yonehara et al., 2009）。特にウサギとマウスでは，運動方向選択性をもつ網膜神経節細胞が投射することで，視運動性眼振（optokinetic nystagmus：OKN）の制御に関与することが示唆されている（Collewijn, 1975；Oyster et al., 1972；Yonehara et al., 2009）。サルでもAOSのLTNにおいて眼球運動に関連する細胞の活動が報告されており（Mustari & Fuchs, 1989），サルのNOTを両側性に破壊するとOKNが消失する（Kato et al., 1986）ことから，サルにおいても，これらの経路が眼球運動の制御に関わっていると考えられている。なお，中心窩をもたないマウス等と中心窩をもつサルやヒトでは，眼球運動の特性や制御機構が異なっていると考えられることに注意されたい。

（石金　浩史）

3・5　一次視覚野

外側膝状体から出た神経線維が投射するのが後頭葉にある一次視覚野（V1野：primary visual cortex）である。V1野は視覚系において，大脳皮質の入り口（一次感覚野）であり，機能的には輪郭を検出すること，両眼情報を統合することなどが特徴である。Brodmann17野に相当し，後頭葉内側面の鳥距溝（calcarine sulcus）内部とその周囲に存在する（図3-5-1，図3-5-2）。網膜からV1野までの処理過程で，光の検出（視細胞），時空間周波数帯域ごとのコントラスト強調（網膜神経節細胞），輪郭検出（V1野）が進んでいく。

3・5・1　V1野への入力と層構造

大脳皮質は6層構造をしており，一般的には4層が下位からの入力層，2・3層が他の大脳皮質への出力層，5・6層が視床への出力層である。V1野の入力層である4層はさらに4A，4B，4Cα，4Cβという層構造に分けられる。4Cαは外側膝状体の大細胞層（magnocellular layer）から入力を受け，4Cβは外側膝状体の小細胞層（parvocellular layer）から入力を受ける。4Cαのニューロンは主に4Bの有棘星状細胞（spiny stellate neuron）に投射し，4Cβのニューロンは主に4Bの星状錐体細胞（star pyramid neuron）に投射する。4Bの有棘星状細胞は直接，MT野（middle temporal area）［この領野は新世界ザルの一種ヨザルでは中側頭回（middle temporal gyrus）後部に存在するが，マカクザルでその機能的相同領野と目される領野はより後部に位置する上側頭溝（superior temporal sulcus）後壁に存在し，慣例的に「MT野」と称される場合が多いものの，より中性的な「V5野」という呼称も用いられる］に投射するのに対し，4Bの星状錐体細胞はV2野の太い縞を介してMT野に投射する。また，4Cαと4Cβのニューロンは2・3層の錐体細胞（pyramidal neuron）に投射し，これらはV2野に投射する（Nassi & Callaway, 2009）。

3・5・2　V1野の受容野と視野

V1野は外側膝状体を介して網膜から情報を受け取り，皮質上に視覚の空間情報のマップをもつ。外側膝状体同様，対側視野の視覚情報に応答する。また，鳥距溝上壁は視野の下半分の視覚情報に応答し，下壁は視野の上半分に応答する。このようなマップを網膜部位再現（レチノトピー：retinotopy）という。中心視野に対応するV1野ニューロンの受容野は小さく，中心視野の単位面積あたりの再現がV1野皮質表面に占める領域が大きいのに対し，周辺視野に対応するV1野ニューロンの受容野は大きく，周辺視野の単位面積あたりの再現がV1野皮質表面に占める領域は小さい。このように受容野サイズには網膜偏心度依存性があり，またそれに関連して，視野上の1°の長さに対応する皮質上の長さ（mm）が網膜偏心度に応じて異なるが，このような長さの対応

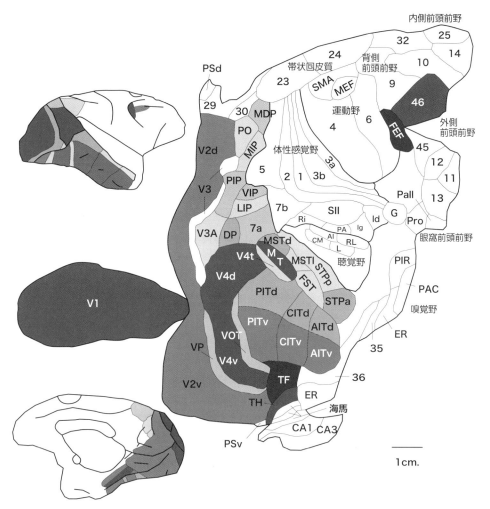

図 3-5-1 視覚に関連する大脳皮質領域とその階層構造（マカクザル）①（Felleman & Van Essen, 1991）
視覚に関連する領野の脳内での位置関係。左上は脳を外側から概観したもの，左下は脳を内側から概観したものである。右は大脳皮質を開いて平らにした図（flat map）である。右図の上側が背側視覚経路，下側が腹側視覚経路に該当する。

関係を皮質拡大（cortical magnification）と呼ぶ。

3・5・3 V1野ニューロンの代表的な応答特性

V1野ニューロンは，その応答特性から大まかに単純型細胞（simple cell）と複雑型細胞（complex cell）とに分類できる。

3・5・3・1 単純型細胞

単純型細胞には網膜神経節細胞，外側膝状体の細胞と同様に，受容野にON領域とOFF領域とが存在するが，それぞれがたとえば縦長といったように伸びているため，輪郭がどの方位に傾いているのか

を検出できる。このように特定の範囲の方位を選好することを方位選択性（orientation selectivity）と呼ぶ。たとえば，細長く伸びているON領域を明るいスリット光がぴったり刺激すれば，単純型細胞は大きく応答する。一方，その状態に比べてスリット光の傾きが変わったり，スリット光の位置がずれたりして，光の一部がOFF領域にかかると，単純型細胞の応答は小さくなる。このような性質は，同心円状の受容野をもち，受容野位置が少しずつずれた複数の外側膝状体ニューロンから入力を受けることで作られると説明されている（Chapman et al., 1991；Hubel & Wiesel, 1962）。ON/OFF領域の間隔によっ

第II部 視覚

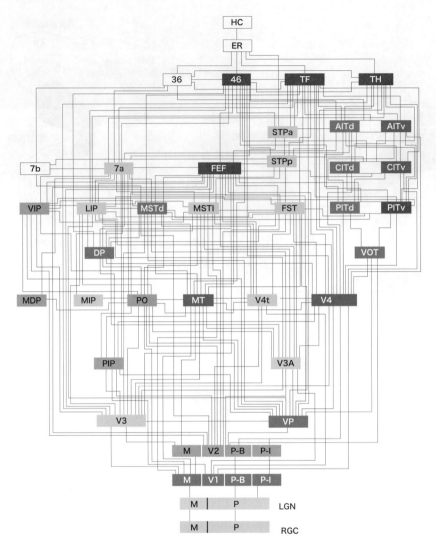

図 3-5-2 視覚に関連する大脳皮質領域とその階層構造（マカクザル）②（Felleman & Van Essen, 1991）
視覚関連領野の階層構造。下側が入力に近い階層であり，上側が高次な階層である。左側が背側視覚経路，右側が腹側視覚経路に該当するが，相互に結合があることから，両経路に相互作用があることがわかる。

て最適な空間周波数が決まり，インパルス応答，つまり時間的に短い刺激に対する単純型細胞の応答の時間幅によって最適な時間周波数が決まり，これらはニューロンによって異なる。単純型細胞のなかには，スリット光などの刺激が一定の方向に動くと応答し，反対方向に動いたときには応答しない運動方向選択性（direction selectivity）をもつものや，たとえ最適刺激が受容野を刺激し続けていても刺激が受容野からはみ出したときに応答が弱まるエンドストッピング（end stopping）を示すものがある。エンドストッピングの機能は明確ではないが，角の検

出や，方位に直交しない斜めの運動の検出などに重要であると想定されている（Dobbins et al., 1987; Pack et al., 2003）。単純型細胞は主に4層に分布する。

3・5・3・2 複雑型細胞

単純型細胞は受容野のON領域とOFF領域とが分離しているのに対し，複雑型細胞ではON領域とOFF領域とが重なっている。つまり，受容野内に明るい刺激を呈示しても暗い刺激を呈示しても，そのニューロンの特徴選択性に合っていて活性化できる

刺激であれば，活動を引き起こすことができる。複雑型細胞は単純型細胞と同様，方位，時空間周波数，運動方向選択性やエンドストッピングなどの性質を示しうるが，単純型細胞と異なり，受容野内の位置にかかわらず応答する。これは，複雑型細胞が共通の方位を選好しON/OFF領域の位置（周期関数でいう位相）の異なる複数の単純型細胞の情報を集めた結果だと考えられている。複雑型細胞は主に2・3・5層に分布する。

3・5・4 V1野の機能構築

大脳皮質には，ある特徴に対して似た応答を示す細胞が集まって存在するという性質がある。このなかで，皮質の垂直方向に集まっている構造をコラム（column）構造と呼ぶ。V1野には眼優位性コラムや方位コラムが存在するほか，ブロブ構造が存在する。

3・5・4・1 眼優位性コラム

両眼からの情報は外側膝状体では収束せず，V1野で初めて統合される。各々の眼に由来する信号を運ぶ入力軸索は4層内で分離しているため，V1野の4層ニューロンの多くは外側膝状体と同じく単眼性の応答を示す。V1野の4C層には同側の眼からの入力にのみ応答するニューロン，対側の眼からの入力にのみ応答するニューロンが交互に並ぶ眼優位性コラム（ocular dominance column）という構造がある（図3-5-3）。V1野の4層から入力を受けるV1野の2・3層には，両眼からの入力に応答する両眼性細胞が多く存在する。これらの構造は正常発達でみられるものであるが，幼少期に両眼からの均等な入力がない場合に崩れることが知られている。たとえば，幼少期に右眼の眼瞼を縫合して入力を遮蔽した場合，V1野の2・3層には左眼にのみ応答する細胞が激増し，右眼は弱視に陥り，両眼視もできなくなる（Hubel & Wiesel, 1970）。このように，正常発達に重要な時期を臨界期（critical period）と呼ぶ。マカクザルでは眼優位性コラムの幅が400-700μmであるのに対して，ヒトでは700-1000μmと幅広い。

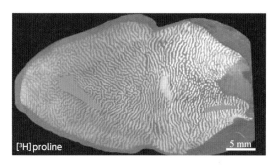

図3-5-3 眼優位性コラム（マカクザル）（Sincich & Horton, 2002）
V1野の4C層には同側の眼，対側の眼，それぞれからの入力にのみ応答するニューロンが交互に並ぶ眼優位性コラムという構造がある。本図は，左眼に[³H]prolineを注入し，オートラジオグラフィーを用いて左V1野を撮像したものである。

3・5・4・2 方位コラム

V1野の皮質に垂直な方向には，似た最適方位をもつ細胞が集まって存在する。これを方位コラム（orientation column）と呼ぶ。皮質に水平な方向に沿って並ぶニューロンの受容野ごとに，最適方位が少しずつ変化する構造が存在する。このような構造から，最適方位の著明な偏りがない皮質上の点すなわちピンホイール（pinwheel）を中心に，皮質表面に沿って最適方位が連続的に変化する方位コラム群が配置されていると理解することができる（図3-5-4）。

3・5・4・3 ブロブ

チトクロームオキシダーゼ（cytochrome oxydase：CO）についてV1野を染色すると，約0.5mm間隔で斑点状に染まる。この構造をブロブ（blob）と呼ぶ。ブロブは主に2・3層に存在する。ブロブの細胞の多くは色に選択的に応答し，ブロブ外に相当するインターブロブ（interblob）細胞の多くは方位選択性を示す。

（宇賀 貴紀）

第 II 部　視覚

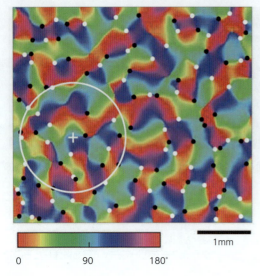

図 3-5-4　ピンホイール構造（マカクザル）（Okamoto et al., 2011）
内因性光計測によって導出されたピンホイール構造。色は最適方位を表しており，白い点が時計回りのピンホイール中心，黒い点が反時計回りのピンホイール中心を表している。

3・6　背側視覚経路，腹側視覚経路

　V1 野の情報は，大きく頭頂葉に向かう背側視覚経路（dorsal visual pathway）と側頭葉に向かう腹側視覚経路（ventral visual pathway）に分岐する。背側視覚経路では物体がどこにあるかが解析されたり，物体への動作に重要であったりするため，空間視経路（where 経路）と評されるのに対し，腹側視覚経路では物体が何であるかが解析されるため，物体視経路（what 経路）と評される。二つの経路の分化は解剖学的に確認されているうえ，機能の分化もサルを対象とした動物実験およびヒト脳損傷患者の行動観察でも確認されている。両経路は比較的独立しているが，解剖学的な相互連絡も存在し，機能的にも相互作用があることが知られている（Takemura et al., 2016）。腹側視覚経路は記憶に関わる嗅周野・海馬や，情動に関わる扁桃体に出力する。背側視覚経路の出力は頭頂葉から前頭葉の運動関連領野へと伝えられる。両経路は Felleman & Van Essen（1991）の図（図 3-5-1）に正確に記載されている（Felleman & Van Essen, 1991）。

　本節では，背側視覚経路，腹側視覚経路に属する領野について説明したあと，それぞれの経路の機能について概説する。

3・6・1　背側視覚経路

　背側視覚経路の主要経路は，V1 野→ MT 野→ MST 野（medial superior temporal）→頭頂間溝 である。近年，背側視覚経路が複数の経路からなるとの議論もある（Kravitz et al., 2011；Rizzolatti & Matelli, 2003）。実際，V1 野→ V3/V3A 野→頭頂間溝 という経路も存在する。背側視覚経路の主な機能は，運動視，立体視，空間知覚である。

　以下，背側視覚経路に属する領野を列挙して概説する。

3・6・1・1　V3/V3A 野

　V1 野，V2 野から入力を受け，頭頂葉に投射する。運動方向選択性はもたないが，奥行きの手がかりである両眼網膜像差の一定の範囲に応じる両眼視差選択性（像差選択性：disparity selectivity）が強い。機能的な役割が不明な部分が多い。

3・6・1・2　MT 野

　主に運動視に関連する。その特徴として，物体の動きの方向に選択性をもつ運動方向選択性細胞が多く存在する。たとえば，物体が右に動くと応答が強いが，左に動いたときには応答がほとんど出ないようなニューロンである。このように，物体がどの方向にどれくらいの速さで動いたかを表現するニューロンが多く存在する。その他，MT 野ニューロンには両眼視差選択性や，奥行きの単眼手がかりである運動視差（motion parallax）選択性もある。MT 野ニューロンの受容野は，眼球位置を変えると，眼球とともに移動する。つまり，受容野位置は網膜のどこに像が結ばれるかで決まるため，網膜座標系の表現であるといえる。

3・6・1・3　MST 野

　大きく MSTd 野と MSTl 野に分けられる。MSTd 野には拡大／縮小，回転選択性をもつニューロンがある。これらは自身の動きによって生じる網膜上での外界の動きであるオプティックフロー（optic

第３章　視覚系の構造と機能

flow）を検出するのに役立つ。MST 野は前庭器官か
らの入力も受けているため，視覚と平衡感覚とを統
合し，自身がどの方向に動いているのかを計算して
いると考えられている。MST 野は眼球運動に不変
な座標系をもつ。

3・6・1・4　頭頂間溝

　眼球運動に関連する LIP 野（lateral intraparietal
area），腕の到達運動に関連する MIP 野（medial
intraparietal area），把持運動に関連する AIP 野
（anterior intraparietal area）などの，行動に必要な
視覚表象が頭頂間溝の各領野に存在する。LIP 野と
MIP 野では，視線や腕の到達目標位置に関する感覚
性の活動と，それに伴う眼球運動・到達運動に伴う
運動性の活動とがあることが知られている。AIP 野
は把持物体の形態を表現するとともに，物体を摑む
ときに活動する。AIP 野ニューロンのなかには，た
とえば，ニューロン活動が記録されている動物自身
がエサを取っても，実験者がエサを拾い上げても，
同じような活動を示す，というように，他人の行動
を見ても自身が行動をしても同じように応答するい
わゆるミラーニューロンが存在する。頭頂間溝外側
壁の後部にある CIP 野（caudal intraparietal area）
には面の傾きに応答する細胞が存在する。

3・6・2　腹側視覚経路

　腹側視覚経路の主要経路は V1 野→ V2 野→ V4
野→下側頭皮質（inferior temporal cortex：IT）で
ある。腹側視覚経路の主な機能は，色の知覚，形態
認知である。
　以下，腹側視覚経路に属する領野を列挙して概説
する。

3・6・2・1　V2 野

　解剖学的構造として太い縞（thick stripe），細い縞
（thin stripe），淡い縞（pale interstripe）があるこ
とが知られている。太い縞には動きと両眼視差（像
差），淡い縞には方位，細い縞には色に選択性をも
つニューロンが多数存在する。太い縞のニューロン
は MT 野に投射するため，背側視覚経路の一部と考
えることもできる。V2 野には二つの線分の角度あ

るいは曲率を検出するニューロンがある。この性質
は V1 野と異なり，形態認知の初期段階として，輪
郭から曲率の計算がなされているのではないかと考
えられている。

3・6・2・2　V4 野

　主に V2 野の細い縞，淡い縞から入力を受け，下
側頭皮質に投射する。色の恒常性に寄与していると
いう考え方が古くから存在するが（Zeki, 1980），色の
分析に特化しているわけではない。V4 野ニューロン
は両眼視差情報や曲率表現ももつことが知られている
ため（Roe et al., 2012），3 次元形態認知に必要な要素
を表現できるようになっていると考えられている。

3・6・2・3　IT

　IT のニューロンは物体の部分特徴に応答する。直
線や曲線のみには応答せず，かといって，物体その
ものへの応答をするわけでもなく，物体の要素に
応答する。IT ニューロンを応答させる最適図形は，
突起のついた円などの中程度に複雑な図形特徴であ
る。このような選択性はおそらく，V4 野にある曲率
に応答するニューロンの情報が統合されてできると
考えられる。以上のことから，少なくとも一般的な
物体については，中程度に複雑な図形特徴に応答す
るニューロンの活動の組み合わせから，物体が何で
あるかが判定されていると考えられている。

3・6・3　背側視覚経路の主な機能

3・6・3・1　運動視に関わる脳領域

　外界で動いている物体の運動方向や速さを知覚す
る視覚機能を運動視という。ヒトで MT 野と周辺大
脳皮質領域に障害が生じると，滑らかに動きを知覚
できなくなると報告されている（Zihl et al., 2008）。
動物で MT 野を破壊すると，運動方向を答える課題
の成績が低下するため，MT 野は運動視に必須であ
ると考えられている。

3・6・3・2　運動視に関わる情報の伝達経路

　物体の動きの情報は，網膜神経節細胞（特にパラ
ソル細胞）から主に外側膝状体の大細胞層を介して

365

第 II 部　視覚

V1 野に伝達される。そして，V1 野で局所の運動の方向や時空間周波数が最初に検出される。実際，V1 野の 4B 層には運動方向選択性細胞が多く存在する。V1 野の 4B 層にある運動方向選択性細胞は直接 MT 野に投射し，動きの情報は主に MT 野や MST 野などの大脳皮質背側視覚経路で処理される。特に，MT 野の運動方向選択性は V2 野の不活性化で変化しないので，V1 野から MT 野への直接経路を介していると考えられる（Ponce et al., 2008）。しかし，動きの速さに関連する情報は，腹側視覚経路にも伝達されることが知られている（Cheng et al., 1994）。

3・6・3・3　窓問題

運動視の重要な問題の一つが窓問題（aperture problem）である。運動物体を小さい窓枠から覗くと，物体全体の運動方向にかかわらず，窓枠から見える物体の局所輪郭線に直交する運動成分が検出されてしまう。運動が最初に検出される V1 野ニューロンの受容野は小さいため，実質的に窓枠であり，そこで検出される運動は局所運動で，物体全体の運動と必ずしも一致しない。物体全体の大域的な運動を検出するには，局所運動の情報を空間・方位にわたって統合する必要がある。プラッド（plaid）を用いると，大域的な運動が，二つの局所輪郭線に直交する運動成分とは異なる方向に起こるため，ニューロンが局所運動に応答しているのか，大域的な運動に応答しているのかを区別できる（II・14・2 参照）。その結果，MT 野の約 1/3 のニューロン，そして MST 野のほぼすべてのニューロンが，プラッド全体が動いている方向に応答することが示された（Khawaja et al., 2009）。以上のことから，MT 野と MST 野では局所運動から物体全体の運動を計算するための方位統合が行われていると推測されている。

3・6・3・4　速度の計算

物体の速度を計算するためには，単位時間あたり，物体がどの程度動いたのかがわからなければならない。速度は，時間周波数 / 空間周波数と定義できるので，物体の速度を正しく検出するには，時間周波数 / 空間周波数が一定で，異なる時空間周波数の組み合わせを統合する必要がある。V1 野ニューロンは特定の時空間周波数を検出するのに対し，MT 野のほとんどのニューロンが時間，空間周波数にかかわらず，時間周波数 / 空間周波数が一定の値のときに応答する（Perrone & Thiele, 2001；Priebe et al., 2001）。したがって，MT 野は時空間周波数の統合を行い，速度を計算していると考えられている。

3・6・3・5　一次運動と二次運動

輝度の変化で定義できる運動を一次運動（first-order motion）と呼ぶ。一次運動は運動エネルギーモデルのような運動検出器で検出できる。平均輝度では定義できないが，輝度の組み合わせ（たとえばコントラスト）で定義できる運動を二次運動（second-order motion）と呼ぶ。運動残効（motion aftereffect）や脳機能イメージング研究から，一次運動の処理と二次運動の処理は異なる脳部位で行われていることが知られている（Ashida et al., 2007）。

3・6・3・6　奥行き運動

外界は 3 次元であるため，奥行き方向に運動する物体も存在する。そのような奥行き運動を検出する方法は少なくとも二つある。一つ目は，左右眼での物体運動の速度差を利用する方法である。たとえば，正面から近づいてくる物体は，左眼では右方向に動き，右眼では左方向に動く。逆に正面に遠ざかる物体は，左眼では左方向に動き，右眼では右方向に動く。したがって，眼間速度差を検出できれば奥行き運動が検出できる。もう一つは，物体の奥行きそのものの時間変化を計算する方法である。両眼視差を検出し，その時間変化を計算できれば奥行き運動が検出できる。

心理物理学的および脳機能イメージングを用いた研究により，ヒトは眼間速度差を用いても奥行き運動を知覚できると示唆される（Czuba et al., 2014；Rokers et al., 2009）。また，サル大脳皮質 MT 野にはそれぞれの方法を用いて推定された奥行き運動に応答するニューロンがある（Sanada & DeAngelis, 2014）。

3・6・3・7　オプティックフロー

自身の動きによって生じる網膜上の像の動きをオプティックフローと呼ぶ。オプティックフローは並

進運動，回転運動，拡大／縮小運動に分解できる。たとえば，自身が前に進むと，視線方向を中心に拡大パターンの運動が生じる。逆に，拡大運動を見ただけで前に進んでいる感覚が生じる。MSTd 野には並進，回転，拡大／縮小，それぞれの運動に応答するニューロンが見つかっている。オプティックフローは自身の動きに関する強力な手がかりを提供するため，オプティックフローからだけでも，精度よく自身がどの方向に動いたかを答えることができる。たとえば，正面右あるいは左のどちらに自身が動いたか，数度（°）の精度で答えることができるが，MSTd 野を不活性化すると，この精度が悪化する（Gu et al., 2012）。

3・6・3・8　動きからの形・奥行き・素材の推定

網膜上の動きは，物体の運動そのものの知覚のみならず，物体のさまざまな性質を特定するのに使われる。たとえば，運動からの形状復元（structure from motion）や運動視差を用いた奥行きの推定などが挙げられる。また，剛体ではない物体の性質も運動から再現できる。たとえば，心理物理学的研究から，液体の粘性や透明感が運動情報のみから推定できることがわかりつつあるが（Kawabe et al., 2015），脳での計算過程はわかっていない。

3・6・3・9　立体視

われわれの眼は左右に離れているため，固視している面から離れた物体の像は左右の眼で異なる位置に投影される。物体像の左右眼での投影位置のずれを両眼網膜像差（本節では慣例的に「両眼視差」とも表記）という。ヒトは両眼視差から物体が固視面に対してどの奥行きにあるのかを復元することができる。

立体視に関わる脳領域を解明するにあたっては，両眼視差選択性細胞の割合が一つの指標となる。両眼視差選択性は，両眼情報が最初に統合される V1 野でみられる。V1 野以外では，主に背側視覚経路の V3/V3A 野，MT 野，MSTd 野，MSTl 野でみられるが，V2 野，V4 野，IT でもみられるため，立体視に関連する情報処理は背側視覚経路，腹側視覚経路の両方で機能していると考えられている。

立体視に関わる情報の伝達経路としては，まず V1 野の 4B 層には両眼視差選択性をもつニューロンが多数存在するが，V1 野の両眼視差に関する情報は，V2 野の太い縞を介して間接的に MT 野に伝えられる。これは V2 野の太い縞に多くの両眼視差選択性細胞が存在すること，V2 野を不活性化すると MT 野の両眼視差選択性が弱まることから推測できる（Ponce et al., 2008）。MT 野の運動方向選択性が V2 野の不活性化で変化しないのと対照的である。

両眼視差選択性細胞はいくつかのタイプに分けられる。両眼視差がゼロ，つまり自分が固視している奥行きに物体があったときによく応答するニューロン（tuned excitatory），逆にゼロではほとんど応答しないニューロン（tuned inhibitory），手前に応答するニューロン（near cell），奥に応答するニューロン（far cell），などがある。いろいろなタイプの両眼視差選択性細胞の応答の組み合わせから，物体がどの奥行きにあるのかを判別できると考えられている。

ちなみに，前述したように，両眼立体視に加えて運動視差から奥行きを再構成することもできるが，MT 野には頭の動きと網膜上の動きを統合して奥行きを検出できるニューロンがある（Nadler et al., 2008）。

最後に，立体視の背側・腹側視覚経路での機能区分を考えてみる。両眼視差選択性細胞は背側視覚経路，腹側視覚経路の両方で多くみられるが，両経路では機能が異なっていると考えられている。背側視覚経路は 3 次元空間知覚に関わり，輻輳眼球運動や到達運動のための相対距離推定などに重要であると考えられている。一方で，腹側視覚経路は物体の 3 次元形状を認識することに貢献していると考えられている。これは，MT 野ニューロンが絶対網膜像差（絶対視差：網膜上での左右像の位置ずれ）に応答するのに対し，V4 野ニューロンの一部が相対網膜像差（相対視差：二つの物体の絶対視差の差）に応答することから類推される（Uka & DeAngelis, 2006；Umeda et al., 2007）。

3・6・3・10　空間知覚

空間知覚とは外界の 3 次元空間を知覚する能力のことである。空間情報は主に，眼や腕などの効果器を動かすとき，どこに動かせばよいのかの情報を提供する。視覚を用いた空間知覚ではまず，網膜上の位置で空間が表現される。高次脳領域では，目的に

合わせて座標系が変換される。

空間知覚に関わる脳領域に関しては，背側視覚経路，腹側視覚経路の二つの経路が見つかったときから，背側視覚経路が空間知覚に関わると考えられてきた。頭頂葉を損傷したサルは，二つの物体のうち，どちらが自分に近いかを選択する課題を行うことが困難だったからである。ヒトでは頭頂葉に障害がある場合，見たものに手を伸ばしたり，掴んだりするのが困難になることがある。

空間知覚における座標変換の問題をここで詳しく検討することにする。視覚の入り口にある網膜の細胞は，網膜上に自ら（視細胞外節やニューロンの樹状突起分布としての実装）が定位している位置によって，その細胞が表現する空間位置が決まる。網膜細胞のさまざまな選択性を受け継いでいることから，V1 野ニューロンの応答性は，網膜細胞のものと同様に，光が網膜のどこに当たるかによって決まる。眼球の位置，つまり視線の方向を変えると，同じ V1 野ニューロンの受容野は外界の異なる位置に移る。このような座標系は網膜中心座標系である。一方で，眼球位置によらない座標系として自己中心座標系がある。身体の運動は眼球位置によらないため，腕の到達運動などは頭部や身体を中心とした座標系で計算されると考えられている。また，身体周辺の空間知覚には，身体部位中心座標系が使われることがある。たとえば，手の周囲に視覚受容野をもつニューロンはこれにあたり，手が動くと受容野が手とともに動く。さらに，物体のある部分に手を伸ばしたり，つかんだりする場合，物体の内部での目標の相対位置を表現するのは物体中心座標系である。

3・6・3・11 リマッピング

眼が動くと網膜上の位置と外界の位置が必然的にずれる。外界の空間位置を正しく知覚するためには，このずれをすばやく補正する必要がある。時空間的にシームレスに空間位置を補正するため，脳には眼球運動が始まる前に，予測されるずれを補正する機構が備わっている。たとえば，LIP 野ニューロンは網膜上の視覚刺激位置を表現するが，眼球が動く 50 ms ほど前に，新しい眼球位置での視覚刺激位置を表現するようになる（図 3-6-1；Duhamel et al., 1992）。このような現象をリマッピング（remapping）と呼ぶ。リマッピングは，眼を動かすための運動指令の情報（遠心性コピーあるいは随伴発射）が，視床を介して LIP 野などの眼球運動に関連する視覚領域に送られることにより，実際に眼が動く前に，どこに眼が動くかが予測でき，それに対応して網膜上の視覚刺激位置が補正されるからだと考えられている。このように，運動開始前に空間位置を補正することにより，安定した空間位置知覚が得られると考えられている。

3・6・4 腹側視覚経路の主な機能

3・6・4・1 輪郭と曲率の検出

ヒトは物体が何であるかが瞬時にわかる。この形態視の能力は簡単なことではなく，最近の人工知能技術でようやくコンピュータにもできるようになっ

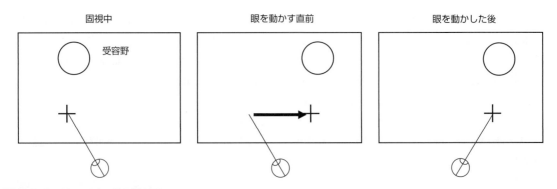

図 3-6-1　リマッピングの概念図
　　　　　LIP 野ニューロンの受容野は，固視中には網膜上の特定の位置にあるが（左），眼球が動く直前に新しい眼球位置での受容野位置に飛ぶ（中央）。眼球運動が終了した後、受容野は元の網膜上の位置に戻る（右）。

た。この能力の神経基盤を，網膜から順にボトム
アップで追っていくことにする。網膜では，光の強
度の時間パターンが視細胞によって検出される。網
膜神経節細胞や外側膝状体ニューロンでの同心円状
受容野構造によるコントラスト検出のあと，V1野
では輪郭の傾き（方位）が検出される。もう一段処
理が進んだV2野やV4野では，さらに輪郭の曲率
を表現できるようになる。V2野やV4野のニューロ
ンは，まっすぐな縞模様よりも，渦巻いた縞模様や
折れ曲がった線などによく応答することが知られて
いる（Hegdé & Van Essen, 2007）。

3・6・4・2　物体の部分特徴の抽出

V2野やV4野よりさらに処理が進んだITの
ニューロンについては，物体の部分特徴に応答して
いるであろうことはⅡ・3・6・2・3で述べた通りで
ある。

3・6・4・3　顔ニューロン

ITのほとんどのニューロンが部分特徴に応答し
ているものの，特殊なケースとして，顔に応答す
るニューロンがITに存在することが報告されて
いる（Gross, 1992）。顔ニューロン（face-selective
neuron）と呼ばれるこれらのニューロンは，顔には
応答するが，それ以外の物体や顔の一部を除いた
画像には応答しない。これらの性質から，顔ニュー
ロンは顔全体に対して応答すると考えられる。顔に
応答するITの領域は限局していることがわかって
いる。fMRIを用いた研究によると，V4野からIT
にかけて，顔に応答する六つのパッチがあり，電気
生理学的な検証により，これらのパッチ内のニュー
ロンの多くは顔ニューロンであることが報告されて
いる（Tsao et al., 2006）。このように，形態視の最
終段階では複雑な物体そのものに応答するニューロ
ンが作り上げられているケースもあることがわかっ
ている。

3・6・4・4　色知覚

世の中がカラフルに見えるのが色知覚である。色
知覚の原点は，3種類存在する錐体である。3種類の
錐体はそれぞれ長波長（L）・中波長（M）・短波長

（S）によく応答することが知られている。錐体の次
の段階では「L-M」，「S-(L+M)」の反対色表現が
できあがる。網膜神経節細胞や外側膝状体のニュー
ロンは「L-M」，「S-(L+M)」の2軸で等輝度平面
上のすべての色を表現する。特に外側膝状体では
「L-M」は小細胞層で，「S-(L+M)」は顆粒細胞層
（koniocellular layer）に局在することが知られてい
る。一方で，大脳皮質の色表現は知覚カテゴリに近い
表現系になるような情報処理を受けていく。たとえ
ばITのニューロンには赤，緑，黄，青に応答する細
胞だけでなく，紫や水色に最大に応答するニューロ
ンが存在する。また，光沢に応答するニューロンや，
素材の質感知覚に対応した活動も腹側視覚経路にあ
ることが近年わかってきている（Goda et al., 2014；
Nishio et al., 2014）。このように，大脳皮質では2軸
表現から知覚カテゴリへの変換が行われている。

（宇賀 貴紀）

3・7　トップダウン制御

視覚情報は主に眼から初期視覚野，高次視覚野を
経て前頭葉などの高次脳領野へと伝達される。この
ような階層的な情報伝達をボトムアップ（bottom-
up）と呼ぶこととし，一方，高次脳領野などから
階層を逆に情報が流れることをトップダウン（top-
down）と呼ぶこととする。

3・7・1　ボトムアップ・トップダウン情報の伝達経路

大脳皮質では，ボトムアップ・トップダウン情報伝
達の経路が異なることが知られている。ボトムアッ
プは一般的に，下位領野のニューロンが，上位領野
の4層に主に投射する。一方，トップダウンでは上
位領野のニューロンが，下位領野の4層以外の層に
投射する。前述のFelleman & Van Essen（1991）の
論文（Ⅱ・3・6）は，このような層間の投射に関わる
情報をもとに，視覚関連領野の階層性を決めている。

3・7・2　トップダウン投射の性質

大脳皮質の階層をあがるたびに，さまざまな情
報が統合され，脳内表現が複雑になる。このため，

第II部 視覚

トップダウン投射では，統合された情報がフィードバックされる。たとえば，視覚野のニューロンには周辺抑制という現象があることが知られている。これは，たとえばニューロンの受容野中心を中心としてさまざまなサイズの流動格子縞模様を呈示する際に，（興奮性）受容野を超えた領域に刺激があるとき，受容野刺激への応答が抑制されるといった現象であるが，高い階層にある受容野の大きいニューロンからのトップダウン投射が，低い階層にある受容野の小さいニューロンを抑制することでまかなわれる（Nassi et al., 2013）。周辺抑制の機能の一つは，受容野の中心と周辺に違いがある情報だけ，つまり世の中にある豊富な情報のなかで，重要なものだけを上位中枢に伝達することだと考えられている。トップダウン投射には，これ以外にも，重要な情報だけを上位に伝達するための制御システムとしての役割があると考えられている。

3・7・3 トップダウン制御

トップダウン制御の全容は明らかでないが，一つの機能として選択的注意が挙げられる。選択的注意とは，外界の情報から必要な情報のみを抽出するため，不必要な情報を排除する機能である。たとえば，光が呈示されたかどうかを検出する課題を課した場合，注意を向けた空間位置では，注意を向けていない空間位置に比べて検出感度が上昇し，検出にかかる反応時間が短縮することが知られている。このような空間における選択的注意（spatial attention）には前頭眼野（frontal eye field：FEF），上丘などの眼球運動領域が関与していると考えられている。実際，FEFを電気刺激すると，刺激したニューロン群が表現している場所での検出感度が上昇する（Moore & Fallah, 2001）。さらに，FEFを電気刺激したときのV4野の応答特性を調べると，感覚刺激に対する応答が上昇することが報告されている（Moore & Armstrong, 2003）。以上のことから，注意を向けると感覚表現の感度が上昇すると考えられており，これには眼球運動領域から感覚領域へのトップダウン投射が重要な役割を果たしていると考えられている。

空間における選択的注意以外のトップダウン制御については不明な点が多い。ある視覚特徴に注意を

向ける課題，たとえば下向きの運動あるいは上向きの運動に注意を向ける課題では，MT野のなかで，上向きの運動を選好するニューロンと下向きの運動を選好するニューロンの活動が，動物がどちらに注意を向けるかによって変化する（Treue & Maunsell, 1996）。しかし，物体の運動あるいは奥行きのどちらかに注意して答える課題を課している際には，どちらに注意をかけてもMT野の応答性は変わらない（Sasaki & Uka, 2009）。このように，トップダウン制御信号が，視覚領野の応答性，すなわち視覚情報表現の感度に影響を与える場合もあるが，視覚情報表現の後段で，行動に必要な情報が取捨選択される場合もあることが想定される。

（宇賀 貴紀）

3・8 メラノプシン神経節細胞と非視覚像形成系経路

2000年頃に網膜に錐体，桿体とは異なる3番目の種類の光受容器が発見された。その光受容器はメラノプシン（melanopsin）という視物質（photopigment）を含む神経節細胞であることからメラノプシン神経節細胞（melanopsin ganglion cell）と呼ばれている。内因性光感受性網膜神経節細胞（intrinsically photoreceptive/photosensitive retinal ganglion cell：ipRGC）やメラノプシン含有網膜神経節細胞（melanopsin containing retinal ganglion cell：mRGC）とも呼ばれている。ここでは単にメラノプシン細胞と呼ぶことにする。

メラノプシン細胞は，刺激に対しての反応に長い時間（潜時）を示し，かつその細胞数が少ないことから，メラノプシン細胞によって伝達される情報は，錐体や桿体と比較し空間分解能が低いことが予想される。一方でこのような特性は，外界の明るさ情報を時間的・空間的に平滑化することに有利だと解釈することもできる。このことからメラノプシン細胞は外界の環境照度を符号化する処理（irradiance encoding process）を担っていると考えられている。

メラノプシン細胞は，錐体，桿体と形態学的にも機能的にも大きく異なるが，特に注目すべき点はその投射先である。錐体，桿体からの信号は，外

側膝状体（lateral geniculate nucleus：LGN）に投射しているのに対し，メラノプシン細胞は主に視交叉上核（suprachiasmatic nucleus：SCN；Guler et al., 2008；Hattar et al., 2002）や腹外側視索前野（ventrolateral preoptic area：VLPO；Altimus et al., 2008），視蓋前域オリーブ核（olivary pretectal nucleus：OPN；Guler et al., 2008；Hattar et al., 2002）等に投射している。SCN や VLPO は覚醒や睡眠，概日リズム（circadian rhythm）や概日リズムの光同調作用（circadian photoentrainment；Freedman et al., 1999），OPN は瞳孔の対光反射（pupillary light reflex）に密接に関連していることが報告されている。

錐体，桿体から LGN を経由して視覚野に投射する経路は視覚像形成系経路（image-forming pathway）と呼ばれている。一方で，メラノプシン細胞から SCN，VLPO，OPN に投射する経路は，非視覚像形成系経路（non-image forming pathway）と呼ばれ，視覚像形成系経路とは区別されている。視覚像形成系経路は対象物の形など，空間情報を必要とする脳の機能に信号を伝達し，一方で非視覚像形成系経路は，対象物の空間情報を必要としない脳の機能に信号を伝達していると考えられている。非視覚像形成系経路の代表的な脳機能はたとえば睡眠，覚醒，概日リズム，瞳孔反応であり，また視覚像形成系経路の代表的な脳機能は対象物の形や色等の認識処理である。いわゆる視覚系経路（visual pathway）には，視覚像形成系経路および非視覚像形成系経路の両方を含む場合があるので用法には注意が必要である。たとえば明るさの知覚は視覚系の処理であるが，明るさ知覚の処理にはコントラスト情報が必要ないという報告がある（Barlow & Verrillo, 1976）。

メラノプシン細胞には M1 から M5 まで 5 種類の形態学的，生理学的に異なるサブタイプが存在することが知られている（Berson et al., 2010）。

M1 細胞は最も光感受性が高く，およそ網膜神経節細胞の 2％ を占めると報告されている。M2 から M5 のメラノプシン細胞の光感受性は低いが，細胞体や樹状突起野（dendritic tree）の大きさの違いから M1 型とは異なる役割を担っていることが示唆される。さらにその投射部位も異なっていることが報告されている（Schmidt et al., 2011；Schmidt & Kofuji, 2010；図 3-8-1）。

メラノプシン細胞が寄与していることが示唆されている認知機能として，色光の曝露により眠気尺度（sleepiness scale）のスコアに違いが生じることがわかっている（Cajochen et al., 2005；Lockley et al., 2006；Vandewalle et al., 2007）。また，色光に依存して N-back 課題のスコアに差があることから，メラノプシン細胞がワーキングメモリに寄与していることが示唆されている（Vandewalle et al., 2009）。さらに注意に関して，色光に依存して，聴覚刺激を用いての精神動態覚醒水準課題（psychomotor vigilance task：PVT）での反応時間に差があること

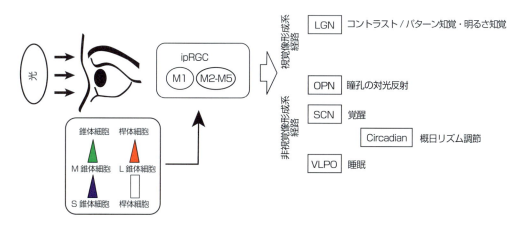

図 3-8-1　網膜光受容器と非視覚像形成系経路および視覚像形成系経路
　　　　　メラノプシン細胞（ipRGC）は他の光受容器とは独立した光受容器であり，錐体，桿体から入力を受け，非視覚像形成系経路および視覚像形成系経路に投射していると考えられている。

が報告されている（Lockley et al., 2006）。その他，強い光を受けた際に不快感や頭痛等が生じる羞明（photophobia；Noseda et al., 2010）や，気分（mood；LeGates et al., 2012），明るさ知覚（brightness perception；Brown et al., 2012）等への寄与が挙げられる。他にも高次認知機能への影響が示唆されているが，現時点ではほとんどわかっていない。高次認知機能のプロセスや脳部位が解明されておらず，かつ色刺激による曝露では，機序の解明に結びつけることは難しいのではないかと考えられる。今後，高次認知機能を解明する実験において，光刺激の輝度・照度や色を変化させるだけではなく，メラノプシン細胞への刺激量をも独立変数として変化させることにより改善される可能性がある。

前述のようにメラノプシン細胞は主に非視覚像形成系経路に寄与していることが広く知られているが，一方で視覚像形成系経路にも寄与しているという報告もある。その根拠の一つとして，メラノプシン細胞が，網膜から外側膝状体の背側部（dorsal lateral geniculate nucleus：dLGN）への信号伝達に寄与しているということが挙げられる（Brown et al., 2010；Dacey et al., 2005）。外側膝状体の背側部の主な役割は網膜から視覚野に情報を伝達することであるから，メラノプシン細胞が対象の形等，視覚情報に重要な寄与をしていることが示唆される。今後は，既存の測色学や測光学を基礎にメラノプシン細胞を加えた新たな理論が期待される（図3-8-2）。

メラノプシン細胞に含まれる視物質メラノプシンの分光吸収特性は480 nm付近にピークがある。このことは青色光が概日リズムに影響を与えることを示唆している。特に近年発光ダイオード（LED）の普及が進み，多くの発光ダイオードが短波長付近（青色）に大きなパワーをもっていることから，メラノプシン細胞の生体に対する影響を調べることは重要になると考えられる。メラノプシン細胞は，視物質メラノプシンをもっており，メラノプシン細胞のみで光受容が可能である。一方でこの細胞は錐体や桿体からも信号を受け取っている（Hattar et al., 2003；Lucas et al., 2003；Panda et al., 2003）。メラノプシン細胞が錐体，桿体から信号の入力を受けていることから，メラノプシン細胞を介した前述の脳機能についての分光感度特性を考える際には，単にメラノプシン細胞のみの分光感度特性を考慮するのではなく，錐体，桿体を含めたすべての光受容器の

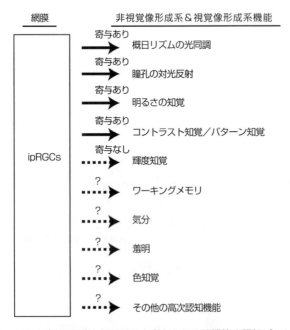

図3-8-2　メラノプシン細胞と関連すると考えられる脳機能や認知プロセス
　メラノプシン細胞（ipRGC）は概日リズムや瞳孔の対光反射に加え，さまざまな非視覚像形成系経路と視覚像形成系経路の脳機能や認知プロセスに寄与している。

分光感度特性を考慮することが必要である。一方で，このような分光感度特性の推定には，錐体，桿体およびメラノプシン細胞がどのように相互に機能的結合（興奮，抑制など）をしているのかを明らかにする必要がある。今後の研究が期待される分野である。

メラノプシン細胞の機能や非視覚像形成系経路の機能の研究について，従来の研究では，特定の光受容器の機能をノックアウトした遺伝子組換え動物の使用や，これら光受容器からの信号伝達を薬理的に阻害する等の手法が用いられている。一方で，遺伝子組換え動物は野生型とは異なる，という報告がある（Pilorz et al., 2016）。今後，野生型のマウスやヒトでの検証が必要とされる。

（辻村　誠一）

文献

（3・1）

浅川　賢・石川　均　（2009）．ヒト対光反射におけるメラノプシン含有網膜神経節細胞の検討　自律神経，*46*(3)，236-240.

Chuman, H., Chuman, T., Nao-i, N., Sawada, A., Yamamoto, R., Kobayashi, H., & Wada, A. (1997). Different responsiveness to nitric oxide-cyclic guanosine monophosphate pathway in cholinergic and tachykinergic contractions of the rabbit iris sphincter muscle. *Investigative Ophthalmology & Visual Science, 38*, 1719-1725.

Chuman, T., Chuman, H., Nao-i, N., Sawada, A., Yamamoto, R., & Wada A. (1996). Nitric Oxide-sensitive and -insensitive contractions of the isolated rabbit iris sphincter muscle. *Investigative Ophthalmology & Visual Science, 37*, 1437-1443.

Haruno, I., Yoshitomi, T., Harada, Y., Katori, M., & Ishikawa, S. (1996). Calcitonin gene-related peptide induced relaxation of the rabbit iris dilator muscle. *Current Eye Research, 15*, 105-110.［doi: 10.3109/02713689609017617］

長谷川　幸子・石川　哲　（1989）．正常対光反応の加齢による変化：新型双眼性赤外線電子瞳孔径（C2515）を用いた検討　日本眼科学会雑誌，*93*，955-961.

Hutchins, J. B., & Hollyfield, J. G. (1984). Autoradiographic identification of muscarinic receptors in human iris smooth muscle. *Experimental Eye Research, 38*, 515-521.［doi: 10.1016/0014-4835(84)90129-5］

石川　均　（2013）．第116回日本眼科学会総会評議員会指名講演Ⅱ　神経眼科の進歩　瞳孔とメラノプシンによる光受容　日本眼科学会誌，*117*(3)，246-268.

Ishikawa, H., Haruno, I., Harada, Y., Yoshitomi, T., Ishikawa, S., & Katori, M. (1996). Pharmacological characterization of endothelin receptors in the rabbit iris sphincter muscle: Suggestion for the presence of atypical receptors. *Current Eye Research, 15*, 73-78.［doi: 10.3109/02713689609017613］

Ishikawa, H., Yoshitomi, T., Harada, Y., Katori, M., & Ishikawa, S. (1993). The presence of two sites of action of endothelins in the isolated rabbit iris sphincter and dilator muscles. *Current Eye Research, 12*, 1049-1055.［doi: 10.3109/02713689309033502］

Nishida, S., & Sears, M. (1969). Fine structural innervation of the dilator muscle of the iris of the albino guinea pig studied with permanganate fixation. *Experimental Eye Research, 8*, 292-296.［doi: 10.1016/S0014-4835(69)80041-2］

高木　峰夫・阿部　春樹・坂東　武彦　（2004）．近見反応：動物とヒトでの生理学的解析から　神経眼科，*21*，265-279.

Yoshitomi, T., & Ishikawa, H (2009). Action of various neuropeptides on iris smooth muscles. *Neuropeptides in the Eye*, 111-121.

Yoshitomi, T., Ishikawa, H., Haruno, I., & Ishikawa, S (1995). Effect of histamine and substance P on the rabbit and human iris sphincter muscle. *Graefe's Archive for Clinical and Experimental Ophthalmology, 233*, 181-185.［doi: 10.1007/BF00166612］

Yoshitomi, T., Ito, Y., & Inomata, H. (1985). Adrenergic excitatory and cholinergic inhibitory innervations in the human iris dilator. *Experimental Eye Research, 40*, 453-459.

Yoshitomi, T., Yamaji, K., Ishikawa, H., & Ohnishi, Y. (2002). Effect of pituitary adenylate cyclase-activating peptide on isolated rabbit iris sphincter and dilator muscles. *Investigative Ophthalmology & Visual Science, 43*, 780-783.

（3・2）

Babcock, H. W. (1953). The possibility of compensating astronomical seeing. *Publications of the Astronomical Society of the*

第Ⅱ部　視覚

Pacific, 65, 229–236.［doi: 10.1086/126606］

Carroll, J., Neitz, M., Hofer, H., Neitz, J., & Williams, D. R. (2004). Functional photoreceptor loss revealed with adaptive optics: An alternate cause of color blindness. *Proceedings of the National Academy of Sciences of the USA, 101*(22), 8461–8466.［doi: 10.1073/pnas.0401440101］

Hofer, H., Carroll, J., Neitz, J., Neitz, M., & Williams, D. R. (2005). Organization of the human trichromatic cone mosaic. *Journal of Neuroscience, 25*(42), 9669–9679.［doi: 10.1523/JNEUROSCI.2414-05.2005］

Liang, J., & Williams, D. R. (1997). Aberrations and retinal image quality of the normal human eye. *Journal of the Optical Society of America A, 14,* 2873–2883.［doi: 10.1364/josaa.14.002873］

Liang, J., Williams, D. R., & Miller, D. T. (1997). Supernormal vision and high-resolution retinal imaging through adaptive optics. *Journal of the Optical Society of America A, 14,* 2884–2892.［doi: 10.1364/josaa.14.002884］

Roorda, A., & Williams, D. R. (1999). The arrangement of the three cone classes in the living human eye. *Nature, 397,* 520–522.［doi: 10.1038/17383］

山内 泰樹・尹 根榮・Williams, D. R. （2002）．Adaptive Optics システムによる眼光学系の高次ひずみ補正　応用物理，*71,* 690–694.［doi: 10.11470/oubutsu1932.71.690］

（3・3）

Arnett, D. W. (1978). Statistical dependence between neighboring retinal ganglion cells in goldfish. *Experimental Brain Research, 32*(1), 49–53.［doi: 10.1007/BF00237389］

Baden, T., Berens, P., Franke, K., Román Rosón, M., Bethge, M., & Euler, T. (2016). The functional diversity of retinal ganglion cells in the mouse. *Nature, 529*(7586), 345–350.［doi: 10.1038/nature16468］

Baden, T., Euler, T., & Berens, P. (2020). Understanding the retinal basis of vision across species. *Nature Reviews Neuroscience, 21*(1), 5–20.［doi: 10.1038/s41583-019-0242-1］

Barlow, H. B., Fitzhugh, R., & Kuffler, S. W. (1957). Change of organization in the receptive fields of the cat's retina during dark adaptation. *Journal of Physiology, 137*(3), 338–354.［doi: 10.1113/jphysiol.1957.sp005817］

Barlow, H. B., & Hill, R. M. (1963). Selective sensitivity to direction of movement in ganglion cells of the rabbit retina. *Science, 139*(3553), 412–414.［doi: 10.1126/science.139.3553.412］

Barlow, H. B., Levick, W. R., & Yoon, M. (1971). Responses to single quanta of light in retinal ganglion cells of the cat. *Vision Research, 11*(Suppl 3), 87–101.［doi: 10.1016/0042-6989(71)90033-2］

Baylor, D. A. (1987). Photoreceptor signals and vision. Proctor lecture. *Investigative Ophthalmology & Visual Science, 28*(1), 34–49.

Baylor, D. A., Lamb, T. D., & Yau, K. W. (1979). Responses of retinal rods to single photons. *Journal of Physiology, 288*(1979), 613–634.

Boycott, B. B., Dowling, J. E., Fisher, S. K., Kolb, H., & Laties, A. M. (1975). Interplexiform cells of the mammalian retina and their comparison with catecholamine-containing retinal cells. *Proceedings of the Royal Society of London. Series B, Biological Sciences, 191*(1104), 353–368.［doi: 10.1098/rspb.1975.0133］

Boycott, B. B., & Wässle, H. (1974). The morphological types of ganglion cells of the domestic cat's retina. *Journal of Physiology, 240*(2), 397–419.［doi: 10.1113/jphysiol.1974.sp010616］

Dacey, D., & Lee, B. (1994). The "blue-on" opponent pathway in primate retina originates from a distinct bistratified ganglion cell type. *Nature, 367*(6465), 731–735.［doi: 10.1038/367731a0］

Dacey, D., Packer, O. S., Diller, L., Brainard, D., Peterson, B., & Lee, B. (2000). Center surround receptive field structure of cone bipolar cells in primate retina. *Vision Research, 40*(14), 1801–1811.［doi: 10.1016/s0042-6989(00)00039-0］

Devries, S. H., & Baylor, D. A. (1997). Mosaic arrangement of ganglion cell receptive fields in rabbit retina. *Journal of Neurophysiology, 78*(4), 2048–2060.［doi: 10.1152/jn.1997.78.4.2048］

Dowling, J. E. (1987). *The Retina: An Approachable Part of the Brain.* Harvard University Press.

Dowling, J. E. (2012). *The Retina: An Approachable Part of the Brain* (Revised ed.). Harvard University Press.

Enroth-Cugell, C., & Robson, J. G. (1966). The contrast sensitivity of retinal ganglion cells of the cat. *Journal of Physiology,*

187(3), 517–552. [doi: 10.1113/jphysiol.1966.sp008107]

Famiglietti, E. V., Kaneko, A., & Tachibana, M. (1977). Neuronal architecture of on and off pathways to ganglion cells in carp retina. *Science, 198*(4323), 1267–1269. [doi: 10.1126/science.73223]

Famiglietti, E. V., & Kolb, H. (1975). A bistratified amacrine cell and synaptic cirucitry in the inner plexiform layer of the retina. *Brain Research, 84*(2), 293–300. [doi: 10.1016/0006-8993(75)90983-x]

Field, G. D., & Chichilnisky, E. J. (2007). Information processing in the primate retina: Circuitry and coding. *Annual Review of Neuroscience, 30*, 1–30. [doi: 10.1146/annurev.neuro.30.051606.094252]

Gallego, A. (1971). Horizontal and amacrine cells in the mammal's retina. *Vision Research, 11*(Suppl 3), 33–50. [doi: 10.1016/0042-6989(71)90029-0]

Gouras, P. (1967). The effects of light-adaptation on rod and cone receptive field organization of monkey ganglion cells. *Journal of Physiology, 192*(3), 747–760. [doi: 10.1113/jphysiol.1967.sp008328]

Gray, C. M., König, P., Engel, A. K., & Singer, W. (1989). Oscillatory responses in cat visual cortex exhibit inter-columnar synchronization which reflects global stimulus properties. *Nature, 338*(6213), 334–337. [doi: 10.1038/338334a0]

Hartline, H. K. (1938). The response of single optic nerve fibers of the vertebrate eye to illumination of the retina. *American Journal of Physiology, 121*, 400–415. [doi: 10.1152/ajplegacy.1938.121.2.400]

Hartline, H. K. (1940). The receptive fields of optic nerve fibers. *American Journal of Physiology, 130*, 690–699. [doi: 10.1152/ajplegacy.1940.130.4.690]

Hattar, S., Liao, H. W., Takao, M., Berson, D. M., & Yau, K. W. (2002). Melanopsin-containing retinal ganglion cells: Architecture, projections, and intrinsic photosensitivity. *Science, 295*(5557), 1065–1070. [doi: 10.1126/science.1069609]

Hirasawa, H., Yamada, M., & Kaneko, A. (2012). Acidification of the synaptic cleft of cone photoreceptor terminal controls the amount of transmitter release, thereby forming the receptive field surround in the vertebrate retina. *Journal of Physiological Sciences, 62*(5), 359–375. [doi: 10.1007/s12576-012-0220-0]

Ishikane, H., Gangi, M., Honda, S., & Tachibana, M. (2005). Synchronized retinal oscillations encode essential information for escape behavior in frogs. *Nature Neuroscience, 8*(8), 1087–1095. [doi: 10.1038/nn1497]

Ishikane, H., Kawana, A., & Tachibana, M. (1999). Short- and long-range synchronous activities in dimming detectors of the frog retina. *Visual Neuroscience, 16*(6), 1001–1014. [doi: 10.1017/s0952523899166033]

Kolb, H., & Famiglietti, E. V. (1974). Rod and cone pathways in the inner plexiform layer of cat retina. *Science, 186*(4158), 47–49. [doi: 10.1126/science.186.4158.47]

Meister, M., Lagnado, L., & Baylor, D. A. (1995). Concerted signaling by retinal ganglion cells. *Science, 270*(5239), 1207–1210. [doi: 10.1126/science.270.5239.1207]

Müller, F., Wässle, H., & Voigt, T. (1988). Pharmacological modulation of the rod pathway in the cat retina. *Journal of Neurophysiology, 59*(6), 1657–1672. [doi: 10.1152/jn.1988.59.6.1657]

Nakanishi, S. (1995). Second-order neurones and receptor mechanisms in visual- and olfactory-information processing. *Trends in Neurosciences, 18*(8), 359–364. [doi: 10.1016/0166-2236(95)93929-r]

Nelson, R., Famiglietti, E. V., & Kolb, H. (1978). Intracellular staining reveals different levels of stratification for on- and off-center ganglion cells in cat retina. *Journal of Neurophysiology, 41*(2), 472–483. [doi: 10.1152/jn.1978.41.2.472]

Neuenschwander, S., & Singer, W. (1996). Long-range synchronization of oscillatory light responses in the cat retina and lateral geniculate nucleus. *Nature, 379*(6567), 728–732. [doi: 10.1038/379728a0]

Nomura, A., Shigemoto, R., Nakamura, Y., Okamoto, N., Mizuno, N., & Nakanishi, S. (1994). Developmentally regulated postsynaptic localization of a metabotropic glutamate receptor in rat rod bipolar cells. *Cell, 77*(3), 361–369. [doi: 10.1016/0092-8674(94)90151-1]

Packer, O. S., Verweij, J., Li, P. H., Schnapf, J. L., & Dacey, D. M. (2010). Blue-yellow opponency in primate S cone photoreceptors. *Journal of Neuroscience, 30*(2), 568–572. [doi: 10.1523/JNEUROSCI.4738-09.2010]

Peichl, L., & Wässle, H. (1983). The structural correlate of the receptive field centre of alpha ganglion cells in the cat retina. *Journal of Physiology, 341*(1), 309–324. [doi: 10.1113/jphysiol.1983.sp014807]

Perry, V. H., & Cowey, A. (1984). Retinal ganglion cells that project to the superior colliculus and pretectum in the macaque monkey. *Neuroscience, 12*(4), 1125-1137. [doi: 10.1016/0306-4522(84)90007-1]

Perry, V. H., Oehler, R., & Cowey, A. (1984). Retinal ganglion cells that project to the dorsal lateral geniculate nucleus in the macaque monkey. *Neuroscience, 12*(4), 1101-1123. [doi: 10.1016/0306-4522(84)90006-x]

Pirenne, M. H. (1967). *Vision and the Eye* (2nd ed.). Chapman & Hall.

Popova, E. (2014). Role of dopamine in distal retina. *Journal of Comparative Physiology. A, 200*(5), 333-358. [doi: 10.1007/s00359-014-0906-2]

Roska, B., & Werblin, F. (2003). Rapid global shifts in natural scenes block spiking in specific ganglion cell types. *Nature Neuroscience, 6*(6), 600-608. [doi: 10.1038/nn1061]

Schiller, P. H., Sandell, J. H., & Maunsell, J. H. (1986). Functions of the ON and OFF channels of the visual system. *Nature, 322*(6082), 824-825. [doi: 10.1038/322824a0]

Schneeweis, D. M., & Schnapf, J. L. (1995). Photovoltage of rods and cones in the macaque retina. *Science, 268*(5213), 1053-1056. [doi: 10.1126/science.7754386]

田中 啓治 （2007）．視覚系の構造と機能 大山 正・今井 省吾・和氣 典二 （編） 新編 感覚・知覚心理学ハンドブック （p. 288） 誠信書房

Vardi, N., & Morigiwa, K. (1997). ON cone bipolar cells in rat express the metabotropic receptor mGluR6. *Visual Neuroscience, 14*(4), 789-794. [doi: 10.1017/s0952523800012736]

Vroman, R., Klaassen, L. J., & Kamermans, M. (2013). Ephaptic communication in the vertebrate retina. *Frontiers in Human Neuroscience, 7*(SEP), 612. [doi: 10.3389/fnhum.2013.00612]

Wässle, H., & Boycott, B. B. (1991). Functional architecture of the mammalian retina. *Physiological Reviews, 71*(2), 447-480. [doi: 10.1152/physrev.1991.71.2.447]

Wässle, H., Grünert, U., Chun, M. H., & Boycott, B. B. (1995). The rod pathway of the macaque monkey retina: Identification of AII-amacrine cells with antibodies against calretinin. *Journal of Comparative Neurology, 361*(3), 537-551. [doi: 10.1002/cne.903610315]

Weiler, R., Pottek, M., He, S., & Vaney, D. I. (2000). Modulation of coupling between retinal horizontal cells by retinoic acid and endogenous dopamine. *Brain Research Reviews, 32*(1), 121-129. [doi: 10.1016/s0165-0173(99)00071-5]

Werblin, F. S., & Dowling, J. E. (1969). Organization of the retina of the mudpuppy, *Necturus maculosus*. II. Intracellular recording. *Journal of Neurophysiology, 32*(3), 339-355. [doi: 10.1152/jn.1969.32.3.339]

Yoshida, K., Watanabe, D., Ishikane, H., Tachibana, M., Pastan, I., & Nakanishi, S. (2001). A key role of starburst amacrine cells in originating retinal directional selectivity and optokinetic eye movement. *Neuron, 30*(3), 771-780. [doi: 10.1016/s0896-6273(01)00316-6]

Zhang, A.-J., & Wu, S. M. (2009). Receptive fields of retinal bipolar cells are mediated by heterogeneous synaptic circuitry. *Journal of Neuroscience, 29*(3), 789-797. [doi: 10.1523/JNEUROSCI.4984-08.2009]

(3・4)

Baleydier, C., & Mauguière, F. (1987). Network organization of the connectivity between parietal area 7, posterior cingulate cortex and medial pulvinar nucleus: A double fluorescent tracer study in monkey. *Experimental Brain Research, 66*(2), 385-393. [doi: 10.1007/BF00243312]

Bear, M. F., Connors, B. W., & Paradiso, M. A. (Eds.). (2006). *Neuroscience*, 3rd ed. Lippincott Williams & Wilkins.
（加藤 宏司・後藤 薫・藤井 聡・山崎 良彦 （監訳） （2007）．神経科学：脳の探求 （カラー版） 西村書店）

Benevento, L. A., & Fallon, J. H. (1975). The ascending projections of the superior colliculus in the rhesus monkey (*Macaca mulatta*). *Journal of Comparative Neurology, 160*(3), 339-361. [doi: 10.1002/cne.901600306]

Benevento, L. A., & Standage, G. P. (1983). The organization of projections of the retinorecipient and nonretinorecipient nuclei of the pretectal complex and layers of the superior colliculus to the lateral pulvinar and medial pulvinar in the macaque monkey. *Journal of Comparative Neurology, 217*(3), 307-336. [doi: 10.1002/cne.902170307]

Benevento, L. A., & Yoshida, K. (1981). The afferent and efferent organization of the lateral geniculo-prestriate pathways in the macaque monkey. *Journal of Comparative Neurology, 203*(3), 455-474. [doi: 10.1002/cne.902030309]

Bickford, M. E., Ramcharan, E., Godwin, D. W., Erişir, A., Gnadt, J., & Sherman, S. M. (2000). Neurotransmitters contained in the subcortical extraretinal inputs to the monkey lateral geniculate nucleus. *Journal of Comparative Neurology*, *424*(4), 701–717. [doi: 10.1002/1096-9861(20000904)424:4<701::aid-cne11>3.0.co;2-b]

Bridge, H., Leopold, D. A., & Bourne, J. A. (2016). Adaptive pulvinar circuitry supports visual cognition. *Trends in Cognitive Sciences*, *20*(2), 146–157. [doi: 10.1016/j.tics.2015.10.003]

Briggs, F., Kiley, C. W., Callaway, E. M., & Usrey, W. M. (2016). Morphological substrates for parallel streams of corticogeniculate feedback originating in both V1 and V2 of the macaque monkey. *Neuron*, *90*(2), 388–399. [doi: 10.1016/j.neuron.2016.02.038]

Briggs, F., & Usrey, W. M. (2009). Parallel processing in the corticogeniculate pathway of the macaque monkey. *Neuron*, *62*(1), 135–146. [doi: 10.1016/j.neuron.2009.02.024]

Bullier, J., & Kennedy, H. (1983). Projection of the lateral geniculate nucleus onto cortical area V2 in the macaque monkey. *Experimental Brain Research*, *53*(1), 168–172. [doi: 10.1007/BF00239409]

Büttner, U., & Fuchs, A. F. (1973). Influence of saccadic eye movements on unit activity in simian lateral geniculate and pregeniculate nuclei. *Journal of Neurophysiology*, *36*(1), 127–141. [doi: 10.1152/jn.1973.36.1.127]

Cheong, S. K., Tailby, C., Solomon, S. G., & Martin, P. R. (2013). Cortical-like receptive fields in the lateral geniculate nucleus of marmoset monkeys. *Journal of Neuroscience*, *33*(16), 6864–6876. [doi: 10.1523/JNEUROSCI.5208-12.2013]

Collewijn, H. (1975). Direction-selective units in the rabbit's nucleus of the optic tract. *Brain Research*, *100*(3), 489–508. [doi: 10.1016/0006-8993(75)90154-7]

Dacey, D., & Lee, B. (1994). The "blue-on" opponent pathway in primate retina originates from a distinct bistratified ganglion cell type. *Nature*, *367*(6465), 731–735. [doi: 10.1038/367731a0]

Dougherty, K., Schmid, M. C., & Maier, A. (2019). Binocular response modulation in the lateral geniculate nucleus. *Journal of Comparative Neurology*, *527*(3), 522–534. [doi: 10.1002/cne.24417]

Dreher, B., Fukada, Y., & Rodieck, R. W. (1976). Identification, classification and anatomical segregation of cells with X-like and Y-like properties in the lateral geniculate nucleus of old-world primates. *Journal of Physiology*, *258*(2), 433–452. [doi: 10.1113/jphysiol.1976.sp011429]

Edwards, S. B., Ginsburgh, C. L., Henkel, C. K., & Stein, B. E. (1979). Sources of subcortical projections to the superior colliculus in the cat. *Journal of Comparative Neurology*, *184*(2), 309–329. [doi: 10.1002/cne.901840207]

Fitzpatrick, D., Itoh, K., & Diamond, I. T. (1983). The laminar organization of the lateral geniculate body and the striate cortex in the squirrel monkey (*Saimiri sciureus*). *Journal of Neuroscience*, *3*(4), 673–702. [doi: 10.1523/JNEUROSCI.03-04-00673.1983]

Fitzpatrick, D., Usrey, W. M., Schofield, B. R., & Einstein, G. (1994). The sublaminar organization of corticogeniculate neurons in layer 6 of macaque striate cortex. *Visual Neuroscience*, *11*(2), 307–315. [doi: 10.1017/S0952523800001656]

Fries, W. (1981). The projection from the lateral geniculate nucleus to the prestriate cortex of the macaque monkey. *Proceedings of the Royal Society of London. Series B, Biological Sciences*, *213*(1190), 73–86. [doi: 10.1098/rspb.1981.0054]

Grasse, K. L., & Cynader, M. S. (1982). Electrophysiology of medial terminal nucleus of accessory optic system in the cat. *Journal of Neurophysiology*, *48*(2), 490–504. [doi: 10.1152/jn.1982.48.2.490]

Grasse, K. L., & Cynader, M. S. (1984). Electrophysiology of lateral and dorsal terminal nuclei of the cat accessory optic system. *Journal of Neurophysiology*, *51*(2), 276–293. [doi: 10.1152/jn.1984.51.2.276]

Hendrickson, A. E., Wilson, J. R., & Ogren, M. P. (1978). The neuroanatomical organization of pathways between the dorsal lateral geniculate nucleus and visual cortex in Old World and New World primates. *Journal of Comparative Neurology*, *182*(1), 123–136. [doi: 10.1002/cne.901820108]

Hendry, S. H., & Reid, R. C. (2000). The koniocellular pathway in primate vision. *Annual Review of Neuroscience*, *23*(1), 127–153. [doi: 10.1146/annurev.neuro.23.1.127]

Hendry, S. H., & Yoshioka, T. (1994). A neurochemically distinct third channel in the macaque dorsal lateral geniculate nucleus. *Science*, *264*(5158), 575–577. [doi: 10.1126/science.8160015]

第 II 部　視覚

Huerta, M. F., & Harting, J. K. (1983). Sublamination within the superficial gray layer of the squirrel monkey: An analysis of the tectopulvinar projection using anterograde and retrograde transport methods. *Brain Research*, *261*(1), 119-126. [doi: 10.1016/0006-8993(83)91290-8]

Itaya, S. K., & Van Hoesen, G. W. (1983). Retinal projections to the inferior and medial pulvinar nuclei in the old-world monkey. *Brain Research*, *269*(2), 223-230. [doi: 10.1016/0006-8993(83)90131-2]

Kaas, J. H., & Lyon, D. C. (2007). Pulvinar contributions to the dorsal and ventral streams of visual processing in primates. *Brain Research Reviews*, *55*(2), 285-296. [doi: 10.1016/j.brainresrev.2007.02.008]

Kanaseki, T., & Sprague, J. M. (1974). Anatomical organization of pretectal nuclei and tectal laminae in the cat. *Journal of Comparative Neurology*, *158*(3), 319-337. [doi: 10.1002/cne.901580307]

Kandel, E. R., Koester, J. D., Mack, S. H., Siegelbaum, S. A. (2013). *Principles of Neural Science*, 5th ed. McGraw Hill. (金澤　一郎・宮下　保司（監修）（2014）．カンデル神経科学　メディカル・サイエンス・インターナショナル）

Kato, I., Harada, K., Hasegawa, T., Igarashi, T., Koike, Y., & Kawasaki, T. (1986). Role of the nucleus of the optic tract in monkeys in relation to optokinetic nystagmus. *Brain Research*, *364*(1), 12-22. [doi: 10.1016/0006-8993(86)90982-0]

Kawamura, K., & Konno, T. (1979). Various types of corticotectal neurons of cats as demonstrated by means of retrograde axonal transport of horseradish peroxidase. *Experimental Brain Research*, *35*(1), 161-175. [doi: 10.1007/BF00236792]

Lin, C. S., & Kaas, J. H. (1977). Projections from cortical visual areas 17, 18, and MT onto the dorsal lateral geniculate nucleus in owl monkeys. *Journal of Comparative Neurology*, *173*(3), 457-473. [doi: 10.1002/cne.901730305]

Lin, C. S., & Kaas, J. H. (1979). The inferior pulvinar complex in owl monkeys: Architectonic subdivisions and patterns of input from the superior colliculus and subdivisions of visual cortex. *Journal of Comparative Neurology*, *187*(4), 655-678. [doi: 10.1002/cne.901870403]

Lund, J. S., Lund, R. D., Hendrickson, A. E., Bunt, A. H., & Fuchs, A. F. (1975). The origin of efferent pathways from the primary visual cortex, area 17, of the macaque monkey as shown by retrograde transport of horseradish peroxidase. *Journal of Comparative Neurology*, *164*(3), 287-303. [doi: 10.1002/cne.901640303]

Lysakowski, A., Standage, G. P., & Benevento, L. A. (1988). An investigation of collateral projections of the dorsal lateral geniculate nucleus and other subcortical structures to cortical areas V1 and V4 in the macaque monkey: A double label retrograde tracer study. *Experimental Brain Research*, *69*(3), 651-661. [doi: 10.1007/BF00247317]

Malpeli, J. G., & Baker, F. H. (1975). The representation of the visual field in the lateral geniculate nucleus of Macaca mulatta. *Journal of Comparative Neurology*, *161*(4), 569-594. [doi: 10.1002/cne.901610407]

Marrocco, R. T., & McClurkin, J. W. (1979). Binocular interaction in the lateral geniculate nucleus of the monkey. *Brain Research*, *168*(3), 633-637. [doi: 10.1016/0006-8993(79)90319-6]

Mauguière, F., & Baleydier, C. (1978). Topographical organization of medial pulvinar neurons sending fibres to Brodman's areas 7, 21 and 22 in the monkey. *Experimental Brain Research*, *31*(4), 605-607. [doi: 10.1007/BF00239815]

Merigan, W. H., & Maunsell, J. H. (1993). How parallel are the primate visual pathways? *Annual Review of Neuroscience*, *16*, 369-402. [doi: 10.1146/annurev.ne.16.030193.002101]

Mizuno, N., Itoh, K., Uchida, K., Uemura-Sumi, M., & Matsushima, R. (1982). A retino-pulvinar projection in the macaque monkey as visualized by the use of anterograde transport of horseradish peroxidase. *Neuroscience Letters*, *30*(3), 199-203. [doi: 10.1016/0304-3940(82)90399-8]

Mustari, M. J., & Fuchs, A. F. (1989). Response properties of single units in the lateral terminal nucleus of the accessory optic system in the behaving primate. *Journal of Neurophysiology*, *61*(6), 1207-1220. [doi: 10.1152/jn.1989.61.6.1207]

Nakagawa, S., & Tanaka, S. (1984). Retinal projections to the pulvinar nucleus of the macaque monkey: A re-investigation using autoradiography. *Experimental Brain Research*, *57*(1), 151-157. [doi: 10.1007/BF00231141]

Oyster, C. W., Takahashi, E., & Collewijn, H. (1972). Direction-selective retinal ganglion cells and control of optokinetic nystagmus in the rabbit. *Vision Research*, *12*(2), 183-193. [doi: 10.1016/0042-6989(72)90110-1]

Rodieck, R. W., & Dreher, B. (1979). Visual suppression from nondominant eye in the lateral geniculate nucleus: A comparison of cat and monkey. *Experimental Brain Research*, *35*(3), 465-477. [doi: 10.1007/BF00236765]

Rodman, H. R., Gross, C. G., & Albright, T. D. (1990). Afferent basis of visual response properties in area MT of the macaque. II. Effects of superior colliculus removal. *Journal of Neuroscience, 10*(4), 1154–1164. [doi: 10.1523/jneurosci.10-04-01154.1990]

Schiller, P. H., & Malpeli, J. G. (1978). Functional specificity of lateral geniculate nucleus laminae of the rhesus monkey. *Journal of Neurophysiology, 41*(3), 788–797. [doi: 10.1152/jn.1978.41.3.788]

Schroeder, C. E., Tenke, C. E., Arezzo, J. C., & Vaughan, H. G. (1990). Binocularity in the lateral geniculate nucleus of the alert macaque. *Brain Research, 521*(1–2), 303–310. [doi: 10.1016/0006-8993(90)91556-v]

Shapley, R., & Hugh Perry, V. (1986). Cat and monkey retinal ganglion cells and their visual functional roles. *Trends in Neurosciences, 9*, 229–235. [doi: 10.1016/0166-2236(86)90064-0]

Shipp, S. (2003). The functional logic of cortico-pulvinar connections. *Philosophical Transactions of the Royal Society of London. Series B, Biological Sciences, 358*(1438), 1605–1624. [doi: 10.1098/rstb.2002.1213]

Sincich, L. C., Park, K. F., Wohlgemuth, M. J., & Horton, J. C. (2004). Bypassing V1: A direct geniculate input to area MT. *Nature Neuroscience, 7*(10), 1123–1128. [doi: 10.1038/nn1318]

Stepniewska, I., Qi, H.-X., & Kaas, J. H. (1999). Do superior colliculus projection zones in the inferior pulvinar project to MT in primates? *European Journal of Neuroscience, 11*(2), 469–480. [doi: 10.1046/j.1460-9568.1999.00461.x]

Stepniewska, I., Qi, H. X., & Kaas, J. H. (2000). Projections of the superior colliculus to subdivisions of the inferior pulvinar in New World and Old World monkeys. *Visual Neuroscience, 17*(4), 529–549. [doi: 10.1017/s0952523800174048]

Trojanowski, J. Q., & Jacobson, S. (1974). Medial pulvinar afferents to frontal eye fields in rhesus monkey demonstrated by horseradish peroxidase. *Brain Research, 80*(3), 395–411. [doi: 10.1016/0006-8993(74)91025-7]

Wilson, J. R., Hendrickson, A. E., Sherk, H., & Tigges, J. (1995). Sources of subcortical afferents to the macaque's dorsal lateral geniculate nucleus. *Anatomical Record, 242*(4), 566–574. [doi: 10.1002/ar.1092420413]

Wilson, M. E., & Toyne, M. J. (1970). Retino-tectal and cortico-tectal projections in *Macaca mulatta. Brain Research, 24*(3), 395–406. [doi: 10.1016/0006-8993(70)90181-2]

Wurtz, R. H., & Albano, J. E. (1980). Visual-motor function of the primate superior colliculus. *Annual Review of Neuroscience, 3*, 189–226. [doi: 10.1146/annurev.ne.03.030180.001201]

Yonehara, K., Ishikane, H., Sakuta, H., Shintani, T., Nakamura-Yonehara, K., Kamiji, N. L., ⋯ Noda, M. (2009). Identification of retinal ganglion cells and their projections involved in central transmission of information about upward and downward image motion. *PLoS ONE, 4*(1), 14. [doi: 10.1371/journal.pone.0004320]

Yukie, M., & Iwai, E. (1981). Direct projection from the dorsal lateral geniculate nucleus to the prestriate cortex in macaque monkeys. *Journal of Comparative Neurology, 201*(1), 81–97. [doi: 10.1002/cne.902010107]

Zeater, N., Cheong, S. K., Solomon, S. G., Dreher, B., & Martin, P. R. (2015). Binocular visual responses in the primate lateral geniculate nucleus. *Current Biology, 25*(24), 3190–3195. [doi: 10.1016/j.cub.2015.10.033]

(3・5)

Chapman, B., Zahs, K. R., & Stryker, M. P. (1991). Relation of cortical cell orientation selectivity to alignment of receptive fields of the geniculocortical afferents that arborize within a single orientation column in ferret visual cortex. *Journal of Neuroscience, 11*, 1347–1358. [doi: 10.1523/JNEUROSCI.11-05-01347.1991]

Dobbins, A., Zucker, S. W., & Cynader, M. S. (1987). Endstopped neurons in the visual cortex as a substrate for calculating curvature. *Nature, 329*, 438–441. [doi: 10.1038/329438a0]

Felleman, D. J., & Van Essen, D. C. (1991). Distributed hierarchical processing in the primate cerebral cortex. *Cerebral Cortex, 1*, 1–47.

Hubel, D. H., & Wiesel, T. N. (1962). Receptive fields, binocular interaction and functional architecture in the cat's visual cortex. *Journal of Physiology, 160*, 106–154. [doi: 10.1113/jphysiol.1962.sp006837]

Hubel, D. H., & Wiesel, T. N. (1970). The period of susceptibility to the physiological effects of unilateral eye closure in kittens. *Journal of Physiology, 206*, 419–436. [doi: 10.1113/jphysiol.1970.sp009022]

Nassi, J. J., & Callaway, E. M. (2009). Parallel processing strategies of the primate visual system. *Nature Reviews Neuroscience, 10*, 360–372. [doi: 10.1038/nrn2619]

第 II 部　視覚

Okamoto, T., Ikezoe, K., Tamura, H., Watanabe, M., Aihara, K., & Fujita, I. (2011). Predicted contextual modulation varies with distance from pinwheel centers in the orientation preference map. *Scientific Reports, 1,* 114. [doi: 10.1038/srep00114]

Pack, C. C., Livingstone, M. S., Duffy, K. R., & Born, R. T. (2003). End-stopping and the aperture problem: Two-dimensional motion signals in macaque V1. *Neuron, 39,* 671–680. [doi: 10.1016/S0896-6273(03)00439-2]

Sincich, L. C., & Horton, J. C. (2002). An albino-like decussation error in the optic chiasm revealed by anomalous ocular dominance columns. *Visual Neuroscience, 19,* 541–545. [doi: 10. 1017/S0952523802194132]

(3・6)

Ashida, H., Lingnau, A., Wall, M. B., & Smith, A. T. (2007). fMRI adaptation reveals separate mechanisms for first-order and second-order motion. *Journal of Neurophysiology, 97,* 1319–1325. [doi: 10.1152/jn.00723.2006]

Cheng, K., Hasegawa, T., Saleem, K. S., & Tanaka, K. (1994). Comparison of neuronal selectivity for stimulus speed, length, and contrast in the prestriate visual cortical areas V4 and MT of the macaque monkey. *Journal of Neurophysiology, 71,* 2269–2280. [doi: 10.1152/jn.1994.71.6.2269]

Czuba, T. B., Huk, A. C., Cormack, L. K., & Kohn, A. (2014). Area MT encodes three-dimensional motion. *Journal of Neuroscience, 34,* 15522–15533. [doi: 10.1523/JNEUROSCI.1081-14.2014]

Duhamel, J. R., Colby, C. L., & Goldberg, M. E. (1992). The updating of the representation of visual space in parietal cortex by intended eye movements. *Science, 255,* 90–92. [doi: 10.1126/science.1553535]

Felleman, D. J., & Van Essen, D. C. (1991). Distributed hierarchical processing in the primate cerebral cortex. *Cerebral Cortex, 1,* 1–47.

Goda, N., Tachibana, A., Okazawa, G., & Komatsu, H. (2014). Representation of the material properties of objects in the visual cortex of nonhuman primates. *Journal of Neuroscience, 34,* 2660–2673. [doi: 10.1523/JNEUROSCI.2593-13.2014]

Gross, C. G. (1992). Representation of visual stimuli in inferior temporal cortex. *Philosophical Transactions of the Royal Society B: Biological Sciences, 335,* 3–10.

Gu, Y., DeAngelis, G. C., & Angelaki, D. E. (2012). Causal links between dorsal medial superior temporal area neurons and multisensory heading perception. *Journal of Neuroscience, 32,* 2299–2313. [doi: 10.1523/JNEUROSCI.5154-11.2012]

Hegdé, J., & Van Essen, D. C. (2007). A comparative study of shape representation in macaque visual areas v2 and v4. *Cerebral Cortex, 17,* 1100–1116. [doi: 10.1093/cercor/bhl020]

Kawabe, T., Maruya, K., Fleming, R. W., & Nishida, S. (2015). Seeing liquids from visual motion. *Vision Research, 109,* 125–138. [doi: 10.1016/j.visres.2014.07.003]

Khawaja, F. A., Tsui, J. M., & Pack, C. C. (2009). Pattern motion selectivity of spiking outputs and local field potentials in macaque visual cortex. *Journal of Neuroscience, 29,* 13702–13709. [doi: 10.1523/JNEUROSCI.2844-09.2009]

Kravitz, D. J., Saleem, K. S., Baker, C. I., & Mishkin, M. (2011). A new neural framework for visuospatial processing. *Nature Reviews Neuroscience, 12,* 217–230. [doi: 10.1038/nrn3008]

Nadler, J. W., Angelaki, D. E., & DeAngelis, G. C. (2008). A neural representation of depth from motion parallax in macaque visual cortex. *Nature, 452,* 642–645. [doi: 10.1038/nature06814]

Nishio, A., Shimokawa, T., Goda, N., & Komatsu, H. (2014). Perceptual gloss parameters are encoded by population responses in the monkey inferior temporal cortex. *Journal of Neuroscience, 34,* 11143–11151. [doi: 10.1523/JNEUROSCI.1451-14.2014]

Perrone, J. A., & Thiele, A. (2001). Speed skills: Measuring the visual speed analyzing properties of primate MT neurons. *Nature Neuroscience, 4,* 526–532. [doi: 10.1038/87480]

Ponce, C. R., Lomber, S. G., & Born, R. T. (2008). Integrating motion and depth via parallel pathways. *Nature Neuroscience, 11,* 216–223. [doi: 10.1038/nn2039]

Priebe, N. J., Cassanello, C. R., & Lisberger, S. G. (2001). The neural representation of speed in macaque area MT/V5. *Journal of Neuroscience, 23,* 5650–5661.

Rizzolatti, G., & Matelli, M. (2003). Two different streams form the dorsal visual system: Anatomy and functions.

Experimental Brain Research, 153, 146–157.［doi: 10.1007/s00221-003-1588-0］

Roe, A. W., Chelazzi, L., Connor, C. E., Conway, B. R., Fujita, I., Gallant, J. L., … Vanduffel, W. (2012). Toward a unified theory of visual area V4. *Neuron, 74*, 12–29.［doi: 10.1016/j.neuron.2012.03.011］

Rokers, B., Cormack, L. K., & Huk, A. C. (2009). Disparityand velocity-based signals for three-dimensional motion perception in human MT+. *Nature Neuroscience, 12*, 1050–1055.［doi: 10.1038/nn.2343］

Sanada, T. M., & DeAngelis, G. C. (2014). Neural representation of motion-in-depth in area MT. *Journal of Neuroscience, 34*, 15508–15521.［doi: 10.1523/JNEUROSCI.1072-14.2014］

Takemura, H., Rokem, A., Winawer, J., Yeatman, J. D., Wandell, B. A., & Pestilli, F. (2016). A major human white matter pathway between dorsal and ventral visual cortex. *Cerebral Cortex, 26*, 2205–2214.［doi: 10.1093/cercor/bhv064］

Tsao, D. Y., Freiwald, W. A., Tootell, R. B. H., & Livingstone, M. S. (2006). A cortical region consisting entirely of face-selective cells. *Science, 311*, 670–674.［doi: 10.1126/science.1119983］

Uka, T., & DeAngelis, G. C. (2006). Linking neural representation to function in stereoscopic depth perception: Roles of the middle temporal area in coarse versus fine disparity discrimination. *Journal of Neuroscience, 26*, 6791–6802.［doi: 10.1523/JNEUROSCI.5435-05.2006］

Umeda, K., Tanabe, S., & Fujita, I. (2007). Representation of stereoscopic depth based on relative disparity in macaque area V4. *Journal of Neurophysiology, 98*, 241–252.［doi: 10.1152/jn.01336.2006］

Zeki, S. (1980). The representation of colours in the cerebral cortex. *Nature, 284*, 412–418.

Zihl, J., von Cramon, D., & Mai, N. (2008). Selective disturbance of movement vision after bilateral brain damage. *Brain, 106*, 313–340.［doi: 10.1093/brain/106.2.313］

(3・7)

Felleman, D. J., & Van Essen, D. C. (1991). Distributed hierarchical processing in the primate cerebral cortex. *Cerebral Cortex, 1*, 1–47.

Moore, T., & Armstrong, K. M. (2003). Selective gating of visual signals by microstimulation of frontal cortex. *Nature, 421*, 370–373.［doi: 10.1038/nature01341］

Moore, T., & Fallah, M. (2001). Control of eye movements and spatial attention. *Proceedings of the National Academy of Sciences of the USA, 98*, 1273–1276.［doi: 10.1073/pnas.98.3.1273］

Nassi, J. J., Lomber, S. G., & Born, R. T. (2013). Corticocortical feedback contributes to surround suppression in V1 of the alert primate. *Journal of Neuroscience, 33*, 8504–8517.［doi: 10.1523/JNEUROSCI.5124-12.2013］

Sasaki, R., & Uka, T. (2009). Dynamic readout of behaviorally relevant signals from area MT during task switching. *Neuron, 62*, 147–157.［doi: 10.1016/j.neuron.2009.02.019］

Treue, S., & Maunsell, J. H. R. (1996). Attentional modulation of visual motion processing in cortical areas MT and MST. *Nature, 382*, 539–541.［doi: 10.1038/382539a0］

(3・8)

Altimus, C. M., Guler, A. D., Villa, K. L., McNeill, D. S., Legates, T. A., & Hattar, S. (2008). Rods-cones and melanopsin detect light and dark to modulate sleep independent of image formation. *Proceedings of the National Academy of Sciences of the USA, 105*(50), 19998–20003.［doi: 10.1073/pnas.0808312105］

Barlow, R. B., Jr., & Verrillo, R. T. (1976). Brightness sensation in a ganzfeld. *Vision Research, 16*(11), 1291–1297.［doi: 10.1016/0042-6989(76)90056-0］

Berson, D. M., Castrucci, A. M., & Provencio, I. (2010). Morphology and mosaics of melanopsin-expressing retinal ganglion cell types in mice. *Journal of Comparative Neurology, 518*(13), 2405–2422.［doi: 10.1002/cne.22381］

Brown, T. M., Gias, C., Hatori, M., Keding, S. R., Semo, M., Coffey, P. J., … Lucas, R. J. (2010). Melanopsin contributions to irradiance coding in the thalamo-cortical visual system. *PLoS Biology, 8*(12).［doi: 10.1371/journal.pbio.1000558］

Brown, T. M., Tsujimura, S., Allen, A. E., Wynne, J., Bedford, R., Vickery, G., … Lucas, R. J. (2012). Melanopsin-based brightness discrimination in mice and humans. *Current Biology, 22*(12), 1134–1141.［doi: 10.1016/j.cub.2012.04.039］

Cajochen, C., Munch, M., Kobialka, S., Krauchi, K., Steiner, R., Oelhafen, P., ⋯ Wirz-Justice, A. (2005). High sensitivity of human melatonin, alertness, thermoregulation, and heart rate to short wavelength light. *Journal of Clinical Endocrinology & Metabolism, 90*(3), 1311-1316. [doi: 10.1210/jc.2004-0957]

Dacey, D. M., Liao, H. W., Peterson, B. B., Robinson, F. R., Smith, V. C., Pokorny, J., ⋯ Gamlin, P. D. (2005). Melanopsin-expressing ganglion cells in primate retina signal colour and irradiance and project to the LGN. *Nature, 433*(7027), 749-754. [doi: 10.1038/nature03387]

Freedman, M. S., Lucas, R. J., Soni, B., von Schantz, M., Munoz, M., David-Gray, Z., & Foster, R. (1999). Regulation of mammalian circadian behavior by non-rod, non-cone, ocular photoreceptors. *Science, 284*(5413), 502-504. [doi: 10.1126/science.284.5413.502]

Guler, A. D., Ecker, J. L., Lall, G. S., Haq, S., Altimus, C. M., Liao, H. W., ⋯ Hattar, S. (2008). Melanopsin cells are the principal conduits for rod-cone input to non-image-forming vision. *Nature, 453*(7191), 102-105. [doi: 10.1038/nature06829]

Hattar, S., Liao, H. W., Takao, M., Berson, D. M., & Yau, K. W. (2002). Melanopsin-containing retinal ganglion cells: Architecture, projections, and intrinsic photosensitivity. *Science, 295*(5557), 1065-1070. [doi: 10.1126/science.1069609]

Hattar, S., Lucas, R. J., Mrosovsky, N., Thompson, S., Douglas, R. H., Hankins, M. W., ⋯ Yau, K.-W. (2003). Melanopsin and rod-cone photoreceptive systems account for all major accessory visual functions in mice. *Nature, 424*(6944), 76-81. [doi: 10.1038/nature01761]

LeGates, T. A., Altimus, C. M., Wang, H., Lee, H. K., Yang, S., Zhao, H., ⋯ Hattar, S. (2012). Aberrant light directly impairs mood and learning through melanopsin-expressing neurons. *Nature, 491*(7425), 594-598. [doi: 10.1038/nature11673]

Lockley, S. W., Evans, E. E., Scheer, F. A., Brainard, G. C., Czeisler, C. A., & Aeschbach, D. (2006). Short-wavelength sensitivity for the direct effects of light on alertness, vigilance, and the waking electroencephalogram in humans. *Sleep, 29*(2), 161-168. [doi: 10.1093/sleep/29.2.161]

Lucas, R. J., Hattar, S., Takao, M., Berson, D. M., Foster, R. G., & Yau, K. W. (2003). Diminished pupillary light reflex at high irradiances in melanopsin-knockout mice. *Science, 299*(5604), 245-247. [doi: 10.1126/science.1077293]

Noseda, R., Kainz, V., Jakubowski, M., Gooley, J. J., Saper, C. B., Digre, K., & Burstein, R. (2010). A neural mechanism for exacerbation of headache by light. *Nature Neuroscience, 13*(2), 239-245. [doi: 10.1038/nn.2475]

Panda, S., Provencio, I., Tu, D. C., Pires, S. S., Rollag, M. D., Castrucci, A. M., ⋯ Hogenesch, J. B. (2003). Melanopsin is required for non-image-forming photic responses in blind mice. *Science, 301*(5632), 525-527. [doi: 10.1126/science.1086179]

Pilorz, V., Tam, S. K., Hughes, S., Pothecary, C. A., Jagannath, A., Hankins, M. W., ⋯ Peirson, S. N. (2016). Melanopsin regulates both sleep-promoting and arousal-promoting responses to light. *PLoS Biology, 14*(6), e1002482. [doi: 10.1371/journal.pbio.1002482]

Schmidt, T. M., Chen, S. K., & Hattar, S. (2011). Intrinsically photosensitive retinal ganglion cells: Many subtypes, diverse functions. *Trends in Neurosciences, 34*(11), 572-580. [doi: 10.1016/j.tins.2011.07.001]

Schmidt, T. M., & Kofuji, P. (2010). Differential cone pathway influence on intrinsically photosensitive retinal ganglion cell subtypes. *Journal of Neuroscience, 30*(48), 16262-16271. [doi: 10.1523/jneurosci.3656-10.2010]

Vandewalle, G., Gais, S., Schabus, M., Balteau, E., Carrier, J., Darsaud, A., ⋯ Maquet, P. (2007). Wavelength-dependent modulation of brain responses to a working memory task by daytime light exposure. *Cerebral Cortex, 17*(12), 2788-2795. [doi: 10.1093/cercor/bhm007]

Vandewalle, G., Maquet, P., & Dijk, D. J. (2009). Light as a modulator of cognitive brain function. *Trends in Cognitive Sciences, 13*(10), 429-438. [doi: 10.1016/j.tics.2009.07.004]

第**4**章　光覚

4・1　はじめに

　眼を閉じたときあるいは全くの暗黒のなかに何が見えるか。微かな光の粒のような，あるいは輪郭の定まらない光の塊のようなものが見えるのではないだろうか。これらは Eigengrau と呼ばれ，視細胞など視覚に関連する神経細胞の自発的活動（spontaneous activity）によって生じるノイズに由来すると考えられている。眼を閉じることによって眼球に入射する光が遮断されることから，視覚像は光によって活動を惹起される神経システムによって得られるものであると考えられる。しかし Eigengrau は，視覚像のようでありながら形や秩序をもたないノイズでしかない。聴覚においても，環境音の非常に少ない静寂な場所では，微かな神経ノイズに由来する音に気づく人もいるだろう。ノイズが大きければ耳鳴りという現象を引き起こし，必要な音も聞こえにくくなるだろう。

　本章で扱う光覚とは光の受容に伴う光の有無の感覚を主に指しており，視覚像については他の章で詳述される。人間の視覚は，光受容器による光から神経細胞の膜電位への変換によって網膜に照射される光の情報を神経信号に変換している。この章では，光覚に至るこれらの過程・経路およびその特性について概観していく。

（栗木　一郎）

4・2　視物質と光受容器（錐体・桿体）

　視覚・光覚の基礎となる信号源について言及する。視覚に関連する光受容器は主に錐体（cone）と桿体（rod）の2種類である。2000年代に入って発見さ

れた視物質であるメラノプシンを含有する内因性光感受性網膜神経節細胞（intrinsically photosensitive retinal ganglion cell：ipRGC）も光刺激によって神経信号を発するが，この信号が視覚情報に対してどのような形で影響しているかについては議論が続いている（II・3・8参照）。この ipRGC についても後で短く言及する。

　錐体・桿体は細胞膜・円盤膜に含有される視物質の化学変化により膜内外の電位差すなわち神経活動を生じる細胞である。錐体には大きく分類して3種類があり，桿体は1種類である。3種類の錐体は最大感度を示す波長が異なり，その波長にちなんで L-（long-），M-（medium-），S-（short-）wavelength sensitive cone，略して L-，M-，S- 錐体（L-，M-，S-cones）と呼ばれている。桿体および錐体のピーク感度波長の違いは，視物質においてオプシン［桿体ではスコトプシン（scotopsin）；錐体ではフォトプシン（photopsin）］と結合したレチナール（retinal）という光感受性の物質の種類によって異なる。レチナールが光のエネルギーを吸収した際に化学変化（シス-トランス異性化：cis-trans isomerization）を起こし，その経緯で細胞内に生じる化学物質の密度の変化が細胞膜の中と外の電位差（膜電位）を引き起こし神経信号となる。光を吸収する際には，視物質がどの波長のエネルギーを最も効率よく吸収するかによって最大感度波長が定まり，人間の場合には主に3種類の錐体が存在することが知られている。3錐体の間で最大感度波長が異なることから，一つの波長の光（単色光：monochromatic light）は錐体の種類によって異なる応答量を生じ，3錐体の差動により色覚の信号が生まれる。どの型の視物質が網膜に発現しうるかは遺伝的に決められており，3種類のうち一つあるいは二つが通常と異なる形で発現

する場合には，錐体の種類の不足から医学的には先天的色覚異常と呼ばれる状態となり，多数派である3色覚者とは異なる見え方となる（詳細はII・8を参照）。

　錐体・桿体はそれぞれが視細胞と呼ばれる細胞であり，外節部 (outer segment)，内節部 (inner segment) と細胞核を含む細胞体 (soma)，そして膜電位を伝えるための複数のシナプス終末 (synaptic terminal) からなっている。錐体と桿体では外節の構造が異なっている。桿体の外節は disk と呼ばれる視物質を含む円盤状の組織が層状に重なる構造をしており，錐体の外節は幾重にも折れ込んだ一つの細胞膜が柱状の構造をしている。これらの細胞は外節部が瞳孔に対して反対側を向いて網膜上に配列しており，視物質を保持する外節部は貪食 (phagocytosis) により新しい細胞膜に置換されていく。外節部は約2週間で入れ替わり，視覚の感度を保つのに寄与しているといわれている。貪食される先端部分には，眼底における光の反射を防ぐ黒い物質である色素上皮 (pigment epithelium) が存在する。視細胞に吸収されず通過した光が網膜の後面で反射・散乱すると，視野の一方向から飛来した光が複数の視細胞を活性化させることになり，視覚情報としての空間解像度が低下することになるため，色素上皮はそれを防ぐ役割をもっている。

　一方，夜行性の動物の眼が夜間にわずかな光でも光って見えるのは，視細胞に吸収されず通過した光を反射する膜（タペタム：tapetum）が網膜の底部に存在し，網膜後面での反射光が瞳孔から見えるためである。タペタムで反射された光は再度視細胞を通過し吸収される機会が増えるため，暗所における視覚の感度を補うことができる。フラッシュ撮影した写真で人の眼が赤く写る（赤目：red eye）現象は，網膜表面の血管で反射された光によるものであり，タペタムによる反射とは異なる現象である。

　中心視野に対応する網膜部分（中心窩）における錐体・桿体の外節部は，瞳孔から網膜に入射する光の方向に沿う形で配列している。この配列は，瞳孔中心から外界を見た際に一つの方角から飛来する光を一つの錐体・桿体で受容する構造をなしており，中心視野付近での視角解像度の向上に貢献している。逆

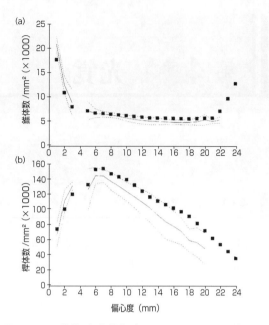

図 4-2-1　錐体・桿体分布（Cursio et al., 1990）
　　　　横軸（偏心度）が mm 単位であることに注意。

に，瞳孔の中心から外れた方向（瞳孔の端，あるいは虹彩の縁）から飛来する光に対しては相対的に感度が低く，この現象を Stiles-Crawford 効果（Stiles-Crawford effect；Stiles & Crawford, 1933）という。さらに，中心視における空間解像度が高くなるように，中心窩付近では錐体の分布密度が高く周辺部においては分布密度が下がる構造をしている（Cursio et al., 1990）。また，中心窩付近では錐体だけが存在し桿体が存在しない rod free area がある。これらの光受容器の分布を示したのが図 4-2-1 であり，中心視には桿体が存在しないため，暗順応が進んで桿体視（rod vision）あるいは暗所視（scotopic vision）の状態になると，視細胞の密度が最も高い部分は中心視（眼球の向いている方向）より少し周辺になる。したがって，暗所視の状態で最も感度がよいのは網膜の中心から周辺に 20°ほど外れた方位になる。つまり夜間は中心視で凝視するより少し脇で見たほうがよく見える。

（栗木　一郎）

4・3　明順応・暗順応

　このように錐体は3種類あり主に明所で感度をも

ち色の情報を与えるのに対し，桿体は主に暗所で感度をもち1種類しか存在しないため色に関する情報をもたない。そのため暗所では色を知覚することができない。図4-3-1は暗順応曲線と呼ばれ，環境の明るさが暗くなった際に感度が上昇する様子を示している。縦軸は光を知覚するのに必要な光子[1]（エネルギー）の量を示している。明所から暗所に移り暗順応（dark adaptation）を始めて最初に閾値が下がる（＝感度が上昇する）様子を示した曲線部分は錐体の感度上昇を示した部分であり，閾値は一定の値で底を打つ。しばらくすると再び閾値が下がる様子を示した曲線が現れ，桿体の感度が錐体の感度を上回ったことを示す。この錐体の感度が一定になり桿体の感度がそれを凌駕するまでの期間をコーン・プラトー（cone plateau）と呼び，錐体系の視覚システムにおける基底状態と考えられている。古典的な色覚研究では，コーン・プラトーを用いた実験や，一度コーン・プラトーに達した後に明順応して順応条件を統制した実験がみられる。

暗順応と逆に，暗所から明所に出た際に視覚の感度が徐々に適正化される現象を明順応（light adaptation）という。暗順応と明順応の時間経過を測定すると，明らかに明順応の速度のほうが早い。これは暗順応による感度の上昇が，一度光を吸収した視物質が基底状態に戻る再生（regeneration）における化学変化に依拠する部分において，再生に必要な時間が光エネルギーの吸収による化学変化より長いためである。光子が視物質に吸収されてから視細胞の膜電位を変化させるまでの所要時間は約1.7 msといわれている。視物質が光子を吸収し光異性化（photoisomerization）を起こしたために，次の光子が吸収できなくなった状態のことを褪色（bleach）という。ロドプシン（rhodopsin）は通常わずかに赤みを帯びているため視紅（visual purple）ともいい，rhod- は古代ギリシャ語で薔薇を意味する rhódon（ῥόδον）に由来する。しかし，光を吸収すると無色に変化するため「褪色」と表現される。

褪色から基底状態へ視物質が戻る再生過程では，50％が再生するのに必要な時間は桿体の場合で約5分，錐体の場合で約1分といわれている。再生の速度の違いは暗順応曲線におけるカーブの傾きの違いにも反映されている。光に暴露されると，光の吸収による褪色と再生の化学変化は並行して生じる。この二つの過程が均衡した状態が明順応における視物質感度の均衡点であり，順応（環境）光が強いほど褪色した状態にある視物質の割合が高くなる（Cornsweet, 1962）。

視物質はひとたび褪色すると再生までの間は光を吸収できなくなるが，この現象を逆手にとり生きているヒトの網膜の錐体配列を撮像する技術も開発されている（Ⅱ・3・2参照）。適応光学系（adaptive optics：AO）を用いて健常者の網膜において錐体分布を光学計測した研究（Roorda & Williams, 1999；Williams et al., 1999）では，3種類の錐体（L-, M-, S- 錐体）の分光感度（波長による吸光度の違い）が異なることにより，同一波長の光が誘発する褪色の度合いが3種類の錐体で異なることを利用して錐体の分布を可視化している。

最初に褪色前の錐体配列の画像を撮像する。次に可視光を用いて錐体を褪色させる（最初の撮像における入射光で褪色させる場合もある）。視物質が褪色している間，錐体は入射光を吸収できずに反射するため，最初の露光でより多く光を吸収した錐体ほどより明るく写る。すなわち褪色前後の二つの錐体配列画像における反射光の強度の変化は，吸光に伴う褪色（＝反射）量を反映する。たとえば長波長の単色光で褪色させた場合，感度が高い（＝吸光度の

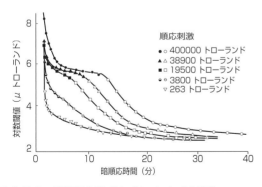

図4-3-1　暗順応曲線（Hecht et al., 1937）

---

[1] 光は波動であると同時に量子（粒）でもある。光の最小エネルギーの単位は量子1個であり，そのエネルギー E は E = hc/λ（h はプランク定数，c は光の速度で，いずれも物理定数。λ は光の波長）で表される。

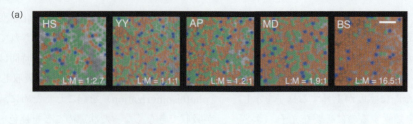

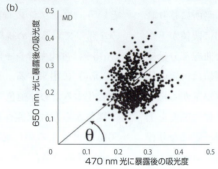

図 4-3-2　褪色を応用した 3 錐体分布の推定（(a) Hofer, Singer et al., 2005，(b) Hofer, Carroll et al., 2005）

大きい）順に L-，M-，S- 錐体となるため，褪色前後の画像で明度変化のヒストグラムを作成すると，L-，M-，S- 錐体に対応した三つの群ができる。特に L-，M- 錐体の分光感度は可視光の帯域で接近しており判別が難しいが，ある基準を仮定して錐体存在比率の推定を試みた研究も報告されている（Hofer, Singer et al., 2005；図 4-3-2）。

（栗木　一郎）

4・4　絶対閾の測定

光覚を得るために必要な光（光子）の量・エネルギーはいかほどだろうか。この問いについては Hecht et al.（1942）が行った研究が有名であり，その読み解き方について解説した Cornsweet の著書 *Visual Perception*（1962）に背景が詳述されている。Hecht et al. の結論では「ヒトの網膜の光受容器（桿体）は，最も良い条件下では，平均して 1 個の光子で活性化される」とされていた。その後に続く研究でも詳細な検討が行われているが（Barlow, 1956；Barlow et al., 1977；Sakitt, 1972），結論として 1 個の光子で光知覚を生じさせられるという結論は覆されていない。そのため，本節では Cornsweet の著書の該当箇所について概要を紹介する（詳細は上述の書籍の第 2-4 章をご一読頂きたい）。

4・4・1　予備知識の整理

人間の視覚はどの程度弱い光を知覚できるのだろうか。前出の暗順応曲線は，人間の視覚感度が最大になるのは暗所での観察になることを示している。暗順応条件下に対し十分に長い時間の順応を行うと，桿体の感度が錐体を凌駕する。ある網膜領域（面積）あたりの光子の数が同一だと仮定すると，桿体の空間密度が最も高い視野位置において感度測定を行った際に最小の光子数で最大の検出感度が求められることになる。図 4-2-1 に示した通り，桿体の密度が最も高いのは中心窩ではなく，視角 20°付近になる。視野周辺 20°に正確に刺激を呈示するために，固視点は標的刺激と別に呈示される。

視覚 20°の位置に，どのような光を呈示すればよいか。光知覚を引き起こすことができる最少数の光子の数を求めるには，桿体が最も効率よく吸収できる波長の光を選ぶべきである。桿体の分光感度は図 4-4-1 に示した通りであり，感度曲線のピークが存在する 500 nm 付近の光を用いるのが適切と考えられる。

標的光のサイズはどうだろうか。光量を絞る開口の大きさを変化させると，開口部を通過する光子の

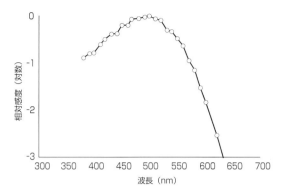

図 4-4-1　桿体分光感度（Kraft et al., 1993）

量もその面積に比例して変化する。この方法で一定化した光源の照射範囲（視角）を光学系により制御すると，網膜に照射される刺激面積中に含まれる光子の総数も一定になる。刺激に含まれる光子の総数を一定にして面積を変化させると，図 4-4-2 のように閾値が変化し，直径が小さいときには閾値はフラットで，ある直径から閾値が単調増加する。これをRiccoの法則（Ricco's law）という（Riccò, 1877）。面積を変えても閾値が変わらないことは，刺激に含まれる光子の総数が閾値を支配することを意味しており，その範囲のどのサイズを選んでもいいことになる。一方で，閾値付近の光強度になると光子の数が確率的に離散的な値（自然数）をとるため，広い面積で測定を行って光覚閾に必要な光子の総数を計算するほうが高い推定精度を導出できる。したがって，この図では視角 10′（=1/6°）が適当ということになる。さらに，標的光の呈示時間はどうだろうか。刺激光の面積と，単位面積あたりの光子の総数を一定にして呈示時間を変化させる（＝単位時間あたりの光子数を変化させる）と，呈示時間の増大（すなわ

ち単位時間あたりに照射される光子数の減少）とともに，特定の呈示時間までは閾値が一定であり，それ以上では呈示時間につれて閾値の増大がみられる。これをBlochの法則（Bloch's law）という（Bloch, 1885；Gorea, 2015）。このように，呈示時間中に網膜に照射される光子の総数の閾値を調べた場合，閾値が一定となる呈示時間の最大値は，受容された光子の信号が積分される時間と考えることができる。この時間加算（temporal summation）の現象については後に詳述するが，Blochの法則に従う範囲では，最小の閾値を示す区間で実験を行うのが絶対閾の測定に適当な条件となる。

　光源の強度が数個の光子のレベルになると，光子数の量子的ゆらぎが結果に影響するようになる。光子の「数」という概念は光の「粒（量子）」としての性質を反映したものであり，光子一つは光の波長から求まるエネルギー $h\nu$ ［h はプランク定数，ν は光の波数（波長の逆数）］をもつ。光源から発生する光子数はポアソン分布に従う確率的な振る舞いを示す。ポアソン分布は以下の式で表されるもので，$P(X=n)$ は「単位時間あたり平均 λ 回生起する事象が n 回生起する確率」を示している。

$$P(X=n) = \frac{\lambda^n}{n!} e^{-\lambda}$$

たとえば光子数が平均 λ 個の累積生起確率 $P(X \leq k)$ は，横軸を k とすると図 4-4-3 のグラフに表す形となる。すなわち，光子数は一定の平均をもちつつ，試行ごとに確率的にゆらいでいることになる。

　光源に含まれる光子の数がポアソン分布に従う確率的な振る舞いになるのと同様に，人間の応答も確率的である。同じ強度の光を呈示したときに，神経活動にノイズが存在することを考える。ノイズはある平均値の周りに分散をもつ値であると仮定する。光が誘発する神経活動は，光の強度に比例した平均値の周りに同様の分散をもつ値であると仮定する。刺激光が誘発する神経活動の平均値がノイズのもつ値から統計的に区別できない場合，実験参加者はノイズと刺激光を区別することができない。刺激光が誘発する神経活動（＋ノイズ）が，無刺激の際の神経活動（主にノイズ）より十分に大きくなれば，刺

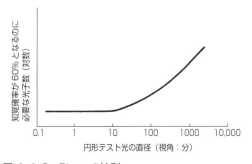

図 4-4-2　Riccoの法則

第II部 視覚

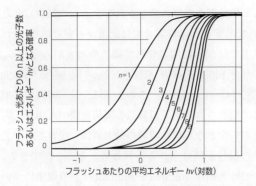

図4-4-3 ポアソン分布の累積生起確率に基づく，各光子数の生起確率の推定（Hecht et al., 1942）

激光が検出される。

背景ノイズでの活動強度と，刺激光に対する活動強度の確率密度分布をそれぞれ（仮に）同じ分散の正規分布で表すと，図4-4-4のように活動強度の分布を表すことができる。実験参加者の判断基準にゆらぎがなく一定の場合，判断基準より右側の面積はYesと答える確率，左側はNoと答える確率になる。刺激に対する活動の分布で判断基準を超える部分はhit率，判断基準に満たない部分はmiss率となる。ノイズに対する活動の分布で判断基準を超える部分はfalse alarm（FA）率，満たない部分はcorrect rejection率となる。判断基準を変化させながら，hit率とfalse alarm率を横軸・縦軸に取ってプロットすると図4-4-4bのようなグラフが書ける。これは信号検出理論におけるROC曲線と呼ばれる（I・2・4参照）。二つの分布が重なる場合，判断基準の如何にかかわらず常にhit率＝FA率でROC曲線は傾き1

の対角線となり信号の検出はできない（図4-4-4bの$d'=0$）。ノイズと刺激に対する神経活動の確率密度分布が離れるに従い，ROC曲線が対角線から離れる。図4-4-4aでは二つの分布間の距離がSD（標準偏差）の3倍となるとき（$d'=3$）を示している。二つの分布間の距離をSDで正規化した数値を検出力d'と呼び，検出の確かさを表す指標として用いる。判断基準が変動しても，d'が同じ場合には同じROC曲線の上に点が乗る特徴がある。

判断基準を固定した状態で刺激光の強度を変化させた場合について考えてみる。神経活動が刺激強度に比例すると仮定した場合，刺激光に対する神経活動の確率密度分布は分散が一定のまま平均値がシフトする形で表現される（図4-4-4a）。刺激光の強度をさまざまに変化させ，判断基準より右側にあたる面積を計算すると，Yesと答える確率（心理測定関数：図4-4-5）が累積正規分布に近似される形で得られることが理解できる。この心理測定関数の傾きは判断の鋭さを示す指標として用いられるが，図4-4-4aにおいて神経活動のゆらぎを近似した正規分布の分散すなわちノイズの分散を反映している。したがって，実験参加者の応答のゆらぎは，神経活動のノイズを反映していると考えることができる。

4・4・2 結果の解釈

Hecht et al.（1942）の実験では，網膜上の偏心度20°の位置において510 nmの光を10′（=1/6°）の視角サイズで100 ms照射すると，54-148個の光

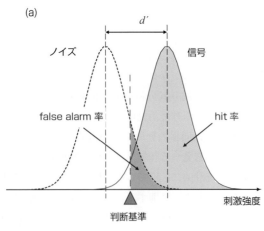

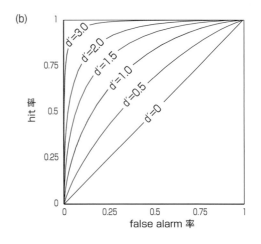

図4-4-4 信号検出理論，ROC曲線

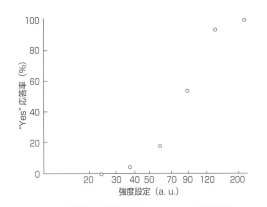

図 4-4-5　心理測定関数（Cornsweet, 1962）

子数のゆらぎと同等であると結論した。したがって，平均9個の光子が350個の桿体が存在する領域にランダムに降り注いだ場合，一つの桿体に含まれる視物質の状態変化を引き起こすには光子1個で十分であり，光子を吸収した桿体が10個以下で光覚を得られると推定された。

4・4・3　空間加算・時間加算

前節までにみたように，桿体は一つの光子で活動を生じている可能性を示唆する結果が得られた。桿体からの信号を集約する神経節細胞では網膜上のある範囲（受容野）のなかに存在する桿体の信号を空間的に加算している（rod poolと呼ばれる）が，この空間加算（spatial summation）での集約の範囲は環境によって適応的に変化することが知られている。複数の桿体からの信号を集約し，その領域が隣り合う神経節細胞の間で重複していれば，網膜上に結ばれている像からは解像度の低下した視覚像が神経表現として形成されることになる。すなわち，必要な感度が得られる数の桿体に絞って情報を集約すれば，少しでも明るいところでは空間的な解像度が確保できることになる。人間の視覚系ではこのように適応的に受容野の範囲を変化させ，空間解像度を保っていることが知られている（MacLeod et al., 1989）。一方で，錐体の空間加算はこのように受容野サイズが適応的に変化するシステムはもっていないと考えられている。

空間加算とは別に，時間的に分離した信号の加算（時間加算）により生じる現象として，Talbot-Plateauの法則（Talbot-Plateau's law；Arnold & Windsor, 1934；Plateau, 1830；Talbot, 1834），Broca-Sulzer効果（Broca-Sulzer effect；Broca & Sulzer, 1902）などがある。時間加算は主に視覚神経系が信号を積分する時間に依存して決まると考えられているが，常に正の符号で加算されるわけではなく，負の加算が生じる時間帯がある。その結果，単発では閾下となる強度の短時間のパルスを2発呈示した際に，パルス間隔が正の加算の時期に入った場合にはパルス検出の閾値が下がる閾下加算（sub-threshold additivity）が生じるが，二つ目のパルスの信号が先行するパルスにより抑制される負の加算を生じる時

子が角膜に到達した場合に60%の割合で知覚されるとされた。角膜に到達した光子のうち，眼光学系の透過率に従い約50%が網膜に到達する。さらにそのうち約20%が光受容器に吸収されると推定され（Hecht et al., 1942；Rushton, 1956），角膜に到達した光子の約10%が光受容器に吸収される。Hecht et al.（1942）の結果と，光子の量子的性質を考えると5-14個が網膜の光受容器に到達する計算になる。この光子が視角10′の範囲に広がることを考慮する必要がある。偏心度20°において10′の範囲に含まれる桿体の数は約350個と推定される（Østerberg, 1935）。さらに，偏心度20°において一つの神経節細胞に接続される桿体の数は約350個と推定されている。したがって，5-14個（平均9個）の光子が同じ神経節細胞に接続する350個の桿体の一群に吸収されてはじめて一つの光点として知覚されることになる（図4-4-6b）。この領域に入射した光子の2個が同じ桿体に吸収される確率は概算で9.85%となる。すなわち，大半の光子は桿体1個によって吸収される状態であり，光子1個が桿体を活性化するのに十分であると想定される。

Hecht et al.（1942）では実験参加者の判断基準のゆらぎに基づく効果が考慮されていなかった。Cornsweet（1962）は，Hecht et al.（1942）の心理測定関数の傾き（図4-4-6a）と光源のポアソン分布に従うゆらぎによる光子数の関数の傾き（図4-4-3）を詳細に比較して検討した結果，実験参加者の判断基準のゆらぎに基づく効果は非常に小さく，心理測定関数（図4-4-6a）はほとんど網膜に照射される光

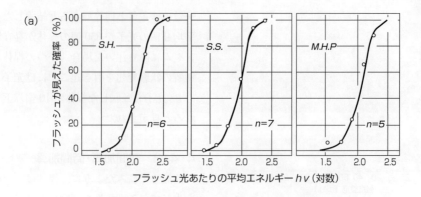

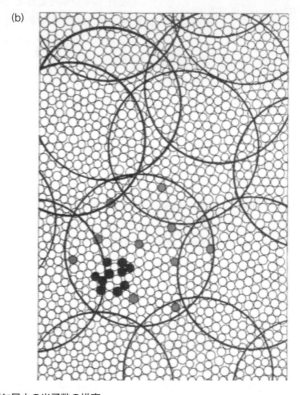

図 4-4-6　桿体の活動に必要な最小の光子数の推定
（a）実験参加者3名の実験結果（Hecht et al., 1942）。曲線は平均光子数（左から n=6, 7, 5）のポアソン分布の累積確率。（b）周辺視野 20°における，桿体と受容野，光子の概念図。小さい円は桿体，大きい円は受容野，黒く塗りつぶされた小円は光子を示す。受容野の重なり具合は必ずしも現実とは一致しない（Cornsweet, 1962）。

間間隔で呈示されると，パルス検出閾値が上昇する。パルス間隔を系統的に変化させてパルス検出閾値を計測する事により，インパルス応答関数（impulse response function）が求められる（II・6・2・1・2 参照）。

（栗木　一郎）

4・5　コントラスト感度（弁別閾，ペデスタル，ディッパー関数）

これまでは，空間的なパターンをもたない光の知覚に限った知覚域について概説した。人間の視覚は，空間パターンを含まない刺激の強度を正確に知覚することができない。たとえば，まったく均一な

輝度の半球で視野全面を覆う全体野（Ganzfeld）の事態にすると，半球面の反射率や眼球入射光の強度にかかわらずグレイが知覚されることが知られている（Gilchrist, 1994）。これは，視野の明暗に順応して知覚を調整する機構にとって，調整のための手がかりが不足しているために生じる現象と考えられている。このような状況は日常場面ではきわめて稀であり，人間の視覚系は，光の強度の分散が存在する場面で物を見るように作られている。

視覚感度の測定時には，視覚系全体の順応レベルを安定させるために何らかの背景視野（background）［ペデスタル（pedestal）と呼ばれる場合もある］が呈示され，背景との差分に対する感度あるいは弁別閾を測定する場合が多い。したがって，視標の刺激強度は背景からの増分あるいはコントラストの変調という形で表され，コントラスト感度（contrast sensitivity）の測定が行われる。正弦波やガボール刺激を用いる場合，コントラストの計算には変調の振幅を平均値で正規化したMichelsonコントラスト（Michelson contrast）すなわち (max-min)/(max+min)（図4-5-1a）が使われる場合と，増分（ΔS）をペデスタルの強度（S）で正規化したWeberコントラスト（Weber contrast）$\Delta S/S$（図4-5-1b）が用いられる場合がある（II・2・3・8参照）。ただし

$$\frac{\max - \min}{\max + \min} = \frac{(\max - \min)/2}{(\max + \min)/2}$$

が成立するため，図4-5-1aの正弦波のように増分と減分の変調が対称な場合には，両者は等価になる。

第10章の図10-3-2の破線は，横軸に背景の刺激強度（S），縦軸に増分閾（ΔS）を対数軸でプロットした際の検出閾を示した典型的なグラフである。背景の刺激強度が低いときには背景の変化による影響より絶対閾が支配的要素となるため，閾値は一定である。ある強度付近で閾値が上昇し始め，$\Delta S/S=$一定の軌跡に沿う形になる。$\Delta S/S=k$として両辺の対数をとると，$\log \Delta S = \log k + \log S$となるため，両対数の軸でこの関係を表示すると傾き1の直線となる。この領域では，閾値に対し$\Delta S/S=k$（定数）となるWeberの法則（Weber's law）が成立していることから，Weber領域（Weber region）と呼ばれ，このときの定数kをWeber比（Weber fraction）という（I・2・1参照）。Weber領域を示す斜行線と絶対閾を示す水平線が交差する地点が，Weber領域の下限（推定）となる。

ペデスタルもしくは背景刺激が何らかのパターンとコントラストをもつ場合を考える。この背景に対してテスト刺激を呈示し，たとえば2肢強制選択法で測定した弁別閾を，背景パターンのもつコントラストの関数としてプロットすると，典型的には背景パターンのコントラスト付近で閾値が最小化する現象がみられる。この際に，閾値を示す関数の形状が，柄杓（dipper）のように一度下がって上がるパターンを示すことから，広く「ディッパー関数（dipper function；図4-5-2a）」と呼ばれる（Solomon, 2009）。ディッパー関数の閾値減少の部分は当初，聴覚研究におけるマスキング効果の減少から負のマスキング（negative masking）と呼ば

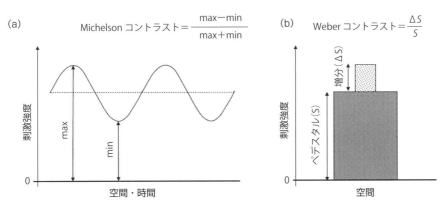

図4-5-1 （a）Michelsonコントラスト，（b）Weberコントラスト（Weberの法則）

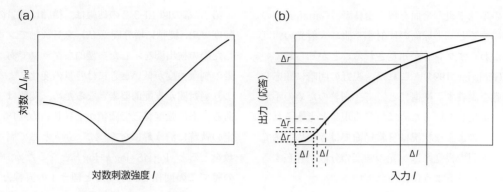

図 4-5-2 ディッパー関数（Solomon, 2009）
(a) ディッパー関数の例，(b) 閾値が下がる現象を信号の入出力関係で説明する模式図。

れていた（Miller, 1947；Raab et al., 1963）。Raab らの示したディッパー関数は Miller の研究データを，コントラストのプロットから JND（just noticeable difference）にプロットし直したことによって得られていた。つまり，同じデータでも縦軸の尺度の取り方によりディッパー関数が現れる場合がある。

図4-5-2b はディッパー関数と，一時的な閾値の低下（dip）を信号の入出力特性（トランスデューサー）を使って説明した模式図である（Solomon, 2009）。信号の入力と出力の関係において，入力の強度レベル（I）によって傾きの変化があるシステムを想定する。傾きが一時的に大きくなる箇所が存在する場合，入力の変化（ΔI）に対する信号の伝達効率がよくなり，一定の出力の変化（Δr）をもたらすのに必要な入力の変化すなわち増分閾値（ΔI）が相対的に小さくなるという考え方である。

（栗木 一郎）

4・6 メラノプシン（ipRGC）の影響

21世紀に入って，光感受性をもつ視物質メラノプシンを含有する内因性光感受性網膜神経節細胞（intrinsically photoreceptive/photosensitive retinal ganglion cell：ipRGC）がマウスで発見され，同様の ipRGC が人間にも存在することを示唆する研究結果が次々と報告された。この ipRGC の活動は主に概日リズム（1日の周期）に関連すると考えられている。一方で，視知覚に影響を及ぼすという見解（Brown et al., 2012；Spitchen et al., 2017；Yamakawa et al., 2019）と及ぼさないという見解（Horiguchi et al., 2013）とが両立している状況にある。視覚に影響が及ぶことが本当であった場合，これまでの視覚研究で扱われてきた錐体・桿体だけでなく，ipRGC の寄与も考慮して視覚・色覚の理論を総点検する必要が生じる。光覚に関して言及すると，ipRGC がメタマー（条件等色するが波長構成の異なる2色光）の明るさ感（brightness；Yamakawa et al., 2019）や瞳孔反応（pupillary response；Tsujimura et al., 2010；Yamakawa et al., 2019）の違いに影響する事例も報告されており，少なくとも閾上の感覚に影響する可能性が高いが，絶対閾に対する直接の影響を調べた研究はまだない（詳細は II・3・8 を参照）。

（栗木 一郎）

4・7 膝状体系経路と膝状体外系経路

錐体や桿体が視覚像を得るための経路についてみてきたが，錐体・桿体からの出力は視覚像以外の目的にも使われている。たとえば，眼球運動の制御を司る経路にも属する上丘（superior colliculus）には外側膝状体（lateral geniculate nucleus：LGN）とは別に網膜からの信号が入力されていることが知られている。これは視覚像によらない防御的反射などの目的で用意されている経路と考えられている。LGN を経由する経路を膝状体系経路（geniculate pathway），経由しない経路を膝状体外系経路（extra-geniculate pathway）と呼ぶ（II・3・4・2参照）。上述の ipRGC

からの信号の多くは主に膝状体外系経路に入力され、概日リズムなどに関係すると考えられている。

また膝状体外系経路の視覚信号の経路が存在することにより、盲視（blindsight）と呼ばれる現象が生じることが知られている（Weiskrantz, 1990；Yoshida et al., 2012）。LGN を通る経路に障害が生じると、視覚像を知覚するための膝状体系経路に情報が流れなくなり、視覚情報が自覚されなくなる。したがって、たとえば視野検査を行うと障害に対応した視野の部位は視野欠損となり、文字を読むことはまったくできなくなる。一方で、光点を欠損視野に呈示した際に、自覚はできないが大体の位置（方位）を答えることができる場合がある。このような現象を盲視という。上丘のもつ視野マップと盲視の対応関係等を調べる研究により、膝状体外系経路に流れた網膜からの情報が光点の検出に寄与したことに起因する可能性が示されている。ただし、盲視により得られる光点に対する反応は、通常の意味での光覚には含められない。

（栗木 一郎）

4・8 単一錐体刺激による光覚

前述の適応光学系（AO）の進歩により、最近では網膜の錐体像を実時間で取得できるようになっている。AO はもともと大気圏内から天体（星像）を光学観測するために開発された技術であり、大気の揺らぎによる光学的影響を実時間計測し光学的に補正する。人間の眼は瞬きのときに涙の幕が角膜の表面を覆うが、この水膜の厚みなどの光学的状態が重力の影響などにより動的に変化する。また、人間の眼球の光学は人工物と異なり多少の歪みをもっているため、AO 以前の光学系では網膜の精密画像を撮ることができなかった。1999 年に Williams et al. によって AO をヒトの眼に適用する技術が報告され、網膜上の錐体配列の画像などが得られるようになった。さらに光干渉断層計（optical coherence tomography：OCT）や、走査型レーザー検眼鏡（scanning laser ophthalmoscope：SLO）と組み合わされ AO-OCT、AO-SLO として使われるようになった。この AO-SLO を使うと、網膜上の錐体の

位置をほぼ実時間で追跡でき、さらに単一の錐体を狙い撃ちにして光を照射することが可能になる。このシステムを用いて、単一錐体刺激（mono-cone stimulation）によってどのような知覚が得られるか、という研究が北米を中心に進められている。

AO 装置では、可変形ミラーを用いてレーザー光の波面を整えることで、眼球の奥にある網膜からの反射光が眼球のレンズや涙によって歪められる分を補正し、精密な網膜の画像を取得する。網膜上には血管が無数に走っており、血管の特徴をランドマークにすることにより、網膜上の特定の錐体に光を照射することが可能である。

一方、単一錐体刺激において、刺激された錐体の種類と知覚との対応は視覚の初期の神経機構に関して多くの知見をもたらす。すでに記したようにヒトの網膜に存在する 3 錐体（L-, M-, S- 錐体）を AO で取得した画像上で推定する技術は確立されつつある（Hofer, Carroll et al., 2005；Hofer, Singer et al., 2005；Roorda & Williams, 2000）。この技術によって取得された 3 錐体マップを組み合わせて、単一錐体刺激の研究が行われている（Sabesan et al., 2016）。

図 4-8-1 は各錐体を刺激した際の錐体の分類と知覚の比率を表している。興味深いのは、同じ錐体を繰り返し刺激しても、知覚が確率的に変化する点である。たとえば、L- 錐体を単独で刺激した場合、M- 錐体、S- 錐体に光刺激がなければ相対的には L- 錐体の応答が他の 2 錐体より大きくなるため、赤みを知覚する確率が高くなると予想される（色覚の詳細については II・6・1 を参照）。また、Sabesan et al. が研究で用いた網膜領域は傍中心窩にあり、ほとんどの錐体はミジェット神経節細胞に接続し、単一錐体からの正の入力を中心とし周辺の錐体から抑制性の入力を受ける中心-周辺拮抗型の受容野を形成している。したがって、たとえば六つの M 錐体に囲まれた L 錐体は、L-, M- 錐体の差分を最大化し赤色の知覚が生じることが期待される。しかし、実際には白を知覚する確率が最も高く約 60-70% を占めている。ただし、色みの知覚を生じる場合には、L- 錐体への刺激であれば赤の知覚確率が、M- 錐体への刺激であれば緑の知覚確率が高い（図 4-8-1a）。

もう一つの興味深い点は、繰り返し試行の大半で

第II部 視覚

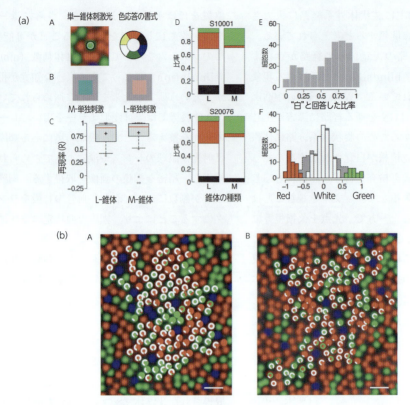

図 4-8-1 単一錐体刺激に伴う光覚 (Sabesan et al., 2016)

色知覚を生じる L-, M- 錐体が, 白の知覚を生じる錐体と別の場所で塊になって分布していることである。図 4-8-1b のなかで, 各錐体の縁取りにおける色の比率は, その錐体を複数試行刺激した際に無彩色 (白), 赤, または緑を知覚した試行数の比率を円グラフの要領で示している。縁取りで赤 (または緑) が大半の L (または M) 錐体をよく見ると, その周囲にも同様に色知覚を主に生じさせる L 錐体が存在している様子が散見される。これは色 (赤/緑) の知覚を誘発する錐体群は空間解像度が低いことを示している。Sabesan et al. (2016) は, ミジェット神経節細胞の下流にあたる小細胞系経路 (parvocellular pathway) における色信号と無彩色信号の分離は, 高い空間周波数の形状知覚に用いられる錐体と低い空間周波数の色知覚に用いられる錐体という形で存在し, 錐体シナプスのレベルで生じていると結論している。

(栗木 一郎)

4・9 おわりに

冒頭に紹介した Eigengrau の特殊な形として, テトリス効果 (Tetris effect) と呼ばれる現象が知られている (Stickgold et al., 2000)。これは, コンピュータ画面上でテトリスというゲームを集中して行った後に眼を閉じると, ゲームの駒に類似した像が見えるという現象であり, おそらくゲームの駒の形の認識に対応する脳内の神経細胞の自発活動によって生じるものと考えられている。つまり, 人間が視覚像を知覚するには視覚情報処理に関する多段階に及ぶ一連の神経システムの活動が関与しており, 単純に視細胞あるいは網膜の構造・活動だけからでは視覚を規定することはできないということを示唆している。

(栗木 一郎)

文献

(4・2)

Cursio, C. A., Sloan, K. R., Kalina, R. E., & Hendrickson, A. E. (1990). Human photoreceptor topography. *Journal of Comparative Neurology, 292*(4), 497-523. [doi: 10.1002/cne.902920402]

Stiles, W. S., & Crawford, B. H (1933). The luminous efficiency of rays entering the eye pupil at different points. *Proceedings of the Royal Society of London. Series B, Containing Papers of a Biological Character, 112*(778), 428-450. [doi: 10.1098/rspb.1933.0020]

(4・3)

Cornsweet, T. (1962). *Visual Perception.* Academic Press.

Hecht, S., Haig, C., & Chase, A. M. (1937). The influence of light-adaptation on subsequent dark-adaptation of the eye. *Journal of General Physiology, 20*, 831-850. [doi: 10.1085/jgp.20.6.831]

Hofer, H., Carroll, J., Neitz, J., Neitz, M., & Williams, D. R. (2005). Organization of the human trichromatic cone mosaic. *Journal of Neuroscience, 25*(42), 9669-9679. [doi: 10.1523/JNEUROSCI.2414-05.2005]

Hofer, H., Singer, B., & Williams, D. R. (2005). Different sensations from cones with the same photopigment. *Journal of Vision, 5*(5), 444-454. [doi: 10.1167/5.5.5]

Roorda, A., & Williams, D. R. (1999). The arrangement of the three cone classes in the living human eye. *Nature, 397*(6719), 520-522. [doi: 10.1038/17383]

Williams, D. R., Liang, J., Miller, D., & Roorda, A. (1999). *Wavefront Sensing and Compensation for the Human Eye* (pp. 287-310). Marcel Dekker.

(4・4)

Arnold, W., & Winsor, C. P. (1934). On the theoretical significance of Talbot's law. *Journal of General Physiology, 18*(1), 97-101. [doi: 10.1085/jgp.18.1.97]

Barlow, H. B. (1956). Retinal noise and absolute threshold. *Journal of the Optical Society of America, 46*(8), 634-649. [doi: 10.1364/JOSA.46.000634]

Barlow, H. B., Derrington, A. M., Harris, L. R., & Lennie, P. (1977). The effects of remote retinal stimulation on the responses of cat retinal ganglion cells. *Journal of Physiology, 269*(1), 177-194. [doi: 10.1113/jphysiol.1977.sp011898]

Bloch, M. A.-M. (1885). Expériences sur la vision [Experiments in vision]. *Essai d'Optique sur la gradation de la lumie're Comptes Rendus de Séances de La Société de Biologie, Paris, 37*, 493-495.

Broca, A., & Sulzer, D. (1902). La sensation lumineuse en fonction du temps. *Journal of General Plant Pathology, 4*, 632-640.

Cornsweet, T. (1962). *Visual Perception.* Academic Press.

Gorea, A. (2015). A refresher of the original Bloch's law paper (Bloch, July 1885). *i-Perception, 6*(4), 1-6.

Hecht, S., Shlaer, S., & Pirenne, M. H. (1942). Energy, quanta, and vision. *Journal of General Physiology, 25*, 819-840. [doi: 10.1085/jgp.25.6.819]

Kraft, T. W., Schneeweis, D. M., & Schnapf, J. L. (1993). Visual transduction in human rod photoreceptors. *Journal of Physiology, 464*, 747-765. [doi: 10.1113/jphysiol.1993.sp019661]

MacLeod, D. I. A., Chen, B., & Crognale, M. (1989). Spatial organization of sensitivity regulation in rod vision. *Vision Research, 19*(8), 965-978. [doi: 10.1016/0042-6989(89)90111-9]

Østerberg, G. A. (1935). Topography of the layer of rods and cones in the human retina. *Acta Ophthalmologica, 13*(6), 1-102.

Plateau, J. (1830). Über einige Eigenschaften von der Licht auf des Gesichtsorgan hervorgebrachten Eindrucke. *Annalen der Physik, 30*, 304-332.

Riccò, A.（1877）. Relazione fra il minimo angolo visuale e l'intensità luminosa. *Memorie della Societa Degli Spettroscopisti Italiani, 6,* B29-B58.

Rushton, W. H. R.（1956）. The rhodopsin density in the human rods. *Journal of Physiology, 134,* 30-46.［doi: 10.1113/jphysiol.1956.sp005623］

Sakitt, B.（1972）. Counting every quantum. *Journal of Physiology, 223,* 133-156.［doi: 10.1113/jphysiol.1972.sp009838］

Talbot, H. F.（1834）. Experiments in light. *Philosophical Magazine and Journal of Science, 5,* 321-334.［doi: 10.1080/14786443408648474］

（4・5）

Gilchrist, A. L.（1994）. *Lightness, Brightness, and Transparency.* Psychology Press.

Miller, G. A.（1947）. Sensitivity to changes in the intensity of white noise and its relation to masking and loudness. *Journal of the Acoustical Society of America, 19,* 609-619.［doi: 10.1121/1.1916528］

Raab, D. H.（1963）. Backward masking. *Psychological Bulletin, 60*（2）, 118-129.［doi: 10.1037/h0040543］

Solomon, J. A.（2009）. The history of dipper functions. *Attention, Perception, & Psychophysics, 71*（3）, 435-443.［doi: 10.3758/APP.71.3.435］

（4・6）

Brown, T. M., Tsujimura, S., Allen, A. E., Wynne, J., Bedford, R., Vickery, G., & Lucas, R. J.（2012）. Melanopsinbased brightness discrimination in mice and humans. *Current Biology, 22*（12）, 1134-1141.［doi: 10.1016/j.cub.2012.04.039］

Horiguchi, H., Winawer, J., Dougherty, R. F., & Wandell, B. A.（2013）. Human trichromacy revisited. *Proceedings of the National Academy of Sciences, 110*（3）, E260-E269.［doi: 10.1073/pnas.1214240110］

Spitschan, M., Bock, A. S., Ryan, J., Frazzetta, G., Brainard, D. H., & Aguirre, G. K.（2017）. The human visual cortex response to melanopsin-directed stimulation is accompanied by a distinct perceptual experience. *Proceedings of the National Academy of Sciences, 114*（46）, 12291-12296.［doi: 10.1073/pnas.1711522114］

Tsujimura, S., Ukai, K., Ohama, D., Nuruki, A., & Yunokuchi, K.（2010）. Contribution of human melanopsin retinal ganglion cells to steady-state pupil responses. *Proceedings of the Royal Society B: Biological Sciences, 277*（1693）, 2485-2492.［doi: 10.1098/rspb.2010.0330］

Yamakawa, M., Tsujimura, S., & Okajima, K.（2019）. A quantitative analysis of the contribution of melanopsin to brightness perception. *Scientific Reports, 9,* 7568.［doi: 10.1038/s41598-019-44035-3］

（4・7）

Weiskrantz, L.（1990）. *Blindsight: A Case Study and Implications.* Oxford Academic.［doi: 10.1093/acprof:oso/9780198521921.001.0001］

Yoshida, M., Itti, L., Berg, D. J., Ikeda, T., Kato, R., Takaura, K., ⋯ Isa, T.（2012）. Residual attention guidance in blindsight monkeys watching complex natural scenes. *Current Biology, 22*（15）, 1429-1434.［doi: 10.1016/j.cub.2012.05.046］

（4・8）

Hofer, H., Carroll, J., Neitz, J., Neitz, M., & Williams, D. R.（2005）. Organization of the human trichromatic cone mosaic. *Journal of Neuroscience, 25*（42）, 9669-9679.［doi: 10.1523/JNEUROSCI.2414-05.2005］

Hofer, H., Singer, B., & Williams, D. R.（2005）. Different sensations from cones with the same photopigment. *Journal of Vision, 5*（5）, 444-454.［doi: 10.1167/5.5.5］

Roorda, A., & Williams, D. R.（1999）. The arrangement of the three cone classes in the living human eye. *Nature, 397*（6719）, 520-522.［doi: 10.1038/17383］

Sabesan, R., Schmidt, B. P., Tuten, W. S., & Roorda, A.（2016）. The elementary representation of spatial and color vision in the human retina. *Science Advances, 2*（9）, e1600797.［doi: 10.1126/sciadv.1600797］

（4・9）

Stickgold, R., Malia, A., Maguire, D., Roddenberry, D., & O'Connor, M.（2000）. Replaying the game: Hypnagogic images in normals and amnesics. *Science*, *290*（5490）, 350–353.［doi: 10.1126/science.290.5490.350］

第5章 明るさ知覚

5・1 明るさ知覚

明るさ (brightness) とは，光が眼に入った際に感じる光の強さの度合いであり，同じ条件下であれば，測光値である照度や輝度の値が高い光ほどより明るく感じる．弁別閾に基づくWeber-Fechnerの法則によれば，刺激の輝度値を$L[\mathrm{cd/m^2}]$とすると明るさBは，

$$B = \alpha \log(L + L_0)$$

と近似的に定式化でき，Stevensのべき法則 (Stevens, 1975) によれば

$$B = \beta(L - L_0)^n$$

と近似的に定式化できる．ここで，L_0は閾値，α，β，nは刺激や観察条件で異なる定数で，順応輝度が高くなるほどL_0とnは大きくなる．これらの式は，心理物理量である輝度Lは知覚量である明るさBそのものではなく，明るさを測光値で定量化するには何らかの非線形関数を導入する必要があることを意味している．また，刺激の強度によって瞳孔の大きさが変化するため，実験の際は輝度ではなく輝度Lと瞳孔面積Sの積である網膜照度$E[\mathrm{td}](=L[\mathrm{cd/m^2}] \cdot S[\mathrm{mm^2}])$で刺激強度を定義したほうがよいこともある（II・2・1・1・4）．ここでtdはトローランドという網膜照度の単位で，人工瞳孔を使うことで瞳孔面積Sを輝度等によらず一定に保つことができる．人工瞳孔を使用しない場合，高齢者は「老人性縮瞳 (senile miosis)」によって若年者よりも同照度・同輝度条件下でも瞳孔が小さいため網膜照度が小さくなることや，瞳孔中心を通る光よりも周辺を通る光の効率が低いというStiles-Crawford効果 (Stiles-Crawford effect) によって網膜照度が同じでも瞳孔面積が異なると刺激の明るさは異なることに留意する必要がある (Westheimer, 2008)．

明るさは測光値だけでは一意には決まらず，さまざまな要因が明るさ知覚に影響する．たとえば，輝度が同じ光でも色（色度）が異なると明るさは異なり，一般に彩度が高いほど明るく見える．たとえば白色光に比べて，青色光や赤色光のほうが等輝度でも明るく見える人が多い．この現象をHelmholtz-Kohlrausch効果 (Helmholtz-Kohlrausch effect) と呼び，色が明るさ知覚に寄与していることを示している (Donofrio, 2011)．輝度を決定する標準比視感度$V(\lambda)$と直接比較法で求められた明るさの分光感度$V_b(\lambda)$を図5-1-1に示す (Ikeda et al., 1982)．彩度の低い中波長帯（黄色）よりも，相対的に彩度の高い短波長帯（青色）と長波長帯（赤色）で$V_b(\lambda)$が$V(\lambda)$から予測される値よりも大きいことがわかる．ただ，直接比較法のデータは個人差が大

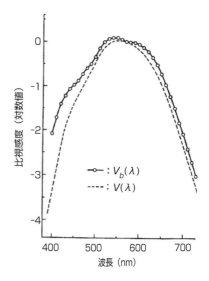

図5-1-1 標準比視感度$V(\lambda)$と明るさの分光感度$V_b(\lambda)$ (Ikeda et al., 1982)

きく，$V(\lambda)$ に近い人（色の効果が少ない人）もいれば，$V(\lambda)$ との差が顕著に大きい（すなわち色の効果が強い）人もいる。また，明るさは加法性が成立しない（たとえば，赤と緑を加法混色すると黄色になるが，赤の明るさと緑の明るさの和が加法混色した黄色の明るさに等しくならない）ため，線形計算であるスペクトルの積分で求めることができないことに留意する必要がある。単色（スペクトル）光でない複合光の場合でも，参照刺激（輝度値 L_r）と等明るさになる色刺激の輝度を直接比較法で求め，そのときの輝度値を L_t とすると，輝度の明るさ効率比（Brightness to Luminance ratio）を

$$B/L 比 = L_r/L_t$$

と定義できる。この値（またはその対数値）が大きいほど，色による明るさの効果が強いことを意味する。このように，明るさ知覚を定量化・定式化するためには，色の寄与も考慮する必要があるが，個人差が大きく，加法性も成立しないため，実現に至っていないのが現状である。また逆に，照度が高いと色が鮮やかに見える Hunt 効果（Hunt effect）もある（Hunt, 1950）。

　明るさは眼の順応状態にも依存し，同じ光でも明順応時に比べて暗順応時のほうが相対的に明るく見えるが，これは明所視環境に錐体が順応すると同じ光入力に対する錐体出力が減少するためである。そのため，（他の視覚実験でも同様ではあるが，特に）明るさの測定時には順応条件を定量的に規定しておくことが重要である。

　最近，明所視において，錐体だけでなく ipRGC（intrinsically photosensitive retinal ganglion cell，内因性光感受性網膜神経節細胞）の応答も明るさ知覚に寄与し（Brown et al., 2012），錐体応答に対して加算的に関与していることが示されている（Yamakawa et al., 2019）。XYZ 三刺激値（測色値）が同じであっても明るさが異なることがあるため，刺激の測色値を表記するだけでは実験結果の再現性が担保されないことが示唆される。

　非常に暗い環境内で弱い光（例：周辺に人工灯がない深夜の星空）を観察する暗所視条件下では，錐体ではなく桿体がはたらくため，特に網膜周辺に呈示された光においては暗所視輝度が高い光ほど明る

く感じる。暗くなると，明るいところでは明るく目立つ赤色が黒く見え，青色が他の色に比べて相対的に明るく見える現象のことを Purkinje 移動（Purkinje shift）と呼ぶ。また完全に暗順応した状態では，一つの光子（photon）だけで桿体は応答し，そのような応答が桿体数個ぶんあれば光覚が生じる（Hecht et al., 1942）（Ⅱ・4・4 参照）。

（岡嶋 克典）

5・2　明度知覚

　明るさは，マグニチュード推定法で測定すると光の強度に応じてゼロ（閾値未満）から無限大［実際には刺激頂（terminal threshold）以下でのみ測定可能］の値をとりうるが，照明光下の場合，照明光が最も明るいため，それを光源として反射率が最大である物体表面から反射した光量の値を最大値（たとえば100）とする相対的な明るさ，すなわち明度（lightness）が得られる。明度は物体反射率に関連し，無彩色の場合，反射率が高くなるにつれ黒，灰，白の見えを呈する。ちなみに日本産業規格（JIS）では照明用語として，「明るさ」は「ある面から発している光の強弱の見え方の礎になる視感覚の属性」，「明度」は「同様に照明されている白又は透過率が高い面の明るさと比較して，相対的に判断される対象面の明るさ」と定義されている（日本産業規格，1998）。照明光の強さが変化しても，黒みや白みは大きく変わらない現象を一般に「明るさの恒常性（brightness constancy）」という。しかし，高照度下では白は明るく，低照度下では白ではあるが暗く見えるため，明るさが恒常的なのではなく明度が恒常的であることから正しくは「明度の恒常性（lightness constancy）」と呼ぶべきであろう。この明度の恒常性によって，真夏の直射日光下でも黒髪は（輝度は室内の白紙より高くても白髪に見えず）明るい黒髪に見えるわけである。これは「色恒常性（color constancy）」（照明光の色が変わっても物体の色は大きく変わらない）の機能の一種であり，主に錐体の順応効果や明暗の対比効果による現象と考えられているが，以下のように奥行きにも影響されるため両眼統合以降の高次メカニズムも関与してい

る。Gilchrist（1977, 1980）は，図5-2-1aのような立体的な刺激を，観察者から2次元的には図5-2-1bのように見えるように配置し，上方から照明した。数値は相対輝度値である。観察者がそれを単眼条件と両眼条件で観察した結果，図5-2-1cのような明度（マンセル色票のバリュー）に見えると回答した。単眼条件では，図5-2-1bのように上の視標は明るい90.0の背景との同時対比効果が生じ，下の視標は暗い0.1の背景との同時対比効果が生じたため，上は黒い（3.75），下は白い（7.75）色票のように見える。一方，両眼条件では図5-2-1aのような3次元構造がわかるため，同じ面との同時対比効果が生じ，上が白い（8.0），下が黒い（3.0）色票のように見える。

また影も明度の恒常性に寄与している。図5-2-2は，AとBのパッチは等輝度であるが明らかにAよりもBのほうが白く明るく見えるという「チェッカーシャドー錯視（checkershadow illusion）」である（Adelson, 2000）。Bは影になっているので実際の反射率は相対的に高く，Aには影がないので相対的に反射率が低いと判断されていると考えられ，明度の恒常性に影の情報も寄与していることを示唆している。これは輝度次元で考えれば錯視と称してもよいが，むしろ，より正しい反射率を推定しようという優れた視覚系の情報処理機能と捉えるべきであろう。

眼に入る光の強さは，物体表面への入射光と表面反射率の積で決まるため，物体表面からの反射光だけからでは照明光の強さと物体の表面反射率の大き

図5-2-2 チェッカーシャドー錯視（Adelson, 1995）

さの両方を求めることは数学的には不可能な不良設定問題である（たとえば6が6×1の結果なのか，3×2の結果なのか決定できない）。そのため，さまざまな情報や過去の記憶・知識を動員することで，視覚系は安定した一つの解を求めていると考えられる。ベイジアンモデル（Allred & Brainard, 2013）や確率論的グラフィカルモデル（Murray, 2020）など，さまざまな明度の推論モデルが提案されているが，物体属性を認識するためには，明るさ（強度）だけでなく色まで推定する必要があるため，推定モデルについてはII・6・3を参照されたい。

CIELABおよびCIELUV均等色空間のなかに明度を表すL^*軸というものがあり，L^*の値は

$$L^* = 116\left(\frac{Y}{Y_n}\right)^{\frac{1}{3}} - 16$$

で定義されている。Yは刺激の輝度値（三刺激値のY値），Y_nは照明光の輝度値であり，$Y = Y_n$のときに$L^* = 100$になるよう正規化されている。L^*とマンセル色票のバリュー（Value = 0–10）はほぼ線形関係が成立する（$L^* \fallingdotseq 10V$）ため，L^*は明度を0–100の値で表したものといえる。

（岡嶋 克典）

5・3 明るさ・明度の知覚に関する諸現象

光刺激を呈示する時間の長さによってその明るさは異なって感じる。これをBroca-Sulzer効果（Broca-Sulzer effect）と呼ぶ（Broca & Sulzer, 1902）。持続時間が短い場合は，光の強さLに光の持

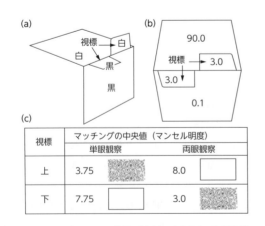

図5-2-1 Gilchristの実験（上村，1994, p.354）
(a) 刺激配置，(b) 輝度条件，(c) 結果。

続時間 t を掛けた眼への入射光量 $L\times t$ に応じて知覚される明るさは増大する（Blochの法則）。しかし，図5-3-1のようにこの増加の傾きは，光が弱い場合には1.2程度，光が強くなると5を超える場合もあり，上記の入射光量から予測されるよりも明るく知覚される。また，時間が短い閃光のほうが定常光より明るく知覚されることもある。このような過大効果が続く時間は光の強さによっても異なり，光が弱い場合には100 ms以上であるが，光が強くなると50 ms程度である。これは，視覚系の抑制フィードバックが生じる以前の短時間内には過渡的に過剰な寄せ集めが生じるからである。

比較的暗く持続時間の短い光刺激（50 ms）と長い光刺激（283 ms）をオンセットを合わせて呈示すると長いほうが明るく知覚される（Broca-Sulzer効果）が，オフセットを合わせて呈示すると短いほうが明るく見える。このときの脳活動を脳磁図（magnetoencephalography：MEG）で測定すると，V4野が輝度情報を明るさ知覚に統合するための重要な役割を果たしており，エネルギー駆動型の「低レベルプロセス」と文脈駆動型の「高レベルプロセス」という二つの異なる知覚プロセスが関与している可能性が示唆されている（Zhou et al., 2020）。

閃光の知覚的明るさを，同じ明るさに見える定常光の光度で示したものを閃光の実効光度 I_e（effective intensity）と呼び，以下の式で予測できる。

$$I_e = \frac{\int_{t_1}^{t_2} I(t)\,dt}{(t_2 - t_1) + 0.2}$$

この式は Douglas の式（Douglas's equation）と呼ばれ，閃光時間が短い場合は次のように略記できる（Douglas, 1957）。

$$I_e = 5\int_{t_1}^{t_2} I(t)\,dt$$

これは，実効光度が積分された入射光エネルギーのおよそ5倍に相当することを示しており，Broca-Sulzer効果を表す曲線の傾きから予測される値とほぼ等しい。また，閃光時間を $t_1 - t_2 = T$ と表記すると，閃光の波形が矩形波の場合，近似的に次式で書ける。

$$I_e = \frac{I(t)\,T}{T + 0.2}$$

これは Blondel-Ray の式（Blondel-Ray's equation）と呼ばれている。また臨界フリッカー周波数（critical flicker frequency：CFF）以上の周波数の点滅光は点滅しているように見えず定常光のように見えるが，その明るさは時間的平均輝度の定常光の明るさと等価である。これを Talbot の法則（Talbot's law）または Talbot-Plateau の法則（Talbot-Plateau's law）と呼ぶ。

光刺激の周辺に別の光刺激を同時に配すると，明るさや色の見えが変化する。一般に，周辺刺激を明るくするほど中心刺激は暗くなる（図5-3-2）。このような現象を明るさの「同時対比効果（simultaneous contrast effect）」と呼ぶ。同時対比効果には高速処理過程と低速処理過程があり，前者のほうが後者よりも効果が強い（Kaneko & Murakami, 2012）。このような単純刺激の明るさ対比効果は，両眼情報融合の段階よりも以前の段階にある特定の低次メカニズムに基づいている（Sinha et al., 2020）が，立体構造の面の明るさ知覚においては奥行き知覚が影響することも報告されている（Arai et al., 2019）。

両眼中心視でほぼ無彩色の均一刺激（輝度 L_t）の明るさ B におけるサイズや背景輝度 L_b の効果を考慮した以下のような式が提案されている（Bodmann & La Toison, 1994）。

$$B = C_t(\phi)\,(L_t^n - [S_0(\phi) + S_1(\phi)L_b^n])$$

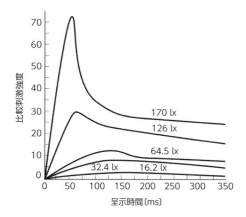

図5-3-1　呈示時間による明るさの変化（Broca-Sulzer効果）(Broca & Sulzer, 1902)

図 5-3-2　同時対比効果の例
　　　　　中心刺激はすべて同じ灰色。

ここで，B は $L_t=L_b=300$ [cd/m²] のときに 100 で，C_t, S_0, S_1 は刺激サイズ ϕ [min] によって決まる定数（表 5-3-1），$n=0.31\pm0.03$ である。

　暗室で明るい単一色票だけを観察すると色票にもかかわらず光源のように光り輝いている（光源色・輝面色）ように見え，色票の周辺に他の色票を配してその周辺色票を明るくしていくと中心色票に黒みが誘導されて照明を反射している物体（物体色・表面色）のように見える。このような色の現れ方が変化することを「見えのモードが変化する」という。液晶モニタ等の自己発光ディスプレイに色を表示する際にも同様な現象が生じる。見えのモードは色を表示するデバイスの違いではなく，周辺条件によって変化することに留意する必要がある。周辺無彩色刺激の輝度が L_b のとき，中心無彩色刺激（輝度 L_t）が光源色（輝面色）として見えるか物体色として見えるかの割合を和が 10 になるように観察者が回答すると，光源色として見える割合 Q_t が

$$Q_t = \frac{\log(L_t+1)}{a\cdot\log(L_b+b)} - Q_0$$

のような非線形コントラスト型の式で説明できる

表 5-3-1　Bodmann & La Toison(1994) の明るさの式の定数

ϕ [min]	C_t	S_0	S_1
10	30.747	0.27308	0.39842
20	27.971	0.20132	0.35557
30	26.235	0.17975	0.31888
60	23.973	0.13133	0.26758
90	23.415	0.10868	0.25265
100	32.128	0.07473	0.24943
120	22.969	0.07186	0.24481

（岡嶋・池田，1989）。ここで a, b, Q_0 は観察者に依存する定数で，$Q_t \leqq 0$ のときに完全な物体色，$Q_t \geqq 10$ のときに完全な光源色のように見え，$0<Q_t<10$ のときは光源色と物体色の中間的な見えになることを意味している（観察者の回答値と対応をとる際には，Q_t を 0 と 10 の値でクリッピングする）。関連する現象として，黒い色票を暗黒中でプロジェクタ等を用いて局所的に照射すると灰色や白い紙に見えたりあるいは輝いて見えたりする一方，埃や指をかざすだけで瞬間的に黒く見える Gelb 効果（Gelb effect）が知られているが，これも上記の見えのモードの変化の一種である。なお，異なる表示デバイス（たとえば液晶ディスプレイ上と印刷物）の明るさや色の見えが測色値を同じにしても一致しないことがあるのは，色の物理的な表示方式の違いではなく，光受容細胞の分光感度に個人差があるため，デバイス間で分光分布が異なると応答量に差異が生じることが要因である（Kagimoto & Okajima, 2020）。

　また中心刺激と周辺刺激を同時に見る際の対比効果を「同時対比効果」と称すれば，二つの刺激を続けて同じ位置に呈示する際にあとに呈示された刺激が先に呈示された刺激によって暗くなって見える効果を明るさの「継時対比効果（successive contrast effect）」と区別できる。

　細かいパターンで構成された刺激の場合は，対比ではなく同化（assimilation）が生じることがある。図 5-3-3 の右と左の灰色の線は水平に一直線で同じだが，右の灰色は左の灰色よりも暗く見える。これは，左は周囲の白に，右は周囲の黒に灰色が同化していることを示している。

　図 5-3-4 の White 錯視（White's illusion；White, 1979）は，単純な同化や対比の効果だけでは説明できないため，パターン認識に関連する高次機能が明

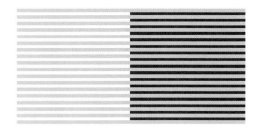

図 5-3-3　明るさの同化効果

図 5-3-4　White 錯視の例

図 5-3-5　Hermann 格子錯視（Brown & Mueller, 1965）

暗知覚に関与していることを示唆しているが，大きさが異なる複数の DOG（Difference of Gaussians，網膜の中心周辺拮抗型受容野モデル）で構成される DOG モデルを拡張して，受容野に異方性をもたせた ODOG（Oriented DOG）モデルで White 錯視等を説明できることも報告されている（Blakeslee & McCourt, 1999）。

また図 5-3-5 は Hermann 格子（Hermann grid）といわれる錯視図形で，網膜周辺に投影された白い十字のところに黒いスポットが観察され，視点を動かすとその出現位置等が変化する（Hermann, 1870）。白十字部の中心周辺拮抗型受容野応答が周囲の白部によって（十字部以外の箇所の受容野に比べて）強く抑制されて黒いスポットが見えると定性的に説明できるが，図を傾けたり格子のパターンを変えたりすると錯視量が減少することから，高次機能の関与も示唆されている（Spillmann, 1994）。またこの図形をネガポジ反転させた格子を Hering 格子（Hering grid）といい，黒十字の位置に白っぽいスポットが観察される（Hering, 1872）。

中心周辺拮抗型受容野の中心部と周辺部では逆極性の信号を生じるため，明暗や色彩が変化する境界にこの受容野が重なると境界の両側で信号が反転し，図 5-3-6 のように境界付近の明るい箇所はより明るく，暗い箇所はより暗くなり，明暗が強調され輪郭が明瞭化する現象が生じる。この Mach バンド（Mach band）効果は錯視の一種であるが，視覚系の明瞭度を向上させる効果がある。図のシンボル○は，知覚される明るさと同じになる輝度値をプロットしたもので，Mach バンド効果を示している（Lowry & De Palma, 1961）。

Mach バンド効果は局所的な効果であるが，エッジの影響が面全体に及ぶ Craik-O'Brien-Cornsweet 錯視（Craik-O'Brien-Cornsweet illusion）もある（Cornsweet, 1970；Craik, 1966；O'Brien, 1958）。Cornsweet 錯視または Craik-O'Brien 錯視とも呼ばれる。図 5-3-7 の 2 段目が実際の輝度プロファイルであるが，1 段目のパターンは 3 段目のような輝度プロファイルを有するように観察される。1 段目の中央の垂直線を指で遮ると，実際は左右の輝度が同じであることがわかる。エッジの対比効果が面に伝播して全体的な対比効果が生じているというモデルも提案されている（Rossi & Paradiso, 1996）。

また，明るさは遠近知覚にも影響し，背景が暗いと明るいものは近くに見える（luminance proximity）。これは，ブレーキランプが光ると後続車の運転手に車間距離を短く感じさせてブレーキを踏ませるのに都合がよい。なお，周辺とのコントラストが大きい視覚対象について，周辺からの距離が遠く感じられる効果もあるので，常に明るいものが近くに知覚されるわけではない（Egusa, 1982）。

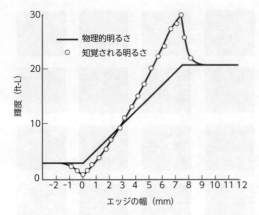

図 5-3-6 Mach バンド効果の例 (Lowry & De Palma, 1961)

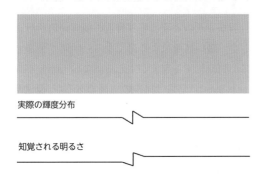

図 5-3-7 Craik-O'Brien-Cornsweet 錯視

（岡嶋 克典）

5・4 明るさ感とグレア

一般に「明るさ感」とは「空間の明るさ」のことを示し，「（複雑な構造を有する）部屋の明るさ感」のように用いられる用語である．照明や建築の分野でよく用いられている．部屋の明るさは照度で説明できそうであるが，床面（水平面）照度や壁面照度は床や壁を照らす明るさではあるものの，空間内に充填している光の強さに対応していないため，必ずしも照度が高ければ明るい部屋に見えるとは限らないことに留意する必要がある．光環境の明るさ感にはシーンの空間周波数分布が影響していることが報告されており（岡嶋・藤本，2008），これは各空間周波数チャンネルのコントラスト出力の積分値が明るさ感を決定している可能性を示唆している．この考えによれば，日常生活において普段眼鏡をしている人は，眼鏡をしないよりもしたほうが（レンズによる光吸収分だけ網膜照度は減少するにもかかわらず）明るく感じるという現象も説明が可能である．空間の明るさ感 B_s の定式化の一例として，

$$B_s = (21.5 - 8.4C)L_{av}^{1/3}$$

がある．ここで，C は [log 輝度値] の標準偏差，L_{av} は評価範囲の算術平均輝度であるが（Yu et al., 2019），この C の項は先のコントラスト出力の平均値に相当するものである．他にもさまざまな明るさ感の式が提案されており，まだ国際的に統一されるには至っていない．

グレア（glare）とは，不快感や物の見えづらさを生じさせるような「まぶしさ」のことで，眩輝または眩惑ともいう．光源がグレアをもたらすかは，光源とその周辺との強度のバランスや視線の方向と光源の方向のなす角度などに依存する．グレアの感じ方による分類として下記がある．

・不能グレア（blinding glare）

視野に極端に輝度が高い光が入ってきたり，極端にコントラストが高かったりすることで，眼球内で光が散乱してほとんど何も見えない状態を生じさせるグレア

・減能グレア（disability glare）

不能グレアに比べ障害は軽いが，眼球内で光が散乱して視認性を低下させるグレア

・不快グレア（discomfort glare）

視認性には問題が生じていないが，不快感を与えるグレア

不快グレアにおいて，快から不快に切り替わる境界を BCD（borderline between comfort and discomfort）といい，このときの光源の輝度を BCD 輝度という（Luckiesh & Guth, 1949）．不快グレアの評価式はこれまでいくつか提案されてきたが，最近では UGR（Unified Glare Rating）法が室内照明の実用的なグレア評価法として一般的に用いられている（日本産業規格，2012）．N 個の光源がある場合，UGR 法は以下の式でグレアの程度を算出する．

$$UGR = 8\log\left(\frac{0.25}{L_b}\sum_i^N \frac{L_i^2 \omega_i}{P_i^2}\right)$$

ここで，L_b は背景の輝度 [cd/m^2]，L_i はその環境にある i 番目の照明の発光部分の輝度 [cd/m^2]，ω_i は

表 5-4-1　UGR 値とグレアの主観的な程度の対応

UGR	グレアの主観的程度
28	Just Intolerable（ひどすぎると感じ始める）
25	Uncomfortable but not intolerable（不快である）
22	Just uncomfortable（不快であると感じ始める）
19	Unacceptable but not uncomfortable（気になる）
16	Just acceptable（気になり始める）
13	Perceptible but acceptable（感じられる）

i 番目の照明の発光部分が観測者の視野に占める立体角 [sr]，P_i は i 番目の照明のポジションインデックスで，以下の式で算出できる（Levin, 1975）。

$$P = 10.36 \cdot \exp((35.2 - 0.31899\alpha - 1.22 e^{-\frac{2\alpha}{9}})10^{-3}\beta + (21 + 0.26667\alpha^2)10^{-5}\beta^2)$$

ここで，α は照準線から光源までの垂直面からの仰角，β は視線から光源までの水平面上の方位角である。この UGR 値に対応するグレアの主観的程度は表 5-4-1 の通りである。

部屋のなかでさまざまな方向での UGR を算出し，その最大値をその部屋の UGR 値とするのが一般的である。UGR 法においては，各空間において許容される UGR の最大値である「屋内統一グレア制限値 UGR$_L$」が示されており，たとえば学校の製図室では 16，教室では 19，体育館では 22 となっている。屋外照明環境，特にスポーツ施設での不快グレア評価には UGR 法と算出式の異なる GR 法が用いられるが，GR と UGR の間で数値の互換性がないことに留意する必要がある（日本産業規格, 2010）。減能グレアの評価法については特性が視対象に大きく依存することもあり，未だ標準的な方法がないのが現状である。また，感じ方ではなく，下記のように光源の種類によるグレアの分類もある。

・直接グレア（direct glare）
　強い光を発するもの（太陽光や車のヘッドライト）を直接見て発生するグレア
・間接グレア（indirect glare）
　光沢のある面（鏡や窓ガラス）に強い光（照明光や太陽光）が反射して発生するグレア
・反射グレア（reflective glare）
　強い光が机や紙などの面に反射して発生するグレア

また，「グレア錯視（glare illusion）」と呼ばれるものもある（Zavagno, 1999）。図 5-4-1 の中央は周囲の白と同じものだが，輝いていて周囲よりも明るく知覚される。輝度勾配を有する部分を高輝度部分に接近させることで，接合部分の明るさが増強されている。輝度勾配が眼球内の光散乱（光幕）を想起させ，自己発光感が増大するために生じている可能性もあるが，グラデーションで囲まれることで単純に一定の比率で明るさ上昇が起きるために生じているとの報告もある（Tamura et al., 2016）。また青色のグレア錯視が最も明るく知覚され，瞳孔の強い縮小が知覚と関連して生じることも報告されている（Suzuki et al., 2019）。グレア錯視は，輝度レンジに制約のあるディスプレイで眩しい光輝を表現する手法としても注目されている（Yoshida et al., 2008）。

（岡嶋　克典）

図 5-4-1　グレア錯視の例

第 II 部　視覚

文献

(5・1)

Brown, T. M., Tsujimura, S., Allen, A. E., Wynne, J., Bedford, R., Vickery, G., ⋯ Lucas, R. J. (2012). Melanopsin-based brightness discrimination in mice and humans. *Current Biology, 22*(12), 1134–1141. [doi: 10.1016/j.cub.2012.04.039]

Donofrio, R. L. (2011). Review paper: The Helmholtz-Kohlrausch effect. *Journal of the Society for Information Display, 19*(10), 658–664. [doi: 10.1889/JSID19.10.658]

Hecht, S., Shlaer, S., & Pirenne, M. H. (1942). Energy, quanta, and vision. *Journal of General Physiology, 25*(6), 819–840. [doi: 10.1085/jgp.25.6.819]

Hunt, R. W. G. (1950). The effects of daylight and tungsten light-adaptation on color perception. *Journal of the Optical Society of America, 40*(6), 362–371. [doi: 10.1364/JOSA.40.000362]

Ikeda, M., Yaguchi, H., & Sagawa, K. (1982). Brightness luminous efficiency functions for 2° and 10° fields. *Journal of the Optical Society of America, 72*(12), 1660–1665. [doi: 10.1364/JOSA.72.001660]

Stevens, S. S. (1975). *Psychophysics: Introduction to its Perceptual, Neural, and Social Prospects.* Wiley.

Westheimer, G. (2008). Directional sensitivity of the retina: 75 years of Stiles-Crawford effect. *Proceedings of the Royal Society B: Biological Sciences, 275*(1653), 2777–2786. [doi: 10.1098/rspb.2008.0712]

Yamakawa, M., Tsujimura, S., & Okajima, K. (2019). A quantitative analysis of the contribution of melanopsin to brightness perception. *Scientific Reports, 9,* 7568. [doi: 10.1038/s41598-019-44035-3]

(5・2)

Adelson, E. H. (1995). Checkershadow Illusion. http://persci.mit.edu/gallery/checkershadow

Adelson, E. (2000). Lightness perception and lightness illusions. In M. Gazzaniga (Ed.), *The New Cognitive Neurosciences* (2nd ed. pp. 339–351). MIT Press.

Allred, S. R., & Brainard, D. H. (2013). A Bayesian model of lightness perception that incorporates spatial variation in the illumination. *Journal of Vision, 13,* 18. [doi: 10.1167/13.7.18]

Gilchrist, A. L. (1977). Perceived lightness depends on perceived spatial arrangement. *Science, 195,* 185–187. [doi: 10.1126/science.831266]

Gilchrist, A. L. (1980). When does perceived lightness depend on perceived spatial arrangement? *Perception & Psychophysics, 28,* 527–538. [doi: 10.3758/BF03198821]

Murray, R. F. (2020). A model of lightness perception guided by probabilistic assumptions about lighting and reflectance. *Journal of Vision, 20,* 28. [doi: 10.1167/jov.20.7.28]

日本産業規格　(1998).　照明用語，Z 8113.

上村　保子　(1994).　明るさの恒常性　大山　正・今井　省吾・和氣　典二（編）　新編　感覚・知覚心理学ハンドブック（p. 354）　誠信書房

(5・3)

Arai, T., Masuda, T., Igarashi, Y., Omori, K., Aizawa, Y., & Masuda, N. (2019). Depth inversion with a 3D structure influences brightness perception. *PLoS ONE, 14*(10), e0224192. [doi: 10.1371/journal.pone.0224192]

Blakeslee, B., & McCourt, M. E. (1999). A multiscale spatial filtering account of the White effect, simultaneous brightness contrast and grating induction. *Vision Research, 39,* 4361–4377. [doi: 10.1016/s0042-6989(99)00119-4]

Bodmann, H. W., & La Toison, M. (1994). Predicted brightness-luminance phenomena. *Lighting Research and Technology, 26*(3), 119–133. [doi: 10.1177/096032719402600302]

Broca, A., & Sulzer, D. (1902). La sensation lumineuse en fonction du temps. *Journal aux Physiologie et Pathologie Generale, 4,* 632–640.

Brown, J. L., & Mueller, C. G. (1965). Brightness discrimination and brightness contrast. In C. H. Graham (Ed.), *Vision and Visual Perception* (pp. 208–250). Wiley.

Cornsweet, T. (1970). *Visual Perception*. Academic Press.

Craik, K. J. W. (1966). *The Nature of Psychology: A Selection of Papers, Essays and Other Writings*. Cambridge University Press.

Douglas, C. A. (1957). Computation of the effective intensity of flashing lights. *Illuminating Engineering, 52*, 641-646.

Egusa, H. (1982). Effect of brightness on perceived distance as a figure: Ground phenomenon. *Perception, 11*, 671-676.〔doi: 10.1068/p110671〕

Hering, E. (1872). Zur lehre vom lichtsinne I: Ueber successieve Lichtinduktion. *Sitzber. Akademie Der Wissenschaft Wien, Mathematik Naturwissenschaft, 66*, 5-24.

Hermann, L. (1870). Eine Erscheinung simultanen Contrastes. *Archiv für die gesamte Physiologie des Menschen und der Tiere, 3*, 13-15.〔doi: 10.1007/BF01855743〕

Kagimoto, A., & Okajima, K. (2020). Perfect appearance match between self-luminous and surface colors can be performed with isomeric spectra. *Scientific Reports, 10*, 18350.〔doi: 10.1038/s41598-020-75510-x〕

Kaneko, S., & Murakami, I. (2012). Flashed stimulation produces strong simultaneous brightness and color contrast. *Journal of Vision, 12*(12):1.〔doi: 10.1167/12.12.1〕

Lowry, E. M., & De Palma, J. J. (1961). Sine-wave response of the visual system. I. The Mach phenomenon. *Journal of the Optical Society of America, 51*, 740-746.〔doi: 10.1364/josa.51.000740〕

O'Brien, V. (1958). Contour perception, illusion and reality. *Journal of the Optical Society of America, 48*, 112-119.〔doi: 10.1364/JOSA.48.000112〕

岡嶋 克典・池田 光男 （1989）．白色光における輝面色モードと表面色モードの見えの定式化　光学，*18*(10)，558-564.

Rossi, A. H., & Paradiso, M. A. (1996). Temporal limits of brightness induction and mechanisms of brightness perception. *Vision Research, 36*(10), 1391-1398.〔doi: 10.1016/ 0042-6989(95)00206-5〕

Sinha, P., Crucilla, S., Gandhi, T., Rose, D., Singh, A., Ganesh, S., ⋯ Bex, P. (2020). Mechanisms underlying simultaneous brightness contrast: Early and innate. *Vision Research, 173*, 41-49.〔doi: 10.1016/j.visres.2020.04.012〕

Spillmann, L. (1994). The Hermann grid illusion: A tool for studying human perspective field organization. *Perception, 23*, 691-708.〔doi: 10.1068/p230691〕

White, M. (1979). A new effect of pattern on perceived lightness. *Perception, 8*, 413-416.〔doi: 10.1068/p080413〕

Zhou, H., Davidson, M., KokLi, P., McCurdy, Y., de Lange, F. P., Lau, H., & Sandberg, K. (2020). Spatiotemporal dynamics of brightness coding in human visual cortex revealed by the temporal context effect. *NeuroImage, 205*, 116277.〔doi: 10.1016/j.neuroimage.2019.116277〕

(5・4)

Levin, R. E. (1975). Position index in VCP calculations: An assessment. *Journal of the Illuminating Engineering Society, 4*(2), 99-105.〔doi: 10.1080/00994480.1975.10748496〕

Luckiesh, M., & Guth, S. K. (1949). Brightness in visual field at Borderline between Comfort and Discomfort (BCD). *Illuminating Engineering, 44*, 650-670.

日本産業規格 （2010）．屋外作業場の照明基準，Z 9126.

日本産業規格 （2012）．照明基準総則，Z 9110.

岡嶋 克典・藤本 新之助 （2008）．光環境の明るさ感における空間周波数分布の影響　照明学会誌，*92*(2)，77-82.〔doi: 10.2150/jieij.92.77〕

Suzuki, Y., Minami, T., Laeng, B., & Nakauchi, S. (2019). Colorful glares: Effects of colors on brightness illusions measured with pupillometry. *Acta Psychologica, 198*, 102882.〔doi: 10.1016/j.actpsy.2019.102882〕

Tamura, H., Nakauchi, S., & Koida, K. (2016). Robust brightness enhancement across a luminance range of the glare illusion. *Journal of Vision, 16*, 10.〔doi: 10.1167/16.1.10〕

Yoshida, M., Matthias, I., Mantiuk, R., & Hans-Peter, S. (2008). Brightness of the glare illusion. *Proceedings of the 5th Symposium on Applied Perception in Graphics and Visualization*, 83-90.〔doi: 10.1145/1394281.1394297〕

Yu, H., Ko, B., Koga, T., Hirate, K., & Suzuki, N. (2019). Validation of the predictive equation for spatial brightness in an

第 II 部　視覚

experimental space. *Architectural Science Review, 62*(6), 493–506. [doi: 10.1080/00038628.2019.1664390]

Zavagno, D. (1999). Some new luminance-gradient effects. *Perception, 28*, 835–838. [doi: 10.1068/p2633]

第6章　色知覚

6・1　色覚の初期過程

6・1・1　色覚研究の発展と古典的色覚理論

　人間の色覚は，外界からの光が眼から大脳に至る一連の神経細胞により処理されることから生み出される「感覚」である。色覚系は眼球内に入射した光子（photon）を網膜内の視細胞が吸収し，電気応答に変換することから始まる。その応答が網膜内で双極細胞と網膜神経節細胞へと順方向に伝わり，また，水平細胞とアマクリン細胞により横方向に修飾される。その後，応答は神経節細胞の軸索を束ねた組織である視神経により網膜外へと送られ，視床にある外側膝状体（LGN）を経由して，大脳皮質一次視覚野（V1野）へと到達する。これが色覚の初期過程における神経応答の流れである。色覚の初期過程に関しては，最近の心理物理学および生理学の研究により，そのメカニズムがかなり詳細なところまで解明され，新しい色覚初期過程モデルが提案されている。

　色覚の処理過程に関しては，これまで研究者は色覚のさまざまな現象，たとえば，等色，混色，色の見えなどをもとにして，推論により Young-Helmholtz の三色説（Young-Helmholtz's trichromatic theory），Hering の反対色説（Hering's opponent-color theory），Müller の段階説（Müller's stage theory）といったいわゆる「色覚理論」を提唱した。これらの色覚理論がその後の色覚研究の発展に果たした貢献は非常に大きいものがある。しかし，現代の色覚研究では，「実験事実」に基づく「色覚モデル」がこのような古典的色覚理論に取って代わり，その役割を担っている。

6・1・2　3種類の錐体

　人間の網膜内の光受容器（photoreceptor）としての視細胞には桿体（rod）と錐体（cone）の2種類がある。このなかで色覚に直接関係するのは錐体であるので，ここでは錐体についてのみ解説する。視細胞のもつ最も重要な特性に単一自由度の原理（単一変数の原理：principle of univariance）がある。この原理は一つの視細胞の応答は大きいか小さいかの1次元の変化しかできない，つまり自由度が一つ（単一自由度）というものである。光，つまり光子の集まりには波長（振動数）と強度（光子数）の2次元の自由度があるが，視細胞の外節のなかで光子を吸収する視物質の化学変化は吸収された光子数のみに依存して，それらの光子の振動数には依存しない。視物質が光子を吸収するかどうかの吸収確率はその光子の振動数に依存するが，いったん，光子が視物質に吸収されてしまうと，この光子がどんな振動数であったかには関係なく化学反応が進む。これが視細胞の単一自由度の原理を生む生化学的な原因である。

　視細胞の単一自由度の原理と光子の吸収確率からわかることは，一つの視細胞だけではその応答が変化しても入力する光子の数が変わったのか，光子の振動数が変わったのかを区別することができないということである。つまり，一つの視細胞は光があるかないかには応答できるが，その光子の振動数，つまり光の波長を判別することはできないことになる。たとえば，光子 A（振動数 a）と光子 B（振動数 b）が視細胞に入力したとしよう。この視細胞は光子 A のほうが光子 B よりも吸収確率が2倍大きいとする。この条件では，この視細胞は光子 A が100個来た場合と，光子 B が200個来た場合で，吸収する光子数は等しくなる。その結果，視細胞の応答も

等しくなるので，光子Aと光子Bの波長（振動数）を区別できないことになる。

このように1種類の錐体では入射する光の波長の区別ができない。そのため，人間の色覚系は分光吸収確率が異なる3種類の視物質をそれぞれに含んだ3種類の錐体を備えて，それにより光の波長を区別することになった。3種類の錐体はL, M, S錐体と呼ばれ，それぞれ長波長（Long），中波長（Middle），短波長（Short）側で光の吸収確率が最大となる，つまり分光感度のピークが異なっている。L, M, S錐体の視角2°視野に対する分光感度を図6-1-1に示す（Stockman & Sharpe, 2000）。これらの分光感度は角膜の上での光エネルギーに対する分光感度であり，眼球光学系の水晶体（lens）や黄斑色素（macular pigment）の分光透過率を含んだ値となっている。

分光エネルギー$I(\lambda)$をもつ光が眼に入射した場合を考える。これはさまざまな振動数をもった複数個の光子が錐体に入力することを意味するが，錐体の応答の大きさは入力した光子数に比例するので，応答の足し合わせが成り立つ。L, M, S錐体の分光感度をそれぞれ，$S_L(\lambda)$, $S_M(\lambda)$, $S_S(\lambda)$とすると，3錐体の応答R_L, R_M, R_Sは式(1)で示すように，積分で表現できる。

$$R_L = \int_\lambda S_L(\lambda) I(\lambda) d\lambda$$
$$R_M = \int_\lambda S_M(\lambda) I(\lambda) d\lambda \quad (1)$$
$$R_S = \int_\lambda S_S(\lambda) I(\lambda) d\lambda$$

ここで，もし錐体が1種類（L錐体）しかないとすると，$I(\lambda)$のスペクトルの形状が変化しても，エネルギー値の大きさが変化しても錐体応答R_Lは変化するので，光のスペクトルを弁別できないことになる。しかし，3種類の応答の組み合わせ（R_L, R_M, R_S）があれば，光のスペクトルを3変数の比により表現できるので，ある程度のスペクトル弁別はできることになる。実際に光が単波長の場合は，波長弁別ができ，それが波長弁別関数となっている。

$I(\lambda)$が複数のλからなる複合光の場合は，$I(\lambda)$がどのような形をしていても，3錐体応答R_L, R_M, R_Sが等しくなってしまえば，錐体以降の色覚系ではまったく区別できないことになる。これが3原色によって光が等色できるという「等色の原理」が成立する理由である。$I(\lambda)$が異なったスペクトルである光同士の等色はメタメリックマッチング（metameric matching）と呼ばれている。

式(1)の3錐体応答R_L, R_M, R_Sが"色"の原信号となる。つまり，色とは光の波長組成を3次元のR_L, R_M, R_Sで表現したものが元となっている。ただし，注意しなければならないことは，この3錐体応答はあくまでも原信号であり，"色"の感覚ではないということである。

6・1・3　等色

等色（color matching）とは「色の見えが等しくなる」ということである。上述したように，物理的に異なる分光組成をもった二つの光は必ずしも異なった色に見えるわけではなく，場合によっては等色してしまう。この等色の事実を発見し，そこから色が感覚であることを見いだしたのがNewtonである。等色の特性はその後，Graßmannの第一法則の「3色性の法則」としてまとめられ，等色の原理「任意の色光に対して，3原色光を適当な強度で混色することによりまったく等しい色の見えをつくることができる」となった。Ⅱ・7・2にも等色の原理が詳述されているので，併せて参照されたい。

図6-1-2に等色視野を示す。等色視野はテスト視野と混色視野からなっている。等色の原理が成立するためには次の二つの前提条件が必要である。

(1) 3原色光は互いに独立でなくてはならない。つま

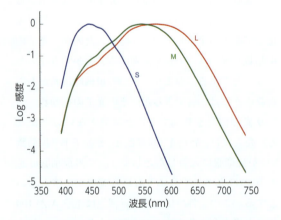

図6-1-1　L, M, S錐体の2°視野分光感度（Stockman & Sharpe, 2000）

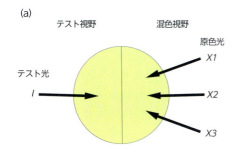

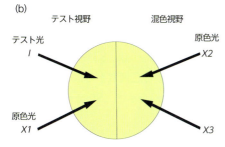

図 6-1-2 等色視野
(a) テスト視野にはテスト光 I が呈示され，等色視野には 3 原色光 X1, X2, X3 が呈示される。
(b) テスト視野にはテスト光 I と 3 原色光のなかの一つ X1 が呈示され，等色視野には 3 原色光のなかの二つ X2, X3 が呈示される。

り，どの原色光も他の二つの原色光によって等色されてはならない。

(2) 負の混色を許す。負の混色とは混色視野のどれか一つの原色光をテスト視野に入れて，テスト光と混色することを意味する。この場合，図 6-1-2b で示すように，テスト光と一つの原色光の混色光（テスト視野）と残りの二つの原色の混色光（混色視野）が等色することになる。

等色の原理では，混色する原色光の数は 3 である。なぜ 3 なのかについては，錐体が 3 種類しかないからであり，3 種の錐体応答を等しく刺激する 2 色光は区別できないからである。このことをここで詳しくみてみよう。まず，式(1)から任意のテスト光 $I(\lambda)$ に対する L, M, S 錐体の応答 RI_L, RI_M, RI_S が得られる（式(2)）。

$$RI_L = \int_\lambda S_L(\lambda) I(\lambda) d\lambda$$
$$RI_M = \int_\lambda S_M(\lambda) I(\lambda) d\lambda \quad (2)$$
$$RI_S = \int_\lambda S_S(\lambda) I(\lambda) d\lambda$$

次に，3 原色光を $X1(\lambda), X2(\lambda), X3(\lambda)$ として，混色光 $X(\lambda) = X1(\lambda) + X2(\lambda) + X3(\lambda)$ に対する L, M, S 錐体の応答 RX_L, RX_M, RX_S を式(1)から求める。次の 3 個の方程式が得られる。

$$RX_L = \int_\lambda S_L(\lambda) X1(\lambda) d\lambda + \int_\lambda S_L(\lambda) X2(\lambda) d\lambda + \int_\lambda S_L(\lambda) X3(\lambda) d\lambda$$
$$RX_M = \int_\lambda S_M(\lambda) X1(\lambda) d\lambda + \int_\lambda S_M(\lambda) X2(\lambda) d\lambda + \int_\lambda S_M(\lambda) X3(\lambda) d\lambda \quad (3)$$
$$RX_S = \int_\lambda S_S(\lambda) X1(\lambda) d\lambda + \int_\lambda S_S(\lambda) X2(\lambda) d\lambda + \int_\lambda S_S(\lambda) X3(\lambda) d\lambda$$

等色とは式(2)と式(3)の左辺の応答がそれぞれ等しくなることであり，等号で結ぶと式(4)を得る。

$$\int_\lambda S_L(\lambda) I(\lambda) d\lambda = \int_\lambda S_L(\lambda) X1(\lambda) d\lambda + \int_\lambda S_L(\lambda) X2(\lambda) d\lambda + \int_\lambda S_L(\lambda) X3(\lambda) d\lambda$$
$$\int_\lambda S_M(\lambda) I(\lambda) d\lambda = \int_\lambda S_M(\lambda) X1(\lambda) d\lambda + \int_\lambda S_M(\lambda) X2(\lambda) d\lambda + \int_\lambda S_M(\lambda) X3(\lambda) d\lambda \quad (4)$$
$$\int_\lambda S_S(\lambda) I(\lambda) d\lambda = \int_\lambda S_S(\lambda) X1(\lambda) d\lambda + \int_\lambda S_S(\lambda) X2(\lambda) d\lambda + \int_\lambda S_S(\lambda) X3(\lambda) d\lambda$$

式(4)において，$I(\lambda)$ は与えられた値をもち，L, M, S 錐体の分光感度 $S_L(\lambda), S_M(\lambda), S_S(\lambda)$ は決まった値であるので，未知の変数は $X1(\lambda), X2(\lambda), X3(\lambda)$ の強度のみである。したがって，この方程式は解けることになる。つまり，変数 $X1(\lambda), X2(\lambda), X3(\lambda)$ の強度を実験的に求めることができる，つまり等色ができる。錐体が 3 種類あるために方程式が 3 個となり，そのため原色光が 3 個あることが必要でありかつ十分条件となる。

次に，この等色方程式（color matching equation）から L, M, S 錐体の分光感度 $S_L(\lambda), S_M(\lambda), S_S(\lambda)$ を導出することを考えよう。式(4)は任意のテスト光 $I(\lambda)$ に対する等色方程式であるが，テスト光を単色光として，その波長 λ を変えれば，すべての波長に対する式(4)が得られる。ここでは，わかりやすくす

るために，テスト光 $I(\lambda)$ はすべての波長に対して等エネルギーとする．

式(1)より，テスト光のある単色光 λ_t に対して，次式が成り立つ．

$$R_L(\lambda_t) = S_L(\lambda_t)$$
$$R_M(\lambda_t) = S_M(\lambda_t) \quad (5)$$
$$R_S(\lambda_t) = S_S(\lambda_t)$$

ただし，ここではテスト光の単色光のエネルギーを1とする．こうすると，$R_L(\lambda_t)$, $R_M(\lambda_t)$, $R_S(\lambda_t)$ がそのまま λ に対する L, M, S 錐体の感度 $S_L(\lambda_t)$, $S_M(\lambda_t)$, $S_S(\lambda_t)$ となる．

混色光 X_1, X_2, X_3 も単色光とし，その波長をそれぞれ λ_1, λ_2, λ_3 とすると，式(3)から，

$$RX_L = S_L(\lambda_1) X_1 + S_L(\lambda_2) X_2 + S_L(\lambda_3) X_3$$
$$RX_M = S_M(\lambda_1) X_1 + S_M(\lambda_2) X_2 + S_M(\lambda_3) X_3 \quad (6)$$
$$RX_S = S_S(\lambda_1) X_1 + S_S(\lambda_2) X_2 + S_S(\lambda_3) X_3$$

が得られる．ここで，式(5)，式(6)の右辺同士を等号で結ぶと，波長 λ_t に対する錐体の分光感度 $S_L(\lambda_t)$, $S_M(\lambda_t)$, $S_S(\lambda_t)$ が得られることになる．Stiles & Burch (1959) は $\lambda_1 = 640$ nm, $\lambda_2 = 526$ nm, $\lambda_3 = 444$ nm として10°視野の等色実験を行った (Stiles & Burch, 1959)．その結果が式(7)である．ここでは，$S_L(\lambda)$, $S_M(\lambda)$, $S_S(\lambda)$ を $\bar{l}(\lambda)$, $\bar{m}(\lambda)$, $\bar{s}(\lambda)$ で表し，また，各テスト光 λ_t で等色した際の3原色光の強度 X_1, X_2, X_3 をテスト光の関数として $\bar{r}(\lambda)$, $\bar{g}(\lambda)$, $\bar{b}(\lambda)$ で表している．

$$\bar{l}(\lambda) = \bar{l}(640) \bar{r}(\lambda) + \bar{l}(526) \bar{g}(\lambda) + \bar{l}(444) \bar{b}(\lambda)$$
$$\bar{m}(\lambda) = \bar{m}(640) \bar{r}(\lambda) + \bar{m}(526) \bar{g}(\lambda) +$$
$$\quad \bar{m}(444) \bar{b}(\lambda)$$
$$\bar{s}(\lambda) = \bar{s}(640) \bar{r}(\lambda) + \bar{s}(526) \bar{g}(\lambda) + \bar{s}(444) \bar{b}(\lambda)$$
$$(7)$$

式(7)の右辺の $\bar{r}(\lambda)$, $\bar{g}(\lambda)$, $\bar{b}(\lambda)$ の大きさは実験によって求められる既知のスカラー量の関数であり，$\bar{l}(640)$, $\bar{l}(526)$, $\bar{l}(444)$, $\bar{m}(640)$, $\bar{m}(526)$, $\bar{m}(444)$, $\bar{s}(640)$, $\bar{s}(526)$, $\bar{s}(444)$ は9個の定数である．したがって，未知関数である式(7)の左辺の $\bar{l}(\lambda)$, $\bar{m}(\lambda)$, $\bar{s}(\lambda)$ は $\bar{r}(\lambda)$, $\bar{g}(\lambda)$, $\bar{b}(\lambda)$ から導出されることになる．この $\bar{r}(\lambda)$, $\bar{g}(\lambda)$, $\bar{b}(\lambda)$ は3原色光 red (640 nm), green (526 nm), blue (444 nm) の等色関数 (color matching function) と呼ばれている．図6-1-3a, b にそれぞれ実際に求めた等色関数とこの等色関数から求めた錐体の分光感度 $\bar{l}(\lambda)$, $\bar{m}(\lambda)$, $\bar{s}(\lambda)$ を示す (Stockman & Brainard, 2015)．

このように等色関数の線形変換により錐体の分光感度は求められる．ただし，実際に錐体の分光感度を得るには，式(7)の9個の定数（係数）を決めなくてはならない．ここでは，この係数の決め方の詳細は省略するが，2色覚者の等色実験の結果を用いたり，あるいは直接に錐体分光感度を心理物理実験により測定したりすることから係数は決められている．

6・1・4　網膜内の神経細胞の結合

色覚の初期過程のモデルを示す前に，その基礎となる網膜内の神経細胞の生理学的な構造について述べる．図6-1-4 は網膜内の神経細胞の主な結合を模式的に示している (Stockman & Brainard, 2015)．

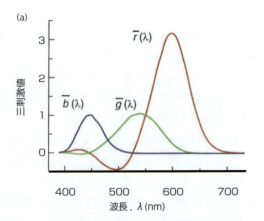
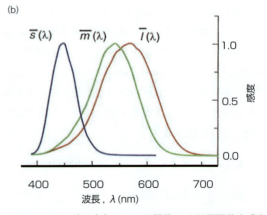

図6-1-3　(a) Stiles & Birch の10°視野等色関数 (Stiles & Birch, 1959), (b) L, M, S 錐体の10°視野分光感度
等色関数と錐体の分光感度は互いに線形変換の関係にある．

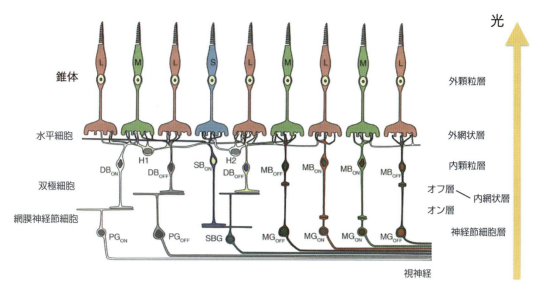

図 6-1-4　網膜内の神経細胞の結合（Stockman & Brainard, 2015）
　ここでは桿体とアマクリン細胞は省略されている。

ただし，ここでは桿体とアマクリン細胞は省略されている。色覚信号の縦方向の主な流れは，錐体からの信号が双極細胞と網膜神経節細胞の順に伝わり，その後，神経節細胞の軸索を束ねた組織である視神経を通って眼球外のLGNへ送られるというものである。水平細胞は錐体，双極細胞を横方向に結合している。網膜の構造を光の入射方向の一番奥からみると，外顆粒層（outer nuclear layer）に錐体の細胞体があり，外網状層（outer plexiform layer）において錐体の終端部（pedicle）が双極細胞と水平細胞にシナプス結合する。内顆粒層（inner nuclear layer）は水平細胞，双極細胞の細胞体を含む。内網状層（inner plexiform layer）において双極細胞は神経節細胞に結合する。内網状層はオフ層とオン層に分かれている。オフ層ではオフ型の双極細胞とオフ型の神経節細胞が結合し，オン層ではオン型同士が結合する。オン型とは受容野の中心に光が当たると応答が増大（脱分極）するタイプの細胞であり，オフ型とはその逆に応答が減少（過分極）するタイプである。最後に，神経節細胞層（ganglion cell layer）が神経節細胞の細胞体を含んでいる。

L錐体とM錐体は共に錐体の終端部において抑制性シナプスを介してdiffuseオン型双極細胞（DB_{ON}）へ，興奮性シナプスを介してdiffuseオフ型双極細胞（DB_{OFF}）へ結合する。錐体は光を受けると応答が負に過分極するので，錐体からの信号は抑制性シナプスにより極性が反転する。興奮性シナプスでは極性はそのままで伝わる。DB_{ON}とDB_{OFF}へはL，M錐体は非選択的に結合する。

L錐体とM錐体は，同様に，midgetオン型双極細胞（MB_{ON}）とmidgetオフ型双極細胞（MB_{OFF}）へそれぞれ抑制性と興奮性のシナプスを介して結合する。網膜中心部では，1個のL錐体やM錐体がそれぞれ1個のMB細胞の受容野中心に入力する。受容野周辺は複数種類の錐体から入力を受ける。この結果，MB細胞の受容野中心ではL錐体やM錐体の分光特性がそのまま保持され，受容野周辺では複数種類の錐体の分光特性が混ざるので，錐体反対型（cone-opponent）になる。S錐体はオン型S錐体双極細胞（SB_{ON}）と抑制性結合をしている。オフ型S錐体双極細胞（SB_{OFF}）の存在には議論が多く，まだはっきりしていない。

水平細胞H1とH2は錐体間の側抑制結合を行う。H1とH2は両方ともL錐体とM錐体に結合しているが，S錐体にはH2はすべて結合し，H1はその一部しか結合していない。ただし，生理学的にはS錐体の応答はH2細胞のみに見つかっている。水平細胞はフィードバックにより双極細胞に対して空間的反対型の抑制周辺を作っている。

中心窩近辺で双極細胞の周辺が錐体からの水平細

胞のフィードバックによって作られるということは，周辺信号が複数の種類の錐体からくるので，双極細胞は自然に錐体反対型になることを意味している。錐体反対型というのは，周辺は中心と異なった分光感度をもつということである。双極細胞の錐体反対型の程度は中心と周辺にある錐体群の数と種類に依存することになる。中心窩では，1個の錐体がMB_{ON}とMB_{OFF}の中心に結合し，周辺での水平細胞入力は錐体選択的ではないために，MB_{ON}とMB_{OFF}は錐体反対型になる。しかし，DB_{ON}とDB_{OFF}は複数の錐体と結合するために一般的には錐体反対型の特徴は弱くなる。

MBは同じタイプのmidget神経節細胞（MG_{ON}とMG_{OFF}）につながり，小細胞経路（parvocellular pathway）を形成している。DBは同じ極性のparasol神経節細胞（PG_{ON}とPG_{OFF}）とつながり，大細胞経路（magnocellular pathway）を形成する。S錐体経路では，SB_{ON}が小型二層性（small bistratified）青-黄神経節細胞（SBG）につながり，顆粒細胞経路（koniocellular pathway）となることが知られている。

6・1・5　色覚の初期過程モデル

図6-1-5に，図6-1-4で示した網膜内の神経細胞の結合に基づいた色覚の初期過程モデルを図式的に示す（Stockman & Brainard, 2015）。図6-1-5左側にはL, M, S錐体の出力とその結合が示され，各L, M, S錐体からの信号処理がわかるように描かれている。3段の中央のL, M, S錐体（大三角形）とそれを囲んだ4個の錐体（小三角形）は，人間の網膜でのおよその平均L/M錐体数比（2：1）による錐体のネットワークを示している。ただし，S錐体についてはその数が全錐体の5-10％であり，かつ中心窩中央（直径約20′）には存在しないので，実際より

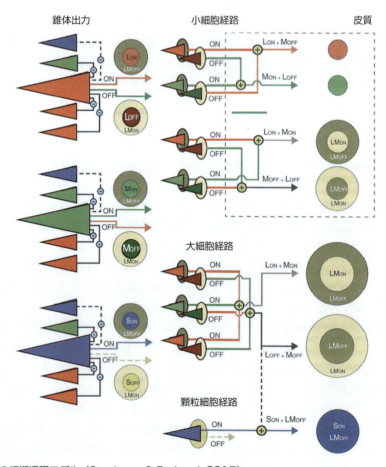

図6-1-5　色覚の初期過程モデル（Stockman & Brainard, 2015）

も数が強調されている。L，M錐体からのフィードバックはH1とH2水平細胞を介するが，S錐体からH2細胞を介するL，M錐体へのフィードバックはその機能的な意味がまだ明確となっていないので点線で描かれている。H2細胞によるL, M, S錐体からS錐体へのフィードバックは下段に描かれている。

L, M, S錐体はそれぞれがオン（ON）とオフ（OFF）の出力を持ち，L-ON, L-OFF, M-ON, M-OFF, S-ON, S-OFFの中心応答を作る。一方，周辺応答は中心応答とは反対型であり，水平細胞からのランダム結合により作られると考える。実線は確立された経路，破線は仮定の経路を表す。各錐体出力の上下に描かれている同心円は，各錐体の出力点において色と空間の中心周辺反対型（center-surround opponency）応答を表している。各出力の中心と周辺は異なった錐体から構成されるので各出力は錐体反対型となり，また，周辺が中心よりも大きいので，各出力は空間反対型（spatially opponent）となる。周辺はLMと表されているが，これは周辺にはLとMの両方の錐体からの入力があるという事実を示している。周辺へのS錐体からの入力は不確かではあるが，H2細胞を介しての入力がある可能性は高い。図にはS-OFF系が書かれているがその解剖学的な実体はまだ確立されていない。

図6-1-5中央には，ONとOFF信号がLGNの小細胞層（parvocellular layer），大細胞層（magnocellular layer），顆粒細胞層（koniocellular layer）へつながっていく経路が示されている。また，各層に来た各信号がその後，皮質での再結合処理——多重分離（demultiplexing）——される様子も示されている。多重分離とは，入力信号は色情報と無彩色空間情報の両方の情報を多重で含んでいるが，出力信号は色情報か無彩色空間情報かどちらか一方のみを含むように分離されるという意味である。図6-1-5右側の受容野は多重分離によって作られる。

小細胞層はL，M錐体両方から中心ONとOFF入力を受ける。このモデルでは小細胞経路の細胞の周辺では錐体のランダム結合がなされていると仮定しているが，周辺入力がどの程度，錐体選択的かについては議論の余地がある。前述したように，中心視では小細胞経路の細胞は中心では単一錐体のみを

受けているので錐体反対型になる。

小細胞経路では錐体反対型と非‐錐体反対型の両方の情報を信号化している。この考えは図6-1-5中央の最上段（小細胞経路の上段）に示されている。1種類の中心錐体入力のONユニットからの信号が異なった種類の錐体中心入力のOFFユニットに足されると，どのようにして空間的に反対型ではない受容野をもつL-MとM-L錐体反対型ユニットが作られるかを示している。

小細胞経路の下段と大細胞経路の図では，異なった種類の錐体中心入力のONユニット同士をどのように結合するとON L+M空間反対型ユニットが作られるかを示している。また，同様にOFFユニット同士を足すことにより，OFF L+M空間反対型ユニットが作られることも示されている。図6-1-5に示されている大細胞経路と顆粒細胞経路は網膜内に存在しているが，小細胞経路での多重分離は皮質内で行われると考えられている（図6-1-5の点線で囲まれた範囲）。大細胞経路では，3錐体のみからの入力を受けるような図が示されているが，実際は網膜中心部ではdiffuse双極細胞（DB）には5-7個の錐体が接続している。図6-1-5中央の下段には顆粒細胞経路を通るS-ON信号処理が示されている。その出力にはその後にLM周辺が結合されると考えられている。

図6-1-5右側には，それぞれの経路からの出力点での受容野が図示されている。波長情報が網膜の錐体からLGNを通って流れるにつれて，L, M, S錐体の3色型信号が錐体反対型と非-錐体反対型の二つの形に変換されるという考えが示されている。受容野サイズは正確ではないが，錐体出力が集められるため，錐体出力点での受容野サイズよりも大きくなっている。錐体反対型チャンネルはL-MとM-L信号を出し，一方，非-錐体反対型チャンネルはL+M信号を出す。S錐体信号は通常S-LMとLM-Sとして単純化されているが，この錐体反対型チャンネルはよくわかっていない。

このように最近の色覚初期過程モデルでは，色覚応答は錐体レベルで3色型，その後，錐体反対色型を経由して，小細胞経路では皮質においてL-M，M-LチャンネルとL+Mチャンネルに分離する。

第 II 部　視覚

大細胞経路では網膜内で L+M チャンネルのみの空間反対型となり，顆粒細胞経路では網膜で周辺領域のない S−LM チャンネルが作られる。この色覚初期過程モデルは古典的色覚理論で示されている 3 色型から反対色型になる段階説モデルに類似している。しかし，錐体反対型チャンネルは Hering によって提唱され，Hurvich & Jameson によって詳しく調べられた色反対型（color-opponent）チャンネルとまったく異なった波長特性を示すことなどから，異なったモデルと考えるべきである。図 6-1-5 の色覚初期過程モデルの後段にさらに色の見えのモデルを結合して，包括的な色覚モデルを構築することにより，古典的色覚理論と比較できるモデルとなる。

(内川　惠二)

6・2　色知覚の時空間特性

　視覚においては，輝度情報と色度情報の両者が足し合わされて視覚像が形成される。輝度情報と色度情報はどちらも L, M, S 錐体という異なる光受容器からの信号の組み合わせにより構成される。ここで，網膜神経節細胞や外側膝状体（LGN）などの皮質前の情報処理段階では，輝度情報と色度情報は異なる経路で処理されることが知られている（Gegenfurtner & Kiper, 2003）。さらに，等輝度刺激においては，輝度変化を有する刺激と比べると形状の知覚（Livingstone & Hubel, 1987）や運動の知覚（Cropper & Wuerger, 2005）が困難になることが多くの心理物理実験の結果から報告されている。これらの事実は，輝度情報と色度情報では視知覚・認知における役割が大きく異なる可能性が高い（Livingstone & Hubel, 1987）ことを示している。これらの役割の違いは，輝度情報と色度情報の時空間的な特性の基本的な違いにも反映される。色の知覚には，検出，見え，探索，色名応答などさまざまな側面があるが，本節では，主に色に対する検出・弁別といった感度特性に焦点を絞り，その時空間特性について紹介する。

6・2・1　時間特性

6・2・1・1　時間周波数特性

　視覚情報の時間変化に対する感度における最も基本的な特性が時間周波数特性である。時間周波数特性は，一様パターンや格子縞パターン，ガボールパッチなどを刺激として用い，さまざまな時間周波数に変調された刺激に対するコントラスト感度（contrast sensitivity）として計測される。このようにさまざまな刺激周波数に対する感度を表したグラフはコントラスト感度関数（contrast sensitivity function：CSF）と呼ばれる。輝度刺激に対しては，背景輝度等の条件にも大きく依存するものの，一般的にはコントラスト変調の時間周波数が中間程度の場合に感度が最大となる帯域通過型特性を示す。これは，輝度刺激が運動を検出する際に重要な役割を果たすことと強く関連する。それでは，色度刺激に対して視覚系はどのような時間周波数特性を示すのであろうか。その測定例の一つとして，Kelly & van Norren（1977）による計測結果を図 6-2-1a に示す。この実験では，860 td，視角 1.8° で均一色の赤緑フリッカー刺激が用いられた。グラフの横軸が時間周波数（Hz），縦軸が検出閾値コントラストの逆数として定義したコントラスト感度を表す。この実験で用いた刺激では色度変化の間も輝度は一定に保たれていた。グラフから明らかなように，輝度刺激と色度刺激では，コントラスト感度が最大となる周波数が顕著に異なる。輝度刺激に対するコントラスト感度関数と比較して，色度刺激に対しては，感度が最大となる時間周波数がかなり低い。このことから，色度刺激に対しては，視覚系が低域通過型に近い特性を示すことがわかる。

　Kelly & van Norren（1977）は，黄色背景上において長波長光（主波長 615 nm）のみを増減させる刺激，すなわち輝度も色度も同時に変化する刺激に対する時間周波数特性も同時に測定している。その結果を図 6-2-1b に示す。低時間周波数においては色度刺激の場合と，高時間周波数においては輝度刺激の場合と感度関数が類似していることがわかる。すなわち，フリッカー刺激が輝度情報と色度情報の両方を含む場合，時間周波数が低ければ色度情報に

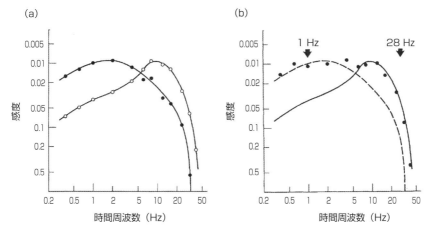

図 6-2-1 (a) 輝度フリッカー刺激と赤緑フリッカー刺激に対する時間的コントラスト感度関数（Kelly & van Norren, 1977, p.1084, Fig. 4）。白丸プロットが輝度格子、黒丸プロットが等輝度の色度格子に対する結果を示す。(b) 長波長光フリッカーに対する時間的コントラスト感度関数（Kelly & van Norren, 1977, p.1081, Fig.1）。実線と点線は (a) の再掲である。

よって、高ければ輝度情報によって、フリッカー刺激が検出されることになる。日常の視覚刺激には輝度情報と色度情報の両方が含まれることが一般的であるため、視知覚を理解するうえではこの時間周波数特性は大変重要であるといえる。

なお、この時間周波数特性は視覚心理物理実験を行う際の重要なツールとなる。二つの色光が高速で交替呈示される状況では、その交替の時間周波数が高い状態になると、図 6-2-1 のように輝度に対する感度よりも色度に対する感度が顕著に落ちる。すなわち、その状況下では、二つの色光の違いのうち輝度交替成分のみが知覚されることになる。この視覚特性を利用した主観的輝度の測定法は交照法（flicker photometry）と呼ばれる。交照法では、二色光交替刺激を 15-20 Hz 程度で呈示し輝度変化のみが知覚される刺激を用いる。その上で、実験参加者が感じるちらつきを最小とするように二色光の相対輝度を調整することにより、その二色光に対する輝度応答が等価となる光強度を求める。たとえば、視覚心理物理実験においては、輝度情報の影響を取り除き色度情報の影響だけを検討したい場合がしばしばある。しかし、輝度の分光比視感度は実験参加者によって大きく異なるため（Luria & Neri, 1986）、刺激を測色的に（すなわち標準観測者にとって）等輝度になるよう作成したとしても、個々の実験参加者にとっては輝度情報が残存することになる。このような場合、交照法は個々の実験参加者にとっての等輝度刺激（equiluminant/isoluminant stimulus）を作成できることから非常に有益なツールとなっている。一方で、心理物理学的に測定される等輝度点は時空間周波数条件により変化することも指摘されており、さまざまな時空間周波数に対する等輝度点を計測できる最小運動法（minimum-motion technique）もよく用いられる（Cavanagh et al., 1987）。なお、分光比視感度の個人差は、L/M 錐体数比や L 錐体の感度ピーク波長などの生理学的要因の個人差により生じると考えられている（Bieber et al., 1998）。

ところで、この高時間周波数刺激における色度に対する感度低下はどの視覚情報処理レベルで生じるのだろうか。上述した通り、色度刺激に対しては 20 Hz 程度の交替呈示でさえ知覚できなくなってしまうものの、マカクサルの一次視覚野の細胞には 60 Hz を超え高速交替呈示される等輝度色刺激に対して応答を示すものも見つかっている（Gur & Snodderly, 1997）。したがって、知覚に上る前のいずれかの情報処理レベルまでは、高時間周波数の色度情報も保持されているはずである。この問題について、McCollough 効果（McCollough effect）という知覚現象を用いた心理物理実験で検討した研究がある（Vul & MacLeod, 2006）。McCollough 効果とは、方位と色情報の組み合わせに対する順応効果のことである。たとえば、図 6-2-2a（Vul & MacLeod,

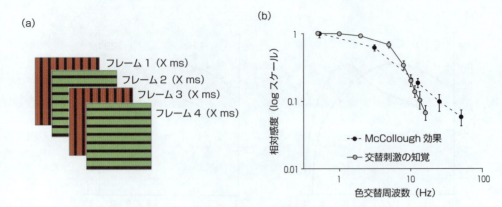

図 6-2-2 (a) McCollough 効果を引き起こすために使われる順応刺激の例（Vul & MacLeod, 2006, p.873, Fig. 1(c)）。(b) さまざまな色交替周波数刺激に対する McCollough 効果と交替刺激知覚の感度（Vul & MacLeod, 2006, p. 874, Fig. 2(b)）。縦軸は最も低い周波数の感度で正規化されている。

2006）のように，赤の縦縞，緑の横縞が交替呈示される刺激を長時間見続けると，その後呈示される無彩色な縦縞が緑色に，横縞が赤色に見える。一般的には，McCollough 効果を引き起こす刺激では縦縞，横縞をそれぞれ 1s ずつ程度，すなわち 0.5 Hz 程度の時間周波数で呈示する場合が多い。これに対し，Vul & MacLeod は横縞と縦縞を 50 Hz と高速に交替呈示し McCollough 効果を測定した。この刺激の観察中，赤と緑の色情報が完全に平均化されてしまい色交替がまったく知覚されなかったにもかかわらず，この刺激への順応後に McCollough 効果が生じた（図 6-2-2b）。McCollough 効果が生じるためには色と方位の相互作用が必要なことを考慮すれば，少なくともその両者の情報を表現する細胞が現れる一次視覚野（Friedman et al., 2003）までは，この高速な色交替情報が伝わっていると考えられる。したがって，色度刺激に対する高時間周波数の感度低下は，McCollough 効果を生じさせるよりも高次な部位で生じている可能性が高い。実際，知覚に上らない高速な色度交替を有する刺激に対してもさまざまな皮質部位が反応することが fMRI の計測からも報告されている（Jiang et al., 2007）。

6・2・1・2 時間的足し合わせ

色度刺激の検出において，刺激の呈示時間はその感度に大きな影響を与える。容易に想像されるように，一般的に刺激呈示時間が長いほど検出感度が高くなることが知られている。この現象は時間的足し合わせ（temporal summation）と呼ばれる。刺激に対する視覚系の応答がゆっくりであれば，時間的足し合わせも長い呈示時間まで生じると考えられるため，この時間的足し合わせ特性からも色覚の時間特性についての重要な情報が得られる。色度刺激の検出感度は，主に一様背景上において，一部領域が等輝度に保たれたまま色度だけが一時的に変化する刺激（これをテスト刺激と呼ぶ）を用いて，刺激純度や波長などの閾値として計測される。この際の等輝度保持は，上述した交照法などにより各実験参加者に対して正確に行われる。純度変化刺激を用いた場合の検出感度特性の実験参加者 1 名に対する測定例（Smith et al., 1984）を図 6-2-3a に示す。この実験は直径 4°の無彩色背景上に呈示される直径 1.2°のテスト光を用いて行われた。図中の実線・点線は，色度刺激に対するインパルス応答（impulse response）に基づくモデルを検出感度に回帰した結果を示す。このグラフを見ると，テスト刺激の波長によらず，およそ 320 ms 程度までの範囲において時間的足し合わせにより感度が上昇していることがわかる。

一方，テスト刺激の輝度を一定に保たず，単純にある単波長光を加えた場合の検出感度特性を図 6-2-3b に示す。この実験では，背景と比較したときテスト刺激には輝度変化と色度変化の両方が含まれることになるため，実験参加者はその両方の情報に基づき応答したと考えられる。グラフ中の実線・点線は色度応答と輝度応答のインパルス応答の足し合わせに基づくモデルを実験結果に回帰した結果を示して

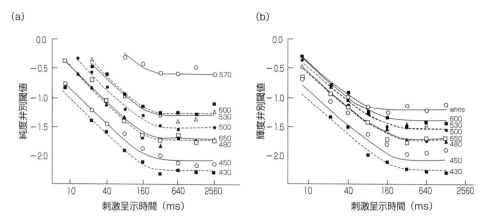

図 6-2-3 (a) 等輝度状態で計測されたさまざまな刺激呈示時間に対する純度弁別閾値 (Smith et al., 1984, p.655, Fig. 1)。シンボルの違いがテスト刺激の波長を示す。(b) 輝度を一定に保たず単波長光を加えた際の輝度弁別閾値 (Smith et al., 1984, p.658, Fig. 5)。

いる。また、この図では、テスト刺激において全波長の強度を増加させた、すなわち輝度変化のみを有する刺激を用いたwhite条件の結果も合わせて載せてある。これをみると、まずwhite条件では時間的足し合わせが80 ms程度までしか生じていないことがわかる。これは図6-2-3aでみられた足し合わせ限界である320 msよりもはるかに短い。white条件では輝度検出特性が反映されるはずであるから、この結果は視覚系の応答が色度よりも輝度に対して時間的に早いことを示唆している。一方、単波長光の結果をみると、特に中波長帯においては図6-2-3aでみられた320 msよりも短い時間までしか足し合わせが生じていない。これは、これらの波長においては、検出に対して輝度の寄与が大きく、輝度に近い時間特性が表れたためと考えられる。

視覚系の時間特性をインパルス応答として精度よく推定する方法として、時間的に離れて呈示される二刺激光を用いた実験がある。これは、ある背景色の上で刺激光$\varDelta L_1$と$\varDelta L_2$をある程度の時間間隔を空けて呈示した際の、$\varDelta L_1$あるいは$\varDelta L_2$の検出感度として計測される。このとき、$\varDelta L_1$と$\varDelta L_2$の刺激呈示開始時刻のずれは刺激オンセット時間差（stimulus onset asynchrony：SOA）と呼ばれる。単純に考えれば、SOAが短ければ$\varDelta L_1$と$\varDelta L_2$の情報が足し合わされて感度が上昇し、SOAが長くなるほど足し合わせ効果が小さくなり単独で刺激呈示した場合と感度が同程度になるはずである。二刺激光に対する感度計測結果の一例としてUchikawa & Yoshizawa (1993) の結果を図6-2-4に示す。図6-2-4aが色度刺激に対する結果、図6-2-4bが輝度刺激に対する結果である。これらのグラフの縦軸は足し合わせ係数を示している。足し合わせ係数とは、刺激光を単独呈示した場合の感度を基準として、二刺激を呈示したときに感度がどの程度向上したかを示す指標である。足し合わせ係数は、足し合わせがなければ0、足し合わせにより感度上昇が生じれば正、感度低下が生じれば負となる。図6-2-4aでは、足し合わせが最も強く生じるのはSOAが最短のときであり、そこからSOAが長くなるにつれ単調に足し合わせ係数が減少している。また、その減少はSOA 200 ms程度まで続く。この結果は、色度刺激に対しては視覚系が興奮相のみからなる一相性のインパルス応答をもつために、SOAが近いほど足し合わせが強くなったと解釈できる。一方、図6-2-4bでは、図6-2-4aと同様SOAが長くなるほど足し合わせが減衰し、SOA 80 ms付近においては一部負になっている。この結果は、検出において第一刺激と第二刺激に対する応答が干渉したことを示しており、輝度刺激に対するインパルス応答に負の領域があることが原因であると考えられる。しかし、SOA 150 msあたりにもう一度正のピークが表れることから、輝度刺激に対しては、インパルス応答の負の領域の次に再び正の領域があるような三相性の特性を有すると解釈できる。

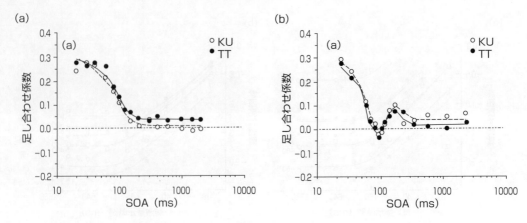

図 6-2-4 (a) 色度刺激に対する二刺激光の足し合わせ係数 (Uchikawa & Yoshizawa, 1993, p.1699, Fig. 3)。(b) 輝度刺激に対する二刺激光の足し合わせ係数 (Uchikawa & Yoshizawa, 1993, p.1700, Fig. 5)。

　この輝度刺激と色度刺激に対するインパルス応答の違いは，視覚系の時間周波数特性が輝度刺激に対しては帯域通過型，色度刺激に対しては低域通過型を示すこととも整合する。ただし，Uchikawa & Yoshizawa (1993) の実験では，符号を反転させた二刺激光（たとえば第一刺激が赤色への変化，第二刺激が緑色への変化）に対する実験結果では，色度刺激においても二相性のインパルス応答をもつような足し合わせ係数が得られることも合わせて報告されている。この色度に対する二相性のインパルス応答は，刺激光の検出のみならず，たとえば色度刺激のフラッシュ呈示後の色相の見えの変化を測定した実験からも示唆されている (Eskew et al., 1994)。

6・2・2　空間特性

6・2・2・1　空間周波数特性

　上述した時間周波数特性だけではなく，空間周波数に対する感度特性も輝度と色度では大きく異なる。空間周波数特性も時間周波数特性と同様に，正弦波格子縞やガボールパッチなどを用いて測定される。輝度格子と色度格子に対して測定された空間周波数特性の例を図 6-2-5 に示す。この実験では，円形パッチ内の正弦波刺激を用いてコントラスト感度を計測した。この図からわかる通り，輝度刺激については，2-3 cycles/deg あたりの中間程度の空間周波数刺激に対して最も感度が高い。一方，色度刺激に対しては，低空間周波数領域で感度が最も高く，周波数が高くなるにつれ感度が低下するという低域通過型の特性を示す。

　LGN などの低次の色度情報処理レベルでは，L-M 方向（およそ赤-緑方向）の情報と S 方向（およそ紫-黄方向）の情報が別の経路で表現される。したがって，これら 2 種類の色情報に対する空間周波数特性が異なっていてもおかしくはない。しかし，そもそも S 方向の色変化は主に短波長光成分の増減によって構成されるため，色収差 (chromatic aberration) の影響を受けやすい。したがって，L-M 方向と S 方向の間の高空間周波数に対する感度の違いは眼光学的要因からも生じうる。実際にこの影響を除去したうえで計測すると，赤緑方向と黄青方向に対する空間周波数特性にはほとんど違いがみられないことが明らかとなっている（図 6-2-6；Mullen, 1985）。空間視において，L-M 情報と S 情報の役割には大きな違いはないのかもしれない。

　なお，空間周波数特性に対する感度特性が必ずしも低域通過型となるとは限らない。格子縞を刺激として用いたコントラスト感度特性実験では，時間周波数と空間周波数を独立に操作することができる。この場合，これら 2 種類の周波数パラメータはコントラスト感度に対して相互作用することが知られている。たとえば，前述した図 6-2-6 は 0.4 Hz で正弦波状に位相反転する色度格子縞に対する空間周波数特性を示しており，この場合は確かに色度刺激に対する感度特性は低域通過型にみえる。しかし，時間周波数をもう少し高くして，たとえば 1 Hz 程度に

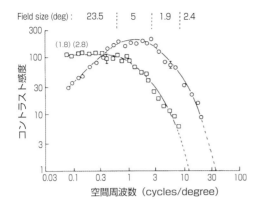

図6-2-5 輝度格子と等輝度赤緑格子に対する空間的コントラスト感度関数（Mullen, 1985, p. 391, Fig. 8）
円形プロットが輝度格子に対する結果，四角形プロットが赤緑格子に対する結果を示す。

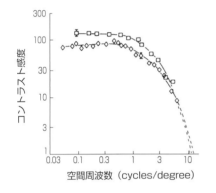

図6-2-6 等輝度黄青格子と等輝度赤緑格子に対する空間的コントラスト感度関数（Mullen, 1985, p. 390, Fig. 7）
菱形プロットが黄青格子に対する結果，四角形プロットが赤緑格子に対する結果を示す。

すると，色度刺激に対しても帯域通過型の空間周波数特性が得られることが知られている。この結果はドリフトする赤緑格子に対して計測されたコントラスト感度をもとにして，Kelly（1983）によって図6-2-7のように詳細にまとめられている。この図をみると，色度に対しても完全な低域通過型というわけではなく，時間・空間の比較的低い周波数領域に感度ピークがあることがわかる。ヒトの視覚系がたとえばヒトの一次視覚野の細胞にみられる時空間受容野（DeAngelis et al., 1993）のように時間・空間の両次元に選択性をもつことを考慮すれば，色度に対する時空間周波数特性は，図6-2-7のように時間・

空間の両面から捉えるべきものであろう。

ところで，視覚系が物体の形や輪郭線の知覚のための処理をする際，色度情報よりも輝度情報に強く依存すると考えられているが，その一因はこの輝度刺激と色度刺激に対する空間周波数特性の違いにあると思われる。一方で，輝度情報と色度情報のいずれで形成された形状情報であっても，それらの形状情報がいったん抽出されてしまえば，局所方位情報の統合や形状弁別といった形状判断タスクに対する感度においては違いがないという報告もある（Mullen & Beaudot, 2002；Mullen et al., 2000）。また，特定の方位・空間周波数をもつ刺激を観察し続けて順応すると，その方位・空間周波数に対する検出感度が低下する現象が生じるが，この方位や空間周波数に対する順応現象（空間周波数順応）は輝度格子・色度格子のいずれに対しても生じる。これらの特性を考慮すれば，色情報も少なくとも部分的には形状知覚に寄与している可能性も高い。ただし，空間周波数順応における空間周波数選択性は色度のほうがやや低い。また，図6-2-8に示すように，輝度（色度）格子を見続けた後でも，色度（輝度）テスト刺激に対しては空間周波数順応は強くは生じない（Bradley et al., 1988）。これらの特性から，輝度情報に起因する形状情報と色度情報に起因する形状情報は，少なくともある情報表現レベルまでは独立であると考えられる。

6・2・2・2　受容野特性モデル

視覚系の時空間周波数特性はしばしば時空間受容野モデルで説明される。ここでは，簡単のため空間周波数特性に焦点を当てる。たとえば，LGNにおいては，図6-2-9aに示すような中心が＋L，周辺が－Mと特徴づけられる反対色型受容野をもつ細胞が多く存在する（Wiesel & Hubel, 1966）。そのような受容野モデルの例にIngling & Martinez-Uriegas（1985）により提唱されたモデルがある。このモデルの概念図として中心＋L，周辺－M型の例を図6-2-9bに示す。この受容野をもつ細胞では，受容野中心にL錐体応答がきたときに興奮性の，受容野周辺にM錐体応答がきたときに抑制性の反応を示す。この細胞について，図6-2-10に示すようないくつかの視覚刺

第II部　視覚

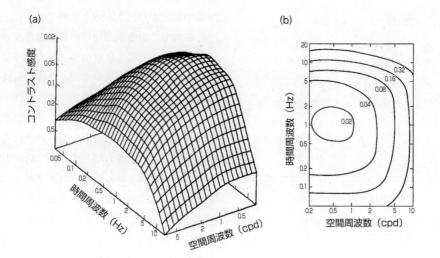

図 6-2-7　赤緑コントラスト感度に対する時間周波数と空間周波数の相互作用
　　　　（a）コントラスト感度の3次元プロット（Kelly, 1983, p.744, Fig. 3），（b）コントラスト閾値の等高線マップ（Kelly, 1983, p.744, Fig. 4）

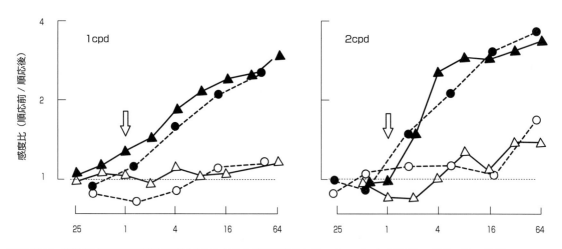

図 6-2-8　輝度格子に対する順応前後のコントラスト感度の比率（Bradley et al., 1988, p.849, Fig. 13）
　　　　黒シンボルが輝度テスト刺激に対する結果，白シンボルが色度テスト刺激に対する結果を示す。順応刺激とテスト刺激の空間周波数と方位は一致していた。順応効果は輝度テスト刺激に対してのみ生じている。

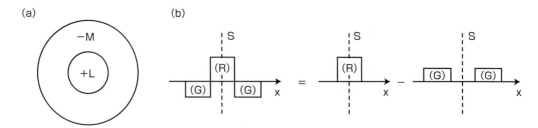

図 6-2-9　（a）中心＋L，周辺－M型反対色受容野の空間構造。（b）Ingling & Martinez-Uriegas（1985）により提唱されたモデル（Ingling & Martinez-Uriegas, 1985, p.34, Fig. 1）。図中のRはL錐体応答，GはM錐体応答を表す。横軸が空間位置，縦軸が感度を表す。

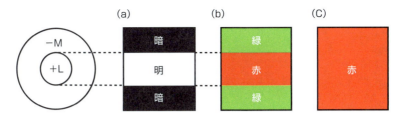

図 6-2-10　中心 +L，周辺 −M の反対色受容野と視覚刺激の関係

激に対する反応を考える。輝度刺激に対する応答を考えると，輝度が高くなると L，M 両錐体の応答が増加するため，受容野の中心領域に明るい（暗い）刺激がきた場合，あるいは周辺領域に暗い（明るい）刺激がきた場合に，細胞の応答が増加（減少）する。したがって，図 6-2-10a のような中心領域・周辺領域の大きさに合致した明暗パターンに対して応答が最大となる。この特性は，図 6-2-5 の丸プロットで示されるような輝度刺激に対する帯域通過型の空間周波数特性と整合する。一方，色度刺激に対する応答を考えると，赤刺激に対しては相対的に L 錐体の応答が増加かつ M 錐体の応答が減少し，緑刺激に対しては M 錐体の応答が増加かつ L 錐体の応答が減少する。したがって，図 6-2-10b のように受容野の中心領域に赤，周辺領域に緑となるパターンがきた場合には，中心部位には興奮性，周辺部位には抑制性の刺激となるため，興奮性と抑制性の応答が打ち消し合って，その細胞はほとんど応答しない。一方，図 6-2-10c のように中心部位，周辺部位ともに赤のパターンがきた場合には，中心周辺両領域において興奮性の刺激となり，この細胞は強く応答する。すなわち，この細胞は低空間周波数の色度刺激に対して強く応答する特性を有し，図 6-2-5 の四角形プロットで示されるような低域通過型の特性と整合する。なお，Ingling & Martinez-Uriegas のモデルは時間方向に対しては中心領域の応答が早く，周辺領域の応答が遅いことも合わせて記述されており，それにより輝度格子や色度格子に対する時間周波数特性も説明できる。

6・2・2・3　刺激サイズの影響

刺激呈示時間が色検出感度に影響を与えたように，刺激の空間的サイズも色検出感度に大きな影響を与える。その顕著な現象として，刺激サイズを視角 20' 程度以下までに小さくすると，短波長光に対する感度が大幅に劣化することが知られている（König, 1894；McCree, 1960；Willmer, 1944）。さまざまなサイズの二分視野刺激（bipartite stimulus）に対して計測された波長弁別感度の結果の例を図 6-2-11 に示す（McCree, 1960）。刺激サイズが小さくなるにつれ，短波長領域の閾値が極端に上昇（すなわち感度が低下）していることがわかる。当初，この現象は短波長光に感度をもつ桿体が中心窩に存在しないことが原因であると考えられていたが，その後の研究から，小視野刺激における等色は二つの原色だけで可能となることが報告された（Willmer & Wright, 1945）。すなわち，刺激サイズが中心窩付近に限られるときには，あたかも S 錐体が存在しないかのようなふるまいとなるのである。この現象は小視野トリタノピア（small-field tritanopia）と呼ばれ，中心窩に S 錐体がほとんど存在しない（Curcio et al., 1991）ことに起因していると考えられている（Williams et al., 1981）。小視野トリタノピアの効果は，色弁別の感度だけではなく，色の見えにも感度と同様な影響を与えることも報告されている。Ingling et al.（1970）はカラーネーミング（color naming）により刺激サイズが小さい場合の色の見えを測定し，視野サイズが小さくなると，黄色成分の応答の減衰や，緑と青の混同がみられるようになることを明らかにした。これは，S 錐体に基づいた錐体拮抗型チャンネルである S チャンネルの応答が減衰したことによる影響と考えることができる。

（永井 岳大）

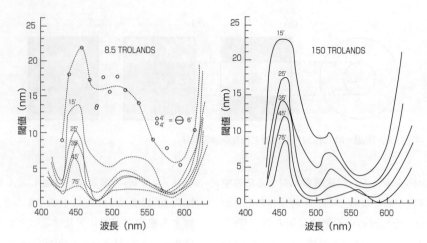

図 6-2-11　さまざまな刺激サイズにおける波長弁別閾値（McCree, 1960, p. 319, Fig. 1）
左図が 8.5 td の結果，右図が 150 td の結果．各図の線の近くに書いてある数字が刺激サイズを表す．

6・3　色恒常性

6・3・1　色恒常性の原理と実例

色恒常性（color constancy）とは，同一物体の色を照明によらず同一に知覚する色覚の性質である．たとえば図 6-3-1 において原画像（図 6-3-1a）の黄色，赤，白の花弁は，それぞれ原画像に青フィルタを重ねた画像（図 6-3-1b）においても変わらず黄色，赤，白と知覚されるが，それらの色に対応する画像中の点を抜き出すと図 6-3-1c に示す通り緑，紫，水色である．このとき図 6-3-1b に写る花や葉がそれぞれ図 6-3-1a と同じ色と知覚されるのは色恒常性の効果である．もし色恒常性が成り立たず，抜き出した色そのままに知覚したら，それらは異なる花と認識されるだろう．色恒常性は物体の同定のために重要な視覚特性であり，また，あるシーンのなかに見える色について考えるとき色恒常性を考慮することは欠かせない．本節では色恒常性について，その物理的背景，性質，応用について記述する．

6・3・1・1　色恒常性の物理的背景

視覚系による物体の色の知覚情報処理には，物体から網膜に到達する拡散反射光が情報源となる．照明（光源）から放出された光は，その一部が物体により吸収され，それ以外の反射光（や透過光）が眼へと入射して視覚系の情報処理を経て物体として知覚される．これらの関係を光源のスペクトル $L(\lambda)$，物体の分光反射率 $R(\lambda)$，眼への入射光のスペクトル $I(\lambda)$ とすると，

$$I(\lambda) = L(\lambda) \times R(\lambda)$$

と表せる．ここで，λ は波長を表す．当然，照明光の強さや色が変化すると，物体が反射する光のスペクトルは変化して，その結果の眼への入射光の輝度や色度も変化する（図 6-3-2）．

$L_1(\lambda) \neq L_2(\lambda)$ のとき，
$L_1(\lambda) \times R(\lambda) \neq L_2(\lambda) \times R(\lambda)$
$\Rightarrow I_1(\lambda) \neq I_2(\lambda)$

たとえば，白い紙を 5500 K の白色光源下から青色光源下へ移すと，その反射光の色度が青方向にシフトすることは容易に想像できるだろう．このとき，反射光の色度変化にもかかわらず，青色光源下の白い紙の色を青ではなく白と知覚するのは色恒常性の効果である．また，白色光源下の青い紙の反射光色度が前述の青色光源下の白い紙の反射光と同じ色度となる場合もあるが，このとき青い紙は青色に，白い紙は白色に正しく知覚するのも色恒常性の効果である．これまで数多くの研究において色恒常性の効果が定量的，定性的に観察，測定されてきた．色恒常性の実験におけるさまざまな観察環境，測定手法についてはⅡ・6・3・2 にて後述する．

視覚系はどのように色恒常性を実現しているのだろうか．仮に視覚系が，ある物体からの反射光の物

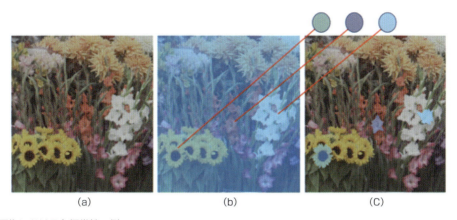

図 6-3-1　画像における色恒常性の例
　　　　　(a) 原画像，(b) 原画像に青フィルタを重ねた画像，(c) b の画像から 3 か所を抜き出して原画像に重ねた画像。

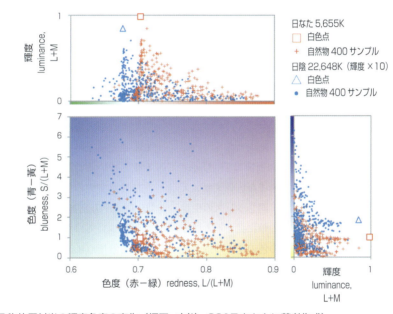

図 6-3-2　照明光による物体反射光の輝度色度の変化（福田・内川，2017 をもとに著者作成）
　　　　　花や葉などの自然物 400 サンプルの分光反射率実測値と日なた日陰における照明光スペクトル実測値（Morimoto, Zhang et al., 2022）から求めた MacLeod & Boynton 色空間（MacLeod & Boynton, 1979）における輝度色度分布（赤＋は日なた，青●は日陰）。赤□は日なた白色点，青△は日陰白色点をそれぞれ表す。輝度は日なたの白色点の輝度で正規化した値を示すが，日陰のデータはさらに 10 倍した値を示す。背景の色グラデーションは色度図における色の分布を表すイメージ図。

理的性質そのままに物体の明暗や色を知覚するような情報処理をしているとしたら，色恒常性は成立しない。色恒常性が成立するためには，視覚系は次式のように物体により反射されて眼への入射する光 $I(\lambda)$ から照明の影響 $L(\lambda)$ を除して，分光反射率 $R(\lambda)$ に基づく色の知覚を作り出す必要がある。

$$\frac{I(\lambda)}{L(\lambda)} = R(\lambda)$$

そこで「照明光の影響」として除する値 $L(\lambda)$ を定める必要があるが，光源が視界にない場合，眼への入射光から光源と物体の組み合わせを一意に決めることはできない（Maloney & Wandell, 1986）ため，何らかの方法により光源を推定する必要がある。また，光源が視界に入っていたとしても，観察位置と物体位置に当たる照明の強さや色が同じとは限らない。視覚系がどのように照明光の影響を推定してい

るかについては，数多くの研究がなされ，さまざまな理論が色恒常性理論として報告されている。色恒常性理論についてはⅡ・6・3・3にて後述する。

6・3・1・2 色恒常性の限界

色恒常性はどのような環境・物体に対しても成り立つわけではない。たとえば，トンネル内の照明などによく利用されていた低圧ナトリウムランプは，きわめて限定された波長（589.0 nmと589.6 nm）の光のみを発する性質があり，この照明下では物体の色の区別はつかないことが知られている。一般に，特定のスペクトルに偏る照明光下では色恒常性が成り立ちづらく，反対に可視光全域に渡りなだらかなスペクトル分布をもつ照明光下では色恒常性が成り立ちやすい。また，物体の物理的性質によっても色恒常性の成り立ちやすさは異なる。たとえば，衣類や革製品などでは，店内の購入時と屋外の着用時とで明度や彩度が異なって感じられる場合がある。

6・3・1・3 色恒常性の個人差

2015年に，ドレスを写した1枚の画像 "#TheDress" が話題になった。この画像では，同様な色覚メカニズムをもつはずの個人間であっても，同じドレスの生地が青と黒の縞に見える人と白と金の縞に見える人に分かれる現象が生じた。このドレスの色の見えの個人差も色恒常性により説明される（Brainard & Hurlbert, 2015；Lafer-Sousa et al., 2015）。画像内のドレスの色度は青色であるが，その青みの要因はドレスが寒色系の照明が当たっているためであると仮定できる。このように仮定すると，画像の青みは照明光の成分として差し引かれるためにドレスは白色に見えると説明できる。一方で，ドレスに白色または暖色系の照明が当たっていると仮定すると，画像内のドレスの青みの要因はドレスの色自体と解釈されて，ドレスは青色に見えると説明できる。図6-3-3は両者の見え方を模した図である。図中の2本の矢印の先端がそれぞれ指す部分は画像上ではまったく同じ色であるが，左側は青と黒の縞に暖色系の明るい光が当たったように見え，右側は白と黄色の縞が影の領域にあるように見えるだろう。同様の現象を示す画像として，写真に写るスニーカーが個

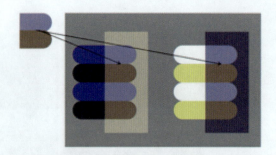

図6-3-3 照明光の推定により同じ色の画像が異なる色に見える例

人により白とピンクまたはターコイズと灰色に見える "#TheShoe" と呼ばれる画像もある（Werner et al., 2018）。Uchikawa, Morimoto et al.（2017）とMorimoto, Fukuda et al.（2021）はドレスの画像，スニーカーの画像それぞれに対して，彼らの提案する色恒常性モデルにおいて仮定する照明光の強度レベルを変えることで，照明光色度の推定の個人差を再現することが可能であり，色の見えの個人差を説明できることを示した。このように照明環境についての推定結果の個人差がドレスの色の見えの個人差を生じていることは，関連する他の研究においても支持されている（Toscani et al., 2017；Witzel et al., 2017）。一方，推定する照明環境に個人差が現れる原因については，瞳孔径（Vemuri et al., 2015）や黄斑色素濃度（Rabin et al., 2016）の違い，年齢や性別（Lafer-Sousa et al., 2015），生活環境（Mahroo et al., 2017）などの関連が報告されているが，色恒常性の個人差を生む決定的な要因については明らかでない。

6・3・2 色恒常性に関する心理物理実験

色恒常性に関して，古くはMonge, Young, von Helmholtz, Hering, von Kriesなど多くの研究者が注目し，研究，分析した記録が残されている（Foster, 2011）が，実験を実施して色恒常性の現象を定量的に観察，分析した初期の研究としては，Land & McCann（1971）の研究がよく知られている。Land & McCannは，実験刺激としてさまざまな色の無光沢（matte）な色票（color plate）を空間的にランダムに配置し，これをモンドリアン様パターン（Mondrian-like pattern）と呼んだ。このような実験

刺激は現在もモンドリアン刺激として色恒常性の実験に一般的に使用されている。Land & McCann は，このモンドリアン刺激の全体を，それぞれ短波長，中波長，長波長の狭帯域バンドパスフィルターを適用した青，緑，赤色の光を発する3台のプロジェクターで照明して，その3色の照明の強度比を調整して照明光を変えたときのモンドリアン刺激の色の見えを観察し，色票の反射光を測光器により計測した（Land & McCann, 1971）。彼らはまずモンドリアン刺激の白色色票の反射光を計測し，そのときの短中長波長の値を記録した。次に白色以外の色票の反射光計測値が先程の白色色票の計測値と一致するように都度3台のプロジェクターの出力比を調整して照明光の色を変えた後に，その色票の色の見えを観察した。その結果，色票の反射光計測値は最初の白色色票の計測値とまったく同じであるにもかかわらず，その色の感覚は元々の色票自体の色と変わらず黄色の色票は黄色に，青色の色票は青にというように知覚された。以上の結果から，Land & McCann は色の感覚は反射光の輝度や分光特性からは一意に決まらないと結論づけた。Land & McCann は呈示時間を100分の1秒とした同様の実験も行い，順応の効果がなくても色恒常性が現れることを示した。

6・3・2・1　色恒常性の実験手法（実験参加者課題）

前述した Land & McCann（1971）の研究では，実際の色票を配置して作成したモンドリアン刺激をプロジェクターで照明したときの色の見えを分析した。ここでは，色恒常性を測る主な4種類の心理物理的手法について説明する（Foster, 2011）。

1）非対称カラーマッチング法（asymmetric color matching）

複数の異なる観察条件間（主に二つの異なる照明条件間）での参照刺激とテスト刺激の色の見えを比較して両者が一致するように実験参加者がテスト刺激の色を調節する実験手法である。複数の刺激を同時に呈示する実験手法，順番に呈示する実験手法があり，順番に呈示する場合は切替時間が長い方法（60 s；Murray et al., 2006 など）と短い方法（800 ms；Barbur et al., 2002 など）に分けられる。また，二つの刺激をいずれも両眼で観察する方法

と，それぞれの刺激を片眼ずつに呈示して網膜レベルでほぼ完全な順応状態において観察する方法がある（Foster, 2011）。

2）カラーネーミング法（color naming）

実験参加者がテスト刺激の色の名前を回答して，その結果から色恒常性の程度を求める実験手法である。実験参加者は色名の同定のみを行うため，異なる条件間での色の等価性を判断する非対称カラーマッチング法より直感的に回答が可能であるが，色の見えの差の分解能は制限される。ネーミングは11基本色名など少数の固定範囲から選択する手法と，特に制限を設けない手法がある（Foster, 2011）。

3）無彩色調整法（achromatic adjustment）

無彩色調整法では，テスト刺激が「無彩色の表面」に見えるように実験参加者が色度を調整する。この手法では，実験参加者の調整結果がそのまま照明光の推定結果すなわち色恒常性の効果を表すので解析が容易である（Foster, 2011）。

4）色の関係性評価手法（relational color constancy）

照明光の異なるシーン間で（形状・位置が）同一の物体表面の色の印象が保持されているか，異なっているかを判断する（Foster, 2011）。同様の手法として，反射率変化識別法（discriminating illuminant from reflectance changes）という手法では，実験参加者はシーンの色変化を照明光変化であるか物体表面の反射率変化であるかを識別する（Foster, 2011）。

6・3・2・2　色恒常性の実験刺激

色恒常性の研究に用いられるシーン（実験刺激）はさまざまである。たとえば，実験刺激の作成法としては大きく分類して，実際の照明や物体を用いる実験と，カラーディスプレイを用いて照明条件と物体反射をシミュレートした画像を呈示する実験とに分けられる。実物体を用いた実験では，自然風景における実験，実験室で自然物や人工物，色立体，色票などを配置した実験などさまざま行われている。カラーディスプレイを用いた実験では，モンドリアン刺激のような色票をシミュレートした刺激を使用する研究が多いが，近年は2次元画像を分光データとして記録できるハイパースペクトルカメラを用いて

第Ⅱ部　視覚

撮影した実際の風景画像に照明光のスペクトルデータを適用したシミュレーション画像も使用されている。

視対象についても，自然物や人工物などの有意味な対象物，モンドリアン刺激や幾何学図形などの無意味な対象物，平面の対象物，3次元立体物などさまざまである。一般的に，多くの手がかりが存在するシーンのほうが色恒常性の効果が大きいと考えられる。たとえば，Yang & Shevell（2002）は鏡面反射の3次元情報付与により色恒常性の効果が増大する結果を報告している。これに対して，Foster（2011）は色恒常性に関するレビュー論文のなかで，多くの論文の実験結果を参照して実際には系統的な定量的差異はほとんど現れていないことを示している。一方で，見慣れた物体の色が色恒常性に寄与することも報告されている。Olkkonen et al.（2008）は野菜などの画像をカラーディスプレイに呈示して，実験参加者に無彩色調整法を課した。その結果，調整結果はそれぞれの見慣れた色の反対色方向にシフトする結果を報告している（Ⅱ・6・4・2・1参照）。

6・3・2・3　色恒常性の心理物理実験における色の見えの判断基準

色恒常性を扱う心理物理実験では，実験参加者による色の判断基準が非常に重要である。主に2種類の判断基準が用いられ，それぞれ結果や関係するメカニズムがまったく異なる。たとえば，青みがかった照明下に白い物体があるとき，それは白い物体であると知覚するとともに，その物体（による拡散反射光）は青みがかっているとも知覚できるだろう。前者のように物体の色としての知覚を判断基準とする方法は surface-color match または paper match と呼ばれる。一方，後者のように色光の色相や彩度，明度の知覚を判断基準とする方法は hue-saturation (and brightness) match と呼ばれる。

これら2種類の判断基準を比較した例として Arend & Reeves（1986）の研究がある。Arend & Reeves は，カラーディスプレイを用いて，黒背景に32色の色票を視角5°四方の領域内に配置した同一のモンドリアン刺激二つを用意して，6500 K で照明した状態をシミュレートしたものを標準刺激として

左側に呈示し，4000 K または 10000 K で照明した状態をシミュレートしたものをテスト刺激として右側に呈示した。実験参加者は同時に呈示されている二つの刺激を視線移動により見比べ，テスト刺激内のターゲット領域の色片の色度を調整して，その見えを標準刺激内の同じ領域に合わせることを指示された。その際の判断基準は，the hue-match (hue and saturation match) condition では周りの領域を可能な限り無視してターゲット領域の色相と彩度の見えを合わせることであり，the paper-match (surface-color match) condition ではテスト刺激と標準刺激がそれぞれ異なる照明下にあるとして双方のターゲット領域が同一の表面色の紙片であると見えるように色度を調整することであった。Arend & Reeves は，実験データとして xy 色度図に①標準刺激として呈示した 6500 K の照明下におけるターゲット領域の色度の実測値，②テスト刺激として呈示した 4000 K および 10000 K の照明下にあるときのターゲット領域の色度の実測値，③実験で実験参加者がそれぞれの判断基準により調整した結果の色度の平均値を示した。つまり，③が②から遠ざかり①に近づくほど色恒常性がよく成り立つことを表し，③が①と完全に重なることは完全な色恒常性の成立を表す。Arend & Reeves は，実験結果として，paper-match では色恒常性がおおよそ成立したこと，一方 hue-saturation match ではほとんど色恒常性を示さなかったことを示し，結論として hue-saturation match は感覚器または低次の順応メカニズムのはたらきに基づき，paper-match は比較的高次の計算処理または推量メカニズムのはたらきに基づくと結論づけた。

6・3・2・4　色恒常性の評価方法

色恒常性の効果の大きさを定量的に評価する手法としては，基準照明下とテスト照明下におけるターゲット領域の色度の差（理論値）を分母として，それらの光源において主観的に同じ色に見える色度の差（実験値）を分子とした比により表す方法がある。この手法により求めた値は，color constancy index (CI) と呼ばれている。CI は非対称カラーマッチング法，無彩色調整法などの手法で得られた実験結果

を簡単に数値で表すことが可能なため便利である。ただし，知覚的な色差が色空間内で等価ではない条件間では，単純な数値の比較は，色恒常性効果の大小と一致しない可能性もあるので注意が必要である。Foster（2011）は色恒常性に関するレビュー論文のなかで，数多くの研究論文の実験結果をCIの値を用いて比較している。

6・3・3　色恒常性理論とその利用による照明光推定

視覚系が色恒常性を実現するメカニズムは明らかではないが，シーンに含まれる情報から照明光を推定する色恒常性理論としてさまざまな手法が提案されている。これらの理論は，視覚系による色恒常性メカニズムの理論としての意義だけでなく，撮影や画像認識といった工学的な観点からも提案，利用されている。

6・3・3・1　色恒常性理論（1）灰色仮説

von Kries（1905）は錐体の順応により，色恒常性を説明した。同一のシーンに対して，白色照明に照らされた場合と，照明光の色つまり分光エネルギーに偏りが生じた場合とでは，L, M, S錐体の応答比率が異なる。たとえば短波長の強い照明下では相対的にS錐体の応答が増大する。そこで，広域的に3錐体の応答比率に偏りが生じたときに，各錐体が順応して感度が調整されて応答比率が平準化されると，照明光の変化による影響をキャンセルすることができる。ただし，この仮説では照明光と物体の色の偏りがいずれも錐体の順応要因となるため，シーンに存在する物体の色自体に偏りがある場合には有効でない。

視野のすべての領域における物体の分光反射率を平均すると一様な分光反射率である灰色になるという理論を灰色仮説（gray world assumption）という。von Kriesの錐体順応仮説による色恒常性の説明もこの灰色仮説を前提としている。この灰色仮説が成立するとき，照明光はシーン全体で均一であるとすると，シーン全体の反射光の平均がそのシーンの照明光のスペクトルと一致する。一方，シーンを構成する物体の色に偏りが大きい場合，空間的に照明光の色や強度が異なる場合などでは灰色仮説は適

用できない。灰色仮説はBuchsbaum（1980）が工学的観点から定式化して以来，現在も画像処理分野に広く使われている。

6・3・3・2　色恒常性理論（2）レチネックス理論

Landは，視覚系が照明光の変化に影響されずに物体の明度や色を知覚する仕組みについてレチネックス理論（retinex theory）を提唱した（Land, 1977, 1986；Land & McCann, 1971）。Retinexとは，網膜を表すretinaと大脳皮質を表すcelebral cortexを組み合わせた造語であり，この理論に対応する機構が網膜から皮質の処理過程に属するという考えに由来する。レチネックス理論では，はじめに無彩色刺激の明暗分布から照明光の強度変化の影響を除く理論を示した。その手法では，緩やかな明暗変化は照度の勾配の影響と仮定してそれを除去し，急な明暗変化はその両側に位置する物体の反射率に基づく隣接領域間の明度比を表すと仮定する。その積算によりすべての領域の明度の相対値が求まり，その最大明度を白色と仮定する。さらに，色刺激に対しても入力データを長波長（R），中波長（G），短波長成分（B）に分解し，各々に上記の方法を適用して求めた相対明度の最大値を用いて各チャンネルの出力を正規化することにより，照明光の色の偏りの影響を取り除くことができるという色恒常性の理論とした。なお，Landのレチネックス理論では刺激に白色表面が存在するとその領域が最大値となるが，白色表面が存在しない場合は最大の相対明度を示す表面が3チャンネルの間で一致するとは限らない。

一方，一様な照明光のシーンでは反射率100%の白色面において反射輝度が最大値となるというbrightest-is-white理論に基づき，レチネックス理論を単純化して3種類のカラーチャンネルがすべて最大値となる領域を白色と仮定して照明光の影響を取り除くという手法があり，これはwhite patch retinexと呼ばれる（Ebner, 2007）。また，シーンが鏡面反射を含む場合はそれを用いた照明光推定が可能である（D'Zmura & Lennie, 1986；Lee, 1986；Tominaga & Wandell, 1989）。ただし，一般に金属の鏡面反射は金属の種類ごとに独自の光沢色をもち，さらに金属だけでなく非金属の物体においても鏡面

第Ⅱ部　視覚

反射光が照明光と一致しない場合があることに注意が必要である（Angelopoulou & Poger, 2003）。

6・3・3・3　色恒常性理論（3）輝度色度相関

図6-3-2に示すように，ある一様照明下の拡散反射光は，輝度を高さ軸とする色空間において，白色物体（完全拡散面）の反射光を頂点とした山型に分布する。Golz & MacLeod（2002）はこの原理に基づき，輝度と色度の相関（luminance-chromaticity correlation）をシーンに含まれる物体の色の偏りの手がかりとして照明光を推定する手法を提案した。横軸に赤と緑の反対色軸 redness=L/（L+M），縦軸に輝度 luminance= L+M としてシーンの輝度色度分布をプロットすると，当然，個々の物体の反射光色度は照明光の色度により変化するが，山型の分布形状は照明光の色度の影響をほとんど受けない。このような性質から，シーンに含まれる物体色に偏りがないときは，その輝度色度分布は無彩色物体を頂点とする山型に分布するため，輝度と色度の相関は0に近くなる。一方で，たとえばシーンに含まれる物体色が緑に偏るときは，低輝度高彩度の緑から高輝度な無彩色への右上がりの分布となるため輝度と色度が正の相関を示す。反対に物体色が赤に偏るときは，高輝度な無彩色から低輝度高彩度の赤への右下がりの分布となるため負の相関を示す。この関係により，たとえば平均色度が同じであっても，輝度色度相関が正に大きい値を示すシーンは緑色の物体が多いことから相対的に赤みの強い照明光を受けていることを表し，輝度色度相関が負に大きい値を示すシーンは赤色の物体が多いことから相対的に緑みの強い照明光を受けていることを表す。また Golz & MacLeod（2002）は実験結果から，照明光の log redness を Y，シーンの log redness の平均値を X_1，シーンの log luminance と log redness の相関係数を X_2 としたとき（ここで，log は常用対数），$Y = 1.1305X_1 + 0.0063X_2 + 0.0202$ の関数で近似できることを示した。ただし，輝度色度相関による照明光推定は限定的であるとの指摘もある（Granzier et al., 2005）。

6・3・3・4　色恒常性理論（4）色域の制約（gamut constraint）

Forsyth（1990）は，一様照明下のランバート反射表面を仮定したときに物体の反射光の色の分布範囲（color gamut）は照明光により制限されることに基づき，色の分布範囲から照明光を推定する方法を提案した。色の分布範囲を用いた手法による照明光の推定は主に次の三つの手順からなる（Gijsenij, 2011）。第1に検証データとなる未知の照明下のシーンに分布する色の分布範囲を示す。第2に比較データとなる既知のさまざまな照明下のシーンの色の分布範囲のデータセットを作成する。第3に検証データの色の分布範囲に最も適合する比較データを選択して，その比較データの照明光を推定結果とする。色の分布範囲の表し方，比較データの作成方法，適合する比較データの選択方法は，それぞれ異なる手法が提案されている（Barnard, 2000；Finlayson & Hordley, 2000；Finlayson et al., 2006；Gijsenij et al., 2010）。

色の分布範囲に関して，ある一様な照明光の下において物体色が取りうる色度ごとの最大輝度をもつ色のことをオプティマルカラー（optimal color）（または最明色，MacAdam's limit；MacAdam, 1935a, 1935b）と呼ぶが，その色域は照明光色度を頂点とする錐状面に分布する。Uchikawa ら（Fukuda et al., 2019；Morimoto et al., 2016；Morimoto, Kusuyama et al., 2021；Uchikawa et al., 2012）は，シーンに含まれる色を MacLeod & Boynton（1979）による輝度色度空間に表し，比較データにオプティマルカラーの輝度色度分布を用いるオプティマルカラーモデルを提案した。適合度の比較には視野内の色光の輝度を L_k，それと同じ色度におけるオプティマルカラーの輝度を O_k，それらの輝度比を $w_k = L_k/O_k$ として，次の値を用いる。

$$\sqrt{\frac{\sum_{k=1}^{n}\{w_k \cdot (L_k - O_k)^2\}}{\sum_{k=1}^{n} w_k}}$$

この理論に関して，Uchikawa らの研究グループでは，心理物理実験により，色度一定の刺激間の輝度バランス変化が色恒常性における照明光推定に寄

与すること（Uchikawa et al., 2012），物体表面であると知覚される最大輝度の分布がオプティマルカラーの分布に類似すること（Morimoto, Numata et al., 2021；Uchikawa, Fukuda et al., 2017），物体表面であると知覚される輝度を超える色が色恒常性において効果をもたないこと（Fukuda & Uchikawa, 2014）を示し，視覚系が照明光によるオプティマルカラーの分布の変化を利用したメカニズムをもっている可能性を述べた。また，II・6・3・1・3で述べた色恒常性の個人差についても，オプティマルカラーモデルを適用すると，照明強度により適合度の高い照明色が遷移することから説明可能であることを示した（Morimoto, Fukuda et al., 2021；Uchikawa, Morimoto et al., 2017）。

6・3・3・5　色恒常性理論（5）Bayesian model

シーンの統計量に対して，確率論に基づくベイズアルゴリズムを適用して照明光を推定する手法も提案されている。ベイズアルゴリズムでは，ある観測データ A が生じたとき，その原因となる事象が B_k（$k=1, 2, \cdots, n$）である事後確率 $P(B_k|A)$ を，尤度 $P(A|B_k)$，事象 B_k の事前確率 $P(B_k)$，事象 A の事前確率 $P(A)$ の関数として

$$P(B_k|A)=P(A|B_k)\cdot P(B_k)\,/\,P(A)$$

と記述する。これを照明光推定に適用する場合，観測データ A の原因として考えられる照明光（と表面色の組み合わせ）の候補 B_k ごとに，その照明光候補 B_k の下における観測データ A の生起確率（照明光候補 B_k のときにデータ A が観測されることの尤もらしさ）$P(A|B_k)$ とその照明光の候補 B_k 自体の生起確率 $P(B_k)$ の積 $P(A|B_k)\times P(B_k)$ を求めて，その値が大きい照明光候補ほど真の照明光である可能性が高いと推定される。なお，観測データ A の生起確率 $P(A)$ は照明光候補に依存しないので省略可能である。

ベイズアルゴリズムを用いた色恒常性理論として，Brainard ら（Brainard & Freeman, 1997；Brainard et al., 2006）は，網膜像各点における分光データを観測データとして，照明光の分光分布と表面の分光反射率を分離する手法を提案した。一方，豊田他（2006）は，シーンの平均色度と輝度色度相関（Golz & MacLeod, 2002）を観測データとして，照明光の色度と平均表面色を求める手法を提案した。

6・3・4　課題

本節では色恒常性に関して基礎的な解説を行い，研究成果をまとめた。さらに詳細は，レビュー論文（Foster, 2011；Maloney & Schirillo, 2002；Smithson, 2005）や専門書（Brainard & Radonjić, 2014；Ebner, 2006）を参照されたい。

色恒常性は現象自体の理解は進み，本節に述べたように理論や計算モデルも多数提案されている。また，カメラなどの撮像機器や関連する画像処理，マシーンビジョンの分野でも広く応用されている（Agarwal et al., 2006；Gijsenij et al., 2011；Nikitenko, 2008；田島，2009）。たとえば，大多数の撮像機器に搭載されるホワイトバランス機能は画像全体の色を補正する機能であり，撮影環境に合わせて正しく適用すると，色恒常性と同じような効果をもつ。また，画像情報処理において照明光の影響を推定して対象物固有の色を同定することは，物体認識に欠かせない技術である。一方でそのメカニズムや理論については課題も多く残されている。その一つは色恒常性の個人差の解明であり，見え方に差が現れる理由は説明されているが，見え方を決める個人内の要因については未解明である。また，これまでの色恒常性における照明光推定モデルは仮定による制限のもとで成立する理論となっており，すべてのシーン，すべての画像に適用可能なモデルは存在しない。現実では，照明の空間的偏りや指向性，陰影や相互反射，光源位置と物体の3次元位置や表面の向きの関係，観察方位による物体の分光反射率の変化など，さまざまな要因が組み合わさりシーンを構成している（Brainard & Radonjić, 2014；Hussain & Akbari, 2018）。このような複雑な要因に対しても適用範囲の広い照明光推定モデルの構築とともに，シーンに応じて最適なモデルを選択したり（Gijsenij & Gevers, 2007）複数モデルの組み合わせにより照明光を推定するような統合的な理論の発展も期待される。

（福田　一帆）

第Ⅱ部　視覚

6・4　色の認知

6・4・1　色の認知と色の効用

　日常生活において，色はさまざまな場面で役立っている。物体の形や大きさは，観察する視点の違いや観察距離，あるいは他の物体による部分的遮蔽によって網膜上での特性が変わってしまうが，色はそうした観察条件の変化に対して比較的頑健であるため，（照明の変化が補正できているとすると）物体や情景の認識において重要な手がかりとなりうる。このため，形だけでなく色の特徴も合わせて物体を表象しておけば，物体同定の際に有利となる。

　ヒトが進化の過程で三色型色覚を獲得した理由に関しても，色覚により対象の検出・同定・識別が向上するからだとする説が有力である。たとえば，明暗の異なる群葉に隠れている，食用になる若葉や熟れて赤い果実を色の違いに基づいて検出する場合のように，色覚により対象を周囲から分節し検出する能力が向上するという説（Gegenfurtner, 2003；Mollon, 1989；Párraga et al., 2002；Surridge et al., 2003），あるいは，顔色を見分けることによって健康状態や感情状態を推定できれば，育児や伴侶選択に有利にはたらくという説（Changizi et al., 2006；Mollon, 1989）がある。

　こうした色の効用を踏まえて，本節では，まず物体や情景の認識における色の効果に関して紹介していく。

6・4・2　記憶色と色の記憶

6・4・2・1　記憶色と記憶色効果

　多くの物体，なかでも自然物体は，バナナは黄色，木の葉は緑など，特定の色（典型色）をもっており，物体をよく知るようになるとともに，その典型色が記憶される。このように経験を通じて学習された物体の典型色のことを記憶色（memory color）という。この記憶色が，対象の検出・同定・識別において重要な役割を果たす。記憶色は単に知識として利用されるだけでなく，物体の色知覚に影響することも

ある。これを記憶色効果（memory color effect）という。記憶色という言葉を最初に用いたのは Hering（1878/1964）であり，記憶色効果についても言及している（Hering, 1878/1964, pp. 7-8）。記憶色あるいは記憶色効果は，古くは 20 世紀前半から検討されてきた（Witzel et al., 2011）。

1）記憶色

　たとえば，バナナは黄色といっても実際には多色でさまざまな黄色からなる。個々のバナナは微妙に色が異なるし，熟れ具合によっても色が変わる。これを反映して，物体の記憶色は一色に固定されているわけではなく，許容される色範囲をもつ（Bodrogi & Tarczali, 2001；Hering, 1878/1964）。記憶色には独特に歪みがあり，実際の 3 次元物体を刺激として用いた研究により，刺激色がより鮮やかなほうが記憶色との類似性が高く評定されることが報告されている（Babilon & Khanh 2018；Smet et al., 2011）。記憶色における彩度の増加は，色の記憶や記憶色研究でよく報告されている（Bodrogi & Tarczali, 2001；Newhall et al., 1957；Siple & Springer, 1983；Uchikawa, 1983；Yendrikhovskij et al., 1999）。ただし，モザイクパターンのような多色図形に対して知覚される平均色も測色平均より彩度が増加することが報告されていることから（Kimura, 2018；Kuriki, 2004），物体観察時に彩度が増加しており，それが記憶に影響した可能性も考えられる。記憶色の許容範囲は，彩度次元よりも色相次元で狭い（Babilon & Khanh, 2018；Siple & Springer, 1983；Smet et al., 2011）。また，生後 6 か月の乳児でも記憶色は確認されている（Kimura et al., 2010）。

　Vurro et al.（2013）は，物体の 3 次元レプリカ等を用いた実験により，刺激の視覚特性（多色から成る物体表面の色分布，3 次元形状や輪郭）が実際の物体に近いほど，測定される記憶色は正確になり精度も高くなることを示した［記憶色効果に関する知見（Olkkonen et al., 2008）も参照］。

2）記憶色効果

　記憶色効果は，記憶色があることにより物体の知覚色が変わることを指し，物体の色を知っていることによる知覚判断のバイアスとは区別される。記憶色効果の強力な証拠は，刺激を無彩色に調整する実

験により提供された（Hansen et al., 2006）。この実験では，果物や野菜の写真画像が灰色背景上に呈示され，参加者はそれを無彩色に調整した。調整結果は物体の典型色の補色方向に，つまり，バナナであれば青方向にシフトした（図6-4-1）。バナナの画像がその典型色である黄色みを帯びて見え，それを打ち消すために青が必要であったと考えられる。色調整は灰色背景上で行われたため，参加者は背景と同色に調整すれば良かったはずである。それにもかかわらず色ズレが生じたことは，知覚判断のバイアスでは説明ができない。その後の研究によると，対象本来の色をよく知っていれば，郵便ポスト（ドイツ）（Witzel et al., 2011）や飲食店のロゴ（日本）（Kimura et al., 2013）などの人工物でも記憶色効果は生じる。輪郭図形や平面のべた塗り画像よりも，陰影やテクスチャをもった写真画像で強く生じ，色照明条件下でも頑健に生じる（Olkkonen et al., 2008）。

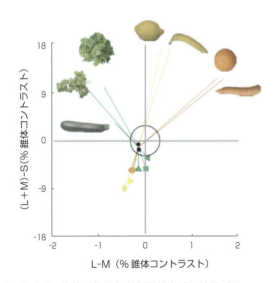

図6-4-1 物体画像の無彩色調整実験の結果（Hansen et al., 2006）

調整結果は，DKL色空間［錐体拮抗過程の応答に基づいて色刺激を表示する空間。Derrington et al.（1984）による］内の等輝度面に表示されている。大ざっぱには，横軸のマイナス／プラスがそれぞれ緑／赤方向，縦軸では青／黄方向に対応する。各色シンボルが物体の無彩色調整の結果を表す。黒丸と黒四角のシンボルは，それぞれ，空間的に一様な刺激とノイズ刺激の調整結果（無彩色点）を表している。物体画像が用いられた物体を表し，その近くまで引かれた線の端点は，各物体の典型色を表す。

記憶色はさまざまな認知課題に影響し，たとえば，ある物体の典型色は，その物体画像上に呈示された場合に，より正確に再認される（Ratner & McCarthy, 1990）。また，物体の記憶色の影響により色カテゴリの境界は変化する。具体的には，記憶色をもつ物体画像（たとえば，バナナ）とカテゴリの曖昧な色（黄色とオレンジの中間色）を連合させると，記憶色の影響を受けて色カテゴリ（黄色）の境界が広がる（Mitterer & de Ruiter, 2008）。さらに，記憶色の効果は，記憶色を何色と呼ぶか（言語ラベル）によっても変わる。交通信号の中央に位置する注意信号の物理特性はEU圏内ではほぼ同様であるが，これをドイツ語では「黄色」，オランダ語では「オレンジ色」と異なる色名で呼んでいる。両国の人に対して，注意信号の位置に黄色とオレンジの中間色を呈示して色名判断を求めたところ，ドイツ人は黄色と答える範囲が，逆にオランダ人はオレンジ色と答える範囲が広かった（他の物体上では，こうした差異は認められなかった；Mitterer et al., 2009）。ただし，こうした認知課題への影響がある一方で，色弁別のような低次の色処理に対して記憶色は影響しない（Hansen et al., 2008）。

fMRIを用いた近年の研究により，色知覚と記憶色検索の両方に関与する脳部位があること（Hsu et al., 2012；Simmons et al., 2007）や，記憶色効果と対応した神経活動の存在（Bannert & Bartels, 2013；Vandenbroucke et al., 2016）も報告されている。

6・4・2・2 物体認識における色の効果と色識別性
1）色の効果

色情報が物体認識や情景認識に寄与するといった場合，その効果は大きく二つに分けられる（Gegenfurtner & Rieger, 2000）。第1に，色情報は，物体と背景，あるいは，物体どうしを分節するのに役立つ。色コントラストにより物体の切り出しや物体形状の特定がしやすくなり，物体の同定や識別も容易になる。これは色の直接的な効果ではなく，色により形の手がかりが増えたことによる処理の改善効果であるため，物体固有の色相でなくても効果が生じる。たとえば，バナナが赤く塗られていても，色は分節の手がかりとして機能しうる。二つ目は色

第 II 部　視覚

の直接的な効果であり，対象と色との結びつきが対象の認識を助けるという効果である。バナナが通常は黄色いことに基づき，黄色がバナナという物体の認識を助ける効果であり，記憶色があることにより生じる（後述する色識別性と関係する）。ここでは，Wichmann et al. (2002) に倣い，第1の効果を感覚的促進（sensory facilitation），第2の効果を認知的促進（cognitive facilitation）と呼ぶ。

　カラー画像とそれを白黒にした画像を単に比較しただけでは，たとえ輝度を厳密に揃えたとしても，2種類の促進効果のどちらもが寄与しうる。効果を切り分けるためには，カラー画像の色コントラストは一定に保ったまま色相を変えた画像を用意し［偽色（false color）条件］，元のカラー画像（通常色条件）との間で課題成績を比較することが重要となる。色の感覚的効果としては通常色条件と偽色条件どちらでも促進的にはたらくが，認知的効果としては通常色条件では促進的，偽色条件では阻害的にはたらくことになる。

2）色識別性

　色が物体や情景の認識に寄与するかという問いは，特に物体認識研究において古くから検討されてきた。研究の背景にあったのは，物体の内的表象に関する論争である。物体の内的表象が輪郭などの空間構造に関する情報のみで表現されているとする理論（輪郭に基づく理論：edge-based theory）と，それだけでなく物体を構成する面の色やテクスチャといった情報も含まれているとする理論（面＋輪郭に基づく理論：surface-plus-edge-based theory）がそれぞれ提唱されていた（Tanaka & Presnel, 1999；Tanaka et al., 2001 を参照）。前者が正しければ色によって物体認識は影響を受けないであろうし，後者が正しければ強い影響を受けるはずである。この予測に関する初期の検討結果は，研究によって色の効果を支持するものとしないものに分かれ，また課題によっても異なっていた（Tanaka & Presnell, 1999）。こうした研究結果の食い違いを説明すると考えられたのが，色識別性（color diagnosticity）である。

　色識別性とは，物体カテゴリと特定の色との結びつきの強さを表し，結びつきが強く（特定の典型色

をもち），色がその物体を識別する（他の物体と区別して同定する）手がかりとなる場合に，色識別性が高いという。たとえば，バナナは色識別性が高い物体としてよく挙げられる。これに対して，クレヨンのように何色でもとりうる物体は色識別性が低い。色識別性と記憶色の関係については，ある物体カテゴリの色識別性が高ければ，その物体の記憶色があるといえる。しかしその逆に関しては，記憶色があれば十分とする研究者もいれば（たとえば Witzel & Hansen, 2015），記憶色に加えて他の物体との識別可能性を重視する研究者もいる（たとえば Tanaka & Presnell, 1999）。つまり，記憶色をもつことは色識別性が高いことの必要条件であるが，必ずしも十分条件とは見なされていない。

　物体認識への色の効果に関する研究間の食い違いに関して，Tanaka & Presnell (1999) は，色識別性こそが鍵となる要因であるという色識別性仮説を提唱し，色識別性の高低により，色情報が物体認識に及ぼす効果が異なることを示した（色識別性という用語自体は Biederman & Ju, 1998 による）。彼らは，特徴列挙課題と典型色判断課題に基づいて色識別性を厳密に定義した。特徴列挙課題では，実験参加者に物体カテゴリ名を呈示し，その物体の視覚的特徴を三つ挙げさせた。典型色判断課題では，物体にとって最も典型的な色を挙げさせた。そして，特徴列挙課題において特定の色が高い割合で最初に挙げられており，その色が，80％以上の実験参加者によって典型色として挙げられていた場合にのみ，その物体は色識別性が高いと分類された。実験では，色識別性の高い物体に関しては無彩色刺激と比較して通常色刺激の場合に物体認識が素早く行われたが，色識別性の低い物体に関しては通常色刺激と無彩色刺激の差は認められなかった。ただし，色識別性の高低が違えば物体も異なったため，形態識別性（形の手がかりのみで物体を識別できる程度）が交絡している可能性がある。このため形態識別性を揃えたうえでの実験もなされたが，やはり，色識別性の高い物体のほうが通常色条件では素早く処理され，偽色条件では処理が遅れることが確認された（図6-4-2）。

　Tanaka & Presnell (1999) の結果を解釈するうえで重要となるのが，彼らが色識別性の定義に特徴

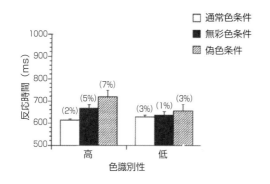

図 6-4-2 形態識別性を揃えた物体画像間での色識別性の効果（Tanaka & Presnell, 1999）
名称－画像検証課題での反応時間と誤答率（棒グラフの上の数字）が示されている。

列挙課題を用いたことである。この課題により，ある物体にとって何が一番特徴的か，また，他の物体との識別の際に色がどれだけ重要かが評価された。この定義によれば，物体と色が密接に結びついていても，より顕著な特徴が他にあれば，色識別性は高くはならない。現に，この研究では，机やスポーツカーは，実験参加者全員がそれぞれ茶色と赤を典型色として挙げたにもかかわらず，色識別性の低い物体として分類された。一方，物体と色との結びつきのみを重視する研究（たとえば Bramão et al., 2011；Rossion & Pourtois, 2004）では，これらは色識別性が高い物体として分類されている。以上から，色識別性研究の結果の解釈には，その研究で用いられた物体カテゴリや色識別性の操作的定義に注意が必要である。ただし，色識別性に関して，Tanaka & Presnell（1999）と同様の定義を採用した研究は少ない（たとえば永井・横澤，2006）。

3）色識別性研究による知見

物体認識における色の効果に関しては，Bramão et al.（2011）が 22 件の研究（35 件の実験）についてメタ分析を行っている。他の研究も含めながら研究結果をまとめると次のようになる。

(1) 基本的に，色情報は物体認識に有利にはたらく。色識別性の高低にかかわらず色の促進的効果は認められるが，色識別性の高い物体において効果が大きい。これは，色識別性の低い物体では感覚的促進のみが，高い物体では感覚的促進と認知的促進の両方がはたらくことによる（Bramão et al.,

2010 も参照）。色の効果は，形の手がかりが十分でないときに強く生じる（Tanaka & Presnell, 1999）。

(2) 人工物は恣意的に色を変えられることが多いため，色識別性の低い物体は人工物に多く，高い物体は自然物に多い。色識別性の高低と物体カテゴリ（自然物／人工物）の効果の交絡が指摘されているが（Price, & Humphreys, 1989；Tanaka & Presnell, 1999），物体カテゴリによる物体認識成績の違いに関しては否定的な知見が多く（永井・横澤，2006），メタ分析の結果も有意ではなかった。

(3) 線画と写真の違いなど，物体表面特性の詳細，写実性の違いに関しては，メタ分析の結果は有意ではなく，線画でも写真でも色の効果はあり，効果量も同程度であった。この結果は記憶色効果の知見とは異なる（Olkkonen et al., 2008）。Uttl et al.（2006）は，線画は物体カテゴリを表すが，写真は個々の物体を表すことが多いとし，それによる処理の違いを論じている。

(4) メタ分析によれば，色の効果がどれだけはっきりと現れるかは物体認識課題により異なり，色の効果は命名課題（naming task）では有意，分類課題（classification task）では有意傾向，検証課題（verification task）では有意ではなかった。ここで命名課題とは，呈示された画像の物体名を回答する課題，分類課題とは，自然物か人工物か，動物か否かなど，物体画像を分類する課題を指す。検証課題には，物体名を呈示し，その後に呈示される画像との一致・不一致を答える名称-画像検証課題（こちらのほうが研究が多い）と，呈示順序がその逆の画像-名称検証課題がある。課題が違うと視覚的な形態表象，概念的・意味的表象，言語的表象の活性化のされ方が異なり（Humphreys et al., 1999），それが結果の違いに現れると考えられる。ただし，Tanaka & Presnell（1999）は，物体認識課題によらずに色識別性の効果が生じることを報告しており，色識別性の定義の違いが結果の違いの一因である可能性もある。

(5) 物体表象と色の結びつきは，視覚的，意味的，言語的に生じうるが，視覚的な結びつきがプライミ

第II部　視覚

ング実験によって確認されている（意味的，言語的結びつきを否定するものではない）（Naor-Raz et al., 2003）。この実験では，たとえ課題遂行に色が無関係であっても，色識別性の高い物体が視覚的に呈示されて形態表象が活性化されると，その物体の色情報も一緒に活性化されることが確認された。

4）物体認識における色の効果研究における留意点

　色識別性仮説が提案されるきっかけとなった問い，すなわち，物体表象が輪郭のみからなるのか，輪郭＋面の情報を含んでいるのかという問いに関しては，記憶色効果があることから，少なくとも色識別性の高い一部の物体では，物体表面の情報が表象されていることは間違いない。実際に色識別性の高い物体に関しては，色のみを先行呈示することにより物体の白黒画像を命名する時間が短くなるというプライミング効果も報告されている（Lewis et al., 2013）。今後は，色識別性による処理の違いがどのように生じるのかを解明していく必要があろう。その際，多くの研究では色識別性をカテゴリ変数のように扱い，高低の2水準で比較しているが，本来，色識別性は連続変数であることに留意する必要がある（Tanaka & Presnell, 1999）。

　色が物体認識に及ぼす効果全般に関しては，感覚的促進効果と認知的促進効果を区別することが重要となる。認知的促進としての色識別性の効果の検討にあたっては，色識別性の操作的定義が確立されていない現状では，研究による定義の違いに十分留意する必要がある。さらに，色識別性は物体カテゴリの特性であるが，色識別性の効果の検討は具体的な物体画像を呈示して行わなくてはならない。このため，物体画像の適切性や典型性が結果を左右しうる。

　最後に，そもそも物体認識課題では色の効果が出にくい可能性を指摘しておく。通常，物体認識課題では空間的に一様な背景上に物体画像が呈示され，物体と背景は明確に分節されている。こうした状況では，形の手がかりだけで十分な物体認識が可能であり，天井効果により，色の効果が確認されにくい可能性がある。物体認識における色の効果が量的にそれほど大きくないのは，こうした理由によるのかもしれない。

6・4・2・3　情景認識における色の効果

1）情景認識に対する色情報の寄与

　情景画像は視覚的には複雑であるが，数十 ms の時間があれば，画像からその基本カテゴリやジスト（gist）と呼ばれる概要を抽出できる（たとえば Potter, 1976；Potter et al., 2014）。これだけ素早い処理が可能なことから，画像内に含まれる種々の物体を同定し統合することによって情景が認識されると考えるのは，処理に要するであろう時間から考えて無理がある。むしろ，全体的，大局的な情報が高速に抽出され，効率よく処理されることにより，情景は認識されると考えられる。こうした高速な情景の概要抽出処理に色情報は寄与するのであろうか。

　Delorme et al.（2000）は，画像の高速分類課題（32 ms とごく短時間呈示される刺激画像に，動物もしくは食べ物があるか否かをできるだけ早く判断する課題）において，通常色画像と無彩色画像に対する成績を比較し，色の効果がほとんどないことを報告した。しかし，こうした特定の対象の有無を問う課題では，課題に関連する特徴だけが処理され，情景の処理がなされていない可能性もある（Castelhano & Henderson, 2008；Evans & Treisman, 2005）。これに対して，Oliva & Schyns（2000）は，命名課題と名称−画像検証課題を用いて，情景画像（呈示時間は 120 ms）における色識別性の効果を示した（色識別性に関しては次節も参照）。色識別性の高い情景（砂漠，森，峡谷，海岸線といった自然情景画像）と低い情景画像（街，商店街，道路，部屋といった人工的な環境の画像）を用意し，色識別性が高い情景においてのみ，無彩色条件と比較して通常色条件の成績が良く，偽色条件の成績が悪いことを報告した。その後，Goffaux et al.（2005）は，色識別性が高い自然情景画像のカテゴリ分類課題において，反応時間や正答率などの行動指標だけでなく，事象関連電位の早期成分（潜時 150 ms 前後）にも色の効果が認められることを示した。これらの結果は，色識別性の高い自然情景画像の処理における，早い段階での色情報の寄与を示唆している。

　さらに，Castelhano & Henderson（2008）は，情景画像を短時間呈示し，その後，画像内に特定の物体（ターゲット）が含まれていたかをたずねる課題

（contextual bias paradigm）を用いて，情景認識における色の効果を検討した。ここで，ターゲット物体は実際には情景画像内には存在しないものであった。しかし，直前の情景画像から概要が抽出され，それと物体が一貫している場合（たとえば，台所画像の後でトースターがターゲット）には，一貫していない場合（台所とベッド）と比較して，ターゲットが含まれていたとする誤答（誤警報）が高い頻度で生じると予想される。この誤警報率の高さを情景からのジスト抽出の指標とした。この課題を用い，ボケを加えた情景画像に関する色の効果を検討したところ，無彩色条件と比較して通常色条件では情景認識が向上した（ターゲット物体の誤警報率が高くなった）のに対して，偽色条件では情景認識は劣化した。ボケを加えない場合には，色の効果はなかった（図6-4-3）。この研究では色識別性を扱ってはいないが，偽色条件での画像の奇異さ（strangeness）を評定し，奇異さが高い方が通常色条件との差が大きいことを示すことで，情景画像により色の効果の生じ方に差があることを報告している。また色の効果は，情景画像の呈示時間が20-50 msと短い場合には生じず，80-100 msと長くなってから認められた（図6-4-3）。処理の早い段階での色情報の寄与を示した他の研究結果と食い違うようにも見えるが，色の効果が認められる時間は固定されているわけではなく，刺激条件や課題によって変わる可能性がある。この研究では，情景の意味表象の活性化を必要としたため，色の効果が比較的遅く現れたとも考えられる。また，この研究では人工的な環境の画像も多く使用されていたことから，ジストの活性化への色の効果は自然画像に限定されない。

以上，情景認識においても，特に形の手がかりが十分ではないときには，色の効果が一貫して確認されている。偽色条件の結果から，色の効果は感覚的促進のみに限られるわけではなく，情景の表象には空間情報に加えて色情報も含まれていると考えられる。人工物の多い環境で特定の色との結びつきが弱い（色識別性が低い）場合でも色の効果が認められているが，これは，ある情景に関して通常生じうる色の範囲は限られており（たとえば，台所に蛍光色の物体があることはほぼない），それが色の効果の基礎にあると考えられる（Castelhano & Henderson, 2008；Wichmann et al., 2002）。

2）情景認識研究における色識別性

情景認識研究において色識別性を定義するのは，物体認識研究の場合よりもさらに困難である。情景内の特定の物体に頼ることなく，情景独自の色識別性を定義するのは不可能に近いかもしれない。Oliva & Schyns（2000）は，色識別性を定義するにあたって独特のやり方を取り，情景画像の各点の色度座標

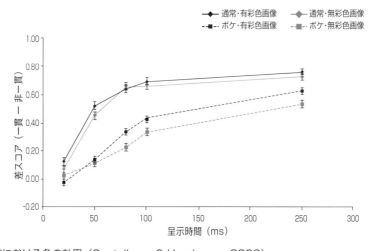

図6-4-3　情景認識における色の効果（Castelhano & Henderson, 2008）
情景画像とターゲット物体が一貫している条件と一貫していない条件での誤警報率の差（差スコア）が，画像の呈示時間の関数として示されている。差スコアが大きいほど，情景画像のジストがより良く抽出されたと解釈される。エラーバーは標準誤差を表す。

第 II 部　視覚

を求め，その分布をもとに，その画像が属する情景カテゴリの色識別性を定義した [Goffaux et al. (2005) は Oliva & Schyns (2000) の定義に倣っている]。具体的には，画像の色分布が色度図上の特定の領域に偏っており，他とは重ならない情景カテゴリを色識別性が高いと定義した。他方，色分布が特定の領域に偏っておらず，分布の範囲も他と重なっている情景カテゴリを色識別性が低いと定義した。こうした定義を用いると，色識別性が高い情景カテゴリは，典型色をもち（特定の色との結びつきが強く），他の情景カテゴリとの区別に色情報が使えるということになる。しかしながらこの定義では，砂漠や海岸のように比較的類似した色が画像の大部分を占めるような情景カテゴリが色識別性が高いと分類されやすくなる。つまり，特定の空間レイアウトをもつことの多い情景カテゴリは色識別性が高いと分類されやすくなり，色識別性と空間特性が交絡する可能性がある。また，色識別性が低い情景カテゴリの画像では，色分布に偏りがないことから平均色が無彩色に近くなるため，色識別性の高低と画像の平均彩度の高低が交絡することになる。

こうした問題を回避するため，名称-画像検証課題における通常色条件と偽色条件の反応時間の差を用いて，情景刺激の色識別性を定義した研究もある (Kimura & Takahashi, 2017)。この研究では，偽色条件と比較して通常色条件で成績がよい画像を色識別性が高い画像とし，両条件で成績が変わらない画像を色識別性が低い画像とした。こうすることで，色による感覚的促進効果も統制することができる。刺激画像ごとに情景と色との結びつきを定量化した研究としては，画像の補色変換がどれだけ奇異な印象を生じさせたかを検討した Castelhano & Henderson (2008) も挙げられる。しかし，物体認識研究でも紹介した通り，色識別性は本来，物体や情景のカテゴリがもつ性質であるため，個別の画像に対して定義された色識別性はカテゴリに対する色識別性とは異なる可能性もある。

3）情景の記憶と色の効果

色情報が，物体や情景の記憶に促進的にはたらくか否かに関しても，これまで研究が進められている。動物のシルエットや幾何学的図形といった比較的単純な形の刺激を用いた再認実験によると，形に色の手がかりを加えたとしても色は再認の手助けとはならないことから，色と形は別々に符号化されていることが示唆されている (Hanna & Remington, 1996；Stefurak & Boynton, 1986)。

これに対して，より複雑な情景画像を用いた研究では，通常色画像のほうが無彩色画像よりも再認成績がいいことが報告されている (Homa & Viera, 1988；Suzuki & Takahashi, 1997)。Suzuki & Takahashi (1997) は，記銘時と再認時の色のモード（カラーか白黒か）を操作し，どちらも通常色画像の場合に成績がよく（他の組み合わせは一様に成績が悪く），その成績の差は 1 週間後の再認でも認められることを示した。ただし，彼らは刺激画像の色モードの記憶についても調べて，その成績が画像自体の再認成績よりも悪いことも報告した。色情報が記憶されていれば，画像を再認できれば色モードも答えられるはずであるが，そうではなかった。以上から，Suzuki & Takahashi (1997) は，画像の再認に対する色の促進効果は，色の記憶によるのではなく，色の感覚的促進による間接的影響であり，色による分節効果により刺激画像から豊かな空間情報を得られ，それが記銘や検索時に有効にはたらいたと解釈した。また，情景画像の記憶で感覚的促進効果の影響が強いのであれば，単純な物体画像の記憶で色による促進的効果が認められなかったこと (Hanna & Remington, 1996；Stefurak & Boynton, 1986) にも説明がつく（一様背景上の物体画像では，色の感覚的促進効果が得られにくい）(Wichmann et al., 2002)。

その後，Wichmann et al. (2002) は，情景画像の輝度やコントラスト，再認の際のターゲットとディストラクターの類似性などを厳密に統制した一連の実験により，情景画像の再認に色による促進がみられること，そして，ごく短い呈示時間（50 ms）でも色の効果が確認できることから感覚的促進効果の寄与を示した［16 ms の呈示時間でも色の効果はみられるとの知見もある (Gegenfurtner & Rieger, 2000)]。さらに，通常色条件と偽色条件の比較から認知的促進効果の寄与も示した。再認成績に関して無彩色条件と比較すると，通常色条件は有意に成績

がよかったが，偽色条件との間には有意差が認められなかった。色の効果は情景が自然か人工的かにかかわらず，したがって色識別性によらない。Wichmann et al. (2002) は，情景がもつ自然な色範囲に関する内的知識と色識別性は異なると論じている。人工的な環境やそのなかの人工物は特定の色との強い結びつきをもたず，色自体は他との識別を促進しない（色識別性は低い）。それにもかかわらず，人工的な環境内でも，色によってその生じやすさには偏りがあり，その知識が情景の認識や再認に寄与すると考えられる。

6・4・3　色の好み

6・4・3・1　色の好みとその一般的特徴

物体認識や情景認識・再認に色の促進的効果は認められるが，その効果はそれほど大きくはない。また，白黒映像であっても，そこに表現される対象や出来事を大きな問題なく認識することができる。このように色情報が失われても，物体や情景，出来事の認識・理解は大きく損なわれることはないが，白黒映像とカラー映像では受ける印象が大きく異なる。また，家庭や職場ではさまざまな色の家具や物品に囲まれて生活していること，そして，われわれ自身が身につける服や靴，携帯品もカラフルであり，化粧のように自分の身体に彩色する場合もあること，さらには，そうした彩色を頻繁に変えることを考えると，ヒトほど多様な色を使う生き物はいないのかもしれない（Humphrey, 1976）。進化の過程で色覚が獲得された基礎には，対象の同定や識別のための必要性があったことは間違いないであろうが（Changizi et al., 2006；Gegenfurtner, 2003；Mollon, 1989；Párraga et al., 2002；Surridge et al., 2003），現代生活での色の使われ方をみると，その背後には色がもたらす感性的効果や色の好みがあると考えられる。

どのような色が好まれるかは古くから研究されているが，初期の研究には，色刺激の統制が十分ではないものも多い（Camgöz et al., 2002；Guilford & Smith, 1959；Hurlbert & Ling, 2007；Hurlbert & Ling, 2017）。研究方法が改善された比較的最近

の研究によると，欧米諸国では一般に，青から緑領域の色が好まれ，黄色から黄緑領域の色は好まれない（Camgöz et al., 2002；Guilford & Smith, 1959；Hurlbert & Ling, 2007；Hurlbert & Ling, 2017；McManus et al., 1981；Ou et al., 2004a）。日本では，日本色彩研究所が過去に色の好みの大規模な調査を継続的に行っており，調査結果をまとめた高橋（2011）によると，白，黒，青，赤，緑が比較的一貫して好まれている。日本とアジア地域では，特に白が好まれることも報告されている（Saito, 1996a, 1996b）。

6・4・3・2　色の好みに関する理論：系統発生的観点

ではなぜ色の好みが生じるのか，という問いに関して研究され始めたのは比較的最近である。Humphrey (1976) は，色の好みの基礎に信号としての色のはたらきがあると主張した。自然界の色（波長特性）は生体にとって信号としての意味をもつ（たとえば，受粉を要する花の色は昆虫を引きつける接近信号となる）。Humphrey (1976) によれば，ヒトにおいても，生活環境における信号としての色（たとえば，紅潮した顔色の赤）を適切に活用するよう色覚は進化しており，色の意味や重要性が色の好みに影響している。人工物に囲まれた現代の生活環境では物と色との結びつきは恣意的であるが，それでも，長い進化の過程において認められていた色の意味が，色の好みに影響している。これは，色の好みが系統発生的に獲得されてきたとする説である。

Hurlbert & Ling (2007, 2017) も類似した考え方をとり，初期の視覚処理過程の出力により色の好みが説明できると主張している。Hurlbert & Ling (2007) は，灰色背景上に空間的に一様な色パッチを呈示し，一対比較法により色の好みを測定した。その結果，色の好みには性差や文化差があり，女性は赤紫領域の色相を好み，黄緑領域の色相を好まないこと，男性では色相の好みのピークが変わり，青緑領域に位置することを報告した。さらに，こうした性差はイギリス人で顕著であり中国人では小さいこと，明度や彩度は色の好みにはあまり影響しないこと，なども報告している。そして，測定された色の

第 II 部　視覚

好みを初期の視覚処理過程の寄与により説明することを試みた。各色刺激に対する錐体コントラストに基づいて錐体拮抗過程〔(L-M) と S-(L+M) 過程〕の興奮量を計算し (Eskew et al., 1999)，それを重みづけ加算した値で色の好みを近似すると（これを錐体コントラストモデルと呼ぶ），色の好みの変動の約70％を説明可能であった。性別にかかわらず青系統の色が好まれることを反映して，S-(L+M) 過程の重みには性差は認められず，重みづけ係数は正の値となった。これに対して，(L-M) 過程の重みには性差が認められ，男性では緑系統の色が好まれることを反映して (L-M) 過程の重みが大きな負の値となり，女性の場合は赤系統の色が好まれることを反映して (L-M) 過程の重みは小さいながらも正の値を示した。

　色の好みが初期の視覚処理過程の出力により説明されるならば，それは，かなりの程度までが生得的に決まっていると考えられる。Hurlbert & Ling (2007) は，ヒトの生存にとって重要な課題の遂行を助けるよう色覚は適応的に進化してきており，それが色の好みの基礎にあると考察している。女性が赤系統の色を好む理由も，かつての狩猟採集社会において女性は主として採集活動に従事しており，緑の葉のなかから食べられる赤い果実や若葉を発見するのに有利なように，あるいは，子どもの養育において，肌色の微妙な変化から情動の変化や健康状態を鋭敏に検出するのに有利なように，(L-M) 過程の出力がより強く重みづけられたと考察している (Changizi et al., 2006；Gegenfurtner, 2003；Mollon, 1989；Párraga et al., 2002；Surridge et al., 2003 も参照)。ただし，4-5 か月齢の乳児を対象とした研究 (Franklin et al., 2010) では，色の好みには性差は確認されず，また，男女にかかわらず (L-M) 過程の重みは正の値となった。この結果は，色の好みには生得的要因よりも経験的要因の影響が大きいことを示唆している (Taylor et al., 2013 も参照)。

6・4・3・3　生態学的誘発性理論

1) 生態学的誘発性理論とその実験的検証

　Schloss & Palmer (2015)，Palmer & Schloss (2010) は，色の好みに関しては，色と物体との生態学的結びつきが重要であると主張し，生態学的誘発性理論 (ecological valence theory) を提案した。この理論によると，色の好みは，生体を有益な物体や状況へと導き，害となる物体や状況から遠ざけるという適応的な役割を果たすために存在する。つまり人は，自分にとってプラスになる物体と結びついた色を好み，マイナスとなる物体と結びついた色を嫌う。この理論に「生態学的」と付いている理由は，ある物体のもつ意味が，その時，その人にとっての生活環境（生態学的環境）において決まるためである。このため，物理的に同じ物であっても，時，人，状況が変われば，その誘発性（好まれるか好まれないか）は変わる。ある色に対する好みは，その色と結びついたすべての対象に対する誘発性の重みづけ平均で決まる。このように，短期的に変わりうる要因に対しても色の好みの原因を帰属させているところに，この理論の特徴がある。

　Palmer & Schloss (2010) は，この理論を実験的に検証するために，色が好まれる程度を，その色から連想される物体の平均的な好ましさから予測することを試みた（対象者は米国サンフランシスコ地域の人達）。まず彼らは，色度図上で比較的均等に分布するように選ばれた 32 種類の色刺激（8 色相，彩度と明度の組み合わせは 4 段階，図 6-4-4a, b を参照）のそれぞれを，空間的に一様な色パッチとして灰色背景上に呈示し，どれだけそれらの色を好むかを評定法により測定した。その結果は先行研究とよく一致し (Camgöz et al., 2002；Guilford & Smith, 1959；McManus et al., 1981；Ou et al., 2004b)，青領域の色が最も好まれ，黄色から黄緑色は好まれなかった（図 6-4-5a）。また，彩度の高い色はより好まれる傾向があり，暗い黄色やオレンジ色が好まれない，という結果となった。

　この一方で，それぞれ別の参加者群を対象に，①32 の色刺激から連想される物体を特定し（222 物体に集約），②それらの物体の好ましさ（誘発性，−100 から +100 の正負の評価），③色と物体の連想強度（0 から 1）を測定した。そして，各色刺激から連想される物体の平均的好ましさを連想強度によって重みづけした値（Weighted Affective Valence Estimate の頭文字から WAVE 値と呼ばれる）を次

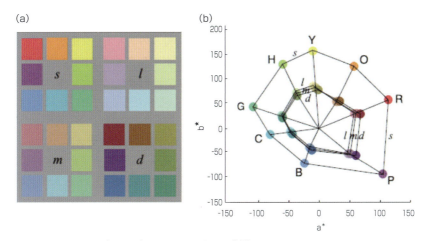

図 6-4-4 Palmer & Schloss (2010) により用いられた刺激
(a) 赤 (R), オレンジ (O), 黄 (Y), 黄緑 (H), 緑 (G), シアン (C), 青 (B), 紫 (P) の 8 色相から成るサンプルが, 4 水準の彩度と明度の組み合わせ [高彩度 (Saturated, s), 高明度 (Light, l), 低彩度 (Muted, m), 低明度 (Dark, d)] で選ばれた。(b) 32 色を, CIE L*a*b* 空間内の a*b* 平面に示したもの。

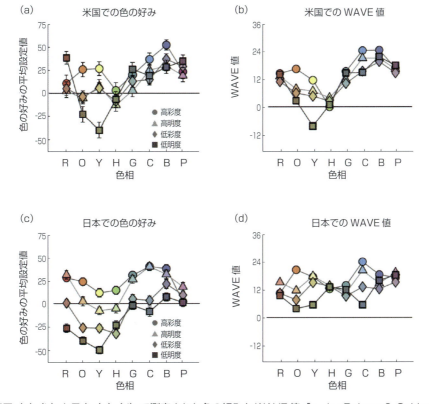

図 6-4-5 米国 (a)(b) と日本 (c)(d) で測定された色の好みと WAVE 値 [a, b : Palmer & Schloss (2010), c, d : Yokosawa et al. (2016)]
横軸の色相は, それぞれ赤 (R), オレンジ (O), 黄 (Y), 黄緑 (H), 緑 (G), シアン (C), 青 (B), 紫 (P) を表す。図 6-4-4 も参照。

第II部　視覚

の式で算出した。

$$W_c = \frac{1}{n_c} \sum_{o=1}^{n_c} w_{co} v_o$$

ここで，W_c は色刺激（c）の WAVE 値，v_o は色から連想される物体（o）の平均的好ましさ，w_{co} は色と物体の連想強度，n_c は各色刺激から連想された物体の総数を表す。各色刺激の WAVE 値を色相の関数としてプロットすると図 6-4-5b のようになった。色の好み評定と WAVE 値はよく似た変動を示し，両者の相関係数は 0.893 であった。これは，色の好みの変動の約 80％を WAVE 値で説明できることを意味する。

　Palmer & Schloss（2010）は，生態学的誘発性理論に基づく予測と，他のモデルによる予測を定量的に比較するために，色の好みの測定結果を他のモデルがどれだけ説明できるのか検討している。まず，錐体コントラストモデル（Hurlbert & Ling, 2007）では，色の好みの変動の 37％のみが説明可能であった。また，他のモデルとして Ou et al.（2004a, 2004b）による色－情動モデルと，独自の色の見えモデルを取り上げ，検討している。色－情動モデルでは，ある色が喚起する，あるいは，その色と結びついている情動をどれだけ好むかに応じて，その色に対する好みが決まると仮定する。Ou et al. は，形容詞対を用いた単色に対する評定結果とそれを因子分析した結果に基づき，活動性（color activity），重さ（color weight），暖かさ（color heat）という 3 因子を抽出し（Ou et al., 2004a），それにより色の好みの説明を試みた（Ou et al., 2004b）。これを受けて Palmer & Schloss（2010）は，色の好みの評定を行った同じ実験参加者に，色刺激に対する情動の評定を求め［能動的（active）／受動的（passive），重い（heavy）／軽い（light），暖かい（warm）／冷たい（cool）の 3 次元］，それにより色の好みの予測を試みた。また，色の見えモデルでは，色の現象的見えに関する評定［赤／緑，黄／青，明（light）／暗（dark），鮮やか（saturated）／色あせた（desaturated）］を求め，それらの評定結果から，色の好みの予測を試みた。その結果，説明できた色の好みの変動は，色－情動モデルでは 55％，色の見えモデルでは 60％にとどまった。以上から，Palmer & Schloss（2010）は，生態

学的誘発性理論は，より少ないパラメータで色の好みをよりよく説明できると結論づけた。

2）色の好みの個人差や文化差

　Palmer & Schloss（2010）の研究では，色の好みの平均的傾向が検討されたが，個人ごとの色の好みに関してはどうだろうか。色の好みが，色から連想される物体に対する誘発性によるのであれば，それは，個人によって異なるはずである。Schloss et al.（2015）は，特定の個人に関して求められた WAVE 値が，他の人の色の好みよりも，その人の好みと高い相関を示すこと，また，WAVE 値を計算する際に使用する物体も人によって変えたほうが，その人の色の好みと高い相関が得られると報告している。

　この他，生態学的誘発性理論が正しいとすると，色と強く結びついた対象に対する正／負の経験によって，色の好みは比較的短期間でも変動するはずであるが，実際にそうした変動が生じることが，季節による色の好みの変化（Schloss & Heck, 2017；Schloss et al., 2017），支持政党のイメージカラーの影響（Schloss & Palmer, 2014），大学のスクールカラーの影響（Schloss et al., 2011）などとして報告されている。

　生態学的誘発性理論に関しては，文化差に関しても検討が進められている。Taylor & Franklin（2012）は，英国の大学生を対象として Palmer & Schloss（2010）と同様の検討を行い，色の好みと WAVE 値の相関が $r=.81$ であったと報告している。ただし，結果には男女差があり，男性では $r=.86$，女性では $r=.67$ であった。また日本の大学生でも検討されているが（Yokosawa et al., 2016），色の好みと WAVE 値の相関は $r=.61$ にとどまった（図 6-4-5c, d）。色の好みの測定結果（図 6-4-5c）をみると，青や緑領域の色が好まれ，黄色領域の色が好まれないという傾向は米国と日本で一貫しているが，日本人の結果のほうが，明度や彩度の影響が大きく，低彩度，低明度の色が好まれないこと，なかでも特に日本人には暗い赤が好まれないことなどをはじめとして，文化による違いがみられる。WAVE 値（図 6-4-5d）も，米国と日本では色相に応じた推移が異なり，日本の結果のほうがよりフラットになっている。こうした日米での違いの説明としては，象徴的連合の効果が

挙げられる（Yokosawa et al., 2016）。日本や中国など東アジアの国では，平和や幸運といった抽象的な概念と色とが連合し，それが色の好みに影響していることが議論されている（Hurlbert & Ling, 2007；Saito, 1996a, 1996b）。

さらに大きく異なる文化圏としてTaylor et al.（2013）は，ナミビアのヒンバ族を対象に研究を行った。ヒンバ族の村の多くには，産業社会では多くみられる高彩度の人工物がほとんどないという特徴があった。結果として，高彩度色では好ましさが高く，色相による違いもみられたが，低彩度の明・暗色では好ましさが低く，色相による違いも小さかった。また，高彩度色に関しては，緑が一番好まれ，青や紫では好ましさが低かった。これは，米国（Palmer & Schloss, 2010）や英国（Taylor & Franklin, 2012）で測定された結果とは大きく異なる。色の好みとWAVE値の間の相関は$r=-.48$であり，値が小さいだけでなく，負の値となった。この結果については，生態学的誘発性理論の限界を示すとの解釈も可能であるが，WAVE値を計算する際に考慮された物体数が少なすぎるといった方法上の問題点も指摘されている（Schloss & Palmer, 2015）。

3）生態学的誘発性理論の妥当性

色の好みを説明しようとする実証的研究が進められたのは比較的最近であるが，そのうち生態学的誘発性理論に関しては多くの研究がなされ，欧米諸国における色の好みがうまく説明されている。ただし，異なる文化圏における色の好みに関しては説明し切れていないところがあり，今後の拡張の余地が残されている。個人や文化圏により色の好みは大きく変動することから，経験による色の好みの変動をいかにうまく説明するかが，理論を評価するうえでの鍵となる。

生態学的誘発性理論の妥当性に関しては，これまで紹介した研究は相関分析に基づいており，この理論の基本的な仮定である，物体の誘発性が原因で色の好みが結果であるとの因果関係は直接的に支持されたわけではない。この問題に対して，Strauss et al.（2013）は，正あるいは負の情動価をもつ色刺激への暴露が色の好みを変えるかどうかを直接検討した。実験参加者は色とは関係のない課題（画像の複雑性を判断する課題など）を遂行する際に，特定の色と情動価を組み合わせた画像（一群の参加者では赤で正，緑で負の情動価をもつ画像，別の群ではその逆の組み合わせの画像）を見せられた。また，これらの課題の後で，使用した画像内の物体の好き嫌いを評定する条件としない条件とが設けられた。こうした課題の前後で色の好みの変化が測定された。その結果，画像内の物体の好き嫌いを評定した条件では，画像の情動価に応じて，また，物体の好き嫌いと対応する形で，赤と緑に対する好みが変化した。しかしながら，物体の好き嫌いの評定をしなかった条件では，画像の情動価に応じた色の好みの変化は認められなかった。以上から，Strauss et al.（2013）は，物体の誘発性が影響を及ぼすためには，その自覚的評価が重要であると考察したうえで，色の好みに対する物体の誘発性の因果的影響が示されたと結論づけている。

しかしながら，物体の誘発性を操作することにより色の好みの評定が変わったとしても，その評定結果が抽象化された色そのものに対する好みを直接反映しているのか，それとも，色刺激の呈示により活性化された表象ネットワーク総体に対する正または負の評価を反映しているのかに関しては明らかではない。本節で一貫して確認されているように，色は，少なくとも一部の物体や情景表象と強く結びついており，色自体の先行呈示により物体の処理が促進されるプライミング効果も報告されている（Lewis et al., 2013）。これを踏まえると，色の好みを評価する際に，その色に強く結びついた事物の表象も活性化され，それらの誘発性が色の評価に反映されている可能性がある。Strauss et al.（2013）の研究のように，色の好みに影響を及ぼすためには，物体の誘発性の自覚的評価が必要である（物体の誘発性が心的に明確である必要がある）とすると，事物の誘発性が色の好みの評価に及ぼす影響のあり方を，より具体的に特定していく必要がある。

（木村　英司）

第II部　視覚

6·5　色名法（色名呼称法）とカテゴリカル色知覚

6·5·1　はじめに

　日常生活において，情報伝達に色を使用することは古くからなされてきた。現在では，信号機や標識などの表示物だけでなく，銀行のATMや駅の券売機などにも色による情報のやり取りが欠かせない。近年，地下空間の安全な利用，特に災害時の緊急情報の表示が注目されている。情報伝達には，情報を簡便に伝え，しかもその情報を容易に受け取る必要がある。たとえば，色を情報伝達に利用するときには，受け手がその色を知覚すると，瞬時に受け手にその情報の意味が伝わり，即座に適切な行動を導く必要がある。色の代わりに文字や形を利用すると，判別性やその表示の内容が色に比べて伝わりづらい。その点，色を使用すると，広い視野範囲でその情報を呈示することが可能となり，しかも，その意味が伝わりやすい。事実，和氣他（2018）は，複雑な視環境のなかでは色が文字より容易に探索しやすいことを示している。

　ところで，網膜には約2°以内の解像力の高い中心窩があるが，網膜の中心窩から周辺部に移行すると，解像力の低下のため視標を大きくしなければならない（Anstis, 1974）。だが色を利用すると，網膜の周辺部でも色を判別でき，その範囲は文字より広い（石田，1995）。色が見える視野範囲に関する研究では，色視野の限界は赤と緑の場合には，10°から35°の範囲内であり，青の場合には，65°，黄の場合には，背景によって広くなったり，狭くなったりする（OSA, 1975；CIE, 2014）。これらの限界値は視標の大きさや視標を呈示する背景に依存する。色を情報伝達に利用するのであれば，実用上，比較的狭い赤や緑が見える視野範囲を使用することになるが，それでも文字や形に比べ広い視野範囲となる。路線図などにみられるように，路線に対応した色分けを用いた表示は，並列的に瞬時にいくつかの情報を受け取ることができるが，同じ情報を文字で表示すると，それらの探索は逐次的になり，色による路線図表示に比べ，より長い探索時間を要する。他方，他の人に特定の色を口頭で伝えるとき，色名（color name）を使うが，後述するように個々の色でなく，色名で伝える。このことは色名が色のカテゴリであるということを暗黙に使用していることになる。

　色のカテゴリカル知覚（categorical perception）の研究は情報の伝達という上記のように応用的なものだけでなく，後述する基礎的領域の研究とも関係する。そのため，カテゴリカル色知覚の研究がいくつかなされるようになってきた（Boynton & Olson, 1987；Ishida, 2002；河本他，2005；内川，1995など）。色のカテゴリとは色概念のことであり，黒っぽい赤，明るい赤，血液の赤，ピンクがかった赤などの個々の色を超えて赤という色名が用いられる。つまり，色名は個々の色だけでなく，色のカテゴリを表すと考えることができる。表示面に赤の色票が呈示され，われわれがその色を知覚すると，類似する個々の色の共通した概念，つまり色名を報告することができる。色名には色の意味・印象・感情なども呼び起こされ，受け手はそれらを色の情報として赤の色のもつ意味などを受け取る。たとえば，信号機は赤・黄・青が表示されるが，表示面に呈示された色を知覚・認知すると，赤は止まれ，黄は止まれ（注意），青は進行可という情報も伝わる。これは色によって呼び起こされた色名がもついろいろな情報が同時に伝わるからである。

6·5·2　基本的色名

　Berlin & Kay（1969）は98種の言語を調べ，言語には，すべての人の語彙に含まれている11の色名があることを主張した。これらの色名は，文化や民族を超えてすべての人が共通して用いるものであり，その用語は他の語彙に含まれないものである。自然界の果実や花の色を他の人に伝えるときに使用する色名は個々の色を超えた色名である。そこで，内川（1995）はOSA（Optical Society of America）の均等色空間（Wyszecki & Stiles, 1982）から424枚のテスト色票を観察者に呈示して，11の色名でテスト色票の見えを報告するという測定法を用いた。これは色名呼称法であるが，通常，色の見えを絶対判断の上，色名で報告する。この方法では11の色名で報

告するわけであるから必ずしも絶対判断ではない。内川が用いた方法はカテゴリカル・カラーネーミング法（categorical color naming）と呼ばれるものである（Boynton & Olson, 1987）。この方法を用いた研究は，主として色による情報伝達という応用的観点からなされている。他方，Matsuzawa（1985）はチンパンジーにもカテゴリに基づいて色を処理することが可能であると述べている。すると，この基本的な色名は言語学的な意味を超えて脳内の色覚の高次レベルに対応した生理学的なメカニズムがあることを示唆するのかもしれない。小松（1995）は，カテゴリカル色知覚に関係深そうな細胞をマカクザル下側頭皮質において見いだしている。すると，人間の場合には，基本的色名は文化や言語だけから生じるのではなく，チンパンジーやサルとも共通した色知覚神経メカニズムが備わっているということを予測させる。そのことも念頭に，カテゴリカル色知覚の研究がなされていると言えるかもしれない（たとえば，Ishida, 2002；河本，2013；小松，1995；内川，1995）。

河本らは，若年者，高齢者，色覚異常者，白内障患者の研究に色名呼称法を適用してカテゴリカル色知覚に関する一連の研究を行っている。彼らの行った実験での課題は，Berlin & Kay（1969）が指摘した11の基本的色名を用いて，呈示されたテスト色票の色をこの色名で報告するというものである。使用された色票はマンセル表色系のなかから選ばれた332枚のテスト色票である（河本他，2005；河本・和氣，2007；河本・和氣典二，2013；河本他，2015）。その際，照明光の種類を変えて，照度や色温度がカテゴリカル色知覚にどのように影響するかを検討している。用いられた照度は10，100，1000 lx である。また，蛍光ランプを変えて，照明光の色温度を6500 K（D65 昼光），5000 K（D50 昼光），4200 K（白色），3000 K（電球色）に変えた。このとき，演色性はランプの種類によって変わっている。色票の明度（V）は2, 4, 6, 8，彩度（C）はN（0）より1, 2以上は2おきに最大彩度までを選び，色相（H）は彩度4までは10のもの，彩度6以上は5と10のものである。テスト色票は1辺が4°の正方形であり，N9の57°×42°の矩形の背景にこれらの研究のために製作さ

れたブースのなかで呈示された。このブースは暗室内に設置された。背景とテスト色票は上述の色温度の異なる蛍光ランプによって照明された。観察者は若年者（20歳代）57名，高齢者（60-80歳代）10名に加えて，色覚異常者（20歳代）9名と白内障2名である。マンセル表色系から選択されたテスト色票は1枚ずつランダム順に観察者に呈示される。観察者は知覚・認知したテスト色票の色をBerlin & Kayの11色の基本的色名で答えた。11色の基本的色名は赤（R），橙（オレンジ，Or），黄（Y），茶（Br），緑（G），青（Bl），紫（Pu），桃（ピンク，Pk），灰（Gr），白（W），黒（Bk）である。括弧内のアルファベット文字は基本的色名の英語の頭文字である。

6・5・3　カテゴリカル色知覚に及ぼす照明光による照度の変化と色票の明度の変化

呈示されたテスト色票の基本的色名での応答をもとに各群の一致率と一致数とを求めた（河本・和氣典二他, 2013）。観察者群ごとに個々の評価色票の各群全体の回答数に対する，同一色名回答数の割合を一致率とし，基準以上の一致率が得られた色票総数を一致数とした。図6-5-1は若年者の照度別の色名報告の結果，図6-5-2は高齢者群の結果である。これらの図の上段は明度（V）が4のときの結果であり，下段は明度（V）が6のときの結果である。これらの図に示された文字・記号の位置はテスト色票のマンセル色空間における位置である。上記の色名を表すアルファベットの頭文字の場合は，その位置でのマンセル記号の色票に対する色名応答がそのアルファベットが示す色名で最も多く，観察者群内の一致率が70％以上であることを表す。それらの文字がさらに正方形で囲まれている場合は90％以上の一致率を表している。単にドットの記号の場合は，一致率は70％未満である。

まず，観察者群，照度に関わりなく共通した傾向として，赤，桃，橙，黄のいわゆる暖色系の一致した分類枚数は少なく，緑，青，紫のいわゆる寒色系の枚数が多いことが挙げられる。そのなかで照度による観察者群間の差異が認められた。高齢者群の10 lx の条件では赤，桃，橙，黄の分類がみられず，青，茶の割合もそれぞれ大幅に減少した。緑，紫も

第Ⅱ部　視覚

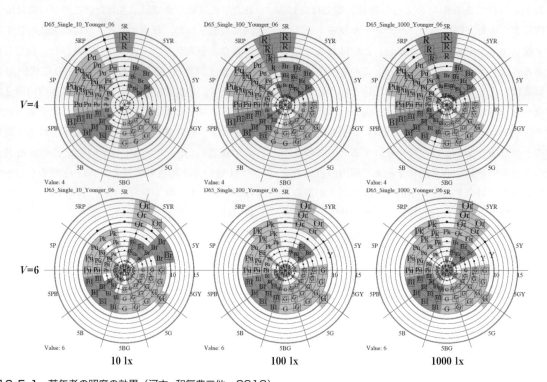

図 6-5-1　若年者の照度の効果（河本・和氣典二他，2013）
　　　　上段は明度が 4，下段は明度が 6 の場合。左から 10 lx，100 lx，1000 lx の結果である。

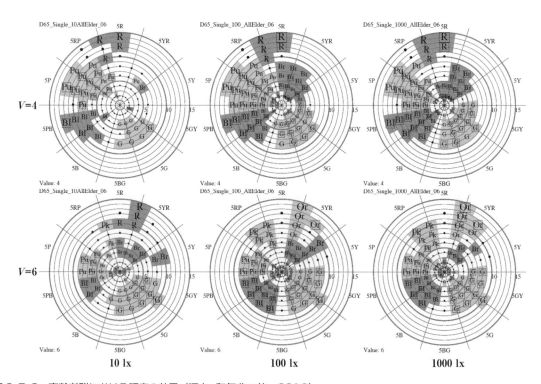

図 6-5-2　高齢者群における照度の効果（河本・和氣典二他，2013）
　　　　上段は明度が 4，下段は明度が 6 の場合。左から 10 lx，100 lx，1000 lx の結果である。

減少傾向であり，明度（V）2でみられる黒の割合も大きく減少した． 灰のみ明度（V）8で増加傾向がみられたが，明度（V）6では減少しており，合計枚数では1000 lxと変わらなかった．一方若年者群では，明度（V）8での灰の割合の増加が顕著であり，全明度の合計で2倍弱増加した．黄，緑，青，紫の割合は50-60%台にあり，赤，桃，橙，茶に比べ照度減少による一致率の減少傾向は緩かった．明度（V）2にみられる黒の応答は増加傾向であるが，100 lxに比べると減少した．

　両観察者群において，10 lxでの有彩色の分類における群内一致数の減少が共通の傾向であり，特に高齢者群でその傾向は強かった．90%以上の一致率をもって分類された色票の枚数は，若年者群のほうが高齢者群より多く，全体の評価色票枚数に対し，1000, 100 lxでは若年者群で50%，高齢者群で40%弱程度であった．10 lxでは，両群とも低下傾向にあったが，若年者群35%に対し高齢者群は13%であり，特に高齢者群の枚数が減少した．

　分類のマンセル色空間中の分布については，各観察者群において，照度に関わりなく，黒（V=2），紫（V=4, H=P-PR），青（V=4, 6, H=B-PB），赤（V=4, H=R），緑（V=4, 6, 8, H=GY-BG），桃（V=4, 6, H=RP-R）の分類の空間中でのまとまりがみられたが，細部に照度による影響もみられた．若年者群，高齢者群共通の傾向としては，明度（V）2の色相（H）10P-10YRにおいて照度の上昇に伴い紫の応答が減少し茶の応答が増加した．また他の色相にみられる黒の分類は，照度の上昇に伴い減少したことが挙げられる．

　照度による分類の変化が，若年者群と高齢者群で異なる傾向を示す領域もみられた．明度（V）4では，色相10R周辺において，若年者群では全照度で茶の分類が多い．一方，高齢者群は1000, 100 lxは若年者群と同じ茶の分類が多いが，10 lxで一致した分類がみられなくなった．明度（V）6では，10R周辺高彩度において，若年者群では全照度で橙の分類が多い．一方，高齢者群は1000, 100 lxは若年者群と同様であるが，10 lxでは赤の分類が多くなった．また青と緑の分類の境界が，1000, 100 lxでは，両群とも色相BGに位置することに対し，10 lxでは，高齢者

群は色相Bにみられた．さらに色相（H）5Y-10YRにおいて，照度が高くなるにつれて若年者群では茶の分類が減り黄の分類がみられるようになったが，高齢者群では茶の分類は減るものの，黄の一致した分類はみられなかった．

　このように高齢者は照度や明度の影響を若年者より強く受ける傾向にあり，注目に値する．照度が低くなると，群内の一致率は低くなる．同様な知見は明度が低くなると，観察される．

　色の分類を用いた情報伝達において，観察条件，観察者によらず，同じ色分類を得られる色票を使用することは，安定した情報伝達の上で重要であるが，本結果からは，黒，青，紫，緑の分類にそのような色票が認められている．低照度の視環境，低明度での表示などは，この結果に示すところでは，色の分類を用いた情報伝達においてはふさわしくない条件となる．

6・5・3・1　表面色と開口色におけるカテゴリカル色知覚

　テスト色票の色を基本的色名で報告する場合，知覚モードである表面色（surface color）と開口色（aperture color）とでは異なるであろうか．カテゴリカル色知覚を表面色と開口色で観察した内川（1989）は，前述のOSA色票を用いて，開口色の黄，橙，ピンクの境界領域の色は表面色では茶のカテゴリになることを示唆している．これは表面色や開口色においても色の見えはまったく同じではないことを示している．表面色の場合には前述のようにD65の照明光のみを用いたときを表面色(1)と呼び，照明光の色温度や演色性の異なるD65, D50, 電球色，白色蛍光ランプを用いたときの表面色を表面色(2)と呼んで以下の実験を行なった（河本・和氣，2007）．その研究では，開口色の場合には暗黒の背景の上に明度（V）が6のテスト色票が呈示され，表面色ではN9の背景の上に明度（V）が6のテスト色票が呈示された．

　図6-5-3は表面色(1)の若年者と高齢者の結果である（河本・和氣，2007）．図中の表記は上記図6-5-1, 6-5-2同様である（以下図6-5-4, 6-5-5も同様）．表面色(1)の場合，若年者群では，5RP-5Rの範囲内

第II部　視覚

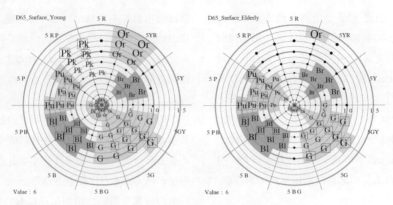

図 6-5-3　若年者と高齢者における表面色（1）の色名報告（河本・和氣，2007）
　　　　左図は若年者，右図は高齢者の結果である。色票の明度は6である。

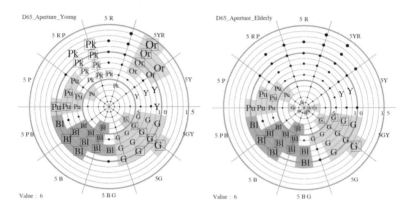

図 6-5-4　若年者群と高齢者群における開口色の色名報告（河本・和氣，2007）
　　　　左図は若年者，右図は高齢者の結果である。（色票の明度は6）。

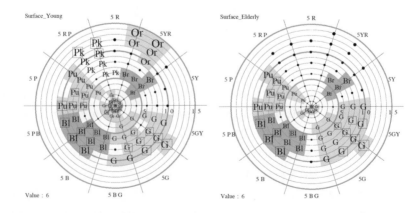

図 6-5-5　若年者群と高齢者群における照明光の色温度を変えたときの表面色（2）の色名報告、照明光の合算（河本・和氣，2007）
　　　　左図は若年者，右図は高齢者の結果である。色票の明度は6である。

では桃の一致率は70%以上である。10G-10BGの範囲内では，緑の一致率が70%以上であり，5B-5PBの範囲内では青や紫の一致率は70%以上である。これに対して高齢者群の場合には，若年者の結果と似ているが，群内の一致率は低下傾向にある。また，高い一致率を持って報告されない色名もいくつか認められている。5Rにおける赤や5Yにおける黄の報告はほとんど認められていない。この例にみられるように暖色系の色について共通の色名で報告されない場合が多い。

図6-5-4は若年者群と高齢者群の開口色の結果である。若年者群の結果では，表面色(1)のように共通の色名の報告が多く認められる。10RPや5Yの近辺の色票の色は桃や黄と報告されることが多い。その上，YRの範囲の色は橙と報告されている。他方，高齢者群の結果では共通の色名で報告されない色票の数が増えており，なかでも暖色系の色名の報告が減っている。これらの結果は表面色(1)の結果と似ているが，開口色の場合には若年者群より高齢者群のほうに共通の色名で報告されない色票が増していることが特筆できる点である。また，開口色(1)のほうが表面色より明るく知覚されている。その理由として背景の明度が表面色(1)と開口色で異なることが考えられる。開口色の背景は暗黒であるが，表面色(1)では明度が高いことによる。その上，開口色では黒の報告は認められなくなるし，灰，茶，紫の報告が減る。だが，白，黄，桃の反応が増加している。

図6-5-5は，使用した4種類の照明光の結果を合算して表している表面色(2)の若年者群と高齢者群の結果である。若年者群の場合，橙，茶，緑，青，紫，桃，灰では70%以上の一致率を示している。高齢者群の場合，茶，緑，青，紫では若年者群と同様な結果が得られるが，橙，桃，灰では一致率がかなり低くなっている。D65のみの結果を含む表面色(1)と比較すると，若年者群と高齢者群とでは大きな違いは認められないが，若年者群では照明光の種類に関係なく個人差は小さくなっている。だが，高齢者群では照明光の種類が変わることにより観察者間に違いが現れ，色相の変化が観察者ごとに現れた。特に，若年者群が報告した桃や橙は高齢者群では報告が認められていない。ただし，黄の報告は若年者群

と高齢者群の双方において認められていない。

各観察者群における，70%以上の一致率をもって分類された色票数に着目すると，表面色(2)では評価を行った98枚中，若年者は71枚，高齢者は49枚であり，開口色では，若年者は52枚，高齢者は40枚であった。開口色モードのほうが表面色よりも少なくなっているが，これは主に彩度が低い色票において，群内の色名応答の一致が低下することに起因する。

開口色の場合は表面色より明るく知覚され，茶や黒は知覚されない（内川，1989）。また河本・和氣（2007）では，灰，茶，紫の報告が減り，白，黄，桃の報告が増している。

6・5・3・2　色覚異常者

この研究に参加した軽度3色型（異常3色型）の結果は正常若年者のものとほぼ似た傾向を示すが，異常の程度が強い3色覚や2色覚の色覚異常者は正常若年者の結果とかなり異なる。特に照度が低下すると，その傾向は強くなっている。図6-5-6は1型2色覚者（Rhm）に関して照度を変えたときの結果である（河本他，2015）。テスト色票の明度（V）は4と6の結果である。図6-5-1に示した若年（正常者）の結果と比べると，大きな傾向の違いがみられる。Vが6のときには，テスト色票が5RP-10Rと5GY-5BGの範囲内では緑（G）の色名報告が多い。Vが4のときには，5RP-5Rの範囲では桃の色名が認められる。また，赤−緑の方向である10RPから10Gの範囲内では，10 lx, 100 lxのときには茶の色名が多くなるが，1000 lxになると，赤，緑の報告が多く認められる。照度が高くなるとある程度，とりわけ赤−緑の色方向における分類は正常者に近づく傾向はみられるが，しかし完全には一致しない。

白内障の場合も若年者群の結果と大きく異なる。観察者1名を例にとると，10 lxでは若年者の結果とは異なり，桃，青の領域での一致率は低い（河本・和氣洋美他，2013）。他の観察者でも似た結果が示されている。だが，これについては観察者数が少ないので，観察者を増やし検討することが今後の研究の課題である。

（河本 けい（健一郎））

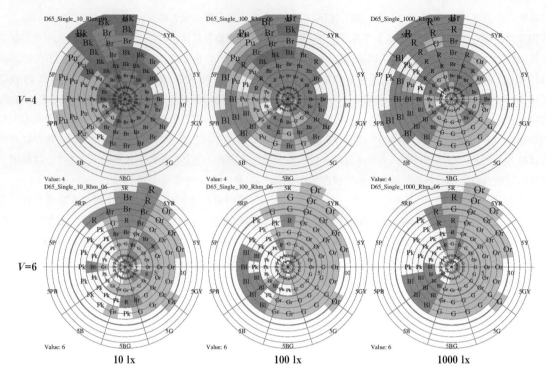

図 6-5-6 色覚異常者（Rhm，1 型 2 色覚）の照度ごとの色名報告（河本他，2015）
上段は明度が 4，下段は明度が 6 の場合．左から 10 lx, 100 lx, 1000 lx の結果である．

6・6 色処理の神経生理：初期

感覚情報処理は脳の特定の部位に局在し，情報ごとに異なる細胞によって処理されることが多い．色覚はその顕著な例の一つである．網膜にある視細胞のうち色覚に直接関わるのは錐体である．眼と脳をつなぐ視床の神経核である外側膝状体には明瞭な 6 層構造があり，外側の 4 層が色や明るさに選択的応答を示し，内側の 2 層は色選択性がなく時間的変化に素早く応答する（II・3・4 参照）．これらの情報処理の分化は，大脳皮質の腹側経路における色や形の情報処理と，背側経路における動きや空間知覚の情報処理の分化とも関係しており（II・3・5, II・3・6 参照），脳機能の選択的な障害の指標にもなる（II・8・4 参照）．

本節では，視覚処理の初期段階である網膜から視床，大脳皮質という情報処理の階層に沿って，色覚情報処理に直接関わる機能構造のみを抽出し説明する．色覚に限らない視覚一般については別章（II・3）を参照されたい．また神経生理学的な知見の多くは，色覚のモデル動物であるマカクザル（主にアカゲザル，ニホンザル，カニクイザルなど）から得られたものである．マカクザルはヒトと同じくオス，メスともに 3 色覚（trichromatism）であり昼行性で優れた視覚能力をもつためモデル動物として適している．一方で哺乳類のモデル動物として広く用いられているげっ歯類（マウス，ラット）は夜行性であり，色覚が弱いことから色覚の神経基盤を知るためには適していない．マカクザルで得られた知見がどこまでヒトに適用可能であるかどうかは，非侵襲性機能的イメージング手法の発達により確かめられている．ヒトの脳の生理学的知見が増えている一方で，細胞レベルでの知見は動物実験によるところが大きい．本節で述べる知見は明示しない限りマカクザルを対象とした実験によって得られたものである．

6・6・1 光受容器

ヒトおよび類縁の霊長類では L，M，S の 3 種類の錐体細胞が色覚を司る．3 種類の錐体の視物質で

ある錐体オプシンは光の波長の感度が異なり，順にL（559 nm），M（531 nm），S（419 nm）にピーク感度をもつ（図6-6-1）。ただし遺伝的な違いから感度のピークが数 nm 程度ずれている人もいる。これら視物質の分光感度特性に角膜や硝子体，黄斑色素による光の分光吸収特性を掛け合わせた結果としてヒトの分光感度が決まる（図6-6-1）。眼光学要因による吸収は短波長領域で顕著であり，感度形状が異なっていることがわかる。心理物理学的手法により求められたLMS錐体の感度特性を錐体分光感度ないし錐体基本関数（cone fundamentals）と呼ぶ（Stockman & Sharpe, 2000）。また，ヒトとマカクザルの視物質の吸光特性は同じである（図6-6-2）。

錐体細胞の存在比率はL, M, S錐体で均等ではなく，特にS錐体の存在比率は5.7%（4.6-6.6%）とかなり少なく，L錐体とM錐体が残りの94%を占める（Hofer et al., 2005）。L錐体とM錐体の個数比率は平均するとL：M比2.5：1（約70%がL）であるが，色覚正常とされる実験参加者のなかにも大きな個人差がある［1.1：1から16.5：1（Lが52-94%）］。ただし大多数（80%）の実験参加者は1.7：1から5.7：1（Lが62.5-85%）の範囲に収まったという。3色覚ではあるが2色覚の遺伝子をもつキャリア女性は，さらに極端なLM比率を示すこともある。また，色覚のモデル動物であるサルにおいては，マカクザルでS錐体の存在比率はヒトより2-3倍多く，コモンマーモセットでは5倍多い（Martin & Grunert, 1999）。LM比率については旧世界ザルではほぼ1：1で個体差は小さいと考えられている（Mollon & Bowmaker, 1992）。L, M錐体の存在比率は比視感度特性に対応し，たとえばL錐体が多い人は長波長側の感度が高くなる（Brainard et al., 2000）。またL錐体の比率が多い個人はユニーク緑の色相が短波長側に偏る（Schmidt et al., 2016）。

錐体の密度は中心窩できわめて高く，中心小窩においては1 mm^{2}あたり20万個の密度に達する。L, M, S錐体の存在比率は網膜部位ごとに異なり，中心窩の直径0.3-0.4°の範囲にはS錐体が存在しない

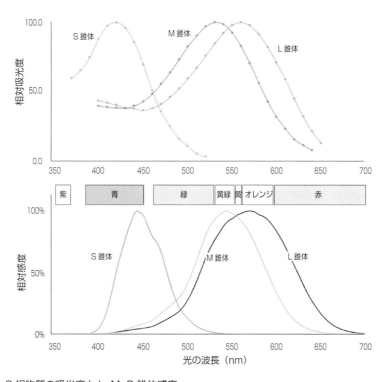

図6-6-1　L, M, S視物質の吸光度とL, M, S錐体感度
（上）L, M, S錐体オプシンの顕微分光測光法（microspectrophotometry）による吸光度（Dartnall et al. 1983をもとに著者作成）（下）L, M, S錐体の分光感度（Stockman & Sharpe, 2000をもとに著者作成）

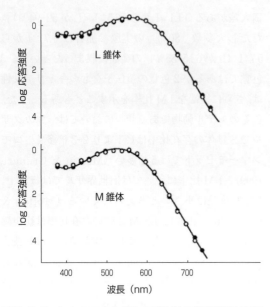

図 6-6-2 ヒトとマカクザルの視物質の吸光特性は同じ
(Schnapf & Schneeweis, 1999)
白丸がヒト，黒丸がマカクザルの錐体応答特性。

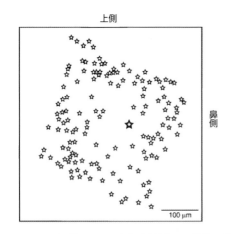

図 6-6-3 ヒト網膜における中心窩付近の S 錐体の分布
(Calkins, 2001)
中央の大きな星印が L, M 錐体が最も高密度に存在する場所で，周辺に散らばる小さな星印が S 錐体を示す。

(図 6-6-3)。これは小視野トリタノピアとして知られている知覚現象の起源であり，精密な心理計測による 3 型 2 色覚 (tritanopia) 特性の視野範囲と一致する (Williams et al., 1981)。

各錐体の網膜上の配置は，S 錐体は互いにおおよそ一定の距離を保って網膜上に配置されている一方で，L 錐体と M 錐体（以下，これらを併せて指す場合は「L/M 錐体」と表記）は互いにほぼランダムで配置されているようである (Mollon & Bowmaker, 1992; Roorda et al., 2001)。また視野周辺部では L/M 錐体はおおよそ六角形のハニカム構造を示すように配置されているのに対して S 錐体はイレギュラーな配置をしている (Ahnelt et al., 1990; Curcio et al., 1991)。中心窩に注目すると，一つの錐体は約六つの錐体に取り囲まれている。近傍周辺の錐体が L, M, S のどれであるかは網膜上の密度を反映する。周辺 L/M 錐体の比率は平均的には 2.5：1 程度となるが，すべてが L，あるいはすべてが M となることもある。近傍の錐体が中心の錐体と同じか否かによって，わずかに色知覚に影響があるようである。これは補償光学系を応用した単一錐体刺激による色知覚実験によって確かめられた。L 錐体を刺激すると赤，M 錐体を刺激すると緑の知覚が引き起こされることが相対的に多いが，L 錐体を刺激しても，周囲に M 錐体が多く存在する場合は緑知覚が引き起こされる確率が上がる (Sabesan et al., 2016; Schmidt et al., 2018)。これは隣接する錐体同士のギャップジャンクションや網膜神経節細胞での加算処理に由来すると考えられる。

S 錐体と L/M 錐体には形態学的違いがある。錐体の出力部である神経終末には，小足 (pedicle) と呼ばれる膨らみがある。小足の大きさは L/M 錐体のものが S 錐体のものより少し大きい。また L/M 錐体の小足には末端に小さな分枝 (telodendria) が生えており，隣り合う L/M 錐体と電気的につながっているのに対して，S 錐体にはそのような分枝がない (O'Brien et al., 2012)。また L/M 錐体の内節部 (inner segment) は S 錐体のものより少し小さい。また S 錐体は抗体による選択的染色が可能である (Ahnelt & Kolb, 2000; Szel et al., 1988)。これらの形態学的手がかりから S 錐体と L/M 錐体の分類ができる。L 錐体と M 錐体の形態学的な分類法は知られていないようである。

6・6・2 網膜情報処理

心理物理実験によって確認された二つの色軸，いわゆる枢軸 (cardinal axis; Krauskopf et al., 1982) は，網膜の細胞分類とよく対応している。一つ目の軸

は赤緑軸とも呼ばれ，L錐体とM錐体の差分情報がミジェット神経節細胞で表現されている（Crook et al., 2011；Dacey & Lee, 1994；Martin et al., 2001）。二つ目の軸は青黄軸とも呼ばれ，S錐体とL+M錐体の差分情報がS-ON型の小型二層性（小型両亜層分枝型）神経節細胞（small bistratified ganglion cell）（Calkins, 2001；Crook et al., 2009；Dacey & Lee, 1994）と，S-OFF型のミジェット神経節細胞で表現されている（Field et al., 2010；Klug et al., 2003；Wool et al., 2019）。これらの色情報が生み出されるまでの網膜内部での情報処理について以下に述べる。

視覚情報は視細胞（錐体）から双極細胞，網膜神経節細胞の順に伝達され，視神経を通じて脳に送られる。これらの「縦」方向の情報伝達を行う細胞に加えて，「横」方向の修飾に関わる細胞として水平細胞とアマクリン細胞がある。水平細胞は錐体と双極細胞に結合し，アマクリン細胞は双極細胞と網膜神経節細胞に結合する。錐体，水平細胞，双極細胞は光刺激に対して膜電位を連続的に変化させ，神経細胞で一般的であるようなスパイク発火（活動電位）は示さない。神経節細胞はスパイク発火を示し，脳までの長距離伝導を実現している。

色覚において重要な中心窩付近では，網膜神経回路は特別なつながり方をしている。1個の錐体には2個の双極細胞が接続され，その2個の双極細胞はON型とOFF型のミジェット双極細胞である。さらにこれらの双極細胞は，それぞれ1個の神経節細胞のみと接続する。この，1個，2個，2個の接続はprivate lineとも呼ばれ，中心窩付近での単一錐体応答に由来する高い空間分解能と色情報をそのまま脳に伝える（図6-6-4，図6-6-5）。Private lineはL錐体とM錐体それぞれのONとOFF経路および，S錐体のOFF経路において顕著である。一方で，S錐体とつながるON型双極細胞は複数のS錐体からの入力を受け，さらに複数の小型二層性神経節細胞と接続することから空間的にぼやけた情報が伝わることになる（Dacey & Lee, 1994；Field et al., 2010；Wool et al., 2019）。

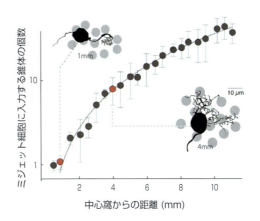

図6-6-4 ミジェット神経節細胞が何個の錐体から接続されているかを視野位置ごとに示したもの（Wool et al., 2018）
その個数は中心窩で小さく，周辺に行くにしたがって単調増加する。中心窩付近の半径1mm（視角3.3°相当）までは1個の錐体と接続しており private line を構成する。曲線は多項式近似。図中に示した細胞のシルエットは周辺1mmと4mmに位置するミジェット細胞の例で，灰色の丸が錐体モザイクを示す。

6・6・2・1　水平細胞の寄与

色情報を得るには複数の錐体応答の差分を取る必要がある。Private lineによって単一錐体の出力がそのまま脳に伝えられるとしたら，網膜中心窩付近では反対色応答は得られないことになってしまう。実際には，水平細胞を介した周辺抑制によって錐体細胞で反対色応答が生じることがわかっている（図6-6-6左）。水平細胞は中心窩付近では直径20μm程度の受容野をもち，錐体6-7個の入力を受けていると考えられる。錐体との接続様式は，2種類の水平細胞のサブタイプで異なっている。H1サブタイプは細胞体が大きく，規則的に配置され，L/M錐体と密な興奮性結合（錐体と同様に光に対して過分極応答を示す）をもち，S錐体とは結合していない。H2サブタイプは細胞体が小さく，密度が低く，イレギュラーに配置されており，L, M, Sの3種類の錐体に接続するが，特にS錐体との接続が強いようである。水平細胞はすべての錐体から加算的入力をもつため，網膜の錐体の存在比率に対応した波長感度特性をもつことになる。すなわちH1であればL+M応答を示し，H2であってもS錐体の周囲

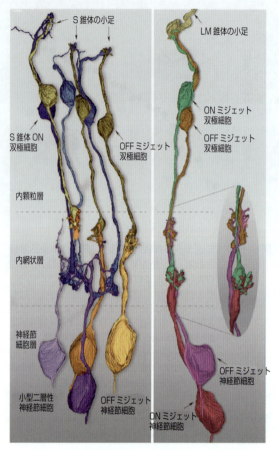

図 6-6-5 中心窩付近での private line を示す電子顕微鏡連続切片再構築画像 (Wool et al., 2019)

上側に錐体があり（錐体は表示されていない），中央上部に双極細胞，下部に神経節細胞が描かれている。錐体との接続部位は画像上部の小足で示されている。中央の内網状層（inner plexiform layer）で双極細胞と神経節細胞は接続するが，上側（網膜外側）では OFF 情報，下側（網膜内側）では ON 情報と接続部位が分かれている。（左）S 錐体色経路。S-ON 情報を伝える細胞が青く塗られており，S 錐体双極細胞（S-cone bipolar cell）が三つ，小型二層性神経節細胞が二つ図示されている。S 錐体双極細胞の入力である樹状突起は分岐しており，複数の錐体と接続することがわかる。双極細胞と小型二層性神経節細胞の接続部位は樹状突起が複雑に分岐して複数の S 錐体双極細胞と接続していることがわかる。S-OFF 情報を伝える細胞は黄色く塗られており，S-OFF 型ミジェット双極細胞が三つ，S-OFF 型ミジェット神経節細胞が二つ例示されている。S-ON 型とは異なり，private line を構成している。（右）一つの L/M 錐体から接続される ON 経路と OFF 経路が示されており private line であることがわかる。

に S 錐体がほぼ存在しないことから実質的に L+M 応答を示す。水平細胞から錐体へは抑制性のフィードバック結合があり，結果として L 錐体であれば L−(L+M)，M 錐体であれば M−(L+M)，S 錐体であれば S−(L+M) という錐体反対色応答を示すことになる（図 6-6-6 右）(Dacey et al., 1996；Packer & Dacey, 2002；Packer et al., 2010；Verweij et al., 2003)。

6・6・2・2 双極細胞の寄与

双極細胞は少なくとも 12 種類の分類が知られているが（Tsukamoto & Omi, 2016），色覚に関わるのはミジェット双極細胞と S 錐体双極細胞である。双極細胞が示す最も重要な特徴が ON 型および OFF 型である。ON 型は光刺激の増加に対して脱分極性に応答し，OFF 型は減少に対して脱分極性に応答する。双極細胞の ON 型，OFF 型の区別は形態学的に可能である。ON 型は，錐体の神経終末にある陥入（invagination）という凹みで接続することが多く，OFF 型は陥入部位を外れた膜平面（基底部）で接続する。さらに双極細胞が網膜神経節細胞と接続する層は ON 型と OFF 型によって異なり，ON 型は神経節細胞に近い層，OFF 型は遠い層で接続している（図 6-6-5）。

6・6・2・3 L−M 色経路

赤緑（L−M）情報を伝える経路は，L-ON，L-OFF と，M-ON，M-OFF に関わる細胞系であり，その実体は錐体→ミジェット双極細胞→ミジェット神経節細胞である。ミジェット神経節細胞は眼球を出て外側膝状体の小細胞層（Parvo，P 層とも）に接続する（図 6-6-7）。外側膝状体での特徴からこれらの経路を P 経路と呼ぶこともある。中心窩付近においては網膜で private line を構成しているため，錐体での反対色応答がそのまま伝達されると考えられる（図 6-6-5）。

6・6・2・4 S 色経路

青黄（S）情報を伝える経路は，S-ON，S-OFF に関わる細胞系であり，その実体は ON 型と OFF 型で異なる。S-ON 信号は S 錐体→S 錐体双極細胞→

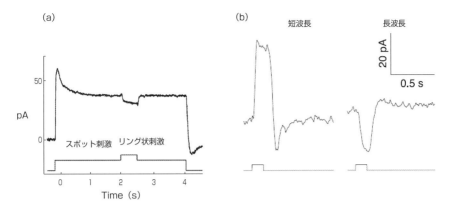

図 6-6-6 LM錐体に周辺からの抑制がある様子
(a) 錐体の応答は水平細胞によって周辺抑制されるということを示す例。L/M錐体のホールセルパッチクランプによる膜電流測定を示す。中央への光刺激（Spot）が応答を引き起こし，リング状の周辺刺激（Annulus）によって抑制されていることがわかる（Verweij et al., 2003）。(b) S錐体応答が青刺激に興奮性，黄色刺激に抑制性応答を示す例。十分大きいスポットの短波長光を当てた場合と長波長光を当てた場合を比較すると，応答の極性が反転していることがわかる（Packer et al., 2010）。

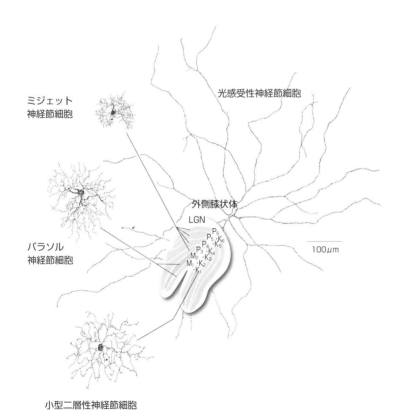

図 6-6-7 網膜神経節細胞の種類と樹状突起の大きさの比較，それらが接続する外側膝状体（LGN）の層（Crook et al., 2008）
色覚に主に関係しているのはミジェット（midget）神経節細胞および小型二層性（small bistratified）神経節細胞であり，それぞれ LGN の P 層（P3-P6）および K 層（K1-K6）に接続する。素早い時間変化に応答するパラソル（parasol）神経節細胞は LGN の M 層（M1, M2）に接続する。内因性光感受性網膜神経節細胞（giant melanopsin）が接続する LGN 層はわかっていない。

小型二層性神経節細胞で伝達され，S-OFF信号はS錐体→ミジェット双極細胞→ミジェット神経節細胞で伝達される（Calkins, 2001；Dacey et al., 2014；Field et al., 2010；Klug et al., 2003）。S-OFFに関わるミジェット経路とL, M錐体に関わるミジェット経路は形態学的には区別がつかないようである（図6-6-5）。

S-ON信号はprivate lineになっておらず，中心窩付近では，S錐体双極細胞は1-2個の錐体と接続し，小型二層性神経節細胞はおおよそ2個のS錐体双極細胞と接続する。小型二層性神経節細胞は樹状突起が二層に分かれており，双極細胞のON接続層（内網状層外側）とOFF接続層（内網状層内側）の両方で接続する特徴的な構造をもつ。ON接続層ではS錐体由来からS-ON入力を受け，OFF接続層ではL/M錐体からのOFF情報をディフューズ双極細胞を介して受け取っている（Calkins et al., 1998；Crook et al., 2009；Dacey & Lee, 1994）。ただし，OFF信号を伝えるシナプスの数は少なく，S-ON信号の1/3程度でしかない。網膜周辺部での多点電極法による実験において，ON経路を遮断する薬液を投与した際の小型二層性神経節細胞はOFF応答を示さなかった。つまり小型二層性神経節細胞にOFF型双極細胞からの入力はないかあっても弱く，青黄の反対色応答はON双極細胞由来であることを意味する（Field et al., 2007）。その後の研究で，十分に明るい刺激を用いればON経路を遮断してもLM-OFF応答を示すことがわかった（Crook et al., 2009）。小型二層性神経節細胞は反対色応答の空間特性にも特徴がある。H2水平細胞由来の抑制性応答は中央の受容野と比べて広い周辺受容野をもつため，双極細胞でみられる反対色応答は同時に空間的な中心周辺型の拮抗受容野（Sが中心，LMが周辺）をもつことになる。一方で小型二層性神経節細胞では反対色応答の受容野特性は空間的に一致しており，ONとOFFの両方の双極細胞からの中心受容野の入力によって構成されていると考えられる（図6-6-8）。小型二層性神経節細胞は眼球を出て外側膝

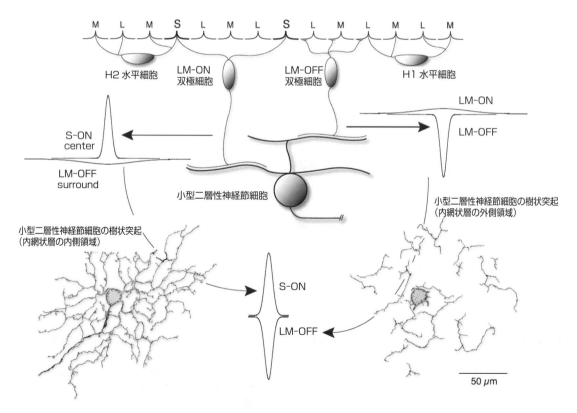

図6-6-8　S錐体反対色応答が生み出される網膜回路（Crook et al., 2009）

状体の顆粒細胞層（Konio, K層）に接続する（図6-6-7）。

S-OFF信号はL-M色経路と同様に中心窩付近ではprivate lineを作っている（Klug et al., 2003；Wool et al., 2019）。S-OFFミジェット神経節細胞が外側膝状体のどの層に投射するかはわかっていない。

6・6・2・5　色に関わる他の経路

色をコードする可能性のある他の経路も知られている。内因性光感受性網膜神経節細胞（intrinsically photoreceptive photosensitive retinal ganglion cell：ipRGC：メラノプシン含有網膜神経節細胞）は巨大な樹状突起の分枝範囲と受容野サイズをもち（図6-6-7），細胞自体が視物質メラノプシンに基づく光感受性を持ち，青緑光への強い興奮性応答を示す（Dacey et al., 2005）。ipRGCは双極細胞を介して錐体の信号入力も受けており，L/M錐体刺激に興奮性，S錐体刺激に抑制性の応答を示す。ipRGCは瞳孔収縮に寄与する視蓋前域や概日リズムに関わる視交叉上核に強い投射をもつと同時に，外側膝状体にも投射している。このことから色や明るさ認知に関わる可能性が示唆されている（Brown et al., 2012）。

（鯉田　孝和）

6・7　色処理の神経生理：高次

網膜で得られた色情報は，視床の外側膝状体を経由して，大脳の一次視覚野（V1野）に伝わる。大脳に届いた視覚情報は頭頂葉に向かう背側経路と，側頭葉に向かう腹側経路に大きく分かれる。背側経路は空間位置や動きの情報処理に関わり，腹側経路は形状の分析や物体認知に関わる。このうち色情報が伝えられるのは腹側経路である。腹側経路はV1野からV2野，V4野，下側頭皮質という階層で構成されており，それぞれの領野内には色選択性細胞が密集している小領域がある。階層が進むにつれて，色の情報表現は認知特性と類似するようになる。色覚の神経機構については以下の総説論文が参考になる（Conway, 2009；Gegenfurtner & Kiper, 2003；Komatsu, 1998；Solomon & Lennie, 2007）。

6・7・1　外側膝状体と枢軸色

網膜では輝度の情報と色を含む情報はそれぞれ異なる種類の網膜神経節細胞によって伝えられており，同様の細胞の分類は外側膝状体にもみられる。特に外側膝状体では機能の異なる細胞群が異なる層に局在している。外側膝状体にみられる明瞭な6層構造は，内側2層の大細胞層（Magno/M層），外側4層の小細胞層（Parvo/P層），さらに各層の隙間に存在する顆粒細胞層（Konio/K層）の3種類に分けることができる。これら3層のうち，色情報に関わるのはP層とK層である。外側膝状体の出力は，その大半が大脳の一次視覚野（V1野）に向かう（図6-7-1）。

外側膝状体の色応答特性はほぼ網膜神経節細胞と一致しており，3種類の錐体信号のいずれかを中央にもつ円状の受容野構造をもつ。外側膝状体が重要なリレーであることは確実である一方で，色に関して情報処理を行っているかどうかは不明である。外側膝状体でみられる色応答特性は，L錐体とM錐体応答の差分をコードする細胞群と，S錐体の応答をコードする細胞群とに分類できる（図6-7-2）（De Valois et al., 1958；Reid & Shapley, 2002；Wiesel & Hubel, 1966）。P層にはL錐体またはM錐体の色情報，K層にはS錐体の色情報をもつ細胞が多く存在すると考えられている（Calkins, 2001；Derrington et al., 1984；Roy et al., 2009）。

この2種類の色応答特性はかつて，Heringの反対色説の神経基盤であると考えられた（Hurvich, 1981）。Heringの反対色とは主観的に定義された色の軸で，それ以上分割できない赤緑，黄青の色軸，さらに黒白を加えた3軸で色空間が構成されている（Regier et al., 2005）。外側膝状体の細胞が好んで応答する色相分布をみると，明らかに4色に分かれる（Derrington et al., 1984）。これらの心理特性と生理特性は一致しているように見える。しかし，外側膝状体の細胞が好む色相は，反対色の軸として定義されたいわゆるユニーク色（unique hue）である赤緑青黄とは一致しておらず，むしろその見えは赤とシアン，ラベンダーとライム色である（Webster et al., 2000；Wuerge et al., 2005）。つまり，初期視覚で見られる錐体の差分応答は，主観的な反対色知覚とは

457

第 II 部　視覚

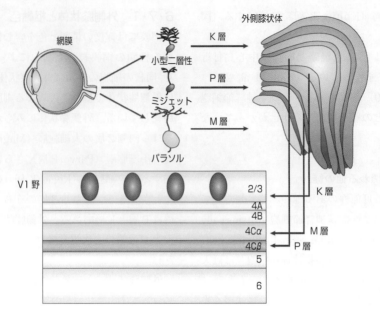

図 6-7-1　網膜神経節細胞，外側膝状体，一次視覚野を結ぶ並列な神経回路（Nassi & Callaway, 2009）

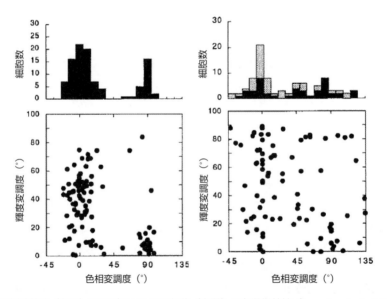

図 6-7-2　サル外側膝状体（左図）ならびに V1 野の細胞（右図）の色選択特性（Lennie et al., 1990）
　　　　　散布図は各細胞が最も好んで応答した刺激を示す。横軸は刺激の色相を示し，0°が L-M 色軸（赤緑），90°が S 色軸（青黄）である。縦軸は輝度コントラストを示し，90°が無彩色輝度変調，0°が等輝度での色変調を示す。視覚刺激は時間的に振動する一様刺激あるいは空間的に変調した格子縞であり，順応点である灰色を中心にサイン波で振動する。ここでは赤緑のどちらで強く応答したか，青黄のどちらで強く応答したかは区別せずにプロットしている。上図は最も好んで応答する色相の細胞分布のヒストグラムである。（左図）外側膝状体 P 層の細胞応答。ただし，論文では記述されていないが K 層の細胞も含まれていると考えられる。細胞は色選択性 (color selectivity) に明瞭な二つの分布ピークをもち，ピークは L-M 色軸と S 色軸に対応する。細胞数の割合としては L-M 色軸を好む細胞の方が多い。また L-M 色軸を好む細胞の多くは分布が上にずれており，色だけでなく輝度コントラストを加えた変調に対して最も好んで応答していることが分かる。ただし，等輝度色変調を好む細胞も存在する。一方で S 色軸を好む細胞は等輝度色変調を好んで応答する細胞がほとんどである。（右図）V1 野細胞のうち方位選択性を示さない細胞のみを抽出して示したもの。色選択性の分布は L-M 色軸と S 色軸に偏っているが，中間の色相にも応答する細胞がある。上図のヒストグラムのうち黒いバーは最適輝度コントラストが 45°以下のもの（つまり色選択性が主），灰色のバーは 45°以上のもの（つまり輝度選択性が主）を示す。

異なる。この事実から生理学的に定義された初期視覚での反対色の軸を枢軸（cardinal axis）と呼び，Heringの反対色とは用語が使い分けられている。また，これらの枢軸に加えて輝度コントラストも含めた3軸での色空間の表現はDKL色空間（DKL color space：Derrington, Krauskopf, Lennieの頭文字）と呼ばれ，色覚研究にしばしば用いられる。

6・7・2　V1野とV2野

外側膝状体からV1野への神経投射には規則性がある（図6-7-1；Chatterjee & Callaway, 2003；Nassi & Callaway, 2009）。大脳皮質は六つの層で構成されており，入力を受けるのは概して中央の4層付近である。V1野は4層が分厚く，構造的な違いからさらに細区分されており，表層側から順に4A, 4B, 4Cα, 4Cβ層と呼ばれる。外側膝状体のM層からは4Cα層へ，P層からは4Cβ層へ，K層からは4A層ならびに2/3層のブロブ（blob）領域に投射される。ブロブとは，大脳皮質をチトクロームオキシダーゼという酵素について選択的に染色した際にV1野の2/3層に現れる直径0.3 mm程度の水玉模様のことで（図6-7-3；Livingstone & Hubel, 1984），視床（主に外側膝状体）から直接神経投射を受けている領域を示す（Takahata, 2016）。

色情報はV1野の2/3層においてブロブ領域に集まる傾向があるが（Livingstone & Hubel, 1984；Lu & Roe, 2008）（図6-7-3），完全に限局しているわけではない。二光子顕微鏡による大規模な細胞計測の結果，色格子縞に応答する細胞は，ブロブの内外のどちらでも数多く観測された（Garg et al., 2019）。ただし，ブロブ内の細胞で色選択性が強い傾向があった。Chatterjeeらによると，一様な色刺激を用いると色選択的応答をする細胞はブロブ内部に限局しており，ブロブ外部の細胞は一様な色刺激に対して抑制応答を示した（Chatterjee et al., 2021；Solomon et al., 2004）。さらにブロブ内部においては似た色相選択性（hue selectivity）をもつ細胞がクラスターを作っていた（図6-7-4）。色情報の局在は細胞本体の位置だけでなく，情報を受け取る樹状突起の広がりに関係しているようである。樹状突起の各枝において，格子縞の方位情報に関わるシナプ

スと，色情報のシナプスは分かれてクラスター化しており，色選択性を示すシナプス部位はブロブ領域と推定されている（Ju et al., 2020）。つまり，色選択性を示す細胞の局在は，樹状突起のシナプス分布に由来する可能性が高い。

V1野における色情報表現は，外側膝状体と比較して多彩である。外側膝状体細胞がL/M錐体色もしくはS錐体色を好んで応答するのに対して，V1野ではそれらの中間の色相に対して好む細胞が現れる（図6-7-2；Lennie et al., 1990）。これらの選択性は外側膝状体の応答を線形加算することで得られる単純なものが多いが（Lennie et al., 1990），特定の色相だけに応答する鋭い応答特性や，幅広い色相に応答する特性もみられる（Hanazawa et al., 2000；Horwitz & Hass, 2012）。これらの信号処理は，抑制性入力と閾値処理によって作られており，AND処理とOR処理の結果に相当する。また，これらの情報処理はV1野の多数の細胞が関与した抑制性制御（コントラストゲインコントロール，ノーマライゼーションとも呼ばれる）の影響も受けている。V1野の多くの細胞が色よりも輝度に対して応答することを反映して，等輝度色刺激と輝度コントラストありの色刺激では色選択特性が変わることが説明されている（Sato et al., 1994；Solomon & Lennie, 2005）。V1野の色選択性は刺激単体の色度ではなく，背景の色とのコントラストによって決まっており，色恒常性との関連性が指摘されている（Wachtler et al., 2003）。

V1野で色選択性をもつ細胞の受容野構造は，中心周辺型の同心円形状もしくは中心周辺がずれた形状である（Conway, 2001, 2003；Conway & Livingstone, 2006；Horwitz et al., 2007）。色選択性をもつ細胞の応答特性は，受容野構造の興奮性領域と抑制性領域の応答の単純加算で説明でき，したがって色選択性と同時に方位選択性を示す細胞は単純型細胞（simple cell）であることが多い。縞模様の位相によらず方位選択性応答を示す複雑型細胞（complex cell）は形状知覚に重要と考えられているが，色選択性をもつことが稀である（Horwitz et al., 2007）。また運動方向選択性をもつV1野細胞は，概して色選択的応答をもたない（Gouras, 1974；

第Ⅱ部　視覚

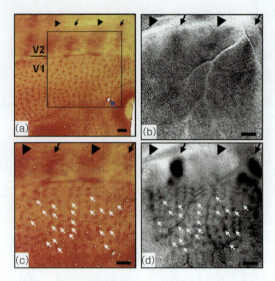

図 6-7-3　サルの V1 野と V2 野におけるチトクロームオキシダーゼ染色と内因性信号による視覚応答の可視化 (Lu & Roe, 2008)
　四つのパネルは同一個所を示し，大脳皮質を表面から見た図である。図の (a)(c) が染色の結果を示す。(a) の下部には小さな斑点が見え，上部には大きな縞模様が見える。これらがそれぞれ V1 野のブロブ，V2 野の縞である。V2 野の縞のうち太い縞を三角形，細い縞を矢印で示してある。V1 野と V2 野は連続した皮質領域であるが，染色によって明瞭に見分けることができる。(c) は (a) で矩形で囲まれた領域の拡大図である。(b)(d) は視覚刺激への応答を示す内因性信号である。内因性信号とは，神経活動に相関する血流の酸素飽和度を可視化したものであり，活動が強く起きた場所で画像が暗くなる。(b) は視覚刺激として低周波格子縞を呈示した際の応答，(d) は等輝度で赤緑変調する色格子縞を呈示した際の応答である。(d) において強い活動が起きている場所は V1 野のブロブ（白矢印），V2 野の細い縞（黒矢印）とよく一致していることが分かる。図中のスケールバーは 1mm。

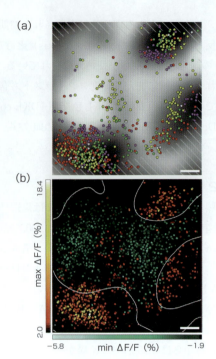

図 6-7-4　サル V1 野ブロブ付近の細胞の色選択性分布 (Chatterjee et al., 2021)
　二光子顕微鏡を用いた細胞内カルシウムイメージングによって生体から細胞レベルの活動が可視化できる。図は大脳皮質を表面から見たものである。(a) 背景の陰影はチトクロームオキシダーゼ染色による濃度を示し，暗い箇所がブロブである。個々の点が細胞を表しており，一様な色刺激を用いた際に興奮応答した細胞のみを抽出して表示している。マーカーの色は色選択性を示し，四つの枢軸色のどれに最も強く応答したかを表す。色選択的応答を示す細胞はブロブ内部に局在しており，さらに近傍の細胞は似た色選択性を持っていることがわかる。(b) 一様色刺激に対して興奮性応答を示した細胞をオレンジ色，抑制性応答を示した細胞を緑色で示したもの。白い線はブロブの輪郭を描いたものである。ブロブ内外で一様色刺激への応答の様子が大きく異なることがわかる。図中のスケールバーは 100 μm。

Horwitz et al., 2005；Hubel & Livingstone, 1990；Livingstone & Hubel, 1984；Tamura et al., 1996)。これらの事実は，V1 野において色情報が形状や運動の情報とは独立に取り扱われていることを示している。

　V1 野の顕著な応答特性は，縞模様刺激に対する方位選択性と空間周波数選択性である。これらの空間特性は，色選択性をもつ V1 野細胞にも備わっていることがある。さらに色に選択性をもつ細胞の多くは，輝度刺激に対しても選択的応答を示す。この

ため空間特性は色刺激と輝度刺激の両方で測定できる。同一の細胞に対して，色刺激と輝度刺激で空間周波数特性を調べると，色に対してはローパス型，輝度に対してはバンドパス型の特性を示すことが多い（Johnson et al., 2001, 2004, 2008）。この色と輝度で異なる空間周波数特性は，単純型細胞の受容野特性から説明することができる（図 6-7-5）。

　空間的な色情報をもつ細胞としては二重拮抗型細

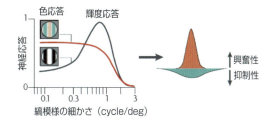

図6-7-5 受容野構造による色と輝度の空間応答特性の説明（Solomon & Lennie, 2007）
V1野で典型的に見られる空間周波数応答特性は，色に対してはローパス型，輝度に対してはバンドパス型である。左図において黒色線は輝度格子縞への応答，赤線は色格子縞への応答である。この応答特性は右図に示すような受容野構造によって説明が可能である。右図の横軸は空間，縦軸は入力強度を示しており，上側領域がL錐体からの興奮性入力を示し，下側領域がM錐体からの抑制性入力を示す。輝度刺激に対しては中心に明るい縞，周辺に暗い縞がちょうど重なる刺激を用いると，中央から興奮性応答が強まり周辺から抑制性応答が弱まるため，足し合わされた結果強い応答が生じる。空間的に一様な刺激を用いると，周辺からの抑制がはたらいて活動が弱まる。この結果としてバンドパス特性が得られる。一方で色刺激に対しては，一様な刺激での振る舞いが異なる。一様なL-M色刺激を考えると，中心から興奮が強まり，周辺から抑制が弱まるため，結果として強い応答となりローパス型の特性が得られる。

胞（二重反対色細胞：double opponent cell）が特に有名である（Conway, 2001；Conway & Livingstone, 2006；Johnson et al., 2004；Livingstone & Hubel, 1984；Shapley & Hawken, 2011）。二重拮抗型細胞とは，空間的に拮抗した受容野構造が色において反対色関係になっている細胞である。普通の（一重の）反対色細胞とは異なり，輝度コントラストには応答せず等輝度の色コントラストに応答する特徴がある。この特徴から輝度に影響されることなく色によるエッジ検出が可能となり，色を手がかりとした物体の切り出しに役立つと考えられる。また，同時色対比や色恒常性の神経基盤にもなる（Danilova & Mollon, 2006；Kentridge et al., 2007）。二重拮抗という特性は，当初キンギョの網膜で発見されたが（Daw, 1967），サルにおいては網膜や外側膝状体では見つかっておらず，V1野以降で見つかっている。

V2野をチトクロームオキシダーゼについて染色すると，幅1mm程度の縞模様構造が現れる。この縞模様はV1野とV2野の境界線におおよそ直交しており，太い縞（thick stripe）と細い縞（thin stripe）が淡い縞（pale interstripe）を挟んで交互に現れる。これらの縞模様のうち，色選択性細胞が集まっているのは細い縞領域である（図6-7-3；Hubel & Livingstone, 1987；Lu & Roe, 2008；Roe & Ts'o, 1999；Shipp & Zeki, 2002；Sincich & Horton, 2002；Tootell et al., 1988；Xiao et al., 2003）。色選択性細胞がV1野のブロブ領域およびV2野の細い縞領域に集まっていることから，これらの領域をつなぐ選択的な神経連絡があると考えられている（Hubel & Livingstone, 1987；Livingstone & Hubel, 1983）。ただしその選択性は完全ではない（Nassi & Callaway, 2009；Xiao & Felleman, 2004）。細い縞領域の内部には色相選択性の局所構造があり，直径0.3mm程度の特定の色相に応答する領域が，色相の順にそって整然と並んでいる（Xiao et al., 2003）。ただし細胞レベルの応答でそのような選択性の局所構造があるかは明らかでない。V2野の単一神経細胞が示す色応答特性はV1野とあまり変わらないようであるが（Gegenfurtner, 2003；Kiper et al., 1997；Moutoussis & Zeki, 2002；Solomon & Lennie, 2005），古典的受容野の外に呈示した刺激の影響を受けやすいなどの複雑な特性がある（Solomon et al., 2004）。

6・7・3 V4野から下側頭皮質

マカクザルとヒトを比較すると，視覚野に関する知見はV1野，V2野までは良い対応がある一方で，V4野（area V4）以降はそもそも領野の対応すら十分についていない（Tootell & Hadjikhani, 2001；Wade et al., 2008）。高次視覚野のうち色応答が強くみられる領域は，マカクザルではV4野，下側頭皮質後部のTEO野（area TEO）（pITとも），下側頭皮質前部のTE野（area TE）（aITとも）が知られている（Conway et al., 2007；Komatsu et al., 1992；Tootell et al., 2004；Yasuda et al., 2010）。ヒトでは，hV4野，VO（V8）野，紡錘状回付近である（Bartels & Zeki, 2000；Brewer et al., 2005；Brouwer & Heeger, 2009；Hadjikhani et al., 1998；Mullen et al., 2007）。

歴史的にV4野はcolor centerとして注目を集め

第Ⅱ部　視覚

続けてきた（Zeki, 1973）。しかしサルV4野の損傷実験の結果から色弁別行動への阻害は限定的であることや（Heywood et al., 1992；Heywood et al., 1998），V4野細胞には色以外の視覚特徴に応答する細胞が数多く見つかることから，現在は，V4野は色だけではなく，形状，注意，立体視などさまざまな視覚機能に貢献していると考えられている（Gegenfurtner, 2003；Pasupathy et al., 2020；Roe et al., 2012；Schiller, 1996）。

　V4野内部には色選択性応答を示す細胞が比較的高密度に集まっている箇所がある（Conway et al., 2007；Conway & Tsao, 2006；Tanigawa et al., 2010）。集まっている部位と解剖構造との対応は明らかでなく，V1野のブロブ，V2野の細い縞のような解剖と機能の両方を指し示す用語はない。ただし，V2野の細い縞領域からV4野への神経投射は局所性があることから，色選択性細胞の局在と神経連絡の局所性には対応関係があるかもしれない（Felleman et al., 1997；Xiao et al., 1999）。V4野の色選択性細胞は，互いに近傍（<100 μm）に位置する細胞同士で似た色相選択性をもっているようである（Conway & Tsao, 2009；Kotake et al., 2009）。

　サルV4野の色情報表現は，輝度コントラストとの関係性においてV1野，V2野とは異なっている。V1野の等輝度色刺激への色選択性は輝度コントラストを加えた場合に失われたり大きく変わるが（Solomon & Lennie, 2007），V4野では輝度に依存しない色相選択性が現れる（Conway et al., 2007；Namima et al., 2014）。ヒトの色相知覚が輝度によらず一定であることを考えると，V4野以降では認知特性に似た情報表現が生じているといえる。また，特定の色相に鋭く応答する色情報表現がみられる一方で，等輝度色コントラストで定義された形状刺激であればどの色相であっても同じように応答する細胞も多数見つかっている（Bushnell et al., 2011）。これは色コントラストを手がかりとした形状知覚に貢献すると考えられ，色の見えとは異なる色情報処理といえる。

　下側頭皮質（inferior temporal cortex：IT）は，色覚にきわめて重要な影響を与えている。下側頭皮質とはV4野の前側に隣接した広大な皮質領域であ

り，色だけでなく顔や物体，風景などの物体認知処理の最終階層を担っている。下側頭皮質の内部で強く色応答する部位は限局しており，その部位はサルとヒトにおいて複数特定されている。色応答部位は脳の後側から前側に向かう腹側視覚経路の流れに沿って並んでおり，顔に応答する部位と風景に応答する部位とに挟まれた分布をしている（図6-7-6）（Lafer-Sousa et al., 2016）。

　サル下側頭皮質で特定された色応答部位は直径数mm程度の大きさをもち，パッチ（patch）構造とも呼ばれる。色応答部位の分布には個体差が少なく，色においては大まかに二つ，下側頭皮質後部のTEO野（pIT）ならびに下側頭皮質前部のTE野付近（aIT）において見つかる（Conway & Tsao, 2006；Conway et al., 2007；Harada et al., 2009；Komatsu et al., 1992；Komatsu & Ideura, 1993；Lafer-Sousa & Conway, 2013；Tootell et al., 2004；Verhoef et al., 2015；Yasuda et al., 2010）。これらの色応答領域は双方向に密な神経連絡がある（Banno et al., 2010）。

　これら色応答部位のうち前側のパッチ（図6-7-6でALcと示された箇所）は色識別行動にきわめて重要であり，損傷させると色弁別行動が著しく阻害される（Cowey & Heywood, 1995；Heywood et al., 1995；Heywood et al., 1988；Horel, 1994；Huxlin et al., 2000）。パッチ領域の細胞は色刺激に鋭く強い選択的応答を示し，特に前側のパッチの細胞は刺激のシルエット形状に対して選択性が弱く（Komatsu & Ideura, 1993；Komatsu et al., 1992），形状から独立した色に特化した情報をもっているといえる。V4野からpIT，aITにかけての情報処理を通じて，色選択性はより鋭く，輝度コントラストに不変となり，受容野サイズが大きくなる（Namima et al., 2014；Yasuda et al., 2010）。pITまでは皮質上におおよその網膜部位再現がみられるが（Yasuda et al., 2010），aITにはない。aITの色選択性細胞は動物の色判定行動と密接に対応しており，行動の揺らぎとニューロン活動の揺らぎとの相関や色弁別閾値の対応がみられる（Matsumora et al., 2008）。さらにaIT細胞は，色カテゴリ判別課題を行っている際に強く応答しており，色認知との深い関係性が示されている（Koida & Komatsu, 2007）。

ヒトでは，イメージング手法を用いて多くの研究者によって複数の色応答部位の存在が指摘されている（Bartels & Zeki, 2000；Beauchamp et al., 1999；Brewer et al., 2005；Cavina-Pratesi et al., 2010；Hadjikhani et al., 1998；McKeefry & Zeki, 1997；Wade et al., 2008；Wade & Wandell, 2002）。特に一貫している領域は，腹側部位の後部と中部の2か所である。このうち後部はZekiが名付けたV4（Zeki et al., 1991），あるいはhV4（Brewer et al., 2005；Wade & Wandell, 2002）であり，範囲としては網膜部位再現で定義されたV4の前端からVOにかけての領域（図6-7-6でPcと示された箇所）である（Wade et al., 2008）。前部は，ZekiがV4αと呼んだ場所（Bartels & Zeki, 2000）あるいはV8（Hadjikhani et al., 1998），VO2，VO complex（Brewer et al., 2005；Wade & Wandell, 2002）と呼ばれる領域（図6-7-6でCcと示された箇所）である。これらの部位は脳に埋め込んだ皮質脳波測定によっても色刺激に応答することが示され，さらに電極を通じて電気刺激を与えると色知覚が誘導される（Murphey et al., 2008；Rangarajan et al., 2014）。また，これらの部位は，大脳性色覚異常を示す患者の損傷部位ともよく一致している（Bouvier & Engel, 2006；Zeki, 1990）。これらの部位の脳活動から情報デコーディング技術によって色相情報を再現できることも示された（Brouwer & Heeger, 2009）。

　これらのヒトの色応答部位は色に注意を向けることで活動が強まり（Claeys et al., 2004；Corbetta et al., 1991），画像を見て色名呼称課題を行うことでも強く活動する（Chao & Martin, 1999；Martin et al., 1995；Simmons et al., 2007；Wiggs et al., 1999）。特に顕著な研究としてBrouwerらは，脳活動から色情報を再現する際に実験参加者がカラーネーミング課題を行うと読み出された色情報が色名に似たカテゴリカルな表現になることを示している（Brouwer & Heeger, 2013）。逆に，色刺激を見ることなく，

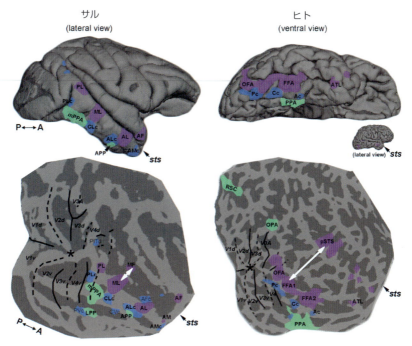

図6-7-6　サルおよびヒトの大脳皮質腹側経路における色，顔，風景に応答する脳領域（Lafer-Sousa et al., 2016）
　　　　fMRI計測により顔画像に応答（スクランブル画像との差分）した領域を紫で，カラー画像に応答（グレースケール画像との差分）した領域を水色で，風景画像に応答（スクランブル画像との差分）した領域を緑で示してある。ただし，本来それぞれの応答領域は部分的に重なりあっているため区分が見やすくなるよう統計的基準が調整されている。左がサル，右がヒトを示し，上が脳の表面図（サルは側面，ヒトは下面からの図であり，ヒトの側面図も小さく描かれてある），下が大脳皮質を平らに広げた図である。広げた図の明るい領域が表面から見える場所，暗い領域が脳溝を示す。A：前側，P：後側。

第 II 部　視覚

色名の単語から色を想起する課題においても hV4 活動から色情報が再現された（Bannert & Bartels, 2018）。また，色知覚との関連においては色残効（color aftereffect）を用いた研究がある（Sakai et al., 1995）。色残効が強く長期間維持される McCollough 効果を用いた調査では腹側皮質領域で色知覚に関連した活動が示されており，その部位はおおよそ上記の 2 か所を含む V4 野から紡錘状回にかけての領域であった（Barnes et al., 1999；Humphrey et al., 1999；Morita et al., 2004）。以上のように，腹側視覚野は色認知と深い関係性を持ち，そのごく一部の領域が色覚においてきわめて重要である。

（鯉田 孝和）

文献

（6・1）

Stiles, W. S., & Burch, J. M. (1959). NPL colour-matching investigation: Final report (1958). *Optica Acta, 6*, 1-26.

Stockman, A., & Brainard, D. H. (2015). Fundamentals of color vision I: Color processing in the eye. In J. E. Andrew, M. D. Fairchild, & A. Franklin (Eds.), *Handbook of Color Psychology* (pp. 27-69). Cambridge University Press.

Stockman, A., & Sharpe, L. T. (2000). Spectral sensitivities of the middle- and long-wavelength-sensitive cones derived from measurements in observers of known genotype. *Vision Research, 40*(13), 1711-1737. [doi: 10.1016/s0042-6989(00)00021-3]

（6・2）

Bieber, M. L., Kraft, J. M., & Werner, J. S. (1998). Effects of known variations in photopigments on L/M cone ratios estimated from luminous efficiency functions. *Vision Research, 38*(13), 1961-1966. [doi: 10.1016/s0042-6989(97)00302-7]

Bradley, A., Switkes, E., & Devalois, K. (1988). Orientation and spatial frequency selectivity of adaptation to color and luminance gratings. *Vision Research, 28*(7), 841-856. [doi: 10.1016/0042-6989(88)90031-4]

Cavanagh, P., MacLeod, D. I. A., & Anstis, S. M. (1987). Equiluminance: Spatial and temporal factors and the contribution of blue-sensitive cones. *Journal of the Optical Society of America A, 4*(8), 1428-1438. [doi: 10.1364/josaa.4.001428]

Cropper, S. J., & Wuerger, S. M. (2005). The perception of motion in chromatic stimuli. *Behavioral and Cognitive Neuroscience Reviews, 4*(3), 192-217. [doi: 10.1177/1534582305285120]

Curcio, C. A., Allen, K. A., Sloan, K. R., Lerea, C. L., Hurley, J. B., Klock, I. B., & Milam, A. H. (1991). Distribution and morphology of human cone photoreceptors stained with anti-blue opsin. *Journal of Comparative Neurology, 312*(4), 610-624. [doi: 10.1002/cne.903120411]

DeAngelis, G. C., Ohzawa, I., & Freeman, R. D. (1993). Spatiotemporal organization of simple-cell receptive fields in the cat's striate cortex. I. General characteristics and postnatal development. *Journal of Neurophysiology, 69*(4), 1091-1117. [doi: 10.1152/jn.1993.69.4.1091]

Eskew, R. T., Stromeyer, C. F., & Kronauer, R. E. (1994). Temporal properties of the red-green chromatic mechanism. *Vision Research, 34*(23), 3127-3137. [doi: 10.1016/0042-6989(94)90078-7]

Friedman, H. S., Zhou, H., & von der Heydt, R. (2003). The coding of uniform colour figures in monkey visual cortex. *Journal of Physiology, 548*(2), 593-613. [doi: 10.1113/jphysiol.2002.033555]

Gegenfurtner, K. R., & Kiper, D. C. (2003). Color vision. *Annual Review of Neuroscience, 26*, 181-206. [doi: 10.1146/annurev.neuro.26.041002.131116]

Gur, M., & Snodderly, D. M. (1997). A dissociation between brain activity and perception: Chromatically opponent cortical neurons signal chromatic flicker that is not perceived. *Vision Research, 37*(4), 377-382. [doi: 10.1016/s0042-6989(96)00183-6]

Ingling, C. R., & Martinez-Uriegas, E. (1985). The spatiotemporal properties of the R-G X-cell channel. *Vision Research, 25*(1), 33-38. [doi: 10.1016/0042-6989(85)90077-x]

Ingling, C. R., Scheibner, H. M., & Boynton, R. M. (1970). Color naming of small foveal fields. *Vision Research, 10*(6),

第 6 章　色知覚

501–511.［doi: 10.1016/0042-6989(70)90006-4］

Jiang, Y., Zhou, K., & He, S. (2007). Human visual cortex responds to invisible chromatic flicker. *Nature Neuroscience*, *10*(5), 657–662.［doi: 10.1038/nn1879］

Kelly, D. H. (1983). Spatiotemporal variation of chromatic and achromatic contrast thresholds. *Journal of the Optical Society of America*, *73*(6), 742–750.［doi: 10.1364/josa.73.000742］

Kelly, D. H., & van Norren, D. (1977). Two-band model of heterochromatic flicker. *Journal of the Optical Society of America*, *67*(8), 1081–1091.［doi: 10.1364/josa.67.001081］

König, A. (1894). Uber den menschlichen Sehpurpur und seine Bedeutung fur das Sehen. *S.B. Akad. Wiss. Berlin*, 577–598.

Livingstone, M. S., & Hubel, D. H. (1987). Psychophysical evidence for separate channels for the perception of form, color, movement, and depth. *Journal of Neuroscience*, *7*(11), 3416–3468.［doi: 10.1523/jneursci.07-11-03416.1987］

Luria, S. M., & Neri, D. F. (1986). Individual differences in luminous efficiency measured by flicker photometry. *Color Research and Application*, *11*(1), 72–75.［doi: 10.1002/col.5080110113］

McCree, K. J. (1960). Small-field tritanopia and the effects of voluntary fixation. *Optica Acta*, *7*, 317–323.［doi: 10.1080/713826349］

Mullen, K. T. (1985). The contrast sensitivity of human colour vision to red-green and blue-yellow chromatic gratings. *Journal of Physiology*, *359*, 381–400.［doi: 10.1113/jphysiol.1985.sp015591］

Mullen, K. T., & Beaudot, W. H. A. (2002). Comparison of color and luminance vision on a global shape discrimination task. *Vision Research*, *42*(5), 565–575.［doi: 10.1016/s0042-6989(01)00305-4］

Mullen, K. T., Beaudot, W. H. A., & McIlhagga, W. H. (2000). Contour integration in color vision: A common process for the blue-yellow, red-green and luminance mechanisms? *Vision Research*, *40*(6), 639–655.［doi: 10.1016/s0042-6989(99)00204-7］

Smith, V. C., Bowen, R. W., & Pokorny, J. (1984). Threshold temporal integration of chromatic stimuli. *Vision Research*, *24*(7), 653–660.［doi: 10.1016/0042-6989(84)90206-2］

Uchikawa, K., & Yoshizawa, T. (1993). Temporal responses to chromatic and achromatic change inferred from temporal double-pulse integration. *Journal of the Optical Society of America A*, *10*(8), 1697–1705.［doi: 10.1364/josaa.10.001697］

Vul, E., & MacLeod, D. I. A. (2006). Contingent aftereffects distinguish conscious and preconscious color processing. *Nature Neuroscience*, *9*(7), 873–874.［doi: 10.1038/nn1723］

Wiesel, T. N., & Hubel, D. H. (1966). Spatial and chromatic interactions in the lateral geniculate body of the rhesus monkey. *Journal of Neurophysiology*, *29*, 1115–1156.［doi: 10.1152/jn.1966.29.6.1115］

Williams, D. R., MacLeod, D. I. A., & Hayhoe, M. M. (1981). Foveal Tritanopia. *Vision Research*, *21*(9), 1341–1356.［doi: 10.1016/0042-6989(81)90241-8］

Willmer, E. N. (1944). Colour of small objects. *Nature*, *153*, 774–775.［doi: 10.1038/153774b0］

Willmer E. N., & Wright W. D. (1945). Colour sensitivity of the fovea centralis. *Nature*, *156*, 119–121.［doi: 10.1038/156119a0］

（6・3）

Agarwal, V., Abidi, B. R., Koschan, A., & Abidi, M. A. (2006). An overview of color constancy algorithms. *Journal of Pattern Recognition Research*, *1*(1), 42–54.［doi: 10.13176/11.9］

Angelopoulou, E., & Poger, S. (2003). The color of specular highlights. In B. E. Rogowitz & T. N. Pappas (Eds.), *Human Vision and Electronic Imaging VIII*. Proceedings of SPIE-IS&T Electronic Imaging, SPIE (Vol. 5007, pp. 298–309). Santa Clara, CA: SPIE-IS&T.

Arend, L., & Reeves, A. (1986). Simultaneous color constancy. *Journal of the Optical Society of America A*, *3*, 1743–1751［Foster (2011), p. 679R, 2nd paragraph］.

Barbur, J. L., de Cunha, D., Williams, C. B., & Plant, G. (2002). Experimental studies of instantaneous colour constancy: Dynamic colour matching under rapid changes of illuminant. In B. E. Rogowitz & T. N. Pappas (Eds.), *Human Vision*

465

第 II 部　視覚

and Electronic Imaging VII. Proceedings of SPIE（Vol. 4662, pp. 298-314）. Bellingham, WA: SPIE.

Barnard, K.（2000）. Improvements to gamut mapping colour constancy algorithms. *Proceedings of European Conference on Computer Vision*, pp. 390-403［doi: 10.1007/3-540-45054-8_26］

Brainard, D. H., & Freeman, W. T.（1997）. Bayesian color constancy. *Journal of the Optical Society of America A, 14*(7), 1393-1411.［doi: 10.1364/josaa.14.001393］

Brainard, D. H., & Hurlbert, A. C.（2015）. Colour vision: Understanding #TheDress. *Current Biology, 25*, R551-R554.［doi: 10.1016/j.cub.2015.05.020］

Brainard, D. H., Longère, P., Delahunt, P. B., Freeman, W. T., Kraft, J. M., & Xiao, B.（2006）. Bayesian model of human color constancy. *Journal of Vision, 6*(11), 10.［doi: 10.1167/6.11.10］

Brainard, D. H., & Radonjić, A.（2014）. Color constancy. In J. S. Werner & L. M. Chalupa（Eds.）, *The New Visual Neurosciences*（pp. 545-556）. MIT Press.

Buchsbaum, G.（1980）. A spatial processor model for object colour perception. *Journal of the Franklin Institute, 310*, 1-26.［doi: 10.1016/0016-0032(80)90058-7］

D'Zmura, M., & Lennie, P.（1986）. Mechanisms of color constancy. *Journal of the Optical Society of America A, 3*, 1662-1672.［doi: 10.1364/josaa.3.001662］

Ebner, M.（2006）. *Color Constancy.* John Wiley & Sons.［doi: 10.1002/9780470510490］

Ebner, M.（2007）. White Patch Retinex. *Color Constancy*（p. 104）. John Wiley & Sons.

Finlayson G., & Hordley, S.（2000）. Improving gamut mapping color constancy. *IEEE Transactions on Image Processing, 9*(10), 1774-1783.［doi: 10.1109/83.869188］

Finlayson, G., Hordley, S., & Tastl, I.（2006）. Gamut constrained illuminant estimation. *International Journal of Computer Vision, 67*(1), 93-109.［doi: 10.1007/s11263-006-4100-z］

Forsyth, D.（1990）. A novel algorithm for color constancy. *International Journal of Computer Vision, 5*(1), 5-35.［doi: 10.1007/bf00056770］

Foster, D. H.（2011）. Color constancy. *Vision Research, 51*(7), 674-700.［doi: 10.1016/j.visres.2010.09.006］

Fukuda, K., Morimoto, T., Kusano, B., & Uchikawa, K.（2019）. Illuminants estimated by human observers for natural objects under daylights compared with those predicted by the optimal color hypothesis. *Journal of Vision, 19*(15), 41.［doi: 10.1167/19.15.41］

Fukuda, K., & Uchikawa, K.（2014）. Color constancy in a scene with bright colors that do not have a fully natural surface appearance. *Journal of the Optical Society of America A, 31*(4), A239-A246.［doi: 10.1364/josaa.31.00A239］

福田　一帆・内川　惠二　（2017）．自然環境の分光測定結果による照明光推定オプティマルカラーモデルの検証　映像情報メディア学会技術報告，*41*(16)，151-154.

Gijsenij, A.（2011）. Computational color constancy: Survey and experiments. *IEEE Transactions on Image Processing, 20*(9), 2475-2489.［doi: 10.1109/tip.2011.2118224］

Gijsenij, A., & Gevers, T.（2007）. Color constancy using natural image statistics. *IEEE Conference on Computer Vision and Pattern Recognition*, 1-8.［doi: 10.1109/cvpr.2007.383206］

Gijsenij, A., Gevers, T., & van de Weijer, J.（2010）. Generalized gamut mapping using image derivative structures for color constancy. *International Journal of Computer Vision, 86*, 127-139.［doi: 10.1007/s11263-008-0171-3］

Gijsenij, A., Gevers, T., & van de Weijer, J.（2011）. Computational color constancy: Survey and experiments. *IEEE Transactions on Image Processing, 20*(9), 2475-2489.［doi: 10.1109/tip.2011.2118224］

Golz, J., & MacLeod, D. I. A.（2002）. Influence of scene statistics on colour constancy. *Nature, 415*(6872), 637-640.［doi: 10.1038/415637a］

Granzier, J. J. M., Brenner, E., Cornelissen, F. W., & Smeets, J. B. J.（2005）. Luminance-color correlation is not used to estimate the color of the illumination. *Journal of Vision, 5*(1), 20-27.［doi: 10.1167/5.1.2］

Hussain, M. A., & Akbari, A. S.（2018）. Color constancy algorithm for mixed-illuminant scene images. *IEEE Access, 6*, 8964-8976.［doi: 10.1109/access.2018.2808502］

Lafer-Sousa, R., Hermann, K. L., & Conway, B. R.（2015）. Striking individual differences in color perception uncovered by 'the dress' photograph. *Current Biology, 25*, R545–R546. ［doi: 10.1016/j.cub.2015.04.053］

Land, E. H. (1977). The retinex theory of color vision. *Scientific American, 237*(6), 108–128. ［doi: 10.1038/scientificamerican1277-108］

Land, E. H. (1986). Recent advances in retinex theory. *Vision Research, 26*(1), 7–21. ［doi: 10.1016/0042-6989(86)90067-2］

Land, E. H., & McCann, J. J. (1971). Lightness and retinex theory. *Journal of the Optical Society of America, 61*(1), 1–11. ［doi: 10.1364/josa.61.000001］

Lee, H.-C. (1986). Method for computing the scene-illuminant chromaticity from specular highlights. *Journal of the Optical Society of America A, 3*, 1694–1699. ［doi: 10.1364/josaa.3.001694］

MacAdam, D. (1935a). The theory of the maximum visual efficiency of colored materials. *Journal of the Optical Society of America A, 25*, 249–252. ［doi: 10.1364/josa.25.000249］

MacAdam, D. (1935b). Maximum visual efficiency of colored materials. *Journal of the Optical Society of America A, 25*, 361–367. ［doi: 10.1364/josa.25.000361］

MacLeod, D. I. A., & Boynton, R. M. (1979). Chromaticity diagram showing cone excitation by stimuli of equal luminance. *Journal of the Optical Society of America A, 69*, 1183–1186. ［doi: 10.1364/josa.69.001183］

Mahroo, O. A., Williams, K. M., Hossain, I. T., Yonova-Doing, E., Kozareva, D., Yusuf, A., ... Hammond, C. J. (2017). Do twins share the same dress code? Quantifying relative genetic and environmental contributions to subjective perceptions of "the dress" in a classical twin study. *Journal of Vision, 17*(1), 1–7. ［doi: 10.1167/17.1.29］

Maloney, L. T., & Schirillo, J. A. (2002). Color constancy, lightness constancy, and the articulation hypothesis. *Perception, 31*, 135–139. ［doi: 10.1068/p12sp］

Maloney, L. T., & Wandell, B. A. (1986). Color constancy: A method for recovering surface spectral reflectance. *Journal of the Optical Society of America A, 3*(1), 29–33. ［doi: 10.1364/josaa.3.000029］

Morimoto, T., Fukuda, K., & Uchikawa, K. (2016). Effects of surrounding stimulus properties on color constancy based on luminance balance. *Journal of the Optical Society of America A, 33*(3), A214–A227. ［doi: 10.1364/josaa.33.00A214］

Morimoto, T., Fukuda, K., & Uchikawa, K. (2021). Explaining #TheShoe based on the optimal color hypothesis: The role of chromaticity vs. luminance distribution in an ambiguous image. *Vision Research, 178*, 117–123. ［doi: 10.1016/j.visres.2020.10.007］

Morimoto, T., Kusuyama, T., Fukuda, K., & Uchikawa, K. (2021). Human color constancy based on the geometry of color distributions. *Journal of Vision, 21*, 7. ［doi: 10.1167/jov.21.3.7］

Morimoto, T., Numata, A., Fukuda, K., & Uchikawa, K. (2021). Luminosity thresholds of colored surfaces are determined by their upper-limit luminances empirically internalized in the visual system. *Journal of Vision, 21*(13), 3. ［doi: 10.1167/jov.21.13.3］

Morimoto, T., Zhang, C., Fukuda, K., & Uchikawa, K. (2022). Spectral measurement of daylights and surface properties of natural objects in Japan. *Optics Express, 30*(3), 3183–3204. ［doi: 10.1364/oe.441063］

Murray, I. J., Daugirdiene, A., Vaitkevicius, H., Kulikowski, J. J., & Stanikunas, R. (2006). Almost complete colour constancy achieved with full-field adaptation. *Vision Research, 46*, 3067–3078. ［doi: 10.1016/j.visres.2006.03.011］

Nikitenko, D., Wirth, M., & Trudel, K. (2008). Applicability of white-balancing algorithms to restoring faded colour slides: An empirical evaluation. *Journal of Multimedia, 3*(5), 9–18. ［doi: 10.4304/jmm.3.5.9-18］

Olkkonen, M., Hansen, T., & Gegenfurtner, K. R. (2008). Color appearance of familiar objects: Effects of object shape, texture, and illumination changes. *Journal of Vision, 8*(5), 1–16. ［doi: 10.1167/8.5.13］

Rabin, J., Houser, B., Talbert, C., & Patel, R. (2016). Blue-black or white-gold? Early stage processing and the color of 'the dress'. *PLoS ONE, 11*(8), 1–10. ［doi: 10.1371/journal.pone.0161090］

Smithson, H. E. (2005). Sensory, computational and cognitive components of human colour constancy. *Philosophical Transactions of the Royal Society B, 360*, 1329–1346. ［doi: 10.1098/rstb.2005.1633］

田島 譲二 （2009）．Color Constancy と画像からの光源色推定　画像電子学会誌, *38*(4), 503–511. ［doi: 10.11371/iieej.38.503］

Tominaga, S., & Wandell, B. A. (1989). Standard surface-reflectance model and illuminant estimation. *Journal of the Optical*

第Ⅱ部　視覚

Society of America A, 6(4), 576–584. [doi: 10.1364/josaa.6.000576]

Toscani, M., Gegenfurtner, K. R., & Doerschner, K. (2017). Differences in illumination estimation in #thedress. *Journal of Vision, 17*(1), 22. [doi: 10.1167/17.1.22]

豊田 敏裕・本庄 秀至・中内 茂樹　(2006).　シーン統計量に対するベイズ推定としての色恒常性　電子情報通信学会論文誌 D, *J89-D*(9), 2101–2112.

Uchikawa, K., Fukuda, K., Kitazawa, Y., & MacLeod, D. I. A. (2012). Estimating illuminant color based on luminance balance of surfaces. *Journal of the Optical Society of America A, 29*(2), A133–A143. [doi: 10.1364/josaa.29.00A133]

Uchikawa, K., Fukuda, K., & Morimoto, T. (2017). Predicting the luminosity thresholds for chromatic stimuli by the optimal color hypothesis. *Journal of Vision, 17*, 50–51. [doi: 10.1167/17.15.50a]

Uchikawa, K., Morimoto, T., & Matsumoto, T. (2017). Understanding individual differences in color appearance of "#TheDress" based on the optimal color hypothesis. *Journal of Vision, 17*, 1–14. [doi: 10.1167/17.8.10]

von Kries, J. (1905). Influence of adaptation on the effects produced by luminous stimuli. In D. L. MacAdam (Ed.), *Sources of Color Science* (pp. 120–126). MIT Press.

Vemuri, K., Bisla, K., Mulpuru, S., & Varadharajan, S. (2016). Do normal pupil diameter differences in the population underlie the color selection of #thedress? *Journal of the Optical Society of America A, 33*(3), A137–A142. [doi: 10.1364/josaa.33.00A137]

Werner, A., Fuchs, S., Kersten, Y., & Salinas, M. (2018). #TheShoe is the new #TheDress - a colour ambiguity involving the red-green axis needs a new explanation. *Journal of Vision, 18*(10), 891. [doi: 10.1167/18.10.891]

Winkler, A. D., Spillmann, L., Werner, J. S., & Webster, M. A. (2015). Asymmetries in blue-yellow color perception and in the color of 'the dress'. *Current Biology, 25*(13), R547–R548. [doi: 10.1016/j.cub.2015.05.004]

Witzel, C., Racey, C., & O'Regan, J. K. (2017). The most reasonable explanation of "the dress": Implicit assumptions about illumination. *Journal of Vision, 17*(2), 1–19. [doi: 10.1167/17.2.1]

Yang, J. N., & Shevell, S. K. (2002). Stereo disparity improves color constancy. *Vision Research, 42*, 1979–1989. [doi: 10.1016/s0042-6989(02)00098-6]

(6・4)

Babilon, S., & Khanh, T. Q. (2018). Color appearance rating of familiar real objects under immersive viewing conditions. *Color Research and Application, 43*, 551–568. [doi: 10.1002/col.22209]

Bannert, M. M., & Bartels, A. (2013). Decoding the yellow of a gray banana. *Current Biology, 23*, 2268–2272. [doi: 10.1016/j.cub.2013.09.016]

Biederman, I., & Ju, G. (1998). Surface versus edge-based determinants of visual recognition. *Cognitive Psychology, 20*, 38–64. [doi: 10.1016/0010-0285(88)90024-2]

Bodrogi, P., & Tarczali, T. (2001). Colour memory for various sky, skin, and plant colours: Effect of the image context. *Color Research and Application, 26*, 278–289. [doi: 10.1002/col.1034]

Bramão, I., Inácio, F., Faísca, L., Reis, A., & Petersson, K. M. (2010). The influence of color information on the recognition of color diagnostic and noncolor diagnostic objects. *Journal of General Psychology, 138*, 49–65. [doi: 10.1080/00221309.2010.533718]

Bramão, I., Reis, A., Petersson, K. M., & Faísca, L. (2011). The role of color information on object recognition: A review and meta-analysis. *Acta Psychologica, 138*, 244–253. [doi: 10.1016/j.actpsy.2011.06.010]

Camgöz, N., Yener, C., & Güvenç, D. (2002). Effects of hue, saturation, and brightness on preference. *Color Research and Application, 27*, 199–207. [doi: 10.1002/col.10051]

Castelhano, M. S., & Henderson, J. M. (2008). The influence of color on the perception of scene gist. *Journal of Experimental Psychology: Human Perception and Performance, 34*, 660–675. [doi :10.1037/0096-1523.34.3.660]

Changizi, M. A., Zhang, Q., & Shimojo, S. (2006). Bare skin, blood and the evolution of primate colour vision. *Biology Letters, 2*, 217–221. [doi: 10.1098/rsbl.2006.0440]

Delorme, A., Richard, G., & Fabre-Thorpe, M. (2000). Ultra-rapid categorisation of natural scenes does not rely on colour

第 6 章　色知覚

cues: A study in monkeys and humans. *Vision Research, 40*, 2187–2200.［doi: 10.1016/S0042-6989(00)00083-3］

Eskew, R. T. Jr., McLellan, J. S., & Giulianini, F. (1999). Chromatic detection and discrimination. In K. Gegenfurtner & L. T. Sharpe (Eds.), *Color Vision: From Molecular Genetics to Perception* (pp. 345–368). Cambridge University Press.

Evans, K. K., & Treisman, A. (2005). Perception of objects in natural scenes: Is it really attention free? *Journal of Experimental Psychology: Human Perception and Performance, 31*, 1476–1492.［doi: 10.1037/0096-1523.31.6.1476］

Franklin, A., Bevis, L., Ling, Y., & Hurlbert, A. (2010). Biological components of colour preference in infancy. *Developmental Science, 13*, 346–354.［doi: 10.1111/j.1467-7687.2009.00884.x］

Gegenfurtner, K. R. (2003). Cortical mechanisms of colour vision. *Nature Reviews Neuroscience, 4*, 563–572.［doi: 10.1038/nrn1138］

Gegenfurtner, K. R., & Rieger, J. (2000). Sensory and cognitive contributions of color to the recognition of natural scenes. *Current Biology, 10*, 805–808.［doi: 10.1016/S0960-9822(00)00563-7］

Goffaux, V., Jacques, C., Mouraux, A., Oliva, A., Schyns, P., & Rossion, B. (2005). Diagnostic colours contribute to the early stages of scene categorization: Behavioural and neurophysiological evidence. *Visual Cognition, 12*, 878–892.［doi: 10.1080/13506280444000562］

Guilford, J. P., & Smith, P. (1959). A system of color-preferences. *American Journal of Psychology, 72*, 487–502.［doi: 10.2307/1419491］

Hanna, A., & Remington, R. (1996). The representation of color and form in long-term memory. *Memory & Cognition, 24*, 322–330.［doi: 10.3758/bf03213296］

Hansen, T., Giesel, M., & Gegenfurtner, K. R. (2008). Chromatic discrimination of natural objects. *Journal of Vision, 8*(1), 2.［doi: 10.1167/8.1.2］

Hansen, T., Olkkonen, M., Walter, S., & Gegenfurtner, K. R. (2006). Memory modulates color appearance. *Nature Neuroscience, 9*, 1367–1368.［doi: 10.1038/nn1794］

Hering, E. (1964). *Outlines of a Theory of the Light Sense* (L. M. Hurvich & D. Jameson, Trans.). Harvard University Press. (Original work published 1878)

Homa, D., & Viera, C. (1988). Long-term memory for pictures under conditions of thematically related foils. *Memory & Cognition, 16*, 411–421.［doi: 10.3758/bf03214221］

Hsu, N. S., Frankland, S. M., & Thompson-Schill, S. L. (2012). Chromaticity of color perception and object color knowledge. *Neuropsychologia, 50*, 327–333.［doi: 10.1016/j.neuropsychologia.2011.12.003］

Humphrey, N. (1976). The colour currency of nature. In T. Porter & B. Mikellides (Eds.), *Colour for Architecture* (pp. 95–98). Studio-Vista.

Humphreys, G. W., Price, C. J., & Riddoch, M. J. (1999). From objects to names: A cognitive neuroscience approach. *Psychological Research, 62*, 118–130.［doi: 10.1007/s004260050046］

Hurlbert, A. C., & Ling, Y. (2007). Biological components of sex differences in color preference. *Current Biology, 17*, R623–R625.［doi: 10.1016/j.cub.2007.06.022］

Hurlbert, A. C., & Ling, Y. (2017). Understanding colour perception and preference. In J. Best (Ed.), *Colour Design: Theories and Applications* (pp. 169–192). Woodhead Publishing, Elsevier.

Kimura, A., Wada, Y., Masuda, T., Goto, S.-i., Tsuzuki, D., Hibino, H., ... Dan, I. (2013). Memory color effect induced by familiarity of brand logos. *PLoS ONE, 8*(7), e68474.［doi: 10.1371/journal.pone.0068474］

Kimura, A., Wada, Y., Yang, J., Otsuka, Y., Dan, I., Masuda, T., ... Yamaguchi, M. K. (2010). Infants' recognition of objects using canonical color. *Journal of Experimental Child Psychology, 105*, 256–263.［doi: 10.1016/j.jecp.2009.11.002］

Kimura, E. (2018). Averaging colors of multicolor mosaics. *Journal of the Optical Society of America A, 35*, B43–B54.［doi: 10.1364/josaa.35.000B43］

Kimura, E., & Takahashi, N. (2017). Does color diagnosticity enhance subjective experience of full-color natural scenes? *Journal of Vision, 17*(10), 646.［doi: 10.1167/17.10.646］

Kuriki, I. (2004). Testing the possibility of average-color perception from multi-colored patterns. *Optical Review, 11*, 249–257.［doi: 10.1007/s10043-004-0249-2］

469

第 II 部　視覚

Lewis, D. E., Pearson, J., & Khuu, S. K. (2013). The color "fruit": Object memories defined by color. *PLoS ONE, 8*(5), e64960. [doi: 10.1371/journal.pone.0064960]

McManus, I. C., Jones, A. L., & Cottrell, J. (1981). The aesthetics of colour. *Perception, 10,* 651-666. [doi: 10.1068/p100651]

Mitterer, H., & de Ruiter, J. P. (2008). Recalibrating color categories using world knowledge. *Psychological Science, 19,* 629-634. [doi: 10.1111/j.1467-9280.2008.02133.x]

Mitterer, H., Horschig, J. M., Musseler, J., & Majid, A. (2009). The influence of memory on perception: It's not what things look like, it's what you call them. *Journal of Experimental Psychology: Learning, Memory, and Cognition, 35,* 1557-1562. [doi: 10.1037/a0017019]

Mollon, J. D. (1989). "Tho' she kneel'd in that place where they grew..." The uses and origins of primate colour vision. *Journal of Experimental Biology, 146,* 21-38. [doi: 10.1242/jeb.146.1.21]

永井 淳一・横澤 一彦 (2006). 視覚物体認知における色の役割：色識別性とカテゴリーの影響　認知心理学研究, *3,* 181-192. [doi: 10.5265/jcogpsy.3.181]

Naor-Raz, G., Tarr, M. J., & Kersten, D. (2003). Is color an intrinsic property of object representation? *Perception, 32,* 667-680. [doi: 10.1068/p5050]

Newhall, S. M., Burnham, R. W., & Clark, J. R. (1957). Comparison of successive with simultaneous color matching. *Journal of the Optical Society of America, 47,* 43-56. [doi: 10.1364/josa.47.000043]

Oliva, A., & Schyns, P. G. (2000). Diagnostic colors mediate scene recognition. *Cognitive Psychology, 41,* 176-210. [doi: 10.1006/cogp.1999.0728]

Olkkonen, M., Hansen, T., & Gegenfurtner, K. R. (2008). Color appearance of familiar objects: Effects of object shape, texture, and illumination changes. *Journal of Vision, 8*(5), 13. [doi: 10.1167/8.5.13]

Ou, L.-C., Luo, M. R., Woodcock, A., & Wright, A. (2004a). A study of colour emotion and colour preference. Part I: Colour emotions for single colours. *Color Research and Application, 29,* 232-240. [doi: 10.1002/col.20010]

Ou, L.-C., Luo, M. R., Woodcock, A., & Wright, A. (2004b). A study of colour emotion and colour preference. Part III: Colour preference modeling. *Color Research and Application, 29,* 381-389. [doi: 10.1002/col.20047]

Palmer, S. E., & Schloss, K. B. (2010). An ecological valence theory of human color preference. *Proceedings of the National Academy of Sciences of the USA, 107,* 8877-8882. [doi: 10.1073/pnas.0906172107]

Párraga, C. A., Troscianko, T., & Tolhurst, D. J. (2002). Spatiochromatic properties of natural images and human vision. *Current Biology, 12,* 483-487. [doi: 10.1016/s0960-9822(02)00718-2]

Potter, M. C. (1976). Short-term conceptual memory for pictures. *Journal of Experimental Psychology: Human Learning and Memory, 2,* 509-522. [doi: 10.1037/0278-7393.2.5.509]

Potter, M. C., Wyble, B., Hagmann, C. E., & McCourt, E. S. (2014). Detecting meaning in RSVP at 13 ms per picture. *Attention, Perception, & Psychophysics, 76,* 270-279. [doi: 10.3758/s13414-013-0605-z]

Price, C. J., & Humphreys, G. W. (1989). The effects of surface detail on object categorization and naming. *Quarterly Journal of Experimental Psychology A, 41,* 797-828. [doi: 10.1080/14640748908402394]

Ratner, C., & McCarthy, J. (1990). Ecologically relevant stimuli and color memory. *Journal of General Psychology, 117,* 369-377. [doi: 10.1080/00221309.1990.9921143]

Rossion, B., & Pourtois, G. (2004). Revisiting Snodgrass and Vanderwart's object pictorial set: The role of surface detail in basic-level object recognition. *Perception, 33,* 217-236. [doi: 10.1068/p5117]

Saito, M. (1996a). Comparative studies on color preference in Japan and other Asian regions, with special emphasis on the preference for white. *Color Research and Application, 21,* 35-49. [doi: 10.1002/(sici)1520-6378(199602)21:1<35::aid-col4>3.0.co;2-6]

Saito, M. (1996b). A comparative study of color preferences in Japan, China and Indonesia, with emphasis on the preference for white. *Perceptual and Motor Skills, 83,* 115-128. [doi: 10.2466/pms.1996.83.1.115]

Schloss, K. B., Hawthorne-Madell, D., & Palmer, S. E. (2015). Ecological influences on individual differences in color preference. *Attention, Perception, & Psychophysics, 77,* 2803-2816. [doi: 10.3758/s13414-015-0954-x]

Schloss, K. B., & Heck, I. A. (2017). Seasonal changes in color preferences are linked to variations in environmental colors:

A longitudinal study of fall. *i-Perception, 8*(6), 2041669517742177. ［doi: 10.1177/2041669517742177］

Schloss, K. B., Nelson, R., Parker, L., Heck, I. A., & Palmer, S. E. (2017). Seasonal variations in color preference. *Cognitive Science, 41*, 1589-1612. ［doi: 10.1111/cogs.12429］

Schloss, K. B., & Palmer, S. E. (2014). The politics of color: Preferences for Republican red versus Democratic blue. *Psychonomic Bulletin & Review, 21*, 1481-1488. ［doi: 10.3758/s13423-014-0635-0］

Schloss, K. B., & Palmer, S. E. (2015). Ecological aspects of color preference. In A. J. Elliot, M. D. Fairchild, & A. Franklin (Eds.), *Handbook of Color Psychology* (pp. 435-453). Cambridge University Press.

Schloss, K. B., Poggesi, R. M., & Palmer, S. E. (2011). Effects of university affiliation and "school spirit" on color preferences: Berkeley versus Stanford. *Psychonomic Bulletin & Review, 18*, 498-504. ［doi: 10.3758/s13423-011-0073-1］

Simmons, W. K., Ramjee, V., Beauchamp, M. S., McRae, K., Martin, A., & Barsalou, L. W. (2007). A common neural substrate for perceiving and knowing about color. *Neuropsychologia, 45*, 2802-2810. ［doi: 10.1016/j.neuropsychologia.2007.05.002］

Siple, P., & Springer, R. M. (1983). Memory and preference for the colors of objects. *Perception & Psychophysics, 34*, 363-370. ［doi: 10.3758/bf03203049］

Smet, K., Ryckaert, W. R., Pointer, M. R., Deconinck, G., & Hanselaer, P. (2011). Colour appearance rating of familiar real objects. *Color Research and Application, 36*, 192-200. ［doi: 10.1002/col.20620］

Stefurak, D. L., & Boynton, R. M. (1986). Independence of memory for categorically different colors and shapes. *Perception & Psychophysics, 39*, 164-174. ［doi: 10.3758/bf03212487］

Strauss, E. D., Schloss, K. B., & Palmer, S. E. (2013). Color preferences change after experience with liked/disliked colored objects. *Psychonomic Bulletin & Review, 20*, 935-943. ［doi: 10.3758/s13423-013-0423-2］

Surridge, A. K., Osorio, D., & Mundy, N. I. (2003). Evolution and selection of trichromatic vision in primates. *Trends in Ecology & Evolution, 18*, 198-205. ［doi: 10.1016/s0169-5347(03)00012-0］

Suzuki, K., & Takahashi, R. (1997). Effectiveness of color in picture recognition memory. *Japanese Psychological Research, 39*, 25-32. ［doi: 10.1111/1468-5884.00033］

高橋 晋也 (2011). 2.7 色彩嗜好 日本色彩学会 (編) 新編色彩科学ハンドブック (pp. 491-498) 東京大学出版会

Tanaka, J. W., & Presnell, L. M. (1999). Color diagnosticity in object recognition. *Perception & Psychophysics, 61*, 1140-1153. ［doi: 10.3758/bf03207619］

Tanaka, J., Weiskopf, D., & Williams, P. (2001). The role of color in high-level vision. *Trends in Cognitive Sciences, 5*, 211-215. ［doi: 10.1016/s1364-6613(00)01626-0］

Taylor, C., Clifford, A., & Franklin, A. (2013). Color preferences are not universal. *Journal of Experimental Psychology: General, 142*, 1015-1027. ［doi: 10.1037/a0030273］

Taylor, C., & Franklin, A. (2012). The relationship between color-object associations and color preference: Further investigation of ecological valence theory. *Psychonomic Bulletin & Review, 19*, 190-197. ［doi: 10.3758/s13423-012-0222-1］

Taylor, C., Schloss, K., Palmer, S. E., & Franklin, A. (2013). Color preferences in infants and adults are different. *Psychonomic Bulletin & Review, 20*, 916-922. ［doi: 10.3758/s13423-013-0411-6］

Uchikawa, K. (1983). Purity discrimination: Successive vs simultaneous comparison method. *Vision Research, 23*, 53-58. ［doi: 10.1016/0042-6989(83)90041-x］

Uttl, B. O. B., Graf, P., & Santacruz, P. (2006). Object color affects identification and repetition priming. *Scandinavian Journal of Psychology, 47*, 313-325. ［doi: 10.1111/j.1467-9450.2006.00532.x］

Vandenbroucke, A. R. E., Fahrenfort, J. J., Meuwese, J. D. I., Scholte, H. S., & Lamme, V. A. F. (2016). Prior knowledge about objects determines neural color representation in human visual cortex. *Cerebral Cortex, 26*, 1401-1408. ［doi: 10.1093/cercor/bhu224］

Vurro, M., Ling, Y., & Hurlbert, A. C. (2013). Memory color of natural familiar objects: Effects of surface texture and 3-D shape. *Journal of Vision, 13*(7), 20. ［doi: 10.1167/13.7.20］

Wichmann, F. A., Sharpe, L. T., & Gegenfurtner, K. R. (2002). The contributions of color to recognition memory for natural

第II部　視覚

scenes. *Journal of Experimental Psychology: Learning, Memory, and Cognition, 28*, 509–520. ［doi: 10.1037/0278-7393.28.3.509］

Witzel, C., & Hansen, T. (2015). Memory effects on color perception. In A. J. Elliot, M. D. Fairchild, & A. Franklin (Eds.), *Handbook of Color Psychology* (pp. 641–659). Cambridge University Press.

Witzel, C., Valkova, H., Hansen, T., & Gegenfurtner, K. (2011). Object knowledge modulates colour appearance. *i-Perception, 2*, 13–49. ［doi: 10.1068/i0396］

Yendrikhovskij, S. N., Blommaert, F. J. J., & de Ridder, H. (1999). Representation of memory prototype for an object color. *Color Research and Application, 24*, 393–410. ［doi: 10.1002/(sici)1520-6378(199912)24:6<393::aid-col3>3.0.co;2-Z］

Yokosawa, K., Schloss, K. B., Asano, M., & Palmer, S. E. (2016). Ecological effects in cross-cultural differences between U.S. and Japanese color preferences. *Cognitive Science, 40*, 1590–1616. ［doi: 10.1111/cogs.12291］

（6・5）

Anstis, S. M. (1974). A chart demonstrating variations in acuity with retinal position. *Vision Research, 14*, 589–592. ［doi: 10.1016/0042-6989(74)90049-2］

Berlin, B., & Kay, P. (1969). *Basic Color Terms: Their University and Evolution.* University of California Press.

Boynton, R. M., & Olson, C. X. (1987). Locating basic colors in the OSA space. *Color Research and Application, 12*, 94–105. ［doi: 10.1002/col.5080120209］

CIE (International Commission on Illumination). (2014). CIE211:2014 Colour appearance in peripheral vision. CIE Central Bureau.

石田　泰一郎　（1995）．色情報の活用と有効性　光学，*26*，246–251．

Ishida, T. (2002). Color identification data obtained from photopic to mesopic illuminance levels. *Color Research and Application, 27*, 252–259. ［doi: 10.1002/col.10065］

河本　健一郎・和氣　洋美・和氣　典二・安間　哲史　（2013）．眼内レンズ移植を伴う白内障手術前後の白内障患者の色分類：高齢者2例による手術前後の変化　日本色彩学会色覚研究会平成24年度第2回研究発表会論文集，9–12．

河本　健一郎・和氣　典二　（2007）．若年者と高齢者のカテゴリカル色知覚に関する検討　映像情報メディア学会誌，*61*，393–399．［doi: 10.3169/itej.61.393］

河本　健一郎・和氣　典二・和氣　洋美　（2013）．基本色名に基づく色分類における照度の影響：明所視における若年者と高齢者の比較　日本色彩学会誌，*37*，83–92．

河本　健一郎・和氣　典二・和氣　洋美　（2015）．地下空間での色の分類を使用した視覚伝達に関する一考察　地下空間シンポジウム論文・報告集，*20*，1–6．

河本　健一郎・和氣　典二・安間　哲史　（2005）．高齢者・色覚異常者の色分類：色の見えのモードと同時比較色数の影響　カラーフォーラムJAPAN2005講演論文集（光学四学会幹事会），13–16．

小松　英彦　（1995）．色覚をつかさどる神経細胞　科学，*65*，454–460．

Matsuzawa, T. (1985). Colour naming and classification in a chimpanzee (*Pan troglodytes*). *Journal of Human Evolution, 14*(3), 283–291. ［doi: 10.1016/S0047-2484(85)80069-5］

The Optical Society of America (Ed.). (1975). *The Science of Color* (pp.101–105). Thomas Y. Crowell Publishers.

内川　惠二　（1989）．表面色と開口色モード認識と色の見え　光学，*18*，524–529．

内川　惠二　（1995）．色の見えのモード，恒常性，カテゴリー，記憶　科学，*65*(7)，429–437．

Uchikawa, K., & Shinoda, H. (1990). Effects of color memory on color appearance. *Proceedings of the Symposium of the International Research Group on Color Vision Deficiencies, Kigler and Ghedini Publication*, p. 35.

和氣　典二・和氣　洋美・安間　哲史・三田　武　（2018）．高齢者・ロービジョン者の文字探索　地下空間シンポジウム論文・報告集，*23*，137–142．

Wyszecki, G., & Stiles, W. S. (1982). *OSA Color System. Color Science: Concepts and Methods, Quantitative Data and Formulae* (2nd ed., pp. 512–513). John Wiley.

（6・6）

Ahnelt, P., Keri, C., & Kolb, H. (1990). Identification of pedicles of putative blue-sensitive cones in the human retina. *Journal of Comparative Neurology, 293*(1), 39–53.［doi: 10.1002/cne.902930104］

Ahnelt, P. K., & Kolb, H. (2000). The mammalian photoreceptor mosaic-adaptive design. *Progress in Retinal and Eye Research, 19*(6), 711–777.［doi: 10.1016/s1350-9462(00)00012-4］

Brainard, D. H., Roorda, A., Yamauchi, Y., Calderone, J. B., Metha, A., Neitz, M., … Jacobs, G. H. (2000). Functional consequences of the relative numbers of L and M cones. *Journal of the Optical Society of America A: Optics and Image Science, and Vision, 17*(3), 607–614.［doi: 10.1364/josaa.17.000607］

Brown, T. M., Tsujimura, S., Allen, A. E., Wynne, J., Bedford, R., Vickery, G., … Lucas, R. J. (2012). Melanopsin-based brightness discrimination in mice and humans. *Current Biology, 22*(12), 1134–1141.［doi: 10.1016/j.cub.2012.04.039］

Calkins, D. J. (2001). Seeing with S cones. *Progress in Retinal and Eye Research, 20*(3), 255–287.

Calkins, D. J., Tsukamoto, Y., & Sterling, P. (1998). Microcircuitry and mosaic of a blue-yellow ganglion cell in the primate retina. *Journal of Neuroscience, 18*(9), 3373–3385.［doi: 10.1523/jneurosci.18-09-03373.1998］

Crook, J. D., Davenport, C. M., Peterson, B. B., Packer, O. S., Detwiler, P. B., & Dacey, D. M. (2009). Parallel ON and OFF cone bipolar inputs establish spatially coextensive receptive field structure of blue-yellow ganglion cells in primate retina. *Journal of Neuroscience, 29*(26), 8372–8387.［doi: 10.1523/jneurosci.1218-09.2009］

Crook, J. D., Manookin, M. B., Packer, O. S., & Dacey, D. M. (2011). Horizontal cell feedback without cone type-selective inhibition mediates "red-green" color opponency in midget ganglion cells of the primate retina. *Journal of Neuroscience, 31*(5), 1762–1772.［doi: 10.1523/jneurosci.4385-10.2011］

Crook, J. D., Peterson, B. B., Packer, O. S., Robinson, F. R., Troy, J. B., & Dacey, D. M. (2008). Y-cell receptive field and collicular projection of parasol ganglion cells in macaque monkey retina. *Journal of Neuroscience, 28*(44), 11277–11291.［doi: 10.1523/jneurosci.2982-08.2008］

Curcio, C. A., Allen, K. A., Sloan, K. R., Lerea, C. L., Hurley, J. B., Klock, I. B., & Milam, A. H. (1991). Distribution and morphology of human cone photoreceptors stained with anti-blue opsin. *Journal of Comparative Neurology, 312*(4), 610–624.［doi: 10.1002/cne.903120411］

Dacey, D. M., Crook, J. D., & Packer, O. S. (2014). Distinct synaptic mechanisms create parallel S-ON and S-OFF color opponent pathways in the primate retina. *Visual Neuroscience, 31*(2), 139–151.［doi: 10.1017/S0952523813000230］

Dacey, D. M., & Lee, B. B. (1994). The 'blue-on' opponent pathway in primate retina originates from a distinct bistratified ganglion cell type. *Nature, 367*(6465), 731–735.［doi: 10.1038/367731a0］

Dacey, D. M., Lee, B. B., Stafford, D. K., Pokorny, J., & Smith, V. C. (1996). Horizontal cells of the primate retina: Cone specificity without spectral opponency. *Science, 271*(5249), 656–659.［doi: 10.1126/science.271.5249.656］

Dacey, D. M., Liao, H. W., Peterson, B. B., Robinson, F. R., Smith, V. C., Pokorny, J., Yau, K. W., & Gamlin, P. D. (2005). Melanopsin-expressing ganglion cells in primate retina signal colour and irradiance and project to the LGN. *Nature, 433*(7027), 749–754.［doi: 10.1038/nature03387］

Dartnall, H. J., Bowmaker, J. K., & Mollon, J. D. (1983). Human visual pigments: Microspectrophotometric results from the eyes of seven persons. *Proceedings of the Royal Society B: Biological Sciences, 220*(1218), 115–130.［doi: 10.1098/rspb.1983.0091］

Field, G. D., Gauthier, J. L., Sher, A., Greschner, M., Machado, T. A., Jepson, L. H., … Chichilnisky, E. J. (2010). Functional connectivity in the retina at the resolution of photoreceptors. *Nature, 467*(7316), 673–677.［doi: 10.1038/nature09424］

Field, G. D., Sher, A., Gauthier, J. L., Greschner, M., Shlens, J., Litke, A. M., & Chichilnisky, E. J. (2007). Spatial properties and functional organization of small bistratified ganglion cells in primate retina. *Journal of Neuroscience, 27*(48), 13261–13272.［doi: 10.1523/jneurosci.3437-07.2007］

Hofer, H., Carroll, J., Neitz, J., Neitz, M., & Williams, D. R. (2005). Organization of the human trichromatic cone mosaic. *Journal of Neuroscience, 25*(42), 9669–9679.［doi: 10.1523/jneurosci.2414-05.2005］

Klug, K., Herr, S., Ngo, I. T., Sterling, P., & Schein, S. (2003). Macaque retina contains an S-cone OFF midget pathway. *Journal of Neuroscience, 23*(30), 9881–9887.［doi: 10.1523/jneurosci.23-30-09881.2003］

第II部　視覚

Krauskopf, J., Williams, D. R., & Heeley, D. W. (1982). Cardinal directions of color space. *Vision Research, 22*(9), 1123–1131. [doi: 10.1016/0042-6989(82)90077-3]

Martin, P. R., & Grunert, U. (1999). Analysis of the short wavelength-sensitive ("blue") cone mosaic in the primate retina: Comparison of New World and Old World monkeys. *Journal of Comparative Neurology, 406*(1), 1–14. [doi: 10.1002/(sici)1096-9861(19990329)406:1< 1::aid-cne1>3.0.co;2-1]

Martin, P. R., Lee, B. B., White, A. J., Solomon, S. G., & Ruttiger, L. (2001). Chromatic sensitivity of ganglion cells in the peripheral primate retina. *Nature, 410*(6831), 933–936. [doi: 10.1038/35073587]

Mollon, J. D., & Bowmaker, J. K. (1992). The spatial arrangement of cones in the primate fovea. *Nature, 360*(6405), 677–679. [doi: 10.1038/360677a0]

O'Brien, J. J., Chen, X., Macleish, P. R., O'Brien, J., & Massey, S. C. (2012). Photoreceptor coupling mediated by connexin 36 in the primate retina. *Journal of Neuroscience, 32*(13), 4675–4687. [doi: 10.1523/jneurosci.4749-11.2012]

Packer, O. S., & Dacey, D. M. (2002). Receptive field structure of H1 horizontal cells in macaque monkey retina. *Journal of Vision, 2*(4), 272–292. [doi: 10.1167/2.4.1]

Packer, O. S., Verweij, J., Li, P. H., Schnapf, J. L., & Dacey, D. M. (2010). Blue-yellow opponency in primate S cone photoreceptors. *Journal of Neuroscience, 30*(2), 568–572. [doi: 10.1523/jneurosci.4738-09.2010]

Roorda, A., Metha, A. B., Lennie, P., & Williams, D. R. (2001). Packing arrangement of the three cone classes in primate retina. *Vision Research, 41*(10–11), 1291–1306. [doi: 10.1016/S0042-6989(01)00043-8]

Sabesan, R., Schmidt, B. P., Tuten, W. S., & Roorda, A. (2016). The elementary representation of spatial and color vision in the human retina. *Science Advances, 2*(9), e1600797. [doi: 10.1126/sciadv.1600797]

Schmidt, B. P., Sabesan, R., Tuten, W. S., Neitz, J., & Roorda, A. (2018). Sensations from a single M-cone depend on the activity of surrounding S-cones. *Scientific Reports, 8*(1), 8561. [doi: 10.1038/s41598-018-26754-1]

Schmidt, B. P., Touch, P., Neitz, M., & Neitz, J. (2016). Circuitry to explain how the relative number of L and M cones shapes color experience. *Journal of Vision, 16*(8), 18. [doi: 10.1167/16.8.18]

Schnapf, D. M., & Schneeweis, J. L. (1999). The photovoltage of macaque cone photoreceptors: Adaptation, noise, and kinetics. *Journal of Neuroscience, 19*(4), 1203–1216. [doi: 10.1523/JNEUROSCI.19-04-01203.1999]

Stockman, A., & Sharpe, L. T. (2000). The spectral sensitivities of the middle- and long-wavelength-sensitive cones derived from measurements in observers of known genotype. *Vision Research, 40*(13), 1711–1737. [doi: 10.1016/S0042-6989(00)00021-3]

Szel, A., Diamantstein, T., & Rohlich, P. (1988). Identification of the blue-sensitive cones in the mammalian retina by anti-visual pigment antibody. *Journal of Comparative Neurology, 273*(4), 593–602. [doi: 10.1002/cne.902730413]

Tsukamoto, Y., & Omi, N. (2016). ON bipolar cells in macaque retina: Type-specific synaptic connectivity with special reference to OFF counter parts. *Frontiers in Neuroanatomy, 10*, 104. [doi: 10.3389/fnana.2016.00104.eCollection2016]

Verweij, J., Hornstein, E. P., & Schnapf, J. L. (2003). Surround antagonism in macaque cone photoreceptors. *Journal of Neuroscience, 23*(32), 10249–10257. [doi: 10.1523/jneurosci.23-32-10249.2003]

Williams, D. R., MacLeod, D. I., & Hayhoe, M. M. (1981). Foveal tritanopia. *Vision Research, 21*(9), 1341–1356. [doi: 10.1016/0042-6989(81)90241-8]

Wool, L. E., Crook, J. D., Troy, J. B., Packer, O. S., Zaidi, Q., & Dacey, D. M. (2018). Nonselective wiring accounts for red-green opponency in midget ganglion cells of the primate retina. *Journal of Neuroscience, 38*(6), 1520–1540. [doi: 10.1523/jneurosci.1688-17.2017]

Wool, L. E., Packer, O. S., Zaidi, Q., & Dacey, D. M. (2019). Connectomic identification and three-dimensional color tuning of S-OFF midget ganglion cells in the primate retina. *Journal of Neuroscience, 39*(40), 7893–7909. [doi: 10.1523/jneurosci.0778-19.2019]

(6・7)

Bannert, M. M., & Bartels, A. (2018). Human V4 activity patterns predict behavioral performance in imagery of object color. *Journal of Neuroscience, 38*(15), 3657–3668. [doi: 10.1523/jneurosci.2307]

Banno, T., Ichinohe, N., Rockland, K. S., & Komatsu, H. (2010). Reciprocal connectivity of identified color-processing modules in the monkey inferior temporal cortex. *Cerebral Cortex*, *21*(6), 1295–1310. [doi: 10.1093/cercor/bhq211]

Barnes, J., Howard, R. J., Senior, C., Brammer, M., Bullmore, E. T., Simmons, A., & David, A. S. (1999). The functional anatomy of the McCollough contingent colour after-effect. *NeuroReport*, *10*(1), 195–199. [doi: 10.1097/00001756-199901180-00037]

Bartels, A., & Zeki, S. (2000). The architecture of the colour centre in the human visual brain: New results and a review. *European Journal of Neuroscience*, *12*(1), 172–193. [doi: 10.1046/j.1460-9568.2000.00905.x]

Beauchamp, M. S., Haxby, J. V., Jennings, J. E., & DeYoe, E. A. (1999). An fMRI version of the Farnsworth-Munsell 100-Hue test reveals multiple color-selective areas in human ventral occipitotemporal cortex. *Cerebral Cortex*, *9*(3), 257–263. [doi: 10.1093/cercor/9.3.257]

Bouvier, S. E., & Engel, S. A. (2006). Behavioral deficits and cortical damage loci in cerebral achromatopsia. *Cerebral Cortex*, *16*(2), 183–191. [doi: 10.1093/cercor/bhi096]

Brewer, A. A., Liu, J., Wade, A. R., & Wandell, B. A. (2005). Visual field maps and stimulus selectivity in human ventral occipital cortex. *Nature Neuroscience*, *8*(8), 1102–1109. [doi: 10.1038/nn1507]

Brouwer, G. J., & Heeger, D. J. (2009). Decoding and reconstructing color from responses in human visual cortex. *Journal of Neuroscience*, *29*(44), 13992–14003. [doi: 10.1523/jneurosci.3577-09.2009]

Brouwer, G. J., & Heeger, D. J. (2013). Categorical clustering of the neural representation of color. *Journal of Neuroscience*, *33*(39), 15454–15465. [doi: 10.1523/jneurosci.2472-13.2013]

Bushnell, B. N., Harding, P. J., Kosai, Y., Bair, W., & Pasupathy, A. (2011). Equiluminance cells in visual cortical area v4. *Journal of Neuroscience*, *31*(35), 12398–12412. [doi: 10.1523/jneurosci.1890-11.2011]

Calkins, D. J. (2001). Seeing with S cones. *Progress in Retinal and Eye Research*, *20*(3), 255–287.

Cavina-Pratesi, C., Kentridge, R. W., Heywood, C. A., & Milner, A. D. (2010). Separate channels for processing form, texture, and color: Evidence from fMRI adaptation and visual object agnosia. *Cerebral Cortex*, *20*(10), 2319–2332. [doi: 10.1093/cercor/bhp298]

Chao, L. L., & Martin, A. (1999). Cortical regions associated with perceiving, naming, and knowing about colors. *Journal of Cognitive Neuroscience*, *11*(1), 25–35. [doi: 10.1162/089892999563229]

Chatterjee, S., & Callaway, E. M. (2003). Parallel colour-opponent pathways to primary visual cortex. *Nature*, *426*(6967), 668–671. [doi: 10.1038/nature02167]

Chatterjee, S., Ohki, K., & Reid, R. C. (2021). Chromatic micromaps in primary visual cortex. *Nature Communications*, *12*(1), 2315. [doi: 10.1038/s41467-021-22488-3]

Claeys, K. G., Dupont, P., Cornette, L., Sunaert, S., Van Hecke, P., De Schutter, E., & Orban, G. A. (2004). Color discrimination involves ventral and dorsal stream visual areas. *Cerebral Cortex*, *14*(7), 803–822. [doi: 10.1093/cercor/bhh040]

Conway, B. R. (2001). Spatial structure of cone inputs to color cells in alert macaque primary visual cortex (v-1). *Journal of Neuroscience*, *21*(8), 2768–2783. [doi: 10.1523/jneurosci.21-08-02768.2001]

Conway, B. R. (2003). Colour vision: A clue to hue in v2. *Current Biology*, *13*(8), R308–R310. [doi: 10.1016/S0960-9822(03)00233-1]

Conway, B. R. (2009). Color vision, cones, and color-coding in the cortex. *Neuroscientist*, *15*(3), 274–290. [doi: 10.1177/1073858408331369]

Conway, B. R., & Livingstone, M. S. (2006). Spatial and temporal properties of cone signals in alert macaque primary visual cortex. *Journal of Neuroscience*, *26*(42), 10826–10846. [doi: 10.1523/jneurosci.2091-06.2006]

Conway, B. R., Moeller, S., & Tsao, D. Y. (2007). Specialized color modules in macaque extrastriate cortex. *Neuron*, *56*(3), 560–573. [doi: 10.1016/j.neuron.2007.10.008]

Conway, B. R., & Tsao, D. Y. (2006). Color architecture in alert macaque cortex revealed by fMRI. *Cerebral Cortex*, *16*(11), 1604–1613. [doi: 10.1093/cercor/bhj099]

Conway, B. R., & Tsao, D. Y. (2009). Color-tuned neurons are spatially clustered according to color preference within alert macaque posterior inferior temporal cortex. *Proceedings of the National Academy of Sciences of the USA, 106*(42), 18034-18039. [doi: 10.1073/pnas.0810943106]

Corbetta, M., Miezin, F. M., Dobmeyer, S., Shulman, G. L., & Petersen, S. E. (1991). Selective and divided attention during visual discriminations of shape, color, and speed: Functional anatomy by positron emission tomography. *Journal of Neuroscience, 11*(8), 2383-2402. [doi: 10.1523/jneurosci.11-08-02383.1991]

Cowey, A., & Heywood, C. A. (1995). There's more to colour than meets the eye. *Behavioural Brain Research, 71*(1-2), 89-100. [doi: 10.1016/0166-4328(95)00046-1]

Danilova, M. V., & Mollon, J. D. (2006). The comparison of spatially separated colours. *Vision Research, 46*(6-7), 823-836. [doi: 10.1016/j.visres.2005.09.026]

Daw, N. W. (1967). Goldfish retina: Organization for simultaneous color contrast. *Science, 158*(3803), 942-944. [doi: 10.1126/science.158.3803.942]

De Valois, R. L., Smith, C. J., Kitai, S. T., & Karoly, A. J. (1958). Response of single cells in monkey lateral geniculate nucleus to monochromatic light. *Science, 127*(3292), 238-239. [doi: 10.1126/science.158.3803.942]

Derrington, A. M., Krauskopf, J., & Lennie, P. (1984). Chromatic mechanisms in lateral geniculate nucleus of macaque. *Journal of Physiology, 357*, 241-265. [doi: 10.1113/jphysiol.1984.sp015499]

Felleman, D. J., Xiao, Y., & McClendon, E. (1997). Modular organization of occipito-temporal pathways: Cortical connections between visual area 4 and visual area 2 and posterior inferotemporal ventral area in macaque monkeys. *Journal of Neuroscience, 17*(9), 3185-3200. [doi: 10.1523/jneurosci.17-09-03185.1997]

Garg, A. K., Li, P., Rashid, M. S., & Callaway, E. M. (2019). Color and orientation are jointly coded and spatially organized in primate primary visual cortex. *Science, 364*(6447), 1275-1279. [doi: 10.1126/science.aaw5868]

Gegenfurtner, K. R. (2003). Cortical mechanisms of colour vision. *Nature Reviews Neuroscience, 4*(7), 563-572. [doi: 10.1038/nrn1138]

Gegenfurtner, K. R., & Kiper, D. C. (2003). Color vision. *Annual Review of Neuroscience, 26*, 181-206. [doi: 10.1146/annurev.neuro.26.041002.131116]

Gouras, P. (1974). Opponent-colour cells in different layers of foveal striate cortex. *Journal of Physiology, 238*(3), 583-602. [doi: 10.1113/jphysiol.1974.sp010545]

Hadjikhani, N., Liu, A. K., Dale, A. M., Cavanagh, P., & Tootell, R. B. (1998). Retinotopy and color sensitivity in human visual cortical area V8. *Nature Neuroscience, 1*(3), 235-241. [doi: 10.1038/681]

Hanazawa, A., Komatsu, H., & Murakami, I. (2000). Neural selectivity for hue and saturation of colour in the primary visual cortex of the monkey. *European Journal of Neuroscience, 12*(5), 1753-1763. [doi: 10.1046/j.1460-9568.2000.00041.x]

Harada, T., Goda, N., Ogawa, T., Ito, M., Toyoda, H., Sadato, N., & Komatsu, H. (2009). Distribution of colour-selective activity in the monkey inferior temporal cortex revealed by functional magnetic resonance imaging. *European Journal of Neuroscience, 30*(10), 1960-1970. [doi: 10.1111/j.1460-9568.2009.06995.x]

Heywood, C. A., Gadotti, A., & Cowey, A. (1992). Cortical area V4 and its role in the perception of color. *Journal of Neuroscience, 12*(10), 4056-4065. [doi: 10.1523/jneurosci.12-10-04056.1992]

Heywood, C. A., Gaffan, D., & Cowey, A. (1995). Cerebral achromatopsia in monkeys. *European Journal of Neuroscience, 7*(5), 1064-1073. [doi: 10.1111/j.1460-9568.1995.tb01093.x]

Heywood, C. A., Nicholas, J. J., LeMare, C., & Cowey, A. (1998). The effect of lesions to cortical areas V4 or AIT on pupillary responses to chromatic and achromatic stimuli in monkeys. *Experimental Brain Research, 122*(4), 475-480. [doi: 10.1007/s002210050536]

Heywood, C. A., Shields, C., & Cowey, A. (1988). The involvement of the temporal lobes in colour discrimination. *Experimental Brain Research, 71*(2), 437-441. [doi: 10.1007/BF00247504]

Horel, J. A. (1994). Retrieval of color and form during suppression of temporal cortex with cold. *Behavioural Brain Research, 65*(2), 165-172. [doi: 10.1016/0166-4328(94)90102-3]

Horwitz, G. D., Chichilnisky, E. J., & Albright, T. D. (2005). Blue-yellow signals are enhanced by spatiotemporal luminance contrast in macaque V1. *Journal of Neurophysiology, 93*(4), 2263-2278. [doi: 10.1152/jn.00743.2004]

Horwitz, G. D., Chichilnisky, E. J., & Albright, T. D. (2007). Cone inputs to simple and complex cells in V1 of awake macaque. *Journal of Neurophysiology, 97*(4), 3070–3081. ［doi: 10.1152/jn.00965.2006］

Horwitz, G. D., & Hass, C. A. (2012). Nonlinear analysis of macaque V1 color tuning reveals cardinal directions for cortical color processing. *Nature Neuroscience, 15*(6), 913–919. ［doi: 10.1038/nn.3105］

Hubel, D. H., & Livingstone, M. S. (1987). Segregation of form, color, and stereopsis in primate area 18. *Journal of Neuroscience, 7*(11), 3378–3415. ［doi: 10.1523/jneurosci.07-11-03378.1987］

Hubel, D. H., & Livingstone, M. S. (1990). Color and contrast sensitivity in the lateral geniculate body and primary visual cortex of the macaque monkey. *Journal of Neuroscience, 10*(7), 2223–2237. ［doi: 10.1523/jneurosci.10-07-02223.1990］

Humphrey, G. K., James, T. W., Gati, J. S., Menon, R. S., & Goodale, M. A. (1999). Perception of the Mccollough effect correlates with activity in extrastriate cortex: A functional magnetic resonance imaging study. *Psychological Science, 10*(5), 444–448.

Hurvich, L. M. (1981). *Color Vision.* Sinauer Associates.

Huxlin, K. R., Saunders, R. C., Marchionini, D., Pham, H. A., & Merigan, W. H. (2000). Perceptual deficits after lesions of inferotemporal cortex in macaques. *Cerebral Cortex, 10*(7), 671–683. ［doi: 10.1093/cercor/10.7.671］

Johnson, E. N., Hawken, M. J., & Shapley, R. (2001). The spatial transformation of color in the primary visual cortex of the macaque monkey. *Nature Neuroscience, 4*(4), 409–416. ［doi: 10.1038/86061］

Johnson, E. N., Hawken, M. J., & Shapley, R. (2004). Cone inputs in macaque primary visual cortex. *Journal of Neurophysiology, 91*(6), 2501–2514. ［doi: 10.1152/jn.01043.2003］

Johnson, E. N., Hawken, M. J., & Shapley, R. (2008). The orientation selectivity of color-responsive neurons in macaque V1. *Journal of Neuroscience, 28*(32), 8096–8106. ［doi: 10.1523/jneurosci.1404-08.2008］

Ju, N., Li, Y., Liu, F., Jiang, H., Macknik, S. L., Martinez-Conde, S., & Tang, S. (2020). Spatiotemporal functional organization of excitatory synaptic inputs onto macaque V1 neurons. *Nature Communications, 11*(1), 697. ［doi: 10.1038/s41467-020-14501-y］

Kentridge, R. W., Heywood, C. A., & Weiskrantz, L. (2007). Color contrast processing in human striate cortex. *Proceedings of the National Academy of Sciences of the USA, 104*(38), 15129–15131. ［doi: 10.1038/s41467-020-14501-y］

Kiper, D. C., Fenstemaker, S. B., & Gegenfurtner, K. R. (1997). Chromatic properties of neurons in macaque area V2. *Visual Neuroscience, 14*(6), 1061–1072. ［doi: 10.1017/s0952523800011779］

Koida, K., & Komatsu, H. (2007). Effects of task demands on the responses of color-selective neurons in the inferior temporal cortex. *Nature Neuroscience, 10*(1), 108–116. ［doi: 10.1038/nn1823］

Komatsu, H. (1998). Mechanisms of central color vision. *Current Opinion in Neurobiology, 8*(4), 503–508. ［doi: 10.1016/s0959-4388(98)80038-x］

Komatsu, H., & Ideura, Y. (1993). Relationships between color, shape, and pattern selectivities of neurons in the inferior temporal cortex of the monkey. *Journal of Neurophysiology, 70*(2), 677–694. ［doi: 10.1152/jn.1993.70.2.677］

Komatsu, H., Ideura, Y., Kaji, S., & Yamane, S. (1992). Color selectivity of neurons in the inferior temporal cortex of the awake macaque monkey. *Journal of Neuroscience, 12*(2), 408–424. ［doi: 10.1523/jneurosci.12-02-00408.1992］

Kotake, Y., Morimoto, H., Okazaki, Y., Fujita, I., & Tamura, H. (2009). Organization of color-selective neurons in macaque visual area V4. *Journal of Neurophysiology, 102*(1), 15–27. ［doi: 10.1152/jn.90624.2008］

Lafer-Sousa, R., & Conway, B. R. (2013). Parallel, multistage processing of colors, faces and shapes in macaque inferior temporal cortex. *Nature Neuroscience, 16*(12), 1870–1878. ［doi: 10.1038/nn.3555］

Lafer-Sousa, R., Conway, B. R., & Kanwisher, N. G. (2016). Color-biased regions of the ventral visual pathway lie between face-and place-selective regions in humans, as in macaques. *Journal of Neuroscience, 36*(5), 1682–1697. ［doi: 10.1523/jneurosci.3164-15.2016］

Lennie, P., Krauskopf, J., & Sclar, G. (1990). Chromatic mechanisms in striate cortex of macaque. *Journal of Neuroscience, 10*(2), 649–669. ［doi: 10.1523/jneurosci.10-02-00649.1990］

Livingstone, M. S., & Hubel, D. H. (1983). Specificity of cortico-cortical connections in monkey visual system. *Nature, 304*(5926), 531–534. ［doi: 10.1038/304531a0］

Livingstone, M. S., & Hubel, D. H. (1984). Anatomy and physiology of a color system in the primate visual cortex. *Journal of Neuroscience, 4*(1), 309–356. [doi: 10.1523/jneurosci.04-01-00309.1984]

Lu, H. D., & Roe, A. W. (2008). Functional organization of color domains in V1 and V2 of macaque monkey revealed by optical imaging. *Cerebral Cortex, 18*(3), 516–533. [doi: 10.1093/cercor/bhm081]

Martin, A., Haxby, J. V., Lalonde, F. M., Wiggs, C. L., & Ungerleider, L. G. (1995). Discrete cortical regions associated with knowledge of color and knowledge of action. *Science, 270*(5233), 102–105. [doi: 10.1126/science.270.5233.102]

Matsumora, T., Koida, K., & Komatsu, H. (2008). Relationship between color discrimination and neural responses in the inferior temporal cortex of the monkey. *Journal of Neurophysiology, 100*(6), 3361–3374. [doi: 10.1152/jn.90551.2008]

McKeefry, D. J., & Zeki, S. (1997). The position and topography of the human colour centre as revealed by functional magnetic resonance imaging. *Brain, 120*(Pt 12), 2229–2242. [doi: 10.1093/brain/120.12.2229]

Morita, T., Kochiyama, T., Okada, T., Yonekura, Y., Matsumura, M., & Sadato, N. (2004). The neural substrates of conscious color perception demonstrated using fMRI. *NeuroImage, 21*(4), 1665–1673. [doi: 10.1016/j.neuroimage.2003.12.019]

Moutoussis, K., & Zeki, S. (2002). Responses of spectrally selective cells in macaque area V2 to wavelengths and colors. *Journal of Neurophysiology, 87*(4), 2104–2112. [doi: 10.1152/jn.00248.2001]

Mullen, K. T., Dumoulin, S. O., McMahon, K. L., de Zubicaray, G. I., & Hess, R. F. (2007). Selectivity of human retinotopic visual cortex to S-cone-opponent, L/M-cone-opponent and achromatic stimulation. *European Journal of Neuroscience, 25*(2), 491–502. [doi: 10.1111/j.1460-9568.2007.05302.x]

Murphey, D. K., Yoshor, D., & Beauchamp, M. S. (2008). Perception matches selectivity in the human anterior color center. *Current Biology, 18*(3), 216–220. [doi: 10.1016/j.cub.2008.01.013]

Namima, T., Yasuda, M., Banno, T., Okazawa, G., & Komatsu, H. (2014). Effects of luminance contrast on the color selectivity of neurons in the macaque area v4 and inferior temporal cortex. *Journal of Neuroscience, 34*(45), 14934–14947. [doi: 10.1523/jneurosci.2289-14.2014]

Nassi, J. J., & Callaway, E. M. (2009). Parallel processing strategies of the primate visual system. *Nature Reviews Neuroscience, 10*(5), 360–372. [doi: 10.1038/nrn2619]

Pasupathy, A., Popovkina, D. V., & Kim, T. (2020). Visual functions of primate area V4. *Annual Review of Vision Science, 6*, 363–385. [doi: 10.1146/annurevvision-030320-041306]

Rangarajan, V., Hermes, D., Foster, B. L., Weiner, K. S., Jacques, C., Grill-Spector, K., & Parvizi, J. (2014). Electrical stimulation of the left and right human fusiform gyrus causes different effects in conscious face perception. *Journal of Neuroscience, 34*(38), 12828–12836.

Regier, T., Kay, P., & Cook, R. S. (2005). Focal colors are universal after all. *Proceedings of the National Academy of Sciences of the USA, 102*(23), 8386–8391. [doi: 10.1523/jneurosci.0527-14.2014]

Reid, R. C., & Shapley, R. M. (2002). Space and time maps of cone photoreceptor signals in macaque lateral geniculate nucleus. *Journal of Neuroscience, 22*(14), 6158–6175. [doi: 10.1523/jneurosci.22-14-06158.2002]

Roe, A. W., Chelazzi, L., Connor, C. E., Conway, B. R., Fujita, I., Gallant, J. L., Lu, H., & Vanduffel, W. (2012). Toward a unified theory of visual area V4. *Neuron, 74*(1), 12–29. [doi: 10.1016/j.neuron.2012.03.011]

Roe, A. W., & Ts'o, D. Y. (1999). Specificity of color connectivity between primate V1 and V2. *Journal of Neurophysiology, 82*(5), 2719–2730. [doi: 10.1152/jn.1999.82.5.2719]

Roy, S., Jayakumar, J., Martin, P. R., Dreher, B., Saalmann, Y. B., Hu, D., & Vidyasagar, T. R. (2009). Segregation of short-wavelength-sensitive (S) cone signals in the macaque dorsal lateral geniculate nucleus. *European Journal of Neuroscience, 30*(8), 1517–1526. [doi: 10.1111/j.1460-9568.2009.06939.x]

Sakai, K., Watanabe, E., Onodera, Y., Uchida, I., Kato, H., Yamamoto, E., Koizumi, H., & Miyashita, Y. (1995). Functional mapping of the human colour centre with echo-planar magnetic resonance imaging. *Proceedings of the Royal Society B: Biological Sciences, 261*(1360), 89–98. [doi: 10.1098/rspb.1995.0121]

Sato, H., Katsuyama, N., Tamura, H., Hata, Y., & Tsumoto, T. (1994). Broad-tuned chromatic inputs to color-selective neurons in the monkey visual cortex. *Journal of Neurophysiology, 72*(1), 163–168. [doi: 10.1152/jn.1994.72.1.163]

Schiller, P. H. (1996). On the specificity of neurons and visual areas. *Behavioural Brain Research, 76*(1-2), 21–35. [doi:

10.1016/0166-4328(95)00186-7〕

Shapley, R., & Hawken, M. J. (2011). Color in the cortex: Single-and double-opponent cells. *Vision Research, 51*(7), 701–717. 〔doi: 10.1016/j.visres.2011.02.012〕

Shipp, S., & Zeki, S. (2002). The functional organization of area V2, I: Specialization across stripes and layers. *Visual Neuroscience, 19*(2), 187–210. 〔doi: 10.1017/s0952523802191164〕

Simmons, W. K., Ramjee, V., Beauchamp, M. S., McRae, K., Martin, A., & Barsalou, L. W. (2007). A common neural substrate for perceiving and knowing about color. *Neuropsychologia, 45*(12), 2802–2810. 〔doi: 10.1016/j.neuropsychologia.2007.05.002〕

Sincich, L. C., & Horton, J. C. (2002). Divided by cytochrome oxidase: A map of the projections from V1 to V2 in macaques. *Science, 295*(5560), 1734–1737. 〔doi: 10.1126/science.1067902〕

Solomon, S. G., & Lennie, P. (2005). Chromatic gain controls in visual cortical neurons. *Journal of Neuroscience, 25*(19), 4779–4792. 〔doi: 10.1523/jneurosci.5316-04.2005〕

Solomon, S. G., & Lennie, P. (2007). The machinery of colour vision. *Nature Reviews Neuroscience, 8*(4), 276–286. 〔doi: 10.1038/nrn2094〕

Solomon, S. G., Peirce, J. W., & Lennie, P. (2004). The impact of suppressive surrounds on chromatic properties of cortical neurons. *Journal of Neuroscience, 24*(1), 148–160. 〔doi: 10.1523/jneurosci.3036-03.2004〕

Takahata, T. (2016). What does cytochrome oxidase histochemistry represent in the visual cortex? *Frontiers in Neuroanatomy, 10*, 79. 〔doi: 10.3389/fnana.2016.00079〕

Tamura, H., Sato, H., Katsuyama, N., Hata, Y., & Tsumoto, T. (1996). Less segregated processing of visual information in V2 than in V1 of the monkey visual cortex. *European Journal of Neuroscience, 8*(2), 300–309. 〔doi: 10.1111/j.1460-9568.1996.tb01214.x〕

Tanigawa, H., Lu, H. D., & Roe, A. W. (2010). Functional organization for color and orientation in macaque V4. *Nature Neuroscience, 13*(12), 1542–1548. 〔doi: 10.1038/nn.2676〕

Tootell, R. B., & Hadjikhani, N. (2001). Where is 'dorsal V4' in human visual cortex? Retinotopic, topographic and functional evidence. *Cerebral Cortex, 11*(4), 298–311. 〔doi: 10.1093/cercor/11.4.298〕

Tootell, R. B., Nelissen, K., Vanduffel, W., & Orban, G. A. (2004). Search for color 'center(s)' in macaque visual cortex. *Cerebral Cortex, 14*(4), 353–363. 〔doi: 10.1093/cercor/bhh001〕

Tootell, R. B., Silverman, M. S., Hamilton, S. L., De Valois, R. L., & Switkes, E. (1988). Functional anatomy of macaque striate cortex. III. Color. *Journal of Neuroscience, 8*(5), 1569–1593. 〔doi: 10.1523/jneurosci.08-05-01569.1988〕

Verhoef, B. E., Bohon, K. S., & Conway, B. R. (2015). Functional architecture for disparity in macaque inferior temporal cortex and its relationship to the architecture for faces, color, scenes, and visual field. *Journal of Neuroscience, 35*(17), 6952–6968. 〔doi: 10.1523/jneurosci.5079-14.2015〕

Wachtler, T., Sejnowski, T. J., & Albright, T. D. (2003). Representation of color stimuli in awake macaque primary visual cortex. *Neuron, 37*(4), 681–691. 〔doi: 10.1016/s0896-6273(03)00035-7〕

Wade, A. R., Augath, M., Logothetis, N., & Wandell, B. (2008). fMRI measurements of color in macaque and human. *Journal of Vision, 8*(10):6, 1–19. 〔doi: 10.1167/8.10.6〕

Wade, A. R., & Wandell, B. A. (2002). Chromatic light adaptation measured using functional magnetic resonance imaging. *Journal of Neuroscience, 22*(18), 8148–8157. 〔doi: 10.1523/jneurosci.22-18-08148.2002〕

Webster, M. A., Miyahara, E., Malkoc, G., & Raker, V. E. (2000). Variations in normal color vision. II. Unique hues. *Journal of the Optical Society of America A, 17*(9), 1545–1555. 〔doi: 10.1364/josaa.17.001545〕

Wiesel, T. N., & Hubel, D. H. (1966). Spatial and chromatic interactions in the lateral geniculate body of the rhesus monkey. *Journal of Neurophysiology, 29*(6), 1115–1156. 〔doi: 10.1152/jn.1966.29.6.1115〕

Wiggs, C. L., Weisberg, J., & Martin, A. (1999). Neural correlates of semantic and episodic memory retrieval. *Neuropsychologia, 37*(1), 103–118. 〔doi: 10.1016/s0028-3932(98)00044-x〕

Wuerger, S. M., Atkinson, P., & Cropper, S. (2005). The cone inputs to the unique-hue mechanisms. *Vision Research, 45*(25–26), 3210–3223. 〔doi: 10.1016/j.visres.2005.06.016〕

第Ⅱ部　視覚

Xiao, Y. P., & Felleman, D. J. (2004). Projections from primary visual cortex to cytochrome oxidase thin stripes and interstripes of macaque visual area 2. *Proceedings of the National Academy of Sciences of the USA, 101*(18), 7147-7151. [doi: 10.1073/pnas.0402052101]

Xiao, Y. P., Wang, Y., & Felleman, D. J. (2003). A spatially organized representation of colour in macaque cortical area V2. *Nature, 421*(6922), 535-539. [doi: 10.1038/nature01372]

Xiao, Y., Zych, A., & Felleman, D. J. (1999). Segregation and convergence of functionally defined V2 thin stripe and interstripe compartment projections to area V4 of macaques. *Cerebral Cortex, 9*(8), 792-804. [doi: 10.1093/cercor/9.8.792]

Yasuda, M., Banno, T., & Komatsu, H. (2010). Color selectivity of neurons in the posterior inferior temporal cortex of the macaque monkey. *Cerebral Cortex, 20*(7), 1630-1646. [doi: 10.1093/cercor/bhp227]

Zeki, S. M. (1973). Colour coding in rhesus monkey prestriate cortex. *Brain Research, 53*(2), 422-427. [doi: 10.1016/0006-8993(73)90227-8]

Zeki, S. M. (1990). A century of cerebral achromatopsia. *Brain, 113*(Pt 6), 1721-1777. [doi: 10.1093/brain/113.6.1721]

Zeki, S. M., Watson, J. D., Lueck, C. J., Friston, K. J., Kennard, C., & Frackowiak, R. S. (1991). A direct demonstration of functional specialization in human visual cortex. *Journal of Neuroscience, 11*(3), 641-649. [doi: 10.1523/jneurosci.11-03-00641.1991]

第7章　表色系

　われわれは，物の色を表現したい，色を伝えたい場合，日常的に色名を用いる。しかし，科学技術ばかりでなくあらゆる産業界で，正確な色情報の記録，伝達には色の数値化が欠かせない。図7-0-1は眼から大脳における色覚情報の生理的な流れ，そのモデル，そして科学技術，色彩産業で国際的に最も普及しているCIE（Commission Internationale de l'Eclairage，国際照明委員会）表色系を示したものである。歴史的にCIE表色系は色覚情報の流れに沿って発展してきた。まず光が眼に入り，網膜の一番奥にある錐体の色素（視物質）により光が吸収される。錐体には3種類あるが，それぞれの錐体に吸収された光の量に直接的に関連する数値で色を表現する方法が1931年に制定された。これが現在最も普及しているCIE XYZ表色系である。錐体からの信号は次の水平細胞や網膜神経節細胞では，明暗や白黒などに対応する明るさの情報，赤／緑に似た反対色情報，黄／青に似た反対色情報に変換される。この段階を近似的に表しているのが，1976年にできたCIE L*a*b*均等色空間（CIE L*a*b* uniform color space）であり，物理量に1/3乗の非線形処理を施すことで，より感覚に対し等歩度性をもたせようとした表色系である。神経節細胞の信号は外側膝状体，大脳の初期視覚皮質からさらに高次のレベルに伝達される。そこでは，明度，彩度，色相などの色知覚の三属性，さらには色名として最終的な色の見えとなる。2002年にCIEから発表された色の見えモデルCIECAM02は，この最終段階での色の見えを数値化するものである。色覚情報の処理は上のレベルにいくほど複雑になっていくので，CIE表色系も発展とともに複雑なものになってきた。このように，視覚情報のボトムアップ的な流れに沿って各処理段階での表現を順次反映させていく形で表色系は発展してきた。

　一方，マンセル表色系（Munsell color system），オストワルド表色系（Ostwald color system），NCS

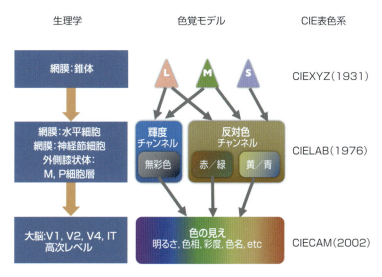

図7-0-1　色覚情報の生理的な流れ，色覚モデル，CIE表色系の関係

（natural color system）などのカラーオーダーシステム（color order system）と呼ばれるものは，物体の色の見えを視覚情報処理の最終段階にある色知覚の三属性の形で直接数値化するのであり，トップダウン的な手法である．CIE表色系は眼に入る光を物理的に測定することから始まるのに対し，カラーオーダーシステムではいきなり物の色を感覚量として記述する方法ともいえる．

（矢口 博久）

7・1 単一変数の原理と三色説

CIE表色系はYoungにより提唱され，Helmholtz，Maxwellにより定量的に理論づけされた三色説（trichromatic theory）に基づいている．三色説は，眼には限られた種類，具体的には三つの神経組織があり，それぞれが刺激により赤，緑，青の感覚を引き起こすと述べている．ここでの赤，緑，青の三つの色は厳密でなく，実際，Youngは赤，黄，青と，Helmholtzは赤，緑，菫色と記述している（Wyszecki & Stiles, 1982, p. 582）．この三色説により，赤，緑，青の光の加法混色によってどんな色でも作り出せるという実験データを説明できる．逆に，加法混色の実験観測によって限られた数の3種類の神経組織の存在を予測したともいえる．加法混色に用いる光の色も赤，緑，青に限られたものでなく，互いに独立な三つの光なら何でもよい（II・6・1・3参照）．

視細胞にある視物質で光が吸収され，吸収された光の量に応じて次の神経組織に信号が伝達される．1種類の視細胞から伝達される信号には吸収した光刺激の波長の情報はなく（II・6・1・2参照），視細胞に吸収される光の量は式(1)で示される単一の数値 Q となる（単一変数の原理）．

$$Q = \int \Phi_{e,\lambda} P(\lambda) d\lambda \quad (1)$$

ここで，$\Phi_{e,\lambda}$ は視細胞に入る光の分光放射束，$P(\lambda)$ は視細胞の分光吸収率である．現在のCIE表色系は，視細胞の光の吸収の際の単一変数の原理が大前提になっている．詳しい解説はII・6・1・2に譲るが，いま，A細胞に波長 λ_1 と λ_2 の2種類の単色光（monochromatic light）が入るとする（図7-1-

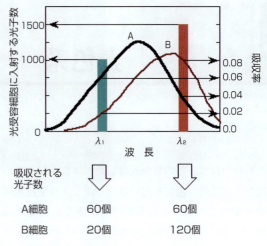

図7-1-1　単一変数の原理

1）．A細胞の λ_1, λ_2 における光子の吸収率をそれぞれ0.06，0.04とする．入射する λ_1, λ_2 の単色光の量（ここでは光子数とする）をそれぞれ1000個，1500個とすると，λ_1 でも λ_2 でも同じ60個の光子が吸収されることになり，2波長の区別がつかず，つまり，色の区別もつかないことになる．このような状況は，非常に暗い環境で，弱い光を見る場合（暗所視）に起こる．暗所視では錐体は機能せず桿体が機能するが，桿体は1種類しかないので，色の区別はつかず，吸光量に応じた1次元の情報として明暗だけが知覚される．さて，A細胞に加えて，より長波長側に分光感度のピークをもつB細胞があると（図7-1-1），B細胞では上述の例の λ_1, λ_2 に対しそれぞれ20個，120個と異なる数の光子が吸収される．B細胞で λ_1 と λ_2 が同じ光子数を吸収するように λ_1 と λ_2 の単色光の強さを変えれば，今度はA細胞の出力に差が出る．つまり，A細胞とB細胞の吸収した光子数を比べれば波長の識別が可能になる．ヒトの場合は，これに加えてもう一つ，つまり3種類の錐体をもっているので，式(2)～(4)に示すような3変数により色を定量化することができる．

$$L = \int \Phi_{e,\lambda} \bar{l}(\lambda) d\lambda \quad (2)$$

$$M = \int \Phi_{e,\lambda} \bar{m}(\lambda) d\lambda \quad (3)$$

$$S = \int \Phi_{e,\lambda} \bar{s}(\lambda) d\lambda \quad (4)$$

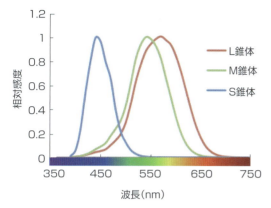

図7-1-2　錐体の分光感度（CIE 2006 2° cone fundamentals）

ここで，$\bar{l}(\lambda)$，$\bar{m}(\lambda)$，$\bar{s}(\lambda)$はそれぞれL, M, S錐体の分光感度であり，L, M, Sはそれぞれの錐体が吸収した光の量，ここでは錐体刺激値（cone stimulus value）と呼ぶことにする．錐体刺激値に基づく表色の方法は生理学的表色系であり，一般にLMS表色系（LMS color system）と呼ばれることもある．

3種類の錐体は視物質の分光吸収の違いによる．光を吸収する波長域において長波長，中波長，短波長の順に，L錐体，M錐体，S錐体と呼ばれる．図7-1-2は2006年にCIEから出された標準的な2°視野における錐体の分光感度を示している．古くは，赤錐体，緑錐体，青錐体と呼ばれていたが，それぞれの錐体が直接，赤，緑，青の色感覚を引き起こすのではなく，色名が認識されるのは大脳での最終段階であるので，錐体に色をつけるのは誤解を招く．また，図7-1-2からもわかるように，L錐体，M錐体，S錐体の分光吸収の最大を示す波長はそれぞれ約570 nm，540 nm，440 nmで，その色は黄，黄緑，菫色であり，赤，緑，青とは異なる．これらのことから学術的にはL錐体，M錐体，S錐体と呼ぶのが正しいが，一般には未だ赤錐体，緑錐体，青錐体が用いられていることも多い．

（矢口　博久）

7・2　等色

錐体刺激値により色を定量化するには，式(2)〜(4)にある錐体の分光感度が必要である．しかし，

CIE XYZの表色系ができた時代は未だ錐体の分光感度は確立されていなかった．錐体の分光感度がわからなくても，色を定量化する方法がある．それが等色実験である．II・6・1・3にも等色の原理が詳述されているので，併せて参照されたい．

三色説によれば，いかなる色も三つの独立な色刺激の加法混色で作り出すことができる．そこで，図7-2-1に示すように，二つに分けられた視野（二分視野）の一方に，いま色を測りたい光刺激**C**を入れ，他方の視野に赤**R**，緑**G**，青**B**の色刺激（原刺激と呼ぶ）を入れる．両方の視野の色を比較し，原刺激**R**，**G**，**B**の光の量を調節して同じ色になるようにするのが等色実験である．この等色された状態の**R**，**G**，**B**の光の量を用いて，色刺激**C**の色を定量化できる．これを式で表したのが，等色方程式（color matching equation）と呼ばれ，式(1)で表される．

$$\mathbf{C} \equiv R\mathbf{R} + G\mathbf{G} + B\mathbf{B} \tag{1}$$

この左辺と右辺の光刺激の分光エネルギー分布は当然異なるものである．色が合致（match）していることだけを表している．このような合致はメタメリック・マッチ（metameric match）と呼ばれる．式(1)の等記号「≡」は等色（color match）を表し，R, G, Bは原刺激の光の量で三刺激値（tristimulus value）と呼ばれる．このような等色実験に基づく色の定量化に汎用性をもたせるためには以下の二つのことを決めなければいけない．

(1) 原刺激を何にするか
(2) 三刺激値の単位をどうとるか

第1は，前述のように三つの原刺激は互いに独立であることが必要であるが，同じ光刺激**C**を等色しても，原刺激の組み合わせが変われば，三刺激値も

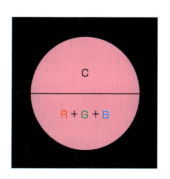

図7-2-1　等色実験

第II部　視覚

それに応じて変わるので，原刺激に使う光刺激を規定しなければならない。第2は，原刺激そのものは独立な関係にあるので，三刺激値の単位をどう決めるかを規定する必要がある。よく用いられる方法では，式(2)，式(3)で示すように，この単位を決めるための光刺激（基礎刺激）**W**を三つの原刺激の加法混色で等色したとき，その三刺激値を等しくする。

$$\mathbf{W} \equiv R_W \mathbf{R} + G_W \mathbf{G} + B_W \mathbf{B} \tag{2}$$
$$R_W = G_W = B_W \tag{3}$$

このように表色系を規定するには，三つの原刺激と基礎刺激の四つの刺激が必要である。これらの四つの刺激は基本刺激（cardinal stimuli）と呼ばれる。以上が等色実験による色の定量化の基本原則であるが，この方法は実際に存在する赤，緑，青色の光刺激といった物理的な光刺激を原刺激にもつものであり，RGB表色系（RGB color system）と呼ばれる。

実際の色の測定にこの表色系を使うためには，等色実験ではなく，物理的に測定可能な光刺激の分光エネルギー分布から三刺激値を求める方法が必要である。ここで，用いられるのが等色に関するGraßmannの法則である。この法則は以下のように分かれている。

(1)対称則

$\mathbf{A} \equiv \mathbf{B}$　ならば　$\mathbf{B} \equiv \mathbf{A}$

(2)置換則

$\mathbf{A} \equiv \mathbf{B}$,　$\mathbf{B} \equiv \mathbf{C}$　ならば　$\mathbf{A} \equiv \mathbf{C}$

(3)比例則

$\mathbf{A} \equiv \mathbf{B}$　ならば　$a\mathbf{A} \equiv a\mathbf{B}$

(4)加法則

$\mathbf{A} \equiv \mathbf{B}$,　$\mathbf{C} \equiv \mathbf{D}$　ならば　$\mathbf{A} + \mathbf{C} \equiv \mathbf{B} + \mathbf{D}$

このなかで特に重要なのは比例則と加法則である。実際の等色実験では，比例則，加法則が成立しない場合もあるが，これらの法則が成立する前提で表色系はできている。一般的な光は$\Phi_{e,\lambda}$のような連続的な分光エネルギー（複合放射）をもつ。複合放射は単色光の集まりと考えることができる。つまり，次式のように表される。

$$\Phi_{e,\lambda} = \Phi_{e,\lambda_1} + \Phi_{e,\lambda_2} + \Phi_{e,\lambda_3} + \cdots + \Phi_{e,\lambda_n} \tag{4}$$

加法則に基づくと，複合放射を構成する単色光の三刺激値がわかれば，それらの足し合わせで複合放射の三刺激値が得られることになる。それぞれの波長

λ_iの単色光と等色している**R**, **G**, **B**の三刺激値R_i, G_i, B_iを加算すれば，それは単色光を足し合わせた複合放射$\Phi_{e,\lambda}$の三刺激値となり，次式で表される。

$$R = R_1 + R_2 + R_3 + \cdots + R_n = \sum_{i=1}^{n} R_i \tag{5}$$

$$G = G_1 + G_2 + G_3 + \cdots + G_n = \sum_{i=1}^{n} G_i \tag{6}$$

$$B = B_1 + B_2 + B_3 + \cdots + B_n = \sum_{i=1}^{n} B_i \tag{7}$$

各単色光の三刺激値が単位エネルギーをもつ単色光（等エネルギースペクトル）の三刺激値であれば，光刺激の分光エネルギーから三刺激値が求められるので，さらに便利である。この等エネルギースペクトルの三刺激値を波長の関数として表したものは等色関数（color matching function）と呼ばれる。三つの原刺激の等色関数$\bar{r}(\lambda)$, $\bar{g}(\lambda)$, $\bar{b}(\lambda)$を用いると，三刺激値R, G, Bは次式で表される。

$$R = \int \Phi_{e,\lambda} \bar{r}(\lambda) d\lambda \tag{8}$$

$$G = \int \Phi_{e,\lambda} \bar{g}(\lambda) d\lambda \tag{9}$$

$$B = \int \Phi_{e,\lambda} \bar{b}(\lambda) d\lambda \tag{10}$$

図7-2-1の二つの視野が等色しているということは，L, M, S錐体が二つの視野でそれぞれ等しい光を吸収していることになる。図7-2-1の上の視野のL, M, S錐体刺激値を(L_C, M_C, S_C)とする。下の視野はR, G, Bの各原刺激の加法混色であり，各原刺激のそれぞれの錐体刺激値を(L_R, M_R, S_R), (L_G, M_G, S_G), (L_B, M_B, S_B)とすると，次式が成り立つ。

$$L_C = L_R + L_G + L_B \tag{11}$$
$$M_C = M_R + M_G + M_B \tag{12}$$
$$S_C = S_R + S_G + S_B \tag{13}$$

錐体の分光感度，R, G, B原刺激の相対的な分光エネルギー分布$p_R(\lambda)$, $p_G(\lambda)$, $p_B(\lambda)$を用いると式(11)〜(13)は次のように表される。

$$L_C = R \int p_R(\lambda) \bar{l}(\lambda) d\lambda + G \int p_G(\lambda) \bar{l}(\lambda) d\lambda$$
$$+ B \int p_B(\lambda) \bar{l}(\lambda) d\lambda \tag{14}$$

$$M_C = R\int p_R(\lambda)\bar{m}(\lambda)d\lambda + G\int p_G(\lambda)\bar{m}(\lambda)d\lambda$$
$$+ B\int p_B(\lambda)\bar{m}(\lambda)d\lambda \tag{15}$$
$$S_C = R\int p_R(\lambda)\bar{s}(\lambda)d\lambda + G\int p_G(\lambda)\bar{s}(\lambda)d\lambda$$
$$+ B\int p_B(\lambda)\bar{s}(\lambda)d\lambda \tag{16}$$

ここで，R, G, B は三刺激値であり，これらの式のなかの積分式の部分は原刺激の相対分光エネルギー分布，錐体の分光感度で既知の係数である。R原刺激の相対的なL錐体刺激値についてのみ示すと次式となり，他も同様である。

$$k_{L,R} = \int p_R(\lambda)\bar{l}(\lambda)d\lambda \tag{17}$$

この係数を用いると，式(14)〜(16)は次式のように1次結合の式になる。

$$L_C = k_{L,R}R + k_{L,G}G + k_{L,B}B \tag{18}$$
$$M_C = k_{M,R}R + k_{M,G}G + k_{M,B}B \tag{19}$$
$$S_C = k_{S,R}R + k_{S,G}G + k_{S,B}B \tag{20}$$

つまり錐体刺激値はRGB表色系の三刺激値の線形変換で表せるということになる。

　等色実験において，原刺激が変われば，三刺激値も変わる。いま，$\mathbf{R, G, B}$ 原刺激から新しい $\mathbf{R', G', B'}$ 原刺激に変わったとする。まず，二つの表色系の原刺激の関係を規定する必要がある。そのために，色空間と色度座標を用いよう。図7-2-2 に示すように，元の表色系の三刺激値 R, G, B を直交軸にもつ3次元空間を考える。$\mathbf{R, G, B}$ 原刺激の加法混色で作られる色刺激は，この空間の R, G, B がすべて正の部分に位置する。原点からその位置までの直線が位置の方向となる。この色刺激の方向を表すために，三刺激値の和が1になる平面（単位平面と呼ぶ）を想定する。この $R+G+B=1$ の平面とこの直線が交わる点の座標 (r, g, b) は色度座標（chromaticity coordinates）と呼ばれ，色刺激の方向を表す指標となり，次式で定義される。

$$r = \frac{R}{R+G+B} \tag{21}$$
$$g = \frac{G}{R+G+B} \tag{22}$$
$$b = \frac{B}{R+G+B} \tag{23}$$

新しい $R'G'B'$ 表色系の原刺激のRGB表色系での色度座標が以下のようにわかっているとする。

$$\mathbf{R'}: (r_{R'}, g_{R'}, b_{R'}) \tag{24}$$
$$\mathbf{G'}: (r_{G'}, g_{G'}, b_{G'}) \tag{25}$$
$$\mathbf{B'}: (r_{B'}, g_{B'}, b_{B'}) \tag{26}$$

ある色刺激 $\mathbf{C}$ のRGB表色系の等色方程式は式(1)で示されたが，$R'G'B'$ 表色系では等色方程式は次式のようになる。

$$\mathbf{C} \equiv R'\mathbf{R'} + G'\mathbf{G'} + B'\mathbf{B'} \tag{27}$$

また $R'G'B'$ 表色系の原刺激のRGB表色系単位平面（$R+G+B=1$）における等色方程式は次式で表される。

$$\mathbf{R'} \equiv r_{R'}\mathbf{R} + g_{R'}\mathbf{G} + b_{R'}\mathbf{B} \tag{28}$$
$$\mathbf{G'} \equiv r_{G'}\mathbf{R} + g_{G'}\mathbf{G} + b_{G'}\mathbf{B} \tag{29}$$
$$\mathbf{B'} \equiv r_{B'}\mathbf{R} + g_{B'}\mathbf{G} + b_{B'}\mathbf{B} \tag{30}$$

式(27)に式(28)〜(30)を代入し，RGB表色系で表すと，

$$\mathbf{C} \equiv R'(r_{R'}\mathbf{R} + g_{R'}\mathbf{G} + b_{R'}\mathbf{B})$$
$$+ G'(r_{G'}\mathbf{R} + g_{G'}\mathbf{G} + b_{G'}\mathbf{B})$$
$$+ B'(r_{B'}\mathbf{R} + g_{B'}\mathbf{G} + b_{B'}\mathbf{B}) \tag{31}$$
$$\mathbf{C} \equiv (r_{R'}R' + r_{G'}G' + r_{B'}B')\mathbf{R}$$
$$+ (g_{R'}R' + g_{G'}G' + g_{B'}B')\mathbf{G}$$
$$+ (b_{R'}R' + b_{G'}G' + b_{B'}B')\mathbf{B} \tag{32}$$

式(1)と式(32)はあらゆる色刺激について成立する恒等式であるので，三刺激値の部分を取り出すと，次式が得られる。

$$R = r_{R'}R' + r_{G'}G' + r_{B'}B' \tag{33}$$
$$G = g_{R'}R' + g_{G'}G' + g_{B'}B' \tag{34}$$
$$B = b_{R'}R' + b_{G'}G' + b_{B'}B' \tag{35}$$

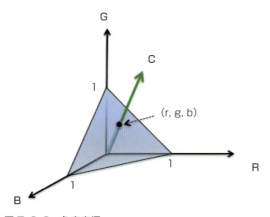

図7-2-2　色度座標

第Ⅱ部　視覚

これらの式を行列の形式で表現すると，

$$\begin{bmatrix} R \\ G \\ B \end{bmatrix} = \begin{bmatrix} r_{R'} & r_{G'} & r_{B'} \\ g_{R'} & g_{G'} & g_{B'} \\ b_{R'} & b_{G'} & b_{B'} \end{bmatrix} \begin{bmatrix} R' \\ G' \\ B' \end{bmatrix} \qquad (36)$$

この逆変換を行えば，次式のようになる。

$$\begin{bmatrix} R' \\ G' \\ B' \end{bmatrix} = \begin{bmatrix} r_{R'} & r_{G'} & r_{B'} \\ g_{R'} & g_{G'} & g_{B'} \\ b_{R'} & b_{G'} & b_{B'} \end{bmatrix}^{-1} \begin{bmatrix} R \\ G \\ B \end{bmatrix} \qquad (37)$$

ただし，RGB 表色系と R′G′B′ 表色系の三刺激値の単位の定義が異なる場合（第4の基本刺激である基礎刺激の白色が異なるなど）には係数がかかり，次式となる。

$$\begin{bmatrix} R' \\ G' \\ B' \end{bmatrix} = \begin{bmatrix} k_R \\ & k_G \\ & & k_B \end{bmatrix} \begin{bmatrix} r_{R'} & r_{G'} & r_{B'} \\ g_{R'} & g_{G'} & g_{B'} \\ b_{R'} & b_{G'} & b_{B'} \end{bmatrix}^{-1} \begin{bmatrix} R \\ G \\ B \end{bmatrix} \qquad (38)$$

このように，新しい表色系の三刺激値は元の表色系の三刺激値の線形変換で表せることになる。これら一連の変換式は異なる原色をもつディスプレイ間のRGB 値の変換にも適用される。

（矢口　博久）

7・3　CIE表色系

7・3・1　CIE表色系の基となった等色実験

　測光, 測色の国際的な基準作りは 20 世紀初頭から始まり，まず測光のための分光視感効率（spectral luminous efficiency）関数 $V(\lambda)$ の制定から始まった

（Wright, 1981）。CIE $V(\lambda)$ は Coblentz & Emerson（1918）と Gibson & Tyndall（1923）の主導により 1924 年に制定されたが，その頃から単色光の等色実験が進んでいた。CIE 表色系のもとになった最初の等色実験は Guild（1931）によって始まり，その後，Wright（1928-1929），Stiles & Burch（1959），Speranskaya（1959）と続いた。表 7-3-1 は CIE 表色系の基となった等色実験の一覧である。それぞれ原刺激が異なるし，三刺激値の定義も異なっている。Guild の等色実験の原刺激はタングステン光源に赤，緑，青のカラーフィルターを通したものであり，三刺激値の単位を決める基礎刺激として相関色温度約 4800 K の白色を用いている。Wright は原刺激に波長 650, 530, 460 nm の単色光を用いている。三刺激値の単位の正規化については白色の基礎刺激でなく，最初に r と g 色度座標が波長 582.5 nm の単色光で一致するようにし，次に g と b 色度座標が波長 494.0 nm で一致するようにして決めた。Guild と Wright の実験ではテスト刺激である単色光のエネルギーの測定は行っていないので，等エネルギースペクトルの三刺激値である等色関数は求めていない。

　Guild も Wright も等色実験の視野サイズは 2° 視野を用いていた。われわれが外界のある点を凝視したとき，その点が結像する網膜の部分は中心窩（fovea）と呼ばれる。この中心窩は錐体の密度が高く，この網膜中心から約 2° 離れる付近から急激にその密度が減少する。錐体の密度は視力に関わり，中心窩では視力が高いので，われわれは物の詳細を見

表 7-3-1　CIE 表色系のもととなった等色実験

等色実験	視野	原刺激	三刺激値の正規化	観測者数
Guild (1931)	2°	RGB color filters	Rw = Gw = Bw	7
Wright (1928-1929)	2°	460 nm 530 nm 650 nm	b (494) = g (494) g (525.5) = r (525.5)	36
Stiles & Burch (1959)	10°	444.4 nm 526.3 nm 645.2 nm	R (645.2) = 1 G (526.3) = 1 B (444.4) = 1	49
Speranskaya (1959)	10°	Glass filters 465 nm 545 nm 640 nm	R (645.2) = 1 G (526.3) = 1 B (444.4) = 1	27

る場合は，眼を動かして，見たいところを中心窩で捉えるようにしている。したがって，中心窩付近の色覚の特性は重要であり，2°視野の等色実験は表色系を作る際にも重要なものとなる。1931年に制定されたCIE表色系はGuildとWrightの2°視野の等色実験のデータをもとにしている。

しかし，中心窩には光が錐体まで到達する前に黄斑色素（macular pigment）と呼ばれる黄色の色素層があり短波長の光が吸収される。たとえば，紫の色をじっと見つめていると，中心部分がより赤く見えることがある。これはMaxwellスポット（Maxwell spot）と呼ばれる現象で，黄斑色素により青の光が吸収されるために起こる。2°視野は黄斑色素が存在するサイズである。そこで，Stiles & BurchとSperanskayaは黄斑色素を避けるため，10°視野で等色実験を行った。特にSperanskayaは黄斑色素を避けるため中心2°の部分を塞いだ10°視野を用いている。

Stiles & Burchの等色実験では，原刺激には波数（wave number）で15500, 19000, 22500 cm^{-1}（波長645.2, 525.3, 444.4 nm）の単色光を用いており，三刺激値は原刺激の波長で**R**, **G**, **B**それぞれの等色関数が1になるように正規化している。Stiles & Burchの等色実験はスタイルズ色彩計（Stiles Trichromator）が用いられ，テスト刺激である単色光および原刺激のエネルギーを直接測定できるようになっている。したがって，等エネルギースペクトルの三刺激値という定義通りに等色関数を測定することができる。これらの等色関数は次式で表される。

$$\bar{r}(\lambda) = \frac{R(\lambda)}{L_e(\lambda)} \quad (1)$$

$$\bar{g}(\lambda) = \frac{G(\lambda)}{L_e(\lambda)} \quad (2)$$

$$\bar{b}(\lambda) = \frac{B(\lambda)}{L_e(\lambda)} \quad (3)$$

ここで，$R(\lambda)$, $G(\lambda)$, $B(\lambda)$は波長λの単色光をテスト刺激としたときの原刺激の放射輝度，$L_e(\lambda)$はそのテスト刺激の放射輝度である。図7-3-1はStiles & Burchの49人の等色関数である。500 nm付近の赤の等色関数に負の部分がみられる。これは，500 nm付近の単色光は非常に鮮やかな緑で三つの原刺激の加法混色では作り出せない色であり，500 nmの単色光に赤の原刺激を混色して彩度を下げることによって混色していることを意味している。つまり，このことを等色方程式で記述すると，次式のようになる。

$$C + R\mathbf{R} \equiv G\mathbf{G} + B\mathbf{B} \quad (4)$$

赤の項を移項することにより，次式のように負の記号がつく。これを負の刺激と呼ぶ。

$$C \equiv -R\mathbf{R} + G\mathbf{G} + B\mathbf{B} \quad (5)$$

負の刺激は物理的に存在するいかなる原刺激を用いてもある波長域の単色光の部分には現れるものである。

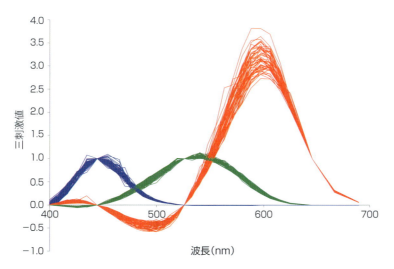

図7-3-1　Stiles & Burchの49人の等色関数

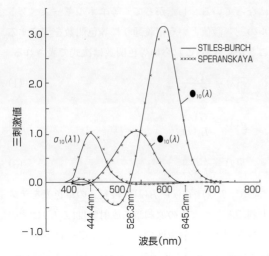

図 7-3-2 Stiles & Burch と Speranskaya の等色関数の比較（Wyszecki & Stiles, 1982, p. 141）

　Speranskayaの原刺激はタングステン光源に色ガラスフィルターを通した光で，それらの主波長は640, 545, 465 nm である．図 7-3-2 は原刺激の変換を施して Stiles & Burch の等色関数と比較したものであるが，よく一致しているのがわかる．1964年に制定された CIE 表色系は Stiles & Burch と Speranskaya の 10°視野の等色関数をもとにしている．

7・3・2　CIE1931 標準観測者

　CIE1931 XYZ 表色系（CIE1931 XYZ color system）のもとになったのは，Guild による 10 人と Wright による 36 人の等色実験のデータである．Guild と Wright は等色実験において異なる原刺激を用い，三刺激値の正規化の方法も異なる．そこで，Guild は前述の原刺激の変換手法を用いて，2グループの等色実験データを比較した．その際の基本刺激には Guild が所属する NPL（英国国立物理学研究所）が推奨するもので，原刺激には波長 $\lambda_R = 700$ nm，$\lambda_G = 546.1$ nm，$\lambda_B = 435.8$ nm が用いられ，基礎刺激には NPL 白色が用いられた．その結果，2グループの等色データは一致することが確認され，この平均値を CIE1931 標準観測者（CIE1931 standard observer）とすることになった．

　前に述べたように，Guild と Wright の等色実験では単色刺激のエネルギーは測定していない．実験結果は色度座標あるいは三刺激値の相対的な値で表されている．等色関数を規定するためには，単色光のエネルギーの測定が必要である．後の Stiles の方法のように等色関数をエネルギーの測定により直接求めなかった理由として，当時は精確な測定が難しかったことも挙げられよう．しかし，最大の理由は測色値と測光値との整合性である．当時，光放射のエネルギー（放射量）と人間にとっての光の強さ，明るさを表す光の量（測光量）を結びつけるのは CIE が 1924 年に制定した分光視感効率関数 $V(\lambda)$ だけであった．そこで，この $V(\lambda)$ と Guild と Wright の等色実験によるスペクトル色度座標 $r(\lambda)$, $g(\lambda)$, $b(\lambda)$ により等色関数を求めた．等色関数は等エネルギースペクトルの三刺激値であるので，その色度座標はスペクトル色度座標と呼ばれ，次式で表される．

$$r(\lambda) = \frac{\overline{r}(\lambda)}{\overline{r}(\lambda) + \overline{g}(\lambda) + \overline{b}(\lambda)} \tag{6}$$

$$g(\lambda) = \frac{\overline{g}(\lambda)}{\overline{r}(\lambda) + \overline{g}(\lambda) + \overline{b}(\lambda)} \tag{7}$$

$$b(\lambda) = \frac{\overline{b}(\lambda)}{\overline{r}(\lambda) + \overline{g}(\lambda) + \overline{b}(\lambda)} \tag{8}$$

　また，二つの視野が「等色している」ということは「明るさも等しい」ことである．このことを単位エネルギーの単色光をテスト刺激に用いた等色実験に適用すると次式で表現できる．

$$V(\lambda) = l_R \overline{r}(\lambda) + l_G \overline{g}(\lambda) + l_B \overline{b}(\lambda) \tag{9}$$

ここで，l_R, l_G, l_B は原刺激に用いた単色光の波長 $\lambda_R = 700$ nm，$\lambda_G = 546.1$ nm，$\lambda_B = 435.8$ の輝度比であり，これらの波長における $V(\lambda)$ とエネルギー比から得られ，$1 : 4.5907 : 0.0601$ である．式(6)〜(9)の関係から，最終的に次式のように，スペクトル色度座標と $V(\lambda)$ から等色関数が導き出される．

$$\overline{r}(\lambda) = \frac{r(\lambda) V(\lambda)}{l_R r(\lambda) + l_G g(\lambda) + l_B b(\lambda)} \tag{10}$$

$$\overline{g}(\lambda) = \frac{g(\lambda) V(\lambda)}{l_R r(\lambda) + l_G g(\lambda) + l_B b(\lambda)} \tag{11}$$

$$\overline{b}(\lambda) = \frac{b(\lambda) V(\lambda)}{l_R r(\lambda) + l_G g(\lambda) + l_B b(\lambda)} \tag{12}$$

　なお，CIE1931 標準観測者の RGB 三刺激値の正規化に用いた基礎刺激は等エネルギー白色である．

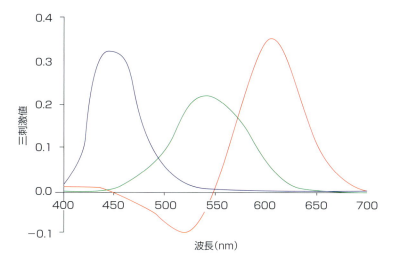

図 7-3-3　CIE1931 標準観測者の RGB 等色関数

図 7-3-3 に CIE1931 標準観測者の RGB 等色関数を示す。

RGB 表色系には主に二つの不便なところがある。一つは三刺激値あるいは等色関数が負の値をもつことである。二つ目は輝度などの測光量との対応をとるときに式(9)に示すような計算過程が必要になることである。この問題を解決するために，XYZ 表色系が考案された。RGB 表色系から XYZ 表色系の変換は原刺激の変換で，基本的な方針は以下の三つである。

(1) 三刺激値は負の値をもたない。
(2) 一つの三刺激値 Y のみで輝度を表す。
(3) 基礎刺激は等エネルギー白色とする。

この方針に基づいて，XYZ 表色系の基本刺激，つまり **X**, **Y**, **Z** 原刺激および基礎刺激 **W** の (r, g, b) 色度座標を，それぞれ **X**(1.2750, −0.2778, 0.0028)，**Y**(−1.7392, 2.7671, −0.0279)，**Z**(−0.7431, 0.1409, 1.6022)，**W**(1/3, 1/3, 1/3) とした。図 7-3-4 は (r, g) 色度図における基本刺激の色度座標を示している。

これらの基本刺激を三刺激値の変換に適用すると，次式により RGB 三刺激値から XYZ 三刺激値への変換ができる。

$$X = 2.7689R + 1.7517G + 1.1302B \quad (13)$$
$$Y = 1.0000R + 4.5907G + 0.0601B \quad (14)$$
$$Z = 0.0000R + 0.0565G + 5.5943B \quad (15)$$

図 7-3-5 はこの変換によって得られた CIE1931

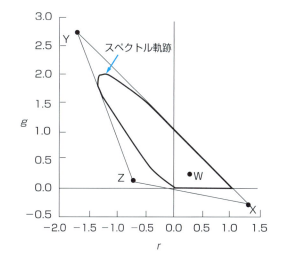

図 7-3-4　(r, g) 色度図における XYZ 表色系の基本刺激の色度

標準観測者の XYZ 等色関数である。すべての波長域で正の値をもち，$\bar{y}(\lambda)$ が $V(\lambda)$ に一致している。

7・3・3　CIE1964 標準観測者

CIE1964 XYZ 表色系（CIE1964 XYZ color system）のもとになったのは，Stiles & Burch による 49 人と Speranskaya による 18 人の 10° 視野の等色実験のデータである。Judd によりこれらのデータの平均化作業がされた。Speranskaya が行った等色実験の輝度レベルは Stiles & Burch のものより 1/30 から 1/40 と低く，桿体が介入する恐れがあるの

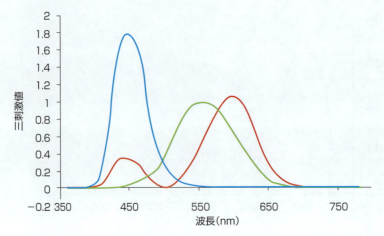

図7-3-5 CIE1931 標準観測者の XYZ 表色系の等色関数

で，これを補正したとされている（Speranskaya, 1959）。Stiles-Burch データと Speranskaya データにほぼ3：1の重みをかけて最終的な等色関数を決めた。RGB 表色系から XYZ 表色系への変換は CIE1931 XYZ の場合と同様であるが，CIE1964 標準観測者の場合は等色関数からの変換で済むので，$V(\lambda)$ を考慮することは必要なく，純粋に測色値のみを与えるものである。最終的な等色関数の変換式は以下のようになる。

$$\bar{x}_{10}(\lambda) = 0.341080\bar{r}_{10}(\lambda) + 0.189145\bar{g}_{10}(\lambda) \\ + 0.387529\bar{b}_{10}(\lambda) \quad (16)$$

$$\bar{y}_{10}(\lambda) = 0.139058\bar{r}_{10}(\lambda) + 0.837460\bar{g}_{10}(\lambda) \\ + 0.073316\bar{b}_{10}(\lambda) \quad (17)$$

$$\bar{z}_{10}(\lambda) = 0.000000\bar{r}_{10}(\lambda) + 0.039553\bar{g}_{10}(\lambda) \\ + 2.026200\bar{b}_{10}(\lambda) \quad (18)$$

ただ，この CIE1964 $X_{10}Y_{10}Z_{10}$ 表色系は当初補助的なものであったので，これを用いる場合には必ず 10 の添え字をつける。何の断りのない場合は CIE1931 XYZ 表色系ということになる。

（矢口 博久）

7・4　均等色空間と色差

7・4・1　物理量と感覚量

XYZ 色空間の距離がそのまま色差にならない理由の第一は，物理量と感覚量の非線形性にある。XYZ 三刺激値は錐体が吸収した光の量に比例するもので，物理量に比例した尺度をもつ。一方，色の違い，色差は感覚量である見えの違いであるので，すなわち感覚量である。まず，色の三属性の一つ，明るさについて，どのくらいの差があると見分けがつくのか。この基本的な視覚の特性を調べる実験に増分閾の測定がある。輝度 L 一定の背景の上にわずかな輝度を加えていき，ちょうど背景から見分けがつく増分輝度 ΔL を測定する。背景輝度を変えて，背景輝度と増分閾での増分輝度の関係を調べると，通常の背景輝度の範囲では ΔL は背景輝度 L に比例して増加し（Weber の法則），その比 $\Delta L/L$（Weber 比）が一定になる。このことから，感覚量が物理量の対数として表せる法則（Fechner の法則）が導かれる。図 7-4-1 は輝度 Y（物理量に比例）と主観的な明るさ（感覚量）との関係を示している。黒の点線は Fechner の法則から導き出されるもので，次式で表したものである。

$$B = 50\log(Y + 1) \quad (1)$$

ここで，B は主観的な明るさを示し，係数 50，1 は B

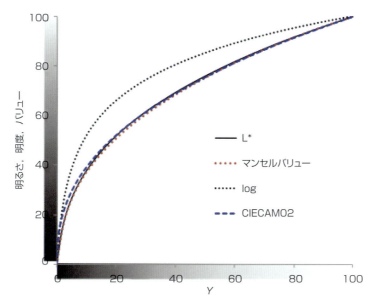

図7-4-1　輝度と主観的明るさの関係

の尺度を0から100にするためのものである。

物理量と感覚量をマグニチュード推定法などにより直接関係づける実験により，感覚量は物理量のベキ乗で関係づけられるというStevensの法則を適用したのが（Stevens, 1975），後述するCIE1976均等色空間の明度 L^* である。図7-4-1の実線で示した L^* は次式で計算したものである。

$$L^* = 116\left(\frac{Y}{100}\right)^{\frac{1}{3}} - 16 \quad (2)$$

また，感覚量が均等になるように色を配列したマンセル表色系のバリュー（value）は主観的な明るさの尺度ともいえる。マンセルバリュー V と物体色の輝度に相当するルミナンスファクター Y との関係は次式で表せる。

$$Y = 1.1913V - 0.22533V^2 + 0.23352V^3 - 0.020484V^4 + 0.0008194V^5 \quad (3)$$

この関係を示したものが図7-4-1の赤の点線である。マンセルバリューの最大値は10であるので，他の尺度との比較のため，縦軸の値は $10V$ で示してある。

このような物理量と感覚量の非線形性は，物理量はゼロから無限までの値をとる可能性があるが，感覚はある限られた範囲内にその最大値と最小値を収めようとする機能からくるものであろう。錐体などの視細胞の入出力特性は入力である光強度の対数値と出力である応答値の関係が最大，最小をもったS字型になるNaka-Rushton関数（Naka & Rushton, 1966）で近似される。CIE色の見えモデル（CIECAM02）における非線形性もこのタイプの関数を適用している。図7-4-1の青の破線は次式で示すCIECAM02の非線形関数から予測されるものである。

$$B = 6.893\left[\frac{400\left(\frac{Y}{100}\right)^{0.42}}{27.13 + 400\left(\frac{Y}{100}\right)^{0.42}} + 0.1\right] \quad (4)$$

ここで，係数6.893は最大値を100にするためのものである。

図7-4-1から，マンセルバリュー，明度 L^*，CIECAM02の視細胞入出力特性の関数はよく一致していることがわかる。Fechnerの法則での対数関数からは少し離れるが，関数の形状は同じであるといえよう。いずれにしても，眼に入る光の物理量と，それによって引き起こされる感覚量である明るさの関係は図7-4-1のような非線形な関係となる。

7・4・2　MacAdamの楕円

では，色の感覚についてはどうであろうか。前項の明るさの弁別と同様，どのくらいの色の差まで弁別できるのかを考えてみる。MacAdam（1942）は

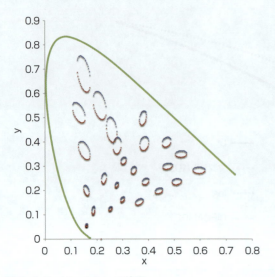

図 7-4-2　MacAdam の楕円

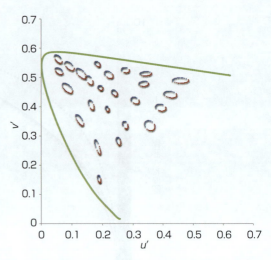

図 7-4-3　CIE1976 (u', v') 色度図における MacAdam の楕円

等色の精度から，ある色から弁別できる色度の範囲を求める実験を行った．二分視野の一方に輝度，色度を固定した比較視野を呈示し，他方に色を調整できるマッチング視野を呈示した．マッチング視野は輝度を一定にしたまま比較視野の色度を含む直線上に色度のみが変化するように工夫をし，等色実験を行った．この等色を繰り返し行うことにより，この直線上にマッチング範囲の標準偏差を求めた．ある固定刺激についていくつかの方向の異なる直線上において等色点の標準偏差を求め，これらから等色点分布を楕円で近似した．比較視野は 25 色について行った．その結果が図 7-4-2 に示す MacAdam の楕円（MacAdam ellipse）である．ただし，図 7-4-2 は CIE1931 (x, y) 色度図に実際の標準偏差の 10 倍のサイズで楕円を示してある．MacAdam は補足的にちょうど識別できる色差（just noticeable difference：jnd）の測定も行った．その結果，jnd は等色の標準偏差とほぼ比例しており，等色の標準偏差の約 3 倍であることが明らかになった．図 7-4-2 からわかるように，青の領域では楕円は小さく，緑の領域で大きくなっている．これは，(x, y) 色度図上では青は少しの距離で色の差が区別できるが，緑領域では大きく離れないと色の差がわからないことを意味している．つまり，(x, y) 色度図は色差について均等でないといえる．

7・4・3　均等色度図

この MacAdam の楕円がどの色でも同じ大きさの円に表現されるような色度図上での距離で色差を評価するのが理想的である．Judd（1935）は射影変換により，最初にこのような色度図を編み出し，均等色度図（uniform color-scale diagram：UCS）と呼んだ．これが 1960 年に CIE で採用され，CIE 1960 UCS 色度図となった．(x, y) 色度座標からの射影変換は次式で表される．

$$u = \frac{4x}{-2x + 12y + 3} \tag{5}$$

$$v = \frac{6y}{-2x + 12y + 3} \tag{6}$$

CIE は 1976 年にこれに以下に示す若干の改良を加え，CIE1976 UCS 色度図を制定した．

$$u' = u, \quad v' = 1.5v \tag{7}$$

図 7-4-3 は CIE1976 UCS 色度図における MacAdam の楕円を示したものである．まだ楕円のサイズは均等でなく，円からも歪んでいるが，図 7-4-2 の (x, y) 色度図と比較すると改善されているのがわかる．

7・4・4　CIE1976 L*u*v*色空間（CIELUV）

前節では 1 次元の明るさ軸の均等性，2 次元の色度平面での色の均等性について述べたが，色はこの両者を含んだ 3 次元の色空間で表されるので，この均等色空間での距離で色差を表現しなければならな

い。Wyszecki（1963）は CIE1960 UCS 色度図に明るさ軸を加えた均等色空間での距離で表す色差式を提案した。これが 1964 年に CIE で採用され，CIE1964 $U^*V^*W^*$ 表色系（CIE1964 U*V*W* color system）であり，2 色間の色差は以下の式で計算される。

$$U^* = 13W^*(u - u_0) \tag{8}$$

$$V^* = 13W^*(v - v_0) \tag{9}$$

$$W^* = 25Y^{\frac{1}{3}} - 17 (1 \le Y \le 100) \tag{10}$$

$$\Delta E = \left[(\Delta U^*)^2 + (\Delta V^*)^2 + (\Delta W^*)^2 \right]^{\frac{1}{2}} \tag{11}$$

ここで，u_0, v_0 は照明光源の色度座標であり，反射率がすべての波長域で 100% の完全白色は U^*, V^* がゼロ（無彩色）になるようになっている。これは後述する色順応を考慮したものである。また，W^* は明度であり，1/3 乗が適用されている。U^*, V^* には W^* がかかっている。つまり，白からの差（純度に相当する）に明度をかけることにより，相対的な色の強さであるクロマ（chroma）を表そうとしている。色差 ΔE は (U^*, V^*, W^*) 色空間での 2 色間のユークリッド距離で定義されている。この色差式は現在ほとんど使われていないが，CIE/JIS の演色評価数の色差の計算には，今も用いられている。

1976 年に CIE はこれをさらに改良し，次式に示す CIE1976 L*u*v* 色空間（CIE1976 L*u*v* color space：CIELUV）を制定した。

$$L^* = 116 \left(\frac{Y}{Y_n} \right)^{\frac{1}{3}} - 16, \quad \frac{Y}{Y_n} > 0.00886 \tag{12}$$

$$u^* = 13L^*(u' - u'_n) \tag{13}$$

$$v^* = 13L^*(v' - v'_n) \tag{14}$$

$$\Delta E^*_{uv} = \left[(\Delta L^*)^2 + (\Delta u^*)^2 + (\Delta v^*)^2 \right]^{\frac{1}{2}} \tag{15}$$

7・4・5　CIE1976 L*a*b*色空間（CIELAB）

CIE は 1976 年にもう一つの均等色空間を制定した。次式で示す CIE1976 L*a*b* 色空間（CIE1976 L*a*b* color space：CIELAB）である。L^* は CIELUV と同じ式(12)で与えられる。

$$a^* = 500 \left[\left(\frac{X}{X_n} \right)^{\frac{1}{3}} - \left(\frac{Y}{Y_n} \right)^{\frac{1}{3}} \right] \tag{16}$$

$$b^* = 200 \left[\left(\frac{Y}{Y_n} \right)^{\frac{1}{3}} - \left(\frac{Z}{Z_n} \right)^{\frac{1}{3}} \right] \tag{17}$$

ここで，X_n, Y_n, Z_n は照明光源の三刺激値である。この CIELAB には三つの視覚メカニズムの特性が

組み込まれている。第 1 は前項で述べた物理量と感覚量の非線形性であり，1/3 乗のベキ乗で表現されている。当初，明度にはマンセルバリュー V を用いる案もあった。しかし，三刺激値 Y から V を求めるには式(2)の 5 次方程式を解くことが必要であることが問題であった。この問題を解決するために 1/3 乗の非線形変換が採用された。図 7-4-1 で示したように，L^* とマンセルバリュー V はきわめてよく一致している。

第 2 は色順応である。人間は照明光源の色がある程度変わっても，白い物は常に白く見える。白色物体から反射して眼に入る光はその照明の分光エネルギー分布に応じて変化するが，われわれには同じ色に見える。これは環境の光が変化しても同じものは同じように見えることにより物の認識ができるようになるという巧みな視覚の特性である。色に関しては色恒常性と呼ばれ，それを可能にしている機能が色順応である。色順応には種々の理論が提唱されているが，最もシンプルで明解なモデルが von Kries 色順応モデルである。von Kries モデルは以下の二つの仮定からなる。

(1) 白い物体は照明が変わっても白く見える。

(2) 照明自体の光に対し視細胞（錐体）が吸収した光の量に比例して視細胞の感度を低下させる（線形性）。

式(12)，(16)，(17)を見てみると，三刺激値 X, Y, Z を，それぞれ照明光源の三刺激値 X_n, Y_n, Z_n で割っている。これはまさに von Kries モデルの適用である。白色物体（厳密にはすべての可視波長域で 100% 反射する完全白色）の三刺激値は照明光源そのものの三刺激値であるので，これで正規化すれば，白い物（$X = X_n$, $Y = Y_n$, $Z = Z_n$）は白（$a^* = 0$, $b^* = 0$）となる。また，このことは照明自体の光に対し錐体が吸収した光の量に応じて視細胞の感度を抑制（$1/X_n$, $1/Y_n$, $1/Z_n$）することも意味している。厳密には三刺激値 X, Y, Z は錐体の刺激値ではないので，擬似的な von Kries モデルということになる。

第 3 は反対色理論の適用である。Hering は色の見えの観点から赤と緑，黄と青は反対色の関係にあるという反対色理論を提唱した。たとえば，ある色を見たときに，赤を感じたなら同時に緑を感じること

はない。黄と青も同様である。Hurvich & Jameson（1955）はこの理論に基づいて，反対色応答の定量化を編み出した。これは色相消去法（hue cancellation method）と呼ばれる方法である。たとえば，オレンジ色の色光を見たとき，そこには赤と黄を感じる。そこで，赤の強さを測るために，赤とは反対色の関係にある緑の光を混ぜる。この緑の光強度を調節することによって，赤も緑も感じない黄色となるところを探す。赤と緑の色相が打ち消された状態である。色相消去法はこのときの緑の光強度により赤みの量（chromatic valence）を測る方法である。緑み，黄み，青みの量も同様な操作で求めることができる。Hurvich & Jameson は等エネルギーの単色光について反対色応答を測定した。Judd（1951）はこの反対色応答曲線が次式で示す CIE1931 XYZ の等色関数の線形変換でよく近似できることを示した。

$$[r(\lambda) - g(\lambda)] = 1.0 [\bar{x}(\lambda) - \bar{y}(\lambda)] \quad (18)$$

$$[y(\lambda) - b(\lambda)] = 0.4 [\bar{y}(\lambda) - \bar{z}(\lambda)] \quad (19)$$

図 7-4-4 は Hurvich & Jameson の測定結果をもとに CIE1931 XYZ の等色関数の線形変換で求めた反対色応答曲線である。式(16)，(17)と式(18)，(19)をみると，a^* が赤／緑，b^* が黄／青の反対色成分を表していることがよくわかる。しかも，赤／緑，黄／青反対色の係数の比まで 5：2 と同じである。

CIELAB の色差は L^*，a^*，b^* を直交軸にとった均等色空間における 2 色間のユークリッド距離として次式で表される。

$$\Delta E^*_{ab} = [(\Delta L^*)^2 + (\Delta a^*)^2 + (\Delta b^*)^2]^{\frac{1}{2}} \quad (20)$$

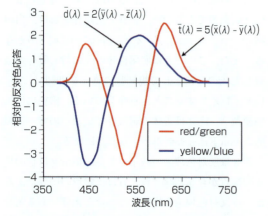

図 7-4-4　等色関数の線形変換による反対色応答曲線

さらに CIE1976 の均等色空間では明るさ，鮮やかさ，色相の色の見えの三属性に対応した尺度も与えている。物体の明るさに対応する明度については式(12)の L^* で与えられる。物体の鮮やかさに対応するクロマ C^*_{ab}，赤，黄，緑などの色合いの違いである色相を表す色相角 h_{ab} については次式で与えられる。

$$C^*_{ab} = (a^{*2} + b^{*2})^{\frac{1}{2}} \quad (21)$$

$$h_{ab} = \tan^{-1}\left(\frac{a^*}{b^*}\right) \quad (22)$$

また，色差についても三属性での差，明度差 ΔL^*，クロマ差 ΔC^*_{ab}，色相差 ΔH^*_{ab} を使った次式で表せる。

$$\Delta L^* = L^*_1 - L^*_0 \quad (23)$$

$$\Delta C^*_{ab} = C^*_{ab,1} - C^*_{ab,0} \quad (24)$$

$$\Delta h_{ab} = h_{ab,1} - h_{ab,0} \quad (25)$$

$$\Delta H^*_{ab} = 2(C^*_{ab,1} C^*_{ab,0})^{\frac{1}{2}} \sin\left(\frac{\Delta h_{ab}}{2}\right) \quad (26)$$

$$\Delta E^*_{ab} = [(\Delta L^*)^2 + (\Delta C^*_{ab})^2 + (\Delta H^*_{ab})^2]^{\frac{1}{2}} \quad (27)$$

この三属性での差で表現した色差式は後の色差式改良の基となるものである。

7・4・6　色差式の改良

CIE1976 均等色空間が制定されてまもなく，CIELAB，CIELUV 色差式の評価試験が始まった。小色差に関しては，弁別楕円の不均一性などが指摘されていた。図 7-4-3 に示すように CIE 1976(u', v') 色度図でも MacAdam の楕円の形，サイズが不均一であり，図 7-4-5 に示すように CIE 1976(a^*, b^*) 色度図でも同様なことが指摘された。

そこで，色差式の改良が行われ，特に繊維業界でこの動きが活発で，イギリスの色材協会の測色委員会（Colour Measurement Committee：CMC）は新しい色差式 CMC（l：c）を発表し，1995 年には繊維業界の ISO になり，この分野では CIELAB に置き換わった。CMC と並行して，CIE でも色差式の改良のための技術委員会がすぐに発足し，色差評価のための実験ガイドライン（Robertson, 1978）を決め，これに沿って多くの実験データが蓄積された。1994 年に新しい色差式 CIE94 が発表された。その後も続々と新しい実験データが収集された。これらは表 7-4-1 に示すように主に四つのグループのデータである。

これらの実験データは観察条件が異なるので，色差式の問題点を明確にするために，それぞれの実験データについて個別に解析が進められた。そのなかでも，図7-4-6に示すLuo & Rigg（1986）とLuo et al.（2001）の(a^*, b^*)色度図にプロットされた弁別楕円の結果は問題点の傾向を明確に示している。

　この問題点は二つで，第1は原点$(a^*, b^*)=(0, 0)$，つまり無彩色付近では楕円が小さく，原点から離れるほど，つまりクロマが高くなるほど，楕円が大きくなる。第2はa^*が0付近でb^*が負，つまり青の領域以外では，楕円の長軸が原点を向いている。他の実験グループのデータもおおむね同じ傾向を示している。これら二つの問題を解消するために色差式の改良が行われた。CIELABの開発では，色順応，非線形性，反対色性などある程度，視覚モデルに基づいていたが，ここでは実験データにより合致させようとした経験モデルであるといえる。以下にCIEDE2000の概要をCIELABからの修正の意味とともに示す。

　まず，無彩色付近の楕円が円になるように，b^*軸はそのままにa^*軸を伸ばす。また，(L^*, a^*, b^*)と区別するため，新しく(L', a', b')を基本座標とする。

$$a' = a^*(1+G),$$
$$G = 0.5\left[1-\left(\frac{C_{ab,m}^{*7}}{(C_{ab,m}^{*7}+25^7)}\right)^{0.5}\right],$$
$$C_{ab,m}^* = \frac{(C_{ab,1}^* + C_{ab,0}^*)}{2} \quad (28)$$
$$b' = b^* \quad (29)$$
$$L' = L^* \quad (30)$$

a'は無彩色点ではa^*の1.5倍であるが，クロマの上昇とともに徐々にa^*に近づく。

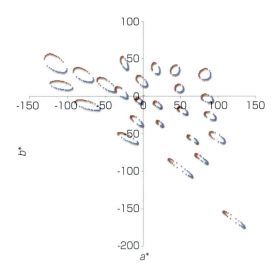

図7-4-5　CIE 1976 (a^*, b^*)色度図におけるMacAdamの楕円

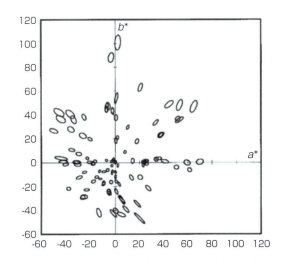

図7-4-6　Luo & Riggの実験データによる(a^*, b^*)色度図における弁別楕円（Luo et al., 2001）

表7-4-1　CIEDE2000のもとになった色差評価実験

略称	サンプル対	平均ΔE_{ab}^*	実験文献
BFD-P	2776	2.0～3.0	Witt & Döring（1983） Witt（1987） Strocka et al.（1983） Cheung & Rigg（1986） Luo & Rigg（1986）
RIT-DuPont	156	1.02	Alman et al.（1989） Berns et al.（1991）
Leeds	307	1.6	Kim & Nobbs（1997）
Witt	418	1.9	Witt（1999）

図 7-4-7 Crispening 効果

次は明度差の補正ファクターの改良である。CMC ($l:c$) では明度に依存した補正ファクター S_L が用いられたが，明度の弁別は周囲の明度に依存するという crispening 効果が知られている (図 7-4-7)。これは周囲の明度に近い明度をもつサンプル同士の明度は識別しやすいという効果である。白い背景ではグレイスケールの明るい部分が，灰色背景では中間の部分が，黒の背景では暗い部分の明度の識別の感度が上昇する。CIE の色差評価の実験ガイドラインでは $L^* = 50$ の灰色を背景明度としているので，多くの実験データはこれに基づいている。図 7-4-8 は Luo ら（Chou et al., 2001）のグループの無彩色に近い 280 サンプルの明度識別についての測色的色差 ΔE と視覚的色差 ΔV の比 $\Delta E/\Delta V$ の背景明度の依存性を示したものである。背景明度が 50 付近で ΔE が最小になる，つまり背景明度付近での明度差の感度が高くなる crispening 効果を明瞭に示している。そこで，明度差の補正ファクターを次式のように表し，この効果を取り入れている。

$$S_L = 1 + \frac{0.015(L'_m - 50)^2}{[20 + (L'_m - 50)^2]^{\frac{1}{2}}},$$
$$L'_m = \frac{L'_1 + L'_0}{2} \qquad (31)$$

図 7-4-8 の V 型の実線はこの S_L の補正による予測値で，点線は実験データの多項近似曲線である。

クロマ差の補正ファクターは次式で与えられる。

$$S_C = 1 + 0.045 C'_m, \quad C'_m = \frac{C'_1 + C'_0}{2} \qquad (32)$$

色相差の補正はより複雑である。図 7-4-9 は色相差の色相依存性を示したものである。表 7-4-1 の BFD-P および RIT-DuPont の実験データの色相差 ΔH^*_{ab} を S_C で正規化し，色相角 h_{ab} との関係を示したものである。このように色相差は色相角に依存するので，これを次式に示す色相差補正ファクターを取り入れて補正した。図 7-4-9 の実線は式(33)の色相依存を示す T の曲線である。

$$S_H = 1 + 0.015 C'_m T,$$
$$T = 1 - 0.17 \cos(h'_m - 30) + 0.24 \cos(2h'_m)$$
$$\qquad + 0.32 \cos(4h'_m + 6) - 0.20 \cos(4h'_m - 63),$$
$$h'_m = \frac{h'_1 - h'_0}{2} \qquad (33)$$

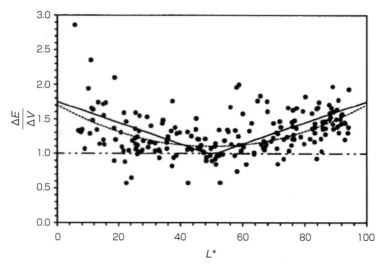

図 7-4-8 明度差識別の明度依存性 (Luo et al., 2001)

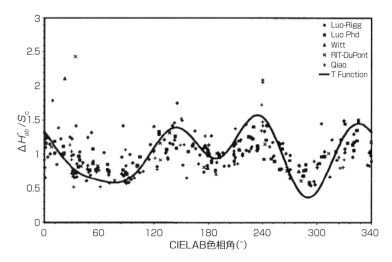

図7-4-9 色相差の色相依存性（Witt, 1987）

最後のステップは弁別楕円の長軸の傾きの補正である。前述のように，図7-4-6の青以外の領域では楕円の長軸はおおよそ原点を指している。したがって，青の色相での傾きを回転させる補正を次式で行った。

$$R_T = -\sin(2\Delta\Theta)R_C,$$
$$\Delta\Theta = 30\exp\left[-\left(\frac{h'_m - 275}{25}\right)^2\right],$$
$$R_C = 2\left(\frac{C'^7_m}{C'^7_m + 25^7}\right)^{\frac{1}{2}} \quad (34)$$

以上述べた数々の補正ファクターを導入して，最終的に次式でCIEDE2000の色差ΔE_{00}が定義された。

$$\Delta E_{00} = \left[\left(\frac{\Delta L'}{k_L S_L}\right)^2 + \left(\frac{\Delta C'}{k_C S_C}\right)^2 + \left(\frac{\Delta H'}{k_H S_H}\right)^2 + R_T\left(\frac{\Delta C'}{k_C S_C}\right)\left(\frac{\Delta H'}{k_H S_H}\right)\right]^{\frac{1}{2}} \quad (35)$$

ここで，k_L，k_C，k_Hは観察条件が特殊な場合やあえて三属性に重みをつける場合に用いるパラメータ係数であり，それ以外では1を用いる。今日では，CMC($l:c$)あるいはCIE94に置き換わってCIEDE2000が広く標準的な色差式として普及している。

（矢口　博久）

7・5　色の見えモデル

色の見えは明るさ，鮮やかさ，色相，色名など最終的にわれわれが感じる色の現れ方である。色の見えはわれわれの頭のなかにあるべきものであり，われわれが置かれている環境に依存しない。たとえば，「赤」という言葉から頭のなかに浮かぶ色はどのような環境でも変わらず「赤」である。したがって，われわれが日常，自分が見た色を伝える場合，色の名前（色名），ときには明るさ，鮮やかさなどを表す形容詞を含めて色の見えを言葉で表現する。色の見えモデルは刺激の三刺激値とそれを見る観察条件からこの色の見えを数値化するものである。

7・5・1　CIE色の見えモデル（CIECAM02）

7・5・1・1　計算の流れ

色の見えを表現する方法には，マンセル表色系，NCS表色系のようなカラーオーダーシステムがあり，これはトップダウン的な表色方法である。それに対し，CIE色の見えモデルは大まかには，錐体から始まり，反対色過程，色の見えへとボトムアップ的に色の見えを表現する方法をとっている。

図7-5-1にCIECAM02（CIE, 2004）の概略図を示す。入力は対象とする色刺激の三刺激値X，Y，

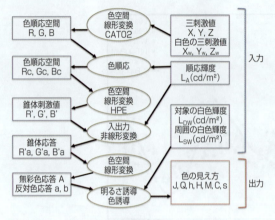

図 7-5-1 CIECAM02 の概略図

7・5・1・3 CIECAM02 の順方向とその意味

まず，モデルを適用するにあたって，順応白色の決定をする。モニターや自発光ディスプレイの場合は，そのデバイスの白色について分光放射輝度計等で色度と輝度を測定する。プリントやハードコピーでは，照明ブースや観察照明で完全白板あるいはメディアの白の色度と輝度を測定する。その絶対輝度の 20% の値を順応輝度 L_A （cd/m^2）として用いる。これはわれわれが観察するシーンの平均輝度がそのなかの白の 20% に相当する経験的なものに基づいているからである。また，順応輝度 L_A については，そのサンプルの照度（lx）を 5π で割った値として計算しても得られる。

色の見えは順応輝度のほか，映画館のような暗い環境か，部屋でテレビを観る環境か，あるいは部屋で本を読むような環境かなどの周囲の環境によっても変わる。CIECAM02 では対象物が置かれている背景（background）と周囲（surround）を明確に分けている。図 7-5-2 に示すように，対象物の周り（視角約 10′）を背景，その外側を周囲と呼ぶ。

周囲条件については，周囲比 S_R を下式で計算する。

$$S_R = \frac{L_{SW}}{L_{DW}} \quad (1)$$

L_{SW} は周囲の白色輝度で，周囲領域の白色から測定する。L_{DW} はデバイスの白色輝度で，対象としているデバイスの白色を測定する。両方とも単位は

Z，その環境の基準白色の三刺激値，X_W，Y_W，Z_W，その環境の順応輝度 L_A と観察条件を規定するパラメータである。これらの数値をモデルに入力することにより，色順応，入出力変換を経て，無彩色応答，反対色応答が得られ，最終的な出力として，色の属性が得られる。この過程のなかで，観察条件による明るさ誘導，色誘導の影響を導入している。また，CIECAM02 は種々の順応状態の色の見えを表すものであるが，最終的にはすべて，参照順応状態として等エネルギー白色の順応状態での色の見えを表すものである。

7・5・1・2 CIECAM02 における色の属性

出力である色の属性は，色相の属性として，色相角 h と色相成分 H，明るさの属性として，明るさ Q，明度 J，そして，彩度の属性として，飽和度 s，クロマ C，カラフルネス M である。明るさとカラフルネスは絶対的な感覚量であり，明度，クロマは相対的な感覚量である。これらの感覚量を式で表現すると以下のようになる（Fairchild, 1998）。

$$明度(J) = \frac{対象の明るさ(Q)}{その環境の白の明るさ(Q_W)}$$

$$クロマ(C) = \frac{対象のカラフルネス(M)}{その環境の白の明るさ(Q_W)}$$

$$飽和度(s) = \frac{カラフルネス(M)}{明るさ(Q)} = \frac{クロマ(C)}{明度(J)}$$

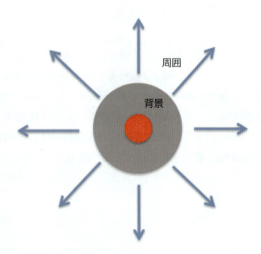

図 7-5-2 背景と周囲

表7-5-1 周囲条件によるパラメータ

観察条件	S_R	c	N_c	F
平均	≥ 0.2	0.69	1.0	1.0
薄暗い	< 0.2	0.59	0.9	0.9
暗黒	0	0.525	0.8	0.8

cd/m^2 である。S_R が0の場合は映画館のような暗黒周囲，0.2未満の場合はディスプレイ観察時のような薄暗い周囲，0.2以上の場合はプリント観察時のような平均的周囲に相当する。この周囲条件により，観察条件のパラメータが表7-5-1のように与えられる。中間的な周囲条件の場合は，補間した値を用いてもよい。ここで，c は周囲条件の係数，N_c は色誘導の係数，F は順応の度合いを決める係数である。

CIECAM02では色順応が視覚情報処理過程のどこのレベルで起こるか，つまり錐体レベルか反対色レベルかは明確にしておらず，架空の色順応レベルに相当する色順応空間を想定している。CIE1931三刺激値から長波長，中波長，短波長感空間への変換は次式で与えられる。三刺激値には相対値を用いる。

$$\begin{bmatrix} R \\ G \\ B \end{bmatrix} = \mathbf{M}_{CAT02} \begin{bmatrix} X \\ Y \\ Z \end{bmatrix} \quad (2)$$

$$\mathbf{M}_{CAT02} = \begin{bmatrix} 0.7328 & 0.4296 & -0.1624 \\ -0.7036 & 1.6975 & 0.0061 \\ 0.0030 & 0.0136 & 0.9834 \end{bmatrix} \quad (3)$$

図7-5-3の実線はXYZ等色関数から式(2)，式(3)を用いて変換された色順応空間のR，G，Bの分光感度である。負の値をとることからも錐体の分光感度とは異なることがわかる。

CIECAM02では，色の見えを表す参照観察条件として等エネルギー白色を用いている。そこで，等エネルギー白色からデバイス白色への順応の度合いとなる順応ファクターDを次式で求める。完全順応である1から順応なしの0の間の値をとる。

$$D = F \left[1 - \frac{e^{-\frac{L_A + 42}{92}}}{3.6} \right] \quad (4)$$

図7-5-4は式(4)によるDファクターを順応輝度の関数で表したものだが，当然のことながら順応輝度

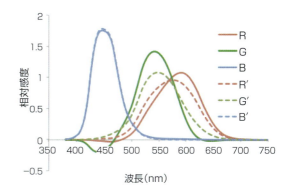

図7-5-3 色順応空間と錐体の分光感度

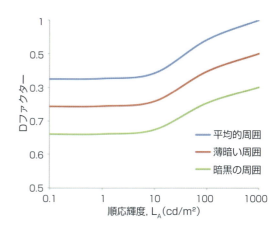

図7-5-4 Dファクターと順応輝度の関係

が上がれば，順応の度合いが1に近づく。このDファクターを次式のように色順応式に適用する。

$$R_c = \left[\left(Y_W \frac{D}{R_W} \right) + (1 - D) \right] R \quad (5)$$

$$G_c = \left[\left(Y_W \frac{D}{G_W} \right) + (1 - D) \right] G \quad (6)$$

$$B_c = \left[\left(Y_W \frac{D}{B_W} \right) + (1 - D) \right] B \quad (7)$$

ここで，Y_W はデバイスの白の三刺激値であるが，100より低い値でもよい。R_W, G_W, B_W は白色点のRGB値である。次に，以下の式から観察条件に依存する係数を計算する。背景の Y_b は，通常の灰色背景の場合では，Y_W の20%を用いる。

$$k = \frac{1}{5L_A + 1} \quad (8)$$

$$F_L = 0.2k^4(5L_A) + 0.1(1-k^4)^2(5L_A)^{\frac{1}{3}} \quad (9)$$

$$n = \frac{Y_b}{Y_w} \tag{10}$$

$$N_{bb} = N_{cb} = 0.725\left(\frac{1}{n}\right)^{0.2} \tag{11}$$

$$z = 1.48 + \sqrt{n} \tag{12}$$

ここで，F_L は順応輝度に依存した順応ファクター，n は背景誘導ファクター，N_{bb}，N_{cb} はそれぞれ明るさ，色による背景ファクター，z は無彩色応答と明度の非線形変換指数である。順応後の非線形圧縮（錐体応答の入出力特性に相当する）をする前の処理として，色順応空間の RGB 値を Hunt-Pointer-Estévez（HPE）の錐体刺激空間に変換する。

$$\begin{bmatrix} R' \\ G' \\ B' \end{bmatrix} = \mathbf{M}_{HPE}\mathbf{M}_{CAT02}^{-1} \begin{bmatrix} R_C \\ G_C \\ B_C \end{bmatrix} \tag{13}$$

$$\mathbf{M}_{HPE} = \begin{bmatrix} 0.38971 & 0.68898 & -0.07868 \\ -0.22981 & 1.18340 & 0.04641 \\ 0.00000 & 0.00000 & 1.00000 \end{bmatrix} \tag{14}$$

$$\mathbf{M}_{CAT02}^{-1} = \begin{bmatrix} 1.096124 & -0.278869 & 0.182745 \\ 0.454369 & 0.473533 & 0.072098 \\ -0.009628 & -0.005698 & 1.015326 \end{bmatrix} \tag{15}$$

式(14)は XYZ 三刺激値から錐体刺激値への HPE 変換行列であり，R'，G'，B' は L, M, S 錐体の吸収した光の量，すなわち錐体刺激値に相当する。HPE の錐体の分光感度を図 7-5-3 の破線で示す。負の部分がなくなっている。この錐体刺激値から錐体応答への非線形変換を以下の式により行う。この非線形変換による入出力応答曲線は前節の図 7-4-1 に示したものである。

$$R'_a = \frac{400\left(\frac{F_L R'}{100}\right)^{0.42}}{27.13 + \left(\frac{F_L R'}{100}\right)^{0.42}} + 0.1 \tag{16}$$

$$G'_a = \frac{400\left(\frac{F_L G'}{100}\right)^{0.42}}{27.13 + \left(\frac{F_L G'}{100}\right)^{0.42}} + 0.1 \tag{17}$$

$$B'_a = \frac{400\left(\frac{F_L B'}{100}\right)^{0.42}}{27.13 + \left(\frac{F_L B'}{100}\right)^{0.42}} + 0.1 \tag{18}$$

次に反対色応答に相当する a と b，および色相角（度）h を次式により計算する。

表 7-5-2　ユニーク色の離心率，色相

	赤	黄	緑	青	赤
i	1	2	3	4	5
h_i	20.14	90.00	164.25	237.53	380.14
e_i	0.8	0.7	1.0	1.2	0.8
H_i	0	100	200	300	400

$$a = R'_a - 12\frac{G'_a}{11} + \frac{B'_a}{11} \tag{19}$$

$$b = \frac{1}{9}(R'_a + G'_a - 2B'_a) \tag{20}$$

$$h = \tan^{-1}\left(\frac{b}{a}\right) \tag{21}$$

ユニーク色のデータを表 7-5-2 に示すが，赤，黄，緑，青の隣り合うユニーク色の角度は 90° ではない。そのために，NCS 表色系のような反対色性を重視した色相を表すために色相成分（英語の hue quadrature は色相求積法と訳されるが，隣り合うユニーク色の間を 100 として合計 400 で色相環を構成する意味で，ここでは色相成分と呼ぶことにした）を導入する。まず，ユニーク色の色味の強さが異なるので，彩度の色相依存性を示す離心率を計算する。

$$e_t = \frac{1}{4}\left[\cos\left(h\frac{\pi}{180} + 2\right) + 3.8\right] \tag{22}$$

ユニーク色の色相角で計算される e_t は表 7-5-2 の e_i とは正確には一致していないが近い値となる。色相成分 H は表 7-5-2 のデータを線形補間して得られる。ここで離心率の重みがかかる。$h < h_1$ の場合は $h' = h + 360$，その他は $h' = h$ で，i は $h_i \leqq h' < h_{i+1}$ となるように選ぶ。

$$H = H_i + \frac{100\,\dfrac{h' - h_i}{e_i}}{\dfrac{h' - h_i}{e_i} + \dfrac{h_{i+1} - h'}{e_{i+1}}} \tag{23}$$

無彩色応答 A は次式で与えられる。

$$A = \left[2R'_a + G'_a + \frac{1}{20}B'_a - 0.305\right]N_{bb} \tag{24}$$

さらに，明度 J を刺激の無彩色応答 A と白の無彩色応答 A_W から次式により求める。

$$J = 100\left(\frac{A}{A_W}\right)^{cz} \tag{25}$$

ここで，背景パラメータや周囲条件による補正ファ

500

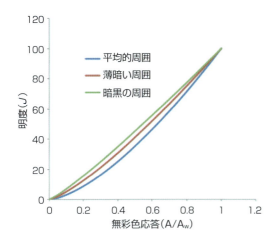

図7-5-5 無彩色応答と明度の関係

クターが入る。図7-5-5は無彩色応答と明度の関係を三つの周囲条件で示したものである。

次に，明るさQを次式より求める。

$$Q = \frac{4}{c}\sqrt{\frac{J}{100}}(A_W + 4)F_L^{0.25} \qquad (26)$$

この式において，明度に順応輝度のファクターと周囲条件による明るさ対比の影響を入れることによって絶対的な明るさ感覚の尺度としている。

次に彩度感覚の尺度であるが，一時的に無彩色軸からの距離に相当する値tを計算し，これを用いてクロマC，カラフルネスM，飽和度sを以下の式で計算する。

$$t = \frac{\frac{50000}{13}N_c N_{cb} e_t \sqrt{a^2 + b^2}}{R'_a + G'_a + \frac{21}{20}B'_a} \qquad (27)$$

$$C = t^{0.9}\sqrt{\frac{J}{100}}(1.64 - 0.29^n)^{0.73} \qquad (28)$$

$$M = CF_L^{0.25} \qquad (29)$$

$$s = 100\sqrt{\frac{M}{Q}} \qquad (30)$$

CIECAM02では色空間は定義していないが，必要に応じて，以下の直交座標も計算できる。

$$a_C = C\cos(h) \qquad (31)$$
$$b_C = C\sin(h) \qquad (32)$$
$$a_M = M\cos(h) \qquad (33)$$
$$b_M = M\sin(h) \qquad (34)$$
$$a_s = s\cos(h) \qquad (35)$$
$$b_s = s\sin(h) \qquad (36)$$

7・5・2 CIECAM02の応用

7・5・2・1 色差

CIELABなどの色差式は色順応をある程度考慮しているとはいえ，同一の相関色温度の環境で色差を比較しなければならない。異なる環境での色差の値の比較は保障されない。それに対し，CIECAM02ではすべての観察条件の色の見えを等エネルギー白色の順応下で表現するものであるので，異なる環境の色の見えを同一の色の見え空間で表現できる。しかし，CIECAM02はその空間の色差についての等歩度性については考慮されていない。そこで，LuoらはCIECAM02を色差に等歩度をもたせた均等色空間CAM02-UCSを提案した（Luo et al., 2006）。この均等色空間はCIEDE2000のときに用いた色弁別，小色差の実験データベースに基づくCAM02-SCDと，マンセル表色系，OSA表色系などの大色差の実験データベースに基づくCAM02-LCDがあり，CAM02-UCSはこの二つを統合したものである。この色差式を次式に示す。

$$\Delta E' = \sqrt{\left(\frac{\Delta J'}{K_L}\right)^2 + \Delta a'^2 + b'^2} \qquad (37)$$

$$J' = \frac{(1 + 100c_1)J}{1 + c_1 J} \qquad (38)$$

$$M' = \frac{1}{c_2}\ln(1 + c_2 M) \qquad (39)$$

$$a' = M'\cos h, \quad b' = M'\sin h \qquad (40)$$

表7-5-3に示すように，明度の重み係数K_Lと明度軸の補正係数c_1とカラフルネス軸の圧縮係数c_2が小色差と大色差で異なる。

図7-5-6はCAM02-UCSにおける明度とカラフルネスの補正を示している。CIEの正確な科学的用途のための色忠実度指数Rfでは色差の計算にCAM02-UCSを使っている。

表7-5-3 CIECAM02に基づく色差式の係数

係数	LCD	SCD	UCS
K_L	0.77	1.24	1.00
c_1	0.007	0.007	0.007
c_2	0.0053	0.0363	0.0228

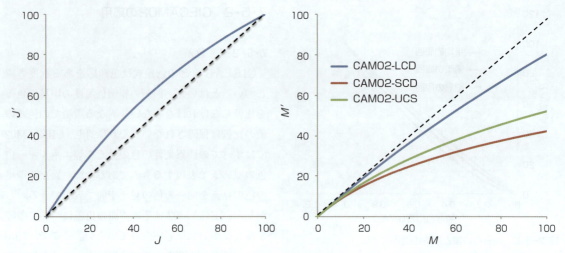

図 7-5-6 CAM02-UCS における明度軸（左図），カラフルネス軸（右図）の補正

7・5・2・2 色名

日常生活で物の色の見えを表現する方法は，色名を用いることであろう．図 7-5-7 は色名の領域を CIECAM02 の色空間に表したものである（Yaguchi et al., 1999）．これは，約 300 枚の色票を分光エネルギー分布，相関色温度の異なる種々の光源下で見たときの色をカテゴリカルカラーネーミングにより応答された八つの有彩色基本色名を CIECAM02 色空間に表現したものである．色名は人間の脳内での表現であるので，観察環境に依存しないものである．CIECAM02 は基本的に観察条件に依存しない色の表現であるので，色名の領域を CIECAM02 空間で表現するのに適している．

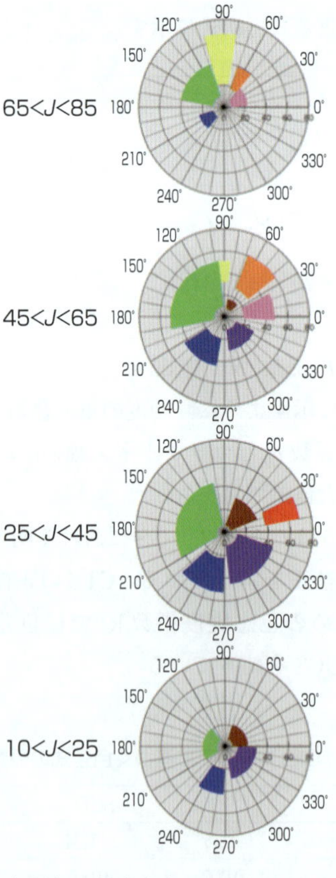

（矢口 博久）

7・6　錐体基本関数に基づく表色系

7・6・1　CIE1931 XYZ 表色系の問題点

表色系で最も広く用いられているのは CIE1931 XYZ 表色系の 2°視野のものである．これは，われわれが物を見るときは詳細な部分までよく見るために錐体密度が最も高い網膜の中心部 2°付近の中心窩で見ているからである．CIE1931 XYZ 表色系は等色関数を直接求めたものではなく，測光量との対応をとるために Wright と Guild の等色実験から得られた色度座標と 1924 年に制定された標準分光視感効率関数 CIE $V(\lambda)$ から導出したものである．しかし，これは $V(\lambda)$ の問題点を引き継いだことにもなる．CIE $V(\lambda)$ は短波長域において，交照法による数々の実験結果より感度がかなり低く見積もられて

図 7-5-7 有彩色 8 基本色名の CIECAM02 空間における領域

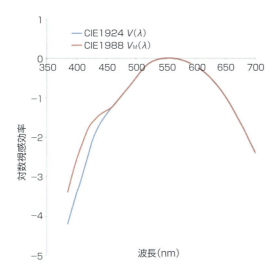

図 7-6-1 CIE1924$V(\lambda)$と修正$V_M(\lambda)$

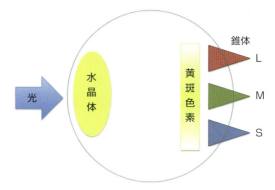

図 7-6-2 光が錐体に到達するまでの経路

いることが指摘されていた（たとえば，Wagner & Boynton, 1972）。Judd はこれを修正して，Judd 修正の等色関数を提案した（Judd, 1951）。さらに CIE では 1990 年には修正分光視感効率関数 $V_M(\lambda)$ を発表した（CIE, 1990）。これは Judd 修正 $V(\lambda)$ をさらに Vos が修正したものである。図 7-6-1 に CIE 1924 $V(\lambda)$ と $V_M(\lambda)$ を示す。

一方，視覚研究の分野では錐体の分光感度を求めることは長年のテーマであり，共通に使える錐体の標準的な分光感度を確立する研究が進められていた。Smith & Pokorny（1975）や Vos & Walraven（1971）は Judd 修正 $V(\lambda)$ をもとに錐体の分光感度を導出した。多くの視覚の研究者の間では，これらの錐体分光感度が用いられてきた。このような背景から，CIE は生理学的に意味のある軸をもつ色度座標を確立すべく議論を重ね，2006 年に標準的な錐体分光感度として，視野サイズ，年齢を考慮した錐体基本関数を発表した（CIE, 2006）。

7・6・2 錐体基本関数

7・6・2・1 定義

錐体の分光感度のもとになるのは，錐体視物質の分光吸収である。しかし，図 7-6-2 に示すように，光が眼に入り，錐体視物質に到達するまでには，角膜，水晶体などの光学媒体，さらに黄斑色素を通る。

視覚の分光感度は，ある一定の視感覚をもたらすための眼に入るエネルギーの逆数として定義される。錐体の分光吸収率は錐体に到達した光放射に対して定義されるが，錐体の分光感度は視覚の分光感度の定義に基づき，眼に入る光放射，つまり角膜における光エネルギーに対して定義する。この定義に基づく錐体の分光感度を cone fundamentals（ここでは錐体基本関数と訳す）と呼ぶ。

7・6・2・2 錐体基本関数の導出

CIE の錐体基本関数の導出は Stockman & Sharpe の論文（Stockman & Sharpe, 2000；Stockman et al., 1999）がもとになっている。ここでは，錐体基本関数のもとになる等色関数には，最も信頼性の高い Stiles & Burch の 10° 視野の等色関数が用いられた。この等色実験では，CIE $V(\lambda)$ を介して等色関数を求めるのでなく，単位エネルギーをもつ単色光の三刺激値という等色関数の定義通りの測定によるものなので，$V(\lambda)$ の問題点を含まない最も包括的な等色データであり，実験参加者数も 49 人と多数にのぼることが，用いられた理由である。次式のように錐体基本関数 $\bar{l}_{10}(\lambda)$, $\bar{m}_{10}(\lambda)$, $\bar{s}_{10}(\lambda)$ は等色関数 $\bar{r}_{10}(\lambda)$, $\bar{g}_{10}(\lambda)$, $\bar{b}_{10}(\lambda)$ の線形変換として表される。

$$\begin{bmatrix}\bar{l}_{10}(\lambda)\\\bar{m}_{10}(\lambda)\\\bar{s}_{10}(\lambda)\end{bmatrix}=\begin{bmatrix}l_R & l_G & l_B\\m_R & m_G & m_B\\s_R & s_G & s_B\end{bmatrix}\begin{bmatrix}\bar{r}_{10}(\lambda)\\\bar{g}_{10}(\lambda)\\\bar{b}_{10}(\lambda)\end{bmatrix} \quad (1)$$

Stiles & Burch の 49 人の 10° 視野等色関数の平均値を図 7-6-3 に示す。49 人の平均年齢は 32 歳である。この等色関数は原刺激の波長，645.2 nm（R），

第 II 部　視覚

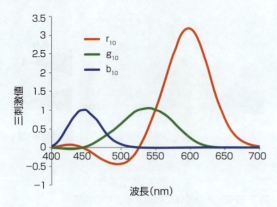

図 7-6-3　Stiles & Burch の 10°視野等色関数

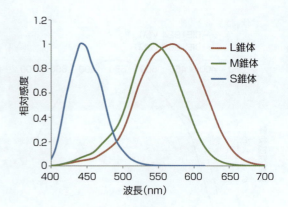

図 7-6-4　10°視野錐体基本関数

526.3 nm（G），444.4 nm（B）で 1 になるように正規化してある。Stiles & Burch の等色実験では，原刺激の単色光を波数で等間隔になるように，15500 cm^{-1}（R），19000 cm^{-1}（G），22500 cm^{-1}（B）をとっているので，このような波長になっている。

さて，問題は式(1)の九つの係数をどのように求めるかである。異なる原刺激の表色系の変換では，お互いの原刺激間での位置関係がわかれば，この係数行列の値は決まる。これを式(1)で考えると，L，M，S 錐体の(r, g, b)色度座標がわかればよいことになる。各錐体の色度座標はそれぞれの錐体を欠く 2 色覚の混同色中心に相当するので，これを用いる方法がよく用いられる。しかし，Stockman et al.（Stockman & Sharpe, 2000；Stockman et al., 1999）は別の方法を用いた。まず，等色実験とは異なる何らかの方法で錐体の分光感度を多くの実験参加者で測定し，そのデータを式(1)の錐体基本関数に入れ，重回帰方程式を解くことにより，係数行列の最適解を求める。L 錐体，M 錐体の分光感度の推定には，2 色覚者の交照法による分光視感効率関数のデータが用いられた。ここで，2 色覚は正常色覚者の持つ三つの錐体のうち一つを欠くもので，残りの 2 錐体は正常色覚者のものと同じであるという König の仮定に立っている。たとえば，L 錐体を欠く 1 型 2 色覚は M 錐体と S 錐体をもつが，交照法では S 錐体は介入しないとされているので，M 錐体のみの分光感度が得られることになる。9 人の 1 型 2 色覚のデータを用いている。同様に，L 錐体の分光感度の測定には M 錐体を欠く 20 人の 2 型 2 色覚の交照法

によるデータが用いられた。S 錐体の分光感度の測定には，Stiles の π メカニズムの測定手法である 2 色閾値法を応用した方法が用いられた。5 名の正常色覚者を実験参加者とし，M 錐体，L 錐体を抑制するようななか，長波長の単色光の背景視野において，短波長の単色光によるフリッカー閾値を測定することによって S 錐体の分光感度を測定した。同時に，3 人の S 錐体のみをもつ S 錐体 1 色覚を実験参加者にしたデータも用いている。以上のような推定法により，次式の変換式が得られた。図 7-6-4 に 10°視野錐体基本関数を示す。

$$\begin{bmatrix} \bar{l}_{10}(\lambda) \\ \bar{m}_{10}(\lambda) \\ \bar{s}_{10}(\lambda) \end{bmatrix} = \begin{bmatrix} 0.1923 & 0.7495 & 0.0676 \\ 0.0192 & 0.9409 & 0.1138 \\ 0.0000 & 0.0105 & 0.9914 \end{bmatrix} \begin{bmatrix} \bar{r}_{10}(\lambda) \\ \bar{g}_{10}(\lambda) \\ \bar{b}_{10}(\lambda) \end{bmatrix} \quad (2)$$

7・6・2・3　錐体視物質の分光吸収

次のステップは色覚の基本となる錐体視物質の分光吸収率を導くことである。前述のように，錐体基本関数は角膜面で定義されるものであるので，光が眼に入った後の水晶体等の光学媒体，黄斑色素の分光透過率を考慮すれば錐体視物質自体の分光吸収率を求めることができる。Stockman & Sharpe（2000）は黄斑色素については Wyszecki & Stiles（1982, pp. 721-722），Vos（1972），Snodderly et al.（1984）の数多くのデータをもとに，水晶体については Wyszecki & Stiles（1982, pp. 721-722），van Norren & Vos（1974）のデータをもとにそれぞれの分光濃度を提案した。図 7-6-5 に水晶体と黄斑色度の分光濃度を示す。黄斑色素は視野依存性があり，

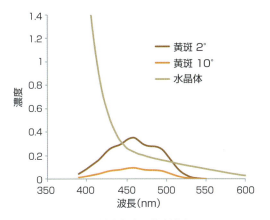

図7-6-5 水晶体と黄斑色素の分光濃度

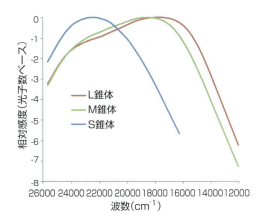

図7-6-6 10°視野L, M, S錐体基本関数（光子数ベース）

2°視野は10°視野より高い濃度を示している。

一方，錐体の分光吸収 $\alpha_i(\lambda)$ は最大濃度を1（透過率は0.1に相当する）で正規化した視物質の低濃度分光吸収（low density spectral absorbance）$A_{i,0}(\lambda)$ と錐体外節の中心軸上の最大光学濃度 $D_{\tau,\max}$ から次式で表される。

$$\alpha_i(\lambda) = 1 - 10^{-D_{\tau,\max} A_{i,0}(\lambda)} \quad (3)$$

ここで，添字の i は視物質の内部（internal）吸収を意味している。視物質の分光濃度の形状はその光学濃度に依存して，濃度が高くなればブロードになる。しかし，Dartnall（1953）によれば，低濃度分光吸収は光学濃度に依存しない。また，分光濃度曲線を光子数で表し，その対数値を波数（波長の逆数）の関数として表現すると，異なる視物質でも同じような形状になることが知られている。そこで，視物質の基本的な特性を示すこの低濃度分光吸収 $A_{i,0}(\lambda)$ を錐体の分光吸収 $\alpha_i(\lambda)$ を用いて，式(3)の逆変換で求める。L, M, S錐体の分光吸収は10°視野の錐体基本関数を水晶体と10°視野の黄斑色素の分光濃度により補正することとし，次式で得られる。

$$\alpha_{il,10}(\lambda) = \frac{\bar{l}_{q,10}(\lambda)}{\tau_{macul}(\lambda) \cdot \tau_{ocul}(\lambda)} \quad (4)$$

$$\alpha_{im,10}(\lambda) = \frac{\bar{m}_{q,10}(\lambda)}{\tau_{macul}(\lambda) \cdot \tau_{ocul}(\lambda)} \quad (5)$$

$$\alpha_{is,10}(\lambda) = \frac{\bar{s}_{q,10}(\lambda)}{\tau_{macul}(\lambda) \cdot \tau_{ocul}(\lambda)} \quad (6)$$

ここでは，低濃度分光吸収曲線のテンプレートを作るのを目的としているので，錐体基本関数 $\bar{l}_{q,10}(\lambda)$，$\bar{m}_{q,10}(\lambda)$，$\bar{s}_{q,10}(\lambda)$ は図7-6-6に示す光子数ベースのものを使う。また，黄斑色素の分光透過率 $\tau_{macul}(\lambda)$，水晶体の分光透過率 $\tau_{ocul}(\lambda)$ はそれぞれの光学濃度 $D_{\tau,macul}(\lambda)$，$D_{\tau,ocul}(\lambda)$ から次式で得られる。

$$\tau_{macul}(\lambda) = 10^{-D_{\tau,macul}(\lambda)} \quad (7)$$

$$\tau_{ocul}(\lambda) = 10^{-D_{\tau,ocul}(\lambda)} \quad (8)$$

式(3)を解くには，あとは錐体の最大光学濃度が必要であるが，それには黄斑色素同様，視野サイズ依存性がある。表7-6-1にL, M, S錐体視物質の2°および10°視野における最大光学濃度を示す。

図7-6-7は，この10°視野の最大光学濃度をもとに求められたL, M, S錐体視物質の低濃度分光吸収

表7-6-1 L, M, S錐体視物質の最大光学濃度

	2°	10°
L錐体	0.5	0.38
M錐体	0.5	0.38
S錐体	0.4	0.3

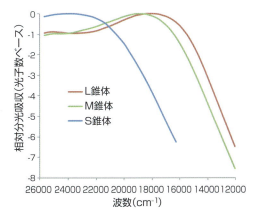

図7-6-7 L, M, S錐体の視物質の低濃度分光吸収

$A_{i,0\,(L-pigm)}(\lambda)$, $A_{i,0\,(M-pigm)}(\lambda)$, $A_{i,0\,(S-pigm)}(\lambda)$である。錐体視物質本来の低濃度分光吸収は図7-6-7の錐体基本関数と比べ，短波長域での吸収が高い。これは，水晶体，黄斑色素の吸収を除いたためである。ちなみに，L，M，S錐体視物質の低濃度分光吸収のピーク波長はそれぞれ555.7，526.2，418.1 nmである。

7・6・2・4 2°視野の錐体基本関数

次に，視物質の低濃度分光吸収から2°視野の錐体基本関数を求めてみよう。錐体の最大光学濃度は視野サイズに依存するので，まず，次式で示すように，低濃度分光吸収に表7-6-1の2°視野の最大光学濃度を適用して，錐体の分光吸収を求める。

$$\alpha_{i,l}(\lambda) = 1 - 10^{(-D_{\tau,max} \cdot A_{i,0(L-pigm)}(\lambda))} \quad (9)$$
$$\alpha_{i,m}(\lambda) = 1 - 10^{(-D_{\tau,max} \cdot A_{i,0(M-pigm)}(\lambda))} \quad (10)$$
$$\alpha_{i,s}(\lambda) = 1 - 10^{(-D_{\tau,max} \cdot A_{i,0(S-pigm)}(\lambda))} \quad (11)$$

錐体で（反射も透過もされず）吸収される角膜面における光子数分，つまり光子数ベースの錐体基本関数は，次式のように，視物質の分光光子数吸収に黄斑色素の分光透過率，水晶体の分光透過率を掛けたものになる。

$$\bar{l}_q(\lambda) = \alpha_{i,l,2}(\lambda) \cdot \tau_{macul}(\lambda) \cdot \tau_{ocul}(\lambda) \quad (12)$$
$$\bar{m}_q(\lambda) = \alpha_{i,m,2}(\lambda) \cdot \tau_{macul}(\lambda) \cdot \tau_{ocul}(\lambda) \quad (13)$$
$$\bar{s}_q(\lambda) = \alpha_{i,s,2}(\lambda) \cdot \tau_{macul}(\lambda) \cdot \tau_{ocul}(\lambda) \quad (14)$$

エネルギーベースの錐体基本関数 $\bar{l}(\lambda)$, $\bar{m}(\lambda)$, $\bar{s}(\lambda)$ は光子数ベースのそれぞれの分光感度に波長 λ を掛け，正規化すれば求められる。L，M，S錐体基本関数のピーク波長はそれぞれ570.2，542.8，442.1 nmである。図7-6-8に2°視野（破線）と10°視野（実線）のエネルギーベースの錐体基本関数（対数尺度）を示す。10°視野と比較すると，L錐体，M錐体では黄斑色素濃度による短波長域での感度低下がみられる。S錐体ではこの感度低下がみられないようにみえるが，これは最大感度で正規化しているためである。S錐体の中波長域を比較すると，2°視野の感度が高くなっていることから，分光感度の全体の形状としては短波長域で感度低下が表れている。

7・6・2・5 視野サイズ，年齢の効果

CIEはこれまで，2°視野のCIE1931 XYZ表色系

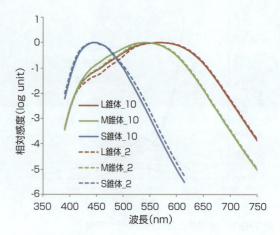

図7-6-8 2°視野（破線）と10°視野（実線）の錐体基本関数（エネルギーベース）

と10°視野のCIE1964 XYZ表色系を制定している。しかし，色の見えが視野サイズに依存することなどから，1°から10°の間のレンジの表色系の要望が出てきている。また，過去の等色実験のデータは比較的若い実験参加者から得られたものであり，今日の高齢化社会では，色の見えの年齢依存性が問題にされるようになり，年齢に応じた錐体基本関数も要望されてきた。このような背景から，CIE170-1では年齢，視野サイズを考慮した錐体基本関数の計算方法を提供している。

これまで述べたように，錐体視物質の低濃度分光吸収は年齢，視野サイズに依存しないという大前提がある。錐体の分光感度に影響を与える要因は黄斑色素の分光濃度，水晶体等の光学媒体の分光濃度，錐体の最大光学濃度の三つである。

黄斑色素は網膜中心窩に分布する色素層であり，中心窩中心ほど濃度が高く，徐々に濃度は薄くなる。したがって，視野依存性が高い。Moreland & Alexander（1997）は黄斑色素の最大光学濃度を視野サイズ fs の関数として，次式で与えた。図7-6-9にその関係を示す。

$$D_{\tau,max,macul} = 0.485 \cdot e^{\frac{fs}{6.132}} \quad (15)$$

また，黄斑色素の濃度の年齢依存性はわずかにあるが，ここでは無視できるとしている。

次に，水晶体などの眼内の光学媒体の影響であるが，視野サイズについては，網膜中心部に到達する光は視野サイズに関係なく同じ経路をたどるので，

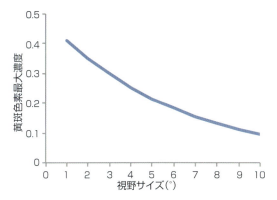

図 7-6-9　視野サイズと黄斑色素最大濃度の関係

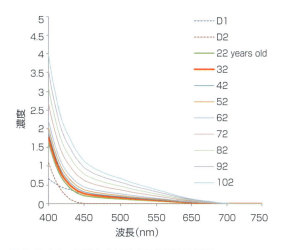

図 7-6-10　年齢と水晶体の分光濃度の関係

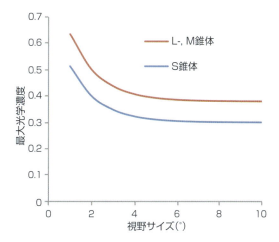

図 7-6-11　視野サイズと錐体の最大光学濃度の関係

無視できる。しかし，加齢とともに，水晶体が黄変，つまり短波長域での濃度が増大することはよく知られている。Pokorny et al. (1987) は水晶体の分光濃度を二つの成分，年齢依存性がある成分 $D_{\tau,ocul1}(\lambda)$ と20歳以降は変化しない一定の成分 $D_{\tau,ocul2}(\lambda)$ で構成した。また，錐体基本関数のもとになっている Stiles & Burch の等色実験に参加した実験参加者の平均年齢は 32 歳であるので，32 歳の水晶体の分光濃度（図 7-6-5）をもとに，年齢の関数とした水晶体の分光濃度を定式化した。式(16)，(17)のように，60 歳を境に二つの式からなる。図 7-6-10 に水晶体分光濃度の二つの成分と各年齢の計算結果を示す。

$$D_{\tau,ocul}(\lambda) = D_{\tau,ocul1}(\lambda) \cdot [1 + 0.02(A - 32)] + D_{\tau,ocul2}(\lambda),$$
for between 20 and 60 years　(16)

$$D_{\tau,ocul}(\lambda) = D_{\tau,ocul1}(\lambda) \cdot [1.56 + 0.0667(A - 60)] + D_{\tau,ocul2}(\lambda),$$
for over 60 years　(17)

錐体の最大光学濃度は視野サイズに影響する。Pokorny & Smith (1976) は錐体の最大光学濃度を視野サイズ（°）の関数として，次式で表した。L 錐体と M 錐体の関数は同一である。図 7-6-11 に視野サイズと L, M 錐体および S 錐体の最大光学濃度の関係を示す。

$$D_{\tau,\max(L-cone)} = 0.38 + 0.54 e^{-\frac{fs}{1.333}} \quad (18)$$

$$D_{\tau,\max(M-cone)} = 0.38 + 0.54 e^{-\frac{fs}{1.333}} \quad (19)$$

$$D_{\tau,\max(S-cone)} = 0.30 + 0.45 e^{-\frac{fs}{1.333}} \quad (20)$$

以上，三つの要因を考慮することにより，1°から10°までの任意の視野サイズ，20 歳以上の任意の年齢の錐体基本関数を計算することができる。まず，視野サイズに対応した錐体の最大光学濃度と視物質の低濃度分光吸収から各錐体の分光吸収を次式により計算する。

$$\alpha_{i,l}(\lambda) = 1 - 10^{[-D_{\tau,\max(L-cone)}A_{i,0}(L-pigm)(\lambda)]} \quad (21)$$

$$\alpha_{i,m}(\lambda) = 1 - 10^{[-D_{\tau,\max(M-cone)}A_{i,0}(M-pigm)(\lambda)]} \quad (22)$$

$$\alpha_{i,s}(\lambda) = 1 - 10^{[-D_{\tau,\max(S-cone)}A_{i,0}(S-pigm)(\lambda)]} \quad (23)$$

次に，錐体の分光吸収に年齢に対応した水晶体の分光透過率と視野サイズに対応した黄斑色素の分光透過率をかけることにより錐体基本関数を求めることができる。

$$\bar{l}(\lambda) = \alpha_{i,l}(\lambda) \cdot 10^{[-D\tau,max,macul \cdot Dmacul,relative(\lambda) - D\tau,ocul(\lambda)]} \quad (24)$$

$$\bar{m}(\lambda) = \alpha_{i,m}(\lambda) \cdot 10^{[-D\tau,max,macul \cdot Dmacul,relative(\lambda) - D\tau,ocul(\lambda)]} \quad (25)$$

$$\bar{s}(\lambda) = \alpha_{i,s}(\lambda) \cdot 10^{[-D\tau,max,macul \cdot Dmacul,relative(\lambda) - D\tau,ocul(\lambda)]} \quad (26)$$

ここで計算されるのは光子数ベースの錐体基本関数 $\bar{l}_{fs,q}(\lambda)$, $\bar{m}_{fs,q}(\lambda)$, $\bar{s}_{fs,q}(\lambda)$ であるが，これらに波長 λ をかけて正規化することによって，エネルギーベースの錐体基本関数 $\bar{l}_{fs}(\lambda)$, $\bar{m}_{fs}(\lambda)$, $\bar{s}_{fs}(\lambda)$ を求めることができる。

7・6・3 錐体基本関数に基づく分光視感効率関数

さらに，CIE は錐体基本関数に基づく分光視感効率関数，色度座標，XYZ型表色系を 2015 年に発表した (CIE, 2015)。

分光視感効率関数は，以前は比視感度と呼ばれていたもので，明るさ感など光の量に対する感覚の分光感度である。1924 年に制定された CIE $V(\lambda)$ は標準分光視感効率関数で輝度などの測光の単位の定義に用いられる。CIE が錐体の分光感度を新たに定める理由の一つには CIE $V(\lambda)$ の短波長域での問題点を解消することがあった。錐体基本関数に基づく分光視感効率関数の導出は Sharpe et al. (2005, 2011) の論文がもとになっている。まず，分光視感効率関数 $V_F(\lambda)$ を次式のように錐体基本関数 $\bar{l}(\lambda)$, $\bar{m}(\lambda)$, $\bar{s}(\lambda)$ の線形結合で表すこととする。

$$V_F(\lambda) = \alpha \bar{l}(\lambda) + \beta \bar{m}(\lambda) + \gamma \bar{s}(\lambda) \quad (27)$$

これらの係数 α, β, γ の最適値を求めることになる。まず，CIE $V(\lambda)$ は 2°視野に対応しているとの理解から，2°視野の分光視感効率関数として現時点で最も信頼度が高いとされる Judd 修正 $V(\lambda)$ をもとにした CIE $V_M(\lambda)$ (CIE, 1990) を目標値として最適値を求めてみた。さらに，S 錐体は輝度に介入しない ($\gamma = 0$) という仮定を立てている。しかし，$V_M(\lambda)$ とは正確な一致が得られなかったことから，最終的には Sharpe et al. (2005, 2011) の実験データをもとに，次式のように係数を決定した。

$$V_{F,q}(\lambda) = \frac{1.89\bar{l}_q(\lambda) + \bar{m}_q(\lambda)}{2.803606} \quad (28)$$

ここでの分光視感効率関数 $V_{F,q}(\lambda)$，錐体基本関数 $\bar{l}_q(\lambda)$, $\bar{m}_q(\lambda)$ は 2°視野で光子数ベースに基づくものである。分母の 2.803606 は最大値を 1 に正規化するための値であり，その波長は 546.1 nm である。これをエネルギーベースに変換すると次式のようになる。このときの最大値を与える波長は 556.1 nm である。ちなみに $V(\lambda)$ の最大値を与える波長は 555 nm である。

$$V_F(\lambda) = 0.689903\bar{l}(\lambda) + 0.348322\bar{m}(\lambda) \quad (29)$$

式 (29) の L 錐体，M 錐体の重み係数の比がほぼ 2 である。L 錐体と M 錐体の比には個人差があるとされているが，平均的にはその比は 2 であるという他の研究結果 (Guth et al., 1980; Nerger & Cicerone, 1992; Vos & Walraven, 1971) と一致している。また，この比は網膜上での偏心度に依存しない (Knau et al., 2001; Nerger & Cicerone, 1992) ことから，次式に示すように 10°視野でも同じ比（光子数ベースでの 1.89）を用いている。変数の添え字の q は光子数ベースを意味する。

$$V_{F,q10}(\lambda) = \frac{1.89\bar{l}_{q,10}(\lambda) + \bar{m}_{q,10}(\lambda)}{2.804550} \quad (30)$$

光子数ベースの 10°視野分光視感効率関数の最大値の波長は 544.8 nm である。エネルギーベースに変換すると次式となる。

$$V_{F,10}(\lambda) = 0.692839\bar{l}_{10}(\lambda) + 0.349676\bar{m}_{10}(\lambda) \quad (31)$$

エネルギーベースの 10°視野分光視感効率関数の最大値の波長は 555.7 nm である。

図 7-6-12 は 2°視野（実線）の CIE $V(\lambda)$, $V_M(\lambda)$, $V_F(\lambda)$, 10°視野（破線）の $\bar{y}_{10}(\lambda)$, $V_{F,10}(\lambda)$ を比較した

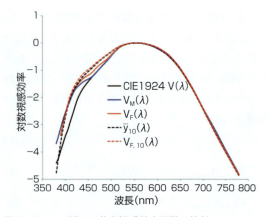

図 7-6-12　種々の分光視感効率関数の比較

ものである。2°視野のCIE $V(\lambda)$ と $V_F(\lambda)$ は短波長域において大きく差があることがわかる。また、10°視野については、$\bar{y}_{10}(\lambda)$ と $V_{F,10}(\lambda)$ の差が小さい。これは両者とも10°視野のStiles & Burch (1959) の等色関数を使っているためである。若干の差は $\bar{y}_{10}(\lambda)$ にはSperanskaya (1959) の等色関数も入っていることから生じる。

7・6・4 錐体基本関数に基づく色度図

7・6・4・1 錐体基本関数に基づく三刺激値

錐体の分光感度に基づく生理学的色空間あるいは色度図として視覚研究者の間でよく用いられているものにDKL色空間（Derrington et al., 1984）とMacLeod-Boynton色度図（MacLeod & Boynton, 1979）がある。前者は色覚モデルの色拮抗性レベルの色空間に対応するのに対し、後者は錐体レベルの色空間といえよう。CIEでは錐体基本関数に基づく色空間を目的としているので、MacLeod-Boynton色度図（以後、MB色度図と略す）を採用した。色度図を定義する前に、色度図を定める3次元色空間の軸となる錐体基本関数に基づく三刺激値を定義する必要がある。これらの三刺激値をMacLeod-Boynton三刺激値（以後、MB三刺激値と略す）と呼ぶ。2°視野のMB三刺激値 L_{MB}, M_{MB}, S_{MB} は次式で定義される。

$$L_{MB} = 0.689903 \int \phi_\lambda(\lambda) \bar{l}(\lambda) d\lambda \tag{32}$$

$$M_{MB} = 0.348322 \int \phi_\lambda(\lambda) \bar{m}(\lambda) d\lambda \tag{33}$$

$$S_{MB} = 0.037160 \int \phi_\lambda(\lambda) \bar{s}(\lambda) d\lambda \tag{34}$$

ここで $\phi_\lambda(\lambda)$ は光刺激の分光放射密度である。式(32), (33)のL錐体, M錐体の係数は式(31)にかかる重み係数と同じである。これは輝度が $L_{MB} + M_{MB}$ で定義されることを意味している。S錐体の係数 0.037160 は $\bar{s}(\lambda)/V_F(\lambda)$ の最大値が1になるように正規化するためである。10°視野のMB三刺激値 $L_{MB,10}$, $M_{MB,10}$, $S_{MB,10}$ は次式で与えられる。

$$L_{MB,10} = 0.692839 \int \phi_\lambda(\lambda) \bar{l}_{10}(\lambda) d\lambda \tag{35}$$

$$M_{MB,10} = 0.349676 \int \phi_\lambda(\lambda) \bar{m}_{10}(\lambda) d\lambda \tag{36}$$

$$S_{MB,10} = 0.055479 \int \phi_\lambda(\lambda) \bar{s}_{10}(\lambda) d\lambda \tag{37}$$

ここでの係数の決め方についても2°視野の場合と同じである。

7・6・4・2 錐体基本関数に基づく色度図

図7-6-13に示すように、MB三刺激値を直交軸にもつ色空間における輝度一定の平面上にMB色度図を定義する。MB色度座標は、次式で与えられる。

$$l_{MB} = \frac{L_{MB}}{L_{MB} + M_{MB}} \tag{38}$$

$$m_{MB} = \frac{M_{MB}}{L_{MB} + M_{MB}} \tag{39}$$

$$s_{MB} = \frac{S_{MB}}{L_{MB} + M_{MB}} \tag{40}$$

また、スペクトルMB色度座標の $l_{MB}(\lambda)$, $m_{MB}(\lambda)$, $s_{MB}(\lambda)$ は錐体基本関数から次式によって得られる。

$$l_{MB}(\lambda) = \frac{0.689903 \bar{l}(\lambda)}{0.689903 \bar{l}(\lambda) + 0.348322 \bar{m}(\lambda)} \tag{41}$$

$$m_{MB}(\lambda) = \frac{0.348322 \bar{m}(\lambda)}{0.689903 \bar{l}(\lambda) + 0.348322 \bar{m}(\lambda)} \tag{42}$$

$$s_{MB}(\lambda) = \frac{0.037160 \bar{s}(\lambda)}{0.689903 \bar{l}(\lambda) + 0.348322 \bar{m}(\lambda)} \tag{43}$$

図7-6-14は2°視野のMB色度図である。390 nmから830 nmまで5 nm間隔でプロットしてある。短

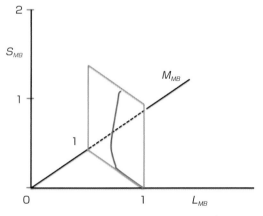

図7-6-13 MB三刺激値空間における輝度一定の平面

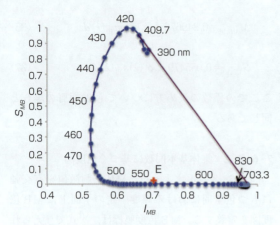

図7-6-14 2°視野のMB色度図

$$\begin{bmatrix} \bar{x}_F(\lambda) \\ \bar{y}_F(\lambda) \\ \bar{z}_F(\lambda) \end{bmatrix} = \begin{bmatrix} 1.947355 & -1.414451 & 0.364763 \\ 0.689903 & 0.348322 & 0 \\ 0 & 0 & 1.934853 \end{bmatrix} \begin{bmatrix} \bar{l}(\lambda) \\ \bar{m}(\lambda) \\ \bar{s}(\lambda) \end{bmatrix} \quad (47)$$

式(47)は2°視野の錐体基本関数に基づく等色関数であるが，10°視野の等色関数についても同様の導き方で，次式のように得られる。

$$\begin{bmatrix} \bar{x}_{F,10}(\lambda) \\ \bar{y}_{F,10}(\lambda) \\ \bar{z}_{F,10}(\lambda) \end{bmatrix} = \begin{bmatrix} 1.939864 & -1.346644 & 0.430449 \\ 0.692839 & 0.349676 & 0 \\ 0 & 0 & 2.146879 \end{bmatrix} \begin{bmatrix} \bar{l}_{10}(\lambda) \\ \bar{m}_{10}(\lambda) \\ \bar{s}_{10}(\lambda) \end{bmatrix} \quad (48)$$

図7-6-15に2°視野，図7-6-16に10°視野の等色関数（実線）を従来の等色関数（破線）と比較して示す。2°視野では，450 nm以下の短波長の領域における差が大きいことがわかる。10°視野では，従来の1964年の等色関数も新しい等色関数もStiles & Burchの10°視野等色関数を用いているので，当然ながら差は少ない。

また，スペクトル軌跡の色度座標も従来の方式で以下のように与えられる。

$$x_F(\lambda) = \frac{\bar{x}_F(\lambda)}{\bar{x}_F(\lambda) + \bar{y}_F(\lambda) + \bar{z}_F(\lambda)} \quad (49)$$

$$y_F(\lambda) = \frac{\bar{y}_F(\lambda)}{\bar{x}_F(\lambda) + \bar{y}_F(\lambda) + \bar{z}_F(\lambda)} \quad (50)$$

$$z_F(\lambda) = \frac{\bar{z}_F(\lambda)}{\bar{x}_F(\lambda) + \bar{y}_F(\lambda) + \bar{z}_F(\lambda)} \quad (51)$$

図7-6-17に2°視野のスペクトル軌跡をCIE1931 (x, y)色度図と一緒に示す。プロット点は390 nmから780 nmまで，5 nmの間隔である。等エネルギー白色は定義の通り，両方の色度図で一致し，(1/3, 1/3)である。

2°視野の錐体基本関数に基づく三刺激値 X_F, Y_F, Z_F は次式で定義される。

$$X_F = k_F \int \phi_\lambda(\lambda) \bar{x}_F(\lambda) d\lambda \quad (52)$$

波長端および超波長端で内側に折れ曲がっているのが特徴である。赤紫軌跡は409.7 nmと703.3 nmを結んだ線となる。また，等エネルギー白色は図中の赤のクロスで示した点(0.7078, 0.0192)で，l_{MB}軸に非常に近い座標となる。ここでは省略するが，10°視野のMB色度座標も2°視野の計算式と同様に得られる。

7・6・5 錐体基本関数に基づく$X_F Y_F Z_F$表色系

CIEは錐体基本関数をもとにして，産業界で馴染みのあるXYZ型の表色系を発表した。XYZ型の表色系を導く第1の基本は，次式のようにX, Y, Zの等色関数を錐体基本関数の線形変換で表すことである。

$$\bar{x}_F(\lambda) = a_{11}\bar{l}(\lambda) + a_{12}\bar{m}(\lambda) + a_{13}\bar{s}(\lambda) \quad (44)$$

$$\bar{y}_F(\lambda) = a_{21}\bar{l}(\lambda) + a_{22}\bar{m}(\lambda) + a_{23}\bar{s}(\lambda) \quad (45)$$

$$\bar{z}_F(\lambda) = a_{31}\bar{l}(\lambda) + a_{32}\bar{m}(\lambda) + a_{33}\bar{s}(\lambda) \quad (46)$$

この九つの係数を求めるXYZ型の表色系の導出の基本的なコンセプトはCIE1931 XYZと同じであり，主な点は以下の三つである。

(1) すべての三刺激値を正の値とする。
(2) 三刺激値Yのみで輝度を表す。
(3) 等エネルギー白色の三刺激値を等しくする（$X_E = Y_E = Z_E$）。

さらに，Zの等色関数をS錐体基本関数に比例させる（$\bar{z}_F(\lambda) \propto \bar{s}(\lambda)$）ことや全体的な色度図の形状をCIE 1931 (x, y)色度図に近づけることなどを条件として，最終的に次式の線形変換式を決定した。

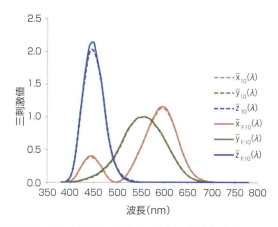

図 7-6-15 2°視野の $\bar{x}_F(\lambda)$, $\bar{y}_F(\lambda)$, $\bar{z}_F(\lambda)$ 等色関数

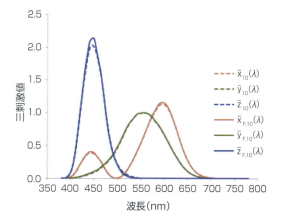

図 7-6-16 10°視野の $\bar{x}_{F,10}(\lambda)$, $\bar{y}_{F,10}(\lambda)$, $\bar{z}_{F,10}(\lambda)$ 等色関数

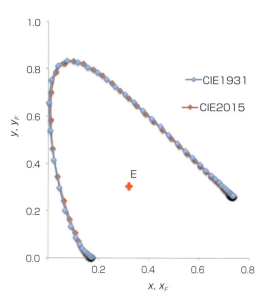

図 7-6-17 錐体基本関数に基づく (x_F, y_F) 色度図

$$Y_F = k_F \int \phi_\lambda(\lambda) \bar{y}_F(\lambda) d\lambda \tag{53}$$

$$Z_F = k_F \int \phi_\lambda(\lambda) \bar{z}_F(\lambda) d\lambda \tag{54}$$

ここで $\phi_\lambda(\lambda)$ は光刺激の分光放射密度である。k_F は最大視感度に相当し、$k_F = K_{m,F} = 683.358$ (lm/W) である。$K_m = 683$ と一致しないのは $V_F(\lambda)$ の最大値を与える波長が 556.1 nm であり、測光単位の定義通り 555 nm で 683 (lm/W) にするためである。

(矢口 博久)

文献

(7・1)

Wyszecki, G., & Stiles, W. S. (1982). *Color Science: Concepts and Methods, Quantitative Data and Formulae* (2nd ed., p. 582). John Wiley & Sons.

(7・3)

Coblentz, W. W., & Emerson, W. B. (1918). Relative sensibility of the average eye to light of different colors and some practical applications to radiation problems. *Bulletin of the Bureau of Standards, 14*, 167-234.

Gibson, K. S., & Tyndall, E. P. T. (1923). Visibility of radiant energy. *Scientific Papers of the Bureau of Standards, 19*, 131-193.

Guild, J. (1931). The colorimetric properties of the spectrum. *Philosophical Transactions of the Royal Society of London: Series A, 230*, 149-187.

Speranskaya, N. I. (1959). Determination of spectrum color coordinates for twenty-seven normal observers. *Optics and Spectroscopy, 7*, 424-428.

Stiles, W. S., & Burch, J. M. (1959). N.P.L. colour-matching investigation: Final report (1958). *Optica Acta, 6*, 1-26.

第 II 部　視覚

Wright, W. D. (1928-1929). A re-determination of the trichromatic coefficients of the spectral colours. *Transactions of the Optical Society, 30*, 141-164.

Wright, W. D. (1981). *The Historical and Experimental Background to the 1931 CIE System of Colorimetry*. Golden Jubilee of Colour in the CIE.

Wyszecki, G., & Stiles, W. S. (1982). *Color Science: Concepts and Methods, Quantitative Data and Formulae* (2nd ed., p. 141). John Wiley & Sons.

(7・4)

Alman, D. H., Berns, R. S., Snyder, G. D., & Larsen, W. A. (1989). Performance testing of color-difference metrics using a color tolerance dataset. *Color Research and Application, 14*, 139-151.

Berns, R. S., Alman, D. H., Reniff, L., Snyder, G. D., & Balonon-Rosen, M. R. (1991). Visual determination of suprathreshold color-difference tolerances using probit analysis. *Color Research and Application, 16*, 297-316.

Cheung, M., & Rigg, B. (1986). Colour-difference ellipsoids for five CIE colour centres. *Color Research and Application, 11*, 185-195.

Chou, W., Lin, H., Luo, M. R., Westland, S., Rigg, B., & Nobbs, J. (2001). The performance of lightness difference formulae. *Coloration Technology, 117*, 19-29.

Hurvich, L. M., & Jameson, D. (1955). Some quantitative aspects of an opponent-colors theory. II. Brightness, saturation, and hue in normal and dichromatic vision. *Journal of the Optical Society of America, 45*, 602-616.

Judd, D. B. (1935). A Maxwell triangle yielding uniform chromaticity scales. *Journal of the Optical Society of America, 25*, 24-35.

Judd, D. B. (1951). Basic correlates of the visual stimulus. In S. S. Stevens (Ed.), *Handbook of Experimental Psychology* (pp. 811-867). Wiley.

Kim, D. H., & Nobbs, J. H. (1997). New weighting functions for the weighted CIELAB colour difference formula. *Proceedings AIC Colour 97* (Kyoto), *1*, 446-449.

Luo, M. R., Cui, G., & Rigg, B. (2001). The development of the CIE 2000 colour-difference formula: CIEDE 2000. *Color Research and Application, 26*, 340-350.

Luo, M. R., & Rigg, B. (1986). Chromaticity-discrimination ellipses for surface colours. *Color Research and Application, 11*, 25-42.

MacAdam, D. L. (1942). Visual sensitivities to color differences in daylight. *Journal of the Optical Society of America, 32*, 247-274.

Naka, K. I., & Rushton, W. A. H. (1966). S-potentials from colour units in the retina of fish (Cyprinidae). *Journal of Physiology, 185*, 536-555.

Robertson, A. R. (1978). CIE guidelines for coordinated research on color-difference evaluation. *Color Research and Application, 3*, 149-151.

Stevens, S. S. (1975). *Psychophysics: Introduction to Its Perceptual, Neural, and Social Prospects*. John Wiley & Sons.

Strocka, D., Brockes, A., & Paffhausen, W. (1983). Influence of experimental parameters on the evaluation of color-difference ellipsoids. *Color Research and Application, 8*, 169-175.

Witt, K. (1987). Three-dimensional threshold of color-difference perceptibility in painted samples: Variability of observers in four CIE color regions. *Color Research and Application, 12*, 128-134.

Witt, K. (1999). Geometric relations between scales of small colour differences. *Color Research and Application, 24*, 78-92.

Witt, K., & Döring, G. (1983). Parametric variations in a threshold color-difference ellipsoid from green painted samples. *Color Research and Application, 8*, 153-163.

Wyszecki, G. (1963). Proposal for a new color-difference formula. *Journal of the Optical Society of America, 53*, 1318-1319.

第 7 章　表色系

(7・5)

CIE. (2004). A Colour Appearance Model for Colour Management Systems: CIECAM 02 (CIE 159: 2004).

Fairchild, M. (1998). *Color Appearance Models.* Addison-Wesley.

Luo, M. R., Cui, G., & Li, C. (2006). Uniform colour spaces based on CIECAM 02 colour appearance model. *Color Research and Application, 31,* 320–330.

Yaguchi, H., Takahashi, Y., & Shioiri, S. (1999). Basic categorical colors in the CIECAM97s space. *Proceedings of AIC Midterm Meeting* (Warsaw), 49–52.

(7・6)

CIE. (1990). CIE 1988 2° spectral luminous efficiency function for photopic vision (CIE 86: 1990).

CIE. (2006). Fundamental chromaticity diagram with physiological axes – Part 1 (CIE 170-1: 2006).

CIE. (2015). Fundamental chromaticity diagram with physiological axes – Part 2: Spectral luminous efficiency functions and chromaticity diagrams (CIE 170-2: 2015).

Dartnall, H. J. A. (1953). The interpretation of spectral sensitivity curves. *British Medical Bulletin, 9,* 24–30.

Derrington, A. M., Krauskopf, J., & Lennie, P. (1984). Chromatic mechanisms in lateral geniculate nucleus of macaque. *Journal of Physiology, 357,* 241–265.

Guth, S. L., Massof, R. W., & Benzschawel, T. (1980). Vector model for normal and dichromatic color vision. *Journal of the Optical Society of America, 70,* 197–212.

Judd, D. B. (1951). Report of U.S. Secretariat Committee on Colorimetry and Artificial Daylight. *CIE Proceedings* (Stockholm), *1*(Part 7), 11.

Knau, H., Jägle, H., & Sharpe, L. T. (2001). L/M cone ratios as a function of retinal eccentricity. *Color Research and Application, 26,* S128–S132.

MacLeod, D. I. A., & Boynton, R. M. (1979). Chromaticity diagram showing cone excitation by stimuli of equal luminance. *Journal of the Optical Society of America, 69,* 1183–1186.

Moreland, J. D., & Alexander, E. C. (1997). Effect of macular pigment on colour matching with field sizes in the 1° to 10° range. *Documenta Ophthalmologica Proceedings Series, 59,* 363–368.

Nerger, J. L., & Cicerone, C. M. (1992). The ratio of L-cones to M-cones in the human parafoveal retina. *Vision Research, 32,* 879–888.

Pokorny, J., & Smith, V. C. (1976). Effect of field size on red-green color mixture equations. *Journal of the Optical Society of America, 66,* 705–708.

Pokorny, J., Smith, V. C., & Lutze, M. (1987). Aging of the human lens. *Applied Optics, 26,* 1437–1440.

Sharpe, L. T., Stockman, A., Jagla, W., & Jägle, H. (2005). A luminous efficiency function, $V^*(\lambda)$, for daylight adaptation. *Journal of Vision, 5*(11), 948–968.

Sharpe, L. T., Stockman, A., Jagla, W., & Jägle, H. (2011). A luminous efficiency function, VD65*(λ), for daylight adaptation: A correction. *Color Research and Application, 36,* 42–46.

Smith, V. C., & Pokorny, J. (1975). Spectral sensitivity of the foveal cone photopigments between 400 and 500 nm. *Vision Research, 15,* 161–171.

Snodderly, D. M., Brown, P. K., Delori, F. C., & Auran, J. D. (1984). The macular pigment. I. Absorbance spectra, localization, and discrimination from other yellow pigments in primate retinas. *Investigative Ophthalmology and Visual Science, 25,* 660–673.

Speranskaya, N. I. (1959). Determination of spectrum color coordinates for twenty-seven normal observers. *Optics and Spectroscopy, 7,* 424–428.

Stiles, W. S., & Burch, J. M. (1959). N.P.L. colour-matching investigation: Final report (1958). *Optica Acta, 6,* 1–26.

Stockman, A., & Sharpe, L. T. (2000). The spectral sensitivities of the middle- and long-wavelength-sensitive cones derived from measurements in observers of known genotype. *Vision Research, 40,* 1711–1737.

Stockman, A., Sharpe, L. T., & Fach, C. (1999). The spectral sensitivity of the human short-wavelength sensitive cones

513

第II部　視覚

derived from thresholds and color matches. *Vision Research, 39,* 2901-2927.

van Norren, D., & Vos, J. J. (1974). Spectral transmission of the human ocular media. *Vision Research, 14,* 1237-1244.

Vos, J. J. (1972). *Literature Review of Human Macular Absorption in the Visible and Its Consequences for the Cone Receptor Primaries.* Netherlands Organization for applied scientific research, Institute for Perception.

Vos, J. J., & Walraven, P. L. (1971). On the derivation of the foveal receptor primaries. *Vision Research, 11,* 799-818.

Wagner, G., & Boynton, R. M. (1972). Comparison of four methods of heterochromatic photometry. *Journal of the Optical Society of America, 62,* 1508-1515.

Wyszecki, G., & Stiles, W. S. (1982). *Color Science: Concepts and Methods, Quantitative Data and Formulae* (2nd ed., pp. 721-722). John Wiley & Sons.

第 8 章　色覚の型と障害

8・1　先天色覚異常

8・1・1　先天色覚異常の発生

8・1・1・1　視物質を規定する遺伝子

網膜には短波長や中波長，あるいは長波長に感受性が高い視物質をもつ3種類の錐体があり，それぞれS錐体，M錐体，L錐体と呼ばれている。この3種類の錐体は，それぞれの細胞体から単一の波長依存性電位変化が測定されたことによりその存在が証明され（図8-1-1），色覚の三色説で予測された三つの受容体が錐体レベルにあることが明らかになった（Tomita et al., 1967）。

視物質はオプシン（opsin）と呼ばれる視物質タンパク質に発色団であるビタミンAのアルデヒド型のレチナール（11-cis-retinal chromophore）が結合したものである。3種類の錐体は共通のレチナールをもっているが，オプシンが異なっているために波長吸収特性が違ってくる。三つの錐体視物質のオプシンをコードする遺伝子の構造とアミノ酸配列はNathans, Thomas et al.（1986）によって報告され，色覚の多様性がアミノ酸配列の違いとして遺伝子レベルで説明できるようになった。

LオプシンをコードするLオプシン遺伝子（long-wave-sensitive opsin-1 gene：$OPN1LW$）（以下，L遺伝子），MオプシンをコードするMオプシン遺伝子（medium-wave-sensitive opsin-1 gene：$OPN1MW$）（以下，M遺伝子）はいずれも364個のアミノ酸からなり，X染色体長腕の末端部（Xq28）に存在する。L遺伝子とM遺伝子はいずれも，遺伝子情報をもった6個のエキソン（exon）と呼ばれる領域と，遺伝子情報をもたない5個のイントロン（intron）と呼ばれる領域が交互に連結されて形成されている。L遺伝子とM遺伝子の塩基配列の相同性は98％と高く，アミノ酸レベルでは364個のうち15個が異なっているだけである。

一方，SオプシンをコードするSオプシン遺伝子（short-wave-sensitive opsin-1 gene：$OPN1SW$）（以下，S遺伝子）は第7染色体に存在し，348個のアミノ酸からなる5個のエキソンで構成されている。なお，遺伝子はこれを鋳型にして新しい遺伝子が合成されていく方向を示す矢印で表され，矢印の後ろ（頭側）が上流，矢印の先端（尾側）が下流と呼ばれる。

正常なL遺伝子やM遺伝子のなかにはアミノ酸配列が異なる多型（polymorphism）がある。最もよく知られている多型は，正常L遺伝子の第3エキソンにある180番目のアミノ酸がアラニン（Alanine）

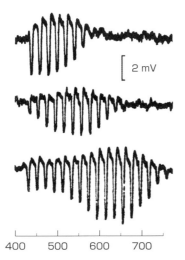

図8-1-1　コイの網膜視細胞から得られたS錐体，M錐体，L錐体の波長依存性電位変化（Tomita et al., 1967）

かセリン (Serine) かによる多型である (Nathans, Thomas et al., 1986)。Oprian et al. (1991) や Merbs & Nathans (1992) は組織培養細胞の遺伝子に L, M, S 遺伝子の相補的 DNA (complementary DNA: cDNA) を取り込ませて 3 種類の視物質を分子生物学的に作成することに成功した。そして，アミノ酸配列が異なる錐体視物質の分光吸収特性を測定し，第 3 エキソンの 180 番目のアミノ酸がアラニンである Ala^{180}L 視物質のほうが，セリンである Ser^{180}L 視物質よりも，吸収極大波長が 4-6 nm 短波長側にあることを見いだした。

この Ala^{180}L 視物質と Ser^{180}L 視物質の差は，心理物理的な等色検査であるアノマロスコープ (anomaloscope) のレイリー均等 (Rayleigh equation) にも現れており，吸収極大波長がより短波長側にある Ala^{180}L 視物質をもった正常 3 色覚は，Ser^{180}L 視物質をもった正常 3 色覚よりもレイリー均等時に赤色光をより多く要することが知られている (図 8-1-2；北原，1998；Winderickx et al., 1992)。M 視物質においては，Ala^{180}M 視物質と Ser^{180}M 視物質との差は心理物理的な検査ではほとんど見いだすことができないが，第 3 エキソンの 180 番目のアミノ酸の違いによる多型は，色覚の個人差の一因となっている。

その他，3 種類の錐体の網膜内の存在比率も色覚の個人差の要因である。遺伝子の発現をコントロールしている遺伝子座調節領域 (locus control region) に距離的に近い部位に位置する遺伝子ほど発現する確率が高いとされており，L 遺伝子は遺伝子座調節領域のすぐ下流に位置すると想定されているため，L 遺伝子のほうが M 遺伝子より発現しやすい。

Hofer et al. (2005) は高解像度補償光学眼底撮影装置 (adaptive-optics imaging) と網膜濃度測定装置 (retinal densitometry) を組み合わせた装置を作り，網膜中心窩を 3 種類の強い色光で褪色 (bleach) させて眼底後極部の L 錐体，M 錐体，S 錐体を分離し，L 錐体と M 錐体の存在比率を求めた。正常 3 色覚では，L 錐体を M 錐体の 2 倍から 4 倍もっている人が多かったが，個人差が大きく，L 錐体の占める比率は 20% 程度から 90% を超えるものまでみられた。また，この錐体の存在比率は，交照法を用いた網膜電図 (flicker photometric electroretinogram) で求められた L 錐体と M 錐体の反応比率の結果と非常によい相関 (r^2=0.98) があったと報告している。

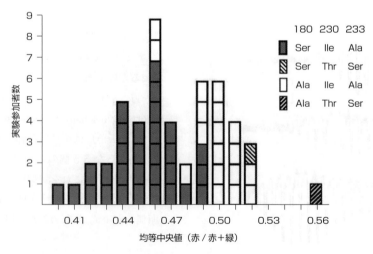

図 8-1-2 L 視物質のアミノ酸配列の多型性とレイリー均等との関係 (Winderickx et al, 1992)
　　　　50 名の正常 3 色覚男性で，同心円状の二分視野を用いて赤色光 (667 nm) と緑色光 (551 nm) を黄色光 (590 nm) に等色させたときのレイリー均等中央値を横軸とし，その値をとった実験参加者数を縦軸とした。L 遺伝子の 180 番目，230 番目，233 番目のアミノ酸配列ごとに実験参加者を表示すると，Ala^{180}L 視物質をもった実験参加者と Ser^{180}L 視物質をもった実験参加者との間にはレイリー均等値に違いがみられた。

8・1・1・2 先天色覚異常の発生

X染色体上に隣接して配置されているL遺伝子とM遺伝子は,その塩基配列の相同性(homology)が高いために,DNAが複製される減数第一分裂期(meiotic first division)にイントロン部の同一座位(gene locus)で交差(乗換え)(crossing-over)による相同組換え(homologous recombination)が起こりやすく,その結果,両者の遺伝子が融合したハイブリッド遺伝子(hybrid gene)が発生する。これは融合遺伝子(fusion gene)とも呼ばれる。交差がL遺伝子とM遺伝子の間で生じるとL遺伝子あるいはM遺伝子の欠失(deletion)や重複(duplication)が起こる。この2種類の交差によって色覚異常が発生する。図8-1-3に典型的な遺伝子の組み合わせを示した。

ハイブリッド遺伝子により発現するハイブリッドオプシンは異常3色覚がもつ錐体視物質であり,どの部位のイントロンで相同組換えが起こったかによってその波長吸収特性はL視物質とM視物質との間で段階的に定められる。オプシン遺伝子の277番目のアミノ酸がL型のチロシン(tyrosine;Tyr^{277})であれば,M型のフェニルアラニン(phenylalanine;Phe^{277})である場合よりもその最大吸収波長が8-9 nm短波長側に移動し,285番目のアミノ酸がL型のスレオニン(threonine;Thy^{285})であれば,M型のアラニン(Ala^{285})である場合よりも11-15 nm短波長側に移動する(Asenjo et al., 1994)。

このような,オプシン遺伝子の277番目と285番目のアミノ酸の違いが波長吸収特性の大きな違いをもたらしており,いずれも第5エキソンにコードされている。このため,相同組換えによってハイブリッド遺伝子が発生する際,この第5エキソンがL型(Tyr^{277}, Thr^{285})なのかM型(Phe^{277}, Ala^{285})なのかによってそのハイブリッド遺伝子がL視物質に属する視物質を発現するのか,M視物質に属する視物質を発現するのかが決められる(Nathans, Piantanida et al., 1986;Neitz et al., 1991)。

このような遺伝学的な知見が得られる以前に,Alpernらは心理物理的な見地から,L視物質やM視物質の分光特性には個人差があり,それぞれが群(cluster)を形成しているとするクラスター説(cluster theory)を発表している(Alpern, 1981;Alpern & Moeller, 1977;Alpern & Pugh, 1977)。このクラスター説では,L視物質群とM視物質群の双方から1個ずつ視物質を受け取っているのが正常3色覚(normal trichromatism),M視物質群から一つか二つの視物質を受け取っているのが1型色覚(protan),L視物質群から一つか二つの視物質を受け取っているのが2型色覚(deutan)であると想定している。片方の視物質群から一つだけを受け取った場合,あるいは二つ受け取っている場合でもその二つの視物質の分光特性が一致していれば2色覚(dichromatism)となり,異なっていれば異常3色覚(anomalous trichromatism)になる。L視物質群とM視物質群を想定したこのクラスター説は,ハイブリッドオプシンが確認されたことでその説の妥当性が証明された。

色覚異常の臨床的な診断は,直径約2°の円形の上下二分視野を用いたアノマロスコープでの等色検査で決められるが,この臨床的診断と遺伝学的診断とは必ずしも一致しない。一方の視物質群から受け取った二つの視物質が異なっていても,その分光特性が似ている場合には,本来は異常3色覚と診断されるべきものが,臨床的検査では2色覚と診断されてしまう可能性があるが,ここでは従来の表現型の分類に則って色覚異常について記載する。

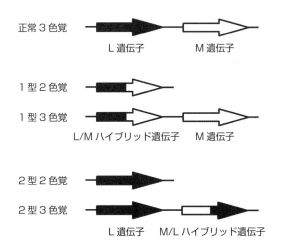

図8-1-3 色覚の多様性を規定する遺伝子の組み合わせ例

第 II 部　視覚

8・1・1・3　2色覚と異常3色覚

　2色覚と異常3色覚の両者を合わせた先天色覚異常（congenital color deficiency）の男性の頻度には人種差があり，石原色覚検査表でスクリーニングし，アノマロスコープで最終診断した報告だけを取り上げてみると，ノルウェー，スイス，ドイツ，スイス，ベルギーなどの北・西ヨーロッパのインド・ヨーロッパ語族の白色人種では7.8％から9.0％（平均8.1％），アメリカの白色人種では6.9％から7.3％とやや少ないものの，白色人種全体では8％程度の頻度と報告されている（Franceschetti et al., 1974b）。オーストラリア系先天住民では約2.0％と最も少なく，日本人は約3.9％である。ユダヤ系は約7.0％であり，白色人種に次いで多い（表8-1-1）。ただ，この色覚異常の頻度は報告者によって若干の違いがある。

　先天色覚異常の型別の頻度について，1957年までに公表された白色人種を対象とした10報告をFranceschetti et al.（1974b）がまとめたものと，300人以上の日本人を対象にした3報告について馬嶋（1985）がまとめたものを表8-1-2に示した。1型色覚と2型色覚の比率をみると，2型色覚が多い点は日本人（77.7％）と白色人種（75.6％）との間にほとんど差はないが，色覚異常者の3/4を占める2型色覚で，2色覚の比率（D/（D＋DA））が日本

表8-1-1　人種ごとの男性の色覚異常の頻度（Franceschetti et al., 1974b）

人種	調査対象者	％
オーストラリア系先住民	4,455	1.98％
北米ネイティブインディアン	1,646	2.31％
アフリカ系黒色人種	3,873	2.35％
エスキモー（イヌイット）	279	2.79％
アメリカ系黒色人種	997	3.50％
日本人	249,014	3.90％
マレー系	959	4.28％
フィン・ウゴル系	6,599	5.73％
タタール系	8,645	5.77％
ユダヤ系	1,424	6.95％
白色人種	22,074	8.06％

人（40.8％）では白色人種（22.2％）の約2倍と多くなっているため，2色覚と異常3色覚の比率をみると，2色覚（P＋D）の比率は日本人では40.0％となり，白色人種の28.9％より多くなっている。

1）1型色覚

　1型色覚は先天色覚異常の25％弱を占めており，X連鎖潜性遺伝形式（X-linked recessive inheritance；日本遺伝学会，2017）をとる。典型的な遺伝子型としては，頭側（上流）がL型，尾側（下流）がM型からなるL/Mハイブリッド遺伝子を正常L遺伝子の部位にもっており，それに続くM遺伝子が欠失しているものが1型2色覚（protanopia），M遺伝子がそれに続いているものが1型3色覚（protanomaly）である（図8-1-3）。ただし，M遺伝子をもっている場合でも，そのM遺伝子によって発現する視物質の分光特性が先頭のハイブリッド遺伝子によって発現する視物質の分光特性と同じであれば1型2色覚になる（Deeb et al., 1992；Nathans, Piantanida et al., 1986）。なお，頭側にあるL遺伝子全体の欠失は起こらないとされている。

　1型2色覚と1型3色覚は上記のような遺伝子の違いによって区別されるが，従来は，赤・緑・青の三つの原刺激（primary stimuli）のうちの赤と青の二つの原刺激だけを混ぜ合わせればすべてのスペクトル光と等色できるものが1型2色覚，赤・緑・青の三つの原刺激すべてが必要であるものが1型3色覚と定義されていた（太田・清水, 1990）。

2）2型色覚

　2型色覚は先天色覚異常の75％強を占めており，1型色覚と同様，X連鎖潜性遺伝形式をとる。正常L遺伝子だけをもち，それに続くはずのM遺伝子が欠失したものが2型2色覚（deuteranopia），正常L遺伝子に続いて，頭側にM型，尾側にL型からなるM/Lハイブリッド遺伝子をもっているものが2型3色覚（deuteranomaly）である（図8-1-3）。2型色覚についても1型色覚と同じように，このM/Lハイブリッド遺伝子によって発現する視物質の分光特性が，先頭にあるL遺伝子によって発現する視物質の分光特性と同じであれば2型2色覚となる。2型色覚でも，従来は，等色の際に必要とされる原刺激の数で2型2色覚と2型3色覚を区別していた。

第8章　色覚の型と障害

表8-1-2　型別にまとめた色覚異常の頻度（Franceschetti et al, 1974b；馬嶋，1985）

日本人男性，白人男性ごとに，1型色覚と2型色覚の比率，1型色覚あるいは2型色覚ごとの2色覚の比率，2色覚と異常3色覚の比率を表示。P：1型2色覚，PA：1型3色覚，D：2型2色覚，DA：2型3色覚。

		1型色覚か2型色覚か		1型色覚，2型色覚ごとの2色覚の割合		2色覚か異常3色覚か	
		P+PA	D+DA	P/(P+PA)	D/(D+DA)	P+D	PA+DA
日本人（3報告）	平均	22.3%	77.7%	37.3%	40.8%	40.0%	60.0%
	最小|最大	20.7%|23.9%	76.1%|79.3%	30.3%|44.8%	38.8%|44.0%	37.1%|44.2%	55.8%|62.9%
白人（10報告）	平均	24.4%	75.6%	49.4%	22.2%	28.9%	71.1%
	最小|最大	17.7%|28.8%	71.2%|82.3%	33.5%|72.7%	14.2%|32.9%	20.5%|39.5%	60.5%|79.5%

3）3型色覚

3型色覚は第7常染色体にあるS遺伝子（Nathans, Thomas et al., 1986）の異常により発現するもので，常染色体顕性遺伝形式（autosomal dominant inheritance）をとる。英国での調査では13000-65000人に1人発現する稀な色覚異常で，男女比は1.6：1.0であると報告されている（Wright, 1952）。Wright（1952）はFarnsworthから提供を受けた1枚のTritan Plate（F2表）（大谷他，1974；Pinckers, 1972）を石原色覚検査表と共に英国の写真週刊誌*Picture Post*に掲載して3型色覚を募り，3型色覚疑いとして選ばれた58名のなかから16-60歳までの17名を3型色覚と確定し，そのうちの7名については自作の色彩計を使った等色実験やその他の詳細な色覚検査を行っている。3型色覚の多くは青と緑，あるいはオレンジとピンクを混同しやすいという自身の色感覚の異常を自覚している。市川他（1982）や市川他（1985）の報告した3型色覚の2家系でも，その発端者はルービックキューブの黄（2.5GY8/10）と白を混同すること，あるいは布地の色の見え方が友人と異なっていることなどから自身の色覚異常を自覚していた。

3型色覚はその家系内に完全型と不完全型が混在することなどから（Henry et al., 1964；市川他，1982），過去には常染色体顕性遺伝型の視神経萎縮（autosomal dominant optic atrophy）との異同が議論されていたが（Krill et al., 1970, 1971；大庭他，1975；大庭・谷野，1975），S遺伝子に変異が見つ

かったことから（Gunther et al., 2006；Weitz et al., 1992），この議論には終止符が打たれた。

8・1・1・4　1色覚

いかなる二つの色光でも，一方の強度を調整することによって等色させることができるものが1色覚（monochromatism）であり，錐体機能を欠いた桿体1色覚（rod monochromatism）と，正常な桿体の他に錐体を1種類だけもった錐体1色覚（cone monochromatism）とに分けられる。

1）桿体1色覚

数万人に1人の頻度でみられ，常染色体潜性遺伝形式をとる先天色覚異常で，近親婚の家系に多くみられる。桿体1色覚には，錐体機能が完全に脱落し，明所視の比視感度曲線がロドプシンの波長吸収特性と一致する定型桿体1色覚，いわゆる「全色盲」（typical rod monochromatism）と，主に桿体視眼でありながら錐体に起因する痕跡的弁色能を有する非定型桿体1色覚（atypical rod monochromatism）に分けられている（加藤，1958）。錐体機能の消失による視力低下，羞明（photophobia），眼球振盪（nystagmus）が3主徴である。

定型桿体1色覚は錐体機能を喪失しているため，暗順応曲線は桿体機能を反映した1本の指数関数で表され，錐体機能と桿体機能の移行点であるKohlrausch屈曲点（Kohlrausch kink）はないと予想されるが，実際には，正常3色覚よりも早い時点で，閾値の高い所にKohlrausch屈曲点が出現し，

第II部　視覚

それに続く桿体機能を示す2次曲線は正常の閾値まで低下する2相性の暗順応曲線を示す症例の多いことが報告されている（Franceschetti et al., 1974a）。また，病理組織所見（Harrison et al., 1960；Larsen, 1921）や生体眼での補償光学眼底撮影装置の所見（Carroll et al., 2008）からも，本症の網膜にはモザイク構造が壊れて変形した錐体の存在することが報告されている。

非定型桿体1色覚は，心理物理学的検査では定型桿体1色覚と同じく，ロドプシン以外の視物質がわずかに機能しているだけであるが，網膜濃度測定法（retinal densitometry）を用いて差スペクトルを求めると，桿体色素であるロドプシン（rhodopsin）の他に，erythrolabe（赤視色素）と chlorolabe（緑視色素）の2種類の錐体色素が見いだされた症例も報告されている（Alpern, 1974）。これらのことから，過去において心理物理学的検査によって区別されていた定型桿体1色覚と非定型桿体1色覚は，色覚障害の座が光受容器にあるのか（Harrison et al., 1960），あるいは，より中枢側にあるのか（Larsen, 1921）によって区別するのが妥当だと考えられる（安間, 1982）。

桿体1色覚の原因として，三つの錐体の機能発現に関与する複数の遺伝子変異が見つかっている（Goto-Omoto et al., 2006；Kohl et al., 1998；Okada et al., 2004）。また，幼児の桿体1色覚よりも高年齢の症例のほうが障害度の強い場合が多いことから（Thiadens et al., 2010；Thomas et al., 2011），早期の遺伝子治療介入の是非についても議論されている（Sundaram et al., 2014；Thomas et al., 2012；Yang et al., 2014）。

2）S 錐体1色覚

S 錐体1色覚（S cone monochromatism）（Blackwell & Blackwell, 1957, 1961）はX連鎖遺伝病で，罹患率は数10万人に1人という稀な疾患である。現在まで男性例しか報告されていないため，1型2色覚と2型2色覚が組み合わさった deuteranopic protanopia であろうと考えられていたが，Alpern et al.（1971）は桿体視色素の分光感度をもった本症例に暗順応測定や Stiles-Crawford 効果（Daw & Enoch, 1973）の測定を行い，M 錐体あるいは L 錐体の特徴をもった錐体

のなかに桿体色素が存在する，いわゆる rhodopsin cone の可能性のある視細胞を見いだしている。また，S 錐体の他に別の錐体が存在したとする報告もあり（Smith et al., 1983），S 錐体1色覚が単純な deuteranopic protanopia であるとは考えにくい。

本症では空間分解能の悪い S 錐体しか機能していないため，その視力は 0.1-0.3 と悪い（Green, 1972；寺崎・三宅, 1992）。明所視では S 錐体の分光感度に由来した 440 nm 付近にピークをもつ分光比視感度が記録され，暗所視では比視感度のピークが桿体視色素の分光吸収特性を反映した 510 nm 付近に移動するため，逆転した Purkinje 現象（inverted Purkinje phenomenon）が現れる点が特徴的である。

S 錐体1色覚は L 遺伝子と M 遺伝子の不活化によるものであり（Gardner et al., 2009；Nathans et al., 1989；Nathans et al., 1993），L/M ハイブリッド遺伝子内部での機能喪失や（Gardner et al., 2009），両オプシン遺伝子の発現をコントロールしている遺伝子座調節領域（Wang et al., 1992）の欠損による症例（Nathans et al., 1989）なども報告されている。

3）L・M 錐体1色覚

正常な桿体の他に，L 錐体色素あるいは M 錐体色素だけをもつ全色盲である。L 錐体あるいは M 錐体をもっているため，視力，視野，暗順応機能などは正常であり，比視感度曲線やアノマロスコープ所見によって L 錐体1色覚と M 錐体1色覚とに分けられる。

1型2色覚と同じ比視感度特性をもつ M 錐体1色覚（M cone monochromatism；Protanoid）を最初に報告した Pitt（1944）は，1型2色覚と3型2色覚が合併した double dichromatism と考えたが，Weale（1959）は網膜濃度測定検査を用いて中・長波長領域に二つの正常な錐体色素が存在する症例を報告しており，M 錐体1色覚が単なる double dichromatism ではないことを立証した。

その後，2型2色覚と同じ比視感度をもつ非常に稀な全色盲，L 錐体1色覚（L cone monochromatism；Deutanoid）が Alpern（1974）により報告された。Alpern はこの症例について網膜濃度測定検査を行ったところ，M 錐体色素は見つからず，L 錐体色

素しか検出できなかったが，πメカニズムの測定を行うと，色覚にはまったく関与していないS錐体色素が存在したと報告している。

このように，錐体1色覚も2種の錐体色素が欠落したもの（double dichromatism），光受容器より中枢側の神経伝達路に障害のあるもの（post-receptoral defect），両者が混合したもの（combined type）をすべてまとめて呼称しており，錐体1色覚の定型あるいは非定型の区分も，桿体1色覚の定型，非定型の区分と同様，その障害程度によって区分されているにすぎないとも考えられる（安間，1982）。

8・1・2 混同色線

8・1・2・1 基礎知識：Wrightのスペクトル軌跡

短波長，中波長，長波長領域のそれぞれから適切に選んだ3種類の原刺激（primary stimuli）を組み合わせれば，われわれが知覚できるすべての色光を作ることができる。Wrightはモノクロメータを通った650 nm（R），530 nm（G），460 nm（B）の3種類の色光を原刺激として，582.5 nmの単色光と条件等色（metameric color match）する原刺激（R）と（G）の強度比と，494.0 nmの単色光と条件等色する原刺激（G）と（B）の強度比から，原刺激（R），（G），（B）の1単位の強さを定め，RGB3次元直交座標を規定した（Wyszecki & Stiles, 1967；池田，1980a）。

ここで，R軸上の座標（1, 0, 0），G軸上の座標（0, 1, 0），B軸上の座標（0, 0, 1）の3点を頂点とする正3角形の平面を「単位面」と規定すると，この単位面上の任意の座標点C(r, g, b)では，r＋g＋b＝1が成立する。この単位面をRG面に投影するとRG2次元直交座標が得られ，この座標上の任意の座標点C(r, g)でのbの値は1−r−gとなる。このように，r:g:bの比率はrとgの二つの変数によって決められるRG2次元直交座標上でも定めることができ，色が特定できる。これが，r＝0，g＝0，b＝1を原点としたrg色度図（rg-chromaticity diagram）である。

Wrightは上記によって規定された三つの原刺激（R）（G）（B）を混色させ，得られた色光をさまざまなスペクトル光と条件等色させることによって，各スペクトル光ごとの原刺激の比率を求めた。これがWrightの色度座標（chromaticity coordinates）であり（図8-1-4），この色度座標上のr(λ)，g(λ)の値をrg色度図上にプロットすると，図8-1-5に示したスペクトル軌跡（spectrum locus）が得られる（Pokorny et al., 1979a）。

8・1・2・2 混同色線の基礎知識

2色覚では中・長波長領域にある二つの錐体色素のうちの一つを欠いているため，短波長領域の原刺激と中長波長領域から選ばれたもう一つの原刺激を組み合わせれば，すべてのスペクトル光と条件等色させることができる。Wrightはこの二つの原刺激として460 nm（B）と650 nm（R）を選択し，494 nm

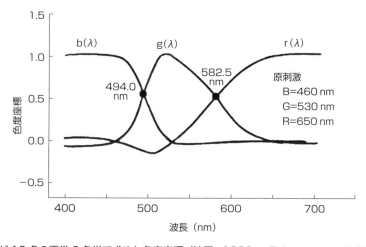

図8-1-4　Wrightが10名の正常3色覚で求めた色度座標（池田，1980a；Pokorny et al., 1979a）

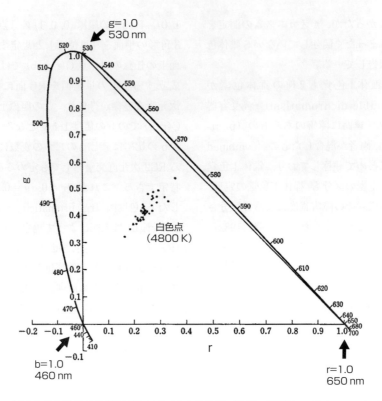

図 8-1-5 Wright が 10 名の正常 3 色覚で求めたスペクトル軌跡（池田，1980a；Pokorny et al., 1979a）
正常 3 色覚 36 名で求めた 4800 K の白色点も記入してある。

の単色光と条件等色したときの原刺激(R)と(B)の混色比から，この二つの原刺激(R)と(B)の 1 単位の強さを定め，この二つの原刺激をさまざまなスペクトル光と条件等色させることによって 2 色覚の色度座標を求めた（図 8-1-6；Pokorny et al., 1979b）。ここで得られた 2 色覚の色度座標をみると，1 型 2 色覚と 2 型 2 色覚とがほぼ同じになっているが，この理由は，494 nm の単色光と条件等色したときの原刺激の強さを原刺激(R)と(B)の 1 単位の強さとして規定したため，1 型 2 色覚と 2 型 2 色覚とでは二つの原刺激(R)と(B)の 1 単位の強さが最初から異なっているためである。

この 2 色覚の色度座標を正常 3 色覚のデータに基づいて作られた rg 色度図上に表示する場合，494 nm で正規化された原刺激(R)と(B)の 1 単位の強さを正常 3 色覚の値で補正する必要がある。例として，500 nm のスペクトル光（C_{500}）と条件等色したときの色度座標値（r=0.66, b=0.34, g=0.00）の r と g の値を 1 型 2 色覚，2 型 2 色覚ごとに正常 3

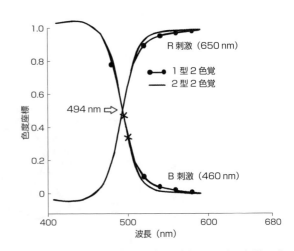

図 8-1-6 8 名の 1 型 2 色覚と 7 名の 2 型 2 色覚で求めた色度座標（Pokorny et al, 1979b；池田，1980b）
494 nm で R 刺激と B 刺激の比率が同じになるように原刺激の強度が決められている。

色覚の値で補正し，得られた座標値 C_P（1型2色覚）と C_D（2型2色覚）を Wright の rg 色度図上に表示したものを図 8-1-7 に示した（池田，1980b；Pokorny et al., 1979b）。

rg 色度図は RGB 3次元空間を RG 面に投影したものとして規定されているため，rg 色度図上に示された2色光を合成して作られた色光は，rg 色度図上のこの二つの座標点を直線で結んだ線上の1点として表示される。図 8-1-7 に示された色光 C_P あるいは C_D と，スペクトル軌跡上の 500 nm の色光（C_{500}）は2色覚では等色しているため，この2点を直線で結んだ線上の色はすべて 500 nm のスペクトル光と等色していることになる。これが直線で表される混同色線（confusion line；isochromatic line）である（市川・安間，1985；太田・清水，1990）。図 8-1-7 では，1型混同色線が破線，2型混同色線が実線で示されている。

8・1・2・3 混同色線の表示

Wright の rg 色度図は，原刺激として 650 nm（R），530 nm（G），460 nm（B）の三つの色光を使用しており，普遍性に欠ける。この点を改善するために原刺激の波長を水銀の輝線 546.1 nm（G），435.8 nm（B）と，長波長端の 700 nm（R）に変更し，また，

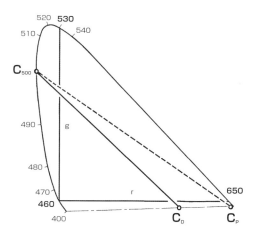

図 8-1-7 混同色線の作図（池田，1980b を改変）
2色覚で求めた 500 nm のスペクトル光（C_{500}）と等色した色光の座標値を正常3色覚の値で補正し，Wright の rg 色度図上に表示（C_P，C_D）。C_{500} と C_P を結んだ破線が1型色覚の混同色線，C_{500} と C_D を結んだ実線が2型色覚の混同色線。

4800 K の黒体放射（blackbody radiation）の白色光を等エネルギー白色光（equal energy spectrum white）に変更して表示されたものが CIE1931 rg 色度図である（図 8-1-8）。なお，Wright の rg 色度図では白色点は rg 座標の中央にはなかったが，CIE1931 rg 色度図では等エネルギー白色点（E）が色度図上の中央（r=0.333，g=0.333）に位置するように三つの原刺激の明度係数（luminosity coefficient）が決められている。

ただ，この CIE1931 rg 色度図は波長によっては座標値が負になってしまう欠点がある。これを是正するために虚色である原刺激（X），（Y），（Z）をスペクトル軌跡の外側にとり，すべての色の座標値が正の値になるよう換算したものが CIE1931 xy 色度図である（図 8-1-9）。ここでも等エネルギー白色点は色度図上の中央（x=0.333，y=0.333）にあり，実在色は 400 nm と 700 nm とを直線で結んだ赤紫線と，スペクトル軌跡とに囲まれた領域内に存在する。

この CIE1931 xy 色度図は色の表示が簡便であるが，色度図上での座標間の距離が知覚的な色の差を現していないため，色度図上の距離が等しい色同士であってもその色差が同じにならない欠点がある。たとえば，青領域ではわずかな距離の隔たりがあれば色の差が感じられるが，緑領域ではかなりの距離を離れないと色の差が知覚できない。心理物理的な側面から色を検討する場合には，色度図上での距離が等しいときに色差が等しくなるような均等色度図（UCS 色度図；uniform-chromaticity scale diagram）を使用することが望ましい（II・7 参照）。理想的な均等色度図は確立されていないが，国際照明委員会（CIE）が 1976 年に採択した CIE1976 UCS 色度図は CIE1931 xy 色度図との換算が簡便であり，広く使われている（図 8-1-10）。図 8-1-9 と図 8-1-10 の色度図には1型色覚の混同色線（破線）と2型色覚の混同色線（実線）が記入してある。

8・1・2・4 中性点

混同色線上の色は，明度さえ調整すれば2色覚には同じ色に見えるため，白色点を通る混同色線上の色は無彩色である。中性点（neutral point）とはこの白色点を通る混同色線がスペクトル軌跡と交わる

第Ⅱ部　視覚

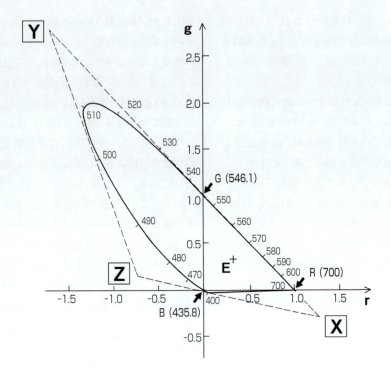

図 8-1-8　CIE1931 rg 色度図
　　　　　原刺激（R）700 nm,（G）546.1 nm,（B）435.8 nm をもとにした r g b 座標系に，XYZ 座標系の原刺激（X），（Y），（Z）の位置を書き入れた。「E」は等エネルギー白色点。

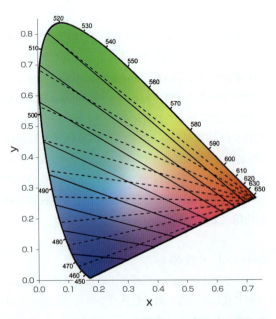

図 8-1-9　CIE1931 x y 色度図上に表示した 1 型色覚（破線）と 2 型色覚（実線）の混同色線

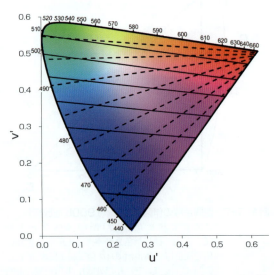

図 8-1-10　CIE1976 USC 色度図上に表示した 1 型色覚（破線）と 2 型色覚（実線）の混同色線

524

点であり，1型2色覚では495 nm付近，2型2色覚では500 nm付近にある。

1型2色覚あるいは2型2色覚ではL錐体あるいはM錐体から上方へ伝達される出力が欠けているために赤緑反対色チャンネルが機能しておらず，青黄反対色チャンネルだけが機能している。このため，白色点を通る混同色線は青色味と黄色味の境界線となり，2色覚の知覚する色は，色度図上に表示されたこの境界線から離れるにつれて青色味あるいは黄色味が増すと予測される。

しかし，このような色度図上の考察だけから，2色覚が黄色味と青色味だけの色世界に住んでいると考えるのは間違いである。2色覚が実生活で遭遇するのは物体色であり，光源色による等網膜照度での刺激光を用いた実験結果から予想されたものとは異なっている（岡島，2011）。自分の感じている色と他の人が感じている色とが違うことを本人が認識すると，明度差や形，光沢，あるいは質感などの色以外の手がかりや経験を利用した代償能力（compensatory ability）が発達してくるため，2色覚の実生活における色間違いは予測よりもずっと少なくなっている。

8・1・3 臨床的検査

色覚検査を目的として医療機関を受診する人の多くは，生来から変化のみられない先天性の色覚異常であることを本人あるいは親が知っており，通常は先天色覚異常を前提とした色覚検査を行えばよいが，時に，視神経疾患や網脈絡膜疾患などに付随した後天色覚異常である場合があるため，色覚検査を行う前に眼科学的検査を行って眼疾患の有無を確認し，視力の悪い場合には眼鏡で矯正してから色覚検査を開始することが大切である。

検査器具にはそれぞれ特徴があるため，目的に応じた検査器具を使用することも大切である。色覚異常のスクリーニングには仮性同色表が最適であるが，確定診断にはアノマロスコープが必要となる。色覚異常の程度判定には色相配列検査とランタンテストを用いた職業適性分類を行うことが推奨されていたが（Farnsworth, 1957；馬嶋，1972），日本国内で入手できた唯一のJFCランタン（市川式ランタン）は現在，製造中止になっている（図8-1-11）。

色覚異常の程度を判定するために，仮性同色表に程度表が附属したものが以前は頒布されていたが，現在，日本で頒布されている仮性同色表に程度表はついていない。この点について，標準色覚検査表を開発した市川他（1978b）は「どの表も色識別能力の一つだけの属性において程度を分類している。表によって判定された程度は不必要な混乱を引き起こすのみである。われわれは，この新しい表に程度表を加えることによって，新しい混乱をさらに加えるべきではないと考えた」と述べている。

色覚検査器具を用いた検査では，検査時の条件によって異なった結果が得られる場合があるので，検査距離や呈示時間，検査時の照度などはその検査器具によって定められた条件を厳守し，着色眼鏡や着色コンタクトレンズは外して行うことが基本である。殊に仮性同色表検査や色相配列検査では照明条件は重要である。北向きの窓の近くの自然光の下で行うというのが旧来の推奨であったが，常に一定の条件を得ることが困難であるため，人工照明が推奨される。

以前は，相関色温度が約6774 Kの標準の光Cに近似した照明が最良であるとされていたが（Farnsworth, 1957），国際照明委員会（CIE）は1964年に標準の光Cに代わる昼光の代表として標準の光D55, D65およびD75を制定しており（側

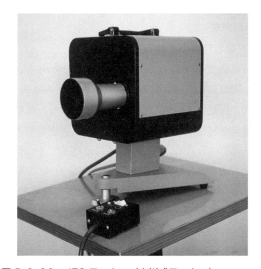

図8-1-11　JFCランタン（市川式ランタン）

垣，2011），色覚検査を行うときの照明としては，標準の光Cに近い約6504Kの相関色温度をもった標準の光D65が最適と考えられる。具体的な方法としては，標準の光D65に近い分光分布をもつ常用光源（daylight simulator）である「色比較・検査用D65蛍光ランプ」などの高演色蛍光ランプ（川上，1998）を真上から照明し，検査器具からの表面反射を避けた約60度の角度から観察するのがよい。

8・1・3・1　仮性同色表（色覚検査表）

　物体から反射された光の分光分布が異なっていても，網膜にある3種類の錐体視物質が受け取る刺激量が同じであれば同じ色が知覚される（単一自由度の原理；principle of univariance）。2色覚では3種類の錐体視物質のうちの1種類が欠損しているために同じ色に見える範囲が広く，正常3色覚には容易に区別できる色同士であっても，明度と彩度が巧みに調整されればその区別ができず，色を混同してしまう。一方，異常3色覚では上記の錐体視物質のうちの1種類が変異しているため，同じ色が知覚される色の組み合わせが正常3色覚とは異なっている。このような現象が仮性同色（pseudo-isochromatic）と言われるものであり，仮性同色表（色覚検査表）の多くはこの原理を主に応用して作られている。現在，日本で入手できる仮性同色表は石原色覚検査表II（Ishihara's test for colour deficiency II；一新会，2013）とSPP標準色覚検査表（Standard Pseudoisochromatic Plates；田邉・市川，2016）の2種類である。

1）石原色覚検査表II

　石原色覚検査表IIは先天色覚異常の検出表として，国際的にも最も信頼された仮性同色表である。正常3色覚には容易に認識できる図柄でも，図柄の周囲に混同色となる色斑が配置され，図柄をマスキングしているために色覚異常者には認識できなかったり，正常3色覚と色覚異常とでは似た色としてグルーピングされる色が違っていることを利用して，異なった図柄が認識されるような配置で色斑が並べてある。1916年に陸軍用の「色神検査表」と一般用の「石原式色覚検査表」が作られ，その後，名称が変更されたり，色斑の大きさや配列密度などに変遷

はみられるが，背景と図柄がいろいろな大きさの小さな丸い色斑で構成されている点は継承されている（市川，1973）。

　現在入手できるものは，旧来の数字表と曲線表に加えて，環状表として定評のあった「新色覚異常検査表（新大熊表）」を取り込んで再構成された「石原色覚検査表II」であり，2013年に発刊された（一新会，2013）。この表には国際版38表，24表，コンサイス版14表の3種類がある。曲線表は文字が読めない場合に参考程度に用いるためのもので，通常は数字表と環状表のみを使用することとされている。

　数字表は，第1種：正常3色覚も色覚異常者も読める表（demonstration），第2種：正常者と異常者で読み方が異なる表（transformation），第3種：正常3色覚のみが読める表（vanishing），第4種：異常者のみが読める表（hidden digit），第5種：1型色覚と2型色覚を分類する表（classification）の5種類から構成されている（市川，1985）。石原色覚検査表の検出能力の高さには定評があるが，第5種の分類表については，考案者自らが「全然何もないよりは不正確なものでもあった方が良かろうと思って附けてある」（石原，1956）と述べているごとく，参考程度に用いるのが良い。

2）SPP標準色覚検査表　第1部

　市川他（1978a）が考案した仮性同色表で，混同色線を考慮して選択された色斑が規則的に上下左右に連なり，斜体のデジタル文字として認識されるように配置されている。混同色が使われているために色覚異常者には認識しにくくなっていたり，混同色線の傾きの違いを利用して，1型色覚と2型色覚とでは認識しやすさが異なるように色斑が配置されている。4表のデモンストレーション表と10表の検出表，5表の分類表から構成されている。

　SPP標準色覚検査表第1部は色覚異常の検出能力も高いが，一番高く評価されている点は分類表の精度である。初版が完売したため，10枚の検出表のうちの2枚が変更されてはいるものの，ほぼ初版を踏襲した形で新規に印刷されたものが2016年に発刊された（田邉・市川，2016）。第1部先天異常用の他に第2部後天異常用，第1部と第2部から適宜選択された表を組み合わせた第3部健診用が発刊され

ている。

8・1・3・2 アノマロスコープ

アノマロスコープは臨床的に先天色覚異常の型診断をするものであり，色覚異常の診断はアノマロスコープ診断とも言うべきものである。過去においてアノマロスコープの主流であったSchmidt + Haensch社製のナーゲル・アノマロスコープⅠ型は製造中止になり，その後はこれと同等の機能をもったナイツ社製のアノマロスコープOT-Ⅱ（以下OT-Ⅱ）が1型色覚や2型色覚の診断（レイリー均等検査）ができる唯一の製品になっていたが，2017年にOCULUS社製のHeidelberg Multi-Colorアノマロスコープ（HMC）が日本でも入手できるようになった（図8-1-12）。HMCは従来のレイリー均等検査の他に，3型色覚の診断をするためのMoreland均等検査が搭載されており，後天色覚異常の診断にも利用できる。

1）レイリー均等検査（1型・2型色覚均等検査）

アノマロスコープは赤色光（OT-Ⅱでは中心波長670 nm，HMCでは表示中心波長666 nm）と緑色光（同545 nmと549 nm）を混色した色光を黄色光（同588 nmと589 nm）と条件等色させ，色覚異常を診断する装置である。テスト視標はOT-Ⅱでは直径2°10′，HMCでは直径2°の円形指標であり，上下に分かれた二つの半円で構成されている。上半視野には赤と緑の混色光，下半視野には黄色光が呈示され，上下の半円視野間で条件等色を行う。上半視野の赤色光と緑色光の混色比を決める混色ノブは0（緑色光単独）から73（赤色光単独）まで目盛られ，黄色光が呈示される下半視野の明るさは，真暗である目盛0から最も明るい目盛（OT-Ⅱでは87，HMCでは45）まで単色ノブで調整できる。いずれも，混色ノブ目盛40近辺で上半視野に呈示された混色光と，単色ノブ目盛15近辺で下半視野に呈示された黄色光が正常3色覚で条件等色するよう，それぞれの光量が設定されている。この正常3色覚で得られる条件等色を正常レイリー均等（normal Rayleigh equation）という（Ⅱ・8・2・1・4参照）。

アノマロスコープは個々の機器ごとに初期設定に多少のばらつきがあるため，その診断結果を標準化するための異常比（anomalous quotient：A.Q.）が提唱されている。均等が成立したときの正常3色覚の混色ノブ目盛をa，被検者の混色ノブ目盛をa'としたとき，異常比（A.Q.）は（73-a'）/a'：(73-a)/aと定義され，平均的な正常レイリー均等の異常比（A.Q.）は1.0となる。アノマロスコープ結果を記載する場合はこの異常比と単色ノブ目盛の値を用いることが望ましいが（市川, 1975），異常比（A.Q.）は0から無限大（∞）までの値をとるため，図示しにくい欠点がある。

OT-ⅡでもHMCでも上下視野の等色が成立した時点で，その等色が絶対均等かどうかを調べるために，白色順応光をみて色順応を消し，再度，均等が成立しているか否かを確認することが大切である。OT-Ⅱでは装置に取り付けられた直径7 cm（視角約15°）の白色順応板を約5秒間注視して，色の中和を取り戻す方法を用いているが，HMCでは等色が成立したか否かにかかわらず，テスト指標が5秒間

図8-1-12 (a) ナイツ社製アノマロスコープOT-Ⅱ，(b) OCULUS社製Heidelberg Multi-Colorアノマロスコープ

第Ⅱ部　視覚

（絶対均等検査）あるいは15秒間（比較均等検査）呈示された後に，テスト指標と入れ替わる形で直径約3°の白色順応光が3秒間，視野に呈示される設定になっている。

2）3型色覚均等検査

3型色覚の混同色線に沿った等色検査を行うもので，古くは青色光（470 nm）と緑色光（517 nm）の混色光と，青緑光（490 nm）とを等色させるEngelking-Trendelenburg均等検査や，その改良型として青色光（470 nm）と黄色光（585 nm）の混色光と，やや赤みがかったタングステン光を等色させるPickford-Lakowski均等検査があったが，判定方法が難しいことなどから普及しなかった（市川，1985）。

HMCで使用されているMoreland均等検査は，青紫光（436 nm）と青緑光（490 nm）を混色させて，青色光（480 nm）と等色させる検査である。ここで使用されている青色光はその彩度が高いため，黄色光（589 nm）を混ぜて彩度を少し下げている。指標の大きさは4°で，視角約6°の白色順応をはさんで，5秒間あるいは15秒間の呈示を繰り返す半自動化された方式をとっているため，被検者の答えを引き出しやすくなっているが，正常3色覚で得られる均等範囲の個人差が大きく，正常と異常の境界を判断しがたい欠点がある。

8・1・3・3　色相配列検査

色相の少しずつ異なった一連の色キャップを色相（hue）順に並べさせ，どの色相付近で色混同が起こるかを調べ，色覚異常のタイプや程度を評価するものである。明度（value）や彩度（chroma）を変えたもの，あるいは色キャップの数を変えたものなど，各種の色相配列検査器具が市販されているが，基本的には次の二つのグループに大別される。

一つは，Farnsworth Dichotomous Test D-15（D-15テスト）に代表されるもので，色相環上で対側にある混同色線に沿った色キャップとの間で色混同が起こるか否かを調べ，色覚異常の程度を二分する定性的な検査である。もう一つのグループはFarnsworth-Munsell 100 Hue Test（F-M 100 hueテスト）に代表されるもので，色キャップを色相順に並べさせたときの色並べ順の間違いの総数と混同

軸の方向を調べる定量的な検査である。この2種類の検査の他に，色キャップと灰色の無彩色キャップとの混同を調べるLanthony New Color Testがある。ここではこれら3種類の検査器具について述べる。

1）Farnsworth Dichotomous Test D-15

Farnsworth（1943）は，色覚異常をその程度によって二分する検査としてDichotomous Test B-20を考案した。このテストはマンセル色票の5Rの赤キャップを基点として，同一色相環上からほぼ均等な間隔で選ばれた20個のキャップを色の似ている順に円周上に並べるものであったが，結果の再現性にやや難点があった。このため，検査方法などが改良され（市川，1971），1947年に発表されたものがD-15テストである（馬嶋，1969；図8-1-13a）。

D-15テストはchroma 6の青色のパイロットキャップ（マンセル値10B5/6）1個と，chroma 4でvalue 5の色相環上から選ばれた15個のテストキャップから構成されており，パイロットキャップを先頭にして色の似た順にテストキャップを並べるものである。色覚異常の程度が強くなると，色度図上では隣接する色キャップ間の主観的な色差よりも，色相環上では対側にある混同色線上の色キャップ間の主観的な色差のほうが小さくなり，その色キャップとの間に色混同を起こす。これを附属のチャートに表示すると，隣りあった色キャップ順とは異なる横断線（crossing line）が描かれる。D-15テストはこの色混同が起こり始める限界を求める検査で，色覚異常をその障害程度によって，色混同を起こさないpass群と色混同を起こすfail群，すなわち機能的色覚障害（functional color deficiency）とに二分することができる定性的な検査である。

D-15テストと他の色覚検査器具とを組み合わせれば色覚異常の職業適性分類ができると考えたFarnsworth（1957）は，仮性同色表とFarnsworth Lanternテスト，D-15テストの三つのテストをそれぞれpassするかfailするかによって，色覚特性とその異常の程度を「正常色覚」「弱度異常」「中等度異常」「強度異常」の4群に分ける「産業用色覚程度分類」を1957年に考案した。

日本では1972年に馬嶋（1972）がこのFarnsworth

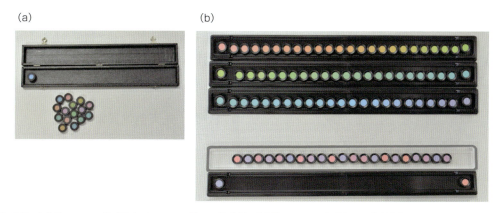

図 8-1-13 (a) Farnsworth Dichotomous Test D-15, (b) Farnsworth-Munsell 100 Hue Test
いずれも検査開始前の状態を示す。

分類をもとにして，大熊表，TMC 表，H-R-R 表のいずれかのうち 2 種類以上を全表正読する「微度異常」をこの分類に追加し，日本では手に入らない Farnsworth Lantern を市川式ランタン（市川，1956）に変更した形で，色覚異常の程度を「微度」「弱度」「中等度」「強度」の 4 段階に分類する方法を考案したが，市川式ランタン（JFC ランタン）は現在，製造中止となっている（II・8・1・3 参照）。安間（2017）は D-15 テストのキャップの数を間引きして減らし，通常の D-15 テストを行う前にこの間引きしたキャップでの検査を行うことにより，D-15 テストを pass する「中等度以下」群が細分化できる可能性を報告している。

2) Farnsworth-Munsell 100 hue テスト

正常 3 色覚を対象として，「色」を取り扱う人の職業適性を調べるための検査器具として，Farnsworth（1943）は前記の Dichotomous Test B-20 とともに F-M 100 hue テストを発表した（図 8-1-13b）。D-15 テストが混同色線に沿った色混同を起こすかどうかによって色覚異常の程度を二分する検査であるのに対し，この F-M 100 hue テストは全色相にわたって色弁別能を調べるものであり，色キャップの並べ間違いの程度を示す総偏差点（total error score）と，色間違いの多い部位から求められた混同軸（confusion axis）とから色弁別能力を評価するものである。ただし，この混同軸は混同色線に沿った色混同を直接検査しているわけではないため，ここで求められた混同軸は色度図上に描かれた混同色線の軸とは必ずしも一致しない。

F-M 100 hue テストは彩度が約 chroma 5，明度が value 5 で，色相だけが異なる 85 種類の色キャップから構成されている。色相 5R の赤キャップを No.1 キャップとし，そこから順に番号を付け，さらに全体を四つの細長い箱に分けている。四つの箱の両端にパイロットキャップが 1 個ずつ固定されているため，合計 93 個の色キャップで構成されている。検査は各箱ごとに行い，総偏差点と混同軸などが求められる。F-M 100 hue テストの色キャップを D-15 テストの色キャップとともに CIE1976 UCS 色度図上に表示したものを図 8-1-14 に示す（川上他，1975；Lakowski, 1969）。

F-M 100 hue テストは精密な色差弁別能を検査できるという利点がある反面，全色相を一度に検査することができないため，混同色線に沿った色混同を検査することはできない。四つの箱に分ける際のキャップの分割位置を変えると，総偏差点や混同軸が変わってしまうことも知られており（深見，1975），先天色覚異常の検査に用いる場合にはその特徴を十分に理解して使用することが大切である（安間，2022）。

F-M 100 hue テストの総偏差点には年齢や熟練度が影響しており，大きな個人差もある。症状の進展状況や治療効果判定などの継時的な変化をみるために同じ人に繰り返し行う場合以外では，個人差に対する配慮が必要となる。F-M 100 hue テストには練習効果もあり，数時間から数日後に再検査を行う

第II部　視覚

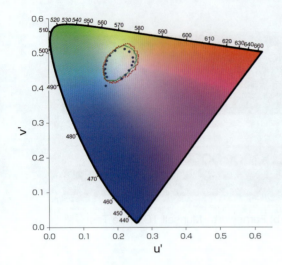

図 8-1-14　CIE 1976 USC 色度図上に表示した D-15 テストの色キャップ（●）と F-M 100 hue テストの色キャップ：川上他（1975）の実測値（■）と Lakowski（1969）の実測値（■）

と総偏差点が 30% 程度改善するとも言われており（Munsell Color Services Lab of X-Rite, 2011），臨床的に使用する場合には2回目以降のデータを使用することが推奨される。

3) Lanthony New Color Test

D-15 テストや F-M 100 hue テストは，有彩色のみで色相配列検査を行って色の混同をみるものであるが，色覚異常は特定の領域の有彩色を無彩色と混同する傾向がある。この性質を利用し，色キャップのなかに無彩色のテストキャップを混ぜて，有彩色と無彩色の混同を同時に調べる目的で考案されたものが Lanthony New Color test である（Pinckers, 1978）。この Lanthony New Color Test は無彩色群に誤って取り込まれた有彩色の明度評価が行える点が最大の特徴であり，後天色覚異常を対象として開発されたものである。

Lanthony（1975）が最初に考案したものは，chroma 2，4，6，8 の 4 段階ごとに選ばれたそれぞれ 20 個の色キャップに，value 2.0 から 7.5 までの 20 個の無彩色キャップを加え，計 100 個のキャップで構成されたものであったが，その後，キャップ数が間引きされ，value6 で chroma 2，4，6，8 の 4 段階ごとに 15 個ずつの色キャップが選ばれ，これらに value 4.0 から 8.0 まで 0.5 段階おきに 1 個ずつ

（value 6.0 だけは2個）選ばれた無彩色キャップが 10 個加えられ，合計 70 個で構成されたものになり，現在に至っている。

（安間　哲史）

8・2　先天色覚異常の特性

8・2・1　先天色覚異常の生理学的特性

8・2・1・1　比視感度特性（relative luminous efficiency）

同じ明るさの感覚を得るために必要なエネルギーの強さの逆数を，最大値を 1.0 として各波長ごとにプロットしたものが比視感度曲線（relative spectral luminosity curve）であり，対数で表されることが多い。国際照明委員会（CIE）は平均的な視感度をもった標準観測者（standard observer）を想定し，明所視での中心 2° 視野の標準比視感度 $V(\lambda)$（standard relative luminous efficiency）を 1924 年に定義した。暗所視での比視感度 $V'(\lambda)$（standard scotopic relative luminous efficiency）も 1951 年に定義しており，いずれも現在に至るまで，さまざまな分野で利用されている。

正常3色覚は 555 nm の波長光に最大感度をもっているが，1型2色覚は長波長域の感度が低下しているために比視感度曲線は短波長側にずれ，その最大感度は 540 nm 付近にある。2型2色覚の比視感度曲線はやや長波長側にずれているものの正常3色覚とよく似た特性をもっており，その最大感度は 560 nm 付近にある（図 8-2-1；Hsia & Graham, 1957）。異常3色覚では，その障害程度が正常3色覚に近いものから2色覚に近いものまで広範にわたっているにもかかわらず，比視感度曲線はそれぞれの型の2色覚と一致し，2色覚と異常3色覚とを比視感度によって区別することはできない。

8・2・1・2　波長弁別能

明度を一定に保ったまま波長だけを変えたときに，色相の違いを感じる最小の波長差 $\Delta\lambda$ を波長弁別閾あるいは色相弁別閾といい，この $\Delta\lambda$ を波長ご

530

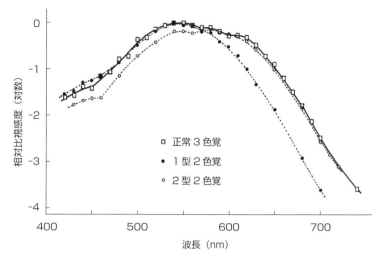

図8-2-1 7名の正常3色覚，5名の1型2色覚，6名の2型2色覚で測定した比視感度曲線（Hsia & Graham, 1957）
視角2.5°の薄暗い白色背景光の中央に視角42′の検査光を4 ms呈示し，閾値を求めた。ただし，縦軸の任意の調整は行われていない。

とにプロットしたものが波長弁別曲線（wavelength discrimination curve）あるいは色相弁別曲線（hue discrimination curve）と呼ばれるものである。通常，視角2°程度の二分視野（bipartite）を用いて求められる。

正常3色覚では450 nm付近から620 nm付近の色光では2色光の間に3 nm程度の波長差があれば両者を十分弁別でき，495 nm付近の青緑色と590 nm付近の橙黄色で弁別能は最良である。1型2色覚や2型2色覚でも495 nm付近の色光に対しては正常3色覚に近い良好な波長弁別能をもっているが，そこから波長が少しずれると波長弁別能は急速に低下し，S錐体の関与がなくなる530 nm付近より長波長領域では色相の弁別ができなくなる（図8-2-2：Le Grand, 1957）。2色覚の波長弁別能が最もいい色光は，2色覚が色味を感じない中性点（neutral point）付近の波長であり，この付近から長波長側へずれた色光は黄色調を帯び，短波長側へずれた色光は青色調を帯びる。

異常3色覚の波長弁別能はその異常の程度によって大きな差がみられ，2色覚と同程度のものから正常3色覚に近いものまで存在する。2色覚と同様，490 nmから500 nm付近で最も良好で，正常3色覚で波長弁別能のいい590 nm付近の色光も他の波

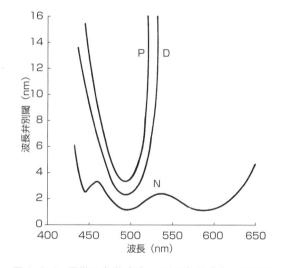

図8-2-2 正常3色覚（N），1型2色覚（P），2型2色覚（D）の波長弁別曲線（Le Grand, 1957）

長域に比べれば良好である。2型3色覚の波長弁別曲線は1型3色覚と比べるとやや長波長側にずれてはいるもののよく似た形状を示す（Jameson & Hurvich, 1956）。アノマロスコープのレイリー均等幅（Rayleigh match range）と波長弁別能との間には相関がみられ，レイリー均等幅の狭い者は正常3色覚に近い波長弁別能をもっているが，レイリー均等幅が広い者では波長弁別能が低下している場合が多い。図8-2-3に1型3色覚（a）と2型3色覚（b）

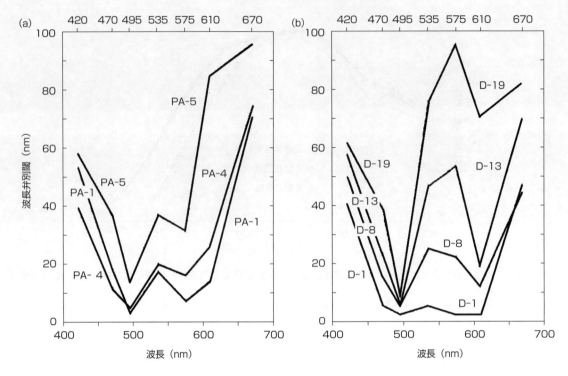

図 8-2-3 レイリー均等幅と波長弁別閾（Engelking, 1926 より改変）
(a) レイリー均等幅が 1，4，5 目盛であった 3 名の 1 型 3 色覚（PA-1，PA-4，PA-5）の波長弁別閾，(b) レイリー均等幅が 1，8，13，19 目盛であった 4 名の 2 型 3 色覚（DA-1、DA-8、DA-13、DA-19）の波長弁別閾。均等幅が狭いほど正常 3 色覚に近い波長弁別能をもっていた。

の例を示す（Engelking, 1926）。

8・2・1・3　飽和度弁別能

スペクトル光に白色光を加えると色は不飽和になり，純度が低下する。このような色光の純度は輝度純度（colorimetric purity：spectral luminance purity）と言われている。スペクトル光の輝度を L_λ，白色光の輝度を L_W とすると，輝度純度 P_C は

$$P_C = L_\lambda / (L_\lambda + L_W)$$

と表され，スペクトル光では 1.0，白色光では 0.0 となる。

しかし，白色光が混じらないスペクトル光，すなわち $P_C=1.0$ の輝度純度の色光であっても，すべてのスペクトル光で同じように色味が飽和しているようにはみえない。このため，各スペクトル光の主観的な飽和度を数値化する必要が生じ，飽和度閾の概念が導入された。すなわち，白色光にスペクトル光を少しずつ加えていったとき，ちょうど色づいてみえたときのスペクトル光（ΔL_λ）の量で色光の飽和度を表せば，各スペクトル光ごとの主観的な飽和度を定めることができる。このようにして求められたものが飽和度閾（color saturation threshold）あるいは最小輝度純度（least colorimetric purity）といわれるもので，

$$\Delta P_C = \Delta L_\lambda / (\Delta L_\lambda + L_W)$$

と表される。通常はこの逆数の対数，すなわち，

$$\log_{10}((\Delta L_\lambda + L_W) / \Delta L_\lambda)$$

として飽和度閾を表示することが多い。

565 nm から 570 nm 付近の黄緑色領域の色は元来不飽和であり，多量のスペクトル光を白色光に加えないと色づいてみえないが，図 8-2-4 に示したように，正常 3 色覚であっても測定条件の違いによってその絶対値には差がみられるので（Chapanis, 1944），注意が必要である。2 名の正常 3 色覚，1 名の 1 型 2 色覚，1 名の 2 型 2 色覚で測定された飽和度閾（Chapanis, 1944）を図 8-2-5 に示す。2 色覚では全波長にわたって飽和度が低下し，最も飽和度の低い波長は 1 型 2 色覚では 480 nm 付近，2 型 2 色覚

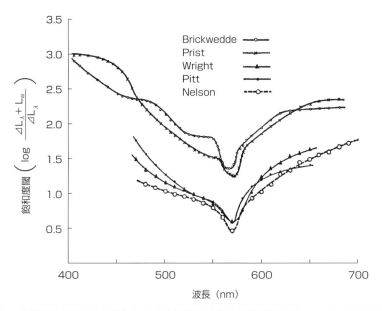

図 8-2-4 異なった測定条件下で求められた 5 名の正常 3 色覚の飽和度閾（Chapanis, 1944 より改変）
　　　　飽和度閾は測定条件が異なると、その絶対値は異なってくる。

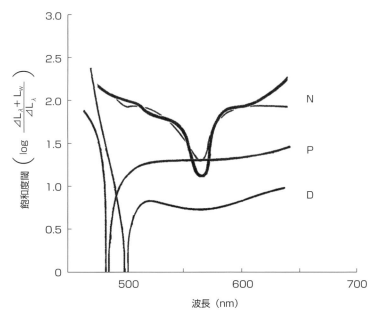

図 8-2-5 2 名の正常 3 色覚（N），1 名の 1 型 2 色覚（P），1 名の 2 型 2 色覚（D）の飽和度閾（Chapanis, 1944 より改変）
　　　　19 波長点で測定された飽和度閾をスムージングしたもの。

第Ⅱ部　視覚

では500 nm 付近にあり，白色点を通る混同色線が
スペクトル軌跡と交わる中性点と一致している。また，470 nm 以下の青色光や570 nm 付近の黄色光の
飽和度閾は正常3色覚に近似しているが，この理由
は，2色覚では赤緑色チャンネルは障害されている
ものの，青黄色チャンネルは正常にはたらいている
ことによるものである。

　異常3色覚ではその色覚異常の程度によって飽和
度閾には大きな差がみられる。すなわち，480 nm か
ら500 nm あたりで飽和度閾が0となる2色覚に近
いものから，正常3色覚に近い飽和度閾をもつもの
まで広範囲にわたっているが，正常3色覚と比較す
るとスペクトル光は常に不飽和である。

8・2・1・4　等色（アノマロスコープ）

　L錐体あるいはM錐体が欠損した2色覚の場合，
L錐体あるいはM錐体のいずれか一方の錐体と，S
錐体が色光から受け取る刺激量は，正常3色覚のそ
れに対応する錐体がその色光から受け取る刺激量と
同じであるため，2色覚は正常3色覚で得られた条
件等色をそのまま受け入れ，S錐体が関与しなくな
る中・長波長領域の色光では，波長が変わっても色
の変化は知覚されず，明るさの変化だけが感じられ
ることになる。一方，中・長波長領域に正常3色覚
とは異なった分光感度の錐体色素をもった異常3色覚
の場合は，その錐体からの反応量が正常3色覚のそれ
に対応する錐体からの反応量とは異なっているため，
正常3色覚で得られた条件等色は受け入れない。

　アノマロスコープはこのような条件等色を中・長
波長領域に限って簡易に調べる装置である（Ⅱ・8・
1・3・2参照）。アノマロスコープが使用している
3種の色光（赤，緑，黄色光）はいずれも1型色覚
と2型色覚の混同色線が一致するスペクトル軌跡上
にあるため，2色覚であれば1型色覚であっても2
型色覚であっても，上半視野に呈示された緑と赤の
混色光と下半視野に呈示された黄色光との色の違い
は認識されず，下半視野の黄色光の輝度を調整すれ
ば，上下視野を条件等色させることができる。

　上半視野に呈示される赤色光あるいは緑色光は，
それぞれが単独で呈示された場合でも両者が混色さ
れて呈示された場合でも，その輝度がほぼ同じにな

るように初期設定されているため，正常3色覚とほ
ぼ同じ比視感度をもつ2型2色覚では，上半視野の
赤色光と緑色光の混色比にかかわらず，これと条件
等色する下半視野の黄色光の輝度はほぼ一定にな
る。一方，1型2色覚では長波長領域の感度が正常
3色覚より低いため，上半視野に呈示される赤色光の
比率が緑色光よりも多い場合は，その色光と等色する
下半視野の黄色光の輝度は低くなり，反対に，緑色光
の比率が多い場合には下半視野の輝度は高くなる。

　異常3色覚では上半視野に呈示される赤色光と緑
色光の混色光は，その混色比の一部の範囲でしか下
半視野の黄色光と条件等色が成立しない。1型3色
覚では上半視野の赤色光比率が多い領域で条件等色
し，2型3色覚では緑色光比率が多い領域で条件等
色する。なお，同じ型の色覚異常であれば2色覚と
異常3色覚の比視感度は同じであるため，異常3色
覚で等色した領域は同じ型の2色覚の等色範囲に含
まれる。

　異常3色覚では，条件等色したときのアノマロス
コープの均等幅は色覚異常の程度とある程度相関
し，混色ノブの均等幅が広いほど色覚異常の程度が
強い場合が多い（Ⅱ・8・2・1・2参照）。分子遺伝
学的な検討でも，中・長波長領域にあるL視物質あ
るいはM視物質とハイブリッド視物質とのピーク
波長差が小さい場合は条件等色するアノマロスコー
プの均等幅が広く，ピーク波長差が大きい場合はそ
の均等幅が狭いことが報告されている（図8-2-6；
Deeb et al., 1995；He & Shevell, 1995；Jagla et al.,
2003；Sanocki et al., 1997）。

8・2・2　色覚異常保因者の特性

8・2・2・1　色覚異常保因者

　先天赤緑色覚異常はX連鎖潜性遺伝形式である
ため，X染色体を1本しかもたない男性ではその遺
伝子型（genotype）と表現型（phenotype）とが一
致し，色覚異常の遺伝子をもっていればその型の色
覚異常が発現（expression）するのに対し，X染色
体を2本もつ女性では，一対の対立遺伝子（アレル，
allele）に同じ型の色覚異常の遺伝子がある場合に
だけ色覚異常が発現する。

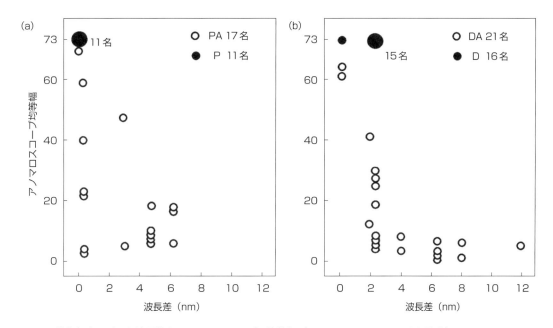

図 8-2-6 錐体色素のピーク波長差とアノマロスコープの均等幅（Jagla et al., 2002 より改変）
1 型色覚（a）がもつ M 錐体色素群，あるいは 2 型色覚（b）がもつ L 錐体色素群に存在する二つの錐体色素のピーク波長の差を横軸，アノマロスコープ均等幅を縦軸に示した。

このため，色覚異常の発現頻度には男女差があり，日本人男性では約 20 人に 1 人の割合で色覚異常が発現するのに対し，日本人女性では男性の約 20 分の 1，すなわち約 400-500 人に 1 人しか発現しない。なお，一方の X 染色体に 2 色覚の遺伝子があり，他方の X 染色体に同じ型の異常 3 色覚の遺伝子がある女性の場合には，異常が軽度であるものほど顕性であるため，異常 3 色覚が発現する（馬嶋，1985）。

一方の X 染色体だけに色覚異常の遺伝子があり，もう一方の X 染色体には正常 L 遺伝子と正常 M 遺伝子がある場合は単純異型接合体（simple heterozygote）であり，一方の X 染色体に 1 型 3 色覚男性のもつ L/M ハイブリッド遺伝子と正常 M 遺伝子があり，他方には 2 型 2 色覚男性のもつ正常 L 遺伝子だけ，あるいは 2 型 3 色覚男性のもつ正常 L 遺伝子と M/L ハイブリッド遺伝子がある場合には複合異型接合体（repulsion compound heterozygote）となる。いずれも表現型は正常な色覚異常の遺伝的保因者（genetic carrier）である。

さらに色覚異常の遺伝を複雑にしている点は，正常な M 遺伝子や L 遺伝子にもみられる多型であり，これによって遺伝的多様性（genetic variation）すなわち個人差が生まれる。多型の最も一般的なものは一塩基多型（single nucleotide polymorphism）であるが（II・8・1・1・1 参照），塩基配列の反復回数の違いによる多型もある。すなわち，正常 3 色覚の男性は L 遺伝子の下流に隣接して M 遺伝子をもっているが，反復ユニットのコピー数（反復回数）の多様性（copy number variation）のため，M 遺伝子の数は一つとは限らない（Jørgensen et al., 1990；Nathans et al., 1986）。日本人でも正常 3 色覚の男性の約 6 割が 2 個以上の M 遺伝子をもち，4 個以上の M 遺伝子をもっている人も 5% 程度存在することが報告されている（北原，1998；山出，2000）。

ただ，視物質遺伝子が三つ以上あっても，発現するのは上流の二つの視物質遺伝子で，これが錐体内のすべての視物質の表現型を決定しているため，3 番目以降の視物質遺伝子は発現しない（Hayashi et al., 1999；Winderickx et al., 1992；Yamaguchi et al., 1997）。このため，正常な L 遺伝子と M 遺伝子の下流にハイブリッド遺伝子をもった男性の色覚は正常になる。このような男性はかなりの確率で存在するが（Neitz et al., 1995；山出，2000），この 3 番目のハイブリッド遺伝子が遺伝子間の不等交叉によって

2番目に上がると，このハイブリッド遺伝子が発現してくる可能性がでてくる。すなわち，色覚正常な男性も色覚異常の遺伝的保因者の予備群になる可能性がある。

8・2・2・2　色覚異常保因者の特性

日本人女性の約10人に1人の割合で存在する遺伝的保因者の特性はかなり解明されてきた。ただし，これらの所見はほとんどが単純異型接合体についてのものであり，複合異型接合体の色覚特性はほとんど解明されていないため，この稿では単純異型接合体である遺伝的保因者の色覚特性について述べる。

色覚異常の保因者も他の多くのX連鎖潜性遺伝疾患と同様，場合によってはその同定が可能になる程度のわずかな異常がみられる（安間，1982）。石原色覚検査表を誤読しやすいこと（Crone, 1959；市川，1965；馬嶋，1961；Waaler, 1927），アノマロスコープのレイリー均等値のずれや拡大があることなどが報告されているが（Pickford, 1949；Wieland, 1933），これらはすべての色覚異常保因者にみられる所見ではない。

色覚異常保因者の色覚特性についての最も重要な発見は「Schmidt sign」である。交照法で比視感度を測定すると，多くの1型色覚の保因者では長波長領域の感度が低下しており，比視感度曲線が短波長側にずれている。この所見は1934年にSchmidtにより見いだされ（De Vries, 1948；Schmidt, 1934, 1955），のちにWalls & Mathews（1952）によって「Schmidt sign」と命名され，その後，多くの研究者によって追認された（Crone, 1959；市川，1958；馬嶋他，1960；Walls, 1955）。2型色覚の保因者でも交照法で比視感度測定を行うと，長波長側へのわずかなピークのずれが検出される場合があるが，検出頻度は少ない（市川，1965）。

交照法を用いた比視感度の測定によって色覚異常保因者のもつ特性の一部が明らかにされたが，先天色覚異常の型判別にも有効であったため，交照法を利用した多くの検査装置が開発された。Subtester（市川，1971；市川他，1963；飯沼・川口，1973；図8-2-7），Color Flicker Vision Tester（Ikeda & Urakubo, 1968；浦久保・池田，1970；図8-2-8），Oscar Color Vision Test（Estévez et al., 1983；Harris & Cole, 2005）などである。

上記の方法は交照法というちらつき感覚を尺度としたものであるが，閾値法を用いて比視感度を測定した場合にも，1型色覚保因者では赤色光に対し

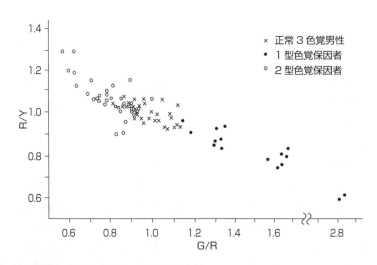

図8-2-7 Subtesterの成績（飯沼・川口，1973より改変）
　　　　　赤色光R（635 nm），黄色光Y（575 nm），緑色光G（545 nm）の3種類の検査光のそれぞれを，色温度約2600 Kの基準光と18 Hzでフリッカーさせ，両者が同じ明るさとして知覚される各検査光の強度を交照法で求め，算出された視感度比G／Rを横軸に，視感度比R／Yを縦軸に示した。なお，横軸と縦軸の目盛りは，正常3色覚男性では視感度比G／Rと視感度比R／Yの値がいずれも1.0付近にあるものとして補正した。16名の1型色覚保因者（●），34名の2型色覚保因者（○），30名の正常3色覚男性（×）。

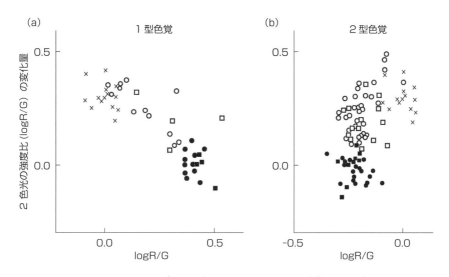

図 8-2-8 Color Flicker Vision Tester とほぼ同じ光学系を用いて得られた (a) 正常 3 色覚男性, 1 型色覚, 1 型色覚保因者の成績と, (b) 正常 3 色覚男性, 2 型色覚, 2 型色覚保因者の成績 (安間, 1982)

視角 2° の円形視野内で赤色光 R (620 nm) と緑色光 G (540 nm) を 15 Hz でフリッカーさせ, 交照法で求められた二つの色光の強度比 R /G の対数 (log R /G) を, 正常 3 色覚男性を基準 (0.0) として横軸に示した。このフリッカーする検査光に, 視角 5° の赤色背景光 (620 nm) を重ねて点灯させたときの 2 色光の強度比 (log R /G) の変化量を縦軸に示した。(a) 14 名の正常 3 色覚男性 (×), 11 名の 1 型 2 色覚 (●), 4 名の 1 型 3 色覚 (■), 12 名の 1 型 2 色覚保因者 (○), 4 名の 1 型 3 色覚保因者 (□)。(b) 14 名の正常 3 色覚男性 (×), 19 名の 2 型 2 色覚 (●), 9 名の 2 型 3 色覚 (■), 32 名の 2 型 2 色覚保因者 (○), 14 名の 2 型 3 色覚保因者 (□)。

て感度が低下し, 2 型色覚保因者では緑色光に対して感度が低下していたとする報告もある (Krill & Beutler, 1964；馬嶋, 1970)。また, Farnsworth-Munsell 100 hue test や日本色彩社製の色彩弁別検査器を用いて検査した結果から, 色覚異常保因者では弁色能が低下していたとする報告 (Krill & Schneiderman, 1964；馬嶋・渡辺, 1962) や, 飽和度弁別能が低下していたとする報告もある (馬嶋・渡辺, 1963；Wieland, 1933)。

8・2・2・3　色覚異常保因者の病態

常染色体では父親由来と母親由来の 2 本の染色体が細胞内にあり, 一対の対立遺伝子が同時に発現しているため, 一方の遺伝子に変異があっても細胞には正常な遺伝子が発現する。一方, X 染色体では, 男性は 1 本であるのに対して女性は父親由来と母親由来の 2 本の X 染色体をもっているため, その発現量が 2 倍にならないように個々の体細胞では 1 本の X 染色体が胎生期初期に不活性化 (inactivation) され, その機能が発現されない仕組みがあると考えられている (Lyon, 1961, 1962)。

この X 染色体の不活性化は個々の細胞ごとにランダムに起こるが, 一度起これば不可逆的であるため, 個々の細胞は不活性化されずに残った X 染色体の性質を現すようになる。このため, 女性の体内では, 不活性化されなかった父親由来の X 染色体から作られた細胞と, 不活性化されなかった母親由来の X 染色体から作られた細胞がモザイク状に配列していることになる。

この Lyon の提唱した不活性化理論 (Lyonization) は X 連鎖潜性遺伝を示す色覚異常保因者の病態を適確に説明することができる。すなわち, 色覚異常保因者が示す異常の程度や検出のされ方は, 異常細胞塊の大きさ, 正常細胞と異常細胞の全体的な比率, あるいは異常細胞の機能を正常細胞がどの程度補っているか, などによって決められると考えられる。

Grützner et al. (1976) はこの不活性化理論によって予測された網膜内のモザイク構造を心理物理学的手法を用いて証明することに成功した。彼らは視角 1′ の小さな刺激光で網膜の各部位を照射し, 微小な

網膜部位の色感覚をカラーネーミング法で測定したところ，正答した網膜部位と誤答した網膜部位が混在していたことから，色覚異常保因者の網膜では正常な網膜塊と異常な網膜塊とがモザイク状に混在している可能性があることを報告した（図8-2-9）。

Lyonの不活性化理論によると，異常3色覚の保因者の網膜には色覚異常を発現している父親あるいは息子と同じハイブリッドオプシン遺伝子に由来した錐体が正常な錐体に混じって存在していると考えられる。したがって，L錐体，M錐体，S錐体からの出力の線形和である輝度チャンネルを反映するとされる交照法で求められた比視感度には，色覚異常を発現した父親あるいは息子のハイブリッドオプシン遺伝子由来の錐体色素の波長吸収特性が影響していると予測される。Yasuma et al.（1984）はアノマロスコープの均等幅が12目盛り未満の1型3色覚のみを対象としてアノマロスコープによるレイリー均等の中央値（log A.Q.）を求め，同時に，その母親である保因者の625.5 nmの赤色光に対する視感度を交照法で測定したところ，両者の間には有意な相関（$r=0.578, p<0.001$）があることを見いだし，色覚異常保因者である母親の視感度には息子のもつ錐体色素と同じ錐体色素が影響しているだろうと推論した（図8-2-10）。

また，仲里他（1985）は1型色覚と2型色覚の遺伝的保因者で，網膜電図（electroretinogram：ERG）のoff応答急峻部の分光感度が正常3色覚からずれていることから，色覚異常の遺伝的保因者では錐体レベルに異常があることを他覚的に見いだしている。

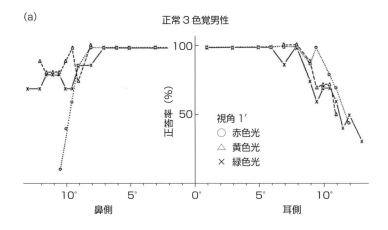

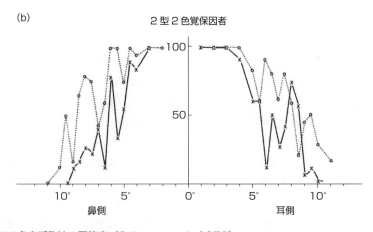

図8-2-9　小視野での色名呼称法の正答率（Grützner et al., 1976）
視角1'の小視標を網膜上の各部位に呈示し，カラーネーミング法で色名を答えさせたときの正答率。(a) 正常3色覚男性，(b) 2型2色覚の保因者。

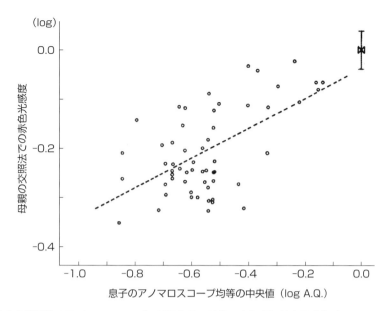

図 8-2-10 1型3色覚男性のアノマロスコープの結果とその母親の赤色光に対する感度（Yasuma et al., 1984）
1型3色覚男性のアノマロスコープ均等の中央値（均等幅11目盛以内の者のみ）を横軸，その母親の交照法で求められた625.5 nmの色光に対する感度を縦軸に示した．右上隅の縦線（±1SD）は男性の正常3色覚の625.5 nmの色光に対する感度で，この値を基準（0.0）とした．

8・2・2・4 片眼性色覚異常

Lyonの提唱した不活性化理論によれば，偶然に片眼に正常細胞塊が集まり，他眼に異常細胞塊が集まれば片眼性色覚異常が発生する可能性が考えられるが，片眼性の先天色覚異常の報告はほとんどない．

Judd (1948) は片眼性色覚異常として1858年から1947年までの間に報告された40論文37症例を調査し，色覚異常のある眼での色の見え方についてまとめている．このなかには後天性色覚異常と判定されるべき症例が多く含まれており，先天性の2色覚と考えられる症例は2症例ほどしかなかった (Holmgren, 1880；Sloan & Wollach, 1948)．この2症例はいずれも男性であり，2色覚である眼で知覚された色は青と黄であったと述べている．ただ，この2症例の他眼はいずれも正常3色覚ではなく，軽度の異常3色覚であったため，真の片眼性色覚異常ではない．

その後，Graham & Hsia (1958) は1眼が正常3色覚である片眼性2型2色覚の一人の若い女性例について，視感度曲線やフリッカー曲線，色の見えなどについて詳細に報告している．450 nm以下の短波長域で波長弁別能が良好であったことを除けば，

この女性の左眼は502 nm付近に中性点をもつ典型的な2型2色覚であり，両眼間でカラーマッチングを行うと，左眼で見た502 nmの中性点よりも長波長の色光はすべて，右眼で見た570 nm付近の黄色光と等色し，中性点よりも短波長の色光はすべて，470 nm付近の青色光と等色したと述べている．

（安間 哲史）

8・3 後天色覚異常の性質

8・3・1 後天色覚異常の特徴

後天色覚異常（acquired color vision deficiency）は，遺伝的素因もしくは遺伝子の変化によって起こる先天色覚異常（主として先天赤緑色覚異常）を除いたすべての色覚異常を指す．色覚異常の原因は，中間透光体（水晶体，硝子体），網膜，視神経，視神経から大脳皮質までの視路のどの部分の障害・疾患によっても起こるが，網膜疾患と視神経疾患の頻度が高い．

後天色覚異常の特徴は以下の通りで，先天赤緑色覚異常とは異なる．

(1) 先天赤緑色覚異常は両眼性かつ左右対称性に起こる。一方，後天色覚異常は片眼に起こることもある。また，両眼に起こっても左右差が存在する。
(2) 赤緑色覚異常のみならず，青黄色覚異常が検出される。また，混合型も存在する。
(3) 視力障害や視野障害など，他の視機能障害が合併することが多い。
(4) 色覚異常の程度は，疾患の障害程度によって悪化するなど変化する。
(5) 罹患者は，自身の色覚異常を自覚することが多い。しかし緩徐に進行した場合，気づかないこともある。
(6) 色視症（無色であるものが色彩を帯びて見える症状）を訴えることがある。白内障手術後に色視症を自覚することは広く知られている。

8・3・2 後天色覚異常の分類

後天色覚異常は，赤緑色覚異常と青黄色覚異常の二つに大別される。その混合型も存在する。後天色覚異常の分類として，Verriest 分類（Verriest classification；Verriest, 1963, 1964；図 8-3-1，表 8-3-1）や Marré 分類（Marré classification；Marré & Marré, 1978）が広く知られている。

8・3・2・1 Verriest 分類

1）特定の混同軸を示さないタイプ

特定の混同軸を示さず，3色型色覚を維持している。囊胞様黄斑浮腫などの軽微な網膜障害などにみられる。混同色や色弁別に特定の傾向は示さない。アノマロスコープのレイリー均等は，色覚正常者に比べ拡大する。

2）Type I　後天赤緑異常

先天赤緑色覚異常の1型色覚に類似の色覚異常を呈する。錐体桿体ジストロフィ，Stargardt 病などでみられる。病初期では3色型色覚であるが，アノマロスコープのレイリー均等は1型3色覚に近い傾向（pseudo-protanomaly）を示し，病態の悪化に伴い桿体1色覚（すべての錐体の機能消失している疾患）類似の直線パターンを呈する。明所視比視感度曲線は短波長側にシフトし，疾患の進行に伴い，最終的に桿体1色覚の明所視比視感度すなわち正常色覚の暗所視比視感度曲線に一致する状態となる。波長弁別閾曲線による波長弁別能は徐々に障害される。

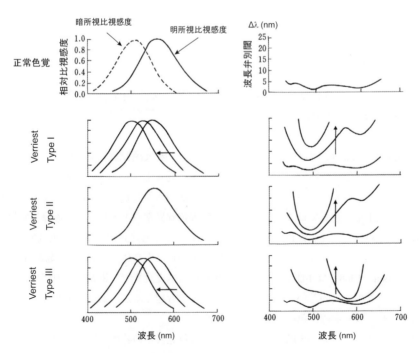

図 8-3-1　正常色覚と後天色覚異常の比視感度曲線および波長弁別（Verriest, 1964）

第 8 章　色覚の型と障害

表 8-3-1　Verriest による後天色覚異常の特徴と分類（Verriest, 1963 を改変）

色覚異常のタイプ	色覚異常の分類	主要混同軸	レイリー均等値	原因
特定の混同軸を示さない	3 色型色覚	軽度の赤緑異常と青黄異常の混在	均等値の拡大	黄斑部浮腫，黄斑剥離など
	1 色型色覚	色弁別不能	不定	
Type I 後天赤緑異常	3 色型色覚	1 型色覚と 2 型色覚の中間	1 型 3 色覚様	脳回状脈絡膜萎縮，Sorsby's ジストロフィ，若年発症黄斑変性など
	2 色型色覚	2 型色覚と 3 型色覚の中間	初期に 1 型 2 色覚様，進行に伴い杆体 1 色覚様	
Type II 後天赤緑異常	3 色型色覚	1 型色覚と 2 型色覚の中間	2 型 3 色覚様	Leber 遺伝性視神経症，視神経炎など
	2 色型色覚		2 型 2 色覚様	
Type III 後天青黄異常	3 色型色覚	100-hue で青色域単極の異常	大部分が 1 型 3 色覚様	網膜色素線条，脈絡膜炎，中心性漿液性脈絡網膜症など
	2 色型色覚	3 型色覚		常染色体優性視神経萎縮など

3) Type II　後天赤緑異常

先天赤緑色覚異常の 2 型色覚に類似の色覚異常を呈する。視神経炎や抗結核薬であるエタンブトール視神経症などでみられる。アノマロスコープのレイリー均等は 2 型 3 色覚側にシフトし，進行に伴い 2 型 2 色覚のパターンを呈する。明所視比視感度曲線は正常に近いとされている。波長弁別閾曲線による波長弁別能は徐々に障害される。

4) Type III　後天青黄異常

先天色覚異常の 3 型色覚に類似の色覚異常を呈する。初期の網膜色素変性，中心性漿液性脈絡網膜症などの網脈絡膜疾患，緑内障や常染色体優性視神経萎縮などでみられる。アノマロスコープのレイリー均等は 1 型 3 色覚側にシフトする傾向（pseudo-protanomaly）を示す。明所視比視感度曲線は短波長側にシフトする。波長弁別閾曲線による波長弁別能は，短波長側優位に障害される。

8・3・2・2　Marré 分類

Marré らは，Wald（1964）によって開発された選択的色順応法（selective chromatic adaptation technique）を用い，ヒトの S 錐体，M 錐体，L 錐体それぞれの分光感度を測定し，3 種類それぞれの錐体の障害程度に基づき後天色覚異常を分類した。

1) Type I　青色覚異常メカニズム

S 錐体が障害され，Verriest 分類の Type III 後天青黄異常に相当する。すなわち，3 型色覚に類似の色覚異常のみを呈するもの。

2) Type II　赤緑色覚異常メカニズム

M 錐体および L 錐体が障害される。さらに，青黄異常を伴わないもの（stage IIa）と軽度の青黄異常を伴うもの（stage IIb）に分類している。このタイプは主として Verriest 分類の Type II 後天赤緑異常に近い。

3) Type III　全色覚異常メカニズム

最も重症なステージで，すべての錐体機能が障害されるタイプである。Verriest 分類の Type I and Type II 後天赤緑異常の重症型に相当する。

8・3・3　後天色覚異常の検査

8・3・3・1　仮性同色表

先天赤緑色覚異常のスクリーニングで，広く使用されている石原色覚検査表は後天色覚異常の評価には不向きと言われている。程度判定表がないこと，視力障害を伴う場合数字を読むことができないため判定が困難ということが理由として挙げられる。また，視力障害を伴わない初期には S 錐体系障害が先行することが多いが，青黄異常を評価することができない。近年，新色覚異常検査表（新大熊表）で使用されていた環状表（環状部におかれた切痕部の認識表）が新たに追加され，現状，石原色覚検査表 II 国際版 38 表が普及し，就学前でも検査可能となっている。諸外国では，Hardy-Rand-Rittler（HRR）検査表がこれまで使用されてきた。Hardy et al.（1954）

541

により考案され，1955年に初版としてAmerican Optical社版（以下AO-HRR表）から出版された仮性同色表である。AO-HRR表は，3型色覚用の2枚を含む6枚の検出表と1型および2型色覚用10枚，3型色覚用4枚の分類・程度判定表から構成されている。また，視標に丸や三角形などの図形を用いることにより就学前に検査ができること，3型色覚の検出表が含まれていること，1型および2型，3型色覚の程度判定表があることが特色である。AO-HRR表は分類表には定評があったが，1957年以来長らく絶版となっていた。1993年にRichmond社よりAO-HRR表を再現して改良を加えたHRR表が第3版として出版され，2002年には，Richmond社より第3版を改良した第4版（以下Richmond-HRR表）が出版された。Richmond-HRR検査表を用いることによって，赤緑色覚異常のみならず青黄色覚異常も評価・程度判定することが可能である。Richmond-HRRでは，図形の名前と位置を正読した場合，記録用紙に✓印をつける。検出表（第5-10表）のすべてを正読した場合，正常色覚と判定する。第5表か6表を誤読した場合，青黄異常の分類・程度判定表（第21-24表）に進み，第7-10表のいずれかを誤読した場合，赤緑異常の分類・程度判定表（第11-20表）に進む。赤緑異常の分類は，1型色覚異常の欄の✓印の合計が，2型色覚異常の欄の✓印の合計より多ければ1型色覚異常と判定され，その逆は2型色覚異常と判定する。程度は，第16-20表のすべてを正読し，第11-15表のいずれかが読めない場合を軽度，第19表と第20表を正読し，第16-18表のいずれかを正読できない場合を中等度，第19表と第20表を正読できない場合を強度と判定する。青黄異常についても同様に，第21表と第22表を正読できない場合を中等度，第23表と第24表を正読できない場合を強度と判定する。本邦では，Richmond-HRR検査表はそれほど普及していない。代わりに標準色覚検査表第2部後天異常用（SPP-2）が用いられることが多い。SPP-2には，青黄異常検出表，赤緑異常検出表，桿体視検出表を含んでいる。後天色覚異常では，青黄異常と赤緑異常が常に合併していることを考慮し，読めない数字によって判定を行う。結果を記録用紙に記載し，BY印の数字が×（読めない）ならば青黄異常，RG印の数字が×（読めない）ならば赤緑異常，S印の数字が×ならば桿体視と判定する。Richmond-HRR検査表やSPP-2検査表を用いることによって，簡便に赤緑異常や青黄異常の検出が可能である。

8・3・3・2　色相配列検査

Farnsworth Dichotomous D15 Test（パネルD-15）は，最も広く普及している検査器で（詳細はII・8・1・3参照），混同色線（混同軸）に沿った異常を評価することができる。これにより色覚異常が大きく1型2色覚，2型2色覚，3型，S錐体1色覚，桿体1色覚（桿体）の五つに分類されるうち，本邦で先天性3型色覚は稀とされているが，遺伝性網膜疾患の代表疾患である網膜色素変性では，視力良好な時期であっても3型色覚を示すことが少なくない。Farnsworth-Munsell 100 hueテスト（F-M 100 hue）は，85色相からできており，全85色相を四つに分けてそれぞれでキャップを並べさせ検査を行う（詳細はII・8・1・3参照）。色覚異常の程度（総偏差点），色覚異常のタイプ（混同軸の特性）などを定量化できるため，後天色覚異常を評価する際，広く用いられている。しかし，検査に時間がかかるだけでなく，被検者の集中力も必要であるため，眼科の実地臨床で行われることは少ない。

8・3・3・3　色合わせ法検査

視角2° 10′の視標を用いレイリー均等を測定するNagel I型アノマロスコープ（Schmidt & Haensch, Berlin, Germany）は，先天赤緑色覚異常を診断するための器械である。単色目盛（黄色589 nm）の強さを変化させ，赤色（670 nm）と緑色（546 nm）の混合色から得られた混色目盛値と単色目盛値（黄色の明るさ）が一致したところ（レイリー均等）を測定する。Nagel I型アノマロスコープは，後天色覚異常の評価にも用いられ，レイリー均等幅の拡大やレイリー均等の赤側へのシフトが報告されている。また，異常比（Anomaly Quotient, AQ）によって評価されることもある。AQ値は，

$$\frac{(73-P)/P}{(73-M)/M}$$

（M：正常色覚のレイリー均等，P：被検者のレ

イリー均等）

によって算出される。AQ 値が 1 を超えると混色目盛値が緑側（0 方向）へシフトし，反対に 1 未満では混色目盛値が赤側（73 方向）へシフトしていると判定される。現在，Nagel I 型アノマロスコープは販売終了となり購入のみならず保守点検も不可能となっている。本邦では Neitz 社製で LED を用いたアノマロスコープ（Neitz anomaloscope OT-II）が普及している。一方，後天色覚異常による青黄異常の評価法として，Moreland 均等を測定する検査機器も存在する。最近, 本邦で認可されている Oculus 社製 HMC アノマロスコープでは，シアン色（480 nm と 589 nm の固定された比）の強さを変化させ，単色青（436 nm）と単色緑（490 nm）の混合色から得られた混色目盛値とシアン色目盛値（シアン色の明るさ）が一致した領域（Moreland 均等）を測定する。Moreland 均等は, 色覚正常者であっても高齢になるほど混色目盛値は，若年成人に比べ青側へシフトする（Rufer et al., 2012）。本邦では, Oculus 社製のアノマロスコープを用いることで，レイリー均等（視角 2°）および Moreland 均等（視角 4°）を測定することが可能である。

8・3・3・4　視野検査

　静的自動視野計で黄色視野背景を用いることでL錐体，M 錐体を順応させることが可能となる。黄色背景・青色視標視野検査（blue-on-yellow, short wavelength automated perimetry：SWAP）によってS錐体系の感度の検出が可能となる。緑内障や常染色体優性視神経萎縮では，SWAP による感度低下が，通常の白色背景・白色視標視野検査（white-on-white, standard atutomated perimetry：SAP）に比べ早期に検出されることが報告されている（Hayashi et al., 2017；Johnson et al., 1993；Walters et al., 2006）。

8・3・3・5　コンピュータを用いた色覚検査

　諸外国では，Cambridge Colour Test が広く使用されている。これはモニターに映し出したC型視標と背景の色度（色度図における色の特性）を変化させ, 結果を色度図にプロットし色弁別閾値を評価す

るもので，仮性同色表のコンピュータ版と考えられる。1 型，2 型，3 型色覚に分類することができ，後天色覚異常の評価も可能である。さまざまな網膜疾患や視神経疾患で Cambridge Colour Test を用いた色覚研究が報告されている。*CNGB3* 遺伝子異常による桿体 1 色覚に対する毛様体神経栄養因子投与の臨床試験における，色覚検査として使用されている（Zein et al., 2014）。他に各錐体系それぞれの評価法として, Rabin cone contrast test（CCT）がある。各錐体に対応するアルファベット文字視標のコントラストを下げ認識できる閾値を測定する検査である（Rabin et al., 2011）。本邦でもコーナン・メディカル社の CCT（Color Dx CCT-HD）が認可されている。原理は Rabin CCT と同様であるが，ランドルト環の視標を用いている。

8・3・4　後天青黄異常もしくはS錐体系障害が起きやすい理由

　後天色覚異常では，先天赤緑色覚異常とは逆にS錐体系がL錐体，M 錐体系に比べ障害を受けやすいことが知られている。網脈絡膜疾患，視神経疾患のいずれにおいてもS錐体系の障害が先行し，病態の悪化に伴いL錐体，M 錐体系に異常が加わり，症状が改善してもL錐体，M 錐体系の障害に比べ，S錐体系障害がより残存していることが知られている。また，視力良好な時期・病期であっても青黄異常がみられるのに対し，赤緑異常がみられる場合，視力障害は必発である。網脈絡膜疾患や視神経疾患に対する色覚検査では，青黄異常をしばしば経験する。

　S錐体系後天色覚異常が起きやすい理由として，以下が考えられている。

8・3・4・1　短波長光のフィルター作用

　S錐体分光感度寄りの短波長域の光が，中間透光体（水晶体や硝子体）の混濁等による短波長光の波長カットフィルター作用によって網膜に行き届きにくくなる可能性が考えられている。

8・3・4・2　S錐体の絶対数の少なさ

　成人ヒト網膜においてS錐体の割合は錐体全体の 10％以下であることから，3 種類の錐体が同じ比

第II部　視覚

率で障害され減少すると，L錐体，M錐体に比べ絶対数が少ないS錐体が優位に障害されやすいという考えがある（Curcio et al., 1991；Mollon, 1982）。

8・3・4・3　S錐体の選択的脆弱性，S錐体系神経節細胞の脆弱性

S錐体は，さまざまなストレスに対して，L錐体，M錐体に比べてもろく障害を受けやすい可能性が考えられている。また，S錐体（ON応答）の情報は，双極細胞を介して小型二層性神経節細胞に送られ，そして，外側膝状体の顆粒細胞へ送られる。高眼圧などに対して，小型二層性神経節細胞は，他の神経節細胞に比べ脆弱である可能性が報告されている。

8・3・4・4　S錐体の限局した輝度応答範囲

S錐体の輝度応答範囲は，L錐体，M錐体に比べて狭い。網膜疾患によってL錐体，M錐体，S錐体が同程度に障害されれば，L錐体，M錐体が感受できる光もS錐体は感受できなくなる可能性がある（Hood et al., 1984）。

8・3・4・5　余剰S錐体の少なさ

L錐体，M錐体は，色覚以外に時空間的分解能やコントラストの検出に重要な役割を果たしている一方，S錐体の役割は色覚に限局していることから，もともと余剰S錐体が少ないだろうという仮説に基づく考えがある。

8・3・4・6　網膜疾患によるS錐体の不均質障害

L錐体，M錐体は中心窩に高密度に存在するが，S錐体は中心小窩（foveola）を中心とする8′以内に存在しない。S錐体は中心窩から1°から2°の傍中心窩（parafovea）に高密度に存在する。遺伝性網膜疾患は，多岐にわたるが，障害される網膜領域は一様ではない。ある種の遺伝性網膜疾患で傍中心窩優位に障害が起こると，中心窩の影響は少なくL錐体，M錐体障害が回避され，選択的にS錐体が障害を受ける。

8・3・5　後天色覚異常を引き起こす疾患とその特徴

眼科の実地臨床で，色覚検査は視機能検査の一つ

として捉えられている。近年さまざまな画像検査や視機能検査が進歩し病態をより高い精度で評価できるようになったこともあり，昨今，視機能検査としての色覚検査は行われなくなった現状がある。そのため，ここで述べる内容の多くは古い文献からの引用となる。一方，視機能検査の進歩によって，新たな色覚評価検査が登場し，従来の色覚検査表では検出されなかった軽微な色覚異常の検出が可能となれば，新たな眼科臨床研究が発展する可能性はある。臨床の場で，患者が色覚異常を訴えても従来の色覚検査では異常を捉えることができないことをしばしば経験しているからである。

8・3・5・1　中間透光体の疾患

加齢に伴う水晶体の混濁による短波長光のフィルター作用によってS錐体系の感度が低下する。さらに混濁し白内障が生じることによって青黄異常が起こる。硝子体混濁でも同様のことが起こりうる。

8・3・5・2　網膜疾患

さまざまな遺伝性網膜疾患，中心性漿液性脈絡網膜症，糖尿病網膜症，加齢黄斑変性，日光網膜症，網膜剥離，薬剤性網膜疾患など多くの網膜疾患で後天色覚異常がみられる。ここでは代表疾患を挙げ，その特徴について述べる。

1）錐体機能不全

錐体機能不全（cone dysfunction）は，先天的に起こる桿体1色覚・青錐体1色覚（L錐体，M錐体の機能消失）と後天的に起こる錐体ジストロフィを指す。桿体1色覚と青錐体1色覚は先天色覚異常に分類されることもあるが，低視力，眼振，羞明を3主徴とし，先天赤緑色覚異常とは異なる。錐体ジストロフィは，病初期に色覚は保たれるものの進行に伴い，すべての錐体の機能消失が起こり同時に桿体機能も障害されることが特徴である。桿体1色覚や錐体ジストロフィは，錐体応答と桿体応答を分離した全視野刺激網膜電図で，桿体応答が維持されているものの錐体応答の著しい減弱・消失によって臨床診断される。桿体1色覚では，石原色覚検査表の第1表を判読できる一方，それ以外は判読不能である。パネルD-15で，混同軸が2型色覚軸と3型

色覚軸の中間の桿体軸に一致する。赤色光の感度が低く，黄色光を緑色光より暗く感じるため特徴的なパターンを示す。すなわち，混色目盛値73では単色目盛値が0付近でレイリー均等し，混色目盛値40付近で単色目盛値の最大値に近づくため，1型2色覚に比べ極端に急峻な傾きを示す。白色背景下の比視感度曲線は，色覚正常者の暗所視比視感度（505 nm付近をピークとする1峰性）に一致するため，Purkinje 移動（Purkinje shift）はみられない。青錐体1色覚の特徴として，パネルD-15で混同軸が1型色覚軸と2型色覚軸の中間の軸（protan-like）を示すことが多く，桿体1色覚との鑑別に役立つ。また，F-M 100 hueは，高い総偏差点を示すが，桿体1色覚に比べ青黄軸ではエラーが少なくS錐体系の識別能が存在していることを裏付けている。

2）Stargardt 病

Stargardt 病（Stargardt disease）は常染色体劣性遺伝形式をとる黄斑ジストロフィの一つで，*ABCA4* 遺伝子の両アレル変異が原因である。Mäntyjärvi らは，9例のStargardt 病について，F-M 100 hueやアノマロスコープなどを施行した。病初期では，総偏差点の異常やレイリー均等の赤側へのシフトが検出され，進行期では，総偏差点のさらなる悪化・混同軸は赤緑異常を示し，レイリー均等色値は，桿体1色覚の傾きに近づき（scotopization），Verriest 分類のType I に類似した異常を示す（Mäntyjärvi & Tuppurainen, 1992）。

3）網膜色素変性

病初期にVerriestのType III後天色覚異常がみられ，黄斑変性（macular degeneration）を合併するとType I がみられる。Pinckers らは，網膜色素変性（retinitis pigmentosa）の98眼についてF-M 100 hueを施行した結果，正常色覚が40％，VerriestのType III色覚異常が33％，青黄異常と赤緑異常の混合型が26％であったと報告している（Pinckers et al., 1993）。98眼中77眼でアノマロスコープを行ったところ，34眼（44％）でレイリー均等は赤側にシフトしていた。網膜色素変性の類縁疾患であるコロイデレミア（choroideremia）と診断された19歳男性の色覚検査結果を呈示する。視力は良好で両眼それぞれ（1.2）であった。

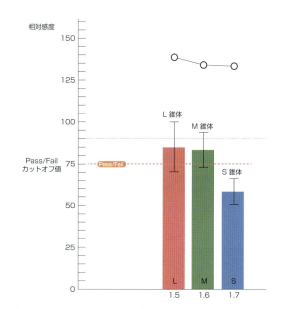

図8-3-2　コロイデレミア患者（左眼）の cone contrast testで，S錐体系機能がL・M錐体系機能に比べ有意に低下している

色覚検査は片眼ずつ施行され，石原色覚検査表は全正読し，パネルD-15はno errorでpassした。しかし，左眼CCT検査では，S錐体系機能がL錐体系，M錐体立体機能に比べ有意に低下していた（図8-3-2）。この結果は，パネルD-15で3型色覚を捉えることができる前に，CCT検査によって初期3型色覚を捉えることができる可能性を示している。

4）小口病

小口病（Oguchi disease）は，先天性の停在性夜盲を来す疾患で錐体機能・色覚は一生涯保たれると考えられてきた。*SAG* 遺伝子変異（1147delA）は日本人小口病で高頻度に検出される。*SAG* 変異を認める小口病では錐体機能低下および進行性視野異常が検出される症例が少なからず存在する。*SAG* 遺伝子変異（1147delA）および進行性の視機能障害がみられた70歳男性の色覚検査結果について述べる（林他，2009；並木他，2010）。両眼の矯正視力はそれぞれ1.2と良好であった。右眼の網膜厚（内境界膜から網膜色素上皮）は，中心窩（中心1 mm）では保たれているものの傍中心窩（中心3 mm）では有意に菲薄化していた（図8-3-3）。F-M 100 hueは，右眼の総偏差点は292で青黄異常の極性を示した（図

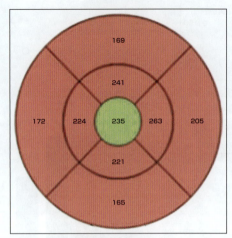

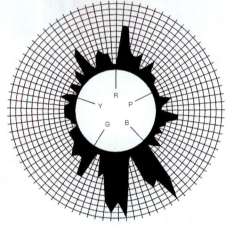

図 8-3-3　小口病患者（右眼）の光干渉断層計を用いた網膜厚トポグラフィ（上段）とF-M 100 hue（下段）（並木他，2010 を一部改変）
網膜厚は中心窩（中心 1 mm）では保たれているものの傍中心窩（中心 3 mm）では有意に菲薄化している。F-M 100 hue における総偏差点は 292 で青黄異常の極性を示している。

8-3-3）。傍中心窩は，最も S 錐体密度の高い領域であることから，S 錐体の減少が青黄異常の原因と推察される。

5）中心性漿液性脈絡網膜症

Verriest の Type III 後天色覚異常がみられる。本疾患の活動期すなわち漿液性網膜剝離が存在している状態で青黄異常を呈し，アノマロスコープではレイリー均等は赤側にシフトする。Maaranen らは，漿液性網膜剝離が治癒し，視力良好であった中心性漿液性脈絡網膜症（central serous chorioretinopathy）の 39 眼に対して，F-M 100 hue，レイリー均等，Moreland 均等を測定した。26 眼（67％）に後天色覚異常を認め，20 眼（51％）に青黄異常を認め，5 眼（13％）に青黄異常と赤緑異常の混合型を認め，1 眼（3％）に赤緑異常を認めたと報告している（Maaranen et al., 2000）。

6）糖尿病網膜症

検眼鏡的に網膜症が出現する前に色覚異常が検出されうる。Barton らは，糖尿病網膜症（diabetic retinopathy）の 2701 例に対して，F-M 100 hue を施行し，全体の 51％が正常色覚を示したが，26％で青黄色覚異常が検出されたと報告している（Barton et al., 2004）。加齢に起因する水晶体混濁による短波長光のフィルター作用のみならず，糖尿病網膜症によって S 錐体が選択的に障害されることを示す可能性を指摘している。アノマロスコープを用いたレイリー均等は，赤側にシフトし拡大することが多い。Cho らは，生前に糖尿病網膜症に罹患した患者の死体眼・網膜を用いた研究で，炭酸脱水素酵素に対する抗体による免疫組織学的手法によってL・M 錐体と S 錐体を識別し細胞密度を検討した（Cho et al., 2000）。コントロールの死体眼に比べて，有意に S 錐体（免疫染色陰性細胞）が減少していたことを明らかにし，糖尿病網膜症眼では選択的に S 錐体が障害されている可能性を組織学的に示した。

7）クロロキン・ヒドロキシクロロキンによる薬剤性網膜症

本邦で，ヒドロキシクロロキンは，自己免疫疾患である全身性エリテマトーデスに使用されている。クロロキン・ヒドロキシクロロキンによって引き起こされるクロロキン網膜症（chloroquine retinopathy）は，視細胞障害を伴う黄斑萎縮を引き起こす。クロロキン網膜症の 30 例に対して色覚検査（石原色覚検査表，SPP-2，パネル D-15 など）を行ったところ，28 例（93％）で色覚異常が検出され，赤緑異常と青黄異常の混合型が多数を占めたという報告がある（Vu et al., 1999）。

8・3・5・3　視神経疾患

網膜疾患と同様に，遺伝性視神経症（Leber 遺伝性視神経症，常染色体優性視神経萎縮），緑内障，視神経炎，薬剤性視神経症などさまざまな視神経疾患

で後天色覚異常がみられる。ここでは代表疾患を挙げ，その特徴について述べる。

1）緑内障

緑内障（glaucoma）は，進行性の視神経障害によって視野異常・視野狭窄をきたす疾患である。Desaturated D-15（パネル D-15 より彩度を下げたキャップを用いた色相配列検査）および F-M 100 hue を用いた研究で，初期に青黄異常をきたすことが報告されている（Sample et al., 1986）。視野検査では，SAP に比べ，SWAP で早期の緑内障性視野異常が検出され，S 錐体系の感度低下がみられる（Johnson et al., 1993）。Rabin CCT を用いて緑内障に伴う色覚閾値を検討した研究では，緑内障群では正常群と比較して有意に低下しており，また自動視野計の mean deviation 値と有意に相関していることが報告されている（Niwa et al., 2014）。

2）常染色体優性視神経萎縮

常染色体優性視神経萎縮（autosomal dominant optic atrophy）は，*OPA1* 遺伝子異常による遺伝性視神経症の一つで常染色体優性遺伝形式をとる。Verriest の Type III 後天色覚異常が検出されることが多い。*OPA1* 遺伝子変異（IVS20 + 1G → A）を認めた 24 歳娘と 60 歳父の色覚検査結果について述べる（Hayashi et al., 2005）。娘の矯正視力は右眼 0.9，左眼 0.8 と比較的良好であった。すべての色覚検査は片眼ずつ施行された。石原色覚検査表では左右眼ともに第 1 表のみ正読，パネル D-15 は左眼 one error（pass），右眼 no error（pass）であった。Nagel I 型アノマロスコープで，レイリー均等幅の軽度拡大を認めた。F-M 100 hue では，右眼の総偏差点は 204，左眼の総偏差点は 296 で，青黄異常の極性を示した。視野検査では，SWAP は SAP に比べ有意に感度は低下しており S 錐体系の異常に矛盾のない結果であった（図 8-3-4）。父の矯正視力は，両眼それぞれ 0.1 と低下していた。石原色覚検査表では左右眼ともに第 1 表のみ正読，SPP-2 ではすべて判読不能，パネル D-15 は左右眼ともに 3 型色覚軸を示した（図 8-3-5）。F-M 100 hue では，右眼の総偏差点は 276，左眼の総偏差点は 380 で，青黄異常の極性を示した（図 8-3-5）。

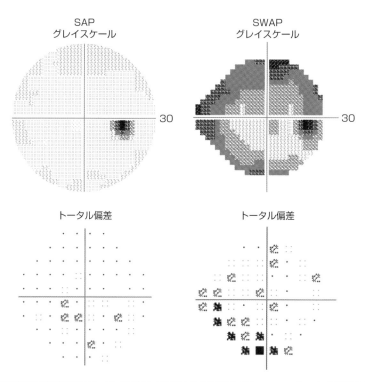

図 8-3-4　常染色体優性視神経萎縮患者・娘（右眼）における SWAP（blue-on-yellow）視野では，SAP（white-on-white）視野に比べ有意に感度が低下している（高杉他，2010 を一部改変）

第II部 視覚

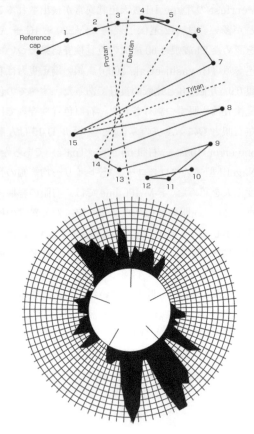

図8-3-5 常染色体優性視神経萎縮患者・父（右眼）におけるパネルD-15は3型色覚軸を示し，F-M 100 hueの総偏差点は276で青黄異常の極性を示している（Hayashi et al., 2005）

3）視神経炎

視神経炎（optic neuritis）には原因不明の特発性視神経炎と抗アクアポリン4抗体陽性視神経炎がある。視力障害を伴う急性期では，赤緑異常と青黄異常の混合型を示すが，選択的に青黄異常を示す場合もある（Katz, 1995）。発症6か月後の時点で，視力障害が持続している場合色覚異常も残存し，赤緑異常が有意にみられることが多い（Katz, 1995）。

4）エタンブトールによる薬剤性視神経症

抗結核薬であるエタンブトールによる視神経障害は以前より知られている。視神経障害の初期には青黄異常を示し，進行期に入ると赤緑異常を示す（Polak et al., 1985）。視神経障害の初期に薬剤を中止すれば可逆的に色覚異常を含めた視機能は改善する。

8・3・5・4 大脳疾患

大脳性色覚異常は，後頭葉・一次視覚野の栄養血管である椎骨動脈や後大脳動脈の血管障害で起こることが多い。片側後頭葉の障害であれば同名半盲を合併する。また，色覚異常のみならず色名呼称障害，色彩失認，相貌失認などを合併することがある。典型例では，F-M 100 hueによる評価で混同軸を示さずすべてのキャップにおいて判別が困難な結果となる。

（林　孝彰）

8・4　色失認など高次機能障害

8・4・1　一次視覚野損傷における色覚の異常

色覚の型は，入力部分の錐体の視物質の吸光特性に依存している。しかし，その入力情報は，網膜内での情報処理を終えた後，視神経を介して外側膝状体に送られる。網膜の神経節細胞のうち，最も多くを占めるミジェット細胞と呼ばれるものは，小型で特に中心窩付近ではごく少数の錐体と連絡し，小さな受容野を確保することで中心視野付近の高い解像度の根拠を形成する。ミジェット細胞と接続のある双極細胞には，M錐体とL錐体からの接続があり，いわゆるR/Gチャンネルの機能を有している。一方，小型二層性神経節細胞と呼ばれる神経節細胞は，比較的大きな受容野を有し，S錐体から入力を受ける双極細胞とも接続し，Y/Bチャンネルの機能を有する。ミジェット細胞の軸索は，外側膝状体の小細胞層へ投射し，小型二層性神経節細胞の軸索は，層間層（顆粒細胞層）へ投射する。これらの信号は，一次視覚野の2, 3層のブロブで合流し，網膜で受けた光の波長分析の情報処理に利用されている。一次視覚野のブロブは，周囲のインターブロブに比較し，血流が豊富である。インターブロブでは，形態覚に関連する情報処理に関連するため，一酸化炭素中毒などでは，インターブロブが選択的に傷害され，形がわからないのに色がわかるという症状をきたす場合がある（Wechsler, 1933）。

以下に，インターブロブ障害による形態覚が障害された症例の色覚について記す（栗木他，2003）。

症例は50歳代の右利きの男性で、喘息の大発作により無呼吸となり、心停止の後、蘇生されたが、低酸素脳症により視覚に異常を残した。主訴は、色はわかっても形がわからないということで、病室から見た打ち上げ花火を「それまでに見たことのないきれいな花火だった。形がバラバラで、色とりどりであった」と述べた。視力は、両眼とも指数を弁じる程度であったが、矯正はできなかった。眼球内に異常は認めず、対光反射も正常であった。頭部MRIでは、大脳の全体的な萎縮がみられたものの限局した病巣はみられなかった。視野検査では、Mariotte盲点を含む左右20°、上方10°、下方20°くらいの空豆型の見えにくい範囲があった（図8-4-1）。この範囲内では、Goldmann視野検査のI/4視標（明るくて小さい視標）が見えたり見えなかったりし、ここでの見え方を「粉がふいたように見える」と表現した。仮性同色表（石原色覚検査表）は、第一表を含む全表を読めず、数字をなぞるように指示してもできなかったが、色相配列検査（パネルD-15テスト）は施行可能で、配列順にも誤りはなかった。色名呼称には異常を認めなかった。色恒常性にも健常者との違いを認めなかったが、色同時対比が健常者に比べ極端に生じていることがわかった。原色の背景色の中央に灰色の小領域をつくるとその部分の色は背景色の補色の色味を帯びて感じる。これを色同時対比というが、この症例では、これが極端で、たとえば緑色の背景の灰色部分を「鮮やかな紫色」と答えた。コンピュータ画面でニュートラルな灰色に見えるように中央の部分を調整させる検査を行ったところ、健常者とは逸脱して背景色に近い色まで変化させないと灰色と評価しなかった（図8-4-2）。

8・4・2 大脳性色覚異常

一次視覚野のブロブで処理された視覚情報は、V2野の細い縞の領域に入り、さらに後頭葉底部のhV4からVOと呼ばれる領野へと渡される。大脳損傷に伴って、色が見えなくなるという症例は大脳性色覚異常（cerebral achromatopsia）と呼ばれ、非常に希な症候であるにもかかわらず、1世紀以上前から報告されてきた（MacKay & Dunlop, 1899）。Meadowsは、このような症例を集めて、色名呼称障害とは異なる知覚レベルの異常であり、下部後頭葉病変との関連が大きいことを指摘した（Meadows, 1974）。そして、Zekiは、広範にそして詳細に症例を検討し、それまでに得られてきたサルの大脳生理学的知見と合わせ、大脳内に色覚中枢と呼ぶべき領野が存在すると主張した（Zeki, 1990）。仲泊らもこれらに倣い、49論文83症例について合併症を集計

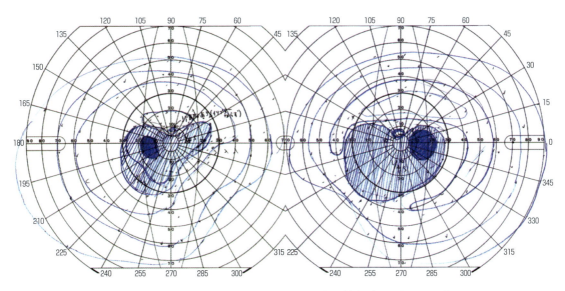

図8-4-1 低酸素脳症により視覚に異常を残した患者のGoldmann視野検査（栗木他、2003）
　　Mariotte盲点を含む左右20°、上方10°、下方20°くらいの空豆型の見えにくい範囲内では、I/4視標（明るくて小さい視標）が見えたり見えなかったりし、ここでの見え方を「粉がふいたように見える」と表現した。

第Ⅱ部　視覚

図8-4-2 低酸素脳症によって色同時対比が過剰に生じる患者の見え
患者は左図の中央を灰色と答え，右図の中央を鮮やかな紫と答えた。

し，その病巣の確認と合併症について検討したところ，88%（73例）に視野異常，72%（60例）に相貌失認，43%（36例）に地誌的失見当識，20%（17例）に失読，16%（13例）に視覚失認の合併を認めた（仲泊・浅川，2001）。さらに，Bouvier & Engelは，92症例についてその病巣と随伴症状についてメタ分析を行い，大脳性色覚異常の責任病巣を確認するとともに「しばしば色覚異常の行動的欠陥は不完全で，必ずしも色覚に限定したものではないことから，この報告症例でオーバーラップする頻度の高い病巣領域は，色知覚に独占的に関与する部分というよりも，これに関与する多くの視覚領域の流れのなかの一つの重要な段階であるかもしれない」と述べた（Bouvier & Engel, 2006）。そして，Wandell et al. (2006) は，彼らのメタ解析の結果に機能的MRIによる色知覚に関連した脳活動を示す領野を重ねることで，大脳性色覚異常の病巣と健常者の色覚関連脳活動との関係を明示した（図8-4-3）。

以下に両側後頭葉底部に脳梗塞を生じ，これにより大脳性色覚異常をきたした症例を示す。症例は，70歳代の右利きの男性である。2000年5月，視力の低下を自覚し，近くの診療所および脳外科病院を受診した。眼科的には異常を認めず，頭部MRIによって両側下部後頭側頭葉梗塞と診断された（図8-4-4c）。患者は，道に迷い（地誌的失見当識），信号の赤と緑の判別がつかないことに気がついた（色覚異常の自覚）。また，公園の木が実際とは異なり赤く見えた（色彩視）。意識低下，記憶障害，相貌失認は認めなかった。筆者が診察したのは発症から1週間を経過したときであったが「窓から見える木々が，初夏に

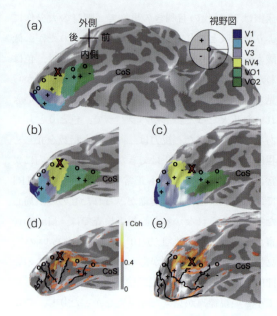

図8-4-3 右脳の視覚野マップを下から見た画像と色関連活動（Wandell et al., 2006）
(a)～(c) 3人の実験参加者の視覚野マップ。Xは，大脳性色覚異常の責任病巣の平均的中心を示す（Bouvier & Engel, 2006）。右上の凡例は，各視覚野と網膜部位対応を表す。(d)(e) オレンジ色の部分は，(b)(c) と同じ実験参加者に対して色変調実験を行ったときの活動を示す。実線が各視覚野マップの境界を示す。(d) のスケールバーは，色変調との関連性の度合いを示す。

もかかわらずさめた色に見える（色覚異常）」「朝夕は，周りの景色がピンク色に見える（色恒常性の異常）」と訴えた。この時点で，赤ははっきりわかると述べたが，石原式色覚検査表で色覚異常が認められた。軽度の白内障を認め，矯正視力は右0.7，左0.7であったが，眼底には異常を認めなかった。視野は，両眼の右上視野に楔状の不規則な欠損を認めた（図8-4-4f）。色認知検査として色票照合課題，色名呼称課題と色相分類課題を行った。色認知検査とは，見た色の色名を答えられなくなった大脳損傷患者に，色覚が障害されてそうなったものか，それとも，色覚以外のたとえば言語面での認知障害のためにそうなっているのかを鑑別するために行う検査である。色票照合課題は，単語や線画を手がかりにその属性色を12色からなる参照色票一覧から選択する課題（図8-4-5）で，色名呼称課題は，単語，線画または色票を手がかりに色名を答える課題である（仲泊，

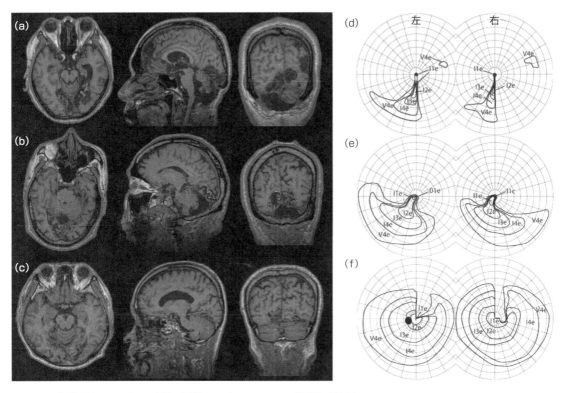

図 8-4-4　無羞明をきたした 3 症例の頭部 MRI と Goldmann 視野検査結果
3 症例とも両側の hV4 と VO1 近傍を傷害されている。その経過中に大脳性色覚異常をきたし，ランダムドットステレオグラムで奥行きはわかるのに，その奥行きで定義された形態がわからず，羞明を感じなくなったという共通する症状を有している。

2001)。また，色相分類課題は，ニューカラーテスト（new color test）の No. 8（最も鮮やかなセット）の 15 個の有彩色キャップを用いて，これらを赤，青，緑，黄の四つの色カテゴリに分類する課題である（Nakadomari et al., 1997）。本例では，これらの検査において色覚異常以外の異常を認めなかった。本例は，その後徐々に症状が消失し，色覚検査も 1 年後には正常化した。仲泊らは，その後，典型的な大脳性色覚異常をその経過中に示し，両側後頭葉底部梗塞を有する患者をさらに 2 例経験した（図 8-4-4）。そして，これら 3 例にいわゆる色覚異常とは異なる共通する症状と所見を見いだした。彼らは眩しさを感じることがなくなっていた（Horiguchi et al., 2011）。眼底検査の強い光を当てても平気であり，太陽ですら直視できると言った。また，ランダムドットステレオグラムで奥行きはわかるのに，その奥行きで定義された形態がわからないという所見を示した。これは，すでにサルの下部側頭葉のニューロンの特性として観察されており（Uka et al., 2000），ヒトでも類似の処理が相同部位で行われていることが示唆された。

近年，質感認知という新しい枠組みのなかで，色覚が論じられるようになった（鯉田・小松，2010）。そして，質感認知に関わる大脳領野が，それまで色覚関連領野と言われている部分と重なり合っていることがわかった（Hiramatsu et al., 2011）。仲泊らの経験した 3 例にみられたランダムドットステレオグラムでの形態覚障害は，図地分化の情報処理の欠損ということもできる。質感認知が，本来の対象の素材や品質を知る前に，この図地分化に関連している可能性は大きい。また，まぶしさを感じないという症状は，視野全体のダイナミックレンジを動かすような機能が障害されて生じていたのかもしれない。色の恒常性が壊れているとされる大脳性色覚異常の一般的な症状も，いわゆるホワイトバランスの不調ということがいえ，これと共通する情報処理である

第II部　視覚

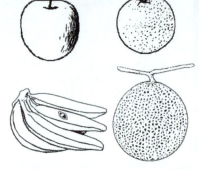

図8-4-5　色認知検査で用いる照合用色票表と線画の例
同一色票の照合, 色名からの色票照合, 線画からの色票照合, 品名からの色票照合に用いる。りんご, みかん, バナナ, メロンの他に木の葉, 海, ぶどう, 栗, もも, ねずみ, 雪だるま, タイヤの絵をわれわれは用いている。

と考えられる。すなわち, 大脳性色覚異常の病巣に当たる後頭葉底部のhV4からVOにかけての領野では, 色概念の抽出に先立って, 図地分化に必要な特徴として波長ヒストグラムの抽出とさらにそれを効果的に行うための視野全体にわたる波長と明るさのダイナミックレンジを調整する順応・恒常性の情報処理が行われていると考えられる。したがって, 色覚は単純な光の波長分析の延長ではなく, 物体の質感として総合的に判断され, 図地分化や順応・恒常性に関わり, さらに物体認知への重要な情報の要素として処理されていると考えられる。

8・4・3　色名呼称障害・色失認

大脳に損傷が生じ, 記憶や知的な判断が傷害されていない状態であっても, 見た色を正しく答えられないという状態が, 大脳性色覚異常とは別の病態でも生じうる。仮性同色表や色相配列検査をパスしても, 色名を正しく呼称できない状態である。これを色名呼称障害（color anomia）という。この症候をもつ患者は, 前項で紹介した色認知検査で, 色票照合課題（同一色票の照合, 色名からの色票照合, 線画からの色票照合, 品名からの色票照合）を正解するにもかかわらず, 色票などを示して色名を答えさせる色名呼称課題（色票の色名呼称, 線画の色名呼称, 品名の色名呼称）に失敗する。言語的な入力は可能で, 出力ができないのがこの特徴である。これときわめて類似した症候に, 純粋失読（pure alexia）がある。自分の名前を書くように言うと書けるにもかかわらず, その文字を読むように言うと読めない。これらは, 両者とも視覚野と言語野との間の連絡が断たれたときに生じ, このような神経心理学的な症候を総称して離断（disconnection）という。色名呼称障害と純粋失読は合併することがあるが, 単独で生じることもあるため, その連絡路は近接しているが同一ではないと考えられる。なお, 色名呼称障害で, 色名からの色票照合も正解できない場合は, 色失語（color aphasia）として区別される。これは, 色名に特化した言語障害である。

色覚検査で異常を認めず, 同一色票の照合ができるにもかかわらず, 色名, 線画, 品名からの色票照合と色票の色名呼称ができない場合がある。これを色失認（color agnosia）という。これは, 連合型視覚失認からの類推で考案された疾患概念であり, 色知覚と意味との連合が断たれた状態であると理解される。しかし, 実際は色名呼称障害を伴わない色失認は存在しない。純粋な色失認では, 線画や品名からの色名呼称は可能なはずであるが, 色失認の事例ではこれらをも失敗する。色覚異常がないにもかかわらず, 塗り絵をありえない色で塗る事例を色失認として報告されている場合がある。しかし, 色名呼称課題を行うと線画や品名からの色名呼称に障害が生じ, この病態が, 色知覚と意味との離断と理解するには性急に過ぎるということがわかる。

〔仲泊　聡〕

第 8 章　色覚の型と障害

文献

(8・1)

Alpern, M.（1974）. Remarks on receipt of the Friedenwald Award: What is it that confines in a world without color? *Investigative Ophty & Vhalmologisual Science, 13*(9), 647–674.

Alpern, M.（1981）. The color vision of the color blind. *Japanese Journal of Ophthalmology, 15*(1), 1–17.

Alpern, M., Lee, G. B., Maaseidvaag, F., & Miller, S. S.（1971）. Colour vision in blue-cone 'monochromacy'. *Journal of Physiology, 212*(1), 211–233.〔doi: 10.1113/jphysiol.1971.sp009318〕

Alpern, M., & Moeller, J.（1977）. The red and green cone visual pigments of deuternomalous trichromacy. *Journal of Physiology, 266*(3), 647–675.〔doi: 10.1113/jphysiol.1977.sp011786〕

Alpern, M., & Pugh, E. N., Jr.（1977）. Variation in the action spectrum of erythrolabe among deuteranopes. *Journal of Physiology, 266*(3), 613–646.〔doi: 10.1113/jphysiol.1977.sp011785〕

Asenjo, A. B., Rim, J., & Oprian, D. D.（1994）. Molecular determinants of human red/green color discrimination. *Neuron, 12*(5), 1131–1138.〔doi: 10.1016/0896-6273(94)90320-4〕

Blackwell, H. R., & Blackwell, O. M.（1957）. "Blue monocone monochromacy": A new color vision defect. *Journal of the Optical Society of America, 47*(4), 338.

Blackwell, H. R., & Blackwell, O. M.（1961）. Rod and cone receptor mechanisms in typical and atypical congenital achromatopsia. *Vision Research, 1*(1), 62–107.〔doi: 10.1016/0042-6989(61)90022-0〕

Carroll, J., Choi, S. S., & Williams, D. R.（2008）. In vivo imaging of the photoreceptor mosaic of a rod monochromat. *Vision Research, 48*(26), 2564–2568.〔doi: 10.1016/j.visres.2008.04.006〕

Daw, N. W., & Enoch, J. M.（1973）. Contrast sensitivity, Westheimer function and Stiles-Crawford effect in a blue cone monochromat. *Vision Research, 13*(9), 1669–1680.〔doi: 10.1016/0042-6989(73)90086-2〕

Deeb, S. S., Lindsey, D. T., Hibiya, Y., Sanocki, E., Winderickx, J., Teller, D. Y., & Motulsky, A. G.（1992）. Genotype-phenotype relationships in human red/green color-vision defects: Molecular and psychophysical studies. *American Journal of Human Genetics, 51*(4), 687–700.

Farnsworth, D.（1943）. The Farnsworth-Munsell 100-hue and dichotomous tests for color vision. *Journal of the Optical Society of America, 33*(10), 568–578.〔doi: 10.1364/josa.33.000568〕

Farnsworth, D.（1957）. Testing for color deficiency in industry. *A.M.A. Archives of Industrial Health, 16*(2), 100–103.

Franceschetti, A., François, J., & Babel, J.（1974a）. Congenital achromatopsia. Chorioretinal Heredodegenerations. *Chap IX Functional Anomalies*（pp. 959–997）. Charles C. Thomas Publisher.

Franceschetti, A., François, J., & Babel, J.（1974b）. Congenital dyschromatopsias. Chorioretinal Heredodegenerations. *Chap IX Functional Anomalies*（pp. 998–1053）. Charles C. Thomas Publisher.

深見 嘉一郎　（1975）. 色相配列検査の適性検査能力の評価：第 4 報 4 つの変法　日本眼科学会雑誌, *79*(2), 110–114.

Gardner, J. C., Michaelides, M., Holder, G. E., Kanuga, N., Webb, T. R., Mollon, J. D., … Hardcastle, A. J.（2009）. Blue cone monochromacy: Causative mutations and associated phenotypes. *Molecular Vision, 15*, 876–884.

Goto-Omoto, S., Hayashi, T., Gekka, T., Kubo, A., Takeuchi, T., & Kitahara, K.（2006）. Compound heterozygous CNGA 3 mutations（R 436W, L 633P）in a Japanese patient with congenital achromatopsia. *Visual Neuroscience, 23*(3-4), 395–402.〔doi: 10.1017/S095252380623308X〕

Green, D. G.（1972）. Visual acuity in the blue cone monochromat. *Journal of Physiology, 222*(2), 419–426.〔doi: 10.1113/jphysiol.1972.sp009806〕

Gunther, K. L., Neitz, J., & Neitz, M.（2006）. A novel mutation in the short-wavelength-sensitive cone pigment gene associated with a tritan color vision defect. *Visual Neuroscience, 23*(3-4), 403–409.〔doi: 10.1017/S0952523806233169〕

Harrison, R., Hoefnagel, D., & Hayward, J. N.（1960）. Congenital total color blindness: A clincopathological report. *Archives of Ophthalmology, 64*, 685–692.〔doi: 10.1001/archopht.1960.01840010687010〕

Henry, G. H., Cole, B. L., & Nathan, J.（1964）. The inheritance of congenital tritanopia with the report of an extensive pedigree. *Annals of Human Genetics, 27*, 219–231.〔doi: 10.1111/j.1469-1809.1963.tb00788.x〕

553

Hofer, H., Carroll, J., Neitz, J., Neitz, M., & Williams, D. R. (2005). Organization of the human trichromatic cone mosaic. *Journal of Neuroscience, 25*(42), 9669-9679. [doi: 10.1523/JNEUROSCI.2414-05.2005]

市川 宏 (1956). Lantern Test について　照明学会雑誌, *40*(5), 234-238. [doi: 10.2150/jieij 1917.40.(5).234]

市川 宏 (1971). 色覚検査法：(5) Farnsworth's Dichotomous Test D-15(1)　交通医学, *25*(1), 57-62.

市川 宏 (1973). 色覚検査法：(16) 石原式色盲検査表 (1)　交通医学, *27*(3), 267-272.

市川 宏 (1975). アノマロスコープ　市川 宏・湖崎 克 (編)　眼科器械の使い方 (pp. 115-124)　医学書院

市川 宏 (1985). 色覚検査法　市川 宏 (編)　新臨床眼科全書　第 2 巻 A 眼機能学 (1) (pp. 322-355)　金原出版

市川 宏・深見 嘉一郎・田辺 詔子・川上 元郎 (1978a). 標準色覚検査表　医学書院

市川 宏・深見 嘉一郎・田辺 詔子・川上 元郎 (1978b). 標準色覚検査表 第 1 版 序 (pp. 3-4)　医学書院

市川 宏・三宅 養三・市川 一夫 (1985). 先天性第 3 色盲不完全型の一家系　臨床眼科, *39*(5), 579-583. [doi: 10.11477/mf.1410209422]

市川 宏・三宅 養三・安間 哲史・市川 一夫・矢ヶ崎 克哉・田辺 詔子・新里 研二 (1982). 先天性第 3 色盲の一家系　日本眼科学会雑誌, *87*(3), 162-169.

市川 宏・安間 哲史 (1985). 色覚の生理　市川 宏 (編)　新臨床眼科全書第 2 巻 A 眼機能学 (1) (pp. 252-299)　金原出版

池田 光男 (1980a). RGB 表色系　色彩工学の基礎 (pp. 28-53)　朝倉書店

池田 光男 (1980b). 色覚異常　色彩工学の基礎 (pp. 187-209)　朝倉書店

石原 忍 (1956). 石原色覚検査表の長所と欠点　臨床眼科, *10*(3), 393. [doi: 10.11477/mf.1410205643]

一新会 (2013). 石原色覚検査表 II　半田屋商店

加藤 金吉 (1958). 先天異常色覚　日本眼科学会 (編)　日本眼科全書第 7 巻第 3 冊色覚生理 (pp. 4-98)　金原出版

川上 元郎 (1998). 標準照明装置　日本色彩学会 (編)　新編色彩科学ハンドブック (第 2 版, pp. 77-84)　東京大学出版会

川上 元郎・平井 敏夫・渡辺 幸次・島善 一郎・福井 哲夫 (1975). 日本色研 100 色相配列検査器 (ND-100)　色彩研究, *22*(2), 24-35.

北原 健二 (1998). 視覚における情報処理機構：色覚の個人差と分子生物学　日本眼科学会雑誌, *102*(12), 837-849.

Kohl, S., Marx, T., Giddings, I., Jägle, H., Jacobson, S. G., Apfelstedt-Sylla, E., ... Wissinger, B. (1998). Total colourblindness is caused by mutations in the gene encoding the alpha-subunit of the cone photoreceptor cGMP-gated cation channel. *Nature Genetics, 19*(3), 257-259. [doi: 10.1038/935]

Krill, A. E., Smith, V. C., & Pokorny, J. (1970). Similarities between congenital tritan defects and dominant opticnerve atrophy: Coincidence or identity? *Journal of the Optical Society of America, 60*(8), 1132-1139. [doi: 10.1364/josa.60.001132]

Krill, A. E., Smith, V. C., & Pokorny, J. (1971). Further studies supporting the identity of congenital tritanopia and hereditary dominant optic atrophy. *Investigative Ophthalmology & Visual Science, 10*(6), 457-465.

Lakowski, R. (1969). Theory and practice of colour vision testing: A review. Part 2. *British Journal of Industrial Medicine, 26*(4), 265-288. [doi: 10.1136/oem.26.4.265]

Lanthony, P. (1975). Le new color test. *Bulletin des Societes d'Ophtalmologie de France, 75*(2), 217-222.

Larsen, H. (1921). Demonstration mikroskopischer Präparate von einem monochromatischen Auge. *Klinische Monatsblätter für Augenheilkunde, 67*, 301-302.

馬嶋 昭生 (1969). Farnsworth Dichotomous Test Panel D-15 について (I)　日本眼科学会雑誌, *73*(3), 224-232.

馬嶋 昭生 (1972). 先天性色覚異常の診断基準について：(III) パネル D-15 とランタン併用による社会適性基準 (馬嶋試案) とその検討　日本眼科紀要, *23*(3), 170-175.

馬嶋 昭生 (1985). 先天性色覚異常の遺伝　市川 宏 (編)　新臨床眼科全書第 2 巻 A 眼機能学 (1) (pp. 363-383)　金原出版

Merbs, S. L., & Nathans, J. (1992). Absorption spectra of human cone pigments. *Nature, 356*(6368), 433-435. [doi: 10.1038/356433a0]

Munsell Color Services Lab of X-Rite, I. (2011). Farnsworth-Munsell 100 hue test; Scoring Tool, v 3.0.0. X-Rite Inc.

Nathans, J., Davenport, C. M., Maumenee, I. H., Lewis, R. A., Hejtmancik, J. F., Litt, M., … Fishman, G. (1989). Molecular genetics of human blue cone monochromacy. *Science, 245*(4920), 831–838. ［doi: 10.1126/science.2788922］

Nathans, J., Maumenee, I. H., Zrenner, E., Sadowski, B., Sharpe, L. T., Lewis, R. A., … Weleber, R. G. (1993). Genetic heterogeneity among blue-cone monochromats. *American Journal of Human Genetics, 53*(5), 987–1000.

Nathans, J., Piantanida, T. P., Eddy, R. L., Shows, T. B., & Hogness, D. S. (1986). Molecular genetics of inherited variation in human color vision. *Science, 232*(4747), 203–210. ［doi: 10.1126/science.3485310］

Nathans, J., Thomas, D., & Hogness, D. S. (1986). Molecular genetics of human color vision: The genes encoding blue, green, and red pigments. *Science, 232*(4747), 193–202. ［doi: 10.1126/science.2937147］

Neitz, M., Neitz, J., & Jacobs, G. H. (1991). Spectral tuning of pigments underlying red-green color vision. *Science, 252*(5008), 971–974. ［doi: 10.1126/science.1903559］

日本遺伝学会（編）（2017）．ヒトの遺伝的多様性　遺伝単　生物の科学　遺伝別冊（No. 22, pp. 252-261）　エヌ・ティー・エス

大庭 紀雄・今村 満・谷野 洗（1975）．先天性第三色覚異常は優性遺伝型視神経萎縮と同一疾患か：第三色覚異常の研究 その 2　日本眼科学会雑誌，*79*(9)，1213-1224.

大庭 紀雄・谷野 洗（1975）．先天性第三色覚異常：その問題点：第三色覚異常の研究その 1　日本眼科学会雑誌，*79*(8)，1077-1081.

太田 安雄・清水 金郎（1990）．先天色覚異常の分類と特性　色覚と色覚異常（pp. 159-182）　金原出版

大谷 公子・太田 安雄・小暮 慎二・加藤 晴夫・清水 金郎・関 亮（1974）．Farnsworth の Tritan plate による先天性色覚異常検出成績　臨床眼科，*28*(11)，1217-1222.

Okada, A., Ueyama, H., Toyoda, F., Oda, S., Ding, W. G., Tanabe, S., … Kani, K. (2004). Functional role of hCngb3 in regulation of human cone cng channel: Effect of rod monochromacy-associated mutations in hCNGB 3 on channel function. *Investigative Ophthalmology & Visual Science, 45*(7), 2324-2332. ［doi: 10.1167/iovs.03-1094］

岡島 修（2011）．先天色覚異常の分類と先天赤緑色覚異常　日本色彩学会（編）　新編色彩科学ハンドブック（第 3 版, pp. 380-382）　東京大学出版会

Oprian, D. D., Asenjo, A. B., Lee, N., & Pelletier, S. L. (1991). Design, chemical synthesis, and expression of genes for the three human color vision pigments. *Biochemistry, 30*(48), 11367-11372.

Pinckers, A. (1972). The Farnsworth tritan plate. *Ophthalmologica, 164*(2), 137-142.

Pinckers, A. (1978). Lanthony's new color test: Part I. *Ophthalmologica, 177*(5), 284-291.

Pitt, F. H. G. (1944). Monochromatism. *Nature, 154*(3910), 466-468.

Pokorny, J., Smith, V. C., & Verriest, G. (1979a). Specification of light and color. In J. Pokorny, V. C. Smith, G. Verriest, & A. J. L. G. Pinckers (Eds.), *Congenital and Acquired Color Vision Defects* (pp. 23-56). Grune & Stratton.

Pokorny, J., Smith, V. C., & Verriest, G. (1979b). Congenital color defects. In J. Pokorny, V. C. Smith, G. Verriest, & A. J. L. G. Pinckers (Eds.), *Congenital and Acquired Color Vision Defects* (pp. 183-241). Grune & Stratton.

Smith, V. C., Pokorny, J., Delleman, J. W., Cozijnsen, M., Houtman, W. A., & Went, L. N. (1983). X-linked incomplete achromatopsia with more than one class of functional cones. *Investigative Ophthalmology & Visual Science, 24*(4), 451-457.

側垣 博明（2011）．測色と色比較の方法　日本色彩学会（編）　新編色彩科学ハンドブック（第 3 版, pp. 108-109）　東京大学出版会

Sundaram, V., Wilde, C., Aboshiha, J., Cowing, J., Han, C., Langlo, C. S., … Michaelides, M. (2014). Retinal structure and function in achromatopsia: Implications for gene therapy. *Ophthalmology, 121*(1), 234-245. ［doi: 10.1016/j.ophtha.2013.08.017］

田邉 詔子・市川 一夫（2016）．SPP 標準色覚検査表：第 1 部先天異常用　医学書院

寺崎 浩子・三宅 養三（1992）．青錐体 1 色型色覚：視機能特性と家系分析　日本眼科学会雑誌，*96*(4)，523-530.

Thiadens, A. A., Somervuo, V., van den Born, L. I., Roosing, S., van Schooneveld, M. J., Kuijpers, R. W., … Klaver, C. C. (2010). Progressive loss of cones in achromatopsia: An imaging study using spectral-domain optical coherence tomography. *Investigative Ophthalmology & Visual Science, 51*(11), 5952-5957. ［doi: 10.1167/iovs.10-5680］

Thomas, M. G., Kumar, A., Kohl, S., Proudlock, F. A., & Gottlob, I. (2011). High-resolution in vivo imaging in achromatopsia. *Ophthalmology, 118*(5), 882–887. [doi: 10.1016/j.ophtha.2010.08.053]

Thomas, M. G., McLean, R. J., Kohl, S., Sheth, V., & Gottlob, I. (2012). Early signs of longitudinal progressive cone photoreceptor degeneration in achromatopsia. *British Journal of Ophthalmology, 96*(9), 1232–1236. [doi: 10.1136/bjophthalmol-2012-301737]

Tomita, T., Kaneko, A., Murakami, M., & Pautler, E. L. (1967). Spectral response curves of single cones in the carp. *Vision Research, 7*(7), 519–531. [doi: 10.1016/0042-6989(67)90061-2]

Wang, Y., Macke, J. P., Merbs, S. L., Zack, D. J., Klaunberg, B., Bennett, J., ... Nathans, J. (1992). A locus control region adjacent to the human red and green visual pigment genes. *Neuron, 9*(3), 429–440. [doi: 10.1016/0896-6273(92)90181-c]

Weale, R. A. (1959). Photo-sensitive reactions in foveae of normal and cone-monochromatic observers. *Optica Acta, 6*, 158–174. [doi: 10.1080/713826277]

Weitz, C. J., Miyake, Y., Shinzato, K., Montag, E., Zrenner, E., Went, L. N., & Nathans, J. (1992). Human tritanopia associated with two amino acid substitutions in the blue-sensitive opsin. *American Journal of Human Genetics, 50*(3), 498–507.

Winderickx, J., Lindsey, D. T., Sanocki, E., Teller, D. Y., Motulsky, A. G., & Deeb, S. S. (1992). Polymorphism in red photopigment underlies variation in colour matching. *Nature, 356*(6368), 431–433. [doi: 10.1038/356431a0]

Wright, W. D. (1952). The characteristics of tritanopia. *Journal of the Optical Society of America, 42*(8), 509–521. [doi: 10.1364/josa.42.000509]

Wyszecki, G., & Stiles, W. S. (1967). Colorimetry. *Color Science: Concepts and Methods, Quantitative Data and Formulae* (pp. 228–370). John Wiley & Sons.

Yang, P., Michaels, K. V., Courtney, R. J., Wen, Y., Greninger, D. A., Reznick, L., ... Pennesi, M. E. (2014). Retinal morphology of patients with achromatopsia during early childhood: Implications for gene therapy. *JAMA Ophthalmology, 132*(7), 823–831. [doi: 10.1001/jamaophthalmol.2014.685]

安間 哲史 (1982). 色覚異常の生理学的特性 市川 宏(編) 眼科 Mook 16 色覚異常 (pp. 88–101) 金原出版

安間 哲史 (2017). 一般臨床で行う色覚異常程度分類試案：Farnsworth Dichotomous Test D-15 のキャップ数と彩度のシミュレーション 日本眼科学会雑誌, *121*(6), 464–473.

安間 哲史 (2022). 100 hue テスト 飯田 友弘・近藤 峰生・中村 誠・山田 昌和(編) 眼科検査ガイド (第3版, pp. 225–229) 文光堂

(8・2)

Chapanis, A. (1944). Spectral saturation and its relation to color-vision defects. *Journal of Experimental Psychology, 34*(1), 24–44. [doi: 10.1037/h0055481]

Crone, R. A. (1959). Spectral sensitivity in color-defective subjects and heterozygous carriers. *American Journal of Ophthalmology, 48*(2), 231–238. [doi: 10.1016/0002-9394(59)91239-5]

De Vries, H. L. (1948). The luminosity curve of the eye as determined by measurements with the flickerphotometer. *Physica, 14*(5), 319–333. [doi: 10.1016/0031-8914(48)90049-4]

Deeb, S. S., Winderickx, J., & Motulsky, A. G. (1995). Correlation between Rayleigh match range in protans and deutans and the difference in λ max between hybrid and normal pigments. In B. Drum (Ed.), *Documenta Ophthalmologica Proceedings Series 57. Colour Vision Deficiencies XII* (pp. 119–125). Kluwer Academic Publishers.

Engelking, E. (1926). Über die spektrale Verteilung der Unterschiedsempfindlichkeit für Farbentöne bei den verschiedenen Formen der anomalen Trichromasie. *Klinische Monatsblätter für Augenheilkunde, 77*(suppl.), 61–75.

Estévez, O., Spekreijse, H., van Dalen, J. T. W., & verduyn Lunel, H. F. E. (1983). The Oscar color vision test: Theory and evaluation (objective screening of color anomalies and reductions). *American Journal of Optometry & Physiological Optics, 60*(11), 892–901.

Graham, C. H., & Hsia, Y. (1958). Color defect and color theory: Studies of normal and colorblind persons, including a subject color-blind in one eye but not in the other. *Science, 127*(3300), 675–682. [doi: 10.1126/science.127.3300.675]

Grützner, P., Born, G., & Hemminger, H. J. (1976). Coloured stimuli within the central visual field of carriers of dichtomatism. *Modern Problems in Ophthalmology, 17,* 147-150.

Harris, R. W., & Cole, B. L. (2005). Diagnosing protan heterozygosity using the Medmont C-100 colour vision test. *Clinical and Experimental Optometry, 88*(4), 240-247. [doi: 10.1111/j.1444-0938.2005.tb06702.x]

Hayashi, T., Motulsky, A. G., & Deeb, S. S. (1999). Position of a 'green-red' hybrid gene in the visual pigment array determines colour-vision phenotype. *Nature Genetics, 22*(1), 90-93. [doi: 10.1038/8798]

He, J. C., & Shevell, S. K. (1995). Variation in color matching and discrimination among deuteranomalous trichromats: Theoretical implications of small differences in photopigments. *Vision Research, 35*(18), 2579-2588. [doi: 10.1016/0042-6989(95)00007-m]

Holmgren, F. (1880). How do the colour-blind see the different colours? Introductory remarks. *Proceedings of the Royal Society of London, 31,* 302-306.

Hsia, Y., & Graham, C. H. (1957). Spectral luminosity curves for protanopic, deuteranopic, and normal subjects. *Proceedings of the National Academy of Sciences of the USA, 43*(11), 1011-1019. [doi: 10.1073/pnas.43.11.1011]

市川 宏 （1958）．色覚異常と災害医学　臨床眼科，*12*(1)，7-24．[doi: 10.11477/mf.1410206226]

市川 宏 （1965）．先天色覚異常の遺伝的保因者に関する研究：（I）主として deutan の保因者について　臨床眼科，*19*(4)，437-442．

市川 宏 （1971）．色覚異常の家系分析の立場からの遺伝的保因者に関する研究：（1）色光の視感度測定法　日本眼科学会雑誌，*75*(7)，1469-1474．

市川 宏 （1975）．アノマロスコープ　市川 宏・湖崎 克（編）　眼科器械の使い方（pp. 115-124）　医学書院

市川 宏・時田 宏・村上 俊男 （1963）．スペクトル比視感度測定装置付携帯用アノマロスコープの試作：（附）第1異常の保因者の flicker-effect について　臨床眼科，*17*(3)，351-357．

飯沼 巌・川口 戊 （1973）．色覚異常保因者の Anomaloscope 成績と Subtester（市川）の成績　日本眼科紀要，*24*(2)，158-163．

Ikeda, M., & Urakubo, M. (1968). Flicker HTRF as test of color vision. *Journal of the Optical Society of America, 58*(1), 27-31. [doi: 10.1364/josa.58.000027]

Jagla, W., Breitsprecher, T., Kucsera, I., Kovacs, G., Wissinger, B., Deeb, S. S., & Sharpe, L. T. (2003). Hybrid pigment genes, dichromacy, and anomalous trichromacy. In J. D. Mollon, J. Pokorny, & K. Knoblauch (Eds.), *Normal and Defective Colour Vision* (pp. 307-317). Oxford University Press.

Jameson, D., & Hurvich, L. M. (1956). Theoretical analysis of anomalous trichromatic color vision. *Journal of the Optical Society of America, 46*(12), 1075-1089. [doi: 10.1364/josa.46.001075]

Jørgensen, A. L., Deeb, S. S., & Motulsky, A. G. (1990). Molecular genetics of X chromosome-linked color vision among populations of African and Japanese ancestry: High frequency of a shortened red pigment gene among Afro-Americans. *Proceedings of the National Academy of Sciences of the USA, 87*(17), 6512-6516. [doi: 10.1073/pnas.87.17.6512]

Judd, D. B. (1948). Color perceptions of deuteranopic and protanopic observers. *Journal of Research of the National Bureau of Standards, 41*(4), 247-271. [doi: 10.6028/jres.041.027]

北原 健二 （1998）．視覚における情報処理機構：色覚の個人差と分子生物学　日本眼科学会雑誌，*102*(12)，837-849．

Krill, A. E., & Beutler, E. (1964). The red-light absolute threshold in heterozygote protan carriers: Possible genetic implications. *Investigative Ophthalmology & Visual Science, 3,* 107-118.

Krill, A. E., & Schneiderman, A. (1964). A hue discrimination defect in so-called normal carriers of color vision defects. *Investigative Ophthalmology & Visual Science, 3,* 445-450.

Le Grand, Y. (1957). *Light, Colour and Vision.* Chapman and Hall.

Lyon, M. F. (1961). Gene action in the X-chromosome of the mouse (*Mus musculus* L.). *Nature, 190*(4773), 372-373. [doi: 10.1038/190372a0]

Lyon, M. F. (1962). Sex chromatin and gene action in the mammalian X-chromosome. *American Journal of Human Genetics, 14,* 135-148.

第 II 部　視覚

馬嶋 昭生　(1961)．色覚異常に於ける Genetic Carrier の色覚について　臨床眼科，*15*(2)，161-168.

馬嶋 昭生　(1970)．先天性色覚異常に於ける遺伝的保因者の色覚に関する研究：(5) 中心窩の明度識別閾値と 2 色閾値法の応用　臨床眼科，*24*(6)，853-860.

馬嶋 昭生　(1985)．先天性色覚異常の遺伝　市川 宏（編）　新臨床眼科全書第 2 巻 A 眼機能学 (1)（pp. 363-383）　金原出版

馬嶋 昭生・粟屋 忍・市川 宏　(1960)．第一色覚異常者の Genetic Carrier の色覚について　臨床眼科，*14*(2)，458-463.

馬嶋 昭生・渡辺 文吾　(1962)．色覚異常に於ける Genetic Carrier の色覚について：(3) 色相配列検査の成績　臨床眼科，*16*(4)，501-506.

馬嶋 昭生・渡辺 文吾　(1963)．色覚異常における Genetic Carrier の色覚について：(4) 彩度識別能検査の成績　臨床眼科，*17*(4)，544-550.

仲里 博彦・河崎 一夫・米村 大蔵　(1985)．第 1 または第 2 色覚異常の保因者の他覚的検出　日本眼科学会雑誌，*89*(4)，548-555.

Nathans, J., Thomas, D., & Hogness, D. S. (1986). Molecular genetics of human color vision: The genes encoding blue, green, and red pigments. *Science, 232*(4747), 193-202. [doi: 10.1126/science.2937147]

Neitz, M., Neitz, J., & Grishok, A. (1995). Polymorphism in the number of genes encoding long-wavelength-sensitive cone pigments among males with normal color vision. *Vision Research, 35*(17), 2395-2407.

Pickford, R. W. (1949). Colour vision of heterozygotes for sex-linked red-green defects. *Nature, 163*(4151), 804-805. [doi: 10.1038/163804a0]

Sanocki, E., Teller, D. Y., & Deeb, S. S. (1997). Rayleigh match ranges of red/green color-deficient observers: Psychophysical and molecular studies. *Vision Research, 37*(14), 1897-1907. [doi: 10.1016/S0042-6989(97)00005-9]

Schmidt, I. (1934). Ueber manifeste Heterozygotie bei Konduktorinnen für Farbensinnstörungen. *Klinsche Monatsblatter fur Augenheilkunde, 92*, 456-467.

Schmidt, I. (1955). A sign of manifest heterozygosity in carriers of color deficiency. *American Journal of Optometry and Archives of American Academy of Optometry, 32*(8), 404-408. [doi: 10.1097/00006324-195508000-00003]

Sloan, L. L., & Wollach, L. (1948). A case of unilateral deuteranopia. *Journal of the Optical Society of America, 38*(6), 502-509. [doi: 10.1364/josa.38.000502]

浦久保 光男・池田 光男　(1970)．Color Flicker を用いた試作色覚検査器　臨床眼科，*24*(4)，545-549.［doi: 10.11477/mf.1410204281]

Waaler, G. H. M. (1927). Über die Erblichkeitsverhältnisse der verschiedenen Arten von angeborener Rotgrünblindheit. *Acta Ophthalmologica, 5*(1-3), 309-345.

Walls, G. L. (1955). A branched-pathway schema for the color-vision system and some of the evidence for it. *American Journal of Ophthalmology, 39*(2 Pt 2), 8-23. [doi: 10.1016/0002-9394(55)90005-2]

Walls, G. L., & Mathews, R. W. (1952). New means of studying color blindness and normal foveal color vision, with some results and their genetical implications. *Publications in Psychology, 7*(1), 1-172.

Wieland, M. (1933). Untersuchungenüber Farbenschwäche bei Konduktorinnen. *Alblecht von Graefe's Archiv für Ophthalmologie, 130*, 441-462.

Winderickx, J., Sanocki, E., Lindsey, D. T., Teller, D. Y., Motulsky, A. G., & Deeb, S. S. (1992). Defective colour vision associated with a missense mutation in the human green visual pigment gene. *Nature Genetics, 1*(4), 251-256. [doi: 10.1038/ng0792-251]

山出 新一　(2000)．先天色覚異常の遺伝子情報　日本眼科紀要，*51*(9)，825-833.

Yamaguchi, T., Motulsky, A. G., & Deeb, S. S. (1997). Visual pigment gene structure and expression in human retinae. *Human Molecular Genetics, 6*(7), 981-990. [doi: 10.1093/hmg/6.7.981]

安間 哲史　(1982)．遺伝的保因者の検出　眼科，*24*(3)，265-275.

Yasuma, T., Tokuda, H., & Ichikawa, H. (1984). Abnormalities of cone photopigments in genetic carriers of protanomaly. *Archives of Ophthalmology, 102*(6), 897-900. [doi: 10.1001/archopht.1984.01040030717027]

（8・3）

Barton, F. B., Fong, D. S., Knatterud, G. L., & TDRS Research Group. (2004). Classification of Farnsworth-Munsell 100-hue test results in the early treatment diabetic retinopathy study. *American Journal of Ophthalmology, 138*, 119–124. ［doi: 10.1016/j.ajo.2004.02.009］

Cho, N. C., Poulsen, G. L., Ver Hoeve, J. N., & Nork, T. N. (2000). Selective loss of S-cones in diabetic retinopathy. *Archives of Ophthalmology, 118*, 1393–1400. ［doi: 10.1001/archopht.118.10.1393］

Curcio, C. A., Allen, K. A., Sloan, K. R., Lerea, C. L., Hurley, J. B., Klock, I. B., & Milam, A. H. (1991). Distribution and morphology of human cone photoreceptors stained with anti-blue opsin. *Journal of Comparative Neurology, 312*, 610–624. ［doi: 10.1002/cne.903120411］

Hardy, L. H., Rand, G., & Rittler, M. C. (1954). H–R–R polychromatic plates. *Journal of the Optical Society of America, 44*, 509–523. ［doi: 10.1364/josa.44.000509］

Hayashi, T., Gekka, T., Omoto, S., Takeuchi, T., & Kitahara, K. (2005). Dominant optic atrophy caused by a novel OPA1 splice site mutation (IVS20+1G → A) associated with intron retention. *Ophthalmic Research, 37*, 214–224. ［doi: 10.1159/000086862］

Hayashi, T., Sasano, H., Katagiri, S., Tsunoda, K., Kameya, S., Nakazawa, M., ... Tsuneoka, H. (2017). Heterozygous deletion of the OPA1 gene in patients with dominant optic atrophy. *Japanese Journal of Ophthalmology, 61*, 395–401. ［doi: 10.1007/s10384-017-0522-0］

林 孝彰・竹内 智一・月花 環・神前 賢一・常岡 寛 （2009）．63歳時に輪状暗点を契機に診断されSAG遺伝子変異（1147delA）が認められた小口病　臨床眼科，*63*，315–321．［doi: 10.11477/mf.1410102629］

Hood, D. C., Benimoff, N. I., & Greenstein, V. C. (1984). The response range of the blue-cone pathways: A source of vulnerability to disease. *Investigative Ophthalmology & Visual Science, 25*, 864–867.

Johnson, C. A., Adams, A. J., Casson, E. J., & Brandt, J. D. (1993). Blue-on-yellow perimetry can predict the development of glaucomatous visual field loss. *Archives of Ophthalmology, 111*, 645–650. ［doi: 10.1001/archopht.1993.01090050079034］

Katz, B. (1995). The dyschromatopsia of optic neuritis: A descriptive analysis of data from the optic neuritis treatment trial. *Transactions of the American Ophthalmological Society, 93*, 685–708.

Maaranen, T. H., Tuppurainen, K. T., & Mäntyjärvi, M. I. (2000). Color vision defects after central serous chorioretinopathy. *Retina, 20*, 633–637. ［doi: 10.1097/00006982-200011000-00008］

Mäntyjärvi, M., & Tuppurainen, K. (1992). Color vision in Stargardt's disease. *International Ophthalmology, 16*, 423–428. ［doi: 10.1007/bf00918432］

Marré, M., & Marré, E. (1978). Different types of acquired colour vision deficiencies on the base of CVM patterns in dependence upon the fixation mode of the diseased eye. *Modern Problems in Ophthalmology, 19*, 248–252.

Mollon, J. D. (1982). A taxonomy of tritanopias. *Documenta Ophthalmologica Proceedings Series, 33*, 87–101.

並木 祐子・林 孝彰・奥出 祥代・竹内 智一・北川 貴明・月花 環...常岡 寛 （2010）．黄斑部錐体機能低下による後天青黄色覚異常を合併した小口病　日本視能訓練士協会誌，*39*，123–128．［doi: 10.4263/jorthoptic.039F109］

Niwa, Y., Muraki, S., Naito, F., Minamikawa, T., & Ohji, M. (2014). Evaluation of acquired color vision deficiency in glaucoma using the Rabin cone contrast test. *Investigative Ophthalmology & Visual Science, 55*, 6686–6690. ［doi: 10.1167/iovs.14-14079］

Pinckers, A., van Aarem, A., & Keunen, J. E. (1993). Colour vision in retinitis pigmentosa: Influence of cystoid macular edema. *International Ophthalmology, 17*, 143–146. ［doi: 10.1007/bf00942928］

Polak, B. C., Leys, M., & van Lith, G. H. (1985). Blue-yellow colour vision changes as early symptoms of ethambutol oculotoxicity. *Ophthalmologica, 191*, 223–226. ［doi: 10.1159/000309592］

Rabin, J., Gooch, J., & Ivan, D. (2011). Rapid quantification of color vision: The cone contrast test. *Investigative Ophthalmology & Visual Science, 52*, 816–820. ［doi: 10.1167/iovs.10-6283］

Rufer, F., Sauter, B., Klettner, A., Göbel, K., Flammer, J., & Erb, C. (2012). Age-corrected reference values for the Heidelberg multi-color anomaloscope. *Graefe's Archive for Clinical and Experimental Ophthalmology, 250*, 1267–1273. ［doi: 10.1007/s00417-012-1949-0］

第 II 部　視覚

Sample, P. A., Weinreb, R. N., & Boynton, R. M. (1986). Acquired dyschromatopsia in glaucoma. *Survey of Ophthalmology, 31*, 54-64. [doi: 10.1016/0039-6257(86)90051-2]

Verriest, G. (1963). Further studies on acquired deficiency of color discrimination. *Journal of the Optical Society of America, 53*, 185-195. [doi: 10.1364/josa.53.000185]

Verriest, G. (1964). Les déficiences acquisés de la discrimination chromatique. *Mémoires de l'Académie royale: II/IV: 5*, 35-327.

Vu, B. L., Easterbrook, M., & Hovis, J. K. (1999). Detection of color vision defects in chloroquine retinopathy. *Ophthalmology, 106*, 1799-1803; discussion 1804. [doi: 10.1016/s0161-6420(99)90338-x]

Wald, G. (1964). The receptors of human color vision. *Science, 145*, 1007-1016. [doi: 10.1126/science.145.3636.1007]

Walters, J. W., Gaume, A., & Pate, L. (2006). Short wavelength-automated perimetry compared with standard achromatic perimetry in autosomal dominant optic atrophy. *British Journal of Ophthalmology, 90*, 1267-1270. [doi: 10.1136/bjo.2006.097196]

Zein, W. M., Jeffrey, B. G., Wiley, H. E., Turriff, A. E., Tumminia, S. J., Tao, W., ... Sieving, P. A. (2014). CNGB3-achromatopsia clinical trial with CNTF: Diminished rod pathway responses with no evidence of improvement in cone function. *Investigative Ophthalmology & Visual Science, 55*, 6301-6308. [doi: 10.1167/iovs.14-14860]

(8・4)

Bouvier, S. E., & Engel, S. A. (2006). Behavioral deficits and cortical damage loci in cerebral achromatopsia. *Cerebral Cortex, 16*(2), 183-191. [doi: 10.1093/cercor/bhi096]

Hiramatsu, C., Goda, N., & Komatsu, H. (2011). Transformation from image-based to perceptual representation of materials along the human ventral visual pathway. *NeuroImage, 57*(2), 482-494. [doi: 10.1016/j.neuroimage.2011.04.056]

Horiguchi, H., Kubo, H., & Nakadomari, S. (2011). Lack of photophobia associated with bilateral ventral occipital lesion. *Japanese Journal of Ophthalmology, 55*, 301-303. [doi: 10.1007/s10384-011-0019-1]

鯉田 孝和・小松 英彦　(2010).　サル下側頭皮質（TE野）の色選択性ニューロンの応答特性と認知コントロールによる影響　日本神経回路学会誌, *17*(3), 93-100. [doi: 10.3902/jnns.17.93]

栗木 一郎・仲泊 聡・北原 健二　(2003).　低酸素脳症の一症例における特異な色同時対比特性　*VISION, 15*, 233-244. [doi: 10.24636/vision.15.4_233]

MacKay, G., & Dunlop, J. C. (1899). The cerebral lesions in a case of complete acquired colour-blindness. *Scottish Medical and Surgical Journal, 5*, 503-512.

Meadows, J. C. (1974). The anatomical basis of prosopagnosia. *Journal of Neurology, Neurosurgery and Psychiatry, 37*, 489-501. [doi: 10.1136/jnnp.37.5.489]

仲泊 聡　(2001).　「色覚の考え方」色認知検査　眼科臨床プラクティス, *66*, 58-59.

仲泊 聡・浅川 晋宏　(2001).　大脳性色覚異常の合併症　神経眼科, *18*, 384-397.

Nakadomari, S., Kumegawa, K., Horikoshi, Y., & Kitahara, K. (1997). Hue classification test using color caps of the new color test. *AIC Color 97: Proceedings of the 8th Congress of the International Colour Association*, 339-342.

高杉 麻希・林 孝彰・奥出 祥代・竹内 智一・北川 貴明・月花 環...常岡 寛　(2010).　OPA1遺伝子変異を有する常染色体優性視神経萎縮の黄斑機能　日本視能訓練士協会誌, *39*, 117-122. [doi: 10.4263/jorthoptic.039F108]

Uka, T., Tanaka, H., Yoshiyama, K., Kato, M., & Fujita, I. (2000). Disparity selectivity of neurons in monkey inferior temporal cortex. *Journal of Neurophysiology, 84*(1), 120-132. [doi: 10.1152/jn.2000.84.1.120]

Wandell, B. A., Dumoulin, S. O., & Brewer, A. A. (2006). Computational neuroimaging: Color signals in the visual pathways. 神経眼科, *23*, 324-343.

Wechsler, I. S. (1933). Partial cortical blindness with preservation of color vision. *Archives of Ophthalmology, 9*, 957-965. [doi: 10.1001/archopht.1933.00830010981010]

Zeki, S. (1990). A century of cerebral achromatopsia. *Brain, 113*, 1721-1777. [doi: 10.1093/brain/113.6.1721]

第9章 視野

9・1 動的視野と静的視野

9・1・1 さまざまな視野測定手法

古くは，眼を動かさないで見える範囲を視野（visual field）と呼んでいた。現在は，視覚の感度分布と定義されている。ちなみに健康診断の検査項目にあるいわゆる視力は最も良好な部位の感度である。視覚には多くの機能が含まれる。光覚，色覚，分解能，コントラスト感度，ちらつき感度，副尺視力，などであるが，臨床視野には検査しやすい明度識別閾が広く使用されている。

視機能に障害があった場合，医療は，いかにそれを改善し，よりよい機能を得られるかに力を尽くす，これが眼科医療である。眼科においては，日夜心理物理的な検査が行われ，特に視力と視野には力が注がれている。

ここでは，眼科医療における視野を中心に述べる。頭蓋内の疾患で半盲（hemianopia）が起こることをHippocratesが知っていたといわれる。紀元前の話である（Dubois-Poulsen, 1952）。頭蓋内疾患で視野の半分が失われる（半盲）ことがあるが，患者は視野が欠けているのを自覚しないことが多い。紀元前5世紀の昔に，無自覚の視野異常を見つけて病気と関連づけを行ったということは驚くべきことである。

中世の暗黒時代の後，19世紀になって，Youngは視野の広さを測定した。眼科学の父と言われるvon Graefeは平板視野計で現在知られているほとんどすべての視野異常を調べ記載している。

この時代の視野測定は，被検者を大きなスクリーン，壁などに向かわせ，中央に固視目標を置いて片眼でそこを固視させる（図9-1-1）。棒の先端に付けた視標の大きさや色を変えながら，見えない所や見えにくい所，色が付いて見える所，線が曲がって見える所など異常な見え方をする部位を調べる。異常部位の程度を数量化することはできないが，異常部位を鋭敏に検出できる方法である。定性的視野測定（qualitative perimetry）である。

非常に小さな視標は視野の中心部だけでしか見えない。視標を周辺から中心に向けて動かし，視標が見えかけた点を結ぶと，楕円が描ける。等感度曲線（isopter）である。いろいろな大きさの視標を用いて，視野全域について等感度曲線を測定することにより，視野を定量化することができ，診断や経過観察に客観的な評価を行うことが可能になった。量的視野測定（quantitative perimetry）である。

緑内障の視野の研究で有名なBjerrumとRønneは直径9°-0.45′の多数の視標を使って等感度曲線を測り，Z軸に視力（最小視認閾の視角の逆数）をとった立体座標に表した（図9-1-2，図9-1-3）。これは，『盲目の海に囲まれた視覚の島（*Visual island surrounded by sea of blindness*）』と表現されている

図9-1-1 平板視野計（Scott, 1957）

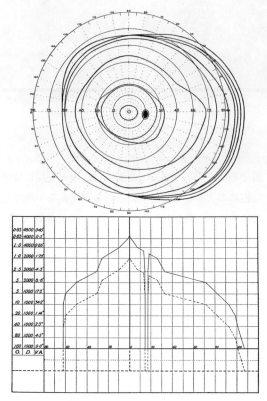

図9-1-2　正常視野。等感度曲線と水平断面 (Scott, 1957)

(Scott, 1957)。

　眼を動かさないで見える限界を測定することも行われた。周辺視野測定である。Förster 視野計などいろいろな弓形視野計が考案され（Grzybowski & Sobolewska, 2015), 20世紀中頃まで広く使用された。中心部視野は定量化が難しいが最周辺部がどこまで見えるかという限界の検査では、その広さが定量化されて表される。量的表現が好まれたためか弓形視野計が普及し、視野が「広い」「狭い」で評価される時代が長く続いた。眼科臨床では、現在、弓形視野計は滅多にみられることはなくなったが、今でも自動車運転免許試験の適性試験では使用されている（図9-1-4）。

　20世紀半ばになり、視標が半球内面に投影される形式の視野計が作られるようになると、視標の大きさや輝度を変えて視覚感度を測ることが容易になった。1945年、Goldmann により画期的な視野計が開発された（図9-1-5, 右）。視標を経度、緯度で動かすのではなく、パンタグラフで自由自在に動かす機構であり、堅牢で、数十年使っても良好な精度を保つ。現在も等感度曲線を測るためのスタンダードになっている。視標の大きさは最大 64 mm^2（距離 30 cm なので視角は約 96′）で、1/4 ステップの6段階である。輝度は照度計で計測し、背景の反射率 0.7 を乗じて較正する。視標の輝度は 31.5 asb（この値は 10 cd/m^2 に相当するが、眼科では asb が主に使われる）から 1000 asb までの 5 dB ステップ 4 段階であった。Goldmann は実験の結果、この Goldmann 視野計（Goldmann perimeter）における測定で得られた感度変化に関して視標の大きさの1ステップ増と輝度の1ステップ減は等価で、測った等感度曲線は一致する（視野の調和現象）と述べている（丹沢他, 2020）。背景は、視標と同一の光源から積分球の方法で照明され、視標と比較して較正される（Goldmann, 1999）。

　Sloan は視標を動かして見える限界を求めるのではなく、測定したい部位に固定して、輝度を変化させてその部位の感度（閾値）を測る方法を行った（Walsh & Sloan, 1939）。眼科学では、視標の輝度や大きさなどを一定にして動かし、等感度曲線を求める方法を動的視野測定（kinetic perimetry）といい、視標の位置を固定して視標が見える閾値を求める方法を静的視野測定（static perimetry）と呼んでいる。

　1959年、静的視野測定を目的とした Tübinger 視野計（図9-1-5, 左）が開発され（Aulhorn, 1974)、また、Goldmann 視野計も静的視野測定に対応して、視標輝度が 1 dB ステップ 60 段階になり、視標を固定するアダプターが付属するなど改良されたが、少しの振動で視標がふらつき、また、視標の輝度変更にレバーを複雑に組み合わせて動かす必要があるなど、静的視野測定についてはあまり快適に測定できるものではなかった。

　動的視野測定では、視標を上手に動かす必要があるが、静的視野測定では、視標を動かす技量は不要である。しかし、視野全体に多数の測定点を設け、手動で視標輝度を上下して閾値を求めるのは時間と忍耐を要する。一般臨床では、Goldmann 視野計で全域を動的に測り、経線に沿った視野の断面か問題点のみを静的に測定するという方法が好まれていた

第9章 視野

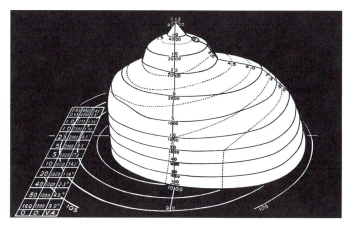

図9-1-3 盲目の海に囲まれた視覚の島（Scott，1957）

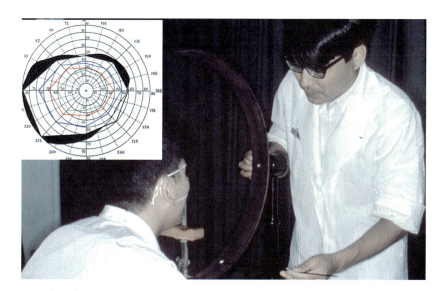

図9-1-4 Förster視野計
　　　視野の限界を測るのに使用された。色視標を使い色名を答えさせることにより，内部の視野もある程度は測れた。

図9-1-5 Goldmann視野計（右）とTübinger視野計（左）

（図9-1-6）。

Friedmann（1966）は短時間に静的視野を測るFriedmann Visual Field Analyzer（図9-1-7）を開発した。これは，中心25°以内に46個の視標が配置してあり，ストロボライトでその内の2-4点を同時に呈示し，見えた数を答えさせる方法で，最低15回の試行で完了するようになっている。背景輝度は0.3 asbで暗く，視標の大きさが周辺にいくほど大きくなって，全面の閾値輝度が同じになるように設定されている。内蔵NDフィルタで，閾値を測ることもできるが，閾上刺激が主に用いられた。

1974年に，コンピュータ制御で，静的視野測

563

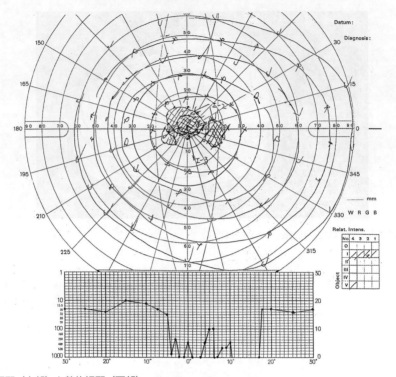

図 9-1-6　動的視野（上部）と静的視野（下部）
　静的視野は中心部 30°以内を水平に測ったものである。凹凸の激しい部位は中心暗点である。中心に感度は低いが1°以内の見えるところがあり，視力は 1.0 であった。このため固視が良好で篩状暗点が正確に測定できた。

定を自動で行う Octopus 自動視野計（Octopus automatic perimeter）（図 9-1-8）が開発された（Fankhauser et al., 1977）。種々の測定プログラムが内蔵されているが，一般的には，背景輝度 4 asb で，偏心度 30°以内の縦横 6°間隔 76 個の測定点を，非常に簡略化された 4-2 dB の PEST（Parameter Estimation by Sequential Testing）法で測る方法が使われた。表示は，測定点の間を補間して，感度の高い所は白く，低下した所はその程度に従って灰色から黒に見えるようにしている（図 9-1-9）。Fankhauser は，ピントをずらすか眼を細めて視野チャートを見ると，等感度曲線の感じに見えると述べている。

　その後，1984 には Humphrey Field Analyzer（図 9-1-10）が発売された（Heijl, 1985）。背景輝度が 31.5 asb の他は Octopus 自動視野計とほとんど同じである。この視野計が国際的に広く普及し，現在ではgold standard となっている。静的自動視野計では，測定点の閾値が数値で表される（図 9-1-11）ので，

図 9-1-7　Friedmann Visual Field Analyzer

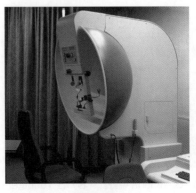

図 9-1-8　Octopus 自動視野計

第9章 視野

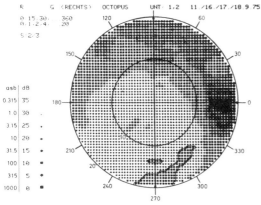

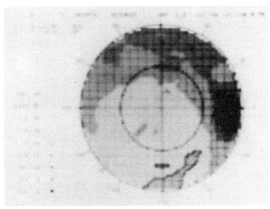

図9-1-9 Octopus自動視野計の視野チャート
(Fankhauser et al., 1977)
測定点の間を補間したグレイ表示で，眼を細めて見ると下図のように等感度曲線の表示のように見える。

図9-1-10 Humphrey Field Analyzer

測定点を統一して集計すれば，莫大な big data を集め，解析することができる。視野を測定すると，各検査点の異常である確率が表示されるようになり，診断や経過観察に欠かせないものになっている。

9・1・2 静的動的乖離

第一次大戦のとき，Riddoch はロンドンの陸軍病院で後頭部の貫通銃傷の患者の視野を検査していて，同名半盲の視標がまったく見えない部位で動きが分かる症例があることに気づき，詳細な報告を行った（Riddoch, 1917）。これは静的動的乖離（statokinetic dissociation）または Riddoch 現象（Riddoch phenomenon）と呼ばれる。

1971年，Zappia et al. (1971) は左内頸動脈の動脈瘤が視索を圧迫した右同名半盲と，視交叉部腫瘍による両耳側半盲の症例にみられた Riddoch 現象を報告した（松尾他, 1975）。

図9-1-12 はトルコ鞍結節の髄膜腫で耳側半盲を来した症例の手術前後の視野である。動的視野測定で見えている耳側で静的視野測定の視標が見えていない。また，手術後は，鼻側視野で 10 dB 以上の改善がみられ，耳側視野も正常まで改善している。図9-1-13 は緑内障である。動的視野測定で検出された残存周辺視野が，静的視野測定では最大輝度の視標でも検出できなかった。

静的動的乖離は後頭葉の外傷で発見されたが，視神経や視交叉の障害でもみられることがわかった。次第に語義が拡張され，静的視野と動的視野が一致しない現象を指して，Riddoch 現象, Riddoch-Zappia 現象, あるいは静的動的乖離と呼ばれることが多い（大庭他, 2017）。

静的視野測定のほうが視野異常を鋭敏に検出できる反面，ほとんど消失した視野のなかに残存した視野を見つけるためには動的視野測定のほうが優れている。動的視野測定では視標を見えない所から見える所に向かって動かす。逆に見える所から見えない所に動かすと，視標につられて眼が動いてしまい，うまく測れない。動的視野測定は，見えない所を見つけるのではなく，見える所を見つけて異常を判断する方法である（可児, 2005）。

565

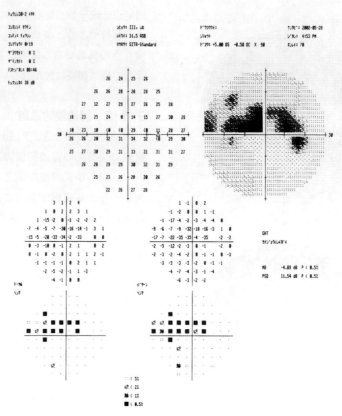

図 9-1-11　Humphrey Field Analyzer の視野チャート
　　　　　測定点の感度，補間したグレイ表示，偏差，異常確率が表示される。

9・1・3　眼底視野測定

　筆者が眼科医になりたての頃，視野を測っていて，視標の位置が眼底（fundus）のどこにあるのかがわからずいらいらしたものである。眼底に小さい病変があり，その位置の感度を測ろうとして隔靴掻痒の感があった。眼底を見ながら測れないかと考えていた。

　Trantas（1955）は，Visuscope という眼底を見る直像鏡を用いて，眼底を見ながら視野を測った。眼底視野測定（fundus perimetry）のさきがけである。Visuscope には弱視患者の固視の状態を調べるための視標が組み込まれている。彼はこれを用いて眼底出血，炎症，うっ血乳頭など眼底疾患の患者の視野測定を行った。図 9-1-14 は Trantas（1955）の眼底スケッチである。

　稲富（1976），Inatomi（1979）は眼底カメラ（fundus camera）を用いた。眼底カメラでは，対物レンズの後ろに眼底と共役な面がある。彼は鏡筒に穴を開けてここに視標を取り付けた（図 9-1-15）。被検者には視標が見え，検者には眼底と視標が見える。写真で記録することもできる。彼はこれを使って，視神経の交叉線維と非交叉線維を調べ，数度の重なりがあることを観察し，また，動物実験で網膜の中心の左右数度には交叉線維と非交叉線維が存在することを証明した（Terao et al., 1982）。

　Visuscope でも眼底カメラでも，眼底を可視光で照明するため，被検者にとって非常に眩しい。Kani et al.（1977）は，眼底カメラに取り付けた赤外線ビデオカメラ（シリコンビジコン）で眼底を観察しながら視野測定を行った（図 9-1-16，図 9-1-17）。視標は X 字型の赤外マークの中央から発光し，モニターで位置を確認する。これは自然視による測定であったが，後に Maxwell 視の装置も作られた（Kani & Ogita, 1979）。赤外線の眼底像は，脈絡膜はよく描写されるが，網膜，特に神経線維層はほとんど写らない。また，黄斑部や中心窩は識別できない。そ

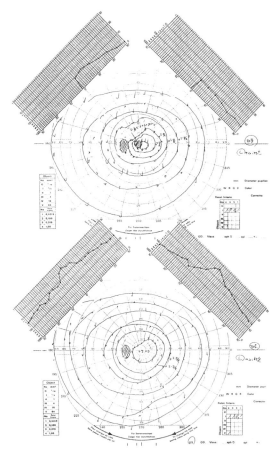

図9-1-12 トルコ鞍結節髄膜腫の術前（上）術後（下）の視野，静的動的乖離
術前は動的視野では耳側のわずかな低下がみられるが，45°135°の経線を測った静的視野では鼻側は10 dBの低下があり耳側がまったく見えていない。術後は，ほぼ正常になった。

の後，種々の改良がなされた（Hanout et al., 2015；Isayama & Tagami, 1977；石子，2009；Nishida et al., 1997；Nishida et al., 2002；Ohta et al., 1979；）。赤外線に適した光学系の組み込みや，走査型レーザー検眼鏡（Scanning Laser Ophthalmoscope：SLO）の使用など発展している（辻川他，1997）。

このように特定した網膜領域において，視覚の感度測定を行うことはかなり難しいが，固視微動の小さい被検者では血管を横断して5か所の感度を測定することができた（図9-1-18）。また，図9-1-19のように外傷性脈絡膜破裂の詳細，網膜光凝固後の瘢痕部の感度測定（Matsuno et al., 1983）もできた。視神経萎縮の大きな中心暗点の傍でBjerrum暗点に相当する所に，感度の高い部位がしばしばみられることもわかった（図9-1-20）。

大型弱視鏡の機能をもたせたFundus Haploscope（Inatomi, 1979；稲富他，1992）も作られ，弱視や対応異常の機構解明に利用された。

眼球には固視微動がある。これは必要な動きではあるが，視野を測定するためには障害となる。また，長時間一点に固視を保つのは苦痛である。眼球運動の際は，運動の直前から随伴発射が起こり視覚を抑制する。瞬目中は光が網膜に達しない。このようなときに視標を呈示しないように，自動あるいは他動的に実験参加者の眼を監視するが，完全ではない。図9-1-21は眼底視野計で測定中の赤外線眼底ビデオの数コマである。視野測定中にこのように眼は動いているのである。眼底像を追尾して網膜の一定部位（X印）に刺激を呈示するようにプログラミングされていた（Murata et al., 1998）が不十分であった。

特に，緑内障や視神経疾患では，神経節細胞に欠損が生じ，凹凸の激しい視野になる。このような視野を的確に捉えるためには，静的視野測定で小さな視標を使って閾値を測る必要があるが，同一箇所に視標が当たっている保証はない。

補償光学（adaptive optics：AO）システムを用いた眼底観察装置を利用して，これに眼底追尾装置を組み込むと，錐体1個ずつを追尾しながら観察することが可能である。視標投影装置を組み込むと，非常に高解像度の眼底視野計ができる。1個の錐体の波長特性をも測定可能になるのではないかと思われる。図9-1-22は自動追尾装置つきのAO-SLO（adaptive optics scanning laser ophthalmoscope）で1個の錐体を追尾しているビデオの数コマである。この装置を利用して，追尾している細胞に光を照射することができれば網膜の機構の解明が飛躍的に進むであろう。

最近，眼底視野測定をmicroperimetryと呼ぶことがある。この場合も一般の視野測定と同じ大きさのGoldmann視野計のIIIの視標が用いられている。これは，直径約24′で，月の直径（約30′）よりやや小さいもので，数十個の神経節細胞を刺激している。眼底視野測定では，一般の自動視野計とは比較

第Ⅱ部 視覚

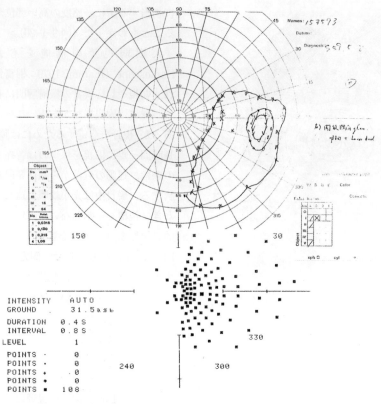

図9-1-13 緑内障の右眼視野。静的動的乖離
高眼圧が続き，右眼の耳側に動的視野がわずかに残っているが，静的視野では最高輝度の視標もまったく見えない。

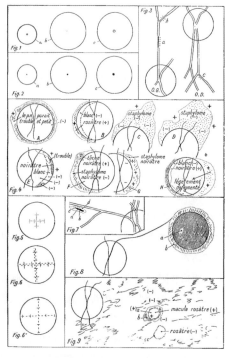

図9-1-14 Trantasの眼底視野スケッチ（Trantas, 1955）

にならない位置精度で測定するので，大きくても数分の視標を使うべきであろう。

(可児 一孝)

第 9 章　視野

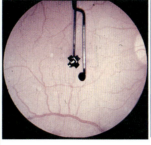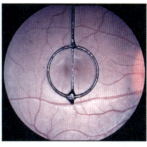

図 9-1-15　眼底カメラを改造した眼底視野計（Inatomi, 1979）

図 9-1-16　赤外線ビデオカメラを使った眼底視野計（Kani et al., 1977）

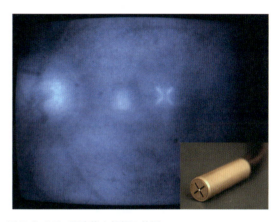

図 9-1-17　眼底像と視標の位置
右下は視標で，十字型の部分は赤外線で照明されている。中央の白い点は視標。わずかに洩れる赤色光を遮断するためこの上に赤外線フィルタを重ね，中央に孔を開ける。孔の大きさが視標の大きさになる。

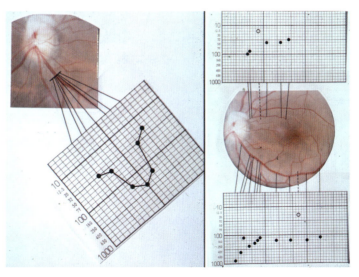

図 9-1-18　眼底視野計で測定した血管暗点（Kani & Ogita, 1979）
約 10 dB の暗点である。

第 II 部　視覚

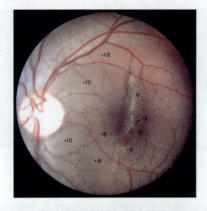

図 9-1-19　外傷性脈絡膜破裂の眼底視野
脈絡膜が欠損した白色の部では 0 dB の視標が見えないが，中心窩 12 dB とよく見えている。網膜神経線維層は傷害を受けていないことがわかる。

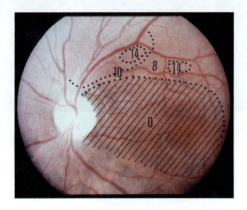

図 9-1-20　視神経萎縮の眼底視野（Ogita et al., 1981）
大きな中心暗点の上方に感度の高い部位がある。

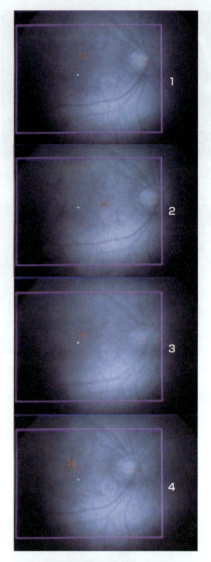

図 9-1-21　自動追尾装置付きの眼底視野計で測定中の眼底像（可児，2018）
視神経乳頭の位置を認識して視標を呈示する。×印が視標の位置。

第9章 視野

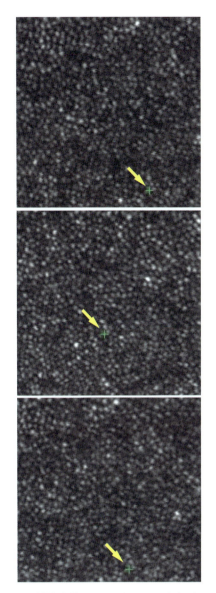

図9-1-22 補償光学システムを用いた走査型レーザー検眼鏡（SLO）による眼底像（提供：不二門尚）
錐体が写っている。固視微動で眼が動いているが，矢印の先の十字の錐体を追尾している。

9・2 瞳孔視野測定

瞳孔視野測定（pupil perimetry）は，瞳孔の対光反射を利用した他覚的視野測定である。

神経節細胞から発した軸索は視神経管を通って頭蓋内に入ると視交叉を形成し視索となって外側膝状体に向かうが，その途中から分かれて中脳に入る線維がある。この線維は外側膝状体に行く線維の分枝ではなく独立の線維である。この線維は両側の視蓋前域で線維を変え，両側のEdinger-Westphal核でさらに線維を変え，動眼神経の一部となって毛様体神経節を経由して瞳孔括約筋に分布する。対光反射の経路である。視索から分離するより前に障害があれば，自覚的な視野異常の同名半盲と同じ形で，対光反射も障害される。

臨床症例で瞳孔視野を測ると外側膝状体より後ろの障害でも，自覚的な視野と同様に同名半盲になる（図9-2-1）。この原因としては逆行性経シナプス変性など諸説があるがまだ明らかになっていない。1976年から1978年にInternational Perimetric Societyで，この現象について調査したことがあったが，自覚的な同名半盲があって，瞳孔運動が半盲でない症例はまったくなかった。懐中電灯や大きく明るい視標で測ると，眼球内の反射で盲側も刺激され半盲側からきた光に対しても縮瞳が起こる。半盲側からの光に対して瞳孔反応が起こらないのは，対光反射を起こす閾値程度の暗い視標を用いた場合である。

Aoyama & Kani（1976）はGoldmann視野計を改造し，固視監視用の望遠鏡に赤外線ビデオを取り付け，電子瞳孔計で対光反射の閾値を観察する装置を作った。投影式視野計では呈示された視標の反射で積分球である背景の輝度が上がり，網膜全体が刺激されて縮瞳する。このために，少し暗い背景ではMariotte盲点の検出が困難になる程度の影響が出る。彼らはドーム内の被検者から見えない位置に視標と同じ大きさ，輝度の光を点けておき，視標の呈示に同期してそれを消すという方法で，背景輝度を一定に保った。図9-2-2の下向きの矢印は，このようにして背景輝度を補償できた限界である。彼らは，正常や疾患について自覚的閾値と比較して測定

571

第Ⅱ部　視覚

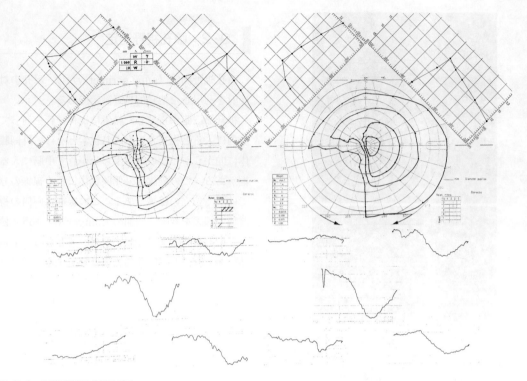

図 9-2-1　同名半盲の対光反射
（上）自覚的な視野で，静的視野（45°と135°経線）と動的視野。（下）偏心度10°における対光反射。左半分からの光刺激に対して瞳孔は反応していない。

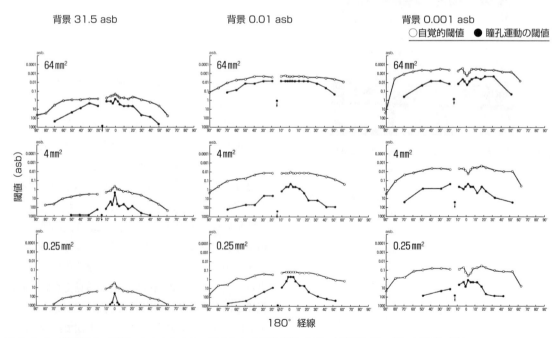

図 9-2-2　背景輝度，視標の大きさを変えて測定した自覚的閾値（○）と瞳孔運動の起こる閾値（●）（Aoyama & Kani, 1977）
測定条件は，上段は視標面積64 mm²，中段4 mm²，下段0.25 mm²，左は背景輝度31.5 asb，中は0.01 asb，右は0.001 asbである。

572

した。対光反射の閾値は 10 から 20 dB 高いこと，視標が小さいと高いこと，周辺では高いこと，また，緑内障，視神経症などについて測定している。

対光反射の閾値ではなく，瞳孔の反応量を測る方法がある（Kardon, 1992；Wilhelm et al., 2000；Yoshitomi et al., 1999）。この場合は，閾上のかなり強い光を当てる必要があり，視野計内や眼球内での反射や散乱で起こる対光反射と区別するのが難しい。視標が呈示されている間，背景の照明を下げて常に一定の背景輝度になるようにして測定すると，薄明視や暗順応下でも瞳孔運動で Mariotte 盲点を検出することができる。

頭部搭載型ディスプレイ（head-mounted display：HMD）により光刺激を与え，瞳孔運動を検出する多目的な検査装置 'imo'（アイモ）（株式会社クリュートメディカルシステムズの登録商標）が開発された（Matsumoto et al., 2016）。高精細の刺激装置と前眼部撮影装置をもち，両眼または片眼の一般的な視野や瞳孔視野などを測定できる。成果を大いに期待したい。

多局所網膜電図刺激と同様な刺激を行い反応を計算によって求める方法がある。Tan et al. (2001) は，局所網膜電図に使われる多点刺激法 VERIS (Visual Evoked Response Imaging System) を使って正常および視野異常のある症例の瞳孔反応を記録している（図 9-2-3, 図 9-2-4）。

（可児 一孝）

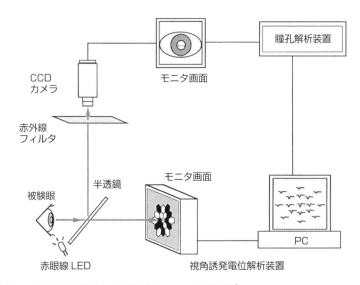

図 9-2-3　多局所刺激による瞳孔視野測定の装置（Tan et al., 2001）

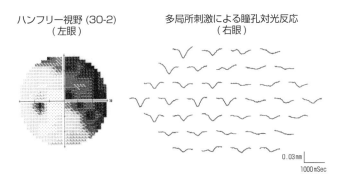

図 9-2-4　多局所刺激による瞳孔視野。左後頭葉動静脈奇形（Tan et al., 2001）

第II部　視覚

9・3　視覚の受容野

視覚の受容器は視細胞である。視細胞には約1億2000万個の桿体と約600万個の錐体とがある。錐体はL, M, Sの3種類があって光の波長の分別を行っているが，桿体は1種類で暗所ではたらき，数時間の暗順応をした眼では，1個の光子で光応答が生じる。

桿体と錐体が同程度の感度を有する条件は背景輝度0.01 asb程度で，このような視環境を薄明視（mesopic vision）といい，網膜中心部と周辺部で感度がほぼ等しい。網膜中心部には錐体のみ存在し，桿体はないので，これより暗くなると中心部はこれ以上暗順応せず，中心暗点となる（図9-2-2）。

一般の神経細胞は，全か無かの法則に従うパルスで，細胞の興奮の程度はパルスの頻度によって表される。一方，眼球内の神経細胞は，神経節細胞を除き興奮の程度はNaチャンネルの閉じる程度すなわち膜電位の大きさによって表される。

暗い条件では視細胞の細胞膜Naチャンネルが開いているが，光が入射すると，その強さに応じてNaチャンネルが閉じ，細胞内の電位がより負の側に遷移する（過分極）。応答の大きさは入射光の対数に比例する（図9-3-1；Baylor & Fuortes, 1970）。

図9-3-2はサンショウウオの錐体電位である。数字は視標の輝度の対数で，背景は5.7 log単位である。背景下ではNaチャンネルはある程度閉じており，それより暗いものを見るときは脱分極に，明るいものを見るときには過分極になる（Normann & Weblin, 1974）。

網膜に小さな光を当てた場合，その光により細胞が影響を受ける範囲をその細胞の受容野という。視細胞はその細胞の大きさが受容野となり，光が当たると光量に応じて細胞内電位がより負の側に遷移する（過分極）。

視細胞と双極細胞は多数対多数の細胞間ネットワークを作って複雑に連絡しており，同心円型の受容野を形成している。双極細胞の受容野は受容野中心部の刺激で脱分極，周辺部の刺激で過分極する中心on周辺off型と，その逆の中心off周辺on型の2種類である（図9-3-3；Werblin & Dowling, 1969）。

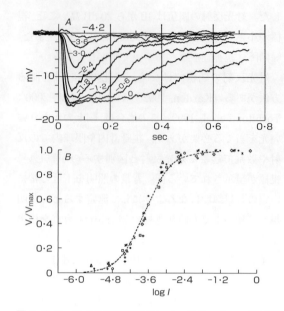

図9-3-1　カメの錐体電位（Baylor & Fuortes, 1970）
（上）カメの錐体に10 msのフラッシュ光を入射したときの，細胞内電位．グラフ内の数字は光量の対数である．（下）光量と錐体の応答．横軸は錐体に入射する光の輝度の対数，縦軸は錐体の膜電位（mV）である．中間部分はほぼ直線で，錐体の応答が光量の対数に比例している．

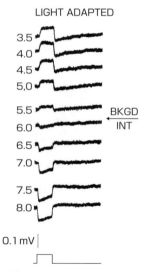

図9-3-2　サンショウウオの錐体電位（Normann & Weblin, 1974）
背景が暗いと（上）脱分極，明るくなると（下）過分極になる．

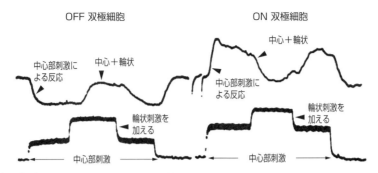

図 9-3-3 双極細胞電位（Werblin & Dowling, 1969）
中心部を照射すると OFF 双極細胞では過分極するが，ON 双極細胞では脱分極する。いずれも同心円型の照射を追加すると戻る。

　神経節細胞も中心部と周辺部で逆の応答をする同心円型の受容野をもつ。神経節細胞に電極を刺入しておき網膜に光を当てると，位置に応じていろいろなパルス応答が得られる。神経節細胞は一般の神経細胞と同様にパルス応答である。

　ON 中心細胞では，受容野の中心部に光が当たると応答が起こり，光を消すと応答が止まる。受容野の周辺部に光が当たると応答が抑制され，光が消えると応答が起こる。OFF 中心細胞では逆で，受容野中心部に当たると抑制され，消えると応答が起こる。周辺部に当たると応答が起こり，消えると抑制される（Ikeda & Wright, 1972）。また，受容野中心部と受容野周辺部に同時に光が当たると応答しない。

　臨床での視野測定において，視標の呈示時間が一定であれば，ある網膜部位で視標が見えたと感じる閾値は，視標の面積と輝度の積（視標の光量）によって決まる。

　視標の面積（対数）を横軸にとり，光量（対数）を縦軸にとると，図 9-3-4 のような曲線が得られる（池田，1975）。

　池田は次のように説明している。視標が小さい場合，曲線は水平である。これは，刺激の大きさによらず，入射光量の総和（面積×輝度）が一定の値に達すると光が見え始めるということである。刺激光の面積が 2 倍であれば，輝度は 1/2 で光覚が生じるのである。すなわち，視標の空間的な広がりの各部分の応答が空間的に加算されて，ある値を超えたときに見えたという反応が生じたと考えることができる。空間加算である。視標がずっと大きくなると，傾き 1 の

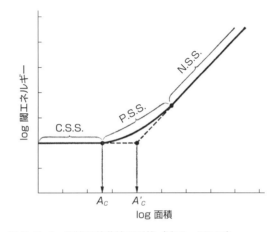

図 9-3-4 閾値面積曲線の形状（池田，1975）

直線となる。閾値は，視標の面積に関係なくある一定輝度となる。傾き 0 の部分と，1 の部分をそれぞれ延長して交わる位置が受容野中心部と周辺部の境である。図の左の水平線部は空間加算が完全（complete spatial summation）であり，右の傾斜 1 の部分は，空間加算がない（non-spatial summation），その中間部は空間加算が部分的（partial spatial summation）と考えることができる。水平の直線と傾斜 1 の直線を延長して交わる点における面積を臨界面積とする人もある。

　Inui et al.（1981）は眼底視野計（Kani & Ogita, 1979）を用いて，呈示時間 200 ms の矩形刺激に対する閾値における視標面積と輝度の関係を検討した。視標の偏心度（X）と臨界面積との関係は，$Y=0.55X+4.15$（Y は臨界直径（′），X は偏心度（°）で，Y-system の特性と考えられた。

受容野は，同心円型で中心部と周辺部で逆の応答を起こす。受容野周辺部の特性を調べるため，乾他(1982), Kani et al. (1983) は，直径 1′ の刺激光を 2点同時に呈示して，2点間の間隔を変えて閾値が0.5 dB 増大する限界を求める実験，2本の平行なスリット光を呈示し1秒後に直径 2.7′ のテスト光をスリットの中央に呈示する実験，また，スリット光によって閾値が 1 dB 上昇するスリット光の間隔を求める実験を行った。これらの実験から，受容野中心部の約3倍の大きさの抑制野がみられた（図9-3-5）。

少しずつ輝度が増加する小さな ramp 刺激を用いて実験すると，矩形刺激とは異なった形の閾値面積曲線が得られた（岡本他，1986）。Takashima et al. (1995) は臨界面積から受容野の大きさを求めると，矩形刺激で求めた受容野直径の 1/3 程度で（図9-3-6），X system のものと思われた（乾他，1989a）。

空間加算は，視野測定の際の視標の大きさと輝度の組み合わせに大きく影響される。Goldmann 視野計の視標の大きさと輝度の系列は，視標面積が4倍（6 dB）と輝度が 5 dB の組み合わせになっている。

Takashima et al. (1993) は自動視野計（Topcon SBP2020）を用いて，視標の直径 0.75′-96′ の2倍系列，偏心度 0-20° で正常者 17 名 17 眼の静的視野を測った。そのデータから縦軸の取り方を変えて閾値面積曲線を表示した（図9-3-7）。

背景輝度を I，視標の差分輝度を ΔI，視標面積を S とすると，一般に横軸に log S，縦軸に log((I+ΔI)S) がとられている。これは，Glezer (1965) が網膜に入射する視標のエネルギーは，I ではなく I+ΔI であるとして，log((I+ΔI)S) をとったことに由来する。Glezer (1965) のグラフ（図9-3-8）では曲線の右手は傾き1になって揃っている。図9-3-7には標準誤差のエラーバーが入っており，縦軸に log ΔI をとった図9-3-7a と log(ΔI·S) をとった図9-3-7c とでは，標準誤差が log S 全域に亘って同程度であるが，log((I+ΔI)S) をとった図9-3-7b のグラフでは右にいくほどエラーバーが小さくなって，強制的に傾き1の直線に合致している。これは，大きな視標で ΔI の値が曲線の形に反映されていないことを意味している。

ON 中心型受容野の形は，回転 Difference of Gaussian (DoG) 関数で表される。受容野に光が入射すると，光の当たった興奮部の体積と抑制部の体積の差がその細胞の閾値を超えれば興奮するとされる。乾らは，網膜上の受容野の分布密度（Drasdo, 1977）と大きさ（Inui et al., 1981）から，視標によって影響を受けるすべての神経節細胞の興奮量を計算し，閾値面積曲線をシミュレートする網膜モデル（total activity model for increment threshold, TAMIT）を作成した（乾他，1989b）。図9-3-9は直径 3′, 6′, 24′, 96′ の視標に対する TAMIT の出力で

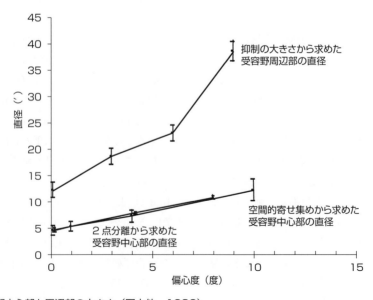

図9-3-5　受容野中心部と周辺部の大きさ（岡本他，1986）

第9章 視野

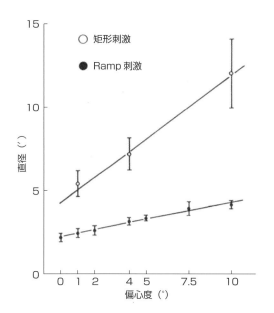

図9-3-6 パルス刺激（上）およびramp刺激（下）による閾値面積曲線の臨界面積から求めた受容野の直径（Takashima et al., 1995）

ある。神経節細胞の興奮をシミュレート計算（可児，2018；Kani et al., 1997）してみると，大きな視標では，視標の縁に沿って内部にON中心細胞，外部にOFF中心細胞の興奮が起こるが，刺激中央部の細胞は興奮しない。また，視標から離れた細胞も興奮しない。受容野は多数が重なり合っており，それが総合的にある値を超えたときに光覚が生じると考えられた。

神経節細胞はDoGフィルタにより空間的微分を行い，微分信号を中枢に送り，中枢では積分することによって画像を認識していると考えられる。積分により，元の諧調に戻すが，やや少なめの積分によりエッジを強調しているのであろう。

神経節細胞の障害があるとき，視野の欠損が起こる。緑内障の視野欠損が典型的である。この暗点を自覚することは非常に稀で，ほとんどの患者では測定して始めて暗点が発見される。虚性暗点（negative scotoma）である。微分信号が送られないため，異

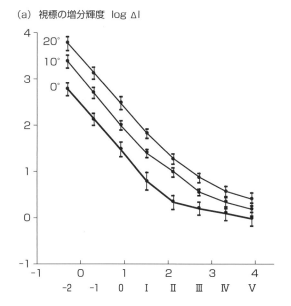

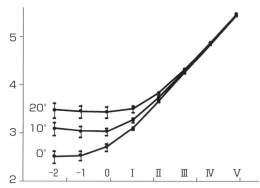

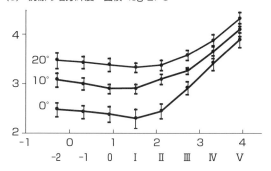

図9-3-7 正常17名17眼の静的視野から求めた閾値面積曲線
偏心度0°，10°，20°の点で，視標大きさは0.75′から96′である。横軸は視標面積（S）の対数，縦軸は（a）視標の増分輝度，（b）（背景輝度＋視標の増分輝度）×視標面積，（c）視標の増分輝度×視標面積，で対数。エラーバーは標準誤差である。

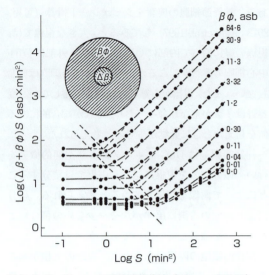

図 9-3-8　Glezer の閾値面積曲線（Glezer, 1959）
縦軸は（背景輝度＋視標の増分）の対数をとっている。右手では背景が暗いときは傾斜が小さいが，背景が明るくなると傾き 1 の直線になっている。

常が検出されず，補間されて欠損が認識されないと考えることができよう。

（可児 一孝）

9・4　視野測定の問題点

古くからの平板視野計を使った測定では，壁や黒板の前に被検者を座らせ，フェルトで作った視標やピンの頭などを見せ，見え方の異常な所を探す。いろいろな工夫と技量を駆使して測っていた。平板視野計と優れた検者が測れば，高価な機械は不要で，患者の見え方の細かい異常を素早く的確に把握することができたが，視野測定の名人になる道は険しかった。

臨床における視野測定には，現在も動的視野測定には Goldmann 視野計が多く用いられている。偏心度 90°をカバーする半球状の背景に視標を投影して，被検者が見えない所から見えるであろう所に向けて，想定される等感度曲線に垂直になるように視標を動かす必要がある。被検者は視標が見えた瞬間にボタンを押し，検者はそれを記録し，その結果によって等感度曲線を描く。複雑な形の等感度曲線ではこれらの操作は容易ではない。熟練した検者でなければ，視野全域を短時間で測定し，異常を正確に描き出すことができない。誰がどこでいつ測った視野でも比較できるようにと，測定条件が標準化されてきた。測定の練習装置（Ubukata et al., 2018）も考案されている。

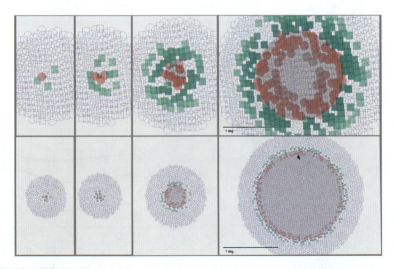

図 9-3-9　神経節細胞の興奮のシミュレーション
偏心度 10°，左から Goldmann 視野計の視標 0, I, III, V を投影したときの網膜神経節細胞のシミュレーションである。上段は m-cell，下段は p-cell。赤は on 中心細胞の興奮，緑は off 中心細胞の興奮で，いずれも色が濃いほど興奮が強い。

Sloan により静的視野測定が提唱され（Walsh & Sloan, 1939），視標を動かすという検者の操作が省かれ，測定の自由度としては，測定点をあらかじめ決めるということだけになる。また被検者にとっては，視標が点灯したときにそれが見えたか見えなかったかを答えるだけである。このように，自由度が少なくなることは，測定結果の信頼性が上昇するという結果になる。

1974 年，Fankhauser らがコンピュータを使って自動化された Octopus 自動視野計を開発した頃は（Fankhauser et al., 1977），動的視野測定が一般的で，静的視野測定は特別な方法であった。このため，自動化に際して等感度曲線を描く方法を試みたが，非常に難しく，彼らは，静的視野測定で等感度曲線に似た結果が得られるようにと考えた。この視野計では，等間隔に配列された測定点で視標の輝度を変えて呈示することで，閾値を求め，高い閾値の点は暗く，低い点は明るく表現し，測定点の間隙は補間して表すという方法をとった。

閾値測定は，4 dB-2 dB の PEST 法をとった。当時はコンピュータの性能が低く，1 眼の測定に 30 分以上もかかっていたが，次第に臨床に使えるものになった。

Octopus 自動視野計の標準的な測定は，背景輝度 4 asb，視標の大きさは直径 24′（Goldmann 視野計のⅢ），呈示時間 200 ms であった。視標の最大輝度は 1000 asb で，これを 0 dB とし，視標輝度の減少を正にとっている。

1984 年，Humphrey Field Analyzer が発売され，非常に広く普及し，gold standard といわれるようになっている。広く普及したためもあり，多数のデータが集積され，それぞれの測定点での正常異常の確率が計算され，測定データが確率で表されるようになった。

感覚の機能を測定する場合，心理物理学的には閾値測定が一般的であるが，視野測定においては，固視が常に動いているという問題がある。固視微動がなく網膜に投影される像が静止すれば数秒で何も見えないという状態になる。視覚の閾値を測定するためには，視標の輝度を変えて複数回視標呈示することが必要であるが，その度に同じ網膜部位に視標が投影されているというわけではない。

正常被検者であっても，網膜には血管があり，その影になる部位では閾値が高い。眼底視野計で眼底を見ながら測定すると，視神経乳頭から 5-10° 離れた部位の太い静脈では，10 dB の暗点が検出される（図 9-1-18）。しかしこの暗点が自覚されることはない。

出血や浮腫など網膜の疾患による局所の機能低下は凹凸が少なく平坦に低下する形になることが多い。網膜の細胞は all-or-none のパルス応答ではなく，アナログ応答であるが，神経節細胞はその受容野内での光の分布の微分信号をパルス信号として中枢に送っている。アナログ処理の段階で細胞に異常が生じると異常に相当する信号が出力されるが，パルス処理の神経細胞は，all-or-none の信号処理を行うので，障害があれば信号が出力されないという事態が起こりうる。

緑内障や視神経炎などで，神経節細胞の軸索に障害が起これば，その神経節細胞の興奮は中枢に伝わらず，中枢では微分信号がこなければ光あるいはパターンの変化がないと解釈するであろう。すなわち，背景上の図が見えないという自覚が生じない。すなわち，緑内障や視交叉部腫瘍，視神経症など神経節細胞の障害では，視野障害は神経節細胞群の受容野でカバーされる範囲上での欠損の形で現れるが，これは自覚されない。

正常な場合，神経節細胞群の受容野には数層の重なりがあるが，神経節細胞が障害されるとその細胞は機能を失い，その受容野がはたらかなくなる。進行すると受容野の重なりが減少し，さらに進むと受容野の間隙ができる。この過程で一つ一つの受容野の閾値がどうなるのかは不明であるが，視感度に凹凸ができ，感度の高い所と低い所のある凹凸の激しい暗点になることはよく経験する。篩状暗点（sievelike scotoma）である（図 9-1-6）。視力が悪い場合，視野測定で閾値を求めようとすると，固視微動と相まって再現性の悪い結果になる。

受容野の空間加算を検討するために小さい視標での閾値を測定すると，網膜疾患では全体に閾値の上昇がみられるが，再現性が良い。視神経の疾患では，測定ごとに大きく変動する。

視神経障害では，1 か所に多数回の視標呈示を

行って閾値を求めようとするのは適当ではなく，想定される閾値より高い輝度の視標を多数呈示して，正答率で感度を求めるほうが適当であろう．

Goldmann 視野計で動的視野測定を行う際，視野異常の想定される部位に，閾上刺激を呈示して，暗点の有無を調べるスポットチェック（spot check）の併用が推奨される．一般にスポットチェックでは Goldmann の I（直径 6′）の視標が用いられる．偏心度 10° の位置では数個の ON 細胞と十数個の OFF 細胞が興奮する．視標が小さいこと，閾上刺激であること，静的視野測定であることから，細かい視野変化を捉えやすい．等感度曲線に異常がみられない部位に緑内障の暗点や，下垂体腫瘍の半盲性の暗点が検出されることは稀ではない．

Frisén（2002）は閾値を視標の輝度あるいは大きさの数値として表すのではなく，見えた確率で表した．ある網膜範囲内を複数回にわたり刺激して見えた確率から求めた閾値より，閾上刺激では固視微動で網膜部位が正確でなくても，狙った点の近辺のどこかを刺激して反応の有無を検出したのであるから，固視が変動して測定点の位置が正確でなくても，ある範囲内に篩状暗点があるかどうかは分かるのである．

Frisén（2002）は液晶ディスプレイで，中心部は 0.8′，偏心度 30° で 6′ の非常に小さい視標を使い，視認できる確率を測定する視野測定法を rarebit perimetry と称して推奨した．一般に，視野の閾値は 50% 視認できる輝度で表されるが，一定輝度の視標の視認確率で表す閾値（図 9-4-1）を採用したのである（Houston et al., 2010）．

緑内障は，神経節細胞が篩状板の所で何らかの障害を受けて欠損し，その神経節細胞の受容野が消失する疾患と考えることができる．障害を受けた神経線維は光干渉断層計（optical coherence tomography：OCT）で確認することができるが，視野に欠損が検出されないことがあり，前視野緑内障（preperimetric glaucoma）と言われる．Humphrey 視野計の 30-2 プログラムでの測定法が標準化し，Standard Automated Perimetry（SAP）と呼ばれ，この方法が最も優れているように考えられる傾向がある．他の方法が開発されても SAP と異なる成績が出る方法であれば不可として，論文にも採用されなかった経験がある．しかし，SAP より鋭敏正確に

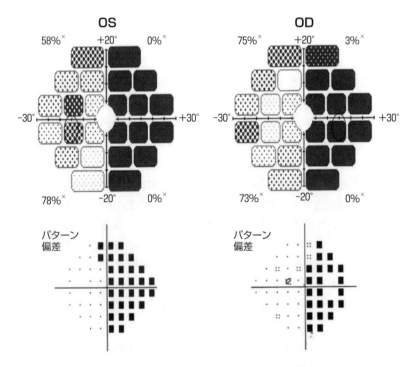

図 9-4-1　Frisén の開発した rarebit perimetry（Houston et al., 2010）
　　左後頭葉梗塞による右同名半盲．上は rarebit perimetry，下は一般の自動静的測定である．

異常が検出される方法は存在する。

SAPでの視標の位置は網膜や神経系の構造を考慮して決められたものではない。コンピュータが非力であった時代に，計算量を減らすために6°間隔の碁盤目の位置が採用されたのである。興和株式会社（コーワ）の自動視野計には眼底対応視野計が内蔵されている。眼底写真をモニター上に写し，測定希望点を入力する方法である。

Nakatani et al. (2012) は，眼底写真と対応して眼前30 cmに置かれた液晶ディスプレイに直径約3′の閾上小視標を呈示して神経線維欠損部のスポットチェックを行った。前以て眼底写真を上下に逆転した像をもとにMariotte盲点の位置を測り位置を較正した。固視ずれの影響を受けるのは検査点の位置精度であり，閾値については，試行が1か所1回であるので無視することができる。検査点の密度は1-2°間隔で自動視野計の一般の検査と比べて高い。この方法で，神経線維欠損があるのに視野に異常がない前視野緑内障の症例の神経線維層欠損部に緑内障性の暗点がみられるものがあった（図9-4-2）。

自動視野計で一般に用いられる視標はGoldmann視野計のIII（直径24′）である。この大きさには理由がある。視野の断面を見ると，視標の大きさによって視野の島の形が変化する（可児，1993）。視標が大きいときは，島は高く平坦で，周辺の限界で急な崖になっている。一方，小視標では，中心が高く強い傾斜で盲目の海に到る。動的視野測定では等高線を求めるので，適当な傾斜が必要である。Goldmann視野計でIの視標（直径約6′）が使われる所以である。図9-4-3は視野の島の断面である。動的視野測定では傾斜が緩いといつの間にか見えているという感じで，応答が乱れ等感度曲線が不安定になる。傾斜が強いと，少しの感度変化が等感度曲線に反映しない。直径6′の視標がちょうど良いようである。静的視野では，傾斜はあまり問題にならないが，傾斜が強いと視標輝度が広範囲でなければならず，IIIが最も測りやすい。正常被検者を測定してみると，最もばらつきが少ない。

緑内障での暗点好発部位のBjerrum領域（Bjerrum area）でIIIの視標で影響を受ける受容野数はシミュレーションでは100個以上で非常に多い。見えたという感覚の閾値と神経節細胞の興奮の和との関係は不明である。また，5°間隔の検査点の隙間に神経線維欠損部があることも稀ではない。神経節細胞が欠損したとき，隣接した細胞の受容野がどのようになるかも不明である。

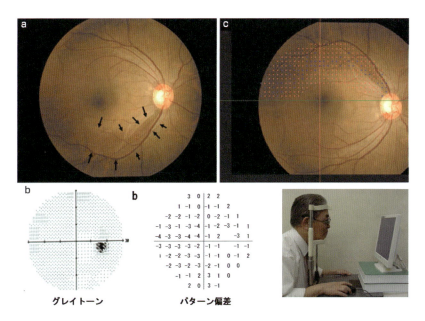

図9-4-2　神経線維層欠損部（左の眼底写真の矢印の間）の眼底写真を上下逆にすると視野と合致する（右の眼底写真）。視標は3′の大きさでディスプレイの最大輝度で1°間隔である。赤点は視標が見えた部位，青点は見えなかった部位である。Humphrey視野計では異常は検出されなかった。

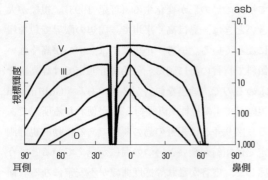

図 9-4-3 Goldmann 視野計の等感度曲線から求めた視野の島の水平断面（可児，1993）
上から視標 V, III, I, O である。V 視標では平坦であるが，O 視標では傾斜が強い。

受容野中心部の大きさに匹敵する大きさの刺激では，数層の受容野が重なっているので，いかに小さな視標を用いてもごく初期の異常を検出することは不可能であろう。

杉山（2012）は OCT に視標を組み込んで異常部位を細かく測ることを推奨している。AO を組み入れた SLO では，視細胞を観察しながら一つの細胞を追いかけることも夢ではない（図 9-1-22）。

1984 年，Kani et al.（1985）は Topcon SBP1000 という自動視野計を開発した。これは，視標に橙色の発光ダイオードを用いてあり，背景輝度と同じ輝度で常時点灯し，刺激のときは一時的に輝度が上昇する構造であった。閾値測定もできるが，基本的には閾上刺激で測定時間は 2-3 分であった。視標の位置は網膜の構造，神経線維の走行などを考慮して，視野異常に対応する点に配置されていた。結果の表示は測定点の位置を重視して視標間の補間は行わず，測定点の位置に表示した。また，中心 30°以内の測定では不十分との考えから，50°以内を測るようにした。

この視野計の次期バージョン（1990 年）で神経回路コンピュータ（neural network computing）を用いた視野診断を組み込んだ（Nagata et al., 1991；杉山他，1991）。当時はやっと 16 ビットのパーソナルコンピュータが使えるようになったところであった。細胞数は全部で 291 で接続数 5168 の小さなものであった。入力は 257，中間層 19，出力層 15 で，40 枚の視野を誤差逆伝播法で学習させた。視野は quick screening という測定点 71 点を用いた。305 例の視野で医師の判定と 85%の合致率であった。

Octopus 自動視野計や Humphrey 視野計と異なり，視標の位置は等間隔ではなく，異常の起こりやすい所に重点的に配置されており，範囲もやや広い。視標は各測定点の正常者の平均値より 5 dB 高い閾上刺激で，これが見えない場合は，3 dB 増 6 dB 増，最大輝度を呈示する。この視野計は閾値の値より異常のパターンの検出を主目的に開発した。判断の困難な場合は，問題となる点の周囲に自動的に測定点を増やすことで，より良い認識が得られた。パターン認識は一般のコンピュータは苦手の分野であるが，神経回路コンピュータは得意である。

図 9-4-4，図 9-4-5 は 28 歳女性，右の視力障害を訴え，ステロイドパルス療法で改善しないので紹介された患者である。MRI でも Goldmann や Humphrey の視野でも判断がつかなかったが，神経回路コンピュータは左眼の耳側半盲と判断した。造影 MRI で視交叉部の腫瘍が見つかり，髄膜腫を摘出した。MRI で軸位断しか撮っておらず，読みも甘かったのであるが，30 年前の幼稚な神経回路コンピュータに負けたのは残念であった。最近は big data を用いた深層学習（deep learning）の人工知能（artificial intelligence：AI）の研究開発が盛んである。測定方法を厳密に規定して確率を重視する方法を否定するのではないが，AI の柔軟なパターン認識を利用して視野解析を進めるのも得策であろう。

Goldmann 視野計が普及し，巧妙で操作性の良い視標操作装置と視標条件の自由度を用いての等感度曲線の測定によって，視野の限界だけでなく内部の測定がなされるようになったが，視標が見える範囲という考えが根強く残っていた。静的視野測定が行われるようになり，パターンより網膜局所の感度の値が重要視されるようになった。視野の島でいえば，平面的な広がりから高さに注目が移った。測定点の閾値の数字が重要視され，コンピュータの進歩もあって，数値解析が大規模になされてきた。

一方，臨床の場で，緑内障などの患者の診断や経過観察の際，測定された視野を見て的確な判断が下せないことが少なくない。測定ごとの変動の解釈も難しい。半盲においても，異常な点が数点で判断に困る場合もある。測定された個々の数値を本当に信

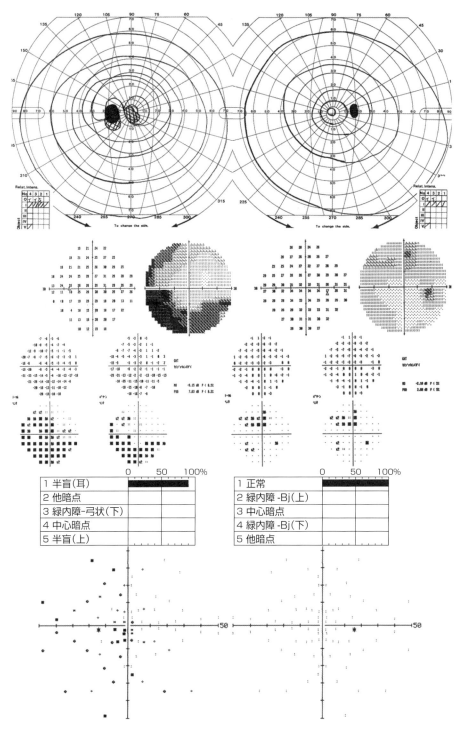

図 9-4-4　28歳女性，右の視力障害を訴え，視神経炎の疑いで紹介された。視力右 (1.2)，左 (0.15)。Goldmann 動的視野，Humphrey 静的視野，Topcon 閾上視野を示す。下段の枠内が神経回路コンピュータによる判断であるが，左眼は 90％耳側半盲という。

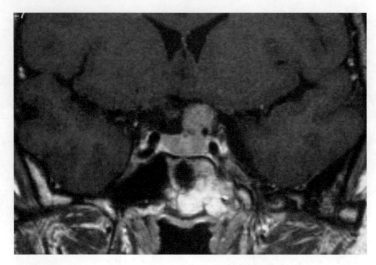

図 9-4-5　図 9-4-4 の MRI
視交叉の左上に腫瘍がみられる。

用して良いのかという疑問が解決されないことも多い。そのため頻回に測って傾向を捕まえようとするが，これも難しいのである。この辺りが，心理物理実験と大きく異なる点である。被検者に検査の感想を聞くと，見えるか見えないかわからない視標の判断が難しく，疲れる，と答える人が多く，頻回の測定を喜ばない。閾上刺激はわかりやすく疲れないという。76点の閾値を求めるには200回以上の試行を必要とする。閾上測定で，その代わり測定点を増やすことも考えて良いのではないかと思われる。

1945年，Goldmann 視野計が開発され，1974年 Octopus 自動視野計が世に出た。視野測定に関して画期的なことであった。その後，自動視野計に関して，プログラムやデータ処理などいくらかの進歩はあったが，OCT や AO-SLO など形態学の分野での画期的な発明，進歩と比べると旧態依然の観がある。

ディスプレイは 4K や 8K が当たり前になり，安価になり，輝度，コントラストも向上し，曲面の液晶も売られている。コンピュータもめざましい進歩を見せた。30年前，40枚の視野を学習するのに，3日間かかったのも夢のまた夢である。

視野計には OCT や AO-SLO のようなハイテクの機器は必要としない。数百万円する視野計を使わなくても，Frisén の rarebit perimetry や Nakatani らの視野計のように市販のディスプレイとパーソナルコンピュータで安価に組むことができる。問題は，得られたデータの判定と汎用性である。現在は，standard automated perimetry（SAP）で，全世界共通の測定法のもとに各測定点の数字で判断している。視点を変えて，神経回路コンピュータが得意とするパターン認識を使い，測定法が異なっても結果を統合して判断が下せるようなシステムを作ることは可能であろう。

ぼつぼつ，旧態依然とした gold standard から脱して，一人一人の患者に最適で必要な検査をするような道を開いていく必要があると考える次第である。

（可児 一孝）

文献

(9・1)

Aulhorn, E. (1974). Static perimetry. *L'année Thérapeutique et Clinique en Ophtalmologie, 25*, 164-173.
Dubois-Poulsen, A. (1952). *Le Champ Visuel*. Masson et Cie.
Fankhauser, F., Sahr, J., & Bebie, H. (1977). Three years of experience with Octopus automatic perimeter. *Documenta Ophthalmologica Proceedings Series: Second International Visual Field Symposium Tübingen 1976*, 7-15.

Friedmann, A. I. (1966). Serial Analysis of changes in visual field defects, employing a new instrument, to determine the activity of diseases involving the visual pathways. *Ophthalmologica, 152*, 1-12.［doi: 10.1159/000304950］

Goldmann, H. (1999). Fundamentals of exact perimetry. *Optometry and Vision Science, 76*(8), 599-604.［doi: 10.1097/00006324-199908000-00030］

Grzybowski, A., & Sobolewska, B. (2015). Carl Friedrich Richard Foerster (1825-1902)—the inventor of perimeter and photometer. *Acta Ophthalmologica, 93*, 586-590.［doi: 10.1111/aos.12713］

Hanout, M., Horan, N., & Do, D. V. (2015). Introduction to microperimetry and its use in analysis of geographic atrophy in age-related macular degeneration. *Current Opinion in Ophthalmology, 26*, 149-156.［doi: 10.1097/icu.0000000000000153］

Heijl, A., (1985). The Humphrey Field Analyzer, construction and concepts. *Documenta Ophthalmologica Proceedings Series 42: Sixth International Visual Field Symposium Santa Margherita Ligre, 42*, 77-84.［doi: 10.1007/978-94-009-5512-7_10］

稲富　昭太　(1976)．眼底指標による中心視野測定の試み　臨床眼科，*21*，1109.

Inatomi, A. (1979). A simple fundus perimetry with fundus camera. *Documenta Ophthalmologica Proceeding Series, Third International Visual Field Symposium Tokyo 1978*, 359-362.［doi: 10.1007/978-94-009-9611-3_39］

稲富　昭太・小島　ともえ・貫名　香枝・渋谷　昌子・佐藤　友哉　(1992)．Fundus Haploscope から見た網膜対応　日本視能訓練士協会誌，*20*，76-83.［doi: 10.4263/jorthoptic.20.76］

Isayama, Y., & Tagami, Y. (1977). Quantitative maculometry using a new instrument in cases of optic neuropathies. *Documenta Ophthalmologica Proceeding series, Second International Visual Field Symposium Tübingen 1976, 14*, 237-242.

石子　智士　(2009)．マイクロペリメトリー　視覚の化学，*30*(3)，75-83.［doi: 10.11432/jpnjvissci.30.75］

可児　一孝　(2005)．視野　丸尾　敏夫・久保田　伸枝・深井　小久子（編）　視能学（pp. 68-74）　医学書院

可児　一孝　(2018)．視野検査に必要な視覚生理学と心理物理学　和田　直子・小林　昭子・中川　真紀・若山　暁美（編）　視能検査学（pp. 130-139）　医学書院

Kani, K., Eno, N., Abe, K., & Ono, T. (1977). Perimetry under television ophthalmoscopy. *Documenta Ophthalmologica Proceeding Series, Second International Visual Field Symposium Tübingen 1976, 14*, 231-236.

Kani, K., & Ogita, Y. (1979). Fundus controlled perimetry: The relation between the position of a lesion in the fundus and in the visual field. *Third International Visual Field Symposium, 19*, 341-350.［doi: 10.1007/978-94-009-9611-3_37］

Matsuno, K., Haruta, R., Mimura, O., & Kani, K. (1983). Photocoagulation and retinal sensitivity. Acta 24 International Congress of Ophthalmology, Philadelphia: K. B. Lippincott.

松尾　治亘・遠藤　成美・古野　史郎・原　たか子　(1975)．視路疾患の視野にみられると云う Riddoch-Zappia 現象について　日本眼科学会雑誌，*79*(9)，1321-1328.

Murata, T., Nishida, Y., Yoshida, T., Iwami, T., & Kani, K. (1998). Evaluation of fixation during perimetry using a new fundus perimeter. *Perimetry update 1998/99: Proceedings of the XIIth International Perimetric Society Meeting Gardone Riviera*（BS），155-160.

Nishida, Y., Kani, K., Murata, T., Okazaki, K., & Tamura, S. (1997). A new fundus perimeter by which the target can automatically pursue eye movement. In M. Wall & A. Heijl (Eds.), *Perimetry update 1996/1997* (pp. 75-79). Kugler Publications.

Nishida, Y., Murata, T., Yoshida, K., Sawada, T., & Kani, K. (2002). An automated measuring system for fundus perimetry. *Japanese Journal of Ophthalmology, 46*, 627-633.［doi: 10.1016/s0021-5155(02)00557-9］

Ogita, Y., Sotani, T., Kani, K., & Imachi, J. (1981). Fundus controlled perimetry in optic neuropathy. *Fourth International Visual Field Symposium*, Bristol 1980, *26*, 279-285.［doi: 10.1007/978-94-009-8644-2_41］

大庭　紀雄・大庭　彩子・佐藤　奈美　(2017)．神経眼科学の古典・原典：Riddoch 現象と盲視　神経眼科，*34*(2)，203-214.［doi: 10.11476/shinkeiganka.34.203］

Ohta, Y., Miyamoto, T., & Harasawa, K. (1979). Experimental fundus photo perimeter and its application. *Third International Visual Field Symposium Tokyo 1978, 19*, 351-358.［doi: 10.1007/978-94-009-9611-3_38］

第 II 部　視覚

Riddoch, G. (1917). Dissociation of visual perceptions due to occipital injuries, with especial reference to appreciation of movement. *Brain, 40*(1), 15-57. [doi: 10.1093/brain/40.1.15]

Scott, G. I. (1957). *Traquair's Clinical Perimetry*. Henry Kimpton.

丹沢 慶一・岡 真由美・雨島 歩美・島田 果歩・西川 真由・横山 夕華　(2020)．瞳孔視野測定における調和現象の検討　神経眼科，*37*，147-153．[doi: 10.11476/shinkeiganka.37.147]

Terao, N., Inatomi, A., & Maeda, T. (1982). Anatomical evidence for the overlapped distribution of ipsilaterally and contralaterally projecting ganglion cells to the lateral geniculate nucleus in the cat retina: A morphologic study with fluorescent tracers. *Investigative Ophthalmology & Visual Science, 23*(6), 796-798.

Trantas, N. G. (1955). Applications et résultats d'un moyen de la photosensibilité de la rétine. *Bulletin des Sociétés d'ophtalmologie de France, 55*, 499-513.

辻川 元一・大野 真理・近江 源治郎・不二門 尚　(1997)．SLOmicroperimerty により検討した同名半盲の 2 例　神経眼科，*14*(1)，27-32.

Walsh, F. B., & Sloan, L. L. (1939). Idiopathic flat detachment of the macula. *American Journal of Ophthalmology, 19*(3), 195-208. [doi: 10.1016/S0002-9394(36)91051-6]

Zappia, R. J., Enoch, J. M., Stamper, R., Winkelman, J. Z., & Gay, A. J. (1971). The Riddoch phenomenon revealed in non-occipital lobe lesions. *British Journal of Ophthalmology, 55*, 416-420. [doi: 10.1136/bjo.55.6.416]

(9・2)

Aoyama, T., & Kani, K. (1977). Pupillographic perimetry. *Documenta Ophthalmologica Proceeding Series, Second International Visual Field Symposium Tübingen 1976, 14*, 207-212.

Kardon, R. H. (1992). Pupil perimetry. *Current Opinion in Ophthalmology, 3*, 565-570. [doi: 10.1097/00055735-199210000-00002]

Matsumoto, C., Yamao, S., Nomoto, H., Takada, S., Okuyama, S., Kimura, S., ... Simomura, Y. (2016). Visual field testing with head-mounted perimeter 'imo'. *PLoS ONE, 11*(8), 2016. [doi: 10.1371/journal.pone.0161974]

Tan, L., Kondo, M., Sato, M., Kondo, N., & Miyake, Y. (2001). Multifocal pupillary light response fields in normal subjects and patients with visual field defects. *Vision Research, 41*, 1073-1084. [doi: 10.1016/s0042-6989(01)00030-x]

Wilhelm, H., Neitzel, J., Wilhelm, B., Beuel, S., Lüdtke, H., Kretschmann, U., & Zrenner, E. (2000). Pupil perimetry using m-sequence stimulation technique. *Investigative Ophthalmology & Visual Science, 41*, 1229-1238.

Yoshitomi, T., Matsui, T., Tanakadate, A., & Ishikawa, S. (1999). Comparison of threshold visual perimetry and objective pupil perimetry in clinical patients. *Journal of Neuro-Ophthalmology, 19*, 89-99.

(9・3)

Baylor, D. A., & Fuortes, M. G. (1970). Electrical responses of single cones in the retina of the turtle. *Journal of Physiology, 207*, 77-92. [doi: 10.1113/jphysiol.1970.sp009049]

Drasdo, N. (1977). The neural representation of visual space. *Nature, 266*(7), 554-556. [doi: 10.1038/266554a0]

Glezer, V. D. (1965). The receptive fields of the retina. *Vision Research, 5*, 497-525. [doi: 10.1016/0042-6989(65)90084-2]

Ikeda, H., & Wright, M. J. (1972). Receptive field organization of 'sustained' and 'transient' retinal ganglion cells which subserve different functional roles. *Journal of Physiology, 227*(3), 769-800. [doi: 10.1113/jphysiol.1972.sp010058]

池田 光男　(1975)．視覚の心理物理学　森北出版

乾 敏郎・可児 一孝・三宅 誠　(1989a)．ヒト網膜 X 細胞受容野密度と視力　神経眼科，*6*(4)，391-395.

乾 敏郎・可児 一孝・三宅 誠　(1989b)．ヒトの網膜 Y 細胞受容野密度の推定　神経眼科，*6*(4)，383-390.

Inui, T., Mimura, O., & Kani, K. (1981). Retinal sensitivity and spatial summation in the foveal and parafoveal regions. *Journal of Optical Society of America, 71*(2), 151-154. [doi: 10.1364/josa.71.000151]

乾 敏郎・三村 治・可児 一孝　(1982)．点刺激による空間加重領域ならびに抑制野領域の検討：網膜偏心度との関係　基礎心理学研究，*1*(2)，77-84.

可児 一孝　(2018)．視野検査に必要な視覚生理学と心理物理学　和田 直子・小林 昭子・中川 真紀・若山 暁美（編）　視能検査学（pp. 130-139）　医学書院

Kani, K., Inui, T., Haruta, R., & Mimura, O. (1983). Lateral inhibition in the fovea and parafoveal regions. *Fifth International Visual Field Symposium*, 77-84. ［doi: 10.1007/978-94-009-7272-8_55］

Kani, K., & Ogita, Y. (1979). Fundus controlled perimetry: The relation between the position of a lesion in the fundus and in the visual field. *Third International Visual Field Symposium*, *19*, 341-350. ［doi: 10.1007/978-94-009-9611-3_37］

Kani, K., Takashima, M., Nagata, S., Mimura, O., & Takubo, K. (1997). An analysis of human visual receptive fields using the perimetric method. In V. Lakshminarayanan (Ed.), *Basic and Clinical Applications of Vision Science*. Kluwer Academic Publishers.

Normann, R. A., & Weblin, F. S. (1974). Control of retinal sensitivity. I. Light and dark adaptation of vertebrate rods and cones. *Journal of General Physiology*, *63*, 37-61. ［doi: 10.1085/jgp.63.1.37］

岡本 祐二・三村 治・可児 一孝・乾 敏郎 （1986）．P 29 眼底視野計を用いたヒト視覚系（X system）の検討　神経眼科, *3*(4)，510-511．

Takashima, M., Nagata, S., & Kani, K. (1993). Examination of receptive fields using an automatic perimeter. *Perimetry update 1992/93: Proceedings of the Xth International Perimetric Society Meeting Kyoto*, 537-241.

Takashima, M., Nagata, S., Tsukada, H., Obata, N., & Kani, K., (1995). Ramp stimulation perimetry in testing the X-system. *Perimetry update 1994/95: Proceedings of the XIth International Perimetric Society Meeting Washington DC*, 149-157.

Werblin, F. S., & Dowling, J. E. (1969). Organization of the retina of the mudpuppy, *Necturus maculosus*. II. Intracellular recording. *Journal of Neurophysiology*, *32*(3), 339-355. ［doi: 10.1152/jn.1969.32.3.339］

(9・4)

Fankhauser, F., Sahr, J., & Bebie, H. (1977). Three years of experience with Octopus automatic perimeter. *Documenta Ophthalmologica Proceedings Series: Second International Visual Field Symposium Tübingen 1976*, 7-15.

Frisén, L. (2002). New, sensitive window on abnormal spatial vision: Rarebit probing. *Vision Research*, *42*, 1931-1939. ［doi: 10.1016/S0042-6989(02)00102-5］

Houston, S. K. S., Weber, E. D., Koga, S. F., & Newman, S. A. (2010). Rarebit perimetry for bedside testing: Comparison with standard automated perimetry. *Journal of Neuro-Ophthalmology*, *30*, 243-247. ［doi: 10.1097/wno.0b013e3181dee88a］

可児 一孝 （1993）．視野（定義と概念）　増田 寛次郎・猪俣 孟（編）　眼科学体系第 1 巻　眼科診断学・眼機能（pp. 479-488）　中山書店

Kani, K., Tago, H., Kobayashi, K., & Shioiri, T. (1985). A new automatic perimeter. *Sixth International Visual Field Symposium, Santa Margherita Ligure*, 69-75. ［doi: 10.1007/978-94-009-5512-7_9］

Nagata, S., Kani, K., & Sugiyama, A. (1991). A computer-assisted visual field diagnosis system using a neural network. *Perimetry Update 1990/91*, 291-295.

Nakatani, Y., Ohkubo, S., Higashide, T., Iwase, A., Kani, K., & Sugiyama, K. (2012). Detection of visual field defects using fundus-oriented small target perimetry in preperimetric glaucoma. *Japanese Journal of Ophthalmology*, *57*, 34-40.

杉山 昭洋・永田 啓・可児 一孝 （1991）．2 種類のニューラル・ネットワークによる視野診断支援システム　日本眼光学学会誌, *12*，14-17．

杉山 和久 （2012）．緑内障研究の進歩：原発開放隅角緑内障（広義）への挑戦：臨床的諸問題とその化学的解決　日本眼科学会誌, *116*，233-267．

Ubukata, H., Maeda, F., Masuda, O., Kobayashi, A., Kani, K., & Abe, H. (2018). Development of a training system for manual kinetic perimetry using the Goldmann perimeter. *Niigata Journal of Health and Welfare*, *18*(1), 10-17.

Walsh, F. B., & Sloan, L. L. (1939). Idiopathic flat detachment of the macula. *American Journal of Ophthalmology*, *19*(3), 195-208. ［doi: 10.1016/S0002-9394(36)91051-6］

第 10 章　空間視と時間視

10·1　正弦波格子縞における空間周波数とその意義

10·1·1　正弦波格子縞

　視力（visual acuity：VA）とは，明瞭な（高コントラストの）空間パターンの詳細を見る能力，つまり空間解像能力である。視覚系の空間特性として一般的になじみ深い。視力が良いと細かいところまで見え，悪いと小さな文字が読めない。視力を定量的に評価するとき，特に日本ではランドルト環（Landolt ring）がよく用いられる。ランドルト環は，小さな切れ目が入った円環パターンで，判別できる切れ目の幅が視力の指標となる。視覚的に分離できる最小のサイズを視角で表した最小分離閾角度（最小視角）（minimum angle of resolution：MAR）が 0.5 min であれば視力は 2.0，1 min なら視力は 1.0 となる

（ここで，1 min＝1/60 deg）。

　空間解像能力の測定には，正弦波格子縞（sinusoidal grating）のような縞パターンも用いられる（図 10-1-1）。正弦波格子縞とは，明暗からなる縞模様で，縞と垂直方向の輝度のプロフィールが正弦波状になっているものをいう。明暗の縞の波長を短く，すなわち空間周波数を高くすると，次第に細かな縞が見えなくなって一様なパターンに見える。その境界が解像度の指標となる。縞パターンの細かさは視角 1 deg に明暗の繰り返しが何回含まれるかによって表現する（cycles per degree：cpd, c/deg）。これを空間周波数（spatial frequency）という。空間周波数が 30 c/deg（視角 1 deg に明暗が 30 周期）で周期幅が 2 min，つまり 1 本の明または暗の縞の幅が 1 min となる。これは，ランドルト環で測ったときの視力 1.0 にほぼ対応する。

　図 10-1-1 に示した正弦波格子縞では，図 10-1-1a～c の各図ではそれぞれ，空間周波数が左から右に

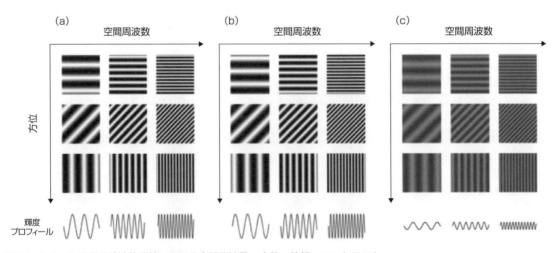

図 10-1-1　2 次元正弦波格子縞における空間周波数，方位，位相，コントラスト
　　　　　(a)　(b)　(c) の各列は空間周波数，各行は方位が異なる。(a)と(b)および(b)と(c)では位相が 180 度異なる。
　　　　　(a),(b)と(c)は輝度コントラストが異なる。最下段は 1 次元輝度プロフィールを示す。

588

いくについて増加している。方位（orientation）は正弦波格子縞の傾きを示す。図10-1-1a～cの各行では方位が異なっている。位相（phase）は正弦波格子縞の明暗の縞の位置を示す。図10-1-1aと図10-1-1bの間，および図10-1-1bと図10-1-1cの間では，位相が180°異なっている。

xy平面上の各点における輝度値として定義される2次元正弦波格子縞$l(x, y)$は式(1)で示される。

$l(x, y)$
$= l_0 [1.0 + c \sin\{2\pi f(y \sin\theta + x \cos\theta) - \phi\}]$　(1)

l_0は平均輝度，fは空間周波数，θは方位，cはコントラスト，ϕは位相を意味する。

正弦波格子縞のコントラストc（輝度コントラスト）は，式(2)に示した関係により平均輝度（mean luminance）と振幅（amplitude）から定義される。

平均輝度 $= (L_{max} + L_{min})/2$
振幅 $= (L_{max} - L_{min})/2$
コントラストc = 振幅/平均輝度
$= (L_{max} - L_{min})/(L_{max} + L_{min})$　(2)

ここでL_{max}は正弦波格子縞における最大輝度，L_{min}は最小輝度となる。コントラストの定義はいくつかあるが，式(2)で定義されるコントラストはMichelsonコントラスト（Michelson contrast）と呼ばれる。図10-1-1a, bと図10-1-1cとの違いは正弦波格子縞におけるMichelsonコントラストの違いを示しており，図10-1-1cのほうが図10-1-1aと図10-1-1bよりもコントラストが低い。図10-1-1の4行目は3行目に示した正弦波格子縞の1次元的な輝度変化（輝度プロフィール）を表している。この輝度プロフィールからもわかる通り，図10-1-1に示したすべての正弦波格子縞において平均輝度は等しくなっている。

10・1・2　画像の空間周波数成分

図10-1-2a（輝度プロフィールは図10-1-2b）に示した縞模様は空間周波数と位相が異なる3種類の2次元正弦波格子縞（図10-1-2c～e，輝度プロフィールは図10-1-2f）が加算された結果である。このように，あらゆる縞模様は，空間周波数，位相，方位が異なる2次元正弦波格子縞の加算の形に分解することができる。逆に，適切に選んだ正弦波格子縞の加算によって任意の縞模様を生成することができる。

同様の議論は縞模様のみならず，通常の画像（自然画像）においても成り立つ。図10-1-3aは画像の空間次元（xy平面）における表現，図10-1-3bおよ

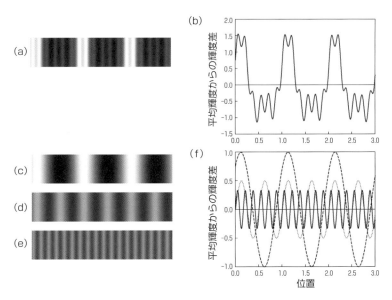

図10-1-2　2次元正弦波格子縞の加算によるパターンの生成（Frisby & Stone, 2010, Fig. 4.27を改変）
　　　　（a）元の縞模様，（b）aの1次元輝度プロフィール，（c）（d）（e）aを構成する正弦波格子縞［(f)はその輝度プロフィール］。（a）と（c）～（e）との関係は，フーリエ変換・逆フーリエ変換により表される。

第Ⅱ部　視覚

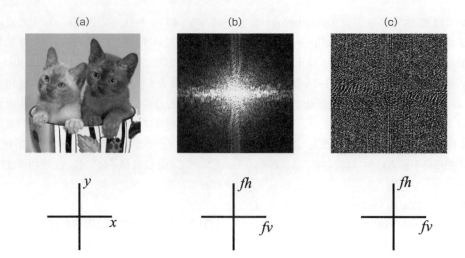

図 10-1-3 自然画像（a）の振幅スペクトル（b）と位相スペクトル（c）
(a) は空間次元における表現であり，横軸 x は水平位置，縦軸 y は垂直位置を示す。(b)(c) は周波数次元における表現であり，横軸 fv は垂直周波数，縦軸 fh は水平周波数を，原点は平均輝度の値に関連する直流成分を，軸上で原点から n 単位ずれた点は画像の 1 辺当たり n 周期で変調する空間周波数成分を示す。

び図 10-1-3c はそれぞれ，空間周波数次元（fv：垂直空間周波数，fh：水平空間周波数）における振幅スペクトル（式(2)）および位相スペクトルの表現である。このような空間次元から空間周波数次元への変換をフーリエ変換（Fourier transform），空間周波数次元から空間次元への変換を逆フーリエ変換（inverse Fourier transform）という。

空間次元と空間周波数次元は，フーリエ変換および逆フーリエ変換により情報の欠落なしに変換される。図 10-1-3b と図 10-1-3c における各点は，一つの空間周波数成分における振幅と位相を表している。したがって図 10-1-3b と図 10-1-3c は，図 10-1-3a を構成している 2 次元正弦波に関する情報をすべて含んでいる。空間周波数次元（図 10-1-3b, c）において振幅や位相を操作することにより，画像のさまざまな特性を操作することができる。

図 10-1-4a は元画像（図 10-1-3a）における低空間周波数成分から合成した画像である。その振幅スペクトル（図 10-1-4b）から，（中心に近い）低空間周波数成分のみが含まれていることがわかる。これは元画像（図 10-1-3a）に低域通過型（ローパス）フィルタ（low-pass filter）をかけたことに該当する。同様に，中間の空間周波数成分（図 10-1-4d）により合成した画像が図 10-1-4c となり，帯域通過型（バンドパス）フィルタ（band-pass filter）をか

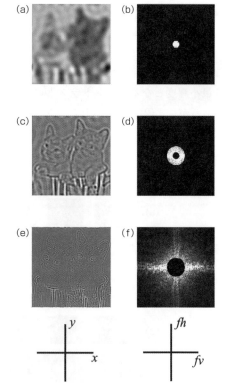

図 10-1-4 2 次元画像へのフィルタリング結果とその振幅成分
(a) 図 10-1-3a の画像に低域通過型（ローパス）フィルタを適用した結果，(b) a の振幅スペクトル，(c) 帯域通過型（バンドパス）フィルタを適用した結果，(d) c の振幅スペクトル，(e) 高域通過型（ハイパス）フィルタを適用した結果，(f) e の振幅スペクトル。

けたことに該当する．図 10-1-4f は元画像に高域通過型（ハイパス）フィルタ（high-pass filter）をかけたことに該当し，結果として図 10-1-4e は高空間周波数成分のみをもつ．こうしたフィルタリングにより，画像の見えにおける各空間周波数成分がもつ効果を明らかにすることができる．

10・1・3　空間コントラスト感度関数

ここで，正弦波格子縞を規定する空間周波数に基づく分析が視覚研究に適しているとして重宝されてきた理由をまとめてみる．第 1 の理由は，線形システム理論（linear systems theory）の枠組みが使えるということである．線形システムとは入力が n 倍になると出力が n 倍になり，入力 a と b に対する出力の和が入力 a+b に対する出力に等しくなるようなシステムである．線形システムだと正弦波入力は同じ周波数の正弦波として出力され，振幅と位相だけが変調される．フーリエ変換によって任意の空間パターンはさまざまな空間周波数と方位をもつ正弦波に分解できる．それゆえ，線形システムで近似できる範囲では，それぞれの正弦波に対する振幅と位相の変調関数がわかれば，任意の空間パターンに対するシステムの出力は推定できる．

画像がもつ各空間周波数に対する人間の観察者の感度は空間コントラスト感度関数（spatial contrast sensitivity function）として記述できる（図 10-1-5）．図 10-1-5 の横軸は空間周波数，縦軸は感度となる．こうしたコントラスト感度関数は視覚の空間周波数特性を表している．コントラスト感度関数を得るための実験手法や関数形状を決定する背後の神経機序については，II・10・2 で解説する．コントラスト感度関数は，視覚系の特性によって正弦波の振幅がどれだけ変調されるかを表すために，視覚系の振幅変調伝達関数（amplitude modulation transfer function）とも呼ばれる．空間入力に関しては位相変調はほとんど無視してよいほど小さいので，各空間周波数に対する感度を表すコントラスト感度関数から振幅変調伝達関数が推定できれば，任意の入力画像がどのような知覚像に変換されるのかがわかる．図 10-1-6 では，入力画像（図 10-1-6a）がコントラスト感度関数（図 10-1-6c）に基づいて変調され

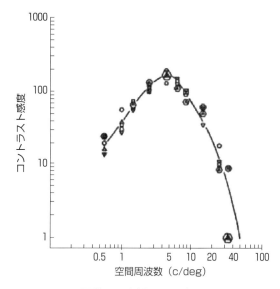

図 10-1-5　明所視下で測定された空間コントラスト感度関数（空間周波数特性）(De Valois et al., 1974)
コントラスト感度（コントラスト閾の逆数）を正弦波格子縞の空間周波数の関数として表している．

た出力画像（図 10-1-6e）を表している．この例では，コントラスト感度関数がもつバンドパス特性により，最も細かい縞模様と最も粗い縞模様の振幅が低下するために，出力画像，すなわち予測される知覚は入力画像とは異なっている．

さらに，線形システム理論の枠組みで考えると，システムが複数のステージで構成されるときでも，各ステージの振幅変調伝達関数を掛け合わせたものが全体の振幅変調伝達関数になる．また，空間周波数に基づく振幅／位相変調伝達関数を逆フーリエ変換することでインパルス応答関数（impulse response function：IRF）が得られる．線広がり関数（線像強度分布）（line spread function）ともいわれ，無限小の幅をもつ線がシステムを通ることでどれだけ広がり，形が変わるかを表現している．インパルス応答関数でも線形システムの特性を記述することができる．

ただし，実際の視覚系は眼光学系までは線形システムで記述できるにしても，網膜以降の処理は様々な非線形性を含む．そのため，空間周波数に対するコントラスト感度関数は視覚系の振幅変調特性を近似的に表現したものと理解したほうがよい．また，

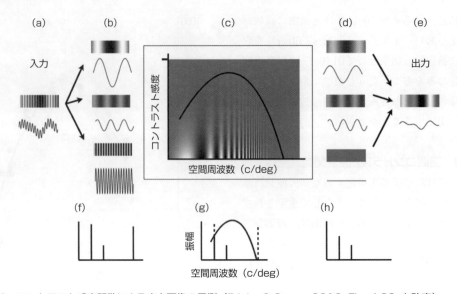

図 10-1-6 コントラスト感度関数による出力画像の予測（Frisby & Stone, 2010, Fig. 4.26, を改変）
(a) 入力画像とその1次元プロフィール，(b) a がもつ3種類の正弦波成分とその1次元プロフィール，(c) Campbell-Robson チャートにコントラスト感度関数を重畳したもの，(d) コントラスト感度関数による (b) の変調結果とその1次元プロフィール，(e) d が統合された結果とその1次元プロフィール，(f) b がもつ振幅，(g) c による f の変調，(h) c による変調の結果．

線形システム理論をベースにした議論は，視覚系の処理を入力画像から知覚像に変換するフィルタ（伝達関数）と考え，その変換特性を記述することで視覚系を理解しようという発想に立っており，そこには網膜像から世界を知覚するための神経情報処理を考えようという発想が欠けている．他方，任意の入力画像に対する神経情報処理を仮定する空間視のモデルでは，視覚系が示す非線形性をどう捉えるか，にその力点が置かれている．このような空間視のモデルについては II・10・3 以降で解説する．

空間周波数に基づく分析が視覚研究に適している第2の理由は，視覚系への入力となる自然画像の記述に適しているということである．自然画像はフラクタル的な性質をもっており，どのスケールで見ても（画像を拡大しても縮小しても），対象までの視距離が変わっても，その空間周波数特性があまり変わらないことが多い．具体的には，広い範囲の空間周波数に画像成分が分布し，その振幅は周波数（f）の上昇に対してほぼ $1/f$ 関数に従って低下する．そういう画像に対して，低空間周波数成分が見えやすい，あるいは高空間周波数成分が見えにくいといったことを指摘することは視覚系の特性の有効な記述になる．

10・1・4 空間周波数チャンネル

空間周波数に基づく分析が視覚研究に適している第3の，そして最大の理由は，視覚系の空間情報処理にとって，空間周波数が基本的な情報表現次元になっているということである．つまり，初期視覚系のメカニズムは空間周波数選択性をもっている．正弦波格子縞の検出に関わっているメカニズムは複数あり，それぞれがある範囲の空間周波数を担当している．すなわち，低空間周波数の検出を担当するメカニズム，中間の空間周波数の検出を担当するメカニズム，高空間周波数の検出を担当するメカニズムが別々に存在する．さらにこのメカニズムは，方位に対しても選択性がある．たとえば縦の格子縞と横の格子縞の検出は別のメカニズムが担当する．

各空間周波数を担当するメカニズムは空間周波数チャンネル（spatial frequency channel）あるいは空間周波数フィルタ（spatial frequency filter）と呼ばれている．マスキング（masking）や選択的順応（selective adaptation）を使った心理物理学的研究からこうしたチャンネルの存在が明らかにされた．

マスキングとは，ある刺激の検出や認識などをする課題において，別の刺激が呈示されることによって検出や認識などが妨害される効果であり，特に同時呈示の事態を同時マスキングという。一方，順応とは，ある刺激を見続けたりある環境にさらされ続けたりしたあとに，呈示される刺激の見えやすさ（コントラスト感度）が変化したり，見え方が変化する効果である。特に何らかの変数上で限られた範囲内の値をもつ刺激にのみ順応の効果が及ぶことを指して，選択的順応という。

　マスキングも選択的順応も，順応中と順応後の二つの刺激が共通のメカニズムで処理されているときに生じると考えられている。たとえば空間周波数が大きく異なる二つの正弦波格子縞を空間的に重畳して呈示したとき，片方の正弦波格子縞のコントラスト検出閾は，同時に存在するもう一方の正弦波格子縞にほとんど影響されない（Campbell & Robson, 1968；Graham & Nachmias, 1971）。つまり，空間周波数が離れているとマスキングが生じない。また，高コントラストの正弦波格子縞に順応した後にいろいろな格子縞の検出閾を測定した場合，影響を受けてコントラスト感度が低下するのは格子縞が順応刺激と近い空間周波数をもつ場合のみであり，空間周波数が離れていると格子縞の検出閾は順応の影響を受けない（Blakemore & Campbell, 1969；Pantle & Sekuler, 1968）。さらには，棒（bar），矩形波，のこぎり波といった，複数の空間周波数成分からなる複合波刺激の検出閾は，その構成成分のなかで，単独呈示したときに最も感度が高い空間周波数の検出閾から推定できる（Campbell et al., 1969；Campbell & Robson, 1968）。これは，空間周波数が離れていると信号検出において検出閾下の信号の加算が起こらないからと考えられる。以上のような，正弦波格子縞を刺激として，選択的順応，マスキング，閾下加算といった手法により空間周波数チャンネルを検討した古典的な心理物理学的研究については，市原（1994, pp. 566-573），塩入（2000, pp. 200-205）を参照のこと。

　これらの心理物理学的な特性から，視覚系は，空間周波数次元において独立した線形フィルタバンクとして機能するチャンネルを基とする，一種の粗いフーリエ解析器と見なす概念が確立されていった（Sachs et al., 1971）。この概念に基づけば，図10-1-5に示したコントラスト感度関数は，一つのメカニズムの感度特性を表しているのではなく，複数の空間周波数チャンネルのピーク感度を包絡として結んだものと解釈できる。心理物理学的な実験に基づき導き出された空間周波数の同調関数（tuning function）から推定されたチャンネルのバンド幅は，1-2オクターブ程度と推定されている（Blakemore & Campbell, 1969）。したがって空間周波数が2-4倍離れた格子縞はそれぞれ異なるチャンネルにより検出される。Wilson et al.（1983）はマスキング実験により，六つのチャンネルを仮定すればコントラスト感度関数の包絡が説明できるとした。ただし，後述する Schütt & Wichmann（2017）では（II・10・6・1），自然画像に空間視のモデルを適用するためにチャンネル数を増やす必要があると指摘されている。

10・1・5　ガボール関数

　神経生理学的な知見が蓄積されていくなかで，空間周波数チャンネルは神経メカニズムとして具体的な解釈が与えられた（たとえば，Jones & Palmer, 1987）。視覚野に存在する神経細胞は，網膜上の特定の位置に光刺激が与えられると興奮し，別の位置に光刺激が与えられると抑制されるという受容野構造をもつ。網膜や外側膝状体，一次視覚野などの初期視覚処理段階は，中心興奮／周辺抑制あるいは中心抑制／周辺興奮という受容野をもつものが多い。これは，特定の周波数帯の入力によく応答する帯域通過型の空間周波数フィルタになっている。この受容野のスケールにはバリエーションがあり，大きいものは主に低空間周波数，小さいものは主に高空間周波数の入力に反応する（De Valois & De Valois, 1988）。

　一次視覚野では，特定の方位に伸びた受容野構造によって，空間周波数だけでなく方位にも選択性をもっている。このような受容野をもつ神経細胞が空間周波数チャンネルの神経相関であると考えられており，正弦波にガウス関数の窓をかけたガボール関数（Gabor function）で表現される場合が多い（図

10-1-7)。実空間での1点（デルタ関数）は周波数次元では全周波数に広がり，周波数次元で1点である正弦波は実空間では無限の広がりをもつ。つまり，一方で局在すると他方では無限に広がる。実空間と周波数空間の両方で広がりをもちつつ局在するのがガボール関数である。ガボール関数を基底関数として画像を表現するというのは，位置と空間周波数の両方で刺激を特徴付ける視覚系にとって自然な方略である。ガボール関数の基本パラメータは，中心位置，空間周波数，方位，位相，ガウス窓のサイズであり，ガウス窓が小さくなるほど周波数と方位のバンド幅が広くなる［図10-1-7および式(3)］。一次視覚野の細胞群は，さまざまな網膜位置，空間スケール（空間周波数），方位，位相の組み合わせから成るフィルタバンクになっており，一種のウェーブレット変換（信号を小さな波の組み合わせの形で表現する手法）をしていると見なすことができる。

$$l(x, y) = l_0 \left[1.0 + c \sin\{2\pi f(y\sin\theta + x\cos\theta) - \phi\} \times \exp\left(-\frac{x^2 + y^2}{2\sigma^2}\right) \right] \quad (3)$$

l_0は平均輝度，fは空間周波数，θは方位，cはコントラスト，ϕは位相，σはガウス窓の標準偏差を意味する。

視覚システムは複数のサブメカニズムから構成されているが，心理物理学では入力に対する視覚システム全体の応答を測定するため，神経生理学のように特定の神経細胞の応答を直接測定することはできない。しかし，サブメカニズムの視覚刺激に対する選択性に着目すれば，特定のサブメカニズムの特性を推定することができる。コントラスト感度関数は視覚系全体の特性を反映したものであるが，先述の通り複数の空間周波数チャンネルが別々の帯域の空間周波数の検出を担当している。したがって，正弦波格子縞やガボールパターンを刺激に用いることで，特定の空間周波数チャンネルの特性を引き出すことができる。たとえば空間周波数チャンネルにおけるバンド幅の推定（Blakemore & Campbell, 1969）はこうしたロジックに基づいている。

10・1・6　方位と位相

方位についても空間周波数と同様，順応，マスキング，閾下加算といった心理物理学的手法により方位同調関数が推定されてきた。実験手法や刺激の種類により値は変わりうるが，その半値幅（測定された感度が山形の曲線をなすとき，その半分の高さにおける幅）は10-30°となっている。詳細は，氏家（2000, pp. 213-219）を参照のこと。後述するSchütt & Wichmann（2017）はそのモデルにおいて，方位のチャンネル数を180°の範囲で8としている。

傾いた線分よりも水平／垂直の線分を用いた方が，視力，方位検出あるいは方位弁別といった視覚特性が向上するバイアスを傾き効果（斜め効果）(oblique effect) と呼ぶ（Heeley et al., 1997）。方位空間において，こうした視覚特性が優れた方位がなす軸を主軸（cardinal axis）と呼ぶ。傾き効果における主軸の決定には，頭の向きに関する信号と重力の方向に関する信号の双方が関わっており，水平／垂直方向を際立たせることにより視野の安定性に寄与するという指摘がある（Mikellidou et al., 2015）。

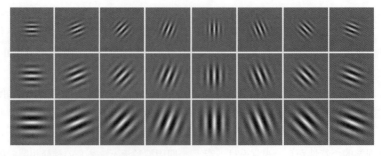

図10-1-7　2次元ガボール関数に基づくガボールパターン
　横方向は方位の変化，縦方向は空間周波数の変化を示す。ここでは正弦波におけるサイクル数を固定しているために，空間周波数が低下するほどパターン全体のサイズは大きくなる。

傾き効果に加えて，視野位置に依存した方位バイアスもある。視野中心からの同心円を考えたとき，接線（tangential）方向よりも放射（radial）方向にある線分への感度が高い（Sasaki et al., 2006；Westheimer, 2003）。Westheimer（2003）では，異なる網膜位置において線分の方位弁別課題を行った結果，傾き効果に加えて，中心からの放射方向にある線分への感度のほうが，中心を取り囲む仮想的な円の接線を成す線分への感度よりも高くなっている（図10-1-8）。

位相情報の符号化についても心理物理学的に検討されてきた。位相が異なる複数の正弦波格子縞から合成された複合波の検出閾は，各格子縞がもつ位相には影響されない（Graham & Nachmias, 1971）。また，異なる周波数の二つの正弦波を合成して相対位相を変化させたパターンの知覚は，局所的なコントラスト変化の検出に基づいており，相対位相に基づくものではない（Badcock, 1988）。これらの結果は，閾値周辺のみならず閾上のコントラストにおいても，視覚系は複合波を構成する個々の正弦波の位相情報には直接アクセスできない可能性を示唆している。Hubel & Wiesel（1962）による一次視覚野における単純型細胞と複雑型細胞の階層的機能的分類において，単純型細胞は位相に依存するが，複雑型細胞は依存しないことから，位相に依存しないという心理物理学的データは，複雑型細胞の特性と合致していると考えられた。

その一方で，位相特性からみた単純型細胞と複雑型細胞の差はカテゴリ的（あるいは階層構造的）というよりは連続的であり（De Valois & De Valois, 1988；Mechler & Ringach, 2002），また物体認識においては位相情報に対する感度が高いことから（Piotrowski & Campbell, 1982；Wichmann et al., 2006），II・10・6・1で説明するような空間視のモデル構築においては，単純型細胞のように位相に選択的なメカニズムも考慮する必要があると考えられる。なお，位相に関する心理物理学的実験については氏家（2000, pp. 210-213）を参照のこと。

（竹内 龍人・吉本 早苗・本吉 勇・西田 眞也）

10・2 空間コントラスト感度関数とその規定要因

10・2・1 コントラスト感度関数の特徴

2次元正弦波格子縞を視覚刺激に用いることで，解像度の上限だけでなく，異なる空間スケールの視覚特性が評価できる。特定の空間周波数の正弦波格子縞は，コントラストを下げていくと見えなくなる。その刺激に対する感度が高いほど低いコントラストで検出できると考えて，検出できる限界のコントラスト閾値の逆数を感度の指標として，空間周波数の関数として表したのが図10-1-5のコントラスト感度関数であった。コントラスト感度関数は，視覚系の基本的な空間特性を表すものとして重要視されてきた。II・10・1で説明したように，線形システム理論に基づけば，画像を構成する周波数成分としてのさまざまな2次元正弦波格子縞への視覚系の空間周波数特性がわかれば，任意の画像に対する感度が事前に推定できるからである（図10-1-6）。こうした仮説を背景とし，空間的なパターンの知覚（空間視）をもたらす機序の探究が20世紀後半における視覚研究のメインストリームを形成した（De Valois

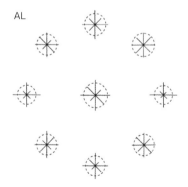

図10-1-8 中心視野および周辺視野（20 deg）における線分の方位弁別課題の結果（Westheimer, 2003）
図内の線分の長さは感度の高さを表している。たとえば，左斜め上の網膜位置におけるデータでは，接線方向に描かれた右上がりの線分よりも，放射方向に描かれた左上がりの線分のほうが長くなっている。同様の傾向は他の網膜位置においても確認できる。実験参加者1名分の結果。

& De Valois, 1988)。本項では，コントラスト感度関数を規定する要因について解説する。

図10-1-5で示したように，標準的な観察条件（静止刺激・中心視・高順応輝度）で測定したコントラスト感度曲線は中間周波数（4 c/deg 付近）でピークとなる。それより空間周波数が高くなると感度が次第に低下し，視力の限界となる 30-60 c/deg で感度が0（100%コントラストでも検出不能）になる。また，ピーク周波数より低周波数側でもコントラスト感度はなだらかに低下する。全体としては，バンドパス（帯域通過）型の感度曲線になる。数式によるコントラスト感度関数の近似としては，3あるいは4パラメータによる対数パラボラ関数（式(4)）が用いられていることがある（Lu & Dosher, 2014；Rohaly & Owsley, 1993）。4パラメータモデルでは，低空間周波数と高空間周波数領域における感度低下の非対称性を捉えることができる。後述するように，両空間周波数領域における感度低下は異なる機序によるために，視覚情報処理的な観点からは4パラメータモデルの妥当性は高い。なお，近似のみを目的とするのであれば，類似した関数であれば十分との指摘もある（Watson & Ahumada, 2005）。

$$\log_{10}[S(f)] = \begin{cases} \log_{10}(\gamma_{\max}) - \log_{10}(2)\left(\dfrac{\log_{10}(f) - \log_{10}(f_{\max})}{\log_{10}(2\beta)\,/\,2}\right)^2, & \text{if } f \geq f_{\max} \\ \log_{10}(\gamma_{\max}) - \delta, & \text{if } f < f_{\max}\ \&\ S(f) < \gamma_{\max} - \delta \end{cases}$$

(4)

$S(f)$は感度（空間周波数），$\gamma_{\max}$はピークのゲイン（感度），$f_{\max}$はゲインがピークとなる空間周波数，βはバンド幅，δは低空間周波数領域における低下量を意味する（Lu & Dosher, 2014, 式10.20）。

コントラスト感度の空間周波数特性は，眼光学系の特性や光受容器（錐体・桿体）の空間分布等の特性，光受容器以降の神経情報処理など，視覚系におけるさまざまな処理過程が関連していると考えられる。たとえば眼光学系は，高空間周波数になるほど通過率が下がるローパス（低域通過）型の特性をもつ。角膜や水晶体における全体的な屈折力が最適に調節されていても，収差と回折の影響で網膜像の画質には限界がある。収差には，球面収差や高次収差（乱視）などの単色収差（波面収差）と，波長による屈折率の違いが生む色収差がある。瞳孔を小さくすると（ピンホールカメラに近づくので），収差によるボケは減少する。しかし，光の回折の効果によってボケが増える。そのため，中心視の解像度の上限となる 50-60 c/deg 以上の高空間周波数は眼光学系をほとんど通過しない。錐体の分布密度は中心窩で最も高く，周辺になるにつれ低下する。中心窩における錐体間の最小間隔は 0.5 min 程度であり，これも解像度限界にほぼ対応する。つまり，中心窩においては，錐体間隔による限界と眼光学系の限界がほぼ一致している。

10・2・2 コントラスト感度関数の理想的観察者分析

Banks et al.（1987）は，空間コントラスト感度関数における，眼光学系および光受容器（錐体）の影響を定量的に明らかにするために，理想的観察者分析（ideal-observer analysis）を適用した。その過程ではまず，角膜から網膜における錐体までの情報変換を特定する。図10-2-1では上段からそれぞれ，入射光が角膜を通過した時点，眼光学系を通過した時点，そして錐体により吸収される時点における光

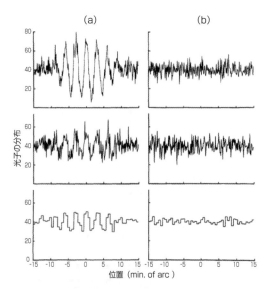

図10-2-1 正弦波格子縞（20 c/deg）(a)，あるいは一様な画面（b）が呈示されたときの光子の分布の例（Banks et al., 1987, Fig. 1）
（上）角膜通過時の光子の分布，（中）眼光学系通過時の分布，（下）錐体における分布。

子のゆらぎを空間の関数として示している。ここでは2mmの瞳孔径，レーザー光による干渉縞を直接網膜に照射して得られた線広がり関数（Campbell & Gubisch, 1966）から算出した点広がり関数（点像強度分布：point spread function），そして中心・周辺視野に関わりなく規則的に配置された錐体モザイク（モザイク状に分布した錐体）が仮定されている。図10-2-1の左側が正弦波格子縞（20 c/deg）を呈示した場合，右側が一様な画面を呈示した場合のシミュレーションである。この左右の状態（図10-2-1a, b）が弁別可能となる最小の刺激コントラスト値がコントラスト閾となる。心理物理学的実験状況として二股強制選択（2AFC）を想定しているために，この閾値よりもコントラストが高ければ，正弦波格子縞が呈示されているか（図10-2-1a）あるいは一様な画面が呈示されているか（図10-2-1b），その弁別が可能になる。

　理想的観察者分析は，錐体が吸収する光子がポワソン分布すること，およびターゲットが正弦波格子縞という輝度プロフィールをもつことが既知であるという前提に基づく。図10-2-2に，図10-2-1で示した理想的観察者分析を行った結果（"Banks '87 理想的観察者"）が示されており，これがコントラスト感度関数の理論的な上限値となる。同じく図10-2-2の三角形印のデータは，2AFCにより正弦波格子縞と一様な画面とを弁別する心理物理実験により，2名の実験参加者から得られたコントラスト感度関数である。これらの実測コントラスト感度関数は，理想的観察者分析から算出されたコントラスト感度よりも1対数単位以上低くなっており，推定値からの乖離が大きい。

10・2・3　初期視覚系のimage-computableモデル

　Cottaris et al.（2019）は，初期視覚系のimage-computableモデル（自然画像を直接入力としてその計算過程および結果を明示できるモデルのこと。II・10・6参照）構築のための研究（ISETBio, http://isetbio.org）の一環として，眼光学系および錐体の特性を最近の測定に基づいたものに置き換えたうえで，機械学習によりコントラスト感度関数を推定し

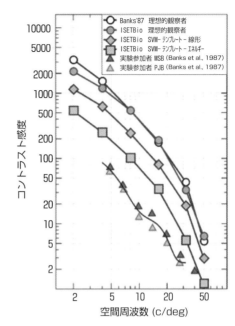

図10-2-2　Image-computable モデルによるコントラスト感度関数の推定（Cottaris et al., 2019, Fig. 9 を改変）
理想的観察者分析（丸印）と機械学習（SVM）によるコントラスト感度関数の推定値（菱形印，四角形印）および2名の実験参加者から得られたコントラスト感度値（三角形印）を空間周波数の関数として示している。心理物理学的な実測値に最も近い推定値は，エネルギーモデルによる空間統合を仮定したモデル（ISETBio SVM テンプレートエネルギー，四角形印）となった。

た。まず，波面センサーにより直接的に測定した波面収差から算出した点広がり関数（Liang & Williams, 1997；Thibos et al., 2002）を眼光学系の特性として用いた。さらに，LMS三錐体の比率における網膜偏心度依存性，錐体分布の密度，錐体内節の直径，錐体外節の長さといった点について，実際に即した値（Curcio et al., 1990）を用いた。そして，実験参加者は各試行において最適な判断を下すという仮定や，ターゲット刺激については既知であるといった仮定をなくし，得られた心理物理学的な実測値に対して機械学習（サポートベクターマシン, support vector machine：SVM）を適用した。SVMにより予測されたコントラスト感度関数のなかで，心理物理学的な実測値（図10-2-2，三角形印のデータ）と最も近いコントラスト感度関数は，同図内の"ISETBio

第II部　視覚

SVM-テンプレート-エネルギー"（図10-2-2，四角形印データ）となった。ここでは，錐体数に基づく次元（このシミュレーションでは最大で錐体数7万個×時間軸上20回）を圧縮するために錐体反応を空間的統合する際，直交受容野ペア（quadrature pair）（位相が90°異なるガボール関数状のフィルタのペア）からコントラストエネルギーを算出している。この空間統合様式は，一次視覚野の複雑型細胞のモデルでよく使われる（Emerson et al., 1992；Ohzawa et al., 1990）。

　Cottaris et al.（2019）によるシミュレーション（図10-2-2）から判明した点をまとめる。

(1)波面収差に基づく点広がり関数が高空間周波数領域における感度の上限を規定する。一方で，錐体モザイクの空間構造が低空間周波数領域における感度の上限を規定する。ただし後者については，ターゲット刺激における縞の数を一定としてシミュレーションしている。そのために，低空間周波数をもつ刺激では面積が大きくなり，中心と周辺の錐体モザイクの違いが感度に影響を及ぼすようになる。

(2)コントラスト感度の絶対値は，実験参加者による判断をどのようにモデル化するか，という点に大きく依存する。特に，信号に関するすべての情報が事前に与えられているという非現実的な仮定をおく理想的観察者分析よりは，事前の仮定を置かず機械学習を利用した方が，最適までには及びえない（suboptimal）人間の意思決定過程をモデル化するには適している可能性がある。

(3)図10-2-2が示す通り，眼光学系および錐体モザイクの影響のみではコントラスト感度を定量的には説明できない。錐体以降における視覚神経回路網の機序に関する検討が必要になる。

　(3)に関しては，たとえば，眼光学系の影響を取り除くことで，錐体以降の要因の空間解像度への影響を明らかにすることができる。古典的には，先に記したレーザー干渉法により高空間周波数・高コントラストの正弦波を網膜上に投影する方法がある。これにより，60 c/deg より高い空間周波数でも人間が検出可能であることが示されている（Campbell & Green, 1965）。近年は，補償光学（adaptive optics: AO）を用いて，網膜上に眼光学系の限界を超えたシャープな映像を投影することが可能となっている（Liang et al., 1997）。ただし，コントラスト感度関数に対するこうした投影の効果は大きなものではなく，やはり錐体以降における視覚神経回路網の重要性が示唆される（de Gracia et al., 2011）。

10・2・4　コントラスト感度関数における順応輝度の効果

　コントラスト感度に基づく空間周波数特性は，刺激がもつ時間周波数，方位，面積，色，あるいは刺激呈示時の順応輝度や網膜偏心度などさまざまな要因によって変化する。順応輝度は瞳孔径の影響を考慮して一般的には網膜照度（単位 troland, td）で定義される（人工瞳孔などを用いて瞳孔径が一定となる条件では，網膜照度は刺激呈示画面の平均輝度に比例する）。この順応輝度が低下すると，つまり刺激呈示画面が暗くなると，順応輝度が高いときに比べてコントラスト感度は低下する（図10-2-3）。輝度で定義された正弦波格子縞（図10-2-3上段）の場合には，①ピーク感度を示す空間周波数が低くなる，②カットオフ空間周波数（高周波側で感度がゼロになる空間周波数値）が低下する，③コントラスト感度関数の形状全体が帯域通過型（バンドパス型）から低域通過型（ローパス型）に近づくといった傾向が顕著になる（Mustonen et al., 1993；van Nes et al., 1967）。感度の絶対値としてみると，順応輝度が中間のところ（図10-2-3上段では 200 cd/m^2 まで）では，コントラスト感度は Weber の法則（山と谷の絶対的な輝度差で表現される増分閾は順応輝度に比例，よってコントラスト感度＝Weber 比は一定）に従って定常的な状態を示す。順応輝度が低下するにつれて，de Vries-Rose の法則（de Vries-Rose law：増分閾は順応輝度の平方根に比例）に従うようになり，順応輝度の低下とともにコントラスト感度は低下する。これらの法則は，視覚情報処理の各過程において生じるノイズの特性（II・10・5）と関連している。de Vries-Rose の法則は，網膜で吸収される光子数がポワソン分布するために，吸収数の分散が順応輝度に比例することに基づく。すなわち，入力信号のもつ外部ノイズが感度の主な規定要因となる

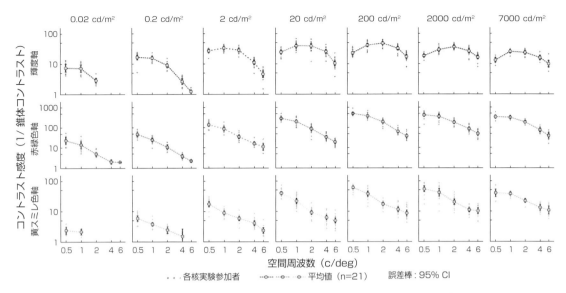

図 10-2-3 コントラスト感度における順応輝度と色相の効果（Wuerger et al., 2020, Fig. 5）
　　　　縦軸は輝度軸（上段），赤緑色軸（中段），黄スミレ色軸（下段）で変調した正弦波格子縞の検出コントラスト感度を，異なる順応輝度下（0.02-7,000 cd/m²）で測定した結果を示す。感度は錐体コントラストで定義している。横軸は空間周波数である。実験参加者21名の結果。

と考えられる。一方で，Weberの法則は信号を受け取った生体内部の神経過程がもたらす内部ノイズ，たとえば自発的な神経活動で説明される（Silvestre et al., 2018）。

HDR（high dynamic range）ディスプレイを用い，これまでに実験的に検討されてきた以上に高い順応輝度で検出閾を測定したWuerger et al. (2020)によると，2000 cd/m²（4.1 log td）を超えると，空間周波数にかかわらずコントラスト感度が低下する（図10-2-3上段）。つまり，Weberの法則がもはや成り立たなくなる。この低下は，高輝度へ十分に明順応できない可能性を示唆している。

10・2・5　コントラスト感度関数における面積の効果と空間加算

格子縞刺激の面積もコントラスト感度に大きく影響する。図10-2-4は中心視野において，異なる網膜照度下で面積の異なる正弦波格子縞の検出課題を行った結果（Rovamo et al., 1994）を示している。図から，格子縞刺激の面積の増加とともに，空間周波数や網膜照度にかかわらずコントラスト感度が上昇していることがわかる。感度上昇は順応輝度の場合（II・10・2・4）と同様に，de Vries-Roseの法則（面積の平方根で感度上昇），続いてWeberの法則（面積によらず一定）に従っている。この結果は，刺激面積の効果が，面積の変化に伴う刺激光量の違いに基づくとすればある程度説明できることを示している。

刺激の面積の効果は，空間内に分布した刺激はどのように寄せ集められて検出されるかという観点，すなわち空間加算（spatial summation）の観点からも検討されてきた。一般には面積が可変の光点が使われているが（乾，1994, pp. 330-335），コントラストで定義されたガボール状の刺激も用いられる（Malania et al., 2011）。空間加算は$L \times A^k = C$（L：刺激強度，A：刺激面積，C：定数）として表される。輝度分布が一様な小さい光点（中心視で2 min，周辺視で1 deg程度まで）の場合には，対数軸上で閾値（L）が面積（A）に反比例して低下（感度は比例して上昇）する完全な（complete）空間加算が生じる（$k=1$）。これをRiccoの法則（Ricco's law）と呼ぶ。ガボールパターンといったある程度面積が大きい刺激の場合には，刺激の検出閾は面積の平方根に比例して低下し，これをPiperの法則（Piper's law）と呼ぶ（$k=0.5$）。面積が大きくなると，検出に必要な刺激強度が一定となる臨界面積に到達する（$k=0$）

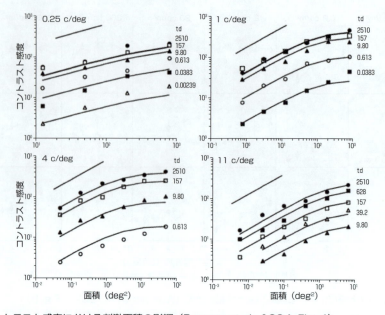

図 10-2-4 コントラスト感度における刺激面積の影響（Rovamo et al., 1994, Fig. 4）
各グラフは異なる空間周波数，各グラフ内の各関数は異なる網膜照度（順応輝度に比例した値，単位 td）を示す。各グラフ内左上の斜め線は，de Vries-Rose の法則から予測される感度上昇を示す。

（Khuu & Kallioniatis, 2015；Meese & Summers, 2012）。図10-2-5 は，ガボールパターン（空間周波数＝5 c/deg）の面積と中心視野における検出閾との関係を示している。面積が小さいときには Piper の法則に従っている。

空間加算の神経機序は網膜神経節細胞に求められてきたが，皮質における処理の関与も指摘されている。Pan & Swanson（2006）は，一様な光点の面積を可変として得られた空間加算データを説明できるモデルを探求した。その結果，網膜神経節細胞のように同心円状の受容野からの出力を確率加重するモデルよりは，方位と空間周波数に選択性をもつ受容野からの出力を統合するモデルのほうが，データをよく説明できた。

10・2・6 コントラスト感度関数における網膜偏心度の効果

正弦波格子縞刺激のコントラスト感度は，網膜偏心度（retinal eccentricity）の増加によって低下する。空間周波数特性の観点からみると，周辺視になるほどコントラスト感度は高空間周波数領域で顕著に低下し，低空間周波数側の感度低下は相対的に小さい。その結果，感度曲線はローパス（低域通過型）

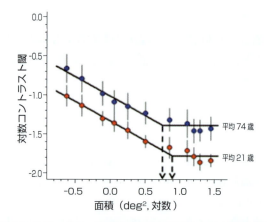

図 10-2-5 ガボールパターンの面積とコントラスト閾との関係（Malania et al., 2011, Fig. 3）
異なる関数は加齢の効果を示す。ガボールパターンの面積が臨界面積（破線矢印）に到達するまで，Piper の法則に基づいて空間加算が生じている。

に近づく（Rovamo & Virsu, 1979）。また，網膜偏心度の増加による感度低下の度合いはほぼ一定で，網膜偏心度の増加に対して対数コントラスト感度が線形に低下すると言われてきた。しかし，Baldwin et al.（2012）の報告によれば，コントラスト感度はまず急激に低下し，その後低下量は緩やかになる（図10-2-6）。この切り替わりは，中心視野（±約 4 deg）

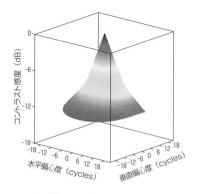

図10-2-6 網膜偏心度（4 c/deg の正弦波格子縞におけるサイクル数で定義）とコントラスト感度との関係（Baldwin et al., 2012, Fig. 9b）

の領域内においてもみられる。感度の低下量が切り替わる網膜偏心度は，視角ではなく正弦波格子縞のサイクル数に依存する。そのために，この切り替わりは錐体の密度といった網膜側の要因ではなく，網膜以降に存在する空間周波数に選択的なメカニズムの特性に基づいていると考えられる。

10・2・7 コントラスト感度関数と視覚属性

空間コントラスト感度関数の多様な事例において，背後にある同一のメカニズムの特性が刺激条件によって変化するケースもあるが，刺激条件によって異なるメカニズムの特性が前面に出てくるケースも多い。たとえば，輝度パターンが生み出す空間特性と，輝度変調を含まない等輝度色変調パターンの空間特性は異なる（Anderson et al., 1991；Mullen, 1985；Wuerger et al., 2020）。これは，等輝度色変調パターンから得られるコントラスト感度関数が色を処理するメカニズムに特有の空間周波数特性を反映するからだと考えられる。図10-2-3（中段，下段）に示されているように，赤色と緑色のL-M軸，あるいは黄色とスミレ色のS-(L+M)軸間で色変調したパターンの空間周波数特性は，順応輝度にかかわらずローパス型になる。また，輝度変調定義された格子縞刺激（図10-2-3 上段）の場合とは異なり，順応輝度が高い場合でも感度低下が生じていない。輝度情報の処理は錐体間の加算に基づく一方で，色情報の処理は錐体間の減算に基づく。この減算が高輝度への順応を可能にしていると考えられる（Wuerger

et al., 2000)。

そのほか，コントラスト変調や方位変調，運動，両眼像差などの空間周波数特性を調べることで，それらの高次の属性に刺激選択性をもつ処理メカニズムの特性を明らかにすることができる。心理物理学において特定のメカニズムをピンポイントで叩くに際しては，刺激選択性だけでなく，タスクも重要な要因である。たとえば正弦波格子縞に対して，コントラスト検出閾を測定する場合はその刺激に対して最も感度のよいごく少数のメカニズムの活動を捉えることができる。一方，閾上コントラストの正弦波格子縞に対してコントラスト強度やみかけの空間周波数を判断させるような場合には，多くのメカニズムの出力を脳がデコードした結果がデータに反映されることになり，結果の解釈も複雑になる。

（竹内 龍人・吉本 早苗・本吉 勇・西田 眞也）

10・3　空間視のモデル（1）：Dipper 関数と除算正規化モデル

10・3・1　マスキング課題

II・10・1で記したように，現代的な空間視（spatial vision）のモデルは，空間周波数および方位に関するチャンネルの発見から始まっている（Campbell & Kulikowski, 1966；Campbell & Robson, 1968）。その後，選択的順応などのパラダイムにより，線形システムを土台としたチャンネル理論は確立された（Blakemore & Campbell, 1969；Graham & Nachmias, 1971）。こうした線形のチャンネルからの出力はその後どのように処理され，そしてどのように知覚へとつながっていくのか，その疑問はまず，正弦波格子縞刺激を用いた検出課題や弁別課題におけるマスキングの効果を解明するという形で追求され，そして除算正規化モデルへと結実することとなった。

本節で紹介するマスキング実験では，画面全体に広がる正弦波格子縞で定義されたマスカー（masker）（ペデスタル，pedestal とも呼ばれる）と空間的に局在したガボールパターンであるターゲットが同時に呈示された時に，マスカーからターゲッ

トが弁別できるコントラストを推定する（Foley, 1994; Legge & Foley, 1980; Nachmias & Sansbury, 1974）。図10-3-1にFoley（1994）の研究で用いられた刺激の概念図を示す。ターゲットとマスカーの空間周波数は同じとしているが，図10-3-1上段では方位も等しい一方で，図10-3-1下段ではターゲットとマスカーの方位が90°異なっている。図内の左列と右列では，マスカーのコントラストを変化させている。この実験パラダイムを時間的2AFCで行う場合は，マスカーのみが呈示される試行とマスカーとターゲットが同時に呈示される試行を弁別させる課題（discrimination task）となる。日常で遭遇する視覚刺激はその多くが検出閾上にある。コントラスト弁別課題が積極的に行われてきた理由の一つは，弁別課題ではターゲットとなる刺激が含まれうる視野上の領域のコントラストが検出閾上の強度をもつからである。マスカーのコントラストをゼロとすれば，図10-3-1は一様背景上のターゲット刺激の検出課題（detection task）となる。

図10-3-1　典型的なマスキング実験（Foley, 1994）における刺激布置の概念図
（上）左右列でマスカー（広い領域を占める正弦波格子縞）のコントラストを変えている。ターゲット（ガボールパターン）のコントラストは一定。マスカーとターゲットの方位は同じ。（下）マスカーとターゲットの方位が90°異なる。図のわかりやすさのために，ターゲットのコントラストを弁別閾値よりもかなり高くしている。

10・3・2　Dipper関数

Foley（1994）の実験では，マスカーとして画面全体を占める正弦波格子縞，ターゲットとしてガボールパターン（どちらも空間周波数は2c/deg）が用いられた。ターゲットは常に垂直（0°）であり，マスカーの方位は0°, 45°, 90°の3通りであった。時間的2AFCにより，ターゲットが存在するインターバルを答えるコントラスト弁別課題を行った。マスカーのコントラスト値を変化させ，重畳されたターゲットの含まれるパターンがマスカーのみのパターンから弁別可能となるコントラスト値を求めた。各刺激の呈示時間は33 msであった。図10-3-2は2名の実験参加者から得られたTvC（Threshold versus Contrast, 閾値対コントラスト）関数であり，横軸はマスカーのコントラスト，縦軸はターゲットのコントラスト閾を示す。マスカーの方位が異なる3種類のデータおよびその近似曲線（図10-3-4に示した除算正規化モデルに基づく）が示してある。マスカーの方位が0°の場合は図10-3-1上段，マスカーの方位が90°の場合は図10-3-1下段で模式的に示した刺激布置となっている。

マスカーのコントラストが0の場合（グラフの横軸左端における$-\infty$）には，この課題は一様背景上に呈示されたターゲットの検出課題となるために，得られた閾値（縦軸）は一様背景上の検出閾となる。それ以外のデータはマスカーのみからマスカー＋ターゲットの弁別が可能になるパターン弁別閾を示す。ターゲットとマスカーの方位が同じ0°のとき，マスカーのコントラストが-30から-40 dB（0.03-0.01）近辺ではパターン弁別閾のほうが検出閾よりも低くなっている（したがって弁別感度が検出感度よりも良くなっている）。これは，低コントラストのマスカーがターゲットの検出を促進させていることを意味している（Legge & Foley, 1980; Nachmias & Sansbury, 1974）。図10-3-2のようなTvC関数は，そのデータ点を結んだ輪郭が柄杓や北斗七星に見えることから，それらを表す単語dipperにちなみ，dipper関数と呼ばれている。パターン弁別閾が検出閾よりも低下する箇所をdip（凹み）と呼び，またペデスタル効果（pedestal effect）とも称される。ターゲットとマスカーの方位差が増加した

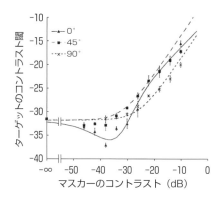 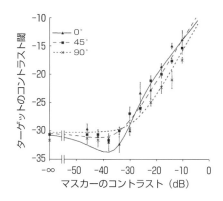

図 10-3-2 Foley (1994) によるコントラスト弁別実験の TvC 関数 (Foley, 1994, Fig. 5 下)
横軸はマスカー（正弦波格子縞）のコントラスト，縦軸はターゲット（ガボールパターン，方位＝0°）のコントラスト閾（コントラスト＝1 に対する dB 値）。マスカーの方位は 0°，45°，90°。図内の印は実験に基づくデータを示し，曲線は除算正規化モデル（図 10-3-4）による最適近似を示す。実験参加者 2 名の結果。

とき，つまりマスカーの方位が 45° あるいは 90° のとき dip 成分はほぼ消失する。さらにマスカーのコントラストを上昇させると，パターン弁別閾は Weber の法則に準ずる形で上昇する。このとき，図 10-3-1 下段のように，たとえターゲットとマスカーの方位が 90° 異なっていても，マスカーのコントラストが高まるとパターン弁別が困難になる。

ここまでの結果をまとめると，コントラスト弁別閾が低下（感度が上昇）するときはターゲットとマスカー間の方位が同一であることが重要な一方で，コントラスト弁別閾が上昇（感度が低下）するときは方位の影響が弱い，ということになる。ここで紹介した実験ではマスカーとして面積の大きい正弦波格子縞を使用しているが，ターゲットと同じ大きさのガボールパターンをマスカーとしても dipper 関数が得られる。マスカーのサイズが大きいほうがマスキング効果は大きくなる（Foley & Chen, 1999）。

10・3・3 Foley (1994) のモデル

コントラスト弁別に関するこうした特徴を検討した Legge & Foley (1980) は，S 字型（シグモイド型）をした非線形なトランスデューサ関数（transducer function）における低コントラスト時の反応拡大（response expansion）と高コントラスト時の反応圧縮（response compression）により，dipper 関数が説明できるとした。Legge & Foley (1980) が検討した非線形トランスデューサ関数の代表例として

は，視覚野における神経細胞の記述に用いられてきたハイパーボリックレシオ（H レシオ）関数がある（式(5)）。Albrecht & Hamilton (1982) はさまざまな関数を評価したうえで，H レシオ関数が一次視覚野（V1 野）の神経細胞の非線形な振る舞いを最もよく記述できると指摘している。

$$R(C) = R_{\max} \frac{C^n}{C^n + C_{50}^n} \tag{5}$$

H レシオ関数（式(5)）は，神経科学の分野でよく使われる Michaelis-Menten 式あるいは Naka-Rushton 式と数学的に等価である（Graham, 2011）。式(5) の C は刺激のコントラスト，$R(C)$ はターゲットとなる神経細胞の応答を示す。C_{50} は半分の反応が得られるコントラスト値を表すため，コントラスト閾に該当する。そのために，その逆数 $1/C_{50}$ をコントラストゲインあるいはコントラスト感度と呼ぶ。$R_{\max}$ は C_{50}^n が無視できるほど十分大きな C^n の値での最大応答量を示す。指数 n により関数の傾きが決まる。なお，式(5) のような関数はあくまで神経細胞の振る舞いを記述するために用いられており，式のパラメータと神経メカニズムとの関連性は明示的ではない（Graham, 2011）。

特定の空間周波数と方位に同調した単独のチャンネル（フィルタ）におけるコントラスト応答の非線形性を式(5)（および図 10-3-3a）のように仮定すると，得られる TvC 関数において以下の 3 点の予測（図 10-3-3b）ができる。

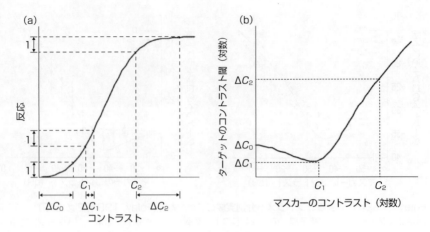

図 10-3-3 コントラスト応答と TvC 関数の関係（Chen & Tyler, 2001, Fig. 1）
(a) コントラスト応答関数のモデル．ΔC_0 は一様背景上でのターゲットの絶対閾（刺激閾），ΔC_1 はマスカー（ペデスタル）のコントラストが低いとき（C_1）のターゲットの閾，ΔC_2 はマスカーのコントラストが高いとき（C_2）のターゲットの閾を示す．縦軸において 1 ユニット反応が増加したときに閾値に到達したと仮定する．(b) (a) の関数に基づいて推定された TvC（閾－マスカーのコントラスト）関数．マスカーのコントラストが C_1 のときに閾値が低下し dip が現れる dipper 関数となる．

(1) ターゲットとマスカー（ペデスタル）の空間周波数や方位が類似しており（例：図 10-3-1 上段），かつマスカーのコントラストが低い場合（図 10-3-3 の C_1），ターゲットは単独時よりもマスカーと共存時のほうが，全体のコントラスト値が押し上げられる．この効果は，S 字型の非線形関数であるコントラスト応答関数（図 10-3-3a）における低コントラスト領域での反応拡大が顕著な位置で生じる．その結果としてターゲットの閾（ΔC_1）が低下し，感度向上を示す dip（関数の凹み）が現れる（図 10-3-3b）．

(2) マスカーのコントラストが高まると（C_2），やはりマスカーが全体のコントラスト値を押し上げるが，このときにはコントラスト応答関数の高コントラスト領域において反応圧縮が生じている位置であるため，ターゲットの閾（ΔC_2）は上昇する．

(3) 図 10-3-1 下段のようにターゲットとマスカーの方位が異なる場合は，チャンネルがもつ方位選択性により，マスカーによるコントラスト値の押し上げがなくなるために，コントラスト応答関数における反応拡大のある位置まで横ずれできず，結果として顕著な dip がみられなくなる．ここまでの予測は図 10-3-2 における実験データと合致する．

ところが，こうした単独チャンネルにおける非線形性のみを仮定した場合，ターゲットとマスカーの方位が異なるときに，マスカーのコントラスト上昇に伴い弁別閾値が上昇するマスキング効果が説明できない．単独チャンネルがもつ方位選択性ゆえにマスカーによるコントラスト値の押し上げがなくなれば，コントラスト応答関数において反応圧縮が生じている位置までの横軸上の移動が起こらないはずだからである．実際に Legge & Foley（1980）のモデルでは，チャンネルの出力が式(5)に類似した Naka-Rushton の非線形関数により変換（transduce）される項のみをもつために，マスキング効果を示す実験結果（図 10-3-2）を説明しきれない．

そこで Foley（1994）は，ある方位をもつターゲット刺激に応答するチャンネルからの信号を，異なる方位に対して応答するチャンネル群からの信号が除算により再帰的に抑制するモデルを提案した．図 10-3-4 に模式的に示したこのモデル（Boynton & Foley, 1999）では，線形な受容野をもつユニットからの入力信号は，半波整流された後に別のユニット群により除算的に抑制される．結果としてこのモデルからの出力である R は，式(5)や図 10-3-3a に類似した S 字型関数となる．半波整流の導入は，負

第10章 空間視と時間視

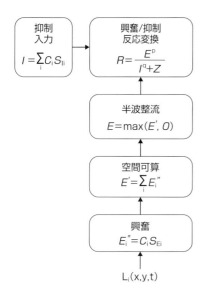

図10-3-4 Foley（1994）による除算抑制モデルの模式図（Boynton & Foley, 1999, Fig. 1）
各センサーからの入力信号（L）が統合、半波整流された後に、左側の経路で形成される他のユニットからの信号により除算的に抑制される。モデルからの出力 R は S 字型関数となる。

の値を発火頻度として伝えることができないという単純型細胞の特性（De Valois & De Valois, 1988）に基づく。ターゲットに応答するユニットの反応および方位選択性が異なる周辺のユニットの反応に対して、加速度的な非線形をもたらす指数 p, q が設定されている（II・10・3・4参照）。方位選択性が異なるチャンネルからの作用により、たとえ方位が異なっていても、高コントラストのマスカーが呈示された時にターゲットの閾が上昇することが予測される。全体のコントラスト値が高まりコントラスト応答関数（図10-3-3a）における反応圧縮の位置まで到達するからである。図10-3-2における曲線は、図10-3-4のモデルによる最適近似である。ターゲットとマスカーの方位が同じときのみに dip が存在すること、閾の上昇はターゲットとマスカーの方位差に依存しないこと、というデータがもつ2点の特徴を捉えているといえる。

10・3・4 除算正規化とコントラストゲインコントロール

Foley（1994, p. 1716）によると、除算抑制（divisive inhibition）を内包した図10-3-4のモデルは、当時神経生理学の分野で急速に研究が進んでいた除算正規化（divisive normalization）モデルにヒントを得ていた。神経細胞の振る舞いを説明するためのモデル（Bonds, 1989；Heeger, 1992a）では、異なる方位や空間周波数に同調した複数チャンネル間における、除算に基づく再帰的な正規化を仮定している。除算正規化を行うと、入力されるコントラストの変動に対する応答をダイナミックレンジ内に収めつつ、かつ空間周波数選択性や方位選択性が保たれるという神経細胞の特性が説明できる（Heeger, 1992a）。つまり、除算正規化は、神経細胞におけるコントラストゲインコントロール（コントラスト利得制御）（contrast gain control）を実現している機序であるといえる。刺激がもつあるコントラストに順応した後は、そのコントラストが反応中心付近になるように反応のレンジがシフトするという V1 野の神経細胞の振る舞い（Ohzawa et al., 1985）は、除算正規化によりコントラストゲインコントロールされた例である。また、刺激のコントラストが高い場合でも空間周波数選択性が保たれる V1 野の複雑型細胞の反応（図10-3-5上段）は除算正規化を組み込んだモデルにより説明できる（図10-3-5下段）。V1 野の神経細胞がもつ多くの特性や、神経系における多様な現象を説明できることから、除算正規化は視覚系における基本的な計算様式であると指摘されている（Carandini & Heeger, 2012；Neri, 2015；Sawada & Petrov, 2017）。

神経系のモデルとして実装されている除算正規化にはバリエーションがある。図10-3-6はフィードバック回路による除算正規化のモデル（V1 野の神経細胞）である。V1 神経細胞からの出力がフィードバックされ、他の V1 神経細胞からの出力と共に正規化の信号を担っている。V1 神経細胞の発火頻度は正の値のみをとるため、図10-3-6内の線形オペレータからの出力は半波整流あるいは半平方（half-squaring）される。半平方の導入は、V1 神経細胞の出力における指数関数的な非線形性に基づく（Heeger, 1992b）。

図10-3-7は、フィードフォワード回路による除算正規化のモデルである。ここでは、入力信号が他

605

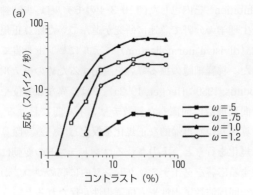

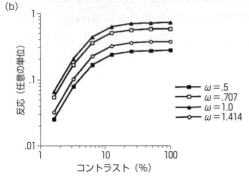

図 10-3-5 コントラスト応答とモデル出力（Heeger, 1992a, Fig. 3）
(a) V1 野複雑型細胞のコントラスト応答（Albrecht & Hamilton, 1982）。各曲線は異なる空間周波数を示す。(b) 除算正規化を組み込んだ複雑型細胞のモデルからの出力。

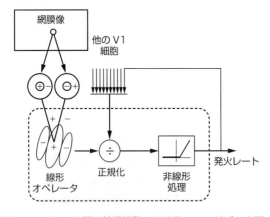

図 10-3-6 V1 野の神経細胞におけるフィードバック回路による除算正規化のモデル（Heeger et al., 1996, Fig. 1A）

の信号と同様，除算抑制をもたらす信号となっている。図 10-3-7 に示したフィードフォワード型モデルの応答を式(6)に示す（Graham, 2011）。

$$R_1 = \frac{s_1 \cdot c_1}{\sigma + w_1 \cdot c_1 + \sum_{j=2}^{j=N}(w_j \cdot c_j)} \quad (6)$$

R_j はユニット j の反応，c_j はユニット j を刺激するコントラスト値，s_j はユニット j における興奮性経路の感度，w_j はユニット j への入力に関わる正規化回路における重み付け，σ は正規化の強さを意味する（Graham, 2011, Eq(3)）。

図 10-3-7 には半波整流は明示されていないが，線形ユニットからの出力部分においてその作用は含まれている。式(6)では，あるユニット（チャンネル）の応答が分子に，そのユニットの応答（$w_1 \cdot c_1$）および他のユニットの応答の総和が当該のユニットの感度を抑制する要因として分母に配置される。ここでいう他のユニットとは，異なる方位や空間周波数に選択的なユニットのことであり，その意味から正規化モデルは，視覚属性に非特定的（non-specific）な抑制モデルであると言える。なお，コントラストの増加に応じて加速度的に応答が強まる非線形性（accelerating nonlinearity）を含めるために，式(6)のコントラスト c に対して指数 n を設定し，c_j^n とすることもある。II・10・3・3 で説明した Foley（1994）のモデル（図 10-3-4）における指数 p, q も同様の役割を担う。この操作により，dipper 関数を含むコントラスト弁別データとモデルとの整合性が高まる（Graham, 2011; Graham & Sutter, 1998）。このようにして定義された除算正規化の様式は，神経細胞の記述に用いられてきた式(5)のような S 字型関数の

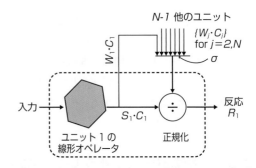

図 10-3-7 フィードフォワード回路による除算正規化のモデル（Graham, 2011, Fig. 11）
式(6)にユニット 1 の反応式を示す。

神経生理学的な土台であると考えられる（Graham, 2011；To et al., 2017）。なお，フィードバック型とフィードフォワード型のモデルでは，その時間的な変動が異なる（Graham, 2011）。

除算正規化の過程を含めた Foley（1994）のモデル（図 10-3-4）は，V1 野の神経細胞の特性（図 10-3-5 上）を説明できるモデル（図 10-3-7）とは計算論的に同等であり，かつコントラスト弁別に関する心理物理学的データ（図 10-3-2）を説明できる。そのために Foley（1994）によるモデルの基本構造は，後に提案されてきた数々の空間視のモデル（II・10・4 〜 II・10・6）に受け継がれている。なお Foley（1994）のモデルでは，刺激がもつコントラスト値を 1 次元配列に置き換えて計算しているために，任意の 2 次元画像に対するコントラスト弁別が予測できるわけではない。2 次元画像そのものを入力として用いてコントラスト弁別を説明するモデルについては II・10・6 で解説する。

10・3・5 コントラスト弁別におけるマスカーの種類

本節で紹介したコントラスト弁別実験は，マスカーとしての正弦波格子縞やガボールパターンをターゲットに重畳させていた。これ以降，空間周波数次元においてより複雑な刺激を用いた実験や，ターゲットとマスカーとの時空間的な位置関係を操作した実験など，数々のパラメータを操作してコントラスト弁別の機序を探る研究が行われてきた。たとえば，ターゲットに正弦波格子縞，マスカーに 2 次元ランダムドット刺激を用いた場合（図 10-5-1 b のような刺激）には dipper 関数は現れないと考えられてきた。しかし Goris et al.（2008）によれば，マスカーであるランダムドットのコントラストが低い時は，一様背景上の検出感度よりマスカー存在下での弁別感度が高まる dipper 関数が得られる。また，ノッチ（切れ目）フィルタによりマスカー刺激からターゲット刺激がもつ空間周波数帯域を取り除いた場合には，dipper 関数から dip が消失する（Henning & Wichmann, 2007）。

ターゲットとマスカーに正弦波格子縞あるいはガボールパターンを用いたうえで，それらの位相関係を操作した実験もある（Yang & Makous, 1995）。マスカーのコントラストが低い場合，ターゲットとマスカーの位相が 90° 異なると，dip は大幅に減少する。位相が 180° 異なる場合は dip は消失したうえで，逆相で打ち消し合う状況が生じるために TvC 関数の形状が連続的ではなくなる。マスカーのコントラストが高くなると，ターゲットとマスカーの位相差に関わりなく閾は上昇する。こうした結果は，図 10-3-4 で示したモデルに位相選択的な成分を入れ込む必要性を示唆している。Heeger（1992a）による除算正規化モデル（図 10-3-6）のように，選好する位相が 90° 異なるユニット群（直交受容野ペア）を入力部に用意すれば，上記の実験結果が説明できるという指摘がある（Foley & Chen, 1999）。

ターゲットとマスカーに自然画像を用いた研究もある。Bex et al.（2007）は，多数の自然画像から 1 オクターブ幅の空間周波数成分を取り出し，それをターゲットとしてコントラスト弁別実験を行った。その際に，ターゲットのみを回転させたり位置をずらしたりといった操作を加えた。どの場合にも，ターゲットの検出閾とペデスタル（ターゲット以外の空間周波数帯の成分）のコントラストとの関係を示す TvC 関数は dipper 形状となり，正弦波格子縞を用いた先行研究結果（Foley, 1994 など）と整合していた。こうした結果は，自然画像への感度を予測する際にも除算抑制によるモデル（図 10-3-4）が適用できる可能性を示している。

10・3・6 空間的に離れたマスカーの効果

ここまでに紹介した研究では，ターゲットとマスカー（ペデスタル）の空間位置が一致していた。しかしながら，両者の空間位置が異なる場合でもマスカーはターゲットの検出や弁別に影響を及ぼすということが知られている。Takahashi & Ejima（1985）は，視野中心に配置した正弦波格子縞（ターゲット）の検出閾に対して，周辺視野に配置した正弦波格子縞がどのように影響するかを調べた。その結果によると，①高コントラスト（$c = 0.64$）の周辺刺激はターゲットの検出閾を上昇させるが，空間的に離すとその効果はすぐに消える，②低コントラスト（$c = 0.05$）の周辺刺激はターゲットの検出閾を低下

させ，また空間的に離してもその効果は持続する，③こうした周辺刺激の効果はターゲットとの位相関係に依存する。

空間位置が異なるマスカーはフランカー（flanker）とも呼ばれている。続いては，ターゲットの検出に関するフランカーの影響を検討したPolat & Sagi（1993）の研究と，ターゲットと同じ空間位置に重畳されるマスカーが存在するときのフランカーの影響に関する研究を紹介する。

Polat & Sagi（1993）によると，中心視野に呈示したガボールパターン（ターゲット）の検出閾は，その周辺に呈示した二つのガボールパターン（フランカー）により影響される。そのときに①フランカーの方位および位置が図10-3-8のようにターゲットと共線的（collinear）である関係をもち，②ターゲットとフランカーの距離がガボールパターンの波長（λ）の3倍程度のときに（図10-3-8中央），ターゲットの検出閾が最大で50％程度低下（感度が200％増加）する。③ターゲットとフランカーがそれより近い距離にあるときにはターゲットへの感度が低下する（図10-3-8左）。

同一線促進（collinear facilitaiton）と呼ばれる②の現象は，フランカーのコントラストの幅広い範囲において，ターゲットとフランカーの距離が波長の10倍程度になるまでみられる。こうした結果は，先述のTakahashi & Ejima（1985）が示したデータと一貫している。またターゲットとフランカーの方位や位相が異なると促進効果は減じることから，一般的な注意の向上やターゲット位置に関する不確定性（uncertainty）の減少では説明できない（Polat & Sagi, 1993; Solomon et al., 1999; Zenger & Sagi, 1996）。ターゲットの検出閾とフランカーのコントラストとの関係（TvC関数）はdipper型の形状を示す（Yu et al., 2003）。dipが示す感度の向上は，ターゲットに応答するユニット（チャンネル）とフランカーに応答するユニットとの間にみられる促進作用であると解釈されることが多い。その一方で，ターゲットとフランカーは同じユニットにより検出されるとの説明も実験データとの整合性がある。つまり，ターゲットとの距離が離れることにより，ターゲット検出を担当するユニットにとってはフランカーの実効コントラストが弱まるために，結果としてフランカーは低コントラストのマスカーと同様の効果をもち，それが図10-3-2のdipを生むのと同じメカニズムでターゲットへの感度を上昇させた可能性も指摘されている（Solomon & Morgan, 2000）。

コントラスト弁別実験（図10-3-2）のように，ターゲットと空間的に同じ位置にマスカー（ペデスタル）を配置したうえで，空間的に離れたフランカーの効果を検討した実験も行われている（Foley, 2019）。Chen & Tyler（2008）の研究では，フランカーのコントラストを0.5に固定したうえで，ペデスタルのコントラストを変え，ターゲット（ガボールパターン，4 c/deg）の閾値を測定している。図10-3-9左右のTvC関数は，ペデスタルのコントラストに基づくターゲットの閾およびモデルによる最

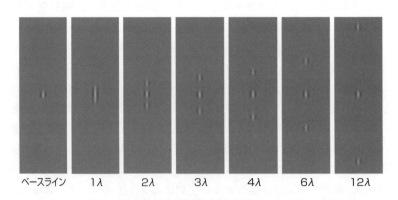

図10-3-8　Polat & Sagi（1993）による実験刺激の模式図（Asher et al,, 2018, Fig.1）
　　　　　中心に呈示されたガボールパターン（ターゲット）の検出閾に対する周辺に呈示されたガボールパターン（フランカー）の影響を測定する刺激布置。ターゲットとフランカーの距離は，ガボールパターンの波長（λ）の倍数で定義されている。ターゲットとフランカーは共線的な位置関係を保っている。

適近似を表している。フランカーがターゲットに最も近いとき（1.4λ）を除いて，どの条件においても典型的な dipper 関数が現れている。図10-3-9左では，フランカーが存在するときには，フランカーがない条件と比較すると dip の位置がペデスタルの低コントラスト側にシフトしている。このシフトはターゲットとフランカーの距離が 2.8λ のときに顕著である。またペデスタルのコントラストが高いときには，フランカーはターゲットの閾値をより押し上げている。その一方で，図10-3-9右に示されているように，フランカーがターゲットから離れると（5.6λ 以上），フランカー独自の効果はみられなくなる。ターゲットの 4.2λ 内に存在する場合に生じるフランカーの効果は，ペデスタルのコントラストが低いときはターゲットの実効コントラストを非線形に押し上げ（図10-3-3），ペデスタルのコントラストが高いときには除算抑制（図10-3-4）によりターゲットへの感度を低下させる成分として機能していると解釈できる。

ここではフランカーとしてガボールパターンを用い，中心視野に呈示したターゲットの影響を検討した研究について説明したが，同心円状に中央のターゲットを取り巻く円環領域にフランカーとなる正弦波格子縞を呈示した研究や，周辺刺激の配置を工夫した研究もあり（Snowden & Hammett, 1998; Zenger-Landolt & Koch, 2001），刺激の条件によってさまざまな結果が得られている。たとえば，ターゲットとその周辺に配置した円環状のフランカーの方位が異なるときや，フランカーのサイズがターゲットと比較して大きいときなど，刺激条件に応じてターゲットの検出・弁別感度が大きく変動する（Meese, 2004; Meese et al., 2007）。

To et al.（2017）によれば，除算正規化に加えて V1 野の神経細胞の特徴としてよく知られた周辺抑制（surround suppression）（Blakemore & Tobin, 1972; DeAngelis et al., 1992）を組み込むと，コントラスト弁別におけるフランカーとターゲットの大きさの効果が説明できる。本節で説明した基本的なモデル（Foley, 1994）の枠組みには収まらないこうした空間的に離れたマスカーの効果については，Foley（2019）にまとめられている。

〔竹内 龍人・吉本 早苗・本吉 勇・西田 眞也〕

10・4　空間視のモデル(2)：ModelFest

10・4・1　ModelFestにおける刺激

Foley（1994）のモデル（図10-3-4）で仮定されている適用範囲は，正弦波格子縞やガボールパターンによるコントラスト弁別に限られている。しかしながら，空間視を理解するためには，限られた少数の視覚刺激や観察条件から得られたデータから，様々な視覚刺激に対する観察者のパフォーマンスを推定することが必要であり，そのためには，任意の入力画像に対して機能する観察者モデル（observer

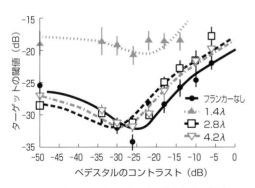 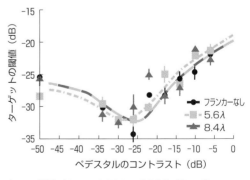

図 10-3-9　ペデスタル（マスカー）が存在する場合のフランカーの効果（Chen & Tyler, 2008, Fig. 4）
ターゲット（ガボールパターン）と同じ位置にペデスタル（ガボールパターン）を配置した場合のフランカーの効果を，ペデスタルのコントラストとターゲットの検出閾との関係を示す TvC 関数として表している。各マーカーは，フランカーの有無とターゲットとの距離（波長λの倍数）を示す。図内の曲線は除算抑制モデルによる最適近似である。実験参加者 1 名の結果。

model）が構築されなければならない．観察者モデルでは，与えられた視覚刺激が生体内部における情報表現すなわち内部表現（internal representation）へ変換される過程や，内部表現が意思決定そして行動へとつながる過程が定量的に記述される必要がある．

観察者モデル構築のためには，モデル評価のためのテストベッドが有用である．そこで，複数の研究室の協力により，中心視野における代表的な空間パターンの検出に関するベースラインデータが集められた．この試みはModelFestと呼ばれている（Watson & Ahumada, 2005）．ModelFestでは，図10-4-1に示した43種類の輝度コントラスト刺激が用意された．これらの刺激には，コントラスト感度関数を決めるための異なる空間周波数の刺激，サイズの異なるガボールパターン，サイクル数が固定されたガボールパターン，長さで固定した，あるいは伸張したガボールパターン，方位が異なる刺激，エッジ，線刺激，チェッカーボードのような複合パターン，そしていくつかの自然画像が含まれている．時間的2AFCによりこれらの刺激検出におけるコントラスト閾が複数の研究室で独立に測定され，データセットが構築された．

10・4・2 ModelFestにおけるモデル

このデータセットを説明するためのWatson & Ahumada（2005）によるモデルは，複数のステージからなる（図10-4-2）．各ステージにおいては，輝度定義された入力刺激のコントラスト値への変換，帯域通過型のコントラスト感度関数の適用，傾き効果（斜め方向より垂直／水平方向への感度が高くなる現象，II・10・1・6）の適用，空間面積（アパチャー）の定義，そしてガボール関数状のフィルタ（チャネル）が実装されている．チャンネルの特性は，空間周波数11通り，方位4通り，そして位相2通り（evenとodd）となっている．これらのフィルタからの出力はミンコウスキ計量（Minkowski metric）に基づき統合され，検出閾値が算出される．なおこのモデルは中心視に限定されており，周辺視野におけるチャンネルの特性変容には対応していない．ミンコウスキ計量は視覚研究分野ではQuick（1974）の式としても知られ，多くの視覚モデルで利用されてきた（Graham, 1989; Watson, 1979, 2000）（式(7)）．式(7)から，実験課題の特徴には依存しない形で，各ユニットや各チャンネルの反応のみに基づいて，確率加重（probability summation）（$\beta \approx 3$）やピーク検出（勝者総取り：winner-takes-all）（$\beta = \infty$）により最終出力が決定される．

$$R = \left[\sum_{i}^{n} |r|^{\beta} \right]^{1/\beta} \quad (7)$$

Rは全体の出力，rは各チャンネルからの出力を意味する．

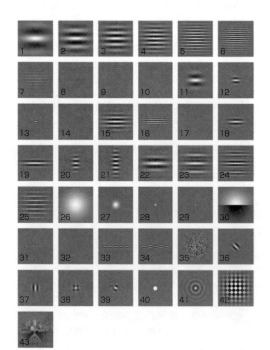

図 10-4-1 ModelFestで使用された43種類の視覚刺激（Watson & Ahumada, 2005, Fig. 1）
中心視野に呈示され，検出課題によりコントラスト閾が測定された．

図 10-4-2 Watson & Ahumada（2005）による空間視モデルの要素
Contrast：輝度コントラストへの変換，CSF：コントラスト感度関数，Oblique effect：傾き効果，Spatial aperture：空間的なアパチャー，Channels：チャンネル，Minkowski pooling：ミンコウスキ計量による統合

図10-4-3に，測定されたコントラスト閾（黒丸）とモデル（図10-4-2）からの予測（実線）を示す。ほとんどの刺激において予測は実測値とよく一致している。図10-4-2のモデルにおける各ステップを計算に取り込むごとに，実測値との一致度は高まる。また，式(4)で紹介した対数パラボラ関数を含む複数のコントラスト感度関数を試したところ，どの関数でも実測値への当てはまりは良好であった。

なお，図10-4-2のモデルではミンコウスキ計量により各チャンネルの出力をすべて統合するため，Foley（1994）のモデル（図10-3-4）とは異なり，除算正規化による抑制成分は含まれていない。その一方で，II・10・6で紹介するSchütt & Wichmann（2017）のモデルでは，空間周波数と方位に関して広い範囲からの除算正規化を仮定している。Schütt & Wichmann（2017）のモデルをModelFestに適用した場合でも，モデルはデータの特徴をほぼ捉えていた。このようにModelFestでは，適用するモデルに大きな違いがあっても，シミュレーションの精度に差がみられにくい傾向がある。Lu & Dosher（2014）は，ModelFestはテストベッドとして利用できる十分に大きなデータセットではあるが，異なるモデルを弁別する能力には若干欠けていると指摘している。彼らによれば，心理測定関数を算出することができるように異なるパフォーマンスが予測される刺激群を含めたり，外部ノイズ（II・10・5参照）を加えた刺激群を加えたりすることでこの問題は解決できる。また，中心視野近辺におけるコントラスト感度は必ずしも一様ではなく，図10-2-6で示したように急激に変化する領域が存在するために，これらの特性を考慮する必要があるとの指摘もある（Baldwin et al., 2012）。

〔竹内 龍人・吉本 早苗・本吉 勇・西田 眞也〕

10・5 空間視のモデル（3）：等価入力ノイズ法と知覚的テンプレートモデル

10・5・1 観察者モデルと内部ノイズ

図10-2-2で示したように，理想的観察者分析による理論値と心理物理学的な実測値には乖離がある。乖離の理由としては，空間周波数や方位に同調したフロントエンドフィルタの効率性（刺激とフィルタの形状がどれほどマッチしているか），視覚系の内部（生体）におけるノイズの特性や実験参加者による意思決定過程の非最適性などが挙げられる。これらは観察者モデルにおける中心トピックである。本節で紹介するLu & Dosher（2008）による知覚的テンプレートモデル（perceptual template model：PTM）では，それまでの理想的観察者分析で一般的に行われてきたように，フロントエンドフィルタを，実験に使用する視覚刺激（ターゲット刺激）と合致したテンプレートとして仮定する。それによりフィルタの効率性の問題を回避したうえで，観察者モデル構築において欠かせない生体内部におけるノイズの特性を，モデルに明示的に組み込むことに注力している。

視覚刺激の検出課題を行うと，同一の刺激を観察しても試行ごとに検出可能性は変動する。生体において入力刺激の内部表現が構築される際にノイズが加味され，それにより検出に制限がかかるからである。内部ノイズ（internal noise）の要因はさまざまであり，光受容器におけるサンプリングの性質，神

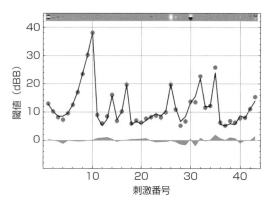

図10-4-3 ModelFestの実測値とモデルによる予測（Watson & Ahumada, 2005, Fig. 1）
横軸は刺激（図10-4-1）の番号，縦軸は検出に必要なコントラストエネルギーを正規化した値（0 dBBは，知覚できる最低のコントラストエネルギー）を示す。丸印は心理物理学的実験による実測値。実線はモデル（図10-4-2）による最適近似結果を示す。

経応答におけるランダム性，神経伝達における情報の損失，意思決定時における判断の変動などが挙げられる．生体内部におけるノイズの量やその形態により閾値が決まるのであれば，内部ノイズに関する定量的な理解が空間視のモデル構築にとって本質的に重要となる．そのためには，視覚刺激に外部ノイズ（external noise）を加え，その外部ノイズの効果から内部ノイズを定量的に予測する手法（外部ノイズパラダイム）が有効である．本節ではまず，外部ノイズパラダイムの一つである等価入力ノイズ法（equivalent input noise method）により内部ノイズを推定する手法（Lu & Dosher, 1999; Pelli & Farell, 1999）を説明し，さらにはその結果を組み込んだPTMについて解説する．

モデル構築のための実験例（Lu & Dosher, 1999）においては，実験参加者はランダムドットに埋め込まれたガボールパターン（図10-5-1）が左右のどちらに傾いているかを回答する二肢強制弁別課題を行う．このランダムドットが外部ノイズとして機能する．全空間周波数帯にわたってフラットなパワースペクトルをもつホワイトノイズを用いることが多い．外部ノイズのコントラストおよびガボールパターンのコントラストを組み合わせたうえで，ガボールパターンの検出閾を求める．図10-5-1では，異なるコントラストをもつノイズのみの刺激（図10-5-1a），およびコントラストが同じガボールパターンをこのノイズ内に埋め込んだ様子（図10-5-1b）を示している．

10・5・2　等価入力ノイズ法

実験参加者がこうした視覚課題（検出閾や弁別閾の測定）に取り組むとき，内部ノイズが生体内に生じる．等価入力ノイズ法においては，外部ノイズ（図10-5-1の場合はランダムドット）の強度が小さいときは，外部ノイズによらず閾値は一定となると予測される．このときには外部ノイズの影響が無視できるほど小さいため，閾値は内部ノイズの強さに規定されるからである．外部ノイズの強度を上げていくと，ある強度を境にして閾値は上昇を始めるが，その地点において，内部ノイズと外部ノイズの効果が等価（equivalent）になったといえる．そのために，この時点での外部ノイズの強度を内部ノイズ量の推定値と見なすことができる．図10-5-2aに視覚実験における等価入力ノイズ法の概念を模式的に示す．この図では横軸は外部ノイズの強度，縦軸は視覚刺激（正弦波格子縞）のコントラスト（信号）である．図の背景には，強度が一定の内部ノイズ，およびグラフの右にいくにつれて強度が増加する外部ノイズという2種類のノイズが重畳して描かれている．黒い実線は，正弦波格子縞の見かけが等しくなっているコントラスト値を結んだものであり，閾値（ここでは正弦波格子縞の検出閾）と見なすことができる．外部ノイズが弱い時には内部ノイズが閾値を決め，外部ノイズが強まると閾値は外部ノイズの強度が決める様子がわかる．閾値が上昇し始める地点の外部ノイズの強度を実験で計測することで，内部ノイズの強度が推定できる．図10-5-2bにおけるN_{eq}（等価入力ノイズ）が内部ノイズの推定強度となる．

なお最近の研究から，加えられた外部ノイズに対する眼光学的要因や除算抑制（II・10・3・4）が内部ノイズの推定値をゆがめる可能性が指摘されているため（Baldwin et al., 2016），等価入力ノイズ法に基づく結果の解釈には注意を要する．

10・5・3　知覚的テンプレートモデル

次に，Lu & Dosher（2008）の知覚的テンプレートモデル（PTM）の基本構造を図10-5-3に示す．PTMは，内部ノイズ成分の関与を明示的に含めている点に特色がある．PTMの構造は，信号（signal）経路（図10-5-3下段）と乗法的ノイズ（multiplicative noise）経路（図10-5-3上段）の2経路からなる．信号経路ではまず，ターゲット信号を検出するためのテンプレートが実装される（図10-

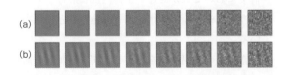

図10-5-1　外部ノイズパラダイムで用いる刺激例（Lu & Dosher, 2008, Fig. 5）
(a) 外部ノイズ刺激．右にいくにつれて強度が上昇している．(b) コントラストが一定のガボールパターンを (a) のノイズ内に埋め込んでいる．

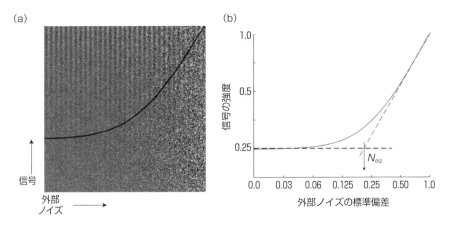

図 10-5-2 等価入力ノイズ法（Lu & Dosher, 2008, Fig. 3c, 4）
(a) 等価入力ノイズ法の概念図。横軸は外部ノイズの強度，縦軸は視覚刺激（正弦波格子縞）のコントラスト（信号）を示す。図内に描かれたノイズパターンは，内部ノイズ（一定）と外部ノイズ（右に行くにつれて強度上昇）を重畳したもの。実線は正弦波格子縞の見かけが等しくなるコントラスト値を結んだものであり，閾値と見なせる。
(b) (a) から推定された N_{eq}（等価入力ノイズ）が内部ノイズの推定値となる。

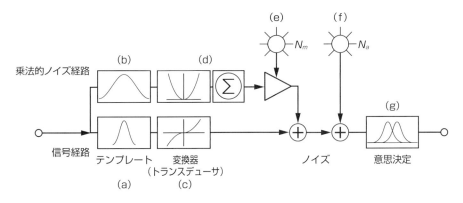

図 10-5-3 知覚的テンプレートモデル（PTM）（Lu & Dosher, 2014, Fig. 9.2 を改変）
信号経路と乗法的ノイズ経路（ゲインコントロール経路）から成る。入力信号は，線形フィルタ（a, b）を経て非線形変換される（c, d）。乗法的ノイズ（e）および加法的ノイズ（f）が加わった後，意思決定過程（g）へと送られる。

5-3a）。これは空間周波数や方位に選択性をもつ線形フィルタであり，実装される種類は課題に依存する。たとえば右方向に傾くガボールを左方向に傾くガボールから弁別する課題では，それぞれのガボールパターンに対応するテンプレートを実装し，それらからの出力の差分を算出する。

このテンプレートからの出力は非線形な変換過程を通る。H レシオ（式(5)）や Naka-Rushton の式などで表される神経応答の非線形性に該当する（図10-5-3c）。上段の乗法的ノイズ経路では，空間周波数や方位に対して，信号経路のフィルタよりも広く同調したフィルタ（図 10-5-3b）からの出力が統合される（図 10-5-3d）。同調幅が広いために，この経路でのフィルタはブロードバンドな刺激などによく応答する。PTM では乗法的ノイズおよび加法的ノイズという 2 種類の内部ノイズが仮定されている。まず，乗法的ノイズ経路からの出力には，入力信号に対してそのコントラストに依存した乗法的ノイズが加わる（図 10-5-3e）。その後に，入力信号のコントラストには依存しない加法的ノイズ（additive noise）が加わることにより（図10-5-3f），入力信号に対する内部表現が決まる。この内部表現が意思決定過程（図 10-5-3g）へと送られる。この過程は標準的な信号検出理論（Tanner & Swets, 1954）を実

第Ⅱ部　視覚

装しており，検出や弁別といった課題に応じた決定がおこなわれる。

　加法的ノイズは視覚刺激のコントラストが低いときに，その絶対閾を決める一因となる。一方で乗法的ノイズの強度は刺激がもつコントラストに比例して上昇するために，その効果は検出閾における Weber の法則として現れる。こうした内部ノイズの特性は，最初はフラットでありやがて傾き1で上昇するという閾関数（図 10-5-2a の実線）の特徴と合致していることから，等価入力ノイズ法を用いてノイズ強度を特定することにより，PTM における乗法的，加法的双方の内部ノイズ成分を推定することができる。システムの振る舞いが非線形であるために，ノイズの推定には，複数の心理測定関数を計測する必要がある。Lu & Dosher（2008）では正答率の基準を3通りとして実験を行い，乗法的ノイズと加法的ノイズを推定している。

　このように，PTM はテンプレート（線形フィルタ），非線形変換，内部ノイズによる変調，そして意思決定過程という四つの要素をもつ。PTM における乗法的ノイズの強度は入力刺激のコントラストに依存することから，これは除算正規化によりコントラストゲインコントロールを行う信号と見なすことができる。実際に，乗法的ノイズによる抑制は，入力信号に対するコントラストゲインコントロールと数学的に等価であることが示されている（Dao et al., 2006）。それ故に，図 10-5-3 上段の経路はゲインコントロール経路とも呼ばれる。こうした点からすると，PTM は図 10-3-4 のような除算正規化を内包した空間視のモデルと同じ枠組みで捉えることができる。

　PTM のような観察者モデルは計算論的であり，これまでに知られている神経生理学的な実体との対応が明確になっているわけではない。PTM ではターゲットを検出するため線形なテンプレートが一つ仮定されているが，実際の視覚系においては，一つの刺激に対してすら多数の神経細胞（チャンネル）が同時並行的にはたらくことから（Chen et al., 2006），PTM におけるテンプレートの神経的実体は必ずしも明らかではない。多数の神経細胞から一つの線形なテンプレートが作られるという考え方も

ありうる。しかしながら，そうしたテンプレートに非線形変換をかけたとしても，実際の神経系の非線形な振る舞いと整合性が保てるかどうかはわからない。非線形性を仮定した多数のテンプレート（個々の神経細胞に該当）からの出力を統合した信号と比較すると，グローバルなテンプレートからの信号は知覚判断に関する予測精度が低いという指摘もある（Morgenstern & Elder, 2012）。こうした問題に対処するために，複数の線形テンプレートを想定し，それぞれのテンプレートからの出力が個別に非線形変換やノイズの影響を受けるというように改変されたマルチチャンネル PTM も提案されている（図 10-5-4）。

　ノイズはテンプレートそのものの推定にも広く利用されてきた（Solomon, 2002）。逆相関法（reverse-correlation）の原理を利用した classification image（Beard & Ahumada, 1998）から推定されるテンプレートは，知覚的受容野（perceptive field）とも呼ばれる（Ⅱ・11・5 参照）。

（竹内 龍人・吉本 早苗・本吉 勇・西田 眞也）

10・6　空間視のモデル（4）：Image-computable（任意の入力画像計算可能）モデル

10・6・1　Image-computable モデルの例

　ここまでに紹介した空間視のモデルは基本的に，正弦波格子縞刺激のような1次元パターンや，あらかじめ決められた特定の刺激を入力としたときの検出閾や弁別閾を説明するために構築されてきたために，自然画像に対してどの程度機能するのかという問いに明確に答えることはできなかった。この限界を超えるために，Watson & Solomon（1997）は2次元画像そのものを直接の入力刺激とし，コントラスト弁別実験データ（Foley, 1994）を説明するモデルを構築した。このように任意の画像を入力とし，それに対する計算プロセスを明示できるモデルを image-computable モデルと呼ぶ。Image-computable モデルがあれば，自然画像を含むどのよ

第 10 章　空間視と時間視

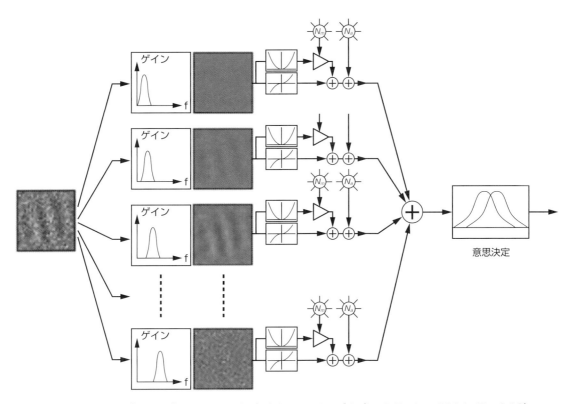

図 10-5-4　複数のテンプレート（マルチチャンネル）をもつ PTM モデル（Lu & Dosher, 2014, Fig. 9.13）
　　　　　それぞれのテンプレートにおいて非線形変換が行われ，また乗法的ノイズと加法的ノイズが加わる。

うな入力画像（視覚イメージ）に対しても定量的な予測ができ，モデルのさらなる精緻化につながる。

　Watson & Solomon（1997）による image-computable モデルの基本構造は図 10-3-4（Foley, 1994）と類似しており，除算正規化によるコントラストゲインコントロールがはたらき，ターゲットの弁別閾はミンコウスキ計量により決定される。モデルは Foley（1994）によるコントラスト弁別実験データをよく説明できるものであった。しかしながら Watson & Solomon（1997）によるモデルでは，当時の計算機のパワーの限界という点から，ガボールフィルタバンクにおける空間周波数は 3 通りに制限された上に，実験課題の特徴には依存しないミンコウスキ計量による決定が行われるなど，神経生理学的には妥当であるとはいえない点があった。そのために，単純な 2 次元画像（たとえば単独のガボールパターンの画像）以上の，より複雑な 2 次元画像には対応していない。

　その後の計算機の発展と共に，神経生理学的な妥当性をもつ image-computable モデルが構築されてきている。本節ではあらゆる 2 次元輝度画像に対して適用が可能である Schütt & Wichmann（2017）によるモデルを概観する。このモデルの目的は中心視野に呈示されたターゲットへの検出感度（ペデスタルが付加される場合はパターン弁別感度）を出力することである。RGB 値をもつ任意の 2 次元自然画像に対してまず，眼光学系の特性に基づき前処理が行われる。続いて空間周波数と方位に同調した線形フィルタ（対数ガボールで定義）を適用する。フィルタバンクは方位 8 通り×空間周波数 12 通りからなり，位相は直交受容野ペアの応答パターンとして表現する。空間周波数フィルタの数は，心理物理学的な推定値（たとえば Wilson et al., 1983 では 6）より多い。チャンネル数増加の理由は，自然画像を入力とした場合，チャンネルに適合する刺激とチャンネルの隙間に入る刺激がもたらす応答の違いが引き起こす振動を防ぐためである。フィルタからの出力は除算正規化によるゲインコントロールの過程を経

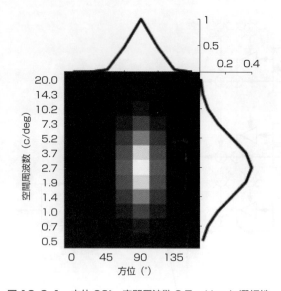

図 10-6-1 方位 90°，空間周波数 2.7 c/deg に選択性をもつチャンネルにおける，一つのピクセルに対する除算正規化の重み付け（Schütt & Wichmann, 2017, Fig. 5）
縦軸は空間周波数（12 通り），横軸は方位（8 通り）を表す。

る。図 10-6-1 は，空間周波数 2.7 c/deg，方位 90°に選択性をもつチャンネルが担当する 1 ピクセルに適用される除算正規化の重み付けを示している。当該チャンネルの方位／空間周波数から離れるとともに，重み付けは減るように設計されている。これらの計算が 2AFC の状況，すなわちターゲットが含まれる刺激と含まれない刺激の双方に対して行われ，最尤推定によりターゲットが含まれている方の刺激を同定する。同定の際にはノイズの要因を加味し，観察者により最適（optimal）な判断（デコーディング）が行われると仮定する。

10・6・2　自然画像への適用

Schütt & Wichmann（2017）によるモデルの振る舞いは，コントラスト感度関数（図 10-1-5）やコントラスト弁別における dipper 関数（図 10-3-2），ModelFest（図 10-4-3）といった心理物理学的実測値とよく合致していた。さらには，Alam et al.（2014）による自然画像マスキング（図 10-6-2）から得られたデータとも整合していた。この自然画像マスキング実験では，自然画像の一部にターゲットとして縦方向のガボールノイズ（中心空間周波数：3.7 c/deg）を埋め込み，ターゲットを埋め込んでいない自然画像との弁別を試みている。30 枚の自然画像を選び，それぞれに 36 の小領域を設定した。小領域の違いによりターゲットの閾は変動するため，全部で 1080 点の自然画像によるマスキングのデータセットが作成された。Alam et al.（2014）は，Watson & Solomon（1997）によるモデルをこの実験状況に基づいて改良してこのデータを説明したが，Schütt & Wichmann（2017）のモデルでもこのデータをよく説明できたのである。

Schütt & Wichmann（2017）によるモデルの実装から，パフォーマンスは除算正規化（図 10-6-1）を適用する空間的な範囲に依存することや，最終的な判断（デコーディング）は必ずしも最適な推定に基づくわけではないことが判明した。さらにはモデルにおける内部表現の解析から，モデルがエッジ検出器としてはたらいていることや，空間周波数と方位に同調した各ユニットの反応はスパース符号化（sparse coding；Olshausen & Field, 1996）されていることなどがわかった。このモデルではあくまで視野中心において静止した 2 次元パターンにおける検出弁別課題のみを対象としているために，適用できる現実場面は限られている。色情報，立体情報，あるいは時間情報（運動情報）といった要因を含めたモデルの構築により，空間視の理解はより深まるだろう。また，自然画像を題材とした心理物理学的データセットの必要性も今後さらに高まると考えられる。

（竹内　龍人・吉本　早苗・本吉　勇・西田　眞也）

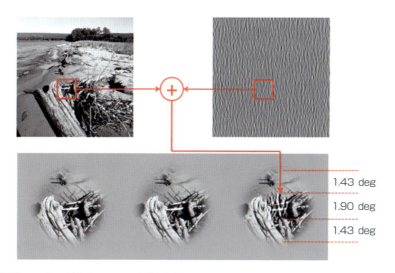

図 10-6-2　自然画像マスキング実験における刺激例（Alam et al., 2014, Fig.1）
マスカー（ペデスタル）としての自然画像の一部に，ターゲットとしての対数ガボールノイズが重畳される（上段）。下段は実験刺激の例で，三つのパターンからターゲットが存在するパターンを選択する（3AFC）。右端のパターンが正解となっている。

10・7　時間視：コントラスト感度関数とインパルス応答関数

10・7・1　CFF（臨界融合周波数）

　空間視の研究において，線形システム理論に基づいた正弦波格子縞パターンの使用や空間周波数解析が主流となったことに伴い，時間視（temporal vision）の研究においても，時間周波数に基づく観点が重視され，周期的に時間変動する刺激に対する知覚とその機序の解明が主流となった（Donner, 2021）。

　空間的には一様な点滅光（フリッカー）の時間周波数を上げていくと，やがては点滅が見えなくなり，時間的には変動していないように感じられる。点滅光の見え方が切り替わる最大時間周波数を臨界融合周波数（臨界フリッカー周波数：CFF）と呼ぶ。CFF の表記には，critifal flicker fusion, critical flicker frequency, critical fusion frequency, critical flicker-fusion frequency といったように揺れがある。CFF は呈示する網膜位置に依存する（図10-7-1）。矩形波状に点滅する光点を用いた場合，中心視野の CFF は 60 Hz 程度である。各網膜偏心度における錐体密度に合わせて，L 錐体を刺激する点滅光（660 nm）の大きさを調整した場合，下視野 40 deg 近辺において CFF は 80 Hz を超えることがある（Tyler, 1987）。

　CFF は刺激の輝度の対数に比例して上昇する。その関係を Ferry-Porter の法則（Ferry-Porter law）と呼ぶ。錐体密度に応じてサイズを可変とした光点（642 nm）により測定した，CFF における網膜照度の影響を図10-7-2に示す（Tyler & Hamer, 1993）。この図に示す範囲の網膜偏心度と網膜照度の組み合わせでは，どの条件においても Ferry-Porter の法則が成り立っている。関数の傾きは中心視野（0 deg）よりも周辺視野（たとえば 85 deg）において大きくなっており，これは周辺視野において時間的変動への感度がより高いことを示している。Ferry-Porter の法則は，網膜照度の増加に伴い視覚情報への反応速度が増加することによる明順応の現れであるとする説がある。反応速度増加により入力される輝度情報の統合時間が短縮され，結果として実効網膜照度レベルが低下し，関与する神経メカニズムのダイナミックレンジ内に収まる。こうした明順応は光受容器のレベルで達成されると考えられる（Rider et al., 2019）。

　CFF は刺激面積の対数にも比例して上昇する。

第 II 部　視覚

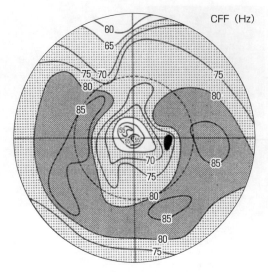

図 10-7-1　視野における CFF の等高線図 (Tyler, 1987, Fig. 4B)
内部の点線による円は 30 deg 視野。黒い領域は盲点。等高線は 5 Hz ごとに描かれている。濃い灰色の領域は 80 Hz 以上の CFF を示す。実験参加者 1 名の結果。

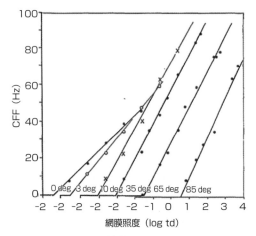

図 10-7-2　CFF と網膜照度との関係 (Tyler & Hamer, 1993, Fig. 2)
異なるデータは網膜偏心度 (0-85 deg) を示す。横軸は見やすさのために，各偏心度の結果を 1 対数単位ずつ左にずらしている。

その関係を Granit-Harper の法則 (Granit-Harper law) と呼ぶ。Rovamo & Raninen (1988) によると，この上昇は面積そのものではなく，刺激が呈示された網膜上の領域にある網膜神経節細胞の数に依存する。そのために，関与すると仮定される神経節細胞の数をそろえると，刺激面積の大小に依存せず CFF は一致する。CFF が網膜あるいは LGN（外側膝状体）のレベルにおいて決まる可能性は，他の研究においても指摘されている（Donner, 2021; Horwitz, 2020）。

その一方で，CFF は網膜レベルよりは皮質レベルにおける高次処理の機能に基づくことを示唆している知見もある。たとえば，中心視野で点滅光（3 deg, 632 nm）を観察した場合，50 Hz 近辺が CFF となり，点滅光における変動が知覚できなくなる。しかしながら，その点滅光がもたらす順応の効果（後続するテスト刺激における感度低下）は，CFF より高い時間周波数においても持続する（Shady et al., 2004）。この結果は，CFF が網膜レベルだけではなく皮質レベルにおける高次処理にも基づくことを示唆している（Vul & MacLeod, 2006; Watanabe & Nishida, 2007）。

10・7・2　時間コントラスト感度関数と時間インパルス応答関数

空間周波数次元の場合と同様に（図 10-1-5），時間周波数次元においてもコントラスト感度関数が測定されている。図 10-7-3 は，直径 65 deg の一様な領域（空間周波数 =0 c/deg）を正弦波状にフリッカーさせた場合のコントラスト感度関数である（Kelly, 1961）。異なるシンボルは，異なる順応輝度（網膜照度）を示しており，その範囲は明所視から暗所視にわたっている。コントラスト感度関数は，明所視下では約 15-20 Hz に感度のピークをもつ帯域通過型の形状を示す。網膜照度が低下するにつれて①時間周波数に依存した形で感度が低下する，②ピーク感度を示す時間周波数が低くなる，③カットオフ時間周波数（CFF にほぼ対応）が低下する（II・10・7・1 参照），④形状全体が帯域通過型から低域通過型に近づく，といった形状変化がみられる。網膜照度に依存した関数形状の変化は空間周波数の場合（II・10・2・4 参照）と類似している。

時間周波数次元におけるコントラスト感度関数（図 10-7-3）は伝達関数であるために，時間次元ではインパルス応答関数に対応する。測定された時間周波数特性を示す関数を逆フーリエ変換して時間インパルス応答（temporal impulse response：TIR）

第10章 空間視と時間視

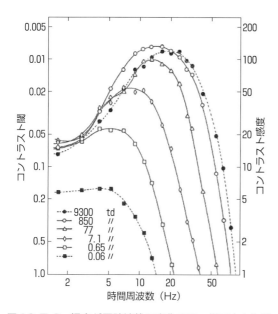

図10-7-3 輝度が正弦波状に変化する一様で大きな刺激（65 deg）を用いて測定した時間コントラスト感度関数（Kelly, 1961, Fig. 4）
縦軸はコントラスト感度に該当する。異なるシンボルは網膜照度の違いを示す。

導出したTIR関数は，図10-7-6dにみられる。

　コントラスト感度関数は振幅の情報しかもたないために，逆フーリエ変換によりTIR関数を算出するためには位相に関する何らかの仮定が必要になる。その場合，図10-7-4も含めて，オンセットの遅れや関数の振動を最小に押さえる最小位相フィルタ（minimum-phase filter）を用いることがある。この仮定の有無により，推定されるTIR関数には違いが生じるが（Victor, 1989），その差は必ずしも大きなものではない（Burr & Morrone, 1993；Shinomori & Werner, 2003）。

　実験的にTIR関数を求める方法として，2パルス

関数を算出すると，いろいろな観察条件における時間特性変化の特徴を把握しやすい。図10-7-4は，直径2 degの一様な光点をフリッカーさせたときの検出閾を複数の順応輝度下で測定し，そこから2通りの方法で算出したTIR関数を示している（Swanson et al., 1987）。得られたTIR関数は，明所視下では二相性（biphasic）の形状を示している。つまり，まず興奮性応答（excitatory response）が生じ，続いて抑制性応答（inhibitory response）に置き換わる。順応輝度が低下するにつれて，抑制性応答が消失することにより単相性（monophasic）へと形状変化し，また興奮性反応のピーク値の出現が遅くなる。二相性から単相性への形状変化は，時間周波数特性が順応輝度の低下に伴い帯域通過型から低域通過型へと変化すること（図10-7-3）と対応している。こうした応答のピークの遅れや形状変化には，桿体からの入力がある網膜上の神経回路が関与している（Cao et al., 2007；Sharpe & Stockman, 1999）。錐体系と桿体系におけるTIR関数の典型的な形状が，Cao et al.（2007）にまとめられている。なお，図10-7-3に示したコントラスト感度関数からKelly（1971）が

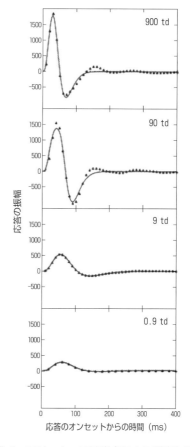

図10-7-4 フリッカーする光点により測定した時間コントラスト感度関数から算出した時間インパルス応答（TIR）関数（Swanson et al., 1987, Fig. 3を改変）
黒三角：ノンパラメトリックな手法で算出したTIR関数，実線：解析的モデルにより算出したTIR関数。横軸は時間（ms）。各図では順応輝度（網膜照度）が異なる（900-0.9 td）。

619

法（2刺激法）(two-pulse method) がある（Burr & Morrone, 1993 ; Ikeda, 1986 ; Ohtani & Ejima, 1988 ; Uchikawa & Yoshizawa, 1993)。ここでは正弦波格子縞をパルスとして用いTIR関数を導出する手法（Burr & Morrone, 1993）を説明するが，空間的に一様な光点をパルスとして用いた場合でも手続きは同じである。図10-7-5に示した2パルス法では，フラッシュする二つの正弦波格子縞（1 c/deg，呈示時間8 ms）の刺激オンセット時間差（stimulus-onset asynchrony：SOA）を操作したうえで（図10-7-5a, b)，格子縞の検出コントラスト感度（図10-7-5c, dのデータ点）を測定する。このデータを説明するように推定されたTIR関数は二相性の形状を示し（図10-7-5e, f)，この関数による予測（図10-7-5c,

dの実線）はコントラスト感度とよく合致していた（Burr & Morrone, 1993)。TIRが二相性であるならば，たとえば図10-7-5aの刺激布置（二つの格子縞のコントラストが同じ）の場合，SOAが短いときにおけるコントラスト感度増加は，二つのTIRが重なることによる応答の増強に基づき，SOAが少し長くなったときのコントラスト感度低下は，一つ目の格子縞に対するTIRの抑制と二つ目の格子縞に対するTIRの興奮が重なることによる応答の減少に基づく，と説明できる。なお，2パルス法から推定されたTIR関数と，同じ刺激を使って計測した時間コントラスト感度関数から算出されたTIR関数は，一部の刺激条件を除けば一致する（Burr & Morrone, 1993 ; Ohtani & Ejima, 1988)。

サッケードや滑動性追跡眼球運動といった眼球運動中のTIR関数も同様の手法により計測されている。輝度定義された刺激を用いて推定されたTIR関数は，そのゲイン（感度）が低下すると共に反応が速くなる。TIRのこうした変化は，眼球運動中のmotion smear（Burr, 1980）を弱めるという機能的意味をもつと考えられる（Burr & Morrone, 1996 ; Tong et al., 2009)。

このようにして推定されたTIR関数は，空間的に一様なフリッカーの検出を説明できる。Yoshimoto et al.（2020）の研究では，矩形波状にフリッカーする一様な刺激（直径17 deg）の時間周波数特性を変調し，閾上では異なって知覚される10種類のフリッカーを作成した（図10-7-6a, b)。図10-7-6aでは矩形波を構成する時間周波数成分がもつ位相を固定したまま，振幅スペクトル（両対数グラフ）における振幅の傾きを5段階に変え，図10-7-6bでは振幅の傾きの変化に加えて位相をランダムに変化させた。Kelly（1971, Fig. 6）はフリッカーする一様な光点の検出閾を異なる網膜照度下（1.67-1670 td）で計測し，そのデータからTIR関数を推定している。図10-7-6dに示したこれらのTIR関数により10種類のフリッカー（図10-7-6a, b）の検出閾を予測したところ，図10-7-6cで示したように，閾上で異なる知覚をもたらす振幅の傾きの違いや位相の違いの効果は消失し，網膜照度のみが閾値の変動因となった。この点を実験的に確認するために，明所視から暗所視

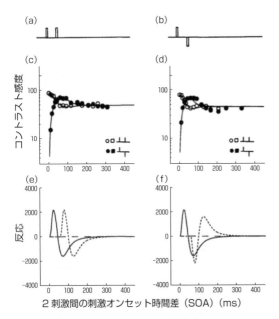

図10-7-5 2パルス法によるTIR関数の推定（Burr & Morrone, 1993 Fig.1, Fig.2を改変）
上段：刺激布置。(a)はフラッシュ呈示される二つの正弦波のコントラストが同じ場合，(b)は二つの正弦波のコントラストが反転している場合。中段：コントラスト感度を2刺激間のSOAの関数として示している［(c), (d)は実験参加者2名の結果］。白丸データは刺激布置(a)，黒丸データは刺激布置(b)より。実線は推定されたTIR関数による近似。下段：二つの刺激それぞれに作用するTIR関数の模式図。(e)はコントラストが同じ正弦波(a)に対するTIR関数，(f)はコントラストが反転する正弦波(b)に対するTIR関数。

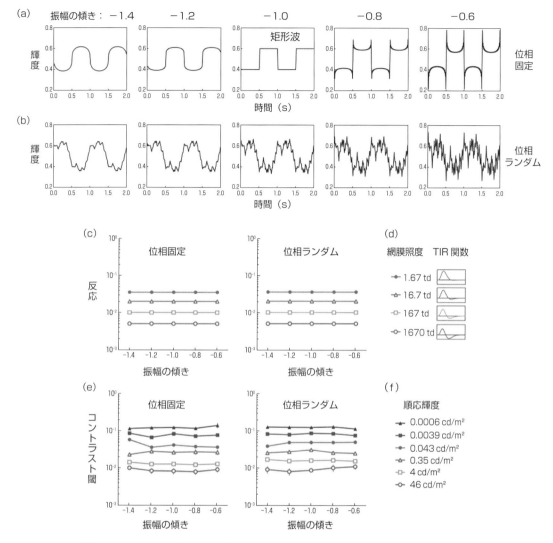

図 10-7-6　TIR 関数によるフリッカー検出の予測（Yoshimoto et al., 2020, Fig. 1, Fig. 4, Fig. 6 を改変）
(a) 矩形波（中央）がもつ振幅スペクトルの傾きを-1.4 から-0.6 まで 5段階に変化させたときに生じるフリッカーの波形。位相スペクトルは矩形波と同じに固定。(b)(a)と同じ振幅スペクトルをもち，かつ位相スペクトルをランダムとしたフリッカーの波形。(c)Kelly（1971）による TIR 関数 (d)を(a)と(b)の波形に畳み込んだ結果を時間平均したもの。横軸は振幅の傾き。左図が(a)，右図が(b)に対応。図内の異なるデータ点は網膜照度に対応。(e)(a),(b)で示したフリッカーのコントラスト検出閾（(f)は順応輝度）。

にわたる広い順応輝度においてフリッカーの検出閾が計測された。その結果（図 10-7-6e）は TIR 関数（図 10-7-6d）からの予測値（図 10-7-6c）とよく一致していたことから，TIR 関数は閾値近辺のフリッカーの知覚を推測するのに有効であるといえる。

10・7・3　空間周波数の効果

ここまでは主に空間変調がない一様な光点のフリッカーについて解説してきたが，時間コントラスト感度関数は，刺激がもつ空間周波数により変化する。図 10-7-7 はさまざまな時間周波数で位相反転するガボールパターンを中心視野で観察し，時間コントラスト感度を測定した例である（Hess & Snowden, 1992）。空間周波数が 0 c/deg（一様なパターン）から 3 c/deg までは，コントラスト感度関数は帯域通過型となる。感度がピークとなる時間周波数は 10 Hz 近辺となり，空間周波数間での大きな違いはない。空間周波数がさらに上昇すると，

第Ⅱ部　視覚

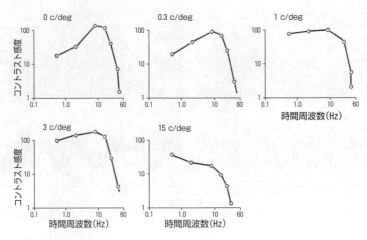

図 10-7-7 時間コントラスト感度における空間周波数（0–15 c/deg）の効果（Hess & Snowden, 1992, Fig. 2）
位相反転するガボールパターンが中心視野に呈示された。実験参加者 1 名の結果。

15 c/deg ではコントラスト感度関数の形状は帯域通過型から低域通過型へと変化する（Robson, 1966）。

図 10-7-8 は，位相反転するガボールパターン（中心視野呈示）により計測した時間コントラスト感度における網膜照度の効果を示す（Snowden et al., 1995）。空間周波数が 0 c/deg の場合，網膜照度が低下すると感度がピークとなる時間周波数は低下していく一方で，最も暗い網膜照度（暗所視下）においても帯域通過型の形状は保たれている。なお，同じようにフリッカーする一様な刺激を用いた Kelly（1961）の研究（図 10-7-3）では，暗所視下では低域通過型の関数が得られている。この違いは，異なる実験方法に基づく実験参加者の方略の違いに起因している可能性がある。空間周波数 1 c/deg の場合は，網膜照度が薄明視の領域に入ると関数形状が低域通過型になる。空間周波数がさらに高くなると，どの網膜照度でも低域通過型になる。明所視レベルにおける低時空間周波数領域を除いて，網膜照度が低下すると感度の絶対値が低下する。

図 10-7-9 は，明所視下で位相反転するガボールパターンにより計測した時間コントラスト感度に対する，網膜偏心度の効果を示している（Snowden & Hess, 1992）。ガボールパターンのサイズは，網膜偏心度に関わらず一定である。どの網膜偏心度においても感度関数の形状は帯域通過型となっており，感度のピークは 10 Hz 近辺にある。なお，周辺視では

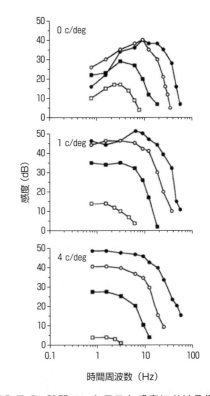

図 10-7-8 時間コントラスト感度における網膜照度（0.15–2240 td）の影響（Snowden et al., 1995, Fig. 1 を改変）
各グラフは空間周波数（0–4 c/deg）の違い，グラフ内の関数は網膜照度の違いを表す（● 2240 photo td (photopic troland)，○ 90 photo td，■ 3.7 photo td，□ 0.15 photo td）。実験参加者 1 名の結果。

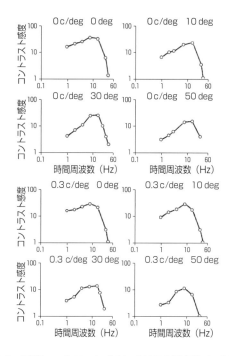
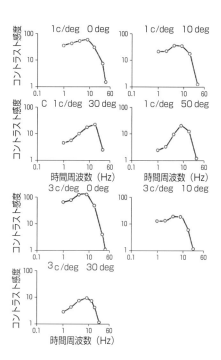

図10-7-9 時間コントラスト感度における網膜偏心度（0-50°）の効果（Snowden & Hess, 1992, Fig. 1, 2）
空間周波数0 c/deg：左上4点のグラフ。0.3 c/deg：左下4点のグラフ。1 c/deg：右上4点のグラフ。3 c/deg：右下3点のグラフ。

コントラスト感度関数が低域通過型の形状になるという報告もある（Rovamo & Virsu, 1979）。図10-7-9の実験では調整法が用いられているために，刺激の長時間呈示が引き起こすTroxler効果（Troxler effect）により，低時間周波数刺激への感度が過小評価された可能性がある。

TIR関数の形状も，空間周波数により異なることが実験的に示されている。いろいろな空間周波数をもつ正弦波刺激を用いた2パルス法によりTIR関数を推定すると，3.5 c/deg以下では二相性のTIR関数が得られる。一方，7.0 c/deg以上ではTIR関数の形状は単相性となる。また応答のピーク値が現れる時間は，低空間周波数の方が高空間周波数よりも早くなる（Watson & Nachmias, 1977）。

10・7・4 TIR関数により説明できる現象

TIR関数は，閾値近辺あるいは閾上において時間変動する刺激の知覚における空間周波数の効果を予測できる。刺激の呈示時間が短いとき，検出閾における刺激の強度（I）と呈示時間（D）の関係は，$ID = $ 一定というBlochの法則に従い，時間的足し合

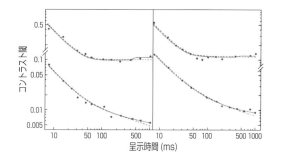

図10-7-10 正弦波刺激のコントラスト閾と呈示時間との関係（Gorea & Tyler, 1986, Fig. 7）
空間周波数は0.8 c/deg（上）と8.0 c/deg（下）。データ点が実測値を表し，実線および点線がTIR関数のモデルによる近似となる。実験参加者2名（左右）の結果。

わせ（時間加算）（temporal summation）が生じていることを示す。時間加算が生じる最長の刺激呈示時間を臨界呈示時間（critical duration）という。空間周波数が低い場合（図10-7-10の上の関数），呈示時間が短いときに，コントラスト閾は，時間とともに低下する。つまり，刺激強度と呈示時間の関係は，両対数グラフ上で関数の傾きが-1となるBlochの法則に従う性質を示す。呈示時間が長くなると，

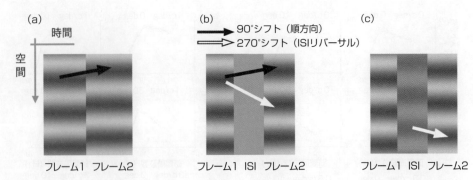

図10-7-11　ISIリバーサルを生じさせる刺激布置の時空間プロット（Takeuchi & De Valois, 2009, Fig. 1 を改変）
(a) ISI がない場合，90°方向へのシフト（黒矢印の方向）が知覚される．(b) ISI を挿入すると，条件により 90°シフトあるいは 270°シフトが知覚される．(c) 明所視下においては，二相性の TIR 関数により ISI 時のイメージ変調（説明のために (b) の図に重畳させて描いている）が生じ，結果として 270°シフト（白矢印の方向）が知覚される．

臨界呈示時間に到達し，刺激強度は呈示時間にかかわらず定常となる．一方で空間周波数が高くなると（図10-7-10 の下の関数），臨界呈示時間は長くなる．このように臨界呈示時間は刺激の空間周波数に依存する．こうした関係は TIR 関数が低空間周波数から高空間周波数になるにつれ二相性から単相性に変化することから予測できる（図10-7-10 の近似関数）（Gorea & Tyler, 1986）．

継時呈示するとある方向への位置ずれ（シフト）が感じられる2パターン（図10-7-11a）の刺激間時間間隔（interstimulusl interval：ISI）にわたり，輝度が一様なフレームを挿入すると，その持続時間が適切であり，かつ明所視下においてはシフト方向が反転して知覚される（Braddick, 1980；Sheriga et al., 2006）．たとえば 90°位相がシフトする場合は，270°の方向へシフトして見える（図10-7-11b）．このような ISI リバーサル（ISI reversal）の現象が生じるのは，フレーム1に応答する二相性の TIR 関数がもつ抑制成分により，輝度が一様なフレーム上にフレーム1の反転イメージが作られ（図10-7-11c），それとフレーム2との間で対応がとられているからである（Shioiri & Cavanagh, 1990）．この刺激布置を暗所視下で観察した場合，あるいはフレーム1の空間周波数を高めた場合は ISI リバーサルは消失し，90°の方向へのシフトが観察される．両条件下では単相性の TIR に基づく反応が生じるために（図10-7-4），ISI における図10-7-11c のようなイメージ変調が生じないからである（Takeuchi & De Valois, 1997, 2009）．

（竹内 龍人・吉本 早苗・本吉 勇・西田 眞也）

10・8　時間視：時間周波数チャンネルとコントラスト弁別

10・8・1　時間周波数チャンネルの推定

図10-7-3 のような時間コントラスト感度関数や，それと実質的に等価な表現である TIR 関数（図10-7-4）は，時間変動する視覚系全体の特性を表している．しかし空間周波数の場合と同様に，時間コントラスト感度関数も，複数の時間周波数チャンネル（メカニズム）からの出力を反映していることが，さまざまな心理学的，神経生理学的研究からわかっている（Kulikowski & Tolhurst, 1973；Watson & Robson, 1981）．心理物理学的に時間周波数チャンネル（temporal frequency channel）の推定をするには，時間周波数の弁別閾や時間周波数次元におけるマスキング関数といったデータを用いる（Frederiksen & Hess, 1998）．これまでの研究から，空間周波数次元におけるチャンネルと比べて時間周波数チャンネルは少なく，チャンネル数は 2 ないし 3 と推定されている（Cass & Alais, 2006；Hammett & Smith, 1992；Hess & Snowden, 1992；Mandler & Makous, 1984；Metha & Mullen, 1996）．

時間周波数チャンネルを推定した実験について説明する。Metha & Mullen（1996）では，輝度定義された低空間周波数（0.25 c/deg）のガボールパターンの時間周波数を変え検出閾を測定している（図10-8-1内のデータ点）。このデータおよび同じ刺激を使用して測定した時間周波数弁別の結果から，線要素モデル（line-element model）（Mandler & Makous, 1984; Stiles, 1946; Waugh & Hess, 1994）により，時間コントラスト感度関数をもたらす時間周波数チャンネルの周波数特性（H_1, H_2）および TIR 関数（h_1, h_2）を推定した。ピーク値がそれぞれ異なる二つの帯域通過型の時間周波数チャンネルが現れている。

Metha & Mullen（1996）の研究では帯域通過型のチャンネルが推定されたが，その他の研究では低域通過型のチャンネルも見いだされている。Hess & Snowden（1992），Snowden & Hess（1992），Snowden et al.（1995）はマスキング法により，空間周波数の効果，網膜照度の効果，網膜偏心度の効果を加味したうえでチャンネルを推定している。ターゲットとマスカーは共に正弦波状に位相反転し，方位は同じガボールパターンである。これらの実験から得られた知見としては，①低い空間周波数帯では三つの時間周波数チャンネル（帯域通過型2, 低域通過型1），②高い空間周波数帯では二つの時間周波数チャンネル（帯域通過型1，低域通過型1），③周辺視野（30 deg，50 deg）では二つの時間周波数チャンネル（帯域通過型2），④暗所視下においては二つの時間周波数チャンネル（帯域通過型1，低域通過型1）がそれぞれ機能している。すべての条件で共通に現れる帯域通過型チャンネルは10 Hz近辺にそのピークがくる。こうした各時間周波数チャンネルの特性は空間周波数により不変（invariant）であり，空間周波数に応じて感度（sensitivity）のみが変わることが示されている。これは，どのような観察条件においても，時間変動している刺激の検出や弁別は少数の時間メカニズムにより行われていることを意味している。Hessらによるマスキング実験の詳細は塩入（2000, pp. 224-225）を参照のこと。

方位や時空間周波数成分を変調した刺激を用いたマスキング実験から，①低時間周波数領域で機能する帯域通過型チャンネルは方位選択的で，②高時間周波数領域で機能する帯域通過型チャンネルは方位に非選択的で，③両時間周波数チャンネルは独立ではなく，高時間周波数チャンネルは低時間周波数チャンネルを抑制する，といった点が報告されている（Cass & Alais, 2006）。

Meier & Carandini（2002）によると，2.7 Hzでドリフトするターゲット刺激（垂直のガボールパターン）のコントラスト弁別は，重畳された38 Hzでドリフトするマスカー（水平のガボールパターン）によりマスクされる。つまり速い時間周波数によるマスキング効果は方位にも非選択的である。高時間周波数の刺激が方位に非選択的にマスキング効果を示すことは，高時間周波数への応答が小さく方位選択的である一次視覚野ではなく，高時間周波数に対する応答性があるが方位選択性がない外側膝状体が，時間周波数に関連したコントラスト弁別のパフォーマンスを決めている可能性を示唆している（Freeman et al., 2002）。

10・8・2　Dipper関数

閾上において時間変動するパターン知覚を司るメカニズムに関しては，空間視の場合と同様にコントラスト弁別課題により検討されている。Smithson et al.（2009）は，直径2 deg，時間周波数10 Hzで正弦

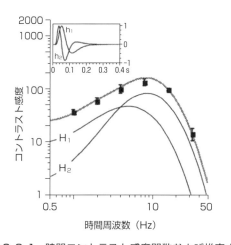

図10-8-1　時間コントラスト感度関数および推定された時間周波数チャンネル（H_1, H_2）(Metha & Mullen, 1996, Fig. 3)
　　　　H_1, H_2は時間周波数チャンネルから算出したTIR関数，黒四角形は実測値，灰色の実線はモデルによる予測値を示す。実験参加者1名の結果。

波状に1秒間フリッカーする光点（ターゲット）の弁別コントラスト閾を測定した。ターゲットには，大きさおよび時間位相が同じペデスタル（マスカー）が重畳され，さらに時間的ノイズ成分が加わった。ノイズ条件は4種類（ノッチ（切れ目）のないブロードバンドノイズ，ターゲットの時間周波数を中心とした5 Hz幅のノッチ，10 Hz幅のノッチ，そしてノイズなし）であった。

実験の結果（図10-8-2），とくにノイズが存在しない条件においては，TvC関数は典型的なdipper関数の形状を示した。つまり，ペデスタルが低コントラスト時にコントラスト感度の促進がみられ，ペデスタルのコントラストが上昇するとターゲットはマスクされた。この結果から，空間次元の場合と同様，ペデスタルが低コントラスト時には反応拡大的な，高コントラスト時には反応圧縮的な非線形性をもつメカニズムが，ターゲットの検出に際して機能していると考えられる。なお，空間次元ではノッチによるdipの消失が報告されているが（II・10・3・5），時間次元ではノイズの種類にかかわらずdipが観察された。時間次元においては機能する時間周波数フィルタの数が少なく（II・10・8・1），ターゲットの検出に関わる時間周波数チャンネルのバンド幅は空間周波数チャンネルの場合よりも広い。この特性により，ターゲット周波数を省いたノイズでもdipを生じさせていると考えられる。

Boynton & Foley（1999）は，ターゲットとしてガボールパターン，マスカー（ペデスタル）として刺激呈示画面全体を占める正弦波格子縞を用いてコントラスト弁別課題を行っている（図10-8-3）。方位はどちらも垂直である。ターゲットおよびマスカーの時空間周波数を変数とした場合，双方の時間周波数が等しいときに，低コントラストのマスカーによるコントラスト感度の促進（コントラスト閾の低下，dip）が最も強くみられる。その一方で，中・高コントラストのマスカーによるコントラスト感度の低下（コントラスト閾の上昇）は時間周波数に非選択的となり，特にターゲットよりも速い時間周波数を

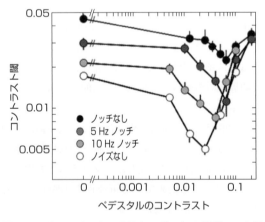

図10-8-2 フリッカーするターゲットの弁別コントラスト閾とペデスタルのコントラストおよびノイズとの関係（Smithson et al., 2009, Fig. 2）
ターゲットは正弦波状に10 Hzでフリッカーする2 degの光点である。各シンボルは同時に呈示されたノイズの種類を示す。実験参加者1名の結果。

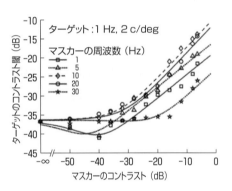

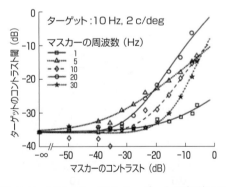

図10-8-3 フリッカーするターゲットの弁別コントラスト閾とマスカーの時間周波数との関係（Boynton & Foley, 1999, Fig. 5）
（上）ターゲットの時間周波数は1 Hz，（下）ターゲットの時間周波数は10 Hzである。データ点におけるマーカーの違いはマスカーの時間周波数の違いを示しており，また各関数は除算抑制モデル（図10-3-4）からの予測である。実験参加者1名の結果。

もつマスカーは強い抑制効果を示す。たとえばターゲットが 1 Hz の場合，10-20 Hz のマスカーがコントラスト閾を上昇させている。

図 10-8-3 内の関数は除算抑制モデル（図 10-3-4）からの予測であるが，低コントラストのマスカーにより生じる dip を予測できていない箇所がみられる。たとえばターゲットとマスカーがともに 10 Hz の場合，測定値ではみられる dip が，モデルではみられない。こうした乖離の原因には，時間周波数チャンネルの形状や感度をどのように仮定するか，

といった点が関係していると考えられる。

感度の測定から得られた TvC 関数の特性（図 10-8-2，図 10-8-3）から，時間次元においても，空間次元（II・10・3・4）と同様に除算正規化が機能していると考えられる。今後は，時空間変動する任意の自然画像に対応できる image-computable モデルを構築することにより，時間視の構造を明らかにすることが期待される。

（竹内 龍人・吉本 早苗・本吉 勇・西田 眞也）

文献

（10・1）

Badcock, D. R. (1988). Discrimination of spatial phase changes: Contrast and position codes. *Spatial Vision, 3*(4), 305–322.〔doi: 10.1163/156856888x00186〕

Blakemore, C., & Campbell, F. W. (1969). On the existence of neurones in the human visual system selectively sensitive to the orientation and size of retinal images. *Journal of Physiology, 203*(1), 237–260.〔doi: 10.1113/jphysiol.1969.sp008862〕

Campbell, F. W., Carpenter, R. H., & Levinson, J. Z. (1969). Visibility of aperiodic patterns compared with that of sinusoidal gratings. *Journal of Physiology, 204*(2), 283–298.〔doi: 10.1113/jphysiol.1969.sp008913〕

Campbell, F. W., & Robson, J. G. (1968). Application of Fourier analysis to the visibility of gratings. *Journal of Physiology, 197*(3), 551–566.〔doi: 10.1113/jphysiol.1968.sp008574〕

De Valois, R. L., & De Valois, K. K. (1988). *Spatial Vision.* Oxford University Press.

De Valois, R. L., Morgan, H., & Snodderly, D. M. (1974). Psychophysical studies of monkey vision: III. Spatial luminance contrast sensitivity tests of macaque and human observers. *Vision Research, 14*(1), 75–81.〔doi: 10.1016/0042-6989(74)90118-7〕

Frisby, J. P., & Stone, J. V. (2010). *Seeing: The Computational Approach to Biological Vision.* MIT Press.

Graham, N., & Nachmias, J. (1971). Detection of grating patterns containing two spatial frequencies: A comparison of single-channel and multiple-channels models. *Vision Research, 11*(3), 251–259.〔doi: 10.1016/0042-6989(71)90189-1〕

Heeley, D. W., Buchanan-Smith, H. M., Cromwell, J. A., & Wright, J. S. (1997). The oblique effect in orientation acuity. *Vision Research, 37*(2), 235–242.〔doi: 10.1016/s0042-6989(96)00097-1〕

Hubel, D. H., & Wiesel, T. N. (1962). Receptive fields, binocular interaction and functional architecture in the cat's visual cortex. *Journal of Physiology, 160,* 106–154.〔doi: 10.1113/jphysiol.1962.sp006837〕

市原 茂 (1994). 視覚系の空間的特性　空間周波数に選択的な順応　大山 正・今井 省吾・和氣 典二（編）　新編 感覚・知覚心理学ハンドブック（pp. 566–573）　誠信書房

Jones, J. P., & Palmer, L. A. (1987). An evaluation of the two-dimensional Gabor filter model of simple receptive fields in cat striate cortex. *Journal of Neurophysiology, 58*(6), 1233–1258.〔doi: 10.1152/jn.1987.58.6.1233〕

Mechler, F., & Ringach, D. L. (2002). On the classification of simple and complex cells. *Vision Research, 42*(8), 1017–1033.〔doi: 10.1016/s0042-6989(02)00025-1〕

Mikellidou, K., Cicchini, G. M., Thompson, P. G., & Burr, D. C. (2015). The oblique effect is both allocentric and egocentric. *Journal of Vision, 15*(8), 24.〔doi: 10.1167/15.8.24〕

Pantle, A., & Sekuler, R. (1968). Size-detecting mechanisms in human vision. *Science, 162*(3858), 1146–1148.〔doi: 10.1126/science.162.3858.1146.b〕

Piotrowski, L. N., & Campbell, F. W. (1982). A demonstration of the visual importance and flexibility of spatial-frequency amplitude and phase. *Perception, 11*(3), 337–346.〔doi: 10.1068/p110337〕

第 II 部　視覚

Sachs, M. B., Nachmias, J., & Robson, J. G. (1971). Spatial-frequency channels in human vision. *Journal of the Optical Society of America, 61*(9), 1176-1186. [doi: 10.1364/josa.61.001176]

Sasaki, Y., Rajimehr, R., Kim, B. W., Ekstrom, L. B., Vanduffel, W., & Tootell, R. B. (2006). The radial bias: A different slant on visual orientation sensitivity in human and nonhuman primates. *Neuron, 51*(5), 661-670. [doi: 10.1016/j.neuron.2006.07.021]

Schütt, H. H., & Wichmann, F. A. (2017). An image-computable psychophysical spatial vision model. *Journal of Vision, 17*(12), 12. [doi: 10.1167/17.12.12]

塩入 諭　(2000).　空間周波数チャンネル　日本視覚学会（編）　視覚情報処理ハンドブック（pp. 200-205）　朝倉書店

氏家 弘裕　(2000).　位相検出　日本視覚学会（編）　視覚情報処理ハンドブック（pp. 210-213）　朝倉書店

氏家 弘裕　(2000).　方位検出　日本視覚学会（編）　視覚情報処理ハンドブック（pp. 213-219）　朝倉書店

Westheimer, G. (2003). The distribution of preferred orientations in the peripheral visual field. *Vision Research, 43*(1), 53-57. [doi: 10.1016/s0042-6989(02)00398-x]

Wichmann, F. A., Braun, D. I., & Gegenfurtner, K. R. (2006). Phase noise and the classification of natural images. *Vision Research, 46*(8-9), 1520-1529. [doi: 10.1016/j.visres.2005.11.008]

Wilson, H. R., McFarlane, D. K., & Phillips, G. C. (1983). Spatial frequency tuning of orientation selective units estimated by oblique masking. *Vision Research, 23*(9), 873-882. [doi: 10.1016/0042-6989(83)90055-x]

(10・2)

Anderson, S. J., Mullen, K. T., & Hess, R. F. (1991). Human peripheral spatial resolution for achromatic and chromatic stimuli: Limits imposed by optical and retinal factors. *Journal of Physiology, 442*, 47-64. [doi: 10.1113/jphysiol.1991.sp018781]

Baldwin, A. S., Meese, T. S., & Baker, D. H. (2012). The attenuation surface for contrast sensitivity has the form of a witch's hat within the central visual field. *Journal of Vision, 12*(11), 23. [doi: 10.1167/12.11.23]

Banks, M. S., Geisler, W. S., & Bennett, P. J. (1987). The physical limits of grating visibility. *Vision Research, 27*(11), 1915-1924. [doi: 10.1016/0042-6989(87)90057-5]

Campbell, F. W., & Green, D. G. (1965). Optical and retinal factors affecting visual resolution. *Journal of Physiology, 181*(3), 576-593. [doi: 10.1113/jphysiol.1965.sp007784]

Campbell, F. W., & Gubisch, R. W. (1966). Optical quality of the human eye. *Journal of Physiology, 186*(3), 558-578. [doi: 10.1113/jphysiol.1966.sp008056]

Cottaris, N. P., Jiang, H., Ding, X., Wandell, B. A., & Brainard, D. H. (2019). A computational-observer model of spatial contrast sensitivity: Effects of wave-front-based optics, cone-mosaic structure, and inference engine. *Journal of Vision, 19*(4), 8. [doi: 10.1167/19.4.8]

Curcio, C. A., Sloan, K. R., Kalina, R. E., & Hendrickson, A. E. (1990). Human photoreceptor topography. *Journal of Comparative Neurology, 292*(4), 497-523. [doi: 10.1002/cne.902920402]

de Gracia, P., Marcos, S., Mathur, A., & Atchison, D. A. (2011). Contrast sensitivity benefit of adaptive optics correction of ocular aberrations. *Journal of Vision, 11*(12), 5. [doi: 10.1167/11.12.5]

De Valois, R. L., & De Valois, K. K. (1988). *Spatial Vision*. Oxford University Press.

Emerson, R. C., Bergen, J. R., & Adelson, E. H. (1992). Directionally selective complex cells and the computation of motion energy in cat visual cortex. *Vision Research, 32*(2), 203-218. [doi: 10.1016/0042-6989(92)90130-b]

乾 敏郎　(1994).　空間加重と受容野　大山 正・今井 省吾・和氣 典二（編）　新編 感覚・知覚心理学ハンドブック（pp. 330-335）　誠信書房

Khuu, S. K., & Kalloniatis, M. (2015). Spatial summation across the central visual field: Implications for visual field testing. *Journal of Vision, 15*(1), 6. [doi: 10.1167/15.1.6]

Liang, J., & Williams, D. R. (1997). Aberrations and retinal image quality of the normal human eye. *Journal of the Optical Society of America A, 14*(11), 2873-2883. [doi: 10.1364/josaa.14.002873]

Liang, J., Williams, D. R., & Miller, D. T. (1997). Supernormal vision and high-resolution retinal imaging through adaptive optics. *Journal of the Optical Society of America A, 14*(11), 2884–2892. [doi: 10.1364/josaa.14.002884]

Lu, Z. L., & Dosher, B. (2014). *Visual Psychophysics: From Laboratory to Theory*. MIT Press.

Malania, M., Devinck, F., Knoblauch, K., Delahunt, P. B., Hardy, J. L., & Werner, J. S. (2011). Senescent changes in photopic spatial summation. *Journal of Vision, 11*(10), 15. [doi: 10.1167/11.10.15]

Meese, T. S., & Summers, R. J. (2012). Theory and data for area summation of contrast with and without uncertainty: Evidence for a noisy energy model. *Journal of Vision, 12*(11), 9. [doi: 10.1167/12.11.9]

Mullen, K. T. (1985). The contrast sensitivity of human colour vision to red-green and blue-yellow chromatic gratings. *Journal of Physiology, 359*, 381–400. [doi: 10.1113/jphysiol.1985.sp015591]

Mustonen, J., Rovamo, J., & Näsänen, R. (1993). The effects of grating area and spatial frequency on contrast sensitivity as a function of light level. *Vision Research, 33*(15), 2065–2072. [doi: 10.1016/0042-6989(93)90005-h]

Ohzawa, I., DeAngelis, G. C., & Freeman, R. D. (1990). Stereoscopic depth discrimination in the visual cortex: Neurons ideally suited as disparity detectors. *Science, 249*(4972), 1037–1041. [doi: 10.1126/science.2396096]

Pan, F., & Swanson, W. H. (2006). A cortical pooling model of spatial summation for perimetric stimuli. *Journal of Vision, 6*, 1159–1171. [doi: 10.1167/6.11.2]

Rohaly, A. M., & Owsley, C. (1993). Modeling the contrast-sensitivity functions of older adults. *Journal of the Optical Society of America A, 10*(7), 1591–1599. [doi: 10.1364/josaa.10.001591]

Rovamo, J., Mustonen, J., & Näsänen, R. (1994). Modelling contrast sensitivity as a function of retinal illuminance and grating area. *Vision Research, 34*(10), 1301–1314. [doi: 10.1016/0042-6989(94)90204-6]

Rovamo, J., & Virsu, V. (1979). An estimation and application of the human cortical magnification factor. *Experimental Brain Research, 37*(3), 495–510. [doi: 10.1007/BF00236819]

Silvestre, D., Arleo, A., & Allard, R. (2018). Internal noise sources limiting contrast sensitivity. *Scientific Reports, 8*(1), 2596. [doi: 10.1038/s41598-018-20619-3]

Thibos, L. N., Hong, X., Bradley, A., & Cheng, X. (2002). Statistical variation of aberration structure and image quality in a normal population of healthy eyes. *Journal of the Optical Society of America A, 19*(12), 2329–2348. [doi: 10.1364/josaa.19.002329]

van Nes, F. L., Koenderink, J. J., Nas, H., & Bouman, M. A. (1967). Spatiotemporal modulation transfer in the human eye. *Journal of the Optical Society of America, 57*(9), 1082–1088. [doi: 10.1364/josa.57.001082]

Watson, A. B., & Ahumada, A. J. (2005). A standard model for foveal detection of spatial contrast. *Journal of Vision, 5*(9), 717–740. [doi: 10.1167/5.9.6]

Wuerger, S., Ashraf, M., Kim, M., Martinovic, J., Pérez-Ortiz, M., & Mantiuk, R. K. (2020). Spatio-chromatic contrast sensitivity under mesopic and photopic light levels. *Journal of Vision, 20*(4), 23. [doi: 10.1167/jov.20.4.23]

(10・3)

Albrecht, D. G., & Hamilton, D. B. (1982). Striate cortex of monkey and cat: Contrast response function. *Journal of Neurophysiology, 48*(1), 217–237. [doi: 10.1152/jn.1982.48.1.217]

Asher, J. M., O'Hare, L., Romei, V., & Hibbard, P. B. (2018). Typical lateral interactions, but increased contrast sensitivity, in migraine-with-aura. *Vision* (Basel), *2*(1), 7. [doi: 10.3390/vision2010007]

Bex, P. J., Mareschal, I., & Dakin, S. C. (2007). Contrast gain control in natural scenes. *Journal of Vision, 7*(11), 12 [doi: 10.1167/7.11.12]

Blakemore, C., & Campbell, F. W. (1969). On the existence of neurones in the human visual system selectively sensitive to the orientation and size of retinal images. *Journal of Physiology, 203*(1), 237–260. [doi: 10.1113/jphysiol.1969.sp008862]

Blakemore, C., & Tobin, E. A. (1972). Lateral inhibition between orientation detectors in the cat's visual cortex. *Experimental Brain Research, 15*(4), 439–440. [doi: 10.1007/BF00234129]

Bonds, A. B. (1989). Role of inhibition in the specification of orientation selectivity of cells in the cat striate cortex. *Visual Neuroscience, 2*(1), 41–55. [doi: 10.1017/s0952523800004314]

Boynton, G. M., & Foley, J. M. (1999). Temporal sensitivity of human luminance pattern mechanisms determined by masking with temporally modulated stimuli. *Vision Research*, *39*(9), 1641-1656. [doi: 10.1016/s0042-6989(98)00199-0]

Campbell, F. W., & Kulikowski, J. J. (1966). Orientational selectivity of the human visual system. *Journal of Physiology*, *187*(2), 437-445. [doi: 10.1113/jphysiol.1966.sp008101]

Campbell, F. W., & Robson, J. G. (1968). Application of Fourier analysis to the visibility of gratings. *Journal of Physiology*, *197*(3), 551-566. [doi: 10.1113/jphysiol.1968.sp008574]

Carandini, M., & Heeger, D. J. (2012). Normalization as a canonical neural computation. *Nature Reviews Neuroscience*, *13*(1), 51-62. [doi: 10.1038/nrn3136]

Chen, C. C., & Tyler, C. W. (2001). Lateral sensitivity modulation explains the flanker effect in contrast discrimination. *Philosophical Transactions of the Royal Society B: Biological Sciences*, *268*(1466), 509-516. [doi: 10.1098/rspb.2000.1387]

Chen, C. C., & Tyler, C. W. (2008). Excitatory and inhibitory interaction fields of flankers revealed by contrast-masking functions. *Journal of Vision*, *8*(4), 10. [doi: 10.1167/8.4.10]

DeAngelis, G. C., Robson, J. G., Ohzawa, I., & Freeman, R. D. (1992). Organization of suppression in receptive fields of neurons in cat visual cortex. *Journal of Neurophysiology*, *68*(1), 144-163. [doi: 10.1152/jn.1992.68.1.144]

De Valois, R. L., & De Valois, K. K. (1988). *Spatial Vision*. Oxford University Press.

Foley, J. M. (1994). Human luminance pattern-vision mechanisms: Masking experiments require a new model. *Journal of the Optical Society of America A*, *11*(6), 1710-1719. [doi: 10.1364/josaa.11.001710]

Foley, J. M. (2019). Lateral effects in pattern vision. *Journal of Vision*, *19*(9), 8. [doi: 10.1167/19.9.8]

Foley, J. M., & Chen, C. C. (1999). Pattern detection in the presence of maskers that differ in spatial phase and temporal offset: Threshold measurements and a model. *Vision Research*, *39*(23), 3855-3872. [doi: 10.1016/s0042-6989(99)00104-2]

Goris, R. L., Zaenen, P., & Wagemans, J. (2008). Some observations on contrast detection in noise. *Journal of Vision*, *8*(9), 4. [doi: 10.1167/8.9.4]

Graham, N. V. (2011). Beyond multiple pattern analyzers modeled as linear filters (as classical V1 simple cells): Useful additions of the last 25 years. *Vision Research*, *51*(13), 1397-1430. [doi: 10.1016/j.visres.2011.02.007]

Graham, N., & Nachmias, J. (1971). Detection of grating patterns containing two spatial frequencies: A comparison of single-channel and multiple-channels models. *Vision Research*, *11*(3), 251-259. [doi: 10.1016/0042-6989(71)90189-1]

Graham, N., & Sutter, A. (1998). Spatial summation in simple (Fourier) and complex (non-Fourier) texture channels. *Vision Research*, *38*(2), 231-257. [doi: 10.1016/s0042-6989(97)00154-5]

Heeger, D. J. (1992a). Normalization of cell responses in cat striate cortex. *Visual Neuroscience*, *9*(2), 181-197. [doi: 10.1017/s0952523800009640]

Heeger, D. J. (1992b). Half-squaring in responses of cat striate cortex. *Visual Neuroscience*, *9*(5), 427-443. [doi: 10.1017/s095252380001124x]

Heeger, D. J., Simoncelli, E. P., & Movshon, J. A. (1996). Computational models of cortical visual processing. *Proceedings of the National Academy of Sciences of the USA*, *93*(2), 623-627. [doi: 10.1073/pnas.93.2.623]

Henning, G. B., & Wichmann, F. A. (2007). Some observations on the pedestal effect. *Journal of Vision*, *7*(1), 3. [doi: 10.1167/7.1.3]

Legge, G. E., & Foley, J. M. (1980). Contrast masking in human vision. *Journal of the Optical Society of America*, *70*(12), 1458-1471. [doi: 10.1364/josa.70.001458]

Meese, T. S. (2004). Area summation and masking. *Journal of Vision*, *4*(10), 930-943. [doi: 10.1167/4.10.8]

Meese, T. S., Summers, R. J., Holmes, D. J., & Wallis, S. A. (2007). Contextual modulation involves suppression and facilitation from the center and the surround. *Journal of Vision*, *7*(4), 7. [doi: 10.1167/7.4.7]

Nachmias, J., & Sansbury, R. V. (1974). Grating contrast: Discrimination may be better than detection. *Vision Research*, *14*(10), 1039-1042. [doi: 10.1016/0042-6989(74)90175-8]

Neri, P. (2015). The elementary operations of human vision are not reducible to template-matching. *PLoS Computational Biology*, *11*(11), e1004499. [doi: 10.1371/journal.pcbi.1004499]

第 10 章　空間視と時間視

Ohzawa, I., Sclar, G., & Freeman, R. D. (1985). Contrast gain control in the cat's visual system. *Journal of Neurophysiology*, *54*(3), 651–667. [doi: 10.1152/jn.1985.54.3.651]

Polat, U., & Sagi, D. (1993). Lateral interactions between spatial channels: Suppression and facilitation revealed by lateral masking experiments. *Vision Research*, *33*(7), 993–999. [doi: 10.1016/0042-6989(93)90081-7]

Sawada, T., & Petrov, A. A. (2017). The divisive normalization model of V1 neurons: A comprehensive comparison of physiological data and model predictions. *Journal of Neurophysiology*, *118*(6), 3051–3091. [doi: 10.1152/jn.00821.2016]

Snowden, R. J., & Hammett, S. T. (1998). The effects of surround contrast on contrast thresholds, perceived contrast and contrast discrimination. *Vision Research*, *38*(13), 1935–1945. [doi: 10.1016/s0042-6989(97)00379-9]

Solomon, J. A., & Morgan, M. J. (2000). Facilitation from collinear flanks is cancelled by non-collinear flanks. *Vision Research*, *40*(3), 279–286. [doi: 10.1016/s0275-5408(99)00059-9]

Solomon, J. A., Watson, A. B., & Morgan, M. J. (1999). Transducer model produces facilitation from opposite-sign flanks. *Vision Research*, *39*(5), 987–992. [doi: 10.1016/s0042-6989(98)00143-6]

Takahashi, S., & Ejima, Y. (1985). Effects on grating detection of vertically displaced peripheral gratings. *Vision Research*, *25*(1), 129–136.

To, M. P. S., Chirimuuta, M., & Tolhurst, D. J. (2017). Modeling grating contrast discrimination dippers: The role of surround suppression. *Journal of Vision*, *17*(12), 23. [doi: 10.1167/17.12.23]

Yang, J., & Makous, W. (1995). Modeling pedestal experiments with amplitude instead of contrast. *Vision Research*, *35*(14), 1979–1989. [doi: 10.1016/0042-6989(94)00287-v]

Yu, C., Klein, S. A., & Levi, D. M. (2003). Cross- and iso-oriented surrounds modulate the contrast response function: The effect of surround contrast. *Journal of Vision*, *3*(8), 527–540. [doi: 10.1167/3.8.1]

Zenger, B., & Sagi, D. (1996). Isolating excitatory and inhibitory nonlinear spatial interactions involved in contrast detection. *Vision Research*, *36*(16), 2497–2513. [doi: 10.1016/0042-6989(95)00303-7]

Zenger-Landolt, B., & Koch, C. (2001). Flanker effects in peripheral contrast discrimination—psychophysics and modeling. *Vision Research*, 41(27), 3663–3675. [doi: 10.1016/s0042-6989(01)00175-4]

（10・4）

Baldwin, A. S., Meese, T. S., & Baker, D. H. (2012). The attenuation surface for contrast sensitivity has the form of a witch's hat within the central visual field. *Journal of Vision*, *12*(11), 23. [doi: 10.1167/12.11.23]

Foley, J. M. (1994). Human luminance pattern-vision mechanisms: Masking experiments require a new model. *Journal of the Optical Society of America A*, *11*(6), 1710–1719. [doi: 10.1364/josaa.11.001710]

Graham, N. V. (1989). *Visual Pattern Analyzers*. Oxford University Press.

Lu, Z. L., & Dosher, B. (2014). *Visual Psychophysics: From Laboratory to Theory*. MIT Press.

Quick, R. F. (1974). A vector-magnitude model of contrast detection. *Kybernetik*, *16*(2), 65–67. [doi: 10.1007/BF00271628]

Schütt, H. H., & Wichmann, F. A. (2017). An image-computable psychophysical spatial vision model. *Journal of Vision*, *17*(12), 12. [doi: 10.1167/17.12.12]

Watson, A. B. (1979). Probability summation over time. *Vision Research*, *19*(5), 515–522. [doi: 10.1016/0042-6989(79)90136-6]

Watson, A. B. (2000). Visual detection of spatial contrast patterns: Evaluation of five simple models. *Optics Express*, *6*(1), 12–33. [doi: 10.1364/oe.6.000012]

Watson, A. B., & Ahumada, A. J. (2005). A standard model for foveal detection of spatial contrast. *Journal of Vision*, *5*(9), 717–740. [doi: 10.1167/5.9.6]

（10・5）

Baldwin, A. S., Baker, D. H., & Hess, R. F. (2016). What do contrast threshold equivalent noise studies actually measure? Noise vs. nonlinearity in different masking paradigms. *PLoS ONE*, *11*(3), e0150942. [doi: 10.1371/journal.pone.0150942]

第II部　視覚

Beard, B. L., & Ahumada, A. J. J. (1998). A technique to extract relevant image features for visual tasks. *Proceedings of SPIE, 3299*, 79-85.

Chen, Y., Geisler, W. S., & Seidemann, E. (2006). Optimal decoding of correlated neural population responses in the primate visual cortex. *Nature Neuroscience, 9*(11), 1412-1420. [doi: 10.1038/nn1792]

Dao, D. Y., Lu, Z. L., & Dosher, B. A. (2006). Adaptation to sine-wave gratings selectively reduces the contrast gain of the adapted stimuli. *Journal of Vision, 6*(7), 739-759. [doi: 10.1167/6.7.6]

Lu, Z. L., & Dosher, B. A. (1999). Characterizing human perceptual inefficiencies with equivalent internal noise. *Journal of the Optical Society of America A, 16*(3), 764-778. [doi: 10.1364/josaa.16.000764]

Lu, Z. L., & Dosher, B. A. (2008). Characterizing observers using external noise and observer models: Assessing internal representations with external noise. *Psychological Review, 115*(1), 44-82. [doi: 10.1037/0033-295X.115.1.44]

Lu, Z. L., & Dosher, B. (2014). *Visual Psychophysics: From Laboratory to Theory*. MIT Press.

Morgenstern, Y., & Elder, J. H. (2012). Local visual energy mechanisms revealed by detection of global patterns. *Journal of Neuroscience, 32*(11), 3679-3696. [doi: 10.1523/JNEUROSCI.3881-11.2012]

Pelli, D. G., & Farell, B. (1999). Why use noise? *Journal of the Optical Society of America A, 16*(3), 647-653. [doi: 10.1364/josaa.16.000647]

Solomon, J. A. (2002). Noise reveals visual mechanisms of detection and discrimination. *Journal of Vision, 2*(1), 105-120. [doi: 10.1167/2.1.7]

Tanner, W. P., & Swets, J. A. (1954). A decision-making theory of visual detection. *Psychological Review, 61*(6), 401-409. [doi: 10.1037/h0058700]

(10・6)

Alam, M. M., Vilankar, K. P., Field, D. J., & Chandler, D. M. (2014). Local masking in natural images: A database and analysis. *Journal of Vision, 14*(8), 22. [doi: 10.1167/14.8.22]

Foley, J. M. (1994). Human luminance pattern-vision mechanisms: Masking experiments require a new model. *Journal of the Optical Society of America A, 11*(6), 1710-1719. [doi: 10.1364/josaa.11.001710]

Olshausen, B. A., & Field, D. J. (1996). Emergence of simple-cell receptive field properties by learning a sparse code for natural images. *Nature, 381*(6583), 607-609. [doi: 10.1038/381607a0]

Schütt, H. H., & Wichmann, F. A. (2017). An image-computable psychophysical spatial vision model. *Journal of Vision, 17*(12), 12. [doi: 10.1167/17.12.12]

Watson, A. B., & Solomon, J. A. (1997). Model of visual contrast gain control and pattern masking. *Journal of the Optical Society of America A, 14*(9), 2379-2391. [doi: 10.1364/josaa.14.002379]

Wilson, H. R., McFarlane, D. K., & Phillips, G. C. (1983). Spatial frequency tuning of orientation selective units estimated by oblique masking. *Vision Research, 23*(9), 873-882. [doi: 10.1016/0042-6989(83)90055-x]

(10・7)

Braddick, O. J. (1980). Low-level and high-level processes in apparent motion. *Philosophical Transactions of the Royal Society B: Biological Sciences, 290*(1038), 137-151. [doi: 10.1098/rstb.1980.0087]

Burr, D. (1980). Motion smear. *Nature, 284*(5752), 164-165. [doi: 10.1038/284164a0]

Burr, D. C., & Morrone, M. C. (1993). Impulse-response functions for chromatic and achromatic stimuli. *Journal of the Optical Society of America A, 10*(8), 1703-1713. [doi: 10.1364/JOSAA.10.001706]

Burr, D. C., & Morrone, M. C. (1996). Temporal impulse response functions for luminance and colour during saccades. *Vision Research, 36*(14), 2069-2078. [doi: 10.1016/0042-6989(95)00282-0]

Cao, D., Zele, A. J., & Pokorny, J. (2007). Linking impulse response functions to reaction time: Rod and cone reaction time data and a computational model. *Vision Research, 47*, 1060-1074. [doi: 10.1016/j.visres.2006.11.027]

Donner, K. (2021). Temporal vision: Measures, mechanisms and meaning. *Journal of Experimental Biology, 224*, jeb222679. [doi: 10.1242/jeb.222679]

第 10 章　空間視と時間視

Gorea, A., & Tyler, C. W. (1986). New look at Bloch's law for contrast. *Journal of the Optical Society of America A, 3*(1), 52–61.［doi: 10.1364/josaa.3.000052］

Hess, R. F., & Snowden, R. J. (1992). Temporal properties of human visual filters: Number, shapes and spatial covariation. *Vision Research, 32*(1), 47–59.［doi: 10.1016/0042-6989(92)90112-v］

Horwitz, G. D. (2020). Temporal information loss in the macaque early visual system. *PLoS Biology, 18*, e3000570.［doi: 10.1371/journal.pbio.3000570］

Ikeda, M. (1986). Temporal impulse response. *Vision Research, 26*(9), 1431–1440.［doi: 10.1016/0042-6989(86)90166-5］

Kelly, D. H. (1961). Visual response to time-dependent stimuli. I. Amplitude sensitivity measurements. *Journal of the Optical Society of America, 51*, 422–429.［doi: 10.1364/josa.51.000422］

Kelly, D. H. (1971). Theory of flicker and transient responses. I. Uniform fields. *Journal of the Optical Society of America, 61*(4), 537–546.［doi: 10.1364/josa.61.000537］

Ohtani, Y., & Ejima, Y. (1988). Relation between flicker and two-pulse sensitivities for sinusoidal gratings. *Vision Research, 28*(1), 145–156.［doi: 10.1016/S0042-6989(88)80014-2］

Rider, A. T., Henning, G. B., & Stockman, A. (2019). Light adaptation controls visual sensitivity by adjusting the speed and gain of the response to light. *PLoS ONE, 14*(8), e0220358.［doi: 10.1371/journal.pone.0220358］

Robson, J. G. (1966). Spatial and temporal contrast-sensitivity functions of the visual system. *Journal of the Optical Society of America, 56*, 1141–1142.［doi: 10.1364/JOSA.56.001141］

Rovamo, J., & Raninen, A. (1988). Critical flicker frequency as a function of stimulus area and luminance at various eccentricities in human cone vision: A revision of Granit-Harper and Ferry-Porter laws. *Vision Research, 28*(7), 785–790.［doi: 10.1016/0042-6989(88)90025-9］

Rovamo, J., & Virsu, V. (1979). An estimation and application of the human cortical magnification factor. *Experimental Brain Research, 37*(3), 495–510.［doi: 10.1007/BF00236819］

Shady, S., MacLeod, D. I., & Fisher, H. S. (2004). Adaptation from invisible flicker. *Proceedings of the National Academy of Sciences of the USA, 101*(14), 5170–5173.［doi: 10.1073/pnas.0303452101］

Sharpe, L. T., & Stockman, A. (1999). Rod pathways: The importance of seeing nothing. *Trends in Neurosciences, 22*(11), 497–504.［doi: 10.1016/s0166-2236(99)01458-7］

Sheliga, B. M., Chen, K. J., FitzGibbon, E. J., & Miles, F. A. (2006). The initial ocular following responses elicited by apparent-motion stimuli: Reversal by inter-stimulus intervals. *Vision Research, 46*, 979–992.［doi: 10.1016/j.visres.2005.09.001］

Shinomori, K., & Werner, J. S. (2003). Senescence of the temporal impulse response to a luminous pulse. *Vision Research, 43*(6), 617–627.［doi: 10.1016/s0042-6989(03)00009-9］

Shioiri, S., & Cavanagh, P. (1990). ISI produces reverse apparent motion. *Vision Research, 30*(5), 757–768.［doi: 10.1016/0042-6989(90)90101-p］

Snowden, R. J., & Hess, R. F. (1992). Temporal frequency filters in the human peripheral visual field. *Vision Research, 32*(1), 61–72.［doi: 10.1016/0042-6989(92)90113-w］

Snowden, R. J., Hess, R. F., & Waugh, S. J. (1995). The processing of temporal modulation at different levels of retinal illuminance. *Vision Research, 35*(6), 775–789.［doi: 10.1016/0042-6989(94)00158-i］

Swanson, W. H., Ueno, T., Smith, V. C., & Pokorny, J. (1987). Temporal modulation sensitivity and pulse-detection thresholds for chromatic and luminance perturbations. *Journal of the Optical Society of America A, 4*(10), 1992–2005.［doi: 10.1364/josaa.4.001992］

Takeuchi, T., & De Valois, K. K. (1997). Motion-reversal reveals two motion mechanisms functioning in scotopic vision. *Vision Research, 37*(6), 745–755.［doi: 10.1016/s0042-6989(96)00207-6］

Takeuchi, T., & De Valois, K. K. (2009). Visual motion mechanisms under low retinal illuminance revealed by motion reversal. *Vision Research, 49*(8), 801–809.［doi: 10.1016/j.visres.2009.02.011］

Tong, J., Ramamurthy, M., Patel, S. S., Vu-Yu, L. P., & Bedell, H. E. (2009). The temporal impulse response function during smooth pursuit. *Vision Research, 49*(23), 2835–2842.［doi: 10.1016/j.visres.2009.08.019］

633

第 II 部　視覚

Tyler, C. W. (1987). Analysis of visual modulation sensitivity. III. Meridional variations in peripheral flicker sensitivity. *Journal of the Optical Society of America A, 4*(8), 1612-1619. [doi: 10.1364/josaa.4.001612]

Tyler, C. W., & Hamer, R. D. (1993). Eccentricity and the Ferry-Porter law. *Journal of the Optical Society of America A, 10*(9), 2084-2087. [doi: 10.1364/josaa.10.002084]

Uchikawa, K., & Yoshizawa, T. (1993). Temporal responses to chromatic and achromatic change inferred from temporal double-pulse integration. *Journal of the Optical Society of America A, 10*(8), 1697-1705. [doi: 10.1364/JOSAA.10.001697]

Victor, J. D. (1989). Temporal impulse responses from flicker sensitivities: Causality, linearity, and amplitude data do not determine phase. *Journal of the Optical Society of America A, 6*(9), 1302-1303. [doi: 10.1364/josaa.6.001302]

Vul, E., & MacLeod, D. I. A. (2006). Contingent aftereffects distinguish conscious and preconscious color processing. *Nature Neuroscience, 9*(7), 873-874. [doi: 10.1038/nn1723]

Watanabe, J., & Nishida, S. (2007). Veridical perception of moving colors by trajectory integration of input signals. *Journal of Vision, 7*(11), 3. [doi: 10.1167/7.11.3]

Watson, A. B., & Nachmias, J. (1977). Patterns of temporal interaction in the detection of gratings. *Vision Research, 17*(8), 893-902. [doi: 10.1016/0042-6989(77)90063-3]

Yoshimoto, S., Jiang, F., Takeuchi, T., Wilkins, A. J., & Webster, M. A. (2020). Visual discomfort from flicker: Effects of mean light level and contrast. *Vision Research, 173*, 50-60. [doi: 10.1016/j.visres.2020.05.002]

(10・8)

Boynton, G. M., & Foley, J. M. (1999). Temporal sensitivity of human luminance pattern mechanisms determined by masking with temporally modulated stimuli. *Vision Research, 39*(9), 1641-1656. [doi: 10.1016/s0042-6989(98)00199-0]

Cass, J., & Alais, D. (2006). Evidence for two interacting temporal channels in human visual processing. *Vision Research, 46*(18), 2859-2868. [doi: 10.1016/j.visres.2006.02.015]

Fredericksen, R. E., & Hess, R. F. (1998). Estimating multiple temporal mechanisms in human vision. *Vision Research, 38*(7), 1023-1040. [doi: 10.1016/s0042-6989(97)00239-3]

Freeman, T. C., Durand, S., Kiper, D. C., & Carandini, M. (2002). Suppression without inhibition in visual cortex. *Neuron, 35*(4), 759-771. [doi: 10.1016/s0896-6273(02)00819-x]

Hammett, S. T., & Smith, A. T. (1992). Two temporal channels or three? A re-evaluation. *Vision Research, 32*(2), 285-291. [doi: 10.1016/0042-6989(92)90139-a]

Hess, R. F., & Snowden, R. J. (1992). Temporal properties of human visual filters: Number, shapes and spatial covariation. *Vision Research, 32*(1), 47-59. [doi: 10.1016/0042-6989(92)90112-v]

Kulikowski, J. J., & Tolhurst, D. J. (1973). Psychophysical evidence for sustained and transient detectors in human vision. *Journal of Physiology, 232*(1), 149-162. [doi: 10.1113/jphysiol.1973.sp010261]

Mandler, M. B., & Makous, W. (1984). A three channel model of temporal frequency perception. *Vision Research, 24*(12), 1881-1887. [doi: 10.1016/0042-6989(84)90021-x]

Meier, L., & Carandini, M. (2002). Masking by fast gratings. *Journal of Vision, 2*(4), 293-301. [doi: 10.1167/2.4.2]

Metha, A. B., & Mullen, K. T. (1996). Temporal mechanisms underlying flicker detection and identification for red-green and achromatic stimuli. *Journal of the Optical Society of America A, 13*(10), 1969-1980. [doi: 10.1364/josaa.13.001969]

塩入 諭 （2000）．時空間周波数チャンネル　日本視覚学会（編）　視覚情報処理ハンドブック（pp. 224-225）　朝倉書店

Smithson, H. E., Henning, G. B., MacLeod, D. I., & Stockman, A. (2009). The effect of notched noise on flicker detection and discrimination. *Journal of Vision, 9*(5), 21. [doi: 10.1167/9.5.21]

Snowden, R. J., & Hess, R. F. (1992). Temporal frequency filters in the human peripheral visual field. *Vision Research, 32*(1), 61-72. [doi: 10.1016/0042-6989(92)90113-w]

Snowden, R. J., Hess, R. F., & Waugh, S. J. (1995). The processing of temporal modulation at different levels of retinal illuminance. *Vision Research, 35*(6), 775-789. [doi: 10.1016/0042-6989(94)00158-i]

Stiles, W. S. (1946). A modified Helmholtz line-element in brightness-colour space. *Proceedings of the Physical Society,*

58(1), 41–65. [doi: 10.1088/0959-5309/58/1/305]

Watson, A. B., & Robson, J. G. (1981). Discrimination at threshold: Labelled detectors in human vision. *Vision Research*, *21*(7), 1115–1122. [doi: 10.1016/0042-6989(81)90014-6]

Waugh, S. J., & Hess, R. F. (1994). Suprathreshold temporal-frequency discrimination in the fovea and the periphery. *Journal of the Optical Society of America A*, *11*(4), 1199–1212. [doi: 10.1364/josaa.11.001199]

第11章 形の知覚

11・1 視対象の輪郭

11・1・1 図地分化とborder ownership

　図（figure）とは，視野のなかであるまとまりをもって視対象となる領域のことであり，地（ground）はその背景である。混沌とした視野内の光景からどこを図として切り出すかは，視覚情報処理の最初のステップである（II・12・3参照）。ゲシュタルト心理学の研究者たち（Koffka, 1935；Köhler, 1929/1947；Rubin, 1915/1958 など）は，図になりやすい条件として，凸の領域（convexity），面積が小さい領域（small area），対称軸をもつ領域（symmetry），囲まれた領域（surroundedness, enclosure）を挙げた。他にも，下部領域（Vecera et al., 2002），ファミリアリティ（親近性を惹起する領域）（Peterson & Gibson, 1993；Peterson et al., 1991；Peterson & Skow, 2008），高空間周波数の縞で塗られた領域（Klymenko & Weisstein, 1986），コントラスト，注意などが挙げられる。また，奥行き手がかりはそれだけで，図を示す手がかりともなりうる。たとえばランダムドットステレオグラムにより両眼間非対応のみによって定義された手前の領域は，そのまま図となる。このような特性をもつ図地分化（figure-ground segregation）については，Peterson & Salvagio (2010) のレビューがある［さらに詳しいレビューはWagemans et al. (2012) を参照］。

　図と地が分化するということは，図と地の境目ができることである。ここでは，単に色や明るさなど，何らかの視覚的属性が急激に変化しているところをエッジ（edge）とよび，それが対象や表面の外形を表す場合に輪郭（contour）と呼ぶ。さらにここでは面としての領域が接する線を境界（border）と呼ぶが，必ずしもエッジと境界は文献上で明確に区別されているわけではない。自然の光景としては輝度が変化せずにその他の属性だけが変化することはほとんどないが，実験室での視覚刺激としては色，テクスチャ，コントラスト，奥行き，運動，フリッカー等で定義された2次の輪郭や形はしばしば作成される［Regan (2000) によるレビューを参照］。

　網膜像にエッジが存在する場合，それは網膜像上のそこで接する二つの領域を分ける境界であり輪郭となりうるが，どちらかの領域がその境界を輪郭として所有し，もう一方の領域の輪郭とはならない。これをborder ownershipという。たとえば，Rubinの盃（Rubin's vase）（図11-1-1）に代表されるような図地反転に伴って知覚される形が変わる図形では，図になった領域が白と黒の境界を所有し，境界は図の領域の輪郭となる。地になった領域は輪郭を所有せず，図の背後に広がるように知覚される。

　輪郭は視野の局所的なエッジを統合することによって成立するが，通常，対象の輪郭全体が見えることは少なく，たいてい何かにさえぎられて部分的には見えない。それにもかかわらず，見えなくなっている部分で対象が途切れたと知覚することはない。これは，輪郭の処理過程において，非感性的に

図 11-1-1　Rubinの盃（Rubin, 1915）

見えない部分を補っている［非感性的補完，amodal completion；Michotte et al.（1964）］から，色や明るさの変化が実際に見えないにもかかわらず，隠れている背後の存在が知覚される。このように，実際に網膜に映るエッジから輪郭を抽出するだけではなく，非感性的に補完された輪郭（場合によっては感性的輪郭）が混在するなかで，われわれは対象の形を知覚している。これらは Kanizsa のデモンストレーションで鮮やかに示されている。図 11-1-2 左では "K" や "Y" のような図形が知覚されるが，斜めに二つの長方形を描いた図 11-1-2 右では，これらが知覚的に立方体として統合される。図 11-1-2 左では "K" や "Y" の輪郭として機能していた境界線の一部が，図 11-1-2 右では，手前にある斜めの遮蔽物に属する固有の輪郭として所有されることになったため，その背後で非感性的に補完された図形が立方体を形成する。

Nakayama et al.（1989）は，Bregman（1981）の図を引用しつつ，対象そのものの形状を表す輪郭を intrinsic contour と呼び，手前のものに覆われてできた偶然の輪郭を extrinsic contour と呼んで区別した。この場合，extrinsic contour は同時に手前で遮蔽しているものの intrinsic contour でもある。彼らは手前に見えるものが輪郭を所有し，両眼間非対応による奥行き知覚が二つの輪郭を区別するのに十分な条件であることを示した。さらに He & Nakayama（1992）は，視覚探索課題において，両眼立体視によって輪郭の属性を操作した実験を行った。図 11-1-3 の白い L 字の探索を行う課題において，白い部分が両眼立体視によって背後に見えるように呈示された刺激（左図中段，右図 b）では，L 字の右上側のエッジは黒い四角形が border ownership をもつため，その背後で知覚的に補完された白い形状が四角形となり，L 字の特徴探索を行うのが難しくなることを示した。逆に，黒い四角形が奥に見える条件（左図上段および右図 a）と，黒い四角形と L 字が分離した条件（左図下段および右図 c）では，白い領域が L 字のエッジを所有するため，L 字の探索が容易となる。単眼性の刺激においても，視覚探索課題によって，初期視覚において非感性的補完が生じることはたびたび示されている（Chen et al, 2018；Rensink & Enns, 1998）。逆に，非感性的補完が生じうる刺激においても，呈示後 100 ms（非

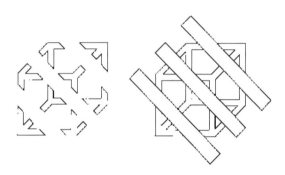

図 11-1-2　Border ownership の変化による知覚的形態の変化（Kanizsa, 1979）

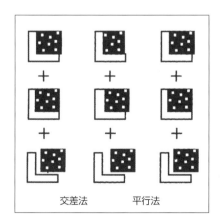
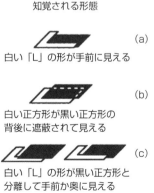

図 11-1-3　He & Nakayama（1992）が用いた視覚探索課題の刺激
　両眼間非対応により黒い四角形が手前の条件（左図中段および右図（b））では，白い L 字を検出する課題が難しくなる。左図は，左と中央の列が交差法，中央と右の列が平行法によるステレオグラムである。

感性的補完が完了する前）にマスク刺激を挿入することにより，非感性的補完が生じる前の物理的形状における視覚探索が可能であることも示されている（Rauschenberger & Yantis, 2001）。

11・1・2　Border ownership の脳内表現

Zhou et al. (2000) は，border ownership が脳内でどのように表現されているか，覚醒したサルの V1, V2, V4 野における単一神経細胞記録によって調べた。図 11-1-4 のように，その細胞の受容野内だけを見れば，境界の両側の色の組み合わせはまったく同じであっても，全体の図を見れば，境界のどちらの側が図（視対象）でどちらが地（背景）なのかが異なっている。V2, V4 野の 50% 以上，V1 野の 18% の細胞が，どちらが図であるか（どちらの領域が境界を輪郭として所有しているか）を区別しており，明らかに受容野のはるか外の情報を用いて応答を変えていた。応答時間が 25 ms 以下と短いことから，高次の視覚野からのフィードバックでは説明できない。図 11-1-5 は，Qiu & von der Heydt (2007) によって報告された，透明視における border ownership の変化に応答する V2 野ニューロンの例である。a と c では上段の刺激には応答するが中段の刺激には応答していない。上段では，受容野が左の対象に所属するエッジ上にあり，中段では右の対象に所属するエッジ上にあると解釈され，左の領域より明るい対象に属しているエッジのみに応答している。b においては，透明視により，受容野がカバーしているエッジは，縦の長方形に属すると見なされるため，上段の刺激では応答が抑制され，中段の刺激において応答が促進されると解釈できる。V2 野における border ownership 信号の生成モデルは Zhaoping (2005) によっても示されている。一方，Fang et al. (2009) は，V2 野が border ownership の処理において重要であるが，注意の影響等のトップダウンの影響も受けることを示している。

11・1・3　主観的輪郭

主観的輪郭（subjective contour）は，色や明るさの違いがなく物理的にはエッジがないところに輪郭を知覚する現象で，図 11-1-6 の Kanizsa の三角形（Kanizsa triangle; Kanizsa, 1955, 1979）はその典型例である。ここでは，三角形は存在しないのに，背景より明るい三角形が知覚され輪郭も見える。これは感性的に知覚できるタイプの補完（感性的補完, modal completion）である。一般に，Kanizsa の三角形は，背景より明るく，他の要素（三つの "<" と三つの "パックマン" 図形）より手前にあるように見える。また三つの "<" はその背後で非感性的に補完されて三角形として知覚され，三つのパックマンはそれぞれ円として知覚される。Kanizsa の三角形タイプの主観的輪郭は，ランダムドットキネマトグラムの動きによって定義された誘導要素によっても生じる（Kellman & Loukides, 1987；Prazdny, 1986）。Poom (2001) は，輝度コントラスト，線分のずれ，両眼視差，運動，フリッカー等の刺激定義属性を用いて，属性内でも属性間の組み合わせでも，四角形の輪郭が知覚され，輪郭の補完は属性に依存しないことを示唆している（図 11-1-7）。一方，Kanizsa の三角形タイプの主観的輪郭は，誘導刺激と背景の色のみによって定義すると消失する（Li & Guo, 1995）。主観的輪郭は立体的な知覚形状に対しても生じ，主観的輪郭による球状形状（図 11-1-8 左）やピラミッド状の形状（図 11-1-8 右）の知覚によってそのことが示されている（Idesawa, 1993；

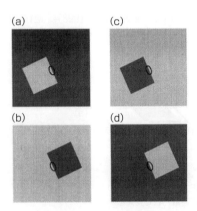

図 11-1-4　Border ownership を区別する細胞（Zhou et al., 2000）
　　小さい楕円は細胞の受容野を示す。(a) と (b) は受容野の右側がダークグレー，左側がライトグレーという点で共通しており，受容野内の情報に違いはないが，全体の図形としては，(a) では左側の図形の輪郭，(b) では右側の図形の輪郭上に受容野がある。(c) と (d) も同様。

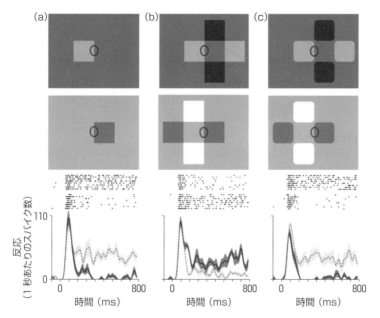

図11-1-5 透明視による border ownership の変化に応答する，V2 野のニューロンの活動（Qiu & von der Heydt, 2007）
(a), (b), (c) では，すべて受容野（楕円）内の輝度条件は等しい（右がダークグレーで左がライトグレー）。下のグラフは，縦軸にニューロンの活動を示すスパイクの数を示している。破線は図の上段の刺激に対する応答で，実線は図の中段の刺激に対する応答である。

図11-1-6 Kanizsa の三角形（Kanizsa, 1955）

Tse, 1998）。Smith & Over（1979）は感性的に補完された明るく見えるバー状の図形を用いて，主観的輪郭においても順応後に運動残効が起きることを報告している。

Kanizsa の三角形タイプの主観的輪郭は，局所的なレベルの現象ではなく，ゲシュタルト的なまとまりによる全体を統合した文脈が必要であるから，意識的気づきや注意の関与が考えられる。Harris et al.（2011）は連続フラッシュ抑制（CFS）（Tsuchiya & Koch, 2005）を用いて，一方の眼に呈示した Kanizsa タイプの主観的輪郭におけるパックマン型誘導図形の見えが抑制されると，主観的輪郭が見えなくなることを示した。Banica & Schwarzkopf

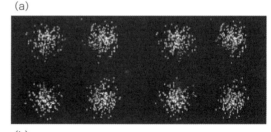
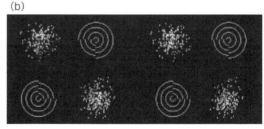

図11-1-7 (a) 両眼間非対応による主観的輪郭 (b) と両眼間非対応と線のずれによる主観的輪郭（Poom, 2001）
図を交差法で両眼立体視すると，(a) (b) ともに主観的な四角形が観察される。

図 11-1-8　立体的な主観的輪郭
　　　　　左図（Idesawa, 1993）は「円」ではなく「球」が知覚される（オリジナルの図はステレオ画像）。右図（Tse, 1998）ではピラミッドのような四角錐が知覚される。

（2016）も視覚マスキングを用いた実験を行い，主観的輪郭の形成には誘導刺激の意識的気づきが必要であるとしている。Harris et al. (2011) と同様 CFS を用いた Wang et al. (2012) では，パックマンが主観的輪郭を形成する条件のほうが，そうでない条件より早く見えてくることを報告し，意識されなくても主観的輪郭を形成する処理が行われるとした。一方，Persuh et al. (2016) は，新たに perceptual overloading technique を開発し，誘導図形がマスクされて意識に上らない状態で，マスクの形状を変えながら刺激呈示を繰り返すことで，Kanizsa タイプの主観的輪郭を知覚させることに成功した。これは，誘導図形の知覚と主観的輪郭の知覚は分離できることを示しており，そのまま視野の局所的な処理を行う脳の活動と，全体的な文脈での形の知覚を行う脳の活動への対応の可能性を示唆しているとも解釈できる。

　Kanizsa の三角形タイプ以外にも主観的輪郭は報告されている。たとえば，図 11-1-9 の abutting grating illusion（Coren, 1972；Kanizsa, 1974；Soriano et al., 1996）は，誘導要素の線分とほぼ直交方向に主観的輪郭が生じる点が特徴的である。Abutting grating の主観的輪郭に順応すると，傾き残効が起き，それが両眼間で転移する（Paradiso et al., 1989）。Abutting grating による主観的輪郭も，色のみによって定義すると消失する（Li & Guo, 1995）。

11・1・4　主観的輪郭の脳内表現

　von der Heydt et al.（1984）は，覚醒したサルの V2 野において，バー状の主観的輪郭や abutting grating による主観的輪郭が，特定のニューロンの受容野上を通過するとき，実際の線分に対する応答と同様の応答をするのを観測した。V1 野では，このような応答をするニューロンは見つからなかったため，主観的輪郭が V2 野で形成されることを示唆するものと考えられた。しかし Grosof et al. (1993) は，麻酔されたサルの V1 野において主観的輪郭に応答するニューロンを報告している。Pan et al. (2012) は，実際の輪郭と abutting grating による主観的輪郭が同様に表象されているのは V4 野であり，V1/V2 野における局所的に抽出された特徴が V4 野におけるより大きな受容野をもつ細胞に送られることにより，頑健な輪郭の知覚が生じるとしている（図 11-1-10）。

　Stanley & Rubin (2003) は fMRI を用い，高次

図 11-1-9　Abutting grating illusion（Kanizsa, 1974）

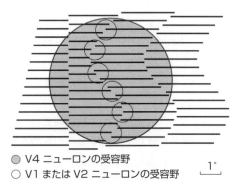

● V4 ニューロンの受容野
○ V1 または V2 ニューロンの受容野

図 11-1-10　V4 野における主観的輪郭の形成（Pan et al., 2012）
　　　　　図中の小さい円は V1/V2 野における受容野を表し，ここで特徴抽出された情報が V4 野の細胞へと送られる。大きい円は abutting grating による主観的輪郭を抽出する V4 野の細胞の受容野を表す。

第11章 形の知覚

の物体処理を行うことが知られている外側後頭複合体（lateral occipital complex：LOC）（たとえばKourtzi & Kanwisher, 2001）で，Kanizsaの三角形タイプの主観的輪郭を生じさせるような領域のまとまりに対応する活動があることを明らかにした。Kanizsaの三角形タイプの主観的輪郭図形では，全体的まとまりがなければ局所的な主観的輪郭も生じないはずであるから，V1/V2野での応答は，高次の領域からのフィードバックによるものとも考えられる。そこでWokke et al. (2013) は，経頭蓋磁気刺激（transcranial magnetic stimulation：TMS）を用いて，Kanizsaの三角形タイプの主観的輪郭による四角形を観察している実験参加者の，V1/V2野および外側後頭領域（lateral occipital area：LO）を，タイミングを変えて刺激し，それぞれの処理を妨害した。その結果，どちらの領域も主観的輪郭の形成に深く関わっていることがわかったが，LOに対しては刺激呈示後100-122 ms，V1/V2野に対しては刺激呈示後160-182 msに磁気刺激を行った場合に，主観的輪郭の弁別課題の成績が低下した（図11-1-11）。つまり主観的輪郭に関する処理は，LOのほうがV1/V2野より早かった。この結果は，LOにおいて対象の全体的形態を捉えた後に，V1/V2野へのフィードバックを行うことにより，主観的輪郭が形成されることを示していると考えられる。

一方，非感性的な補完についても，脳活動の観察が行われている。Sugita (1999) は，サルのV1野の方位選択性細胞の活動を単一神経細胞記録により記録した。刺激として，四角形とそれに"遮蔽された"状態で両端が見えているバーを動かして見せた。細胞の受容野は四角形の領域にあるため，バーの両端が補完されてつながったときのみ，その細胞の受容野上を通過することになる。立体視により四角形をバーより手前に出したときのみ，細胞の活動が生じたため，四角形の背後で非感性的に補完されたバーにより，受容野が刺激されたと見なすことができる。Ban et al. (2013) は，網膜部位再現（retinotopy）が保たれるV1/V2野の活動をfMRIで計測し可視化したところ，遮蔽によって対象の一部が視野から消失しても，あたかも存在するかのように補完された姿で脳の活動が観察された。補完が生じないよう視対象を分断した条件では，補完された姿の脳活動はみられなかった。非感性的補完に関しても，主観的輪郭と同様，LOCからのフィードバックによってV1/V2野に補完された表象が作られている可能性も考えられる。脳イメージングによる非感性的補完の研究については，Thielen et al. (2019) のレビューを参照。

（伊藤 裕之）

11・2　知覚的体制化

11・2・1　群化の法則

視野のなかに図となる部分が現れてくると，それらをより大きな図としてまとめ，構造化した全体が知覚される。これが知覚的体制化（perceptual organization）である。知覚的体制化は，できるだ

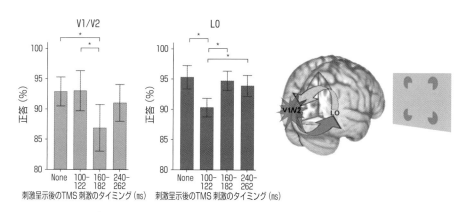

図 11-1-11　Wokke et al. (2013) の実験
　　　　　各グラフの縦軸は主観的輪郭が形成されるべき図形配置だったかどうかの正答率を表す。

け簡潔で規則的な構造になるよう行われる。これをプレグナンツの法則 (law of Prägnanz) という。ゲシュタルト心理学 (Gestalt psychology) の創始者のひとりである Wertheimer (1923) は,今日「群化の法則」「ゲシュタルト要因」(principles of grouping) などと呼ばれる法則を提出した。これらはプレグナンツの法則の具体的な現れとされている。図 11-2-1 は,Palmer (2002) をもとに Wagemans, Elder et al. (2012) が作成したものであり,図中のそれぞれのコラムはそれぞれ以下の「法則」を示している。

(a) 群化なし（統制条件）
(b) 近接 (proximity)：距離が近い要素同士がまとまり形成する。
(c) 色の類同 (similarity of color)：色が似ている要素同士がまとまりを形成する。
(d) 大きさの類同 (similarity of size)：同じ大きさの要素同士がまとまる。
(e) 方位の類同 (similarity of orientation)：同じ方位をもつ要素同士がまとまる。
(f) 共通運命 (common fate)：同じ方向,速度で動く要素同士がまとまりを形成する。
(g) 対称性 (symmetry)：輪郭に対称性をもつ要素同士がまとまり,対象を形成する。
(h) 平行性 (parallelism)：輪郭に平行性をもつ要素同士がまとまり,一つの対象を形成する。
(i) よい連続 (continuity) (good continuation)：輪郭が滑らかにつながるようにまとまりを形成する。
(j) 閉合 (closure)：閉じた領域,あるいは閉じあう傾向にあるものがまとまりを形成する。
(k) 共通領域 (common region)：同一の領域に分類されるものはまとまる。

ドイツで始まったゲシュタルト心理学は,その後日本にも渡り,群化についても多くの研究がなされた。代表的な例は,Oyama (1961) の近接の要因の数量的測定である。縦と横方向に群化が可能なドットの配列を見ながら,群化が起こった方位についてその時間を測定した。その結果,ドット間の縦方向の距離と横方向の距離の比の対数は,縦方向に群化して見えた時間と横方向に群化して見えた時間の比

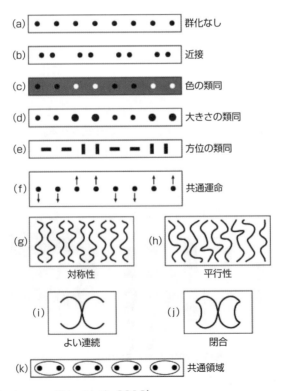

図 11-2-1　群化の法則 (Wagemans, Elder et al., 2012)

の対数と直線的な関係を示した。現在でもゲシュタルト心理学といえば、群化の法則のような質的なデモンストレーションを連想しがちであるが、視覚の計算論や神経科学においては研究の対象としてよくとりあげられている。ゲシュタルト心理学100年の歴史については、Wagemans, Elder et al. (2012), Wagemans, Feldman et al. (2012) に詳しく述べられている。

Palmer (1992) は、Wertheimer (1923) らゲシュタルト心理学における群化の法則に共通領域 (common region) の原理を追加した (図11-2-1k)。これは、囲まれて一つの領域内に存在するものはまとまりやすいというものである。Sekuler & Bennett (2001) は、共通の輝度変化が群化の要因となることを示し、それまでの共通運命の法則が運動の方向や速度に限定されていたのを共通の変化の要因として一般化した。Alais et al. (1998) の変化のタイミングの一致という群化の要因も、ここに包含されよう。Deas & Wilcox (2015) は、「よい連続」は平面にとどまらず、両眼間非対応の分布に基づく「よい視差の連続」によって群化が起こることを示し、「よい連続」を両眼立体視空間に拡張している。Rock et al. (1992) は、群化が生じるのは、輝度そのものの類同性ではなく、より高次の情報である反射率の類同性によることを示した。図11-2-2aの中央の正方形の縦の列は、半透明のフィルタの導入により、右側の2列と輝度が同じである一方で「反射率」が左2列と同様に知覚され、そうした場合、「反射率」が同じ要素同士の群化が起こる。Palmer et al. (1996) は、網膜上の形の類同性ではなく非感性的補完が生じた後の形の類同性によること (図11-2-2b) を示した。図11-2-2bでは、中央の列は物理的には半円でcと等しいが、中央のグレーの領域の背後に黒い円が補完されて見える結果、左2列とまとまりをつくる。これはHe & Nakayama (1992) の実験と対応している。

11・2・2 輪郭の統合

輪郭の抽出は、基本的に局所的に検出されたエッジの統合によると想定される。図11-2-3は、Field et al. (1993) による association field モデルである。

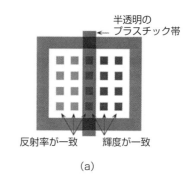
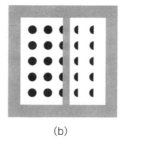

図11-2-2 高次の情報処理による群化 (Palmer, 1999, 2002)

図11-2-3bのなかから、図11-2-3aの「輪郭」を抽出することは比較的たやすい。これは「近接」と「よい連続」の要因による群化と解釈できる。この説明としては、図11-2-3cにあるように、ある局所領域 (中央) の方位を検出したとき、左側の要素には結合するが、右側の要素とは結合しないよう、要素の距離と方位の違いの許容範囲を定めることによって達成できる。これはそのまま図11-2-3dのようなテクスチャの分凝にも適用できる。Hess et al. (2003) は、この過程はV1野における互いに遠方の受容野をもつ細胞同士の側方性相互作用 (lateral interaction) と高次領野からフィードバックによって行われるとした。Hess & Field (1995) は、このような輪郭の統合は両眼立体視の処理後の過程で起こることを示している。Kapadia et al. (2000) は、V1野における連続した方位における強調作用が輪郭を統合し、平行な方位の並んだ受容野同士は抑制的にはたらき、検出される方位が変化した箇所で抑制がなくなることにより、領域が分割されることを示唆した。Association field モデルとよく似た概念として、同一線促進 (collinear facilitation) がある (Polat & Sagi, 1993, 1994)。図11-2-4のように中心

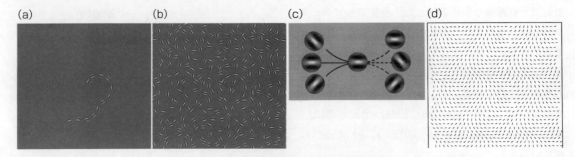

図 11-2-3　Association field モデル（Field et al., 1993）による輪郭の統合
特定の方位のエッジが「よい連続」を形成するように並んでいる場合（a），なめらかに輪郭は統合され，(b) のなかにおいても容易に（a）の輪郭が検出される。(c) のように中央の部分のエッジが検出された場合，左側の位置と方位のエッジとは輪郭統合を起こすが，右側の位置と方位のエッジは統合されない。(d) におけるテクスチャの分凝もこのモデルで説明できる。

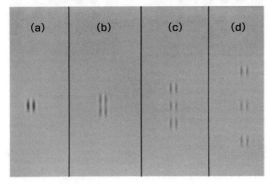

図 11-2-4　Polat & Sagi (1993) の刺激
中央のガボールパッチは中心窩に呈示され，上下のパッチからの相互作用を受ける。

窩に呈示されるターゲットとしてのガボールパッチのコントラスト閾値は，ターゲットと同一方位で配置された刺激（flanker）による影響を受け，近接している場合閾値は上昇（masking），離れている場合閾値が低下（facilitation）する（II・10・3・6 参照）。Williams & Hess (1998) と Huang et al. (2006) は，生起条件の違いから（同一線促進のほうが限定的），近接して方位が近い要素の統合による輪郭の抽出（association field）と同一線促進とは，異なるメカニズムによるものとしている。図 11-2-3b のようなガボールパッチを散りばめた刺激形態は，その後の輪郭統合研究において今日までよく用いられている。

11・2・3　輪郭の中間表現

V1 野における局所的な方位の検出は，それ以降の過程で全体的な輪郭にまとまると考えられる。滑らかなカーブや角の検出は，V1 野における方位検出の組み合わせを V2 野以降で検出することによって行われると考えることができる。Ito & Komatsu (2004) は，V2 野において受容野の中心から延ばした二つの線分が特定の角度であるときに応答する角度選択性（angle selectivity）をもつニューロンを報告し，輪郭に含まれる角の抽出は V2 野に始まるとしている。角の検出が「よい連続」から逸脱した輪郭の変化を介在していることは，Persike & Meinhardt (2016) に示されている。Anzai et al. (2007) も，V2 野において方位の組み合わせに応答するニューロンを報告している。Hegdé & Van Essen (2000) は覚醒したサルの V2 野において，より複雑なさまざまな形に応答する細胞を報告している。より複雑な形の処理は，V4 野に引き継がれると考えられる（Kobatake & Tanaka, 1994；Pasupathy & Connor, 1999, 2002）。

心理物理学的には，局所的な方位の検出から全体的な形態の知覚に至るまで定量化できる刺激として，radial frequency パターン（Wilkinson et al., 1998）を使用して検討が行われている。図 11-2-5 に示すように，円形の輪郭に沿って，その半径を正弦波で変調したもので，図中の数字はその 1 周におけるサイクル数（周波数）を示している。実験においては主に周波数（shape frequency）と振幅（shape amplitude）を変数とし，局所的な方位の検出が全体的な形へと統合される過程が研究されている［Loffler (2015) のレビューを参照］。Bell et al. (2011) は，radial frequency パターンを細かく

第11章 形の知覚

図 11-2-5 Radial frequency による円の輪郭の変調 (Wilkinson et al., 1998)
円の半径を図中の数の周波数で振幅変調した場合の形態の変化。振幅と周波数のパラメータでさまざまな形態に変化する。

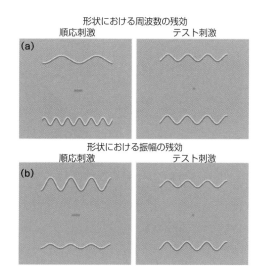

図 11-2-7 Gheorghiu & Kingdom (2007) による形状の周波数と振幅の残効

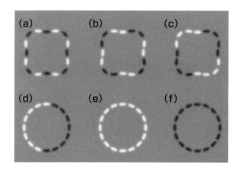

図 11-2-6 局所的なコントラスト反転とカーブの抽出 (Bell et al., 2011)
局所的なカーブなどの特徴抽出は同じ輝度極性のエッジの統合によって起こる。

区切った刺激を用い（図11-2-6），振幅の残効を指標として測定することにより，輝度の極性が一致した局所的な方位検出が，局所的な曲線のような特徴検出の過程を経て全体的な輪郭に統合されることを示した。

一方，Gheorghiu & Kingdom (2007) は，図11-2-7のように，水平方向に延びる正弦関数状の輪郭である line frequency パターンを用いて，その周波数と振幅に関する順応と残効を測定し，曲線の符号化過程を調べた。図11-2-7aの左側の順応刺激を見つめ続けた後に右側のテスト刺激を見ると，上下で同じ曲線であるにもかかわらず，下の曲線のほうが周波数が低く（横に間延びして）見える。図11-2-7bでは，左の順応刺激を見つめ続けた後に右のテスト刺激を見ると，上の曲線の方が振幅が小さく感じられる。これらの順応と残効は，局所的な傾きではなく，局所的な曲率（curvature）に対して起こるとして，V4 野における順応を示唆している。Schmidtmann & Kingdom (2017) は円を正弦波で変調する radial frequency パターンと直線を正弦波で変調する line frequency パターンは本質的に同じであるとして，両者における形の変調は共通の曲線検出メカニズムによるとしている。さらに Schmidtmann & Fruend (2019) は，視覚探索課題において，radial frequency パターンのターゲットは非 radial frequency パターンのディストラクタからポップアウト（逆も）することから，radial frequency パターンは自然の形態の一部しか表現できておらず，radial frequency パターンに対する視覚特性を形の処理全体に一般化することへの限界を示唆した。

曲線の符号化過程を錯視として劇的に示したのが図11-2-8の曲がり盲錯視（curvature blindness illusion；Takahashi, 2017）である。ここでは，同一の輝度の極性をもつ局所的な方位の変化のみが曲線として知覚され，曲率が高い部分で極性が反転した刺激では，曲線ではなく角のあるジグザグな線と

645

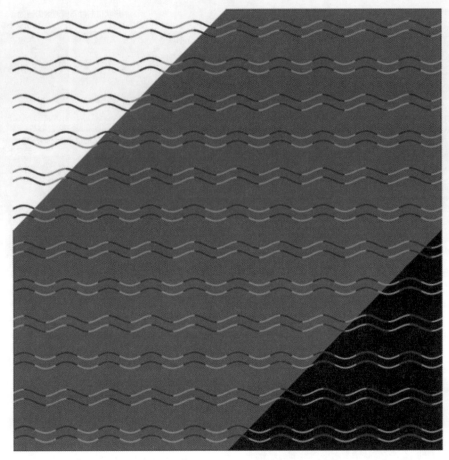

図 11-2-8 曲がり盲錯視（Takahashi, 2017）
図中の線はすべて「波線」であるが，輝度の極性が波の天，底で反転すると，曲線が知覚されずジグザグな線に見える。

して知覚される。Bertamini & Kitaoka（2018）は，実際の曲線（Takahashi, 2017）と曲線の錯視（Kite mesh 錯視）を比較し，共に局所的な輝度極性の反転で曲線の知覚が消失することから，曲線の符号化において局所的な輝度の極性が必要条件であることを示した。角と曲線の知覚的拮抗は残像（afterimage）においても現れる（Ito, 2012）（II・11・4・1 参照）。

（伊藤 裕之）

11・3　幾何学的錯視

11・3・1　幾何学的錯視

　幾何学的錯視と他の錯視の区別は曖昧な部分があるが，ここでは，直線，円弧，多角形等，その形状を単純な幾何学で記述することができる図形で，位置，傾き，角度，長さ，大きさ等，幾何学的な変量の錯視を起こすものを幾何学的錯視（geometrical illusion）と呼ぶ。幾何学的錯視は細かく分類すると膨大な数にのぼると思われる。北岡（2005a）は『錯視の科学ハンドブック』において，幾何学的錯視の"代表例"として 100 個の図形を挙げている。現在では当時よりもっと増えているはずである。ここではさらにそのなかでも代表的なものを図 11-3-1 に示す。

　ほとんどの幾何学的錯視は 1800 年代末にヨーロッパでその原型が発見されているが（幾何学的錯視研究の黎明期については，田中（2000）のレビューを参照），日本においても幾何学的錯視の研究は盛んであった［日本における錯視研究の黎明期については大山（2005）を参照］。近年，縁飾りエッジの錯視や市松模様の錯視など（Kitaoka, 1998；北岡，2004，

第11章 形の知覚

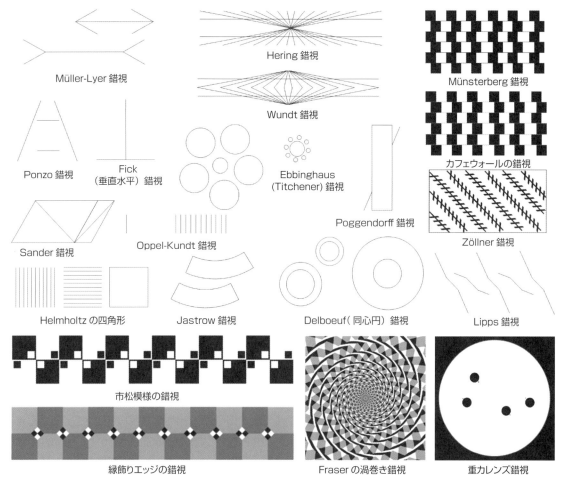

図 11-3-1　代表的な幾何学的錯視（北岡, 2004 2005a, 2005b）

2005b；Kitaoka et al., 2001），北岡による新しい幾何学的錯視の発見（創出）を中心とする錯視研究の新しいブームが作られた。これらは心理学の教科書に幾何学的錯視として掲載されることはまだ少ないが，幾何学的錯視ではないという理由はない。またこれらはバリエーションが多く，空間的配置の組み合わせとあわせて，多数の図版が北岡によって作られている。

11・3・2　幾何学的錯視の諸要因

Müller-Lyer錯視（Müller-Lyer illusion）は少なくとも日本では最も有名な錯視図形と思われ，Ponzo錯視（Ponzo illusion）と同様に，線遠近法による説明と共に紹介されることが多い。建物などの角を線遠近法で描くと，凸の角は「＜―＞」となり，凹の角は「＞―＜」というようにMüller-Lyer錯視の形状となる。主線となる部分が網膜上で同じ長さの場合，奥（遠く）にあるほうが長いと解釈することができる。Ponzo錯視では，2本の輻輳線分を，遠方に延びる鉄道のレールのような平行線を線遠近法で描いたものであると解釈することができる。その際，網膜上で同じ長さの水平線であれば，遠くにあるように見えるほうが長いと解釈することができる。このような線遠近法の解釈に基づく幾何学的錯視の説明は，Thiéry（1896）によるものであるが，実際には，輻輳線分があっても奥行きを感じず，紙の上の平面に見える図形においても，錯視が生じる例が多数ある。Gregory（1963）は，奥行きが見えなくても，その図形に対して奥行きに基づく大きさの恒常性のスケーリングの仕組みが誤って適用されるため

647

に錯視が起こる（inappropriate constancy scaling theory）として，Thiéry（1896）の説を補強した。

一方，Hering錯視（Hering illusion）やZöllner錯視（Zöllner illusion）等については，二つの直線の接する角度の過大視によるとする説がある。Blakemore et al.（1970）は，方位の検出の領域における側抑制（lateral inhibition）を仮定し，これが鋭角過大視を起こすとしている。Carrasco et al.（1986）は，低空間周波数の縦縞に順応した後に，横に伸びるMüller-Lyer錯視図形で錯視が減少することを示し，低空間周波数チャンネルが錯視を生じさせている証拠とした。Ebbinghaus錯視（Ebbinghaus illusion）においても，低空間周波数成分への感作（sensitization）により錯視が大きくなることが示されている（Chen et al., 2018）。空間的なバンドパスフィルタによりカフェウォール錯視の斜めの錯視成分を抽出する研究もある（Morgan & Moulden, 1986）。

これらの伝統的な研究は，幾何学的錯視が白背景に黒い線で描かれる前提がある。したがって線が輝度以外で定義された場合でも錯視が起これば，上記の説明は難しくなる。Lehmann（1904）は色コントラストをもつ等輝度刺激においてMüller-Lyer錯視，Zöllner錯視，Poggendorff錯視（Poggendorff illusion），Münsterberg錯視（Münsterberg illusion）の効果の消失を報告した。Liebmann（1927）はLehmann（1904）と同様の実験を行ったが，等輝度における錯視効果の消失は細かい部分が見えにくくなることが原因であると考えた。Gregory（1977）は，大きな視角を張る，色で定義した等輝度刺激で錯視を測定した。Müller-Lyer錯視，Ponzo錯視，Zöllner錯視については，等輝度においても効果に変化はなかったが，Münsterberg錯視についてはその効果が消失した。Cavanagh（1989）は線の太さが約0.5°，視角は8°を超える刺激を用いた結果，Zöllner錯視，Poggendorff錯視，Ponzo錯視，垂直水平錯視（vertical-horizontal illusion）について，色で定義した等輝度刺激においてもその効果は維持された。Livingstone & Hubel（Hubel & Livingstone, 1987；Livingstone & Hubel, 1988）は，Zöllner錯視，Ponzo錯視，Müller-Lyer錯視，Poggendorff

錯視，Hering錯視等の幾何学的錯視は等輝度刺激では著しく効果が減少することを報告している。特に角度（angle）の錯視（Zöllner錯視，Hering錯視，Poggendorff錯視）においては消失するとして，幾何学的錯視は大細胞経路の処理システムで生じるとしている。その後，Li & Guo（1995）は，Delboeuf錯視（Delboeuf illusion），Müller-Lyer錯視，Ponzo錯視において等輝度刺激においても錯視が生じることを報告した（Zöllner錯視については輝度コントラストが15％以下では錯視が消失した）。さらにHamburger et al.（2007）は，Delboeuf錯視，Ebbinghaus錯視，Hering錯視，Judd錯視（Judd illusion），Poggendorff錯視，Müller-Lyer錯視，Ponzo錯視，垂直水平錯視，Zöllner錯視の9種類の代表的な幾何学的錯視を，L−M軸，S−（L＋M）軸に沿った色差で定義した等輝度刺激によって錯視量を測定し，それぞれ輝度で定義した錯視図形と同等の錯視量が得られることを報告している。このように，幾何学的錯視における輝度コントラストの必要性について，特に色コントラストで定義された（小細胞経路で処理されると想定される）錯視図形については，Lehmann（1904）から100年以上たっても，必ずしも一致した見解が得られているわけではない。

一方，Julesz（1971, 1972）はランダムドットステレオグラムによるMüller-Lyer錯視図形およびEbbinghaus錯視図形が，通常の図形と同様の錯視効果をもつことを示し，両眼融合後の処理過程によって生じる2次の輪郭においても，この錯視が生じることを示した。ランダムドットステレオグラムによって作成された錯視図形では，輝度領域でいかなるフィルタを通しても錯視効果の元となるものは考えにくい。Cavanagh（1989）は，輝度，色，テクスチャ，運動，立体視によって定義された垂直水平錯視，Zöllner錯視を測定した。両錯視とも，刺激を定義する属性間で効果に差はなかった（Zöllner錯視においては，長い線と短い線を別の属性で定義すると，効果は小さくなった）。つまり，これらの幾何学的錯視は，輝度によって定義された線分ではなく，対象の表象が形成されるレベルにおいて生じることが示唆された。同様に，Lavrenteva & Murakami

(2018) は，図 11-3-2 のように，正弦波格子でできた Ebbinghaus 錯視図形において，輝度，コントラスト，方位の三つの属性で定義された刺激を用いて，それぞれ同等の錯視量が得られることを見いだした。中央の円と周囲の誘導円で属性を変えた場合も錯視が生じたが，コントラストおよび方位定義の誘導要素が輝度定義のターゲットに及ぼす影響は少なかった。このことから，1 次と 2 次の刺激では量的な寄与は違うが，形を定義する属性によらず，形の表象が作られた後の段階で Ebbinghaus 錯視が生じているとしている。Papathomas et al.（1996）は，Ebbinghaus 錯視は両眼間非対応のみで定義されても生じ，誘導要素とターゲットの奥行き位置の違いによる影響を受けることを見いだした。また，輝度による誘導要素は両眼間非対応によるターゲットに影響を与えるが，逆の効果は大きくなかった。Takao et al.（2019）は，大きさ変化におけるフラッシュラグ効果（flash-lag effect）（Nijhawan, 1994）を利用して，周囲の誘導円の網膜上の大きさと知覚的大きさを分離して Ebbinghaus 錯視の測定を行った。その結果，網膜上の大きさより知覚的大きさによって Ebbinghaus 錯視が生じることを示した。この研究も，Ebbinghaus 錯視が知覚的表象を形成した後に生じることを示している。Nijhawan（1995）は，Müller-Lyer 錯視が網膜像の形状に依存して起こるのか，3D 空間で定義された形状に依存して起こるのかを調べた。立体的な構造の Müller-Lyer 錯視図形の模型の矢羽の部分を 3D 空間内で折り曲げることにより，網膜上では「⟵⟶」であっても 3D 空間内では「⟩—⟨」となったり（あるいはその逆），矢羽が縦一直線に見えるような条件を作り，錯視を測定した。その結果，Müller-Lyer 錯視は，3D 空間内の座標で定義した形状と一致した方向に生じ，網膜像の形状はほとんど何の役割も果たさないことがわかった。このことから，Müller-Lyer 錯視においては，両眼立体視により 3D 空間が再現された後の対象の形態の表象によってその効果が生じているとしている。Song et al.（2011）は Ponzo 錯視における輻輳線分とターゲット刺激を単眼で観察する条件と，両眼分離呈示条件（dichoptic condition）で錯視量に差がないことから，Ponzo 錯視は両眼の情報が統合された後に生じるとしている。

　さらに，幾何学的錯視は図 11-3-3 のように，Kanizsa タイプの主観的輪郭によってもその効果が得られる（Ponzo 錯視図形, Kanizsa, 1976；Poggendorff 錯視図形, Coren & Girgus, 1978；Shen et al., 2016）。いずれも物理的な輪郭は存在しないが，感性的に補完された図形が実在する線分に対する錯視を起こすのであるから，主観的な図形の表象ができてから錯視が生じたことになる。図 11-3-3b

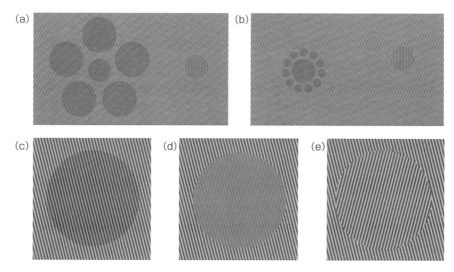

図 11-3-2　Lavrenteva & Murakami（2018）による実験刺激
　　　　（a）大きな誘導刺激に囲まれたテスト刺激，（b）小さな誘導図形に囲まれたテスト刺激，（c）輝度定義刺激，（d）コントラスト定義刺激，（e）方位定義刺激

第Ⅱ部　視覚

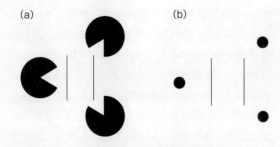

図11-3-3　主観的図形によるPonzo錯視

は出典が不明であるが，感性的に補完された図形すら必要なくPonzo錯視が生じる。

一方，幾何学的錯視は高次な処理を経ていないとする証拠もある。Song et al. (2011) はEbbinghaus錯視については，両眼分離呈示で錯視量が低下することから，両眼融合前の段階における処理の寄与を示唆している。Busch & Müller (2004) は，Ebbinghaus錯視は，大きさによる視覚探索に寄与することを示しており，前注意的な並列処理の段階で成立することを示唆している。Gandhi et al. (2015) は，8-16歳で手術により視力を得た先天性白内障の子どもを実験参加者として，手術後48時間以内に実験を行い，Ponzo錯視とMüller-Lyer錯視が生じることを報告している。この結果は，視覚の学習や経験がなくてもこれらの錯視が生じることを意味しており，先天的な視覚情報処理の仕組みに錯視の原因が存在することを示す。これらの錯視が生じるのに，遠近法的に奥行きを解釈するといった高度な視覚能力は必要ないことを示す証拠となる。

以上のように，幾何学的錯視の成立要因は未だにはっきりせず，同じ地点を行ったり来たりしている印象を受ける。このような混乱が生じる原因の一つは，「幾何学的錯視を統一的に説明する理論が存在する」あるいは「ある幾何学的錯視には対応する原因が一つ存在する」という暗黙の信念があるからかもしれない。それぞれの錯視にいくつかの要因の寄与がある場合，実験によって，さまざまな側面が結果として得られることは考えられる。Coren et al. (1976) は45種類，今井 (1982) は32種類の幾何学的錯視を用いて因子分析を行い，それぞれ五つの因子を抽出した。後藤他 (2005) は，錯視の成立要因として，①鋭角の過大視による角度や方向（方位）のずれ，②異方性・見えの奥行き（大きさの恒常性）・充実化などによる大きさ・長さの拡大や縮小と位置や空間のずれ，③隣り合う領域間での大きさ・長さ・角度・曲率・形などの同化と対比，という三つを提起し，それぞれの錯視図形に対して，さまざまな組み合わさり方で寄与するのではないかと提起している。さまざまな錯視の分類や因子分析について，田中 (2003) によりレビューされている。

触覚における錯覚との類似点もしばしば指摘される。もし共通の錯覚が起こるのであれば，感覚統合のレベルにおいて錯視のメカニズムの可能性を考えなければならない。Révész (1934) は幾何学的錯視の形状を盲人に触らせると，ほとんどの幾何学的錯視で，視覚と同様の錯覚を起こすことを報告した。Suzuki & Arashida (1992) は，Müller-Lyer錯視，Ponzo錯視，水平垂直錯視は触覚においても同様に生じ，Oppel-Kundt錯視 (Oppel-Kundt illusion) も触覚で似た錯覚を起こすことを示した。Delboeuf錯視は外側の円による錯覚を起こした。Poggendorff錯視は触覚では起こらず，Zöllner錯視では視覚と触覚で錯覚の方向が逆であった。Gentaz & Hatwell (2004) は，触覚においてMüller-Lyer錯視と水平垂直錯視において視覚と同様の錯覚が生じるが，一部

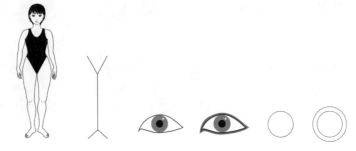

図11-3-4　幾何学的錯視の応用例（Morikawa, 2017）

は視覚と触覚にそれぞれ特有の要因によって起こっているとしている。したがって，幾何学的錯視に対応する触覚による錯覚は，必ずしも感覚統合によったり，視覚的表象に変換されたりして"錯視"が起きているわけではなく，触覚特有のメカニズムも存在するのであろう。

森川（Morikawa, 2003；森川，2012；Morikawa, 2017）によると，日常場面における幾何学的錯視として，足が長く見えるハイレグの水着や眼の周りのアイラインの引き方に，Müller-Lyer錯視，Delboeuf錯視などが活用されているという（図11-3-4）。

（伊藤 裕之）

11・4 図形残効，透明視とX字接合

11・4・1 図形残効

色や運動への順応と残効と同様に，図形の構成要素において，順応と残効が生じることが知られている。最も基礎的な残効として，曲率への順応と残効（Bales & Follansbee, 1935；Gibson, 1933），傾きへの順応と残効（Gibson & Radner, 1937）や，大きさ（ここでは空間周波数）への順応と残効（Blakemore & Sutton, 1969）が挙げられる。図11-4-1左のように，上下に太い縞と細い縞を呈示し，中央を見つめ続けた後，右のテスト刺激を見ると，上の縞は下の縞より細く見える。図形残効の研究は，2000年以降は顔に現れる残効が大きなテーマとなっているが，顔についてはⅡ・11・6でふれるため，ここではふれない。

一方，近年，まったく新しいタイプの図形残効が報告されている。前述のGheorghiu & Kingdom（2007）によるshape frequencyとshape amplitudeの順応と残効（図11-1-18）はその一例で，局所的な傾き残効（tilt aftereffect）よりも高次な，視覚情報処理の階層構造における中間レベル（intermediate level）に責任中枢のある現象としている。Ito（2012）は，順応刺激として円あるいは六角形を観察すると，残像においてそれらの見えが入れ替わる残効を報告している。図11-4-2のように，周辺視で円を見つめると，円は角張って見えてくる（一川，2017；Khuu et al., 2002）が，残像を作るとはっきりとした多角形となる。逆に六角形の輪郭は残像を作ると円に見える。さらに，回転する六角形は円形の残像を作るが，同様の網膜描画（retinal painting）を行う円の中心を少しずらした回転では多角形の残像が見える。楕

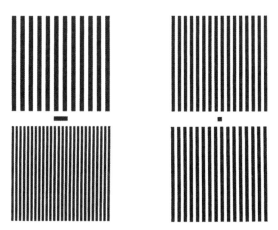

図11-4-1 空間周波数への順応と残効（Blakemore & Sutton, 1969）

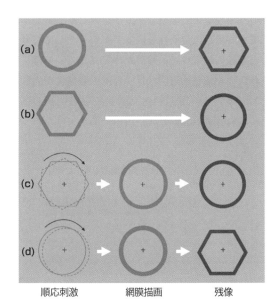

図11-4-2 順応による円と多角形の知覚的相互変換（Ito, 2012をもとに著者作成）
(a) 円を周辺視で見続けた後に現れる残像は，多角形に見える。(b) 六角形を周辺視で見続けた後に現れる残像は円に見える。(c) 回転する六角形を周辺視で見続けると，網膜上には累積的に円形の網膜描画が行われ，残像も円形に見える。(d) 円の中心からややずれた点を中心にして回転させると，円形の網膜描画が行われるが，残像は六角形になる。

651

円を回転させても六角形の残像が生じる。さらに左眼で見た形状が右眼の残像の形に影響を与える両眼間転移も報告されている。これらの残像現象は，曲線と角の検出の相互作用と考えられており，中間レベルの順応と残効が関わっているものと考えられる (Ito, 2012)。Yamada et al. (2013) および Ouhnana et al. (2013) は，ドットパターンのランダムネスが順応・残効を起こす要素となることを示した。図11-4-3 (a) 順応刺激のランダムネスが低い条件において，ほどほどのランダムネスのテスト刺激（右）はよりランダムネスが高く見え，(b) 順応刺激のランダムネスが高いと，テスト刺激の見えのランダムネスは低くなる。

11・4・2 透明視とX字接合

透明視（phenomenal transparency）(Metzger, 1955) は，2次元的な像のなかに，光学的な透明と同様に，重なっている複数の対象が知覚される現象である。一般に，輪郭がT字接合 (T-junction) している場合は遮蔽を表し，X字接合 (X-junction) している場合は透明性を表す手がかりとして有効なことが知られている。輪郭だけではなく，輪郭に囲まれた面の知覚的透明性は，輝度の関係性が大きく関わっている。図11-4-4は典型的な透明視の例である。Metelli (1974) は，円の一部が欠けたパックマン型のエピスコティスター (episcotister) 装置を高速回転させ，空いた部分から後ろの色が見える状況を作って透明視を研究した。そのため，図11-4-4のような円形の部分は，手前のパックマンと背後の色の混色になるというエピスコティスターモデル (episcotister model) を作った。つまり，a と b は背後の色，p は手前のパックマンの色と a の加法混色，q はパックマンの色と b の加法混色となる（混色のウエイトは円の欠けている部分の角度による）。そのため，a が b より明るければ常に p は q より明るく，a と b の明るさの差は常に p と q の差より大きくなる。そして，a, b, p, q が接するところが輪郭のX字接合となっている。透明視が成立するためのこの制

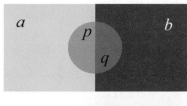
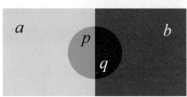

図 11-4-4　Metelli の条件に基づく透明視（Anderson, 1997）

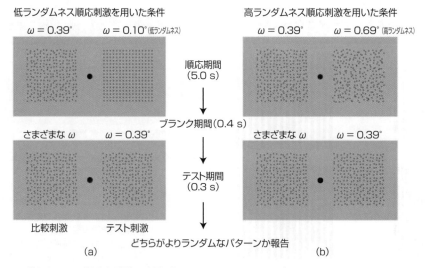

図 11-4-3　ランダムネスへの順応と残効の実験（Yamada et al., 2013）
(a)は低ランダムネス順応の条件であり，(b)は高ランダムネス順応の条件である。

約条件は，中央の円形が光学フィルタであると仮定してもそのまま成り立つ．Metelliに続く透明視の研究は，4色の空間構成と輝度条件が中心となった（たとえばAnderson, 1997；Beck et al., 1984）．しかし，図11-4-5のBozzi (1975) の図のように，線の太さの差や線のずれによって，背景の白と線の黒の2色で透明視は成立するし，ここではX字接合も必要条件ではない．またD'Zmura et al. (1997) は，さまざまな色の正方形をちりばめたディスプレイにおいて，等輝度であっても色空間での移動や収束を含む刺激であれば，透明視が成立することを報告し，エピスコティスターによる加法混色や光学フィルタによる減法混色のモデルでは透明視を説明できないことを示した．さらに，透明視を光学フィルタのシミュレーションとして考えると，たとえば青い部分を赤フィルタを通して見たときには黒くなってしまう．しかし，輝度条件を満たせば，色については物理的なフィルタにおけるシミュレーションからはずれていても透明視が成立する．この点について，Plummer & Ramachandran (1993) は，透明視の知覚的能力は，フィルタではなく影（cast shadow）の処理のために進化した可能性を指摘している．

近年，透明視研究は，平面的な半透明フィルタから立体的な透明物体への展開が行われた．図11-4-6は，Fleming et al. (2011) による厚みのある透明物体（たとえば氷）における透明視の例である．図11-4-6aは従来の典型的なフィルタ（図11-4-6c）による4色構成の透明視であり，X字接合と4色の輝度の関係性が問題となるが，図11-4-6bでは，透明物体の凹凸による屈折の変化（図11-4-6d）によって，像の変形やハイライトがみられる．輝度の制約条件とX字接合という組み合わせとは全く別の観点からの透明視研究となっている．動的な像の変形が透明視を起こす現象も報告されている（Kawabe et al., 2015；Kawabe & Nishida, 2017）．流れる透明な液体（たとえば小川のせせらぎ）は液体中（あるいは背後）の対象の像の動的な変化を起こす．図11-4-7は，彼らの動画の1コマであるが，左の条件，つまり，変形しない輪郭と結合している変形する輪郭の存在が，水の底を見る際のような透明視を促進するとしている．変形する部分のみの呈示では透明視は弱くなる．

（伊藤 裕之）

11・5 形状知覚研究における classification image

形状知覚の性質を探る際，ほとんどすべての実験心理学的な手法は，刺激がどのような反応をもたらすかについて検討を行う．呈示する刺激が単純な場合，実験で操作する刺激の特徴が反応に影響を与えていることに異論はないであろう．しかし，刺激が複雑な場合，刺激のどの部分が反応に影響を与えるかを特定するのは容易ではない．classification image (CI) 法を用いれば，刺激の複雑さにかかわらず，「反応に影響をもたらすのは呈示刺激のどのような部分や特徴なのか」を明らかにできる．言い換えれば，CIは刺激のどの部分を利用しているかのストラ

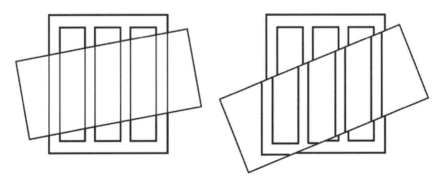

図11-4-5　Bozzi（1975）による2色の透明視
　　　左図は中央の部分の線分が細くなっている．右図は中央の部分の線分がずれている．

第Ⅱ部　視覚

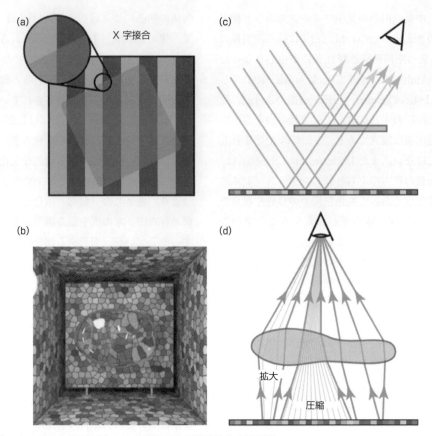

図11-4-6　Fleming et al.（2011）による厚みのある透明物体の知覚例

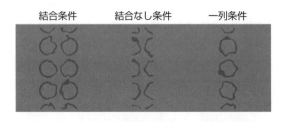

図11-4-7　変形する輪郭と変形しない輪郭の結合による透明視の促進（Kawabe & Nishida, 2017）
静止画ではなく，動画の1コマである。

テジーを詳細に可視化する「マップ」のようなものであり，他の実験手法にはない特徴をもつ。

11・5・1　Classification imageを導入するメリット

形状知覚の研究にCIを導入するメリットについて，主観的輪郭の研究を例として示す。図11-5-1a中段のように，いわゆるパックマン図形を四つ配置したとき，物理的には存在しない主観的輪郭（Kanizsa 四角形）が知覚される（Kanizsa, 1976）。CI法ではない一般的な精神物理学的測定法では，たとえば，パックマンの"口"の角度を変化させ四角形が「細い」か「太い」かを弁別する際の角度閾値を測定する。主観的四角形が知覚される主観的輪郭条件では知覚されない統制条件（図11-5-1a下段）よりも閾値が十分に低く，また物理的な補完線分が呈示される物理的輪郭条件（図11-5-1a中段）と同様に低い閾値を示したことから，実験参加者は主観的輪郭を利用し課題を行うことが示唆された（Ringach & Shapley, 1996）。しかし，主観的輪郭を利用する直接的な証拠を示したわけではなく，また，用いるとしてもすべての主観的輪郭なのかその一部かは明らかではなかった。主観的輪郭にCIを導入したGold et al.（2000）の研究がこれら未解明な点に答えた。実験参加者は主観的輪郭に位置する情報に影響されること，すなわち主観的輪郭を利用して課題を行うこと，利用しうる垂直および水平方向の主観的輪郭の

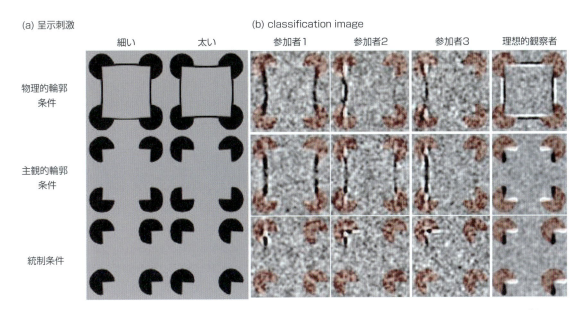

図 11-5-1 Gold et al.（2000）で用いられた（a）実験刺激，および（b）得られた classification image（Gold et al., 2000, Figure 1, 2 を一部改変）

うち全参加者で垂直だけを利用すること，そして，左右両方または左のみという主観的垂直線分利用における個人差があることを明らかにした（図 11-5-1b 中段，左から 1, 2, および 3 列）。さらには，参加者 1 は物理的輪郭と主観的輪郭のいずれも左右両方を用い，参加者 2 および 3 は左側を主に用いるなど利用ストラテジーが個人内で一貫し，物理的輪郭と同様に主観的輪郭を用いることも見いだした（図 11-5-1b 上段および中段，左から 1, 2, および 3 列）。これら主観的輪郭の利用ストラテジーや個人特性は閾値等の一般的な心理物理指標では明らかにすることはできず，CI を導入したからこそ示すことができたといえよう。

通常の実験手法では特定の仮説に基づき刺激を作成し，その刺激がどのような反応をもたらすか調べる（「刺激→反応」）。これに対して，CI を導入する際に厳密な事前仮説は必要なく，ある反応を引き起こすのは刺激のどのような特徴であるか（「反応→刺激」）を，探索的に明らかにできる。つまり，CI 法は一般的な実験手法とは逆方向の発想で実験がデザインされ，逆相関法（reverse correlation）と呼ばれる実験手法の一つである。さて，前述の CI 実験では，細いあるいは太い主観的四角形刺激を用意し，それらを弁別する課題を CI の測定手順に従って行うだけで実験参加者が用いた課題遂行ストラテジーを探索的かつ網羅的に詳しく示すことができた（Gold et al., 2000）。これに対し，一般的実験手法では設けた刺激条件よりも細分化された領域の貢献を調べることは不可能であり，探索的な検討には適さない。Gold et al.（2000）が示した結果を得るためには，主観的輪郭の課題遂行への影響は異方性があると仮説を立てたうえで，少なくとも垂直および水平の双方，垂直のみ，水平のみを手がかりとして利用できる刺激条件を設け条件間で成績を比較するような実験を行う必要があろう。また，垂直線分の左右利用における個人差まで検討するならば刺激条件の数はさらに増えることになる。さらに，垂直のみ条件および水平のみ条件では双方を使える条件とは質的に異なるストラテジーで課題遂行を行う可能性があり，両方利用できる条件において自発的に採用する多様なストラテジーを高空間精度で示す CI 法は他に類を見ない実験手法であるといえる。

さて，顔認知の話になるが，事前仮説が不要であるゆえのメリットを活かし，自閉症者のなかに額部分の情報を利用して顔弁別を行うという「予想外」の顔認知ストラテジーを発見した研究もある（Nagai et al., 2013）。この研究では顔認知ストラテジーの多様な個人差も示すことに成功している。このよ

第II部　視覚

うなストラテジーの可視化はアイトラッカー（eye tracker）を用いることでなされると考えるかもしれない。しかし，アイトラッカーで知ることができるのは「どの位置に視線を向けているか」であり，視線を向けた先の情報を「実際に利用している」とは限らない。これに対して，CIは実際に利用した情報を示すという利点を備えている。

11・5・2　Classification imageの測定

CIの測定は，「ノイズの付加」と「反応による分類（response classification）」と呼ばれる分析手法を組み合わせて実現される。CIを得る典型的な実験では，前述の主観的輪郭の例のように二つの刺激（細い，太い）を弁別する課題を与える。各試行では2刺激のいずれかにランダムなノイズを付した刺激を呈示する。主観的輪郭の例では，刺激は背景に対するコントラストで表現されており，各試行で画像ピクセルごとにユニークなコントラスト次元におけるノイズが付加される（たとえば，ゼロコントラストを平均とする正規分布ノイズ）。このとき，課題正答率が70%程度（つまり，30%程度の誤答）になるように刺激コントラストが調整されることが多い。誤答が生じるとき，ノイズの作用によって細い刺激が太い刺激に，あるいは，太い刺激が細い刺激に見えることになる。反応による分類とは，細い，あるいは，太いという反応を行うときに，それぞれどのような刺激（ノイズ）が呈示されていたかを問う分析である。たとえば，物理的輪郭条件で細い刺激が呈示されるとき，細い刺激の輪郭線を強調するノイズが呈示された場合には細い反応が生じやすくなり，細い刺激の輪郭線を打ち消し，かつ，太い刺激の輪郭線に類似したノイズが呈示された場合には太い反応（すなわち，誤答）が生じやすくなる。利用できるすべての情報（四つパックマンの口に加え，四つの口を結ぶ線分）のうちどの領域を用いるかは個人のストラテジーに依存し，このストラテジーが課題遂行中に一貫していれば，細い（あるいは，太い）反応で呈示された全試行におけるノイズを各空間ピクセルで平均すると，細い（あるいは，太い）と反応したときに利用したピクセルのコントラストが強くなり，利用されない領域のコントラストは平滑化

されゼロに近づく。

さて，具体的な分析では，刺激（Thin［T］またはFat［F］）と反応（Thin［T］またはFat［F］）を組み合わせ（TT, FT, FF, およびTF），全試行で呈示されたノイズをこれらの組み合わせに応じて分類し，それぞれN_{TT}, N_{FT}, N_{FF}, およびN_{TF}と表現する。次いで，組み合わせごとに各空間ピクセルでノイズを平均する（Mean(N_{TT}），Mean(N_{FT}），Mean(N_{FF}），およびMean(N_{TF}））。得られるCIは次式で表される。

$$CI = [\text{Mean}(N_{TT})+\text{Mean}(N_{FT})] \\ -[\text{Mean}(N_{FF})+\text{Mean}(N_{TF})] \quad (1)$$

Mean(N_{TT})＋Mean(N_{FT})の項，Mean(N_{FF})＋Mean(N_{TF})の項はそれぞれ，Thin反応，Fat反応のときのノイズ平均を示し，Gold et al.（2000）では物理線分は黒線で表現されるため，これらのノイズ平均はネガティブ・コントラスト（背景より暗い）ピクセルが主体となっている。式(1)のように，差を取ることにより，Thin反応時のノイズはネガティブ・コントラスト，Fat反応時のノイズはポジティブ・コントラスト（背景より明るい）として表現される（図11-5-1b上段および中段，左から1, 2, および3列）。なお，CIにおいてコントラストが強く描かれているピクセル（背景よりも暗いまたは明るい程度が強い）ほど，その位置の情報がThin反応あるいはFat反応の決定に強く影響していることを示す。つまり，CIはどの位置の情報がどの程度強く実験参加者の反応に影響を与えるかという空間情報の重み付けを高い空間精度で示している。また，得られたCIから統計的に有意に影響するピクセルを明らかにすることが多い（たとえば，Gold et al., 2000；Nagai et al., 2013）。

11・5・3　多様な刺激に対するCIの適用

先の実験例で紹介したように，刺激画像の各ピクセルに対して輝度コントラストノイズを重ねコントラストを変調する刺激が多く用いられてきたが（Abbey & Eckstein, 2002；Ahumada, 1996；Gold et al., 2000；Sekuler et al., 2004），CIは他のさまざまな刺激にも適用することができる。重要なのは，刺激

の特徴をうまく変化させるようにノイズを設定することである。実は最初のCI研究は視覚刺激ではなく聴覚刺激を対象としたものであった（Ahumada, 1967）。Ahumada et al. (1975) では，特定の周波数を有するターゲット（500 Hz, 100 ms）の検出課題を実験参加者に課した。この研究では，ノイズは周波数帯ごとに聴覚刺激の強度を変調させるもので，このノイズをターゲット呈示タイミングの前後にわたりランダムに変化させた。実験結果から，ターゲット呈示タイミングにターゲット周波数を利用することに加え，ターゲットの隣接周波数の情報をターゲット呈示タイミング以前から抑制するなど，ターゲット検出に有効に作用するストラテジーが見いだされている。

　形状知覚においても特徴的な刺激を使った研究がある。Nagai et al. (2007) では傾いた線分が並んだテクスチャ刺激を用い，傾きが大きい線分からなる領域をターゲットとし，線分の傾き次元にノイズを付してテクスチャ刺激を変容させた（図11-5-2a）。実験の結果，ターゲット呈示タイミングにおいて，非ターゲット領域との境界に位置する傾き線分の情報を強く利用するストラテジーが示された。なお，Ahumada et al. (1975) および Nagai et al. (2007) の研究は処理ストラテジーの時間特性を明らかにしていることにも注意したい。また，Olman & Kersten (2004) では4本足動物のスティック・フィギュア刺激（頭部，首，胴体，足，尾の各パーツの長さや角度を変化させ，さまざまな動物を表現できるもの）を用いた（図11-5-2b）。各パーツの長さと角度にノイズをかけ，特定の動物（たとえば，キリン）に見えるか否かを問い，その動物に特有な各パーツの長さと角度を明らかにした。このように，刺激構造を工夫してCIを適用することで，さまざまな対象や状況における処理ストラテジーを見いだすことができる。

　また，空間位置ごとに複数の空間周波数，方向，および位相を組み合わせた正弦波グレーティングの強度にノイズをかけて変調し，各空間位置におけるさまざまな空間周波数の影響を示す方法も提案され，顔刺激に対して用いられることが多い（Dotsch & Todorov, 2012 ; Mangini & Biederman, 2004）。Gold et al. (2000) のようにピクセル単位でノイズ操作する場合には高空間周波数の画像情報しか変調できないが，顔刺激は多様な空間周波数成分を含むため Dotsch & Todorov (2012) の方法との親和性が高い。なお，細かい点ではあるが，Dotsch & Todorov (2012) の多空間周波数ノイズを操作する方法は，典型的なCI実験で採用するものとは異なる。すなわち，ベースイメージと呼ばれる一つの顔刺激を用意し（たとえば，平均顔），各試行でランダムに生成する多空間周波数ノイズ，および，その極性を反転したノイズをそれぞれベースイメージに加算し，2枚のノイズ付加画像を呈示する。そして，参加者は「信頼できる」のような社会的性質をより強く示す顔画像を選択する。信頼できる顔と反応したノイズ画像平均にベースイメージを加算したものを信頼顔のCIとし，信頼できる顔に対する参加者の心的表象を表現している。これに対して，Gold et al. (2000) のような従来型CI研究ではある選択肢を選んだノイズ画像平均と別の選択肢のノイズ画像平均との差をCIとし，classification image（分類のための画像）という字義通り，入力された画像に対して二つの選択肢のうちどちらを選ぶかを決定する知覚テンプレートとして機能する（II・11・5・4参照）。このような両者の違いに留意すべきである。

　さて，Dotsch & Todorov (2012) の方法と同様

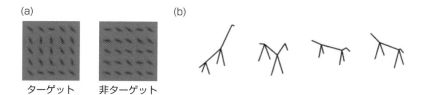

図11-5-2　(a) Nagai et al. (2007)，および (b) Olman & Kersten (2004) で用いられた実験刺激

第 II 部　視覚

に各空間位置における空間周波数ごとの貢献を示す手法として Bubbles がある (Gosselin & Schyns, 2001)。Bubbles では刺激にノイズを付加するのではなく，刺激のどの領域でどの空間周波数情報を見せるかを操作し実験参加者が課題で正答を得るために必要な刺激要素を明らかにする実験手法であり，CI とは異なるものである。ただし，反応を行うのにクリティカルな刺激要素を調べるために逆相関法を用いる点は共通している。

11·5·4　知覚テンプレートと理想的観察者

実験で得られた従来型 CI は課題中に一貫して用いられたストラテジーを反映したもので，課題を行うための知覚テンプレート（perceptual template）あるいはフィルタといえる (Murray, 2002)。すなわち，図 11-5-1 の例で考えると，実験参加者はこの知覚テンプレートに基づき各試行で呈示される画像刺激（細い，または，太い刺激にノイズを加えたもの）が細いか太いかを弁別していたと考えられる。したがって，CI つまり知覚テンプレートがあれば，各試行の画像刺激に対していずれの反応を行うかをある程度予測できる。具体的には，呈示される画像刺激と CI との画像相関を計算し，その数値が正であれば細い，負であれば太いと判断したと予測[1]する。ただし，この予測は完全ではないことに注意したい。第 1 に，人間の情報処理システムには内部ノイズ（internal noise）と呼ばれる処理の不確実性が存在するため，同一の画像刺激が与えられても常に同じ反応が生じるとは限らない。第 2 に，CI は局所的な画像情報である各ピクセルあるいは要素における物理量と観察者反応との線形関係を表現しており，その他の非線形な貢献は捉えられないことも予測の不完全性につながる (Sekuler et al., 2004)。

さて，理想的観察者分析（ideal observer analysis）とは，観察者が利用しうる情報，情報処理システムの生理的特性等を考慮した論理的に最適なパフォーマンスを発揮する理想的観察者を仮定した解析を指

す (Geisler, 2003)。従来型 CI を用いた図 11-5-1 の例では，「細い」「太い」図形を弁別する際，理想的観察者の CI，すなわち，知覚テンプレートは弁別すべき画像刺激の差で定義される［式(2)］。理想的観察者 CI は二つの刺激画像の物理的な差のすべてを弁別時の手がかりとして利用でき，弁別パフォーマンスを最大化するものである。対して，実験データから得られる各参加者の CI は利用可能性のある全情報を用いるのではなく，参加者に固有の特徴をもった，情報の部分的な利用ストラテジーを示している。

$$\text{Ideal CI} = \text{StimA} - \text{StimB} \qquad (2)$$

各参加者 CI では情報を部分的にしか利用できないため，弁別パフォーマンスは理想的観察者 CI と比較すると低くなる。実験で得られた各参加者 CI と理想的観察者 CI の類似性から参加者のパフォーマンスを推測することができる。たとえば，各参加者 CI と理想的観察者 CI との画像相関は，各参加者の弁別閾に対して負の相関をもち (Nagai et al., 2013)，両者の画像相関が高いほど課題遂行の効率性が高くなることが報告されている (Sekuler et al., 2004)。つまり，各参加者 CI が理想的観察者 CI に近づくほど，知覚パフォーマンスが高くなるといえる。

最後に，理想的観察者 CI の限界について，Gold et al. (2000) と関連させて述べる。式(2)で定義されるように，理想的観察者は物理的に存在しない主観的輪郭を利用できないが，Gold et al. (2000) における実験参加者は主観的輪郭を課題遂行に利用している。このような特殊な状況においても実験参加者だけがアクセスできる情報を特定でき，理想的観察者分析では捉えられない情報利用の貢献を示すことができる点も CI 法のメリットと考えられる。

11·5·5　形状を識別するニューロンの受容野　測定

逆相関法は CI に限らず，低次の視覚野ニューロンの受容野測定に用いられている (DeAngelis et al., 1995；内藤，2014；Ringach, 1998)。ニューロンの受容野は一つの神経細胞がどのような刺激に応答するかを示すものであるが，CI は脳という一つの情報

---

[1] 画像相関はたとえば normalized cross correlation によって算出する（Nagai et al., 2013；Sekuler et al., 2004）。式(1)では細い反応の項から太い反応の項を減算しており，この場合に本文中に記した符号に応じて反応予測を行う。

処理システムを単位として，その特性を示すものであることに注意したい。CI（すなわち，知覚テンプレート）によって可視化されるものを行動的受容野（behavioral receptive field：Gold et al., 2000），あるいは知覚的受容野（perceptive field：Neri & Levi, 2006）と呼ぶことがある。一つのニューロン，そして，脳という情報処理系全体と，計測対象の複雑さは全く異なるが，同質の実験原理で両者の受容野を探索的にかつ厳密に測定できる点は興味深く，逆相関法の有効性が理解されるのではないだろうか。

（永井 聖剛）

11・6　顔の知覚

　顔は，他者とのコミュニケーション行動をとる人間にとっては，最も重要な「形」であるとも言えよう。相手の属性を読み取り，自分との関係性を測るために無意識に行っている行為のなかで，一つの顔パターンから読み取る情報が多くある。情報の抽出から知覚的な低次処理過程を経て，高次のパターン認識を行うにあたり，特に後者の処理機能は顔に特異的なプロセスを経ることなどが数多くの研究で挙げられている。ヒトを含む動物は，種の保存を主とする生態的本能により自身と同一種の個体を見分け，状態を把握する必要性が高いと考えられるが，ヒトの知覚過程で顔が重視されるのは顔がその個体に関わる多くの情報を含むのが理由であろう。また，個体の識別（人物同定：identification）のみならず，同種の他者，時には種をまたいだ他の個体が発信するさまざまな信号を瞬時に獲得することで，周囲の安全性，あるいは迫る危険を察知することも可能である。このため，顔にはさまざまな感情を表現する表情（facial expression）や視線（eye gaze）など，豊かな視覚情報を含むパターンが存在し，また，音声としてさまざまな言語音を発する人間にとっては，発話情報に伴う顔の動きも重要な情報源となる。

　本節では，感覚・知覚の刺激としての顔の特性をもとに，顔の形状や表面情報から得られる特徴量について，統計量や解剖学的知見などもふまえてまとめる。これらの特徴は，感覚・知覚実験の際に顔を刺激として呈示する際に考慮すべき要素である。さらに，これまでに明らかになった顔の感覚・知覚情報処理の基本的なモデルや，モデルの原点にあたる心理学的知見，および神経科学的な知見についていくつかを挙げる。

11・6・1　発達による顔の形状変化

　人の顔は，発達とともに頭部の骨格的な変化を伴い見かけ上の形を変えていくが，人の知覚機能はその長期にわたる非剛体的変化に柔軟に対応し，年齢知覚その他に使われていると考えられる（Pittenger & Shaw, 1975；Pittenger et al., 1979）。まず，頭部を横から見た場合，剪断的ひずみが生じるような変形（shear and strain transformation）が発生する。Pittenger らはこのひずみによる形状変形をうまく表現するためには，カージオイド変換（cardioidal strain）が適しているとした。この変換を加えることで，両眼の中心 2 点と口の中心を結ぶ逆三角形は大人になるにつれ正三角形から二等辺三角形の形状へと変化する。この性質を利用することで，形態的変化によってある一定の年齢の顔を若返らせる，あるいは歳をとった印象にするなど，CG（computer graphics）による合成の手法として用いることも可能である。

　頭蓋付近の形状変化をもとにする顔の「形態」変化とともに，顔は筋肉と皮膚をもとにした変化が年齢とともに現れる。骨格変化と筋肉や皮膚の経年の衰えにより，たるみやシミ，皺など知覚に影響をおよぼす顔面の変化が，顔の年齢知覚には重要とされる。たとえば Flament et al.（2015）は，アジア系である中国人の日光への曝露の程度と知覚された年齢の相関が高いことを示している。このように，外界に触れる顔は，生活していくなかでのさまざまな要因により引き起こされる環境依存の加齢現象を被り，それが知覚する者にとってすでに織り込み済みの情報として利用されることも示唆される。顔は剛体としての頭部，骨格を基盤とした性質と，非剛体としての表面情報の変化が複合的に現れる視覚情報の複合体と考えることができ，知覚する際には，課題に応じてそれらの情報を受け取ったうえで判断するように知覚システムがはたらいていると考えられる。

11・6・2 刺激としての顔の寸法

日本人の頭部寸法データベース（河内・持丸，2008）によれば，青年群の耳珠間隔（図11-6-1）の平均長および標準偏差は男性 147.7 ± 6.3 mm （$N = 56$），女性 138.0 ± 5.2 mm （$N = 61$）となっている。また，男女各 100 名ずつから得られた高齢群の耳珠間隔にもこれらとの大きな差は見られない。仮に，1m の距離にいる平均的な顔幅の人を真正面から観察するとした場合，顔幅は視角約8°で網膜上に投影されることとなる。顔の識別に選択性をもつ顔認識ニューロンは，入力される顔のサイズに依存しない高次の処理系に属すると考えられるが，低次の視覚処理において利用される情報，たとえば空間周波数や概略的なパターンなどは距離により変化が生じ，目や口など重要な輝度変化を伴う特徴の布置の把握などにも影響を及ぼす可能性がある。顔を視覚刺激として用いる場合，顔全体の横幅の大きさや両眼間距離，目と口とのT字型の距離，面積などをもとに決定することが望ましく，これにより知覚している顔までの距離をおよそ算出可能である。特に，コミュニケーション上での顔知覚を考える場合，あまりに小さな刺激は遠方にいる相手を想定し，逆に大きすぎる顔刺激は至近距離にいる相手を想定していることになることに注意する必要がある。

11・6・3 顔の情報処理モデル

ヒトが顔を知覚し，その際に顔の入力画像情報が脳内でどのように処理されるかのモデル化は，特に 1980 年代にイギリスのグループを中心として飛躍的に進んだといえる。顔を見て，まずはその形が「顔」だということがわかったうえで「顔だということはわかるが誰の顔だかがわからない」「明らかに知っている顔だが名前が浮かばない」「知らない人だが機嫌が良いことはわかる」など，日常のさまざまな場面でわれわれが直面する情景を，機能的に説明できるようなモデル化の取り組みがなされた。また，上記のような健常者が通常行っている顔処理が阻害される症状をもつ「相貌失認（prosopagnosia）」などの顔認知機能の困難を説明し，表情識別と人物同定の神経生理学的乖離などを適度に説明できるものとして，画期的なモデル化が進められ，四半世紀経った今も顔研究に影響を与えている。脳内の情報処理過程の解明が進むことで，機械による顔認証や合成など，工学的な応用分野へも多大な貢献が期待され，実際に顔研究は人の知覚のみならず，「顔」という媒体を介して多分野にまたがる複合研究領域の代表的なものでもある。

なかでも最も有名なのは，Bruce & Young (1986)の顔認識モデルである（図11-6-2）。同モデルは，顔の構造の符号化（structural encoding）にはじまり，特に「人物同定」の過程と「表情や発話認識」の過程が独立したうえで各処理はモジュール化され，さらにモジュール間の情報の流れがモデル化されている。このモデルの背景にはさまざまな研究分野からの知見が含まれているが，「観察者中心の記述（view-centered descriptions）」「表情とは独立した記述（expression-independent descriptions）」により顔の構造が符号化され，顔の表象（representation）が脳内に形成される。表情とは独立した記述により構造化された情報は，その後人物同定に利用されることとなる。ここでその顔がすでに脳内に学習されており，既知だった場合，顔認識ユニット（face recognition unit：FRU）が活性化され，少なくとも既知であるであろう「顔」の認識をもとに，その後の「個人情報ノード（person identity nodes：PIN）」，「名前の生成（name generation）」へと活性化が伝播する。ここで PIN は必ずしも顔認識に限って活性化されるものではなく，より多感覚な入力を含む他の情報（たとえば声など）との共有がなされている。また，名前は浮かぶが個人情報にあたるものは浮かばないという例は通常みられなかったことから，PIN から名前の生成への情報伝達は一方向性のものとして示されている。

一方，顔の符号化直後に FRU とは別の経路として示されている「選択的視覚処理（directed visual

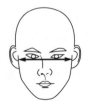

図 11-6-1　耳珠間幅（bitragion breadth）

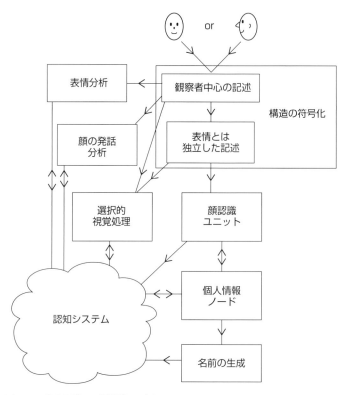

図 11-6-2　Bruce & Young（1986）の顔認識モデル

processing）」は，顔であることは認識したものの顔パターン全体の処理とは別の要素に注目した場合の処理を意味し，髪型やほくろなど，顔認知のシステムとは注意の向け方が異なる処理過程を指す。

同モデルでは，「表情分析（expression analysis）」および「顔の発話分析（facial speech analysis）」は人物同定とは独立の経路として示されているが，この独立性はその後近年にいたるまでに公表されたモデルにおいても修正はなされておらず，神経生理学的知見や相貌失認などの症例あるいは回復事例からみても支持されている。独立性や並列処理は支持されているものの，性別や表情をカテゴライズする場合，よく知っている顔などにはその判断を促進する効果がある可能性もあるとされている。

Bruce & Young のモデルの後，さまざまな研究者が新たな研究データをもとに同モデルの修正を試みた。なかでも，Breen et al.（2000）の「カプグラ症候群（Capgras syndrome）」に関わる修正が多く支持されている。Capgras et al.（1923）により報告されたカプグラ症候群は，とても親しい間柄の知人に対し，顔は似ているもののその人物であるという確信がもてず，だれかが入れ替わっているという妄想的証言をもたらすものとして知られている。人の妄想性誤認症候群（delusional misidentification syndrome）あるいは同定錯誤症候群のうち最も頻度が高いとされているものである。Breen et al.（2000）は，カプグラ症候群では顔モデルのうち FRU からその他の処理との連結に損傷があるために発生すると説明している。通常，親しい人物の顔を認識した際には，それに伴って情動的な反応（affective response）が引きおこされ，生理的には皮膚コンダクタンス反応（skin conductance response）が発生する。しかし，カプグラ症候群の症例患者は，知っているはずの顔を見てもこの反応がみられないことが特徴の一つとして挙げられている。つまり，真に顔から「知人である」「この人は誰」「名前は誰だれさん」という確信を得るためには，知人を見たときに伴って現れる生理，情動反応が必要であると解釈できる。このように，健常者は通常意識せずに行っているような行為についても，その知

661

第II部　視覚

覚過程に関しては知覚心理学のみならずさまざまな研究領域，たとえば神経生理学，神経心理学による研究成果により総合的な考察を行うことで，モデル化へとつながっている。

11・6・4　顔の知覚の脳内メカニズム

　顔の処理系の独立性と特異性を示す有力な証拠とされるのが，特に霊長類の神経生理学的研究よりもたらされた「顔（刺激選択性）ニューロン」の発見である。一般に，顔ニューロンとされるものは，他の視覚刺激よりも顔の特性をもつパターンに応答性が高く，サルの大脳下側頭皮質，上側頭溝皮質を含む領野で多く報告されている（菅生（宮本）・三好，2004）。ただし菅生らは，これらが顔以外の視覚刺激に応答する可能性もありうるため，「顔ニューロン」と呼称するのは避けたい，としている。呈示される顔パターンの大きさや色など，応答に影響を与えにくい特徴がある一方，目や口など，顔に含まれる部分的な特徴をもつパターンにも応答する場合もあり，特定には注意を要する。

　たとえばPerrett et al. (1982) やDesimone et al. (1985) などの報告以降，領域固有性問題（応答が表情特異的か否かなど），さらにヒトの脳との関連性について多くの包括的研究が進められている。顔の向きに応じて応答量が連続的に分布するニューロンの存在なども報告され，単一細胞もしくは複数細胞の連合，連結による顔の検出に寄与していると考えるのが妥当であろう。

　サルの細胞応答を記録した上述の研究とともに，ヒトの脳活動に直接的にアプローチする手法として，fMRIなど，脳イメージング技術によって主にヒトの顔処理が具体的にどのような脳領域で行われているのかを探る研究も非常に多くある。特に，多くの結果が一致する領域として，紡錘状回顔領域（fusiform face area：FFA；Grill-Spector et al., 2004；Kanwisher et al., 1997；Kanwisher & Yovel, 2006），後頭葉顔領域（occipital face area：OFA）および上側頭溝（superior temporal sulcus：STS）がみられ，これらはHaxbyら（2000）のモデル（修正はGobbini & Haxby, 2007）によれば顔処理の神経モデルのcore system（中枢システム）に属する。FFA

やSTSの位置に近い側頭後頭電極では，顔が呈示された際の脳波として事象関連電位N170も振幅が大きくなる（Sadeh et al., 2010）。一方，OFAではより短い潜時のP1（110 ms付近）での電位に特徴がみられ，顔の検出時に関与している可能性が指摘され，各領域の役割についての議論は近年も続いている（Herrmann et al., 2005；Itier & Taylor, 2004ほか）。総じて，OFAでは初期の顔特徴に対して応答し，FFAはそこから「顔」としての認識をより強くもち人物同定をする認知機能などに関与し，また，STSは視覚的には運動を伴うような情報処理，たとえば視線や表情，口の動きなどの処理に関与するという見解が指示されている。

　顔の処理に関わる領域は上記の中枢システムに限ったものではない。STSやFFAから，extended systemと呼ばれるその他の領域にも連結している。そのなかには，他者が向ける注意の方向に関与するもの，発話される言語，音声などにも関与するもの，特異的な感情に寄与するもの，命名課題などを担っていると考えられるものなどがある。特に扁桃体（amygdala）は感情表情のなかでも「恐れ」の識別への関与が多く指摘されているが，「恐れ」の顔だけを認識しているとは限らない。

　以上のように，同一の顔パターンから複数の課題遂行を並行して行う知覚システムを考えた場合，人間の知覚は脳内でのこれらの領域を広域に，課題に応じて使い分けながら行っていることが示唆される。ヒトの顔知覚，認識が他の物体，パターン認識と比べて特異的であり，より精緻で多彩な処理を行うことで，コミュニケーションの基盤となって寄与していることは疑いようがない。

11・6・5　倒立効果，ずらし効果と顔の全体処理

　単に顔を呈示したときには目の領域に眼球運動が集まるように，顔のなかで特徴（feature）となる目や鼻，口が個々のパーツとして認識できることは確かであり，初期の顔研究では顔が個々の特徴を知覚したうえでの寄せ集めとして考えられていた。しかしながら近年では，顔は「全体的な処理（holistic processing）」を行っているため，特徴間の布置，空間

第 11 章　形の知覚

的関係性が知覚にとって重要であるとされている。

顔を上下逆さまに呈示すると，表情や人物同定がしづらくなるという効果を「顔の倒立効果」という（Yin, 1969）。なかでもサッチャー錯視（Thatcher illusion；Thompson, 1980）として非常によく知られている（図 11-6-3）。初見の読者は，図 11-6-3 の顔を逆さまにして改めて観察してみるとよい。想定している以上に，左右両者の顔がまったく異なる様相をしているのが顕著にわかる。

サッチャー錯視は，目と口を部分的に倒立させた画像を作成し，正立顔（通常の向き）ではグロテスクな顔として知覚されるが，さらに顔の上下を逆さまに呈示すると，その異様さがわかりづらい，というものである。顔は正立した状態でなければ表情知覚が難しいという顔の倒立効果を錯視的に表現したデモンストレーションである。同様に，顔のわずかな歪みなどは正立顔では容易に知覚されるが，倒立な向きで観察するとわれわれはほぼ気づくことができない。

通常見ている顔は，肌や口・目など，色情報や空間周波数情報などの複雑な成分を他のオブジェクトと同様に含んでいる。全体的には正立顔と同等の視覚情報量をもつ倒立顔は，実験上では正立顔の比較刺激としてよく用いられる。倒立に呈示されたとしてもそれが顔であるという認識はおよそ十分にできる一方で，倒立顔になった場合には表情認知や人物同定が正立顔と同様な精度，速さでは行うことができないという証拠が挙げられている。このことは，顔の表情，人物同定の処理系は目や口などの特徴の布置が正立な状態で初めて駆動し，知覚が成立するということを示している。また，顔は部分の処理の寄せ集めではなく，パターンとしての全体的処理が知覚的に重要であることも合わせて示すものである。

パターンの倒立効果が成立する条件は，顔に限るものではなく，パターンそのものおよび布置への親和性が高い（見慣れている）ことが挙げられる（レビューとして Valentine, 1988）。

顔が目や口などの特徴によって構成される「全体パターン」として知覚されているという分かりやすい別の説明として，「ずらし効果（misaligned effect）」がある［オリジナルは Young et al.（1987）による「非複合」（noncomposite）の構成］。顔の上半分と下半分の画像を別の既知の人物によって構成すると，正立した一つの顔として並べた場合には「別の顔」として認識されて，上下を構成する各人物が同定しづらくなる，というものである。ずらし効果の名前の由来はその後，左右に上下のパーツをずらし（misaligned），顔としての全体構成を阻害すると，認識がしやすくなるという実験結果を示す研究で多く用いられているため，ここでは「ずらし効果」として紹介する。

11・6・6　顔知覚課題の空間周波数特性

他者の顔を観察しているとき，その他者との距離や環境はさまざまである。ヒトは視野のなかから「顔」のある領域を検出し，その顔パターンに対して「個体識別」や「表情識別」，「（性別・年齢などの）属性識別」などさまざまな知覚課題を時間的にも並列に行っているともいえる。視野のなかから顔を検出する段階，その顔パターンの内側にある領域から顔に関わる各課題を遂行する段階があり，各課題に必要な視覚情報は異なる可能性がある。

網膜，一次視覚野などを介して得られる低次視覚情報，特に空間周波数や傾きの組み合わせ情報が，より高次の顔の知覚課題に利用される場合，絶対的な距離やサイズ依存とするよりも，およそ一定の顔幅サイズに対して重みづけされていると考えた方が妥当であろう。

顔のように，一つの空間位置にある物体であるものの，並行して多種の処理が行われるパターンの場合，空間周波数の高低はどのような情報を提供するだろうか。まず，全体としては 8-16 cycles/fw（顔

図 11-6-3　サッチャー錯視（Thompson, 1980）

663

第Ⅱ部　視覚

幅 fw に対しての周波数 cycles）領域が顔処理に有効とされ（Costen et al., 1994, 1996），その後，高い空間周波数は目や口など特徴の処理に，低い空間周波数は全体の布置，構成を把握するのに有効という知見が示されている（Goffaux et al., 2005；Goffaux & Rossion, 2006）。さらに，課される知覚課題により利用される周波数が異なるという知見を上手く示した研究として Schyns & Oliva (1999) の「ハイブリッド顔」が知られている（顔以外を含む複雑なパターンの特性に関しては Oliva & Schyns, 1997）。これは，高い周波数（HF）と低い周波数（LF）を異なる表情，性別でもつ画像を組み合わせ，短時間呈示により性別識別，表情識別でどちらの周波数の性質が選択されるかの特性を調べたものである。このグループの知見は，顔からの周波数情報選択に対して固定的ではなく，フレキシブルな情報処理が行われていることを示している点で興味深い。たとえば，ある課題を行う前後は，選択される周波数が変動するという「文脈効果」的要素が見られるなど，ヒトの顔に対する知覚特性を視覚的物理特徴から探るものであり，顔画像認識など応用に結びつきやすい。

11・6・7　顔の表情知覚における運動情報

　他の視覚パターンの性質と同様に，顔の表情処理系は，「順応効果」あるいは「プライミング効果」等の手法を用いて，その特性を調べるアプローチが可能である。初期の表情知覚に関する研究では，Bruce & Young (1986) のモデルが示すように人物同定と独立した処理がなされていること，あるいは「喜び・悲しみ」などの表情カテゴリへの分類特性を持つとする「カテゴリ説」と，「快‐不快」などの感情強度次元に依存するとする「次元説」との対立などに焦点が当てられた（竹原，2004）。一方近年では，表情の「幸福優位性」，あるいは「怒り」や「恐怖」の特異性など，表情カテゴリ間の処理特性の違いが知覚的にも，また生理反応を加味した研究でも明らかにされている。

　顔の人物同定など静止画での知覚過程の研究がかなり詳細まで進んでいる分野においても，運動情報の貢献については示されており，画像をネガポジ反転や二値化させた動画により実験が行われてい

る（Knight & Johnston, 1997；Lander et al., 1999；Lander et al., 2001 など）。同時に，発話中の表情，音声との組み合わせによる表情の効果など，従来の静止画から得られた知見から一歩進んだ研究も多くみられる。応用性の観点からも，認知心理学における顔表情研究は今後も進められるものと考えられるが，基盤となる知覚処理モデルは静止画で得られた知見に基づくものが主であり，今後大幅なモデルの修正も考えられる。

　顔の表情認知に関しては，瞬時を切り取った静止画でも知覚可能という側面はあるものの，一度答えが出れば処理の終了が可能な人物同定とは異なり，顔パターンの継時的な変化によって言わば正解が変動していくものである。したがって，静止と運動情報の入力過程によっては異なる知覚特性をもっている可能性が考えられる。特に 2000 年代以降になると，顔表情の運動情報が表情認知にとって重要であるという研究も進められている。Kamachi et al. (2001) は，空間特徴としては真顔から笑顔（および悲しみ，驚き，怒り）など同一の移動量をもたせたうえで，その変化過程の速度を fast, medium, slow と変化させ，表情によって速度変化による知覚に変化が生じることを示した。つまり，パターンの空間的な変化量のみならず，運動，速度情報が知覚に影響を及ぼすことがわかる。近年のように，コンピュータグラフィクスによる顔表情の付加などが行われる際，表情変化の運動量のみの表現では見ている側に誤解を生じさせることを加味する必要があるであろう。

11・6・8　顔の魅力

　顔から得られる魅力につながる特徴として，「平均（averageness）」「性的二型性（sexual dimorphism）」および「左右対称性（bilateral symmetry）」が挙げられる。平均顔は，画像から特徴点の平均を抽出して作成され，そこからの差異を強くすると個々の顔に近づき，さらに差を大きくすれば「似顔絵」のようなものになる，という顔研究でよく用いられる画像あるいは概念の可視化である。集団のなかでの平均的特徴および左右対称性の高さは魅力の向上に繋がるとされる。

　魅力ある相手を選ぶこと，あるいは他者から魅力

664

的だと感じてもらうようにふるまうことは，動物としての人間の生存，種の維持にとって重要な性質である。一般には mating もしくは mate selection（メイティング，メイトセレクション：配偶や交配相手を選ぶこと）といわれ，異性を選別し，より強い遺伝子を維持・存続させることに動物的な意味をもつとされる。他者から魅力を感じる要素はさまざまあるが，人にとってこの魅力が視覚的に最も現れるのは顔であるともいえる。これが，性的二型性が重要視される背景である。近年では，男性も女性も，より女性化した顔が好まれるという研究（Perrett et al., 1998）や，平均化，左右対称性が魅力を促進するか，記憶のしやすさとの関連性など研究上の議論はつきない。化粧産業でのメイクアップ方法の流行も時代背景とともに変化し，常に顔知覚との関連性を考えなければならない領域である。

11・6・9　多感覚情報処理

顔は視覚的情報だけでなく，声を発する聴覚的な情報源としての役割を果たしている。音声認識と顔認識は，工学的には比較的独立した研究がなされて

いるともいえるが，知覚的には視聴覚相互のマルチモーダル（多感覚）な処理過程に関する研究も進められている。特に有名な現象として「McGurk 効果」が知られている（McGurk & MacDonald, 1976）。発話されている音声と，顔が示す視覚情報が相互に異なる刺激を呈示された場合，知覚的に統合された結果異なる音声が知覚されるという現象であり，一種の錯覚的現象としても著名である（III・6・4 参照）。さまざまに条件を変えた追実験などにより，多感覚的情報処理過程の究明が進められており，融合のされやすさ，知覚者の年齢や母語，性別による違い，発達的変化など多岐にわたる（レビューとして，積山，2011）。

McGurk 効果のように発話内容の統合にあたる多感覚情報処理とともに，顔と声の人物同定マッチング（Kamachi et al., 2003），表情を含めた人物同定（Lander et al., 2007）など視聴覚情報処理に関わる顔知覚関連の研究もあり，今後，工学的認識システムの精度向上につながる可能性も高い。

（蒲池 みゆき）

文献

（11・1）

Ban, H., Yamamoto, H., Hanakawa, T., Urayama, S., Aso, T., Fukuyama, H., & Ejima, Y. (2013). Topographic representation of an occluded object and the effects of spatiotemporal context in human early visual areas. *Journal of Neuroscience, 33*(43), 16992-17007. ［doi: 10.1523/JNEUROSCI.1455-12.2013］

Banica, T., & Schwarzkopf, D. S. (2016). Induction of Kanizsa contours requires awareness of the inducing context. *PLoS ONE, 11*(8), e0161177. ［doi: 10.1371/journal.pone.0161177］

Bregman, A. L. (1981). Asking the "what for" question in auditory perception. In M. Kubovy & J. R. Pomerantz (Eds.), *Perceptual Organization* (pp. 99-118). Lawrence Erlbaum Associates.

Chen, S., Schnabl, L., Muller, H. J., & Conci, M. (2018). Amodal completion of a target template enhances attentional guidance in visual search. *i-Perception, 9*(4), 1-10. ［doi: 10.1177/2041669518796240］

Coren, S. (1972). Subjective contours and apparent depth. *Psychological Review, 79*, 359-367. ［doi: 10.1037/h0032940］

Fang, F., Boyaci, H., & Kersten, D. (2009). Border ownership selectivity in human early visual cortex and its modulation by attention. *Journal of Neuroscience, 29*(2), 460-465. ［doi: 10.1523/JNEUROSCI.4628-08.2009］

Grosof, D. H., Shapley, R. M., & Hawken, M. J. (1993). Macaque V1 neurons can signal 'illusory' contours. *Nature, 365*, 550-552. ［doi: 10.1038/365550a0］

Harris, J. J., Schwarzkopf, D. S., Song, C., Bahrami, B., & Rees, G. (2011). Contextual illusions reveal the limit of unconscious visual processing. *Psychological Science, 22*(3), 399-405. ［doi: 10.1177/0956797611399293］

He, Z. J., & Nakayama, K. (1992). Surfaces versus features in visual search. *Nature, 359*, 231-233. ［doi: 10.1038/359231a0］

Idesawa, M. (1993). Two types of occlusion cues for the perception of 3-D illusory objects in binocular fusion. *Japanese Journal of Applied Physics, 32*(1 A/B), L75-L78.

第 II 部　視覚

Kanizsa, G. (1955). Margini quasi-percettivi in campi con stimolazione omogenea. *Rivista di Psicologia, 49*, 7-30.

Kanizsa, G. (1974). Contours without gradients or cognitive contours? *Italian Journal of Psychology, 1*, 93-112.

Kanizsa, G. (1979). *Organization in Vision: Essays on Gestalt Perception.* Praeger Publishers.

Kellman, P. J., & Loukides, M. G. (1987). An object perception approach to static and kinetic subjective contours. In S. Petry & G. E. Meyer (Eds.), *The Perception of Illusory Contours* (pp. 151-164). Springer-Verlag.

Klymenko, V., & Weisstein, N. (1986). Spatial frequency differences can determine figure-ground organization. *Journal of Experimental psychology: Human Perception & Performance, 12*, 324-330. [doi: 10.1037/0096-1523.12.3.324]

Koffka, K. (1935). *Principles of Gestalt Psychology.* Harcourt, Brace.

Köhler, W. (1929/1947). *Gestalt Psychology.* New American Library.

Kourtzi, Z., & Kanwisher, N. (2001). Representation of perceived object shape by the human lateral occipital complex. *Science, 293*(5534), 1506-1509. [doi: 10.1126/science.1061133]

Li, C.-Y., & Guo, K. (1995). Measurements of geometric illusions, illusory contours and stereo-depth at luminance and colour contrast. *Vision Research, 35*(12), 1713-1720. [doi: 10.1016/0042-6989(94)00212-5]

Michotte, A., Thinès, G., & Crabbé, G. (1964). *Les compléments amodaux des structures perceptives.* Publications Universitaires de Louvain.

Nakayama, K., Shimojo, S., & Silverman, G. H. (1989). Stereoscopic depth: Its relation to image segmentation, grouping, and the recognition of occluded objects. *Perception, 18*, 55-68. [doi: 10.1068/p180055]

Pan, Y., Chen, M., Yin, J., An, X., Zhang, X., Lu, Y., ... Wang, W. (2012). Equivalent representation of real and illusory contours in macaque V4. *Journal of Neuroscience, 32*(20), 6760-6770. [doi: 10.1523/JNEUROSCI.6140-11.2012]

Paradiso, M. A., Shimojo, S., & Nakayama, K. (1989). Subjective contours, tilt aftereffects, and visual cortical organization. *Vision Research, 29*, 1205-1213. [doi: 10.1016/0042-6989(89)90066-7]

Persuh, M., Emmanouil, T. A., & Ro, T. (2016). Perceptual overloading reveals illusory contour perception without awareness of the inducers. *Attention, Perception, & Psychophysics, 78*, 1692-1701. [doi: 10.3758/s13414-016-1146-z]

Peterson, M. A., & Gibson, B. S. (1993). Shape recognition contributions to figure-ground organization in three-dimensional displays. *Cognitive Psychology, 25*, 383-429. [doi: 10.1006/cogp.1993.1010]

Peterson, M. A., Harvey, E. M., & Weidenbacher, H. J. (1991). Shape recognition contributions to figure-ground reversal: Which route counts? *Journal of Experimental Psychology: Human Perception and Performance, 17*(4), 1075-1089. [doi: 10.1037/0096-1523.17.4.1075]

Peterson, M., & Salvagio, E. (2010). Figure-ground perception. *Scholarpedia, 5*(4), 4320. [doi: 10.4249/scholarpedia.4320]

Peterson, M. A., & Skow, E. (2008). Inhibitory competition between shape properties in figure-ground perception. *Journal of Experimental Psychology: Human Perception and Performance, 34*(2), 251-267. [doi: 10.1037/0096-1523.34.2.251]

Poom, L. (2001). Visual inter-attribute contour completion. *Perception, 30*, 855-865. [doi: 10.1068/p3222]

Prazdny, K. (1986). Illusory contours from inducers defined solely by spatiotemporal correlation. *Perception & Psychophysics, 39*(3), 175-178. [doi: 10.3758/BF03212488]

Qiu, F. T., & von der Heydt, R. (2007). Neural representation of transparent overlay. *Nature Neuroscience, 10*, 283-284. [doi: 10.1038/nn1853]

Rauschenberger, R., & Yantis, S. (2001). Masking unveils pre-amodal completion representation in visual search. *Nature, 410*, 369-372. [doi: 10.1038/35066577]

Regan, D. (2000). *Human Perception of Objects: Early Visual Processing of Spatial Form Defined by Luminance, Color, Texture, Motion, and Binocular Disparity.* Sinauer Associates Inc.

Rensink, R. A., & Enns, J. T. (1998). Early completion of occluded objects. *Vision Research, 38*, 2489-2505. [doi: 10.1016/s0042-6989(98)00051-0]

Rubin, E. (1915). *Synsoplevede Figurer.* Glydendalske.

Rubin, E. (1958). *Figure-Ground Perception. Readings in Perception* (M. Wertheimer, Trans.). Van Nostrand. (Original work published 1915)

Smith, A. T., & Over, R. (1979). Motion aftereffect with subjective contours. *Perception & Psychophysics, 25*, 95-98. [doi:

10.3758/BF03198792]

Soriano, M., Spillmann, L., & Bach, M. (1996). Abutting grating illusion. *Vision Research*, *36*, 109-116. [doi: 10.1016/0042-6989(95)00107-b]

Stanley, D. A., & Rubin, N. (2003). fMRI activation in response to illusory contours and salient regions in the human lateral occipital complex. *Neuron*, *37*, 323-331. [doi: 10.1016/S0896-6273(02)01148-0]

Sugita, Y. (1999). Grouping of image fragments in primary visual cortex. *Nature*, *401*, 269-272. [doi: 10.1038/45785]

Thielen, J., Bosch, S. E., van Leeuwen, T. M., van Gerven, M. A. J., & van Lier, R. (2019). Neuroimaging findings on amodal completion: A review. *i-Perception*, *10*(2), 2041669519840047. [doi: 10.1177/2041669519840047]

Tse, P. U. (1998). Illusory volumes from conformation. *Perception*, *27*, 977-992. [doi: 10.1068/p270977]

Tsuchiya, N., & Koch, C. (2005). Continuous flash suppression reduces negative afterimages. *Nature Neuroscience*, *8*, 1096-1101. [doi: 10.1038/nn1500]

Vecera, S. P., Vogel, E. K., & Woodman, G. F. (2002). Lower region: A new cue for figure-ground assignment. *Journal of Experimental Psychology: General*, *131*(2), 194-205. [doi: 10.1037/0096-3445.131.2.194]

von der Heydt, R., Peterhans, E., & Baumgartner, G. (1984). Illusory contours and cortical neuron responses. *Science*, *224*(4654), 1260-1262. [doi: 10.1126/science.6539501]

Wagemans, J., Elder, J. H., Kubovy, M., Palmer, S. E., Peterson, M. A., Singh, M., & von der Heydt, R. (2012). A century of Gestalt psychology in visual perception: I. Perceptual grouping and figure-ground organization. *Psychological Bulletin*, *138*(6), 1172-1217. [doi: 10.1037/a0029333]

Wang, L., Weng, X., & He, S. (2012). Perceptual grouping without awareness: Superiority of Kanizsa triangle in breaking interocular suppression. *PLoS ONE*, *7*(6), e40106. [doi: 10.1371/journal.pone.0040106]

Wertheimer, M. (1923). Untersuchungen zur Lehre von der Gestalt, II. *Psychologische Forschung*, *4*, 301-350.

Wokke, M. E., Vandenbroucke, A. R. E., Scholte, H. S., & Lamme, V. A. F. (2013). Confuse your illusion: Feedback to early visual cortex contributes to perceptual completion. *Psychological Science*, *24*, 63-71. [doi: 10.1177/0956797612449175]

Zhaoping, L. (2005). Border ownership from intracortical interactions in visual area V2. *Neuron*, *47*, 143-153. [doi: 10.1016/j.neuron.2005.04.005]

Zhou, H., Friedman, H. S., von der Heydt, R. (2000). Coding of border ownership in monkey visual cortex. *Journal of Neuroscience*, *20*(17), 6594-6611. [doi: 10.1523/JNEUROSCI.20-17-06594.2000]

(11・2)

Alais, D., Blake, R., & Lee, S. H. (1998). Visual features that vary together over time group together over space. *Nature Neuroscience*, *1*, 160-164. [doi: 10.1038/414]

Anzai, A., Peng, X., & Van Essen, D. C. (2007). Neurons in monkey visual area V2 encode combinations of orientations. *Nature Neuroscience*, *10*, 1313-1321. [doi: 10.1038/nn1975]

Bell, J., Gheorghiu, E., Hess, R. F., & Kingdom, F. A. A. (2011). Global shape processing involves a hierarchy of integration stages. *Vision Research*, *51*, 1760-1766. [doi: 10.1016/j.visres.2011.06.003]

Bertamini, M., & Kitaoka, A. (2018). Blindness to curvature and blindness to illusory curvature. *i-Perception*, *9*(3), 1-11. [doi: 10.1177/2041669518776986]

Deas, L. M., & Wilcox, L. M. (2015). Perceptual grouping via binocular disparity: The impact of stereoscopic good continuation. *Journal of Vision*, *15*(11), 11. [doi: 10.1167/15.11.11]

Field, D. J., Hayes, A., & Hess, R. F. (1993). Contour integration by the human visual system: Evidence for a local "association field". *Vision Research*, *33*, 173-193. [doi: 10.1016/0042-6989(93)90156-q]

Gheorghiu, E., & Kingdom, F. A. A. (2007). The spatial feature underlying the shape-frequency and shape-amplitude after-effects. *Vision Research*, *47*(6), 834-844. [doi: 10.1016/j.visres.2006.11.023]

He, Z. J., & Nakayama, K. (1992). Surfaces versus features in visual search. *Nature*, *359*, 231-233. [doi: 10.1038/359231a0]

Hegdé, J., & Van Essen, D. C. (2000). Selectivity for complex shapes in primate visual area V2. *Journal of Neuroscience*, *20*, RC 61. [doi: 10.1523/JNEUROSCI.20-05-j0001.2000]

第 II 部　視覚

Hess, R. F., & Field, D. J. (1995). Contour integration across depth. *Vision Research*, *35*(12), 1699-1697. [doi: 10.1016/0042-6989(94)00261-J]

Hess, R. F., Hayes, A., & Field, D. J. (2003). Contour integration and cortical processing. *Journal of Physiology*, *97*, 105-119. [doi: 10.1016/j.jphysparis.2003.09.013]

Huang, P. C., Hess, R. F., & Dakin, S. C. (2006). Flank facilitation and contour integration: Different sites. *Vision Research*, *46*(21), 3699-3706. [doi: 10.1016/j.visres.2006.04.025]

Ito, H. (2012). Cortical shape adaptation transforms a circle into a hexagon: A novel afterimage illusion. *Psychological Science*, *23*, 126-132. [doi: 10.1177/0956797611422236]

Ito, M., & Komatsu, H. (2004). Representation of angles embedded within contour stimuli in area V2 of macaque monkeys. *Journal of Neuroscience*, *24*, 3313-3324. [doi: 10.1523/JNEUROSCI.4364-03.2004]

Kapadia, M. K., Westheimer, G., & Gilbert, C. D. (2000). Spatial distribution of contextual interactions in primary visual cortex and in visual perception. *Journal of Neurophysiology*, *84*, 2048-2062. [doi: 10.1152/jn.2000.84.4.2048]

Kobatake, E., & Tanaka, K. (1994). Neuronal selectivities to complex object features in the ventral visual pathway of the macaque cerebral cortex. *Journal of Neurophysiology*, *71*, 856-867. [doi: 10.1152/jn.1994.71.3.856]

Loffler, G. (2015). Probing intermediate stages of shape processing. *Journal of Vision*, *15*, 1-19. [doi: 10.1167/15.7.1]

Oyama, T. (1961). Perceptual grouping as a function of proximity. *Perceptual and Motor Skills*, *13*, 305-306. [doi: 10.2466/pms.1961.13.3.305]

Palmer, S. E. (1992). Common region: A new principle of perceptual organization. *Cognitive Psychology*, *24*, 436-447. [doi: 10.1016/0010-0285(92)90014-S]

Palmer, S. E. (2002). Perceptual Grouping: It's later than you think. *Current Directions in Psychological Science*, *11*, 101-106. [doi: 10.1111/1467-8721.00178]

Palmer, S. E., Neff, J., & Beck, D. (1996). Late influences on perceptual grouping: Amodal completion. *Psychonomic Bulletin & Review*, *3*, 75-80. [doi: 10.3758/BF03210743]

Pasupathy, A., & Connor, C. E. (1999). Responses to contour features in macaque area V4. *Journal of Neurophysiology*, *82*(5), 2490-2502. [doi: 10.1152/jn.1999.82.5.2490]

Pasupathy, A., & Connor, C. E. (2002). Population coding of shape in area V4. *Nature Neuroscience*, *5*(12), 1332-1338. [doi: 10.1038/nn972]

Persike, M., & Meinhardt, G. (2016). Contour integration with corners. *Vision Research*, *127*, 132-140. [doi: 10.1016/j.visres.2016.07.010]

Polat, U., & Sagi, D. (1993). Lateral interactions between spatial channels: Suppression and facilitation revealed by lateral masking experiments. *Vision Research*, *33*(7), 993-999. [doi: 10.1016/0042-6989(93)90081-7]

Polat, U., & Sagi, D. (1994). The architecture of perceptual spatial interactions. *Vision Research*, *34*(1), 73-78. [doi: 10.1016/0042-6989(94)90258-5]

Rock, I., Nijhawan, R., Palmer, S. E., & Tudor, L. (1992). Grouping based on phenomenal similarity of achromatic color. *Perception*, *21*, 779-789. [doi: 10.1068/p210779]

Schmidtmann, G., & Fruend, I. (2019). Radial frequency patterns describe a small and perceptually distinct subset of all possible planar shapes. *Vision Research*, *154*, 122-130. [doi: 10.1016/j.visres.2018.10.007]

Schmidtmann, G., & Kingdom, F. A. A. (2017). Nothing more than a pair of curvatures: A common mechanism for the detection of both radial and non-radial frequency patterns. *Vision Research*, *134*, 18-25. [doi: 10.1016/j.visres.2017.03.005]

Sekuler, A. B., & Bennett, P. J. (2001). Generalized common fate: Grouping by common luminance changes. *Psychological Science*, *12*(6), 437-444. [doi: 10.1111/1467-9280.00382]

Takahashi, K. (2017). Curvature blindness illusion. *i-Perception*, *8*(6), 1-12. [doi: 10.1177/2041669517742178]

Wagemans, J., Elder, J. H., Kubovy, M., Palmer, S. E., Peterson, M. A., Singh, M., & von der Heydt, R. (2012). A century of Gestalt psychology in visual perception: I. Perceptual grouping and figure-ground organization. *Psychological Bulletin*, *138*(6), 1172-1217. [doi: 10.1037/a0029333]

Wagemans, J., Feldman, J., Gepshtein, S., Kimchi, R., Pomerantz, J. R., van der Helm, P. A., & van Leeuwen, C. (2012). A century of Gestalt psychology in visual perception: II. Conceptual and theoretical foundations. *Psychological Bulletin*, *138*(6), 1218-1252. ［doi: 10.1037/a0029334］

Wertheimer, M. (1923). Untersuchungen zur Lehre von der Gestalt. II. *Psychologische Forschung*, *4*, 301-350. ［doi: 10.1007/BF00410640］

Wilkinson, F., Wilson, H. R., & Habak, C. (1998). Detection and recognition of radial frequency patterns. *Vision Research*, *38*, 3555-3568. ［doi: 10.1016/S0042-6989(98)00039-X］

Williams, C. B., & Hess, R. F. (1998). Relationship between facilitation at threshold and suprathreshold contour integration. *Journal of the Optical Society of America A*, *15*, 2046-2051. ［doi: 10.1364/JOSAA.15.002046］

〈11・3〉

Blakemore, C., Carpenter, R. H. S., & Georgeson, M. A. (1970). Lateral inhibition between orientation detectors in the human visual system. *Nature*, *288*, 37-39. ［doi: 10.1038/228037a0］

Busch, A., & Müller, H. (2004). The Ebbinghaus illusion modulates visual search for size-defined targets: Evidence for preattentive processing of apparent object size. *Perception & Pychophysics*, *66*, 475-495. ［doi: 10.3758/BF03194895］

Carrasco, M., Figueroa, J. G., & Willen, J. D. (1986). A test of the spatial-frequency explanation of the Müller-Lyer illusion. *Perception*, *15*, 553-562. ［doi: 10.1068/p150553］

Cavanagh, P. (1989). Multiple analyses of orientation in the visual system. In D. Lam & C. Gilbert (Eds.), *Neural Mechanisms of Visual Perception* (pp. 261-280). Portfolio Publishing.

Chen, L., Qiao, C., & Jiang, Y. (2018). Low-spatial-frequency bias in context-dependent visual size perception. *Journal of Vision*, *18*, 2. ［doi: 10.1167/18.8.2］

Coren, S., & Girgus, J. S. (1978). *Seeing is Deceiving: The Psychology of Visual Illusions*. Lawrence Erlbaum Associates.

Coren, S., Girgus, J., Erlichman, H., & Hakstian, A. R. (1976). An empirical taxonomy of visual illusions. *Perception & Psychophysics*, *20*(2), 129-137. ［doi: 10.3758/BF03199444］

Gandhi, T., Kalia, A., Ganesh, S., & Sinha, P. (2015). Immediate susceptibility to visual illusions after sight onset. *Current Biology*, *25*, R358-R359. ［doi: 10.1016/j.cub.2015.03.005］

Gentaz, E., & Hatwell, Y. (2004). Geometrical haptic illusions: The role of exploration in the Müller-Lyer, vertical-horizontal, and Delboeuf illusions. *Psychonomic Bulletin & Review*, *11*(1), 31-40. ［doi: 10.3758/BF03206457］

後藤 倬男・甲村 和三・大屋 和夫・寺本 一美・丸山 規明・久世 淳子・高橋 晋也 (2005). 幾何学的錯視の心理的な成立要因の分析 (心理モデル) 後藤 倬男・田中 平八 (編) 錯視の科学ハンドブック (pp. 350-364) 東京大学出版会

Gregory, R. L. (1963). Distortion of visual space as inappropriate constancy scaling. *Nature*, *199*, 678-680. ［doi: 10.1038/199678a0］

Gregory, R. L. (1977). Vision with isoluminant colour contrast: 1. A projection technique and observations. *Perception*, *6*(1), 113-119.

Hamburger, K., Hansen, T., & Gegenfurtner, K. R. (2007). Geometric-optical illusions at isoluminance. *Vision Research*, *47*, 3276-3285. ［doi: 10.1016/j.visres.2007.09.004］

Hubel, D. H., & Livingstone, M. S. (1987). Segregation of form, color, and stereopsis in primate area 18. *Journal of Neuroscience*, *7*(11), 3378-3415. ［doi: 10.1523/JNEUROSCI.07-11-03378.1987］

今井 省吾 (1982). 因子分析法による幾何学的錯視の分類 都立大学人文学報, *152*, 1-18.

Julesz, B. (1971). *Foundation of Cyclopean Perception*. University of Chicago Press.

Julesz, B. (1972). Cyclopean perception and neurophysiology. *Investigative Ophthalmology & Visual Science*, *11*, 540-548.

Kanizsa, G. (1976). Subjective contours. *Scientific American*, *234*(4), 48-52. ［doi: 10.1038/scientificamerican0476-48］

Kitaoka, A. (1998). Apparent contraction of edge angles. *Perception*, *27*, 1209-1219. ［doi: 10.1068/p271209］

北岡 明佳 (2004). 市松模様錯視 http://www.psy.ritsumei.ac.jp/~akitaoka/checkered.html (2022 年 10 月 30 日アクセス)

北岡 明佳 (2005a). 幾何学的錯視 後藤 倬男・田中 平八 (編) 錯視の科学ハンドブック (pp. 56-77) 東京大学出版会

第II部　視覚

北岡　明佳　(2005b)．縁飾りエッジの錯視　http://www.psy.ritsumei.ac.jp/~akitaoka/fringed.html（2022年10月30日アクセス）

Kitaoka, A., Pinna, B., & Brelstaff, G. (2001). New variations of spiral illusions. *Perception, 30*, 637-646. ［doi: 10.1068/p3083］

Lavrenteva, S., & Murakami, I. (2018). The Ebbinghaus illusion in contrast-defined and orientation-defined stimuli. *Vision Research, 148*, 26-36. ［doi: 10.1016/j.visres.2018.04.006］

Lehmann, A. (1904). Die Irradiation als Ursache geometrischoptischer Täuschungen. *Archiv für die gesamte Physiologie des Menschen und der Tiere, 103*(3-4), 84-106.

Li, C.-Y., & Guo, K. (1995). Measurements of geometric illusions, illusory contours and stereo-depth at luminance and colour contrast. *Vision Research, 35*(12), 1713-1720. ［doi: 10.1016/0042-6989(94)00212-5］

Liebmann, S. (1927). Über das Verhalten farbiger Formen bei Helligkeitsgleichhe von Figur und Grund. *Psychologische Forschung, 9*, 300-353.

Livingstone, M. S., & Hubel, D. H. (1987). Psychophysical evidence for separate channels for the perception of form, color, movement, and depth. *Journal of Neuroscience, 7*(11), 3416-3468. ［doi: 10.1523/JNEUROSCI.07-11-03416.1987］

Livingstone, M. S., & Hubel, D. H. (1988). Segregation of form, color, movement, and depth: Anatomy, physiology, and perception. *Science, 240*, 740-749. ［doi: 10.1126/science.3283936］

Morgan, M. J., & Moulden, B. (1986). The Münsterberg figure and twisted cords. *Vision Research, 26*, 1793-1800. ［doi: 10.1016/0042-6989(86)90130-6］

Morikawa, K. (2003). An application of the Müller-Lyer illusion. *Perception, 32*, 121-123. ［doi: 10.1068/p3437］

森川　和則　(2012)．顔と身体に関連する形状と大きさの錯視研究の新展開：化粧錯視と服装錯視　心理学評論, *55*(3), 348-361. ［doi: 10.24602/sjpr.55.3_348］

Morikawa, K. (2017). Geometric illusions in the human face and body. In A. G. Shapiro & D. Todorovic (Eds.), *The Oxford Compendium of Visual Illusions* (pp. 252-257). Oxford University Press.

Nijhawan, R. (1994). Motion extrapolation in catching. *Nature, 370*, 256-257. ［doi: 10.1038/370256b0］

Nijhawan, R. (1995). 'Reversed' illusion with three-dimensional Müller-Lyer shapes. *Perception, 24*(11), 1281-1296. ［doi: 10.1068/p241281］

大山　正　(2005)．わが国における「錯視」研究の歴史　後藤　倬男・田中　平八（編）　錯視の科学ハンドブック（pp. 2-14）東京大学出版会

Papathomas, T. V., Feher, A., Julesz, B., & Zeevi, Y. (1996). Interactions of monocular and cyclopean components and the role of depth in the Ebbinghaus illusion. *Perception, 25*, 783-795. ［doi: 10.1068/p250783］

Révész, G. (1934). System der optischen und haptischen Raumtäuschungen. *Zeitschrift für Psychologie, 131*, 292-375.

Shen, L., Zhang, M., & Chen, Q. (2016). The Poggendorff illusion driven by real and illusory contour: Behavioral and neural mechanisms. *Neuropsychologia, 85*, 24-34. ［doi: 10.1016/j.neuropsychologia.2016.03.005］

Song, C., Schwarzkopf, D. S., & Rees, G. (2011). Interocular induction of illusory size perception. *BMC Neuroscience, 12*, 27. ［doi: 10.1186/1471-2202-12-27］

Suzuki, K., & Arashida, R. (1992). Geometrical haptic illusions revisited: Haptic illusions compared with visual illusions. *Perception & Psychophysics, 52*, 329-335. ［doi: 10.3758/BF03209149］

Takao, S., Clifford, C. W. G., & Watanabe, K. (2019). Ebbinghaus illusion depends more on the retinal than perceived size of surrounding stimuli. *Vision Research, 154*, 80-84. ［doi: 10.1016/j.visres.2018.10.010］

田中　平八　(2000)．幾何学的錯視現象と研究の枠組み（2）：幾何学的錯視研究の経過について　秋田県立大学総合科学研究彙報, *1*, 79-100.

田中　平八　(2003)．幾何学的錯視現象と研究の枠組み（5）：錯視の合理的分類　秋田県立大学総合科学研究彙報, *4*, 88-105.

Thiéry, A. (1896). Über geometrisch-optische Täuschungen. *Philo-sophische Studien, 12*, 67-126.

(11・4)

Anderson, B. L. (1997). A theory of illusory lightness and transparency in monocular and binocular images: The role of contour junctions. *Perception, 26*(4), 419-453. ［doi: 10.1068/p260419］

Bales, J. F., & Follansbee, G. L. (1935). The aftereffect of the perception of curved lines. *Journal of Experimental Psychology, 18*, 499-503. [doi: 10.1037/h0061259]

Beck, J., Prazdny, K., & Ivry, R. (1984). The perception of transparency with achromatic colors. *Perception & Psychophysics, 35*(5), 407-422. [doi: 10.3758/BF03203917]

Blakemore, C., & Sutton, P. (1969). Size adaptation: A new aftereffect. *Science, 166*(3902), 245-247. [doi: 10.1126/science.166.3902.245]

Bozzi, P. (1975). Osservazioni su alcuni casi di trasparenza fenomenica realizzabili con figure a tratto. In G. B. d'Arcais Flores (Ed.), *Studies in Perception: Festschrift for Fabio Metelli* (pp. 88-110). Martelli-Giunti.

D'Zmura, M., Colantoni, P., Knoblauch, K., & Laget, B. (1997). Color transparency. *Perception, 26*(4), 471-492. [doi: 10.1068/p260471]

Fleming, R. W., Jäkel, F., & Maloney, L. T. (2011). Visual perception of thick transparent materials. *Psychological Science, 22*(6), 812-820. [doi: 10.1177/0956797611408734]

Gheorghiu, E., & Kingdom, F. A. A. (2007). The spatial feature underlying the shape-frequency and shape-amplitude after-effects. *Vision Research, 47*(6), 834-844. [doi: 10.1016/j.visres.2006.11.023]

Gibson, J. J. (1933). Adaptation, after-effect and contrast in the perception of curved lines. *Journal of Experimental Psychology, 16*, 1-31. [doi: 10.1037/h0074626]

Gibson, J. J., & Radner, M. (1937). Adaptation, after-effect and contrast in the perception of tilted lines. I. Quantitative studies. *Journal of Experimental Psychology, 20*, 453-467. [doi: 10.1037/h0059826]

一川　誠　(2017)．千葉大学における心理学研究と教育の紹介　基礎心理学研究, *35*(2)，183-187．[doi: 10.14947/psychono.35.29]

Ito, H. (2012). Cortical shape adaptation transforms a circle into a hexagon: A novel afterimage illusion. *Psychological Science, 23*, 126-132. [doi: 10.1177/0956797611422236]

Kawabe, T., Maruya, K., & Nishida, S. (2015). Perceptual transparency from image deformation. *Proceedings of the National Academy of Sciences of the USA, 112*(33), E4620-E4627. [doi: 10.1073/pnas.1500913112]

Kawabe, T., & Nishida, S. (2017). Contour junctions defined by dynamic image deformations enhance perceptual transparency. *Journal of Vision, 17*(13), 15. [doi: 10.1167/17.13.15]

Khuu, S. K., McGraw, P. V., & Badcock, D. R. (2002). Misperceptions in the peripheral representation of curvature. *Perception ECVP Abstract, 31*, 161.

Metelli, F. (1974). The perception of transparency. *Scientific American, 230*(1974), 90-98. [doi: 10.1038/scientificamerican0474-90]

Metzger, W. (1955). Über Durchsichtigkeits-Erscheinungen (Vorlaufige Mitteilung). *Rivista di Psicologia, 49*, 187-189.

Ouhnana, M., Bell, J., Solomon, J. A., & Kingdom, F. A. A. (2013). Aftereffect of perceived regularity. *Journal of Vision, 13*(8), 18. [doi: 10.1167/13.8.18]

Plummer, D. J., & Ramachandran, V. S. (1993). Perception of transparency in stationary and moving objects. *Spatial Vision, 7*, 113-123. [doi: 10.1163/156856893x00315]

Yamada, Y., Kawabe, T., & Miyazaki, M. (2013). Pattern randomness aftereffect. *Scientific Reports, 3*, 1-8. [doi: 10.1038/srep02906]

(11・5)

Abbey, C. K., & Eckstein, M. P. (2002). Classification image analysis: Estimation and statistical inference for two-alternative forced-choice experiments. *Journal of Vision, 2*(1), 5. [doi: 10.1167/2.1.5]

Ahumada, A. J. Jr. (1967). *Detection of tones masked by noise: A comparison of human observers with digital- computer-simulated energy detectors of varying bandwidths*. Unpublished doctoral dissertation, University of California, Los Angeles. Available as Technical Report No. 29, Human Communications Laboratory, Department of Psychology, University of California, Los Angeles.

Ahumada, A. J. Jr. (1996). Perceptual classification images from Vernier acuity masked by noise. *Perception, 25*(1, suppl),

第 II 部　視覚

2-2. [doi: 10.1068/v96l0501]

Ahumada, A. J. Jr., Marken, R., & Sandusky, A. (1975). Time and frequency analyses of auditory signal detection. *Journal of the Acoustical Society of America*, *57*, 385-390. [doi: 10.1121/1.380453]

DeAngelis, G. C., Anzai, A., Ohzawa, I., & Freeman, R. D. (1995). Receptive field structure in the visual cortex: Does selective stimulation induce plasticity? *Proceedings of the National Academy of Sciences*, *92*(21), 9682-9686. [doi: 10.1073/pnas.92.21.9682]

Dotsch, R., & Todorov, A. (2012). Reverse correlating social face perception. *Social Psychological and Personality Science*, *3*(5), 562-571. [doi: 10.1177/1948550611430272]

Geisler, W. S. (2003). Ideal observer analysis. *The Visual Neurosciences*, *10*(7), 12-12.

Gold, J. M., Murray, R. F., Bennett, P. J., & Sekuler, A. B. (2000). Deriving behavioural receptive fields for visually completed contours. *Current Biology*, *10*, 636-666. [doi: 10.1016/S0960-9822(00)00523-6]

Gosselin, F., & Schyns, P. G. (2001). Bubbles: A technique to reveal the use of information in recognition tasks. *Vision Research*, *41*, 2261-2271. [doi: 10.1016/S0042-6989(01)00097-9]

Kanizsa, G. (1976). Subjective contours. *Scientific American*, *234*, 48-52.

Mangini, M. C., & Biederman, I. (2004). Making the ineffable explicit: Estimating the information employed for face classifications. *Cognitive Science*, *28*(2), 209-226. [doi: 10.1016/j.cogsci.2003.11.004]

Murray, R. F., Bennett, P. J., & Sekuler, A. B. (2002). Optimal methods for calculating classification images: Weighted sums. *Journal of Vision*, *2*(1):6, 79-104. [doi: 10.1167/2.1.6]

Nagai, M., Bennett, P. J., Rutherford, M. D., Gaspar, C. M., Kumada, T., & Sekuler, A. B. (2013). Comparing face processing strategies between typically-developed observers and observers with autism using sub-sampled-pixels presentation in response classification technique. *Vision Research*, *79*, 27-35. [doi: 10.1016/j.visres.2013.01.001]

Nagai, M., Bennett, P. J., & Sekuler, A. B. (2007). Spatiotemporal templates for detecting orientation-defined targets. *Journal of Vision*, *7*(8):11, 1-16. [doi: 10.1167/7.8.11]

内藤　智之　(2014).　部分空間逆相関法の認知科学研究への応用　認知科学, *21*, 396-406. [doi: 10.11225/jcss.21.396]

Neri, P., & Levi, D. M. (2006). Receptive versus perceptive fields from the reverse-correlation viewpoint. *Vision Research*, *46*, 2465-2474. [doi: 10.1016/j.visres.2006.02.002]

Olman, C., & Kersten, D. (2004). Classification objects, ideal observers & generative models. *Cognitive Science*, *28*, 227-239. [doi: 10.1207/s15516709cog2802_5]

Ringach, D. (1998). Tuning of orientation detectors in human vision. *Vision Research*, *38*, 963-972. [doi: 10.1016/S0042-6989(97)00322-2]

Ringach, D. L., & Shapley, R. (1996). Spatial and temporal properties of illusory contours and amodal boundary completion. *Vision Research*, *36*, 3037-3050. [doi: 10.1016/0042-6989(96)00062-4]

Sekuler, A. B., Gaspar, C. M., Gold., J. M., & Bennett, P. J. (2004). Inversion leads to quantitative, not qualitative, changes in face processing. *Current Biology*, *14*, 391-396. [doi: 10.1016/j.cub.2004.02.028]

(11・6)

Allison, T., Puce, A., Spencer, D. D., & McCarthy, G. (1999). Electrophysiological studies of human face perception. I: Potentials generated in occipitotemporal cortex by face and non-face stimuli. *Cerebral Cortex*, *9*, 415-430. [doi: 10.1093/cercor/9.5.415]

Breen, N., Caine, D., & Coltheart, M. (2000). Models of face recognition and delusional misidentification: A critical review. *Cognitive Neuropsychology*, *17*(1), 55-71. [doi: 10.1080/026432900380481]

Bruce, V., & Young, A. (1986). Understanding face recognition. *British Journal of Psychology*, *77*, 305-327. [doi: 10.1111/j.2044-8295.1986.tb02199.x]

Capgras, J., & Reboul-Lachaux, J. (1923). L'illusion des 'sosies' dans un délire systématisé chronique. *Bulletin de la Société Clinique de Médecine Mentale*, *2*, 6-16.

Costen, N. P., Parker, D. M., & Craw, I. (1994). Spatial content and spatial quantisation effects in face recognition.

Perception, 23(2), 129-146.［doi: 10.1068/p230129］

Costen, N. P., Parker, D. M., & Craw, I. (1996). Effects of high-pass and low-pass spatial filtering on face identification. *Perception & Psychophysics, 58*(4), 602-612.［doi: 10.3758/BF03213093］

Desimone, R., Albright, T. D., Gross, C. G., & Bruce, C. (1984). Stimulus-selective properties of inferior temporal neurons in the macaque. *Journal of Neuroscience, 4*, 2051-2062.［doi: 10.1523/JNEUROSCI.04-08-02051.1984］

Flament, F., Bazin, R., Qiu, H., Ye, C., Laquieze, S., Rubert, V., ... Piot, B. (2015). Solar exposure(s) and facial clinical signs of aging in Chinese women: Impacts upon age perception. *Clinical, Cosmetic and Investigational Dermatology, 8*, 75-84.［doi: 10.2147/CCID.S72244］

Gobbini, M. I., & Haxby, J. V. (2007). Neural systems for recognition of familiar faces. *Neuropsychologia, 45*(1), 32-41.［doi: 10.1016/j.neuropsychologia.2006.04.015］

Goffaux, V., Hault, B., Michel, C., Vuong, Q. C., & Rossion, B. (2005). The respective role of low and high spatial frequencies in supporting configural and featural processing of faces. *Perception, 34*(1), 77-86.［doi: 10.1068/p5370］

Goffaux, V., & Rossion, B. (2006). Faces are "spatial"--holistic face perception is supported by low spatial frequencies. *Journal of Experimental Psychology: Human Perception and Performance, 32*(4), 1023-1039.［doi: 10.1037/0096-1523.32.4.1023］

Grill-Spector, K., Knouf, N., & Kanwisher, N. (2004). The fusiform face area subserves face perception, not generic within-category identification. *Nature Neuroscience, 7*, 555-562.［doi: 10.1038/nn1224］

Haxby, J. V., Hoffman, E. A., & Gobbini, M. I. (2000). The distributed human neural system for face perception. *Trends in Cognitive Sciences, 4*(6), 223-233.［doi: 10.1016/S1364-6613(00)01482-0］

Herrmann, M. J., Ehlis A.-C., Muehlberger, A., & Fallgatter, A. J. (2005). Source localization of early stages of face processing. *Brain Topography, 18*, 77-85.［doi: 10.1007/s10548-005-0277-7］

Itier, R. J., & Taylor, M. J. (2004). N170 or N1? Spatiotemporal differences between object and face processing using ERPs. *Cerebral Cortex, 14*, 132-142.［doi: 10.1093/cercor/bhg111］

Kamachi, M., Bruce, V., Mukaida, S., Gyoba, J., Yoshikawa, S., & Akamatsu, S. (2001). Dynamic properties influence the perception of facial expressions. *Perception, 30*(7), 875-887.［doi: 10.1068/p3131］

Kamachi, M., Hill, H., Lander, K., & Vatikiotis-Bateson, E. (2003). 'Putting the face to the voice': Matching identity across modality. *Current Biology, 13*(19), 1709-1714.［doi: 10.1016/j.cub.2003.09.005］

Kanwisher, N., McDermott, J., & Chun, M. M. (1997). The fusiform face area: A module in human extrastriate cortex specialized for face perception. *Journal of Neuroscience, 17*(11), 4302-4311.［doi: 10.1523/JNEUROSCI.17-11-04302.1997］

Kanwisher, N., & Yovel, G. (2006). The fusiform face area: A cortical region specialized for the perception of faces. *Philosophical Transactions of the Royal Society B: Biological Sciences, 361*, 2109-2128.［doi: 10.1098/rstb.2006.1934］

河内 まき子・持丸 正明 （2008）．日本人頭部寸法データベース 2001　産業技術総合研究所　H16PRO-212．https://www.airc.aist.go.jp/dhrt/head/index.html

Knight, B., & Johnston, A. (1997). The role of movement in face recognition. *Visual Cognition, 4*(3), 265-273.［doi: 10.1080/713756764］

Lander, K., Bruce, V., & Hill, H. (2001). Evaluating the effectiveness of pixelation and blurring on masking the identity of familiar faces. *Applied Cognitive Psychology, 15*(1), 101-116.［doi: 10.1002/1099-0720(200101/02)15:1<101::AID-ACP697>3.0.CO;2-7］

Lander, K., Christie, F., & Bruce, V. (1999). The role of movement in the recognition of famous faces. *Memory & Cognition, 27*(6), 974-985.［doi: 10.3758/BF03201228］

Lander, K., Hill, H., Kamachi, M., & Vatikiotis-Bateson, E. (2007). It's not what you say but the way you say it: Matching faces and voices. *Journal of Experimental Psychology: Human Perception and Performance, 33*(4), 905-914.［doi: 10.1037/0096-1523.33.4.905］

McGurk, H., & MacDonald, J. (1976). Hearing lips and seeing voices. *Nature, 264*(5588), 746-748.［doi: 10.1038/264746a0］

Oliva, A., & Schyns, P. G. (1997). Coarse blobs or fine edges? Evidence that information diagnosticity changes the perception of complex visual stimuli. *Cognitive Psychology, 34*(1), 72-107. [doi: 10.1006/cogp.1997.0667]

Perrett, D. I., Lee, K. J., Penton-Voak, I. S., Rowland, D. R., Yoshikawa, S., Burt, D. M., ... Akamatsu, S. (1998). Effects of sexual dimorphism on facial attractiveness. *Nature, 394*, 884-887. [doi: 10.1038/29772]

Perrett, D. I., Rolls, E. T., & Caan, W. (1982). Visual neurones responsive to faces in the monkey temporal cortex. *Experimental Brain Research, 47*, 329-342. [doi: 10.1007/BF00239352]

Pittenger, J. B., & Shaw, R. E. (1975). Aging faces as viscal-elastic events: Implications for a theory of nonrigid shape perception. *Journal of Experimental Psychology: Human Perception and Performance, 1*(4), 374-382. [doi: 10.1037/0096-1523.1.4.374]

Pittenger, J. B., Shaw, R. E., & Mark, L. S. (1979). Perceptual information for the age level of faces as a higher order invariant of growth. *Journal of Experimental Psychology: Human Perception and Performance, 5*(3), 478-493. [doi: 10.1037/0096-1523.5.3.478]

Sadeh, B., Podlipsky, I., Zhdanov, A., & Yovel, G. (2010). Event-related potential and functional MRI measures of face-selectivity are highly correlated: A simultaneous ERP-fMRI investigation. *Human Brain Mapping, 31*, 1490-1501. [doi: 10.1002/hbm.20952]

Schyns, P. G., & Oliva, A. (1999). Dr. Angry and Mr. Smile: When categorization flexibly modifies the perception of faces in rapid visual presentations. *Cognition, 69*(3), 243-265. [doi: 10.1016/s0010-0277(98)00069-9]

積山 薫 (2011). 視覚と聴覚による音声知覚：言語／文化による差とその発達 認知科学, *18*, 387-401. [doi: 10.11225/jcss.18.387]

菅生 (宮本) 康子・三好 道子 (2004). 顔と生理学 竹原 卓真・野村 理朗 (編) 「顔」研究の最前線 (pp. 107-126) 北大路書房

竹原 卓真 (2004). 顔の表情と認知 竹原 卓真・野村 理朗 (編) 「顔」研究の最前線 (pp. 61-83) 北大路書房

Thompson, P. (1980). Margaret Thatcher: A new illusion. *Perception, 9*(4), 483-484. [doi: 10.1068/p090483]

Valentine, T. (1988). Upside-down faces: A review of the effect of inversion upon face recognition. *British Journal of Psychology, 79*(4), 471-491. [doi: 10.1111/j.2044-8295.1988.tb02747.x]

Yin, R. K. (1969). Looking at upside-down faces. *Journal of Experimental Psychology, 81*(1), 141-145. [doi: 10.1037/h0027474]

Young, A. W., Hellawell, D., & Hay, D. C. (1987). Configurational information in face perception. *Perception, 16*, 747-759. [doi: 10.1068/p160747]

第12章 面の知覚

視覚経路では，外界は網膜に投影されて光点の集合として表現され，皮質各領野を通って輪郭・面・3次元立体等が内部に表現され，外界・物体の認識に至る。言い換えれば，外界についての内部表現が脳内に構成される。面（surface）は，外界の3次元モデルを脳内に構築するための前駆的表現であると言える。面の知覚とは，網膜像をどのように分割・統合して外界を構成するかを決定することであり，限定された網膜像から外界の構成を確率論的に推測する（heuristics）皮質機能である。

知覚される面は，単に幾何学的な平面・曲面ではなく，物体や光景に広がる表面を主観的に表現するものである（Gibson, 1950）。現象論的には，色，明るさ，陰影（shading），傾き，距離，形，大きさ等の性質が付着し，明るさ・大きさ・形等の恒常性（constancy）が作用すると考えられている（大山, 1970）。自然光景からは多数の面が知覚されるが，物体相互の遮蔽（occlusion）関係，群化（grouping），色・テクスチャ（肌理）・明るさなどを手がかりに図地分化（figure-ground segregation）が行われる。さらに，補完（completion）・充填（filling-in）が行われ，均質で一体となった面が構成される（Finkel & Sajda, 1994）。物体認識に重要となる表面の模様や材質感も面の属性として表現される。面は知覚的体制化（perceptual organization）において重要な役割を果たす（Tse & Palmer, 2013）。面を知覚的に構成することは，単に外界像から特徴を抽出することに留まらない。網膜像をどのように分割・統合して面を構成するかを決定することは，脳内に外界モデルを構成するために最も重要なプロセスの一つである。

（酒井 宏）

12・1　面知覚の神経基盤

網膜から外側膝状体（lateral geniculate nucleus：LGN）を通って一次視覚野（V1野）へ到達することから始まる大脳皮質視覚経路は，主に形態を処理する腹側経路と主に空間を処理する背側経路に大きく二分される。面の知覚を含む物体認識などは，主に腹側経路（ventral pathway）で処理されていることが知られている（Livingstone & Hubel, 1988）。網膜は外界の光景を光点の集まりで表現し，V1野は線分の集まりとして表現する。これは，V1野の単純型細胞の受容野がガボール関数（Gabor function）によってよく近似されることによって示される（Jones & Palmer, 1987）。ガボール関数が偶関数であれば，線分（例：白地に描かれた黒線）によく応答し，奇関数であれば面の境界（例：境界の片側が黒，逆側が白）によく応答する。網膜神経節細胞の受容野形状が示す DoG（Difference of Gaussians）関数と V1野の方位選択性神経細胞の受容野形状が示すガボール関数は，2階微分と平滑化を本質としており，これが Mach バンド（Mach band）などのエッジにおける面知覚の特性の基礎となっていると考えられている。V2野の神経細胞は2本の線分によって構成される角に選択性を示し（Ito & Komatsu, 2004），V4野の神経細胞は曲率とその方位に選択性を示す（Pasupathy & Connor, 2001）。そして腹側経路の終着点と考えられる下側頭皮質（inferior temporal cortex：IT）の神経細胞は，3次元形状や物体の一部または全部に応答することが知られている（Yamane et al., 2008）。

面の知覚・図地表現に関わる神経応答は，初期視覚から観察される（II・11・1・2参照）。四角形の内外

を異なるテクスチャで構成した場合，V1 野の神経細胞は地の内部のテクスチャに対してよりも図の内部のテクスチャに対してより強く応答し（Lamme, 1995），テクスチャに限らず，均質な領域の内部に対して外部よりも強く応答することが報告されている（Komatsu et al., 1996）。V2 野の神経細胞は，線分あるいは境界のどちら側に図（figure）ないし物体があるかを意味する border ownership（BO），すなわち図方向（direction of figure）に選択性を示す（Zhou et al., 2000）。BO 選択性細胞の半数程度は，コントラストに依存せず，図方向に選択性を示すことが知られている。また，自然画像中の輪郭に対しても図方向選択的に応答する（Williford & von der Heydt, 2016）。V4 野の神経細胞は，図の曲率に応答するが，地（ground）の曲率には応答しないことが知られている。たとえば，右を向いた指があると，右に凸がある刺激を好む細胞が発火するが，左に凹がある刺激を好む細胞は発火しない。また，受容野中心が図にあるか地にあるかによって応答が変調されることが知られている（Yamane et al., 2020）。このほか，網膜・LGN においても図地による変調が報告されているが，皮質からのフィードバックによる影響であると示唆されている。IT の細胞は，物体のパーツや顔を表現することがよく知られているが，最近の研究では，光景に広がる壁面や地面を基準とした表現をもっていることが示されている（Connor & Knierim, 2017）。

面や図地が，皮質でどのように表現されているかは，まだ明らかになっていない。V1 野・V2 野における図地変調・BO 選択性については，さまざまな計算論的モデルが提案されており，フィードフォワード経路だけでも図地変調を再現するもの（Sakai et al., 2006），V4 野からの仮想的なフィードバックによって生理学的に忠実な応答を再現するもの（Craft et al., 2007）等がある。さらに，V2 野から V4 野に渡って物体の前駆表現（proto-object）が面として構成されている可能性も提案されている（Mihalas et al., 2011；Poort et al., 2012）。V4 野における皮質表現が 40 次元程度であることが報告されている（Kodama et al., 2022）。これは，独立した選択性をもつ理想的な神経細胞が 40 程度あれば面表現が可能であることを示す。物体認識に関わる IT 野の表現が 100 次元程度であることから（Lehky et al., 2014），面知覚は物体認識の半分弱程度の複雑さであると考えられている。このように，初期・中期視覚を通して面の形成が行われつつ，その情報と高次視覚野からの情報によってダイナミックに知覚・認知の変調が行われていると考えられている（Poort et al., 2012）。

（酒井 宏）

12・2　パターン，テクスチャの知覚

パターン（pattern）は，形・型・様式等の広い意味をもつ。心理学でも，パターンは形，形をもった対象，対象の配置，その知覚など，多義的に使われている（行場・市川，1994）。画像工学では，画像中にある多様な物体・生体や光景のもつ図形情報を示し，「パターン認識」は，「画像認識」と同義である。これは，歴史的には文字認識が重要なトピックであったこと，周波数分析が重要な手段だったことに由来すると考えられる。一方，視覚科学において狭義には文字や記号などの様に，線分・曲線・点などによって構成される要素をパターンと呼ぶ（図 12-2-1）。

テクスチャ（texture）は織物を語源とするが，視覚科学では表面に付着している肌理・模様，パター

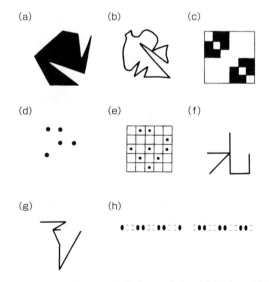

図 12-2-1　パターンを構成する要素の例（行場・市川 1994, p.947）

ン等が繰り返し配置されているものなどを示す（図12-2-2）。テクスチャは厳密に均一（uniform）でなく，均質または等質（homogeneous）であることが多い。自然光景においては多数の物体表面にテクスチャが見られる。河原に見られる多数の石や山腹の森林も，中遠景ではテクスチャと解釈される。テクスチャ研究においては，実験室での扱いやすさからパターンの繰り返しについて多くの報告があるが，近年では材質感といった自然光景中のテクスチャについても研究が進んでいる（Komatsu & Goda, 2018）。また，計算機・機械学習の進化に伴って，初期視覚皮質が表現する特徴量を基礎とすることによって，自然テクスチャを合成することも行われている（Portilla & Simoncelli, 2000）。

12・2・1　テクスチャの分凝と群化

テクスチャは，面の知覚に重要な役割をもつ。生態学的には，物体ごとに異なる模様をもっていることに起因して，均質な（homogeneous）テクスチャが一つの面を構成する要因となっていると考えられる。知覚的に均質な要素，あるいは空間周波数的に類似している要素がそれぞれ群となって隣接している場合に，その境界は容易に知覚できる場合もあればできない場合もある。この差は要素に依存することから，どのような特徴が面知覚の手がかりとなっているかが研究されてきた。

テクスチャ分凝（texture segregation：テクスチャ分離と呼ばれることもある）は，短時間に，無意識的に，逐次探索なしに可能であり，前注意的（preattentive）である（図12-2-3）。その要因は，2次統計量の違い（Julesz, 1975）や，テクストン（texton）と呼ばれる角度・幅・長さ・閉合等の基本的特徴（Julesz, 1981）であると従来は考えられていたが，近年では局所的な特徴とその結合の差異で

図 12-2-3　テクスチャ分凝の例（Bergen & Landy, 1991, p. 254）
左側の「X」は周囲の「L」から容易に分凝できるが，右側の「T」は難しい。

図 12-2-2　自然光景に見られるテクスチャ（左2列）と，人工物のテクスチャ（右列）の例

説明されるようになっている（Beck, 1982）。これは，テクスチャ分凝が大域的な周波数分析やテクストン検出器によるものではなく，初期視覚皮質（V1野，V2野）の細胞が表現する特徴量によることを示す。計算論的には，V1野の複雑型細胞の表現する特徴量と，V1野の浅層（II, III層）に観察される側方抑制による正規化（normalization）をもとにしたモデルが，ヒトのテクスチャ分凝をよく再現することが報告されている（Bergen & Adelson, 1988；Malik & Perona, 1990；図12-2-4）。モデルは異なる周波数を処理するピラミッド構造をもつ。これらは，ガボール関数による重畳積分（linear filter），整流（rectification），重畳積分という順での逐次処理がされることから，FRFモデル（filter-rectify-filter model）と呼ばれ，自然テクスチャや生成テクスチャなども対象にした多様なバリエーションが提案されている（Landy, 2014）。生理学的には，V4野の神経細胞の応答から自然テクスチャの分類が可能であることが報告されている（Arcizet et al., 2008）。また，V1野からV4野までの間における求心性（フィードフォワード）・遠心性（フィードバック）信号が異なる機能をもち，遠心性信号がテクスチャ分凝・図の表現における知覚的体制化に寄与していることが示唆されている（Klink et al., 2017）。

12・2・2　テクスチャ合成・自然テクスチャ

小さい画像パッチや比較的少数のパラメータから大規模で均質な表面を生成することをテクスチャ合成（texture synthesis）と呼ぶ。コンピュータグラフィクス分野において広く使われる技術であり，画素ベースの手法から統計的手法・機械学習による方法など，多様なアルゴリズムが提案されている。視覚科学においても，心理物理実験に供するために，多様なテクスチャが生成されている。テクスチャ分凝は，初期視覚皮質（V1野，V2野）の神経細胞が表現する特徴に依存すると考えられている。特徴量は，重畳積分，整流，および近傍信号による正規化を基礎としている。この画像から特徴量への信号分解（decomposition）は，自然画像の特徴を最適に表現することが可能であり，V1野の神経細胞の非線形特性と類似することが知られている（Schwartz & Simoncelli, 2001）。このことから，方位・周波数・位相に関する初期視覚特徴量に相当するパラメータ及びそれらの近傍相関に関するパラメータを操作することによって，ホワイトノイズをもとにして任意のテクスチャを合成することが考案された（Portilla & Simoncelli, 2000）。このアルゴリズムでは，多くの自然テクスチャの合成が可能なことが示されている。

自然テクスチャ（natural texture）は高次元と考

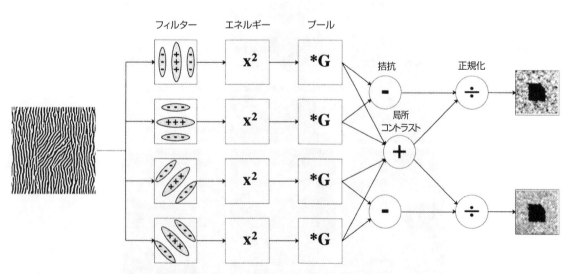

図12-2-4　方位エネルギーを空間近傍でプールし，拮抗させてそのコントラストを算出すると，ヒトの知覚と同様の分凝が可能になる（Bergen & Landy, 1991, p. 256）
　　　　　モデルでは空間周波数ピラミッドを構成して同様の計算を並列に実施する。

えられ，その客観的分類や実験利用が長らく進んでいなかったが，計算機能力の向上とテクスチャ合成の発展によって，積極的に利用されるようになっている。生理実験においても，自然テクスチャへの神経応答を検討するために合成テクスチャが積極的に利用されている。自然テクスチャに対しては，V2野の神経細胞がよく応答し，その機能的磁気共鳴映像法（fMRI）での反応はテクスチャ知覚をよく予測できることが報告されている（Freeman et al., 2013）。V2野およびV4野の神経細胞が自然テクスチャの局所統計量に選択的に応答することが示された（Okazawa et al., 2015；Ziemba et al., 2016）ほか，自然テクスチャへの選択性がV2野からV4野にかけて階層的に構築されていくことなどが示されている（Okazawa et al., 2016）。

12・2・3　テクスチャからの3次元知覚

テクスチャが傾斜面に付着していると，テクスチャの要素は前額平行面（frontoparallel plane）にある場合に比べて傾斜する方向すなわち方位角（tilt）の方向に，傾斜の度合いすなわち傾斜角（slant）に応じた圧縮率で，圧縮（compression）されて網膜に投影される。この圧縮は縦横比（aspect ratio）の変化とも呼ばれる。この非等方なテクスチャ勾配（texture gradient）から，面の傾斜角が求められる（図12-2-5）。前額平行面からの傾斜角 θ に対して圧縮は $1/\cos\theta$ となる。知覚的には，縦横比の変化ではなく方位成分の変化が重要であると報告されている（Todd & Akerstrom, 1987）。計算論的には，空間周波数分布の変化から相対的な傾斜が計算できる。周波数スペクトルの2次特徴量（モーメント）の追跡から3次元形状がよく再現できることが知られている（Kanatani, 1984）。心理物理実験からも，2次のテクスチャ機構が存在することが示唆されている（Arsenault et al., 1999）。

テクスチャが平面に付着していると，要素は遠方に行くにつれ密度を増して等方的に圧縮されていく。要素間の間隔も同様に変化する。これらの圧縮は観察者からの距離に比例する。この等方的なテクスチャ勾配からは，相対的な距離が知覚される（図12-2-6）。知覚への効果は，等方圧縮に比べ

図12-2-5　陰影，テクスチャ，その両方が付着した楕円体
テクスチャからは局所的な表面の方位が分かりやすいが，陰影からは立体としての印象がより強く得られる。両者が同時に付着すると，リアルな立体が知覚される。

て，非等方圧縮が支配的であることが報告されている（Cumming et al., 1993）。生理学的には，テクスチャ勾配と両眼視差の両方に選択的な細胞が存在して，その応答は手がかりに依存せずに3次元表面方位に依存することが報告されている（Tsutsui et al., 2002）。

計算論的には，V1野の複雑型細胞の表現する方位と周波数を含む特徴量をもとに計算するテクスチャ勾配から3次元形状・奥行きが再現できることが報告されている。複雑型細胞のもつ位相不変性（刺激線分の位置に依存しない）・非線形性と，V1野

図 12-2-6 等方的なテクスチャ変化（勾配）から，奥行きが知覚される

の浅層（II, III 層）に観察される側方結合によって，さまざまな自然テクスチャから，知覚と類似した3次元形状が算出できる（Sakai & Finkel, 1995）。このモデルでは方位成分の変化が算出されており，これはスペクトルの2次モーメントの変化と類似することが報告されている。さらに，凹か凸かの知覚には，テクスチャが最大曲率方向に沿った輪郭成分をもつことや，そのスペクトル成分が分離可能であることなどが重要であることが示唆されている。一方で，形状の知覚においてはこれが作用しないとの指摘もあり（Landy, 2014），テクスチャからの3次元知覚の基盤となる神経機構の詳細な理解には，さらなる検討が必要とされている。

12・2・4 面の特徴からの3次元知覚

面の特徴からの3次元知覚としては，テクスチャのほかに陰影・ハイライトがよく知られている（Bülthoff, 1991；図 12-2-5）。陰影は物体表面の輝度勾配である。ただし，面が不連続（折れ曲がる）であれば，輝度変化もその境界で不連続となる。テクスチャからは面の向く方位すなわち面法線（surface normal）が知覚しやすいが，陰影からは困難である（Bülthoff & Mallot, 1990）。また，陰影の場合は面の形状（輪郭）の影響を強く受ける。たとえば，輝度が単一方向に変化していても，これを円形に切り抜くと円柱ではなく球に知覚される（Ramachandran, 1988）。生理学的には，V4 野の神経細胞が陰影で描かれる多数の球状突起で構成されるテクスチャに対して選択性を示すことが知られている（Hanazawa & Komatsu, 2001）。ハイライトだけでは3次元知覚を引き起こさないが，陰影と同時に付着するとリアリスティックな3次元知覚を引き起こし，陰影だけからの3次元知覚に比べて反応時間も短くなる（Sakai et al., 2015）。手がかりが複数あると，単一の場合に比べて格段に正しい3次元知覚が得られるという強い非線形性が知られている（Bülthoff & Mallot, 1990）。視覚系では複数の手がかりを統合することによって正しい知覚を得ようとする戦略が取られているが，面の特徴からの3次元知覚はこの一例である。手がかりが拮抗・矛盾する場合の心理物理実験などから，面の特徴からの3次元知覚機構が研究されている。詳細についてはII・13・6を参照のこと。

（酒井 宏）

12・3　面の形成：図地・充填・補完

感覚と知覚を区別する本質の一つは，物体（object）が明示的に定義されうるかどうかである。感覚をもとに外界を構築するために形成される内部表現が知覚であるともいえる。外界の光景（scene）が投影された網膜像には，どの部分が物体なのか明示的な情報はなく，言ってみれば混沌とした情報に溢れている。光景中の画像特徴をもとに領域を群化・統合して，独立した物体領域を構成する中間過程が必要であり，これが知覚の体制化であるといえる。視知覚は，V2 野・V4 野などを含む中次視覚皮質（intermediate-level visual cortex），外線条皮質（extra-striate cortex）が重要な役割を担っている。V1 野で表現される周波数・方位・色度・速度・視差

等の画像特徴をもとに，中次視覚皮質において境界（border）・形状・大きさ・テクスチャ・色・運動・奥行き等の情報が算出され，それらを手がかりとして光景が群化・統合されて物体の前駆的内部表現である面が形成されると考えられている（図12-3-1）。

群化・統合の現象論的ルールは，ゲシュタルト心理学派によって古くから研究されてきた（II・11・2参照）。計算論的には，簡単な神経回路がいくつかの群化ルールを算出し，それらをもとに輪郭・領域を統合することによって，知覚をよく再現する面表現が形成できることが知られている（Sajda & Finkel, 1995）。物体認識においては，画像に基づく求心的（フィードフォワード）な情報に加えて，知識・経験・ヒューリスティック（heuristic）等の遠心的（フィードバック）な情報も重要な役割を果たしている。遠心的情報による領域の形成については，ベイズ推定によるモデルが提案されている（Yuille & Kersten, 2006）。面表現の形成は求心的・遠心的情報を統合する場であろうと考えられている（Finkel & Sajda, 1994）。

12・3・1 図地分化

初期視覚皮質で検出される境界または領域（region）に基づいて，網膜に投影された光景は分割される。境界から見て物体がある側が図（figure）と呼ばれ，その逆側が地（ground）と呼ばれる。自然光景では多くの物体が映り込み，境界の両側に物体があることも多い。このような場合には，手前にある物体が図と解釈されることが多い。自然画像中の境界について図方向をヒトに答えさせると，ほとんどの境界に対して物理的に正しい図方向を報告する（Fowlkes et al., 2007）。境界または領域のどちら側を図と知覚するかを決める要因は古くから研究され，閉合性（surroundedness）・大きさ（size）・対称性（symmetry）・平行性（parallelism）・共通運命（common fate）を始め，さまざまな要因が報告されている（II・11・2参照；Wolfe et al., 2012）。図地分化（figure-ground segregation）は遮蔽と深く関連しているため，相対奥行きの手がかりとなる外周輪郭（external edges）や境界の形成するT字接合・Y字接合も重要な要因となる。自然光景では，これら多数の手がかりが同時に作用して図地が決まると

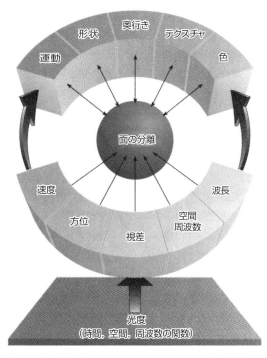

図12-3-1　網膜像から局所的な画像特徴が抽出され，これらをもとに像が分割されて面表現が形成される（Finkel & Sajda, 1994, p.234）

第II部　視覚

考えられている。3次元世界を2次元に投影した網膜像から図地を一意に決定することは一般にはできない。物理的に可能なさまざまな要因から，ヒューリスティック（たとえば，生起しやすさの確率）によって加重をつけて，もっともらしい図地が選択されていると考えられている。

　神経科学的には，初期から中次の視覚皮質において図地分化に関連する神経活動が報告されている（II・11・1・2参照）。前述のように，V1野には，異なるテクスチャで構成される領域のうち，図と知覚される側に対して，地の側に比べて強く応答する神経細胞が存在し（Super et al., 2003），V2野では，境界の局所から見た図方向に選択的に応答するborder ownership選択性細胞があり（Zhou et al., 2000），V4野の細胞は境界の曲率と図方向に対する選択性をもっており，これらは図の形状知覚に資しているものと考えられている（Connor et al., 2007）。ITの神経細胞は，輝度コントラストや鏡像にかかわらず汎化した形状選択性をもつが，図地情報を保つことが報告されている（Baylis & Driver, 2001）。fMRIでは，側頭葉・前頭葉を含む多数の領野で図地情報をもつことが観察されている（Kleinschmidt et al., 1998）。計算論的には，自然画像におけるborder ownership算出が，簡単な神経回路で実現できることが報告されている（Sakai et al., 2012）。また，簡単な神経回路がいくつかの群化ルールを算出し，それらをもとに輪郭・領域を統合することによって面表現を形成し，border ownershipの接合から図地と奥行きを決定できることが知られている（Sajda & Finkel, 1995）。

12・3・2　補完

　自然光景のなかでは，物体の全体が見えていることは少ない。網膜投影像においては，多くの場合，物体は他の物体に遮蔽（occlusion）されているし，ある場合には周囲に溶け込んでカムフラージュ（camouflage）され，輪郭がはっきりしない。こういった場合，視覚系は可視の部分から内挿して不可視の部分を補完（completion）する。これによって，一部が遮蔽されて対象が複数の部分に分かれている画像からも，遮蔽された部分を含んだ単一の対象が知覚される。遮蔽によって背後に隠れた部分を補完する場合はアモーダル補完（amodal completion）あるいは「感じるが見えない」ことから，非感性的補完と呼ばれる。一方，カムフラージュによって輪郭が見えない部分を補完する場合はモーダル補完（modal completion）あるいは感性的補完と呼ばれる。補完は奥行き知覚と密接な関係があることが知られているが，そのメカニズムはよくわかっていない（Fleming & Anderson, 2004）。多くの場合には，両眼視差によって奥行き関係を制御することによって補完が明瞭になる（立体視的強調）。補完は面の形成と密接な関係があり，多くの研究が報告されている。神経科学的研究も多数ある（II・12・1参照）。

12・3・3　面の充填

　輪郭内部に存在しない色や明度が輪郭部分から内部に広がって知覚される現象が知られており，充填（filling-in）と呼ばれている。正方形の各辺の外側に，正方形を遮蔽する物体の一部がわずかに見えるような場合（モーダル補完）でも，充填は観察される（Kamitani & Shimojo, 2004）。しかし，両眼視差の操作によって奥行き関係を逆転させると，充填は観察されなくなる（Shimojo et al., 2001）。これは正方形の外側に見えている部分が奥になることによって，誘導される面が正方形に遮蔽されているように知覚されるためである（アモーダル補完）。充填と知覚される面の間には密接な関係がある。

　モーダル補完によって面が生じる場合，誘導刺激（inducer）に色がついていれば，その色が面全体に広がっているように知覚されることがあり，これをネオン色拡散（neon color spreading）という。また，細い輪郭の内外に明度または色に関して濃淡をつけると，輪郭の内側にある明度・色が内部に広がっているように知覚される。この現象は水彩効果（watercolor effect）と呼ばれている（図12-3-2）。この効果は，輪郭の太さの100倍程度の距離でも観察され，図の側に充填が起きること，ゲシュタルト要因よりも優位であることなどが報告されている（Pinna et al., 2001）。

　充填および均一領域・面の知覚については，多数の心理物理学的研究・計算論的研究が行われ，境界

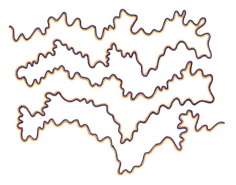

図 12-3-2 充塡による水彩効果 (Spillmann & Ehrenstein, 2004, p.1583, plate 80)

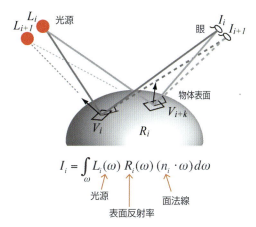

$$I_i = \int_\omega L_i(\omega)\, R_i(\omega)\, (n_i \cdot \omega)\, d\omega$$

図 12-3-3 網膜像は，光源・表面反射率・面の傾斜（3次元形状）の積によって与えられる。視覚系は，さまざまな制約を仮定することによって，網膜像からこれら3者を推定している。

で検出された特徴が面内部に伝搬する機構が提案されてきた（Spillmann & De Weerd, 2003；Spillmann & Ehrenstein, 2004）。神経科学的には，従来は境界から内部への伝搬で説明されることが多かったが，潜時が1 ms以下であることから伝搬を否定する説も提案されている（Kingdom, 2014）。単一の神経細胞は，輝度・奥行き・色・テクスチャ等の境界に対してよく応答することは知られているが，それらの均一領域・面への応答は顕著ではない。初期-中期視覚野の細胞の多くは，微分演算を含む受容野構造をもつことが知られており，均一領域の表現に適していないと考えられる。複数細胞あるいは回路によって面が表現されている可能性がある（Goebel & De Weerd, 2009；Yamane et al., 2020）。

（酒井 宏）

12・4 質感の知覚

視覚系は，材質・滑らかさ等に加えて，湿潤さ・食品の新鮮さといった物の状態を示す質感を知覚することができる（Komatsu & Goda, 2018）。視覚科学では，光沢知覚と自然テクスチャ（素材）知覚について多数の研究が行われてきた（Fleming et al., 2015；Maloney & Brainard, 2010）。光沢感の知覚では，輝度スペクトルの歪度といった比較的簡単な特徴量と相関があることが知られている（Motoyoshi et al., 2007）。生理学的には，ITの神経細胞が光沢感に選択的に応答することが報告されている（Nishio et al., 2012）。

視覚系は，網膜像から3次元形状・表面反射特性・光源を推定している（図12-3-3）。計算論的には，3次元形状を推定するためには表面反射特性・光源に制約を加えることになる［たとえば，表面はランベルト面（Lambertian surface），光源は一様照明（uniform illumination）など］。質感の基となる表面反射特性を推定するためには，3次元形状に関する制約を加えて推定する（Romeiro & Zickler, 2010）。質感の推定においては，表面反射特性は2次元に近似されて扱われることが多い（双方向反射率分布関数，bidirectional reflectance distribution function：BRDF）。すなわち，反射は入射角に依存して，拡散を伴って表現される。3次元形状そのものが与えられなくても，表面が局所的に平面であること，面の輪郭は自己遮蔽（self occluding）であることといった制約を与えて最適解を求めることによっても質感を推定することができる。こういった制約から，質感と形状の同時推定も提案されている（Oxholm & Nishino, 2016）。

（酒井 宏）

第 II 部　視覚

文献

Finkel, L. H., & Sajda, P. (1994). Constructing visual perception. *American Scientist, 82*(3), 224–237.

Gibson, J. J. (1950). The perception of visual surfaces. *American Journal of Psychology, 63*, 367–384. [doi: 10.2307/1418003]

大山　正　(1970).　面の知覚　大山　正（編）　講座心理学 4　知覚（pp. 29–31）　東京大学出版会

Tse, P. U., & Palmer, S. E. (2013). Visual object processing. In A. F. Healy & R. W. Proctor (Eds.), *Handbook of Psychology: Experimental Psychology* (2nd ed., pp. 181–211). John Wiley & Sons.

(12・1)

Connor, C. E., & Knierim, J. J. (2017). Integration of objects and space in perception and memory. *Nature Neuroscience, 20*(11), 1493–1503. [doi: 10.1038/nn.4657]

Craft, E., Schutze, H., Niebur, E., & von der Heydt, R. (2007). A neural model of figure-ground organization. *Journal of Neurophysiology, 97*(6), 4310–4326. [doi: 10.1152/jn.00203.2007]

Ito, M., & Komatsu, H. (2004). Representation of angles embedded within contour stimuli in area V2 of macaque monkeys. *Journal of Neuroscience, 24*(13), 3313–3324. [doi: 10.1523/JNEUROSCI.4364-03.2004]

Jones, J. P., & Palmer, L. A. (1987). An evaluation of the two-dimensional Gabor filter model of simple receptive fields in cat striate cortex. *Journal of Neurophysiology, 58*(6), 1233–1258. [doi: 10.1152/jn.1987.58.6.1233]

Kodama, A., Kimura, K., & Sakai, K. (2022). Dimensionality of the intermediate-level representation of shape and texture in monkey V4. *Neural Networks, 153*, 444–449. [doi: 10.1016/j.neunet.2022.06.027]

Komatsu, H., Murakami, I., & Kinoshita, M. (1996). Surface representation in the visual system. *Cognitive Brain Research, 5*, 97–104. [doi: 10.1016/s0926-6410(96)00045-6]

Lamme, V. A. F. (1995). The neurophysiology of figure ground segregation in primary visual cortex. *Journal of Neuroscience, 15*(2), 1605–1615. [doi: 10.1523/JNEUROSCI.15-02-01605.1995]

Lehky, S. R., Kiani, R., Esteky, H., & Tanaka, K. (2014). Dimensionality of object representations in monkey inferotemporal cortex. *Neural Computation, 26*, 2135–2162. [doi: 10.1162/NECO_a_00648]

Livingstone, M. S., & Hubel, D. (1988). Segregation of form, color, movement, and depth: Anatomy, physiology, and perception. *Science, 240*, 740–749. [doi: 10.1126/science.3283936]

Mihalas, S., Dong, Y., von der Heydt, R., & Niebur, E. (2011). Mechanisms of perceptual organization provide auto-zoom and auto-localization for attention to objects. *Proceedings of the National Academy of Sciences, 108*(18), 7583–7588. [doi: 10.1073/pnas.1014655108]

Pasupathy, A., & Connor, C. E. (2001). Shape representation in area V4: Position-specific tuning for boundary conformation. *Journal of Neurophysiology, 86*, 2505–2519. [doi: 10.1152/jn.2001.86.5.2505]

Poort, J., Raudies, F., Wanning, A., Lamme, V. A. F., Neumann, H., & Roelfsema, P. R. (2012). The role of attention in figure-ground segregation in areas V1 and V4 of the visual cortex. *Neuron, 75*, 143–156. [doi: 10.1016/j.neuron.2012.04.032]

Sakai, K., & Nishimura, H. (2006). Surround suppression and facilitation in the determination of border ownership. *Journal of Cognitive Neuroscience, 18*(4), 562–579. [doi: 10.1162/jocn.2006.18.4.562]

Williford, J. R., & von der Heydt, R. (2016). Figure-ground organization in visual cortex for natural scenes. *eNeuro, 3*(6), ENEURO.0127-16.2016. [doi: 10.1523/ENEURO.0127-16.2016]

Yamane, Y., Carlson, E. T., Bowman, K. C., Wang, Z., & Connor, C. E. (2008). A neural code for three-dimensional object shape in macaque inferotemporal cortex. *Nature Neuroscience, 11*(11), 1352–1360. [doi: 10.1038/nn.2202]

Yamane, Y., Kodama, A., Shishikura, M., Kimura, K., Tamura, H., & Sakai, K. (2020). Population coding of figure and ground in natural image patches by V4 neurons. *PLoS ONE, 15*(6), e0235128. [doi: 10.1371/journal.pone.0235128]

Zhou, H., Friedman, H. S., & von der Heydt, R. (2000). Coding of border ownership in monkey visual cortex. *Journal of Neuroscience, 20*(17), 6594–6611. [doi: 10.1523/JNEUROSCI.20-17-06594.2000]

（12・2）

Arcizet, F., Jouffrais, C., & Girard, P. (2008). Natural textures classification in area V4 of the macaque monkey. *Experimental Brain Research, 189*(1), 109-120.［doi: 10.1007/s00221-008-1406-9］

Arsenault, A. S., Wilkinson, F., & Kingdom, F. A. (1999). Modulation frequency and orientation tuning of second-order texture mechanisms. *Journal of the Optical Society of America. A, 16*(3), 427-435.［doi: 10.1364/josaa.16.000427］

Beck, J. (1982). *Organization and Representation in Perception*. Lawrence Erlbaum Associates.

Bergen, J. R., & Adelson, E. H. (1988). Visual texture segmentation and early vision. *Nature, 333*, 363-364.

Bergen, J. R., & Landy, M. S. (1991). Computational modeling of visual texture segregation. In M. S. Landy & J. A. Movshon (Eds.), *Computational Models of Visual Processing* (pp. 253-271). MIT Press.

Bülthoff, H. H. (1991). *Shape from X: Psychophysics and Computation*. MIT Press.

Bülthoff, H. H., & Mallot, H. A. (1990). Integration of stereo, shading and texture. In A. Blake & T. Troscianko (Eds.), *AI and the Eye* (pp. 119-146). Wiley.

Cumming, B. G., Johnston, E. G., & Parker, A. J. (1993). Effects of different texture cues on curved surfaces viewed stereoscopically. *Vision Research, 33*, 827-838.［doi: 10.1016/0042-6989(93)90201-7］

Freeman, J., Ziemba, C. M., Heeger, D. J., Simoncelli, E. P., & Movshon, J. A. (2013). A functional and perceptual signature of the second visual area in primates. *Nature Neuroscience, 16*(7), 974-981.［doi: 10.1038/nn.3402］

行場 次朗・市川 伸一 （1994）．パターンの知覚 大山 正・今井 省吾・和気 典二（編）感覚・知覚心理学ハンドブック（pp. 946-965） 誠信書房

Hanazawa, A., & Komatsu, H. (2001). Influence of the direction of elemental luminance gradients on the responses of V4 cells to textured surfaces. *Journal of Neuroscience, 21*(12), 4490-4497.［doi: 10.1523/JNEUROSCI.21-12-04490.2001］

Julesz, B. (1975). Experiments in the visual perception of texture. *Scientific American, 232*, 34-43.［doi: 10.1038/scientificamerican0475-34］

Julesz, B. (1981). Textons, the elements of texture perception, and their interactions. *Nature, 290*, 91-97.［doi: 10.1038/290091a0］

Kanatani, K. (1984). Detection of surface orientation and motion from texture by a stereological technique. *Artificial Intelligence, 23*, 213-237.［doi: 10.1016/0004-3702(84)90010-9］

Klink, P. C., Dagnino, B., Gariel-Mathis, M. A., & Roelfsema, P. R. (2017). Distinct feedforward and feedback effects of microstimulation in visual cortex reveal neural mechanisms of texture segregation. *Neuron, 95*(1), 209-220.e3.［doi: 10.1016/j.neuron.2017.05.033］

Komatsu, H., & Goda, N. (2018). Neural mechanisms of material perception: Quest on Shitsukan. *Neuroscience, 392*, 329-347.［doi: 10.1016/j.neuroscience.2018.09.001］

Landy, M. S. (2014). *Texture Analysis and Perception*. MIT Press.

Malik, J., & Perona, P. (1990). Preattentive texture discrimination with early vision mechanisms. *Journal of the Optical Society of America, 7*(5), 923-932.［doi: 10.1364/JOSAA.7.000923］

Okazawa, G., Tajima, S., & Komatsu, H. (2015). Image statistics underlying natural texture selectivity of neurons in macaque V4. *Proceedings of the National Academy of Sciences, 112*(4), E351-E360.［doi: 10.1073/pnas.1415146112］

Okazawa, G., Tajima, S., & Komatsu, H. (2016). Gradual development of visual texture-selective properties between macaque areas V2 and V4. *Cerebral Cortex, 27*, 4867-4880.［doi: 10.1093/cercor/bhw282］

Portilla, J., & Simoncelli, E. P. (2000). A parametric texture model based on joint statistics of complex wavelet coefficients. *International Journal of Computer Vision, 40*(1), 49-70.［doi: 10.1023/A:1026553619983］

Ramachandran, V. S. (1988). Perception of shape from shading. *Nature, 331*, 163-166.［doi: 10.1038/331163a0］

Sakai, K., & Finkel, L. H. (1995). Characterization of the spatial-frequency spectrum in the perception of shape from texture. *Journal of the Optical Society of America A, 12*(6), 1208-1224.［doi: 10.1364/JOSAA.12.001208］

Sakai, K., Meiji, R., & Abe, T. (2015). Facilitatory mechanisms of specular highlights in the perception of depth. *Vision Research, 115*(Pt B), 188-198.［doi: 10.1016/j.visres.2015.05.001］

Schwartz, O., & Simoncelli, E. P. (2001). Natural signal statistics and sensory gain control. *Nature Neuroscience, 4*(8),

第 II 部　視覚

819–825. [doi: 10.1038/90526]

Todd, J. T., & Akerstrom, R. A. (1987). Perception of three-dimensional form from patterns of optical texture. *Journal of Experimental Psychology: Human Perception and Performance, 13*, 242–255. [doi: 10.1037/0096-1523.13.2.242]

Tsutsui, K., Sakata, H., Naganuma, T., & Taira, M. (2002). Neural correlates for perception of 3D surface orientation from texture gradient. *Science, 298*, 409–412. [doi: 10.1126/science.1074128]

Ziemba, C. M., Freeman, J., Movshon, J. A., & Simoncelli, E. P. (2016). Selectivity and tolerance for visual texture in macaque V2. *Proceedings of the National Academy of Sciences, 113*(22), E3140–E3149. [doi: 10.1073/pnas.1510847113]

（12・3）

Baylis, G. C., & Driver, J. (2001). Shape-coding in IT cells generalizes over contrast and mirror reversal, but not figure-ground reversal. *Nature Neuroscience, 4*(9), 937–942. [doi: 10.1038/nn0901-937]

Connor, C. E., Brincat, S. L., & Pasupathy, A. (2007). Transformation of shape information in the ventral pathway. *Current Opinion in Neurobiology, 17*(2), 140–147. [doi: 10.1016/j.conb.2007.03.002]

Finkel, L. H., & Sajda, P. (1994). Constructing visual perception. *American Scientist, 82*, 224–237.

Fleming, R., & Anderson, B. L. (2004). The perceptual organization of depth. In L. M. Chalupa & J. S. Werner (Eds.), *The Visual Neurosciences* (pp. 1284–1299). MIT Press.

Fowlkes, C. C., Martin, D. R., & Malik, J. (2007). Local figure-ground cues are valid for natural images. *Journal of Vision, 7*(8), 2. [doi: 10.1167/7.8.2]

Goebel, R., & De Weerd, P. (2009). Perceptual filling-in: From experimental data to neural network modeling. In M. S. Gazzaniga (Ed.), *The Cognitive Neuroscience* (pp. 435–453). MIT Press.

Kamitani, Y., & Shimojo, S. (2004). Global yet early processing of visual surfaces. In L. M. Chalupa & J. S. Werner (Eds.), *The Visual Neuroscience* (pp. 1129–1138). MIT Press.

Kingdom, F. A. (2014). Brightness and Lightness. In L. M. Chalupa & J. S. Werner (Eds.), *The New Visual Neuroscience* (pp. 499–509). MIT Press.

Kleinschmidt, A., Büchel, C., Zeki, S., & Frackowiak, R. S. J. (1998). Human brain activity during spontaneously reversing perception of ambiguous figures. *Proceedings of the Royal Society B: Biological Sciences, 265*, 2427–2433. [doi: 10.1098/rspb.1998.0594]

Pinna, B., Brelstaff, G., & Spillmann, L. (2001). Surface color from boundaries: A new 'watercolor' illusion. *Vision Research, 41*, 2669–2676. [doi: 10.1016/S0042-6989(01)00105-5]

Sajda, P., & Finkel, L. H. (1995). Intermediate-level visual representations and the construction of surface perception. *Journal of Cognitive Neuroscience, 7*(2), 267–291. [doi: 10.1162/jocn.1995.7.2.267]

Sakai, K., Nishimura, H., Shimizu, R., & Kondo, K. (2012). Consistent and robust determination of border ownership based on asymmetric surrounding contrast. *Neural Networks, 33*, 257–274. [doi: 10.1016/j.neunet.2012.05.006]

Shimojo, S., Kamitani, Y., & Nishida, S. (2001). Afterimage of perceptually filled-in surface. *Science, 293*, 1677–1680. [doi: 10.1126/science.1060161]

Spillmann, L., & De Weerd, P. (2003). Mechanisms of surface completion: Perceptual filling-in of texture. In L. Pessoa & P. De Weerd (Eds.), *Filling-In: From Perceptual Completion to Cortical Reorganization* (pp. 81–105). Oxford University Press.

Spillmann, L., & Ehrenstein, W. H. (2004). Gestalt factors in the visual neuroscience. In L. M. Chalupa & J. S. Werner (Eds.), *The Visual Neurosciences* (pp. 1573–1589). MIT Press.

Super, H., van der Togt, C., Spekreijse, H., & Lamme, V. A. (2003). Internal state of monkey primary visual cortex (V1) predicts figure-ground perception. *Journal of Neuroscience, 23*(8), 3407–3414. [doi: 10.1523/JNEUROSCI.23-08-03407.2003]

Wolfe, J. M., Kluender, K. R., & Levi, D. M. (2012). *Perceiving and recognizing objects. Sensation & Perception.* Sinauer.

Yamane, Y., Kodama, A., Shishikura, M., Kimura, K., Tamura, H., & Sakai, K. (2020). Population coding of figure and ground in natural image patches by V4 neurons. *PLoS ONE, 15*(6), e0235128. [doi: 10.1371/journal.pone.0235128]

Yuille, A., & Kersten, D. (2006). Vision as Bayesian inference: Analysis by synthesis? *Trends in Cognitive Sciences, 10*(7), 301–308. [doi: 10.1016/j.tics.2006.05.002]

Zhou, H., Friedman, H. S., & von der Heydt, R. (2000). Coding of border ownership in monkey visual cortex. *Journal of Neuroscience, 20*(17), 6594–6611. [doi: 10.1523/JNEUROSCI.20-17-06594.2000]

(12・4)

Fleming, R. W., Gegenfurtner, K. R., & Nishida, S. (2015). Visual perception of materials: The science of stuff. *Vision Research, 109*, 123–124. [doi: 10.1016/j.visres.2015.01.014]

Komatsu, H., & Goda, N. (2018). Neural mechanisms of material perception: Quest on Shitsukan. *Neuroscience, 392*, 329–347. [doi: 10.1016/j.neuroscience.2018.09.001]

Maloney, L. T., & Brainard, D. H. (2010). Color and material perception: Achievements and challenges. *Journal of Vision, 10*(9), 19. [doi: 10.1167/10.9.19]

Motoyoshi, I., Nishida, S., Sharan, L., & Adelson, E. H. (2007). Image statistics and the perception of surface qualities. *Nature, 447*(7141), 206–209. [doi: 10.1038/nature05724]

Nishio, A., Goda, N., & Komatsu, H. (2012). Neural selectivity and representation of gloss in the monkey inferior temporal cortex. *Journal of Neuroscience, 32*(31), 10780–10793. [doi: 10.1523/JNEUROSCI.1095-12.2012]

Oxholm, G., & Nishino, K. (2016). Shape and reflectance estimation in the wild. *IEEE Transactions on Pattern Analysis and Machine Intelligence, 38*(2), 376–389. [doi: 10.1109/TPAMI.2015.2450734]

Romeiro, F., & Zickler, T. (2010). Blind reflectometry. In K. Daniilidis, P. Maragos, & N. Paragios (Eds.), *Computer Vision— ECCV 2010* (Vol. 6311, pp. 45–58). Springer.

第13章 奥行き知覚：3次元空間知覚の方向・距離・順序

13・1 3次元空間知覚の問題

　人間を含む動物は生き延びるためにさまざまな視覚の機能を発達させてきた。その最も重要な機能は、3次元の実空間にある対象の物理的位置とその対象の視空間内での位置（見かけの位置）を一致させることである。なぜなら、捕食者から逃れるために、狩りを成功させるために、あるいは効率的に食物を採集するために、対象の位置や大きさ、対象同士の前後関係などを正確に（veridical，ベリディカルに）把握することが重要であったからである。この視覚による対象の位置と相互関係の把握は3次元空間知覚（3-D space perception）あるいは奥行き知覚（depth perception）と呼ばれる。

　視覚による3次元空間知覚の機能は方向知覚（direction perception）と距離知覚（distance perception）の二つの機能に分類可能である（東山，1996；中溝・光藤，2007；Wade & Swanston, 1991）。方向知覚機能とは、観察者から見て、あるいは何らかの基準点から見て対象がどの方向にあるのかを知る機能であり、距離知覚機能とは、観察者から対象まで、あるいは対象間の見かけの距離を知る機能である。後者の距離知覚機能には対象間の距離量を推定する機能だけではなく、対象間の奥行き方向の前後関係のみを推定する機能も含まれる。両機能は現在，「見かけの方向や見かけの距離は眼筋や網膜像に由来するさまざまな手がかりを使って推定されている」という仮定のもとで研究されている。本章もこの仮定のもとで構成されている。本章は7節からなり、II・13・1では本章の理解に必要な用語と概念について、II・13・2では方向知覚機能に関する研究結果について、II・13・3からII・13・7では距離知覚

機能に関する研究結果について説明している。

13・1・1 用語と概念

　3次元空間知覚に関する研究の起源はギリシャ時代まで遡る（Wade, 1998）ために研究の数も膨大であり、長い歴史のなかで使用されるいくつかの専門用語の意味が必ずしも一定ではない。そこでこの項では、本章で扱うトピックの範囲と使用する用語を可能な限り明白に定義しておきたい。

　特に奥行き（depth）は使われる文脈で広義にも狭義にも用いられるので最初に議論する。広義に使われる場合、対象までの距離だけではなく対象の方向を含み、3次元空間の広がりを意味する（Howard, 2012；Howard & Rogers, 2012）。また狭義に使われる場合、二つ以上の対象までの距離の差を意味する。後者では奥行きは距離（distance）と等価な意味で使われることがあり（Jones et al., 2008），対象間の相対的な距離を表現する相対的距離（relative distance）と相対的奥行き（relative depth）も同じ意味になる。

13・1・1・1 実空間での対象位置の記述：基準枠

　3次元空間知覚の研究において、対象の実空間内の位置あるいは対象の3次元形状（面の向き）は、ある基準枠（典型的には3次元デカルト座標系）を参照して記述される（Howard, 2012）。その基準枠は一般に、観察者中心座標系（viewer-centered coordinate system）もしくは自己中心座標系（egocentric coordinate system）と呼ばれる座標系と、物体中心座標系（object-centered coordinate system）もしくは環境中心座標系（exocentric coordinate system）と呼ばれる座標系である。ここではII・13・2以降の理解に必要な、3種類の観察者

中心座標系と1種類の物体中心座標系について述べる。対象の位置をどの座標系で記述するかは研究対象や研究内容によって異なる。

観察者中心座標系は観察者の眼球，網膜，頭部，体幹の内部などに原点を仮定して対象の位置を記述する際に使われることが多い。たとえば図13-1-1aは，眼球の結節点を原点とした眼球中心座標と，網膜の中心窩を原点とした網膜座標を説明している。単眼で対象Aを固視したとき，Aは網膜の中心窩と結節点（節点：nodal point）を通る線分上にある。この線分は視軸（visual axis）と呼ばれる。一方視軸上にない対象Bと結節点を通る線分は視線（visual line）と呼ばれる。結節点とはレンズへの入射角と射出角が同じである点のことであり，眼の場合外界の対象とその網膜像を結ぶ線分が交わる点である。ただしこの定義は厳密ではないので，詳しくは眼光学の解説論文（古野間，2017）などを参照していただきたい。また眼球中心座標系ではBの方向は視軸と視線のなす角度で記述し（Howard, 1982），網膜座標系は中心窩を座標系の原点としてBの網膜座標値をBの方向として記述する（Wade & Swanston, 1991）。頭部を原点とした例は，図13-1-2と図13-2-1にある。図13-1-2では，観察者の頭部の中心を原点として方向を記述し，図13-2-1では，両眼の結節点を結んだ線分の中央を原点として対象の位置を記述している。

身体の重心を原点とした身体座標系の例は図13-1-1bにある。この座標系では身体の重心を原点にして対象の位置を記述する（Howard, 1982, 2012）。この座標系で使われる用語のうち，本章を理解するうえでは，①原点を通る正中面（median plane）あるいは中央矢状面（mid-sagittal plane），②中央前額面（mid-frontal plane）あるいは冠状面（coronal plane），③中央横断面（mid-transverse plane）の三つの面の概念が重要である。正中面は原点を通り人体を左右対称に切る地面に垂直な面を，中央前額面は原点を通り人体を前後に（腹側と背側に）切る正中面と直交する面を，中央横断面は原点を通り地面に平行で正中面と中央前額面に直交する面を意味する。本章ではこれらの面と平行な面をそれぞれ矢状面（sagittal plane），前額面（frontal plane）または前額平行面（fronto-parallel plane），横断面（transverse plane）と呼ぶ。一方で，物体中心座標系は3次元面の奥行き形状を表現する際に使われることが多い（Banks et al., 2001；Durgin & Hajnal, 2010；Howard & Rogers, 2012；Palmer, 1999；Pizlo, 2010；Stevens, 1983a, 1983b）。研究者間で面の奥行き形状を示す用語は必ずしも一致せず日本語表記も一貫していないが，最近はスラント（slant）とチルト（tilt）との2自由度の表記がしばしば採用され

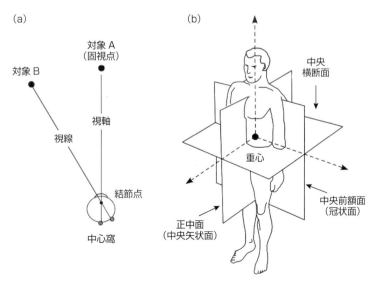

図13-1-1 (a) 眼球中心座標系／網膜座標系の模式図（俯瞰図），(b) 身体座標系の模式図（Howard, 2012, Fig. 1.2）
(a) は対象AとBは両眼の結節点を含む横断面にあるという仮定のもとで作成されている。

689

第 II 部　視覚

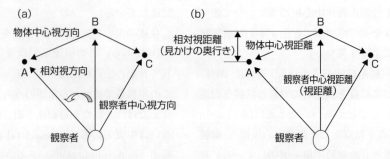

図 13-1-2　（a）視方向，（b）視距離
視方向（観察者中心と物体中心）と視距離（観察者中心と物体中心）の説明図（俯瞰図）。本図は，①方向と距離の原点は観察者の頭部の中心である，②対象の見かけの方向と距離が正確に定位されているという仮定のもとで作成されている。

る。当該面（3次元面上の点の接平面）が前額面となす二面角がスラントで，当該面の法線ベクトルの前額面への正射影が水平子午線となす角がチルトである。これらの概念は球体（3次元表面）に置かれた小円を考えるとわかりやすい（Burge et al., 2016）。たとえば，図 13-1-3a には球体のいくつかの接平面に描かれた小円の前額面への正射影が描かれている。ここでは理解のために，球体の中心は正中面と眼の高さの横断面に置かれていると仮定する。この場合，横断面と前額面が交わる線が水平子午線に対応する。このとき図の中央にある真円を含む接平面と前額面のスラントはゼロである。この面ではチルトは定義されない。図 13-1-3b には正中面上の球面の点に沿って正射影された楕円がスラントの大きさ

とともに記してある。また図 13-1-3c には同じスラント角をもち，異なるチルトをもった楕円が描かれている。ただし研究者によっては，スラントを垂直基準面（一般に前額平行面）がその垂直軸方向に回転した量（角度），チルトはその面が水平軸方向に回転した量（角度）と表現する場合がある（Howard, 2012, pp. 6-7）。

13・1・1・2　視方向（見かけの方向）

視方向という用語は一般に観察者から見た対象の方向を指す自己中心視方向（egocentric visual direction），または見かけの自己中心方向（perceived egocentric direction）を記述するときに使われる（Ono & Weber, 1981）。また，使用例は少

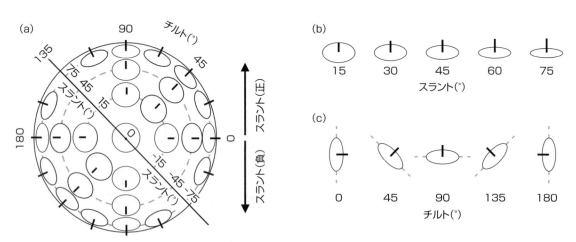

図 13-1-3　（a）スラントとチルトの説明図，（b）一定のチルト（90°）をもつ異なるスラントの表現例，（c）一定のスラント（−75°）をもつ異なるチルトの表現例（Burge et al., 2016, Fig. 1）
前額面上で同心円上に描かれた点の接合面のスラント量は同じであり，本図で描かれた楕円のアスペクト比に対応する。また各小円の中心からの直線の方向はチルトの方向に対応している。

第13章　奥行き知覚：3次元空間知覚の方向・距離・順序

ないが，ある対象から別の対象への見かけの方向を
さす環境中心視方向（exocentric visual direction）
もしくは物体中心視方向（object-centered visual
direction）を記述する場合にも使われる（Kelly et
al., 2004；Koenderink et al., 2008）。図13-1-2aで
は，観察者を原点としたときの対象A, B, Cそれぞ
れの自己中心視方向と，対象Bを原点としたときの
対象A, Cそれぞれの物体中心視方向が描かれてい
る。視野内に複数の対象がある場合は，観察者から見
たそれぞれの視方向の差分を相対視方向（relative
direction）という。一般には相対視方向と言えば自
己中心視方向の差である。たとえば図13-1-2aで言
えば，観察者を原点としたときの対象Aの視方向と
対象Bの視方向の差が相対視方向となる。

　自己中心視方向の研究は，視方向の原点をどこ
に仮定するかという説明原理の違いによって二つ
のグループに分けることができる（Ono & Wade,
2012）。一つのグループでは，眼と対象が作り出す
幾何学的な関係に基づいて視方向を説明し，いずれ
か一方の眼が視方向の原点であると仮定している。
この考えはEuclid（Euclides：紀元前約323-283
年）まで遡る（Howard & Rogers, 2012；Ono &
Wade, 2012）。もう一つのグループでは，観察結果
にもとづき視方向の原点は両眼の中心にあると仮定
している。この考えはAristotle（Aristoteles：紀
元前384-322年）まで遡る（Ono & Wade, 2012）。
最近でも前者の考えを主張する研究はあるものの
（Erkelens & Van Ee, 2002），2000年以上にわたる
さまざまな観察と実験の蓄積から，現在は後者の考
えが一般的である。II・13・2では後者の考えに従っ
て視方向について説明する。

　物体中心視方向は，以下に述べる物体中心距離と
ともに，両眼視空間が非ユークリッド空間であるか
どうかを推論するための指標として用いられてい
る。本章では物体中心視方向に関する研究は扱わな
いが，両眼視空間の構造に関する研究としては，た
とえば，東山（1996），Higashiyama（2020）を参照
されたい。

13・1・1・3　視距離（見かけの距離，観察者中心視 距離，絶対視距離）

　視距離という用語はある原点の位置からの対象ま
での見かけの距離である。原点位置によって2種類
定義できる。最初は観察者を原点としたときの，観察
者からある一つの対象までの見かけの距離である。
観察者中心視距離（viewer-centered distance），自
己中心視距離（egocentric visual distance），見かけ
の自己中心距離（perceived egocentric distance），
あるいは絶対視距離（absolute visual distance）と
も呼ばれる。次はある対象を原点としたときの，そ
の対象から別の対象までの見かけの距離であり，物
体中心視距離（object-centered distance）と呼ばれ
る。見かけの環境中心距離（perceived exocentric
distance）とも呼ばれる（Gogel, 1973）。図13-1-2b
では，観察者を原点としたときの対象A, B, Cそれ
ぞれの観察者中心視距離と，対象Bを原点としたと
きの対象A, Cそれぞれの物体中心視距離が描かれ
ている。本章では観察者中心視距離を表現するとき
には単に「視距離」という用語を使用する。

　視距離の研究は，二つのグループに大別できる。暗
室下などの還元条件下で個別の距離手がかりを操作
し，手がかりと視距離の関係の解明を目指すグルー
プと，距離手がかりが豊富に存在する日常空間にお
ける，距離知覚の特性の解明を目指すグループであ
る。本章では前者のグループの成果を，距離手がか
りに関して眼筋や動眼系からの情報に由来する手が
かり（生理的手がかり）を調べた研究と網膜像の情
報に由来する手がかりを調べた研究に分けて解説す
る。一方後者では，対象までの距離だけではなく，
対象の見かけの大きさ（perceived size）も研究の対
象としていることが多い。そこでII・13・3では視
距離だけではなく，視距離と見かけの大きさの関係
についても解説する。

13・1・1・4　相対視距離（見かけの奥行き）

　相対視距離（relative visual distance）あるいは
相対的奥行きは，一般に二つの対象間の観察者中心
視距離の差を意味する（Howard & Rogers, 2012）。
図13-1-2bの場合，観察者を原点としたときの対
象Aの視距離と対象Bの視距離の差が相対視距

第Ⅱ部　視覚

離である。本章では相対視距離を見かけの奥行き（perceived distance）と呼ぶ。本章ではまた，「奥行き」が明らかに「見かけの奥行き」を意味するときには単に奥行きと表現する。

　見かけの奥行きに関しては，個別の手がかりの特性はもちろん，複数の手がかり間の相互作用も研究されている。見かけの奥行きの研究では視距離の研究と同様，手がかりはいくつかの基準で分類されている。各手がかりの分類基準，定義は次のⅡ・13・1・2で解説する。奥行き手がかりはおおむね，網膜由来であるが，本章ではその手がかりの分類基準を両眼性か単眼性とした。前者は対象の左右網膜像の位置ずれや食い違いに由来する手がかりでありⅡ・13・4で扱う。後者は単眼刺激（あるいは観察者）が運動しているときにのみ利用可能か，静止していても利用可能かによって分類される。単眼性奥行き手がかりはⅡ・13・5で扱う。また，Ⅱ・13・6では手がかり間の相互作用について，さらにⅡ・13・7では手がかり間の相互作用に関する学習の影響と個人差について解説する。

13・1・1・5　奥行き形状と順序（重なり）

　本章では3次元方向に広がった対象の見かけの表面形状についての研究も含んでいる。それらは3次元方向に傾いた平面の知覚（Ⅱ・13・4・2で扱う），刺激の運動から得られる3次元形状知覚（Ⅱ・13・5・1で扱う），あるいは影の分布から得られる凹凸のような3次元形状知覚（Ⅱ・13・5・2で扱う）である。さらに，量をもたない奥行き情報（奥行きの順序情報）を伝える重なりについては，Ⅱ・13・5・2・3で取り上げる。

（下野　孝一）

13・1・2　奥行き知覚の情報源

13・1・2・1　奥行き手がかりの分類

　3次元空間の視知覚において，空間的広がりとそこに存在する複数の物体の位置関係，さらに物体表面の3次元形状を把握する機能は奥行き知覚（depth perception）と呼ばれる。この奥行き（depth）という用語は，前述のように自分から対象

までの見かけの距離，すなわち自己中心視距離と，自己中心視距離の差としての相対視距離の両方を意味する。奥行きを知覚する際に利用される情報は「奥行き手がかり（depth cue）」と呼ばれ，3種類の基準で分類される。第1は，その手がかりが眼球の状態に関する情報か網膜像に含まれる情報かという基準であり，前者を動眼手がかり（oculomotor cue），後者を視覚手がかり（visual cue）という。第2は，その手がかりが両眼由来の情報か単眼由来の情報かという基準であり，前者を両眼手がかり，後者を単眼手がかりという（Sekuler & Blake, 1990）。第3は，その単眼手がかりが有効となるのは網膜像が動いている場合か静止している場合かという基準であり，前者を動的手がかり，後者を静的手がかりという（Howard, 2002）。これらの手がかりとそこに含まれる情報源の関係を図13-1-4に示す。

1）動眼手がかり

　動眼手がかりは眼球内外の筋緊張状態の情報であり，輻輳（vergence）と調節（accommodation）に分類される。なお上記の第2の基準では，輻輳は両眼手がかり，調節は単眼手がかりである。

・輻輳

　左右眼は共に対象を網膜の中心窩で捉えようとするため，無限遠以外の対象を見る場合，各眼の視軸の延長線はその対象で一点に収束することが期待される。このとき，固視する対象と観察者との距離に従い，非共同性眼球運動（異側性両眼運動）と呼ばれる左右両眼間での反対方向への回転により両眼の寄り具合が変化する（苧阪他，1993）。この視軸の延長線がなす角度を輻輳角というが，両眼が寄る動きは輻輳（convergence），眼が離れる動きは開散（divergence）といい，その際の動眼筋の筋緊張の情報から観察者は対象までの距離の遠近を知ることができる（Ⅱ・13・3・1参照）。

・調節

　眼球内部の水晶体周囲の毛様体筋は水晶体を眼球内の適切な位置に固定すると同時に，その収縮と弛緩によって水晶体の形状を変化させ，眼球への入射光が網膜投影面上で焦点を結ぶための役割を果たしている。この過程における毛様体筋の緊張の情報が調節である（Ⅱ・3・1・7・1参照）。観察者の眼球か

第13章 奥行き知覚：3次元空間知覚の方向・距離・順序

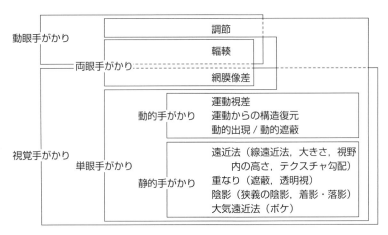

図13-1-4 奥行き知覚の情報源

ら対象までの距離が近い場合，網膜上に焦点を合わせるために毛様体筋は収縮し，また距離が遠い場合は逆に弛緩するので，その筋緊張の情報から観察者は対象までの距離の遠近を知ることができる。

2）視覚手がかり
・両眼手がかり

　視覚的な両眼手がかり（binocular cue）の代表は，両眼網膜像差（binocular retinal disparity）と呼ばれる左右眼の網膜像の位置ずれである。二つの眼球が左右に，すなわち水平方向の異なる位置に並ぶ構造は多くの動物に共通しているが，両眼の視野が重複していても各眼の網膜像の重複部分は同一にはならない。なぜなら各眼の視軸の方向の差，すなわち両眼視差（binocular parallax）が存在するからであり，観察者が固視している場所より近くにある対象と遠くにある対象では網膜上に結ばれる像の左右位置が両眼間で互いに反対方向にずれる（II・13・4・2参照）。この両眼網膜像差は奥行きを知覚する両眼立体視の代表的な手がかりとして知られており，応用領域では3Dの映画やテレビなど立体映像を実現する手段として一般的に利用されている。この応用面についてはII・13・4・4で解説する。なお，この両眼網膜像差と同じ意味で慣用的に「両眼視差」と表記される場合もある。

・単眼手がかり

　単眼手がかり（monocular cue）の第1は運動視差等の動的手がかり（dynamic cue）である。これは奥行きを復元する際に利用される網膜像に含まれる運動情報であり，II・13・5で詳述するように，観察者生成運動視差，対象生成運動視差，運動からの構造復元（structure from motion），動的出現／動的遮蔽（accretion/deletion）が含まれる。たとえば，観察者の前方の異なる距離に二つの物体があると考えよう。物体が静止していても観察者が水平方向に移動すると，それぞれの物体の網膜像は互いに異なる水平速度で網膜上の位置を変化させる。反対に，観察者が静止していても，二つの物体が外界で水平方向に等速で移動すると，それぞれの物体の網膜像はやはり互いに異なる水平速度で網膜上の位置を変化させる。動的単眼手がかりは，この3次元空間における観察者と複数の視対象との間の相対的位置の違いが引き起こす網膜像の体系的な位置変化を情報とし，そこから相対視距離を逆算する過程と考えられる。

　単眼手がかりの第2は網膜像そのものに含まれる複数の静的手がかり（static cue）である。これらは絵画的奥行き手がかり（pictorial depth cue）とも呼ばれるように，奥行き表現技法として古くから絵画の世界で知られてきた（Kaufman, 1974）。これらの個々の手がかりは単独ではそれほど強力に感じられなくとも，複数が組み合わされた場合に得られる奥行きの印象は強くなる。たとえば，自然の風景を写した1枚の写真は静的単眼手がかりに満たされており，その写真のなかの複数の対象同士の奥行き位置関係を見誤ることは少ない。さらにそれらの手がかり同士の相乗効果は高く，リバースペクティブの例

693

で体験できるように（Ⅱ・13・6・4・4 参照），両眼立体視や運動視差からの奥行き知覚を凌駕することさえある。静的単眼手がかりは，線遠近法，大きさ，視野内の高さ（上下位置），テクスチャ勾配といった下位手がかりを含む遠近法に加え，重なり，陰影，大気遠近法があり，それらについてはⅡ・13・3とⅡ・13・5で詳述する。

13・1・2・2 奥行き手がかりの統合と奥行き知覚の生態学的議論

このように視覚系が多様な奥行き手がかりを利用している意味を考えるため，この章の冒頭で述べた奥行き知覚の生態学的観点に立ち戻ろう。前述のように，人間を含む動物は実空間内に存在する対象の実際の位置とその対象の視空間内での見かけの位置のずれを最小化することで捕食者から逃れ，狩りを成功させて生存率を最大化してきた。その際に複数の奥行き手がかりはすべて等価に利用されるわけではなく，状況や経験に応じてそれぞれの情報に異なる重み付けが行なわれ，その上で奥行き手がかりの統合がなされると考えられている（Ⅱ・13・7・2 参照）。

生態学的観点からは，種によって利用可能な奥行き手がかりに違いがある点も見逃せない。たとえば，ネコ科動物にとっての被食動物であるウサギやウマのような草食哺乳類の多くは眼が頭部側面にあるため両眼の視野重複が少なく，両眼網膜像差を利用できる視野上の範囲が少ない。一方で，ネコ科の捕食動物は両眼が頭部前面についていて視野重複が多く両眼網膜像差を利用できる視野上の範囲が広い（Gibson, 1979）。これらの特徴は，被食動物は両眼を合わせた視野が広いほど捕食動物を検知しやすく生存確率が高くなる一方，捕食動物は狩りにおいて被食動物に気づかれずに近づこうとするため両眼立体視による静止状態での被食動物までの距離測定が重要であることを反映していると考えられる。このように奥行き手がかりの多様性とそれぞれの有効性を生態学的観点から考えることは，奥行き知覚全体の理解を深める一助となるに違いない。

（櫻井 研三）

13・2 視方向

13・2・1 視方向原点（サイクロープスの眼）と基礎概念

実空間であれ視空間であれ，対象の方向を記述するには原点が必要である。視方向について議論する場合，その原点は頭部座標，なかでも両眼の結節点の中央に原点をおく自己中心座標で記述されることが多い。この視方向原点はさまざまな用語で呼ばれているが，本書ではサイクロープスの眼（cyclopean eye）という用語を用いる。

Ⅱ・13・1・1・2で述べたように，ある対象の方向が観察者にどのように判断されるのかは，いくつかの規則（法則，原理）で記述されることが多い（Hering, 1942/1879；草野・下野，2013；中溝，1988, 2000, 2003；Ono, 1979, 1981, 1991；Ono & Mapp, 1995；Ono & Wade, 2012）。たとえば，Ono（1991）はその規則をいくつかの公理にまとめ，それらを先人の名を冠してWellsとHeringの視方向原理（Wells-Hering's principles of visual direction）と呼んでいる（用語法の妥当性については，van de Grind et al., 1995 を参照）。本稿ではその原理を参考に，下野（1998）の用語法で視方向原理を説明する。

視方向原理の説明のために，以下に用語を解説する。図13-2-1は，眼の高さの横断面と正中面の交線上の点Aを両眼で固視し，左眼のみで対象Bを観察

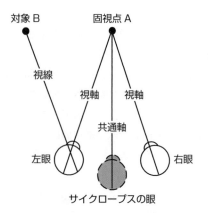

図13-2-1 視方向に関連する基礎概念の模式図（俯瞰図）（草野・下野，2013を改変）

している状態を表現している。この図では視方向判断の原点はサイクロープスの眼である。図 13-1-1a と同様，対象と結節点とその網膜像を結ぶ線分を視線，固視点（fixaton point）とそれぞれの眼を結ぶ視線を視軸と呼ぶ。また，サイクロープスの眼と固視点を結んだ線分を共通軸（common axis）と呼ぶ。もちろんサイクロープスの眼も共通軸も仮想のものであり構成概念である。

13・2・2　視方向原理

視方向原理によれば，視方向は基本的に両眼の眼球位置（固視位置），対象の網膜位置，対象の網膜像差の三つの要因により決定される。また，対象が視軸上にあるかどうかでも異なる。下野（1998）によれば，視方向原理は四つの下位原理からなっている。以下ではそれらの下位原理に言及し，II・13・2・3 で説明可能な錯視，あるいは現象について解説する。

・原理 I：サイクロープスの眼の原理
対象の視方向はサイクロープスの眼から判断される（図 13-2-1）。

・原理 II：共通軸の原理
対象が視軸上にあるときは，その視方向はサイクロープスの眼と固視点を結んだ線（共通軸）（図 13-2-1）上に見える。

・原理 III：単眼あるいは複視（double vision）の原理
対象が視軸上になく，かつ単眼視されるか，あるいはその網膜像差が大きいため複視されているときは，共通軸と対象のなす見かけの角度はその対象の視線と視軸のなす角度に等しくなるように見える。

・原理 IV：融合の原理
対象が視軸上になく，かつその網膜像差がゼロか小さい場合，左右眼の単眼像同士が融合し，融合した対象は，単眼像の視線がそれぞれの視軸となす角度の平均と一致するように，共通軸から偏位して見える。

13・2・3　視方向原理と方向錯視

視方向原理で説明可能な錯視や現象にはさまざまなものがある（Howard & Rogers, 2012；中溝, 2003；中溝・光藤, 2007；中溝・田谷, 2008）。ここではそれらのうち代表的なものを二つ説明する。

13・2・3・1　増える線分錯視

この錯視では原理 I, II, III の予測と一致する視方向を観察できる。錯視を観察するには図 13-2-2a に示すようなカードを使う。このカードには正面で交わる赤の線分（観察者から見て左側）と緑の線分（観察者から見て右側）がそれぞれ 1 本ずつ描かれている。観察者はカードを眼前に置きその高さを，線分の交点が少し斜め下（あるいは上）にくるよう

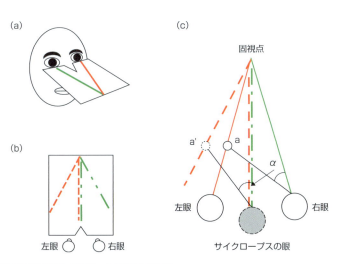

図 13-2-2　増える線分錯視の説明図（下野，1998 を改変）
　　（a）観察の仕方，（b）見え，（c）原理 III による説明

695

に，またそれぞれの線分がそれぞれの眼に向かってくるように調整する（図13-2-2a）。その後，線分の交点を固視すると，①赤い線分と緑の線分は重なったかのように，正面の交点から鼻（両眼の中心）に向かってくるように見え，また②赤の線分が左耳に向かって緑の線分が右耳に向かっているかのように見える（図13-2-2bでは見えを点線で表現している）。

①の見えは原理ⅠとⅡで，②の見えは原理ⅠとⅢで説明できる。①の場合，赤の線分は左眼の視軸上に，緑の線分は右眼の視軸上にある。原理はいずれの線分も共通軸上に見えることを予測する。②の場合，右眼に映った赤の線分と左眼に映った緑の線分は視軸上にない。ここでたとえば，右眼に映った赤の線分上の点aに原理Ⅲを適用すると，共通軸と点aの見かけの角度はその点を通る視線と視軸のなす角度に等しくなるように見える（a'）。このときa'の観察者からの見かけの距離がaの物理的距離と等しいとすると，実際より少し外側に見える（図13-2-2c）。同様のことが（右眼で観察した）赤い線分上の別の点，さらに（左眼で観察した）緑色の線分上の点でも生じるので，二つの線分は②のような見え方をする。

13・2・3・2 アレロトロピア

この現象では原理Ⅳの予測と一致する視方向を観察できる。左右眼に呈示された刺激の網膜像差が小さいとき，両眼で融合した刺激の視方向は，各単眼刺激の水平方向が加算平均されたかのように見える。この現象をアレロトロピア（allelotropia）という。たとえば，中央部分が互いに水平に，反対方向に曲がっている単眼刺激（図13-2-3a）を左右眼各々に呈示したとき，その刺激は融合され一直線の垂線（図13-2-3b）に見える。この見えは「刺激の網膜像差が小さい場合，融合した対象の視方向は，単眼像の視線がそれぞれの視軸となす角度の平均と一致するように見えている」ことを示しており，原理Ⅳと一致している。このとき垂線はまた曲線の上下部分に比べ中央部分の奥行きが手前に（凸に）見えている。

13・2・4 視方向原理の例外現象

すでに述べたように，視方向原理を支持する研究結果は数多く報告されている。しかしながら，それぞれの眼に呈示される刺激条件の差や周辺に呈示される刺激，また個人差などにより，対象（刺激）の視方向は必ずしも原理の予測とは一致しないこともわかってきた。Ⅱ・13・2・4ではそれぞれの下位原理（原理Ⅱ, Ⅲ, Ⅳ）の例外現象について議論する。ただし原理Ⅰに例外現象があるという主張についてはⅡ・13・2・5・2で別個に議論する。

13・2・4・1 原理Ⅱの例外現象

本原理が成立しない現象はSridhar & Bedell (2011, 2012, 2013) によって示唆されている。以下の現象は自己中心視方向に関するものである。たとえばSridhar & Bedell (2011) は左眼，あるいは右眼の眼球位置を正中面に固定し，他方の眼の眼球位置を正中面の左，あるいは右に置いた場合の，固視刺激の見かけの視方向を開ループ指差し課題 (open-loop pointing task) を使って測定した。この方法では，観察者は暗中に呈示された固視刺激の視方向を記憶し暗中で指差した。その結果，13人中6人で，指差された方向は原理Ⅱの予測から逸脱した。この結果は，視軸上の刺激が必ずしも共通軸上に見えるわけではないことを示しており，原理が成立するかどうかには個人差があることになる。ただし左眼条件と右眼条件の差は観察者間で平均すると原理Ⅱの予測と一致した。さらにSridhar & Bedell (2012) は，開ループ指差し課題で測定した固視刺激の視方向は刺激の明るさやボケ (blur) などの網膜像情報の特性にも影響されることを報告した。

またOno et al. (2000) は視軸上の刺激でも周辺に網膜像差をもった両眼刺激を呈示したときには，融合せずに複視されることもあることを示した。こ

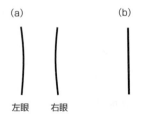

図13-2-3　アレロトロピアの例（下野，1998を改変）
　　　　　(a) 刺激，(b) 見え

の結果は，「視軸上の対象は対応網膜点を刺激するが，二つの視方向に見えることがある」というWheatstone（1838）の主張を支持している。

13・2・4・2 原理Ⅲの例外現象

原理Ⅲの予測と異なる現象は，単眼刺激の自己中心視方向，あるいは相対視方向に関する研究で多く報告されている。これらの現象は単眼刺激と両眼刺激が同時に呈示された場合に生じる（Domini & Braunstein, 2001；Erkelens & van Ee, 1997a, 1997b；Hariharan-Vilupuru & Bedell, 2009；Raghunandan, 2011；Raghunandan et al., 2009；Raghunandan & Andrus, 2014；Rogers & Bradshaw, 1999；Shimono et al., 2005；Shimono & Wade, 2002）。一方，複視された刺激の視方向に関する研究そのものが少ない。例外現象としては，刺激の空間周波数が低い場合に原理Ⅲの予測よりもより中心窩寄りにずれて見えるという報告（Rose & Halpern, 1992）があるのみである。

1）自己中心視方向

自己中心視方向の例外現象は Erkelens & van Ee（1997a, 1997b）によって報告されている。彼らは同一のランダムドットパターン（random-dot pattern: RDP）からなる刺激を左右の眼に独立に呈示し，前額平行面上で左右反対方向にサイン波状に動かした。また，単眼刺激（線分）を RDP の一方の眼に呈示し，両眼刺激と同期させて動かした。その結果，両眼刺激と単眼刺激は静止して見えた。さらに Erkelens & van Ee（1997a, 1997b）は刺激観察中の眼球位置を測定し，単眼刺激が視軸上にない場合でも止まって見えること，つまり刺激の網膜位置や共通軸が異なっても同じ方向に見えることを示した。これらの見えは原理Ⅲに反する。また Shimono et al.（2007）は刺激の運動ではなく，観察者の運動が作り出す静止刺激の見かけの運動（視方向の変化）が原理Ⅲに反することを示した。さらに Ono & Saqib（2015）は，いずれの眼に刺激が呈示されているかを観察者が知っていることも原理Ⅲに反する現象を生むことを示した。

2）相対視方向

Shimono et al.（2005），Shimono & Wade（2002）は，RDP 上（両眼刺激）に置かれた 2 本の垂直線（単眼刺激）（図13-2-4）を上下の水平視方向が同一になるよう（一直線に見えるよう）に調整させた（副尺課題，vernier task）。原理Ⅲによれば，垂直線の（物理的）垂直位置が同じであるときに一直線に見えるはずである。というのは，そのとき共通軸とそれぞれの垂直線のなす角度が一致するからである。しかしながら測定の結果，上下の垂直線の水平位置が物理的にずれていても一直線に見え，そのずれ量（原理からの逸脱量）は，周囲の両眼刺激の網膜像差が比較的小さい場合，原理Ⅳ（融合の原理）の予測に従った（Shimono & Wade, 2002）。その後の研究によれば，逸脱量は RDP の密度と単眼刺激の見かけの奥行き量（Shimono et al., 2005），単眼刺激の呈示タイミング（Domini & Braunstein, 2001），単一刺激間の距離（Raghunandan et al., 2009），単眼刺激の空間周波数やコントラスト特性（Raghunandan, 2011）などにも依存することがわかった。さらに Hariharan-Vilupuru & Bedell（2009）は，原理Ⅲからの逸脱現象は垂直網膜像差をもつ両眼刺激とともに単眼水平線分を呈示しても生じることを示した。

単眼刺激の視方向が必ずしも原理Ⅲに従わないならば，両眼眼球位置を推定するノニウス法（Nonius method）に問題が生じる。ノニウス法では原理Ⅲに基づき，一対の単眼刺激が一直線に見えたところが両眼眼球位置であると仮定している。ところがすでに述べたように，この仮定は，たとえば単眼刺激と両眼刺激が同時に呈示されるような条件では成立しない。そのためノニウス法を自覚的眼球位置測定法として使用するには注意が必要となる

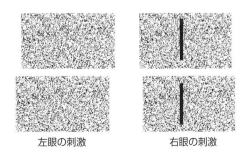

左眼の刺激　　　　　　右眼の刺激

図13-2-4 Shimono & Wade（2002），Shimono et al.（2005）の研究で使われた刺激の模式図

第Ⅱ部　視覚

(Domini & Braunstein, 2001；Erkelens & van Ee, 1997a, 1997b；Jaschinski et al., 2006；Ono & Mapp, 1995；Shimono et al., 1998)。ノニウス法の詳しい説明は Shimono et al.（1998），草野・下野（2013）を参照していただきたい。

13・2・4・3　原理Ⅳの例外現象

　左右眼に呈示される刺激間で輝度コントラストやボケの程度に差がある場合，融合された刺激の視方向は必ずしも原理Ⅳの予測と一致しない（Howard & Rogers, 2012；Mansfield & Legge, 1996）。たとえば Mansfield & Legge（1996）は，融合された刺激の視方向は視軸と視線とのなす角の寄与が左右眼で異なることを示した（原理Ⅳでは左右の視軸と視線のなす角は平均されるので，寄与は両眼で等しいことになる）。彼らの両眼刺激は，固視点の下に左右眼で同じ輝度コントラストをもつガボールパッチ，上に左右眼で輝度コントラストが異なるガボールパッチからなり，両者は網膜像差をもっていた。観察者は融合した上下のパッチが一直線になるように下のパッチの水平位置を調整した（副尺課題）。その結果，下の融合パッチの水平位置は，原理Ⅳの予測より輝度コントラストが大きい単眼像のほうへ偏位して見えた。彼らは，この結果と網膜位置情報の信頼性に関する従来の知見から，それぞれの眼に与えられる網膜位置情報が信頼性によって重み付けされたあと平均化され，融合刺激の視方向が決定されるとする加重平均モデルを提案した。類似のモデルは Ding & Sperling（2006）や Sridhar & Bedell（2011）によっても提案されている。

　さらに左右の眼に呈示される単眼刺激のコントラストや輝度が同じでも，個人によっては，融合像の視方向は必ずしも原理Ⅳの予測と一致しないことも報告されている（Ehrenstein et al., 2005；Kommerell et al., 2003）。この報告は，融合刺激の視方向を決定する際，各個人で左右眼の視方向の重みが異なると仮定すれば，先述の加重平均モデルで説明できる。また融合像の視方向が必ずしも「単眼像の視線とそれぞれの視軸がなす角度の平均」ではない，という現象は Kusano & Shimono（2018）によっても報告された。彼らは，融合像の視方向はそ

の周囲に置かれた面の傾きによっても影響を受けることを示した。

13・2・4・4　レオナルド拘束条件

　レオナルド拘束条件（Leonardo's constraint）というのは「3次元場面を2次元のキャンバス上では表現することはできない」という視方向に関する拘束条件である（Howard & Rogers, 2012；Ono et al., 2003；Ono et al., 1998；Ono, Wade et al., 2002）。この拘束条件は原理ⅢとⅣの例外である。この現象はより手前にある面（前面）がより後ろの面（背景面）を隠すような3次元場面で生じる。このような条件では，背景面の左右の端の部分は前面に隠れて見えない単眼領域が生じる。Ono et al.（2003；Ono, Wade et al., 2002；Ono et al., 1998）はそれぞれの面上のいくつかの部分の自己中心視方向を測定した。その結果，背景面を固視した時には前面刺激の自己中心視方向は原理Ⅳの予測より内側になり，前面刺激を固視した時には背面刺激の単眼領域の自己中心視方向は原理Ⅲの予測より外側になった。これらの現象は非感性的縮小（amodal shrinking）やPoggendorff 錯視や Kanizsa 錯視を説明できる。

13・2・5　視方向原点（サイクロープスの眼）の位置

13・2・5・1　原点位置の測定

　原理Ⅰで仮定したサイクロープスの眼の位置は四つの方法で測定されている。各測定法は Howard & Temple（1966），Fry（1950），Funaishi（1926），Roelofs（1959）によって提案された（それぞれの測定法については，東山，1996；中溝，2003；中溝・光藤，2007；Ono, 1991 を参照）。これらの方法はいずれも刺激の自己中心視方向を基準にしてサイクロープスの眼の位置を推定している。しかしながら，それぞれの方法で測定されたサイクロープスの眼の位置は必ずしも一致しない。Barbeito & Ono（1979）はこれらの測定法の予測妥当性と信頼性を調べ，そのなかで Howard & Templeton 法（Howard and Templeton's method）と呼ばれる方法が最も高い予測妥当性と信頼性をもつことを見いだした。この

方法では両眼で対象（標準刺激と比較刺激）を継時的に観察する。典型的には観察者はまず暗室で標準刺激のみを数秒固視し、"自分からの方向"を判断し記憶する。その後標準刺激は消され、標準刺激より近距離に比較刺激が数秒間呈示される。観察者は標準刺激と比較刺激の"自分からの方向"が一致するように、比較刺激の位置を前額面に沿って調整する。調整の後、標準刺激と比較刺激の間に直線が引かれる。次に同一の前額面上の異なる位置に置かれた標準刺激に対しても同様の手続きで直線を引く。この直線の交点が視方向原点である。Howard & Templeton 法で測定した原点位置は、個人差はあるが両眼の中央にくることが多く、サイクロープスの眼の原理と一致する（Ono & Barbeito, 1982）。Howard & Templeton 法は修正され、他の感覚モダリティにおける方向判断の原点位置の測定にも使われている（Shimono & Higashiyama, 2011；Shimono et al., 2001；Sukemiya et al., 2008）。

13・2・5・2　可動原点仮説と優位眼仮説

原理 I は成立しないこと、つまり視方向原点の位置は両眼の中央に位置していないと主張する研究は大きく二つに分けられる。視方向の原点は刺激条件によって移動するという考え（可動原点仮説）と、左右いずれかの優位眼（dominant eye）に位置するという考え（優位眼仮説）である。

1）可動原点仮説

この仮説は Mansfield & Legge（1996）によって主張されている。彼らは II・13・2・4・3 で述べた刺激を使い、原理 IV からの偏位は左右眼のコントラストに加え、上下のパッチの網膜像差に依存していることを見いだし、その結果を視方向原点が移動したためであると解釈した。しかしながら彼らは刺激の相対視方向を測定している。そのために、彼らの結果は、サイクロープスの眼は固定していたが上下の融合パッチのうちいずれか一方、あるいは両方の視方向が移動したと仮定しても説明可能である（Banks et al., 1997；Mapp & Ono, 1999）。さらに、Erkelens らも刺激の特性によっては視方向原点が異なるという主張をしている（Erkelens, 2000；Erkelens et al., 1996；Erkelens & van Ee, 2002）。彼らの主張も

Mansfield & Legge と同様、相対視方向を測定した結果に基づいているので、Howard & Rogers（2012）、Khokhotva et al.（2005）、Mapp & Ono（1999）、Ono & Mapp（1995）、Ono, Mapp et al.（2002）、Ono & Wade（2012）などで批判的に議論されている。

2）優位眼仮説

優位眼の定義は多様であるが、優位眼を視方向原点とする考えは比較的古くからある（Mapp et al., 2003；Porac & Coren, 1986）。この考えは測定された刺激の相対視方向が、あたかも一方の眼から判断されたようにみえることに基づいている。たとえば、優位眼を調べる方法の一つにリングテストがある。このテストの場合、観察者は①手に持ったリングの中央にある固視刺激を見る、②リングの中央に固視刺激の位置を保ったまま、そのリングをいずれか一方の眼前にもってくるように教示される（Khan & Crawford, 2001）。このテストではリングが置かれた眼が優位眼とされる。すでに議論したように、視方向原点の位置は相対視方向を測定したデータからは推定できない。優位眼仮説は、固視刺激と調整されたテスト刺激を通る直線上に視方向原点があるという"誤った"解釈に基づいており、可動原点仮説同様の欠点をもっている（Howard & Rogers, 2012；Ono & Wade, 2012）。ただし、例外的に視方向原点の位置が一方の眼にある場合も報告されている。Moidell et al.（1988）は Roelofs（1959）の方法で視方向の原点の位置を測定し、病気のために生後 1 か月から 4 歳までに片眼を摘出した患者では、視方向の原点は残った眼の位置と一致すると報告している。

（下野 孝一）

13・3　距離の知覚

13・3・1　距離手がかりの分類

観察者から対象までを絶対的距離（absolute distance）といい、ある対象と他の対象との間の距離を相対的距離（relative distance）、もしくは奥行き（depth）という。2 次元的な網膜像には、絶対的距離および相対的距離を一義的に特定する情報が欠けている。それでも、視覚系が日常生活において支

第 II 部　視覚

障が生じない程度の正確性と精度で絶対的距離や相対的距離の知覚を成立させているのは，さまざまな手がかり（cue）からの情報抽出に基づくと考えられている（距離，奥行き知覚の手がかり説）。本節では，絶対的距離の知覚に有効と考えられている手がかりを紹介する。

13・3・1・1　輻輳と調節

両眼の輻輳（vergence）とそれぞれの眼球における水晶体の調節はともに絶対的距離に関する筋運動性の手がかりである。

1）輻輳

個々の眼球は，それぞれが 3 対計 6 本の外眼筋によって，1 点を中心とした 3 軸の回転運動を行う。視軸を上下に動かす場合は上転と下転，耳側と鼻側に動かす場合は外転と内転と呼ぶ。さらに，視軸を軸として眼球の上部が耳側に運動する外旋，鼻側に運動する内旋がある。上転，下転，外旋，内旋は随意的に制御可能だが，外旋と内旋の随意的制御は困難である。

対象を両眼で固視する際，左右の眼は独立して動くのではなく，外眼筋が協調して動く。この協調的眼球運動には，両眼が同方向に動く共同性眼球運動（同側性両眼運動：conjugate eye movement）と反対方向に動く非共同性眼球運動（異側性両眼運動：disjunctive eye movement）がある。前者は頭部から対象までの方位に対応するのに対し，後者では頭部から対象までの距離に対応して左右眼の視軸が張る角度である輻輳角（vergence angle）が変わる（II・15・5・2・3 参照）。無限遠の対象を観察する際，両眼がそれぞれ正しく対象に向けられていれば，視線が平行になり，輻輳角は 0° となる。

観察者の正面数 m 内の距離にある刺激を観察する際，両眼が内転することで両眼の網膜像は融合して一つになる（融合性輻輳：fusional vergence）。他方，単眼を遮蔽し，開いているほうの眼でさまざまな距離にある刺激を次々と固視した場合，閉じているほうの眼も，開いている眼と連動して輻輳運動する（調節性輻輳：accommodative vergence）。

さまざまな距離にある対象を固視する際の両眼の眼位やそれを維持するための外眼筋の緊張状態が距離知覚の情報源になっている可能性が古くから考えられてきている。外界の対象を固視する際の輻輳の状態に関わる情報が距離の知覚に寄与するという考え方は Berkeley（1709）にも認められる。

2）調節

水晶体は Zinn 小帯線維に包まれている。Zinn 小帯線維は，動眼神経を介して中枢により制御される毛様体筋の制約を受ける。近距離の対象を固視すると，毛様体筋が収縮し，Zinn 小帯線維が張力を失う。このとき，水晶体はそれ自体の弾力によって曲率が増大する。他方，遠距離の対象を固視すると，毛様体筋は弛緩するとともに Zinn 小帯線維が張力を得ることで，水晶体の曲率が減少する。固視する対象までの距離の変化に伴う毛様体筋と水晶体のこのような連動的変化を調節（accommodation）と呼ぶ（II・3・1・7・1 参照）。近視，遠視，老視などの眼の屈折異常がない正視眼であれば，調節していない状態で無限遠物体がちょうど網膜に結像する。また，調節により，眼前 10 cm 程度までの対象に焦点を合わせることができる。この水晶体の曲率を変える毛様体筋の弛緩と Zinn 小帯線維の張力に関わる情報が距離知覚に使われる可能性が古くから考えられてきている。たとえば，基礎にあるメカニズムが適切に理解されていたわけではないが，調節が距離の知覚に関わるという考え方は Descartes（1664）や Berkeley（1709）にも認められる。

3）輻輳と調節からの距離知覚

輻輳と調節は連動して変化する。たとえば，無限遠の対象を見るために両眼の視線を平行にした場合，毛様体筋が弛緩し，水晶体の曲率が減少する。こうした輻輳と連動した調節は輻輳性調節（convergence accommodation）と呼ばれる。

輻輳と調節が互いに連動するため，それらを個別に制御することは困難である。輻輳と調節のそれぞれが単独で距離知覚にどのように影響しているのかに関してこれまでの研究結果は必ずしも一貫していない（Howard & Rogers, 2002）。

たとえば，調節による距離知覚への寄与を調べた Wundt（1862）は，筒を通して単眼観察された黒い絹糸に対する距離弁別知覚を調べた。参加者は，100 cm の観察距離では 8 cm，250 cm の観察距

離では 12 cm の距離の違いがわかったものの，観察距離は答えられなかった。他方，黒色のカードの角の部分が奥行き方向でゆっくりと動いた際には動きが検出されなかったが，急に距離が変化した際は 1-0.5 m の焦点距離の変化に相当する距離変化が検出された（Hillebrand, 1894）。また，刺激が突然に観察者に近づく状況でも距離の違いが検出された（Dixon, 1895）。これらの研究は，静止した刺激や観察者との間の距離がゆっくりと変化する刺激に対しては調節に対応した距離の知覚の変化は生じにくいものの，急な距離の変動については，それに対応した調節に基づいて距離変化に気付きうることを示唆している。

Fisher & Ciuffreda（1988）は，水晶体の調節がしやすい高コントラストで明確な輪郭をもつ刺激と，調節がしにくい低輝度で明確な輪郭をもたない発光円盤を用意し，それぞれの単眼観察において，刺激の距離と知覚された距離との対応関係を調べた。参加者は，単眼観察したターゲットについて，見えない位置にある手で観察距離のポインティングをすることにより，知覚された距離を報告した。また，オプトメーターによって観察時の水晶体の厚さが測定された。その結果，調節のしやすいターゲットに関しては，水晶体の厚さに線形的に対応して知覚される距離が小さくなる傾向が示された。他方，調整しにくいターゲットの観察では知覚された距離は水晶体の厚さとは対応していなかった。

Mon-Williams & Tresilian（1999）は，輻輳の効果を除外するために，単眼観察する刺激を観察眼の視軸上のさまざまな位置に呈示した。刺激の大きさは呈示距離と独立に操作された。10-50 cm の距離にある刺激までの見かけの距離について，見えない手でポインティングをさせたところ，個人差は大きいものの，半数以上の参加者で，調節に応じて見かけの距離が変動することが示された。こうした観察では，上述したように，知覚された距離の変動に対応して，閉じた眼に調節性の輻輳運動が喚起されるが，この輻輳運動は独自に刺激までの距離の知覚についての情報を与えるものではなかった。なお，レンズを用いて焦点距離を調整した実験では，調節が刺激の見かけの大きさに影響を及ぼすのは 2 m の観察

距離までと報告された（Wallach & Floor, 1971）。

他方，両眼の輻輳が距離知覚に及ぼす影響を調べるために，刺激観察の際の輻輳の角度を変え，知覚される距離を測る実験が数多く行われてきた。たとえば，刺激の視角を 10° に固定し，輻輳の角度を操作した実験では，知覚された視角，刺激の大きさ，距離は，輻輳の増加に対応して減少した（Komoda & Ono, 1974）。

また，Swenson（1932）は，輻輳と調節が連動している状況で，それぞれがどのように距離知覚に寄与しているかを調べた。この研究では，刺激網膜像の視角を一定に保ち，観察者には見えないマーカーを用いて刺激の見かけの距離を報告させた。その結果，距離推定の誤差は 1 cm 以下であった。人工レンズを通して観察することで調節を固定し，プリズムを使って輻輳だけ変えることにより，輻輳と調節の間に不一致を導入した場合，輻輳も調節も見かけの距離に影響を与えるものの，輻輳の効果が相対的に強かった。ただし，これまでのところ，それぞれの手がかりを体系的に操作し，見かけの距離に対するそれぞれの手がかりの寄与率を得るような研究はまだ行われていない。

なお，輻輳と調節との距離知覚への寄与を比較するこうした研究においても，結果は必ずしも一貫したものとはなっていない。こうした研究の間で結果に一貫性がなかったことに関しては，刺激に対する調節が正確に行われなかった可能性が指摘されている（Howard, 2012）。というのも，これらの研究では，それぞれの観察距離の対象に，それなりに正確に調節されることが想定されていた。しかしながら，実際に水晶体の厚さを測ると，観察距離に対応した正確な調節はうまくできていないことが多い。

輻輳と大きさ等の非筋運動性手がかりを組み合わせた研究も行なわれている。手がかり間に不一致がない場合，他の手がかりより輻輳の影響が強いこと（Tresilian et al., 1999），手がかり間に不一致がある場合，見かけの距離が各手がかりの示す距離の平均付近に落ち着く傾向があること（Mon-Williams et al., 2000）が示されている。

13・3・1・2　ボケ

　観察者から対象までの距離が大きくなるほど，その間にある大気に含まれる水蒸気やチリなどが増える。そのため，距離が大きくなるにつれ，対象像は青みがかった方向へ偏倚し，輪郭は不鮮明になりぼける。このように，大気を通した観察において距離に対応して生じる光学的変化に基づく絶対的距離知覚の手がかりを大気遠近法（aerial perspective）という。これは絵画的奥行き手がかり（pictorial depth cue）の一つであり，実際，絵画において距離を表現する際に多用されている。

　大気遠近法の光学的基礎として，観察距離の増大によって観察対象との間に水蒸気やチリが増えることによる明るさとコントラスト，彩度の低下がある。実際，明るさを強めると，見かけの距離は短縮される（Ames, 1946；Ittelson, 1952）。また，背景に対して高コントラストの対象ほど近い距離に見える（Mount et al., 1956；O'Shea et al., 1994）。

　明るさとコントラストを独立に操作した場合には，見かけの距離は明るさよりコントラストに依存する。コントラストとボケを独立に操作した場合，コントラストが同一であれば，ボケたほうが遠くに見える（O'Shea et al., 1997）。ボケが固定された場合，高コントラストほど近くに見える。これらの要因の効果は加算的である。

　傾いた表面の網膜像の光学的なボケの勾配は，傾きが一定であれば，観察距離が近くなるほど増加する。このボケは焦点の合った表面上の部位から近いか遠いかによらず生じる。

　高空間周波数をカットするフィルターを通して観察すると対象の視覚像はボケる。この人工的ボケは調節の影響を受けた結果のものではない。Vishwanath & Blaser（2010）は，前額平行面上の画像における人工的ボケの勾配を操作し，ボケの勾配の程度に応じて見かけの距離が変動することを示した。すなわち，ボケの緩やかな勾配を示す画像よりも急峻な勾配を示す画像のほうが近くに見える。このように，急峻なボケの勾配を導入することで絶対的距離が縮小して見える錯視が生じる（II・13・3・3・2参照）。

13・3・1・3　垂直網膜像差と絶対運動視差

　特定の時点で得られた，観察者が見た経験のない景観の単眼網膜像は，その像中のどの部位に対しても観察者からの距離を特定するのに十分な情報を含まない。その網膜像は無数の立体的対象と対応可能である（Ames, 1955）。ところが，同時的であれ，継時的であれ，2枚以上の画像的情報が得られれば，対応する立体的対象の構造的特徴を絞り込むことができる。特に，同じ平面上にない四つの点について二つの視点からの画像があれば，立体的対象の完全な構造的特徴を幾何学的に復元できる（Mayhew & Longuet-Higgins, 1982）。この際に特に重要な役割を果たすのが垂直網膜像差（vertical disparity）と絶対運動視差（absolute motion parallax）から得られる絶対的距離情報である。

1）垂直網膜像差

　景観中の特定の部位までの距離情報を得るための2枚の画像を得る必要がある。そうした2枚の画像として，同時的に得られる左右眼それぞれの網膜像が考えられる。左右眼の網膜像の違いは両眼網膜像差として捉えられる（II・13・4参照）が，そのうちの垂直大きさ視差（vertical-size disparity）は，頭部の正中面と刺激の距離に応じて，刺激像の偏心度の関数的関係によって変動する。たとえば，前額平行面上にある正方形の平面を観察した場合，観察距離が近ければ，その左右の辺の網膜像は，観察眼に近い方が他方より長いことで，垂直網膜像差を生じる（図13-3-1）。この垂直網膜像差は，観察距離が大きくなるほど小さくなる。視点の移動によって複数の網膜像が得られた場合，視点の移動距離についての情報があれば，像上の点の垂直視差から，絶対距離と視方向を幾何学的に導き出せる（Mayhew & Longuet-Higgins, 1982）。また，実際に，視覚系が，この垂直網膜像差から，対象までの観察距離や対象の大きさのスケーリングを行っていることが示されている（Rogers & Bradshaw, 1993）。

2）絶対的運動視差

　頭部移動によって，継時的に異なる視点から2枚以上の網膜像が得られる。この際，視点の移動によって生じる対象網膜像の変移（絶対運動視差）も，距離知覚に重要な役割を果たしうる。たとえば，前

第13章　奥行き知覚：3次元空間知覚の方向・距離・順序

額平行面上にある正方形の平面を，頭部を水平方向（もしくは垂直方向）に移動しながら観察した場合，観察距離が近ければ，その左右（もしくは上下）の辺の網膜像は，観察眼に近い辺が他方の辺より長くなるような絶対運動視差が生じる（図13-3-1）。この絶対運動視差は，観察距離が大きくなるほど小さくなる。実際，Johansson（1973）は，60°の角度で傾いた正方形の四隅を示す光点を30-240 cmの範囲で観察し，頭部を移動した際に単眼視で得られる絶対運動視差からの距離知覚が正確であることを示した。ただし，正確な距離知覚のためには，視覚系が頭部移動の距離を正確に把握する必要がある。

絶対運動視差は，観察者の頭部が固定されていても，対象の移動によって生じうる。ただし，頭部を移動した場合と，対象が移動した場合とでは，絶対運動視差に基づく距離知覚の正確さに違いが生じることがある。たとえば，前後の頭部移動もしくは対象移動によって生じる絶対運動視差からの距離知覚は，頭部や対象の移動距離が固定されていれば，どちらもそれなりに正確となる。他方，移動距離が固定されなければ，対象を移動させた場合，距離知覚が不正確になるのに対し，頭部を移動させた場合には，距離知覚は正確である（Peh et al., 2002）。この

ことは，視覚系が，自分の頭部移動についての情報を対象までの距離の知覚に利用していることを意味する。また，左右の頭部もしくは対象の移動によって得られる絶対運動視差に関して，毎試行の移動距離を固定しなかった場合，対象移動条件では距離知覚が不正確になるのに対し，頭部移動条件では正確な距離知覚が得られる（Panerai et al., 2002）。このことは，自分の頭部を移動させる際，視覚系が，対象に対する滑動性追跡眼球運動などの身体運動情報を絶対運動視差からの距離知覚に利用することを意味するものと考えられている。

（一川 誠）

13・3・1・4　馴染みのある大きさ

馴染みのある大きさ（familiar size）とは，日常生活で触れる機会が多く，そのために熟知して記憶されている物体の大きさを指す。網膜に映る対象の大きさ（angular size：以下，「視角サイズ」と呼ぶ）と対象の物理的大きさ（linear size：以下，「物理的大きさ」と呼ぶ）は一対一の対応をもたず，視角サイズと観察者から物体までの距離とはおおよそ反比例の関係にある（II・13・3・2参照）。視覚系がこの関係を利用するならば，物体の物理的大きさが既知であるとき，理論上その視角サイズから物体までの距離を算出できることが予測される（Epstein et al., 1961；Hochberg, 1971）。

先行研究は，トランプやコインなどの馴染みのある物体の大きさが距離の判断に対し一定の影響力をもつことを明らかにしてきた（Mischenko et al., 2020；Sedgwick, 1986）。しかし馴染みのある大きさが距離「知覚」の手がかりであるという考えには異論も多い（Gogel, 1969, 1976, 1981；Hochberg & Hochberg, 1952）。たとえば，過去の研究の多くでは参加者の距離報告に時間制限を設けていない。そのような，距離と大きさの関係を推論するために十分な時間のある条件では，参加者は馴染みのある大きさによって距離を知覚しているのではなく，知識を頼りに物体がそのような大きさで眼に映るべき距離を回答しているにすぎないのかもしれない。言語による回答ではなく，運動視差を用いて間接的に見えの距離を計測した場合，馴染みのある大きさをもっ

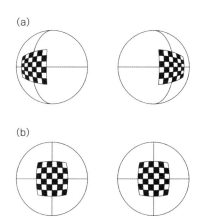

図13-3-1　観察距離と垂直網膜像差および絶対運動視差（Rogers & Bradshaw, 1993をもとに作成）
前額平行面上にある正方形の平面を観察するとき，観察距離が小さい（a）と，異なる視点から得られる網膜像において，観察距離が近い部位は遠い部位より大きくなる。観察距離が大きい（b）と，こうした視点による部位の大きさの違いは小さくなる。

703

た対象までの距離判断に対する効果がほとんど認められないという報告は，この手がかりが知覚ではなく推論に関わるものであるという考えを支持する（Gogel, 1976）。

13・3・2　距離と大きさの相互作用

ある物理的大きさ（S）の対象が眼に映るとき，対象の視角サイズ（ϕ）および対象と観察者との間の距離（D）の関係（図13-3-2）は，Sに対してDが十分に大きいとき，次式で表現できる。

$$S/D \approx \phi \qquad (1)$$

式(1)の物理的大きさSを見えの物理的大きさS'（以下，「見えの大きさ」と呼ぶ），物理距離Dを見えの距離D'に置き換えると次式が得られる。

$$S'/D' \approx \phi \qquad (2)$$

式(2)は幾何学から予測されるものであるが，知覚研究の文脈においては，大きさと距離の知覚がこの式の示す関係に従うか否かが長らく検討されてきた（Epstein et al., 1961；Kilpatrick & Ittelson, 1953；Ross & Plug, 1998；Sedgwick, 1986）。

13・3・2・1　大きさ・距離不変仮説

式(2)に示される視角サイズと見えの大きさ，見えの距離の三者関係はKilpatrick & Ittelson（1953）の命題「所与の網膜像の大きさ（または視角サイズ）は見えの大きさと見えの距離の比を一意に定める（p. 224）」の形でよく知られ，大きさ・距離不変仮説（size-distance invariance hypothesis：SDIH）と呼ばれる。SDIHから得られる重要な予測は，式(2)を変形した$S' \approx \phi D'$より，視角サイズが一定である場合，対象までの見えの距離が大きく（小さく）なるとき対象の見えの大きさもまた大きく（小さく）なるというものである。これより，SDIHが成り立つ

場合，対象までの距離が妥当に推定できれば，その推定値を用いて網膜像の大きさを換算することにより対象の大きさも妥当に推定することが理論上可能である。このことは見えの大きさが視距離に依存せず一定となること，すなわち大きさの恒常性を説明する（II・13・3・2・2参照）。

しかしSDIHを検証した先行研究の多くは，見えの大きさと見えの距離が必ずしもこの仮説に従わないことを繰り返し報告している（Epstein et al., 1961；Kilpatrick & Ittelson, 1953；Sedgwick, 1986）。たとえば，大きさ・距離パラドクス（size-distance paradox）というSDIHに矛盾する現象が知られる（Gruber, 1954）。その代表例は月の錯視である。地上から眺める月の視角サイズは常に一定（約0.5°）であるが，よく知られるように地平線近くの月は天頂の月よりも大きく見える。しかし月までの距離を問われた観察者は，多くの場合SDIHからの予測とは逆に，大きく見える地平線近くの月の方が，小さく見える天頂の月よりも近くに見えると回答する（Gregory, 2008；Hershenson, 1992；Kaufman & Kaufman, 2000；Ross & Plug, 1998）。

SDIHを支持する立場から大きさ・距離パラドクスを説明するためにしばしば登録距離（registered distance）という概念が用いられる（Kaufman & Rock, 1962；Rock & Kaufman, 1962）。これは網膜像の大きさの換算は意識に上らない神経系に登録された距離によって行われると考えるものである。一方この換算の結果としての見えの大きさは意識に上り，対象までの距離を問われた観察者はこの見えの相対的大きさと「遠くのものは小さく眼に映る」という知識に基づいて距離を見積もるために，見かけ上小さな対象は見かけ上大きな対象より遠くにあると回答することになる。ただしこうした登録距離の概念による後付け的な説明には批判も多い（Gillam, 1995；Ross & Plug, 1998；Sedgwick, 1986）。大きさ・距離パラドクスを解消するその他の説明として，式(2)のϕを見えの視角サイズ（ϕ'）に置き換え，ϕ'の誤った見積もりによって大きさ・距離パラドクスを説明するSDIHの拡張（McCready, 1985）や，SDIHを動く対象を含め一般化した「動的大きさ・距離不変仮説（kinetic invariance

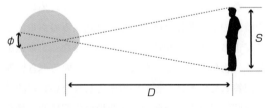

図 13-3-2　物理的大きさ(S)・距離(D)・視角サイズ(ϕ)の3者関係

hypothesis）」（Hershenson, 1992）および「現象的幾何学（phenomenal geometry）」（Gogel, 1990）などが提案されている。

13・3・2・2　距離・大きさの手がかりと大きさ恒常性

たとえば1m先に立つ人物がさらに1m遠ざかると，その人物の網膜像はおおよそ半分になる。しかしわれわれは遠ざかる人物の背丈が急速に縮んでいくように知覚せず，人物の物理的大きさは安定して知覚される。われわれがこうした大きさの恒常性（size constancy）を有することは，視覚系が何らかの方法で距離に依存しない対象の物理的大きさを知覚していることを示す。

広く知られる大きさの恒常性の説明はSDIHに基づき，まず距離の手がかり等から対象までの距離が見積もられ，この見積もりを斟酌して，視角サイズから対象の大きさが算出されると考えるものである（Epstein, 1973；Sperandio & Chouinard, 2015）。この計算により，距離の変化に伴って視角サイズが変化しても見えの大きさは一定となること，すなわち，大きさの恒常性が説明できる。この「斟酌説（taking-into-account theory）」の起源は2世紀のPtolemy（Ptolemaeus）に遡り，Descartesにもその記述がみられる（Gregory, 1981；Ross & Plug, 1998）。Helmholtzも斟酌説を支持しており，こうした歴史的背景とその見かけの自明性により，しばしば定説のように扱われる（Gillam, 1998；Ross & Plug, 1998）。しかしⅡ・13・3・2・1で述べた通り，先行研究の多くはSDIHに矛盾する結果を報告しており，このことから斟酌説に否定的な研究者も少なくない（Gillam, 1995；Sedgwick, 1986）。斟酌説に替わる大きさの恒常性の説明として有力なものは，視野内の情報をもとに距離の見積もりを経ず直接物体の物理的大きさが知覚されると考える「直接知覚説（direct perception theory）」である（Gibson, 1950, 1979/1986；Haber & Levin, 2001；Higashiyama & Shimono, 1994；Kim et al., 2016；Oyama, 1974, 1977；Sedgwick, 1986）。たとえば距離に依存しない物理的大きさは物体が遮蔽する背景のテクスチャ要素の比較等からも知れるため，大きさの恒常性の成立はこのはたらきによっても説明できる（Gibson, 1950,

1979/1986；Ross & Plug, 1998）。

斟酌説を支持する証拠として，距離手がかりの豊富さが大きさの恒常性の成立度合いを左右することがしばしば持ち出される。たとえばHolway & Boring（1941）は，距離手がかりが豊かな観察条件では距離に依存せず刺激の物理的大きさが知覚され，手がかりの乏しい観察条件では見えの大きさが刺激の視角サイズに依存することを示した。この結果はもっぱら，距離が正しく見積もれる条件では大きさの恒常性が成立し，距離が不明な場合は恒常性が得られないこと，すなわち恒常性が距離の見積もりに媒介される証拠と解釈される。しかしこの実験で段階的に減じられた手がかりは距離とは独立に見えの大きさに直接影響しうるため（Oyama, 1974；Ross & Plug, 1998；Sedgwick, 1986），この結果は必ずしも直接知覚説を退けるものではない。一方，身体運動感覚や聴覚などの視覚以外のモダリティから得られる距離情報も大きさの恒常性に寄与するという報告もあり，これらは斟酌説を支持するといえる（Combe & Wexler, 2010；Jaekl et al., 2012）。

このように，距離の手がかりは大きさの直接知覚の手がかりともなりうるということが問題を複雑にしている。いくつかの研究は斟酌説の仮定するはたらきと直接知覚説の仮定するはたらきはともに大きさの知覚に関わっており，その寄与率は観察条件に依存することを示唆している（Higashiyama & Adachi, 2006；Higashiyama & Shimono, 2004；Norman, 1980；Oyama, 1977）。

大きさの恒常性の神経基盤について検討した生理学研究によれば，腹側経路がその成立に重要な役割を果たしている（Sperandio & Chouinard, 2015）。特にV4野の寄与は繰り返し示唆されており（Schiller & Lee, 1991；Tanaka & Fujita, 2015；Ungerleider et al., 1977），たとえば視角サイズではなく物理的大きさに対して同調性をもって応答する細胞がニホンザルのV4野に見つかっている（Tanaka & Fujita, 2015）。またfMRIを用いた脳機能計測は，恒常性成立後の対象の見えの大きさへのV1野の活動の密な関与を明らかにしている。たとえばEmmertの法則（Ⅱ・13・3・2・3参照）に従う残像の見えの大きさや，回廊錯視（Ⅱ・13・3・3・1参照）における

対象の見えの大きさはV1野の賦活面積の大きさと相関することが報告されている（Fang et al., 2008; Murray et al., 2006; Sperandio et al., 2012）。

13・3・2・3　Emmertの法則

Emmertの法則（Emmert's law）とは，残像の見えの大きさが，残像が主観的に定位されている面の距離に対して，近似的な比例関係にあることを指す。残像の視角サイズは順応した網膜上の面積で定まるが，その見えの大きさは一定とならず，たとえば残像が手元の紙の上に映っていると見る場合には小さく見え，遠くの壁面に映っていると見る場合には大きく見える。これを残像以外にも一般化し，視角サイズが固定であるときに，見えの大きさが見えの距離に比例することを示す法則として言及されることも多い（たとえば，Epstein et al., 1961; Hershenson, 1992; McCready, 1985; Ross & Plug, 1998）。

Emmertの法則はしばしば大きさの恒常性の斟酌説を支持する証拠と見なされる（Sedgwick, 1986）。残像の見えの大きさが，壁面のテクスチャが見えない暗中でも輻輳角の示す距離に従うこと（Gregory et al., 1959; Tayler, 1941）や，Amesの部屋（Ⅱ・13・6・4・1）の壁面に残像を投影すると残像の見えの大きさが物理距離ではなく見えの距離に依存すること（Dwyer et al., 1990）は，直接知覚説では説明できないようにみえる。しかしこれらの結果も，輻輳が距離の知覚と独立に見えの大きさに影響しうることや，残像の覆う壁面のテクスチャ等の大きさが見えの大きさを規定しうることなどから，距離の媒介を仮定しない直接知覚説の立場より説明を与えることも可能である（Ross & Plug, 1998; Sedgwick, 1986）。

13・3・3　距離と大きさの錯視

13・3・3・1　回廊錯視

線遠近法などを用いて奥行きのある空間を表現した絵画では，キャンバス上では同じ大きさに描かれていても，より遠くにあるように描かれた物体ほど大きく見える（図13-3-3）。この現象を回廊錯視（corridor illusion）と名付けたのはRichards &

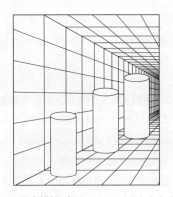

図 13-3-3　回廊錯視（Gibson, 1950をもとに著者作成）
奥に描かれた円柱は手前に描かれた円柱よりも大きく見える。

Miller（1971）であるが，名称の元となった廊下様の空間に円柱を配置した図はGibson（1950）からの引用である。単に線遠近法が大きさの知覚に影響することを示した図はvon Bezold（1884, p. 351）が初出である（北岡，2005）。回廊錯視の見え方はSDIHからの予測と一致するが，Gibson（1979/1986）は直接知覚説に基づく説明を採用している。なお回廊錯視の強度には遠近法で描かれた空間の消失点が右側にあるか左側にあるかに依存した異方性があり，かつ異方性の生じ方は文字を読む方向に相関した文化差を示すという報告もある（Rima et al., 2019）。

13・3・3・2　ミニチュア効果（チルトシフト写真）

俯瞰で捉えた町並みの写真の上下にボケ（blur）を加えると，精巧なミニチュア模型を撮った写真のように見える（図13-3-4）。こうしたミニチュア効果（miniature effect）をもつ写真は，元来，フィルム面に対してレンズを傾けられる特殊なチルトシフトレンズ（tilt-shift lens）を用いて撮影されたため，チルトシフト写真とも呼ばれる。チルトシフト写真は本邦では本城直季の作品集（本城，2006）で広く知られるが，チルトシフトレンズを用いた撮影法はイタリア人写真家Olivo Barbieriの発明であるとされる（Grancy, 2006）。

ミニチュア効果の説明の一つは写真に加えられたボケによる見えの距離の短縮である（三浦，2009; 佐藤・草野，2012; Vishwanath & Blaser, 2010）。小さな物体を至近距離で観察するとき，水晶体の光

第13章 奥行き知覚：3次元空間知覚の方向・距離・順序

図 13-3-4　写真上下に加えたぼけによるミニチュア効果

13・3・3・3　股のぞき効果

　股のぞきとは正立して両脚を広げ，上体を前屈させて脚間から後方の光景をのぞき視る観察条件を指す。股のぞきでは見えの距離が短縮し大きさや色の知覚の恒常度が低下することが古くから知られており，Helmholtz（1866/1911, pp. 8-9）や James（1892, p. 315）にもその記述がみられる。

　Helmholtz は，この股のぞき効果を網膜像の上下反転に起因すると考えていた（Helmholtz, 1866/1911, pp. 8-9）。しかし，股のぞきによって変化するものは網膜像だけではない。上体を曲げ，頭を上下逆さにする姿勢は，体性感覚の変化も生み出す。顔を傾けることなどによる体性感覚の変化は見えの距離の短縮や大きさの恒常性の低下を生むことが知られる（Holway & Boring, 1940a, 1940b；Suzuki, 1998）。したがって，股のぞき効果が網膜像の上下反転に起因するのか，体性感覚の変化に起因するのかは股のぞきの結果だけでは結論できない。

　この問題を検討するため，Higashiyama & Adachi（2006）は上下反転眼鏡（プリズムを用い視野を光学的に上下反転させる装置）と股のぞきを組み合わせ，視野と体性感覚の変化を分離した観察条件で，視標の見えの大きさと見えの距離を計測した。その結果，まず股のぞき時に大きさの恒常性が弱まり，特に遠くのものほど小さく見える，つまり股のぞき効果が確認された。一方，観察者が正立しているかぎり，眼鏡をかけ視野の上下が反転しても恒常性は保たれた。さらに，上下反転眼鏡を通して股のぞきすると，視野の上下は正立時と変わらないにもかかわらず，恒常性が弱まり，股のぞき効果が生じることが示された。これらの結果は，網膜像の上下反転ではなく，上半身を屈折させることによる体性感覚の変化が，股のぞき効果を生むことを強く示唆している。なお，Higashiyama & Adachi に先立ち，宮川（1943, 1948）も股のぞきと上下反転眼鏡，および観察者の姿勢を正立に保ったまま全身を上下逆さにする水車様の装置を用いて網膜像の反転と体性感覚の変化を分離した大きさの恒常性の計測を行っており，その結果 Higashiyama & Adachi と同じく，網膜像の上下反転ではなく体性感覚の変化が股のぞき効果を生むと結論している。

学特性により，網膜像の周辺視野領域に強いボケが生じる。ボケの加えられたミニチュア写真はこの観察状況とよく似ている。ここでボケの強さから推定される短い距離に基づいて被写体の大きさが換算されるとすれば，被写体がミニチュアのように小さく見えることが説明できる。2013年の Best Illusion of the Year Contest で発表された "Through the Eyes of Giants"（Afraz & Nakayama, 2013）は，見えの距離の短縮説を補強する。この作品は 200 ヤード離れた 2 台のカメラで街並みを撮影したステレオグラムであり，これを立体視するとやはりミニチュア効果が得られる。このステレオグラムの撮影条件を人間の標準的な瞳孔間距離に換算すると被写体までの距離は 1/3000 ほどに縮小されることになり，これがミニチュア効果を生んでいると考えられる。

　ミニチュア効果の成立には認知的要因の関与もうかがえる。たとえば被写体の影ができるだけ映らないほうが効果が強まるが，これは影のないことが均等に照明を当てられた町並みの模型を眺めているような推定を導くためと考えられる（三浦，2009）。また彩度の高さもミニチュア効果の顕著な写真に見られる特徴であるが，彩度の高さは大気遠近法の解釈により見えの距離を縮めうるとともに，実際の家並みに生じる色褪せのないことが非現実感を強めるのかもしれない（三浦，2009）。佐藤・草野（2012）は，ボケ等による視距離の主観的な短縮と，対象の大きさについての知識の間の相互作用によって，ミニチュア効果が生じるとするモデルを提案している。

第II部　視覚

視野内の物体は地面に対しておおよそ垂直に立っている。またわれわれの身体は通常，睡眠をとるとき等以外，地面に対しておおよそ垂直に立っている。距離と大きさの知覚，および恒常性はこのふたつの垂直軸が一致する観察条件での学習によって成立しており，このために通常の生活ではとらないような姿勢下では恒常性のはたらきが弱まるのではないかと Higashiyama & Adachi（2006）は考察している。

（田谷 修一郎）

13・3・4　視野制限の効果

一般的に，頭部搭載型ディスプレイ（head-mounted display：HMD）を介した観察では周辺視野が制限される。こうしたデバイスを用いて環境の観察を行った場合，呈示された対象までの距離が，対象の観察距離に関する幾何学的な設定よりも過小評価される（Durgin 2002；Loomis & Knapp, 2003；Thompson et al., 2004；Willemsen & Gooch, 2002）。たとえば，周辺視野を制限すると，数十 m 先までの空間内の対象までの観察距離が過小評価される（Dolezal, 1982；Hagen et al., 1978）。視野サイズを 42°に限定し，頭部運動を制約した場合（Creem-Regehr et al., 2005），見かけの距離が圧縮された。しかしながら，観察者自身の首の動きが制約された場合，見かけの距離は圧縮されたが，この程度の視野制限では距離知覚への影響は認められなかった。

HMD を介して仮想画像を観察する場合，仮想画像特有の制約も距離知覚に影響する可能性がある。地面上の対象を見る際の俯角（物を見下ろしたとき，水平面と視線のなす角度）は対象までの距離の判断に使われる（Ooi et al., 2001）。たとえば，プリズムなどを使って対象観察の際の俯角を大きくすると，対象までの見かけの距離が減少する。HMD を介した仮想画像観察では，観察者自身の身体像が視野に含まれないことがあるが，そのことが俯角に基づく距離知覚に影響を及ぼす可能性が指摘されている（Creem-Regehr et al., 2005）。

（一川 誠）

13・4　両眼性奥行き知覚

13・4・1　両眼融合とその限界

13・4・1・1　Vieth-Müller 円と幾何学的・経験的ホロプター

空間上の一点（図 13-4-1, 点 F_1）を両眼で固視したとき，左右網膜上の同一点（両眼対応点）に像を与える点（$P_1 \sim P_4$）の 3 次元空間座標の集合線を幾何学的に規定できる。これを幾何学的ホロプター（geometrical horopter）もしくは理論的ホロプター（theoretical horopter）と呼ぶ。ホロプターは垂直面と水平面にそれぞれ交わる線として一本ずつ得ることができる。垂直ホロプターは直線，水平ホロプターは円弧（Vieth-Müller 円：Vieth-Müller circle）となり，両者は固視点で交差する。ホロプターは，観察者の主観的な基準を満たした空間点をプロットすることでも得ることができる。これを経験的ホロプター（empirical horopter）と呼ぶ。基準には①固視点と視距離が主観的に一致する，②交互に呈示される左右眼像の仮現運動あるいは位置ずれが知覚されない，③同時に呈示される左右眼像が二重視とならずに融合知覚できる，などが用いられる（Howard & Rogers, 2012a）。理論上，幾何学的ホロプターに存在する点の両眼像差はゼロとなるため，幾何学的ホロプターと経験的ホロプターは同一になることが予想される。ところが，実際は両者には Hering-Hillebrand 乖離（Hering-Hillebrand deviation）と呼ばれる不一致が生じる。したがって，幾何学的に推定された両眼像差から知覚的な奥行きを完全に予測することはできない。

経験的ホロプターの形状は固視点までの視距離によって変化する。固視点までの視距離がおよそ 100 cm のとき，経験的水平ホロプターは前額平行面（fronto-parallel plane）と一致する。この距離をアバシック距離（abathic distance）と呼ぶ。視距離がアバシック距離より短いと（図 13-4-1, 点 F_1）経験的水平ホロプターは Vieth-Müller 円よりも緩やかな曲線を描き，遠ければ前額平行面より奥に反っ

第13章 奥行き知覚：3次元空間知覚の方向・距離・順序

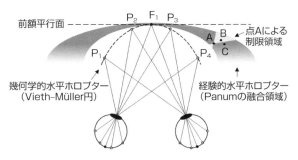

図 13-4-1　水平ホロプター（幾何学的・経験的）と制限領域の模式図

た（Vieth-Müller円の曲率と逆方向の曲率の）曲線となる（Ames et al., 1932）。また、経験的垂直ホロプターは上から下に向かって手前に傾斜する（Nakayama, 1977）。その傾斜角は固視点までの視距離が長いほど大きくなり、視距離50 cm で 3°、200 cm で 12° になる（Siderov et al., 1999）。

13・4・1・2　Panumの融合領域

経験的ホロプターを上記③の基準で推定すると、奥行き幅のあるホロプターが得られる。すなわち、両眼像差が特定の範囲内であれば両眼融合が生じて単一視となる。この範囲をPanumの融合領域（Panum's fusional area）と呼ぶ（Panum, 1858 Hubscher 訳, 1940）。融合領域の大きさは一定ではなく、刺激の呈示位置や特徴によって大きく変化する。たとえば、大きさ 1.5′ の点を呈示した場合、融合領域の大きさは中心視野で 15-20′、偏心度 6° で 60′ となり、刺激の呈示位置が中心視野の場合に最も狭く、周辺視野では広くなる（Palmer, 1961）。また、刺激サイズが大きいほど融合領域は拡大する（Ono et al., 1977）。刺激呈示時間も融合領域の大きさに影響する。長さ 41′ の線刺激を中心視野に呈示した場合、呈示時間が 5 ms から 30 ms に延長すると融合領域の大きさは 2′ から 3.9′ へとほぼ倍増するが、呈示時間がさらに延びても融合領域の大きさはこれ以上変化しない（Woo, 1974）。なお、刺激コントラストが変化しても融合領域はほとんど影響を受けない（Heckmann & Schor, 1989）。

融合領域内であっても、二つの刺激が近接していると、一方の刺激に単一視が生じることによって他方の刺激の単一視が阻害される場合がある。これを両眼像差スケーリング（disparity scaling）と呼ぶ（Tyler, 1973）。両眼像差スケーリングによって単一視が生じなくなる領域を制限領域（forbidden zone）と呼び、二つの点について相対像差を距離（二点間の視角）で割った値（両眼像差勾配：disparity gradient）が 1 以上となる領域に相当する（Burt & Julesz, 1980a, 1980b）。図 13-4-1 では、単一視が生じている点Aによって生じる制限領域をドットで示している。点Aと点Bの相対像差は 3°、距離は 2.5° のため、勾配は 3 ÷ 2.5 = 1.2 である。したがって、点Bは制限領域内に入るため二重視が生じる。一方、点C（相対像差 4° ÷ 距離 5° ＝勾配 0.8）は制限領域に入らず単一視となる。

(木原 健)

13・4・2　両眼立体視

13・4・2・1　網膜像差の種類

両眼視差（binocular parallax）とは、視野中の対象が左右眼の網膜に投影されるときに生じる位置の差、または各眼から対象を見たときの方向の差である。両眼視差の空間的分布は両眼網膜像差（binocular retinal disparity）と呼ばれる。私たちの両眼立体視の能力は、視覚系がどのように両眼視差や両眼網膜像差を処理するかに大きく依存するため、計算論的なモデル化や神経機構の検討と並行して研究がなされる。神経生理学的知見をベースとし、入力画像に適用するガボールフィルターの出力をもとに両眼画像間の相関を計算し立体視の機構をモデル化することも行われている（Fleet et al., 1996）。この場合、ガボールフィルターの適用位置は変えずに

その位相を両眼間で変化させることで正しい像差を復元できる（Read & Cumming, 2007）。これに対応する刺激は位相像差（phase disparity）である。同様の考え方で両眼間での方位の違いも扱うことができ，それは方位像差（orientation disparity）と呼ばれる（Koenderink & van Doorn, 1976）。方位像差は理論的には奥行きの知覚に寄与するが，神経生理・心理物理学実験の結果は曖昧である（Greenwald & Knill, 2009）。両眼間で対象に速度差を設けた場合には，奥行き方向の運動が知覚される（Shioiri et al., 2009）。

13・4・2・2　両眼網膜像差

両眼網膜像差は，第一義的には各眼に呈示された刺激の構成要素の位置の違いに由来する位置的像差（positional disparity）である。ヒト成人の場合左右眼の中心は約 6.5 cm 水平に離れており，3 次元環境中の対象を観察するときには，観察者から対象までの距離に応じた像差が生じる。両眼の結節点（nodal point）を結んだ仮想的な軸（両眼軸）に対して平行な像差は水平像差（horizontal disparity）と呼ばれる。水平像差には交差性像差（crossed disparity）と非交差性像差（uncrossed disparity）がある。交差性像差は，固視位置より対象が手前にあるときに生じ，反対に非交差性像差は固視位置より対象が奥にあるときに生じる。

対象の相対網膜像差 δ（本節での角度表記は単位なしの場合すべて rad），奥行き d，観察距離 D の幾何学的関係は次式で表現される（図 13-4-2）。

$$\delta = \beta_2 - \beta_1 \approx dI/(D^2 - dD) \tag{1}$$

ただし β_1 および β_2 は両眼が真正面を向いているときの絶対網膜像差であり（II・13・4・2・3 参照），I は両眼間距離である。

像差に基づいて対象の奥行きを知覚することを両眼立体視（または単に立体視：stereopsis）という。像差を厳密に制御したい場合には左右眼の像を独立に操作する必要があるため，ステレオスコープなどの専用の画像呈示装置を用いる。両眼立体視の手がかりは水平像差だけではなく，垂直網膜像差（図13-4-3），両眼間非対応特徴（II・13・4・3・1 参照），両眼間速度差（II・13・4・3・5 参照）などもある。

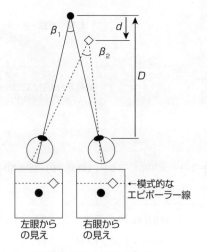

図 13-4-2　水平両眼網膜像差の幾何学
両眼網膜像差 $\beta_2 - \beta_1$ と奥行き d, 観察距離 D の関係を示す。下図中の点線はエピポーラー線を模式的に示す。

とはいえ水平像差は最も有力な手がかりであり，ステレオスコープなどの装置を使うことで，表現したい 3 次元形状を容易に呈示できる。

奥行きを知覚できる像差量の下限（その逆数が立体視力）は視角でおよそ 1′，像差量の上限は 2-3° である。像差の検出能力は刺激の輝度（Harris & Parker, 1995），空間的構造（Banks et al., 2004），呈示時間（Pianta & Gillam, 2003）などに依存する。像差と運動視差を組み合わせると，奥行きを知覚できる像差の範囲は拡大する（宮屋敷・佐藤，2007）。奥行きを知覚できる像差の範囲は融合限界より広い（II・13・4・1 参照）。

両眼立体視は個人差が大きく，融合しても明確な奥行きが見えない人（ステレオアノマリー）が多く存在する（最近の文献として相田・下野，2012；II・13・7・4 も参照のこと）。立体視力の分布は必ずしも単峰型ではなく（Hess et al., 2015），立体視力に関わる遺伝的要因の検討も行われている（Bosten et al., 2015）。

1）面の傾き知覚

水平像差に直交する向きの像差は，垂直網膜像差（垂直視差）（vertical disparity）と呼ばれる（図13-4-3）。水平像差とは異なり，垂直像差から奥行きが安定して知覚される条件はかなり限られる。たとえば，ランダムドットなどの 2 次元パターンを暗室

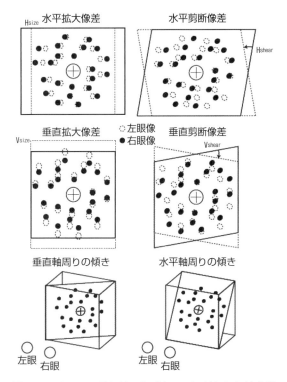

図 13-4-3　ランダムドットパターンに付与した拡大像差と剪断像差から知覚される傾きの模式図
各列で刺激と見えが対応する。

で比較的大きな視野に呈示し（視角で約 30°以上），全体的な垂直像差の空間的勾配を設ける場合である（Howard & Kaneko, 1994；Kaneko & Howard, 1996）。像差の空間的分布が拡大（圧縮）パターンであれば垂直軸周りの傾きが，分布が剪断パターンであれば水平軸周りの傾きが知覚される。

　幾何学的な分析によれば，観察者が正面の刺激を固視するとき，像差に基づく垂直軸周りの全体的な傾き S_V（$S_V>0$ のとき固視点の右側が奥）は次式で表現される（Backus et al., 1999）。

$$S_V \approx -\tan^{-1}[\mu^{-1}\ln(H_{size}/V_{size})] \quad (2)$$

μ は輻輳角，ln は自然対数，H_{size} および V_{size} は右眼像の大きさを基準としたときのそれぞれ水平・垂直方向の両眼間拡大比である。水平軸周りの傾き S_H（$S_H>0$ のとき上側が奥の傾き）は次式で表される（Banks et al., 2001）。

$$S_H \approx -\tan^{-1}[\mu^{-1}\tan(H_{shear}-V_{shear})] \quad (3)$$

H_{shear} および V_{shear} は右眼像を基準としたときの水平・垂直剪断像差であり，それぞれ水平・垂直方

向の両眼間角度差である。

　式(2)，式(3)は両眼視の幾何学に基づく予測であり，見かけの傾きは，刺激の大きさ（Howard & Kaneko, 1994；Kaneko & Howard, 1996），空間的構造（Backus et al., 1999；Banks et al., 2001），遠近法手がかり（van Ee et al., 2002）の影響を受ける。

　垂直拡大像差による傾きの知覚は誘導効果（induced effect）とも呼ばれる（Ogle, 1950）。誘導効果は 100 ms 程度の短時間画像呈示でも生じる（Caziot et al., 2017；Serrano-Pedraza & Read, 2009）。受容野の方位選択性の偏りによる説明もある一方（Matthews et al., 2003），両眼対応の補正，すなわち水平像差量を特定するエピポーラー線（epipolar line）に対する視覚系内部の位置調整の結果であるという説明もある（Mitsudo et al., 2013；Ogle, 1950）。水平剪断像差による傾きの神経表現には初期視覚野 V3A が関与するという fMRI 研究がある（Ban & Welchman, 2015）。

13・4・2・3　絶対網膜像差・相対網膜像差

　中心窩を基準に両眼の網膜像を重ね合わせたときの，ある対応点の両眼間のずれを絶対網膜像差（absolute disparity）と呼ぶ（両眼がそれぞれ真正面を向いているときの図 13-4-2 の β_1 または β_2）。刺激が外界で固定されていて観察者の輻輳状態が変わる場合，絶対網膜像差は変化する一方，相対網膜像差（relative disparity）は変化しない。絶対網膜像差の処理は主に輻輳眼球運動の制御に貢献し（Neri, 2005），背側経路が関わるとする fMRI 研究がある（Neri et al., 2004）。これらの研究は，絶対網膜像差の差分である相対網膜像差が，腹側経路による物体の形状認識の処理に関わるという考え方と整合的である。

13・4・2・4　網膜像差の幾何学

　式(1)より，網膜像差を一定に保ったまま観察距離を長くする場合（または輻輳角を小さくする場合），対象間の相対的な奥行き d の量は大きくなることが予測される。観察距離の増加に伴う対象の奥行き変化は奥行きのスケーリング（depth scaling）と呼ばれる。この予測は両眼網膜像差だけでなく，両眼間

の非対応特徴の幅から予測される奥行きの最小量の予測の場合にもおおむね支持されている。ただし輻輳角の影響は理論的予測と比較して小さい（Kuroki & Nakamizo, 2006）。別の捉え方をすると，対象の相対的奥行きを等しく保つためには，観察距離に応じて相対的像差量を変化させる必要がある。このように相対像差の量に依存せずに安定した奥行き量を知覚することを奥行き恒常性（depth constancy）という（Glennerster et al., 1998）。

（光藤 宏行）

13・4・3 両眼視の諸現象

13・4・3・1 ダ・ヴィンチ立体視・ファントム立体視・単眼ギャップ立体視

両眼視差による奥行き知覚では，右眼と左眼の各々に刺激を呈示することで奥行きが知覚されるため，各々の眼に呈示された刺激から両眼間の対応領域をいかに見つけるか（対応点問題：correspondence problem）が両眼立体視成立の鍵であると考えられていた。しかし，日常では，同じ物体の表面が右眼と左眼に常に見えているとは限らない。たとえば，物体Aの表面が右眼には見えているが，左眼には別の物体の表面（遮蔽面：occluding surface）が物体Aの表面を隠しているような状況では，右眼と左眼の両者間で物体Aの対応領域がないことになる（図13-4-4a）。このような場合には，対応点問題を解決できないため，対応領域を見つけることが必要条件なのであれば視覚系は両眼立体視ができないことになってしまう。ところが，両眼間で対応点がない状況でも，両眼立体視が成立する条件が存在することが知られている。Nakayama & Shimojo (1990) は，右眼と左眼で両眼融合できる四角形（白い四角）を，さらに右眼だけ別の四角形（黒い四角）を呈示し両眼融合すると（図13-4-4b），右眼に呈示された黒い四角が白い四角よりも奥にあるように知覚されることを発見した。これは，ダ・ヴィンチ立体視（da Vinci stereopsis）と呼ばれている。さらに，ダ・ヴィンチ立体視が生成される刺激を左右眼で入れ替えると（黒い四角を白い四角の右横に配置した刺激を左眼に呈示し，白い四角だけを右眼に呈示する），奥行きは知覚されず，両眼視野闘争（II・13・4・3・2参照）が生じる（Shimojo & Nakayama, 1990）。これは，ダ・ヴィンチ立体視は図13-4-4aで示したような配置が幾何学的に成立する状況でのみ知覚されることを意味する。ただし，両眼視野闘争が生じていても，奥行きが知覚される現象も報告されており，この現象はシーブ効果と呼ばれている（Matsumiya et al., 2007）。ダ・ヴィンチ立体視では遮蔽面となる領域が各々の眼に呈示される刺激のなかに描かれていたが，Gillam & Nakayama (1999) は図13-4-5のように，単眼で見る限り遮蔽面となる刺激形状を含んでいない場合でも，両眼融合すると主観的な遮蔽面が手前に知覚されることを発見した。これは，ファントム立体視（phantom stereopsis）と呼ばれている。また，単眼領域が物体ではなく，二つの面の間に設けられた隙間の場合でも奥行きが知覚され，この現象は単眼ギャップ立体視（monocular gap stereopsis）と呼ばれている（図13-4-6；Gillam et al., 1999）。この単眼ギャップ立体

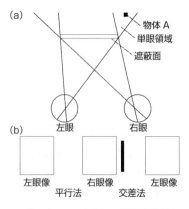

図13-4-4　ダ・ヴィンチ立体視の幾何学的状況と刺激

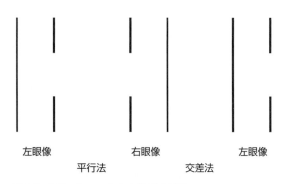

図13-4-5　ファントム立体視の刺激

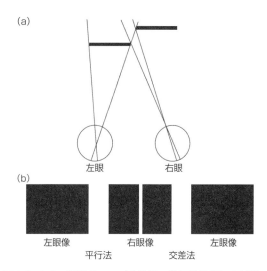

図13-4-6 単眼ギャップ立体視の幾何学的状況と刺激

図13-4-7 両眼視野闘争を生み出す刺激
　顔の画像と建物の画像が視野上で重なるように視線を調整すると両眼視野闘争を体験できる。

視を生起する刺激形状は，奥行きの設定が正確で，実際の3次元空間に存在することができ，さらに，両眼視差では説明できないという特徴を有する。

13・4・3・2　両眼視野闘争，連続フラッシュ抑制（CFS）

　水平方向にずれた左右の眼はそれぞれわずかに異なった視覚世界を観測している。通常，われわれはそのことに気づくことはなく，それぞれの眼から入った視覚情報は一つに融合され，奥行きをもった3次元の視覚世界が知覚される。しかし，右眼と左眼の間で全く異なった像が投影されると，それぞれの眼に投影された像は，一つに融合されることはなく，右眼か左眼の一方の像，あるいは，右眼像の一部と左眼像の一部が混在した像が現れては消え，そしてまた現れるといった知覚を体験する。これらの像は網膜上で何も変化せず，単に物理的に二つの眼に投影されているにすぎないが，われわれの意識では，一方の像が現れたり，もう一方の像が現れたりとダイナミックな知覚交替（perceptual switching）が生じる。このような知覚交替を両眼視野闘争（binocular rivalry）と呼ぶ（松宮，2002）。図13-4-7に示された顔の画像と建物の写真の枠が重なるように左右眼の方向を調整して見ると，両眼視野闘争を体験することができる。

　両眼視野闘争は，視覚意識のメカニズムを調べるためのツールとして注目を集めた。ただし，右眼と左眼に異なった静止画を呈示したときの両眼視野闘争は数秒程度で知覚交替が生じてしまい，一方の眼に呈示された刺激の存在によってもう一方の眼に呈示された刺激が知覚的に抑制されている期間が短く，きわめて不安定であるという特徴がある。これが視覚意識を調べるうえで大きな障壁となっていたが，Tsuchiya & Koch（2005）はこの問題を解決した。彼らは，一方の眼に静止画を呈示し，もう一方の眼にモンドリアン図形（Mondrian pattern）を呈示した。このモンドリアン図形は，100 msごとにパターンが変更され，ランダムにフラッシュするパターンとなっていた。このように連続的なフラッシュ刺激を片方の眼に呈示することで，眼間抑制の期間が飛躍的に伸びることをTsuchiya & Kochは示した。このテクニックは，連続フラッシュ抑制（continuous flash suppression：CFS）と呼ばれている。

　両眼視野闘争は，右眼と左眼に異なったパターンを呈示したときに生じるため，両眼間で闘争が生じると考えられていた。実際に，Blake et al.（1980）は，右眼と左眼の各々に呈示された視覚刺激を，両眼視野闘争が生じている間に両眼間で入れ替える実験を行った。たとえば，左眼の視覚刺激が知覚され，右眼の視覚刺激が知覚的に抑制されているときに，両眼間で刺激を入れ替えると，右眼から左眼に入れ替えられた刺激（入れ替える前は知覚的に抑制されていた刺激）を知覚する。この結果から，Blakeらは，両眼視野闘争時に眼間で闘争が生じていると結論づけた。

　しかし，Logothetis et al.（1996）は，Blakeらと

第 II 部　視覚

逆の結果を得た。彼らの実験では，18 Hz でフリッカーするグレーティングを右眼と左眼の両方に呈示し，右眼と左眼に呈示されたグレーティングの方位が互いに直交していた。各々の眼に呈示されたグレーティングは，1 秒間に 3 回，両眼間で入れ替えられた。Logothetis らは，このような実験条件では，実験参加者は両眼視野闘争時に右眼と左眼で刺激が入れ替わったことに気づかないということを発見した。これは，両眼視野闘争は，眼ではなく，刺激間で生じていることを示しており，脳の高次レベルの関与を示唆している。

さらに，Lee & Blake（1999）は，Logothetis らが発見した刺激間の両眼視野闘争は，かなり制限された刺激条件下でのみ生じることを報告した。Logothetis らの実験では，刺激が常に 18 Hz でフリッカーし，右眼と左眼の刺激の入れ替えは瞬時に行われていたが，Lee & Blake は，刺激をフリッカーさせなかったり，右眼と左眼の刺激の入れ替えを瞬時ではなく徐々に入れ替えたりすると，刺激間ではなく，眼間で視野闘争が生じることを発見した。また，Bonneh et al.（2001）は，空間的にコヒーレントでないパターンのときは眼間闘争が生じ，空間的にコヒーレントなパターンのときに刺激間闘争が生じることを報告した。これらの結果は，両眼視野闘争には，眼間闘争と刺激間闘争の二種類が存在し，これらの視野闘争は異なった時空間特性をもつことを示唆している。

13・4・3・3　両眼間転移

右眼に運動刺激をしばらくの間呈示して，右眼のみ運動刺激に順応させた後，左眼に静止刺激を呈示すると，右眼に呈示した運動刺激と反対方向の運動が見える（Nishida et al., 1994）。ここでは運動残効が生じているが，右眼で順応させたにもかかわらず，左眼の検査刺激に対して運動残効が現れるため，運動残効が眼間で転移したことを示している。この両眼間転移（interocular transfer）が生じるには，両眼性の神経細胞が順応する必要があるため，両眼間転移の生起から視覚野には両眼からの刺激入力を受ける運動検出器があるといえることになる。このような両眼間転移は，運動だけではなく，方位や空間

周波数の順応についても報告されている（Gilinsky & Doherty, 1969；Snowden & Hammett, 1996）。

一方，色順応の場合は，両眼間転移はほとんど生じない（Delorme, 1994）。このような順応の結果だけを見れば，色は単眼性処理だけで両眼性処理はないと考えてしまいがちだが，順応を用いない実験から色の両眼性処理の存在が示されている（Ikeda & Nakashima, 1980；Sagawa, 1982）。したがって，色順応で両眼間転移が生じないことは，両眼性処理がないことを意味しない。

13・4・3・4　両眼間加重

単眼刺激と両眼刺激では，感度や明るさ感が異なることが知られている。たとえば，両眼がさまざまなコントラストで刺激されたときの閾値を計測すると，両眼で刺激を観察したときに単眼に比べて閾値が低下する。この両眼刺激で得られる閾値は，図 13-4-8a に示すように，右眼と左眼の各々に単独で刺激を呈示した場合に得られる閾値の線形加算からの予測（図中の傾き −1 の斜線）よりは高いが，各眼の閾値が他眼とは完全に独立に決まるとするモデルからの予測（図中の角張った破線）よりは低い。この結果は，両眼間に何らかの相互作用があることを示唆しており，そうした両眼間加重（binocular summation）に関して，左右眼からの入力に対する重みの比が異なる複数のメカニズムによる説明などが提案されている（Anderson & Movshon, 1989）。

両眼刺激に対する感度上昇は，確率加算によっても説明できる。右眼と左眼で観察したときの刺激の検出率をそれぞれ P_r，P_l とし，両眼で観察したときの刺激の検出率を P_b とすると，P_r，P_l が互いに独立という仮定のもとで，$P_b = 1 - (1 - P_r)(1 - P_l)$ となる。$P_r = P_l = 0.5$ のとき，$P_b = 0.75$ となり，両眼では単眼よりも閾値が低くなるはずである（Zlatkova et al., 2001）。また，両眼刺激に対する感度上昇を，信号の S/N 比を使った説明も存在する（Campbell & Green, 1965）。

明るさについても，両眼加算効果がある（Levelt, 1965）。左右眼の明るさが異なるときは，線形な加算効果があることが報告されている（図 13-4-8b）。この実験では，明るさを計測するために参照刺激と検

第 13 章　奥行き知覚：3 次元空間知覚の方向・距離・順序

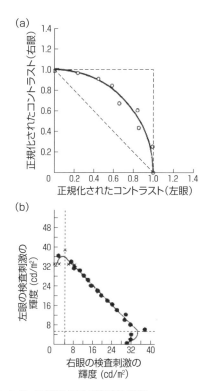

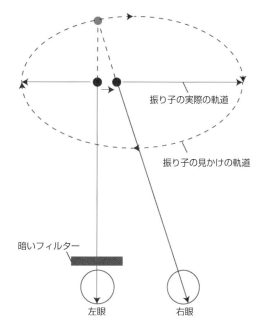

図 13-4-8　両眼間加重の実験的証拠
(a) 両眼刺激で得られるコントラスト閾値 (Anderson & Movshon, 1989), (b) 明るさの両眼加算効果 (Levelt, 1965)

図 13-4-9　Pulfrich の振り子の説明

査刺激を呈示し，実験参加者の課題は参照刺激と検査刺激の明るさを等しくすることであった．検査刺激の右眼刺激の輝度を一定にし，検査刺激の左眼刺激の輝度を実験参加者が調整することで，$20 \, cd/m^2$ の参照刺激と明るさが等しくなる輝度を測定した．図 13-4-8b に示すように，図中の破線で示された閾値を越えると，参照刺激と明るさが等しいと答えた検査刺激の左右眼刺激の輝度の算術平均は，どの右眼刺激の輝度でも $20 \, cd/m^2$ となっている．これは，両眼の輝度を単純に加算していると考えることで説明できる．

13・4・3・5　眼球間運動速度差
1) Pulfrich の振り子
左眼の前に暗いフィルタを置き，左右に振れる振り子を両眼で観察すると，振り子の軌道は実際の軌道とは異なり，楕円軌道を描くように知覚される（図 13-4-9）．これは Pulfrich の振り子（Pulfrich pendulum）と呼ばれる（Pulfrich, 1922）．左眼の前に置かれた暗いフィルタによって暗順応状態になった左眼の網膜信号が，フィルタのない正常状態の右眼の網膜信号よりも遅れて脳へ到達する．この遅れによって，暗いフィルタが置かれた左眼は時間的に少し以前の位置にある振り子を観測することになる．振り子の速度は振れの中央に近づくにつれて増加するので，遅れはこの中央の位置で顕著となる．その結果，動いている像に水平方向の位置ずれが生じ，両眼立体視による奥行きが生み出される．そのため，振り子が楕円軌道を描いているように知覚される．

2) 眼間速度差による奥行き運動
奥行き運動を検出するための手がかりとして，両眼視差の時間的変化（disparity change over time）と眼間速度差（interocular velocity difference）がある．両眼視差を手がかりとして利用する場合，両眼視差が最初に検出され，その後，両眼視差の時間的変化が計算される．一方，眼間速度差を手がかりとして利用する場合，右眼と左眼の各々に対して網膜像の速度が最初に計算され，その後，両眼間で比較される．奥行き運動を検出するために，両眼視差の時間的変化が用いられていることは古くから知ら

715

れていたが（Norcia & Tyler, 1984），眼間速度差は手がかりとして用いられていないと考えられていた（Cumming & Parker, 1994）．しかし，Shioiri et al. (2000) は，両眼間で無相関のランダムドット・キネマトグラムを用いて眼間速度差だけを呈示しても奥行き運動が得られることを発見した．その後，Rokers et al. (2009) によって，MT 野が奥行き運動を検出するために両眼視差変化と眼間速度差の二つの手がかりを符号化していることが報告された．現在では，奥行き運動の検出には，これら二つの手がかりが利用されていると考えられている（Shioiri et al., 2012）．

（松宮 一道）

13・4・3・6 ステレオ奥行き対比とステレオ奥行き残効

両眼立体視において，傾きをもたない対象を傾いた面で囲んで配置するとき，傾きをもたない対象は周囲の傾きとは逆の向きに傾いて見える（図 13-4-10）．これはステレオ奥行き対比（stereoscopic depth contrast）またはステレオ傾き対比（stereoscopic slant contrast）と呼ばれる知覚現象である．囲む面を誘導図形，囲まれる対象をテスト図形と呼ぶ．刺激呈示時間が短い場合（< 100 ms），ステレオ奥行き対比が促進されるという報告がある（Kumar & Glaser, 1993）．しかしバックワードマスク刺激を用いる場合には，ステレオ奥行き対比は短時間呈示のときに小さくなる（Harada & Mitsudo, 2018）．

テスト図形と誘導図形を重ねたりして空間的位置関係を変化させると，テスト図形と誘導図形両方の見かけの傾きが変化する．この場合，テスト図形と誘導図形の相対的な傾きは保たれながら，図形全体の見かけの傾きは前額面に平行となる方向に偏移する（傾きの標準化；Gillam & Pianta, 2005）．この結果はテスト図形と誘導図形の全体の傾きの標準化が，ステレオ奥行き対比の生起要因であるという仮説（Howard & Rogers, 1995）と一致する．標準化は局所的なはたらきであることを示す心理物理学実験もある（Harada & Mitsudo, 2017）．

他にステレオ奥行き対比の生起要因として，像差と遠近法手がかりとの矛盾が指摘されている（van Ee et al., 1999）．この説によれば，遠近法手がかりと像差が同一の形状をもたらすときに傾き対比は消失する．刺激が大きい場合や観察時間が長い場合にはこの仮説を支持する結果が報告されているが（Sato & Howard, 2001），刺激がそれほど大きくなく（視角で 10° 以下），刺激呈示が 1 秒以下の短時間の場合には仮説は支持されていない（Harada & Mitsudo, 2018）．

テスト図形と誘導図形を同時に呈示する代わりに，誘導図形を先に呈示してテスト図形を後に継時的に呈示する場合にも，テスト図形の傾きは誘導図形とは反対方向に傾いて知覚される（ステレオ奥行き残効：stereoscopic depth aftereffect）．この場合の誘導図形は順応図形と呼ばれる．ステレオ傾き残効の生起においてはテスト図形と順応図形は必ずしも網膜上で重なる必要はないが（Taya et al., 2005），判断対象が曲率の場合，網膜位置が同一であるほうが残効は大きい（Yan & Shigemasu, 2015）．

（光藤 宏行）

図 13-4-10 ステレオ奥行き対比を生み出すオートステレオグラム
図形上部の二つの点が三つに見えるように融合すると，融合して初めて見える横のバーは傾いて見える．実際には上下の領域（誘導図形）のみに水平拡大像差が設けられていて，中央の領域（テスト領域）はゼロ像差である．

13・4・4 両眼視研究のツール

13・4・4・1 ステレオスコープからバーチャルリアリティ

両眼像差の定量的な操作が可能なさまざまな研

究ツールが考案されてきたが（Howard & Rogers, 2012b），その最初のツールが，角度や形状がわずかに異なった左右一対の図形や物体の画像（ステレオグラム：stereogram）と，それを融合視するための装置（ステレオスコープ：stereoscope）である（II・2・4・4参照）。Wheatstone（1838）は，2枚の鏡を用いた据え置き型のステレオスコープを用いて，両眼像差だけでも明瞭な奥行き知覚が生まれることを実証した。またBrewster（1856）は，2枚のプリズムを使用することで左右に並べたステレオグラムを容易に融合（fusion）できる，双眼鏡のような小型のレンズステレオスコープ（lenticular stereoscope）を発明した。また，ステレオスコープの亜種である，頭部の左右に配置したステレオグラムをそれぞれの眼前に設置した鏡で観察するハプロスコープ（haploscope）も，輻輳角と調節を独立して操作できることから，奥行き知覚研究に活用されている（Howard, 2012）。さらに，ステレオスコープの発展系として，独立した二つの小型モニターによって右眼用画像と左眼用画像をそれぞれの眼に直接表示できる頭部搭載型ディスプレイ（head mounted display：HMD）がある。観察方向が固定されている静止画像を用いた場合は，頭部や身体運動による運動視差が生じないが，HMDにモーションセンサーを組み合わせると，頭部や身体運動と連動してダイナミックに変化する立体刺激を視野全体に表示できるため，没入感の高いバーチャルリアリティ（virtual reality）の構築に利用される。

　一対の画像を左右に並べず，同一空間に重ねたり交互に表示すれば，画像の表示面積を半分にできる。これの最も簡便な方法は，左右画像をそれぞれ赤と緑の線で重ね描きし，一方の眼の前に赤の，他方の眼の前に緑の色フィルターを置いて観察するアナグリフ（anaglyph）である。ただしアナグリフはフルカラー画像を表示できない。そこで，左右で若干異なるRGB波長と干渉フィルターを利用する波長多重化（wavelength multiplex）や，左右で直交する偏光フィルターを利用するポラロイドステレオスコープ（polaroid stereoscope）が考案された。テレビ放送では毎秒30コマで画像を書き換えて動画像を表示するが，その原理を応用した時分割（time

sequential）方式でも左右画像を交互に表示できる。具体的には，60 Hz以上の高速で左右画像を入れ替え，それと同期して左右眼前のアクティブシャッター（active shutter）を交互に開閉させることで立体視を生じさせる。なお，インターレース表示に対応する場合をフィールドシークエンシャル（field sequential）方式，プログレッシブ表示に対応する場合をフレームシークエンシャル（frame sequential）方式と呼ぶ。

　スコープをのぞき込んだり，フィルターやシャッターゴーグル，あるいはHMDを装着することなく，裸眼で両眼立体視可能なツールもある。これには，縦方向に分割した右眼用画像と左眼用画像を横方向に交互に表示した画像を用いる。この画像を縦にスリットの入ったバリア越しに観察すると，反対眼用の画像がバリアで遮蔽されるため，左右眼に異なる画像が映る。これを視差バリア（parallax barrier）方式と呼ぶ。また，同様の画像を横に並んだ縦長凸レンズ（シリンドリカルレンズ：cylindrical lens）越しに観察すると，レンズの屈折によって両眼分離呈示される。これをレンティキュラーレンズ（lenticular lens）方式と呼ぶ。

13・4・4・2　光学的像差量変換装置
1）テレステレオスコープ

　奥行き手がかりにはさまざまな種類が存在するが，それらが統合されて単一の奥行き知覚を成立させるメカニズムについては，両眼立体視研究の当初より関心がもたれていた。そのため，豊富な手がかりが存在する日常風景を，両眼像差だけを変化させて観察できる光学的像差量変換装置が作られた。Helmholtz（1910 Southall 訳, 1925）は，両眼像差が強調された風景を観察できるテレステレオスコープ（telestereoscope, 図13-4-11 左）を考案した。テレステレオスコープは両眼の離れた大きな頭部のある巨人の視点の再現に等しく，風景がミニチュアのように感じられる（大山, 1962）。その後，両眼像差が減少するテレステレオスコープも考案されている（Wallach et al., 1963）。テレステレオスコープでは両眼像差による奥行き情報とその他の手がかりによる奥行き情報に矛盾が生じるため，テレステレオ

717

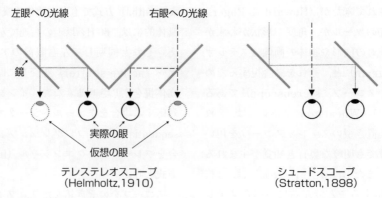

図 13-4-11　テレステレオスコープとシュードスコープの模式図

スコープを装着し続けると，両眼像差情報に対する評価を変化させて他の手がかり情報との矛盾を解消する方向に順応が生じる。たとえば，両眼像差を強調するテレステレオスコープで回転物体を観察すると，回転運動から推定できる奥行き量と両眼像差量は一致しないが，10分後にテレステレオスコープを外して奥行き評価を求めると，見かけの奥行きを過小評価する奥行き知覚が報告される（Wallach et al., 1963）。

2）シュードスコープ

Wheatstone（1852）は，両眼像差と両眼輻輳が左右反転するシュードスコープ（pseudoscope，図 13-4-11 右）を考案した。両眼像差しか奥行き手がかりが存在しない単純な線画のステレオグラムでは，左右の画像が入れ替わると凹凸や奥行き順序など知覚される奥行き方向が反転する。しかし，単眼奥行き手がかりが豊富に存在する風景をシュードスコープで観察しても奥行きの反転が知覚されることは稀で，通常の奥行き知覚が保たれたり，凹凸は変化しないが物体の奥行き順序が入れ替わるといった奇妙な奥行き知覚が生じる（Stratton, 1898；Wheatstone, 1852）。また，シュードスコープにテレステレオスコープの特徴を組み込むと，反転した両眼像差量を増すことができるが，それでも両眼奥行き手がかりが優勢となった奥行き知覚が生じるとは限らない（Palmisano et al., 2016；Stratton, 1898 も参照）。なお，テレステレオスコープによる像差量変換に対する順応は数分で完了するが，シュードスコープによる両眼像差反転に対する順応はそれよりも長く 2-3 日かかる（Ichikawa & Egusa, 1993）。また，シュードスコープを 9 日間着用すると強力な残効が生じるという報告もある（Shimojo & Nakajima, 1981）。このことから，両眼像差は単体でも鮮明な奥行き知覚を生じさせる強力な奥行き手がかりであるが，単眼手がかりの影響を受けたり経験によって変動する流動的な側面をもつことがわかる。

13・4・4・3　ランダムドットステレオグラム

ランダムドットステレオグラム（random-dot stereogram：RDS）とは，その名の通りランダムに配置された白と黒のドットで構成された画像を用いたステレオグラムであり，Julesz（1960）によって考案された（RDSの作成方法は Howard & Rogers, 2012b を参照）。図 13-4-12 上の左の四角形を左眼，中央の四角形を右眼で見て融合視すると（平行法），中央部分が奥に知覚される。同様に，中央と右の四角形を融合視すると中央部分が手前に知覚される。画像を見る眼を左右逆にすると（交差法）凹凸が逆転する。また，ドットの代わりにランダムウォークした線を用いた場合はランダムラインステレオグラム（random-line stereogram）と呼ばれ，主観的な輪郭線のない滑らかな奥行きが知覚できる（Ninio, 1981）。図 13-4-12 下を平行法で融合視すると，左下に山，右上に谷があるような両眼立体視が生じる。

RDS が考案される以前は，輪郭線など左右画像間での対応が明らかな情報を利用して，両眼立体視の成立に必要な像差情報が検出されていると考えられていた。ところが，RDS によって，左右画像間の対

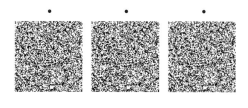

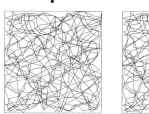

図 13-4-12 （上）ランダムドットステレオグラム，（下）ランダムラインステレオグラム（Ninio, 1981）

図 13-4-13 曲線ステレオグラム（Mitsudo, 2007）
左・中央の図に対して，右図のように下向きの固視で観察すると，奥行きをもつ 3 次元構造が知覚できる。

応点が認識できない場合でも両眼像差の検出が可能であり，主観的な輪郭線を伴った両眼立体視が成立することが明らかとなった。この自動的な両眼像差の検出は，片眼画像の白黒を反転させると立体視が成立しないことから，輝度照合が基礎にあると考えられる（Julesz, 1960）。

（木原 健）

13・4・4・4　オートステレオグラムと対応点問題

通常のステレオグラムは，左右眼それぞれに呈示する画像 2 枚からなる。大きな 2 枚の画像を器具なしで両眼融合するためには輻輳角を随意的に変化させることが必要であり，人によってはかなり難しい。それに対しオートステレオグラム（autostereogram）では，輻輳角の変化を小さくして両眼融合を容易にするため，繰り返しのある 1 枚の画像に両眼網膜像差を付与する（Howard & Rogers, 1995；杉原, 2006；Tyler & Clarke, 1990）。この場合 1 枚の画像の近接した領域が両眼対応するため，大きな画像も両眼融合しやすい（図 13-4-10）。類似の知覚は繰り返しのある壁紙模様の平面を観察しただけでも生じる。この場合，人為的に両眼網膜像差が付与されていないにもかかわらず，模様の繰り返し 1 個ぶんだけ位置的像差がついたステレオ画像であるとも解釈できるため，誤対応の融合から

なる壁紙の虚像が異なる奥行き平面上に同時に見える。これを壁紙錯視（wallpaper illusion）という（Howard & Rogers, 1995）。

輻輳角を変えるということは，水平方向の固視位置を左右眼間で反対向きに変化させたと捉えることもできる。固視位置を両眼で揃えながら上または下に変化させると，両眼の回旋状態（各眼の視軸回りの回転）の違いにより回旋輻輳（cyclovergence）が生じ，網膜像差に回旋成分が付け加わる。射影幾何学的には，正しい両眼対応を行うためのエピポーラー線（図 13-4-2）の位置を，固視位置に応じて修正する必要がある。しかしヒトの視覚系はそのような補正的な処理は基本的に行っていないようである（Schreiber et al., 2001）。心理物理学実験によれば，対応方向が曖昧な線分を刺激として用いたときには両眼対応は網膜上で水平に近く（van Ee & van Dam, 2003），その結果として曲線を用いたステレオグラムでは 1 枚の画像の固視位置を変化させるだけで奥行きの錯視が生じる（図 13-4-13；Mitsudo, 2007；Mitsudo et al., 2009）。

（光藤 宏行）

13・5　単眼性奥行き知覚

II・13・3 では対象までの自己中心視距離（絶対的距離）の手がかりを解説したが，本節では複数の対象間の相対視距離と対象表面の見かけの傾きおよび凹凸の手がかり（相対的距離），すなわち奥行きを知覚する手がかりを中心に解説する。対象そのものの運動や観察者の運動により変化する単眼網膜像の動的手がかりを II・13・5・1 で，動きを伴わない単眼網膜像に含まれる静的手がかりを II・13・5・2 で取り上げる。

13・5・1 動的手がかり

13・5・1・1 観察者生成運動視差

実環境中で対象を観察する際，同じ対象を異なる位置から観察すると，視点と対象とを結ぶ線がなす角度に変位（parallax）が生じる（図13-5-1a）。運動視差（motion parallax）と呼ばれるこの角度変位が観察者頭部の移動によって生じた場合（観察者生成運動視差，図13-5-1b左），有効な奥行き情報源となるという可能性は，19世紀にHelmholtzやWheatstoneによって指摘され，実際に頭部移動によって二つの光点間の奥行き弁別が可能になることがBourdon（1898）により示された。また，20世紀初頭には，Heine（1905）により，観察者頭部と刺激とを機械的に同期運動させた観察によって奥行き手がかりとしての有効性が示された。

画像を用いて観察者生成運動視差の安定した効果を初めて示したのはRogers & Graham（1979）であった。彼らはディスプレイ上に呈示されたランダムドットの水平位置を，垂直座標別に，観察者の視点の水平方向の移動に対応して変動させた。すなわち，ランダムドットディスプレイの中央あたりを固視する観察者自身の水平方向の頭部運動と対応させて画像を水平方向に動かした。観察者は，頭部と同方向に動く部位が凹，逆方向に動く部位が凸となる奥行き知覚を安定して報告し，頭部運動に連動した運動視差刺激の観察において一貫した奥行き方向と奥行き量の知覚が成立することが示された。観察者生成運動視差から安定した奥行き方向と奥行き量の知覚が成立することには，観察者自身の頭部移動に関わる複数の要因が寄与している可能性が考えられる。

第一に，身体移動に関する体性感覚的情報と視野内の運動との時間的対応関係が，視野内の運動の曖昧性や解釈の自由度を低減すると考えられる。自然な観察状況で，自分の身体移動に時間的に同期して遠方の対象の回転や表面の流れの方向や速度が変わることはほぼありえない。そのため，身体移動と同期した視野内運動があれば，それは対象の回転や表面の流れによるものではなく，対象の奥行きに由来すると解釈されやすいだろう。それに対して，身体移動情報が利用できない場合は，運動刺激観察において安定した奥行き方向の知覚の成立が困難になる（Gibson & Carel, 1952；Gibson et al., 1959）。

第二に，観察者生成運動視差では，視覚系が，身体の移動距離についての情報を網膜上の運動の処理に利用できると考えられる。たとえば，視点の移動距離の推測に筋運動感覚や前庭系からの情報を使える。それに対し，頭部を固定した観察者による動画像観察や，後述する対象生成運動視差では，対象の移動距離に関する直接的情報が得られない。そのため，網膜上の運動と対象の奥行き量との間の対応関係は不明となり，安定した奥行き量知覚の成立は原理的に困難となる。

なお，観察者生成運動視差と，それ以外の運動性の奥行き手がかりとの間には，神経科学的基礎に関わる違いもある。観察者生成運動視差の場合，視野全体に運動が生じ，そのなかでの相対的運動が奥行き情報となる。それに対し，後述の対象生成運動視

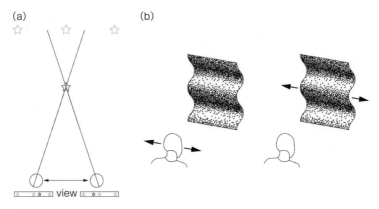

図 13-5-1 運動視差
(a) 視点の移動と視差。(b) 頭部移動による観察者生成運動視差（左）と対象移動による対象生成運動視差（右）。

差など，固定された観察者頭部に対して運動刺激が呈示された場合は，運動する対象以外は視野内で固定されている。サルを用いた微小電極研究は，medial superior temporal area（MST野）において，交差性の両眼視差と非交差性の両眼視差が互いに逆方向の運動と対応づけられた場合に強く活性化する細胞があり，視点移動を伴う自己運動の検出器として機能すると考えられている（Roy & Wurtz, 1990）。こうした自己運動の情報は，視野のなかの運動成分の奥行きへの変換における自由度を減らすことに寄与している可能性が考えられる。他方，視点移動を伴わない対象生成運動視差の場合，こうした両眼視差方向と運動方向の対応づけに関わるMST野の細胞はほとんど活性化されることはないだろう。

1) 運動視差からの奥行き知覚における較正（スケーリング）

運動視差量（$p=\theta_A-\theta_B$）と観察距離（D），視点移動距離（i），対象の奥行き（d）との幾何学的関係は，以下の式に対応する（図13-5-2）。

$$p=di/D^2$$

この式は，iを両眼間距離とした場合の，両眼視差量と観察距離，対象の奥行きとの対応関係と同一であり，視差量が観察距離の2乗に反比例して変化することを意味する。また，両眼視差同様，運動視差単独で奥行きの方向や量に関する完璧なdepth mapを形成できる（Maloney & Landy, 1989）。

運動視差量は，頭部と対象との間の相対的移動距離と，対象像の視野内の相対的移動距離との比により記述できる。両眼間距離に相当する相対移動距離と視野内の相対運動との比を用いると，両眼視差と同様の単位（等価視差）で運動視差量を記述できる。等価視差の概念を提案したRogers & Graham（1982）では両眼間距離の平均値6.2 cmを頭部移動距離に用いた。

視覚系は，対象までの絶対距離の情報を用いて，運動視差や両眼視差からの奥行き情報を較正する。たとえば，両眼視差の場合，近距離（たとえば2 m以内）（Ono & Comerford, 1977）でも遠距離（たとえば観察距離6 kmと7.8 km；Cormack, 1984）でも，見かけの距離による奥行きの較正（スケーリング，縮尺の調整）がなされる。他方，運動視差に関しては，見かけの距離による奥行きの較正は比較的狭い範囲にとどまる。すなわち，40 cmと80 cm程度の観察距離で観察距離が大きくなるほど見かけの奥行きも拡大したが，160 cmと320 cm程度の観察距離では観察距離に対応した見かけの奥行き変動はなかった（Ono et al., 1986）。また，運動視差の較正には，観察対象までの絶対距離のみではなく，対象内の距離（相対的距離）も用いられる（Ohtsuka et al., 2002）。

2) 奥行き成分と運動成分

運動視差を示す刺激を観察した場合，画像の運動成分はすべて奥行きに変換されるのではなく，一部が運動に変換されることが多い。たとえば，運動視差が示すと逆の奥行き方向が見えた場合や，運動視差が示すと大きく異なる奥行き量が見えた場合，奥行きがまったく見えなかった場合などは，奥行きに変換されなかった運動成分は対象全体の回転である付随運動（concomitant motion；Gogel, 1979；Peterson & Shyi, 1988；図13-5-3）や対象表面の流れなどとして知覚される。いずれの見え方も，視覚系が奥行きに変換できなかった運動成分について辻褄が合う解釈を構築するために生じると考えられる（Sakurai & Ono, 2000）。

網膜上の運動がどのように奥行きと運動へ変換さ

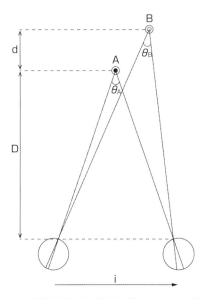

図13-5-2　運動視差量と観察距離，対象の奥行き，視点移動距離との関係

量の領域が広がる（宮屋敷・佐藤，2007）。ランダムドット刺激を用いて運動視差を呈示する研究は多いが，全ドットが同じ大きさである場合，大きさの手がかりは画面が平坦であることを示し，起伏を示す運動視差との間で不一致を生じる。この場合，奥行きに変換できない運動成分が増え，付随運動や表面の流れが大きくなりやすい。

3) 運動視差からの奥行き知覚成立の条件

奥行き知覚成立に必要な観察者生成運動視差量（奥行き知覚閾値）は，網膜上の相対運動速度のみでは決まらず，頭部運動速度の影響も受ける。奥行き知覚閾値は，頭部運動が速くなるにつれ，次第に小さくなり（図13-5-4），13 cm/s を超えるとほぼ一定になる（Ono & Ujike, 2005）。頭部の前後運動に対応したランダムドット画像の拡大縮小により複数の奥行き面を示した場合も，10 cm/s より遅い頭部運動では奥行きが小さく見える（Yajima et al., 1998）。これらの研究は，網膜上の運動から奥行きを知覚しやすい頭部運動速度があることを示唆している（Ujike & Ono, 2001）。

運動視差量には，網膜上の動きがほぼすべて奥行きに変換され，付随運動や表面の流れが見えない範

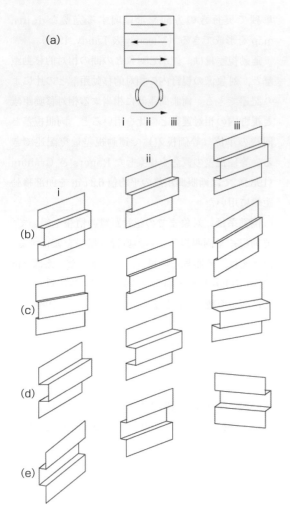

図 13-5-3 運動視差からの奥行き知覚と付随運動（Rogers & Collett, 1989 をもとに作成）
(a) i から iii の視点移動と同方向の部分が凹，逆方向の部分が凸に見える。視差通りの奥行き方向で，(b)視差通りの奥行き量が見えた場合，対象は静止し，(c)視差が示すより小さな奥行きが見えた場合，視点に表面が向くよう回転して見える。(d)視差通りの奥行き方向で，視差が示すより大きな奥行きが見えた場合や，(e)視差と逆方向の奥行きが見えた場合，視点に表面が背くよう回転して見える。

れるかは，運動視差と他の手がかりとの整合性の影響を受ける。運動視差を反対の奥行き方向を示す両眼視差と組み合わせた場合，付随運動や表面の流れが知覚されやすい（Ichikawa & Saida, 1996；Rogers & Collett, 1989）。ただし，運動視差を同じ奥行き方向を示す両眼視差とともに呈示すると，付随運動や表面の流れが見えず，奥行きだけが見える運動視差

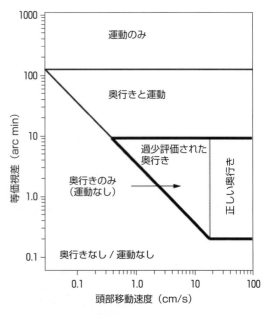

図 13-5-4 運動視差量と頭部移動速度，奥行きと運動の知覚の関係（Ono & Ujike, 2005 をもとに作成）

囲がある。この範囲内では，視差量増大に対応して見かけの奥行き量が増える。視差量がこの範囲を超えると，奥行き以外に付随運動や表面の流れが見え，視差量を拡大しても見かけの奥行き量はあまり増えなくなる。さらに大きな視差量範囲では，奥行きはほとんど見えず，運動しか見えなくなる。2個の光点で運動視差が呈示される状況に関しては，奥行きが見え始める視差量，付随運動や表面の流れが見え始める視差量，運動しか見えない視差量が特定の視差勾配に従って決められる可能性が指摘されている（Matsushita & Ono, 2019）。

対象表面に対する滑動性追跡眼球運動は運動視差からの安定した奥行き知覚の成立に重要な役割を果たすと考えられる（Nawrot, 2003；Nawrot & Stroyan, 2009）。ただし，追跡眼球運動だけではなく，視点の移動に伴って生じる画像全体の遠近法に基づく歪みも運動視差からの奥行き知覚を安定させるために必要であることが指摘されている（Rogers, 2016；Rogers & Rogers, 1992）。

要素サイズや輝度コントラストなど，輝度差以外の高次の特徴によって規定される二次運動を用いて観察者生成運動視差を呈示した場合，運動視差が示す奥行き方向が知覚されるものの，見かけの奥行き量は視差量に対応しない（Ichikawa et al., 2004）。このことは，追視可能な領域と頭部運動とを組み合わせることで安定した奥行き方向知覚が成立するものの，視差量に対応した奥行き量の知覚の成立には，輝度差が規定する一次運動から得られる相対的速度情報と頭部移動との組み合わせが必要であることを示唆している。

4）運動視差処理と両眼視差処理の共通点，相違点

Craik-O'Brien-Cornsweet錯視のようなプロフィールの起伏をランダムドット刺激を用いて運動視差により示した場合，奥行き不連続部に奥行きのコントラスト錯視が生じる（Rogers & Graham, 1983）。この錯視は，剪断的変形（shear transformation）に基づく視差（図13-5-5a）が示す垂直軸に対する起伏より，膨張－圧縮的変形（expansion-compression transformation）に基づく視差（図13-5-5b）が示す水平軸に対する起伏で大きくなる。起伏の方位に対応した同様の奥行きコントラストの異方性は両眼視差にも認められる。また，さまざまな空間周波数の正弦波的起伏を示した場合，運動視差も両眼視差も，感度が最高になるのは0.2-0.4 cpdの空間周波数の起伏である（Rogers & Graham, 1982）。運動視差処理と両眼視差処理との間のこうした共通点は，これらの手がかりからの奥行き情報の閾下加算が認められること（Bradshaw & Rogers, 1996；Cornilleau-Pérès & Droulez, 1993；Ichikawa et al., 2003）とともに，これらの手がかりの処理過程が何らかの基礎過程を共有していることを示唆している。

ただし，運動視差の処理と両眼視差の処理の間にも違いはある。さまざまな方位の起伏のなかで最も

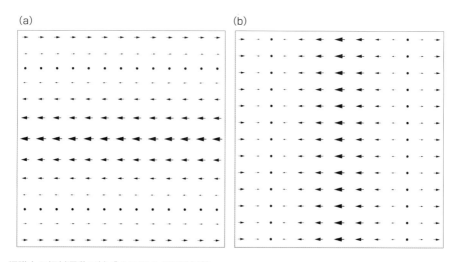

図13-5-5 網膜上の相対運動に基づく2通りの運動視差

第II部　視覚

顕著な奥行きが知覚されるのは，両眼視差では斜め方向の軸に対する傾斜であるのに対し，頭部の水平運動に伴う運動視差では垂直軸に対する傾斜である（Bradshaw et al., 2006）。

13・5・1・2　対象生成運動視差

運動視差は，頭部を固定し，刺激を呈示するディスプレイの移動に合わせてそのなかの刺激を動かすことでも呈示できる（図13-5-1b 右）。この場合，ディスプレイ移動と反対方向に動く部位が凹に見える（Rogers & Graham, 1979）。この方法で呈示された運動視差（対象生成運動視差）から見える奥行きは，視差量が同じでも，観察者生成運動視差観察で見える奥行き量より小さく（Rogers & Graham, 1979），不安定になる傾向がある（Rogers & Rogers, 1992）。

13・5・1・3　運動からの構造復元

観察者が頭部を固定した状態でも，対象のみの運動からでも奥行き情報が得られる。このように，動きの情報から奥行きを含めた対象の立体的な形状についての知覚を運動からの構造復元（structure from motion：SFM）と総称する。

運動視差以外にも運動性の奥行き手がかりがある。前額平行面のなかにある軸を中心とした回転運動は運動奥行き効果（kinetic depth effect：KDE）を生じる（図13-5-6）。また，奥行き軸を中心とする平面画像の回転運動は，画像の構成によって立体運動効果（stereokinetic effect）を生じる（図13-5-7）。

1）運動奥行き効果

運動奥行き効果を成立させる動画像は，回転する対象の影をスクリーン上に投影することで得られる（図13-5-6）。この動画像の観察では，奥行き量に関する情報が得られるものの，奥行き方向を特定する情報は得られないため，見える奥行き方向は安定しない。ある奥行き方向の知覚がいったん成立しても，観察中に奥行き方向が反転し，それに伴い見かけの回転方向も反転することがある。

頭部の水平運動に伴う運動視差には，垂直軸に対する傾斜で見かけの奥行きが顕著になるという異方

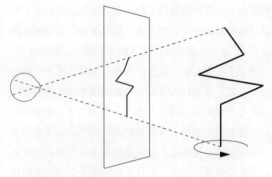

図 13-5-6　運動奥行き効果

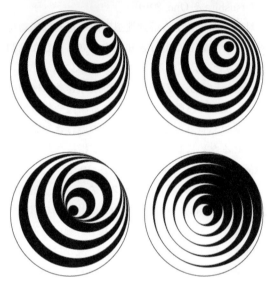

図 13-5-7　回転すると立体運動効果を生じる偏心的布置パターン

性があるが，運動奥行き効果も，水平軸に対する傾斜（縦円筒）より，垂直軸に対する傾斜（横円筒）の方が正確な知覚が成立しやすい（Cornilleau-Pérès & Droulez, 1989）。この異方性は，水平軸に対する傾斜を示す膨張－圧縮的変形に基づく運動視差に関する幾何学的計算の困難によって生じると説明される。

さまざまな運動から成立するSFMについて，奥行き知覚成立のために必要な最小の要素数とフレーム数が検討されてきた。たとえばUllman（1979）は，幾何学的解析により，同一平面上にない4点と，平行投影か透視投影した3フレームの画像があれば，剛体の立体構造を正確に復元できることを示した。ただし，これは要素間の正確な距離推定の必要条件で，

奥行きの方向や量に関する知覚は，より少ない要素数とフレーム数でも成立しうる。実際，2フレームしかなくても運動奥行き効果が成立する（Braunstein et al., 1987；Todd et al., 1988）。また，運動視差によって剛体を示した場合，2フレームを8フレーム（Todd & Bressen, 1990）や30フレームにしても（Liter et al., 1993），奥行き知覚の正確さは変わらない。また，非剛体的物体の変形に関しては，奥行き方向の伸長・収縮に対する感度が低い（Norman & Todd, 1993）。これらの研究から，画像運動から構築される奥行き表象は，要素間の長さや要素をつなぐ線分のなす角度の情報を保持しない，アフィン幾何学的構造をもつと考えられる（Koenderink & van Doorn, 1991）。

二次運動によってワイヤーフレームの回転を呈示した場合，追視可能な特徴が見えるのであれば運動が規定する立体的構造が知覚される（Prazdny, 1986）。他方，ダイナミックノイズ中の複数の要素が回転運動を示した場合には立体的構造は知覚されない（Dosher et al., 1989；Hess & Ziegler, 2000；Landy et al., 1991）。これらの研究から，運動奥行き効果における立体知覚の成立には，追視可能な要素の位置変化情報の空間的統合が必要と考えられる。

2）立体運動効果

偏心多重円的布置をもつパターンを適度な速度で回転させると，円錐状の突起や窪みが知覚される立体運動効果が生じる（Musatti, 1962, 1975）。特に，図13-5-7のようなパターンは強い立体運動効果を生じる。偏心多重円的布置をもつパターンの観察では，各円自体は円の中心を回転中心として回転しているようには見えず，突起の頂点が円軌道を描く首振り運動をしているように見える。この現象については，視覚系が対象内の速度差を最小にするという制約で解を得ることで，立体的な形状が知覚されると考えられている（Zanforlin, 1988）。

13・5・1・4　動的遮蔽

手前の物体による奥の物体の遮蔽は有効な奥行き手がかりである。視点移動などによって，奥の対象がさらに遮蔽されたり，新たな部位が見えたりすることを動的遮蔽（deletion）と動的出現（accretion）

と呼び，単独の奥行き手がかりとしての有効性が示されている（Braunstein et al., 1986；Gibson, 1979）。

動的遮蔽と運動奥行き効果との組み合わせで球を表示した場合，奥行き方向知覚の正確さは遮蔽物が覆う面積に依存するものの，見かけの奥行き量や奥行き形状は遮蔽の影響を受けない（Andersen & Braunstein, 1983）。動的遮蔽と観察者生成運動視差とで逆の奥行き方向を示した場合，小さな奥行きが示されたときには運動視差が，大きな奥行きが示されたときには動的遮蔽が優勢となった。ただし，動的遮蔽と対象生成運動視差とで，示す奥行き方向を逆にした場合，遮蔽が見かけの奥行き方向を決定する（Ono et al., 1988）。

（一川　誠）

13・5・2　静的手がかり

13・5・2・1　静的手がかりの分類

知覚の教科書では単眼網膜像の多くの静的手がかりが取り上げられてきたが，手がかり間の階層に関する記述は必ずしも一致していなかった（Kaufman, 1974；Mather, 2006；Sekuler & Blake, 1990）。Howard（2012）はそれらの手がかりを整理し，遠近法（perspective），重なり（interposition），陰影（shading and shadow），大気遠近法（aerial perspective），ボケ（blur）に集約した。そして従来，重なりや陰影と同列に位置付けられていた線遠近法（linear perspective），大きさ（size），視野内の高さ（上下位置：height in the field），テクスチャ勾配（texture gradient），縦横比（aspect ratio）の5種類は広義の遠近法の下位手がかりに分類された。以下ではHoward（2012）に準拠して静的手がかりを分類・解説するが，大気遠近法とボケは自己中心視距離の手がかりに分類してⅡ・13・3で解説したので，残りの遠近法，重なり，陰影を取り上げることにする。

13・5・2・2　遠近法とその下位手がかり

遠近法の特徴は射影幾何学（projective geometry）に基づいている。外界の対象と網膜像の関係は，射影幾何学において3次元空間内の複数の

対象点が投射中心点（center of projection）を通って画像平面に投射される状況に置き換えることができる。湾曲した網膜形状を考えると，より正確には極座標の投射に置き換えて，投射中心点は眼球光学系の結節点（nodal point）と対応させるべきであるが，投射面を平面とする直交座標への投射像でもほぼ同一の結果になると見なされる（Howard, 2012）。Howard（2012）を参考に，奥行き手がかりとしての遠近法を構成する上記の下位手がかりを説明するにあたり，断面が正方形の直線トンネルの内面（天井，床，内壁のすべて）に白黒の升目による規則的な市松模様が描かれていると想定してもらいたい（図13-5-8）。その模様をトンネル断面の中心位置から単眼で観察すると，そこには線遠近法，大きさ，視野内の高さ（上下位置），テクスチャ勾配，縦横比の5種類の下位手がかりがすべて含まれる。以下にその5種類の下位手がかりについて解説する。

1）線遠近法

線遠近法は透視図法（perspective drawing）とも呼ばれ，3次元対象を2次元平面に立体的に描く絵画技法として知られている。図13-5-8はトンネル内面の市松模様を構成するすべての水平線が画面中心の消失点（vanishing point）に放射状に収束する一点透視（one-point perspective）である。他にも，設定される消失点の数を増やした二点透視（two-point perspective）と三点透視（three-point perspective）がある（Howard, 2012；Howard & Rogers, 2002）。たとえば二点透視で立方体を描く場合，左右に広がりながら奥行き方向に遠ざかる縁が左右それぞれの消失点への放射状の線で描かれ，上下方向の縁は垂直線分で描かれる。

この線遠近法は奥行き知覚の手がかりとしての有効性が高く（Gibson, 1950；Sedgwick, 1986），面の傾きを知覚する場合には後述するテクスチャ勾配よりも有効とする報告がある（Clark et al., 1956；Wu et al., 2007）。さらに，観察者中心座標系（自己中心座標系）よりも環境中心座標系（物体中心座標系）での面の傾きをより高い精度で評定できることから，環境中心座標系の視覚的な水平線に対して対象面の傾きを特定する情報を直接利用していることが示唆されている（Sedgwick & Levy, 1985）。

2）大きさ

図13-5-8の市松模様の升目は，観察者に近いものが大きく，遠いほど小さい。線遠近法では，近くにある対象の投射像は大きく，遠くにある対象のそれは小さくなる。観察者の網膜像にもこの関係は当てはまり，同じ大きさの二つの対象が観察者から異なる距離にある場合，近くにある対象の網膜像のほうが遠くにある網膜像より大きくなる。この網膜像の大きさの違いが，奥行きを知覚する手がかりとなる。この点についてはⅡ・13・3およびⅡ・13・6で取り上げる。

Ittelson（1951）は3種類の大きさのトランプのカードを同じ距離で観察すると大きいほうが近くに見える，すなわち絶対距離の評定が小さくなることを報告した（Ⅱ・13・3参照）。一方，相対距離については，Ono（1969）がゴルフボールの写真と野球のボールの写真を用いて，両者の視角が同じ大きさになるように観察者に呈示したところ，ゴルフボールよりも野球のボールのほうが遠くにあるように知覚されたことを報告した。

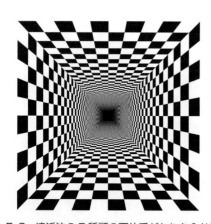

図 13-5-8　遠近法の5種類の下位手がかりを含む例
　　　　1）線遠近法：トンネルと平行のすべての線が画面中心の消失点に放射状に収束する。2）大きさ：観察者に近い升目は大きく遠い升目は小さい。3）視野内の高さ（上下位置）：トンネル内面の下半分では，より遠くの升目はより高い位置に，より近くの升目はより低い位置にある。4）テクスチャ勾配：市松模様の密度は周辺になるほど低く，画面中心に近づくほど高くなる。5）縦横比：床の升目の見えの幅と高さの比率（縦横比）は遠くの升目では大きく，近くの升目では小さい。

3）視野内の高さ（上下位置）

図 13-5-8 の例では，トンネルの中心奥にある消失点は眼の高さ（eye level）にあり，そこが水平線（horizon）でもある。床のように水平線より下の視野内では，より遠くにある対象はより高い位置に，より近くにある対象はより低い位置に見える。反対に天井のように水平線より上の視野内では，より遠くにある対象はより低い位置に，より近くにある対象はより高い位置に見える。このように3次元空間を2次元に投射した網膜像では対象の視野内の高さ，すなわち上下位置が奥行きの手がかりになる。そしてその奥行きは，対象が背景の水平線の上下どちらに位置するのかと，対象から水平線までの網膜像上での距離の大小で決まる（図13-5-9）。Gardner et al.（2010）は，視野内の高さの要因と網膜像上での対象から水平線までの距離の要因を独立に操作し，この視野内の高さ手がかりは特に網膜像上での対象から水平線までの距離を含む他の奥行き手がかりが得られない場合に有効であることを明らかにした。

床や天井にテクスチャがある場合には，対象が接して見えるテクスチャの部分を光学的隣接点（point of optical adjacency）といい，対象の奥行きの知覚に大きく影響する。円柱の頭部と底部が床と天井のそれぞれ異なる奥行きに見える位置に接している場合，床の隣接点を基準とした奥行きが優位となることを地面優位効果（ground dominance effect）という（Bian et al., 2005）。

4）テクスチャ勾配

図 13-5-8 では，画面上のある単位面積に入る升目の数，すなわち市松模様の密度は周辺部で低く，画面中心に近づくほど高くなる。この密度変化はテクスチャ勾配と呼ばれ，面の傾きや曲面を知覚する手がかりとなる。均質（homogenous）で等方性（isotropic）のテクスチャからは面の傾きは知覚されないが，テクスチャ要素の大きさ，密度，縦横比の変化という遠近法の下位手がかりの勾配があると面が傾いていると知覚される（Gibson, 1950, 1979）。

テクスチャの要素が局所的に変化する場合，波打つ曲面や円筒形状を知覚することができる。円筒形状の奥行き知覚には，テクスチャ要素の縦横比や，テクスチャの平均空間周波数とピーク周波数が利用されている可能性が報告されている（Gumming et al., 1993；Sakai & Finkel, 1995）。地表面の規則的なテクスチャについては，その連続性が途切れると対象までの絶対距離の判断が不正確になる（Sinai et al., 1998）。

5）縦横比

図 13-5-8 の市松模様の升目は観察者の視線に対して傾いた面であり，その網膜像は台形となる。床と天井の升目の幅と高さの比率を縦横比とすると，遠くなるほど升目は圧縮されて縦横比は大きくなり，手前に近づくほど小さくなる。前述のようにテクスチャ要素の縦横比は面の傾きを知覚する手がかりとなるが，テクスチャの密度と組み合わせると，対象の凹凸を知覚できることが報告されている（Todd & Oomes, 2002）。さらに，対象全体の輪郭の縦横比からも対象の傾きを知覚できる。たとえば，対象が真円の円盤であることが既知であれば，その輪郭がどの程度楕円に歪んでいるか，すなわち縦横比の変化から円盤の傾きを知覚できる（Howard, 2012）。

13・5・2・3 重なり

重なりの下位手がかりには遮蔽（occlusion）と透明視（transparency）がある。遮蔽は主に視野内のある対象の一部が他の対象の一部を隠す場合をさし，対象自身の他の部分を隠す場合は自己遮蔽（self-

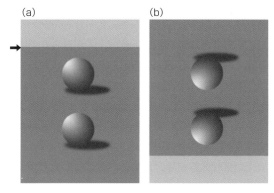

図 13-5-9 視野内の高さが奥行き手がかりとなる例（Gardner et al., 2010）
(a)水平線（背景で輝度が変化する矢印で示す境界）より下ではより高い位置にある球体が遠く，低い位置にある球体が近くに見える。(b)水平線より上ではより高い位置にある球体が近く，低い位置にある球体が遠くに見える。

occlusion）という。透明視は，隠す対象が半透明の場合に生じる手がかりである。これらの手がかりが伝えるのは奥行きの順序関係であり，半透明の材質の光学的特性が所与の場合を除き，奥行き量の情報は含まない。

1）遮蔽

観察者が複数の不透明な対象を見る場合，それらの位置が視線上にあると，観察者に近い対象が遠い対象を部分的あるいは全体的に隠してしまう。この部分的な遮蔽はそれぞれの対象の輪郭線の特徴から捉えることができる。たとえば，遮蔽する対象と遮蔽される対象の輪郭線が組み合わされてT字形を構成するT字接合（T-junction）は奥行きの異なる二つの面が存在している局所的手がかりとなる（II・11参照）。Rock（1984）のデモはこの遮蔽の手がかりの重要性をよく示している。観察者から見て机上の後方に長方形を，前方に左下1/4が欠損した円を乗せ（図13-5-10a），これらを特定の視点から観察すると実際には手前にある欠損円が長方形より遠くに見える（図13-5-10b）。

このデモでは遮蔽を手がかりに円と長方形の奥行き順序を知覚すると同時に，長方形の背後には完全な円が存在すると感じるアモーダル補完が同時に起きている。アモーダル補完については，Kanizsaの三角形（II・11参照）でパックマン図形と呼ばれるV字形の切り込みのある図形が，主観的に知覚される三角形の頂点部分で遮蔽された完全な黒円と知覚される現象を参照してもらいたい。

2）透明視

透明視は，輝度の異なる領域を適切に隣接させると半透明の面の重なりが知覚される現象である。透明視を生起させる要因の一つは，隣接領域間の輝度の相対的関係であり，Metelli（1970, 1974）が代数モデルで明らかにした（I・7・3参照）。さらに，領域の配置により生じるX字接合も透明視を生起させるもう一つの要因であることが明らかにされている（光藤，2004）。

13・5・2・4 陰影

陰影は，均一な反射率をもつ表面からの反射光の変化と，光が遮られてできる影であり，凹凸のような対象の3次元構造を知覚する重要な手がかりである。しかし凹凸が反転した面を反対方向から照明した場合にもほぼ同じ陰影パターンが生じるため，照明の方向が不明な状態では陰影情報のみから対象の3次元構造を一義的に復元することはできず，クレーター錯視のような多義的な知覚，すなわち奥行き反転が生じる（II・13・6・2・2参照）。このように情報が不足していて一義的な解を得られない場合を不良設定問題と呼ぶが（II・17・3, II・11・4・2参照），その場合も単一光源による照明方向の情報を拘束条件（constraint）として与えることで一義的な解を得られる（Marr, 1982；Ramachandran, 1988）。それゆえ，照明方向の情報として推定されたものが誤っていると実際の凹凸とは異なる知覚が生じる（Berbaum et al., 1983；Yonas et al., 1979）。

1）陰影の分類

陰影という用語を広い意味で用いる場合，光源に向いている対象表面の明るさ変化（輝度勾配）だけをさす狭義の陰影（shading）と，光が遮られた暗い領域である影（shadow）の両方を含む。後者の影には，対象の一部が光源の反対側になることでその表面に生じる着影（attached shadow）と，不透明または半透明の対象が照明光を遮ることで他の離れた対象の表面に生じる落影（cast shadow）がある[1]。照明光が平行光線の場合は落影の輪郭は明瞭だが，散乱光が含まれると落影の周囲には半影（penumbra）というより薄い影ができる（図13-5-11）。同様に，

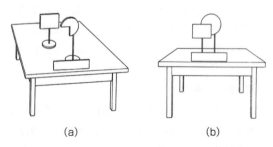

図13-5-10　奥行き手がかりとしての遮蔽の効果を示すデモ（Rock, 1984）

---

1) 現状ではattached shadowとcast shadowの定訳がないため，多くの日本語文献では英語表記そのままかカタカナ表記が用いられている。本章では「影がつく」「影を落とす」という日本語表現をもとにして，着影と落影を訳語とした。

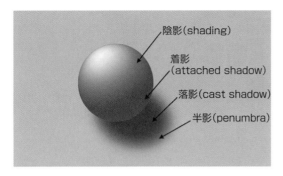

図 13-5-11 陰影と影の分類
この図は左上に光源が位置した場合の球体の表面と地面の状態を描いた。

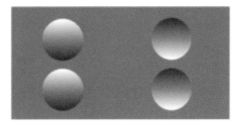

図 13-5-12 凹凸を知覚させる陰影パターン
白領域が円の上部にある左の二つは凸形状に，白領域が円の下部にある右の二つは凹形状に知覚される。

周辺の表面から反射した散乱光は着影部分を照らすため，狭義の陰影と着影を切り分けることは難しい。
このような異なる種類の陰影や影を含む刺激の作成に現在はコンピュータグラフィクス（CG）を利用するが，Todd & Mingolla (1983) はその先駆けである。彼らは表面の反射率が異なる円筒の陰影刺激をCGで作成し，円筒の見かけの曲率と照明方向を観察者に判断させた。その結果，表面の反射率が高く光沢のある表面では曲率が高く知覚されるが，光沢の存在は照明方向の判断に影響しないことを見いだした。

2) 陰影による凹凸の知覚

前述したように，陰影情報は多義的であるにもかかわらず，図 13-5-12 を見ると上部が明るく下部が暗い左の陰影パターンは凸形状（convexity）として知覚され，上部が暗く下部が明るい右の陰影パターンは凹形状（concavity）として知覚される（II・13・6・2・2参照）。このような一義的な知覚が生じる理由として，単一光源が上方にあるという仮説を視覚系が拘束条件として採用している可能性をRamachandran (1988) は指摘した。光は上方からくるという仮説は上方照明仮説または上方光源の仮定（light-from-above assumption）と呼ばれる。われわれが外界の対象を観察する多くの場合，光源となる太陽や照明器具は上方に位置している。その意味でこの上方照明仮説は経験に基づいており，蓋然性が高い。陰影情報からの凹凸判断にこの仮説を視覚系が採用しているとする考えは Brewster (1826) まで遡る。

上方照明仮説には，仮定された照明の方向が真上なのか否かという問題と，照明方向の「上」を決定する基準は何かという問題が含まれている。第1の照明方向について，Metzger (1936) は左上から照明されると画像での凹凸反転が生じにくいことを定性的観察から指摘した。その後，この照明方向を左上に仮定するバイアスは，視覚探索課題に陰影パターンを用いた Sun & Perona (1998) の実験により確認された。照明方向を操作した陰影パターンを標的と妨害刺激にすると，左上からの照明の場合に最も検出が早かったのである。

第2の上下の基準については，観察者が重力座標系と頭部座標系と網膜座標系のどれを準拠枠として用いているのかが重要となる。Howard et al. (1990) は観察者の姿勢を制御して頭部座標系と重力座標系を独立に操作し，頭部座標系が基準となっていることを明らかにした。

3) 落影による奥行きの知覚

落影は対象と背景との間の距離について重要な情報を与えてくれる。Kersten et al. (1996) は，落影の動きによってその影を生み出したと見なされる対象の奥行きが連続的に変化して知覚される動的錯視を報告した。この錯視は落影の位置を変えた静止図でも確認できる。図 13-5-13 に描かれた三つの小さな正方形は背景の市松模様とすべて同じ位置関係にあるにもかかわらず，その右下に加えられた落影の違いにより正方形と背景の距離，すなわち奥行きが異なって知覚される（Mamassian et al., 1998）。落影が正方形の右と下の輪郭に沿ってわずかに見える画像（図 13-5-13a）では正方形は市松模様にほとんど張り付いて見えるが，落影が少し太くなった画

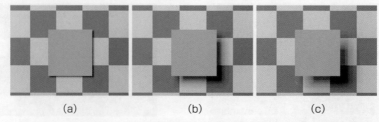

図 13-5-13 落影の状態により知覚される奥行きが変化するデモ（Mamassian et al., 1998）

像（図 13-5-13b）では正方形は市松模様の背景からやや浮き上がり，落影が最も太くなった画像（図13-5-13c）では正方形は市松模様の背景から高く浮き上がって見える。落影による同様の効果は奥行きのみならず球体の運動軌道にも影響する（Kersten et al., 1997）。同様の落影は光源位置の変化によっても生じるにもかかわらず，奥行きの変化として知覚されてしまうということは，人間の視覚系が光源は静止しているという拘束条件を採用していることを示唆している。

(櫻井 研三)

13・6 手がかり間の相互作用と奥行きの錯覚

奥行きの知覚は，感覚系がさまざまな手がかりを処理する能力に依存する。手がかりには，両眼網膜像差，運動手がかり，絵画的手がかり，調節手がかりなど，さらにそれらの組み合わせがある（II・13・1・2参照）。手がかりをどのように統合するかという視点から知覚を捉えることが可能であり，Bayes 的手がかり統合モデル（Knill & Richards, 1996）を基礎として知覚学習も検討されている（Haijiang et al., 2006）。統合の神経機構も調べられており，両眼網膜像差と運動手がかりの統合には背側経路が関わることを示唆する fMRI 研究がある（Ban et al., 2012）。

13・6・1 手がかり解釈の多義性と不良設定問題

2次元的画像情報から3次元的対象構造を復元するのは原理的に不良設定問題である。たとえば正方形の画像を作り出す3次元的構造は無数に存在する（図 13-6-1: Howard, 2012）。上述の手がかりの種類

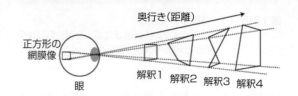

図 13-6-1 2次元画像を3次元解釈するときの曖昧性（Howard, 2012）
正方形の網膜像のみからは3次元解釈を一つに決めることは難しい。

にかかわらず，拘束条件または制約なしには，3次元構造を絞り込んだり，特定することはできない。

13・6・1・1 回転円筒・シルエット錯視

運動からの構造復元（structure from motion）や運動奥行き効果（kinetic depth effect）という呼び名で知られる（Howard, 2012）。運動に基づく奥行き形状知覚では，剛体性の拘束条件が良く知られている。ある位置で回転する3次元的対象を平行投影すると，対象の要素（点など）の動きが投影面上では往復または回転運動となるようなオプティックフローが生じる。2次元の往復運動であるオプティックフローから3次元の回転運動を復元する際に，3次元的対象が剛体であるという拘束条件のもとでは，オプティックフローから角回転速度を一意に決めることができる。ただしこの場合回転の方向は一意に定まらず，それに対応するように，知覚上でも回転方向の入れ替わりが生じる。Ullman の円筒（Ullman's cylinder：図 13-6-2：Ullman, 1979），およびウェブ・デザイナーの茅原伸幸が作成したシルエット錯視（silhouette illusion：図 13-6-3）がこの原理を利用した代表例である。回転運動の方向を定める拘束条件としては，投影方向（Troje & McAdam, 2010），遮蔽（Fang & He, 2004），摩擦（Gilroy & Blake,

第13章　奥行き知覚：3次元空間知覚の方向・距離・順序

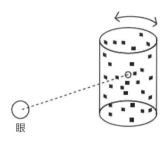

図 13-6-2　Ullman の円筒の模式図（Ullman, 1979）
円筒の表面にランダムドットパターンが付与されている。

図 13-6-3　シルエット錯視（茅原, 2003）
実際には同じものを繰り返し見ているにもかかわらず，影絵のダンサーの回転方向は知覚的に反転する。

2004）などが指摘されている。

13・6・1・2　アナモルフォーズ

アナモルフォーズ（anamorphosis）とは，解釈可能な2次元パターンを，視線に対して垂直ではない面に透視図投影したものである。このパターンを，投影面に対して正面から（垂直な方向から）観察すると，当然ながら大きく歪んで見える。日常場面ではサッカーやモータースポーツなどでテレビ中継用の広告として用いられる。現地の観客席からは大きく歪んだ図形に見えるが，テレビカメラを通して見たときは意味のある模様に見える。同様の原理は，自動車運転時の注意喚起を目的としたイメージハンプでも用いられる。

13・6・1・3　あいまい立体

2次元平面に描かれたパターンの3次元的な解釈が原理的に曖昧であることを示す典型的で古典的な例が，いわゆる Necker の立方体（Necker cube）である。図 13-6-4 では頂点 A が手前に見える状態と，もう一つの頂点 B が手前に見える状態が交互に入れ替わる。頂点 A，B の局所的形状は Y 字接合，その他の6つの頂点の局所的形状は矢印型接合である。Y 字接合と矢印型接合は，線分または稜線が3次元空間内で互いに 90°で接するという制約のもとでは凹または凸形状の3次元的な方向を一意に決めることができる（Enns & Rensink, 1991）。Necker の立方体ではこのような解釈の曖昧性がある。

Necker の立方体を変形させたり，3次元の立方体の視点を変えて投影すると，Y 字接合と矢印型接合における線分間の相対的角度はさまざまに変化する。平面上の相対角度情報から3次元表面や稜線（エッジ）の方向を一意に定めるためには（凹凸の曖昧性はあるが），線分・稜線が互いに直交するという拘束条件が必要である。接合を有する図形を用いた視覚探索課題では，Y 字接合と矢印型接合の探索は基本的に容易である（Enns & Rensink, 1991）。これは接合に基づく対象の3次元方向は前注意的に復元されているという考え方と一致する（Enns & Rensink, 1991；Sun & Perona, 1996）。

13・6・1・4　不可能立体

一見すると作成可能で，現実に存在するような立体を描いた線画・絵画であるが，実際には作成することが難しい対象を不可能立体（impossible object）または不可能図形（impossible figure）という。代表的なものに Penrose の三角形（Penrose triangle）

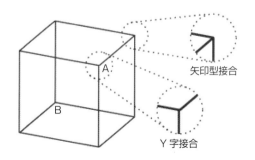

図 13-6-4　Necker の立方体
頂点 A と頂点 B には Y 字接合があり，他の頂点は矢印型接合である。

第II部　視覚

図 13-6-5　Penrose の三角形

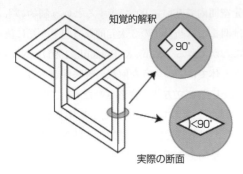

図 13-6-6　作れる不可能図形の例（杉原，2006）とその断面

（図 13-6-5），無限階段（infinite stairs），Escher の絵画作品『物見の塔』がある。不可能図形が一見したところ作成可能に感じられるのは，現実にありうる Y 字接合，矢印型接合，T 字接合が局所的には正しく描かれているからである。不可能図形の視覚探索は一般的に困難であり，接合の間の関係は前注意的には処理できないということから（Donnelly et al., 1999），不可能図形か可能図形か判断するには，時間を要する焦点的注意が必要であると考えられる。

　Y 字接合や矢印型接合を知覚的に解釈するときの暗黙の仮定（拘束条件）は，線分（稜線）が互いに 90°で接するということである。線分が 90°で接しなくてもよいという前提では（つまり断面が平行四辺形であるような解釈を許す場合には），不可能図形も，切断したり曲げることなく実際に作成することができる（図 13-6-6；杉原，2006）。したがって不可能図形の知覚は，接合に基づく 3 次元的な知覚解釈の偏り，および，局所的にはありうる特徴を空間的に適切に統合することの難しさを示している。

13・6・2　拘束条件の利用

　視覚系が用いている拘束条件（仮定）自体を研究者の側が直接知ることはできないため，刺激と知覚の対応関係から拘束条件を推測することになる。

13・6・2・1　平行線の仮定・凸面性の仮定

　2 本の線分が 3 次元環境のなかで平行であるという拘束条件のもとでは，線分の相対的角度も面の傾きの手がかりとなる。3 次元空間に置かれた正方形に関して，視線に対する傾き S は，正方形の中心の幅の視角 w および輪郭線の収束角度 a を用いて次のように表せる（Saunders & Backus, 2006）：

$$S = \tan^{-1}[\tan(a/2)/\tan(w/2)]$$

このような相対的角度に基づく制約のために実際の傾きを正しく認識できず，奥行きの錯覚を生じさせる例がアナモルフォーズや Ames の部屋（Gregory, 1966/1998 近藤他訳，2001）の説明として知られている。

　凹面顔錯視（hollow-face illusion）では，顔を模した凹面が出っ張りの凸面として知覚される。凹面を作り出す両眼網膜像差の量を大きくすると，錯視が生じていても顔の知覚的奥行きは増加する（Matthews et al., 2011）。知覚的奥行き反転が生じるとき，見かけの位置に対して水晶体の調節が生じる（Koessler & Hill, 2019）。これらの結果は，視覚系が凸面性の拘束条件を利用しているという説と一致する。類似の知覚は，Mach の本，振り向きドラゴンでも見られる。遠近法の場合の知覚的反転と，顔の反転は処理機構が異なることも示唆されている（Papathomas & Bono, 2004）。

13・6・2・2　クレーター錯視・上方光源の仮定

　図 13-6-7 は地面の写真であり，出っ張った六角形と，逆さの「雨」の字の周囲が盛り上がっているように感じられる。これはクレーター錯視（crater illusion）の一種で，画像を回転させると正しい凹凸，つまり出っ張った六角形は凹み，金属の浮き彫りである「雨」の字が知覚される。一般的に，輝度の空間変調でできている 2 次元画像を 3 次元的に解釈するためには，光源の位置を仮定することが必要となる。幾何学的要素に陰影をつけたパターンに基づく凹凸の知覚は陰影からの構造復元（shape from shading）と呼ばれ，画像の 180°回転によって凹凸の反転が容易に観察できる（図 13-6-8）（II・13・5・

図13-6-7　地面を撮影した写真を180°回転させたもの

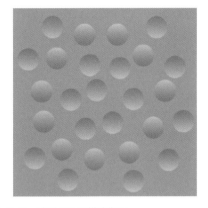

図13-6-8　陰影からの構造復元
　　　　　180°回転させると奥行きが反転する。

2・4参照)。

　面に光が当たる場合，光線と面の角度によって反射光の強度が変化する。石膏のような拡散反射の場合，反射面に対する入射光の方向が面法線から離れるほど反射光は弱くなるため，立体表面の2次元画像には陰影が生じる。陰影に基づく形状復元の場合には，上方または上方やや左に光源があるという拘束条件に一致した見えが生じやすい（Sun & Perona, 1998）。この現象をもたらす神経機構として，初期視覚野V1野とV2野の間でのフィードバック的処理が関わることを示唆する神経科学的研究がある（Lee et al., 2002）。

（光藤　宏行）

13・6・3　大きさ・形の恒常性と錯視

　眼に映る物体の網膜像の大きさ（視角サイズ）は物体までの距離とおおよそ反比例の関係にある（II・13・3・2・1参照）。しかしわれわれには，走り去る車が遠ざかるにつれ縮んでいくように見えたりはしない。このような，視距離に伴う視角サイズの変化に対し見えの大きさが安定することを大きさの恒常性（size constancy）と呼ぶ。同様に，対象の網膜像の形は見る角度によって変化するのに対し，対象の形そのものが変わっているように感じないことは，形の恒常性（shape constancy）と呼ばれる。たとえば長方形の扉は真正面から見ない限り異なる四角形の網膜像を形作るが，われわれは扉を常に長方形であると知覚する。恒常性の本質とは，このように，網膜像ではなくそこに投影された実空間の構造を見ようとするはたらきであるといえる。このことを指してThoulessは恒常性を「現実世界の対象への回帰」と呼んでいる（Thouless, 1931a, 1931b）。

　3次元空間が描写された絵や写真においても，私達が知覚するのは，描画面上の大きさや形ではなく，そこに描かれた物体の実空間における大きさや形である（Boring, 1964）。このため，描画面上の大きさや形と知覚される大きさや形の間にはほぼ常にズレが生じており，このことはさまざまな錯視の生起を説明すると考えられる。以下本項ではこのような空間知覚のはたらきがもたらすと解釈され得る錯視について概説する。なお，錯視は複合的な要因によって生じると考えられ（Coren et al., 1973），ここで示すものが唯一の説明とは限らないことにも留意されたい（その他の説明については，Gillam, 1998；Robinson, 1972/1998；Shapiro & Todorovic, 2016等を参照のこと）。

13・6・3・1　Müller-Lyer錯視，Ponzo錯視

　Müller-Lyer錯視（Müller-Lyer illusion）は直線の「軸」両端に「矢羽」が付された図形に生じる長さの錯視である（図13-6-9a）。軸のみの図と比較した場合，軸に対し鋭角の矢羽をもつ内向図形（右）では軸が短く見え，鈍角の矢羽をもつ外向図形（左）では軸が長く見える。おそらく最もよく知られるMüller-Lyer錯視の説明は，3次元空間知覚の機構の2次元画像への不適切な適用を仮定するものである。この説の起源はThiéry（1896）に遡り，

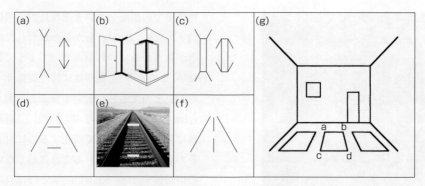

図 13-6-9 (a) Müller-Lyer 錯視，(b) Müller-Lyer 錯視の遠近法的解釈，(c) 恒常性説に反する Müller-Lyer 錯視の亜種，(d) Ponzo 錯視，(e) Ponzo 錯視の遠近法的解釈，(f) 恒常性説に反する Ponzo 錯視の亜種，(g) Müller-Lyer 錯視の埋め込まれた 3 次元空間（Gillam, 1998）

Gregory（1963, 1966/1998, 1970）の「恒常性スケーリングの不適切な適用説（inappropriate constancy scaling theory）」により広く認知されることとなった（Robinson, 1972/1998；Ross & Plug, 1998；以下，恒常性説と呼ぶ）。恒常性説では，矢羽が遠近法手がかりとしてはたらき，外向図形の軸は内向図形の軸よりも遠くにあると推定されると考える（図13-6-9b）。この距離の推定に基づいて網膜像上の軸の長さが換算されるならば，大きさ・距離不変仮説（II・13・3・2・1参照）より，外向図形のほうが内向図形よりも長い軸をもつように見えることになる（この換算を Gregory は「恒常性スケーリング（constancy scaling）」と呼んだ）。別の言い方をすれば，異なる距離にあるのに網膜像上で長さが等しいなら，遠くにある軸はもう一方の近くにある軸よりも実空間では長いはずであり，その「実際の」長さを知覚する恒常性のはたらきが錯視を生んでいる，という説明である。恒常性説は Ponzo 錯視（Ponzo illusion：図 13-6-9d）の説明にもしばしば用いられる。図 13-6-9d において錯視図形を構成する左右の誘導図形（収斂線分）を線遠近法に基づいて解釈すれば，上の水平線分は下の水平線分よりも遠くに位置することになり，この距離を用いた視角サイズの換算から線分の見えの長さの違いが説明できる（図13-6-9e）。

非常に有名な恒常性説であるが，発表当初から多くの批判と反証を集め続けている（Gillam, 1998；Robinson, 1972/1998）。代表的な批判の一つは，錯視図形が奥行きのある空間に見えないというものである。この指摘について Gregory（1963, 1966）は，ボトムアップで意識に上らない距離の情報による「一次恒常性スケーリング（primary constancy scaling）」と，トップダウンで意識に上る「二次恒常性スケーリング（secondary constancy scaling）」の区別を行うことで批判からの回避を試みている。この区分によれば，錯視を生むのは無意識な一次恒常性スケーリングであるため，錯視図形が意識的な奥行きの印象を伴う必要はない。

しかし Müller-Lyer 錯視には，無意識な距離による媒介を仮定しても説明のつかない亜種が多数報告されている（Day, 1972；Gillam, 1998, 2017）。たとえば，錯視図形の軸を長方形に置き換えると（図13-6-9c），長方形の短辺はむしろ内向図形のほうが長く見え，これは距離に基づく解釈とは矛盾する（Waite & Massaro, 1970）。また，矢羽を円や四角形に置き換えた図形や（Baldwin, 1895；Delbouf, 1892），図形の端点のみを点で示したもの（Coren, 1970）にも錯視は生じるが，これらの図が遠近法の処理を誘発するとは考えがたい。その他，大きさの恒常性の個人差と錯視量の個人差に相関がないこと（Hamilton, 1966）や，内向図形と外向図形の錯視量が非対称であること（Christie, 1975）も，恒常性説からは説明が難しい。恒常性説の Ponzo 錯視への適用にも多くの問題が指摘されている（Gillam, 1998；Ross & Plug, 1998）。一例として，収斂線分に挟まれた線分の方位を 90 度回転させると（図 13-6-9f），遠近法の解釈として上下の線分の距離関係は変わらないはずであるが，錯視が生じない（Humphrey &

Morgan, 1965)。

Gillam（1998, 2017）は恒常性説における距離による媒介という考えには否定的だが，2次元平面上に投影された3次元空間を「復元（decode）」するはたらきを仮定した説を展開している。Gillamによれば，Müller-Lyer錯視の矢羽を実空間におけるどのような形として知覚系が復元するかが説明の鍵となる。図13-6-9gを例に，画像平面上に描かれた台形が，3次元空間における長方形として復元されることを考えてみたい。この図において線分abの両端は外向図形を，線分cdの両端は内向図形を構成し，こうした不完全な錯視図形も，その錯視量は弱まるものの，図13-6-9aと同様の錯視効果をもつ（Tausch, 1954）。ここで四角形abcdの台形像から元の長方形を復元するとき，線分abは伸長され，線分cdは短縮されることになる。Gillamによれば，この際線分abを伸ばす度合いは線分cdを縮める度合いよりも大きいため，錯視の非対称性が説明できるという。加えて，長方形の復元のために消失点に向かって狭まった幅を引き伸ばすはたらきがPonzo錯視の見えも説明し，かつ，誘導図形に挟まれた線分の一方向（引き伸ばしの生じる次元）にしか錯視が生じないことと矛盾しない。こうした復元のはたらきは次に示す写真に生じる錯視の説明にも適用できるだろう。

13・6・3・2　斜塔錯視，直線道路の角度錯視

図13-6-10aに示すピサの斜塔の写真は左右同一のものであるが，右の塔は左の塔よりさらに右側に傾いて見える。この斜塔錯視（Leaning Tower illusion）もまた3次元空間の解釈を2次元画像に適用したために生じる錯視であると説明される（Kingdom et al., 2007）。並立する2本の塔を実空間で見るとき，網膜に映る2本の塔は同じ方向には傾かない。2本の塔の先端は観察者から遠くなるほど1点に収斂し，このとき右側の塔は左側に傾いたように眼に映るはずである（Kingdom et al., 2007, Fig. 2）。したがって上図のように並立する2本の塔が同じ傾きをもって眼に映ることは右側の塔が実空間では右側に傾いていることを示しており，視覚系がこの実空間における塔の傾きを復元することが錯視を生んでいると考えられる。

同様に無加工の写真に現れる錯視として直線道路の角度錯視（angle illusion in a straight road）がある（Osa et al., 2011）。図13-6-10bの写真においてセンターライン（b）と道路の左側の線（a）の間の成す角度は写真上では90度を超える鈍角であるが，多くの人には鋭角に見え，すなわち角度の過小視が生じる。この錯視もまたわれわれが2次元画像から3次元空間を復元するはたらきによって説明される。すなわち，3次元空間で二本の線の成す角度は平行（0度）であり，知覚される角度の見積もりがこの方向にシフトするために生じると考えられる。この解釈を裏付けるように，写真を上下逆さに観察し3次元としての解釈を難しくすると錯視が弱まることが報告されている（Osa et al., 2011）。

13・6・4　拘束条件の利用が生む錯視

絵画的手がかりのもたらす奥行きの解釈は多義的であり，視覚系は '拘束条件'，すなわち，外界の

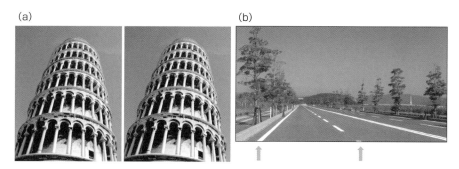

図13-6-10　(a) 斜塔錯視（Kingdom et al., 2007），(b) 直線道路の角度錯視（https://visiome.neuroinf.jp/database/item/6674）

状態についての何らかの前提を利用して手がかりの示すいくつもの外界の状態の可能性から「最もありそうな」解釈を絞り込み，知覚に採用している（II・13・7・1）。この方略によって，手がかりは多くの場合妥当な解釈をもたらすが，ときに外界の実際の状態とその解釈との間にズレが生じる。本節ではそのようなズレに起因するとみられる錯視について概説する。

13・6・4・1 Amesの部屋

視覚系は線遠近法から奥行きや傾きを知覚する際，眼に映る四角形が実空間では常に長方形かそれに近い形であることを拘束条件として利用している（Taya & Sato, 2018；van Ee et al., 2003）。したがって，眼に映る四角形が長方形の投影ではないとき，線遠近法に基づく解釈は3次元空間の妥当な復元とはならない。この拘束条件の利用を逆手に取った錯視の一つがAmesの部屋である（Ittelson, 1952）。図13-6-11の写真では左側の女性が右側の女性よりも小さく見えるが，画像上の両者の背丈の違いは撮影位置からの距離の違いに起因する。図13-6-11に示すように，この部屋の床面と背面の実際の形状は左辺の方が右辺より長い台形である。しかしこの部屋をある1点の覗き穴から単眼視する観察者にとっては，床面と壁面の四辺は長方形と解釈され，人物は等距離に立っているように見える。このため距離に起因する人物像の大きさの違いは，人物の背の高さの差に帰属されることになる。

13・6・4・2 Amesの窓

Amesの窓とは，台形状の輪郭をもつ窓を一方向に回転させると，回転運動ではなく左右に往復する運動が知覚される現象である（Ames, 1951）。この現象はAmesの部屋と同様に網膜上の四角形を実空間における長方形の投影と見なす拘束条件の利用に起因すると考えられる。回転する長方形をみるとき，その網膜像の左右辺は観察者に近いほうが長い台形となる。われわれはこの網膜像の形から，縮んでいく一辺が遠ざかり，伸びる一辺が近づく，という解釈で四角形の回転を知覚する。しかしAmesの窓のような台形が回転するときはこの「近いと長く，遠いと短い」という関係が成り立たず，実際には遠い一辺がより長く，実際には近い一辺がより短く眼に映る。この網膜上の長さに基づく運動方向の解釈が往復運動の見えを生んでいる（図13-6-12）。

13・6・4・3 凹面顔錯視

顔の面を裏側から観察するとき，眼に映る顔は実際には凹面であるにもかかわらず凸面として知覚される（図13-6-13）。この凹面顔錯視（hollow-face illusion）もまた，視覚系による拘束条件の利用を逆手に取ったデモである。この錯視にはしばしば「顔は凸面である」という知識に基づいて凹凸が知覚されることに起因するというトップダウンな説明が与えられる（Gregory, 1970；Papathomas, 2017；Yellott, 1981）。一方，視覚系が対象を凸面として解釈する選好をもつことを仮定したボトムアップな説明も可能である（Hill & Bruce 1993, 1994；Langer

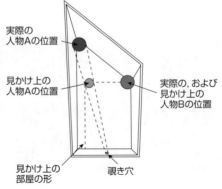

図13-6-11　Amesの部屋（左：Ittelson, 1952）

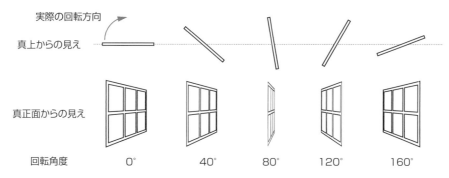

図 13-6-12　Ames の窓の回転に伴う網膜像の変化
　　　　　　　左端が前額面に対して並行なときの見え（回転角 0°）。

図 13-6-13　凹面顔錯視が生じる彫刻作品（中谷ミチコ『白い虎が見ている』）
　　　　　　　顔を含む像の全身が彫り込まれた凹面だが，凸面に見える（左）。顔を左から見たもの（中）と右側から見たもの（右）。虎の眼が鑑賞者を追うように見える。

& Bülthoff, 2001）。たとえば凹凸が自明でない新奇物体もやはり凸面として知覚されやすいこと［凹面ポテト錯視 (hollow potato illusion)；Johnston et al., 1992］や，顔の認識が難しくなる倒立顔でも凹凸反転が生じること（Corrow et al., 2014；Hill & Bruce, 1993）は，後者の説明を裏付ける。Hill らは，凸面の解釈を選好するボトムアップ機構と，知識に基づくトップダウン機構が複合的にはたらいて錯視を生むとしている（Hill & Bruce, 1994；Hill & Johnston, 2007）。

　なお，顔の面を回転させながら呈示すると，面の見かけ上の回転方向は面の実際の裏表の交替に伴って反転する。これは面の見かけの凹凸反転により，目鼻の実際の運動方向と，知覚される運動方向が逆転することにより生じる現象と考えられる。加えて，凹面顔を観察しながら観察者自身が上下左右に頭と体を動かすと，面の眼が観察者の視点を追うように知覚される。この現象は，観察者の動きに伴う付随運動（concomitant motion）が面そのものの非剛体性運動として解釈されるために生じると考えられる。

13・6・4・4　リバースペクティブ

　図 13-6-14 に示す絵画は，台形状に凹凸のついた面上に奥行きのある風景を描いた作品である。ただし，ここで描かれる構造物の奥行きは，描画面の実際の凹凸とは逆向きに，つまり観察者に向かって突き出ている部分に遠くの風景が，凹んでいる部分に近くの風景が描かれている。この手法で描かれた絵画はイギリスの画家 Patrick Hughes によって考案され，リバースペクティブ（reverspective）と名付けられている（Wade & Hughes, 1999）。リバースペクティブにおける劇的な錯視効果は，描かれた構造物の最近部が観察者の視点移動を追うように向きを変えて見えるというものである。この効果は，観察者の動きに伴って絵画面に生じる運動と，描かれた風景に基づく見かけの凹凸を整合的に解釈する過程で生じると考えられる（Papathomas, 2017, Fig. II 30-7a）。この効果は，描かれた風景に関する記憶や知

第 II 部　視覚

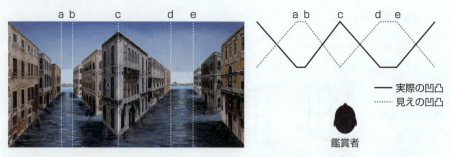

図 13-6-14　リバースペクティブ作品（『Vanishing Venice』Patrick Hughes）とその実際の凹凸，および見かけ上の凹凸

識などに起因すると説明されることが多いが（Cook et al., 2002 ; Papathomas & Bono, 2004），絵画的手がかりと運動視差の相互作用を考えれば，記憶や知識のはたらきを仮定する必要はないとも指摘されている（Rogers & Gyani, 2010）。

13・6・4・5　色立体視

　色立体視（chromostereopsis）とは色の違いに起因する両眼立体視を指す（総説として，Kitaoka, 2016 ; Vos, 2008）。図 13-6-15 のように黒を背景に赤と青で面を描くと，多くの人には，わずかながら赤い面が青い面より手前に見える。ただし奥行きの見え方には個人差があり，赤い面が奥に見える人も少なくない。

　色立体視について広く知られる説明は，軸外色収差（視軸と光学軸のズレに起因する，光の波長に依存した左右の網膜像のズレ）を視覚系が両眼網膜像差として処理することで奥行きが知覚されるというものである（Vos, 2008, Fig. 3）。色立体視における奥行きの見えが単眼視で大きく減じることは，この現象が両眼立体視の一種であることを裏付ける。また，視距離が大きいほど見かけの奥行き量が大きくなることも（Kitaoka et al., 2006），両眼立体視の幾何学（Ono & Commerford, 1977）からの予測と一致する。加えて，色立体視と通常のステレオグラムによる奥行きの見えが同じ脳領野の活動に由来することも示唆されている（Cauquil et al., 2009）。ただし軸外色収差を仮定しただけでは先述の個人差は説明できない。個人差を説明するため，Kitaoka et al.（2006）は軸上色収差（水晶体の屈折率による結像位置のズレ）のはたらきを含めて軸外色収差説を拡張した「重心説（center-of-gravity model）」を提案している。なお，赤系統の暖色は進出色，青系統の寒色は後退色と呼ばれ，色立体視の奥行きの見えに似ているため混同されることがあるが，別の現象である。

（田谷 修一郎）

13・7　奥行き知覚の学習と個人差

13・7・1　奥行き知覚の学習とベイズ推定

　視覚系は，外界の 3 次元構造すなわち奥行きの大きさや前後関係等と相関する網膜像の特徴や眼筋の状態を手がかり（cue）とし，外界の奥行きを推定している。しかし手がかりの多くは，それ単独では量的にも質的にも一意に奥行きを推定できる情報をもたらさない。たとえば，陰影は，物体表面の明るさが，光の入射角と面の成す角度によって変化すること（つまり面の角度と明るさの相関）を利用した手がかりであるが，それゆえに光源の位置が定まらない限り陰影は形状復元に役立つ情報とならない。しかし網膜像上の陰影パターンそのものからは光源位置を知りえないうえ，光源の置かれ得る位置には無数の可能性があるため，光源定位は一種の不良設定

図 13-6-15　色立体視図形

問題となる。同様の問題をあらゆる単眼性の手がかりが抱えており，たとえば線遠近法やテクスチャを手がかりとして平面の向き，すなわちチルト（tilt）およびスラント（slant）を知るには，刺激の輪郭形状や，テクスチャの構成要素の大きさ等について何らかの仮定を置く必要がある。

奥行き手がかりにおけるこうした不良設定問題において解を絞り込む方法の一つは外界の状態の確率的偏りを拘束条件として利用することである。陰影の例では，視覚系は光源を上方に仮定するというシンプルな方略によってこの問題を解決している（「上方光源の仮定」，Kleffner & Ramachandran, 1992；Ramachandran, 1988）。先述の通り光源が上方にある必然性はないが，この仮定はたいていの場合妥当な奥行きの推定を生む。何故なら実世界において太陽や照明など光源はたいてい上方にあるためである。われわれが上方光源の仮定を有するのは，この照明方向の確率的偏りを経験に基づいて学習しているためと考えられる。

上記のような拘束条件を利用した知覚過程は，ベイズ推定の枠組みにうまく当てはめて記述することができる（Knill et al., 1996）。ベイズの定理の一般形式は次のように表される（Bayes, 1783）。

$$P(A|B) = \frac{P(B|A)P(A)}{P(B)} \quad (1)$$

ここで，$P(A)$ はある事象 A の生起する確率，$P(A|B)$ は事象 B が生起したという条件のもとで事象 A が生起する確率を意味する。

以下 A を外界の状態，B を網膜像のパターンとし，ベイズ推定としての奥行き知覚を考える。このとき事後確率 $P(A|B)$ は，ある網膜像が得られたときの外界の状態の確率分布を示し，手がかりに基づく奥行き推定はこの値を最大化するように行われると考える。式の右辺は，事後確率の算出が，拘束条件となる外界の状態についての事前分布 $P(A)$ と，ある外界の状態において生じる網膜像パターンの尤度 $P(B|A)$ の積を，網膜像パターンの生じる確率 $P(B)$ で除したものであることを示す。ここで $P(B)$ は定数となるため，式(1)は次のように書ける。

$$P(A|B) \propto P(B|A)P(A) \quad (2)$$

式(2)に陰影からの凹凸の推定を当てはめて考えてみたい（図13-7-1）。この場合，尤度 $P(B|A)$ は，ある方向に光源位置があり（話を簡単にするため，真上と真下の2通りしかないものとする）何らかの物体（話を簡単にするため，凹と凸の2通りしかないものとする）を照らしているという条件下で特定の網膜像が生じる確率の値が，光源位置および物体（＋ノイズ）の関数としてどのように変化するかを表す分布である。図の示すように，仮定された状況下では尤度の偏りから凹凸を定められない。一方わ

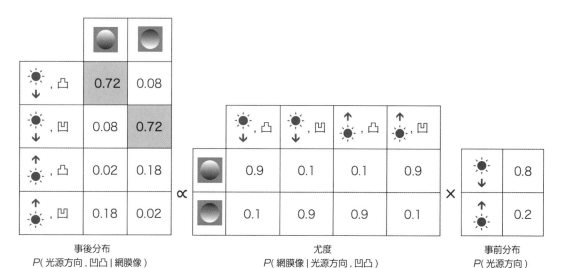

図 13-7-1 ベイズ推定による陰影からの凹凸知覚の模式図
光は上から照らすという事前分布の偏りが事後分布における凹凸の判断の偏りを生む。事後分布を最大にするものが外界の状態の推定解として採用される（灰色のセル）。

第II部　視覚

れわれの世界では光源は大半の場合上にあるため，視覚系はこの統計的偏りを学習し，事前分布 $P(A)$ としてもっていると考える。$P(B|A)$ と $P(A)$ の積として得られた $P(A|B)$ の偏りに従うと，視覚系は図に示すような上が明るい刺激を凸，下が明るい刺激を凹と知覚する選好をもつことになる。このようにベイズ推定として知覚を考えることは，人間の知覚について研究するうえで経験的に実証可能な，客観的で共通の枠組みを与えるという利点がある（Knill et al., 1996）。

　先に述べたように，ある手がかりからの奥行き推定に用いられる拘束条件の一つは，学習された事前分布（外界の状態の確率的偏り）である。この事前分布について，視覚系は環境に応じて再学習し，柔軟に修正できることが知られる。学習による事前分布の修正は，陰影からの形状復元に用いられる光源位置（Adams et al., 2004, 2010；Kerrigan & Adams, 2013），短縮遠近法手がかりから平面の向きを推定するために用いられる刺激の縦横比（aspect ratio）（Knill, 2007b；Seydell et al, 2010），および線遠近法手がかりからの平面の向きの推定に用いられる形状分布（Taya & Sato, 2018）等について報告されている。これらの研究ではたとえば，触覚情報によって視覚情報の示す形状分布が学習前とは異なる特定の偏りをもつことを繰り返し示したり（Adams et al., 2004, 2010；Knill, 2007b），あるいは日常環境とは大きくずれた形状分布をもつ視覚刺激のセットを繰り返し呈示することで（Seydell et al., 2010；Taya & Sato, 2018），観察者の奥行き知覚が新たに学習された分布の方向にシフトすることが示されている。

　加えて，視覚系は文脈に応じた事前分布を複数並行して保持できることも示されている。特定の事前分布が常に役立つとは限らない。たとえば光源は常に上方にあるわけではなく，夕焼け時の太陽や焚き火の光は横からものを照らすだろうし，料理皿の縦横比が1：1ではない楕円形であることは珍しくない。したがって複数の事前分布を保持できることはそうした文脈に適した奥行きの推定を行ううえで有利である。この考えを支持するものとして，光源位置の分布は光色ごとに学習が可能であり（Kerrigan & Adams, 2013），刺激の縦横比は，刺激の輪郭形状

（楕円 vs. 菱形）別に学習できることが報告されている（Seydell et al., 2010）。一方であらゆる文脈別に異なる事前分布をもつことは保持と計算のコストが掛かりすぎるために現実的ではない。このトレードオフを解決する一つの方略として，文脈別の事前分布と共に，文脈に依存しない一般事前分布を利用することが考えられる。実際，平面の向きごとに行われた事前分布の学習が奥行き知覚に及ぼす影響を検討した結果は，平面の回転軸に依存した事前分布と，回転軸に依存しない一般事前分布の両方を視覚系が利用していることを示唆している（Taya & Sato, 2018）。

13・7・2　奥行き手がかりの統合と個人差

　日常的には，ほとんどの場面において，外界の奥行きを知覚するためにいくつもの手がかりが利用可能である。したがって複数の手がかりが示す奥行きを適切に統合することは視覚系の課題の一つである。

　手がかりの統合を考える枠組みは「強い結合（strong fusion）」と「弱い結合（weak fusion）」に大別できる（Clark & Yuille, 1990）。強い結合では，それぞれの手がかりの処理は独立ではなく，相互作用すると考える。対照的に，弱い結合は，それぞれの手がかりの処理が完全に独立して行われ，個別に推定された奥行きが上位機構で統合されることを考えるものである。加えて，弱い結合のモデルを拡張し，一部に手がかり間の相互作用を考える弱い結合モデルの修正版（modified weak fusion）も提案されている（Landy et al., 1995）。このモデルではあるタイプの手がかりがもっていない情報が他の手がかりによって補われる協調作用（promotion）に限定して手がかり間の相互作用を仮定する。

　奥行き手がかりには運動視差のように量的な奥行きの情報がある一方で，重なりのように奥行きの前後関係のみを知ることができる質的なものもある。質的な手がかりと量的な手がかりの統合を説明するためには，手がかり間の相互作用を仮定した強い結合の枠組みが必要となる（Landy et al., 1995）。また，ともに刺激表面の輝度の情報に依存した陰影とテクスチャ勾配の手がかりの組み合わせ（Yuille & Bülthoff, 1996）や，ともに網膜上の投影

像のズレに依存した運動視差と網膜像差の組み合わせ（Ichikawa et al., 2003）などでは，各手がかりの処理は完全に独立とならないため，やはり強い結合に基づく説明が必要となる。

弱い結合の枠組みでは，手がかりの統合が最適に行われるかどうかという問題について多くの検討が行われてきた。ここで最適な統合には，以下に例を示すように，複数の手がかりを組み合わせて奥行き推定の誤差を最小化する最尤推定が仮定されている（たとえば，Knill & Saunders, 2003）。

二つの手がかり I_1 と I_2 の統合により得られる奥行き推定値の事後分布 $P(d|I_1, I_2)$ は，推定される奥行き d の事前分布 $P(d)$ が一様である場合，式(2)より，単に二つの手がかりの混合尤度 $P(I_1, I_2|d)$ に比例する（$P(d|I_1, I_2) \propto P(I_1, I_2|d)$）。このとき二つの手がかりの尤度が正規分布に従い，かつ奥行き（d）を条件として互いに独立である場合，混合尤度は個別の手がかりの尤度の積となるため，

$$P(d|I_1, I_2) \propto P(I_1|d)P(I_2|d) \tag{3}$$

上の条件を満たすとき，手がかりの統合によって得られる奥行きの平均（$\hat{d}$）は二つの正規分布（尤度）の積の平均であり，それぞれの手がかりに基づく奥行き推定値の重み付き平均に従う（Ernst & Banks, 2002）。

$$\hat{d} = w_1 d_1 + w_2 d_2 \tag{4}$$

この際の重み（w_i）はそれぞれの尤度の分散（σ_i^2）を用いて以下のように書ける。

$$w_i = \frac{1/\sigma_i^2}{1/\sigma_1^2 + 1/\sigma_2^2} \tag{5}$$

図13-7-2は上記の手がかり統合方略を模式的に表したものである。図に示すように，このモデルは，手がかりの統合が最適に行われるならば，統合によって推定される奥行きは個別の手がかりよりも誤差が小さく，かつ，より信頼できる（測定誤差の小さな）手がかりの示す奥行きに近くなることを予測する。先行研究では，特定の手がかりの組み合わせにおいて，その統合は上記のモデルでうまく記述できることが示されている（Hillis et al., 2004；Jacobs, 1999；Jacobs & Fine, 1999；Johnstone et al., 1993, 1994；Knill & Saunders, 2003）。これらの結果は，奥行きの知覚において，視覚系が信頼性の高い手がか

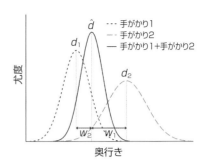

図 13-7-2 最尤推定による手がかり統合の模式図（Ernst & Banks, 2002 を改変）
手がかり統合の過程において推定の分散が小さい，つまりより信頼できる手がかりほど大きな重みを与えられる。

りを重視することで，推定の精度と正確性を上げるようにふるまうことを示している。

重み付き平均［式(4)］で記述できる手がかりの統合過程において，それぞれの手がかりへの重み付けには個人差のあることが繰り返し報告されている（Ernst & Banks, 2000；Jacobs, 1999；Knill, 2007b；Knill & Saunders, 2003；佐藤，2014；田谷・佐藤，2006；Taya & Sato, 2018）。すなわち，たとえば刺激平面の向きを網膜像差と遠近法で定義した場合，ある観察者は網膜像差により大きな重みを割り当てる一方で，遠近法により大きな重みを割り当てる観察者もいる。この個人差が生じる理由は不明である。素朴には各個人の手がかりに対する感度が重みの割当と関係しそうにみえ，たとえば網膜像差の検出閾が低いほど網膜像差に対する重みが大きくなりそうである。しかしながら，佐藤（2014）によれば単独の手がかりの閾値と重み付けの間に相関はみられない。たとえば，網膜像差に対して十分な感度をもっているにもかかわらず，遠近法手がかりを極端に重視し，網膜像差の示す奥行きを無視する観察者もいる。

手がかりの統合の発達には驚くほど長い時間が必要であり，10歳くらいまでの児童は成人が行うような形で手がかりを統合しないという報告がある（Nardini et al., 2010）。一つの可能性として，手がかり統合の個人差はこの発達段階においてどのような視覚経験を経てきたかに依存するのかもしれない。

第Ⅱ部　視覚

13・7・3　両眼立体視の異方性と個人差

　両眼立体視における平面の向きや凹凸の知覚には，網膜像差の変化が付けられた方向に依存した異方性のあることが知られる（Bradshaw et al., 2002；Cagenello & Rogers, 1993；Gillam et al., 1984；Mitchison & McKee, 1990；Rogers & Graham, 1983；Wallach & Bacon, 1979）。たとえば刺激平面が水平軸まわりに回転する場合（垂直チルトの平面），面の向きは素早く知覚され，検出閾値は低く，知覚されるスラントの大きさは幾何学的に予測されるものに近くなる。対照的に，刺激平面が垂直軸周りに回転する場合（水平チルトの平面），面の向きが知覚されるまでに時間がかかり，検出閾値は高く，知覚されるスラントの大きさは幾何学的に予測されるものに比べて小さいことが多い。

　立体視における異方性の説明の一つは，視覚系が平面の向きの知覚に方位像差（orientation disparity）を利用しているという仮定に基づく。方位像差とは，右眼と左眼の網膜像の間に生じる線分要素の方位差を指す。左右の網膜像に生じる方位像差は垂直チルトの平面と水平チルトの平面の間で大きく異なり，平均して前者のほうが後者よりも57％大きな方位像差をもつ（Cagenello & Rogers, 1993）。面のチルトに依存した方位像差の違いはステレオグラムに含まれる線分方位に依存し，垂直縞では，垂直チルトでは最大量の方位像差が生じる一方，水平チルトでは方位像差は生じない。一方，斜め45°に傾いた縞模様の平面では垂直チルトでも水平チルトでも同水準の方位像差が生じるが，このときこれらの間でスラントの検出閾値に差がなくなるという報告は，異方性が方位像差の大きさに依存するという考えを支持する（Cagenello & Rogers, 1993）。さらに水平チルトの平面に垂直チルトの平面よりも大きな方位像差が生じるようにステレオグラム上の格子パターンを操作すると，異方性が逆転する（Hibbard & Langley, 1998）。これらの報告は方位像差に基づく異方性の説明に説得力をもたせるが，方位像差は位置的像差（positional disparity）と分離できず（Bridge & Cumming, 2001），視覚系が面の向きを知覚するために方位像差を用いているか否かは，神経基盤も含めて不明である（ただし利用

している可能性があることはシミュレーションにより示唆されている；Greenwald & Knill, 2009）。

　立体視の異方性についてのもう一つの説明は，網膜像差と単眼手がかりとの矛盾をその原因と考えるものである（Gillam, & Ryan, 1992；Ryan & Gillam, 1994）。スラントのついた平面をシミュレートしたステレオグラムでは，多くの場合網膜像差は奥行きの変化を示すのに対し，遠近法などの単眼手がかりは奥行きに変化がないことを示す。たとえば，スラントのついた実物の平面を観察するときに生じるはずの消失点に向かった輪郭線分の収斂（線遠近法）やテクスチャの密度変化がステレオグラムには生じない。この手がかり矛盾は垂直チルトでも水平チルトでも共通に生じるものの，水平チルトの平面に生じる網膜像差の変化は，刺激面に奥行き差がある場合だけでなく，観察者の視線に対して平面が左右にズレて配置された場合にも生じるため，網膜像差はスラントの推定に対して決定的な手がかりとならない。つまり水平チルトの平面では遠近法の示す奥行きが網膜像差の示す奥行きより大きな影響力をもち得るため，遠近法が奥行きゼロを示すステレオグラムでは，奥行きが小さく見積もられるのかもしれない（Ryan & Gillam, 1994）。遠近法と網膜像差を組み合わせたステレオグラムにおける遠近法への重み付けは水平チルトの平面の方が垂直チルトの平面よりも大きいこと（佐藤，2014；Taya & Sato, 2018）はこの手がかり矛盾に基づく異方性の説明と整合的である。

　手がかりの統合に個人差があることは先に触れたが，立体視の異方性にも個人差のあることが繰り返し報告されている（Bradshaw & Rogers, 1999；Hibbard et al., 2002；Mitchison & McKee, 1990；Mitchison & Westheimer, 1990；Serrano-Pedraza et al., 2016；Taya & Sato, 2018）。実験参加者50名の網膜像差の検出閾値を計測した研究では，参加者の大多数において垂直チルトの平面での検出閾のほうが水平チルトの平面での検出閾より小さいことが確かめられたものの，その差には大きなばらつきがあり，加えて，数は少ないが異方性が認められない観察者や，垂直チルトのほうが水平チルトよりも閾値の高い観察者も示された（Hibbard et al., 2002）。異

方性に個人差の生じる理由も明らかではないが，手がかり矛盾に基づく考え（たとえば，Ryan & Gillam, 1994）からは，異方性の個人差の原因は手がかり重み付けの個人差（II・13・7・2）に帰属できるだろう。また別の可能性として，単眼網膜像における線分の方位の弁別閾値と異方性の間に相関があるという報告があり（Hibbard et al., 2002），このことは，線分の方位の両眼間差を垂直チルトの平面でのスラントの算出に用いているという方位像差に基づく考えから，異方性の個人差の説明とすることができる（ただし，線分の方位弁別の個人差が何に起因するか不明という問題は残される）。

（田谷 修一郎）

13・7・4 ステレオアノマリー

ステレオグラムなど両眼像差のある画像を観察したとき，像差量から推定される奥行き量よりも著しく小さな奥行きしか知覚しない個人や，奥行きを全く知覚しない個人をステレオアノマリー（stereo anomaly）と呼ぶ。狭義のステレオアノマリーはあらゆる両眼像差が利用困難な個人を指す。ただし，広義のステレオアノマリーには，特定の像差情報に対してのみ奥行きを知覚できないサブタイプも含まれる。これまで，交差性と非交差性のどちらか一方の両眼像差に対してのみ奥行きを知覚しないタイプ（Richards, 1971）や，大きい像差か小さい像差のいずれか一方のみに奥行きを知覚しないタイプ（Jones, 1977；McColl et al., 2000），コントラスト変化による両眼像差には奥行き知覚が生じるが輝度変化による両眼像差には奥行きを知覚しないタイプ（McColl et al., 2000）などが報告されている。ステレオアノマリーにサブタイプが存在するという事実は，両眼像差による立体視が複数の異なる処理機構で成立していることを示唆する（相田・下野，2012；Richards, 1971）。

ステレオアノマリー人口の推定値は基準やテスト刺激の呈示方法に依存するが，特に刺激呈示時間の影響が強い。たとえば，テスト刺激の呈示時間が100 ms以下だと観察者の30-50%がステレオアノマリーと判断されるのに対して，呈示時間が1000 ms以上だと10%以下に減少する（Tam &

Stelmach, 1998）。この点に関して，心理実験では輻輳眼球運動による奥行き手がかりを抑制するためにテスト刺激を短時間呈示することが多いが，臨床現場では観察時間に制限のないテストが用いられるため（Evans, 2007），ステレオアノマリーの出現率を比較する際には注意を要する。ただし，臨床テストを用いた調査でも，ステレオアノマリー人口の推定は1%（Bohr & Read, 2013）から14%（Rahi et al., 2009）まで幅広い。呈示時間以外にも，呈示位置（Anderson et al., 1980；Shimono et al., 1983），空間周波数（Schor & Wood, 1983），奥行き運動の有無（Richards & Regan, 1973；Rouse et al., 1989）などが影響する。また，交差性像差か非交差性像差の一方だけがステレオアノマリーである人の人数は，両像差ともステレオアノマリーを示す人の人数よりも多い。大人（16-40歳）1060人を対象とした臨床調査によると，交差性・非交差性のどちらかだけの像差でステレオアノマリーだった割合は9.0%（交差性5.1%，非交差性3.9%）だったのに対して，交差性・非交差性の両像差でステレオアノマリーだった割合は5.3%だった（Bosten et al., 2015）。

両眼像差以外の奥行き手がかりもステレオアノマリーに影響する。たとえば，両眼像差単体では奥行きを知覚できなくても，輻輳眼球運動が奥行き手がかりとして有効に機能する環境では適切な奥行き知覚が生じる場合がある。テスト刺激の呈示時間100 msでステレオアノマリーを示した観察者に呈示時間2000 msでテストすると，ノニウス刺激（Nonius stimulus）を固視することで輻輳眼球運動を抑制した場合はステレオアノマリーのままだったが，抑制しない場合は正常な奥行きを知覚したという事例がある（van Ee & Richards, 2002）。また，輪郭線のないランダムドットステレオグラム（RDS）をテスト刺激に用いると奥行き知覚が生じないが，輪郭線のあるステレオグラムや複数の奥行き手がかりが利用可能なリアルなオブジェクト（棒や針）に対しては奥行きを知覚できる個人も報告されている（Hall, 1982；McKee & Taylor, 2010）。さらに，手前から奥に傾斜する面など，交差性と非交差性の像差領域が併存するRDSの観察では，像差から予想される奥行きとは逆の奥行きを知覚する個人がしば

第Ⅱ部　視覚

しば報告される。これは，RDS の観察では大きさ − 距離不変仮説（size-distance invariance hypothesis）によって交差性像差領域のドットが小さく，非交差性像差領域のドットが大きく見えるため，両眼像差よりも大きさの手がかりに基づいて奥行きを知覚するためと考えられる（Allison & Howard, 2000；Allison et al., 1998；Gillam, 1967, 1993）。

　ステレオアノマリーの主な原因として考えられるのは，単眼あるいは両眼の低視力である。立体視の発達初期段階の単眼遮蔽，斜視（strabismus）や不同視（anisometropia）は，器質的な損傷や病変に起因しない視力低下である弱視（amblyopia）の原因となる。人口比約 1-4％と推定される弱視者はステレオアノマリーを伴っている可能性が高い（Webber & Wood, 2005）。4-18 歳の児童 730 人を対象にした研究では，弱視者 39 名全員がステレオアノマリーと判定されている（Walraven & Janzen, 1993）。また，弱視を伴わない斜視でも，両眼の視線が一致しないために多くの場合ステレオアノマリーとなる（Evans, 2007；Read, 2014）。なお，弱視や斜視などの視機能不全が認められない個人でもステレオアノマリーを示すことがある。ただし，人数は比較的少ないと考えられる。365 人に臨床テストを実施した Bohr & Read（2013）によると，視機能に何らかの問題が認められた 130 人のうち 9 人がステレオアノマリーであったのに対して，すべての視機能が正常だった 233 人中ステレオアノマリーは 1 人だけであった。

　ステレオアノマリーの改善には，視覚刺激に対して数時間から数十時間にわたり観察または反応する知覚学習訓練が一定の効果をもつ（Levi et al., 2015；Tsirlin et al., 2015）。訓練効果は未就学児だけでなく成人にも認められる。また，多くの訓練方法は弱視者を対象にしているが，弱視を伴わないステレオアノマリーへの改善効果も確認されている（Ding & Levi, 2011）。ただし，訓練によって改善した立体視力の持続期間や維持するための訓練頻度は，ほとんど検討されていない。

（木原 健）

文献

(13・1)

Banks, M. S., Hooge, I. T., & Backus, B. T. (2001). Perceiving slant about a horizontal axis from stereopsis. *Journal of Vision, 1*, 55-79.［doi: 10.1167/1.2.1］

Burge, J., McCann, B. C., & Geisler, W. S. (2016). Estimating 3D tilt from local image cues in natural scenes. *Journal of Vision, 16*, 2.［doi: 10.1167/16.13.2］

Durgin, F. H., Li, Z., & Hajnal, A. (2010). Slant perception in near space is categorically biased: Evidence for a vertical tendency. *Attention, Perception, & Psychophysics, 72*, 1875-1889.［doi: 10.3758/APP.72.7.1875］

Erkelens, C. J., & van Ee, R. (2002). The role of the cyclopean eye in vision: Sometimes inappropriate, always irrelevant. *Vision Research, 42*, 1157-1163.［doi: 10.1016/S0042-6989(01)00280-2］

Gibson, J. J. (1979). *The Ecological Approach to Visual Perception.* Lawrence Erlbaum.

Gogel, W. C. (1973). The organization of perceived space. *Psychologische Forschung, 36*, 195-221.［doi: 10.1007/BF00424476］

東山 篤規 (1996). 空間知覚　大山 正・今井 省吾・和気 典二（編）　新編 感覚・知覚心理学ハンドブック（pp. 768-801）誠信書房

Higashiyama, A. (2020). Visual and kinesthetic alleys formed with rods. *Vision Research, 177*, 76-87.［doi: 10.1016/j.visres.2020.08.009］

Howard, I. P. (1982). *Human Visual Orientation.* John Wiley & Sons.

Howard, I. P. (2002). *Seeing in Depth, Vol. 1: Basic Mechanisms.* I Porteous.

Howard, I. P. (2012). *Perceiving in Depth, Vol. 1: Basic Mechanisms.* Oxford University Press.

Howard, I. P., & Rogers, B. J. (2012). *Perceiving in Depth, Vol. 2: Stereoscopic Vision.* Oxford University Press.

Jones, J. A., Swan II, J. E., Singh, G., Kolstad, E., & Ellis, S. R. (2008, August). The effects of virtual reality, augmented reality, and motion parallax on egocentric depth perception. *Proceedings of the 5th Symposium on Applied Perception in Graphics and Visualization* (pp. 9-14). ACM.

Kaufman, L. (1974). *Sight and Mind: An Introduction to Visual Perception*. Oxford University Press.

Kelly, J. W., Loomis, J. M., & Beall, A. C. (2004). Judgments of exocentric direction in large-scale space. *Perception, 33*, 443-454. [doi: 10.1068/p5218]

Koenderink, J. J., van Doorn, A. J., Kappers, A. M., Doumen, M. J., & Todd, J. T. (2008). Exocentric pointing in depth. *Vision Research, 48*, 716-723. [doi: 10.1016/j.visres.2007.12.002]

古野間 邦彦 （2017）．眼光学から見た幾何光学：光学入門あるいはレンズ設計屋のたわごと2　視覚の科学, *38*, 32-38.

中溝 幸夫・光藤 宏行 （2007）．空間視　内川 惠二 （総編集）　塩入 諭 （編）　視覚Ⅱ：視覚系の中期・高次機能 （pp. 158-182）　朝倉書店

Ono, H., & Wade, N. J. (2012). Two historical strands in studying visual direction. *Japanese Psychological Research, 54*, 71-88. [doi: 10.1111/j.1468-5884.2011.00506.x]

Ono, H., & Weber, E. U. (1981). Nonveridical visual direction produced by monocular viewing. *Journal of Experimental Psychology: Human Perception and Performance, 7*, 937-947. [doi: 10.1037/0096-1523.7.5.937]

苧阪 良二・中溝 幸夫・古賀 一男 （編）　（1993）．眼球運動の実験心理学　名古屋大学出版会

Palmer, S. E. (1999). *Vision Science: Photons to Phenomenology*. MIT Press.

Pizlo, Z. (2010). *3D Shape: Its Unique Place in Visual Perception*. MIT Press.

Sekuler, R., & Blake, R. (1990). *Perception* (2nd ed.). McGraw-Hill.

Stevens, K. A. (1983a). Surface tilt (the direction of slant): A neglected psychophysical variable. *Perception & Psychophysics, 33*, 241-250. [doi: 10.3758/bf03202860]

Stevens, K. A. (1983b). Slant-tilt: The visual encoding of surface orientation. *Biological Cybernetics, 46*, 183-195. [doi: 10.1007/BF00336800]

Wade, N. J. (1998). *A Natural History of Vision*. MIT Press.

Wade, N., & Swanston, M. (1991). *Visual Perception: An Introduction*. Routledge.

(13・2)

Banks, M. S., van Ee, R., & Backus, B. T. (1997). The computation of binocular visual direction: A re-examination of Mansfield and Legge (1996). *Vision Research, 37*, 1605-1610. [doi: 10.1016/s0042-6989(97)83122-7]

Barbeito, R., & Ono, H. (1979). Four methods of locating the egocenter: A comparison of their predictive validities and reliabilities. *Behavior Research Methods & Instrumentation, 11*, 31-36. [doi: 10.3758/BF03205428]

Ding, J., & Sperling, G. (2006). A gain-control theory of binocular combination. *Proceedings of the National Academy of Sciences, 103*, 1141-1146. [doi: 10.1073/pnas.0509629103]

Domini, F., & Braunstein, M. L. (2001). Influence of a stereo surface on the perceived tilt of a monocular line. *Perception & Psychophysics, 63*, 607-624. [doi: 10.3758/BF03194425]

Ehrenstein, W. H., Arnold-Schulz-Gahmen, B. E., & Jaschinski, W. (2005). Eye preference within the context of binocular functions. *Graefe's Archive for Clinical and Experimental Ophthalmology, 243*, 926-932. [doi: 10.1007/s00417-005-1128-7]

Erkelens, C. J. (2000). Perceived direction during monocular viewing is based on signals of the viewing eye only. *Vision Research, 40*, 2411-2419. [doi: 10.1016/S0042-6989(00)00120-6]

Erkelens, C. J., Muijs, A. J., & van Ee, R. (1996). Binocular alignment in different depth planes. *Vision Research, 36*, 2141-2147. [doi: 10.1016/0042-6989(95)00268-5]

Erkelens, C. J., & van Ee, R. (1997a). Capture of visual direction: An unexpected phenomenon in binocular vision. *Vision Research, 37*, 1193-1196. [doi: 10.1016/S0042-6989(96)00265-9]

Erkelens, C. J., & van Ee, R. (1997b). Capture of the visual direction of monocular objects by adjacent binocular objects. *Vision Research, 37*, 1735-1745. [doi: 10.1016/S0042-6989(96)00323-9]

Erkelens, C. J., & van Ee, R. (2002). The role of the cyclopean eye in vision: Sometimes inappropriate, always irrelevant.

Vision Research, 42, 1157–1163. [doi: 10.1016/S0042-6989(01)00280-2]

Fry, G. A. (1950). Visual perception of space. *American Journal of Optometry, 27*, 531–553. [doi: 10.1097/00006324-195011000-00001]

Funaishi, S. (1926). Weiteres über das Zentrum der Sehrichtungen. *Albrecht von Graefes Archiv für Ophthalmologie, 117*, 296–303. [doi: 10.1007/BF01854191]

Hariharan-Vilupuru, S., & Bedell, H. E. (2009). The perceived visual direction of monocular objects in random-dot stereograms is influenced by perceived depth and allelotropia. *Vision Research, 49*, 190–201. [doi: 10.1016/j.visres.2008.10.009]

Hering, E. (1942). *Spatial Sense and Movements of the Eye* (C. A. Radde, Trans.). American Academy of Optometry. (Original work published 1879)

東山 篤規 （1996）．空間知覚 大山 正・今井 省吾・和気 典二 （編） 新編 感覚・知覚心理学ハンドブック （pp. 768–801） 誠信書房

Howard, I. P., & Rogers, B. J. (2012). *Perceiving in Depth, Vol. 2: Stereoscopic Vision*. Oxford University Press.

Howard, I. P., & Templeton, W. B. (1966). *Human Spatial Orientation*. Wiley.

Jaschinski, W., Jainta, S., & Schürer, M. (2006). Capture of visual direction in dynamic vergence is reduced with flashed monocular lines. *Vision Research, 46*, 2608–2614. [doi: 10.1016/j.visres.2006.01.023]

Khan, A. Z., & Crawford, J. D. (2001). Ocular dominance reverses as a function of horizontal gaze angle. *Vision Research, 41*, 1743–1748. [doi: 10.1016/S0042-6989(01)00079-7]

Khokhotva, M., Ono, H., & Mapp, A. P. (2005). The cyclopean eye is relevant for predicting visual direction. *Vision Research, 45*, 2339–2345. [doi: 10.1016/j.visres.2005.04.007]

Kommerell, G., Schmitt, C., Kromeier, M., & Bach, M. (2003). Ocular prevalence versus ocular dominance. *Vision Research, 43*, 1397–1403. [doi: 10.1016/S0042-6989(03)00121-4]

草野 勉・下野 孝一 （2013）．視方向研究の最近の動向 心理学評論，*56*，392–413. [doi: 10.24602/sjpr.56.3_392]

Kusano, T., & Shimono, K. (2018). Slant of a surface shifts binocular visual direction. *Vision, 2*, 20. [doi: 10.3390/vision2020020]

Mansfield, J. S., & Legge, G. E. (1996). The binocular computation of visual direction. *Vision Research, 36*, 27–41. [doi: 10.1016/0042-6989(95)00095-H]

Mapp, A. P., & Ono, H. (1999). Wondering about the wandering cyclopean eye. *Vision Research, 39*, 2381–2386. [doi: 10.1016/S0042-6989(98)00278-8]

Mapp, A. P., Ono, H., & Barbeito, R. (2003). What does the dominant eye dominate? A brief and somewhat contentious review. *Perception & Psychophysics, 65*, 310–317. [doi: 10.3758/BF03194802]

Moidell, B., Steinbach, M. J., & Ono, H. (1988). Egocenter location in children enucleated at an early age. *Investigative Ophthalmology & Visual Science, 29*, 1348–1351.

中溝 幸夫 （1988）．両眼方向知覚とサイクロープスの眼 福岡教育大学紀要，*37*，133–145.

中溝 幸夫 （2000）．視方向 10視空間座標の構成 日本視覚学会 （編） 視覚情報処理ハンドブック （pp. 441–449） 朝倉書店

中溝 幸夫 （2003）．視覚迷宮：両眼視が生み出すイリュージョン ブレーン出版

中溝 幸夫・光藤 宏行 （2007）．空間視 内川 惠二 （総編集） 塩入 諭 （編） 視覚Ⅱ：視覚系の中期・高次機能 （pp. 158–182） 朝倉書店

中溝 幸夫・田谷 修一郎 （2008）．3次元空間の知覚 菊地 正 （編） 感覚知覚心理学 （pp. 93–114） 朝倉書店

Ono, H. (1979). Axiomatic summary and deductions from Hering's principles of visual direction. *Perception & Psychophysics, 25*, 473–477. [doi: 10.3758/bf03213825]

Ono, H. (1981). On Wells's (1792) law of visual direction. *Perception & Psychophysics, 30*, 403–406. [doi: 10.3758/BF03206159]

Ono, H. (1991). Binocular visual directions of an object when seen as single or double. *Vision and Visual Dysfunction, 9*, 1–18.

Ono, H., & Barbeito, R. (1982). The cyclopean eye vs. the sighting-dominant eye as the center of visual direction. *Perception & Psychophysics, 32,* 201–210. [doi: 10.3758/BF03206224]

Ono, H., Lillakas, L., Grove, P. M., & Suzuki, M. (2003). Leonardo's constraint: Two opaque objects cannot be seen in the same direction. *Journal of Experimental Psychology: General, 132,* 253–265.

Ono, H., & Mapp, A. P. (1995). A restatement and modification of Wells-Hering's law of visual direction. *Perception, 24,* 237–252. [doi: 10.1068/p240237]

Ono, H., Mapp, A. P., & Howard, I. P. (2002). The cyclopean eye in vision: The new and old data continue to hit you right between the eyes. *Vision Research, 42,* 1307–1324. [doi: 10.1167/1.3.170]

Ono, H., Ohtsuka, S., & Lillakas, L. (1998). The visual systems solution to Leonardo da Vinci's paradox and the problems created by the solution. *Proceedings of the International Workshop on Advances in Research on Visual Cognition,* 125–136.

Ono, H., & Saqib, Y. (2015). The reference point for monocular visual direction can, sometimes, be one of the eyes rather than the cyclopean eye. *Perception, 44,* 597–603. [doi: 10.1068/p7934]

Ono, H., Shimono, K., Saida, S., & Ujike, H. (2000). Transformation of the visual-line value in binocular vision: Stimuli on corresponding points can be seen in two different directions. *Perception, 29,* 421–436. [doi: 10.1068/p2906]

Ono, H., & Wade, N. J. (2012). Two historical strands in studying visual direction. *Japanese Psychological Research, 54,* 71–88. [doi: 10.1111/j.1468-5884.2011.00506.x]

Ono, H., Wade, N. J., & Lillakas, L. (2002). The pursuit of Leonardo's constraint. *Perception, 31,* 83–102.

Porac, C., & Coren, S. (1986). Sighting dominance and egocentric localization. *Vision Research, 26,* 1709–1713. [doi: 10.1016/0042-6989(86)90057-x]

Raghunandan, A. (2011). Binocular capture: The effects of spatial frequency and contrast polarity of the monocular target. *Vision Research, 51,* 2369–2377. [doi: 10.1016/j.visres.2011.09.011]

Raghunandan, A., Anderson, C. S., & Saladin, J. J. (2009). Spatial scaling of the binocular capture effect. *Optometry and Vision Science, 86,* 279–285. [doi: 10.1097/OPX.0b013e3181981b68]

Raghunandan, A., & Andrus, J. (2014). Binocular capture: The role of non-linear position mechanisms. *Vision Research, 102,* 11–18. [doi: 10.1016/j.visres.2014.06.007]

Roelofs, C. O. (1959). Considerations on the visual egocentre. *Acta Psychologica, 16,* 226–234. [doi: 10.1016/0001-6918(59)90096-4]

Rogers, B. J., & Bradshaw, M. F. (1999). Disparity minimisation, cyclovergence, and the validity of nonius lines as a technique for measuring torsional alignment. *Perception, 28,* 127–141. [doi: 10.1068/p2778]

Rose, D., & Halpern, D. L. (1992). Stimulus mislocalization depends on spatial frequency. *Perception, 21,* 289–296. [doi: 10.1068/p210289]

下野 孝一 （1998）．視方向原理の例外現象について　*Vision, 10,* 22–28. [doi: 10.24636/vision.10.1_21]

Shimono, K., & Higashiyama, A. (2011). Dual-egocentre hypothesis on angular errors in visually directed pointing. *Perception, 40,* 805–821. [doi: 10.1068/p6604]

Shimono, K., Higashiyama, A., & Tam, W. J. (2001). Location of the egocenter in kinesthetic space. *Journal of Experimental Psychology: Human Perception and Performance, 27,* 848–861.

Shimono, K., Ono, H., Saida, S., & Mapp, A. P. (1998). Methodological caveats for monitoring binocular eye position with Nonius stimuli. *Vision Research, 38,* 591–600. [doi: 10.1016/S0042-6989(97)00168-5]

Shimono, K., Tam, W. J., Asakura, N., & Ohmi, M. (2005). Localization of monocular stimuli in different depth planes. *Vision Research, 45,* 2631–2641. [doi: 10.1016/j.visres.2005.05.003]

Shimono, K., Tam, W. J., & Ono, H. (2007). Apparent motion of monocular stimuli in different depth planes with lateral head movements. *Vision Research, 47,* 1027–1035. [doi: 10.1016/j.visres.2007.01.012]

Shimono, K., & Wade, N. J. (2002). Monocular alignment in different depth planes. *Vision Research, 42,* 1127–1135. [doi: 10.1016/S0042-6989(02)00051-2]

Sridhar, D., & Bedell, H. E. (2011). Relative contributions of the two eyes to perceived egocentric visual direction in normal

第Ⅱ部　視覚

binocular vision. *Vision Research, 51*, 1075–1085. [doi: 10.1016/j.visres.2011.02.023]

Sridhar, D., & Bedell, H. E. (2012). Binocular retinal image differences influence eye-position signals for perceived visual direction. *Vision Research, 62*, 220–227. [doi: 10.1016/j.visres.2012.04.011]

Sridhar, D., & Bedell, H. E. (2013). Changes in perceived egocentric direction during symmetric vergence. *Perception, 42*, 127–137. [doi: 10.1068/p7280]

Sukemiya, H., Nakamizo, S., & Ono, H. (2008). Location of the auditory egocentre in the blind and normally sighted. *Perception, 37*, 1587–1595. [doi: 10.1068/p5949]

van de Grind, W. A., Erkelens, C. J., & Laan, A. C. (1995). Binocular correspondence and visual direction. *Perception, 24*, 215–235. [doi: 10.1068/p240215]

Wheatstone, C. (1838). Contributions to the physiology of vision. —Part the first. on some remarkable, and hitherto unobserved, phenomena of binocular vision. *Philosophical Transactions of the Royal Society of London, 128*, 371–394. [doi: 10.1098/rstl.1838.0019]

(13・3)

Afraz. A., & Nakayama, K. (2013). *Through the Eyes of Giants.* http://illusionoftheyear.com/2013/05/through-the-eyes-of-giants/ (September 15, 2020)

Ames, A. (1946). *Some Demonstrations Concerned with the Origin and Nature of Our Sensations: A Laboratory Manual.* Hanover Institute.

Ames, A. (1955). *An Interpretative Manual: For the Demonstration in the Psychology Research Center, Princeton University; The Nature of Our Perceptions, Prehensions and Behavior.* Princeton University Press.

Berkeley, G. (1709). *An Essay toward a New Theory of Vision.* Jeremy Pepyat, Dublin. Reprinted 1922 Dutton, New York.

Biersdorf, W. R., Ohwaki, S., & Kozil, D. J. (1963). The effect of instructions and oculomotor adjustments on apparent size. *American Journal of Psychology, 76*, 1–17. [doi: 10.2307/1419994]

Combe, E., & Wexler, M. (2010). Observer movement and size constancy. *Psychological Science, 21*(5), 667–675.

Creem-Regehr, S. H., Willemsen, P., Gooch, A. A., & Thompson, W. B. (2005). The influence of restricted viewing conditions on egocentric distance perception: Implications for real and virtual indoor environments. *Perception, 34*(2), 191–204. [doi: 10.1068/p5144]

Descartes, R. (1664). *Traite de L'homme.* In Oeuvres de Descartes (C. Adam & P. Tannery, Ed.). Vol XI 1909 pp. 119–215 Cerf.

Dixon, E. T. (1895). On the relation of accommodation and convergence to our sense of depth. *Mind, 4*(14), 195–212. [doi: 10.1037/h0069464]

Dolezal, H. (1982). The restricted field of view: A neglected factor in adaptation research. In H. Dolezal (Ed.), *Living in a World Transformed* (pp. 57–79). Academic Press.

Durgin, F. H., Fox, L. F., Lewis, J., & Walley, K. A. (2002). Perceptuomotor adaptation: More than meets the eye. *Psychonomic Society, 7*, 103–104.

Dwyer, J., Ashton, R., & Boerse, J. (1990). Emmert's law in the Ames room. *Perception, 19*, 35–41. [doi: 10.1068/p190035]

Epstein, W. (1973). The process of 'taking-into-account' in visual perception. *Perception, 2*(3), 267–285. [doi: 10.1068/p020267]

Epstein, W., Park, J., & Casey, A. (1961). The current status of the size-distance hypotheses. *Psychological Bulletin, 58*(6), 491–514. [doi: 10.1037/h0042260]

Fang, F., Boyaci, H., Kersten, D., & Murray, S. O. (2008). Attention-dependent representation of a size illusion in human V1. *Current Biology, 18*, 1707–1712. [doi: 10.1016/j.cub.2008.09.025]

Fisher, S. K., & Ciuffreda, K. J. (1988). Accommodation and apparent distance. *Perception, 17*, 609–621. [doi: 10.1068/p170609]

Gibson, J. J. (1950). *The Perception of the Visual World.* Houghton Mifflin.

Gibson, J. J. (1979/1986). *The Ecological Approach to Visual Perception.* Erlbaum.

第13章　奥行き知覚：3次元空間知覚の方向・距離・順序

Gillam, B. J. (1995). The perception of spatial layout from static optical information. In W. Epstein & S. Rogers (Eds.), *Perception of Space and Motion* (pp. 23-70). Academic Press.

Gillam, B. (1998). Illusions at century's end. In J. Hochberg (Ed.), *Perception and Cognition at Century's End: History, Philosophy, Theory* (pp. 95-136). Elsevier.

Gogel, W. C. (1969). The effect of object familiarity on the perception of size and distance. *Quarterly Journal of Experimental Psychology, 21*(3), 239-247. [doi: 10.1080/14640746908400218]

Gogel, W. C. (1976). An indirect method of measuring perceived distance from familiar size. *Perception & Psychophysics, 20*(6), 419-429. [doi: 10.3758/BF03208276]

Gogel, W. C. (1981). The role of suggested size in distance responses. *Perception & Psychophysics, 30*(2), 149-155. [doi: 10.3758/BF03204473]

Gogel, W. C. (1990). A theory of phenomenal geometry and its applications. *Perception & Psychophysics, 48*(2), 105-123. [doi: 10.3758/BF03207077]

Grancy, J. (2006). The miniature world of Olivo Barbieri. *The Guardian.* https://www.theguardian.com/culture/2006/feb/17/10.

Gregory, R. L. (1981). *Mind in Science: A History of Explanations in Psychology and Physics.* Cambridge University Press.

Gregory, R. L. (2008). Emmert's law and the moon illusion. *Spatial Vision, 21*(3-5), 407-420. [doi: 10.1163/156856808784532509]

Gregory, R. L., Wallace, J. G., & Campbell, F. W. (1959). Changes in the size and shape of visual after-images observed in complete darkness during changes of position in space. *Quarterly Journal of Experimental Psychology, 11*(1), 54-55. [doi: 10.1080/17470215908416288]

Gruber, H. E. (1954). The relation of perceived size to perceived distance. *American Journal of Psychology, 67*(3), 411-426. [doi: 10.2307/1417933]

Haber, R. N., & Levin, C. A. (2001). The independence of size perception and distance perception. *Perception & Psychophysics, 63*(7), 1140-1152. [doi: 10.3758/BF03194530]

Hagen, M. A., Jones, R. K., & Reed, E. S. (1978). On a neglected variable in theories of pictorial perception: Truncation of the visual field. *Perception & Psychophysics, 23*(4), 326-330. [doi: 10.3758/BF03199716]

Heinemann, E. G., Tulving, E., & Nachmias, J. (1959). The effect of oculomotor adjustments on apparent size. *American Journal of Psychology, 72*, 32-45. [doi: 10.2307/1420209]

Helmholtz, H. L. F. von. (1866/1911). *Handbuch der Physiologischen Optik.* Voss. [J. P. C. Southhall (Ed. and Trans.), *Treatise on Physiological Optics, Vol. 3.* Optical Society of America.]

Hershenson, M. (1992). Size-distance invariance: Kinetic invariance is different from static invariance. *Perception & Psychophysics, 51*(6), 541-548. [doi: 10.3758/BF03211651]

Higashiyama, A., & Adachi, K. (2006). Perceived size and perceived distance of targets viewed from between the legs: Evidence for proprioceptive theory. *Vision Research, 46*(23), 3961-3976. [doi: 10.1016/j.visres.2006.04.002]

Higashiyama, A., & Shimono, K. (1994). How accurate is size and distance perception for very far terrestrial objects? Function and causality. *Perception & Psychophysics, 55*(4), 429-442. [doi: 10.3758/BF03205300]

Higashiyama, A., & Shimono, K. (2004). Mirror vision: Perceived size and perceived distance of virtual images. *Perception & Psychophysics, 66*(4), 679-691. [doi: 10.3758/BF03194911]

Hillebrandt, F. (1894). Das Verhaltnis von Akkommodation und Konvergenz zur Tiefenlokalisation. *Zeitschriftfur Psychologie, 7*, 97-151.

Hochberg, C. B., & Hochberg, J. E. (1952). Familiar size and the perception of depth. *Journal of Psychology, 34*(1), 107-114. [doi: 10.1080/00223980.1952.9916110]

Hochberg, J. (1971). Perception II: Space and movement. In J. Kling & L. Riggs (Eds.), *Woodworth and Schlosberg's Experimental Psychology* (pp. 475-550). Holt, Rinehart & Winston.

Holway, A. H., & Boring, E. H. (1940a). The moon illusion and the angle of regard. *American Journal of Psychology, 53*, 109-116. [doi: 10.2307/1415964]

749

第 II 部　視覚

Holway, A. H., & Boring, E. H. (1940b). The apparent size of the moon as a function of the angle of regard: Further experiments. *American Journal of Psychology, 53,* 537-553. [doi: 10.2307/1417632]

Holway, A. H., & Boring, E. G. (1941). Determinants of apparent visual size with distance variant. *American Journal of Psychology, 54,* 21-37. [doi: 10.2307/1417790]

本城 直季　(2006). small planet　リトルモア

Howard, I. P. (2012). *Perceiving in Depth, Vol. 3: Other Mechanisms of Depth Perception.* Oxford University Press.

Howard, I. P., & Rogers, B. J. (2002). *Seeing in Depth, Vol. 2: Depth Perception.* University of Toronto Press.

Ittelson, W. H. (1952). *The Ames Demonstrations in Perception: A Guide to Their Construction and Use.* Princeton University Press.

Jaekl, P., Soto-Faraco, S., & Harris, L. R. (2012). Perceived size change induced by audiovisual temporal delays. *Experimental Brain Research, 216*(3), 457-462. [doi: 10.1007/s00221-011-2948-9]

James, W. (1984). *Psychology, Briefer Course.* Harvard University Press.

Johansson, G. (1973). Monocular movement parallax and near-space perception. *Perception, 2,* 135-146. [doi: 10.1068/p020135]

Kaufman, L., & Kaufman, J. H. (2000). Explaining the moon illusion. *Proceedings of the National Academy of Sciences, 97*(1), 500-505. [doi: 10.1073/pnas.97.1.500]

Kaufman, L., & Rock, I. (1962). The moon illusion, I. *Science, 136,* 953-961. [doi: 10.1126/science.136.3520.953]

Kilpatrick, F. P., & Ittelson, W. H. (1953). The size-distance invariance hypothesis. *Psychological Review, 60*(4), 223-231. [doi: 10.1037/h0060882]

Kim, S., Carello, C., & Turvey, M. T. (2016). Size and distance are perceived independently in an optical tunnel: Evidence for direct perception. *Vision Research, 125,* 1-11. [doi: 10.1016/j.visres.2016.04.007]

北岡 明佳　(2005). 幾何学的錯視　後藤 倬男・田中 平八（編）　錯視の科学ハンドブック（pp. 56-77）　東京大学出版会

Komoda, M. K., & Ono, H. (1974). Oculomotor adjustments and size-distance perception. *Perception & Psychophysics, 15,* 353-360. [doi: 10.3758/BF03213958]

Loomis, J. M., & Knapp, J. M. (2003). Visual perception of egocentric distance in real and virtual environments. In L. J. Hettinger & M. W. Haas (Eds.), *Virtual and Adaptive Environments: Applications, Implications, and Human Performance Issues* (pp. 21-46). Lawrence Erlbaum Associates Publishers.

Mayhew, J. E. W., & Longuet-Higgins, H. C. (1982). A computational model of binocular depth perception. *Nature, 297,* 376-378. [doi: 10.1038/297376a0]

McCready, D. (1985). On size, distance, and visual angle perception. *Perception & Psychophysics, 37*(4), 323-334. [doi: 10.3758/BF03211355]

Mischenko, E., Negishi, I., Gorbunova, E. S., & Sawada, T. (2020). Examining the role of familiarity in the perception of depth. *Vision, 4*(2), 21. [doi: 10.3390/vision4020021]

三浦 佳世　(2009). アイステーシスとしての知覚：写真におけるミニチュア効果を通して　映像情報メディア学会技術報告, *33*(45), 41-46. [doi: 10.11485/itetr.33.45.0_41]

宮川 知彰　(1943). 倒立視に關する實驗的研究：所謂またのぞきの問題　心理学研究, *18,* 289-309. [doi: 10.4992/jjpsy.18.289]

宮川 知彰　(1949). 倒立視に關する實驗的研究 II　心理学研究, *20,* 289-309.

Mon-Williams, M., & Tresilian, J. R. (1999). Some recent studies on the extraretinal contribution to distance perception. *Perception, 28,* 167-181. [doi: 10.1068/p2737]

Mon-Williams, M., Tresilian, J. R., & Roberts, A. (2000). Vergence provides veridical depth perception from horizontal retinal image disparities. *Experimental Brain Research, 133*(3), 407-413. [doi: 10.1007/s002210000410]

Mount, G. E., Case, H. W., Sanderson, J. W., & Brenner, R. (1956). Distance judgment of colored objects. *Journal of General Psychology, 55*(2), 207-214. [doi: 10.1080/00221309.1956.9920312]

Murray, S. O., Boyaci, H., & Kersten, D. (2006). The representation of perceived angular size in human primary visual cortex. *Nature Neuroscience, 9,* 439-434. [doi: 10.1038/nn1641]

Norman, J. (1980). Direct and indirect perception of size. *Perception & Psychophysics, 28*(4), 306–314. [doi: 10.3758/BF03204389]

O'Shea, R. P., Govan, D. G., & Sekuler, R. (1997). Blur and contrast as pictorial depth cues. *Perception, 26*(5), 599–612.

O'Shea, R. P., McDonald, A. A., Cumming, A., Peart, D., Sanderson, G., & Molteno, A. C. (1994). Interocular transfer of the movement aftereffect in central and peripheral vision of people with strabismus. *Investigative Ophthalmology & Visual Science, 35*(1), 313–317.

Ooi, T. L., Wu, B., & He, Z. J. (2001). Distance determined by the angular declination below the horizon. *Nature, 414*(6860), 197–200. [doi: 10.1038/35102562]

Oyama, T. (1974). Perceived size and perceived distance in stereoscopic vision and an analysis of their causal relations. *Perception & Psychophysics, 16*(1), 175–181. [doi: 10.3758/BF03203271]

Oyama, T. (1977). Analysis of causal relations in the perceptual constancies. In W. Epstein (Ed.), *Stability and Constancy in Visual Perception* (pp. 183–216). Wiley.

Panerai, F., Cornilleau-Pérès, V., & Droulez, J. (2002). Contribution of extraretinal signals to the scaling of object distance during self-motion. *Perception & Psychophysics, 64*(5), 717–731. [doi: 10.3758/BF03194739]

Peh, C. H., Panerai, F., Droulez, J., Cornilleau-Pérès, V., & Cheong, L. F. (2002). Absolute distance perception during in-depth head movement: Calibrating optic flow with extra-retinal information. *Vision Research, 42*(16), 1991–2003. [doi: 10.1016/S0042-6989(02)00120-7]

Richards, W., & Miller, J. F. (1971). The corridor illusion. *Perception & Psychophysics, 9*(5), 421–423. [doi: 10.3758/BF03210243]

Rima, S., Khalil, C., Cottereau, B. R., Trotter, Y., & Durand, J. B. (2019). Asymmetry of pictorial space: A cultural phenomenon. *Journal of Vision, 19*(4), 22. [doi: 10.1167/19.4.22]

Rock, I., & Kaufman, L. (1962). The moon illusion, II. *Science, 136*, 1023–1031. [doi: 10.1126/science.136.3521.1023]

Rogers, B. J., & Bradshaw, M. F. (1993). Vertical disparities, differential perspective and binocular stereopsis. *Nature, 361*, 253–255. [doi: 10.1038/361253a0]

Ross, H. E., & Plug, C. (1998). The history of size constancy and size illusions. In V. Walsh & J. Kulikowski (Eds.), *Perceptual Constancy: Why Things Look as They Do*. Cambridge University Press.

佐藤 隆夫・草野 勉 (2012). ミニチュア効果：画像のぼけと距離と大きさの知覚 *IECIE Fundamentals Review, 5*(4), 312–319. [doi: 10.1587/essfr.5.312]

Schiller, P. H., & Lee, K. (1991). The role of the primate extrastriate area V4 in vision. *Science, 251*(4998), 1251–1253. [doi: 10.1126/science.2006413]

Sedgwick, H. A. (1986). Space perception. In K. R. Boff, L. Kaufman, & J. P. Thomas (Eds.), *Handbook of Perception and Human Performance, Vol. 1: Sensory Processes and Perception* (pp. 21-1–21-57). Wiley.

Sperandio, I., & Chouinard, P. A. (2015). The mechanisms of size constancy. *Multisensory Research, 28*(3–4), 253–283. [doi: 10.1163/22134808-00002483]

Sperandio, I., Chouinard, P. A., & Goodale, M. A. (2012). Retinotopic activity in V1 reflects the perceived and not the retinal size of an afterimage. *Nature Neuroscience, 15*, 540–542. [doi: 10.1038/nn.3069]

Suzuki, K. (1998). The role of binocular viewing in a spacing illusion arising in a darkened surround. *Perception, 27*, 355–361. [doi: 10.1068/p270355]

Swenson, H. A. (1932). The relative influence of accommodation and convergence in the judgment of distance. *Journal of General Psychology, 7*, 360–380. [doi: 10.1080/00221309.1932.9918473]

Tanaka, S., & Fujita, I. (2015). Computation of object size in visual cortical area V4 as a neural basis for size constancy. *Journal of Neuroscience, 35*(34), 12033–12046. [doi: 10.1523/JNEUROSCI.2665-14.2015]

Taylor, F. V. (1941). Change in size of the afterimage induced in total darkness. *Journal of Experimental Psychology, 29*, 75–80. [doi: 10.1037/h0058125]

Thompson, W. B., Willemsen, P., Gooch, A. A., Creem-Regehr, S. H., Loomis, J. M., & Beall, A. C. (2004). Does the quality of the computer graphics matter when judging distances in visually immersive environments? *Presence: Teleoperators*

第 II 部　視覚

& *Virtual Environments, 13*(5), 560–571. [doi: 10.1162/1054746042545292]

Tresilian, J. R., Mon-Williams, M., & Kelly, B. M. (1999). Increasing confidence in vergence as a cue to distance. *Proceedings of the Royal Society of London, Series B, 266,* 39–44. [doi: 10.1098/rspb.1999.0601]

Ungerleider, L., Ganz, L., & Pribram, K. H. (1977). Size constancy in rhesus monkeys: Effects of pulvinar, prestriate, and inferotemporal lesions. *Experimental Brain Research, 27,* 251–269. [doi: 10.1007/BF00235502]

Vishwanath, D., & Blaser, E. (2010). Retinal blur and the perception of egocentric distance. *Journal of Vision, 10*(10), 26. [doi: 10.1167/10.10.26]

von Bezold, W. (1884). Eine perspektivische Täuschung. *Annalen der Physik und Chemie, 123,* 351–352.

Wallach, H., & Floor, L. (1971). The use of size matching to demonstrate the effectiveness of accommodation and convergence as cues for distance. *Perception & Psychophysics, 10*(6), 423–428. [doi: 10.3758/BF03210326]

Willemsen, P., & Gooch, A. A. (2002). Perceived egocentric distances in real, image-based, and traditional virtual environments. *Proceedings IEEE Virtual Reality 2002* (pp. 275–276). IEEE. [doi: 10.1109/VR.2002.996536]

Wundt, W. M. (1862). *Beiträge zur Theorie der Sinneswahrnehmung.* Winter.

(13・4)

相田　紗織・下野　孝一　(2012).　立体視アノマリー研究小史：立体視の下位機構，両眼性課題の成績，立体視アノマリーの分布　心理学評論，*55,* 264–283. [doi: 10.24602/sjpr.55.2_264]

Ames, A., Ogle, K. N., & Gliddon, G. H. (1932). Corresponding retinal points, the horopter and size and shape of ocular images. *Journal of the Optical Society of America, 22,* 538–574. [doi: 10.1364/JOSA.22.000538]

Anderson, P. A., & Movshon, J. A. (1989). Binocular combination of contrast signals. *Vision Research, 29*(9), 1115–1132. [doi: 10.1016/0042-6989(89)90060-6]

Backus, B. T., Banks, M. S., van Ee, R., & Crowell, J. A. (1999). Horizontal and vertical disparity, eye position, and stereoscopic slant perception. *Vision Research, 39,* 1143–1170. [doi: 10.1016/s0042-6989(98)00139-4]

Ban, H., & Welchman, A. E. (2015). fMRI analysis-by-synthesis reveals a dorsal hierarchy that extracts surface slant. *Journal of Neuroscience, 35,* 9823–9835. [doi: 10.1523/JNEUROSCI.1255-15.2015]

Banks, M. S., Gepshtein, S., & Landy, M. S. (2004). Why is spatial stereoresolution so low? *Journal of Neuroscience, 24,* 2077–2089. [doi: 10.1523/JNEUROSCI.3852-02.2004]

Banks, M. S., Hooge, I. T., & Backus, B. T. (2001). Perceiving slant about a horizontal axis from stereopsis. *Journal of Vision, 1*(2), 55–79. [doi: 10.1167/1.2.1]

Blake, R., Breitmeyer, B., & Green, M. (1980). Contrast sensitivity and binocular brightness: Dioptic and dichoptic luminance conditions. *Perception & Psychophysics, 27*(2), 180–181. [doi: 10.3758/BF03204308]

Bonneh, Y., Sagi, D., & Karni, A. (2001). A transition between eye and object rivalry determined by stimulus coherence. *Vision Research, 41*(8), 981–989. [doi: 10.1016/s0042-6989(01)00013-x]

Bosten, J. M., Goodbourn, P. T., Lawrance-Owen, A. J., Bargary, G., Hogg, R. E., & Mollon, J. D. (2015). A population study of binocular function. *Vision Research, 110,* 34–50. [doi: 10.1016/j.visres.2015.02.017]

Brewster, D. S. (1856). *The stereoscope; its history, theory, and construction, with its application to the fine and useful arts and to education: With fifty wood engravings.* John Murray.

Burt, P., & Julesz, B. (1980a). A disparity gradient limit for binocular fusion. *Science, 208,* 615–617. [doi: 10.1126/science.7367885]

Burt, P., & Julesz, B. (1980b). Modifications of the classical notion of Panum's fusional area. *Perception, 9,* 671–682. [doi: 10.1068/p090671]

Campbell, F. W., & Green, D. G. (1965). Monocular versus binocular visual acuity. *Nature, 208*(5006), 191–192. [doi: 10.1038/208191a0]

Caziot, B., Backus, B. T., & Lin, E. (2017). Early dynamics of stereoscopic surface slant perception. *Journal of Vision, 17*(14), 4. [doi: 10.1167/17.14.4]

Cumming, B. G., & Parker, A. J. (1994). Binocular mechanisms for detecting motion-in-depth. *Vision Research, 34*(4),

第 1 3 章　奥行き知覚：３次元空間知覚の方向・距離・順序

483–495.［doi: 10.1016/0042-6989(94)90162-7］

Delorme, A. (1994). Dichoptically viewed colour aftereffects produced by monocular adaptation. *Perception, 23*(8), 957–964.［doi: 10.1068/p230957］

Fleet, D. J., Wagner, H., & Heeger, D. J. (1996). Neural encoding of binocular disparity: Energy models, position shifts and phase shifts. *Vision Research, 36*, 1839–1857.［doi: 10.1016/0042-6989(95)00313-4］

Gilinsky, A. S., & Doherty, R. S. (1969). Interocular transfer of orientational effects. *Science, 164*(3878), 454–455.［doi: 10.1126/science.164.3878.454］

Gillam, B., Blackburn, S., & Nakayama, K. (1999). Stereopsis based on monocular gaps: Metrical encoding of depth and slant without matching contours. *Vision Research, 39*(3), 493–502.［doi: 10.1016/s0042-6989(98)00131-x］

Gillam, B., & Nakayama, K. (1999). Quantitative depth for a phantom surface can be based on cyclopean occlusion cues alone. *Vision Research, 39*(1), 109–112.［doi: 10.1016/s0042-6989(98)00052-2］

Gillam, B. J., & Pianta, M. J. (2005). The effect of surface placement and surface overlap on stereo slant contrast and enhancement. *Vision Research, 45*, 3083–3095.［doi: 10.1016/j.visres.2005.07.003］

Glennerster, A., Rogers, B. J., & Bradshaw, M. F. (1998). Cues to viewing distance for stereoscopic depth constancy. *Perception, 27*, 1357–1365.［doi: 10.1068/p271357］

Greenwald, H. S., & Knill, D. C. (2009). Orientation disparity: A cue for 3D orientation? *Neural Computation, 21*, 2581–2604.［doi: 10.1162/neco.2009.08-08-848］

Harada, S., & Mitsudo, H. (2017). Stereoscopic depth contrast in a 3D Muller–Lyer configuration: Evidence for local normalization. *Perception, 46*, 860–873.［doi: 10.1177/0301006616687319］

Harada, S., & Mitsudo, H. (2018). Stereoscopic slant contrast and the perception of inducer slant at brief stimulus presentations. *Perception, 47*, 171–184.［doi: 10.1177/0301006617739755］

Harris, J. M., & Parker, A. J. (1995). Independent neural mechanisms for bright and dark information in binocular stereopsis. *Nature, 374*, 808–811.［doi: 10.1038/374808a0］

Heckmann, T., & Schor, C. M. (1989). Panum's fusional area estimated with a criterion-free technique. *Perception & Psychophysics, 45*, 297–306.［doi: 10.3758/BF03204944］

Helmholtz, H. (1925). *Treatise on Physiological Optics* (Vol. 3, J. P. C. Southall Ed. & Trans.). Dover. (Original work published 1910)

Hess, R. F., To, L., Zhou, J., Wang, G., & Cooperstock, J. R. (2015). Stereo vision: The haves and have-nots. *i-Perception, 6*(3), 3.［doi: 10.1177/2041669515593028］

Howard, I. P. (2012). Vergence eye movements. In I. P. Howard (Ed.), *Perceiving in Depth, Vol. 1: Basic Mechanisms* (pp. 475–548). Oxford University Press.

Howard, I. P., & Kaneko, H. (1994). Relative shear disparities and the perception of surface inclination. *Vision Research, 34*, 2505–2517.［doi: 10.1016/0042-6989(94)90237-2］

Howard, I. P., & Rogers, B. J. (1995). *Binocular Vision and Stereopsis*. Oxford University Press.

Howard, I. P., & Rogers, B. J. (2012a). *Perceiving in Depth, Vol. 2: Stereoscopic Vision*. Oxford University Press.

Howard, I. P., & Rogers, B. J. (2012b). Binocular correspondence and the horopter. In I. P. Howard & B. J. Rogers (Eds.), *Perceiving in Depth, Vol. 2: Stereoscopic Vision* (pp. 148–181). Oxford University Press.

Howard, I. P., & Rogers, B. J. (2012c). Stereoscopic techniques and applications. In I. P. Howard & B. J. Rogers (Eds.), *Perceiving in Depth, Vol. 2: Stereoscopic Vision* (pp. 538–563). Oxford University Press.

Ichikawa, M., & Egusa, H. (1993). How is depth perception affected by long-term wearing of left-right reversing spectacles? *Perception, 22*, 971–984.［doi: 10.1068/p220971］

Ikeda, M., & Nakashima, Y. (1980). Wavelength difference limit for binocular color fusion. *Vision Research, 20*(8), 693–697.［doi: 10.1016/0042-6989(80)90094-2］

Julesz, B. (1960). Binocular depth perception of computer-generated patterns. *Bell System Technical Journal, 39*, 1125–1162.［doi: 10.1002/j.1538-7305.1960.tb03954.x］

Kaneko, H., & Howard, I. P. (1996). Relative size disparities and the perception of surface slant. *Vision Research, 36*,

753

1919-1930. [doi: 10.1016/0042-6989(95)00258-8]

Koenderink, J. J., & van Doorn, A. J. (1976). Geometry of binocular vision and a model for stereopsis. *Biological Cybernetics*, *21*, 29-35. [doi: 10.1007/BF00326670]

Kumar, T., & Glaser, D. A. (1993). Temporal aspects of depth contrast. *Vision Research*, *33*, 947-957. [doi: 10.1016/0042-6989(93)90078-b]

Kuroki, D., & Nakamizo, S. (2006). Depth scaling in phantom and monocular gap stereograms using absolute distance information. *Vision Research*, *46*, 4206-4216. [doi: 10.1016/j.visres.2006.08.022]

Lee, S. H., & Blake, R. (1999). Rival ideas about binocular rivalry. *Vision Research*, *39*(8), 1447-1454. [doi: 10.1016/S0042-6989(98)00269-7]

Levelt, W. J. (1965). Binocular brightness averaging and contour information. *British Journal of Psychology*, *56*, 1-13. [doi: 10.1111/j.2044-8295.1965.tb00939.x]

Logothetis, N. K., Leopold, D. A., & Sheinberg, D. L. (1996). What is rivalling during binocular rivalry? *Nature*, *380*(6575), 621-624. [doi: 10.1038/380621a0]

松宮 一道 (2002). 両眼視野闘争研究の進展 *VISION*, *14*(4), 135-148.

Matsumiya, K., Howard, I. P., & Kaneko, H. (2007). Perceived depth in the 'sieve effect' and exclusive binocular rivalry. *Perception*, *6*(7), 990-1002. [doi: 10.1068/p5749]

Matthews, N., Meng, X., Xu, P., & Qian, N. (2003). A physiological theory of depth perception from vertical disparity. *Vision Research*, *43*, 85-99. [doi: 10.1016/S0042-6989(02)00401-7]

Mitsudo, H. (2007). Illusory depth induced by binocular torsional misalignment. *Vision Research*, *47*, 1303-1314. [doi: 10.1016/j.visres.2007.02.007]

Mitsudo, H., Kaneko, H., & Nishida, S. (2009). Perceived depth of curved lines in the presence of cyclovergence. *Vision Research*, *49*, 348-361. [doi: 10.1016/j.visres.2008.11.004]

Mitsudo, H., Sakai, A., & Kaneko, H. (2013). Vertical size disparity and the correction of stereo correspondence. *Perception*, *42*, 385-400. [doi: 10.1068/p7387]

宮座敷 英弘・佐藤 雅之 (2007). 大きな両眼視差領域における運動視差による立体視の促進効果 *Vision*, *19*(2), 87-96.

Nakayama, K. (1977). Geometric and physiological aspects of depth perception. *Proceedings of the Society of Photo-Optical Instrumentation Engineers*, *120*, 2-9. [doi: 10.1117/12.955728]

Nakayama, K., & Shimojo, S. (1990). da Vinci stereopsis: Depth and subjective occluding contours from unpaired image points. *Vision Research*, *30*(11), 1811-1825. [doi: 10.1016/0042-6989(90)90161-d]

Neri, P. (2005). A stereoscopic look at visual cortex. *Journal of Neurophysiology*, *93*, 1823-1826. [doi: 10.1152/jn.01068.2004]

Neri, P., Bridge, H., & Heeger, D. J. (2004). Stereoscopic processing of absolute and relative disparity in human visual cortex. *Journal of Neurophysiology*, *92*, 1880-1891. [doi: 10.1152/jn.01042.2003]

Ninio, J. (1981). Random-curve stereograms: A flexible tool for the study of binocular vision. *Perception*, *10*, 403-410. [doi: 10.1068/p100403]

Nishida, S., Ashida, H., & Sato, T. (1994). Complete interocular transfer of motion aftereffect with flickering test. *Vision Research*, *34*(20), 2707-2716. [doi: 10.1016/0042-6989(94)90227-5]

Norcia, A. M., & Tyler, C. W. (1984). Temporal frequency limits for stereoscopic apparent motion processes. *Vision Research*, *24*(5), 395-401. [doi: 10.1016/0042-6989(84)90037-3]

Ogle, K. N. (1950). *Researches in Binocular Vision*. W. B. Saunders.

Ono, H., Angus, R., & Gregor, P. (1977). Binocular single vision achieved by fusion and suppression. *Perception & Psychophysics*, *21*, 513-521. [doi: 10.3758/BF03198731]

大山 正 (1962) 立体視覚 テレビジョン, *16*, 103-108.

Palmer, D. A. (1961). Measurement of the horizontal extent of Panum's area by a method of constant stimuli. *Optica Acta*, *8*, 151-159. [doi: 10.1080/713826374]

Palmisano, S., Hill, H., & Allison, R. S. (2016). The nature and timing of tele-pseudoscopic experiences. *i-Perception*, *7*, 2041669515625793. [doi: 10.1177/2041669515625793]

Panum, P. L. (1940). *Physiological Investigations Concerning Vision with Two Eyes* (C. Hubscher, Trans.). Schwering's Bookstore. (Original work published 1858)

Pianta, M. J., & Gillam, B. J. (2003). Paired and unpaired features can be equally effective in human depth perception. *Vision Research, 43,* 1–6. [doi: 10.1016/s0042-6989(02)00399-1]

Pulfrich, C. (1922). Stereoscopy in use for isochrome and heterochrome photometry. *Naturwissenschaften, 10,* 553–564.

Read, J. C., & Cumming, B. G. (2007). Sensors for impossible stimuli may solve the stereo correspondence problem. *Nature Neuroscience, 10,* 1322–1328. [doi: 10.1038/nn1951]

Rokers, B., Cormack, L. K., & Huk, A. C. (2009). Disparity- and velocity-based signals for three-dimensional motion perception in human MT. *Nature Neuroscience, 12*(8), 1050–1055. [doi: 10.1038/nn.2343]

Sagawa, K. (1982). Dichoptic color fusion studied with wavelength discrimination. *Vision Research, 22*(8), 945–952. [doi: 10.1016/0042-6989(82)90030-X]

Sato, M., & Howard, I. P. (2001). Effects of disparity–perspective cue conflict on depth contrast. *Vision Research, 41,* 415–426. [doi: 10.1016/S0042-6989(00)00272-8]

Schreiber, K., Crawford, J. D., Fetter, M., & Tweed, D. (2001). The motor side of depth vision. *Nature, 410,* 819–822. [doi: 10.1038/35071081]

Serrano-Pedraza, I., & Read, J. C. (2009). Stereo vision requires an explicit encoding of vertical disparity. *Journal of Vision, 9*(4), 3. [doi: 10.1167/9.4.3]

Shimojo, S., & Nakajima, Y. (1981). Adaptation to the reversal of binocular depth cues: Effects of wearing left-right reversing spectacles on stereoscopic depth perception. *Perception, 10,* 391–402. [doi: 10.1068/p100391]

Shimojo, S., & Nakayama, K. (1990). Real world occlusion constraints and binocular rivalry. *Vision Research, 30*(1), 69–80. [doi: 10.1016/0042-6989(90)90128-8]

Shioiri, S., Kakehi, D., Tashiro, T., & Yaguchi, H. (2009). Integration of monocular motion signals and the analysis of interocular velocity differences for the perception of motion-in-depth. *Journal of Vision, 9*(13):10, 11–17. [doi: 10.1167/9.13.10]

Shioiri, S., Matsumiya, K., & Matsubara, K. (2012). Isolation of two binocular mechanisms for motion in depth: A model and psychophysics. *Japanese Psychological Research, 54*(1), 16–26. [doi: 10.1111/j.1468-5884.2011.00503.x]

Shioiri, S., Saisho, H., & Yaguchi, H. (2000). Motion in depth based on inter-ocular velocity differences. *Vision Research, 40*(19), 2565–2572. [doi: 10.1016/s0042-6989(00)00130-9]

Siderov, J., Harwerth, R. S., & Bedell, H. E. (1999). Stereopsis, cyclovergence and the backwards tilt of the vertical horopter. *Vision Research, 39,* 1347–1357. [doi: 10.1016/S0042-6989(98)00252-1]

Snowden, R. J., & Hammett, S. T. (1996). Spatial frequency adaptation: Threshold elevation and perceived contrast. *Vision Research, 36*(12), 1797–1809. [doi: 10.1016/0042-6989(95)00263-4]

Stratton, G. M. (1898). A mirror pseudoscope and the limit of visible depth. *Psychological Review, 5,* 632–638. [doi: 10.1037/h0070435]

杉原 厚吉 (2006) 立体イリュージョンの数理 共立出版

Taya, S., Sato, M., & Nakamizo, S. (2005). Stereoscopic depth aftereffects without retinal position correspondence between adaptation and test stimuli. *Vision Research, 45,* 1857–1866. [doi: 10.1016/j.visres.2005.01.018]

Tsuchiya, N., & Koch, C. (2005). Continuous flash suppression reduces negative afterimages. *Nature Neuroscience, 8*(8), 1096–1101. [doi: 10.1038/nn1500]

Tyler, C. W. (1973). Stereoscopic vision: Cortical limitations and a disparity scaling effect. *Science, 181,* 276–278. [doi: 10.1126/science.181.4096.276]

Tyler, C. W., & Clarke, M. B. (1990). The autostereogram. *Proceedings of SPIE, 1256* (Stereoscopic Displays and Applications), 182–197.

van Ee, R., Banks, M. S., & Backus, B. T. (1999). An analysis of binocular slant contrast. *Perception, 28,* 1121–1145. [doi: 10.1068/p281121]

van Ee, R., & van Dam, L. C. (2003). The influence of cyclovergence on unconstrained stereoscopic matching. *Vision*

第 II 部　視覚

Research, 43, 307-319. [doi: 10.1016/S0042-6989(02)00496-0]

van Ee, R., van Dam, L. C., & Erkelens, C. J. (2002). Bi-stability in perceived slant when binocular disparity and monocular perspective specify different slants. *Journal of Vision, 2*(9), 597-607. [doi: 10.1167/2.9.2]

Wallach, H., Moore, M. E., & Davidson, L. (1963). Modification of stereoscopic depth-perception. *American Journal of Psychology, 76*, 191-204. [doi: 10.2307/1419156]

Wheatstone, C. (1838). Contributions to the physiology of vision. —Part the first. On some remarkable, and hitherto unobserved, phenomena of binocular vision. *Philosophical Transactions of the Royal Society of London, 128*, 371-394. [doi: 10.1098/rstl.1838.0019]

Wheatstone, C. (1852). Contributions to the physiology of vision. —Part the second. On some remarkable, and hitherto unobserved, phenomena of binocular vision. *Philosophical Transactions of the Royal Society of London, 142*, 1-17. [doi: 10.1098/rspl.1850.0044]

Woo, G. C. (1974). The effect of exposure time on the foveal size of Panum's area. *Vision Research, 14*, 473-480. [doi: 10.1016/0042-6989(74)90035-2]

Yan, P., & Shigemasu, H. (2015). Stereo-curvature aftereffect is due to more than shape curvature adaptation. *Perception, 44*, 790-813. [doi: 10.1177/03010066]

Zlatkova, M. B., Anderson, R. S., & Ennis, F. A. (2001). Binocular summation for grating detection and resolution in foveal and peripheral vision. *Vision Research, 41*(24), 3093-3100. [doi: 10.1016/S0042-6989(01)00191-2]

(13・5)

Andersen, G. J., & Braunstein, M. L. (1983). Dynamic occlusion in the perception of rotation in depth. *Perception & Psychophysics, 34*(4), 356-362. [doi: 10.3758/BF03203048]

Berbaum, K., Bever, T., & Chung, C. S. (1983). Light source position in the perception of object shape. *Perception, 12*, 411-416. [doi: 10.1068/p120411]

Bian, Z., Braunstein, M. L., & Andersen, G. J. (2005). The ground dominance effect in the perception of 3-D layout. *Perception & Psychophysics, 67*(5), 802-815. [doi: 10.3758/bf03193534]

Bourdon, B. (1898). La perception monoculaire de la profondeur. *Revue Philosophique de la France et de l'Étranger, 46*, 124-145.

Bradshaw, M. F., & Rogers, B. J. (1996). The interaction of binocular disparity and motion parallax in the computation of depth. *Vision Research, 36*, 3457-3468. [doi: 10.1016/0042-6989(96)00072-7]

Braunstein, M. L., Andersen, G. J., Rouse, M. W., & Tittle, J. S. (1986). Recovering viewer-centered depth from disparity, occlusion, and velocity gradients. *Perception & Psychophysics, 40*(4), 216-224. [doi: 10.3758/bf03211501]

Braunstein, M. L., Hoffman, D. D., Shapiro, L. R., Andersen, G. J., & Bennett, B. M. (1987). Minimum points and views for the recovery of three-dimensional structure. *Journal of Experimental Psychology: Human Perception and Performance, 13*, 335-343. [doi: 10.1037/0096-1523.13.3.335]

Brewster, D. (1826). On the optical illusion of the conversion of cameos into intaglios, and of intaglios into cameos, with an account of other analogous phenomena. *Edinburgh Journal of Science, 4*, 99-108. [Reprinted in Wade, N. (1983). *Brewster and Wheatstone on Vision* (pp. 56-64). Academic Press.]

Clark, W. C., Smith, A. H., & Rabe, A. (1956). The interaction of surface texture, outline gradient, and ground in the perception of slant. *Canadian Journal of Psychology / Revue canadienne de psychologie, 10*(1), 1-8. [doi: 10.1037/h0083649]

Cormack, R. H. (1984). Stereoscopic depth perception at far viewing distances. *Perception & Psychophysics, 35*(5), 423-428. [doi: 10.3758/BF03203918]

Cornilleau-Pérès, V., & Droulez, J. (1989). Visual perception of surface curvature: Psychophysics of curvature detection induced by motion parallax. *Perception & Psychophysics, 46*(4), 351-364. [doi: 10.3758/BF03204989]

Cornilleau-Pérès, V., & Droulez, J. (1993). Stereo-motion cooperation and the use of motion disparity in the visual perception of 3-D structure. *Perception & Psychophysics, 54*(2), 223-239. [doi: 10.3758/BF03211759]

第 13 章　奥行き知覚：3 次元空間知覚の方向・距離・順序

Dosher, B. A., Landy, M. S., & Sperling, G. (1989). Kinetic depth effect and optic flow: I. 3D shape from Fourier motion. *Vision Research*, *29*, 1789–1813. [doi: 10.1016/0042-6989(89)90161-2]

Gardner, J. S., Austerweil, J. L., & Palmer, S. E. (2010). Vertical position as a cue to pictorial depth: Height in the picture plane versus distance to the horizon. *Attention, Perception, & Psychophysics*, *72*(2), 445–453. [doi: 10.3758/APP.72.2.445]

Gibson, E. J., Gibson, J. J., Smith, O. W., & Flock, H. (1959). Motion parallax as a determinant of perceived depth. *Journal of Experimental Psychology*, *58*(1), 40–51. [doi: 10.1037/h0043883]

Gibson, J. J. (1950). The perception of visual surfaces. *American Journal of Psychology*, *63*, 367–384. [doi: 10.2307/1418003]

Gibson, J. J. (1979). *The Ecological Approach to Visual Perception*. Houghton Mifflin.

Gibson, J. J., & Carel, W. (1952). Does motion perspective independently produce the impression of a receding surface? *Journal of Experimental Psychology*, *44*(1), 16–18. [doi: 10.1037/h0056030]

Gogel, W. C. (1979). The common occurrence of errors of perceived distance. *Perception & Psychophysics*, *25*(1), 2–11. [doi: 10.3758/BF03206103]

Gumming, B. G., Johnston, E. B., & Parker, A. J. (1993). Effects of different texture cues on curved surfaces viewed stereoscopically. *Vision Research*, *33*, 827–838. [doi: 10.1016/0042-6989(93)90201-7]

Heine, L. (1905). Über Wahrnehmung und Vorstellung von Entfernungsunterschieden. *Albrecht von Graefes Archiv für Klinische und Experimentelle Ophthalmologie*, *61*, 484–498. [doi: 10.1007/BF01945752]

Hershberger, W. (1970). Attached-shadow orientation perceived as depth by chickens reared in an environment illuminated from below. *Journal of Comparative & Physiological Psychology*, *73*, 407–411. [doi: 10.1037/h0030223]

Hess, R. F., & Ziegler, L. R. (2000). What limits the contribution of second-order motion to the perception of surface shape? *Vision Research*, *40*, 2125–2133. [doi: 10.1016/s0042-6989(00)00032-8]

Howard, I. P. (2012). *Perceiving in Depth, Vol. 3: Other Mechanisms of Depth Perception*. Oxford University Press.

Howard, I. P., Bergström, S. S., & Ohmi, M. (1990). Shape from shading in different frames of reference. *Perception*, *19*(4), 523–530. [doi: 10.1068/p190523]

Howard, I. P., & Rogers, B. J. (2002). *Seeing in Depth, Vol. 2: Depth Perception*. University of Toronto Press.

Ichikawa, M., Nishida, S. Y., & Ono, H. (2004). Depth perception from second-order-motion stimuli yoked to head movement. *Vision Research*, *44*(25), 2945–2954. [doi: 10.1016/j.visres.2004.07.003]

Ichikawa, M., & Saida, S. (1996). How is motion disparity integrated with binocular disparity in depth perception? *Perception & Psychophysics*, *58*(2), 271–282. [doi: 10.3758/BF03211880]

Ichikawa, M., Saida, S., Osa, A., & Munechika, K. (2003). Integration of binocular disparity and monocular cues at near threshold level. *Vision Research*, *43*(23), 2439–2449. [doi: 10.1016/s0042-6989(03)00432-2]

Ittelson, W. H. (1951). Size as a cue to distance: Static localization. *American Journal of Psychology*, *64*, 54–67. [doi: 10.2307/1418595]

Kaufman, L. (1974). *Sight and Mind: An Introduction to Visual Perception*. Oxford University Press.

Kersten, D., Knill, D. C., Mamassian, P., & Bülthoff, I. (1996). Illusory motion from shadows. *Nature*, *379*, 31. [doi: 10.1038/379031a0]

Kersten, D., Mamassian, P., & Knill, D. C. (1997). Moving cast shadows induce apparent motion in depth. *Perception*, *26*, 171–192. [doi: 10.1068/p260171]

Koenderink, J. J., & van Doorn, A. J. (1991). Affine structure from motion. *Journal of the Optical Society of America A*, *8*(2), 377–385. [doi: 10.1364/JOSAA.8.000377]

Landy, M. S., Dosher, B. A., Sperling, G., & Perkins, M. E. (1991). The kinetic depth effect and optic flow: II. First- and second-order motion. *Vision Research*, *31*, 859–876. [doi: 10.1016/0042-6989(91)90153-v]

Liter, J. C., Braunstein, M. L., & Hoffman, D. D., (1994). Inferring structure from motion in two-view and multiview displays. *Perception*, *22*, 1441–1465. [doi: 10.1068/p221441]

Maloney, L. T., & Landy, M. S. (1989). A statistical framework for robust fusion of depth information. *Visual communications and image processing IV*, *1199*, 1154–1164. [doi: 10.1117/12.970125]

Mamassian, P., Knill, D. C., & Kersten, D. (1998). The perception of cast shadows. *Trends in Cognitive Sciences, 2*, 288-295. [doi: 10.1016/s1364-6613(98)01204-2]

Marr, D. (1982). *Vision: A Computational Investigation into the Human Representation and Processing of Visual Information*. W. H. Freeman and Company.

Mather, G. (2006). *Foundations of Perception*. Psychology Press.

Matsushita, S., & Ono, H. (2019). Gradients account for the thresholds for perceiving motion and depth in observer-produced parallax displays. *Perception, 48*, 338-345. [doi: 10.1177/0301006619833301]

Metelli, F. (1970). An algebraic development of the theory of perceptual transparency. *Ergonomics, 13*(1), 59-66. [doi: 10.1080/00140137008931118]

Metelli, F. (1974). The perception of transparency. *Scientific American, 230*, 90-98. [doi: 10.1038/scientificamerican0474-90]

Metzger, W. (1936). *Gesetze des Sehens*. Kramer. [Spillmann, L. (Trans.). (2006). *Laws of Seeing*. MIT Press.]

光藤 宏行 (2004). 透明視：X型接点，両眼網膜像差，運動情報の役割　心理学評論，*47*(2)，210-224．[doi: 10.24602/sjpr.47.2_210]

宮屋敷 英弘・佐藤 雅之 (2007). 大きな両眼視差領域における運動視差による立体視の促進効果　*Vision, 19*(2)，87-96．[doi: 10.24636/vision.19.2_87]

Musatti, C. L. (1962). Stereokinetic phenomena. Commentary by H. Flock, Mimeo edited by J. J. Gibson, Department of Psychology, Ithaca: Cornell University.

Musatti, C. L. (1975). Stereokinetic phenomena and their interpretation. In G. B. Flores d'Arcais (Ed), *Studies in Perception. Festschrift for Fabio Metelli* (pp. 166-189). Matello-Giunti.

Nawrot, M. (2003). Eye movements provide the extra-retinal signal required for the perception of depth from motion parallax. *Vision Research, 43*, 1553-1562. [doi: 10.1016/S0042-6989(03)00144-5]

Nawrot, M., & Stroyan, K. (2009). The motion/pursuit law for visual depth perception from motion parallax. *Vision Research, 49*, 1969-1978. [doi: 10.1016/j.visres.2009.05.008]

Norman, J. F., & Todd, J. T., (1993). The perceptual analysis of structure from motion for rotating objects undergoing affine stretching transformations. *Perception & Psychophysics, 53*, 279-291. [doi: 10.3758/bf03205183]

Ohtsuka, S., Ujike, H., & Saida, S. (2002). Relative distance cues contribute to scaling depth from motion parallax. *Perception & Psychophysics, 64*(3), 405-414. [doi: 10.3758/BF03194713]

Ono, H. (1969). Apparent distance as a function of familiar size. *Journal of Experimental Psychology, 79*, 109-115. [doi: 10.1037/h0026879]

Ono, H., & Comerford, J. (1977). Stereoscopic depth constancy. In W. Epstein (Ed.), *Perception Stability and Constancy in Visual Perception: Mechanism and Process* (pp. 91-128). Wiley Interscience.

Ono, M. E., Rivest, J., & Ono, H. (1986). Depth perception as a function of motion parallax and absolute-distance information. *Journal of Experimental Psychology: Human Perception and Performance, 12*(3), 331-337. [doi: 10.1037/0096-1523.12.3.331]

Ono, H., Rogers, B. J., Ohmi, M., & Ono, M. E. (1988). Dynamic occlusion and motion parallax in depth perception. *Perception, 17*, 255-266. [doi: 10.1068/p170255]

Ono, H., & Ujike, H. (2005). Motion parallax driven by head movements: Conditions for visual stability, perceived depth, and perceived concomitant motion. *Perception, 34*(4), 477-490. [doi: 10.1068/p5221]

Peterson, M. A., & Shyi, G. C. W. (1988). The detection of real and apparent concomitant rotation in a three-dimensional cube: Implications for perceptual interactions. *Perception & Psychophysics, 44*(1), 31-42. [doi: 10.3758/BF03207472]

Prazdny, K. (1986). Three-dimensional structure from long-range apparent motion. *Perception, 15*(5), 619-625. [doi: 10.1068/p150619]

Ramachandran, V. S. (1988). Perception of shape from shading. *Nature, 331*, 163-166. [doi: 10.1038/331163a0]

Rock, I. (1984). *Perception*. Freeman.

Rogers, B. (2016). Revisiting motion parallax as a source of 3-D information. *Perception, 45*(11), 1267-1278. [doi:

第 13 章　奥行き知覚：3 次元空間知覚の方向・距離・順序

10.1177/0301006616655816］

Rogers, B. J., & Collett, T. S. (1989). The appearance of surfaces specified by motion parallax and binocular disparity. *Quarterly Journal of Experimental Psychology, 41*, 697–717. ［doi: 10.1080/14640748908402390］

Rogers, B. J., & Graham, M. E. (1979). Motion parallax as an independent cue for depth perception. *Perception, 8*, 125–134.

Rogers, B. J., & Graham, M. E. (1982). Similarities between motion parallax and stereopsis in human depth perception. *Vision Research, 22*, 261–270. ［doi: 10.1016/0042-6989(82)90126-2］

Rogers, B. J., & Graham, M. E. (1983). Anisotropies in the perception of three-dimensional surfaces. *Science, 221*(4618), 1409–1411. ［doi: 10.1126/science.6612351］

Rogers, S., & Rogers, B. J. (1992). Visual and nonvisual information disambiguate surfaces specified by motion parallax. *Perception & Psychophysics, 52*(4), 446–452. ［doi: 10.3758/BF03206704］

Roy, J. P., & Wurtz, R. H. (1990). The role of disparity-sensitive cortical neurons in signalling the direction of self-motion. *Nature, 348*, 160–162. ［doi: 10.1038/348160a0］

Sakai, K., & Finkel, L. H. (1995). Characterization of the spatial-frequency spectrum in the perception of shape from texture. *Journal of the Optical Society of America. A, Optics, Image Science, and Vision, 12*, 1208–1224. ［doi: 10.1364/josaa.12.001208］

Sakurai, K., & Ono, H. (2000). Depth perception, motion perception, and their trade-off while viewing stimulus motion yoked to head movement. *Japanese Psychological Research, 42*(4), 230–237. ［doi: 10.1111/1468-5884.00150］

Sedgwick, H. A. (1986). Space perception. In K. R. Boff, L. Kaufman, & J. P. Thomas (Eds.), *Handbook of Perception and Human Performance: Vol. 1. Sensory Processes and Perception* (pp. 21.1–21.57). Wiley.

Sedgwick, H. A., & Levy, S. (1985). Environment-centered and viewer-centered perception of surface orientation. *Computer Vision, Graphics, and Image Processing, 31*(2), 248–260. ［doi: 10.1016/s0734-189x(85)80008-6］

Sekuler, R., & Blake, R. (1990). *Perception* (2nd ed.). McGraw-Hill.

Sinai, M. J., Ooi, T. L., & He, Z. J. (1998). Terrain influences the accurate judgement of distance. *Nature, 395*(6701), 497–500. ［doi: 10.1038/26747］

Sun, J., & Perona, P. (1998). Where is the sun? *Nature Neuroscience, 1*, 183–184. ［doi: 10.1038/630］

Todd, J. T., Akerstrom, R. A., Reichel, F. D., & Hayes, W. (1988). Apparent rotation in three-dimensional space: Effects of temporal, spatial, and structural factors. *Perception & Psychophysics, 43*, 179–188. ［doi: 10.3758/BF03214196］

Todd, J. T., & Bressan, P. (1990). The perception of 3-dimensional affine structure from minimal apparent motion sequences. *Perception & Psychophysics, 48*, 419–430. ［doi: 10.3758/BF03211585］

Todd, J. T., & Mingolla, E. (1983). Perception of surface curvature and direction of illumination from patterns of shading. *Journal of Experimental Psychology: Human Perception and Performance, 9*(4), 583–595. ［doi: 10.1037/0096-1523.9.4.583］

Todd, J. T., & Oomes, H. J. (2002). Generic and non-generic conditions for the perception of surface shape from texture. *Vision Research, 42*, 837–850. ［doi: 10.1016/S0042-6989(01)00234-6］

Ujike, H., & Ono, H. (2001). Depth thresholds of motion parallax as a function of head movement velocity. *Vision Research, 41*, 2835–2843. ［doi: 10.1016/S0042-6989(01)00164-X］

Ullman, S. (1979). *The Interpretation of Visual Motion*. MIT Press.

Wu, B., He, Z. J., & Ooi, T. L. (2007). The linear perspective information in ground surface representation and distance judgment. *Perception & Psychophysics, 69*(5), 654–672. ［doi: 10.3758/BF03193769］

Yajima, T., Ujike, H., & Uchikawa, K. (1998). Apparent depth with retinal image motion of expansion and contraction yoked to head movement. *Perception, 27*(8), 937–949. ［doi: 10.1068/p270937］

Yonas, A., Kuskowski, M., & Sternfels, S. (1979). The role of frames of reference in the development of responsiveness to shading information. *Child Development, 50*(2), 495–500. ［doi: 10.2307/1129428］

Zanforlin, M. (1988). The height of a stereokinetic cone: A quantitative determination of a 3-D effect from 2-D moving patterns without a "rigidity assumption". *Psychological Research, 50*, 162–172. ［doi: 10.1007/BF00310177］

第 II 部　視覚

(13・6)

Ames, Jr. A. (1951). Visual perception and the rotating trapezoidal window. *Psychological Monographs: General and Applied, 65*(7), i-32. [doi: 10.1037/h0093600]

Baldwin, J. M. (1895). The effect of size-contrast upon judgments of position in the retinal field. *Psychological Review, 2*, 244-259. [doi: 10.1037/h0064681]

Ban, H., Preston, T. J., Meeson, A., & Welchman, A. E. (2012). The integration of motion and disparity cues to depth in dorsal visual cortex. *Nature Neuroscience, 15*, 636-643. [doi: 10.1038/nn.3046]

Boring, E. G. (1964). Size-constancy in a picture. *American Journal of Psychology, 77*(3), 494-498. [doi: 10.2307/1421027]

Cauquil, A. S., Delaux, S., Lestringant, R., Taylor, M. J., & Trotter, Y. (2009). Neural correlates of chromostereopsis: An evoked potential study. *Neuropsychologia, 47*(12), 2677-2681. [doi: 10.1016/j.neuropsychologia.2009.05.002]

Christie, P. S. (1975). Asymmetry in the Müller-Lyer illusion: Artifact or genuine effect? *Perception, 4*(4), 453-457. [doi: 10.1068/p040453]

Cook, N. D., Hayashi, T., Amemiya, T., Suzuki, K., & Leumann, L. (2002). Effects of visual-field inversions on the reverse-perspective illusion. *Perception, 31*(9), 1147-1151. [doi: 10.1068/p3336]

Coren, S. (1970). Lateral inhibition and geometrical illusions. *Quarterly Journal of Experimental Psychology, 22*, 274-278. [doi: 10.1080/00335557043000212]

Coren, S., Girgus, J. S., & Day, R. H. (1973). Visual spatial illusions: Many explanations. *Science, 179*(4072), 503-504. [doi: 10.1126/science.179.4072.503]

Corrow, S. L., Mathison, J., Granrud, C. E., & Yonas, A. (2014). Six-month-old infants' perception of the hollow face illusion: Evidence for a general convexity bias. *Perception, 43*(11), 1177-1190. [doi: 10.1068/p7689]

Day, R. H. (1972). Visual spatial illusions: A general explanation. *Science, 175*(4028), 1335-1340. [doi: 10.1126/science.175.4028.1335]

Delboeuf, M. J. (1892). Sur une nouvelle illusion d'optique. *Bulletin de l'Académie Royale des Sciences, des Lettres et des Beaux-Arts de Belgique*, III Série, 24, 545-558.

Donnelly, N., Found, A., & Muller, H. J. (1999). Searching for impossible objects: Processing form and attributes in early vision. *Perception & Psychophysics, 61*, 675-690. [doi: 10.3758/BF03205538]

Enns, J. T., & Rensink, R. A. (1991). Preattentive recovery of three-dimensional orientation from line drawings. *Psychological Review, 98*, 335-351. [doi: 10.1037/0033-295x.98.3.335]

Fang, F., & He, S. (2004). Stabilized structure from motion without disparity induces disparity adaptation. *Current Biology, 14*, 247-251. [doi: 10.1016/j.cub.2004.01.031]

Gillam, B. (1998). Illusions at century's end. In J. Hochberg (Ed.), *Perception and Cognition at Century's End: History, Philosophy, Theory* (pp. 95-136). Elsevier.

Gillam, B. (2017). An analysis of theoretical approaches to geometrical-optical illusions. In A. G. Shapiro & D. Todorovic (Eds.), *The Oxford Compendium of Visual Illusions* (pp. 64-73). Oxford University Press.

Gilroy, L. A., & Blake, R. (2004). Physics embedded in visual perception of three-dimensional shape from motion. *Nature Neuroscience, 7*, 921-922. [doi: 10.1038/nn1297]

Gregory, R. L. (1963). Distortion of visual space as inappropriate constancy scaling. *Nature, 199*(4894), 678-680. [doi: 10.1038/199678a0]

Gregory, R. L. (1966). Reply to Wallace 'Optical Illusions'. *Nature, 209*, 328.

Gregory, R. L. (1966/1998). *Eye and Brain: The Psychology of Seeing* (5th ed.). Oxford University Press.
　　（近藤 倫明・三浦 佳世・中溝 幸夫（訳）（2001）　脳と視覚：グレゴリーの視覚心理学　ブレーン出版）

Gregory, R. L. (1970). *The Intelligent Eye*. Weidenfeld and Nicolson.

Haijiang, Q., Saunders, J. A., Stone, R. W., & Backus, B. T. (2006). Demonstration of cue recruitment: Change in visual appearance by means of Pavlovian conditioning. *Proceedings of the National Academy of Sciences of the USA, 103*, 483-488. [doi: 10.1073/pnas.0506728103]

Hamilton, V. (1966). Susceptibility to the Müller-Lyer illusion and its relationship to differences in size constancy.

第 13 章　奥行き知覚：3 次元空間知覚の方向・距離・順序

Quarterly Journal of Experimental Psychology, 18(1), 63-72. [doi: 10.1080/14640746608400008]

Hill, H., & Bruce, V. (1993). Independent effects of lighting, orientation, and stereopsis on the hollow-face illusion. *Perception, 22*(8), 887-897. [doi: 10.1068/p220887]

Hill, H., & Bruce, V. (1994). A comparison between the hollow-face and 'hollow-potato' illusions. *Perception, 23*, 1335-1337. [doi: 10.1068/p231335]

Hill, H., & Johnston, A. (2007). The hollow-face illusion: Object-specific knowledge, general assumptions or properties of the stimulus? *Perception, 36*, 199-223. [doi: 10.1068/p5523]

Howard, I. P. (2012). *Perceiving in Depth, Vol. 3: Other Mechanisms of Depth Perception*. Oxford University Press.

Humphrey, N. K., & Morgan, M. J. (1965). Constancy and the geometric illusions. *Nature, 206*(4985), 744-745. [doi: 10.1038/206744b0]

Ittelson, W. H. (1952). *The Ames Demonstrations in Perception: A Guide to Their Construction and Use*. Princeton University Press.

Johnston, A., Hill, H., & Carman, N. (1992). Recognising faces: Effects of lighting direction, inversion, and brightness reversal. *Perception, 21*, 365-375. [doi: 10.1068/p210365]

茅原 伸幸 （2003）. Silhouette Illusion (www.procreo.jp/labo/labo13.html)

Kingdom, F. A. A., Yoonessi, A., & Gheorghiu, E. (2007). The Leaning Tower illusion: A new illusion of perspective. *Perception, 36*(3), 475-477. [doi: 10.1068/p5722a]

Kitaoka, A. (2016). Chromostereopsis. In M. R. Luo (Eds.), *Encyclopedia of Color Science and Technology* (pp. 114-125). Springer. [doi: 10.1007/978-1-4419-8071-7_210]

Kitaoka, A., Kuriki, I., & Ashida, H. (2006). The center-of-gravity model of chromostereopsis. *Ritsumeikan Journal of Human Sciences, 11*, 59-64.

Knill, D. C., & Richards, W. (Eds.). (1996). *Perception as Bayesian Inference*. Cambridge University Press.

Koessler, T., & Hill, H. (2019). Focusing on an illusion: Accommodating to perceived depth? *Vision Research, 154*, 131-141. [doi: 10.1016/j.visres.2018.11.001]

Langer, M. S., & Bülthoff, H. H. (2001). A prior for global convexity in local shape-from-shading. *Perception, 30*(4), 403-410. [doi: 10.1068/p3178]

Lee, T. S., Yang, C. F., Romero, R. D., & Mumford, D. (2002). Neural activity in early visual cortex reflects behavioral experience and higher-order perceptual saliency. *Nature Neuroscience, 5*, 589-597. [doi: 10.1038/nn0602-860]

Matthews, H., Hill, H., & Palmisano, S. (2011). Binocular disparity magnitude affects perceived depth magnitude despite inversion of depth order. *Perception, 40*, 975-988. [doi: 10.1068/p6915]

Ono, H., & Comerford, J. (1977). Stereoscopic depth constancy. In W. Epstein (Ed.), *Stability and Constancy in Visual Perception: Mechanisms and Processes* (pp. 91-128). Wiley.

Osa, A., Nagata, K., Honda, Y., Ichikawa, M., Matsuda, K., & Miike, H. (2011). Angle illusion in a straight road. *Perception, 40*(11), 1350-1356. [doi: 10.1068/p7068]

Papathomas, T. V. (2017). The hollow-mask illusion and variations. In A. G. Shapiro & D. Todorović (Eds.), *The Oxford Compendium of Visual Illusions* (pp. 614-619). Oxford University Press.

Papathomas, T. V., & Bono, L. M. (2004). Experiments with a hollow mask and a reverspective: Top-down influences in the inversion effect for 3-D stimuli. *Perception, 33*, 1129-1138. [doi: 10.1068/p5086]

Robinson, J. O. (1972/1998). *The Psychology of Visual Illusion*. Dober Publication.

Rogers, B., & Gyani, A. (2010). Binocular disparities, motion parallax, and geometric perspective in Patrick Hughes's 'reverspectives': Theoretical analysis and empirical findings. *Perception, 39*(3), 330-348. [doi: 10.1068/p6583]

Ross, H. E., & Plug, C. (1998). The history of size constancy and size illusions. In V. Walsh & J. Kulikowski (Eds.), *Perceptual Constancy: Why Things Look as They Do* (pp. 499-528). Cambridge University Press.

Saunders, J. A., & Backus, B. T. (2006). The accuracy and reliability of perceived depth from linear perspective as a function of image size. *Journal of Vision, 6*, 933-954. [doi: 10.1167/6.9.7]

Shapiro, A. G., & Todorovic, D. (Eds.). (2016). *The Oxford Compendium of Visual Illusions*. Oxford University Press.

761

第 II 部　視覚

杉原 厚吉　(2006).　立体イリュージョンの数理　共立出版

Sun, J., & Perona, P. (1998). Where is the sun? *Nature Neuroscience, 1*, 183-184. [doi: 10.1038/630]

Sun, J. Y., & Perona, P. (1996). Preattentive perception of elementary three-dimensional shapes. *Vision Research, 36*, 2515-2529. [doi: 10.1016/0042-6989(95)00336-3]

Tausch, R. (1954). Optische Täuschungen als artifizielle Effekte der Gestaltungsprozesse von Größen-und Formenkonstanz in der natürlichen Raumwahrnehmung. *Psychologische Forschung, 24*, 299-348. [doi: 10.1007/BF00422032]

Taya, S., & Sato, M. (2018). Orientation-specific learning of the prior assumption for 3D slant perception. *Scientific Reports, 8*(1), 1-9. [doi: 10.1038/s41598-018-29361-2]

Thiéry, A. (1896). Über geometrisch-optische Täuschungen, Schluss. *Philosophische Studien, 12*, 67-126.

Thouless, R. H. (1931a). Phenomenal regression to the real object. I. *British Journal of Psychology, 21*(4), 339-359.

Thouless, R. H. (1931b). Phenomenal regression to the real object. II. *British Journal of Psychology, 22*(1), 1-30.

Troje, N. F., & McAdam, M. (2010). The viewing-from-above bias and the silhouette illusion. *i-Perception, 1*(3), 143-148. [doi: 10.1068/i0408]

Ullman, S. (1979). The interpretation of structure from motion. *Proceedings of the Royal Society of London. Series B: Biological Sciences, 203*, 405-426. [doi: 10.1098/rspb.1979.0006]

van Ee, R., Adams, W. J., & Mamassian, P. (2003). Bayesian modeling of cue interaction: Bistability in stereoscopic slant perception. *Journal of Optical Society of America A, 20*(7), 1398-1406. [doi: 10.1364/josaa.20.001398]

Vos, J. J. (2008). Depth in colour, a history of a chapter in physiologie optique amusante. *Clinical and Experimental Optometry, 91*(2), 139-147. [doi: 10.1111/j.1444-0938.2007.00212.x]

Wade, N. J., & Hughes, P. (1999). Fooling the eyes: Trompe l'oeil and reverse perspective. *Perception, 28*(9), 1115-1119. [doi: 10.1068/p281115]

Waite, H., & Massaro, D. W. (1970). Test of Gregory's constancy scaling explanation of the Müller-Lyer illusion. *Nature, 227*(5259), 733-734. [doi: 10.1038/227733a0]

Yellott, J. I. Jr. (1981). Binocular depth inversion. *Scientific American, 245*, 118-125.

(13・7)

Adams, W. J., Graf, E., & Ernst, M. (2004). Experience can change the 'light-from-above' prior. *Nature Neuroscience, 7*(10), 1057-1058. [doi: 10.1038/nn1312]

Adams, W. J., Kerrigan, I. S., & Graf, E. W. (2010). Efficient visual re-calibration from either visual or haptic feedback: The importance of being wrong. *Journal of Neuroscience, 30*(44), 14745-14749. [doi: 10.1523/JNEUROSCI.2749-10.2010]

相田 紗織・下野 孝一　(2012).　立体視アノマリー研究小史：立体視の下位機構，両眼性課題の成績，立体視アノマリーの分布　心理学評論, 55, 264-283. [doi: 10.24602/sjpr.55.2_264]

Allison, R. S., & Howard, I. P. (2000). Temporal dependencies in resolving monocular and binocular cue conflict in slant perception. *Vision Research, 40*, 1869-1885. [doi: 10.1016/s0042-6989(00)00034-1]

Allison, R. S., Howard, I. P., Rogers, B. J., & Bridge, H. (1998). Temporal aspects of slant and inclination perception. *Perception, 27*, 1287-1304. [doi: 10.1068/p271287]

Anderson, P., Mitchell, D. E., & Timney, B. (1980). Residual binocular interaction in stereoblind humans. *Vision Research, 20*, 603-611. [doi: 10.1016/0042-6989(80)90117-0]

Bayes, T. (1783). An essay towards solving a problem in the doctrine of chances. *Philosophical Transactions of the Royal Society, 53*, 370-418.

Bohr, I., & Read, J. C. A. (2013). Stereoacuity with Frisby and revised FD2 stereo tests. *PLoS ONE, 8*, e82999. [doi: 10.1371/journal.pone.0082999]

Bosten, J. M., Goodbourn, P. T., Lawrance-Owen, A. J., Bargary, G., Hogg, R. E., & Mollon, J. D. (2015). A population study of binocular function. *Vision Research, 110*, 34-50. [doi: 10.1016/j.visres.2015.02.017]

Bradshaw, M. F., Hibbard, P. B., & Gillam, B. (2002). Perceptual latencies to discriminate surface orientation in stereopsis.

Perception & Psychophysics, 64(1), 32–40. [doi: 10.3758/BF03194555]

Bradshaw, M. F., & Rogers, B. J. (1999). Sensitivity to horizontal and vertical corrugations defined by binocular disparity. *Vision Research, 39*(18), 3049–3056. [doi: 10.1016/s0042-6989(99)00015-2]

Bridge, H., & Cumming, B. G. (2001). Responses of macaque V1 neurons to binocular orientation differences. *Journal of Neuroscience, 21*(18), 7293–7302. [doi: 10.1523/JNEUROSCI.21-18-07293.2001]

Cagenello, R., & Rogers, B. J. (1993). Anisotropies in the perception of stereoscopic surfaces: The role of orientation disparity. *Vision Research, 33*, 2189–2201. [doi: 10.1016/0042-6989(93)90099-I]

Clark, J. J., & Yuille, A. L. (1990). *Data Fusion for Sensory Information Processing System.* Kluwer.

Ding, J., & Levi, D. M. (2011). Recovery of stereopsis through perceptual learning in human adults with abnormal binocular vision. *Proceedings of the National Academy of Sciences of the USA, 108*, E733–E741. [doi: 10.1073/pnas.1105183108]

Ernst, M. O., Banks, M. S., & Bülthoff, H. H. (2000). Touch can change visual slant perception. *Nature Neuroscience, 3*(1), 69–73. [doi: 10.1038/71140]

Evans, B. J. W. (2007). *Pickwell's Binocular Vision Anomalies* (5th ed.). Elsevier.

Gillam, B. (1967). Changes in the direction of induced aniseikonic slant as a function of distance. *Vision Research, 7*, 777–783. [doi: 10.1016/0042-6989(67)90040-5]

Gillam, B. (1993). Stereoscopic slant reversals: A new kind of 'induced' effect. *Perception, 22*, 1025–1036. [doi: 10.1068/p221025]

Gillam, B., Flagg, T., & Finlay, D. (1984). Evidence for disparity change as the primary stimulus for stereoscopic processing. *Perception & Psychophysics, 36*(6), 559–564. [doi: 10.3758/bf03207516]

Gillam, B., & Ryan, C. (1992). Perspective, orientation disparity, and anisotropy in stereoscopic slant perception. *Perception, 21*(4), 427–439. [doi: 10.1068/p210427]

Greenwald, H. S., & Knill, D. C. (2009). Orientation disparity: A cue for 3D orientation? *Neural Computation, 21*(9), 2581–2604. [doi: 10.1162/neco.2009.08-08-848]

Hall, C. (1982). The relationship between clinical stereotests. *Ophthalmic and Physiological Optics, 2*, 135–143.

Hibbard, P. B., Bradshaw, M. F., Langley, K., & Rogers, B. J. (2002). The stereoscopic anisotropy: Individual differences and underlying mechanisms. *Journal of Experimental Psychology: Human Perception and Performance, 28*(2), 469–476. [doi: 10.1037/0096-1523.28.2.469]

Hibbard, P. B., & Langley, K. (1998). Plaid slant and inclination thresholds can be predicted from components. *Vision Research, 38*(8), 1073–1084. [doi: 10.1016/s0042-6989(97)00275-7]

Hillis, J. M., Watt, S. J., Landy, M. S., & Banks, M. S. (2004). Slant from texture and disparity cues: Optimal cue combination. *Journal of Vision, 4*(12), 967–992. [doi: 10.1167/4.12.1]

Ichikawa, M., Saida, S., Osa, A., & Munechika, K. (2003). Integration of binocular disparity and monocular cues at near threshold level. *Vision Research, 43*(23), 2439–2449. [doi: 10.1016/s0042-6989(03)00432-2]

Jacobs, R. A. (1999). Optimal integration of texture and motion cues to depth. *Vision Research, 39*, 3621–3629. [doi: 10.1016/s0042-6989(99)00088-7]

Jacobs, R. A., & Fine, I. (1999). Experience-dependent integration of texture and motion cues to depth. *Vision Research, 39*(24), 4062–4075. [doi: 10.1016/s0042-6989(99)00120-0]

Johnston, E. B., Cumming, B. G., & Landy, M. S. (1994). Integration of stereopsis and motion shape cues. *Vision Research, 34*, 2259–2275. [doi: 10.1016/0042-6989(94)90106-6]

Johnston, E. B., Cumming, B. G., & Parker, A. J. (1993). Integration of depth modules: Stereopsis and texture. *Vision Research, 33*(5–6), 813–826. [doi: 10.1016/0042-6989(93)90200-g]

Jones, R. (1977). Anomalies of disparity detection in the human visual system. *Journal of Physiology, 264*, 621–640. [doi: 10.1113/jphysiol.1977.sp011686]

Kerrigan, I. S., & Adams, W. J. (2013). Learning different light prior distributions for different contexts. *Cognition, 127*(1), 99–104. [doi: 10.1016/j.cognition.2012.12.011]

Kleffner, D. A., & Ramachandran, V. (1992). On the perception of shape from shading. *Perception & Psychophysics, 52*(1),

第 II 部　視覚

18–36. [doi: 10.3758/bf03206757]

Knill, D. C. (2007a). Robust cue integration: A Bayesian model and evidence from cue-conflict studies with stereoscopic and figure cues to slant. *Journal of Vision, 7*(7):5, 1–24. [doi: 10.1167/7.7.5]

Knill, D. C. (2007b). Learning Bayesian priors for depth perception. *Journal of Vision, 7*(8):13, 1–20. [doi: 10.1167/7.8.13]

Knill, D. C., Kersten, D., & Yuille, A. (1996). Introducition: A Bayesian formulation of visual perception In D. C. Knill & W. Richards (Eds.), *Perception as Bayesian Inference* (pp. 1–21). Cambridge University Press.

Knill, D. C., & Saunders, J. A. (2003). Do humans optimally integrate stereo and texture information for judgments of surface slant? *Vision Research, 43*(24), 2539–2558. [doi: 10.1016/s0042-6989(03)00458-9]

Landy, M. S., Maloney, L. T., Johnston, E. B., & Young, M. (1995). Measurement and modeling of depth cue combination: In defense of weak fusion. *Vision Research, 35*(3), 389–412. [doi: 10.1016/0042-6989(94)00176-m]

Levi, D. M., Knill, D. C., & Bavelier, D. (2015). Stereopsis and amblyopia: A mini-review. *Vision Research, 114*, 17–30. [doi: 10.1016/j.visres.2015.01.002]

McColl, S. L., Ziegler, L., & Hess, R. F. (2000). Stereodeficient subjects demonstrate non-linear stereopsis. *Vision Research, 40*, 1167–1177. [doi: 10.1016/s0042-6989(00)00025-0]

McKee, S. P., & Taylor, D. G. (2010). The precision of binocular and monocular depth judgments in natural settings. *Journal of Vision, 10*, 1–13. [doi: 10.1167/10.10.5]

Mitchison, G. J., & McKee, S. P. (1990). Mechanisms underlying the anisotropy of stereoscopic tilt perception. *Vision Research, 30*, 1781–1791. [doi: 10.1016/0042-6989(90)90159-I]

Mitchison, G. J., & Westheimer, G. (1990). Viewing geometry and gradients of horizontal disparity. In C. Blakemore (Ed.), *Vision: Coding and Efficiency* (pp. 302–309). Cambridge University Press.

Nardini, M., Bedford, R., & Mareschal, D. (2010). Fusion of visual cues is not mandatory in children. *Proceedings of the National Academy of Sciences of the USA, 107*, 17041–17046. [doi: 10.1073/pnas.1001699107]

Rahi, J. S., Cumberland, P. M., & Peckham, C. S. (2009). Visual impairment and vision-related quality of life in working-age adults: Findings in the 1958 British birth cohort. *Ophthalmology, 116*, 270–274. [doi: 10.1016/j.ophtha.2008.09.018]

Ramachandran, V. (1988). Perception of shape from shading. *Nature, 331*, 163–166. [doi: 10.1038/331163a0]

Read, J. C. A. (2014). Stereo vision and strabismus. *Eye, 29*, 214. [doi: 10.1038/eye.2014.279]

Richards, W. (1971). Anomalous stereoscopic depth perception. *Journal of the Optical Society of America, 61*, 410–414. [doi: 10.1364/JOSA.61.000410]

Richards, W., & Regan, D. (1973). A stereo field map with implications for disparity processing. *Investigative Ophthalmology and Visual Science, 12*, 904–909.

Rogers, B. J., & Graham, M. E. (1983). Anisotropies in the perception of three-dimensional surfaces. *Science, 221*, 1409–1411. [doi: 10.1126/science.6612351]

Rouse, M. W., Tittle, J. S., & Braunstein, M. L. (1989). Stereoscopic depth perception by static stereo-deficient observers in dynamic displays with constant and changing disparity. *Optometry and Vision Science, 66*, 355–362. [doi: 10.1097/00006324-198906000-00004]

Ryan, C., & Gillam, B. (1994). Cue conflict and stereoscopic surface slant about horizontal and vertical axes. *Perception, 23*(6), 645–658. [doi: 10.1068/p230645]

佐藤 雅之 (2014). 立体視における個人差　視覚の科学, *35*(2), 33–37. [doi: 10.11432/jpnjvissci.35.33]

Schor, C. M., & Wood, I. (1983). Disparity range for local stereopsis as a function of luminance spatial frequency. *Vision Research, 23*, 1649–1654. [doi: 10.1016/0042-6989(83)90179-7]

Serrano-Pedraza, I., Herbert, W., Villa-Laso, L., Widdall, M., Vancleef, K., & Read, J. C. (2016). The stereoscopic anisotropy develops during childhood. *Investigative Ophthalmology & Visual Science, 57*(3), 960–970. [doi: 10.1167/iovs.15-17766]

Seydell, A., Knill, D. C., & Trommershauser, J. (2010). Adapting internal statistical models for interpreting visual cues to depth. *Journal of Vision, 10*(4):1, 1–27. [doi: 10.1167/10.4.1]

Shimono, K., Kondo, M., Shibuta, K., & Nakamizo, S. (1983). Hemispheric processing of binocular retinal disparity. *Psychologia, 26*, 246–251.

Tam, W. J., & Stelmach, L. B. (1998). Display duration and stereoscopic depth discrimination. *Canadian Journal of Experimental Psychology, 52*, 56–61. [doi: 10.1037/h0087280]

田谷 修一郎・佐藤 雅之 (2006) 遠近法情報がステレオ奥行き残効に及ぼす影響 *VISION, 18*(4), 151-160. [doi: 10.24636/vision.18.4_151]

Taya, S., & Sato, M. (2018). Orientation-specific learning of the prior assumption for 3D slant perception. *Scientific Reports, 8*(1), 1–9. [doi: 10.1038/s41598-018-29361-2]

Tsirlin, I., Colpa, L., Goltz, H. C., & Wong, A. M. F. (2015). Behavioral training as new treatment for adult amblyopia: A meta-analysis and systematic review. *Investigative Ophthalmology and Visual Science, 56*, 4061–4075. [doi: 10.1167/iovs.15-16583]

van Ee, R., & Richards, W. (2002). A planar and a volumetric test for stereoanomaly. *Perception, 31*, 51–64. [doi: 10.1068/p3303]

Wallach, H., & Bacon, J. (1976). Two forms of retinal disparity. *Perception & Psychophysics, 19*(5), 375–382. [doi: 10.3758/BF03199396]

Walraven, J., & Janzen, P. (1993). TNO stereopsis test as an aid to the prevention of amblyopia. *Ophthalmic and Physiological Optics, 13*, 350–356. [doi: 10.1111/j.1475-1313.1993.tb00490.x]

Webber, A. L., & Wood, J. (2005). Amblyopia: Prevalence, natural history, functional effects and treatment. *Clinical and Experimental Optometry, 88*, 365–375. [doi: 10.1111/j.1444-0938.2005.tb05102.x]

Yuille, A. L., & Bülthoff, H. H. (1996). Bayesian decision theory and psychophysics. In D. Knill & W. Richards (Eds.), *Perception as Bayesian Inference* (pp. 123–162). Cambridge University Press.

第 14 章 運動知覚

環境中を移動する動物にとって，視野中の動きを捉える運動視は最も基本的な情報を与えるものであり，静止画像の分析に基づく副次的な情報ではなく，より直接的な感覚情報として処理されると考えられている（Nakayama, 1985 など）。ここでは，運動視の心理学的現象と，それを支える神経メカニズムについて歴史的経緯も含めて概説する。過去の感覚・知覚心理学ハンドブックでは運動閾に関する心理物理学的研究，仮現運動等について（中島他，1994；鷲見・椎名，1969），また，1990 年代から 2000 年代前半までの研究結果について（西田，2007）詳細に論じている。ここではそのすべてを再掲することはしないので，併せて参照されたい。

（蘆田 宏）

14・1 運動視の諸相

14・1・1 運動視の独立性

運動視が直接的な感覚であることを示す知覚現象として，ランダムドットキネマトグラム（random-dot kinematogram：RDK）が挙げられる（Julesz, 1971）。Julesz らは random-dot cinematogram と呼んだが，Braddick（1980）以降，kinematogram の記述が主流となっている。ランダムドット刺激のうち一部分だけを少し移動させたものを作って元のものと続けて見せると，移動部分の形と，動きが知覚される（図 14-1-1）。ランダムドットステレオグラム（RDS：II・13・4・4・3 参照）を同じ位置に継時的に呈示したものともいえる。それぞれの画像中に形は見えないので，形→動きという順で検出・知覚されるわけではなく，動き（変化）の検出が形の同定より先に，あるいは両者が平行して起こると考え

図 14-1-1　ランダムドットキネマトグラム
二つの図形を交互に呈示すると，中央に正方形が左右に動いて見える。ランダムドットステレオグラムと同じ構造のため，左右を両眼融合すると該当部分が飛び出して，あるいは沈んで見える。（simpleRDK.py）

られ，動きの検出の独立性が示唆される。RDS とは異なり，二つの図形の間で対応する部分以外がまったく無相関でも動きと形の知覚が可能となる。

RDK における動きが知覚可能な最大の移動量は比較的小さく視角 15′ 程度で，当初はこれが運動検出ユニットの特性を示すと考えられた（Braddick, 1974）。その後の研究で最大移動可能量は D_{max}（または d_{max}）と呼ばれ，その値は一定ではなく移動領域のサイズや空間周波数成分に依存することが示された（たとえば Chang & Julesz, 1983a, 1983b；Nakayama & Silverman, 1984）。後述する長距離仮現運動と異なり，RDK の D_{max} はむしろドット間の誤対応によって制限されると考えられる（Cavanagh & Mather, 1989）。なお，RDK の最小運動閾は D_{min} と呼ばれる。

独立した運動視処理機構の存在を示すもう一つの知覚現象として，運動残効（motion aftereffect：MAE）が古くから研究されてきた。運動残効とは，一定方向への運動を観察し続けた後に静止物が逆方向に動いて見える現象で，Addams（1834）がスコットランド・ネス湖畔の Foyers の滝における観察を報告して以来，滝の錯視（waterfall illusion）とも呼

ばれる。かつては運動残像（afterimage of motion）とも呼ばれたが（鷲見・椎名，1969），運動は像として見えるというより，視覚像に対する効果として捉えられるため，今では残効と呼ぶことが多い。運動残効は運動方向に関する選択的順応効果であることから，運動が形や位置とは独立に処理されることを示唆する。ただし，運動残効により形や位置の知覚に歪みが生じるという相互作用は起こる（Nishida & Johnston, 1999；Snowden, 1998）。

MAE は順応網膜位置に依存し（Wohlgemuth, 1911），空間周波数選択性（Cameron et al., 1992）と時間周波数依存性（Pantle, 1974）を示す，部分的にしか両眼間で転移しない（Lehmkuhle & Fox, 1976），などの諸特性から，比較的初期の運動検出機構のはたらきによると考えられている。拮抗する運動検出機構の反応バランスが順応によって変わることが原因と考えられ（Sutherland, 1961），実際にウサギの網膜で運動残効に対応した応答が報告されている（Barlow & Hill, 1963a）。図 14-1-2 のように，運動刺激が連続的に呈示されると，その方向に選択性をもつ運動検出ニューロンの応答は順応してだんだん低下する。運動刺激が消失すると応答は即座に低下し，一時は自発放電レベル以下になる。一方，逆方向に選択性をもつニューロンの応答はあまり変化しない。そのため，相対的に逆方向への運動信号が強くなり，それが MAE として観察されると考えられる。

MAE が起こるメカニズムは単一ではなく，単眼性と両眼性の MAE が独立に存在しうる（Anstis & Duncan, 1983）など，順応刺激，テスト刺激それぞれの特性によってさまざまな階層における順応効果が生じうる。特に，順応後にフリッカー格子縞（counterphase flickering grating）などの運動方向が曖昧な刺激において逆方向への動きが知覚される，フリッカー MAE（flicker MAE）またはダイナミック MAE（dynamic MAE）と呼ばれる効果は，静止テストにおける MAE と類似しているが多くの異なる性質が示される。異なる時空間特性を示し（Ashida & Osaka, 1995），二次運動など広範かつ高次の運動信号に対しても生じ，両眼間で完全に転移するなど特異な性質を示す（Nishida & Ashida, 2000）。より詳しくは Mather et al.（1998）を参照されたい。

14・1・2 仮現運動と実際運動

外界の事物や自分自身が動くと網膜像上に連続的な動きが生じ，そのような状況を実際運動（real motion, real movement）と呼ぶ。一方，実際には連続的な動きはないのに動きが知覚される現象は仮現運動（apparent motion, apparent movement）と総称される（鷲見・椎名，1969 を参照）。ただし，毎秒数コマで画像が更新される動画像など実際運動と仮現運動の区別は必ずしも明確でない場合がある。また，検出メカニズム（II・14・2・2）の観点からも単純な二分法は適切でない。遠刺激（実物，画像など）だけでなく近刺激（網膜像）の生成も考慮して，時空間サンプリングの精細さの面で連続的に捉えるべき問題である（吹抜，2007 など）。仮現運動という概念は歴史的経緯も含めて有用で今後も使われると思われるが，視覚刺激の違いと，処理メカニズム側の問題を混同しないよう留意する必要がある（Cavanagh & Mather, 1989）。

視覚刺激が断続的に呈示され，スムースな動きがないのに動きが知覚されることがあり，ストロ

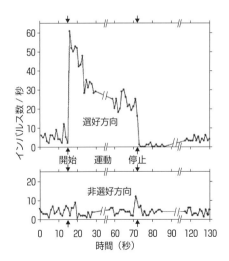

図 14-1-2　ウサギの網膜応答による運動残効のモデル（Barlow & Hill, 1963）
　　　運動刺激に対する選好応答は連続呈示により低下し，運動刺激が消失した際には，応答が自発放電レベルより下のほとんどゼロまで下がる。反対方向への応答に大きな変化はないため，差分をとると逆方向への運動が示される。

ボ運動（stroboscopic motion）と呼ばれる。これは狭義の仮現運動と捉えられ（鷲見・椎名，1969），Wertheimer（1912）らゲシュタルト心理学者によって盛んに研究された。Kenkel（1913）による現象の分類のうち，最もよく知られるのは，刺激要素を異なる位置に継時的に呈示すると動きとして知覚される β 運動（β movement）であろう（図14-1-3a）。他に，α 運動（α movement；Müller-Lyer錯視の矢羽部分を継時的に入れ替えると，長さの錯視に対応して主線部分が伸縮して見える），γ 運動（γ movement；光点の呈示・消失時に拡大・縮小して見える）などが報告されてきた。今では，単に仮現運動というと β 運動のことを指す場合が多い。β 運動の時間間隔や空間距離を調整すると，動きは知覚されるのに対象の移動は感じられない場合があり，これは純粋な仮現運動として ϕ 現象（ϕ phenomenon）と呼ばれる。β 運動と ϕ 現象は混同されがちであるが，異なる概念である（Steinman et al., 2000）。その他，仮現運動に関する古典的な研究については鷲見・椎名（1969）を参照されたい。

β 運動知覚の最適な時間間隔・空間距離はKorteの法則（Korte's law）としてまとめられている（Korte, 1915）。Kolers（1972）によると，第1法則：時間間隔が一定ならば，刺激輝度の上昇とともに最適空間距離が増加する，第2法則：空間間隔が一定ならば，刺激輝度の上昇とともに最適時間間隔が増加する，第3法則：刺激輝度が一定ならば，空間距離の増加とともに最適時間間隔は増加する（大山，2000）。さらに，第4法則として，刺激の呈示（露出）時間増加とともに最適な刺激間時間間隔（interstimulusl interval：ISI）は減少する。このことと関連して，第2，3法則における時間間隔としてはISIより両刺激の刺激オンセット時間差（stimulus onset asynchrony：SOA）が重要とされ

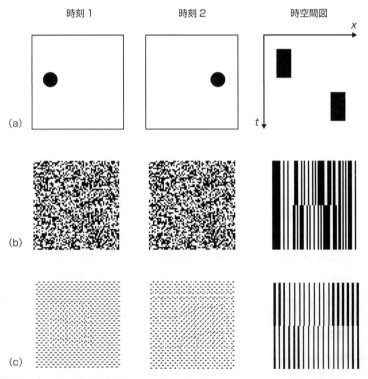

図14-1-3 仮現運動刺激を二つの時刻で切り取ったもの（左2列）と，それぞれを縦中央付近で切った xt 時空間図（右）（Cavanagh & Mather, 1989, Fig. 1 をもとに改変）
(a) 孤立要素による古典的仮現運動（β 運動）。ISIを含む。(b) 静止背景のRDK。左右画像を両眼融合すると移動部分が手前または奥に見える。(c) テクスチャの違いで定義された二次の仮現運動。特定スライスの xt 図では右方向の動きが明るさの変化を伴って視認できるので，ドリフトバランスされた非フーリエ運動（Chubb & Sperling, 1988）ではない。

る（Kahneman et al., 1967）。

RDKにおける運動視は，短距離仮現運動（short-range apparent motion）と呼ばれ，β運動のような長距離仮現運動（long-range apparent motion）と区別された（Braddick, 1974, 1980）。その処理は低次の運動検出機構によると考えられ（Braddick, 1974），その機構は実際運動を検出するものとほぼ共通であると考えられた（Mullen & Baker, 1985など）。なお，Braddickによる二分法は，刺激の区別と処理メカニズムの区別の混乱が見られるため（Cavanagh & Mather, 1989），現在ではあまり用いられないが，特に「長距離（long range）運動」は刺激の記述としてみかけることもある。

Braddick（1980）は二つのプロセスに関係する現象としてTernus-Piklerの刺激（Ternus-Pikler display, Pikler, 1917; Ternus, 1926/1938）を例に挙げた（以前はTernus displayと呼ばれた）。図14-1-4aのように三つ並んだ要素をまとめて移動させ，その際に中央の二つが重なるようにする。移動前後にISIがない場合，中央の二つにはまったく変化がなく，両端の要素が移動するように知覚される（要素運動；Pantle & Picciano, 1976）。ISIとして適切な時間長の空白画面を挿入すると，三つの要素がまとまって全体として移動するように見える（グループ運動）。Braddickはこれらが短距離仮現運動，長距離仮現運動と関係すると考えたが，必ずしも複数の運動検出過程を示すわけではないという批判がある（Scott-Samuel & Hess, 2001）。後に，HerzogらはTernus-Piklerの刺激条件を用いて，視覚処理の座標系に関する一連の興味深い研究を行っている。たとえば，三つの要素の内部に4フレーム周期で移動する白い点が，グループ運動に伴って回転運

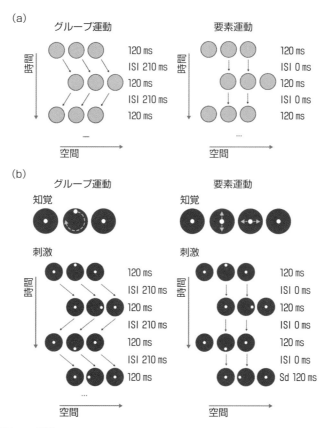

図 14-1-4 Ternus-Piklerの刺激
（a）適度なISIがあると全体が左右に動いて見える（左）。ISIがないと中央の2要素は動かず，一つの要素が両端間をジャンプするように見える（右）。（b）Boiらによる拡張。各円形要素の中に白い点を描き入れるとISIに応じた運動により参照枠が変化し，中央要素の白点のみが回転運動（左）または中央2要素の白点が上下と左右に運動（右），という異なる知覚が得られる（a, bともにBoi et al., 2009）。

動として知覚される現象が報告されている（Boi et al., 2009）。つまり，オブジェクトの移動に追従して移動した参照枠のなかでの動きが知覚されており，彼らはこれを非網膜位置依存の運動知覚と呼んでいる。他にも同じ枠組みで数々の研究が行われており，非網膜位置依存，すなわちオブジェクト参照枠依存の（弱い）運動残効すら報告されている。

このように，短距離・長距離仮現運動には刺激要因と検出メカニズムの混交という問題がある。今でも刺激の記述としてこれらの用語を見かけることがあるが，一方でより純粋に運動刺激の要因に着目した分類として，一次運動と二次運動が提案された（Cavanagh & Mather, 1989）。Julesz のテクスチャ理論（II・12・2・1 参照）をベースとして，画像（あるいは網膜像）の一点で定義できる一次属性によって決まる動きのことを一次運動（first-order motion）と呼ぶ。一次属性には輝度変化や色変化が含まれる。一方，二点以上の関係で初めて決まる属性を二次（あるいはさらに高次）の属性という。運動視の場合，二次以上の属性を厳密に区別はせず，二次運動（second-order motion）と総称することが多い。図 14-1-3c に Cavanagh & Mather (1989) による，テクスチャの違いによる領域が動く例を示す。もちろん，一次と二次の運動検出メカニズムの違いには関心が向けられるが（II・14・2・3・1 参照），いったん刺激の性質のみに焦点を当てたことで，議論が明確になったと言えるだろう。

14・1・3 静止画が動いて見える錯視

動くことは，動かないことと表裏一体であり，体や眼の動きのため網膜像は常に動いている。そのため，静止していることを知覚するのも運動視の一側面と言える。静止しているはずのものが動いて見える運動残効は古くから知られるが，近年では，順応がなくても本来静止しているのに動きが見える錯視現象が次々に報告されており，錯視的運動（illusory motion）あるいは anomalous motion illusion（定訳なし，「静止画が動いて見える錯視」）と呼ばれる。

比較的細かいパターンは幻惑的な効果を伴い，いわゆるオプ・アート作品で多用されてきたが，それらのなかには鮮明な動きの印象を与えるものがある。揺れるような細かい縞で構成される Bridgit Riley の "Fall" (1963)，MacKay (1957) の放射状の縞，放射縞に一様な円環を重ねた Isia Leviant の "The Enigma" (1981；図 14-1-5) などは視覚研究の対象となってきた。ただし，これらの効果はパターンそのものが動いて見えるというよりは，速く不鮮明な動きが重なって感じられるといったほうがよい。Ouchi-Spillmann 錯視（Ouchi-Spillmann illusion；図 14-1-6；Spillmann, 2013）や Pinna-Brelstaff 錯視（Pinna-Brelstaff illusion；Pinna & Brelstaff, 2000；II・14・2・4 参照）は，図形全体が動くときに，一部分が本来の動きとは違った動きとして知覚される。

赤と青で描かれたハート型が薄暗いなかで揺れて見える fluttering heart（flatternden Herzen，踊る

図 14-1-5 Kumar & Glaser (2006) による "The Enigma" (Isia Leviant, 1984) を模した図形

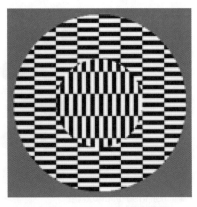

図 14-1-6 Ouchi-Spillmann 錯視図形の例
眼あるいは図形を揺らすと，中央部分が外側とずれて揺れるように知覚される。斜め方向に動かすと特に効果がある。

ハート；Helmholtz, 1867)の錯視は，色の境界における運動信号がパターン外の高い輝度コントラストの境界に比べて遅れて見えるため，ハートの動きがパターン全体の動きと乖離することで生じると考えられる。これを拡張し，色がなくても高コントラスト刺激と低コントラスト刺激の間で時間差が生じることで，明るい条件でも同様の錯視が起こることも示された（Hess効果：II・14・3参照，Kitaoka & Ashida, 2007)。

一方，『蛇の回転』錯視 (rotating snakes illusion)（図14-1-7）では画像を動かす必要がなく，まったく止まった図に動きが観察される。微小眼球運動（II・15・6参照）の影響と考えられるが（Murakami et al., 2006)，現在も議論が続いている。錯視の研究は専門研究者以外とも興味を共有しやすい上，動きの検出から統合に至るまで幅広い理解を要するため，運動視研究全体の精緻化に貢献が期待される。

（蘆田 宏）

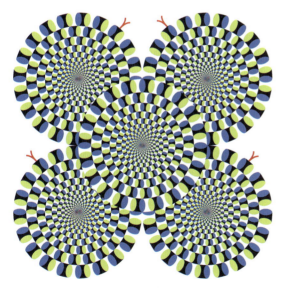

図14-1-7 『蛇の回転・縮小版』©Akiyoshi Kitaoka, 2004
https://www.psy.ritsumei.ac.jp/~akitaoka/rotsnakes.html

14・2 運動信号の検出と統合

14・2・1 運動刺激の検出と弁別

14・2・1・1 運動視実験における視覚刺激と測度

運動視の実験的研究においては，目的に応じてさまざまな視覚刺激が用いられる。大別すると①比較的少数の孤立要素の動き（図14-1-3a)，②ランダムドット刺激（粗，密)，③縞刺激（図14-2-8参照)，④自然な動画像（アニメーション，CGを含む)，が主流であろう。それぞれ長短があり，特に空間次元と周波数次元の拡がりの違いに注意する必要がある。①は空間的に限局されるが時空間周波数は複雑になる。②は密なRDK（図14-1-3b）の他，むしろドットが比較的粗く分布するもの（図14-2-2）が多用される。広帯域の空間周波数成分をもち，空間的方位も限局されない。時間周波数は条件に依存する。③は時空間周波数的に狭帯域であり，方位も限られる。④はすべてにおいて複雑であり，単純な刺激とは生体応答が異なる可能性がある。

運動視の特性に関してもさまざまな測度がある。まず，検出閾測定実験によるコントラスト感度 (contrast sensitivity) の測定に関して，Kelly (1979) による，正弦波格子縞の静止網膜像を用いた広範な測定結果が今でも重用される（図14-2-1)。また，より純粋な運動視の感度についての指標として，運動方向弁別閾が多用される。一般に方向弁別閾は検出閾よりも高く，検出閾／弁別閾は速度増加とともに上昇する (Green, 1983)。

最小運動閾 (minimum motion threshold) は運動方向弁別（典型的には互いに逆向きの2方向の間の弁別）のための最小の移動距離を示す。たとえば，Westheimer (1978) は正弦波格子縞の最小運動閾が空間周波数によって増加することを明らかにし，格子縞の位相角ではなく移動距離に依存して閾が決まることを示唆した。一方，Nakayama & Silverman (1981) は，ランダムドットの速度を空間的に変調した刺激の最小運動閾の測定から，位置ではなくピーク速度に依存して検出性能が決まる運動検出機構の

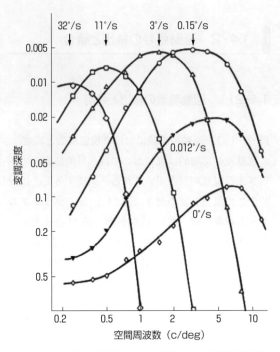

図 14-2-1 静止網膜像を用いて測定された正弦波格子縞に対するコントラスト感度（Kelly, 1979）
速度上昇に伴って全体的な感度が逆U字に変化し，ピーク空間周波数が低下する。

存在を議論した。

粗なランダムドット刺激は，個々のドットの運動方向や速度を制御でき，全ドットの個数のうち，ランダムなノイズドットでなく特定の方向に動く信号ドットの割合を制御できるので，確率的運動刺激（stochastic motion display）とも呼ばれる。全体的な運動方向を知覚できるための信号ドットの割合を運動コヒーレンス閾（motion coherence threshold）として測定することができる（図 14-2-2, Newsome & Paré, 1988）。このタイプの刺激は神経科学，心理物理学で多用されるが，微妙な違いがある。信号ドットが連続して信号となると軌跡（streak）を描いてしまい，運動の手がかりとなる可能性があるので，Newsome & Paré (1988) の刺激ではドット位置の更新ごとに信号となるかノイズとなるかが確率的に決められた。一方，信号ドットの生存時間（lifetime）が短いと全体のエネルギーにおけるS/N比は悪化する。問題に応じた適切な生存時間の設定が必要である一方，研究間での比較には注意を要する。なお，ランダムドットで拡大・縮小パターンを生成する場合，短めの生存時間にするとドット密度が不均一になってしまうことを防げる。Scase et al. (1996) はノイズドットの位置がランダムに更新されるランダム位置（random position）刺激，ノイズドットの運動方向が逐次ランダムに変化する乱歩（random walk）刺激，ノイズドットの運動方向がランダムだが一定なランダム方向（random direction）刺激におけるコヒーレンス閾を比較した結果，大きな差異はないことを報告しているが（図 14-2-3），微妙ながら一定の傾向はあり，注意を要する。

14・2・1・2 偏心度の効果

周辺視では静止対象より動く対象のほうが見えやすく，周辺視野は運動視機能に特化しているという見方もあったが，中心視と比べて周辺視で運動視の感度が高いわけではない（Finlay, 1982）。動く正弦波格子縞の方向弁別閾，検出閾（コントラスト感度）は偏心度に伴って低下する（図 14-2-4, Green, 1983）。ランダムドットの D_{min} および D_{max} はともに偏心度増加に伴って上昇する。しかし，一次視覚野の皮質拡大係数（cortical magnification factor）（Rovamo & Virsu, 1979）によって正規化すると D_{min} はほぼ一定になるのに対し，D_{max} は一定には

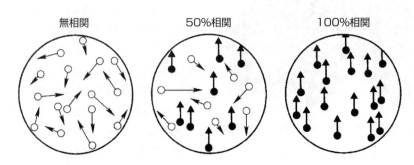

図 14-2-2 粗なランダムドット刺激における運動コヒーレンス操作（Newsome & Paré, 1988）

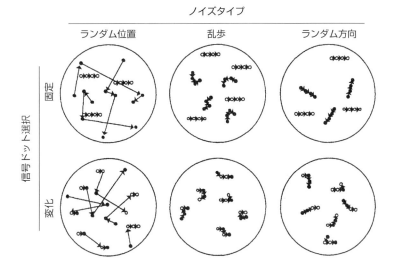

図14-2-3　ランダムノイズの三つの形（Scase et al., 1996）

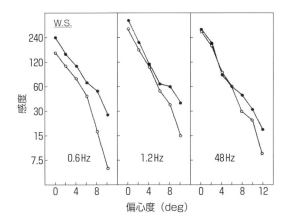

図14-2-4　偏心度による検出閾（●）と弁別閾（○）の低下（Green, 1983）

ならず，むしろ偏心度に対してほぼ線形な増加を示す（Baker & Braddick, 1985）。縞刺激の知覚速度は偏心度に伴って低下し（Johnston & Wright, 1986；Tynan & Sekuler, 1982），パターンは見えるのに動いて見えないこともある（Lichtenstein, 1963）。また，偏心度に従ってドット刺激の運動開始への反応時間は長く，最小運動閾は大きくなる（Tynan & Sekuler, 1982）。

周辺視での感度低下について，一次運動と二次運動に違いは見られない（Smith & Ledgeway, 1998）。また，運動残効を見かけの上で止まって見えるようにするためのキャンセル速度は皮質拡大係数に沿い，偏心度に従って増加する。

14・2・1・3　異方性

方位弁別などにおける傾き効果（斜め効果：oblique effect；II・10・1・6参照）と同様，運動視においても方位による異方性が生じることがあるが，動きの諸要素によって生じ方が異なる。Green（1983）は検出閾，運動方向弁別閾ともに45°方位で劣化し，その効果は高空間周波数ほど大きく，時間周波数にはあまり依存しないことを示した。Gros et al.（1998）は，Newsome & Paré型のランダムドットのコヒーレンス閾は方位によって顕著な違いがないが，同様の刺激による運動方向弁別閾は縦横の主軸（cardinal direction）より斜め方向で有意に劣化することを示した。Mathews & Qian（1999）は，方向弁別は斜め方向で劣化するが，速度弁別は主軸と同等であることを示した。Dakin et al.（2005）は，刺激に含まれる方向の幅が狭い場合は方向弁別に顕著な傾き効果が生じるが，刺激に含まれる運動信号の方向の幅が広い場合には傾き効果が減少することを示し，局所的な傾き効果との関連を論じた。

14・2・1・4　遠心性／求心性バイアス

周辺視野では知覚される運動にバイアスが生じる。

まず，遠心性バイアスを示す数々の例がある。視野中心から遠ざかる遠心性（centrifugal）の運動残効はその逆のものより強く生じる（Scott et al., 1966）。

求心性（centripetal）の動きに比べて遠心性の動きに対する反応時間が短い（Ball & Sekuler, 1980）。位相反転する格子縞は周辺では遠心性の動きに見えやすい（Georgeson & Harris, 1978）。格子縞の速度を変えた場合，呈示時間が短いほど遠心性のバイアスが生じる（Zhang et al., 2013）。マカクザルのMT野の応答にも遠心性のバイアスが見られる（Albright, 1989）。遠心性の動きは身体の前進に伴う拡大オプティックフロー（II・14・4参照）に対応し，求心性より生起頻度が高いことと関連しうる（Georgeson & Harris, 1978；Zhang et al., 2013）。

一方，ランダムドットのコヒーレンス閾を測ると，求心性の動きに対する感度のほうが高い（Edwards & Badcock, 1993；Raymond, 1994）。刺激や測定内容が異なることもあり，この矛盾は今のところ解消されていない。

14・2・2 局所的運動検出のモデル

ネコの17野やサルの一次視覚野（V1野）には運動方向選択性を示すニューロンがある（Hubel & Wiesel, 1959）。それらのうち，最初の段階の単純型細胞の空間的な受容野構造はガボール関数（II・10・1・5参照）で近似できる（レビューとしてRingach, 2004を参照）。各細胞は至適方位への同調性をもち，それと直交する方向への動きに敏感である。つまり，初期段階の運動検出は，局所的にある特定方位での動きを符号化するにすぎない。そのため，網膜上の局所的な動きを捉えるだけでも，いろいろな方位に同調した複数の検出器の出力を統合する必要がある。

まずは単純型細胞の特性に沿って，局所的に動きを捉える検出器について考えてみる。また，当面，動きに敏感な大細胞経路（II・3・4・1参照）の特性に沿って輝度変化だけを考える。空間的には最適な1方位だけを考えればよいので，1次元的な輝度パターンの時間的変化をx-t平面図として表すことができる（図14-2-5a）。動きを検出するには，この図の斜め成分を抽出できればよい。これを2次元フーリエ変換すると，図14-2-5bのように時間周波数（TF）・空間周波数（SF）平面上でエネルギーが1，3象限に局在する。

Hassenstein-Reichardt（Hassenstein & Reichardt,

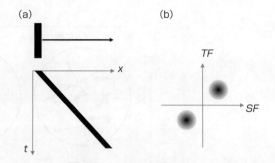

図 14-2-5 （a）x-y平面上で縦棒が右に動くとき，y軸方向の変化を無視すると，x-t平面上での斜め線として表現できる（tは時間）。（b）x-y平面上の右向きの動きを2次元フーリエ変換すると，エネルギーが1，3象限に局在する（基本周波数付近のみ簡略表記）。

1956；Reichardt, 1961）のモデル（図14-2-6a）は，時間遅延を介して空間的な2点の輝度相関を計算する。最下段で逆方向の信号を拮抗させているのも特徴であり，運動残効の説明にも対応する。もとはゾウムシ（*Chlorophanus*）の研究からハエの網膜のモデルへと発展した昆虫の複眼におけるモデルであるが，ヒトへの応用例もある（van Santen & Sperling, 1985）。エイリアシングを防ぐための空間フィルタ付加などにより，最終出力は次に挙げる運動エネルギーモデルと等価になるという。

今日でもよく利用される運動エネルギーモデル（motion energy model；Adelson & Bergen, 1985）は，図14-2-6bに示すように，時空間平面で傾きをもつフィルタによって動きを検出するものである。位相が$\pi/2$ずれた直交受容野ペア（quadrature pair）からの信号を自乗和することにより，V1野の複雑型細胞のように受容野内の位置にかかわらず一定方向の動きを捉えることができる。これらの傾きフィルタを単一神経細胞記録により支持する結果もある（Emerson et al., 1992）が，むしろ，時間・空間次元で分離して定義され実装が容易であることも多用される一因であろう。時間関数は指数関数の差

$$f(t)=(kt)^n\exp(-kt)[1/n!-(kt)^2/(n+2)!]$$

（kはスケール定数，nは時間関数の形を決め，元論文では$n=3,5$の2種類が用いられた），空間フィルタにはガウス関数

$$g(x)=\exp[-(x/\sigma)^2/2]\;(\sigma\text{は拡がりを決める定数})$$

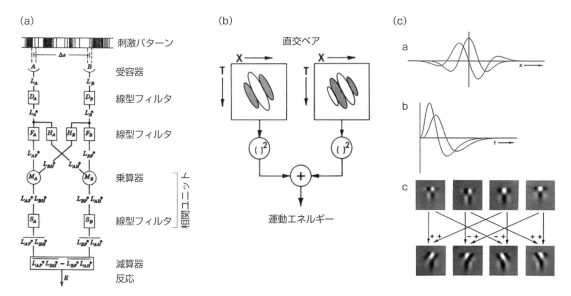

図 14-2-6 (a) ハエ網膜の運動検出モデル (Reichardt, 1961)。(b) Adelson & Bergen (1985) の運動エネルギーモデルの概要。XT 平面上で方位フィルタとしてはたらく。(c) 運動エネルギーモデルの実装例

の2次微分と3次微分が用いられた。空間フィルタとして sin と cos のガボール関数を用いても近い結果が得られる。これら 2×2 の関数を縦横にして，計四つの中間フィルタが得られ，それらを図 14-2-6c のように組み合わせて両方向への直交ペアが完成する。これらの時空間傾きフィルタは，時空間周波数次元で1，3象限あるいは2，4象限に偏在したフーリエエネルギーを抽出する。図では省略したがこのあと図 14-2-6a のように反対方向のエネルギーを差し引きする。

一方，まったく異なる微分幾何学の原理に基づく勾配法モデル（gradient model）も多用される。画像の局所的な時空間偏微分，すなわち時空間次元での輝度勾配の比から局所的速度を計算するものである。動きに伴って画像点 $I(x,t)$ が微小時間 Δt 後に Δx だけ移動して明るさはほとんど変わらないと考えると，

$$I(x,t)=I(x+\Delta x, t+\Delta t)$$

と書ける。右辺のテイラー展開（二次項以降は微小になるので無視）により，

$$I(x,t)=I(x,t)+\Delta x \cdot \partial I/\partial x(x,t)+\Delta t \cdot \partial I/\partial t(x,t)$$

となり，移項して Δt で割ると，

$$\Delta x/\Delta t = v \text{（移動速度）}$$

より，

$$\partial I/\partial x(x,t) \cdot v + \partial I/\partial t(x,t) = 0$$

という近似式を得る。ここから，

$$v = -(\partial I/\partial x)/(\partial I/\partial t)$$

として局所的速度が計算できる。生物学的モデルとしては Marr と Ullman のモデルが知られる（Marr & Ullman, 1981）ほか，Johnston らが高次微分項も利用する発展型モデルを理論，応用両面で多用している（Johnston et al., 1992）。実際の受容野は運動エネルギーモデルと類似したものになり，混在モデルも作れる（Bruce et al., 1996）ため，どちらがより妥当か今でも決着がついていない。工学的には2次元画像に対して直接計算が行われるが，追加の拘束条件が必要で（Horn & Schunck, 1981），最小二乗法などによる最適解の推定が必要となる（たとえば Lucas & Kanade, 1981）。なお，吹抜（1975）はこれらに先んじて同様の技術で国内特許を取得している。

局所的な運動検出に関する間接的証拠として，白黒ドットで構成される RDK のフレーム間に灰色の ISI 期間を挟むことによる，知覚運動方向の反転現象が挙げられる（Shioiri & Cavanagh, 1990）。運動検出器の時間的二相性応答（temporal biphasic response）によって第一フレームのポジネガ反転イメージと第二フレームが対応することで逆転運動

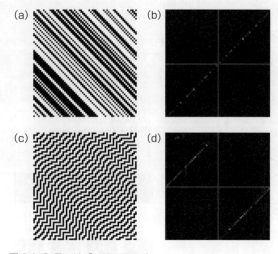

図 14-2-7　リバース・ファイ
通常のランダムドット運動の x-t 図 (a) では左上から右下への動きが見え，それは周波数次元の 1, 3 象限のパワーに対応する (b)。白黒反転しながら左上から右下に進むと (c)，むしろ右上から左下への流れが見え，パワーは 2, 4 象限に顕在化する (d)。

が生じると考えられる。Mather (2006) はこれを利用して，2 枚の画像の繰り返しが延々と同じ方向に動いて見える 2 ストローク仮現運動（two-stroke apparent motion）を作成した。また，コントラスト反転に伴っていわゆるリバースファイ（reversed phi；Anstis, 1970）が生じる。重なり合う要素間で通常の仮現運動（ファイ）が起こる条件で，一方の要素のコントラストを反転すると，移動方向とは逆方向への動きが知覚される。リバースファイ知覚は図形の重なりがなくても生起可能で，時空間プロットにおいて逆方向への運動成分が強くなることで説明できる（Adelson & Bergen, 1985）（図 14-2-7）。

14・2・3　高次の運動検出

14・2・3・1　二次運動の検出

運動エネルギーモデルや相関モデルは一次の輝度エネルギーに依存し，そのような検出器では検出できない運動刺激は非フーリエ運動（non-Fourier motion）と呼ばれる（Chubb & Sperling, 1988）。どの時空間周波数帯でも動きの方向によるフーリエパワーの期待値に差がない場合をドリフトバランスされた（drift-balanced）刺激と呼び（Chubb & Sperling, 1988），刺激が非フーリエ運動であるかを決める判断基準となる。多くの非フーリエ運動は二次以上の属性で定義される二次運動（II・14・1・2 参照）でもある。そのため両者は混同されることが多いが，たとえば，コントラストがランダムに反転しながら動く線刺激は非フーリエ運動であるが（Chubb & Sperling, 1988），一次の輝度エッジで構成されるため二次運動とは言えないなど，本来は別の概念であることに留意する必要がある。一方，多くの二次運動の研究ではドリフトバランスされた運動刺激を用いており，文献上でも二次運動という呼称が一般的なため，以下本節では特に断りがないかぎり二次運動という呼称を用いる。

ランダムドットのコントラスト変調（contrast modulation：図 14-2-8c）や時間変調（temporal modulation：図 14-2-8d）によって作られる二次運動は，ドリフトバランスされた非フーリエ運動であり（Chubb & Sperling, 1988），二次運動知覚の研究で多用されてきた。このような刺激は前節の運動エネルギーモデルや相関モデルでは検出できないが，前処理として全波整流あるいは半波整流を含む非線形処理を行うと同様の運動検出器で検出できる（Chubb & Sperling, 1988）。二次運動は静止運動残効を生じない（Derrington & Badcock, 1985 など）が，位相反転格子縞刺激でテストされるフリッカー運動残効は生じる（Ledgeway & Smith, 1994；Nishida & Sato, 1995），一次運動と二次運動の相互作用は乏しい（Nishida et al., 1997）などの実験結果から，一次運動と二次運動の運動検出経路が並立すると考えられてきた（Lu & Sperling, 1995；Nishida & Ashida, 2000；図 14-2-9）。二次運動はプラッド刺激の運動方向知覚にも関与すると考えられ，その観点からも同様の二経路モデルが提案されている（Wilson, 1994）。

すべての二次運動が同じように検出されるとは限らない。たとえば Chubb & Sperling (1988) は，コントラスト反転が進んでいく刺激には整流が使えず，時間微分処理などが必要だとしている。ある種の勾配法モデルは一部の二次運動を検出可能であるとされ（Johnston et al., 1992），逆に，多くの二次運動刺激には局所的な検出ではなく注意による追跡

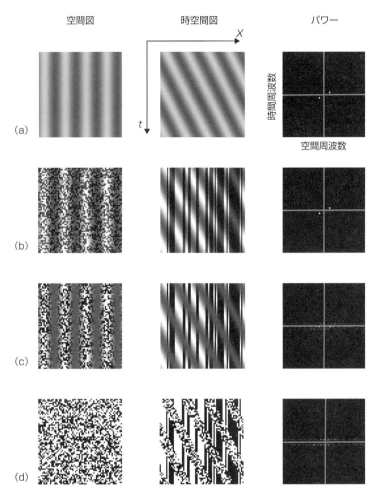

図 14-2-8　一次運動と二次運動
（左）1 フレームの空間パターン。（中）左のパターンにおける中央の 1 行を抽出した時空間図。（右）時空間図のパワースペクトル。(a) 一次の輝度変調縞。(b) c と合わせるため，a にランダムノイズを加えたもの。(c) ランダムノイズのコントラスト変調運動。(d) ランダムノイズの時間変調運動。変化部分が縞の動きとして知覚される。a，b のパワーは 1，3 象限に局在し，一次の運動検出器で検出できる。c，d はドリフトバランスされた非フーリエ運動刺激であり，パワーからは運動方向がわからない。1 ラインだけ見ると若干の偏りがあるが，パターン全体としてはほぼバランスされる。

が必要である可能性も示されている（Ashida et al., 2001；Seiffert & Cavanagh, 1999）。

　一次運動とコントラスト変調運動への応答を比べた初期の fMRI 研究では活性化データの違いが明確でなかったが（Seiffert et al., 2003；Smith et al., 1998），その後の fMRI 順応実験では違いが見られ（Nishida et al., 2003），交叉順応の欠如も示されている（Ashida et al., 2007）。単一神経細胞記録の研究結果も，マカクザルの MT 野では両者の違いが明確でないという結果（O'Keefe & Movshon, 1998）やネコ 18 野では分離が示唆される（Mareschal & Baker, 1998）など明確ではない。二次運動検出に関する研究は一段落した感があるが，理解が十分でない点も残る。

14・2・3・2　注意による追跡

　これまで見てきた一次運動，二次運動の検出に関するモデルは，網膜像の局所的な変化に基づく自動的な過程と考えられる。古典的仮現運動（II・14・1・2 参照）の場合，そのような自動的な過程で説明可能ではあるが，より能動的な注意による追跡メカニズムについても検討されてきた。Wertheimer

第II部　視覚

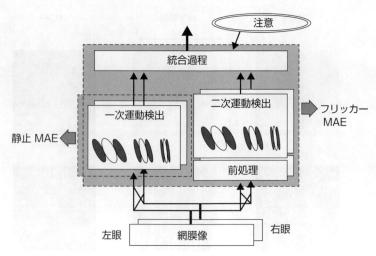

図14-2-9　一次・二次の運動検出経路の概念図（Nishida & Ashida, 2000）

（1912）はすでに仮現運動知覚が注意の流れによって生じる可能性について述べているが，当時は注意の概念が明確でなかったこともあり，あまり重視されてこなかった面もあるが，近年再び脚光を浴びることとなった（Cavanagh, 1992）。コントラストが時間的に正弦波状に変調される定常波状態の正弦波格子縞は二方向への運動エネルギーを含み方向が曖昧で通常はフリッカーして見えるが，注意により一方向に動いて見えるようになる。眼球運動を伴わない自発的注意のみによる追跡でも効果がある。注意による追跡は静止刺激における運動残効を誘導しないが，同様にフリッカーするテスト刺激において動的な運動残効を誘導する（Culham et al., 2000）。一方，Sperlingらは注意に基づく運動検出を三次運動（third-order motion）と称して独自のモデルを提案した（Lu & Sperling, 1995）が，この呼称はJuleszによるテクスチャ次元の定義（Julesz, 1971）とは合わないこともあり，一般的にはなっていない。

14・2・3・3　色運動

輝度変化を伴わない色の変化は，定義上は一次の信号に属する。しかし，運動信号処理には主に輝度信号が寄与し，視覚系の初期段階から輝度信号は大細胞経路，色信号は小細胞経路という形で色情報は分離されていることが知られている（II・6・1参照）。そのため，輝度変化を伴わない色の変化が運動検出に寄与するか，長く議論されてきた。色収差（chromatic aberration）や錐体の時間応答によるアーチファクト（Mullen et al., 2003）などによって，輝度信号を完全になくすことは難しいことも結論を困難にしている。

色のみの変調による動きは遅く見え（Cavanagh et al., 1984），動きが見えないことさえあること（Lu et al., 1999），検出閾が速度ではなく位置変化に依存すること（Seiffert & Cavanagh, 1999）などから，色による運動は低次の運動検出機構ではなく注意による追跡に基づくと考えられた。一方，色情報が運動検出に直接関わるにしても，その寄与は中心視野に限られるかもしれない（Cropper & Wuerger, 2005）。色情報に敏感なV4野ニューロンの運動方向選択性が順応によって変わる（Tolias et al., 2005）など，生体側の可塑性も関与する可能性がある。

14・2・4　運動信号の2次元的統合

検出器の性能にかかわらず，本質的に，限られた範囲の窓から見ている限り本当の運動方向がわからない場合があり，窓問題（窓枠問題：aperture problem）と呼ばれる。図14-2-10のように窓（あるいは神経細胞の受容野）から両端がはみ出すような線分が動くとき，真の運動方向は一意に決まらない。可能性がある動きのベクトル終端点は図の破線上に並び，これを動きの拘束線（constraint line）と考える。図14-2-10aの場合，最もベクトルが短い，すなわち速度が遅い法線方向の知覚が得られる傾向

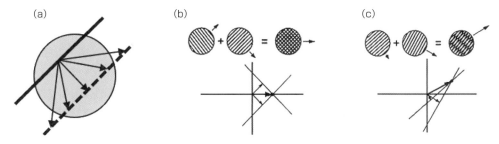

図 14-2-10 (a) 窓問題と拘束線，(b) プラッド刺激における窓問題の解決（タイプⅠ），(c) タイプⅡプラッドにおけるIOC（b, c：Adelson & Movshon, 1982）

にある。一般的には，受容野内の複数の線分要素の統合，あるいは複数の検出器の出力の統合など，2次元的な統合によって解が得られることが多い。

14・2・4・1　プラッド刺激

まず，局所的な複数方位間の統合を考えてみたい。窓内に異なる方位の線分が二つあると拘束線が2本得られるので，これらの線分が一体となって動いていると考えると拘束線の交点として解が一意に定まる。図14-2-10bは，二つの格子縞刺激を重ね合わせたプラッド（plaid）刺激における拘束線の交点による解法を示した図（Adelson & Movshon, 1982）であり，この方法は後にIOC（intersection of constraint）と呼ばれるようになった。IOCは，パターン内の特徴点の動きなど物理的にも妥当な解法である。

実際多くの場合，プラッド刺激の要素が融合して一貫した方向に（coherentに）動いて見える。そのような知覚は要素とパターン全体の二段階処理によるということを示す心理物理学（Derrington & Suero, 1991；Welch, 1989）や単一神経細胞記録（Movshon et al., 1985；Rodman & Albright, 1989など）の証拠が示されてきた。サルやネコにおいて，プラッド刺激に対してV1野では第一段階の要素方向への応答が強く，MT野レベルでは要素，パターン方向への応答が両方みられる。第二段階のパターン全体の運動方向について，図14-2-10bではIOC解と要素ベクトルの和は同じになる。一方，図14-2-10cではベクトル和とIOC解が大きく異なる。そのため，(b) はタイプⅠプラッド，(c) はタイプⅡプラッドと区別される（Ferrera & Wilson, 1990）。タイプⅡプラッドの運動方向知覚はおおむねIOCに沿うものの，呈示時間が短い場合など条件によってはベクトル和の方向にずれるため，視覚系は概算としてベクトル和を用いている可能性がある。Ouchi-Spillmann錯視（Ⅱ・14・1・3参照）は，網膜上で図形が斜め方向に動いたときに特に強く生じる。チェッカー模様の基本波形はプラッドであり，Ouchi-Spillmann図形が斜めに動く場合，内側と外側の動きは90°回転したタイプⅡプラッドに相当する。IOCは一致するもののベクトル和は90°ずれるため，ベクトル和方向への知覚バイアスが相対的に動きのずれとなり錯視が知覚されると考えられる（Ashida, 2002）。

14・2・4・2　バーバーポール錯視

図14-2-10aの円形の窓内では，1次元の線分は法線方向に動いて見えることが多い。一方，窓が四角形など特定の方位をもつ輪郭をもつ場合，輪郭に沿った端点部分の運動に全体の知覚が影響を受ける。このことを如実に示すのがバーバーポール錯視（barber pole illusion）である（Wallach, 1935；図14-2-11）。床屋の店先によくある回転する円筒を見ると，斜めの縞模様が回転ではなく縦に上っていくように見える。これは，縦に長い輪郭に沿った端点の動きの影響が強いためと考えられる。ただし，端点がぼかされたガウス窓でも知覚運動方向がバイアスされ，そのような知覚バイアスはプラッドのように曖昧でない運動でも生じる（Beutter et al., 1996）。2次元運動方向の決定には，局所的な運動エネルギーと，端点などの特徴点の両方がはたらいていると考えられる（Sun et al., 2015）。

図 14-2-11　バーバーポール錯視
回転しているポールの縞が上昇しているように見える。

14・2・4・3　運動透明視

プラッド刺激の要素二つの運動方向が離れすぎると一貫した動きに見えにくくなり、二つの異なる運動が重なって知覚される運動透明視（motion transparency）が生じる（Kim & Wilson, 1993）。粗なランダムドット運動を重ねた場合でも同様の知覚が生じる。現実にも起こりうる状況であるが、計算モデルのうえではこのことが問題になる。特に、Hassenstein-Reichardt モデルや運動エネルギーモデル（II・14・2・2）のように、局所的に反対方向の動きを引き算してバランスを取るモデルでは、一点で同時に二つの運動を表現できない。

Qian et al. は、異なる方向に動くランダムドットの各ドットが必ず近傍でペアになる条件では透明視が見えないことを示し（Qian & Andersen, 1994）、第一段階（V1 野のレベル）で局所的な運動エネルギーを抽出し、第二段階（MT 野のレベル）で空間周波数・両眼視差に特異的な形で相互抑制的に統合するというモデルを提案した（Qian et al., 1994）。2 種類の動きをするドットがペアでなくランダムに散らばっていれば、第二段階でも両方の動きが空間的に散在する形で表現できる。ただし、透明視を構成するそれぞれの運動を大域的に統合するモデルにまでは至っていない。二つの運動方向が比較的近い場合に起こる知覚方向の反発（repulsion；Hiris & Blake, 1996；Marshak & Sekuler, 1979）は第二段階の抑制の影響とも考えられる。

14・2・4・4　空間的統合と大域的運動

局所的かつ 1 次元的に検出される動きの情報（II・14・2・1 参照）を、環境中の自己や対象の動きとして捉えるには、運動信号の空間的な統合が不可欠である。そのため、運動信号に関するさまざまな空間的相互作用の現象が知られている。

色や傾きと同様に、運動に関して空間的な対比が生じる。古くから知られる誘導運動（induced motion）はその一例で、雲の動きにより月が逆方向に動いて見えるように、背景の動きによって相対的に対象が動いて見える（Duncker, 1929）。より一般的に周囲の運動によって速度が対比的に修飾されることを同時運動対比（simultaneous motion contrast）と呼ぶ（Over & Lovegrove, 1973；Tynan & Sekuler, 1975）。運動残効は相対運動によって変調され（Swanston & Wade, 1992）、相対運動成分のみへの順応によっても生じる（Ashida & Susami, 1997）。相対運動検出のメカニズムとして、運動信号における中心−周辺拮抗型抑制が考えられ、実際、刺激サイズが大きくなると運動検出閾が上がり運動残効が弱くなる（Tadin et al., 2003）。逆に、運動信号が弱いか曖昧なときに対象が背景の動きに同化して見える場合もあり、運動捕捉（motion capture；Ramachandran, 1983）あるいは運動の同化（motion assimilation；Nawrot & Sekular, 1990）などと呼ばれる。

眼、頭、体や環境の動きにより、網膜上の広い範囲で体系的な動きが生じ、オプティックフロー（オプティカル・フロー：optic/optical flow）と呼ばれる（II・14・4 参照）。その基礎となる、並進、拡大・縮小、回転などの比較的広域的な運動の知覚は、大域的運動（global motion）として、主にランダムドット刺激を用いて研究されてきた（Williams & Sekuler, 1984 など）。サルを用いた電気生理学的研究を端緒に、その後の脳機能イメージング研究の発展に伴って、V1 野での局所的運動検出から MT/MST 野における大域的運動処理という概要が明らかになってきた。一次運動と二次運動は独立に統合される（Cassanello et al., 2011）。マカクザルにおいては MST 野において回転、拡大・縮小などの検出が行われる（Saito et al., 1986）が、ヒトにおいては MT 野と MST 野の違いが必ずしも明確でなく、fMRI 順応では MT 野（Wall et al., 2008）、マルチボ

クセル解析では V2 野，V3 野のレベルでも大域的運動が処理される可能性が示唆されている（Furlan & Smith, 2016）。一方，反復磁気刺激法（rTMS）を用いた研究により，並進，拡大・縮小，回転の処理レベルが異なる可能性も示唆されている（Strong et al., 2017）。近年では，自閉症者においては局所的運動の検出はむしろ優れているのに大域的な運動検出が弱いことから，その他の発達障害を含めた理解や診断のうえで注目されている（レビューとして Robertson & Baron-Cohen, 2017）。

14・2・5　速度の知覚

14・2・5・1　速度知覚のモデル

　ここでは，これまでの議論に沿って，まず網膜上の局所的な速度の知覚について考えてみたい。速度（velocity）は，スカラー量である速さ（speed）が方向性をもったものとして定義できるが，知覚研究のうえでは厳密に区別されないことも多い。方向性は暗黙のうちに仮定されていることが多いため，ここでは特に理由がない限り「速度」に統一する。まず 1 次元的な動きについて，図 14-2-5a において，局所的な速度は線分の傾き，つまり位置の時間微分（$v=dx/dt$）に相当する。時空間周波数次元では速度 v は $v=TF/SF$ と表現でき（TF：時間周波数，SF：空間周波数），図 14-2-5b においてはエネルギーが存在する点と原点を結ぶ直線の傾きに相当する。

　初期視覚系は，空間周波数次元において比較的狭帯域の空間周波数チャンネルから構成されている（Watson & Robson, 1981 など，II・10・1・4 参照）。一方，時間周波数次元の同調性はかなり広帯域であると考えられている。心理物理学的実験に基づき，高時間周波数に敏感な過渡系（transient channel）と持続系（sustained channel）の二つのチャンネルの存在が示され（Kulikowski & Tolhurst, 1973），その後，さらに低空間周波数，高時間周波数領域における三つ目のチャンネルも示唆された（Hess & Snowden, 1992）。そのため，速度次元において多くの狭帯域に「ラベル付けされた」（Watson & Robson, 1981）運動検出器群が存在するとは考え難い。むしろ，3 種類の錐体応答から多くの色が知覚

されるのと同様に，少ないフィルタ群の反応バランスによって速度が決定される比率モデル（Adelson & Bergen, 1985；Hammett et al., 2005；Sutherland, 1961）が妥当と考えられる。

　なお，勾配法モデル（II・14・2・1）では，個々の検出器が速度を量的な出力として与えることが可能であるが，空間微分を時間微分で割る計算は上記比率モデルと同様である。勾配法に基づくモデルを提案する Harris でさえ，速度に同調した単一検出メカニズムの存在には否定的で，比率モデルに準じた速度計算を示唆している（Harris, 1980, 1986）。

14・2・5・2　速度知覚の不変性

　McKee et al.（1986）は，単独呈示された正弦波格子縞の速さがそれまでの平均より速いか遅いかを答える単一刺激法（method of single stimuli）の実験を行い，時間周波数（およびコントラスト）をランダムにしても正確な速度弁別が可能であることを示した。つまり，速度知覚の不変性がうかがえる。一方，より直接的な比較実験では，後述の通り不変性が成り立たないことがある。実験手法の違いは知覚刺激のコントラスト標準化（normalization）の違いなどを生じうる（Thompson et al., 1996）が，結果の違いが完全に説明されるわけではない。

　知覚速度は刺激コントラストに依存する。特に速度（あるいは時間周波数）が高い場合を除いて，輝度コントラスト低下に伴って知覚速度が低下する（Campbell & Maffei, 1981；Thompson, 1982）。Weiss らは，ベイズ理論の枠組みを用いて，高速度より低速度の生起頻度が高いという仮定のもとで，低コントラストにより刺激の信頼性が下がることから知覚速度が下がることを示した。fMRI 実験によりこれを支持する結果もある（Vintch & Gardner, 2014）。一方，Thompson らは，高速度域での知覚速度増大を再確認してベイズ的モデルに反対し，コントラスト応答を組み込んだ単純な比率モデルで説明が可能だと主張している（Hammett et al., 2007；Thompson et al., 2006）。また，複合波（compound grating）刺激において，コントラストの効果はパターン全体のコントラスト値ではなく要素のコントラスト値に依存して決まるという（Brooks & Thompson, 2016）。

第 II 部　視覚

なお，実生活に関わる影響として，霧による視野の
コントラスト低下は，自動車運転者の速度感低下と
ともに運転速度の過大を引き起こしうることが示さ
れている（Snowden et al., 1998）。

　知覚速度は時空間周波数にも依存する。Campbell &
Maffei（1981）は，回転刺激の知覚速度が空間周波数
に関して逆 U 字型の関数になることを示した。中心
視野では，4 c/deg あたりで最大になる。Diener et
al.（1976）はマグニチュード推定を用いて，格子縞の
並進運動の知覚速度が空間周波数増加に伴って増加
することを示した。空間周波数が 0.016-0.066 c/deg
という低い範囲であったので Campbell & Maffei の
結果とは矛盾しない。逆に Smith & Edgar（1990）
は 1 c/deg の基準縞に対して 2 c/deg 以上の縞の
速度が過小視されることを示した。Diener らとは
空間周波数範囲が大きく異なるので矛盾しないが，
Campbell & Maffei の結果とは若干食い違う。回転と
並進運動という違いの他，Smith & Edgar のほうが基
準となる速度域が高いこともあり，まったく相容れな
いわけではない。いずれにせよ質的には逆 U 字型の
関数になると考えられる。同一円周上を回転するドッ
トの数が増えると知覚的に速く見えるスピナー錯視
（spinner illusion；Ho & Anstis, 2013）は，空間周波数
の効果として説明できる（Ashida et al., 2017）。

　速度知覚が対象の大きさに依存することは古く
から知られていた（Ashida et al., 2017）。大きいも
のほど遅く見えるので，上記の空間周波数の効果
（Campbell & Maffei, 1981；Diener et al., 1976）とほ
ぼ適合する。しかし，格子縞の空間周波数は一定で
も呈示サイズが大きくなると知覚速度が低下すると
いう結果もある（van der Smagt et al., 2010）。次節
にあげる中心 - 周辺拮抗型抑制の効果として説明で
きるだろう。なお，知覚速度は周辺視野ほど低下す
る（Campbell & Maffei, 1981；Johnston & Wright,
1986）。

14・2・6　運動視の脳内機構

　ハエの運動検出は網膜レベルで生じる（II・14・2・
2）。哺乳類でも，ウサギの網膜神経節細胞で運動方
向選択性がみられる（Barlow & Hill, 1963b；図 14-
1-2 参照）。一方，ネコ V1 野細胞の方向選択性の発

見（Hubel & Wiesel, 1959）に続き，ヒトを含む霊
長類でも動きの検出は V1 野以後の処理となること
がわかった（レビューとして Livingstone, 1998）。

　ヨザルで発見された MT 野（middle temporal
visual area；Allman & Kaas, 1971）は，その後マカ
クザルにおける動き情報処理中枢として広く研究さ
れてきた（Maunsell & Newsome, 1987 など）。また，
MT 野に近い上側頭溝（superior temporal sulcus：
STS）の MST 野（medial superior temporal area）
では，局所的な運動信号を大域的に統合して，回転
や拡大縮小に応答する細胞が見つかっている（Saito
et al., 1986）。

　Zeki らによる PET 研究（Zeki et al., 1991）以来，
ヒトの V5 野はサルの MT 野に相同すると考えられ
ている。今ではヒトの場合も MT 野と称することも
多いが，主に fMRI によって同定されるヒト MT は
サルにおける MST 野等の周辺部位も含む可能性が
高く，MT+ ということもある（図 14-2-12a）。fMRI
による MST 野等周辺領域の分離が試みられてきた
（Amano et al., 2009；Huk et al., 2002；Kolster et al.,
2010）が，完全な合意には至っていない。ヒト MST
の応答は MT とあまり変わらないという結果（Wall
et al., 2008）もあり，まだ検討の余地が残る。

　サルと異なり，ヒト V3A 野は強い運動選択性を
示す（Tootell et al., 1997）。またサル，ヒトともに，
頭頂後頭溝前壁にある V6 野は動きに強く応答し
（Fattori et al., 2009），V5（MT）と並ぶ第二の運動
視中枢として注目を集めつつある。図 14-2-12b で
はこれらの領野を俯瞰して見ることができる。

　分析された視覚運動情報は，側頭から頭頂に至る
各領野を介して前庭感覚や聴覚など他の感覚情報と
統合されて自己や光景中の動きの理解と身体制御
に用いられる。側頭の島皮質後部付近にある PIVC
（parieto-insular vestibular cortex）は，視覚運動と
前庭感覚を統合すると考えられたが，最近の研究で
は，ヒト PIVC は視覚にほとんど応答しないことか
ら，視覚にも応答する PIC（posterior insular cortex）
と区別すべきとされる（Frank & Greenlee, 2018）。
図 14-2-12b の PIVC も PIC と称すべきであろう。
頭頂付近にもいくつか視覚運動に関連する領野が見
つかっている。VIP（ventral intraparietal area）や

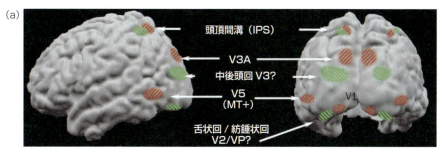
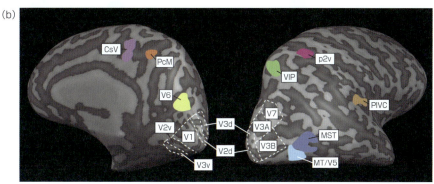

図14-2-12 （a）ヒト大脳後頭葉の運動視関連領野の概要（Braddick et al., 2000 より改変）。赤は運動コヒーレンス，緑は形態コヒーレンスに関係する。（b）膨らませた脳表面における運動視関連領野（Cardin & Smith, 2011）。

CSv（cingulate sulcus visual area）は進行方向の表現に関わり（Furlan et al., 2014），CSv は特に前庭感覚と連携して身体制御に関連すると考えられる（Smith et al., 2018）。その他，楔前部（PcM）や頭頂間溝（IPS）前部（p2v）などいくつかの領野が自己運動に関連する強いオプティックフロー刺激に応答するが，それぞれのはたらきはさらに検討を要する。

このように運動視関連領野は側頭から頭頂まで広く分布している。近年，拡散強調 MRI によってそうした離れた領域をつなぐ主要な白質神経線維束の構造が明らかになりつつある。後頭の背側部と腹側部をつなぐ VOF（vertical occipital fasciculus；Takemura et al., 2016）や SIPS（stratum proprium of interparietal sulcus；Uesaki et al., 2018）は，高速処理を要する運動視との関連が深い可能性がある。

（蘆田 宏）

14・3 運動視と他属性との相互作用

14・3・1 運動視と位置知覚

14・3・1・1 動きによる位置ずれ

眼に届いた視覚刺激の情報処理には100 ms 以上の時間がかかり，動対象との物理的な相互作用に支障が生じうる。そのため，運動制御だけでなく知覚の面でも予測的符号化（predictive coding）がなされると考えられ，実際，動対象の位置は動きの方向に少しずれて知覚される。この効果はガボールパッチ（De Valois & De Valois, 1991）やランダムドット中の運動による輪郭（Ramachandran & Anstis, 1990）など，定位すべき輪郭が曖昧なときに顕著に生じる。この効果は比較的初期の単眼性処理過程で起こることが示唆される（Hisakata et al., 2016）一方，より高次の大域的運動によって起こるという結果（Rider et al., 2009）もある。

図14-3-1a からもわかるように，局所的な位置ず

第 II 部　視覚

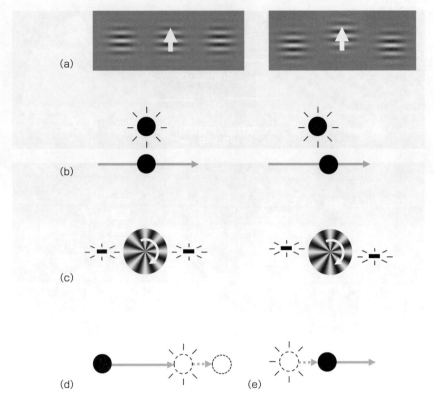

図 14-3-1　運動による位置知覚の変位
(a) 運動による位置ずれ，(b) フラッシュラグ効果，(c) フラッシュドラッグ効果。それぞれ，物理的には左図の配置の時に右図のように知覚される。(d) 表象的慣性（RepMo）。破線の位置で消失した刺激が少し先まで進んだように見える。(e) Fröhlich 効果。破線の位置で出現した刺激がしばらく知覚されない。

れは位置だけでなく形の知覚にも影響する。運動残効（Nishida & Johnston, 1999；Snowden, 1998）や運動錯視（Shapiro et al., 2005）によっても同様の効果が生じる。ガボールパッチ内部の動きによってパッチ自体の動きの知覚も影響される。位置ずれへの影響は周辺視野のほうが大きく，そのことが野球のカーブボールが突然変化して見える原因になるという議論もある（Shapiro et al., 2010）。静止物に運動成分を投影すると，対象が動くように見せることもできる（Kawabe et al., 2015）。

　運動による位置ずれは標的刺激を手で指し示すポインティング課題の成績にも影響する。反応時に視覚刺激を消すオープンループ条件にすると，即時応答の場合のみ知覚応答より大きなずれが観察され，遅延応答では知覚応答と差がない（Yamagishi et al., 2001）ので，位置ずれが行動のための予測的符号化と関連することが示唆される。

14・3・1・2　フラッシュラグ効果とフラッシュドラッグ効果

　動く対象に近接して一瞬呈示される（フラッシュする）対象の位置は，動く対象に対して遅れる方向にずれて見える（図 14-3-1b）。この現象は MacKay (1958) が最初に報告したが，Nijhawan (1994) による再発見の後，広く研究されるようになった。Nijhawan は運動対象の予測的外挿が位置知覚のずれを生じさせると考え，タイガーサラマンダーとウサギの網膜で実際にそのような予測的な応答が示された（Berry et al., 1999）。しかしながら，ヒトの場合，運動対象の予測ではなくフラッシュ刺激の遅れが主因であることがわかり（Whitney & Murakami, 1998），今では一般にフラッシュラグ効果（flash-lag effect）と呼ばれる。近年，ベイズモデルの枠組みで予測的符号化を再評価する動きもある（Khoei et al., 2017）。

動く格子縞刺激によってフラッシュ刺激の知覚位置はむしろ運動方向に引っ張られるように変位し（Whitney & Cavanagh, 2000），これはフラッシュドラッグ効果（flash-drag effect）と呼ばれる（図14-3-1c）。フラッシュラグ効果は観察者による運動刺激（Ichikawa & Masakura, 2006）またはフラッシュ刺激（Lopez-Moliner & Linares, 2006）の自発的な制御により低減される。また，連続的（場合によって断続的）に変化する刺激に対して単発的な刺激が遅れて知覚される現象は，視覚だけでなく運動制御や聴覚などさまざまな感覚モダリティ，あるいはクロスモーダルでも生じる。数多くの研究のレビューとしてHubbard（2014）を参照されたい。

14・3・1・3　表象的慣性

運動対象が突然消失したとき，その消失位置は運動方向にずれて知覚される（図14-3-1d）。この表象的慣性（representational momentum：RepMo, RM；Freyd & Finke, 1984）は視覚系の予測的な性質が反映された現象であるという説明が比較的受け入れられており，フラッシュラグ効果などと包括的に説明する試みもある（Hubbard, 2013 など）。運動信号の外挿は，対象を受けとめる，避けるなど身体的な相互作用においてより重要であり，実際，表象的慣性は消失点を手で直接指し示すポインティング課題でより顕著になる（Ashida, 2004）。表象的慣性においても視覚以外の感覚モダリティやクロスモーダルで類似の現象が報告されている。詳細はHubbardによる多数のレビュー，評論論文を参照されたい（たとえばHubbard, 2010, 2014）。

逆に，突然現れた運動対象の出現位置は運動方向に少しずれて知覚され，Fröhlich効果（Fröhlich effect；Fröhlich, 1923）と呼ばれる（図14-3-1e）。

14・3・1・4　Hess効果

明るさに依存した処理時間の違いにより，暗い運動対象が明るい運動対象より遅れる形で位置のずれとして知覚され，これをHess効果（Hess effect）という（Hess, 1904）。Pulfrich効果（Pulfrich effect）（II・13参照）と関連している。

この効果は明るさ次元でなく，コントラスト次元でも生じる。つまり，背景が明るいときは暗い対象（高コントラスト）のほうが明るい対象（低コントラスト）より先行して見える（Kitaoka & Ashida, 2007）。

14・3・2　運動視と形

RDK（II・14・1・1参照）が示すように運動視は形態視と独立に生じうるとはいえ，実際には形態視からの影響がさまざまな形で生じる。バーバーポール錯視（II・14・2・4・2参照）もその一例といえる。

静止した形が動きを示唆するような画像，たとえば人が低い塀から飛び降りる途中の写真（Freyd, 1983）には動きが感じられ，implied motion（暗示的運動）と呼ばれる。運動刺激に敏感なヒトのMT+野（Kourtzi & Kanwisher, 2000）およびマカクザルのSTS（MT/MST）細胞（Krekelberg et al., 2003）はimplied motionに応答することが示されている。そのため，implied motionは静止画の意味的な推定だけではなく，ある程度，実際の動きの感覚を惹起すると考えられる。同様に動きに伴って網膜上に残像（smear）が描く運動線（motion streak）は，実際に運動検出に寄与していると考えられる（Burr & Ross, 2002；Geisler, 1999）。速い動きと静止スピード線の共通処理がfMRI実験で示唆されている（Apthorp et al., 2013）。マンガで多用されるスピード線（speed line）はこれを応用したものと考えられる。ただし，軌跡だけでなく全体に拡張した線で動きを強調することが多い（図14-3-2）。

図14-3-2　スピード線の応用

古典的仮現運動事態において，要素間に線を入れると運動印象が増し，運動軌道を曲線的に見せることもできる。セルアニメーションでオバケと呼ばれる技法では，大きく移動するコマ間にボケた画像や線などを挟むことで作画を節約しつつ運動印象を改善している。実際に対象や眼が動いたときの網膜像にはかなりのボケが生じる（Burr, 1980）が，そのボケはあまり感じられない。むしろ，ボケた画像が動くとよりシャープに見える傾向があり（motion sharpening；Burr, 1980；Hammett, 1997），ボケ除去処理と運動信号の生成は表裏一体の関係にあるともいえる。

（蘆田 宏）

14・4　オプティックフローからの知覚

オプティックフロー（オプティカル・フロー，光流動：optic/optical flow）は，観察者の視点が環境内で移動しているときの網膜に投影される運動情報であり，視点の移動速度，外環境の構造，奥行きなどを反映する2次元速度場となる（図14-4-1）。Gibsonは，特に地面のテクスチャから生じるフローに注目し，オプティックフローには外界の構造，奥行きの情報が含まれているだけではなく，自己運動情報（ego-motion；self-motion）が含まれていることを指摘した（Gibson, 1950）。

図14-4-1　オプティックフローの模式図
中央の柱に向かって前進する際のオプティックフローを模擬している。進行する先を中心に外向きに放射状の速度場となる。

14・4・1　視覚誘導性自己運動知覚（ベクション）

混雑した道路で隣の車が動くと自車が突然勝手に動き出したと思ってあわててブレーキを踏み直したり，自分の乗る電車がまだ発車しないはずなのに突然動き出したと感じて驚いたり，大画面の映画視聴時に自己身体が動いたと感じることもあるだろう。このとき実際は自分自身の身体は止まっていて，隣の車や電車，映像が動いているだけであり，その視覚運動情報が自己運動知覚を誘発しているのである。このように実際には静止しているにもかかわらず，視覚運動によって自分の身体が移動して知覚される現象を，視覚誘導性自己運動知覚（visually-induced self-motion perception）あるいはベクション（vection）という（Fischer & Kornmuller, 1930）。この現象は，少なくとも19世紀終わりにErnst Machによって指摘され，その生理学的基盤が予測されている（Mach, 1886）。現在では，その分類，規定要因や時空間特性などについて多くの研究が行われている（たとえば，Andersen, 1986；Dichgans & Brandt, 1978；狩野，1991；中村，2006）。

自己運動情報以外に，オプティックフローには自分以外の物体・対象の運動情報も，また奥行きの違いや奥行き構造に由来する運動情報（運動視差や運動からの構造復元）も含まれている（たとえば，Nakayama, 1985）。知覚の成立のためには，それらを分解，復元，解釈する必要がある（たとえば，Kitazaki & Shimojo, 1998）。このことを顕著に示している現象の一つがベクションである。ベクションが完全に知覚されるとき，視野に呈示された運動は，外界対象の運動としては知覚されず，静止した環境のなかで自己身体が移動しているように知覚される。ベクションの研究では，どのような要因がオプティックフローをもって自己運動を知覚させ，また対象運動を知覚させるのかを明らかにすることが重要な目的である。応用分野でもあるバーチャルリアリティ（virtual reality：VR）においてベクションがよく注目されている理由の一つは，視覚情報を用いてリアルな自己運動知覚を体験者・観察者に適切に生じさせるためには，視点移動のシミュレーションに基づくモデリングとレンダリングだけでは不十分

だからである。実空間の3次元構造，対象運動，自己運動をもとに2次元の網膜運動像をレンダリングすることを順光学（direct optics）と呼ぶなら，網膜運動像のみから3次元構造，対象運動，自己運動を復元することは逆光学（inverse optics）と呼ばれる（Nakayama & Shimojo, 1992）。われわれの知覚は，まさにこの逆光学過程であり，逆光学としての知覚は，順光学で想定された実世界と必ずしもまったく同じものにはならない。同様に，コンピュータグラフィクス（computer graphics：CG）やVRにおいて，物理的に高精度・高解像度な順光学モデリングやレンダリングを行っても，観察者が感じる体験は，そのコンテンツを作成した者の意図と必ずしも一致しない。そこで，ベクションに関する知覚心理学の知見は，人の知覚特性を利用して適切な感覚を生じさせるという点でVRに大きく貢献する。

ベクションの測定には，潜時（運動刺激の開始から自己運動知覚の開始までの時間），持続時間（刺激呈示時間中の自己運動知覚の総時間），方向判断（自己運動知覚の方向），および速度・強度評定（自己運動知覚の速度や強度を定量的に評定）が一般的に使われる。いずれも主観的な測定方法であり，ベクションの印象が弱く刺激条件間の差が曖昧な場合には認知的影響や実験者効果の危険性が高くなる。したがって，これらの懸念を可能な限り排除する手続きをとり，またできるだけベクションが強い（顕著な）状態において計測を行うことが望ましい。

網膜に呈示された運動が対象運動としてではなく，自己運動として知覚される，つまりベクションが知覚されるための第一の規定要因は，視野の広さである。一般には，視角30°以上の広さが必要と言われており（Brandt et al., 1973），視覚情報処理系は，「広大な視野を占める運動成分」は静止した環境に起因すると仮定し，その網膜上の運動を自己運動として解釈すると考えられる。ただし，運動の種類によって有効な視野サイズが異なることも報告されており，放射状の拡大・縮小パターンでは，10°以下の視野でも自己運動が感じられるとされている（Andersen & Braunstein, 1985）。ベクションが生じるには数秒の潜時が必要であり，その後，知覚される自己運動速度が徐々に速くなり，飽和速度に達して安定する。視覚刺激が静止した後も，最大30秒程度ベクションは続くとされる（Brandt et al., 1973）。

ベクションは，感じられる自己運動の種類によって，サーキュラー・ベクション（circular vection）とリニアー・ベクション（linear vection）に分類される（詳細な概説として，Dichgans & Brandt, 1978；狩野，1991を参照されたい）。サーキュラー・ベクションは，身体を通る前後軸，左右軸，上下軸に関する回転，すなわち，それぞれロール（roll），ピッチ（pitch），ヨー（yaw）と呼ばれる3自由度の運動で記述される回転運動を自己運動として感じるベクションである。リニアー・ベクションは，身体を通る前後軸，左右軸，上下軸それぞれについての直進運動という3自由度の運動で記述される直進運動として感じるベクションである。

サーキュラー・ベクションは，初期から精力的に研究されており，内側に縦縞が描かれた回転ドラム（rotating drum）がよく使われる（図14-4-2）。実験参加者は，回転ドラム内の中央の椅子に座り，自己身体の鉛直軸回りの回転が知覚される間じゅうボタンを押し続けることや（潜時や持続時間の測定），感じられる自己運動の強度や速度をレバーで定量的に判定することが求められる。ドラムの回転し始め

図 14-4-2　簡易型回転ドラム
回転ドラム（これは布製）の内側には縦縞が描かれている。中央の椅子に座り，ドラムが回転すると椅子ごと自分の身体が回転しているように感じる。

には，ドラムに描かれた縞の運動が知覚される（対象運動）が，数秒後には，むしろ自分自身が椅子ごと回転（ヨー）しているように感じ始める（自己運動）。また，前額平行面（frontoparallel plane）上で放射パターンやドットを描いた円盤を回転させると，視線軸回りにベクションが生じる（ロール）。回転ドラムを用いたヨー回転のベクションは，視覚刺激を呈示している間，無限に自己運動を感じさせることが可能だが，ロールやピッチの場合には，ある程度の傾きまで回転を感じると，それ以上のベクションはほとんど生じない。これは，重力方向と回転軸が矛盾するためであり，耳石器からの前庭感覚情報との矛盾が大きくなるからだと考えられている。一方，リニアー・ベクションには，拡大・縮小パターンを用いて惹起される前後（奥行き）方向の直線移動感覚や平行運動パターンを用いて惹起される上下左右の直線移動感覚がある。

　ベクションの種類が，オプティックフローの運動の違いではなく，実空間での移動の種類によって分類されていることは興味深い。サーキュラー・ベクションでも，ヨーとロールではオプティックフローの運動場がまったく異なる。前者は回転ドラム上の回転運動であり，後者は速度勾配のある前額平行面上の平行運動である。リニアー・ベクションにおいては，前後軸では拡大パターンであるのに対し，左右運動では平行運動である。実際，すでに記したように，オプティックフローの特性が大きく異なるベクションの間には，必要なサイズなどにおいて異なる知覚特性が報告されている。ベクションの研究においては，生態学的な観点を重視する傾向があること，および前庭感覚器官からの情報との相互作用を考慮する必要があることから自己中心座標系（egocentric coordinates）での軸が重視されるが，同時に視覚情報の機能やメカニズムを考えるとき，網膜中心座標系（retinocentric coordinates）での分析も重視されねばならない。

　サーキュラー・ベクションの装置を用いて，ドラムの回転と同時に椅子の回転も操作すれば，視覚情報と前庭感覚情報との関係を調べることができる（Dichgans & Brandt, 1978）。椅子を固定してドラムだけを回転させると，視覚情報のみを実験参加者に呈示することになる（正確には，オプティックフローによる視覚は回転運動を，前庭感覚は静止を示す感覚信号を与えることとなる。ただし，静止状態に関する前庭感覚情報や視覚情報については，ここでは簡便のために不問とする）。この場合には，すでに述べたように数秒の潜時を経て，自己運動が知覚される。一方，ドラムと椅子を同じ速度で同じ方向に回転させる（観察者にはドラムは静止して映る），あるいは真っ暗なドラムのなかで椅子だけを回転させると，前庭感覚情報のみを実験参加者に呈示することができる（視覚信号は使えない）。この場合には，回転開始直後から数秒間は自己運動が知覚されるが，しばらくするともう自己運動は感じられなくなり，静止している感覚と変わらなくなる。その後，椅子の回転速度を徐々に落とすと，実際の回転方向は変わっていないのに，実験参加者は逆回転の自己運動を報告する。

　つまり，前庭感覚情報のみの場合には，速度そのものではなく，加速度が検出され，知覚に利用されていると言える。したがって，窓の小さい飛行機などに乗っているときには，等速で移動している間に自己運動知覚はほとんど生じず，急に移動方向が変化したときや速度が変わったときのみ，自分が運動しているのが感じられる。これらのことから，前庭感覚情報は，運動の開始と終了，変化を主に担当し，視覚情報は，等速運動中の自己運動知覚を主に担当していると考えられている。実際，Dichgans & Brandt（1978）の実験においても，照明をつけてドラムを固定し，椅子だけを回転させた場合には，視覚情報も前庭感覚情報もともに利用可能であり，ほぼ潜時なく自己運動が知覚され始め，等速運動中も，減速中もほぼ正しい自己運動が知覚された。

　VR装置の開発では，可動式の椅子や床による前庭感覚シミュレータと視覚ディスプレイを組み合わせることにより自己運動知覚のリアリティを増すことが行われている。ただし，機械の制約上，椅子あるいはそれが固定されている床は，数十cm〜1 m 程度の平行移動と，ロール，ピッチ，ヨーの回転運動をするだけであり，シミュレーション中の動き始めや停止などの速度の変化，方向転換，落下・上昇し始める瞬間に，適切な強度と速度の前庭感覚情報が

与えられるのみである。ここでは，視覚情報と前庭感覚情報をいかにタイミング良く連携させるかが重要であり，原理的には，速度の変化（加速度情報）があるべきである場合には，椅子を動かして前庭感覚情報を与え，等速運動中であるべき場合には，視覚情報のみを与えれば持続的な自己運動感覚が生じるはずである。しかし機械の制約上，椅子をある方向に動かすと，次に椅子を動かすときにはもとの位置と傾きに戻しておく必要が生じる。そこで，加速度情報を与えるために椅子を動かしたあとは，閾下の（気づかれない）速度でもとの位置に戻すといった手法が開発されている（概説として，鈴木, 2001）。

視野の広さ以外にベクションを規定する要因として，偏心度や奥行きが報告されている。運動が視野の中央にあるよりも周辺に提示された場合にベクションは生じやすく（Brandt et al., 1973；Dichgans & Brandt, 1978；Held et al., 1975；Johansson, 1977），奥行きが異なる手前と奥の二つの面があるなら，奥の運動のほうがベクションを誘導しやすい（Brandt et al., 1975；Ohmi & Howard, 1988；Ohmi et al., 1987）。ただし，周辺視の優位性については，従来の研究は視野サイズの統制がなされておらず，サイズを等しくした場合には，中心視と周辺視では有意な差がないという反論がなされている（Howard & Heckmann, 1989；Post, 1988）。手前よりも奥の運動情報が自己運動知覚に重要だという知見は，先に述べた前進・後退のリニアー・ベクション（放射状の拡大・縮小パターン）では，比較的狭い視野の運動であっても自己運動知覚が生じるとする知見（Andersen & Braunstein, 1985）とも一致する。そして，奥行き運動に伴う放射状の拡大・縮小パターンでは，視野の中心になるほど遠くの運動情報が提示されており，奥行きという点では中心部のほうが周辺部よりも自己運動にとって重要だと考えられる。

ランダムドットによる二つの運動パターンを重ねて提示すると，ベクションは奥に提示された運動によって決定され，それと反対方向の自己運動が知覚される（たとえば，Brandt et al., 1975）。さらに，両眼視差の手がかりがなくても，知覚的に奥に定位されれば同様の効果をもつことも報告されている（Ohmi et al., 1987）。Nakamura & Shimojo（2000）は，運動方向が直交するランダムドット・パターンを重畳して実験を行い，手前の面の運動が非常に遅い場合に限り，手前の面と同じ方向にベクションが生じることを報告し，逆転ベクション（inverted vection）と呼んでいる。相反する運動方向の重畳刺激を用いた研究では，奥行きに差がない場合には，注意を向けない運動面と反対方向のベクションが観察され，運動対象への自発的注意が一つのベクション規定要因であることが示唆された（Kitazaki & Sato, 2003）。また，視点の直線的移動からシミュレートされるオプティックフローに対して，視点あるいは視線方向に微小なジター（揺れ）を加えてシミュレートしたフローがベクションを増強する（図14-4-3；Palmisano et al., 2014；Palmisano et al., 2003；Palmisano et al., 2000）。このように，複雑なオプティックフローからの自己運動知覚に注目が集まっている（北崎・佐藤, 2008）。

ベクションの研究が進むにつれて，聴覚や触覚などの視覚以外の感覚モダリティとの相互作用や歩行中のベクションなどが調べられるようになることで，ベクションという用語の再検討が行われている（Palmisano et al., 2015）。たとえば，歩行運動中にベクションは抑制されるが（Ash et al., 2013；Onimaru et al., 2010），歩行運動中であっても視線のジターを模擬したオプティックフローはベクションや移動感覚を増強することが報告されている（Ash et al., 2013；Bubka & Bonato, 2010；Lécuyer et al., 2006）。Palmisano et al.（2015）は，ベクションの

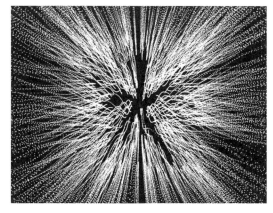

図14-4-3　視線ジターのある放射オプティックフローの模式図

定義として四つのカテゴリを提案している。一つ目は，この節の最初に紹介した狭義のベクションであり，静止した観察者が視覚刺激から感じる自己運動の錯覚である。二つ目は，視覚だけではなくさまざまな感覚モダリティから生じる自己運動感覚をベクションとする定義である。三つ目は，錯覚だけではなく実空間で移動しているときにも感じる自己運動を含めて，視覚から生じる自己運動感覚として定義するものである。最後に四つ目は，感覚モダリティに関係なく，実空間であれ錯覚であれ意識される自己運動の感覚をベクションと考えるものである。

ベクションの応用としては，遊園地などのライド型アトラクションやVRがよく知られている。VRにおいて自己運動感覚を与える方法としては，3次元位置・方位センサを装備した頭部搭載型ディスプレイ（head-mounted display：HMD）を被って実際に歩き回る方法，トレッドミルなどを用いて歩行運動を機械的にシミュレートする方法，振動装置による前庭感覚シミュレータなどがある。視覚情報によるベクションで自己運動感覚を生じさせることには，実際に移動するのと同様のリアリティが生じること，比較的狭い空間を占めるだけの装置で無限の距離の移動感覚を与えられることに利点がある。ただし，ベクションに伴いVE（virtual environment：バーチャル環境）酔いが生じることが問題となっている。ベクションそのものが酔いをもたらすのか，あるいはオプティックフローによる視覚情報と前庭感覚情報の矛盾が酔いをもたらし，ベクションは同時に生じているだけなのかは未解明であるが，酔いを低減しつつ快適で質の高い自己運動感覚を体験させる方法の開発が望まれている。

14・4・2 視覚誘導性身体動揺

眼を閉じて片足立ちをすると，眼を開けているときと比べるとふらふらと揺れてしまう。これらを自発的身体動揺（spontaneous body sway）という。自発的身体動揺は，暗黒中など姿勢を安定に保つための視覚情報が少ないときに生じやすい。また，大きなディスプレイに運動を呈示すると，ベクションが生じるだけではなく，身体の動揺が生じる。これを視覚誘導性身体動揺（visually induced body sway）という。これらの現象は，ベクションに代表される視覚からの自己運動知覚と密接に関係した機能として，視覚情報を利用した姿勢制御メカニズムがあることを示唆する。

身体の動揺は，重心動揺計（force plate）とよばれる平衡機能を測定するための装置や，磁気センサ等を用いた頭部位置測定，足首の筋電図測定，光学式モーションキャプチャシステム（図14-4-4）などを利用して調べることができる。図14-4-5に，重心動揺計を用いて身体動揺を計測した結果を示す。身体動揺の分析では，周波数解析が用いられることが多い。ここでも，各試行のデータを個別に周波数解析し，その後，実験参加者ごとの平均を求め，さらに全10名の実験参加者で平均した。健常成人の実験参加者が暗黒画面，静止したランダムドット，または0.2 Hzで周期的な前後運動（拡大・縮小）をするランダムドットを60秒間観察しているときの重心位置の前後変化を計測した。1.2 Hz以下0.1 Hzまでの周波数帯域において暗黒画面を観察しているときの身体動揺が静止ランダムドットを観察しているときの身体動揺よりも強くなっている。つまり，環境で静止したランダムドットを見ることによって，低い周波数の自発的身体動揺が抑制され，身体が安定化されている。一方，0.2 Hzで周期的な前後運動をするランダムドットを観察する条件では，0.2 Hz

図 14-4-4 光学式モーションキャプチャシステム
赤外線を反射するマーカーを身体に付け，それを複数のカメラで撮影することでマーカーの位置や運動を算出することによって，身体の動きを計測する。

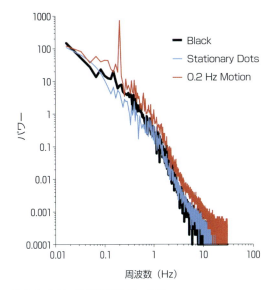

図 14-4-5　身体動揺のデータ例
暗黒画面（Black），静止ランダムドット（Stationary Dots），0.2 Hz で視点の前後（拡大縮小）運動するランダムドット（0.2 Hz Motion）を観察しているときの重心位置の変化を周波数解析したもの。

で身体動揺のパワーの明確なピークが見られる。これが視覚誘導性身体動揺の典型例である。

静止環境における開眼時の身体動揺は，閉眼時に比べて 50-60% 程度に減少し（Edwards, 1946；Travis, 1945），特に 1.2 Hz 以下のゆっくりとした身体動揺成分が顕著に減少する（Dichgans & Brandt, 1978）。つまり，視野に呈示された静止した視覚情報が，姿勢の安定化に利用されていると考えられる。さらに，視野に運動を呈示すると，大きな身体動揺が誘導される（Dichgans & Brandt, 1978；Lee & Lishman, 1975；Lestienne et al., 1976）。この身体動揺は，想定される自己運動方向と逆の方向，あるいは動揺（重心移動）によって網膜像の運動が小さくなる方向に生じる。たとえば，右方向への並進オプティックフロー（ベクションは左へ生じる）であれば右への傾斜が生じ，拡大する放射オプティックフロー（ベクションは前へ生じる）であれば身体は後ろへ傾く。つまり，生態学的には，静止した環境下で自己身体が動揺した場合に，それを補正し姿勢の安定化を図る機能であると考えられる。静止立位での観察者の身体動揺のみでなく，観察者歩行時の姿勢に視覚運動情報が与える影響も報告されている

（Bardy et al., 1999；Warren et al., 1996）。

視覚誘導性身体動揺は，オプティックフローにほぼ追従するように同期して生じる。たとえば，0.2 Hz の周期的視覚運動に対して，0.2 Hz の周期的身体動揺が生じる。ただし，視覚誘導性身体動揺を誘発しやすいのは，速い運動よりも遅い運動であり（Stoffregen, 1986），周期的な運動を用いた場合には，低い周波数（0.4 Hz 程度以下）でしか生じないとされている（Previc et al., 1993；van Asten et al., 1988）。その原因としては，身体の構造上，速い運動に追従できないという生体力学的説明がある。一方，オプティックフローを対象構造，対象運動そして自己運動に分解・解釈する際に，速い運動は対象運動に，遅い運動は自己運動に起因すると解釈されるという生態学的説明も可能である。

発達的には，13-16 か月齢の幼児でも視覚刺激に対して身体動揺が生じることが報告されている（Lee & Aronson, 1974）。また，まだ自分で立つことができない乳児（10 か月齢）であっても，座った姿勢での視覚誘導性身体動揺が観察されたという報告があり（Butterworth & Hicks, 1977），成長のかなり早い段階から視覚性姿勢制御のための機構が備わっている可能性が指摘されている。なお，幼児では低い周波数に加えて，比較的高い周波数帯域の周期的運動に対しても身体動揺が誘発される（0.2-0.8 Hz；Delorme et al., 1989；Schmuckler, 1997）。それが発達に伴い，高い周波数への感度が低くなる。このような視覚誘導性身体動揺の視覚運動周波数特性の変化については，身体サイズの変化による生体力学的な説明も可能である。

ベクションと視覚誘導性身体動揺は，同時に調べられることも多く，その共通性が指摘されている。たとえば，どちらも運動成分が占める視野が大きいほうが生じやすく，また手前よりも奥に呈示された運動から生じやすい（Delorme & Martin, 1986）。しかし，ベクションは視覚刺激呈示から実際に自己運動が感じられるまでに数秒の潜時を必要とするのに対して，視覚誘導性身体動揺はより早く生じる（Previc & Mullen, 1990；van Asten et al., 1988）。この事実は，ベクションがわれわれの意識に上り，その後に，意識化された自己運動を補正するように姿

勢制御が行われる，という順序なのではないことを意味する．視覚誘導性身体動揺がベクションよりも先に生じるということは，意識に上る前の自己運動情報を視覚性姿勢制御が用いているか，あるいは，より直接的な視覚情報を自己運動知覚とは異なる経路から得て生じている可能性を示唆する．したがって，視覚誘導性身体動揺をベクションの客観的測度とすることには問題があることを指摘しておく．

静止した視覚情報がある場合の自発的身体動揺の原因としては，頭部運動による微小な網膜像のぶれ（retinal slip）が有力である（Bles et al., 1980；Brandt et al., 1980）．つまり，retinal slipによる網膜上での運動を補償する（静止させる）ように姿勢制御が生じるために，自発的身体動揺が生じる．この根拠として，注視対象が遠くに位置する場合に身体動揺が増加し，近くにある場合に安定することが挙げられる（Kapoula & Le, 2006；Paulus et al.,1989）．注視対象が近い場合に生じる閾上のretinal slipは視覚系が姿勢制御を行うための手がかりとなりうる．反対に，注視対象が遠い場合のretinal slipは小さくなり，検出されにくくなるため，視覚系による姿勢制御の手がかりとなりえず補償が生じない．

ただし，さまざまな眼球運動を伴った姿勢制御を考えた場合，retinal slipのみで説明することは困難である．観察者が不安定な台の上に立ち，静止した注視対象（注視点）を固視する条件，水平方向に往復運動する注視点を追視する条件［滑動性追跡眼球運動（SPEM）］，およびそれと同様の周期，振幅で仮現運動する注視点を追視する条件（サッケード）で，直立姿勢の保持時間を計測して比較した実験では，サッケードの条件と静止注視点を固視する条件の間には差がなく，SPEMによる場合では有意に短くなった（Schulmann et al., 1987）．このことから，サッケードは姿勢制御を阻害しないが，SPEMは姿勢制御を阻害することが示されている（Glasauer et al., 2005）．サッケードにおいては，網膜上には激しい運動成分がSPEM以上に存在する．したがって，単なる網膜像の運動成分やretinal slipのみで自発的身体動揺を説明するのは適切ではないと思われる．サッケードについては，サッケード抑制（運動知覚の抑制）および眼球運動の運動指令の遠心性コピー

のような情報が姿勢制御に貢献している可能性が示唆されている（White et al., 1980）．SPEMは，サッケードに比較すると姿勢制御を阻害するが，SPEMによって網膜像が補償されて生じる静止した外界の知覚（視野安定性，位置・空間の恒常性）は姿勢制御に貢献し，姿勢を安定化する（Séverac Cauquil et al., 1996）．一方，眼球運動情報の網膜外信号（extra-retinal signal）による網膜像の補償や視野の安定という知覚処理ではなく，眼球運動そのものが身体動揺に直接影響しているという報告もある．頭部に固定された注視対象のあり，なしの2条件における眼球運動と身体動揺をそれぞれ計測し比較した結果，注視対象がある場合に自発眼振（spontaneous nystagmus）が抑制され，同時に身体動揺が減少する（Jahn et al., 2002）．注視対象が頭部固定であるため，retinal slipから身体と外界の関係を知ることは不可能である．これらから，自発的身体動揺における姿勢制御は求心性の視覚手がかりだけではなく，眼球運動情報をもたらす遠心性の網膜外信号をも積極的に活用していると考えられる．

14・4・3　自己進行方向知覚

観察者が前方に平行移動するとき，オプティックフローは，ある点を中心として拡大する放射運動パターンとなる（図14-4-6）．この放射の中心となる点をfocus of expansion（FOE：拡大の焦点）と呼ぶ．観察者が直線運動をしているとき，FOEは進行方向と一致する．Gibsonは，人はFOEを利用して

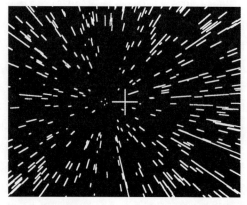

図14-4-6　注視点（＋）より少し左方向に前進している場合のオプティックフロー模式図

進行方向（heading direction）を知覚していると考えた（Gibson, 1950, 1966）。原理的には，放射運動パターンのうち二つ以上の速度ベクトルが入手できれば，それらを外挿した交点としてFOEは検出できる。ノイズを考慮すると，FOEにより近い速度ベクトルを用いたほうが信頼性が高く，進行方向は正確に知覚される（Crowell & Banks, 1993, 1996；Koenderink & van Doorn, 1987）。ただし，平行移動に回転移動が加わると，進行方向はFOEとは一致しない。たとえば，廊下をまっすぐ歩いているときに，横壁側のドアノブを注視していると，頭部あるいは眼球の回転運動が生じる。このとき，網膜像は，曲線状のフローを含み，平行移動のみの場合のように単純には進行方向は検出できない（図14-4-7）。運動がゼロとなり放射状フローの中心となる点をFOEとすると，このFOEは，実際の進行方向よりも頭部あるいは眼球の回転運動方向にずれてしまう。また，視野内に独立に運動する物体が存在する場合にも，FOEと進行方向は一致しない。このような問題や曖昧性を解決するために，さまざまな進行方向知覚のモデルが提案されている。

Hildreth（1998）は，進行方向知覚のモデルを七つに分類している。

(1) 離散モデル（discrete model）は，時分割された少数の像に含まれる少数の特徴点の位置から進行方向を計算する（たとえば，Longuet-Higgins, 1981；Prazdny, 1981）。特徴点の抽出や対応問題に関してノイズの影響を受けやすい問題点があるが，時間とともに精度を向上させることが可能である。

(2) 微分モデル（differential model）は，離散モデルに対して，連続的なフローから導出される微分成分を用いる（たとえば，Koenderink & van Doorn, 1975；Longuet-Higgins & Prazdny, 1980）。オプティックフローは，並進（translation）以外の非線形成分を，発散（divergence），回転（curl），変形（deformation）の3成分に分解でき，進行方向にはそのうち発散と変形のみが関係する。大脳皮質のMST野において，発散（拡大・縮小）と回転に選択性をもつ非常に受容野の大きい神経細胞がある（Tanaka et al., 1989）ことから，このモデルは生理学的知見と親和性が高い。

(3) 運動視差モデル（motion parallax model）は，奥行きの異なる2点（奥行きが変化する近傍の2点）の相対運動のFOEを求めて，進行方向とする（たとえば，Hildreth, 1992）。このモデルの利点は，上述した回転運動（頭部や眼球の運動に伴う）を含む場合においても正しく進行方向を算出できる点にある。

(4) 誤差最小化モデル（error-minimization model）は，得られた運動像情報（オプティックフロー）と推定される自己運動および外界の3次元構造が生じるオプティックフローとの誤差を最小化することで進行方向を決定する（たとえば，Heeger & Jepson, 1992）。

(5) テンプレート・モデル（template model）は，得られた運動像を貯蔵された多数のテンプレートと照合することで進行方向を決定する（たとえば，Perrone, 1992）。この種のモデルの常として，ある程度の成績を達成するために必要なテンプレートの数が問題となる。

(6) 動的モデル（dynamic model）は，FOEのような安定した特徴点の周囲の局所構造の時間的変化から進行方向を推定する（Verri et al., 1989）。

(7) 直接法（direct method）は，視点の移動によって生じるオプティックフローを前提として進行方向を推定するという方法をとらずに，得られた

図 14-4-7　眼球運動を含むオプティックフロー模式図

第II部　視覚

運動像から直接的に進行方向を算出する（たとえば，Aloimonos & Duric, 1994）。

このように多くのモデルが研究されているのは，自己進行方向の知覚が心理学的，生理学的に人の行動を理解するのに重要な課題であるのと同時に，マシン・ビジョンでの応用（遠隔ロボットの制御や自動車の自動運転など）についても重要な課題であるからである。

自己進行方向知覚についての心理物理学的研究は，W. Warrenが中心となり誤差約1°という精度の高さを報告したことから加速した（Warren et al., 1988）。彼らは，ランダムドットの散布された空間内での視点移動をシミュレートした運動画像を実験参加者に呈示した後，進行方向の周辺にプローブを呈示し，知覚された進行方向がプローブよりも右か左かを判断する弁別課題を導入し，弁別閾を求めた。その結果，進行方向知覚の弁別閾は，最高で0.66°，一般的に1.2°であることが示された。彼らは，フローを生成するドット数が，63から10個の範囲では精度はほとんど変わらず，2ドットで急激な低下が生じるとしている。つまり，比較的少ない，空間的に離散的な情報でも進行方向が知覚されると言える。また，時間特性に関しては，各ドットは2フレーム（コマ）しか継時的に呈示されないオプティックフロー（各ドットは，連続する2フレーム運動するように呈示され，いったん消失し，次のフレームでは新しい場所に呈示され，また2フレーム運動する。いわゆる生存時間制限運動ディスプレイ）からも十分な精度が得られる（Warren et al., 1991）。また，同研究において，各ドットの速度にノイズを加えても影響はほとんどないが，運動方向についてノイズを加えると，精度がノイズ比に比例して徐々に低下することが示されている。van den Berg（1992）も，進行方向知覚がノイズに対して頑健性が高く，またドットの生存時間を操作した場合150 msまで短くしても精度がほとんど低下しないことを示した。これらのことから，進行方向知覚の処理には高いノイズ耐性があること，視野全体の情報をある程度まとめて処理をしていることが示唆されている。

オプティックフローの処理では，視野全体の統合的な処理や周辺視の重要性がたびたび指摘されてき

た。前述した視覚誘導性自己運動知覚（ベクション）では，中心視に対して周辺視の優位性が指摘されることも多い（たとえば，Dichgans & Brandt, 1978）。しかし，進行方向知覚に関しては，放射運動パターンのなかでもFOEに近い部分が呈示されているほうが，周辺のみが呈示されているよりも精度が高く，また放射運動パターン全体が視野中心に呈示されているほうが視野周辺に呈示されているよりも精度が高い（Crowell & Banks, 1993；Warren & Kurtz, 1992）。

進行方向を注視していない状況，つまり視野の周辺にある対象を固視しながら移動する場合や，運動している対象を追視しながら移動する場合には，オプティックフローは曲線を含む複雑なものとなり，FOEのみでは進行方向は算出できない。このような眼球運動を含むオプティックフローから自己進行方向が視覚情報のみで知覚されるのか，網膜外信号が必要であるかについては多くの議論がある（たとえば，Lappe et al., 1999）。視点の並進運動に眼球運動に起因する回転運動が加わっているときの進行方向知覚について，眼球運動（回転運動）をシミュレートしたオプティックフローを用いた心理物理実験が行われ，その運動速度が小さければ（<1.0°/s）正しい進行方向が知覚できることが示されている（Warren & Hannon, 1988, 1990）。しかし，回転速度が大きくなると，知覚される進行方向はシミュレートした眼球運動の方向へずれ，5°/sで15°程度の誤差が生じる（Royden, 1994；Royden et al., 1992；Royden et al., 1994）。Roydenらは，視覚情報（オプティックフロー）のみから進行方向が知覚されるという従来の説に対して，網膜外の（視覚情報ではない）眼球運動の情報が進行方向知覚に使われるという説を立て，検証実験を行った（Royden et al., 1992；Royden et al., 1994）。眼球運動をシミュレートした場合の網膜像を注視点を固定して呈示する条件と，移動する注視点を追うことにより実際に眼球運動をする条件を設定した。この二つの条件は，実験参加者の網膜に映る映像（オプティックフロー）は同一であるが，後者でのみ実験参加者が実際に眼を動かすことになる。実験の結果，後者では眼球運動の速度にかかわらず正確に進行方向が知覚されること

を示した。つまり，眼球運動成分がある場合の進行方向知覚に関しては，網膜像の情報のみならず，眼球運動の情報も利用されていることが示唆された。

　また，自己進行方向判断における眼球運動に加えて，頭部回転の影響を調べた結果，頭部運動に起因するオプティックフローを補償して正しい進行方向を知覚するためには，網膜外信号としての前庭感覚情報，首の自己受容感覚（固有感覚）情報，そして頭部を回転するための運動指令の遠心性コピーの三つが利用されることが示されている（Crowell et al., 1998）。具体的には，実際に眼球運動を行う条件とそのシミュレーション映像を眼球を固定して観察する条件とを比較するのと同様の方法で，眼球運動以外にも，全身や頭部の運動とそのシミュレーション映像を用いた進行方向判断実験を行っている。全身（胴体）は固定し，能動的に頭部を回転させる条件では，ほぼ完璧な進行方向知覚が行われた。この条件では，頭部の前庭感覚，首の自己受容感覚，そして頭部を回転させるための首への運動指令のすべての情報が有効であった。一方，頭部とともに全身が回転椅子によって回転する条件（前庭感覚のみ有効）や頭部をあご台で固定し，全身のみを回転椅子によって回転する条件（首の自己受容感覚のみ有効）では頭部運動情報は補償されず，進行方向知覚はまったく正しく知覚されなかった。全身を固定し，頭部のみを受動的に回転させた条件（前庭感覚と首の自己受容感覚が有効であり，運動指令はない）や全身が回転椅子で受動的に動き，それを補償するように能動的に頭部を正面に固定する条件（首の自己受容感覚と運動指令が有効であり，前庭感覚はない）では結果は実験参加者間でばらついた。

　進行方向知覚に関する研究のほとんどが，静止した環境に対する視点の移動のみを対象としていたのに対して，実世界では，静止した環境のなかに観察者以外に独立して運動する物体や対象も同時に存在するのが普通である。Warren & Saunders（1995）は，従来の静止した環境での並進運動のシミュレーションに，独立に運動する物体を加えて，進行方向知覚への影響を調べた。独立運動対象は，静止環境がもたらすFOEとは独立に，それ自身がもう一つのFOEをもつように奥から手前へ右あるいは左方

向に運動した。その結果，独立運動対象が本来のFOEを隠さない条件では進行方向知覚に影響はなかったが，FOEを遮って横切る条件では，独立対象運動のFOEの方向へ（つまり，独立運動対象とは反対方向へ）進行方向がバイアスされて知覚された。彼らは，この結果から独立対象の運動成分が静止環境のオプティックフローから分離されてはおらず，全体的にまとめて（平均加算されて）処理されている可能性を示唆した。一方で，Royden & Hildreth（1996）は，類似した刺激で実験を行い，静止環境のFOEが遮蔽されていない条件では，やはりほとんど影響はなかったが，独立運動対象がFOEを遮蔽する条件では，Warren & Saunders（1995）と異なり独立運動対象と同方向へ進行方向知覚がバイアスされることを報告した。両者の実験の最も重要な違いは，独立運動対象がそれ自身FOEを生じるかどうかであり，Royden & Hildreth（1996）は前額平行面上で平行運動する独立運動対象を採用している。なお，彼女らはFOEを含む刺激でも実験を行っているが，個人差が大きくWarren & Saunders（1995）の結果を追試することには成功しなかった。

　類似の現象として，ランダムドットによる放射拡大運動パターンに平行運動パターンを重畳呈示すると（二つの運動パターンが二つの透明な面を生成する），放射状運動のFOEが平行運動パターンと同方向にずれて知覚されることが報告されている（Duffy & Wurtz, 1993）。ただし，放射拡大運動と平行運動の運動成分を実際に加算した場合には（合成ベクトルによる一つの運動パターンとして呈示），FOEは数学的にも知覚的にも平行運動と反対方向にずれる（図14-4-8）。Warrenらの知見は，後者のようにオプティックフローの運動が広く加算・合成されて進行方向が知覚されるというものであり，一方Roydenらの知見は，前者の現象報告と一致したものである。平行運動パターンを放射運動パターンよりも手前の奥行きに重畳呈示すると，知覚的FOEがずれる現象が低減することも報告されている（Grigo & Lappe, 1998）。また，この現象を説明するモデルとして，MST野の神経細胞による集団コーディング（population coding）が提案され，電気生理学的検討もなされている（Lappe & Duffy, 1999；Lappe &

第 II 部　視覚

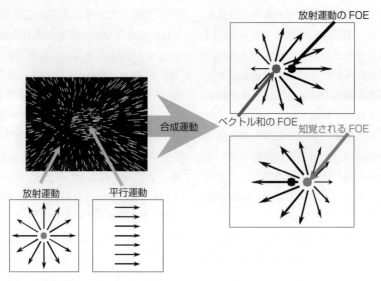

図 14-4-8　放射運動と平行運動の合成運動による FOE とそれらを重畳呈示した場合に知覚される進行方向

Grigo, 1999；Lappe & Rauschecker, 1995）。Roydenらは，この現象が，放射運動成分と平行運動成分の間で生じる運動反発効果（motion repulsion effect）によると考えており，そのメカニズムとしてMT野の神経細胞に想定される相対運動処理器（motion-opponent operators）を提案している（Royden, 1997；Royden & Hildreth, 1996）。

14・4・4　自己進行方向の制御

歩行時にはオプティックフローから自己進行方向の知覚ができるだけでなく，進行方向の選定もできる。しかし，そのときに本当にオプティックフローを人が用いているかについては議論がある（Wann & Land, 2000）。プリズム眼鏡を装着して目標に向かって歩行した場合には，オプティックフローからの予測よりも目標の位置ずれからの予測と適合した歩行軌跡が得られている（Harris & Rogers, 1999；Rushton et al., 1998）。この結果は，オプティックフローは速度の調整やベクションの知覚には貢献するが，歩行などの進行方向制御においては目標の位置および，自己身体からその目標への方向の情報が重要という考えを支持する。一方，VR技術を用いて歩行時のオプティックフローを操作した実験では，オプティックフローの情報が少ないと目標への方向の情報が支配的で，情報が増えて信頼性が増すに従いオプティックフローを用いた進行方向制御に変化した（Warren et al., 2001）。目標への方向の情報とオプティックフローの情報は，それぞれの信頼性によって重みの異なる線形加算がなされて，進行方向の制御に用いられると示唆される（Warren et al., 2001；Wilkie & Wann, 2003；Wood et al., 2000）。

自動車の運転（転舵：steering）も進行方向制御の顕著な例である。ただし，自動車の運転は道路で行われることが多く，道路のレーンのなかを正確に運転するような転舵行動が求められるという点が制限のない歩行や進行方向制御との違いである。特にカーブにおける運転はカーブネゴシエーション（curve negotiation）と呼ばれる。自動車運転時の眼球運動の計測によって，カーブネゴシエーション時の認知が調べられている（Land & Lee, 1994）。運転者がカーブに進入する 1-2 s 前に，その視線がカーブ内側との接点（tangent point）となる点にサッケードして集まり，カーブ進入後 0.5 s 後には，80％の時間じゅう接点に視線が集まる。これは，車の進行方向と接点への視線方向の差が，カーブの曲率を視覚的に予測する直接的な情報であり，転舵行動に有効であるからと推察されている（接点モデル；tangent point model）。

接点への視線と進行方向がなす角を θ，カーブの曲率を C（カーブ半径の逆数），運転者の視点とカー

ブ内側との距離を d とすると，カーブの曲率は以下の式で求まる（図14-4-9）。

$$C = 1/(d\cos\theta) - 1/d$$

この θ から求まる曲率 C を用いれば，適切な転舵量が求められる。また，カーブの曲率を求めることなしに，接点の視線と進行方向がなす角 θ と接点までの距離を用いた運転モデルが，カーブに進入する際のヒトの転舵行動をうまく説明できることも示されている（Boer, 1996）。

一方で，実際の運転時の眼球運動を詳細に計測して，カーブを曲がっている最中の視点は実際にはカーブ内側の接点よりやや先に分散していて，道路のオプティックフローによると思われる顕著な視運動性眼振（OKN）も生じているという報告もある（Lappi et al., 2013：図14-4-10）。したがって，接点モデルは少なくともカーブを曲がっている最中には当てはまらず，運転者は接点（道路のエッジ）ではなく，道路表面の将来行くべき所を見ているのではないかと推定されている。

実際に接点を見ることが運転成績を向上させるかについての実験がドライビングシミュレータを用いて行われている（Mars, 2008；Robertshaw & Wilkie, 2008）。いずれの研究においても，ドライバーが接点を強制的に注視するように指示された条件においては運転精度の向上は見られなかった。一方，注視点の方向に転舵がバイアスされる傾向がみられている（Kountouriotis et al., 2012；Robertshaw & Wilkie, 2008）。接点に関係のない道路の外側のエッジを消しても運転成績は下がり，内側のエッジを消してもある程度の運転が可能なことから道路の視覚情報のフィードバックが運転に用いられていると考えられている（Kountouriotis et al., 2012）。

実際の運転行動をよく説明するモデルとして，運転者から近い領域と遠い領域の二つを用いて運転行動を説明するモデルがある（Donges, 1978）。ドラ

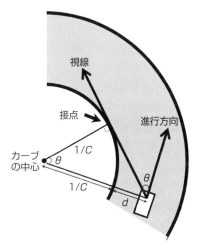

図14-4-9 運転者の視点からカーブ内側への視線の接点と進行方向との関係

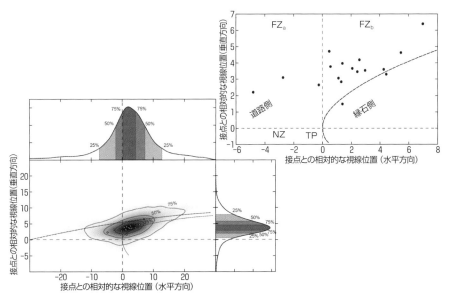

図14-4-10 カーブ旋回中の運転者の視点の分布（Lappi et al., 2013, Fig. 6）

第 II 部　視覚

イビングシミュレータを用いて，道路の一部のみしか見えない条件での転舵行動が計測されている。遠くの道路（自車の到達までに時間がかかる領域）のみが見える条件では，転舵行動は緩やかであり安定しているが，道路中央からの逸脱は大きかった。一方近くの道路のみが見える条件では，転舵行動は急であり激しい運転であったが，道路中央からの逸脱は小さかった。これらの中間領域のみが見える条件では，ちょうど中間の結果であった（Land & Horwood, 1995）。これらの結果から，遠くの道路の情報は，フィードフォワード制御のための情報であり，将来の運転のためのカーブ予測や軌道計画に利用されることが示唆された。一方，近くの道路の情報は，フィードバック制御のための情報であり，道路中の左右位置の調整，つまり精細な転舵制御に利用されるといえる。

　自車の進行方向と近点への方向との角度差，および自車の進行方向と遠点への方向との角度差の二つの角度を同時に使うことで，カーブの曲率を推定せずに，転舵角度を直接計算してカーブを旋回するというモデルが提案されている（Salvucci & Gray, 2004）。ここでいう近点は，常に目の前の道路の中央である。ただし，遠点は状況に依存し，前方に他車がいる場合にはその車であるが，前方に他車がない場合には，直線道路では消失点，カーブでは視点からカーブ内側への視線の接点を遠点とする。これら二つの点への角度差がゼロになるように運転モデルが構築された。このモデルは，遠方や近傍の情報のみを呈示した際の転舵行動（Land & Horwood, 1995）や視野を一時的に遮蔽したときの転舵行動（Hildreth et al., 2000）をよく説明できる。

　前述したように，運転中の視線方向が転舵行動に影響することが知られている（Kountouriotis et al., 2012；Readinger et al., 2002；Robertshaw & Wilkie, 2008）。ドライビングシミュレータを用いて，注視点を中央から左右の特定の位置に呈示し，そこを固視しながら運転を行うと注視方向に転舵がバイアスされる。この効果は車の前進速度に依存せず，かなり小さい左右への注視位置（5°）でも生じる（Readinger et al., 2002）。また，ステアリングホイールの回転と車の挙動を逆にした（たとえば，左に回すと車は右

に曲がる）場合でも，注視方向に車の進行方向がバイアスされた。このことから，単なる身体の結びつき（眼を左に動かすと手も左に動きやすい）による効果ではなく，進行方向の知覚あるいはそれに基づく制御そのものが視線方向の影響を受けていると考えられる。

14・4・5　衝突までの時間

　車のブレーキや移動の速度調整などに使う視覚情報として，衝突までの時間（time-to-collision：TTC）が提案されている。これを用いるとオプティックフローから距離，速度，加減速を抽出することなく自己運動が制御可能となる。TTCは，衝突しようとする物体までの距離を自分との相対速度で割れば導出できるが，オプティックフローのみからより直接的に導出することも可能である（Lee, 1976）。衝突しようとする物体が正面にあるなら，常にそのオプティックフローは純粋な拡大運動（pure dilation）になる。その拡大率（rate of dilation）の逆数がTTCとなる。あるいは，衝突物体の2点の距離をその距離の変化率で割ったものである。これは，視覚的タウ（visual τ, visual tau）と呼ばれる。この視覚的タウがTTC知覚に利用されているかについて，落下するボールを打つ課題（Lee et al., 1983）や実際に大きさの変化するボールを捕る課題（Savelsbergh et al., 1991；Savelsbergh et al., 1993）などで調べられており，視覚的タウを支持する結果が得られている。TTCの知覚精度は，オプティックフローの呈示時間に影響されず，速度が上がるにつれて上昇する（McLeod & Ross, 1983）。呈示時間に影響されず，即座にTTCが知覚されることは，複雑な計算を必要としない視覚的タウが利用されていることを示唆する。

　一方で，視覚的タウが利用できる環境は非常に限られており，実際に利用されているかについて否定的な議論やデータもある（Tresilian, 1990, 1993, 1999；Wann, 1996）。TTC知覚において，両眼視差情報と単眼視情報（視覚的タウ）を操作した実験では，両方の情報があるときには，片方のみの情報しかない場合よりも精度が上がった（Gray & Regan, 1988）。また，単眼視では視覚対象が小さいときには

TTC を正確に知覚できず，両眼視差の情報が必要であった。したがって，視覚的タウが利用される環境は限定的であり，両眼視差情報が TTC 知覚に利用されていると考えられる。両眼の輻輳情報と刺激のサイズ変化（視覚的タウに関連）を操作した実験でも，対象物のサイズが大きいときには視覚的タウが，小さいときには輻輳情報が利用されていることが示されている（Heuer, 1993）。したがって，TTC が視覚的タウのみで決まっていることはなく，両眼視差や輻輳などの他の手がかり（Gray & Regan, 1988；Heuer, 1993）やオプティックフローの速度そのものも利用していると示唆される（Kerzel et al., 1999）。

14・4・6 ナビゲーション

ナビゲーション（navigation）や認知地図（cognitive map）など，広い空間の表象とその処理に関する問題が VR を用いて研究されている（Tarr & Warren, 2002）。たとえば，HMD を用いた VR 環境で，視覚情報（オプティックフロー）と網膜外信号（前庭感覚や自己受容感覚）が歩行経路を統合するときにどのように利用されているかについて調べられている（Kearns et al., 2002）。その結果，オプティックフローの視覚情報のみの場合にも十分に正確な経路統合（path integration）が行われるが，相対的には網膜外信号のほうが優勢であると報告されている。この経路統合課題では，実験参加者は，まずある距離だけまっすぐ歩き，次にある角度進行方向を変えてまたある距離だけ歩く。そして，最後に（三つの歩行経路が三角形をつくるように）出発地点に歩いて戻る，あるいは出発地点の方向を示すように求められる（たとえば，Loomis et al., 1993）。この課題に HMD とトレッドミルや前庭感覚シミュレータを用いることで，視覚情報，および各種の身体感覚情報の網膜外信号が独立に操作可能となり，歩行時に生成される空間表象に利用される情報や表象の特性を調べることができる。また，実世界と VR 空間で同じ迷路を作成し，認知地図形成を調べた研究では，個人の能力差は大きいが，各個人内での実空間迷路と VR 迷路との成績の差は小さく条件間相関が高いことが報告されている（Waller, 2000；Waller

et al., 2001）。

（北崎　充晃）

14・5　身体の運動知覚

14・5・1　バイオロジカルモーション

人の関節位置に付けた 10-12 個の光点の運動のみから人の歩行や走行が即座に知覚される（Johansson, 1973；図 14-5-1）。歩行だけでなく，ジャンプをしたり階段を上るなどのシーン，さまざまな道具を使うシーン（金槌で釘を打つ，バスケットボールをドリブルする，箱を持ち上げるなど）や社会的な動作（ダンスを踊る，ボクシングをする，握手をするなど）についても光点のみから知覚できる（Dittrich, 1993）。また，イヌ，ネコ，ラクダ，ウマ，ヒツジなどヒトを含む 14 種の動物についても光点の運動のみから識別が可能であることが示されている（Mather & West, 1993）。

これは生物の動きに特有の知覚という意味でバイオロジカルモーション（biological motion）と名付けられている。刺激としては，光点ディスプレイ（point-light display；point-light walker）ともいう。人工的に人の歩行の光点ディスプレイを生成するプログラムが早い段階で公開され，実験ツールとしても活用された（Cutting, 1978）。光点ディスプレイの非常に少ない動的視覚情報から，動作者の特性（個人同定，性別）もある程度判別可能である（Cutting & Kozlowski, 1977；Kozlowski & Cutting, 1977；Pollick et al., 2005）。

一方で，倒立させると知覚が困難になる倒立効果（inversion effect）も報告されている（Pavlova & Sokolov, 2000；Sumi, 1984）。光点ディスプレイによる歩行は，追加されたノイズ点でマスクされても検出され，その歩行方向も知覚できるが，倒立させるともはや検出されず方向も知覚できない（Bertenthal & Pinto, 1994）。また，身体に対応する点とペアになるようにノイズ点を配置してマスクすると成績は下がるが，歩行者を検出することは可能である。そして，光点を関節ではなく関節と関節の間に配置しても知覚成績は関節につけた光点ディスプレイとそ

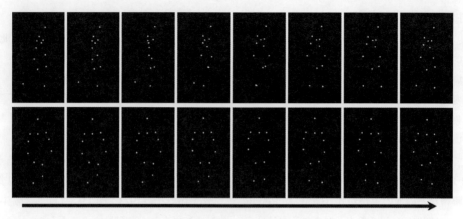

図 14-5-1　光点ディスプレイ（バイオロジカルモーション）の例

れほど変わらないが，関節の点の時間位相をランダムにすると大きく低下する。また，光点ディスプレイの光点を輝度情報以外の色やコントラスト，テクスチャなどで定義して二次運動（second-order motion）として呈示してもバイオロジカルモーションは知覚される（Aaen-Stockdale et al., 2008；Ahlström et al., 1997）。これらの結果から，バイオロジカルモーションの知覚は，局所的な運動処理よりは，大局的・全体的な運動処理（global processing）や形・配置の処理（configural processing）に基づくのではないかとされている。実際，全体的な形の情報を失うと，バイオロジカルモーションの知覚が阻害される。たとえば，各点を食べ物や生物などの親近性の高い物体の形に置き換えると運動情報は同一であるにもかかわらず人の歩行運動は知覚されない（Hunt & Halper, 2008；Wittinghofer et al., 2010）。

ただし，局所情報がバイオロジカルモーションに貢献していることを示す知見も少なくない。ヒトやネコ，ハトが右か左に向いて歩行している光点ディスプレイ（全体の場所は移動しない）の各光点位置をランダムに再配置（スクランブル）して全体性を崩した場合でも，時間位相をランダムにした場合でも，右向きか左向きかが知覚でき，しかし倒立させると知覚成績が下がる（Troje & Westhoff, 2006）。これらのことは，大局的・全体的処理ではなく，局所的な情報からもある程度のバイオロジカルモーションが知覚され，その倒立効果もまた生じることを示す。さらに，足に対応する光点のみを倒立させると，それ以外の部分を倒立させた場合よりも倒立効果が強く，バイオロジカルモーションの知覚には全体的な処理に加えて，局所的な情報処理も利用されているのではないかとされる（Casile & Giese, 2005；Chang & Troje, 2009；Troje & Westhoff, 2006）。

14・5・2　姿勢と動作の知覚

人の身体には個人差があるものの関節の可動範囲があり，行うことが可能な姿勢と不可能な姿勢がある（図 14-5-2）。静止画において，顔倒立効果（face inversion effect）と同様に身体倒立効果（body inversion effect）があることが知られており，身体姿勢の同定は正立刺激に比べて，倒立刺激では困難になる（Reed et al., 2003）。ただし，姿勢が不可能な場合には，この倒立効果が消滅する（Reed et al., 2003）。また，異なる視点からの姿勢同定においても，不可能な姿勢では可能な姿勢と比較して視点依存性が高まり，視点の差が大きいほど同定成績と速度が悪化し（井上・北崎，2010），可能な姿勢と不可能な姿勢では認識の処理が異なることが示されている。このことは，他者の身体を認知するときに，自分の身体あるいは一般的な身体に関する生体力学的制約（biomechanical constraint）を利用していることを示唆する。

同様の生体力学的制約は，人の身体の動作の知覚においてもみられる。2 枚のフレームを継時呈示して知覚される仮現運動では，時空間対応に曖昧性がある場合には通常，距離が短い対応がとられる。ただし，身体姿勢を用いた仮現運動の知覚では，生体力学的制約が距離の効果を上回ることがある（Heptulla-

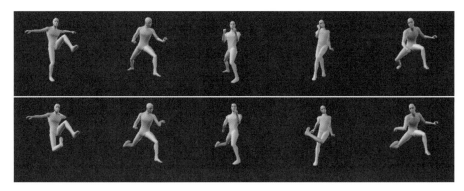

図 14-5-2　可能姿勢（上）と不可能姿勢（下）の例

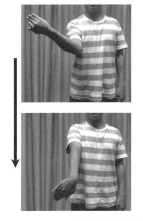

図 14-5-3　生体力学的制約に基づく仮現運動の刺激
（Shiffrar & Freyd, 1990, Fig. 1 を参考に著者が撮影・作成）

Chatterjee et al., 1996；Shiffrar & Freyd, 1990）。図 14-5-3 の二つの姿勢はどちらも行うことが可能な姿勢である。左の姿勢のあとに右の姿勢が呈示されたら，どのような仮現運動が知覚されるだろうか。一般的な視覚処理に基づけば，空間的対応の近さから左回りで，前腕を外側に回すような運動が知覚されるはずである。しかし，それは解剖学的に人が行うことのできない動作である。二枚の姿勢画像の SOA（刺激オンセット時間差）が長いとき（>400 ms）には距離は長いが，解剖学的に行うことができる動作，つまりやや右回りで前腕を前方・内側に回すように知覚された。一方，最も短い SOA（150 ms）では距離が短い（ありえない）動作が知覚された（Shiffrar & Freyd, 1990）。一方，時計の針の写真で同様の実験を行ったところ，SOA にかかわらず距離が短い対応の仮現運動が知覚された。つまり，時計の針には右回りのような知識や経験の影響は仮現運動には現れない。したがって，身体の動作に関しては，生体力学的制約が比較的低次の知覚処理にも影響を及ぼし，それは知識や意識的な推論に基づくものではないことが示唆される。仮現運動ではなく実際に可能な動作をする人の映像と不可能な動作をする人の映像を乳児に観察させると，9 か月齢では注視パターンに有意な差はないが，12 か月齢では不可能な動作をする関節を，可能な動作をする関節よりも長く注視する。成人でも同様に不可能な動きをする関節を注視することから，すでに 12 か月齢において身体の生体力学的制約が知覚に利用されている可能性，つまり身体の理論を有していることが示唆される（Morita et al., 2012）。

（北崎 充晃）

14・6　事象知覚

14・6・1　アニマシーの知覚

Heider & Simmel（1944）は，大きな三角（▲），小さな三角（▲），丸（●）という三つの幾何学的物体が，開閉できるドアのついた四角形の家の周囲で複雑な運動を行う 2 分半の動画を用いて実験を行った（図 14-6-1）。動画は以下のようなシナリオであった。

(1) ▲ が家に向かい，ドアを開け，中に入りドアを閉める。
(2) ▲ と ● が現れ，ドアの周囲を動く。
(3) ▲ が家の外に出て，▲ に向かう。

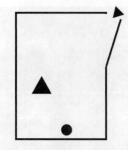

図14-6-1 Heider & Simmel (1944) の動画のあるシーンの模式図

(4) ▲ は ▲ と闘い，▲ が勝つ。闘いの間，● は家の中に入る。
(5) ▲ が家の中に入り，ドアを閉める。
(6) ▲ は家の中で ● を追いかけ，▲ は家の周囲を動き，ドアに向かう。
(7) ▲ はドアを開け，● が外に出る。▲ と ● はドアを閉める。
(8) ▲ は家の外に出ようとするが，ドアを開けることができない。▲ と ● は家の外でぐるぐる回り，時々触れ合う。
(9) ▲ はドアを開け，家の外に出る。
(10) ▲ は ▲ と ● を追いかけ，家の周りを二周する。
(11) ▲ と ● は視野の外に出る。
(12) ▲ は家の壁に何度かぶつかり，壁が壊れる。

図14-6-1は，上記の(6)から(7)の間である。これらの記述では擬人化して「闘う」「追いかけ」などの表現があるが，実際には幾何学図形が相互に運動しているだけである。この映像を観察した34人の実験参加者のうち33名は，生き物の運動と解釈し，そのほとんどは人同士のインタラクションと自由回答で答えた。次の実験は質問に回答する形で行われたが，たとえば▲がどういう人物かという質問については，多くの実験参加者が共通して攻撃的で怒っていると答えるなど，実験参加者間で映像の解釈は共通していた。逆再生の動画を見せた実験では，ほとんどの実験参加者はやはり人同士のインタラクションと解釈したが，その解釈にはばらつきがあった。これらのことは，人でも動物でもない幾何学図形の運動パターンから，人はアニマシー（生き物らしさ：animacy）や社会的な相互作用を知覚するということを意味する。

どのような運動が擬人化や生き物らしさを知覚させるかについては，自発推進性（self-propelledness）と目的指向性（goal directedness）が鍵となる（Premack & Premack, 1997）。自発推進性は，外部からの力を与えられることなく，自発的に動き出し，速度を変え，止まる，進行方向を変えるなどの運動を行うことである。Heider & Simmel (1944) の映像では，常に三つの幾何学図形はそれぞれが自発的に運動し，運動経路は常に変わる。それは，上から下に落ちる，別の物体がぶつかり移動するなど，物理法則のみでは説明できない運動である。目的指向性は，ある目的を達成するために運動を行うことである。先の映像では，▲ が ▲ や ● を追いかける，それらにぶつかるという運動は，攻撃するという目的に基づいている。

このような幾何学図形の運動に自発推進性や目的指向性を見いだすことは，成人には容易にできるし，むしろほとんどの人はそのように知覚することを回避できない。乳幼児を対象として，インタラクションする幾何学図形を用いた実験が行われ，「心の理論（theory of mind）」と関連づけて研究されている（Premack & Premack, 1997）。単純な図形とその運動を用いることで，独立変数の精緻な制御や統制条件の設定が容易となる利点がある。たとえば，小さな丸（●）が遠くにいる大きな丸（●）のところに移動しようとするが途中に壁があり，容易には到達できない状況を作る（Gergely et al., 1995；図14-6-2）。● はいったん ● の方向へ少し移動した後，壁の前で止まり，元の位置まで戻る。その後，もう一度動き出し，壁を飛んで乗り越えて ● のところに到達し，最後は ● と ● が触れ合うというシナリオである。ここでの ● の目的は，● のところへ移動することである。この映像に12か月齢の乳児が馴化したあとに，テスト刺激として，壁のない空間で，● が ● まで移動する2種類の映像を呈示した。一つは，● が ● までまっすぐ運動する刺激であり，もう一方は，壁はないけれども馴化刺激と同様に途中で飛び上がってから ● まで移動する刺激である。視覚刺激としては，後者（飛び上がる）が馴化刺激と同じであるが，目的指向性としては，前者が馴化刺激と同じであり，途中で飛び上がることは目的とは外

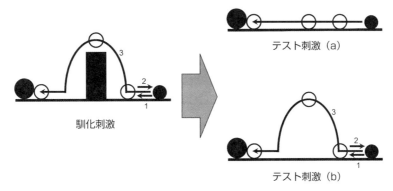

図 14-6-2 Gergely et al. (1995) の刺激の模式図（Gergely et al., Fig. 1, 2 をもとに著者作成）

れた運動と言える。乳幼児は，前者の運動では脱馴化はほとんど示さず，後者の運動でのみ大きな脱馴化を示した。つまり，後者の運動を目新しいものとして注視した。このことは，12 か月齢の乳児であっても，幾何学物体の目的指向性を知覚していることを示す。

　前言語期の乳児（10 か月齢）が，幾何学図形がインタラクションする映像からその図形の特性（攻撃者と犠牲者）を知覚し，犠牲者を選好することが示されている（Kanakogi et al., 2013：図 14-6-3）。攻撃者・犠牲者インタラクション刺激では，青い球が黄色い四角にぶつかり潰した。つまり，球が攻撃者で，四角が犠牲者として知覚される。統制刺激では，球と四角は攻撃者・犠牲者インタラクション刺激と同じ動き（運動軌跡と変形）をするが，互いにはぶつからなかった。攻撃者・犠牲者・中立者刺激では，攻撃者・犠牲者である球と四角以外に，中立的な赤い円柱が含まれていた。異なる実験参加者群がそれぞれの映像を観察した後，映像に出てきた物体のうち二つのぬいぐるみが呈示された。その結果，攻撃者・犠牲者インタラクションでは，乳児は有意に犠牲者のぬいぐるみの方に手を伸ばしたが，統制刺激では有意差はなかった。そして，中立者を含んだ刺激では，中立者よりも犠牲者が，攻撃者よりも中立者が選ばれた。この犠牲者に手を伸ばす行為は，苦境にある他者に近づく，身体に触れる行為に示される同情と関係していると考えている。このような行動が言葉を話す前の乳児にみられることは，同情のような向社会性が生まれつき備わっている可能性を示唆すると同時に，その前提としてこれらの運動から社会的インタラクションを知覚していることを示す。

　上記のような生物の動きのようで擬人化されやすく，意味のある動きを知覚させる要因について要素解析的な研究も行われている。たった一つの対象の比較的単純な運動からもアニマシーは知覚され，突然の速度変化（特に速度上昇）と方向変化が重要であり，対象の形状や対象の主軸と運動方向との関係がアニマシー知覚に影響する（Tremoulet & Feldman, 2000）。別に静止した対象がある場合には，運動方向を変えた後にそれに向かって移動していくような条件（目的への到達）ではアニマシーは高くなり，その静止対象の場所で運動方向を変えた場合にはアニマシーは抑制された（Tremoulet & Feldman, 2006）。また，一つの対象がランダムに動いているときに周囲に多数ある同様の物体が対象と同期して運動するとアニマシーは低下した（Takahashi & Watanabe, 2015）。つまり，対象となる運動物体それ自体の特性のみならず，環境や周囲のコンテクストによって，運動物体のアニマシー知覚は影響を受ける。このことは，アニマシーの知覚に自己推進性と目的指向性が関係していることを支持する。そして，二つの対象が時間的随伴性をもって，あるいは同期して動くときには，追跡などの社会的インタラクションとともにアニマシーが知覚される（Bassili, 1976；Dasser et al., 1989）。追う・追われるの運動（オオカミとヒツジ：Wolf and sheep）に特化した実験と分析が行われている（Dittrich & Lea, 1994；Gao et al., 2009；Rochat et al., 1997）。複数の物体が画面上を運動し，そのうち一つがオオ

第Ⅱ部　視覚

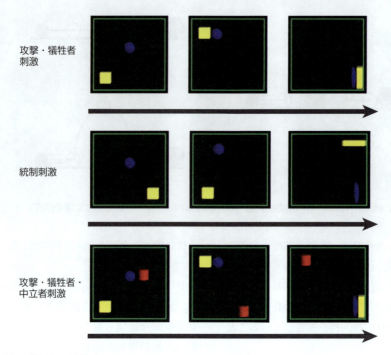

図 14-6-3　攻撃・犠牲者の刺激（Kanakogi et al., 2013, Fig, 1）

カミ（wolf）として，ヒツジ（sheep）のどれかを追跡する。このような刺激から人は明らかなアニマシーを知覚するが，オオカミがヒツジにより直接的に向かうとき，そしてオオカミの速度がヒツジよりも速いときに意図（目的指向性）が知覚されやすい（Dittrich & Lea, 1994）。Gao et al.（2009）は，追跡関係のアニマシー知覚研究のために，追跡の精度（chasing subtlety）を操作して追跡があるかないかを検出しオオカミ・ヒツジを同定する課題と，追跡されるヒツジを実験参加者自らが制御して逃げる課題を開発し提案している。また，ある物体に対して，接近しないが，常に正面を向く矢のような形状の物体が多数ランダムに運動していると，その向かれている物体が追いかけられて知覚されるという現象（オオカミの群れ効果；wolfpack effect）がある（図 14-6-4）。実際のヒツジとは別の対象に対して多くの矢が向くような刺激で，追跡検出課題やオオカミから逃げる課題を行うと，追跡関係検出やヒツジとして逃げる課題の成績が低下する。つまり，従来型の追跡アニマシーの知覚がオオカミの群れ効果によって阻害される（Gao et al., 2010）。したがって，オオカミの群れ効果はアニマシー知覚の一種と考え

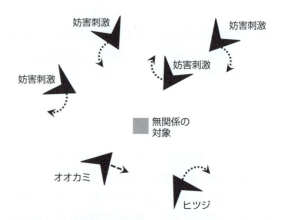

図 14-6-4　オオカミの群れ効果（Wolfpack effect）の模式図（Gao et al., 2010, Fig. 1 をもとに著者作成）

られる。

14・6・2　因果の知覚

物体 A と物体 B が離れた位置にあり，A が B の方向に動き出す。A が B の位置まで来ると A は止まり，B が同方向に動き出す。このような動きを見ると，物体 A が物体 B を押し出した（launching）という因果の知覚が生じる（Michotte, 1963；Scholl & Tremoulet, 2000：図 14-6-5）。しかし，A が B

の位置まで来た後にしばらく両方が静止してからBが動き出す場合（時間差）にはこのような押し出しは知覚されない。また，AがBの位置まで到達する前にBが動き出したとき（空間差）にも押し出しの因果性は知覚されない。押し出しが知覚される場合には，物理法則に従うかのように運動エネルギーは物体AからBに引き継がれ，一つの運動が続いているかのように知覚される。一方で，時間差や空間差がある場合には，むしろBが自ら動き出す，あるいは逃げ出すようなアニマシー知覚が生じる。AがBの位置まで運動したあとに，AとBが一緒に同方向へ動き出す刺激では，付き添いのような社会性が知覚されることもある。このように二つの物体の単純な運動から物理的な因果性や社会的なアニマシーが知覚される。こうした因果の知覚は，高次の推論や知識に基づくものではなく，自然で自動的，避けがたい知覚だと考えられている。乳児を対象とした研究でも6か月齢において，馴化・脱馴化法を用いて押し出しの因果性が知覚されていることが示されている（Leslie, 1982, 1984）。

　Michotte（1963）は，さまざまな因果性の知覚をもたらす運動の一覧を呈示したが，それに対してさらなる因果の知覚をもたらす運動が追加されている（White & Milne, 1997, 1999）。たとえば，縦に並んだ複数の物体のうち一つが動き出し，それに少し遅れて他の物体が次々続々と同じ方向に動き出す運動は，最初の物体が他の物体を引き連れていくように知覚される（White & Milne, 1997）。先の付き添いやこの引き連れは，物理法則というよりは社会的インタラクションのアニマシーとも言えるもので

ある。また，物体Aが物体Bに向かって運動してきて，隣り合ったときにBが動き出す（押し出し，図14-6-6 上）ではなく，AとBが完全に重なったあとにBが動き出す（通過）と，もはや押し出しの知覚はほとんど生じない（図14-6-6 中：Scholl & Nakayama, 2002）。しかし，通過の刺激と押し出しの刺激を隣接して同時に呈示すると，両方が押し出しているように知覚される（図14-6-6 下）。Scholl & Nakayama（2002）はこれを因果の捕捉（causal capture）と呼んだ。因果のコンテクストを与える押し出し刺激は，衝突する付近のたった50 msの呈示のみでも因果知覚を捕捉・誘発した。一方，同時に呈示する衝突のタイミングを50 msずらすだけで通過刺激が押し出しに知覚される割合は有意に低下し，200 msずらすとたった20％しか押し出しは知覚されなかった。つまり，押し出しの因果知覚におけるコンテクストの効果は，時間的に非常に短い時間特性の処理に支えられており，比較的低次の視覚処理に基づいていると考えられる。

　二つの物体がぶつかるように相対して運動してきて，衝突した後に反発する運動を観察すると，それぞれの物体に想定した質量がどちらが重いかについて正確に判断できる（Todd & Warren, 1982）。しかし，同様な状況での衝突する二つの物体の相対的質量の知覚は物理法則そのものに基づいているわけではなく，衝突後の運動の方向や速度を利用したヒューリスティックによると考えられている（Gilden & Proffitt, 1989）。

　先の通過の刺激に似ているが，図14-6-7のようにまったく同じ形状の二つの物体がぶつかり，また別

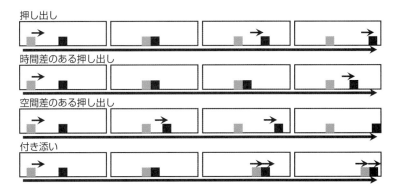

図14-6-5　因果の知覚の例（Scholl & Tremoulet, 2000, Fig. 1をもとに著者作成）

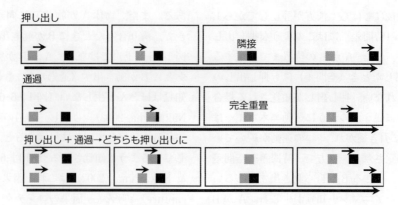

図 14-6-6　通過と因果捕捉（Scholl & Nakayama, 2002, Fig. 1 をもとに著者作成）

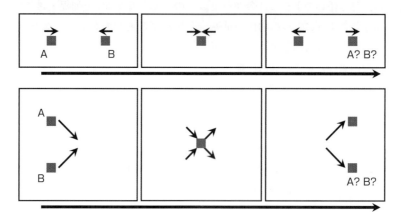

図 14-6-7　通過と反発のあいまい知覚

れていく運動を呈示すると，それぞれは運動を続けて通過（交差）したように見える場合とぶつかり反発して運動方向を変えたように見える場合との曖昧運動（多義運動）が知覚される（Metzger, 1934）．図に示したような刺激布置では通過が知覚されることが多いが，二つの物体が重なる瞬間に一瞬静止させたり，刺激を消してしまったりすると，反発運動が知覚されやすくなる（Bertenthal et al., 1993；Sekuler & Sekuler, 1999）．また，衝突の瞬間に光のフラッシュや音刺激，触覚振動などを与えても，反発知覚が増加する（Sekuler et al., 1997；Shimojo & Shams, 2001；Watanabe & Shimojo, 2001）．つまり，視覚モダリティだけでなく，他感覚モダリティからの瞬間的刺激も事象の知覚を修飾する（総説として，河地・行場，2008）．したがって，因果の知覚は視覚に限定されたものではなく，多感覚モダリティにまたがる，あるいは感覚モダリティに依存しない知覚処理に基づいている可能性が示唆される．

（北崎 充晃）

文献

中島 義明・平田 忠・森 晃徳 (1994). 運動知覚　大山 正・今井 省吾・和氣 典二（編）　新編 感覚・知覚心理学ハンドブック（pp. 802-844）　誠信書房

Nakayama, K. (1985). Biological image motion processing: A review. *Vision Research*, 25, 625-660.

西田 眞也 (2007). 運動視　大山 正・今井 省吾・和氣 典二・菊地 正（編）　新編 感覚・知覚心理学ハンドブック：Part 2（pp. 281-300）　誠信書房

鷲見 成正・椎名 健 （1969）．運動の知覚 和田 陽平・大山 正・今井 省吾（編） 感覚・知覚心理学ハンドブック（pp. 637-669） 誠信書房

（14・1）

Addams, R. (1834). An account of a peculiar optical phenomenon seen after having looked at a moving body. *London Edinburgh, and Dublin Philosophical Magazine and Journal of Science, 5*, 373-374. ［doi: 10.1080/14786443408648481］

Anstis, S., & Duncan, K. (1983). Separate motion aftereffects from each eye and from both eyes. *Vision Research, 23*(2), 161-169. ［doi: 10.1016/0042-6989(83)90139-6］

Ashida, H., & Osaka, N. (1995). Motion aftereffect with flickering test stimuli depends on adapting velocity. *Vision Research, 35*(13), 1825-1833. ［doi: 10.1016/0042-6989(94)00270-v］

Barlow, H. B., & Hill, R. M. (1963a). Evidence for a physiological explanation of the waterfall phenomenon and figural after-effects. *Nature, 200*, 1345-1347. ［doi: 10.1038/2001345a0］

Boi, M., Ogmen, H., Krummenacher, J., Otto, T. U., & Herzog, M. H. (2009). A (fascinating) litmus test for human retino- vs. non-retinotopic processing. *Journal of Vision, 9*(13):5, 1-11. ［doi: 10.1167/9.13.5］

Braddick, O. (1974). A short-range process in apparent motion. *Vision Research, 14*(7), 519-527. ［doi: 10.1016/0042-6989(74)90041-8］

Braddick, O. J. (1980). Low-level and high-level processes in apparent motion. *Philosophical Transactions of the Royal Society of London B, 290*, 137-151. ［doi: 10.1098/rstb.1980.0087］

Cameron, E. L., Baker, C. L., & Boulton, J. C. (1992). Spatial frequency selective mechanisms underlying the motion aftereffect. *Vision Research, 32*(3), 561-568. ［doi: 10.1016/0042-6989(92)90248-h］

Cavanagh, P., & Mather, G. (1989). Motion: The long and short of it. *Spatial Vision, 4*(2-3), 103-129. ［doi: 10.1163/156856889x00077］

Chang, J. J., & Julesz, B. (1983a). Displacement limits for spatial frequency filtered random-dot cinematograms in apparent motion. *Vision Research, 23*(12), 1379-1385. ［doi: 10.1016/0042-6989(83)90149-9］

Chang, J. J., & Julesz, B. (1983b). Displacement limits, directional anisotropy and direction versus form discrimination in random-dot cinematograms. *Vision Research, 23*(6), 639-646. ［doi: 10.1016/0042-6989(83)90070-6］

吹抜 敬彦 （2007）．仮現運動への疑問：時空間信号処理による動画像の解明 基礎心理学研究, *26*(1), 89-96. ［doi: 10.14947/psychono.KJ00004718884］

Helmholtz, H. (1867). *Handbuch der Physiologischen Optik*. Voss.

Julesz, B. (1971). *Foundations of Cyclopean Perception*. University of Chicago Press

Kahneman, D., Norman, J., & Kubovy, M. (1967). Critical duration for the resolution of form: Centrally or peripherally determined? *Journal of Experimental Psychology, 73*(3), 323-327. ［doi: 10.1037/h0024257］

Kenkel, F. (1913). Untersuchungen über der Zusammenhang zwischen Erscheinungsgrösse und Erscheinungsbewegung bei einigen sogenannten optischen Täuschungen. *Zeitschrift fur Psychologie, 67*, 358-449.

Kitaoka, A. (2004). 蛇の回転・縮小版 http://www.psy.ritsumei.ac.jp/~akitaoka/rotsnakes.html

Kitaoka, A., & Ashida, H. (2007). A variant of the anomalous motion illusion based upon contrast and visual latency. *Perception, 36*(7), 1019-1035. ［doi: 10.1068/p5362］

Kolers, P. A. (1972). *Aspects of Motion Perception*. Pergamon Press.

Korte, A. (1915). Kinematoskopische Untersuchungen. *Zeitschrift fur Psychologie, 65*.

Kumar, T., & Glaser, D. A. (2006). Illusory motion in Enigma: A psychophysical investigation. *Proceedings of the National Academy of Science of the USA, 103*(6), 1947-1952. ［doi: 10.1073/pnas.0510236103］

Lehmkuhle, S. W., & Fox, R. (1976). On measuring interocular transfer. *Vision Research, 16*(4), 428-430. ［doi: 10.1016/0042-6989(76)90210-8］

MacKay, D. M. (1957). Moving visual images produced by regular stationary patterns. *Nature, 180*(4591), 849-850. ［doi: 10.1038/181362c0］

Mather, G., Verstraten, F., & Anstis, S. (1998). *The Motion Aftereffect: A Modern Perspective*. MIT Press.

第 II 部　視覚

Mullen, K. T., & Baker, C. L. (1985). A motion aftereffect from an isoluminant stimulus. *Vision Research, 25*(5), 685–688. [doi: 10.1016/0042-6989(85)90174-9]

Murakami, I., Kitaoka, A., & Ashida, H. (2006). A positive correlation between fixation instability and the strength of illusory motion in a static display. *Vision Research, 46*(15), 2421–2431. [doi: 10.1016/j.visres.2006.01.030]

Nakayama, K., & Silverman, G. H. (1984). Temporal and spatial characteristics of the upper displacement limit for motion in random dots. *Vision Research, 24*(4), 293–299. [doi: 10.1016/0042-6989(84)90054-3]

Nishida, S., & Ashida, H. (2000). A hierarchical structure of motion system revealed by interocular transfer of flicker motion aftereffects. *Vision Research, 40*(3), 265–278. [doi: 10.1016/s0042-6989(99)00176-5]

Nishida, S., & Johnston, A. (1999). Influence of motion signals on the perceived position of spatial pattern. *Nature, 397*(6720), 610–612. [doi: 10.1038/17600]

大山 正　(2000). 視覚心理学への招待：見えの世界へのアプローチ　サイエンス社

Pantle, A. (1974). Motion aftereffect magnitude as a measure of the spatio-temporal response properties of direction-sensitive analyzers. *Vision Research, 14*(11), 1229–1236. [doi: 10.1016/0042-6989(74)90221-1]

Pantle, A., & Picciano, L. (1976). A multistable movement display: Evidence for two separate motion systems in human vision. *Science, 193*(4252), 500–502. [doi: 10.1126/science.941023]

Pikler, J. (1917). *Sinnesphysiologische Untersuchungen.* Barth.

Pinna, B., & Brelstaff, G. J. (2000). A new visual illusion of relative motion. *Vision Research, 40*(16), 2091–2096. [doi: 10.1016/s0042-6989(00)00072-9]

Scott-Samuel, N. E., & Hess, R. F. (2001). What does the Ternus display tell us about motion processing in human vision? *Perception, 30*(10), 1179–1188. [doi: 10.1068/p3247]

Snowden, R. J. (1998). Shifts in perceived position following adaptation to visual motion. *Current Biology, 8*(24), 1343–1345. [doi: 10.1016/S0960-9822(07)00567-2]

Spillmann, L. (2013). The Ouchi-Spillmann illusion revisited. *Perception, 42*(4), 413–429. [doi: 10.1068/p7384]

Steinman, R. M., Pizlo, Z., & Pizlo, F. J. (2000). Phi is not beta, and why Wertheimer's discovery launched the Gestalt revolution. *Vision Research, 40*(17), 2257–2264. [doi: 10.1016/S0042-6989(00)00086-9]

鷲見 成正・椎名 健　(1969). 運動の知覚　和田 陽平・大山 正・今井 省吾（編）　感覚・知覚心理学ハンドブック（pp. 637–669）　誠信書房

Sutherland, N. S. (1961). Figural after-effects and apparent size. *Quarterly Journal of Experimental Psychology, 13,* 222–228. [doi: 10.1080/17470216108416498]

Ternus, J. (1938). *The problem of phenomenal identity* (pp 149–160, W. D. Ellis, Ed., & Trans.). Routledge and Kegan Paul. (Original work published 1926)

Wertheimer, M. (1912). Experimentelle Studien über das Sehen von Bewegung. *Zeitschrift fur Psychologie, 61.*

Wohlgemuth, A. (1911). On the after-effect of seen movement. *British Journal of Psychology Monographs, Supplement 1.*

(14・2)

Adelson, E. H., & Bergen, J. R. (1985). Spatiotemporal energy models for the perception of motion. *Journal of the Optical Society of America A, 2*(2), 284–299. [doi: 10.1364/JOSAA.2.000284]

Adelson, E. H., & Movshon, J. A. (1982). Phenomenal coherence of moving visual patterns. *Nature, 300*(5892), 523–525. [doi: 10.1038/300523a0]

Albright, T. D. (1989). Centrifugal directional bias in the middle temporal visual area (MT) of the macaque. *Visual Neuroscience, 2*(2), 177–188. [doi: 10.1017/s0952523800012037]

Allman, J. M., & Kaas, J. H. (1971). A representation of the visual field in the caudal third of the middle temporal gyrus of the owl monkey (*Aotus trivirgatus*). *Brain Research, 31*(1), 85–105. [doi: 10.1016/0006-8993(71)90635-4]

Amano, K., Wandell, B. A., & Dumoulin, S. O. (2009). Visual field maps, population receptive field sizes, and visual field coverage in the human MT+ complex. *Journal of Neurophysiology, 102*(5), 2704–2718. [doi: 10.1152/jn.00102.2009]

Anstis, S. (1970). Phi movement as a subtraction process. *Vision Research, 10*(12), 1411–1430. [doi: 10.1016/0042-

6989(70)90092-1]

Ashida, H. (2002). Spatial frequency tuning of the Ouchi illusion and its dependence on stimulus size. *Vision Research*, *42*(11), 1413–1420. [doi: 10.1016/S0042-6989(02)00064-0]

Ashida, H., Ho, A., Kitaoka, A., & Anstis, S. (2017). The "Spinner" Illusion: More dots, more speed? *i-Perception*, *8*(3), 2041669517707972. [doi: 10.1177/2041669517707972]

Ashida, H., Lingnau, A., Wall, M. B., & Smith, A. T. (2007). fMRI adaptation reveals separate mechanisms for first-order and second-order motion. *Journal of Neurophysiology*, *97*(2), 1319–1325. [doi: 10.1152/jn.00723.2006]

Ashida, H., Seiffert, A. E., & Osaka, N. (2001). Inefficient visual search for second-order motion. *Journal of the Optical Society of America. A, Optics, Image Science, and Vision*, *18*(9), 2255–2266. [doi: 10.1364/josaa.18.002255]

Ashida, H., & Susami, K. (1997). Linear motion aftereffect induced by pure relative motion. *Perception*, *26*(1), 7–16. [doi: 10.1068/p260007]

Baker, C. L. Jr., & Braddick, O. J. (1985). Eccentricity-dependent scaling of the limits for short-range apparent motion perception. *Vision Research*, *25*(6), 803–812. [doi: 10.1016/0042-6989(85)90188-9]

Ball, K., & Sekuler, R. (1980). Human vision favors centrifugal motion. *Perception*, *9*(3), 317–325. [doi: 10.1068/p090317]

Barlow, H. B., & Hill, R. M. (1963b). Selective sensitivity to direction of movement in ganglion cells of the rabbit retina. *Science*, *139*(3553), 412–414. [doi: 10.1126/science.139.3553.412]

Beutter, B. R., Mulligan, J. B., & Stone, L. S. (1996). The barber plaid illusion: Plaid motion is biased by elongated apertures. *Vision Research*, *36*(19), 3061–3075. [doi: 10.1016/0042-6989(96)00064-8]

Brooks, K. R., & Thompson, P. (2016). Perceived speed of compound stimuli is moderated by component contrast, not overall pattern contrast. *i-Perception*, *7*(5), 2041669516674959. [doi: 10.1177/2041669516674959]

Bruce, V., Green, P. A., & Georgeson, M. A. (2003). *Visual Perception: Physiology, Psychology and Ecology* (4th ed.). Psychology Press.

Campbell, F. W., & Maffei, L. (1981). The influence of spatial frequency and contrast on the perception of moving patterns. *Vision Research*, *21*(5), 713–721. [doi: 10.1016/0042-6989(81)90080-8]

Cassanello, C. R., Edwards, M., Badcock, D. R., & Nishida, S. (2011). No interaction of first-and second-order signals in the extraction of global-motion and optic flow. *Vision Research*, *51*(3), 352–361. [doi: 10.1016/j.visres.2010.11.012]

Cavanagh, P. (1992). Attention-based motion perception. *Science*, *257*(5076), 1563–1565. [doi: 10.1126/science.152341]

Cavanagh, P., Tyler, C. W., & Favreau, O. E. (1984). Perceived velocity of moving chromatic gratings. *Journal of the Optical Society of America A*, *1*(8), 893–899. [doi: 10.1364/JOSAA.1.000893]

Chubb, C., & Sperling, G. (1988). Drift-balanced random stimuli: A general basis for studying non-Fourier motion perception. *Journal of the Optical Society of America A*, *5*(11), 1986–2007. [doi: 10.1364/josaa.5.001986]

Cropper, S. J., & Wuerger, S. M. (2005). The perception of motion in chromatic stimuli. *Behavioral and Cognitive Neuroscience Reviews*, *4*(3), 192–217. [doi: 10.1177/1534582305285120]

Culham, J. C., Verstraten, F. A., Ashida, H., & Cavanagh, P. (2000). Independent aftereffects of attention and motion. *Neuron*, *28*(2), 607–615. [doi: 10.1016/S0896-6273(00)00137-9]

Dakin, S. C., Mareschal, I., & Bex, P. J. (2005). An oblique effect for local motion: Psychophysics and natural movie statistics. *Journal of Vision*, *5*(10), 878–887. [doi: 10.1167/5.10.9]

Derrington, A. M., & Badcock, D. R. (1985). Separate detectors for simple and complex grating patterns? *Vision Research*, *25*(12), 1869–1878. [doi: 10.1016/0042-6989(85)90010-0]

Derrington, A., & Suero, M. (1991). Motion of complex patterns is computed from the perceived motions of their components. *Vision Research*, *31*(1), 139–149. [doi: 10.1016/0042-6989(91)90081-F]

Diener, H. C., Wist, E. R., Dichgans, J., & Brandt, T. (1976). The spatial frequency effect on perceived velocity. *Vision Research*, *16*(2), 169–176. [doi: 10.1016/0042-6989(76)90094-8]

Duncker, K. (1929). Über induzierte bewegung. *Psychologische Forschung*, *12*(1), 180–259. [doi: 10.1007/BF02409210]

Edwards, M., & Badcock, D. R. (1993). Asymmetries in the sensitivity to motion in depth: A centripetal bias. *Perception*, *22*(9), 1013–1023. [doi: 10.1068/p221013]

第 II 部　視覚

Emerson, R. C., Bergen, J. R., & Adelson, E. H. (1992). Directionally selective complex cells and computation of motion energy in cat visual cortex. *Vision Research, 32*(2), 203–218. [doi: 10.1016/0042-6989(92)90130-B]

Fattori, P., Pitzalis, S., & Galletti, C. (2009). The cortical visual area V6 in macaque and human brains. *Journal of Physiology-Paris, 103*(1–2), 88–97. [doi: 10.1016/j.jphysparis.2009.05.012]

Ferrera, V. P., & Wilson, H. R. (1990). Perceived direction of moving two-dimensional patterns. *Vision Research, 30*(2), 273–287. [doi: 10.1016/0042-6989(90)90043-K]

Finlay, D. (1982). Motion perception in the peripheral visual field. *Perception, 11*(4), 457–462. [doi: 10.1068/p110457]

Frank, S. M., & Greenlee, M. W. (2018). The parieto-insular vestibular cortex in humans: More than a single area? *Journal of Neurophysiology, 120*(3), 1438–1450. [doi: 10.1152/jn.00907.2017]

吹抜 敬彦 (1975). 特許 13234442 号

Furlan, M., & Smith, A. T. (2016). Global motion processing in human visual cortical areas V2 and V3. *Journal of Neuroscience, 36*(27), 7314–7324. [doi: 10.1523/JNEUROSCI.0025-16.2016]

Furlan, M., Wann, J. P., & Smith, A. T. (2014). A representation of changing heading direction in human cortical areas pVIP and CSv. *Cerebral Cortex, 24*(11), 2848–2858. [doi: 10.1093/cercor/bht132]

Georgeson, M. A., & Harris, M. G. (1978). Apparent foveofugal drift of counterphase gratings. *Perception, 7*(5), 527–536. [doi: 10.1068/p070527]

Green, M. (1983). Contrast detection and direction discrimination of drifting gratings. *Vision Research, 23*(3), 281–289. [doi: 10.1016/0042-6989(83)90117-7]

Gros, B. L., Blake, R., & Hiris, E. (1998). Anisotropies in visual motion perception: A fresh look. *Journal of the Optical Society of America A, 15*(8), 2003–2011. [doi: 10.1364/JOSAA.15.002003]

Hammett, S. T., Champion, R. A., Morland, A. B., & Thompson, P. G. (2005). A ratio model of perceived speed in the human visual system. *Proceedings of the Royal Society of London B, 272*(1579), 2351–2356. [doi: 10.1098/rspb.2005.3239]

Hammett, S. T., Champion, R. A., Thompson, P. G., & Morland, A. B. (2007). Perceptual distortions of speed at low luminance: Evidence inconsistent with a Bayesian account of speed encoding. *Vision Research, 47*(4), 564–568. [doi: 10.1016/j.visres.2006.08.013]

Harris, M. G. (1980). Velocity specificity of the flicker to pattern sensitivity ratio in human vision. *Vision Research, 20*, 687–691. [doi: 10.1016/0042-6989(80)90093-0]

Harris, M. G. (1986). The perception of moving stimuli: A model of spatiotemporal coding in human vision. *Vision Research, 26*(8), 1281–1287. [doi: 10.1016/0042-6989(86)90109-4]

Hassenstein, V., & Reichardt, W. (1956). Systemtheoretische Analyse der Zeit-, Reihenfolgenund Vorzeichenauswertung bei der Bewegungsperzeption des Rüsselkäfers Chlorophanus. *Zeitschrift für Naturforschung B, 11*, 513–524.

Hess, R. F., & Snowden, R. J. (1992). Temporal properties of human visual filters: Number, shapes and spatial covariation. *Vision Research, 32*(1), 47–59. [doi: 10.1016/0042-6989(92)90112-V]

Hiris, E., & Blake, R. (1996). Direction repulsion in motion transparency. *Visual Neuroscience, 13*(1), 187–197. [doi: 10.1017/s0952523800007227]

Ho, A., & Anstis, S. (2013). *The Coyote Illusion: Motion blur increases apparent speed*. Paper presented at the Best illusion of the year contest 2013. http://illusionoftheyear.com/2013/05/the-coyote-illusionmotion-blur-increases-apparent-speed/

Horn, B. K., & Schunck, B. G. (1981). Determining optical flow. *Artificial Intelligence, 17*(1–3), 185–203. [doi: 10.1016/0004-3702(81)90024-2]

Hubel, D. H., & Wiesel, T. N. (1959). Receptive fields of single neurones in the cat's striate cortex. *Journal of Physiology, 148*, 574–591. [doi: 10.1113/jphysiol.1959.sp006308]

Huk, A. C., Dougherty, R. F., & Heeger, D. J. (2002). Retinotopy and functional subdivision of human areas MT and MST. *Journal of Neuroscience, 22*(16), 7195–7205. [doi: 10.1523/JNEUROSCI.22-16-07195.2002]

Johnston, A., McOwan, P. W., & Buxton, H. (1992). A computational model of the analysis of some first-order and second-order motion patterns by simple and complex cells. *Proceedings of the Royal Society of London B, 250*, 297–306. [doi:

10.1098/rspb.1992.0162]

Johnston, A., & Wright, M. J. (1986). Matching velocity in central and peripheral vision. *Vision Research, 26*, 1099–1109. [doi: 10.1016/0042-6989(86)90044-1]

Julesz, B. (1971). *Foundations of Cyclopean Perception*. University of Chicago Press.

Kelly, D. H. (1979). Motion and vision. II. Stabilized spatiotemporal threshold surface. *Journal of the Optical Society of America, 69*(10), 1340–1349. [doi: 10.1364/josa.69.001340]

Kim, J., & Wilson, H. R. (1993). Dependence of plaid motion coherence on component grating directions. *Vision Research, 33*(17), 2479–2489. [doi: 10.1016/0042-6989(93)90128-j]

Kolster, H., Peeters, R., & Orban, G. A. (2010). The retinotopic organization of the human middle temporal area MT/V5 and its cortical neighbors. *Journal of Neuroscience, 30*(29), 9801–9820. [doi: 10.1523/JNEUROSCI.2069-10.2010]

Kulikowski, J. J., & Tolhurst, D. J. (1973). Psychophysical evidence for sustained and transient detectors in human vision. *Journal of Physiology, 232*(1), 149–162. [doi: 10.1113/jphysiol.1973.sp010261]

Ledgeway, T., & Smith, A. T. (1994). The duration of the motion aftereffect following adaptation to first-order and second-order motion. *Perception, 23*(10), 1211–1219. [doi: 10.1068/p231211]

Lichtenstein, M. (1963). Spatio-temporal factors in cessation of smooth apparent motion. *JOSA, 53*(2), 304–306. [doi: 10.1364/JOSA.53.000304]

Livingstone, M. S. (1998). Mechanisms of direction selectivity in macaque V1. *Neuron, 20*(3), 509–526. [doi: 10.1016/S0896-6273(00)80991-5]

Lu, Z.-L., Lesmes, L. A., & Sperling, G. (1999). Perceptual motion standstill in rapidly moving chromatic displays. *Proceedings of the National Academy of Sciences, 96*(26), 15374–15379. [doi: 10.1073/pnas.96.26.15374]

Lu, Z.-L., & Sperling, G. (1995). Attention-generated apparent motion. *Nature, 377*(6546), 237–239. [doi: 10.1038/377237a0]

Lucas, B. D., & Kanade, T. (1981). An iterative image registration technique with an application to stereo vision. *Proceedings of the 7th International Joint Conference on Artificial Intelligence*, 674–679.

Mareschal, I., & Baker, C. L., Jr. (1998). Temporal and spatial response to second-order stimuli in cat area 18. *Journal of Neurophysiology, 80*(6), 2811–2823. [doi: 10.1152/jn.1998.80.6.2811]

Marr, D., & Ullman, S. (1981). Directional selectivity and its use in early visual processing. *Proceedings of the Royal Society of London B, 211*, 151–180. [doi: 10.1098/rspb.1981.0001]

Marshak, W., & Sekuler, R. (1979). Mutual repulsion between moving visual targets. *Science, 205*(4413), 1399–1401. [doi: 10.1126/science.472756]

Mather, G. (2006). Two-stroke: A new illusion of visual motion based on the time course of neural responses in the human visual system. *Vision Research, 46*(13), 2015–2018. [doi: 10.1016/j.visres.2005.12.022]

Matthews, N., & Qian, N. (1999). Axis-of-motion affects direction discrimination, not speed discrimination. *Vision Research, 39*(13), 2205–2211. [doi: 10.1016/S0042-6989(98)00300-9]

Maunsell, J. H., & Newsome, W. T. (1987). Visual processing in monkey extra striate cortex. *Annual Review of Neuroscience, 10*(1), 363–401. [doi: 10.1146/annurev.ne.10.030187.002051]

McKee, S. P., Silverman, G. H., & Nakayama, K. (1986). Precise velocity discrimination despite random variations in temporal frequency and contrast. *Vision Research, 26*(4), 609–619. [doi: 10.1016/0042-6989(86)90009-x]

Movshon, J., Adelson, E., Gizzi, M., & Newsome, W. (1985). The analysis of visual moving patterns. In C. Chagas, R. Gattass, & C. Gross (Eds.), *Pattern Recognition Mechanisms* (pp. 117–151). Vatican Press.

Mullen, K. T., Yoshizawa, T., & Baker, C. L., Jr. (2003). Luminance mechanisms mediate the motion of red–green isoluminant gratings: The role of "temporal chromatic aberration". *Vision Research, 43*(11), 1235–1247. [doi: 10. 1016/ S 0042-6989(03)00115-9]

Nakayama, K., & Silverman, G. H. (1984). Temporal and spatial characteristics of the upper displacement limit for motion in random dots. *Vision Research, 24*(4), 293–299. [doi: 10.1016/0042-6989(84)90054-3]

Nawrot, M., & Sekuler, R. (1990). Assimilation and contrast in motion perception: Explorations in cooperativity. *Vision Research, 30*(10), 1439–1451. [doi: 10.1016/0042-6989(90)90025-G]

第 II 部　視覚

Newsome, W. T., & Pare, E. B. (1988). A selective impairment of motion perception following lesions of the middle temporal visual area (MT). *Journal of Neuroscience, 8*(6), 2201–2211. [doi: 10.1523/JNEUROSCI.08-06-02201.1988]

Nishida, S., & Ashida, H. (2000). A hierarchical structure of motion system revealed by interocular transfer of flicker motion aftereffects. *Vision Research, 40*(3), 265–278. [doi: 10.1016/s0042-6989(99)00176-5]

Nishida, S., Ledgeway, T., & Edwards, M. (1997). Dual multiple-scale processing for motion in the human visual system. *Vision Research, 37*(19), 2685–2698. [doi: 10.1016/S 0042-6989(97)00092-8]

Nishida, S., Sasaki, Y., Murakami, I., Watanabe, T., & Tootell, R. B. H. (2003). Neuroimaging of direction-selective mechanisms for second-order motion. *Journal of Neurophysiology, 90*(5), 3242–3254. [doi: 10.1152/jn.00693.2003]

Nishida, S., & Sato, T. (1995). Motion aftereffect with flickering test patterns reveals higher stages of motion processing. *Vision Research, 35*(4), 477–490. [doi: 10.1016/0042-6989(94)00144-b]

O'Keefe, L. P., & Movshon, J. A. (1998). Processing of first- and second-order motion signals by neurons in area MT of the macaque monkey. *Visual Neuroscience, 15*(2), 305–317. [doi: 10.1017/s0952523898152094]

Over, R., & Lovegrove, W. (1973). Color-selectivity in simultaneous motion contrast. *Perception & Psychophysics, 14*(3), 445–448. [doi: 10.3758/BF03211181]

Qian, N., & Andersen, R. A. (1994). Transparent motion perception as detection of unbalanced motion signals. II. Physiology. *Journal of Neuroscience, 14*(12), 7367–7380. [doi: 10.1523/JNEUROSCI.14-12-07367.1994]

Qian, N., Andersen, R. A., & Adelson, E. H. (1994). Transparent motion perception as detection of unbalanced motion signals. III. Modeling. *Journal of Neuroscience, 14*(12), 7381–7392. [doi: 10.1523/JNEUROSCI.14-12-07381.1994]

Ramachandran, V. S. (1996). "Motion capture of luminance stimuli by equiluminous color gratings and by attentive tracking": Comment. *Vision Research, 36*(1), 77–78.

Raymond, J. E. (1994). Directional anisotropy of motion sensitivity across the visual field. *Vision Research, 34*(8), 1029–1037. [doi: 10.1016/0042-6989(94)90007-8]

Reichardt, W. (1961). Autocorrelation, a principle for the evaluation of sensory information by the central nervous system. In W. A. Rosenblith (Ed.), *Sensory Communication* (pp. 303–317). Wiley.

Ringach, D. L. (2004). Mapping receptive fields in primary visual cortex. *Journal of Physiology, 558*(3), 717–728. [doi: 10.1113/jphysiol.2004.065771]

Robertson, C. E., & Baron-Cohen, S. (2017). Sensory perception in autism. *Nature Reviews Neuroscience, 18*(11), 671–684. [doi: 10.1038/nrn.2017.112]

Rodman, H. R., & Albright, T. D. (1989). Single-unit analysis of pattern-motion selective properties in the middle temporal visual area (MT). *Experimental Brain Research, 75*, 53–64. [doi: 10.1007/BF00248530]

Rovamo, J., & Virsu, V. (1979). An estimation and application of the human cortical magnification factor. *Experimental Brain Research, 37*, 495–510. [doi: 10.1007/BF00236819]

Saito, H., Yukie, M., Tanaka, K., Hikosaka, K., Fukada, Y., & Iwai, E. (1986). Integration of direction signals of image motion in the superior temporal sulcus of the macaque monkey. *Journal of Neuroscience, 6*(1), 145–157. [doi: 10.1523/JNEUROSCI.06-01-00145.1986]

Scase, M. O., Braddick, O. J., & Raymond, J. E. (1996). What is noise for the motion system? *Vision Research, 36*(16), 2579–2586. [doi: 10.1016/0042-6989(95)00325-8]

Scott, T. R., Lavender, A. D., McWhirt, R. A., & Powell, D. A. (1966). Directional asymmetry of motion after-effect. *Journal of Experimental Psychology, 71*(6), 806–815. [doi: 10.1037/h0023194]

Seiffert, A. E., & Cavanagh, P. (1999). Position-based motion perception for color and texture stimuli: Effects of contrast and speed. *Vision Research, 39*(25), 4172–4185. [doi: 10.1016/S0042-6989(99)00129-7]

Seiffert, A. E., Somers, D. C., Dale, A. M., & Tootell, R. B. H. (2003). Functional MRI studies of human visual motion perception: Texture, luminance, attention and aftereffects. *Cerebral Cortex, 13*(4), 340–349. [doi: 10.1093/cercor/13.4.340]

Shioiri, S., & Cavanagh, P. (1990). ISI produces reverse apparent motion. *Vision Research, 30*(5), 757–768. [doi: 10.1016/0042-6989(90)90101-p]

Smith, A. T., Beer, A. L., Furlan, M., & Mars, R. B. (2018). Connectivity of the cingulate sulcus visual area (CSv) in the human cerebral cortex. *Cerebral Cortex, 28*(2), 713–725. [doi: 10.1093/cercor/bhx002]

Smith, A. T., & Edgar, G. K. (1990). The influence of spatial frequency on perceived temporal frequency and perceived speed. *Vision Research, 30*(10), 1467–1474. [doi: 10.1016/0042-6989(90)90027-I]

Smith, A. T., Greenlee, M. W., Singh, K. D., Kraemer, F. M., & Hennig, J. (1998). The processing of first- and second-order motion in human visual cortex assessed by functional magnetic resonance imaging (fMRI). *Journal of Neuroscience, 18*(10), 3816–3830. [doi: 10.1523/JNEUROSCI.18-10-03816.1998]

Smith, A., & Ledgeway, T. (1998). Sensitivity to second-order motion as a function of temporal frequency and eccentricity. *Vision Research, 38*(3), 403–410. [doi: 10.1016/S0042-6989(97)00134-X]

Snowden, R. J., Stimpson, N., & Ruddle, R. A. (1998). Speed perception fogs up as visibility drops. *Nature, 392*(6675), 450. [doi: 10.1038/33049]

Strong, S. L., Silson, E. H., Gouws, A. D., Morland, A. B., & McKeefry, D. J. (2017). A direct demonstration of functional differences between subdivisions of human V5/MT+. *Cerebral Cortex, 27*(1), 1–10. [doi: 10.1093/cercor/bhw362]

Sun, P., Chubb, C., & Sperling, G. (2015). Two mechanisms that determine the Barber-Pole Illusion. *Vision Research, 111*(Pt A), 43–54. [doi: 10.1016/j.visres.2015.04.002]

Sutherland, N. S. (1961). Figural after-effects and apparent size. *Quarterly Journal of Experimental Psychology, 13,* 222–228. [doi: 10.1080/17470216108416498]

Swanston, M. T., & Wade, N. J. (1992). Motion over the retina and the motion aftereffect. *Perception, 21*(5), 569–582. [doi: 10.1068/p210569]

Tadin, D., Lappin, J. S., Gilroy, L. A., & Blake, R. (2003). Perceptual consequences of centre-surround antagonism in visual motion processing. *Nature, 424*(6946), 312–315. [doi: 10.1038/nature01800]

Takemura, H., Rokem, A., Winawer, J., Yeatman, J. D., Wandell, B. A., & Pestilli, F. (2016). A major human white matter pathway between dorsal and ventral visual cortex. *Cerebral Cortex, 26*(5), 2205–2214. [doi: 10.1093/cercor/bhv064]

Thompson, P. (1982). Perceived rate of movement depends on contrast. *Vision Research, 22*(3), 377–380. [doi: 10.1016/0042-6989(82)90153-5]

Thompson, P., Brooks, K., & Hammett, S. T. (2006). Speed can go up as well as down at low contrast: Implications for models of motion perception. *Vision Research, 46*(6-7), 782–786. [doi: 10.1016/j.visres.2005.08.005]

Thompson, P., Stone, L. S., & Swash, S. (1996). Speed estimates from grating patches are not contrast-normalized. *Vision Research, 36*(5), 667–674. [doi: 10.1016/ 0042-6989(95)00148-4]

Tolias, A. S., Keliris, G. A., Smirnakis, S. M., & Logothetis, N. K. (2005). Neurons in macaque area V4 acquire directional tuning after adaptation to motion stimuli. *Nature Neuroscience, 8*(5), 591–593. [doi: 10.1038/nn1446]

Tootell, R. B., Mendola, J. D., Hadjikhani, N. K., Ledden, P. J., Liu, A. K., Reppas, J. B., … Dale, A. M. (1997). Functional analysis of V3A and related areas in human visual cortex. *Journal of Neuroscience, 17*(18), 7060–7078. [doi: 10.1523/ JNEUROSCI.17-18-07060.1997]

Tynan, P., & Sekuler, R. (1975). Simultaneous motion contrast: Velocity, sensitivity and depth response. *Vision Research, 15*(11), 1231–1238. [doi: 10.1016/0042-6989(75)90167-4]

Tynan, P. D., & Sekuler, R. (1982). Motion processing in peripheral vision: Reaction time and perceived velocity. *Vision Research, 22*(1), 61–68. [doi: 10.1016/0042-6989(82)90167-5]

Uesaki, M., Takemura, H., & Ashida, H. (2018). Computational neuroanatomy of human stratum proprium of interparietal sulcus. *Brain Structure and Function, 223*(1), 489–507. [doi: 10.1007/s00429-017-1492-1]

van Santen, J. P. H., & Sperling, G. (1985). Elaborated Reichardt detectors. *Journal of the Optical Society of America A, 2*(2), 300–321. [doi: 10.1364/JOSAA.2.000300]

van der Smagt, M. J., Verstraten, F. A., & Paffen, C. L. (2010). Center-surround effects on perceived speed. *Vision Research, 50*(18), 1900–1904. [doi: 10.1016/j.visres.2010.06.012]

Vintch, B., & Gardner, J. L. (2014). Cortical correlates of human motion perception biases. *Journal of Neuroscience, 34*(7), 2592–2604. [doi: 10.1523/JNEUROSCI.2809-13.2014]

Wall, M. B., Lingnau, A., Ashida, H., & Smith, A. T. (2008). Selective visual responses to expansion and rotation in the human MT complex revealed by functional magnetic resonance imaging adaptation. *European Journal of Neuroscience, 27*(10), 2747-2757. [doi: 10.1111/j.1460-9568.2008.06249.x]

Wallach, H. (1935). Über visuell wahrgenommene Bewegungsrichtung. *Psychologische Forschung, 20*(1), 325-380. [doi: 10.1007/BF02409790]

Watson, A. B., & Robson, J. G. (1981). Discrimination at threshold: Labelled detectors in human vision. *Vision Research, 21*(7), 1115-1122. [doi: 10.1016/0042-6989(81)90014-6]

Welch, L. (1989). The perception of moving plaids reveals two motion-processing stages. *Nature, 337*(6209), 734-736. [doi: 10.1038/337734a0]

Wertheimer, M. (1912). Experimentelle Studien über das Sehen von Bewegung. *Zeitschrift fur Psychologie, 61.*

Westheimer, G. (1978). Spatial phase sensitivity for sinusoidal grating targets. *Vision Research, 18*(8), 1073-1074. [doi: 10.1016/0042-6989(78)90038-X]

Williams, D. W., & Sekuler, R. (1984). Coherent global motion percepts from stochastic local motions. *Vision Research, 24*(1), 55-62. [doi: 10.1016/0042-6989(84)90144-5]

Wilson, H. R. (1994). Models of two-dimensional motion perception. In A. T. Smith & R. J. Snowden (Eds.), *Visual Detection of Motion* (pp. 219-251). Academic Press.

Zeki, S., Watson, J., Lueck, C., Friston, K. J., Kennard, C., & Frackowiak, R. (1991). A direct demonstration of functional specialization in human visual cortex. *Journal of Neuroscience, 11*(3), 641-649. [doi: 10.1523/JNEUROSCI.11-03-00641.1991]

Zhang, R., Kwon, O.-S., & Tadin, D. (2013). Illusory movement of stationary stimuli in the visual periphery: Evidence for a strong centrifugal prior in motion processing. *Journal of Neuroscience, 33*(10), 4415-4423. [doi: 10.1523/JNEUROSCI.4744-12.2013]

(14・3)

Apthorp, D., Schwarzkopf, D. S., Kaul, C., Bahrami, B., Alais, D., & Rees, G. (2013). Direct evidence for encoding of motion streaks in human visual cortex. *Proceedings of the Royal Society of London B, 280*(1752), 20122339. [doi: 10.1098/rspb.2012.2339]

Ashida, H. (2004). Action-specific extrapolation of target motion in human visual system. *Neuropsychologia, 42*(11), 1515-1524. [doi: 10.1016/j.neuropsychologia.2004.03.003]

Berry, M. J. II., Brivanlou, I. H., Jordan, T. A., & Meister, M. (1999). Anticipation of moving stimuli by the retina. *Nature, 398*(6725), 334-338. [doi: 10.1038/18678]

Burr, D. (1980). Motion smear. *Nature, 284*(5752), 164-165. [doi: 10.1038/284164a0]

Burr, D. C., & Ross, J. (2002). Direct evidence that "speedlines" influence motion mechanisms. *Journal of Neuroscience, 22*(19), 8661-8664. [doi: 10.1523/JNEUROSCI.22-19-08661.2002]

De Valois, R. L., & De Valois, K. K. (1991). Vernier acuity with stationary moving Gabors. *Vision Research, 31*(9), 1619-1626. [doi: 10.1016/0042-6989(91)90138-u]

Freyd, J. J. (1983). The mental representation of movement when static stimuli are viewed. *Perception & Psychophysics, 33*(6), 575-581. [doi: 10.3758/BF03202940]

Freyd, J. J., & Finke, R. A. (1984). Representational momentum. *Journal of Experimental Psychology: Learning, Memory, and Cognition, 10*(1), 126-132. [doi: 10.1037/0278-7393.10.1.126]

Fröhlich, F. W. (1923). Uber die Messung der Empfindungszeit. *Zeitschrift für Sinnesphysiologie, 54*, 58-78.

Geisler, W. S. (1999). Motion streaks provide a spatial code for motion direction. *Nature, 400*(6739), 65-69. [doi: 10.1038/21886]

Hammett, S. T. (1997). Motion blur and motion sharpening in the human visual system. *Vision Research, 37*(18), 2505-2510. [doi: 10.1016/S0042-6989(97)00059-X]

Hess, C. (1904). Untersuchungenüberden Erregungsvorgang im Sehorgan bei kurz- und bei längerdauernder Reizung.

Pflüger's Archiv für die gesamte Physiologie, 101, 226–262.〔doi: 10.1007/BF01681372〕

Hisakata, R., Hayashi, D., & Murakami, I. (2016). Motion-induced position shift in stereoscopic and dichoptic viewing. *Journal of Vision, 16*(13), 3.〔doi: 10.1167/16.13.3〕

Hubbard, T. L. (2010). Approaches to representational momentum: Theories and models. In R. Nihawan & B. Khurana (Eds.), *Space and Time in Perception and Action* (pp. 338–365). Cambridge University Press.

Hubbard, T. (2013). Do the flash-lag effect and representational momentum involve similar extrapolations? *Frontiers in Psychology, 4*, 290.〔doi: 10.3389/fpsyg.2013.00290〕

Hubbard, T. L. (2014). The flash-lag effect and related mislocalizations: Findings, properties, and theories. *Psychological Bulletin, 140*(1), 308–338.〔doi: 10.1037/a0032899〕

Ichikawa, M., & Masakura, Y. (2006). Manual control of the visual stimulus reduces the flash-lag effect. *Vision Research, 46*(14), 2192–2203.〔doi: 10.1016/j.visres.2005.12.021〕

Kawabe, T., Sawayama, M., & Nishida, S. (2015). *Deformation lamps: A projection technique to make a static picture dynamic.* Paper presented at the ACM SIGGRAPH 2015 Emerging Technologies.

Khoei, M. A., Masson, G. S., & Perrinet, L. U. (2017). The flash-lag effect as a motion-based predictive shift. *PLoS Computational Biology, 13*(1), e1005068.〔doi: 10.1371/journal.pcbi.1005068〕

Kitaoka, A., & Ashida, H. (2007). A variant of the anomalous motion illusion based upon contrast and visual latency. *Perception, 36*(7), 1019–1035.〔doi: 10.1068/p5362〕

Kourtzi, Z., & Kanwisher, N. (2000). Activation in human MT/MST by static images with implied motion. *Journal of Cognitive Neuroscience, 12*(1), 48–55.〔doi: 10.1162/08989290051137594〕

Krekelberg, B., Dannenberg, S., Hoffmann, K.-P., Bremmer, F., & Ross, J. (2003). Neural correlates of implied motion. *Nature, 424*(6949), 674–677.〔doi: 10.1038/nature01852〕

Lopez-Moliner, J., & Linares, D. (2006). The flash-lag effect is reduced when the flash is perceived as a sensory consequence of our action. *Vision Research, 46*(13), 2122–2129.〔doi: 10.1016/j.visres.2005.11.016〕

Mackay, D. M. (1958). Perceptual stability of a stroboscopically lit visual field containing self-luminous objects. *Nature, 181*(4607), 507–508.〔doi: 10.1038/181507a0〕

Nijhawan, R. (1994). Motion extrapolation in catching. *Nature, 370*(6487), 256–257.〔doi: 10.1038/370256b0〕

Nishida, S., & Johnston, A. (1999). Influence of motion signals on the perceived position of spatial pattern. *Nature, 397*(6720), 610–612.〔doi: 10.1038/17600〕

Ramachandran, V. S., & Anstis, S. M. (1990). Illusory displacement of equiluminous kinetic edges. *Perception, 19*(5), 611–616.〔doi: 10.1068/p190611〕

Rider, A. T., McOwan, P. W., & Johnston, A. (2009). Motion-induced position shifts in global dynamic Gabor arrays. *Journal of Vision, 9*(13), 8.〔doi: 10.1167/9.13.8〕

Shapiro, A. G., Charles, J. P., & Shear-Heyman, M. (2005). Visual illusions based on single-field contrast asynchronies. *Journal of Vision, 5*(10), 764–782.〔doi: 10.1167/5.10.2〕

Shapiro, A., Lu, Z.-L., Huang, C.-B., Knight, E., & Ennis, R. (2010). Transitions between central and peripheral vision create spatial/temporal distortions: A hypothesis concerning the perceived break of the curveball. *PLoS ONE, 5*(10), e13296.〔doi: 10.1371/journal.pone.0013296〕

Snowden, R. J. (1998). Shifts in perceived position following adaptation to visual motion. *Current Biology, 8*(24), 1343–1345.〔doi: 10.1016/S0960-9822(07)00567-2〕

Whitney, D., & Cavanagh, P. (2000). Motion distorts visual space: Shifting the perceived position of remote stationary objects. *Nature Neuroscience, 3*(9), 954–959.〔doi: 10.1038/78878〕

Whitney, D., & Murakami, I. (1998). Latency difference, not spatial extrapolation. *Nature Neuroscience, 1*(8), 656–657.〔doi: 10.1038/3659〕

Yamagishi, N., Anderson, S. J., & Ashida, H. (2001). Evidence for dissociation between the perceptual and visuomotor systems in humans. *Proceedings of the Royal Society of London B, 268*(1470), 973–977.〔doi: 10.1098/rspb.2001.1603〕

第Ⅱ部　視覚

(14・4)

Aloimonos, Y., & Duric, Z. (1994). Estimating the heading direction using normal flow. *Computer Vision, Graphics, and Image Processing, 22,* 95-115.

Andersen, G. J. (1986). Perception of self-motion: Psychophysical and computational approaches. *Psychological Bulletin, 99*(1), 52-65.

Andersen, G. J., & Braunstein, M. L. (1985). Induced self-motion in central vision. *Journal of Experimental Psychology: Human Perception and Performance, 11*(2), 122-132. [doi: 10.1037/0096-1523.11.2.122]

Ash, A., Palmisano, S., Apthorp, D., & Allison, R. S. (2013). Vection in depth during treadmill walking. *Perception, 42,* 562-576. [doi: 10.1068/p7449]

Bardy, B. G., Warren, W. H. Jr., & Kay, B. A. (1999). The role of central and peripheral vision in postural control during walking. *Perception & Psychophysics, 61*(7), 1356-1368. [doi: 10.3758/bf03206186]

Bles, W., Kapteyn, T. S., Brandt, T., & Arnold, F. (1980). The mechanism of physiological height vertigo. II. Posturography. *Acta Oto-Laryngologica, 89*(5-6), 534-540. [doi: 10.3109/00016488009127171]

Boer, E. R. (1996). Tangent point oriented curve negotiation. *Proceedings of the IEEE Intelligent Vehicles Symposium,* 7-12.

Brandt, T., Arnold, F., Bles, W., & Kapteyn, T. S. (1980). The mechanism of physiological height vertigo: I. Theoretical approach and psychophysics. *Acta Oto-Laryngologica, 89,* 513-523. [doi: 10.3109/00016488009127169]

Brandt, T., Dichgans, J., & Koenig, E. (1973). Differential effects of central versus peripheral vision on egocentric and exocentric motion perception. *Experimental Brain Research, 16,* 476-491. [doi: 10.1007/BF00234474]

Brandt, T., Wist, E. R., & Dichgans, J. D. (1975). Foreground and background in dynamic spatial orientation. *Perception & Psychophysics, 17*(5), 497-503. [doi: 10.3758/BF03203301]

Bubka, A., & Bonato, F. (2010). Natural visual-field features enhance vection. *Perception, 39,* 627-635. [doi: 10.1068/p6315]

Butterworth, G., & Hicks, L. (1977). Visual proprioception and postural stability in infancy: A developmental study. *Perception, 6*(3), 255-262. [doi: 10.1068/p060255]

Crowell, J. A., & Banks, M. S. (1993). Perceiving heading with different retinal regions and types of optic flow. *Perception & Psychophysics, 53*(3), 325-337. [doi: 10.3758/bf03205187]

Crowell, J. A., & Banks, M. S. (1996). Ideal observer for heading judgments. *Vision Research, 36*(3), 471-490. [doi: 10.1016/0042-6989(95)00121-2]

Crowell, J. A., Banks, M. S., Shenoy, K. V., & Andersen, R. A. (1998). Visual self-motion perception during head turns. *Nature Neuroscience, 1*(8), 732-737. [doi: 10.1038/3732]

Delorme, A., Frigon, J. Y., & Lagacé, C. (1989). Infants' reactions to visual movement of the environment. *Perception, 18*(5), 667-673. [doi: 10.1068/p180667]

Delorme, A., & Martin, C. (1986). Roles of retinal periphery and depth periphery in linear vection and visual control of standing in humans. *Canadian Journal of Psychology / Revue canadienne de psychologie, 40*(2), 176-187. [doi: 10.1037/h0080091]

Dichgans, J., & Brandt, T. (1978). Visual-vestibular interaction: Effects on self-motion perception and postural control. In R. Held, H. W. Leibowitz, & H. L. Teuber (Eds.), *Handbook of Sensory Physiology* (Vol. 8, pp. 755-804). Springer.

Donges, E. (1978). A two-level model of driver steering behavior. *Human Factors, 20*(6), 691-707.

Duffy, C. J., & Wurtz, R. H. (1933). An illusory transformation of optic flow fields. *Vision Research, 33*(11), 1481-1490. [doi: 10.1016/0042-6989(93)90141-I]

Edwards, A. S. (1946). Body sway and vision. *Journal of Experimental Psychology, 36,* 526-535. [doi: 10.1037/h0059909]

Fischer, M. H., & Kornmuller, A. E. (1930). Optokinetisch ausgeloste bewegungswahrnehmung und optokinetischer nystagmus. *Journal fur Psychologie und Neurologie, 41,* 273-308.

Gibson, J. J. (1950). *The Perception of the Visual World.* Houghton Mifflin.

Gibson, J. J. (1966). *The Senses Considered as Perceptual Systems.* Houghton Mifflin.

Glasauer, S., Schneider, E., Jahn, K., Strupp, M., & Brandt, T. (2005). How the eyes move the body. *Neurology, 65*(8),

1291–1293. ［doi: 10.1212/01.wnl.0000175132.01370.fc］

Gray, R., & Regan, T. (1998). Accuracy of estimating time to collision using binocular and monocular information. *Vision Research*, *38*(4), 499–512. ［doi: 10.1016/S0042-6989(97)00230-7］

Grigo, A., & Lappe, M. (1998). Interaction of stereo vision and optic flow processing revealed by an illusory stimulus. *Vision Research*, *38*(2), 281–290. ［doi: 10.1016/s0042-6989(97)00123-5］

Harris, J. M., & Rogers, B. J. (1999). Going against the flow. *Trends in Cognitive Sciences*, *3*(12), 449–450. ［doi: 10.1016/S1364-6613(99)01411-4］

Heeger, D. J., & Jepson, A. D. (1992). Subspace methods for recovering rigid motion I: Algorithm and implementation. *International Journal of Computer Vision*, *7*, 95–117. ［doi: 10.1007/BF00128130］

Held, R., Dichgans, J., & Bauer, J. (1975). Characteristics of moving visual scenes influencing spatial orientation. *Vision Research*, *15*, 357–365. ［doi: 10.1016/0042-6989(75)90083-8］

Heuer, H. (1993). Estimates of time to contact based on changing size and changing target vergence. *Perception*, *22*(5), 549–563. ［doi: 10.1068/p220549］

Hildreth, E. C. (1992). Recovering heading for visually-guided navigation. *Vision Research*, *32*, 1177–1192. ［doi: 10.1016/0042-6989(92)90020-J］

Hildreth, E. (1998). Computing observer motion from optical flow. In T. Watanabe (Ed.), *High-Level Motion Processing* (pp. 269–293). Bradford Book.

Hildreth, E. C., Beusmans, J. M., Boer, E. R., & Royden, C. S. (2000). From vision to action: Experiments and models of steering control during driving. *Journal of Experimental Psychology: Human Perception and Performance*, *26*(3), 1106–1132. ［doi: 10.1037/0096-1523.26.3.1106］

Howard, I. P., & Heckmann, T. (1989). Circular vection as a function of the relative sizes, distances, and positions of two competing visual displays. *Perception*, *18*(5), 657–665. ［doi: 10.1068/p180657］

Jahn, K., Strupp, M., Krafczyk, S., Schuler, O., Glasauer, S., & Brandt, T. (2002). Suppression of eye movements improves balance. *Brain*, *125*, 2005–2011. ［doi: 10.1093/brain/awf204］

Johansson, G. (1977). Studies on visual perception of locomotion. *Perception*, *6*, 365–376. ［doi: 10.1068/p060365］

狩野 千鶴 (1991). 自己運動知覚と視覚系運動情報 心理学評論, *34*(2), 240–256. ［doi: 10.24602/sjpr.34.2_240］

Kapoula, Z., & Le, T. (2006). Effects of distance and gaze position on postural stability in young and old subjects. *Experimental Brain Research*, *173*(3), 438–445. ［doi: 10.1007/s00221-006-0382-1］

Kearns, M. J., Warren, W. H., Duchon, A. P., & Tarr, M. J. (2002). Path integration from optic flow and body senses in a homing task. *Perception*, *31*(3), 349–374. ［doi: 10.1068/p3311］

Kerzel, D., Hecht, H., & Kim, N. G. (1999). Image velocity, not tau, explains arrival-time judgments from global optical flow. *Journal of Experimental Psychology: Human Perception and Performance*, *25*(6), 1540–1555. ［doi: 10.1037/0096-1523.25.6.1540］

Kitazaki, M., & Sato, T. (2003). Attentional modulation of self-motion perception. *Perception*, *32*(4), 475–484. ［doi: 10.1068/p5037］

北崎 充晃・佐藤 隆夫 (2008). 視覚からの自己運動知覚と姿勢制御 心理学評論, *51*(2), 287–300. ［doi: 10.24602/sjpr.51.2_287］

Kitazaki, M., & Shimojo, S. (1998). Surface discontinuity is critical in a moving observer's perception of objects' depth order and relative motion from retinal image motion. *Perception*, *27*, 1153–1176. ［doi: 10.1068/p271153］

Koenderink, J. J., & van Doorn, A. J. (1975). Invariant properties of the motion parallax field due to the movement of rigid bodies relative to an observer. *Optica Acta: International Journal of Optics*, *22*, 773–791. ［doi: 10.1080/713819112］

Koenderink, J. J., & van Doorn, A. J. (1987). Facts on optic flow. *Biological Cybernetics*, *56*(4), 247–254. ［doi: 10.1007/BF00365219］

Kountouriotis, G. K., Floyd, R. C., Gardner, P. H., Merat, N., & Wilkie, R. M. (2012). The role of gaze and road edge information during high-speed locomotion. *Journal of Experimental Psychology: Human Perception and Performance*, *38*(3), 687–702. ［doi: 10.1037/a0026123］

第II部　視覚

Land, M., & Horwood, J. (1995). Which parts of the road guide steering? *Nature, 377*(6547), 339–340. [doi: 10.1038/377339a0]

Land, M. F., & Lee, D. N. (1994). Where we look when we steer. *Nature, 369*(6483), 742–744. [doi: 10.1038/369742a0]

Lappe, M., Bremmer, F., & van den Berg, A. V. (1999). Perception of self-motion from visual flow. *Trends in Cognitive Sciences, 3*(9), 329–336. [doi: 10.1016/s1364-6613(99)01364-9]

Lappe, M., & Duffy, C. J. (1999). Optic flow illusion and single neuron behaviour reconciled by a population model. *European Journal of Neuroscience, 11*(7), 2323–2331. [doi: 10.1046/j.1460-9568.1999.00649.x]

Lappe, M., & Grigo, A. (1999). How stereovision interacts with optic flow perception: Neural mechanisms. *Neural Network, 12*(9), 1325–1329. [doi: 10.1016/S0893-6080(99)00061-1]

Lappe, M., & Rauschecker, J. P. (1995). An illusory transformation in a model of optic flow processing. *Vision Research, 35*(11), 1619–1631. [doi: 10.1016/0042-6989(94)00220-G]

Lappi, O., Pekkanen, J., & Itkonen, T. H. (2013). Pursuit eye-movements in curve driving differentiate between future path and tangent point models. *PLoS ONE, 8*(7), e68326. [doi: 10.1371/journal.pone.0068326]

Lécuyer, A., Burkhardt, J. M., Henaff, J. M., & Donikian, S. (2006). Camera motions improve the sensation of walking in virtual environments. *Proceedings of IEEE VR 2006*, 11–18. [doi: 10.1109/VR.2006.31]

Lee, D. N. (1976). A theory of visual control of braking based on information about time-to-collision. *Perception, 5*(4), 437–459. [doi: 10.1068/p050437]

Lee, D. N., & Aronson, E. (1974). Visual proprioceptive control of standing in human infants. *Perception & Psychophysics, 15*, 529–532. [doi: 10.3758/BF03199297]

Lee, D. N., & Lishman, J. R. (1975). Visual proprioceptive control of stance. *Journal of Human Movement Studies, 1*, 87–95.

Lee, D. N., Young, D. S., Reddish, P. E., Lough, S., & Clayton, T. M. H. (1983). Visual timing in hitting an accelerating ball. *Quarterly Journal of Experimental Psychology, 35*(2), 333–346. [doi: 10.1080/14640748308402138]

Lestienne, F., Soechting, J., & Berthoz, A. (1976). Postural readjustments induced by linear motion of visual scenes. *Experimental Brain Research, 28*, 363–384. [doi: 10.1007/BF00235717]

Longuet-Higgins, H. C. (1981). A computer algorithm for reconstructing a scene from two projections. *Nature, 293*, 133–135. [doi: 10.1038/293133a0]

Longuet-Higgins, H. C., & Prazdny, K. (1980). The interpretation of a moving retinal image. *Proceedings of the Royal Society of London B, 208*, 385–397. [doi: 10.1098/rspb.1980.0057]

Loomis, J. M., Klatzky, R. L., Golledge, R. G., Cicinelli, J. G., Pellegrino, J. W., & Fry, P. A. (1993). Nonvisual navigation by blind and sighted: Assessment of path integration ability. *Journal of Experimental Psychology: General, 122*(1), 73–91. [doi: 10.1037/0096-3445.122.1.73]

Mach, E. (1886). *Die Analyse der Empfindungen und das Verhältnis des Physischen zum Psychischen*. Verlag von Gustav Fischer.

（須藤 吾之助・廣松 渉（訳）（1971）．感覚の分析　法政大学出版局）

Mars, F. (2008). Driving around bends with manipulated eye-steering coordination. *Journal of Vision, 8*(11), 1–10. [doi: 10.1167/8.11.10]

McLeod, R. W., & Ross, H. E. (1983). Optic-flow and cognitive factors in time-to-collision estimates. *Perception, 12*(4), 417–423. [doi: 10.1068/p120417]

中村 信次（2006）．視覚誘導性自己運動知覚の実験心理学　北大路書房

Nakamura, S., & Shimojo, S. (2000). A slowly moving foreground can capture an observer's self-motion—a report of a new motion illusion: Inverted vection. *Vision Research, 40*(21), 2915–2923. [doi: 10.1016/s0042-6989(00)00149-8]

Nakayama, K. (1985). Biological image motion processing: A review. *Vision Research, 25*(5), 625–660. [doi: 10.1016/0042-6989(85)90171-3]

Nakayama, K., & Shimojo, S. (1992). Experiencing and perceiving visual surfaces. *Science, 257*, 1357–1363. [doi: 10.1126/science.1529336]

Ohmi, M., & Howard, I. P. (1988). Effect of stationary objects on illusory forward self-motion induced by a looming display.

Perception, 17, 5–12.［doi: 10.1068/p170005］

Ohmi, M., Howard, I. P., & Landolt, J. P. (1987). Circular vection as a function of foreground-background relationships. *Perception, 16*, 17–22.［doi: 10.1068/p160017］

Onimaru, S., Sato, T., & Kitazaki, M. (2010). Veridical walking inhibits vection perception. *Journal of Vision, 10*, 860.［doi: 10.1167/10.7.860］

Palmisano, S., Allison, R. S., Ash, A., Nakamura, S., & Apthorp, D. (2014). Evidence against an ecological explanation of the jitter advantage for vection. *Frontiers in Psychology, 5*, 1297.［doi: 10.3389/fpsyg.2014.01297］

Palmisano, S., Allison, R. S., Schira, M. M., & Barry, R. J. (2015). Future challenges for vection research: Definitions, functional significance, measures, and neural bases. *Frontiers in Psychology, 6*, 193.［doi: 10.3389/fpsyg.2015.00193］

Palmisano, S., Burke, D., & Allison, R. S. (2003). Coherent perspective jitter induces visual illusions of self-motion. *Perception, 32*(1), 97–110.［doi: 10.1068/p3468］

Palmisano, S., Gillam, B. J., & Blackburn, S. G. (2000). Global-perspective jitter improves vection in central vision. *Perception, 29*(1), 57–67.［doi: 10.1068/p2990］

Paulus, W., Straube, A., Krafczyk, S., & Brandt, T. (1989). Differential effects of retinal target displacement, changing size and changing disparity in the control of anterior/posterior and lateral body sway. *Experimental Brain Research, 78*, 243–252.［doi: 10.1007/BF00228896］

Perrone, J. A. (1992). Model for the computation of self-motion in biological systems. *Journal of the Optical Society of America, A, 9*, 177–194.［doi: 10.1364/JOSAA.9.000177］

Post, R. B. (1988). Circular vection is independent of stimulus eccentricity. *Perception, 17*, 737–744.［doi: 10.1068/p170737］

Prazdny, K. (1981). Determining the instantaneous direction of motion from optical flow generated by a curvilinearly moving observer. *Computer Vision, Graphics, and Image Processing, 17*, 238–248.［doi: 10.1016/0146-664X(81)90004-6］

Previc, F. H., Kenyon, R. V., Boer, E. R., & Johnson, B. H. (1993). The effects of background visual roll stimulation on postural and manual control and self-motion perception. *Perception & Psychophysics, 54*(1), 93–107.［doi: 10.3758/BF03206941］

Previc, F. H., & Mullen, T. J. (1990). A comparison of the latencies of visually induced postural change and self-motion perception. *Journal of Vestibular Research, 1*(3), 317–323.

Readinger, W. O., Chatziastros, A., Cunningham, D. W., Bülthoff, H. H., & Cutting, J. E. (2002). Gaze-eccentricity effects on road position and steering. *Journal of Experimental Psychology: Applied, 8*(4), 247–258.［doi: 10.1037/1076-898x.8.4.247］

Robertshaw, K. D., & Wilkie, R. M. (2008). Does gaze influence steering around a bend? *Journal of Vision, 8*(4), 1–13.［doi: 10.1167/8.4.18］

Royden, C. S. (1994). Analysis of misperceived observer motion during simulated eye rotations. *Vision Research, 34*(23), 3215–3222.［doi: 10.1016/0042-6989(94)90085-x］

Royden, C. S. (1997). Mathematical analysis of motion-opponent mechanisms used in the determination of heading and depth. *Journal of the Optical Society of America, A, 14*(9), 2128–2143.［doi: 10.1364/JOSAA.14.002128］

Royden, C. S., Banks, M. S., & Crowell, J. A. (1992). The perception of heading during eye movements. *Nature, 360*, 583–585.［doi: 10.1038/360583a0］

Royden, C. S., Crowell, J. A., & Banks, M. S. (1994). Estimating heading during eye movements. *Vision Research, 34*(23), 3197–3214.［doi: 10.1016/0042-6989(94)90084-1］

Royden, C. S., & Hildreth, E. C. (1996). Human heading judgments in the presence of moving objects. *Perception & Psychophysics, 58*, 836–856.［doi: 10.3758/BF03205487］

Rushton, S. K., Harris, J. M., Lloyd, M. R., & Wann, J. P. (1998). Guidance of locomotion on foot uses perceived target location rather than optic flow. *Current Biology, 8*(21), 1191–1194.［doi: 10.1016/s0960-9822(07)00492-7］

Salvucci, D. D., & Gray, R. (2004). A two-point visual control model of steering. *Perception, 33*(10), 1233–1248.［doi: 10.1068/p5343］

第 II 部 視覚

Savelsbergh, G. J., Whiting, H. T., & Bootsma, R. J. (1991). Grasping tau. *Journal of Experimental Psychology: Human Perception and Performance, 17*(2), 315–322.

Savelsbergh, G. J. P., Whiting, H. T. A., Pijpers, J. R., & van Santvoord, A. A. M. (1993). The visual guidance of catching. *Experimental Brain Research, 93*(1), 148–156. [doi: 10.1007/BF00227789]

Schmuckler, M. A. (1997). Children's postural sway in response to low- and high-frequency visual information for oscillation. *Journal of Experimental Psychology: Human Perception and Performance, 23*(2), 528–545. [doi: 10.1037/0096-1523.23.2.528]

Schulmann, D. L., Godfrey, B., & Fisher, A. G. (1987). Effect of eye movements on dynamic equilibrium. *Physical Therapy, 67*(7), 1054–1057. [doi: 10.1093/ptj/67.7.1054]

Séverac Cauquil, A., Bessou, M., Dupui, P., & Bessou, P. (1996). Anteroposterior dynamic balance reactions induced by circular translation of the visual field. *Journal of Physiology* (Paris), *90*, 50–62. [doi: 10.1016/0928-4257(96)89608-2]

Stoffregen, T. A. (1986). The role of optical velocity in the control of stance. *Perception & Psychophysics, 39*(5), 355–360. [doi: 10.3758/BF03203004]

鈴木 浩明 （2001）．乗り物シミュレータの動揺システムに関わる知覚心理学的諸問題 心理学評論，*44*(3)，349–366．[doi: 10.24602/sjpr.44.3_349]

Tanaka, K., Fukada, Y., & Saito, H. (1989). Underlying mechanisms of the response specificity of expansion/contraction and rotation cells in the dorsal part of the medial superior temporal area of the macaque monkey. *Journal of Neurophysiology, 62*(3), 642–656. [doi: 10.1152/jn.1989.62.3.642]

Tarr, M. J., & Warren, W. H. (2002). Virtual reality in behavioral neuroscience and beyond. *Nature Neuroscience, 5*, 1089–1092. [doi: 10.1038/nn948]

Travis, R. C. (1945). An experimental analysis of dynamic and static equilibrium. *Journal of Experimental Psychology, 35*, 216–234. [doi: 10.1037/h0059788]

Tresilian, J. R. (1990). Perceptual information for the timing of interceptive action. *Perception, 19*(2), 223–239. [doi: 10.1068/p190223]

Tresilian, J. R. (1993). Four questions of time to contact: A critical examination of research on interceptive timing. *Perception, 22*(6), 653–680. [doi: 10.1068/p220653]

Tresilian, J. R. (1999). Visually timed action: Time-out for 'tau'? *Trends in Cognitive Sciences, 3*(8), 301–310. [doi: 10.1016/S1364-6613(99)01352-2]

van Asten, W. N., Gielen, C. C., & van der Gon, J. J. (1988). Postural movements induced by rotations of visual scenes. *Journal of the Optical Society of America, A, 5*(10), 1781–1789. [doi: 10.1364/JOSAA.5.001781]

van den Berg, A. V. (1992). Robustness of perception of heading from optic flow. *Vision Research, 32*, 1285–1296. [doi: 10.1016/0042-6989(92)90223-6]

Verri, A., Girosi, F., & Torre, V. (1989). Mathematical properties of the two-dimensional motion field: From singular points to motion parameters. *Journal of the Optical Society of America, A, 6*, 698–712. [doi: 10.1364/JOSAA.6.000698]

Waller, D. (2000). Individual differences in spatial learning from computer-simulated environments. *Journal of Experimental Psychology: Applied, 6*(4), 307–321. [doi: 10.1037/1076-898x.6.4.307]

Waller, D., Knapp, D., & Hunt, E. (2001). Spatial representations of virtual mazes: The role of visual fidelity and individual differences. *Human Factors, 43*(1), 147–158. [doi: 10.1518/001872001775992561]

Wann, J. P. (1996). Anticipating arrival: Is the tau margin a specious theory? *Journal of Experimental Psychology: Human Perception and Performance, 22*(4), 1031–1048. [doi: 10.1037/0096-1523.22.4.1031]

Wann, J., & Land, M. (2000). Steering with or without the flow: Is the retrieval of heading necessary? *Trends in Cognitive Sciences, 4*(8), 319–324. [doi: 10.1016/S1364-6613(00)01513-8]

Warren, W. H. Jr., Blackwell, A. W., Kurtz, K. J., Hatsopoulos, N. G., & Kalish, M. L. (1991). On the sufficiency of the velocity field for perception of heading. *Biological Cybernetics, 65*(5), 311–320. [doi: 10.1007/BF00216964]

Warren, W. H., & Hannon, D. J. (1988). Direction of self-motion is perceived from optical flow. *Nature, 336*, 162–163. [doi: 10.1038/336162a0]

第14章　運動知覚

Warren, W. H. Jr., & Hannon, D. J. (1990). Eye movements and optical flow. *Journal of the Optical Society of America, A*, *7*(1), 160–169. [doi: 10.1364/josaa.7.000160]

Warren, W. H., Kay, B. A., & Yilmaz, E. H. (1996). Visual control of posture during walking: Functional specificity. *Journal of Experimental Psychology: Human Perception and Performance*, *22*(4), 818–838. [doi: 10.1037/0096-1523.22.4.818]

Warren, W. H., Kay, B. A., Zosh, W. D., Duchon, A. P., & Sahuc, S. (2001). Optic flow is used to control human walking. *Nature Neuroscience*, *4*(2), 213–216. [doi: 10.1038/84054]

Warren, W. H., & Kurtz, K. J. (1992). The role of central and peripheral vision in perceiving the direction of self-motion. *Perception & Psychophysics*, *51*(5), 443–454. [doi: 10.3758/BF03211640]

Warren, W. H. Jr, Morris, M. W., & Kalish, M. (1988). Perception of translational heading from optical flow. *Journal of Experimental Psychology: Human Perception and Performance*, *14*(4), 646–660. [doi: 10.1037/0096-1523.14.4.646]

Warren, W. H., & Saunders, J. A. (1995). Perceiving heading in the presence of moving objects. *Perception*, *24*, 315–331. [doi: 10.1068/p240315]

White, K. D., Post, R. B., & Leibowitz, H. W. (1980). Saccadic eye movements and body sway. *Science*, *208*(4444), 621–623. [doi: 10.1126/science.7367888]

Wilkie, R., & Wann, J. (2003). Controlling steering and judging heading: Retinal flow, visual direction, and extraretinal information. *Journal of Experimental Psychology: Human Perception and Performance*, *29*(2), 363–378. [doi: 10.1037/0096-1523.29.2.363]

Wood, R. M., Harvey, M. A., Young, C. E., Beedie, A., & Wilson, T. (2000). Weighting to go with the flow? *Current Biology*, *10*(15), R545–R546. [doi: 10.1016/s0960-9822(00)00606-0]

(14・5)

Aaen-Stockdale, C., Thompson, B., Hess, R. F., & Troje, N. F. (2008). Biological motion perception is cue-invariant. *Journal of Vision*, *8*(8), 6. [doi: 10.1167/8.8.6]

Ahlström, V., Blake, R., & Ahlström, U. (1997). Perception of biological motion. *Perception*, *26*(12), 1539–1548. [doi: 10.1068/p261539]

Bertenthal, B. I., & Pinto, J. (1994). Global processing of biological motions. *Psychological Science*, *5*(4), 221–225. [doi: 10.1111/j.1467-9280.1994.tb00504.x]

Casile, A., & Giese, M. A. (2005). Critical features for the recognition of biological motion. *Journal of Vision*, *5*(4), 348–360. [doi: 10.1167/5.4.6]

Chang, D. H., & Troje, N. F. (2009). Acceleration carries the local inversion effect in biological motion perception. *Journal of Vision*, *9*(1), 1–17. [doi: 10.1167/9.1.19]

Cutting, J. E. (1978). A program to generate synthetic walkers as dynamic point-light displays. *Behavior Research Methods & Instrumentation*, *10*(1), 91–94. [doi: 10.3758/BF03205105]

Cutting, J. E., & Kozlowski, L. T. (1977). Recognizing friends by their walk: Gait perception without familiarity cues. *Bulletin of the Psychonomic Society*, *9*(5), 353–356. [doi: 10.3758/BF03337021]

Dittrich, W. H. (1993). Action categories and the perception of biological motion. *Perception*, *22*(1), 15–22. [doi: 10.1068/p220015]

Heptulla-Chatterjee, H. S., Freyd, J. J., & Shiffrar, M. (1996). Configural processing in the perception of apparent biological motion. *Journal of Experimental Psychology: Human Perception and Performance*, *22*(4), 916–929. [doi: 10.1037/0096-1523.22.4.916]

Hunt, A. R., & Halper, F. (2008). Disorganizing biological motion. *Journal of Vision*, *8*(9), 12. [doi: 10.1167/8.9.12]

井上　康之・北崎　充晃　(2010)．生体力学的制約が身体ポーズ認識における視点依存性と倒立効果に及ぼす効果　心理学研究，*81*(2)，105–113. [doi: 10.4992/jjpsy.81.105]

Johansson, G. (1973). Visual perception of biological motion and a model for its analysis. *Perception & Psychophysics*, *14*(2), 201–211. [doi: 10.3758/BF03212378]

Kozlowski, L. T., & Cutting, J. E. (1977). Recognizing the sex of a walker from a dynamic point-light display. *Perception &*

第 II 部　視覚

Psychophysics, 21(6), 575–580. [doi: 10.3758/BF03198740]

Mather, G., & West, S. (1993). Recognition of animal locomotion from dynamic point-light displays. *Perception, 22*(7), 759–766. [doi: 10.1068/p220759]

Morita, T., Slaughter, V., Katayama, N., Kitazaki, M., Kakigi, R., & Itakura, S. (2012). Infant and adult perceptions of possible and impossible body movements: An eye-tracking study. *Journal of Experimental Child Psychology, 113*(3), 401–414. [doi: 10.1016/j.jecp.2012.07.003]

Pavlova, M., & Sokolov, A. (2000). Orientation specificity in biological motion perception. *Perception & Psychophysics, 62*, 889–899. [doi: 10.3758/BF03212075]

Pollick, F. E., Kay, J. W., Heim, K., & Stringer, R. (2005). Gender recognition from point-light walkers. *Journal of Experimental Psychology: Human Perception and Performance, 31*(6), 1247–1265. [doi: 10.1037/0096-1523.31.6.1247]

Reed, C. L., Stone, V. E., Bozova, S., & Tanaka, J. (2003). The body-inversion effect. *Psychological Science, 14*(4), 302–308. [doi: 10.1111/1467-9280.14431]

Shiffrar, M., & Freyd, J. J. (1990). Apparent motion of the human body. *Psychological Science, 1*(4), 257–264. [doi: 10.1111/j.1467-9280.1990.tb00210.x]

Sumi, S. (1984). Upside-down presentation of the Johansson moving light-spot pattern. *Perception, 13*, 283–286. [doi: 10.1068/p130283]

Troje, N. F., & Westhoff, C. (2006). The inversion effect in biological motion perception: Evidence for a "life detector"? *Current Biology, 16*(8), 821–824. [doi: 10.1016/j.cub.2006.03.022]

Wittinghofer, K., de Lussanet, M. H., & Lappe, M. (2010). Category-specific interference of object recognition with biological motion perception. *Journal of Vision, 10*(13), 16. [doi: 10.1167/10.13.16]

(14・6)

Bassili, J. N. (1976). Temporal and spatial contingencies in the perception of social events. *Journal of Personality and Social Psychology, 33*(6), 680–685. [doi: 10.1037/0022-3514.33.6.680]

Bertenthal, B. I., Banton, T., & Bradbury, A. (1993). Directional bias in the perception of translating patterns. *Perception, 22*(2), 193–207. [doi: 10.1068/p220193]

Dasser, V., Ulbaek, I., & Premack, D. (1989). The perception of intention. *Science, 243*(4889), 365–367. [doi: 10.1126/science.2911746]

Dittrich, W. H., & Lea, S. E. (1994). Visual perception of intentional motion. *Perception, 23*, 253–268. [doi: 10.1068/p230253]

Gao, T., McCarthy, G., & Scholl, B. J. (2010). The wolfpack effect: Perception of animacy irresistibly influences interactive behavior. *Psychological Science, 21*(12), 1845–1853. [doi: 10.1177/0956797610388814]

Gao, T., Newman, G. E., & Scholl, B. J. (2009). The psychophysics of chasing: A case study in the perception of animacy. *Cognitive Psychology, 59*(2), 154–179. [doi: 10.1016/j.cogpsych.2009.03.001]

Gilden, D. L., & Proffitt, D. R. (1989). Understanding collision dynamics. *Journal of Experimental Psychology: Human Perception and Performance, 15*(2), 372–383.

Gergely, G., Nádasdy, Z., Csibra, G., & Bíró, S. (1995). Taking the intentional stance at 12 months of age. *Cognition, 56*(2), 165–193. [doi: 10.1016/0010-0277(95)00661-H]

Heider, F., & Simmel, M. (1944). An experimental study of apparent behavior. *American Journal of Psychology, 57*(2), 243–259. [doi: 10.2307/1416950]

Kanakogi, Y., Okumura, Y., Inoue, Y., Kitazaki, M., & Itakura, S. (2013). Rudimentary sympathy in preverbal infants: Preference for others in distress. *PLoS ONE, 8*(6), e65292. [doi: 10.1371/journal.pone.0065292]

河地 庸介・行場 次朗　(2008). 視覚的事象の知覚に関する最近の研究動向：物体同一性，因果性，通過・反発事象の知覚　心理学評論，*51*(2)，206–219. [doi: 10.24602/sjpr.51.2_206]

Leslie, A. M. (1982). The perception of causality in infants. *Perception, 11*(2), 173–186. [doi: 10.1068/p110173]

Leslie, A. M. (1984). Spatiotemporal continuity and the perception of causality in infants. *Perception, 13*, 287–305. [doi: 10.1068/p130287]

Metzger, W. (1934). Beobachtungen über phänomenale Identität. *Psychologische Forschung, 19*(1), 1–60. [doi: 10.1007/BF02409733]

Michotte, A. (1963). *The Perception of Causality*. Routledge.

Premack, D., & Premack, A. J. (1997). Infants attribute value ± to the goal-directed actions of self-propelled objects. *Journal of Cognitive Neuroscience, 9*(6), 848–856. [doi: 10.1162/jocn.1997.9.6.848]

Rochat, P., Morgan, R., & Carpenter, M. (1997). Young infants' sensitivity to movement information specifying social causality. *Cognitive Development, 12*, 537–561. [doi: 10.1016/S0885-2014(97)90022-8]

Scholl, B. J., & Nakayama, K. (2002). Causal capture: Contextual effects on the perception of collision events. *Psychological Science, 13*(6), 493–498. [doi: 10.1111/1467-9280.00487]

Scholl, B. J., & Tremoulet, P. D. (2000). Perceptual causality and animacy. *Trends in Cognitive Sciences, 4*(8), 299–309. [doi: 10.1016/s1364-6613(00)01506-0]

Sekuler, A. B., & Sekuler, R. (1999). Collisions between moving visual targets: What controls alternative ways of seeing an ambiguous display? *Perception, 28*(4), 415–432. [doi: 10.1068/p2909]

Sekuler, R., Sekuler, A. B., & Lau, R. (1997). Sound alters visual motion perception. *Nature, 385*, 308. [doi: 10.1038/385308a0]

Shimojo, S., & Shams, L. (2001). Sensory modalities are not separate modalities: Plasticity and interactions. *Current Opinion in Neurobiology, 11*(4), 505–509. [doi: 10.1016/s0959-4388(00)00241-5]

Takahashi, K., & Watanabe, K. (2015). Synchronous motion modulates animacy perception. *Journal of Vision, 15*(8), 17. [doi: 10.1167/15.8.17]

Todd, J. T., & Warren Jr, W. H. (1982). Visual perception of relative mass in dynamic events. *Perception, 11*(3), 325–335. [doi: 10.1068/p110325]

Tremoulet, P. D., & Feldman, J. (2000). Perception of animacy from the motion of a single object. *Perception, 29*, 943–951. [doi: 10.1068/p3101]

Tremoulet, P. D., & Feldman, J. (2006). The influence of spatial context and the role of intentionality in the interpretation of animacy from motion. *Perception & Psychophysics, 68*(6), 1047–1058. [doi: 10.3758/BF03193364]

Watanabe, K., & Shimojo, S. (2001). When sound affects vision: Effects of auditory grouping on visual motion perception. *Psychological Science, 12*(2), 109–116. [doi: 10.1111/1467-9280.00319]

White, P. A., & Milne, A. (1997). Phenomenal causality: Impressions of pulling in the visual perception of objects in motion. *American Journal of Psychology, 110*(4), 573–602.

White, P. A., & Milne, A. (1999). Impressions of enforced disintegration and bursting in the visual perception of collision events. *Journal of Experimental Psychology: General, 128*(4), 499–516. [doi: 10.1037/0096-3445.128.4.499]

第15章 眼球運動

15・1 眼球運動の測定法

15・1・1 計測法概論

　眼球運動計測は，およそ100年の歴史があり，さまざまな方法が提案されている。測定法の歴史については，書籍（苧阪他，1993），総説論文（Young & Sheena, 1975）に詳しく語られている。これらのなかで，今日も利用されている測定法は，大別して①光学的方法（optical method），②EOG法（electro-oculography），③サーチコイル法（scleral-contact lens/search coil）に分類される。①はさらに①-1) 角膜反射瞳孔中心法（corneal reflection-pupil center method），①-2) 虹彩検出法（iris detection method），①-3) 虹彩強膜境界検出法（iris-sclera border detection method）に分類される。1980年代後半より，ビデオカメラの普及に伴い①-1)，①-2)の方法が主流となった。得られる計測データが，連続的（アナログ）に得られる手法と離散的（デジタル）に得られる手法という側面から分類すると，①-3)，②，③がアナログ，①-1，①-2）がデジタル手法となる。それぞれの方法について得失があるので測定法の原理を理解し，目的となる眼球運動情報に合わせ手段を選ぶ必要がある。

15・1・1・1 光学的方法

　光を用いて眼球運動を計測する方法である。原理的に閉眼時の眼球運動の計測には利用できない。よって睡眠時や瞬目の際の眼球運動を計測したい場合は，後述のEOG法やサーチコイル法を選ぶ必要がある。本方法の特徴は，光を用いるため実験参加者に負担が少ない非侵襲計測を行うことができる点に

ある。他の手法に対する大きな優位点となり，今日の標準的手法となっている。光学的手法のなかで用いられる光検出素子として，フォトダイオード，CCD（charge coupled device），CMOS（complementary metal oxide semiconductor）イメージセンサーなどが用いられる。フォトダイオードは，アナログ計測に，CCD，CMOSイメージセンサーはデジタル計測に用いられる。CMOSイメージセンサーには，ローリングシャッター式とグローバルシャッター式の2種類があり，前者は各画素における撮影時期が同一でないため，動きのある対象を撮影した際にローリングシャッター歪みが発生する。速い眼球運動を計測する際には，グローバルシャッター式であることを確認する必要がある。イメージセンサーを用いた測定法は，撮影される間隔で眼球運動に関する情報が離散的に得られるデジタル手法となる。そのため，速い運動を計測する際には，fps（frames per second, 1秒あたりの撮影枚数）が十分多いものを選択する。急速眼球運動（サッケードなど）を計測するためには，最低でも250 fpsの撮影速度が必要である。1秒あたりの撮影枚数の増加は，露光時間の減少を意味し，得られる画像が暗くなる。画像処理が困難になるためより明るい照明が必要であるが，健康に被害のない範囲の明るさに収めなければならない。国際照明委員会（CIE）による規格 IEC62471 光生物学的安全性 及び JIS C 7550 に準拠し，長時間の利用にあたっては，100 W/m^2 以下になるように留意する。デジタル手法は，画像を取得し，画像処理により眼球運動を検出するため，実際の眼球運動から結果として計測値が得られるまでの時間遅れがある。眼球運動の情報を即時に利用する場合には，この時間遅れを考慮する。fpsが大きいほど，時間遅れが減少し，典型的にはおおむねfpsの逆数の2倍の時間遅

れがある（500 fps においては 4 ms となる）。

光学的方法においては，眼球運動を検出する対象として，照明の反射（Purkinje 像：Purkinje image），瞳孔，虹彩，強膜が用いられる。反射には，角膜上の反射（1st Purkinje image），角膜裏面の反射（2nd Purkinje image），水晶体表面の反射（3rd Purkinje image），水晶体裏面の反射（4th Purkinje image）があるが，通常は角膜上の反射（1st Purkinje image）のみが用いられる。過去に 1st Purkinje image と 4th Purkinje image を用いて計測する，Dual Purkinje systems（Fourward Technologies）が存在した。サーチコイル法に匹敵する精度と時間分解能があり，実験参加者に対して負担が少ないものであったが，高価かつ取り扱いが難しく，次に述べる角膜反射瞳孔中心法に駆逐されてしまった。瞳孔検出には，瞳孔を暗く撮影する暗瞳孔法と赤外線照明の位置を撮影用レンズの光軸に合わせることで瞳孔を明るく撮影する明瞳孔法がある。明瞳孔は，角膜反射との分離が困難という問題があるため，暗瞳孔法を用いるのが一般的である。しかし，外乱光に対する強さ，短い露光時間でも撮影できるなどの利点から計測する状況によって明瞳孔法が採用されることがある。

光学的手法にて安定的に計測を行うためには，できる限り計測の障害となるものを排除する必要がある。具体的には，瞼，睫毛，メガネ，ハードコンタクトレンズ，ソフトコンタクトレンズ，実験参加者のカメラに対しての奥行き，並進方向の動き，計測に用いるための照明以外の光，照明の動き，カメラの動き，カメラのフォーカスずれなどが計測を阻害する要因となる。

対策としては，眼を大きく開けてもらう。睫毛がかかる場合は，ビューラーを利用し睫毛を上に上げてもらう。裸眼での計測を行う。固視課題を行う必要上，視力矯正器具が不可欠な場合は，二重焦点または累進焦点レンズを避け単焦点のメガネを利用してもらう。メガネは照明光を減衰させるため，照明の明るさを上げるか，露光時間を長くする必要がある。コンタクトレンズは，表面反射点の増加，レンズと角膜の間に入る気泡が問題になるため，できる限り避けることが望ましい。

頭の動きのうち特に問題になるのが，カメラから奥行き方向の動きである。これは，カメラのフォーカスずれの原因となる。画像がぼけ，反射点，瞳孔，虹彩の検出が困難になる。フォーカスを再調整した場合は，眼球運動を計測するために再度の較正が必要となる場合がある。奥行き方向への頑健性を確保するためには，実験参加者との距離を測る手段とフォーカス修正または深い被写体深度が必要となる。被写体深度を深くすると，画像は暗くなり速い速度での計測が困難になる。カメラと平行な動きについては，計測方法によってはカメラに映る範囲での動きを補償することができる手段もある。しかしながら，撮影速度が遅い場合にはブレなどの原因となるため，できるだけ動かないほうが望ましい。眼球運動といった計測対象が精密な運動である場合には，顎台を用いて顎と額を固定し，撮影時に頭部の動揺を抑制する必要がある。さらなる固定を行う場合は，歯科用の歯型印象材を用いて実験参加者の歯型を作成する。歯型を顎台に固定した棒（バイトバー）に取り付け，それを噛むことによって頭部を固定する。実験参加者の負担は大きいが，精密な計測を行う場合には必要である。

照明以外の光が眼球に照射されると，角膜などに写り込みが生じるため計測が困難になる。照明として赤外光を用いて計測する際は，カメラに可視光遮断フィルターを装着することで可視光の影響は排除することができる。問題は，日光や白熱灯など赤外光を含む光の影響である。屋内での計測においては，外光を遮断し白熱灯など撮影用照明以外で赤外線を発生する明かりを排除して実験を行う必要がある。屋外での計測が必要な場合は，赤外線遮光フィルムなどを用いて，実験環境に日光の赤外線が入光しないよう対策を立てる必要がある。もしくは，原理的に外来光に強い明瞳孔やそもそも光の影響を受けないEOG 法を用いるなどの対策を立てる必要がある。

照明の動き，カメラの動きは実験参加者の動きと同様に悪影響がある。計測に際しては，確実に固定する必要がある。

計測後のデータ加工により，ノイズを取ることは不可能ではないが，まずはノイズの入らないデータを取得することが肝要である。計測法の欠点を把握

第Ⅱ部　視覚

し，安定したデータ取得を行う。

1）角膜反射瞳孔中心法

　初期には，画像から角膜反射（corneal reflection）のみ，または瞳孔中心（pupil center）のみを検出して眼球運動を計測していたが，今日では両者を同時に利用するシステムが一般的である。

　角膜反射位置は，角膜が球面の一部であり，カメラと照明が無限遠にあると仮定すると，角膜の曲率中心位置の動きと平行な動きを行う。眼球の回転に伴い角膜曲率中心が移動するため，これを検出することで，眼球の運動を計測することができる。頭部を固定し，眼球回転中心が固定していることを仮定できれば角膜反射光位置のみで眼球の水平，垂直方向の運動を計測することができる。反射光が角膜から外れるほど眼球が回転した場合には計測できないため，カメラと照明の位置を適切に設定する必要がある。

　瞳孔中心位置は，眼球の回転に伴い移動するため，これを検出することで，眼球の運動を計測する。瞳孔中心位置の求め方として，撮影画像のなかで，ある光強度以下（これは暗瞳孔法の場合に当てはまるが，明瞳孔法の場合はある光強度以上となる）を瞳孔としてその重心を求める方法，瞳孔の縁を検出し，瞳孔の楕円近似を行い，計算により瞳孔中心を求める方法の2通りがある。前者は計算量が少なく瞳孔の形状を問わない（ネコ，ヤギなど瞳孔の形状が円ではない対象に適用できる）。後者は瞼によって瞳孔が隠れた場合にも比較的正確に中心を求めることができる，そして，瞳孔径も求めることができるという特徴がある。コンピュータの計算速度が十分に速くなった現在においては，後者が主に用いられる。カメラの光軸方向から大きく逸れた方向に眼球が運動した場合，角膜による屈折が生じ瞳孔の位置が変化する。環境の光量が変わった場合，瞳孔の大きさが変化するが，この際に瞳孔の中心位置が光軸の中心から移動する。視線計測の計算法にこれらを考慮したものとそうでない手法があるため，安定した計測を行うためには，カメラの水平位置はできる限り正面に配置し，計測に関わらない周囲の光量はできるだけ変化しないように環境を整える必要があ

る。カメラを真正面に配置すると視線の障害になるため，眼球を下から見上げる位置に置くことが望ましい。この位置に置くことで，瞳孔が上瞼によって隠れてしまう可能性を減少させることができる。暗瞳孔法においては，照明とカメラの中点を固視した際に網膜反射が返ってきて，瞳孔が明るく写ってしまう。そのため，この近傍は眼球運動計測ができない。実験にあたってはこの位置を固視する課題を避ける必要がある。角膜反射位置と同様に，頭部が動かないと仮定できる場合は，瞳孔中心位置のみで眼球の水平，垂直方向の運動を計測することができる。しかしながら，実際に運用する場合は，頭部の微小な動きを抑制することは不可能なため，前述の理由からあまり精密な測定を行うことはできない。実験参加者に負担をかけることが可能な場合は，前述のように歯型による固定を用いることで，動きを抑制する。

　瞳孔中心位置と角膜反射位置は，頭の動きには同期して，眼球の回転には独立に動くので，両者を用いることで頭の動きと眼球の回転を区別して検出することができる。明瞳孔法の場合は，瞳孔と角膜反射位置を同時に計測することが困難なため，明瞳孔検出用照明と角膜反射位置計測用照明の二つを用意し，カメラのシャッターに同期させてそれぞれを交互に点灯させる。時分割により，瞳孔中心位置と角膜反射位置を検出する。このため眼球が高速に運動している際の計測誤差が大きいという欠点がある。この理由により，外乱光が多い場合を除き，暗瞳孔法が多く用いられる。

　本方法を用いた製品は，国内外さまざまなメーカーから販売されている。国内では，株式会社ナックイメージテクノロジー（https://www.nacinc.jp），竹井機器工業株式会社（https://www.takei-si.co.jp），株式会社ニューオプト（httpsx://www.newopto.co.jp），国外では，tobii（https://tobii.com），SR Research（https://www.sr-research.com），CHRONOS VISION（https://www.chronos-vision.de/），Pupil Labs（https://pupil-labs.com/）などがある。

　また，市販品のカメラ，照明，顎台と組み合わせることで眼球運動計測を実現する，フリーのソフ

トウェアがネット上で配布されている。日本においては，SimpleGazeTracker（https://gazeparser.sourceforge.net/，Sogo, 2013），iRecHS2（https://staff.aist.go.jp/k.matsuda/iRecHS2/，Matsuda et al., 2017）などがある。海外においては，COGAIN（Communication by Gaze Interaction）サイト（https://wiki.cogain.org/index.php/Eye_Trackers）のEye Trackersのリストに数多くの眼球運動計測，解析ソフトウェアが紹介されている。

2）虹彩検出法

　眼球運動には，水平方向，垂直方向の運動の他に，視線方向を軸にして回転する回旋運動（torsion）がある。この運動を計測するために虹彩筋（iris muscle）の模様を撮影し，パターン認識によって回転角を求める。瞳孔検出や角膜反射検出に比べ計算負荷が高いため，計測の速度は，実時間計測においては60 fps程度に留まる。短時間であれば，高速撮影の画像のみを記録しておき，オフラインで解析する方法がある。市販品としては，CHRONOS VISION（https://www.chronos-vision.de/downloads/CV_Product_C-ETD.pdf）などがある。長時間の高時間分解能の回旋運動計測を行う場合は，後述のサーチコイル法を用いる必要がある。

3）虹彩強膜境界検出法

　ここからは，アナログ的手法となる。現在の中心的手法ではないが，他の手法に比べ非常に安価に実現することができる。視線スイッチなどの用途には最適の方法である。実験参加者が正面を向いた際の虹彩の左右の境界部分に二つの光検出器を配置し，照明はその間に置く。実験参加者の視野を遮らないように，下にずらして光検出器を配置する。実装としては，メガネの縁に二つのフォトダイオード，その中間に照明用LEDを配置し，実験参加者の眼球位置に合わせて，位置を修正できるようにする。虹彩と強膜では，照明の反射率が異なることを利用し，フォトダイオードの出力の変化を，眼球運動として取得する。Smith & Walter（1960）がこの方法を提唱した。この配置によって，水平方向の眼球運動の検出が可能になる。垂直方向の動きを検出するため

には，フォトダイオードを縦に配置する必要があるが，眼瞼裂の形状により計測が困難である。

15・1・1・2　EOG法（electro-oculography）

　眼球は角膜側が正，網膜側が負である電気双極子である。両極の電位差は角膜網膜電位（corneo-retinal potential）と呼ばれる。眼の周囲に電極を装着することで，眼球の回転角に比例した電極電位を得ることができる。眼の左右方向に電極をつけることで水平方向の，上下方向に電極をつけることで垂直方向の眼球運動を計測することができる。電位を増幅する方法として直流増幅器を用いる方法と交流増幅器を用いる方法が提案されている。本方法の特長は，以下のようなものである。閉眼時の眼球運動を記録することができる。電極とDCもしくはAC増幅器で計測を行うので，実験に必要な空間や特別な機械が不要なため，手軽に計測を行うことができる。アナログ電圧での出力を得ることができるので，時間遅れがなく，時間分解能も良い。頭部の動きを拘束することなく計測が可能である。実験参加者への負担も少ない。電極を両眼に装着することで両眼の同時計測も可能である。暗闇や直射日光下でも問題なく計測を行うことができる。欠点としては，眼球位置まで特定する場合は，DC増幅器を用いるが，さまざまな要因により時間変動（drift）があり，正確性に乏しい。表情の変化による筋電位などのノイズを拾いやすく，空間分解能の点でも問題がある。電極を貼り付ける必要があるため，実験参加者に化粧などを落としてもらう必要があるなど，計測を開始するまでに手間がかかる。

　生体アンプ，電極により測定環境を構築できる。実際に実験を行うための実習例として，和田・山下（2003）が公開されている。この他，EOG法によるウェアラブルデバイスとして，JINS MEME（https://jins-meme.com/ja/）が発売されている。

15・1・1・3　サーチコイル法

　コイルを交流磁場に置くとコイルに誘導電流が生じる。誘導電流はコイルを貫く磁束に比例する。そのため交流磁場でコイルの角度を変化させると，角度に応じた電流を取得することができる。この原理

第II部　視覚

を用いて Robinson（1963）が眼球運動を計測する
サーチコイル法を開発した。現在の装置は，コンタ
クトレンズ上に埋め込まれたサーチコイル，コイル
から発生する電流を計測する装置，頭部が収まる大
きさの立方体の辺に磁場発生コイルを配置した交流
磁場発生装置より構成される。水平方向の眼球運動
計測の場合は，頭部の左右方向に磁場が変動する交
流磁場を生じさせる。実験参加者が正面を見ている
ときは，サーチコイル面は交流磁場と平行になるた
め電流を生じない。眼球が回転するとその角度に応
じた電流が発生し，眼球の左右方向の傾きを計測す
ることができる。交流磁場を上下方向にかけること
で，眼球の上下方向の動きを計測することもできる。
コイルの形状を工夫することにより，眼球の回旋の
計測も可能になる。交流磁場の位相を変えることで，
複数の方向の眼球運動の弁別が可能である。本手法
の特長は，高精度，低遅延，高時間分解能という点
である。Robinson の開発した機器の空間分解能は
$15''(0.004°)$ であった。この他，眼を閉じた状態の
眼球運動の計測ができる。頭部の動きを許容するた
め，頭部の動きによって生じる眼球運動の計測など
に用いることもできる。絶縁を行うことで，水中で
の計測も可能である。この性質により，魚類の眼球
運動を計測することもできる。両眼にコイルを装着
することで，両眼の同時計測を行うことができる。
眼球運動の計測方法の基準となる非常に優れた手法
である。その一方，いくつかの考慮すべき点がある。
頭部を覆う交流磁場発生コイル等実験装置が大掛か
りになり，実験を行う場所に十分な空間が必要であ
り，かつ高価である。そして最大の問題は，サーチ
コイルを実験参加者の眼球に装着する必要があるた
め，侵襲的負担が非常に大きいことである。コイル
装着時に局所麻酔が必要なため，実験現場での医師
の関与が必要になり診療目的以外の利用を困難にし
ている。コイルの入ったコンタクトレンズは，強膜
上に配置するため，内径 12.5 mm，外形 18 mm の
ドーナツ状の形状をしており，局所麻酔をして装着
しても不快感が大きい。連続して実験のできる時間
は 30 分ほどとなる。局所麻酔やコイルにより眼球運
動に影響が出る可能性がある。このような欠点があ
るため，用途は限られるが，他の手法では置き換え

ができない場合には，利用を検討する必要がある。
ヒト用のコイルは，CHRONOS VISION（https://
www.chronos-vision.de/en/medical-engineering-
products.html#4），磁場発生装置および計測装置
は，Primelec, D. Florin（https://www.primelec.ch/
datasheets/cs681_ds.pdf）にて取り扱いがある。国
内では，磁場発生装置および計測機器（回旋を含
まない）を三恵機材株式会社（https://file.www6.
hp-ez.com/sankeikizai/searchcoilangle.pdf）が取り
扱っている。

15・1・2　視線計測法

ここまで，眼球運動計測法について述べてきた。
生理学的な研究，医療診断の領域においては，眼球
そのものの動きが興味の対象となっているが，心理
学などの分野においては，ヒトがどこを見ているの
かという問題を解決するために眼球計測を行ってい
る。これは視線計測（gaze tracking）とも呼ばれ，
眼球運動計測の応用分野となる。視線計測を行うた
めの眼球運動計測装置は，世界に対して座標系が固
定されている据え置き型，座標系が実験参加者とと
もに動く装着型の二つの種類に分けることができ
る。装着型は，実験参加者の座標を世界座標へと変
換する別の手段が必要となる。たとえば，実験参加
者に外界を撮影するカメラを装着し，カメラの画像
から世界座標への変換を行う。もしくは，実験参加
者にマーカーを装着して世界座標系内の動きを計測
し変換を行う。精度，方法の多様性の面では据え置
き型のほうが良いため，目的に合わせて装置を選ぶ
必要がある。

15・1・3　まとめ

Windows 10 では，眼球運動計測装置を介した視
線によるコンピュータの制御が OS に取り込まれ
た。顔画像から瞳を検出し視線を求める方法も開発
されている。今や眼球運動計測は医師や研究者の手
から人と機械をつなぐ手段として広がり始めてい
る。今後さまざまな分野にこの技術が利用されてい
くと予想される。本節が，その際に目的に応じた利
用をする一助となることを望む。

（松田 圭司・竹村 文）

15・2 動眼系のメカニズム

本節では，眼球運動の制御に関わる法則と共に，それと関係する生理学的・解剖学的な知見を紹介する。

15・2・1 動眼系の末梢メカニズム

15・2・1・1 外眼筋の構造と機能

左右二つの眼球はそれぞれ，頭蓋骨にある左右一対の眼窩（orbit）と呼ばれる窪みにある。各眼球はそれに付着する外眼筋（extraocular muscle）のはたらきで眼窩のなかで回転する。外眼筋には三対の拮抗筋からなる六つの筋がある。そのうちの四つは直筋（rectus muscle）で，外直筋（lateral rectus muscle），内直筋（medial rectus muscle），上直筋（superior rectus muscle），下直筋（inferior rectus muscle）と呼ばれる。また，残りの二つは斜筋（oblique muscle）で，上斜筋（superior oblique muscle），下斜筋（inferior oblique muscle）と呼ばれる。

四つの直筋と上斜筋は眼窩後部にある総腱輪（annulus of Zinn）に起始し（図15-2-1），下斜筋は眼窩前方下部の上顎骨に起始する。四つの直筋は眼球の赤道前方の強膜に付着する。外直筋と内直筋はそれぞれ眼球の外側（耳側）と内側（鼻側）に，上直筋と下直筋はそれぞれ眼球の上方と下方に付着する。ここで，上直筋と下直筋は頭部前後方向に対しておよそ20°外側に向けて走行して眼球に近づく。上斜筋と下斜筋は眼球の内側前方から斜めに，頭部前後方向に対しておよそ50°の傾きをもって近づき，眼球外側面に付着する。なお，上斜筋は眼窩の内側上部にある滑車（trochlea）と呼ばれる構造を通って眼球に近づく。

各眼筋の作用は，ある傾きをもって眼球へ付着していることから推察される通り，それほど単純ではない。ここでは，頭部が直立した状態で，視線をまっすぐ前に向けた際の作用について記す（図15-2-2）。外直筋と内直筋の作用は垂直軸周りの回転（左右方向の視線の動き）である。外直筋が収縮し，内直筋が弛緩すると眼球が外転（abduction）し，外直筋が弛緩し内直筋が収縮すると内転（adduction）する。上直筋と下直筋は前後軸方向に対して外方に約23°の傾きをもって付着するので，その作用はやや複雑である。上直筋が収縮し下直筋が弛緩すると，上転（elevation）に加えて小さな内転と内方回旋（intorsion）が起こり，上直筋が弛緩し下直筋が収縮すると，下転（depression）に加えて外転と外方回旋（extorsion）が起こる。なお，眼球が23°外転している際には水平軸周りの回転（上下方向の視線の動き）が主となる。上斜筋と下斜筋も前後軸方向に対して傾きをもって付着しているため，その作用

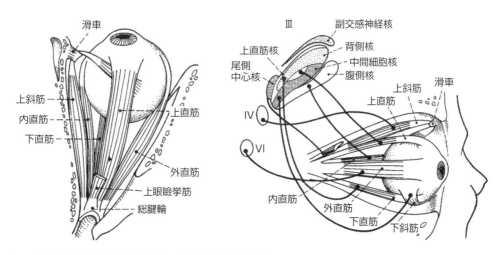

図 15-2-1　外眼筋と神経支配（小松崎他，1985，図1-6-A）
（右）右眼に付着する外眼筋を上方から見た図。（左）側方から右眼に付着する外眼筋を見た図。各外眼筋の神経支配を併せて示す。Ⅲ, Ⅳ, Ⅵ はそれぞれ，動眼神経核複合体，滑車神経核，外転神経核である。

はやや複雑となる。上斜筋が収縮すると下転が起こると共に外転と内方回旋が起こり，下斜筋が収縮すると上転が起こると共に外転と外方回旋が起こる。なお，眼球が51°内転している際に上下方向の回転への寄与が最大となる。純粋な上下方向への回転を起こす場合には複数の外眼筋の協調作用が必要である。

これらの外眼筋を支配しているのは動眼神経（第III脳神経，oculomotor nerve），滑車神経（第IV脳神経，trochlear nerve），外転神経（第VI脳神経，abducens nerve）の三つの脳神経である。動眼神経は内直筋，上直筋，下直筋，下斜筋の四つの筋を，滑車神経は上斜筋を，外転神経は外直筋を支配する（図15-2-2）。外眼筋の構造と機能についてのさらなる詳細は，小松崎他（1985），Leigh & Zee（2015），斎田（1994）を参照されたい。

15・2・1・2　プリーの構造と機能

プリー（pulley）はコラーゲンでできたスリーブ状の構造とリング状の構造で構成され，眼球赤道部（globe equator）近辺のTenon囊（Tenon's fascia）内にあり，コラーゲン，エラスチン，平滑筋を含むスリング様のバンドで眼窩壁，外眼筋，Tenon囊と結合している（図15-2-3；Demer, 2004）。眼窩壁にある滑車によって上斜筋の走行を曲げられるのと同様に，四つの直筋（外直筋，内直筋，上直筋，下直筋）と下斜筋の走行がプリーによって曲げられ

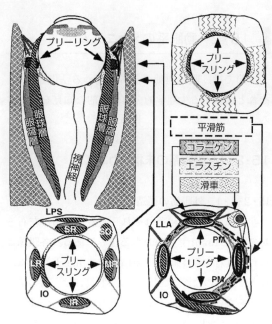

図15-2-3　プリーの構造（Demer et al., 2000, Fig. 8）
眼窩を上から見た図と矢印で示される位置における眼窩結合組織の冠状断面図。IR：下直筋，LR：外直筋，MR：内直筋，SO：上斜筋，IO：下斜筋，SR：上直筋，LPS：上眼瞼挙筋，LLA：外側眼瞼挙筋腱膜，PM：眼球周囲平滑筋

る。したがって実質的には，プリーはこれらの外眼筋が眼球を回転させる際の機能的な起始点となる。Miller（1989；Miller et al., 1993）はMRIを用いて眼窩内の構造を解析し，大きな視線のシフトを行った際でも，外眼筋後部の走行がほとんど変化しないことを示し，このプリーの存在を指摘した。さらに

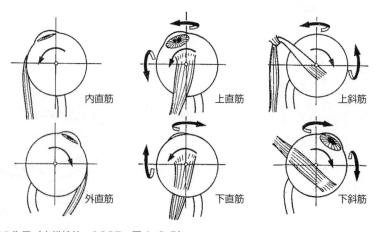

図15-2-2　外眼筋の作用（小松崎他，1985，図1-6-B）
右眼を上方から見た図。正面を見ている際の眼位から外眼筋のそれぞれがはたらいた際の，前後軸，左右軸，上下軸まわりの眼の回転を示す。

Demer et al.（2000）はMRIを用いた研究で，眼球が回転する際には，外眼筋の走行が屈曲する位置，すなわちプリーの位置もシフトすることを示し，アクティブプリー仮説（active pulley hypothesis）を提唱した。外眼筋は眼球層（global layer）と眼窩層（orbital layer）の2層で構成されているが，眼窩層の筋線維はプリーに付着し，眼球層の筋線維は眼球の強膜に付着する。この二元的な支配によって，眼球層の筋線維が眼球を回転させる際に，眼窩層の筋線維がプリーの位置を直線的に変化させるという仮説である。このメカニズムは，後述するListingの法則の成立に寄与する要因と考えられている。プリーの解剖学的構造および組織学的な詳細に関してはDemer（2004）とMiller et al.（2003）を，外眼筋およびその周辺構造についてより広くカバーした解説としてはLeigh & Zee（2015）を参照されたい。

15・2・2　眼球運動のキネマティクス

眼球運動は回転運動である。この眼球の3次元的な回転運動に関する重要な法則として，19世紀に提唱されたDondersの法則とListingの法則がある。Dondersの法則（Donders, 1847）は眼球の回旋眼位に関する法則で，眼球の水平眼位と垂直眼位に応じてただ一つの回旋角度が存在し，その回旋角度はその眼位にどのように到達したかによらないことを述べたものである。一方，Listingの法則は眼球の回転運動の軸に関する法則である。頭部が直立・静止している際の，前方注視時の第一眼位（primary position）から任意の眼位への運動はListing平面上の軸周りの1回の回転で記述される（図15-2-4）。ここでListing平面とは，第一眼位にある時の視線に対して垂直な平面である。この法則はDondersの法則と密接な関係があり，その法則で述べられる回旋角度を定量的に導くことができる（Wong, 2004）。眼球の3次元的な回転運動を表す代表的な座標系の一つであるHelmholtzの座標系を用いると，第一眼位からの水平方向の回転角度をH，垂直方向の回転角度をVとし，眼球を後ろの方から見て右方向への回転，上方向への回転，時計回りの回旋をそれぞれ正とすると，回旋角度Tは$T=-HV/2$と表される。ここで，それぞれの角度の単位はラジアンである。

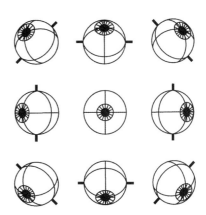

図 15-2-4　Listing の法則（Wong et al., 2004, Fig. 8 より改変）
中央の眼は第一眼位における眼の向きであり，紙面がListing平面である。それぞれの眼の向きは，Listing平面上の軸（太い黒の実線）周りの回転で到達できる。

Listingの法則はサッケードや追跡眼球運動でも成立する（Tweed et al., 1992；Tweed & Vilis, 1990）。ただし，第一眼位以外から眼の動きが始まる場合には，眼球の回転軸を含む平面は第一眼位と視線のなす角の半分だけその方向に傾いた平面となる。その平面は速度平面（velocity plane）と呼ばれ，第一眼位にある際の速度平面がListing平面である。この拡張はListingのhalf-angle ruleと呼ばれる。Listingの法則は両眼の運動にも拡張されている（Minken & Van Gisbergen, 1994；Mok et al., 1992；Van Rijn & Van den Berg, 1993）。輻輳の際には，眼球の回転軸を含む平面は元のListing平面から側方に輻輳角の1/4だけ傾いた平面で，左右両眼でおよそ対称である。

前項で紹介したプリー構造は眼球の回転軸を制御する構造的な因子で，Listingの法則の成立に関わる要因と考えられている（Demer et al., 2000；Quaia & Optican, 1998；Raphan, 1998）。また，追跡眼球運動を行っているサルの外眼筋の運動ニューロンにListingの法則に従った回旋に対応する活動がみられないことや（Ghasia & Angelaki, 2005），外転神経を電気的に刺激することによって生じる眼球運動がListingの法則に従う（Klier et al., 2006）などといった知見は，Listingの法則を成立させるための特別な運動指令信号が必要ないことを示唆してい

る。しかし、すべての眼球運動でListingの法則が成立するわけではなく、前庭動眼反射や睡眠時の運動ではListingの法則が成立しないことが知られている（Henn et al., 1984；Misslisch & Tweed, 2001；Misslisch et al., 1994）。さらにどのようなメカニズムがListingの法則の成否を制御しているかについて研究が進められている（Demer, 2015；Klier et al., 2012）。

15・2・3　眼球運動の中枢メカニズム

　外眼筋の運動ニューロン（motor neuron）の発火頻度は眼球の位置と速度におおよそ比例する（Robinson, 1970）。眼の動きに関わる重要な力学的な特性として、動きを妨げようとする力（粘性力、速度に比例）と眼球をデフォルトの位置に戻そうとする力（弾性復元力、位置に比例）がある。外眼筋の運動ニューロンの発火パターンは、これらの力に抗って視線を動かし、適切な位置に保持するように構成されると考えられる。

　サッケードの際には、外眼筋の運動ニューロンは一過性の発火頻度上昇（パルス成分）とそれに続く持続的な発火（ステップ成分）を示す（the pulse-step of innervation；Fuchs & Luschei, 1970；Robinson, 1970；Schiller, 1970）。パルス成分を構成する信号には、上位階層にあるプレモーターニューロンからの速度の運動指令信号が関わり、粘性力に抗して速く眼球を回転させる役割がある。そのプレモーターニューロンは、水平系では傍正中橋網様体（paramedian pontine reticular formation：PPRF）、垂直系では内側縦束吻側間質核（rostral interstitial nucleus of the medial longitudinal fasciculus：riMLF）にある（Büttner et al., 1977；Strassman et al., 1986）。速度の運動指令は脳幹と小脳を含む回路で形成されるが、どのようにして形成されるかについてさまざまなモデルが提案されている（Jurgens et al., 1981；Lefèvre et al., 1998；Miura & Optican, 2006；Ramat et al., 2005；Scudder, 1988；Shaikh et al., 2007；Van Gisbergen et al., 1981）。ステップ成分を構成する信号は、神経積分器（neural integrator）と呼ばれる神経回路からの位置の運動指令信号で、弾性復元力に拮抗して眼を新しい位置に維持するの

に使われる。この神経積分器は速度の運動指令信号を入力とし、それを積分して位置の信号を生成する。水平の運動の場合には、舌下神経前位核（nucleus prepositus hypoglossi：NPH）と前庭神経内側核（medial vestibular nucleus：MVN）が、垂直および回旋運動においては、Cajal間質核（interstitial nucleus of Cajal）が関係する（Cannon & Robinson, 1987；Helmchen et al., 1998）。さらに小脳も重要な役割を果たす（Joshua et al., 2013；Maex & Steuber, 2013；Zee et al., 1980；Zee et al., 1976）。すなわち、脳幹の神経核だけで構成される神経積分器は不完全なものであり、小脳がポジティブフィードバック回路を構成することで、それを完全に近づける可能性が指摘されている（Zee et al., 1980）。なお、さらに詳細には、パルス成分とステップ成分に加えて、指数減少するスライド成分があることが指摘されている（the pulse-slide-step of innervation；Optican & Miles, 1985；Sylvestre et al., 2003）。

　眼球運動はいくつかの種類に分類され、それぞれの眼球運動の種類に応じてプレモーター回路は異なるが、外眼筋の発火様式（速度-位置の運動指令）を構成する仕組みは基本的に同様である。また、上記の神経積分器はサッケード以外にも、前庭動眼反射や追跡眼球運動などの他の眼球運動にも共通にはたらく神経機構と考えられている（Aksay et al., 2007；Arnold & Robinson, 1997；Cannon & Robinson, 1987；Godaux & Cheron, 1996）。

15・2・4　両眼運動の中枢メカニズム

　左右二つの眼球は、それぞれが独立の視対象を見るように制御されるのではなく、眼の前に広がる3次元的な視界のなかにある一つの視対象を二つの眼で見るように制御されている。この両眼視を実現する二つの眼の運動に関する法則としてHeringの法則（Hering, 2011）がある。Heringの法則における中心的な仮定は以下の三つである。第一の仮定は、両眼の眼球運動は二つの運動により構成されるというものである。一つは両眼を同じ方向に回転させるバージョン（むき運動、共同性眼球運動：version）で、もう一つは両眼を反対の向きに回転させるバージェンス（よせ運動、輻輳開散運動、非共同性眼球

運動：vergence）である。第二の仮定は，バージョンおよびバージェンス系からの運動指令信号が両眼に同じ量だけ伝わるということである。つまり，バージョン系からの信号は両眼を同じ角度だけ同じ方向に回転させ，バージェンス系からの信号は両眼を同じ角度だけ反対方向に回転させる。この仮定はHeringの等神経支配法則（Hering's law of equal innervation）と呼ばれる。第三の仮定は，バージョン系からの信号とバージェンス系からの信号は線形に加算されるというものである。これらをまとめると，両眼の眼球運動は次のように表される。

$$E_R = E_{version} + E_{vergence}/2$$
$$E_L = E_{version} - E_{vergence}/2$$

ここで，E_R, E_L, $E_{version}$, $E_{vergence}$ はそれぞれ，右眼の運動，左眼の運動，バージョン運動の成分，バージェンス運動の成分である。今，片眼の視線に沿って遠くと近くに置かれた二つの点を交互に見るという特別な場合を考えよう。この際，視標が視線に沿って置かれたほうの眼を動かす必要がなく，反対の眼だけを適切に動かせば，視標を交互に見ることができる。しかし，実際に眼球運動を計測すると，両眼のサッケード運動が起こり，それに引き続いてバージェンスがみられる。Heringの法則はこのような両眼の動き方によく符合する。

Heringの法則に合致する神経機構の例としては以下のようなものがある。バージェンスの運動ニューロンは動眼神経核の一つの副核（Subgroup C）にある（Büttner-Ennever et al., 2002）。また，そのプレモーターニューロンは動眼神経核の1-2mm背側から背外側に位置する中脳網様体にあり（Mays, 1984），これらのニューロンは，輻輳角，輻輳角の変化速度，あるいはその両方を合わせた時間経過をもつ発火活動を示し（Mays et al., 1986），バージェンスの運動系を構成すると考えられている。外転神経核には，外直筋に投射する運動ニューロンと，内側縦束（medial longitudinal fasciculus：MLF）を上行して対側の動眼神経核に投射する核間性ニューロン（internuclear neuron）がある（Baker & Highstein, 1975；Carpenter & Batton, 1980；Highstein & Baker, 1978）。サッケードに関わる傍正中橋網様体や，前庭動眼反射や追跡眼球運動に関わる前庭神経核からの投射が運動ニューロンと核間性ニューロンの両方に作用すると，同側の眼の外直筋を収縮させると同時に，核間性ニューロンを介して対側の動眼神経核の運動ニューロンを活性化して，対側の眼の内直筋も収縮させる結果，両眼は同じ方向に動く。この神経機構はバージョンに共通した最終経路と考えられている。

今日ではHeringの法則は広く受け入れられているが，定量的には成立しない場合があることも報告されている（Enright, 1992；中溝，1993；Ono et al., 1978）。von Helmholtz（1911/2013）は，二つの眼が協調して運動するのは，それぞれの眼を独立に制御するシステムが，視覚経験に基づいて学習した結果であるという説を提唱している。実際に，単眼を独立に制御するシステムの存在を支持する報告も多い（Chen et al., 2011；King, 2011；Sylvestre et al., 2003；Sylvestre & Cullen, 2002；Van Horn & Cullen, 2009；Zhou & King, 1998）。

15・2・5　眼球運動の種類

次節からは，各眼球運動について詳述するが，本節最後にさまざまな眼球運動の分類法について三つ紹介する。一つ目は生じる眼球運動が随意か不随意かで分けるもので，次節以降のII・15・3のサッケード，II・15・4の追跡眼球運動は随意運動であり，II・15・5の反射的眼球運動，II・15・6の固視微動は不随意運動である。二つ目は生じた眼球運動の速度が速いか遅いかで分けるもので，サッケードは速い眼球運動であり，追跡眼球運動は遅い（なめらかな）眼球運動である。反射的眼球運動の多くは比較的遅い（なめらかな）眼球運動であるが，速い眼球運動である急速相と遅い眼球運動である緩徐相を含むものもある。三つ目は生じた眼球運動が両眼を同時に同方向へ動かす"共同性運動"かそうでない"非共同性運動"かで分けるもので，サッケード，追跡眼球運動，反射的眼球運動の多くの種類，固視微動のうちのマイクロサッケードはともに共同性運動であり，本節ですでにふれたようにバージェンスは非共同性運動である。II・15・5では反射的眼球運動として"非共同性運動"も紹介する。

（三浦 健一郎・竹村 文）

15・3 サッケードと視覚

15・3・1 サッケード

よく見るためには正確な眼球運動が必要である。霊長類の網膜には視細胞が集中した中心窩という部位があり，ここに投影された映像のみを高解像度で捉えることができる。そのため，高解像度の視覚信号を入手するためにはサッケード（saccade）で視線を対象物にすばやく向け，その映像を中心窩で捉えなければならない。さらに，視界にある情報をできるだけ多く集めるためには，より速く正確に視線を移し，より多くの物を見る必要がある。サッケードはこの目的を達成するための速い正確な眼球運動である。

手足の運動に比べると，眼球運動は非常にシンプルである。筋は6本のみで，もちろん関節はないので，上下，左右，回旋の3軸のみの運動である。運動自体はシンプルでも，サッケードが発現するまでには，以下のようなさまざまな過程を経る。

(1) 視野のなかから見る対象を選択する。
(2) 現在の視線の位置に対する新しい対象の位置（ベクトル）を検出する。
(3) その検出された距離分，視線を動かす運動信号を作る。
(4) 運動信号を補正し，サッケードを遂行する。
(5) サッケード後の誤差を検出し，補正信号を更新する。

本節では，これらの過程に視覚がどのように関わっているかを解説する。

15・3・2 サッケード運動信号に関与する神経機構

まず上記の(1)～(3)の，視覚入力からサッケードの運動信号が作られるまでを簡単に説明する。半世紀以上にわたる研究の成果により，サッケードの神経回路は比較的よく解明されており，詳しく解説した書籍や論文がすでにあるので（Fuchs et al., 1985；Hikosaka, 1984；Scudder et al., 2002；Yoshida, 1996），ここでは概説にとどめる。

網膜に到達した視覚情報は，視覚野や前頭眼野などの大脳皮質，大脳基底核での情報処理を経て，上丘に収束する（図15-3-1a）。上丘は浅層，中間層と深層に分かれており，浅層に入力された視覚情報は，中間層，そして深層に送られ運動信号に変換される。すなわち，浅層は視覚，深層はサッケード，中間層は視覚とサッケードの両方をコードしている。上丘のニューロンはどの層でも極座標形式に整列している。つまり浅層の吻側の細胞は，現在の視線の位置から近い場所に現れた視覚刺激に反応し，尾側は遠い視覚刺激に反応し，内側は上向き，外側は下向き，中央は対側方向への視覚刺激に反応する。深層の吻側の細胞は小さい振幅のサッケードをコードしており，尾側は大きいサッケード，内側は上向き，外側は下向き，中央は対側方向へのサッケードをコードしている（図15-3-1b：Robinson, 1972）。たとえば，網膜上の右10°のところに視覚刺激が現れたとする。この視覚刺激は左上丘浅層において「右10°の位置」をコードする細胞を活動させ，その活動は上丘深層において「右10°のサッケード」をコードする細胞へ送られる。この左上丘深層から出力された右10°というベクトルの信号は，脳幹のバースト

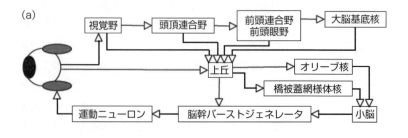

図15-3-1　視覚入力からサッケード出力に関与する部位（Robinson, 1972）
　　　　　(a) 信号が伝達される回路，(b) 上丘の極座標

ジェネレーター (burst generator) で上下／左右の成分に分けられ，運動ニューロンから外眼筋へ到達し，右10°のサッケードを誘発する（図15-3-1a）。

15・3・3 サッケード運動信号の補正

この上丘から脳幹への直接経路に加え，小脳を介する間接経路がある（図15-3-1a）。この経路は，上記の過程(4)，運動信号の補正に関する役割を担う。小脳を外科的に取り除いてもサッケードはできるが，その振幅や方向が不正確になる（Barash et al., 1999；Straube et al., 2001；Takagi et al., 1998；Waespe & Baumgartner, 1992）。つまり，上丘は大まかなサッケード信号を作り出し，小脳がその信号を補正することで，正確なサッケードを保証していると考えられている。小脳がどのような補正信号を作り出しているのかを調べるために，サッケードに関与する小脳の出力核である尾側室頂核（caudal fastigial nucleus）を薬物で抑制し，サッケードにどのような変化が起こるかを調べた（Goffart et al., 2004；Iwamoto & Yoshida, 2002；Kojima et al., 2014；Robinson et al., 1993）。すると，薬物で抑制した側と同側へのサッケードの振幅は大きくなり，反対側へのサッケードの振幅は小さくなり，上下のサッケードは抑制した側へ傾くことがわかった（図15-3-2）。どうしてそうなるのか，神経回路とともに詳しくみてみよう。

まず，神経回路から説明する（図15-3-3）。たとえば右10°のサッケード運動信号は左上丘深層から右脳幹バーストジェネレーターの興奮性バーストニューロン（excitatory burst neuron）を介して右外転神経核（abducens nucleus）の運動ニューロンに到達する。この左上丘の信号は，橋被蓋網様体核（nucleus reticularis tegmenti pontis）を経て，小脳皮質（cerebellar cortex）のサッケード領域にも同時に送られる。小脳はこの上丘からの信号と次のセクションで述べる視覚フィードバック信号をもとに，補正信号を作り出す。この補正信号は，右の小脳核（cerebellar nucleus），左脳幹バーストジェネレーターの一部である抑制性バーストニューロン（inhibitory burst neuron）を介して，右外転神経核の運動ニューロンに到達し，上丘から直接来たサッケード運動信号を調節する。

次に機能を考えてみよう。右向きのサッケードの際には右外転神経核の運動ニューロンが支配する右眼の外直筋は主動筋（agonist）である。右の小脳核の活動を薬物で抑制すると，その投射先である抑制性バーストニューロンの活動が下がる（図15-3-3：[薬]↓）。抑制性バーストニューロンは運動ニューロンを抑制しているので，その抑制が減ると，運動ニューロンの活動が上がる。つまり主動筋の作用が強くなり，同側右向きのサッケードの振幅は大きくなる。左向きのサッケードの際には，右外転神経核の運動ニューロンが支配する外直筋は拮抗筋（antagonist）である。右小脳核の活動が抑制されると，同様のメカニズムで拮抗筋の作用が強くなり，対側左向きのサッケードの振幅が小さくなる。同様に，上下方向へのサッケードの際にも，外直筋の活動が強すぎるため，右方向へ引かれるため，サッケードが傾く。以上をまとめると，小脳は同側へのサッケード運動信号を弱め，対側への信号を強める補正

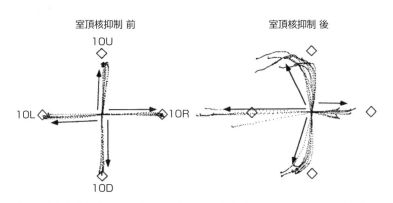

図15-3-2　ムシモル注入による左室頂核抑制前後のサッケードの軌道（Robinson et al., 1993）

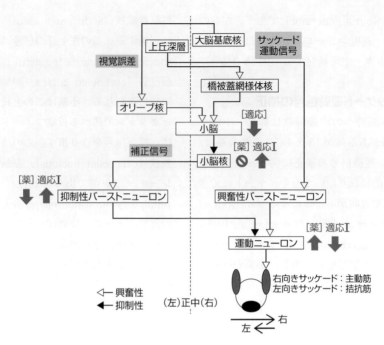

図 15-3-3　サッケードの補正信号の関与する神経回路とその変化

信号を作り出している。

15・3・4　サッケード適応

では，小脳はどのくらいの補正信号を出力すればよいのかをどのように導き出しているのだろうか。これは，上記の(5)，補正信号を更新するメカニズムに関連する問題である。それには，視覚が重要な役割を果たしている。

図 15-3-4a に示すように，まず固視点（・）に視線（×）が向けられているとする（図 15-3-4a1）。固視点が右へ 10° ジャンプする（図 15-3-4a2）。その固視点を追うためにサッケードで視線を動かすが，サッケードの振幅が大きすぎて，視線が固視点を越えてしまったとする（図 15-3-4a3）。この場合，行き過ぎた視線から固視点までの距離は視覚誤差として検出される。最後に，その誤差分のサッケードをして，固視点を視線で捉える（図 15-3-4a4）。次のサッケードをするときには，この視覚誤差によって得られた情報をもとに，補正信号を調節し，前回よりも小さいサッケードをする。すなわち，視覚誤差を減らすように補正信号を調節し，より正確なサッケードにする。

この神経メカニズムを調べるために，視覚誤差を人工的に誘発するパラダイムが考案された（McLaughlin, 1967）。図 15-3-4b にこのパラダイムを示す。固視点に向けられていた視線は（図 15-3-4b1），固視点が右へ 10° 移動するのに伴い（図 15-3-4b2），サッケードで固視点へ向かう（図 15-3-4b3）。そのサッケード中に固視点を 3°，元の方向へ移動させる（図 15-3-4b3）。すると，あたかもサッケードが大きすぎて固視点を行き過ぎてしまったかのような視覚誤差を作り出すことができる。最後にその誤差分のサッケードをする（図 15-3-4b4）。これを繰り返すと，視覚誤差を減らすようにサッケードの振幅が次第に小さくなっていく（図 15-3-4c）。人間では 100 回程度，サルでは 1000 回程度でほぼ視覚誤差がないサッケードができるようになる。このように視覚誤差によってサッケードが変化していく過程をサッケード適応（saccadic adaptation）と呼ぶ（Hopp & Fuchs, 2004；Iwamoto & Kaku, 2010）。サッケード適応は運動学習の一種で，成長や老化，障害や病気などにより，外眼筋や脳が変化しサッケードが不正確になったときに，元の正確なサッケードに戻す役割を果たす。

ちなみに，サッケード中は視覚が抑制されることから，上記の視覚誤差は認識されない（Frens & van

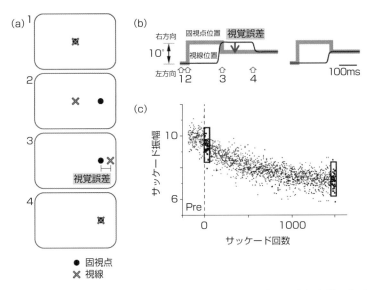

図 15-3-4 (a) サッケード課題の例, (b) 視覚誤差を人工的に誘発するパラダイム, (c) 視覚誤差パラダイムによるサッケード振幅の変化。

Opstal, 1994)。これは，サッケード抑制（saccadic suppression；Wurtz, 2008；Wurtz et al., 2011）と呼ばれ，次の二つの機能的意味がある。まず，サッケードは非常に速いので，網膜はサッケード中の外界の映像を捉えきれない。このただのぼけた視覚は役に立たないので抑制される。また，サッケードに伴い外界の映像は網膜上を高速で移動する。これは眼が動いているからで，外界が動いているからではない。混乱しないためにサッケード中の視覚は抑制される。このサッケード抑制には二つのメカニズムが関与していると考えられている。視覚的マスキング（visual masking）と随伴発射（corollary discharge）である。視覚的マスキングは，時間的な視覚刺激の干渉作用である。サッケード前に呈示された視覚刺激はサッケード中の視覚刺激を覆い隠し（順行性マスキング），サッケード後に呈示された視覚刺激はサッケード中の視覚刺激を覆い隠す（逆行性マスキング）。視界のコントラストがはっきりしているときのサッケード抑制に主にはたらく。随伴発射は，サッケードを誘発する信号のコピーである。この信号を使って，脳はサッケード中の視覚を認識しないように抑制していると考えられている。随伴発射は視界のコントラストが悪いときに主にはたらく。以上のように，サッケード中は視覚が抑制されるので，

外界の映像はスナップショットのように途切れ途切れに脳に送られる。1秒に数回起こるサッケードごとの大量のスナップショットを，脳がどの様に統合し，外界を知覚しているのか。これにも随伴発射が関与していると考えられているが，その神経メカニズムはいまだにはっきり解明されていない。

さて，上記の質問「小脳はどのくらいの補正信号を出力すればよいのかをどのように導き出しているのだろうか」に答えるには，このサッケード適応がカギを握っている。これまでの研究の結果から，サッケード適応は小脳の補正信号を調節することが分かっているからである。ではその神経メカニズムを詳しくみていこう。サッケード適応中には上丘のサッケード運動信号は変化しないことが示されている（Frens & van Opstal, 1997；Quessy et al., 2010）。このことからサッケード適応に伴う神経活動の変化は上丘より下流で起こっていることが分かる。橋被蓋網様体核のニューロンは，活動が増えるもの，減るもの，変化しないものなどがあり，一貫しない（Takeichi et al., 2005）。小脳皮質の出力ニューロンである Purkinje 細胞（Purkinje cell）の活動は減る（図 15-3-3：小脳［適応］↓；Kojima et al., 2010b）。Purkinje 細胞は抑制性のニューロンなので，その抑制が減ることにより小脳核の活動は

増える（図15-3-3：小脳核［適応］↑；Inaba et al.,
2003；Scudder & McGee, 2003）。これを受けて，抑
制性バーストニューロンの活動は上がり（Kojima
et al., 2008），外転神経核の運動ニューロンの活動が
減り，サッケードが小さくなる。つまり，サッケー
ド適応中には小脳皮質で変化が起こり，それが下流
に伝達され，サッケードの振幅が変化すると考えら
れている。

　では，その小脳の変化はどのように引き起こされ
ているのだろうか。小脳運動学習の理論モデルで
は，誤差信号がPurkinje細胞のcomplex spikeの発
火確率を上げ，それが平行線維とPurkinje細胞間
のシナプス伝達効率を下げ，Purkinje細胞のsimple
spikeの活動を減らすと提唱されている（Albus,
1971；Ito, 2005；Marr, 1969）。Purkinje細胞は小
脳皮質の出力ニューロンでcomplex spikeとsimple
spikeの2種類の活動を示す。小脳の可塑的変化と
よばれるこの理論モデルを図15-3-3の神経回路を
使ってサッケード適応に当てはめてみよう。右10°
のサッケードを左3°の視覚誤差で適応させると想
定する（図15-3-3：眼球下の矢印）。simple spike
のもとになる右10°のサッケード信号は左上丘，橋
被蓋網様体核から，小脳皮質に送られ，平行線維を
通ってPurkinje細胞に到達する。complex spikeの
もとになる視覚誤差信号は，右上丘から左オリーブ
核を経てPurkinje細胞に到達する（Harting, 1977；
Huerta & Harting, 1984；Kralj-Hans et al., 2007；
Yamada & Noda, 1987）。サッケード適応中の視覚誤
差に対して，右上丘が活動し（Kojima & Soetedjo,
2017a），complex spikeが誘発されることが確認さ
れている（Soetedjo & Fuchs, 2006；Soetedjo et al.,
2008）。このcomplex spikeにより，simple spikeの
活動が減らされ，下流のそれぞれの部位の活動が変
化し，サッケードの振幅が小さくなると考えられる。
このように，視覚誤差は小脳の補正信号を調節し，
正確なサッケードに寄与している。

15・3・5　サッケード，視覚，行動

　最後に，サッケードや視覚が人間のさまざまな行
動や能力に影響を及ぼすことを示したい。サッケー
ド適応で人工的にサッケードの振幅を変えると視覚

認識も変化し，それは上肢の動きにも変化を及ぼす
（Gremmler et al., 2014）。また，いつどこの何にサッ
ケードするかも人間の行動や能力に大きな影響を及
ぼす。一流のスポーツ選手とそうでない人を比べた
研究があるのでいくつか紹介する。テニスをしてい
るときに，下手な人はボールの軌道と関係ないとこ
ろへサッケードをするが，一流選手は軌道をよく
予測し不必要なサッケードをしない（Singer et al.,
1998）。クリケットの選手は，ボールがバウンドす
る位置を正確に予測し，より早くそこにサッケード
をする（Land & McLeod, 2000）。一流の体操コーチ
や野球の審判は選手の動きを正確に予想し，見るべ
きポイントへより早くサッケードをする（Millslagle
et al., 2013；Moreno et al., 2002）。視覚目標が赤の場
合はサッケードを行い，緑の場合はサッケードをし
ないという判断を要する課題では，クレイ射撃の選
手はそうでない人よりも短い潜時でサッケードがで
きる（Di Russo et al., 2003）。視標の動きが予想可能
な場合，野球選手はより早くその動きを予測し，潜
時の短いサッケードができる（Zhang & Watanabe,
2005）。視標とは逆の方向へサッケードをする課題で
は，野球選手，クレイ射撃選手，バスケットボール選
手はより潜時の短いサッケードができる（Fujiwara
et al., 2009；Lenoir et al., 2000；Morrillo et al., 2006）。
つまり，一流の選手や審判はどこでいつ何を見るべ
きか正確に予測／判断し，より速くそこへサッケー
ドし，見るべきものをしっかり見ていると考えられ
る。

　また，内耳の病気などで前庭機能が失われると，
それを補完するために一部の患者は非常に短い潜時
のサッケードを獲得する。Covert saccadeと呼ばれ
るこのサッケードには，視覚が重要な役割を果たし
ていることが示唆されている（Kojima, Ling et al.,
2023；Pogson et al., 2020）。

　以上，サッケードによって高解像度の視覚が可能
になり，視覚によってサッケードの正確さが保たれ
ている。サッケードと視覚は相互に補完している。
これまでの研究によりサッケードの正確さは小脳に
よって保たれていることがわかっているが，他にも
まだ解明されていないメカニズムがあると考えられ
る。また，サッケードは視覚目標に視線を向ける視覚

誘導性のサッケードの他に，記憶誘導性のサッケードもある。この記憶誘導性のサッケードも視覚誤差によって適応させることができるが，そのメカニズムはまだわかっていない（Hopp & Fuchs, 2004；Kojima et al., 2010a；Kojima et al., 2015）。さらには，動機の有無や，大脳基底核の活動度合によって視覚反応やサッケード適応が変化することも示されており（Ikeda & Hikosaka, 2003；Kojima, Koketsu et al., 2023；Kojima & May, 2021；Kojima & Soetedjo, 2017a, 2017b；May et al., 2023），視覚－サッケード－記憶－動機などの相互作用がどうなっているかも興味深い今後の課題である。

（小島 奉子）

15・4　追跡眼球運動と視覚

15・4・1　追跡眼球運動

　動く対象物から正確な視覚情報を得るためには眼球または頭部による追跡運動が必要とされる。特に，視覚対象が動く際に起こる随意性の滑らかな追跡眼球運動を滑動性追跡眼球運動（smooth pursuit eye movement：SPEM）と呼ぶ（Krauzlis, 2004；Lisberger, 2010）。たとえば，網膜中心窩で捉えた視覚対象が動く場合，それを捉える網膜上の映像にはぶれ（網膜誤差）が生じ，この速度誤差が $5°/s$ 以上，あるいは視標が中心窩から視野角 $2°$ 以上外れると視力が 50% 以下に著しく低下することが明らかにされている（Jacobs, 1979）。そのため，視覚像のぶれを最小限に防ぎ，動く対象物からより正確な視覚情報を獲得するために SPEM は不可欠となる。ヒトやサルを含む霊長類は，高度に発達した網膜中心窩をもち，げっ歯類など他の哺乳類とは異なる高い SPEM の能力が備わっている。また，この眼球運動は，視覚像の動きによって誘発されることから，視覚入力に依存した眼球運動であると考えられており（Dursteler & Wurtz, 1988；Newsome et al., 1985, 1988），視標速度に対する眼球速度の割合（ゲイン）により評価される（Rottach et al., 1996）。したがって，視覚運動から得られる感覚情報を眼球運動の出力へと変換する視覚－運動系（visuomotor

system）では，視覚運動のない環境下において SPEM を自発的に起こすことは困難となる。視標の追跡に伴うヒトの眼球運動は最大で $50\text{-}60°/s$ まで可能であるといわれているが，視標の速度がそれ以上になると，著しくゲインが低下する性質をもつ。本節では，この SPEM の特性と視覚性運動知覚（visual motion perception）の仕組みについて解説し，眼球運動と視覚入力の関連性について概説する。

15・4・2　追跡眼球運動における視覚性運動知覚のメカニズム

　SPEM を誘発する代表的な課題として，視標が静止した状態から一定速度で一方向に動く step-ramp 課題がある（Newsome et al., 1985, 1988；Ono et al., 2005；Rashbass, 1961）。この課題の特徴として，視標が動き始めて眼球運動の開始までに約 100-150 ms の潜時が生じるため，網膜上の映像にはぶれ（網膜誤差）が生じる。この速度誤差情報に基づいて SPEM が誘発され，網膜誤差を最小にするための眼球速度を生み出すことでより正確な視覚情報を得ることができる。また，この眼球運動の開始から最初の約 100 ms 間は，視覚フィードバックによる運動の修正ができないことから，フィードフォワード制御によるものと考えられている（Nuding et al., 2008）。その後，眼球速度が視標速度に一致すると網膜誤差がゼロに近くなるため，眼球速度は視覚誘発性とは異なる仕組みによって制御されるようになる（Ono, 2015；Ono et al., 2010）。Step-ramp 課題による SPEM は，このように開始局面と速度維持局面（定常状態）の二つの局面から構成されている。

　SPEM には，視覚対象を正確に捉える機能に加えもう一つ，視標の動きを知覚するという重要な機能がある。まず，視覚運動の情報を入手するためには，動いている対象を見た際に網膜上に生じる視覚のぶれによって動きの速さおよび方向を検出する。しかし，図 15-4-1 に示すように眼球速度が定常状態に到達したとき，網膜誤差がゼロに近くなるため，網膜上における視覚入力としての網膜速度が減少または消失することになる。SPEM により視覚のぶれを防ぐことで対象物を正確に捉えることができる一方で，網膜上の視覚入力が消失するという一見矛盾し

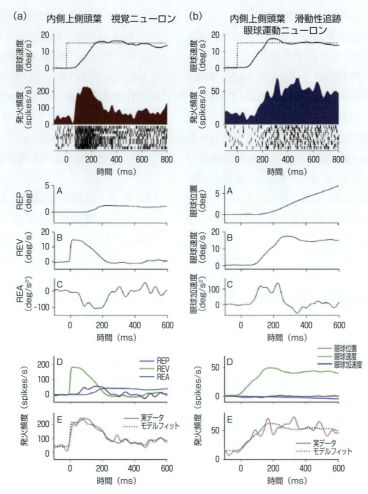

図 15-4-1 （a）上から順に，視標（点線）と眼球運動（実線）の速度，MSTl ニューロンの平均発火頻度，網膜映像誤差の位置 A，速度 B，加速度 C の時系列変化，ニューロン活動の線形回帰モデルを示す（D, E）。（b）上から順に，視標（点線）と眼球運動（実線）の速度，MSTd ニューロンの平均発火頻度，眼球運動の位置 A，速度 B，加速度 C の時系列変化，ニューロン活動の線形回帰モデルを示す（D, E）（Ono, 2015）

た視覚-運動系のはたらきによって，視覚性運動知覚ができるのはどのような仕組みに基づいているのであろうか。それは SPEM 時に応答する大脳皮質ニューロンの活動を調べることによって，その仕組みが明らかにされている。

まず，網膜誤差に応答するサル大脳皮質 MST 野外側部（MSTl）のニューロン活動をみると（図15-4-1a），step-ramp 課題における視標の動きから約 80 ms 後に活動を開始し，最初の 100-200 ms にかけて高い発火頻度を示すが，眼球速度が視標の速度に達すると間もなく発火頻度が減少していることがわかる（Ferrera, 2015；Komatsu & Wurtz, 1988；Newsome et al., 1988；Ono, 2015）。このニューロンの発火頻度と網膜誤差との対応を線形回帰モデルによって検証すると，MSTl ニューロンの発火パターンは網膜誤差の動的成分（変位，速度，加速度）の線形加算により再構成され，特に，そのうち網膜誤差速度（retinal error velocity：REV）の成分の感受性係数（重み付け）が高い値を示すことが明らかにされている（Ono, 2015；Ono & Mustari, 2016）。このようなニューロン活動が視覚性運動知覚に関係しているのは明らかであるが（Hedges et al., 2011；Price & Born, 2013），興味深いことに，実際は視覚関連ニューロンの発火が定常状態時に消失しても速度知覚が失われ視標が静止して見えるわけではない。

大脳皮質 MST 野背側部（MSTd）にはもう一

つ異なる性質のニューロンが存在しており（図15-4-1b），このニューロン活動の特徴として，眼球運動の開始時点から遅れて活動を開始し，視覚入力（網膜誤差信号）には反応しないことが明らかにされている（Akao et al., 2005；Ilg & Thier 2003；Ono, 2015；Ono et al., 2010；Ono & Mustari, 2012）。さらに，ニューロン発火頻度と眼球運動との関係を線形回帰モデルにより検証すると，その活動様式がSPEMの眼球速度と高い相関関係にあることが示されている。つまり，このニューロンの発火頻度は眼球速度を反映するにもかかわらず眼球運動の開始に対して遅れて応答することから，SPEMの速度情報をフィードバックするはたらき（遠心性コピー）をもつと考えられている。図15-4-2はSPEMのコントロールシステムにおける模式的なダイアグラムを示しており，MSTlがMT野から網膜誤差の情報を入力するのに対して，MSTdは眼球速度の遠心性コピーを反映するという異なる入力系をもつことが示唆されている（Ono & Mustari, 2012）。

次に，これらの主に二つの異なる特性をもつニューロンとSPEMの関連性を図15-4-3に示す。Step-ramp課題において，まず網膜誤差の入力によって視覚関連ニューロン（MSTl）の活動が開始した後，定常状態に入り活動が減少するとそのタイミングで眼球速度関連ニューロン（MSTd）が活動を開始する。つまりこれらの二つの異なるニューロン活動が統合されることによって，SPEM時に網膜上の視覚入力が消失した場合でも，眼球速度に基づいて視標の動き（速度と方向）を脳内で再構築する仕組みが明らかにされている。視覚性運動知覚のためには，視覚対象から得られる網膜誤差信号と同時に眼球運動自体の速度軌道から得られるフィードバック情報（遠心性コピー）が重要な役割を果たしており，これは網膜外信号（extra-retinal signal）と呼ばれている。

15・4・3 追跡眼球運動が視覚性運動知覚に及ぼす影響

次に，SPEMによって生じる信号が視覚性運動知覚に及ぼす影響についてこれまで明らかにされてきた知見を紹介する。通常，SPEMの測定には無地の背景上に視標が呈示されるが，視標の背景にランダムドットパターンなどの静止画像が呈示される場合，その背景が静止しているにもかかわらずSPEMと反対方向の視覚運動を知覚することがあり，この錯視はFilehne錯視（Filehne illusion；de Graaf & Wertheim 1988；Filehne 1922；Wertheim 1981）と呼ばれる。また，これとは逆に静止している視標を固視した状態で背景のみが動く場合，静止視標が背景と反対方向に動いているように知覚される錯視がありこれをDuncker錯視（Duncker illusion）と呼ぶ（Duncker, 1929；Zivotofsky et al., 1996）。前述したように，無地の背景におけるSPEMの定常状態では，視標の動きによって生じる網膜上（中心窩）の速度誤差信号は消失し眼球運動による網膜外信号によって視覚運動が知覚されるが，視標の背景に静止画像がある場合は網膜の周辺視（peripheral vision）上にSPEMと反対方向の速度誤差が生じ，この入力が周辺視の視覚運動を司る視覚関連ニューロンの活動を誘発する。たとえば，大脳皮質MST，MT野には，中心窩付近だけでなく，周辺視野の広い領域（large-field）における視覚運動に応答するニューロンの存在が明らかにされている（Komatsu & Wurtz, 1989；Price et al., 2005）。このニューロ

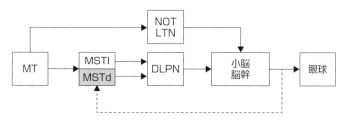

図15-4-2 SPEMのコントロールにおけるダイアグラム（Ono & Mustari, 2012）
MSTlはMTから網膜速度誤差の信号を入力し，MSTdは眼球速度のフィードバック信号を受ける。NOT：視索核，LTN：外側終止核，DLPN：背外側橋核

第 II 部 視覚

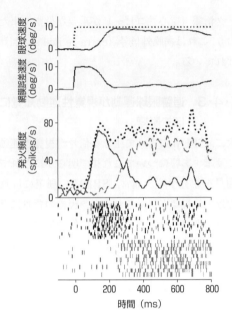

図 15-4-3 Step-ramp 課題（10°/s）における視標（点線）と眼球運動（実線）の速度，網膜速度誤差，MSTl および MSTd ニューロン発火頻度の時系列変化
点線は発火頻度の和を示す。

ン活動によって，SPEM による網膜外信号に加え，背景が無地でない場合は眼球運動と反対方向に生じる網膜誤差信号によって静止画像が動いて見える錯視が起こる。つまり，相反する方向の網膜外信号と網膜誤差信号が同時に生じる場合は視覚運動の知覚が相殺されるのではなく，網膜誤差信号による知覚が上回ることが SPEM と反対方向の知覚が生じる原因の一つであると考えられている（Haarmeier & Their, 1996）。

また，動く視対象（パターン模様を含む）を SPEM により追視する場合に比べ，一点を固視した状態で視対象の動きを周辺視によって捉える場合のほうがパターンの動きが速く知覚される現象があり，これは Aubert-Fleischl 現象（Aubert-Fleischl phenomenon）と呼ばれる（Dichgans et al., 1975；Wertheim, 1994）。この現象も，SPEM による網膜外信号に比べ，周辺視の網膜誤差信号によって生じる知覚が上回るために速度知覚の差が生じると考えられる。さらに，Aubert-Fleischl 現象は視対象におけるパターンの空間周波数が高いほど追視と固視の知覚速度差が大きくなることが示されており

（Dichgans et al., 1975），この知覚の変化は視覚刺激の空間周波数に対する視覚性ニューロンの発火頻度との関連性に起因していると考えられる。

15・4・4 追跡眼球運動の適応と視覚性ニューロン活動の特徴

眼球運動は，視覚環境における視覚運動信号の変化に伴い適応的な変化が起こることが明らかにされている。特に，前述した SPEM 開始局面において，顕著な適応効果がみられることが報告されている（Fukushima et al., 1996；Kahlon & Lisberger, 1996；Takagi et al., 2000）。つまり，SPEM 開始局面におけるフィードフォワード制御では，いったん運動が開始すると途中で修正することができないため，適応の効果が現れやすいと考えられている。一方，速度維持局面（定常状態）ではフィードバックによる運動軌道のオンライン修正が可能となることから適応の効果が現れがたいという特性がある。

SPEM に適応的な変化を起こすための実験課題として，視標の速度が2段階に変化する適応課題（ダブルステップ）が用いられている（Kahlon &

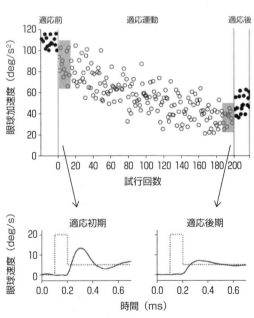

図 15-4-4 SPEM の適応課題（ダブルステップ課題）を用いた眼球運動の適応現象（Ono & Mustari, 2016）
眼球加速度（上段）の変化と眼球速度（下段）の適応による変化を示す。

Lisberger, 1996 ; Ono & Mustari, 2007)。たとえば，図 15-4-4 に示すパラダイムでは，20°/s で動き始めた視標の速度が 100 ms 後に 5°/s へ変化する。この速度変化のタイミングが上述した SPEM の潜時とほぼ一致するため，眼球運動の開始時に，あたかも眼球速度が速すぎて視標をオーバーシュートしたような視覚誤差が生じる。この課題を 100-200 回程度反復することにより SPEM 開始時の眼球速度（および加速度）が顕著に低下する。さらに，適応課題の前後で行った一定速度（20°/s）コントロール課題においても，適応後に運動速度の顕著な低下がみられた（図 15-4-5a）。つまり，適応の前と後で，同じ視覚入力（20°/s）を受けるにもかかわらず，適応後に視覚 – 運動変換の情報処理過程で適応的な変化が生じ，結果として運動出力が減少する。この SPEM の適応によって視覚性ニューロンの受容感度が変化するかどうかを検証するため，MSTl ニューロンの活動を適応課題の遂行時に記録すると，適応後にはニューロン活動に顕著な変化が認められ，適応後の知覚の変化が示唆されている（Ono & Mustari, 2016）。

15・4・5　運動の適応が MSTl 視覚ニューロン活動に及ぼす影響

図 15-4-5b は SPEM 適応課題中，持続的に記録した MSTl ニューロンの発火頻度を示す。このニューロンは，適応の初期では視覚入力に対して高い発火頻度で活動しているが，課題を反復することにより徐々に活動が減少していることがわかる。さらに適応前後のコントロール課題でニューロン活動を比較すると，適応後に眼球速度の変化に伴い発火頻度にも顕著な減少がみられた。上記したように，この MSTl ニューロンの活動は眼球運動自体の影響は受けず，視覚入力（網膜誤差）に対して反応する性質をもつことを留意しておく。つまり，適応の前後で受ける網膜誤差（SPEM 開始前 100 ms）は常に一定の速度（20°/s）であるにもかかわらず，視覚入力に対するニューロンの受容感度が低下したことを示している。ここで示した Ono & Mustari（2016）の研究では，記録した MSTl ニューロンの半数以上で視覚入力の受容感度に顕著な低下が見られている。

これらの結果から，適応課題を繰り返すことにより起こる眼球運動や視覚性ニューロン活動の適応現象は，視覚性運動知覚の変化にも関連していることが示唆されている（Lisberger & Movshon, 1999 ; Price & Born, 2013 ; Price et al., 2005 ; Priebe & Lisberger, 2002）。SPEM の適応と視覚性運動知覚に関与する神経メカニズムの研究はまだ現在進行中であるが，大脳皮質から脳幹部にかけて視覚入力と眼

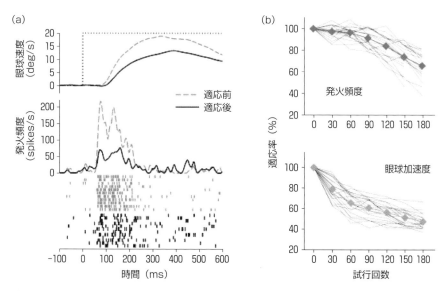

図 15-4-5　(a) 適応課題前後における MSTl ニューロンの変化，(b) 運動適応課題中（180 回）の MSTl ニューロン活動と眼球加速度の変化の推移（Ono & Mustari, 2016）

第II部　視覚

球運動を司る領域の相互作用を調べ，運動と知覚に
関与する脳内機構の全体像を理解することが今後必
要とされる。

（小野　誠司）

15・5　反射的眼球運動と視覚

15・5・1　不随意眼球運動

　生理的または反射的に誘発される不随意眼球運
動は，主に次の六つがあげられる。①視運動性応
答（optokinetic response：OKR）／視運動性眼振
（optokinetic nystagmus：OKN），②追従眼球運動
（ocular following response：OFR），③輻輳開散運
動（vergence），④前庭動眼反射（vestibulo-ocular
reflex：VOR）／前庭性眼振（vestibular nystagmus），
⑤微小眼球運動（fixational eye movement, 固視微
動），⑥まわし運動（回旋運動：cycloduction, torsion）
である。①②③は視覚性に生じる眼球運動である。④
は頭および身体の動きに対して生じ，別章（V・2）
で述べられる。⑤⑥は常に起きている眼球運動で，⑤
についてはII・15・6で，⑥についてはII・15・2で
述べられる。したがって，ここでは視覚性に生じる
不随意眼球運動①②③について述べていく。

15・5・2　共同性眼球運動と非共同性眼球運動

　本節で紹介する，三つの反射的眼球運動（視覚性
に生じる不随意眼球運動）のうち，① OKR/OKN と
② OFR は両眼が同時に同じ方向へ動く共同性眼球
運動（同側性両眼運動：conjugate eye movement）
であり，一方，③輻輳開散運動はそれぞれの眼が反
対方向へ動く非共同性眼球運動（異側性両眼運動：
disconjugate eye movement）である。また，反射
的眼球運動の多くは比較的，眼球速度が遅い滑らか
な眼球運動であるが，眼振（nystagmus）は遅い眼
球運動である緩徐相と速い眼球運動である急速相を
含む。

15・5・2・1　視運動性応答（OKR）／視運動性眼振
（OKN）

　頭が静止した状態で目の前で手を振ると手はぶれ

て見えるが，静止している手を見つめながら頭を左
右に振っても手はぶれず静止して見えている。これ
は内耳の前庭器官に含まれる半規管と耳石器が頭部
の加速度を感知し，前庭動眼反射が誘発され，頭の
動きを補正する方向に眼球が動くためである。しか
し，この前庭動眼反射のゲイン（出力／入力比）は
完全な1ではないため，キャンセルしきれない網膜
像のぶれ（retinal slip）が生じる。このぶれが視覚刺
激となって，像のぶれをなくすようにOKRが誘発
される。頭部あるいは外界が一方向に動き続ける場
合には，視野の動いた方向への遅い滑らかな眼の動
き（OKR）とその反対方向への急速な眼球運動が繰
り返されるOKNが誘発される。具体例として，電
車などに乗ったときに窓の外を見ている乗客の眼を
観察すると，「電車の進行方向と逆に景色を追いかけ
るように眼が緩やかに動き，眼窩内のある程度のと
ころで急速に眼が正面に戻る」という眼球運動が繰
り返される。実験室でOKNを誘発するために，サ
ルの正面に置いた全視野を覆うスクリーンに投影し
たランダムドット像を40°/sで15 sの間だけ動かし
て暗闇にした（Takemura et al., 2007）。そのときの
記録されたOKNを図15-5-1a, bに示す。刺激方向
に刺激速度とほぼ同じ速度で動いている滑らかな眼
の動き（眼球位置のノコギリ状に見える刃の部分）
がOKRであり，「OKNの緩徐相」とも呼ばれる。一
方，急速な眼の戻りは「OKNの急速相」と呼ばれ，
随意性のサッケードと共通の特徴を多くもつことか
ら，その神経機構は脳幹内で共通の神経回路システ
ムに基づいていると考えられている。

　OKNを臨床の場面や実験室で観察するには，観
察者の周囲をスクリーン（あるいは直径1-2 mのド
ラム）で取り囲み，投影した視覚刺激を一定速度
で回転させる（図15-5-1c）。古典的な実験として，
Cohen et al.（1977）はサルの周囲をドラムで取り囲
み，白黒の縦縞を投影して一定速度で回転させた。
すると，ドラムの回転方向に緩徐相（OKR）をもつ
眼振（OKN）が誘発される（図15-5-1d左）。ドラ
ムが一定速度で動いている間，緩徐相（OKR）の眼
球速度は急激に増加し（時定数約500 ms），その後
も徐々に増加しつづけ（時定数約3 s）定常状態に達
する（Cohen et al., 1977；Zee et al., 1976）。緩徐相

844

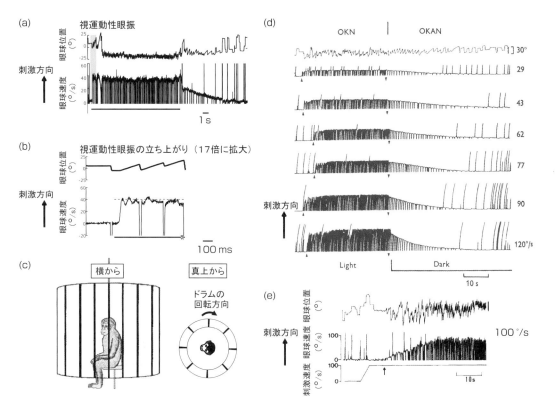

図 15-5-1 サル OKN と OKAN：眼球速度は眼球位置を微分し，それぞれ(a),(b)はニホンザル，(d)はアカゲザル，(e)はカニクイザルの眼球運動を示している

(a)(b)広い視野の像を 40°/s で 15 s 間だけ動かし，その後の 15 s 間に観察者を暗闇に置いたときの眼球位置（上段），眼球速度（下段）と刺激呈示期間（下段下の直線）。(b)は a の時間軸を拡大した初期応答（a の影を付けた部分）を示す。眼球速度の点線は視覚刺激の速度。(c)観察者をドラムで囲んだ実験レイアウト。(d)(c)のドラムを 29-180°/s で回転させて暗闇にしたときの OKN（左）と OKAN（右）。29°/s の視覚刺激速度に対してのみ，水平眼球位置および眼球速度を示す（上 2 段）。その他の視覚刺激速度については眼球速度のみを示す。同じマカク属のサルでもカニクイザルには明確な OFR が観察されていない（(a) Takemura et al. 2007, (d) Cohen et al. 1977, (e) Kato et al., 1986）

の眼球速度は視覚刺激の速度に比例して速くなる。また視覚刺激の呈示範囲が狭くなると追いつける速度は低下し（Hood, 1975），視覚刺激の呈示場所を周辺視野に偏位させると OKN を誘発するために広い呈示範囲が必要となる（Koerner & Schiller, 1971）。

ドラムを一定時間回転させたあと，暗闇にすると同じ方向へ眼振が長い間続いて生じる。サルやヒトにおいては，暗闇にした途端，緩徐相の眼球速度は急激に減少し，その後指数関数的に減少する（図 15-5-1a, d 右）。この暗闇にしても持続する眼の動きを視運動性眼振後眼振（optokinetic afternystagmus：OKAN）と呼ぶ。この OKAN の緩徐相の速度は，先行する OKN を誘発する刺激速度が 80-90°/s になるまで比例して増加し，誘発していた時間の長さに従って指数関数的に増加する（Cohen et al., 1977；Lisberger et al., 1981）。また，OKAN の持続時間は，明所でドラムを止めたときはきわめて短くなる。

OKN の緩徐相（OKR）には 2 種類の成分（中心窩で追う成分と，中心窩で追わなくても生じる成分）があり，その時間経過や含まれる割合は動物種ごとで著しい差がある（図 15-5-2）。前者は，中心窩が発達した動物種（ヒトやサルなど）でのみ生じ，初期に急速に増加する OKR の成分である。一方，後者は，ほぼすべての動物種で生じ，徐々に増加する OKR の成分（および OKAN の緩徐相の成分）である。これらは歴史的に，研究者によってそれぞれの性質をよく表した名前で呼ばれている。それぞれ対応している分類ではないが表 15-5-1 にまとめる。

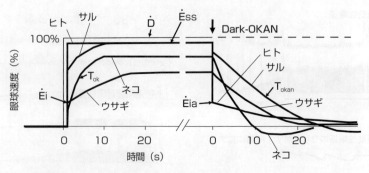

図 15-5-2 動物種ごとの視運動性眼振の時間経過（Robinson, 1981）
D：ドラムの速度，Ei：緩徐相の初期速度，T_{ok}：OKN で定常値眼球速度 Ess までの時定数，Eia：OKAN で急激に落ちる速度，T_{okan}：OKAN で眼球が止まるまでの時定数

表 15-5-1 歴史的に見る 2 種類の眼振の名前

	中心窩で追うことで生じる眼振	中心窩で追わなくても生じる眼振
Ter Braak（1936）	Schau-Nystagmus	Stier-Nystagmus
De Kleyn（1920）	皮質性	皮質下性
Spiegel（1941）*	能動性眼振	受動的眼振
Jung（1953）	中心窩型	網膜型
Honrubia（1968）	stare nystagmus	look nystagmus
Cohen（1977）	rapid component	slow component
Fuchs（1993）	direct component	indirect component
Miles（1992）	early component（OKNe）	delayed component（OKNd）

＊ Scala & Spiegel（1941）による

　OKN の緩徐相（OKR）が生じるには必ずしも中心窩が必要でないことは，次の 2 点から明らかである。①ウサギなどの中心窩のない動物でも生じる。②中心暗点（中心窩が何らかの理由で傷み，中心視野が欠けた視覚異常）を有する患者でも生じる。ほぼすべての動物種で生じる後者の OKR の成分を誘発させる神経機構は，これまでのウサギ，げっ歯類，ネコ，サルの研究から，視蓋前域（pretectum）および副視索系（accessory optic system：AOS）－橋被蓋網様核（nucleus reticularis tegmenti pontis：NRTP）－前庭核－外眼筋運動ニューロンで生じると考えられる。

15・5・2・2　追従眼球運動（OFR）

　OKR のうち，中心窩が発達した動物種（ヒトや一部のサル）で急激に立ち上がる初期応答は，追従眼球運動（OFR）と呼ばれ，研究が進められている

（Gelman et al., 1991；Miles & Kawano, 1986；Miles et al., 1986）。この OFR は，上表の Miles に従えば OKNe の成分にあたる。OFR は，非常に短潜時（ヒト～80 ms，サル～50 ms）で誘発される点から，その誘発に関与する神経要素は限られていると考えられ，サルを用いた研究から，大脳皮質の後頭・頭頂連合野の一部である MT 野（middle temporal area）/MST 野（medial superior temporal area）や背外側橋核（dorsolateral pontine nucleus：DLPN），小脳腹側傍片葉（ventral paraflocculus：VPFL）が関与することが明らかになっている（図 15-5-3）。前節（II・15・4）で紹介した滑動性追跡眼球運動（smooth pursuit eye movement：SPEM）と OFR の誘発に関与する神経機構には共通の部分が多い。しかし，SPEM に比べ OFR は不随意的，反射的性質が強く，非常に短潜時で生じる眼球運動であり，中心窩だけでなくその周囲の領域からの入力も関与

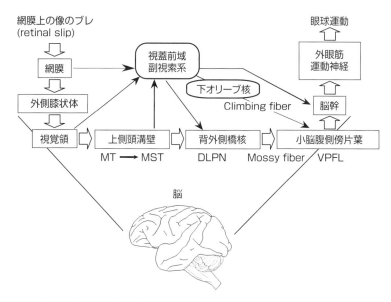

図 15-5-3 追従眼球運動（OFR）の発現に関与する神経回路

していることから，OFR は SPEM とは異なる眼球運動である。OFR 誘発時に各脳領域（MT/MST, DLPN, VPFL, 視蓋前域）からニューロン活動を記録すると，多くのニューロンが方向選択性と速度選択性をもち，OFR の誘発に先行して発火を増加させた（Inoue et al., 2000；Kawano et al., 1992, 1994；Shidara & Kawano, 1993）。また MT/MST 野におけるさまざまな時空間周波数へのニューロン活動を加重和すると，MT/MST 野の領域全体のニューロン集団として OFR の時空間周波数特性を再現できる（Miura et al., 2014）。さらに両側の MT/MST 野を破壊すると，OKN の緩徐相の早い立ち上がり成分がなくなり，遅い成分のみが残存する（Takemura et al., 2007，図 15-5-4a, b）。このとき OFR は全方向・全速度で消失しているが（図 15-5-4c），SPEM は立ち上がりは減弱するものの徐々に眼球速度は増加する（図 15-5-4d）。これらのことから，ヒトやサルにおける OKN の緩徐相の立ち上がりの早い成分でもある OFR の誘発には，MT/MST 野を含む経路が必須であると考えられる。また，SPEM との神経機構の違いも示唆される。

さらに OFR は，そのときそのときの必要性（文脈依存）に応じて，外界の複雑な 3 次元環境における対応すべき「網膜像のぶれ」に選択的に応答している。たとえば，まったく同じ視覚入力が与えられても，運動直後（主にサッケードに伴う視覚情報によって），あるいは，より近くにあると解釈できる対象物の動きに対して OFR の感受性は高くなる（Busettini et al., 1991, 1996；Kawano & Miles, 1986；Schwarz & Miles, 1991）。また，学習課題によっても OFR は適応的に変化し（Miles & Kawano, 1986），計算論的に提唱されたフィードバック誤差学習のモデルとされている（Gomi et al., 1998；Kobayashi et al., 1998；Shidara et al., 1993；Takemura, Inoue, Gomi et al., 2001）。前者の OFR の文脈依存的修飾には，MST 野に至るまでのニューロン活動が密接に関係しており（Inoue et al., 1998；Takemura et al., 2000；Takemura & Kawano, 2006），一方，後者の OFR の適応的変化には MST 野は関与しておらず，小脳学習仮説が支持されている（Takemura et al., 2017）。

OFR は短潜時の不随意眼球運動でありながら，大脳皮質を経由して運動制御されており，その運動出力は，視覚情報処理の特性を直接的に反映していると考えられている。このことから，OFR は脳の情報処理の客観的な指標となるため，脳の視覚情報処理メカニズムの詳細を調べる際には，ヒトやサルを対象に行動実験が，神経機構についてはサルを対象に生理実験が行われている（Masson et al., 2001；Miura et al., 2006；Sheliga et al., 2005；Takemura et

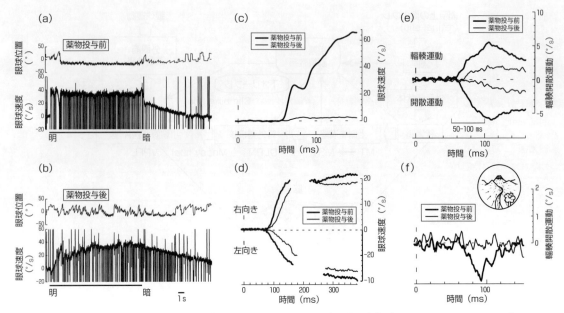

図 15-5-4 サル MT/MST 野の両方をほぼ完全に破壊したときの眼球運動の変化（Takemura et al., 2007）
横軸は時間を表し，0 ms のときに視覚刺激を与えている。(a)(b) OKN。最下段の直線は刺激呈示期間を表す，(c) OFR, (d) SPEM, (e) disparity vergence, (f) optic flow vergence。

al., 2020)。また，これらと同様の手法は，OKR を対象にげっ歯類の視覚情報処理の性質やキンギョの予測的運動制御の神経機構を調べるためにも用いられている（Miki et al., 2018；Miura et al., 2018；Stahl, 2004；Sugita et al., 2020；Tabata et al., 2010）。

15・5・2・3　輻輳開散運動

両眼が顔の正面についているヒトやサルやネコなどでは，奥行き情報に基づいて輻輳開散運動が誘発され，発達した中心窩（ないし中心野）で両眼単一視ができる。近い対象物に対して両眼が寄り眼になる眼球運動（両眼球の内転）を「輻輳運動」と呼び，遠い対象物に対して両眼が離れる眼球運動（両眼球の外転）を「開散運動」と呼ぶ。これら輻輳開散運動は，左右の眼球が反対向きに動く非共同性眼球運動である。一般的に輻輳開散運動は，奥行き視覚に対応した水平方向の眼球運動に使われるが，この他に垂直 vergence（vertical vergence）と回旋 vergence（cyclovergence）がある。

輻輳開散運動を引き起こす刺激は複数あり，それぞれ以下のように名付けられている（表 15-5-2）。

両眼単一視には，視標が左右の網膜上で対応点（中心窩を基準として同方向同距離にある点）に結像することが必要である。松田らが行った，実際に奥行きの異なる物体間で視線を移させた実験の共同性および非共同性眼球運動の時間経過を図 15-5-5 に示す（Matsuda et al., 2017）。輻輳開散運動の潜時はサッケードよりも短く，輻輳開散運動が先に誘発されサッケード後も続く。このときの非共同性サッケード（disconjugate saccade）の誘発経路については，輻輳開散運動系とまったく別の系統であるサッケードシステム（バーストニューロン）が関与していることが示唆されている（Cullen & Van Horn, 2011；Quinet et al., 2020）。

これまで実験的によく研究されてきたのは，両眼視差によって生じる disparity vergence である。ヒトを対象とした古典的な実験では，小さなスポット（視野角 0.1°）を用いて両眼視差を与えると，潜時 160 ms 程度で輻輳開散運動が生じ，動き始めて 200 ms 間で眼球速度はピークを迎え，徐々に低下し約 1s で終了する。誘発される眼球運動の最高速度は与えられた視差の大きさによって異なる。サルを用いた研究から，前頭葉の前頭眼野（frontal eye field：FEF）や脳幹の中脳に，輻輳開散運動関連ニューロ

表 15-5-2 輻輳開散運動の種類

	誘発要因
accommodative vergence	不鮮明な網膜像によって生じる眼球の水晶体調節時に伴う複合反射
disparity vergence	両眼の網膜像のわずかな位置のズレ（両眼視差：binocular disparity，両眼網膜像差：binocular retinal disparity ともいわれる）
optic flow vergence	前進・後退運動時の正面の視野全体に生じる放射状パターン（オプティックフロー：radial optic flow）
proximal vergence	視差や水晶体調節ではなく遠近法によって描かれた絵画などの画法による奥行き手がかり
tonic vergence	暗闇で視覚情報がないときの外眼筋神経の一定の活動

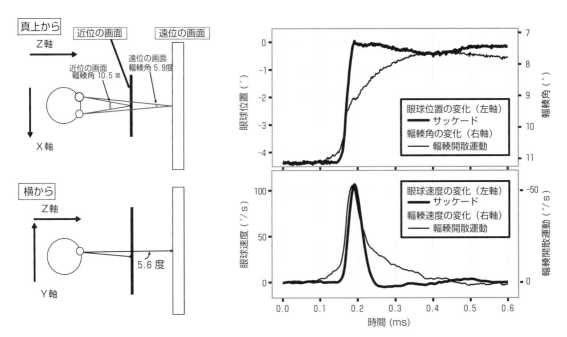

図 15-5-5 実際に奥行きの異なる物体間（どちらも視野角5°）で，近いところから遠いところへ視線を動かすときの共同性眼球運動（サッケード）と非共同性眼球運動（輻輳開散運動）の眼球位置（上）と眼球速度（下）
開散運動（両眼の外転）はサッケードよりも早く生じ，サッケードが終了した後も続く。

ンが存在することが報告されている（Fukushima et al., 2002；Mays et al., 1986）。

1996年にBusettiniらは，視野全体に視差を与えると，これまでの報告よりも100 msも短い潜時60 msの輻輳開散運動が生じることを発見した（Busettini et al., 1996）。この短潜時 disparity vergenceの誘発にも前述のMST野が関与しており，約20％のMST野ニューロンが眼球運動に先行して発火を増加させる（Takemura, Inoue, Kawano et al., 2001）。MST野で記録されたニューロン活動をそれぞれの個体ごとに加算平均し，先行している時間だけずらして眼球運動速度と重ねると，そのと

き誘発された輻輳開散運動の速度波形を近似することができた（図15-5-6a）。また，視差の大きさ（入力）と輻輳開散運動（出力）の間には個体ごとにきわめて特徴的な関係があるが，記録したMST野ニューロン集団の活動で個体ごとに近似できた（図15-5-6b）。これらの結果から，短潜時 disparity vergence の誘発に必要な情報は，個々のニューロンではなく，MST野の領域全体のニューロン集団として集団コーディング（population coding）がなされていると考えられる。両眼視における視覚情報処理メカニズムは，この短潜時 disparity vergence を用いてヒトやサルを対象に研究されている（Miura

第II部　視覚

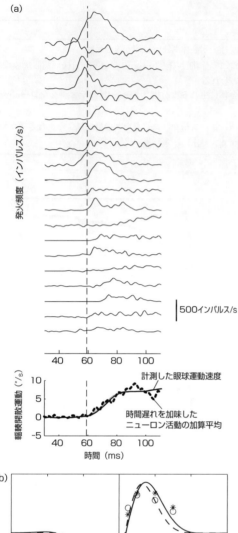

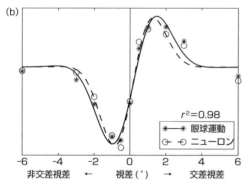

図 15-5-6　(a)短潜時 disparity vergence と MST 野の活動。広い視野に視差をつけ, disparity vergence を誘発すると同時に記録された個々の MST ニューロン活動の発火パターン。眼球運動に先行して発火するニューロン活動を単純加算し, 眼が動くまでの時間遅れを考慮した破線を眼球速度と重ねた。(b)それぞれの個体で MST 野のニューロン集団の活動を単純加算(破線)し, さまざまな大きさの視差に対する輻輳開散運動のチューニングカーブと重ねた。(Takemura et al. 2001)

et al., 2008 ; Quaia et al., 2013 ; Sheliga et al., 2006)。

これまでにも視差感受性ニューロンは, サル大脳皮質のV1野, V2野, MT/MST野, IT (inferior temporal cortex), CIP 野 (caudal intra parietal area), AIP 野 (anterior intra parietal area) から記録されている (DeAngelis et al., 1998 ; Maunsell & Van Essen, 1983 ; Poggio et al., 1977, 1985, 1988 ; Roy et al., 1992) が, 皮質から皮質下への経路の詳細はわかっていない。

また, 放射状パターンによって optic flow vergence を誘発したときに MST 野において単一ニューロン活動を記録したところ, 放射状パターンである2フレームムービーの視覚刺激に対して感受性をもち, 誘発される optic flow vergence に先行して発火を増加させる MST 野ニューロンが存在した。さらに両側 MT/MST 野を破壊すると, disparity vergence も optic flow vergence も障害された (Takemura et al., 2007 ; 図 15-5-4e, f)。これらのことから, 視野全体に与えられた視覚刺激 (disparity と optic flow) によって生じる短潜時の vergence の誘発には MST 野が重要であると考えられる。

〔竹村 文〕

15・6　固視微動と視覚

15・6・1　固視微動の種類

静止環境に置かれた静止観察者の眼球では, 通常毎秒約3回の頻度でサッケードが発生している。連続するサッケード間の眼球状態を固視 (fixation) といい, 固視中に常に生じている眼球運動を, 固視微動 (fixational eye movement) という。固視微動はドリフト (drift), トレマー (tremor), 固視時サッケード (fixational saccade) に大別される (Martinez-Conde et al., 2004)。

ドリフトは視線位置が定常的に緩徐に推移する成分であり, 後述するトレマーがごく低振幅, 固視時サッケードがごく低頻度であることから, ドリフトが固視中の主要な成分であるといえる。平均速度は約 0.5 deg/s, 自由視条件における固視期間中では 2-3 deg/s にもなるブラウン運動様の

等方性の運動で，空間分布としては固視点の存在下で約 70-1000 min^2 の範囲，固視点がなければ約 300-1500 min^2 の範囲で視線位置が揺らぐ（Aytekin et al., 2014；Cherici et al., 2012；Murakami, 2004；Poletti, 2010）。

ブラウン運動様であることは，ランダムノイズ過程によって無目的的に生成されるものという見方と一貫する（Nachmias, 1959）。また，初期の測定では両眼共役成分および輻輳成分が見いだされたが（Ditchburn & Ginsberg, 1952），その後の測定では，左右眼で無相関であり，固視の安定性能限界として揺らぎが漏出しているという見解がなされていた（Cornsweet, 1956；Krauskopf et al., 1960）。ところが，観察者が頭部も眼球も動かさない状態で，頭部非動化統制のない条件下で発生する固視微動のドリフト成分が，前庭動眼反射（vestibulo-ocular reflex：VOR）と同様の特性をもち，両眼間で高い相関をもち短潜時で精密に頭部運動の補償を行うという報告や（Poletti et al., 2015），後述のように，精密観察を行う際にドリフトの空間分布が狭まるという報告があり（Intoy & Rucci, 2020），一定の合目的性が示されている。

トレマーは，視力限界かそれ以下（0.5 min 未満）の振幅で揺れる成分である。ドリフトが時間周波数の関数としてパワーを単調減少させるのに対して，その推移に従わず約 40-100 Hz の範囲でパワーの高まりがあり，そうした高周波振動がトレマーと分類される（Eizenman et al., 1985；Ko et al., 2016；Spauschus et al., 1999）。サーチコイル付コンタクトレンズを装着する，または圧電素子を強膜上に接触させておくなど，侵襲性のある方法で初めて計測可能になるため研究例が少なく，知覚との関係を調べた研究はわずかで，明確な関係は報告されていない（McCamy et al., 2013）。

固視時サッケードとは，固視中に生じるサッケード一般を指す。20 世紀中盤に盛んに実施された古典的研究では，フリック（flick），またマイクロサッケード（microsaccade）と呼ばれ，固視中に毎秒 1-3 回の頻度で生じる最大振幅 10-12′ 程度の微小なサッケードとされてきた（Collewijn & Kowler, 2008）。逆にいえば，それ以上の振幅のものがまれに生じた際はすなわち通常のサッケードとして了解された。実験においては，固視課題の際に固視窓（fixation window）という許容範囲が固視点周りに設定され，その範囲内に視線位置が停留しているという事象が「固視」の操作的定義であった。古典的マイクロサッケードよりはるかに大きなサッケードが起きて固視窓を外れることをもって，固視の中断と見なされた。

1990 年代以降に固視微動研究が隆盛し（Rolfs, 2009），いわゆるマイクロサッケードとそれ以外のサッケードに定性的な違いはなくそれらの振幅には連続性があることが見いだされたため（図 15-6-1），現在主流の方法では，一定の閾値より大きいか小さいかで分類される（Martinez-Conde et al., 2009）。また，固視と自由視（free viewing）にも定性的な違いはなく，それら両極端の間で，最も狭い探索（exploration）の範囲（＝固視点）での微小なサッケードから最も広い範囲（＝全視野）での通常のサッケードにわたり，眼球運動統計量が連続的に変化することが見いだされた（Otero-Millan et al., 2013）。ゆえに，「固視」や「マイクロサッケード」の定義は必然的に恣意性をもつ。1990 年代以降の原著論文で「マイクロサッケード」という表記がある場合，それは通例，「実験者が恣意的に設定した『振幅 x 以内』という基準を越えたサッケードが含まれない期間を『固視中』と定義したうえで，その期間に生じたサッケード」のことを指す。多くの論文で

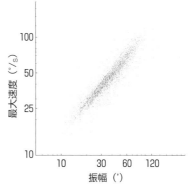

図 15-6-1　固視時サッケード（9183 個）を振幅（横軸）と最大速度（縦軸）で張られる平面に点プロットした散布図の例（Engbert & Kliegl, 2003, p. 1037, Fig. 2）

第 II 部　視覚

$x=1-2°$ と大きめに設定されており，上述の古典的なマイクロサッケードの語義や，語感から喚起される印象とは大きく外れる振幅のものが許容されるため，本稿では一貫して「固視時サッケード」と呼ぶこととする。

固視時サッケードの抽出法の一例を示す。固視中の時系列データから，個々の時刻における瞬間速度（一定の時間窓内の平均速度）をとり，一定の時間長さ（たとえば12 ms）以上にかけて一定の速度閾値（たとえば速度分布の大きさ指標の6倍）を越えていた事象を候補とし，さらに両眼測定の場合は両眼間で事象が時間的に重ならないものを除外したり（Engbert & Kliegl, 2003），先行サッケードから一定の時間長さ（たとえば20 ms）以上離れていないものを除外したりしてから，上述のように一定振幅（x）以上のものを除外する（Otero-Millan et al., 2012）。

15·6·2　固視微動に伴う網膜像運動に対する神経応答

トレマーに関連する視覚神経応答の報告はない。ドリフトと固視時サッケードに関しては，サルV1野ニューロンの受容野近辺に静止視覚刺激を置いている状態で，「position/drift cell」と分類される細胞がドリフト期間中に強い持続性応答を示し，「saccade cell」と分類される細胞が固視時サッケード直後に一過性応答を示し，両者の中間の「mixed cell」もあった（Snodderly, 2016）。同様の実験事態において固視時サッケード直後にバースト発火が出現することも，サルLGNとV1野のニューロンでみられている（Martinez-Conde et al., 2002）。サルV1野ニューロンの固視時サッケード時の応答は二相性で，上と同様の実験事態において調べたところサッケード発生時刻から0.06 sで一過性の興奮，0.13 sになると一過性の抑制が生じるとされ，サッケード抑制のメカニズムとの関連が論じられている（Troncoso et al., 2015）。

サルMT野は視覚運動中枢とされるが，ドリフト期間中に，ニューロンの至適運動方向の網膜像運動（retinal image motion）が瞬間的に現れた直後に発火が起き（Hohl & Lisberger, 2011），固視時サッケード直後にも，そのサッケードによってニュー

ロンの至適運動方向の網膜像運動が瞬間的に現れた直後に発火が起きる（Bair & O'Keefe, 1998）。したがって，固視微動に伴う網膜像運動の情報は高次中枢まで到達している。

15·6·3　固視微動の機能

固視微動には大きく分けて，固視制御（fixation control）の機能，特徴抽出（feature extraction）の機能，視覚消失防止（prevention of visual fading）の機能があるとされる。それらに加えて，固視微動に伴う像運動の存在下でいかに視野安定（visual stability）が実現されるのかも問題である。

15·6·3·1　固視制御

ドリフトが固視の安定性能限界からのノイズであるという立場からは，固視時サッケードは安定固視の目的のために発動するという仮説が成り立つ（Cornsweet, 1956）。だが，サッケードを抑制するよう教示するだけで10 s以上も固視時サッケードなしで固視を続けられるので，実際はドリフトだけで固視制御には十分である（Steinman et al., 1973）。

ただし，固視制御の必要条件ではなくとも，実際に発生した固視時サッケードには短期的な探索的（離れる方向の）側面と長期的な修正的（戻る方向の）側面の両方があることも報告されている（Engbert & Kliegl, 2004）。また，固視時に微小なサッケードを随意的に起こすことができるのも古くから知られている。たとえば，標的を正確に中心窩視（foveation）するという課題が課せられたとき，標的の位置が突然ずれると，10'以上のずれであればサッケードを起こして標的を再び中心窩視することができる（Timberlake et al., 1972）。このような微小なサッケードに対して，通常と同じプロトコルでサッケード適応を誘導させることもできる（Havermann et al., 2014）。さらなる話題として，固視時サッケードは針に糸を通すなどの精密な作業中に抑制されるため（Winterson & Collewijn, 1976），一見機能的意義がないように思えるが，そうした課題中にはいったん抑制されるも課題遂行の推移とともに適応的に頻度を増やし，最も細かい作業をするべき時刻に視線を最も適切な場所に向けるべく固視時サッケードが

生じるという（Ko et al., 2010）。低コントラストの格子縞を中心窩視で視認するべき課題でも，微小な距離だけ離れた複数の刺激間にわたって適切な距離の固視時サッケードが生じた（Poletti et al., 2013）。視力限界近辺のスネレン文字の観察時には，単なる固視時に比べてドリフトの空間分布が縮小した（これにより網膜像の時間変調パワーの分布が高空間周波数寄りにシフトし，微細な輝度変調のエネルギーの増大をもたらすという）。また，細かく並んだ複数のスネレン文字をすべて読む課題では，固視時サッケードによって文字から文字へ視線位置がシフトした（Intoy & Rucci, 2020）。まとめると，ドリフトも固視時サッケードも固視制御に関する一定の合目的性をもつことが見いだされている。

15・6・3・2　視野安定

視覚運動中枢が固視微動に伴う網膜像運動に応じるなら，なぜ動揺視（oscillopsia）が生じずに知覚的な視野安定が実現するのだろうか。

ふだんは意識されない固視微動由来の網膜投影像の揺れが，特定の条件で可視化されてしまうジター残効（jitter aftereffect）という現象がある。同心円領域の周辺部に動的ランダムノイズを呈示して順応した後，中心部と周辺部とに静止ランダムノイズを同時呈示すると，固視微動を反映して中心部が数秒間揺れて見える（Murakami & Cavanagh, 1998, 2001）。また，周辺部にフリッカーを呈示しながら中心部に静止ランダムノイズを呈示しても，同様に固視微動を反映して中心部が揺れて見える（Murakami, 2003；Park et al., 2017）。このことから，固視微動に伴う像運動が常在している視覚入力を出発点として，情報処理の結果として，固視微動由来とおぼしき広域運動を知覚にのぼらせず却下するという考え方が提案された（図15-6-2）。すなわち，運動が知覚されるためには網膜像運動そのものの存在でなく，周囲の参照枠との相対的な運動の存在が本質的であるという考え方である。

運動検出に必要な最低速度閾を調べた実験では，静止参照枠のない条件では閾が比較的高く，また固視微動の速度分布が大きい観察者ほど閾が高いという相関が現れた。ところが，運動刺激の周辺に静止参照枠を設けた条件では，閾は超視力の水準にまで下がり，固視微動量の個人差との相関がなかった（Murakami, 2004）。また，固視微動と運動錯視との関係を調べた研究として，固視微動の速度分布が大きい観察者ほど『蛇の回転』錯視（図14-1-7）が強く生

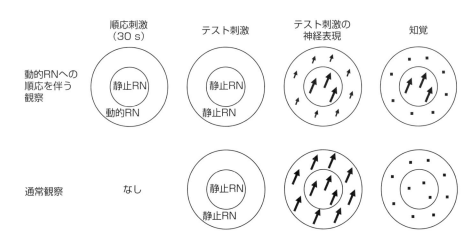

図 15-6-2　Murakami & Cavanagh（1998）の報告したジター残効と，固視微動由来とおぼしき広域運動を却下するモデル
順応刺激：同心円状の領域の周辺部に動的ランダムノイズ（RN）を呈示して運動検出器を順応させる。テスト刺激：中心部と周辺部に静止 RN を呈示する。しかし，固視微動によって網膜上では広域運動が生じている。神経表現：通常観察では広域運動は運動検出器に拾われるが，順応後は周辺部の運動検出感度が鈍っているため，周辺部の網膜像運動の表現は通常より弱くなる。知覚：広域運動は「眼のせい」にされ，運動は知覚されない（黒四角）。周囲と異なる相対運動のある箇所のみ，運動として知覚にのぼる（矢印）。

第 II 部　視覚

じる相関関係があったことから，低次視覚情報処理の時間特性によって，固視微動に伴う網膜像運動を原動力として『蛇の回転』錯視の運動方向が特定されるというモデルが提案された（Murakami et al., 2006）。網膜細胞の非線形性によって，固視微動に伴う網膜像運動を原動力として Ouchi-Spillmann 錯視（図 14-1-6）の錯覚的運動が生成されるというモデルも提案されている（Greene et al., 2016）。

　常在する網膜像運動のなかにある相対運動こそが運動知覚のための手がかりであるという枠組みを支持する証拠は，いくつか挙げられている。運動刺激と周辺刺激に，自然観察条件と静止網膜像条件とを独立に設定した知覚実験では，それらの刺激の網膜像運動の有無が本質なのではなくむしろ両者の関係性が重要で，相対運動がなければ運動が見えず，相対運動があれば運動が見えることが報告された（Poletti et al., 2010）。ウサギ網膜神経節細胞を記録した神経生理学的研究でも，固視微動様の運動が画面中心のみにある場合は網膜像運動に伴う発火があるが，固視微動様の運動が画面中心および周辺全体にわたって共起している場合は発火が抑制されることが示されている。このことが，固視微動に伴う像の揺れが知覚にのぼらないことの生理学的根拠であると説明されている（Ölveczky et al., 2003）。

15・6・3・3　特徴抽出

　カメの固視微動に伴う神経発火を調べた研究では，静止格子縞や流動格子縞のみよりも，それらに重畳して固視微動様の像の揺れを起こした方が，網膜神経節細胞の応答が顕著に高まり，格子縞の明暗境界に受容野をもつ複数の細胞が同期的に発火した（Greschner et al., 2002）。このことにより，固視微動が明暗境界という画像特徴の抽出に貢献していると論じられた。

　ヒト心理物理学の研究でも，そうした同期的発火で説明がつく実験結果がある。ノイズに埋もれた検出閾付近の低コントラストのバー刺激を呈示し，その方位が左斜めか右斜めのいずれであるかを答える課題は，静止網膜像にすると成績が悪く，自然観察条件で固視微動（特にドリフト）があると検出感度が高かった（Rucci & Desbordes, 2003）。固視微動に

よる LGN 細胞の同期的発火パターンによる説明がなされている（図 15-6-3）。同様の実験をバー刺激でなく正弦波格子縞を使って行った研究では，低い（4 c/deg）空間周波数では静止網膜像にしても成績が変わらず，高い（11 c/deg）空間周波数では静止網膜像にすると成績が悪かった（Rucci et al., 2007）。格子縞方位と直交する方向の眼球運動成分だけ静止化させた条件で同様に成績が悪かったため，格子縞の輝度勾配部分が網膜上で揺れることが検出に重要であるとわかった。

　他に，静止画像の観察中において，ドリフトの存在によって広い時間周波数帯域にわたって空間周波数パワースペクトルが白色化（相関除去）され，冗長性減少と感度増強の効果があることが，心理物理学的研究や（Casile et al., 2019；Kuang et al., 2012），神経生理学的研究から（Segal et al., 2015），示唆されている。静止画像を視力限界付近の精密度で揺らすことで実効的アンチエイリアシングの効果が出る可能性も指摘されている（Ratnam et al., 2017）。

15・6・3・4　視覚消失防止

　固視微動に固視制御機能があるというなら，なぜ生体は眼球の固定化をせず積極的に揺らすのか，という問題に対し，上述の理由から，感覚受容の最適化のためにあえて眼が一定程度揺れているべきであるという議論が成り立つ。もう一つの，そして従来から明白とされてきた理由は，「眼球固定＝静止網膜像」というドグマである（Martinez-Conde et al., 2013）。

　静止網膜像にした視票を観察すると可視性が著しく下がるという古典的研究以来，固視微動は入力画像が静止網膜像になって視覚消失が起きるのを防止するための機能をもつとされ，特に，固視時サッケードがこの機能に最適であると提案された（Ditchburn & Ginsberg, 1952）。

　しかし，固視時サッケードにこの機能を負わせるという説には反証がある。すでに触れたように，教示だけで 10 s 以上も固視時サッケードをなくせるし（Steinman et al., 1973），また，針穴に糸を通す，周辺の 1 点に随意的注意をかけ続けるなど，視覚的に精密な作業をする課題のときには固視時サッケー

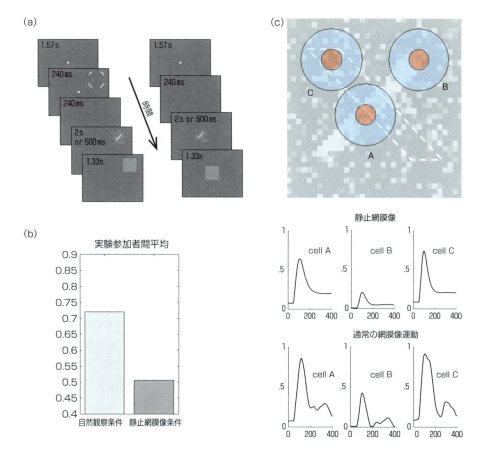

図 15-6-3 バー刺激の検出成績におよぼす固視微動の効果（Rucci & Desbordes, 2003, p. 855, Fig. 3, p. 856, Fig. 5）
（a）実験手続き。自然観察条件（左：unstabilized）では，手がかり位置に視線を移すと刺激が呈示される。静止網膜像条件（右：stabilized）では，視野中心に刺激が静止網膜像で呈示される。（b）方位判断の成績。（c）LGN細胞の受容野のモデル。自然観察条件において細胞AとCは平均発火頻度が互いに高いかもしれないが，細胞Aはバー刺激上，細胞Cは背景上に受容野があり，固視微動に伴って独自の光強度時間変調を受けるため，時系列は異なる。細胞AとBは平均発火頻度は異なるが，いずれもバー刺激上に受容野があるため，類似の時系列を描き，同期発火する。

ドが生じない期間があるが，その間，視覚像は消えることはない（Denison et al., 2019；Winterson & Collewun, 1976）。したがって，固視微動に視覚消失防止機能が仮にあるとして，ドリフトの存在だけで十分機能することになる。

ただ，そもそも日常生活においては，固視期間中に固視微動がまったくなかったとしても視覚消失はまず起こらない。自由視においてサッケードは毎秒約3回，したがって固視期間は平均約0.3 sとなるが，仮にこの期間に眼球が完全に固定していたとしても，視覚消失が生じるには短すぎる。また，日常においては広帯域の時間周波数にわたる頭部微動と身体微動が常に眼球に乗っているため（Skavenski et al., 1979），仮に（動眼系の麻痺などで）眼球固定の状態になったとしても静止網膜像にはならず，視覚消失は起こらない（Stevens et al., 1976）。

15・6・4　固視微動と錯視・注意との関係

角膜反射瞳孔中心法（ビデオ方式）での眼球運動計測装置（仕様上の時空間分解能が比較的高い）の普及に伴い（II・15・1・1参照），固視微動が視覚現象および視覚的注意とどのような関係をもつかについて興味が高まってきた。特に，固視時サッケードに関する研究論文が頻出しているが，上述の通り，古典的マイクロサッケードの語義から想像されるより大きな振幅のサッケードが許容されていることを

第Ⅱ部　視覚

念頭に置くべきである。本節では紙数の都合から，研究動向をリスト化するにとどめる。

(1)固視時サッケード（振幅＜2°）が起こると，「蛇の回転錯視」の見えが強くなり（Otero-Millan et al., 2012），エニグマ錯視（Enigma illusion）（静止画像のなかに素早い動きが見える現象）（図14-1-6参照）が生じやすくなり（Troncoso, Macknik, Otero-Millan et al., 2008），運動誘発性見落とし（motion-induced blindness：運動刺激と重畳された静止図形が知覚的に消失する現象）からの解除が生じやすくなる（Hsieh & Tse, 2009）。

(2)固視時サッケード（振幅＜1°）が起こると，人工的暗点（artificial scotoma）の知覚的充填（テクスチャ存在下で静止図形が知覚的に消失する現象）からの解除が生じやすくなる（Troncoso, Macknik, & Martinez-Conde, 2008）。

(3)固視時サッケード（振幅＜1-2°）が起こると，Troxler効果（Troxler effect：周辺視野の静止図形が知覚的に消失する現象）からの解除が生じやすくなる（Martinez-Conde et al., 2006）。ドリフトもTroxler効果の防止に寄与する（McCamy et al., 2014；McCamy et al., 2012）。しかし，像を人工的に消失もしくは視認困難にしてもそれを引き金に固視時サッケード頻度が高まることはないので，像の見えにくさを解除するために固視時サッケードが発動するという因果関係はない（Poletti, 2010）。

(4)固視時サッケード（振幅＜2°）は，Posnerの先行手がかり法（Ⅰ・4・4・2参照）の実験事態において，方向指示手がかりのオンセット直後0.15 s後に一過性に抑制され，オンセットの0.35 s後に抑制解除して頻度がリバウンドする。リバウンド時のサッケードの方向は（手がかり妥当性と一貫して）cued側によく向かう（Engbert & Kliegl, 2003）。しかし反証も挙がっている（Horowitz et al., 2007）。

(5)固視時サッケード（振幅＜1°）は，復帰の抑制（Ⅰ・4・4・5参照）の実験事態において周辺手がかりのオンセット直後0.2 s後に一過性に抑制され，オンセット0.3 s後に抑制解除して頻度が増

大する。その方向は復帰の抑制の成績同様，cued側にあまり向かない（Galfano et al., 2004）。同様の別実験では，抑制中は起こるとすればcued方向のサッケードが多く，解除中はuncued方向のサッケードが多いとされたが（Laubrock et al., 2005），サッケードの方向に関して追試は必ずしもできず（MacInnes & Bhatnagar, 2018），そもそも周辺手がかりの呈示後に必ずしも固視微動の性質が変化するわけでもない（Tse et al., 2002）。

(6)固視時サッケード（振幅＜1°）について，場所への注意との関連をさらに示唆する研究がある。固視点の四方いずれかに次々にジャンプする手がかりに隠れた注意（covert attention）を向けている課題を遂行中，手がかりが別の位置にジャンプしてから0.4 s未満でその手がかりの方向への固視時サッケードが増えた（Hafed & Clark, 2002）。別の研究では，固視時サッケードが生じたのに合わせ，固視点（または現在の視線位置）の周囲の8位置に刺激を0.1 sだけ同時呈示し，その後，方向指示の遡及手がかりを呈示する。事後手がかりの指示方向がサッケードの方向と一致していたほうが，反対方向の場合よりも，形状判断の成績がよかった（Yuval-Greenberg et al., 2014）。

これらはいずれも興味深い事象であって今後の展開が待たれるが，先に言及した振幅の問題に加え，たとえ微小な振幅であっても観察者は自発的に探索的な（固視点から離れる方向の）固視時サッケードを起こすことができるため，いかなる認知メカニズムが介在しうるかについては慎重に解釈する必要があろう。

（村上　郁也）

文献

(15・1)

Matsuda, K., Nagami, T., Sugase, Y., Takemura, A., & Kawano, K. (2017). A widely applicable real-time mono/binocular eye tracking system using a high frame-rate digital camera. In M. Kurosu (Ed.), *Human-Computer Interaction. User Interface Design, Development and Multimodality* (Vol. 10271, pp. 593-608). Springer, Cham. [doi: 10.1007/978-3-319-58071-5_45]

苧阪 良二・中溝 幸夫・古賀 一男 （1993）．眼球運動の実験心理学　名古屋大学出版会

Robinson, D. A. (1963). A method of measuring eye movement using a scleral search coil in a magnetic field. *IEEE Transactions on Bio-Medical Electrics, 10*, 137-145. [doi: 10.1109/TBMEL.1963.4322822]

Smith, W. M., & Walter, P. J. (1960). Eye movement and stimulus movement: New photoelectric electromechanical system for recording and measuring tracking motions of the eye. *Journal of the Optical Society of America, 50*, 245-250. [doi: 10.1364/JOSA.50.000245]

Sogo, H. (2013). GazeParser: An open-source and multiplatform library for low-cost eye tracking and analysis. *Behavior Research Methods, 45*, 684-695. [doi: 10.3758/s13428-012-0286-x]

和田 佳郎・山下 勝幸 （2003）．〝眼球運動〟をテーマとした生理学実習：学生が生理学に興味を持つ実習を目指して　日本生理学雑誌，*65*，384-396. http://physiology.jp/wp-content/uploads/2014/01/065120384.pdf

Young, L. R., & Sheena, D. (1975). Survey of eye movement recording methods. *Behavior Research Methods & Instrumentation, 7*, 397-429. [doi: 10.3758/BF03201553]

(15・2)

Aksay, E., Olasagasti, I., Mensh, B. D., Baker, R., Goldman, M. S., & Tank, D. W. (2007). Functional dissection of circuitry in a neural integrator. *Nature Neuroscience, 10*, 494-504. [doi: 10.1038/nn1877]

Arnold, D. B., & Robinson, D. A. (1997). The oculomotor integrator: Testing of a neural network model. *Experimental Brain Research, 113*, 57-74. [doi: 10.1007/BF02454142]

Baker, R., & Highstein, S. M. (1975). Physiological identification of interneurons and motoneurons in the abducens nucleus. *Brain Research, 91*, 292-298. [doi: 10.1016/0006-8993(75)90551-x]

Büttner, U., Büttner-Ennever, J. A., & Henn, V. (1977). Vertical eye movement related unit activity in the rostral mesencephalic reticular formation of the alert monkey. *Brain Research, 130*, 239-252. [doi: 10.1016/0006-8993(77)90273-6]

Büttner-Ennever, J. A., Horn, A. K., Graf, W., & Ugolini, G. (2002). Modern concepts of brainstem anatomy: From extraocular motoneurons to proprioceptive pathways. *Annals of the New York Academy of Sciences, 956*, 75-84. [doi: 10.1111/j.1749-6632.2002.tb02810.x]

Cannon, S. C., & Robinson, D. A. (1987). Loss of the neural integrator of the oculomotor system from brain stem lesions in monkey. *Journal of Neurophysiology, 57*, 1383-1409. [doi: 10.1152/jn.1987.57.5.1383]

Carpenter, M. B., & Batton, R. R., 3rd. (1980). Abducens internuclear neurons and their role in conjugate horizontal gaze. *Journal of Comparative Neurology, 189*, 191-209. [doi: 10.1002/cne.901890111]

Chen, A. L., Ramat, S., Serra, A., King, S. A., & Leigh, R. J. (2011). The role of the medial longitudinal fasciculus in horizontal gaze: Tests of current hypotheses for saccade-vergence interactions. *Experimental Brain Research, 208*, 335-343. [doi: 10.1007/s00221-010-2485-y]

Demer, J. L. (2004). Pivotal role of orbital connective tissues in binocular alignment and strabismus: The Friedenwald lecture. *Investigative Ophthalmology & Visual Science, 45*, 729-738. [doi: 10.1167/iovs.03-0464]

Demer, J. L. (2015). Compartmentalization of extraocular muscle function. *Eye, 29*, 157-162. [doi: 10.1038/eye.2014.246]

Demer, J. L., Oh, S. Y., & Poukens, V. (2000). Evidence for active control of rectus extraocular muscle pulleys. *Investigative Ophthalmology & Visual Science, 41*, 1280-1290.

Donders, F. C. E. (1847). *Hollandische Beutrage zu den Anatomischen und Physiologischen Wissenschaften.*

第II部　視覚

Enright, J. T. (1992). The remarkable saccades of asymmetrical vergence. *Vision Research*, *32*, 2261-2276. [doi: 10.1016/0042-6989(92)90090-6]

Fuchs, A. F., & Luschei, E. S. (1970). Firing patterns of abducens neurons of alert monkeys in relationship to horizontal eye movement. *Journal of Neurophysiology*, *33*, 382-392. [doi: 10.1152/jn.1970.33.3.382]

Ghasia, F. F., & Angelaki, D. E. (2005). Do motoneurons encode the noncommutativity of ocular rotations? *Neuron*, *47*, 281-293. [doi: 10.1016/j.neuron.2005.05.031]

Godaux, E., & Cheron, G. (1996). The hypothesis of the uniqueness of the oculomotor neural integrator: Direct experimental evidence in the cat. *Journal of Physiology*, *492*(Pt 2), 517-527. [doi: 10.1113/jphysiol.1996.sp021326]

Helmchen, C., Rambold, H., Fuhry, L., & Buttner, U. (1998). Deficits in vertical and torsional eye movements after uni- and bilateral muscimol inactivation of the interstitial nucleus of Cajal of the alert monkey. *Experimental Brain Research*, *119*, 436-452. [doi: 10.1007/s002210050359]

Henn, V., Baloh, R. W., & Hepp, K. (1984). The sleep-wake transition in the oculomotor system. *Experimental Brain Research*, *54*, 166-176. [doi: 10.1007/BF00235828]

Hering, E. (2011). *The Theory of Binocular Vision* (B. Bridgeman, Trans., B. Bridgeman & L. Stark, Eds.). Springer. (Original work published 1868)

Highstein, S. M., & Baker, R. (1978). Excitatory termination of abducens internuclear neurons on medial rectus motoneurons: Relationship to syndrome of internuclear ophthalmoplegia. *Journal of Neurophysiology*, *41*, 1647-1661. [doi: 10.1152/jn.1978.41.6.1647]

Joshua, M., Medina, J. F., & Lisberger, S. G. (2013). Diversity of neural responses in the brainstem during smooth pursuit eye movements constrains the circuit mechanisms of neural integration. *Journal of Neuroscience*, *33*, 6633-6647. [doi: 10.1523/JNEUROSCI.3732-12.2013]

Jurgens, R., Becker, W., & Kornhuber, H. H. (1981). Natural and drug-induced variations of velocity and duration of human saccadic eye movements: Evidence for a control of the neural pulse generator by local feedback. *Biological Cybernetics*, *39*, 87-96. [doi: 10.1007/BF00336734]

King, W. M. (2011). Binocular coordination of eye movements: Hering's Law of equal innervation or uniocular control? *European Journal of Neuroscience*, *33*, 2139-2146. [doi: 10.1111/j.1460-9568.2011.07695.x]

Klier, E. M., Meng, H., & Angelaki, D. E. (2006). Three-dimensional kinematics at the level of the oculomotor plant. *Journal of Neuroscience*, *26*, 2732-2737. [doi: 10.1523/JNEUROSCI.3610-05.2006]

Klier, E. M., Meng, H., & Angelaki, D. E. (2012). Reaching the limit of the oculomotor plant: 3D kinematics after abducens nerve stimulation during the torsional vestibulo-ocular reflex. *Journal of Neuroscience*, *32*, 13237-13243. [doi: 10.1523/JNEUROSCI.2595-12.2012]

小松崎 篤・篠田 義一・丸尾 敏夫　(1985). 眼球運動の神経学　医学書院

Lefèvre, P., Quaia, C., & Optican, L. M. (1998). Distributed model of control of saccades by superior colliculus and cerebellum. *Neural Networks*, *11*, 1175-1190. [doi: 10.1016/S0893-6080(98)00071-9]

Leigh, R. J., & Zee, D. S. (2015). *The Neurology of Eye Movements* (4th ed.). Oxford University Press.

Maex, R., & Steuber, V. (2013). An integrator circuit in cerebellar cortex. *European Journal of Neuroscience*, *38*, 2917-2932. [doi: 10.1111/ejn.12272]

Mays, L. E. (1984). Neural control of vergence eye movements: Convergence and divergence neurons in midbrain. *Journal of Neurophysiology*, *51*, 1091-1108. [doi: 10.1152/jn.1984.51.5.1091]

Mays, L. E., Porter, J. D., Gamlin, P. D., & Tello, C. A. (1986). Neural control of vergence eye movements: Neurons encoding vergence velocity. *Journal of Neurophysiology*, *56*, 1007-1021. [doi: 10.1152/jn.1986.56.4.1007]

Miller, J. M. (1989). Functional anatomy of normal human rectus muscles. *Vision Research*, *29*, 223-240. [doi: 10.1016/0042-6989(89)90126-0]

Miller, J. M., Demer, J. L., Poukens, V., Pavlovski, D. S., Nguyen, H. N., & Rossi, E. A. (2003). Extraocular connective tissue architecture. *Journal of Vision*, *3*, 240-251. [doi: 10.1167/3.3.5]

Miller, J. M., Demer, J. L., & Rosenbaum, A. L. (1993). Effect of transposition surgery on rectus muscle paths by magnetic resonance imaging. *Ophthalmology, 100*, 475–487. [doi: 10.1016/s0161-6420(93)31618-0]

Minken, A. W., & Van Gisbergen, J. A. (1994). A three-dimensional analysis of vergence movements at various levels of elevation. *Experimental Brain Research, 101*, 331–345. [doi: 10.1007/BF00228754]

Misslisch, H., & Tweed, D. (2001). Neural and mechanical factors in eye control. *Journal of Neurophysiology, 86*, 1877–1883. [doi: 10.1152/jn.2001.86.4.1877]

Misslisch, H., Tweed, D., Fetter, M., Sievering, D., & Koenig, E. (1994). Rotational kinematics of the human vestibuloocular reflex. III. Listing's law. *Journal of Neurophysiology, 72*, 2490–2502. [doi: 10.1152/jn.1994.72.5.2490]

Miura, K., & Optican, L. M. (2006). Membrane channel properties of premotor excitatory burst neurons may underlie saccade slowing after lesions of omnipause neurons. *Journal of Computational Neuroscience, 20*, 25–41. [doi: 10.1007/s10827-006-4258-y]

Mok, D., Ro, A., Cadera, W., Crawford, J. D., & Vilis, T. (1992). Rotation of Listing's plane during vergence. *Vision Research, 32*, 2055–2064. [doi: 10.1016/0042-6989(92)90067-S]

中溝　幸夫　(1993). 両眼運動とヘリング理論　苧阪　良二・中溝　幸夫・古賀　一男（編）　眼球運動の実験心理学（pp. 59–78）名古屋大学出版会

Ono, H., Nakamizo, S., & Steinbach, M. J. (1978). Nonadditivity of vergence and saccadic eye movement. *Vision Research, 18*, 735–739. [doi: 10.1016/0042-6989(78)90152-9]

Optican, L. M., & Miles, F. A. (1985). Visually induced adaptive changes in primate saccadic oculomotor control signals. *Journal of Neurophysiology, 54*, 940–958. [doi: 10.1152/jn.1985.54.4.940]

Quaia, C., & Optican, L. M. (1998). Commutative saccadic generator is sufficient to control a 3-D ocular plant with pulleys. *Journal of Neurophysiology, 79*, 3197–3215. [doi: 10.1152/jn.1998.79.6.3197]

Ramat, S., Leigh, R. J., Zee, D. S., & Optican, L. M. (2005). Ocular oscillations generated by coupling of brainstem excitatory and inhibitory saccadic burst neurons. *Experimental Brain Research, 160*, 89–106. [doi: 10.1007/s00221-004-1989-8]

Raphan, T. (1998). Modeling control of eye orientation in three dimensions. I. Role of muscle pulleys in determining saccadic trajectory. *Journal of Neurophysiology, 79*, 2653–2667. [doi: 10.1152/jn.1998.79.5.2653]

Robinson, D. A. (1970). Oculomotor unit behavior in the monkey. *Journal of Neurophysiology, 33*, 393–403. [doi: 10.1152/jn.1970.33.3.393]

斎田　真也　(1994). 眼球運動の種類　大山　正・今井　省吾・和気　典二（編）　新編　感覚・知覚心理学ハンドブック（pp. 851–860）　誠信書房

Schiller, P. H. (1970). The discharge characteristics of single units in the oculomotor and abducens nuclei of the unanesthetized monkey. *Experimental Brain Research, 10*, 347–362. [doi: 10.1007/BF02324764]

Scudder, C. A. (1988). A new local feedback model of the saccadic burst generator. *Journal of Neurophysiology, 59*, 1455–1475. [doi: 10.1152/jn.1988.59.5.1455]

Shaikh, A. G., Miura, K., Optican, L. M., Ramat, S., Leigh, R. J., & Zee, D. S. (2007). A new familial disease of saccadic oscillations and limb tremor provides clues to mechanisms of common tremor disorders. *Brain, 130*, 3020–3031. [doi: 10.1093/brain/awm240]

Strassman, A., Highstein, S. M., & McCrea, R. A. (1986). Anatomy and physiology of saccadic burst neurons in the alert squirrel monkey. I. Excitatory burst neurons. *Journal of Comparative Neurology, 249*, 337–357. [doi: 10.1002/cne.902490303]

Sylvestre, P. A., Choi, J. T., & Cullen, K. E. (2003). Discharge dynamics of oculomotor neural integrator neurons during conjugate and disjunctive saccades and fixation. *Journal of Neurophysiology, 90*, 739–754. [doi: 10.1152/jn.00123.2003]

Sylvestre, P. A., & Cullen, K. E. (2002). Dynamics of abducens nucleus neuron discharges during disjunctive saccades. *Journal of Neurophysiology, 88*, 3452–3468. [doi: 10.1152/jn.00331.2002]

Tweed, D., Fetter, M., Andreadaki, S., Koenig, E., & Dichgans, J. (1992). Three-dimensional properties of human pursuit eye movements. *Vision Research, 32*, 1225–1238. [doi: 10.1016/0042-6989(92)90217-7]

Tweed, D., & Vilis, T. (1990). Geometric relations of eye position and velocity vectors during saccades. *Vision Research, 30*, 111–127. [doi: 10.1016/0042-6989(90)90131-4]

第 II 部　視覚

Van Gisbergen, J. A., Robinson, D. A., & Gielen, S. (1981). A quantitative analysis of generation of saccadic eye movements by burst neurons. *Journal of Neurophysiology, 45*, 417–442. [doi: 10.1152/jn.1981.45.3.417]

Van Horn, M. R., & Cullen, K. E. (2009). Dynamic characterization of agonist and antagonist oculomotoneurons during conjugate and disconjugate eye movements. *Journal of Neurophysiology, 102*, 28–40. [doi: 10.1152/jn.00169.2009]

Van Rijn, L. J., & Van den Berg, A. V. (1993). Binocular eye orientation during fixations: Listing's law extended to include eye vergence. *Vision Research, 33*, 691–708. [doi: 10.1016/0042-6989(93)90189-4]

von Helmholtz, H. (1911/2013). *Treatise on Physiological Optics* (J. P. C. Southall, Ed., Vol. 3). Dover Publications.

Wong, A. M. (2004). Listing's law: Clinical significance and implications for neural control. *Survey of Ophthalmology, 49*, 563–575. [doi: 10.1016/j.survophthal.2004.08.002]

Zee, D. S., Leigh, R. J., & Mathieu-Millaire, F. (1980). Cerebellar control of ocular gaze stability. *Annals of Neurology, 7*, 37–40. [doi: 10.1002/ana.410070108]

Zee, D. S., Yee, R. D., Cogan, D. G., Robinson, D. A., & Engel, W. K. (1976). Ocular motor abnormalities in hereditary cerebellar ataxia. *Brain, 99*, 207–234. [doi: 10.1093/brain/99.2.207]

Zhou, W., & King, W. M. (1998). Premotor commands encode monocular eye movements. *Nature, 393*, 692–695. [doi: 10.1038/31489]

(15・3)

Albus, J. S. (1971). A theory of cerebellar function. *Mathematical Biosciences, 10*, 25–61. [doi: 10.1016/0025-5564(71)90051-4]

Barash, S., Melikyan, A., Sivakov, A., Zhang, M., Glickstein, M., & Their, P. (1999). Saccadic dysmetria and adaptation after lesions of the cerebellar cortex. *Journal of Neuroscience, 19*, 10931–10939. [doi: 10.1523/JNEUROSCI.19-24-10931.1999]

Di Russo, F., Pitzalis, S., & Spinelli, D. (2003). Fixation stability and saccadic latency in élite shooters. *Vision Research, 43*, 1837–1845. [doi: 10.1016/s0042-6989(03)00299-2]

Frens, M. A., & van Opstal, A. J. (1994). Transfer of short-term adaptation in human saccadic eye movements. *Experimental Brain Research, 100*, 293–306. [doi: 10.1007/BF00227199]

Frens, M. A., & van Opstal, A. J. (1997). Monkey superior colliculus activity during short-term saccadic adaptation. *Brain Research Bulletin, 43*, 473–483. [doi: 10.1016/S0361-9230(97)80001-9]

Fuchs, A. F., Kaneko, C. R., & Scudder, C. A. (1985). Brainstem control of saccadic eye movements. *Annual Review of Neuroscience, 8*, 307–337. [doi: 10.1146/annurev.ne.08.030185.001515]

Fujiwara, K., Kiyota, N., Maekawa, M., Kunita, K., Kiyota, T., & Maeda, K. (2009). Saccades and prefrontal hemodynamics in basketball players. *International Journal of Sports Medicine, 30*, 647–651. [doi: 10.1055/s-0029-1220732]

Goffart, L., Chen, L. L., & Sparks, D. L. (2004). Deficits in saccades and fixation during muscimol inactivation of the caudal fastigial nucleus in the rhesus monkey. *Journal of Neurophysiology, 92*, 3351–3367. [doi: 10.1152/jn.01199.2003]

Gremmler, S., Bosco, A., Fattori, P., & Lappe, M. (2014). Saccadic adaptation shapes visual space in macaques. *Journal of Neurophysiology, 111*, 1846–1851. [doi: 10.1152/jn.00709.2013]

Harting, J. K. (1977). Descending pathways from the superior colliculus: An autoradiographic analysis in the rhesus monkey (*Macaca mulatta*). *Journal of Comparative Neurology, 173*, 583–612. [doi: 10.1002/cne.901730311]

Hikosaka, O. (1984). 随意性の眼球運動　神経研究の進歩, *18*, 138–152. [doi: 10.11477/mf.1431905579]

Hopp, J. J., & Fuchs, A. F. (2004). The characteristics and neuronal substrate of saccadic eye movement plasticity. *Progress in Neurobiology, 72*, 27–53. [doi: 10.1016/j.pneurobio.2003.12.002]

Huerta, M. F., & Harting, J. K. (1984). The mammalian superior colliculus studies of its morphology and connections. In H. Vanegas (Ed.), *Comparative Neurology of the Optic Tectum* (pp. 687–773). Plenum Press.

Ikeda, T., & Hikosaka, O. (2003). Reward-dependent gain and bias of visual responses in primate superior colliculus. *Neuron, 39*, 693–700. [doi: 10.1016/s0896-6273(03)00464-1]

Inaba, N., Iwamoto, Y., & Yoshida, K. (2003). Changes in cerebellar fastigial burst activity related to saccadic gain adaptation in the monkey. *Neuroscience Research, 46*, 359–368. [doi: 10.1016/S0168-0102(03)00098-1]

第 15 章　眼球運動

Ito, M. (2005). Bases and implications of learning in the cerebellum--adaptive control and internal model mechanism. *Progress in Brain Research, 148*, 95–109. ［doi: 10.1016/S0079-6123(04)48009-1］

Iwamoto, Y., & Kaku, Y. (2010). Saccade adaptation as a model of learning in voluntary movements. *Experimental Brain Research, 204*, 145–162. ［doi: 10.1007/s00221-010-2314-3］

Iwamoto, Y., & Yoshida, K. (2002). Saccadic dysmetria following inactivation of the primate fastigial oculomotor region. *Neuroscience Letters, 325*, 211–215. ［doi: 10.1016/s0304-3940(02)00268-9］

Kojima, Y., Fuchs, A. F., & Soetedjo, R. (2015). Adaptation and adaptation transfer characteristics of five different saccade types in the monkey. *Journal of Neurophysiology, 114*, 125–137. ［doi: 10.1152/jn.00212.2015］

Kojima, Y., Iwamoto, Y., Robinson, F. R., Noto, C. T., & Yoshida, K. (2008). Premotor inhibitory neurons carry signals related to saccade adaptation in the monkey. *Journal of Neurophysiology, 99*, 220–230. ［doi: 10.1152/jn.00554.2007］

Kojima, Y., Koketsu, D., & May, P. J. (2023). Activity of the substantia nigra pars reticulata during saccade adaptation. *eNeuro, 18*, ENEURO.0092-23.2023. ［doi: 10.1523/ENEURO.0092-23.2023］

Kojima, Y., Ling, L., & Phillips, J. O. (2023). Compensatory saccade in the vestibular impaired monkey. *Frontiers in Neurology, 14*, 1198274. ［doi: 10.3389/fneur.2023.1198274］

Kojima, Y., & May, P. J. (2021). The substantia nigra pars reticulata modulates error-based saccadic learning in monkeys. *eNeuro, 8*(2), ENEURO.0519-20.2021. ［doi: 10.1523/ENEURO.0519-20.2021］

Kojima, Y., Robinson, F. R., & Soetedjo, R. (2014). Cerebellar fastigial nucleus influence on ipsilateral abducens activity during saccades. *Journal of Neurophysiology, 111*, 1553–1563. ［doi: 10.1152/jn.00567.2013］

Kojima, Y., & Soetedjo, R. (2017a). Change in sensitivity to visual error in superior colliculus during saccade adaptation. *Scientific Reports, 7*, 9566. ［doi: 10.1038/s41598-017-10242-z］

Kojima, Y., & Soetedjo, R. (2017b). Selective reward affects the rate of saccade adaptation. *Neuroscience, 355*, 113–125. ［doi: 10.1016/j.neuroscience.2017.04.048］

Kojima, Y., Soetedjo, R., & Fuchs, A. F. (2010a). Behavior of the oculomotor vermis for five different types of saccade. *Journal of Neurophysiology, 104*, 3667–3676. ［doi: 10.1152/jn.00558.2010］

Kojima, Y., Soetedjo, R., & Fuchs, A. F. (2010b). Changes in simple spike activity of some Purkinje cells in the oculomotor vermis during saccade adaptation are appropriate to participate in motor learning. *Journal of Neuroscience, 30*, 3715–3727. ［doi: 10.1523/JNEUROSCI.4953-09.2010］

Kralj-Hans, I., Baizer, J. S., Swales, C., & Glickstein, M. (2007). Independent roles for the dorsal paraflocculus and vermal lobule VII of the cerebellum in visuomotor coordination. *Experimental Brain Research, 177*, 209–222. ［doi: 10.1007/s00221-006-0661-x］

Land, M. F., & McLeod, P. (2000). From eye movements to actions: How batsmen hit the ball. *Nature Neuroscience, 3*, 1340–1345. ［doi: 10.1038/81887］

Lenoir, M., Crevits, L., Goethals, M., Wildenbeest, J., & Musch, E. (2000). Are better eye movements an advantage in ball games? A study of prosaccadic and antisaccadic eye movements. *Perceptual and Motor Skills, 91*, 546–552. ［doi: 10.2466/pms.2000.91.2.546］

Marr, D. (1969). A theory of cerebellar cortex. *Journal of Physiology, 202*, 437–470. ［doi: 10.1113/jphysiol.1969.sp008820］

May, P. J., Warren, S., & Kojima, Y. (2023). The superior colliculus projection upon the macaque inferior olive. *Research Square*. Preprint. ［doi: 10.21203/rs.3.rs-2986616/v1］

McLaughlin, S. (1967). Parametric adjustment in saccadic eye movements. *Perception & Psychophysics, 2*, 359–362. ［doi: 10.3758/BF03210071］

Millslagle, D. G., Hines, B. B., & Smith, M. S. (2013). Quiet eye gaze behavior of expert, and near-expert, baseball plate umpires. *Perceptual and Motor Skills, 116*, 69–77. ［doi: 10.2466/24.22.27.PMS.116.1.69-77］

Moreno, F. J., Reina, R., Luis, V., & Sabido, R. (2002). Visual search strategies in experienced and inexperienced gymnastic coaches. *Perceptual and Motor Skills, 95*, 901–902. ［doi: 10.2466/pms.2002.95.3.901］

Morrillo, M., Di Russo, F., Pitzalis, S., & Spinelli, D. (2006). Latency of prosaccades and antisaccades in professional shooters. *Medicine & Science in Sports & Exercise, 38*, 388–394. ［doi: 10.1249/01.mss.0000185661.01802.67］

第 II 部　視覚

Pogson, J. M., Taylor, R. L., McGarvie, L. A., Bradshaw, A. P., D'Souza, M., Flanagan, S., ... Welgampola, M. (2020). Head impulse compensatory saccades: Visual dependence is most evident in bilateral vestibular loss. *PLoS ONE, 15*(1), e0227406. [doi: 10.1371/journal.pone.0227406]

Quessy, S., Quinet, J., & Freedman, E. G. (2010). The locus of motor activity in the superior colliculus of the rhesus monkey is unaltered during saccadic adaptation. *Journal of Neuroscience, 30*, 14235-14244. [doi: 10.1523/JNEUROSCI.3111-10.2010]

Robinson, D. A. (1972). Eye movements evoked by collicular stimulation in the alert monkey. *Vision Research, 12*, 1795-1808. [doi: 10.1016/0042-6989(72)90070-3]

Robinson, F. R., Straube, A., & Fuchs, A. F. (1993). Role of the caudal fastigial nucleus in saccade generation. II. Effects of muscimol inactivation. *Journal of Neurophysiology, 70*, 1741-1758. [doi: 10.1152/jn.1993.70.5.1741]

Scudder, C. A., Kaneko, C. S., & Fuchs, A. F. (2002). The brainstem burst generator for saccadic eye movements: A modern synthesis. *Experimental Brain Research, 142*, 439-462. [doi: 10.1007/s00221-001-0912-9]

Scudder, C. A., & McGee, D. M. (2003). Adaptive modification of saccade size produces correlated changes in the discharges of fastigial nucleus neurons. *Journal of Neurophysiology, 90*, 1011-1026. [doi: 10.1152/jn.00193.2002]

Singer, R. N., Williams, A. M., Frehlich, S. G., Janelle, C. M., Radlo, S. J., Barba, D. A., & Bouchard, L. J. (1998). New frontiers in visual search: An exploratory study in live tennis situations. *Research Quarterly for Exercise and Sport, 69*, 290-296. [doi: 10.1080/02701367.1998.10607696]

Soetedjo, R., & Fuchs, A. F. (2006). Complex spike activity of Purkinje cells in the oculomotor vermis during behavioral adaptation of monkey saccades. *Journal of Neuroscience, 26*, 7741-7755. [doi: 10.1523/JNEUROSCI.4658-05.2006]

Soetedjo, R., Kojima, Y., & Fuchs, A. (2008). Complex spike activity in the oculomotor vermis of the cerebellum: A vectorial error signal for saccade motor learning? *Journal of Neurophysiology, 100*, 1949-1966. [doi: 10.1152/jn.90526.2008]

Straube, A., Deubel, H., Ditterich, J., & Eggert, T. (2001). Cerebellar lesions impair rapid saccade amplitude adaptation. *Neurology, 57*, 2105-2108. [doi: 10.1212/wnl.57.11.2105]

Takagi, M., Zee, D. S., & Tamargo, R. J. (1998). Effects of lesions of the oculomotor vermis on eye movements in primate: Saccades. *Journal of Neurophysiology, 80*, 1911-1931. [doi: 10.1152/jn.1998.80.4.1911]

Takeichi, N., Kaneko, C. R., & Fuchs, A. F. (2005). Discharge of monkey nucleus reticularis tegmenti pontis neurons changes during saccade adaptation. *Journal of Neurophysiology, 94*, 1938-1951. [doi: 10.1152/jn.00113.2005]

Waespe, W., & Baumgartner, R. (1992). Enduring dysmetria and impaired gain adaptivity of saccadic eye movements in Wallenberg's lateral medullary syndrome. *Brain, 115*(Pt 4), 1123-1146.

Wurtz, R. H. (2008). Neuronal mechanisms of visual stability. *Vision Research, 48*, 2070-2089. [doi: 10.1016/j.visres.2008.03.021]

Wurtz, R. H., Joiner, W. M., & Berman, R. A. (2011). Neuronal mechanisms for visual stability: Progress and problems. *Philosophical transactions of the Royal Society of London Series B, Biological Sciences, 366*, 492-503. [doi: 10.1098/rstb.2010.0186]

Yamada, J., & Noda, H. (1987). Afferent and efferent connections of the oculomotor cerebellar vermis in the macaque monkey. *Journal of Comparative Neurology, 265*, 224-241. [doi: 10.1002/cne.902650207]

Yoshida, K. (1996). 水平性サッケードの脳幹神経機構　神経研究の進歩, 40, 323-336. [doi: 10.11477/mf.1431900744]

Zhang, J., & Watanabe, K. (2005). Differences in saccadic latency and express saccades between skilled and novice ball players in tracking predictable and unpredictable targets at two visual angles. *Perceptual and Motor Skills, 100*, 1127-1136. [doi: 10.2466/pms.100.3c.1127-1136]

(15・4)

Akao, T., Mustari, M. J., Fukushima, J., Kurkin, S., & Fukushima, K. (2005). Discharge characteristics of pursuit neurons in MST during vergence eye movements. *Journal of Neurophysiology, 93*, 2415-2434. [doi: 10.1152/jn.01028.2004]

de Graaf, B., & Wertheim, A. H. (1988). The perception of object motion during smooth pursuit eye movements: Adjacency is not a factor contributing to the Filehne illusion. *Vision Research, 28*, 497-502. [doi: 10.1016/0042-6989(88)90172-1]

第15章　眼球運動

Dichgans, J., Wist, E., Diener, H. C., & Brandt, T. (1975). The Aubert-Fleischl phenomenon: A temporal frequency effect on perceived velocity in afferent motion perception. *Experimental Brain Research, 23*, 529-533. [doi: 10.1007/BF00234920]

Duncker, K. (1929). Über induzierte Bewegung. *Psychologische Forschung, 12*, 180-259. [doi: 10.1007/BF02409210]

Dursteler, M. R., & Wurtz, R. H. (1988). Pursuit and optokinetic deficits following chemical lesions of cortical areas MT and MST. *Journal of Neurophysiology, 60*(3), 940-965. [doi: 10.1152/jn.1988.60.3.940]

Ferrera, V. P. (2015). Smooth pursuit preparation modulates neuronal responses in visual areas MT and MST. *Journal of Neurophysiology, 114*(1), 638-649. [doi: 10.1152/jn.00636.2014]

Filehne, W. (1922). Uber das optische wahrnehmen von bewegungen. *Zeitschrift fur Sinnephysiologie, 53*, 134-145.

Fukushima, K., Tanaka, M., Suzuki, Y., Fukushima, J., & Yoshida, T. (1996). Adaptive changes in human smooth pursuit eye movement. *Neuroscience Research, 25*, 391-398. [doi: 10.1016/0168-0102(96)01068-1]

Haarmeier, T., & Their, P. (1996). Modification of the Filehne illusion by conditioning visual stimuli. *Vision Research, 36*, 741-750. [doi: 10.1016/0042-6989(95)00154-9]

Hedges, J. H., Gartshteyn, Y., Kohn, A., Rust, N. C., Shadlen, M. N., Newsome, W. T., & Movshon, J. A. (2011). Dissociation of neuronal and psychophysical responses to local and global motion. *Current Biology, 21*(23), 2023-2028. [doi: 10.1016/j.cub.2011.10.049]

Ilg, U. J., & Their, P. (2003). Visual tracking neurons in primate area MST are activated by smooth-pursuit eye movements of an "imaginary" target. *Journal of Neurophysiology, 90*, 1489-1502. [doi: 10.1152/jn.00272.2003]

Jacobs, R. J. (1979). Visual resolution and contour interaction in the fovea and periphery. *Vision Research, 19*, 1187-1195. [doi: 10.1016/0042-6989(79)90183-4]

Kahlon, M., & Lisberger, S. G. (1996). Coordinate system for learning in the smooth pursuit eye movements of monkeys. *Journal of Neuroscience, 16*, 7270-7283. [doi: 10.1523/JNEUROSCI.16-22-07270.1996]

Komatsu, H., & Wurtz, R. H. (1988). Relation of cortical areas MT and MST to pursuit eye movements. I. Localization and visual properties of neurons. *Journal of Neurophysiology, 60*(2), 580-603. [doi: 10.1152/jn.1988.60.2.580]

Komatsu, H., & Wurtz, R. H. (1989). Modulation of pursuit eye movements by stimulation of cortical areas MT and MST. *Journal of Neurophysiology, 62*(1), 31-47. [doi: 10.1152/jn.1989.62.1.31]

Krauzlis, R. J. (2004). Recasting the smooth pursuit eye movement system. *Journal of Neurophysiology, 91*(2), 591-603. [doi: 10.1152/jn.00801.2003]

Lisberger, S. G. (2010). Visual guidance of smooth-pursuit eye movements: Sensation, action, and what happens in between. *Neuron, 66*(4), 477-491. [doi: 10.1016/j.neuron.2010.03.027]

Lisberger, S. G., & Movshon, J. A. (1999). Visual motion analysis for pursuit eye movements in area MT of macaque monkeys. *Journal of Neuroscience, 19*, 2224-2246. [doi: 10.1523/JNEUROSCI.19-06-02224.1999]

Newsome, W. T., Wurtz, R. H., Dürsteler, M. R., & Mikami, A. (1985). Deficits in visual motion processing following ibotenic acid lesions of the middle temporal visual area of the macaque monkey. *Journal of Neuroscience, 5*(3), 825-840. [doi: 10.1523/JNEUROSCI.05-03-00825.1985]

Newsome, W. T., Wurtz, R. H., & Komatsu, H. (1988). Relation of cortical areas MT and MST to pursuit eye movements. II. Differentiation of retinal from extraretinal inputs. *Journal of Neurophysiology, 60*(2), 604-620. [doi: 10.1152/jn.1988.60.2.604]

Nuding, U., Ono, S., Mustari, M. J., Büttner, U., & Glasauer, S. (2008). A theory of the dual pathways for smooth pursuit based on dynamic gain control. *Journal of Neurophysiology, 99*, 2798-2808. [doi: 10.1152/jn.90237.2008]

Ono, S. (2015). The neuronal basis of on-line visual control in smooth pursuit eye movements. *Vision Research, 110*, 257-264. [doi: 10.1016/j.visres.2014.06.008]

Ono, S., Brostek, L., Nuding, U., Glasauer, S., Büttner, U., & Mustari, M. J. (2010). The response of MSTd neurons to perturbations in target motion during ongoing smooth-pursuit eye movements. *Journal of Neurophysiology, 103*, 519-530. [doi: 10.1152/jn.00563.2009]

Ono, S., Das, V. E., Economides, J. R., & Mustari, M. J. (2005). Modeling of smooth pursuit-related neuronal responses in

863

第 II 部　視覚

the DLPN and NRTP of the rhesus macaque. *Journal of Neurophysiology, 93*, 108–116. [doi: 10.1152/jn.00588.2004]

Ono, S., & Mustari, M. J. (2007). Horizontal smooth pursuit adaptation in macaques after muscimol inactivation of the dorsolateral pontine nucleus (DLPN). *Journal of Neurophysiology, 98*, 2918–2932. [doi: 10.1152/jn.00115.2007]

Ono, S., & Mustari, M. J. (2012). Role of MSTd extraretinal signals in smooth pursuit adaptation. *Cerebral Cortex, 22*(5), 1139–1147. [doi: 10.1093/cercor/bhr188]

Ono, S., & Mustari, M. J. (2016). Response properties of MST parafoveal neurons during smooth pursuit adaptation. *Journal of Neurophysiology, 116*, 210–217. [doi: 10.1152/jn.00203.2016]

Price, N. S., & Born, R. T. (2013). Adaptation to speed in macaque middle temporal and medial superior temporal areas. *Journal of Neuroscience, 33*(10), 4359–4368. [doi: 10.1523/JNEUROSCI.3165-12.2013]

Price, N. S. C., Ono, S., Mustari, M. J., & Ibbotson, M. R. (2005). Comparing acceleration and speed tuning in macaque MT: Physiology and modeling. *Journal of Neurophysiology, 94*, 3451–3464. [doi: 10.1152/jn.00564.2005]

Priebe, N. J., & Lisberger, S. G. (2002). Constraints on the source of short-term motion adaptation in macaque area MT. II. Tuning of neural circuit mechanisms. *Journal of Neurophysiology, 88*, 370–382. [doi: 10.1152/jn.2002.88.1.370]

Rashbass, C. (1961). The relationship between saccadic and smooth tracking eye movements. *Journal of Physiology, 159*, 326–338. [doi: 10.1113/jphysiol.1961.sp006811]

Rottach, K. G., Zivotofsky, A. Z., Das, V. E., Averbuch-Heller, L., Discenna, A. O., Poonyathalang, A., & Leigh, R. J. (1996). Comparison of horizontal, vertical and diagonal smooth pursuit eye movements in normal human subjects. *Vision Research, 36*, 2189–2195. [doi: 10.1016/0042-6989(95)00302-9]

Takagi, M., Zee, D. S., & Tamargo, R. J. (2000). Effects of lesions of the oculomotor cerebellar vermis on eye movements in primate: Smooth pursuit. *Journal of Neurophysiology, 83*, 2047–2062. [doi: 10.1152/jn.2000.83.4.2047]

Wertheim, A. H. (1981). On the relativity of perceived motion. *Acta Psychologica, 48*, 97–110. [doi: 10.1016/0001-6918(81)90052-4]

Wertheim, A. H., & Van Gelder, P. (1990). An acceleration illusion caused by underestimation of stimulus velocity during pursuit eye movements: Aubert-Fleischl revisited. *Perception, 19*, 471–482. [doi: 10.1068/p190471]

Zivotofsky, A. Z., Rottach, K. G., Averbuch-Heller, L., Kori, A. A., Thomas, C. W., Dell'Osso, L. F., & Leigh, R. J. (1996). Saccades to remembered targets: The effects of smooth pursuit and illusory stimulus motion. *Journal of Neurophysiology, 76*, 3617–3632. [doi: 10.1152/jn.1996.76.6.3617]

(15・5)

Busettini, C., Masson, G. S., & Miles, F. A. (1996). A role for stereoscopic depth cues in the rapid visual stabilization of the eyes. *Nature, 380*, 342–345. [doi: 10.1038/380342a0]

Busettini, C., Miles, F. A., & Schwarz, U. (1991). Ocular responses to translation and their dependence on viewing distance. II. Motion of the scene. *Journal of Neurophysiology, 66*, 865–878. [doi: 10.1152/jn.1991.66.3.865]

Cohen, B., Matsuo, V., & Raphan, T. (1977). Quantitative analysis of the velocity characteristics of optokinetic nystagmus and optokinetic after-nystagmus. *Journal of Physiology, 270*, 321–344. [doi: 10.1113/jphysiol.1977.sp011955]

Cullen, K. E., & Van Horn, M. R. (2011). The neural control of fast vs. slow vergence eye movements. *European Journal of Neuroscience, 33*(11), 2147–2154. [doi: 10.1111/j.1460-9568.2011.07692.x]

DeAngelis, G. C., Cumming, B. G., & Newsome, W. T. (1998). Cortical area MT and the perception of stereoscopic depth. *Nature, 394*, 677–680. [doi: 10.1038/29299]

De Kleyn, A., & Versteegh, C. (1920). Über die Unabhängigkeit des Dunkelnystagmus der Hunde vom Labyrinth. *Albrecht von Graefes Archiv für Ophthalmologie, 101*, 228–237. [doi: 10.1007/BF02004304]

Fuchs, A. F., & Mustari, M. J. (1993). The optokinetic response in primates and its possible neuronal substrate. *Reviews of Oculomotor Research, 5*, 343–369.

Fukushima, K., Yamanobe, T., Shinmei, Y., Fukushima, J., Kurkin, S., & Peterson, B. W. (2002). Coding of smooth eye movements in three-dimensional space by frontal cortex. *Nature, 419*(6903), 157–162. [doi: 10.1038/nature00953]

Gellman, R. S., Carl, J. R., & Miles, F. A. (1990). Short latency ocular-following responses in man. *Visual Neuroscience, 5*(2),

107–122.［doi: 10.1017/S0952523800000158］

Gomi, H., Shidara, M., Takemura, A., Inoue, Y., Kawano, K., & Kawato, M. (1998). Temporal firing patterns of Purkinje cells in the cerebellar ventral paraflocculus during ocular following responses in monkeys I. Simple spikes. *Journal of Neurophysiology, 80*, 818–831.［doi: 10.1152/jn.1998.80.2.818］

Honrubia, V., Downey, W. L., Mitchell, D. P., & Ward, P. H. (1968). Experimental studies on optokinetic nystagmus. II. Normal humans. *Acta Oto-Laryngologica, 65*(5), 441–448.［doi: 10.3109/00016486809120986］

Hood, J. D. (1975). Observations upon the role of the peripheral retina in the execution of eye movements. *ORL: Journal for Oto-Rhino-Laryngology and Its Related Specialties, 37*, 65–73.［doi: 10.1159/000275208］

Inoue, Y., Takemura, A., Kawano, K., Kitama, T., & Miles, F. A. (1998). Dependence of short-latency ocular following and associated activity in the medial superior temporal area (MST) on ocular vergence. *Experimental Brain Research, 121*, 135–144.［doi: 10.1007/s002210050445］

Inoue, Y., Takemura, A., Kawano, K., & Mustari, M. J. (2000). Role of the pretectal nucleus of the optic tract in short-latency ocular following responses in monkeys. *Experimental Brain Research, 131*, 269–281.［doi: 10.1007/s002219900310］

Jung, R. (1953). Neurophysiologische Untersuchungsmethoden. In C. Bergmann, W. Frey, & H. Schwiegk (Eds.), *Neurologie* (Vol. V, Pt. 1, pp. 1353–1354). Springer-Verlag.

Kato, I., Harada, K., Hasegawa, T., Igarashi, T., Koike, Y., & Kawasaki, T. (1986). Role of the nucleus of the optic tract in monkeys in relation to optokinetic nystagmus. *Brain Research, 364*, 12–22.［doi: 10.1016/0006-8993(86)90982-0］

Kawano, K., & Miles, F. A. (1986). Short-latency ocular following responses of monkey. II. Dependence on a prior saccadic eye movement. *Journal of Neurophysiology, 56*, 1355–1380.［doi: 10.1152/jn.1986.56.5.1355］

Kawano, K., Shidara, M., Watanabe, Y., & Yamane, S. (1994). Neural activity in cortical area MST of alert monkey during ocular following responses. *Journal of Neurophysiology, 71*, 2305–2324.［doi: 10.1152/jn.1994.71.6.2305］

Kawano, K., Shidara, M., & Yamane, S. (1992). Neural activity in dorsolateral pontine nucleus of alert monkey during ocular following responses. *Journal of Neurophysiology, 67*, 680–703.［doi: 10.1152/jn.1992.67.3.680］

Kobayashi, Y., Kawano, K., Takemura, A., Inoue, Y., Kitama, T., Gomi, H., & Kawato, M. (1998). Temporal firing patterns of Purkinje cells in the cerebellar ventral paraflocculus during ocular following responses in monkeys II. Complex spikes. *Journal of Neurophysiology, 80*, 832–848.［doi: 10.1152/jn.1998.80.2.832］

Koerner, F., & Schiller, P. H. (1972). The optokinetic response under open and closed loop conditions in the monkey. *Experimental Brain Research, 14*, 318–330.［doi: 10.1007/BF00816166］

Lisberger, S. G., Miles, F. A., Optican, L. M., & Eighmy, B. B. (1981). Optokinetic response in monkey: Underlying mechanisms and their sensitivity to long-term adaptive changes in vestibuloocular reflex. *Journal of Neurophysiology, 45*, 869–890.［doi: 10.1152/jn.1981.45.5.869］

Masson, G., Busettini, C., Yang, D., & Miles, F. (2001). Short-latency ocular following in humans: Sensitivity to binocular disparity. *Vision Research, 41*, 3371–3387.［doi: 10.1016/s0042-6989(01)00029-3］

Matsuda, K., Nagami, T., Sugase, Y., Takemura, A., & Kawano, K. (2017). A widely applicable real-time mono/binocular eye tracking system using a high frame-rate digital camera. *Human-Computer Interaction. User Interface Design, Development and Multimodality*, 593–608.［doi: 10.1007/978-3-319-58071-5_45］

Maunsell, J. H., & Van Essen, D. C. (1983). Functional properties of neurons in middle temporal visual area of the macaque monkey. II. Binocular interactions and sensitivity to binocular disparity. *Journal of Neurophysiology, 49*, 1148–1167.［doi: 10.1152/jn.1983.49.5.1148］

Mays, L. E., Porter, J. D., Gamlin, P. D., & Tello, C. A. (1986). Neural control of vergence eye movements: Neurons encoding vergence velocity. *Journal of Neurophysiology, 56*(4), 1007–1021.［doi: 10.1152/jn.1986.56.4.1007］

Miki, S., Baker, R., & Hirata, Y. (2018). Cerebellar role in predictive control of eye velocity initiation and termination. *Journal of Neuroscience, 38*(48), 10371–10383.［doi: 10.1523/JNEUROSCI.1375-18.2018］

Miles, F. A., & Busettini, C. (1992). Ocular compensation for self-motion: Visual mechanisms. *Annals of the New York Academy of Sciences, 656*, 220–232.［doi: 10.1111/j.1749-6632.1992.tb25211.x］

第 II 部　視覚

Miles, F. A., & Kawano, K. (1986). Short-latency ocular following responses of monkey. III. Plasticity. *Journal of Neurophysiology, 56*, 1381-1396. [doi: 10.1152/jn.1986.56.5.1381]

Miles, F. A., Kawano, K., & Optican, L. M. (1986). Short-latency ocular following responses of monkey. I. Dependence on temporospatial properties of visual input. *Journal of Neurophysiology, 56*, 1321-1354. [doi: 10.1152/jn.1986.56.5.1321]

Miura, K., Inaba, N., Aoki, Y., & Kawano, K. (2014). Difference in visual motion representation between cortical areas MT and MST during ocular following responses. *Journal of Neuroscience, 34*(6), 2160-2168. [doi: 10.1523/JNEUROSCI.3797-13.2014]

Miura, K., Matsuura, K., Taki, M., Tabata, H., Inaba, N., Kawano, K., & Miles, F. (2006). The visual motion detectors underlying ocular following responses in monkeys. *Vision Research, 46*, 869-878. [doi: 10.1016/j.visres.2005.10.021]

Miura, K., Sugita, Y., Furukawa, T., & Kawano, K. (2018). Two-frame apparent motion presented with an inter-stimulus interval reverses optokinetic responses in mice. *Scientific Reports, 8*, 17816. [doi: 10.1038/s41598-018-36260-z]

Miura, K., Sugita, Y., Matsuura, K., Inaba, N., Kawano, K., & Miles, F. A. (2008). The initial disparity vergence elicited with single and dual grating stimuli in monkeys: Evidence for disparity energy sensing and nonlinear interactions. *Journal of Neurophysiology, 100*(5), 2907-2918. [doi: 10.1152/jn.90535.2008]

Poggio, G. F., & Fischer, B. (1977). Binocular interaction and depth sensitivity in striate and prestriate cortex of behaving rhesus monkey. *Journal of Neurophysiology, 40*, 1392-1405. [doi: 10.1152/jn.1977.40.6.1392]

Poggio, G. F., Gonzalez, F., & Krause, F. (1988). Stereoscopic mechanisms in monkey visual cortex: Binocular correlation and disparity selectivity. *Journal of Neuroscience, 8*, 4531-4550. [doi: 10.1523/JNEUROSCI.08-12-04531.1988]

Poggio, G. F., Motter, B. C., Squatrito, S., & Trotter, Y. (1985). Responses of neurons in visual cortex (V1 and V2) of the alert macaque to dynamic random-dot stereograms. *Vision Research, 25*, 397-406. [doi: 10.1016/0042-6989(85)90065-3]

Quaia, C., Sheliga, B. M., Optican, L. M., & Cumming, B. G. (2013). Temporal evolution of pattern disparity processing in humans. *Journal of Neuroscience, 33*(8), 3465-3476. [doi: 10.1523/JNEUROSCI.4318-12.2013]

Quinet, J., Schultz, K., May, P., & Gamlin, P. (2020). Neural control of rapid binocular eye movements: Saccade-vergence burst neurons. *Proceedings of the National Academy of Sciences, 117*(46), 29123-29132. [doi: 10.1073/pnas.2015318117]

Roy, J. P., Komatsu, H., & Wurtz, R. H. (1992). Disparity sensitivity of neurons in monkey extrastriate area MST. *Journal of Neuroscience, 12*, 2478-2492. [doi: 10.1523/JNEUROSCI.12-07-02478.1992]

Scala, N. P., & Spiegel, E. A. (1941). Subcortical (Passive) optokinetic nystagmus in lesions of the midbrain and of the vestibular nuclei. *Confinia Neurologica, 3*, 53-73.

Schwarz, U., & Miles, F. A. (1991). Ocular responses to translation and their dependence on viewing distance. I. Motion of the observer. *Journal of Neurophysiology, 66*, 851-864. [doi: 10.1152/jn.1991.66.3.851]

Sheliga, B., Chen, K., Fitzgibbon, E., & Miles, F. (2005). Initial ocular following in humans: A response to first-order motion energy. *Vision Research, 45*, 3307-3321. [doi: 10.1016/j.visres.2005.03.011]

Sheliga, B. M., FitzGibbon, E. J., & Miles, F. A. (2006). Short-latency disparity vergence eye movements: A response to disparity energy. *Vision Research, 46*(21), 3723-3740. [doi: 10.1016/j.visres.2006.04.020]

Shidara, M., & Kawano, K. (1993). Role of Purkinje cells in the ventral paraflocculus in short-latency ocular following responses. *Experimental Brain Research, 93*, 185-195. [doi: 10.1007/BF00228385]

Shidara, M., Kawano, K., Gomi, H., & Kawato, M. (1993). Inverse-dynamics encoding of eye movements of Purkinje cells in the cerebellum. *Nature, 365*, 50-52. [doi: 10.1038/365050a0]

Stahl, J. S. (2004). Using eye movements to assess brain function in mice. *Vision Research, 44*, 3401-3410. [doi: 10.1016/j.visres.2004.09.011]

Sugita, Y., Miura, K., & Furukawa, T. (2020). Retinal ON and OFF pathways contribute to initial optokinetic responses with different temporal characteristics. *European Journal of Neuroscience, 52*, 3160-3165. [doi: 10.1111/ejn.14697]

Tabata, H., Shimizu, N., Wada, Y., Miura, K., & Kawano, K. (2010). Initiation of the optokinetic response (OKR) in mice. *Journal of Vision, 10*(1):13, 1-17. [doi: 10.1167/10.1.13]

Takemura, A., Inoue, Y., Gomi, H., Kawato, M., & Kawano, K. (2001). Change in neuronal firing patterns in the process of motor command generation for the ocular following response. *Journal of Neurophysiology, 86*, 1750–1763. ［doi: 10.1152/jn.2001.86.4.1750］

Takemura, A., Inoue, Y., & Kawano, K. (2000). The effect of disparity on the very earliest ocular following responses and the initial neuronal activity in monkey cortical area MST. *Neuroscience Research, 38*, 93–101. ［doi: 10.1016/s0168-0102(00)00149-8］

Takemura, A., Inoue, Y., Kawano, K., Quaia, C., & Miles, F. A. (2001). Single-unit activity in cortical area MST associated with disparity-vergence eye movements: Evidence for population coding. *Journal of Neurophysiology, 85*, 2245–2266. ［doi: 10.1152/jn.2001.85.5.2245］

Takemura, A., & Kawano, K. (2006). Neuronal responses in MST reflect the post-saccadic enhancement of short-latency ocular following responses. *Experimental Brain Research, 173*, 174–179. ［doi: 10.1007/s00221-006-0460-4］

Takemura, A., Matsumoto, J., Hashimoto, R., Kawano, K., & Miura, K. (2020). Macaque monkeys show reversed ocular following responses to two-frame-motion stimulus presented with inter-stimulus intervals. *Journal of Computational Neuroscience, 49*, 273–282. ［doi: 10.1007/s10827-020-00756-3］

Takemura, A., Murata, Y., Kawano, K., & Miles, F. A. (2007). Deficits in short-latency tracking eye movements after chemical lesions in monkey cortical areas MT and MST. *Journal of Neuroscience, 27*(3), 529–541. ［doi: 10.1523/JNEUROSCI.3455-06.2007］

Takemura, A., Ofuji, T., Miura, K., & Kawano, K. (2017). Neural activity in the dorsal medial superior temporal area of monkeys represents retinal error during adaptive motor learning. *Scientific Reports, 7*, 40939. ［doi: 10.1038/srep40939］

Ter Braak, J. W. G. (1936). Untersuchungen ueber optokinetischen Nystagmus. *Archives Néerlandaises de Physiologie de L'homme et des Animaux, 21*, 309–376.

Zee, D. S., Yamazaki, A., Buttler, P. H., & Gücer, G. (1981). Effects of ablation of flocculus and paraflocculus of eye movements in primate. *Journal of Neurophysiology, 46*, 878–899. ［doi: 10.1152/jn.1981.46.4.878］

(15・6)

Aytekin, M., Victor, J. D., & Rucci, M. (2014). The visual input to the retina during natural head-free fixation. *Journal of Neuroscience, 34*(38), 12701–12715. ［doi: 10.1523/jneurosci.0229-14.2014］

Bair, W., & O'Keefe, L. R. (1998). The influence of fixational eye movements on the response of neurons in area MT of the macaque. *Visual Neuroscience, 15*(4), 779–786. ［doi: 10.1017/S0952523898154160］

Casile, A., Victor, J. D., & Rucci, M. (2019). Contrast sensitivity reveals an oculomotor strategy for temporally encoding space. *eLife, 8*, 1–16. ［doi: 10.7554/elife.40924］

Cherici, C., Kuang, X., Poletti, M., & Rucci, M. (2012). Precision of sustained fixation in trained and untrained observers. *Journal of Vision, 12*(6), 31–31. ［doi: 10.1167/12.6.31］

Collewijn, H., & Kowler, E. (2008). The significance of microsaccades for vision and oculomotor control. *Journal of Vision, 8*(14):20, 1–21. ［doi: 10.1167/8.14.20］

Cornsweet, T. N. (1956). Determination of the stimuli for involuntary drifts and saccadic eye movements. *Journal of the Optical Society of America, 46*(11), 987–993. ［doi: 10.1364/JOSA.46.000987］

Denison, R. N., Yuval-Greenberg, S., & Carrasco, M. (2019). Directing voluntary temporal attention increases fixational stability. *Journal of Neuroscience, 39*(2), 353–363. ［doi: 10.1523/JNEUROSCI.1926-18.2018］

Ditchburn, R. W., & Ginsberg, B. L. (1952). Involuntary eye movements during fixation. *Journal of Physiology, 119*, 1–17. ［doi: 10.1113/jphysiol.1952.sp004706］

Eizenman, M., Hallett, P. E., & Frecker, R. C. (1985). Power spectra for ocular drift and tremor. *Vision Research, 25*(11), 1635–1640. ［doi: 10.1016/0042-6989(85)90134-8］

Engbert, R., & Kliegl, R. (2003). Microsaccades uncover the orientation of covert attention. *Vision Research, 43*(9), 1035–1045. ［doi: 10.1016/S0042-6989(03)00084-1］

Engbert, R., & Kliegl, R. (2004). Microsaccades keep the eyes' balance during fixation. *Psychological Science, 15*(6), 431–

第 II 部　視覚

436. [doi: 10.1111/j.0956-7976.2004.00697.x]

Galfano, G., Betta, E., & Turatto, M. (2004). Inhibition of return in microsaccades. *Experimental Brain Research, 159*(3), 400-404. [doi: 10.1007/s00221-004-2111-y]

Greene, G., Gollisch, T., & Wachtler, T. (2016). Non-linear retinal processing supports invariance during fixational eye movements. *Vision Research, 118*, 158-170. [doi: 10.1016/j.visres.2015.10.012]

Greschner, M., Bongard, M., Rujan, P., & Ammermüller, J. (2002). Retinal ganglion cell synchronization by fixational eye movements improves feature estimation. *Nature Neuroscience, 5*(4), 341-347. [doi: 10.1038/nn821]

Hafed, Z. M., & Clark, J. J. (2002). Microsaccades as an overt measure of covert attention shifts. *Vision Research, 42*(22), 2533-2545. [doi: 10.1016/S0042-6989(02)00263-8]

Havermann, K., Cherici, C., Rucci, M., & Lappe, M. (2014). Fine-scale plasticity of microscopic saccades. *Journal of Neuroscience, 34*(35), 11665-11672. [doi: 10.1523/jneurosci.5277-13.2014]

Hohl, S. S., & Lisberger, S. G. (2011). Representation of perceptually invisible image motion in extrastriate visual area MT of macaque monkeys. *Journal of Neuroscience, 31*(46), 16561-16569. [doi: 10.1523/jneurosci.3166-11.2011]

Horowitz, T. S., Fine, E. M., Fencsik, D. E., Yurgenson, S., & Wolfe, J. M. (2007). Fixational eye movements are not an index of covert attention. *Psychological Science, 18*(4), 356-363. [doi: 10.1111/j.1467-9280.2007.01903.x]

Hsieh, P. J., & Tse, P. U. (2009). Microsaccade rate varies with subjective visibility during motion-induced blindness. *PLoS ONE, 4*(4). [doi: 10.1371/journal.pone.0005163]

Intoy, J., & Rucci, M. (2020). Finely tuned eye movements enhance visual acuity. *Nature Communications, 11*(1):795, 1-11. [doi: 10.1038/s41467-020-14616-2]

Ko, H. K., Poletti, M., & Rucci, M. (2010). Microsaccades precisely relocate gaze in a high visual acuity task. *Nature Neuroscience, 13*(12), 1549-1554. [doi: 10.1038/nn.2663]

Ko, H. K., Snodderly, D. M., & Poletti, M. (2016). Eye movements between saccades: Measuring ocular drift and tremor. *Vision Research, 122*, 93-104. [doi: 10.1016/j.visres.2016.03.006]

Krauskopf, J., Cornsweet, T. N., & Riggs, L. A. (1960). Analysis of eye movements during monocular and binocular fixation. *Journal of the Optical Society of America, 50*(6), 572-578. [doi: 10.1364/JOSA.50.000572]

Kuang, X., Poletti, M., Victor, J. D., & Rucci, M. (2012). Temporal encoding of spatial information during active visual fixation. *Current Biology, 22*(6), 510-514. [doi: 10.1016/j.cub.2012.01.050]

Laubrock, J., Engbert, R., & Kliegl, R. (2005). Microsaccade dynamics during covert attention. *Vision Research, 45*(6), 721-730. [doi: 10.1016/j.visres.2004.09.029]

MacInnes, W. J., & Bhatnagar, R. (2018). No supplementary evidence of attention to a spatial cue when saccadic facilitation is absent. *Scientific Reports, 8*(1), 1-13. [doi: 10.1038/s41598-018-31633-w]

Martinez-Conde, S., Macknik, S. L., & Hubel, D. H. (2002). The function of bursts of spikes during visual fixation in the awake primate lateral geniculate nucleus and primary visual cortex. *Proceedings of the National Academy of Sciences of the USA, 99*(21), 13920-13925. [doi: 10.1073/pnas.212500599]

Martinez-Conde, S., Macknik, S. L., & Hubel, D. H. (2004). The role of fixational eye movements in visual perception. *Nature Reviews Neuroscience, 5*(3), 229-240. [doi: 10.1038/nrn1348]

Martinez-Conde, S., Macknik, S. L., Troncoso, X. G., & Dyar, T. A. (2006). Microsaccades counteract visual fading during fixation. *Neuron, 49*(2), 297-305. [doi: 10.1016/j.neuron.2005.11.033]

Martinez-Conde, S., Macknik, S. L., Troncoso, X. G., & Hubel, D. H. (2009). Microsaccades: A neurophysiological analysis. *Trends in Neurosciences, 32*(9), 463-475. [doi: 10.1016/j.tins.2009.05.006]

Martinez-Conde, S., Otero-Millan, J., & Macknik, S. L. (2013). The impact of microsaccades on vision: Towards a unified theory of saccadic function. *Nature Reviews Neuroscience, 14*(2), 83-96. [doi: 10.1038/nrn3405]

McCamy, M. B., Collins, N., Otero-Millan, J., Al-Kalbani, M., Macknik, S. L., Coakley, D., ... Martinez-Conde, S. (2013). Simultaneous recordings of ocular microtremor and microsaccades with a piezoelectric sensor and a video-oculography system. *PeerJ, 2013*(1), 1-18. [doi: 10.7717/peerj.14]

McCamy, M. B., Macknik, S. L., & Martinez-Conde, S. (2014). Different fixational eye movements mediate the prevention and the reversal of visual fading. *Journal of Physiology, 592*(19), 4381–4394. ［doi: 10.1113/jphysiol.2014.279059］

McCamy, M. B., Otero-Millan, J., Macknik, S. L., Yang, Y., Troncoso, X. G., Baer, S. M., … Martinez-Conde, S. (2012). Microsaccadic efficacy and contribution to foveal and peripheral vision. *Journal of Neuroscience, 32*(27), 9194–9204. ［doi: 10.1523/JNEUROSCI.0515-12.2012］

Murakami, I. (2003). Illusory jitter in a static stimulus surrounded by a synchronously flickering pattern. *Vision Research, 43*(9), 957–969. ［doi: 10.1016/S0042-6989(03)00070-1］

Murakami, I. (2004). Correlations between fixation stability and visual motion sensitivity. *Vision Research, 44*(8), 751–761. ［doi: 10.1016/j.visres.2003.11.012］

Murakami, I., & Cavanagh, P. (1998). A jitter after-effect reveals motion-based stabilization of vision. *Nature, 395*(6704), 798–801. ［doi: 10.1038/27435］

Murakami, I., & Cavanagh, P. (2001). Visual jitter: Evidence for visual-motion-based compensation of retinal slip due to small eye movements. *Vision Research, 41*(2), 173–186. ［doi: 10.1016/S0042-6989(00)00237-6］

Murakami, I., Kitaoka, A., & Ashida, H. (2006). A positive correlation between fixation instability and the strength of illusory motion in a static display. *Vision Research, 46*(15), 2421–2431. ［doi: 10.1016/j.visres.2006.01.030］

Nachmias, J. (1959). Two-dimensional motion of the retinal image during monocular fixation. *Journal of the Optical Society of America, 49*(9), 901–908. ［doi: 10.1364/JOSA.49.000901］

Ölveczky, B. P., Baccus, S. A., & Meister, M. (2003). Segregation of object and background motion in the retina. *Nature, 423*(6938), 401–408. ［doi: 10.1038/nature01652］

Otero-Millan, J., Macknik, S. L., Langston, R. E., & Martinez-Conde, S. (2013). An oculomotor continuum from exploration to fixation. *Proceedings of the National Academy of Sciences, 110*(15), 6175–6180. ［doi: 10.1073/pnas.1222715110］

Otero-Millan, J., Macknik, S. L., & Martinez-Conde, S. (2012). Microsaccades and blinks trigger illusory rotation in the "Rotating Snakes" illusion. *Journal of Neuroscience, 32*(17), 6043–6051. ［doi: 10.1523/jneurosci.5823-11.2012］

Park, A. S. Y., Bedggood, P. A., Metha, A. B., & Anderson, A. J. (2017). Masking of random-walk motion by flicker, and its role in the allocation of motion in the on-line jitter illusion. *Vision Research, 137*, 50–60. ［doi: 10.1016/j.visres.2017.06.003］

Poletti, M. (2010). Eye movements under various conditions of image fading. *Journal of Vision, 10*(3), 1–18. ［doi: 10.1167/10.3.6］

Poletti, M., Aytekin, M., & Rucci, M. (2015). Head-eye coordination at a microscopic scale. *Current Biology, 25*(24), 3253–3259. ［doi: 10.1016/j.cub.2015.11.004］

Poletti, M., Listorti, C., & Rucci, M. (2010). Stability of the visual world during eye drift. *Journal of Neuroscience, 30*(33), 11143–11150. ［doi: 10.1523/JNEUROSCI.1925-10.2010］

Poletti, M., Listorti, C., & Rucci, M. (2013). Microscopic eye movements compensate for nonhomogeneous vision within the fovea. *Current Biology, 23*(17), 1691–1695. ［doi: 10.1016/j.cub.2013.07.007］

Ratnam, K., Domdei, N., Harmening, W. M., & Roorda, A. (2017). Benefits of retinal image motion at the limits of spatial vision. *Journal of Vision, 17*(1), 30. ［doi: 10.1167/17.1.30］

Rolfs, M. (2009). Microsaccades: Small steps on a long way. *Vision Research, 49*(20), 2415–2441. ［doi: 10.1016/j.visres.2009.08.010］

Rucci, M., & Desbordes, G. (2003). Contributions of fixational eye movements to the discrimination of briefly presented stimuli. *Journal of Vision, 3*(11), 18. ［doi: 10.1167/3.11.18］

Rucci, M., Iovin, R., Poletti, M., & Santini, F. (2007). Miniature eye movements enhance fine spatial detail. *Nature, 447*(7146), 851–854. ［doi: 10.1038/nature05866］

Segal, I. Y., Giladi, C., Gedalin, M., Rucci, M., Ben-Tov, M., Kushinsky, Y., … Segev, R. (2015). Decorrelation of retinal response to natural scenes by fixational eye movements. *Proceedings of the National Academy of Sciences of the USA, 112*(10), 3110–3115. ［doi: 10.1073/pnas.1412059112］

Skavenski, A. A., Hansen, R. M., Steinman, R. M., & Winterson, B. J. (1979). Quality of retinal image stabilization during small natural and artificial body rotations in man. *Vision Research, 19*, 675–683. ［doi: 10.1016/0042-6989(79)90243-8］

第 II 部　視覚

Snodderly, D. M. (2016). A physiological perspective on fixational eye movements. *Vision Research*, *118*, 31–47. [doi: 10.1016/j.visres.2014.12.006]

Spauschus, A., Marsden, J., Halliday, D. M., Rosenberg, J. R., & Brown, P. (1999). The origin of ocular microtremor in man. *Experimental Brain Research*, *126*(4), 556–562. [doi: 10.1007/s002210050764]

Steinman, R. M., Haddad, G. M., Skavenski, A. A., & Wyman, D. (1973). Miniature eye movement. *Science*, *181*(4102), 810–819. [doi: 10.1126/science.181.4102.810]

Stevens, J. K., Emerson, R. C., Gerstein, G. L., Kallos, T., Neufeld, G. R., Nichols, C. W., & Rosenquist, A. C. (1976). Paralysis of the awake human: Visual perceptions. *Vision Research*, *16*(1), 93–98. [doi: 10.1016/0042-6989(76)90082-1]

Timberlake, G. T., Wyman, D., Skavenski, A. A., & Steinman, R. M. (1972). The oculomotor error signal in the fovea. *Vision Research*, *12*(5), 1059–1064. [doi: 10.1016/0042-6989(72)90027-2]

Troncoso, X. G., Macknik, S. L., & Martinez-Conde, S. (2008). Microsaccades counteract perceptual filling-in. *Journal of Vision*, *8*(14), 15. [doi: 10.1167/8.14.15]

Troncoso, X. G., Macknik, S. L., Otero-Millan, J., & Martinez-Conde, S. (2008). Microsaccades drive illusory motion in the Enigma illusion. *Proceedings of the National Academy of Sciences of the USA*, *105*(41), 16033–16038. [doi: 10.1073/pnas.0709389105]

Troncoso, X. G., McCamy, M. B., Jazi, A. N., Cui, J., Otero-Millan, J., Macknik, S. L., ... Martinez-Conde, S. (2015). V1 neurons respond differently to object motion versus motion from eye movements. *Nature Communications*, *6*, 1–10. [doi: 10.1038/ncomms9114]

Tse, P. U., Sheinberg, D. L., & Logothetis, N. K. (2002). Fixational eye movements are not affected by abrupt onsets that capture attention. *Vision Research*, *42*(13), 1663–1669. [doi: 10.1016/S0042-6989(02)00076-7]

Winterson, B. J., & Collewijn, H. (1976). Microsaccades during finely guided visuomotor tasks. *Vision Research*, *16*(12), 1387–1390. [doi: 10.1016/0042-6989(76)90156-5]

Yuval-Greenberg, S., Merriam, E. P., & Heeger, D. J. (2014). Spontaneous microsaccades reflect shifts in covert attention. *Journal of Neuroscience*, *34*(41), 13693–13700. [doi: 10.1523/jneurosci.0582-14.2014]

第16章 視覚発達・視覚弱者

16・1 乳児・幼児の視覚

16・1・1 乳児を対象とした実験方法：選好注視法と馴化法

　言葉の通じない乳児を対象として実験を行うためFantz（1958, 1961, 1963）によって「選好注視法（preferential looking method）」と「馴化法（habituation method）」が考案されている。

　選好注視法では，乳児が特定の図形パターンを好むという一般的な性質を利用し，対呈示された図形パターンのどちらを選好するかを注視行動から検討する。生後7日以下の新生児の選好を測定した結果から（Fantz & Yeh, 1979），パターン化，コントラストの高さ，大きさ，数の多さ，曲線などの特徴に選好があることが明らかにされている。選好の有無から識別を推定することもあるが，対象図形に対する選好を前提としている選好注視法では，好みが同等な図形同士の区別は調べることができない。「馴化法」（Caron & Caron, 1968；Fantz, 1964）は，実験の操作によって人工的な「馴れ」の状態を作り出し，乳児のもつ新奇選好（novelty preference）を利用した手続きである。何度も刺激を呈示して人工的な馴れを作る馴化を経た後，馴化時と同じ刺激と新しい刺激を呈示し，新奇選好をもつ乳児が新しい刺激に選好をもつかを注視時間によって調べる。区別ができれば，新奇刺激への選好が生じるはずである。なお馴化するまで乳児ごとに試行数や呈示時間を変える手続きは「乳児制御（infant control）」と呼ばれ，馴化前にこの二つの刺激への選好の自発選好（spontaneous preference）を調べることもある。

16・1・2 視力発達とコントラスト視力

　選好注視法の原理を用いて乳児の視力を計測する際には，選好注視法を簡便にした「強制選択選好注視法（forced-choice preferential looking method）」を用いるのが通例である（Teller, 1979）。乳児の視力は，使われる刺激の特性から縞視力と呼ばれることもある。乳児は一様な面の刺激を注視するよりも複雑な刺激である「縞」に注視することが多い。そこで，乳児の行動に基づいて，その乳児を観察する観察者が縞の呈示位置を強制選択することにより，乳児の縞への注目の限界を計測するのである。一般に1歳以下の乳児の縞視力は，ほぼ「月齢＝cycles/degree（c/deg）」の公式があてはまり（Atkinson, 2000），たとえば3か月児の縞視力はほぼ「3 c/deg」，6か月児の縞視力はほぼ「6 c/deg」となる。さらに，縞の白と黒のコントラストを落とし，コントラスト感度を測ることができる。

　AtkinsonらやBanksらは，2か月齢におけるコントラスト感度関数（contrast sensitivity function：CSF）を検討し，①成人と同じように4 c/deg周辺から急速に感度が落ち，②低周波領域において感度の上昇があり，③2か月齢の乳児のコントラスト感度が成人の20分の1以下であることを指摘し，おおよそ1か月齢から3か月齢にかけてコントラスト感度関数が質的に変化することを示す一連の研究を発表している（Atkinson et al., 1977a, 1977b, 1979；Banks & Salapatek, 1978）。

　空間周波数パターンへの感度を視覚誘発電位（VEP）反応で測定した実験から（Pirchio et al., 1978），低空間周波数領域の感度上昇が2か月半にあり，3か月半・6か月の月齢へと進むにつれてCSFの頂点が高周波数に移動し，全体の感度が上昇することが判明している（図16-1-1）。6か月で，成人と

871

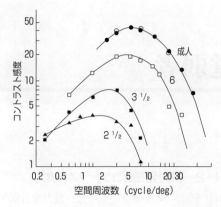

図 16-1-1　VEPを用いたコントラスト感度関数の発達のデータ（Pirchio et al., 1978, p. 181, Fig. 2）

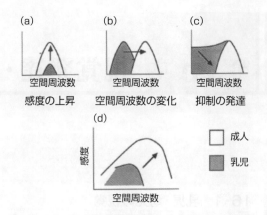

図 16-1-2　検出器の発達の概念図（Wilson, 1988, p. 615, Fig. 5）
乳児の空間周波数別のコントラスト感度と検出器の発達の三つのモデル

同じ 4-5 c/deg 周辺が感度の頂点となる。1歳齢までの周波数別のコントラスト感度をVEPで検討した別の研究では（Norcia et al., 1990），0.5 c/deg 程度までの低空間周波数パターンへの感度は10週までに急速に発達しその後変化しないが，2-4 c/deg の比較的高い周波数パターンへの感度は，5, 6 か月にかけて持続的に発達することが示されている。

CSFの発達は，①空間的により細かい処理ができるようになることと，②見やすい空間周波数が成人と同じ中程度の空間周波数へとなること，という二つの傾向があるが，これを説明する説に，検出器ごとに発達が異なるというものがある。Wilson (1988) によれば，乳児の空間周波数別のコントラスト感度と検出器（各チャンネル）の発達には，3通りがありうるという（図 16-1-2）。一つはコントラスト感度が，検出できる周波数を維持しながら上昇するというもの，もう一つはコントラスト感度を維持しながら検出できる周波数が高くなるというもの，そして最後が低空間周波数領域でのカットオフが生じる，つまり低空間周波数に対する反応の抑制が発達する，というものである。

Wilson (1988) が重視するのは3番目の，低空間周波数の抑制システムの発達である。この抑制系の発達は，受容野の側抑制の発達として考えることができる。新生児では，抑制系が発達しておらず，受容野も広く緩やかで空間周波数に関する選択性が鋭くない（図 16-1-3）。このような受容野が並んだ視覚系の単一の空間周波数チャンネルについて考えた

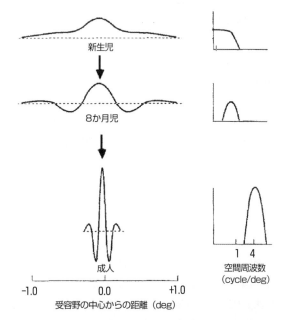

図 16-1-3　抑制の発達による受容野の選択性の発達（Wilson, 1988, p. 621, Fig. 12）
左側が，特定の位置の入力に対する受容器の反応，右側がそのフーリエ変換で，空間周波数の関数として通過特性を示したもの。

とき，右側のように特定の周波数に選択性の頂点がない低域通過型の反応となる。一方，発達の進んだ6か月や8か月の乳児では，受容野が空間的に選択性をもつことで，視野全体に生じる特定の空間周波数パターンに選択的に反応できるようになる。こうして，すべてに均等に反応することを「抑制」することによって特定の周波数のみに反応する，「選択性

の発達」が生じる。これをきっかけとして，各チャンネルは低域通過型から帯域通過型になり，Pirchio et al.（1978）の研究にみられるようにCSFが右上へと上昇し，しかも最も敏感な周波数が成人と一致するように発達していくと考えられるのである。

16・1・3　抑制システムの発達

CSFの発達が主に抑制システムの発達によるという仮説を支持するいくつかの実験があるが，空間周波数チャンネルが低域通過型から特定周波数に選択性の頂点のある帯域通過型へと発達することを調べたのが，Banks et al.（1985）のマスキング実験である。彼らは，さまざまな周波数の縞パターンに周波数帯域通過型の広帯域ノイズパターンを一定のコントラストのマスク・ノイズとして重ね合わせ，縞パターンの検出閾を検討した。抑制システムの発達前後の6週齢と12週齢で，最も良い感度の空間周波数の1倍，2倍と4倍の3種類の刺激を用意した（6週齢：0.3, 0.6, 1.2 c/deg。12週齢：0.5, 1, 2 c/deg）。これらの周波数を順にf, 2f, 4fと呼ぶとして，4fの縞パターンに対するマスク・ノイズの影響を検討すると，仮に4fの周波数を検出する空間周波数チャンネルがあるとして，低空間周波数領域の抑制が発達しているならば，縞パターンの4fとマスク・ノイズのf（ノイズパターンにおける通過帯域の中心周波数）を適切に識別するはずである。一方で先のWilson（1988）のモデルにあるような低域通過型をしているならば，4fの縞パターンを検出するメカニズムはマスク・ノイズのfによってもマスクされるため，4fの縞パターンを検出するにはより多くのコントラストが必要となる。実験の結果，1か月半の乳児ではf（0.3 c/deg）を中心周波数としたマスク・ノイズにより4f（1.2 c/deg）の縞パターンの閾値は悪くなったが，3か月では4f（2 c/deg）の縞パターンへのf（0.5 c/deg）を中心周波数としたマスク・ノイズの効果はなかった。つまり，6週齢では空間周波数チャンネルが低空間周波数に偏る低域通過型であり，12週齢では特定周波数に選択性のある帯域通過型であることが示されたのである。

マスキングを用いた研究として他には，方位選択性の発達について，生後3か月半と9か月の乳児を対象に，Morrone & Burr（1986）が調べている。ターゲットとなる縞パターンに，平行あるいは垂直な縞パターンを重ねることによってマスクし，平行なマスクと垂直なマスクのそれぞれの効果をVEP反応から比較した。その結果3か月半は成人とは異なり，平行なマスクも垂直なマスクもほぼ同じ効果をもつことが明らかとなった。この結果から，3か月半では傾きを識別する検出器が，特定の方位に選択的に反応するための抑制性の結合を発達させていない可能性を示唆している。

抑制の発達は両眼視の発達にもみることができる。両眼間の抑制を示す，両眼視野闘争課題から検討されている研究を取り上げると，3か月半以下の乳児は，両眼間の抑制がよく発達していないため，成人で両眼で排除しあうような視覚パターンが，重なり合って同時に見えていることが，水平線と垂直線を両眼に別々に呈示することで示されている（Shimojo et al., 1986）。

この結果は，両眼立体視の発達とも整合している。たとえば視差を45′に固定し，選好注視法を用いて両眼立体視を検討したBirch et al.（1985）によれば，視差への感受性を示した実験参加者の割合は，2-3か月の乳児では約3割であったのだが，4か月を超えると8割となった。さらに個々の実験参加者を見ると，立体視への感受性は4か月頃に急激に発達することがわかっている（Birch, 1993）。つまり，両眼間の抑制は4か月頃に急速に発達するのである。

さらに抑制システムの発達が必要な別の例として，位相関係の異なる縞パターンの識別が2, 3か月頃に発達することを示した研究などもある（Braddick et al., 1986）。

以上さまざまな「抑制の発達」（Wilson, 1988）について概観した。空間周波数チャンネルにおける低空間周波数領域への抑制の発達は，おそらく傾きの弁別や両眼間の抑制のシステムよりも若干早く発達すると考えられる。抑制の発達は2か月頃から生じ，6か月から8か月にかけて徐々にさまざまな抑制系が発達していくと考えることができる。こうした発達を通じて，「視力」が発達していくと考えられる。

第 II 部　視覚

16・1・4　時間的な変化を検出する能力

　空間的な解像度の能力を示したコントラスト感度関数に対し，時間的な変化に対しても同じ曲線を求めることができる。時間周波数を横軸にとり，縦軸にコントラストをとった，時間コントラスト感度関数（tCSF）の観点から，乳児の運動視能力について概説する。

　まず，コントラストが最大の状況下でフリッカーを知覚する限界を調べる，臨界融合周波数（critical fusion frequency：CFF）の実験では，ストロボのようにわかりやすく明暗に点滅させて，そのちらつきに対する感度の有無を調べる（II・10・7・1参照）。成人の場合，実験方法や刺激により異なるが，ちらつきを知覚できる時間周波数は 20-40 Hz 程度であることが知られている（de Lange Dzn, 1958；Hecht & Schlaer, 1936；Kelly, 1961, 1969, 1971；Tyler, 1985）。なお成人と乳児を対象とした実験では，手続き並びに刺激が異なることから，厳密に数値を比べることは難しい。乳児の CFF を調べた研究（Regal, 1981）では，視角約 2.6° の正方形の領域を左右に用意し，一方に成人で閾値を越えた 75 Hz のフリッカーを，もう一方には，時間周波数を 5 Hz きざみで変えたフリッカーを呈示した。先行研究から，乳児は変化しないパターンよりも変化するフリッカーを注視することが知られている。これを利用し強制選択選好注視法で，4・8・12 週齢の乳児各 5 人に 75% 正答となるフリッカーの時間周波数を求めたところ，4 週齢で 40.7 Hz，8 週齢で 49.6 Hz，12 週齢で 51.5 Hz であった。この結果は，乳児における CFF，つまり 100% 近くのコントラスト変調による tCSF 上の値は，2 か月頃で成人と同じになることを意味している。

　Regal（1981）の実験は，100% 近くのコントラスト変調で高周波領域（速いフリッカー）に対する感度を調べたものであり，検出しやすい条件を設定している。これに対し 1990 年代に入ると，コントラストを操作し，実験条件を厳密に制御した実験が行われるようになった。

　Teller et al.（1992）は，リフレッシュレートが 66 Hz の CRT モニタを使った実験を行っている。左右いずれかの領域の半分を一様な明るさの領域とし，他方を 1, 2, 4, 7.5 Hz の 4 種類の時間周波数で

コントラストを変化させ，2 か月の乳児が変調をかけた側に選好を示すかを強制選択選好注視法で検討している。その結果，約 50% 程度のコントラスト変調が乳児の選好には必要であることが明らかとなった。時間周波数 10 Hz 前後で変調するパターンへの成人のコントラスト感度が 1% 程度であること（Kelly, 1971）と比べると，極端に悪い値である。つまり，100% 近くのコントラストで求めた CFF の結果と比較すれば，遅くてはっきりしない明暗の点滅の検出は 2 か月児に難しいことがわかる。

　脳波を用いた実験では，Atkinson et al.（1979）は，時間周波数を 10 Hz に固定したフリッカーを用い，9 週齢児で空間周波数ごとのコントラストの閾値を検討した。その結果，最もよい感度は空間周波数 0.2 c/deg と 0.5 c/deg のコントラスト 15% であった。これは Teller et al.（1992）の 50% に比べればコントラストの差が小さいものの，1 か月半での中周波数領域における tCSF は未成熟であるとの結論は正しいものと思われる。

　月齢の進んだ乳児でも同様の傾向がみられる。Hartman & Banks（1992）は，0.1 c/deg の領域が 1, 5, 20 Hz で変調する際の，6 週齢と 12 週齢の乳児のコントラスト感度を検討した。その結果，最も感度が高かったのは，両週齢の乳児とも成人よりもやや遅い 5 Hz で，そのコントラスト感度は，6 週齢では 30%，12 週齢でも 15% で，成長するに従い小さなコントラストでも知覚が可能となることがわかった。また，Swanson & Birch（1990）は，0.35 c/deg と 1 c/deg の格子縞を用いて，4 か月齢と 8 か月齢の乳児で，時間周波数を変えてコントラスト感度を調べた。その結果，4 か月児の最もよい値は，2 Hz と 4 Hz と比較的遅いときで 20% のコントラスト，8 Hz や 17 Hz と速くなると，ほぼ 100% のコントラストが必要であった。8 か月児でも 10% のコントラストを必要とし，成人の 1% と比べると感度が低いことがわかる。さらに Dobkins & Teller（1996）も，データから外挿される CFF の値は，ほぼ Regal（1981）の結果と同じ値を得てはいるものの，3 か月児の tCSF は依然として未発達であることを報告している。

　乳児の tCSF を，その手続きや刺激に関して，より慎重かつ詳細に検討したのが Rasengane et

al. (1997) の研究で，モニタの一方にターゲットである明暗のちらつきがある刺激を，もう一方に灰色の一様な画面を呈示し，この二つの刺激の弁別能力を，2，3，4か月児を対象に検討している。その際，従来のやり方と比べると，以下の3点で，より念入りに計画された実験となっている。

①明暗が変化するターゲットの位置を左側に固定し，ターゲットが出ているときと出ていない試行を用意し，乳児を観察する観察者はターゲットの有無を判断し，確信度も報告する。②明暗の変化を緩やかにする（明暗変化のテンポを維持しながら，切り替わりの瞬間の変化を緩やかにする）。特に1点目については，乳児の視力測定で，閾値付近の弱いコントラストを呈示した場合，通常みられる縞選好が消失し，むしろ回避の傾向がみられることが報告されている（Held et al., 1979）。Rasengane et al. (1997) のパイロット実験でも，閾値付近である16Hzの刺激に対して3，4か月の乳児がターゲットを回避する傾向が観察され，Held et al. (1979) の報告と同様の現象を確認している。そのためこの実験では，観察者は選好も回避もひっくるめて乳児の行動からターゲットの有無の判断だけに専心し確信度を伴って判断することにしている。図16-1-4に，刺激の時間周波数が横軸に，コントラスト閾の逆数が縦軸にとられ，2か月，3か月，4か月児の感度が示されている。

2か月児で最も感度がよかったのが1Hzのときのコントラスト閾20%で，16Hzの刺激に反応した乳児は10人中1人のみで，32Hzでは最大コントラストである70%のフリッカーでも反応はみられなかった。3か月齢では，最大感度の周波数は4Hzへと上昇し，その際のコントラスト閾も10%まで下降し，11人中2人が16Hzに反応し，32Hzには誰も反応しなかった。4か月齢では8Hzまで上昇し，その際のコントラスト閾は10%で，しかし32Hzの刺激には誰も反応しなかった。同じ装置と条件で成人を実験参加者として実験を行った結果，最も感度の高い周波数は8Hzで，その際のコントラスト閾は乳児と比べて1桁違い，32Hzでも3%のコントラストでフリッカーを検出できた。

tCSFからみると，2か月齢がいわゆる低域通過型をしており，3，4か月と発達していくにつれ，帯

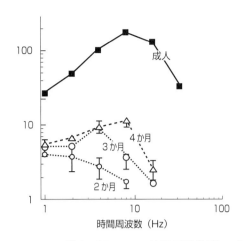

図16-1-4 一様なパターンの時間周波数別の感度（Rasengane et al., 1997, p.1750, Fig. 2, panel D）
2，3，4か月と成人の結果。横軸は時間周波数，縦軸はコントラスト閾の逆数（コントラスト感度）

域通過型に変化していることがわかる。また，CFFを推定するため，関数を右下に延長し横軸との交点を求めてみると，2か月で13Hz，3か月で20Hz，4か月で22Hzであった。4か月齢で感度がよかった8Hzは，成人の最も感度がよい周波数と一致することから，コントラスト感度において4か月児は大人の10分の1以下ではあるものの，なんらかの時間周波数検出のメカニズムが大人と同じ周波数特性になるということを示している。

Rasengane et al. (1997) の結果を含めた過去の研究をすべてまとめたものが図16-1-5である。

16・1・5　大脳皮質の成熟と皮質下処理

光の点滅に対する網膜だけの反応に限っていうと，すでに新生児の段階で成人とほぼ同じ能力をそなえており，網膜の電気的な反応を調べた古典的研究によれば，そのように測定したCFFは72Hzで，2か月齢まで測定しても変化がなかった（Horsten & Winkelman, 1962, 1964）。72Hzは交流電源周波数（50-60Hz）で点滅する照明の周波数より速く，成人でも点滅が見えない速いパターンである。一方で，低・中時間周波数でコントラストの低いフリッカーの検出には，皮質の発達が不可欠なのかもしれない。この仮説は，最も感度がよくなる時間周波数が，皮

第II部 視覚

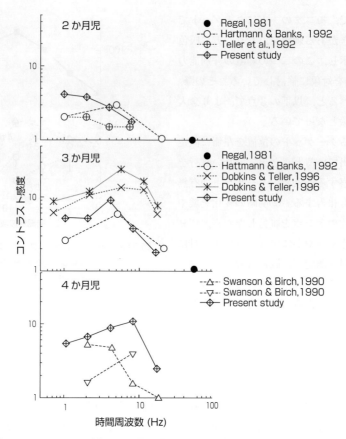

図16-1-5 2-4か月齢におけるtCSFを測定した研究の結果のまとめ (Rasengane et al., 1997, p. 1752, Fig. 5)

質が成熟した4か月齢でほぼ成人と同じになるという現象とも符合する。つまり，感度の絶対値に関していえば，4か月児はまだ成人には及ばないものの，最適な時間周波数という質については，皮質の発達する4か月頃に成人と同じになると考えるのである。

こうした説明は，先の縞視力の発達に関する説明とも一致する。つまり，コントラスト閾の値そのものは及ばないものの，感度が高くなる空間周波数は，1か月から3か月へと山型（帯域通過型）の曲線となり，その頂点は，5,6か月頃には成人と一致するようになった。この発達的変化も，皮質の発達によると考えられる。つまり，特定の空間周波数に特化して反応する検出器が発達するためと考えられるのである（Wilson, 1988）。

この検出器は，空間的な情報のみならず，時間的な変化も取り出すものと考えられていることから，空間周波数の検出の際と同様に，最適な時間周波数が4か月齢頃に成人と同じになることは，整合性があるということになる。

以上をまとめると，2か月前後までは皮質はまだ未成熟で十分機能せず，主に皮質下のみが機能している結果，十分なコントラストをもった刺激であれば，高い時間周波数であっても，反応することが可能となる。その理由としては，皮質が機能していないことにより，むしろ網膜などの低次の視覚システムをそのまま反映できることによるのかもしれない。そして，3か月，4か月と皮質が発達してくるにつれ，コントラスト処理については未熟であるものの，最適な時間周波数域については成人と同じとなる。これは，皮質における時空間フィルターの基礎的な構成が，4か月で成人と同様となることにより，可能になると考えることもできる。

このように，動きを見る基本的能力と形を見る基本的能力は，2か月から4か月頃にかけて発達し，これを支えるのは，視覚皮質のシナプスの抑制系の発達と考えられる。その結果，複数の人や物体が重な

りあいながら動きまわる，現実世界を認識するのに必要な基本的な道具を手に入れることができるのである。最近の質感知覚の研究からも，生後3-4か月までは成人がもつ恒常性をもたない，前恒常性で世界を知覚している可能性も示されている（Yang et al., 2016）ことから，この時期の発達の不思議はさらに検討される余地がある。

（山口 真美）

16・2　開眼手術後の高次視覚と認知

Molyneux は 1688 年，Locke に宛てた最初の書簡で二つの問題を提起していた。すなわち，先天盲もしくは生後早期の失明者が，同じ金属性でほぼ同じ大きさの立方体と球を触覚では区別することを教えられ，双方の名前を告げられるようになったとする。そして，この盲人が開眼手術を受けて光を十分受容できるようになった今，テーブルに置かれた両者を，触れる前に視覚で区別してどちらが立方体で，どち

らが球であるかを告げることができるだろうかという問い（後に Molyneux 問題と称される）と，対象が20 フィートあるいは 100 フィート彼から離れて置かれたとしたら，手を伸ばす前にそれらに手は届かないとわかるだろうか，という問いである。しかし，このとき返信を得ることの叶わなかった Molyneux が Locke に宛てた 2 度目の書簡（1692 年）に記したのは，Molyneux 問題とそれに対する自身の解（II・16・2・3 参照）だけであった。奥行き距離知覚については，『新屈折光学』（Molyneux, 1692）ですでに解決しており，立体の問いにその解も含有されると確信していたことが，その理由であろうと想定されている（Degenaar, 1996）。

本節では，共同研究を継続してきた開眼者のうち右記 8 名（表 16-2-1）における高次視覚のうち，3次元対象と距離の知覚・認知に関する概要を望月が記した。表に示した保有視覚のうち，第 1 群は明暗と光源の方向定位が可能，第 2 群は明暗と色彩の知覚が可能，第 3 群は明暗と色彩に加えて，2 次元形

表 16-2-1　実験に参加した開眼者

保有視覚	開眼者	失明時期・眼疾患	初回の手術直前の視力	初回の受術年齢	手術の種類	手術(直)後の視力
第 1 群 光覚	MM	10 か月・角膜軟化症	左眼：光覚なし 右眼：光覚弁	右眼のみ：12 歳	虹彩切除	光覚（詳細は不明）
第 2 群 光覚・色彩視	TM	1 歳 2 か月・角膜白斑	左眼：光覚弁 　　　（30cm 指数弁） 右眼：ゼロ	左眼のみ：11 歳	角膜移植	左眼：0.01 程度
	MO	先天性角膜被覆症	左眼：光覚 右眼：光覚弁	左眼：4 歳 9 か月 右眼：11 歳 6 か月	左眼：角膜移植 右眼：角膜移植・水晶体摘出	両眼：0.012(-16D)**
第 3 群 光覚・色彩視・形態視	KT	先天性白内障	左眼：明暗弁別以上 右眼：不明	左眼：15 歳 右眼：2, 3 歳頃 （その後視力ゼロ）	水晶体摘出 不明	左眼：0.01(n.c.)* 右眼：ゼロ
	SH	先天性白内障	左眼：眼前手動弁 右眼：眼前手動弁	左眼：21 歳 右眼：20 歳	水晶体摘出 水晶体摘出	左眼：眼前手動弁 　　　もしくは 0.001 右眼：0.01〜0.02(+10D)**
	NH	先天性白内障	左眼：眼前手動弁 右眼：眼前手動弁	左眼：18 歳 右眼：17 歳	水晶体摘出 水晶体摘出	左眼：眼前手動弁 　　　もしくは 0.01 右眼：0.02(+10D)**
	ToM	先天性白内障	左眼：光覚弁もしくは 　　　20 cm 指数弁 右眼：光覚弁もしくは 　　　20 cm 指数弁	左眼：10 歳 右眼：10 歳	水晶体摘出 水晶体摘出	右眼：0.01 左眼：0.01
	HH	5 歳頃・角膜炎	左眼：眼前手動弁 右眼：眼前手動弁	左眼：29 歳 右眼：28 歳	角膜移植 角膜移植	右眼：0.03(n.c.)* 左眼：0.02(n.c.)*

(n.c.) *：裸眼による視力，**：矯正視力

態の一部も知覚可能な事例である（Senden, 1932）。視覚条件によって参加した課題は異なり，3次元対象以外の課題に関する詳細は，望月（1994a），鳥居・望月（1992, 1997, 2000）にある。

16・2・1 立体の形態認知

Molyneux 問題に対して，Molyneux 自身および Locke は，「否」という見解とその理由を述べている（Locke, 1690）が，その問いに対する統一的な回答が直ちに得られたわけではない。多少とも組織的に吟味された事例を収集・検討した Senden（1932）は，両眼視が可能と推定される事例でも，わずかな例外を除き，視覚による立体弁別は当初困難，もしくは立体形と構成面の2次元形態の間に混同があると要約している。開眼後に立体の形態弁別と識別実験を継続した例は極めて少ない（Mochizuki & Torii, 2005；鳥居，1977；鳥居・望月，1978a, 1978b, 1980, 1995；安間他，1977）。

16・2・1・1　手術後最初期の視覚による立体知覚

第2群の TM が術後4か月に報告したのは，触覚でも視覚でも，主に立体上面の2次元形態の名称であった。一方，第3群の HH は，手術後3か月に円柱と円錐に対して触覚では立体名を正答したが，視覚では円柱に「マル」，円錐には「あることはわかるが，上の尖りがわからない」との報告に留まった。

16・2・1・2　手術後の視覚による立体知覚の推移

日を隔てた継続実験を経て，立体の形態弁別および識別の精度は徐々に上昇する（図16-2-1）が，立体2種の弁別正答率が100％に達したのは，第2群の TM では9回目，第3群の SH, NH, HH では4-6回目の実験の際であった。弁別よりも数回遅れて導入した識別の精度も同様の水準に達したのは，3種の立体を用いた TM が3回目（通算9回目），4ないし5種を用いた第3群の開眼者では3-9回目（通算7-13回目）の実験後であった。

16・2・1・3　立体知覚の手がかりと観察の視点

開眼者が初期段階で採用した指標は，立体をほぼ真上から見下ろして捉えた上面の2次元形態であった。しかしこれでは円柱と円錐の区別ができず，円錐の頂点が見にくいなど限界のあることに気づくと，視点を移動させながら，複数の面の形態と配置から一つの立体を加算的に構成する方法に変化した。その後，複数面をくまなく見るのではなく，各立体の特徴把握に最適な視点を選ぶようになり，最終的には，いずれの立体においても，複数の面を同時に捉えやすい斜め上の手前に視点を定め，そこから立体を観察して，全体像を構成する方式を自ら編み出した。観察方法の変化は，立体の弁別と識別精度の向上に反映された。透視図的線画の立体視に関しては，望月（1979b），鳥居・望月（1997）に詳細がある。

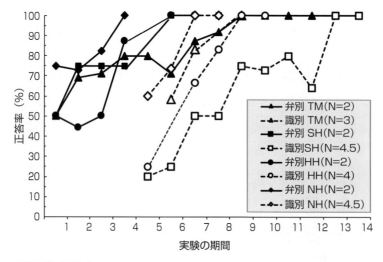

図 16-2-1　立体知覚の正答率

16・2・2 事物の識別

16・2・2・1 手術直後に見た事物：体験報告

第1群あるいは第2群程度の保有視覚で手術までに10年以上を過ごした先天盲開眼者の場合，触覚では熟知している日常品であっても，手術直後には見ただけでそれが何であるかはわからない。Cheselden（1728）の事例，Senden（1932）の引用事例および，以後の研究でも同様の観察事項は報告されている（Gregory & Wallace, 1963；Pokrovskii, 1953；鳥居・望月，2000；梅津，1952；Valvo, 1971）。

ただし，知覚される内容は術前の保有視覚によって異なる。第1群のMMは初めて眼帯を外した際に「眩しい」とのみ報告，第2群のTMはベッドに飾られた造花のチューリップに「黄色は鮮やかに見えたが，何であるかはわからなかった」（鳥居・望月，1977），第3群のHHは「何かあることはすぐにわかったが，後になってから，机であるとわかった」と報告している（安間他，1977）。

16・2・2・2 事物識別の手がかり：初期状況とその後の変化

表16-2-1に挙げた開眼者は，事物の識別課題を導入した際，すでに立体模型の形態識別はおおむね可能であったが，その初期段階に抽出した属性は形態ではなかった。第2群では色名の列挙に終始し，第3群は色彩に加えて光沢，大きさなどのうちいずれかによって対象の特定を試みるものの識別には至らない。次の段階では，複数の属性を集積して事物を推定するが，事物名の特定はまだ難しい。TMは「長いもので，右側が光っている，金属製」と捉えた属性は的確であっても，スプーンと識別できたのは触った後であった。

継続実験を経るうちに現れるのは，「重み付け」された属性に基づいて事物を推定する方略で，この段階で重視されるのは主に形態である。しかし，卵を初めて見た折には「白くて，丸い」との報告で終わっていたNHが，次の実験では「卵」と正答した後に「丸くて，これは卵の白だから。電球も形が似ていて白いけれど，あれはガラスの白だから」と語っているように，形態の類似するものが他にあれば，より

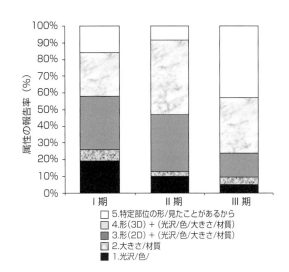

図 16-2-2　事物の識別に用いられた手がかり（Sub. NH）

判別性の高い微妙な色合いも決め手になる。

最終段階では，ある事物の全体像を表す記号的な部分形態も重視される。ハサミに対する4回目の実験でKTが「ハサミ。丸が二つあることと中心の留金がポイント。全体も眺めたけれど，そこ（留金）が…」と説明したのは，その1例である（望月，1979c, 1985；鳥居，1981；鳥居・望月，1978a, 1978b, 2000）。図16-2-2が示すように，NHが特定部位あるいは全体的な形態とその記憶像を決め手とした比率は実験の第III期（終盤）で急増している（望月，1985）。

16・2・2・3 事物の識別精度の変化

第3群の開眼者であっても初期段階（数回の実験）での識別正答率は低く，HHは17.6％，SHは28.6％，NHも50％であった。しかし日を隔てた継続実験に伴い徐々に精度は上昇し，事物の実験を3年1か月にわたって試みたNHによる終盤の平均正答率は87.5％に達している（望月，1985）。同一事物の識別正答率が80％に達するまでには，TMとSHが4回，HH，NHとKTが3回，平均3.4回の実験を経ており，識別率を以後も80％維持するには，平均4.6回の呈示が必要であった（望月，1979c, 1985；鳥居，1981；鳥居・望月，1997, 2000）。

ただし，その事物が何であるかを決定づける必要かつ十分な視覚特性を指定することは困難である。

そのため事物の識別精度を高めるには，同一事物の反復呈示だけでなく，同じカテゴリに属するが視覚属性の一部が異なる，あるいは属性の一部は類似するが異なるカテゴリに属する事物を観察する機会も必要となる。それらの過程を経て，各事物のカテゴリを，典型的な標本と周辺的な標本からなる連続的な集合として捉えることが可能になると想定される。

16・2・3 奥行き距離知覚

16・2・3・1 開眼直後の奥行き距離知覚

先天盲あるいは生後早期の失明者は開眼手術後初めて見る奥行き距離に関してどのような視覚体験を得るのか。空間知覚の根本問題に対して，Molyneux (1692) は「距離自体をわれわれは見ることができない。何故ならば，距離はその端が眼に届く 1 本の線であり，眼底では 1 点になってしまうので」，「純粋に視覚で行う距離の推定は感覚よりも判断による行為であり，生来性の機能ではなく，むしろ経験と比較によって獲得される行為である」と記している (Degenaar, 1996；Molyneux, 1692)。後に Berkeley (1709) も，この論拠をもとに「距離がそれ自体としては，直接見ることができぬものであることに誰もが同意するであろう」「…生まれつきの盲人が視覚を与えられても，最初，視覚による距離の観念を全くもたないであろう…。…というのも，われわれが，視覚によって知覚された対象を何らかの距離に，あるいは心の外側にあると判断するのは完全に経験の結果であり，この経験の結果を，そうした状況下に置かれているひとはまだ獲得しえていないのだから」(Berkeley, 1709 下條他訳 1990) と推論している。

上記論考への実証的資料として注目された Cheselden (1728) の開眼事例報告は，13 歳の少年が第一眼の手術後初めて眼を開けたとき，触れたものが皮膚に接しているのと同じように，あらゆるものが直接眼に触れているように思えたと記している。一方，Cheselden の症例および以後の開眼事例報告を検討した黒田 (1930) は，彼らの視覚世界をある程度の遠近をもって配列されていると推断しており，Senden (1932) も同様に想定している。

16・2・3・2 開眼後初期の奥行き距離知覚実験

開眼後比較的初期には奥行き距離の正確な見極めが難しく (Valvo, 1971)，対象を実際よりも近くに，あるいは大きく感じたと記す報告が多い (Franz, 1841；Gregory & Wallace, 1963；Latta, 1904；Pokrovskii, 1953；梅津, 1952)。第 3 群の HH（両眼視）は第 1 眼の手術後 7 か月（第 2 眼手術の 2 か月後）に，約 21 m 前方にある大きな建物までの距離を「12 m」と見積もり，第 2 群の TM（単眼視）は術後 10 年を経た時点でも，9 階建てのビルから下方の道路を見降ろして「高さは余り感じられない。簡単に降りていけそう」と報告した（鳥居・望月，1997）。Senden (1932) は，手が届くと感じる位置まで対象に歩み寄る方法で距離判断を行った 14 症例を引用したうえで，このうち術後早い段階から正確に判断できたのは，術前から奥行きのある視空間を知っていた 3 症例のみであるとしている。

16・2・3・3 奥行き距離知覚の推移

机上正面の前方に置かれた対象までの距離を目測する実験（望月，1979a, 1989, 1993；鳥居，1984；鳥居・望月，1997；安間他，1977）は術後 2, 3 年間に 7-18 回継続された。術前には立体視が未成立であった開眼者 5 名による初回の実験では，全試行の平均 62％が過小視，28％が過大視であった。図 16-2-3 は，推定距離 (d) と観察距離 (D) の差を D で除した比率 (％) を推定精度 (E) とし，数回にわ

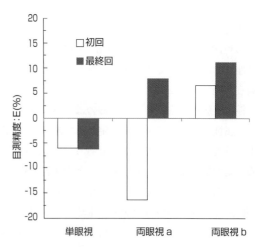

図 16-2-3　距離目測の精度

たる実験結果 E の平均値を初回と最終回で視覚条件別に比較している（＋は過大視, −は過小視）。単眼視の開眼者（TM, KT）では 5% 程度の過小視が継続したが, 左右眼に機能差のある両眼視 a（SH, NH）では過小視から 10% 未満の過大視に移行し, 機能差のない両眼視 b（HH）では 10% 前後の過大視が持続した。

16・2・3・4 遠距離への関心と奥行き距離判断の手がかり

距離の推定実験を経ると, 上記開眼者の視覚的関心は手の届く範囲からそれ以遠へと徐々に拡大したが, 距離判断の手がかりは主に対象の大きさとその変化であった。術後 10 年目に実験に参加した KT は,「遠くのものは, ボーッとして小さく見えるのですね。遠くから見えるのは,（いつまでも）大きいからだと思っていた」と驚いて報告している（望月, 1989）のは, 視覚による「大きさ」も触覚と同様に, 距離とは関係なく一義的に確定されるとそれまでは想定していたことを示唆している。

一方, NH は机の上に置かれた物までの距離は「そこまでの机の長さを測ればよく」, 教室の奥にある壁までは「足元からそこまでの床の長さを測ればよい」が,「3 階の教室から校庭の端にある外灯までの距離はわからないのではないですか？（外灯の）大きさは, 距離判断の手がかりにあまりならないと思うので」との疑問を術後 3 年 3 か月に寄せている（望月, 1979a）。この報告は, 距離を対象の大きさではなく, 対象を支える面の連続体（Gibson, 1950）をもとに捉えており, NH がすでに地続きの奥行き空間を地平として見始めている可能性を示唆している。

16・2・4 実体鏡による両眼立体視

先天盲開眼者で両眼立体視を実体鏡で調べた研究報告は少なく, Senden（1932）が記載している 2 例のうち, Latta（1904）の症例（30 歳, 第 1 群）は, 術後 1 年 1 か月後に固視は可能であるが立体視は不成立, Fischer（1888）の症例（8 歳, 第 2 群）は, 術後 3 週目に両眼の輻輳は成立しているが融合像は得られていない。黒田（1930）も, 先天性白内障の手術を受けた 1 名の開眼者（42 歳, 第 3 群）の両眼

立体視を術後 1.5-2.5 か月の間に調べており, 視野闘争およびステレオグラムの視差に応じた立体感は得られなかったとしている。一方, 鳥居・望月（1979, 1980）と鳥居他（1980）は, 先天盲開眼者でも実体鏡による両眼立体視が成立することを明らかにしており, 以下は HH による変化の要約である。

16・2・4・1 同時視

角膜移植終了後 4 年 2 か月目に実施した実験で, 左右眼に呈示された異なる有彩色（赤／黄, 黄／緑など）によるステレオグラムに対して HH は一方の色名のみを報告した。しかし, 翌日には左右 2 色の交代視が現れ, 次いで視野闘争の出現とともに「両方の色が見える。あっ, 色が混じった」と変化して, 両眼単一視・融合の兆しも現れた。

16・2・4・2 両眼の融像

左右眼に呈示した形の異なる小図形の融像は, 同時視を認めた後, 両眼の手術後 4 年 8 か月目に調べた。たとえば黒地に黄色の半円を左右に配置したステレオグラムに対して, 最初は「一つ。半丸」と単眼視に終始していたが, 8 か月後には両方の半円が見える瞬間も現れた。最初は「二つ離れている」と報告したが, 翌日には「真中にある黄色いのは丸かな？ あっ, 真中で一つの丸になった」と融像したことを示す反応に変化した。

16・2・4・3 視差に応じた立体視

視差をつけた線画を左右に配したステレオグラム（断頭ピラミッド型）は術後 4 年 8 か月目に見せたが, 当初は融合するが奥行きが不明確で, 視差と逆の遠近報告もなされた。しかし 5 か月後には視差に対応した奥行きの反応率が 60% に達し, 翌日には安定した奥行き感が維持された。そこで, 輪郭線による形態の情報を含まず, 白・黒要素のみからなるランダムドットステレオグラム（Julesz, 1971）に替えてみたが,「真中の 4 角が手前に出て見える」と, 視差に対応した立体視の成立を示す報告が維持された。

両眼性細胞の機能は両眼対応点に与えられる同形の像を見ることによって, 誕生後のある時期から発達する（二唐, 1978）が, 両眼視の獲得・維持は視

性刺激遮断弱視にとって重要な課題である（粟屋，1979a）。両眼立体視の感受性期間はヒトでは生後3-4か月に始まり，頂点は2歳ごろとも言われているが，この期間に遭遇した片眼病変や片眼遮蔽は両眼視への永続的な障碍を残す（常石，2008）。手術時4歳以下の両眼性先天白内障10例と片眼性先天白内障12例のうち，flyテストで100″以下の立体視機能が認められたのはそれぞれ2例と1例のみである（調他，1998）。HHが継続実験を経て両眼立体視を獲得できた背景には，視性刺激遮蔽が両眼性であり，両眼の眼位と融像を維持する運動性融像幅（粟屋，1979b）が手術後に整ったことも奏功したと考えられる。

16・2・5　主観的輪郭の知覚

先天盲開眼者による錯視に関する報告例は多少ある（Gregory & Wallace, 1963；黒田，1930；Latta, 1904）が，平面図形と立体の形態視は可能でも主観的輪郭の知覚は容易ではない。この事実は，Torii & Mochizuki（1995）によって初めて示された。以下はその反応型と知覚特性の要約である。

16・2・5・1　反応の多様性

「何が見えますか？」という最も弱い教示のもと，Kanizsa型の主観的輪郭図形（Kanizsa, 1955）11種（たとえば，図16-2-4a, b）に対して3名の開眼者（第2群のMOと第3群のToM, KT）が2回目までの実験で示した反応は4種類に分類された。

1) A型

たとえば図16-2-4aに「黒の円4個の上に正方形が乗っている」と報告し，アモーダル補完により主観的輪郭と奥行きを知覚している。

2) B型

「黒い3/4円が4個と白い正方形が並んでいる」と報告するが，遮蔽による奥行き知覚の手がかりには言及せず，同一平面の並列的配置としての構造把握に留まる。

3) C型

「Cのような形が4つあり，結べば四角形のようになる」と，実輪郭で囲まれた誘導図形の形と位置関係のみを捉えて，それらを連結・結合する構造把握。

4) D型

誘導図形1個の形態のみを報告する最も部分的な反応。

16・2・5・2　反応の出現率

2回目までの実験におけるA型反応の出現率はきわめて低く（第2群のMO：11.1%，第3群のToM：16.7%，KT：23.1%），現れたのは誘導図形の間隔が最も近い図16-2-4a, bのみである。一方，最も多いのは3名ともにC型反応であった（図16-2-5）。

16・2・5・3　反応特性

開眼者が容易に知覚できたのは，主観的輪郭よりも輝度勾配の明確な実輪郭が囲む形態であり，遮蔽部分の補完によって生じる面の奥行き関係よりも面の並列関係であった。主観的輪郭が実輪郭よりも知覚しがたいことは，角膜幹細胞移植を受けた43歳の男性も示している（Fine et al., 2003）。視覚健常者であっても，制限視野（7°未満）のもと，および触覚

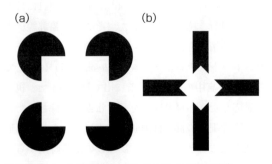

図16-2-4　主観的輪郭図形（呈示した図形の例）

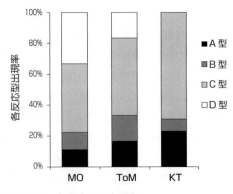

図16-2-5　各反応型の出現率

では開眼者と酷似した反応が現れる（望月，1994b，1994c, 1995）。

主観的輪郭の知覚は面を知覚した結果であり，その逆ではないという指摘（Kanizsa, 1976, 1979），見かけのコントラストや奥行き知覚が主観的輪郭にとって本質的なものなのではなく（竹市，1994），主観的輪郭はその領域内の一様性を保持する機能をもつ（渡辺・永瀬，1989；Watanabe & Oyama, 1988）という指摘は，開眼者が示した知覚特性を考察するうえでも示唆深い。

16・2・6　立体の透視的線画と写真における陰影と影の立体知覚

陰影は反射面に生じた輝度勾配であり，3次元の形態復元にとって最も原初的かつ重要な単眼手がかりであろうと指摘されている（Ramachandran, 1988a, 1988b）。だが，単純な陰影パターンから曲面の凹凸を知覚する際は，輝度など画像上の情報に加えて，光源の方向など照明環境に関する仮説が処理の前提となる（Gibson, 1950, 1979；細川・佐藤，2013；河邉・三浦，2002；Kleffner & Ramachandran, 1992；Sun & Perona, 1996, 1997）。開眼者による陰影と影（cast shadow）の知覚については，鳥居・望月（1996, 1998）が実験を継続しており，下記は第3群のToMによる成果の要約である。

16・2・6・1　透視図的線画の立体視

手術2か月後のToMは，呈示された立体模型の半数を，3次元構造として捉えていたが，黒の輪郭線で描かれた立体の透視図的画像には2次元図形の集まり（「楕円と長方形」など）とする構造把握が持続した。図16-2-6a に「フラスコのようなもの。下がどっしりしている」と立体として，さらにその量感にまで言及したのは10年後の実験再開時であり，図16-2-6b に「コップか何か」「下の曲線は膨らみを表す」と，曲線状の輪郭線から立体感を読み取ったのはさらに4年後であった。

16・2・6・2　透視図的線画に加筆された陰影の知覚

青鉛筆でなだらかな陰影を加筆した立体の線画（図16-2-7b）を初めて見たToMは，「円柱。青は

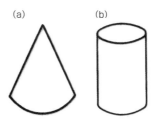

図 16-2-6　立体の透視図的線画

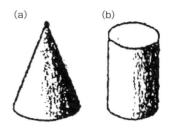

図 16-2-7　青鉛筆で陰影を加えた立体の線画

縞？」「青いコップ。線だけの絵（図16-2-6b）のほうが立体感がある」と報告した。「青い色が膨らみを表している」と陰影から立体感を感じとったのはその4か月後であり，手術から15年9か月を経ていた。だが，この2年半後には再び「青いコップに陽が当たっている」と報告しており，青を陰影ではなく地色として捉え，白い領域を陽光のもたらす光彩と見なしていることが示唆された。

16・2・6・3　写真の影と陰影の知覚

図16-2-8a を初めて見た際のToMは影を対象の一部と捉えて「シッポみたいのが出ている」と報告したが，4か月後に初めて見た図16-2-8b には「円柱状のコップ」と答えた後，右下の黒いのは？と問われると「影だと思う……」と即答した。その3か月後には図16-2-8a に対しても「円錐，影がちょっとある」と報告したが，陰影への言及はなく，陰影を指して「丸みを帯びている」と指摘したのはさらに5か月後であった。立体の面上に生じた陰影と床など別の面に生じた立体の影とは，開眼者にとってかなり異質な知覚対象なのである。

16・2・6・4　陰影の向きによる立体感の違い

図16-2-9 に示す円形領域は外郭に輪郭線がなく，陰影の向きに応じた立体効果が現れたときに，3次

第 II 部　視覚

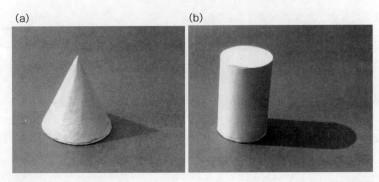

図 16-2-8　立体の写真

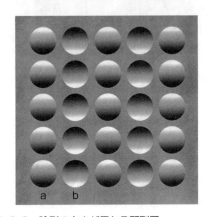

図 16-2-9　陰影の向きが異なる配列図

元形状は明確になる。この図版の導入は最も遅く，ToM の手術後すでに15年を経ていたが，最初は全体を見て「玉砂利」，a 列を指して「盛り上がっている」と答えるものの，b 列との差異は聞いても分からなかった。5 か月後にも「玉砂利。薬の錠剤」，a 列も b 列も「同じじゃないかな」と報告したので，実験者が思い切って影の位置をたずね，影の位置を a, b 列で比較させた。さらに a と b のどちらが膨らんでいますかとあえて質問すると，ToM は「膨らみ？」といたく驚き，しばらく考えながら見直して，a 列を指した。実験者が画像を 180°回転して呈示すると凹凸が逆転することを認め，その後は，影の上下に応じた立体感が維持された。

同じく第 3 群の開眼者 KT の場合も，面上のなだらかな輝度勾配が即座には立体効果をもたらさなかった。これらの現象は，3 次元形態の印象形成にとって陰影の力は弱いので，説得力を高めるには輪郭線で形態を囲む必要があるという

Ramachandran（1988b）の指摘に通じるものである。

一方，一酸化炭素中毒の後遺症で形態失認に陥った症例 D.F. では開眼者とまったく逆の現象が現れ，明確な輝度差のあるエッジよりも連続的な輝度変化による陰影のほうが形態弁別の手がかりとして有効であった。このことから，Humphrey et al.（1996）は，形態弁別に必要なエッジからと陰影からの情報入力は比較的初期段階で機能分離される可能性を指摘している。陰影から形態知覚が成立する際には V1 野およびその周囲の低次視覚領野が活性化することも fMRI 研究で確認されている（Humphrey et al., 1997）が，陰影による立体感や陰影からの形態抽出は，局所的な計算よりも視野の広域的な処理によっており，奥行き知覚にはコントラスト感度も関わる。開眼者あるいは弱視者ではこれらの機能が低減しており（川嶋，2017；大畑他，2001；佐川他，2009），そのことが陰影による立体効果の認知を一層難しくしている可能性もある。

16・2・7　線遠近法と肌理パターンからの奥行き知覚

Gibson（1950）は，単位となる要素のサイズ，相互の間隔ないし密度が距離に応じて一定の比率で変化するパターンを肌理（texture）と名付け，肌理の密度勾配つまり漸次的移行は面が遠方に広がる奥行き印象をもたらす適刺激であり，距離の印象は直接的な過程であって手がかりの解釈はその後に生じるとする。しかし，その直接的な過程とは，距離が生得的な直感によることではなく，特定可能な刺激が

あることの意である。さらに Gibson は，距離知覚の問題は視線に並行な連続面をどのように見ることが可能かに帰着するとも指摘している。

16・2・7・1　線路の写真に対する奥行き知覚

開眼者 SH, NH, KT, HH は，実空間での奥行き距離を主にものの大きさを通じてある程度知覚していたが，肌理の密度勾配をもつ画像から奥行き感を得ることは容易でなかった。手術後 1 年 2 か月目に図 16-2-10（Gregory, 1968）を初めて見た NH は「別に何もありません。大部分が黒であとは白，3 角が 3 個と横線がある」，3 回目は「白い線が上で狭くなっている」，4 回目には「3 角錐が立っている」と報告。「まっすぐの線が 2 本並んでいて，それが遠くに行っている。線路みたい」と視線に平行な前方へ拡がる面の奥行きをそこに知覚したのは 2 年後，5 回目の実験であった。「数か月前に線路の模型と学校の廊下を 2 m ほど手前から観察・描画したとき，それらの横幅が遠くで少し狭くなっていた光景を思い出した」と NH は報告している（望月，1979）。他の開眼者（SH, KT, HH）の場合も「三角」「三角錐」「山」などと報告する段階から前方への奥行き距離情報をも含む知覚へと変化したのは，前方に伸びる模型または実物の線路を観察した後であることを踏まえると，線遠近法的画像からの奥行き知覚成立には，前方に延びる実物観察時の記憶像（形状・構造）との類似性による類推が奏功する可能性が想定される（望月，1994c；鳥居・望月，1997）。

16・2・7・2　肌理を成す要素の配列パターンに対する奥行き知覚

図 16-2-11 は具体性のない要素（a：縦線，b：横線，c：点）と隔たりからなる画像であり，1 は要素，間隔，要素の大きさ，間隔がともに一定，2 はそれらの縮小状態から前方へ続く奥行の印象を通常は与える。KT は 5 年にわたる数回の実験で，画像 1 には「戸が立っている」「網戸が立っている」と，奥行きではなく高さの表現と知覚した。一方，画像 2 のうちで前方に続く奥行き平面と捉えられたのは，画面上方で縦の内線密度が高まり，線遠近法に従う a2 のみであった。横線を要素とする b2 では上方に延びる高さの印象が強く，「昇る階段」と報告，c2 では要素の大きさ変化のみに注意が留まり，それらが漸次的に縮小する系列変化から前方に延びる面の奥行き印象を得るには至っていない（望月，2020）。名前のある立体や事物（もの）と奥行の様相（さま）は共に 3 次元の構造をなしているが，知覚・認知の対象としての両者を同日に扱うことは適切でない。開

図 16-2-10　線路の写真（Gregory, 1968）

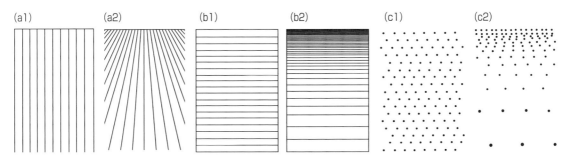

図 16-2-11　texture pattern（Gibson, 1950, Fig. 32, 36, 37）

眼者による実験結果はこの事実の一端を示唆しているといえよう。

（望月 登志子）

16・2・8　2次元形態の把握：視覚系と触覚系の活動

一定の生活歴を経て初めて眼を開いた開眼者は，外界の事物・事象に対してすでに触覚系の活動を中軸としてそれらを捉える認知行動体制を強固につくり上げている。このような条件下で開眼者はいかなる過程を経て視覚機能を形成していくのか，ここでは，2次元形態の形成過程の一端について述べる。

Ackroyd et al.（1974）は36歳で手術を受けた開眼女性 HD に正方形と円の図形弁別を1360試行繰り返し，最終的に正答率がチャンスレベルを越えることができなかった（図16-2-12）理由を，長期間の視覚遮蔽のために脳に変性等が生じたからだと推定している。その際，HD は対象に顔を近づけて視点を動かしていたとも報告している。

他方，鳥居（1983）は，開眼手術後の視覚機能に関して図16-2-13のような形成序列を描いている。図中，矢印は，頭部あるいは手に持つ台紙を介する開眼者の視点の動きを示しており，このような視点を動かす操作方式が上下・左右方向，斜め方向へと徐々に組織化されるに従い，その結果として，視覚的に捉える対象が増えていく。開眼手術後，何が見えるかは，開眼者がいかなる視点操作の方式を形成しているかで決まる。視覚系の生理学的機能が整えられただけでは見えるようにはならない。その機能形成を促す方法の一つは，図16-2-13に示されたような高次な段階に順次移行していく学習場面を適宜設定し，視点の操作方式の形成を促すことにある。このような視点の操作方式は繰り返されるに従い，徐々に短縮化・即時化の方向に向かうことができる。

佐々木（1996）は，13歳で手術を受けた開眼者 SM の形の把握について視覚系と触覚系の二つの観点から探索している。形を呈示する前の SM との会話（表16-2-2）から得られた正三角形に関する言語報告と，その会話の後に行われた視覚系の実験結果とを併記すると，図16-2-14のようになる。形の把握

表16-2-2　開眼者との会話（佐々木，1996）

実験者：	「正三角形とはどういうものですか」
Ｓ　Ｍ：	『それは，幾何学的ルールを答えればよいのですか』
実験者：	「それではまず，それを教えてください」
Ｓ　Ｍ：	『3つの辺があって，それで閉じられていて，長さが同じ。角が3つあって，角度が等しい』
実験者：	「幾何学的ルールを答えればよいのか，ということは，それ以外にも正三角形があるのですか」
Ｓ　Ｍ：	『あります』
実験者：	「それでは，それを教えてください」
Ｓ　Ｍ：	『それは，眼についてですか，手についてですか』
実験者：	「眼と手に別々な三角形があるのですか」
Ｓ　Ｍ：	『あります』
実験者：	「それでは，それを別々に教えてください」

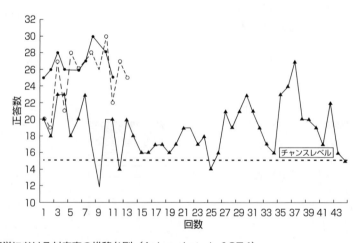

図16-2-12　形の知覚における対応率の推移弁別（Ackroyd et al., 1974）
　　　　▲-▲：円-正方形の弁別，●-●：三角形-十字形の弁別，○-○：スプーン-ハサミの弁別

第 16 章　視覚発達・視覚弱者

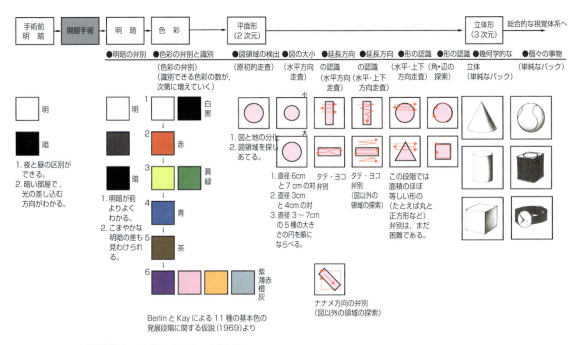

図 16-2-13　視覚機能の構成図（鳥居，1983）

実験日	触覚・言語報告	視覚・言語報告	図形対象	事態	頭部あるいは台紙の動き	言語報告
1981 6.10		下が長くて，上に行くほど短くなっていく。	▲	識別事態	① ④③②	①「これではわからない」 ②③④「最初（②）のより次に見たの（③），（④）がどんどん短くなっていく。こういうのサンカクだと思う」
1981 10.15	手で触れば，パッとわかる。考えなくてもいい。（形を手で触らなくとも，頭の中に形を思い描くことができる。）	下の方が長くて，両側から頭を動かしていくと，上に行けば行くほど，角になって伸びている。			① ② ③	①「これではわからない」 ②「下が長い」 ③「上に伸びている」「それら（②と③）をあわせるとサンカクだと思う」
1981 11.5		角が3つあって，長さも3つあって，（長さが）同じ。			① ② ③	①「シカクとマルではないようだ」 ②「下が長い」 ③「上に伸びている」「それら（②と③）をあわせるとサンカクだと思う」 「こう見ただけでサンカクだとわかる」 「3つの角があって，3つの辺の長さが同じ」

図 16-2-14　言語報告と認知結果（佐々木，1996）

第 II 部　視覚

において触覚系は即時的で，視覚系が継時的で，両者間に著しい乖離が見られる。他方，形成序列（図16-2-13）に従い課題場面を設定すると正三角形のみならず円や正方形でも数回の試行でその把握が可能になるという経緯が同時に報告されている。

（佐々木 正晴）

16・3　ロービジョン者の知覚・認知

16・3・1　ロービジョンケアが誕生するまでの歴史

　ロービジョン（low vision）に関する取り組みの歴史は古く，Marco Polo の時代にまで遡る（Mogk & Goodrich, 2004）。Goodrich et al.（2008）は，ロービジョン年表のなかで，1270 年頃に中国の老人が読書の際に拡大鏡を使っていたことを Marco Polo が発見したことや Descartes が 1637 年に最初の拡大補助具を発明したことに言及している。

　ロービジョンのある人（以下，ロービジョン者）のための光学的エイド（補助具）が早くから発見されていたにもかかわらず，ロービジョン者に対する教育やリハビリテーションが注目されるまでには，時間を要した。世界で最初の盲学校がフランスのパリに作られたのは 1784 年で，その後，1791 年にはイギリスのリバプールに，1808 年にはオランダのアムステルダムに盲学校が設立されたが，ロービジョン児の教育が注目されるようになったのは，1900 年代に入ってからであった。なぜなら，当時，視覚障害のある患者は「見える」か「見えない」かで分けられ，「見えない」患者は点字を教わるために盲学校に送られるという扱いを受けていた（Brown, 1997）からである。ロービジョン児の教育を行うための最初の学校がロンドンに設立されたのは 1908 年で，アメリカにロービジョン学級が作られたのは 1913 年であった（Goodrich et al., 2008）。しかし，当時は，視力を保存する（sight saving）ために，残存視機能は使わないことが推奨された（Brown, 1997）。当時は，ロービジョンのことを，"partially blind" や "partially sighted" と呼んでおり，盲（blind）でも晴眼（sighted）でもないマージナルな存在として扱っ

ていた。

　ロービジョンという用語は，Faye, E. と Fonda, G. によって使われたと言われており（Goodrich et al., 2008），1950 年前後から論文にも登場するようになった（Fonda, 1956；Jewett, 1946；Mackie, 1951）。1953 年には，最初のロービジョンクリニックが Industrial Home for the Blind（現在の Helen Keller Services for the Blind）と New York Association for the Blind（現在の Lighthouse International）に設立され，ロービジョン者に対する視覚補助具（エイド）の処方やビジョン・トレーニングが注目されるようになった（Mogk & Goodrich, 2004）。そして，ロービジョンケアへの関心は，第二次世界大戦後，障害を負った退役軍人を労働者として社会復帰させるサービスが推進力となって広がっていった（Brown, 1997）。

16・3・2　ロービジョンの定義

　歴史的には，まったく見えない（total blind）わけでも，通常の見え方（normal vision）でもない状態に対して，"partially blind"，"partially sighted"，"subnormal vision"，"poor vision"，"reduced vision" 等の用語が使われてきた。従来の視力保存の考え方から，視覚を有効活用する考え方に変わった頃から，ロービジョンという用語が使われることが多くなった。日本では，教育や福祉の領域で「弱視」という用語をロービジョンの意味で用いてきた歴史がある。しかし，医学の領域では，「弱視」は "amblyopia" を意味しており，混乱を避けるために，"amblyopia" を医学的弱視，ロービジョンを教育的弱視もしくは社会的弱視と呼び分けることになった。なお，法律や省令等では「弱視」という用語をロービジョンの意味で使うこともあり，それに起因する曖昧性を避けるため，現在は，日本でも片仮名で「ロービジョン」と呼ぶことが多くなってきつつある。

　ロービジョンは，「視覚系の疾患が原因で起こる両眼の視力低下や視野障害」（Faye, 1984），「日常的な作業や活動に支障がでる程の視機能の欠損で眼鏡やコンタクトレンズで矯正することができないもの」（Jose, 1985）を指す概念であり，一般的には，「眼鏡やコンタクトレンズで屈折矯正をしても，手術をしても治療することができない，日常生活に支障が出

る程度の視覚障害」と考えられている。しかし，ロービジョンの定義や分類基準に関しては，さまざまなガイドラインで定められているが，コンセンサスは得られていないとされている（Corn & Erin, 2010；Leat et al., 1999）。

ロービジョンの定義を大別すると，視力低下や視野欠損等のインペアメント（impairment：機能障害）に基づくものと「視覚補助具を用いても新聞が読めない」等のディスアビリティ（disability：能力障害）に基づくものがある。たとえば，世界保健機関（World Health Organization：WHO）の「国際疾病分類（International Statistical Classification of Diseases and Related Health Problems：ICD）」第10回改訂版（ICD-10）では，「ロービジョンのある人とは，治療や標準的な屈折矯正を行っても視機能に障害があり，視力が光覚から6/18（0.3）まで，もしくは，視野が10°未満で，課題を達成するのに視覚を活用できたり，視覚活用の可能性がある人の

ことである」と定義している。WHOのガイドラインでは，定義にはディスアビリティの観点を入れつつ，障害程度分類はインペアメントの観点から行っている。このように法律や制度上の視覚障害を法定盲（legal blind）と呼ぶ。たとえば，アメリカやカナダでは，一般的に小数視力0.1（20/200）未満を法律上，盲と呼んでいる。

日本には，現在，盲やロービジョンに関する定義や分類する明確な基準はないが，教育・福祉制度の対象者を認定するための分類基準がある。たとえば，厚生労働省では，身体障害者福祉法施行規則の別表第5号「身体障害者障害程度等級表」（2018年7月1日適用開始）に，視覚障害の程度を等級として分類している（表16-3-1）。このガイドラインは，障害等級を視力と視野というインペアメントの観点から定義・分類したものである。

表16-3-1　身体障害者障害程度等級表（身体障害者福祉法施行規則別表第5号）

等級	基準
1級	視力の良い方の眼の視力(万国式試視力表によって測ったものをいい，屈折異常のある者については，矯正視力について測ったものをいう。以下同じ。)が0.01以下のもの
2級	1 視力の良い方の眼の視力が 0.02 以上 0.03 以下のもの 2 視力の良い方の眼の視力が 0.04 かつ他方の眼の視力が手動弁以下のもの 3 周辺視野角度(I／4 視標による。以下同じ。)の総和が左右眼それぞれ 80 度以下かつ両眼中心視野角度(I／2 視標による。以下同じ。)が 28 度以下のもの 4 両眼開放視認点数が70点以下かつ両眼中心視野視認点数が20点以下のもの
3級	1 視力の良い方の眼の視力が 0.04 以上 0.07 以下のもの（2 級の 2 に該当するものを除く。） 2 視力の良い方の眼の視力が 0.08 かつ他方の眼の視力が手動弁以下のもの 3 周辺視野角度の総和が左右眼それぞれ 80 度以下かつ両眼中心視野角度が 56 度以下のもの 4 両眼開放視認点数が 70 点以下かつ両眼中心視野視認点数が 40 点以下のもの
4級	1 視力の良い方の眼の視力が 0.08 以上 0.1 以下のもの（3 級の 2 に該当するものを除く。） 2 周辺視野角度の総和が左右眼それぞれ 80 度以下のもの 3 両眼開放視認点数が 70 点以下のもの
5級	1 視力の良い方の眼の視力が 0.2 かつ他方の眼の視力が 0.02 以下のもの 2 両眼による視野の 2 分の 1 以上が欠けているもの 3 両眼中心視野角度が 56 度以下のもの 4 両眼開放視認点数が 70 点を超えかつ 100 点以下のもの 5 両眼中心視野視認点数が 40 点以下のもの
6級	視力の良い方の眼の視力が 0.3 以上 0.6 以下かつ他方の眼の視力が 0.02 以下のもの

（https://www.mhlw.go.jp/file/06-Seisakujouhou-12200000-Shakaiengokyokushougaihokenfukushibu/0000172197.pdf より視覚障害に関する記述のみを抜粋）

16・3・3　ロービジョン者の人口

WHOが2018年10月18日に発表した「盲と視覚障害（Blindness and vision impairment）」に関するデータ（https://www.who.int/news-room/fact-sheets/detail/blindness-and-visual-impairment）では，世界には約13億人の視覚障害者が存在していると推測されている（世界の人口は約74億人なので，発生率は17.5%で，約6人に1人の割合である）。また，遠距離視力についていえば，1億8850万人が軽度（小数視力0.3-0.5），2億1700万人が中等度（0.1-0.3）から重度（0.05-0.1），そして，3600万人が盲（0.05未満）であると推測されている。視覚障害の原因疾患に関するWHO（2007）の調査では，白内障（47%），緑内障（12%），加齢黄斑変性（9%），角膜白濁（5%），糖尿病網膜症（5%）が多いことが示されている。

日本では，厚生労働省が5年に1度実施する「生活のしづらさなどに関する調査（全国在宅障害児・者等実態調査）」のなかで，視覚障害者の推計を行っている。2016年の調査結果（厚生労働省社会・援護局障害保健福祉部，2018）では，身体障害者手帳を所持している視覚障害者は31万2000人と推計されている（調査当時の日本の人口は約1億2700万人なので，発生率は0.25%で，約407人に1人の割合と考えられる）。視覚障害者の人数を年齢別・障害等級別に分類して比較すると，高齢者の割合が高く，1級，2級の重度の視覚障害者の割合が多い。

日本眼科医会研究班（2009）は，アメリカの視覚障害の分類基準［盲：よく見えるほうの眼の矯正視力が0.1以下，ロービジョン：よく見えるほうの眼の矯正視力が0.1-0.5，視覚障害：よく見えるほうの眼の矯正視力が0.5未満（盲+ロービジョン）］に基づいて，推計調査を行った結果，164万人の視覚障害者が存在（調査当時の日本の人口は約1億2800万人なので，発生率は1.29%で，約78人に1人の割合）し，その内，18.8万人が盲，145万人がロービジョン者であることを明らかにした。また，ロービジョン者の視覚障害原因を分析した結果，緑内障（23.9%），糖尿病網膜症（21.9%），屈折異常（病的近視：12.1%），加齢黄斑変性（11.6%），白内障（8.0%）が多いことを明らかにしている。

16・3・4　ロービジョン者の眼疾患と知覚・認知機能の関係

ロービジョンは，視機能が低下している状態を示す用語であるが，その原因疾患を部位で大別すると，白内障等の眼球，視神経萎縮等の視覚伝達路，中枢性視覚障害等の視覚中枢の機能障害（図16-3-1）に分けられる。また，斜視弱視等の視覚発達の障害や心因性視力障害等の心身症等が原因でロービジョンになる場合もある。

Colenbrander & Fletcher（1992）やLeat et al.（1999）は，眼疾患とロービジョン者が遭遇する障害の関係を明確にするために，WHOの国際障害分類（International Classification of Impairments, Disabilities and Handicaps：ICIDH）の階層モデルを用いて，眼疾患と障害の関係を以下のように説明している。第1階層はdisorder（疾患）で，解剖学的，生理学的な疾患（disorder）や標準からの逸脱（deviation）である。たとえば，水晶体の混濁の程

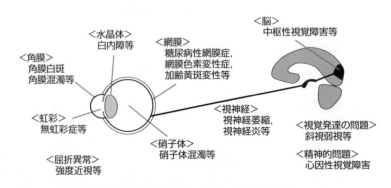

図16-3-1　ロービジョンの原因となる機能障害と眼疾患（小田・中野，1993）

度が標準値から有意に逸脱した場合が白内障という disorder である。第2階層は，impairment（機能障害）で，disorder が原因で起こる視機能（視力，コントラスト感度，視野等）の低下である。たとえば，白内障という disorder の結果，視力やコントラスト感度が低下することが impairment である。第3階層は，disability（能力障害）で，impairment が原因で起こる特定の課題を達成するために必要な能力の低下である。たとえば，視力低下という impairment の結果，望んでいる車の運転や読書が出来なくなることが disability である。そして，第4階層は，handicap（社会的不利）で，disability が原因で起こる社会的，経済的，精神的不利益である。たとえば，車を運転出来ないという disability の結果，仕事が制限されてしまうことが handicap である。ICIDH は，disorder が impairment を，impairment が disability を，disability が handicap を引き起こすという考え方である。ICIDH では，障害の原因を disorder に求め，disorder の治療や予防を重視するため「医学モデル」と呼ばれている（個人の disorder に起因させているため「個人モデル」と呼ばれることもある）。

　ロービジョン者の知覚・認知特性が障害のない人と比較して低下している原因は，disorder にある。しかし，同じ disorder であれば，知覚・認知機能が同じになるわけではないし，同じ困難に遭遇するわけでもない。また，ロービジョン者の知覚・認知特性は，照明やコントラスト等の環境によって変化する。さらに，視機能が低下していても，すべての活動に影響が出るわけではない。たとえば，視野狭窄があれば，歩行は困難になるが，視力が低下していなければ，読書のパフォーマンスは低下しないという状況が生じる場合がありうる（小田，1999, 2008）。つまり，ロービジョン者の知覚・認知特性は，環境や活動との関係で捉えなければならないのである。障害を環境や活動との関係で捉える考え方は，WHO が2001年に発表した国際生活機能分類（International Classification of Functioning, Disability and Health：ICF）に見られる（WHO, 2001）。ICF は，単に心身機能の障害による生活機能の障害を分類するという考え方ではなく，活動（activity）や社会参加（participation），特に環境因子を重視している点が

特徴である。なお，ICF では，生活機能や障害に影響を及ぼす背景因子として，環境因子だけでなく，個人因子も挙げている。先天性，もしくは，早期に受障したロービジョン者は，知覚・運動・認知・言語・社会性・パーソナリティ等の発達に影響が出るといわれている（Warren, 1984）が，受障時期や発達の差異等は個人因子の代表的な例だと考えられる。

16・3・5　視機能低下のタイプとタスクや環境調整の関係

　ロービジョンは，伝統的に，視力や視野，つまり，impairment によって定義・分類されてきた。また，その障害の程度も，視力検査や視野検査の結果に基づいて決められてきた。しかし，標準的な視力検査や視野検査の結果だけでは，ロービジョン者の知覚・認知機能の低下の全容を記述することは出来ない。たとえば，読書という活動を行う場合には，周辺視よりも中心視の機能が求められるし，歩行という活動を行う場合には，中心視よりも周辺視，特に，下方視野の機能が必要になるわけである。また，視覚系の機能は，環境に応じて変化するため，ロービジョン者で低下している本来の知覚・認知機能を記述するにあたっては，環境を変化させながら，その役割を特定する必要がある。

　小田（2008）は，ロービジョンの視機能低下を，空間解像度の低下，コントラストの低下，空間の歪み，中心視野の欠損，周辺視野の狭窄，照明への不適応の六つのタイプに分類した。また，ロービジョンの視機能低下のタイプとタスク（読み書き，歩行等）との相互作用を分析する重要性を指摘した。たとえば，周辺視野の狭窄は移動行動を困難にするが，読書にはあまり影響せず，逆に，中心視野の欠損は読み書きには大きな影響を及ぼすが，歩行への影響は少ないと考えられる。

　中野他（1993）は，ロービジョンの見えにくさをボヤケ，眩しさ，視野が狭い，視野の中心が見えないの四つに分類した。そして，それぞれの見えにくさやその原因に応じた補償方法（環境調整）が重要であることを指摘した。たとえば，中間透光体の混濁が原因で生起する「眩しさ」は，視野内にある高輝度領域の面積が原因であり，白黒反転をしたり，

第 II 部　視覚

高輝度の部分をタイポスコープ等で遮蔽するという環境調整が効果的だと考えられる。

ICF に基づけば，「活動」や「参加」の各領域に制限や制約がないかどうかを，環境因子との関係で調べ，制限や制約を取り除くための介入を行えば良いことになる。ICF では，「活動」や「参加」の領域を，学習と知識の応用（模倣，読み書き，計算等），一般的な課題と要求（手紙，ベッドメイク，家具の配置等），コミュニケーション（言語的，非言語的メッセージの理解・表出等），運動・移動（屋内外の歩行や交通機関での移動等），セルフケア（衣服の着脱や身辺処理等），家庭生活（必需品の入手や家事等），対人関係（状況に見合った社会的関係等），主要な生活領域（教育や仕事等），コミュニティライフ・社会生活・市民生活に分けており，ロービジョン者の活動制限や参加制約を軽減するためには，これらの領域に影響を及ぼす環境因子に介入することが重要だと考えられる。

（中野　泰志）

16・4　発達障害（神経発達障害群）の知覚認知特性

16・4・1　発達障害と脳の発達・遺伝

「発達障害（developmental disability）」とは，脳機能の障害によって，通常，発達の早期に症状が発現する心理的，行動的，情緒的障害で，主として学習障害（learning disability：LD），自閉症スペクトラム障害（autistic spectrum disorders：ASD），注意欠陥（欠如）・多動性障害（attention-deficit/hyperactivity disorder：AD/HD）に大別される。LD は書字・読字や計算・推理などのうちの特定の能力に関する困難，ASD は対人的相互反応の困難，コミュニケーションの困難，興味・活動の範囲の制限などによる困難，AD/HD は多動・衝動・不注意のいずれか，または混合による困難を主訴とする。これらの困難のために，発達障害を有する人は学習や社会活動に困りごとを抱えることが多い。

発達障害の起因をめぐり，ASD を中心に，その生物学的基礎として脳の形態や機能に関する研究

および遺伝子研究が行われてきた。Happé & Frith (1996) は脳の経路とシステムがどのように行動を仲介するかについて研究する神経心理学の立場から，ASD 研究の主要な動向を生物学，認知，行動の三つのレベルから概観した。ASD の頭囲拡大は，初の症例報告をした Kanner (1943) によりすでに指摘されていたが，その後の CT や MRI による脳形態画像研究（Courchesne et al., 1994；Hashimoto et al., 1995；Kaufmann et al., 2003；Schumann et al., 2004；Sparks et al., 2002），PET や fMRI による脳機能画像研究（Castelli et al., 2002；Schultz et al., 2000），ミラーニューロンシステムの賦活の低下を示した研究（Dapretto et al., 2006），脳内局所（右内側側頭葉，小脳など）の生化学代謝研究（遠藤他，2008）などにより，発達障害の発症因として扁桃体，海馬，小脳の形態発達不全，脳内局所生化学代謝低下など，脳領域における神経発達障害が示唆されている。そのため最近では，「発達障害」は「神経発達症群／神経発達障害群」のなかに含まれるとされる。

Bailey et al. (1995) や Happé & Frith (1996) は，ASD の双生児研究で一卵性双生児の一致率が 90% 以上であることから，ASD は強く遺伝的要因に依存するとした。その後，わが国においても，ASD の起因として遺伝因子が重要な役割を果たす可能性が複数の遺伝子研究で明らかにされている（遠藤他，2008；橋本他，2011；神保・桃井，2015）。ごく最近になって，新たな発達障害の原因遺伝子が発見されている（Hurles et al., 2017；理化学研究所，2017；東京大学分子細胞生物学研究所，2016）。しかしながら，遺伝子では説明できない事例も多く，少なくとも発達障害が親から子への単純な遺伝子継承で起こるわけではなく，遺伝因子と環境因子との相互作用が重要な役割を果たすと考えられている。

16・4・2　発達障害の知覚認知特性

発達障害の知覚認知に関しては Frith (1989) が後述の WCC 仮説を提起して以降，発達障害の感覚刺激に対する特異的な反応を理解することを目的とした研究が積み重ねられてきたが，言語発達，社会的機能を調査した研究に比較して，知覚認知特性に関する研究は多いとはいえない（Goldstein, 2000；

Williams et al., 2006)。また，発達障害に関する脳研究と同様に，研究の大半はASDに集中している。

Dawson et al. (2002) は遺伝，脳，行動の視点からASDの社会的・言語的行動の認知神経学を概観したうえで，ASDの広域表現型（broader phenotype）として，①顔の特徴の構造的符号化および視線などの顔の動きを含む顔処理，②自閉症にみられる社会的動機づけの欠如に関連する社会的所属や社会的報酬に対する感受性，③運動模倣，特に身体動作の模倣能力，④記憶，特に内側側頭葉，前頭前部回路によって媒介される記憶の側面，⑤実行機能，特に計画と柔軟性，⑥言語，特に音韻処理と重なる言語能力，の6項目を提案した。

16・4・2・1　ASDの細部優先処理特性：WCC仮説とEPF仮説

ASDの知覚認知は「全体に対して部分を優先的に処理する」と特色づけられ，その説明として，「弱い全体統合（weak central coherence）仮説」（以下，WCC仮説）と「知覚機能亢進（enhanced perceptual functioning）仮説」（以下，EPF仮説）が提唱されている。

Frith (1989) によるWCC仮説は，定型発達には共有される「情報の細部を統合して全体として文脈にそって処理しようとする傾向」がASDにおいては弱く，そのために行動的，社会的，認知的に多様な特異性が生じるとする（Frith, 1989；Frith & Happé, 1994；Happé, 1997, 1999；Happé & Frith, 2006；Shah & Frith, 1983, 1993）。

ASDは全体より情報の部分に集中する傾向が強く，そのことが日常生活における困難に結びつくことがあるので，しばしば欠陥（deficit）として捉えられがちであるが，むしろ利点（assets）でもある。Happé (1999) はASDの局所バイアスは欠陥ではなく認知スタイルであり，課題の失敗例よりも定型発達以上に有能さを発揮する事例を明らかにすることによって，ASDなどの発達障害についてより多くを理解できるとした。

Shah & Frith (1983, 1993) も，隠し絵課題（Embedded Figures Test：図16-4-1）や積木模様課題（Block Design Task：図16-4-2）でASDが定型発達児よりも優れた成績を示すことを明らかにした。

EPF仮説はASDの局所バイアスの考えは保持するものの，それは全体的統合が障害されているため

図16-4-1　複雑な隠し絵図形の例（Shah & Frith, 1983）

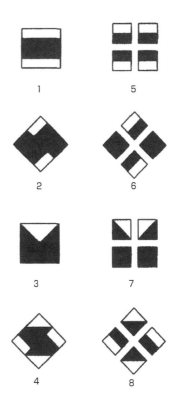

図16-4-2　積木模様課題・8セットすべてのデザインの例（Shah & Frith, 1993）
全体（1, 2, 3, 4）vs 部分（5, 6, 7, 8），斜め（3, 4, 7, 8）vs 非斜め（1, 2, 5, 6），非回転（1, 2, 5, 7）vs 回転（2, 4, 6, 8）

ではなく，全体処理以上に部分の知覚処理が亢進された結果であるとし，よりいっそう，ASDの知覚特性における適応的側面を強調した（Mottron & Burack, 2001；Mottron et al., 2006）。

16・4・2・2 発達障害における知覚的体制化と局所処理バイアス

知覚的体制化とは，近接，類同，閉合などの要因によって知覚情報を単なる部分の寄せ集めとしてではなく全体を統合して把握する知覚的傾向で，定型発達には備わっているとされる。他方，ASDではWCC傾向のために知覚的体制化は生じにくいという実験的証拠が示されている。Brosnan et al. (2004)は各25名のASDと精神年齢を合わせた対照群を比較し，ASD群では知覚的体制化が対照群より有意に低いことを報告した。Scherf et al. (2008)は高機能自閉症の幅広い年齢層に対して複合文字課題（compound letter global/local task）と階層形態プライミング課題（hierarchical shape priming paradigm：図16-4-3）を課して，知覚的体制化の発達を研究した。どの年齢層（8-30歳）でも部分処理が一貫して定型発達より速かった。効率的な物体認識に必要な能力である知覚的体制化が，定型発達では年齢とともに全体処理の増大がみられたのに対し，ASDでは経年変化が認められず，部分処理バイアスも認められなかった。また，部分と全体が複雑に干渉し合う課題では，ASDの多くが局所的な要素を優先した。複合文字課題では定型発達の成人は全体（大きい）文字を識別するのが早かったのに対し，ASDの成人は部分（小さい）文字を識別するのが早かった。階層形態刺激プライムの多要素課題ではASDは全年齢層で強く要素を個別化する傾向を示したのに対し，定型発達では年齢が高くなるにつれて個別化傾向が減少し，全体形状の感受性が増大した。ASDは階層的形態を多数の要素として処理し，定型発達では青年期に全体優位性が顕在化する。ASDおよび定型発達の知覚的体制化過程は，思春期で発達的に分かれ，ASDは形全体の成熟した形を獲得することができないことを示した。Bölte et al. (2007)は高機能自閉症成人15名の知覚傾向を同数の定型成人と比較した。ASDでは重なり図形で類同，近接，閉合のゲシュタルト法則に沿った知覚が少なく，錯視感受性の低下が認められた。隠し絵課題では定型者との差はなかったが，統合失調症やうつ病の群よりも優れたパフォーマンスを示し，積木模様課題では統計的に有意差はみられなかったものの，定型

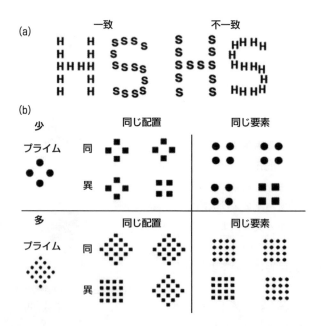

図16-4-3 (a) 複合文字課題の刺激。左のHSはグローバルな大文字とそれを構成するローカルな小文字が一致しており，右のHSでは両者が不一致である。(b) 階層形態プライミング課題の刺激（Scherf et al., 2008）

者よりも良好な成績を示した。

16・4・2・3 ASDと実行機能不全

実行機能とは，複雑な課題を遂行する際に，必要に応じて課題のルールを切り替えるなど，自分の思考や行動を制御する機能で，ASDではこの機能が不全であるとされる（Frith & Happé, 1994）。Rogers & Pennington（1991）は，実行機能を評価するためのテストであるウィスコンシンカード分類課題（Wisconsin Card Sorting Task）とハノイの塔課題（Tower of Hanoi Task）で，すべてのASDの評価が低かったことから，ASDは実行機能が障害されていると結論した。Katagiri et al.（2013）は，階層文字刺激を用い，ASDが部分刺激への反応を繰り返すことで全体刺激への注意の切り替えが困難になることを報告した。細部に集中するというASDの特性は，単に注意の切り替えの困難だけではなく，細部処理の抑制困難など，複数の実行機能が関係すると片桐（2014）は述べている。実行機能の神経基盤は一般に前頭前野に依存すると考えられており，実行機能の障害は，ASDの特徴とされるステレオタイプ，プランニングの失敗，衝動性などを説明することができるかもしれない（Frith & Happé, 1994）。

ASDの実行機能不全は，年長者については，ほとんどの研究から支持を受けているが，年少児では不一致な結果も認められる。Griffith et al.（1999）は，就学前のASD児に八つの実行機能課題を与え，対照群の成績と比較した。注意の切り替えや社会的相互行動はともに少なくなったが，群間の差異は認められなかった。1年間の縦断的研究でも，ASD群と対照群で空間反転に関する群の成績に差異が認められることはなかった。

16・4・3 錯覚は発達障害の特異性を示す尺度となるか？

錯視・錯覚効果と発達障害との関係を初めて指摘したのはHappé（1996）である。その20年後，Gori et al.（2016）は「錯視は，脳が視覚刺激をどのように処理するかを私たちに教えてくれる強力な非侵襲的なツールであり，発達性ディスレクシア（developmental dyslexia：DD）やASDの発達

障害を理解するのに役立つ」という視点で，Happé以降の研究をレビューした。それらの研究の大半はFrithが発表したWCC仮説の検証という意味合いが強く，研究対象の大半はASDである。そのうえで，Goriらは，発達障害の早期発見，対処としての早期介入に錯視を利用すること，早期介入による成果を実証するために錯視効果を利用することが有効だということを主張した。

16・4・3・1 ASDと幾何学的錯視

ASDは全体統合が弱く，部分処理を全体統合より優先するので，錯視は観察されにくいと考えられる（Chouinard et al., 2013；Frith & Happé, 1994；Gori et al., 2016；Happé & Frith, 2006；和氣他，2017）。Happé（1996）は，ASDがEbbinghaus, Ponzo, Müller-Lyer（M-L）, Poggendorff, Hering, Kanizsaの三角形の6図形に対する錯視感受性が低いという，WCC仮説を支持する結果を得た。同じ6種類の錯視図形を使用し，Bölte et al.（2007）は高機能自閉児でHappéと同様に錯視感受性が低下することを確認したのに対し，Hoy et al.（2004）はASDと定型発達児との間に差を見いださなかった。その後もASDの幾何学的錯視の感受性に関して，Kanizsaの主観的輪郭線錯視も含め複数の刺激材料を使って研究が行われたが，錯視感受性が低下することからWCC仮説が支持されるとする結果（Chouinard et al., 2013；Ishida et al., 2009；Stroganova et al., 2007；田谷・小島，2006；Walter et al., 2009）の一方で，ASDに錯視感受性の低下はなく対照群と同等の錯視効果が得られるとする不一致な結果（Brown et al., 2005；Milne & Scope, 2008；Ropar & Mitchell, 1999, 2001；吉本・宮谷，2010）もある。

Brown et al.（2005）の研究では，ASDの青年は正常にKanizsaの主観的輪郭線錯視を観察したが，錯視図形観察中のEEGでの記録に眼の動きによる産物として知られる異常脳波を示した。また，Stroganova et al.（2007）は，主観的輪郭図形を見ているときのERP（事象関連電位）には，ASDのある子どもと対照群との間の違いを発見した。

Mitchell et al.（2010）はShepardのテーブル錯視（Shepard's tabletops illusion）に対するASDの

第Ⅱ部　視覚

錯視感受性の低下を確認し，その理由をトップダウン処理が減衰されたためと解釈した。Chouinard et al.（2016）は使用した13種の錯視図形のうち，錯視感受性の低下が認められたテーブル錯視とダイヤモンド錯視（square-diamond illusion）の2種のみに含まれる一つの因子があることを明らかにした。その結果からASDの錯視に対する感受性は自閉症スペクトラム指数（autism-spectrum quotient: AQ；Baron-Cohen et al., 2001）の関数として変化するが，ローカル対グローバルという情報処理バイアスによって予測される方法では変化しないとした。

　サッチャー錯視（Thatcher illusion：Ⅱ・11・6・5参照）で，顔が定位置に表示される場合にはASDは顔処理では損なわれず，ASD児は定型発達児と差がない（Chouinard et al., 2016；Rouse et al., 2004）。しかし，顔が斜めになると急激に局所処理へと移行し，誤り率が増大する。正位置の顔処理には過去経験が反映するためと考えられた（Cleary et al., 2014）。

16・4・3・2　DD（発達性ディスレクシア）と錯視・錯覚

　DDは文字の読み書きに著しい困難を抱えるLDの一種である。DDを対象とする錯視研究はDDにおける注意欠如や認知障害とM-D（magnocellular-dorsal）理論（大細胞背側理論）との因果的役割の証拠を提供するうえで重要な役割を果たすとGori et al.（2016）は述べている。その根拠として，DDではTernusの仮現運動ディスプレイ（Ternus, 1926；Ⅱ・14・1・2参照）を使用した群運動が顕著に減少すること（Cestnick & Coltheart, 1999；Davis et al., 2001；Slaghuis et al., 1996），DDにおけるこの運動感覚の減少はDDのM-D経路［網膜神経節細胞から外側膝状体の大細胞層（M層）を通過し，最終的に後頭部および頭頂皮質に到達する経路］の障害が理由で視覚的持続時間が増加すること（Slaghuis et al., 1996）を挙げた。

　正弦波パターンを15 Hz以上の速い周波数で反転すると平均輝度の灰色が観察されるのではなく，2倍の周波数の縞として見える。この現象はFD錯視（周波数倍増錯視：frequency doubling illusion：Kelly, 1981）と呼ばれるが，DDはこの錯視の検出

に敏感でない（Buchholtz & McKone, 2004；Gori et al., 2014；Gori & Facoetti, 2014, 2015；Kevan & Pammer, 2008；Pammer & Wheatley, 2001）。M-D経路における網膜神経節細胞のM細胞系がこの錯視に関与すると考えられ，そうした関係から示唆されるDDでのM-D経路の特性が，テキスト内の単語を読む能力が低いことや，注意喚起課題でも劣ることと関連すると考えられている（Kevan & Pammer, 2008, 2009；Pammer et al., 2004）。線運動錯視（line motion illusion：Hikosaka et al., 1993），アコーディオン・グレーティング錯視（accordion grating illusion：Gori et al., 2011, 2013）などを使ったDDの運動知覚特性と注意に関する研究によってもDDの低い能力が示され（Facoetti & Molteni, 2001；Steinman, Steinman & Garzia, 1998；Yazdanbakhsh & Gori, 2011），M-D経路とDDの注意障害との関係がfMRI（Hamm et al., 2014；Sterzer et al., 2006）や事象関連電位（Lallier et al., 2010）等の生理視標を用いた研究でも示されている。

　少数ながらDDに関する聴覚錯覚の研究も行われている（Hari & Kiesila, 1996；Helenius et al., 1993；Lallier et al., 2009, 2010）。両耳を短い間隔のクリック音で刺激すると音の動きが知覚される。この錯覚は対照群では90-120 msを超える間隔で消失するのに対し，DDでは250-500 msの間隔まで持続することから，DDでは速い音列の処理に有意な遅れがある（Hari & Kiesila, 1996）。

16・4・3・3　幾何学的錯視と視覚認知発達検査スコア

　発達障害と錯視に関する研究の多くは，既存の診断マニュアルで発達障害であると診断された児童・成人を対象として行われてきた。しかし，実際には発達障害の診断にはいろいろな困難が伴い，診断がばらつくことも少なくなく，そのことが錯視と発達障害との関係に関する研究結果に矛盾をもたらしている可能性がある。そこで和氣他（2017）は，発達障害をはじめ保育・教育場面や家庭生活において困難を示す児童生徒では視機能不全や視覚認知の発達不全がその原因となっている場合があることに着目し，視覚機能に何らかの不安を覚えて関係機関を訪れた幼児から高校生までの幼児児童生徒75名から

錯視図形	Shepard回廊錯視	M-L	Poggendorff	Titchener	Fick	Zöllner	Ponzo	Helmholtz
75名平均生起率	100.0	98.7	90.7	89.3	89.3	80.0	78.7	76.0
低群（28名/37.3%）	100.0	96.4	75.0	82.1	75.0	60.7	57.1	57.1
高群（47名/62.7%）	100.0	100.0	100.0	93.6	97.9	91.5	91.5	87.2

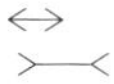

錯視図形	ロッドフレーム	Kanizsa	Oppel-Kundt	重力レンズ	Poggendorff	Hering	Ehrenstein	総平均
75名平均生起率	74.7	70.7	69.3	65.3	62.7	56.0	45.3	76.4%
低群（28名/37.3%）	71.4	50.0	28.6	57.1	32.1	35.7	21.4	60.0%
高群（47名/62.7%）	76.6	83.0	70.2	70.2	80.9	68.1	58.7	86.2%

図16-4-4 視機能に不安をもつ幼児・児童・生徒の錯視生起率（和氣他，2017に未発表分を追加）

15種の幾何学的錯視図形の見え方について反応を求めた。個人ごとの平均錯視生起率から錯視生起率低群と高群に分類したうえで（図16-4-4），視覚認知発達検査およびその下位検査のスコアとの関係を分析した。視覚認知発達検査の何れかの課題で問題ありとされた幼児児童は錯視生起率が低いという関係に統計的有意差が認められたのは，IQ（Intelligence Quotient），NCT（Number Coping Test）の遠見（教室で板書を書き写すときのような作業），形態知覚ではDTVP-3（Developmental Test of Visual Perception 3rd Edition）の眼と手の協応，DTVP-A（DTVP-Adolescent and Adult）のすべての下位検査，TVPS-3rd（Test of Visual-Perceptual Skills-3rd）の識別と恒常性についてであり，視覚認知発達検査課題で問題ありとされる幼児児童では，錯視生起率が低い傾向があった，現在，さらに大規模なデータの収集と，個別の錯視図形との関係についての分析が行われている［和氣他，未発表，神奈川大学マルチモーダル研究所最終報告会（2019）において中間報告］。

16・4・3・4　ASDと触覚・固有感覚の錯覚

　ラバーハンド錯覚とは，見えているゴムの手と隠されて見えない自分の手を筆で同時に撫でると突然ゴムの手が自分の手のように感じられる錯覚である（Botvinick & Cohen, 1998：I・7・2・1参照）。Cascio et al.（2012）によれば，ASD児はラバーハンド錯覚の体験のはじめには錯覚の影響を受けにくいが，遅れて6分後に錯覚効果を示した（図16-4-5）。錯覚への感受性のこの遅延は，ASDでは多重感覚（視覚と固有感覚）の時間的統合，および／または固有感覚への強い依存に起因する可能性を示唆するもので，ASDは錯覚を経験する可能性が有意に低いとした。Paton et al.（2012）の研究では，ASDと対照群のどちらも錯覚を経験したが，ASDでは視覚刺激と固有受容刺激の不一致に対する感受性が低下し，より正確な固有感覚感受性を示した。このことから彼らは，ラバーハンド錯覚は多感覚処理の研究，固有感覚と感覚運動との違いを明らかにするための有用なツールであるとした。

　大きさ-重さ錯覚（size-weight illusion）について，Buckingham et al.（2016）は，大学生で自閉症指数テストとの関係を検討し，両者に相関関係が認められないことから，過去の知識が物体の重さ知覚にどの程度影響するかは自閉症特性とは無関係であ

第Ⅱ部　視覚

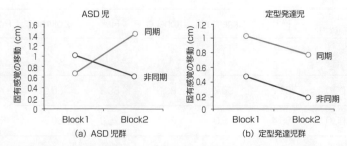

図 16-4-5　(a) ASD 群と (b) TD 群における，各 3 分間のブラッシングブロック後のゴムの手方向への平均固有感覚の移動（Cascio et al., 2012）
見えているゴムの左手と見えていない自身の左手を同期的に各 3 分間ブラッシングすると、定型発達児ではすぐに自身の左手がゴムの手方向に移動して感じられるのに対し，ASD 児では遅れて 6 分後に移動して感じられる。

ると結論した。

16・4・4　発達障害の視覚運動処理能力

ASDは運動が視覚的に知覚されると姿勢が不安定になる一方で，急速な視覚運動の統合が障害されている（Gepner et al., 1995）。たくさんのランダムに動く点の一部が一定方向に動くと，刺激全体がその方向に動いているように見えるコヒーレント運動（coherent motion: CM：Ⅱ・14・2・1・1参照）は，定型児では生後6週の乳児で知覚されるが（Banton et al., 1999），ASDではCMに対する眼球運動反応が非常に弱く，定型児に比べてCMを検出する能力が低い（Gepner & Mestre, 2002a, 2002b；Milne et al., 2002）。また，ASDは単純な運動刺激では定型発達者と同等の感受性を示すが，複雑な運動パターン（並進，拡大／縮小，回転）に対する感受性は低下する（図16-4-6；Bertone et al., 2003）。このことはASDにおいて複雑な知覚情報を統合する能力が障害されているためであり，大細胞経路，視覚小脳回路の異常，小脳－前運動－運動皮質ループの異常が関与すると考えられる（Bertone et al., 2003；Gepner & Mestre, 2002a）。そのために，自閉症者は速く不規則な唇や眼の動きから感情を読み取ることは不得手であるが，顔面の動き刺激がビデオ画像上でゆっくり表示されれば顔面の表情認識は比較的良好である（Gepner et al., 2001）。

16・4・5　発達障害の顔認知と注意

顔を認識するには，眼鼻口などの部分だけではなく，顔全体の情報も加えて全体として認識する必要があるが，ASDではその全体的認識能力が低下しているとされる。O'Connor et al.（2005, 2007）は，幸せ，悲しみ，恐怖などの表情を表す顔を処理しているときの事象関連電位を計測し，アスペルガー症候群（Asperger syndrome：AS）を呈しているAS児では定型発達児に比べてN170成分の潜時が長くなる

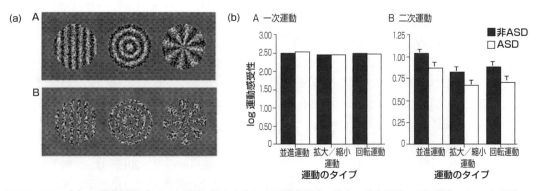

図 16-4-6　(a) は運動刺激（A. 一次運動：輝度変化による並進運動，拡大／縮小運動，回転運動，B. 二次運動：コントラスト変化による並進運動，拡大／縮小運動，回転運動，(b) の黒バーは非ASD，白バーはＡＳＤの運動感度　ＡＳＤの二次運動の運動感受性は非ＡＳＤより低い (Bertone, et al., 2003)。

こと，早期介入が行われた ASD 児には定型児との差が示されないことを報告し，成人 AS では V4 野での顔全体的処理が損なわれている可能性を示した（O'Connor et al., 2005, 2007; Yamasaki et al., 2017）。ASD は逆さまの顔の認識に不利益を被らないという報告もある（Hobson et al., 1988; Langdell, 1978）。

発達障害の注意傾向としては注意の狭小化の反面，過活動で注意を集中できない（注意欠陥）という特徴もある（Dawson et al., 1989）。Courchesne et al. の研究によれば，ASD は聴覚刺激と視覚刺激間で注意を迅速かつ正確に移行する必要のある課題を実行することは困難であり，小脳の発達不全のために急速な注意喚起を実行できないためであるとした（Courchesne et al., 1994）。

16・4・6　発達障害の感覚過敏と鈍麻

発達障害児・者，特に ASD のなかには定型発達児・者とは異なる感覚特徴として，特定の感覚刺激に対する過敏や鈍麻を示す者がいることは多くの調査研究（浅井・杉山，2007；綾屋・熊谷，2008；Bromley et al., 2004；信吉他，2015；Rogers et al., 2003），親報告の分析（Rogers et al., 2003），当事者の表明（Gerland, 1997 ニキ訳 2000；Gerland, 2004 熊谷・石井訳 2007），などによって明らかにされている。川崎他（2003）の研究では，発達障害児・者の 95％は，知的能力にかかわらず聴覚過敏，触覚過敏，偏食のいずれかをもつことが示され，Bromley et al.（2004）の報告では，ASD 児の 71％に聴覚過敏，52％に触覚過敏，41％に嗅覚過敏があることが示された。彦坂・田中（2014）は子の感覚過敏に関して「保護者自身が感じる困難さ」を 2 歳から 9 歳までの ASD, AD/HD, LD の子どもの保護者に対しアンケート調査した。音に対する過敏が最も多く，子の過敏（あるいは鈍麻）の対象と保護者の感じる困難さとの間には正の相関がみられた（図 16-4-7）。

具体的な過敏や鈍麻の感覚刺激や場面は多種多様であり，そのときの行動パターンや対処方法もさまざまである。過敏や鈍麻は視覚，触覚，固有感覚，聴覚，味覚，嗅覚とすべての感覚領域にわたり，過敏が偏食の原因になることもある。Irlen は，発達障害のなかには光の感受性障害のために文字読みに歪みや不快感を訴えることがあり（アーレン症候群：Irlen syndrome），読書面に薄い色膜を被せたり，着色レンズを装用する（アーレン法：Irlen method）ことにより症状が軽減されることを報告した（Irlen, 1991 熊谷他訳, 2013）。Ludlow et al.（2006）はこの方法によって ASD の読書スキルが改善されることを実証し，Wilkins（2003）は，この方法の有効性

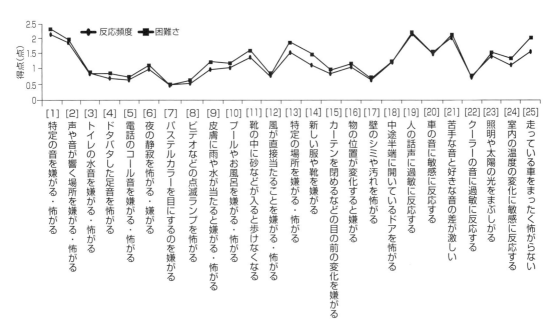

図 16-4-7　発達障害児の環境刺激への反応頻度と保護者が感じる困難さの得点比較（彦坂・田中, 2014）

の科学的根拠として，色フィルターが大脳皮質内の細胞の過剰な興奮を減少させることによると説明した。また，Gomot et al.（2002）は ASD 児の音の変化に対する過敏症が左前頭皮質機能不全によることを電気生理学的手法で明らかにした。

過敏そのものを改善するために系統的脱感作療法その他の作業療法が有効だとする報告がある（Hazen et al., 2014；Koegel et al., 2004；岩永，2013；Lucker & Doman, 2012；佐々木，2013；世良，2010；富森・福本，2006）。そのほか，環境を調整することによって感覚過敏・鈍麻を原因とした日常生活の困り感を緩和するために，当事者および周囲の養育者によるさまざまな工夫がなされているという内容が公表され（浅井・杉山，2007；生島，2009, 2010；岩永，2013），支援を目的とした研究も行われている。高橋・増添（2008）はアスペルガー症候群の手記の分析から，「本人が感覚過敏・鈍麻に対して周りの人にどのような理解を示してほしいか」を明らかにするための支援チェックリストを作成した。その他，感覚過敏や鈍麻の状態に応じ発達障害児・者の問題行動の軽減や QOL（quality of life：生活全体の質）の向上にむけて ICT（information and communication technology）機器・デバイスの開発や既製のデバイスの活用など，さまざまな環境調整の取り組みがなされている（田沢他，2014；横山・高橋，2017）。

16・4・7　視覚認知発達検査とトレーニングによる発達支援の意義

発達障害が抱える困難のなかには，視機能や視覚認知機能の発達不全がその原因となっている可能性がある。発達障害児を含み，学習や生活場面で何らかの困難を示す幼児児童のなかには，見ることの基礎としての視力，調節力，眼球運動などの視機能に問題がある者も多い（図 16-4-8；川端，2010, 2016；

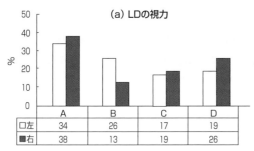

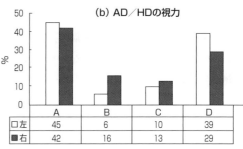

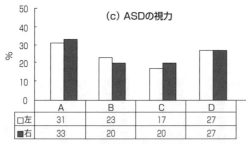

図 16-4-8　発達障害児の視力（川端，2016）
　　図中 A は裸眼視力 1.0 以上，B は裸眼視力 0.9〜0.7，C は裸眼視力 0.6〜0.3，D は裸眼視力 0.2 以下の割合を示す。裸眼視力 1.0 未満の者は，LD では 64.0%，ADHD では 56.5%，ASD では 68.0%。裸眼視力 0.3 未満の者は，LD では 22.5%，ADHD では 34.0%，ASD では 27.0% であった。他方，2010 年度学校保健統計検査の結果では，裸眼視力 1.0 未満の者の割合は，幼稚園 26.4%，小学校 29.9%，中学校 52.7%，高等学校 55.6%。裸眼視力 0.3 未満の者の割合は幼稚園 0.80%，小学校 7.6%，中学校 22.3%，高等学校 25.9% であり，発達障害児の視力は全体に低いことが示されている。発達障害児においては，視力にも「見ること」の基礎である調節力，眼球運動などの視機能についても問題のある者が多い。

Kurtz, 2006 川端訳 2010)。発達障害の診断とあわせて，就学期前の早い段階で視覚認知発達検査によって視覚認知の発達に問題がないか，基本ルールが獲得されているかを知ることは，その後の発達支援にとって有意義である。奥村（2008, 2009）はLDを含む発達障害児にみられる視覚認知の問題を明らかにし，多くの症例を紹介している。視覚認知の改善については，各種の視覚認知発達検査によって困難の有無と所在を検出し，トレーニング等の早期介入を行って困難の軽減を図ることによって徐々に苦手さを軽減させ，QOLを向上させる可能性が期待される（簗田，2016）。

視覚認知発達検査にはNSUCO（Northeastern State University College of Optometry Oculomotor Test），DEM（Developmental Eye Movement Test），NCT，DTVP，TVPS，WISC（Wechsler Intelligence Scale for Children），DAM（Draw A Man）など多くの種類があり，眼球運動，恒常性，部分の統合や全体への関係づけ，注意の適切な配分，視覚記憶等の発達を調べることで，検査課題の何れに苦手や問題があるかを明らかにする。最近はWAVES（Wide-range Assessment of Vision-related Essential Skills；竹田，2014）など日本版の検査も作られている（検査図）。

（和氣 洋美）

16·5 加齢に伴う視知覚機能・視覚的注意の変化

16·5·1 視認性とは

視認性は環境からの情報を得やすくするために，いろいろな観点から研究されてきた。特に，視環境設計に資する基礎的研究と応用的研究は古くからなされている（和氣他，2016）。だが，視認性には適当な英訳がないので，それの意味するものは研究者によって多少異なる。多くの視認性の研究をみると，可視性（detection），弁別性（discrimination），識別性（legibility），可読性（readability）など知覚・認知の情報処理のレベルの違いが存在する。最近では，視覚的注意の研究が多くなり，そのなかには視認性に

関連した研究も多く認められている。ここでは，視認性を人間 - 環境系の研究の枠組みのなかで捉える。

視認性と似た用語として視力（visual acuity：VA）が用いられる。これは主として眼科臨床で使用されるが，現在では視環境設計の基礎的知見を得るための研究に用いられることがある。これには，検知，解像力，認知，位置づけ（副尺視力）などの側面がある。それぞれの側面で用いられる視力検査表の視標を含めて視力算出の方法が定められている。これに対して，視認性では眼に与えられる放射量や測光量（輝度）あるいは視標と背景とのコントラストを変えて，閾や等価値などを求める心理物理学的測定法が適用される。

16·5·1·1 視力算出法

眼科臨床で用いられる視力は標準条件で求められる。これに対して，視認性の測定では特定の標準条件を設けておらず，心理物理学的測定法あるいはそれに準じた方法が適用される。視力測定の標準条件は国際標準化機構（International Organization for Standardization：ISO）で定められたものである（日本規格協会，2002；大頭，1992）。視力の測定には，まず，ランドルト環（Landolt ring）が検査視標として用いられる。この場合の視標の輝度は80-320 cd/m²（推奨輝度は200 cd/m²）である。観察距離は4 m以上（推奨距離は5 m）である。視標周囲10°以内の輝度は背景輝度の1/10〜1/4であり，照明光の色温度は2500-7000 Kである。このときメートル法に従ってランドルト環の切れ目の方向がわかる最小の視角（θ，分単位）を求める。視力はθの逆数［式(1)］である。

$$\mathrm{VA}=1/\theta \tag{1}$$

この視力（VA）は小数視力（decimal visual acuity）といわれる。だが，小数視力値の変化は等感覚量になっていないため，古くからVAの対数値で表されてきた。図16-5-1は対数輝度（網膜照度）と対数VAとの関係を表したものである（Schlaer, 1938）。小数視力（VA）の欠点を補うために，VAをlog MAR（the logarithm of the minimum angle of resolution）で表示する。これはランドルト環の切れ目を対数視角で表すものである。従来からの小数

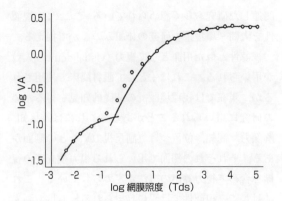

図 16-5-1　log 網膜照度 (Tds) と log VA (Shlaer, 1938)

視力（VA）から式(2)を用いると，容易に log MAR に変換できる。現在では，log MAR の視力表（江口，2001）も市販されている。

$$\log \mathrm{MAR} = \log(1/\mathrm{VA}) \tag{2}$$

Hecht（1934）に従えば，低輝度のところでは杆体，高輝度のところでは錐体が活動するため，杆体 VA と錐体 VA と呼ばれることがある。和氣（1995）や和氣他（2011）の黒背景の色ランドルト環の組み合わせと白地の色ランドルト環の組み合わせの研究では，図 16-5-2 のようにランドルト環の輝度が高くなると，視力は上昇し，杆体と錐体の分離が観察される。このとき，ランドルト環の色が変わっても錐体領域では VA に大きな違いは認められないが，杆体領域では錐体領域に比べてランドルト環の色によって VA に大きな違いが現れる。白背景の色視標の場合には，杆体と錐体の分離が現れるとは限らず，視標と背景とのコントラストがある程度大きくなければ，杆体と錐体の分離が観察されない。

16・5・1・2　視力（VA）に及ぼす加齢と照明状況について

市川（1981）が過去の加齢の効果の研究をまとめた図 16-5-3 によると，どの研究においても 40 歳あるいは 50 歳を過ぎると，VA は年齢とともに直線的に低下する。だが，白内障手術で眼内レンズを挿入すると，VA は緩やかに低下し，85-90 歳になっても VA は 0.7-0.8 に保たれている（北原，1999）。その他，グレア光の有無など照明状況によって，VA や心理物理学的方法による輝度閾などは大きく影響される（和氣，1972）。そのため，照明の評価などを念頭においた VA の研究が多く認められる（武内，2016）。

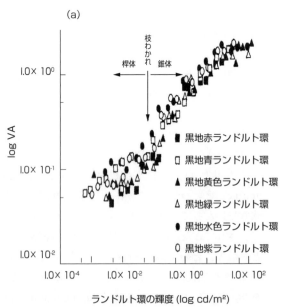
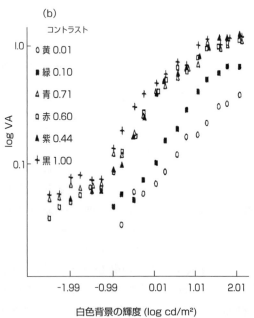

図 16-5-2　黒背景の下で色ランドルト環の輝度を変えた（左図）ときの視力の変化，白背景の色ランドルト環における白背景の輝度を変えた（右図）ときの視力の変化（和氣，1995）

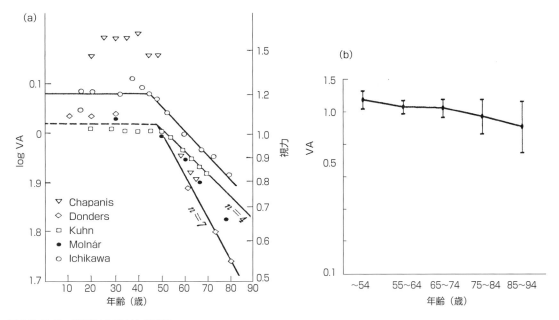

図 16-5-3　加齢による VA の変化
　　　　　(a) 年齢と VA（市川, 1981），(b) 眼内レンズ挿入眼における視力の加齢変化（北原, 1999）

16・5・2　可読性の簡便な測定法

　内部照明式の道路標識の可読性を検討した和氣他（1968）や小林他（1972）は文字とその背景とのコントラストが可読性に大きな影響を与えることを示した。最近では，老視（presbyopia）や白内障などの眼疾病のため，視力の低下や視野の縮小が可読性に影響を与えたり，眼球内散乱光によるグレアが路上にあるいろいろなものを見えにくくしたり（減能グレア, disability glare），さらに，読書あるいは屋内での種々雑多な仕事遂行に支障をもたらす。また，加齢に伴う視機能の低下のため，VA や色の見え方に変化をもたらすので，日常生活に多くの弊害が現れる。それらが QOL（quality of life: 生活全体の質）の低下につながる（吉本・和氣・三田他，2010, 2011；吉本・和氣・和氣他，2011；Yoshimoto et al., 2012）。

　ところで，高齢者や眼疾病者が心理物理学的測定法を用いた実験に観察者として参加すると，実験中に疲労を訴えることが多くなる。その原因として測定に時間がかかり過ぎることが考えられる。そのため，高齢者や眼疾病者の視知覚に関するデータ不足となり，適切な視環境設計をすることができにくくなる。したがって，高齢者や眼疾病者の視環境設計のデータを補うものとして，簡便な測定法やそれに

よる知見が必要となる。和氣・和氣（2012）や和氣他（2016）は簡便な測定法あるいは日常生活に近似させた方法によって高齢者や眼疾病者の保有する視知覚の様子を測定し，古典的な心理物理学的な知見と矛盾するか否かを検討してきた。

　ここでいう簡便法 1 では，実験者が図 16-5-4 のひらがな文字と漢字が印刷された用紙を一定の照明状況で呈示し，そのなかから 1 文字ずつ任意に実験者が指定して，観察者にその文字を読んでもらい，読めた文字数から正答率を算出するというものである。観察者は指定された文字を読んだ後に，表 16-5-1 の

```
いうえこすちとぬねみめゆよらりり
れわあおかけさせにはまむもやを

丞両争亙亦玄交伊仮会企休仰件伍全仲伝任
伐状光充先兆共再冴刑列劣匡匠卍印危各吉
吸叫向后合吊吐同名吏因回団圭存地壮多好
如妃妄字在安字守宅寺尖当尽州巡帆年庄弐
式忙戒成扱旭旨旬早曲有机朽朱朴次此死毎
気汚汗江汝汐池灰灯牝年瓜百竹米糸缶羊羽
老考耳肉肌自至臼舌舟色芋芝虫血行衣迅西
```

図 16-5-4　簡便法 1 に用いられた 2 画，3 画のひらがな文字と 6 画の漢字（和氣他, 2016）

表16-5-1 読みやすさの評定尺度（和氣，2017）

評定項目	得点
とても読みやすい	7
かなり読みやすい	6
やや読みやすい	5
どちらでもない	4
やや読みにくい	2
とても読みにくい	1
読めない	0

読みやすさの評定尺度に従って，評定項目の右側に記載されている得点で報告した。この簡便法では，文字の可読性（形状報告）だけでなく文字の色の報告（色名報告）を求めることが可能である。

和氣他（2016）が提案した日常行動に近似した測定法（簡便法2）は次の通りである。画面の中央の固視点を見ているときに別の位置に呈示された視標を色名や形状で報告してもらう。固視点を見ているときに眼をそらすことは心理物理学的測定法では，データが乱れるため認められないが，簡便法2では，固視点を中心にいくつかの視野の大きさをあらかじめ決めており，その視野内（呈示視野の一定の位置）に視標を呈示するが，視標の呈示時間が300 msであり，その時間内に自由に眼を動かすことが可能であるし，注意を移動することも可能である。実験を観察していると，観察者は刺激呈示直後に応答している。また，観察位置や注意状態はおおむね実験者の制御下に置かれていると言える。和氣他（2012）が使用した視標は図16-5-5の1辺が1°の正方形の1辺が欠落したものである。観察者は上下左右のうちどの方向の辺が欠落しているかを報告する。視標の大きさや色，あるいは背景の色を変えれば，視標の色や背景とのコントラストあるいは色差を変えることができる。さらに，視標を照明する光源の色温度や強度などを変えれば，照明の評価が可能となる。この方法の特徴は，呈示視野の大きさを変えると，固視点から種々離れた網膜の部位に視標が呈示されることになるから，ある程度，網膜周辺部の特徴を捉えることができるところにある。

16・5・2・1 簡便法1の適用例：可読性と読みやすさの関係

簡便法1を用いた和氣（2012）の実験では，白背景（102.7 cd/m^2）の黒文字（2.7 cd/m^2）の視標を300 ms間呈示した。若年者群と高齢者群が観察者となり，個人ごとのVAが1.0になるように遮蔽膜（occlusion foil）で調整して，若年者群と高齢者群の正答率と読みやすさの心理評価を種々の照度のもとで検討した。遮蔽膜の物理特性やそれの利用の仕方は平野・和氣（1993）および平野他（1993）に記載されている。図16-5-6に示すように若年者群と高齢者群の文字の可読性を検討した結果によると，若年者群では文字の大きさが6 pt（point：印刷業界でのサイズの単位）から12 ptのあいだでほぼ100％の正答率を示しているが，高齢者群では，照度を少しずつ高くしたり，文字を大きくすると，正答率は上昇する（和氣他，2016）。これは従来からの可読性の結果と矛盾するものではない。読みやすさの評定値も照度の上昇とともに高くなるが，400 lx以上になると，文字の大きさ如何にかかわらず評定値はほぼ一定値を示している。さらに，高齢者群の評定値は若年者群のものよりかなり低い。正答率を読みやすさの尺度値と関連づけると，若年者群では文字が読めることが読みやすさという心理評価を高めることになるが，高齢者群では文字が読めたとしても，必ずしも読みやすいという心理評価につながらない。つまり，可読性と読みやすさの関係は若年者群と高齢者群とでは異なると考えることができる。

ところで，高齢者群のなかにはVAが低い人がかなりいた。そこで，和氣・和氣（2016）は高齢者群をVAが0.6以上7名と0.5以下7名に分類した。さらに，VAが1.0以上の6名の若年者を加えて，3群の観察者に白背景上の黒文字の観察条件下で正答率

図16-5-5 簡便法2に用いられた視標（和氣，2017）
1辺が1°の正方形の1辺が欠落しているパターンを上下左右にかたむけたものである。観察者は上記パターンの色や欠けている辺の方向を報告する。

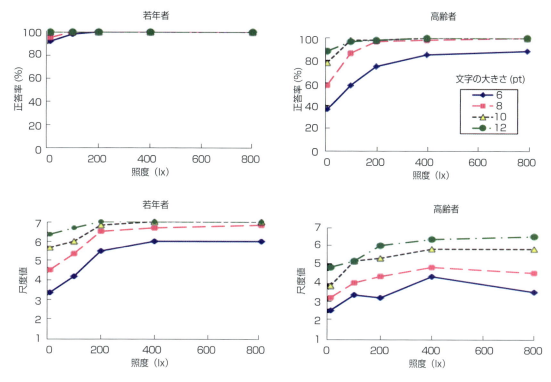

図 16-5-6　若年者と高齢者の正答率と読みやすさの尺度値（和氣・和氣，2016）

を求めて，3群それぞれの平均正答率を算出した。その結果は図16-5-7に示されている。VAが0.6以上の高齢者群の場合には，若年者群より読みやすさの評定値が多少低いが，0.5以下の高齢者群のプロット点は若年者群の正答率の低い方向の延長線上に分布している。つまり，若年者群（およびVAが0.5以下の高齢者群）の曲線とVAが0.6以上の高齢者群の曲線という2本に分離した結果が示されている。ところが，照度が300 lx以上になると，3群のデータは1本の曲線で表せる。つまり，正答率が高くなれば，読みやすさも高く評定されることになる（和氣，2017）。

若年者群と高齢者群が同一正答率を示す条件，たとえば，80％の正答率を示す条件では，若年者群は視標を読みやすいと報告するが，高齢者のなかには読みにくいと報告する観察者が少なからず存在している。なかでも，0.5以下の高齢者の読みやすさの尺度値が低いことを考えれば，このような結果は高齢者群と若年者群の本質的な違いを示すことになるのかも知れない。

16・5・2・2　簡便法2：呈示視野の大きさと色差の効果

簡便法2を用いた和氣他（2016）の研究では，健常若年者と健常高齢者に対して3色の背景に1.55°の上述の4色の視標を呈示して，色名報告と形状報告によって正答率を呈示視野ごとに求めた（図16-5-8）。両群の結果は類似していたので，ここには高齢者のみの結果を示した。図16-5-8左は色名報告の結果であり，右は形状報告の結果である。双方の図において呈示視野が4°と10°のときには約80％以上の正答率を示しており，色名報告と形状報告に差は認められないが，それ以外の呈示視野では色名報告の正答率は形状報告のものよりかなり高い。さらに，呈示視野が大きくなると，双方の報告の正答率は低下する。呈示視野が拡大するということは，視標は網膜周辺に呈示されるからである。また，呈示視野ごとに色差に対する正答率の回帰式を求めた。図中の決定係数 R^2 は小さかった。そのため，色差が大きくなると，正答率は必ずしも高くなるとはいえない。

視標の色については，色名報告の赤文字の正答率は

第 II 部　視覚

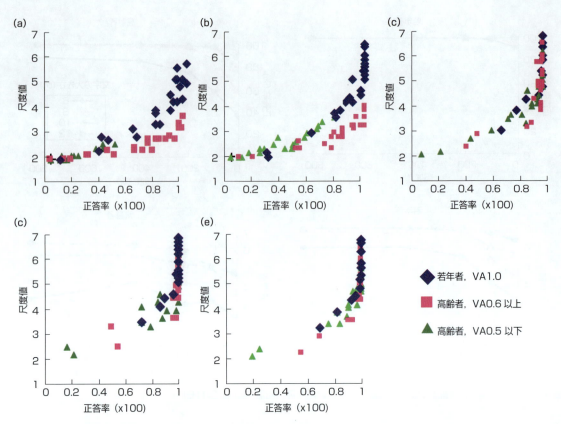

図 16-5-7　5000 K の照明光で照明したときの正答率と読みやすさ（尺度値）の関係（和氣・和氣，2012 をもとに作成）
(a) 30 lx，(b) 100 lx，(c) 300 lx，(d) 700 lx，(e) 1000 lx

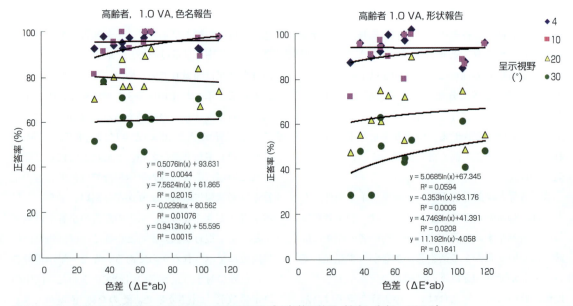

図 16-5-8　高齢者の色名報告と形状報告の正答率に及ぼす色差の効果（和氣・和氣，2016）
　　　　　視標と背景の輝度；58 cd/m^2，高齢者（62〜82 歳）5 名，黄背景のときのみには黄視標の代わりに白指標を用いた。回帰式の y は正答率であり，x は色差である。

90%以上であるが，黄文字の正答率は他の色文字のものより低かった．形状報告も，赤文字の正答率は80%以上であったが，黄文字の正答率は最も低いというように視標の色によって正答率は異なった．

16・5・2・3 眼疾病者の色名報告と形状報告

図16-5-9は糖尿病網膜症の観察者KWとYOの結果である（和氣他，2012，2016；和氣・和氣，2007）．KWの色名報告では，4色の視標の正答率は呈示視野の増大とともに顕著に低下した．また，赤と青視標の正答率は高かったが，黄や緑視標の正答率は低かった．形状報告でも同様な結果を示しているが，黄と緑視標の正答率はいっそう低くなっていた．観察者YOの色名報告では，赤視標と青視標の正答率は呈示視野が大きくなると低下したが，緑と黄視標の報告は皆無であった．また，形状報告は色名報告より低い正答率であったこと以外は似た結果を示した．緑と黄視標の報告がなかったので，これらの色では形状認知が難しくなることを示すものであろう．

図16-5-10は3名の糖尿病黄斑変性の観察者の結果である（和氣，2006；和氣他，2012）．観察者ARの色名報告では，赤と青視標を除く緑と黄視標の正答率は5°あるいは10°の呈示視野のところでピークになる山型曲線を示した．形状報告も，赤，青，緑視標の正答率は呈示視野が5°あるいは10°視野のところでピークになる山型曲線を示した．だが，黄視標はまったく報告されなかった．その上，色名報告の正答率は形状報告のものより高かった．観察者FSの色名報告では赤視標の正答率は5°の呈示視野のところでピークを示した．青と緑視標の場合には正答率は呈示視野が大きくなると上昇した．形状報告では，赤文字の正答率は20%以下であったが，青視標の報告はごくわずかに認められたに過ぎないが，黄と緑の報告は皆無であった．この観察者は，色の違いをある程度分かるが，形状知覚に何らかの障害が現れたと考えることができる．観察者MAの場合

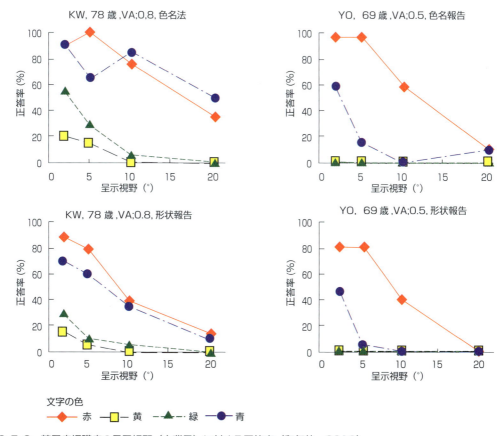

図16-5-9　糖尿病網膜症の呈示視野（白背景）に対する正答率（和氣他，2018）

第II部　視覚

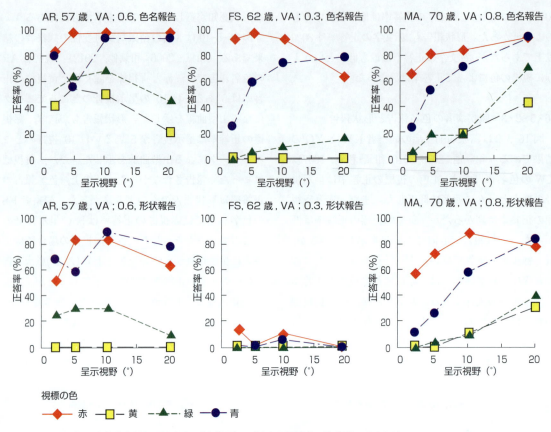

図 16-5-10　糖尿病黄斑変性の呈示視野（白背景）に対する正答率（和氣他，2018）

には，色名報告の赤視標を除けば，呈示視野が大きくなるとともに正答率は高くなり，健常者の場合とは逆の結果になった。この結果は山型曲線のピークの位置が 20° 以上の呈示視野になっていたからかもしれない。

前述の糖尿病黄斑変性とは別の疾病である黄斑変性の場合には，呈示視野の大きさが 5° あるいは 10° のところでピークになる山型曲線が示された（和氣・和氣，2016）。また，呈示視野の大きさが 20°まで増大しても，正答率は増大し続けるという増田・和氣（1999）の研究から推測すると，正答率は呈示視野が 20° 以上のところでピークを示す山型曲線になることを予想させる。

いずれにせよ，糖尿病黄斑変性や黄斑変性の観察者の特徴は，黄と緑の視標の正答率が赤や青視標に比べて低くなりやすいことや呈示視野に対する正答率が山型曲線を示すことである。これらの眼疾病では，病変が黄斑部かその近辺にあるのに対して，糖尿病網膜症の病変は網膜の周辺部に現れ，周辺部の感度を低下させることから，糖尿病網膜症においては呈示視野の大きさが増すと単調減少曲線が現れると考えることができる。さらに，緑内障 7 名の呈示視野に対する正答率の結果（和氣他，2016）によると，正答率は呈示視野が大きくなると，単調減少曲線を示した。緑内障も網膜周辺に異常をきたすことが多いことから整合性があるといえよう。ここで述べた眼疾病の場合には，病変が網膜のどの部位に現れるかによって，異なる結果が観察されるようである。

16・5・3　視覚（文字）探索

Triesman & Gelade（1980）以来の視覚探索の研究では，複数個の幾何学的パターンのなかから色や傾きの異なるパターンを検出して，その反応時間を求めている（I・4・3 参照）。Nagy & Sanches（1990）は色を用いた視覚探索の研究を試みたが，色差が大きくなると，目標物を探索するのに有利になると

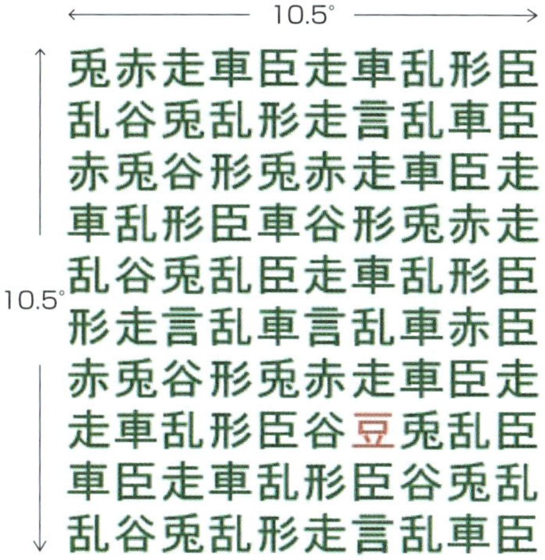

第16章　視覚発達・視覚弱者

図16-5-11　文字探索に用いられた実験画像のサンプル
（和氣他，2017）

表16-5-2　健常者の実験に用いられたターゲット文字とその他の文字の色の組み合わせによる色差

色の組み合わせ	若年者用	高齢者用
薄紫－薄紫	0	0
黄緑－黄	11.08	26.12
赤－ピンク	19.46	－
薄紫－紫	29.06	30.23
緑－黄	32.06	35.43
青－シアン	57.02	60.52
赤－緑	84.57	89.60
青－黄	106.31	106.07

表16-5-3　眼疾病の実験に用いられたターゲット文字とその他の文字の色の組み合わせと色差（和氣他，2017）

色の組み合わせ	色差
薄紫－薄紫	0
黄緑－黄	20.63
紫－薄紫	26.76
緑－シアン	33.33
青－シアン	43.68
赤－緑	64.03
青－黄	78.30

はいえない。Triesman & Gelade の研究によると，セットサイズ（set size）が増すと，反応時間が長くなる場合と反応時間に変化が認められない場合とがある。前者は逐次探索と呼ばれ，後者はポップアウト探索と呼ばれている。和氣他（2017）や吉本他（2018）は標識などの文字を認知・理解させるためにはポップアウト探索の方が有利であり，逐次探索では文字などを認知するには時間がかかるから，ポップアウト探索に移行すべきであると指摘している。

和氣他（2017）の研究では，若年者群，高齢者群及び眼疾病者群に図16-5-11の実験サンプルを呈示した。サンプルの赤の豆という文字が目標刺激の例であり，それ以外の文字とは色が異なる。使用された目標刺激の文字の色は薄紫，黄緑，緑，青，黄，シアン，赤，ピンクである。白背景の輝度は55 cd/m^2 であり，その大きさは10.5° × 10.5°である。使用された色の組み合わせとそのときの色差は表16-5-2，表16-5-3に示されている。この実験では，5 × 5個，10 × 10個，15 × 15個の文字のセットサイズが用いられた。和氣他（2017）によると，セットサイズが大きくなると，反応時間は長くなるし，若年者の反応時間は高齢者のものより短い。このとき，色差が⊿40E*ab まで反応時間は短くなり，それ以上の色差になると，反応時間は変化しなくなり，一定値を示すようになる。つまり，色差が⊿40E*ab までの範囲を逐次探索であるとし，それ以上の色差の範囲を

ポップアウト探索とした。

和氣・和氣（2007）は逐次探索からポップアウト探索へ転換する変換点を臨界色差と呼んだ。それが視力や年齢とどのような関係にあるのかについては後述する。図16-5-12は若年者群（6名）と高齢者群（7名）の色差に対する反応時間をプロットしたものである（和氣他，2017）。左はVA1.0の若年者の結果であり，右はVA1.0の高齢者の結果である。同図に氏名と年齢が記されている。若年者群では約40⊿E*ab が臨界色差である。このことは図16-5-13と一致する。右は高齢者群の色差が40-50⊿E*ab が臨界色差であることを示している。さらに，高齢者群の反応時間は逐次探索のところで若年者より大きい。

図16-5-14は糖尿病網膜症と緑内障の色差に対する観察者ごとの反応時間である。左の糖尿病網膜症の図に健常高齢者の反応時間の平均値も示されている。図中の観察者名の次の数字はVAであり，その次の数字は年齢である。その図によると，糖尿病網膜症と緑内障の観察者群では色差が増大すると，反応時間は短縮している。大半の眼疾病者は健常高齢

909

第Ⅱ部　視覚

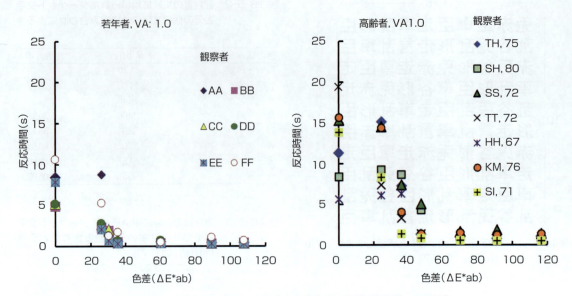

図 16-5-12　VA1.0 の若年者と高齢者の個人ごとの色差と反応時間の関係（和氣他，2017）
　　　　　若年者の観察者は 6 名，高齢者の観察者は 7 名である。

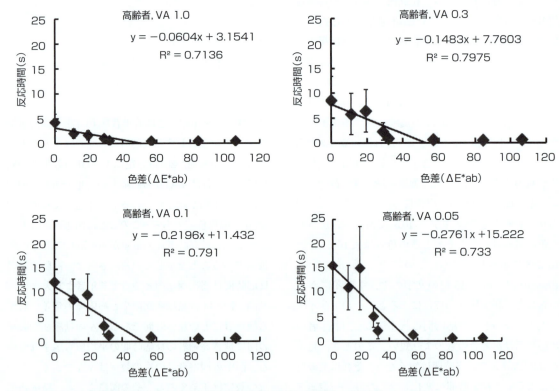

図 16-5-13　7 名の高齢者の VA ごとの色差と反応時間の関係（和氣他，2008）
　　　　　回帰式の y は反応時間であり，x は色差である。使用された色の組み合わせと色差は表 4 に示されている。

第 16 章　視覚発達・視覚弱者

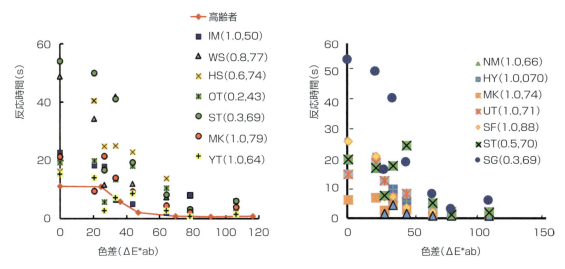

図 16-5-14　糖尿病網膜症（左図）と緑内障（右図）の色差に対する反応時間（和氣他，2017）

者群の平均反応時間より長い．なかでも，糖尿病網膜症の ST, OT, HS と網膜色素変性の SG, ST, SF の反応時間は顕著に長い．

　次に臨界色差が疾病の種類や年齢，あるいは VA といかなる関係にあるかを考えてみよう．臨界色差とは上述のように逐次探索からポップアウト探索への転換点である．臨界色差が大きいということは容易にポップアウト探索になることを意味するから，目標刺激を検出するのに時間がかかることがない．図 16-5-15 は上述の観察者の臨界色差を年齢に対してプロットしたものである．健常者（VA1.0）の場合，加齢とともに臨界色差は低下するが，そこへ眼

疾病者の年齢に対する臨界色差を健常者の結果に重ねて示すと，各群ともバラツキはあるものの加齢とともに臨界色差は大きくなるという傾向がある．だが，眼疾病者の VA は 1.0 より低い者がいる．彼らの臨界色差が健常高齢者の臨界色差より大きくなっている理由は VA が低い観察者がいるからであろう．

　右は健常者の VA ごとに年齢に対する臨界色差を示したものである．健常者の場合には，VA を人為的に変えているが，疾病者の場合には VA を人為的に変えていない．VA が 1.0 と 0.3 の場合には，加齢とともに臨界色差は低下している．だが，VA が 0.05 になると，加齢とともに臨界色差は大きくなっ

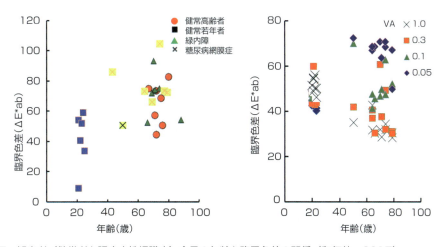

図 16-5-15　観察者（健常者と眼疾病性網膜症）全員の年齢と臨界色差の関係（和氣他，2017）

ており，VA が 0.1 のときには加齢による臨界色差の影響は観察されていない。50 歳以上の結果では，VA が低下すると，臨界色差は上昇する。つまり，VA が 0.05 の場合には，臨界色差は 70ΔE^*ab に達している。このように臨界色差は眼疾病の有無だけでなく VA や年齢に依存するといえよう。

16・5・4 変化の見落とし

近年，多くの研究者（O'Regan & Noë, 2001；Rensink, 2000；Rensink et al., 1997）が注目してきた変化の見落とし（change blindness）は交通場面でしばしば観察される（I・4・2・2 参照）。だが，探索中に目標刺激の上に眼を動かした場合にも，目標刺激を認知できないことがある（神田他，2007）。その理由はこのような場所には目標刺激が存在しないという思い込みや予測あるいは目標刺激の存在に対する不信感などのトップダウンの情報処理が知覚や認知に影響するとも考えられる。

和氣他（2017）の変化の見落とし実験では，図 16-5-16 のように画像 A と B が 640 ms 間呈示される。2 個の画像は一定のブランク時間（200 ms）を挟んで交互に呈示され，目標刺激が認知されるまで繰り返し呈示される。画像 A と B は複数個の短冊から構成されている。短冊の 1 か所だけが色あるいは方向に違いがある。前者が色の変化，後者が方向の変化である。セットサイズ（短冊数）は 2, 6, 10 個である。色あるいは方向の違いがある短冊を検出して反応時間が測定される。また，この種の実験では，構音抑制という手続きが観察者のリハーサルを防ぐために用いられる。構音抑制としてザーザーザーとつぶやくことである。

短冊探索中の眼球運動を視野制限したときに測定した結果は図 16-5-17 に示されている。視野の大きさは 2°, 4°, 8°, 全視野の 4 種類であり，それぞれの視野内で，視標を探索しているときの眼球の動きが例示されている。その図によると，2° 視野では水平方向に眼を動かし，しかも上方から下方に向かって眼を綿密に動かしている。だが，視野が広くなると，眼を細かく動かさなくなる。そのため，2° 視野の探索時間は全視野のものより顕著に長くなっている。

次に健常若年者，健常高齢者，緑内障，網膜色素変性を区別することなしに，この研究に参加した観察者の色の変化と方向の変化の反応時間を年齢に対して示した（和氣他，2015）。図 16-5-18 は方向の変化におけるセットサイズ 2, 6, 10 個ごとの年齢に対する反応時間である。加齢とともに反応時間は直線的に長くなっている。それらの図には 64-65 歳を変換点として 2 本の直線が描かれている。図中の直線は回帰式から導かれたものである。64-65 歳以下の直線は図中に示されているように勾配がゆるく R^2 も 0.2 以下と小さい。64-65 歳以上の直線は勾配が急であり，R^2 も 0.5-0.7 と大きい。色の変化もほぼ同様な結果を示している。さらに，セットサイズが増すと，64-65 歳以上の反応時間は長くなる。

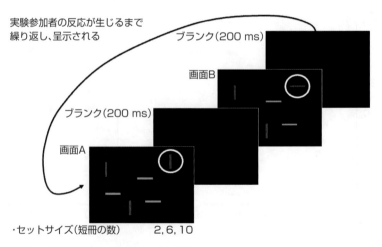

図 16-5-16 変化の見落としの実験手続き（和氣他，2017）

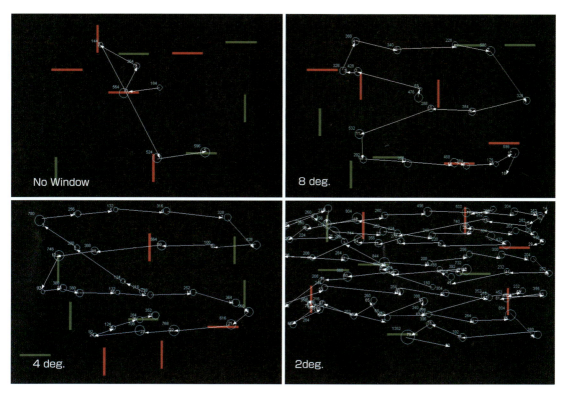

図16-5-17　典型的な眼球運動のスキャンパス（和氣他，2017）

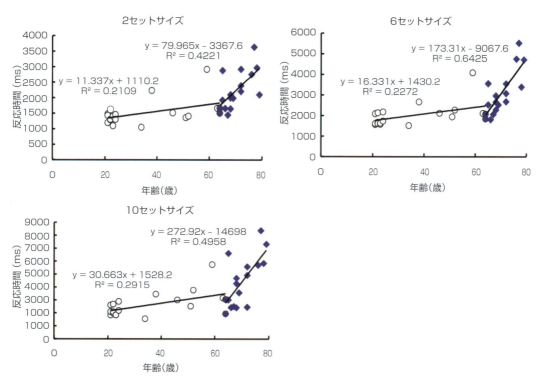

図16-5-18　健常者と眼疾病者の方向の変化における年齢に対する反応時間（和氣他，2016）

第II部　視覚

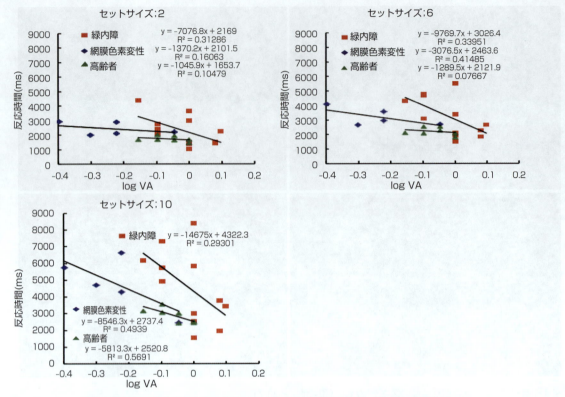

図 16-5-19　健常高齢者と眼疾病者の方向の変化：log VA と反応時間の関係（和氣他，2017）
ただし，回帰式の y は反応時間であり，x は logVA である。

　セットサイズごとに緑内障群，網膜色素変性群，高齢者群の個人ごとの反応時間を log VA に対してプロットしたのが図 16-5-19 である。セットサイズごとに求めた回帰式は図中に示されている。それによると，セットサイズが増すと，回帰式の勾配は急になっている。だが，R^2 はセットサイズが2と6個のときには小さいが，セットサイズが10個のときにはある程度大きくなっている。

　ところで，この実験に参加した眼疾病者は視野に障害を受けている。視野は片眼ずつ測定されるが，この実験は両眼視で行われたため，視野をどのように表記するかが問題となる。この研究では，片眼で20°視野内で機能している視野を各眼で求め，左右眼の平均機能比率を視野障害の指標とした。たとえば健常高齢者の視野の比率は1.0であるが，眼疾病者は片眼の視野が大きく侵されることが多い。視野損傷が少なくなると，どのセットサイズのもとでも反応時間は短くなる。

（和氣　典二）

16・6　末梢性視覚障害，中枢性視覚障害，失認

16・6・1　末梢障害と中枢障害

　視覚障害は，眼球から大脳までの視覚器のどこに支障をきたしても生じうる。日本の法的な視覚障害の規定は，身体障害者手帳の認定基準として，現時点では，視力と視野により表 16-6-1 のように規定さ

表 16-6-1　別表（障害者福祉法第四条，第十五条，第十六条関係）

一　次に掲げる視覚障害で，永続するもの
1　両眼の視力（万国式試視力表によつて測つたものをいい，屈折異常がある者については，矯正視力について測つたものをいう。以下同じ。）がそれぞれ〇・一以下のもの
2　一眼の視力が〇・〇二以下，他眼の視力が〇・六以下のもの
3　両眼の視野がそれぞれ十度以内のもの
4　両眼による視野の二分の一以上が欠けているもの

れている。片眼の矯正視力が 0.02 以下である場合，他眼の矯正視力が 0.6 であっても身体障害者として認定される。障害者であるかどうかの境界は，本来は，生活における不自由度によると考えられるが，法的な規定は，社会のさまざまな支援サービスと直結しており，国勢や行政の資金状態によってその境界に影響し，必ずしも不自由ならば皆身体障害者と認定されるわけではない。極端なことをいえば，戦時下の国において障害者福祉は，これまでほとんど無視されてきた。

身体障害者手帳の認定基準のスケールとなっている視力と視野は，視覚における対象認知と空間認知という重要な役割を代表する数値である。矯正視力は，中心窩由来の画像情報の解像度を意味しており，微細なものに対する形態覚の能力といえる。しかし，対象認知では，対象の輪郭を検知するための図地分化が不可欠であり，対象の素材の分析に必要な質感も重要な役割をもつ。また，安定的に中心窩で対象を捉える眼球運動系の機能も，視力に直結する。したがって，視力を対象認知の代表と考えることには少々無理がある。

視野については，両眼での周辺視野と左右眼での中心視野（半径 10°以内）の加重平均を別々に評価して段階的に等級に割り付ける（表 16-6-2）。生理学的には，中心視野ほど担当する大脳皮質の面積は大きい。つまり，中心視野ほど精細な情報処理が行われる。ゆえに，周辺と中心を個別に評価することは理にかなっている。視野を情報探索特性も加えた情報利用機能という点で分類すると，弁別視野（直径 5°以内），有効視野（直径水平 30°，垂直 20°以内），安定注視野（直径水平 60-90°，垂直 45-70°），誘導視野（直径

水平 30-100°，垂直 20-85°），補助視野（直径水平 100-200°，垂直 85-130°）となる（畑田，1993）。弁別視野は視力や色弁別に優れ，読字や顔弁別に重要な視野である。有効視野は，その範囲内の対象に視線を向けることができ，0.2 s 程度の遅延はあるものの弁別視野に匹敵する機能を有する。そして，頭部運動まで利用すれば，安定注視野の範囲までがこれに準じた機能を有することが可能となる。しかし，誘導視野と補助視野においては，対象の識別能力が低下し，対象の位置情報のみが利用される機能に限定される。この観点で言うと身体障害者手帳基準の半径 10°内外で別々に評価するのは，有効視野内か否かで分けているということになり，それなりに意味がある。

視力を対象認知の代表と考えることは無理があるのと同様に，視野検査の結果を空間認知の代表と考えることについても異論がある。直径 5°以内の弁別視野と直径 20°以内の有効視野の役割は，対象認知との関連が大きい。よって半径 10°以内の中心視野は，対象認知の要素をも含んでおり，視力と視野をただ加算的に扱ってしまうと過大評価になるという指摘が生じる。しかし，中心窩における視覚は，視覚のなかでも特別で，眼球運動との連携がきわめて密である。中心視野が局所的に傷害されると，視線をずらして矯正視力が測定され，仮に 0.1 という視力値が得られたとしても，これは，中心窩機能が維持されたまま中間透光体の混濁などで 0.1 まで視力低下した場合に比べるとはるかに使いづらい視覚となっている。よって，中心視野と矯正視力を個別に評価するという方法は，必ずしも過大評価には繋がらない。また，視力検査で測定されるものは，高コントラスト下での解像度であり，視野検査で測定さ

表 16-6-2　視野障害の等級判定表（2018 年 7 月 1 日変更）

	ゴールドマン型視野計		自動視野計	
	1/4 視標	1/2 視標	両眼開放エスターマン テスト視認点数	10-2 プログラム 両眼中心視野視認点数
2 級	周辺視野角度の総和が 左右眼それぞれ 80 度以下	両眼中心視野角度 28 度以下	70 点以下	20 点以下
3 級		両眼中心視野角度 56 度以下		40 点以下
4 級		−		−
5 級	両眼による視野が 2 分の 1 以上欠損	−	100 点以下	−
	−	両眼中心視野角度 56 度以下	−	40 点以下

第II部　視覚

れているものは，一定背景輝度におけるコントラスト感度であるため，両者の観察条件は顕著に異なる。また，周辺視野が視野検査上では同等だとしても，眼球運動や頭部・体幹の運動機能の評価なくして，これらを単純比較することは公平とはいえない。このように視覚は，感覚としての刺激入力系だけの問題ではなく，それをよりうまく受けるための運動系をも加味して評価しないと本質を見逃すことになる。

　さらに，視覚による対象認知・空間認知には，視野全体にわたる刺激の調整が大きく影響している。これは，順応とか恒常性という概念で表現される。視覚は，解像度を上げるために，神経学的には側抑制と呼ばれるミクロな機構で，空間的な微分を行っている。しかし，これを有効に行うためには，必要な情報を最も多く含む範囲を抽出するためのマクロな情報処理が必要になる。デジタルカメラになぞらえれば，ホワイトバランスや自動調光がこれにあたる。視覚においては色の恒常性がホワイトバランスに，瞳孔反応を含む明順応・暗順応が自動調光に関連するものと考えることができる。

　以上を踏まえて，ここでは，視覚障害の原因を末梢性と中枢性とに分けて論じる。末梢性とは，眼球組織の傷害に由来する主に眼球の光学系に発生するものであり，中枢性とは網膜以降の脳を含む情報処理系に発生するものとする。眼球の光学系は，角膜前面を覆う涙膜から角膜，前房，水晶体，硝子体と眼球そのもので構成されている。眼球そのものをここに入れるのは，屈折による網膜への集光に，眼軸長が影響するためである。そしてさらに，ここに制御系と呼ぶべき，瞳孔反応，焦点調節，眼球運動を司る組織が影響を及ぼす。これらのどこかに異常が生じると網膜に投影される映像が劣化する。映像の劣化による影響の大きさは，網膜中心部と周辺部では著しく異なる。周辺部網膜の解像度はもともと低いため，この影響を受けにくい。よって末梢性の視覚障害の主な問題は，中心部網膜の解像度低下による対象認知の低下と総括することができる。もちろん程度の問題はあり，最重度になれば空間認知にも影響が及ぶ。白内障（cataract）は水晶体の混濁によって生じ，この典型的な障害を生じる。白内障を患った患者の多くは，自分ひとりで買い物に行くことはでき

るが，値札を読むことができず，また，通り道ですれ違う隣人への挨拶ができないと訴える。まさに空間認知は可能であるのに対象認知が障害されている。

　その一方で，中枢性の病態が視覚障害に与える影響はより複雑である。まず，網膜の中心が傷害される加齢黄斑変性（age-related macular degeneration）のような疾患では，末梢性にみられた対象認知障害がさらに際立って生じる。傷害範囲が狭い場合は，視線をずらしてやや周辺の健常な網膜を使えば，ある程度の視力が得られる。しかし，ここにあるものをさらによく見ようとして中心窩を向けてしまうと見えなくなるという非常にもどかしい状態になる。一方，視野が部分的に欠損する緑内障（glaucoma）のような疾患では，軽症のうちは左右眼の視野で相互に補い，日常的には問題は少ない。しかし，ある程度視野欠損が進行すると両眼ともに見えにくい部分が生じ，しかもそれに気づくことが困難であるため，物を見失い，交通事故などに至りかねない。左右眼に生じた視野欠損部位は，両眼の視線を合わせた距離を含む平面上であれば，左右眼の視野検査結果を合わせることで推定可能である。しかし，その前後の空間に存在するものに対しては，相対的に位置ずれが生じており，視線との関係で空間内に見えない領域が生じるという場合がでてくる。これをボリューム暗点（volume scotoma）という（Satgunam et al., 2012）。現在，これを評価できる検査法は眼科臨床に存在しないが，空間認知能力を正確に知るためには，このような状況にも目を向けなければならない。

　緑内障は，末期になると大きく周辺部網膜の神経節細胞が傷害される。この状況では，空間認知への影響が著しくなる。また，視細胞のうち，杆体が主として傷害される網膜色素変性症（retinitis pigmentosa）という疾患がある。この疾患をもつ患者でも周辺視野が損なわれ，空間認知への影響が大きい。杆体は，暗がりでの視機能の主役であり，これが損なわれると暗がりで見えなくなる（夜盲）。また，同時に明るいところでも見えにくく（昼盲），非常に眩しく感じる（羞明）。もう一種類の視細胞である錐体は，杆体からの影響を受けていて，杆体が完全に壊れると錐体も壊れていく（Léveillard et al., 2004）。よって，網膜色素変性症のなかには周辺網膜だけで

916

なく中心部にも機能低下をきたすものがある。

視神経（optic nerve）は，網膜の神経節細胞の軸索であり，視神経乳頭に集まり眼球を出て，頭部の中央で鼻側網膜由来の線維だけが交差する半交叉を経て視索（optic tract）となり，両側の外側膝状体に投射する。交差する前の視神経では，中心部網膜由来の線維はその中心部分を通り，鼻側は鼻側を，耳側は耳側を通る。視神経への栄養は周囲の血管から行われているが，視神経の中心部は血管が細く，視神経への圧迫などにより血流障害が生じた場合，その中心部分への影響が大きくなるため，視野の中心が見えなくなる。これを中心暗点（central scotoma）という。また，視神経が交差する部分を視交叉（optic chiasm）というが，ここで圧迫を生じる下垂体腫瘍などが発生すると，交差する両眼の鼻側網膜からの線維が損傷を受けることになる。その結果，両眼の耳側視野が半分欠けるという特徴的な視野異常である両耳側半盲（bitemporal hemianopsia）が生じる。視交叉以降の片側で傷害を受けると，両眼の同じ名前の側の視野が半分見えなくなる（同名半盲：homonymous hemianopia）。右側が損傷されると，両眼の右側網膜の機能が断たれ，両眼の左側の視野が欠損することになる。この同名半盲は，視索から二次視覚野までの損傷で生じることがわかっている（Zeki, 1993）。

外側膝状体を出た視覚情報を運ぶ神経線維を視放線（optic radiation）という。視放線は，側脳室の外側壁を構成し，その形状に沿って下方は前方に膨らんでから側頭葉の深部を後方へと向かう。一方，上方は同様に頭頂葉深部を通る。両者は後頭葉の鳥距溝（calcarine sulcus）と呼ばれる溝の上下に分かれて投射する。この溝の折り返し点は上下線維の接合部にあたり，ここが選択的に傷害されると両眼の視野の水平子午線上の同じ場所に同じ形の視野欠損を生じる。また，片側の後頭葉には両眼の左右一方からの線維が投射しているため，一次視覚野と二次視覚野の接続部が選択的に傷害されると垂直子午線の片側に直線的な境界を有する視野欠損が両眼に生じる。このような網膜部位と視覚野部位の対応関係は，視覚皮質の網膜部位対応（retinotopy）と呼ばれている。視交叉以降の両側で傷害を受け視野の両側に

同名半盲を生じると視野全体が見えなくなる。これを皮質盲（cortical blindness）という。しかし，実際は，同名半盲が不完全に生じることが多いため，完全な皮質盲は非常に稀である。

16・6・2　視覚野の機能分化

大脳視覚野にみられる網膜部位対応は，一次視覚野（V1）と二次視覚野（V2）にとどまらず，より高次の視覚野においても認められる。そして，隣り合った視覚野間では，網膜との対応関係が鏡映対称構造となっていることを1970年代にサルを用いた研究でZekiが明らかにした（Zeki, 1993）。その後，機能的MRIを用いて同様の構造が，ヒトの後頭葉視覚野にも存在することが明らかになり，これを利用して，後頭葉のマッピングが行われるようになった（図16-6-1）。各視覚野には1/4または1/2網膜との対応関係があり，中心から周辺までの偏心度と視線を中心とした極性により座標が描ける面構造がある。三次視覚野は，V3と呼ばれ，V2の周囲を覆うように存在する。V1，V2，V3における中心窩の皮質対応領域すなわち中心窩投射領域（foveal projection zone）は互いに近いところにあり，ここにはhV4及びLOと呼ばれる高次視覚野の中心窩投射領域も隣接する。一方，V3AとV3Bと呼ばれる視覚野は，隣接する中心窩投射領域をこれとは別に有し，VO1，VO2なども同様に固有の中心窩投射領域を有している。10数個の視覚野が現在同定され，それぞれで視覚刺激に対する反応特性が異なっていることがわかっている（Wandell et al., 2006）。

大脳性色覚異常（cerebral achromatopsia）の病巣は，hV4とVO1を含み，健常者において色の知覚およびその判断を要する課題を行ったときの脳活動はここに生じる（Bouvier & Engel, 2006；Wandell et al., 2006）。また，運動盲（akinetopsia）と呼ばれる，対象が動いているかどうかわからないという症状を有する脳損傷の病巣は，hMT+を含み，健常者において動きの知覚を要する課題を行ったときの脳活動はここに生じる（Zeki et al., 1991；Zihl et al., 1983）。また，文字だけが認識できなくなる純粋失読（pure alexia）には，従来言われていた右同名半盲に伴う視覚野と言語野の離断では説明でき

第 II 部　視覚

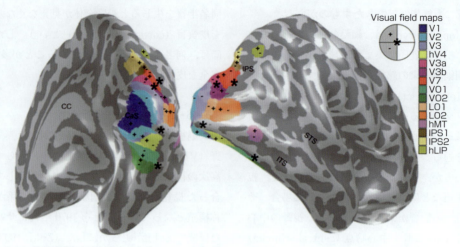

図 16-6-1　ヒト視覚野の地図（Wandell et al., 2006）
脳梁（CC），鳥距溝（CaS），上側頭溝（STS），下側頭溝（ITS），頭頂間溝（IPS）。V1，V2，V3，hV4 を含むグループは後頭極にその中心をもつ。

ない単独病巣の新型が見つかっているが，この領野には VWFA（visual word form area）という名称がつけられており，文字活用時の脳活動が確認されている（Cohen et al., 2000）。さらには，相貌失認（prosopagnosia）の病巣として FFA（fusiform face area），街並失認（landmark agnosia）の病巣として PPA（parahippocampal place area）といった領野が確認されている（Epstein & Kanwisher, 1998；Kanwisher et al., 1997）。このように，各高次視覚野には，視覚の特定の要素に対する反応特性が存在している。しかし，ここでいう色や運動などは，あくまでわれわれが恣意的に当てはめた概念であり，その情報処理の対象の本質であると判断するには時期尚早である。ただ，このように高次視覚野はそれぞれ異なる反応特性をもち，それが統合されてわれわれの視覚が成り立っているということには違いない。

16・6・3　中枢性視覚障害

視力や視野などの基本的な視機能は測定可能で，日常生活に影響を及ぼすほどではないにもかかわらず，見ただけでは目の前の対象が何であるかがわからないという症状を視覚失認（visual agnosia）という。触ったり叩いて鳴る音を聞けば何であるかはわかる。よって，言語の問題や知的な問題でないことは明らかである。これは，対象の模写ができるかどうかによって，できるものを連合型失認（associative agnosia），できないものを統覚型失認（apperceptive agnosia）と従来から分類されてきた（Lissauer, 1890）。最近はこれに統合型失認（integrative agnosia）という第三のカテゴリが加わっている。統合型は，従来，連合型といわれたもののなかに含まれていたが，模写の見本に網掛けをしたり，瞬間呈示をするとたちまち模写の精度が落ちるという特徴がある（平山，2006）。統合型と連合型の責任病巣は，左内側側頭後頭領域（舌状回，紡錘状回，海馬傍回，下側頭回後部）が重要視されているが，明確に区別はされていない。一方，統覚型の主な原因は，一酸化炭素中毒で，V1 と V2 の部分的障害にその原因があると考えられている（平山，2008）。

視覚失認には，対象の特定の要素だけが認知できなくなるタイプがあり，上述したように，その対象の種類によって大脳性色覚異常，純粋失読，相貌失認，街並失認などと呼ばれている。これらはいずれも統合型，連合型の視覚失認の責任病巣が，部分的に傷害された場合に生じ，病巣は下部後頭葉から側頭葉にかけて分布している。一方，これらとは別に，視力や視野などの基本的な視機能は測定可能で，日常生活に影響を及ぼすほどではないにもかかわらず，見ただけでは目の前の対象に手を伸ばすことができなくなるという症状があり，これを視覚失調（optic ataxia）という。視覚失調は，従来，視覚野と運動野の離断で説明されてきたが，その病巣となる後頭

葉上部には，位置に関する情報処理を行う領野が多数存在し，その巣症状である可能性が否定できない。視覚失認も視覚失調も過去の症例の病巣は広範であり，その詳細が検討できるものではなかった。そこで，皮質盲の回復過程に注目し，視覚失認を経過中に生じ回復していくタイプと視覚失調を生じ回復していくタイプに分類し，その症状の変化を検討する（仲泊，2008）。

　皮質盲は，両側の同名半盲によって生じる。V1を栄養する血管は，後大脳動脈が主であり，中心窩投射領域は後極からやや外側に位置し，個人差はあるものの中大脳動脈からの栄養も受けている。後大脳動脈が両側とも閉塞すると脳幹部への血流が途絶え，ほとんどが死に至る。しかし，血管の走行は個体差が大きいため，脳幹に影響のない両側後大脳動脈の梗塞という病態がまれに発生することになる。これが，皮質盲の主たる原因である。後大脳動脈は後頭葉の内側面と下部側頭葉に渡る領域を還流している。この広い範囲が両側で傷害されるとV1やV2を含む視覚野が損なわれ失明する。しかし，多くの皮質盲では，ある程度の回復がみられ，なかにはほぼ正常なまでに回復する例も存在する。概念としては皮質盲と視覚失認は別のものではあるが，皮質盲の改善過程に視覚失認を示す例は少なくない。そういった症例がさらに回復したときに，大脳性色覚異常，純粋失読，相貌失認，街並失認が後遺症として残る場合がある。後大脳動脈の閉塞が一過性であると病初期は広範な領域が機能不全に陥り皮質盲となるが，血流が再開すると起始部に近いところほど回復は早く，傷害がまだらになる。特に中心窩投射領域は，中大脳動脈との二重還流を受けている場合があるので，視力の回復は早期に生じる。この後頭葉底部から側頭葉にかけての傷害が，V1やV2の回復後も残存する場合，視覚失認が発生するのだろう。そして，さらに回復してもその傷害領域が部分的に残ったときに，その部位に依存した視覚情報処理が障害され，大脳性色覚異常などの特異な症候を引き起こすと考えられる。

　一方，皮質盲の原因には，両側後大脳動脈の梗塞のほかに，一酸化炭素中毒，低酸素脳症，ショックによる低血圧などがある。これらは，大脳に酸素が運ばれなくなるという共通の病態をもつ。大脳の血管は，終動脈といって他の動脈との吻合をもたない。したがって，一箇所が詰まるとその先の大脳に血流が行かなくなり梗塞が生じる。このような血管系に酸素分圧の低下や血流障害が生じると，起始部は血流が保たれても末梢に行くほど影響が大きくなる。後頭葉の外側面には，後大脳動脈と中大脳動脈との分水嶺が存在する（図16-6-2）。分水嶺とは，二つの終動脈の支配領域の境界線のことで，血流としては最も末梢の部分ということが言える。よって，この部分は一酸化炭素中毒などで最も重大な傷害を受けることとなる（Prockop & Chichkova, 2007）。これらの病態の初期の段階では，後頭葉が両側性に広範囲に傷害され，V1やV2の中心窩投射領域を含む機能不全が発生する。したがって，視力低下は免れない。後大脳動脈と中大脳動脈との分水嶺に存在する高次視覚野は，hMT+，LO，V3A，V3B，V7などである。また，前大脳動脈は両大脳半球の内側面を前方から栄養しているが，後大脳動脈との分水嶺を頭頂葉と後頭葉の境目にあたる頭頂後頭溝付近に有している。ここに存在する高次視覚野はV6A，V6BとV7である。V7はIPS0とも呼ばれ，頭頂間溝に存在するIPS1と隣接し共通する中心窩投射領域をもつ。ここに挙げた高次視覚中枢はいずれも網膜からの位置情報を活用した情報処理を行っていることがわかっている。視覚失調を含む有名な病態に

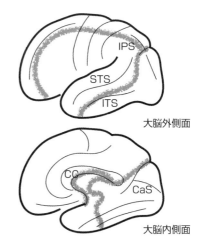

図16-6-2　大脳の分水嶺領域（灰色の太線）
脳梁（CC），鳥距溝（CaS），上側頭溝（STS），下側頭溝（ITS），頭頂間溝（IPS）

第II部　視覚

Bálint 症候群（Bálint syndrome）がある。精神性注視麻痺，視覚失調，視覚性注意障害を三兆とする。精神性注視麻痺とは，眼球運動に問題がないにもかかわらず，対象に視線を固定することができない状態で，ときには一つの対象に視線が固定してしまって移動できないという状態もある。視覚性注意障害とは，一時に一つの対象しか意識上に知覚できない状態である。これらは，視覚失調と合わせてすべて上記視覚野での情報処理に関連している。当初その傷害範囲が広範であるときは，皮質盲として診断され，その回復過程で個々の視覚野に依存した情報処理障害がまだらに表出してくると考えると合点がいく。以上のように，視覚野の機能分化とこの区分とは異なる血液の還流域などの器質的な局所傷害が，きわめて多彩な中枢性の視覚障害を表出していることが理解できる。

（仲泊　聡）

16・7　視覚再建

　視覚障害者の視覚を取り戻すための視覚再建法（visual restoration）は，傷害部位により異なる。眼の透明組織の混濁による視力低下に関しては，混濁を取り除く白内障手術，角膜移植などがあるが，これらは眼科臨床ではほぼ確立した治療法となっている。一方，網膜や視神経の傷害により盲となった患者に対する視覚再建法は，研究が活発になされているが，現時点ではまだ臨床的に確立したものにはなっていない。本節では，網膜・視神経疾患の傷害に対する視覚再建の研究の現況について人工網膜，遺伝子治療，光遺伝学，再生医療によるアプローチについて記す。

16・7・1　網膜レベルの視覚再建

16・7・1・1　対象となる疾患

　網膜レベルの視覚再建治療が行われる前提条件は，網膜の外層にある視細胞は変性しているが，網膜の内層の神経細胞（双極細胞，神経節細胞）が残存していることである（図16-7-1）。対象となる疾患は，網膜色素変性，加齢黄斑変性に代表される網膜外層の変性である。緑内障のように，網膜の出力

細胞である神経節細胞が障害される疾患は，治療の対象にならない。

16・7・1・2　人工網膜による視覚再建
1）人工網膜の開発の現状

　網膜外層の広範囲の変性では，視細胞がほぼ消失し，眼内へ入射する光のエネルギーを電気活動（神経活動）に変換することができない。人工網膜は，視細胞の機能を電子機器で代替するシステムである。具体的には，小型カメラで外界の映像を撮影し，その画像データを体内装置本体に無線伝送する（図16-7-2）。体内装置内の集積回路で刺激電流を生成し，網膜近傍に埋植した多極電極で網膜を刺激すると，残存する網膜神経節細胞が刺激を受けて神経興奮を生じる。それが視神経を経由して視覚中枢に伝わることで閃光（phosphene）が生まれる。

　多極電極は数 mm 角の大きさの基盤上に複数の刺激電極を搭載する電子部品である。理論上，刺激電極が多いほど高い解像度の映像が得られるはずだが，実際は理論値同等の視力が得られることはまれである。たとえば，1600 極の電極を有する Alpha AMS（網膜の下に電極を挿入する方式）では，臨床試験において 15 例中 2 例でランドルト環を用いた検査が可能な視力（最高視力 0.037）に回復したものの，なかには光覚さえ得られなかった患者も 2 例存在した（Stingl et al., 2017）。このようなばらつきは，残存する網膜内層の神経細胞の密度や電流の広がりに起因すると考えられる。しかし，どの臨床研究においても，人工網膜を用いることで対象物の位置の認識が向上することが報告されている（Cheng et al., 2017）。

　2013 年には Second Sight Medical Products 社（米国）の Argus II（網膜の上に電極を置く方式）が米国食品医薬品局（Food and Drug Administration：FDA）から医療機器としての承認を受け，これまでに 300 例以上に埋植手術が行われた（da Cruz et al., 2013）。EU では Retina Implant 社（ドイツ）の Alpha AMS や，Pixium Vision 社（フランス）の IRIS II が CE マークを取得している。日本では，大阪大学を中心とした研究プロジェクトで開発された国産の人工網膜システム

第16章　視覚発達・視覚弱者

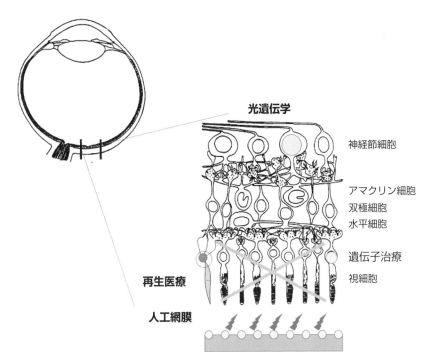

図 16-7-1　進行した網膜変性に対する治療戦略
進行した網膜変性では視細胞層が広汎に傷害される．人工網膜は，残存する網膜内層の神経組織を電流で刺激することにより視覚を回復する．遺伝子治療では，視細胞の外節が傷害されても，核が残存していれば正常の遺伝子を導入することにより視覚回復する可能性がある．光遺伝学では，光を受容するチャンネルロドプシンの遺伝子を神経節細胞に導入することにより，視覚を回復する．再生医療では，ES/iPS細胞から再生した視細胞が双極細胞とシナプスを形成することにより視覚を回復する．

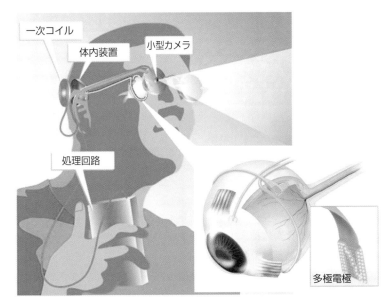

図 16-7-2　人工網膜システムの説明
本邦独自のSTS型人工網膜システムについて説明する．小型カメラで撮影した映像をコンピュータで処理し，情報を体外装置のコイルから体内装置のコイルへ伝送し，最終的に眼球に埋植した電極から電流刺激を行うことにより，擬似的な光覚を生じる．

921

第II部　視覚

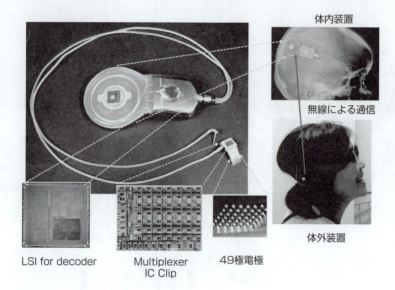

図16-7-3　人工網膜体内装置の説明
体内装置では，アンテナと接続する本体装置で体外装置からの情報を刺激電流に変換し，さらに49極の電極と接続するMultiplexer ICで，各電極への電流信号を分配する。

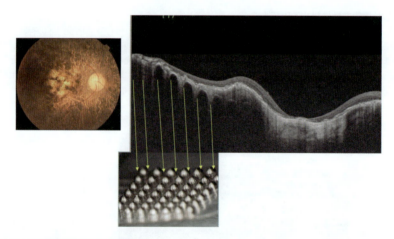

図16-7-4　STS型人工網膜埋植患者の眼底像
進行した網膜色素変性の右眼（図左）の黄斑部耳側の強膜内に，砲弾型の49極電極を埋植すると，光干渉断層計（optical coherence tomography：OCT）像（図右）で，脈絡膜に接して電極が固定されていることが示される。

（図16-7-3）に対する治験の準備が現在進められている。このシステムは，電極を強膜のなかに挿入する方法をとっており（図16-7-4），経脈絡膜網膜刺激方式（suprachoroidal-transretinal stimulation：STS方式）と呼ばれている（Fujikado et al., 2007）。電極固定の安定性，安全性が高く，電気刺激による視覚回復も期待できる点が特徴になっている。体内装置ではアンテナと接続する本体装置で体外装置からの情報を，刺激電流に変換し，さらに49極の電極と接続するMultiplexer ICで，各電極への電流信号を分配する（図16-7-3）。各電極への信号の具体的な波形を図16-7-5に示す。パルス幅0.4 msの双極矩形波が，時系列に従って各電極に伝わり，49極をスキャンするのに50 msかかる。したがって本システムの時間分解能は20 Hzとなる（Fujikado et al., 2011）。

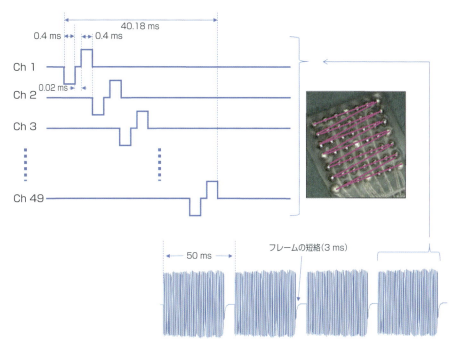

図 16-7-5 STS 型人工網膜の刺激パラメータ
パルス幅 0.4 msec の双極矩形波が時系列に従って各電極に伝わり，49 極をスキャンするのに 50 msec かかる．したがって本システムの時間分解能は 20 Hz となる．

2）人工網膜による視覚の質

網膜を電気的に刺激すると黄白色の光を感じる．これは網膜剥離の前兆として感じられる光視症（網膜が機械的に牽引されて見える光）と類似の擬似的な光覚である．これは，網膜内の ON 経路と OFF 経路が同時に刺激されることによると考えられる．ちらつきを伴った光である．色覚は得ることができない．人工網膜の理論的な分解能の限界は，視力 0.1 程度である（Zrenner, 2002）．図 16-7-6 に，コップを人工網膜で見たときの見え方のシミュレーション

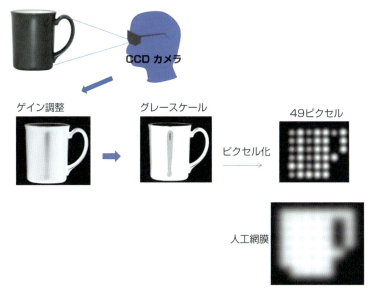

図 16-7-6 コップを人工網膜で見たときの見え方のシミュレーション

第 II 部　視覚

を示す。CCD カメラで捉えた画像は適当な明るさに
ゲインをコントロールされ，グレイスケールを導入
したのちに 49 画素に分割され，電流信号に変換され
る。この電流値で網膜が刺激されると，理論的には白
い点の集合体が見えるはずだが，実際は電流の広が
りと変性した網膜の内層のリモデリングにより，ぼ
やけた光の塊のようなものが，患者には知覚される。
このようにぼやけた像でも，視覚リハビリテーショ
ンを行うと物の位置を認識したり（orientation），線
に沿って歩いたり（navigation）するときに役立つ
ことが，臨床試験から示されている（Fujikado et al.,
2016）。

16・7・1・3　遺伝子治療による視覚再建

　網膜色素変性症では，60 以上の遺伝子変異が見い
だされている。このうち先天性網膜色素変性症の原
因遺伝子の一つである，RPE65 遺伝子の異常によ
るレーバー先天盲（Leber's congenital amaurosis）
に対して，アデノ随伴ウイルス（adeno associated
virus：AAV）をベクターとして用いた第 III 相試験
で，安全性と視覚回復に対する有効性が示された。9
名の患者の網膜下に，AAV-RPE65 ベクターを注入
し，安全性，有効性を検討すると（Le Meur et al.,
2018），大きな副作用はなく，視力の改善傾向がみら
れ，視野の拡大が見られた。また機能的 MRI 検査
において，視覚に関係する大脳皮質の活動の上昇が
見られたと報告されている。患者は日常生活におい
て，色が鮮やかに見えるようになった，自転車が乗
れるようになったなどの QOL（quality of life）の
向上が報告されている。2017 年 12 月に米国の FDA
により，本疾患に対する遺伝子治療が承認された。
RPE65 遺伝子の異常によるレーバー先天盲では，
visual cycle に関係する遺伝子の障害による視力障
害（障害の起点は網膜色素上皮で視細胞ではない）
であるため，遺伝子治療が奏功しやすかった可能性
がある。2018 年 4 月の時点で，網膜変性症に対す
る遺伝子治療の臨床試験が行われている疾患は，全
色盲（achromatopsia），スターガルト病（Stargardt
disease），アッシャー症候群（Usher syndrome），コ
ロイデレミア（choroideremia），X 染色体連鎖性網
膜分離症（X-linked retinoschisis）である。

　遺伝子治療に関しては，網膜の下にベクターを注
入して意図的に網膜剝離を作ることの侵襲性，ベク
ターの毒性，長期的には視機能が再度低下する可能
性などに注意する必要がある。

16・7・1・4　光遺伝学による視覚再建

　光遺伝学（optogenetics）による視覚再建は，短波
長の光を吸収するチャンネルロドプシン（channel
rhodopsin 2：ChR2）の遺伝子を網膜神経節細胞に
導入することにより，視細胞が変性した状態でも，
網膜神経節細胞が光のエネルギーを吸収して電気信
号に変換し，光を感じられるようにする方法である。
すでに網膜変性症のげっ歯類のモデルである RCS
系統ラットが，視覚誘発電位および光に依存した行
動において，遺伝子導入後有意な改善が見られたと
いう報告がある（Natasha et al., 2013）。冨田らは，
中間波長領域の光を吸収する mVChR1 の遺伝子導
入法を開発して RCS ラットが視覚回復することを
示している（Sato et al., 2017）。現時点では感度不足
を補うゴーグルが必要なこと，時間分解能が十分で
ないこと，霊長類では遺伝子導入効率がげっ歯類に
比べて十分でないことなどの問題点はあるが，すで
に ChR2 の臨床試験は開始されており，mVChR1 に
よる臨床試験も準備中である。

16・7・1・5　再生医療による視覚再建

　網膜色素上皮の障害が原因で，視力低下が起き
る加齢黄斑変性に対する胚性幹細胞（ES 細胞：
embryonic stem cell），または人工多能性幹細胞
（iPS 細胞：induced pluripotent stem cell）による治
療は，現在臨床研究が行われ，視力が維持され重篤
な合併症がないことが報告されている（Oswald &
Baranov, 2018）。一方，網膜色素変性に対する再生医
療は，2012 年に永楽らが ES 細胞から「自己組織化」
と呼ばれる培養方法により，眼胞，眼杯構造を経て
さらには層構造を持った立体網膜にまで分化誘導す
ることに成功し（Eiraku et al., 2011），実用化が視野
に入るフェイズとなった。マウス iPS 細胞から形成
された立体網膜を網膜下に移植すると，光に依存し
た行動が改善することも報告されている（Mandai
et al., 2017）。また，ヒト ES 細胞から再生された立体

網膜を，サルの網膜下に移植し，長期の安全性を確かめる研究も進んでいる（Shirai et al., 2016）。2018年4月時点で，網膜色素変性に対する立体網膜移植の治験に向けて準備中である。

16・7・2　大脳皮質視覚領における視覚再建

　網膜の神経節細胞が障害される緑内障や，視神経症（optic neuropathy）など大脳視覚領までの視覚伝導路が広範囲に障害される疾患に対しては，人工網膜や遺伝子治療，再生医療など，網膜レベルの治療法は有効でなく，大脳皮質レベルの視覚再建が必要になる。大脳皮質刺激型電極による視覚再建の研究には，Dobelle らの先駆的臨床研究がある。脳表に置く

64極の平板電極で，視力 20/1200（小数視力：0.017）が得られたと報告された（Dobelle, 2000）。しかしながら，脳表に置くタイプの平板電極では，擬似光覚を得るために多くの電流を必要とするため，疼痛やてんかんが発生するリスクがあり，現在は，脳を貫くタイプの電極による人工視覚の研究が主流になっている。シカゴとメルボルンのグループが，治験に向けて準備中である（Niketeghad & Pouratian, 2019）。また，平板電極による皮質刺激型人工視覚でも，無線で通信できるシステムを採用して Second Sight Medical Products 社が臨床研究を開始している。

（不二門 尚）

文献

（16・1）

Atkinson, J. (2000). *The Developing Brain.* Oxford University Press.

（金沢 創・山口 真美（監訳）（2005）．視覚脳が生まれる：乳児の視覚と脳科学　北大路書房）

Atkinson, J., Braddick, O., & Braddick, F. (1974). Acuity and contrast sensivity of infant vision. *Nature, 247,* 403-404.〔doi: 10.1038/247403a0〕

Atkinson, J., Braddick, O., & French, J. (1979). Contrast sensitivity of the human neonate measured by the visual evoked potential. *Investigative Ophthalmology and Visual Science, 18*(2), 210-213.

Atkinson, J., Braddick, O., & Moar, K. (1977a). Development of contrast sensitivity over the first 3 months of life in the human infant. *Vision Research, 17,* 1037-1044.

Atkinson, J., Braddick, O., & Moar, K. (1977b). Contrast sensitivity of the human infant for moving and static patterns. *Vision Research, 17,* 1045-1047.〔doi: 10.1016/0042-6989(77)90007-4〕

Banks, M. S., & Salapatek, P. (1976). Contrast sensitivity function of the infant visual system. *Vision Research, 16,* 867-869.〔doi: 10.1016/0042-6989(76)90147-4〕

Banks, M. S., & Salapatek, P. (1978). Acuity and contrast sensitivity in 1-, 2-, and 3-month-old human infants. *Investigative Ophthalmology and Visual Science, 17,* 361-365.

Banks, M. S., Stephens, B. R., & Hartmann, E. E. (1985). The development of basic mechanisms of pattern vision: Spatial frequency channels. *Journal of Experimental Child Psychology, 40,* 501-527.〔doi: 10.1016/0022-0965(85)90080-3〕

Birch, E. E. (1993). Stereopsis in infants and its developmental relationship to visual acuity. In K. Simons (Eds.), *Early Visual Development, Normal and Abnormal* (pp. 224-236). Oxford University Press.

Birch, E. E., Shimojo, S., & Held, R. (1985). Preferential-looking assessment of fusion and stereopsis in infants aged 1-6 months. *Investigative Ophthalmology and Visual Science, 26,* 366-370.

Braddick, O. J., Atkinson, J., & Wattam-Bell, J. R. (1986). Development of the discrimination of spatial phase in infancy. *Vision Research, 26*(8), 1223-1239.〔doi: 10.1016/0042-6989(86)90103-3〕

Campbell, F. W., & Robson, J. G. (1968). Application of Fourier analysis to the visibility of gratings. *Journal of Physiology, 197,* 551-566.〔doi: 10.1113/jphysiol.1968.sp008574〕

Caron, R. F., & Caron, A. J. (1968). The effects of repeated exposure and stimulus complexity on visual fixation in infants. *Psychonomic Science, 10,* 207-208.〔doi: 10.3758/BF03331483〕

Dannemiller, J. L. (1994). Reliability of motion detection by young infants measured with a new signal detection paradigm. *Infant Behavior and Development, 17,* 101-105.〔doi: 10.1016/0163-6383(94)90025-6〕

第II部 視覚

de Lange Dzn, H. (1958). Research into the dynamic nature of the human fovea-cortex systems with intermittent and modulated light. I. Attenuation characteristics with white and colored light. *Journal of the Optical Society of America, 48*, 777-784. [doi: 10.1364/JOSA.48.000777]

Dobkins, K. R., & Teller, D. Y. (1996). Infant contrast detectors are selective for direction of motion. *Vision Research, 36*, 281-294. [doi: 10.1016/0042-6989(95)00094-g]

Fantz, R. L. (1958). Pattern vision in young infants. *Psychological Record, 8*, 43-47. [doi: 10.1007/BF03393306]

Fantz, R. L. (1961). The origin of form perception. *Scientific American, 204*, 66-72. [doi: 10.1038/scientificamerican0561-66]

Fantz, R. L. (1963). Pattern vision in newborn infants. *Science, 140*, 296-297. [doi: 10.1126/science.140.3564.296]

Fantz, R. L. (1964). Visual experience in infants: Decreased attention to familiar patterns relative to novel one. *Science, 146*, 668-670. [doi: 10.1126/science.146.3644.668]

Fantz, R. L., & Yeh, J. (1979). Configuration selectivities: Critical for development of visual perception and attention. *Canadian Journal of Psychology, 33*, 277-287. [doi: 10.1037/h0081726]

Harris, L., Atkinson, J., & Braddick, O. (1976). Visual contrast sensitivity of a 6-month-old infant measured by the evoked potential. *Nature, 264*, 570-571. [doi: 10.1038/264570a0]

Hartmann, E. E., & Banks, M. S. (1992). Temporal contrast sensitivity in human infants. *Vision Research, 32*, 1163-1168. [doi: 10.1016/0042-6989(92)90018-E]

Hecht, S., & Shlaer, S. (1936). Intermittent stimulation by light: V. The relation between intensity and critical frequency for different parts of the spectrum. *Journal of General Physiology, 19*, 965-977. [doi: 10.1085/jgp.19.6.965]

Held, R., Gwiazda, J., Brill, S., Mohindra, I., & Wolfe, J. (1979). Infant visual acuity is underestimated because near threshold gratings are not preferentially fixated. *Vision Research, 19*, 1377-1379. [doi: 10.1016/0042-6989(79)90210-4]

Horsten, G. P. M., & Winkelman, J. E. (1962). Electrical activity of the retina in relation to histological differentiation in infants born prematurely and at full-term. *Vision Research, 2*, 269-276. [doi: 10.1016/0042-6989(62)90036-6]

Horsten, G. P. M., & Winkelman, J. E. (1964). Electro-retinographic critical fusion frequency of the retina in relation to the histological development in man and animals. *Documenta Ophthalmologica, 18*, 515-521. [doi: 10.1007/BF00160603]

Kelly, D. H. (1961). Visual response to time-dependent stimuli. I. Amplitude sensitivity measurements. *Journal of the Optical Society of America, 51*, 422-429. [doi: 10.1364/josa.51.000422]

Kelly, D. H. (1969). Flickering patterns and lateral inhibition. *Journal of the Optical Society of America, 59*, 1361-1370. [doi: 10.1364/JOSA.59.001361]

Kelly, D. H. (1971). Theory of flicker and transient responses, I. Uniform fields. *Journal of the Optical Society of America, 61*, 537-546. [doi: 10.1364/JOSA.61.000537]

Morrone, M. C., & Burr, D. C. (1986). Evidence for the existence and development of visual inhibition in humans. *Nature, 321*, 235-237. [doi: 10.1038/321235a0]

Norcia, A. M., Tyler, C. W., & Hamer, R. D. (1990). Development of contrast sensitivity in the human infant. *Vision Research, 30*, 1475-1486. [doi: 10.1016/0042-6989(90)90028-j]

Pirchio, M., Spinelli, D., Fiorentini, A., & Maffei, L. (1978). Infant contrast sensitivity evaluated by evoked potentials. *Brain Research, 141*(1), 179-184. [doi: 10.1016/0006-8993(78)90628-5]

Rasengane, T. A., Allen, D., & Manny, R. E. (1997). Development of temporal contrast sensitivity in human infants. *Vision Research, 37*(13), 1747-1754. [doi: 10.1016/s0042-6989(96)00300-8]

Regal, D. M. (1981). Development of critical flicker frequency in human infants. *Vision Research, 21*, 549-555. [doi: 10.1016/0042-6989(81)90100-0]

Shimojo, S., Bauer, J. Jr., O'Connell, K. M., & Held, R. (1986). Pre-stereoptic binocular vision in infants. *Vision Research, 26*(3), 501-510. [doi: 10.1016/0042-6989(86)90193-8]

Swanson, W. H., & Birch, E. E. (1990). Infant spatiotemporal vision: Dependence of spatial contrast sensitivity on temporal frequency. *Vision Research, 30*, 1033-1048. [doi: 10.1016/0042-6989(90)90113-Y]

Teller, D. Y. (1979). The forced-choice preferential looking procedure: A psychophysical technique for use with human infants. *Infant Behavior and Development, 2*, 135-158. [doi: 10.1016/S0163-6383(79)80016-8]

Teller, D. Y., Lindsey, D. T., Mar, C. M., Succop, A., & Mahal, M. R. (1992). Infant temporal contrast sensitivity at low temporal frequencies. *Vision Research, 32,* 1157–1162. [doi: 10.1016/0042-6989(92)90017-d]

Tyler, C. W. (1985). Analysis of visual modulation sensitivity. II. Peripheral retina and the role of photoreceptor dimensions. *Journal of the Optical Society of America A, 2,* 393–398. [doi: 10.1364/josaa.2.000393]

Wilson, H. R. (1988). Development of spatiotemporal mechanisms in infant vision. *Vision Research, 28*(5), 611–628. [doi: 10.1016/0042-6989(88)90111-3]

Yang, J., Kanazawa, S., Yamaguchi, M. K., & Motoyoshi, I. (2015). Pre-constancy vision in infants. *Current Biology, 25*(24), 3209–3212. [doi: 10.1016/j.cub.2015.10.053]

(16・2)

Ackroyd, C., Humphrey, N. K., & Warrington, E. K. (1974). Lasting effects of early blindness, a case study. *Quarterly Journal of Experimental Psychology, 26,* 114–124. [doi: 10.1080/14640747408400393]

粟屋 忍 (1979a)．両眼視の生理 眼科, *10,* 41-48.

粟屋 忍 (1979b)．視性刺激遮断弱視 眼科, *10,* 166-176.

Berkeley, G. (1709). *An Essay Towards a New Theory of Vision.* Everyman's Library.

（下條 信輔・植村 恒一郎・一ノ瀬 正樹（訳）（1990）．視覚新論 付：視覚論弁明 勁草書房）

Cheselden, W. (1728). Observations made by a young gentleman, who was born blind, or lost his sight so early, that he had remembrance of ever having seen, and was couched between 13 and 14 years of age. *Philosophical Transactions, XXXV,* 235–237.

Degenaar, M. (1996). *Molyneux's Problem: Three Centuries of Discussion on the Perception of Forms* (M. J. Collins, Trans.). Kluwer Academic Publishers.

Fine, L., Wade, A. R., Brewer, A. A., May, M. G., Goodman, D. F., Boynton, G. M., … MacLeod, D. I. A. (2003). Long-term deprivation affects visual perception and cortex. *Nature Neuroscience, 6,* 915–916. [doi: 10.1038/nn1102]

Fisher, J. H. (1914). Observations of the learning of vision, after a successful operation, at the age of six years, in a congenital blind patient. *Ophthalmic Review, 33,* 161–165.

Franz, J. C. A. (1841). Memoir of the case of a gentleman born blind, and successfully operated upon in the 18th year of his age, with physiological observations and experiments. *Philosophical Transactions, 131,* 59–68. [doi: 10.1098/rstl.1841.0008]

Gibson, J. J. (1950). *The Perception of the Visual World.* Houghton Mifflin.

Gibson, J. J. (1979). *The Ecological Approach to Visual Perception.* Houghton Mifflin.

Gregory, R. J. (1968). Visual illusion. *Scientific American, 219,* 66–76. [doi: 10.1038/scientificamerican1168-66]

Gregory, R. J. (2003). Seeing after blindness. *Nature Neuroscience, 6*(9), 909–910. [doi: 10.1038/nn0903-909]

Gregory, R. L., & Wallace, J. G. (1963). Recovery from early blindness: A case study. *Experimental Psychology Society Monograph, 2,* 1–46.

細川 研知・佐藤 隆夫 (2013)．陰影からの立体形状知覚：複数の制約条件の間の関係に関する検討 日本バーチャルリアリティ学会論文誌, *18,* 7-12. [doi: 10.18974/tvrsj.18.1_7]

Humphrey, G. K., Goodale, M. A., Bowen, C. V., Gati, J. S. Vilis, T., Rutt, B. K., & Menon, R. S. (1997). Differences in perceived shape from shading correlate with activity in early visual areas. *Current Biology, 7,* 144–147. [doi: 10.1016/S0960-9822(06)00058-3]

Humphrey, G. K., Symons, L. A., Herbert, A. M., & Goodale, M. A. (1996). A neurological dissociation between shape from shading and shape from edges. *Behavioural Brain Research, 76,* 117–125. [doi: 10.1016/0166-4328(95)00190-5]

Julesz, B. (1971). *Foundations of Cyclopean Perception.* University of Chicago Press.

Kanizsa, G. (1955). Margini quasi-percettivi in campi con stimolazione omogenea. *Rivista di Psicologia, 49,* 7–30. (Gerbino, W. (Trans.). (1987). Quasi-perceptual margins in homogeneously stimulated fields. In S. Petry & G. E. Meyer (Eds), *The Perception of Illusory Contours* (pp. 40–49). Springer-Verlag.)

Kanizsa, G. (1976). Subjective contours. *Scientific American, 234,* 48–53.

第 II 部　視覚

Kanizsa, G. (1979). *Organization in Vision: Essays on Gestalt Perception*. Praeger Publishers.

　　（野口　薫（監訳）（1985）．視覚の文法：ゲシュタルト知覚論　サイエンス社）

河邉　隆寛・三浦　佳世　（2002）．心理学における陰影知覚研究の動向と展望　九州大学心理学研究, *3*, 95-105. [doi: 10.15017/870]

川嶋　英嗣　（2017）．コントラスト感度と空間ナビゲーション　基礎心理学研究, *36*, 105-108. [doi: 10.14947/psychono.36.16]

Kleffner, D. A., & Ramachandran, V. S. (1992). On the perception of shape from shading. *Perception & Psychophysics, 52*, 18-36. [doi: 10.3758/BF03206757]

黒田　亮　（1930）．手術ニヨリテ開眼セル四十二歳先天性白内障婦人患者ニ就イテノ調査報告　*Acta Psychologica Keijo, 1*(1), 17-42.

Latta, R. (1904). Notes on a case of successful operation for congenital cataract in an adult. *British Journal of Psychology, 1*, 135-150. [doi: 10.1111/j.2044-8295.1904.tb00155.x]

Locke, J. (1690). *An Essay Concerning Human Understanding*. Thomas Basset.

　　（大槻　春彦（訳）（1972）．人間知性論　岩波書店）

望月　登志子　（1979a）．開眼手術後における奥行の把握　人間研究, *15*, 8-31.

望月　登志子　（1979b）．視覚と触覚による透視図的図形の構造把握：開眼者と晴眼児の比較を中心として　日本女子大学紀要（家政学部）, *26*, 19-28.

望月　登志子　（1979c）．視覚による事物の把握　日本教育心理学会第 21 回総会発表論文集, pp. 238-239.

望月　登志子　（1985）．開眼手術後における事物の識別　人間研究, *21*, 50-98.

望月　登志子　（1989）．開眼手術後における視機能とその分化：視空間の構造を中心として　基礎心理学研究, *7*, 53-70. [doi: 10.14947/psychono.KJ00004406087]

望月　登志子　（1993）．視空間の形成　鳥居　修晃（編著）　視覚障害と認知（pp. 147-164）　放送大学教育振興会

望月　登志子　（1994a）．感覚・知覚の発達（幼児・開眼者）　大山　正・今井　省吾・和気　典二（編）　新編　感覚・知覚心理学ハンドブック（pp. 104-135）　誠信書房

望月　登志子　（1994b）．主観的輪郭図形における形態把握の多様性：視覚と触覚による知覚型を通じて　日本女子大学紀要（人間社会学部）, *4*, 55-67.

望月　登志子　（1994c）．視野制限における主観的輪郭の知覚　日本心理学会第 58 回大会発表論文集, 583.

望月　登志子　（1995）．主観的輪郭図形における形態把握の多様性（2）：初期段階の視覚による把握型を通じて　日本女子大学紀要（人間社会学部）, *5*, 389-407.

Mochizuki, T., &Torii, S. (2005). Post-surgery perception of solids in the cases of the congenitally blind. *International Congress Series, 1282*, 659-663. [doi: 10.1016/j.ics.2005.04.014]

Molyneux, W. (1692). *Dioptrica Nova, A treatise of dioptricks in two parts: Wherein the various effects and appearances of spherick glasses both convex and concave, single and combined, in telescopes and microscopes, together with their usefulness in many concerns of humane life, are explained*. London: Printed for Benj.Tooke.

二唐　東朔　（1978）．単眼視, 両眼視の生理　眼科, *4*, 1-12.

大畑　晶子・市川　一夫・玉置　明野・野村　秀樹　（2001）．コントラスト感度の立体視検査法への影響　日本視能訓練士協会誌, *29*, 185-188. [doi: 10.4263/jorthoptic.29.185]

Ostrovsky, Y., Andalman, A., & Sinha, P. (2006). Vision following extended congenital blindness. *Psychological Science, 17*(12), 1009-1014. [doi: 10.1111/j.1467-9280.2006.01827.x]

Pokrovskii, A. I. (1953). On the development of visual perception and judgements in the postoperative newly seeing in the light of works of I. P. Pavlov. *Vestnik Oftalmologii, 32*(6), 6-17. (London, I. D. (1960). A Russian report on the postoperative newly seeing. *American Journal of Psychology, 73*, 478-482.)

Ramachandran, V. S. (1988a). Perception of shape from shading. *Nature, 331*, 163-166. [doi: 10.1038/331163a0]

Ramachandran, V. S. (1988b). Perceiving shape from shading. *Scientific American, 259*(2), 58-65.

Ramachandran, V. S. (1992). Perception: A biological perspective. In G. A. Carpenter & S. Grossberg (Eds.), *Neural Networks for Vision and Image Processing* (pp. 45-91). MIT Press.

佐川 賢・伊藤 納奈・岡本 明・三谷 誠二・吉田 敏明 （2009）．ロービジョンのコントラスト感度特性 人間工学会誌，*45*，368-369．［doi: 10.14874/jergo.45spl.0.368.0］

佐々木 正晴 （1996）．開眼手術における形の識別活動とその内的システム 発達心理学研究，*7*(2)，180-189.

Senden, M. von. (1932). *Raum-und Gestaltauffassung bei operierten Blindgeborenen vor und nach der Operation*. Barth. (Heath, P. (Trans.). (1960). *Space and Sight*. Methuen.)

調 廣子・森 由美子・須田 和代・中村 誠・関谷 善文・山本 節 （1998）．形態覚遮断弱視における治療と問題点 日本視能訓練士協会誌，*26*，119-127.

Sun, J., & Perona, P. (1996). Early computation of shape and reflectance in the visual system. *Nature, 379*, 165-168. ［doi: 10.1038/379165a0］

Sun, J., & Perona, P. (1997). Shading and stereo in early perception of shape and reflection. *Perception, 26*, 519-529. ［doi: 10.1068/p260519］

竹市 博臣 （1994）．主観的輪郭：計算論的解釈試論 基礎心理学研究，*13*，17-44．［doi: 10.14947/psychono.KJ00004413196］

鳥居 修晃 （1977）．開眼手術後における立体の把握 東京大学教養学部人文科学科紀要，*64*，49-96.

鳥居 修晃 （1981）．先天性白内障の手術後における事物の識別 東京大学教養学部人文科紀要，*72*，27-75.

鳥居 修晃 （1983）．先天盲の開眼手術と視知覚の形成 サイエンス，*13*(7)，28-39.

鳥居 修晃 （1984）．先天性白内障の手術後における奥行き距離の知覚 東京大学教養学部人文科学科紀要，*79*，31-81.

鳥居 修晃・望月 登志子 （1978a）．開眼手術後における事物とその映像の把握 日本心理学会第42回大会発表論文集，220-221.

鳥居 修晃・望月 登志子 （1978b）．角膜移植後の視知覚獲得過程 第4回感覚代行シンポジウム論文集，*4*，50-56.

鳥居 修晃・望月 登志子 （1980）．角膜移植後の立体視の成立過程 第6回感覚代行シンポジウム論文集，*6*，3-10.

鳥居 修晃・望月 登志子 （1992）．視知覚の形成1：開眼手術後の定位と弁別 培風館

Torii, S., & Mochizuki, T. (1995). Post-surgery perception of subjective contour figures in the cases of the congenitally blind. *Japanese Psychological Research, 37*, 146-157.

鳥居 修晃・望月 登志子 （1995）．開眼手術後における立体の知覚 心理学評論，*38*，581-605．［doi: 10.24602/sjpr.38.4_581］

鳥居 修晃・望月 登志子 （1996）．開眼手術後の陰影の知覚 日本心理学会第60回大会発表論文集，550.

鳥居 修晃・望月 登志子 （1997）．視知覚の形成2：開眼手術後の視空間と事物の識別 培風館

鳥居 修晃・望月 登志子 （1998）．開眼手術後における影と陰影の知覚 日本心理学会第62回大会発表論文集，573.

鳥居 修晃・望月 登志子 （2000）．先天盲開眼者の視覚世界 東京大学出版会

鳥居 修晃・望月 登志子 （2020）．開眼手術後における視知覚の特性と形成 基礎心理学研究，*39*，60-72．［doi: 10.14947/psychono.39.10］

鳥居 修晃・望月 登志子・下條 信輔 （1980）．角膜移植後の視知覚獲得過程：その追跡研究 第5回感覚代行シンポジウム論文集，*5*，13-18.

常石 秀市 （2008）．感覚器の成長・発達 バイオメカニズム学会誌，*32*，69-73．［doi: 10.3951/sobim.32.69］

梅津 八三 （1952）．先天性盲人の開眼手術後における視覚体験 児童心理と精神衛生，*2*(4)，253-261.

Valvo, A. (1971). Sight restoring after long-term blindness: The problem and behavior patterns of visual rehabilitation. *American Foundation for the Blind*, 1-54.

渡辺 武郎・永瀬 英司 （1989）．主観的輪郭形成のメカニズム 基礎心理学研究，*8*，17-32．［doi: 10.14947/psychono. KJ00004406107］

Watanabe, T., & Oyama, T. (1988). Are illusory contours a cause or a consequence of apparent differences in brightness and depth in the Kanizsa square? *Perception, 17*, 513-521. ［doi: 10.1068/p170513］

安間 哲史・外山 喜一・鳥居 修晃・望月 登志子 （1977）．先天盲開眼手術後の視知覚獲得過程の観察 臨床眼科，*31*(3)，389-399．［doi: 10.11477/mf.1410207400］

（16・3）

Brown, B. (1997). *The Low Vision Handbook*. SLACK Inc.

Colenbrander, A., & Fletcher, D. C. (1992). Low vision rehabilitation: Basic concepts and terms. *Journal of Ophthalmic*

第 II 部　視覚

Nursing & Technology, 11(1), 5-9.

Corn, A., & Erin, J. (Eds.). (2010). *Foundation of Low Vision: Clinical and Functional Perspectives* (2nd ed.). AFB Press.

Faye, E. E. (Ed.). (1984). *Clinical Low Vision* (2nd ed.). Little Brown and Company.

Fonda, G. (1956). Report of five hundred patients examined for low vision. *American Medical Association Archives of Ophthalmology, 56*(2), 171-175. [doi: 10.1001/archopht.1956.00930040179002]

Goodrich, G. L., Arditi, A., Rubin, G., Keeffe, J., & Legge, G. E. (2008). The low vision timeline: An interactive history. *Visual Impairment Research, 10*, 67-75. [doi: 10.1080/13882350802633177]

Jewett, D. H. (1946). Physical education for low vision classes. *We the Blind, 10*(2), 16-27.

Jose, R. T. (Ed.). (1985). *Understanding Low Vision.* American Foundation for the Blind.
　　(簗島　謙治・石田　みさ子（監訳）（1992）．ロービジョン　理論と実践　第一法規)

厚生労働省社会・援護局障害保健福祉部　(2018)．平成 28 年生活のしづらさなどに関する調査（全国在宅障害児・者等実態調査）結果　厚生労働省　https://www.mhlw.go.jp/toukei/list/seikatsu_chousa_h28.html

Leat, S. J., Legge, G. E., & Bullimore, M. A. (1999). What is low vision? A re-evaluation of definitions. *Optometry and Vision Science, 76*(4), 198-211. [doi: 10.1097/00006324-199904000-00023]

Mackie, R. (1951). Education of visually handicapped children: The blind, the partially seeing. *Bulletin, 20.*

Mogk, L., & Goodrich, G. (2004). The history and future of low vision services in the United States. *Journal of Visual Impairment & Blindness, 98*(10), 585-600. [doi: 10.1177/0145482X0409801004]

中野　泰志・小田　浩一・中野　喜美子　(1993)．弱視児の見えにくさを考慮した読書環境の整備について　国立特殊教育総合研究所・特別研究「心身障害児の感覚・運動機能の改善および向上に関する研究」最終報告書，44-55.

日本眼科医会研究班　(2009)．日本における視覚障害の社会的コスト　日本の眼科，*80*(6)，付録，i-52.

小田　浩一　(1999)．中心視と周辺視の機能的差異：ロービジョン研究から　*VISION, 12*(4)，183-186.［doi: 10.24636/vision.11.4_183］

小田　浩一　(2008)．ロービジョンの視機能とモノの見え　光学，*37*(9)，511-517.

小田　浩一・中野　泰志　(1993)．弱視者の知覚・認知的困難　鳥居　修晃（編著）　視覚障害と認知（pp. 52-61）　放送大学教材

Warren, D. H. (1984). *Blindness and Early Childhood Development.* AFB Press.
　　(山本　利和（監訳）（1998）．視覚障害と発達　二瓶社)

World Health Organization. (2007). *Global Initiative for the Elimination of Avoidable Blindness: Action Plan 2006-2011.* WHO Press.

World Health Organization. (2001). *International Classification of Functioning, Disability and Health.*
　　(障害者福祉研究会（訳）（2002）．ICF　国際生活機能分類：国際障害分類（改訂版）　中央法規出版)

(16・4)

浅井　智子・杉山　登志郎　(2007)．対人・協調運動・感覚障害　日本臨床，*65*，453-547.

綾屋　紗月・熊谷　晋一朗　(2008)．発達障害当事者研究：ゆっくりていねいにつながりたい　医学書院

Bailey, A., Le Couteur, A., Gottesman, I., Bolton, P., Simonoff, E., Yuzda, E., & Rutter, M. (1995). Autism as a strongly genetic disorder: Evidence from a British twin study. *Psychological Medicine, 25*, 63-77. [doi: 10.1017/S0033291700028099]

Banton, T., Bertenthal, B. I., & Seaks, J. (1999). Infants' sensitivity to statistical distributions of motion direction and speed. *Vision Research, 39*, 3417-3430. [doi: 10.1016/S0042-6989(99)00100-5]

Baron-Cohen, S., Wheelwright, S., Skinner, R., Martin, J., & Clubley, E. (2001). The autism-spectrum quotient (AQ): Evidence from Asperger syndrome/high-functioning autism, males and females, scientists and mathematicians. *Journal of Autism and Developmental Disorders, 31*, 5-17. [doi: 10.1023/a:1005653411471]

Bertone, A., Mottron, L., Jelenic, P., & Faubert, J. (2003). Motion perception in autism: A "complex" issue. *Journal of Cognitive Neuroscience, 15*(2), 218-225. [doi: 10.1162/089892903321208150]

Bölte, S., Holtmann, M., Poustka, F., Scheurich, A., & Schmidt, L. (2007). Gestalt perception and local-global processing in high-functioning autism. *Journal of Autism and Developmental Disorders, 37*, 1493-1504. ［doi: 10.1007/s10803-006-0231-x］

Botvinick, M., & Cohen, J. (1998). Rubber hands 'feel' touch that eyes see. *Nature, 391*, 756. ［doi: 10.1038/35784］

Bromley, J., Hare, D. J., Davison, K., & Emerson, E. (2004). Mothers supporting children with autistic spectrum disorders: Social support, mental health status and satisfaction with services. *Autism, 8*(4), 409-423. ［doi: 10.1177/1362361304047224］

Brosnan, M. J., Scott, F. J., Fox, S., & Pye, J. (2004). Gestalt processing in autism: Failure to process perceptual relationships and the implications for contextual understanding. *Journal of Child Psychology and Psychiatry, 45*, 459-469. ［doi: 10.1111/j.1469-7610.2004.00237.x］

Brown, C., Gruber, T., Boucher, J., Rippon, G., & Brock, J. (2005). Gamma abnormalities during perception of illusory figures in autism. *Cortex, 41*, 364-376. ［doi: 10.1016/s0010-9452(08)70273-9］

Buchholz, J., & McKone, E. (2004). Adults with dyslexia show deficits on spatial frequency doubling and visual attention tasks. *Dyslexia, 10*, 24-43. ［doi: 10.1002/dys.263］

Buckingham, G., Michelakakis, E. E., & Rajendran, G. (2016). The influence of prior knowledge on perception and action: Relationships to autistic traits. *Journal of Autism and Developmental Disorders, 46*(5), 1716-1724. ［doi: 10.1007/s10803-016-2701-0］

Cascio, C. J., Foss-Feig, J. H., Burnette, C. P., Heacock, J. L., & Cosby, A. A. (2012). The rubber hand illusion in children with autism spectrum disorders: Delayed influence of combined tactile and visual input on proprioception. *Autism, 16*(4), 406-419. ［doi: 10.1177/1362361311430404］

Castelli, F., Frith, C., Happé, F., & Frith, U. (2002). Autism, Asperger syndrome and brain mechanisms for the attribution of mental states to animated shapes. *Brain, 125*, 1839-1849. ［doi: 10.1093/brain/awf189］

Cestnick, L., & Coltheart, M. (1999). The relationship between language-processing and visual-processing deficits in developmental dyslexia. *Cognition, 71*, 231-255. ［doi: 10.1016/s0010-0277(99)00023-2］

Chouinard, P. A., Noulty, W. A., Sperandio, I., & Landry, O. (2013). Global processing during the Müller-Lyer illusion is distinctively affected by the degree of autistic traits in the typical population. *Experimental Brain Research, 230*(2), 219-231. ［doi: 10.1007/s00221-013-3646-6］

Chouinard, P. A., Unwin, K. L., Landry, O., & Sperandio, I. (2016). Susceptibility to optical illusions varies as a function of the autism-spectrum quotient but not in ways predicted by local-global biases. *Journal of Autism and Developmental Disorders, 46*(6), 2224-2239. ［doi: 10.1007/s10803-016-2753-1］

Cleary, L., Brady, N., Fitzgerald, M., & Gallagher, L. (2014). Holistic processing of faces as measured by the Thatcher illusion is intact in autism spectrum disorders. *Autism, 19*(4), 451-458. ［doi: 10.1177/1362361314526005］

Courchesne, E., Townsend, J., Akshoomoff, N. A., Saitoh, O., Yeung-Courchesne, R., Lincoln, A. J., James, H. E., ... Lau, L. (1994). Impairment in shifting attention in autistic and cerebellar patients. *Behavioral Neuroscience, 108*(5), 848-865. ［doi: 10.1037/0735-7044.108.5.848］

Dapretto, M., Davies, M. S., Pfeifer, J. H., Scott, A. A., Sigman, M., Bookheimer, S. Y., & Iacoboni, M. (2006). Understanding emotions in others: Mirror neuron dysfunction in children with autism spectrum disorders. *Nature Neuroscience, 9*, 28-30. ［doi: 10.1038/nn1611］

Davis, C., Castles, A., McAnally, K., & Gray, J. (2001). Lapses of concentration and dyslexic performance on the Ternus task. *Cognition, 81*, 21-31. ［doi: 10.1016/s0010-0277(01)00129-9］

Dawson, G., Finley, C., Phillips, S., & Lewy, A. (1989). A comparison of hemispheric asymmetries in speech-related brain potentials of autistic and dysphasic children. *Brain and Language, 37*(1), 26-41. ［doi: 10.1016/0093-934x(89)90099-0］

Dawson, G., Webb, S., Schellenberg, G. D., Dager, S., Friedman, S., Aylward, E., & Richards, T. (2002). Defining the broader phenotype of autism: Genetic, brain, and behavioral perspectives. *Development and Psychopathology, 14*, 581-611. ［doi: 10.1017/s0954579402003103］

遠藤 太郎・塩入 俊樹・染矢 俊幸 （2008）. 広汎性発達障害の脳機能障害と脳内生化学代謝異常 精神神経学雑誌, *10*(10), 887-979.

第Ⅱ部　視覚

Facoetti, A., & Molteni, M. (2001). The gradient of visual attention in developmental dyslexia. *Neuropsychologia, 39,* 352–357. [doi: 10.1016/s0028-3932(00)00138-x]

Frith, U. (1989). *Autism: Explaining the Enigma.* Basil Blackwell.

Frith, U., & Happe, F. (1994). Autism: Beyond "theory of mind". *Cognition, 50,* 115–132. [doi: 10.1016/0010-0277(94)90024-8]

Gepner, B., & Mestre, D. (2002a). Rapid visual-motion integration deficit in autism. *Trends in Cognitive Sciences, 6*(11), 455. [doi: 10.1016/S1364-6613(02)02004-1]

Gepner, B., Deruelle, C., & Grynfeltt, S. (2001). Motion and emotion: A novel approach to the study of face processing by young autistic children. *Journal of Autism and Developmental Disorders, 31,* 37–45. [doi: 10.1023/A:1005609629218]

Gepner, B., & Mestre, D. (2002b). Brief report: Postural reactivity to fast visual motion differentiates autistic from children with Asperger syndrome. *Journal of Autism and Developmental Disorders, 32,* 231–238. [doi: 10.1023/A:1015410015859]

Gepner, B., Mestre, D., Masson, G., & de Schonen, S. (1995). Postural effects of motion vision in young autistic children. *NeuroReport, 6,* 1211–1214. [doi: 10.1097/00001756-199505300-00034]

Gerland, G. (1997). *A Real Person.* Cura.

（ニキ・リンコ（訳）（2000）．ずっと「普通」になりたかった　花風社）

Gerland, G. (2004). *Autism: Relationer och Sexualitet.* Cura.

（熊谷　高幸・石井　バークマン　麻子（訳）（2007）．自閉症者が語る人間関係と性　東京書籍）

Goldstein, H. (2000). Commentary: Interventions to facilitate auditory, visual, and motor integration: "Show Me the Data". *Journal of Autism and Developmental Disorders, 30,* 423–425. [doi: 10.1023/A:1005599406819]

Gomot, M., Giard, M. H., Adrien, J. L., Barthelemy, C., & Bruneau, N. (2002). Hypersensitivity to acoustic change in children with autism: Electrophysiological evidence of left frontal cortex dysfunctioning. *Psychophysiology, 39,* 577–584. [doi: 10.1017/S0048577202394058]

Gori, S., Cecchini, P., Bigoni, A., Molteni, M., & Facoetti, A. (2014). Magnocellular-dorsal pathway and sub-lexical route in developmental dyslexia. *Frontiers in Human Neuroscience, 8,* 460. [doi: 10.3389/fnhum.2014.00460]

Gori, S., & Facoetti, A. (2014). Perceptual learning as a possible new approach for remediation and prevention of developmental dyslexia. *Vision Research, 99,* 78–87. [doi: 10.1016/j.visres.2013.11.011]

Gori, S., Giora, E., Yazdanbakhsh, A., & Mingolla, E. (2011). A new motion illusion based on competition between two kinds of motion processing units: The accordion grating. *Neural Networks, 24,* 1082–1092. [doi: 10.1016/j.neunet.2011.06.017]

Gori, S., Giora, E., Yazdanbakhsh, A., & Mingolla, E. (2013). The novelty of the "Accordion Grating Illusion". *Neural Networks, 39,* 52. [doi: 10.1016/j.neunet.2012.07.008]

Gori, S., Molteni, M., & Facoetti, A. (2016). Visual illusions: An interesting tool to investigate developmental dyslexia and autism spectrum disorder. *Frontiers in Human Neuroscience, 10,* 175. [doi: 10.3389/fnhum.2016.00175]

Griffith, E. M., Pennington, B. F., Wehner, E. A., & Rogers, S. J. (1999). Executive functions in young children with autism. *Child Development, 70*(4), 817–832. [doi: 10.1111/1467-8624.00059]

Hamm, L. M., Black, J., Dai, S., & Thompson, B. (2014). Global processing in amblyopia: A review. *Frontiers in Psychology, 17*(5), 583. [doi: 10.3389/fpsyg.2014.00583]

Happé, F. (1996). Studying weak central coherence at low levels: Children with autism do not succumb to visual illusions. a research note. *Journal of Child Psychology and Psychiatry, 37,* 873–877. [doi: 10.1111/j.1469-7610.1996.tb01483.x]

Happé, F. (1997). Central coherence and theory of mind in autism: Reading homographs in context. *British Journal of Developmental Psychology, 15,* 1–12. [doi: 10.1111/j.2044-835X.1997.tb00721.x]

Happé, F. (1999). Autism: Cognitive deficit or cognitive style? *Trends in Cognitive Sciences, 3*(6), 216–222. [doi: 10.1016/s1364-6613(99)01318-2]

Happé, F., & Frith, U. (1996). The neuropsychology of autism. *Brain, 119,* 1377–1400. [doi: 10.1093/brain/119.4.1377]

Happé, F., & Frith, U. (2006). The weak coherence account: Detail-focused cognitive style in autism spectrum disorders. *Journal of Autism and Developmental Disorders, 36*(1), 5–25. [doi: 10.1007/s10803-005-0039-0]

Hari, R., & Kiesila, P. (1996). Deficit of temporal auditory processing in dyslexic adults. *Neuroscience Letters*, *205*(2), 138-140.〔doi: 10.1016/0304-3940(96)12393-4〕

Hashimoto, T., Tayama, M., Murakawa, K., Yoshimoto, T., Miyazaki, M., Harada M., & Kuroda, Y. (1995). Development of the brainstem and cerebellum in autistic patients. *Journal of Autism and Developmental Disorders*, *25*, 1-18.〔doi: 10.1007/BF02178163〕

橋本 亮太・安田 由華・大井 一高・福本 素由己・山森 英長・武田 雅俊 (2011). 広汎性発達障害の遺伝子研究はどこまで到達したか？ 日本生物学的精神医学会誌, *21*(2), 69-75.〔doi: 10.11249/jsbpjjpp.21.2_69〕

Hazen, E. P., Stornelli, J. L., O'Rourke, J. A., Koesterer, K., & McDougle, C. J. (2014). Sensory symptoms in autism spectrum disorders. *Harvard Review of Psychiatry*, *22*(2), 112-124.〔doi: 10.1097/01.HRP.0000445143.08773.58〕

Helenius, P., Uutela, K., & Hari, R. (1993). Auditory stream segregation in dyslexic adults. *Brain*, *122*, 907-913.〔doi: 10.1093/brain/122.5.907〕

Hikosaka, O., Miyauchi, S., & Shimojo, S. (1993). Visual attention revealed by an illusion of motion. *Neuroscience Research*, *18*, 11-18.〔doi: 10.1016/0168-0102(93)90100-5〕

彦坂 渉・田中 直人 (2014). 発達障害児の環境刺激への反応頻度と保護者が感じる困難さに関する研究 こども環境学研究, *10*(3), 50-58.

Hobson, R. P., Ouston, J., & Lee, A. (1988). What's in a face? The case of autism. *British Journal of Psychology*, *79*(4), 441-453.〔doi: 10.1111/j.2044-8295.1988.tb02745.x〕

Hoy, J. A., Hatton, C., & Hare, D. (2004). Weak central coherence: A cross-domain phenomenon specific to autism? *Autism*, *8*(3), 267-281.〔doi: 10.1177/1362361304045218〕

Hurles, M., McRae, J., & colleagues (2017). Prevalence and architecture of de novo mutations in developmental disorders. *Nature*, *542*, 433-438.〔doi: 10.1038/nature21062〕

生島 博之 (2009). アスペルガー症候群と感覚過敏 (1) 教育臨床事例研究, *21*, 2-15.

生島 博之 (2010). アスペルガー症候群と感覚過敏 (2) 教育臨床事例研究, *22*, 1-14.

Irlen, H. (1991). *Reading by the Colors: Overcoming Dyslexia and Other Reading Disabilities Through the Irlen Method*. Perigee.

（熊谷 恵子・稲葉 七海・尾形 雅徳（訳）（2013). アーレンシンドローム：「色を通して読む」光の感受性障害の理解と対応 金子書房）

Ishida, R., Kamio, Y., & Nakamizo, S. (2009). Perceptual distortions of visual illusions in children with high-functioning autism spectrum disorder. *Psychologia: An International Journal of Psychology in the Orient*, *52*, 175-187.〔doi: 10.2117/psysoc.2009.175〕

岩永 竜一郎 (2013). 自閉症スペクトラム児への支援：感覚・運動アプローチを中心に 小児の精神と神経, *53*, 109-118.

神保 恵理子・桃井 真里子 (2015). 発達障害における遺伝性要因（先天的素因）について 脳と発達, *47*, 215-219.〔doi: 10.11251/ojjscn.47.215〕

Kanner, L. (1943). Autistic disturbances of affective contact. *Nervous Child*, *2*, 217-250.

Katagiri, M., Kasai, T., Kamio, Y., & Murohashi, H. (2013). Individuals with Asperger's disorder exhibit difficulty in switching attention from a local level to a global level. *Journal of Autism and Developmental Disorders*, *43*(2), 395-403.〔doi: 10.1007/s10803-012-1578-9〕

片桐 正敏 (2014). 自閉症スペクトラム障害の知覚・認知特性と代償能力 特殊教育学研究, *52*(2), 97-106.〔doi: 10.6033/tokkyou.52.97〕

Kaufmann, W. E., Cooper, K. L., Mostofsky, S. H., Capone, G. T., Kates, W. R., Newschaffer, C. J., Bukelis, I., ... Lanham, D. C. (2003). Specificity of cerebellar vermian abnormalities in autism: A quantitative magnetic resonance imaging study. *Journal of Child Neurology*, *18*, 463-470.〔doi: 10.1177/08830738030180070501〕

川端 秀仁 (2010). 視覚認知に問題のある LD 児への対応 日本ロービジョン学会誌, *10*, 31-38.

川端 秀仁 (2016). LD, ADHD, ASD, dyslexia について *Oculista*（オクリスタ）, *40*, 34-44.

川崎 菜子・三島 卓穂・田村 みずほ・坂井 和子・猪野 民子・村上 公子...丹波 真一 (2003). 広汎性発達障害における感覚知覚異常 発達障害研究, *25*, 31-38.

第 II 部　視覚

Kelly, D. H. (1981). Nonlinear visual responses to flickering sinusoidal gratings. *Journal of the Optical Society of America*, *71*(9), 1051–1055. [doi: 10.1364/JOSA.71.001051]

Kevan, A., & Pammer, K. (2008). Visual deficits in pre-readers at familial risk for dyslexia. *Vision Research*, *48*, 2835–2839. [doi: 10.1016/j.visres.2008.09.022]

Kevan, A., & Pammer, K. (2009). Predicting early reading skills from pre-reading measures of dorsal stream functioning. *Neuropsychologia*, *47*, 3174–3181. [doi: 10.1016/j.neuropsychologia.2009.07.016]

Koegel, R. L., Openden, D., & Koegel, L. K. (2004). A systematic desensitization paradigm to treat hypersensitivity to auditory stimuli in children with autism in family contexts. *Research and Practice for Persons with Severe Disabilities*, *29*(2), 122–134. [doi: 10.2511/rpsd.29.2.122]

Kurtz, L. A. (2006). *Visual perception problems in children with AD/HD, autism, and other learning disabilities*. Jessica Kingsley Publishers.
（川端 秀仁（監訳），泉 流星（訳）（2010）．発達障害の子どもの視知覚認知問題への対処法：親と専門家のためのガイド　東京書籍）

Lallier, M., Tainturier, M. J., Dering, B., Donnadieu, S., Valdois, S., & Thierry, G. (2010). Behavioral and ERP evidence for amodal sluggish attentional shifting in developmental dyslexia. *Neuropsychologia*, *48*, 4125–4135. [doi: 10.1016/j.neuropsychologia.2010.09.027]

Lallier, M., Thierry, G., Tainturier, M. J., Donnadieu, S., Peyrin, C., Billard, C., & Valdois, S. (2009). Auditory and visual stream segregation in children and adults: An assessment of the amodality assumption of the 'sluggish attentional shifting' theory of dyslexia. *Brain Research*, *1302*, 132–147. [doi: 10.1016/j.brainres.2009.07.037]

Langdell, T. (1978). Recognition of faces: An approach to the study of autism. *Journal of Child Psychology and Psychiatry*, *19*(3), 255–268. [doi: 10.1111/j.1469-7610.1978.tb00468.x]

Lucker, J. E., & Doman. A. (2012). Auditory hypersensitivity and autism spectrum disorders: An emotional response. *Autism Science Digest: The Journal of Autismone*, *4*, 103–108.

Ludlow, A. K., Wilkins, A. J., & Heaton, P. (2006). The effect of coloured overlays on reading ability in children with autism. *Journal of Autism and Developmental Disorders*, *36*(4), 507–516. [doi: 10.1007/s10803-006-0090-5]

Milne, E., & Scope, A. (2008). Are children with autistic spectrum disorders susceptible to contour illusions? *British Journal of Developmental Psychology*, *26*, 91–102. [doi: 10.1348/026151007X202509]

Milne, E., Swettenham, J., Hansen, P., Campbell, R., Jeffries, H., & Plaisted, K. (2002). High motion coherence thresholds in children with autism. *Journal of Child Psychology and Psychiatry*, *43*, 255–263. [doi: 10.1111/1469-7610.00018]

Mitchell, P., Mottron, L., Soulières, I., & Ropar, D. (2010). Susceptibility to the Shepard illusion in participants with autism: Reduced top-down influences within perception? *Autism Research*, *3*, 113–119. [doi: 10.1002/aur.130]

Mottron, L., & Burack, J. (2001). Enhanced perceptual functioning in the development of autism. In J. A. Burack, T. Charman, N. Yirmiya, & P. R. Zelazo (Eds.), *The Development of Autism: Perspectives from Theory and Research* (pp. 1310–148). Erlbaum.

Mottron, L., Dawson, M., Soulières, I., Hubert, B., & Burack, J. (2006). Enhanced perceptual functioning in autism: An update, and eight principles of autistic perception. *Journal of Autism and Developmental Disorders*, *36*, 27–43. [doi: 10.1007/s10803-005-0040-7]

ニキ リンコ・藤家 寛子（2004）．自閉っ子，こういう風にできてます！　花風社

信吉 真璃奈・高岡 佑壮・矢野 玲奈・下山 晴彦（2015）．感覚過敏に困り感を持つ発達障害児・者への支援の現状と課題　東京大学大学院教育学研究科臨床心理学コース紀要，*38*, 36–43.

O'Connor, K., Hamm, J. P., & Kirk, I. J. (2005). The neurophysiological correlates of face processing in adults and children with Asperger's syndrome. *Brain and Cognition*, *59*, 82–95. [doi: 10.1016/j.bandc.2005.05.004]

O'Connor, K., Hamm, J. P., & Kirk, I. J. (2007). Neurophysiological responses to face, facial regions and objects in adults with Asperger's syndrome: An ERP investigation. *International Journal of Psychophysiology*, *63*, 283–293. [doi: 10.1016/j.ijpsycho.2006.12.001]

奥村 智人（2008）．特別支援教育の実際（13）：発達障害にみられる視覚に関する問題の理解と支援　児童心理，*62*(1),

114-120.

奥村 智人　(2009)．LD 児にみられる視覚認知障害とは　第 10 回日本ロービジョン学会学術総会プログラム・抄録集，*10*(0)，60-60.〔doi: 10.14908/jslrr5.10.0.60.0〕

Pammer, K., Lavis, R., & Cornelissen, P. (2004). Visual encoding mechanisms and their relationship to text presentation preference. *Dyslexia, 10,* 77-94.〔doi: 10.1002/dys.264〕

Pammer, K., & Wheatley, C. (2001). Isolating the M(y)-cell response in dyslexia using the spatial frequency doubling illusion. *Vision Research, 41,* 2139-2147.〔doi: 10.1016/S0042-6989(01)00092-X〕

Paton, B., Hohwy, J., & Enticott, P. G. (2012). The rubber hand illusion reveals proprioceptive and sensorimotor differences. *Journal of Autism and Developmental Disorders, 42*(9), 1870-1883.〔doi: 10.1007/s10803-011-1430-7〕

理化学研究所脳科学総合研究センター精神生物学研究チーム　(2017)．自閉症の新たな候補遺伝子：シナプス関連遺伝子NLGN1 の変異が原因となる可能性　*PLOS Genetics,* 2017, 8, 26

理化学研究所脳科学総合研究センター精神生物学研究チーム (2017) 自閉症の新たな候補遺伝子－シナプス関連遺伝子*NLGN1* の変異が原因となる可能性－ 米国オープンアクセス科学雑誌『PLOS Genetics』2017,8,26

Rogers, S., Hepburn, S., & Wehner, E. (2003). Parent reports of sensory symptoms in toddlers with autism and those with other developmental disorders. *Journal of Autism and Developmental Disorders, 33,* 631-642.〔doi: 10.1023/B:JADD.0000006000.38991.a7〕

Rogers, S. J., & Pennington, B. F. (1991). A theoretical approach to the deficits in infantile autism. *Development and Psychopathology, 3*(2), 137-162.〔doi: 10.1017/S0954579400000043〕

Ropar, D., & Mitchell, P. (1999). Are individuals with autism and Asperger's syndrome susceptible to visual illusions? *Journal of Child Psychology and Psychiatry, 40*(8), 1283-1293.

Ropar, D., & Mitchell, P (2001). Susceptibility to illusions and performance on visuospatial tasks in individuals with autism. *Journal of Child Psychology and Psychiatry, 42,* 539-549.

Rouse, H., Donnelly, N., Hadwin, J. A., & Brown, T. (2004). Do children with autism perceive second-order relational features? The case of the Thatcher illusion. *Journal of Child Psychology and Psychiatry, 45*(7), 1246-1257.〔doi: 10.1111/j.1469-7610.2004.00317.x〕

佐々木 清子　(2013)．感覚運動的な視点を用いた発達障害児への作業療法支援　*Journal of Clinical Rehabilitation, 22*(3)，300-305.

Scherf, K. S., Luna, B., Kimchi, R., Minshew, N., & Behrmann, M. (2008). Missing the big picture: Impaired development of global shape processing in autism. *Autism Research, 1*(2), 114-129.〔doi: 10.1002/aur.17〕

Schultz, R. T., Gauthier, I., Klin, A., Fulbright, R. K., Anderson, A. W., Volkmar, F., ... Gore, J. C. (2000). Abnormal ventral temporal cortical activity during face discrimination among individuals with autism and Asperger syndrome. *Archives Of General Psychiatry, 57,* 331-340.〔doi: 10.1001/archpsyc.57.4.331〕

Schumann, C. M., Hamstra, J., Goodlin-Jones, B. L., Lotspeich, L. J., Kwon, H., Buonocore, M. H., ... Amarall, D. G. (2004). The amygdala is enlarged in children but not adolescents with autism: The hippocampus is enlarged at all ages. *Journal of Neuroscience, 24,* 6392-6401.〔doi: 10.1523/JNEUROSCI.1297-04.2004〕

世良 彰康　(2010)．軽度発達障害児に対する感覚統合理論に基づく作業療法　北海道作業療法，*27*(2)，45-52.

Shah, A., & Frith, U. (1983). An islet of Ability in autistic children: A research note. *Journal of Child Psychology and Psychiatry, 24*(4), 613-620.〔doi: 10.1111/j.1469-7610.1983.tb00137.x〕

Shah, A., & Frith, U. (1993). Why do autistic individuals show superior performance on the block design task? *Journal of Child Psychology and Psychiatry, 34*(8), 1351-1364.〔doi: 10.1111/j.1469-7610.1993.tb02095.x〕

Slaghuis, W. L., Twell, A. J., & Kingston, K. R. (1996). Visual and language processing disorders are concurrent in dyslexia and continue into adulthood. *Cortex, 32,* 413-438.〔doi: 10.1016/s0010-9452(96)80002-5〕

Sparks, B. F., Friedman, S. D., Shaw, D. W., Aylward, E. H., Echelard, D., Artru, A. A., ... Dager, S. R. (2002). Brain structural abnormalities in young children with autism spectrum disorder. *Neurology, 59,* 184-192.〔doi: 10.1212/wnl.59.2.184〕

Steinman, S. B., Steinman, B. A., & Garzia, R. P. (1998). Vision and attention. II: Is visual attention a mechanism through which a deficient magnocellular pathway might cause reading disability? *Optometry and Vision Science, 75,* 674-681.

第 II 部　視覚

［doi: 10.1097/00006324-199809000-00023］

Sterzer, P., Haynes, J. D., & Rees, G. (2006). Primary visual cortex activation on the path of apparent motion is mediated by feedback from hMT+/V5. *NeuroImage*, *32*, 1308–1316.［doi: 10.1016/j.neuroimage.2006.05.029］

Stroganova, T. A., Orekhova, E. V., Prokofyev, A. O., Posikera, I. N., Morozov, A. A., Obukhov, Y. V., & Morozov, V. A. (2007). Inverted event-related potentials response to illusory contour in boys with autism. *NeuroReport*, *18*, 931–935.［doi: 10.1097/WNR.0b013e32811e151b］

高橋　智・増添　美穂　(2008).　アスペルガー症候群・高機能自閉症における「感覚過敏・鈍麻」の実態と支援に関する研究：本人へのニーズ調査から　東京学芸大学紀要（総合教育科学系），*59*, 287-310.

竹田　契一（監修）　(2014).　『見る力』を育てるビジョン・アセスメント　WAVES　学研

田谷　修一郎・小島　治幸　(2006).　自閉症者における視覚的枠組みの錯視効果　日本心理学会第 70 回大会［doi: 10.4992/pacjpa.70.0_2AM073］

田沢　奈緒・綾屋　紗月・熊谷　晋一郎・森田　昌彦・田中　文英　(2014).　発達障害者の感覚過敏要因収集のためのスマートフォンアプリケーションの開発　*The 28th Annual Conference of the Japanese Society for Artificial Intelligence*, *2E1-2*, 1-4.

Ternus, J. (1938). *The problem of phenomenal identity* (pp 149–160, W. D. Ellis, Ed., & Trans.). Routledge and Kegan Paul. (Original work published 1926)

東京大学分子細胞生物学研究所　(2016).　自閉症のマウス原因となる遺伝子を特定：GABA 受容体の運び屋タンパク質が発症の鍵握る　https://www.u-tokyo.ac.jp/focus/ja/articles/a_00470.html（2023 年 10 月 12 日アクセス）

富森　美絵子・福本　安甫　(2006).　自閉性障害児のための感覚調整の特徴を生かした作業療法　九州保健福祉大学研究紀要，*6*, 205-213.

和氣　洋美・中島　勇佑・和氣　典二・梁田　明教・川端　秀仁　（未発表）　神奈川大学プロジェクト研究所マルチモーダル研究所（2014 年度〜2018 年度）最終報告会（2019）にて中間報告『錯視と視覚認知発達検査』

和氣　洋美・和氣　典二・中島　勇佑・簗田　明教・近藤　友佳・川端　秀仁　(2017).　錯視は発達障害理解の "ものさし" になり得るか？　感覚代行シンポジウム，*43*, 7-10.

Walter, E., Dassonville, P., & Bochsler, T. M. (2009). A specific autistic trait that modulates visuospatial illusion susceptibility. *Journal of Autism and Developmental Disorders*, *39*(2), 339–349.［doi: 10.1007/s10803-008-0630-2］

Wilkins, A. J. (2003). *Reading Through Colour: How Coloured Filters Can Reduce Reading Difficulty, Eye Strain, and Headaches*. Wiley.

Williams, D. L., Goldstein, G., & Minshew, N. J. (2006). Neuropsychologic functioning in children with autism: Further evidence for disordered complex information-processing. *Child Neuropsychology*, *12*(4-5), 279–298.［doi: 10.1080/09297040600681190］

Yamasaki, T., Maekawa, T., Miyanaga, Y., Takahashi, K., Takamiya, N., Ogata, K., & Tobimatsu, S. (2017). Enhanced fine-form perception does not contribute to gestalt face perception in autism spectrum disorder. *PLoS ONE*, *12*(2), e0170239.［doi: 10.1371/journal.pone.0170239］

簗田　明教　(2016).　発達障害児の学習支援　*Oculista*（オクリスタ），*40*, 84-92.

Yazdanbakhsh, A., & Gori, S. (2011). Mathematical analysis of the Accordion Grating illusion: A differential geometry approach to introduce the 3D aperture problem. *Neural Networks*, *24*, 1093–1101.［doi: 10.1016/j.neunet.2011.06.016］

横山　由己・高橋　眞琴　(2017).　自閉症のある子どもたちのヘッドフォン型デバイス装着に向けた取り組み　鳴門教育大学情報教育ジャーナル，*14*, 1-6.［doi: 10.24727/00025737］

吉本　香理・宮谷　博幸　(2012).　自閉症と知的障害児における明るさ補完の比較　*Technical Report on Attention and Cognition*, No. 1.

(16・5)

江口　順二　(2001).　対数視力検査装置 LVC シリーズ　視覚の科学，*22*, 59-61.

Hecht, S. (1934). Vision: II. The nature of the photoreceptor process. In C. Murchison (Ed.), *A Handbook of General Experimental Psychology* (pp. 704–828). Clark University Press.

Hecht, S., & Minz, E. U. (1939). The visibility of single lines at various illuminations and the retinal basis of visual resolution. *Journal General Physiology, 22,* 593-612. [doi: 10.1085/jgp.22.5.593]

平野　邦彦・和氣　典二　（1993）．Occlusion foil 透過画像の疑似生成について　和氣　典二（編）　視覚障害者における形・空間の認知機能とその形成（pp. 1-9）　文部省科学研究費補助金研究成果報告書

平野　邦彦・和氣　典二・和氣　洋美　（1993）．色相の違いと視力の関係　照明学会誌, *77,* 91. [doi: 10.2150/jieij1980.77.Appendix_91]

市川　宏　（1981）．老化と眼の機能　臨床眼科, *35,* 9-26. [doi: 10.11477/mf.1410208239]

神田　浩路・和氣　典二・高橋　博・和氣　洋美　（2007）．視覚探索時における視線移動に関する研究　中京大学心理学研究科・心理学部紀要, *6*(2), 9-14.

北原　健二　（1999）．高齢者の視覚機能　電子情報通信学会誌, *82,* 502-505.

小林　実・村田　隆裕・小島　幸夫　（1972）．内照式可変標識の視認性　科学警察研究所報告（交通編）, *13,* 24-35.

増田　敬史・和氣　典二　（1999）．高齢者の視認性から見た視野　交通用視覚ディスプレイに関する研究調査委員会報告書（pp. 5-6）　照明学会

Nagy, A. L., & Sanchez, R. R. (1990). Critical color differences determined with a visual search task. *Journal of the Optical Society of America A, 7*(7), 1209-1217. [doi: 10.1364/josaa.7.001209]

日本規格協会　（2002）．JIS T 7309 視力検査装置

大頭　仁　（1992）．眼科用光学機器の国際標準化（第 2 回）：視力検査表規格について　視覚の科学, *13*(2), 57-60.

O'Regan, J. K., & Noë, A. (2001). A sensorimotor account of vision and visual consciousness. *Behavioral and Brain Sciences, 24,* 939-1011. [doi: 10.1017/s0140525x01000115]

O'Regan, J. K., Rensing, R. A., & Clark, J. J. (1999). Change-blindness as a result of 'mudsplashes'. *Nature, 398,* 34. [doi: 10.1038/17953]

大山　正・今井　省吾・和氣　典二（編）　（1994）．新編　感覚・知覚心理学ハンドブック　誠信書房

大山　正・今井　省吾・和氣　典二・菊地　正（編）　（2007）．新編　感覚・知覚心理学ハンドブック：Part 2　誠信書房

Rensink, R. A. (2000). Seeing, sensing, and scrutinizing. *Vision Research, 40,* 1469-1487. [doi: 10.1016/S0042-6989(00)00003-1]

Rensink, R. A., O'Regan, J. K., & Clark, J. J. (1997). To see or not to see: The need for attention to perceive changes in scenes. *Psychological Science, 8,* 368-373. [doi: 10.1111/j.1467-9280.1997.tb00427.x]

Shlaer, S. (1938). The relation between visual acuity and illumination. *Journal of General Physiology, 21,* 165-188. [doi: 10.1085/jgp.21.2.165]

照明学会編纂委員会　（2016）．照明学会 100 年史：照明技術の発達とともに　照明学会

武内　徹二　（2016）．視覚特性とその応用　照明学会編纂委員会（編）　照明学会 100 年史：照明技術の発達とともに（pp. 194-196）　照明学会

Treisman, A. M., & Gelade, G. (1980). A feature-integration theory of attention. *Cognitive Psychology, 12,* 97-136. [doi: 10.1016/0010-0285(80)90005-5]

和氣　典二　（1995）．色と形のあらわれ方と視認性　科学, *65,* 440-445.

和氣　典二　（2006）．高齢視覚障害者の認知機能と環境設計に関する研究　平成 14 年～平成 17 年度科学研究費補助金（基盤研究（B）(1) 成果報告書）

和氣　典二　（2016）．目と視覚　照明学会編纂委員会（編）　照明学会 100 年史：照明技術の発達とともに（pp. 181-201）　照明学会

和氣　典二　（2017）．視覚研究の 100 年史：視感覚と視覚的注意　照明学会誌, *101,* 186-191.

和氣　典二・棚倉　佳代・安間　哲史・和氣　洋美・本田　明子　（2016）．提示視野から見た若年者と高齢者の色と形の視認性：日常生活に近い状態における視認性の測定法の提案　眼鏡ジャーナル, *20*(1), 15-25.

和氣　典二・上笹　恒・内村　喜之　（1968）．道路標識の視認性　人間工学, *4*(4), 319-329. [doi: 10.5100/jje.4.4_319]

和氣　典二・和氣　洋美　（2007）．交通視環境の適正化に関する諸問題：視認性と視覚的注意　中京大学心理学研究科・心理学部紀要, *6,* 1-8.

和氣　典二・和氣　洋美　（2012）．視認性の簡便な測定法：可読性と読みやすさの関係　眼鏡ジャーナル, *15*(2), 25-36.

第 II 部　視覚

和氣 典二・和氣 洋美・斎田 真也　(2011).　視知覚と脳科学　日本眼鏡学会眼鏡学ハンドブック編纂委員会（編）　眼鏡学ハンドブック（pp. 93-111）　眼鏡光学出版

和氣 典二・和氣 洋美・安間 哲史・河本 健一郎・吉本 直美・本田 明子・三田 武　(2017).　高齢者・眼疾病者の文字探索　第 43 回感覚代行シンポジウム講演論文集，11-14.

和氣 典二・和氣 洋美・安間 哲史・三田 武　(2018).　高齢者・ロービジョン者の文字探索　地下空間シンポジウム論文・報告集，*23*，137-142.

和氣 典二・安間 哲史・葭田 貴子・宮崎 由樹・吉本 直美・和氣 洋美　(2015).　変化検出課題に対する反応時間からみた年齢，視力，視野の役割　感覚代行シンポジウム，*41*，47-50.

和氣 典二・葭田 貴子・和氣 洋美　(2007).　高齢者の視認性と視覚的注意　視覚の科学，*28*，146-156.

和氣 典二・吉本 直美・和氣 洋美・安間 哲史　(2009).　高齢者の生活の質と色の視認性　眼鏡ジャーナル，*12*(2)，2-5.

葭田 貴子　(2016).　6. 目と視覚：視覚系の生理学と脳科学　照明学会編纂委員会（編）　照明学会 100 年史：照明技術の発達とともに（pp. 185-189）　照明学会

Yoshida, T., Yamaguchi, A., Tsutsui, H., & Wake, T. (2015). Tactile search for change has less memory than visual search for change. *Attention, Perception & Psychophysics, 77*(2), 1200-1211. [doi: 10.3758/s13414-014-0829-6]

Yoshida, T., Yamaguchi, A., & Wake, T. (2004). Visual search for change is memory limited, but tactile search for change is process limited. *Abstracts of the Psychonomic Society, 45th Annual Meeting, 9*, 87.

吉本 直美・和氣 典二・三田 武・和氣 洋美　(2010).　QOL による地下空間の評価法：主として東京メトロにおける高齢者の評価　地下空間シンポジウム論文報告集，*15*，19-28.

吉本 直美・和氣 典二・三田 武・和氣 洋美　(2011).　東京メトロにおける地下空間の心理的評価法の検討　地下空間シンポジウム論文・報告集，*16*，175-182.

Yoshimoto, N., Wake, T., Mukai, M., Wake, H., & Mita, T. (2012). A study on the comfort of underground space in the Nagoya municipal subway. *Chukyo University Bulletin of Psychology, 11*(2), 1-11.

吉本 直美・和氣 典二・和氣 洋美・井上 賢治・大音 清香・三田 武　(2011).　ロービジョン者は地下空間をどのように認知するか　第 37 回感覚代行シンポジウム講演集，81-84.

吉本 直美・和氣 典二・和氣 洋美・安間 哲史・河本 健一郎　(2018).　ポップアウトしやすい標識のあり方：高齢者と若年者の比較　地下空間シンポジウム論文・報告集，*23*，131-135.

(16・6)

Bouvier, S. E., & Engel, S. A. (2006). Behavioral deficits and cortical damage loci in cerebral achromatopsia. *Cerebral Cortex, 16*(2), 183-191. [doi: 10.1093/cercor/bhi096]

Cohen, L., Dehaene, S., Naccache, L., Lehéricy, S., Dehaene-Lambertz, G., Hénaff, M. A., Michel, F. (2000). The visual word form area: Spatial and temporal characterization of an initial stage of reading in normal subjects and posterior split-brain patients. *Brain, 123*(Pt 2), 291-307. [doi: 10.1093/brain/123.2.291]

Epstein, R., & Kanwisher, N. (1998). A cortical representation of the local visual environment. *Nature, 392*(6676), 598-601. [doi: 10.1038/33402]

畑田 豊彦　(1993).　情報受容と視野特性の計測　人間工学，*29*，86-88. [doi: 10.5100/jje.29.Supplement_86]

平山 和美　(2006).　視覚性失認　神経内科，*65*，275-283.

平山 和美　(2008).　視覚性失認　神経内科，*68*(suppl. 5)，358-367.

Kanwisher, N., McDermott, J., & Chun, M. M. (1997). The fusiform face area: A module in human extrastriate cortex specialized for face perception. *Journal of Neuroscience, 17*(11), 4302-4311. [doi: 10.1523/JNEUROSCI.17-11-04302.1997]

Léveillard, T., Mohand-Saïd, S., Lorentz, O., Hicks, D., Fintz, A. C., Clérin, E., ... Sahel, J. A. (2004). Identification and characterization of rod-derived cone viability factor. *Nature Genetics, 36*(7), 755-759. [doi: 10.1038/ng1386]

Lissauer, H. (1890). Ein fall von seelenblindheit nebst einem Beitrage zur Theorie derselben. *Archiv für Psychiatrie und Nervenkrankheiten, 21*, 222-270. [doi: 10.1007/BF02226765]

仲泊 聡　(2008).　皮質盲からの回復過程　神奈川県総合リハビリテーションセンター紀要，*33*(34)，17-27.

Prockop, L. D., & Chichkova, R. I. (2007). Carbon monoxide intoxication: An updated review. *Journal of the Neurological Sciences, 262*(1-2), 122-130. [doi: 10.1016/j.jns.2007.06.037]

Satgunam, P., Apfelbaum, H. L., & Peli, E. (2012). Volume perimetry: Measurement in depth of visual field loss. *Optometry and Vision Science, 89*(9), E1265-E1275. [doi: 10.1097/OPX.0b013e3182678df8]

Wandell, B. A., Dumoulin, S. O., & Brewer, A. A. (2006). Computational neuroimaging: Color signals in the visual pathways. 神経眼科, *23*, 324-343.

Zeki, S. (1993). *A Vision of the Brain*. Blackwell Scientific Publications.

Zeki, S., Watson, J. D., Lueck, C. J., Friston, K. J., Kennard, C., & Frackowiak, R. S. (1991). A direct demonstration of functional specialization in human visual cortex. *Journal of Neuroscience, 11*(3), 641-649. [doi: 10.1523/JNEUROSCI.11-03-00641.1991]

Zihl, J., von Cramon, D., & Mai, N. (1983). Selective disturbance of movement vision after bilateral brain damage. *Brain, 106*(Pt 2), 313-340. [doi: 10.1093/brain/106.2.313]

(16・7)

Cheng, D. L., Greenberg, P. B., & Borton, D. A. (2017). Advances in retinal prosthetic research: A systematic review of engineering and clinical characteristics of current prosthetic initiatives. *Current Eye Research, 42*, 334-347. [doi: 10.1080/02713683.2016.1270326]

da Cruz, L., Coley, B. F., Dorn, J., Merlini, F., Filley, E., Christopher, P., ... Argus II Study Group. (2013). The Argus II epiretinal prosthesis system allows letter and word reading and long-term function in patients with profound vision loss. *British Journal of Ophthalmology, 97*, 632-636. [doi: 10.1136/bjophthalmol-2012-301525]

Dobelle, W. H. (2000). Artificial vision for the blind by connecting a television camera to the visual cortex. *ASAIO Journal, 46*, 3-9. [doi: 10.1097/00002480-200001000-00002]

Eiraku, M., Takata, N., Ishibashi, H., Kawada, M., Sakakura, E., Okuda, S., ... Sasai, Y. (2011). Self-organizing optic-cup morphogenesis in three-dimensional culture. *Nature, 472*, 51-56. [doi: 10.1038/nature09941]

Fujikado, T., Kamei, M., Sakaguchi, H., Kanda, H., Endo, T., Hirota, M., ... Nishida, K. (2016). One-year outcome of 49-channel suprachoroidal-transretinal stimulation prosthesis in patients with advanced retinitis pigmentosa. *Investigative Ophthalmology & Visual Science, 57*, 6147-6157. [doi: 10.1167/iovs.16-20367]

Fujikado, T., Kamei, M., Sakaguchi, H., Kanda, H., Morimoto, T., Ikuno, Y., ... Nishida, K. (2011). Testing of semichronically implanted retinal prosthesis by suprachoroidal-transretinal stimulation in patients with retinitis pigmentosa. *Investigative Ophthalmology & Visual Science, 52*, 4726-4733. [doi: 10.1167/iovs.10-6836]

Fujikado, T., Morimoto, T., Kanda, H., Kusaka, S., Nakauchi, K., Ozawa, M., ... Tano, Y. (2007). Evaluation of phosphenes elicited by extraocular stimulation in normals and by suprachoroidal-transretinal stimulation in patients with retinitis pigmentosa. *Graefe's Archive for Clinical and Experimental Ophthalmology, 245*, 1411-1419. [doi: 10.1007/s00417-007-0563-z]

Le Meur, G., Lebranchu, P., Billaud, F., Adjali, O., Schmitt, S., Bézieau, S., ... Weber, M. (2018). Safety and long-term efficacy of AAV4 gene therapy in patients with RPE65 leber congenital amaurosis. *Molecular Therapy, 26*, 256-268. [doi: 10.1016/j.ymthe.2017.09.014]

Mandai, M., Fujii, M., Hashiguchi, T., Sunagawa, G. A., Ito, S., Sun, J., ... Takahashi, M. (2017). iPSC-derived retina transplants improve vision in rd1 end-stage retinal-degeneration mice. *Stem Cell Reports, 8*, 69-83. [doi: 10.1016/j.stemcr.2016.12.008]

Natasha, G., Tan, A., Farhatnia, Y., Rajadas, J., Hamblin, M. R., Khaw, P. T., & Seifalian, A. M. (2013). Channelrhodopsins: Visual regeneration and neural activation by a light switch. *New Biotechnology, 30*(5), 461-474. [doi: 10.1016/j.nbt.2013.04.007]

Niketeghad, S., & Pouratian, N. (2019). Brain machine interfaces for vision restoration: The current state of cortical visual prosthetics. *Neurotherapeutics, 16*, 134-143. [doi: 10.1007/s13311-018-0660-1]

Oswald, J., & Baranov, P. (2018). Regenerative medicine in the retina: From stem cells to cell replacement therapy.

第II部　視覚

Therapeutic Advances in Ophthalmology, 10, 2515841418774433. [doi: 10.1177/2515841418774433]

Sato, M., Sugano, E., Tabata, K., Sannohe, K., Watanabe, Y., Ozaki, T., ... Tomita, H. (2017). Visual responses of photoreceptor-degenerated rats expressing two different types of channelrhodopsin genes. *Scientific Reports, 7,* 41210. [doi: 10.1038/srep41210]

Shirai, H., Mandai, M., Matsushita, K., Kuwahara, A., Yonemura, S., Nakano, T., ... Takahashi, M. (2016). Transplantation of human embryonic stem cell-derived retinal tissue in two primate models of retinal degeneration. *Proceedings of the National Academy of Sciences, 113,* E81–E90. [doi: 10.1073/pnas.1512590113]

Stingl, K., Schippert, R., Bartz-Schmidt, K. U., Besch, D., Cottriall, C. L., Edwards, T. L., ... Zrenner, E. (2017). Interim results of a multicenter trial with the new electronic subretinal implant alpha AMS in 15 patients blind from inherited retinal degenerations. *Frontiers in Neuroscience, 11,* 445. [doi: 10.3389/fnins.2017.00445]

Zrenner, E. (2002). Will retinal implants restore vision? *Science, 295*(5557), 1022–1025. [doi: 10.1126/science.1067996]

第17章 視覚の応用

17・1 ヘッドマウントディスプレイ（HMD）の視覚研究への利用

映像表示技術の進歩に伴い比較的高精細で大きな視野サイズのヘッドマウントディスプレイ（head-mounted display：HMD）が比較的容易に入手可能となり，さまざまな応用が期待されている。同時に，視覚や複合感覚の研究分野での利用も盛んに行われ始めている。本節では，視覚に関わる研究分野でのHMDの利用について概観する。なお，HMDは主にバーチャルリアリティ（virtual reality：VR）型と拡張現実（augmented reality：AR）型に分けられるが，後者については次節に譲り，本節では主にVR型の利用について述べる。

HMDは従来のいわゆる据え置き型のディスプレイと異なり，頭部に装着することで常に眼前に映像を表示できるため，VR型のHMDでは頭部の方位に応じて映像表示を切り替えることで，HMD利用者の周囲360°の環境を呈示することができる。一方，ディスプレイとしての解像度については，たとえば片眼の水平および垂直の画素数が1920のディスプレイで直径100°の視野を範囲とする場合，単純計算で1画素あたり約3′の視野角となり，視力値に換算すると0.3程度であるため，このような現状のHMDでは，高い精細度を必要とする視覚研究には向かない。そのため，VR型の特徴と言える視覚的に実世界とは異なる環境を呈示できる機能を活かして，主に空間の視知覚や空間での移動に伴う視知覚，さらに空間中に捉えられる自身の身体の知覚に関する研究が行われてきた。また，HMDを利用する際の視機能への影響やVR酔いについても，視覚に関わる研究といえよう。そこで以下では，こうし

たテーマについて，後者の視覚による身体への影響に関わるものと前者の空間における視知覚に関わるものとについて，順に取り上げる。

17・1・1 HMDの眼球制御への影響

HMDでは，一般にディスプレイを両眼に対して近距離に配置するため，呈示光学距離を調整する必要があること，また両眼立体呈示を行うことなどから，左右眼それぞれに光学系を介して観察することとなる。VR型のHMDの光学系による視機能への影響については，Wann et al. (1995) により，両眼間距離がHMDの光学系の二軸間の距離と必ずしも一致しないこと，また調節と輻輳の情報が一致しないことなどが視覚的ストレスの要因として指摘されている。そのため，こうした二つの影響要因の観点から視機能への影響が調べられてきた。このうち前者の要因については，たとえばHMD利用者の両眼の二軸が平行な状態で，HMDの左右二つの光学系の軸間距離を瞳孔間距離と一致させたとしても，輻輳眼球運動が生じることで瞳孔間距離が変化して光学系の軸間距離と一致しなくなる。そのため，光学レンズのプリズム的効果が生じることにより過度な輻輳が生じるとされる（図17-1-1 参照）。

VR映像を一定時間観察する前後での視機能を比較した研究では，眼位の変化がみられる（Mohamed Elias et al., 2019；Mon-Williams et al., 1993；Yoon et al., 2020）とともに，調節近点距離が増加したり（Yoon et al., 2020），実性および虚性相対調節が減少したり（Wang et al., 2019）するなど調節機能への影響がみられ，また調節変化に対する輻輳変化の割合（AC/A比：accommodative-convergence to accommodation ratio）が減少する（Mohamed Elias

941

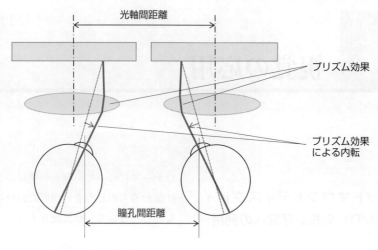

図 17-1-1　HMDのレンズ系によるプリズム効果

et al., 2019）ことが報告されている。その一方で，Turnbull & Phillips（2017）は，HMDにより呈示した野外や室内のVR環境に40分間滞在させた前後や，同様に実環境での野外や室内の空間で同じ時間滞在させた場合との比較では調節や眼位に影響はみられないとした。また，HMDの利用による近視への影響を検討するために波長掃引型光干渉断層撮影による脈絡膜厚の計測を合わせて行ったところ，VR環境への滞在の前後でわずかに有意な増加が見られたが近視を誘引する方向とは逆であり，HMDの利用が近視を誘引することにつながらないことを示唆した。一方，Turnbull & Phillips（2017）の研究にて視機能への影響がみられなかった原因について，Mohamed Elias et al.（2019）は，呈示されたVR環境が室内環境を含むものの視覚タスクが比較的遠距離の範囲であったことを可能性として挙げている。

以上の観点から，視機能への影響を議論するうえでは，VR型HMDの光学設定やHMD利用者の両眼間距離との関係，VR環境内での視覚タスクに要する視距離などを明確にしておくことが必要であろう。

17・1・2　HMDとVR酔い

VR型HMDにより呈示される一人称視点での360°の環境において，特に視覚情報に基づいてHMD利用者の移動や回転を呈示する場合，動揺病の一種と考えられているVR酔い（virtual reality sickness）が生じうることが知られている。VR型HMDを有効に利用するためには，このVR酔いをできるだけ抑制する必要があり，そのためにVR酔いの性質が調べられてきた。たとえば，据え置き型の2Dディスプレイで報告された映像酔い（Ujike & Watanabe, 2017）と同様に，VR型HMDでも，一人称視点でのロール，ピッチ，ヨーなどの視覚的回転の総和量がVR酔いの程度と相関すること，特に頭部運動には依存しないことが示された（Ujike et al., 2019）。また，VR環境中での移動速度が速いほど酔いが増加すること（So et al., 2001），視覚的回転がピッチ軸単独に比べてピッチ軸とロール軸の両軸での回転の組み合わせとなっている条件で酔いが増加すること（Bonato et al., 2009），また表示画面中央に固視点を呈示することでVR酔いの程度が抑えられること（Webb & Griffin, 2002）が報告されている。さらにVR型HMDでは，頭部運動に合わせて表示画面を描き変えるまでの時間遅れもVR酔いの原因の一つと考えられているが，Muthらのグループは遅れ時間そのものよりも遅れ時間の変動が酔いを引き起こすことを示唆するデータを報告している（Moss & Muth, 2011；St. Pierre et al., 2015）。この他，回転ドラム内でドラムの回転を観察する状況をVR型HMDで観察した場合の酔いは，同じ状況を実環境でHMDと等価な視野に制限して観察した場合の酔いに比べて，主観評価値が有意に低いことが報告された（Webb & Griffin, 2002）。ただしこ

第17章　視覚の応用

の報告では，HMDの解像度（247 × 230 pixel）が高くないことに留意する必要がある。またVR酔いや実在感（presence）の程度に関して，HMDと没入型呈示環境であるCAVE（Mechdyne Corp.）との間で（Borrego et al., 2016；Kim et al., 2014），あるいはHMDと2Dディスプレイやプロジェクションスクリーンとの間で（Mittelstaedt et al., 2018；Sharples et al., 2008；Somrak et al., 2019），それぞれ比較が行われており，これらの結果からHMDはVR酔いを生じやすいことが示唆されるが，統制された呈示条件に留意する必要がある。

　HMDを用いたVR酔いについて，他の動揺病と同様に男性よりも女性のほうが酔いやすいとの報告がある（たとえばMunafo et al., 2017）が，性周期に応じて変動すること（Clemes & Howarth, 2005），またHMDの両眼間距離調整が女性に適合していないことが性差の原因の一つであること（Stanney et al., 2020）が報告されている。

　HMDを用いたVR酔いの計測評価方法についても研究開発が行われている。たとえば，主観評価手法としてシミュレータ酔いの豊富なデータをもとに開発され，映像酔いの分野でも広く利用されているシミュレータ酔いアンケート（Simulator Sickness Questionnaire：SSQ；Kennedy et al., 1993）の項目をもとにVR酔いアンケート（Virtual Reality Sickness Questionnaire：VRSQ）が提案されたり（Kim et al., 2018），生理計測手法として，心拍，呼吸，皮膚抵抗値などの計測結果と主観評価結果との比較から，額の皮膚抵抗値の位相変化が吐き気の客観的計測としての有効性をもつことが報告されたりしている（Gavgani et al., 2017）。

　VR酔いの軽減対策として，静止した観察者がHMDで観察するVR映像について，撮影時の視野の安定化が重要である（Litleskare & Calogiuri, 2019）とされるとともに，VR空間中の移動速度や回転速度に応じて，映像の視野サイズを縮小させて，実在感への影響を抑えつつVR酔いを軽減する手法が提案されたり（Fernandes & Feiner, 2016；Lim et al., 2020），オートバイのシミュレータで視覚に加えてエンジン音や振動など他の感覚情報を複合的に組み合わせることでVR酔いを軽減できることが報告されたり（Sawada et al., 2020）している。

　VR環境中に呈示されたオプティックフローは，視覚誘導性自己運動感覚（ベクション）を生じる主要因であるが（II・14・4・1参照），VR酔いとの関係性についてもしばしば議論され，ベクションが生じることがVR酔いの原因であるとして議論が行われたりもする（たとえばSo et al., 2001）一方で，ベクションとVR酔いとはその影響特性が異なるとの報告も行われてきた。たとえば，左右に頭部運動を行うなかで，その頭部の動きに対するHMDの表示映像の切り替えとして，①通常のVR環境と同様に，頭部運動を補償するように頭部の動きと逆方向に表示映像を切り替える補償条件，②頭部の動きと同一方向に切り替える逆補償条件，および③そうした映像の切り替えを行わない補償無し条件において，オプティックフローを呈示した場合，ベクション強度は補償条件で大きく，一方VR酔いの主観評価値は逆補償条件で有意に大きい（Palmisano et al., 2017）。なお，ベクション強度と頭部運動との関係では，頭部運動を行う場合よりも頭部静止の場合のほうがベクション強度が大きいことが示されている（Kim et al., 2015）が，VR環境内の移動を頭部の動きに応じて行う場合，頭部静止のもとで移動操作をコントローラで行う場合よりも酔いが増加するとの報告（Howarth & Finch, 1999）があり，後者についてPalmisano et al.（2017）は，HMDの映像描き換えの時間遅れや眼球運動を原因の可能性として挙げている。

　ベクションについては，視覚的な前進運動に縦揺れのいわゆるジッター刺激を加えることで，ベクション潜時が減少しベクションが生じやすくなることが知られている（Palmisano et al., 2000）が，同時にVR環境中での移動距離の知覚も向上することが報告されている（Bossard et al., 2016）。

17・1・3　身体動揺への影響

　VR型HMDでは，360°周囲の環境を視覚的に呈示することで，実世界とは異なる環境を体験することができるが，視野サイズによる視界の制限や頭部運動に対する映像の描き換えの遅れ時間などの課題もあり，VR型HMDの利用が身体平衡機能に与える影響について調べられている。たとえば，HMD

による VR 環境体験時のほうが同様の環境を実環境で体験するよりも重心動揺が大きいこと（Imaizumi et al., 2020），あるいは VR 型 HMD での VR 環境利用後のほうが透過型 HMD の利用後よりも重心動揺が大きいこと（Akizuki et al., 2005），さらに柔らかな面上での立位にて HMD で VR 環境を観察した場合に，HMD を装着せずに眼を閉じた場合と同様に，HMD を装着せずに眼を開けた場合に比べて重心動揺が増加すること（Horlings et al., 2009）が報告されている。一方で，HMD で VR 環境を観察した場合と同様の環境を実環境で体験する場合とで，重心動揺に差がない（Robert et al., 2016）との報告もある。この違いの原因として，差があるとする報告では HMD で観察する際の視野サイズが小さかったり（Akizuki et al., 2005；Horlings et al., 2009），全画面が均等な白色だったり（Imaizumi et al., 2020），映像の描き換えの時間遅れが大きい（Akizuki et al., 2005；Horlings et al., 2009）等が考えられる。一方，差がないとする報告でも，6 種類の異なる身体動作を行う際の重心動揺については，周囲環境を VR 型 HMD で体験する場合のほうが VR 型 HMD を装着せずに実環境で体験する場合よりも重心動揺が増加することが示されており（Robert et al., 2016），その原因の一つとして映像の描き換えの時間遅れが挙げられている。

視野による影響については，視野サイズの他に，周辺視野が姿勢の安定性に対して重要であることが，HMD を用いた研究で報告されている（Horiuchi et al., 2017）。この研究では，頭部運動により映像の描き換えを行わない HMD にランダムドットパタンを中心領域のみ，周辺領域のみ，全視野に呈示するなどの 3 条件で観察する場合に加えて，HMD からディスプレイを外して等価な視野サイズで，正面に設置した据え置き型のディスプレイに前述と同様に異なる 3 条件の呈示領域に呈示されたランダムドットを観察する場合を設定したところ，据え置き型ディスプレイでの周辺領域にランダムドットが呈示された場合に，他の条件に比べて重心動揺が減少することを示した。このことは，単に周辺視野が姿勢の安定性に対して重要というだけでなく，周辺視野に外界の静止した視覚情報が呈示されることの重要性を示している。

17・1・4　距離知覚への影響

HMD を用いた VR 環境では距離が過小評価されることが知られており（たとえば，Witmer & Sadowski, 1998），多くは数 m の範囲，あるいは 20 ないし 30 m までの距離の範囲での検討で，距離の評価値はシミュレートした距離の 8 割程度（Kuhl et al., 2009；Kunz et al., 2009；Sahm et al., 2005；Witmer & Sadowski, 1998）から，過小評価が甚だしい場合にはシミュレートした距離の 5 割程度（Richardson & Waller, 2007；Thompson et al., 2004；Waller & Richardson, 2008；Willemsen et al., 2009；Willemsen et al., 2008）となる場合も報告されている。

こうした距離の評価については，口頭での評価の他，歩行による 2 種類の評価がよく行われており，いずれも視覚的に呈示された目標位置を十分に把握した後，一つ目は眼を閉じ HMD の表示を消した状態で目標位置までまっすぐに歩行することにより停止した位置を評価値とするもの（blind walking または direct blind walking）で，もう一つは同様に眼を閉じ HMD の表示を消した状態で目標の方向とは異なる方向（たとえば，目標に対して右か左 40° の方向）に歩行した後，実験者の指示で停止し，その後目標の方向と判断する方向に向きを変えて数歩進むことにより，歩行の方向を転換後に目標方向に進んだ数歩の方向と歩行開始位置からの目標への方向との交差する位置までの距離を評価値とするもの（triangulated blind walking または indirect blind walking）である。また，視覚的に呈示された目標位置を十分に把握した後，眼を閉じ HMD の表示を消した状態で目標に向けてお手玉などを投げる（blind throwing）ことにより，その距離を評価値とする方法も報告されている（Sahm et al., 2005）。距離の過小評価については，こうした口頭での評価や blind walking, triangulated blind walking, blind throwing のいずれにもみられており，評価方法に起因するものではないと考えられている。ただし，映像の質により口頭評価は影響を受けるが，blind walking は影響を受けないとの特性の違いも報告されている（Kunz et al., 2009）。

VR 環境での距離の過小評価の要因については，HMD のデバイスに関連するものとして，視野サ

イズ（Willemsen et al., 2009），視野の拡大／縮小（Kuhl et al., 2009），水平からのピッチ方向のずれ（Kuhl et al., 2009），ピンクッション歪み（Kuhl et al., 2009），映像の質（Kunz et al., 2009；Thompson et al., 2004），重量バランス（Willemsen et al., 2009），単眼視／両眼視や両眼間距離（Willemsen et al., 2008）などが調べられており，視野サイズの制限を除去したり（Willemsen et al., 2009），映像の縮小により広い範囲を呈示したり（Kuhl et al., 2009）することにより距離の評価値がシミュレートした値にほぼ近づくことが示されたが，その他の要因については距離の評価値に多少の影響がみられる場合もあるものの，基本的にはその要因を除去してもシミュレートした値と同等となるほどの影響はみられていない。

またVR環境内にHMD利用者自身の身体を表示することによる過小評価への影響を見るために，Mohler et al.（2010）は，まずHMD利用者の動きに同期して動くアバターとまったく動かず静止したアバターを，それぞれ一人称視点で見る場合とアバターの後方から第三者視点で見る場合の組み合わせ4条件を設定した。さらに一人称視点でのアバターの代わりに足元に線分を呈示した場合と，第三者視点でのアバターの表示の代わりに，床面の線分とそこからHMD利用者の身長と同じ高さの垂直線分を呈示した場合の2条件を加え，合わせて6条件でblind walkingによる距離評価値を求めた。その結果，一人称視点と第三者視点のいずれもHMD利用者の動きに同期して動くアバターを呈示することで，距離の評価値がシミュレートした値とほぼ同等になることを報告し，HMDによるVR空間の距離知覚において，HMD利用者の動きに同期した身体を表示することの重要性を明らかにした。

一方，距離の過小評価を軽減する対策として，Mohler et al.（2006）は，HMD利用者がVR空間内を歩行中に3種類の異なる条件のフィードバックを与えることによる効果を検討した。第1の条件は，目標への歩行の間に開眼にてVR空間内を常に視認するもの，第2の条件は，事前に呈示された目標に対してblind walkingを行い，歩行停止後に開眼にて目標位置を確認するもの，さらに第3の条件は，事前に呈示された目標に対してblind walking

にて進み，目標位置に到達したと実験者が確認した時点で口頭にてHMD利用者を停止させるものである。口頭評価とblind walkingのいずれの距離の評価方法でも，またいずれのフィードバック条件でも，フィードバックの効果が認められ，距離の評価値はシミュレートした距離の9割程度まで向上した。一方，Richardson & Waller（2007）は，前述の第1の条件とほぼ同様に，目標までVR空間内を開眼にて歩行する条件を用いて，blind walkingとtriangulated blind walkingの異なる2種類の評価方法でフィードバックの効果を確認したが，Richardson & Waller（2005）が，文字によるフィードバックにてblind walkingのみ距離の評価値向上を報告したことと対比させて，Richardson & Waller（2007）が用いたインタラクティブなフィードバックでは文字によるフィードバックと異なり，単に視覚と歩行動作との関係付けを更新したのではなく距離に関する知覚自体が更新されたものとした。

17・1・5　視点のズレによる動作等への影響

カメラ2台をHMDに設置してHMD利用者の前方を撮影し，これをHMDに表示するビデオシースルー型のHMDでは，周囲を撮影するカメラの設置位置はHMD利用者の眼の位置（ここでは視点とする）とは異なるため，これらを光学的に共役の配置にするなどしなければ，HMD利用者の周囲の事物や自身の手や足などの身体についてのHMDの表示上での位置は，HMD無しで直接視認した場合の位置とはずれて観察されることになる。そのため，HMDに表示される周囲の事物を自身の手で触れたりつかんだりする際に，位置のずれが大きい場合には違和感を感じたり動作がスムーズに行えないなどが生じる可能性がある。

このような視点のずれについて，Biocca & Rolland（1998）はカメラの位置を眼の位置から上方向に62 mm，前方向に165 mmずらした場合に，目標への指さしの位置はカメラ位置のずれと逆方向（下方かつ手前）にずれるが，ペグボード課題を10試行行う間に順応により課題遂行時間が減少するとともに，10試行終了後の指差し位置のずれが有意に減少すること，ただしHMDの利用後に残

第 II 部　視覚

効が生じて目標に対して上方かつ奥へのずれが生じることなどを報告した。また Park et al.（2008）は上下方向に最大 70 mm まで奥行き方向に前方 130-200 mm の範囲で，それぞれ 3 段階でずれを系統的に組み合わせて，平面上の線分や立体物のエッジをなぞる，目標を指す，ナットを締める等の課題を行った際の正確性と作業時間とを計測し，これらの計測結果に対して奥行き方向の影響はみられないが高さ方向の影響，とりわけ上方向へのずれの影響が有意に生じることを報告している。これに対し，Lee et al.（2013）は，上方向や奥行き方向へのずれに加えて，左方向へのずれと両眼間距離の変更の複数の組み合わせのもとで手足の動作によるパフォーマンスを計測したところ，計測結果にずれの条件間で有意差がみられなかったことから，彼らが用いた最大 55 mm の上方向や左方向へのずれ，125 mm の前方向へのずれや 140 mm の両眼間距離の範囲では影響はないとした。この結果は，パフォーマンスの計測に用いられた課題が異なるものの，上方向への 70 mm のずれが 35 mm のずれより有意にパフォーマンスの低下をもたらすことを報告した前述のPark et al.（2008）や，上方向に 62 mm ずらしてパフォーマンスが低下した Biocca & Rolland（1998）の結果と矛盾しない。したがって，これらの結果から，同じずれの量でも上下および前方向では，少なくとも上方向へのずれの影響が相対的に大きく，また明らかなパフォーマンスの低下がみられるのは，上方向へおよそ 60 mm 以上ずれた場合と考えられる。

　Biocca & Rolland（1998）は，前述の通りビデオシースルー型の HMD の視点のずれによる順応と残効の存在を報告したが，Lee & Park（2020）は，順応と残効についてより詳細に検討している。彼らは，最大 300 mm までの左方向への視点のずれのもとで，ボールの捕捉と投球，ステップなどの一連の手足の動作を 38 試行で 1 セッション 5 分間，これを休憩をはさみながら 3 セッション，さらに 3 日間実施し，パフォーマンスの変化を計測した。その結果，視点のずれが大きいとパフォーマンスは低下するが，セッションごとに向上がみられること，また日ごとの向上もみられること，さらに 3 日目には残効がほぼ消失することを明らかにした。こうした HMD を用いたバーチャルな環境での視点のずれによる順応と残効について，Welch & Sampanes（2008）は，手の動作による視覚表示物の操作についての研究やプリズムめがねを用いた研究などに基づいて，知覚の順応と視覚 - 動作系の順応の異なる 2 種類の順応があるとした。前者は，比較的狭い範囲で単一の空間次元に限定されたものであり，またたとえば左右の手の間での転移はなく，残効が生じることが特徴である一方，後者は，比較的広い範囲で複数の空間次元にまたがるものであり，また左右の手の間での転移が生じ，残効が生じないことが特徴である。したがって，Welch & Sampanes（2008）は，こうした二つの異なる順応がありうることを念頭に，HMDなどで与えられる VR 環境への 2 種類の適応訓練が有用であるとする。

17・1・6　リダイレクティッド・ウォーキング

　VR 空間内でのバーチャルな歩行の方向を実空間での進行方向から視覚的に継続的にわずかにずらすことで，HMD の利用者に気づかれずに VR 空間内を無限にまっすぐ歩行していると感じさせたり，あるいは実空間よりも緩いカーブを歩行していると感じさせたりすることが可能であり（Razzaque et al., 2001），この VR の手法はリダイレクティッド・ウォーキング（redirected walking）として知られている。この手法は，実環境での HMD のトラッキング範囲等による利用空間の制限を超えて広大な VR 環境内の歩行による移動を可能にすることができるという応用面での観点と，感覚情報の統合に関する科学的観点から研究が行われている。

　応用面の観点からは，歩行中に視覚的に与えるバーチャルな進行方向のずれに対する閾値が調べられている。この閾値の単位として実空間でのカーブの曲率（軌道円の半径の逆数）が用いられたり，単位進行距離 1 m に対する回転角度が用いられたりしているが，報告によりばらつきがあり，後者の単位距離あたりの角度で表した場合，バーチャルに直進する状況において閾値は，2.6°/m（Steinicke et al., 2010），2.1-5.4°/m（Neth et al., 2012），4.9, 8.9°/m（Grechkin et al., 2016），5.2°/m（Rietzler et al., 2018），

6.0°/m（Rothacher et al., 2018）などの報告がある。このうち Neth et al.（2012）は，歩行速度による影響を報告しており，歩行速度が遅い場合，ずれに気づきにくく閾値が大きくなるとした。一方，Grechkin et al.（2016）は進行方向への距離のスケールを実空間に対して縮めたり（0.75 倍），延ばしたり（1.4 倍），また Rietzler et al.（2018）はバーチャルにカーブしている状況も加えたりしたが，いずれも進行方向の距離のスケールを実空間と等価にしてバーチャルに直進する状況と有意な違いはないことを報告した。さらに Rietzler et al.（2018）は，リダイレクティッド・ウォーキングの実用の観点からは，重要なのは必ずしもずれに対する閾値ではなく，閾上であっても自然に気持ちよくバーチャルな空間を歩行しているという感じをもてることであるとして，これらの主観評価値に基づいて 20°/m までのずれは実用に耐え得るとしている。

　感覚情報の統合の観点からは，リダイレクティッド・ウォーキングにおける視覚依存性について，他の視覚依存に関わるタスクにおけるパフォーマンスとの関係を調べた研究が報告されている。Rothacher et al.（2018）は，バーチャルな進行方向のずれに関する閾値と視覚依存に関わる指標や非視覚依存に関わる指標との間の相関を調べている。視覚依存に関わる指標として，ロッド・フレームテストにおける調整したロッド（棒）の垂直方向からのずれ角度，ベクションの潜時および強度，重心動揺における開眼条件と閉眼条件との動揺量の比で表されるロンベルグ比（Romberg quotient）を測定するとともに，非視覚依存の指標として，閉眼での歩行における直進からの一歩ごとのずれの平均値やその標準偏差，心拍と音信号との同期性に関する正答率，身体感覚増幅（somatosensory amplification：SSA）スコアを測定した。その結果，ロッド・フレームテストにおける垂直方向からのずれ量が，リダイレクティッド・ウォーキングの閾値と最も良く相関することを見いだした。

17・1・7　バーチャルハンドと身体所有感

　自らの身体を見て，それが自らの身体であると感じる感覚，すなわち身体所有感がどのようにして得

られるかを示唆する現象の一つに，ラバーハンド錯覚（rubber hand illusion：RHI）が知られている（I・7・2・1 参照）。これは遮蔽した手とそのすぐ手前に視認できる状況で並置したゴム製の手とで，同時に同じ部位を絵筆でなでるなどすることで，ゴム製の手を次第にあたかも自らの手のように感じる現象として報告された（Botvinick & Cohen, 1998）。このゴム製の手の身体化（embodiment）である RHI については，身体所有感を探求する手段として，その後数多くの研究に用いられており（Riemer et al., 2019），ゴム製の手ではなく，VR 環境下で呈示された CG 映像による手でも同様の現象が生じることが示された（Slater et al., 2008）。この VR 環境下での現象を，バーチャルハンド錯覚（virtual hand illusion：VHI）として呼ぶこともある。RHI は，視覚と触覚とに同期した刺激を与えることで生じる現象として報告されたが，その後，触覚刺激の代わりに手の運動と視覚との同期によっても生じることが報告され（Dummer et al., 2009；Tsakiris et al., 2006），さらに VR 環境下の VHI でも同様に報告された（Sanchez-Vives et al., 2010）。

　RHI でのゴム製の手あるいは VHI でのバーチャルハンド，すなわち偽の手についての身体化に関わる計測の典型的なものとして，身体化に関する質問を含む質問紙，錯覚を知覚した時間，対象とする手について視覚を遮断して知覚される手の位置，偽の手に危害を加えようとした際の対応する実際の手での皮膚抵抗値などがある。視覚を遮断して知覚される手の位置は，偽の手と実際の手の位置が異なる場合，錯覚により偽の手の位置の方向へと移動することが知られており，VHI の指標の一つとして当初から利用されてきた。また手の位置の知覚が自己受容感覚に基づくものであるとの観点で，VHI による偽の手の方向への知覚位置の偏位を自己受容感覚ドリフト（proprioceptive drift）という。ただし Matsumiya（2019）は，視覚と自己受容感覚の組み合わせに関する最尤推定モデルの結果をもとに，身体所有感と身体位置の処理が独立している可能性を指摘している。

　RHI や VHI の成立要因あるいは影響要因についてさまざまな研究が行われてきたが，たとえば，

第 II 部　視覚

Perez-Marcos et al.（2012）は，HMD を用いてバーチャルハンドと実際の手に与える視覚と触覚刺激の同期性に加えて，バーチャルハンドが身体から連続しているか分離しているかの連続性や，まっすぐ伸ばした実際の手に対し，バーチャルハンドをまっすぐにするか屈曲させるかの手の配置の要因による錯覚への影響を調べた。実験では，身体化に関する項目を含む質問紙，錯覚が生じるまでに要した時間，視覚を遮断して知覚される手の位置が計測された。その結果，他の多くの研究同様に視覚と触覚の刺激の同期性が強く影響する一方，手の配置の条件に関わらず，手と胴体の連続性の条件間で質問紙や錯覚までの時間について有意差がみられ，時間の同期性や身体の連続性が相対的に重要であるとした。

　また，Pyasik et al.（2020）は，バーチャルハンドの見かけの重要さを検証するために，事前に実験協力者の手の形状を 3D スキャナで取り込んで VR 環境に構築した手（OH 条件）と，手の形状をしつつも見かけを低下させ明らかに作り物とした手（FH 条件），さらに同程度のサイズの直方体（Obj 条件）の 3 条件を設定し，HMD により呈示した。実験では，これら 3 条件に対し，さらに呈示位置の条件として実環境での手の位置に対応した VR 環境内の位置にバーチャルハンド（またはバーチャルな物体）を呈示するか，ずらして呈示するかの 2 条件と，視覚と触覚の刺激の同期の有無に関する 2 条件を組み合わせて錯覚への効果を比較した。その結果，OH 条件と FH 条件では呈示位置の一致や視触覚刺激の同期のもとでいずれも VHI が生じたが，身体所有感に関する主観評価値は有意に OH 条件のほうが FH 条件より大きく，手の詳細な見えが身体所有感の構築に付加的に寄与する可能性を報告した。

　身体所有感には複数の感覚情報や運動感覚が関与していると考えられている（たとえば，Kilteni et al., 2012）ことから，こうした感覚情報を操作しやすい VR 環境は優れた研究ツールであると言える。VR 技術のさらなる進展とともに，こうした技術の活用により身体所有感や身体イメージ，自己意識などの研究の進展が期待される。

（氏家　弘裕）

17・2　AR（augmented reality）の自動車用表示装置への応用

17・2・1　はじめに

　「計算機によって合成された人工的な世界」を作り出す技術を仮想現実，VR（virtual reality）という。1989 年米国 VPL Research 社が「仮想環境ワークステーション」プロジェクトで使い出した用語といわれている（広瀬，1997）。VR から派生した技術に AR（augmented reality）と言われる技術がある。VR が，いわば「虚の仮想空間に，現実の世界にある自己が存在し空間を感じとる」のに対して，AR は，「自己が存在する現実の空間に，虚の仮想物が付加される」とも表現できる。VR や AR 技術は，近年，教育・訓練の場面や，ゲーム，自動車の視覚インタフェース技術領域で数多くの応用事例が提案されている（映像メディア学会誌，1999；小山田，2015；山崎，2019）。それぞれに興味ある技術課題は存在するが，特に自動車の視覚インタフェースではシステム自体が多くのユーザの関心事でもあり身近な存在であることに加え，実験心理学的にも興味深い知見が公表されている（Ando et al., 2010；長谷川他，2015, 2016）。

　本節では，自動車の視覚インタフェースへの AR 技術応用過程で明らかにされてきた自動車用視覚インタフェースにおける“表示特性のよさ”に関連するいくつかの実験心理学的知見を紹介する。

17・2・2　自動車用表示装置の評価と実験心理学

　自動車の視覚インタフェース，自動車技術用語でいえば自動車用表示装置には，近年の高度情報化社会を迎え大きな変革がみられる（Wilelm, 1987）。新しい視覚インタフェースの代表ともいえる HUD（head-up display；ウインドシールドの視野部に情報を表示する装置。ドライバは視線を上げたまま表示情報を視認できる）が 1988 年に自動車で初めて実用化された（Okabayashi et al., 1989；図 17-2-1）。その後これをベースに，車外前景に重畳付加表示する

図17-2-1 世界初の自動車用HUD '88日産シルビア
ウインドシールド中央下の"106"のディジタル表示部

というHUDの構造的進化形態ともいえるAR技術を応用した種々の表示装置が提案されるようになってきた（北原，2015；奥村，2015）.

自動車用表示装置における"表示特性のよさ"は，一義的には「短時間に情報が正確に認識される」特性といえる（Heintz et al., 1982；Stokes et al., 1990a, 1990b）. 一種の反応応答特性である. 仮にこの特性を"瞬読性（instantaneous readability）"と呼ぶことにすると，この瞬読性が自動車用表示装置の良否を決める大きなファクタになる（岡林他，1991）.

17・2・2・1　HUDの優位性

Sakata et al. (1998) は，実際の走行実験で自動車用HUDの瞬読性が優れていることを示した. 種々の道路条件を走行したときの表示情報の認識時間を，アイマークカメラ（eyemark camera）を装着した実験参加者の視点停留時間として計測した. 表示装置にはHDD（head-down display：センターコンソールの上部位やダッシュボードに装着された表示装置）とHUDとを用い比較計測している. 報告によると，直線路でHUDの瞬読性が顕著に優れ，曲線路になると両者の差は少なくなるが，総じて表示情報の認識時間はHUDのほうが30-40%短縮できることを明らかにしている（表17-2-1）.

岡林や森田らは（岡林他，1991, 1992, 1993a, 1993b；森田他，1997a, 1997b），HDDに比較して，よく設計されたHUDでは，ドライバの表示情報受容は車外前景の情報受容にほとんど影響を与えないことを瞬読性評価によって明らかにし，HUDの表示像までの視距離と俯角が重要な設計パラメータであることをも示した.

17・2・2・2　自動車用AR表示装置

HUDの構造的進化形態と言えるのが自動車用AR表示装置である. 高度情報化の代表とも言えるナビゲーション表示装置を例にとると，ドライバは車載表示装置で地図や目的地などの車外情報を参照し，ウインドシールドを通して前景情報と照合し合目的的に走行している. 単純なAR表示例には，図17-2-2に示す「On the Scene HUD」がある（深野他，1994）. ここでは，道路や町並みである前景に重畳付加されたルートガイド用矢印をドライバが見て運転する例を挙げている. ウインドシールドを通した前景情報との照合という点を考慮すると，自動車でのARの応用では，前景中の物体との強い関連性を考慮し，前景中の物体を表示像が何らかの形で指示する"指示表示"が実用上最も可能性の高い表示形態と思われる（岡林，2017）.

17・2・2・3　AR表示装置の優位性

AndoやKaneko（Ando et al., 2010；Kaneko et al., 2011）らは，車両前景の何らかの視標を車載表示装置で指し示す形態をモデル化した評価装置を用

表17-2-1　ドライバの視点停留時間の平均値と走行道路条件

道路条件		直線路			カーブ路	
平均車速		40 km/h	70 km/h	100 km/h	40 km/h	70 km/h
認識時間 (s)	HDD	0.47 ± 0.08	0.45 ± 0.02	048 ± 0.07	0.48 ± 0.08	0.44 ± 0.02
	HUD	0.34 ± 0.08	0.31 ± 0.02	0.30 ± 0.07	0.37 ± 0.08	0.35 ± 0.02
差 (s)		0.13	0.14	0.18	0.11	0.08

第II部 視覚

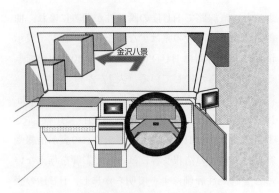

図 17-2-2　"On the Scene HUD" の概念図
矢印と地名が道路上に AR 表示。

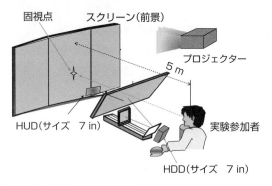

図 17-2-3　実験系の概念図

いて瞬読性評価を行っている。構築した表示装置の評価実験系を図 17-2-3 に示した。装置は実験参加者から視距離約 5 m の位置に設置した前景用スクリーン（視野約 20 × 75 度）と情報表示装置からなる。前景スクリーンには，約 100 m 遠方の小型車後面サイズを模して，視角約 1.2°の白色方形をランダムな位置に 7 個呈示（図 17-2-4）。情報表示装置

には，HDD，HUD，AR 表示装置等数種類の表示装置を用い，瞬読性は指し示された前景視標を探索し「認知できた」時点での反応応答特性として採っている。各情報表示装置の主な仕様は表 17-2-2 に示す。pseudo-AR 表示は自動車では前景と表示像の視距離を同一にするのが困難であるため現実的な選択肢となる AR 表示として評価カテゴリに入れている。各実験参加者の瞬読性（応答時間平均）を情報表示装置ごとに示す（図 17-2-5）。前景に重畳して表示される AR 表示と pseudo-AR 表示は，HDD や HUD に比較して，約 50-70％程度応答時間が短く瞬読性が優れている。pseudo-AR 表示では，表示像と前景の視距離が異なることによる両眼による「二重視」が存在するにもかかわらず，表示像と前景の視距離が同じである AR 表示と比較して有意な差はみられなかった。これは，実験参加者の報告にもみられる「利き目」のみの応答の可能性を示唆している。また単眼にだけ情報表示を行う monocular HUD の事例は，AR 表示と pseudo-AR 表示より若干瞬読性が劣化するが，これは参照文献では盲点の存在が影響しているとしている。

17・2・2・4　優位性分析

笠置らは，前景の視野角を現実の自動車ウインドシールドの全視野角に近い（自動車技術会，1970），左 70°右 20°で同様の実験をして前節とほぼ同じ結果を報告している。

自動車用 HUD の研究の知見（岡林他，1991，1992，1993a，1993b）によれば，HDD に比較して HUD の

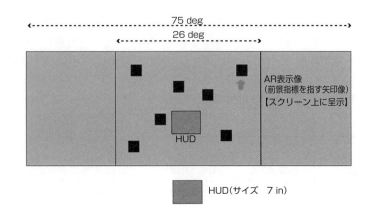

図 17-2-4　前景スクリーン上の前景視標（■）と各種表示像の位置関係

第 17 章　視覚の応用

表 17-2-2　瞬読性（応答時間）評価実験に用いた自動車用表示装置の仕様

情報表示装置種類	表示像俯角(度)	表示像視距離(m)	表示装置表示像の特徴
HDD	15	0.75	従来の表示メータ相当
HUD	0	2	現行 HUD と同等・俯角は 0°，表示像視距離 2 m
Pseudo-AR	0	2	前景に重畳表示・表示像視距離 2 m・前景は視距離 5 m
単眼AR(monocular AR)	0	2	前景に重畳表示・表示像視距離 2 m・前景は視距離 5 m AR 表示像は片目のみ呈示
AR 表示装置	0	5	前景に重畳表示・表示像視距離 5 m・前景と同一視距離

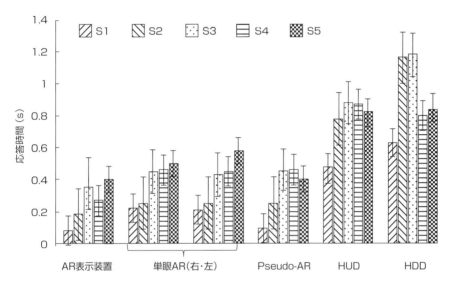

図 17-2-5　自動車用表示装置の瞬読性（応答時間）比較

瞬読性のよさについては，視線移動距離の低減効果（表示像俯角）と，焦点調節負荷の低減の効果（表示像視距離）の二つの因子が指摘されているが，笠置他（2017）は"指示表示"に応用した HDD, 市販条件の HUD, 表示像の視距離が前景と同じ距離である HUD および AR 表示装置を用いて，瞬読性改善効果を分析している。図 17-2-6 ではある実験参加者について，HDD を基準にして HDD, HUD, AR 表示のそれぞれの瞬読性を示す応答時間が短縮されるかを図示している。表示像俯角と表示像距離の効果でまず改善短縮され，次に AR 表示では"AR の効果"としてさらに改善短縮されると考え式(1)のごとく記述している。

　　瞬読性改善の効果
　　＝表示像俯角低減と表示像距離遠方化の効果
　　＋AR 表示装置に見られる瞬読性効果　　(1)

17・2・2・5　AR の効果

　AR 表示装置だけにみられる"AR の効果"を評価・分析するため長谷川らは次のような実験を行った（長谷川他，2015, 2016）。表示像視距離と表示像俯角は同一条件で，表示情報（参照情報）と，前景情報（照合情報）のそれぞれが占める領域の画角 ϕ_R と ϕ_S の比を Φ 比（画角比；図 17-2-7）と定義して，Φ 比と瞬読性（反応時間）の関係を計測した。当然のことながら，Φ 比が 1（100%）のときは，AR 表示装置そのものの条件であり，Φ 比がたとえば 20% は，表示像と前景の視距離が同一の HUD の条件となる。手順は前節実験と同様で，実験参加者は矢印表示で示された前景視標を認知し手前のスイッチを押下する。各 Φ 比につき約 100-60 試行評価し瞬読性（反応時間）を実験参加者（20 代男性）8 名を用いて評価している。Φ 比が同一でも，画角 ϕ_R や ϕ_S 自体の大小で頭部や眼球の運動が瞬読性に影響がある

第Ⅱ部　視覚

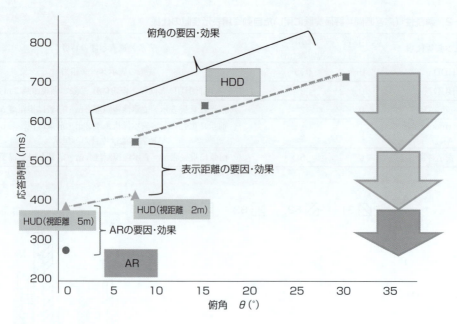

図17-2-6　俯角・表示位置そして"ARの効果"（笠置他，2015を一部改変）
　　　　　HUDの（　）は表示像視距離。

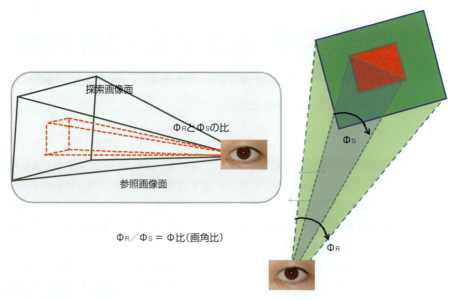

図17-2-7　Φ比（画角比）の定義

可能性もあると考え，画角ϕ_Rやϕ_Sが小さくて眼球運動もほとんどみられない（画角がおよそ10°）条件と，画角ϕ_Rやϕ_{SS}がやや大きく眼球運動がみられる条件（おおよそ視野角が30°）および画角がさらに大きくなり頭部運動が付加される条件（おおよそ視野角が50°）の3条件をとっている。いずれの場合も瞬読性の指標である反応時間はΦ比が100%で最小となり，100%から大きくなっても小さくなっても反応時間は延伸することを報告している（後の2条件に関して，図17-2-8）。視標探索実験で周辺視野の応答性を計測すると，一般的に周辺では応答時間が長くなることが知られている。これは"注意の範囲"のモデルでよく説明される（大山，1985）。すなわち，固視点近傍では注意の範囲に入るため視標

第17章 視覚の応用

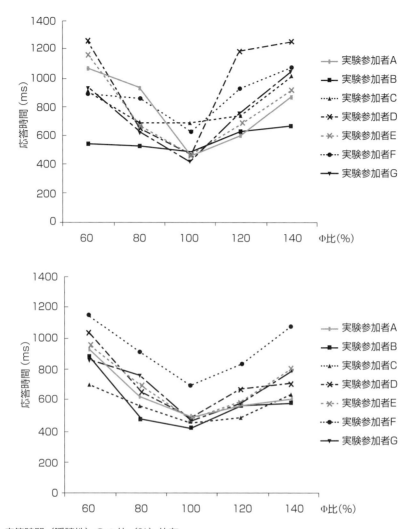

図17-2-8 応答時間（瞬読性）のΦ比（%）依存
（上）画角 ϕ_R や ϕ_S が視野角約30°以内と約50°（下）

探索時間は短いが，周辺視野では"注意の範囲"が視標探索に伴い移動していく処理だけ応答時間が延びる，というモデルである。しかしながら，これだけで今回の実験結果にそのまま適用はできない。探索照合情報の画角が参照情報の画角より大きな場合は定性的に説明可能であるが，その逆の，参照情報の画角が探索照合情報の画角より大きい場合には説明が困難となる。

Shepardらは，二つの図形の照合について，心的回転（mental rotation）を提唱した（Shepard & Metzler, 1971）。Aretzらは2次元図形と立体についても同様の操作が人間の情報処理過程で存在することを示した（Aretz & Wickens, 2011）。長谷川らは，Φ比の大小により瞬読性（反応時間）が100%を中心に増減する様子がShepardらの心的回転における図形のずれ角と反応時間の関係に類似していることから，今回の実験結果における探索情報と参照情報を照合する過程において，Shepardらの研究と同じような心的な操作である情報処理操作が行われている可能性を指摘している。すなわち，参照情報を照合情報と照合するとき，心的イメージを拡大または縮小しながら対象物と照合すると説明している。長谷川らは，Φ比によって反応時間が増加する視覚情報処理過程を"心的拡大・縮小（mental zoomingまたは mental expansion）"と呼んだ。これは参照情報と探索照合情報の視覚情報処理過程における"処

953

第II部　視覚

理流調性（processing fluency）"（行場・箱田, 2014）の一つの形ではないかと思われる。そして, 式(1)を次のように書き改めている。

瞬読性改善の要因
＝表示像俯角低減と
表示像距離遠方化の効果
＋心的拡大・縮小要素効果 (2)

17・2・2・6　心的拡大・縮小の効果の限界

豊田らは, 画角 ϕ_R と ϕ_S が $10°$ 程度の条件で, 画角比 Φ 比を 500% 程度にまで変化させ, 同様に瞬読性（反応時間）を計測している（岡林他, 2018；豊田他, 2018）。実験参加者により若干の差はあるものの, 画角比 Φ 比が 0% から約 200% までは心的拡大・縮小の効果が確認されたが, 画角比が約 200% を越えるとあまり変化しないことを示した。

Aretz & Wickens（1992）は 2 次元図形の情報と立体図形の情報の二つが良い一致をみる場合には照合の過程で心的回転が生じるが, あまり良い一致が見られないときは, もはや実験参加者は情報探索に心的回転ではなく別の方略を用いて探索照合することを示した。心的拡大・縮小についても同様に, 豊田らは画角比が十分大きくなると, 心的拡大・縮小とは異なる "別の方略" でドライバは視覚探索を行うと推測している。

17・2・3　まとめ

(1) ドライバが車載表示装置で情報を参照し, 前景情報と照合し合目的的に走行する自動車用表示形態である "指示表示" では, AR を応用した AR 表示装置の瞬読性が最も優れている。

(2) 自動車における AR の応用では, "利き目" の効果が優勢に機能して認知特性を決めるため, 前景と表示像との視距離差によって生じる "両眼二重視" が認知上大きな問題とはならない可能性がある。

(3) AR 表示装置にみられる他の表示装置では見られない著しい瞬読性のよさは, 参照情報と探索情報との照合過程で心的拡大・縮小ともいえる情報処理がなされていることが示唆される。この情報処理の方略は, 参照情報と探索情報との

画角比がある値を超えると消滅し, 他の方略に移行すると考えられる。

17・2・4　おわりに

高度情報化時代を迎える今日, システム自体が身近で多くのユーザの関心を集める分野にもかかわらず, 自動車用表示装置の表示特性に関連する認知科学・実験心理学の研究者・技術者は比較的まだ少ないように思える。自動車表示装置は, Heintz や Haller, Bouis が述べるように, 一般の視認実験とは少しく異なり, 言わば特異な条件下での視認過程の要素もあるだけに, やや研究が手薄になるためかもしれない。評価実験を行ううえでの変化する運転負荷の統制や制御の条件設定やタスク下のドライバの挙動, 事故との関係, さらには新しい話題でもある自律運転自動車でのドライバのヒューマンインタフェース設計の問題など, 広い領域の研究者・技術者の参画のきっかけに本稿が多少でも寄与できれば望外の喜びである。

（岡林　繁）

17・3　視覚のモデル

17・3・1　はじめに

人間は, 外界から感覚系を通して情報を取得し, 神経系の情報処理により外界の事物を認識し, 適切な行動決定を行い, 運動系を通して外界にはたらきかける一つの情報処理システムと見なすことができる。脳における心的プロセスのすべては, この間の情報処理過程であり, 数百億個とも言われる多数の神経細胞が構成する回路網によって実現されている。視覚とは, 網膜で得られる光情報に基づいて構成された外界の内部表象であり, 視覚の成立プロセスは, 所与の網膜像から, 外界の状態と内部表象を対応づける推論過程と見なすことができる。一方で, 網膜に映る光学像は, 基本的に 2 次元であり, 周囲の照明条件, 対象物の反射特性や幾何形状, 観察者の視点などさまざまな因子に依存する複雑な非線形変換を経て決定する。したがって, 網膜像から外界の状態を推論することは, 逆問題（inverse problem）を

解くことに相当し，その解が一意に定まらない，いわゆる不良設定問題（ill-posed problem）となっている。たとえば，図17-3-1のような四角形の網膜像を投影する対象物は，3次元空間内に無数に存在しうる。それでも，われわれが一つの解釈のもとにものを見ることができるのは，あらかじめ視覚システムが外界に関する前提条件や事前知識を獲得しており，それらを拘束条件（constraint）として逆問題を解くことで蓋然性の高い解釈を選び出していると考えられる。モデル研究では，どのような計算によって，われわれの視覚が成立するのか，数理的・工学的に理解することが目標となる。

17・3・2　Marrの三つの水準

視覚システムのように複雑な情報処理系を理解するにあたって，Marrは，「計算理論（computational theory：解くべき計算の目標とその論理）」「情報の表現とアルゴリズム（representation and algorithm）」「物理的な実装（physical implementation）」の三つの水準に分けて考えるべきだと指摘している（Marr, 1982 乾・安藤訳 1987）。計算理論の水準では，物理法則や幾何光学から求められる拘束条件に関する論理が扱われる。ある計算理論を実現するアルゴリズムは複数あり，そのアルゴリズムの実装方法もまた複数あるうえ，三つの水準はある程度独立な事項を含んでいる。したがって，システムの解明を目指す場合，どの水準で説明すべきか分けてアプローチする必要がある。以下では，ハードウェアとしての神経実装を踏まえて，計算理論とアルゴリズムを検討した視覚モデル研究を取りあげる。

図17-3-1　網膜上の投影面に四角形として映る対象物は，3次元空間内に無数に存在しうる

17・3・3　リバース・エンジニアリングとしての視覚モデル研究

アルゴリズムの水準で視覚情報処理を理解することは，入力信号の表現と解決すべき認知対象の表現（出力信号）を明確化したうえで，システム同定（system identification）やリバース・エンジニアリング（reverse engineering）を行うことと言い換えられる。たとえば，視覚野の神経細胞の情報処理を同定することは，画像入力（x）から神経細胞の応答（y）への符号化モデル（$y=G(x)$となる関数G）を構築する問題であり，入出力間の多変量回帰問題として定式化することができる。人間を実験参加者とした心理物理実験における応答から視覚情報処理を推定する場合でも同様である。同定すべきシステムが図17-3-2のように2値応答しかせず，LN（Linear-Nonlinear）モデル（入力xの線形演算とそれにつづく非線形な応答関数f）で記述できる場合，逆相関法（reverse correlation analysis：spike-triggered average 法とも呼ばれる）により，その線形フィルタwが同定できる（Ringach & Shapley, 2004；Simoncelli et al., 2004）。同手法は，多変量回帰問題の特殊な条件における解法であり，入力xの表現を単純に画像の輝度分布とした場合，一次視覚野（V1野）の単純型細胞より下位の神経細胞の受容野特性が推定できる。一般化線形モデル（general linear model）法は，逆相関法では無視される応答関数fをモデル化して線形フィルタを予測するため，一般に予測精度が高いが（Knoblauch & Maloney, 2008），応答関数が既知であることと，最適化問題を解く必要がある。応答関数の前段階の演算が非線形であっても，入力xが線形フィルタを介して応答に影響する場合，spike-triggered covariance 法によりその重みwが推定できる。同手法は，一次視覚野の複雑型細胞の解析などで広く利用される（Rust et al., 2005；Simoncelli et al., 2004）。このほか，同定すべき非線形関数を入力xに関してVoltera級数展開したうえで，その係数を直接推定する渡部法（Watanabe's method；Hayashi et al., 2017；渡部，2011）が知られている。さらに複雑な視覚システムの非線形情報処理をモデル化する場合には，近年では，目的とする視覚機能を学習した深層ニューラル

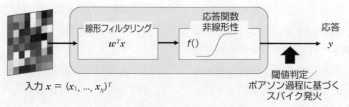

図 17-3-2 逆相関法で仮定される入出力モデル（LNモデル）

ネットワーク（deep neural network）と対照するアプローチが取られる（II・17・3・10参照）。

17・3・4 外側膝状体・神経細胞のDOGフィルタモデルとエッジ検出

網膜の神経節細胞や外側膝状体の神経細胞には，同心円状の中心-周辺拮抗型の受容野特性をもつON-中心細胞やOFF-中心細胞があることが知られている。興奮部と抑制部の応答の強さで表される受容野の特性は，二つのガウス関数の差，DOG（Difference of Gaussian）関数で記述できる（Rodieck, 1965）。一方，画像におけるエッジ部分は，強度変化の急峻な部分に相当し，輝度変化の2階微分におけるゼロ交差点（zero crossing）となる。したがってエッジを効率よく検出するフィルタは，画像の1階もしくは2階空間微分演算子としての特徴をもつと考えられる。加えて，さまざまな空間スケールの処理に対応可能であることが望ましい。これらの条件を満たすフィルタとして，ガウス関数を空間2階微分したラプラシアン・ガウシアンフィルタ（Laplacian-of-Gaussian filter）が挙げられる（図17-3-3b）。ラプラシアン・ガウシアンフィルタが近似的にDOG関数の形をしていることから，ON-中心細胞やOFF-中心細胞が，計算論的にはそれぞれのスケールで明エッジと暗エッジの検出に寄与しているという説明ができる（Marr & Hildreth, 1978）。

17・3・5 一次視覚野の単純型細胞とガボールフィルタモデル

一次視覚野の単純型細胞の受容野特性は，逆相関法（II・17・3・3参照）を用いて推定できる。これは，画像の輝度入力と神経応答の関係が，ほぼ線形フィルタで記述できるからである。単純型細胞の顕著な特徴は，方位選択性をもつ点にあり，外側膝状

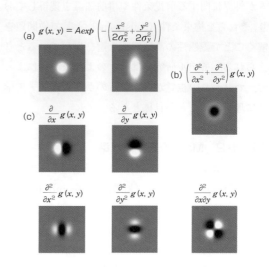

図 17-3-3 さまざまなガウス微分フィルタ
(a) 2次元ガウスフィルタの例。右図は広がりが非対称なガウス関数による作成例，(b) ラプラシアン・ガウシアンフィルタの例，(c) 1階空間微分ならびに2階空間微分したガウスフィルタの例。xの1階空間微分フィルタは垂直エッジ検出に，yの1階空間微分フィルタは，水平エッジ検出に対応する。広がりが非対称なガウス関数を用いると，方位選択性の強いフィルタになる。

体の神経細胞のうち受容野が線状に並んだ細胞群の出力統合により形成されると考えられる（Hubel & Wiesel, 1962, 図17-3-4a）。このような単純型細胞の情報処理は，入力画像に対する2次元ガボール関数（ガウス関数に正弦波変調をかけた関数）のフィルタ演算としてモデル化できる（Jones & Palmer, 1987, 図17-3-4b）。一次視覚野には，さまざまな傾きやスケール，位相のガボール関数で記述できる受容野をもつ神経細胞が存在し，それぞれの受容野が互いに重なり合いながら，視野全体をカバーしている。このため，一次視覚野は，ガボールフィルタ集合（バンク）の畳み込み演算により，局所並列的に特徴抽出処理していると捉えることができる。

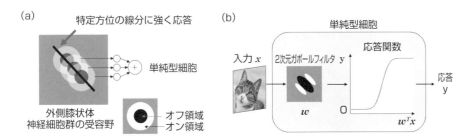

図 17-3-4　一次視覚野における単純型細胞のモデル
(a) 線上に配置された同心円状の受容野をもつ外側膝状体の神経細胞群の出力統合により，単純型細胞の方位選択性が形成される．受容野内の黒領域と白領域は，各細胞のオフ領域とオン領域を模式的に表現している．(b) 2次元ガボールフィルタによる単純型細胞の応答モデル．

　ガボール関数が一次視覚野のモデルに広く用いられるのは，その関数群がGabor Waveletとよばれる基底関数表現を提供するからである．基底関数の線形和により関数空間内の任意の画像を表現できるため，画像を圧縮して表現する機能的意義をもつ．これに対し，視覚システムに求められる基底関数表現を，機械的に学習させるとどうであろう？　この場合，効率よく，なるべく少ない数の基底関数の和で，多様な自然画像を正確に再現することが求められる．これは，スパース性の制約条件 (sparseness constraint：あるいはL1ノルムによる正則化) のもと，再現誤差を最小化する問題として定式化でき，基底関数は，さまざまな傾きやスケール，位相をもつフィルタとなる (Olshausen & Field, 1996)．

　ガボールフィルタ以外にも，一次視覚野の神経細胞の方位選択性を表現でき，かつ計算論的にも意味付け可能なフィルタとして，ガウス微分フィルタ (Gaussian derivative filter) がある (図17-3-3c参照)．この場合，神経細胞の役割を，空間ないし時間軸方向の微分演算子としてモデル化したことになり，人間の知覚特性や神経応答パターンが説明できる (Nakamura & Satoh, 2017)．

17・3・6　一次視覚野の複雑型細胞とエネルギーモデル

　一次視覚野の複雑型細胞は，受容野内に特定の傾きをもつパターンさえあれば，その位置によらず応答する．こうした位置不変的な応答は，同じ方位選択性をもつ単純型細胞の出力を統合することでモデル化できる．図17-3-5は複雑型細胞のエネルギーモデル (energy model；Adelson & Bergen, 1985；Spitzer & Hochstein, 1988) による記述である．互いに位相が直交するガボールフィルタ (quadrature pair of Gabor filters) の出力の2乗和をとる演算が，位相依存性を打ち消す（ごく簡単に言えば $\sin^2\theta + \cos^2\theta = 1$ の公式に基づく）ので，複雑型細胞のモデルとして広く用いられる．

17・3・7　ガボールフィルタとエネルギーモデルの拡張

　神経細胞の応答が画像入力の時間変化にも依存する場合，空間変数と時間変数を加えた関数により受容野特性が記述できる．たとえば，運動方向選択性をもつ神経細胞は，応答が単純型であれば運動方向に沿った位置と時間の2変数を用いたガボール関数によって，複雑型の場合はそのエネルギーモデルによって説明できる（運動エネルギーモデル，Adelson & Bergen, 1985；II・14・2・2を参照）．一次視覚野には，両眼視差に選択性をしめす神経細胞のように (Poggio et al., 1985) 両眼入力に依存して応答する細胞も多い．単純型の両眼性細胞は，左右それぞれの眼の入力にガボールフィルタをかけて和をとるモデルで説明でき，複雑型の場合には，そのエネルギーモデルで説明できる（両眼エネルギーモデル，Ohzawa et al., 1990；II・13・4・2参照）．両眼視差選択性は，両眼間でガボールフィルタの中心位置が異なるか，あるいは位相が異なるフィルタペアの出力和によって生じると説明される (Qian & Zhu, 1997)．両眼間に特定の時間差がある場合に応答する神経細胞は，空間，時間，両眼入力の3変数

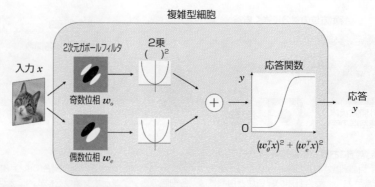

図 17-3-5　一次視覚野における複雑型細胞のエネルギーモデル
方位選択性やスケールは同じだが，位相が直交するガボールフィルタと，その出力2乗和演算により神経細胞応答をモデル化する。

に依存したガボールフィルタモデルで記述できる（Anzai et al., 2001；Qian & Andersen, 1997）。このモデルでは，両眼間時間差と両眼視差が等価に神経応答に作用することから，Pulfrich 効果（Pulfrich effect：両眼間時間差によって生じる奥行き印象）が説明できる。Dichoptic motion（左右眼で異なる画像入力によって生じる運動視現象，Hayashi et al., 2007；Shadlen & Carney, 1986）も矛盾なく説明できるなど，ガボールフィルタとそのエネルギーモデルは，一次視覚野の神経細胞の応答を統一的な枠組みで記述する方法を提供している。

17・3・8　二次視覚野，四次視覚野のモデル

二次視覚野（V2野）の神経細胞は，二つの線分のなす角度や曲率に選択性を示すという報告（Ito & Komatsu, 2004）がある。この性質は，図 17-3-6a のように，方位選択性をもつ一次視覚野の神経細胞出力が統合されることで説明できる。より定量的な二次視覚野のモデルとしては，図 17-3-6b のような，異なる方位，スケールあるいは位置にあるガボールフィルタ出力間の局所相関を計算するモデルが提案されている（Portilla & Simoncelli, 2000）。同モデルは，テクスチャのような周期性のある画像特徴を検出することができ，一次視覚野・神経細胞出力の局所領域内の統合によって，二次視覚野の神経細胞の応答を説明するモデルとなっている（Freeman & Simoncelli, 2011；Freeman et al., 2013）。四次視覚野（V4野）の神経細胞についても，輪郭の曲率（Pasupathy & Connor, 2001）や，テクスチャ特徴

量に依存した応答（Okazawa et al., 2015）が報告されている。一方で，二次視覚野以降の神経応答は画像入力に対する複雑な非線形演算を反映しているため，単一の機能モデルで記述することが困難である。

17・3・9　深層ニューラルネットワークによる一般物体認識の実現

脳は，フィルタバンクの畳み込み演算を何段も繰り返すことにより，さまざまな視覚認知機能を実現していると考えられる。そこでコンピュータビジョンの研究では，畳み込み演算層を多段階に重ねた深層畳み込みニューラルネットワーク（deep convolutional neural network：DCN）を用意し，大量の画像データを使って，フィルタの重みや人工ニューロン間の結合を誤差逆伝播法（back propagation）で学習することにより，一般物体認識など高度な視覚認知機能を実現している（Krizhevsky et al., 2012，図 17-3-7a は AlexNet と類似モデルの実装例）。DCN 各層のニューロンは，下位層の特定の範囲だけから入力を受け（受容野に相当），固有のフィルタ重みをもつ。また，同じ受容野の処理には，重みマップが異なる複数のニューロンが関与することで，多様なフィルタ集合の演算が行われる。各ニューロンの出力は，入力と重みマップの内積をとったのち，一般に ReLU（rectified linear unit）と呼ばれる活性化関数を通すことで生成される（図 17-3-7b）。ReLU は，入力が0以下であれば0，それ以上ならば入力をそのまま出力する関数である。0以下の応答を切り捨てるスパース性と，大き

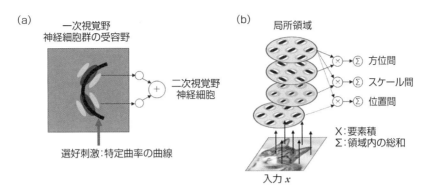

図 17-3-6 二次視覚野における神経細胞の説明モデル
(a) 曲率選択性の説明。互いに隣接する受容野をもち，方位選択性が異なる一次視覚野の神経細胞出力の統合で，曲率選択性が生まれる。(b) Portilla & Simoncelli (2000) によるテクスチャ特徴量モデル。異なる方位，スケールあるいは位置にあるガボールフィルタ出力の要素積を領域内で統合するモデル。周期性のあるパターンがあれば，当該領域内のフィルタ出力間の相関は高くなるため，テクスチャの特徴量表現に適している。

な出力をそのまま通すことによって誤差逆伝播学習における勾配消失問題を回避しやすい利点があるといわれる。

一般物体認識の学習には，物体カテゴリのラベルが付いた画像データベースが用いられる。ImageNet (Deng et al., 2009) という画像データベースは，Wordnet（英語の概念辞書）内の名詞ラベルに対応した画像データベースで，2018年8月現在，約21800 単語に対応する1400万枚以上の画像がWeb上で公開されている。コンピュータビジョンの研究では，AlexNetの登場以降，物体認識の識別精度を高めるための多層化が競われ [VGGNet (19層)，Simonyan et al., 2014；GoogLeNET (22層)，Szegedy et al., 2015]，152層のニューラルネットワークの実装により，1000種類の物体認識を約94%の精度（ただし上位五つの推定候補中に正解が含まれる率）で識別するモデルが発表されている (ResNet；He et al., 2015)。

17・3・10 一般物体認識用の深層ニューラルネットワークと腹側視覚経路の比較

DCNによる情報処理は，脳を模倣したアルゴリズムによって人間のもつ知覚・認知機能を実現することから，視覚システムのモデルとしても妥当性が高い。実際，一般物体認識を学習したDCNの畳み込み第一層のフィルタ重みマップは一次視覚野の神経細胞と同様，さまざまな傾きや空間スケールをもつ2次元ガボールフィルタのような特性を獲得している（図17-3-7c）。そこで，二次視覚野以降の，特に腹側視覚経路における情報処理を理解するにあたり，一般物体認識を学習したDCN中間層のニューロン応答と生体の脳活動や神経細胞応答を比較する研究が行われている。神経細胞群の応答パターンとDCN中間層の応答パターンとの間で線形回帰モデルを学習したのち，学習に用いなかったデータに対する予測精度を比較することで，モデルの適否が評価される (Hayashi & Nishimoto, 2013；Yamins et al., 2014)。異なるシステム間の応答を直接比較するのではなく，図17-3-8のように，非類似度行列を用いてそれぞれのシステム内で「画像サンプルがどのような類似関係で表現されるのか」を比較する方法も広く用いられる (Kriegeskorte et al., 2008)。これまで多くの研究によって，腹側視覚経路に沿った各視覚領域の解剖学的階層とDCNの階層レベルに対応があることが示唆されている (Goda et al., 2016；Hayashi & Nishimoto, 2013；Yamins et al., 2014)。

DCN内の情報処理を解析する手法として，各ニューロンの選好刺激を可視化する方法が研究されている (Dosovitskiy & Brox, 2016；Mahendran & Vedaldi, 2014；Nguyen et al., 2016；Simonyan & Zisserman, 2013；Zeiler, & Fergus, 2014)。こうした可視化手法は，神経応答との対照を通して，生体の脳情報処理の解析にも寄与することが示唆されている (Hayashi & Kawata, 2018)。

第II部　視覚

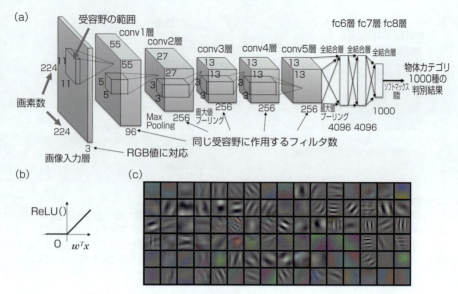

図 17-3-7　深層ニューラルネットワークによる一般物体認識処理の実装例（Krizhevsky et al., 2012）
（a）通称 AlexNet と呼ばれる DCN 型の一般物体認識モデル。5層の畳み込み演算層（conv1～5）と，3層の全結合層（fc6～8）からなる。最終層 1000 個のニューロンの出力強度で，物体カテゴリ 1000 種の識別結果を表す。同一畳み込み層においては，どの位置でもフィルタ集合のパラメータは共通と仮定し，誤差逆伝播法によってパラメータ学習が行われる。（b）ニューロンの応答関数として広く用いられる ReLU。（c）AlexNet の畳み込み第一層における 96 種類のフィルタの重みマップ。

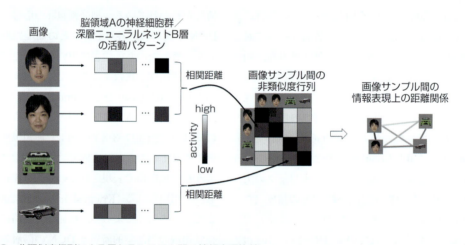

図 17-3-8　非類似度行列による異なるシステム間の情報表現比較
さまざまな画像サンプルに対する応答パターンを計測したのち，サンプルペア間で応答パターンの相関距離を計算し，非類似度行列を作成する。システム間の非類似度行列を比較することで，情報表現の類似性を検討する。

　DCN を用いた視覚モデル研究にはいくつか課題がある。たとえば，極端に多階層化された DCN は，識別精度の点で人間の認識レベルに近づいた反面，脳の解剖学的な階層数を考慮すると，脳の実装モデルとしては乖離している可能性がある。モデルの適否を判定する明確な基準がないことも問題である。また，DCN が識別を誤る画像は人間の誤り方と似ても似つかない場合も多い（Nguyen et al., 2015）など，DCN のさらなる機能拡張が必要である。

17・3・11　深層ニューラルネットワークを利用した視覚モデルの拡張

　静止画だけでなく動画入力に対応し，各ニューロンが時間軸方向にもフィルタ重みをもつ DCN の開

発も進展している（Hara et al., 2017）。腹側視覚経路だけでなく，運動視など背側視覚経路の情報処理を含めた，より包括的な視覚モデルの確立に貢献する可能性がある。

これまで見てきた深層ニューラルネットワークの研究事例では，フィードフォワード処理に限定されており，画像のラベル情報を教師信号（teaching signal）とする学習手法が用いられてきた。一方で，発達過程を考えると，生体の視覚システムでは，常に教師信号を与えずとも画像識別機能が獲得されると考えられるし，視覚野にはさまざまなフィードバック信号が存在する。さらに神経応答の時間変化といったダイナミックスのモデル化も課題となる。教師なし学習（unsupervised learning）の手法としては，VAE（Variational Auto Encoder）やGAN（Generative Adversarial Neural network, Goodfellow et al., 2014）が注目される。VAEは，DCNによって入力画像の情報表現を一度縮約したのち，deconvolution層を重ねたニューラルネットワークにより，元画像を再構成する学習の一手法である（Kingma & Welling, 2013）。GANは，事前に用意した画像集合と同様の統計的分布をもつ画像を生成すべく，「deconvolution層で構成される画像生成ニューラルネットワーク」と「実画像と生成画像を識別するニューラルネットワーク」を競合させる学習手法である（Radford et al., 2015）。どちらも，ラベル情報なしに視覚情報の符号化と復号化の双方向のモデルが学習できるフレームワークとなっている。また，視覚情報処理のダイナミックスや人間の認知機能のロバスト性を再現するにあたり，ネットワークの出力が自分自身に戻される回帰型ニューラルネットワーク（recurrent neural network）を用いた研究も進展している（Nayebi et al., 2018；Spoeror et al., 2017）。

（林 隆介）

17・4　視覚と視環境

17・4・1　視環境の評価と設計
　人は視覚を通して自らを取り囲む環境と相互に関わり合いをもつが，このような視覚を通して捉えた環境を視環境（visual environment）という。視環境には本来さまざまな視知覚が含まれるが，通常検討されるのは，視認性（視対象が見やすいかどうか），グレア（glare：まぶしさを感じるかどうか），知覚する明るさ，知覚する色という四つの要素である。視環境の評価と設計では，これら四つの要素を，現実の視環境において検討することが求められる。そのためその評価・設計手法には，推定精度よりも，現実の複雑な視環境に適用できるかどうかが重要とされる。

17・4・2　視環境評価と測光色画像
　視環境評価では，設計や評価の対象となる現実環境の視知覚は，外部環境が眼の網膜に投影された画像によって生ずるとし，それを近似していると考えられる画像，すなわち，視点（評価者の眼の位置）を固定して特定の方向を見たときに，3次元の外部環境が，眼前にある2次元の透明スクリーン上に透視投影（perspective projection：中心射影ともいう）された画像を検討する（図17-4-1）。通常は両眼視差や焦点調節などは考慮せず，さらに分光放射輝度画像ではなく，輝度・色度画像を扱う。

　一方，現実の環境利用者は視線方向を固定することはないことから，VR（バーチャルリアリティ）で行われているように，ある視点から見た全方位360°の画像（全方位画像）を保持しておき，評価の際にそれを視線方向に応じて射影変換するのが効率的で，この全方位画像は正距円筒図法（equirectangular projection）で表されることが多い。輝度・色度画像は，Yを輝度に対応させたX, Y, Z刺激値の画像，すなわちXYZ刺激値画像を考えるのが基本だが，HMD（ヘッドマウントディスプレイ）などのディスプレイを扱う場合には，色度点を定めた三つのRGB発光素子の出力で色を表現することから，輝度と線形関係にあるRGB色ベクトルの画像，すなわち線形RGB画像が用いられる。視環境評価では，このような色情報を含んだ三枚の画像を扱うことになり，これらを測光色画像と呼ぶ。XYZ刺激値画像では，知覚する色の全範囲が定義可能だが，線形RGB画像では表現できる色の範囲が限られる。

第 II 部　視覚

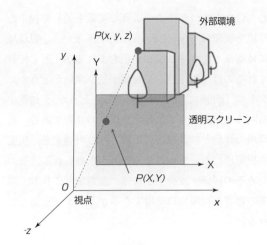

図 17-4-1　3次元の外部環境が2次元の透視投影（中心射影）画像に射影される

17・4・3　視対象を想定した視環境評価

文字の読みやすさ，光源のグレアや明るさなどは，ある特定の対象を見たときの見え方の評価であり，視対象を想定した視環境評価といえるが，これらはこれまで照明工学で研究が進められ，そのほとんどは色みを考慮することはなく，輝度のみを扱ってきた。

視認性に関する研究では，CIE（Commission Internationale de l'Eclairage, 国際照明委員会）(1981) に紹介されている Blackwell の一連の研究が最も基礎的なもので，円形視標の閾値より適正照度を算出する方法が提案されている。一方，視認性（閾値や見やすさレベル）そのものを推定する研究も多く進められ（池田他，1983；中根・伊藤，1975 など），これまで数多くの実験式が提案されている。しかしそれらは基本的に，視対象サイズ，視対象輝度，背景輝度という三つのパラメータで視認性が評価できるとする点で共通しており，これらは明視の三条件としてよく知られている（原・佐藤，2004 など）。

視対象のすぐそばに光源があるときのグレアは，視機能を低下させる減能グレア（disability glare）とよばれるが，通常の視環境では，このようなグレアが発生する位置にはそもそも光源を設置しないため，視環境設計や評価で問題となるのは，視機能の低下はないが不快を感じる不快グレア（discomfort glare）である。

室内における照明器具などの不快グレアの評価は，次式に示す 1995 年に定められた UGR（unified glare rating）が世界標準となっている（CIE, 1995）。

$$UGR = 8 \log_{10} \frac{0.25}{L_b} \sum \frac{L_s^2 * \omega_s}{p^2} \qquad (1)$$

ここで，L_s [cd/m^2] はグレア源輝度，L_b [cd/m^2] は背景輝度，ω_s [sr] はグレア源サイズ，p は視線方向からのずれを表すポジション・インデックスで，視線をグレア方向に向けるとポジション・インデックスは 1 となる。

この式よりわかるように，視線方向からのずれを別とすると，UGR は視対象（光源）輝度，背景輝度，視対象（光源）サイズによって推定できる。窓など光源サイズが大きいグレアの実験式もいくつか提案されているが，それらも，視対象輝度，背景輝度，視対象サイズによって推定できるとする基本構造は同じである。

明るさの知覚量と物理量の関係というと，Weber-Fechner の法則や Stevens の法則がよく知られているが，これらは知覚量と物理量との関係を関数表現することが主な目的で，実環境での明るさ知覚を推定することは難しい。視環境評価で利用可能な明るさ知覚の推定式の代表的なものは Bodmann らによって提案された次式である（Bodmann & Toison, 1994）。

$$B = Ct(\phi) \cdot Lt^n - B_0(Lu, \phi) \qquad (2)$$

ただし，$B_0(Lu, \phi)$
$= Ct(\phi)[S_0(\phi) + S_1(\phi) \cdot Lu^n]$

ここで，B は推定される明るさ知覚（300 cd/m^2 の視野内均一輝度条件の明るさ知覚を 100 とした数量）で，Lt [cd/m^2] は円形視対象の輝度，Lu [cd/m^2] は視野全体の均一背景輝度，ϕ [sr] は円形視対象のサイズ，n はべき乗係数で 0.31，Ct, S_0, S_1 は，ϕ ごとに一覧表で与えられている。

これは一見複雑な式に見えるが，単純に言ってしまえば，視対象輝度，背景輝度，視対象サイズが決まれば，円形視標の明るさ知覚が推定できることを示している。

このように，視対象を想定した視認性，グレア，知覚する明るさといった視環境評価は，いずれも視

対象輝度（Lt），背景輝度（Lb），視対象サイズ（St）が決まれば推定できることになる。

17・4・4　空間フィルタを用いた評価パラメータの抽出

　視対象を想定した視環境評価を行うためには，複雑な分布をもつ輝度画像データから，視対象輝度（Lt），背景輝度（Lb），視対象サイズ（St）の三つのパラメータを算出する必要があるが，それを可能とするのがコントラスト・プロファイル法（contrast profile method）と呼ばれる，輝度画像に空間フィルタを適用する方法である（中村，2000）。

　コントラスト・プロファイル法では，式(3)，(4)に示すN-フィルタと呼ばれる空間フィルタを利用する。N-フィルタは2次元ガウス関数の2次微分を利用し，ある特定の粗さの輝度変化が増減せず検出されるように調整したもので，検出しようとする輝度変化の空間周波数をf_0 [cycle/deg]，平面上の位置をx, y，横方向，縦方向の周波数成分をu, vとすると，

周波数領域では

$$\tilde{N}(u, v) = \frac{u^2 + v^2}{f_0^2} \exp\left(1 - \frac{u^2 + v^2}{f_0^2}\right) \quad (3)$$

実領域では

$$\tilde{N}(x, y) = \pi^3 f_0^4 \left[\frac{1}{\pi^2 f_0^2} - (x^2 + y^2)\right] \exp\left[1 - \pi^2 f_0^2 (x^2 + y^2)\right] \quad (4)$$

と表される。

　実領域のN-フィルタは，点対称な分布をもち，中心部分が正，周辺部分が負となる関数で，中心領域を積分すると1に，周辺部分を積分すると-1になるため，N-フィルタを用いて対数輝度画像をフィルタリングすれば，中心部分と周辺部分の輝度比が正しく算出される。実際のフィルタリング計算では，N-フィルタは9×9程度のデジタル・フィルタに近似され，これがデジタル輝度画像に畳み込まれる。

　想定される視対象の中央付近で，検出サイズ（正の領域のサイズ）を次々に変化させてコントラストを求めると，図17-4-2のようなコントラストの状態を表す関数が得られ，これをコントラスト・プロファイル（contrast profile）という。ここで求められているコントラスト・プロファイルは，輝度100 cd/m^2，サイズ4°の円形視対象を，10 cd/m^{2}の均一背景に呈示した条件を実環境で作成し，それを測定した対数輝度画像より求められた。図より，矢印の位置でコントラストがピークの値をもつことがわかるが，これはこの検出サイズで視対象と背景が最もはっきりと分離できることを示しており，このときの検出サイズを視対象サイズ，このときのコントラストの値（C値という）を視対象と背景の輝度比とする。このコントラスト計算と並行して平均化フィルタを畳み込むと，計算範囲の対数平均が求められ，これをA値という（Nakamura et al., 2016）。

　オリジナルの画像解像度が十分高いとき，視対象輝度Lt，背景輝度Lbと，フィルタリングによって求められたC値（CV）とA値（AV）の関係は，次式のように近似的に表現される（加藤他，2018a）。

$$\begin{aligned} Log_{10} = (Lt) &= AV + 1.178\, CV \\ Log_{10} = (Lb) &= AV + 1.113\, CV \end{aligned} \quad (5)$$

　すなわち，C値，A値から視対象輝度と背景輝度を推定することができ，これらを等価の視対象輝度（equivalent target luminance），等価の背景輝度（equivalent background luminance）という。ここに示すように，実環境の複雑な分布を持つ輝度画像データがあれば，視対象の視認性，グレア，知覚する明るさを推定するための三つのパラメータを推定することができ，この結果を式(1)に代入すればUGR値が，式(2)に代入すれば，明るさ知覚B値が求められる。

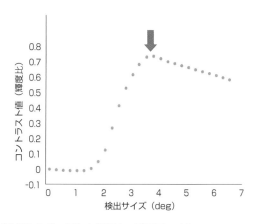

図17-4-2　コントラスト・プロファイル

このような等価の値を求めずに，C値，A値を直接用いた視環境評価も可能である。縦軸をC値，横軸をA値とした図［輝度コントラスト評価図（contrast evaluation diagram）あるいはCA図という］を作成すれば，推定評価値はこの図上に等高線コンターとしてプロットされる。視認性については，C値，A値より推定する実験式が提案されており，これを利用すれば，図17-4-3のような視認性評価画像[1]を輝度画像より生成することができる（加藤他，2018b）。

輝度画像がXYZ刺激値画像のY刺激値画像であることを考えると，X刺激値画像，Z刺激値画像に対しても同様に，対数を取ったうえでN-フィルタと平均化フィルタをかけ，刺激値比と対数平均を算出し，測光色コントラスト評価図を作成することができる。ただし，測光色コントラスト評価図では，輝度に対応したC値，A値をそれぞれLC値，LA値と表現し，色みについては反対色過程を考慮して，X刺激値とY刺激値の差を取ることで［赤-緑］成分に対応させたaC値とaA値，Y刺激値とZ刺激値の差を取ることで［黄-青］成分に対応させたbC値とbA値で表現する。測光色コントラスト評価図を用いれば，色みを考慮したうえで，視認性などを評価することができる（加藤・中村，2019）。

17・4・5 実環境で体験する見え方を近似する画像変換

コントラスト・プロファイル法で検出サイズを連続的に変化させる解析は，連続ウェーブレット変換の変形手法ということもでき，N-フィルタを近似したマザー・ウェーブレット（変換を行うための基本関数）をうまく選べば，高速処理が可能な直交離散ウェーブレット変換を利用することができる（中村，2006）。コントラスト・プロファイル法では，ある特定の視対象サイズを想定したうえでコントラストの解析を進めるが，これはある特定の空間周波数を想定したうえで輝度（測光色）変化を抽出することと同じである。これに対して離散ウェーブレット変換，言い換えればウェーブレット分解を使えば，さまざまな粗さの輝度（測光色）変化を統合した画像を検討することができる。

対数を取った輝度（測光色）画像をウェーブレット分解すると，1回の分解で，オリジナル画像から抽出可能な最も細かいコントラストだけを抽出したコントラスト画像と，そのコントラストだけが完全に抜き取られた近似画像が生成される。得られた近似画像に対し，さらに同じ分解を進めると，初めの倍の粗さのコントラストだけを抽出したコントラスト画像と，そのコントラストがさらに抜き取られた近似画像が得られる。この分解を画像サイズが1画素になるまで進めていくと，図17-4-4に示すような，さまざまな粗さのコントラストを抽出したコントラスト画像群と，それらすべてのコントラストが抜き取られた一つの近似画像が得られる。

これら得られた画像に実験より求められた係数（明るさ知覚に対する感度）をかけ，それをウェーブレット合成すると，各画素がNB値（明るさ尺度値）と呼ばれる明るさ知覚の推定値をもった画像が生成され，これを明るさ（分布）画像（brightness image）という（中村，2006）。一方，すべてのコントラスト画像をそのまま合成した画像を統合コントラスト画像（integrated contrast image）といい，この画像にはわれわれが通常「絵」と呼ぶ情報がすべて含まれている。この統合コントラスト画像と，係数をかけた近似画像を合成すると，コントラストが完全に保存されたうえで絶対値が調整された画像を生

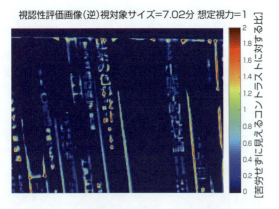

図17-4-3 輝度画像より求められた視認性評価画像

[1] 画像フィルタリングを用いて算出された視認性を表す画像で，赤から黄で表示される1以上の値をもつ画素が「苦労せずに視認できる」部分である。

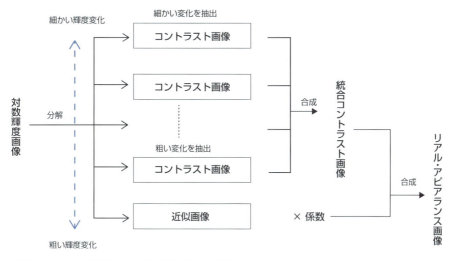

図 17-4-4　統合コントラスト画像とリアルアピアランス画像

成することができ，これをリアル・アピアランス画像（real appearance image）という（中村，2012）。

ここでオリジナルの測光色画像の各画素に注目すると，画素の測光色の値が統合コントラスト値と近似値に分解されていることになり，これはコントラスト・プロファイル法のC値，A値と同じ意味をもつ。したがって，統合コントラスト値と近似値から，式(4)と同じように，各画素について等価の視対象XYZ刺激値と背景XYZ刺激値を算出することができ，これを利用することで分布図を生成することができる。たとえば，輝度に注目してUGR式を適用すると，図17-4-5cのようなグレア分布図を生成でき，XYZ刺激値に注目して，色知覚の推定モデルであるCIECAM02（CIE, 2004）を適用すると，色相成分Hc，明度J，明るさQ，クロマC，カラフルネスM，飽和度sの分布図が作成できる。図17-4-5dは，特定範囲の明度JとクロマCの値をもつ画素について，色相成分Hcを表示した色彩分布図である。

（中村　芳樹）

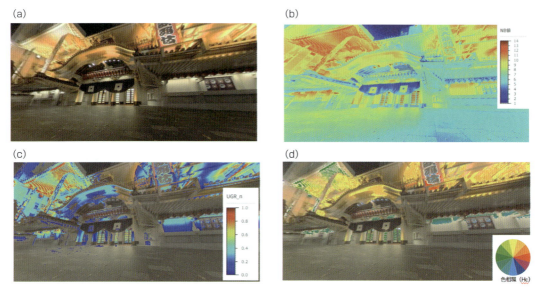

図 17-4-5　ウェーブレット変換を利用して作成された分布画像

第Ⅱ部　視覚

▌17・5　視覚デザイン評価

　視覚デザインの評価手法にはさまざまなものがあるが，大きく分けて質問紙による評価と行動指標による評価とに分けることができる（酒巻他，2009）。

　質問紙による評価では，主に，数値尺度法（numerical rating scale）や線尺度法，セマンティックディファレンシャル法（SD法）などの評定尺度を用いて評価することが行われている。

　また，行動指標による評価では，眼球運動による視線方向や凝視時間の測定，識別時間の測定などが行われている。

　以下に，それらの手法と研究事例を紹介する。

17・5・1　質問紙による評価

17・5・1・1　評定尺度法

　評定尺度法（rating scale method）は質問紙によるデザイン評価で最も使用されている評価法である（山下，2015）。評定尺度法には，デザインに対する印象評価の強さを数値段階で答えさせる数値尺度法と線尺度で答えさせる方法がある。また，後述のSD法は，評定尺度法の一つである。

17・5・1・2　数値尺度法

　数値尺度法は，印象評価の強さの程度を5段階や7段階などの数値尺度で答える方法である。

　数値尺度法は，化粧品容器のデザイン評価（豊田他，2009），椅子の座り心地の評価（加藤他，2015），文字の読みやすさの評価（宮﨑他，1987）など，さまざまなデザイン評価で用いられている。

　たとえば，豊田他（2009）は，化粧品容器の見た目の「重さ」「滑りにくさ」「扱いやすさ」を，5段階の数値尺度で測定している。用いた化粧品容器は，樹脂製もしくはガラス製の円筒形の容器で，化粧水用容器サンプル13種類，乳液用容器サンプル12種類の計25種類の容器サンプルについて評価を行った。対応のある一元配置の分散分析の結果，化粧水用容器については，「重さ」と「扱いやすさ」に関してサンプル間に有意な差があり，乳液用容器につい

ては，「滑りにくさ」と「扱いやすさ」に関してサンプル間に有意な差があったという。

　通常，5段階の数値尺度法で測定する場合，測定する感覚印象が非常に弱ければ1，非常に強ければ5と評価して，段階ごとに1から5の数字を当てはめ，その数字のデータを間隔尺度の数値として考えて，平均値を求めたり，分散分析を行ったりすることが多い。しかし，このような解析を行うためには，数値尺度法で得られたこれらのデータの尺度水準が間隔尺度以上である必要がある。

　数値尺度法で得られたデータは，はたして間隔尺度を満たしているのかというのは，研究者間で意見が分かれるところであるが，仮に間隔尺度を満たしていないとしたら，数値尺度法で得られたデータは順序尺度のデータとして解析される必要がある。

　順序尺度のデータと見なしたときの解析例として，Ichihara et al.（2007）は，ランダムドットパターンの明暗のコントラストが，パターンの見えの奥行き（進出後退）に与える影響をみる実験で，パターンの見えの奥行きを7段階の数値尺度法で測定したが，そこで得られたデータを順序尺度のデータと見なして，ブートストラップ法（bootstrap method；阿久津，2005）により各刺激条件の中央値と標準誤差を求めている。その結果，ランダムドットパターン自身の明暗のコントラスト（texture contrast）と背景輝度とランダムドットパターンの平均輝度との間の明暗のコントラスト（area contrast）が，パターンの見えの奥行きに影響することを明らかにしている。

17・5・1・3　VAS

　評定尺度法の一つに，数値尺度ではなく線尺度で答える方法がある。この手法をグラフ評定法（Guilford, 1954）あるいはVAS（visual analogue scale）という。

　VASは一般的には10cmの線分上に印をつけることで，主観的な感覚強度や印象の強さを答える方法である（山下，2015）。VASは単純で理解しやすく，評定が容易にでき，数量的に評定しにくい項目についても評定しやすいために，痛みの評定などに用いられている。

デザイン研究でVASを使用した研究例としては，鈴木・檜山（2016）の文字の可読性に関する研究があげられる。ここでは，LED看板上で横方向にスクロールする文字の「速さ（遅すぎる-速すぎる）」と「読みやすさ（読みにくい-読みやすい）」について，VASを用いて評価している。文字のスクロール速度，表示される文章の文節数，水平距離に関して3要因の分散分析をしたところ，「主観的速さ」に関しては，文字のスクロール速度と水平距離の主効果が危険率1％で有意になった。スクロール速度は，2，4，6，8文字/秒の4段階であったが，スクロールの速度が増すにつれて，主観的な速さも直線的に速いと評価された。また，水平距離は63 cmと252 cmの2条件であったが，いずれのスクロール速度条件においても63 cmのほうが速いと評価された。「読みやすさ」については，スクロール速度は危険率1％で有意になり，スクロール速度が4文字/秒のときに一番読みやすいという評価であった。また，文節数は5％で有意になり，文節数が三つの条件のほうが五つの条件よりも読みやすいという評価であった。

他には，車の評価を行った事例（Warell, 2008）なども報告されている。

17・5・1・4　SD法による視覚デザイン評価

SD法は，Osgoodが概念（対象）の意味の測定のために開発した方法である（Osgood et al., 1957）。Osgoodは，この手法を"semantic differential"と呼んだが，わが国ではその頭文字を取ってSD法と呼ぶことが多い。Semantic differentialを訳して意味微分法と呼ばれることもある。ただし，SD法で測定する「意味」というのは，辞書的な意味ではなく，感情的な意味"affective meaning"のことを指す（大山他, 2005）。

SD法では，反対の意味をもつ形容詞を尺度の両端に置いた複数の評定尺度を用いて，刺激対象を評価する。そして刺激対象ごとに各形容詞対の平均評価値を求め，それをプロフィールに描く。このプロフィールをセマンティックプロフィール（semantic profile）というが，セマンティックプロフィールの形を見ることで，測定した刺激対象が与える印象の特徴をつかむことができる（図17-5-1；大山, 1994）。

またSD法では，得られたデータを用いて因子分析をすることが行われる。SD法では，Osgood以来の基本的な因子として価値因子（評価性因子：evaluation factor），活動性因子（activity factor），力量性因子（potency factor）の3因子が共通して見いだされることが多いが（神宮, 1996；増山・小林, 1989；大山他, 2005），これらの因子得点と他の刺激要因との関係を，重回帰分析や数量化Ⅰ類などを用いて探ることがよく行われている。

SD法はさまざまな刺激概念を対象とすることができるのが大きな特徴で，そのためにさまざまな研究領域で用いられており，デザイン評価の手法としてSD法を利用している例も数多く見られる。SD法の研究については1967年頃に一番多く研究され，その後だんだん研究の数が減少しているという報告もある（市原, 2009）が，今もなお多くのデザイン研究で使用されている方法である。

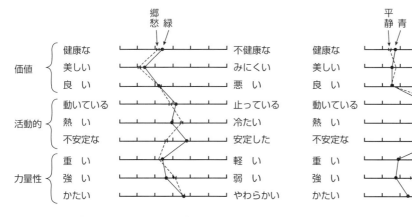

図17-5-1　色と単語のセマンティックプロフィール（大山, 1994）

第Ⅱ部　視覚

以下に，SD 法を用いたデザイン研究を解説する。

1）配色の印象評価

大山（2001）は，さまざまな色を組み合わせた2色配色の評価を行い，因子分析の結果，価値（評価性）因子と活動性因子の2因子に加えて，従来力量性因子とされていたものが鋭さ因子と軽明性因子に分かれることを報告し，配色を構成する2色の単色の感情効果の高低によって，配色の感情効果に及ぼす効果（重み）が異なるという仮説のもとに以下のような回帰式で重回帰分析を行い，2色配色の感情効果を予測している。

$$Y = A \cdot X_H + B \cdot X_L + C$$

ここで，Y は2色配色の感情効果，X_H は2色の内で該当因子（あるいは尺度）において，より高位の単色の感情効果（たとえば，価値因子が該当因子の場合には，「価値」が高いほうの単色の価値得点），X_L は2色の内でより低位の単色の感情効果，A，B はそれぞれの感情効果にかかる重み，C は定数である。

その結果，①価値（評価性）因子得点の結果から，配色デザインにおいては，好ましい単色の使用よりも好ましくない単色の使用を避けることのほうが重要であること，②活動性因子得点の結果から，活動性の高い色の使用によって，配色全体の活動性が高められる傾向があること，③構成色のうちの低位の単色によって配色全体の緊張感が下げられる（鋭さ因子得点が低くなる）傾向があること，④軽明性得点は二つの単色の感情効果の平均値に近い値を取る傾向があることなどが報告されている。

2）空間のデザイン評価

室内や室外空間の評価にも SD 法が使われている。

田中他（1989）は，部屋の実大模型，縮尺模型，スライドを用いて，家具の量や配置位置が部屋の印象に与える影響を検討するために，12 対の評価用語を用いて SD 法で評価し，因子分析（主因子法，バリマックス回転）を行い，「価値（評価性）因子」と「活動性因子」の2因子を抽出している。次に，因子得点を外的基準として数量化Ⅰ類を行い，取り上げた各条件と因子得点との関係を調べたところ，「価値（評価性）因子」には家具の配置が，活動性因子には「家具の量」が影響することがわかった。また，活動性因子得点については，実大模型，縮尺模型，スライド間に大きな違いはなかったが，価値因子得点では違いがみられた。

同様の研究は，小松原他（1987）がソフトウェアオフィスについて行っており，三浦他（1996）は，SD 法を用いてオフィスビルディングの写真の外観の印象について調べるとともに，同時に行った質問紙の結果と SD 法の結果の関係の分析を行っている。

3）その他の対象に対するデザイン評価

SD 法は，上記以外にもさまざまな領域で，デザイン評価のツールとして用いられている。

たとえば，鄭他（2006）はシャンプー容器のデザイン評価に，梁瀬（1978）はコーヒーカップのデザイン評価に，横山他（2016）は包丁やハンマーなどのグリップのデザイン評価をする際に SD 法を用いているが，この他にも，被服のデザイン評価（内田他，1998）や自動車のインテリアデザインの評価（原田他，2002）など多くのデザイン評価に用いられている。

17・5・1・5　オノマトペ

オノマトペ（onomatopoeia）とは，擬音語や擬態語のことを指すが，デザインのイメージを表現する際にオノマトペを用いることもある。

山本・佐藤（2017）は，オノマトペに対する印象や認識，用い方が，デザインに関する知識や経験のある人とない人では異なるのではないかと考えて，両者の比較を行っている。デザインを学んだ経験のある経験者と学んだことのない未経験者に自然物二つと人工物二つの計4サンプルを呈示し，サンプルの印象をなるべくオノマトペを使って表現してもらったところ，経験者グループのほうが未経験者グループよりも発話量や使われたオノマトペの種類が多かったという。

また，滝沢他（2015）は，オノマトペを用いて金属テクスチャを評価させ，その結果と物性特性値（表面粗さ指標，光沢度，色度）との関係を明らかにしている。

第17章　視覚の応用

17・5・2　行動指標による評価

17・5・2・1　視線の動き

　酒巻他（2009）は, 日常的に web ブラウザを利用している 16 ～ 72 歳の 524 名を対象に, 三つのポータルサイト, 三つの企業のサイト, 三つの電子商取引（EC）サイトの計九つの web サイトの印象をSD 法によって評価してもらい, そのデータを因子分析（主因子法, プロマックス回転）し,「利便性」「文字の可読性」「エンターテイメント性」の三つの因子を抽出している。次に① web デザインに対する好みの強さを目的変量とし,「利便性」「文字の可読性」「エンターテイメント性」の因子との因果分析,② web サイトへの再利用意向の強さを目的変量とし,「利便性」「文字の可読性」「エンターテイメント性」の因子との因果分析を共分散構造分析により行ったところ,① web デザインに対する好みの強さについては,「利便性」と「エンターテイメント性」のパス係数が大きくなり,② web サイトへの再利用意向の強さについては,「利便性」のパス係数が大きくなり, 再利用傾向を促すには,「次に何をすればいいか迷わない」「タイトルが見つけやすい」ことが重要であることがわかった。

　次に日常的に web ブラウザを利用している 17-66 歳の 51 名の実験参加者に対し, 上記九つの web サイトを, それぞれ 2 分間自由に閲覧してもらい, その間の実験参加者の眼球運動を測定し, 視線の動きを解析したところ, web 閲覧時の視線の動きには, 表 17-5-1 に示したような三つのパターンがあることがわかった。

　眼球運動の測定に加えて, web サイトを閲覧後, それぞれ覚えている情報を回答してもらい, 記憶された情報量と抽出された三つの因子との因果関係を共分散構造分析により検討したところ, 記憶された

情報量については, 利便性のパス係数が大きくなり, web サイトの情報が記憶される量を大きくするためには,「利便性」を高めることが重要であることを明らかにしている。

17・5・2・2　識別反応時間

　サインの識別容易性を測定する際に, 識別反応時間を測定することが多い。

　延・原田（2003）は, 反応時間を指標にしてエレベータの「開閉」サインの識別容易性を測定している。

　実験に参加した人数は, 日本語使用者 26 名, 中国語使用者 10 名, 韓国語使用者 23 名, 英語使用者 21 名の計 80 名で, 英語と漢字, 矢印を用いた開閉サイン（図 17-5-2）に対する識別反応時間の国際比較を行った。

　また, 実験は,「状況呈示条件」と「状況非呈示条件」の 2 条件下で行われた。「状況呈示条件」では, 実験参加者には, エレベータのなかにいる人から見たエレベータ内部の様子を模した動画を呈示し, 実験参加者が, 自分がエレベータに乗り, エレベータのコントロールパネルを操作しているように感じるようにした。そして, エレベータから人が降りるシーンの場合は「閉」サインを, エレベータに乗ろうとするシーンの場合は「開」サインを押せば正解とした。

　一方,「状況非呈示条件」では, 動画は呈示せずに,「開」か「閉」の二つのサインのなかから一つを選ぶ課題で構成されていて,「開」サインのみを選ぶ課題と,「閉」サインのみを選ぶ課題を行った。

　なお, いずれの条件においても,「開」「閉」の位置は, 試行ごとにランダムに変えた。

　状況呈示条件において, 日本語使用者と中国語使用者を漢字グループとしてまとめて, グループごとに各サイン条件（図 17-5-2）における平均反応時間を求め,

表 17-5-1　Web 閲覧時の 3 パターン（酒巻他, 2009）

1）自由に閲覧している	画像, アイコン, メニュー, タイトル（情報の目次）を中心に目に入った情報を楽しみ, そのサイトに今ある情報を俯瞰, 閲覧する。その後, 見たい情報が決まる。あるいは, 見たい情報を思いつく。
2）在り処を探している	ページ上の情報はほぼ理解しておらず, 目的とした情報へのリンクを探している。
3）情報を収集している	目的とした, 見たかった情報を見ている。じっくりと見る。文字であればじっくりと読む。

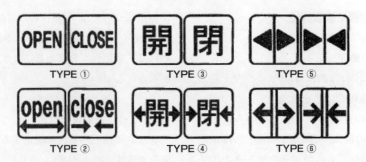

図17-5-2　エレベータサイン実験の試料（延・原田，2003）

漢字グループ，英語グループ，韓国語グループをまとめた全体のデータで一元配置の分散分析をしたところ，サイン条件間に有意差が認められた。下位検定の結果，TYPE⑤の三角形の矢印で構成された開閉パターンに対する反応時間が一番長く，識別が悪いことがわかった。一方，グループ別に行った分散分析では，サイン条件の効果は有意にならなかった。

実験参加者の犯したエラーの数を調べたところ，ここでもTYPE⑤のエラー数が一番多く，実験終了後に行った主観評価でも，TYPE⑤の評価が一番悪く，反応時間の結果と一致するものであった。

また，状況非呈示条件においては，いずれの条件でも分散分析の結果は有意にならなかった。エレベータの乗降客がいるような，よりリアルな状況下ではサイン条件間で差が生じることを示唆するものと言える。

反応時間を用いた視覚デザイン評価の事例としては，赤，黄，橙のなかで周囲の色によって反応時間が長くなる色は橙であることを示した安全色の研究（落合・佐藤，2002）などがある。

（市原　茂）

文献

(17・1)

Akizuki, H., Uno, A., Arai, K., Morioka, S., Ohyama, S., Nishiike, S., ... Takeda, N. (2005). Effects of immersion in virtual reality on postural control. *Neuroscience Letters*, *379*(1), 23-26. [doi: 10.1016/j.neulet.2004.12.041]

Biocca, F. A., & Rolland, J. P. (1998). Virtual eyes can rearrange your body: Adaptation to visual displacement in see-through, head-mounted displays. *Presence: Teleoperators and Virtual Environments*, *7*(3), 262-277. [doi: 10.1162/105474698565703]

Bonato, F., Bubka, A., & Palmisano, S. (2009). Combined pitch and roll and cybersickness in a virtual environment. *Aviation Space and Environmental Medicine*, *80*(11), 941-945. [doi: 10.3357/ASEM.2394.2009]

Borrego, A., Latorre, J., Llorens, R., Alcañiz, M., & Noé, E. (2016). Feasibility of a walking virtual reality system for rehabilitation: Objective and subjective parameters. *Journal of NeuroEngineering and Rehabilitation*, *13*(1), 68. [doi: 10.1186/s12984-016-0174-1]

Bossard, M., Goulon, C., & Mestre, D. R. (2016). Viewpoint oscillation improves the perception of distance travelled based on optic flow. *Journal of Vision*, *16*(15), 1-14. [doi: 10.1167/16.15.4]

Botvinick, M., & Cohen, J. (1998). Rubber hands 'feel' touch that eyes see. *Nature*, *391*(6669), 756. [doi: 10.1038/35784]

Clemes, S. A., & Howarth, P. A. (2005). The menstrual cycle and susceptibility to virtual simulation sickness. *Journal of Biological Rhythms*, *20*(1), 71-82. [doi: 10.1177/0748730404272567]

Dummer, T., Picot-Annand, A., Neal, T., & Moore, C. (2009). Movement and the rubber hand illusion. *Perception*, *38*(2), 271-280. [doi: 10.1068/p5921]

Fernandes, A. S., & Feiner, S. K. (2016). Combating VR sickness through subtle dynamic field-of-view modification. *2016 IEEE Symposium on 3D User Interfaces, 3DUI 2016-Proceedings*, 201-210. [doi: 10.1109/3DUI.2016.7460053]

Gavgani, A. M., Nesbitt, K. V., Blackmore, K. L., & Nalivaiko, E. (2017). Profiling subjective symptoms and autonomic changes associated with cybersickness. *Autonomic Neuroscience: Basic and Clinical*, *203*, 41–50.［doi: 10.1016/j.autneu.2016.12.004］

Grechkin, T., Thomas, J., Azmandian, M., Bolas, M., & Suma, E. (2016). Revisiting detection thresholds for redirected walking: Combining translation and curvature gains. *Proceedings of the ACM Symposium on Applied Perception, SAP 2016*, 113–120.［doi: 10.1145/2931002.2931018］

Horiuchi, K., Ishihara, M., & Imanaka, K. (2017). The essential role of optical flow in the peripheral visual field for stable quiet standing: Evidence from the use of a head-mounted display. *PLoS ONE*, *12*(10), e0184552.［doi: 10.1371/journal.pone.0184552］

Horlings, C. G. C., Carpenter, M. G., Küng, U. M., Honegger, F., Wiederhold, B., & Allum, J. H. J. (2009). Influence of virtual reality on postural stability during movements of quiet stance. *Neuroscience Letters*, *451*(3), 227–231.［doi: 10.1016/j.neulet.2008.12.057］

Howarth, P. A., & Finch, M. (1999). The nauseogenicity of two methods of navigating within a virtual environment. *Applied Ergonomics*, *30*(1), 39–45.［doi: 10.1016/S0003-6870(98)00041-6］

Imaizumi, L. F. I., Polastri, P. F., Penedo, T., Vieira, L. H. P., Simieli, L., Navega, F. R. F., ... Barbieri, F. A. (2020). Virtual reality head-mounted goggles increase the body sway of young adults during standing posture. *Neuroscience Letters*, *737*, 15.［doi: 10.1016/j.neulet.2020.135333］

Kennedy, R. S., Lane, N. E., Berbaum, K. S., & Lilienthal, M. G. (1993). Simulator Sickness Questionnaire: An enhanced method for quantifying simulator sickness. *International Journal of Aviation Psychology*, *3*(3), 203–220.［doi: 10.1207/s15327108ijap0303_3］

Kilteni, K., Normand, J. M., Sanchez-Vives, M. V., & Slater, M. (2012). Extending body space in immersive virtual reality: A very long arm illusion. *PLoS ONE*, *7*(7), 1–15.［doi: 10.1371/journal.pone.0040867］

Kim, H. K., Park, J., Choi, Y., & Choe, M. (2018). Virtual reality sickness questionnaire (VRSQ): Motion sickness measurement index in a virtual reality environment. *Applied Ergonomics*, *69*, 66–73.［doi: 10.1016/j.apergo.2017.12.016］

Kim, J., Chung, C. Y. L., Nakamura, S., Palmisano, S., & Khuu, S. K. (2015). The Oculus Rift: A cost-effective tool for studying visual-vestibular interactions in self-motion perception. *Frontiers in Psychology*, *6*, 248.［doi: 10.3389/fpsyg.2015.00248］

Kim, K., Rosenthal, M. Z., Zielinski, D. J., & Brady, R. (2014). Effects of virtual environment platforms on emotional responses. *Computer Methods and Programs in Biomedicine*, *113*(3), 882–893.［doi: 10.1016/j.cmpb.2013.12.024］

Kuhl, S. A., Thompson, W. B., & Creem-Regehr, S. H. (2009). HMD calibration and its effects on distance judgments. *ACM Transactions on Applied Perception*, *6*(3), 1–20.［doi: 10.1145/1577755.1577762］

Kunz, B. R., Wouters, L., Smith, D., Thompson, W. B., & Creem-Regehr, S. H. (2009). Revisiting the effect of quality of graphics on distance judgments in virtual environments: A comparison of verbal reports and blind walking. *Attention, Perception, & Psychophysics*, *71*(6), 1284–1293.［doi: 10.3758/APP.71.6.1284］

Lee, J. H., Kim, S. Y., Yoon, H. C., Huh, B. K., & Park, J. H. (2013). A preliminary investigation of human adaptations for various virtual eyes in video see-through HMDs. *Proceedings of the SIGCHI Conference on Human Factors in Computing Systems*, 309–312.［doi: 10.1145/2470654.2470698］

Lee, J. H., & Park, J. H. (2020). Visuomotor adaptation to excessive visual displacement in video see-through HMDs. *Virtual Reality*, *24*(2), 211–221.［doi: 10.1007/s10055-019-00390-0］

Lim, K., Lee, J., Won, K., Kala, N., & Lee, T. (2020). A novel method for VR sickness reduction based on dynamic field of view processing. *Virtual Reality*, *25*, 331–340.［doi: 10.1007/s10055-020-00457-3］

Litleskare, S., & Calogiuri, G. (2019). Camera stabilization in 360° videos and its impact on cyber sickness, environmental perceptions, and psychophysiological responses to a simulated nature walk: A single-blinded randomized trial. *Frontiers in Psychology*, *10*, 2436.［doi: 10.3389/fpsyg.2019.02436］

Matsumiya, K. (2019). Separate multisensory integration processes for ownership and localization of body parts. *Scientific Reports*, *9*(1), 652.［doi: 10.1038/s41598-018-37375-z］

第 II 部　視覚

Mittelstaedt, J., Wacker, J., & Stelling, D. (2018). Effects of display type and motion control on cybersickness in a virtual bike simulator. *Displays, 51*, 43–50. [doi: 10.1016/j.displa.2018.01.002]

Mohamed Elias, Z., Batumalai, U. M., & Azmi, A. N. H. (2019). Virtual reality games on accommodation and convergence. *Applied Ergonomics, 81*, 102879. [doi: 10.1016/j.apergo.2019.102879]

Mohler, B. J., Creem-Regehr, S. H., & Thompson, W. B. (2006). The influence of feedback on egocentric distance judgments in real and virtual environments. *Proceedings of the 3rd Symposium on Applied Perception in Graphics and Visualization*, 9–14. [doi: 10.1145/1140491.1140493]

Mohler, B. J., Creem-Regehr, S. H., Thompson, W. B., & Bülthoff, H. H. (2010). The effect of viewing a self-avatar on distance judgments in an HMD-based virtual environment. *Presence: Teleoperators and Virtual Environments, 19*(3), 230–242. [doi: 10.1162/pres.19.3.230]

Mon-Williams, M., Warm, J. P., & Rushton, S. (1993). Binocular vision in a virtual world: Visual deficits following the wearing of a head-mounted display. *Ophthalmic and Physiological Optics, 13*(4), 387–391. [doi: 10.1111/j.1475-1313.1993.tb00496.x]

Moss, J. D., & Muth, E. R. (2011). Characteristics of head-mounted displays and their effects on simulator sickness. *Human Factors, 53*(3), 308–319. [doi: 10.1177/0018720811405196]

Munafo, J., Diedrick, M., & Stoffregen, T. A. (2017). The virtual reality head-mounted display Oculus Rift induces motion sickness and is sexist in its effects. *Experimental Brain Research, 235*(3), 889–901. [doi: 10.1007/s00221-016-4846-7]

Neth, C. T., Souman, J. L., Engel, D., Kloos, U., Bülthoff, H. H., & Mohler, B. J. (2012). Velocity-dependent dynamic curvature gain for redirected walking. *IEEE Transactions on Visualization and Computer Graphics, 18*(7), 1041–1052. [doi: 10.1109/TVCG.2011.275]

Palmisano, S., Gillam, B. J., & Blackburn, S. G. (2000). Global-perspective jitter improves vection in central vision. *Perception, 29*(1), 57–67. [doi: 10.1068/p2990]

Palmisano, S., Mursic, R., & Kim, J. (2017). Vection and cybersickness generated by head-and-display motion in the Oculus Rift. *Displays, 46*, 1–8. [doi: 10.1016/j.displa.2016.11.001]

Park, M., Serefoglou, S., Schmidt, L., Radermacher, K., Schlick, C., & Luczak, H. (2008). Hand-eye coordination using a video see-through augmented reality system. *Ergonomics Open Journal, 1*(1), 46–53. [doi: 10.2174/1875934300801010046]

Perez-Marcos, D., Sanchez-Vives, M. V., & Slater, M. (2012). Is my hand connected to my body? The impact of body continuity and arm alignment on the virtual hand illusion. *Cognitive Neurodynamics, 6*(4), 295–305. [doi: 10.1007/s11571-011-9178-5]

Pyasik, M., Tieri, G., & Pia, L. (2020). Visual appearance of the virtual hand affects embodiment in the virtual hand illusion. *Scientific Reports, 10*(1), 5412. [doi: 10.1038/s41598-020-62394-0]

Razzaque, S., Kohn, Z., & Whitton, M. C. (2001). Redirected walking. *Proceedings of EUROGRAPHICS*, 289–294. [doi: 10.2312/egs.20011036]

Richardson, A. R., & Waller, D. (2005). The effect of feedback training on distance estimation in virtual environments. *Applied Cognitive Psychology, 19*(8), 1089–1108. [doi: 10.1002/acp.1140]

Richardson, A. R., & Waller, D. (2007). Interaction with an immersive virtual environment corrects users' distance estimates. *Human Factors, 49*(3), 507–517. [doi: 10.1518/001872007X200139]

Riemer, M., Trojan, J., Beauchamp, M., & Fuchs, X. (2019). The rubber hand universe: On the impact of methodological differences in the rubber hand illusion. *Neuroscience & Biobehavioral Reviews, 104*, 268–280. [doi: 10.1016/J.NEUBIOREV.2019.07.008]

Rietzler, M., Gugenheimer, J., Hirzle, T., Deubzer, M., Langbehn, E., & Rukzio, E. (2018). Rethinking redirected walking: On the use of curvature gains beyond perceptual limitations and revisiting bending gains. *2018 IEEE International Symposium on Mixed and Augmented Reality* (ISMAR), 115–122. [doi: 10.1109/ISMAR.2018.00041]

Robert, M. T., Ballaz, L., & Lemay, M. (2016). The effect of viewing a virtual environment through a head-mounted display on balance. *Gait and Posture, 48*, 261–266. [doi: 10.1016/j.gaitpost.2016.06.010]

Rothacher, Y., Nguyen, A., Lenggenhager, B., Kunz, A., & Brugger, P. (2018). Visual capture of gait during redirected

第17章　視覚の応用

walking. *Scientific Reports*, *8*, 17974. ［doi: 10.1038/s41598-018-36035-6］

Sahm, C. S., Creem-Regehr, S. H., Thompson, W. B., & Willemsen, P. (2005). Throwing versus walking as indicators of distance perception in similar real and virtual environments. *ACM Transactions on Applied Perception*, *2*(1), 35–45. ［doi: 10.1145/1048687.1048690］

Sanchez-Vives, M. V., Spanlang, B., Frisoli, A., Bergamasco, M., & Slater, M. (2010). Virtual hand illusion induced by visuomotor correlations. *PLoS ONE*, *5*(4), e10381. ［doi: 10.1371/journal.pone.0010381］

Sawada, Y., Itaguchi, Y., Hayashi, M., Aigo, K., Miyagi, T., Miki, M., ... Miyazaki, M. (2020). Effects of synchronised engine sound and vibration presentation on visually induced motion sickness. *Scientific Reports*, *10*(1), 7553. ［doi: 10.1038/s41598-020-64302-y］

Sharples, S., Cobb, S., Moody, A., & Wilson, J. R. (2008). Virtual reality induced symptoms and effects (VRISE): Comparison of head mounted display (HMD), desktop and projection display systems. *Displays*, *29*(2), 58–69. ［doi: 10.1016/J.DISPLA.2007.09.005］

Slater, M., Pérez-Marcos, D., Ehrsson, H. H., & Sanchez-Vives, M. V. (2008). Towards a digital body: The virtual arm illusion. *Frontiers in Human Neuroscience*, *2*, 6. ［doi: 10.3389/neuro.09.006.2008］

So, R. H. Y., Lo, W. T., & Ho, A. T. K. (2001). Effects of navigation speed on motion sickness caused by an immersive virtual environment. *Human Factors*, *43*(3), 452–461. ［doi: 10.1518/001872001775898223］

Somrak, A., Humar, I., Hossain, M. S., Alhamid, M. F., Hossain, M. A., & Guna, J. (2019). Estimating VR Sickness and user experience using different HMD technologies: An evaluation study. *Future Generation Computer Systems*, *94*, 302–316. ［doi: 10.1016/j.future.2018.11.041］

St. Pierre, M. E., Banerjee, S., Hoover, A. W., & Muth, E. R. (2015). The effects of 0.2 Hz varying latency with 20–100 ms varying amplitude on simulator sickness in a helmet mounted display. *Displays*, *36*, 1–8. ［doi: 10.1016/j.displa.2014.10.005］

Stanney, K., Fidopiastis, C., & Foster, L. (2020). Virtual reality is sexist: But it does not have to be. *Frontiers in Robotics and AI*, *7*, 4. ［doi: 10.3389/frobt.2020.00004］

Steinicke, F., Bruder, G., Jerald, J., Frenz, H., & Lappe, M. (2010). Estimation of detection thresholds for redirected walking techniques. *IEEE Transactions on Visualization and Computer Graphics*, *16*(1), 17–27. ［doi: 10.1109/TVCG.2009.62］

Thompson, W. B., Willemsen, P., Gooch, A. A., Creem-Regehr, S. H., Loomis, J. M., & Beall, A. C. (2004). Does the quality of the computer graphics matter when judging distances in visually immersive environments? *Presence: Teleoperators and Virtual Environments*, *13*(5), 560–571. ［doi: 10.1162/1054746042545292］

Tsakiris, M., Prabhu, G., & Haggard, P. (2006). Having a body versus moving your body: How agency structures body-ownership. *Consciousness and Cognition*, *15*(2), 423–432. ［doi: 10.1016/J.CONCOG.2005.09.004］

Turnbull, P. R. K., & Phillips, J. R. (2017). Ocular effects of virtual reality headset wear in young adults. *Scientific Reports*, *7*(1), 16172. ［doi: 10.1038/s41598-017-16320-6］

Ujike, H., Hyodo, K., Tada, M., & Ito, K. (2019). Optic flow, but not retinal flow, is essential to induce VR sickness. *Proceedings of the International Display Workshops Volume 26* (IDW '19), 1144–1147. ［doi: 10.36463/idw.2019.1144］

Ujike, H., & Watanabe, H. (2017). Effects of visual motion and viewing conditions on visually induced motion sickness. *SID Symposium Digest of Technical Papers*, *48*(1), 362–365. ［doi: 10.1002/sdtp.11621］

Waller, D., & Richardson, A. R. (2008). Correcting distance estimates by interacting with immersive virtual environments: Effects of task and available sensory information. *Journal of Experimental Psychology: Applied*, *14*(1), 61–72. ［doi: 10.1037/1076-898X.14.1.61］

Wang, Y., Zhai, G., Chen, S., Min, X., Gao, Z., & Song, X. (2019). Assessment of eye fatigue caused by head-mounted displays using eye-tracking. *BioMedical Engineering OnLine*, *18*, 111. ［doi: 10.1186/S12938-019-0731-5］

Wann, J. P., Rushton, S., & Mon-Williams, M. (1995). Natural problems for stereoscopic depth perception in virtual environments. *Vision Research*, *35*, 2731–2736. ［doi: 10.1016/0042-6989(95)00018-U］

Webb, N. A., & Griffin, M. J. (2002). Optokinetic stimuli: Motion sickness, visual acuity, and eye movements. *Aviation, Space, and Environmental Medicine*, *73*(4), 351–358.

973

第 II 部　視覚

Welch, R. B., & Sampanes, A. C. (2008). Adapting to virtual environments: Visual-motor skill acquisition versus perceptual recalibration. *Displays*, *29*(2), 152-158. [doi: 10.1016/j.displa.2007.09.013]

Willemsen, P., Colton, M. B., Creem-Regehr, S. H., & Thompson, W. B. (2009). The effects of head-mounted display mechanical properties and field of view on distance judgments in virtual environments. *ACM Transactions on Applied Perception*, *6*(2), 1-14. [doi: 10.1145/1498700.1498702]

Willemsen, P., Gooch, A. A., Thompson, W. B., & Creem-Regehr, S. H. (2008). Effects of stereo viewing conditions on distance perception in virtual environments. *Presence: Teleoperators and Virtual Environments*, *17*(1), 91-101. [doi: 10.1162/pres.17.1.91]

Witmer, B. G., & Sadowski, W. J. (1998). Nonvisually guided locomotion to a previously viewed target in real and virtual environments. *Human Factors*, *40*(3), 478-488. [doi: 10.1518/001872098779591340]

Yoon, H. J., Kim, J., Park, S. W., & Heo, H. (2020). Influence of virtual reality on visual parameters: Immersive versus non-immersive mode. *BMC Ophthalmology*, *20*(1), 200. [doi: 10.1186/s12886-020-01471-4]

(17・2)

安藤　理恵・岡林　繁 (2009). 自動車用オーグメンテッド・インタフェースにおける表示像までの視距離の影響　電子情報通信学会技術研究報告, *108*(471), 35-40.

Ando, R., Okabayashi, S., Okumura, H., & Sasaki, T. (2010). Analysis of cognitive characteristics for automotive augmented reality interface systems. *Proceedings of the 17th ITS World Congress on Intelligent TransportSystem TP108-3*, pp. 1-12.

Aretz, A. J., & Wickens, C. D. (1992). The mental rotation of map displays. *Human Performance*, *5*, 303-328. [doi: 10.1207/s15327043hup0504_3]

映像メディア学会誌 (編) (1999). 小特集：VR の新たなる展開　映像メディア学会誌, *53*(7), 917-963.

深野　純一・岡林　繁・坂田　雅男・畑田　豊彦 (1994). 自動車用ヘッドアップディスプレイのナビゲーションへの応用　電気学会道路交通研究会資料, *RTA-94*, 15-24.

行場　次朗・箱田　裕司 (2014). 感性認知　新・知性と感性の心理 (p. 75) 福村出版

長谷川　浩之・笠置　剛・岡林　繁・和氣　典二 (2015). 自動車用 AR（Augmented Reality）表示装置の視覚情報受容における優位性解析　映像情報メディア学会誌, *69*(10), 286-291. [doi: 10.3169/itej.69.J286]

長谷川　浩之・笠置　剛・岡林　繁・和氣　典二 (2016). 前景との照合型指示表示におけるエリアの縮尺の設定　ヒューマンインタフェース学会論文誌, *18*(1), 35-44. [doi: 10.11184/his.18.1_35]

Heintz, F., Haller, R., & Bouis, D. (1982). *Safer Trip Computers by Human Factor Designs*. SAE International Congress and Exposition.

広瀬　通孝 (1997a). バーチャル・リアリティとは何か　バーチャル・リアリティ　産業図書

広瀬　通孝 (1997b). 仮想世界に対する諸考察　バーチャル・リアリティ　産業図書

自動車技術会 (編) (1970). 基本運転タスク　新編　自動車工学ハンドブック (pp. 1-1-1-13) 図書出版

Kaneko, W., Ando, R., & Okabayashi, S. (2011). Cognitive characteristics for an ARIS (augmented reality interface system) applied to an automotive head-up display. *Proceedings 18th International Display Workshop*, pp. 231-235.

笠置　剛・長谷川　浩之・岡林　繁・和氣　典二 (2015). 自動車用 AR（Augmented Reality）表示装置応用上の情報認知的課題解決の方向性　自動車技術会 2015 年秋季大会講演予稿集 s076, 400-405.

川守田　拓志 (2019). 生理光学の立場から見たヘッドアップディスプレイの安全性　AR ヘッドアップディスプレイにおけるドライバの視覚特性と HMI (pp. 1-189) 技術情報協会セミナーテキスト 901418

北原　格 (2015). 複合現実型提示のためのウインドシールドディスプレイの開発と運転者の視覚支援　村田　貴士（編）車載ディスプレイの HMI（ヒューマンマシンインターフェース）と視認性, 安全性向上 (pp. 245-254) 技術情報協会

森田　和元・益子　仁一・岡田　竹雄 (1997a). 自動車用ヘッドアップディスプレイの煩わしさ感に関する考察（第 1 報）：表示位置と運転者の目の位置による影響　照明学会誌, *81*(2), 89-95. [doi: 10.2150/jieij1980.81.2_89]

森田　和元・益子　仁一・岡田　竹雄 (1997b). 自動車用ヘッドアップディスプレイの煩わしさ感に関する考察（第 2 報）：表示輝度, 観測者の年齢及び運転時の影響　照明学会誌, *81*(8), 638-647. [doi: 10.2150/jieij1980.81.8_638]

岡林 繁 (2017). HUD の情報表示機器としての特長と AR 表示の重要性 佐藤 寛 (編) 車載用ディスプレイ・操作インターフェース (pp. 24-43) サイエンス＆テクノロジー

岡林 繁・古川 政光・坂田 雅男・畑田 豊彦 (1991). 自動車用ヘッドアップディスプレイにおける前景情報と表示情報の認識について 照明学会誌, *75*(6), 267-274. [doi: 10.2150/jieij1980.75.6_267]

岡林 繁・古川 政光・坂田 雅男・畑田 豊彦 (1992). 自動車用ヘッドアップディスプレイにおける前景情報と表示情報の認識について II 照明学会誌, *76*(2), 81-90.

岡林 繁・古川 政光・坂田 雅男・畑田 豊彦 (1993a). 自動車用ヘッドアップディスプレイにおける前景情報と表示情報の認識について III 照明学会誌, *77*(6), 285-295.

岡林 繁・古川 政光・坂田 雅男・畑田 豊彦 (1993b). 自動車用ヘッドアップディスプレイによる前景情報と表示情報の認識について IV 照明学会誌, *77*(10), 593-602. [doi: 10.2150/jieij1980.77.10_593]

Okabayashi, S., Sakata, M., Furukawa, M., Daidoji, T., Fukano, J., Hashimoto, C., & Ishikawa, T. (1989). Development of practical heads-up display for production vehicle application. *SAE Transactions, 98*, 638-647.

岡林 繁・豊田 怜治・長谷川 浩之・笠置 剛 (2018). 自動車用 AR (Augmented Reality) 表示装置における心的拡大・縮小 (Mental Expansion) と視覚探索 名城大学総合研究所紀要, *23*, 13-16.

奥村 治彦 (2015). 単眼ヘッドアップディスプレイの原理・特性と奥行き知覚 村田 貴士 (編) 車載ディスプレイの HMI (ヒューマンマシンインターフェース) と視認性, 安全性向上 (pp. 234-244) 技術情報協会

大山 正 (1985). 反応時間研究の歴史と現状 人間工学, *21*(2), 57-64. [doi: 10.5100/jje.21.57]

小山田 雄仁 (2015). AR 技術と現状 電子情報技術産業協会 (JEITA) ディスプレイデバイス事業委員会人間工学専門委員会研究会講演資料 2015 11/16

Sakata, M., Okabayashi, S., Fukano, J., Hirose, S., & Ozone, M. (1987). Contribution of head-up displays (HUDs) to safe driving. *Proceedings of the 11th International Technical Conference on Experimental Safety Vehicles* (Washington D.C.), 1-18.

Shepard, R. N., & Metzler, J. (1971). Mental rotation of three-dimensional objects. *Science, 171*, 701-703. [doi: 10.1126/science.171.3972.701]

Stokes, A., Wickens, C., & Kite, K. (1990a). Selective visual attention. In A. Stokes, C. Wickens, & K. Kite (Eds.), *Display Technology* (pp. 1-2). SAE Inc.

Stokes, A., Wickens, C., & Kite, K. (1990b). Head up display. In A. Stokes, C. Wickens, & K. Kite (Eds.), *Display Technology* (pp. 87-98). SAE Inc.

大山 正 (1984). 視覚の心理学 田崎 京二・大山 正・樋渡 涓二 (編) 視覚情報処理 (pp. 129-132) 朝倉書店

豊田 怜治・岡林 繁・長谷川 浩之・笠置 剛 (2018). 自動車用 AR 表示装置における心的拡大・縮小と視覚探索 平成 30 年度照明学会東海支部若手セミナ予稿集, 42-44.

WebCG. (2019). 日産, VR を用いた未来のコネクテッド技術を発表 (2019 年 1 月 4 日) https://www.webcg.net/articles/-/40112(アクセス日：2022 年 10 月 27 日)

Wilelm, V. (1987). The automotive instrumentation exposition: Growth, challenges, and partnership, (Keynote Address). *International Symposium Digest of Technical Papers, Vol. XVII.*

山崎 健太郎 (2019). 列車の "窓" に AR で観光情報表示, ドコモと JR 九州が 2020 年の実用化目指す AV Watch (2019 年 1 月 25 日) https://av.watch.impress.co.jp/docs/news/1166503.html (アクセス日：2022 年 10 月 27 日)

(17・3)

Adelson, E. H., & Bergen, J. R. (1985). Spatiotemporal energy models for the perception of motion. *Journal of the Optical Society of America A, 2*(2), 284-299. [doi: 10.1364/JOSAA.2.000284]

Anzai, A., Ohzawa, I., & Freeman, R. D. (2001). Joint-encoding of motion and depth by visual cortical neurons: Neural basis of the Pulfrich effect. *Nature Neuroscience, 4*, 513-518. [doi: 10.1038/87462]

Deng, J., Dong, W., Socher, R., Li, L. J., Li, K., & Fei-Fei, L. (2009). ImageNet: A large-scale hierarchical image database. *2009 IEEE Conference on Computer Vision and Pattern Recognition*, 248-255. [doi: 10.1109/CVPR.2009.5206848]

Dosovitskiy, A., & Brox, T. (2016). Generating images with perceptual similarity metrics based on deep networks.

第 II 部　視覚

Advances in Neural Information Processing Systems, 29, 1-9.

Freeman, J., & Simoncelli, E. P. (2011). Metamers of the ventral stream. *Nature Neuroscience, 14,* 1195-1201. [doi: 10.1038/nn.2889]

Freeman, J., Ziemba, C. M., Heeger, D. J., Simoncelli, E. P., & Movshon, J. A. (2013). A functional and perceptual signature of the second visual area in primates. *Nature Neuroscience, 16,* 974-981. [doi: 10.1038/nn.3402]

Goda, N., Yokoi, I., Tachibana, A., Minamimoto, T., & Komatsu, H. (2016). Crossmodal association of visual and haptic material properties of objects in the monkey ventral visual cortex. *Current Biology, 26*(7), 928-934. [doi: 10.1016/j.cub.2016.02.003]

Goodfellow, I. J., Pouget-Abadie, J., Mirza, M., Xu, B., Warde-Farley, D., Ozair, S., ... Bengio, Y. (2020). Generative adversarial networks. *Communications of the ACM, 63*(11), 139-144. [doi: 10.1145/3422622]

Hara, K., Kataoka, H., & Satoh, Y. (2017). Learning spatio-temporal features with 3D residual networks for action recognition. *Proceedings of the IEEE International Conference on Computer Vision Workshops,* 3154-3160. [doi: 10.1109/ICCVW.2017.373]

Hayashi, R., & Kawata, H. (2018). Image reconstruction from neural activity recorded from monkey inferior temporal cortex using generative adversarial networks. *Proceedings of 2018 IEEE International Conference on System, Man, and Cybernetics* (SMC), 105-109. [doi: 10.1109/SMC.2018.00028]

Hayashi, R., Nishida, S., Tolias, A., & Logothetis, N. K. (2007). A method for generating a "purely first-order" dichoptic motion stimulus. *Journal of Vision, 7,* 7. [doi: 10.1167/7.8.7]

Hayashi, R., & Nishimoto, S. (2013). Image reconstruction from neural activity via higher-order visual features derived from deep convolutional neural networks. *The 43rd Annual Meeting of the Society for Neuroscience* (San Diego, USA).

Hayashi, R., Watanabe, O., Yokoyama, H., & Nishida, S. (2017). A new analytical method for characterizing nonlinear visual processes with stimuli of arbitrary distribution: Theory and applications. *Journal of Vision, 17,* 14. [doi: 10.1167/17.6.14]

He, K., Zhang, X., Ren, S., & Sun, J. (2015). Deep residual learning for image recognition. *Proceedings of the IEEE Conference on Computer Vision and Pattern Recognition* (CVPR), 770-778. [doi: 10.1109/CVPR.2016.90]

Hubel, D. H., & Wiesel, T. N. (1962). Receptive fields, binocular interaction and functional architecture in the cat's visual cortex. *Journal of Physiology, 160*(1), 106-154. [doi: 10.1113/jphysiol.1962.sp006837]

Ito, M., & Komatsu, H. (2004). Representation of angles embedded within contour stimuli in area V2 of macaque monkeys. *Journal of Neuroscience, 24*(13), 3313-3324. [doi: 10.1523/JNEUROSCI.4364-03.2004]

Jones, J. P., & Palmer, L. A. (1987). An evaluation of the two-dimensional Gabor filter model of simple receptive fields in cat striate cortex. *Journal of Neurophysiology, 58*(6), 1233-1258. [doi: 10.1152/jn.1987.58.6.1233]

Kingma, D. P., & Welling, M. (2013). *Auto-Encoding Variational Bayes.* arXiv. [doi: 10.48550/arXiv.1312.6114]

Knoblauch, K., & Maloney, L. T. (2008). Estimating classification images with generalized linear and additive models. *Journal of Vision, 8*(16):10, 1-19. [doi: 10.1167/8.16.10]

Kriegeskorte, N., Mur, M., & Bandettini, P. (2008). Representational similarity analysis – connecting the branches of systems neuroscience. *Frontiers in Systems Neuroscience, 2,* 1-28. [doi: 10.3389/neuro.06.004.2008]

Krizhevsky, A., Sutskever, I., & Hinton, G. E. (2012). ImageNet classification with deep convolutional neural networks. *Advances in Neural Information Processing Systems, 25,* 1-9. [doi: 10.1145/3065386]

Mahendran, A., & Vedaldi, A. (2015). Understanding deep image representations by inverting them. *Proceedings of the IEEE Conference on Computer Vision and Pattern Recognition* (CVPR), 5188-5196. [doi: 10.1109/CVPR.2015.7299155]

Marr, D. (1982). *Vision: A Computational Investigation into the Human Representation and Processing of Visual Information.* Freeman.
　（乾　敏郎・安藤　広志（訳）(1987). ビジョン：視覚の計算理論と脳内表現 産業図書）

Marr, D., & Hildreth, E. (1978). Theory of edge detection. *Proceedings of the Royal Society of London. Series B Biological Sciences, 207*(1167), 187-217. [doi: 10.1098/rspb.1980.0020]

Nakamura, D., & Satoh, S. (2019). Simple speed estimators reproduce MT responses and identify strength of visual illusion.

第 17 章　視覚の応用

Neural Computing and Applications, 31, 2523–2535. [doi: 10.1007/s00521-017-3211-5]

Nayebi, A., Bear, D., Kubilius, J., Kar, K., Ganguli, S., Sussillo, D., ... Yamins, D. L. K. (2018). Task-driven convolutional recurrent models of the visual system. *Advances in Neural Information Processing Systems, 31*.

Nguyen, A., Dosovitskiy, A., Yosinski, J., Brox, T., & Clune, J. (2016). Synthesizing the preferred inputs for neurons in neural networks via deep generator networks. *Advances in Neural Information Processing Systems, 29*.

Nguyen, A., Yosinski, J., & Clune, J. (2015). Deep neural networks are easily fooled: High confidence predictions for unrecognizable images. *Proceedings of the IEEE Conference on Computer Vision and Pattern Recognition*.

Ohzawa, I., DeAngelis, G. C., & Freeman, R. D. (1990). Stereoscopic depth discrimination in the visual cortex: Neurons ideally suited as disparity detectors. *Science, 249*(4972), 1037–1041. [doi: 10.1126/science.2396096]

Okazawa, G., Tajima, S., & Komatsu, H. (2015). Image statistics underlying natural texture selectivity of neurons in macaque V4. *Proceedings of the National Academy of Sciences, 112*(4), E351–E360. [doi: 10.1073/pnas.1415146112]

Olshausen, B. A., & Field, D. J. (1996). Emergence of simple-cell receptive field properties by learning a sparse code for natural images. *Nature, 381*(6583), 607–609. [doi: 10.1038/381607a0]

Pasupathy, A., & Connor, C. E. (2001). Shape representation in area V4: Position-specific tuning for boundary conformation. *Journal of Neurophysiology, 86*(5), 2505–2519. [doi: 10.1152/jn.2001.86.5.2505]

Poggio, G. F., Motter, B. C., Squatrito, S., & Trotter, Y. (1985). Responses of neurons in visual cortex (V1 and V2) of the alert macaque to dynamic random-dot stereograms. *Vision Research, 25*(3), 397–406. [doi: 10.1016/0042-6989(85)90065-3]

Portilla, J., & Simoncelli, E. P. (2000). A parametric texture model based on joint statistics of complex wavelet coefficients. *International Journal of Computer Vision, 40*, 49–70. [doi: 10.1023/A:1026553619983]

Qian, N., & Andersen, R. A. (1997). A physiological model for motion-stereo integration and a unified explanation of Pulfrich-like phenomena. *Vision Research, 37*(12), 1683–1698. [doi: 10.1016/s0042-6989(96)00164-2]

Qian, N., & Zhu, Y. (1997). Physiological computation of binocular disparity. *Vision Research, 37*(11), 1811–1827. [doi: 10.1016/s0042-6989(96)00331-8]

Radford, A., Metz, L., & Chintala, S. (2015). *Unsupervised representation learning with deep convolutional generative adversarial networks*. arXiv. [doi: 10.48550/arXiv.1511.06434]

Ringach, D., & Shapley, R. (2004). Reverse correlation in neurophysiology. *Cognitive Science, 28*(2), 147–166. [doi: 10.1016/j.cogsci.2003.11.003]

Rodieck, R. W. (1965). Quantitative analysis of cat retinal ganglion cell response to visual stimuli. *Vision Research, 5*, 583–601. [doi: 10.1016/0042-6989(65)90033-7]

Rust, N. C., Schwartz, O., Movshon, J. A., & Simoncelli, E. P. (2005). Spatiotemporal elements of macaque V1 receptive fields. *Neuron, 46*(6), 945–956. [doi: 10.1016/j.neuron.2005.05.021]

Shadlen, M., & Carney, T. (1986). Mechanisms of human motion perception revealed by a new cyclopean illusion. *Science, 232*(4746), 95–97. [doi: 10.1126/science.3952502]

Simoncelli, E. P., Paninski, L. P., Pillow, J. W., & Schwartz, O. (2004). Characterization of neural responses with stochastic stimuli. In M. Gazzaniga (Ed.), *The New Cognitive Neurosciences* (3rd ed., pp. 327–338). MIT Press.

Simonyan, K., Vedaldi, A., & Zisserman, A. (2013). *Deep inside convolutional networks: Visualising image classification models and saliency maps*. arXiv. [doi: 10.48550/arXiv.1312.6034]

Simonyan, K., & Zisserman, A. (2014). *Very deep convolutional networks for large-scale image recognition*. arXiv:1409.1556 1–14. [doi: 10.48550/arXiv.1409.1556]

Spitzer, H., & Hochstein, S. (1988). Complex-cell receptive field models. *Progress in Neurobiology, 31*, 285–309. [doi: 10.1016/0301-0082(88)90016-0]

Spoerer, C. J., McClure, P., & Kriegeskorte, N. (2017). Recurrent convolutional neural networks: A better model of biological object recognition. *Frontiers in Psychology, 8*, 1551. [doi: 10.3389/fpsyg.2017.01551]

Szegedy, C., Liu, W., Jia, Y., Sermanet, P., Reed, S., Anguelov, D., ... Rabinovich, A. (2014). Going deeper with convolutions. *Proceedings of the IEEE Conference on Computer Vision and Pattern Recognition 2015*.

977

第 II 部　視覚

渡部 修 (2011). 任意の刺激分布を用いた心理物理学的な知覚判断特性の推定 電子情報通信学会技術研究報告, *110*, 319-324.

Yamins, D. L. K., & DiCarlo, J. J. (2016). Using goal-driven deep learning models to understand sensory cortex. *Nature Neuroscience, 19*, 356-365. [doi: 10.1038/nn.4244]

Yamins, D. L. K., Hong, H., Cadieu, C. F., Solomon, E. A., Seibert, D., & DiCarlo, J. J. (2014). Performance-optimized hierarchical models predict neural responses in higher visual cortex. *Proceedings of the National Academy of Sciences, 111*, 8619-8624. [doi: 10.1073/pnas.1403112111]

Zeiler, M. D., & Fergus, R. (2014). Visualizing and understanding convolutional networks. *European Conference on Computer Vision 2014*, 818-833.

(17・4)

Bodmann, H. W., & La Toison, M. (1994). Predicted brightness-luminance phenomena. *Lighting Research and Technology, 26*(3), 135-143. [doi: 10.1177/096032719402600302]

CIE. (1981). *An Analytic Model for Describing the Influence of Lighting Parameters upon Visual Performance. Vol. 2: Summary and Application Guidelines* (2nd ed.). CIE 019-22.

CIE. (1995). *Discomfort Glare in Interior Lighting*. CIE 117.

CIE. (2004). *A Colour Appearance Model for Colour Management System: CIECAM02*. CIE 159.

原 直也・佐藤 隆二 (2004). 文章の読みやすさについての多様な設計水準に対応する明視三要素条件を示す「等読みやすさ曲面」 日本建築学会環境系論文集, *69*(575), 15-20. [doi: 10.3130/aije.69.15_1]

池田 紘一・野田 貢次・山口 昌一郎 (1983). ランドルト環視標の輝度対比および順応輝度と視力との関係 照明学会誌, *67*(10), 527-533. [doi: 10.2150/jieij1980.67.10_527]

加藤 洋子・中村 芳樹 (2019). 色弱者を対象とした円形視標の見やすさ評価に関する検討：カラーユニバーサルデザインのための測光色コントラスト評価図を用いた視認性推定法に関する研究 (その2) 日本建築学会環境系論文集, *84*(759), 487-494. [doi: 10.3130/aije.84.487]

加藤 洋子・中村 芳樹・岩田 三千子 (2018b). 晴眼者を対象とした円形視標の見やすさ評価に関する検討：弱視者を想定した輝度コントラスト評価図を用いた視認性推定法に関する研究 (その2) 日本建築学会環境系論文集, *83*(749), 565-572.

加藤 洋子・中村 芳樹・上口 優美・岩田 三千子 (2018a). 晴眼者を対象とした円形視標の視認閾値に関する基礎的検討：弱視者を想定した輝度コントラスト評価図を用いた視認性推定法に関する研究 (その1) 日本建築学会環境系論文集, *743*, 21-28.

中村 芳樹 (2000). 光環境における輝度の対比の定量的検討法 照明学会誌, *84*(8), 522-528. [doi: 10.2150/jieij1980.84.8_522]

中村 芳樹 (2006). ウェーブレットを用いた輝度画像と明るさ画像の双方向変換：輝度の対比を考慮した明るさ知覚に関する研究 (その3) 照明学会誌, *90*(2), 97-101. [doi: 10.2150/jieij.90.97]

中村 芳樹 (2012). リアル・アピアランス画像を用いた視環境設計法 日本建築学会環境系論文集, *677*, 551-558. [doi: 10.3130/aije.77.551]

Nakamura, Y., Kato, Y., & Iwata, M. (2016). Study on visibility estimation of objects in complicated luminance image. *Proceedings of the 4th CIE Expert Symposium on Colour and Visual Appearance*, 92-102.

中根 芳一・伊藤 克三 (1975). 明視照明のための標準等視力曲線に関する研究 日本建築学会論文報告集, *229*, 101-109. [doi: 10.3130/aijsaxx.229.0_101]

(17・5)

阿久津 洋巳 (2005). ブートストラップ法入門 (1)：標準誤差の推定 日本官能評価学会誌, *9*(2), 122-126.

Guilford, J. P. (1954). *Psychometric Methods*. McGraw-Hill.

原田 利宣・石田 智子・吉本 富士市 (2002). VR システムを用いた自動車インテリアデザイン評価に関する研究 デザイン学研究, *49*(3), 61-68. [doi: 10.11247/jssdj.49.61_1]

市原 茂 (2009). セマンティック・ディファレンシャル法 (SD法) の可能性と今後の課題 人間工学, *45*(5), 263-269. [doi: 10.5100/jje.45.263]

Ichihara, S., Kitagawa, N., & Akutsu, H. (2007). Contrast and depth perception: Effects of texture contrast and area contrast. *Perception, 36*(5), 686-695.［doi: 10.1068/p5696］

鄭 乗国・洪 起・豊口 協 (2006)．シャンプー容器に関する消費者のイメージ構造分析：購買行動促進のためのパッケージデザインに関する感性工学的基礎研究 (2) デザイン学研究，*53*(1)，19-28.［doi: 10.11247/jssdj.53.19_1］

神宮 英夫 (1996)．印象測定の心理学：感性を考える 川島書店

加藤 健郎・小山 拓海・井上 貴朝 (2015)．オフィスチェアにおける着座姿勢および体圧分布の分類とその座り心地評価 デザイン学研究，*61*(6)，1-8.［doi: 10.11247/jssdj.61.6_1］

小松原 明哲・本田 勝己・横溝 克己 (1987)．ソフトウエアオフィスの心理的評価 人間工学，*23*(1)，7-14.［doi: 10.5100/jje.23.7］

増山 英太郎・小林 茂雄 (1989)．センソリー・エバリュエーション：官能検査へのいざない 垣内出版

三浦 佳世・難波 精一郎・桑野 園子・村石 喜一・大川 平一郎 (1996)．オフィスビルディングの外観の印象とその規定因 人間工学，*32*(1)，11-19.［doi: 10.5100/jje.32.11］

宮﨑 紀郎・湊 幸衛・大橋 透 (1987)．読みやすい文字の大きさの検討：新聞を主とした文字レイアウトの基礎的研究 (2) デザイン学研究，*58*，39-44.［doi: 10.11247/jssdj.1987.39_1］

落合 信寿・佐藤 昌子 (2002)．安全色の探索に及ぼす周辺刺激の色と配置の影響 デザイン学研究，*49*(4)，85-94.［doi: 10.11247/jssdj.49.85_2］

Osgood, C. E., Suci, G. J., & Tannenbaum, P. H. (1957). *The Measurement of Meaning*. University of Illinois Press.

大山 正 (1994)．色彩心理学入門：ニュートンとゲーテの流れを追って 中央公論社

大山 正 (2001)．色彩調和か配色効果か：心理学の立場から 日本色彩心理学会誌，*25*(4)，283-287.

大山 正・岩脇 三良・宮埜 壽夫 (2005)．心理学研究法：データ収集・分析から論文作成まで サイエンス社

酒巻 隆治・染矢 聡・岡本 孝司 (2009)．Web デザインに対する印象と記憶される情報量との関係性分析 デザイン学研究，*55*(6)，59-66.［doi: 10.11247/jssdj.55.59］

鈴木 郁・檜山 隼人 (2016)．文字が横スクロールする LED 表示器の可読性について：視距離やスクロール速度や文節数の影響 人間工学，*52*(6)，237-248.［doi: 10.5100/jje.52.237］

滝沢 正仁・永見 豊・木嶋 彰・有村 徹・米原 牧子 (2015)．金属テクスチャ選定に関する体系的指標の検討：鏡面加工およびショットブラスト加工を施した無彩色系金属を例に デザイン学研究，*62*(4)，85-92.［doi: 10.11247/jssdj.62.4_85］

田中 宏子・植松 奈美・梁瀬 度子 (1989)．空間の心理評価における評価対象および評価方法の検討 人間工学，*25*(6)，347-356.［doi: 10.5100/jje.25.347］

豊田 未央・末武 照彦・渡辺 均・妹尾 正巳・神宮 英夫 (2009)．化粧品容器に関する新たなデザイン手法の提案：触覚により容器の中身を表現するパッケージデザイン 日本官能評価学会誌，*13*(2-2)，106-114.［doi: 10.9763/jjsse.13.106］

内田 直子・小林 茂雄・長倉 康彦 (1998)．外空間と内空間における女性服装の適合度 日本官能評価学会誌，*2*(1)，29-37.［doi: 10.9763/jjsse.2.29］

Warell, A. (2008). Multi-modal visual experience of brand-specific automobile design. *TQM Journal, 20*(4), 356-371.

山本 裕子・佐藤 弘喜 (2017)．オノマトペによるイメージ共有におけるデザイン経験の要因 デザイン学研究，*64*(2)，65-72.［doi: 10.11247/jssdj.64.2_65］

山下 利之 (2015)．人間工学のための計測手法 第3部：心理統計と解析 (1)：質問紙による計測と解析 人間工学，*51*(4)，226-233.［doi: 10.5100/jje.51.226］

梁瀬 度子 (1978)．コーヒーカップのデザインの心理評価に関する研究 人間工学，*14*(6)，327-334.［doi: 10.5100/jje.14.327］

延 明欽・原田 昭 (2003)．エレベータ「開閉」サインに関する識別容易性の評価 デザイン学研究，*50*(2)，63-72.［doi: 10.11247/jssdj.50.63_1］

横山 清子・楯 千弘・藤巻 吾朗・安藤 敏弘 (2016)．グリップ表面の凹凸形状の握り心地評価 人間工学，*52*(4)，165-171.［doi: 10.5100/jje.52.165］

第III部
聴覚

第1章　聴覚刺激の性質と呈示方法

第2章　聴覚モデルと高次脳機能

第3章　聴覚障害・言語聴覚障害

第4章　音の知覚

第5章　音楽の知覚

第6章　音声の知覚

第1章　聴覚刺激の性質と呈示方法

1・1　音とは何か

聴覚を生起する物理刺激は音波（sound wave）である。空気中の音波は空気を構成する窒素や酸素などの気体分子集団（粒子と呼ぶ）が音波の進行方向と同じ方向に振動する縦波で，空間的に粒子が密になるところと粗になるところが生じ，密の部分では空気が圧縮されて圧力は大気圧よりも高くなり，粗の部分の圧力は大気圧よりも低くなる。この音波によって生じる大気圧からの圧力変化分を音圧という（図1-1-1）。日常生活で遭遇する音圧はたかだか数Pa程度で，大気圧（1気圧 = 1013 hPa）の1万分の2程度以下である。

音波の挙動は，音圧（sound pressure）の時間的な変化と空間的な変化を結びつける波動方程式で記述できる。音波の周波数を f [Hz]，音速を c [m/s] とすると，ある一点の時間的な音圧変化の周期 T [s] は $T = 1/f$，空間的な音圧変化の周期である波長 λ [m] は $\lambda = c/f$ である。

また，気体の密度を ρ [kg/m^3]，音圧を p [Pa]，粒子速度と呼ばれる気体分子集団が動く速度を u [m/s] とすると，平面波では $p/u = \rho c$ の関係がある。右辺の ρc は気体がもつ音の媒質としての性質を表す量で，比音響インピーダンス（特性音響インピーダンス）と呼ばれる。1気圧で20℃の空気の比音響インピーダンスは約400 [Pa·s/m] である。

音波はエネルギーを空間的に伝える。音波によって伝わる単位面積，単位時間あたりのエネルギー，つまり単位面積あたりのパワーを音の強さ I [W/m^2] という。平面波では，$I = p^2/\rho c$ である。音波の物理学の詳細については，平原他（2013），鈴木他（2011）などを参照されたい。

音波による圧力変化は鼓膜を揺らし，聴覚末梢系で神経活動情報に符号化され，聴覚中枢系と大脳皮質での神経情報処理の結果，音の聴こえ，すなわち聴覚が生じる。人工内耳のように聴神経を電気刺激したり，経頭蓋磁気刺激（transcranial magnetic stimulation：TMS）装置を用いて聴覚皮質を磁気誘導電流で刺激したりすることによっても聴覚は生じるが，ここでは扱わない。

（平原　達也）

1・2　音圧レベルと音の強さのレベル

音圧の単位はPa（パスカル = N/m^2 = kg/m·s^2）であるが，ヒトが聴くことができる音圧は 10^{-5} Pa から 10^1 Pa のオーダーまで 10^6 の範囲に及ぶ。ヒトが知覚する音の大きさ（ラウドネス：loudness）は音圧の対数に比例するので，ある音の音圧の実効値 p の2乗と基準音圧 p_0 の2乗の比の常用対数の10倍をとったdB（デシベル）値である音圧レベル L_p が用いられる。

$$L_p = 10 \log_{10} \frac{p^2}{p_0^2} \text{ [dB]}$$

空気中での基準音圧 p_0 は 20 μPa（= 2 × 10^{-5} Pa）で，これは若いヒトが聴き取ることができる1 kHzの純音の下限の音圧である。ちなみに，1 Paの音圧の音圧レベルは94 dBである。音圧レベル120 dBを越える音波は不快感を，140 dBを越える音波は鼓膜に触覚や痛覚を生じさせる。空気中では，音圧レベルが120 dB以下の音波の振る舞いは線形として扱える（Webster & Blackstock, 1977）。

ヒトの聴覚のラウドネス特性の逆特性を模擬したA特性フィルタ（図1-2-1）を通した音響信号から音圧レベルを算出したものを，A特性補正音圧レベ

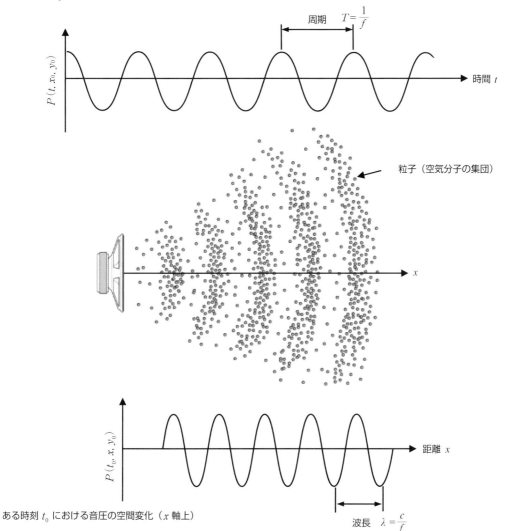

図 1-1-1 音波と音圧
音波は空気を構成する気体分子集団（粒子）の縦波で，それによって生じる時間的かつ空間的な静圧からのわずかな圧力変動を音圧という。

ル L_A という。この A 特性補正音圧レベルは騒音レベルとも呼ばれ，さまざまな騒音の評価に用いられている。聴覚実験においても，広帯域刺激音の呈示レベルを A 特性補正音圧レベルで規定する場合もある。また，道路交通騒音や音楽など時間的な変動が大きい音の平均的な音圧レベルを表す場合には，ある時間範囲 T について，変動する音の A 特性補正音圧レベルをエネルギー的な平均値として表した等価騒音レベル $L_{Aeq,T}$ が用いられる。

また，ある音の強さ I と音の強さの基準値 I_0 の比の常用対数の 10 倍をとった dB 値を音の強さのレベル L_I という。

$$L_I = 10 \log_{10} \frac{I}{I_0} \ [\mathrm{dB}]$$

音の強さの基準値 I_0 は $1\,\mathrm{pW/m^2}$（$=10^{-12}\,\mathrm{W/m^2}$）で，空気中においては，$L_I$ の値は音圧レベル L_p の値と等しくなる。

これら音の諸レベルの単位はすべて dB で，単位記号には量の種類を表す記号はつけず，何の量であるかは，それを明記するか，L_p（音圧レベル），L_A

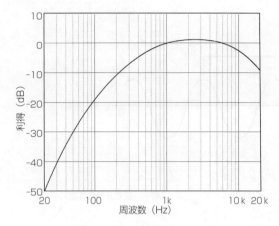

図 1-2-1　A 特性フィルタの周波数特性

（騒音レベル），L_I（音の強さのレベル）などの量記号で表す（佐藤，1997）．以前のように dBSPL，dBA，dB(A) などとは書かない．なお，聴覚実験では，受聴者個人の最小可聴閾値を与える音圧を基準音圧とした dB 値である感覚レベル（sensation level：SL）で刺激音の音圧レベルを表すこともある．

音の諸量の詳細についても，平原他（2013），鈴木他（2011）などを参照されたい．

（平原 達也）

1・3　聴覚実験システム

聴覚実験の刺激音は，コンピュータ上で離散的なディジタル信号波形を定義し，それを DA 変換器で連続的なアナログ電圧信号に変換し，電力増幅してラウドスピーカやイヤホンを駆動し，電気信号を音波に変換して受聴者に呈示する．音響信号を録音する場合は，マイクロホンで音圧波形をアナログ電圧波形に変換し，それをプリアンプで電圧増幅した後に AD 変換器でディジタル信号波形に変換する．

このような聴覚実験システムは再生系と収録系に大別され，いずれも，コンピュータと AD/DA 変換器のディジタル系，音響機器と電気音響変換器などのアナログ系，並びに実験室で構成される（図 1-3-1）（平原，2009，2010）．

1・3・1　刺激音のディジタル信号波形

刺激音のディジタル信号波形 $s(n)$（$n = 1, 2, 3, \cdots,$ N）は時間領域で定義することが多いが，周波数領域で定義した刺激音の複素スペクトル $S(k)$（$k = 1,$ $2, 3, \cdots, K$）を時間領域の波形 $s(n)$ に変換することもできる．録音した音声や楽音などを加工して刺激音とする場合には，録音波形のスペクトルを変形することが多い．

$s(n)$ のサンプリング周波数 Fs は，サンプリング定理の要請により，再生したい成分の最高周波数の 2 倍より高く定める．ヒトの可聴周波数範囲は 20 Hz から 20 kHz であるから CD の 44.1 kHz や DVD の 48 kHz という Fs はこの条件を満たす．$s(n)$ の各サンプル点の値は 1/Fs 秒の時間間隔で定義され，N 個からなる $s(n)$ の時間長は N/Fs 秒となる．

通常，$s(n)$ の振幅値は ±1.0 の範囲に正規化した倍精度の実数として定義し，$s(n)$ の量子化ビット数は使用する DA 変換器が律する．音響機器と電気音響変換器を線形性が保たれる信号レベルで用いるかぎり，$s(n)$ の実効値（root mean square：RMS）が再生音の音圧に比例する．

$s(n)$ の立ち上がり部分と立ち下がり部分には 20-100 ms の長さの直線傾斜や正弦波の $[-\pi/2, \pi/2]$ の間の数値などを乗じて，$s(n)$ の包絡線の変化を滑らかにすることが多い．このテーパリング（tapering），あるいはランピング（ramping）処理は，ラウドスピーカやイヤホンの過渡特性が理想的ではないために生じる歪の影響を低減するとともに，聴覚が刺激音の立ち上がり部分に敏感に応答することによって生じる知覚上のアーチファクトを低減する．

1・3・2　DA 変換器

ディジタル信号波形 $s(n)$ を DA 変換して，Fs/2 以上の成分を遮断するアンチ・エイリアシング用の低域通過フィルタ（LPF）に通すことにより，アナログ信号 $s(t)$ を得る．ただし，聴覚実験システムに利用されているオーディオ・インタフェース（audio interface：AIF）装置にはデルタシグマ（$\Delta\Sigma$）型の DA 変換 LSI（large scale integrated circuit）が用いられており，そこには FIR 型のディジタル LPF が内蔵されているので，AIF 装置の DA 変換出力端子にアナログ LPF を外づけすることはない．

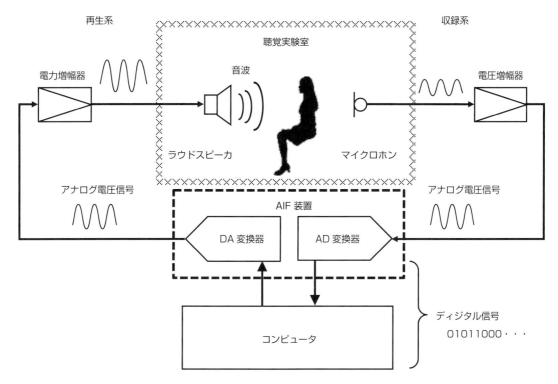

図 1-3-1　聴覚実験システムの概略

　多くの AIF 装置において，正規化振幅値が 1.0 の $s(n)$ に対する DA 変換器の最大出力電圧は数 V である。ただし，ディジタル信号 $s(n)$ の正規化振幅値を 0.5 程度以下にしないと，上述した内蔵ディジタル LPF による補間演算の結果得られるアナログ信号 $s(t)$ の電圧が DA 変換 LSI の最大出力電圧を超えるためにクリッピングが起こり，歪が激増する（金田，2009；志賀・金田，2010）。

　AIF 装置は可聴域の信号を対象にしており，20 Hz 以下は扱わない設計になっている。DA 変換 LSI 自体は直流から扱えるが，その出力回路にはコンデンサと抵抗とで構成される高域通過フィルタ（HPF）が接続されている。そのため，20 Hz より低い低周波信号はうまく DA 変換できない。たとえば，数 Hz の矩形波や三角波信号を DA 変換するとその微分波形が出力される。20 Hz 以下の低周波信号を扱うためには，直流まで扱える DA 変換装置と直流増幅器が必要である。これは AIF 装置の AD 変換器についても同様である。

　DA 変換器の量子化ビット数が 24 bit のとき，理論上のダイナミックレンジは約 144 dB であるが，DA 変換装置のアナログ回路，音響機器，並びに電気音響変換器で発生する内部雑音のために，実際のダイナミックレンジはそれほど広くとれない。

1・3・3　音響機器（アンプなど）

　DA 変換器の出力信号 $s(t)$ はパワーアンプで電力増幅し，ラウドスピーカで音波に変換する。イヤホンで刺激音を呈示する場合は，小型パワーアンプであるヘッドホン・アンプで電力増幅する。これらのパワーアンプの電圧増幅度はマイナスになっていることもあるが，電流を流して電力を増幅してラウドスピーカやイヤホンを駆動する。なお，現代の民生用オーディオ機器の多くは，聴覚実験システムの再生系として，信号対雑音比（SN 比）は十分高いし高調波歪率も十分低い。

　オーディオ・アンプの多くは，ステレオ信号を扱うために，一つの筐体に二つの増幅器が収納されている。電子回路の実装方法によっては，二つの増幅回路が一枚のプリント基板上に設置され，電源回路を

共用しているものもある。そのために，左右チャンネル間に信号の電気的な漏洩が生じ，信号を入力していないチャンネルから弱い出力信号が出る場合がある。このチャンネル間クロストークは，左右チャンネルそれぞれに，独立した二台のアンプを用いることにより低減できる。

1・3・4 電気音響変換器（ラウドスピーカとイヤホン）

DA変換器やアンプは電子回路であるのに対して，電気音響変換器には機械的な可動部分があり，刺激音を呈示する聴覚実験システムのボトルネックである。

ラウドスピーカは開いた空間に音波を放射する電気音響変換器である。音楽や音声の品質を評価するような実験であれば，複数のスピーカが一つのスピーカボックスに格納されたマルチウエイ方式のスピーカや，スピーカボックスの前面あるいは後面に開口部があるバス・レフレックス方式のスピーカを用いても問題はない。しかし，音像定位実験や音響計測には，1か所だけから音波が放射される密閉型のフルレンジ・スピーカを用いる必要がある。ラウドスピーカの感度あるいは能率は，1Wの電力を入力したときに中心軸上1mの位置で生じる音圧レベルで表され，82 dB/Wと表記される。なお，公称インピーダンスが8Ωのラウドスピーカの場合，1Wの電力を消費させる電圧は2.83 Vである。

正弦波バースト信号を入力しても，ラウドスピーカから正弦波バースト音は放射されない。慣性の法則によって，信号を加えてもスピーカの振動板はすぐに動き出さないし，信号がゼロになっても振動板はすぐに止まらない。これは振動板の振動幅が大きくなる低周波において顕著である。これら電気音響変換器の過渡特性や制動の影響を低減するには，前述したように刺激音信号波形にテーパリングを施す。また，周期が長い低周波音では放射波に反射波が重畳するために，その音圧波形の振幅包絡が変動する（図1-3-2）。

イヤホンとヘッドホンは閉じた空間に音圧を発生させる電気音響変換器である。一般的にはヘッドバンドがついたイヤホンをヘッドホンと呼ぶが，IEC規格（IEC60268-7）などの定義ではヘッドバンドがないイヤホンもヘッドホンと呼べ，両者の区別はない。

イヤホンを実耳に装着して測定した周波数特性を実耳応答特性という。イヤホンの装着状態によってイヤホンに対する音響負荷が変わるために実耳応答特性も変わる（平原，1997, 1999；Hirahara, 2004）。そのため，聴覚実験に使用するイヤホンの実耳応答特性を把握しておくことは必須であるが，実耳応答

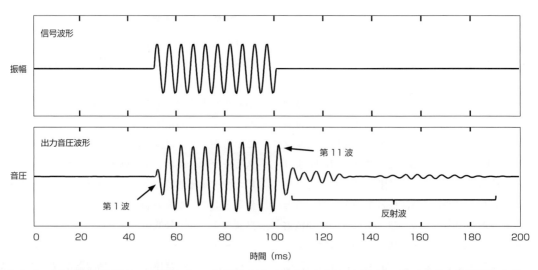

図1-3-2　10周期の200 Hzの正弦波バースト信号（上）を入力したときのラウドスピーカの出力音圧波形（下）
　　　　出力音圧波形の第1波の振幅は小さく，振動板の残留振動による振幅の大きな第11波が出現している。また，壁からの反射波が認められるし，出力音圧波形に反射波が重畳しているのでその包絡線は変動している。

 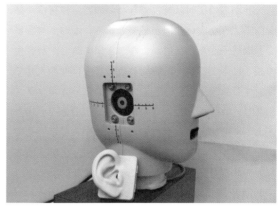

図 1-3-3 IEC 60318-1 カプラ（左）と IEC 60318-04（旧 IEC 60711）カプラを内蔵したダミーヘッド（右）

特性を測るのは容易ではないので，ヒトの外耳と中耳の音響インピーダンスを音響回路で模擬した人工耳と呼ばれる音響カプラが用いられる（平原，2016）（図1-3-3）。イヤホンの感度は，1 mWの電力を入力したときの音響カプラで測定した音圧レベル dB/mW で表される。

よく用いられる IEC 60318-1 カプラの適用周波数は 100 Hz-4 kHz，IEC 60318-04（旧 IEC 60711）カプラの適用周波数は 100 Hz-8 kHz である。IEC 60318-04 カプラを組みこんだダミーヘッド（Brüel & Kjær, 4128C）を用いて測定した 6-10 kHz のカプラ応答は，イヤホンの形式によらず，実耳応答よりも 10 dB ほど大きい（平原他，2010）。なお，イヤホンのカプラ応答が平坦でない場合は，その逆フィルタを設計して刺激音信号のスペクトルを補正する。

イヤホンの片方からだけ刺激音を呈示しても，反対側の耳にイヤホンから漏洩した弱い刺激音が届く。これを音響クロストークという。耳覆い型の密閉型ヘッドホンや挿入型イヤホンでは音響クロストーク量は −50 dB 以下になるが，開放型ヘッドホンやイントラコンカ型イヤホンでは −30 dB 以上にもなるものがある。左右の耳に異なる刺激音を呈示するダイコティック（dichotic）受聴条件や，バイノーラル信号を呈示する場合には，このイヤホンの音響クロストークが実験に影響を与えないかどうかを事前に評価する必要がある（平原他，2009）。

1・3・5 聴覚実験室（防音室，無響室）

聴覚実験は呈示する刺激音以外の音が聴こえない静かな部屋で実施することが望ましく，室外との遮音量を確保した防音室や，遮音量を確保したうえで室内の音響反射を少なくした無響室などで実施することが多い。しかし，床壁天井に吸音材を貼ったり，騒音が少ない夜間などの時間帯を選んだり，遮音量が大きなイヤホンを用いたりすれば，普通の部屋でも多くの聴覚実験を問題なく実施できる（図1-3-4）。

ただし，空間音響的な聴覚実験を行う場合には床

図 1-3-4 無響室（左），防音室（中），普通の部屋の床と壁に吸音材を敷き詰めた実験室（右）

壁天井からの反射は無視できないので，無響室か体育館のような広い空間が必要である．なお，無響室でも床格子からの反射が少なからずあるし，吸音楔の長さにもよるが，低い周波数の音波は壁や天井で反射する（平原他, 2015）．また，スピーカボックスやスピーカの振動板からの反射も無視できない場合がある．そのため，ラウドスピーカから受聴点までのインパルス応答をあらかじめ測定し，実験室内の反射の状況を把握しておくことが望ましい．

刺激音を放射していないときの室内の騒音レベルを暗騒音レベル（background noise level）と呼び，20 Hz から 20 kHz までの帯域の L_A で示す．図1-3-4 に示した無響室，防音室，実験室の暗騒音レベルは，それぞれ 14 dB, 17 dB, 23 dB である．室内外に人工的な騒音源がない場合，暗騒音のスペクトルは低周波ほどレベルが高い．

1・3・6 録音系

録音した音を加工して聴覚実験の刺激音に用いる場合には，まず，マイクロホンで対象とする音をディジタル録音する．このとき，所望する周波数帯域幅で，いかに高い SN 比で，いかに低い歪率で音を AD 変換するかがカギである（平原, 2015a）．

マイクロホンには，ダイナミック・マイク，コンデンサ・マイク，エレクトレット・コンデンサ・マイクなど動作原理の違うものがあり，また，指向性があるものとないものがあり，感度もダイナミックレンジも等価雑音レベルも多種多様である．使用する前に，製品仕様を精読して必要な条件を満たしていることを確認することが必須である．

オーディオ・インタフェース装置には $\varDelta\varSigma$ 型の AD 変換器が内蔵されているものが多いし，マイクロホン・アンプが内蔵されているものもある．AD 変換器のサンプリング周波数 Fs は，サンプリング定理の要請により，所望する周波数帯域上限の 2 倍よりも高く設定する．低周波域は室内の背景雑音が支配的なので，それらを低減する高域通過フィルタ（HPF）を使用することもある．

録音信号の SN 比は，録音場所の背景雑音レベル，並びにマイクロホン，マイクロホン・アンプ，および AD 変換器の SN 比で決まる．マイクロホン・アンプと AD 変換器の歪率は十分に低いので，歪率はマイクロホンが律する．特に，マイクロホンの最大入力音圧レベルを超える強い音が入力されたときには大きな歪が発生する．また，マイクロホン・アンプのゲインを上げすぎると，大きな音が入力されたときに出力電圧がクリップして大きな歪が発生するので，注意が必要である．録音した音響信号は，その再生音を聴いて歪や雑音がないことを耳で確認するとともに，その波形を描いてクリッピングがないことを眼で確認することが最低限必要である．

なお，聴覚実験に用いる音響信号をディジタル録音するときには，聴感上の違いがわからないように音響信号波形を変形している mp3 などの非可逆音声圧縮符号化を用いてはならない．ディジタル信号が PCM で保存される wav 形式か，ロスレスなどと呼ばれる可逆圧縮符号化を用いることが必須である．

1・3・7 信号レベルの管理

交流電圧の値は実効値で表されその単位は V であるが，基準電圧との比の常用対数の 20 倍をとった電圧レベルもよく用いられる．たとえば，基準電圧を 1 V とした dBV や，基準電圧を 0.775 V とした dBu などである．この 0.775 V は，600 Ω の負荷に 1 mW の電力を消費させる電圧である．

聴覚実験システムを構成する各機器の入出力電圧レベルと出力音圧レベルを把握しておくとよい．たとえば，図 1-3-5 に示すように，ある再生系では振幅値 A が 0.5, 周波数 f が 1 kHz の正弦波信号 $s(n)$

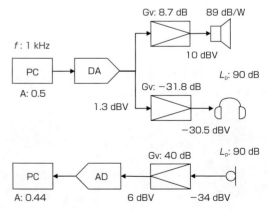

図 1-3-5　聴覚実験システムの信号レベルの一例

第 1 章 聴覚刺激の性質と呈示方法

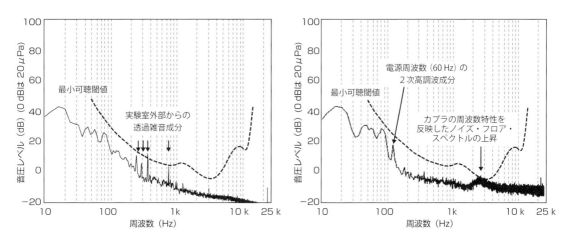

図 1-3-6 実験室（左）と，ヘッドホンを装着した IEC 60318-04 カプラ（右）のノイズ・フロア・スペクトルの一例

に対して DA 変換器の出力電圧レベルは 1.3 dBV（1.16 V），パワーアンプの電圧利得 Gv を 8.7 dB に設定するとその出力電圧レベルは 10 dBV（3.16 V）で，公称インピーダンスが 8 Ω で能率 89 dB/W のラウドスピーカから放射される純音の音圧レベルは 1 m の距離で 90 dB である。また，同じ DA 変換器の出力に対して，Gv を −31.8 dB に設定したヘッドホン・アンプの出力電圧レベルは −30.5 dBV（30 mV）で，IEC60318-04 カプラに装着した密閉型の耳覆い型ヘッドホン（Sennheiser，HDA200）から出力される純音の音圧レベルは 90 dB である。また，感度が −30 dB（0 dB = 1 V/Pa）のマイクロホンと最大入力電圧レベルが 13.2 dBV（4.57 V）の AD 変換器を用いる録音系では，音圧レベル 90 dB の 1 kHz の純音に対するマイクロホン出力電圧レベルは −34 dBV（20 mV），マイクロホン・アンプの Gv を 40 dB に設定するとその出力電圧レベルは 6 dBV（2 V）で，7.2 dB の余裕をもって AD 変換できる。

また，実験室やヘッドホンを装着した音響カプラ出力のノイズ・フロア・レベルを測定しておくと，刺激音のダイナミックレンジが把握できる。筆者の実験室におけるノイズ・フロア・レベルは 1 kHz で L_p が −15 dB，ヘッドホン（HDA200）を装着した IEC-60318-04 カプラ出力のノイズ・フロア・レベルは 1 kHz で L_p が −10 dB である（図 1-3-6）。

1・3・8 聴覚実験システムに混入するノイズ

聴覚実験において問題となる可聴ノイズは大別して 4 種類ある（図 1-3-7）（平原，2015b）。一つ目は，ブーンと聴こえるハムノイズ（hum noise）である。これは，商用電源周波数である 50/60 Hz の第二高調波（100/120 Hz），第三高調波（150/180 Hz）などの成分が静電誘導や電磁誘導によりアナログ信号ラインに電気的に混入したものである。通常，ハムノイズの有無は聴けばわかるが，常にブーンと鳴っている聴覚実験システムを使っている場合，まったく気づかないこともある。ハムノイズの低減方法はケースバイケースである。

二つ目はシャーと聴こえるヒスノイズ（hiss noise）である。これは，音響機器の内部で発生する広帯域なノイズで，再生系ではアンプのゲインを上げると必ず聴こえてくる。このノイズは音響機器の内部雑音の問題であり，低ノイズの機器を用い SN 比を確保することにより低減できる。

三つ目はジュルジュル，ジー，ピーなどと聴こえる高周波由来のノイズである。これは，スイッチング電源や LED 電球や調光器の PWM 変調回路で発生する数十〜数百 kHz とその高調波成分や，コンピュータなどの内部で用いられているディジタル信号や，強い電磁波などに起因する。これらの高周波信号がアナログ信号ラインに混入すると，電子素子やコネクタの金属接点などの非線形性によって混変調成分が生じて可聴ノイズとなることがある。高周波成分はノーマル・モード（normal mode）だけでなくコモン・モード（common mode）として音響機器に混入するのでその低減は容易ではなく，低減

989

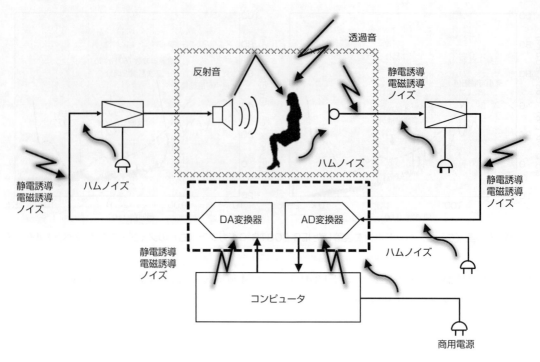

図 1-3-7　聴覚実験システムに混入するさまざまなノイズ

方法はケースバイケースである。

　四つ目は，実験室内部の構造物によって生じる反射音や実験室外部のノイズ源から実験室内部への透過雑音である。無響室といえども反射波は皆無ではないし（平原他，2015），質量則により低周波の防音・防振は容易ではない。

　フィルタリングなどの信号処理によって信号とノイズを分離できる場合もあるが，ディジタル信号処理でノイズを減らすのではなく，できるだけアナログ信号ラインにノイズが混入しないようにすることが肝要である。なお，最小可聴閾値より低い音圧レベルのノイズ成分は聴こえないので，偏執的にノイズをゼロにせずとも済む場合が多い。

1・3・9　音響機器の接続ケーブルと入出力インピーダンス

　民生用音響機器の音響信号入出力端子はRCAコネクタ（ピンコネクタ）で不平衡ケーブルを接続する。一方，業務用音響機器の音響信号入出力端子はキャノンコネクタ（XLRコネクタ）やフォーンコネクタ（TRSコネクタ）で平衡ケーブルを接続する。平衡ケーブルはコモン・モード・ノイズに対して有利であり，ケーブルを長く引き回す場合は平衡ケーブルを用いる。実験室では機器間の距離はたかだか数mと短いので，シールド線などの不平衡ケーブルでなんら問題はない。また，低周波信号なのでケーブルのインピーダンスは不問である。それよりも，コネクタ部の接触を確実にすることのほうが大切である。

　電力伝送系においてはインピーダンス整合が必要であるが，オーディオ機器を接続した聴覚実験システムは電圧信号の伝送系でありインピーダンス整合は必要ない。また，通常のオーディオ機器は，出力インピーダンスは低く（数 Ω ～数 $100\,\Omega$），入力インピーダンスは高く（$10\text{-}20\,\mathrm{k}\Omega$）設計されている。低出力インピーダンスということは，負荷に大きな出力電流を流せるということである。出力インピーダンスよりも低いインピーダンスの負荷を出力端子に接続すると負荷に大きな電流が流れ，Ohmの法則（Ohm's law）により，出力回路の内部抵抗による電圧降下で出力電圧は下がる。

1・3・10 測定器

聴覚実験系を構築し，その性能を維持するためには，いくつかの信頼できる測定器が必要である。それらは，アナログ信号波形を観るオシロスコープ，交流電圧を測るテスタあるいはマルチメータ，音圧レベルを測るサウンドレベル・メータ（騒音計），感度と周波数特性が既知のマイクロホン，そして，IEC規格の人工耳である。オシロスコープ，テスタやマルチメータ，サウンドレベル・メータの多くはディジタル化されており，交流電圧信号を 8-12 bit で AD 変換してディジタル信号処理によって得た数値を表示している。

ネットワークや他の機器に接続しないで単独で機能するスタンドアロンの信号発生器やスペクトル・アナライザは便利だが，聴覚実験や刺激音などの分析は，コンピュータとオーディオ・インタフェース装置と音響解析ソフトウエアがあれば大概のことはできる。ただし，オーディオ・インタフェース装置の AD/DA 変換器は，ディジタル信号の値と交流電圧の値との関係が較正されていないので，入出力信号電圧の絶対値はわからない。入出力信号電圧の絶対値を知りたい場合は，自分で較正をする必要がある。

（平原 達也）

1・4 結言

聴覚実験において信頼性のある刺激音を呈示する要は，刺激音信号波形を適切に設計し，使用する音響機器の諸特性をあらかじめ把握したうえで，接続した音響機器の入出力信号レベルを適切に管理する，ということに尽きる。

（平原 達也）

文献

(1・1)

平原 達也・蘆原 郁・小澤 賢司・宮坂 榮一 （2013）．音と人間　コロナ社

鈴木 陽一・赤木 正人・伊藤 彰則・佐藤 洋・苣木 禎史・中村 健太郎 （2011）．音響学入門　コロナ社

(1・2)

平原 達也 （2009）．はじめての聴覚実験：ディジタルな世界に棲む人々に伝えたい，音を鳴らし，測り，聴き比べるときのお約束　日本音響学会誌，*65*(2)，81-86．［doi: 10.20697/jasj.65.2_81］

平原 達也 （2010）．続・はじめての聴覚実験：ディジタルな世界に棲む人々に伝えたい，音を鳴らし，測り，聴き比べるときのお約束　日本音響学会聴覚研究会資料，*40*(8)，635-640．

平原 達也・蘆原 郁・小澤 賢司・宮坂 榮一 （2013）．音と人間　コロナ社

佐藤 宗純 （1997）．Q & A コーナー　日本音響学会誌，*54*(1)，76-77．

鈴木 陽一・赤木 正人・伊藤 彰則・佐藤 洋・苣木 禎史・中村 健太郎 （2011）．音響学入門　コロナ社

Webster, D. A., & Blackstock, D. T. (1977). Finite amplitude saturation of plane sound waves in air. *Journal of the Acoustical Society of America, 62*, 518-523. ［doi: 10.1121/1.381570］

(1・3)

平原 達也 （1997）．聴覚実験に用いられるヘッドホンの物理特性　日本音響学会誌，*53*(10)，798-806．［doi: 10.20697/jasj.53.10_798］

平原 達也 （1999）．ヘッドホンの陥穽　日本音響学会誌，*55*(5)，370-376．［doi: 10.20697/jasj.55.5_370］

Hirahara, T. (2004). Physical characteristics of headphones used in psychophysical experiments. *Acoustical Science and Technology, 25*(4), 276-285.

平原 達也 （2015a）．はじめてのバイノーラル録音：ディジタルな世界に棲む人々に伝えたい，バイノーラル音を録音するときのお約束　日本音響学会誌，*71*(2)，80-88．［doi: 10.20697/jasj.71.2_80］

平原 達也 （2015b）．音響計測と聴覚実験におけるノイズについての論考　電子情報通信学会技術報告　応用音響，

第 III 部　聴覚

EA2015-41, *115*(359), 7-12.

平原 達也　(2016)．ダミーヘッド・テレヘッド　日本音響学会誌, *72*(9), 568-569.　[doi: 10.20697/jasj.72.9_568]

平原 達也・青山 裕樹・大谷 真　(2010)．イヤホンの音響特性と IEC60711 カプラの問題点　日本音響学会誌, *66*(2), 45-55.　[doi: 10.20697/jasj.66.2_45]

平原 達也・大谷 真・森川 大輔　(2015)．無響室での音響計測における反射の影響　日本音響学会春季研究発表会講演論文集, 655-656.

平原 達也・大谷 真・戸嶋 巌樹　(2009)．頭部伝達関数の計測とバイノーラル再生にかかわる諸問題　*Fundamentals Review*, *2*(4), 68-85.　[doi: 10.1587/essfr.2.4_68]

金田 豊　(2009)．はじめての音響信号処理：ディジタル録音と補間の話　日本音響学会誌, *65*(10), 531-536.　[doi: 10.20697/jasj.65.10_531]

志賀 正徳・金田 豊　(2010)．オーディオ・インタフェースの DA 変換器におけるクリッピング歪について　音響学会秋季講演論文集, 653-654.

第2章 聴覚モデルと高次脳機能

2・1 聴覚モデル

本節では，入力された音から計算によって得られた内部表現に基づき，心理的あるいは生理学的な実験データを定量的あるいは定性的に説明するための計算モデルについて述べる。ここでは，聴覚末梢系から大脳皮質への向心性の内部処理のモデルと，逆に中枢から末梢への遠心性のモデルを紹介する。研究のごく一部しか紹介できないため他の聴覚モデルの文献（Meddis et al., 2010；森・香田，2011）も参照いただきたい。

2・1・1 聴覚末梢系の特性

聴覚末梢系の構造や機能はBékésy（1960）の研究以降，非常に詳しく調べられている。外界から耳に入った音は，外耳・中耳を通り内耳に伝わる。内耳の蝸牛における基底膜の機械振動によって，音の周波数分析が行われている。基底膜の位置ごとに最大振幅となる周波数が異なり，蝸牛の入口側で高い周波数，奥に行くに従い周波数が低くなる。1か所に着目すると，その最大周波数をピークとした周波数選択性がみられる。

2・1・2 聴覚末梢系モデル

この周波数選択性を模擬するために，波動方程式に蝸牛の構造や材料定数を入れ，さらにはコルチ器での振る舞いも考慮に入れて，振動の様子を数値的に解くことが行われる。これはもっとも直接的なモデル化で，1次元から3次元まで拡張されてきている。また，このような数値解析的手法を用いないで，生理実験のデータを定性的に模擬する聴覚末梢系モデルも多数提案されている。これらはいずれも生理

実験を反映したもので，非侵襲な測定や，さらには難聴者個々人の特性を正確にモデルに反映させることは難しい。そこで，心理物理実験による周波数分析特性の推定手法が開発され利用されている。

2・1・3 聴覚フィルタ

この基底膜振動に由来する周波数分析あるいは周波数選択性を言い表す概念として，聴覚フィルタ（auditory filter）という用語が心理物理学において用いられている（Fletcher, 1940；Moore, 2012；Patterson, 1974）。さらに，基底膜全体としては，位置ごとに中心周波数と帯域幅が異なる聴覚フィルタが多数並んでいる，聴覚フィルタバンク（auditory filterbank）で近似できる。聴覚フィルタの関数は，心理物理実験のノッチ雑音マスキング法（Patterson, 1976）とマスキングのパワースペクトルモデル（Fletcher, 1940）により推定することができる。具体的な方法の解説は，たとえば入野（2010）を参照していただきたい。

2・1・3・1 聴覚フィルタのモデル

聴覚フィルタは少数のパラメータの関数で定式化することが必要である。パラメータが多くなれば容易にデータに適合できるようになるが，未知の条件のデータを予測しにくくなる。

ノッチ雑音マスキング法において最初に近似式として用いられたのは，roex（rounded exponential）フィルタ（Patterson, 1976）である。roexフィルタは中心周波数から上下いずれか片側の周波数領域のみで定義される少数パラメータの重み付け関数で，上下別々に傾斜を制御できるため自由度が大きい。このため，フィルタ形状の中心周波数に対する音圧依存の非対称性をよく説明できた。健聴者のおおよ

第 III 部　聴覚

そのフィルタ帯域幅も等価矩形帯域幅（ERB_N）として定義された（Glasberg & Moore, 1990）。さらに，健聴者ばかりではなく難聴者の聴覚フィルタ特性の把握にも役立っている（Moore, 1995, 2012）。この roex フィルタを用いて，周波数軸の ERB_N 番号に沿った励起パターン（excitation pattern：興奮パターンと訳されることが多い）を計算し，音の大きさ（ラウドネス）を計算する手法（Moore et al., 1997）が，現在，国際標準になっている。これは，人間の知覚特性を予測するモデルのなかで最も成功しているものの一つであろう。

ところが，roex フィルタは周波数領域の重み付け関数で位相特性は定義されていない。そのため，インパルス応答ができず，実際の聴覚末梢系の時間応答をそのままでは再現できない。そのため，生理実験から得られたインパルス応答データを近似するための関数として導入されていたガンマトーンフィルタ（gammatone filter）を用いることが提案された（Patterson et al., 1995）。その周波数応答は中心周波数に対して対称のため，非対称の roex フィルタとの一致度は高くないが，帯域幅は合わせることができる。これを，ERB_N 番号順に多数並べてフィルタバンクを構成すれば人間の聴覚末梢特性をある程度よく近似できることになる。

表 2-1-1 に，聴覚フィルタモデルごとの末梢系特性の説明可能性をまとめた。roex とガンマトーンは，非対称性とインパルス応答の点で一長一短がある。この両者を説明できるようにガンマトーンを拡張したものが，ガンマチャープ（gammachirp；Irino & Patterson, 1997）である。このガンマチャープは，メリン変換から算出できる時間-スケール平面で，最小不確定性をもつ関数として解析的に求められたものである。聴覚系は，スケール変形に対して頑健な

処理を行なっているという計算理論と，アルゴリズム「安定化ウェーブレットメリン変換（Stabilized wavelet-Mellin transform）」（Irino & Patterson, 2002）で実現されうるという仮説に基づいている。

ところが，このガンマチャープでも，聴覚末梢系において観測されている「圧縮特性」，すなわち入力音圧レベルに依存したフィルタの利得変化を，そのままでは表現できなかった。そこで，ガンマチャープの周波数特性を変形し，聴覚フィルタ形状変化と圧縮特性の両方を同時に満たすことができる圧縮型ガンマチャープ（compressive gammachirp；Irino & Patterson, 2001）が開発された。この圧縮型ガンマチャープによると生理学的な音圧依存性のデータも説明できるようになった。さらに，初期のノッチ雑音マスキング法の提案時には想定されていなかった圧縮特性の推定もできるようになった。

この圧縮型ガンマチャープフィルタと音圧レベル推定回路を ERB_N 番号順に多数並べてフィルタバンクを構成し，時間的に変動する基底膜振動出力を模擬できる動的圧縮型ガンマチャープフィルタバンク（Irino & Patterson, 2006）も提案されている。これは，聴覚情報処理のモデルのフロントエンドとして，従来の線形のガンマトーンフィルタバンクに置き換えて活用できる。

2・1・4　聴覚中枢系のモデル

聴覚末梢系のモデルは，あくまで周波数分析等の初期表現抽出の段階である。中枢系での処理がなければ，たとえば騒音下で音声だけをうまく抽出して知覚できるようにならない。中枢系における初期段階の重要な機能は，刺激音の時間応答特性の分析と，末梢系で一旦分離した周波数間の情報統合であろう。時間応答分析モデルには，音の高さ（ピッチ）

表 2-1-1　聴覚フィルタモデルごとの末梢系特性の説明可能性

	音圧依存のフィルタ形状の非対称性	時間応答特性（インパルス応答）	圧縮特性（音圧依存のフィルタ利得）
roex	○	×	×
ガンマトーン	×	○	×
ガンマチャープ	○	○	×
圧縮型ガンマチャープ	○	○	○

の知覚のための Licklider（1951）の自己相関モデルや，音源到来方向の知覚のための Jeffress（1948）の一致検出モデルが含まれる。これら著名なモデルは，その問題点と解決のための拡張も含め，たびたび解説されているので本項では省略する。ここでは，音声等の処理に現在重要と考えられている内部表現を抽出するための信号処理モデルについて取り上げる。

2・1・4・1　時間情報分析

　Shannon et al.（1995）は雑音駆動の vocoder を使って合成した音声でも内容を聞き取ることができることを示した。すなわち，聴覚フィルタバンクで分析される音声の微細構造を無くして，包絡線情報からだけでも，音声知覚ができることを示したことになる。Dau et al.（1997）は，聴覚フィルタバンク出力の包絡線から変調周波数分析を行う変調フィルタバンクを提案し，時間変調伝達関数（temporal modulation transfer function：TMTF；Viemeister, 1979）などの心理物理実験データをよく説明できることを示している。このような時間変調特性を分析する生理学的なモデルも，Langner（2005）によって提案されている。さらに，聴覚フィルタバンクと変調フィルタバンクを組み合わせて，音声了解度を予測するモデル（Jørgensen & Dau, 2011；Yamamoto et al., 2020）も提案され，雑音抑圧処理を施した音声の了解度も予測できるようになっている。

　一方，たとえば二つの雑音駆動音声を同時に聞かせた場合，両者は混ざってしまい音声の聞き取りは困難となる。すなわち，上記で無視していた時間微細構造（temporal fine structure：TFS）は，音源の分離処理をするためには重要であることがわかる。上記の時間変調伝達関数（TMTF）は低域通過フィルタの特性をもっているので，信号処理としては時間積分を行う漏洩積分器としてモデル化できる。しかし，これだけでは時間微細構造を保持することはできない。この時間積分と微細構造保持を両立させる手段として，聴覚イメージモデル（auditory image model：AIM）が提案されている（Patterson, 1995）。これを用いて，振幅が時間的に増加する音が繰り返される波形とその時間反転波形（スペクトル的には

同じパワーをもつ）における音色の違いを説明し，聴知覚における時間非対称性を指摘している（Irino & Patterson, 1996）。

2・1・4・2　周波数情報分析

　前記のとおり末梢系において聴覚フィルタにより周波数ごとの成分に分解される。中枢系においては複数の聴覚フィルタからの情報を統合することも行われ，音声や音楽の知覚，知覚的な統合や分離（音脈分凝あるいは聴覚情景分析）等の基盤になっている。

　外界の環境音や音声は，人工的に合成された正弦波と異なり，時間的に変動する。この時間的な変動が周波数間の情報統合にも影響を与えることも知られている。それを示す一例が共変調マスキング解除（comodulation masking release：CMR；Hall et al., 1984）である。Fletcher の臨界帯域実験（III・4・5 参照）において比較的広い帯域雑音によって信号が丁度マスクされている状況を考える。そのときに，帯域雑音マスカーの振幅を時間的に変調すると，信号の検出が容易になり閾値が下がる。しかも，マスカーの帯域幅が広がるほどマスキングからの解除量も大きくなる。このことは，聴覚フィルタ出力間での情報統合が行われていることを意味する。また，実環境において聞きたいターゲット音だけをよく聞き取ることができる聴覚情景分析にもこの仕組みが貢献しているのも間違いない。この CMR の心理実験だけに直接対応するモデルは容易に作ることができる。しかし，実環境でも有効に動作する聴覚情景分析モデルは，聴覚の制約を考慮せずに自由に設計しても，まだ実現できていない。

　音声の分析に関しても周波数間の統合は必要である。もっとも単純には，励起パターンのピークは母音のホルマント情報に対応するため，そこから母音を認識させることができる。ただし，その際，話者の身長（＝寸法）によって声道長（vocal tract length：VTL）が異なるため，音響管の共鳴周波数に対応するホルマント周波数も異なる。すなわち，話者の寸法によって，ピーク位置の変動があるため，それを取り除く正規化が必要と考えられている。このモデルとして，上記の聴覚イメージモデルの後段に，ERB_N

第 III 部　聴覚

周波数軸上にまたがる複素フーリエ分析を行って絶対値を取ることによっても実現できる。いわば，周波数軸方向の変調周波数分析を行っていることに相当する。聴覚フィルタバンクは 500 Hz 以上では帯域幅は中心周波数と比例する定 Q 型で，ウェーブレット変換で近似できる。また，ERB_N 番号は同様に対数周波数軸上で等間隔の尺度になっており，対数周波数軸上のフーリエ変換は，数学的にはメリン変換と呼ばれるものである。このことから，聴覚フィルタバンクから，聴覚イメージ構築，寸法正規化まで含めたモデルとして，安定化ウェーブレットメリン変換が提案されている (Irino & Patterson, 2002)。これを基盤として，話者寸法弁別実験の丁度可知差異 (JND) や主観的等価点 (PSE) を説明するモデルも作られている (Matsui et al., 2022)。

この声道長正規化 (VTL normalization) は，初期の自動音声認識においても着目されており，性能を向上させられることが示されている。また，この特徴量に類似したものに，ERB_N 番号よりも古くから用いられてきたメル周波数軸上で帯域分割して得た出力の対数をとったのちに離散コサイン変換を施した，MFCC (Mel-frequency cepstral coefficient) がある。これは，声道長正規化をそのままではできないものの，昨今の DNN ブーム以前の自動音声認識において高い性能が得られたため最も用いられてきた。聴覚系の信号処理におおよそ対応する処理での性能が高いことから，音声の重要な特徴を有効かつ簡潔に捉えている可能性が示唆される。

2・1・5　時間周波数受容野

前節では，聴覚的なスペクトログラムあるいは時間周波数表現における，時間軸あるいは周波数軸方向への 1 次元の変調周波数分析を行うモデルであった。両者を組み合わせれば，時間的に周波数が変化する音の分析も可能である。Fritz et al. (2003) は，大脳皮質における時間周波数受容野 (spectro-temporal receptive field：STRF) を仮定し，時間方向 - 周波数方向に共変調したリップル音を用いて特性分析した。さらにそのモデルを構築し，複合音に対する反応を調べている。

2・1・6　生理学的モデル

前節までに述べてきたような中枢系の時間・周波数情報処理の機能を信号処理的に模擬するモデルが提案されている一方で，神経細胞 1 個 1 個の生理学的な性質に基づいたモデルも提案されている。特に，蝸牛神経核から下丘にかけては，多種多様な神経細胞があり，それらを組み合わせてネットワークを形成することで脳幹での処理をモデル化する試みも多くある。たとえば，前節で触れた変調フィルタバンクの神経基盤として，蝸牛神経核のチョッパー型細胞（最適な変調周波数に近い変調周波数をもつ振幅変調信号に対しては同期した発振をするという特徴をもつ），および，下丘の一致検出細胞（接続された二つまたはそれ以上の神経発火が同時に起きた場合に反応をするという特徴をもつ）を組み合わせたモデルが提案されている (Hewitt & Meddis, 1994；Langner, 1981)。また，時間差と強度差をつけた抑制性と興奮性の入力を組み合わせることで，バンドパスフィルタ状の時間変調特性を再現したモデルも提案されている (Dicke et al., 2007；Nelson & Carney, 2004)。

さらに，こうした蝸牛神経核から下丘にかけてのモデル，および，内有毛細胞と聴神経のモデルを組み合わせることで，聴覚末梢から脳幹にかけての一連の神経活動，および，聴性脳幹反応を再現するモデルが提案されている (Verhulst et al., 2015)。こうしたモデルを用いることで，聴神経や外有毛細胞の損失が脳幹での処理，および，聴性脳幹反応に与える影響を評価することができる (Carney, 2018；Verhulst et al., 2018)。神経細胞 1 個 1 個を再現した特性のモデルでは，前節までに述べてきた信号処理的なモデルと比較して，パラメータが多く煩雑になる一方で，ヒトを対象とした心理物理学的な測定，非侵襲な生体計測の結果を解釈するうえで重要な手がかりを提供することができる可能性がある。

2・1・7　聴覚遠心系のモデル

これまで述べてきたような聴覚末梢から中枢系に至る向心性の経路の他に，中枢から末梢への遠心性経路も存在する。遠心性の神経は，聴覚経路上の至るところに張り巡らされており，たとえば，聴覚皮質

第2章　聴覚モデルと高次脳機能

からは皮質下の神経核に遠心性の投射が存在することが知られている。聴覚皮質由来の遠心性神経の一部は，いくつかの神経核を経由して外有毛細胞に接続している（Terreros & Delano, 2015）。遠心性神経の役割は，いまだに不明な部分も多いが，上位の神経核が下位の神経核の周波数特性や時間情報処理特性をトップダウンに調節しているということが実験動物を用いた研究から明らかにされつつある（Suga & Ma, 2003）。その一方で，向心性経路に比べて生理実験のデータが少ないこともあり，遠心経路系のモデル化はあまり進んでいない。

　そのなかで，オリーブ蝸牛束と呼ばれる上オリーブ複合体から外有毛細胞への遠心性神経（内側オリーブ蝸牛束）の反応は，比較的に古くからその特性が調べられており，実験データが蓄積されつつあり，モデルも構築されつつある（Guinan, 2006）。内側オリーブ蝸牛束は音響刺激に反応し，外有毛細胞のゲインを抑制する。このことにより，刺激音圧レベルに対する聴神経発火頻度の入出力関数を入力からみて高い音圧側にシフトさせる機能をもっている。この抑制作用は内側オリーブ蝸牛束反射と呼ばれており，強大音から内耳を守る役割を果たしている（Maison & Liberman, 2000；Otsuka et al., 2016）。また，雑音下において高い音圧側へシフトすることにより，基底膜および聴神経のダイナミックスが保たれる場所に動作点が位置するようになる。さらに，雑音に対する反応が減衰すると，内有毛細胞・聴神経が雑音に対して順応するのを防ぐことになる。これらの結果としてターゲット音に対する反応はオリーブ蝸牛束反射がはたらかない場合に比べて増強される。そのため，内側オリーブ蝸牛束反射には雑音中の信号を強調する役割もあると考えられている（Kawase & Liberman, 1993）。その効果を再現するモデルがいくつか提案されている（Brown et al., 2010；Chintanpalli et al., 2012；Jennings et al., 2011；Messing et al., 2009；Smalt et al., 2014）。

　これらのモデルでは，聴覚末梢を機能的に模擬したモデルのゲインを調節する形で，内側オリーブ蝸牛束反射が実装されている。なお，これらの研究で用いられている聴覚末梢モデルは，前述のガンマチャープモデルのように関数解析的に導出され拡張

されたものではなく，いくつかのチューニング特性の異なるフィルタを組み合わせることで，聴覚フィルタの非対称かつ鋭いチューニング特性を再現したものである（Meddis, 2006；Zilany et al., 2009）。フィルタの出力に内有毛細胞・聴神経モデルを接続し，その発火率に応じて，ゲインを抑制することで，内側オリーブ蝸牛束反射の作用をモデル化している。電気生理学的な実験で，内側オリーブ蝸牛束反射によって，雑音下でのターゲット音に対する聴神経の応答が増大するということが報告されているが（Kawase & Liberman, 1993），モデルの聴神経の応答においてもその効果が再現されている。さらに，聴神経モデルの出力に信号検出理論や隠れマルコフモデルに基づいた検出器を組み合わせることで，内側オリーブ蝸牛束反射によって雑音下での音声聴取が改善するということが示されている（Brown et al., 2010；Chintanpalli et al., 2012）。加えて，オーバーシュート現象（マスカーのオンセットに対してターゲット音の呈示が遅れるほど，その検出閾値が下がる）とも良い一致を示す（Jennings et al., 2011）。このように，内側オリーブ蝸牛束が雑音下での聴取において重要な役割を果たすことが，モデルを用いることで支持されつつある。

（入野 俊夫・大塚 翔）

2・2　聴覚・音声言語の脳機能イメージング

2・2・1　聴覚の脳機能イメージング

2・2・1・1　聴覚野の構造

　Brodmann による脳細胞の分類に基づいた解剖学的な皮質地図（Brodmann, 1909）の提案以来，こうした領域を実際の脳活動に基づいた機能的領域と結びつける試みがなされてきた（図 2-2-1）。聴覚処理の主要な中枢と考えられてきたのは側頭葉の上部内側面に位置する横側頭回（Heschl 回）であり，横側頭回の一部を含む聴覚処理の中心を担う領域をコア領域という。コア領域はさらに，一次聴覚野（A1），吻側野（R），吻側側頭野（RT）に分かれる。また，

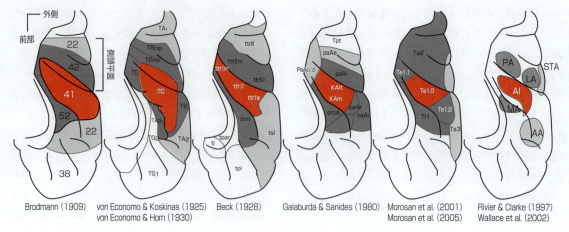

図 2-2-1　人間の上側頭回におけるさまざまな領域区分（Baumann et al., 2013, p. 3, Fig. 2）

コア領域を取り囲む領域をベルト領域，さらにその外側をパラベルト領域という。これらの領域はサルの研究において特定されてきた領域だが，Woods et al. (2010) によれば，人間でも同様の機能分化があることが示唆されている（図2-2-2）。

また，聴覚皮質において，音の情報はそれぞれの周波数に対応した領域で処理されるということが知られており，このことをトノトピー（周波数局在，tonotopy）という。コア領域においては，周波数対応の勾配が，隣接する領野同士で鏡映対称になる（Formisano et al., 2003）。しかし，その勾配の方向が横側頭回に対して平行なのか垂直なのかといった問題については，統一的な見解が得られていなかった。この問題について近年では，Baumann et al. (2013) によって，サルの研究結果と類似したモデルが新たに提案されている（図2-2-3）。低周波領域から高周波領域にかけて，横側頭回の内側後方へと向かう勾配と，これに隣接して横側頭回の内側前方へと向かう勾配がV字に交わっており，両者はそれぞれ一次聴覚野（A1）と吻側野（R）に対応すると考えられる。

2・2・1・2　ピッチの知覚

聴覚皮質上のトノトピーの研究には純音（単一の周波数成分のみをもつ音）が通常用いられるが，一方で人間は複雑な周波数構造をもつ聴覚刺激に対してもピッチ（音の高さ）を正確に知覚することができる。このようなピッチの知覚について，Hall & Plack (2009) は，周波数構造が異なるが同一のピッチが知覚される5種の聴覚刺激を用いてfMRIにより脳活動を調べた。用いた刺激は，200 Hzの純音（F_0とする）の刺激（single frequency tone），F_0とその倍音を重ねて2 kHzのローパスフィルタをかけた刺激（wideband complex），F_0を含まないように1-2 kHzのバンドパスフィルタをかけるが，その高次倍音を重ねることでF_0のピッチが知覚される刺激（resolved complex, unresolved complex）そして，2 kHzのローパスフィルタをかけた同一のガウス雑音を両耳に呈示するが，F_0を中心とする狭い帯域だけは左耳に位相を進めた音を呈示することでF_0のピッチが知覚される刺激（Huggins）であった。なお，実験参加者の大半は音楽経験を積んでいた。その結果，5種の聴覚刺激に共通して横側頭回の後方の側頭平面（PT）で活動が観察されピッチ知覚との関連が示唆された（図2-2-4）。

また，Norman-Haignere et al. (2019) は，第3倍音から第6倍音までの和音と，これと同じ帯域のノイズ音とに対する脳活動をfMRIを用いて比較した。その結果，人間にはこうした倍音列中の和音に特異的に反応する領域があったが，マカクザルには存在しなかった（図2-2-5）。霊長類の聴覚野においてトノトピーが類似していても，和音のような高次の音声に対する知覚は人間に特異的である可能性がある。人間が言語音や楽音を知覚できるのも，そうした能力に支えられているのであろう。

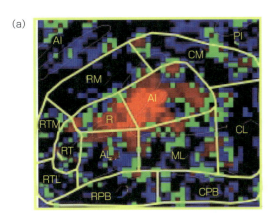
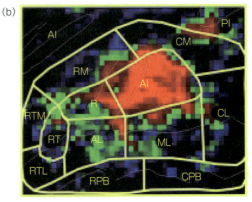
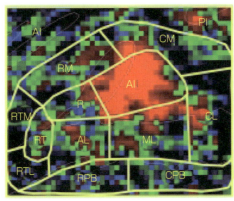

図2-2-2 人間の聴覚皮質の聴音特性（Woods et al., 2010, p. 6, Fig. 5A-C）
(a) 周波数，(b) 強度（音量），(c) 対側側方性（この値が大きいほど対側の耳からの刺激に偏った脳活動がみられる）。

A1（the primary auditory cortex）：一次聴覚皮質，R（the rostral field）：吻側野，RT（the rostrotemporal field）：吻側側頭野，CL（the caudolateral field）：尾外側野，ML（the mediolateral field）：中外側野，AL（the anteriorlateral field）：前外側野，RTL（the rostrotemporal-lateral field）：外側吻側側頭野，RTM（the rostrotemporal medial field）：内側吻側側頭野，RM（the rostromedial field）：吻内側野，CM（the caudomedial field）：尾内側野，RPB（the rostral parabelt field）：吻側パラベルト野，CPB（the caudal parabelt field）：尾側パラベルト野

2・2・1・3 音脈分凝と連続聴錯覚

音脈分凝（auditory stream segregation）とは，一連の時系列に並ぶ音が，異なる二つの流れとして知覚されるようになる現象である。Kondo & Kashino (2009) は，3音からなるフレーズを繰り返す音列に対して，一つの流れとしての知覚（S1）と，二つの流れとしての知覚（S2）の交互変化に伴う脳活動をfMRIを用いて調べた（図2-2-6）。その結果，音列中の異質な音を検出するときと共通した活動が後部島皮質（PIC），聴覚野（AC），内側膝状体（MGB）および縁上回（SMG）にみられた（図2-2-7）。さらに，フレーズ内の音程（およそ2半音と6半音）および知覚の切り替わる向き（S1からS2，S2からS1）によって，聴覚野と内側膝状体の活動が時間的に逆転した（図2-2-8）。これらの結果より，音脈分凝について内側膝状体と聴覚野を含むループ上での相互連絡の存在が示唆される。

また，連続聴錯覚（auditory continuity illusion）とは，音の流れが分断されている部分にノイズをかけると，その欠落部分が補完された連続音として知覚される現象である。Riecke et al. (2007) は，聴覚皮質のコア領域において，聴覚刺激に対する雑音によるマスキングの効果だけでなく，連続聴錯覚による知覚的な音の連続性に対応して変化する活動を報告している（図2-2-9）。

2・2・1・4 聴覚情報の分析

聴覚情報を処理するうえで，音のまとまりによる

第Ⅲ部　聴覚

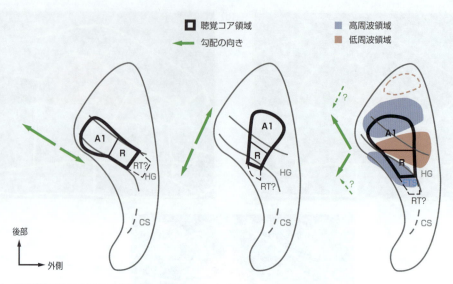

図2-2-3　周波数勾配の三つのモデル（Baumann et al., 2013, p. 5, Fig. 3A）
A1：一次聴覚野，R：吻側野，RT：吻側側頭野，HG（Heschl's Gyrus）：Heschl回，CS（the circular sulcus）：環状溝（島輪状溝），FTS（the first transversal sulcus）：第一横側頭溝

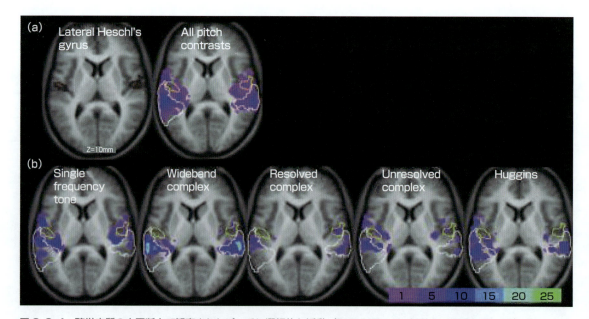

図2-2-4　聴覚皮質の水平断上で観察されたピッチに選択的な活動（Hall & Plack, 2009, p. 580, Fig. 2）
(a) Lateral Heschl's gyrus：Heschl回外側部，All pitch contrasts：全ピッチコントラスト
(b) Single frequency tone：単一周波数音，Wideband complex：広帯域複合音，Resolved complex：分離複合音（F_0の倍音を位相を揃えて重ねたもの），Unresolved complex：非分離複合音（$F_0/2$の奇数倍音と偶数倍音を位相を90度ずらして重ねることでF_0が知覚される），Huggins：Hugginsピッチ（ハギンズ・ピッチ）

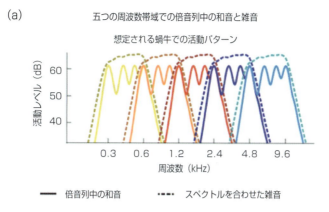

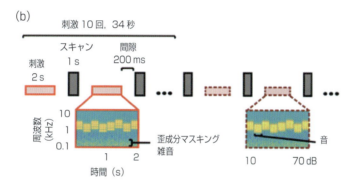

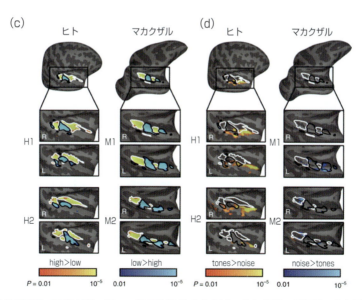

図 2-2-5 （a）刺激の周波数（実線がハーモニー音で破線がノイズ音），（b）刺激の呈示法，（c）聴覚皮質のトノトピー，（d）ハーモニー音への選択性（Norman-Haignere et al., 2019, p.1058, Fig. 1）
（c）（d）H1：ヒト1，H2：ヒト2，M1：マカクザル1，M2：マカクザル2，R：右脳，L：左脳，high＞low：高周波への反応より低周波への反応が弱い，low＞high：高周波への反応より低周波への反応が強い，tones＞noise：和音への反応より雑音への反応が弱い，noise＞tones：和音への反応より雑音への反応が強い）

第Ⅲ部　聴覚

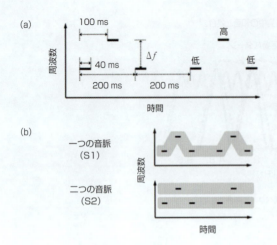

図 2-2-6　(a) 刺激の周波数変化，(b) 二通りの知覚（Kondo & Kashino, 2009, p.12696, Fig. 1）

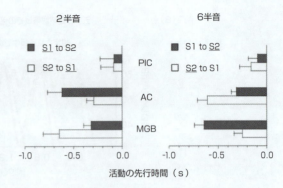

図 2-2-8　脳活動の先行時間の違い（Kondo & Kashino, 2009, p.12699, Fig. 6）
S1 to S2：音脈一つから二つへの切り替え，S2 to S1：音脈二つから一つへの切り替え，PIC（posterior insular cortex）：後部島皮質，AC（auditory cortex）：聴覚皮質，MGB（medial geniculate body）：内側膝状体

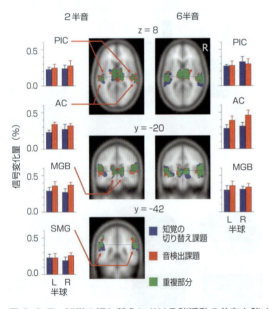

図 2-2-7　知覚の切り替えにおける脳活動の分布と強さ（Kondo & Kashino, 2009, p.12698, Fig. 3）
L：左半球，R：右半球，PIC（posterior insular cortex）：後部島皮質，AC（auditory cortex）：聴覚皮質，MGB（medial geniculate body）：内側膝状体，SMG（supramarginal gyrus）：縁上回

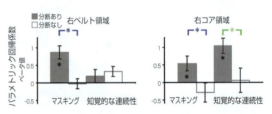

図 2-2-9　音の分断の有無による活動変動の大きさ（Riecke et al., 2007, p.12687, Fig. 2C）

「音脈」の分析に加えて，その音自体の「質感」の分析も重要である。Overath et al.（2010）は，ピッチが急上昇または急降下する音を密に連ねた刺激を用い，そうした音の変化が揃う程度（コヒーレンス）について 0%（ランダム）から 100% までの異なる 6 段階をランダムに並べて呈示した（図 2-2-10）。このときの脳活動を fMRI によって計測した結果，コヒーレンス変化量に対応した活動が，横側頭回（HG），側頭平面（PT），側頭頭頂接合部（TPJ）および上側頭溝（STS）にみられ（図 2-2-11 の各グラフ右半分），コヒーレンス自体，すなわち音の「質感」に対応する活動が，側頭平面および側頭頭頂接合部にみられた（図 2-2-11 左半分）。これにより，音の変化は一次聴覚野を含む広い聴覚領域で処理され，音の質感は聴覚連合野の高次領域が関わっていることが示唆される。

2・2・1・5　音声の知覚

これまで紹介したのは抽象的な音に対する知覚や脳活動であるが，人間の声などの日ごろ耳にする音についてはどうだろうか。Leaver & Rauschecker（2010）は，鳥の鳴き声・動物の鳴き声・人間の声・楽器の音について，それぞれを聞いた際の脳活動を

第 2 章　聴覚モデルと高次脳機能

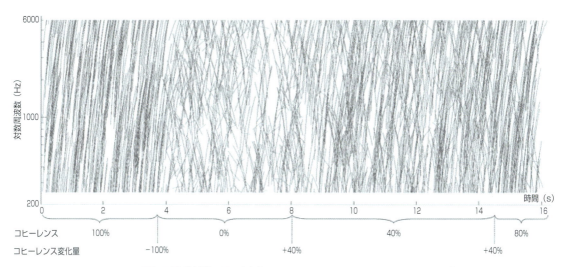

図 2-2-10　コヒーレンスの異なる聴覚刺激の呈示例（Overath et al., 2010, p. 2071, Fig. 1）

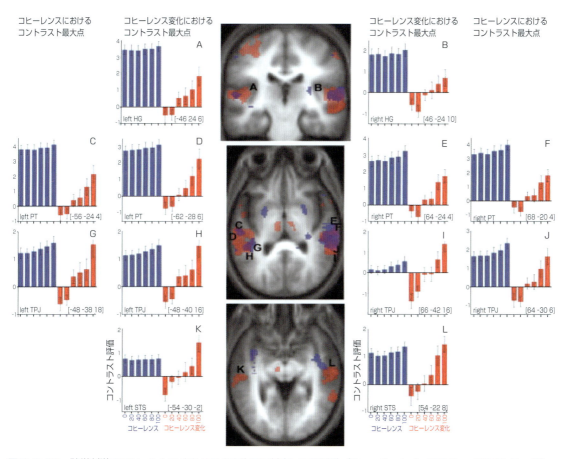

図 2-2-11　聴覚刺激のコヒーレンスまたはその変化量に対応した脳活動（Overath et al., 2010, p. 2073, Fig. 3）
left HG：左 Heschl 回，left PT：左側頭平面，left TPJ：左側頭頭頂接合部，left STS：左上側頭溝，
right HG：右 Heschl 回，right PT：右側頭平面，right TPJ：右側頭頭頂接合部，right STS：右上側頭溝

第III部 聴覚

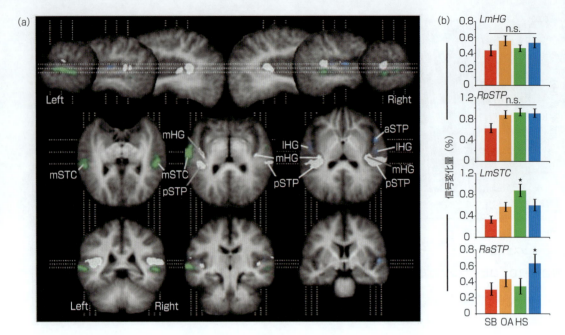

図 2-2-12　人間の声や楽器の音に選択的な活動（Leaver & Rauschecker, 2010, p. 7608, Fig. 3）
　　　　　（a）Left：左，Right：右，mHG：Heschl 回内側部，lHG：Heschl 回外側部，mSTC（middle portion of superior temporal cortex）：上側頭皮質中部，aSTP：上側頭平面前部，pSTP：上側頭平面後部
　　　　　（b）SB（songbirds）：鳴き鳥，OA（other animals）：その他の動物，HS（human speech）：ヒトの音声，MI（musical instruments）：楽器，LmHG：左 Heschl 回内側部，RpSTP：右上側頭平面後部，LmSTC：左上側頭皮質中部，RaSTP：右上側頭平面前部

　fMRI を用いて調べた。その結果，鳥の鳴き声と動物の鳴き声に対する特異的な活動領域は見つからなかったが，人間の声に対しては両側の上側頭皮質中部（mSTC）が，楽器の音については両側の横側頭回外側部（lHG）および右の上側頭平面前部（aSTP）が選択的な活動を示した（図 2-2-12）。

　また，音の注意に関する Hausfeld et al.（2018）の研究では，音楽経験がない単言語話者に対して，単語を読み上げた声と楽器の音を同時に呈示し，そのうちの一方に注意させる課題を行った。すると，人間の声に注意を向けたときに，上側頭溝／回の中部および後部（mSTS/G, pSTS/G）の活動が選択的に上昇した（図 2-2-13）。これらの聴覚野の活動は，音声言語に対する特異性が示唆されており，興味深い知見である。

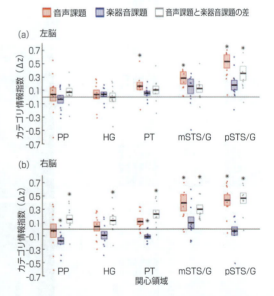

図 2-2-13　音声と楽音に対する聴覚皮質の活動の選択性（Hausfeld et al., 2018, p.479, Fig. 6）
　PP（planum porale）：側頭極平面，HG：Heschl 回，PT（planum temporale）：側頭平面，mSTS/G：上側頭回／溝中部，pSTS/G：上側頭回／溝後部

2・2・2 音声言語の脳機能イメージング

2・2・2・1 言語の脳科学

言語機能は人間の精神活動のほとんどに関わる脳機能だが，脳全体に分散するわけではない。言語の脳科学では，言語機能の局在を明らかにすることが重要である。19世紀の失語症の研究では，言語の理解はできるが発話が困難になる「運動性失語」がBrocaによって初めて明らかにされた。また，流暢に発話できる一方で，意味のある発話と言語理解が難しくなる「感覚性失語」がWernickeによって報告された。それ以来，それぞれの責任病巣である左下前頭回後部はBroca野，左上側頭回後部はWernicke野と呼ばれ，言語処理に特化した脳領域，すなわち「言語野」であると考えられてきた。

その後20世紀になって，言語の感覚統合の座としての左角回／縁上回の重要性をGeschwindが指摘した。「言語野」としてのこの領域を特にGeschwind野ともいい，脳の左半球に局在するこれら三つの言語野は，神経線維束により相互に連絡している。近年では，イメージング手法の発展と言語学的知見を取り入れた実験パラダイムの精緻化などにより，言語野のより詳細な構造と機能，さらには他の領域との機能的結合（functional connectivity）が明らかになってきた。それぞれの脳領域がどのようにはたらき，どのようなネットワークを形成することによって言語活動が行われているのか，その動作原理を解明することが言語の脳科学の目的である。

2・2・2・2 人間と他の霊長類の比較

音声や手話による複雑な文構造をもった言語を自発的に使用する種は人間のみである。このことから，言語機能の神経基盤は人間特有のものであると考えられるが，人間と他の霊長類では，どんな脳構造の違いがあるのだろうか。Rilling et al.（2008）は，MRIによる拡散強調画像法を用いて，人間・チンパンジー・マカクザルの弓状束を比較した（図2-2-14）。人間では，弓状束を中心とした背側経路が腹側経路より顕著に発達していることに加え，弓状束が下前頭回（Brodmannの44/45/47野，以下BA44/45/47などと表記）から，中側頭回および下側頭回までの

広い範囲に投射している。チンパンジーでも背側経路が腹側経路よりも発達しているが，背側経路の主要な投射先は前頭前野背外側部，運動前野背側部，下頭頂小葉（BA39/40）といった限られた領域であった。一方マカクザルでは，背側経路よりも腹側経路のほうが発達しており，腹側経路は主に上側頭回（BA22）と弓状溝に投射していた。こうした脳構造の違いは，単なる脳容量の違いとは本質的に異なり，それぞれの進化の過程における神経ネットワークの質的な差異を反映していると考えられる。

2・2・2・3 細胞構築学とイメージング

言語機能の神経基盤を詳しく調べるには，細胞構築学的な脳領域の地図に対して，非侵襲的なイメージング手法で得られる脳画像を対応させることが重要である。SPM（statistical parametric mapping）などの画像解析ソフトウェアに実装されている脳地図として，死後脳研究で得られたデータから標準化した，確率的Brodmann地図（probabilistic map）がある（Eickhoff et al., 2005）。この脳地図を脳活動に適用すれば，特定のBrodmann領野に占める割合を，MNI（Montreal Neurological Institute）座標へ標準化した画像上で調べられる。近年，細胞構築学による詳細な分析により，より詳しい脳地図を作る試みがなされている。Amunts et al.（2010）は，人間のBroca野における細胞構築と，6種類のレセプター（AMPA型グルタミン酸受容体，カイニン酸受容体，$GABA_A$受容体，ムスカリン受容体M1/M2，アドレナリン受容体α_1）の分布を調べた（図2-2-15）。その結果，BA44は背腹（dorsal-ventral）方向に44dと44vに，BA45は前後（anterior-posterior）方向に45aと45pに分割できることがわかった。また，MRIのT_1強調画像とT_2強調画像の比を用いて灰白質の髄鞘化の程度を可視化する手法が開発され，この手法で得られた領野の境界が，細胞構築学に基づく詳細な境界と一致することが報告されている（Glasser & van Essen, 2011）。

2・2・2・4 言語機能における背側・腹側経路

拡散強調画像法などによる解剖学的な知見によると，前頭連合野は他の脳領域ときわめて多数の連合

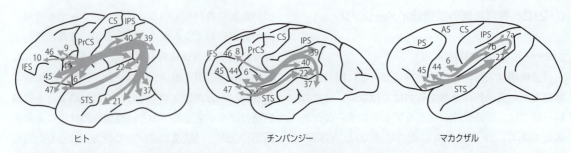

図2-2-14 人間・チンパンジー・マカクザルにおける背側および腹側経路の概略図（Rilling et al., 2008, p. 427, Fig. 2b）
CS：中心溝，PrCS：中心前溝，IPS：頭頂間溝，STS：上側頭溝，AS：弓状溝，PS：主溝

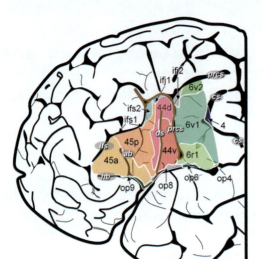

図2-2-15 細胞構築に基づくBroca野内の脳領域（Amunts et al., 2010, p.13, Fig. 9）
cs (central sulcus)：中心溝，prcs (precentral sulcus)：中心前溝，ds (diagonal sulcus)：対角溝，ab (ascending branch of the lateral fissure)：外側裂上行枝，ifs (inferior frontal sulcus)：下前頭溝，hb (horizontal branch of the lateral fissure)：外側裂水平枝，ifj (inferior frontal junction)：下前頭接合部，op (opercular areas)：弁蓋領域

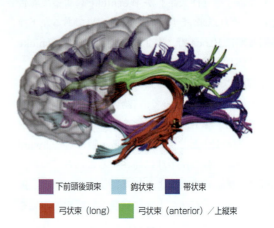

図2-2-16 前頭連合野から描出する多数の連合線維（Catani et al., 2012, p. 1271, Fig. 8）

線維によって連絡されている（図2-2-16）。このような知見は，fMRIなどで得られる機能的結合の知見に対して，構造的な裏付けを与えるのに有用である。言語機能における主要な神経線維束は，上述した背側経路と腹側経路である。

背側経路に含まれる弓状束について，Catani et al. (2005) は，long segment（前頭連合野と側頭連合野を連絡），anterior segment（前頭連合野と頭頂連合野を連絡），posterior segment（頭頂連合野と側頭連合野を連絡）の三つに分類している（図2-2-17）。一方でFriederici (2011) は，前頭前野（BA6）と上側頭回を連絡する経路と，下前頭回の一部（BA44）と上側頭回を連絡する経路の二つに分類するなど，背側経路の細分類に関しては統一的な見解が得られていない（Dick & Tremblay, 2012）。背側経路の機能については，Broca野からの弓状束のFA値（水分子の拡散異方性により線維束の揃い方を表す）が，自然言語の特徴を部分的に模した人工文法の学習成績と正の相関を示したとの報告がある（Flöel et al., 2009）。

腹側経路は，下前頭後頭束（inferior fronto-occipital fasciculus），鉤状束（uncinate fasciculus），外包（external capsule），最外包（extreme capsule）といった神経線維束からなると考えられているが，これらの線維束は近接して走行しているため，イメージン

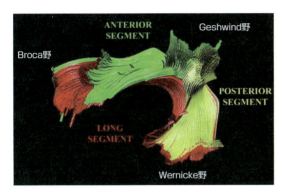

図 2-2-17 弓状束の細分類（Catani et al., 2005, p. 11, Fig. 3）

グ手法による弁別は困難である。腹側経路の機能については，文の意味理解に関連すると考えられており，左下前頭回腹側部（BA47）および左側頭葉が，最外包／中縦束／下縦束により連絡されているという報告がある（Saur et al., 2008）。

2・2・2・5 言語機能のモジュール局在性

理論言語学の知見をもとに，言語機能を細分化した実験パラダイムへと精緻化することで，言語野の機能分化を明らかにするアプローチも重要である。自然言語（乳幼児が自然に獲得する言語）は，文法・読解（文章理解）・単語（語彙）・音韻といった独立した機能モジュールで構成されると考えられる。文法と意味の独立性を示す有名な例として，"Colorless green ideas sleep furiously"（色なき緑の考えが猛然と眠る）という文は意味をなさないが，文法的には正しいと判断できる（Chomsky, 1957）。そこで Sakai（2005）は，「文法中枢」（Broca 野の一部を含む領域）が独立した文法モジュールとして機能することを実証した。文の文法的判断を行う課題に対して，文の意味と語句を統制した短期記憶課題を対照条件として調べたところ，左下前頭回弁蓋部／三角部（BA44/45）および左運動前野外側部に選択的な活動がみられた（図 2-2-18）。

また，Homae et al.（2002）は，文の意味の整合性を判断する課題に対して，文中で使用された語句から非単語を検出する課題を対照条件として調べた結果，左下前頭回三角部／眼窩部（BA45/47）に選択的な活動を明らかにした。こうした脳機能イメージング研究により，文法・読解・単語・音韻モジュールが脳の特定の領域に局在していると考えられる（図 2-2-19）。

2・2・2・6 文法処理に関わるネットワーク

文法処理において，複数の脳領域で構成されたネットワークに関する研究もなされている。Kinno et al.（2014）は，上記の文法中枢，すなわち左下前頭回弁蓋部／三角部，あるいは左運動前野外側部に脳腫瘍がある患者が失文法（agrammatism）を示すことを実証した。しかし，左前頭葉のそれ以外の領域に脳腫瘍がある患者では，文法判断が正常だった。

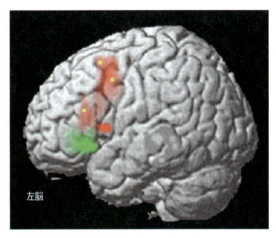

図 2-2-18 文法的判断による脳活動（赤）と意味的判断による脳活動（緑）の分離（Sakai, 2005, p. 817, Fig. 2(B)）

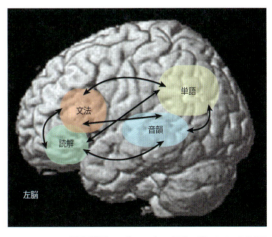

図 2-2-19 言語機能モジュールの局在（Sakai, 2005, p. 817, Fig. 2(A) より改変）

さらに文法処理における脳活動をfMRIで調べるため，能動文（△が○を引いてる），受動文（○が△に引かれる），かき混ぜ文（○を△が引いてる）という三つの文型を用いて，絵と文のマッチング課題をテストした。その結果，失文法症状を呈する患者では，脳腫瘍の場所により14の脳領域で脳活動が変化することが明らかとなった（Kinno et al., 2014）。

また，領域間の機能的結合（脳活動の時間的相関）を健常者に対して調べた結果，これらの14の領域が明確に三つのネットワークに分けられた（図2-2-20）。それぞれの機能的結合に対応した線維連絡の存在が拡散強調画像法による研究によって確かめられ，文法処理がこれら三つのネットワークによって支えられていることが初めて示された。

2・2・2・7 併合度による文法中枢の活動変化

理論言語学によると，文法（統辞）は「再帰的計算」というプロセスで特徴づけられる。統辞構造における再帰的計算とは，文や句の中に別の文や句を埋め込むことであり，これにより新たな文を際限なく生成できる。この再帰性の根幹をなす基本演算として，二つの言語要素を統合してより大きな構造を作る「併合（merge）」という操作がある。たとえば「本を読んだ」という文と疑問の終助詞「の」を併合すると，「本を読んだの？」という疑問文が得られる。併合は再帰的に適用可能であり，すべての統辞構造が再帰的併合により一元的に生成される。

Ohta et al.（2013）は，文構造の複雑さを表す指標である「併合度」を提案し，併合度の異なる複数の条件を用意して，fMRI計測による実験を行った。意味の要因を排除するため，課題文では最低限の文法要素と無意味単語のみで構成された文を用いた。併合度の高い条件と低い条件を比較した結果，左下前頭回と左縁上回に活動が局在した。また，左下前頭回の脳活動量を説明する要因は，検討した多数のモデルの中で併合度のみであった。さらに，左下前頭回と左縁上回の間の情報の伝達を明らかにする目的で，動的因果モデル（dynamic causal modeling）による解析を行った。これは，ある脳領域への情報入力や領域間での情報伝達の方向性を仮定したときに，MRIの信号変化を精度よく説明できるかを調べ

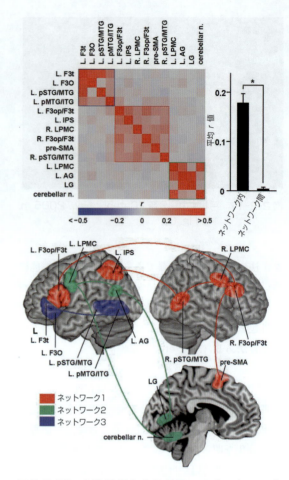

図2-2-20　文法処理を支える三つのネットワーク（Kinno et al., 2014, p.1207, Fig. 7CD）
L. F3t：左下前頭回三角部，L. F3O：左下前頭回眼窩部，L. pSTG/MTG：左上／中側頭回後部，L. pMTG/ITG：左中／下側頭回後部，L. F3op/F3t：左下前頭回弁蓋部／三角部，L. IPS：左頭頂間溝，R. LPMC：右外側運動前皮質，R. F3op/F3t：右下前頭回弁蓋部／三角部，pre-SMA：補足運動野前部，R. pSTG/MTG：右上／中側頭回後部，L. LPMC：左外側運動前皮質，L.AG：左角回，LG：舌状回，cerebellar n.：小脳核

ることで，脳の機能的なネットワークを明らかにする手法である。その結果，併合度による文構造に関する情報が左下前頭回に入力されたのち，さらに左下前頭回から左縁上回へとトップダウンで情報が伝達されるモデルが最適であった。また，拡散強調画像法により，左下前頭回と左縁上回の間の線維結合は，左弓状束／上縦束の一部と考えられる。

脳における文法処理の本質として，再帰性と関わ

第 2 章　聴覚モデルと高次脳機能

る併合操作が明らかになったわけであり，言語理論　であろう。
と脳科学実験の協調が今後も一層重要になってくる

（酒井 邦嘉・大芝 芳明・堀澤 麗也）

文献

(2・1)

Békésy, G. von (1960). *Experiments in Hearing*. McGraw-Hill.

Brown, G. J., Ferry, R. T., & Meddis, R. (2010). A computer model of auditory efferent suppression: Implications for the recognition of speech in noise. *Journal of the Acoustical Society of America, 127*(2), 943-954. ［doi: 10.1121/1.3273893］

Carney, L. H. (2018). Supra-threshold hearing and fluctuation profiles: Implications for sensorineural and hidden hearing loss. *Journal of the Association for Research in Otolaryngology,19*(4), 331-352. ［doi: 10.1007/s10162-018-0669-5］

Chintanpalli, A., Jennings, S. G., Heinz, M. G., & Strickland, E. A. (2012). Modeling the anti-masking effects of the olivocochlear reflex in auditory nerve responses to tones in sustained noise. *Journal of the Association for Research in Otolaryngology, 13*(2), 219-235. ［doi: 10.1007/s10162-011-0310-3］

Dau, T., Kollmeier, B., & Kohlrausch, A. (1997). Modeling auditory processing of amplitude modulation. I. Detection and masking with narrow-band carriers. *Journal of the Acoustical Society of America, 102*(5), 2892-2905. ［doi: 10.1121/1.420344］

Depireux, D. A., Simon, J. Z., Klein, D. J., & Shamma, S. A. (2001). Spectro-temporal response field characterization with dynamic ripples in ferret primary auditory cortex. *Journal of Neurophysiology, 85*, 1220-1234. ［doi: 10.1152/jn.2001.85.3.1220］

Dicke, U., Ewert, S. D., Dau, T., & Kollmeier, B. (2007). A neural circuit transforming temporal periodicity information into a rate-based representation in the mammalian auditory system. *Journal of the Acoustical Society of America, 121*(1), 310-326. ［doi: 10.1121/1.2400670］

Fletcher, H. (1940). Auditory patterns. *Reviews of Modern Physics, 12*, 47-61.

Fritz, J., Shamma, S., Elhiliali, M., & Klein, D. (2003). Rapid task-related plasticity of spectrotemporal receptive fields in primary auditory cortex. *Nature Neuroscience, 6*(11), 1216-1223. ［doi: 10.1038/nn1141］

Glasberg, B. R., & Moore, B. C. J. (1990). Derivation of auditory filter shapes from notched-noise data. *Hearing Research, 47*, 103-138. ［doi: 10.1016/0378-5955(90)90170-T］

Guinan, J. J. (2006). Olivocochlear efferents: Anatomy, physiology, function, and the measurement of efferent effects in humans. *Ear and Hearing, 27*(6), 589-607. ［doi: 10.1097/01.aud.0000240507.83072.e7］

Hall, J. W., Haggard, M. P., & Fernandes, M. A. (1984). Detection in noise by spectro-temporal pattern analysis. *Journal of the Acoustical Society of America, 76*(1), 50-56. ［doi: 10.1121/1.391005］

Hewitt, M. J., & Meddis, R. (1994). A computer model of amplitude-modulation sensitivity of single units in the inferior colliculus. *Journal of the Acoustical Society of America, 95*(4), 2145-2159. ［doi: 10.1121/1.408676］

入野 俊夫 (2010). はじめての聴覚フィルタ　日本音響学会誌, *66*, 506-512. ［doi: 10.20697/jasj.66.10_506］

Irino, T., & Patterson, R. D. (1996). Temporal asymmetry in the auditory system. *Journal of the Acoustical Society of America, 99*(4), 2316-2331. ［doi: 10.1121/1.415419］

Irino, T., & Patterson, R. D. (1997). A time-domain, level-dependent auditory filter: The gammachirp. *Journal of the Acoustical Society of America, 101*(1), 412-419. ［doi: 10.1121/1.417975］

Irino, T., & Patterson, R. D. (2001). A compressive gammachirp auditory filter for both physiological and psychophysical data. *Journal of the Acoustical Society of America, 109*(5), 2008-2022. ［doi: 10.1121/1.1367253］

Irino, T., & Patterson, R. D. (2002). Segregating information about the size and shape of the vocal tract using a time-domain auditory model: The stabilised wavelet-Mellin transform. *Speech Communication, 36*(3-4), 181-203. ［doi: 10.1016/S0167-6393(00)00085-6］

Irino, T., & Patterson, R. D. (2006). A dynamic compressive gammachirp auditory filterbank. *IEEE Transactions on Audio, Speech, and Language Processing, 14*(6), 2222-2232. ［doi: 10.1109/TASL.2006.874669］

第 III 部　聴覚

Jeffress, L. A. (1948). A place theory of sound localization. *Journal of Comparative and Physiological Psychology*, *41*(1), 35–39. [doi: 10.1037/h0061495]

Jennings, S. G., Heinz, M. G., & Strickland, E. A. (2011). Evaluating adaptation and olivocochlear efferent feedback as potential explanations of psychophysical overshoot. *Journal of the Association for Research in Otolaryngology*, *12*(3), 345–360. [doi: 10.1007/s10162-011-0256-5]

Jørgensen, S., & Dau, T. (2011). Predicting speech intelligibility based on the signal-to-noise envelope power ratio after modulation-frequency selective processing. *Journal of the Acoustical Society of America*, *130*(3), 1475–1487. [doi: 10.1121/1.3621502]

Kawase, T., & Liberman, M. C. (1993). Antimasking effects of the olivocochlear reflex. I. Enhancement of compound action potentials to masked tones. *Journal of Neurophysiology*, *70*(6), 2519–2532. [doi: 10.1152/jn.1993.70.6.2519]

Langner, G. (1981). Neuronal mechanisms for pitch analysis in the time domain. *Experimental Brain Research*, *44*(4), 450–454. [doi: 10.1007/BF00238840]

Langner, G. (2005). Topographic representation of periodicity information: The 2nd neural axis of the auditory system. In J. Syka & M. M. Merzenich (Eds.), *Plasticity and Signal Representation in the Auditory System* (pp. 37–51). Springer.

Licklider, J. C. R. (1951). A duplex theory of pitch perception. *Experientia*, *7*(4), 128–134. [doi: 10.1007/BF02156143]

Maison, S. F., & Liberman, M. C. (2000). Predicting vulnerability to acoustic injury with a noninvasive assay of olivocochlear reflex strength. *Journal of Neuroscience*, *20*(12), 4701–4707. [doi: 10.1523/Jneuroscl.20-12-04701.2000]

Matsui, T., Irino, T., Uemura, R., Yamamoto, K., Kawahara, H., & Patterson, R. D. (2022). Modelling speaker-size discrimination with voiced and unvoiced speech sounds based on the effect of spectral lift. *Speech Communication*, *136*, 23–41. [doi: 10.1016/j.specom.2021.10.006]

Meddis, R. (2006). Auditory-nerve first-spike latency and auditory absolute threshold: A computer model. *Journal of the Acoustical Society of America*, *119*(1), 406–417. [doi: 10.1121/1.2139628]

Meddis, R., Lopez-Poveda, E., Popper, A. N., & Fay, R. R. (Eds.). (2010). *Computational Models of the Auditory System*. Springer.

Messing, D. P., Delhorne, L., Bruckert, E., Braida, L. D., & Ghitza, O. (2009). A non-linear efferent-inspired model of the auditory system; Matching human confusions in stationary noise. *Speech Communication*, *51*(8), 668–683. [doi: 10.1016/j.specom.2009.02.002]

Moore, B. C. J. (1995). *Perceptual Consequences of Cochlear Damage*. Oxford University Press.

Moore, B. C. J. (2012). *An Introduction to the Psychology of Hearing*. Emerald.

Moore, B. C. J., Glasberg, B. R., & Baer, T. (1997). A model for the prediction of thresholds, loudness, and partial loudness. *Journal of the Audio Engineering Society*, *45*(4), 224–240.

森 周司・香田 徹（編著）（2011）．聴覚モデル　コロナ社

Nelson, P. C., & Carney, L. H. (2004). A phenomenological model of peripheral and central neural responses to amplitude-modulated tones. *Journal of the Acoustical Society of America*, *116*(4), 2173–2186. [doi: 10.1121/1.1784442]

Otsuka, S., Tsuzaki, M., Sonoda, J., Tanaka, S., & Furukawa, S. (2016). A role of medial olivocochlear reflex as a protection mechanism from noise-induced hearing loss revealed in short-practicing violinists. *PLoS ONE*, *11*(1), e0146751. [doi: 10.1371/journal.pone.0146751]

Patterson, R. D. (1974). Auditory filter shape. *Journal of the Acoustical Society of America*, *55*, 802–809. [doi: 10.1121/1.1914603]

Patterson, R. D. (1976). Auditory filter shapes derived with noise stimuli. *Journal of the Acoustical Society of America*, *59*, 640–654. [doi: 10.1121/1.380914]

Patterson, R. D., Allerhand, M. H., & Giguere, C. (1995). Time-domain modeling of peripheral auditory processing: A modular architecture and a software platform. *Journal of the Acoustical Society of America*, *98*(4), 1890–1894. [doi: 10.1121/1.414456]

Shannon, R. V., Zeng, F. G., Kamath, V., Wygonski, J., & Ekelid, M. (1995). Speech recognition with primarily temporal cues. *Science*, *270*(5234), 303–304. [doi: 10.1126/science.270.5234.303]

第 2 章　聴覚モデルと高次脳機能

Smalt, C. J., Heinz, M. G., & Strickland, E. A. (2014). Modeling the time-varying and level-dependent effects of the medial olivocochlear reflex in auditory nerve responses. *Journal of the Association for Research in Otolaryngology, 15*(2), 159-173. ［doi: 10.1007/s10162-013-0430-z］

Suga, N., & Ma, X. (2003). Multiparametric corticofugal modulation and plasticity in the auditory system. *Nature Reviews Neuroscience, 4*(10), 783-794. ［doi: 10.1038/nrn1222］

Terreros, G., & Delano, P. H. (2015). Corticofugal modulation of peripheral auditory responses. *Frontiers in Systems Neuroscience, 9*, 134. ［doi: 10.3389/fnsys.2015.00134］

Verhulst, S., Altoè, A., & Vasilkov, V. (2018). Computational modeling of the human auditory periphery: Auditory-nerve responses, evoked potentials and hearing loss. *Hearing Research, 360*, 55-75. ［doi: 10.1016/j.heares.2017.12.018］

Verhulst, S., Bharadwaj, H. M., Mehraei, G., Shera, C. A., & Shinn-Cunningham, B. G. (2015). Functional modeling of the human auditory brainstem response to broadband stimulation. *Journal of the Acoustical Society of America, 138*(3), 1637-1659. ［doi: 10.1121/1.4928305］

Viemeister, N. F. (1979). Temporal modulation transfer functions based upon modulation thresholds. *Journal of the Acoustical Society of America, 66*, 1364-1380. ［doi: 10.1121/1.383531］

Yamamoto, K., Irino, T., Araki, S., Kinoshita, K., & Nakatani, T. (2020). GEDI: Gammachirp envelope distortion index for predicting intelligibility of enhanced speech. *Speech Communication, 123*, 43-58. ［doi: 10.1016/j.specom.2020.06.001］

Zilany, M. S. A., Bruce, I. C., Nelson, P. C., & Carney, L. H. (2009). A phenomenological model of the synapse between the inner hair cell and auditory nerve: Long-term adaptation with power-law dynamics. *Journal of the Acoustical Society of America, 126*(5), 2390-2412. ［doi: 10.1121/1.3238250］

（2・2）

Amunts, K., Lenzen, M., Friederici, A. D., Schleicher, A., Morosan, P., Palomero-Gallagher, N., & Zilles, K. (2010). Broca's region: Novel organizational principles and multiple receptor mapping. *PLoS Biology, 8*(9), 1-16. ［doi: 10.1371/journal.pbio.1000489］

Baumann, S., Petkov, C. I., & Griffiths, T. D. (2013). A unified framework for the organization of the primate auditory cortex. *Frontiers in Systems Neuroscience, 7*(11), 1-8. ［doi: 10.3389/fnsys.2013.00011］

Brodmann, K. (1909). *Vergleichende Lokalisationslehre der Grosshirnrinde in ihren Prinzipien dargestellt aufgrund des Zellenbaues*. Barth.

Catani, M., Dell'acqua, F., Bizzi, A., Forkel, S. J., Williams, S. C., Simmons, A., ... De Schotten, M. T. (2012). Beyond cortical localization in clinico-anatomical correlation. *Cortex, 48*, 1262-1287. ［doi: 10.1016/j.cortex.2012.07.001］

Catani, M., Jones, D. K., & Ffytche, D. H. (2005). Perisylvian language networks of the human brain. *Annals of Neurology, 57*, 8-16. ［doi: 10.1002/ana.20319］

Chomsky, N. (1957). *Syntactic Structures*. Mouton Publishers.

Dick, A. S., & Tremblay, P. (2012). Beyond the arcuate fasciculus: Consensus and controversy in the connectional anatomy of language. *Brain, 135*, 3529-3550. ［doi: 10.1093/brain/aws222］

Eickhoff, S. B., Stephan, K. E., Mohlberg, H., Grefkes, C., Fink, G. R., Amunts, K., & Zilles, K. (2005). A new SPM toolbox for combining probabilistic cytoarchitectonic maps and functional imaging data. *NeuroImage, 25*, 1325-1335. ［doi: 10.1016/j.neuroimage.2004.12.034］

Flöel, A., De Vries, M. H., Scholz, J., Breitenstein, C., & Johansen-Berg, H. (2009). White matter integrity in the vicinity of Broca's area predicts grammar learning success. *NeuroImage, 47*, 1974-1981. ［doi: 10.1016/j.neuroimage.2009.05.046］

Formisano, E., Kim, D-S., Di Salle, F., Van De Moortele, P-F., Ugurbil, K., & Goebel, R. (2003). Mirror-symmetric tonotopic maps in human primary auditory cortex. *Neuron, 40*, 859-869. ［doi: 10.1016/s0896-6273(03)00669-x］

Friederici, A. D. (2011). The brain basis of language processing: From structure to function. *Physiological Reviews, 91*, 1357-1392. ［doi: 10.1152/physrev.00006.2011］

Glasser, M. F., & Van Essen, D. C. (2011). Mapping human cortical areas in vivo based on myelin content as revealed by T1- and T2-weighted MRI. *Journal of Neuroscience, 31*, 11597-11616. ［doi: 10.1523/Jneuroscl.2180-11.2011］

1011

第 III 部　聴覚

Hall, D. A., & Plack, C. J. (2009). Pitch processing sites in the human auditory brain. *Cerebral Cortex*, *19*, 576–585. [doi: 10.1093/cercor/bhn108]

Hausfeld, L., Riecke, L., & Formisano, E. (2018). Acoustic and higher-level representations of naturalistic auditory scenes in human auditory and frontal cortex. *NeuroImage*, *173*, 472–483. [doi: 10.1016/j.neuroimage.2018.02.065]

Homae, F., Hashimoto, R., Nakajima, K., Miyashita, Y., & Sakai, K. L. (2002). From perception to sentence comprehension: The convergence of auditory and visual information of language in the left inferior frontal cortex. *NeuroImage*, *16*, 883–900. [doi: 10.1006/nimg.2002.1138]

Kinno, R., Ohta, S., Muragaki, Y., Maruyama, T., & Sakai, K. L. (2014). Differential reorganization of three syntax-related networks induced by a left frontal glioma. *Brain*, *137*, 1193–1212. [doi: 10.1093/brain/awu013]

Kondo, H. M., & Kashino, M. (2009). Involvement of the thalamocortical loop in the spontaneous switching of percepts in auditory streaming. *Journal of Neuroscience*, *29*, 12695–12701. [doi: 10.1523/jneurosci.1549-09.2009]

Leaver, A. M., & Rauschecker, J. P. (2010). Cortical representation of natural complex sounds: Effects of acoustic features and auditory object category. *Journal of Neuroscience*, *30*, 7604–7612. [doi: 10.1523/JNEUROSCI.0296-10.2010]

Norman-Haignere, S. V., Kanwisher, N., McDermott, J. H., & Conway, B. R. (2019). Divergence in the functional organization of human and macaque auditory cortex revealed by fMRI responses to harmonic tones. *Nature Neuroscience*, *22*, 1057–1060. [doi: 10.1038/s41593-019-0410-7]

Ohta, S., Fukui, N., & Sakai, K. L. (2013). Syntactic computation in the human brain: The degree of merger as a key factor. *PLoS ONE*, *8*(2), 1–16. [doi: 10.1371/journal.pone.0056230]

Overath, T., Kumar, S., Stewart, L., Von Kriegstein, K., Cusack, R., Rees, A., & Griffiths, T. D. (2010). Cortical mechanisms for the segregation and representation of acoustic textures. *Journal of Neuroscience*, *30*, 2070–2076. [doi: 10.1523/JNEUROSCI.5378-09.2010]

Riecke, L., Van Opstal, A. J., Goebel, R., & Formisano, E. (2007). Hearing illusory sounds in noise: Sensory-perceptual transformations in primary auditory cortex. *Journal of Neuroscience*, *27*, 12684–12689. [doi: 10.1523/JNEUROSCI.2713-07.2007]

Rilling, J. K., Glasser, M. F., Preuss, T. M., Ma, X., Zhao, T., Hu, X., & Behrens, T. E. (2008). The evolution of the arcuate fasciculus revealed with comparative DTI. *Nature Neuroscience*, *11*, 426–428. [doi: 10.1038/nn2072]

Sakai, K. L. (2005). Language acquisition and brain development. *Science*, *310*, 815–819. [doi: 10.1126/science.1113530]

Saur, D., Kreher, B. W., Schnell, S., Kümmerer, D., Kellmeyer, P., Vry, M-S., ... Weiller, C. (2008). Ventral and dorsal pathways for language. *Proceedings of the National Academy of Sciences of the USA*, *105*, 18035–18040. [doi: 10.1073/pnas.0805234105]

Woods, D. L., Herron, T. J., Cate, A. D., Yund, E. W., Stecker, G. C., Rinne, T., & Kang, X. (2010). Functional properties of human auditory cortical fields. *Frontiers in Systems Neuroscience*, *4*(155), 1–13. [doi: 10.3389/fnsys.2010.00155]

第3章　聴覚障害・言語聴覚障害

3・1　聴覚障害（難聴）者の知覚・認知

3・1・1　聴覚障害の種類

3・1・1・1　障害部位別聴覚障害

音は耳介から外耳道→中耳→内耳→脳幹聴覚伝導路→聴放線→第一次聴覚中枢へと伝わり，これらのどこかで傷害が起きると聴覚障害（hearing impairment）が生じる。

中耳の障害は，鼓膜や耳小骨由来のものが多い。聴力検査では，気導聴力閾値は上昇するが，骨導聴力閾値は上昇しない。伝音難聴と呼ばれ補聴器等の装用効果が高い。内耳障害の場合は，蝸牛の有毛細胞の傷害によるものが多く，聴力検査では，気導聴力も骨導聴力閾値も上昇する（悪くなる）。まったく聞こえない聾の状態に陥ることもある。補聴器の効果は聴力レベルが重篤であるほど効果が少ない。

以下，内耳以降の聴覚障害について述べる。

1) auditory neuropathy

auditory neuropathy という病態は，内耳から蝸牛神経の障害である。患者は，音は聞こえるが言葉の聞き取りが悪いと訴える。聴覚検査上では，歪成分耳音響放射（distortion product otoacoustic emission：DPOAE）は正常，聴性脳幹反応（auditory brainstem response：ABR）は無反応である。純音聴力では高度難聴ではないが，補聴器の効果を認めない。病態生理としては，内有毛細胞と蝸牛神経の間の内有毛細胞側のシナプス異常，シナプス後の異常，蝸牛神経の異常が指摘されている。一方，内耳性感音難聴では，DPOAE も ABR も無反応となる。

2) 聴覚失認（auditory agnosia）

聴覚失認とは，聴こえに問題がなかった人が，脳卒中などで脳損傷（側頭葉中心）を被った後に生じる病態である。通常，時を異にして2回の発症で障害が成立する。純音聴力検査では著しい聴力障害を生じないが，言語音や非言語音（環境音，社会音）が理解できないという認知障害を生じる（Motomura et al., 1986；中西・濱中，2002；能登谷，2015）。神経心理学領域では，症状別に聴覚失認（広義），純粋語聾，環境音失認，失音楽症，皮質聾，「所謂」皮質聾という用語で六つに区分されている。

加我他（2008）は，聴覚失認の損傷部位を五つのタイプに分けている。タイプ1（図3-1-1a）は両側聴皮質の損傷でWernicke中枢も含むこともある。タイプ2（図3-1-1b, c）は片側の聴皮質と他側の聴放線あるいは内側膝状体が損傷されたとき，タイプ3（図3-1-1d）は両側聴放線が損傷したとき，タイプ4（図3-1-1e）は内側膝状体の損傷で，タイプ5（図3-1-1f）は脳室拡大から大脳皮質の菲薄化を生じたときとしている（図3-1-1）。

以下，能登谷他（2012）の例を中心に聴覚失認について述べる。

能登谷他（2012）の例は時期を異にして2回の脳卒中で聴覚失認となった。純音聴力レベルは軽度難聴程度で変動があったが，ABRは左右とも正常範囲にあった。聴覚のみでの5母音の聞き取りは50%，他の1音節の聴取は困難であった。また，鳥の声，救急車の音の意味も分からなかった。

話し手の口元を見て理解する「読話」と音声を併用すると簡単な会話は可能であったが，既報告では症例によって読話の可否は異なり，その理由は不明である。おそらく，口の動きを読むことは情報の時間処理との関係があると思われ，時間情報処理が低

第Ⅲ部　聴覚

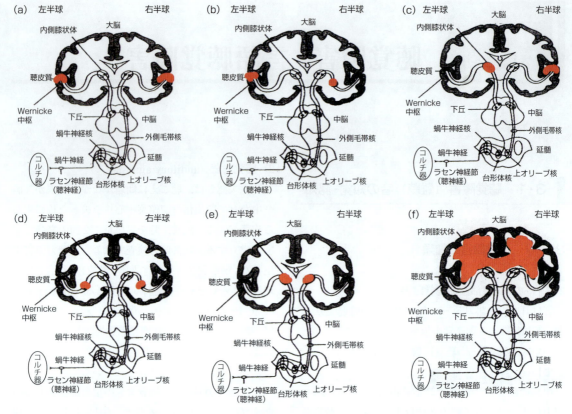

図 3-1-1　聴覚失認が生じる脳内の損傷部位（加我他，2008 を一部改変）
　　　　（a）両聴皮質の損傷，（b）片側聴皮質と他側の聴放線の損傷，（c）片側聴皮質と他側の内側膝状体の損傷，
　　　　（d）両側聴放線の損傷，（e）両側内側膝状体の損傷，（f）脳室拡大による聴皮質を含む大脳皮質の菲薄化

下している例では読話によって言葉の理解はそれほど改善しないと考える。

3）**純粋語聾**（pure word deafness）

　純粋語聾とは脳損傷の結果，言語障害である失語症を伴わないが，語音の弁別が困難であるために言葉の理解が困難になる状態である。成人例では，単語や文レベルの聴覚的理解や復唱（検査者の言葉をそのまま繰り返す），書き取り（聞いた言葉を文字にする）で困難を示すが，呼称（絵カードをみてその名前を言う）や自発語，自発書字には問題がないので，筆談（書字でのやり取り）でコミュニケーションを取ることができる。また，聴覚理解や復唱の際にも口元を見せる（読話）と理解できる場合や，ゆっくり話すと分かる場合がある（Auerbach et al., 1982）。小児例では Landau-Kleffner 症候群（Landau & Kleffner, 1957；能登谷他，1991）で聴覚失認や純粋語聾が生じることも知られている。

　純粋語聾を呈する損傷部位としては，左聴放線と脳梁線維の同時切断，聴皮質と言語領野との間の切断，両側聴覚野の部分損傷と言語領野の一部傷害という報告がみられる。

　平山（2018）は，聴覚情報処理においても視覚情報処理と同様に「腹側の流れ」と「背側の流れ」があることを紹介している。腹側の流れは，二次聴覚皮質の外側前部から側頭葉先端部に向かい，何の音であるかを認識する流れ，その意味を理解するので，「what 経路」ともいう。この流れが障害されると，音が聞こえるのにその意味がわからないという聴覚失認が生じる。背側の流れは，二次聴覚皮質の外側後部から頭頂葉に向かう。どこから聴こえるか遠ざかるか近づくかの音源の位置や運動の情報を処理するので，「where 経路」とも呼ばれる。この流れが障害されると，耳が悪くないのに音がどこから聴こえてくるか分からなくなる音源定位障害を生じるとの

ことである。

4）皮質聾（cortical deafness）

両側の聴覚中枢を含む側頭葉の損傷による聴覚障害を指す。両側の聴覚中枢が障害されても著しい聴力低下を生じない場合もあるが，90 dB 以上の聾を呈する場合もある（加我，2018）。

5）「所謂」皮質聾（so called cortical deafness）

「所謂」皮質聾は平野（1973）によって提唱された概念である。皮質の損傷で聾となったのではなく，平野によれば両側の内側膝状体の損傷によって聾となったとする。このような症例は，平野以外に上島他（1993），Tanaka et al.（1991）の報告にもある。

3・1・1・2　聴覚障害の発症時期別分類

聴覚に障害を持って生まれた場合を先天性聴覚障害といい，生後言語習得が始まったどこかの途上で聴覚障害を生じた場合を後天性聴覚障害という。後天性聴覚障害は言語習得前失聴と言語習得後失聴または中途失聴，加齢性難聴（老人性難聴）などに分けられる。言語習得途上で失聴したか，言語習得後に失聴したかによってその臨床的な様相は大きく変わる。

1）先天性聴覚障害

難聴の程度は，軽度，中度，高度，聾と分類される。聴覚障害の原因は，数十年前は半分は原因不明とされていたが，現在では遺伝性難聴によるものが多いとされる。難聴を生じる GJB2（gap junction beta 2）遺伝子の変異による劣性遺伝難聴の頻度が高い。

先天性聴覚障害幼児については，たとえ軽度であっても構音（発音）のみならず，言語発達の遅れが指摘されている。聴覚障害があると，言葉の情報は大脳皮質へと十分に伝わらず，言語中枢以降の言語関連領野に言語情報が蓄積されていかない。さらに，幼児期に言葉の獲得が不十分になると，言語習得だけではなく，性格の偏り，社会性の遅れなどが指摘されている。聴覚障害児の言語獲得には「9歳の壁」という言葉がある。これは，幼児期において日本語の文理解の際に必要な機能語（助詞，副詞，助動詞等）の習得ができなかったために，抽象的思考が十分できない，文章の読解力が小学 3，4 年程度

で停滞してしまうことを指している。聾学校の高等部を卒業した後でも「9歳の壁」は存在するとも言われている。

補聴器は聴覚障害によって十分に入ってこない音情報を補う補装具である。良聴耳の裸耳平均聴力レベルが 40 dB の軽度の聴覚障害の段階から装着することが推奨されている。補聴器は，小児では耳かけ型，成人での場合には耳かけ型や耳穴式などが一般的である。性能においてもノイズキャンセレーションやハウリング防止，制汗対策など格段の進歩を遂げている。

先天性聴覚障害では，補聴器を装着しただけでは言語習得は十分にされないので，言語聴覚士（speech therapist：ST）による言語聴覚療法が必要である。言語獲得とは，音声言語のみならず文字言語の獲得も含む。幼児は一般的に音声言語を先行して学習し，その後に文字言語を学習する。したがって，聴覚障害児は遅れた音声言語の後に読み書きを学習するので，文字言語の習得の遅れが大きくなる。

先天性聴覚障害児・者の交信手段としては，補聴器や人工内耳（後述）を装用して話し言葉による言葉の獲得を目指す聴覚法や聴覚口話（読話）法がある。補聴器や人工内耳から入力される音情報と一緒に口元の動きを見て言葉を習得する方法である。聴覚法は口元を見ないで，耳からの情報を聞き取る訓練をする方法である。人工内耳が普及してからは，口元を見ないで聴覚のみで理解できる場合もあるが，騒音下などの環境もあるので多くの場合は聴覚口話で言語が理解される。聴覚障害児をもつ親の多くが健聴者であるので，補聴器や人工内耳といった聴覚活用型機器を利用して音声言語の獲得を望む例が多い。

話し言葉でのコミュニケーションの方法以外に手話という手段もある。手話には日本手話と日本語対応手話との 2 種類がある。日本手話とは，ろう者が用いる手話で，話し言葉や書き言葉で用いられる助詞がなく，健聴者が話す日本語の語順とは異なるので文字言語とも対応していない。したがって，幼児期から手話法で訓練を受けた聴覚障害児は，別途読み書きを習得する必要がある。日本語対応手話とは，話し言葉に対応させて助詞も用いる方法である。そ

1015

第Ⅲ部　聴覚

の他，ひらがなの1文字単位に対応した指文字や，構音の方法などを示すキュードスピーチやトータルコミュニケーションが聴覚障害児・者のコミュニケーションとして知られている。

　能登谷は，40年余り聴覚障害児の言語習得に対する訓練に関わってきた。聴力のハンディキャップがある聴覚障害児に対して，健常なことが多い視覚機能を用いた訓練法（文字・音声，金沢方式）で9歳の壁を超える聴覚障害児を輩出してきた（能登谷，2012；鈴木・能登谷，1993）。手話は1歳代の聴覚障害児でも文レベルの発信が可能で習得が容易である。しかし，多くの親は健聴者であり，聴覚障害のわが子に話し言葉で語りかける。そこで能登谷は，健聴者の親に話し言葉と日本語対応手話（語順は話し言葉と同じで助詞は指文字を用いる）を指導し，手話で理解された語を聴覚口話や文字言語に移行させる方法，金沢方式を広めている。この方法で指導を受けた聴覚障害児の約80％は話し言葉による日本語を獲得でき，9歳の壁を超え，幼児期に使用した手話は忘却することがわかっている。

2）後天性聴覚障害

　生まれた後，人生のどこかで聴力を失うまたは徐々に聴力が悪化した場合に生じるさまざまな影響について年齢順に概説する。

　まず，幼児期前半に失聴した場合について紹介する。1歳まで順調に言葉の発達がみられ，簡単な語（まま，じいちゃんなど）が出現していたが，1歳頃髄膜炎に罹患後，音に対する反応が消失し，1歳2か月にA病院を受診した。その頃の症例の様子は，もちろん「聞こえない」と訴えることもできないためか，両手で両耳をバンバン力任せに叩いている姿をよく見た。1歳でこんなにも悲しげな表情ができるのかという表情であった。A病院初診以後，補聴器を装用して言語聴覚療法を行ったが，裸耳聴力レベルは120dB以上で，補聴器の効果はまったく得られなかった。初診から半年もしないうちに，自発語が不明瞭になり，失聴から8か月で自発語が消失した。この例でみられるように，人生において初期の自発語が出現した後まもなく聴覚を失うと，脳内の言語の定着が不十分であることを物語るように，単語表出が構音（発音）も含めて崩れて，消え去って

しまうことがわかる。

　次は，2歳頃まで順調に発達していた児が発熱以降に聴力低下を認め，人工内耳手術を希望して来科した例である。失聴から1年近くすでに経過していたが，不明瞭ながら簡単な文の発話を認めた。2年近く脳内に言語が貯蔵された後に失聴した場合には，発話は不明瞭にはなるが，消失はしないようである。この例は，後に人工内耳埋め込み術を受けて話し言葉による言語を獲得している。

　三例目は，小学校までは聴力に問題がなく，言語習得も問題なく進んでいたが，進行性難聴のために補聴器の効果がしだいに消失した例である。補聴器の装用効果が無くなった高校3年時にはうつに近い状態であると判断した。大学受験を控えていたが，人工内耳を勧め夏休み中に手術を終え，2学期から人工内耳を装用して登校した。本人は「もっと早くに人工内耳を選択すべきだった」と話してくれた。すでに日本語が脳内に定着している中学・高校生ぐらいの後天性聴覚障害では，音を失うことによって生じる障害は，言語習得や発音の問題ではなく，心身症として現れるといってよい。

　同様に，成人失聴例では職場において仕事上の1対1の会話であればなんとか理解できても，大勢が集まる会議になるとまったくわからなくなり，とても辛い思いをするということも聞いている。

　人間は誰でも加齢とともに聴力閾値の上昇が高音域から生じる。高音域はサ行などの子音の聴取に重要な周波数であるので，高音域の閾値上昇は言葉の聞き取りに影響を及ぼす。もともとは「老人性難聴（presbyacusis）」といわれていたが，現在では加齢性難聴（age-related hearing loss：ARHL）と呼ぶことが多い。加齢性難聴について加我（2000）の報告では，耳介・外耳道の構造や中耳は加齢による影響を受けないが，内耳は加齢による影響を受けるとしている。外有毛細胞，内有毛細胞，血管条の障害，蝸牛神経の変性が生じて言葉や音楽の聞き取りに支障をきたすと述べている。一方，聴覚伝導路は，病理学的には加齢による神経の脱落は軽度にすぎないとのことである。

　低音域の残存聴力が比較的保たれていると，何か聴こえるが話しの内容が理解しにくくなり，高齢者

第３章　聴覚障害・言語聴覚障害

では以前には積極的に講演会や老人会の集まりに参加していても聞こえが悪くなるにつれて参加しなくなり，認知機能低下が疑われることもある。このようなケースでは，サ行音が聞き取りにくくなる。たとえば，さかい→たかい，そうじ→とうじなどに聞き誤ることがしばしばみられる。

3・1・2　聴覚障害を発見する技術

聴覚障害を発見する医療技術の中で，ABR は高音域中心の結果が示されるのみで，低音域に残存聴力がある例も多い中で聴性定常反応検査（auditory steady-state response：ASSR）が開発され，臨床的にも応用されている。また，新生児聴覚スクリーニングシステム（newborn hearing system：NHS）も広まっている。以下，NHS について概説する。

3・1・2・1　新生児聴覚スクリーニングシステム

先天性聴覚障害を早期に発見する目的で，新生児聴覚スクリーニングシステムが産婦人科医院などで導入されている。入院中自動 -ABR（A-ABR）や耳音響放射（OAE）機器で児が眠っている間に検査を施行し，合格「pass」か要精密検査「refer」かで判定される。要精密検査 refer と判定されたら，精密検査機関（大学病院耳鼻咽喉科など）に紹介され，さらに詳しく検査される。難聴と診断された後にはできるだけ早く補聴器装用を含む，難聴児に対する介入が必要である。早期発見・早期療育が望ましいからである。このシステムは 1-3-6 ルールと言われ，生後 1 か月までに難聴を発見し，3 か月までに診断，6 か月までに療育を開始すると 3 歳までに言語発達が健聴児並みの言語獲得ができるという米国の小児の聴覚に関する合同委員会（Joint Committee on Infant Hearing）の 2000 年の報告に基づいている。しかし，0 歳児が難聴と診断されることで，保護者に大きな精神的ストレスをもたらすので，医師，言語聴覚士（ST）による詳しい説明と介入への同意などを丁寧に注意深く行う必要がある。この NHS によって，従来は発見が遅れがちであった一側性難聴や軽度難聴も早期に発見されるようになった。一方で，このシステムで取りこぼす遅発性聴覚障害の存在も明らかになった。言語習得などの遅れがあって専門機関を受診して発見されることが多い。そのために 1 歳半健診，3 歳児健診などの受診が大切である。

3・1・2・2　聴覚障害に対する医学的技術の進歩

わが国に 1985 年頃から導入された人工内耳は，補聴器に代わる手術による聴覚補償機器である。近年では人工中耳，脳幹インプラントなどの術件数が増えつつある。以下，人工内耳を中心に述べる。

補聴器は，外耳からの伝音系を利用して音を内耳に伝える音響増幅機器であるが，人工内耳は直接音を内耳に送る装置である。内耳とは中耳を通ってきた音を電気信号に変換して脳に送るはたらきをする器官である。人工内耳は，手術で内耳に埋め込む部分と，音をマイクで拾って耳内に埋め込んだ部分へ送る体外部からなる。マイクで集めた音は，音声処理部で電気信号に変換され，その信号がケーブルを通り，送信コイルを介して耳介の後ろに埋め込んだ受信装置へ送られる。送信コイルは磁石で頭皮を介して受信装置と接する。受信装置に伝わった信号は蝸牛内の電極から聴神経を介して脳へ送られ，音として認識される。体外部は耳掛け式補聴器に似た形状をしているが，近年後頭部に取り付けるコイル一体型の体外装置も製品化されている。

2014 年には低周波数の音域は補聴器（または裸耳）で，高周波数の音域は人工内耳で聞き取るという残存聴力活用型人工内耳（electric acoustic stimulation：EAS）またはハイブリッド人工内耳も開発され，臨床応用されている。

人工内耳は，当初成人の後天聾例が多かったが，最近では 7 歳以下の小児例が半数以上を占めている。2014 年の日本耳鼻咽喉科学会乳幼児委員会による小児人工内耳適応基準では，手術適応年齢は原則 1 歳以上（体重 8 kg 以上）で，裸耳で平均 90 dB 以上，6 か月以上の最適な補聴器装用を行ったうえで，装用下の平均聴力レベルが 45 dB よりも改善しない場合，補聴器の効果が十分でない高度難聴であることが確定される場合である。言語習得期以後の失聴例では，補聴器の効果が十分でない高度難聴であることが確認された後には，獲得した言語を保持するために早期に人工内耳を検討することが望ましいとされている。

（能登谷　晶子）

1017

第Ⅲ部　聴覚

3・2　言語聴覚障害者の知覚・認知

前節の聴覚障害以外にさまざまな言語聴覚障害がある。

疾病や障害によって，言語記号を用いた交信行動，すなわち，言語記号の適切な表出や理解が困難となった状態を言語障害（speech-language disorder；日本精神神経学会精神科病名検討連絡会，2014）という。言語障害のある人は小児から成人まで年齢もさまざまである。表出や理解に関わる大脳レベルから運動器官レベルまで，中枢から末梢にいたるいずれかの過程に，あるいはそのうちのいくつかの過程に問題があれば，話す際に意図した内容を適切に表出できず，また聞く際には話し手の意図を理解することが困難となる。たとえば吃音（stuttering；American Speech-Hearing-Language Association, n.d.）や心因性発声障害などは心理学的過程の問題として出現する言語障害であり，脳の損傷や学習の障害により言語学的過程が障害されると，失語症や言語発達障害（language delay；American Speech-Hearing-Language Association, n.d.）などの病態を生ずる。さらに，発声障害や構音障害などより末梢の神経や感覚器官，運動器官のレベルの障害で生じる言語障害もある。このように言語障害は多岐にわたる。本稿では言語障害の中で，脳血管障害などの原因による失語症を中心として，失語症のある人の知覚・認知という側面について概説する（Schuell et al., 1964）。

3・2・1　失語症とは

失語症（aphasia）は一度習得された言語記号の体系が後天性の脳損傷により障害されたことで起こる。脳損傷の原因となるのは脳梗塞，脳出血などの脳血管障害や頭部外傷，変性疾患，脳腫瘍などである（NINDS, 1990；武田・水野, 2007）。失語症になると，受信した言語記号を解読して意味を理解することが難しくなったり，逆に思考や概念を言語記号に置き換えることが難しくなったりする。聴く，話す，読む，書くという言語機能が障害される状態である。

失語症ではさまざまな言語症状を呈する。聴く，話す，読む，書くという四つの言語様式別に症状をまとめると以下のようになる。

3・2・1・1　聴く側面
1）語音認知の障害

聴力は正常であるにもかかわらず，語音が正しく認知できない状態である。復唱が困難で，話し言葉の理解も障害される。

2）聴覚的理解の障害

語音としては正確に受容されているが，言われたことばと意味が結びつかず理解できない状態をいう。たとえば「電話」と言われ「でんわってなんだっけ？」という反応となる。

3）聴覚的把持力の障害

文の理解は一定の個数のことばを把持したうえで初めて可能になると考えられる。複数のことばの単位を短期記憶にとどめることができない状態をいう。程度の差はあるが，ほとんど全ての失語症者に認められる。日常会話に比べ冗長性の低い文では誤りが出現しやすい。

3・2・1・2　話す側面
1）喚語障害

失語症では語彙が減少することが知られており，必要に応じ意図したことばを適切に用いることが難しい状態をいう。失語症の主要な症状の一つである。一口に意図した語が想起できないといっても，まったく喚語できない無反応や喚語するまでに時間がかかる遅延反応から，錯語，迂遠な表現などの種々の表れ方がある。錯語とは発せられたことばが意図した目標とする語ではなく，別の音節，語，句に置きかわった状態をいう。錯語は流暢型の失語症において多くみられる。迂遠な表現とは「時計」を意図して「ほら，時間がわかるやつで…」などという例のごとく，目標とする語が想起できないために，用途や性状などを述べる状態のことをいう。

2）構音の障害

構音動作の障害により，意図していることばとは異なった音を発してしまう状態をいう。発声・発語器官の運動麻痺や失調などによるものではなく，Broca失語によく合併してあらわれる。構音の障害

1018

では発話全体の速度が遅く，抑揚は単調で，構音動作そのものが全体にぎこちない。

3）統語の障害

ことばを組み合わせて正しい文の形を作ることができない状態をいう。Broca 失語にみられる助詞や助動詞の脱落した電文のような文になる失文法と，Wernicke 失語に見られる文法規則の使用が不適切な錯文法とがある（藤田，2013）。

4）復唱の障害

言われた通りに単語や短文を復唱することが難しい状態で，伝導失語で特徴的にみられる。伝導失語では聴覚的理解は良好であるのに復唱のみ障害が認められ，聴覚的理解と復唱との明らかな解離が失語症のタイプを判別する鍵になる場合もある。

3・2・1・3 読む側面

読んで理解する読解と音読の二つの側面がある。日本語には漢字と仮名の2種類の文字があり，表意文字である漢字の理解と表音文字である仮名の理解との間に差が認められることがある。読解と音読の成績とは必ずしも一致しない。

3・2・1・4 書く側面

文章や物の名称など自分で文字を書く自発書字と，言われたとおりに書き取る書き取りの2種類がある。書き取りは，一般に自発書字より成績が良好であることが多い。話すことと同様に，書き誤りが出現することがある。「犬」を「太」，あるいは「えんぴつ」を「えんぷつ」など，話す側面と同様に錯書という症状も認められる。読む側面と同様，2種類の文字をもつ日本語では漢字，仮名の間に差異がみられる場合もある。

3・2・1・5 関連する障害：計算の障害

失語症には計算の障害が随伴することが多い。数の概念が障害される重篤なものから四則演算が困難になるものなど，障害の程度は多様である。

3・2・1・6 主要な失語型

失語症では損傷された大脳の部位や損傷の程度によって，上述のような言語症状が出現し，その組み合わせによって失語症はいくつかのタイプに分類される。主要ないくつかのタイプを図3-2-1にまとめた（Davis & Wilcox, 1981）。発話が流暢か非流暢かという発話の流暢性，そして聴覚的理解の重症度，さら

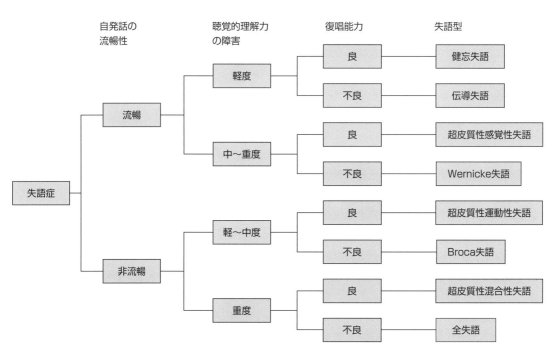

図3-2-1 失語症の分類（Davis, 1983をもとに著者作成）

に復唱の程度，の三つの区分である。非流暢なタイプの失語症で，話すことの障害に比べ聴覚的理解の障害が相対的に軽度であるものはBroca失語である。流暢なタイプの失語症で，聴覚的理解の障害は重篤であり，かつ語音として音を聞き取ることができないために復唱ができない失語症はWernicke失語である。それぞれの病巣はBroca失語では大脳の下前頭葉の後部を含む部分であり，一方，Wernicke失語は側頭葉の上部の後部である。その他，発話は流暢，聴覚的理解は比較的保たれており，復唱もある程度可能であるが，中心となる言語症状が，対象物を理解していても，その名称を想起することができないタイプの失語症は健忘失語（失名辞失語）と言われる。また発話は流暢，聞いたことばの意味は理解できているため，言語機能の障害は比較的軽度と考えられるにもかかわらず，復唱，すなわち真似をして言うことのみができないというタイプは伝導失語である。失語型のうち，発話はほとんど認められず，聴覚的理解の障害も重篤で，復唱もまったくできないタイプは全失語である。

3・2・2 失語症者の知覚・認知

知覚とはいわゆる感覚器官を通して，刺激を受容し，それに基づき外界の事物や状態について捉えるはたらきを指す。しかし実際には知覚を記憶や思考と区別することは困難であり，より包括的な内容をもつ認知という用語が用いられるようになった。

失語症者については，純音聴力が正常範囲内にある場合，あるいは軽度の低下があった場合でも，感覚器官による刺激の受け取りというレベルには大きな問題はないことが通常である。ただし，Heschl回を含む広範な両側側頭頭頂葉梗塞では重度の難聴を示した例の報告もある（能登谷，2015；田中，1993）。また脳損傷の結果として語音や環境音の認知が障害されることがある。失語症にこれら聴知覚の障害や，聴覚性失認などが合併して生じる場合が報告されているが，それらはⅢ・3・1に詳しい。

3・2・2・1 言語機能のモデル：ロゴジェン・モデルとニューラルネットワーク・モデル

感覚器官が受け取った刺激は感覚神経を通じて大

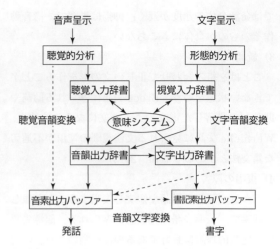

図 3-2-2 ロゴジェン・モデル（Patterson & Shewell, 1987をもとに著者作成）

脳に伝達され，言語音か非言語音かの区別などの分析を経て，知識や文脈を活用してその意味，内容が理解・判断されるという一連の過程をたどって処理される。

言語聴覚障害学の領域では，失語症の障害メカニズムについてさまざまな研究が行われてきた。1980年代頃から言語の処理過程を情報処理過程として捉え，分析しようとする認知神経心理学が発展してきている。単語や構文を処理する過程をモデル化して捉えるものである。代表的なものがロゴジェン・モデルとニューラルネットワーク・モデルである。ロゴジェン・モデル（図3-2-2）は系列処理モデルで，複数の独立した機能の単位とそれらを結ぶ経路で表現される。機能の単位をモジュールと呼ぶ。処理過程において想定される機能単位をモジュールとして箱で示し，複数のモジュール間の情報のやり取りを矢印で図式化したものである（Patterson & Shewell, 1987）。

音声言語についてみると，音声言語は聴覚的分析のモジュールで聴覚的特性が分析される。矢印は次のモジュールである音韻入力辞書に向かう。音韻入力辞書には単語の音韻表象が蓄えられていて，到達した音韻列が同定されると，信号が送られる。その先の意味システムには単語の意味情報が貯蔵されていて，意味情報が検索され，それが同定され，回収される。このように聴覚的に呈示された音声が単語

として理解されるためには，聴覚的分析，音韻入力辞書，意味システムの過程を経ることになる。ロゴジェン・モデルでは文字言語についても音声言語と同様に，文字が単語として理解されるまでの処理過程が箱と矢印によってモデル化されている。

一方のニューラルネットワーク・モデル（Dell et al., 1997；Seidenberg & McClelland, 1989）はコンピュータを用いて情報処理過程をシミュレートするモデルとして開発されたものである。この中には相互活性化モデルや並列分散処理モデルがある。

3・2・2・2　失語症者の聴覚的理解における障害

上述のようにモデル化して言語処理の過程を考えた際，音声言語が単語として正しく理解されるためには，いずれの過程も機能している必要がある。逆に，いずれの過程に障害があっても聴覚的理解は適切に行われないということになる。

先に聴く，話す，読む，書く，の四つの言語様式別にまとめた言語症状のなかで，聴く側面について出現する症状と対応させて考える。まず語音認知の障害では語音を既知の音韻に同定することができず，聞き取った音声が日本語の音韻の何であるかを同定することが困難な状態となる。ロゴジェン・モデルの音韻入力辞書での同定ができないということである。聴覚的に音声言語を理解することを考えるとき，まさに土台となる処理機能である。語音の認知の障害は語聾とも呼ばれる。この語音認知の障害では聴覚障害とは異なり，純音聴力の低下は認められず，音程や音の大きさの知覚は保たれている。日本語の音韻の同定ができないのであって，たとえば，サイレンの音や猫の鳴き声，電話の鳴る音，電車が走る音など，いわゆる環境音が何を意味するのか理解でき，認知には大きな問題はないことを特徴とする（加我他，2008）。

次が語彙判断の障害である。ここでは語音が日本語の音韻として同定されると，音韻の系列を語として認知することができるかどうかが問題となる。ロゴジェン・モデルでは聴覚入力辞書のモジュールに対応する。ただし，音声は発話者によっても，また発話の環境によっても完全に同一の音響とならないにもかかわらず，聞き手の脳内で同一の音韻と判断される。その理由として，聞き取った音声をカテゴリ化する仕組みがあり，かつ，脳内には照合すべきものとして，いくつかの決まった数の音韻がある，ということが考えられる。音韻の系列を語として認知する段階の障害では語に対する既知感が失われ，実在する語か実在しない語であるかを判断する語彙性判断が困難となる。たとえば「とんび」が実在語で「とんり」は非実在語であるという判断がつかなくなる。

聴覚的理解の次の段階では音韻の系列を意味と結びつける段階の障害ということになる。語に対する既知感はあっても，意味が分からない状態をもたらす。先ほどの例でいうと，「とんび」が実在語であることはわかり，それが何を意味するのか，意味に結びつけることができない状態となる。ロゴジェン・モデルでは意味システム，認知システムに貯蔵されている意味情報と照合して，語の同定を行うことになる。失語症においてはこの意味システムの語義そのものが障害されているというより，むしろ，音韻に対応した意味として語を活性化することが困難である場合が多いといえる。

これが失語症者の，特に単語についての聴覚的理解の障害ということになる。実際には人は単語の理解にとどまらず，文の理解，そして談話の理解があってはじめて聴覚的な言語の理解が可能になる。文に含まれる単語の意味理解が可能となっても，文全体の意味を聞いて理解するためには文の構造，統語の構造，そしてそれらを超えて文の相互関係を理解する過程があるといえる。

さらにこれらの文の理解では聴覚的把持力が必要とされる。すなわち情報量の多い文を理解するためには，ある程度の時間，文に含まれる情報を把持しておかなければならない。情報を多く含む複雑な文を聞いて理解するためには聴覚的な認知だけにとどまらず，注意・記憶などさまざまな高次脳機能が関与している。

現在のところ，認知神経心理学的なアプローチにおいて，単語の理解については研究も進んでいるが，文以上については研究者間での合意は得られていないという状況にある。

聴覚的理解を検査するものとして，よく用いられ

第Ⅲ部　聴覚

るものは聴覚的に語を聞かせ，複数の選択肢の中からそれに対応する絵や事物を選ぶという課題である。失語症者はこの課題で適切な絵や事物を選択することができない。ただし失語症者が，上述のどの段階で聴覚的理解に失敗したかということは明確にならない。目標語と同じ意味カテゴリーに属する別の語彙，たとえば，「リンゴ」に対して「みかん」を選択するような誤反応が出現しやすいことが知られている（Goodglass & Budin, 1988）。

3・2・2・3　復唱の障害など

　聴覚的に呈示された単語や文をそのまま繰り返して言う復唱には，音声の聴覚的理解，把持，そして処理，発話という一連の過程が関与する。ここでも聴覚的理解と重複する過程が関与しているわけである。語音認知障害があると音韻の形式を同定できないことになり，失語症者は復唱の最初の段階で困難を示すことになる。文の復唱では聴覚的把持力が関与する。先に述べたように，聴覚的把持力とは長い文や情報量の多い文の処理に際して，短期間，その情報を把持しておく機能である。文の復唱を行う際にはこれを用いて，発話を完結するまで，情報を把持しておく必要があるので，聴覚的把持力の低下があると，文の復唱が困難になる。

　聴覚的理解では音韻の形式が同定できれば，それが実在語か非実在語かの判断や，実在語の場合，意味システムにおける意味情報の同定，という過程を経て単語の理解が完成する。しかし復唱では聴覚的理解とは異なり，語彙性の判断や語義の照合は必須ではないということである。すなわち，ロゴジェン・モデルでは意味システムを介する語彙経路と意味システムを介さない語彙経路，さらに非語彙経路の三つの経路が存在する。意味システムを介する語彙経路ではまず聴覚的分析から音韻入力辞書を経て意味システム，そして音韻出力辞書から音素出力バッファをたどる。意味システムを介さない語彙経路では聴覚的分析から音韻入力辞書，そして音韻出力辞書を経て，音素出力バッファという経路をたどる。非語彙経路では聴覚的分析から直接音素出力バッファに至る。復唱の成立には意味システムを介した意味理解が必須ではないということになる。

　聴覚的に呈示された単語や文を書き取るという書き取りも聴覚的刺激の処理を必要とする。書き取りの場合，刺激は音声であるが，出力は文字となり，音韻の書記素（grapheme）への変換という過程を含む。書記素とは書き言葉において，文字，数字，記号など，意味上の区別を可能にする最小単位のことで，話し言葉における音素に相当するものである。復唱と同様に，意味システムを介して，音韻の同定の後に意味情報の同定を経て，文字出力辞書から書記素出力バッファをたどる経路のほかに，意味システムを介さず，音韻入力辞書からそのまま音韻出力辞書を経て，文字出力辞書から書記素出力バッファへと続く経路がある。

　ほとんどの失語症者が大脳損傷により失語症を生じているということを考えると，失語症には大脳の活動状況全体に影響を及ぼすような注意や全体の活性化などが関与している。失語症者の聴覚的理解にも，聴覚的な知覚・認知以外にもこのような，注意や全体の活性化などが関わっていると考えられる。そしてそれらの問題は失語症者個々の状況で異なっている。したがって失語症者の聴覚的知覚・認知を考える際には患者一人ひとりの症状や状況を評価して，対応することが求められる。

3・2・3　失語症者の言語聴覚療法：課題への対応

　これまで失語症に対するさまざまな言語聴覚療法が実施されてきた（Albert et al., 1973 ; Boyle & Coelho, 1995 ; Howard, 2000 ; Howard et al., 1985 ; Glindemann & Springer, 1995 ; 柏木・柏木，1988 ; Maher et al., 2006 ; Meinzer et al., 2005 ; 三村，1998 ; 物井，1976 ; 中村，2008 ; 中村・波多野，2005 ; Pulvermüller et al., 2001 ; 関・杉下，1983 ; Sparks et al., 1974 ; 鈴木他，1990 ; 種村，1996 ; 立石，2012 ; Weigl, 1964 ; Zumbansen et al., 2014）。人間の大脳が損傷を受けた場合の回復の状況についても解明が進んでいる。SALA（Sophia Analysis of Language in Aphasia ; 藤林他，2004）は，英語話者の失語症者のために開発された PALPA（Psycholinguistic Assessments of Language Processing in Aphasia ; Kay et al., 1992）の理論を日本語話者の失語症者のために修正して開発された評価法である。これら情報処理過程のモデル

に基づいた評価で失語症状を分析し，言語処理過程の
いずれの段階の障害であるか同定し，保存されている
機能についても評価し，厳密な個別の失語症者の症状
の解析に基づくアプローチが提案されるようになっ
た。

失語症の言語治療についてはエビデンスレベルの
高い論文が多いとは言えず（日本脳卒中学会　脳卒
中ガイドライン委員会，2015），地道な研究成果の蓄
積が求められている。

（立石　雅子）

文献

(3・1)

Auerbach, S. H., Allard, T., Naeser, M., Alexsander, M. P., & Albert, M. L. (1982). Pure word deafness: Analysis of a case with bilateral lesions and a defect at the prephonemic level. *Brain, 105,* 271-300. [doi: 10.1093/brain/105.2.271]

平野　正治　(1973).「所謂」皮質聾について　精神神経学雑誌，*75,* 94-138.

平山　和美（編）(2018). 高次脳機能障害の理解と診察（pp. 122-131）中外医学社

加我　君孝（編）(2000). 中枢性聴覚障害の基礎と臨床（pp. 155-157）金原出版

加我　君孝（2018). 聴覚失認と皮質聾　*Journal of Otolaryngology – Head & Neck Surgery, 34*(3), 323-328.

加我　君孝・竹腰　英樹・林　玲匡（2008). 中枢性聴覚障害の画像と診断　聴覚失認：音声・音楽・環境音の認知障害　高次脳機能研究，*28,* 224-230.　[doi: 10.2496/hbfr.28.224]

Landau, W. L., & Kleffner, F. R. (1957). Syndrome of acquired aphasia with convulsive disorder in children. *Neurology, 7,* 523-530. [doi: 10.1212/wnl.7.8.523]

Motomura, N., Yamdaori, A., Mori, E., & Tamaru, F. (1986). Auditory agnosia analysis of a case with bilateral subcortical lesions. *Brain, 109,* 379-391. [doi: 10.1093/brain/109.3.379]

中西　雅夫・濱中　淑彦（2002). 聴覚失認の概説　秋元　波留夫・大橋　博司・杉下　守弘・鳥居　方策・小山　善子（編）神経心理学の源流：失行編・失認編（pp. 583-624）創造出版

能登谷　晶子（編）(2012). 聴こえの障害と金沢方式　エスコアール

能登谷　晶子（2015). 聴覚認知の障害　藤田　郁代・阿部　晶子（編）高次脳機能障害学（第2版，pp. 88-99）医学書院

能登谷　晶子・原田　浩美・橋本　かほる・砂原　伸行（2012). 聴覚失認の1例における音の要素的弁別障害　神経心理学，*28*(1), 34-40.

能登谷　晶子・鈴木　重忠・古川　伵・榎戸　秀昭（1991). 1純粋語聾例の語音弁別障害の長期経過　神経心理学，*7,* 187-193.

鈴木　重忠・能登谷　晶子（1993). 聴覚障害児の言語指導：金沢方式をかえりみて　音声言語医学，*34*(3), 257-263.　[doi: 10.5112/jjlp.34.257]

Tanaka, Y., Kamo, T., Yoshida, M., & Yamadori, A (1991). 'So-called' cortical deafness: Clinical, neurophysiological and radiological observations. *Brain, 114,* 2385-2401. [doi: 10.1093/brain/114.6.2385]

上島　睦・沖　春海・能登谷　晶子・鈴木　重忠（1993). 1皮質聾例の言語訓練の試み　失語症研究，*13*(1), 97.

(3・2)

Albert, M. L., Sparks, R. W., & Helm, N. A. (1973). Melodic intonation therapy for aphasia. *Archives of Neurology, 29,* 130-131. [doi: 10.1001/archneur.1973.00490260074018]

American Speech-Language-Hearing Association.(n.d.) Stuttering. Retrieved from https://www.asha.org/stuttering/ (September 10, 2020)

American Speech-Language-Hearing Association.(n.d.) Child Speech and Language. Retrieved from https://www.asha.org/public/speech/disorders/childsandl/ (September 10, 2020)

Boyle, M., & Coelho, C. A. (1995). Application of semantic feature analysis as a treatment for aphasic dysnomia. *American Journal of Speech-Language Pathology, 4,* 94-98. [doi: 10.1044/1058-0360.0404.94]

Davis, G. A., & Wilcox, M. J. (1981). Incorporating parameters of natural conversation in aphasia treatment. In R. Chapey (ed.), *Language Intervention Strategies in Adult Aphasia* (pp. 169-193). Lippincott Williams & Wilkins.

Dell, G. S., Schwartz, M. F., Martin, N., Saffran, E. M., & Gagnon, D. A. (1997). Lexical access in aphasic and nonaphasic speakers. *Psychological Review, 104*, 801-838. [doi: 10.1037/0033-295x.104.4.801]

藤林 眞理子・長塚 紀子・吉田 敬・Howard, D.・Franklin, S.・Whitworth, A. （2004）．SALA 失語症検査：Sophia Analysis of Language in Aphasia　エスコアール

藤田 郁代 （2013）．統語障害：日本語の失文法　高次脳機能障害研究, *33*, 1-11.

Glindemann, R., & Springer, L. (1995). An assessment of PACE therapy. In C. Code & D. J. Muller (Eds.), *The Treatment of Aphasia: From Theory to Practice* (pp. 90-107). Singular Publishing Group.

Goodglass, H., & Budin, C (1988). Category and modality specific dissociations in word comprehension and concurrent phonological dyslexia. *Neuropsychologia, 26*, 67-78. [doi: 10.1016/0028-3932(88)90031-0]

Howard, D. (2000). Cognitive neuropsychology and aphasia therapy: The case of word retrieval. In I. Papathanasiou (Ed.), *Acquired Neurogenic Communication Disorders: A Clinical Perspective* (pp. 76-99). Whurr.

Howard, D., Patterson, K., Franklin, S., Orchard-Lisle, V., & Morton, J. (1985). Treatment of word retrieval deficits in aphasia: A comparison of two therapy methods. *Brain, 108*, 817-829.

加我 君孝・竹腰 英樹・林 玲匡 （2008）．中枢性聴覚障害の画像と診断　聴覚失認：音声・音楽・環境音の認知障害　高次脳機能研究, *28*, 224-230.　[doi: 10.2496/hbfr.28.224]

柏木 敏宏・柏木 あさ子 （1988）．失語症の改善機序：機能再編成を中心に　失語症研究, *8*, 105-111.　[doi: 10.2496/apr.8.105]

Kay, J., Lesser, R., & Coltheart, M. (1992). *Psycholinguistic Assessments of Language Processing in Aphasia*. Lawrence Erlbaum Associates.

Maher, L. M., Kendall, D., Swearengin, J. A., Rodriguez, A., Leon, S. A., Pingel, K., ... Rothi, L. J. G. (2006). A pilot study of use-dependent learning in the context of Constraint Induced Language Therapy. *Journal of the International Neuropsychological Society, 12*, 843-852. [doi: 10.1017/S1355617706061029]

Meinzer, M, Djundja, D., Barthel, G., Elbert, T., & Rockstroh, B. (2005). Long-term stability of improved language functions in chronic aphasia after constraint-induced aphasia therapy. *Stroke, 36*, 1462-1466. [doi: 10.1161/01. STR.0000169941.29831.2a]

三村 將 （1998）．記憶障害のリハビリテーション：間違った方がおぼえやすいか？努力した方がおぼえやすいか？　失語症研究, *18*, 136-145.　[doi: 10.2496/apr.18.136]

物井 寿子 （1976）．ブローカタイプ失語症患者の仮名文字訓練について：症例報告　聴覚言語障害, *5*, 105-117.

中村 光 （2008）．意味セラピー　鹿島 晴雄・大東 祥孝・種村 純（編）　よくわかる失語症セラピーと認知リハビリテーション （pp. 225-235）　永井書店

中村 光・波多野 和夫 （2005）．呼称障害と意味セラピー：1 失語例における訓練効果研究　総合リハビリテーション, *33*, 1149-1154.　[doi: 10.11477/mf.1552100233]

NINDS(National Institute of Neurological Disorders and Stroke Ad Hoc Committee). (1990). Classification of cerebrovascular diseases III. *Stroke, 21*, 637-676.

日本脳卒中学会　脳卒中ガイドライン委員会（編）　（2015）．脳卒中治療ガイドライン 2015　協和企画, 270-318.

日本精神神経学会精神科病名検討連絡会 （2014）．DSM-5 病名・用語翻訳ガイドライン　精神神経学雑誌, *116*(6), 429-457.

能登谷 晶子 （2015）．聴覚認知の障害　藤田 郁代（監修）　標準言語聴覚障害学（第 2 版, pp. 87-99）　医学書院

Patterson, K., & Shewell, C. (1987). Speak and spell: Dissociations and word-class effects. In M. Coltheart, G. Sartori, & R. Job (Eds.), *The Cognitive Neuropsychology of Language* (pp. 273-294). Lawrence Erlbaum Association.

Pulvermüller, F., Neininger, B., Elbert, T., Mohr, B., Rockstroh, B., Koebbel, P., & Taub, E. (2001). Constraint-induced therapy of chronic aphasia after stroke. *Stroke, 32*, 1621-1626. [doi: 10.1161/01.str.32.7.1621]

Schuell, H. M., Jenkins, J. J., & Jimenez-Pabon, E. (1964). *Aphasia in Adults: Diagnosis, Prognosis, and Treatment*. Harper & Row.

　　（笹沼 澄子・永江 和久（訳）　（1971）．成人の失語症　医学書院）

Seidenberg, M. S., & McClelland, J. L. (1989). A distributed, developmental model of word recognition and naming. *Psychological Review, 96*, 523-568. [doi: 10.1037/0033-295x.96.4.523]

関 啓子・杉下 守弘 （1983）．メロディックイントネーション療法によって改善のみられた Broca 失語の一例　脳と神経,

35, 1031-1037.［doi: 10.11477/mf.1406205206］

Sparks, R. W., Helm, N., & Albert, M. (1974). Aphasia rehabilitation resulting from melodic intonation therapy. *Cortex, 10*, 303-316.［doi: 10.1016/S0010-9452(74)80024-9］

鈴木 勉・物井 寿子・福迫 陽子 （1990）．失語症患者に対する仮名文字訓練法の開発：漢字1文字で表記する単音節語を キーワードとし，その意味想起にヒントを用いる方法 音声言語医学, *31*, 159-171.［doi: 10.5112/jjlp.31.159］

武田 克彦・水野 智之 （2007）．はじめての神経内科（pp. 193-213） 中外医学社

田中 康文 （1993）．聴覚性認知障害の病態生理：「いわゆる」皮質聾の責任病巣と純粋語聾及びリズム認知障害の生理学的 機序 神経心理学, *9*, 30-40.

種村 純 （1996）．失語症の言語訓練における言語モダリティの組み合わせ方：deblockingの立場から 失語症研究, *16*, 208-213.［doi: 10.2496/apr.16.208］

立石 雅子 （2012）．言語聴覚療法 上田 敏（監修），伊藤 利之・大橋 正洋・千田 富義・永田 雅章（編） 標準リハビリ テーション医学（第3版, pp. 198-204） 医学書院

Weigl, E. (1964). The phenomenon of temporary deblocking in aphasia. *Zeitschrift für Phonetik, Sprachwissenschaft und Kommunikationsforschung, 14*, 337-364.

Zumbansen, A., Peretz, I., & Hébert, S. (2014). Melodic intonation therapy: Back to basics for future research. *Frontiers in Neurology, 5*, 7.［doi: 10.3389/fneur.2014.00007］

第4章　音の知覚

4・1　音の大きさ

4・1・1　音の大きさの定義

　ある音が聞こえるか，聞こえないかを知ることは，聴覚における最も基礎的な機能である。そして，音が小さすぎれば聴き取ることができず，十分に大きくなれば聞こえるようになることは，われわれの日常的な経験とも結びついている。このように，「音の大きさ」は，音を検出できるかどうかと直結する感覚であるため，聴覚の基本的な機能として重視される。

　音の大きさは，「非常に小さい」から「非常に大きい」に至る，音の知覚的強度であると定義されてきた（たとえば，Florentine, 2011, p. 3）。音の大きさは，聴取者が主観的に判断するしかなく，判断された結果が「正しいかどうか」を客観的に決めることはできない。しかし，異なる方法で調べた音の大きさが一致するかどうかを調べることはできる（Florentine, 2011, p. 4）。

　音の大きさについて調べるためには，精神物理学的手法を用いて，音の物理量と主観量との対応を調べる必要がある。音の大きさと最も密接に関係する物理量として，音圧レベル（III・4・1・3・1）があげられる。すなわち，刺激の音圧レベルが高いほど，音の大きさは大きく聞こえる。しかし，音の大きさは音圧レベルだけでは決まらない。音の周波数（III・4・1・3・2），持続時間（III・4・1・3・3），スペクトル（III・4・1・3・4），他の音の存在（III・4・1・4），音が片耳に呈示されるか両耳に呈示されるか（III・4・1・5），さらに音の大きさの恒常性（III・4・1・6）によっても音の大きさは影響を受ける。こ

れらと音の大きさとの関係についてみたあとで，音の時間的変動と全体的な音の大きさとの関係（III・4・1・7）について簡単にみておく。なお，音の大きさは「ラウドネス」と呼ばれることもあるが，本節では「音の大きさ」という用語のみを用いる。

4・1・2　音の大きさの加算性

　Fletcher & Munson（1933）は，音の大きさに加算性が成り立つことを前提とした測定を行った。すなわち，片耳に音を呈示した場合と，両耳に同じ音を呈示した場合とを比べると，両耳に音を呈示した場合は片耳に音を呈示した場合の倍の大きさに聞こえるはずである。また，基準音と同じ大きさに聞こえる音を十分に離れた周波数でいくつか用意し，同じ耳に同時に呈示すると，音の個数倍の大きさに聞こえると仮定した。基準音として 1000 Hz の純音が，比較音として 62, 125, 250, 500, 2000, 4000, 5650, 8000, 11300, 16000 Hz の 10 の周波数の純音が用いられた。なお，音圧レベル（sound pressure level：SPL）がおよそ 45 dB SPL 以下で，成分間の周波数間隔が十分取られていれば，成分同士のマスキングの影響は無視できる（Florentine & Epstein, 2006）。比較音の大きさが基準音の大きさと比べて大きいか，小さいかを実験参加者が判断する，二件法の恒常法の手続きによって測定が行われた。これによって得られるデータは，基準音の大きさと等しい大きさに聞こえる比較音の主観的等価点（音圧レベルのdB 値）であり，音の大きさの心理尺度値ではない。しかし，上記のような大きさの加算性を仮定することにより，音の大きさの心理尺度を構成することができる。後述するようにこの加算性の仮定（III・4・1・3・4, III・4・1・5）と，構成された尺度（III・4・1・3・1）は，どちらも大変重要な意味をもつ。

なお，刺激呈示にはヘッドホンが用いられ，自由音場（音の反射のない音場）における音圧と，ヘッドホンから出力された音圧とは，音の大きさを合わせる実験を別に行って補正できるようにした。

4・1・3　音の大きさに影響する物理的変数

4・1・3・1　音圧レベル：ソーン尺度

Stevens（1936）は，音圧レベルと音の大きさとの関係を表す尺度として，「ソーン尺度」を提案した。ソーン尺度では，自由音場における音圧レベルが 40 dB の 1 kHz 純音の音の大きさを，1 ソーン（sone）と定めている。そして，それ以外の音の大きさが，1 ソーンの何倍にあたるかを主にマグニチュード推定法（magnitude estimation）を用いて調べ，尺度を構成した。ソーン尺度では，2 ソーンの音の大きさは 1 ソーンの音の大きさの 2 倍であるといった関係が成り立つ。つまり，比率尺度である。マグニチュード推定法は，Richardson & Ross（1930）により原形が開発された手法である。Richardson & Ross は，標準刺激の大きさを 1.0 と指定し，周波数および音圧レベルを変化させた音の大きさを数値で表すように実験参加者に教示した。この方法は，のちに Stevens（1955, 1956）が再発明したうえで改良され，音の大きさなどの測定に用いた。最終的には，標準刺激も，標準刺激に割り当てる数値（モデュラス：modulus）も用いない方法に落ち着いた（Stevens, 1956）。実験者が恣意的に標準刺激とモデュラスとを割り当てれば，それによるバイアスが生じ，実験結果も左右されることがわかっている（Hellman & Zwislocki, 1963）。

なお，マグニチュード推定法やマグニチュード産出法（magnitude production）を「直接的方法」と呼んでいる文献もある。しかし，丁度可知差異から精神測定関数を求めるような古典的方法と比べてどちらがより直接的かという区別は可能であるものの（Baird & Noma, 1978），音の大きさという主観的な経験を「直接」測定する方法は存在せず，感覚強度の測定はすべて間接的にしかできないので，このような呼び方や測定法の分類は好ましくない（Marks & Florentine, 2011）。

音の物理的強度を表すには，単位面積を毎秒，通過する音のエネルギーを表す「音の強さ（intensity）」と，「音圧（sound pressure）」の両方が用いられる。音の強さ I は音圧 P の実効値の二乗（パワー：power）に比例する。

Stevens（1955, 1956）は，1 kHz 付近の純音について，マグニチュード推定法によって得られたソーン尺度における音の大きさ Ls と音の物理的強度との間に，下記のべき法則が成り立つと主張した。

$Ls = kI^{0.3}$

あるいは，

$Ls = k'P^{0.6}$

ここで k および k' は定数である。

図 4-1-1 は，Stevens（1955）の結果と，Fletcher & Munson（1933）のデータを 1 kHz, 40 dB SPL を基準とするソーン単位に変換したもの，および近年の工業規格（ISO 532-2, 2017）とを比較したものである。ISO 532-2（2017）は，近年のデータと聴覚末梢における機能のモデル化とを踏まえている。最新のデータと，Fletcher & Munson（1933）のデータとは，驚くべき一致を示している。これらのデータは，Stevens のべき法則と中程度の音圧レベル（40-90 dB SPL）の範囲ではほぼ，一致しているが，それ以外の範囲の音圧レベルでは乖離が大きくなる。このようなデータに合わせるために，べき法則を

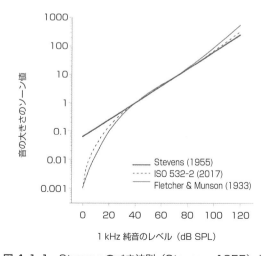

図 4-1-1　Stevens のべき法則（Stevens, 1955）と近年の工業規格（ISO 532-2, 2017）および Fletcher & Munson（1933）のデータをソーン値に換算したものとの比較

「屈曲したべき法則」[inflected exponential (INEX) law] に改訂することが提案されている（Florentine & Epstein, 2006）。

このようなべき法則からの乖離（低い音圧レベルでは傾きが大きく，中程度の音圧レベルでは傾きが緩やかになり，高い音圧レベルでは再び傾きが大きくなる）は，蝸牛内における外有毛細胞の能動性によって生じる圧縮性の非線形性（Cooper et al., 2018；Ruggero et al., 1997）に由来すると考えられている。

4・1・3・2 周波数：音の大きさの等感曲線とフォン

音の周波数も，音の大きさに影響する要因となる。すなわち，音圧が等しい音であっても，周波数が異なると，同じ大きさに聞こえるとは限らない。音の大きさの等感曲線は，さまざまな周波数の純音が，1 kHz の純音の大きさと，等しい音の大きさに聞こえるときの音圧レベル（これを「音の大きさのレベル」と呼ぶ）を示したものである。現在，広く使われている工業規格のうち，より多くのデータ（Suzuki & Takeshima, 2004）に基づいている ISO 226（2003）を例に示す（図4-1-2）。音の大きさの等感曲線では，同じ大きさに聞こえる 1 kHz の純音の音圧，すなわち音の大きさのレベルに，フォン（phon）という単位名をつける。ソーンとは違って，フォンには順序尺度としての意味しかない。

4・1・3・3 持続時間

持続時間が長くなれば，次第に音の大きさも増加するが，あるところで増加が頭打ちとなり，その後は大きさが変化しなくなる（たとえば Miller, 1948；Munson, 1947）。この大きさの増加が頭打ちとなる時間を臨界時間（critical duration）と呼ぶ。純音と広帯域雑音の両方について，持続時間が 5 ms の音の大きさと 200 ms の音の大きさとを合わせる実験が行われた（Florentine et al., 1996）。それによると，短い音を 10-20 dB 程度，強くしないと長い音と同じ大きさに聞こえるようにならない。また，両者の大きさの違いは中程度の音圧レベルのときが最も大きく，両極端の音圧レベルでは違いが小さくなる傾向が見られる。この実験結果は，過去の実験データと

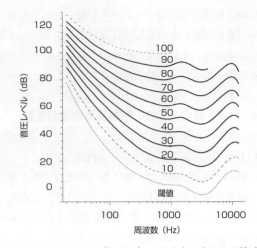

図4-1-2 ISO 226（2003）による音の大きさの等感曲線（ISO 226, 2003 をもとに著者作成）
1 kHz の音と同じ大きさであると知覚される音圧レベルが曲線で結ばれている。図中の数値はフォンを表す。

も概ね一致していた。

Epstein & Florentine（2006）は，持続時間 5 ms と 200 ms の純音の音の大きさを合わせる実験を行い，等しい大きさとされた結果（Epstein & Florentine, 2005）と，同じ実験参加者がマグニチュード推定を行った結果とを比較した（図4-1-3）。両者の結果は非常によく一致していることがわかる。また，Florentine et al.（1996）の結果と同様に，中程度の音圧レベルのときに短い音をより強くしなければ長い音と同じ大きさに聞こえないことがわかる。Florentine et al.（1996）が唱えた，音の大きさの等比仮説（equal-loudness-ratio hypothesis）によれば，短い音と長い音の大きさの比は，音圧レベルとは独立である。事実，Epstein & Florentine（2005）は，同じ音圧レベルの 5 ms の音の大きさと 200 ms の音の大きさとを比べると，両者の比が一定となることを示した。すなわち，上記のような音圧レベルによる違いは，低い音圧レベルでは音圧の変化に伴って音の大きさが急激に変化するが，中程度の音圧レベルでは変化が緩やかになり，高い音圧レベルでは再び大きさの変化が大きくなるためであるとされる。このことは，前述の Stevens のべき法則からの乖離の様子と一致しており（Florentine et al., 1996），屈曲したべき法則ともよく一致している（Florentine,

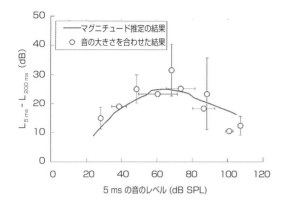

図 4-1-3 音の大きさの時間加算（Epstein & Florentine, 2006, p.1944 を改変）
5 ms の音と 200 ms の音の大きさを合わせた結果（○，Epstein & Florentine, 2005）と，それぞれの音の大きさについて，マグニチュード推定を行った結果から求めた値（実線）とがよく一致している。エラー・バーは 9 名の実験参加者の標準偏差を表す。

2009）。

持続時間が音の大きさに影響するこの現象は，「音の大きさの時間積分（temporal integration of loudness）」と呼ばれることがある。この現象を最初に積分回路を用いてモデル化したのは，Munson（1947）である。そして，時間積分が生ずる背後には，神経活動の蓄積があると考えられた（Munson, 1947；Zwislocki, 1969）。純音の絶対閾に関しても少なくとも 200 ms 程度まで時間積分がみられるので，同様に積分回路を用いたモデル化が行われた（Plomp & Bouman, 1959；Zwislocki, 1960）。このような，臨界時間までの積分を行う積分器を「穴のあいた積分器（leaky integrator）」と呼ぶ研究者もいる（de Boer, 1985；Viemeister & Wakefield, 1991）。

しかし，200 ms 程度までの時間積分が常に生ずるのだとすると，以下のような実験事実の説明がつかない。すなわち，十分に強さの違う二つのクリック音を用いて，これらの時間的順序の弁別ができるために必要な時間間隔を調べると，1 ないし 2 ms 程度である（Green, 1985, p. 129）。また，2 dB の強さの低下が 3.8 ms の区間で生じたら，聴覚は「空隙」を検出できる（de Boer, 1985, p. 154）。このようなきわめて高い時間分解精度を聴覚が示すという事実は，200 ms 程度までの時間積分が聴覚で生じているとの考えと合わないため，「分解能・積分パラドックス」（resolution-integration paradox）と呼ばれた（de Boer, 1985）。

そこで，Viemeister & Wakefield（1991）は，多重検出モデル（multiple looks model）を提案し，このモデルでパラドックスを解消できると主張した。すなわち，神経発火の情報がそのまま積分されて時間積分が生ずるのではなく，短い時間における独立した「観察結果」を，より長い時間にわたっていくつも組み合わせることで，時間積分に相当する機能を達成できると主張した。Moore（2003）は，多重検出モデルの考え方に加えて，聴覚末梢の生理的特性をモデル化したスペクトル・時間興奮パターン（spectro-temporal excitation patterns：STEP）を用いて，信号の内的表現を通して時間積分を考えるべきだと主張した。しかし，これらの多重検出モデルでは音の大きさが持続時間によって増大する現象は説明できない。

4・1・3・4 スペクトルと帯域幅：臨界帯域

帯域雑音の強さを一定に保ったまま，周波数範囲を徐々に拡げていくと，ある範囲までは音の大きさが変化せず，その範囲を超えたところで音の大きさが増加しはじめる（Florentine et al., 1978；Zwicker et al., 1957）。複数の純音を用いて，成分の個数とそれぞれの純音の強さを一定に保ち，成分間の周波数間隔を次第に広げていっても，同じことを確かめられる（Florentine et al., 1978；Leibold et al., 2007；Scharf, 1961；Zwicker et al., 1957）。このことは，「大きさのスペクトル加算（spectral loudness summation）」と呼ばれる。このようになるしくみについて，主に聴覚末梢の周波数分析機能が反映されていると考える（Fletcher, 1938a, 1938b, 1940）。すなわち，聴覚末梢（基底膜）を帯域通過フィルターがいくつも並んだものと考え，それぞれのフィルター出力ごとに求められた大きさが加算されると仮定する。このとき，矩形の帯域通過フィルターがすき間なく並んでいるとして近似するのが「臨界帯域（critical band：CB）」の考え方である（Zwicker et al., 1957）。一方，互いに裾の重なりあう山型のフィルターが並んでいると考えたうえで，臨界帯域幅に相当する矩形の幅〔等

価矩形帯域幅（equivalent rectangular bandwidth：ERB）］を考えるのが「聴覚フィルター（auditory filter）」の考え方である（Glasberg & Moore, 1990）。臨界帯域幅および等価矩形帯域幅を比較した図を示す（図4-1-4）。なお，臨界帯域（のちにStevensが臨界比と改称した）および等価矩形帯域幅の概念を最初に示したのはFletcher（1938b）である。

大きさのスペクトル加算について，最近のデータによる例（Leibold et al., 2007）を図4-1-5に示す。この図には，1 kHzを中心とする5成分の複合音（60 dB SPL）と，大きさが等しいと判断された1 kHz純音の音圧レベルの平均とが示されている（エラーバーは±1標準誤差）。Glasberg & Moore（1990）の聴覚フィルター・モデルによる予測も同時に示されている。図に示された境界線までの範囲にすべての音の成分が収まっている場合は，音の占める周波数範囲は音の大きさに影響しないが，その境界線を越えて音の周波数範囲が広がると，音の大きさが増大していくことが示されている。物理的な音の強さが等しくても，異なる臨界帯域にまたがる音は，一つの臨界帯域内に周波数範囲が収まる音よりも大きく聞こえる。つまり，複数の臨界帯域にまたがる音の大きさは加算される。すなわち，おおまかな近似としては，臨界帯域ごとに音の強さを加算してソーン尺度上の大きさを求め，これらを加算すれば，全体の大きさを予測できる。

ただし，大きさのスペクトル加算には，全体の音圧レベルが影響することがわかっている（Scharf, 1959；Zwicker & Feldtkeller, 1955；Zwicker et al., 1957）。図4-1-6に示すように，中程度のレベルで大きさのスペクトル加算が最も顕著に表れ，レベルが小さい場合と大きい場合には変化が目立たなくなる。

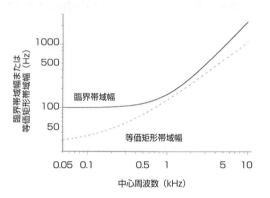

図4-1-4 臨界帯域幅と等価矩形帯域幅の比較（上田, 2019, p. 83）
両者の差は中音域では小さく，低音域，高音域では大きくなる。

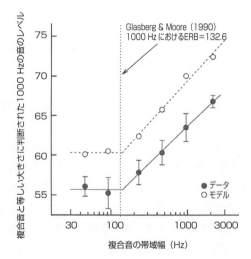

図4-1-5 音の大きさのスペクトル加算（Leibold et al., 2007, p. 2824を改変）
等価矩形帯域幅を超えて音の帯域幅が拡大されると，音の大きさにスペクトル加算が生ずる。

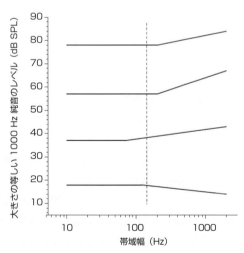

図4-1-6 音の大きさのスペクトル加算のレベル依存性［Jesteadt & Leibold（2011）がZwicker et al.（1957）のデータに最小二乗近似を行った図（Jesteadt & Leibold, 2011, p.130）をもとに著者作成］
図中の点線はGlasberg & Moore（1990）による1 kHzにおける等価矩形帯域幅（132.6 Hz）を表す。

また，十分に広い周波数間隔をもつ2成分複合音であっても，全体の音圧レベルが高い場合には，抑制や部分マスキングの影響を無視できず，大きさの加算性が成り立たない場合があることも報告されている（Hübner & Ellermeier, 1993）。また，成分間の周波数間隔が狭い場合には，周波数成分間のマスキングによる全体の大きさへの影響も考慮する必要がある。

成分間のマスキングも考慮した複合音の大きさのモデルが提案されている（Moore et al., 1997）。このモデルは実験データとある程度，一致する結果を予測する。しかし，Jesteadt et al. の研究グループは，一連の研究で，モデルが予測する帯域ごとの重みと，実験結果とが食い違うことを見いだした（Jesteadt et al., 2014；Jesteadt et al., 2017；Jesteadt et al., 2019；Leibold et al., 2007）。Jesteadt et al. は，ERB単位で15帯域の雑音を組み合わせた刺激（Jesteadt et al., 2017；Jesteadt et al., 2019），あるいはそれぞれの帯域の中心周波数を成分とする15成分複合音（Jesteadt et al., 2019）を用いて，音の大きさの知覚には，スペクトルの両端の帯域，すなわち，最も低い周波数帯域と最も高い周波数帯域の大きさが，スペクトル全体の形にかかわらず重視されることを示した（図4-1-7）。たとえば，音声の平均スペクトル（long-term average speech spectrum：LTASS）を模擬した雑音では，一番高い周波数帯域にはわずかなエネルギーしか存在しないが，この帯域の音の大きさが，全体の大きさに最も大きな影響を与えることがわかった。このようなスペクトルの両端の帯域に対する知覚上の重みは，Moore et al.（1997）のモ

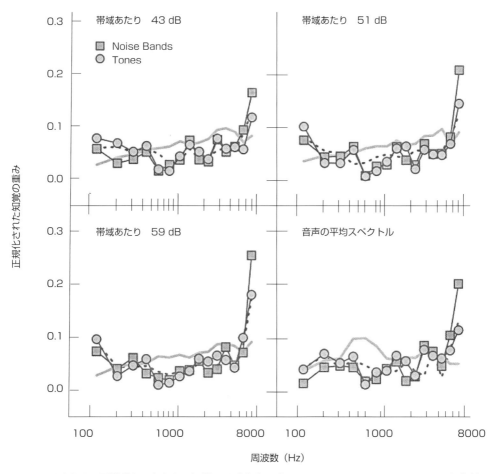

図4-1-7　スペクトルの両端が音の大きさの知覚に及ぼす重み（Jesteadt et al., 2019, p. 3588 を改変）
　　　　各パネルの条件は，帯域あたりの平均音圧レベルおよび音声の平均スペクトルの模擬。点線は帯域雑音を用いた
　　　　Jesteadt et al.（2017）のデータ，太い実線は Moore et al.（1997）のモデルから予測された重みを表す。

デルから予測される重みよりもはるかに大きくなることが明らかとなった。

4・1・4　音の大きさの部分マスキング

音の大きさの部分マスキングとは，ある音（マスク音またはマスカー）が存在することにより，別の音（信号）の大きさが減ずる現象を指す（Scharf, 1964）。Steinberg & Gardner（1937）は，音の大きさの部分マスキングに関する実験を最初に報告した。彼らは一側性の難聴（片方の耳だけ聴力に障害があること）をもつ実験参加者で，正常な耳と聴力に障害のある耳とで音の大きさを合わせる実験を行った。実験結果から，実験参加者は二つの型に分類された。一方は障害のある耳に呈示する刺激を，常に一定の音圧だけ強くしなければ正常な耳に聞こえる大きさと同じにならない型であり，もう一方は，刺激の音圧が低い場合にはより刺激を強くしなければ正常な耳と同じ大きさに聞こえないが，刺激の音圧が高くなってくるにつれて，正常な耳に聞こえる音の大きさとの差が小さくなってくるという型である。これらは，それぞれ今日の用語でいうところの伝音難聴と感音難聴に相当する。彼らは，正常な耳に雑音のマスカーを呈示することにより，純音刺激の大きさに関して，感音難聴のある耳で得られた実験結果と同様の結果が得られることを示した。

図4-1-8は，1 kHzの信号音と1 kHzを対数軸上の中心周波数とする600-1200 Hzのオクターブ帯域雑音のマスカーを用いてHellman & Zwislocki（1964）が行った実験結果を示す。マスカーの強さは，各実験参加者の聴覚閾値を基準とし（感覚レベル，sensation level：SL），実験参加者ごとに40および60 dB SLとされた。片方の耳にはマスカーを呈示し，信号音を左右耳に交互に呈示して，調整法の手続きにより音の大きさが等しくなるように調整した結果と，マグニチュード推定法とマグニチュード産出法の両方を用いて測定した結果を平均した結果とが比較されている。両者の結果はよく一致していることがわかる。

Pavel & Iverson（1981）は，雑音でマスクされることによって信号の検出閾が上昇する一方で，聴くことのできる上限の音圧は雑音がない場合と変わ

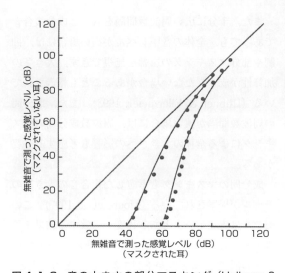

図4-1-8　音の大きさの部分マスキング（Hellman & Zwislocki, 1964, p. 1625を改変）
黒丸は調整法による結果を，曲線はマグニチュード推定法とマグニチュード産出法の結果を平均して得られた結果から推定された結果を示す。両者はよく一致している。

らないため，より狭い範囲に音の大きさの精神測定関数が押し込められることになると考えた。このような圧縮は，自動利得制御装置［automatic gain control（AGC）device］の動作と類似していると見なせる。したがって，一つの関数でさまざまな雑音レベル条件で得られたデータを記述できると彼らは考えた。自分たちの実験結果だけではなく，過去の実験結果（Lochner & Burger, 1961；Stevens & Guirao, 1967）も含めて，彼らの提案した関数で記述できることが示された。

Gockel et al.（2003）は，聴覚末梢で分解されない，高い倍音成分のみからなる複合音と，複合音と同じ周波数帯域をもつ帯域雑音とを用い，一方を標的刺激，他方をマスカーとし，標的刺激のみを呈示する区間と，標的刺激とマスカーとを呈示する区間とを設けて，標的刺激の大きさが等しくなるようにレベルを調節する実験を行った。その結果，両者の大きさの部分マスキングに非対称性がみられ，帯域雑音をマスカーとして呈示された複合音は，複合音をマスカーとして呈示された帯域雑音よりも小さく聞こえた。その差は大きく，標的対マスカー比で12-16 dBにも相当する非対称性がみられた。すなわち，複合音と雑音との時間構造の違いによって，部分マスキング

の非対称性がもたらされたことが明らかになった。この結果は，純音と雑音とを互いに標的刺激とマスカーとした Hellman（1972）の結果とも一致している。音の大きさの部分マスキングを予測するためには，基底膜の興奮パターンを考慮する必要があると考えられていたが（たとえば Gleiss & Zwicker, 1964），それだけでは不十分であると言える。

4・1・5　音の大きさの両耳加算

　両耳に音を呈示すると，どちらか片方の耳にだけ音を呈示した場合と比べて，大きく聞こえる。このことは，Seebeck（1846）が最初に報告した。Seebeck は，うなりの研究をするため，サイレンを二つ用意し，それぞれのサイレンに管を取り付けて，左右の耳に別々のサイレンから音を呈示できるようにした。そして，両方の管から音を出したところ，音の大きさが大きくなったように聞こえたと報告している（Seebeck, 1846, p. 451）。両耳聴の音の大きさが単耳聴の音の大きさを上回るこの現象は，「音の大きさの両耳加算（binaural loudness summation）」と呼ばれる。

　Fletcher & Munson（1933）は，音の大きさの両耳加算が完璧に生ずる，すなわち，両耳に同じ音を呈示したときの音の大きさは，どちらか片方の耳にだけ音を呈示した場合の 2 倍の大きさに聞こえると仮定した。その後，行われた研究では，Fletcher & Munson の予想通り，両耳に呈示された音の大きさと，単耳に呈示された音の大きさとの比率が 2 となるという報告もあるが（Algom, Ben-Aharon et al., 1989；Hellman & Zwislocki, 1963；Irwin, 1965；Marks, 1978），両耳加算は生ずるものの，比率は 1.3（Marozeau et al., 2006），1.5（Algom, Rubin et al., 1989；Zwicker & Zwicker, 1991），1.7（Scharf & Fishken, 1970）になるという報告もあり，一致していない。

　全体の音圧レベルが両耳利得（binaural gain）［音の大きさを等しくする両耳レベル差（binaural level difference for equal loudness：BLDEL）とも呼ばれる］に与える影響に関しても，報告に食い違いがみられる。たとえば，Reynolds & Stevens（1960）は，マグニチュード推定法，マグニチュード産出法，感

覚様相間マッチングを用いて単耳と両耳で音の大きさを測定した。両耳聴と単耳聴とによる音の大きさの比率は，50 dB SPL の 1.5 から，100 dB SPL の 2.2 まで変化した。しかし，Hellman & Zwislocki（1963）は，マグニチュード推定法とマグニチュード産出法とを組み合わせた「マグニチュード・バランス法」による実験を 1 kHz 純音について行い，10 dB SPL から 110 dB SPL の広い範囲にわたって完璧な両耳加算がみられ，音圧レベルの影響はみられないと報告した。マグニチュード推定法により実験を行った Marks（1978）および Zwicker & Zwicker（1991），糸の長さとの感覚様相間マッチングを行った Marozeau et al.（2006）も，音圧レベルは両耳利得の大きさに影響しないとしている。ところが，Scharf（1969），Scharf & Fishken（1970）は，調整法により両耳利得を測定し，全体の音圧レベルによって比率が変化すると報告している。

　Sivonen & Ellermeier（2011）によれば，ヘッドホンで狭帯域の刺激を呈示した場合に限っても，単耳と両耳の音の大きさを比較する実験結果に影響する要因として，次の三つが考えられる。①両耳利得，すなわち音の大きさを合わせる実験で測定された音圧レベル差の dB 表示，②両耳聴と単耳聴とによる音の大きさの比率，③音の大きさの精神測定関数の形（たとえばべき指数）。このうち，後者の二つは互いに影響し合うので，両耳利得が最も直接的に得られるデータとして重視されるべきだと述べている。

　Whilby et al.（2006）は，1 kHz の純音を用い，持続時間に 5 ms と 200 ms の二水準を設定し，感覚レベルで 10 dB から 90 dB にわたる広い範囲において，同じ持続時間の音を単耳と両耳に呈示し，音の大きさを合わせる実験を行った。両耳利得には刺激の持続時間はほぼ影響しなかったが，音圧レベルによる影響はみられた。すなわち，中程度の音圧レベルの範囲では，10 dB 前後の両耳利得がみられたが，閾値付近である 20 dB SPL では 4 dB 前後，上限の 110 dB SPL では 5 dB 前後にまで低下した。

　実験手法や刺激，実験条件の違いが大きいので，はっきりとした結論を述べることは難しいが，Marozeau et al.（2006）の結果なども考え合わせると，両耳聴と単耳聴との音の大きさの比率は全体の

音圧レベルによって変化しないが，音の大きさの精神測定関数の傾き（べき指数）が音圧レベルによって変化するため，両耳利得の変化がもたらされていると考えることができる。

4・1・6 音の大きさの恒常性

残響のない環境（刺激をヘッドホンで呈示）では音の大きさによって距離が判断される（Stevens & Guirao, 1962）。しかし，われわれがふだん生活している空間は，残響のある空間である。そのような空間では，慣れ親しんだ音については，音の大きさの恒常性が成り立つとされてきた（Mohrmann, 1939; Shigenaga, 1965）。さらに，残響のある部屋のインパルス応答および実験参加者個人の頭部伝達関数を広帯域雑音にたたみ込んで刺激を作り，ヘッドホンで呈示した実験により，慣れ親しんだとは言えない音であっても，音の大きさの判断に恒常性が成り立ち，実験参加者は，音の大きさの判断と音源までの距離とを明確に区別できることが示されている（Zahorik & Wightman, 2001）。

音の大きさの両耳加算も，音の大きさの恒常性による影響を受けることがわかっている。Epstein & Florentine（2012）は，発話者の音声を録音するとともに，発話者の頭部を正面から撮影した映像を録画し，音の大きさの両耳加算が，映像と録音の再生条件によって，どのように変化するのかを調べた。音声の呈示音圧（25, 40, 55, 70, 80 dB SPL），ヘッドホンで音を呈示する条件と実験参加者の前方に設置された1個のスピーカから呈示する条件，スピーカの下に設置したモニターに話者の画像を呈示する条件としない条件，単耳に音を呈示する条件と両耳に音を呈示する条件（スピーカから音を呈示する条件では，耳栓を用いて単耳の条件を設定した）を組み合わせて二重壁の防音室内で実験が行われた。話者の画像が呈示され，スピーカから音声が呈示された条件では，「大きさの両耳加算」の比率も音圧の変化の影響も最も小さく，単耳聴と両耳聴による音の大きさの比率が，およそ1.05から1.15しかなかった。スピーカから音声だけを呈示する条件，ヘッドホンから音声だけを呈示する条件，ヘッドホンから音声を呈示し，話者の画像も呈示する条件の順に，単耳と両耳の大きさの比率が最大1.5近くまで上昇し，音圧レベルによる比率の変化も増大した（図4-1-9）。この結果は，生態学的妥当性の高い条件ほど，単耳聴と両耳聴による音の大きさに違いがなくなることを意味しており，両耳による音の大きさの恒常性（binaural loudness constancy; Epstein & Florentine, 2009）が存在することを示している。

4・1・7 変動音の大きさ

実用的な観点からは，日常生活で接する機会の多い，時間的変動のある音に対して，全体的な大きさがどのように判断されるのかを調べることは意義あることといえる。大まかにいえば，実験用の合成音，交通騒音，衝撃音，音声，音楽など，多種多様なジャンルの，変動を含む音の全体的な大きさと，エネルギー平均レベルとは大変高い相関（$r = 0.979$）を示し，ばらつきも小さい（Kuwano & Namba, 2011, p. 158）。

Schlittenlacher et al.（2017）は，ハンマーで打つ音などの衝撃音と，背景騒音とを組み合わせた刺激を合成し，画面上の線分の長さと，刺激の全体的な音の大きさとで感覚様相間マッチングを行う実験を実施した。実験結果と LL_p および N_5 という指標との相関が求められた。LL_p は① 100 ms ごとに音

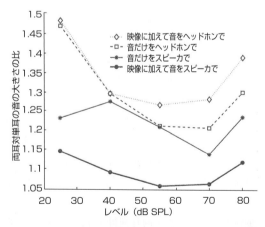

図4-1-9 両耳聴と単耳聴との音の大きさの比と音圧レベルとの関係に音声の呈示方法と画像呈示の有無とが及ぼす影響（Epstein & Florentine, 2012, p. 3983 を改変）
より生態学的に妥当な条件ほど，比が小さく，音圧レベルの影響を受けにくくなり，音の大きさの恒常性がより強く表れる。

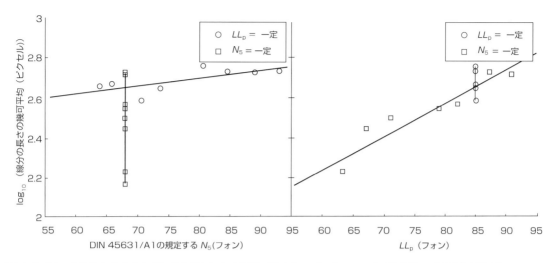

図 4-1-10　全体的な大きさと N_5 および LL_p との対応（Schlittenlacher et al., 2017, p. 1844 を改変）
回帰直線はそれぞれ 8 個の刺激について回帰されたもの。

の大きさのレベルを計算し，②これを強さのような量に変換し，③変換された値を時間で平均した後，フォンに変換して得られる全体的な大きさの指標である。一方，N_5 は，音の大きさのレベルの時間分布を調べ，計測時間中の上位から 5% の点にあたる音の大きさのレベルを指標とするものである。LL_p は音の大きさのレベルの分布全体に基づく，一種の重み付き平均であるのに対し，N_5 は順序尺度の値であり，5% 点にあたる音の大きさのレベルさえ変わらなければ，それ以外の点における音の大きさのレベルは影響しない。実験結果の一例を図 4-1-10 に示す。LL_p が全体的な大きさと高い相関（$r_{(14)} = 0.944$）を示したのに対し，N_5 は低い相関（$r_{(14)} = 0.464$）しかなかった。このように，大きな時間的変動を含む音の全体的な大きさを表す指標として，LL_p のほうが N_5 よりも明らかに優れている。

4・1・8　まとめとその他の問題

本節では音の大きさに関して，主に単耳および両耳における加算性，物理的要因，部分マスキング，恒常性，時間的変動といった話題を中心に取り扱った。これらは音の大きさに関する重要な内容と考える。一方で，同様に重要な，前後関係（文脈）の影響（たとえば，Marks, 1993；Ponsot et al., 2015），カテゴリー尺度による測定（たとえば，Wróblewski et al., 2017），音の大きさを記述する言葉の違いと個人差

（たとえば，Berglund et al., 2002）といった問題については触れることができなかった。ただし，これらの問題のうちいくつかは，難波（2017）に解説されている。

（上田　和夫）

4・2　騒音

4・2・1　騒音の評価

騒音（noise）とは，JIS（日本産業規格：Japanese Industrial Standard）によれば，「不快な又は望ましくない音，その他の妨害」となる音の総称である（JIS Z 8106, 2000）。騒音はさまざまな身体的影響（聴覚閾値の上昇，睡眠影響など）および心理的影響（不快感，会話妨害，作業能率の低下など）を引き起こすが，本節ではその影響評価の基礎にある騒音の知覚的側面について概説する。

4・2・2　聴覚閾値

騒音の影響評価では，対象とする音の可聴性（音として聞こえるか否か）が最初の判断基準となる。すなわち，騒音中のある周波数成分の音圧レベルが聴覚閾値（threshold of hearing）を超えていれば音として聴取され，騒音となりうる。一方，聴覚閾値を下回るレベルの音は，通常，騒音の原因にはなら

ないと判断される。

可聴性の基準となる聴覚閾値として，ISO（国際標準化機構：International Organization for Standardization）による基準聴覚閾値（ISO 226, 2023；ISO 389-7, 2019）が参照されることが多い。これは，18-25歳の耳科学的に正常な者（耳疾患や過度の騒音曝露経験などがない，健聴者）について，純音に対する聴覚閾値を周波数の関数として表したものである（図4-2-1）。3000-4000 Hz付近で最も閾値が低く，それよりも周波数が低い，または高い領域では閾値が相対的に高い。

ただし，耳科学的に健常な者であっても，聴覚閾値には本来的に個人差が存在する。基準聴覚閾値は，多数の聴取者について求めた閾値の中央値である。したがって，それよりも低い音圧レベルでも音を聴取できる者が，人口のかなりの割合で存在する。そのため，事務機器等の工業製品や夜間の住宅地など，静寂性が求められる物や場面では，聴覚閾値の個人差までを考慮した騒音の可聴性評価が必要となることがある。そのような評価を目的として，基準聴覚閾値の上下に広がる個人の閾値の統計的分布がISO 28961（2012）に記述されている（図4-2-1）。

ところで，上記の基準聴覚閾値およびその個人差分布は，あくまで18-25歳の若齢者についてのものであった。聴覚閾値は，加齢に伴って次第に上昇していく。ISO 7029（2017）では，18歳を基準とした閾値の加齢変化量の推定方法が男女別に示されている。ISO 226（2023）（またはISO 389-7, 2019）の基準聴覚閾値にISO 7029（2017）の閾値上昇量を加算することによって，年齢ごとの聴覚閾値の推定値（中央値および個人差分布）を得ることができる（Kurakata & Mizunami, 2005）。

4・2・3　騒音の大きさ評価

閾値を超える音圧レベルの騒音では，その主観的な大きさ（ラウドネス：loudness）が第一の評価指標となる。すなわち，音の種類にもよるが，一般にはラウドネスの大きい騒音のほうが不快度や妨害の程度も大きい。

騒音は，その周波数特性，時間特性等がさまざまに異なるものの，聴感上の騒音の大きさは等価騒音レベル（A特性時間平均サウンドレベル）と高い相関のあることが知られている（図4-2-2）。等価騒音レベル（equivalent continuous A-weighted sound pressure level）とは，ある時間範囲について，変動する騒音レベルをエネルギー的な平均値として表した量（日本音響学会，2003）である。このように主観量との対応の良いことが，現在，環境騒音（JIS Z 8731, 2019）等の評価指標として等価騒音レベルが広く用いられる理由の一つとなっている（桑野，1997）。

なお，A特性（周波数重み付け特性A, frequency-weighting A）は，若齢者のラウドネス特性に基づいている。そのため，聴力の低下した高齢者が知覚する騒音の大きさを評価する場合には，高齢者のラウドネス特性に基づいて周波数重み付けを施した音圧レベルが，より対応の良い指標となることがある（Kurakata & Mizunami, 2019）。

騒音の音響分析結果から聴覚モデルに基づいて音の大きさを推定する方法が開発され，広く実用に供されている（ISO 532-1, 2017, Zwicker法；ISO 532-2, 2017, Moore-Glasberg法）。どちらの方法も，計算プログラムが無料で公開されており，任意の音につ

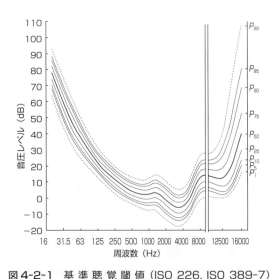

図4-2-1　基準聴覚閾値（ISO 226, ISO 389-7）と聴覚閾値の個人差分布（ISO 28961）(Kurakata et al., 2013, Fig. 7)
P_x：xパーセンタイル。P_{50}（中央値）が基準聴覚閾値であり，その上下に広がる個人の閾値の統計的分布を示す。横軸は，10000 Hz未満を対数尺度，10000 Hz以上を線形尺度で表記。

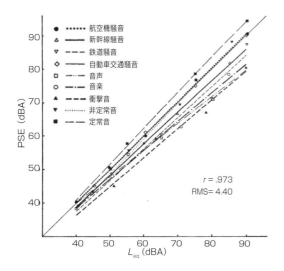

図 4-2-2 等価騒音レベル（L_{eq}）と種々の変動音の大きさとの関係（難波・桑野，1982, p. 779, Fig. 4）
縦軸の値（PSE）は，各変動音の大きさ判断（マグニチュード推定）に対応するL_{eq}値。

いて，その大きさの推定値を算出することができる。ISO 532-2（2017）におけるラウドネスの計算手順を図 4-2-3 に示す。

4・2・4 低周波音

おおむね 1-100 Hz の周波数範囲の音は，低周波音（low-frequency sound）と呼ばれる。さらに，20 Hz 以下の音を超低周波音（infrasound）と呼ぶ（環境省，2019）。20 Hz は一般に可聴周波数の下限であるといわれるが，非常に高い音圧レベルであれば，それよりも低い周波数の音も聴取可能である。

ただし，周波数の低下に伴う閾値の上昇率は，20 Hz 以下ではやや緩やかになる（図 4-2-4）。

低周波数域では，等ラウドネスレベル曲線（equal-loudness-level contours, ISO 226, 2023；III・4・1 参照）の間隔が比較的狭い。すなわち，音圧レベルの増加に伴う聴感上の大きさの増加が大きい。そのため，音圧レベルが閾値をわずかに上回っただけであってもすぐに大きな音として聞こえ，騒音の原因となりやすい。また，高周波領域に比べて，低周波領域では，加齢に伴う閾値の上昇量は小さい（Kurakata et al., 2008）。このことが，年齢相応に聴力が低下しているはずの中高年者であっても低周波音騒音を訴えやすい理由の一つと考えられる。

低周波音は振動感覚とも混同されやすいが，通常，皮膚や頭蓋骨の振動としてではなく，聴覚を通して音として知覚されると考えられている（落合，2012）。このことは，ろう者（重度の感音性の難聴者）を対象とした実験からも裏付けられる。山田他（1983）によると，低周波音に対する彼らの検知閾は，健聴者の最小可聴値よりも平均値で 30-40 dB，最も感度の良い者でも 15 dB 以上高かったという。

なお，40-50 Hz 付近の周波数においては，低周波音に対して「圧迫感」「振動感」といった特有の感覚が優先的に生じる（時田・町田，2017；図 4-2-5）。頭部の振動感覚閾は，その周波数領域で相対的に低い（Takahashi, 2009）。したがって，音圧レベルが非常に高くなると，低周波音の知覚には振動感覚も関与してくる可能性がある。

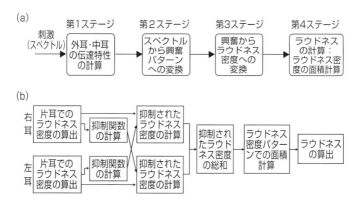

図 4-2-3 Moore-Glasberg 法によるラウドネスの計算手順（鵜木，2021）
(a) 単耳でのラウドネス，(b) 両耳でのラウドネス

第Ⅲ部 聴覚

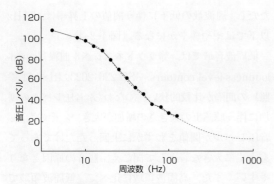

図 4-2-4 低周波音に対する聴覚閾値（実線：Watanabe & Møller, 1990）
基準聴覚閾値（破線：ISO 226）を併せて示す。

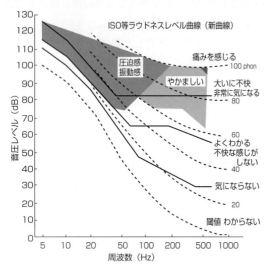

図 4-2-5 低周波領域における種々の等評価曲線（時田・町田，2017 をもとに著者作成）
比較のため，等ラウドネスレベル曲線（破線：ISO 226）を重ねて示す。

4・2・5 高周波音

人の可聴周波数の上限は一般に 20 kHz と言われるが，非常に大きい音圧レベルであれば，それ以上の高い周波数の音（超音波）も聴取可能である。

高周波領域における聴覚閾値は周波数の増加に伴って急激に上昇するが（図 4-2-1），20 kHz を超えると，その増加は緩やかになる。Ashihara et al. (2006) によると，若年健聴者 15 名のうち，24 kHz での聴覚閾値が測定可能であった 4 名の値は約 90 dB であった。この値は，18 kHz での基準聴覚閾値 73.2 dB（ISO 389-7, 2019）と比較しても，極端に高い値ではない。そのため，たとえばネズミ等の害

獣駆除器で使用される 20 数 kHz の音が聴力の良い若齢者に聞こえ，時として騒音源と認識されることがある（測定例については，たとえば蘆原，2009 を参照）。

4・2・6 聴覚に及ぼす騒音の影響

音に長時間曝されたり，短時間であっても強大な音に曝されたりすることによって，聴覚閾値が上昇（聴力が低下）する。そのうち，一時的に聴覚閾値が上昇し，時間の経過とともに聴力が回復する現象を一過性閾値変動（temporary threshold shift：TTS）という。また，一時的ではなく，聴覚閾値が永続的に上昇した状態を永久的閾値移動（permanent threshold shift：PTS）という。

特に，騒音に曝露されたことによる難聴は，騒音性難聴（noise-induced hearing loss）と呼ばれる。騒音性難聴では，曝露された騒音の周波数特性に依らず，4000 Hz 付近で顕著な聴力低下（dip）が生じる（図 4-2-6）。

労働場面における騒音曝露の許容基準として，日本では日本産業衛生学会が示す勧告が参照されている（日本産業衛生学会，2022）。これによると，たとえば 1 日の騒音曝露時間が 8 時間のとき，騒音レベル（A 特性音圧レベル）85 dB が許容基準である（衝撃騒音ではない，広帯域騒音または狭帯域騒音の

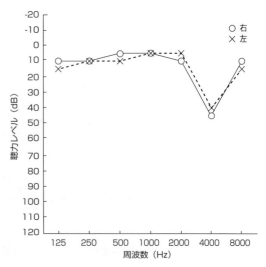

図 4-2-6 騒音性難聴が疑われるオージオグラム（聴力図）の例

場合）．この基準では，騒音レベルが 3 dB 増加する（エネルギーが 2 倍になる）ごとに，許容時間は 1/2 ずつ減少している（表 4-2-1）．

ISO 1999（2013）は，曝露される騒音のレベルと期間から，騒音性難聴の程度を推定する方法を規定している．一例として，耳科学的に健常な男性が，18 歳から 10-40 年間，騒音に曝された場合の聴力低下の推定量を図 4-2-7 に示す．この推定値は，A 特性音圧レベル 90 dB の騒音に，週 5 日，一日 8 時間曝されたときに生じると予想される中央値である．長期的に聴力低下は騒音と加齢の両方の影響を受けるため，この推定量は両要因を考慮して算出されている．

（倉片 憲治）

4・3 音の高さと音脈分凝

4・3・1 音の高さ（ピッチ）

日常経験する音には，「高さ」の感覚を与えるものが多い．たとえば，ピアノの鍵盤を左から右に弾けば，音は「高く」なる．また，一般に男性の声は女性より「低い」．このように，高低のスケール上に配列されるような聴覚の感覚属性をピッチ（pitch）と呼ぶ（ANSI, 1994）．ピッチは，音楽のメロディや言語音の韻律などの基礎となるだけでなく，音源のサイズ，質量，硬さ，張力などの物理的性質に関する情報をもたらす．また，複数音源が同時に鳴っている場合の音源分離や，特定の音源の聴取（選択的聴取）にも重要な役割を果たす．

一般に，明瞭なピッチを生じる音は，一定の波形が反復する周期信号（periodic signal）である．最も単純な周期波形である正弦波（純音：pure tone）の場合（図 4-3-1a）は，その周波数（すなわち周期の逆数）がピッチに対応し，周波数が高いほどピッチも高くなる．ただし両者の対応関係は線形ではなく，周波数を 2 倍にしたからといってピッチも 2 倍高く感じられるわけではない．

純音よりも複雑な，一般的な周期波形は，基本周波数（fundamental frequency, f_0）と，その整数倍の周波数の成分（高調波：harmonics）からなる．このような音を調波複合音（harmonic complex tone）と呼ぶ．たとえば，200 Hz の f_0 成分と，その 2-5 倍（400, 600, …, 1000 Hz）の高調波をもつ音の波形の周期は 5 ms である（図 4-3-1b）．この場合のピッチは，200 Hz の純音（図 4-3-1a）と等しい．

実環境に存在する音は，人工的な音を除けば，完全な周期音であることはほとんどないが，母音やピアノの音などのように明瞭なピッチを感じさせるものは，調波複合音に近い．鐘の音，ドラム，滝の音というように，周期性が弱くなるほど，ピッチも不明瞭になる．つまり，ピッチ知覚とは，音の周期性（波形の時間的反復）を見つけ，その反復率（repetition rate：

表 4-2-1　騒音レベル（A 特性音圧レベル）による許容基準（日本産業衛生学会，2022）
8 時間を超える場合の許容騒音レベルは参考値．

1日の曝露時間 時間-分	許容騒音レベル dB	1日の曝露時間 時間-分	許容騒音レベル dB
24-00	80	2-00	91
20-09	81	1-35	92
16-00	82	1-15	93
12-41	83	1-00	94
10-04	84	0-47	95
8-00	85	0-37	96
6-20	86	0-30	97
5-02	87	0-23	98
4-00	88	0-18	99
3-10	89	0-15	100
2-30	90		

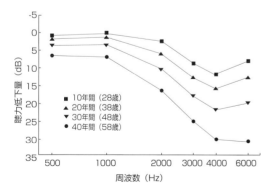

図 4-2-7　騒音曝露と加齢に伴う聴力低下量の推定値（ISO 1999, ISO 7029 をもとに著者作成）
低下量は，18 歳時点の聴力を基準（0 dB）として示す．騒音曝露条件の詳細は，本文を参照．

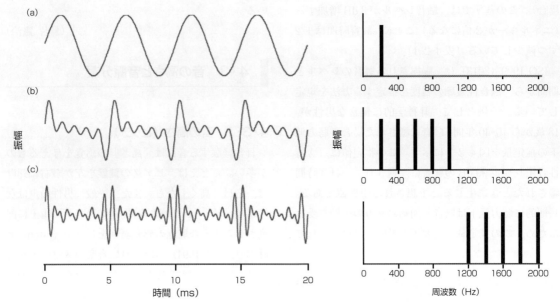

図 4-3-1　同一のピッチを生じる 3 種類の音の波形（左）と周波数成分（右）
　　　　（a）200 Hz の純音，（b）f_0 = 200 Hz の第 1-5 倍音，（c）f_0 = 200 Hz の第 6-10 倍音（ミッシング・ファンダメンタル）

1 秒あたりの反復回数。f_0 に対応）を求める処理に対応すると考えることができる。音階に乗るような明瞭な高低感のあるピッチ（音楽的ピッチ）を生み出す反復率（f_0）の範囲はおよそ 30-5000 Hz である。

4・3・2　ミッシング・ファンダメンタル

ピッチ知覚のメカニズムを考えるうえで重要な現象の一つに，調波複合音の f_0 成分が物理的に存在していなくても，f_0 に対応するピッチが知覚されるという現象がある。たとえば，f_0 = 200 Hz の 6-10 倍（1200, 1400, …, 2000 Hz）の高調波からなる複合音は，f_0 成分自体は存在しないにもかかわらず，200 Hz の純音と同じピッチとして知覚される（図 4-3-1c）。つまり，高調波成分の集合から推定される「あるはずの」f_0 成分に対応したピッチが知覚されるわけである（ただし，音色は変わることからもわかるように，f_0 成分そのものが聴覚系内で復元されているわけではない）。このような，調波複合音であれば本来あるはずなのに，実際には存在しない f_0 成分を，ミッシング・ファンダメンタル（missing fundamental）と呼ぶ。また，200 Hz の 4, 5, 6 倍の成分（800, 1000, 1200 Hz）と 250 Hz の 2, 3, 4 倍の成分（500, 750,

1000 Hz）からなる二つの複合音を比べると，物理的に存在する成分の周波数は前者のほうが高いにもかかわらず，知覚されるピッチは，それぞれのミッシング・ファンダメンタルと対応して，後者のほうが高くなる。

日常的な環境では，複合音の中の低周波数成分が他の音にマスキングされて聞き取れない，あるいは音響機器（電話など）の特性により伝送されないといった事態はしばしば起こりうる。残存した高調波成分から f_0 を推定する能力は，日常環境で安定して音源の属性を把握するうえできわめて有効なものと言えよう。

4・3・3　ピッチ知覚のメカニズム

ピッチ知覚の全貌はきわめて複雑であるが，ここでは調波複合音の f_0 の推定に絞って，基本的なメカニズムを概説する。聴覚系における情報処理の最初の段階は，蝸牛の基底膜の共振による周波数分析である。この過程は，互いにオーバーラップしつつ異なった通過帯域をもつ多数の帯域通過フィルタとしてモデル化できる。これを聴覚フィルタ（auditory filter）と呼ぶ。聴覚フィルタの帯域幅は，中心周波

数が高くなるほど広くなる。一般に周波数分解能と時間分解能はトレードオフの関係があるので，聴覚フィルタの中心周波数が高いほど，周波数分解能が低くなり，時間分解能が高くなる。この特性が，ピッチに関する情報処理の前提となる。

図4-3-2は，$f_0 = 100$ Hz（周期10 ms）と$f_0 = 200$ Hz（周期5 ms）のパルス列（調波複合音になる）に対する聴覚フィルタの出力波形を示したものである。低次（f_0の8倍程度まで）の周波数成分については，隣接成分間の周波数差に比べて聴覚フィルタの帯域幅のほうが狭いため，個々の周波数成分が分解されて正弦波に近い波形となる（図4-3-2のパターンでは横縞として見える）。これらの周波数成分の構成が，調波複合音のf_0を求める手がかりの一つとなりうる（たとえば，分解された成分の周波数が400，600，800 Hzであれば，f_0はそれらの最大公約数の200 Hzと推定される）。

一方，高次（10次程度以上）の周波数成分については，隣接成分間の周波数差よりも聴覚フィルタの帯域幅のほうが広いため，複数の周波数成分が分解されないまま干渉する。その結果，フィルタ出力は振幅変調されたパターンとなり，その振幅包絡は隣接成分間の周波数差である200 Hz（5 ms）の周期を示す（図4-3-2のパターンでは縦縞として見える）。調波複合音の場合にはこの周期がf_0と等しくなるので，f_0の手がかりになりうる。

ここでの一つの論点になるのは，分解成分の周波数構成，非分解成分の周期という二つの手がかりのうち，どちらが実際にf_0の推定に利用されているかということである。調波複合音のうち，聴覚フィルタで分解されない高い周波数成分のみを呈示しても，f_0に対応するピッチが知覚される。一方で，その場合のピッチの明瞭度は，低い周波数成分のみを呈示した場合に比べてかなり低い。これらの実験結果からは，分解成分，非分解成分それぞれに由来する手がかりが両方とも利用可能であるが，分解成分による手がかりのほうがピッチ知覚への貢献が大きいことが示唆される。おそらく，複数のメカニズムが併存しており，状況に応じて利用されるのであろう。

さて，聴覚フィルタの出力（基底膜の振動）は，聴神経の発火によって符号化され，脳幹の神経核へと伝送される。聴神経の発火は，低周波帯域では波形の特定位相に同期する。これを位相固定（phase locking）という。$f_0 = 200$ Hzの場合，中心周波数が200，400，800 Hzのフィルタからの出力では，聴神経の位相固定発火はそれぞれ5，2.5，1.25 msの間隔が優位となる。一方，高周波帯域では，位相固定は，波形の振幅包絡に対して生ずるので，神経発火の時間

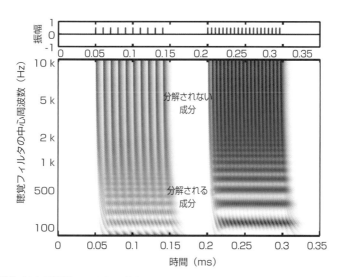

図4-3-2　クリック列に対する聴覚フィルタの出力
　　　　左側はクリック間隔10 ms（$f_0 = 100$ Hz），右側はクリック間隔5 ms（$f_0 = 200$ Hz）。聴覚フィルタの周波数分解能の高い低周波領域では個々の周波数成分が分解される（横縞に見える）が，周波数分解能の低い高周波領域では周波数成分が分解されず，振幅包絡が基本周波数の逆数に相当する周期性をもつ（縦縞に見える）。

第 III 部　聴覚

間隔は 5 ms が優位となる。これらの情報に基づいて調波複合音の f_0 を求める方法の一つは，聴覚フィルタのチャンネルごとに位相固定した聴神経発火の時間間隔を検出し，それらをチャンネル間で比較して共通の周期（この例では 5 ms）を求めるというものである（Moore, 2012）。この方式であれば，分解成分，非分解成分の両方がピッチ知覚に貢献し，ミッシング・ファンダメンタルのように一部の成分が利用できない状況でも安定して f_0 を推定できることを説明できる。この他にも，ピッチ知覚のモデルとしてはさまざまなものが提案されている。

　聴覚系におけるピッチの処理メカニズムの全貌については，未解明の点が多い。しかし，脳幹以降の処理が重要な役割を果たしていることは明らかである。まず，上記のような，異なった聴覚フィルタの出力を比較する処理は脳幹以降で行われる。また，右耳に 400, 800 Hz, 左耳に 600, 1000 Hz というように高調波成分を別々に呈示しても，知覚されるピッチは全体の f_0 に相当する 200 Hz となるが，このような両耳間統合が行われるのも脳幹レベルである。

　蝸牛の基底膜から大脳皮質の一次聴覚野に至る求心性の聴覚主経路では，基底膜にみられるような周波数特異的配列（トノトピー：tonotopy）が保存されている。しかし上述の通り，調波複合音の基本周波数を求めるためには，異なったチャンネルの情報を統合することが必要なので，トノトピーを超えた処理が必要となる。実際，マカクザルの一次聴覚野の前方の領域には，調波複合音の高調波成分のみを呈示した場合，それらの成分の周波数に対してではなく，それらから推定される f_0 に対応した応答を示すニューロンが存在することが報告されており，ピッチ知覚への関与が想定されている（Bender & Wang, 2005）。

4・3・4　聴覚情景分析と音脈

　日常の環境では，その場に音源がただ一つしか存在しないということは稀である。たとえばカフェで友人と会話しているとき，相手の声以外にも，他の人々の会話，背景音楽，食器の触れ合う音などさまざまな音が鳴っており，それらが聴覚的な「情景（auditory scene）」を構成している。このとき，耳

に到達する音は，環境内のすべての音源からの音が混合（加算）されたものになる。何がどこで起きているかといった聴覚的な情景を理解し，相手の話を聞き取るためには，この混合音の中から異なった音源に由来する音の成分を分離し，同一の音源に由来する成分をまとめて一貫した流れを形成する情報処理過程が必要である。この情報処理過程を聴覚情景分析（auditory scene analysis），まとまって知覚される音の流れを音脈（stream）と呼ぶ（Bregman, 1990）。

　図 4-3-3 は，女性の声，男性の声，およびそれらの混合音に対する聴覚フィルタの出力である。低周波数領域でみられる横縞は，聴覚フィルタによって分解された個々の周波数成分を示している。高周波数領域では，聴覚フィルタの帯域幅が広くなるためすべての成分が分解されるわけではない。いずれにしても，この段階では，どの成分がどの音源に由来するかということは明示されていない。これを音源ごとに分類，再統合していくのが聴覚情景分析のプロセスであり，その結果形成されるのが音脈ということになる。音脈形成には，ある時点で同時に存在している周波数成分をまとまりに分ける「同時的群化（simultaneous grouping）」と，時間軸上で継起する周波数成分をまとめる「継時的群化（sequential grouping）」という二つの側面がある。

　情報処理課題としてみるならば，聴覚情景分析は，複数の音源信号の混合という過程の逆，つまり混合信号から個々の信号を推定するという問題と見なせる。しかしこれは原理的に解が一意に決まらない問題である。周波数成分を何個のまとまりに分けるか，どのようなまとまりに分けるかといった点について，多数の組み合わせがありうる。このような問題を解くにあたって，聴覚系は，実環境で成り立つ可能性の高い，いくつかのヒューリスティクス（必ず正解を導けるわけではないが，ある程度正解に近い解を得ることができる簡便な法則）を暗黙のうちに用いているようである。次項以降では，特にピッチ知覚との関連に重点を置きつつ，それらのヒューリスティクスを概説する。

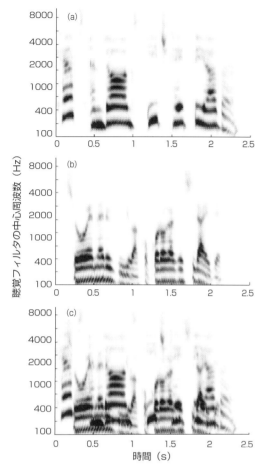

図 4-3-3 女性の声 (a), 男性の声 (b) の単独音および それらの混合音 (c) に対する聴覚フィルタの 出力

4・3・5 同時的群化

同時的群化を促進する音響的要因には，調波性 (harmonicity)，開始点の同期 (onset synchrony)，振幅変調の共通性 (comodulation) などがある (Bregman, 1990；Darwin & Carlyon, 1995；図 4-3-4)。このうち，開始点の同期，振幅変調の共通性は，ゲシュタルト法則の「共通運命の法則 (law of common fate)」に対応し，「独立の音源に由来する周波数成分が偶然にも同期して変化する確率は低い」という実環境の音源の一般的な性質を反映したヒューリスティクスと解釈することができる。一方，調波性はピッチと関係している。先述の通り，実環境には調波複合音と見なせる音が多い。したがって，「周波数が単純な整数比になる成分は同一の音源に

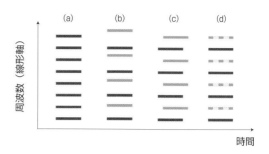

図 4-3-4 同時的群化の要因の模式図

(a) 調波複合音。全体で一つのまとまりとして知覚される。(b) いくつかの成分の周波数を調波構造からずらすと，それらが別のまとまりになる。(c) いくつかの成分の立ち上がりを遅らせると，それらが別のまとまりになる。(d) いくつかの成分に共通の振幅変調を与えると，それらが別のまとまりになる。

由来し，そうでない成分は別々の音源に由来するものである可能性が高い」というヒューリスティクスが成り立つ。

調波性が音脈形成に貢献することを示す実験結果は多数報告されている。たとえば，通常，母音は一つの f_0 の高調波成分から構成されているが，周波数成分を二つのグループに分け，それぞれ異なった f_0 の整数倍となるようにすると，ピッチの異なる二つの声に分かれて聞こえるようになる (Broadbent & Ladefoged, 1957)。複数の話者が同時に発話している，いわゆるカクテルパーティ的状況では，異なった話者の音声が重畳することもしばしばある。このような場合には，話者間の f_0 の違い，およびそれに伴う高調波成分の周波数の違いが話者の分離に役立つ (Cherry, 1953)。二つの定常母音を同時に呈示した同定課題では，両者の f_0 が 1/4 半音 (1.5%) 異なるだけで母音の同定成績が向上し，そのような向上は半音 (6%) の差で頭打ちとなることが示された (Culling & Darwin, 1993)。このような比較的小さい f_0 の差による母音同定の向上は，第一フォルマント領域の，聴覚フィルタで分解される周波数成分に基づいていると考えられる。一方，聴覚フィルタで分解されない高次の周波数成分が重畳母音の分離同定に貢献するのは，f_0 の差がはるかに大きい場合 (2-4 半音) のみである。

f_0 の違いは，調波複合音のピッチにも影響する。たとえば，複合音中の低次の一つの成分の周波数を

わずかにずらすと，それに応じて複合音のピッチが変化するが，ずれの量が1/2半音（3%）以上になると，ずれの量が大きくなるほど複合音のピッチへの影響が小さくなり，約8%で完全に影響がなくなる（Darwin & Ciocca, 1992）。ある周波数成分が調波性から外れると，複合音を構成する残りの周波数成分とは別の音源に由来するものと見なされるようになり，結果として，複合音のピッチを推定する過程への関与が低下すると考えられる。

4・3・6 継時的群化

聴覚情景を構成する音響イベントには，話し声や音楽のように，時間的に展開していくものが多い。したがって，聴覚情景分析では，時間的に前後して存在する周波数成分，もしくは同時的群化によって形成されたまとまりを，一連の音脈へとまとめ上げる継時的群化が不可欠な処理となる。初期の研究では，継時的群化は純音の系列を用いて調べられてきた。そのような研究で明らかになった，群化を規定する最も基本的な要因は，成分間の周波数の近接性である。たとえば，周波数の異なる二つの純音AとBをABA_ABA_ABA…（_は無音区間を表す）という系列で呈示する。AとBの周波数が近いときには，両者が一つの音脈を形成し，馬の駆け足のようなリズムが知覚される。一方，両者の周波数がある程度以上離れると，A_A_A_A_…とB__B__…という二つの音脈に分かれて知覚される（van Noorden, 1975；図4-3-5）。これを音脈分凝（stream segregation）と呼ぶ。周波数差が一定であれば，呈示の速さ（AとBの開始点間の時間間隔）が速くなるにつれて分凝傾向が強まる。これらの結果は，「同一の音源に由来する成分の周波数は短時間内に急激に変化しない」というヒューリスティクスの表れと解釈することができる。

音脈分凝が生じると，異なった音脈に属する音同士の時間順序判断の精度は同じ音脈内の場合に比べて大幅に低下する（Bregman & Campbell, 1971）。たとえば上記のABA_系列において，音脈分凝が生じている場合には，A系列とB系列の相対的なタイミングをずらしても，そのずれは検知されにくい。このような知覚的効果は音楽の中でもしばしば利用さ

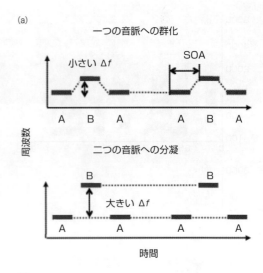

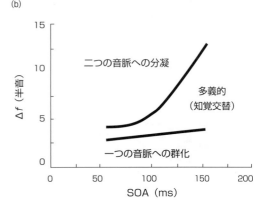

図4-3-5　音脈分凝の模式図
（a）刺激パターン。周波数の異なる二つの純音AとBをABA_ABA_ABA…という系列で呈示する。（b）周波数差（Δf）と開始点間の時間間隔（SOA）の効果。Δfが小さいときには一つの音脈が知覚される。Δfがある程度以上大きくなると，A_A_A_…とB__B__…という二つの音脈に分かれて知覚される。Δfが一定であれば，SOAが短くなるにつれて分凝傾向が強まる。

れている。単体では単音しか出せない楽器（管楽器等）であっても，音域の離れた音を素早く交替させることによって，擬似的に複数の旋律が同時に鳴っているかのように聞かせるという技法はその代表的な例である。時間順序判断の精度が音脈分凝に強く依存することから，継時的群化は時間順序の処理に先立って行われると考えられる。

周波数の近接性以外にも，継時的群化に影響する要因がいくつか知られている（Bregman, 1990；Moore & Gockel, 2002）。たとえば，上記のABA_系

列を，純音ではなく，調波複合音で作成する。異なるf_0をもつ調波複合音AとBに共通の帯域通過フィルタをかけて，それぞれが同じ周波数帯域内の高次倍音成分のみを含むようにすると，AとBはミッシング・ファンダメンタルの違いによって異なったピッチを生じ，そのピッチの違いに基づいて音脈分凝が成立する（Vligen & Oxenham, 1999；図4-3-6）。高次倍音成分は聴覚フィルタで分解されないため，聴覚系内で表現されたスペクトル包絡はAとBでほぼ同じになり，周波数軸上での隔たりのみに基づいて両者を分離することはできない。分解されない成分の振幅包絡の周期性に基づいてピッチを計算するメカニズムの媒介によって，継時的群化（音脈分凝）が行われたと考えられる。

逆に，調波複合音のf_0が共通でも，スペクトル包絡が大きく異なっている場合にも音脈分凝が生じる。たとえば，あるf_0の第3，4，5倍音のみをA，第8，9，10倍音のみをBとしてAとBを交替させると，ピッチは同じで音色の異なるAの音脈とBの音脈が分凝する（van Noorden, 1975）。このことは，「単一の音源は似通ったスペクトル包絡の音を発する」，あるいは「単一の音源はスペクトル包絡が滑らかに変化する音を発する傾向がある」というヒューリスティクスを反映しているとみることができる。

その他にも，空間定位（Darwin & Hukin, 1999；Dowling, 1968），音圧レベル（van Noorden, 1975），振幅包絡（Iverson, 1995），位相スペクトル（Roberts et al., 2002）など，知覚的な違いをもたらす音響特徴は何でも継時的群化の手がかりになりうる。このうち，空間定位は，同時的群化にはあまり貢献しないが（Culling & Summerfield, 1995；Darwin & Ciocca, 1992），継時的群化には大きく貢献する。聴覚系は，継時的群化にあたって，「単一の音源に由来する音の性質は短時間内には大幅に変化しない」，もしくは「短時間内で性質の似ている音は同一の音源に由来する可能性が高い」というヒューリスティクスを利用しているようである。さらに，相前後する音の間がなめらかに連続している場合には，継時的群化がより促進される（Bregman & Dannenbring, 1973；Dorman et al., 1975）。どのような音響特徴に基づくものであれ，継時的に呈示される音の間に十分顕著な知覚的相違があれば，音脈分凝が生じる。

（柏野 牧夫）

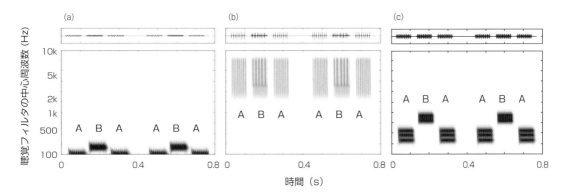

図4-3-6 継時的群化の要因
　それぞれのパネルの上段は音響信号の波形，下段は聴覚フィルタの出力。(a) 周波数の近接性。100 Hzと189 Hzの純音がABA_ABAのパターンで繰り返されたもの。音AとBが基底膜上で別の位置を占める。両者の周波数の差が大きくなれば音脈分凝が生じる。(b) 基本周波数（f_0）の近接性。f_0が100 Hzと189 Hzの複合音をABA_ABAのパターンで繰り返したものに，2-8 kHzを通過帯域とする帯域フィルタをかけたもの。音AとBは基底膜上で同じ位置を占め，個々の倍音成分は分解されないが，f_0の差が大きくなれば音脈分凝が生じる。(c) スペクトル包絡の近接性。f_0 = 100 Hzの第3, 4, 5倍音のみをA，第8, 9, 10倍音のみをBとしてABA_ABAのパターンで繰り返したもの。音A, Bの基底膜上での隔たりが大きくなれば，ピッチは同じでも音脈分凝が生じる。

第 III 部　聴覚

4・4　音色の知覚と音のデザイン

4・4・1　音の3要素と音色

「音の3要素」とは、聴覚的印象としての「音」が有する三つの側面を表す「音の大きさ（loudness）」「音の高さ（pitch）」「音色（timbre）」のことである。音の3要素のうち、音の大きさは、「大きい－小さい」という尺度上で表現できる1次元的な性質である。音の大きさは、音の強さ（sound intensity）（あるいはエネルギー）と対応する。音の強さが増加するほど音は大きく感じられる。音の高さ（ピッチ）も、「高い－低い」という尺度上で表現できる、1次元的な性質であるといえる。音の高さと対応するのは、純音の場合、周波数（frequency）である。周期的な複合音の場合、基本周波数（fundamental frequency）となる。いずれにおいても、周波数が増加するほど高い音になる。

音色という聴覚的な性質は、大きさ、高さと違って、一つの尺度上に表現することはできない（岩宮、2010a）。音色を表現するためには、「明るさ」「きれいさ」「豊かさ」などさまざまな表現を必要とする。そのため、音色は多次元的であるといわれている。また、音を規定する物理量との対応関係も複雑で、対応する物理量は一つではない。音色と対応すると考えられている物理量を列挙すると、スペクトル（パワー・スペクトル、位相スペクトル）、立ち上がり、減衰特性、定常部の変動、成分音の調波・非調波関係（成分が倍音関係にあるか、倍音からずれているか）、ノイズ成分や歪みの有無など多岐にわたる。さらに、音色の特徴として、何の音であるかを聞き分ける「識別的側面」と音の印象を形容詞などで表現する「印象的側面」の二つの面があることが挙げられる。

4・4・2　音色の印象的側面は3次元

われわれは音色の印象を表現するとき、「明るい音」「暗い音」「澄んだ音」「濁った音」「迫力ある音」「もの足りない音」「しっとりした音」「乾いた音」のようにさまざまな言葉を用いる。音色の印象的側面

とは、形容詞などの言葉を用いて音色の特徴を表現できる性質のことをいう。音色を表現する言葉は、必ずしも音の印象を表す言葉だけではない。むしろ、「明るさ」「柔らかさ」のように、視覚や触覚などの他の感覚の印象を表す表現語を利用した場合のほうが多い。

音色の印象を表す言葉は、数多く存在する。しかし、それぞれの言葉がすべて独立した内容を表しているわけではない。似通った内容を表す言葉も多い。音色の印象を表す言葉を統計的手法で分析した結果によると、音色を表現する言葉は、3ないし4次元程度の空間上の座標で表せることが示されている（岩宮、2010a）。したがって、音色の印象的側面は、三つないし四つの独立した因子（音色因子）に集約できる。

代表的な「音色因子」は、「美的因子」「金属性因子」「迫力因子」といわれるものである。音色因子は、各種の音色の印象を表す言葉の性質を集約したもので、表現語と直接対応するものではないが、意味内容の近い表現語は存在する。美的因子であれば「澄んだ－濁った」「きれいな－汚い」、金属性因子であれば「鋭い－鈍い」「固い－柔らかい」、迫力因子であれば「迫力ある－もの足りない」「力強い－弱々しい」といった反対の意味の音色表現語を組み合わせた表現語対が対応する。

音色因子の特徴は、音を規定する物理量と対応させることができる（福田他、1980）。金属性因子はスペクトル構造（spectrum）と関連し、周波数軸上でのエネルギー分布と対応する。高域に強い成分を有する音は「鋭い」「固い」印象、低域に強い成分を有する音は「鈍い」「柔らかい」印象をもたらす。美的因子もスペクトル構造と関係するが、美的因子と対応するのは周波数軸上での成分の密度である。成分の密度が高く、成分と成分の間の周波数間隔が狭い場合、「汚い」「濁った」印象となる。逆に、成分の密度が低く、成分と成分の間の周波数間隔が広い場合、「きれいな」「澄んだ」印象となる。迫力因子は音圧レベル（sound pressure level）と対応するが、スペクトル構造とも関係する。音圧レベルが高く低域にエネルギーが豊富な音は、「迫力ある」「力強い」印象となる。音圧レベルが低く低域にエネルギーを

含まない音は，「物足りない」「弱々しい」印象となる。

4・4・3　音色の識別的側面は聞き分ける力

音色の識別的側面とは，音を聞いて，何の音であるのか，どういう状態であるかがわかるということを表す側面である。音声でコミュニケーションできるのは，いろんな音韻を識別しているからである。楽器の演奏者を聞いて，トランペットだとかバイオリンだとか楽器の種類を聞き分けられるのも，音色の識別的側面による。

音色の識別ができるのは，聞こえてきた「音」と記憶の中にある「音」を照合する過程による。しかし，聞こえてくる音は，実際には過去に聞いて記憶している音と完全に同一ではない。それでも，その音を特徴づける性質がある程度一致していれば，私たちは「同じ種類の音である」と判断する。たとえば，同じ「あ」でも，発声する人が異なれば，その物理的特徴は異なる。しかし，「あ」という母音を特徴づける共通の性質を抽出できれば，「あ」と聞こえるのである。このようなことから，音色を識別する際のパターン認識過程は，あいまいな（ファジィ）パターン認識（fuzzy pattern recognition）であると言える。

音色の識別過程があいまいなパターン認識に基づくことは，音色の識別実験によって検証されている（岩宮他，1989）。この実験では，スペクトル形状の異なる三つの基準音を完全に区別できるように学習させたのち，スペクトルを系統的に変化させた刺激音を呈示して，三つの基準音のうちどれであるのかを回答させている。当然の結果ではあるが，正解である基準音に対する回答割合が最も高い。また，基準音とスペクトル形状が似ている音に対しては，基準音ほどではないにせよかなりの回答割合がある。そして，スペクトル形状が基準音と異なる程度が大きくなるにつれて回答割合が低下する。その結果，回答割合は基準音を中心とした山形のパターンを描く。本物の基準音は基準音らしく聞こえるが，スペクトル形状の似た音も，ある程度基準音らしく聞こえるのである。この結果は，音色の識別過程があいまいなパターン認識に基づくことを実証するもので

ある。

4・4・4　音質評価指標

音色と音の物理的性質の関係を探る多くの研究が行われ，その成果を基に音を規定する物理量から音の印象を予測するシャープネス（sharpness：音の鋭さ），ラフネス（roughness：音のあらさ），変動強度（fluctuation strength）といった音質評価指標が提案されている（岩宮，2010b）。これらの音質評価指標自体は新しいものではないが，デジタル技術の発展とともにこれらの指標の計測技術が進み，機械音の評価やデザインに適用しようとの試みも盛んに実施されるようになってきた。

シャープネスは，スペクトル構造と音の鋭さの関係を示す指標である（von Bismarck, 1972）。図4-4-1に，シャープネスが相対的に高い音と低い音のスペクトルを示す。高域成分の優勢な音ほど，鋭い音色になる。音の鋭さは，スペクトルの微細構造にはあまり影響を受けず，連続スペクトルであっても，離散スペクトルであっても，スペクトル・エンベロープが同一であれば，シャープネスはほぼ等しい。音圧レベルの影響も小さい。聴覚系の周波数分析過程を模擬した臨界帯域（critical band）モデルを用いたシャープネス予測方法が提案されているが，純粋

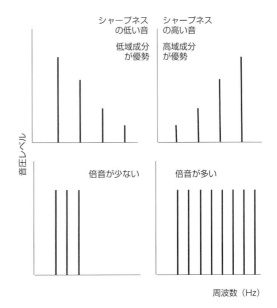

図4-4-1　シャープネスが相対的に高い音，低い音のスペクトル

にスペクトル構造から算出する「スペクトルの重心（spectral centroid）」もシャープネスを予測する指標として広く利用されている（Caclin et al., 2005）。シャープネスは金属性因子と対応する。

変動強度，ラフネスは，ともに音の強さが周期的に変化する音から感じられる変動感を見積もる指標である。両者の違いは，対象とする音の変動の速さ（変調周波数）である。

変調周波数（modulation frequency）が低い領域での変動感が変動強度といわれている（Fastl, 1982）。変調周波数が低い領域では，聴覚は音の強さの変化に追従して，変動を聞くことができる。この領域が変動の強さを知覚する領域である。変動強度は変調周波数4Hzで最大になる。

変調周波数が高い領域での変動感がラフネスと言われている（Terhardt, 1974）。変調周波数が20Hz以上になると，変動そのものは知覚されるが，分離された事象としての，最小，最大の連続には気がつかなくなる。聴覚系は，時々刻々の変動に追従できなくなり，ラフネスと呼ばれる変動感が生ずる。そして，変調周波数が40-70Hz程度でラフネスは最大になる。さらに変調周波数が増加すると，ラフネスは感じられなくなる。変動強度，ラフネスはいずれも変調の深さ（振幅変調度：degree of amplitude modulation）の増加とともに増大する。

4・4・5　音響機器の物理特性と音色の関係

音響機器（audio equipment）の発展により，その音質に対する要求も高まってきた。そのために，音響機器から出力される音の特性とその音色の関係についての検討もさかんに行われてきた。Gabrielsson & Sjögren（1979）は，スピーカ，ヘッドホン，補聴器を用いて，各種の音楽ソース，音声，ノイズなどを対象として，音色と物理特性との関係を解明した。その結果，音響機器が広い周波数範囲を再生し，平坦な周波数特性をもち，再生音の歪が小さいと「鮮明な」印象となることが示されている。逆に，再生できる周波数範囲が狭く，共振による鋭いピークを有する，歪が大きい機器の音は「ぼやけた」印象となる。シャープネスは音響機器の音色にも適用可能で，高域が強調された特性，高域の鋭いピーク，歪成

分を有する機器の音は，「鋭い」印象になる。シャープネスは明るさとも対応し，シャープネスの高い音は，「明るい」印象をもたらす。広い帯域の周波数特性を有し，低域が強調された音は「豊かな」印象となる。逆に，狭い帯域の周波数特性で，高域にピークがあると「痩せた」印象になる。

さらに，信号処理により再生系の周波数特性に系統的に単一のピーク（peak），ディップ（dip）をもたせ，再生音の音色評価を行った研究によると，再生系の低域にピークをもたせると「豊かな」「太い」印象になり，高域にピークをもたせると「明瞭な」「クリアな」印象になるなどの傾向が示されている（中西・岩宮，2016）。同じ周波数帯域を増幅した場合は，おおむね減衰した場合と反対の意味の表現語の方向に音の印象が変化する。また，周波数特性のピーク，ディップの高さ（深さ）は音色に大きく影響を与えるのに対して，その帯域幅の影響は明瞭ではないことが示されている（中西他，2017；中西他，2018）。また，同じ周波数帯域を同じエネルギー増減した場合，ピークが音色に及ぼす影響のほうがディップの影響より顕著である（田中他，2017）。

4・4・6　製品音の快音化

従来，家電製品や自動車などの製品の音に対する取り組みは，騒音（noise）の軽減が主なものであった。機能だけを考えた製品においては，騒音レベルが相当高く，取り組むべきことは，それを静かにすることだった。今日，騒音軽減の取り組みの効果が現れ，製品音のうるささはかなり改善された。それでも，製品音に対する不快感がなくなったわけではない。騒音レベルがそれほど高くなくても，不快な製品音もある。

また，製品の音（product sound）をなくしてしまったほうがいいかというと，そうとも言い切れない。製品の音は，動作確認にも利用されている。エアコンなどでは，送風音が聞こえないと，「ききが悪いのか」と疑ってしまう。掃除機も，ある程度音がしたほうが「ゴミを吸っている」と認識できる。製品音は，安全安心のしるしでもある。

そのような状況を受けて，製品の音を，その特徴を残しつつも，快適な音質に改善することが求めら

れるようになってきた（岩宮, 2013）。また，騒音軽減の技術的な限界やコストの問題により，音質改善によって製品音の不快感を軽減しようとの技術動向もある。さらに，自動車やオートバイなどでは，エンジンの排気音に愛着を覚えるユーザも多い。こういった製品ではより積極的に，セールスポイントとしての「音づくり」が行われている。

自動車の車内環境音を快適にするために，各種の要素音の音色にきめ細かく対応する必要がある。車内騒音としては，ゴロゴロ音と呼ばれる加速時のエンジン音，こもり音と呼ばれる 250 Hz 以下の線スペクトル成分，路面からの 1 kHz 以下のノイズ成分，500 Hz 以上のノイズ成分を主とする風切り音等が存在する（星野, 1997）。これらの要素音のバランスが悪くなり，ある要素音が目立つ状態になると，車内音の印象が悪くなる。快適な自動車の車内環境音とは，これらの要素音間の「バランスのよい状態」であるとされている。

オートバイのライダーは，製品に対するこだわりが強く，そのこだわりは音にも及ぶ。ライダーは，アイドリング状態では走りを連想させるような迫力感のある音を好み，走行状態ではオートバイの速度が上がりエンジンの回転数が上昇することを実感させる高域成分が優勢で，変動が激しく，騒音レベルの高い走行音を好むことが示されている（岩宮他, 2008）。

4・4・7　日常生活においてリアルに音色を伝える擬音語

私たちは，日常生活で耳にした音について述べるとき，「皿がパリンと割れた」とか「犬がワンワンと鳴く」といった表現をする。これらの表現で用いられる「パリン」や「ワンワン」のように，音を言葉で直接的に表現したものを擬音語（onomatopoeia）という。日本語には他の言語に比べて擬音語が豊富に存在すると言われ，音を手軽に表現，伝達する手段として多用されている。

機械から異音が聞こえてきたときも，その特徴は擬音語で表現できる（田中他, 1997）。その擬音語表現から，異音の発生原因もある程度特定できる。急激に減衰する音には「コチ」「カチ」など閉鎖音を含む擬音語表現が用いられ，残響をもつ音には「コン」「キン」など撥音（ン）を含む表現が用いられる。また，うなり音の振幅変動を表現するためには，「コロコロ」「ゴロゴロ」など閉鎖音と流音の組み合わせが利用される。

擬音語表現は，音色の印象的側面と対応づけることも可能である（Takada et al., 2006）。母音「i」が用いられる擬音語表現で表される音は，一般に「明るい」「鋭い」といった印象がもたれる。このような音は，高周波数帯域に主要なエネルギーを有する。「i」の音は，日本語の 5 母音のなかでスペクトルの重心（あるいはシャープネス）が最も高い音である。「キー」のように表現される音は「鋭い」印象を有し，高域成分の豊富な音である。逆に，「鈍い」「暗い」といった印象を喚起し，低い周波数帯域に主要なエネルギーを有する音には，日本語の五母音のなかでスペクトル重心が最も低い母音「o」が擬音語に用いられる。「ゴー」とかいう表現が用いられる音は，「暗い」印象を有し，低域成分の豊富な音である。「濁った」「力強い」といった印象を喚起する音には，「ガ」や「ザ」など濁点を含む有声子音を使った擬音語表現が用いられる。

擬音語の音韻的特徴と音色の識別的側面の対応関係も明らかにされている（尾畑他, 2006）。擬音語で用いられる音韻は，爆発，衝突，打撃，空気の流れなど，さまざまな現象と対応されている。「カン」「コン」といった閉鎖音を含む擬音は，何かを叩いた音を想起させる。「カン」は木材などを叩いた音を想起させるが，濁音を用いた「ガン」になると岩，石，金属を叩くあるいはこれらが衝突した音を想起させる。「パン」「バン」といった擬音語になると，破裂，爆発を想起させる。この場合も濁音を用いた「バン」のほうが大きい爆発規模を表現する。「シュン」「ヒュン」といった拗音が用いられた擬音語は，風切り音のような空気の流れによる音を想起させる。

4・4・8　音色評価の対象の広がり

音色は，音の感性的側面を担う重要な性質で，さまざまな分野と関連する。従来は，音響再生機器や楽器の質的な側面の特徴を明らかにする目的で，音

色評価実験が多く実施されてきた。製品音の質的側面が重要視されるようになり，製品音の音色評価も多く行われるようになってきた。

音色評価の対象は広がってきているが，いずれも音の物理的特性と心理的な性質の関係を探るものである。音色のもつさまざまな性質が，物理的特性と関連づけられることにより，音色の本質に迫ることが期待される。

（岩宮 眞一郎）

4・5 マスキング

ある音が，他の音の存在によって聞き取りにくくなる現象，またはある音が聞こえなくなる（聴覚閾値が上昇する）現象をマスキング（masking）という。前者のマスキング，すなわちラウドネスが減少する現象を部分マスキング（partial masking）という。どちらの現象でも，マスクする音はマスカー（masker），マスクされる音は信号音（signal）［または，プローブ音（probe tone）］と呼ばれる。

「マスキング」の語は，現象そのものを指すこともあれば，閾値の上昇量を指すこともある。この上昇量は，マスカーがあるときとないときの信号音の閾値の差（部分マスキングの場合は，マスカーがあるときとないときで等しいラウドネスに聞こえる信号音のレベル差）で表される。マスカーがあるときの信号音の閾値は，マスク閾（masked threshold）と呼ばれる。

4・5・1 同時マスキング

マスカーと信号音が同時に存在するときに生じるマスキング現象を同時マスキング（simultaneous masking）という。

マスカーと信号音がともに純音の場合，両者の周波数およびマスカーの音圧レベルに応じて，図4-5-1に示されるようなマスキング量のパターン［マスキング・パターン（masking pattern）］が得られる。これらのマスキング・パターンには，一般に次のような特徴がみられる。

(1) マスカーの音圧レベルが上昇すると，マスキング量は増加する。

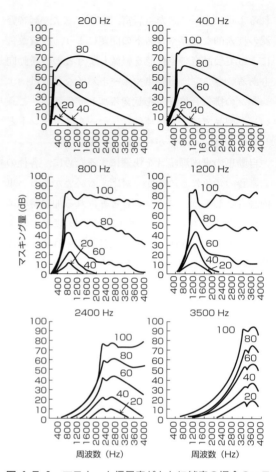

図4-5-1 マスカーと信号音がともに純音の場合のマスキング・パターン（Wegel & Lane, 1924）

(2) マスキング量は，マスカーの周波数近傍で大きく，周波数がそれよりも離れると減少する。ただし，マスカー周波数のごく近くでは，ビート（うなり）を手がかりに信号音が検出できるため，マスキング量が減少する。このビートの影響は，マスカーを純音ではなく狭帯域雑音に換えることでほぼ除去される。

(3) マスカーのレベルが低いとき，マスキング・パターンはマスカーの周波数を中心にほぼ対称となる。しかし，マスカーのレベルが高くなると非対称になり，高い周波数側により大きく広がるようになる。この現象は，upward spread of maskingと呼ばれる。また，マスカー周波数の整数倍の周波数付近ではビートが生じ，マスキング量が減少する。

(4) マスカーの周波数が低いほうが，マスキング・パ

ターン全体の広がり（マスキング効果の及ぶ周波数範囲）は広い。

4・5・2 周波数選択性

マスキング現象は，聴覚の周波数選択性とその基礎にある聴覚フィルタの特性を解明する実験において利用されてきた。帯域雑音で純音をマスクするとき，帯域雑音のスペクトルレベルを一定にしたまま帯域幅を広げていくと，マスキング量は次第に増加する。しかし，ある帯域幅［臨界帯域（critical band）と呼ぶ］を超えると，それ以上帯域を広げてもマスキング量は増加しなくなる（図4-5-2）。このことから，聴覚系には帯域通過フィルタ［聴覚フィルタ（auditory filter）と呼ぶ］が存在すると仮定されてきた。上記のマスキング事態では，ある聴覚フィルタにおいて，それを通過した純音と帯域雑音のエネルギー量が互いにほぼ等しいときに，純音がちょうどマスクされる。聴覚フィルタは周波数軸上で少しずつずれながら重なり合って存在しており，その起源は蝸牛の基底膜にあると考えられている。

Patterson（1976）は，聴覚フィルタの形状を推定するために，図4-5-3に示すノッチ雑音マスキング法（notched-noise masking method）を提案した。ここで，信号音は周波数を固定した純音，マスカーは信号周波数を中心としたノッチ雑音（帯域阻止雑音）である。ここで，信号周波数とノッチ雑音の端までの周波数（Δf）を変化させながら信号音の

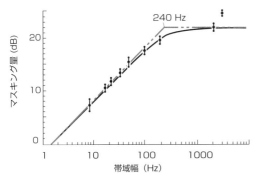

図4-5-2 帯域雑音（中心周波数3200Hz）の帯域幅と純音の信号音のマスキング量との関係（Schafer et al., 1950）
雑音（マスカー）の帯域幅が240Hzを超えると，マスキング量が増加しなくなる。

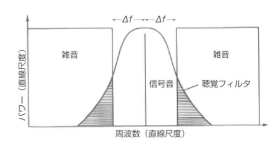

図4-5-3 聴覚フィルタの形状を測定するノッチ雑音マスキング法（Patterson, 1976）の概略図
信号音の閾値を，雑音マスカーのノッチ幅（$\Delta f \times 2$）の関数として測定する。

閾値測定を行う。ノッチ幅（$\Delta f \times 2$）を広げると聴覚フィルタを通過する雑音のエネルギー量は減少していくため，信号音の閾値は低下する。聴覚フィルタから出力される信号音とマスカーのエネルギー量がある一定の比になるときが閾値であると仮定すると，ノッチ幅の変化に伴う閾値の変化は，聴覚フィルタを通過する雑音の量（図4-5-3の影の部分の面積）に比例することになる。このような仮定に基づいてマスキングの測定から聴覚フィルタの形状等の特性が定式化され，聴覚末梢における情報処理モデルが構築されている（III・2・1を参照）。

4・5・3 共変調マスキング解除

前項では，雑音中の信号音の検出において，信号周波数を中心とする臨界帯域内にある雑音しかマスキングに寄与しないことを説明した。しかし，雑音が定常的ではなく時間変動を伴う場合には，これとは異なる事態が生じる。すなわち，マスカーの振幅が緩やかに変調されている（雑音の振幅包絡に変動が加えられている）と，帯域幅が臨界帯域幅を超えて増加したときに，マスク閾は逆に低下し始めるのである（図4-5-4）。この現象は，共変調マスキング解除（comodulation masking release）と呼ばれる。

共変調マスキング解除は，次のような刺激条件でも生じる。信号音をマスクする狭帯域雑音（on-signal帯域雑音と呼ぶ）があり，その雑音に振幅変調が加えられているとする。これに，信号音の含まれる臨界帯域から外れた周波数域に一つまたは複数の狭帯域雑音を付加し，その雑音（off-frequency帯域雑音と呼ぶ）にon-signal帯域雑音と同じ振幅変

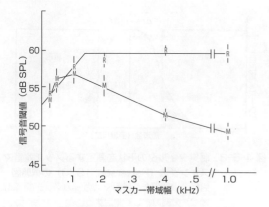

図 4-5-4 帯域雑音の帯域幅と，帯域の中心に呈示された 1 kHz 信号音の閾値との関係 (Hall et al., 1984)
"R" は，定常的な帯域雑音による閾値を示す。"M" は，不規則で緩やかに振幅変調された帯域雑音による閾値であり，帯域幅が 0.1 kHz を超えると閾値の低下（共変調マスキング解除）がみられる。

調（共変調）を加える。off-frequency 帯域雑音のエネルギーは信号音の臨界帯域内にはないため，その帯域雑音の存在は信号音の検出には関与しないはずである。しかし，信号音のマスク閾は，on-signal 帯域雑音だけのときよりも，off-frequency 帯域雑音が加わったときのほうが低くなる（信号音は検出しやすくなる）のである。

on-signal 帯域雑音と off-frequency 帯域雑音の変調パターンが異なる場合には，共変調マスキング解除は生じない。したがって，この現象は，われわれの聴覚系が，異なる聴覚フィルタからの出力情報を互いに比較し，利用していることを示唆するものである。on-signal 帯域雑音と off-frequency 帯域雑音をそれぞれ左右の耳に呈示しても共変調マスキング解除は生じる（Schooneveldt & Moore, 1987）こと，on-signal 帯域雑音と off-frequency 帯域雑音が別の音脈に分凝（III・4・3 参照）するよう呈示すると共変調マスキング解除はほとんど生じなくなる（Grose & Hall, 1993）ことなどから，この情報の比較・利用には聴覚中枢系が関与していると推測される。

共変調マスキング解除が生じるメカニズムとして，次の二つの説が提唱されてきた。一つ目は，off-frequency 帯域雑音によって，聴取者は変動する on-signal 帯域雑音中の"谷"の位置（振幅包絡が瞬間的に小さくなるタイミング）を知ることができる，というものである。その位置であれば，帯域雑音によるマスキングの影響をあまり受けないため，信号音を検出しやすい。二つ目は，聴覚系では，複数の聴覚フィルタから出力された変調パターンが比較されている，というものである。信号音を含まない帯域雑音が入力された聴覚フィルタからの出力は，周波数領域が異なっても，その変調パターンは互いに類似している。一方，信号音が含まれる帯域雑音が入力された聴覚フィルタの出力変調パターンは，それらとは異なるはずである。このパターンの違いが，信号音検出の手がかりとなる。

4・5・4 両耳マスキングレベル差

ヘッドホンを通じて左右耳に与える信号音とマスカーを操作すると，マスキング量が大きく変化することがある。まず，左右の耳に，信号音とそれをちょうどマスクするノイズ（マスカー）をともに与える（図 4-5-5a）。次に，マスカーはその状態のまま，一方の耳（ここでは左耳）の信号音の位相を反転させる（振幅のプラス／マイナスを入れ替える，図 4-5-5b）。そうすると，信号音が聞こえるようになるのである（典型的な実験条件では，マスク閾が最大で約 15 dB 下がる）。左右の耳に呈示している信号音とマスカーのエネルギー量はまったく変わっていないにもかかわらずである。

別の刺激条件として，信号とマスカーを右耳にのみ与える（図 4-5-5c）。次に，信号音はその状態のまま，右耳に与えたものと同じノイズを左耳にも与えると（図 4-5-5d），信号音のマスク閾は大きく低下する（典型的な実験条件では，マスク閾は約 9 dB 下がる）。左右の耳に呈示したマスカーのエネルギーの総量は増えているにもかかわらずである。さらに，右耳と同じ信号音を左耳にも与えると元の刺激条件（図 4-5-5a）と同じになり，信号音のマスク閾は再び上昇してしまう。このような，図 4-5-5a と図 4-5-5b（および，図 4-5-5c と図 4-5-5d）の条件間でのマスク閾の差を，両耳マスキングレベル差（binaural masking level difference）と呼ぶ。

両耳マスキングレベル差は，信号周波数が低いときに大きく（250 Hz のとき，約 15 dB），周波数が高

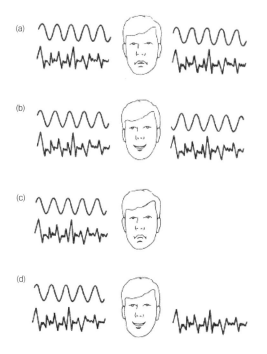

図4-5-5 両耳マスキングレベル差が生じる条件の概念図（Moore, 1989）

くなるにつれて減少する［2000 Hzのとき，約3 dB（Durlach, 1972）］。また，左右耳の信号音またはマスカーが逆位相のときに大きなレベル差が得られることから，この現象には音刺激に対する聴覚神経の位相同期が関わっていることが推測される（Green & Henning, 1969）。

なお，両耳マスキングレベル差は，信号音が純音ではなく音声の場合にも生じる（Licklider, 1948）ことが知られている。

4・5・5 非同時マスキング

これまで説明したマスキングは，いずれもマスカーと信号音が時間的に重なって存在する場合に生じる現象であった。しかし，マスカーと信号音が互いに時間的に重ならないときにもマスキングは生じる。この現象を，非同時マスキング（non-simultaneous masking），または継時マスキング［または，経時マスキング（temporal masking）］と呼ぶ。マスカーが信号音に先行する場合を順向性マスキング（forward masking），信号音がマスカーに先行する場合を逆向性マスキング（backward masking）と呼ぶ。

継時マスキング量は，マスカーと信号音の時間間隔に依存する。順向性マスキングは，マスカーの終了後およそ200 ms持続する。その過程で，マスキング量（dB）は，経過時間の対数に対してほぼ直線的に減衰する。一方，逆向性マスキングが生じるのは，マスカーの開始前およそ20 msの範囲に限られる（図4-5-6）。ただし，訓練された聴取者では，逆向性マスキングは非常に小さいか，ほとんど生じない（Miyazaki & Sasaki, 1984；Oxenham & Moore, 1994）。

マスカーのレベルが上昇するにつれて継時マスキング量も増加するが，その増加は線形ではない。この点は同時マスキングとは異なっており，マスカーのレベルが10 dB増加しても，継時マスキング量は3 dB程度の増加にしかならない（Moore & Glasberg, 1983）。

順向性マスキングでは，マスキング量はマスカーの持続時間にも依存する。持続時間が長くなるにしたがってマスキング量は増加し，およそ200 msを超えると一定になる（Kidd & Feth, 1982）。なお，逆向性マスキングの場合は，マスカーの持続時間の効果は認められない。

順向性マスキングは，マスカーに対する神経反応の持続（Oxenham, 2001）および順応（Smith, 1977），その後の抑圧（Brosch & Schreiner, 1997）

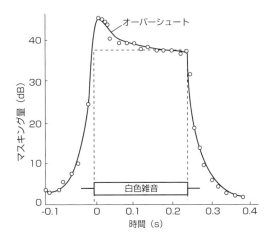

図4-5-6 白色雑音バースト（36 dB SL, 240 ms）による信号音（3 kHz, 5 ms）のマスキングの時間パターン（伊福部，1975）

第 III 部　聴覚

などのために，信号音への応答が一時的に低下することが原因と考えられる。また，マスカーと信号音の時間間隔が非常に短い条件（約 20 ms 以下）では，マスカーによる基底膜の振動［リンギング（ringing）］が，後続の信号音による振動に重なることも関与している。一方，逆向性マスキングでは，強いマスカーに対する神経応答が早く生じるため，弱い信号音に対する遅い神経応答をかき消してしまうことが原因として推測されている。

なお，継時マスキングは，ダイコティック聴取（マスカーと信号音を左右耳別々に呈示する条件）でも生じる（Elliott, 1962）こと，また両耳マスキングレベル差（III・4・5・4 参照）が観察される（Deatherage & Evans, 1969）ことから，中枢における情報処理過程も関与していると考えられる。

(倉片 憲治)

4・6　音源定位

音源定位（sound localization）は音源の方向や音源までの距離を判断することである。ここでは音源の定位に関連する話題のうち音源までの距離の知覚と複数の音源が同時に存在する環境における定位の2点について主に述べる。なお音源という語は音を出すものを示すため，たとえば楽器の演奏をヘッドホン等を利用して模擬的に呈示したとき，ある意味ヘッドホン等において振動している部分が音源となる。しかし研究者はこうした場面でも楽器を音源と呼ぶことがある。この項では模擬的な呈示の場合にも音源という語を使うため，正確な意味は文脈に応じて理解していただきたい。

4・6・1　音源の距離の知覚

4・6・1・1　距離知覚の概要

たとえば道を歩いているとき，後ろの近くで物音がすれば自転車や歩行者がすぐ後ろから来ていると分かり対応できる。距離の情報は人間以外においても生物の適応に重要な役割を果たしている（Naguib & Wiley, 2001）。さらに人間において日常的な会話はおおむね近傍に位置する相手との間で生

じることが多いが，音源距離の情報は相手の声を他の音から聞き分けるために有用な可能性がある（Shinn-Cunningham et al., 2005）。ここで距離というのは受聴者の頭部中心や鼻先と音源の間の距離を指す。

音の距離の知覚は新しいテーマというわけではないが水平方向の定位に比べると研究報告の量は少ない（Coleman, 1963；森本，1978；Shutt, 1898；Thompson, 1882；von Békésy, 1949）。1990 年代以降，室内・頭部伝達関数の測定とその結果を利用した音刺激の呈示方法が確立されたことと関連しながら，音源までの距離の知覚に関する研究が増加している（たとえば Bronkhorst & Houtgast, 1999）。距離の操作はスピーカ等の音源を移動させることが多いが，近年では伝達関数を利用して仮想的に呈示するものが多い。刺激については多くの場合，狭帯域，広帯域雑音やクリック音などある程度の帯域にエネルギーを有する音が用いられる。研究参加者の後方ではなく，前方の音源までの距離を対象とする研究が多い。

知覚される距離を測定する際には参加者に音源までの距離をメートル単位などで推定させる（Kopčo & Shinn-Cunningham, 2011；Loomis et al., 1998；Mershon & King, 1975；Zahorik, 2002），近傍であれば音像の位置に手でセンサーを移動させる（Brungart et al., 1999；Brungart & Rabinowitz, 1999；Kan et al., 2009），あるいは音が呈示されていた位置まで歩く（Ashmead et al., 1995；Loomis et al., 1998）などの方法がとられる。口頭で言語的に回答するよりも，実際に移動したほうが参加者間のばらつきが少ないが（Loomis et al., 1998），測定指標間はおおむねよい一致をみせるという（Zahorik et al., 2005）。

距離の知覚がどの程度正確かは聴取環境等に依存するが，刺激の種類を問わず，傾向として1mから2m程度の比較的近傍の音源の距離は実際の距離よりも過大評価され，4, 5 m より遠い音源の距離は実際の距離よりも過小評価されるとする報告は多い（図4-6-1；Anderson & Zahorik, 2014；Brungart, 1999；Brungart et al., 1999；Coleman, 1963；Gardner, 1969a；Kan et al., 2009；Kolarik et al., 2016；Kopčo & Shinn-

Cunningham, 2011；Parseihian et al., 2014；Zahorik & Anderson, 2014；Zahorik & Wightman, 2001）。このことは過小評価せず，かつ過大評価がないような真ん中に相当する距離が，一番物理的な距離に近く，つまり正確に評価される傾向があることを示す。これらの傾向は実際の距離と知覚された距離との関係がべき関数になることと対応している（Zahorik et al., 2005）。しかしおそらく聴取環境，測定手続きなどの違いを反映して20 m 程度の遠方でもあまり過小評価を伴わない反応を示す報告もある（Ashmead et al., 1995）。先の過小評価，過大評価の影響を含め，音の距離知覚は視覚対象の距離知覚よりも不正確となる傾向がある（たとえば Anderson & Zahorik, 2014；Loomis et al., 1998）。

音の距離知覚の弁別閾については報告間の差は大きく（Akeroyd et al., 2007；Ashmead et al., 1990；Coleman, 1963；Edwards, 1955；Gamble, 1909；Shutt, 1898；Strybel & Perrott, 1984），参照刺激の距離に対する割合としておよそ5％（Ashmead et al., 1990；Strybel & Perrott, 1984）から20％程度（Akeroyd et al., 2007；Edwards, 1955；Gamble, 1909）の幅がある。受聴者の近傍1 m 以内の音源に関する弁別閾の大きさについては研究報告は少ないようである（例外として Aggius-Vella et al., 2022）。通常，音源までの距離が変われば耳に到達する音のレベルが変化するため，距離の弁別閾を音のラウドネスの弁別閾と関連づける議論は多い。ラウドネスの弁別閾は広帯域雑音において Weber 比がおよそ0.1 であり（Miller, 1947；Plack, 2016），もし両者が関連しているならば単純に考えて距離の弁別閾は参照刺激に対して10％程度であると予測できるが，上で述べた弁別閾の大きさと大まかに対応している（Strybel & Perrott, 1984）。現在のところ距離の弁別がラウドネスの弁別と関連していることを否定する報告はおそらく無い。なお音の距離の変化については，人は接近する音源には遠ざかる音源よりも敏感であることが知られている（Hall & Moore, 2003；Neuhoff, 1998）。このことは，近づいてくる対象の方が生物の適応にとっておそらくより重要であることを示唆している。

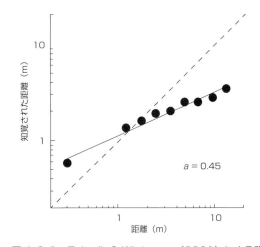

図4-6-1 Zahorik & Wightman（2001）による距離知覚の例（Kolarik et al., 2016）
縦軸は5名の受聴者の回答の平均値。斜めの点線は実際の音源までの距離と等しい回答を示す。音源が近いときには実際よりも過大評価され，遠いときには過小評価されている。右下の数字はべき関数を当てはめたときの係数の一部。

4・6・1・2　距離知覚の手がかり

現在判明している距離知覚の手がかりは複数ある（Coleman, 1963；Kolarik et al., 2016；Zahorik et al., 2005）。音のレベル，直接耳に届く成分のエネルギーと反響して届く成分のエネルギーの比，両耳間の比較がかかわる手がかり，刺激のスペクトル（距離が遠いほど音の高い周波数帯域の成分が減少することに関連：Butler et al., 1980；Kopčo & Shinn-Cunningham, 2011），動的な変化（距離が変化するときのレベル手がかりの変化など：Ashmead et al., 1995；Schiff & Oldak, 1990），視覚情報（たとえば Gardner, 1968），事前の経験，知識（たとえば Coleman, 1962）などである。

以下にいくつかの手がかりについて簡単に述べるが，それぞれがどの程度有効であるかは音源までの距離，方位，聴取環境などに応じて柔軟に変化することはほぼ間違いなく（Kopčo & Shinn-Cunningham, 2011；Zahorik, 2002），日常的な場面全般ではどれか一つの手がかりが常に安定した距離情報を伝達することもない。なお1回の呈示で距離知覚が可能である手がかりとそうでないものを分けて扱うことがある（たとえば Mershon & King, 1975）。

通常，受聴者が音源から遠ざかるにつれ耳に到達

第 III 部　聴覚

する音のレベルが減少する。音のレベルは歴史的に古くから注目されてきた距離知覚の手がかりであり（Coleman, 1963；Gamble, 1909），次に述べる反響に由来する手がかりと並んで，距離知覚において大きな役割を果たしている（Ashmead et al., 1990；Strybel & Perrott, 1984；Zahorik, 2002）。距離知覚の手がかりとしては，音のレベルは距離の相対的な違い，距離の変化に関わる手がかりとされる。これは音のレベルは，距離だけではなく音源のもともとのエネルギーによっても決まるため，レベル自体が距離についての絶対的な手がかりとはなりにくいことによる（Kolarik et al., 2016；Zahorik et al., 2005）。

　反響音が耳に到達する環境では受聴者と音源の距離が近いほど，音源から直接耳に届く音のエネルギーが，反響音のエネルギーに比べてより大きくなる（前者の後者への比；direct-to-reverberant-energy-ratio：DRR）。DRR は距離知覚の手がかりの一つである（Bronkhorst & Houtgast, 1999；Mershon & King, 1975；Shinn-Cunningham et al., 2005）。聴覚系での DRR の利用は刺激の振幅変調の深度の処理と関連する可能性がある（Kim et al., 2015）。なお水平方向の定位では反響は妨害的にはたらくが，この点は距離の知覚と対照的である（Hartmann, 1983）。音の反響と音源距離に関する話題の一つとして，耳に到達するレベルは距離と共変し増減するが，音源のラウドネスは，ある範囲では距離によらず一定に知覚されるというラウドネスの恒常性（Zahorik & Wightman, 2001）がある。この現象は，耳に届く反響音自体のレベルは音源と受聴者の距離によらず，比較的変化しないことと関係しているとする仮説がある（Altman et al., 2013；Zahorik & Wightman, 2001）。

　両耳間の音のレベルの差が距離知覚の手がかりである可能性については比較的古くから議論されてきた（たとえば Hirsch, 1968）。外耳道内での計測と心理物理的な検討により現在では側方に位置する約 1 m 以内の距離の音源について，両耳間のレベル差が距離知覚の手がかりのひとつであることが示されている（Brungart & Rabinowitz, 1999；Shinn-Cunningham et al., 2005）。距離の知覚では，水平方向の定位とは異なり正面の音源よりも側方の音源の距離のほうがより正確に判断される傾向があるが，これにレベル差が関連している（Kopčo & Shinn-Cunningham, 2011）。両耳間レベル差とは別に，左右の耳ごとの伝達関数を利用した音響的な視差（acoustic parallax）も特に 1 m 程度以内の距離の手がかりとなる（Brungart & Rabinowitz, 1999；Kim et al., 2001；Zahorik et al., 2005）。

4・6・2　複数同時音源の知覚

　日常的な場面では受聴者が興味をもつ音源からの音だけが存在することはほとんどなく，複数の音源からの音が同時に存在することが多い。この状況について歴史的には二つの音源が同時に存在する状況のもとで音像位置などの基本的な性質が研究されてきた（たとえば Buell & Hafter, 1991；McFadden & Pasanen, 1976；Perrott, 1984a, 1984b；レビューとして Blauert, 1996）。

　一方，日常的な場面では音源の数は二つとは限らず三つ以上が同時に存在していることが多い。聴覚情景分析の問題意識と関連しながら（Bregman, 1994；Cherry, 1953），21 世紀初め頃から三つ以上の音源が同時に存在するときの定位についての研究が増加した（たとえば Yost et al., 1996）。複数音源の状況での定位は，対象に眼を向けさせることで視覚的な処理を容易にし，これが情景分析に影響する可能性がある。

　ここでは複数音源状況における音源定位について，特に複数同時音源を対象とした定位の基本的な性質と，いくつ程度の同時音源について定位が可能なのか（知覚の限界）という 2 点について主に述べる。

4・6・2・1　複数の音源に対する音源定位

　同時に複数の音源があるときの定位については，呈示された中の一音源の定位が主に研究されてきた。特に三つ以上に音源を増やして影響をみた研究では，基本的に音源数が増加するにつれてターゲットの定位に前後の混同（front-back confusion）や誤差が増えることが報告されている（Hawley et al., 1999；Kopčo et al., 2010；Langendijk et al., 2001；Lee et al., 2009）。たとえば Langendijk et al. (2001)

は 0.03 s 持続する短い音を 0.09 s の間隔をあけて 10 回繰り返す音系列をターゲットとディストラクタの両方に用いて、ターゲットの定位の精度がディストラクタから受ける影響を受聴者のほぼ全周囲において測定した（定位の精度は回答のばらつきから推定）。ターゲットとディストラクタを構成する短音のスペクトルは異なるように、かつ時間をずらして呈示されたため、受聴者は両者を明瞭に聞き分けることができた。彼らはディストラクタが呈示されなかったときに比べて、ディストラクタが一つ呈示されたときには 1.5 倍から 2 倍程度、ディストラクタが二つ呈示されたときには 1.5 倍から 3 倍程度、定位の精度が悪くなると報告している。精度の悪化は水平方向の定位に比べて上下方向の定位についてより明確にみられた。同時音源の場合の複数の音源の定位について調べた研究においても、音源の数が増えるにつれ定位が不正確になる傾向があり（水平方向の定位について Yost et al., 1996）、これは先の一音源の定位についての研究を考えれば驚きでないかもしれない。

同時音源の定位で興味深い問題の一つは、そもそも音像はどう定位されるのかということであろう。たとえば受聴者の正面に多くのスピーカを並べ同時に駆動したとき、受聴者は音から線などの空間的なパターンを知覚するのだろうか。Santala & Pulkki（2011）は無響の環境で受聴者を中心とした（正面の）円弧上に 15°間隔で 13 個のスピーカを配置し、さまざまな音源の空間的なパターンで音を呈示した。刺激はスピーカ間で無相関な 1.0 s のピンクノイズであった。受聴者は音が呈示されているように知覚されるすべてのスピーカの位置をタッチスクリーン上のスピーカ配置図の上で同定した。彼らの研究の目的はスピーカの分布がどのように知覚されるかを調べる点にあった。実験結果を図 4-6-2 に示す。横軸はスピーカ位置であり横軸上の黒い四角形は実際に音が呈示されていたスピーカの位置を示す。縦軸はそれぞれの位置について音が呈示されていると受聴者が回答した試行の総計である（最大値は 20 試行）。グラフの右側にある数字は 20 試行中一つないし同時に呈示された複数のスピーカの位置をすべて正答したときの回数である。たとえばケー

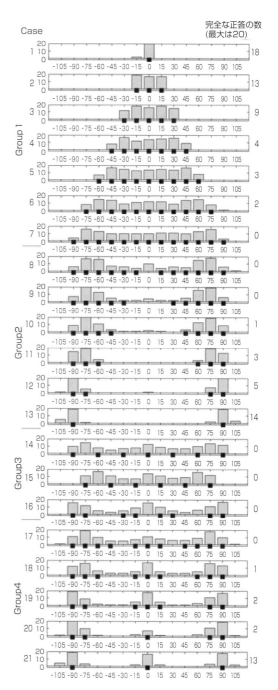

図 4-6-2　Santala & Pulkki（2011）の実験結果（p.1525）
横軸はスピーカ位置（0 が正面）であり、横軸上の黒い四角形は実際に音が呈示されていたスピーカの位置を示す。縦軸はそれぞれの位置のスピーカについて、音が呈示されていると受聴者が回答した総計である（10 人がそれぞれの条件を 2 回聞いたため、縦軸の最大値は 20 である）。

ス1とケース21をみると，実際に呈示されたスピーカ位置かその付近に回答が集中し，かつ60%以上の試行ですべてのスピーカ位置を正しく同定していたことがわかる（20回中の60%にあたる12回よりも正答試行数が多かったため）。これらのケースではスピーカの位置に音像が定位されていたと推測できる。一方，たとえばケース14やケース15をみると実際には前方の7か所，5か所のスピーカだけから音が呈示されていたにもかかわらず，回答された位置は分散しており，かつ受聴者がすべてのスピーカ位置について正答した試行が一度もなかったことが示されている。この実験では刺激が独立な雑音であり両耳間の入力の相関は高くないが，こうしたときには聴取条件によって空間的に拡散（diffuse）した，幅のある音像が得られることが報告されている（たとえばBlauert, 1996；Gardner, 1969b）。ケース14, 15においては，音像が音の呈示位置に定位されたのではなく，一定の範囲に拡散して聞こえていた可能性がある。さらに彼らは別の実験において13か所全てから音を呈示したとき（先のケース7に相当）と空間的な印象が異なって知覚される条件を，前方で音を呈示するスピーカの個数を減らしながら計測し，スピーカの数が3個に減少したときには明確に印象が異なってくると述べており（ケース21に相当），正答率が比較的高いこととあわせてケース21では全箇所の定位が容易であったことがうかがえる。

4・6・2・2　いくつの音像を定位できるのか

複数の音源が同時に存在するときの興味深い問題として，いくつ程度の音像を正確に定位できるのかという点がある。Zhong & Yost（2017）はこの問題を研究した。彼らは水平方向に30度間隔で受聴者を中心とする円周上に12個のスピーカを配し，話者の数を操作しながら男女混成の音声を受聴者に呈示した（スピーカ一つにつき話者1名を呈示）。受聴者の課題は毎試行二つあり，一つは音が呈示されたスピーカの個数を答えること，もう一つはそのときに回答した個数分だけスピーカの位置を回答することであった。回答された音源数と音源位置の課題の成績を示したのが図4-6-3である。なお音源位置につ

いての成績は，毎試行受聴者が回答した位置のうち正答していた位置の個数を，実際に呈示していた音源の数で除すことで得られている。

彼らは実験の結果から音源の個数（話者の数）については多く見積もって4名程度まで正しく知覚できると述べているが，これは彼ら自身が述べているように，以前の同様の報告の結果とよく一致している（Kawashima & Sato, 2015）。安定して定位可能な音源の個数については図に示した実験の結果と，音声ではなく純音を用いた同様の実験の結果（実験3）に基づき三つと推測している。図4-6-3の結果からはたとえば4か所以上になると，すべての音源を正しくは回答できていないことが示されている。

先のSantala & Pulkki（2011）も3か所の音源については定位が比較的容易であると報告していることを考え合わせると，定位可能な箇所は3か所程度と推測できる。一方，Zhong & Yost（2017）と類似した課題を用いたWeller（2016）は，話者数が4名のときまで高い正答率で聞き分けられ定位は高い

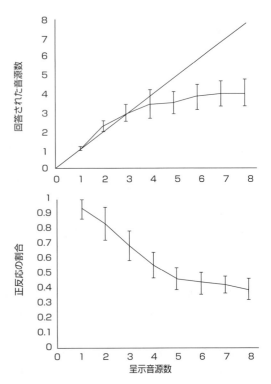

図4-6-3　Zhong & Yost（2017）の実験結果
（上）図:回答された音源数の平均値，（下）図:定位課題の正答の割合。Zhong & Yost（2017）をもとに著者作成。

精度で可能であったと報告している。複数音源の定位は，音源間の時間‐周波数次元での干渉（Yost & Brown, 2013）や音像の拡散などの影響を受けると考えられ，音源定位の知覚的限界についてはこれらの要因の影響を考慮しつつ研究していくことが有効であろう。

4・6・3　おわりに

20世紀後半に比べると，ここではふれることができなかった複数のテーマについて音源定位の理解が進んでいる。たとえば水平方向の音源定位の知覚過程については，従来比較的狭い位置に選択的な複数のチャネルによる処理を仮定することが多かったが（Jeffress, 1948），最近では左右の二つかあるいは正面を加えた三つの位置について，ゆるやかな選択性をもつ少数のチャネルのバランスによる処理を考えることが増えてきた（Boehnke & Phillips, 1999；Dingle et al., 2010, 2012；Phillips & Hall, 2005；van Opstal, 2016）。さらに，機械学習を利用する音源定位過程の理解も進んでいる（Francl & McDermott, 2022）。音源定位の基本的な知見，たとえば水平方向や上下前後の定位の手がかりや処理過程については，次の文献などが参考になるだろう（Blauert, 1996；Culling & Akeroyd, 2010；Grantham, 1995；Middlebrooks & Green, 1991；van Opstal, 2016）。

（川島　尊之）

4・7　音の機能的側面の活用（映画音楽，環境音楽，効果音，サイン音など）

4・7・1　音のノンバーバル・コミュニケーション

音声は，言葉を発声することにより，コミュニケーションを行う手段である。われわれは，音声によって互いに意思疎通を行っている。音楽は，音楽家が作り上げた芸術表現を聴衆に伝達する手段である。音楽における美の追求は，音楽を鑑賞の対象として集中的に聴取することを前提としている。作曲家が音楽の構成美を追求し，楽器職人が精魂込めて作り上げた楽器を使って，演奏者がひたすらその音楽美の実現に情熱を傾け，コンサートホールの響きがそ

の音楽美に磨きをかけた「音楽（music）」に，息をひそめつつ，耳を傾け，音があふれる空間に身をゆだねるような聴取態度が，音楽鑑賞の理想とされてきた。しかし，音によるコミュニケーションは音声や音楽芸術だけに限らない。

映画音楽などでは，鑑賞されることを目的とはせず，音楽の芸術的側面よりも機能的側面が重視される。また，映画やテレビドラマなどでは，映像表現を強調するため，あるいは補足するために，効果音（sound effect）を用いることもある。デパートやスーパーマーケットの中では，雰囲気づくりのために環境音楽（background music：BGM）が流されている。さらに，危険を知らせるための警報音，家電製品で動作の終了を告げる報知音のように，サイン音（sound sign）と呼ばれる音の伝達手段も利用されている。サイン音は，音声と同様にメッセージを伝える役割を担っている。こういった機能的な役割を担った映画音楽，環境音楽，効果音，サイン音などを適切に活用するためには，音から感じられる機能イメージが重要な伝達要素となる。

言葉を伝達する音声，芸術的表現を伝達する音楽に関しては，古くから多くの研究が行われている。それらに比べて，音や音楽の機能的な側面を対象とした研究は，比較的新しく，それほど多くはない。本節では，映画音楽，環境音楽，効果音，サイン音など，音声や音楽芸術以外の，音の機能的側面を対象とした手段について述べる。

4・7・2　映像メディアで用いられる音楽：音楽で印象操作する

映画やテレビドラマなどで用いられる音楽は，場面を強調したり，登場人物の気持ちを表したり，場面のムードを伝えたりと，さまざまな演出効果を担っている（岩宮，2011；金・岩宮，2014）。アクション映画のカーチェースの場面では，テンポの速い音楽で興奮をあおる。ホラー映画では不気味な音楽を鳴らすことで，恐怖感を増大させる。恋愛映画の恋人たちが語らう場面では，ロマンティックな音楽を流すことでムードを盛り上げるなど，音楽の機能は多岐にわたる。

Cohen（1993）は，ボールのはねる様子の映像と単

第 III 部　聴覚

音や和音を繰り返す単純な音楽を用いて評価実験を行い，映像の印象は組み合わせた音楽の印象に大きく影響を受けることを明らかにした。遅いバウンドの映像とテンポの速い音楽が組み合わされた場合，もともと寂しい印象であった映像が，楽しい印象の音楽によって楽しい印象の映像になる。速いバウンドの映像とテンポの速い印象の音楽の組み合わせでは，楽しい印象の音楽が映像の楽しさを増大させる。

岩宮・佐野（1997）は，組み合わせる音楽によって映像コンテンツの印象がどう変化するのかを印象評価実験によって明らかにした。映像刺激としては，「少年とスノーマン（雪だるま）が空を飛び回る場面」および「カナダ国防軍のアクロバット・チームの編隊飛行の場面」が利用されている。スノーマンの映像では，長調（major）の楽しい印象のメロディを組み合わせたときには，スノーマンと少年の二人は楽しそうに空を飛び回っているように見える。同じ映像でも，メロディを悲しい印象の短調（minor）に変えると，まるでスノーマンが少年をさらっていったかのように見えてしまう。カナダ国防軍のアクロバット・チームの映像では，長調の場合は普通にアクロバット飛行を楽しめるが，短調の場合には悲愴感が生じて，墜落しそうな映像になってしまう。

さらに，吉川他（2004）は，テンポの違い，スタッカート（staccato），レガート（legato）といった音楽的表現が映像作品の印象に及ぼす影響を検討した。用いられた映像刺激は，「カバがダンスをしているアニメーション」と「朝もやの中で中国の人々が自転車に乗り行き交う風景」である。組み合わせた音楽のテンポを速く，各音符の長さを短くしてスタッカートの表現をつけたときには，カバのダンスや自転車で行き交う人々の映像から受ける印象は「軽やかに」なる。逆に，テンポ（tempo）を遅く，音符の長さを長くしてレガートの表現をつけたときには，映像の印象は「重々しく」なる。

また，ドラマなどで，俳優が感情を込めた台詞を発したあとに音楽を挿入するという手法が用いられるが，台詞のあとに音楽を流すことにより，俳優が台詞に込めた感情をより際立たせることができる。このときに，音楽を付加しない場合に比べて，音楽を付加したときのほうが台詞を発した話者や台詞の

受け手の感情がよりよく伝わり，その結果として映像作品としての総合的評価が高まることが示されている（溝口他，2017）。

これらの研究で得られた傾向は，音楽によってもたらされた印象が，映像コンテンツの印象に作用したものと考えられる。聞こえてくる音楽の印象と見えている映像の内容が心の中で共鳴して，物語ができあがるのである。映画の予告編やCMで「全米が泣いた」などのキャッチフレーズが使われるが，「音楽が泣かせている」こともあるのである。音楽には，映像内容の解釈の方向を決定する（「印象操作」をする）チカラがある。

4・7・3　環境音楽（BGM）：生活の中に音楽を取り入れる

古くから，肉体労働の辛さをまぎらわし，士気を鼓舞するために，さまざまな労働歌が用いられてきた（苧阪，1992）。産業革命以降は肉体的な負担のかかる重労働はしだいに減ってきているが，精神的な負担は増加することになった。工場労働者は，長時間，単純作業の反復を要求され，仕事のペースが機械によって決められる。こういった職場で，環境音楽を流すことによって，作業環境を改善する試みがなされてきた。

さまざまな作業現場での環境音楽の導入が図られ，音楽プログラムについて検討が重ねられた結果，環境音楽によって生産性が高まり，ミス率が減少し，さらには，作業疲労の軽減と士気の向上が図られることが科学的に実証されてきた。歯科治療や外科手術などにおける，痛みの除去にも，環境音楽の効果が認められている。デパート，レストラン，スーパーマーケット，ホテルといったところでも，環境音楽が利用され，店の雰囲気づくりに効果をあげ，営業成績の向上に貢献している（Lanza，1994 岩本訳，1997）。Areni & Kim（1993）は，ワイン売り場においてクラシック音楽を流すことで，ポピュラー音楽を流す場合よりも，より高級なワインの売り上げを伸ばすことを示した。

岩宮他（1999）は，映像を用いたシミュレーション実験により，環境音楽がスーパーマーケットの店内空間の印象に及ぼす影響を調査した。その結果，

アップテンポの力強い音楽は空間を賑やかな印象にする効果があり，落ち着いた雰囲気をもった音楽は空間に安心感を与える効果があることが明らかになった。

金他（2017）は，環境音楽を流すことによって，道路交通騒音の大きさを軽減できることを明らかにした。この研究では，環境音楽を付加した場合と付加しない場合の道路交通騒音の大きさの比較実験を行った。この実験の結果により，環境音楽のレベルが道路交通騒音のレベルよりも 2 dB 低い条件でも，環境音楽による騒音軽減効果［マスキング（masking）効果］が認められた。かなり小さいレベルで環境音楽を流しても，騒音の影響を軽減できる。

4・7・4　映像メディアで用いられる効果音：リアリティを演出する音

映像作品においては，各種の効果音が利用されている。効果音には，映像の世界で聞こえている物音や環境音だけではなく，場面を強調するための音もある。

最近のテレビや映画では，アニメーションやコンピュータ・グラフィックスを用いた映像表現が多用されている。そこで表現された映像は仮想のもので，実体は存在しない。こういった仮想（virtual）の存在にリアリティ（reality）を与えるために，効果音が用いられる。音には，実体のない映像表現に「実体」を感じさせるチカラが備わっているのである。

テレビ番組などで，ある映像シーンから別の映像シーンへ場面を転換するとき，さまざまな切り替えパターン（switching pattern）が用いられる。切り替えパターンでは，前の映像を残しつつ，新しい映像が少しずつ現れながら切り替わる。切り替えパターンをより印象的にするために，「効果音」が付加される。心地よく映像が移り変わる様子を実感できるためには，映像の切り替えパターンに調和した音の変化パターンを組み合わせる必要がある。蘇他（2009）は，印象評価実験により，図 4-7-1 に示すような各種の映像の切り替えパターンに調和する音の変化パターンを明らかにした。

新しい映像が画面の下端から上昇して古い映像と切り替わるような切り替えパターンに，ピッチが連

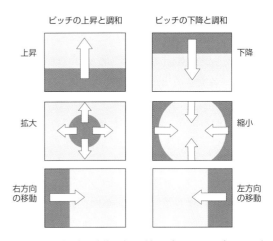

図 4-7-1　各種の映像の切り替えパターンとピッチの上昇，下降スイープとの調和

続的に上昇するスイープ音を組み合わせると，音と映像の高い調和感が得られる。対称的に，新しい映像が画面の上端から下降して切り替わる切り替えパターンに，ピッチが連続的に下降するスイープ音を組み合わせても，高い調和感が得られる。ピッチの上昇スイープ音は，中央から新しい映像が拡大して古い映像と切り替わるパターン，左から右方向にふすまを閉めるように切り替わるパターンとも調和する。ピッチの下降スイープ音は，周囲から中央に古い映像が縮小して新しい映像に切り替わるパターン，右から左方向にふすまを閉めるように切り替わるパターンとも調和する。

映像の切り替えパターンは実体のないものなので，もともと音はない。しかし，無音状態での映像の切り替えパターンからは，リアリティが感じられない。そこにリアリティを与えるために「効果音」が用いられる。効果音の存在により，映像の切り替わりに何らかのエネルギーを使って移動したような実体感をもたせることができる。音のチカラが，エネルギーを使って移動している様子を連想させるのである。

映画やテレビなどの映像メディアでは，情報を的確に伝達するため，補足するため，あるいは強調するために，テロップ（telop）と呼ばれる文字情報を提示することがよくある。その際に，各種の映像表現を用いた出現パターンが用いられる。このとき，テロップの内容をより印象的にするため，文字の出

第 III 部　聴覚

現パターンに合わせて各種の効果音が付加される。

　よく用いられるテロップに，一文字ずつ現れるというパターンがある。こういったテロップ・パターンには，各文字の出現と同期して「ダッ」「ダッ」「ダッ」「ダッ」といった感じの，昔のタイプライタを彷彿させるような効果音が付加されている。さまざまなテロップ・パターンと効果音の組み合わせに対する印象評価実験により，実際にこの種の効果音の付加はタイプライタ風のテロップ・パターンをより印象的にすることが明らかにされた（Kim & Iwamiya, 2008）。同じテロップに，効果音を「ボワーン」といった感じの音に入れ替えると，テロップの効果は半減する。フワッと文字列が出現するタイプのテロップの場合には，タイミングを合わせて「ボワーン」と鳴る効果音のほうがマッチする。

4・7・5　サイン音：メッセージを伝える音響信号

　サイン音というのは，危険を知らせる警報とか，電話の呼出音とか，洗濯機や電子レンジの終了音のように，何らかのメッセージを伝える音のことである（岩宮，2012）。家電製品のほとんどは何らかのサイン音が発生するようになっており，家庭内では毎日のようにサイン音を聞く生活になっている。自動車の中も，サイン音があふれている。ニュース速報のチャイムや緊急地震速報のように，テレビから聞こえてくるサイン音もある。火災報知機やガス漏れ警報のように，緊急事態を告げるサイン音は安全安心のために欠かせない。鉄道の駅や列車内でも，列車の到着，出発を告げるサイン音，ドアの開閉を告げるサイン音などさまざまなサイン音が存在する。また，音響式信号や誘導鈴のように，視覚障がい者（visually impaired）の単独歩行を支援するためのサイン音も多く利用されている。

　サイン音には，動作機器あるいは周囲の環境の状況に対する注意喚起を促し，その状況に応じた緊急感を伝えるといった使い方もある。自動車走行中の車内や周囲の状況，工場内でのトラブル発生時における状況など，単に何らかの状況を伝えるだけのレベルから，危険回避のための行動を促すレベルまで，その緊急度に応じたサイン音を使い分ける必要がある。

サイン音の緊急感は，断続パターンのテンポやピッチの変化パターンによって，コントロールできる。

　Edworthy et al. (1991) は，サイン音としてよく利用されている音の断続を繰り返す断続音を用いて，断続するテンポが速くなると緊急感はより高くなることを明らかにした。ただし，断続パターンの吹鳴時間と無音時間それぞれの効果は同一ではない。杉原・岩宮（2015）は，断続音の緊急感に及ぼす影響は無音時間の効果のほうが大きく，無音時間を短くすると大きく緊急感を高めることができることを示した。吹鳴時間を短くしても緊急感は高まるが，その効果は無音時間に比べると小さい。さらに，世良他（2016）は，断続パターンの吹鳴音を定常音ではなくスイープ音にすると，緊急感をさらに高めることができることを示した。スイープ音の中でも，下降系のスイープ音よりも上昇系のスイープ音のほうが，より緊急感を高めることができる。

　サイン音の中には，メロディ（melody）や和音（chord）のような音楽的な要素を利用したものも多い。列車の発着音，家電製品のサイン音，携帯電話の着信音など，さまざまなサイン音にメロディが利用されている。日本は，サイン音に音楽的要素を利用することにかけては，世界をリードしている。メロディ的要素を用いたサイン音は日本の音文化と言えるほどである。音楽的表現は，再生装置の音響特性や聴取位置に左右されずに伝達される。音楽的表現と聴取印象や機能イメージとの関係を明らかにすれば，サイン音のデザインに広く活かすことができる。音楽的要素の活用で，サイン音の表現幅を広げることも可能となる。また，音楽的表現は，心地よいサイン音づくりには効果的である。デジタル技術の発展により，音楽的表現をサイン音に利用しやすい状況も整ってきている。

　藤田・岩宮（2006）は，継時的に鳴る2音の音程（interval）と機能イメージ（functional imagery）の関係を検討し，上昇系の音程で開始感，下降系の音程で終止感がもたらされること，増4度の音程は警報感を生じさせるのに適していることを示した。さらに，サイン音の快適性を重視するならば，短3度，長3度の音程の利用が効果的であることを示している。福江・岩宮（2011）は，4音からなる分散和音

を用いた場合でも,「ドミソド」のような上昇系の音程で開始感,「ドソミド」のような下降系の音程で終止感が得られることを示した。

小川他（2002）は,鉄道の発車メロディ（departure melody）がもたらす印象を検討し,サイン音としての機能性を重視するならば,「使用する音域は C7（2093 Hz）より低くする」「極端に高い音を多用しない」「テンポの設定は4分音符が120拍/分以内にし,装飾音符や32分音符以上の分割リズムを頻繁に使用することを控える」「不要な転調や予測不能な,あるいは凝った和声進行をなるべく避ける」といったデザインに活かせる提言をしている。

こういった研究を積み重ねていくことにより,各種の音楽的表現とサイン音として伝えたいメッセージの関係が明らかになり,サイン音のデザインに寄与することが期待される。

4・7・6　音のチカラを活かす音のデザイン

映画音楽,環境音楽,効果音,サイン音など,音の機能的側面を活かした分野は幅広い。こういった音を適切にデザインするために,音響特性あるいは音楽的特徴と音が担う機能イメージの関係を明らかにしておく必要がある。

（岩宮　眞一郎）

▌4・8　音の加工

音の加工（modification of sound）は,電子音楽やゲーム音など,コンテンツを制作する場合と,放送用の加工,音声通信用の加工などに分類できる。加工した音を知覚的に分類すると,一つは目的音が自然な聞こえを理想とするもの,もう一つは,装飾を施すことが目的であり,その聞こえが自然に存在することを意図しないものである。加工の対象となるのは音声,楽音,環境音すべてである。

加工の目的として自然な聞こえを目指すものとしては,通信・放送用の技術や音声合成・符号化技術がある。音声のピッチ,話速,声質を取り上げ,これらの中で一つだけを加工して,他は一定に保つピッチ変換,話速変換,声質変換などが代表的な加工方法である。原音声にさらに感情や様態を上乗せする技術も音声合成では検討されている。

また,音声強調は雑音を抑圧して,より音声品質を向上させる技術の分野である。

一方,音楽やドラマなどのコンテンツでは装飾のための音響の加工が考えられる。これらは一般にエフェクトと言われ,カラオケのエコーはよく知られたエフェクトである。以下ではエフェクトを中心に記す。

エフェクトの概念は古くからあり,Francis Bacon がその著書 *The New Atlantis*（1626）の中で sound houses という想像上の音楽博物館内で残響を付加するという概念を紹介している。

楽器は,音源とその共鳴部から成り立つものが多いが,共鳴部には音量の増大のみならず残響付与など,音色の変化もあるため,共鳴部も音色の加工と言える。しかし,以下では楽器が奏でる音は全体を一つの音色とし,これを加工する方法について述べる。

4・8・1　アナログ方式以来の伝統的なエフェクト

エレキギターなどの電気を用いる楽器については,音響楽器と異なり,パイプライン的にさまざまな音響加工装置を付加でき,これらは個別にエフェクターとして知られてきた。表4-8-1にエフェクトの分類を示す。

これらは,ライブの楽器として用いられるだけではなく,オフラインのテープ編集時にも用いられたため,発展の当初から,リアルタイム用とオフライン用の両方が開発されてきた。

1980年代以降,デジタル制御の時代が到来すると,アナログエフェクトのデジタルへの焼き直しが行われてきた。現在では,楽器の付属装置としてのハードウェアとパソコンソフトのプラグイン,あるいはエフェクト機能として楽器に付随しているものが多い。

4・8・2　デジタル方式によるエフェクト

一方,コンピュータの性能の向上とともに,デジタル方式でなければ実現できないエフェクトも登場した。すなわち,信号処理技術を用いてミリ秒のフレーム単位の時間的にきめ細かい加工が可能となり,エフェクトの可能性が大きく広がった。

第 III 部　聴覚

表 4-8-1　代表的なエフェクト

大分類	名称	機能／効果
レベル制御	リミッタ	閾値レベル以下に抑制
	コンプレッサ	レベルを圧縮
遅延関連	反響（エコー）	反音を了解性を保ちつつ反復する
	残響	室内残響の擬似，またはデフォルメ音の付与
周波数特性の加工	イコライザ	任意の特性に変更
	フィルタリング	低域通過，帯域通過などの特性を付与
	エンハンサ	ある周波数領域を強調する機能
	アンプシミュレータ	非線形特性のアンプ
歪み	ディストーション	波形を歪ませて高調波を付与
位相制御	コーラス	複数の楽器のユニゾンを擬似
	ワウ	特定の周波数帯のゲインを動的に変えて音色のワウワウ感を出す
	フランジャ	遅延した音を重ねて音色を変化させる。うねりを感ずる。

デジタルエフェクトは，当初，音声の分析合成方式に依存した方式が主で知覚主導ではなかった。すなわち，ある音声表現方式が提案されると，そこで起こりうる歪みや，本来の使用法ではないパラメータ設定によるエフェクトが発案された。したがって技術者主導でエフェクトが提案されてきた。

以下ではデジタル方式により提案されたエフェクトをいくつか紹介する。

4・8・2・1　グラニュラ合成

グラニュラ合成はデジタルエフェクトの代表的なものの一つである。Gabor は，音は粒子から成り立っている，との考えに基づき数学的に定式化した（Gabor, 1946, 1947）。音楽制作の技術者はその考え方のみを受け継ぎ，実際には波形に窓をかけて，それを任意に組み合わせることにより，エフェクトを作りあげてきた。

音声の分析方式にオーバーラップアド方式があるが，これは，グラニュラ合成の原型である。たとえばハミング窓を選び，信号を窓長の 1/4 ずつずらしながら切り出し，これに窓をかけ，同様に 1/4 幅ずらしながら加算すると，原波形が復元できることが知られている。合成時に，原波形とは異なる音色を合成するため，窓長を変えたり，配置位置をたとえばランダムにして，原波形の切出し位置とは別の位置で合成する方法である。窓をかけた部分を粒子と見なしている。

グラニュラ合成はコンピュータ音楽ではよく使われるエフェクトである。しかし，このエフェクトは他のエフェクトと異なり，知覚的に定義されず，方式として定義されている。そのため，どのように聞こえるかはユーザの使い方，パラメータの設定の仕方に依存する。

分析時と合成時でフレーム幅を変えることにより，音声の伸縮が実現できるが，これは自然な品質というより，変調がかかっていることのほうが一般的である。このほか再配置時に時間的にランダムに配置することにより，創造的な音色を合成したり，音色そのものを変更するなど，多様な知覚的効果を与えることができ，ユーザにとって非常に自由度の大きなエフェクトである。

自然音に近いか否かは，窓長などの制御パラメータ如何で自由に設定できる。音のみじん切り，とも言えるこのエフェクトは，あくまでも波形のつぎはぎであるため，いわゆるスペクトル歪みは発生しない。

4・8・2・2　非線形歪み

非線形歪みはアナログ方式においても代表的なエフェクトの一つであり，ある調波を入力すると，その高調波を出力するような変換器の総称である。ギターアンプなどのように増幅特性が線形でない場合，自然と高調波は発生するが，ウェーブシェーピングと呼ばれるデジタル方式では，チェビシェフの

微分方程式を用いて，ある周波数を非線形フィルタにより高調波へ変換している（Le Brun, 1979）。

4・8・2・3　サウンドハイブリッド

ある物理的音源からの音色は，一つの音脈（一つの音），という知覚を与えながらも分析的に聞くとさまざまな要因に分解できる。「あ」という音声は性別，世代，個人性，情動などさまざまな知覚要因が内包されている。サウンドハイブリッドは，これらの知覚要因を掛け合わせてできる再合成音をいう。

音声分析合成方式として，LPC（linear predictive coding；線形予測符号化）が通信の技術として一般的になり，音声を声帯振動あるいは呼気流のいずれかの音源と，これを声道フィルタにより加工したもの，との二つに分解できるようになった。この技術を用い，音源に楽音を，また声道フィルタとして人の音韻フィルタを当てはめて再合成すると，喋る楽器という加工方式が誕生した。

事例として，1989 年に楽音に音韻フィルタをかけて音韻性を付与する手法を用いた IRCAM（Institut de Recherche et Coordination Acoustique/Musique）（フランス国立音響研究所）からの委嘱による湯浅の音楽作品がよく知られている（湯浅，1989）。このように二つの要素を掛け合わせたサウンドハイブリッドを特にクロスシンセシスという。

この中で特にある楽器の演奏表現をほかの楽器に転写する場合はパフォーマンスハイブリッドともいう。作品事例としては，尺八の揺り（尺八特有のビブラート）の奏法を本来ビブラートが物理的に不可能な笙に転写した小坂の作品（小坂, 2015）がある。

4・8・2・4　モーフィング

この技術は，CG（コンピュータグラフィクス）技術のコンセプトを，音声に応用して 1990 年代に発展したものである。モーフィングは，ある画像から別の画像まで連続的に変化する画像エフェクトで，これを音声に適用すると，音色を補間するエフェクトといえる。

音色のモーフィングが一般的になると，音声でも正弦波モデルを用いた方式が提案された（小坂, 1995）。高品質の vocoder として知られる STRAIGHT（Speech Transformation and Representation using Adaptive Interpolation of weiGHTed spectrum）では音声の表現方式の性能の一つとして，パラメータを補間することにより，音質を損なわないで知覚的な音色補間ができることを示している（河原・森勢, 2009）。

なお，よく用いられる知覚的補間は，パラパラ漫画のように脳が物理的に存在しない動画を創出（補完）するのに対し，この補間は，実際に物理的に中間的実体を創出することが異なる。さらに二者の関係するテーマとして，楽音であるフルート音とソプラノの声の音色補間をするとき，物理的に合成する楽音と声の中間音を脳が受け入れて知覚するのか，それとも，これらの間に補間は行われず，中間音の知覚とはならないか，という問題も生ずる。

4・8・2・5　サウンドモザイク

近年では，サウンドモザイクあるいはサウンドコラージュと呼ばれる新たなエフェクトも登場している（Driedger et al., 2015）。

絵画ではこのエフェクトのコンセプトは「寄せ絵」として古くから知られ，アルチンボルドの肖像画や，歌川国芳の浮世絵などに例がみられる。

本エフェクトは，この考えを音に適用したもので，一つの音（目的音）を別の音（要素音）により合成するものである。たとえば，目的音をセミの鳴き声とし，要素音を楽音で表現する場合が考えられる。これはサウンドハイブリッドと類似したエフェクトであるが，階層性をもった音色表現という意味で区別できる。これを達成するため，NMF（Nonnegative Matrix Factorization；非負値行列因子分解）を用いて音を分解し，要素音を基底として再合成する方法が発表されている（池田・小坂，2020）。

（小坂　直敏）

4・9　音質評価

4・9・1　音色と音質

音色は音の総合的な印象を絶対的に表すのに対し，音質は対象とする音声あるいは音楽の，伝送系

1065

第 III 部　聴覚

を経たもの，保存されたものなど，何等かの加工を経た対象音の品質を原音と比して表すものである。良し悪し，上下，高低などの評価を伴って表される。通信系における伝送品質，音声・音楽符号化音声における符号化等の圧縮に関する品質，合成音品質，録音，再生系のオーディオ品質等に分けられる。また，空間音響の音質評価（audio quality assessment）にはモノラル信号音やステレオ信号音の他，多チャネル音響での評価もある。

これらは，一般に，電話音の品質評価のように相対的に品質の低い領域の評価から高度の音質の評価まである。一般に，音質評価はコンテンツの評価そのものではない。しかし，高音質のオーディオ評価において，多チャネル空間上の評価では，再生音場の評価となり，コンテンツの評価とも言える。なお，音場再現を狙った評価ではこの限りではない。また，音声そのものの評価という点では，声の検査の観点から文献（日本音声言語医学会，2009）がある。

4・9・2　音質評価の特徴

音質評価は総合評価であり，これをいくつかの心理要因に分解できる。電話系の初期はアナログ伝送方式で，音の明瞭性が重要な心理要因であり，尺度として用いられた。次にラウドネスがこれにとって代わった。しかし，デジタル方式が発展してくると，デジタル方式固有の歪みがもたらされた。また，これらの音質評価は常に物理指標とともに相補的に用いられてきた。

音質の概念は電話の品質から始まった。電話は，G. Bell の発明以来，理想的な対面の会話を実現することを目標とせず，音声の明瞭性が確保できればよい，との考えから始まった。その結果，電話音声の基準は，音声の明瞭度から始まった。

やがて，音質が向上してくると，音の大きさに関する尺度が主流となり，その後総合的な満足度を評価する MOS（mean opinion score, 平均オピニオン値）が使われだした。

音質はその定義から主観評価値で表すのが自然だが，これは測定に多大なコストがかかるため，同時に物理的な尺度（客観尺度），あるいは，主観評価値を予測する主観評価モデルが登場した。文献（高橋

他，2005）では，IP 電話を取り巻くさまざまな通話品質評価法を紹介している。また文献（日本音響学会，2010）では伝送音声の音質に影響を与える要因を詳細に論じている。

なお，音量やピッチ，明瞭度のように，個別要因の知覚モデルに基づいた客観尺度もある。たとえばスペクトルセントロイドは音のスペクトルの中心周波数を表したもので，これが大きいほど明るい音色といわれる。このほか，パワー，ケプストラム，メル周波数ケプストラム係数（mel-frequency cepstrum coefficients：MFCC）などのスペクトルに基づく尺度が知られている。以下では，総合的な満足度の観点で述べる。

代表的な通話品質客観評価モデルとして，OPINE（overall performance index for network evaluation）が提案された（Osaka et al., 1992）。このモデルでは，電話音質（通話品質）の理想的な基準として対面コミュニケーションがあるため，これを模して電話使用時の平均的な音声と雑音のスペクトルを計算し，雑音のマスキングも考慮した実効的なラウドネス，雑音成分，反響成分，側音（電話の送話器から入った自身の声が受話器からそのまま聞こえる音声をいう）などの物理値を計算する。劣化の度合いを PI（performance index, 品質指標）と定義し，個別の劣化要因の PI_x（x は各劣化要因）をそれぞれの物理値から計算し，PI を加算して総合指標とする。これをもとに総合品質を計算するモデルが提案された。言わば減点法である。最終的に出力は 0-4 の MOS を予測する形式である。図 4-9-1 に同モデルのブロック図を示す。

1970 年代頃までは，音質の技術検討は，アナログ系の伝送系や保存再生系で起こる普遍的な劣化要因に対して，どの程度の量があればどう音質が劣化するか，という問題が主であった。すなわち，特定の伝送系を設定するのでなく，普遍的な劣化要因をどう評価するか，という問題が主であった。

1980 年代になると電話音声のデジタル方式が普及してきた。初期には PCM，ADPCM 等が普及し，グラニュラー雑音のように，その劣化要因も一つの知覚的に区別できるものとして成立していた。しかし，次第にこのような方法では，評価ができなくなっ

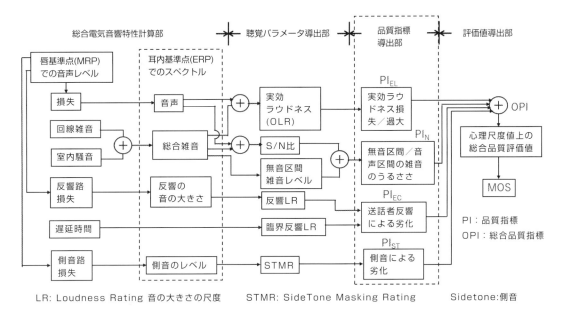

図4-9-1 損失，雑音，送話者反響，側音を対象とした通話品質予測モデルOPINEのブロック図（Osaka et al., 1992）

てきた。

実用化の前に研究開発の段階でさまざまなデジタル方式の評価の必要があり，一般にデジタル符号化方式では，知覚要因としてまとめることができにくくなってきた。

まずインターネットを利用したIP電話や携帯電話が普及し固定電話系以外の電話系が多様になった。また，デジタル音声符号化方式も多様になってきた。

1990年代以降は，オピニオン値に基づいた品質尺度として，OPINEの心理的な総合劣化度は個別要因の劣化度の加算である，との考え方を踏襲し，AT&T（アメリカの通信会社）のTR（Transmission Rating）モデルを改善したE-modelが提案され，国際電信連合電気通信標準化部門（International Telegraph Union, Telecommunication Standardization Sector : ITU-T）は勧告G.107として標準化した（ITU-T Recommendation G.107, 2002）。E-modelは，次式で表されるR値で総合品質を定義している。

$$R = R_0 - Is - Id - Ie\text{-}eff + A$$

ここに，R_0は雑音源や室内騒音を含む基本的なSN比（信号対雑音比），Isは音声信号と同時に起こる劣化要因で，具体的には，音量と，側音，量子化歪による品質劣化の総合評価値である。Idは遅延に基づく総合評価値で，Ieは低ビットレートの符号化による品質の劣化，また$Ie\text{-}eff$はパケット損失による品質劣化を加味したIeである。またAは移動通信か離島通信かなどの電話網形態に依存する調整用パラメータである。これらの心理要因ごとの評価値（劣化を表す指標）が心理尺度上で加算されて最終的に総合品質が表される。

このモデルは，ネットワークの設計のときに用いることを目的とし，個別端末や機器の品質評価を行うものではない。

なお，通話における音質評価は，受聴品質と会話品質に分類できる。受聴品質は音声受聴時の音声品質であり，会話品質は，聴くのみならず，送話時の快適さなども含む。品質劣化要因として，遅延や側音，送話者反響は会話時の品質に影響を与えるものである。通信上の音質はこのように二つの側面があるが，放送など受聴時に特化した品質評価も多い。

さらに，近年では，次節で述べるように音声通信方式が，電話にとどまらず，さまざまな機会や場所で用いられてきて，音質を意識する状況が多様になった。

4・9・3　CODECの歪み

2020年には，新型コロナウイルス感染症が拡大し，遠隔コミュニケーションが一般的になった。

第 III 部　聴覚

まず，遠隔の会議や講義の機会が増え，音声通信の品質評価がより一層重要になり，必要とされるようになった。ここでは，低ビットレートから高ビットレートまで音声品質が問われ，その評価方法も必要とされる。

客観評価値としては，SN 比（SNR），SD（spectral distortion，スペクトル歪；Kitawaki et al., 1982）などを用いる。総合的な受聴品質として，PESQ（perceptual evaluation of speech quality；Rix et al., 2001），POLQA（perceptual objective listening quality analysis；Beerends et al., 2013）などが知られている。これらは，もともと音声品質評価のために，設計されたが，現在では一般的なオーディオも対象としている。

さらに，PEAQ（Thiede et al., 2000）や PEMO-Q（Huber & Kollmeier, 2006）など商用ライセンスを必要とする手法もある。フリーで入手できるものとして，ViSQOL（The Virtual Speech Quality Objective Listener；Chinen et al., 2020）なども登場した。また，空間音響のアンビソニックスを対象とした音質評価へ拡張した AMBIQUAL（Narbutt et al., 2018）などもある。

さらに，近年では，WaveNet（Oord et al., 2016）や LPCNet（Valin & Skoglund, 2019）など，1.6 kbps などの非常に低ビットレートの符号化方式も登場している。これらの符号化方式のなかには，深層学習によるニューラルネットワークを用いた方式も登場し，これまでになかった時間軸や，ピッチの若干のずれ，という品質劣化要因も生じている。また，単に符号化方式のみならず，各種合成方式や音声強調など，さまざまな音声加工方式まで含めた品質の評価手法が求められている。

前節までは，電話網全体の音声品質評価という視点であったが，ここでは，むしろ個別符号化方式の評価が中心である。デジタル音声符号化の開発者は，開発途上でその音声品質を知る必要がある。

このほか，音声符号化方式のほかに，テキストからの音声合成の品質評価も必要となってくる。この品質評価は，音声符号化方式と異なり，原音と劣化音声という比較の上で品質を評価することができず，合成音そのものの絶対評価が必要となり，客観評価は符号化音声の評価以上に困難な問題であることが予想される。

また，音声通信は電話専用網よりもインターネット上で電話や映像を伴うビデオ会議での使用が普及した。そのため，電話網というより，インターネットの品質の一つとして，さまざまなメディアのコミュニケーションのなかの音声通信の品質という視点で，論じられることが多くなった。

4・9・4　高臨場感オーディオの音質評価

高臨場感オーディオにおいては，電話系では想定していない要因が含まれる。それは，空間音響に関する諸要因である。電話系では，モノラル音声に関する品質評価を対象としているが，高品質オーディオでは，一般的に空間的な音楽などが対象となる。このような場では，平均的な評価値が期待できる電話系と同等な特性と，判断が正要因にも負要因にもなる好み，嗜好という評価も含まれ，複雑な構造をもつ。

このような対象に対して，主観評価としては，「音の大きさ」や「広がり感」などの要素感覚に基づくものと，臨場感のように総合印象に基づくものがある。

多チャネル音響空間でのオーディオの評価は評価語がすべて定まっているわけではない。評価語を検討することも新たな課題である。

主観評価を行う方法については，いくつかの勧告があるが，これらの勧告のどれが適当かを示してくれるガイドが ITU-R BS.1283-2（2019）である。

（小坂 直敏）

第 4 章　音の知覚

文献

(4・1)

Algom, D., Ben-Aharon, B., & Cohen-Raz, L. (1989). Dichotic, diotic, and monaural summation of loudness: A comprehensive analysis of composition and psychophysical functions. *Perception & Psychophysics, 46*(6), 567–578. [doi: 10.3758/BF03208154]

Algom, D., Rubin, A., & Cohen-Raz, L. (1989). Binaural and temporal integration of the loudness of tones and noises. *Perception & Psychophysics, 46*(2), 155–166. [doi: 10.3758/BF03204975]

Baird, J. C., & Noma, E. (1978). Direct scaling methods and Steven's law. In J. C. Baird (Ed.), *Fundamentals of Scaling and Psychophysics* (pp. 65–92). John Wiley & Sons.

Berglund, B., Hassmén, P., & Preis, A. (2002). Annoyance and spectral contrast are cues for similarity and preference of sounds. *Journal of Sound and Vibration, 250*(1), 53–64. [doi: 10.1006/jsvi.2001.3889]

Cooper, N. P., Vavakou, A., & van der Heijden, M. (2018). Vibration hotspots reveal longitudinal funneling of sound-evoked motion in the mammalian cochlea. *Nature Communications, 9*(1), 3054. [doi: 10.1038/s41467-018-05483-z]

de Boer, E. (1985). Auditory time constants: A paradox? In A. Michelsen (Ed.), *Time Resolution in Auditory Systems: Proceedings of the 11th Danavox Symposium on Hearing Gamle Avernæs, Denmark, August* 28–31, 1984 (pp. 141–158). Springer-Verlag.

Epstein, M., & Florentine, M. (2005). A test of the Equal-Loudness-Ratio hypothesis using cross-modality matching functions. *Journal of the Acoustical Society of America, 118*(2), 907–913. [doi: 10.1121/1.1954547]

Epstein, M., & Florentine, M. (2006). Loudness of brief tones measured by magnitude estimation and loudness matching. *Journal of the Acoustical Society of America, 119*(4), 1943–1945. [doi: 10.1121/1.2177592]

Epstein, M., & Florentine, M. (2009). Binaural loudness summation for speech and tones presented via earphones and loudspeakers. *Ear and Hearing, 30*(2), 234–237. [doi: 10.1097/AUD.0b013e3181976993]

Epstein, M., & Florentine, M. (2012). Binaural loudness summation for speech presented via earphones and loudspeaker with and without visual cues. *Journal of the Acoustical Society of America, 131*(5), 3981–3988. [doi: 10.1121/1.3701984]

Fletcher, H. (1938a). Loudness, masking and their relation to the hearing process and the problem of noise measurement. *Journal of the Acoustical Society of America, 9*(4), 275–293. [doi: 10.1121/1.1915935]

Fletcher, H. (1938b). The mechanism of hearing as revealed through experiment on the masking effect of thermal noise. *Proceedings of the National Academy of Sciences of the USA, 24*(7), 265–274. [doi: 10.1073/pnas.24.7.265]

Fletcher, H. (1940). Auditory patterns. *Reviews of Modern Physics, 12*, 47–65. [doi: 10.1103/RevModPhys.12.47]

Fletcher, H., & Munson, W. A. (1933). Loudness, its definition, measurement and calculation. *Journal of the Acoustical Society of America, 5*(2), 82–108. [doi: 10.1121/1.1915637]

Florentine, M. (2009). Advancements in psychophysics lead to a new understanding of loudness in normal hearing and hearing loss. *Fechner Day 2009: Proceedings of the 25th Annual Meeting of the International Society for Psychophysics* (Ireland: Galway), 83–88.

Florentine, M. (2011). Loudness. In M. Florentine, A. N. Popper, & R. R. Fay (Eds.), *Loudness* (pp. 1–15). Springer.

Florentine, M., Buus, S., & Bonding, P. (1978). Loudness of complex sounds as a function of the standard stimulus and the number of components. *Journal of the Acoustical Society of America, 64*(4), 1036–1040. [doi: 10.1121/1.382062]

Florentine, M., Buus, S., & Poulsen, T. (1996). Temporal integration of loudness as a function of level. *Journal of the Acoustical Society of America, 99*(3), 1633–1644. [doi: 10.1121/1.415236]

Florentine, M., & Epstein, M. (2006). To honor Stevens and repeal his law (for the auditory system). In D. Kornbrot, R. Msetfi, & A. MacRae (Eds.), *Fechner Day 2006: Proceedings of the 22nd Annual Meeting of the International Society for Psychophysics* (England, St. Albans), 37–42.

Glasberg, B. R., & Moore, B. C. J. (1990). Derivation of auditory filter shapes from notched-noise data. *Hearing Research, 47*(1), 103–138. [doi: 10.1016/0378-5955(90)90170-T]

Gleiss, N., & Zwicker, E. (1964). Loudness function in the presence of masking noise. *Journal of the Acoustical Society of America, 36*(2), 393–394. [doi: 10.1121/1.1918967]

Gockel, H., Moore, B. C. J., & Patterson, R. D. (2003). Asymmetry of masking between complex tones and noise: Partial loudness. *Journal of the Acoustical Society of America, 114*(1), 349-360. [doi: 10.1121/1.1582447]

Green, D. M. (1985). Temporal factors in psychoacoustics. In A. Michelsen (Ed.), *Time Resolution in Auditory Systems: Proceedings of the 11th Danavox Symposium on Hearing Gamle Avernæs, Denmark, August* 28-31, 1984 (pp. 122-140). Springer-Verlag.

Hellman, R. P. (1972). Asymmetry of masking between noise and tone. *Perception & Psychophysics, 11*(3), 241-246. [doi: 10.3758/BF03206257]

Hellman, R. P., & Zwislocki, J. (1963). Monaural loudness function of 1000 cps and interaural summation. *Journal of the Acoustical Society of America, 35*(6), 856-865. [doi: 10.1121/1.1918619]

Hellman, R. P., & Zwislocki, J. (1964). Loudness function of a 1000-cps tone in the presence of a masking noise. *Journal of the Acoustical Society of America, 36*(9), 1618-1627. [doi: 10.1121/1.1919255]

Hübner, R., & Ellermeier, W. (1993). Additivity of loudness across critical bands: A critical test. *Perception & Psychophysics, 54*(2), 185-189. [doi: 10.3758/BF03211754]

Irwin, R. (1965). Binaural summation of thermal noises of equal and unequal power in each ear. *American Journal of Psychology, 78*(1), 57-65. [doi: 10.2307/1421081]

ISO 226 (2003). Acoustics — Normal equal-loudness-level contours.

ISO 532-2 (2017). Acoustics — Methods for calculating loudness — Part 2: Moore-Glasberg method.

Jesteadt, W., & Leibold, L. J. (2011). Loudness in the laboratory, Part I: Steady-state sounds. In M. Florentine, A. N. Popper, & R. R. Fay (Eds.), *Loudness* (pp. 109-144). Springer.

Jesteadt, W., Valente, D. L., Joshi, S. N., & Schmid, K. K. (2014). Perceptual weights for loudness judgments of six-tone complexes. *Journal of the Acoustical Society of America, 136*(2), 728-735. [doi: 10.1121/1.4887478]

Jesteadt, W., Walker, S. M., Ogun, O. A., Ohlrich, B., Brunette, K. E., Wróblewski, M., & Schmid, K. K. (2017). Relative contributions of specific frequency bands to the loudness of broadband sounds. *Journal of the Acoustical Society of America, 142*(3), 1597-1610. [doi: 10.1121/1.5003778]

Jesteadt, W., Wróblewski, M., & High, R. (2019). Contribution of frequency bands to the loudness of broadband sounds: Tonal and noise stimuli. *Journal of the Acoustical Society of America, 145*(6), 3586-3594. [doi: 10.1121/1.5111751]

Kuwano, S., & Namba, S. (2011). Loudness in the laboratory, Part II: Non-steady-state sounds. In M. Florentine, A. N. Popper, & R. R. Fay (Eds.), *Loudness* (pp. 145-168). Springer.

Leibold, L. J., Tan, H., Khaddam, S., & Jesteadt, W. (2007). Contributions of individual components to the overall loudness of a multitone complex. *Journal of the Acoustical Society of America, 121*(5), 2822-2831. [doi: 10.1121/1.2715456]

Lochner, J. P. A., & Burger, J. F. (1961). Form of the loudness function in the presence of a masking noise. *Journal of the Acoustical Society of America, 33*(12), 1705-1707. [doi: 10.1121/1.1908548]

Marks, L. E. (1978). Binaural summation of the loudness of pure tones. *Journal of the Acoustical Society of America, 64*(1), 107-113. [doi: 10.1121/1.381976]

Marks, L. E. (1993). Contextual processing of multidimensional and unidimensional auditory stimuli. *Journal of Experimental Psychology: Human Perception and Performance, 19*(2), 227-249. [doi: 10.1037/0096-1523.19.2.227]

Marks, L. E., & Florentine, M. (2011). Measurement of loudness, Part I: Methods, problems, and pitfalls. In M. Florentine, A. N. Popper, & R. R. Fay (Eds.), *Loudness* (pp. 17-56). Springer.

Marozeau, J., Epstein, M., Florentine, M., & Daley, B. (2006). A test of the Binaural Equal-Loudness-Ratio hypothesis for tones. *Journal of the Acoustical Society of America, 120*(6), 3870-3877. [doi: 10.1121/1.2363935]

Miller, G. A. (1948). The perception of short bursts of noise. *Journal of the Acoustical Society of America, 20*(2), 160-170. [doi: 10.1121/1.1906359]

Mohrmann, K. (1939). Lautheitskonstanz im Entfernungswechsel. *Zeitschrift für Psychologie, 145*, 145-199.

Moore, B. C. J. (2003). Temporal integration and context effects in hearing. *Journal of Phonetics, 31*(3), 563-574. [doi: 10.1016/S0095-4470(03)00011-1]

Moore, B. C. J., Glasberg, B. R., & Baer, T. (1997). A model for the prediction of thresholds, loudness, and partial loudness.

Journal of the Audio Engineering Society, 45(4), 224-240.

Munson, W. A. (1947). The growth of auditory sensation. *Journal of the Acoustical Society of America, 19*(4), 584-591. ［doi: 10.1121/1.1916525］

難波 精一郎 （2017）. 知っているようで知らないラウドネス［解説］ 日本音響学会誌，*73*(12)，765-773. ［doi: 10.20697/jasj.73.12_765］

Pavel, M., & Iverson, G. J. (1981). Invariant characteristics of partial masking: Implications for mathematical models. *Journal of the Acoustical Society of America, 69*(4), 1126-1131. ［doi: 10.1121/1.385692］

Plomp, R., & Bouman, M. A. (1959). Relation between hearing threshold and duration for tone pulses. *Journal of the Acoustical Society of America, 31*(6), 749-758. ［doi: 10.1121/1.1907781］

Ponsot, E., Susini, P., & Meunier, S. (2015). A robust asymmetry in loudness between rising- and falling-intensity tones. *Attention, Perception & Psychophysics, 77*(3), 907-920. ［doi: 10.3758/s13414-014-0824-y］

Reynolds, G. S., & Stevens, S. S. (1960). Binaural summation of loudness. *Journal of the Acoustical Society of America, 32*(10), 1337-1344. ［doi: 10.1121/1.1907903］

Richardson, L. F., & Ross, J. S. (1930). Loudness and telephone current. *Journal of General Psychology, 3*(2), 288-306. ［doi: 10.1080/00221309.1930.9918206］

Ruggero, M. A., Rich, N. C., Recio, A., Narayan, S. S., & Robles, L. (1997). Basilar-membrane responses to tones at the base of the chinchilla cochlea. *Journal of the Acoustical Society of America, 101*(4), 2151-2163. ［doi: 10.1121/1.418265］

Scharf, B. (1959). Loudness of complex sounds as a function of the number of components. *Journal of the Acoustical Society of America, 31*(6), 783-785. ［doi: 10.1121/1.1907785］

Scharf, B. (1961). Loudness summation under masking. *Journal of the Acoustical Society of America, 33*(4), 503-511. ［doi: 10.1121/1.1908701］

Scharf, B. (1964). Partial masking. *Acustica, 14*, 16-23.

Scharf, B. (1969). Dichotic summation of loudness. *Journal of the Acoustical Society of America, 45*(5), 1193-1205. ［doi: 10.1121/1.1911590］

Scharf, B., & Fishken, D. (1970). Binaural summation of loudness: Reconsidered. *Journal of Experimental Psychology, 86*(3), 374-379. ［doi: 10.1037/h0030159］

Schlittenlacher, J., Hashimoto, T., Kuwano, S., & Namba, S. (2017). Overall judgment of loudness of time-varying sounds. *Journal of the Acoustical Society of America, 142*(4), 1841-1847. ［doi: 10.1121/1.5003797］

Seebeck, A. (1846). Beiträge zur Physiologie des Gehörund Gesichtssinness. *Annalen der Physik, 144*(8), 449-465. ［doi: 10.1002/andp.18461440802］

Shigenaga, S. (1965). The constancy of loudness and of acoustic distance. *Bulletin of the Faculty of Literature of Kyushu University, 9*, 289-333.

Sivonen, V. P., & Ellermeier, W. (2011). Binaural loudness. In M. Florentine, A. N. Popper, & R. R. Fay (Eds.), *Loudness* (pp. 169-197). Springer.

Steinberg, J. C., & Gardner, M. B. (1937). The dependence of hearing impairment on sound intensity. *Journal of the Acoustical Society of America, 9*(1), 11-23. ［doi: 10.1121/1.1915905］

Stevens, S. S. (1936). A scale for the measurement of a psychological magnitude: Loudness. *Psychological Review, 43*(5), 405-416. ［doi: 10.1037/h0058773］

Stevens, S. S. (1955). The measurement of loudness. *Journal of the Acoustical Society of America, 27*(5), 815-829. ［doi: 10.1121/1.1908048］

Stevens, S. S. (1956). The direct estimation of sensory magnitudes: Loudness. *American Journal of Psychology, 69*(1), 1-25. ［doi: 10.2307/1418112］

Stevens, S. S., & Guirao, M. (1962). Loudness, reciprocality, and partition scales. *Journal of the Acoustical Society of America, 34*(9B), 1466-1471. ［doi: 10.1121/1.1918370］

Stevens, S. S., & Guirao, M. (1967). Loudness functions under inhibition. *Perception & Psychophysics, 2*(10), 459-465. ［doi: 10.3758/BF03208795］

第 III 部 聴覚

Suzuki, Y., & Takeshima, H. (2004). Equal-loudness-level contours for pure tones. *Journal of the Acoustical Society of America, 116*(2), 918–933. [doi: 10.1121/1.1763601]

上田 和夫 (2019). 臨界帯域 生物音響学会 (編) 生き物と音の事典 (p. 83) 朝倉書店

Viemeister, N. F., & Wakefield, G. H. (1991). Temporal integration and multiple looks. *Journal of the Acoustical Society of America, 90*(2), 858–865. [doi: 10.1121/1.401953]

Whilby, S., Florentine, M., Wagner, E., & Marozeau, J. (2006). Monaural and binaural loudness of 5- and 200-ms tones in normal and impaired hearing. *Journal of the Acoustical Society of America, 119*(6), 3931–3939. [doi: 10.1121/1.2193813]

Wróblewski, M., Rasetshwane, D. M., Neely, S. T., & Jesteadt, W. (2017). Deriving loudness growth functions from categorical loudness scaling data. *Journal of the Acoustical Society of America, 142*(6), 3660–3669. [doi: 10.1121/1.5017618]

Zahorik, P., & Wightman, F. L. (2001). Loudness constancy with varying sound source distance. *Nature Neuroscience, 4*(1), 78–83. [doi: 10.1038/82931]

Zwicker, E., & Feldtkeller, R. (1955). Über die Lautstärke von gleichförmigen Geräuschen. *Acustica, 5*, 303–316.

Zwicker, E., Flottorp, G., & Stevens, S. S. (1957). Critical band width in loudness summation. *Journal of the Acoustical Society of America, 29*(5), 548–557. [doi: 10.1121/1.1908963]

Zwicker, E., & Zwicker, U. T. (1991). Dependence of binaural loudness summation on interaural level differences, spectral distribution, and temporal distribution. *Journal of the Acoustical Society of America, 89*(2), 756–764. [doi: 10.1121/1.1894635]

Zwislocki, J. (1960). Theory of temporal auditory summation. *Journal of the Acoustical Society of America, 32*(8), 1046–1060. [doi: 10.1121/1.1908276]

Zwislocki, J. J. (1969). Temporal summation of loudness: An analysis. *Journal of the Acoustical Society of America, 46*(2B), 431–441. [doi: 10.1121/1.1911708]

(4・2)

蘆原 郁 (2009). 身のまわりにある超高周波音の実態調査 日本音響学会誌, *65*, 23–28. [doi: 10.20697/jasj.65.1_23]

Ashihara, K., Kurakata, K., Mizunami, T., & Matsushita, K. (2006). Hearing threshold for pure tones above 20 kHz. *Acoustical Science and Technology, 27*, 12–19. [doi: 10.1250/ast.27.12]

ISO 226 (2023). Acoustics — Normal equal-loudness-level contours.

ISO 389-7 (2019). Acoustics — Reference zero for the calibration of audiometric equipment — Part 7: Reference threshold of hearing under free-field and diffuse-field listening conditions.

ISO 532-1 (2017). Acoustics — Methods for calculating loudness — Part 1: Zwicker method.

ISO 532-2 (2017). Acoustics — Methods for calculating loudness — Part 2: Moore-Glasberg method.

ISO 1999 (2013). Acoustics — Estimation of noise-induced hearing loss.

ISO 7029 (2017). Acoustics — Statistical distribution of hearing thresholds related to age and gender.

ISO 28961 (2012). Acoustics — Statistical distribution of hearing thresholds of otologically normal persons in the age range from 18 years to 25 years under free-field listening conditions.

JIS Z 8106 (2000). 音響用語 日本規格協会

JIS Z 8731 (2019). 環境騒音の表示・測定方法 日本規格協会

環境省 水・大気環境局大気生活環境室 (2019). よくわかる低周波音 環境省

Kurakata, K., & Mizunami, T. (2005). Reexamination of the age-related sensitivity decrease in ISO 7029: Do the Japanese have better hearing sensitivity? *Acoustical Science and Technology, 26*, 381–383. [doi: 10.1250/ast.26.381]

Kurakata, K., & Mizunami, T. (2019). Loudness estimation of sounds perceived by older adults based on their equal-loudness-level characteristics. *Acoustical Science and Technology, 40*, 283–284. [doi: 10.1250/ast.40.283]

Kurakata, K., Mizunami, T., & Matsushita, K. (2013). How large is the individual difference in hearing sensitivity?: Establishment of ISO 28961 on the statistical distribution of hearing thresholds of otologically normal young persons. *Acoustical Science and Technology, 34*, 42–47. [doi: 10.1250/ast.34.42]

第 4 章　音の知覚

Kurakata, K., Mizunami, T., Sato, H., & Inukai, Y. (2008). Effect of ageing on hearing thresholds in the low frequency region. *Journal of Low Frequency, Noise, Vibration and Active Control, 27*, 175-184.［doi: 10.1260/026309208785844095］

桑野 園子　(1997)．騒音評価手法の最近の動向　環境技術, *26*, 598-602.　［doi: 10.5956/jriet.26.598］

難波 精一郎・桑野 園子　(1982)．種々の変動音の評価法としての Leq の妥当性並びにその適用範囲の検討　日本音響学会誌, *38*, 774-785.　［doi: 10.20697/jasj.38.12_774］

日本音響学会　(2003)．新版 音響用語辞典　コロナ社

日本産業衛生学会　(2022)．許容濃度等の勧告（2022 年度）　日本産業衛生学会誌, *64*, 253-285.　［doi: 10.1539/sangyoeisei.S22001］

落合 博明　(2012)．低周波音の基礎および伝搬・影響・評価　日本風力エルギー学会誌, *36*, 527-531.　［doi: 10.11333/jwea.36.4_527］

Takahashi, Y. (2009). Vibratory sensation induced by low-frequency noise: A pilot study on the threshold level. *Journal of Low Frequency, Noise, Vibration and Active Control, 28*, 245-253.［doi: 10.1260/0263-0923.28.4.245］

時田 保夫・町田 信夫　(2017)．低周波音問題の調査・研究（1985 年以前）　土肥 哲也（編著）　低周波音：低い音の知られざる世界（pp. 133-154）　コロナ社

鵜木 祐史　(2021)．新しいラウドネス計算法・ISO 532-2:2017 Moore-Glasberg method　日本音響学会誌, *77*, 790-797.　［doi: 10.20697/jasj.77.12_790］

Watanabe, T., & Møller, H. (1990). Low frequency hearing thresholds in pressure field and in free field. *Journal of Low Frequency, Noise, Vibration and Active Control, 9*, 106-115.［doi: 10.1177/026309239000900303］

山田 伸志・渡辺 敏夫・小坂 敏文　(1983)．低周波音の感覚受容器　騒音制御, *7*, 282-284.　［doi: 10.11372/souonseigyo1977.7.282］

(4・3)

ANSI (1994). *American National Standard Acoustical Terminology*. American National Standards Institute.

Bender, D., & Wang, X. (2005). The neuronal representation of pitch in primate auditory cortex. *Nature, 436*, 1161-1165.［doi: 10.1038/nature03867］

Bregman, A. S. (1990). *Auditory Scene Analysis: The Perceptual Organization of Sound*. MIT Press.

Bregman, A. S., & Campbell, J. (1971). Primary auditory stream segregation and perception of order in rapid sequences of tones. *Journal of Experimental Psychology, 89*(2), 244-249.［doi: 10.1037/h0031163］

Bregman, A. S., & Dannenbring, G. (1973). The effect of continuity on auditory stream segregation. *Perception & Psychophysics, 13*, 308-312.［doi: 10.3758/BF03214144］

Broadbent, D. E., & Ladefoged, P. (1957). On the fusion of sounds reaching different sense organs. *Journal of the Acoustical Society of America, 29*, 708-710.［doi: 10.1121/1.1909019］

Cherry, E. C. (1953). Some experiments on the recognition of speech, with one and with two ears. *Journal of the Acoustical Society of America, 25*, 975-979.［doi: 10.1121/1.1907229］

Culling, J. F., & Darwin, C. J. (1993). Perceptual separation of simultaneous vowels: Within and across-formant grouping by F_0. *Journal of the Acoustical Society of America, 93*, 3454-3467.［doi: 10.1121/1.405675］

Culling, J. F., & Summerfield, Q. (1995). Perceptual separation of concurrent speech sounds: Absence of across-frequency grouping by common interaural delay. *Journal of the Acoustical Society of America, 98*, 785-797.［doi: 10.1121/1.413571］

Darwin, C. J., & Carlyon, R. P. (1995). Auditory grouping. In B. C. J. Moore (Ed.), *Hearing* (pp. 387-424). Academic Press.

Darwin, C. J., & Ciocca, V. (1992). Grouping in pitch perception: Effects of onset asynchrony and ear of presentation of a mistuned component. *Journal of the Acoustical Society of America, 91*(6), 3381-3390.［doi: 10.1121/1.402828］

Darwin, C. J., & Hukin, R. W. (1999). Auditory objects of attention: The role of interaural time differences. *Journal of Experimental Psychology: Human Perception and Performance, 25*(3), 617-629.［doi: 10.1037/0096-1523.25.3.617］

Dorman, M. F., Cutting, J. E., & Raphael, L. J. (1975). Perception of temporal order in vowel sequences with and without formant transitions. *Journal of Experimental Psychology: Human Perception and Performance, 104*(2), 147-153.

第 III 部　聴覚

Dowling, W. J. (1968). Rhythmic fission and perceptual organization. *Journal of the Acoustical Society of America, 44*, 369. [doi: 10.1121/1.1970461]

Iverson, P. (1995). Auditory stream segregation by musical timbre: Effects of static and dynamic acoustic attributes. *Journal of Experimental Psychology: Human Perception and Performance, 21*(4), 751–763. [doi: 10.1037/0096-1523.21.4.751]

Moore, B. C. J. (2012). *An Introduction to the Psychology of Hearing* (6th ed.). Emerald.

Moore, B. C. J., & Gockel, H. (2002). Factors influencing sequential stream segregation. *Acta Acustica united with Acustica, 88*, 320–333.

Roberts, B., Glasberg, B. R., & Moore, B. C. J. (2002). Primitive stream segregation of tone sequences without differences in fundamental frequency or passband. *Journal of the Acoustical Society of America, 112*, 2074–2085. [doi: 10.1121/1.1508784]

van Noorden, L. A. P. S. (1975). *Temporal coherence in the perception of tone sequences*. Unpublished doctoral thesis, Eindhoven University of Technology.

Vligen, J., & Oxenham, A. J. (1999). Sequential stream segregation in the absence of spectral cues. *Journal of the Acoustical Society of America, 105*(1), 339–346. [doi: 10.1121/1.424503]

(4・4)

Caclin, A., McAdams, S., Smith, B. K., & Winsberg, S. (2005). Acoustic correlates of timbre space dimensions: A confirmatory study using synthetic tones. *Journal of the Acoustical Society of America, 118*, 471–482. [doi: 10.1121/1.1929229]

Fastl, H. (1982). Fluctuation strength and temporal masking patterns of amplitude-modulated broadband noise. *Hearing Research, 8*, 59–69. [doi: 10.1016/0378-5955(82)90034-X]

福田 哲也・二井 眞一郎・北村 音一　(1980)．周波数スペクトル構造と音色との関係　日本音響学会 1980 年春季研究発表会講演論文集，687–688.

Gabrielsson, A., & Sjögren, H. (1979). Perceived sound quality of sound-reproducing systems. *Journal of the Acoustical Society of America, 65*, 1019–1033. [doi: 10.1121/1.382579]

星野 博之　(1997)．自動車室内騒音の音質評価　日本音響学会誌，*53*，462–465.　[doi: 10.20697/jasj.53.6_462]

岩宮 眞一郎　(2010a)．音色・音質の特徴とその評価　岩宮 眞一郎（編）　音色の感性学：音色・音質の評価と創造（pp. 1–36）コロナ社

岩宮 眞一郎　(2010b)．音質評価指標：入門とその応用　日本音響学会誌，*66*，603–609.　[doi: 10.20697/jasj.66.12_603]

岩宮 眞一郎　(2013)．音のデザイン：快音化の新たな試み　騒音制御，*37*，243–249.

岩宮 眞一郎・河西 俊明・佐藤 教昭　(1989)．音の倍音構造および立ち上がりパターンの識別：音の識別に対するファジィ集合モデルの適用　日本音響学会 1989 年春季研究発表会講演論文集，363–364.

岩宮 眞一郎・渡邊 正智・高田 正幸　(2008)．オートバイの排気音に対するライダーと非ライダーの意識の違い　騒音制御，*32*，425–436.　[doi: 10.11372/souonseigyo.32.6_425]

中西 達彦・岩宮 眞一郎　(2016)．音楽再生音の印象と再生系の周波数特性の関係　日本音楽知覚認知学会平成 28 年度春季研究発表会資料，51–56.

中西 達彦・岩宮 眞一郎・柳舘 直成・田中 康治　(2017)．再生系の周波数特性のピークが再生音の音質に及ぼす影響　日本音響学会 2017 年秋季研究発表会講演論文集，1335–1338.

中西 達彦・田中 光波・岩宮 眞一郎　(2018)．再生系の周波数特性のピークおよびディップが再生音の音質に及ぼす影響　日本音響学会 2018 年春季研究発表会講演論文集，1235–1238.

尾畑 文野・藤沢 望・岩宮 眞一郎・高田 正幸　(2006)．擬音語表現からイメージされる音の印象及び種類　騒音・振動研究会資料，N-2006-13.

Takada, M., Tanaka, K., & Iwamiya, S. (2006). Relationships between auditory impressions and onomatopoeic features for environmental sounds. *Acoustical Science and Technology, 27*, 67–79. [doi: 10.1250/ast.27.67]

田中 基八郎・松原 謙一郎・佐藤 太一　(1997)．快適な音・振動を表す言語表現　日本機械学会第 7 回環境工学総合シンポジウ

第 4 章　音の知覚

ム '97 講演論文集，96–99.

田中 光波・岩宮 眞一郎・中西 達彦 （2017）．再生系の周波数特性のピークとディップが再生音の音質に及ぼす影響　日本音響学会九州支部第 12 回学生のための研究発表会講演論文集，9–12.

Terhardt, E. (1974). On the perception of periodic sound fluctuations (Roughness). *Acta Acustica united with Acustica, 30*, 201–213.

von Bismarck, G. (1972). Sharpness as an attribute of the timbre of steady sounds. *Acta Acustica united with Acustica, 30*, 159–172.

（4・5）

Brosch, M., & Schreiner, C. E. (1997). Time course of forward masking tuning curves in cat primary auditory cortex. *Journal of Neurophysiology, 77*, 923–943. ［doi: 10.1152/jn.1997.77.2.923］

Deatherage, B. H., & Evans, T. R. (1969). Binaural masking: Backward, forward, and simultaneous effects. *Journal of the Acoustical Society of America, 46*, 362–371. ［doi: 10.1121/1.1911698］

Durlach, N. I. (1972). Binaural signal detection: Equalization and cancellation theory. In J. V. Tobias (Ed.), *Foundations of Modern Auditory Theory* (Vol. 2, pp. 369–462). Academic Press.

Elliott, L. L. (1962). Backward and forward masking of probe tones of different frequencies. *Journal of the Acoustical Society of America, 34*, 1116–1117. ［doi: 10.1121/1.1918254］

Green, D. M., & Henning, G. B. (1969). Audition. *Annual Review of Psychology, 20*, 105–128. ［doi: 10.1146/annurev. ps.20.020169.000541］

Grose, J. H., & Hall, J. W. (1993). Comodulation masking release: Is comodulation sufficient? *Journal of the Acoustical Society of America, 93*, 2896–2902. ［doi: 10.1121/1.405809］

Hall, J. W., Haggard, M. P., & Fernandes, M. A. (1984). Detection in noise by spectro-temporal pattern analysis. *Journal of the Acoustical Society of America, 76*, 50–56. ［doi: 10.1121/1.391005］

伊福部 達 （1975）．AM 音によるマスキングとそのシミュレーション　日本音響学会誌, *31*, 237–245. ［doi: 10.20697/jasj.31.4_237］

Kidd, G. Jr., & Feth, L. L. (1982). Effects of masker duration in pure-tone forward masking. *Journal of the Acoustical Society of America, 72*, 1384–1386. ［doi: 10.1121/1.388443］

Licklider, J. C. R. (1948). The influence of interaural phase relations upon the masking of speech by white noise. *Journal of the Acoustical Society of America, 20*, 150–159. ［doi: 10.1121/1.1906358］

Miyazaki, K., & Sasaki, T. (1984). Pure-tone masking patterns in nonsimultaneous masking conditions. *Japanese Psychological Research, 26*(2), 110–119. ［doi: 10.4992/psycholres1954.26.110］

Moore, B. C. J. (1989). *An Introduction to the Psychology of Hearing* (3rd ed.). Academic Press.
（大串 健吾 （監訳） （1994）．聴覚心理学概論　誠信書房）

Moore, B. C., & Glasberg, B. R. (1983). Growth of forward masking for sinusoidal and noise maskers as a function of signal delay: Implications for suppression in noise. *Journal of the Acoustical Society of America, 73*, 1249–1259. ［doi: 10.1121/1.389273］

Oxenham, A. J. (2001). Forward masking: Adaptation or integration? *Journal of the Acoustical Society of America, 109*, 732–741. ［doi: 10.1121/1.1336501］

Oxenham, A. J., & Moore, B. C. J. (1994). Modeling the additivity of nonsimultaneous masking. *Hearing Research, 80*, 105–118. ［doi: 10.1016/0378-5955(94)90014-0］

Patterson, R. D. (1976). Auditory filter shapes derived with noise stimuli. *Journal of the Acoustical Society of America, 59*, 640–654. ［doi: 10.1121/1.380914］

Schafer, T. H., Gales, R. S., Shewmaker, C. A., & Thompson, P. O. (1950). The frequency selectivity of the ear as determined by masking experiments. *Journal of the Acoustical Society of America, 22*, 490–496. ［doi: 10.1121/1.1906632］

Schooneveldt, G. P., & Moore, B. C. J. (1987). Comodulation masking release (CMR): Effects of signal frequency, flanking-band frequency, masker bandwidth, flanking-band level, and monotic versus dichotic presentation of the flanking band. *Journal of the Acoustical Society of America, 82*, 1944–1956. ［doi: 10.1121/1.395639］

第 III 部　聴覚

Smith, R. L. (1977). Short-term adaptation in single auditory nerve fibers: Some poststimulatory effects. *Journal of Neurophysiology, 40*, 1098-1111. [doi: 10.1152/jn.1977.40.5.1098]

Wegel, R. L., & Lane, C. E. (1924). The auditory masking of one pure tone by another and its probable relation to the dynamics of the inner ear. *Physical Review, 23*, 266-285. [doi: 10.1103/PhysRev.23.266]

(4・6)

Aggius-Vella, E., Gori, M., Campus, C., Moore, B., Pardhan, S., Kolarik, A., & Van der Stoep, N. (2022). Auditory distance perception in front and rear space. *Hearing Research, 417*, 108468. [doi: 10.1016/j.heares.2022.108468]

Akeroyd, M. A., Blaschke, J., & Gatehouse, S. (2007). The detection of differences in the cues to distance by elderly hearing-impaired listeners. *Journal of the Acoustical Society of America, 121*, 1077-1089. [doi: 10.1121/1.2404927]

Altman, C. F., Ono, K., Callen, A., Matsuhashi, M., Mima, T., & Fukuyama, H. (2013). Environmental reverberation affects processing of sound intensity in right temporal cortex. *European Journal of Neuroscience, 38*, 3210-3220. [doi: 10.1111/ejn.12318]

Anderson, P. W., & Zahorik, P. (2014). Auditory/visual distance estimation: Accuracy and variability. *Frontiers in Psychology, 5*, 1097. [doi: 10.3389/fpsyg.2014.01097]

Ashmead, D. H., Davis, D., & Northington, A. (1995). Contribution of listeners' approaching motion to auditory distance perception. *Journal of Experimental Psychology: Human Perception and Performance, 21*, 239-256. [doi: 10.1037/0096-1523.21.2.239]

Ashmead, D. H., LeRoy, D., & Odom, R. D. (1990). Perception of the relative distances of nearby sound sources. *Perception & Psychophysics, 47*, 326-331. [doi: 10.3758/BF03210871]

Blauert, J. (1996). *Spatial Hearing: The Psychophysics of Human Sound Localization* (revised ed.). MIT Press.

Boehnke, S. E., & Phillips, D. P. (1999). Azimuthal tuning of human perceptual channels for sound location. *Journal of the Acoustical Society of America, 106*, 1948-1955. [doi: 10.1121/1.428037]

Bregman, A. (1994). *Auditory Scene Analysis*. MIT Press.

Bronkhorst, A. W., & Houtgast, T. (1999). Auditory distance perception in rooms. *Nature, 397*, 517-520. [doi: 10.1038/17374]

Brungart, D. S. (1999) Auditory localization of nearby sources. III. Stimulus effects. *Journal of the Acoustical Society of America, 106*, 3589-3602. [doi: 10.1121/1.428212]

Brungart, D. S., Durlach, N. I., & Rabinowitz, W. M. (1999). Auditory localization of nearby sources. II. Localization of a broadband source. *Journal of the Acoustical Society of America, 106*, 1956-1968. [doi: 10.1121/1.427943]

Brungart, D. S., & Rabinowitz, W. M. (1999). Auditory localization of nearby sources. Head-related transfer functions. *Journal of the Acoustical Society of America, 106*, 1465-1479. [doi: 10.1121/1.427180]

Buell, T. N., & Hafter, E. R. (1991). Combination of binaural information across frequency bands. *Journal of the Acoustical Society of America, 90*, 1894-1900. [doi: 10.1121/1.401668]

Butler, R. A., Levy, E. T., & Neff, W. D. (1980). Apparent distance of sounds recorded in echoic and anechoic chambers. *Journal of Experimental Psychology: Human Perception and Performance, 6*, 745-750. [doi: 10.1037/0096-1523.6.4.745]

Cherry, E. C. (1953). Some experiments on the recognition of speech, with one and with two ears. *Journal of the Acoustical Society of America, 25*, 975-979. [doi: 10.1121/1.1907229]

Coleman, P. D. (1962). Failure to localize the source distance of an unfamiliar sound. *Journal of the Acoustical Society of America, 34*, 345-346. [doi: 10.1121/1.1928121]

Coleman, P. D. (1963). An analysis of cues to auditory depth perception in free space. *Psychological Bulletin, 60*, 302-315. [doi: 10.1037/h0045716]

Culling, J., & Akeroyd, M. A. (2010). Spatial hearing. In C. J. Plack (Ed.), *Hearing* (pp. 123-144). Oxford University Press.

Dingle, R. N., Hall, S. E., & Phillips, D. P. (2010). A midline azimuthal channel in human spatial hearing. *Hearing Research, 268*, 67-74. [doi: 10.1016/j.heares.2010.04.017]

Dingle, R. N., Hall, S. E., & Phillips, D. P. (2012). The three-channel model of sound localization mechanisms: Interaural level

1076

差分第4章 音の知覚

differences. *Journal of the Acoustical Society of America, 131*, 4023–4029.〔doi: 10.1121/1.3701877〕

Edwards, A. (1955). Accuracy of auditory depth perception. *Journal of General Psychology, 52*, 327–329.〔doi: 10.1080/00221309.1955.9920247〕

Francl, A., & McDermott, J. H. (2022). Deep neural network models of sound localization reveal how perception is adapted to real-world environments. *Nature Human Behaviour, 6*, 111–133.〔doi: 10.1038/s41562-021-01244-z〕

Gamble, E. A. (1909). Intensity as a criterion in estimating the distance of sounds. *Psychological Review, 16*(6), 416–426.〔doi: 10.1037/h0073666〕

Gardner, M. B. (1968). Proximity image effect in sound localization. *Journal of the Acoustical Society of America, 43*, 163.〔doi: 10.1121/1.1910747〕

Gardner, M. B. (1969a). Distance estimation of 0° or apparent 0°-oriented speech signals in anechoic space. *Journal of the Acoustical Society of America, 45*, 47–53.〔doi: 10.1121/1.1911372〕

Gardner, M. B. (1969b). Image fusion, broadening and displacement in sound location. *Journal of the Acoustical Society of America, 45*, 328.〔doi: 10.1121/1.1971974〕

Grantham, D. W. (1995). Spatial hearing and related phenomena. In B. C. J. Moore (Ed.), *Hearing* (pp. 297–345). Academic Press.

Hall, D. A., & Moore, D. R. (2003). Auditory neuroscience: The salience of looming sounds. *Current Biology, 13*, R91–R93.〔doi: 10.1016/S0960-9822(03)00034-4〕

Hartmann, W. M. (1983). Localization of sound in rooms. *Journal of the Acoustical Society of America, 74*, 1380–1391.〔doi: 10.1121/1.390163〕

Hawley, M. L., Litovsky, R. Y., & Colburn, H. S. (1999). Speech intelligibility and localization in a multi-source environment. *Journal of the Acoustical Society of America, 105*, 3436–3448.〔doi: 10.1121/1.424670〕

Hirsch, H. R. (1968). Perception of the range of a sound source of unknown strength. *Journal of the Acoustical Society of America, 43*, 373–374.〔doi: 10.1121/1.1910789〕

Jeffress, L. A. (1948). A place theory of sound localization. *Journal of Comparative Physiological Psychology, 41*, 35–39.〔doi: 10.1037/h0061495〕

Kan, A., Jin, C., & van Schaik, A. (2009). A psychophysical evaluation of near-field head-related transfer functions synthesized using a distance variation function. *Journal of the Acoustical Society of America, 125*, 2233–2242.〔doi: 10.1121/1.3081395〕

Kawashima, T., & Sato, T. (2015). Perceptual limits in a simulated "Cocktail party". *Attention, Perception, & Psychophysics, 77*, 2108–2120.〔doi: 10.3758/s13414-015-0910-9〕

Kim, D. O., Zahorik, P., Carney, L. H., Bishop, B. B., & Kuwada, S. (2015). Auditory distance coding in rabbit midbrain neurons and human perception: Monaural amplitude modulation depth as a cue. *Journal of Neuroscience, 35*, 5360–5372.〔doi: 10.1523/JNEUROSCI.3798-14.2015〕

Kim, H. Y., Suzuki, Y., Takane, S., & Sone, T. (2001). Control of auditory distance perception based on the auditory parallax model. *Applied Acoustics, 62*, 245–270.〔doi: 10.1016/S0003-682X(00)00023-2〕

Kolarik, A. J., Moore, B. C. J., Zahorik, P., Cirstea, S., & Pardhan, S. (2016). Auditory distance perception in humans: A review of cues, development, neuronal bases, and effects of sensory loss. *Attention, Perception, & Psychophysics, 78*, 373–395.〔doi: 10.3758/s13414-015-1015-1〕

Kopčo, N., Best, V., & Carlile, S. (2010). Speech localization in a multitalker mixture. *Journal of the Acoustical Society of America, 127*, 1450–1457.〔doi: 10.1121/1.3290996〕

Kopčo, N., & Shinn-Cunningham, B. G. (2011). Effect of stimulus spectrum on distance perception for nearby sources. *Journal of the Acoustical Society of America, 130*, 1530–1541.〔doi: 10.1121/1.3613705〕

Langendijk, E. H., Kistler, D. J., & Wightman, F. L. (2001). Sound localization in the presence of one or two distracters. *Journal of the Acoustical Society of America, 109*, 2123–2134.〔doi: 10.1121/1.1356025〕

Lee, A., Deane-Pratt, A., & Shinn-Cunningham, B. G. (2009). Localization interference between components in an auditory scene. *Journal of the Acoustical Society of America, 126*, 2543–2555.〔doi: 10.1121/1.3238240〕

第 III 部　聴覚

Loomis, J. M., Klatzky, R. L., Philbeck, J. W., & Golledge, R. B. (1998). Assessing auditory distance perception using perceptually directed action. *Perception & Psychophysics, 60*, 966–980. [doi: 10.3758/BF03211932]

McFadden, D., & Pasanen, E. G. (1976). Lateralization at high frequencies based on interaural time differences. *Journal of the Acoustical Society of America, 59*, 634–639. [doi: 10.1121/1.380913]

Mershon, D., Ballenger, W. L., Little, A. D., McMurtry, P. L., & Buchanan, J. L. (1989). Effects of room reflectance and background noise on perceived auditory distance. *Perception, 18*, 403–416. [doi: 10.1068/p180403]

Mershon, D., & King, E. (1975). Intensity and reverberation as factors in the auditory perception of egocentric distance. *Perception & Psychophysics, 18*, 409–415. [doi: 10.3758/BF03204113]

Middlebrooks, J. C., & Green, D. M. (1991). Sound localization by human listeners. *Annual Review of Psychology, 42*, 135–159. [doi: 10.1146/annurev.ps.42.020191.001031]

Miller, G. A. (1947). Sensitivity to changes in the intensity of white noise and its relation to masking and loudness. *Journal of the Acoustical Society of America, 19*, 609–619. [doi: 10.1121/1.1916528]

森本 政之　(1978).　音の距離定位について　日本音響学会誌, *34*, 356–361.　[doi: 10.20697/jasj.34.6_356]

Naguib, M., & Wiley, R. H. (2001). Estimating the distance to a source of sound: Mechanisms and adaptations for long-range communication. *Animal Behaviour, 62*, 825–837. [doi: 10.1006/anbe.2001.1860]

Neuhoff, J. G. (1998). Perceptual bias for rising tones. *Nature, 395*, 123–124. [doi: 10.1038/25862]

Parseihian, G., Jouffrais, C., & Katz, B. (2014). Reaching nearby sources: Comparison between real and virtual sound and visual targets. *Frontiers in Neuroscience, 8*, 269. [doi: 10.3389/fnins.2014.00269]

Perrott, D. R. (1984a). Concurrent minimum audible angle: A re-examination of the concept of auditory spatial acuity. *Journal of the Acoustical Society of America, 75*, 1201–1206. [doi: 10.1121/1.390771]

Perrott, D. R. (1984b). Discrimination of the spatial distribution of concurrently active sound sources: Some experiments with stereophonic arrays. *Journal of the Acoustical Society of America, 76*, 1704–1712. [doi: 10.1121/1.391617]

Phillips, D. P., & Hall, S. E. (2005). Psychophysical evidence for adaptation of central auditory processors for interaural differences in time and level. *Hearing Research, 202*, 188–199. [doi: 10.1016/j.heares.2004.11.001]

Plack, C. J. (2016). Loudness and intensity coding. In *The Sense of Hearing* (pp. 100–116). Routledge.

Santala, O., & Pulkki, V. (2011). Directional perception of distributed sound sources. *Journal of the Acoustical Society of America, 129*, 1522–1530. [doi: 10.1121/1.3533727]

Schiff, W., & Oldak, R. (1990). Accuracy of judging time to arrival: Effects of modality, trajectory, and gender. *Journal of Experimental Psychology: Human Perception and Performance, 16*, 303–316. [doi: 10.1037/0096-1523.16.2.303]

Shinn-Cunningham, B. G., Kopčo, N., & Martin, T. (2005). Localizing nearby sound sources in a classroom: Binaural room impulse responses. *Journal of the Acoustical Society of America, 117*, 3100–3115. [doi: 10.1121/1.1872572]

Shutt, C. E. (1898). Experiments in judging the distance of sound. *Kansan University Quarterly, VII*(1), 1–7.

Strybel, T. Z., & Perrott, D. R. (1984). Discrimination of relative distance in the auditory modality: The success and failure of the loudness discrimination hypothesis. *Journal of the Acoustical Society of America, 76*(1), 318–320. [doi: 10.1121/1.391064]

Thompson, S. P. (1882). On the function of the two ears in the perception of space. *Philosophical Magazine and Journal of Science, 13*, 406–416. [doi: 10.1080/14786448208627205]

van Opstal, J. (2016). *The Auditory System and Human Sound-Localization Behavior*. Academic Press.

von Békésy, G. (1949). The moon illusion and similar auditory phenomena. *American Journal of Psychology, 62*, 540–552. [doi: 10.2307/1418558]

Weller, D. T. (2016). Assessing spatial hearing using laboratory-based real-world environments. Unpublished Doctoral Dissertation Macquarie University. [doi: 10.25949/19432376.v1]

Yost, W. A., & Brown, C. A. (2013). Localizing the sources of two independent noises: Role of time varying amplitude differences. *Journal of the Acoustical Society of America, 133*, 2301–2313. [doi: 10.1121/1.4792155]

Yost, W. A., Dye, R. H., & Sheft, S. (1996). A simulated "cocktail party" with up to three sound sources. *Perception & Psychophysics, 58*, 1026–1036. [doi: 10.3758/BF03206830]

第4章　音の知覚

Zahorik, P. (2002). Assessing auditory distance perception using virtual acoustics. *Journal of the Acoustical Society of America, 111*, 1832-1846.〔doi: 10.1121/1.1458027〕

Zahorik, P., & Anderson, P. W. (2014). The role of amplitude modulation in auditory distance perception. *Proceedings of Meetings on Acoustics, 21*, 050006.〔doi: 10.1121/2.0000017〕

Zahorik, P., Brungart, D. S., & Bronkhorst, A. W. (2005). Auditory distance perception in humans: A summary of past and present research. *Acta Acustica United with Acustica, 91*, 409-420.

Zahorik, P., & Wightman, F. L. (2001). Loudness constancy with varying sound source distance. *Nature Neuroscience, 4*, 78-83.〔doi: 10.1038/82931〕

Zhong, X., & Yost, W. A. (2017). How many images are in an auditory scene? *Journal of the Acoustical Society of America, 141*, 2882-2892.〔doi: 10.1121/1.4981118〕

(4・7)

Areni, C. S., & Kim, D. (1993). The influence of background music on shopping behavior: Classical versus top-forty music in a wine store. *Advances in Consumer Research, 20*, 336-340.

Cohen, A. J. (1993). Associationism and musical soundtrack phenomena. *Contemporary Music Review, 9*, 163-178.〔doi: 10.1080/07494469300640421〕

Edworthy, J., Loxley, S, & Dennis, I. (1991). Improving auditory warning design: Relationship between warning sound parameters and perceived urgency. *Human Factors: The Journal of the Human Factors and Ergonomics Society, 33*, 205-231.〔doi: 10.1177/001872089103300206〕

藤田 愛子・岩宮 眞一郎　(2006)．継時的に鳴る2音の音高変化がサイン音の機能イメージに及ぼす影響　日本音楽知覚認知学会平成18年度秋季研究発表会資料，*25*, 89-94.

福江 一起・岩宮 眞一郎　(2011)．分散和音をサイン音に応用する試み：音高変化がサイン音の機能イメージに及ぼす影響　音楽音響研究会資料，*30*, 57-62.

岩宮 眞一郎　(2011)．音楽と映像のマルチモーダル・コミュニケーション（改訂版）　九州大学出版会

岩宮 眞一郎　(2012)．サイン音の科学：メッセージを伝える音のデザイン論　コロナ社

岩宮 眞一郎・牧野 剛巳・前田 耕造　(1999)．スーパーマーケットにおけるBGMが売場空間の印象に与える影響：ビデオによるシミュレーション実験　サウンドスケープ，*1*, 107-112.

岩宮 眞一郎・佐野 真　(1997)．コンピュータを利用した音楽と映像の相互作用の実験：各音楽要素が映像作品の印象に与える影響　音楽知覚認知研究，*3*, 14-24.

金 基弘・岩宮 眞一郎　(2014)．映像メディアにおける視聴覚融合　岩宮 眞一郎（編著）　視聴覚融合の科学（pp. 62-135）コロナ社

金 基弘・城島 隼人・高田 正幸・岩宮 眞一郎　(2017)．環境音楽による道路交通騒音の心理的軽減効果　メディアと情報資源，*23*, 29-35.〔doi: 10.15004/00001680〕

Kim, K. H. & Iwamiya, S. (2008) Formal congruency between Telop patterns and sound effects. *Music Perception: An Interdisciplinary Journal, 25*, 429-448.〔doi: 10.1525/mp.2008.25.5.429〕

Lanza, J. (1994). *Elevator Music*. St. Martin's Press.
　　（岩本 正恵（訳）　(1997)．エレベーター・ミュージック：BGMの歴史　白水社）

溝口 舞子・稲田 環・岩宮 眞一郎　(2017)．映像作品における最後の台詞後に付加した音楽の役割　日本音響学会九州支部第12回学生のための研究発表会講演論文集，1-4.

小川 容子・水浪 田鶴・山崎 晃男・桑野 園子　(2002)．発車サイン音楽の音楽要素に関する心理学的研究　音楽知覚認知研究，*8*, 65-79.

苧阪 良二（編著）　(1992)．新訂 環境音楽：快適な生活空間を創る　大日本図書

世良 直博・岩宮 眞一郎・高田 正幸　(2016)．断続音を用いたサイン音の緊急感に対する周波数スイープ及び音圧レベル変化の影響　日本音響学会2016年春季研究発表会講演論文集，1433-1436.

蘇 勲・金 基弘・岩宮 眞一郎　(2009)．映像の切り替えパターンと音高の変化パターンの調和　日本音響学会誌，*65*, 555-562.

第 III 部　聴覚

［doi: 10.20697/jasj.65.11_555］

杉原 大志・岩宮 眞一郎　(2015)．サイン音の緊急感を段階的に制御するデザイン手法　日本音響学会 2015 年春季研究発表会講演論文集, 1359–1362.

吉川 景子・岩宮 眞一郎・山内 勝也　(2004)．スタッカート, レガート表現が映像作品の印象に与える影響　日本音楽知覚認知学会平成 16 年度春季研究発表会資料, 59–64.

(4・8)

Driedger, J., Prätzlich, T., & Müller, M. (2015). LET IT BEE — Towards NMF-Inspired audio mosaicing. *Proceedings of the 16th ISMIR* (Malaga, Spain), 350–356.

Gabor, D. (1946). Theory of communication. *Journal of the IEE Part III, 93*, 429–457. ［doi: 10.1049/ji-3-2.1946.0076］

Gabor, D. (1947). Acoustical quanta and the theory of hearing. *Nature, 159*(4044), 591–594. ［doi: 10.1038/159591a0］

池田 将也・小坂 直敏　(2020)．NMF を用いたサウンドコラージュの合成　情報処理学会音楽情報科学研究会報告, *2020-MUS-126*(8), 1–6.

河原 英紀・森勢 将雅　(2009)．TANDEM-STRAIGHT と音声モーフィング:感情音声と歌唱研究への応用　音声研究, *13*(1), 29–39.

Le Brun, M. (1979). Digital waveshaping synthesis. *Journal of Audio Engineering Society, 27*(4), 250–266.

小坂 直敏　(2015)．モーフィングコラージュ　New York City Electroacoustic Music Festival 2015(Abron Art Center, Playhouse, New York, 2015.6.27) ［https://www.nycemf.org/wp-content/uploads/2015/10/NYCEMF-2015-Program.pdf］ pp. 58–60. (2022 年 2 月 4 日アクセス)

湯浅 譲二　(1989)．世阿彌による「九位」 *Computer Today, 34*, 19–24.

(4・9)

Beerends, J. G., Schmidmer, C., Berger, J., Obermann, M., Ullmann, R., Pony, J., & Keyhl, M. (2013). Perceptual objective listening quality assessment (POLQA), the third generation ITU-T standard for end-to-end speech quality measurement part I -Temporal Alignment. *Journal of the Audio Engineering Society, 61*(6), 366–384.

Chinen, M., Lim, F. S. C., Skoglund, J., Gureev, N., O'Gorman, F., & Hines, A. (2020). ViSQOL v3: An open source production ready Objective Speech and Audio metric. *2020 Twelfth International Conference on Quality of Multimedia Experience*, 1–6. ［doi: 10.1109/QoMEX48832.2020.9123150］

Huber, R., & Kollmeier, B. (2006). PEMO-Q-A new method for objective audio quality assessment using a model of auditory perception. *IEEE Transactions on Audio, Speech, and Language Processing, 14*(6), 1902–1911. ［doi: 10.1109/TASL.2006.883259］

ITU-T Recommendation G.107 (2002). The E-model, a computational model for use in transmission planning.

ITU-R Recommendation ITU-R BS. 1283-2 (2019). Guidance for the selection of the most appropriate ITU-R Recommendation(s) for subjective assessment of sound quality, Broadcasting service (sound), 10.

Kitawaki, N., Itoh, K., Honda, M., & Kakehi, K. (1982). Comparison of objective speech quality measures for voiceband CODECs. *IEEE International Conference on Acoustics, Speech, and Signal Processing*, 1000–1004.

Narbutt, M., Allen, A., Skoglund, J., Chinen, M., & Hines, A. (2018). AMBIQUAL - A full reference objective quality metric for ambisonic spatial audio. *2018 Tenth International Conference on Quality of Multimedia Experience*, 1–6. ［doi: 10.1109/QoMEX.2018.8463408］

日本音響学会 (編)　(2010)．音色の感性学　音色・音質の評価と創造 (pp. 149–159)　コロナ社

日本音声言語医学会 (編)　(2009)．新編 声の検査法　医歯薬出版

Oord, A. v. d., Dieleman, S., Zen, H., Simonyan, K., Vinyals, O., Graves, A. Kaclhbrenner, N., Senior, A., & Kavukcuoglu, K. (2016). Wavenet: A generative model for raw audio. *arXiv*. ［doi: 10.48550/arXiv.1609.03499］

小坂 直敏　(1995)．Sinusoidal model による音色補間　情報処理学会研究報告音楽情報科学, *1995*(116(1995-MUS-13)), 45–52.

Osaka, N., Kakehi, K., Iai, S., & Kitawaki, N. (1992). A model for evaluating talker echo and sidetone in a telephone transmission network. *IEEE Transactions on Communications, 40*(11), 1684-1692.

Rix, A. W., Beerends, J. G., Hollier, M. P., & Hekstra, A. P. (2001). Perceptual evaluation of speech quality (PESQ)-a new method for speech quality assessment of telephone networks and codecs. *Proceedings of IEEE International Conference on Acoustics, Speech, and Signal Processing 2001, 2*, 749-752. [doi: 10.1109/ICASSP.2001.941023]

高橋 玲・吉野 秀明・北脇 信彦 （2005）．IP 電話サービスの通話品質評価技術　電子情報通信学会論文誌 B, *88*(5), 863-874.

Thiede, T., Treurniet, W. C., Bitto, R., Schmidmer, C., Sporer, T., Beerends, J. G., & Colomes, C., ... Feiten, B. (2000). PEAQ-The ITU standard for objective measurement of perceived audio quality. *Journal of the Audio Engineering Society, 48*, 3-29.

Valin, J.-M., & Skoglund, J. (2019). LPCNet: Improving neural speech synthesis through linear prediction. *Proceedings of IEEE Inter-national Conference on Acoustics, Speech and Signal Processing 2019*, 5891-5895. [doi: 10.48550/arXiv.1810.11846]

第5章　音楽の知覚

5・1　音楽的高さの知覚と音感

5・1・1　音楽的高さの知覚

音楽を聴く能力としては，時間軸上でのリズム（rhythm）やタイミングという側面を知る能力があるのに対して，周波数軸上での音の高さ（ピッチ）という側面を知る重要な能力があるとされている。心理音響のメカニズムからは，音の周波数の変化に対応して「高い－低い」のように知覚される1次元的な性質を有する音の高さ（トーンハイト：tone height：音色的高さ）と，オクターブごとに繰り返すように知覚される循環的な性質を有する音の高さ（トーンクロマ：tone chroma：音楽的高さ，音調性）という構造をもつことが知られている。音楽的高さの知覚についての詳しい説明は宮崎（1994）を参照されたい。

5・1・2　音感

音感とは音に対して感じる現象の総称であり，高さだけでなく大きさなどの基礎的な現象から，音色（timbre）や印象といった高次な処理によって得られる感覚までがある。近年は特に「絶対音感（absolute pitch：AP）」に関する調査と，音の知覚全般についての研究が進められている。III・5・1・2・1では絶対音感について概説し，III・5・1・2・2では絶対音感以外の音感について取り上げる。

5・1・2・1　絶対音感

人の音の高さ能力を知るうえで，絶対音感という能力は古くから注目されてきた。絶対音感とは何の参照音とも比較せずに，暴露された音響信号に対し

て離散的なピッチカテゴリ，一般的には西洋音楽における音階名を回答できるという能力であり，行動実験を通してその能力の根源が調査されている。

1）親密度との関係

絶対音感は特に音楽的能力との関連について注目されることが多く，たとえば絶対音感能力を保持する音楽家の場合，複数の音高つまり和音に対する回答精度については，和音に対する親しみやすさに基づいていることが示されている（McLachlan, 2013）。たとえば，長三和音や長3度音程については親近感が高いものの，減5度和音や長2度音程については親近感が低いため，回答精度が低くなることが示されている。これにより，絶対音感保持者は，音程や和音といったパターン認識として判断するピッチカテゴリ性の処理と，音の高さを直接認識するモデルの二つが存在するとされ，最終的なスペクトルと周期性の両方の情報に基づいた名目的な音程カテゴリの形成が可能であることが示されている。

音楽習熟度と絶対音感の関係について調査した研究がある（Dooley & Deutsch, 2010）。音楽家でありかつ自己申告により絶対音感をもつと回答した30人と，音楽トレーニング期間が同等の30人に，絶対音感のテストおよび絶対音感を必要としない聴取実験の両方を実施したところ，二つのテストの成績には高い相関が認められた（$r = .81, p < .001$）。そこで絶対音感テストの成績をもとに三つのグループ（正答率が80％の明確なAPを有する群，20-80％のボーダーラインとしてのAP群，20％以下のAP能力を有さない群）に分けたところ，グループ間に高い有意差が認められた。明確に絶対音感をもっていると認められたグループは，聞き取った音を譜面に書き取る「調音」においても高い成績が得られた。絶対音感をもたないグループの成績には大きなばら

つきが認められ，またボーダーラインの中間グループの成績は絶対音感を明確に保持しているグループとの間に位置した。これより，絶対音感保持者が他の音楽のタスクをこなす能力があるという仮説が支持され，また，相対音感（relative pitch：RP：呈示された基準音と比較して他の音の高さを知る能力）の処理に不利をもたらすという主張を否定する結果が得られた。つまり，絶対音感能力の高い人は音楽習熟度が高いが，逆は成り立たない（音楽習熟度が高くても絶対音感をもっているとは限らない）ということがわかり，音楽習熟度にとって絶対音感が必須ではないことが示された。

2）絶対音感の獲得

　絶対音感保持者による声の高さ知覚に関する研究がある（Vanzella et al., 2010）。高さを聞き分ける能力は幼児期からの音楽教育によるものであり，絶対音感保持者は，特定の音高の記憶に加えて音名という言語的なラベルとその記憶を関連付けている。よって，音名の枠に該当しない現象，つまり音声のピッチを知る能力は絶対音感保持者には必ずしも容易ではないと考えられる。絶対音感保持者がオンライン上で集められ，実験参加者には，ピアノ，純音，歌声，合成音声の4通りの音色において音高ラベルを識別する課題が与えられた。実験の結果，音名のラベリングは音声（自然音声と合成音声）よりも非音声（ピアノと純音）のほうが優れていた。この差は単にビブラートに起因するものではないことも示された。人間の音声は言語や意味と密接に結びついているため，音声特有のメカニズムによって自動的に処理されることがあり，それによって音名のラベリングが妨げられることがある。ピアノやその他の固定ピッチ楽器のレッスンは絶対音感能力を高めることが考えられる。

　幼少期から獲得された絶対音感能力は成人するとその能力が変化することも報告されている（Hedger et al., 2013）。カリフォルニア大学サンフランシスコ校が定めた絶対音感テストによって確認された絶対音感保持者7人を対象として，音楽刺激のピッチを実験参加者に気づかれない程度に徐々に変化させて絶対音感保持者がどのように知覚するのかを調べた。最初に33セントだけずれた音の高さ

に対するズレを評価させ，その後，徐々に音の高さを下げたオーケストラ演奏を30分聞かせた後に同じ実験参加者にもう一度高さの判断を行わせたところ，下がった音の高さをちょうどいいと回答するようになった。つまり絶対音感保持者の感覚は，人生の初期段階における教育に基づいた暗記というよりも，社会文化的状況つまり現在直面している状況に併せて調整される可能性が示されている。これに関連する別の検証（Ross et al., 2005）では，絶対音感能力の獲得について，従来は「人生における初期学習によって得られたものである」または「生得的，つまり生まれつき」と考えられていたが，絶対音感は音楽的経験とは比較的独立している可能性があること，絶対音感には異なるタイプがあり，それぞれが個別の神経生物学的メカニズムに起因している可能性があるということが考えられている。

　さらに，成人に新たに絶対音感能力をもたせる実験も試みられている（Van Hedger, 2019）。この試みでは，おおよそ8週間で絶対音感保持者と同等のレベルの反応ができるようにトレーニングできることを示している。さらに，このトレーニングで得られた能力は，その後少なくとも4か月は保持されることを示している。ただし，多くの実験参加者の中でこの能力獲得ができた参加者はそれほど多くないことから，一般的に広くトレーニングが可能であるとは限らないと述べている。また，発達期における重要な時期と同じことを成人に実施することで能力獲得ができていることから，絶対音感能力の獲得に関する理論にもつなげて説明されている。

3）他の能力への影響

　絶対音感能力が他の能力に与える影響についての研究もある（Kim et al., 2017）。特に両眼視野闘争のような視覚競合を誘発する刺激において，視知覚に影響を与えるかどうかが調べられている。実験参加者の視覚には，聴覚刺激とまったく同じ楽譜，移調した楽譜，まったく異なる楽譜の3通りの譜面が呈示された。聞いている音と譜面の相違点に関してこのような3通りがあるなか，譜面の画像と縦縞模様がそれぞれ片眼に呈示された状態で，どちらの像が意識にのぼっているかをボタン押下により回答するように実験参加者に要求し，譜面の優位性における聴

1083

第 III 部　聴覚

覚および視覚の影響を調べた。その結果，絶対音感保持者は音の周波数だけでなく譜面情報を効果的に利用した視覚競合の解決が起こりやすく，譜面と旋律のピッチが一致している場合は，一致しない場合に比べて譜面の優位性が高くなることが示された。一方で絶対音感をもたない実験参加者の場合ではそのような現象はみられなかった。これにより，絶対音感保持者の絶対音感能力は聴覚刺激の音に対する能力だけではなく，譜面情報との相互作用によって視覚的気づきを促進する能力を発揮する可能性が示されている。

　絶対音感能力の獲得については，調整課題によって調べた例がある（Heald et al., 2014）。絶対音感保持者は音の高さを何らかの手段で記憶していると考えられるが，この研究ではその記憶状況について検証するために，先行刺激に対して後続刺激のピッチを調整する課題を行っている。まずさまざまな音楽経験を有する大学生 29 人を対象にして前述のピッチ調整課題を行い，エラー率を求めた。その結果，実験参加者全員が音名に関するある程度一般化された知識をもっていることがわかった。次に実験参加者を絶対音感保持者 10 人，部分的絶対音感保持者11 人，非絶対音感保持者 12 人のグループに分けてピッチ調整課題を行ったところ，絶対音感保持者の場合はより正解率が高いことから一般化された音高の知識を保持していることが示唆されている。

　最後に絶対音感保持者の特徴として，耳音響放射（otoacoustic emission）との関係が指摘されている（Chouard & Sposetti, 1991）。耳音響放射とは，耳の外部から何らかの音を入力した場合に，蝸牛（cochlea）で音が作られて放射する現象である。絶対音感保持者 169 人はその能力が環境の影響と生理的な特殊性の両方に起因していることが示されている。絶対音感保持者を含む 263 人の音楽家の回答から，絶対音感保持者は相対音感保持者に比べて幼少期の音楽環境が良いこと，楽器を始める年齢が早いほど能力が高くなることが明らかになった。また，絶対音感保持者 68 人を含む 183 人の音楽家の耳を対象としたクリック音刺激による耳音響放射を調べると，絶対音感保持者の場合は相対音感保持者に比べて有意に大きな放射が観測されることが示された。

これにより，絶対音感保持者は相対音感保持者と比べて蝸牛の働きにおいて何らかの差異があることが考えられる。

5・1・2・2　絶対音感以外の音感
1）年齢と音感
　年齢とその能力の関係について，Chen et al. (2017) は生後 4 か月と 12 か月のオランダの乳児101 人を対象に，視覚情報を用いて聴取の有無を判断する手段を用いて，中国語の第 2 声（ピッチ上がり）と第 3 声（ピッチが下がって上がる），および同じピッチ輪郭をもつ連続する 3 音の輪郭を識別するテストを行なった。その結果，生後 4 か月の乳児ではどちらの条件でも弁別効果は認められなかったが，12 か月の乳児ではどちらの条件でも弁別効果が認められた。これらの結果から，語彙音感は一般的な音高知覚能力を反映している可能性が示唆され，より複雑な言語能力や音楽能力を発達させるための基礎となる可能性が示唆されている。

　幼児の能力については，ミッシング・ファンダメンタル（missing fundamental）音（III・4・3 参照）の聴取可能性から調査した研究がある（Lau et al., 2017）。3 か月の乳児が複合音のピッチを知覚できているという研究について，ピッチに基づいているかを調査している。3 か月，7 か月，成人を対象とし，ミッシング・ファンダメンタル音を用いたメロディの聴取実験を行っている。7 音からなるメロディについて，旋律構造を崩した場合を聴取させている。特に実験のトライアルごとに成分音を変化させた実験を行ったところ，3 か月の乳児もメロディ知覚ができていることがわかり，3 か月の乳児でもミッシング・ファンダメンタル音を聴取できることが示されている。

2）音感と音の記憶
　多くの研究では音の感覚について経済的に発展した地域での検証が多く，それ以外の地域についてはあまり調査されてこなかった。つまり，音楽的な音高知覚は，音楽とは直接関連しない生物学的制約から生じると考えられており，文化間でも同様の特徴をもつと考えられているが，その普遍性は不明である。近年では，ボリビアのアマゾンに暮らしている

チマネ族を対象とした実験報告がある（Jacoby et al., 2019）。この研究では，西洋文化から相対的に隔離されて生活しているチマネ族の住民と，アメリカの音楽家と非音楽家の音程表現を調査している。参加者は，さまざまな周波数範囲において聴取した音列を復唱し，チマネ族の人と米国人のいずれも，歌唱範囲外の音であっても，聞いた音列を対数スケールでほぼ再現していた。さらに，アマゾン人と米国人による再現性については，高域の音はたとえ完全に聴こえていても正答率はよくなかった。ただし，米国人は聴こえている音の上下のオクターブの整数倍の音を再現する傾向があるのに対し，アマゾン人はそのような傾向を示さず，音の「クロマ」（C, D など）を無視していた。この結果は，異文化間での音程の対数スケールの存在と，音程の限界に対する生物学的制約を示唆しており，オクターブ等価性は文化的に依存している可能性があり，特定の音楽システムでの経験から発展する音程表現に依存している可能性があることを示している。

次に同じチマネ族に対する音程判断の研究が行われた（McPherson et al., 2020）。特に，同時に再生された音が一つに聞こえるのか否かという実験課題を用いて，西洋音楽にさらされている群と，ほとんどさらされていないチマネ族に対する調査が行われた。調査の結果，どちらの群も，単純な整数比の音程については一つに聞こえる，つまり融合が生じているという結論が得られた。これより，西洋音楽にほとんどさらされていない民族であっても，音の融合に関しては音響的性質による知覚的体制化が行なわれることが示されている。一方で，音程に対する美的感覚については，西洋人の実験参加者においては不協和音程よりも協和音程を好むという従来の結果が得られたものの，チマネ族についてはそのような結果は得られず，狭い音程よりも広い音程をわずかに好むという結果が認められた。これにより，音楽の構造に関しては文化横断的な特徴のあることが今回の実験から得られたものの，協和のような文化に依存している特徴については文化ごとに固有の影響を受けることが示されている。

3）さまざまな能力と音感の関係

難聴者におけるピッチ知覚に関しても調査されて

いる（Kirchberger & Russo, 2015）。難聴が音声言語の知覚に与える影響については，これまで多くの研究がなされてきたものの，音楽知覚に与える影響についてはほとんど知られていない。聴覚障害者の音楽知覚を臨床的に定量化するための標準化されたテストは存在しない。この研究では難聴者の音楽知覚の重要な側面を評価するためのテスト（adaptive music perception test）が提案されている。このテスト結果から，難聴者は健聴者と比べて和音の変化と旋律の識別において著しい困難性がみられ，また音色の変化，とりわけ明るさを含むスペクトルの変化に対する困難性が確認されている。

共感覚（synesthesia）についての研究も進んでいる（Itoh et al., 2017）。共感覚とは，ある感覚モダリティを刺激すると別のモダリティの感覚が得られるという感覚の混合現象であり（I・6・6 参照），この研究では音の高さと色彩における共感覚のメカニズムについて調査している。15 人の実験参加者を対象に，色の 3 次元（色相，彩度，明度）とピッチクラス（do, re, mi など）がどのように関連しているかを調査したところ，ピッチは虹色の色相をもち，赤，黄色などのピッチクラスから始まり，紫のピッチクラスで終わり彩度の低下を伴うことが示された。さらに同じピッチクラスを別の名前で参照する異名同音ピッチクラス（たとえば，ド # とレ♭）については，変化記号の付かない音のクロマ（ドやレ）のピッチクラスの名前に従って色の感覚を生み出した（たとえば，ド # とレ♭は異名同音であるが，ド # は赤みを帯びた色，レ♭は黄色味を帯びた色の感覚を生み出した）。したがって，色の感覚を生み出す主な要因は，音ではなく音の名前であるという結論が得られている。

演奏能力とピッチ知覚に関する研究（Tervaniemi et al., 2005）では，プロのバイオリン奏者のピッチ知覚能力を調査している。この研究では，幅広い楽器（ピアノ，管楽器，弦楽器など）の演奏に精通している音楽家のピッチ知覚能力を調査し，13 人のプロの音楽家と 13 人の非音楽家を対象に，頻出する標準音と逸脱音（標準音と逸脱音の周波数比は, 0.8, 2, 4 ％のいずれか）を呈示している。これらの音によって誘発された聴覚に関連する事象関連電位（event-related potential：ERP）を記録している。読書中に音響イベントを呈示した際に記録したERPと音響刺激のピッチ変化を回答する際のERPが調べられている。その結果，音楽家は非音楽家に比べてピッチの変化をより速く正確に検出していた。また，注意して聞いている間に記録されたN2bとP3の反応は，音楽家のほうが非音楽家よりも振幅が大きいことがわかった。さらに音楽家は0.8％の周波数変化だけでなく，2％の周波数変化でも非音楽家に比べてピッチ弁別の正確性が優れていた。ただし0.8％の最小のピッチ変化においては非音楽家でもある程度のヒット率で検出していた。一方，朗読中に記録されたMMN（mismatch negativity）とP3aについては，音楽家と非音楽家に差はなかった。これらの結果から，音楽の専門知識が効果を発揮するのは注意深いレベルの処理であって，必ずしも前注意のレベルではないことを示唆している。つまり，プロミュージシャンはアマチュアと比べて正確にピッチ変化を答えることができるものの，注意を促せばそれができるだけで，いつもそれがはたらいているわけではないということが示されている。

4）音感に関係する特徴量

ピッチ知覚に必要な音響特徴について検討した研究がある（Hsieh & Saberi, 2007）。ピッチ識別実験は，12通りの選択肢から回答するという方法で実施された。刺激音は65.4-1975.5 Hz（C2-B6）までの純音とし，持続時間は5, 10, 25, 50, 100, 1000 msであった。6人の絶対音感をもつ音楽家に聴取させたところ，5 msの刺激に対して統計的に有意に弁別できることがわかった。また正答率はテストされた最も長い持続時間（1000 ms）までは単調に増加した。オクターブ数が高いほど性能は向上したものの，その向上率は低下した。波形の周期数（number of cycle）で正規化したところ，4周期で絶対ピッチ識別に十分であることが示された。刺激の時間長ではなく周期の数を固定したままであっても，オクターブ上昇による弁別能力の向上は保たれたが，高い周波数においてサイクル数を増加させてもその傾向はみられなかった。このことから，ピッチ弁別能力は持続時間ではなくサイクル数に依存している可能性が示唆されている。実験結果を図5-1-1に示す。曲

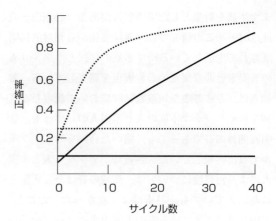

図5-1-1　ピッチ知覚の実験結果（Hsieh & Saberi, 2007をもとに著者作成）

線は回答を，水平方向の直線はチャンスレベルを示し，点線は当該音高と半音ずれまでを許容した場合の正答率，実線は当該音高のみを正答とした場合を表す。

5）メロディ知覚における音感

Bharucha（1996）によってメロディ知覚に関する重要な理論として，「旋律的アンカーリング」という理論が提案されている。和声的に不安定な音（非和声音）と安定な音（和声音）は互いにアンカーしている，またはされている関係にあり，安定した音は，不安定な音をその音高の近傍にアンカーする役割をもつという理論である。アンカーとアンカーされた音はピッチが近く（近接性），アンカーは常にアンカーされた音を従えている（非対称性）。具体的にはこの理論はモーツァルトの『ピアノ・ソナタ変ホ長調 K.282』の展開部における非和声音の分析を通して示されている。非和声音の後では，ほとんどの場合2半音以下の間隔で和声音へ続くが，和声音の後続についてはそのような制約がないことを述べている。

（三浦 雅展）

5・2　和声の知覚

和声（harmony）は西洋音楽においてメロディ（melody），リズム（rhythm）とともに音楽の基本的要素の一つである。ピッチの異なる複数の楽音が同時に鳴り響く時の音を和音（chord）といい，そ

れらが時間的に連続して配置されひとまとまりに感じられる場合に，その和音群を和音進行（chord progression）という。和声は和音進行に意味付けや理論的背景をもたせたものである。西洋音楽における調性音楽（tonal music）では，ある音階上のそれぞれの音を基礎にして（たとえば，ドミソのド）作られた三和音のうち，トニック（主和音），ドミナント（属和音），サブドミナント（下属和音）は主要三和音と呼ばれ（図5-2-1），それらを中心にして和音進行は規則化されている。このように主要三和音の機能を重視した和声理論のことを機能和声（functional harmony）という。

和音は西洋音楽における重要な枠組みであり，音楽理論上で規定されているものの，多くの研究者を魅了してきた。Rameau（1722）は初めて古典西洋音楽の理論として機能和声を確立し，和声法としてまとめた。国内では島岡（1964）による理論書の後，数多くの理論が音楽の実践教育の場で活用された。和音または和音進行の知覚に関する研究は大きく分けて以下の二つに大別される。

(1) 情報処理技術を用いた調査研究。近年の情報処理技術の発展により，従来の音楽学研究の枠組みを超え，これまでになしえなかった調査が数多くある。
(2) 行動実験や生理実験による実証研究。和音または和音進行に対する知覚を調べるうえで，プライミングパラダイムによる行動実験や，脳波や脳活動を対象にした生理信号の取得による実験により和音に関する感性を調査した研究がある。

本節では，これら二つの観点から代表的な研究を紹介する。

5・2・1　情報処理技術による和音研究

和音はルネサンス期の音楽に現れるようになった。中世音楽における旋律と旋律の接続体系がFux（1725）による対位法として理論化されたのに対して，和音は譜面上の縦方向つまり音の高さの方向に関する理論として成立した。Rameau（1722）による「和声法」は，いわゆる調性音楽の規範を体系化したものといえる。和声法では「禁則」と呼ばれる規則体系に基づいて，和声法が成立した時代の音楽作品の特徴をまとめている。和声理論は世界各国に存在し（Dubois, 1921；Hindemith, 1949；Piston, 1941など），和声理論間には共通領域と非共通領域がある。わが国では，島岡（1964）による『和声 理論と実習（通称「芸大和声」）』が実質的なスタンダードであり，音楽大学などの専門教育機関で独自の教科書が書かれている。

和声法の習得は前述の禁則を習得することであるが，それを学ぶ過程において，和声課題と呼ばれる課題を解く必要がある。和声法では禁則を漏れなく理解し習得することが要請され，西洋音楽の範疇内における作曲活動に活用できる。さらに，西洋音楽の演奏のためのアナリーゼと呼ばれる楽曲分析においてもその知識が生かされる。和声課題において禁則を学ぶという目標を達成した後は，和声課題に対する数多くの許容解の中から，音楽的な観点から「美しい」あるいは「良い」ものを選ぶように教示される。つまり，禁則を学ぶことと，禁則を学んだ後に行う最良解探索が主な習得項目である。和声法の禁則体系は，規則間での複雑な包含関係や，ある規則を適用すると他の規則が無効になるという無効化の関係などがあり，また教師や教科書によっても異なる内容があるなどの非常に複雑な構造であるため，和声法学習者が禁則体系を習得するのは困難な作業である。

三浦他（2001）によるバス課題システムBDS（Basse Donnée System）は対象を島岡による和声法に限定し，かつ三和音に限定しており，バス課題（バス，テノール，アルト，ソプラノの四声から構成される和声においてバスパートの音列だけが与え

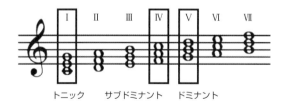

図5-2-1　ハ長調における主要三和音
トニック（tonic：T）は和音進行において中心的役割を果たす最も安定感のある和音，ドミナント（dominant：D）はトニックに進行する機能を持つ和音，サブドミナント（subdominant：S）はトニックやドミナントに向かう和音である。

られ，空欄となっているテノール，アルト，ソプラノパートを埋めていくという課題．禁則に違反しないように音符を配置する必要がある）に対して全許容解を生成することのできるシステムである．BDSの画面を図5-2-2に示す．BDSは，対象範囲を和声法の基礎範囲である三和音（III度の和音，VII度の和音を除く．すなわち，芸大和声I巻の第7章までを対象としている）の基本型，第1，第2転回型までとし，規則群をアルゴリズムの形で実装している．与えられたバス課題から，許容されるすべての和音進行を列挙し，ユーザが選択した一つの和音進行に対して禁則に違反しないすべての正解を譜面として列挙することができる．さらに，全許容解の中の任意の許容解について，それをMIDIファイルで出力できる．学習者にとって各和音の説明とともに，それを実際に音として聴くことで，より一層の学習効果が期待できる．これは書物形式の和声法の教科書や問題集ではできないことである．たとえ教師がいたとしても，教師が全許容解を全て思い浮かべて次々に音にする能力を持っているとは考えられないので，この機能は計算機を用いてはじめて実現できるものである．またソプラノ課題（バス課題とは逆に，四声から構成される和声においてソプラノパートの音列だけが与えられ，他のパートを埋めていくという課題）を解くシステムとして三浦・柳田（2004）によるソプラノ課題システムSDS（Soprano Donnée System）もある．ソプラノ課題では，与えられたソプラノパートに対して許容されるすべての和音進行を出力し，その中から選ばれた一つの和音進行に対してすべての四声体和声を出力できる．ソプラノ課題では許容される和音進行のパターンがバス課題より一般に多くなる．たとえば25音から成るソプラノパートに対する和音進行の数は数千通りとなるが，バス課題の場合は10通り程度である．

　BDSによって出力された許容解はどれも禁則には違反しないものの，四声体としての妥当性，つまりどの四声体和声が正解として妥当なのかについては不明であった．ここでいう妥当性とは，バス課題許容解に関する音楽美とは，和声法の教師が教育現場で学習者の回答に対して教示する内容であり，「調性音楽の範疇内での規範的な良さ」と言い換えることができる．三浦他（2003）では，意外性やおもしろさというような要素はここでの評価基準からは除外し，音楽大学で和声法を教える教師たちの間での評価スコアの共通性を調査した．その結果，5名の専門家間の相関係数は0.595-0.755（$n = 125$）であり，

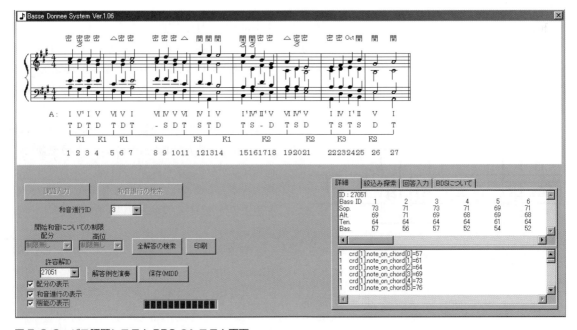

図5-2-2　バス課題システムBDSのシステム画面

基礎的な和声課題の許容解を対象とする限り，和声法教師たちの間で「音楽的美しさ」の評価に大きな違いはないことが確認された．

次に，音楽的な美しさを評価することのできる音楽美評価システム "Musical Aesthetics Evaluation System for Tonal music in Regular and Orthodox style（MAESTRO）"が開発された．実験参加者の自由記述の結果から，音楽美評価基準を抽出し，各項目について相対的な重みを実装することにより，線形回帰により美しさを算出するという手法であった．予測性能の評価の結果，MAESTROは作曲科専攻の学生（他科の学生に比べると優秀）とほぼ同じレベルで音楽的な美しさを評価できていることが確認できた．このような単純な手法であっても，評価が難しいとされてきた四声体和声の美しさを評価できたことは重要な点である．

古典和声の範疇から，ポピュラー和声に発展させた研究がある．Emura et al.（2008）は，ジャズらしい和声付与を実現するアルゴリズムを開発した．このシステムでは，入力された三和音による和音進行に対して，ディミニッシュ／クロマティック／ダイアトニックという3通りの手法（diminished approach, chromatic approach, diatonic（scale）approach）を用いて和音名を変換し，次に，「4-way close voicing」，「drop 2 voicing」と呼ばれる技法を使ってヴォイシング（和音名から音符を配置する作業）を実現し，ピアノ用譜面の自動生成を行なっている．図5-2-3に入力楽譜，図5-2-4に図5-2-3に対する出力楽譜の例を示す．

和音進行の研究としては，大量のハンドラベリングデータを用いた分析も多数行われた．たとえばタグ付きMIDI楽曲から取り出した和音進行の情報を用い，ポピュラー音楽の時代変遷が調査されている（三浦他，2014；櫻井他，2014）．この研究ではカラオケ伴奏用のMIDIファイルに埋め込まれたタグ情報を用いて分析している．用いられたのはすべてポピュラー楽曲とタグ付けされたものであり，楽曲の発表年，和音名，調の情報が格納されている1960年代から2000年代のMIDIデータ計5500曲であった．和音および和音進行の種類は時代とともに増加していることが確認された．また，和音進行の出現数からは基本的には「I Maj」「IV Maj」「V Maj」のような三和音が使用されているが，時代が進むにつれて四和音の使用が増加していることが確認できた．その結果を図5-2-5に示す．さらに，1960年代と比較して2000年代では和声的にシンプルでない和音進行のパターンが増加していることが確認できた．その結果を図5-2-6に示す．以上のことから，各年代の楽曲の単一和音，二和音進行，三和音進行への時代変遷が認められた．時代が進むにつれて一般的に使用されなかった複雑な和音の多様化という時代変遷の傾向が見られた．得られた和音進行モデルは，音響信号からの和音進行認識のための参照用データベースとしても使用されている（Suguro & Miura, 2017）．

和音進行に関する研究として，類似した取り組みは，ポピュラー音楽においても行われている．Serrà et al.（2012）は，Bertin-Mahieux et al.（2011）が公開したMillion Song Dataset（MSD）という音響信号タグデータを用いた分析を行った．MSDは，

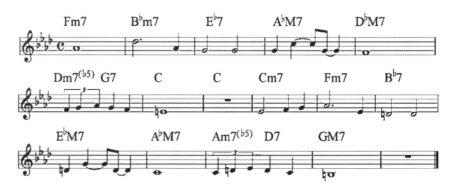

図 5-2-3　入力楽譜の例（Emura et al., 2008）

第 III 部　聴覚

図 5-2-4　出力楽譜の例（Emura et al., 2008）

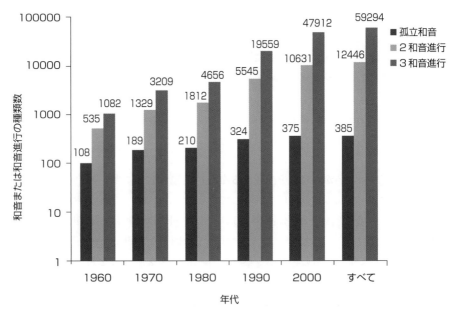

図 5-2-5　年代と和音進行における種類数の比較

約100万曲もの音楽データから取得されたタグ情報の集合であり，研究目的で利用されている。Serràet al.（2012）は，このMSDのデータを分析することで，1955年から2010年の間のポピュラー音楽における分析を行った。主に音の大きさ，ピッチ，音色について分析を行っている。その結果，音の大きさが年々大きくなることがわかり，一般にいわれる「ラウドネス戦争」の片鱗がデータとして示されている。これより，ポピュラー音楽の制作現場で経験的に知られていることがデータとして示された。

一方で，ハンドラベリングによって得られた和音進行に対する分析例もある。Burgoyne et al.（2011）は，1958年から1991年までのアメリカ合衆国内での「ビルボード Hot 100」というヒットチャートか

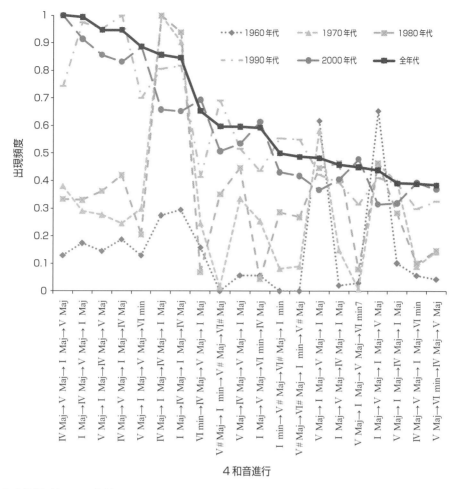

図 5-2-6　和音進行パターンの比較

ら独自のアルゴリズムで選び出した 1300 曲もの音楽に対して，和音進行をラベリングし，その時代変遷を調べている。Clercq & Temperley (2011) の研究では，Rolling Stone 誌の「500 Greatest Songs of All Time」から，1950 年代から 1990 年代までの 10 年ごとの上位 20 曲を抽出し，合計 100 曲を用いた分析が行われた。その結果，I の和音が最も多く使用され，次いで IV の和音が多く使用されることを述べている。また，Neuwirth et al. (2018) はベートーベンの弦楽四重奏に関するアノテーションデータベースを構築し，Moss et al. (2019) はそのデータベースを用いて和音進行の特徴を分析した。この研究では以下のことが示された。和音の使用頻度の関数がべき乗に比例している，つまりわずかな種類の和音がデータの大部分を占めること，和音の進行は限定的であり，機能和声に従っていることが示された。つまり，経験的な根拠に基づいていると考えられた調性音楽における和声の構造を信号レベルで特徴づけることができた。なお，ロック音楽における和音進行の特徴について調べた研究もある（たとえば Biamonte et al., 2010；Nobile, 2016）。

5・2・2　行動実験や生理実験による実証研究

Loui et al. (2005) は，予想に反した和音進行に対する神経応答に，選択的注意がどのような影響を及ぼすかについて調べた。音楽家以外の人に和音進行を聞かせ，事象関連電位（ERP）を記録した。用いられた和音進行は 5 通りであり，和声的な期待が得られるカデンツ（I-I6-IV-V-I）が 61%，和声的な期待がないカデンツ（I-I6-IV-V-N6）が 26%，

第 III 部　聴覚

五つの和音のうちの一つが持続時間にわたって強度フェードアウトするものが13%含まれていた。注意条件では，フェードアウトに対する反応をボタン押下によって評価させた。非注意条件では，実験参加者には読解教材を与え，聴覚刺激を無視するように指示した。和音進行の逸脱に反応して，両条件とも150-300 ms で EAN（初期陰性電位，early anterior negativity）と呼ばれる成分が観察されたが，注意条件では振幅がはるかに大きくなっていた。また，二つ目の陰性成分が調和的逸脱の後 380-600 ms で確認されたが，注意条件ではより早く観測された。これらの結果より，和声的構文に対する神経処理に対して注意が強く影響していることが示唆された。

次に，プライミングを利用した研究がある。一般に機能和声におけるトニックでは，サブドミナントやドミナントと比較すると，音楽的な処理が促進される。ところがトニックは通常は音楽の冒頭または終端に配置されるが，実験刺激ではたいてい最後に配置されるので，この方法で得られたトニックの効果は，カデンツつまり終止感をもたらすことが最も期待される配置となっている。したがって，得られた実験結果も，トニックの機能としての安定性と，カデンツによる終止感の影響が混同されたものとなっている。Tillmann & Marmel（2013）は，和音の機能，特にトニックやドミナントの機能に着目し，プライミングを利用した実験を行い，このような混同を排除した場合の和声進行に対する音楽的な期待感について調べた。8個の連続する和音進行内のさまざまな位置に関連のあるターゲットと関連性の低いターゲットを配置した。また，処理すべき対象がわかるように，視覚情報をコードと同期して呈示した。その結果，安定したトニックターゲットの場合のほうが，安定していないドミナントターゲットの場合よりも，高い正確性と速い正答時間が得られた。つまり，機能和声として成立するトニックとドミナントの違いが明らかになり，機能和声の仕組みに対する行動学的妥当性が示された。

Loui et al.（2009）は，新しい音楽システムに対して迅速な確率的学習が行われる際の神経生理学的メカニズムを調べた。彼は Bohlen-Pierce 音階をベースにしてこれまでに聞いたことのないピッチのシステム，すなわちオクターブが 2：1 ではなく 3：1 の構成に基づいた和音を作成し，いろいろな音のパターンを実験参加者に聞かせた。その結果，西洋音楽における標準（予想が可能）の和音進行の呈示頻度を大きくしかつ未経験（予想が不可能）の和音進行の呈示頻度を小さくした場合には，聴取後およそ1時間にわたって予想可能な和音進行と同じ脳活動パターンを示すことが確認された。ただし，予想できるパターンと予想できないパターンを同程度の頻度で与えた場合には，このような脳活動パターンは消失した。複雑で変化しやすい環境で生き残るには，繰り返し発生する可能性のあるパターンを抽出する能力が必要である。Loui et al. の実験結果は，このような人間の一般化された確率に基づく知覚学習メカニズムを用いて，音楽の新しい音パターンを処理することを示している。

（三浦　雅展）

5・3　旋律の知覚

5・3・1　旋律の知覚とは

図 5-3-1a，b に示した 2 種類の音列を聞き比べて欲しい。私たち聞き手は，音列 a に対して旋律らしく，全体的なまとまり感は高く，聞きやすいという印象を受けるであろう。一方，音列 b に対してはそうではない。旋律らしさは乏しく，全体的なまとまり感は低いという印象を受けるであろう。音列 a と音列 b に対する印象の違いからわかるように，聞き手はどのような音の並びでも「旋律（melody）」として知覚するわけではない。聞き手にとって，旋律らしく受け取れる音の並びとそうではない音の並びがある。そして，その違いは，言うまでもなく，聞き手の心（脳）が決めている。では，その違いをもたらす脳内の知覚処理メカニズムとはいったいどのようなものなのであろうか。

この疑問について，本項では阿部（1987, 2008）の解説を土台に説明していく。結論を先に言うと，聞き手が音列を旋律として知覚するとは，音楽の聴取経験から潜在的に獲得した音楽スキーマ（musical schema）に基づいて，音列の構成要素音群の間に

図 5-3-1　拍節的体制化と調性的体制化の異なる 4 種の音列の例
（a）有拍子的で有調的な音列，（b）無拍子的で無調的な音列，（b-1）無拍子的で有調的な音列，（b-2）有拍子的で無調的な音列。阿部（2008, p. 240）を著者一部改変。

「全体的なまとまり（ゲシュタルト，Gestalt）」を知覚することといえる。全体的なまとまりを作り上げる心的処理は，音列の聴取時にだけ生じる現象ではなく，かたちの知覚や聴覚の情景分析などでも生じるものであり，これは一般に知覚的体制化（perceptual organization）と呼ばれる。そして，聞き手が音列を旋律として知覚するためには，次に述べる 2 種類の知覚的体制化の処理が脳内でうまく行われている必要がある。その 2 種類とは，拍節的体制化（metrical organization）と調性的体制化（tonal organization）である。前者は，拍節に関するスキーマに基づいて，音列の要素音の音価（各音のオンセットから次の音のオンセットまでの時間の長さ）の間にまとまりを与える処理である。後者は，調性に関するスキーマに基づいて，音列の要素音の高さの間にまとまりを与える処理である。この 2 種類の知覚的体制化の処理が脳内でうまく行われるかどうかの違いが，音列 a と音列 b から受ける印象の違いに表れるわけである。すなわち，音列 a は両者の体制化が行いやすい音列，音列 b は両者の体制化が行いにくい音列といえる。

拍節的体制化と調性的体制化の両方の処理がうまく行われなければ，聞き手は音列に対して十分な音楽的まとまりや旋律らしさを感じることができない。このことを，図 5-3-1 の音列 b-1 と b-2 を用いて，さらに説明する。音列 b-1 と b-2 を聞いてみると，音列 a に比べて，まとまり感は感じられないであろう。音列 b-1 については，音列を聞きながらそれに合わせて手や足で拍子を取るのは難しいと感じるであろう。音列 b-2 については，ときどき高さの'外れた'音が出てきて，音列を覚えようとしても覚えるのが難しいと感じるであろう。実は，音列 b-1 は音列 a の要素音の音価のみを変えた音列，音列 b-2 は音列 a の要素音の高さのみを変えた音列である（なお，音列 b は音列 b-1 の音価パターンと音列 b-2 の音高パターンを組み合わせた音列である）。別の言い方をすれば，音列 b-1 は拍節的体制化の処理が行いにくい音列，音列 b-2 は調性的体制化の処理が行いにくい音列である。音列 b-1 と b-2 に対する印象から理解できるように，音列に対して拍節的体制化の処理と調性的体制化の処理のどちらか片方でもうまく行えないと，その音列に対する音楽的ゲシュタルトは感じにくいことになる。

以下では，拍節的体制化と調性的体制化それぞれについて個別に解説を行い，最後に両者の関係について解説を行う。

5・3・2　拍節的体制化

拍節的体制化は，その処理結果として，拍，拍子，リズムの知覚を聞き手にもたらす。

図5-3-2aの音列Aを聞いてほしい。これは初めて聞く音列だが、この音列を聞きながら手拍子を打つことはできるはずである。そして、この音列を聞きながら打った手拍子は、たとえば図5-3-2aの音列Aに示すように、一定の時間間隔を単位としたタイミングになっているであろう。このような時間単位は、音列の物理的音響の中に存在するものではない。これは、聞き手の心理的な時間間隔単位を反映したものである。すなわち、聞き手が、脳内において、音列の時間の流れを、ある一定の間隔に分節化（segmentation）した時間単位を反映している。この時間単位を拍（beat, pulse）と呼ぶ。拍は、音列上に出現する音のオンセット（立ち上がり）と同期することが多いが、音のオンセットが無い時点でも知覚される。

さらに、聞き手は通常、いくつかの拍を群化（grouping）して、より大きな（より長い）時間単位を知覚する。その際、その大きな時間単位内に含まれる拍の中の、ある拍を'心理的なアクセント'の強い拍［ダウンビート（downbeat）：時間的まとまりが始まる拍で、代表的には小節の第1拍目。ダンスでステップを踏む時点、つまり、体重を下げる時点の拍。下拍］、他の拍を心理的アクセントの弱い拍［アップビート（upbeat）：ダウンビートの逆。上拍］に感じる。ダウンビートとアップビートからなる、より大きな心理的時間単位を拍子（meter）という。先ほどは図5-3-2aの音列Aに合わせて手拍子を打ったが、今度は手拍子とともに、いくつかの手拍子の時点で体重をかけてステップを踏んでほしい。そうすると、多くの聞き手は3拍ごとの周期で体重を下げるであろう。このことは、3拍ごとにダウンビートの知覚、つまり3拍子に解釈していることを意味する（図5-3-2aの音列B）。

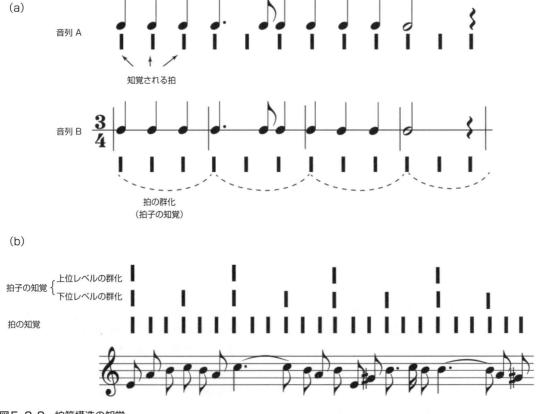

図5-3-2 拍節構造の知覚
　　(a) 拍と拍子の知覚の例を示す。聞き手の拍、拍子の知覚に本質的な影響を与えるのは音価（各音のオンセットから次の音のオンセットまでの時間の長さ）であり、それ以外の物理的特徴（たとえば、各音の物理的な強さ、音色、on-timeとoff-timeの比率など）の影響は二次的なものにすぎない。(b) 旋律を6/8拍子に解釈したときの拍節構造を示す。なお、bは「ジェリー・ゴールドスミス作、『パピヨン』のテーマ」より一部抜粋。

図5-3-2bは，下の楽曲に対して多くの聞き手が知覚する拍節構造（metrical structure）を記したものである。聞き手は，この楽曲に対して，8分音符1つ分の長さを1拍とし，6つの拍をひとかたまりに知覚する。さらに6拍ひとかたまりを「3拍のまとまりを二つ組み合わせたもの」として知覚する。すなわち，聞き手は，この楽曲を6/8拍子，言い換えると，3拍のかたまりを二つ組み合わせた2倍型の拍節で構成される曲として知覚する。このように聞き手は，音の流れに対して時間的な分節化と群化を行い，異なる長さの時間単位を階層的に積み重ねた拍節構造を心内に形成する。日常生活で接するようなより長い楽曲の場合，聞き手は拍子を基にしたさらに大きな単位のまとまり（フレーズ）も知覚する。要は，聞き手は楽曲を聴きながら，ある程度まで複雑に階層化した拍節構造を構築（予測）していくわけである。楽曲に対して知覚される拍節構造が，音楽の専門的な訓練を受けた音楽熟達者と訓練を受けていない非熟達者の間で基本的に同じであることは実験的に確認されている（Drake et al., 2000；後藤，1998；Palmer & Krumhansl, 1990）。

では，拍節的体制化の処理はどのように行われるのだろうか。後藤・阿部（1996）は，拍子の知覚が音列の進行に伴ってどのように確立されていくのか，その過程を調べた。その結果，現代日本に育つ聞き手は音列冒頭部から，たとえば4/4拍子のような単純な2倍型の拍節構造に適合する解釈を暫定的に仮定して聞き始め，音列の進行とともにその解釈を確定あるいは修正することを確認した。また，現在までに，拍節知覚の計算モデルもいくつか提案されている。それらのモデルの中で，拍節的単位階層化モデル（後藤，1998；Lee, 1985）は人間の拍節的体制化処理の基本特性を反映したモデルとしてしばしば引用される。このモデルは，Longuet-Higgins & Lee（1982）が論じた算定アルゴリズムを数種類組み合わせることで，聞き手が心内で行うように，音列の第1音目から漸進的に拍節的な解釈を行うよう，また，異なるレベルの時間単位を階層的に説明するように仕組まれている（拍節的単位階層化モデルの説明は岡田・阿部，1999が詳しい）。

近年では，拍節的体制化の基盤となる拍節スキーマ（metrical schema）について，その発達的変容や文化的変容に関する研究がHannonによって精力的に行われ，数多くの実験データが発表されている（Hannon et al., 2011；Hannon, Soley et al., 2012；Hannon & Trehub, 2005a, 2005b；Hannon, Vanden Bosch der Nederlanden et al., 2012）。Hannonは蓄積した実験データを基に，欧米人が示す，混合拍子に比べた単純拍子への知覚処理の優先性は，単純拍子が主流の西洋音楽文化圏で育ったことで獲得した学習バイアスであると論じている。

5・3・3　調性的体制化

5・3・3・1　調性の知覚

調性的体制化は，その処理結果として，調性（tonality）・調（key）の知覚を聞き手にもたらす。調性の知覚とは，特定の音高［西洋音楽の用語では主音（keynote, tonic），他の文化の音楽にも通じる広義の用語では調性的中心音（tonal center）］を中心にし，他の音高を組織化できたときに生じる感覚である。たとえば，西洋音楽に慣れ親しんでいる聞き手が，呈示された音列をG major（ト長調）に知覚するとは，G[1]の音を中心にし，西洋音楽の世界でいうところの「長旋法」と呼ばれる旋法スキーマのもとに，音列の構成要素音の高さの間に一貫したまとまりを組織化できたことを意味する。

調性の知覚は，拍節の知覚と同じく，専門的な音楽教育訓練の有無を問わず，いずれの聞き手の脳内でも行われる。このことは，次のような実験によって確認することができる。実験参加者に，音列の途中のさまざまな段階で打ち切ったものを呈示する（図5-3-3）。そして，その段階の音列にもう1音加えてその音列をまとまりよく終わらせるように求める（この方法は終止音導出法と呼ばれる；星野・阿部，1984）。このとき，参加者に鍵盤楽器を与え自由に鍵盤を試打させることで，まとまりよく終わらせうると感じる音高を選択させる。西洋音楽に慣れ親しんだ聞き手（たとえば，欧米人や現代日本人）が

---

1) 本節では，音楽で使われる音の絶対的な高さ（音名）はC, D, E, …で記し，音階のなかでの相対的な高さ（階名）はド，レ，ミ，…で記す。

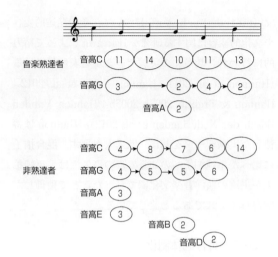

図 5-3-3 上の音列に対する 15 名の音楽熟達者と 15 名の非熟達者の終止音反応［音楽熟達者のデータは Matsunaga & Abe（2012, p. 21）より著者一部改変。非熟達者のデータは松永（2018）より抜粋］
Matsunaga & Abe（2012）と松永（2018）の実験では，1 音目の終止音反応は収集されず，2 音目から 6 音目までの終止音反応が収集されている。2 名以上の参加者が反応した音高を楕円で示す。楕円内の数字は，その音高を選択した参加者の数を示す。両参加者群を比べると，音楽熟達者に比べて非熟達者の反応はいくつかの音高の間でばらつくものの，反応の多くが音高 C に集中する点は音楽熟達者と非熟達者の間で同じである。

図 5-3-3 の音列を聞いた場合，多少のばらつきを示しながらも，聞き手の多くは音列全体を通して音高 C に反応を集中させる。さらに，この傾向は，音楽熟達者群と非熟達者群の間で共通である。これらのことは，専門的な音楽教育訓練の有無を問わず，西洋音楽文化圏の聞き手の多くは，共通して，この音列に対して音高 C を主音とする調（C major あるいは c minor）に知覚することを示唆する。この例のように，音列に対して知覚される調性が音楽熟達者と非熟達者の間で基本的には同じであることはさまざまな実験において確認されている（Matsunaga & Abe, 2005；Temperly & Marvin, 2008）。

では，聞き手はどのような特徴を手がかりにして音列の調性を知覚するのであろうか。この問いに対して，聞き手は音列を構成する音高のすべてを，属する文化での「音階（scale）」の音階音として解釈できる調性に知覚する，という考えが共有されている（Abe & Hoshino, 1990；Krumhansl, 1990；Longuet-Higgins, 1987；Matsunaga & Abe, 2005；Schmuckler & Tomovski, 2005；Smith & Schmuckler, 2004）。この考えは「構造的アプローチ（structural approach）」という名で引用されることが多く，構造的アプローチから予測される調性と聞き手が実際に知覚する調性とは矛盾しないことが実験的に確認されている。このことは，図 5-3-3 の音列に対する西洋音楽の聞き手の調知覚にも当てはまる。図 5-3-3 の音列は音高 C, D, E, G, A, B の 6 種で構成されており，この 6 種の音高すべてを西洋全音階の音階音として解釈できる調は C major（ハ長調），G major（ト長調），a minor（イ短調），e minor（ホ短調）の 4 種となる。つまり，構造的アプローチが予測する調はこれら 4 種となる。実際，図 5-3-3 の音列に対して西洋音楽の聞き手の多くは音高 C を主音とする調に知覚しており，構造的アプローチの予測する調と矛盾しないことがわかる。

調性知覚の処理過程を計算論的にモデル化しようとする試みもいくつかなされてきている。たとえば，音列上に出現する音高の頻度分布情報を基に調を決定するモデル（Krumhansl, 1990），音列の早い段階に出現する音高の多くをなるべく「調性階層性（tonal hierarchy）」の高い音階音（西洋音楽で言えば，ドやソとしての解釈）に解釈できる調に優先的に解釈するモデル（阿部, 1987；Matsunaga & Abe, 2012；Yoshino & Abe, 2004）などがある。また，コネクショニストモデル（ニューラルネットワークモデル）によるものも提案されている（Bharucha, 1987；Dawson, 2018；Matsunaga et al., 2015；Tillmann et al., 2000）。

5・3・3・2　調性スキーマの発達と文化的変容

調性的体制化の処理基盤は，調性に関する潜在的なスキーマ，すなわち，調性スキーマ（tonal schema）にある。調性スキーマは，音楽の世界でいうところの音階（scale），旋法（mode），調（key），和声（harmony）などの概念と密接に関連しており，日常生活の音楽聴取経験に依存して獲得される（Hannon & Trainor, 2007）。では，調性スキーマはどのような発達的変化を経て獲得されるのであろうか。

西洋音楽文化圏の欧米諸国に育つ子どもの場合，生後1年頃から，西洋音楽のプロトタイプ的な音列を他の音列よりも容易に知覚し始める（Cohen et al., 1987；Lynch & Eilers, 1992；Trehub et al., 1986）。だが，この年齢時期の子どもは，まだ西洋音楽の全音階の音階音と非音階音とを識別していない（Trainor & Trehub, 1992）。4-5歳頃になって，その識別を行動上に示し始めるが（Corrigall & Trainor, 2010；Trainor & Trehub, 1994），それは特定の種類の西洋的音列（たとえば，標準的な和声構造を有する音列，よく知られた音列，和音の伴奏を伴う音列など）に限定されるようである（Corrigall & Trainor, 2010；Hargreaves & Lamont, 2017；Morrongiello & Roes, 1990を参照）。6-8歳頃になると，より多様な西洋的音列に対して，音階音と非音階音との識別を示すようになる（Krumhansl & Keil, 1982；Lamont & Cross, 1994；Morrongiello & Roes, 1990）。その後，8-10歳頃には，主和音を構成する音階音（ド，ソ，ミ）はそうでない音階音よりも重要であることに気づき始める（Krumhansl & Keil, 1982）。

さて，音楽は文化環境によって異なる。たとえば，楽曲の基礎となる音階は音楽文化によって異なる。ということは，当然ながら，異文化の聞き手の間で調性スキーマは違っているはずである。実際，このことは調性知覚における音楽文化比較，具体的には，欧米人とインド人の比較（Castellano et al., 1984），欧米人とバリ人の比較（Kessler et al., 1984），日本人，中国人，ベトナム人，インドネシア人，米国人の比較（Matsunaga et al., 2018）を行った研究の実験データによって裏付けられている。

発達と文化の両視点から調性スキーマの獲得過程を追究している研究としては，松永と阿部の研究グループがある。松永らは，行動指標，脳磁図計測，計算論的モデリングなどさまざまな研究手法を用い，多角的なデータを提出してきている（Matsunaga et al., 2015；Matsunaga et al., 2020；Matsunaga et al., 2018；Matsunaga et al., 2012, 2014）。そうしたデータの蓄積により，西洋音楽と日本伝統音楽の二重音楽的（バイミュージカル）な環境で育つ現代日本の子どもは，7歳頃に西洋全音階的な特徴を明確に分かるようになった後に，9歳頃に日本伝統音階的な特徴も明確に分かり始め，バイミュージカルとなることが明らかになってきた。さらに，日本と欧米の子どもの実験データの比較から，子どもが属する文化の音階的な特徴を明確に分かるようになる年齢時期は7歳頃であるという共通点も見いだされている。

5・3・3・3　調性知覚処理の神経基盤

脳内において調性処理はどのように行われているのであろうか。この疑問に取り組んだ数多くの研究は，調性的に逸脱する音高が出現したときのほうが調和する音高が出現したときに比べて，ある特異的な事象関連電位（ERP）がより強く生じることを見いだしている（Koelsch et al., 2000）。その特異的な電位とは，逸脱音が出現した直後の比較的早い潜時（単音音列上では125-150 ms後，和音音列上では180-200 ms後）に生じる陰性電位であり，右半球優位な形で，前頭において最大振幅が観察された。この電位は，その特徴からERAN（Early-Right-Anterior-Negativity）と名付けられ，調性知覚処理に特異的な成分と考えられている（レビューとしては，Koelsch, 2012）。さらに，脳磁図測定装置（magnetoencephalography：MEG）を用いたMaess et al. (2001) の研究は，ERANの信号源が両半球の下前頭回周辺にあることを報告している。この報告は空間解像度のより高いfMRI装置を用いた実験データからも裏付けられており（Koelsch et al., 2005），現在では下前頭回の活動が調性知覚処理に関与するという考えは広く受け入れられている。

ところで，ここまで述べてきた神経科学的な研究知見はいずれも，欧米人を対象とした研究において確認されてきたものである。前述したように，調性知覚処理の基盤となる調性スキーマは音楽文化によって異なる。では，欧米とは異なる音楽文化に育つ聞き手の脳内において，調性処理はどのように行われているのであろうか。上述したように，現代日本は，欧米とは異なり，西洋音楽とともに日本伝統音楽が併存する二重音楽的な文化環境を有する（小泉，1984）。そして，この環境で育った現代日本人は，西洋音楽の調性スキーマと日本伝統音楽の調性スキーマの両方を獲得するバイミュージカルであることが知られている（Matsunaga et al., 2018）。

Matsunaga et al. (2012, 2014) は，このような現代日本人の脳内調性処理過程の特徴を MEG 装置を用いて調べ，西洋音楽聴取時だけでなく日本伝統音楽聴取時にも ERAN が観察されること，西洋音楽の ERAN も日本伝統音楽の ERAN も信号源はともに下前頭回の周辺に位置していることを実験的に確認した。Matsunaga et al. の実験結果と上記の欧米人の実験結果を総合すると，下前頭回の活動が調性知覚処理に関与することは，曝される音楽の種類を問わず，複数の音楽文化の聞き手に共通した特徴であることがわかる。さらに，Matsunaga et al. は，西洋音楽の ERAN の信号源の位置と日本伝統音楽のそれとは有意に離れていることを明らかにした。この結果は，西洋調性処理に関与する神経細胞群ネットワークと日本調性処理に関するそれとには違いがあることを示唆する。すなわち，現代日本人の脳内において，西洋調性処理と日本調性処理は統合されているのではなく，少なくとも部分的には分離していると考えられる。

5・3・4　拍節的体制化と調性的体制化の関係

音列が旋律として知覚されるとき脳内において拍節的体制化と調性的体制化の処理が行われているとして，この両者の処理の関係とはどのようなものなのであろうか。この 2 種類の処理は基本的に独立して実行されていると考えられるが，旋律という一つのまとまりが知覚されることからもわかるように，両者の処理は，何らかの形で，また，どこかの段階で，統合されていることは疑いない。阿部と岡田は，その統合段階では拍節処理と調性処理の影響関係は単方向であるという仮説を提出している（阿部，2008；岡田・阿部，1999）。彼らの仮説は，旋律の知覚において拍節的体制化の処理と調性的体制化の処理は時間軸上リアルタイムに並列的になされていくが，拍節的体制化の処理によって先のどの時点で音が鳴るかの"予測"，特にダウンビートの時点が予測され，その予測時点に生起する音の高さに，アップビートの時点に生起する音の高さよりも，重みを加える形で調性的体制化の処理が行われていく，というものである。私たちは初めて聴く音楽であってもリアルタイムに先の予測をしているからこそ，音

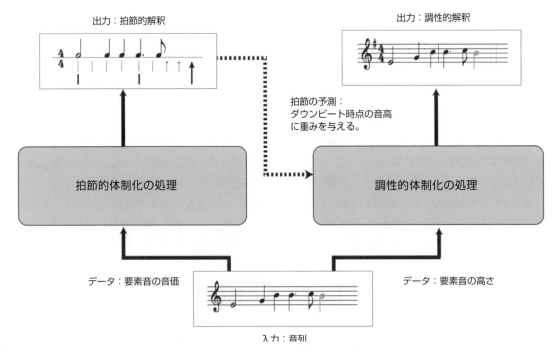

図 5-3-4　Abe & Okada (2004) の提案するモデルの概念図（Abe & Okada, 2004 をもとに著者作成）
　　　　このモデルは，リアルタイムに得られる拍節解釈を基に先の時点の予測を出力し，その予測の影響を受けて調性の解釈を行うように仕組まれている。

楽に合わせてダンスをしたり，手拍子を打ったりすることができるわけであり，この体験からもダウンビートの時点が予測されるという考えは納得のいくものである。阿部と岡田は，自身の仮説を基にして，図 5-3-4 に示すモデルを提案している。なお，モデルの具体的な計算アルゴリズムの概略は岡田・阿部（1999）を参照してほしい。

実際，阿部と岡田の仮説と矛盾しない実験結果が Abe & Okada（2004）によって提出されている。その実験においては，音高の順番がまったく同じ音列であっても，音価の系列が異なっている場合，すなわち拍子が異なって知覚される音列の場合には，異なる調に感じられるが，音価の系列が同じならば音高の系列が異なる場合でも同じ拍子に感じられる，という現象が確認されている。この結果は，基本的に，調性的体制化は拍節的体制化の影響を受けるが拍節的体制化は調性的体制化の影響を受けないことを示唆するものといえる。

（松永 理恵）

5・4 リズムの知覚

5・4・1 リズムとは何か

5・4・1・1 リズムの定義

リズム（rhythm）は，ヒトの知覚，動作を含めた生命現象のあらゆる面に関わる重要な概念である。しかし，この言葉を実証的な研究に用いるためには文脈に応じて意味を限定しなければならない。リズムと言えば詩や音楽の話題が真っ先に出てくることから解るように，リズムを知覚するうえでは聴覚が最も重要な感覚様相である。関連する文脈では「リズムが間延びする」「規則的なリズムを保つ」「リズムを合わせる」など，時間上のパターンに関してリズムという言葉が使われる。Fraisse（1982），Handel（1989）は，リズムが「時間上のゲシタルト（temporal gestalt）」であるとの立場を取り，その後の研究を方向付けている。一方，リズム知覚研究を基礎的な時間知覚研究と結びつけることも重要である（Grondin et al., 2018）。

「ゆっくりドアをノックするリズム」「三三七拍子のリズム」というように，リズムという言葉で，音と音との時間間隔の長短，あるいは長短関係（等長関係を含む）に生じるパターンを表す。また，「4拍目がちょっと長めになった4拍子のリズム」「長短が反復するスウィングのリズム」というように，時間の枠組みが反復される様子を言い表す。そして，音の強弱，音の長短，音の高さ，緩急の変化，さらには聴覚以外の感覚様相における事象を含めた，さまざまな時間上の変化がリズムを形成する。他分野においては，リズムが物理的な時間パターンを示すことや，物理的な事柄と主観的な事柄とのいずれを示すのかがはっきりしないこともあるが，知覚心理学において，リズムとは基本的に主観的なものである。ただし，物理的な時間パターンや，楽譜上の時間パターンなどを便宜的にリズムと呼ぶこともある。

リズムを時間上のゲシタルトであると考えれば，どのように知覚体制化が生じるかに焦点を当てて研究の指針を与えることができる。その際に「音の始まりから次の音の始まりまで（stimulus onset asynchrony：SOA）」の時間長が最も重要な独立変数になる。非常に短い音のみを用いる場合には，単に「音から音まで」の時間長を考えれば済むが，この場合にも SOA と捉え直すことができる。

5・4・1・2 草創期のリズム知覚研究

リズムについての本格的な知覚実験は 19 世紀末の米国で始まり，物理的な時間パターンと，主観的な時間パターンであるリズムとは別のものであることが明確に認識された。

Hall & Jastrow（1886）は，リズムに関する二つの錯覚現象を報告している。一つは，継時的に示されるクリック音の数の評定を聴取者に求めると，物理的な数よりも少なく評定される場合があるという現象である。たとえば，6 個のクリック音を約 90 ms の間隔で示した場合に，4 名の聴取者は個人ごとの平均値で 4-5.5 個と評定し，約 52 ms の間隔で示した場合には同じ聴取者が 3.7-5.4 個と評定した。2 個のクリック音が同じ間隔で呈示されたときには常に正しく 2 個と評定されたが，3 個以上の場合にはこのような音の数の過小評価が生じた。この結果は，

第 III 部　聴覚

技術上の制約が多い時代に得られたものであるが，後に Cheatham & White (1954) が得たものから大きく外れてはいない。音の数を評定することが，単純に音が二つ以上に分かれて聴こえるのとは異なる仕組みによることが解る。

　Hall & Jastrow (1886) のもう一つの発見は，分割時間の錯覚 (illusion of a divided time interval) である［当該論文においては，分割時間ではなく「満ちた時間 (full interval)」という表現が用いられている］。これは，両端をクリック音で区切られただけの空虚時間に比べて，物理的に同じ長さであってもクリック音でいくつかの間隔に分割された分割時間のほうが長いように知覚されるという現象である。Hall & Jastrow は実験の概要しか書き残していないので推測を交えざるをえないが，数十ミリ秒程度の間隔で継時的に 10 個のクリック音を鳴らして分割時間を示し，次に，全体の時間長をクリック音の間隔にして 4-8 個分伸ばした空虚時間を示すと，物理的には空虚時間のほうが長いにもかかわらず，分割時間と空虚時間とが等しいと判断されるという例が紹介されている。分割時間と空虚時間との順序を逆にするとこの錯覚は減少するかあるいは消失した。不明な点の残る実験ではあるが，分割時間が過大評価されることは，その後の研究により確かめられている (ten Hoopen et al., 2008)。中島 (1979) は，この錯覚が空虚時間を分割する音が一つしかない単純化された状況においても明確に生じることを示した（図 5-4-1)。ただし，80 ms 程度の過大評価が生じる場合と生じない場合とが確率的に分かれ，また，そのような過大評価が生じるのは，分割時間と，比較時間（比較刺激）である空虚時間とがこの順で比較されるときにほぼ限られていた。空虚時間が先に呈示されると，分割時間も空虚時間のように分割され

ないものとして知覚されると考えられる。ここでは，時間上のゲシタルトの違いが，錯覚量の違いとして示される点が注目される。

　Bolton (1894) は，当時の最先端の技術を用いて物理的に等しいクリック音を時間的に等間隔で鳴らしつづけ，聴取者に知覚印象を報告させた。その結果によれば，同じ音がただ規則的に聴こえる場合もあるが，2, 3, 4, 6, 8 個ごとに音がまとまって聴こえる場合も多かった（図 5-4-2)。後に確立する群化 (grouping) の概念を用いて述べると，物理的な群化の手がかりがなくとも時間的に群化の生じることがあり，2 個ずつ，3 個ずつのようにいったん生じた群化のパターンは保持されやすい。この現象は主観的リズム化 (subjective rhythmization) と呼ばれる。群化に対応して音の大きさが変化し，この実験の場合，たとえば 2 個ずつの群が現れるときには，その 1 個目の音のほうが大きく聴こえる。

　Bolton の実験においては，SOA を約 100-2000 ms の範囲に設定することが可能であった。その結果から粗い推測をすれば，間隔が約 1400 ms を超えると主観的リズム化は生じにくくなり，1600 ms くらいが上限になる。また，主観的リズム化が生じる場合，間隔が長くなるほど各群を構成する音の数が少なくなり，1 s を超える間隔についてはほとんどの場合 2 音ずつの群（図 5-4-2b) しか形成されない。これに対して，8 音ずつの群が現れるのはおおむね間隔が 200 ms 以下のときである。この実験のおおよその再現性は近年になって確かめられており，主観的リズム化の神経生理学的な証拠も得られている (Bååth, 2015)。刺激音列に群化の手がかりは何も示されていないのに，知覚系が形成しやすい時間の枠組みへの当てはめが生じた結果，独特のゲシタルトが形成されたと考えられる。

　　　＊　　　　＊　　　　＊　　　　　　　　　　　　　　　　　　　　＊　　　　　　　　＊
　　　120 ms　　120 ms　　　　　　　　　　　　　　　　　　　　240 ms
　　　　　　分割時間　　　　　　　　　　　　　　　　　　　　　　空虚時間

図 5-4-1　分割時間と空虚時間
左右方向は時間を，星印 ＊ はクリック音を示し，その間の SOA を表示。以下の図においても同様。図に示した分割時間または空虚時間を標準時間とし，第一音どうしの間隔を約 4 s 空けて，前後いずれかにもう一つの空虚時間を比較時間として示した。調整法により主観的等価値を求めたところ，比較時間が後続する条件にのみ顕著な分割時間の過大評価が認められた。

```
(a) *  *  *  *  *  *  *  *  *  *...続く
(b) |* * |* * |* * |* * |* * |...
(c) |* * * |* * * |* * * |* * * |...
(d) |* * * * |* * * * |* * * * |...
```

図 5-4-2　Bolton (1894) の実験
(a) 刺激パターン。クリック音 * のあいだのSOAは，約 100-2000 ms。(b) 2音ごとの群化。縦線 | は群の区切りを示す。(c) 3音ごとの群化。(d) 4音ごとの群化。

このように，19世紀後半の主観的世界と物理的世界とを区別し対応付けることが意識される思潮のなかで，主観的世界の時間を捉えるためにリズムの概念が心理学に導入された。

5・4・2　時間の長短関係

5・4・2・1　リズムを形成する時間間隔の範囲

リズムを形成しうる時間間隔の範囲は限られている。二つの短い音の前後関係が知覚されるには約 20 ms が必要であり，これより短い時間間隔がリズムを形成するとは考えがたい（Hirsh & Sherrick, 1961）。継時的に示される三つの音の数が安定して正しく知覚されるためには 50 ms 程度の時間間隔が必要であり，四つ以上の音の場合には 100 ms 程度が必要である（Cheatham & White, 1954）。一方，短音などの時間間隔が約 2 s を超えると，呈示されたパターンの全体をひとまとまりに知覚することが難しくなる（Fraisse, 1978; Nakajima et al., 1980）。以上のことから，多くの場合 50-2000 ms くらいの時間間隔がリズムの基本になると推測される。

リズムは，次々に示される時間長の長短関係がどのように知覚されるかに左右されるところが大きく，音楽においては SOA の知覚が重要である。Fraisse（1982）は，過去に行われた時間パターンの産出や再生の実験を概観し，西洋音楽の楽曲に現れる音符の長さ（時価：time value）の分析と合わせて，「よい形」をなすリズムは，長短 2 種の時間間隔を基本にして形成されると推測した。典型的な楽曲における音符の長さを分析した結果では，150-900 ms くらいの時間長が重要な役割を果たし，特に 1：2 ないし 1：3 の比率の音符の組合せが高い頻度で使われることが示された（残念ながら，物理量と主観量とは区別されていない）。

5・4・2・2　長短関係の知覚カテゴリ

長短関係のカテゴリが主観的な時間に現れやすいことを裏付ける実験がある（Desain & Honing, 2003；図 5-4-3）。音楽の専門的訓練を受けた実験参加者が，時間パターンを音楽のリズムとして聴き，1 s の「小節」がどのような比率に聴こえたかを楽譜で示した。その結果，66 種類の時間パターンの大部分について，1：1：1，2：1：1，1：2：1，1：1：2 のいずれかの比率が支配的であり，それ以外の場合にも 2：3：1 のような比較的単純な整数比に判断される場合が多かった。

広義の西洋音楽（わが国で親しまれている音楽の大部分）の文脈に関しては，時間間隔の比率の知覚，再生，産出にカテゴリの枠組みがはたらく可能性が高い。楽譜に（2：1：1 などの）単純な整数比で示されるリズムが演奏される際に，時間間隔の物理的な長短関係が少し変化しても，知覚される時間長の比率は変わらずに，リズムのニュアンスの違いとして知覚されうるとの指摘がある。そのような場合に

図 5-4-3　Desain & Honing (2003) の実験
* と 0 とは異なる打楽器音（* のほうが鋭く明瞭に聴こえる）。0 は小節を模した 1 s の周期ごとに呈示される。^^^ は 1/19 s の刻みを示すが，そこで音が鳴るとは限らない。下線部（2 小節分）が 3 回反復され，最後の 0 に至る。この例では，0 に示される 1 s の周期（1 小節分）が物理的に 4：4：11 に分割されている。実験参加者は下線部の * の音がどのようなリズムに聴こえるかを楽譜作成ソフトを用いて表す。この例では 1：1：2 と分かれるように表されることが多い。

第 III 部　聴覚

は，単純な整数比に対応する知覚上のカテゴリがそのままに保たれると考えるべきであろう（Honing, 2013）。

　三つのクリック音が継時的に鳴らされるような極めて単純なパターンにおいては，1：1という時間間隔の比率が，他の比率とは異なるカテゴリとして，知覚される（ten Hoopen et al., 2008）。カテゴリ形成の様子を示す典型的な条件を取りあげると，隣接する二つの空虚時間 t1, t2（この順）がいずれも 300 ms 程度までの短いものであるとき，その物理的な差異が，$-80 \leq t1-t2 \leq 40$ ms くらいの範囲にあれば，t1, t2 のうち少なくとも一方の時間長が，単独で示されたときよりも他方の時間長に近づいて知覚される。このことにより，知覚される比率が 1：1 になる場合が増すと考えられる。これは，類似したものがまとまりをなして知覚される際に一層類似したものとして知覚される同化（assimilation）の一種である。なお，隣接する時間間隔の差が大きい場合については，違いが強調される対比（contrast）も確認されている（Nakajima et al., 2014）。

5・4・2・3　区切音の影響

　楽器音などの複雑な音については，知覚上の開始時点が物理的な開始時点に一致するとは限らず，一般に立上りの緩やかな音については知覚上の開始時点が遅れる傾向がある（蓮尾, 2020）。たとえば，Vos & Rasch（1981）は，立上り時間を 5-80 ms として十分強い音（連続音のレベルにして A 特性 82 dB）を鳴らすときには，立上りの途中で振幅が最大振幅よりも 15 dB 低い値（約 1/6 の振幅）に達する時点に音の開始が知覚されると報告している（Terhardt & Schütte, 1976 も参照のこと）。

　時間間隔を区切る音の時間長が 100 ms 程度までの場合，音が短いほど，SOA が短めに知覚される傾向がみられ，時間間隔の終わりを区切る音についてこの傾向は安定している（Hasuo et al., 2012）。また，音と音の基本周波数やスペクトルがより大きく異なると，時間的な距離が物理的に等しくても，時間的により離れたものとして知覚される傾向があり，聴覚的カッパ効果（auditory kappa effect）と名付けられている（Shigeno, 1986）。このように，時間間隔の知覚について調べる際には，区切音の性質についても考える必要がある（Grondin et al., 2018；ten Hoopen et al., 2008）。

5・4・3　時間的規則性

5・4・3・1　反復の知覚

　オーストリアの物理学者 Mach（1914）は，自ら行った現象観察に基づき，時間長の比率が 2：1 の音符を組み合わせたパターンがずっと反復されるときに，反復の周期の始まりをどこであると捉えるかによって，異なったリズムが知覚されると論じた（図5-4-4）。この現象には主観的リズム化に似た面があり，聴覚系が音の列に等間隔の枠組みを当てはめ，どのような枠組みを当てはめるかによって知覚内容が変わるという点で共通している。いずれの現象も，多義的知覚（perceptual ambiguity）の顕著な例であり，聴覚において時間軸上の等間隔の刻みの果たしうる役割が大きいことを示している。さらに，時間上に等間隔で生じる音の列は，知覚のうえでひとつながりの音脈に形成されやすいことも指摘されている（Handel, 1989）。以下に述べることを含めて考えれば，リズム知覚について時間的規則性の要因（factor of temporal regularity）と呼ぶべきゲシタルト要因を考えるとよいであろう。

　Warren & Bashford（1981）は，聴覚系に 0.5-5000 Hz の範囲で音響信号の反復を捉える仕組みがあると考えた。そのうち 20-5000 Hz の範囲にある反復は（旋律を形成するような）音の高さとして知覚されるのに対し，0.5-20 Hz の反復は別の形で知覚され，リズムに関係する。白色雑音の断片を 0.5-4 Hz くらいで反復するとシューシューと繰り返す風のような音が聴こえ，4-20 Hz くらいではブルブルというモーターボートのような音が聴こえる。このような知覚の生じる範囲全体は，周期で表すと 50-2000 ms になり，上述のリズムの基本となる時間間隔の範囲に重なる。このように，音信号の周期性（periodicity）が音の高さとは異なる形で知覚される場合の知覚内容は，インフラピッチ（infrapitch：ピッチ外周期）と名付けられた。Warren（2008）は，いくつかの臨界帯域（あるいは狭帯域フィルター）

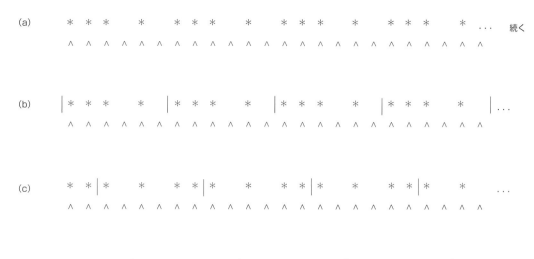

図 5-4-4 Mach（1914）のデモンストレーション
実際には音符で示してあり，読者が音を鳴らしたり，音を思いうかべたりしながらリズムを体験することが想定されている．＊は音符の始まりを示す．＾＾＾の目盛りは等間隔の刻みを示すが，そこで音が始まるとは限らない．（a）のような音の列に対して，（b）（c）（d）のように，小節線｜によって区切られる小節のくり返しを体験することができる．なお，Mach は説明に用いた音符の長さ（時価）を物理的な時間長に比例すると見なしている．

に，音の高さを感じる下限の周波数（約 20 Hz）よりも低い周波数で周期性が揃って示されるときに，これがインフラピッチの手がかりになるという仮説を立てている．

Large（2010）は，音楽知覚に関する神経生理学的なモデルを構築し，Warren（2008）と同じように音の高さとリズムの周期性とがよく似た仕組みで捉えられるとの考えに至った．その際に，神経系に非線形の発振器を想定し，発振器のあいだに相互作用が生じる結果，その周期が 1：2, 1：1, 3：1 のような単純な整数比に近づくと考えている．この系に適切な時間パターンを有する入力があれば，拍と小節のように単純な整数比をなす周期が階層をなして現れる．

5・4・3・2 時間の格子

Povel（1984）は，音楽に合わせて身体を動かし，時には手足で規則的に音を鳴らすような現象を説明する手始めとして，比較的単純な時間パターンが何度も反復されるのを聴く際に，心の中に時間上の等間隔の目盛りのようなものが形成されうると考えた．そして，これを時間の格子（temporal grid）と呼んだ．同じ短い音を時間軸上に並べて作った時間パターンが何度も反復される場合に，同一の時間パターンに対して，2 種類の，間隔の異なる時間の格子が形成されうる多義的な例をみれば（図 5-4-5），リズムが物理的な刺激パターンと，心のなかの枠組みとの相互作用によって形成されることがよく解る．もちろん，これはすべての知覚現象についていえることではあるが，リズムについては，「3 拍子を知覚する」と言うように，心のなかの枠組みと知覚内容とを区別しがたい場合が多いので特に注目される．

Povel & Essens（1985）は，このような時間の格子（クロック）が形成される様子にモデルを当てはめ，その妥当性を知覚実験によって示した（図 5-4-6）．このモデルによれば，物理的に等しい音が鳴らされる場合であっても，音の時間的配置によっていくつかの音にアクセントが付いたように知覚され，アクセントの位置や無音部の位置が，どのような時間の格子がどのくらいたやすく形成されるかを左右する．

5・4・3・3 周期性の現れ方

リズム形成について考えるには，①音の群化

第 III 部　聴覚

図 5-4-5 Povel（1984）の考える時間の格子
＊は 50 ms の音の始まりを示す。＾＾＾の目盛りは 200 ms の刻みを示すが，そこで音が鳴るとは限らない。(a) のパターンを（反復によって）呈示しつづけると，(b) あるいは (c) に | で示すような時間の格子が形成されると考えられる。ここに示される時間の格子に合わせて身体を動かすことは難しくない。

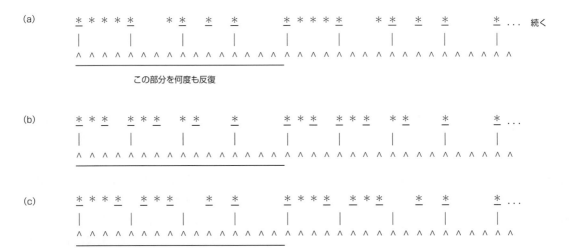

図 5-4-6 時間パターンを再生することの難しさが，時間の格子（クロック）を当てはめることの難しさによって変化する例
Povel & Essens（1985）の実験に用いられた時間パターンから抜粋。＊は 50 ms の音の始まりを示す。＾＾＾の目盛りは 200 ms の刻みを示すが，そこで音が鳴るとは限らない。(a) (b) (c) の順に時間の格子の当てはめが難しくなる。(a) | で示される等間隔の時間の格子を当てはめると，格子点の全てが＊で示されるアクセントのある音（離れた音，短い間隔で連なる 2 音のうち後の，あるいは 3 音以上のうち最初，最後の音）に対応するので，時間の格子を当てはめやすい。(b) 格子点 | のうち四つに一つが，アクセントのない音（短い間隔で連なる 2 音のうち前の音）に対応し，(a) の場合ほど当てはめが容易ではない。(c) 格子点 | のうち四つに二つがどの音にも対応せず，当てはめが難しい。格子をずらすことはできるが，当てはまりが改善するわけではない。

1104

と，②時間の格子のような等間隔の枠組みの形成とが，関連し合う様子を理解することが必要である（Handel, 1989, 1998；McAuley, 2010）。時間，あるいは基本周波数のうえで近い音どうし，あるいは，スペクトルや時間包絡の概形が似ている音どうしは，近接の要因ないし類同の要因に従って群を形成するのではないかと考えられ，音脈形成に関してはこのことが体系的に論じられている（Bregman, 1990；Handel, 1989）。今後この問題について，リズム形成の面から改めて考察することが求められる。等間隔の枠組みについては，たとえば音楽における4拍子の各拍を1, 2, 3, 4と表すときに

　　［｛(1)　(2)｝｛(3)　(4)｝］
　　［｛(1)　(2)｝｛(3)　(4)｝］
　　［｛(1)　(2)｝｛(3)　(4)｝］

の異なる括弧［　］｛｝( ) で示されるような，複数の等間隔の枠組みが階層構造をなす（入れ子になる）場合がある（Handel, 1989；蓮尾, 2020）。目立つ音や大きい群の端点などが，上位の階層を境界づけやすいのではないかと推測されるが，関連する実験データは限られている。また，主観的リズム化に見られるように，物理的な手がかりとは無関係に上位の時間の刻みが生じることもある。

図5-4-5，図5-4-6の時間の格子に関わる例では，200 ms間隔の規則的な時間の刻みに重なって，600 msまたは800 msという単純な整数倍の間隔で上位の時間の刻みが生じており，階層的な時間構造が生じている。Mach（1914）の例（図5-4-4）においても同じように周期の階層構造がみられる。音楽において等間隔から大きく外れた時間の刻みを一貫して用いる例としてPaul Desmond作曲「Take Five」（3拍と2拍の交替からなる5拍子が用いられている）が有名であるが，これは鼻歌にもされるほど親しまれる楽曲の中では，あくまで例外として注目されるものである。しかもこの楽曲にも，小節や拍などの等間隔の枠組みは厳然として存在する。等間隔の刻みに基づく周期の階層構造は，ほとんどの場合音楽の基本になっている。ただ，周期の階層構造を生じにくい音の列は，音楽には見つかりにくいかもしれないが，いくらでも作ることができる（図5-4-7）。

図5-4-6，図5-4-7に例を挙げたように，長い周期が短い周期の単純な整数倍になるような周期の階層化を促進しやすい時間パターンについては，周期的に注意の配分される仕組みがはたらきやすく，全体が知覚されやすくなるとの考え方が示されている（Jones & Yee, 1993）。等しい時間間隔が複数隣接するときには，単独で示される場合よりも時間長に対する弁別の感度が上がる場合のあることも注目され（McAuley, 2010；ten Hoopen et al., 2008），周期を有するパターンが全体として捉えられるためであると解釈することができる。

5・4・4　時間の異方性

5・4・4・1　前後対称関係について

空間知覚においては，左右対称もしくは上下対称の関係は検出されやすく，対称関係が知覚体制化を促進する（Metzger, 1953）。ところが，時間軸に関して前後対称の関係は検出されにくい場合のあることをMach（1914）は指摘している。末富・中島（1998）はこのことを，図5-4-8のように，多くの人に聴きおぼえがある時間パターンであるはずなのに前後対称であることに気づかれにくいような聴覚デモンストレーションによって示した。きわめて単純な前後対称関係が知覚されにくい例として，主観的リズム化の生じる状況において，約300 ms間隔で

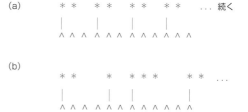

図 5-4-7　周期的な注意を形成しやすいパターンとそうではないパターン

　Jones & Yee（1993）の示した例で，＊は音を表す。＾＾＾の目盛りは等間隔の時間の刻みを示すが，そこで音が鳴るとは限らない。(a)では，＾で示される階層の低い周期と，｜で示される1段階層の高い周期とが1：3という単純な整数倍の関係で重なり，注意の周期が安定する。(b)の場合には｜のような時間の刻みを入れてもそのような単純な関係にはならず，注意の周期が形成されにくい。

第 III 部　聴覚

```
 *    * * * *    * * * *        *
^ ^ ^ ^ ^ ^ ^ ^ ^ ^ ^ ^ ^ ^ ^ ^ ^
```

図 5-4-8　物理的に前後対称である時間パターンの対称性が気づかれにくい例（末冨・中島，1998）
＊は 20 ms の音，＾＾＾の目盛りは 150 ms 程度の間隔の時間の刻みを示すが，そこで音が鳴るとは限らない。これを聴いて，ラヴェル作曲「ボレロ」を知っている者はその冒頭部に示されるリズムと同じであることに気づくが，音の列の前後を反転させても同じリズムになることに気付く者は少ない。このように図を用いて視覚化すると，対称性はたやすく検出される。

クリック音が示され，4 個ずつの群に分かれて聴こえるような場合が典型的である（Bolton, 1894）。この場合に群をなす 4 個のクリック音は，時間パターンの概形においては前後対称であるが，4 個のうちの最初の音が他の音よりも際立ち，大きく聴こえる。すなわち，物理的には存在しない非対称性が知覚内容に生じている（図 5-4-8 の例にもこれに似た面がある）。このように，時間の次元において，前向きの方向と，後向きの方向とが，互いに入れ替わりにくいこと，すなわち時間の異方性（temporal anisotropy）が，リズム知覚のさまざまな場面に現れる。

5・4・4・2　時間の方向の影響

Cooper & Meyer（1960）の音楽リズムに関する著書は音楽理論の分野に属するが，ゲシタルト心理学に関係付けられるような音楽素材を取り上げており，実証研究の立場からも注目されている（Handel, 1989；McAulay, 2010）。そのなかで，相対的に強い音が，先行する音ではなく，後続する音と結びついて群を形成しやすいという主張がなされている。「きらきら星」の旋律においては，4 分の 4 拍子の枠組みに 1 拍の音符が並び，階名で図 5-4-9a のように表すことができる。この場合，図 5-4-9b に＋＋＋＋で示すように，音が二つずつ群化する傾向が見られる（このような例は，著者が音楽の専門家として行った現象観察であると考えるべきであろう）。ここで群をなす音符は時間上で近接し，また，同じ音高であることから類同性も高いので，近接の要因，類同の要因に従っていると考えられる（著者は述べていないが，音の高さに関して近接の要因を考えることもで

きる）。ここで，いくつかの音にスフォルツァンド *sf*（その音を特に強くすることを指示する記号）を付けると，図 5-4-9c に示すように音の群化が＋＋＋＋で示すように変えられてしまう。相対的に強い（または大きい）音が，時間上で音の群の真ん中や終わりでなく始まりになりやすいということが，もし一般的な群化の原理として確立されれば，リズム知覚に時間の異方性があることを明確に示すことになる。拍子の形成に関しては，すでにそのような群化の原理が指摘されている（Handel, 1989）。さらに拍子について考えるときには，何拍子であっても各小節の最初の拍に最も重いアクセントが与えられ，音楽上の重要な役割が与えられることにも注目すべきである（Honing, 2013）。

時間長の知覚において時間の異方性を明確に示す現象が，時間縮小錯覚（time-shrinking illusion）である（Miyauchi & Nakajima, 2005；Nakajima et al., 2004）。たとえば，継時的に示される三つのクリック音（の始まり）が隣接する二つの空虚時間を示すときに，80 ms と 160 ms の時間間隔がこの順で隣接すると，後の時間間隔が 50 ms 程度過小評価される。この過小評価量は，物理量の比率にすれば 30 ％くらいであり，幾何学的錯覚としてはかなり大きい。ところが，時間の前後を反転させると，反転して前にきた時間間隔にそのような過小評価は生じない。この錯覚現象は，先行する時間間隔が後続する時間間隔の知覚に影響するという一方向に生じる。

5・4・5　文化とリズム

リズムは言語や音楽に伴って形成されることが多く，幅広く文化の影響を受ける。Handel（1989）はリズム知覚に関して，言語，音楽の両方を視野に入れて人間生活に即した詳しい考察を行っている。その文脈でよく話題になるのが，3 拍子の 2 拍目が長めに演奏される（ヨハン・シュトラウス 2 世作曲「美しく青きドナウ」などの）ウィンナ・ワルツのリズムである。Bengtsson & Gabrielsson（1983）はウィンナ・ワルツを想定して音刺激を作り，3 拍目の物理的な時間長を 1 小節の 3 分の 1 に固定したうえで，1 拍目と 2 拍目との物理的な時間長の比率を変化させた。そして，音楽の専門家が聴取する場合には，確

第 5 章　音楽の知覚

(a)

｜ド　ド　ソ　ソ｜ラ　ラ　ソ　　ソ｜ファ　ファ　ミ　　ミ｜レ　　レ　ド　・｜

(b)

　　＋＋＋＋　　　＋＋＋＋　　　＋＋＋＋　　　＋＋＋＋　　　＋＋＋＋　　　＋＋＋＋　　　＋＋＋＋
｜ド　ド　ソ　　ソ｜ラ　ラ　ソ　　ソ｜ファ　ファ　ミ　　ミ｜レ　　レ　　・｜

(c)

　　　＋＋＋＋　　　＋＋＋＋　　　＋＋＋＋　　　＋＋＋＋　　　＋＋＋＋　　　＋＋＋＋　　　＋＋＋＋
｜ド　　ド　　ソ　　ソ｜ラ　　ラ　　ソ　　ソ｜ファ　ファ　ミ　　ミ｜レ　　レ　ド　・｜
　sf　　　　*sf*　　　　*sf*　　　　*sf*　　　　*sf*　　　　*sf*　　　　*sf*

図 5-4-9　音の強弱が時間的群化に影響を及ぼす例
Cooper & Meyer（1960）の示した「きらきら星」の楽譜例に基づく。｜は小節線を，・は 1 拍の休符を表す。第 2 小節の後半は，よく知られている旋律と少し異なる。Cooper & Meyer は＋＋＋＋に対応するスラーを楽譜上に記しているが，*sf* で示される強勢がスラーで示されるような群化を促すというのがその言おうとするところである。

かに 2 拍目が小節の（33％ではなく）40％を占める条件で最も高い評価の得られることを示した。新聞記事からの情報ではあるが，ジャズ・トランペット奏者の Clark Terry が，修行中のドラム奏者にウィンナ・ワルツのような 3 拍子を叩いてもらうために，演奏中に話しかけ，「こう思うんだ，Who parked the car? Who parked the car? Who parked the car? …」と教えたとの逸話がある（Zwerin, 1990）。これは功を奏したとのことである。英語の |Who |parked the |car? | を 3 拍子に当てはめるとどうしても 2 拍目が少し長めになることをうまく利用したといえる。このようなことは日本語では難しく，音楽のリズムと言語のリズムとが切り離せないことがよく解る（末富・中島，1998）。

　時間的な規則性などの現れ方が言語によって異なることはたびたび指摘されており，言語によってリズムの性質が異なることは確かである（たとえば，Fuchs, 2016；Port et al., 1987；Ramus et al., 1999）。日本語圏では，七五調や五七五などのモーラ数（俳句，短歌などでいう「文字数」）の連結で作られるリズムが，記紀歌謡の詩歌から現代の交通安全標語にまで現れ，多くの論考がなされている。それを実証的な音響分析に結びつけることは容易でないが，これまで音韻論において日本語リズムの基本単位とされてきた百数十 ms 程度のモーラよりも，もっと長

い時間の単位が実際の音声を支配している可能性が指摘されている（Komatsu & Arai, 2009；Yamashita et al., 2013）。

　Patel（2008）は言語のリズムと音楽のリズムとの関係について考察を進め，（英式）英語とフランス語とを比べると，隣接する音節の母音の時間長の違いが，英語の場合のほうが著しいことに注目した。そこで，19 世紀から 20 世紀への変わり目の付近に例を限って，英国の作曲家の旋律とフランスの作曲家の旋律とを比較すると，英国の作曲家の旋律のほうが，隣接する音符の時間長の違いが大きいことが判った。つまり言語と音楽とにおいて，英国とフランスとの違いがよく似た形で現れた。英語と日本語との間でも同様の比較がなされ，日本語圏におけるリズムに踏み込んだ研究がなされている（Sadakata, 2006）。このような文化比較がさらに体系的になされることが望まれる。

5・4・6　むすび

　リズムは時間上のゲシタルトであるとの考えに沿って，リズム知覚の原理についてまとめた。時間は 1 次元の枠組みとして捉えられることが多く，1 次元のどの区間にも長さが知覚される。そして，等しいあるいは似た長さの単位が並び，階層化されることによって，数秒を超える長い構造の知覚が可

1107

第 III 部　聴覚

能になる。異なる区間，異なる時点は前後関係の枠組みにおいて知覚される。このような時間という主観的次元の特徴を踏まえて，①時間の長短関係，とりわけそのカテゴリ化，②時間的規則性とその階層化，③前後対称をあえて避けるかのような時間の異方性について論じ，リズム知覚の特徴を示した。なお，リズム知覚と音脈知覚との関係，二つ以上の音脈にまたがるリズムについては解っていないことが多い。④音楽と言語との関係など文化に関わる事柄についても，これからの研究が期待される。

（中島 祥好）

5・5　音楽の脳内処理機構

　脳内での認知過程を議論するとき，医学なかでも神経心理学は脳部位すなわち認知機能の脳内での局在（localization）を重要な対象の一つとする。神経心理学の有力な研究手法として，症例研究と脳賦活化実験がある。本節ではこれらの手法で得られた所見を統合し，現時点で医学的に妥当と思われる音楽の脳内処理機構について解説する。

5・5・1　症例研究と脳賦活化実験

　現代の脳科学は 19 世紀半ばの Broca による失語症例の報告から始まった。その後一世紀あまり，症例研究（case study）は脳研究の中心であり，唯一のアプローチ法であった。すなわち，脳卒中や脳腫瘍で脳の特定の部位に損傷を受けた患者の症状を詳細に調べることにより，健常時にはその部位が症状に該当する認知機能を担うとする。脳の損傷部位の同定は長らく患者が死亡後の剖検を待たねばならなかったが，1970 年代からのコンピュータ断層撮影法（computed tomography：CT），80 年代後半からの磁気共鳴画像診断装置（magnetic resonance imaging：MRI）の登場により，患者が生存中に非侵襲的に損傷部位を同定することが可能になった。これにより，症例研究の精度と速度は格段にアップした。しかし，症例研究は検討対象となる症例が現れるのを待たねばならない。"natural experiment" と呼ばれる所以である。神経心理学者は診断能力の網を広げ，知識の網の目を細かくして，"貴重な" 症

例を見逃すことのないように日々研鑽を積む。症例研究は，その患者が紛れもなく存在したという意味で，実体を伴っている。

　脳賦活化実験（activation study）は，実験参加者が課題を施行中の脳活動を，血流や代謝などの変化を通して調べ，その課題に携わる脳部位を同定する。1970 年代に 陽電子断層撮像法（positron emission tomography：PET）による実験が始まったが，放射性同位元素の注射が必要なこと，多くの場合で動脈採血を必要とすることから報告数は限られていた。しかし，1990 年代になり，MRI における BOLD（blood oxygen level-dependent）効果[1]の発見により，functional MRI（fMRI）が行われるようになった。折しも，コンピュータ技術の発展で SPM（statistical parametric mapping）などの画像解析ソフトが無料配布され，fMRI の研究が爆発的に増加した。これらの脳賦活化実験は，課題や実験参加者を自由に設定でき，データをソフトで走らせれば何らかの結果が得られる簡便性をもつ一方，得られた結果はあくまでコンピュータのなかにしか存在しないバーチャルなものという限界がある。

　症例研究と脳賦活化実験はいわばコインの両面で，脳賦活化実験で得られたバーチャルな結果が，症例研究で患者という実体を伴った所見と一致したときに初めて，その認知機能の脳内での局在・処理機構は確かなものとなる。研究方法とエビデンスの詳細な説明については佐藤（2017）を参照されたい。

5・5・2　純粋失音楽症からみた責任病巣

　失音楽症（amusia）の最初の報告は，Broca の失語症例の報告から遅れることわずか数年でなされ

1）BOLD 効果。赤血球中のヘモグロビンは，酸素と結合した酸素化ヘモグロビン（oxy-Hb）と，酸素を放出したあとの脱酸素化ヘモグロビン（deoxy-Hb）に分けられる。Oxy-Hb は反磁性体であり，磁場に影響を与えないが，deoxy-Hb は常磁性体で，磁場の中に置かれたときに磁場を歪める性質をもつ。脳の神経活動が高まると酸素が消費され，oxy-Hb 濃度が減少し deoxy-Hb 濃度が上昇する。しかし，脳動脈の自動調節能によりすぐに血管が拡張し，減少分を超えた oxy-Hb が過剰供給される。その結果，もとの状態よりも oxy-Hb 濃度は上昇し，deoxy-Hb 濃度は減少する。それを磁気信号の変化として検出したのが BOLD（blood oxygen level-dependent）効果である。Functional MRI では，通常臨床で使用される MRI 機器がそのまま研究に利用できることから，コンピュータの開発ともあいまって 1990 年代以降に脳賦活化実験が大いに発展した。

た。脳科学は言語と音楽への興味から始まったと言っても過言ではないが，病巣が剖検や画像で示された失音楽症の報告は100例にも満たない。それらの多くは言語など他の認知機能障害を伴っている。そのような症例では，音楽能力の障害に他の認知機能の障害がどこまで関与しているのか，病巣のうち音楽能力の障害に関わっているのはどの部分なのかを明確にすることは困難である。音楽能力を担う脳部位を明らかにするには，音楽能力だけが選択的に障害された純粋失音楽症（pure amusia）の症例が示唆に富む情報を与えてくれる。これまでに報告された純粋失音楽症の症例は，自験例を含め10例のみである（表5-5-1）。病因は脳血管障害8例，脳腫瘍1例，前頭側頭葉変性症1例で，病変の半球別では，右半球病変が6例，両側半球病変が3例，左半球病変が1例であった。症状は馴染みのメロディの認知や歌唱の障害が主であった。変性疾患の1例を除く9例の病変を重ね書きしたのが図5-5-1である。これを見ると，右上側頭回から島後部の皮質・皮質下が多くの症例で障害されていたことがわかる。このことは同部位が音楽認知，なかでもメロディの認知に重要な役割を果たしていることを示唆している。

5・5・3 脳賦活化実験からみた音楽の受容の局在

音楽の脳内認知を調べた多くの脳賦活化実験がある。PETやfMRIに加え，magnetoencephalogram（MEG），near-infrared spectroscopy（NIRS），脳波などが用いられるが，それぞれの測定機器の特徴は異なり，実験パラダイムも報告ごとに異なる。つまり，機器やパラダイムに関係なく共通してみられた所見が，より確からしいといえる。2016年夏までにPET 30件，fMRI 48件，MEG 41件，NIRS 31件，脳波11件の音楽認知に関連した報告がある。これらの結果を音楽の構成要素別・測定装置ごとにまとめた（表5-5-2，表5-5-3，表5-5-4，表5-5-5）。脳波は報告のほとんどが，課題施行時の音楽家と素人の潜時の違いを検討した実験で，音楽認知の局在を調べた研究ではないため，今回は取り上げなかった。これらの表をみると，メロディの認知で側頭葉，なかでも右側のそれが測定機器や実験パラダイムの差異を超えて活動している。つまり，脳賦活化実験でも右側頭葉がメロディの認知に関与することが示された。

5・5・4 症例研究と脳賦活化実験からいえること

純粋失音楽症の病巣を重ね書きしたところ，右側頭葉から島後部の皮質・皮質下が多くの症例で侵され，メロディの認知に障害がみられた。一方，脳賦活化実験は，用いられた機器や実験パラダイムの差異を超えて，メロディ認知の際に右側頭葉の活動が増加した。以上より，現時点で最も確からしい所見として，右側頭葉のメロディの認知への関与が示された。

5・5・5 今後の課題

専門誌に掲載された論文は，内容の妥当性が担保されたものである。しかしそれらは当然のことなが

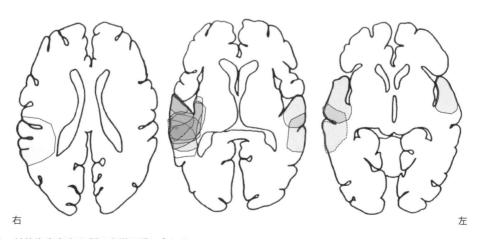

図 5-5-1　純粋失音楽症 9 例の病巣の重ね合わせ

第 III 部　聴覚

表 5-5-1　純粋失音楽症の過去の報告のまとめ

著者	発表年	雑誌	患者	音楽歴	診断	病変部位	CT/MRI
McFarland & Fortin	1982	Arch Neurol	78 歳 男性 右利き	アマチュア オルガン奏者	脳梗塞	右側頭葉上部〜 縁上回	CT
武田他	1990	臨床神経	65 歳 女性 右利き	三味線教師	脳出血	右上側頭回〜 Heschl 回の皮 質下	CT/MRI
Peretz et al.	1994	Brain	CN: 35 歳 女性 右利き	なし （看護師）	脳梗塞（両側 MCA 動脈瘤クリッピン グ術後）	両側側頭葉前 部，右島，右下 側頭回の一部	CT
Piccirilli et al.	2000	JNNP	20 歳 男性 右利き	アマチュア ギタリスト （学生）	AVM からの出血	左上側頭回後部 2/3	MRI
Satoh et al.	2005	Cortex	70 歳 女性 右利き	なし （コーラス）	脳梗塞	両側側頭葉前部	MRI
Terao et al.	2006	Neuropsychologia	62 歳 女性 右利き	プロのタンゴ歌手	脳梗塞	右上側頭回〜 Heschl 回の一 部，頭頂葉下部， 中心後回後部， 島後部	MRI
Barquero et al.	2010	J Neurol	53 歳 女性 右利き	音楽評論家， ピアニスト	前頭側頭型 認知症	両側前頭葉・側 頭葉の萎縮 （左＞右）	MRI
Hochman & Abrams	2014	J Stroke Cerebrovas Dis	61 歳 男性 右利き	なし （検眼士）	脳梗塞	右側頭頭頂葉〜 島	MRI
Baird et al.	2014	Cortex	JM. 18 歳 男性 右利き	ピアノとドラムの レッスン	低悪性乏突起 神経膠腫	右側頭頭頂部， 悪性腫瘍術後	MRI
永吉他	2017	Brain and Nerve	66 歳 女性 右利き	20 歳代に数年間 電子オルガンの レッスン	皮質下出血	右上側頭回後部 〜角回の皮質下	CT/MRI

MCA：中大脳動脈，AVM：動静脈奇形，WAIS-R：改訂版ウェクスラー成人知能検査，
VIQ：言語性知能指数，PIQ：動作性知能指数，TIQ：総知能指数，WMS：ウェクスラー記憶検査

第５章　音楽の知覚

主訴	音楽関連の所見	失音楽症の下位分類	その他の所見	補記
オルガンの演奏障害	歌唱やリズム再生は可能。オルガンでメロディやそのリズムパターンを弾けない。楽器や音楽のタイプは分かる	表出性（楽器性失音楽）	左手にごく軽度の立体覚失認	病前から楽譜の読み書きはできない
民謡がうまく歌えない	民謡の認知は良好。Seashore test で tonal memory が軽度低下していた他は正常。歌唱はピッチが不正確，伴奏が入ると改善	表出性（歌唱性失音楽）	なし	音楽的背景は邦楽であり，その他の西洋音楽を背景とする例と同様に考えてよいかは不明
馴染みの曲が分からず歌えない	リズム認知は正常。馴染みの曲の認知・メロディの輪郭とピッチ間隔・楽器の種類の認知の障害。言語のプロソディの認知の障害	受容性＋表出性	嗅覚障害。WAIS-R：VIQ 103, PIQ 94, TIQ 98 WMS 103	CT 画像が不鮮明で論文の画像からの病変部位の同定が困難
音楽的でなく音が全部同じに聞こえる。歌は叫び声のように聞こえる	馴染みのメロディの認知の障害。Bentley's test で tonal memory の障害。リズムの認知と再生は正常。ギターの演奏障害（詳細不明）	受容性＋表出性	知能・言語・記憶・構成・前頭葉機能に異常なし	ギターの演奏障害の具体的内容についての記載がない
知っている音楽が分からない。歌が音痴に聞こえる	馴染みのメロディの認知と正誤判定の障害。Seashore test で tonal memory の障害，リズム弁別は正常。和音の異同弁別の障害。既知の曲の歌唱でのメロディの入れ替わり	受容性＋表出性	トークンテスト 164/167。環境音認知正常。失語・失行・記憶障害なし	既知の同様の歌唱時に途中でメロディが他の曲に入れ替わる（錯メロディ paramelodia）
うまく歌えずプロ歌手としてやっていけない	Seashore test ですべてで低下（特に音色，音量，ピッチ弁別），半音の違いも分からない。歌唱ではピッチを維持できず上／下にずれていく	受容性＋表出性	WAIS-R：VIQ 103, PIQ 98, 失語・失行・記憶障害なし	特になし
次第に演奏の質の評価ができなくなってきた	ピアノは弾けるが自分の演奏の質が分からない。プロと初心者の演奏の優劣を判断できない。メロディ・ピッチ・メロディ内の間違い・リズム・拍子の認知は正常。楽譜の読み書きは可能	音楽の美的評価の障害	神経学的・神経心理学的検査は正常	うつを伴うが，著者はうつでは説明不可能と判断
馴染みの歌がうまく歌えない	長年上手に唄ってきたクラシック・ロックの歌が，カーラジオに合わせて歌ったら調子外れになっていた	表出性（歌唱性失音楽）	なし	音楽能力や神経心理検査は詳しくは調べられていない
音楽が歪んでごちゃごちゃに聴こえる	MBEA でメロディ・リズムの障害。拍子は正常。馴染みの音楽の認知・悲しい／平和な音楽の同定の障害	受容性	なし	
歌がうまく歌えない	受容面では，MBEA でメロディは正常。リズムと拍子で低下。表出面では，ピッチとリズムの障害	受容性＋表出性	認知機能正常	

第 III 部　聴覚

表 5-5-2　PET を用いた音楽認知に関する賦活化実験の結果のまとめ

		報告者
ピッチ	左前頭葉	Zatorre et al. (1994)
	左楔状部 / 前楔状部	Platel et al. (1997)
リズム	左 Broca 野	Platel et al. (1997)
	小脳半球・虫部，右島前部，左帯状回前部	Jerde et al. (2011)
馴染みのメロディ想起	右前頭葉 (BA 10/47, 45)，右上側頭回，右補足運動野	Halpern & Zatorre (1999)
馴染みのメロディ聴取	両前頭葉内側面，左角回，左上／中側頭回後部	Platel et al. (2005)
	両側頭葉前部，両上側頭回後部，帯状回，海馬傍回	Satoh et al. (2006)
	左上側頭回，左中前頭回，両下前頭回	Groussard et al. (2010)
新規のメロディ聴取	右楔状部，両上頭頂小葉，両後頭葉外側面	Satoh et al. (2003)
	側頭葉前・後部，前頭葉内側面，下頭頂小葉，下前頭回	Satoh et al. (2011)
和音	側頭極	Satoh et al. (2001, 2003)
テンポ	両側二次感覚野，前頭葉弁蓋部，右島・被殻・視床	Stephan et al. (2002)
	島後部，中心後回	Thaut et al. (2014)
歌唱	右補足運動野，帯状回前部，**島前部，右上側頭回**	Perry et al. (1999)
	右上・中側頭回後部 (BA 21/22)，島，側座核，両側／背側前頭前野 (BA 8/9/10)，側頭葉内側面 (BA 37)	Jeffries et al. (2003)
	右中側頭溝，両側頭－後頭皮質	Saito et al. (2012)

※太字は純粋失音楽症 9 例の病巣の重ね合わせ（図 5-5-1）と共通の脳部位であることを示す。

表 5-5-3　fMRI を用いた音楽認知に関する脳賦活化実験の結果のまとめ

		報告者
ピッチ	Heschl 回，	Patterson et al. (2002)
	両側頭平面後部	Warren et al. (2003)
	Pitch chroma：両側 Heschl 回後部	Warren et al. (2003)
	上側頭回，縁上回，頭頂葉上部	Gaab & Schlaug (2003)
リズム	左下前頭回 (BA 44/45)	Bengtsson & Ullén (2006)
	規則的…両側偏桃体，脳梁膨大後部領域	Pallesen et al. (2005)
	同　　…基底核，SMA	Grahn & Brett (2007)
メロディ	上側頭回	Patterson et al. (2002)；Bengtsson & Ullén (2006)
	馴染み…左上側頭回前部	Schmithorst & Holland (2003)
	右上側頭溝	Peretz et al. (2009)
	左聴覚連合野	Kraemer et al. (2005)
	右シルビウス裂周囲言語野（含む Broca 野，縁上回），両側海馬	Schmithorst & Holland (2003)
和音	両下頭頂小葉，下後頭回，紡錘状回，舌状回，楔前部	Schmithorst & Holland (2003)
	不協和音…両側偏桃体，脳梁膨大後部領域	Pallesen, et al. (2005)
	協和音…右側頭平面 (BA 22)	Passynkova et al. (2005)
和声進行	Broca 野，Wernicke 野，左 Heschl 回，両側頭平面	Koelsch, et al. (2002)
	期待外れの進行…両尾状核頭	Seger et al. (2013)
情動（悲しい）	両側偏桃体，海馬，側頭極	Koelsch et al. (2005)
	右偏桃体，海馬	Eldar et al. (2007)

※太字は純粋失音楽症 9 例の病巣の重ね合わせ（図 5-5-1）と共通の脳部位であることを示す。

第5章 音楽の知覚

表5-5-4 MEGを用いた音楽認知に関する脳賦活化実験の結果のまとめ

		報告者
和声進行	調性から外れた和音の検出…右Broca野	Maess et al.（2001）
メロディ	フレーズ…前・後部帯状回，内側側頭葉後部	Knösche et al.（2005）

表5-5-5 NIRSを用いた音楽認知に関する脳賦活化実験の結果のまとめ

		報告者
和音	前頭葉	Daikoku et al.（2012）
ピッチ	右前頭前野	Jeong & Ryu（2016）
音色	左前頭前野	Jeong & Ryu（2016）

ら，使用機器や手法による制限を受ける。音楽の脳内認知機構の研究においては，それぞれの研究結果は尊重しつつ，複数のアプローチを通した多面的な検討が重要である。

（佐藤 正之）

5・6 音楽の感性情報

5・6・1 音楽と感情

音楽は感情の言語といわれる（Corrigall & Schellenberg, 2013）。実際，われわれが音楽を魅力的に感じる要因の一つに，感情の体験があるだろう。また，音楽家や音楽学生は，音楽を演奏する際に感情表現を重視していることも示されている（Juslin, 2005）。音楽が何を表現しているか，あるいは音楽の意味は何かという議論はあるものの，音楽において感情や感性は重要な役割を果たしている。

音楽を聴いてある感情を感じるという場合，二通りある。音楽を聴いてそれにどのような感情を知覚するかということと（perceived emotion），音楽によってどのような感情が生起するかということである（felt emotion）。たとえば，ある曲を聴いて，それが悲しみを表現した曲とわかることと，自身が悲しくなることの違いである。これら二つは同じこともあれば異なることもある。悲しみを表現した曲を聴いて，心地よさを感じることがあるのが一例である（Huron, 2011）。

音楽の演奏と聴取はコミュニケーションのプロセスと見なすことができる。演奏者は自身の表現や意図を音響情報に記号化し，聴取者はその音響情報か

ら感情を判断する。Juslin（2005）は，Shannon & Weaver（1949）の情報伝達モデルをもとに，作曲者・演奏者・聴取者の間で，感情が伝達されるプロセスを表した。具体的には，作曲者は記譜により表現の意図を表し，それを演奏者が復号化し，さらに自身の意図をもとに音響情報で表現する。最後に，聴取者はその音響情報を知覚し，感情反応が起こる，というプロセスである。また，Juslin（2005）は，感情伝達に関する拡張レンズモデル（extended lens model）も提案した。そこでは，聴取者が音楽に含まれるさまざまな音響的特徴によって感情を判断するしくみについて説明されている。具体的には，音の高さや旋律進行，旋法などは作曲者がコントロールし，テンポや音の大きさ，アーティキュレーションは演奏者によって決定される，というものである。このモデルでは，重回帰分析によりどのような音響的な特徴が，どの程度感情の判断に影響しているかを検討することができる。Hargreaves et al.（2005）は，感情的な反応に加えて，個人差や社会的文脈なども含む，相互フィードバックモデル（reciprocal feedback model）を提唱した。このモデルの特徴は，個人の年齢やパーソナリティ，演奏状況などの多様な要素が相互に絡み合いながら，音楽のコミュニケーションを説明することである。

演奏家の表現した感情は，聴き手によく伝わることが知られている。プロの演奏者はそうでない演奏者に比べて，音楽を他者とのコミュニケーションの手段や，感情体験のチャネルと見なすことが指摘されている（Burland & Davidson, 2004）。また，音楽学生にとって表現（expressivity）とは，感情の伝達であると見なされている（Lindström et al., 2003）。

1113

Gabrielsson & Juslin (1996) の実験では，同一のメロディをバイオリンやフルートで異なる感情表現（喜び・悲しみ，など）を意図して演奏し分け，聴取者が判断した。その結果，聴取者の判断は，演奏者の意図とほぼ一致した。すなわち，演奏者が喜びの表現を意図して行った演奏は，他の感情表現を意図して行った演奏とメロディが同じであるにもかかわらず，聴取者にも喜びの演奏と判断された。このような傾向は，幼児を対象とした研究（Yamasaki, 2004）にも当てはまっていた。また，聴取者は優しさと悲しみの演奏については区別がつけにくいことや，女性のほうが男性より明確に判断できること（たとえば，喜びを意図した演奏を，明確に喜びと判断する）など，音声で表現された場合と共通する特徴がみられた。

演奏者の表現は，演奏の音響的特徴に反映され，聴取者はそれを手がかりとして感情を感じる。演奏に含まれる音響的特徴としては，テンポや音の大きさ，音色，アーティキュレーションなどが含まれる。Juslin & Timmers (2010) は，演奏を通じた感情伝達で用いられる音響的な手がかりと5種類の感情（喜び・悲しみ・恐れ・怒り・優しさ）との対応について，さまざまな先行研究をまとめた（図5-6-1）。たとえば，喜びの表現は，平均テンポの速さや，スタッカート，テンポの変動の小ささ，音圧が高いことなどの特徴がある。一方，悲しみの表現では，平均テンポの遅さ，鈍い音色，タイミングの変動の大きさ，音圧が小さいことなどの特徴が挙げられる。彼らは5種類の感情を快−不快（positive valence-negative valence），高い活動性−低い活動性（high activity-low activity）の2次元上でも表現し，音響的な特徴の変化に伴って演奏表現がこの平面上で連続的に変化することを示唆している。つまり，特定の音響的特徴と各次元の関係（たとえば，高い活動性のほうが低い活動性に比べてテンポが速いこと）などもみてとれる。

感情の伝わりやすさには，個人差も影響する。Vuoskoski et al. (2012) は，音楽によって喚起される感情と性格の関係について検討し，開放性や共感性と，音楽によって喚起される悲しみの感情の強さ

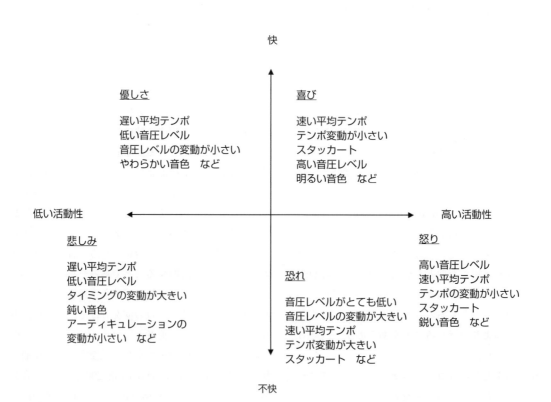

図5-6-1 感情表現と音響特徴の関連（Juslin & Timmers, 2010より一部改変）

に相関があることを示唆した。また，共感性の高い人は，悲しい音楽や優しい音楽をより好みやすいという結果もある（Eerola & Vuoskoski, 2013）。

われわれは，音楽聴取によって強い感情（strong experience：感動に類するものと思われる）も感じることがある。Gabrielsson（2010）は，音楽を聴いたときに生じる強い感情について，生理的，行動的，認知的等の側面から検討した。生理的な反応として最も一般的なのは，涙を流すことであり，続いてスリル（ゾクゾク感や鳥肌）であった。行動的な反応としては，飛び跳ねたり叫んだりするものと，反対にじっとするような行動の2種類が報告された。知覚的な反応では，没入感や自分をコントロールできない感覚などが挙げられた。このような体験で感じられる感情は，喜びや平穏などのポジティブなものが多いものの，憂鬱や疲労感などのネガティブな感覚も報告された。

強い感情には，特定の音響的な要因が影響することも知られている。強い感情が生起する要因には，個人の聴取時の状態や聴取環境が影響しているものの，テンポや音圧などの音響的要因も影響していることが指摘されている。たとえば，涙を流すような反応は，メロディックな前打音により生起することが多く，ゾクゾク感や鳥肌は予期しない和声の出現との関係がみられ，ドキドキ感はシンコペーションとの関係がみられた（Sloboda, 1991）。Nagel et al.（2008）は，鳥肌の生起する個所では，920-4400 Hzの周波数成分の音が大きくなっていることを見いだした。これらの結果は，音楽に含まれる局所的な音響的特徴が，生理的な反応に結びついていることを示唆している。このような強い感情と身体的・生理的反応の関係では，鳥肌と皮膚発汗の関係や，心拍数，呼吸，皮膚の温度などが検討されている（森・岩永，2014）。また，Salimpoor et al.（2011）は，強い感情体験と脳活動の関係について検討し，ドーパミンの放出と身体的な反応（ゾクゾク感）の関係を示した。

5・6・2　音楽による身体の動きとグルーヴ

音楽を聴いて頭を振ったり，指先やつま先などをリズムに合わせて動かした経験のある人も多いだろう。このような音楽聴取によって身体の動きが引き込まれる現象は，すでに幼児期からみられる。Zentner & Eerola（2010）が，月齢5-24か月の乳児・幼児を対象とした実験では，乳児・幼児が，音楽やドラムの演奏などのリズミックな音，発話などを聴いているときの動きが計測された。その分析によれば，音楽などを聴いているときには，発話聴取時に比べリズミックな動作が増えること，リズムに合わせて動くことと，笑顔の表出に関連があった。このような音楽と身体の動きの関係は，脳における聴覚系と運動系の連絡に関係することが指摘されている（Nombela et al., 2013）。なお，人以外の動物でも音楽（のビート）に合わせて動く動物がある。たとえば，オウム（Patel et al., 2009）やカリフォルニアアシカ（Cook et al., 2013）などが，音楽に合わせて身体を動かせることが確認されている。これらの乳幼児や人以外の動物から得られた知見は，音楽と身体動作の関わりが原初的・根源的なものであることを示唆している（Honing et al., 2015）。

音楽聴取により身体を動かしたくなる感覚はグルーヴ（groove）といわれ（Madison, 2006），近年多くの研究が進められている。グルーヴは日本語のノリに近い概念である（Kawase & Eguchi, 2010）。グルーヴはさまざまな音楽的要素によって生起する。Witek et al.（2014）は，ドラムのリズムパターンのシンコペーション（弱拍と強拍をつなぐようなリズム）の度合いをさまざまに変えた刺激を使った聴取実験で，中程度のシンコペーションのとき，最もグルーヴが生起することを示した。また，音響情報に含まれる周期的な情報（たとえばビート）がはっきりしていることや特定の時間単位で発生する音の多さ（Madison et al., 2011），音楽に含まれる周波数成分の中でも特に低周波成分が多いこと（Stupacher et al., 2016），最適なテンポ（Etani et al., 2018）などもグルーヴに影響する。また，楽器どうしの音のずれもグルーヴをもたらすといわれている（Kilchenmann & Senn, 2015）。しかし，楽器間のずれがないほうがグルーヴがあるという知見もあり，意見が分かれている（Frühauf et al., 2013）。

グルーヴの特徴の一つには，楽しさ（pleasure, enjoyment）を伴うことも示唆されている。さまざ

まな楽曲を用いた聴取実験では，グルーヴの評定と楽しさの評定に正の相関がみられ（Janata et al., 2012），中程度のシンコペーションのときにグルーヴとともに楽しさを感じることが示された（Witek et al., 2014）。Janata et al.（2012）は，グルーヴと自律的で快感情を伴う没我状態などとして特徴づけられるフロー（flow）（Csikszentmihalyi, 1990）に近い関係があることを示唆している。

　グルーヴ以外でも，ある種の音響的特徴が，身体動作の特定の側面に影響することも明らかにされている。Burger et al.（2013）は，音楽に合わせて身体を動かす際の動作を計測し，リズムの明確さは体の重心の速度などと，低周波成分は頭部の動きと関係することを示唆した。Van Dyck et al.（2013）は，ダンス音楽のバスドラムの音の大きさを変えたときの身体の動きを計測し，バスドラムの音が大きいほうがより活発に動き，テンポへの引き込み（entrainment）も起こることを示した。

　このような音楽やリズムが身体の動きに与える影響を，リハビリや運動などに活かす試みも増えている。たとえば，音楽が歩行困難のサポートになる可能性を示唆した研究などは（Nombela et al., 2013），音楽知覚が身体動作に応用できる証左であろう。

5・6・3　音楽的表現と音響的特徴の関係

　音楽の演奏表現には，感情だけでなく，強弱などの音響的な要素も含まれる。そのような強弱記号やクレッシェンドなども，聴取者によく伝わることが明らかにされている。Nakamura（1987）の実験は，バイオリンやリコーダーの奏者がクレッシェンドや音の強弱（ƒやp）を表現した際に，聴取者は演奏者の意図と同じように判断したことを示した。ところが，演奏者の意図と音響的な特徴の関係はそれほど明確ではなかった。たとえば，同じ演奏者が一つの曲を演奏する際に，同じ強度記号であっても曲中の異なる箇所で 20 dB ほど差があることもあり，なかには，ƒより大きいpなどもみられた。これらの音の物理的性質にもかかわらず，聴取者が正確に演奏者の意図に沿った判断ができたのは，対比の効果を用いているためだと考えられる。すなわち，ƒやpは，曲中での絶対的な音の大きさを表すものではなく，

その前後に対する相対的な音の大きさを表すものと考えられる。

5・6・4　合奏

　音楽演奏では，他者と一緒に合奏することも多い。合奏ではほんのわずかなずれさえ失敗と見なされるほどの厳密な協調が演奏中ずっと続く（Young & Colman, 1979）。このような精緻な協調を実現するには，音の情報が重要な手がかりとなる。Keller et al.（2007）は，ピアニストが，自身または他者の録音した演奏と合奏する際の，音のずれを計測した。その結果，ピアニストは，自身の録音と演奏するほうが，ずれの小さな演奏ができることが示された。このことは，合奏でずれの小さい演奏をするためには，共演者の演奏をシミュレートし，演奏プランを共有することが重要であることを示唆している。

　合奏の音のずれに関しては，特徴的な現象も知られている。Rasch（1979）は，合奏の主旋律パートが他のパートに比べて数 ms 先行して発音していることを観察した（melody lead：旋律先行）。これには，主旋律を明瞭に聞こえさせる効果があるといわれている。また，タッピングなどの研究では，規則的な刺激音に同期するような課題の場合，人の打叩は刺激音よりもわずかに先行する（Repp & Su, 2013）。なお，このときのずれは，音楽的な訓練を受けた人は一般の人よりも小さかった。

　合奏のタイミングを合わせる機序として，auditory imagery の重要性も指摘されている。合奏で共演者とのずれを小さくするには，共演者の発音タイミングの予期が必要である。auditory imagery は，聴覚におけるイメージ（imagery）のことで，聴覚的体験の内的な感覚である。これは，音の基礎的な側面（ピッチや音色）だけでなく，音の集合としての音楽的要素（旋律やテンポ）についても当てはまる（Hubbard, 2010）。共演者と合わせるには，先行する音列から次にくる音の発音時刻を予期せねばならず，このような anticipatory auditory imagery が重要になるのである（Keller & Appel, 2010）。

　合奏で発音タイミングを同期させるためには，音以外の手がかりも重要になる。Keller & Appel（2010）はピアノデュオを対象とした実験を行い，上

体の動きと演奏者どうしの音の同期に関連があることを示した。また，指揮者と合唱を対象とした実験では，指揮者の身体動作の特定の軌道と合唱の音が同期していた（Luck & Toiviainen, 2006）。ピアノデュオを対象にした研究でも，同期箇所の直前で互いの動きを見合うことが，演奏の同期に寄与していた（Kawase, 2014）。

　近年，合奏における演奏者の認知プロセスも検討されている。身体動作との関連では，音楽に関する活動やその結果としての音によって，演奏時と同様の脳活動が生起すること（action simulation）が指摘されている（Keller, 2012）。特に合奏では共演者の行動も心的に実行すること（action corepresentation）が知られている（Loehr & Palmer, 2011）。合奏では，これらの認知的なプロセスを利用して，互いに音を合わせていると考えられる。

5・6・5　音楽鑑賞における聴覚と視覚の関係

　コンサートや映像作品などでは，鑑賞者は音だけでなく，演奏者の視覚情報も受け取る。音楽の認知における演奏者の視覚情報の影響は，2000年代まであまり検討されてこなかったものの，近年の研究で明らかにされている（Platz & Kopiez, 2012）。身体動作の影響を調べた Davidson（1993）の実験では，バイオリニストが「無表情／通常通り／誇張」の3種類で演奏し分け，視聴者が，「音のみ／音＋関節につけたマーカ／マーカのみ」の3条件で演奏の表情の大きさを評定した。その結果，最も表現が区別されていたのは，マーカのみの刺激であった。ほかにも，マリンバ演奏の実験では，演奏者の感情表現が視覚情報により意図どおりに伝達されていた（Dahl & Friberg, 2007）。演奏者の表情も，感情判断に影響する。Ohgushi & Hattori（1996）は，声楽家が同じ曲を異なる感情表現で歌唱し分けた「音のみ／映

像のみ／音＋映像」を刺激とした。それを視聴した参加者が感情表現を判断したところ，音＋映像で最もうまく感情を判断できた。一方，音のみでは各感情の十分な判別ができなかった（大串, 2000）。

　音程などのより基礎的な音楽的判断においても，視覚情報は強く影響する。Thompson et al.（2010）は，歌手の表情が歌唱における音程の判断に影響するか検討した。歌手が異なる音程で歌唱する様子を刺激として，視聴者が音程を判断した。その結果，音声なしの歌手の表情のみからでも音程の判断はできていた。ほかにも，ギタリストの表情が，視聴者による演奏の協和・不協和感の判断にも影響することが示唆されている（Thompson et al., 2005）。視覚情報は，音の長さの知覚にも影響する。Schutz & Lipscomb（2007）のマリンバ奏者の実験では，長い音と短い音を打つときの映像が記録された。その映像と音との組み合わせを呈示したところ，長い音を打つときの映像をつけた刺激の音は長く，短い音を打つときの映像をつけたときの刺激は短く判断された。このような音楽鑑賞における視覚情報の影響の強さは，複数の研究のメタ分析でも示されている（Platz & Kopiez, 2012）。一方，音のほうが視聴者の知覚に影響することも示されている。ドラムとサックスの演奏に対する感情の判断では，聴覚情報のほうが視覚情報よりも判断への影響が大きかった（Petrini et al., 2010）。また，声楽デュオを対象とした実験では，それぞれの歌手の歌唱パート（ソプラノ・アルト）が，それらの歌手への視線量に影響しており，歌唱パートと視覚的注意に関連があることが示唆された（Kawase & Obata, 2016）。この他にも，音楽鑑賞における演奏者の視覚情報（服装や外見など）と聴覚情報の関係は，多くの研究で検討されている（河瀬, 2015）。

（河瀬　諭）

第 III 部　聴覚

文献

(5・1)

Bharucha, J. J. (1996). Melodic anchoring. *Music Perception, 13*(3), 383–400. [doi: 10.2307/40286176]

Chen, A., Stevens, C. J., & Kager, R. (2017). Pitch perception in the first year of life, a comparison of lexical tones and musical pitch. *Frontiers in Psychology, 8*, 297. [doi: 10.3389/fpsyg.2017.00297]

Chouard, C. H., & Sposetti, R. (1991). Environmental and electrophysiological study of absolute pitch. *Acta Oto-Laryngologica, 111*(2), 225–230. [doi: 10.3109/00016489109137379]

Dooley, K., & Deutsch, D. (2010). Absolute pitch correlates with high performance on musical dictation. *Journal of the Acoustical Society of America, 128*(2), 890–893. [doi: 10.1121/1.3458848]

Heald, S. L., Van Hedger, S. C., & Nusbaum, H. C. (2014). Auditory category knowledge in experts and novices. *Frontiers in Neuroscience, 8*, 260. [doi: 10.3389/fnins.2014.00260]

Hedger, S. C., Heald, S. L., & Nusbaum, H. C. (2013). Absolute pitch may not be so absolute. *Psychological Science, 24*(8), 1496–1502. [doi: 10.1177/0956797612473310]

Hsieh, I. H., & Saberi, K. (2007). Temporal integration in absolute identification of musical pitch. *Hearing Research, 233*(1-2), 108–116. [doi: 10.1016/j.heares.2007.08.005]

Itoh, K., Sakata, H., Kwee, I. L, & Nakada, T. (2017). Musical pitch classes have rainbow hues in pitch class-color synesthesia. *Scientific Reports, 7*(1), 17781. [doi: 10.1038/s41598-017-18150-y]

Jacoby, N., Undurraga, E. A., McPherson, M. J., Valdés, J., Ossandón, T., & McDermott, J. H. (2019). Universal and non-universal features of musical pitch perception revealed by singing. *Current Biology, 29*(19), 3229–3243. [doi: 10.1016/j.cub.2019.08.020]

Kim, S., Blake, R., Lee, M., & Kim, C. Y. (2017). Audio-visual interactions uniquely contribute to resolution of visual conflict in people possessing absolute pitch. *PLoS ONE, 12*(4), e0175103. [doi: 10.1371/journal.pone.0175103]

Kirchberger, M. J., & Russo, F. A. (2015). Development of the adaptive music perception test. *Ear and Hearing, 36*(2), 217–228. [doi: 10.1097/AUD.0000000000000112]

Lau, B. K., Lalonde, K., Oster, M. M., & Werner, L. A. (2017). Infant pitch perception: Missing fundamental melody discrimination. *Journal of the Acoustical Society of America, 141*, 65. [doi: 10.1121/1.4973412]

McLachlan, N. M., Marco, D. J., & Wilson, S. J. (2013). Pitch and plasticity: Insights from the pitch matching of chords by musicians with absolute and relative pitch. *Brain Sciences, 3*(4), 1615–1634. [doi: 10.3390/brainsci3041615]

McPherson, M. J., Dolan, S. E., Durango, A., Ossandon, T., Valdés, J., Undurraga, E. A., ... McDermott, J. H. (2020). Perceptual fusion of musical notes by native Amazonians suggests universal representations of musical intervals. *Nature Communications, 11*, 2786. [doi: 10.1038/s41467-020-16448-6]

宮崎 謙一　(1994). 音楽的高さの知覚　大山 正・今井 省吾・和氣 典二（編）　新編 感覚・知覚心理学ハンドブック（pp. 1096–1101）　誠信書房

Ross, D. A., Gore, J. C., & Marks, L. E. (2005). Absolute pitch: Music and beyond. *Epilepsy & Behavior, 7*(4), 578–601. [doi: 10.1016/j.yebeh.2005.05.019]

Tervaniemi, M., Just, V., Koelsch, S., Widmann, A., & Schröger, E. (2004). Pitch discrimination accuracy in musicians vs nonmusicians: An event-related potential and behavioral study. *Experimental Brain Research, 161*, 1–10 [doi: 10.1007/s00221-004-2044-5]

Van Hedger, S. C., Heald, S., & Nusbaum, H. C. (2019). Absolute pitch can be learned by some adults. *PLoS ONE, 14*(9), e0223047. [doi: 10.1371/journal.pone.0223047]

Vanzella, P., & Schellenberg, E. G. (2010). Absolute pitch: Effects of timbre on note-naming ability. *PLoS ONE, 5*(11), e15449. [doi: 10.1371/journal.pone.0015449]

(5・2)

Bertin-Mahieux, T., Ellis, D. P. W., Whitman, B., & Lamere, P. (2011). The million song dataset. *Proceeding of the*

International Society for Music Information Retrieval（ISMIR），591-596.

Biamonte, N. (2010). Triadic modal and pentatonic patterns in rock music. *Music Theory Spectrum, 32*(2), 95-110.〔doi: 10.1525/mts.2010.32.2.95〕

Burgoyne, J. A., Wild, J., & Fujinaga, I. (2011). An expert ground-truth set for audio chord recognition and music analysis. *Proceedings of the 12th International Society for Music Information Retrieval Conference*, 633-638.

Clercq, T. D., & Temperley, D. (2011). A corpus analysis of rock harmony. *Popular Music, 30*, 47-70.〔doi: 10.1017/S026114301000067X〕

Dubois, T. (1921). *Traité d'Harmonie Théorique et Pratique*. Heugel.
（平尾 貴四男（訳）（1978）．和声学──理論篇　音楽之友社）

Emura, N., Miura, M., & Yanagida, M. (2008). A modular system generating Jazz-style arrangement for a given set of a melody and its chord name sequence. *Acoustical Science and Technology, 29*(1), 51-57.〔doi: 10.1250/ast.29.51〕

Fux, J. J. (1725). Gradus Ad Parnassum sive manuductio ad compositionem musicae regularem: Methodo nova, ac certa, nondum ante tam exacto ordine in lucem edita.

Hindemith, P. (1949). *Aufgaben für Harmonie-Schüler*. B. Scott's & Söhne.

Loui, P., Grent, T., Torpey, D., & Woldorff, M. (2005). Effects of attention on the neural processing of harmonic syntax in Western music. *Cognitive Brain Research, 25*(3), 678-687.〔doi: 10.1016/j.cogbrainres.2005.08.019〕

Loui, P., Wu, E. H., Wessel, D. L., & Knight, R. T. (2009). A generalized mechanism for perception of pitch patterns. *Journal of Neuroscience, 29*, 454-459.〔doi: 10.1523/JNEUROSCI.4503-08.2009〕

三浦 雅展・櫻井 美緒・江村 伯夫（2014）．ポピュラー音楽における和音進行デザイン　日本音響学会 2014 年秋季研究発表会資料，1653-1656.

三浦 雅展・下石 坂徹・斉木 由美・柳田 益造（2001）．和声学におけるバス課題についての回答確認システムの構築とその評価　電子情報通信学会論文誌，*J84-D2*(6)，936-945.

三浦 雅展・山田 真司・柳田 益造（2003）．四声体和声の音楽美を評価するシステム"MAESTRO"　日本音響学会誌，*59*(3)，131-140.〔doi: 10.20697/jasj.59.3_131〕

三浦 雅展・柳田 益造（2004）．ソプラノ課題の全許容解列挙システムの構築　日本音響学会誌，*60*(3)，105-114.〔doi: 10.20697/jasj.60.3_105〕

Moss, F. C., Neuwirth, M., Harasim, D., & Rohrmeier, M. (2019). Statistical characteristics of tonal harmony: A corpus study of Beethoven's string quartets. *PLoS ONE, 14*(6), e0217242.〔doi: 10.1371/journal.pone.0217242〕

Neuwirth, M., Harasim, D., Moss, F. C., & Rohrmeier, M. (2018). The Annotated Beethoven Corpus (ABC): A dataset of harmonic analyses of all Beethoven string quartets. *Frontiers in Digital Humanities, 5*(16).〔doi: 10.3389/fdigh.2018.00016〕

Nobile, D. (2016). Harmonic function in rock music: A syntactical approach. *Journal of Music Theory, 60*(2), 149-180.〔doi: 10.1215/00222909-3651838〕

Piston, W. (1941). *Harmony*. Norton.

Rameau, J. P. (1722). *Traité de l'harmonie, Réduite à Ses Principes Naturels*. Imp. de J.-B.-C. Ballard.

櫻井 美緒・桑原 浩志・三浦 雅展（2014）．ポピュラー音楽に用いられるコード進行の時代変遷についての一考察　日本音響学会音楽音響研究会資料，*MA2013-61*，29-34.

Serrà, J., Corral, A., Boguñá, M., Haro, M., & Ll Arcos, J. (2012). Measuring the evolution of contemporary western popular music. *Scientific Reports, 2*, 521.〔doi: 10.1038/srep00521〕

島岡 譲（執筆責任）（1964）．和声　理論と実習 I　音楽之友社

島岡 譲（執筆責任）（1965）．和声　理論と実習 II　音楽之友社

島岡 譲（執筆責任）（1966）．和声　理論と実習 III　音楽之友社

島岡 譲（執筆責任）（1967）．和声　理論と実習別巻：課題の実施　音楽之友社

Suguro, A., & Miura, M. (2017). Chord label estimation for musical acoustic signal using extended PCP with chord progression model. *Proceedings of the 6th Conference of the Asia-Pacific Society for the Cognitive Sciences of Music*, 139.

第 III 部　聴覚

Théodore, D. (1921). *Réalisations des Basses et Chants du Traité d'harmonie*. Heugel.

Tillmann, B., & Marmel, F. (2013). Musical expectations within chord sequences: Facilitation due to tonal stability without closure effects. *Psychomusicology: Music, Mind, and Brain, 23*(1), 1-5. [doi: 10.1037/a0030454]

(5・3)

阿部 純一　(1987)．旋律はいかに処理されるか　波多野 誼余夫（編）　音楽と認知（pp. 41-68）　東京大学出版会

阿部 純一　(2008)．音楽認知　西川 泰夫・阿部 純一・仲 真紀子（編）　認知科学の展開（pp. 238-260）　放送大学教育振興会

Abe, J., & Hoshino, E. (1990). Schema driven properties in melody cognition: Experiments on final tone extrapolation by music experts. *Psychomusicology, 9*, 161-172. [doi: 10.1037/h0094149]

Abe, J., & Okada, A. (2004). Integration of metrical and tonal organization in melody perception. *Japanese Psychological Research, 46*, 298-307. [doi: 10.1111/j.1468-5584.2004.00262.x]

Bharucha, J. J. (1987). Music cognition and perceptual facilitation: A connectionist framework. *Music Perception, 5*, 1-30. [doi: 10.2307/40285384]

Castellano, M. A., Bharucha, J. J., & Krumhansl, C. L. (1984). Tonal hierarchies in the music of North India. *Journal of Experimental Psychology: General, 113*, 394-412. [doi: 10.1037/0096-3445.113.3.394]

Cohen, A. J., Thrope, L. A., & Trehub, S. E. (1987). Infants' perception of musical relations in short transposed tone sequences. *Canadian Journal of Psychology, 41*, 33-47. [doi: 10.1037/h0084148]

Corrigall, K. A., & Trainor, L. J. (2010). Musical enculturation in preschool children: Acquisition of key and harmonic knowledge. *Music Perception, 28*, 195-200. [doi: 10.1525/mp.2010.28.2.195]

Dawson, M. R. (2018). *Connectionist Representations of Tonal Music: Discovering Musical Patterns by Interpreting Artificial Neural Networks*. University of British Columbia Press.

Drake, C., Penel, A., & Bigand, E. (2000). Tapping in time with mechanically and expressively performed music. *Music Perception, 18*, 1-23. [doi: 10.2307/40285899]

後藤 靖宏　(1998)．リズム知覚過程の認知科学的研究　北海道大学大学院文学研究科博士論文　[http://hdl.handle.net/2115/51462]

後藤 靖宏・阿部 純一　(1996)．拍子解釈の基本的偏好性と漸進的確立　音楽知覚認知研究, *2*, 38-47.

Hannon, E. E., Soley, G., & Levine, R. S. (2011). Constraints on infants' musical rhythm perception: Effects of interval ratio complexity and enculturation. *Developmental Science, 14*, 865-872. [doi: 10.1111/j.1467-7687.2011.01036.x]

Hannon, E. E., Soley, G., & Ullal, S. (2012). Familiarity overrides simplicity in rhythmic pattern perception: A cross-cultural examination of American and Turkish listeners. *Journal of Experimental Psychology: Human Perception and Performance, 38*, 543-548. [doi: 10.1037/a0027225]

Hannon, E. E., & Trainor, L. J. (2007). Music acquisition: Effects of enculturation and formal training on development. *Trends in Cognitive Science, 11*, 466-472. [doi: 10.1016/j.tics.2007.08.008]

Hannon, E. E., & Trehub, S. E. (2005a). Metrical categories in infancy and adulthood. *Psychological Science, 16*, 48-55. [doi: 10.1111/j.0956-7976.2005.00779.x]

Hannon, E. E., & Trehub, S. E. (2005b). Tuning in to musical rhythms: Infants learn more readily than adults. *Proceedings of the National Academy of Sciences, 102*, 12639-12643. [doi: 10.1073/pnas.0504254102]

Hannon, E. E., Vanden Bosch der Nederlanden, C. M., & Tichko, P. (2012). Effects of perceptual experience on children's and adults' perception of unfamiliar rhythms. *Annals of the New York Academy of Sciences, 1252*, 92-99. [doi: 10.1111/j.1749-6632.2012.06466.x]

Hargreaves, D., & Lamont, A. (2017). *The Psychology of Musical Development*. Cambridge University Press.

星野 悦子・阿部 純一　(1984)．メロディ認知における"調性感"と終止音導出　心理学研究, *54*, 344-350. [doi: 10.4992/jjpsy.54.344]

Kessler, E. J., Hansen, C., & Shepard, R. N. (1984). Tonal schemata in the perception of music in Bali and in the West. *Music Perception, 2*, 131-165. [doi: 10.2307/40285289]

Koelsch, S. (2012). *Brain & Music*. Wiley-Blackwell.

Koelsch, S., Fritz, T., Schulze, K., Alsop, D., & Schlaug, G. (2005). Adults and children processing music: An fMRI study. *NeuroImage, 25*, 1068-1076. [doi: 10.1016/j.neuroimage.2004.12.050]

Koelsch, S., Gunter, T., Friederici, A. D., & Schröger, E. (2000). Brain indices of music processing: "Nonmusicians" are musical. *Journal of Cognitive Neuroscience, 12*, 520-541. [doi: 10.1162/089892900562183]

小泉 文夫 (1984). 歌謡曲の構造 冬樹社

Krumhansl, C. L. (1990). *Cognitive Foundations of Musical Pitch*. Oxford University Press.

Krumhansl, C. L., & Keil, F. C. (1982). Acquisition of the hierarchy of tonal functions in music. *Memory & Cognition, 10*, 243-251. [doi: 10.3758/BF03197636]

Lamont, A., & Cross, I. (1994). Children's cognitive representations of musical pitch. *Music Perception, 12*, 27-55. [doi: 10.2307/40285754]

Lee, C. S. (1985). The rhythmic interpretation of simple musical sequence: Towards a perceptual model. In P. Howel, I. Cross, & R. West (Eds.), *Musical Structure and Cognition* (pp. 53-69). Academic Press.

Longuet-Higgins, H. C. (1987). *Mental Processes: Studies in Cognitive Science*. MIT Press. (Original work published 1971)

Longuet-Higgins, H. C., & Lee, C. S. (1982). The perception of musical rhythms. *Perception, 11*, 115-128. [doi: 10.1068/p110115]

Lynch, M. P., & Eilers, R. E. (1992). A study of perceptual development for musical tuning. *Perception & Psychophysics, 52*, 599-608. [doi: 10.3758/bf03211696]

Maess, B., Koelsch, S., Gunter, T. C., & Friederici, A. D. (2001). Musical syntax is processed in Broca's area: An MEG study. *Nature Neuroscience, 4*, 540-545. [doi: 10.1038/87502]

松永 理恵 (2018). Matsunaga & Abe (2012) の刺激音列に対する非熟達者の終止音反応データ（未発表） 神奈川大学

Matsunaga, R., & Abe, J. (2005). Cues for key perception of a melody: Pitch set alone? *Music Perception, 23*, 155-166. [doi: 10.1525/mp.2005.23.2.153]

Matsunaga, R., & Abe, J. (2012). Dynamic cues in key perception. *International Journal of Psychological Studies, 4*, 3-21. [doi: 10.5539/ijps.v4n1p3]

Matsunaga, R., Hartono, P., & Abe, J. (2015). The acquisition process of musical tonal schema: Implications from connectionist modeling. *Frontiers in Psychology, 6*, 1-13. [doi: 10.3389/fpsyg.2015.01348]

Matsunaga, R., Hartono, P., Yokosawa, K., & Abe, J. (2020). The development of sensitivity to tonality structure of music: Evidence from Japanese children raised in a simultaneous and unbalanced bi-musical environment. *Music Perception, 37*, 225-239. [doi: 10.1525/MP.2020.37.3.225]

Matsunaga, R., Yasuda, T., Johnson-Motoyama, M., Hartono, P., Yokosawa, K., & Abe, J. (2018). A cross-cultural comparison of tonality perception in Japanese, Chinese, Vietnamese, Indonesian, and American listeners. *Psychomusicology: Music, Mind, and Brain, 28*, 178-188. [doi: 10.1037/pmu0000219]

Matsunaga, R., Yokosawa, K., & Abe, J. (2012). Magnetoencephalography evidence for different brain subregions serving two musical cultures. *Neuropsychologia, 50*, 3218-3277. [doi: 10.1016/j.neuropsychologia.2012.10.002]

Matsunaga, R., Yokosawa, K., & Abe, J. (2014). Functional modulations in brain activity for the first and second music: A comparison of high- and low-proficiency bimusicals. *Neuropsychologia, 54*, 1-10. [doi: 10.1016/j.neuropsychologia.2013.12.014]

Morrongiello, B. A., & Roes, C. L. (1990). Developmental changes in children's perception of musical sequences: Effects of musical training. *Developmental Psychology, 26*, 814-820. [doi: 10.1037/0012-1649.26.5.814]

岡田 顕宏・阿部 純一 (1999). メロディの認識：拍節解釈と調性解釈を統合した計算モデル 長嶋 洋一・橋本 周司・平賀 讓・平田 圭二 (編) コンピュータと音楽の世界：基礎からフロンティアまで (pp. 199-215) 共立出版

Palmer, C., & Krumhansl, C. L. (1990). Mental representations for musical meter. *Journal of Experimental Psychology: Human Perception and Performance, 16*, 728-741. [doi: 10.1037/0096-1523.16.4.728]

Schmuckler, M. A., & Tomovski, R. (2005). Perceptual tests of an algorithm for musical key-finding. *Journal of Experimental Psychology: Human Perception and Performance, 31*, 1124-1149. [doi: 10.1037/0096-1523.31.5.1124]

第 III 部　聴覚

Smith, N. A., & Schmuckler, M. A. (2004). The perception of tonal structure through the differentiation and organization of pitches. *Journal of Experimental Psychology: Human Perception and Performance, 30*, 268–286. [doi: 10.1037/0096-1523.30.2.268]

Temperly, D., & Marvin, E. W. (2008). Pitch-class distribution and the identification of key. *Music Perception, 25*, 193–212. [doi: 10.1525/mp.2008.25.3.193]

Tillmann, B., Bharucha, J. J., & Bigand, E. (2000). Implicit learning of tonality: A self-organizing approach. *Psychological Review, 107*, 885–913. [doi: 10.1037/0033-295X.107.4.885]

Trainor, L. J., & Trehub, S. E. (1992). A comparison of infants' and adults' sensitivity to Western musical structure. *Journal of Experimental Psychology: Human Perception and Performance, 18*, 394–402. [doi: 10.1037/0096-1523.18.2.394]

Trainor, L. J., & Trehub, S. E. (1994). Key membership and implied harmony in Western tonal music: Developmental perspectives. *Perception & Psychophysics, 56*, 125–132. [doi: 10.3758/BF03213891]

Trehub, S. E., Cohen, A. J., Thrope, L. A., & Morrongiello, B. A. (1986). Development of the perception of musical relations: Semitone and diatonic structure. *Journal of Experimental Psychology: Human Perception and Performance, 12*, 295–301. [doi: 10.1037/0096-1523.12.3.295]

Yoshino, I., & Abe, J. (2004). Cognitive modeling of key interpretation in melody perception. *Japanese Psychological Research, 46*, 283–297. [doi: 10.1111/j.1468-5584.2004.00261.x]

(5・4)

Bååth, R. (2015). Subjective rhythmization: A replication and an assessment of two theoretical explanations. *Music Perception, 33*, 244–254. [doi: 10.1525/mp.2015.33.2.244]

Bengtsson, I., & Gabrielsson, A. (1983). Analysis and synthesis of musical rhythm. In J. Sundberg (Ed.), *Studies of Music Performance* (pp. 27–60). Publications issued by the Royal Swedish Academy of Music.

Bolton, T. (1894). Rhythm. *American Journal of Psychology, 6*, 145–238.

Bregman, A. S. (1990). *Auditory Scene Analysis: The Perceptual Organization of Sound*. MIT Press.

Cheatham, P. G., & White, C. T. (1954). Temporal numerosity: III. Auditory perception of number. *Journal of Experimental Psychology, 47*, 425–428. [doi: 10.1037/h0054287]

Cooper, G. W., & Meyer, L. B. (1960). *The Rhythmic Structure of Music*. The University of Chicago Press.

Desain, P., & Honing, H. (2003). The formation of rhythmic categories and metric priming. *Perception, 32*, 341–365. [doi: 10.1068/p3370]

Fraisse, P. (1978). Time and rhythm perception. In E. G. Carterette & M. P. Friedman (Eds.), *Handbook of Perception* (Vol. 8, pp. 203–254). Academic Press.

Fraisse, P. (1982). Rhythm and tempo. In D. Deutsch (Ed.), *The Psychology of Music* (pp. 149–180). Academic Press.

Fuchs, R. (2016). *Speech Rhythm in Varieties of English: Evidence from Educated Indian English and British English*. Springer.

Grondin, S., Hasuo, E., Kuroda, T., & Nakajima, Y. (2018). Auditory time perception. In R. Bader (Ed.), *Springer Handbook of Systematic Musicology* (pp. 423–440). Springer.

Hall, G. S., & Jastrow, J. (1886). Studies of rhythm. *Mind, 11*, 55–62.

Handel, S. (1989). *Listening: An Introduction to the Perception of Auditory Events*. MIT Press.

Handel, S. (1998). The interplay between metric and figural rhythmic organization. *Journal of Experimental Psychology: Human Perception and Performance, 24*, 1546–1561. [doi: 10.1037/0096-1523.24.5.1546]

蓮尾　絵美　(2020).　時間知覚　小川　容子・谷口　高士・中島　祥好・星野　悦子・三浦　雅展・山崎　晃男（編）　音楽知覚認知ハンドブック：音楽の不思議の解明に挑む科学（pp. 64–72）　北大路書房

Hasuo, E., Nakajima, Y., Osawa, S., & Fujishima, H. (2012). Effects of temporal shapes of sound markers on the perception of interonset time intervals. *Attention, Perception, & Psychophysics, 74*, 430–445. [doi: 10.3758/s13414-011-0236-1]

Hirsh, I. J., & Sherrick, C. E. (1961). Perceived order in different sense modalities. *Journal of Experimental Psychology, 62*, 423–432. [doi: 10.1037/h0045283]

第 5 章　音楽の知覚

Honing, H. (2013). Structure and interpretation of rhythm in music. In D. Deutsch (Ed.), *The Psychology of Music* (3rd ed., pp. 369–404). Academic Press.

Jones, M. R., & Yee, W. (1993). Attending to auditory events: The role of temporal organization. In S. McAdams & E. Bigand (Eds.), *Thinking in Sound: The Cognitive Psychology of Human Audition* (pp. 69–112). Oxford University Press.

Komatsu, M., & Arai, T. (2009). Modulation spectrum and rhythmic units of Japanese. *Journal of the Phonetic Society of Japan* (音声研究), *13*, 85–89.

Large, E. W. (2010). Neurodynamics of music. In M. R. Jones, R. R. Fay, & A. N. Popper (Eds.), *Music Perception* (pp. 201–231). Springer Science.

Mach, E. (1914). *The Analysis of Sensations, and the Relation of the Physical to the Psychical.* The Open Court Publishing Company.

McAuley, J. D. (2010). Tempo and rhythm. In M. R. Jones, R. R. Fay, & A. N. Popper (Eds.), *Music Perception* (pp. 165–199). Springer Science.

Metzger, W. (1953). *Gesetze des Sehens. 2. Auflage.* Kramer.
　（大智　浩・金沢　養　（訳）　（1962）．視覚の法則　白揚社）

Miyauchi, R., & Nakajima, Y. (2005). Bilateral assimilation of two neighboring empty time intervals. *Music Perception, 22*, 411–424. [doi: 10.1525/mp.2005.22.3.411]

中島　祥好　（1979）．短音で示された分割時間の精神物理学的研究　日本音響学会誌, *35*, 145–151. ［doi: 10.20697/jasj.35.4_145］

Nakajima, Y., Hasuo, E., Yamashita, M., & Haraguchi, Y. (2014). Overestimation of the second time interval replaces time-shrinking when the difference between two adjacent time intervals increases. *Frontiers in Human Neuroscience, 8*, 281. [doi: 10.3389/fnhum.2014.00281]

Nakajima, Y., Shimojo, S., & Sugita, Y. (1980). On the perception of two successive sound bursts. *Psychological Research, 41*, 335–344. [doi: 10.1007/BF00308878]

Nakajima, Y., ten Hoopen, G., Sasaki, T., Yamamoto, K., Kadota, M., Simons, M., & Suetomi, D. (2004). Time-shrinking: the process of unilateral temporal assimilation. *Perception, 33*, 1061–1079. [doi: 10.1068/p5061]

Patel, A. (2008). *Music, Language, and the Brain.* Oxford University Press.

Port, R. F., Dalby, J., & O'Dell, M. (1987). Evidence for mora timing in Japanese. *Journal of the Acoustical Society of America, 81*, 1574–1585. [doi: 10.1121/1.394510]

Povel, D.-J. (1984). A theoretical framework for rhythm perception. *Psychological Research, 45*, 315–337. [doi: 10.1007/BF00309709]

Povel, D.-J., & Essens, P. (1985). Perception of temporal patterns. *Music Perception, 2*, 411–440. [doi: 10.2307/40285311]

Ramus, F., Nespor, M., & Mehler, J. (1999). Correlates of linguistic rhythm in the speech signal. *Cognition, 73*, 265–292. [doi: 10.1016/S0010-0277(00)00101-3]

Sadakata, M. (2006). *Ritme & Rizumu: Studies in Music Cognition.* Radboud University.

Shigeno, S. (1986). The auditory tau and kappa effects for speech and nonspeech stimuli. *Perception & Psychophysics, 40*, 9–19. [doi: 10.3758/BF03207588]

末富　大剛・中島　祥好　（1998）．リズム知覚研究の動向　音楽知覚認知研究, *4*, 26–42.

ten Hoopen, G., Miyauchi, R., & Nakajima, Y. (2008). Timebased illusions in the auditory mode. In S. Grondin (Ed.), *Psychology of Time* (pp. 139–187). Emerald.

Terhardt, E., & Schütte, H. (1976). Akustische rhythmus-wahrnehmung: Subjektive gleichmässigkeit. *Acustica, 35*, 122–126.

Vos, J., & Rasch, R. (1981). The perceptual onset of musical tones. *Perception & Psychophysics, 29*, 323–335. [doi: 10.3758/BF03207341]

Warren, R. M. (2008). *Auditory Perception: An Analysis and Synthesis* (3rd ed.). Cambridge University Press.

Warren, R. M., & Bashford, J. A. (1981). Perception of acoustic iterance: Pitch and infrapitch. *Perception & Psychophysics,*

第 III 部　聴覚

29, 395–402. [doi: 10.3758/bf03207350]

Yamashita, Y., Nakajima, Y., Ueda, K., Shimada, Y., Hirsh, D., Seno, T., & Smith, B. A. (2013). Acoustic analyses of speech sounds and rhythms in Japanese- and English learning infants. *Frontiers in Psychology, 4*, 57. [doi: 10.3389/fpsyg.2013.00057]

Zwerin, M. (1990). Clark Terry: Clean throw home. International Herald Tribune, Saturday-Sunday, July 21–22.

(5・5)

Baird, A. D., Walker, D. G., Biggs, V., & Robinson, G. A. (2014). Selective preservation of the beat in apperceptive music agnosia: A case study. *Cortex, 53*, 27–33. [doi: 10.1016/j.cortex.2014.01.005]

Barquero, S., Gomez-Tortosa, E., Baron, M., Rabano, A., Munoz, D. G., & Jimenez-Escrig, A. (2010). Amusia as an early manifestation of frontotemporal dementia caused by a novel progranulin mutation. *Journal of Neurology, 257*, 475–477. [doi: 10.1007/s00415-009-5393-y]

Bengtsson, S. L., & Ullén, F. (2006). Dissociation between melodic and rhythmic processing during piano performance from musical scores. *NeuroImage, 30*, 272–284. [doi: 10.1016/j.neuroimage.2005.09.019]

Daikoku, T., Ogura, H., & Watanabe, M. (2012). The variation of hemodynamics relative to listening to consonance or dissonance during chord progression. *Neurological Research, 34*, 557–563. [doi: 10.1179/1743132812Y.0000000047]

Eldar, E., Ganor, O., Admon, R., Bleich, A., & Hendler, T. (2007). Feeling the real world: limbic response to music depends on related content. *Cerebral Cortex, 17*, 2828–2840. [doi: 10.1093/cercor/bhm011]

Gaab, N., & Schlaug, G. (2003). Musicians differ from nonmusicians in brain activation despite performance matching. *Annals of the New York Academy of Sciences, 999*, 385–388. [doi: 10.1196/annals.1284.048]

Grahn, J., & Brett, M. (2007). Rhythm and beat perception in motor areas of the brain. *Journal of Cognitive Neuroscience, 19*, 893–906. [doi: 10.1162/jocn.2007.19.5.893]

Groussard, M., Viader, F., Hubert, V., Landeau, B., Abbas, A., Desgranges, B., ... Platel, H. (2010). Musical and verbal semantic memory: Two distinct neural networks? *NeuroImage, 49*, 2764–2773. [doi: 10.1016/j.neuroimage.2009.10.039]

Halpern, A. R., & Zatorre, R. J. (1999). When that tune runs through your head: A PET investigation of auditory imagery for familiar melodies. *Cerebral Cortex, 9*(7), 697–704. [doi: 10.1093/cercor/9.7.697]

Hochman, M. S., & Abrams, K. J. (2014). Amusia for pitch caused by right middle cerebral artery infarct. *Journal of Stroke & Cerebrovascular Diseases, 23*, 164–165. [doi: 10.1016/j.jstrokecerebrovasdis.2012.06.016]

Jeffries, K. J., Fritz, J. B., & Braun, A. R. (2003). Words in melody: An H(2)15O PET study of brain activation during singing and speaking. *Neuroreport, 14*, 749–754. [doi: 10.1097/00001756-200304150-00018]

Jeong, E., & Ryu, H. (2016). Nonverbal auditory working memory: Can music indicate the capacity? *Brain and Cognition, 105*, 9–21. [doi: 10.1016/j.bandc.2016.03.003]

Jerde, T. A., Childs, S. K., Handy, S. T., Nagode, J. C., & Pardo, J. V. (2011). Dissociable systems of working memory for rhythm and melody. *NeuroImage, 57*, 1572–1579. [doi: 10.1016/j.neuroimage.2011.05.061]

Knösche, T. R., Neuhaus, C., Haueisen, J., Alter, K., Maess, B., Witte, O. W., Friederici, A. D. (2005). Perception of phrase structure in music. *Human Brain Mapping, 24*, 259–273. [doi: 10.1002/hbm.20088]

Koelsch, S. (2005). Investigating emotion with music: Neuroscientific approaches. *Annals of the New York Academy of Sciences, 1060*, 412–418. [doi: 10.1196/annals.1360.034]

Koelsch, S., Gunter, T. C., Cramon, D. Y., Zysset, S., Lohmann, G., & Friederici, A. D. (2002). Bach speaks: A cortical "language-network" serves the processing of music. *NeuroImage, 17*(2), 956–966. [doi: 10.1006/nimg.2002.1154]

Kraemer, D. J. M., Macrae, C. N., Green, A. E., & Kelley, W. M. (2005). Musical imagery: Sound of silence activates auditory cortex. *Nature, 434*, 158. [doi: 10.1038/434158a]

Maess, B., Koelsch, S., Gunter, T. C., & Friederici, A. D. (2001). Musical syntax is processed in Broca's area: An MEG study. *Nature Neuroscience, 4*, 540–545. [doi: 10.1038/87502]

McFarland, H. R., & Fortin, D. (1982). Amusia due to right temporoparietal infarct. *Archives of Neurology, 39*, 725–727. [doi: 10.1001/archneur.1982.00510230051016]

永吉 茂美・荒井 孝雄・丹野 麻衣子・渡辺 基・鈴木 禎・赤崎 安晴・村山 雄一 （2017）．失音楽症を呈した右側頭葉皮質下出血の1例　*BRAIN and NERVE*, *69*, 862-867. ［doi: 10.11477/mf.1416200832］

Ogawa, S., Lee, T. M., Kay, A. R., & Tank, D. W. (1990). Brain magnetic resonance imaging with contrast dependent on blood oxygenation. *Proceedings of the National Academy of Sciences*, *87*, 9868-9872. ［doi: 10.1073/pnas.87.24.9868］

Pallesen, K. J., Brattico, E., Bailey, C., Korvenoja, A., Koivisto, J., Gjedde, A., & Carlson, S. (2005). Emotion processing of major, minor, and dissonant chords: A functional magnetic resonance imaging study. *Annals of the New York Academy of Sciences*, *1060*, 450-453. ［doi: 10.1196/annals.1360.047］

Passynkova, N., Sander, K., & Scheich, H. (2005). Left auditory cortex specialization for vertical harmonic structure of chords. *Annals of the New York Academy of Sciences*, *1060*, 454-456. ［doi: 10.1196/annals.1360.048］

Patterson, R. D., Uppenkamp, S., Johnsrude, I. S., & Griffiths, T. D. (2002). The processing of temporal pitch and melody information in auditory cortex. *Neuron*, *36*, 767-776. ［doi: 10.1016/s0896-6273(02)01060-7］

Peretz, I., Gosselin, N., Belin, P., Zatorre, R. J., Plailly, J., & Tillmann, B. (2009). Music lexical networks: The cortical organization of music recognition. *Annals of the New York Academy of Sciences*, *1169*, 256-265. ［doi: 10.1111/j.1749-6632.2009.04557.x］

Peretz, I., Kolinsky, R., Tramo, M., Labrecque, R., Hublet, C., Demeurisse, G., & Belleville, S. (1994). Functional dissociations following bilateral lesions of cortex. *Brain*, *117*, 1283-1301. ［doi: 10.1093/brain/117.6.1283］

Perry, D. W., Zatorre, R. J., Petrides, M., Alivisatos, B., Meyer, E., & Evans, A. C. (1999). Localization of cerebral activity during simple singing. *Neuroreport*, *10*, 3979-3984. ［doi: 10.1097/00001756-199912160-00046］

Piccirilli, M., Sciarma, T., & Luzzi, S. (2000). Modularity of music: Evidence from a case of pure amusia. *Journal of Neurology, Neurosurgery & Psychiatry*, *69*, 541-545. ［doi: 10.1136/jnnp.69.4.541］

Platel, H. (2005). Functional neuroimaging of semantic and episodic musical memory. *Annals of the New York Academy of Sciences*, *1060*, 136-147. ［doi: 10.1196/annals.1360.010］

Platel, H., Price, C., Baron, J. C., Wise, R., Lambert, J., Frackowiak, R. S., ... Eustache, F. (1997). The structural components of music perception. A functional anatomical study. *Brain*, *120*, 229-243. ［doi: 10.1093/brain/120.2.229］

Saito, Y., Ishii, K., Sakuma, N., Kawasaki, K., Oda, K., & Mizusawa, H. (2012). Neural substrates for semantic memory of familiar songs: Is there an interface between lyrics and melodies? *PLoS ONE*, *7*(9), e46354. ［doi: 10.1371/journal.pone.0046354］

佐藤 正之 （2017）．音楽療法はどれだけ有効か：科学的根拠を検証する　化学同人

Satoh, M., Takeda, K., Murakami, Y., Onouchi, K., Inoue, K., & Kuzuhara, S. (2005). A case of amusia caused by the infarction of anterior portion of bilateral temporal lobes. *Cortex*, *41*, 77-83. ［doi: 10.1016/s0010-9452(08)70180-1］

Satoh, M., Takeda, K., Nagata, K., Hatazawa, J., & Kuzuhara, S. (2001). Activated brain regions in musicians during an ensemble: A PET study. *Cognitive Brain Research*, *12*, 101-108. ［doi: 10.1016/s0926-6410(01)00044-1］

Satoh, M., Takeda, K., Nagata, K., Hatazawa, J., & Kuzuhara, S. (2003). The anterior portion of the bilateral temporal lobes participates in music perception: A positron emission tomography study. *American Journal of Neuroradiology*, *24*(9), 1843-1848.

Satoh, M., Takeda, K., Nagata, K., Shimosegawa, E., & Kuzuhara, S. (2006). Positron-emission tomography of brain regions activated by recognition of familiar music. *American Journal of Neuroradiology*, *27*, 1101-1106.

Satoh, M., Takeda, K., Nagata, K., Shimosegawa, E., & Tomimoto, H. (2011). The lateral occipital complex is activated by melody with accompaniment: Foreground and background segregation in auditory processing. *Journal of Behavioral and Brain Science*, *1*, 94-101. ［doi: 10.4236/jbbs.2011.13013］

Schmithorst, V., & Holland, S. (2003). The effect of musical training on music processing: A functional magnetic resonance imaging study in humans. *Neuroscience Letters*, *348*, 65-68. ［doi: 10.1016/s0304-3940(03)00714-6］

Seger, C. A., Spiering, B. J., Sares, A. G., Quraini, S. I., Alpeter, C., David, J., & Thaut, M. H. (2013). Corticostriatal contributions to musical expectancy perception. *Journal of Cognitive Neuroscience*, *25*, 1062-1077. ［doi: 10.1162/jocn_a_00371］

Stephan, K. M., Thaut, M. H., Wunderlich, G., Schicks, W., Tian, B., Tellmann, L., ... Hömberg, V. (2002). Conscious and

第 III 部　聴覚

subconscious sensorimotor synchronization--prefrontal cortex and the influence of awareness. *NeuroImage, 15,* 345-352. [doi: 10.1006/nimg.2001.0929]

武田　浩一・板東　充秋・西村　嘉郎　（1990）．運動性失音楽を呈した右側頭葉皮質下出血の 1 症例　臨床神経, *30,* 78-83.

Terao, Y., Mizuno, T., Shindoh, M, Sakurai, Y., Ugawa, Y., Kobayashi, S., … Tsuji, S. (2006). Vocal amusia in a professional tango singer due to a right superior temporal cortex infarction. *Neuropsychologia, 44,* 479-488. [doi: 10.1016/j.neuropsychologia.2005.05.013]

Thaut, M. H., Trimarchi, P. D., & Parsons, L. M. (2014). Human brain basis of musical rhythm perception: Common and distinct neural substrates for meter, tempo, and pattern. *Brain Sciences, 4*(2), 428-452. [doi: 10.3390/brainsci4020428]

Warren, J. D., Uppenkamp, S., Patterson, R. D., & Griffiths, T. D. (2003). Separating pitch chroma and pitch height in the human brain. *Proceedings of the National Academy of Sciences, 100*(17), 10038-10042. [doi: 10.1073/pnas.1730682100]

Zatorre, R. J., Evans, A. C., & Meyer, E. (1994). Neural mechanisms underlying melodic perception and memory for pitch. *Journal of Neuroscience, 14,* 1908-1919.

(5・6)

Burger, B., Thompson, M. R., Luck, G., Saarikallio, S., & Toiviainen, P. (2013). Influences of rhythm- and timbre-related musical features on characteristics of music-induced movement. *Frontiers in Psychology, 4,* 183. [doi: 10.3389/fpsyg.2013.00183]

Burland, K., & Davidson, J. W. (2004). Tracing a musical life transition. In J. W. Davidson (Ed.), *The Music Practitioner* (pp. 224-250). Ashgate.

Cook, P., Rouse, A., Wilson, M., & Reichmuth, C. (2013). A California sea lion (Zalophus californianus) can keep the beat: Motor entrainment to rhythmic auditory stimuli in a non vocal mimic. *Journal of Comparative Psychology, 127,* 412-427. [doi: 10.1037/a0032345]

Corrigall, K. A., & Schellenberg, E. G. (2013). Music: The language of emotion. In C. Mohiyeddini, M. Eysenck, & S. Bauer (Eds.), *Handbook of Psychology of Emotions: Recent Theoretical Perspectives and Novel Empirical Findings* (Vol. 2, pp. 299-325). Nova Science Publishers.

Csikszentmihalyi, M. (1990). *Flow: The Psychology of Optimal Experience.* Harper & Row.

Dahl, S., & Friberg, A. (2007). Visual perception of expressiveness in musicians' body movements. *Music Perception, 24,* 433-454. [doi: 10.1525/mp.2007.24.5.433]

Davidson, J. W. (1993). Visual perception of performance manner in the movements of solo musicians. *Psychology of Music, 21,* 103-113. [doi: 10.1177/030573569302100201]

Eerola, T., & Vuoskoski, J. K. (2013). A review of music and emotion studies: Approaches, emotion models, and stimuli. *Music Perception: An Interdisciplinary Journal, 30,* 307-340. [doi: 10.1525/mp.2012.30.3.307]

Etani, T., Marui, A., Kawase, S., & Keller, P. E. (2018). Optimal tempo for groove: Its relation to directions of body movement and Japanese nori. *Frontiers in Psychology, 9,* 462. [doi: 10.3389/fpsyg.2018.00462]

Frühauf, J., Kopiez, R., & Platz, F. (2013). Music on the timing grid: The influence of microtiming on the perceived groove quality of a simple drum pattern performance. *Musicae Scientiae, 17*(2), 246-260. [doi: 10.1177/1029864913486793]

Gabrielsson, A. (2010). Strong experiences with music. In P. N. Juslin & J. A. Sloboda (Eds.), *Handbook of Music and Emotion: Theory, Research, Applications* (pp. 547-604). Oxford University Press.

Gabrielsson, A., & Juslin, P. N. (1996). Emotional expression in music performance: Between the performer's intention and the listener's experience. *Psychology of Music, 24*(1), 68-91. [doi: 10.1177/0305735696241007]

Hargreaves, D. J., MacDonald, R. A. R., & Miell, D. E. (2005). How do people communicate using music? In D. E. Miell, R. A. R. MacDonald, & D. J. Hargreaves (Eds.), *Musical Communication* (pp. 1-25). Oxford University Press.

Honing, H., ten Cate, C., Peretz, I., & Trehub, S. E. (2015). Without it no music: Cognition, biology and evolution of musicality. *Philosophical Transactions of the Royal Society B, 370,* 20140088. [doi: 10.1098/rstb.2014.0088]

Hubbard, T. L. (2010). Auditory imagery: Empirical findings. *Psychological Bulletin, 136,* 302-329. [doi: 10.1037/a0018436]

Huron, D. (2011). Why is sad music pleasurable? A possible role for prolactin. *Musicae Scientiae, 15,* 146-158. [doi:

10.1177/1029864911401171〕

Janata, P., Tomic, S. T., & Haberman, J. M. (2012). Sensorimotor coupling in music and the psychology of the groove. *Journal of Experimental Psychology: General, 141,* 54-75. 〔doi: 10.1037/a0024208〕

Juslin, P. N. (2005). From mimesis to catharsis: expression, perception, and induction of emotion in music. In D. Miell, R. MacDonald, & D. J. Hargreaves (Eds.), *Musical Communication* (pp. 85-115). Oxford University Press.
(星野 悦子（監訳）（2012）．音楽的コミュニケーション　誠信書房)

Juslin, P. N., & Timmers, R. (2010). Expression and communication of emotion in music performance. In P. Juslin & J. Sloboda (Eds.), *Handbook of Music and Emotion* (pp. 453-490). Oxford University Press.

Kawase, S. (2014). Gazing behavior and coordination during piano duo performance. *Attention, Perception, & Psychophysics, 76,* 527-540. 〔doi: 10.3758/s13414-013-0568-0〕

河瀬 論（2015）．音楽演奏における演奏者と観客の視覚的コミュニケーション　認知科学, *22,* 638-648. 〔doi: 10.11225/jcss.22.638〕

Kawase, S., & Eguchi, K. (2010). The concepts and acoustical characteristics of 'Groove' in Japan. *PopScriptum 11-The Groove Issue,* 1-45.

Kawase, S., & Obata, S. (2016). Audience gaze while appreciating a multipart musical performance. *Consciousness and Cognition, 46,* 15-26. 〔doi: 10.1016/j.concog.2016.09.015〕

Keller, P. E. (2012). Mental imagery in music performance: Underlying mechanisms and potential benefits. *Annals of the New York Academy of Sciences, 1252,* 206-213. 〔doi: 10.1111/j.1749-6632.2011.06439.x〕

Keller, P. E., & Appel, M. (2010). Individual differences, auditory imagery, and the coordination of body movements and sounds in musical ensembles. *Music Perception, 28,* 27-46. 〔doi: 10.1525/mp.2010.28.1.27〕

Keller, P. E., Knoblich, G., & Repp, B. H. (2007). Pianists duet better when they play with themselves: On the possible role of action simulation in synchronization. *Consciousness and Cognition, 16*(1), 102-111. 〔doi: 10.1016/j.concog.2005.12.004〕

Kilchenmann, L., & Senn, O. (2015). Microtiming in swing and funk affects the body movement behavior of music expert listeners. *Frontiers in Psychology, 6,* 1232. 〔doi: 10.3389/fpsyg.2015.01232〕

Lindström, E., Juslin, P. N., Bresin, R., & Williamon, A. (2003). "Expressivity comes from within your soul": A questionnaire study of music students' perspectives on expressivity. *Research Studies in Music Education, 20*(1), 23-47. 〔doi: 10.1177/1321103X030200010201〕

Loehr, J. D., & Palmer, C. (2011). Temporal coordination between performing musicians. *Quarterly Journal of Experimental Psychology, 64,* 2153-2167. 〔doi: 10.1080/17470218.2011.603427〕

Luck, G., & Toiviainen, P. (2006). Ensemble musicians' synchronization with conductors' gestures: An automated feature-extraction analysis. *Music Perception, 24,* 189-200. 〔doi: 10.1525/MP.2006.24.2.189〕

Madison, G. (2006). Experiencing groove induced by music: Consistency and phenomenology. *Music Perception: An Interdisciplinary Journal, 24,* 201-208. 〔doi: 10.1525/mp.2006.24.2.201〕

Madison, G., Gouyon, F., Ullén, F., & Hörnström, K. (2011). Modeling the tendency for music to induce movement in humans: First correlations with low-level audio descriptors across music genres. *Journal of Experimental Psychology: Human Perception and performance, 37,* 1578-1594. 〔doi: 10.1037/a0024323〕

森 数馬・岩永 誠（2014）．音楽による強烈な情動として生じる鳥肌感の研究動向と展望　心理学研究, *85,* 495-509. 〔doi: 10.4992/jjpsy.85.13401〕

Nagel, F., Kopiez, R., Grewe, O., & Altenmüller, E. (2008). Psychoacoustical correlates of musically induced chills. *Musicae Scientiae, 12*(1), 101-113. 〔doi: 10.1177/1029864908012000106〕

Nakamura, T. (1987). The communication of dynamics between musicians and listeners through musical performance. *Perception & Psychophysics, 41*(6), 525-533.

Nombela, C., Hughes, L. E., Owen, A. M., & Grahn, J. A. (2013). Into the groove: Can rhythm influence Parkinson's disease? *Neuroscience & Biobehavioral Reviews, 37*(10), 2564-2570. 〔doi: 10.1016/j.neubiorev.2013.08.003〕

大串 健吾（2000）．感心させる演奏と感動させる演奏　日本音響学会誌, *56,* 349-353. 〔doi: 10.20697/jasj.56.5_349〕

第 III 部　聴覚

Ohgushi, K., & Hattori, M. (1996). Emotional communication in performance of vocal music. *Proceedings of the Fourth International Conference on Music Perception and Cognition*, 269-274.

Patel, A. D., Iversen, J. R., Bregman, M. R., & Schulz, I. (2009). Experimental evidence for synchronization to a musical beat in a nonhuman animal. *Current Biology, 19*(10), 827-830. [doi: 10.1016/j.cub.2009.03.038]

Petrini, K., McAleer, P., & Pollick, F. (2010). Audiovisual integration of emotional signals from music improvisation does not depend on temporal correspondence. *Brain Research, 1323*, 139-148. [doi: 10.1016/j.brainres.2010.02.012]

Platz, F., & Kopiez, R. (2012). When the eye listens: A meta-analysis of how audio-visual presentation enhances the appreciation of music performance. *Music Perception, 30*, 71-83. [doi: 10.1525/mp.2012.30.1.71]

Rasch, R. A. (1979). Synchronization in performed ensemble music. *Acustica, 43*, 121-131.

Repp, B. H., & Su, Y. H. (2013). Sensorimotor synchronization: A review of recent research (2006-2012). *Psychonomic Bulletin & Review, 20*(3), 403-452. [doi: 10.3758/s13423-012-0371-2]

Salimpoor, V. N., Benovoy, M., Larcher, K., Dagher, A., & Zatorre, R. J. (2011). Anatomically distinct dopamine release during anticipation and experience of peak emotion to music. *Nature Neuroscience, 14*, 257-262. [doi: 10.1038/nn.2726]

Schutz, M., & Lipscomb, S. (2007). Hearing gestures, seeing music: Vision influences perceived tone duration. *Perception, 36*, 888-897. [doi: 10.1068/p5635]

Shannon, C. E., & Weaver, W. (1949). *The Mathematical Theory of Communication*. University of Illinois Press.

Sloboda, J. A. (1991). Music structure and emotional response: Some empirical findings. *Psychology of Music, 19*(2), 110-120. [doi: 10.1177/0305735691192002]

Stupacher, J., Hove, M. J., & Janata, P. (2016). Audio features underlying perceived groove and sensorimotor synchronization in music. *Music Perception: An Interdisciplinary Journal, 33*, 571-589. [doi: 10.1525/mp.2016.33.5.571]

Thompson, W. F., Graham, P., & Russo, F. A. (2005). Seeing music performance: Visual influences on perception and experience. *Semiotica, 156*, 203-227. [doi: 10.1515/semi.2005.2005.156.203]

Thompson, W. F., Russo, F. A., & Livingstone, S. R. (2010). Facial expressions of singers influence perceived pitch relations. *Psychonomic Bulletin & Review, 17*, 317-322. [doi: 10.3758/PBR.17.3.317]

Van Dyck, E., Moelants, D., Demey, M., Deweppe, A., Coussement, P., & Leman, M. (2013). The impact of the bass drum on human dance movement. *Music Perception: An Interdisciplinary Journal, 30*, 349-359. [doi: 10.1525/mp.2013.30.4.349]

Vuoskoski, J. K., Thompson, W. F., McIlwain, D., & Eerola, T. (2012). Who enjoys listening to sad music and why? *Music Perception: An Interdisciplinary Journal, 29*, 311-317. [doi: 10.1525/mp.2012.29.3.311]

Witek, M. A., Clarke, E. F., Wallentin, M., Kringelbach, M. L., & Vuust, P. (2014). Syncopation, body-movement and pleasure in groove music. *PloS ONE, 9*, e94446. [doi: 10.1371/journal.pone.0094446]

Yamasaki, T. (2004). Emotional communication through music performance played by young children. *Proceedings of 8th International Conference on Music Perception and Cognition*, 204-206.

Young, V. M., & Colman, A. M. (1979). Some psychological processes in string quartets. *Psychology of Music, 7*, 12-18. [doi: 10.1177/030573567971002]

Zentner, M., & Eerola, T. (2010). Rhythmic engagement with music in infancy. *Proceedings of the National Academy of Sciences, 107*(13), 5768-5773. [doi: 10.1073/pnas.1000121107]

第6章　音声の知覚

6·1　音声・音声言語の基本的性質

　音声とは，人間がコミュニケーションのために発声器官を使って発する音である。言語音（speech sound）や語音と呼ぶこともある。一方，発声器官を使用して発する咳やくしゃみなどの生理音は，コミュニケーションを目的としていない非言語音（non-speech tone）である。音声学では，口腔内で調整される音（sound）と区別して，その調整前の振動音を声（voice）と呼ぶ。また，広く発声発話活動の結果生じる音響信号を指して，ことば（speech）と表記されることもある（廣瀬，1984）。

　言語は，意志や思想などを一定の規則に従って表し，伝え，理解するために用いられる記号体系である。音声によって伝達される言語は，音声言語や話し言葉（spoken language, speech）と呼ばれ，文字によって伝達される言語は，文字言語や書き言葉（written language）と呼ばれる。

　音声言語の中核にあると考えられる抽象的な音を音韻（phoneme）という。音韻は，具体的な一回一回の音声に解釈を加え意味を区別するのに役立ち，言語体系を形作る記号としての音である。たとえば，「犬がいる」と言った場合，Aの言う「犬がいる」とBの言う「犬がいる」はアクセントや声の高さなどの個人差によって，二つの異なる音声である。しかし，それぞれが言った「犬がいる」の中核にある抽象的な音「イヌガイル」は同一の音であり，音韻としては等しい。一般に音声は［　］の中に包んで表記されるのに対し，音韻は／　／の中に包んで表記される（日本音声学会，1976）。音声知覚（speech perception）を音韻情報処理の側面を指して用いる場合には，音韻知覚（phonemic perception）という

用語が用いられることもある。

6·1·1　音声が有する情報

　音声には種々の情報が含まれるが，その中で言語的情報（音韻性情報），個人性情報，情緒性情報の三つの情報の役割は重要である（古井，1992）。

　言語的情報は，相手に伝えたい意味内容に関する情報である。ふだん言葉と言われている情報であり，発話の意味内容を理解するうえで重要な情報である。

　個人性情報は，話者に関する情報である。話者が誰であるか，どのような人物であるか（年齢，性別など）についての情報である。一般に音声によって個人を認識することを話者認識（speaker recognition）という。さらに，話者の少量の音声サンプルを用いて，音声認識システムをその話者の音響的特徴に適応させる技術を話者適応化という（篠田，2004）。

　情緒性情報は，話者の感情に関する情報である。コミュニケーション場面において話者によって表出・伝達され，発話時の話者の感情状態を理解するのに重要な情報である。

6·1·2　音声言語の生成

6·1·2·1　音声器官

　音声器官は肺，気管，声帯，喉頭，咽頭，鼻，舌，口唇などからなり（図6-1-1），母音・子音・半母音を生成する。肺から口唇までは，複雑な形の一本の管をなしている。喉頭から口唇までを声道（vocal tract）という。肺から送り出された呼気によりつくられた空気の流れは，声帯（vocal cords）が素早く開閉運動することにより音声のもととなる音（喉頭原音，声帯音源）がつくられる。このとき，声帯が

1129

第Ⅲ部　聴覚

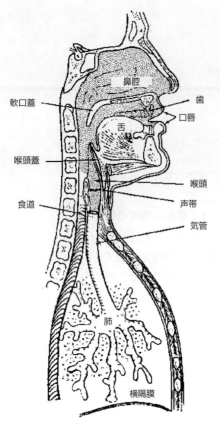

図 6-1-1　人間の音声器官（Denis & Pinson, 1963 神山・戸塚（訳）1966, p. 42）

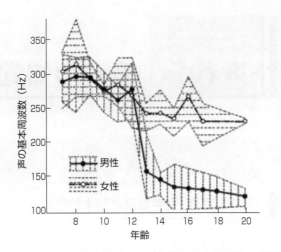

図 6-1-2　話者の性別および年齢と基本周波数の関係（粕谷他，1968）

開くと肺から空気の流れが押し出され，声帯が閉じると空気の流れは止まることにより空気のかたまりができる。

　話をするとき，声帯はこの開閉運動を高速度で繰り返し行う。そして1秒間に送り出される数10個から数100個の空気のかたまりの繰り返し回数（声帯の振動周期の逆数）が基本周波数（fundamental frequency：f_0, F0）であり，声の高さ（pitch）に対応する。基本周波数は一般に男性では低く，女性や子どもの声では高い。図6-1-2は，7-18歳の各年齢の男女それぞれ4-7名と20歳代の成人男女それぞれ4名について，母音を発声した場合におけるピッチの変化の様子を調べた結果である（粕谷他，1968）。男女によってピッチの変化の傾向はかなり異なり，男性の場合は変声期を挟んで二つの区間に分かれている。さらに，成人した後にも声は変化し，加齢に伴い声の聴覚的印象における男女差は次第に消失する（児嶋，1994）。

　ピッチは，発話する際の高低アクセントやイントネーションを表現するのに用いられる。アクセントは語に意味の区別やまとまりを与えたり，語と語の切れ目を示したりする機能があり，イントネーションは疑問・平叙文・命令文などを区別する言語情報や発話の意図・感情などを示すパラ言語情報を識別する機能がある。

6・1・2・2　音声波のスペクトルとフォルマント

　声帯の開閉運動はほぼ周期的で，声門（左右の声帯とそれらに囲まれた空間）のところで倍音を含んだ喉頭原音が作られる。その波形に相当するスペクトルは，周波数が高くなるにつれてだいたい1オクターブにつき12 dBの割合で単調に減少する包絡線を示し，声帯振動の基本周期に対応する間隔をもつ線スペクトルとなる（図6-1-3a）。

　話をする際，口の形はいろいろに変化して声道の形も変わる。このような過程を調音または構音（articulation）という。調音の際，声道は特定の振動数（周波数）を響かせる共鳴体として働き，その振幅を増大させる。この特定の振動数を固有振動数という（図6-1-3b）。音声スペクトルは，喉頭原音が声道を通る間に共鳴してできるいくつかの固有振動数のところで振幅が大きくなり，山形を示す。声道の共鳴をフォルマント（formant）といい，共鳴して増幅された振動数をフォルマント周波数（formant

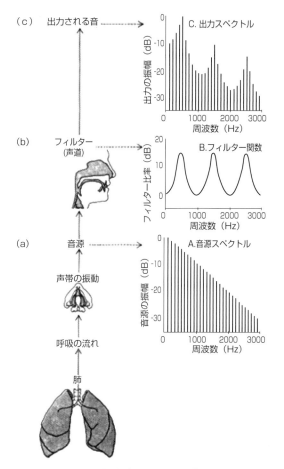

図6-1-3 音声の生成（Miller, 1981）

frequency）と呼ぶ（図6-1-3c）。声道の形が変わると、特有のフォルマント振動数の組み合わせも変化する。一番低いフォルマント振動数は第1フォルマント周波数（F1），その次に高いフォルマント振動数は第2フォルマント周波数（F2）と呼ばれ，以下，第3フォルマント周波数（F3）…のように呼ばれる。このように，声帯の振動が音源となり，声道がその形をいろいろに変えてフィルタの役割を担う音響管としてはたらくという考え方を音源－フィルタ理論（source-filter theory of speech）という（Lieberman, 1996；Müller, 1848）。

音声波を，時間を横軸に，周波数（振動数）を縦軸に，音声波の周波数成分の強さ（振幅）を濃淡で表すと，音声波が時間とともにどのように変化するのかをみることができる。音声波をこのように表した図をサウンドスペクトログラム（sound spectrogram）

という（図6-1-4）。濃く描き出された周波数成分の強いところが，フォルマント（共鳴）周波数である。

音声生成のモデル化については，古井（1994）を参照されたい。

6・1・2・3　調音結合と連続音声

日常会話では，いくつもの語を連続して句や文にして話すことが多い。このとき，調音運動とそれによって生じる音声波の音響的な特徴は滑らかになり，前後の音響的特徴は互いに重なりあう。このような音声を連続音声（continuous speech）という。この場合，前後の文脈（context）による影響は調音段階ですでに生じている。これは，人が言葉を話すときには，その次に話す言葉を考え，すでに調音の準備を始めているためである。この準備は調音器官の各部分でそれぞれ生じており，ある語を単独に発音した場合には生じることのない音素（音素についてはIII・6・1・4・1参照）から音素への調音動作の結合が生じる。これを調音結合（coarticulation）という。調音結合により調音が完全でない区間の音声は，なまけ音やわたり音と呼ばれ，連続音声として聞いたときには言葉として聞き取ることができても，結合している部分のみを取り出して聞くと正しく聞き取ることが難しい。

6・1・2・4　音声生成に及ぼす加齢の影響

音声生成に必要な肺の呼吸機能，喉頭の振動機能，口腔・咽頭の構音機能は，加齢とともにそれぞれ低下する。呼吸機能が低下すると肺活量が減少し，発声持続時間が短縮する。声帯を振動させるのに必要な呼気圧と呼気最大流量が低下する。声に力が入りにくくなり，長く声を出すことが難しくなる（深美・春名，2008）。

振動機能が低下すると，声の高さは変化する。西尾・新美（2005）は，青年期以上の年齢層の健常者374名（男女各187名）を対象に，話しているときの基本周波数（speaking fundamental frequency：SFF）と加齢の関係について検討した。その結果，男性の場合は70代以降に多少のピッチの上昇が認められたが，女性の場合は30代と40代の女性の声は20代の女性の声よりも明らかにSFFが低下して

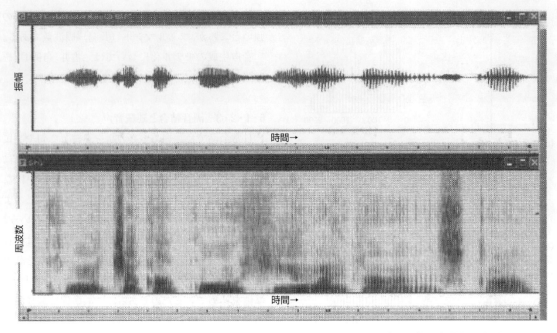

図6-1-4 「紅茶かコーヒーはいかがですか？」の波形（上段）とサウンドスペクトログラム（下段）横軸は上下共通の時間軸である。

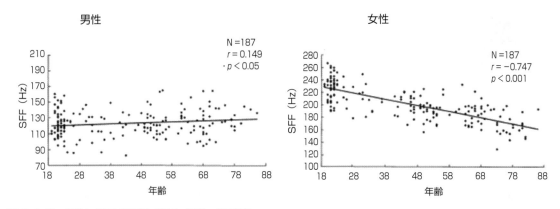

図6-1-5 加齢とSFFの関係（西尾・新美, 2005）

いることや，80代まですべての年齢群で加齢に伴いSFFが低下する傾向が認められた（図6-1-5）。Gelfer & Schofield（2000）は，SFFの平均が高いほうが女性として知覚されやすく，SFFの上限と女性と知覚されることの間には有意な相関があることを報告した。

声帯や構音器官（調音器官）の老化により，人の声は「歯切れが悪い」「呂律がまわらない」「しわがれ声（嗄声）」などと表現される音響的特徴を有するようになる（児嶋他, 1992）。

6・1・3 言語音の種類

日本語には，母音，子音，半母音がある。母音（vowel）は，喉頭原音が声道を通る際に，閉鎖や狭めなどの妨害なしに，さまざまな声道の形の変化に応じて特定の周波数の振幅が増大されて作られる。言語毎に母音の数は異なり，日本語では5個（アイウエオ）である。母音はF1, F2の違いによりほぼ区別することができる。そして舌の位置（前舌・中舌・後舌），舌と口蓋との距離（広・狭），円唇の有無によって分類される（図6-1-6）。

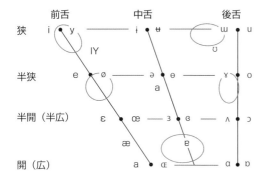

図6-1-6 日本語の母音の音色（大森他, 2020, p. 197)

　子音（consonant）は，有声・無声，調音場所，調音方法によって分類される（表6-1-1）。発音時に声帯が振動する子音を有声子音（voiced consonant），振動しない子音を無声子音（unvoiced consonant）という。声道でせき止められた空気が開放されてから声帯が振動し始めるまでの時間を有声開始時間（voice onset time：VOT）という。VOTは有声子音のときには短く，無声子音のときには長くなるが，/b/や/p/というような個々の音素を決める特定のVOTの値は存在せず，前後の音素からの影響を大きく受けて変動する。調音場所は声道で空気がせき止められる場所を指し，その場所に応じて，両唇音，歯茎音，軟口蓋音などに分類される。調音方法は空気の流れをせき止める方法を指し，その方法に応じて破裂音，摩擦音，鼻音などに分類される。

　半母音（semi vowel）は，ある母音から別の母音へ急激に変化して発音する場合，移り変わりの部分に聞こえる'j''w'の音である。音色は母音のようでありながら母音としての役割をもたず，単独で音節をなすことはなく，子音として機能する。

6・1・4　音声言語の単位

　私たちが普段話している日本語は，文章，段落，文，文節，単語という五つの単位に分けることができる。単語（word）は文法上の意味やはたらきを有する言葉の最小単位である。単に語と呼ばれることもある。「黄色の花を買う」は「黄色 / の / 花 / を / 買う」という五つの単語に分けられる。言語学では，ある言語においてそれ以上分解すると意味をなさなくなる最小の言語単位を形態素（morpheme）という。たとえば，「黄色」という単語は「黄（ki）」と「色（iro）」の二つの形態素に分けられる。

6・1・4・1　音素，音節，形態素，単語

　音声言語では，音素（phoneme）から音節（syllable）が，音節から形態素が，形態素から単語が形成される。音素とは，それ自体には意味はないが，意味の相違をもたらす最小の音韻論的単位である。たとえば，柿/kaki/と滝/taki/は/ka/と/ta/の各音節の冒頭部分の/k/と/t/の違いにより異なる意味になる。したがって，/k/と/t/は音素である。音素は言語ごとに数も内容も異なる。たとえば，日本語には/r/と/l/に音素的な区別はないので，rockとlockはともに「ロック」として両者は区別されない。しかし英語では/r/と/l/は異なる音素であるため，rock（岩）とlock（錠）は異なる語として区別される。

6・1・4・2　音節とモーラ

　英語音声では多くの場合，一つの母音に1個または2個の子音が結合して音節（syllable）ができる（たとえば，up，dog）。これに対して，日本語音声

表6-1-1　日本語の子音音声（大森他, 2020, p. 198)

	両唇音	歯茎音	後部歯茎音	硬口蓋歯茎音	そり舌音	硬口蓋音	軟口蓋音	口蓋垂音	咽頭音	声門音
破裂音	p b	t d			ɖ		k g			ʔ
破擦音		ts dz	tʃ dʒ	tɕ dʑ						
摩擦音	ɸ β	s z	ʃ ʒ	ɕ ʑ		ç	x ɣ	χ	ħ	h ɦ
鼻音	m	n				ɲ	ŋ	ɴ		
側面接近音		l								
接近音		ɹ				j	ɰ			
はじき音		ɾ								

注）この一覧表の音声は，日本語としての通常の発音で聞かれる音声であり，規範的発音とは限らない。また，この一覧表には記載されていない音声も聞かれることがある。

第Ⅲ部　聴覚

では子音の後に母音が続いて「かな一文字」を表すのが基本である。つまり日本語は文字一つが一音節となる。英語でも日本語でも，音節は基本的には母音ごとに区切られる。ただし，日本語では「ん」（たとえば「ちゃん」は「ちゃ」と「ん」の2音節）や「っ」（たとえば「きっと」は「き」「っ」「と」の3音節）のように，日本語の音節は英語の音節とは少し異なる。日本語の音節はモーラ（mora）と呼ばれ，日本語における音声知覚の基本単位である（表6-1-2，表6-1-3）。

日本語では二つの母音が続くときは2モーラ（2音節）と数えられるが，英語では二つの母音はつながって滑らかに発音されて1音節と数えられる場合がある（二重母音）。たとえば，日本語では鱏［ei］は「エ」と「イ」の2モーラからなる語であるが，英語では eight［eit］は［ei］の部分が滑らかにつながって発音される二重母音からなる1音節の語である。

表6-1-2　現代日本語の五十音図
子音が共通の音節を縦に，母音が共通の音節を横に配して表した表

ワ	ラ	ヤ	マ	ハ	ナ	タ	サ	カ	ア
（イ）	リ	（イ）	ミ	ヒ	ニ	チ	シ	キ	イ
（ウ）	ル	ユ	ム	フ	ヌ	ツ	ス	ク	ウ
（エ）	レ	（エ）	メ	ヘ	ネ	テ	セ	ケ	エ
ヲ	ロ	ヨ	モ	ホ	ノ	ト	ソ	コ	オ
ン									

表6-1-3　モーラの例

		ひらがな例
一般モーラ	母音	あ
	半母音＋母音	わ
	子音＋母音	か
	拗音＋（子音＋半母音＋母音）	きゃ
特殊モーラ	長母音	あー
	促音	っ
	撥音	ん

モーラはかな一文字に相当する時間的長さの単位であり，どの音節も同じ時間長で発音される。モーラは日本語のリズムを作る音韻論上の最小単位であり，モーラの数が語の長さに相当する。

6・1・5　音声言語の知覚的特性

6・1・5・1　音声の知覚と生成の関係

音声言語の場合，話し手と聞き手の間には鎖のようにつながるいくつかの段階が生じる。これを「ことばの鎖」と呼ぶ（Denes & Pinson, 1963）（図6-1-7）。話し手は伝えたい内容を表現するのに適切な語を選び，それらを文法の規則に合うように正しい言語学的形式を作り（言語学的段階），発話のために神経や音声器官の筋肉（舌，唇，声帯筋など）が活動し（生理学的段階），音声波の伝播が行われ（物理的段階），聞き手の耳にことばが届く。一方，聞き手も何らかの方法で話し手の発話運動をフォローしていると考えられる。聞き手の側では話し手とは逆の順序で話し手の伝えたい内容を聞き取り理解する。届いた言葉によって聴覚機構の神経活動が起こり（生理学的段階），聞き取ったことば（語や文など）を理解する（言語学的段階）。

話し手は発話するときに同時に自分の声を聞いている（聴覚フィードバック）。音声の生成と知覚の間にできる聴覚フィードバックの環は，発話行動において重要な役割を果たしており，自分の発声を聴取できないと話し続けることが困難になる。このことは話し手に自分が話したことばを少し遅らせて（通常，数十 ms ～数百 ms）聞かせる遅延聴覚フィードバック（delayed auditory feedback：DAF）実験によって確認することができ，健常者であってもDAFによりスムーズに発話することができなくなる（DAF効果）。また，日常の発話行動においても，自然な聴覚フィードバック（normal auditory feedback：NAF）が行われている。DAF効果についての実験は，吃音者・非吃音者を対象にして数多く行われてきた（たとえば，石田，2017；Lee, 1950；Lincoln et al., 2006）。なお，リズムのタッピング行動においてもDAFによる妨害効果が認められており（Finney & Warren, 2002；Pfordresher & Dalla

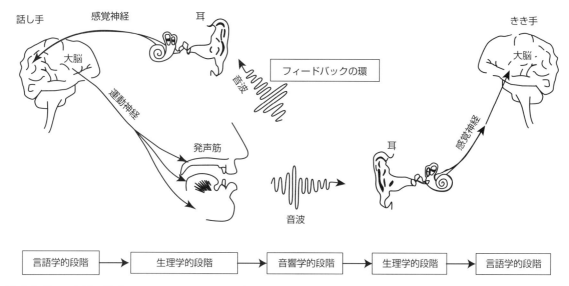

図6-1-7 ことばの鎖 (Denes & Pinson, 1963)

Bella, 2011). 聴覚フィードバックは音声に特有の現象ではないことが示された。

6・1・5・2 カテゴリー知覚

音韻知覚において，特定の刺激連続体（たとえば破裂子音のフォルマント遷移やVOT）上の二つの異なる合成音声の弁別を求めたとき，弁別に先立って行われる各音に対する音素としてのカテゴリー判断のみに基づいて弁別が行われる場合，この知覚様式をカテゴリー知覚（範疇的知覚：categorical perception）という（III・6・3を参照）。一方，二つの音をカテゴリー判断せずに一つの刺激連続体上で比較して弁別する知覚様式を，連続的知覚（continuous perception）という。

カテゴリー知覚の実験では，特定の刺激連続体上で常に異なる音素と判断される2点を選び，それらの区間を何らかの音響的基準に基づいて均等に分割した刺激を用いる。そして，これらの刺激それぞれを二つの異なる音素カテゴリーのどちらかに強制判断させる同定実験と，ABX法による弁別実験を行う。ABX法とは，三つの音声刺激を連続して呈示し，最初の二つの刺激（A, B）は常に物理的な特徴が異なる刺激を呈示し，3番目の刺激には常に1番目か2番目と同じ刺激を呈示して，実験参加者は3番目に聞いた音声（X）が1番目（A）と2番目

(B) のどちらの音声と同じかを答えるという呈示方法である。ABX法については，Hautus & Meng (2002) が詳細に検討している。なお，音韻知覚における弁別実験で用いられる呈示方法としては，二つの音声刺激を対呈示して，その同異を答えるAX法がある（Boatman, 2004; Werker & Tees, 1984; Winters et al., 2008）。あるいは，それぞれ二つの刺激からなるペアを2種類呈示して（AA, AX），二つのペアのうち一つのペアではいつも同じ刺激を組ませ，どちらの方が異なった刺激を組ませたペアであるかを答えてもらう4IAX法などがある（Micheyl & Messing, 2006; Pisoni & Lazarus, 1974）。

音声・音声言語を用いた実験には，他にも種々の呈示方法や実験デザインが用いられている。McGuire (2010) は成人や幼児を対象とした音声知覚実験に用いられる主な方法について解説している。

〔重野 純〕

6・2 音声合成と加工

音声合成（speech synthesis）と加工は，深層学習（deep learning）に基づいて2016年の秋に提案されたWaveNet（Oord et al., 2016）に端を発する革命的な変化のなかにある。合成される音声の品質は飛躍的に向上し，技術の枠組みも根本から置き換

第 III 部　聴覚

わっている（Sisman et al., 2021；高木，2019；高道・戸田，2018）。そのため，高品質の音声分析合成技術［VOCODER（voice coder）と総称］に基づいてこの20年の間に蓄積された知見の多くは，見直しを余儀なくされつつある。ここでは従来の音声生成・知覚研究との継続性と整合性を保つために，VOCODERに基づいた構成とするが，読者は日々変化するこの分野の技術動向に注意されたい。深層学習に基づく音声合成と加工については，最後の節で2021年の状況を簡単に紹介する。なお，ここで特に詳しく紹介する拡張された音声モーフィングは，深層学習に基づく音声処理技術とも概念上の互換性がある。

　日常生活での音声コミュニケーションでは，われわれはさまざまな周囲の雑音や反響が混在した音のなかから目的とする音声を聴き取っている。その聴き取り能力は高く，sine wave speech（Remez et al., 1981）などのように高度に歪んだ人工的な信号からでも，わずかに残る手がかりを駆使して音声の言語情報を復元することができる。正常な状態での音声知覚を研究する際には，このような復元機能の介入による結果の偏りを回避するために，自然音声と同等の品質を有する刺激を用いる必要がある。音声には言語情報（linguistic information）に加え，意図などを伝えるパラ言語情報（paralinguistic information），個人性や感情，性別などを伝える非言語情報（non-linguistic information）が含まれている（Fujisaki, 1996）。パラ言語情報や非言語情報を研究する際には，合成による品質の劣化が障害となる。20年ほど前に提案されたVOCODERの一種であるSTRAIGHTは，自然性の高い音声刺激を容易に合成し加工できることから，音声知覚の研究をはじめとしてさまざまな分野の研究に使われるに至っている（Kawahara et al., 1999；Kawahara et al., 2008）。最近では，オープンソースであるWORLD VOCODER（Morise et al., 2016）も広く用いられている。なお，深層学習に基づく技術は，合成音声の品質を飛躍的に改善し，2021年の時点では人間による元音声と区別できないレベルに達している。今後の研究は，何らかの形で深層学習に基づくものになると考えられる。

　ある話者の音声を特定の話者の音声に変換する。あるいは，普通の話し方の音声を，さまざまな感情のこもった話し方の音声に変換する。そのような技術が，音声変換（voice conversion）として活発に研究されている。ここでも，急速に深層学習の応用が進み，2018年以降では音声変換の主流になっている（Sisman et al., 2021；高木，2019）。音声変換の目的は，最終的に合成される音声が応用に応じた要求を満たすことであり，音声知覚に関わる属性と音声信号の属性（以下，信号の属性）との関係を研究することにはない。以下では，研究者が信号の属性の操作に関与することができる方法を音声モーフィング（voice morphing）と呼び，主に取り上げることとする。

　音声モーフィングでは，複数の音声試料から，それらの信号の属性を内挿／外挿した属性を有する音声を合成する（河原，2014；Kawahara & Skuk, 2018）。音声モーフィングを用いると，ある知覚的属性について対極的な二つの音声試料を用意するだけで，両極間を結ぶ刺激連続体（stimulus continuum）を作成することができる。この際，知覚的属性と信号の属性との対応についての事前の知識は不要である。この「事前知識が不要」という性質は，音声モーフィングを音声知覚の研究，特にパラ言語情報や非言語情報の研究のための強力な手段とする。たとえば，信号の属性が張る空間内に多様な複数の軌跡を描いて，両極間を結ぶ多数の刺激連続体を用意することができる。この複数の刺激連続体を用いた知覚実験を遂行することにより，それぞれの刺激の合成に用いられた信号の属性と心理的属性との関係を定量化するという戦略が可能になる。これらについて，後の節で具体例を紹介する。

6・2・1　分析合成に基づく方法

　ここでは，まず分析合成に基づく方法（VOCODER）で用いられる信号の属性と音声信号との関係について説明する。次いで，それらに基づいて，音声モーフィングの観点から音声合成と加工を統一的に説明する。

6・2・1・1　音声合成と加工に用いられる信号の属性

　1939年に提案された最初のVOCODERでは，音

声信号から音源情報（source information）とフィルタ情報（filter information）を取り出し，それらから音声を合成している（Dudley, 1939）。現在のVOCODERも多くはこの基本的な構成を踏襲している（図6-2-1）。音源情報には，有声音（voiced sound）の基本周波数（fundamental frequency），有声／無声判定（voiced and unvoiced, V/UV），周波数帯域毎の周期成分／ランダム成分の割合（非周期性, aperiodicity）が含まれる。フィルタ情報には，声道（vocal tract）の伝達特性（transfer function）と声帯音源波形（glottal source waveform）および唇などからの放射特性（radiation characteristics）が含まれる。基本周波数は知覚される音の高さ（ピッチ，pitch）と密接に関連しており，フィルタ情報は知覚される音色（timbre）と密接に関連している。非周期性は，有声摩擦音（voiced fricative）や息が混在する声などの音色に関連している。現在の高品質なVOCODERでは，これらの属性から元の音声に匹敵する自然な音声を合成することができる。正弦波モデル（sinusoidal model）も高い品質での音声の分析と合成が可能な方法である（Bonada & Serra, 2007；McAulay & Quatieri, 1986）。正弦波モデルでは，音声を複数の正弦波（および雑音）の和に分解し，再合成する。なお，正弦波モデルを用いて音声を加工する場合でも，実質的には声道の伝達特性などを含むフィルタ情報を介することが必要になる。正弦波モデルでは，音源情報はそれぞれの正弦波の配置に含まれている。有声音の場合，分解された正弦波の多くは，基本周波数の整数倍に近い周波数となり，無声音の場合にはランダムな配置となる。ここで紹介した他にも要素波形への分解と再配置に基づく方法（pitch synchronous overlap and add：PSOLA）（Moulines & Charpentier, 1990）や位相VOCODER（Flanagan & Golden, 1966）など，音声を加工することができるさまざまな方法がある。しかし，それらの多くでは，広い範囲で属性を自由に操作することが困難であり，加工された音声の品質の劣化を招く。なお，特定の信号の属性に限定し狭い範囲での操作を行う際には，PSOLAは現在でも広く用いられている。

6・2・1・2 音声モーフィング

音声モーフィングを広く捉えると，音声を分析して得られる信号の属性に何らかの操作を加え，新しい音声を合成する加工すべてが対象となる。それらの加工は，①一つの音声試料から一つの加工音声を作るもの，②複数の音声試料から一つの加工音声を作るものに大別される。なお後者の特殊な場合として，③二つの音声試料から一つの音声試料を作るものがある（図6-2-2）。以下では，それぞれを①一つの音声試料に基づく音声モーフィング，②複数の音声試料間の音声モーフィング，③二つの音声試料間の音声モーフィングと呼ぶこととする。音声モーフィングでは，上記の音源情報とフィルタ情報に加え，それらの情報の座標である時間軸と周波数軸が操作対象となる。音声モーフィングでは，これらの信号の属性を操作することにより，用いられた音声試料を経由する任意の軌跡上にある音声を合成する。

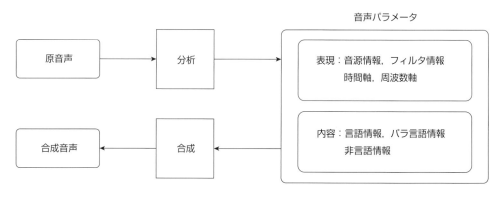

図6-2-1　音声の分析と合成

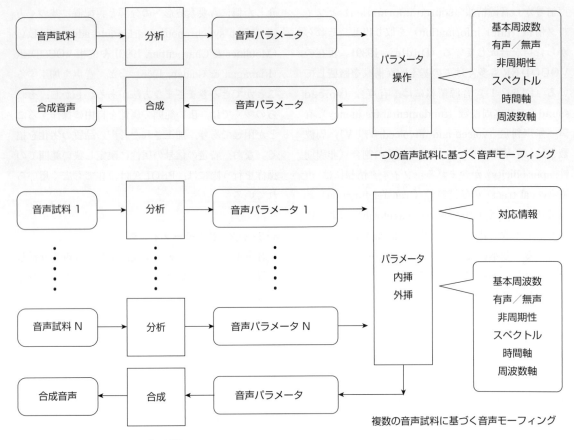

図6-2-2 音声モーフィングの種類

6・2・1・3 一つの音声試料に基づく音声モーフィング

音声信号そのものは，物理的な制約を強く受けるため，さまざまな属性を独立に操作した音声信号を話者が発声することはできない。分析と合成に基づく方法では，そのような拘束に縛られずに，それぞれの信号の属性を独立に操作することができる。たとえば，時間軸（time axis）のみを操作すると，話速（speaking rate）を変えることができる。周波数軸（frequency axis）を定数倍して比例的に伸縮させることは音速を変えることに相当するので，声道長（vocal tract length : VTL）を伸縮させた音声に加工することができる。内田は，この方法を音声の匿名化に用いている（内田，2017）。周波数軸の比例的伸縮は，対数（logarithm）で表した周波数軸にある実数を加えることに相当する。フィルタ情報を対数周波数軸上で表すと，声道長の伸縮は，同じ形状を保ったまま軸上を平行移動する操作になる。

内田は，音源情報である基本周波数の軌跡の操作が知覚に及ぼす影響についても調べている（内田，2005）。基本周波数の軌跡を操作する場合も，基本周波数そのものではなく，対数で表した基本周波数を操作するほうが妥当である。音の高さの知覚が周波数の対数で近似できることと，音声の生成機構の物理的性質がその妥当性の背景にある。藤崎は，音声生成機構の物理的性質から，対数で表した基本周波数の軌跡が，線形な動的システムの応答となることを示している（Fujisaki, 1988）。正弦波モデルを用いると，有声音の特定の調波成分を，基本周波数の整数比から逸脱させることができる。Popham et al.（2018）は，カクテルパーティー効果（cocktail-party effect）の背景にある知覚機構を調べるために，STRAIGHTから求められたフィルタ情報と，整数比から逸脱させた調波成分を含む正弦波モデルに基づく音源を用

いて刺激を作成している。

6・2・1・4 複数の音声試料間の音声モーフィング

音声試料を分析して得られる信号の属性の時間軸および周波数軸上の配置は，試料ごとに異なっている。複数の音声試料間の音声モーフィングの際には，破裂音（fricative）の破裂の時刻や，母音（vowel）のフォルマント（formant）の周波数などの重要な特徴の位置（時間-周波数座標，time-frequency coordinate）を，用いる試料の間で適切に対応づけておく必要がある。こうした対応づけを行った後，複数の試料から求められた信号の属性を操作して，モーフィングされた音声を合成するための属性を求める。

音声モーフィングの際に操作される信号の属性には制約があるものがある。たとえば基本周波数は正の値でなければならない。音声モーフィングに伴う操作の結果として得られる基本周波数も，この制約を満たさなければならない。操作の結果が制約を満たすように，複数の音声試料間の音声モーフィングは設計されている。以下，信号の属性の制約毎に，どのような操作が必要になるか説明する（図6-2-3）。

フィルタ情報を時間-周波数平面の各点での利得とし，対数に基づくdBを用いて表した属性の値は，任意の実数値を取り得る。したがって，実数の係数を用いた任意の線形変換（linear transformation）を属性の操作に用いることができる。複数の音声試料間のモーフィングの操作は，それぞれの音声試料の属性に重みを付した加重和となる。複数の音声試料の間を内挿（interpolation）する場合には，この重みの総和が1でそれぞれが正の値を取るという制約が課される。外挿（extrapolation）を許す場合には，それぞれの重みに対する正値の制約が外される。

基本周波数には，正値であるという制約がある。

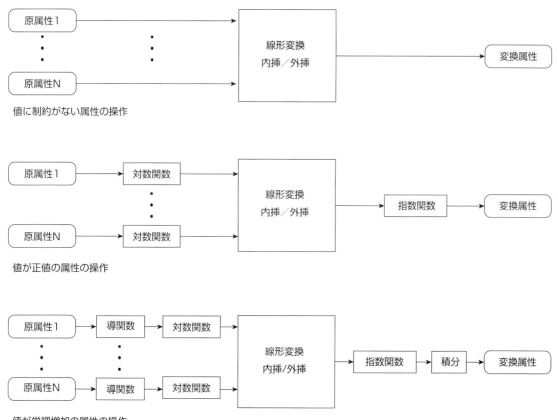

図6-2-3　属性の制約と操作

第 III 部　聴覚

基本周波数の対数は，任意の実数値を取り得る。したがって，制約を満たすように操作するためには，まずそれぞれの音声試料の基本周波数の対数を求め，操作に対応する加重和を求めて，逆関数（inverse function）である指数関数（exponential function）により変換して，目的とする基本周波数を求めれば良い。

この節の最初で説明した時間-周波数座標の対応づけにより，音声試料間の時間軸の写像（mapping）と周波数軸の写像が定義される。この時間軸の写像と周波数軸の写像には，単調増加（monotonic increase）であるという制約がある。この制約は，導関数（derivative）が正値（positive）であるという制約と等価である。したがって，たとえば操作された時間軸の写像が制約を満たすためには，まずそれぞれの音声試料の時間軸の写像の導関数を求め，それぞれの導関数の対数を求めたうえで，操作に対応する加重和を求める。こうして求められた結果を，まず逆関数である指数関数で導関数に変換し，逆の操作である積分（integration）により目的とする時間軸の写像を求めればいい。積分定数（integration constant）は，境界条件（boundary condition）に応じて適切に設定すればいい。

複数の音声試料間の音声モーフィングの操作の詳細と，それにより合成された音声の例は文献（河原，2014；Kawahara & Skuk, 2018）を参照されたい。

6・2・1・5　二つの音声試料間の音声モーフィング

用いる音声試料の個数が 2 個の音声モーフィングは，複数の音声試料間のモーフィングの一例として扱うことができる。ただし，複数の音声試料間のモーフィングは 2013 年に実現されたものであり，それ以前の音声モーフィングでは，信号の属性にも時間軸および周波数軸の写像にも，線形演算による内挿が用いられている（Kawahara & Matsui, 2003）。

6・2・2　音声知覚研究への応用

一つの音声試料に基づく音声モーフィングの応用については，III・6・2・1・3 で簡単に説明した。以下では音声知覚研究におけるそれぞれの方法の応用例を紹介する。まず歴史的な経緯から，二つの音声試料間のモーフィングから説明を始める。

6・2・2・1　二つの音声試料間の音声モーフィング

二つの音声試料を結ぶ刺激連続体を作り，音素境界（phoneme boundary）での知覚と脳活動を調べた研究がある（Chevillet et al., 2013）。また，刺激連続体を用いて音声の属性と歌唱の表情の知覚の関係を調べ，歌唱の表情付けシステムに応用した例がある（Yonezawa et al., 2007）。Schweinberger et al.（2008）は，同じ性別の音声を聞き続けることによる声の性別の知覚における残効（aftereffect）を，男性の音声と女性の音声をモーフィングした刺激連続体を物差しとすることで客観的に計測し，音声の性別を判定するモジュールの存在を示唆している。さらに，音声の特定の属性を選択的に操作して多様な刺激連続体を作ることにより，音声の性別判定と音声の属性との関係を調べている（Skuk & Schweinberger, 2014）。怒りと怖れを結ぶ刺激連続体を物差しとして，音声の感情の知覚での残効を調べた研究がある。この研究では，モーフィングの範囲を外挿まで広げて感情を誇張した刺激を順応に用いることにより，この残効が音響的特徴（acoustic feature）などの低次の順応ではなく高次の適応によるものであることを示唆している（Bestelmeyer et al., 2010）。

6・2・2・2　複数の音声試料間の音声モーフィング

多数の話者の音声をモーフィングして作った平均声（averaged voice）は好感度が高くなるという報告がある（Bruckert et al., 2010）。この研究では，二つの音声試料間のモーフィングを階層的に重ねることで 32 名の平均声までを合成している。同性の複数の音声から作成した平均声と操作対象となる音声の距離をモーフィングにより操作することで，平均に近い声と平均との違いを強調した声を作ることができる。それらを結ぶ刺激連続体を用いて個人性の表現と関与する脳内部位が調べられている（Latinus et al., 2013）。なお，2021 年までのところ，この一般化された音声モーフィングの柔軟性（Kawahara & Skuk, 2018）を応用した研究の数はまだ少ない（Skuk et al., 2020）。

6・2・2・3　一つの音声試料に基づく音声モーフィング

　従来から，さまざまな方法を用いて感情音声（emotional speech）を含む表情豊かな音声（expressive speech）の信号の属性と知覚との関係についての知見が蓄積されている（たとえばSchröder, 2009）。一つの音声試料に基づく音声モーフィングは，それらの知見を検証し，さまざまな仮説を検討する手段として用いることができる。

6・2・3　新しい可能性：深層学習

　深層学習による合成音声の品質は向上し続けており，2021年には人間による音声と区別できない自然性を獲得するに至っている。従来のVOCODERに基づく方法では，図6-2-1に示したように，解くべき問題を，①音声の分析，②音声パラメータの変換，③音声の合成のように分割し，それぞれの問題の解を接続することにより，音声変換を実現していた。深層学習では，このような先見的な問題の分割を行う代わりに，理論的には万能の変換関数を実現できる構造と学習の方法を用意し，膨大なデータを与えて訓練することにより，一挙に音声の話者変換などの問題を解いている。2019年までの全体像と技術レベルと課題については高木による解説（高木, 2019）が詳しい。深層学習における変換関数を実現する構造と学習方法については，現在も次々と新しい方法が提案されている。2016年から隔年で開催されているVoice Conversion Challengeでは，それらの方法を共通の試料と課題により評価している。Sisman et al.（2021）による試料は，従来のVOCODERに基づく統計的な音声変換から深層学習に基づく方法に至る流れを，3回のVoice Conversion Challengeの内容と合わせて解説している。従来のVOCODERに基づく方法が中心だった2016年のChallengeから始まり，2020年には，異なった言語間の話者変換が課題になっている。

　このように，深層学習は非言語情報の話者変換を大きく進歩させた。しかし，さまざまな生々しい表情豊かな音声への自由な変換は，深層学習を用いても未だに実現されていない。枠組みとしての音声モーフィングは，パラ言語情報を深層学習を用いて制御する方法という残された課題を研究する手段となる可能性がある。深層学習に基づくニューラルボコーダー（neural VOCODER）の情報表現とパラ言語情報の関係を，音声モーフィングにより調べることが，出発点となるだろう。

6・2・4　音声モーフィング用のツール

　ここで説明した音声モーフィングに使うことのできるツールがいくつか公開されている。言語学での応用を目的に設計されたPraatは，命令を記述することにより一つの音声試料に基づく音声モーフィングに用いることができる（Boersma & Weenink, 2018）。一般的な定式化以前に実装された二つの音声試料間の音声モーフィングは，1999年に発表されたSTRAIGHT（legacy-STRAIGHT）とともにオープンソースとして公開されている（Kawahara, 2018）。複数の音声試料間の音声モーフィング用のツールは，2021年ではTANDEM-STRAIGHTに基づくもののみであり教育・研究機関向けに公開されている（河原, 2014；Kawahara & Skuk, 2018）。深層学習に基づく方法については，音声変換のオープンソースのツールが公開され始めており，今後，音声モーフィングへの応用について注目しておく必要がある（Kobayashi & Toda, 2018；Sisman et al., 2021；高木, 2019）。

（河原　英紀）

6・3　音韻知覚とそのモデル

　音韻知覚とは，話し手が発した音声から，個々の母音や子音などの分節音的特徴や，アクセントや強勢などの超分節的（韻律的）特徴を聞き取るプロセスのことである。本稿では主に母音や子音などの分節音の知覚に焦点を当てる。

6・3・1　音韻知覚の様相

　音韻知覚における最大の問題は，母音や子音の分類（同定）とその際の頑健性（恒常性）である。分類とは，話し手が発した音がどの母音または子音であったかを聞き手がどのようにして言い当てるのかという問題である。一方，頑健性とは，母音や子音

第 III 部　聴覚

が実際には多様な特徴を示すにもかかわらず，聞き手がどのようにして安定かつ正確な分類を行うのかという問題である。母音や子音とその音響的特徴が1対1の関係にあるならば，音韻知覚は単純な問題となる。しかし，実際は同じ母音や子音に対して一貫した音響的特徴を見いだすことができない。この問題は音響的不変性の欠如（lack of acoustic invariance）と呼ばれ，古くから議論されてきた。母音や子音の音響的特徴は，前後の音との調音（構音）結合（III・6・1参照），発話スタイル（丁寧な発話かくだけた発話か）や発話速度，話者属性（性別，年齢，方言，社会的背景，母語など）といったさまざまな要因の影響を受ける。さらに，ある音響的特徴（たとえば母音の長さ）が複数の言語的要素（母音の種類，後続子音の有声・無声の区別，音節が開音節か閉音節か，強勢・強調の程度，句や発話の末尾か否かなど）の手がかりとなりうること，逆にある言語的要素が複数の音響的特徴によって示されることも，音韻知覚の問題を複雑にしている。

6・3・1・1　母音の知覚

　母音の分類は主に第1フォルマント（F1）と第2フォルマント（F2）の周波数によって行われる（フォルマントとは，母音のような複合周期波に含まれるエネルギーのピークを指す）。発話された母音の種類によってF1とF2の周波数が異なること（Peterson & Barney, 1952），また合成音声を用いてF1とF2を操作した音声を聞かせると異なる母音が聞こえること（Delattre et al., 1952）が古くから知られている。

　しかし，同じ母音であっても話し手が男性か女性か子どもかによってフォルマント周波数が異なる（Peterson & Barney, 1952）。また同じフォルマント周波数でも異なる母音に聞こえることもある。それにもかかわらず母音を正確に知覚できるのは，聞き手が母音の「正規化」（normalization）を行っているためであると考えられている（Johnson, 2005）。この正規化のしくみについては諸説あり，母音の基本周波数やF3以上の高次のフォルマント（Fujisaki & Kawashima, 1968），フォルマント周波数の比率（Miller, 1989；Syrdal & Gopal, 1986），話し手の顔か

ら推定される性別（Johnson et al., 1999）などさまざまな要因の影響が検討されている。

　また，多くの母音のフォルマント周波数は時間軸に沿ってダイナミックに変化する。特に母音の始端と終端では前後の音の影響を受けて急激なフォルマント遷移が観察される。このような変動は母音の正確な分類を妨害すると予想されるが，フォルマント遷移部だけを残してフォルマントが比較的安定している中央部を無音に置き換えた母音を呈示しても正確な母音の同定が可能であった（Strange et al., 1983）。よって，母音の分類において聞き手がフォルマント遷移のようなダイナミックな手がかりも能動的に利用しているといえる。

6・3・1・2　子音の知覚

　子音の分類は母音に比べてより複雑で，子音の調音法（閉鎖音，破擦音，摩擦音，鼻音，流音，渡り音など）によって多種多様な音響的手がかりが利用される（詳細はRaphael, 2005などを参照）。

　子音の有声・無声の区別については，複数の音響的手がかりによって示される。たとえば，声帯振動に伴う周期性の有無が手がかりとなりうる。閉鎖音が母音に先行する場合は，VOT（voice onset time）すなわち閉鎖音の開放から声帯振動に伴う周期性の開始までの時間差が有力な手がかりとなる（Lisker & Abramson, 1967）。一方，子音が母音に後続する場合は，子音とその直前の母音の持続時間が有声・無声の手がかりとなる（Port & Dalby, 1982）。

　子音の調音点の区別については，子音自体のスペクトル特徴（周波数成分の相対的強度）が知覚的手がかりとなる場合もあるが，特に閉鎖音や鼻音では子音の前後の母音にみられるフォルマント遷移がより有用な手がかりとなる。どのようなフォルマント遷移がどの調音点の知覚をもたらすかという問題は複雑である。図6-3-1の模式図のように，調音点が同じでも後続母音が異なるとその調音点を示すフォルマント遷移が異なる（Borden et al., 2003；Liberman et al., 1967）。このような音響的不変性の欠如を示す例は多数あり，それが後述する運動理論（III・6・3・2・1参照）の発展へとつながった。また，図6-3-2のように母音のF2の遷移部を徐々に変化させた合

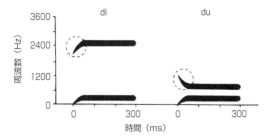

図6-3-1 音節 /di/ と /du/ の合成音声のスペクトログラム（Liberman et al., 1967）
同じ子音にもかかわらず○で囲んだフォルマント遷移が異なる。

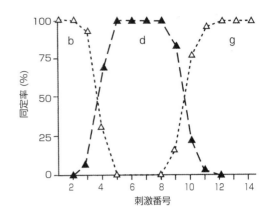

図6-3-3 図6-3-2の連続体を用いた同定実験の結果（Liberman et al., 1957）
横軸が音声刺激の番号，縦軸が /b/, /d/, /g/ にそれぞれ同定された率を示す。

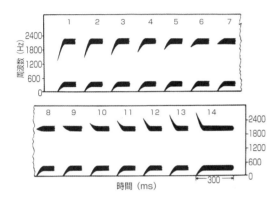

図6-3-2 フォルマント遷移を徐々に変化させた合成音声の連続体（Liberman et al., 1957）

成音声の連続体を聞き手に呈示すると，F2が上昇するときは /ba/ が，平坦またはやや下降するときは /da/ が，下降するときは /ga/ が聞こえた（図6-3-3）（Liberman et al., 1957）。

図6-3-3のように，連続的に変化する対象を非連続的ないくつかのカテゴリー（範疇）に区切って知覚する現象をカテゴリー知覚（categorical perception）と呼び，特に閉鎖音において頻繁に観察される（Abramson & Lisker, 1970；Liberman et al., 1957）。二つの音がカテゴリー知覚されると，それらが異なる音として分類（同定）された場合に比べて，同じ音として分類された場合のほうが両者の弁別（区別）が困難になる。この現象は母音や音声言語以外の音では生じないとされていたが（Fry et al., 1962；Mattingly et al., 1971），生じるとする結果も報告されている（Pisoni, 1977；Stevens et al., 1969）（III・6・3・2・2も参照）。さらに，母音の知覚については知覚マグネット効果（perceptual magnet

effect）という現象も報告されている（Kuhl, 1991）。ある母音の最も典型的な例（プロトタイプ）はまるで「磁石」のように機能して周囲の音を引き寄せる（知覚的距離を縮める）ため，プロトタイプに近い音どうしのほうがプロトタイプから遠い音どうしより弁別が困難になる。

6・3・1・3 音声の分節化

文字言語と異なり，音声言語は音素，音節，単語といった単位の間に明確な境界がなく，音声信号をこれらの単位に切り分けることが難しい。このような音声の非分節性の最大の原因は調音結合（coarticulation，同時調音ともいう）である。言語音は通常互いに重なり合って産出されるため，ある言語音はその前後の音や，時にはより離れた音の影響を強く受ける。隣り合う単語の間にも通常は切れ目がないので，たとえば「おしょく・じけん」（汚職事件）と「おしょくじ・けん」（お食事券）のように単語境界が異なる語句がまったく同じに聞こえることがある。

連続音声のなかから個々の単語を切り出すためには当該言語の単語に関する知識が必要だが，それ以外にもさまざまな手がかりが利用される。英語のように強勢がある言語では，聞き手が強勢音節を単語の先頭の音節として聞き取る傾向がある（Cutler, 2012；Cutler & Butterfield, 1992；Cutler & Norris, 1988）。また，音素配列規則（音素の並び方に関する言語ごとの決まり）（McQueen, 1998），音素間の遷

第 III 部　聴覚

移確率（ある音素の次に特定の音素が現れる確率；van der Lugt, 2001），言語ごとの音韻規則（Suomi et al., 1997；Warner et al., 2005）も単語の分節化に利用される。なお，連続音声を単語に分節する際には possible word constraint（PWC）という制約が働くことがある。たとえば，"apple" という単語を "vufapple" のなかから検出する場合に比べて "fapple" の中から検出するほうが困難であることが示された（Norris et al., 1997）。これは，連続音声から単語候補を切り出す際，切り出した後に残る部分が単語となりえない場合（"fapple" の "f" は単語となりえない），単語となりうる場合（"vufapple" の "vuf" は単語となりうる）に比べてその候補の活性化が抑制されるためだと考えられている。

関連する問題として，われわれが音声を知覚する際にどの言語単位を基本的な処理単位としているのかという音声知覚の単位（units of speech perception）の問題もこれまで議論されてきた［詳しくは筧（2015）などを参照］。

6・3・1・4　「不完全」な音声の知覚

音声知覚はさまざまな「ノイズ」に対して非常に頑健である。食堂や宴会場のように複数の会話が同時に進行しているような状況でも，周囲の音を無視しながら自分の話し相手との会話に選択的に注意を向けることが出来る。同時に，注意を向けていない会話からでも自分の名前のように重要度の高い情報は検出できることがある。このような現象はカクテルパーティー効果（cocktail-party effect）と呼ばれている（Bronkhorst, 2000）。また，音声のいくつかの音素が欠落していても，その部分を補完してもとの音声を復元できることが多い。これを音韻修復効果（phonemic restoration effect）という（Warren, 1970）。さらに，音声信号そのものを劣化させた音声（sine wave speech：Remez et al., 1981, noise-vocoded speech：Riquimaroux, 2006；Shannon et al., 1995 など）を聞き手に聞かせた場合も，元の音声が復元できることが多い。これは，従来知られている子音や母音の知覚的手がかりが不足していても，音声知覚が可能であることを示唆している。

このような効果は，われわれが音声を知覚する際，音声信号から得られる感覚情報を基に音素や単語を判断するボトムアップ処理（bottom-up processing）に加えて，発話内容や状況などの文脈から喚起される予想や期待を基に内容を判断するトップダウン処理（top-down processing）も同時に行っているためであると考えられる。

6・3・1・5　外国語音声の知覚

第一言語（L1）（母語）に比べて第二言語（L2）（外語，外国語）の音声の聞き取りが難しいことは一般的によく知られているが，その原因や改善方法を探る研究が近年盛んに行われている（Bohn, 2017）。これらの研究は，L1 の研究だけでは明らかにならない音声知覚における言語共通の普遍的な要素と個別言語に特有の要素の解明に貢献するだけでなく，人間の知覚システムの可塑性（plasticity），すなわち言語経験によって新しい L2 の音の学習がどの程度可能か，またその知見を語学教材開発にどのように応用できるかといった課題にも寄与する可能性がある。

外国語音声知覚の困難の原因は，L1 と L2 の音韻体系の違いに由来する。この違いを検討するため，L2 の音が L1 のどの音に対応付けられるかを実験参加者に直接回答してもらう知覚同化課題（perceptual assimilation task または perceptual mapping task）がよく用いられる（Bohn, 2017；Guion et al., 2000）。このような実験の結果から，L2 の音の L1 への対応付けは抽象的な音素レベルではなく具体的かつ環境依存の異音レベルで行われることが示された［たとえば，日本語母語者による英語の /r/ と /l/ の聞き取りは一様に困難なのではなく，当該音が現れる単語内の位置（語頭か語中か語末かなど）によって難易度が異なる］（Lively et al., 1993；Logan et al., 1991）。このような L2-L1 の対応付けのパターンを基に，L2 の音の知覚や学習がどの程度困難かを予測するモデルが提唱されている（III・6・3・2・6参照）。

新しい L2 の音の学習は成人でも可能であることが多くの研究によって示されている。たとえば，成人になってアメリカに移った移民を対象とした研究（Flege et al., 1997）では，英語経験の豊富な参加者

のほうが英語経験の少ない参加者より英語母音の知覚や産出の成績が高く，日常的なL2への接触や使用が役立つことを示唆している。また，成人日本語母語者を対象に英語の/r/と/l/を含む英単語の聞き取りを実験室にて訓練した研究では，訓練前後で同定成績が有意に上昇し（Lively et al., 1993；Logan et al., 1991），その効果が長期間保持され（Lively et al., 1994），当該音の産出にも般化した（Bradlow et al., 1997）。特に訓練中に複数の話し手が発話したいろいろな単語を用いて，当該音の多様な事例を学習者に呈示する訓練手法（high variability training）が，頑健な学習効果を得るのに効果的だと考えられている（Bohn, 2017；Lively et al., 1993）。この手法はL2の母音（Nishi & Kewley-Port, 2007），音の長さの対立（Tajima et al., 2008），声調（Wang et al., 1999）などさまざまな要素の学習や，高齢者（Tajima et al., 2002）に対しても応用されている。

6・3・2　音韻知覚のモデル

音声信号の多様性にもかかわらず母音や子音の正確な聞き取りを可能にするしくみを解明するため，さまざまなモデルが提唱されてきた。ここではまず二つの対極的な立場として「運動理論」と「聴覚理論」を紹介し，次にその他のいくつかの理論を取り上げ，最後に外国語音声知覚のモデルについて述べる。ここで取り上げないその他のモデル（コホートモデル，トレースモデル）についてはⅢ・6・10を参照されたい。

6・3・2・1　運動理論

音素などの言語単位と1対1の関係を示す不変的な音響的特徴がないことを受け，Liberman et al. はその不変性は音響信号ではなくその元となった話し手の調音に存在すると考えた。この考えを体系化した運動理論（motor theory；Liberman et al., 1967；Liberman & Mattingly, 1985）によれば，音声知覚の対象は音響的特徴ではなく，話し手が意図した調音運動（intended phonetic gestures）である。この調音運動はあくまで話し手が「意図した」ものであり，実際には調音結合などの影響により直接観察できない。しかし，この「意図した調音運動」のレベルで

は音素や素性（弁別的素性とも呼ばれ，音素を離散的な調音的性質または音響的性質の集合として捉えたもの。例として，有声性［±voice］，円唇性［±round］といった調音的素性や，集約性［compact］，高音調性［acute］といった音響的素性がある）と1対1の関係，すなわち不変性が存在するのである。さらに，運動理論によれば，音声産出と音声知覚は表裏一体であり，同一の音声モジュール（phonetic module）が産出と知覚の双方を担っている。この音声モジュールは人間のみに生得的に備わっており，音声言語の処理に特化している。音声の知覚は音声モード（speech mode）で，その他の音の知覚は音声モジュールを使わない聴覚モード（auditory mode）で行われる。

運動理論を支持する実験的証拠として二重知覚（duplex perception）が挙げられる（Liberman & Mattingly, 1985）。/da/や/ga/のような合成音声の一部（/da/と/ga/の識別に重要なF2のフォルマント遷移部）を片方の耳に，残りの部分をもう一方の耳に呈示すると，左右の音を融合した音節（/da/または/ga/）に加えて片耳に呈示したF2遷移部がチャープ音（chirp）として聞こえる。このF2遷移部が音節とチャープ音の2種類の知覚を同時にもたらすのは，音声モードと聴覚モードの二つの独立した知覚システムがあるためだと考えられている。また，McGurk効果（McGurk & MacDonald, 1976）（Ⅲ・6・4参照）では，聴覚と視覚で異なる言語音が呈示されるとそれらが融合した知覚が生じるが，刺激の一部が聴覚から，別の一部が視覚から与えられたと感じるのではなく，一つのまとまった知覚が生じる。それは，一つの調音運動（articulatory movement）（ジェスチャーと呼ばれることもある）が知覚されるためで，音声モードがその基盤にあるためだと考えられている。

6・3・2・2　聴覚理論

運動理論に対立する立場として，聴覚理論（auditory theory）または音響心理学的アプローチ（psychoacoustic approach）と呼ばれる説がある（Diehl, 1987；Diehl & Kluender, 1989；Ohala, 1996）。この枠組みによると，音声知覚には音声に特化した

特殊なモジュールは不要であり，音声を知覚する際に利用される機構は音声以外の音の知覚にも共通して用いられ，さらに人間以外の生物にも備わっている一般的な聴覚機構が利用される。音声知覚の対象は話し手の調音運動ではなく，音素や素性などに対応する個々の音響的手がかりである。音響的不変性の欠如の問題については，視知覚において知覚の恒常性（II・13・6参照）が得られるのと同様に，聴覚においても刺激の多様性のなかでも安定した知覚を得るためのメカニズムが備わっていると考えられている。

聴覚理論を支持する証拠は，運動理論に対する反証という形で示されることが多い。カテゴリー知覚（III・6・3・1・2）は音声言語のみに観察され，音声モードを支持する証拠であると考えられてきた。しかし，音声のVOTの連続体に類似した非音声刺激（図6-3-4参照）で実験を行ったところ，カテゴリー知覚と同様の結果が得られた（Diehl et al., 2004；Pisoni, 1977）。さらに，人間と類似した聴覚機構をもつチンチラを対象にVOTを含む音の知覚に関する実験を行ったところ，英語話者と同様にカテゴリー知覚を示唆する結果が得られた（Kuhl & Miller, 1978）。これらの結果はいずれも運動理論の主張と相反する。一方で，聴覚理論では音声産出と音声知覚との関係についての合理的説明がないなどの欠点が挙げられる。

6・3・2・3　直接知覚理論

Gibsonが唱えた生態心理学を基盤として提唱された音声知覚の直接知覚理論（direct perception theoryまたはdirect realist theory；Best, 1995；Fowler, 1996）によると，音声知覚の対象物は音響的特徴ではなく調音的事象である。しかし，運動理論と異なり，話し手が意図した抽象レベルの調音運動ではなく，声道内で実際に観察可能な調音運動が知覚の対象物であると考えられている。話し手の調音運動を把握するために必要な情報は音声信号のなかに十分に含まれており，音声信号から調音運動が「直接」知覚できる。聴覚理論（III・6・3・2・2）では，個々の断片的な音響的手がかりを構成要素として，複雑な計算や情報結合の過程を経てから音素や素性が何であるかという解が構築されるが，直接

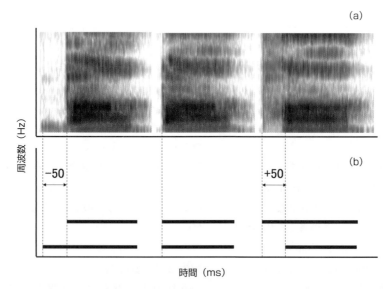

図6-3-4　(a) VOTの異なる自然音声の音節（閉鎖音＋母音）のスペクトログラム，(b) 自然音声のVOTを模倣して合成された非音声刺激（複合音）のスペクトログラム
(a) VOTは，閉鎖の開放（中域から高域にかけての周波数成分の開始）から声帯振動（低周波数成分）の開始までの時間差に対応する。左から順に，VOTがマイナスの値，ほぼゼロの値，プラスの値となっている。(b) (a)と同様に，高い純音の開始から低い純音の開始までの時間差が左から順に，マイナスの値，ゼロの値，プラスの値となっている。

知覚理論ではそのような一連の過程は想定されておらず，音素や素性と１対１の関係にある高次の不変量（higher-order invariants）が直接知覚されるのである。この過程において音声に特化したモジュールは想定されておらず，この点で運動理論とも対立する。

6・3・2・4　事例理論

音声知覚のモデルの多くが音声の変動性を「ノイズ」と見なし，それを除去した不変的特徴を見つけることを目的としているが，逆にこの変動性がそのまま記憶に蓄積されることで音素や単語などのカテゴリーが形成されるという立場もある。事例理論（exemplar theory；Bybee, 2006；Johnson, 1997；Pierrehumbert, 2001）によると，聞き手が経験した音素や単語などの事例（エピソード）が抽象化・正規化されることなくすべて記憶に蓄積される。音素や単語の区別に必要な言語的特徴（linguistic properties）だけでなく話し手の属性などの指示的特徴（indexical properties）も記憶される。また，より頻繁に接触するカテゴリーはより多くの事例によって表象化される。音声単語の記憶実験において同じ話し手が発話した項目のほうが異なる話し手が発話した項目より記憶成績が優れているといった結果（Goldinger, 1996；Palmeri et al., 1993）や，単語の頻度や親密度によって単語の発音の仕方や了解度が異なるといった結果（Bybee, 2002；加藤他, 1999）を，事例理論によって説明することができる。

6・3・2・5　神経基盤

近年の脳機能イメージング技術や脳損傷研究の進展に伴い，従来は主に行動実験の知見を基に検討されてきた音韻知覚のモデルが，新たな観点から再検証されるようになった。運動理論（III・6・3・2・1）は Liberman et al. によって提唱されて以来，その主張に反する証拠が多数報告されるようになり，その信憑性に疑義が唱えられるようになった。しかし，運動理論が再び注目されるようになるきっかけとなったのが，ミラーニューロンの発見であった（Delvin & Aydelott, 2019）。ミラーニューロン（mirror neurons）とは，ある行為を自ら遂行する場合と，同じ行為を他の個体が遂行するのを見ている場合とで，同様

の賦活を示す神経細胞のことである（Gallese et al., 1996）。これを音声に当てはめると，自らが音声を産出する場合と，他の話し手が音声を産出するのを聞いている場合とで，同じ神経組織が関わっている可能性を示唆するもので，運動理論の考え方とよく似ているといえる。これをきっかけに音声知覚における音声産出機構の役割を検討する研究が多く行われ（D'Ausilio et al., 2009；Delvin & Aydelott, 2019；Watkins et al., 2003），運動理論への関心が再び高まった。しかし一方で，ミラーニューロンは手や腕の動きなど音声以外の行為や，人間以外の動物においても確認されることから，人間に固有かつ音声に特化した「音声モード」とは異質のものであり，ミラーニューロンの存在や音声知覚と産出に共通した脳内機構の存在だけでは運動理論の支持的証拠にならないという見解もある（Lotto et al., 2009）。

また，近年の脳研究の知見を基に構築されたモデルに二重経路モデル（dual stream model）がある（Hickok & Poeppel, 2007）。このモデルによると，音声の情報は脳内で二つの経路に分かれて処理される。一つ目の腹側経路（ventral stream）は，左右両側の側頭葉後部に位置するとされ，音声の感覚的・音韻的表象から語彙的・意味概念的表象への対応付けが行われる。一方，二つ目の背側経路（dorsal stream）は，左脳の頭頂葉と側頭葉の間にある Sylvius 裂付近の一部，および Broca 領域や前運動野を含む前頭葉前部に位置するとされ，音声の感覚的・音韻的表象から調音運動に関わる表象への対応付けが行われる。対象の知覚において２種類の経路が存在するという説は，視知覚の領域において一般に認められている（Mishkin et al., 1983）。また，二つの独立した経路を想定することで，これまで説明が困難とされてきた知見に対して統一的な説明が可能となった。たとえば，音節の弁別のような前語彙的（prelexical）な課題と，単語理解のような語彙的・意味的処理が必要な課題とでは，脳損傷患者の成績に相関がなく互いに独立した機能のように振る舞うが（Miceli et al., 1980），前者のような課題は主に背側経路で，後者は主に腹側経路で処理されると説明することができるのである（Hickok & Poeppel, 2007）。

第 III 部　聴覚

6・3・2・6　外国語音声知覚のモデル

　L2 の音の L1 への対応付けの仕方（III・6・3・1・5 参照）によって L2 の音がどの程度学習困難かを予測するモデルを二つ紹介する。

　Best（1995）が提唱した知覚同化モデル（perceptual assimilation model：PAM）およびその発展版である PAM-L2（Best & Tyler, 2007）では，L2 の音の L1 への対応付けを分類し，特に初級学習者にとっての学習困難度を予測している。PAM が特に有用なのは，L2 の音韻対立の L1 への対応付けを何種類かの同化パターンに分類し，その対立の学習困難度が予測できる点にある。全 6 種類ある同化パターンの一部を具体例とともに次に示す。① Two-category assimilation（TC）では，二つの L2 の音が別々の L1 カテゴリーに同化する。弁別は容易である。たとえば，英語の /m/ と /n/ は日本語の /m/ と /n/ にそれぞれ同化する。② Category goodness difference（CG）では，二つの L2 の音が一つの L1 カテゴリーに同化するが，一方が他方に比べて L1 カテゴリーへの適合度（category goodness）がより高い（より L1 の音らしく聞こえる）。弁別は中程度に困難である。たとえば，英語の /b/ と /v/ はいずれも日本語の /b/ に同化するが，/v/ より /b/ のほうが日本語の /b/ に近い（適合度が高い）。③ Single category assimilation（SC）では，二つの L2 の音が一つの L1 カテゴリーに同化するが，L1 カテゴリーへの適合度が両者共に同程度である。弁別は困難である。たとえば，英語の /r/ と /l/ はいずれも日本語の /r/（ラ行音）に同化するが，両者の間で適合度に大差がないことが多い。

　次に，Flege（1995, 2007）のスピーチ・ラーニング・モデル（speech learning model：SLM）は，PAM と異なり，初級学習者だけでなく L2 を長年使用しているような中上級話者も視野に入れたモデルである。SLM の前提として，L1 および L2 の母音や子音は共通した音韻空間（common phonological space）に存在する。そのため，L1 の音韻体系が新たな L2 の音声学習に影響を及ぼすだけでなく，学習した L2 の音韻体系が逆に L1 の音声知覚や産出に影響を及ぼす可能性もある。SLM によると，L1 にない新しい音の学習は，その音に最も近い L1 の音

との知覚的な差異が大きいほど，また学習者の AOL（age of L2 learning, L2 学習開始年齢）が若いほど，容易である。また，まったく新しい L2 の音（new sounds）よりも L1 の音と似ている L2 の音（similar sounds）の学習のほうが難しい。その理由は，似ている L1 と L2 の音の間に等価的分類（equivalence classification）が生じ，一つのカテゴリーを L1 と L2 の両方に適用するためである。さらに，学習者が形成する L2 の音韻カテゴリーは母語話者のものと異なる可能性がある。それは，L1 と L2 が同じ音韻空間を共有するため，L1 の音韻カテゴリーが近くにすでに存在すると，それとの対立を保持するためにそのカテゴリーから遠ざかるように L2 の音韻カテゴリーを形成する可能性があるためである。

　PAM と SLM は相互排他的なモデルというより，互いに補い合う形で共存しているといえる。PAM が L2 における音声知覚に特化したモデルなのに対して，SLM は知覚と産出の両側面を包括的に捉えたモデルである。

（田嶋 圭一）

6・4　マルチモーダルな音声知覚

　高齢者と話していたところ，「今日は眼鏡を忘れたからよく聞こえない」と言われた，というエピソードがある。高齢者は聴力が低下していて，それを補うために話し手の口の動きを利用して，視聴覚を併用して音声を知覚しようとする。ところが視力も低下しているため，話し手の口元をよく見るためには眼鏡が必要になる。しかし，眼鏡を忘れてしまったので口元がよく見えず，結果として音声の聞き取りにも影響が生じてしまう，ということである。他にも，野球の試合でピッチャーとキャッチャーが話をするとき，グラブで口元を隠しているのを見たことがある人もいるだろう。これらのエピソードは，私たちは意識せずとも話し相手の口元から視覚情報を受け取り，音声の聞き取りに利用していることを示している。

　このように視覚と聴覚という複数の感覚モダリティを併用したマルチモーダルな音声知覚（audiovisual speech perception）は，多感覚知覚（multisensory perception）の一例である。マルチモーダルな音声知覚は1950年代から研究が進められており，大きく分けて2種類の実験状況で研究が進められてきた。一つは，音声と口の動きが一致した通常の状況での検討，もう一つは音声と口の動きを矛盾させた人工的状況での検討である。それぞれ，読唇（lipreading）とMcGurk効果（McGurk effect）として知られている。

6・4・1 読唇

話し声の聴覚情報と一致した口の動きの視覚情報を呈示すると，音声を聴覚のみで呈示した場合と比べて正答率が上昇し，反応時間が短縮する。このように，読唇には聞き取りを促進する効果があることが，音韻や単語（Auer, 2009；Sumby & Pollack, 1954；Tanaka et al., 2009）および文（Grant et al., 1998）の各レベルで報告されている。聴覚によって得られる情報が限定されてしまう補聴器（Erber, 1975）や人工内耳（Zatorre, 2001）の装用者にとって，日常生活で視覚情報によって音声知覚が促進される場面は非常に多い。

一方で，健聴者では意識的に視覚情報を用いる場面は少ないように感じられるかもしれない。しかし，音声にノイズを重ね合わせた状況で実験すると，視覚情報による促進効果が顕著に確認できる。促進効果はノイズの比率を高めれば高めるほど大きくなる（Sumby & Pollack, 1954）。このことは日常生活でも地下鉄の車内や人混みの中などの騒音下では，相手の口の動きから得られる視覚情報が音声の了解度の向上に大きく貢献していることを示唆している。また，騒音下だけではなく，静かな場所でも視覚情報が加わると反応時間が短くなる。

こうした読唇効果について最初に報告したSumby & Pollack（1954）の実験では，話者の音声（単語を発話した音声）にノイズを重ね合わせて実験協力者に聞かせた。音声とノイズの比率を−30 dB（ノイズが圧倒的に大きい状況）から無限大（ノイズが限りなく小さい状況）の間で操作した。実験の結果，聴覚のみ呈示の場合，0 dB（音声とノイズが同じ音圧）より音声が小さくなると，急激に単語の正答率が低下した。一方で，話者の映像も呈示する視聴覚条件では，ノイズの比率が上昇しても正答率の低下は緩

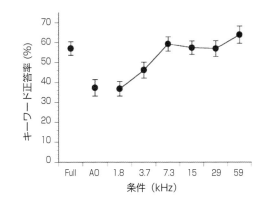

図6-4-1 空間周波数成分の除去による視聴覚音声知覚の変化（Munhall et al., 2004を著者一部改変）
横軸はローパスフィルタのカットオフ空間周波数（顔画像のサイズ当たりの周期数）を表す。AOは音声のみ呈示，Fullは画像を加工せずに呈示する条件での結果。

やかであった。また，話者の映像が加わることによる正答率の上昇は，ノイズが音声に比べてとりわけ大きなときに顕著であった。

話者の顔画像の空間的特徴については，画像の量子化密度を操作した研究（Campbell & Massaro, 1997），ローパスフィルタをかけた研究（Munhall et al., 2004）から，読唇効果は画像の劣化に対してもある程度頑健であり，比較的低い空間周波数成分が重要であることが示されている（図6-4-1）。

6・4・2 McGurk効果

上記の読唇の例とは対照的に，音声と不一致な口の動きの映像を見ると音声の聴こえが変化することがある。この現象はMcGurk効果（McGurk effect）と呼ばれ，たとえば/ba/という音声と同期させて/ga/という口の動きの映像を呈示すると，両者が融合してそのどちらでもない/da/と知覚される（融合反応と呼ばれる）。この現象を最初に発見したMcGurk & MacDonald（1976）の実験では，/ba/という音声と同期させて/ga/という口の動きの映像を呈示すると，成人協力者では98％のケースで/da/という反応が得られた。読唇は視覚と聴覚が一致することで知覚が促進される例だが，McGurk効果は視覚と聴覚が不一致であることで知覚が変容する例であると位置付けることができるだろう。また，

第 III 部 聴覚

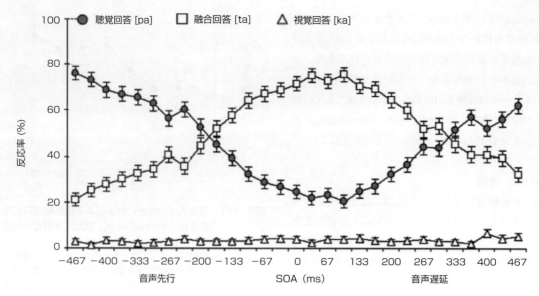

図6-4-2　視聴覚音声知覚の時間特性（van Wassenhove et al., 2007 を著者一部改変）

視覚情報によって音の知覚が変化している点で視覚優位の統合だといえる。

　McGurk 効果は /ba/, /da/, /ga/ に限定される効果ではない。上記の例以外にも，無声子音（音声 /pa/ ＋映像 /ka/ → 知覚 /ta/）でも同様に融合反応が生じる。他にも，音声 /ba/ ＋映像 /da/ → 知覚 /da/，あるいは音声 /ma/ ＋映像 /na/ → 知覚 /na/ といったように，映像の子音に引きずられるタイプの組み合わせも存在する。また，非常に頑健な現象であり，顔と声が性別の異なる話者である場合にも生じる（Green et al., 1991）。つまり，口の動きと声が同じ話者によるものではないとわかっていても生じるのである。

　McGurk 効果が生起するためには映像と音声の時間的同期も重要だが，厳密な同期は必要ではない。研究や用いた音節によっても異なるが，おおむね映像より音声が遅れる場合は 200 ms 程度まで，音声が先行する場合は 50 ms 程度までであれば，同期している場合とあまり変わらない程度の効果が生じる（Munhall et al., 1996；van Wassenhove et al., 2007）（図6-4-2）。また，画像の空間的特徴については，画像の量子化密度を操作した研究（MacDonald et al., 2000）から，読唇効果と同様に McGurk 効果も画像の劣化に対してある程度頑健であることが示されている。

　McGurk 効果の生起には，意識や注意による影響もあることが報告されている。音声のフォルマントを抽出して周波数変調純音として再合成した正弦波音声（sine wave speech，図6-4-3）を用いた研究からは，聴覚情報が（鳥のさえずりや機械音ではなく）音声であるという意識が McGurk 効果の生起に不可欠なことが示されている（Tuomainen et al., 2005）。また，「Rubin の壺」の映像（図6-4-4）と音声を組み合わせた研究からは，視覚情報が（壺ではなく）顔であるという意識が不可欠であることが示されている（Munhall et al., 2009）。意識と同様に，注意も McGurk 効果に影響し，課題負荷の高いときには McGurk 効果の生起率が低下するとの報告が

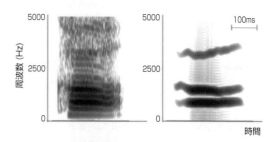

図6-4-3　正弦波音声の例（Asakawa et al., 2011 を著者一部改変）
　左図は通常の「カ」という音声のスペクトログラム。右図は同じ音声の第1～第3フォルマントを抽出して再合成した正弦波音声のスペクトログラム。

1150

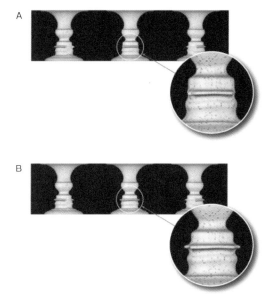

図6-4-4 Rubinの壺を用いたMcGurk効果の実験刺激の例（Munhall et al., 2009を著者一部改変）

ある（Alsius et al., 2005；Tiippana et al., 2004）。

6・4・3 McGurk効果の生じるメカニズム

McGurk効果はどのようにして生じるのだろうか。ここでは，/ba/という音声と/ga/という口の動きによって/da/が知覚される例をもとに考える。

ba, da, gaはいずれも有声破裂音であり，調音位置に着目すると，bは唇，dは歯茎，gは軟口蓋となっている（図6-4-5）。/ba/は唇音と呼ばれ，唇を閉じた状態から開けるという動作が特徴的であり，これは他者からも見ることができる。一方，/da/と/ga/にはそのような動作はなく，どちらも口を開いたまま発話されるため，他者から見る限りはあまり大きな違いは読み取れない。したがって，視覚的には/da/と/ga/は違いが小さく，/ba/はどちらとも違いが大きいということになる。

この調音位置によって第2フォルマントの時間的遷移パターンが変化し，baでは低い周波数から上昇し，daはほぼフラット，gaは高い周波数から下降する。言い換えれば，音響的特徴は/ba/と/da/，そして/da/と/ga/は比較的類似性が高いが，/ba/と/ga/は比較的類似性が低いといえる。なお，/ba/，/da/，/ga/は調音位置とフォルマント遷

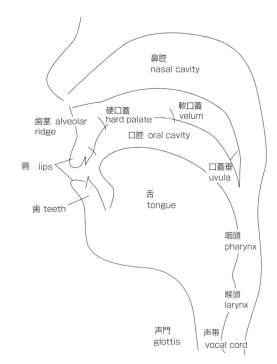

図6-4-5 調音位置

移以外の特徴（子音が有声音であり破裂音であることや，母音が/a/であることなど）はすべて共通している。

われわれはこうしたことを日常的には意識しないが，McGurkらは，口の動きが調音位置（唇を閉じないので/d/または/g/），音が調音様式（彼らは詳細を明記していないが，上記のようにフォルマント遷移に着目すると，/b/は/g/より/d/に近い）の情報を提供しており，両者と矛盾しないのが/da/という知覚であると考察している。

なお，音声と映像の子音が逆転した組み合わせ（結合ペアと呼ばれる）では，視覚（唇音）と聴覚のどちらとも矛盾しない子音がなく，融合ペア（音声/ba/＋映像/ga/）のような解釈は成り立たないため，/b/の知覚は揺らぐことがなく，/g/の音と融合されずに，両者の特徴がそのまま知覚され，/bga/などと知覚される。

McGurk効果を説明する理論に関しては長年の論争があるが，大きく分けて，比較的初期の段階から視覚と聴覚に共通の表象が形成されると仮定する立場と，モダリティ特異的な表象が高次の処理に至るまで保持されると仮定する立場がある。McGurk

効果の数理モデルとしては，ファジー論理モデル（Massaro, 1987），因果推論モデル（Magnotti & Beauchamp, 2017），並列モデル（Altieri et al., 2016）などが提唱されているものの，現象を定量的かつ広範に説明できるモデルはまだないのが現状である。

6・4・4　視聴覚音声知覚の神経基盤

Calvert et al. は，単語を発話中の口の動きを聴覚信号なしで視覚的に読みとっているときに，一次聴覚野を含む聴覚領域が活動することを報告している（Calvert et al., 1997）。この報告からは，視覚情報に基づく音声知覚には，聴覚情報に基づく音声知覚と同様の脳部位も関与していることが示唆される。

Calvert et al.（2000）は，視覚・聴覚の単一感覚呈示でも活動し，かつ視聴覚一致刺激では単一感覚呈示による活動の和を超える活動を示す領域を検討した。実験の結果，左上側頭溝後部（posterior superior temporal sulcus：pSTS）がそのような超加算的（supraadditive）な活動を示すことが明らかとなった。

Sekiyama et al.（2003）は，McGurk 刺激に対する反応を fMRI および PET を用いて検討した。McGurk 刺激の音声明瞭度を操作した結果，ノイズを増加して明瞭度を低下させた条件ほど左 pSTS の活動が高まることが示された。pSTS は視聴覚統合の部位として知られているが，実際にはさまざまな脳領域が協調して視聴覚統合が実現されていると考えられる。一次感覚野，運動前野，前頭前野などの皮質領域に加えて，上丘や視床などの皮質下領域も視聴覚統合に関与することを示唆する研究が増えてきている（Ghazanfer & Schroeder, 2006）。

なお，視聴覚が一致した音と比べると，McGurk 刺激ではコンフリクト処理領域（前帯状回等）の活動が高いとの報告もあり（Morís Fernández et al., 2017），視聴覚一致刺激と不一致刺激における視聴覚統合には異なる脳部位が関与している可能性がある。

視聴覚音声知覚の時間特性を調べるために，van Wassenhove et al.（2007）は脳波計測を用いて，単音節音声の視覚情報と聴覚情報が一致する条件と一致しない条件での事象関連電位（event-related potential：ERP）を測定した。実験の結果，一致条件では聴覚のみ呈示条件と比べて N1 と P2 の潜時が短縮したが，不一致条件では潜時の短縮は確認されなかった。N1 と P2 のピーク間振幅は聴覚のみと比べると視聴覚呈示のときに小さくなった。音声が発話されるときには，まず口が動いてその後音声が発話されることを踏まえると，これらの結果は音声が発話される前の口の動きの視覚情報による予測処理を反映しており，予測と一致する場合は潜時が短縮し，不一致であっても予測が生じた際には聴覚野の活動が減少することを示唆している。

6・4・5　視聴覚音声知覚の言語差・個人差

McGurk 効果は頑健な現象として知られるが，その効果の強さには母語による違いがみられる。Sekiyama & Tohkura（1991）は日本語母語者では音声が不明瞭であるときには McGurk 効果が強く生じるものの，音声が明瞭であるとあまり生じないことを報告した。その後の研究では，日本語母語者と英語母語者を対象に，日本語刺激と英語刺激を用いて McGurk 効果の生起率を検討した結果，全体として日本語母語者のほうが McGurk 効果が弱いことが報告されている（Sekiyama, 1994）。また，日英両群ともに，母語より非母語で McGurk 効果が強かった。

Hisanaga et al.（2016）は視聴覚音声知覚の言語差について多面的に検討しており，視聴覚一致音声が呈示されると，英語母語者は視線が話者の口に集中するのに対し，日本語母語者は視線が他の部位にも分散することを示した。また，英語母語者は視聴覚呈示によって音声判断に要する時間が短縮したのに対し，日本語母語者では逆に増加した。さらに，英語母語者では視覚情報によって P2 の振幅が減少するのに対し，日本語母語者では振幅が増加し，視覚情報が妨害的に作用することが示唆された（図 6-4-6）。

個人差を検討した研究からは，自閉症スペクトラム（ASD）成人（Saalasti et al., 2011），および大学生のなかで ASD 傾向の高い群（Ujiie et al., 2015）では，統制群とは McGurk 効果の生起パターンが異なることが示されている。

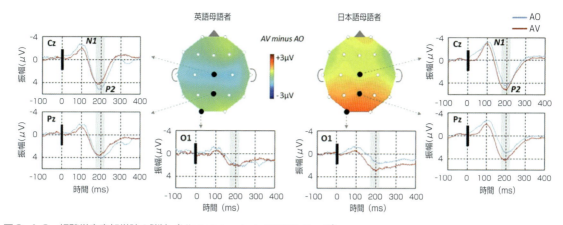

図6-4-6 視聴覚音声知覚時の脳波（Hisanaga et al., 2016, Fig. 2）
AO は音声のみ，AV は視聴覚呈示での結果を示す。頭頂付近（Cz）において，英語母語者では視覚情報によって P2 の振幅が減少するのに対し，日本語母語者では振幅が増加した。

6・4・6 視聴覚音声知覚の発達

視聴覚音声知覚を行うためには，口の動きと音声の対応関係をマッチングする能力が不可欠であると考えられる。選好注視法を用いた研究からは，4.5-5か月児が /a/ と /i/ の口の動きと音声の対応関係をマッチングできることが報告されている（Kuhl & Meltzoff, 1982）。その後の研究では 2 か月児でも /a/ と /i/ をマッチングできることが報告されている（Patterson & Werker, 2003）。

また，馴化‐脱馴化法（habituation-dishabituation paradigm）を用いて 4-5 か月児に McGurk 効果が生じることを報告した研究もある（Desjardins & Werker, 2004；Burnham & Dodd, 2004；Rosenblum et al., 1997）。ERP を用いた研究からは，口の動きと音声が一致した刺激，口の動き /ga/ ＋音声 /ba/（McGurk 効果が生じることが期待できる刺激），口の動き /ba/ ＋音声 /ga/（McGurk 効果が生じないであろう刺激）に対する ERP を測定した結果，後者の刺激では異なる波形が観察された（Kushnerenko et al., 2013）。それぞれ手続き上の弱点があり，別解釈も成り立ちうるため，乳児においても McGurk 効果が生じているかどうかは現時点では明らかではない。

McGurk 効果の生起率は発達とともに変化する。英語圏では子どもは大人より McGurk 効果が生じにくく，McGurk 刺激に対して聴覚情報に基づいた回答が多い（McGurk & MacDonald, 1976；Sekiyama & Burnham, 2008）。児童期になると言語差がみられるようになり，英語母語者では児童期に McGurk 効果の生起率が上昇するのに対し，日本語母語者では生起率にあまり変化がみられない（Sekiyama & Burnham, 2008）。

（田中 章浩）

6・5 音声の音響分析（acoustic analysis of speech）

6・5・1 音声の音響分析とは

音声を含む音響現象は，物理的には空気の振動でしかない。その振動が外耳（outer ear）を通して鼓膜（eardrum）を振動させ，それが中耳（middle ear）を伝わり，内耳（inner ear）の蝸牛（cochlea）にある基底膜（basilar membrane）により神経の発火現象となり，やがては脳の聴覚野（auditory cortex）に至る。ここに至って音を知覚することになるが，さまざまな知覚現象が空気振動のどの側面に起因するのかを探る場合，空気の振動パターン（マイク収録後は，電気の振動パターンに変換される）をさまざまな数学ツールを使って分解・分析することになる。この分解は，およそ聴覚の仕組みに沿った方法が採択されており，その概略を述べる。

6・5・2　音声の生成プロセスとそのモデル

音声信号（speech signals）を分析する場合，音声の生成過程を①声門（glottis）やその付近で生じる音源生成，②それ以降の器官［喉頭（larynx），咽頭（pharynx），口腔（oral cavity），鼻腔（nasal cavity）］による音響的変形，③口からの放射（radiation）に分けて考える。母音（vowel）は声帯（vocal cords）の振動が音源となるが，子音（consonant）の場合は，声道（vocal tract）の狭めによる乱流（turbulence）や，一時的に閉鎖した声道（の一部）を急激に開放させて得られる突発的な音も音源となる。いずれの場合でも，音声の生成過程として，上記の三つの段階を考えることが多い。

6・5・3　音声に含まれる情報とその音響的対象物

音の三要素として「高さ」「大きさ」「音色」が知られているが，加えて「長さ」について，その音響的対象物を説明する。高い／低い，大きい／小さい，太い／細い，長い／短い，などの言葉で2音を区別する場合，この音響的対象物が異なる2音を聞いていることになる。

図6-5-1左に母音「あ」の音声波形の一部を示す。一般に母音を含め，声帯振動を伴って生成される声は，およそ周期的な波形となる。この周期を基本周期（fundamental period, T_0）と呼び，その逆数を基本周波数（fundamental frequency, F_0）と呼ぶ。基本周期が短く／長く（基本周波数が高く／低く）なると音が高く／低くなったと感覚する。音の高さに関する心理量をピッチ（pitch）と呼ぶが，その物理的対応物が基本周波数である。周期的な信号 $s(t)$ はフーリエ級数（Fourier series）より，下記のように展開できる。

$$s(t) = \sum_{n=0}^{\infty} A_n \cos(2\pi(nF_0)t + \theta_n)$$

A_n, θ_n は，周波数 nF_0 の正弦波（sinusoidal wave）に対する振幅（amplitude）と位相（phase）である。このように周期波形は，周波数（frequency）軸上で飛び飛びの線スペクトル（line spectrum）をもつ。nF_0 ($n = 2, 3, 4\cdots$) を倍音と呼び，倍音のみにエネルギーが集中することをハーモニクス（倍音構造，harmonics）と呼ぶ。図6-5-1右に母音「あ」の対数パワースペクトラム（power spectrum）を示すが，櫛状の細かい構造がハーモニクスである。

音の強さを物理的に表現する場合，最小可聴値（absolute threshold of hearing：ATH）に相当するパワー（10^{-16} W/cm^2），あるいは音圧（0.0002 dyn/cm^2 = 20 μPa）を基準とするデシベル値で表す。前者はインテンシティレベル（intensity level），後者は音圧レベル（sound pressure level）と呼ばれる。音の強さの心理量はラウドネス（loudness）である。なお，より簡易な音の強さの表現として，ある区間に対する波形振幅の2乗平均の平方根（root mean square：RMS）も広く使われている。

音声波形やそのスペクトログラム（spectrogram，対数スペクトラムを時系列として並べたもの）を視察すれば，たとえばある母音の開始時刻，終了時刻

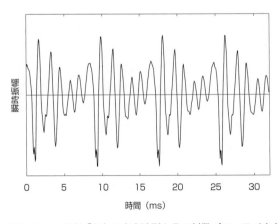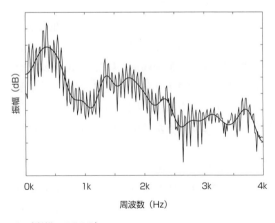

図6-5-1　母音「あ」の音声波形とその対数パワースペクトラム（峯松，2018）

を目測できる。音声を聞くと平仮名列のような記号列が知覚されるが，音声波形やスペクトログラムに明確な境界が存在しているわけではない。これは調音運動（articulatory movement）が連続運動であることに起因する。音素境界がラベル化された音声コーパスが流通しているが「知覚された音素列を強引に音響現象に当てはめることで得られる境界」と考えるほうが妥当である。

音色（timbre）であるが，周波数軸上でのエネルギー分布（energy distribution）を音色と解釈することが多い。すなわち，スペクトル包絡（spectrum envelope）である。図6-5-1右の対数パワースペクトラムには，周波数方向の平滑化パターンとして包絡特性を示している。母音の場合，声帯振動によって生じる音が音源であり，その後，声道形状の違いが，各母音の音色の違いをつくり出す。「あ」となった音に対して，舌の位置を変えると音色（包絡特性）が変わり，それを「い」や「う」として知覚する。

図6-5-2は，日本語および米語の各母音の舌の位置を示しており，母音図（vowel chart）と呼ばれる。図6-5-3左に米語の母音［ə］（母音図中心にある母音）におよそ相当する，断面積一定となる声道形状を示す。この管は片方のみ開放された気柱であり，定常波（定在波，standing waveforms）が生じ，管の長さが規定する共振周波数（resonance frequency，固有振動数ともいう）以外の振動は減衰する。すなわち管の長さや形状に依存する形で，特定の周波数付近にエネルギーが集約される。

$$F_n = \frac{c}{4l}(2n-1) \qquad (n=1, 2, 3 \cdots)$$

l は気柱（声道）の長さ，c は音速（sound velocity）である。第 n 番目の共振周波数 F_n を第 n フォルマント（formant）と呼ぶ。上記の場合 $F_{n+1} - F_n$ は定数となるが，一般に母音は複雑な声道形状を伴って発声されるため，フォルマントもそれに応じて変化し，フォルマント間隔もさまざまに変化する。フォルマントは l，すなわち，性別や年齢にも依存する。図6-5-3右に成人男性，成人女性，および子どもから収集した日本語五母音の第一，第二フォルマントの分布を示す。

6・5・4　音声の音響的分析

マイクロホンによって空気粒子の振動は電気的振動に変換され，コンピュータに入力される。このとき，連続信号（continuous signal）である音声をアナログ・デジタル（AD）変換を通して離散信号（discrete signal）へ変換する。音声を対象とした場合，8, 10, 16 kHzの標本化周波数（sampling frequency）が広く用いられてきたが，最近ではCDの標本化周波数である44.1 kHzが一般的になってきた（1秒間に44100回，連続信号を整数値へと変換する処理が行われる）。

空気粒子の振動は外耳・中耳・内耳と伝搬され，基底膜において周波数解析（frequency analysis）される。コンピュータ内部での音響処理もフーリエ解析（Fourier analysis）に基づく周波数解析を行うこ

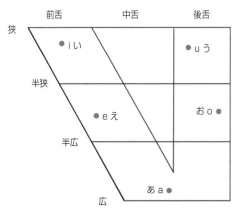 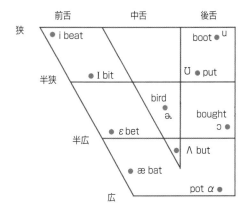

図6-5-2　日本語の母音図（左）と米語単母音の母音図（右）

第III部 聴覚

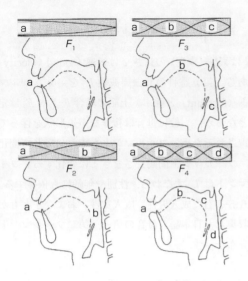 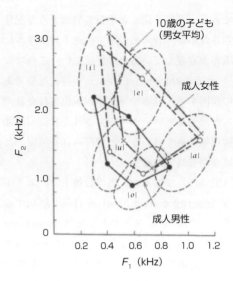

図6-5-3 米語母音 [a] の口の構え（左）と日本語五母音の F_1/F_2 チャート（右）（中川他，1990）

とが多い．しかしフーリエ変換は時間 t に対する全積分であり，$S(\omega)$ は時間平均的な特性しか表現できない（ω は角周波数）．

$$S(\omega) = \int_{-\infty}^{\infty} s(t) e^{-j\omega t} dt$$

音声は刻一刻と特性が変わる信号であるため，時刻 u 付近の信号のみを対象としてフーリエ変換を行う，短時間フーリエ変換（short-term Fourier transform）が用いられる．

$$S(\omega, u) = \int_{-\infty}^{\infty} w(t-u) s(t) e^{-j\omega t} dt$$

$$= \int_{u-(T/2)}^{u+(T/2)} w(t-u) s(t) e^{-j\omega t} dt$$

$w(t)$ は窓関数（window function）といわれ，$-T/2 \leq t \leq T/2$ 以外では 0.0 をとる関数である．窓関数をかけることは，本来の音声スペクトルに窓関数のそれを畳み込むこととなり，窓関数の幅や選択には注意が必要である．$S(\omega, u)$ は複素スペクトルであるが，人間の聴覚は位相の違いには鈍感であるとの知見より，振幅スペクトル $|S(\omega, u)|$ やその対数に着眼することが多い．

コンピュータ内部での音響処理は，上記の短時間フーリエ変換をアルゴリズムとして実装した離散フーリエ変換（discrete Fourier transform：DFT）や，その高速版である，高速フーリエ変換（fast Fourier transform：FFT）が用いられる．FFTは離散フーリエ変換の精度を落とすことなく，計算の高速化を実現している．以下の説明では，$s(t)$ や $S(\omega)$ など，信号やスペクトルを連続的に表現した表記を用いるが，実際には，音声を離散信号化したデジタル信号処理となる．

音声波形は，①音源の生成，②声道による音響変化，③放射による音響変化，の三つのプロセスを経て聴取される．すなわち，観測される音声信号 $s(t)$ は，話し手の音源 $g(t)$ に対する，声道フィルタ（vocal tract filter）および放射フィルタ（radiation filter）の縦続接続の出力と考えられる．両フィルタのインパルス応答（impulse response）を $v(t)$，$r(t)$，フーリエ変換を $V(\omega)$，$R(\omega)$，$\otimes$ を畳込み演算子（convolution operator）とすると

$$s(t) = r(t) \otimes [v(t) \otimes g(t)],$$
$$S(\omega) = R(\omega)[V(\omega) G(\omega)]$$

となる．音源 $g(t)$ は実際には三角波（列）や乱流であるが，この $g(t)$ を，インパルス列（impulse train）［有声音（voiced sounds）に対応］や白色雑音（white noise）［無声音（unvoiced sounds）に対応］で構成される仮想音源 $g_0(t)$（$G_0(\omega)$）に対するフィルタ出力として考える．この出力に声道フィルタ，放射フィルタが畳み込まれたものが $s(t)$ となる．本来の（有声）音源のスペクトル包絡特性 $\log|G(\omega)|$ は約 -12 dB/oct であり，放射フィルタ特性 $\log|R(\omega)|$ は約 $+6$ dB/oct であり，両者の縦続

フィルタは約 $-6\,\mathrm{dB/oct}$ のバイアスをもつ。よって，$s(t)$ に高域強調（$+6\,\mathrm{dB/oct}$）を施しておけばこれを除去でき，得られたスペクトルは，声道特性をより直接的に反映したスペクトルとなる。

高域強調後の信号を $s'(t)$（$S'(\omega)$）とすれば，

$$s'(t) = v(t) \otimes [g_0(t)], \quad S'(\omega) = V(\omega)G_0(\omega)$$

と扱いやすくなる。この簡素化された音声生成モデルは，ソース・フィルタ（ソース：音源，フィルタ：声道，図6-5-4）モデル（source-filter model）と呼ばれる。以下の説明では簡単のため，$S'(\omega)$，$G_0(\omega)$ を $S(\omega)$，$G(\omega)$ と表記する。ソース・フィルタモデルに従えば，音声の対数パワースペクトルは

$$\log|S(\omega)| = \log|G(\omega)| + \log|V(\omega)|$$

となる。声道による音色制御 $\log|V(\omega)|$ は，観測された音声スペクトル $\log|S(\omega)|$ から音源スペクトル $\log|G(\omega)|$ を減じることで求まる。音源が白色雑音であれば $\log|G(\omega)|$ は平坦となり，減算は容易である。一方，基本周期 T_0 のインパルス列のフーリエ変換は，F_0 を周期とするインパルス列となる。よって，$\log|G(\omega)|$ は図6-5-5に示すように，櫛状スペクトルになる。これを取り除くと，$\log|V(\omega)|$ が推定できる。

微細構造を取り除くには，$\log|S(\omega)|$ を周波数軸で平滑化すればよい。$\log|S(\omega)|$ を逆FFTして時間波形とし，高域成分を0と置換してFFTして戻す方法が広く用いられている。逆FFTして得られた時間波形をFFTケプストラム（cepstrum）係数と呼ぶ。高域成分を0と置換して再度FFTすることで，スペクトル包絡（音色成分）が求まる。FFTケプストラム以外にもさまざまなケプストラムが定義可能である。対数パワースペクトルは，帯域フィルタ（band-pass filter）の出力として求めることもできる。また，人間の聴覚は周波数軸上，低域ではその分解能が高く，高域では低くなることが知られている（メル尺度，mel scale）。この分解能の違いに基づいて各帯域フィルタの通過域を決めると，メル化対数パワースペクトル（mel-frequency power spectrum）が得られる。これに逆コサイン変換を施し，時間波形化する。このようにして得られたケプストラム係数をメル周波数ケプストラム係数（mel-frequency cepstrum coefficients：MFCC）と呼び，自動音声認識（automatic speech recognition）などの音声応用研究で，非常に幅広く用いられる特徴量

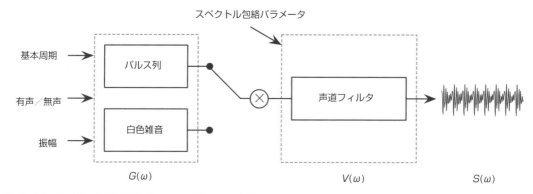

図6-5-4　ソース・フィルタモデル（source-filter model）

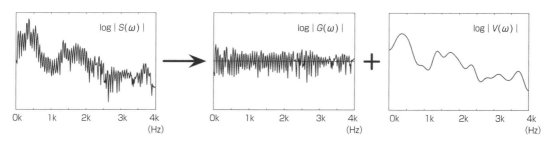

図6-5-5　ソース・フィルタモデルに基づく声道特定の推定

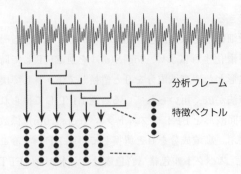

図6-5-6　特徴ベクトル系列としての音声

である。

　以上のように，音声波形をある区間（窓関数）ごとに分析し，それをずらしながら，分析を繰り返すと，音声は，分析結果（特徴量ベクトル，feature vector）の時系列として表現される（図6-5-6）。声紋として知られるスペクトログラムも特徴量ベクトルの時系列の一種であるが，音声認識などの応用の場合はケプストラム係数の時系列を使うことが一般的である。

（峯松　信明）

6・6　パラ言語情報

6・6・1　言語情報・非言語情報・パラ言語情報

　言語学・心理学・音響学・通信工学・情報処理などでは，音声は長らく言語情報の伝達媒体として理解されてきた。電話の通話品質の評価のための明瞭度試験と了解度試験が，音節と単語の正答率に着目して設計されているのはそのためである（電子情報通信学会, 1980）。しかし，音声が媒体として伝達している情報は言語情報だけではない。

　再び電話を例にとると，われわれは通話相手の声を数秒聞いただけで，その性別や年齢についてかなり正確な判断を下すことができる。これらは話者の身体性に関わる情報であり，音声生成系の解剖学的特性の差異によって生じる音響特徴の差が重要な判断基準になっていると考えられる。われわれはさらに，話し相手の感情や気分（mood）もある程度まで正確に判断できる。これらの情報はまとめて非言語情報（non-linguistic information）と呼ばれる。

　音声が伝達する情報にはさらに別種のものがある。たとえば「ヤマダサンデスカ」というテキストは，その言語的構造を同一に保ったまま，種々の含意をもって発話し分けることができる。いま話題にのぼっている人物が山田氏であるか否かの真偽情報を対話者から引き出そうとする「質問」，質問に似ているが，話題の主が山田氏であるわけがないという発話意図を含んだ「反問」，あなたの話を聞いていますよという情報を伝える「相槌」，話題に対する主観的な評価を伝える「感心」「落胆」等々である。もう一つ例をあげれば，「ナニヤッテンノ」は「質問」「叱責」「諦め」などの含意で発音し分けられる。このような情報はパラ言語情報（paralinguistic information）と呼ばれる。

　Fujisaki（1997）などの指摘に基づいて三者を区別する特徴をまとめたのが表6-6-1である。意図的は，当該情報を話者が意図的に生成しているかどうかの特徴である。言語情報とパラ言語情報が意図的に生成されるのに対し，非言語情報は身体性情報も感情・気分も話者が意図的に制御できるものではない。範疇性とは当該情報が範疇化された情報（カテゴリー情報）であるかどうかの特徴である。言語情報は明らかに範疇的性格を備えている。パラ言語情報も，言語情報ほど範疇数が膨大ではないと思われるものの，やはり範疇性を備えた情報である。非言語情報には，性別のように範疇性が勝った情報もあるが，年齢のように連続性の勝った情報もある。感情については，範疇的情報と見なす立場（Ekman & Rosenberg, 1997；Izard, 1977）と多次元のベクトルで表現される連続量と見なす立場がある（Russel & Mehrabian, 1977）。

　範疇内の程度差は言語情報とパラ言語情報を区別する重要な特徴である。パラ言語情報は範疇的な情報であるが，たとえば「疑い」という同一カテゴリー内で，軽い疑いから強いものまで連続的な変化が可能で，話者はその程度差をピッチや長さなどの音声特徴によって伝達することができる。一方，言語情報の代表として「犬」という名詞を考えると，大きな声や高い声で発した「イヌ」が大型犬を指し，小さな声や低い声で発した「イヌ」が小型犬を指すというようなことはありえない。言語情報で程度差の

第6章　音声の知覚

表6-6-1　言語情報・パラ言語情報・非言語情報の関係

	意図的	範疇性	範疇内の程度差	文字による伝達	韻律特徴への依存度	線条性
言語情報	○	○	○	○	低	○
パラ言語情報	○	○	×	×	高	×
非言語情報	×	○／×	×	×	低／高	×

情報を伝達するためには「大きな犬」「とても赤い炎」のように，程度差自体を別の言語情報として表現し，それらを線条化する必要がある。

　文字は元来言語情報を保存するために発明された道具である。感嘆符や疑問符をもつ文字体系では，それらを組み合わせてパラ言語情報や感情を伝達する試みがなされるが，経験的にみて伝達は不正確である。手書き文字では，性別や個体性が伝達されうるが，やはり伝達精度は低い。さらに近代の文字生活では，活字（フォント）の占める割合が上昇しつづけており，現在では文字は言語情報の伝達に特化された道具になりつつある。

　韻律特徴への依存は，当該情報を音声によって伝達する場合に，音声の分節的特徴（子音や母音の情報）と韻律的特徴（声の高さ・強さ・長さ・発声様式など）のいずれにより強く依存するかという問題である。言語情報は，基本的には分節的特徴に強く依存している。一方，パラ言語情報は以下で確認するように，主に韻律的特徴によって伝達されている。非言語情報のうち感情や気分は韻律的特徴への依存が大きいが，身体性の情報は分節的特徴にも強く反映される（古井，2005：本多，2018）。

　文字と言語情報・パラ言語情報の関係についてさらに2点注記する。まず，日本語のアクセントのように韻律的特徴（この場合声の高さ）によって伝達される言語情報もある。しかし，その機能負担量は，分節的特徴に比較すればはるかに少ない。日本語のアクセントや英語のストレスが文字に表記されないのは，その反映である。次に，電子メールなどのネット上の文字コミュニケーションでは絵文字やスタンプが多用される。これは，機能的には話し言葉に近いものの，伝達媒体としては文字に依存したコミュニケーションにおいて必然的に脱落してしまうパラ言語情報や感情を疑似的にでも補完しようとする書き手の努力である。

　最後に線条性（linearity）は，記号が1次元に配されて順に実現されることを意味する言語学の術語である。その際，/ame/「雨」と /mae/「前」の例からわかるように，記号の出現順位が情報伝達にとって本質的な重要性を担う。パラ言語情報・非言語情報にはそのような性質を認めがたい。特に非言語情報では音声的な特徴が発話全体に分布していることが多い。後述するようにパラ言語情報では局所的な音声特徴も情報伝達に関与しているが，その出現順位によって情報が変化する例は知られていない。

　パラ言語情報と非言語情報の区別で問題になるのが「感情」である。上に紹介した分類基準の多くを提唱した Fujisaki（1997）は，感情を非言語情報に分類した。話者が意図的に感情を制御することは不可能と判断したからである。しかしわれわれは日常の言語生活において，意図的に種々の感情を表出することがある。部下に仕事上の注意を与える際，少し怒ってみせる，反対に上司の意を迎えるために喜びを誇張して表出する等の行為である。この種の発話は，特殊例として除外するよりもパラ言語情報の一部として扱うほうがよいという立場もある（森他，2014）。

　本節の最後に，パラ言語という術語は，文献によって異なった意味で用いられうることを注意したい。英米の言語学者はパラ言語（paralanguage）という術語を，笑い声・咳ばらい・ため息・喘ぎ声なども含めて用いる（Crystal, 1969；Trager, 1958）。情報科学領域では感情をパラ言語情報に含めることが多い。

6・6・2　パラ言語情報の生成

　パラ言語情報の伝達に主要な役割を果たしているのは，さまざまな韻律的特徴である。図6-6-1は

1159

「ソーデスカ」というテキストを男声話者が「中立（neutral）」「強調（focus）」「感心（admiration）」「落胆（disappointment）」「無関心（indifference）」「反問（suspicion）」の意図をもって発話しわけた音声の持続時間とピッチを比較している（前川・北川, 2002）。このうち「中立」は特別な発話意図を伴わない、言わば棒読みの発話である。「強調」はやはり棒読みだが、聴き手が遠く離れた位置（講堂の反対側）にいるような場合に声を張り上げた発話である。

図6-6-1の縦軸はピッチ（音声基本周波数，単位はHz）、横軸は時間（秒）である。図中の縦線は音節境界を示しており、ソ｜デ｜ス｜カ の各位置に挿入されている。また図中の矢印は冒頭音節「ソ」に含まれるアクセントによってピッチが下降し始めるタイミングを示している。

図6-6-1からわかるように、パラ言語情報は持続時間とピッチの両面で音声に著しい影響を及ぼす。持続時間に関しては、発話全体の持続時間も大きく変動しているが、発話の始端と末尾の両音節の伸長がとりわけ顕著である。ピッチに関しては、「落胆」のピッチレンジが発話全体を通じて極端に狭いことが目をひく。発話末に注目すると、上昇して終わるものと下降して終わるものとがあるが、仔細に観察すると、「中立」「強調」における上昇と「反問」における上昇とは別のパターンに属している（前者では音節を通してピッチが上昇するが、後者では低いピッチが一定時間持続したのち上昇に転じる）。また発話の冒頭にも特徴が認められる。「中立」「強調」「無関心」の冒頭には顕著な上昇は観察されないが、「感心」と「反問」には大幅な上昇が生じている。

アクセントによるピッチ下降タイミングにも影響が認められる。発話の冒頭音節「ソ」に位置するアクセントは、「中立」「強調」「無関心」では、言語学的な指定どおり、「ソ」の内部でピッチを下降さ

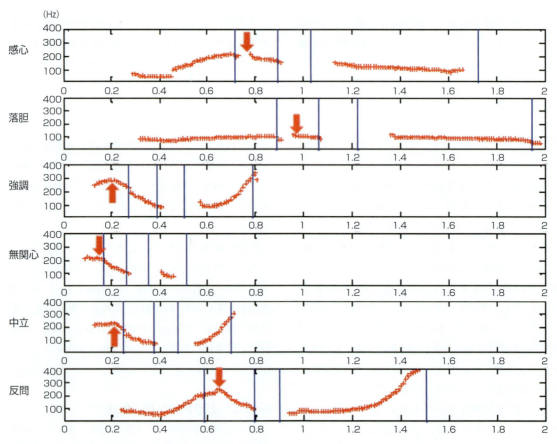

図6-6-1 「ソーデスカ」に及ぼすパラ言語情報の影響

せはじめているが,「感心」「落胆」「反問」では下降のタイミングが遅れて第2音節にずれ込んでいる。

図6-6-1からは読み取れないが,発声様式 (phonation type) にパラ言語情報の影響が及ぶことがある (Gobl & Ni Chasaide, 2003 ; Ishi et al., 2008)。「落胆」では息漏れ声 (breathy voice),「反問」ではきしみ声 (creaky voice) ないし力み声 (pressed voice) が用いられる傾向がある。さらにパラ言語情報が音声の分節的特徴に影響を及ぼすこともある。たとえば日本語の母音 /a/ は,中立状態では口腔内でやや奥よりの位置で調音される広口母音であるが,「疑い」のパラ言語情報を意図した発話では,著しく前寄りの位置で調音される (Maekawa & Kagomiya, 2000)。

このように,パラ言語情報は大域的な音声特徴(発話全体の持続時間,ピッチレンジ)と局所的な音声特徴(始端終端音節の延長,発話冒頭の2種類の上昇,発話末の2種類の上昇・アクセントの下降タイミング,母音の調音)の両面で音声生成に顕著な影響を及ぼしている。

その結果,パラ言語情報伝達のための制御と言語情報伝達のための制御とが互いに衝突することがありうる。たとえば「絵ですか」と「Aですか」のように,冒頭音節が単母音か長母音かで意味が対立する発話では,「反問」などのパラ言語情報による冒頭音節の延長が音韻対立を曖昧化させる可能性がある。アクセントによるピッチ下降タイミングの後続音節内部へのずれも言語情報を改変する危険をはらんでいる。しかし実際には,パラ言語情報による言語情報の改変や破壊は稀にしか生じない。これは音声生成の企画段階において,言語情報とパラ言語情報の双方を入力とした発話プランの計算が行われていることを示唆している。

図6-6-2はパラ言語情報・非言語情報に配慮した発話プラン生成過程の概念図である。図6-6-2の特徴は,語彙レベルおよび句レベルで生成される言語情報(前者には母音・子音・アクセントの特徴,後者には句頭・句末のイントネーションなどが含まれる)が一部のパラ言語情報のプランニングにおける制約条件となっている点にある。また非言語情報に関

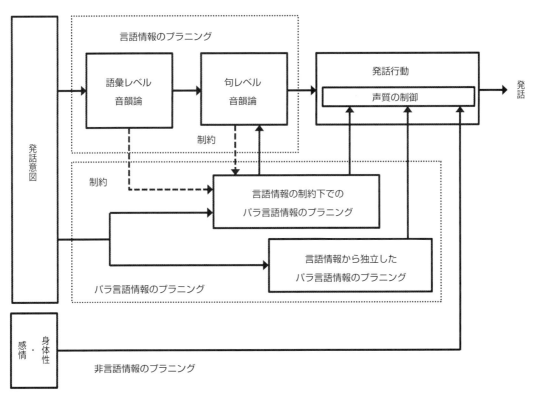

図6-6-2 パラ言語情報・非言語情報を参照した発話プラン生成過程の概念図

第 III 部　聴覚

しては，そのような制約が存在しないことにも注意
を要する。図 6-6-2 中の「声質」は，先述の発声様
式のように言語情報の対立には関与しない音声特徴
の総体を表している。パラ言語情報・非言語情報が
影響するのは，主にこの声質（voice quality）の制
御である。本節で言及した音声特徴の詳細について
は森他（2014）を参照されたい。

6・6・3　パラ言語情報研究の諸問題

　従来，音声研究の大部分は言語情報に関わる研究
であった。しかし，コンピュータとの対話が身近な
研究テーマとなった現在，パラ言語情報の研究は音
声情報処理領域の重要な研究テーマと認識されて，
活発に研究が進められている。しかし，パラ言語情
報の研究は非言語情報に比べても歴史が浅く，現在
その端緒についたばかりである。本節では感情も含
めた広義のパラ言語情報研究の課題を指摘する。

6・6・3・1　パラ言語情報の分類

　先に述べたようにパラ言語情報は範疇化されてい
ると考えられる。前節でとりあげたものはその一部
であり，はるかに多くの範疇が存在すると考えられ
る。それらの分類と体系化はパラ言語情報の研究に
おける最重要課題であるが，この問題に取り組んだ
研究者は少ない。情報処理の観点からパラ言語情報
のバラエティを論じた石井（2015）において言及さ
れている範疇を順不同に引用すると，「肯定」「同意」
「承諾」「理解」「相槌」「驚き」「感動」「聞き返し」
「意外」「興味」「不満」「非難」「疑い」「嫌悪」「考え
中」「聞き流し」「無関心」「戸惑い」「躊躇」「落胆」
「残念」「疲れ」「安心」「共感」「同情」「悩み」「苦し
み」「興奮」「羨望」「感心」「真の気持ち」「控えめ」
「強調」などである。

　石井は韻律特徴のみによるパラ言語情報の分類に
は限界があるとして，言語情報（品詞情報・形態素
情報）に依拠した分類を提案し，感動詞の場合，韻
律情報は「相槌」「聞き返し」「考え中」などの発話
行為に関するパラ言語情報の識別に有効であり，発
声様式は「驚き」「嫌悪」「落胆」などの感情や態度
に関する項目の識別に重要であると述べている。パ
ラ言語情報の分類においては，意味論ないし語用論

的分類と韻律特徴を中心とする音声特徴の分類を相
互に関連づけながら進める必要があり，それが研究
上の困難をもたらしている。

6・6・3・2　言語依存性

　パラ言語情報はすべての音声言語に存在する。そ
の伝達機序に言語依存性が認められるかどうかは興
味深い問題である。この問題についても先行研究は少
ない。前川（2014）は日本語母語話者と日本語学習者
と非学習者に対して図 6-6-1 に示したタイプのパラ
言語情報の知覚同定実験を行った。多次元尺度構成法
（MDS）によって知覚空間を構成すると，母語話者と
学習者の空間はともに 3 次元で，よく類似している
が，非学習者の空間は 2 次元になった。この結果は，
外国語のパラ言語情報を知覚するためには，ある程度
の学習が必要であることを示唆している。

　これは言語学の観点からすれば意外ではない。た
とえば発声様式は，日本語や英語においては声質に
属する特徴であるが，ベトナム語やビルマ語のよう
に発声様式が言語情報として指定される言語もあ
る。これらの言語においてパラ言語情報の伝達に発
声様式が果たす役割が日本語や英語と異なっている
ことは容易に予想できる。またイントネーションの
言語学的研究でよくとりあげられる incredulity（不
信感，日本語では図 6-6-1 の「反問」に酷似する）
のイントネーションを英語，フランス語，スペイン
語，キパレ語などで比較すると，報告されたピッ
チ形状は言語ごとにかなり異なっている（Herman,
1996；Hirschberg & Ward, 1992；Lee et al., 2010；
Michelas et al., 2013）。この種の差異は，当然ながら
外国語教育上重要な応用問題を提起する。

6・6・3・3　研究手法

　パラ言語情報の分析が最初に行われたのは音声学
の領域においてだった。日本語では，早く 1950 年
代から川上蓁による句頭・句末イントネーションの
精緻な分析のなかで，「反問」「驚き」「当惑」「あき
れた気持」「押しつけがましさ」「遠慮がち」「口調
の硬さ／柔らかさ」等々のパラ言語的意味との関係
が指摘されている（川上, 1995）。またいわゆる発話
の丁寧さと韻律特徴の関係についても研究が行われ

た（前川，2014；Ofuka, 1996）。海外では，Crystal
(1969, 1975)，Ladd（1980），Gussenhoven（2004）
などにおいて韻律特徴とパラ言語的意味との関係が
論じられた。これらの音声学的研究は，慎重に選択
された音声特徴の精密な観察に基づく解析的な研究
である。ただし，それらは正確ではあっても包括性
に欠けるところがあった。

　一方，近年の音声言語情報処理では，音声コーパ
スから自動抽出された数百種類に及ぶ音声パラメー
タと目標とする音声情報との関係を機械学習・深層
学習によって解明する統計的アプローチが盛んであ
り，そのために必要とされるパラ言語情報のアノ
テーションが施された音声データベースも構築され
ている（Arimoto et al., 2012；Mori et al., 2011）。

　音声情報処理に関する国際会議では，2010 年以降
毎年，共有コーパスから特定の非言語／パラ言語情
報を自動抽出する性能を競うセッションが開催され
ている。非言語情報に属する特性が取り上げられる
ことが多いが，誠実性（sincerity）や対話相手（発
話が大人向けか子ども向けか）のように基本的にパ
ラ言語情報の枠組みに入ると考えられる情報も取り
上げられている（Schuller et al., 2013；Schuller et
al., 2017）。統計的アプローチは解析的研究に較べて
高い処理精度を実現できることから，実用上必須と
なっているが，音声特徴と非言語／パラ言語情報の
関係がブラックボックス化してしまうという問題も
抱えている。

6・6・4　今後の展望

　パラ言語情報の研究は今後の音声研究に残された
重要な未開拓領域である。その発展のためには，パラ
言語情報の体系化という難問の克服が欠かせない。
そのためには，音声学・言語学・心理学・音声情報
処理，さらには哲学などの領域にわたる専門家の長
期的な共同研究が必要とされている。

（前川　喜久雄）

■ 6・7　個人性情報の知覚

6・7・1　声が伝達する話者に関わる情報

　電話やラジオなどを通じて，直接知らない未知の
人が話しているのを聞くとき，多くの人は知らず知
らずのうちに，その話し手のイメージを自発的に思
い描きながら聞いている。その声が成人の声の場合，
話し手の性別は一般に容易に知覚される。また，話
し手のおよその年齢，健康状態，感情の状態などに
加えて，人を引きつける魅力や，能力や適性，生ま
れ育った出身地域や社会的な階層なども想起され
る。さらに，その人が信用できる人かどうかといっ
た人柄，Big Five に代表されるパーソナリティ特
性のさまざまな側面も，同時に多元的に認知される
(Uchida, 2002；内田，2005)。

　しかし，このような声に基づく印象形成は，視覚
的な情報も伴った，より潤沢な情報交換が許される
状況でのやり取りと比べると，どうしても限られた
モダリティ内での認知にとどまる。そのため，全人
的な印象形成としてみると不安定な面もある。たと
えば，以前から電話を通じてでしか知らなかった取
引先の相手と実際に直接会ったとき，電話での印象
と，対面での印象が大きく異なって，その違いに驚
くことは多くの人が経験するところである。しかし，
それでも声は，相手を認識して知覚するうえで重要
な初期の聴覚的情報を伝える音響的な信号であるこ
とに変わりない。

　ここで，話者の個人性に関わる情報の知覚を考え
ていくために，言語内容の理解伝達に関してはいっ
たん保留して，声の音響的な特徴を中心に検討して
いくことにする。そうすることによって，音声信号
として話者に関わる情報を伝える，パラ言語情報
(paralinguistic information) や，非言語情報（non-
linguistic/extralinguistic information）の音響的な
特徴の認知の問題として焦点化できる。ただし，そ
うは言うものの，言語内容の理解と話者の知覚の間
には相互作用があることも確かである。たとえば，
聞き手が話し手の声に慣れている場合には，言語内
容の理解の面でも有利にはたらく（Nygaard et al.,

第 III 部　聴覚

1994)。また，声から話者を特定する場合は，聞き手の母語で話されている音声であると，より容易になる傾向がみられる（Perrachione & Wong, 2007)。ここでは，このような相互作用に関わる重要な知見も認めつつ，音声の音響信号としての側面に重点を置いて進める。

　さて，このパラ言語情報や非言語情報の社会的コミュニケーションのなかでの重要性は，従来から指摘されていた。しかし，かつては音声信号そのものの操作の難しさもあって，研究が少なかった。しかし，近年，音声信号の分析や変換合成を行う技術の確立によって，系統的で科学的な研究として大いに進展しつつある（Schweinberger et al., 2014)。そこでは，わが国で開発された STRAIGHT や WORLD といった高品質な音声処理技術も重要な役割を担っている（Kawahara et al., 1999；Morise et al., 2016)。このような点も含めて，ここでは Schweinberger et al.（2014）の評論に準拠して解説を進める。

6・7・2　話者の属性の関数としての声の多様性

　話者の知覚は，話し手の発声器官によって生成された物理的な声の信号の性質に尽きるものではない。聞き手側の聴覚的な知覚段階から高次の認知過程までを経て得られる出力との間の相互作用である。その意味で，話者の知覚は主観的な事象である。

　聞き手にとって，最もわかりやすい話し手の属性の一つに，話者の性別がある。しかし，この二者択一の判断が可能となる前提としては，男女の間で話し手の声の特性が系統的に異なっていることが不可欠である。

　その違いが生起する話し手側の原因として，男性の声変わりに伴う変化が挙げられる。成人の男声と女声の最も顕著な違いは，思春期に顕在化してくる。それは，性別によって，個体の形質が異なる方向に生育していく現象に裏打ちされており，そのことは，生物学的な性別の知覚を促進すると考えられる。

　この声変わりによって，男声の基本周波数（fundamental frequency, 以後 f_0）は一気に低下する。また，声質（voice quality）については，声道での共鳴周波数にあたるフォルマント（formant）が全般的に低下する。このようにみてみると，発声器官は，話者の年齢，性別の関数として変化すると捉えることができる。

　さらに，話者の気分，感情の状態，瞬間的な意図は，発声器官がどのように使われるかに影響を与える。すると，その気分や状態，意図と，発声器官の使われ方の間の関係も，同じように関数として捉えることができる。

　すなわち，どのようにして声の信号が生成されたか，という基本的な情報が，話し手と聞き手の相互作用を検討するうえでの合理的な手がかりになると考えられる。

6・7・3　音声信号としての声の生成機序

　発声器官では，肺（lungs）から始まる空気の流れが，声帯の襞（vocal fold）の運動，咽頭（pharynx）や舌（tongue），下あご（lower jaw）や，さらに唇（lips）の動きによって変えられていき，口から放出される。また，軟口蓋（velum）を下げると，呼気は鼻腔（nasal cavity）にも抜ける。

　これらの器官が同調して働いた結果として呼気と共に放射される空気の小さな圧力の変化が，音響的な音声信号である。この音声信号は，スペクトログラムで観測されるように，広範囲の周波数領域で複雑なパターンを示す。そして，この細かな気圧の変化を生じさせる音源は大きく二つある。

　第一は，効率的な音の生成機構としての，声帯の振動である。声帯にあって普段は適度にくっついている二つの襞の間を空気が通ると，その襞を準周期的な間隔で開けたり閉めたりする。その最終段階の信号は調波構造を備えることになるので，知覚的には特定のピッチをもった音として認められる。

　第二に重要な音響エネルギーとなる音源は乱気流である。空気が極端に狭い開口部を通過すると，層流（laminar flow）が形成されて乱流となり，音圧の無秩序な変化を引き起こす。すなわちノイズである。

　このように，声門（glottis）を振動させることによって生じた音源信号や，乱流から生じたノイズ音は，声道（vocal tract）を通過する。その途中にある喉頭や舌，口蓋や唇などの形状によって，いくつかの特定の共鳴周波数を備えた空洞腔が作り出され

1164

る。それらの形状が変わると，その変化に応じて異なる周波数の帯域が強調される。その音の変化が，子音や母音などの，弁別的な音響的特性を与える。

6・7・4　生成過程での声の個人差の発現

さらに音声信号は，そのような言語的情報に加えて，パラ言語的，また非言語的情報の豊かさも内包している。そこには，数多くの複層的な情報が異なるレベルで重畳する形で符号化されている。たとえば，調音（構音）の不調とも言える舌のもつれ（lisp）やどもり（stutter）といった様態から，感情，性役割のような社会的な同一性まで伝える。さらに音響的な声の音色やイントネーションなどの旋律的なパターンは，個人に固有の話し方の特徴を形づくり，その話者に特有の，その人らしさを感じさせる特徴量としての音声パターンを構成することになる。

人間は，声を出すために同じ器官を使うが，人によって各々の身体器官の大きさや組織構造は，それぞれ少しずつ異なる。同じく，筋肉の張力や伸縮時の大きさ，動作のタイミングの違いは，きわめて大きな自由度を生み出す。そして，器官の差異や，個々の動きの系統的な相違が，話者ごとに特徴的な音響的変化パターンを生じさせる。

いくつかの音響パラメータは，声帯の振動の仕方や，声道中の共鳴腔の大きさの変化といった，生成の起源と対応づけることも可能である。平均的な男性の声帯は，女性の声帯よりも長くて厚い。そのため，日本人男性の声帯振動の平均は 125 Hz で，女性の声帯振動 250 Hz のほぼ半分である（古井, 1992）。そして，個人間での声帯の大きさの違いは，声帯の襞の張力や重量とともに，平均 f_0 や声質に影響を及ぼす。同様に声道長の違いも共鳴周波数の絶対的，相対的な差異を作り出す。さらに，鼻腔や副鼻腔（paranasal sinuses）への分岐に起因するアンチ・フォルマント（anti-formant）にも個人差が生ずる。アンチ・フォルマントとは，音響管にバイパス経路が接続された際に生ずる反共振によって，スペクトルのエネルギーが谷状に弱められる部分のことである。このような声の音響的な差異は，解剖学的，生理学的な必然性による所産である。一方，その他の音響的なバリエーションや違いは，話者が社会的に学習して身につけてきた調音動作や発声様式，話者自身の性質や振る舞いに起因していることになる。実際，話すテンポに応じて，声帯振動や声道の共鳴の特性を，どのようにコントロールしてまとめ上げるかといった傾向は，話者ごとに大きく異なる。

6・7・5　話者の類似性判断からのアプローチ

さて，工学的には話者認識を目的として，話者を区別するための音声信号中のパラメータを測定したり，同定したりすることもできる（越仲・篠田, 2013）。しかし，その中のどれが知覚的には重要なのだろうか。そもそも聞き手は，なじみ深い既知の声を同定するために，どのパラメータを手がかりとして利用しているのだろうか。また逆に，未知の 2 人の話し手の声について，より似ている，逆にあまり似ていないと感じさせるのは，何なのであろうか。

知覚的に重要な話者性に係わる音響的側面を分析する方法として，音声中の大量の音響パラメータと，話者の類似性判断との相関関係を分析する方法がある。ここでは，類似性判断に依拠した多次元尺度構成法が，認知的な評価次元を縮約して表現するために使われる。そして，得られる評価次元と，f_0 や第 1～6 フォルマントなどの，音声信号を特徴づける典型的な音響パラメータとの相関関係が検討される。

たとえば Baumann & Belin（2010）は，カナダ人フランス語母語話者に 3 種の母音を発音させた音声を使って実験を行い，f_0 が男声と女声の間の類似性判断を説明する中心的なパラメータであるとした。また，Nolan et al.（2011）は，標準的ブリティッシュ英語が母語である男性を対象に，3 秒程の連続音声をいくつか聞かせて，それらの間の話者の類似性を判断させた。そこでも f_0 が最も類似性判断に関係があるとされた。

しかし，Schweinberger et al.（2014）は，これらの研究では，f_0 の重要性が強調されすぎているとしている。正確に言えば，f_0 が最も重要だとされたのは，それが単に，たまたま測定されていたからに他ならないとしている。

6・7・6 話者の顕著性を際立たせる音響パラメータ

内田（2017）は，音声を変換合成して声道長に対応するパラメータを変えると，別の人の声として認識されることを示している。また逆に，元は別人の声でも，記銘している話者の声の声道長の長さの値に，別人の声を声道長を揃えるように変換すると，f_0 は元のままでも，記銘話者と別人の変換音声とが混同された。これは別人の声も，声道長を揃えると似た声に聞こえるということであり，声道長に係わる音響属性にも，個人性の情報が含まれることを意味する。

Kreiman et al.（1992）は，声質（voice quality）に関係する音響パラメータを取り入れて，精緻な実験を行っている。聞き手は，健常話者と声にさまざまな障害のある話者が発した母音から，話者の類似性判断を行った。その結果，やはり f_0 が類似性に最も関係するものの一つとして認められた。しかし，個々の聞き手は，他の音響パラメータ，ジッタ（jitter：基本周期の揺らぎ），シマ（shimmer：最大振幅の周期ごとのゆらぎ），そして，HNR（harmonics-to-noise ratio：調波成分と雑音成分の比，さらに第1倍音（基音）と第2倍音の音圧の差，といったパラメータを手がかりにしていた（図6-7-1）。

これらの結果から，個々の異なる話者の同定には，それぞれに別の異なる音響パラメータが使われている可能性がある。おそらく，個々の話者を特徴づけて，そこに注意をひきつけるような個々のパラメータの顕著性（salience）があるものとみられる。

すると，全体としてみれば，既知の声を認知する能力は，広範囲のさまざまな音響パラメータを組合せて利用する能力ということになる。したがって，その中の特定のパラメータが，特に重要というわけでない。

6・7・7 新しい声の学習と話者の同定

声から，既知の話者を的確に同定できるということは，実は驚くべき能力である。それは，人間が獲得してきた高度に発達した能力である。実際，新生児は，出生前に既に母親の声を学習している。そし

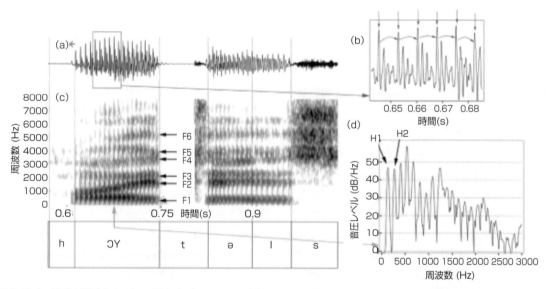

図6-7-1 男性が発音したドイツ語音声［heute ist（本日は～です）］の一部と声の類似性評価のために測定した音響パラメータ（Schweinberger et al., 2014）
　　　　（a）音声波形，（b）有声部のオシログラム。曲線矢印は1周期ごとの時間でその時間長の揺らぎの大きさがジッタ（jitter）。直線矢印が示すのが1周期内の最大振幅でその周期ごとの揺らぎの大きさがシマ（shimmer），（c）フォルマント周波数（formant frequency：F1～F6）は，時間 - 周波数 - 強さを図示したスペクトログラム（spectrogram）から推定，(d) スペクトルをスライス表示した図の中のそれぞれのピークは，基本周波数（f_0）の整数倍となる個々の倍音成分。第1倍音（基音）と第2倍音の強さの違い（H1-H2）は，声の音源部分での雑音成分の指標。

て，胎児であっても，テープから流れてくる母親の声を認識できる（DeCasper & Fifer, 1980；Kisilevsky et al., 2003）。

ここで，声の学習と認知で問題となるのは，同じ話者であっても，まったく同じ発声を2回繰り返すことはできないという点である。話者の声は，そのときの気分や健康状態，さらに他の状況の要因に応じて，本質的に異なったものになる。

それゆえに話者の正確な認識の過程では，話者内のバリエーションについては普遍化がなされる必要がある。その上で，その話者内でのバリエーションと，話者間での違いとを体系的に峻別できるようになる必要がある。

少なくとも，脳内で表象化がうまくなされていると想定される高度に既知な声に関しては，話者の同定は実現されている。たとえば，成人では，驚く程短い話し声から既知の話者を識別することができる（Schweinberger et al., 1997）。その一方で，声を時間的に逆転させた状態で聞かせたときに，ある特定の話者でだけ，その話者の識別成績が低下するような現象もみられる（Van Lancker et al., 1985）。

すると，既知の声の同定を支えている音響手がかりは，やはり話者ごとに系統的に異なっているのかもしれない。ある人の声ではf_0やフォルマント周波数のような声質が重要であるのに対して，別の人の声については，音声学的な調音様式の特徴やイントネーションのパターンのほうが，主要な手がかりになっている可能性がある。

声を同定するための知覚システムは，どのような音響特徴も利用できるはずである。そして，それが弁別的であるためには，対象となる話者ごとに，特徴を峻別しやすい固有のパラメータのセットを適用していると考えるほうが合理的かも知れない。

6・7・8　声の同一性の表現とプロトタイプ

声の同一性の表現を考えるための一般的な方略は，それぞれの声は，典型的な原型となる声からの逸脱の程度という形で符号化されている，と仮定するものである。

この同一性の表現のプロトタイプ・ベースのモデルは，顔の認識の研究で一般的になってきている。

そこで，声の同一性も，声空間の中でプロトタイプ・ベースの表現ができるのではないかといった考えも提案されてきている（Papcun et al., 1989）。

そのような研究では，多数の声のサンプルを試料として，数多くの音響パラメータを測定した上で，それらを平均化してモーフィングによって再合成した平均声を基点とする，といったアプローチも行われる（III・6・2・2参照）。

なお，既知の話者の声を識別する過程と，一度だけ聞いた未知の話者の識別，もしくは未知の話者同士の声を対応づける過程を区別しておくことはきわめて重要である。

既知の声は，全体としての聴覚的パターンを分析し，その聴知覚をその声の長期記憶内の痕跡やパターンと比較することで同定されており，一方，未知の声の知覚は，個々の音響特徴ベースの分析によってより特徴づけられている可能性がある。

6・7・9　声の認知研究と社会的な応用

このような声の認知研究の，社会的に重要な応用的側面は，裁判などで声が証拠として用いられるような場合である。それに関連して，法科学的な観点から，「声のモンタージュ」の実現を目的として，声の個人性の記憶を日常語で表現するという言語表出の研究も進められている（木戸・粕谷，2001）。しかし，証人が声についての証言をする場合には，以下に示す理由からその証拠としての取扱いには十分な配慮が必要となる。

まず前提として，未知の声を聞いたときに，後になってからそれが誰の声と同じだったかを見極めること，すなわち，未知の声の同定はきわめて誤りやすいという事実がある。加えて，その認知の成績と，その判断の主観的な確信度の間の相関関係が非常に低いことが，従来の研究で幾度となく見いだされている。それにもかかわらず，その事実がほとんど知られていないところに，より深刻な問題がある（Philippon et al., 2007）。

近年，工学的には，AIで利用されるディープ・ニューラル・ネットワークを音声信号の処理に適用したWaveNetなどが開発されている。それによって，所与の声を，目的とする別の話者の声に，きわ

第 III 部　聴覚

めて高い品質で変換することが可能になってきた（van den Oord et al., 2016）。一方で，どのようにして人が声から話者を特定しているかは，未だ不明な点が多い。今後，科学的な探求と共に社会的な意義もふまえた，さらなる研究の進展が期待される。

（内田　照久）

6·8　感情音声の知覚・認知

　感情は一般的には，喜び，悲しみ，恐れなどのように，私達の内部の状態を認知し，自己調節をする機能を指す。より広い意味では，情動（情緒），気分などの言葉を包含していると考えられる。しかし，感情を定義することは難しく（Scherer, 2005），感情の定義や種類は研究者の間で一定ではない。英語では感情を表す言葉として affect, affective state, emotion などが用いられる。さらに，何を基本感情と見なすかということについても研究者間で意見が分かれ，しかも研究毎に感情の記述方法や用いる言語も異なるため，結果に一貫性や再現性がみられないことがある。

　心理学における感情認知の体系的な研究は，Darwin（1872）の表情についての研究から始まったとされる（Gross & Preston, 2020；鈴木, 2000）。一方，感情が含まれた声を感情音声（emotional speech）というが，感情音声の知覚・認知心理学的な研究は，表情を用いた研究に比べると少ない。そして，表情研究の場合と同様に，実験間で一貫的な方法がとられているとはいいがたい。しかし，近年 fMRI，PET，NIRS などを用いた脳科学・神経科学的研究も行われるようになり（Balconi & Molteni, 2016；Phan et al., 2002），研究数の増大と多角的な研究の広がりを見せている。

6·8·1　感情音声の記述

6·8·1·1　カテゴリーに分類する方法
　感情をカテゴリーに分類する方法では，感情を少数の基本感情に分類して記述する（たとえば，Ekman & Friesen, 1975；Izard, 2007）。Ekman らは人間には生得的に異なる普遍的な基本感情［怒

り（anger）・嫌悪（disgust）・恐怖（fear）・喜び（happiness）・悲しみ（sadness）・驚き（surprise）］があると考え（Ekman, 1992；Ekman & Cordaro, 2011），文化ごとに決められた表出のルール（表示規則，display rules）に従って，感情が表出されると考えた（Ekman & Friesen, 1975）。基本感情のそれぞれは，ある特定の感情状態ではなく共通の特徴を有する一つの感情グループとしてのまとまりであり（Ekman & Friesen, 1975），たとえば，欲求不満と怒りはともに怒りに分類され，その違いは強度の差であると考えられた（Ekman, 1992）。

　カテゴリーに分類する方法では，研究者ごとに分類方法や内容が異なりカテゴリーの定義も研究者間で一致していないこと，言語ごとにカテゴリーの内容が一貫していないこと，ごくわずかな感情的違いを区別するのが難しいこと，などが問題点として挙げられる。

6·8·1·2　次元説
　感情空間のなかで感情がどのように布置されるかよりも，その空間を構成する次元が何であるかが重要であるとするのが次元説（dimensional theory of emotion）である。Schlosberg（1954）はすべての表情を快 – 不快（pleasantness-unpleasantness），注意 – 拒否（attention-rejection），睡眠 – 緊張（sleep-tension）の3次元で記述し，円環状にさまざまな感情が配置されることを示した。Russell（1980）は多次元尺度構成法に基づき表情の類似性を二次元空間の中にプロットして，快 – 不快（pleasure-displeasure），覚醒 – 眠気（arousal-sleepiness）の軸からなる感情空間を考え，感情の円環モデル（A circumplex model of affect）を唱えた（図6-8-1）。

　第1次元は常に快 – 不快の程度を表す感情価（valence）の次元と考えられ，第2次元以下については研究者によりさまざまに解釈されている。次元説はカテゴリーに分類する方法とは異なり，感情間の不連続性の問題は存在しないため，より細かく感情を記述できる。

6·8·2　感情音声の表出
　表情の表出や知覚は文化を超えて普遍的であり文

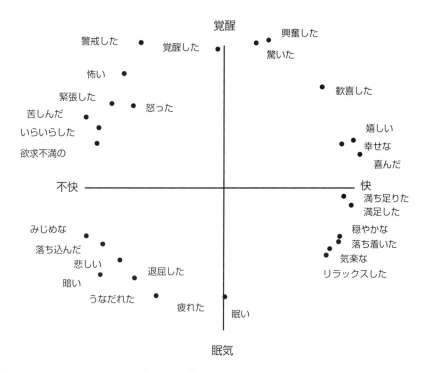

図 6-8-1　2次元心理空間における感情の配置（Russell, 1980）

化差は感情の強度判断にみられるという考え方がある（Ekman et al., 1987）一方で，表情の表出や知覚は普遍的ではないとの考え方がある（Gendron et al., 2014; Jack et al., 2009）。感情音声の表出や知覚・認知には，話者，表示規則，言語，話者自身の感情状態などが関わる。

6・8・2・1　話者

感情音声の知覚・認知研究では，話者に俳優を用いることが多い。これは，素人（一般人）の自然音声の場合，感情表出が不明確で判別しにくいことや，実生活では複数の感情が複雑に絡み合い，素人が特定の感情を明確に表出することは難しく実験刺激としては不十分であることなどの理由による。一方，プロ俳優の感情表出は明確で判断しやすいが，感情を誇張しすぎて不自然な演技になるなどの問題点が指摘されており（Jürgens et al., 2015），話者はプロ俳優と素人のどちらが好ましいかについては議論がある。

Wilting et al.（2006）は，演技により感情表出を行うときの話者の感情状態を検討した。素人の話者に Velten 法（III・6・8・2・2 参照）を用いて強い感情を示す呈示文を与え，呈示文の感情通りに発声するリアル条件と，呈示文とは反対の感情で発声する演技条件の二つの群に分けた。その結果，リアル条件では呈示文と同じ感情が生じたが，演技条件では刺激呈示後の感情はニュートラルであった。さらに，演技条件の感情音声はリアル条件よりも強い感情として知覚されやすかった。以上の結果より，俳優は演技している感情を感じてはおらず，演技により過剰に感情を表出している可能性が示唆され，俳優を話者に用いることの有用性には疑問があるとした。

なお，非言語的な感情的発声（笑い声など）に関しても，素人の自然な感情発声と俳優の演技による感情発声は，知覚的および音響的な違いがあることが報告されている（Anikin & Lima, 2018）。

6・8・2・2　Velten 法

話者に一時的に特定の感情状態を生起させる誘導法として，言語を用いる Velten 法（the Velten Mood Induction Procedure）がある（Velten, 1968）。Velten 法では，話者に特定の感情を表す文を何度も繰り返

し読ませて，話者の気分を特定の感情状態に誘導する。

Barkhuysen et al. (2010) は，Velten 法を用いて言葉に含まれている感情（たとえば，「起きたくない」はネガティブ感情）と話者の感情音声とが一致あるいは不一致である状況のもとで，感情を表出させた。Velten 法によりテキスト文を中立的（neutral）な文からポジティブあるいはネガティブな感情を表す文へと徐々に変化させ，話者にそれらを「感じて表出する（feel and display）」ように求めた。

Velten 法についての詳細は，Kenealy (1986) に記載されている。

6・8・2・3 映像を用いる方法

映像を見ることにより話者の感情を生起させる方法がある。Philippot (1993) は，短編映画により引き起こされた感情と自然に生起した感情が類似しているか，意図した感情表出が明確に区別できるかを検討した。その結果，映画の一部分の映像刺激を見た人達はその大多数が同じような多様な感情を生起することがわかった。

Gross & Levenson (1995) は八つの感情状態（娯楽，怒り，満足，嫌悪，恐怖，ニュートラル，悲しみ，驚き）を引き起こさせるような映画を用いて感情の生起に及ぼす映像の効果について検討した。その結果，16 の映画において 494 名の人々の間で恐れを除いて意図した通りの感情が生起したことを認めた。

6・8・3 感情音声の加工

感情音声の知覚・認知実験を行う際には，刺激として用いる感情音声の加工や呈示方法にいろいろな工夫をする。感情音声の加工方法には，音声モーフィング（voice morphing）やランダム・スプライシング（random splicing）などがある。

音声モーフィングは，感情音声をある感情から別の感情へと連続的に変化させたり，感情の強さを連続的に変化させたりする加工方法である（III・6・2 参照）。

ランダム・スプライシングは，言葉の意味やテンポは破壊されるが，音声のパラ言語的な特徴（ラウドネス，ピッチ，声質など）は保持される加工

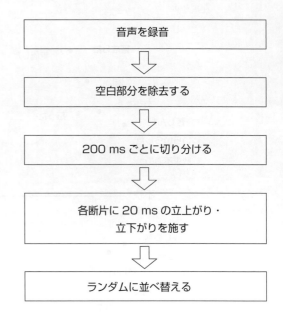

図 6-8-2　ランダム・スプライシングの例

方法である（Scherer, 1971；Scherer et al., 1985；Teshigawara, 2004；van Bezzoijen & Boves, 1986）。ランダム・スプライシング加工の一例を図 6-8-2 に示す。切り分けの時間長は，実験で用いる刺激音声に応じて適切な値が用いられる。日本語の場合を例に挙げると，言葉の意味の理解に必要な音素の並び順は加工により失われるが，日本語としての言葉の響きは保たれたまま知覚を体系的に変容させることができる。

Scherer et al. (1972) は，演劇中の感情音声を用いて，ランダム・スプライシングした場合としない場合（オリジナル）の感情音声を 20 項目の SD 法で評価する実験を行い，評定者の判断を比較した。その結果，ランダム・スプライシングされた音声とオリジナルの音声の評価結果の相関は高く（.90），感情の多次元空間における感情の位置はかなりよく一致していた。

6・8・4　感情音声と表情の相互作用

感情の知覚・認知においても，音韻知覚と同様に，話者の感情音声の聞き取り（聴覚）は話者の表情（視覚）からの影響を受け，話者と聞き手の間の文化や言語の同異による影響について研究されている。Abelin (2004) は，マルチモーダルな感情表出に関

する異文化間の感情認知実験を行い，スペイン語の感情音声をスウェーデン語母語者の聞き手に聞かせたところ，感情音声の認知が表情を見ることで改善されたことを報告した。また，感情が表情と感情音声の間で矛盾する場合，表情と感情音声を同時に呈示すると，表情と感情音声は双方向的に影響を及ぼすことが示された（de Gelder & Vroomen, 2000）。

6・8・4・1　内集団優位性と外集団優位性

表情や感情音声の表出と知覚・認知に関する普遍性に関しては議論がある（Ekman & Friesen, 1971, 1975）。感情音声の表出には，言語間で共有される共通の特徴と言語固有の特徴の両方があると考えられている（Scherer et al., 2001）。話者と聞き手が同一グループ（国，民族，地域）のメンバーである場合，聞き手は話者の感情を認知しやすい。これを内集団優位性（ingroup advantage）という（Elfenbein & Ambady, 2002a, 2002b, 2003；Kang & Lau, 2013；Laukka & Elfenbein, 2020；Matsumoto et al., 2002）。たとえば，Elfenbein & Ambady（2002b）は，感情を表出する人と認知する人の所属グループが同じ場合と異なる場合における感情認知についてメタ分析を行った。その結果，同一グループのメンバーが感情を表現したり認知したりする場合には，そうでない場合よりも，より正確に感情認知が行われた。なお，内集団優位性とは反対に，話者と聞き手が異なるグループのメンバーであるほうが感情を認知しやすいことを外集団優位性（outgroup advantage）という。

表情の知覚には内集団優位性があると一般に考えられている。しかし，日米の話者を調べた研究では，内集団優位性が常に認められるとは限らず，表情を明瞭に表出するアメリカ人話者に対する日本人の感情同定率は高かった（Matsumoto et al., 2009；Shigeno, 1998, 2009）（図6-8-3）。結局，表情が明瞭な話者の感情は認知しやすく，文化の違いによる影響はあまり受けないと考えられる。ただし，このような優位性の有無については合理的で証拠に基づく説明が確立されていない。一方，感情音声については，日米間の比較研究（日米話者に対する日本人・北米人聴取者の感情認知の比較）により感情音声の知覚・認

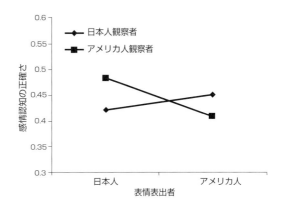

図6-8-3　日米間の表情による感情認知にみられる外集団優位性（Matsumoto et al., 2009）

知に内集団優位性が認められた（Shigeno, 1998）。

これまでの研究の多くが欧米人に関するものであり，東アジア文化圏を取り上げた研究は少ない。Chan（1985）は，Izard（1977）の北米，ヨーロッパ，南米，日本のグループについてのデータを用いて，中国人のサンプルと比較した。その結果，中国人の感情の平均認識率はアメリカ人やヨーロッパ人よりはるかに低いが，日本人とは同等であった。しかし，中国人の識別率のパターンは日本人とは似ていなかった。さらに，中国人と日本人の感情音声と表情の相互作用にみられる文化の影響について，中国人は感情音声と表情が一致しない場合は日本人よりも音声情報に依存するが，日本人は表情を利用しやすいことを報告した。

一方，Shigeno（2013）は，日本人母語者と中国人母語者について，グループ内およびグループ外の話者の感情識別の正確さは，感情音声のみ（AO条件）で最小，感情音声と表情（AV条件）で最大であることを示した。また，表情のみ（VO条件）およびAV条件での感情識別の正確さは，中国人話者のほうが日本人話者よりも高いこと，AO条件では内集団優位性がみられること，日本人と中国人はAO条件以外では非常に類似した傾向を示すことを報告した。さらに，曹他（2017）は，日本人は中国人に比べると声による感情認知は表情から受ける干渉が顕著に低く，感情判断が声から受ける感情情報に依存しやすいことを示した。

趙（2002）は，日本人と中国人の表示規則を比較し，中国人は日本人よりも公共の場でポジティブな

表情を抑制するという自己認識があること，日本人も中国人も表情の場合には内集団優位性は認められず，感情音声の場合にのみ内集団優位性が認められることを見いだした。このような感情認知の傾向は日本人と北米人についてのShigeno (1998) の結果と類似している。グループ外のメンバーの表情であっても，表情がはっきりしているほど，感情をより正確に同定できることから，感情表出のモダリティに加えて，その強度について検討することが必要であろう。

6・8・5　言葉の感情的意味が感情音声の知覚・認知に及ぼす影響

感情音声の知覚・認知研究において近年，注目されているのは，言葉の文字通りの意味に含まれる感情とその知覚・認知との関係についての研究である。たとえば，Min & Schirmer (2011) は，母語と非母語の聞き手の反応時間を測定し，言葉の意味が表す感情と話者の感情音声とが一致する場合に，両方のグループともより速くかつより正確に応答することを見いだした。

6・8・5・1　感情認知に及ぼすコンテクストの影響

Hall (1976) は，西洋では相手の感情を理解するのに，言葉の意味はより多くの情報を伝達し，言葉に込められた感情などのコンテクスト (context, 文脈) はあまり重視されないことから，西洋文化を「低コンテクスト文化」，欧米語を「低コンテクスト言語」と呼んだ。対照的に，東アジアの文化や言語では相手の感情を理解するのにコンテクストや非言語的手がかりがより重視されることから，「高コンテクスト文化」「高コンテクスト言語」と呼んだ。

ここでコンテクストとは，単に文章中の前後の意味的なつながりを指すのではなく，刺激を知覚したり認知したり記憶したりする際の，その前後に置かれた刺激や現在・過去などのバックグラウンドや文化などを指す。どのような文化や言語のなかで生活しているかによりコンテクストの関与の仕方にも大きな違いが生じ，それによって感情の表出方法や認知方法は異なると考えられる。

6・8・5・2　感情音声の知覚・認知におけるStroop効果

Stroop効果 (Stroop effect) の測定実験では，二つの異なる刺激属性（たとえば，文字の意味と文字の色）のどちらか一方の属性について判断を求める。二つの刺激属性が異なる場合には，同じである場合よりも，反応するまでの時間が長くかかる。Ishii et al. (2003) は，感情認知が文化の違いにより異なるのかどうかを，低コンテクスト文化と高コンテクスト文化の違いに焦点を当て，「言葉の意味」と「音声の感情」という二つの属性を用いて，二つのStroop実験を行った。実験1では，この二つの属性が表している感情が一致している場合と不一致の場合について，一方の属性が表す感情は無視して，他方の属性が表す感情を答えるように求めた。日本人には母語の日本語を，アメリカ人には母語の米語を用いた。

図6-8-4を見ると，日本人に日本語の意味判断や感情判断を求めた場合は，意味判断のほうが干渉効果をより大きく受けているが，アメリカ人に米語の意味判断や感情判断を求めた場合は，感情判断のほうが干渉効果をより大きく受けていることがわかる。すなわち，日本人は「音声の感情」のほうにより多くの注意を向けているため，言葉の意味判断は音声の感情からの干渉を受けやすい。これに対して，アメリカ人は逆に「言葉の意味」のほうに注意を向けやすいため，音声の感情判断は言葉の意味からの干渉を受けやすい。

ただし，この実験では日本語と英語，日本人とアメリカ人のように言語条件と聞き手条件（文化条件）の両方が異なるので，結果の違いがどちらの条件に

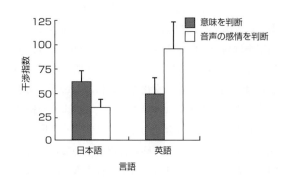

図6-8-4　日米の感情認知の文化差 (Ishii et al., 2003)

よるのかを断定するのは難しい。そこで，実験2では聞き手（文化）条件を一つにするため，二つの言語（タガログ語と英語）を公用語とするフィリピン人に対して，同様の実験を行った。その結果，タガログ語も英語も意味判断をする場合のほうが音声の感情判断をする場合よりも干渉効果を大きく受けることが認められ，「音声の感情」のほうにより多くの注意を向けていることがわかった（図6-8-5）。

6・8・5・3 言語処理と感情音声の知覚・認知

言葉の文字通りの意味に含まれる感情（言葉の感情）と話者の音声の感情とは相互に影響を及ぼすと考えられる。そこで，大多数の感情音声の研究では，言葉の意味に感情を含まないニュートラルな言語刺激（人名や都市名など）を使用してきた。たとえば，"Amanda"（Abelin, 2004）などである。

言語処理と感情音声の関係を検討するために，話者が本当の感情を偽り言葉の感情と音声の感情が一致しない場合の知覚・認知実験が行われた。Nygaard & Queen（2008）は，言葉の意味と感情音声が一致・不一致・ニュートラルのいずれかの関係にある単語を聞き手が命名するまでの時間を計測し，言葉の感情と感情音声が一致している場合には言語処理が促進されることを示した。Roche et al.（2015）は，話者の感情的な意図（あてこすり，いらだち，おもいやり，ニュートラル）を調べる評価実験を行い，その結果が話者の感情表出の手がかりにかなり大きく依存することを示した。Shigeno（2018a, 2018b）は，日本人話者が日本語と英語で発話した言葉の文字通りの意味に含まれる感情と発話時の感情音声の関係が一致・不一致である場合の感情同定率を求めた。日本語母語者の聞き手は，日本語の感情音声を聞いた場合は感情の認知成績が一致・不一致間で差はないが（図6-8-6a），英語の感情音声を聞いた場合は差があることを示し（図6-8-6b），日本人同士のコミュニケーションにおいては，不一致の場合でも話者の感情や意図を推測できるのではないかと考えた。

言葉の解釈と感情情報の統合について脳磁図（magnetoencephalography：MEG）を用いた研究では，言語処理に対する感情的文脈の影響を明らかにするためにクロスモーダルなプライミング実験が行われた。その結果，感情的文脈を利用した言語理解には両半球の下前頭部の活動が重要であり，右前頭部で感情的な文脈が作られ，左前頭部で感情的文脈と言語情報とが統合されることにより，感情的文脈に依存する言語理解が行われることが示唆された（Ihara et al., 2012）。

言語処理は，しばしば左半球への言語機能の側性化によって説明されるが（Bookheimer et al., 1997），声のイントネーションに基づく感情処理は，通常，左半球の言語領域に対応する右半球の部位で行われると考えられている（Borod et al., 2002；Ross

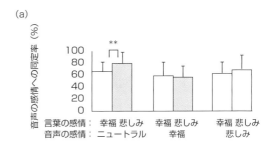

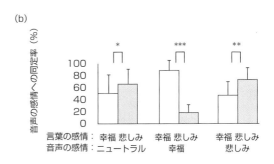

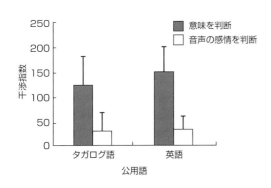

図6-8-5 タガログ語と英語の場合（Ishii et al., 2003）

図6-8-6 一致条件・不一致条件における音声の感情への同定率（Shigeno, 2018a）
(a) 日本語条件，(b) 英語条件，$*p < .05$，$**p < .005$，$***p < .001$

第 III 部　聴覚

& Mesulam, 1979)。しかし，その根拠は一貫してお
らず，感情的な韻律の処理には両半球が関与してい
るとする考え方もある（Fridriksson et al., 2016）。

　Seydell-Greenwald et al.（2020）は，健常な 20
名の成人が感情的な韻律課題と文理解課題を行った
ときのそれぞれの fMRI の結果を比較し，側性化の
度合を量的に測定した。その結果，感情的な韻律に
対して右半球に前頭側頭型活性化を観察したが，そ
れは文理解のための左半球の活性化を大まかに反映
したものだった。また，感情的な韻律により眼窩部
[pars orbitalis（BA47）]，扁桃体（amygdala），前島皮
質（anterior insula）で両側性活性化が生じることを
見いだした。さらに，左半球が優先的に音声情報を
符号化し，右半球が韻律情報を符号化するという考
えのもと，感情的な韻律は一旦処理されると一般的
な感情処理領域に送られ，意味情報と統合され，そ
れによりさらに両側性活性化が生じることが示唆さ
れた。

　言語と感情音声についての神経科学的発見は，社
会的能力の発達や精神病理学の予防的介入などの面
において，今後の貢献が期待される。

（重野 純）

6・9　言語獲得と音声知覚の発達

　ヒトの言語獲得は出生以前から始まっている。聴
覚が機能し始める胎週 26-28 週齢頃から，胎児は母
語音声のさまざまな特徴を学習していく。ヒトに
は音声に注目する傾向とその要素を知覚するバイ
アスが備わっており（Granier-Deferre et al., 2011；
Vouloumanos et al., 2010；Vouloumanos & Werker,
2007），これによって周囲で話される母語（first
language, L1）を効率的に学習することができる。そ
して成長に伴い，言語普遍的な音声知覚能力は母語
に適応し，言語固有性をもつ処理へと調節されてい
く。言語獲得における音声知覚の側面で着目されて
きた韻律と音韻の獲得，さらに単語音声の切り出し
と獲得について，言語普遍性と固有性の観点からま
とめる。

6・9・1　韻律情報

　言語音声の韻律情報（prosodic information）は，
音声の高さや抑揚といった周波数要素とテンポ，リ
ズムといった時間的要素によって，話者の感情や意
図，属性（identity）などを伝達する。胎児は後期
になると，骨や羊水から伝わる音から母親や周囲が
話す言語音声の韻律情報であるリズム，ピッチ，抑
揚，テンポなどの要素を抽出している。心拍を指標
とした英語と日本語の弁別実験では，35 週齢の胎児
がリズムにより言語を弁別することが示されている
（Minai et al., 2017）。また新生児は，韻律情報を手が
かりとして母親の声と他人の声，母語と非母語を聞き
分ける（Mehler et al., 1978；Moon et al., 1993）。言語
リズム（ストレスタイミング，シラブルタイミング，
モーラタイミング）を弁別する能力を生物学的基盤
として（Ramus et al., 2000），誕生前の母語聴取経験
によって新生児は異なる言語リズムの非母語よりも
母語に注意を向ける（Nazzi, Bertoncini et al., 1998）。
また 5 か月齢頃には，同一の言語リズム内で母語と
非母語を区別するようになる（Nazzi et al., 2000）。
こうした言語リズムをはじめとする韻律情報の知覚
は，言語獲得の基礎の一つである。

6・9・2　母語の音韻体系

　言語獲得においては，母語の音韻（phoneme）を
すべて聞き分けることが必要である。基本的な音韻
の弁別能力は生得的・言語普遍的であるとされる。
少なくとも生後半年から 1 年ほどは母語・非母語に
かかわらずさまざまな音韻を聞き分けることができ
る（Best & McRoberts, 2003）。この弁別は，二つ
の音韻の間で連続的に変化する音響特徴を，定境界
地点で二つのカテゴリーに分割して知覚するカテゴ
リー知覚（categorical perception）によって行われ
る（Eimas & Miller, 1980）。

　音韻知覚の能力は，胎児期から /ba/-/bi/ に含ま
れる /a/ と /i/ の母音のように一部の対立で確認さ
れているが（Shahidullah & Hepper, 1994），主に生
後 1-3 か月頃に発達する。新生児は，/bi/-/di/ の
ような一音節中の子音の調音点の違いや，母音の音
色（vowel color）の違いを知覚する（Bertoncini et
al., 1987）。また母音，子音の閉鎖音（/b/ /d/ /g/ な

ど),摩擦音（/f/ /v/ など）は,1-2か月齢で弁別できる。これらよりも発音獲得時期が遅い /r/ /w/ などの弁別も,2-3か月齢には発達している（Vihman, 2014）。これらは言語に共通した発達であると考えられる。一方で,英語環境の新生児が非母語であるスウェーデン語の母音に対する新奇選好（novelty preference）を示すなど,胎児期の母語聴取経験の影響が新生児期の音韻知覚に表れることも明らかにされつつある（Moon et al., 2013）。

成人にみられる母語音韻体系に調節された音韻知覚は,知覚マグネット効果（perceptual magnet effect；Kuhl, 1991）と呼ばれる性質をもつ（III・6・3・1・2参照）。知覚マグネット効果は,生後半年頃の乳児の母音知覚においてもみられる。さらに1歳頃には,母語に存在しない非母語の二つの音韻の音響的な差異に対しては反応を示さなくなることが脳波計測によって確認されている（Cheour et al., 1998）。行動上でも,8-10か月齢頃に非母語の子音弁別力の低下がみられる（Werker & Tees, 1984）。このように母音知覚は6-8か月齢頃,子音知覚は10-12か月齢頃に,母語に対応し形成されていく（Kuhl, 2004, 図6-9-1）。10-12か月齢には言語音声に対する脳反応に左半球優位性もみられるようになる（Dehaene-Lambertz & Gliga, 2004）。初期の言語普遍的な音韻知覚が言語経験により母語に特化していく現象は知覚狭窄（perceptual narrowing）と呼ばれ,顔知覚など他の領域発達との共通メカニズムが議論されている（Maurer & Werker, 2014）。ただしすべての非母語の音韻知覚が消失するわけではないため,narrowing（狭窄）よりも attunement（調節）が適するという提案もされている。さらにこの発達には,脳の成熟化と入力量（言語経験量）の関連を取り入れた議論が進んでいる（Shafer et al., 2011）。

乳児期の母語音韻体系の獲得を支えるメカニズムの一つは,入力音声の音響特徴の分布情報に基づく統計的学習（statistical learning；Saffran et al., 1996）である。音響特徴を操作して /da/ と /ta/ の合成音声を複数作成し6-8か月児に聞かせた実験によって,入力頻度に応じた音韻知覚形成が裏づけられている（Maye et al., 2002）。この実験では,一方の群の乳児に /da/ と /ta/ それぞれに近い特徴をもつ音響的差異の大きい2種類の音声を,他方の群の乳児には2音韻の中間的特徴をもつ音響的差異の小さい2種類の音声を,繰り返し聞かせた（図6-9-2）。その後に /da/ と /ta/ を弁別できたのは,前者の乳児のみであった。この実験から,音韻の音響特徴が双峰性分布の場合に乳児は二つの音韻を異なるカテゴリーとして区別し,単峰性分布の場合には区別しないことを学習することが明らかになった。

養育者が乳児に話しかけるときの音声である対乳児音声（infant-directed speech：IDS）もこれに対応するような特徴をもっている。たとえば時間長によって母音のカテゴリーが分かれる日本語IDSでは,母音時間長が明確な双峰性分布を示す（Werker et al., 2007）。日本語の短母音 /i/ と長母音 /iː/ は時間長により区別され,長母音は短母音の1.7-2倍の長さをもつ。一方英語の /I/ と /i/ は同様に時間長が異なるが,母音の音色（vowel color）の違いが弁別の手がかりである。これらの母音の時間長について,日本語IDSでは双峰性分布を英語IDSでは単峰性分布を示した。このような養育者による母音間の音響的差異の強調は,乳児の音韻獲得を促進する

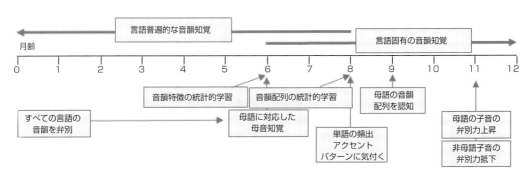

図6-9-1　生後1年間の言語音声の知覚発達（Kuhl, 2004をもとに著者作成）

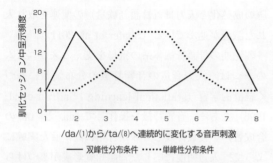

図6-9-2 音韻学習実験における刺激音声の呈示頻度分布（Maye et al., 2002 をもとに著者作成）

(Liu et al., 2003)。

　一方で，IDSでは通常発話と異なる声の高さ（pitch）や抑揚（pitch contour）により，母音の音響特徴に影響が表れる（Trainor & Desjardins, 2002）。このことによって，必ずしもIDSの母音の発音は通常発話より明瞭とは限らないことが，1歳児に対する日本語IDSで報告されている（Miyazawa et al., 2017）。IDSにおける，ピッチや抑揚の変化により乳児の注意や情動を調整する機能と，母語の音韻獲得を促進する機能の出現時期や順序について，子どもの月齢や言語，文化による違いを考慮した議論が求められる。

6・9・3　単語音声

6・9・3・1　セグメンテーション

　連続言語音声から単語を切り出すこと（セグメンテーション：word segmentation, Jusczyk, 1997）は，言語獲得初期から直面する問題である。1歳児にとっては文よりも一語で発話されるほうが単語の獲得は容易であるが（Lew-Williams et al., 2010），実際のIDSでは一語発話よりも文のほうが多い（Brent & Siskind, 2001）。また文中の個々の単語境界にポーズが常に入るとは限らない。このため乳児は語彙を獲得するためには，何らかの方法で文をセグメンテーションしなければならないのだ。

　セグメンテーション問題は，0歳後半から1歳前半で解決可能であることが英語やフランス語などで示されている（Floccia et al., 2016；Jusczyk & Aslin, 1995；Nazzi et al., 2006；Polka & Sundara, 2003）。

解決の手がかりとして，①韻律（prosody；イントネーションや強弱ストレスパターン，拍などリズム，英語の場合には強勢の拍を語頭として区切る，metrical segmentation strategy），②音素遷移確率（transitional probability，音素が隣接して出現する確率），③音素配列（phonotactic feature，単語内の音素出現位置，III・6・3・1・3参照），④異音変異（allophonic variation），⑤機能語（function words），⑥既知語（自分の名前など）などが挙げられている（Altvater-Mackensen & Mani, 2013；Bortfeld et al., 2005；Jusczyk, 1997；Shi, 2014）。

　セグメンテーション問題に対して韻律の役割を重視する考え方が韻律ブートストラッピング説（prosodic bootstrapping hypothesis）である。たとえば英語母語の9か月児は，同一のリズム言語である非母語のオランダ語の語境界を認識できる（Houston et al., 2000）。一方英語とはリズムの異なるフランス語で，英語母語児は語を切り出すことができない（Polka & Sundara, 2003）。これらより，セグメンテーションには言語リズムが初期の重要な手がかりとなっていると考えられている（Saksida et al., 2017）。ただしこれに対する反論も行われており（Mazuka, 2007），ストレスタイミング以外の言語でのさらなる検証が必要である。

　乳児は9か月齢頃までには，上記の①と並行して②－④の音韻情報を手がかりにセグメンテーションを行うようになる。どの手がかりもそれぞれ適用できるケースとできないケースがあるため，単一の手がかりに依存するとセグメンテーションを常に成功させることはできない。発達に伴い複数の情報を適切に使えるようになることで，精度の高いセグメンテーションが可能になっていくのである。もっとも韻律情報と音韻情報の中でもどの手がかりがどの時期に優先されるのかについては，複数の異なる報告がある（Johnson & Jusczyk, 2001；Thiessen & Saffran, 2003）。さらに手がかりの優先順を短時間に繰り返し聞いた語の特徴から学習して，その知識をすぐにセグメンテーションに適用できることも，9か月児で見いだされている（Saffran & Thiessen, 2003）。

　音韻情報の統計的学習を語彙獲得の基礎とし

て重視する考え方を統計ブートストラッピング説（statistical bootstrapping theory）と呼ぶ。これに対して，自然言語と人工言語の学習の違いや，統計的学習が語長の影響を受けることなど，いくつかの問題点も指摘されている（Johnson & Tyler, 2010）。

6・9・3・2　単語内の音韻弁別

　語彙獲得の過程において，"bear" と "pear" のようなわずかな音響的差異による単語間の違いを区別すること，すなわち詳細で正確な単語音声知覚が必須となる。実際にスペイン語・英語のバイリンガル環境に育つ 1 歳児では，語彙サイズが大きい子どものほうが小さい子どもよりも，既知語と未知語の音韻の違いに反応する脳波が大きく表れた（Marchman et al., 2009）。また 6 か月時の母音弁別能力によって，1-2 歳時の獲得語彙数を予測可能である（Tsao et al., 2004）ように，音韻知覚および単語音声知覚の発達は，語彙獲得と関連しているのである。

　既知語（"dog"）について 8 か月児を対象とした研究では，音韻対立を含む未知語（"bog"）からの弁別能力を表す聴取行動をとることが示されている（Jusczyk & Aslin, 1995）。しかしこの段階では，音声レベルでの「既知語」であって意味を獲得しているとは限らない。音声レベルから意味レベルへの発達的変化は，1 歳前半から後半にかけて現れる（Werker & Yeung, 2005）。この変化を確認した一連の実験は以下のパラダイムで行われた。まず "bih" と "dih" という音響特徴の近い二つの新奇語音声を乳児に聴かせ，それぞれ異なる物体の画像を同時呈示する。これにより視聴覚の連合学習が起こり，"bih" が聞こえるならば A の画像，"dih" ならば B の画像という期待が形成される。そこで期待に反する "bih" と B の画像の組み合わせに対して，乳児の注意が増加する（habituation-switch procedure, 馴化スイッチ法）。実験の結果，14 か月齢では二つの単語を学習できず，20 か月齢で学習できることが明らかになった（Stager & Werker, 1997）。/b/ と /d/ の音韻弁別自体は 14 か月齢で可能であるのにもかかわらず，単語として学習する際にはこの月齢では弁別できない。さらに 14 か月児のなかでも語彙サイズが大きい乳児は上記 2 語を学習することができた

が，20 か月児ではこの関連がみられなかったことから，乳児の単語音声の認知と意味の獲得は 14 か月齢頃に移行段階にあると考えられる（Werker et al., 2002）。このことは，"car" と "gar" の弁別を，14 か月児と 20 か月児で比較した脳波研究によっても裏付けられている（Mills et al., 2004）。

　では意味をすでに獲得した単語については，乳幼児はどの程度正確に音韻弁別するのだろうか。前述の研究と異なり，意味を獲得している単語については，14-15 か月齢で音響的な類似語との違いを検出できることがわかっている（Swingley & Aslin, 2002）。さらにこの研究では，語彙サイズや月齢と単語音声知覚の正答率のあいだに相関がみられなかった。獲得語彙数が比較的少ない 1 歳前半では，音響的に類似した単語が語彙に含まれることが少ないため，正確に単語を認知する必要はないともいえる。しかし実際には乳幼児の単語音声知覚は曖昧なものではない。意味を知っている単語については，1 歳前半からすでに単語を構成する音韻を正確に学習し聞き分けているのだ。

　また単語音声中では子音のほうが母音より区別される必要性が高いという観点からの研究も行われている（Nazzi, 2005）。このように子どもが単語や音韻を区別する必要性によって認知の仕方を変えるのか，単語の音響的類似度は弁別精度に影響するのか，既得の語彙知識をどのように新しい学習に使用するかなどについて，さらに検討が進められている。

6・9・3・3　単語のアクセント

　単語音声の韻律情報の一つにアクセントがある。たとえば英語では強弱アクセント，日本語では高低アクセントが用いられる。日本語アクセントに関わるピッチ変化について，フランス人新生児で弁別能力が確認されており（Nazzi, Floccia et al., 1998），アクセントの検出力はほぼ生得的なものと考えられている。

　母語に頻出するアクセントパターンに対する選好は，1 歳頃からみられる。英語母語児が英語の名詞に典型的なストレスパターンを学習できているかどうかを検証した研究では，出現頻度の高い強 - 弱パターンの語のリストと出現頻度の低い弱 - 強パター

第 III 部　聴覚

ンの語リストが乳児に呈示され，6 か月児ではリストによる聴取時間の偏りがみられず，9 か月児では強 – 弱パターンの語リスト選好がみられた（Jusczyk et al., 1993）。同様に日本語でも，IDS に特徴的な重 – 軽音節で構成される 3 モーラ語（例：まんま）に対して，日本語母語児は 4-6 か月齢では選好がみられず，8-10 か月齢で選好がみられることが報告されている（Hayashi & Mazuka, 2017）。

また英語母語の 11 か月児は，出現頻度の高い単語リストを低いリストよりも選好し，この選好は語のアクセントパターンを変えても維持されることが示された（Vihman et al., 2004）。ただし選好反応は語のアクセントパターンが変わった場合には遅くなったため，単語認知にアクセントが関連することも指摘されている。

6・9・3・4　言語獲得の社会的要因

乳幼児の言語音声獲得において重要な要素は，周囲の大人の発話中に音韻の明確な区別やその手がかりとなる特徴の分布，セグメンテーションを助ける特徴などが存在することだけではない。彼らの置かれている日常世界はさまざまな音や物に囲まれ，興味を惹きつける刺激に満ちている。そのような環境では，養育者など大人との社会的相互作用や IDS の用いられ方が重要な役割を果たす。

たとえば IDS の影響に関しては，子どもが 7 か月時の母親による IDS の語彙の種類，量，文の長さが分析された。そしてこれらは，子どもの 2 歳時の語彙サイズに関連することが見いだされた（Newman et al., 2016）。

Kuhl et al.（2003）は，英語母語の 9 か月児に対して，中国語母語の実験者が絵本を読み聞かせたり一緒におもちゃで遊んだりする実験を行った。これを 1 か月間に複数回行った後に中国語の音韻弁別のテストを行った。この結果，実験者と直接関わった乳児は高い正答率を示したが，オーディオやビデオによって同程度に中国語に接した乳児の成績は低かった。すなわち，話者との直接のコミュニケーションを通して，子どもの注意は言語音声に惹きつけられ，音声の特徴や意味の獲得が進むといえる。また，話者の視線や注意がどこに向いているかを見極め，自分も注意を向けるという共同注意（joint attention）が成立することも，言語音声の学習をスムーズに進める助けとなる。このように社会的な関わりによって，自らの置かれている環境の特徴である言語や文化を獲得していくこと，それを促進するようなはたらきかけを周囲の大人が行うことは，ナチュラル・ペダゴジー理論（theory of natural pedagogy；Csibra & Gyorgy, 2009）として知られており，言語を含むさまざまな乳幼児の発達においてその重要性が議論されている。

（梶川　祥世）

6・10　音声単語認知

6・10・1　音声単語認知に関わる特性

音声単語認知（spoken word recognition）は，発声速度や個人差などのさまざまな要因によって変動する音声波から単語を抽出し認知する過程である。それは草書体で書かれた崩し字の連続体から個別の単語を抽出し認知する過程と類似している。音声単語認知には，まだ多くの謎が残されており，その全貌を解明するには至っていない。しかし，音声の物理的特性や言語心理的特性など音声単語認知に影響を及ぼす個々の要素は徐々に明らかにされつつある。

音声単語認知に関わる物理的特性としては，音声の時間長，強度，基本周波数，スペクトル形状等の音響特徴が挙げられる。これらの音響特徴は，発声器官の個人差や発声速度，あるいは連続する音素の調音（構音）結合（III・6・3 参照）などによって変動する性質をもつ。この他に背景雑音によるマスキングや，空気伝播中の反射・減衰などによる変形，通信路の伝送障害による欠損なども音響特徴の変動の原因となり，音声単語認知に影響を及ぼす。

音声単語認知に関わる言語心理的特性としては，各言語に特有な，音素の並び方の規則性を表す音素配列規則（phonotactic rule）（III・6・3 参照）や，ある音素から次の音素への遷移の起こりやすさを表す音素遷移確率（transitional probability of phoneme）が挙げられ，さらに構文・意味・語用などによる文脈情報や，単語を知っている程度なども挙げられる。

この単語を知っている程度に関する指標には，単語のなじみの程度を表す親密度（word familiarity）（天野他，2008；天野・小林，2008；天野・近藤，1999），単語の出現回数を表す頻度（word frequency）（天野・近藤，2000；Maekawa, 2003；Maekawa et al., 2014），単語が指し示す対象の心的イメージの想起しやすさを表す心像性（imageability）（佐久間他，2005）などがある。これらの指標の値が高い単語ほど速くかつ正確に認知されやすい（たとえば，天野・近藤，1999）。なお，頻度が低いにもかかわらず，よく知られている高親密度の単語が少なからず存在する（天野・近藤，2000）。たとえば，誰もが知っている高親密度単語「どら猫」の頻度は，日本語の語彙特性第7巻（天野・近藤，2000）では6回，現代日本語書き言葉均衡コーパス（Maekawa et al., 2014）では3回，日本語話し言葉コーパス（Maekawa, 2003）では2回以下と非常に低い。同様の偏りは英語でも報告されている（Tanaka-Ishii & Terada, 2011）。単語認知研究でしばしば用いられる頻度が，このような性質をもつことに注意すべきである。

6・10・2　音声単語認知モデル

これまでに提案された多様な音声単語認知モデルは，単語表現形式，単語候補の範囲，単語間の競合処理等の観点によって分類できる（表6-10-1）。特にモデルタイプの観点からは，音声波→音響特徴→音素→単語というボトムアップ方向の情報の流れだけを仮定する自律モデル（autonomous model）と，ボトムアップ方向に加えて，単語→音素→音響特徴というトップダウン方向の情報の流れも仮定する相互作用モデル（interactive model）とに分類できる。表6-10-1に示した観点の他にも，たとえば単語を「音声の多様な変動を捨象した抽象体」と見なす立場（たとえばMorton, 1969）と，単語を「音声の多様な変動を含む全情報・全事例の集合体」と見なす立場（たとえばGoldinger, 1996, 1998）による分類も可能である。どの種類の音声単語認知モデルにも長所と短所があり，最良のモデルを定めることは簡単ではない。ただし，これまでの研究によれば，入力音声と部分的に一致する複数の単語候補が生成され，その単語候補間で競合処理がなされて単語認知

に至ることがほぼ確実視されているので，少なくとも音声単語認知モデルは，この単語候補の生成と競合処理を表現していなければならない。以下に，これまでに提案された主な音声単語認知モデルについて述べる。

6・10・2・1　コホートモデル

コホートモデル（cohort model）（Marslen-Wilson, 1984；Marslen-Wilson & Tyler, 1980；Marslen-Wilson & Welsh, 1978）は入力音声の逐次処理による単語候補の生成と絞り込みを仮定したモデルである。音声が入力されると，それと語頭部が合致する単語の候補群（コホート，図6-10-1）が生成される。このコホートの生成は入力音声の情報のみに基づいて行われ，構文・意味等の文脈情報は関与しない。時間軸に沿って音声が入力されるたびに，コホート内の単語との逐次照合がなされ，入力音声と合致しない単語がコホートから除去される。このコホート内の単語の絞り込みには文脈情報も利用される。逐次照合を繰り返し，単語が一つだけに絞り込まれた時点（ユニークネスポイント）において，その単語が認知される。

このモデルの特徴は，音声単語の認知過程を時間軸に沿って明確に示し，単語認知の時点を定量的に予測可能とした点にある。このモデルの欠点として，語頭部が誤知覚された場合に，認知されるべき単語を含まないコホートが生成されてしまい，当該単語の認知が不可能となる点が挙げられる。

6・10・2・2　トレースモデル

トレースモデル（TRACE model）（McClelland & Elman, 1986）は，活性度をもつユニットを用いた相互作用モデル（たとえば，McClelland et al., 2014）の一種である。このモデルは音響特徴層，音素層，単語層の3層で構成され，音響特徴層には母音性，子音性，拡散性等の音声の音響特徴に対応するユニットが存在し，音素層には各音素に対応するユニット，単語層には各単語に対応するユニットが存在する（図6-10-2）。

ユニットの時間長は上位の層ほど長い。また，一定の時間遅れを伴って各ユニットのコピーが層内に

表6-10-1 主な音声単語認知モデルの特性

モデル名	音素処理	単語処理への入力情報	構造	時間変動への対処方法	単語認知の依拠変数	単語表現形式	単語候補の範囲	単語間の競合処理	モデルタイプ	単語から音素へのトップダウン処理	シミュレーションプログラム	学習機能	文献
ロゴジェン	無	音響特徴	-	-	活性度	局所的	単語全体	無	-	-	無	無	Morton (1969)
コホート	無	音素	-	-	一致度	局所的	コホート	無	-	-	無	無	Marslen-Wilson & Welsh (1978)
活性型コホート	無	音響特徴	-	-	活性度	局所的	単語全体	無	-	-	無	無	Marslen-Wilson (1987)
分散型コホート	無	音響特徴	3層	遅延帰還	活性度	分散的	単語全体	暗黙的	自律	-	有	有	Gaskell & Marslen-Wilson (2002)
トレース	有	音素	3層	空間展開	活性度	局所的	単語全体	明示的	相互作用	有	有	無	McClelland & Elman (1986)
ショートリスト	有	音素	-	-	活性度	局所的	ショートリスト	明示的	自律	無	有	無	Norris (1994)
ベイズ型ショートリスト	有	音素	-	-	確率	数理的	ショートリスト	暗黙的	自律	無	有	無	Norris & McQueen (2008)
ネイバーフッド・アクティベーション	有	音素	-	-	確率	数理的	ネイバーフッド	暗黙的	自律	無	有	無	Luce & Pisoni (1998)

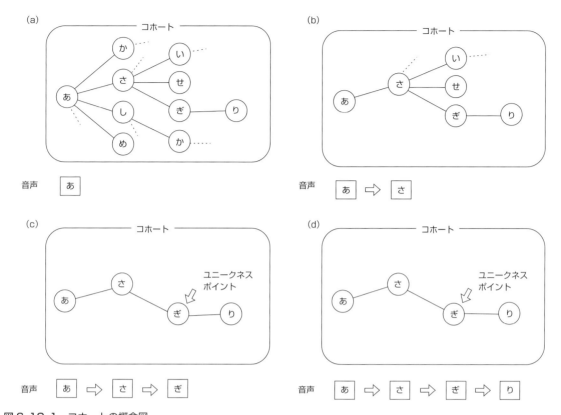

図6-10-1 コホートの概念図
(a)～(d)の順に入力音声とコホートの逐次照合がなされて，コホート内の単語が絞り込まれる。(c)におけるユニークネスポイントにて単語が認知される。実際のモデルでは音素を単位として処理されることに注意。

配置されているので，どの時刻の入力に対してもいずれかのユニットの活性度が高くなる。これにより音声の時間変動への対処が可能となっている。層内のユニット間には抑制性結合があり，各ユニットはその活性度に応じて層内の他のユニットの活性度を抑制する。単語層におけるこの抑制処理は単語間の競合処理を表している。一方，上下に隣り合う層のユニット間には促進性結合があり，各ユニットは活性度に応じて他層内の関連するユニットの活性度を高める。この促進作用は，音響特徴層→音素層→単語層のボトムアップ方向だけでなく，単語層→音素層のトップダウン方向にもなされる。この層間の促進処理と層内の競合処理の結果，最終的に活性度が一番高くなった単語が認知される。

このモデルの特徴は，単語間の競合処理とトップダウン処理を明示的に取り入れている点と，コンピュータ上でのシミュレーションが可能な点である。このモデルは，音声単語認知の時間的動き (Allopenna et al., 1998) や音素知覚に対する単語情報の影響 (Ganong, 1980) をはじめ，多くの音声単語認知と音素知覚の実験結果を説明できる (McClelland et al., 2014)。しかし，時間遅れを伴うユニットのコピーが多く配置される構造は，実際の脳との対応を考えたとき実在性が低いという批判もある。

6・10・2・3 分散型コホートモデル

分散型コホートモデル (distributed cohort model) (Gaskell & Marslen-Wilson, 1997, 1999, 2002) は，音響特徴層，隠れ層，単語層からなるモデルである (図6-10-3)。隠れ層は隠れユニットと文脈ユニットで構成され，文脈ユニットは時間遅延を伴って情報を隠れユニットへ帰還させる。これによりトレースモデルのように時間方向に多数のユニットを配置することなく，音声の時間変動に対応可能な処理を実現している。このモデルの単語層には，複数ユニットの活性パターンによって，単語の意味を分散表現

1181

第III部 聴覚

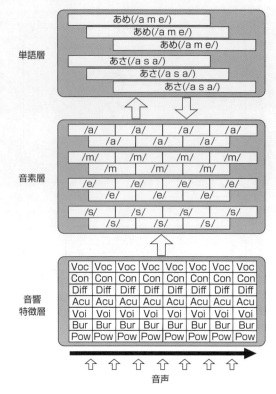

図6-10-2 トレースモデルの概念図
各ユニットは上位層・下位層内のユニットからの促進性結合を通じて活性化するとともに，同一層内の他のユニットへ抑制性結合を通じて競合的影響を及ぼす．

する意味層と，単語を構成する音素列を分散表現する音素列層が存在する．

このモデルの特徴は，意味情報を明示的に取り入れた点，他のモデルでは採用されていない分散表現を用いる点，誤差逆伝播法を用いてユニット間の結合の強さを定めるという学習機能をもつ点，情報の流れが基本的にボトムアップ方向である点である．単語の認知率は，音声が入力されたときの単語層の複数ユニットの活性パターンと，学習済みの単語における複数ユニットの活性パターンとの距離の関数で表され，両者の距離が短いほど認知率が高くなる．

6・10・2・4 ネイバーフッド・アクティベーション・モデル

ネイバーフッドとは，ある単語に対して1音素を置換した関係にある単語群を指す．ある単語に対し1音素を削除または追加した単語群をネイバーフッドに含める場合もある．ネイバーフッドの単語数と単語の頻度を，それぞれネイバーフッド密度（neighborhood density）とネイバーフッド頻度（neighborhood frequency）と呼ぶ．平均ネイバーフッド頻度は，ネイバーフッド中の単語の頻度の平均である．

ネイバーフッド・アクティベーション・モデル（neighborhood activation model；Luce et al., 1990；Luce & Pisoni, 1998）は，入力音声の音素列に対応した単語（ターゲット単語）とそのネイバーフッドとの競合処理を仮定した数理モデルである．単語の認知率は，ある音素が他の音素に異聴される確率（異聴率）を基に，頻度加重付きネイバーフッド確率則（式(1)）を用いて計算される．式(1)によれば，ターゲット単語の頻度が低く，かつネイバーフッド密度・頻度が高い場合，ネイバーフッドからの競合的影響が強いためターゲット単語の認知が難しくなる．逆にターゲット単語の頻度が高く，かつネイバーフッド密度・頻度が低い場合，ネイバーフッドからの競合的影響が弱いため，ターゲット単語の認知が容易になる．このような性質をもつ式(1)による予測値と単語の認知率との相関は高い．このモデルの欠点は，時間軸に沿って順次入力される音声の処理を考慮していない点である．

$$p(ID)= \frac{Freq_S \times \prod_{i=1}^{n} p(S_i|S_i)}{\left(Freq_S \times \prod_{i=1}^{n} p(S_i|S_i)\right) + \sum_{j=1}^{m}\left(Freq_{N_j} \times \prod_{i=1}^{n} p(N_{ij}|S_i)\right)}$$

(1)

$p(ID)$ はターゲット単語の認知率，S_i はターゲット単語のi番目の音素，N_{ij} はネイバーフッドの単語jにおけるi番目の音素，$p(S_i|S_i)$ はターゲット単語のi番目の音素が正しく知覚される確率（正聴率），$p(N_{ij}|S_i)$ はターゲット単語のi番目の音素がネイバーフッドの単語jにおけるi番目の音素に誤って知覚される確率（異聴率），$Freq_S$ はターゲット単語の頻度，$Freq_{N_j}$ はネイバーフッドの単語jの頻度（ネイバーフッド頻度），n はターゲット単語の音素数，m はネイバーフッドの単語数（ネイバーフッド密度）を意味する．

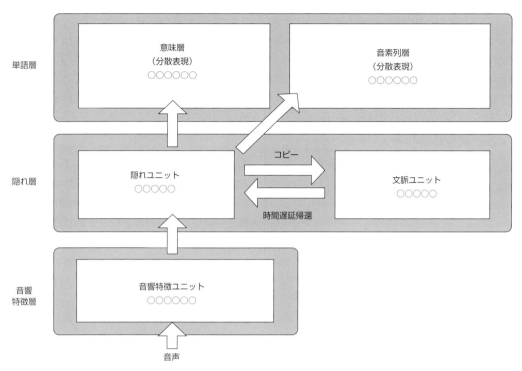

図6-10-3 分散型コホートモデルの概念図
単語層には意味層と音素列層が存在し，ユニットの活性パターンによって単語の意味および音素列の分散表現がなされる。隠れ層には，1処理ステップ前の隠れユニットの状態を保持する文脈ユニットが存在し，この文脈ユニットから隠れユニットへ情報の時間遅延帰還がなされる。

6・10・2・5 ベイズ型ショートリストモデル

ベイズ型ショートリストモデル（shortlist model with Bayesian approach）（Norris & McQueen, 2008）は，聴取者がベイズ確率論に従った最適な知覚判断をしているという考えに基づいて構築された数理モデルである。このモデルの基礎となるデータは，呈示時間長を徐々に増加させた2音素列を同定させる大規模なゲーティング実験（Smits et al., 2003）の結果から計算した音素の異聴率である。このモデルでは音素の入力ごとに次の処理が行われる。

(1) 入力音素の異聴率を音素の事後確率と見なし（式(2)），その事後確率の積を単語の尤度とする（式(3)）。
(2) 単語頻度を単語の事前確率と見なす。
(3) 式(4)により各単語について尤度と事前確率から事後確率を得る。
(4) 単語の事後確率が高い順に最大50単語（ショートリスト）を単語遷移ネットワーク上に配置する。
(5) 単語遷移ネットワークの各遷移経路上の全単語における尤度と事前確率の積の総積を，当該遷移経路の尤度とする（式(5)）。ただし尤度が高い順に遷移経路数を500以下に制限する。
(6) 各遷移経路の尤度を全遷移経路における尤度の総和で除し，各遷移経路の確率を求める（式(6)）。
(7) 単語認知率を，当該単語を通過する遷移経路の確率の和として求める（式(7)）。

このモデルは自律モデルの一種であり，ボトムアップ処理のみを仮定し，トップダウン処理（すなわち単語から音素へのフィードバック）は仮定しない。このモデルへの入力は，音素の約1/3の時間長を単位としているため，音素よりも短い時間幅に存在する調音結合等の情報による単語認知への影響（たとえば，Warren & Marslen-Wilson, 1987, 1988）に対処可能である。また単語頻度を単語の事前確率と見なすことによって，単語頻度の影響を自然な形でモデルに取り入れている。

$$p(Ph|Ep) = \frac{p(Ep|Ph)}{\sum_{j=1}^{m} p(Ep|Ph_j) \times p(Ph_j)}$$
$$= p(PhOut|PhIn) \qquad (2)$$

$p(Ph|Ep)$ は証拠 Ep が得られたときの音素 Ph の事後確率（知覚率），$p(Ep|Ph)$ は音素 Ph の尤度，$p(Ph)$ は音素 Ph の事前確率，m は音素の総数，$p(PhOut|PhIn)$ は音素 $PhIn$ が入力されたときの音素 $PhOut$ が知覚される率（異聴率）を意味する。

$$p(Ew|W) = \prod_{j=1}^{q} p(Ph_j|Ep)$$
$$= \prod_{j=1}^{q} p(PhOut_j|PhIn) \qquad (3)$$

$p(Ew|W)$ は単語 W の尤度，$p(Ph_j|Ep)$ は証拠 Ep が得られたときの単語 W の j 番目の音素 Ph_j の事後確率，$p(PhOut_j|PhIn)$ は入力音素 $PhIn$ に対して単語 W の j 番目の音素 Ph_j が知覚される率，q は単語 W の音素数を意味する。

$$p(W|Ew) = \frac{p(Ew|W) \times p(W)}{\sum_{j=1}^{n} p(Ew|W_j) \times p(W_j)} \qquad (4)$$

$p(W|Ew)$ は証拠 Ew が得られたときの単語 W の事後確率，$p(Ew|W)$ は単語 W の尤度（式(3)より各音素の異聴率の積と仮定），$p(W)$ は単語 W の事前確率（単語頻度と仮定），n は単語の総数を意味する。

$$p(Epa|Pa) = \prod_{k=1}^{t} p(Ew|W_k) \times p(W_k) \qquad (5)$$

$p(Epa|Pa)$ は単語遷移ネットワーク中の遷移経路 Pa の尤度，$p(Ew|W_k)$ は移経路 Pa 上の k 番目の単語 W_k の尤度，$p(W_k)$ は単語 W_k の事前確率（単語頻度と仮定），t は遷移経路 Pa 上の単語数（$t \leq 50$）を意味する。

$$p(Pa|Epa) = \frac{p(Epa|Pa)}{\sum_{j=1}^{s} p(Epa|Pa_j)} \qquad (6)$$

$p(Pa|Epa)$ は証拠 Epa が得られたときの遷移経路 Pa の事後確率，$p(Epa|Pa)$ は遷移経路 Pa の尤度（式(5)），s は遷移経路の総数（$s \leq 500$）を意味する。

$$p(W|Ew) = \sum_{i}^{n} p(Pa_i|Epa) \qquad (7)$$

$p(W|Ew)$ は証拠 Ew が得られたときの単語 W の事後確率（単語認知率），$p(Pa_i|Epa)$ は単語 W を通る i 番目の遷移経路の事後確率（式(6)より），n は単語 W を通る遷移経路の総数を意味する。

6・10・3 研究の動向

音声単語認知研究の初期に提案されたロゴジェンモデル（logogen model）(Morton, 1969) などは，その構造や機能の記述が概念的・抽象的であったため，単語認知の詳細な予測やモデル自体の検証が困難であった。しかし，コンピュータ上でのシミュレーションを可能とするトレースモデル（McClelland & Elman, 1986) の提唱以降，知覚実験の結果とシミュレーションの結果を対応付けて音声単語認知に迫ろうとする研究が盛んになってきた。この状況下，自律モデルの支持派（Norris et al., 2000；Norris & McQueen, 2008）と相互作用モデルの支持派（Magnuson et al., 2012；Magnuson et al., 2018）との間で，トップダウン処理の存在の有無，すなわち単語処理から音素処理へのフィードバックの存在の有無に関する論争がなされてきた。以下にその概要を示す。

相互作用モデルの一種であるトレースモデルを提唱した McClelland & Elman は，音素知覚における調音結合情報の補償効果（Mann & Repp, 1981）に対して，単語情報が影響を及ぼすことを明らかにし，単語から音素へのフィードバックの存在を示した（Elman & McClelland, 1988）。これに対し Pitt & McQueen (1998) は，音素遷移確率を制御した知覚実験を行い，単語情報ではなく音素遷移確率が調音結合情報の補償効果に影響を及ぼすことを示し，フィードバックを否定した。しかし，Magnuson et al. (2003) は，Pitt & McQueen (1998) が音素遷移確率の計算に用いたコーパスよりも大規模なコーパスを用いて音素遷移確率を精密に計算し，その音素遷移確率によって定めた刺激を用いた知覚実験を行った結果，音素遷移確率とは独立にフィードバックの影響が存在することを明らかにした。ところが McQueen et al. (2009) は，Magnuson et al. (2003)

第6章　音声の知覚

の結果には練習に用いた刺激の種類が原因となるバイアスが含まれている点や，単語情報によるとされる効果の有無が音素の種類に依存する点を指摘し，フィードバックの影響を否定した。

他方 Frauenfelder & Peeters（1998）は，トレースモデルにおいて，単語層から音素層へのフィードバックの有無を制御したシミュレーションを行い，フィードバックによって促進された音素処理が単語認知を促進することはないとした。しかしMagnuson et al.（2018）は，Frauenfelder & Peeters（1998）よりも単語数を大幅に増やし，かつ雑音の有無を制御してトレースモデルのシミュレーションを実施した。その結果，フィードバックの存在は単語認知を促進し，かつ雑音に対する頑健性も増加させることが明らかになった。

自律モデルを支持する Norris et al.（Norris & McQueen, 2008；Norris et al., 2016）は，単語認知をベイズ確率論における推定として捉えるならば，単語認知にフィードバック，すなわちトップダウン処理は必要無く，ボトムアップ処理だけで十分であるとし，またフィードバックは音素の誤知覚をもたらすので不適切であると主張した。これに対しMagnuson et al.（2012, 2018）は，ベイズ確率論でもフィードバックを含む情報処理が表現可能である点を指摘し，さらにフィードバックによって生じる音素の誤知覚のシミュレーション結果が人間における音素の誤知覚とよく似た特性をもっている点や，フィードバックの存在を示唆する知覚実験の結果

（たとえば Cole, 1973；Samuel, 1981, 1997；Samuel & Pitt, 2003）が多く存在する点を根拠として，相互作用モデルの優位性を主張した。

この論争によって研究が進展し，音声単語認知の特性およびモデルの理解が深まりつつある。ただし，この論争の対象となったモデルに限らず，複数のモデルを比較・評価する場合，特定の機能の観点だけではなく総合的観点からの判断が重要となる。そのためには，たとえば Magnuson et al.（2012）が示した

・質的予測よりも量的予測が可能なモデル
・状態予測よりも個別予測が可能なモデル
・エラー率の予測よりも個別のエラー予測が可能なモデル
・抽象的・非現実的な入出力よりも具体的・現実的な入出力のモデル
・予測能力等が同じならば複雑なモデルよりも単純なモデル
・パラメータをできるだけ変えずに人間の認知・知覚現象を広範に予測可能なモデル

等の条件を組み合わせ，音声単語認知モデルの評価方法を確立する必要があるだろう。さらに，音声単語認知が言語認知の一部であることを考えれば，単に単語認知モデルの構築に留まることなく，構文・意味・語用の情報処理も含めた言語認知モデルの構築が望まれ，またそれと対をなす形で言語認知の全体像を探究する心理学的研究も必要となるであろう。

（天野 成昭）

文献

（6・1）

Boatman, D.（2004）. Cortical bases of speech perception: Evidence from functional lesion studies. *Cognition, 92*(1-2), 47-65.

Denes, P. B., & Pinson, E. N.（1963）. *The Speech Chain: The Physics and Biology of Spoken Language*. Bell Telephone Laboratories.
　（神山 五郎・戸塚 元吉（訳）（1966）. 話しことばの科学：その物理学と生物学　東京大学出版会）

Finney, S. A., & Warren, W. H.（2002）. Delayed auditory feedback and rhythmic tapping: Evidence for a critical interval shift. *Perception & Psychophysics, 64*(6), 896-908.［doi: 10.3758/BF03196794］

深美 悟・春名 眞一（2008）. 加齢による変化：耳鼻咽喉科　*Dokkyo Journal of Medical Sciences, 35*(3), 259-262.

古井 貞煕（1992）. 音響・音声工学　近代科学社

古井 貞煕（1994）. 音声生成のモデル化と音声合成　大山 正・今井 省吾・和氣 典二（編）　新編 感覚・知覚心理学ハンドブック（pp. 1120-1123）　誠信書房

Gelfer, M. P., & Schofield, K. J.（2000）. Comparison of acoustic and perceptual measures of voice in male-to-female transsexuals perceived as female versus those perceived as male. *Journal of Voice, 14*(1), 22-33. [doi: 10.1016/s0892-1997(00)80092-2]

Hautus, M. J., & Meng, X. (2002). Decision strategies in the ABX (matching-to-sample) psychophysical task. *Perception & Psychophysics, 64*(1), 89-106. [doi: 10.3758/BF03194559]

廣瀬 肇 (1984). 訳者序文 Borden, G. J., & Harris, K. S. 廣瀬 肇 (訳) ことばの科学入門 MRC メディカルリサーチセンター

石田 修 (2017). 吃音者における遅延聴覚フィードバック下の流暢性発話に関する脳活動 障害科学研究, *41*(1), 33-44. [doi: 10.20847/adsj.41.1_33]

粕谷 英樹・鈴木 久喜・城戸 健一 (1968). 年令, 性別による日本語5母音のピッチ周波数とホルマント周波数の変化 日本音響学会誌, *24*(6), 355-364. [doi: 10.20697/jasj.24.6_355]

児嶋 久剛 (1994). 高齢者と気管食道科 高齢者の喉頭 (発声) 機能 日本気管食道科学会会報, *45*(5), 360-364.

児嶋 久剛・大森 孝一・金地 明星・庄司 和彦・本庄 巌 (1992). 老化と構音 喉頭, *4*(2), 105-108.

Lee, B. S. (1950). Effects of delayed speech feedback. *Journal of the Acoustical Society of America, 22*(6), 824-826. [doi: 10.1121/1.1906696]

Lieberman, P. (1996). Some biological constraints on the analysis of prosody. In J. L. Morgan & K. Demuth (Eds.), *Signal to Syntax: Bootstrapping from Speech to Grammar in Early Acquisition* (pp. 55-65). Lawrence Erlbaum Associates.

Lincoln, M., Packman, A., & Onslow, M. (2006). Altered auditory feedback and the treatment of stuttering: A review. *Journal of Fluency Disorders, 31*(2), 71-89. [doi: 10.1016/j.jfludis.2006.04.001]

McGuire, G. (2010). A brief primer on experimental designs for speech perception research. *Laboratory Report, 77*(1), 2-19.

Micheyl, C., & Messing, D. P. (2006). Likelihood ratio, optimal decision rules, and correct response probabilities in a signal detection theoretic, equal-variance Gaussian model of the observer in the 4IAX paradigm. *Perception & Psychophysics, 68*(5), 725-735. [doi: 10.3758/bf03193696]

Miller, G. A. (1981). *Language and Speech*. W. H. Freeman.

(無藤 隆・久慈 洋子 (訳) (1983). 入門ことばの科学 誠信書房)

Müller, J. (1848). *The Physiology of the Senses, Voice and Muscular Motion with Mental Faculties*. Walton and Maberly.

日本音声学会 (1976). 音聲學大辞典 三修社

西尾 正輝・新美 成二 (2005). 加齢に伴う話声位の変化 音声言語医学, *46*(2), 136-144.

大森 孝一・永井 知代子・深浦 順一・渡邉 修 (編) (2020). 言語聴覚士テキスト (第3版) 医歯薬出版

Pfordresher, P. Q., & Dalla Bella, S. (2011). Delayed auditory feedback and movement. *Journal of Experimental Psychology: Human Perception and Performance, 37*(2), 566-579. [doi: 10.1037/a0021487]

Pisoni, D. B., & Lazarus, J. H. (1974). Categorical and noncategorical modes of speech perception along the voicing continuum. *Journal of the Acoustical Society of America, 55*(2), 328-333. [doi: 10.1121/1.1914506]

篠田 浩一 (2004). 確率モデルによる音声認識のための話者適応化技術 電子情報通信学会論文誌 D, *J87-D2*(2), 371-386.

Werker, J. F., & Tees, R. C. (1984). Phonemic and phonetic factors in adult cross-language speech perception. *Journal of the Acoustical Society of America, 75*(6), 1866-1878. [doi: 10.1121/1.390988]

Winters, S. J., Levi, S. V., & Pisoni, D. B. (2008). Identification and discrimination of bilingual talkers across languages. *Journal of the Acoustical Society of America, 123*(6), 4524-4538. [doi: 10.1121/1.2913046]

(6・2)

Bestelmeyer, P. E., Rouger, J., DeBruine, L. M., & Belin, P. (2010). Auditory adaptation in vocal affect perception. *Cognition, 117*(2), 217-223. [doi: 10.1016/j.cognition.2010.08.008]

Boersma, P., & Weenink, D. (2018). Praat: Doing phonetics by computer [Computer program]. Version 6.0.43. [http://www.praat.org/] (8 September 2018)

Bonada, J., & Serra, X. (2007). Synthesis of the singing voice by performance sampling and spectral models. *IEEE Signal Processing Magazine, 24*(2), 67-79. [doi: 10.1109/MSP.2007.323266]

第 6 章　音声の知覚

Bruckert, L., Bestelmeyer, P., Latinus, M., Rouger, J., Charest, I., Rousselet, G. A., ... Belin, P. (2010). Vocal attractiveness increases by averaging. *Current Biology, 20*(2), 116–120. [doi: 10.1016/j.cub.2009.11.034]

Chevillet, M. A., Jiang, X., Rauschecker, J. P., & Riesenhuber, M. (2013). Automatic phoneme category selectivity in the dorsal auditory stream. *Journal of Neuroscience, 33*(12), 5208–5215. [doi: 10.1523/JNEUROSCI.1870-12.2013]

Dudley, H. (1939). Remaking Speech. *Journal of the Acoustical Society of America, 11*(2), 169–177. [doi: 10.1121/1.1916020]

Flanagan, J. L., & Golden, R. M. (1966). Phase vocoder. *Bell System Technical Journal, 45*(9), 1493–1509. [doi: 10.1002/j.1538-7305.1966.tb01706.x]

Fujisaki, H. (1988). A note on the physiological and physical basis for the phrase and accent components in the voice fundamental frequency contour. In O. Fujimura (Ed.), *Vocal Physiology: Voice Production, Mechanisms and Functions* (pp.347–355). Raven Press.

Fujisaki, H. (1996). Prosody, models, and spontaneous speech. In Y. Sagisaka, N. Campbell, & N. Higuchi (Eds.), *Computing Prosody: Computational Models for Processing Spontaneous Speech* (pp.27–42). Springer-Verlag. [doi: 10.1007/978-1-4612-2258-3]

河原　英紀　(2014).　音声の実時間表示とモーフィングで探る声の多様性　音声研究, *18*(3), 43-52.　[doi: 10.24467/onseikenkyu.18.3_43]

Kawahara, H. (2018). Legacy STRAIGHT, retrieved 21 September [https://github.com/HidekiKawahara/legacy_STRAIGHT]

Kawahara, H., Masuda-Katsuse, I., & de Cheveigne, A. (1999). Restructuring speech representations using a pitch-adaptive time–frequency smoothing and an instantaneous-frequency-based F0 extraction: Possible role of a repetitive structure in sounds. *Speech Communication, 27*(3-4), 187–207. [doi: 10.1016/S0167-6393(98)00085-5]

Kawahara, H., & Matsui, H. (2003). Auditory morphing based on an elastic perceptual distance metric in an interference-free time-frequency representation. *2003 IEEE International Conference on Acoustics, Speech, and Signal Processing, 1*, 256–259. [doi: 10.1109/ICASSP.2003.1198766]

Kawahara, H, Morise, M., Takahashi, T., Nisimura, R., Irino, T., & Banno, H. (2008). Tandem-STRAIGHT: A temporally stable power spectral representation for periodic signals and applications to interference-free spectrum, F0, and aperiodicity estimation. *2008 IEEE International Conference on Acoustics, Speech and Signal Processing*, 3933–3936. [doi: 10.1109/ICASSP.2008.4518514]

Kawahara, H., & Skuk, V. G. (2018). Voice morphing. In S. Frühholz & P. Belin. (Eds.), *The Oxford Handbook of Voice Perception* (pp. 685–706). Oxford University Press.

Kobayashi, K., & Toda, T. (2018). sprocket: Open-source voice conversion software. *Proceeding Odyssey 2018 The Speaker and Language Recognition Workshop*, 203–210. [doi: 10.21437/Odyssey.2018-29]

Latinus, M., McAleer, P., Bestelmeyer, P. E. G., & Belin, P. (2013). Norm-based coding of voice identity in human auditory cortex. *Current Biology, 23*(12), 1075–1080. [doi: 10.1016/j.cub.2013.04.055]

McAulay, R., & Quatieri, T. F. (1986). Speech analysis/synthesis based on a sinusoidal representation. In *IEEE Transactions on Acoustics, Speech and Signal Processing, 34*(4), 744–754. [doi: 10.1109/TASSP.1986.1164910]

Morise, M., Yokomori, F., & Ozawa, K. (2016). WORLD: A vocoder-based high-quality speech synthesis system for real-time applications. *IEICE TRANSACTIONS on Information and Systems, E99-D*(7), 1877–1884. [doi: 10.1587/transinf.2015EDP7457]

Moulines, E., & Charpentier, F. (1990). Pitch-synchronous waveform processing techniques for text-to-speech synthesis using diphones. *Speech Communication, 9*(5-6), 453–467. [doi: 10.1016/0167-6393(90)90021-Z]

Oord, A. V. D., Dieleman, S., Zen, H., Simonyan, K., Vinyals, O., Graves, A., ... Kavukcuoglu, K. (2016). WaveNet: A generative model for raw audio. *arXiv*. [doi: 10.48550/arXiv.1609.03499]

Popham, S., Boebinger, D., Ellis, D. P. W., Kawahara, H., & McDermott, J. H. (2018). Inharmonic speech reveals the role of harmonicity in the cocktail party problem. *Nature Communications, 9*(1), 2122. [doi: 10.1038/s41467-018-04551-8]

Remez, R. E., Rubin, P. E., Pisoni, D. B., & Carrell, T. D. (1981). Speech perception without traditional speech cues. *Science, 212*(4497), 947–950. [doi: 10.1126/science.7233191]

1187

第 III 部　聴覚

Schröder, M. (2009). Expressive speech synthesis: Past, present, and possible futures. In J. Tao & T. Tan (Eds.), *Affective Information Processing* (pp. 111–126). Springer. [doi: 10.1007/978-1-84800-306-4_7]

Schweinberger, S. R., Casper, C., Hauthal, N., Kaufmann, J. M., Kawahara, H., Kloth, N., … Zäske, R. (2008). Auditory adaptation in voice perception. *Current Biology, 18*(9), 684–688. [doi: 10.1016/j.cub.2008.04.015]

Sisman, B., Yamagishi, J., King, S., & Li, H. (2021). An overview of voice conversion and its challenges: From statistical modeling to deep learning. *IEEE/ACM Transactions on Audio, Speech, and Language Processing, 29*, 132–157. [doi: 10.1109/TASLP.2020.3038524]

Skuk, V. G., Kirchen, L., Oberhoffner, T., Guntinas-Lichius, O., Dobel, C., & Schweinberger, S. R. (2020). Parameter-specific morphing reveals contributions of timbre and fundamental frequency cues to the perception of voice gender and age in cochlear implant users. *Journal of Speech, Language, and Hearing Research, 63*(9), 3155–3175. [doi: 10.1044/2020_JSLHR-20-00026]

Skuk, V. G., & Schweinberger, S. R. (2014). Influences of fundamental frequency, formant frequencies, aperiodicity, and spectrum level on the perception of voice gender. *Journal of Speech, Language, and Hearing Research, 57*(1), 285–296. [doi: 10.1044/1092-4388(2013/12-0314)]

高木 信二 (2019). 話声の合成における応用技術　日本音響学会誌, *75*(7), 393-399. [doi: 10.20697/jasj.75.7_393]

高道 慎之介・戸田 智基 (2018). 音声翻訳システムにおける音声変換の利用　日本音響学会誌, *74*(9), 535-538.

内田 照久 (2005). 音声中の抑揚の大きさと変化パターンが話者の性格印象に与える影響　心理学研究, *76*(4), 382-390. [doi: 10.4992/jjpsy.76.382]

内田 照久 (2017). 話者の匿名性の確保を目的とした声道長の制御を模した声質変換の評価　日本音響学会誌, *73*(3), 151-162. [doi: 10.20697/jasj.73.3_151]

van den Oord, A., Dieleman, S., Zen, H., Simonyan, K., Vinyals, O., Graves, A., … Kavukcuoglu, K. (2016). WaveNet: A generative model for raw audio. *arXiv*, 1–15. [doi: 10.48550/arXiv.1609.03499]

Yonezawa, T., Suzuki, N., Abe, S., Mase, K., & Kogure, K. (2007). Perceptual continuity and naturalness of expressive strength in singing voices based on speech morphing. *EURASIP Journal on Audio, Speech, and Music Processing, 2007*, 023807, 1–9. [doi: 10.1155/2007/23807]

(6・3)

Abramson, A. S., & Lisker, L. (1970). Discriminability along the voicing continuum: Cross language tests. *Proceedings of the 6th International Congress of Phonetic Sciences* (pp. 569–573). Academia.

Best, C. T. (1995). A direct realist view of cross-language speech perception. In W. Strange (Ed.), *Speech Perception and Linguistic Experience: Theoretical and Methodological Issues* (pp. 171–204). York Press.

Best, C. T., & Tyler, M. D. (2007). Nonnative and second language speech perception: Commonalities and complementarities. In O.-S. Bohn & M. J. Munro (Eds.), *Language Experience in Second Language Speech Learning: In Honor of James Emil Flege* (pp. 13–34). John Benjamins.

Bohn, O.-S. (2017). Cross-language and second language speech perception. In E. M. Fernandez & H. S. Cairns (Eds.), *The Handbook of Psycholinguistics* (pp. 213–239). Wiley-Blackwell.

Borden, G. J., Harris, K. S., & Raphael, L. J. (2003). *Speech Science Primer: Physiology, Acoustics, and Perception of Speech* (4th ed.). Lippincott Williams & Wilkins.

Bradlow, A. R., Pisoni, D. B., Akahane-Yamada, R., & Tohkura, Y. (1997). Training Japanese listeners to identify English /r/ and /l/: IV. Some effects of perceptual learning on speech production. *Journal of the Acoustical Society of America, 101*, 2299–2310. [doi: 10.1121/1.418276]

Bronkhorst, A. W. (2000). The cocktail party phenomenon: A review of research on speech intelligibility in multiple-talker conditions. *Acta Acustica united with Acustica, 86*, 117–128.

Bybee, J. (2002). Word frequency and context of use in the lexical diffusion of phonetically conditioned sound change. *Language Variation and Change, 14*, 261–290. [doi: 10.1017/S0954394502143018]

Bybee, J. (2006). From usage to grammar: The mind's response to repetition. *Language, 82*, 711–733.

第 6 章　音声の知覚

Cutler, A. (2012). *Native Listening: Language Experience and the Recognition of Spoken Words*. MIT Press.

Cutler, A., & Butterfield, S. (1992). Rhythmic cues to speech segmentation: Evidence from juncture misperception. *Journal of Memory and Language, 31*, 218–236.［doi: 10.1016/0749-596X(92)90012-M］

Cutler, A., & Norris, D. (1988). The role of strong syllables in segmentation for lexical access. *Journal of Experimental Psychology: Human Perception and Performance, 14*, 113–121.［doi: 10.1037/0096-1523.14.1.113］

D'Ausilio, A., Pulvermüller, F., Salmas, P., Bufalari, I., Begliomini, C., & Fadiga, L. (2009). The motor somatotopy of speech perception. *Current Biology, 19*, 381–385.［doi: 10.1016/j.cub.2009.01.017］

Delattre, P., Liberman, A. M., Cooper, F. S., & Gerstman, L. J. (1952). An experimental study of the acoustic determinants of vowel color: Observations on one- and two-formant vowels synthesized from spectrographic patterns. *Word, 8*, 195–210.［doi: 10.1080/00437956.1952.11659431］

Delvin, J. T., & Aydelott, J. (2009). Speech perception: Motoric contributions versus the motor theory. *Current Biology, 19*, R198–R200.［doi: 10.1016/j.cub.2009.01.005］

Diehl, R. L. (1987). Auditory constraints on speech perception. In M. E. H. Schouten (Ed.), *The Psychophysics of Speech, 39* (pp. 210–219). Martimus-Nihboff.

Diehl, R. L., & Kluender, K. R. (1989). On the objects of speech perception. *Ecological Psychology, 1*, 121–144.［doi: 10.1207/s15326969eco0102_2］

Diehl, R. L., Lotto, A. J., & Holt, L. L. (2004). Speech perception. *Annual Review of Psychology, 55*, 149–179.［doi: 10.1146/annurev.psych.55.090902.142028］

Flege, J. E. (1995). Second language speech learning: Theory, findings, and problems. In W. Strange (Ed.), *Speech Perception and Linguistic Experience: Theoretical and Methodological Issues* (pp. 233–277). York Press.

Flege, J. E. (2007). Language contact in bilingualism: Phonetic system interactions. In J. Cole & J. I. Hualde (Eds.), *Laboratory Phonology 9* (pp. 353–381). Mouton de Gruyter.

Flege, J. E., Bohn, O.-S., & Jang, S. (1997). Effects of experience on non-native speakers' production and perception of English vowels. *Journal of Phonetics, 25*, 437–470.［doi: 10.1006/jpho.1997.0052］

Fowler, C. A. (1996). Listeners do hear sounds, not tongues. *Journal of the Acoustical Society of America, 99*, 1730–1741.［doi: 10.1121/1.415237］

Fry, D. B., Abramson, A. S., Eimas, P. D., & Liberman, A. M. (1962). The identification and discrimination of synthetic vowels. *Language and Speech, 5*, 171–189.［doi: 10.1177/002383096200500401］

Fujisaki, H., & Kawashima, T. (1968). The roles of pitch and higher formants in the perception of vowels. *IEEE Transactions on Audio and Electroacoustics, 16*, 73–77.［doi: 10.1109/TAU.1968.1161952］

Gallese, V., Fadiga, L., Fogassi, L., & Rizzolatti, G. (1996). Action recognition in the premotor cortex. *Brain, 119*, 593–609.［doi: 10.1093/brain/119.2.593］

Goldinger, S. D. (1996). Words and voices: Episodic traces in spoken word identification and recognition memory. *Journal of Experimental Psychology: Learning, Memory, and Cognition, 22*, 1166–1183.［doi: 10.1037/0278-7393.22.5.1166］

Guion, S. G., Flege, J. E., Akahane-Yamada, R., & Pruitt, J. C. (2000). An investigation of current models of second language speech perception: The case of Japanese adults' perception of English consonants. *Journal of the Acoustical Society of America, 107*, 2711–2724.［doi: 10.1121/1.428657］

Hickok, G., & Poeppel, D. (2007). The cortical organization of speech processing. *Nature Reviews Neuroscience, 8*, 393–402.［doi: 10.1038/nrn2113］

Johnson, K. (1997). Speech perception without speaker normalization: An exemplar model. In K. Johnson & J. W. Mullennix (Eds.), *Talker Variability in Speech Processing* (pp. 145–166). Academic Press.

Johnson, K. (2005). Speaker normalization in speech perception. In D. B. Pisoni & R. E. Remez (Eds.), *Handbook of Speech Perception* (pp. 363–389). Blackwell Publishing.

Johnson, K. Strand, E. A., & D'Imperio, M. (1999). Auditory–visual integration of talker gender in vowel perception. *Journal of Phonetics, 27*, 359–384.［doi: 10.1006/jpho.1999.0100］

筧　一彦 (2015). 音声知覚の前語彙的処理過程　認知科学, *22*, 659–669.

1189

第 III 部　聴覚

加藤　和美・天野　成昭・近藤　公久　(1999)．雑音を付加した音声の単語了解度に対する親密度の影響　日本音響学会聴覚研究会資料，H-99-8.

Kuhl, P. K. (1991). Human adults and human infants show a "perceptual magnet effect" for the prototypes of speech categories, monkeys do not. *Perception & Psychophysics, 50*, 93-107. [doi: 10.3758/BF03212211]

Kuhl, P. K., & Miller, J. D. (1978). Speech perception by the chinchilla: Identification functions for synthetic VOT stimuli. *Journal of the Acoustical Society of America, 107*, 905-917. [doi: 10.1121/1.381770]

Liberman, A. M., Cooper, F. S., Shankweiler, D. P., & Studdert-Kennedy, M. (1967). Perception of the speech code. *Psychological Review, 74*, 431-461. [doi: 10.1037/h0020279]

Liberman, A. M., Harris, K. S., Hoffman, H. S., & Griffith, B. C. (1957). The discrimination of speech sounds within and across phoneme boundaries. *Journal of Experimental Psychology, 54*, 358-368. [doi: 10.1037/h0044417]

Liberman, A. M., & Mattingly, I. G. (1985). The motor theory of speech perception revised. *Cognition, 21*, 1-36. [doi: 10.1016/0010-0277(85)90021-6]

Lisker, L., & Abramson, A. S. (1967). Some effects of context on voice onset time in English stops. *Language and Speech, 10*, 1-28. [doi: 10.1177/002383096701000101]

Lively, S. E., Logan, J. S., & Pisoni, D. B. (1993). Training Japanese listeners to identify English /r/ and /l/. II: The role of phonetic environment and talker variability in learning new perceptual categories. *Journal of the Acoustical Society of America, 94*, 1242-1255. [doi: 10.1121/1.408177]

Lively, S. E., Pisoni, D. B., Yamada, R. A., Tohkura Y., & Yamada, T. (1994). Training Japanese listeners to identify English /r/ and /l/. III. Long-term retention of new phonetic categories. *Journal of the Acoustical Society of America, 96*, 2076-2087. [doi: 10.1121/1.410149]

Logan, J. S., Lively, S. E., & Pisoni, D. B. (1991). Training Japanese listeners to identify English /r/ and /l/: A first report. *Journal of the Acoustical Society of America, 89*, 874-886. [doi: 10.1121/1.1894649]

Lotto, A. J., Hickok, G. S., & Holt, L. L. (2009). Reflections on mirror neurons and speech perception. *Trends in Cognitive Science, 13*, 110-114. [doi: 10.1016/j.tics.2008.11.008]

Mattingly, I. G., Liberman, A. M., Syrdal, A. K., & Halwes, T. (1971). Discrimination in speech and nonspeech modes. *Cognitive Psychology, 2*, 131-157. [doi: 10.1016/0010-0285(71)90006-5]

McGurk, H., & MacDonald, J. (1976). Hearing lips and seeing voices. *Nature, 264*, 746-748. [doi: 10.1038/264746a0]

McQueen, J. M. (1998). Segmentation of continuous speech using phonotactics. *Journal of Memory and Language, 39*, 21-46. [doi: 10.1006/jmla.1998.2568]

Miceli, G., Gainotti, G., Caltagirone, C., & Masullo, C. (1980). Some aspects of phonological impairment in aphasia. *Brain and Language, 11*, 159-169. [doi: 10.1016/0093-934X(80)90117-0]

Miller, J. D. (1989). Auditory-perceptual interpretation of the vowel. *Journal of the Acoustical Society of America, 85*, 2114-2134. [doi: 10.1121/1.397862]

Mishkin, M., Ungerleider, L. G., & Macko, K. A. (1983). Object vision and spatial vision: Two cortical pathways. *Trends in Neurosciences, 6*, 414-417. [doi: 10.1016/0166-2236(83)90190-X]

Nishi, K., & Kewley-Port, D. (2007). Training Japanese listeners to perceive American English vowels: Influence of training sets. *Journal of Speech, Language, and Hearing Research, 50*, 1496-1509. [doi: 10.1044/1092-4388(2007/103)]

Norris, D., McQueen, J. M., Cutler, A., & Butterfield, S. (1997). The possible-word constraint in the segmentation of continuous speech. *Cognitive Psychology, 34*, 191-243. [doi: 10.1006/cogp.1997.0671]

Ohala, J. J. (1996). Speech perception is hearing sounds, not tongues. *Journal of the Acoustical Society of America, 99*, 1718-1725. [doi: 10.1121/1.414696]

Palmeri, T. J., Goldinger, S. D., & Pisoni, D. B. (1993). Episodic encoding of voice attributes and recognition memory for spoken words. *Journal of Experimental Psychology: Learning, Memory, and Cognition, 19*, 309-328. [doi: 10.1037/0278-7393.19.2.309]

Peterson, G. E., & Barney, H. L. (1952). Control methods used in a study of the vowels. *Journal of the Acoustical Society of America, 24*, 175-184. [doi: 10.1121/1.1906875]

Pierrehumbert, J. B. (2001). Exemplar dynamics: Word frequency, lenition and contrast. In J. L. Bybee & P. J. Hopper (Eds.), *Frequency and the Emergence of Linguistic Structure* (pp. 137–158). John Benjamins.

Pisoni, D. B. (1977). Identification and discrimination of the relative onset time of two component tones: Implications for voicing perception in stops. *Journal of the Acoustical Society of America, 61*, 1352–1361. [doi: 10.1121/1.381409]

Port, R. F., & Dalby, J. (1982). Consonant/vowel ratio as a cue for voicing in English. *Perception & Psychophysics, 32*, 141–152. [doi: 10.3758/BF03204273]

Raphael, L. J. (2005). Acoustic cues to the perception of segmental phonemes. In D. B. Pisoni & R. E. Remez (Eds.), *Handbook of Speech Perception* (pp. 182–206). Blackwell Publishing.

Remez, R. E., Rubin, P. E., Pisoni, D. B., & Carrell, T. D. (1981). Speech perception without traditional speech cues. *Science, 212*, 947–950. [doi: 10.1126/science.7233191]

Riquimaroux, H. (2006). Perception of noise-vocoded speech sounds: Sentences, words, accents and melodies. *Acoustical Science and Technology, 27*, 325–331. [doi: 10.1250/ast.27.325]

Shannon, R. V., Zeng, F. G., Kamath, V., Wygonski, J., & Ekelid, M. (1995). Speech recognition with primarily temporal cues. *Science, 270*, 303–304. [doi: 10.1126/science.270.5234.303]

Stevens, K. N., Libermann, A. M., Studdert-Kennedy, M., & Ohman, S. E. (1969). Crosslanguage study of vowel perception. *Language and Speech, 12*(1), 1–23. [doi: 10.1177/002383096901200101]

Strange, W., Jenkins, J. J., & Johnson, T. L. (1983). Dynamic specification of coarticulated vowels. *Journal of the Acoustical Society of America, 74*, 695–705. [doi: 10.1121/1.389855]

Suomi, K., McQueen, J. M., & Cutler, A. (1997). Vowel harmony and speech segmentation in Finnish. *Journal of Memory and Language, 36*, 422–444. [doi: 10.1006/jmla.1996.2495]

Syrdal, A. K., & Gopal, H. S. (1986). A perceptual model of vowel recognition based on the auditory representation of American English vowels. *Journal of the Acoustical Society of America, 79*, 1086–1100. [doi: 10.1006/jmla.1996.2495]

Tajima, K., Akahane-Yamada, R., & Yamada, T. (2002). Perceptual learning of second-language syllable rhythm by elderly listeners. *Proceedings of the 7th International Conference on Spoken Language Processing* (ICSLP2002), Denver: International Speech Communication Association.

Tajima, K., Kato, H., Rothwell, A., Akahane-Yamada, R., & Munhall, K. G. (2008). Training English listeners to perceive phonemic length contrasts in Japanese. *Journal of the Acoustical Society of America, 123*, 397–413. [doi: 10.1121/1.2804942]

van der Lugt, A. H. (2001). The use of sequential probabilities in the segmentation of speech. *Perception & Psychophysics, 63*, 811–823. [doi: 10.3758/bf03194440]

Wang, Y., Spence, M. M., Jongman, A., & Sereno, J. A. (1999). Training American listeners to perceive Mandarin tones. *Journal of the Acoustical Society of America, 104*, 3649–3658. [doi: 10.1121/1.428217]

Warner, N., Kim, J., Davis, C., & Cutler, A. (2005). Use of complex phonological patterns in speech processing: Evidence from Korean. *Journal of Linguistics, 41*, 353–387. [doi: 10.1017/S0022226705003294]

Warren, R. M. (1970). Perceptual restoration of missing speech sounds. *Science, 167*, 392–393. [doi: 10.1126/science.167.3917.392]

Watkins, K. E., Strafella, A. P., & Paus, T. (2003). Seeing and hearing speech excites the motor system involved in speech production. *Neuropsychologia, 41*, 989–994.

(6・4)

Alsius, A., Navarra, J., Campbell, R., & Soto-Faraco, S. (2005). Audiovisual integration of speech falters under high attention demands. *Current Biology, 15*(9), 839–843. [doi: 10.1016/j.cub.2005.03.046]

Altieri, N., Lentz, J. J., Townsend, J. T., & Wenger, M. J. (2016). The McGurk effect: An investigation of attentional capacity employing response times. *Attention, Perception, & Psychophysics, 78*(6), 1712–1727. [doi: 10.3758/s13414-016-1133-4]

Asakawa, K., Tanaka, A., Sakamoto, S., Iwaya, Y., & Suzuki, Y. (2011). Audiovisual synchrony perception of simplified speech sounds heard as speech and nonspeech. *Acoustical Science and Technology, 32*, 125–128. [doi: 10.1250/

第 III 部　聴覚

ast.32.125]

Auer, T. E. Jr. (2009). Spoken word recognition by eye. *Scandinavian Journal of Psychology, 50*, 419-425. [doi: 10.1111/j.1467-9450.2009.00751.x]

Burnham, D., & Dodd, B. (2004). Auditory-visual speech integration by prelinguistic infants: Perception of an emergent consonant in the McGurk effect. *Developmental Psychobiology, 45*, 204-220. [doi: 10.1002/dev.20032]

Calvert, G. A., Bullmore, E. T., Brammer, M. J., Campbell, R., Williams, S. C., ... David, A. S. (1997). Activation of auditory cortex during silent lipreading. *Science, 276*(5312), 593-596. [doi: 10.1126/science.276.5312.593]

Calvert, G. A., Campbell, R., & Brammer, M. J. (2000). Evidence from functional magnetic resonance imaging of crossmodal binding in the human heteromodal cortex. *Current Biology, 10*, 649-657. [doi: 10.1016/s0960-9822(00)00513-3]

Campbell, C., & Massaro, D. (1997). Perception of visible speech: Influence of spatial quantization. *Perception, 26*, 129-146. [doi: 10.1068/p260627]

Desjardins, R. N., & Werker, J. F. (2004). Is the integration of heard and seen speech mandatory for infants? *Developmental Psychobiology, 45*, 187-203. [doi: 10.1002/dev.20033]

Erber, N. P. (1975). Auditory-visual perception of speech. *Journal of Speech and Hearing Disorders, 40*, 481-492. [doi: 10.1044/jshd.4004.481]

Ghazanfar, A. A., & Schroeder, C. E. (2006). Is neocortex essentially multisensory? *Trends in Cognitive Science, 10*(6), 278-285. [doi: 10.1016/j.tics.2006.04.008]

Grant, K. W., Walden, B. E., & Seitz, P. F. (1998). Auditory visual speech recognition by hearing-impaired subjects: Consonant recognition, sentence recognition, and auditory-visual integration. *Journal of the Acoustical Society of America, 103*(5, Pt 1), 2677-2690. [doi: 10.1121/1.422788]

Green, K. P., Kuhl, P. K., Meltzoff, A., & Stevens, E. B. (1991). Integrating speech information across talkers, gender, and sensory modality: Female faces and male voices in the McGurk effect. *Perception & Psychophysics, 50*(6), 524-536. [doi: 10.3758/BF03207536]

Hisanaga, S., Sekiyama, K., Igasaki, T., & Murayama, N. (2016). Culture/language modulates brain and gaze processes in audiovisual speech perception. *Scientific Reports, 6*, 35265, 1-10. [doi: 10.1038/srep35265]

Kuhl, P. K., & Meltzoff, A. N. (1982). The bimodal perception of speech in infancy. *Science, 218*, 1138-1141. [doi: 10.1126/science.7146899]

Kushnerenko, E., Tomalski, P., Ballieux, H., Ribeiro, A. H., Potton, A., ... Moore, D. G. (2013). Brain responses to audiovisual speech mismatch in infants are associated with individual differences in looking behaviour. *European Journal of Neuroscience, 38*, 3363-3369. [doi: 10.1111/ejn.12317]

MacDonald, J., Andersen S., & Bachmann, T. (2000). Hearing by eye: How much spatial degradation can be tolerated? *Perception, 29*, 1155-1168. [doi: 10.1068/p3020]

Magnotti, J. F., & Beauchamp, M. S. (2017). A causal inference model explains perception of the McGurk effect and other incongruent audiovisual speech. *Computational Biology, 13*(2), e1005229. [doi: 10.1371/journal.pcbi.1005229]

Massaro, D. W. (1987). *Speech Perception by Ear and Eye*. Lawrence Erlbaum Associates.

McGurk, H., & MacDonald, J. (1976). Hearing lips and seeing voices. *Nature, 264*, 746-748. [doi: 10.1038/264746a0]

Morís Fernández, L., Macaluso, E., & Soto-Faraco, S. (2017). Audiovisual integration as conflict resolution: The conflict of the McGurk illusion. *Human Brain Mapping, 38*(11), 5691-5705. [doi: 10.1002/hbm.23758]

Munhall, K. G., Gribble, P., Sacco, L., & Ward, M. (1996). Temporal constraints on the McGurk effect. *Perception & Psychophysics, 58*(3), 351-362. [doi: 10.3758/bf03206811]

Munhall, K. G., Kroos, C., Jozan, G., & Vatikiotis-Bateson, E. (2004). Spatial frequency requirements for audiovisual speech perception. *Perception & Psychophysics, 66*, 574-583. [doi: 10.3758/BF03194902]

Munhall, K. G., ten Hove, M. W., Brammer, M., & Paré, M. (2009). Audiovisual integration of speech in a bistable illusion. *Current Biology, 19*(9), 735-739. [doi: 10.1016/j.cub.2009.03.019]

Patterson, M. L., & Werker, J. F. (2003). Two-month-old infants match phonetic information in lips and voice. *Developmental Science, 6*, 191-196. [doi: 10.1111/1467-7687.00271]

第 6 章　音声の知覚

Rosenblum, L. D., Schmuckler, M. A., & Johnson, J. A. (1997). The McGurk effect in infants. *Perception & Psychophysics, 59*, 347-357.［doi: 10.3758/bf03211902］

Saalasti, S., Kätsyri, J., Tiippana, K., Laine-Hernandez, M., von Wendt, L., & Sams, M. (2011). Audiovisual speech perception and eye gaze behavior of adults with asperger syndrome. *Journal of Autism and Developmental Disorders, 42*(8), 1606-1615.［doi: 10.1007/s10803-011-1400-0］

Sekiyama, K. (1994). Differences in auditory-visual speech perception between Japanese and Americans: McGurk effect as a function of incompatibility. *Journal of the Acoustical Society of Japan, 15*(3), 143-158.［doi: 10.1250/ast.15.143］

Sekiyama, K., & Burnham, D. (2008). Impact of language on development of auditory-visual speech perception. *Developmental Science, 11*(2), 306-320.［doi: 10.1111/j.1467-7687.2008.00677.x］

Sekiyama, K., Kanno, I., Miura, S., & Sugita, Y. (2003). Auditory-visual speech perception examined by fMRI and PET. *Neuroscience Research, 47*(3), 277-287.［doi: 10.1016/s0168-0102(03)00214-1］

Sekiyama, K., & Tohkura, Y. (1991). McGurk effect in non-English listeners: Few visual effects for Japanese subjects hearing Japanese syllables of high auditory intelligibility. *Journal of the Acoustical Society of America, 90*, 1797-1805.［doi: 10.1121/1.401660］

Sumby, W. H., & Pollack, I. (1954). Visual contribution to speech intelligibility in noise. *Journal of the Acoustical Society of America, 26*(2), 212-215.［doi: 10.1121/1.1907309］

Tanaka, A., Sakamoto, S., Tsumura, T., & Suzuki, Y. (2009). Visual speech improves the intelligibility of time-expanded auditory speech. *NeuroReport, 20*(5), 473-477.［doi: 10.1097/WNR.0b013e3283279ae8］

Tiippana, K., Andersen, T. S., & Sams, M. (2004). Visual attention modulates audiovisual speech perception. *European Journal of Cognitive Psychology, 16*(3), 457-472.［doi: 10.1080/09541440340000268］

Tuomainen, J., Andersen, T., Tiippana, K., & Sams, M. (2005). Audio-visual speech perception is special. *Cognition, 96*(1), B13-B22.［doi: 10.1016/j.cognition.2004.10.004］

Ujiie, Y., Asai, T., Tanaka, A., & Wakabayashi, A. (2015). The McGurk effect and autistic traits: An analogue perspective. *Letters on Evolutionary Behavioral Science, 6*(2), 9-12.［doi: 10.5178/lebs.2015.34］

van Wassenhove, V., Grant, K. W., & Poeppel, D. (2007). Temporal window of integration in bimodal speech. *Neuropsychologia, 45*, 598-607.

Zatorre, R. J. (2001). Do you see what I'm saying? Interactions between auditory and visual cortices in cochlear implant users. *Neuron, 31*, 13-14.［doi: 10.1016/s0896-6273(01)00347-6］

(6・5)

Davis, S. B., & Mermelstein, P. (1980). Comparison of parametric representations for monosyllabic word recognition in continuously spoken sentences. *IEEE Transactions on Acoustics, Speech, and Signal Processing, 28*(4), 357-366.［doi: 10.1109/TASSP.1980.1163420］

Fant, G. (1960). *Acoustic Theory of Speech Production.* Mouton.

Flanagan, J. L. (1972). *Speech Analysis Synthesis and Perception* (2nd ed.). Springer.

Hillenbrand, J., Getty, L. A., Clark, M. J., & Wheeler, K. (1995). Acoustic characteristics of American English vowels. *Journal of the Acoustical Society of America, 97*, 3099-3111.［doi: 10.1121/1.411872］

板橋　秀一（編著），赤羽　誠・石川　泰・大河内　正明・粕谷　英樹・桑原　尚夫・田中　和世・新田　恒雄・矢頭　隆・渡辺　隆夫（著）（2005）．音声工学　森北出版

峯松　信明　（2018）．音声言語処理のモデル　中川　聖一（編著）　音声言語処理と自然言語処理（pp. 16-83）　コロナ社

Kent, R. D., & Read, C. (1992) *The Acoustic Analysis of Speech.* Whurr Publishers.（荒井　隆行・菅原　勉（監訳）（1996）．音声の音響分析　海文堂）

中川　聖一・東倉　洋一・甘利　俊一・鹿野　清宏　（1990）．音声・聴覚と神経回路網モデル　オーム社

日本音声言語医学会（編）（1994）．声の検査法：基礎編，臨床編（第 2 版）　医歯薬出版

Oppenheim, A. V. (1968). Homomorphic Analysis of Speech. in *IEEE Transactions on Audio and Electroacoustics, 16*(2), 221-226.［doi: 10.1109/TAU.1968.1161965］

第 III 部　聴覚

（6・6）

Arimoto, Y., Kawatsu, H., Ohno, S., & Ida, H. (2012). Naturalistic emotional speech collection paradigm with online game and its psychological and acoustical assessment. *Acoustic Science and Technology, 33*(6), 359–369. ［doi: 10.1250/ast.33.359］

Crystal, D. (1969). *Prosodic Systems and Intonation in English*. Cambridge University Press.

Crystal, D. (1975). *The English Tone of Voice: Essays in Intonation, Prosody and Paralanguage*. Edward Arnold.

電子情報通信学会（編）（1980）．新版 聴覚と音声　コロナ社

Ekman, P., & Rosenberg, E. L. (Ed.). (1997). *What the Face Reveals: Basic and Applied Studies of Spontaneous Expression Using the Facial Action Coding System*. Oxford University Press.

Fujisaki, H. (1997). Prosody, models, and spontaneous speech. In Y. Sagisaka, N. Campbell, & N. Higuchi (Eds.), *Computing Prosody: Computational Models for Processing Spontaneous Speech* (pp. 27–42). Springer-Verlag.

古井 貞熙（2005）．新音響・音声工学　近代科学社

Gobl, C., & Chassaide A. N. (2003). The role of voice quality in communicating emotion, mood and attitude. *Speech Communication, 40*, 189–212. ［doi: 10.1016/S0167-6393(02)00082-1］

Gussenhoven, C. (2004). *The Phonology of Tone and Intonation*. Cambridge University Press.

Herman, R. (1996). Final lowering in Kipare. *Phonology, 13*, 171–196.

Hirschberg, J., & Ward, G. (1992). The influence of pitch range, duration, amplitude and spectral features on the interpretation of the rise-fall-rise intonation contour in English. *Journal of Phonetics, 20*(2), 241–251.

本多 清志（2018）．実験音声科学　コロナ社

石井 カルロス 寿憲（2015）．音声対話中に出現するパラ言語情報と音響関連量:声質の役割に焦点を当てて　日本音響学会誌, *71*(9), 476–483. ［doi: 10.20697/jasj.71.9_476］

Ishi, C. T., Ishiguro, H., & Hagita, N. (2008). Automatic extraction of paralinguistic information using prosodic features related to F0, duration and voice quality. *Speech Communication, 50*(6), 531–543. ［doi: 10.1016/j.specom.2008.03.009］

Izard, C. E. (1977). *Human Emotions*. Springer-Science+Business Media, LLC.

川上 秦（1995）．日本語アクセント論集　及古書院

Ladd, D. R. (1978). *The Structure of Intonational Meaning: Evidence from English*. Indiana University Press.

Lee, S. A., Martinez-Gil, F., & Beckman, M. E. (2010). The intonational expression of incredulity in absolute interrogatives in Buenos Aires Spanish. In M. Ortega-Llebaria (Ed.), *Selected Proceedings of the 4th Conference on Laboratory Approaches to Spanish Phonology* (pp. 47–56). Cascadilla Proceedings Project.

前川 喜久雄（2014）．パラ言語情報　日本音響学会（編），森 大毅・前川 喜久雄・粕谷 英樹（著）　音声は何を伝えているか:感情・パラ言語情報・個人性の音声科学（pp. 68-130）　コロナ社

Maekawa, K., & Kagomiya, T. (2000). Influence of paralinguistic information on segmental articulation. *Proceedings of ICSLP2000* (pp.349–352). Beijing, China.

前川 喜久雄・北川 智利（2002）．音声はパラ言語情報をいかに伝えるか　認知科学, *9*, 46-66. ［doi: 10.11225/jcss.9.46］

Michelas, A., Portes, C., & Champagne-Lavau, M. (2013). Intonational contrasts encode speaker's certainty in neutral vs. incredulity declarative questions in French. *Proceedings of INTERSPEECH 2013* (pp. 783-787). Lyon.

森 大毅・前川 喜久雄・粕谷 英樹（2014）．音声は何を伝えているか:感情・パラ言語情報・個人性の音声科学　コロナ社

Mori, H., Satake, T., Nakamura, M., & Kasuya, H. (2011). Constructing a spoken dialogue corpus for studying paralinguistic information in expressive conversation and analyzing its statistical/acoustic characteristics. *Speech Communication, 53*(1), 36–50. ［doi: 10.1016/j.specom.2010.08.002］

Ofuka, E. (1996). Acoustic and perceptual analyses of politeness in Japanese speech. Ph. D. Dissertation, University of Leeds, Department of Psychology.

Russell, J. A., & Mehrabian, A. (1977). Evidence for a three-factor theory of emotions. *Journal of Research in Personality, 11*, 273–294. ［doi: 10.1016/0092-6566(77)90037-X］

Schuller, B., Steidl, S., Batliner, A., Bergelson, E., Krajewski, J., Janott, C., ... Zafeiriou, S. (2017). The INTERSPEECH

2017 Computational Paralinguistics Challenge: Addressee, Cold & Snoring. *Proceedings INTERSPEECH 2017* (pp. 3442–3446). Stockholm. [doi: 10.21437/Interspeech.2017-43]

Schuller, B., Steidl, S., Batliner, A., Burkhardt, F., Devillers, L., Müller, C., & Narayanan, S. (2013). Paralinguistics in speech and language: State-of-the-art and the challenge. *Computer Speech and Language, 27*, 4–39. [doi: 10.1016/j.csl.2012.02.005]

Trager, G. L. (1958). Paralanguage: A first approximation. *Studies in Linguistics, 13*(1–2), 1–12.

(6・7)

Baumann, O., & Belin, P. (2010). Perceptual scaling of voice identity: Common dimensions for different vowels and speakers. *Psychological Research, 74*(1), 110–120. [doi: 10.1007/s00426-008-0185-z]

DeCasper, A. J., & Fifer, W. P. (1980). Of human bonding: Newborns prefer their mothers' voices. *Science, 208*(4448), 1174–1176. [doi: 10.1126/science.7375928]

古井 貞煕 （1992）．音響・音声工学　近代科学社

Kawahara, H., Masuda-Kasuse, I., & de Cheveigné, A. (1999). Re-structuring speech representations using a pitch-adaptive time-frequency smoothing and an instantaneous-frequency-based F0 extraction: Possible role of a repetitive structure in sounds. *Speech Communication, 27*(3–4), 187–207.

木戸 博・粕谷 英樹 （2001）．通常発話の声質に関連した日常表現語:聴取評価による抽出　日本音響学会誌, *57*(5), 337–344. [doi: 10.20697/jasj.57.5_337]

Kisilevsky, B. S., Hains, S. M. J., Lee, K., Xie, X., Huang, H., Ye, H. H., ... Wang, Z. (2003). Effects of experience on fetal voice recognition. *Psychological Science, 14*(3), 220–224. [doi: 10.1111/1467-9280.02435]

越仲 孝文・篠田 浩一 （2013）．話者認識の国際動向　日本音響学会誌, *69*(7), 342–348. [doi: 10.20697/jasj.69.7_342]

Kreiman, J., Gerratt, B. R., Precoda, K., & Berke, G. S. (1992). Individual differences in voice quality perception. *Journal of Speech, Language, and Hearing Research, 35*(3), 512–520. [doi: 10.1044/jshr.3503.512]

Morise, M., Yokomori, F., & Ozawa, K. (2016). WORLD: A vocoder-based high-quality speech synthesis system for real-time applications. *IEICE transactions on information and systems, E99-D*, 1877–1884. [doi: 10.1587/transinf.2015EDP7457]

Nolan, F., McDougall, K., & Hudson, T. (2011). Some acoustic correlates of perceived (dis)similarity between same accent voices. *Proceedings of XVIIth International Congress of Phonetic Sciences*, Hong Kong, 1506–1509.

Nygaard, L. C., Sommers, M. S., & Pisoni, D. B. (1994). Speech perception as a talker-contingent process. *Psychological Science, 5*(1), 42–46. [doi: 10.1111/j.1467-9280.1994.tb00612.x]

Papcun, G., Kreiman, J., & Davis, A. (1989). Long-term memory for unfamiliar voices. *Journal of Acoustical Society of America, 85*(2), 913–925. [doi: 10.1121/1.397564]

Perrachione, T. K., & Wong, P. C. M. (2007). Learning to recognize speakers of a non-native language: Implications for the functional organization of human auditory cortex. *Neuropsychologia, 45*(8), 1899–1910. [doi: 10.1016/j.neuropsychologia.2006.11.015]

Philippon, A. C., Cherryman, J., Bull, R., & Vrij, A. (2007). Lay people's and police officers' attitudes towards the usefulness of perpetrator voice identification. *Applied Cognitive Psychology, 21*(1), 103–115. [doi: 10.1002/acp.1281]

Schweinberger, S. R., Herholz, A., & Sommer, W. (1997). Recognizing famous voices: Influence of stimulus duration and different types of retrieval cues. *Journal of Speech Language and Hearing Research, 40*(2), 453–463. [doi: 10.1044/jslhr.4002.453]

Schweinberger, S. R., Kawahara, H., Simpson, A. P., Skuk, V. G., & Zäske, R. (2014). Speaker perception. *Cognitive Science, 5*(1), 15–25. [doi: 10.1002/wcs.1261]

Uchida, T. (2002). Effects of the speech rate on speakers' personality-trait impressions. In A. Alippi (Ed.), *Proceedings of the 17th International Congress on Acoustics*. Vol. VIII (pp. 286–287). ICA Srl.

内田 照久 （2005）．音声中の抑揚の大きさと変化パターンが話者の性格印象に与える影響　心理学研究, *76*(4), 382–390. [doi: 10.4992/jjpsy.76.382]

第 III 部 聴覚

内田 照久 （2017）．話者の匿名性の確保を目的とした声道長の制御を模した声質変換の評価 日本音響学会誌, *73*(3), 151-162. ［doi: 10.20697/jasj.73.3_151］

van den Oord, A., Dieleman, S., Zen, H., Simonyan, K., Vinyals, O., Graves, A., ... Kavukcuoglu, K. (2016). WaveNet: A generative model for raw audio. *arXiv*. ［doi: 10.48550/arXiv.1609.03499］

Van Lancker, D., Kreiman, J., & Emmorey, K. (1985). Familiar voice recognition: Patterns and parameters Part I: Recognition of backward voices. *Journal of Phonetics, 13*(1), 19-38. ［doi: 10.1016/S0095-4470(19)30723-5］

(6・8)

Abelin, Å. (2004). Cross-cultural multimodal interpretation of emotional expressions: An experimental study of Spanish and Swedish. *Proceedings of Speech Prosody 2004* (pp. 647-650). Japan: Nara.

Anikin, A., & Lima, C. F. (2018). Perceptual and acoustic differences between authentic and acted nonverbal emotional vocalizations. *Quarterly Journal of Experimental Psychology, 71*(3), 622-641. ［doi: 10.1080/17470218.2016.1270976］

Balconi, M., & Molteni, E. (2016). Past and future of near-infrared spectroscopy in studies of emotion and social neuroscience. *Journal of Cognitive Psychology, 28*(2), 129-146. ［doi: 10.1080/20445911.2015.1102919］

Barkhuysen, P., Krahmer, E., & Swerts, M. (2010). Crossmodal and incremental perception of audiovisual cues to emotional speech. *Language and Speech, 53*(1), 3-30. ［doi: 10.1177/0023830909348993］

Bookheimer, S. Y., Zeffiro, T. A., Blaxton, T., Malow, B. A., Gaillard, W. D., Sato, S., ... Theodore, W. H. (1997). A direct comparison of PET activation and electrocortical stimulation mapping for language localization. *Neurology, 48*(4), 1056-1065. ［doi: 10.1212/wnl.48.4.1056］

Borod, J. C., Bloom, R. L., Brickman, A. M., Nakhutina, L., & Curko, E. A. (2002). Emotional processing deficits in individuals with unilateral brain damage. *Applied Neuropsychology, 9*(1), 23-36. ［doi: 10.1207/S15324826AN0901_4］

曹 蓮・杉森 伸吉・高 史明 （2017）．中国人と日本人の感情認知における表情と声の相互干渉性 心理学研究, *88*(1), 1-10. ［doi: 10.4992/jjpsy.88.15032］

Chan, D. W. (1985). Perception and judgment of facial expressions among the Chinese. *International Journal of Psychology, 20*, 681-692.

Darwin, C. (1872). *The Expression of the Emotions in Man and Animals*. John Murray.

de Gelder, B., & Vroomen, J. (2000). The perception of emotions by ear and by eye. *Cognition & Emotion, 14*(3), 289-311. ［doi: 10.1080/026999300378824］

Ekman, P. (1992). An argument for basic emotions. *Cognition & Emotion, 6*(3-4), 169-200. ［doi: 10.1080/02699939208411068］

Ekman, P., & Cordaro, D. (2011). What is meant by calling emotions basic. *Emotion Review, 3*(4), 364-370. ［doi: 10.1177/1754073911410740］

Ekman, P., & Friesen, W. V. (1971). Constants across cultures in the face and emotion. *Journal of Personality and Social Psychology, 17*(2), 124-129. ［doi: 10.1037/h0030377］

Ekman, P., & Friesen, W. V. (1975). *Unmasking the Face*. Spectrum-Prentice Hall.

Ekman, P., Friesen, W. V., O'Sullivan, M., Chan, A., Diacoyanni-Tarlatzis, I., Heider, K., ... Tzavaras, A. (1987). Universals and cultural differences in the judgments of facial expressions of emotion. *Journal of Personality and Social Psychology, 53*(4), 712-717. ［doi: 10.1037/0022-3514.53.4.712］

Elfenbein, H. A., & Ambady, N. (2002a). Is there an ingroup advantage in emotion recognition? *Psychological Bulletin, 128*(2), 243-249. ［doi: 10.1037/0033-2909.128.2.243］

Elfenbein, H. A., & Ambady, N. (2002b). On the universality and cultural specificity of emotion recognition: A meta-analysis. *Psychological Bulletin, 128*(2), 203-235. ［doi: 10.1037/0033-2909.128.2.203］

Elfenbein, H. A., & Ambady, N. (2003). Universals and cultural differences in recognizing emotions. *Current Directions in Psychological Science, 12*(5), 159-164.

Fridriksson, J., Yourganov, G., Bonilha, L., Basilakos, A., Den Ouden, D. B., & Rorden, C. (2016). Revealing the dual streams of speech processing. *Proceedings of the National Academy of Sciences of the USA, 113*(52), 15108-15113. ［doi:

10.1073/pnas.1614038114]

Gendron, M., Roberson, D., van der Vyver, J. M., & Barrett, L. F. (2014). Perceptions of emotion from facial expressions are not culturally universal: Evidence from a remote culture. *Emotion, 14*(2), 251–262. [doi: 10.1037/a0036052]

Gross, D. M., & Preston, S. D. (2020). Darwin and the situation of emotion research. *Emotion Review, 12*(3), 179–190. [doi: 10.1177/1754073920930802]

Gross, J. J., & Levenson, R. W. (1995). Emotion elicitation using films. *Cognition & Emotion, 9*(1), 87–108. [doi: 10.1080/02699939508408966]

Hall, E. T. (1976). *Beyond Culture*. Doubleday.

Ihara, A., Wei, Q., Matani, A., Fujimaki, N., Yagura, H., Nogai, T., ... Murata, T. (2012). Language comprehension dependent on emotional context: A magnetoencephalography study. *Neuroscience Research, 72*(1), 50–58. [doi: 10.1016/j.neures.2011.09.011]

Ishii, K., Reyes, J. A., & Kitayama, S. (2003). Spontaneous attention to word content versus emotional tone: Differences among three cultures. *Psychological Science, 14*, 39–46. [doi: 10.1111/1467-9280.01416]

Izard, C. E. (1977). Differential emotions theory. In *Human Emotions* (pp. 43–66). Springer.

Izard, C. E. (2007). Basic emotions, natural kinds, emotion schemas, and a new paradigm. *Perspectives on Psychological Science, 2*(3), 260–280. [doi: 10.1111/j.1745-6916.2007.00044.x]

Jack, R. E., Blais, C., Scheepers, C., Schyns, P. G., & Caldara, R. (2009). Cultural confusions show that facial expressions are not universal. *Current Biology, 19*(18), 1543–1548. [doi: 10.1016/j.cub.2009.07.051]

Jürgens, R., Grass, A., Drolet, M., & Fischer, J. (2015). Effect of acting experience on emotion expression and recognition in voice: Non-actors provide better stimuli than expected. *Journal of Nonverbal Behavior, 39*(3), 195–214. [doi: 10.1007/s10919-015-0209-5]

Kang, S. M., & Lau, A. S. (2013). Revisiting the out-group advantage in emotion recognition in a multicultural society: Further evidence for the in-group advantage. *Emotion, 13*(2), 203–215. [doi: 10.1037/a0030013]

Kenealy, P. M. (1986). The Velten mood induction procedure: A methodological review. *Motivation and Emotion, 10*(4), 315–335. [doi: 10.1007/BF00992107]

Laukka, P., & Elfenbein, H. A. (2021). Cross-cultural emotion recognition and in-group advantage in vocal expression: A meta-analysis. *Emotion Review, 13*(1), 3–11. [doi: 10.1177/1754073919897295]

Matsumoto, D., Consolacion, T., Yamada, H., Suzuki, R., Franklin, B., Paul, S., ... Uchida, H. (2002). American-Japanese cultural differences in judgements of emotional expressions of different intensities. *Cognition and Emotion, 16*(6), 721–747. [doi: 10.1080/02699930143000608]

Matsumoto, D., Olide, A., & Willingham, B. (2009). Is there an ingroup advantage in recognizing spontaneously expressed emotions? *Journal of Nonverbal Behavior, 33*(3), 181. [doi: 10.1007/s10919-009-0068-z]

Min, C. S., & Schirmer, A. (2011). Perceiving verbal and vocal emotions in a second language. *Cognition and Emotion, 25*, 1376–1392. [doi: 10.1080/02699931.2010.544865]

Nygaard, L. C., & Queen, J. S. (2008). Communicating emotion: Linking affective prosody and word meaning. *Journal of Experimental Psychology: Human Perception & Performance, 34*, 1017–1030. [doi: 10.1037/0096-1523.34.4.1017]

Phan, K. L., Wager, T., Taylor, S. F., & Liberzon, I. (2002). Functional neuroanatomy of emotion: A meta-analysis of emotion activation studies in PET and fMRI. *NeuroImage, 16*(2), 331–348. [doi: 10.1006/nimg.2002.1087]

Philippot, P. (1993). Inducing and assessing differentiated emotion-feeling states in the laboratory. *Cognition and Emotion, 7*(2), 171–193. [doi: 10.1080/02699939308409183]

Roche, J. M., Peters, B., & Dale, R. (2015). "Your tone says it all": The processing and interpretation of affective language. *Speech Communication, 66*, 47–64. [doi: 10.1016/j.specom.2014.07.004]

Ross, E. D., & Mesulam, M. M. (1979). Dominant language functions of the right hemisphere? Prosody and emotional gesturing. *Archives of Neurology, 36*(3), 144–148. [doi: 10.1001/archneur.1979.00500390062006]

Russell, J. A. (1980). A circumplex model of affect. *Journal of Personality and Social Psychology, 39*(6), 1161–1178. [doi: 10.1037/h0077714]

第 III 部　聴覚

Scherer, K. R. (1971). Randomized splicing: A note on a simple technique for masking speech content. *Journal of Experimental Research in Personality, 5*(2), 155–159.

Scherer, K. R. (2005). What are emotions? And how can they be measured? *Social Science Information, 44*(4), 695–729. [doi: 10.1177/0539018405058216]

Scherer, K. R., Banse, R., & Wallbott, H. G. (2001). Emotion inferences from vocal expression correlate across languages and cultures. *Journal of Cross-Cultural Psychology, 32*(1), 76–92. [doi: 10.1177/0022022101032001009]

Scherer, K. R., Feldstein, S., Bond, R. N., & Rosenthal, R. (1985). Vocal cues to deception: A comparative channel. *Journal of Psycholinguistic Research, 14*, 409–425. [doi: 10.1007/BF01067884]

Scherer, K. R., Koivumaki, J., & Rosenthal, R. (1972). Minimal cues in the vocal communication of affect: Judging emotions from content-masked speech. *Journal of Psycholinguistic Research, 1*(3), 269–285. [doi: 10.1007/BF01074443]

Schlosberg, H. (1954). Three dimensions of emotion. *Psychological Review, 61*, 81–88. [doi: 10.1037/h0054570]

Seydell-Greenwald, A., Chambers, C. E., Ferrara, K., & Newport, E. L. (2020). What you say versus how you say it: Comparing sentence comprehension and emotional prosody processing using fMRI. *NeuroImage, 209*, 116509. [doi: 10.1016/j.neuroimage.2019.116509]

Shigeno, S. (1998). Cultural similarities and differences in the recognition of audio-visual speech stimuli. *Proceedings of International Congress on Spoken Language Processing* (Vol. 2, pp. 281–284), Sydney, 1998.

Shigeno, S. (2009). Recognition of vocal and facial emotions: Comparison between Japanese and North Americans. In K. Izdebski (Ed.), *Emotions in the Human Voice*. Vol. III, Chap. 11. (pp.187–204). Plural Publishing.

Shigeno, S. (2013). Multimodal perception of emotion in Japanese and Chinese. *Psychology Research, 3*(9), 504–511. [doi: 10.17265/2159-5542/2013.09.003]

Shigeno, S. (2018a). The effects of the literal meaning of emotional phrases on the identification of vocal emotions. *Journal of Psycholinguistic Research, 47*(1), 195–213. [doi: 10.1007/s10936-017-9526-7]

Shigeno, S. (2018b). Integration of literal meaning of emotional phrases with vocal emotion: Comparison between Japanese and North Americans. *Journal of the Acoustical Society of America, 144*(3), 1802. [doi: 10.1121/1.5067953]

鈴木　直人　(2000).「日本における表情研究」を特集するに当たって　心理学評論, *43*(2), 141–144.［doi: 10.24602/sjpr.43.2_141]

Teshigawara, M. (2004). Random splicing: A method of investigating the effects of voice quality on impression formation. *Speech Prosody 2004, International Conference.*

van Bezzoijen, R., & Boves, L. (1986). The effects of lowpass filtering and random splicing on the perception of speech. *Journal of Psycholinguistic Research, 15*(5), 403–417. [doi: 10.1007/BF01067722]

Velten, E. Jr. (1968). A laboratory task for induction of mood states. *Behaviour Research and Therapy, 6*(4), 473–482. [doi: 10.1016/0005-7967(68)90028-4]

Wilting, J., Krahmer, E., & Swerts, M. (2006). Real vs. acted emotional speech. *Ninth International Conference on Spoken Language Processing.*

趙　恃雷　(2002). 表示規則の日中比較研究　国際文化学, *6*, 77–89.

(6・9)

Altvater-Mackensen, N., & Mani, N. (2013). Word-form familiarity bootstraps infant speech segmentation. *Developmental Science, 16*(6), 980–990. [doi: 10.1111/desc.12071]

Bertoncini, J., Bijeljac-Babic, R., Blumstein, S. E., & Mehler, J. (1987). Discrimination in neonates of very short CVs. *Journal of the Acoustical Society of America, 82*, 31–37. [doi: 10.1121/1.395570]

Best, C. T., & McRoberts, G. W. (2003). Infant perception of non-native consonant contrasts that adults assimilate in different ways. *Language and Speech, 46*, 183–216. [doi: 10.1177/00238309030460020701]

Bortfeld, H., Morgan, J. L., Golinkoff, R. M., & Rathbun, K. (2005). Mommy and me: Familiar names help launch babies into speech-stream segmentation. *Psychological Science, 16*(4), 298–304. [doi: 10.1111/j.0956-7976.2005.01531.x]

Brent, M. R., & Siskind, J. M. (2001). The role of exposure to isolated words in early vocabulary development. *Cognition,*

81, B33–B44.［doi: 10.1016/s0010-0277(01)00122-6］

Cheour, M., Ceponiene, R., Lehtokoski, A., Luuk, A., Allik, J., Alho, K., & Naatanen, R. (1998). Development of language-specific phoneme representations in the infant brain. *Nature Neuroscience, 1*, 351–353.［doi: 10.1038/1561］

Csibra, G., & Gyorgy, G. (2009). Natural pedagogy. *Trends in Cognitive Sciences, 13*(4), 148–153.［doi: 10.1016/j.tics.2009.01.005］

Dehaene-Lambertz, G., & Gliga, T. (2004). Common neural basis for phoneme processing in infants and adults. *Journal of Cognitive Neuroscience, 16*, 1375–1387.［doi: 10.1162/0898929042304714］

Eimas, P. D., & Miller, J. L. (1980). Contextual effects in infant speech perception. *Science, 209*, 1140–1141.［doi: 10.1126/science.7403875］

Floccia, C., Keren-Portnoy, T., DePaolis, R., Duffy, H., Luche, C. D., Durrant, S., ... Vihman, M. (2016). British English infants segment words only with exaggerated infant-directed speech stimuli. *Cognition, 148*, 1–9.［doi: 10.1016/j.cognition.2015.12.004］

Granier-Deferre, C., Ribeiro, A., Jacquet, A., & Bassereau, S. (2011). Near-term fetuses process temporal features of speech. *Developmental Science, 14*, 336–352.［doi: 10.1111/j.1467-7687.2010.00978.x］

Hayashi, A., & Mazuka, R. (2017). Emergence of Japanese infants' prosodic preferences in infant-directed vocabulary. *Developmental Psychology, 53*(1), 28–37.［doi: 10.1037/dev0000259］

Houston, D. M., Jusczyk, P. W., Kuijpers, C., Coolen, R., & Cutler, A. (2000). Cross-language word segmentation by 9-month-olds. *Psychonomic Bulletin & Review, 7*, 504–509.［doi: 10.3758/BF03214363］

Johnson, E. K., & Jusczyk, P. W. (2001). Word segmentation by 8-month-olds: When speech cues count more than statistics. *Journal of Memory & Language, 44*, 548–567.［doi: 10.1006/jmla.2000.2755］

Johnson, E. K., & Tyler, M. D. (2010). Testing the limits of statistical learning for word segmentation. *Developmental Science, 13*(2), 339–345.［doi: 10.1111/j.1467-7687.2009.00886.x］

Jusczyk, P. W. (1997). *The Discovery of Spoken Language*. MIT Press.

Jusczyk, P. W., & Aslin, R. N. (1995). Infants' detection of the sound patterns of words in fluent speech. *Cognitive Psychology, 29*, 1–23.［doi: 10.1006/cogp.1995.1010］

Jusczyk, P. W., Cutler, A., & Redantz, N. J. (1993). Infants' preference for the predominant stress patterns of English words. *Child Development, 64*, 675–687.［doi: 10.2307/1131210］

Kuhl, P. K. (1991). Human adults and human infants show a "perceptual magnet effect" for the prototypes of speech categories, monkeys do not. *Perception & Psychophysics, 50*, 93–107.［doi: 10.3758/BF03212211］

Kuhl, P. K. (2004). Early language acquisition: Cracking the speech code. *Nature Reviews Neuroscience, 5*, 831–843.［doi: 10.1038/nrn1533］

Kuhl, P. K., Tsao, F., & Liu, H. (2003). Foreign-language experience in infancy: Effects of short-term exposure and social interaction on phonetic learning. *Proceeding of the National Academy of Sciences of the USA, 100*(15), 9096–9101.［doi: 10.1073/pnas.1532872100］

Lew-Williams, C., Pelucchi, B., & Saffran, J. R. (2010). Isolated words enhance statistical language learning in infancy. *Developmental Science, 14*(6), 1323–1329.［doi: 10.1111/j.1467-7687.2011.01079.x］

Liu, H. M., Kuhl, P. K., & Tsao, F. M. (2003). An association between mothers' speech clarity and infants' speech discrimination skills. *Developmental Science, 6*, F1–F10.［doi: 10.1111/1467-7687.00275］

Marchman, V. A., Fernald, A., & Hutado, N. (2009). How vocabulary size in two languages relates to efficiency in spoken word recognition by young Spanish-English bilinguals. *Journal of Child Language, 3*, 1–24.［doi: 10.1017/S0305000909990055］

Maurer, D., & Werker, J. F. (2014). Perceptual narrowing during infancy: A comparison of language and faces. *Developmental Psychobiology, 56*, 154–178.［doi: 10.1002/dev.21177］

Maye, J., Werker, J. F., & Gerken, L. (2002). Infant sensitivity to distributional information can affect phonetic discrimination. *Cognition, 82*, B101–B111.［doi: 10.1016/s0010-0277(01)00157-3］

Mazuka, R. (2007). The rhythm-based prosodic bootstrapping hypothesis of early language acquisition: Does it work for

第 III 部　聴覚

learning for all languages?　言語研究, *132*, 1-13.

Mehler, J., Bertoncini, J., Barrière, E., & Jassic-Gershenfeld, D. (1978). Infant recognition of mother's voice. *Perception, 7*, 491-497. [doi: 10.1068/p070491]

Mills, D. L., Prat, C., Zangl, R., Stager, C. L., Neville, H. J., & Werker, J. F. (2004). Language experience and the organization of brain activity to phonetically similar words: ERP evidence from 14- and 20-month-olds. *Journal of Cognitive Neuroscience, 16*(8), 1452-1464. [doi: 10.1162/0898929042304697]

Minai, U., Gustafson, K., Fiorentino, R., Jongman, A., & Sereno, J. (2017). Fetal rhythm-based language discrimination: A biomagnetometry study. *Neuroreport, 28*, 561-564. [doi: 10.1097/WNR.0000000000000794]

Miyazawa, K., Shinya, T., Martin, A., Kikuchi, H., & Mazuka, R. (2017). Vowels in infant-directed speech: More breathy and more variable, but not clearer. *Cognition, 166*, 84-93. [doi: 10.1016/j.cognition.2017.05.003]

Moon, C., Cooper, R. P., & Fifer, W. P. (1993). Two-day-olds prefer their native language. *Infant Behavior and Development, 16*, 495-500. [doi: 10.1016/0163-6383(93)80007-U]

Moon, C., Lagercrantz, H., & Kuhl, P. K. (2013). Language experienced in utero affects vowel perception after birth: A two-country study. *Acta Paediatrica, 102*, 156-160. [doi: 10.1111/apa.12098]

Nazzi, T. (2005). Use of phonetic specificity during the acquisition of new words: Differences between consonants and vowels. *Cognition, 98*, 13-30. [doi: 10.1016/j.cognition.2004.10.005]

Nazzi, T., Bertoncini, J., & Mehler, J. (1998). Language discrimination by newborns: Toward an understanding of the role of rhythm. *Journal of Experimental Psychology: Human Perception & Performances, 24*(3), 756-766. [doi: 10.1037/0096-1523.24.3.756]

Nazzi, T., Floccia, C., & Bertoncini, J. (1998). Discrimination of pitch contours by neonates. *Infant Behavior and Development, 21*, 779-784. [doi: 10.1016/S0163-6383(98)90044-3]

Nazzi, T., Iakimova, B., Bertoncini, J., Fredonie, S., & Alcantara, C. (2006). Early segmentation of fluent speech by infants acquiring French: Emerging evidence for crosslinguistic differences. *Journal of Memory and Language, 54*, 283-299. [doi: 10.1016/j.jml.2005.10.004]

Nazzi, T., Jusczyk, P. W., & Johnson, E. K. (2000). Language discrimination by English-learning 5-month-olds: Effects of rhythm and familiarity. *Journal of Memory and Language, 43*, 1-19. [doi: 10.1006/jmla.2000.2698]

Newman, R. S., Rowe, M. L., & Ratner, N. B. (2016). Input and uptake at 7 months predicts toddler vocabulary: The role of child-directed speech and infant processing skills in language development. *Journal of Child Language, 43*, 1158-1173. [doi: 10.1017/S0305000915000446]

Polka, L., & Sundara, M. (2003). Word segmentation in monolingual and bilingual infant learners of English and French. *Proceedings of the 15th International Congress of Phonetic Sciences*, 1021-1024.

Ramus, F., Hauser, M. D., Miller, C., Morris, D., & Mehler, J. (2000). Language discrimination by human newborns and by cotton-top tamarin monkeys. *Science, 288*, 349-351. [doi: 10.1126/science.288.5464.349]

Saffran, J. R., Aslin, R. N., & Newport, E. L. (1996). Statistical learning by 8-month-old infants. *Science, 274*, 1926-1928. [doi: 10.1126/science.274.5294.1926]

Saffran, J. R., & Thiessen, E. D. (2003). Pattern induction by infant language learners. *Developmental Psychology, 39*, 484-494. [doi: 10.1037/0012-1649.39.3.484]

Saksida, A., Langus, A., & Nespor, M. (2017). Co-occurrence statistics as a language-dependent cue for speech segmentation. *Developmental Science, 20*(3), e12390. [doi: 10.1111/desc.12390]

Shafer, V. L., Yu, Y. H., & Datta, H. (2011). The development of English vowel perception in monolingual and bilingual infants: Neurophysiological correlates. *Journal of Phonology, 39*(4), 527-545. [doi: 10.1016/j.wocn.2010.11.010]

Shahidullah, S., & Hepper, P. G. (1994). Frequency discrimination by the fetus. *Early Human Development, 36*, 13-26. [doi: 10.1016/0378-3782(94)90029-9]

Shi, R. (2014). Functional morphemes and early language acquisition. *Child Development Perspectives, 8*(1), 6-11. [doi: 10.1111/cdep.12052]

Stager, C. L., & Werker, J. F. (1997). Infants listen for more phonetic detail in speech perception than in word-learning tasks. *Nature, 388,* 381–382.〔doi: 10.1038/41102〕

Swingley, D., & Aslin, R. N. (2000). Spoken word recognition and lexical representation in very young children. *Cognition, 76,* 147–166.〔doi: 10.1016/S0010-0277(00)00081-0〕

Swingley, D., & Aslin, R. N. (2002). Lexical neighborhoods and the word-form representations of 14-month-olds. *Psychological Science, 13,* 480–484.〔doi: 10.1111/1467-9280.00485〕

Thiessen, E., & Saffran, J. (2003). When cues collide: Use of stress and statistical cues to word boundaries by 7- to 9-month-old infants. *Developmental Psychology, 39*(4), 706–716.〔doi: 10.1037/0012-1649.39.4.706〕

Trainor, L. J., & Desjardins, R. N. (2002). Pitch characteristics of infant-directed speech affect infants' ability to discriminate vowels. *Psychonomic Bulletin & Review, 9*(2), 335–340.〔doi: 10.3758/BF03196290〕

Tsao, F. M., Liu, H. M., & Kuhl, P. K. (2004). Speech perception in infancy predicts language development in the second year of life: A longitudinal study. *Child Development, 75,* 1067–1084.〔doi: 10.1111/j.1467-8624.2004.00726.x〕

Vihman, M. M. (2014). *Phonological Development: The First Two Years.* John Wiley & Sons.

Vihman, M. M., Nakai, S., DePaolis, R. A., & Halle, P. (2004). The role of accentual pattern in early lexical representation. *Journal of Memory and Language, 50,* 336–353.〔doi: 10.1016/j.jml.2003.11.004〕

Vouloumanos, A., Hauser, M. D., Werker, J. F., & Martin, A. (2010). The tuning of human neonates' preference for speech. *Child Development, 81*(2), 517–527.

Vouloumanos, A., & Werker, J. F. (2007). Listening to language at birth: Evidence for a bias for speech in neonates. *Developmental Science, 10*(2), 159–171.〔doi: 10.1111/j.1467-7687.2007.00549.x〕

Werker, J. F., Fennell, C. T., Corcoran, K. M., & Stager, C. L. (2002). Infants' ability to learn phonetically similar words: Effects of age and vocabulary size. *Infancy, 3*(1), 1–30.〔doi: 10.1207/15250000252828226〕

Werker, J. F., Pons, F., Dietrich, C., Kajikawa, S., Fais, L., & Amano, S. (2007). Infant-directed speech supports phonetic category learning in English and Japanese. *Cognition, 103*(1), 147–162.〔doi: 10.1016/j.cognition.2006.03.006〕

Werker, J. F., & Tees, R. C. (1984). Cross-language speech perception: Evidence for perceptual reorganization during the first year of life. *Infant Behavior and Development, 7*(1), 49–63.〔doi: 10.1016/S0163-6383(84)80022-3〕

Werker, J. F., & Yeung, H. H. (2005). Infant speech perception bootstraps word learning. *Trends in Cognitive Sciences, 9*(11), 519–527.〔doi: 10.1016/j.tics.2005.09.003〕

〈6・10〉

Allopenna, P. D., Magnuson, J. S., & Tanenhaus, M. K. (1998). Tracking the time course of spoken word recognition using eye movements: Evidence for continuous mapping models. *Journal of Memory and Language, 38*(4), 419–439.〔doi: 10.1006/jmla.1997.2558〕

天野 成昭・笠原 要・近藤 公久（編著）（2008）．日本語の語彙特性　第９巻　三省堂

天野 成昭・小林 哲生（編著）（2008）．基本語データベース　語義別単語親密度　学習研究社

天野 成昭・近藤 公久（編著）（1999）．日本語の語彙特性　第１巻　三省堂

天野 成昭・近藤 公久（編著）（2000）．日本語の語彙特性　第７巻　三省堂

Cole, R. A. (1973). Listening for mispronunciations: A measure of what we hear during speech. *Perception & Psychophysics, 13,* 153–156.〔doi: 10.3758/BF03207252〕

Elman, J. L., & McClelland, J. L. (1988). Cognitive penetration of the mechanisms of perception: Compensation for coarticulation of lexically restored phonemes. *Journal of Memory and Language, 27*(2), 143–165.〔doi: 10.1016/0749-596X(88)90071-X〕

Frauenfelder, U. H., & Peeters, G. (1998). Simulating the time course of spoken word recognition: An analysis of lexical competition in TRACE. In J. Grainger & A. M. Jacobs (Eds.), *Localist Connectionist Approaches to Human Cognition* (pp. 101–146). Erlbaum.

Ganong, W. F. (1980). Phonetic categorization in auditory word perception. *Journal of Experimental Psychology: Human Perception and Performance, 6*(1), 110–125.〔doi: 10.1037/0096-1523.6.1.110〕

Gaskell, M. G., & Marslen-Wilson, W. D. (1997). Integrating form and meaning: A distributed model of speech perception.

第 III 部　聴覚

Language and Cognitive Processes, 12, 613–656. [doi: 10.1080/016909697386646]

Gaskell, M. G., & Marslen-Wilson, W. D. (1999). Ambiguity, competition, and blending in spoken word recognition. *Cognitive Science, 23*(4), 439–462. [doi: 10.1016/S0364-0213(99)00011-7]

Gaskell, M. G., & Marslen-Wilson, W. D. (2002). Representation and competition in the perception of spoken words. *Cognitive Psychology, 45*(2), 220–266. [doi: 10.1016/s0010-0285(02)00003-8]

Goldinger, S. D. (1996). Words and voices: Episodic traces in spoken word identification and recognition memory. *Journal of Experimental Psychology: Learning, Memory, and Cognition, 22*, 1166–1183. [doi: 10.1037/0278-7393.22.5.1166]

Goldinger, S. D. (1998). Echoes of echoes? An episodic theory of lexical access. *Psychological Review, 105*, 251–279. [doi: 10.1037/0033-295x.105.2.251]

Luce, P. A., & Pisoni, D. B. (1998). Recognizing spoken words: The neighborhood activation model. *Ear and Hearing, 19*(1), 1–36. [doi: 10.1097/00003446-199802000-00001]

Luce, P. A., Pisoni, D. B., & Goldinger, S. D. (1990). Similarity neighborhoods of spoken words. In G. T. M. Altmann (Ed.), *Cognitive Models of Speech Processing: Psycholinguistic and Computational Perspectives* (pp. 122–147). MIT Press.

Maekawa, K. (2003). Corpus of spontaneous Japanese: Its design and evaluation. *Proceedings of The ISCA & IEEE Workshop on Spontaneous Speech Processing and Recognition* (SSPR2003), 7–12.

Maekawa, K., Yamazaki, M., Ogiso, T., Maruyama, T., Ogura, H., Kashino, W., ... Den, Y. (2014). Balanced corpus of contemporary written Japanese. *Language Resources and Evaluation, 48*(2), 345–371. [doi: 10.1007/s10579-013-9261-0]

Magnuson, J. S., McMurray, B., Tanenhaus, M. K., & Aslin, R. N. (2003). Lexical effects on compensation for coarticulation: The ghost of Christmash past. *Cognitive Science, 27*(2), 285–298. [doi: 10.1016/S0364-0213(03)00004-1]

Magnuson, J. S., Mirman, D., & Harris, H. D. (2012). Computational models of spoken word recognition. In M. Spivey, K. Mcrae, & M. Joanisse (Eds.), *The Cambridge Handbook of Psycholinguistics* (pp. 76–103). Cambridge University Press.

Magnuson, J. S., Mirman, D., Luthra, S., Strauss, T., & Harris, H. D. (2018). Interaction in spoken word recognition models: Feedback helps. *Frontiers in Psychology, 9*, 369. [doi: 10.3389/fpsyg.2018.00369]

Mann, V. A., & Repp, B. H. (1981). Influence of preceding fricative on stop consonant perception. *Journal of the Acoustical Society of America, 69*, 548–558. [doi: 10.1121/1.385483]

Marslen-Wilson, W. (1984). Function and processing in spoken word recognition: A tutorial review. In H. Bouma & D. G. Bouwhuis (Eds.), *Attention and Performance X: Control of Language Processing* (pp. 125–150). Erlbaum.

Marslen-Wilson, W. D. (1987). Functional parallelism in spoken word-recognition. In U. H. Frauenfelder & L. K. Tyler (Eds.), *Spoken Word Recognition* (pp. 71–102). The MIT Press.

Marslen-Wilson, W., & Tyler, L. K. (1980). The temporal structure of spoken language understanding. *Cognition, 8*(1), 1–71. [doi: 10.1016/0010-0277(80)90015-3]

Marslen-Wilson, W., & Welsh, A. (1978). Processing interactions and lexical access during word recognition in continuous speech. *Cognitive Psychology, 10*(1), 29–63. [doi: 10.1016/0010-0285(78)90018-X]

McClelland, J. L., & Elman, J. L. (1986). The TRACE model of speech perception. *Cognitive Psychology, 18*(1), 1–86. [doi: 10.1016/0010-0285(86)90015-0]

McClelland, J. L., Mirman, D., Bolger, D. J., & Khaitan, P. (2014). Interactive activation and mutual constraint satisfaction in perception and cognition. *Cognitive Science, 38*, 1139–1189. [doi: 10.1111/cogs.12146]

McQueen, J. M., Jesse, A., & Norris, D. (2009). No lexical-prelexical feedback during speech perception or: Is it time to stop playing those Christmas tapes? *Journal of Memory and Language, 61*(1), 1–18. [doi: 10.1016/j.jml.2009.03.002]

Morton, J. (1969). Interaction of information in word recognition. *Psychological Review, 76*, 165–178. [doi: 10.1037/h0027366]

Norris, D. (1994). Shortlist: A connectionist model of continuous speech recognition. *Cognition, 52*(3), 189–234. [doi: 10.1016/0010-0277(94)90043-4]

Norris, D., & McQueen, J. M. (2008). Shortlist B: A Bayesian model of continuous speech recognition. *Psychological Review, 115*(2), 357–395. [doi: 10.1037/0033-295X.115.2.357]

Norris, D., McQueen, J. M., & Cutler, A. (2000). Merging information in speech recognition: Feedback is never necessary. *Behavioral and Brain Sciences, 23*, 299-325. [doi:10.1017/S0140525X00003241]

Norris, D., McQueen, J. M., & Cutler, A. (2016). Prediction, Bayesian inference and feedback in speech recognition. *Language, Cognition and Neuroscience, 31*, 4-18. [doi: 10.1080/23273798.2015.1081703]

Pitt, M. A., & McQueen, J. M. (1998). Is compensation for coarticulation mediated by the lexicon? *Journal of Memory and Language, 39*, 347-370. [doi: 10.1006/jmla.1998.2571]

佐久間 尚子・伊集院 睦雄・伏見 貴夫・辰巳 格・田中 正之・天野 成昭・近藤 公久（編著）（2005）．日本語の語彙特性　第8巻　三省堂

Samuel, A. G. (1981). Phonemic restoration: Insights from a new methodology. *Journal of Experimental Psychology: General, 110*(4), 474-494. [doi: 10.1037/0096-3445.110.4.474]

Samuel, A. G. (1997). Lexical activation produces potent phonemic percepts. *Cognitive Psychology, 32*(2), 97-127. [doi: 10.1006/cogp.1997.0646]

Samuel, A. G., & Pitt, M. A. (2003). Lexical activation (and other factors) can mediate compensation for coarticulation. *Journal of Memory & Language, 48*, 416-434. [doi: 10.1016/S0749-596X(02)00514-4]

Smits, R., Warner, N., McQueen, J. M., & Cutler, A. (2003). Unfolding of phonetic information over time: A database of Dutch diphone perception. *Journal of the Acoustical Society of America, 113*(1), 563-574. [doi: 10.1121/1.1525287]

Tanaka-Ishii, K., & Terada, H. (2011). Word familiarity and frequency. *Studia Linguistica, 65*(1), 96-116. [doi: 10.1111/j.1467-9582.2010.01176.x]

Warren, P., & Marslen-Wilson, W. (1987). Continuous uptake of acoustic cues in spoken word recognition. *Perception & Psychophysics, 41*, 262-275. [doi: 10.3758/BF03208224]

Warren, P., & Marslen-Wilson, W. (1988). Cues to lexical choice: Discriminating place and voice. *Perception & Psychophysics, 43*(1), 21-30. [doi: 10.3758/BF03208969]

第IV部

触覚

第1章	機械的刺激の物理量	第9章	身体外部の物体と空間の特性を触的に知覚する際に生じる錯覚
第2章	触覚の生理学	第10章	身体に関する触的錯覚および触錯覚の応用
第3章	温度感覚		
第4章	痛みとかゆみ	第11章	行為と自己身体認識過程
第5章	触覚の研究史と現象的理解	第12章	点字と点字ユーザの多様性
第6章	触覚の感度と解像力	第13章	視覚障害教育における3Dプリンター活用と意義
第7章	触覚における仮現運動		
第8章	触空間知覚	第14章	触覚における感性問題：触り心地

第1章 機械的刺激の物理量

機械的刺激とは，皮膚に与えられる外部からの力のことで，この力は皮膚内部の四種の受容器に作用し，その結果，圧感覚，振動感覚，動き（摩擦，滑り感）感覚などが生起する。この機序はIV・2触覚の生理学にて詳述する。この節では，IV・1・1で物理量である力の定義と，その力が作用する皮膚の機械的特性を簡潔に述べ，IV・1・2で，力を生成するいくつかの素子の特徴を例示する。

（斎田 真也）

1・1 物理量および皮膚の機械的特性

力の単位はN（newton）である。1Nは質量1kgの物体に1m/s^{2}の加速度を与える力の大きさである（N＝kg×m/s^2）。心理物理学実験の創世記には機械刺激として錘を用いていた。錘を皮膚に速度0で垂直においた場合の力は，地表の標準重力加速度が9.80665m/s^{2}であるので，質量1gの錘が与える力はその物体の重量（重さ）で1gf（重量グラム）と表記され

$$1\,gf = 1\,g \times 9.80665\,m/s^2$$
$$= 9.80665 \times 10^{-3}\,N$$
$$= 9.80665\,mN$$

となる。この力が周期的に呈示されるとき，1秒当たりの呈示回数を周波数（Hz）で表し，その逆数は周期（T）で単位はsである。

刺激は物体（固体，気体，液体）により皮膚へ呈示される。したがって，物体と皮膚の接触面積を考慮した圧力を考える必要がある。圧力の単位はPa（pascal）で，1Paは1m^{2}の面積につき1Nの力が作用する場合である（Pa＝N/m^2）。多くの場合kPa（キロパスカル），MPa（メガパスカル）が使用される。

力が作用していた時間を考慮した場合は力と時間の積である力積（impulse）が定義でき，

$$N \times s = kg \times m/s^2 \times s = kg \times m/s$$

と変換可能なので，力積は運動量でもある。したがって，ある質量の物体がある速度で皮膚に向かって接触すると皮膚はくぼむ方向で変形し，皮膚の弾性特性により接触物体は押し戻されるので，物体が接触してからその物体に外的な力が加わらない場合はその物体の質量と皮膚に接触するときの速度ベクトルと皮膚から離れるときの速度ベクトルの差から力積を計算することができる。

このような外力が作用する皮膚は表皮，真皮，皮下組織（筋肉および脂肪）の三つの主要な層で構成され，組織化された構造をもっている。この各層は複数の生体材料（真皮では主にコラーゲンとエラスチン）からなり，機械的特性は弾性特性と粘性特性の両方の特性を有する異質で異方性の非線形粘弾性材料と考えられる（Delalleau et al., 2008；Kandel et al., 2012；Liu, 2013；前野，2000）。したがって皮膚の機械特性を詳細に検討しても，圧感覚，振動感覚，動き（摩擦，滑り感）感覚と外部刺激との一義的な関係性を導くことはほとんど不可能に近い（たとえば篠田，2002）。そこで，本節では，きわめて基本的な圧刺激に対する皮膚のくぼみ特性から，皮膚のヤング率について，またactive touch（能動触）において念頭においておくべき摩擦係数に関して簡潔に述べる。これらの数値は触覚呈示装置が備えなければならない力学特性を設計するうえでの一指針となりうる。

皮膚に垂直に力を加えた場合，皮膚は圧縮される方向に変形する。力（応力）とひずみの比，すなわちヤング率は，圧を与える素子（圧子）と皮膚との接触面積と素子（圧子）の形状が関与することが報告さ

れている（Bader & Bowker, 1983；Iivarinen et al., 2011）。上腕部の特性として Iivarinen et al.（2011）は直径 6.6 mm の円形平板圧子ではヤング率が 210 kPa であることを，Groves（2012）は前腕の掌側に円形平板（直径 0.5 mm）および球形（直径 1.59 mm）の圧子を適用することにより平均ヤング率がそれぞれ 39.64 kPa と 65.86 kPa であることを報告している。圧刺激以外に，皮膚表面に沿った引張り試験で求まる横方向のヤング率は皮膚の厚さと剛性に密接に関連することが報告されている（たとえば Delalleau et al., 2008；Joodaki & Panzer, 2018）。

能動触では，関節などによる深部運動感覚からも運動情報は得られるが，外部の物体との接触で生じる動きの感覚（摩擦，滑り感）からより多くの情報を得ることができ，最も情報を取得できる部位の一つが指である。Liu（2013）は指腹の摩擦に対する皮膚の機械的特性について，光干渉断層法（OCT）を用いて角質層以下の各層の断層像を参考に，荷重，接触面積，水和，潤滑，速度などの影響を調べた。20 歳代の参加者の動的摩擦係数は 2 N 以上の触圧で，移動速度が 20 mm/s 前後の場合は 0.6-2.2 であった。嶋田他（1996）の場合は指先の摩擦係数の範囲は 0.5-3.0 で，運動方向に関する検討において摩擦係数は指との接触板が指の付け根から指先方向に移動するときの方がその逆の場合より大きくなることを報告している。

（斎田 真也）

1・2　機械的刺激呈示装置

皮膚の変位を，触ピンの動きそのものから計測（モニター）する方法がある。図 1-2-1 は Johansson & Vallbo（1979）の古典的研究であるが，機械的刺激を与え閾値を測定するときの典型的な計測方法の一例である。刺激素子は可動コイルタイプのソレノイドで，使用したピンは直径 0.45 mm で先端は半球状になっている。したがって接触面積は約 0.32 mm^2 になる。図の上の軌跡が触ピンの移動で，なかの軌跡が触ピンが皮膚に接したとき（小さなクリック）を表しており，下が RA（速順応型の受容器）の反応である。皮膚と触ピンの間隙は 2.5 mm の場合で，

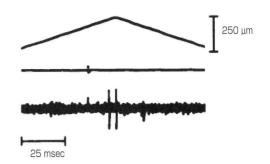

図 1-2-1　触ピンの動き（上），皮膚に接したときの信号（中），RA の反応（下）（Johansson & Vallbo, 1979）

触ピンの動きは 4.4 mm/s の場合である。この条件での触ピンの動きは十分な力で駆動されていることから一番上の軌跡が線形（三角波）になっていて，皮膚の変形量は 60 μm である。また接触している時間は図から推定すると約 30 ms である。刺激波形の直線性を保った動きは触ピンに組み込まれた光センサーからの信号を用いたサーボ機構により達成されている。

振動刺激を与える代表的な素子の一つがバイモルフ型圧電振動子である。この素子の方形波駆動による振動をレーザー変位計（測定範囲 ±8 mm，分解能 0.5 μm，応答周波数 16 kHz）で計測した波形が図 1-2-2a で，固有振動数が約 700 Hz であることがわかる。図 1-2-2b は駆動電圧と駆動周波数に対する振動振幅特性で，この素子の場合 25-250 Hz でほぼ一定の振幅が得られており，ロードセルによる計測から 150 V の静止電圧に対する発生力は約 0.1 N であった（和氣・和氣，2007；横井他，2007）。Pasquero & Hayward（2003）は皮膚表面に圧刺激を与えるのではなく，バイモルフ型圧電振動子の横振動が皮膚表面をなぞる方向に運動する配置にて，1 mm^2 に 1 個の振動子の高密度アレイを構成している。振動子の移動振幅は ±25 μm で，振動周波数は 700 Hz であった。

近年は，いろいろな素子による刺激の呈示方法が報告されている。形状記憶合金を用いる触刺激素子に関しては多くの研究があり，形状の変形から剪断力の呈示も可能である。吉川他（2008）は形状記憶合金を用いた触ピンの性能評価実験にて，両端固定梁構造において指の負荷をかけたとき 0.3 mN の力

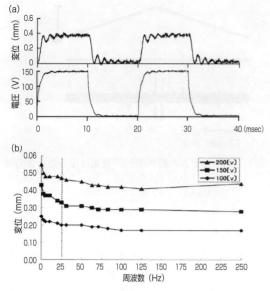

図 1-2-2 (a) 150 V, 50 Hz の方形波で駆動したときのピエゾの振幅変動波形（上段）とピエゾ素子両端での駆動波形（下段，波形のなまりはピエゾの容量成分の影響），(b) 駆動周波数に対する振幅特性，パラメータは駆動電圧

（反力）で，皮膚の変位が約 30 μm になる可能性を報告している。

皮膚に固体を接触させるのではなく，3 次元空間に超音波の非線形現象である音響放射圧を形成し，皮膚内部に応力を生じさせることも可能である。岩本・篠田（2006）はリニアーアレイと音響レンズ，媒介として水を用いた試験的な試みにより直径1 mm に焦点化された範囲に 2 gf の力の生成を報告している。Hoshi et al.（2010）は 324 個の空中超音波トランスデューサーの制御で焦点（直径 20 mm）を生成し 16 mN の力で，最大 1 kHz の振動の生成を報告している。

従来から用いられている電気機械アクチュエータは皮膚に布などの手触り感を呈示するには等価質量や機械インピーダンス，動剛性が大きいことから適切ではない。小黒他（1992）により開発された新しい材料（イオン導電性高分子）はヤング率が約 220 MPa，1.0-1.5 V の低駆動電圧で，100 Hz 以上の応答性などの特性を有している。Konyo et al.（2000），昆陽他（2001）はこの特性を生かしたイオン導電性高分子ゲルフィルム（ICPF）を用いて，幅 2 mm のアクチュエータを横に 5 mm 間隔で並べ，縦に 11 列，斜め 45°傾けて重ね合わせるように並べた呈示装置で布の肌触りに近い刺激呈示の可能性を示した。

（斎田 真也）

文献

(1・1)

Bader, D. L., & Bowker, P. (1983). Mechanical characteristics of skin and underlying tissues in vivo. *Biomaterials, 4*, 305–308.［doi: 10.1016/0142-9612(83)90033-9］

Delalleau, A., Josse, G., Lagarde, J-M., Zahouani, H., & Bergheau, J-M. (2008). A nonlinear elastic behavior to identify the mechanical parameters of human skin in vivo. *Skin Research and Technology, 14*, 152–164.［doi: 10.1111/j.1600-0846.2007.00269.x］

Groves, R. B. (2012). *Quantifying the mechanical properties of skin in vivo and ex vivo to optimise microneedle device design* (Unpublished Ph.D. Thesis). Cardiff University.

Iivarinen, J. T., Korhonen, R. K., Julkunen, P., & Jurvelin, J. S. (2011). Experimental and computational analysis of soft tissue stiffness in forearm using a manual indentation device. *Medical Engineering & Physics, 33*, 1245–1253.［doi: 10.1016/j.medengphy.2011.05.015］

Joodaki, H., & Panzer, M. B. (2018). Skin mechanical properties and modeling: A review. *Proceedings of the Institution of Mechanical Engineers, Part H: Journal of Engineering in Medicine, 232*, 323–343.［doi: 10.1177/0954411918759801］

Kandel, E. R., Schwartz, J. H., Jessell, T. M., Siegelbaum, S. A., & Hudspeth, A. J. (2012). *Principles of Neural Science* (5th ed.). The McGraw-Hill.

Liu, X. (2013). *Understanding the effect of skin mechanical properties on the friction of human finger-pads* (doctoral dissertation). The University of Sheffield.

前野 隆司 (2000). ヒト指腹部と触覚受容器の構造と機能　日本ロボット学会誌, *18*, 772–775.［doi: 10.7210/jrsj.18.772］

嶋田 明広・韓 絃庸・川村 貞夫 （1996）．人間の手指の摩擦特性の解析　計測自動制御学会論論文, *32*, 1581-1587.［doi: 10.9746/sicetr1965.32.1581］

篠田 裕之 （2002）．皮膚の力学的構造に隠れている知能　システム制御情報学会論文誌, *46*, 28-34.［doi: 10.11509/isciesci.46.1_28］

（1・2）

Hoshi, T., Takahashi, M., Iwamoto, T., & Shinoda, H. (2010). Noncontact tactile display based on radiation pressure of airborne ultrasound. *IEEE Transactions on Haptics, 3*, 155-165.［doi: 10.1109/TOH.2010.4］

岩本 貴之・篠田 裕之 （2006）．音響放射圧の走査による触覚ディスプレイ　日本バーチャルリアリティ学会論文誌, *11*, 77-86.［doi: 10.18974/tvrsj.11.1_77］

Johansson, R. S., & Vallbo, A. B. (1979). Detection of tactile stimuli. Thresholds of afferent units related to psychophysical thresholds in the human hand. *Journal of Physiology, 297*, 405-422.［doi: 10.1113/jphysiol.1979.sp013048］

Konyo, M., Tadokoro, S., & Takamori, T. (2000). Artificial tactile feel display using soft gel actuators. *Proceedings 2000 ICRA. Millennium Conference. IEEE International Conference on Robotics and Automation, 4*, 3416-3421.［doi: 10.1109/ROBOT.2000.845250］

昆陽 雅司・田所 諭・高森 年・小黒 啓介・徳田 献一 （2001）．高分子ゲルアクチュエータを用いた布の手触り感覚を呈示する触感ディスプレイ　日本バーチャルリアリティ学会論文誌, *6*, 323-328.［doi: 10.18974/tvrsj.6.4_323］

小黒 啓介・川見 洋二・竹内 啓恭 （1992）．イオン導電性分子膜：電極接合体の低電圧刺激による屈曲　*Micro Machine, 5*, 27-30.

Pasquero, J., & Hayward, V. (2003). STReSS: A practical tactile display system with one millimeter spatial resolution and 700 Hz refresh rate. *Proceedings of Eurohaptics 2003*, 94-110.

和氣 典二・和氣 洋美 （2007）．振動刺激を用いた能動触の装置の試作　中京大学心理学研究科・心理学部紀要, *6*, 15-25.

横井 健司・和氣 典二・和氣 洋美・斎田 真也 （2007）．触知覚研究のための高性能触覚ディスプレイの開発　第33回感覚代行シンポジウム, 55-58.

吉川 弥・篠部 晃生・菅野 公二・土屋 智由・石田 章・田畑 修 （2008）．超小型触覚ディスプレイ用垂直駆動SMA薄膜アクチュエータの設計　電気学会論文誌E, *128*, 151-160.［doi: 10.1541/ieejsmas.128.151］

第 2 章 触覚の生理学

私たちは日常生活において，道具からペットに至るまで，いろいろな物体に触れている。その触感から，粗さ・硬さ・温度といった属性を感じ取ることができるし，その物体が何かを識別することができる。たとえば自分のカバンやポケットから，本やカギを取り出そうと思えば眼を使わなくても簡単に見つけ出すことができる。Klatzky et al.（1985）は，実験参加者に 100 個以上の身の回りの物体（ハサミ，電球など）を，眼を使わず手だけで識別させたところ，9 割以上の確率で 5 秒以内にほとんどの物体を正しく識別できることを示した。物体の認識に関わる触覚は識別的触覚（discriminative touch）と呼ばれる（McGlone et al., 2007）。

その一方で私たちが物体に触れると，その触感からさまざまな感情を経験することができる。ふわふわのクッションや滑らかなシルクに触れると心地よいが，台所のシンクのヌメヌメとした感覚はとても気持ちが悪く感じる。このような感情経験を引き起こす触覚のことを感情的触覚（affective touch）と呼ぶ（Kitada et al., 2012；McGlone et al., 2007）。痛みやかゆみといった感覚もこの感情的触覚の一種である。特に，家族やペット，そしてパートナーとのスキンシップで得られる触覚は，子どもの健全な発達から大人のこころの健康を維持するうえで重要ではないかといわれている（Feldman et al., 2010；Suvilehto et al., 2019）。

触覚のこのような機能を明らかにしようと思えば，そのしくみについて理解する必要がある。特にバーチャルリアリティに必要な触覚の刺激呈示技術を開発したり，触覚の機能を備えた義手やロボットを開発したりするうえで，その理解は重要である。触覚の研究は視覚に比べて遅れているが，そのメカニズムは徐々に解明されつつある。本章では触覚を

伝えるからだのしくみ，すなわち，触覚の神経メカニズムについて概説する。

（北田 亮）

2・1 末梢神経系

神経は脳だけでなく身体中に張り巡らされており，神経細胞（ニューロン）と呼ばれる細胞が主要な役割を果たす。脊髄と脳は神経系のうち中枢神経系に属し，脳や脊髄から出ている神経（線維）は末梢神経系に属する。皮膚に触れた情報が末梢から中枢へ向かう流れを追うため，最初に末梢神経系のしくみを，次に中枢神経系のしくみについて解説する。

2・1・1 皮膚と受容器

皮膚の構造は体部位によって異なる。手掌や唇といった部位には毛がなく無毛部と呼ばれ，他の部位は毛で覆われており，有毛部と呼ばれる（図 2-1-1a）。体部位ごとの感度を調べるために，さまざまなテストが行われている。たとえば，実験者が参加者の皮膚を特殊な細い棒（Von Frey Hair, ホン・フライの毛）で押し，刺激を感知できる圧力を計測し，圧覚の感度を調べる。また視力のように空間的な感度を調べるために，ノギスのような二つの先端のある道具で皮膚に触れ，触れた先端が 2 点だったか 1 点だったかを判断する課題（二点弁別）を行う。ちなみに二点弁別より正確な方法として，凸凹とした形状の方位を弁別する課題が考案されている（Van Boven & Johnson, 1994）。これらのテストからいえることは，指や唇が総じて感度が高いのに対し，背中や腕は感度が悪いことである。

では，どうして体部位によってこのような違いが出てくるのだろうか。感度の違いを決める大きな要

第 2 章　触覚の生理学

(a) 皮膚の受容器

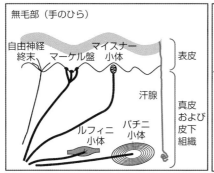
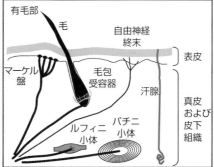

(b) 神経線維の活動の測定方法

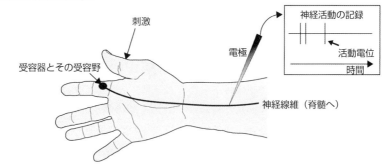

(c) 受容野の例

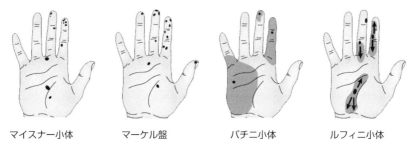

マイスナー小体　　マーケル盤　　パチニ小体　　ルフィニ小体

図 2-1-1　無毛部における受容器
(a) 無毛部と有毛部の皮膚の模式図。有毛部の毛包受容器の一部は，無毛部の機械受容器と同様の役割を果たすと考えられている（Abraira & Ginty, 2013 ; Corniani & Saal, 2020 ; McGlone et al., 2014 ; Reinisch & Tschachler, 2005 をもとに作成）。
(b) マイクロニューログラフィの模式図。受容器の特性を知るために，軸索の活動電位を神経活動として記録し，刺激に対する反応パターンを調べる。
(c) 四つの機械受容器の受容野の例。各受容器につき複数の受容野の例が描かれている。パチニ小体とルフィニ小体では濃い部分がより広くなっている。パチニ小体とルフィニ小体の黒い部分は活動が最も強い部分を示す。ルフィニ小体の矢印は，受容器が反応する皮膚の伸張方向を示す（Johansson & Flanagan, 2009 ; Valbo & Johansson, 1984 を一部改変）。

因として，受容器の種類や数，そしてその分布の仕方が考えられる。受容器とはすなわち体内にある微小なセンサーである。私たちの眼にはさまざまな電磁波（光）が入ってくるし，鼻腔には空気中の化学物質が取り込まれるし，皮膚は常に服や椅子のような物体と接触している。これらの環境の情報を，神経細胞が用いる電気信号に変換するのが受容器の役割である。皮膚には異なるタイプの受容器が存在する（図2-1-1a）。圧力や振動といった刺激に反応する受容器は機械受容器，温度に反応する受容器は温

1211

第IV部　触覚

度受容器，有害な刺激に反応する受容器は侵害受容器と呼ばれる。手や口唇部の触覚の感度が高いのは，これらの受容器が他の部位より多く存在するからだと考えられている。

これらの受容器は神経細胞の一部となっているか，受容器細胞として隣り合う神経細胞に信号を伝達する（Maksimovic et al., 2014）。この神経細胞は感覚ニューロンと呼ばれ，皮膚から脊髄にかけて軸索と呼ばれる線維を伸ばしている。受容器の電位が刺激によって変化すると，この神経細胞は活動電位と呼ばれる電気的信号を発生させる。この活動電位は軸索を伝導し，脊髄や脳幹にあるその末端で神経伝達物質を他の神経細胞に向けて放出する。この軸索の末端（神経終末）と他の神経細胞の接続部分をシナプスという。活動電位の伝導速度は軸索の太さによって異なり，髄鞘と呼ばれる脂質の絶縁体が巻かれていると速度は速くなる。髄鞘が巻かれた軸索を有髄線維と呼び，巻かれていない軸索は無髄線維と呼ばれる。無毛部の機械受容器に関わる感覚ニューロンの軸索は有髄線維である（有毛部については IV・2・1・4 参照）。

2・1・2　機械受容器の特性と役割

無毛部の主な機械受容器はマイスナー小体・マーケル（触覚）盤（またはマーケル細胞－神経複合体）・パチニ小体・ルフィニ小体と呼ばれる4種類である（図2-1-1a左）。有毛部は皮膚の構造が異なるが，これらと類似した性質をもつ受容器があると考えられている（McGlone et al., 2014）。ちなみにマイスナー小体やマーケル盤は読み方によっては，マイ

スネル小体やメルケル盤と呼ぶこともある。

受容器を特徴づける方法の一つに，受容器と接続している軸索の活動を記録する手法があるが，これはマイクロニューログラフィ（microneurography）と呼ばれる（図2-1-1b）。図2-1-1b の右上の縦棒は活動電位の発生時刻を示している。この手法によると，機械受容器はそれぞれ異なる特性をもっており，その特性は主に受容野と順応の2点で分けることができる（表2-1-1）。ここでの受容野とは各受容器が反応しうる皮膚の範囲のことであり，広い皮膚部位の刺激に反応するようであれば受容野は広く，狭い範囲の刺激にのみ反応するようであれば受容野は狭い。マイスナー小体およびマーケル盤の受容野は小さく（図2-1-1c），パチニ小体とルフィニ小体のそれは大きいことがわかる。受容野が狭いタイプはI型，広いタイプはII型と名付けられている。

ここでの順応とは刺激に対し受容器がなれること，すなわち反応が弱くなることを指す。たとえば順応が速い受容器は速順応型と呼ばれ，刺激の変化に対し反応するが，同じ刺激が続いている間は反応が弱くなる。たとえば携帯電話の振動のような刺激は，常に受ける力が変化するので，速順応型は強く反応する。マイスナー小体とパチニ小体は速順応型で，パチニ小体は 20-1000 Hz の幅広い周波数に対して反応するが，200-500 Hz 周辺の高周波数の振動に最も敏感に反応し，マイスナー小体はだいたい10-50 Hz あたりの低い周波数に強く反応する。日常的な例でいえば，ハンディーマッサージャーは 100 Hz 程度の振動刺激を起こすことができる。速順応型の受容器は英語でいうと fast adapting

表2-1-1　4種類の機械受容器

	マイスナー小体 Meissner corpuscles	マーケル盤 （マーケル細胞-神経複合体） Merkel's disks	パチニ小体 Pacinian corpuscles	ルフィニ小体 （ルフィニ終末） Ruffini corpuscles
別名	Fast adapting (FA) I	Slow adapting (SA) I	Fast adapting (FA) II	Slow adapting (SA) II
受容野	小さい	小さい	大きい	大きい
順応	しやすい	しにくい	しやすい	しにくい
機能	低周波の振動の検出。形状の検出。一定の力には反応しない	一定の力に対しても反応する。形状の検出	高周波の振動の検出。変化しない力には反応しない	刺激や手の動きによって生じた皮膚の伸びに反応する

receptor および rapidly adapting receptor と呼ぶため，FA および RA という略称が使われる。マイスナー小体由来の神経線維の活動は FAI（または RAI）型，パチニ小体は FAII（RAII）型か名前（Pacinian corpuscle）を略して PC と呼ばれる。

　他方で順応が遅い受容器は遅順応（slowly adapting）型と呼ばれ，物体で押し続けるような一定の刺激が持続する場合にも活動する。マーケル盤は持続的な圧力に強く反応する。ルフィニ小体はそれに対し，皮膚の伸張に対し反応する。ちなみにルフィニ小体はサルの手では見つかっていないため，サルの手の受容器を調べた研究ではその活動が記載されない（Paré et al., 2002）。マーケル盤とルフィニ小体は遅順応型のため，軸索の活動はそれぞれ SAI，SAII と呼ばれる。次に上記の区分方法をもとに，より実生活に近い環境での受容器の活動例を二つ見ていきたい。

2・1・2・1　粗さの知覚

　触覚は物体の素材の属性（温度・粗さ・硬さなど）を捉えるのに優れている。特にこれらの属性のなかでも，粗さの知覚について受容器が果たす役割について活発な議論が行われてきた。粗さの知覚の研究でよく使われる刺激は点字のような表面から浮き出た点状のパターンか，線形格子と呼ばれる直線状の連続した凸凹パターンである（図 2-5-1b）。粗さの知覚強度に一番大きな影響を与えるのは点状パターンなら点同士の距離，線形格子なら凹の幅であることがわかっている。このような表面の粗さは，指を左右に動かさなくても，そのまま指を押し付けるだけで知覚できる（Katz, 1925/1989）。点状パターンに対する受容器の活動を調べると，RAI（マイスナー小体）や SAI（マーケル盤）と接続する神経細胞の活動が最も忠実に表面の形状を捉えていることがわかった（図 2-1-2a）。つまり，これらの受容器は表面から浮き上がった凸部に対して強く活動し，底面ではあまり活動していないのである。さまざまな条件で受容器からの反応を調べてみると，空間的な特徴を SAI が一番うまく捉えることから，Hsiao et al.（1993）は，凸部と凹部における SAI の活動が比較されることで粗さの強度情報が得られると考え

た。

　確かに点字のような凹凸が大きな表面であれば，指を表面に押し込むだけで形状はわかるが，布生地の細かな凸凹を知覚するには指を動かす必要がある。この点を Katz は約 100 年前に気づいており，きめ細かな表面では振動覚が重要な役割を果たすことを指摘している。Weber et al.（2013）は，細かな表面の知覚には振動を捉える FAI や FAII も関与することを突き止めた。そのため粗さの知覚には複数の種類の受容器が関与していると考えたほうがよさそうである。

2・1・2・2　指で物体を摑むときの機械受容器の反応

　Johansson & Flanagan（2009）は，二つの指で物を持ち上げて戻すときの受容器の活動を明らかにしてきた。物を持ち上げるには，適切な力を与える必要がある。弱い力なら持ち上がらないし，強い力で摑めば壊れてしまうかもしれない。適切な力の調節には，触覚のフィードバック情報が大切である。図 2-1-2b は指が物体に触れたとき，土台から物体が持ち上がったとき，物体が土台に再び触れたとき，指を物体から離したときの神経線維の活動を示している。物に触れたときや手を離したときに活動するのは RAI, RAII と SAI である。SAI は物体と接触しているあいだ，継続的に活動するのがわかる。RAII は物体が土台から離れたり，接触したりするときに伴う振動を検出している。SAII はつまむときに活動する線維と手を離したとき活動する線維があるため，手の姿勢の情報をコードしているようである。この課題で物体が滑り落ちそうになると，物体の動きに RAI が反応し，つまむ力が強くなる。つまり適切な力を調節する触覚フィードバックとして RAI が重要な役割を果たすことがわかった。

2・1・3　自由神経終末の特性と役割

　自由神経終末は機械受容器に比べて何も構造がないように見える（図 2-1-1a）。しかし，その終末には痛みや温度の変化を検知する機構が備わっている。温度受容器は 2 種類あり，冷受容器と温受容器が知られている。痛みは侵害受容器によって情報が中枢へ送られる（詳しくは IV・3, IV・4 を参照）。

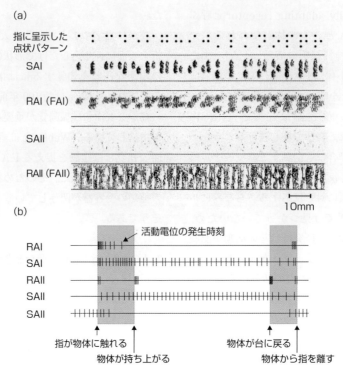

図 2-1-2　機械受容器の特性
（a）点字に対する機械受容器の活動パターン。点字の各部位に対する一つの受容器の反応を黒点として図示している。この実験では、受容野の上で点字列を移動させ、それが終わると次に点字列をわずかにずらし、再び受容野上を移動させることを繰り返し、点字列のすべての場所における活動を計測した（Phillips et al., 1990）。
（b）親指と人差し指で物体をつまみあげて元に戻す動作を行ったときの受容器の活動。縦線は活動電位の発生時刻を示す（Johansson & Flanagan, 2009 をもとに作成）。

2・1・4　有毛部の受容器

有毛部の機械受容器の特性には不明な点が多い。無毛部では機械受容器は主に有髄線維に接続するが、有毛部では毛包周辺の受容器が主に有髄線維と接続する（Provitera et al., 2007）。マーケル盤はあるが、マイスナー小体は存在せず、パチニ小体はごくわずかしかないと考えられている（Corniani & Saal, 2020）。また有毛部におけるルフィニ小体の役割についても議論が分かれている。毛包受容器には異なるタイプが存在し、その一部は速順応型の機械受容器の役割を果たすと考えられている（Abraira & Ginty, 2013；McGlone et al., 2014）。毛包受容器とは別に、特殊な無髄線維が存在する。この無髄線維は CT（または C-tactile）線維と呼ばれ、筆で軽くなぞったときのように軽くかつ、遅い動きに対して強く反応する。このような刺激は、誰かに撫でてもらうときに生じる心地よさと関係があり、スキンシップのために重要な役割を果たすのではないかと考えられている（McGlone et al., 2014）。

2・1・5　皮膚以外の受容器

皮膚より深部にある筋肉や関節にはさまざまな受容器が存在する。たとえば骨格筋には筋紡錘という受容器が存在し、筋の伸張に反応する。その一方で、ゴルジ腱器官は骨格筋の先端にある腱付近に存在し、筋の強い収縮に対して反応する。自分の手の位置や動きの感覚は自己受容感覚（proprioception）と呼ばれるが、これらの受容器が重要な役割を果たしていると考えられている。

（北田　亮）

2・2　末梢から中枢神経系へ

中枢神経系は脳と脊髄に分類できるが、脳はさら

に大脳・小脳・間脳・脳幹と呼ばれる部位に分けられる。脳幹は中脳・橋・延髄と呼ばれる構造を指しており，大脳は大脳皮質と大脳基底核を指す（図2-2-1a）。これらの部位のうち神経細胞の細胞体が集まった部位を灰白質と呼び，細胞体がなく軸索ばかりの部位を白質という。髄鞘には脂質が多く含まれており，脂質は白く見える。白質が白く見えるのは有髄線維が多いからである。

受容器と接続する感覚ニューロンの軸索は脊髄に後側（背側）から入り，脊髄や脳幹の神経細胞と接続する。たとえば筋紡錘やゴルジ腱器官からの情報は脳幹へ向かうものもあれば，脊髄の神経細胞に反射のための情報を与えるものもある。反射とは，刺激に対して生じる特定の反応のことで，座った状態で膝頭の下にある膝蓋腱を叩くと足が前方に動く膝蓋腱反射や，熱いものに触れると，とっさに手足を動かす動作である防御反射が例に挙げられる。これらの反射が起きるのは，感覚ニューロンが脊髄の神経細胞に情報を与えるためである。

感覚ニューロンの軸索が脳幹へ向かう経路は大きく分けて2種類ある（図2-2-1b）。最初の経路は後索-内側毛帯路と呼ばれ，脊髄の背部にある後索を通じて延髄（脳幹の一部）まで到達する経路である。延髄の神経細胞の軸索は内側毛帯と呼ばれる白質を通じて，間脳の一部である視床の神経細胞と接続する。皮膚の機械受容器や筋肉の受容器の情報は主に後索-内側毛帯路を使って伝わる。もう一つの経路は脊髄の前方側面（腹側面）の部位から視床へ接続する経路で，これを脊髄視床路と呼ぶ。この経路の途中で中脳や延髄にある神経細胞に接続するものもある。この経路は痛みや温度の情報を伝える経路で，CT線維のような触覚の一部の情報も伝えると考えられている。どちらの経路でも途中で脊髄または延髄を横切り，右側の皮膚の情報は左側へ，左側の情報は右側へ，交差して視床に伝わる。視床の神経細胞は大脳皮質の神経細胞に接続する。

上記のことを考えると識別的触覚は後索-内側毛帯路，感情的触覚は脊髄視床路と考えるとスッキリする。しかし後索-内側毛帯路が内臓の痛みを伝えることがあるように（Willis et al., 1999），二つの経路の役割分担が完全に分かれているわけではない。なお，顔の触覚は他の体部位と異なり，脊髄を経由せず三叉神経と呼ばれる脳神経を通じて脳に伝達されることに注意してほしい。

（北田 亮）

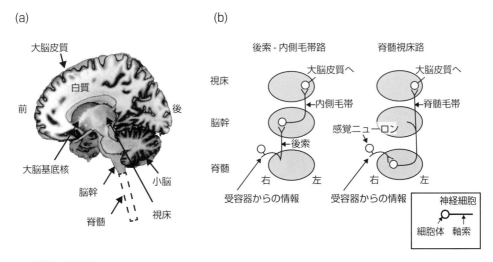

図2-2-1 触覚の伝導路
(a) MRIによる脳の断面図（MRIcronより作成）(b) 触覚の経路。大雑把に分ければ後索－内側毛帯路は手の識別的触覚，感情的触覚は脊髄視床路を経由して大脳へ到達する。脊髄視床路は脳幹で別の構造と接続する。図では示していないが，小脳や網様体のような他の構造への経路があることや，顔の触覚情報は脳と直接接続する脳神経（三叉神経）によって伝達されることにも注意したい。

2・3 大脳皮質の基礎知識と活動の計測方法

大脳には外側から内側に向けて大脳皮質、白質、大脳基底核が存在する（図2-3-1）。大脳皮質は多数の溝を作ることでその面積を広げている。大脳皮質は前頭葉・頭頂葉・側頭葉・後頭葉に分けられる。後頭葉には視覚の情報を処理する部位があり、これを視覚野と呼ぶ。側頭葉の一部には聴覚の処理を行う聴覚野があり、皮膚や筋からの情報は、頭頂葉の体性感覚野に送られ、処理が行われる。

大脳皮質は数mmの厚さしかないが、さらに、細かく区分することができる。大脳皮質の大部分を占める新皮質は6層から構成されている。この6層の厚さや細胞の特徴は大脳皮質の部位によって異なる。たとえば第5層は他の部位へ軸索を送る細胞が存在するが、一次運動野（Brodmannの4野）と呼ばれる部位はこの層が厚く、巨大な神経細胞が存在する（図2-3-1）。これはこの部位が脊髄に向けて運動制御の信号を送るからである。それとは対照的に、一次視覚野（17野）と呼ばれる部位は、他の部位からの入力を受ける第4層が厚く、5層は薄い。これは眼から間接的に視覚の情報を受け取る機能を反映していると考えられる。Brodmannの分類方法では、このようなパターンの違いから、大脳皮質を約50の部位（Area, 野）に分けることができる。このように区分された部位は互いに連携してさまざまな情報処理を行っている。ちなみにより最近の研究では大脳皮質は180の部位に分けられるとしており、より細分化されていくと考えられる（Glasser et al., 2016）。

大脳皮質の機能を研究する方法はいくつかある。代表的なのはマイクロニューログラフィのように神経細胞群の活動を計測する電気生理学的方法である。この方法は動物を対象とした実験で多く用いられる。その一方で健常者を対象に侵襲的（身体を傷つける）実験を行うのは倫理的に難しく、侵襲度の軽い方法が用いられる。たとえば脳機能イメージング法と呼ばれる手法は侵襲度が軽いため健常者を対象に実験が行われている。脳機能イメージング法には脳電図（脳波、EEG）・脳磁図（MEG）・ポジトロン断層撮影（PET）・機能的磁気共鳴映像法（fMRI）・近赤外線スペクトロスコピー（NIRS）などがある。大雑把にいうと、神経細胞群が活動すると周りに電気的変化が生じるが、その電気的変化を頭の外から計測するのが脳電図・脳磁図であり、時間解像度に優れる。その一方で、神経細胞群が活動すると、それに伴い周りの血液の性質やその流れが変化する。この間接的な変化を頭の外から捉えるのがポジトロン断層撮影・機能的磁気共鳴映像法・近赤外線スペクトロスコピーであり、ポジトロン断層撮影・機能的磁気共鳴映像法は空間解像度に優れている。なおポジトロン断層撮影は神経伝達物質について調べることにも、磁気共鳴映像法は脳の構造や神経線維束の性質を調べることにも使われる。脳機能イメージ

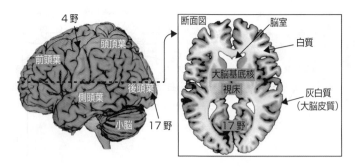

図2-3-1　大脳の基本的な構造
MRIで撮像した脳から、白質と灰白質を観察することができる。左図の黒い点線は切断した位置を示し、断面が右に表示されている。断面図でやや灰色の部位が灰白質で、大脳基底核や視床を白質が覆い、それを灰白質が覆っている。灰白質には神経細胞群があるが、その構成の違いから、大脳皮質は複数の部位に分けることができる。4野は一次運動野、17野は一次視覚野と呼ばれる。

ング法以外では，脳の特定部位に刺激を外部から与え，活動を促進したり抑制させたりする脳刺激法があり，磁気刺激法（TMS）であったり電気刺激法（tDCS, tACS）といった手法がある。多くの研究者がこれらの技術を駆使して，脳の機能を調べている。

（北田 亮）

2・4　大脳皮質での触覚の情報処理

末梢から触覚の情報を受け取った視床の神経細胞は，大脳皮質の神経細胞と接続し，その情報を送る。機械受容器の情報の多くは体性感覚野に送られるが，この体性感覚野は一次体性感覚野と二次体性感覚野に分かれる。

2・4・1　一次体性感覚野

前頭葉と頭頂葉の間には中心溝（central sulcus）と呼ばれる溝があり，その後方には中心後溝（postcentral sulcus）と呼ばれる溝が平行に走っている。中心溝と中心後溝の間にある部位は中心後回と呼ばれ（図 2-4-1a），一次体性感覚野はこの部位に存在する。英語では primary somatosensory cortex は SI（エスワン）と呼ばれる。図 2-4-1b では，この部位が指で素材に触れているときの活動が観察できる。一次体性感覚野は Brodmann の分類では 3, 1, 2 野に相当し，3 野はさらに 3a 野と 3b 野に分けられる。図 2-4-1d は 3a・3b・1・2 野の領域のおおよその区分を示している。

一次体性感覚野は末梢の情報が，大脳皮質のなかで最初に入力される主要な部位である。サルのニューロン活動を計測すると，3a 野には自己受容感覚（身体の位置や動き）に反応する細胞が，3b 野には皮膚の刺激に反応する細胞が多く存在する。また1 野や 2 野の細胞の一部はどちらの刺激にも反応する（Kim et al., 2015）。これらの領域はそれぞれ視床から直接入力を受けるが，3a, 3b 野に主な入力が行われ，3a, 3b, 1, 2 野に向けて処理が進んでいくとされる（図 2-4-1e）。そのため 3 野から 2 野へ階層的な処理構造があり，1, 2 野は 3 野より高次な役割を果たしていると考えられる。たとえば岩村らが各領域における神経細胞の受容野を調べたところ，

3, 1, 2 野へ進むにつれてニューロンの受容野が次第に複雑になることがわかった（図 2-4-1f）。3b 野に存在するニューロンの受容野は，指の一部に限局されるが，1 野，2 野に行くにつれ受容野は大きくなり，複数の指や手掌全体を覆うものまででてくるという。さらに 2 野では両手を受容野に含むニューロンまで見つかった（Iwamura et al., 1994；Iwamura et al., 1983a, 1983b）。つまり 1, 2 野ではより部位に依存しない刺激に反応するため，これらの領域が 3b 野より高次な役割を果たすと考えられている。サルの 2 野はさらに後頭頂葉や二次体性感覚野と解剖学的に結合している（つまりその部位に軸索を伸ばしている）（Lewis & Van Essen, 2000；Pons & Kaas, 1986）。ヒトでもサルと同様の構造になっていると考えられているが，どの程度一致するのかは不明な点が多い。

2・4・1・1　一次体性感覚野の体部位局在性について

一次体性感覚野の特徴として体部位局在性（somatotopy, ソマトトピー）が挙げられる。これは異なる体部位の刺激に異なる部位が反応することを指す（図 2-4-1c）。たとえば，顔の受容器からの情報を受ける神経細胞が中心後回の下側に存在し，上側にいくにつれて，胴体そして足の情報を受け取る神経細胞が現れる。図 2-4-1c を見ると，手や顔の領域が他の部位に比べて広いことがわかる。これは手や顔に触覚刺激を識別する受容器が多い，または手や顔の空間分解能が高いことを反映しているのだろう。ここで注意をしておきたいのは，ホムンクルスはあくまで単純化された図であり，皮膚部位と脳部位の 1 対 1 対応がどこまで精密にあるのかは議論の分かれる点である。特に，2 野のようなニューロンがあると，その対応はより粗くなるはずである。また図 2-4-1b は右の中指を素材で刺激したときの活動変化を fMRI で計測した結果だが，中心後回の後部において広範な活動がみられる。

2・4・1・2　一次体性感覚野の役割

一次体性感覚野は末梢からの情報が大脳皮質に入る最初の部位であるから，刺激の検出や特徴の抽出

第 IV 部 触覚

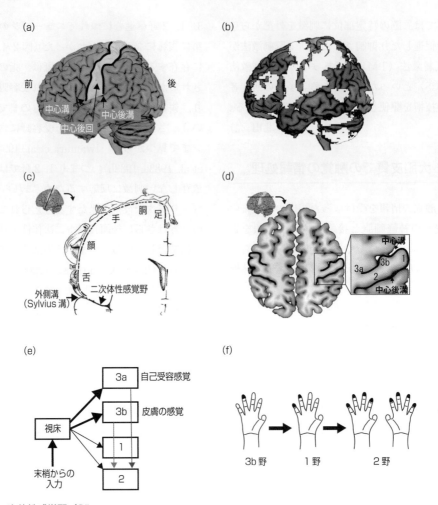

図 2-4-1　一次体性感覚野（SI）
(a) SI の位置。中心溝と中心後溝の間にある中心後回に位置する。中心溝の前に一次運動野（4 野）が存在する，(b) 触覚刺激に伴う脳活動（白色の部分）。安静状態に比べて，物体に触れてその属性を推定したときの活動。手は動かしていない，(c) 体部位再現性（Penfield & Rasmussen, 1968），(d) SI の詳細な構造，(e) サル S1 内の詳細な経路，(f) サル SI 内の神経細胞の受容野の変化の模式図（Iwamura et al., 1994；Iwamura et al., 1983a, 1983b をもとに作成）。

など，その後の触覚処理に不可欠な基本的な処理をすると考えられる。たとえば 3 野は他の脳部位に比べて体部位局在性がはっきりしており，刺激の検出には重要だろう。また振動刺激の周波数に比例して活動する細胞や素材属性の知覚強度に関わる細胞や，1 野や 2 野には触覚刺激の方向に選択的に活動する細胞（方向選択性ニューロン）や触った部分のエッジの有無によって活動を変化させる細胞など，複雑な特徴を抽出する細胞がある。これらの特徴抽出に関わる計算モデルが提案されており（Pei et al., 2011），今後の進展が期待される。

ここまでの話では一次体性感覚野は他の脳部位に触覚の情報を送る部位，すなわちボトムアップ処理の最初の部位と考えているが，他の部位からもトップダウンの情報を受け取る。たとえば，物体の特徴の意識的な知覚（Auksztulewicz et al., 2012；Rajaei et al., 2018）には後述する二次体性感覚野からの入力が関与したり，他者の行動を視覚的に観察するときにも活動することが知られている（Keysers et al., 2010）。

2・4・2 二次体性感覚野

二次体性感覚野は secondary somatosensory cortex，略して SII（エスツー）と呼ばれ，外側溝（lateral sulcus）のなかに存在する。外側溝の上と下には弁蓋部（operculum）があり，その奥には島（insula）と呼ばれる皮質が存在する。弁蓋部や島は前後に長く存在するが，二次体性感覚野はちょうど上部の頭頂葉に存在するため，解剖学的には頭頂弁蓋部（parietal operculum）と呼ばれる部位に相当する。Brodmann の 40 野と 43 野の一部がこの領域に含まれる。外側溝の下部には聴覚野を含む側頭弁蓋部がある。

二次体性感覚野も一次体性感覚野のように，いくつかの部位に分けられる（図 2-4-2）。サルの二次体性感覚野は三つの領域（S2, PV, VS）に分けられる。ヒトの頭頂弁蓋部には四つの部位があるとされ，そのうちの三つがサルの各領域に相当すると提案されている（Eickhoff et al., 2007）。サルの各部位にはそれぞれ別に体部位再現図がある（Cusick et al., 1989；Krubitzer et al., 1995）。

2・4・2・1 二次体性感覚野のその他の結合

図 2-4-2b はサルの二次体性感覚野とその他の皮質領域との解剖学的結合を示している（Disbrow et al., 2003；Lewis & Van Essen, 2000；Pons & Kaas, 1986）。これらの研究では脳の一部に特殊な物質を注入することで，軸索によるその物質の輸送先を染色し，どの部位と解剖学的に連絡しているのかを調べている。この図を見てみると二次体性感覚野は一次体性感覚野と互いに結合していることがわかる。また運動野との結合もみられ，運動と体性感覚の密接な関連がうかがえる。さらに二次体性感覚野は島との密接な結合があることが報告されており，島部は記憶や情動に関わる側頭葉内側部や辺縁系とつながっている（Friedman et al., 1986）。これらのことから二次体性感覚野は一次体性感覚野とは異なる役割を果たしていることが推測される。

2・4・2・2 二次体性感覚野は一次体性感覚野より高次領域なのか

二次体性感覚野は一次体性感覚野より高度な役割を果たすと信じられているが，その役割分担についてはそこまで分かっていない。一次体性感覚野も二次体性感覚野も視床からの入力があることが知られており（Zhang et al., 2001），皮膚刺激に対する最初の反応が見られるまでの時間は，二次体性感覚野と一次体性感覚野でそれほど変わらないことも示されている（Karhu & Tesche, 1999）。これらのことから一次体性感覚野と二次体性感覚野は実は同等の役割を果たしているのではないかと考えることもできる。

しかしその一方で二次体性感覚野の神経細胞の受容野は一次体性感覚野に比べてさらに複雑である（Taoka et al., 2016）。たとえば二次体性感覚野の神経細胞は全身の刺激に反応することもあり，このことから体部位に依存しない高度な役割を果たしてい

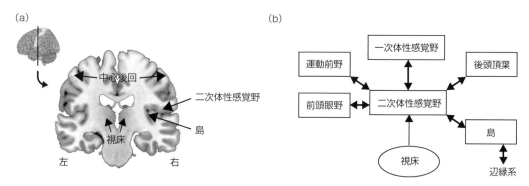

図 2-4-2　二次体性感覚野（SII）
(a) SII の位置。巨大な溝（外側溝）の内側の頭頂弁蓋部にあり，中心後回の下側にある。(b) サルの二次体性感覚野の解剖学的結合図の一部。二次体性感覚野はさまざまな脳部位と連絡し，複雑なネットワークを形成する。図示されていないが，聴覚野など別の部位への接続があることに注意したい（Disbrow et al., 2003 をもとに作成）。

第IV部　触覚

る可能性がある。二次体性感覚野は痛みの処理・触覚情報の記憶・注意・運動にも関連することが知られており，幅広い役割を担っていると考えられる。そのため一次体性感覚野と二次体性感覚野の役割の異同を明確にするにはさらなる研究が必要である。

　最後に一次体性感覚野と同様に二次体性感覚野も視覚入力でも活動することがある。たとえば他者が痛み刺激を受けている写真を見るだけでも，この部位の活動が生じることが知られている（Keysers et al., 2010）。このことは体性感覚野が，従来考えられているよりも多感覚的な機能をもつことを示している。

2・4・3　島

　島はSylvius溝の奥にある前後に長く広がる領域である（図2-4-2a）。島の後部は二次体性感覚野の隣にあり，島は視床から直接的に痛み・温度・触覚や感情に伴う内臓感覚の情報の入力を受けており，温度刺激・痛み刺激・かゆみ刺激に応じて反応を変化させることが知られている（Craig, 2002）。有毛部のCT線維に最適な刺激を与えると，その刺激の情報は島に到達すると考えられている。そのため，この部位は感情的な触覚や感情に伴う内臓感覚の処理に重要な役割を果たすと考えられている（McGlone et al., 2014）。島は触覚以外の感覚の入力があり，多感覚的に感情の処理に関わっている。

2・4・4　他の脳部位

　体性感覚野や島部は他の脳部位と複雑な結合をしていることから，触覚課題にはさまざまな脳部位が関与することが予想される。図2-4-1bを見てみると，体性感覚野だけでなく脳の広範な部位にわたり活動が観察されることがわかる。では体性感覚野以外の脳部位は触覚の処理に関して，どのような役割を果たしているのだろうか。次節では物体の認識に関わる脳部位に着目をして話を進めていきたい。

（北田　亮）

2・5　物体の認識に関わる脳内ネットワーク

　私たちは手で触れるだけで，身の回りのものであれば正確に認識することができる。物体を識別するには，形や素材の情報を抽出し，それを組み合わせる必要がある。私たちが物体を見るとき，形・色・奥行きなどの視覚情報が脳内で個別に処理され，処理後の情報が統合されて，その物体が認識されると考えられている（Zeki, 1998）。そこで触覚でも，粗さ・硬さ・温度・重さ・形・方位等の属性が分散的に抽出され，それらの情報が最終的には統合されることで，物体が識別されると考えることもできる（図2-5-1a）。ではこのモデルはどの位妥当なものなのだろうか。

2・5・1　物体的属性の分散的処理モデル

　物体の属性にはいろいろあるが，大雑把に分けると素材的属性と空間的属性に分けることができる。素材的属性は「粗さ」「硬さ」「温度」など強度情報に変換されるものが多いのに対して，空間的属性は，抽出した感覚情報からその物体を空間座標系で表現する必要がある。これらの違いから，空間的属性と素材的属性の処理にはそれぞれ異なる脳内ネットワークが関与しているのではないかと予測できる（Kitada, 2016）。

2・5・2　脳機能イメージング研究

　ここで紹介する研究の多くはfMRIやPETおよび脳刺激（TMS）の研究である。注意したいのは，fMRIやPETの研究で紹介される脳活動の多くは，何らかの条件と統計的に比較した結果を示していることである。たとえば図2-4-1bのように，素材の属性を知覚しているときの活動を何も触れず安静にしている条件と比較すれば，多くの脳部位の活動が描出されるが，比較する条件を，物体の形状を知覚する課題にすれば，描出される脳部位から共通した感覚処理の部位は除かれる。その場合，共通の感覚処理をしている体性感覚野は差し引かれてしまっており，活動していなかったようにみえる（図2-5-1b，

第 2 章　触覚の生理学

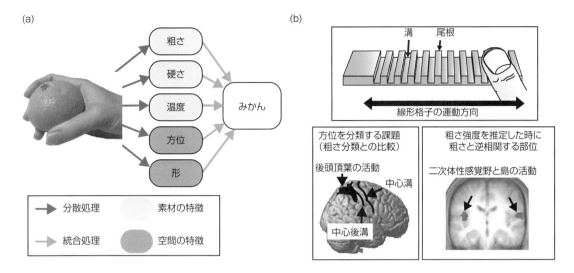

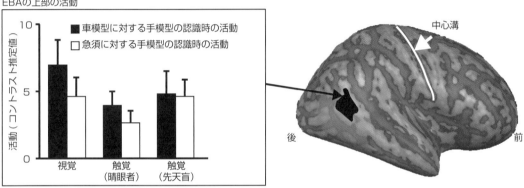

図 2-5-1　触覚の物体認識に関わる脳内モデル
　(a) 視覚の情報処理同様に，物体の認識には分散処理と統合処理が関わるとしたモデル（Kitada, 2016 をもとに作成）。(b) 分散処理モデルを支持する研究結果。線形格子の尾根の方位を変えたり，溝の長さを変えたりすることで，同じ刺激を用いて方位や粗さに関する課題を作ることができる。線形格子の方位分類課題では後頭頂葉が活動し，線形格子の粗さ強度の推定時には二次体性感覚野や島が活動した（Kitada, 2016 ; Kitada et al., 2005 ; Kitada et al., 2006 をもとに作成）。(c) 統合処理の一端を担う可能性のある高次視覚野。高次視覚野は感覚や視覚経験にかかわらず，物体のカテゴリに選択的な活動を示す部位が多く見つかっている。この実験では車模型・急須・手模型を視覚や触覚で識別したときの活動を比較し，EBA と呼ばれる脳部位の上部が手に選択的な活動を示した（Kitada et al., 2014 を一部改変）。脳溝の活動が外から見づらいため，脳を膨らませて示している。濃い灰色の部位は脳溝を示す。

c）。

　この統制条件と呼ばれる比較条件は心理学実験と同じように，何を知りたいかによって変わる。たとえば，ある粗さ強度の刺激条件に対し，より滑らかな刺激を比較条件に用いることで，粗さ強度に依存した活動を評価することができる。また，同じ刺激の他の属性（方位など）に注意する条件を比較条件にすれば，粗さ処理により特異的な脳部位を描出できる。そのため脳機能イメージング研究を評価するためには，何を何と比べているのか，について理解する必要がある。

2・5・3　空間的な触知覚に関わる脳領域

　触覚の神経科学的研究を行ううえで大きな問題の一つは，物体に触れる際の動作である。私たちは手を動かすことで，物体のさまざまな属性を抽出し，それを認識できる。しかしここで問題になるのは，手を動かすと複数の条件の間で，刺激の質や量を合わせる

1221

第 IV 部　触覚

ことができない点である。知りたい属性に応じて手の動き方が変わることが知られており（Lederman & Klatzky, 1987），温度を知りたければ手を動かさずに物体の上に静止させ，粗さが知りたければ手を横に動かし，形であれば一握りするか，そのあとその輪郭を指で追っていく。このような運動の違いを実験的に統制することは難しく，体性感覚野・運動野，これらの周辺部位は運動の違いに敏感である。そのためこれらの部位を調べる際には，脳活動が運動の質や量の影響を受けないように，手を動かさずに刺激することが多い。

北田らは，線形格子と呼ばれる素材を利用した研究を行った。線形格子は格子の凸部の方位を変えることができるだけでなく，溝の長さを変化させることで粗さを変化させることが可能である。そのため同じ刺激を用いて素材的属性と空間的属性の処理をお互いに比較することができる。北田らは，線形格子の方位を選択する課題と粗さを選択する課題を行っている最中の脳活動を fMRI で測定した（Kitada et al., 2006）。その結果，粗さ選択課題に比べて方位選択課題を行っているときに，後頭頂葉周辺で活動がみられた（図 2-5-1b 左下）。

後頭頂葉は方位の弁別だけではなく，物体の形状を知覚する際にも活動することが知られている。形状の知覚では手を動かす研究が多いため上記で指摘した点が問題になるが，テクスチャーを知覚する条件と形状を知覚する条件を比べると，やはり後頭頂葉が形状知覚の条件でより強く活動することがわかっている（Roland et al., 1998；Stilla & Sathian, 2008）。この領域は視覚の方位分類や形状知覚でも活動するため，共通の部位が感覚に関係なく，空間的な属性の処理に関与することがわかる。

より最近の研究では，これらの部位に加えて，視覚野の関与が指摘されている。視覚野は後頭葉から側頭葉や頭頂葉の一部を含めた，視覚の処理にもっぱら関わると考えられている部位である。後頭頂葉の一部である LOC（lateral occipito-temporal complex）は触覚と視覚の形状知覚時に活動するため，形状認識に関わると考えられているが（Amedi et al., 2001；James et al., 2002），その役割についてはまだ議論が続いている（Snow et al., 2015）。

2・5・4　素材の触知覚に関わる脳領域

では素材の情報処理にはどのような脳部位が関与するのだろうか。Kitada et al.（2005）は fMRI を用いて，指で線形格子の表面の粗さを推定する条件と推定しない条件を比べた。粗さを推定した場合には両側の二次体性感覚野や島で粗さ強度に関連した活動がみられた（図 2-5-1b 右下）。この活動は粗さを推定しない場合はみられないため，粗さに関する情報がこれらの領域で抽出されるのかもしれない。この結果は，頭頂弁蓋部や島部が腫瘍で圧迫された場合，やすりの粗さ弁別の成績が低下することとつじつまが合う（Greenspan & Winfield, 1992）。また Kitada et al.（2019）は二次体性感覚野と島部は柔らかさに関連した活動を示すことを明らかにした。さらに温度の推定をしているときにも，このような活動がみられる（Craig et al., 2000）。末梢では温度感覚の情報は機械受容器由来の情報とは別の経路をたどるので，互いに別の脳部位が関わるとも予想できるが，マクロ的に見れば素材に関する情報は類似した脳部位に収束するようである。

上記の結果は空間的属性と素材的属性の処理には，それぞれ異なる脳部位が関わる可能性を示している。ただしこのモデルにはいくつかの問題点もある。たとえば二次体性感覚野が方位や形状の知覚に関与する可能性が指摘されており（Fitzgerald et al., 2006），二次体性感覚野は空間的属性と素材的属性のどちらにも関与する可能性がある。実際に Kitada et al.（2006）が線形格子の粗さ分類条件と方位分類条件を比べると，この部位では統計的に活動の差があるとはいえなかった。また重さの知覚には運動野が関わるため（Chouinard et al., 2009），このモデルをさらに修正していく必要がある。

2・5・5　物体的属性の統合と視覚野

分散的処理が正しいとすると，別々に処理された情報は何らかの形で統合されて，その物体を識別できるはずである。ではこの統合にはどのような脳部位が関与するのだろうか。この問いに対する直接の証拠はまだ得られていないが，いくつかの研究でこの過程に高次視覚野が関与する可能性が示唆されている。

2・5・5・1　高次視覚野

視覚の入力は，刺激の属性（色・形・動きなど）に応じて視覚野で分散処理される。その結果，特定の属性やカテゴリに対して選択的に反応する部位が高次視覚野に存在する。たとえば紡錘状回顔領域（fusiform face area：FFA）は，呈示される物体のなかでも顔に対し選択的に強く活動する。また外線条体部位領域（extrastriate body area：EBA）は体部位に対して選択的に強く活動する（Downing et al., 2001；Kanwisher et al., 1997）。これらの部位は，視覚による物体カテゴリの識別に重要な役割を果たすと考えられる。

脳の損傷に高次視覚野が含まれる場合，視覚でも触覚でも物体の認識が難しくなる症例が報告されており，多感覚失認と呼ばれる（Feinberg et al., 1986；Ohtake et al., 2001）。さらに脳の損傷により顔の認識が困難になる症状（相貌失認）が，視覚と触覚で共通して生じるケースが報告されている（Kilgour et al., 2004）。これらの研究成果は，高次視覚野が視覚だけではなく触覚の物体の識別にも関与する可能性を示唆しているが，損傷部位が広範囲に及ぶため，本当に共通の脳部位が関与するのかどうかまではわからない。

2・5・5・2　高次視覚野は物体のカテゴリに選択的な活動を示す

Kitada et al. (2009) はこの点を明らかにするためfMRI実験を実施した。最初の実験では，晴眼者（視覚に障害のない人）を対象に，顔・手・足・瓶の模型を識別している最中の脳活動を測定した。その結果，FFAは触覚でも視覚でも顔に対して特異的な反応を示し，EBAは瓶に比べて手や足に対して強い反応を示した。これらの結果はFFAやEBAといった領域が，触覚でも視覚でも類似した反応特性をもつことを示している。

ここで生じる疑問は，触覚による物体識別時のFFAやEBAの活動は，触覚にとって必須なものかどうかというものである。たとえば触れたときに付随して生じる視覚的なイメージがFFAやEBAを賦活させただけで，識別自体には無関係かも知れない。そこで北田らは，生まれつき眼の見えない人

（先天盲）でもEBAが形成され，体部位に対して特異的に活動するのかどうかを調べた（Kitada et al., 2014）。生まれつき眼が見えなければ，視覚としてのイメージはできないはずである。その結果，EBAの一部は，感覚入力が視覚や触覚であろうと，視覚経験の有無に関係なく，急須や車の模型に比べて手の模型の認識時に強い活動を示すことがわかった（図2-5-1c）。この結果はEBAの上部が，視覚や触覚の物体識別に関わることを示している。さらにEBA以外の高次視覚野でも，その選択的活動が感覚や視覚経験とは関係なく存在することが知られている（Reich et al., 2011；Ricciardi et al., 2007；Wolbers et al., 2011）。

このように高次視覚野が触覚による物体の識別に重要な役割を果たすことがわかったが，この部位が素材や空間的属性の情報を直接的に統合するのか，それとも別の部位が情報を統合し，この部位にその結果を与えているのかについてはわかっていない。この点についても今後の研究が必要である。

（北田　亮）

2・6　視覚障害者の脳内ネットワーク

近年になり視覚障害者を対象とした研究が着目を浴びている。視覚障害者研究はもちろん障害者のQOLを高めることを大きな目標としているが，この研究の神経科学的に重要な点は，脳の可塑性すなわち「柔らかさ」を知るうえで重要な知見をもたらすことにある。大脳皮質には後頭葉を中心として視覚を主に処理する脳部位があるが，視覚障害者の視覚野は何の機能も果たさないのか，それとも視覚以外の役割を果たすようになるのだろうか。もし脳がより柔軟に環境に適応できるのであれば，視覚野は視覚以外の機能を有するかもしれない。ここではいくつかの研究を紹介したい。

前述のようにEBAの一部では，視覚経験の有無や感覚入力の違いにかかわらず機能が保たれている。しかし機能が保たれているのは一部であって，低次視覚野に近い別の部位（図2-6-1a）では視覚経験がないと，体部位に対する選択的な活動は生じない。この違いは失明の影響を示している。

第 IV 部　触覚

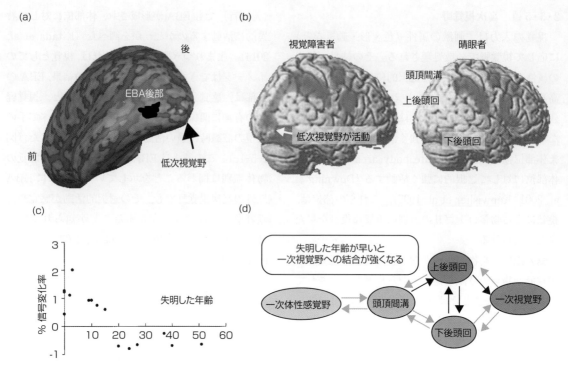

図 2-6-1　視覚障害者の神経基盤の例
（a）図 2-5-1c と同じ研究で、一次視覚野に近い EBA の下後部（黒色の部位）は、手に対する選択性が視覚障害者で失われている（Kitada et al., 2014 を一部改変）。（b）点字の弁別課題時の活動を安静状態と比較した結果。視覚障害者では晴眼者に比べて後頭葉、特に低次視覚野の活動が観察される（Sadato et al., 2002 を一部改変）。（c）一次視覚野の点字弁別時の活動は、失明した年齢に依存し、16 歳あたりを境に活動が負に転じる（Sadato et al., 2002 一部改変）。（d）領域間の関係性をモデル解析で検討すると、後頭回と一次視覚野との間の結合性が失明年齢が早いほど視覚障害者で高くなり、これが原因で一次視覚野の活動が高くなるモデルが選ばれる（Fujii et al., 2009 を一部改変）。

　低次視覚野のうち一次視覚野と呼ばれる部位は、視覚刺激が最初に大脳皮質に到達する部位である。生まれつき眼の見えない人（先天盲）が点字を触覚で弁別したとき、体性感覚野や後頭頂葉だけでなく、一次視覚野を含む低次視覚野が活動することがわかった（図 2-6-1b）（Sadato et al., 2002；Sadato et al., 1996）。さらに低次視覚野の上に当たる部位に対し反復性経頭蓋磁気刺激（rTMS）を行うと、視覚障害者では行動成績が下がったが、晴眼者の場合にはそのような干渉が生じなかった（Cohen et al., 1997）。この結果は、晴眼者と異なり先天盲の低次視覚野は、点字の触読に関して何らかの役割を果たすことを示している。
　Sadato et al.（2002）はさらにこの可塑的な変化と失明年齢の関係を明らかにするため、失明年齢の異なる視覚障害者が点字の弁別を行ったときの脳活動を測定した。点字弁別時の活動を安静時のそれと比較した結果、一次視覚野付近の活動は失明年齢が 16 歳を下回るときにのみ観察された（図 2-6-1c）。この結果は一次視覚野の可塑的変化の臨界期（critical period）が 16 歳前後に現れることを示唆している。動的因果性モデル（dynamic causal modelling）と呼ばれる解析手法を用いて領域間の関係性を調べてみると、体性感覚野の情報が後頭頂葉・高次視覚野を経由して一次視覚野に到達するモデルが支持された（Fujii et al., 2009）。後期失明者に比べて早期失明者で一次視覚野の活動が観察されるのは、上後頭回が一次視覚野の機能変化を促進したのが原因であると解釈された（図 2-6-1d）。
　早期失明者は後期失明者や晴眼者と比べて、失明の有無やその時期が異なるだけでなく、触覚を用いた課題の訓練量が異なる。齋藤らは晴眼者の麻雀の

玄人と素人が牌に刻まれた形状を触って弁別した（いわゆる盲牌をした）ときの脳活動を比較したところ，玄人の一次視覚野は素人のそれより強い活動を示した（Saito et al., 2006）。さらに晴眼者を対象に点字触読訓練を9か月行った縦断的研究では，文字の認識に関わる後頭-側頭領域の活動が，訓練前に比べて訓練後に強くなった（Siuda-Krzywicka et al., 2016）。これらの結果は，視覚障害者と晴眼者の点字触読時の活動の違いの一部は，長期的訓練が原因であることを示唆している。まとめると，低次視覚野は失明や訓練などの環境要因によって，触覚の処理に関わるようになる。

（北田 亮）

2・7　感情的触覚に関わる神経基盤

　私たちは触覚を通じて，その対象物の属性を認識するだけでなく，さらにそこからさまざまな感情を経験する。大脳基底核の一部・扁桃体・帯状回（大脳皮質の一部で内側の深部にある）・眼窩前頭皮質（前頭前野の底にあり，ちょうど眼球より上の部位にある）といった部位は 感情や動機づけに重要とされ，大脳辺縁系とも呼ばれる。島部はこれらの部位との関連性が深く，触覚に関係なく刺激による快-不快の程度に関連した処理を行うとされる。たと

えばベルベットややすりに触れたときにこれらの部位の活動が観察されており，機械受容器で得られた情報がどのように感情の情報に変換されるのかを理解するうえで重要と考えられる（Rolls et al., 2003）。パートナーのような親しい人との触れ合いは，不快な刺激に関する脳活動を抑制することが知られている（Coan et al., 2006；Kawamichi et al., 2015）。大脳辺縁系の活動がどのように不快関連の活動を抑制して，私たちの心を癒すのかについては今後の研究が待たれる。

（北田 亮）

2・8　最後に

　本章では触覚の神経科学的メカニズムについて概説した。触覚の研究は近年になり盛んになってきており，ここで挙げたトピック以外にも重要な知見が得られている。たとえば本章では中心溝より前の部分である運動前野や前頭前野の役割についての解説がないが，単純な振動の周波数に関する弁別課題でも，外側前頭前野が振動周波数の記憶に役立っていたり，運動前野が自分の体を所有している感覚（body ownership）に関わったりするなど，体性感覚野と密接な関わりをもっている。

（北田 亮）

文献

（2・0）

Feldman, R., Singer, M., & Zagoory, O. (2010). Touch attenuates infants' physiological reactivity to stress. *Developmental Science, 13*(2), 271-278. [doi: 10.1111/j.1467-7687.2009.00890.x]

Kitada, R., Sadato, N., & Lederman, S. J. (2012). Tactile perception of nonpainful unpleasantness in relation to perceived roughness: Effects of inter-element spacing and speed of relative motion of rigid 2-D raised-dot patterns at two body loci. *Perception, 41*(2), 204-220. [doi: 10.1068/p7168]

Klatzky, R. L., Lederman, S. J., & Metzger, V. A. (1985). Identifying objects by touch: An "expert system". *Perception & Psychophysics, 37*(4), 299-302. [doi: 10.3758/bf03211351]

McGlone, F., Vallbo, A. B., Olausson, H., Loken, L., & Wessberg, J. (2007). Discriminative touch and emotional touch. *Canadian Journal of Experimental Psychology/Revue canadienne de psychologie expérimentale, 61*(3), 173-183. [doi: 10.1037/cjep2007019]

Suvilehto, J. T., Nummenmaa, L., Harada, T., Dunbar, R. I. M., Hari, R., Turner, R., ... Kitada, R. (2019). Cross-cultural similarity in relationship-specific social touching. *Proceedings of the Royal Society B: Biological Sciences, 286*(1901), 20190467. [doi: 10.1098/rspb.2019.0467]

第 IV 部　触覚

（2・1）

Abraira, V. E., & Ginty, D. D. (2013). The sensory neurons of touch. *Neuron, 79*(4), 618–639. [doi: 10.1016/j.neuron.2013.07.051]

Corniani, G., & Saal, H. P. (2020). Tactile innervation densities across the whole body. *Journal of Neurophysiology, 124*(4), 1229–1240. [doi: 10.1152/jn.00313.2020]

Hsiao, S. S., Johnson, K. O., & Twombly, I. A. (1993). Roughness coding in the somatosensory system. *Acta Psychologica, 84*(1), 53–67. [doi: 10.1016/0001-6918(93)90072-y]

Johansson, R. S., & Flanagan, J. R. (2009). Coding and use of tactile signals from the fingertips in object manipulation tasks. *Nature Reviews Neuroscience, 10*(5), 345–359. [doi: 10.1038/nrn2621]

Katz, D. (1989). *The World of Touch* (L. E. Krueger, Trans.). Lawrence Erlbaum Associates. (Original work published 1925)

Maksimovic, S., Nakatani, M., Baba, Y., Nelson, A. M., Marshall, K. L., Wellnitz, S. A., ... Lumpkin, E. A. (2014). Epidermal Merkel cells are mechanosensory cells that tune mammalian touch receptors. *Nature, 509*(7502), 617–621. [doi: 10.1038/nature13250]

McGlone, F., Wessberg, J., & Olausson, H. (2014). Discriminative and affective touch: Sensing and feeling. *Neuron, 82*(4), 737–755. [doi: 10.1016/j.neuron.2014.05.001]

Paré, M., Smith, A. M., & Rice, F. L. (2002). Distribution and terminal arborizations of cutaneous mechanoreceptors in the glabrous finger pads of the monkey. *Journal of Comparative Neurology, 445*(4), 347–359. [doi: 10.1002/cne.10196]

Phillips, J. R., Johansson, R. S., & Johnson, K. O. (1990). Representation of braille characters in human nerve fibres. *Experimental Brain Research, 81*(3), 589–592. [doi: 10.1007/bf02423508]

Provitera, V., Nolano, M., Pagano, A., Caporaso, G., Stancanelli, A., & Santoro, L. (2007). Myelinated nerve endings in human skin. *Muscle Nerve, 35*(6), 767–775. [doi: 10.1002/mus.20771]

Reinisch, C. M., & Tschachler, E. (2005). The touch dome in human skin is supplied by different types of nerve fibers. *Annals of Neurology, 58*(1), 88–95. [doi: 10.1002/ana.20527.PMID:15984029]

Vallbo, A. B., & Johansson, R. S. (1984). Properties of cutaneous mechanoreceptors in the human hand related to touch sensation. *Human Neurobiology, 3*(1), 3–14.

Van Boven, R. W., & Johnson, K. O. (1994). The limit of tactile spatial resolution in humans: Grating orientation discrimination at the lip, tongue, and finger. *Neurology, 44*(12), 2361–2366. [doi: 10.1212/wnl.44.12.2361]

Weber, A. I., Saal, H. P., Lieber, J. D., Cheng, J. W., Manfredi, L. R., Dammann, J. F. III, & Bensmaia, S. J. (2013). Spatial and temporal codes mediate the tactile perception of natural textures. *Proceedings of the National Academy of Sciences of the USA, 110*(42), 17107–17112. [doi: 10.1073/pnas.1305509110]

（2・2）

Willis, W. D., Al-Chaer, E. D., Quast, M. J., & Westlund, K. N. (1999). A visceral pain pathway in the dorsal column of the spinal cord. *Proceedings of the National Academy of Sciences of the USA, 96*(14), 7675–7679. [doi: 10.1073/pnas.96.14.7675]

（2・3）

Glasser, M. F., Coalson, T. S., Robinson, E. C., Hacker, C. D., Harwell, J., Yacoub, E., ... Van Essen, D. C. (2016). A multi-modal parcellation of human cerebral cortex. *Nature, 536*(7615), 171–178. [doi: 10.1038/nature18933]

（2・4）

Auksztulewicz, R., Spitzer, B., & Blankenburg, F. (2012). Recurrent neural processing and somatosensory awareness. *Journal of Neuroscience, 32*(3), 799–805. [doi: 10.1523/JNEUROSCI.3974-11.2012]

Craig, A. D. (2002). How do you feel? Interoception: The sense of the physiological condition of the body. *Nature Reviews Neuroscience, 3*(8), 655–666. [doi: 10.1038/nrn894]

第２章　触覚の生理学

Cusick, C. G., Wall, J. T., Felleman, D. J., & Kaas, J. H. (1989). Somatotopic organization of the lateral sulcus of owl monkeys: Area 3b, S-II, and a ventral somatosensory area. *Journal of Comparative Neurology, 282*(2), 169-190. [doi: 10.1002/cne.902820203]

Disbrow, E., Litinas, E., Recanzone, G. H., Padberg, J., & Krubitzer, L. (2003). Cortical connections of the second somatosensory area and the parietal ventral area in macaque monkeys. *Journal of Comparative Neurology, 462*(4), 382-399. [doi: 10.1002/cne.10731]

Eickhoff, S. B., Grefkes, C., Zilles, K., & Fink, G. R. (2007). The somatotopic organization of cytoarchitectonic areas on the human parietal operculum. *Cerebral Cortex, 17*(8), 1800-1811. [doi: 10.1093/cercor/bhl090]

Friedman, D. P., Murray, E. A., O'Neill, J. B., & Mishkin, M. (1986). Cortical connections of the somatosensory fields of the lateral sulcus of macaques: Evidence for a corticolimbic pathway for touch. *Journal of Comparative Neurology, 252*(3), 323-347. [doi: 10. 1002/cne.902520304]

Iwamura, Y., Iriki, A., & Tanaka, M. (1994). Bilateral hand representation in the postcentral somatosensory cortex. *Nature, 369*(6481), 554-556. [doi: 10.1038/369554a0]

Iwamura, Y., Tanaka, M., Sakamoto, M., & Hikosaka, O. (1983a). Functional subdivisions representing different finger regions in area 3 of the first somatosensory cortex of the conscious monkey. *Experimental Brain Research, 51*, 315-326. [doi: 10.1007/BF00237868]

Iwamura, Y., Tanaka, M., Sakamoto, M., & Hikosaka, O. (1983b). Converging patterns of finger representation and complex response properties of neurons in area 1 of the first somatosensory cortex of the conscious monkey. *Experimental Brain Research, 51*, 327-337. [doi: 10.1007/BF00237869]

Karhu, J., & Tesche, C. D. (1999). Simultaneous early processing of sensory input in human primary (SI) and secondary (SII) somatosensory cortices. *Journal of Neurophysiology, 81*(5), 2017-2025. [doi: 10.1152/jn.1999.81.5.2017]

Keysers, C., Kaas, J. H., & Gazzola, V. (2010). Somatosensation in social perception. *Nature Reviews Neuroscience, 11*(6), 417-428. [doi: 10.1038/nrn2833]

Kim, S. S., Gomez-Ramirez, M., Thakur, P. H., & Hsiao, S. S. (2015). Multimodal interactions between proprioceptive and cutaneous signals in primary somatosensory cortex. *Neuron, 86*, 555-566. [doi: 10.1016/j.neuron.2015.03.020]

Krubitzer, L., Clarey, J., Tweedale, R., Elston, G., & Calford, M. (1995). A redefinition of somatosensory areas in the lateral sulcus of macaque monkeys. *Journal of Neuroscience, 15*(5), 3821-3839. [doi: 10.1523/JNEUROSCI.15-05-03821.1995]

Lewis, J. W., & Van Essen, D. C. (2000). Corticocortical connections of visual, sensorimotor, and multimodal processing areas in the parietal lobe of the macaque monkey. *Journal of Comparative Neurology, 428*(1), 112-137. [doi: 10.1002/1096-9861(20001204)428:1<112::aidcne8>3.0.co;2-9]

McGlone, F., Wessberg, J., & Olausson, H. (2014). Discriminative and affective touch: Sensing and feeling. *Neuron, 82*(4), 737-755. [doi: 10.1016/j.neuron.2014.05.001]

Pei, Y. C., Hsiao, S. S., Craig, J. C., & Bensmaia, S. J. (2011). Neural mechanisms of tactile motion integration in somatosensory cortex. *Neuron, 69*(3), 536-547. [doi: 10.1016/j.neuron.2010.12.033]

Penfield, W., & Rasmussen, T. (1968). *The Cerebral Cortex of Man: A Clinical Study of Localization of Function*. Hafner Publishing Company.

Pons, T. P., & Kaas, J. H. (1986). Corticocortical connections of area 2 of somatosensory cortex in macaque monkeys: A correlative anatomical and electrophysiological study. *Journal of Comparative Neurology, 248*(3), 313-335. [doi: 10.1002/cne.902480303]

Rajaei, N., Aoki, N., Takahashi, H. K., Miyaoka, T., Kochiyama, T., Ohka, M., ... Kitada, R. (2018). Brain networks underlying conscious tactile perception of textures as revealed using the velvet hand illusion. *Human Brain Mapping, 39*(12), 4787-4801. [doi: 10.1002/hbm.24323]

Taoka, M., Toda, T., Hihara, S., Tanaka, M., Iriki, A., & Iwamura, Y. (2016). A systematic analysis of neurons with large somatosensory receptive fields covering multiple body regions in the secondary somatosensory area of macaque monkeys. *Journal of Neurophysiology, 116*(5), 2152-2162. [doi: 10.1152/jn.00241.2016]

Zhang, H. Q., Zachariah, M. K., Coleman, G. T., & Rowe, M. J. (2001). Hierarchical equivalence of somatosensory areas I and

1227

第 IV 部 触覚

II for tactile processing in the cerebral cortex of the marmoset monkey. *Journal of Neurophysiology, 85*(5), 1823-1835. [doi: 10.1152/jn.2001.85.5.1823]

(2・5)

Amedi, A., Malach, R., Hendler, T., Peled, S., & Zohary, E. (2001). Visuo-haptic object-related activation in the ventral visual pathway. *Nature Neuroscience, 4*(3), 324-330. [doi: 10.1038/85201]

Chouinard, P. A., Large, M. E., Chang, E. C., & Goodale, M. A. (2009). Dissociable neural mechanisms for determining the perceived heaviness of objects and the predicted weight of objects during lifting: An fMRI investigation of the size-weight illusion. *NeuroImage, 44*(1), 200-212. [doi: 10.1016/j.neuroimage.2008.08.023]

Craig, A. D., Chen, K., Bandy, D., & Reiman, E. M. (2000). Thermosensory activation of insular cortex. *Nature Neuroscience, 3*(2), 184-190. [doi: 10.1038/72131]

Downing, P. E., Jiang, Y., Shuman, M., & Kanwisher, N. (2001). A cortical area selective for visual processing of the human body. *Science, 293*(5539), 2470-2473. [doi: 10.1126/science.1063414]

Feinberg, T. E., Rothi, L. J., & Heilman, K. M. (1986). Multimodal agnosia after unilateral left hemisphere lesion. *Neurology, 36*(6), 864-867. [doi: 10.1212/wnl.36.6.864]

Fitzgerald, P. J., Lane, J. W., Thakur, P. H., & Hsiao, S. S. (2006). Receptive field properties of the macaque second somatosensory cortex: Representation of orientation on different finger pads. *Journal of Neuroscience, 26*(24), 6473-6484. [doi: 10.1523/JNEUROSCI.5057-05.2006]

Greenspan, J. D., & Winfield, J. A. (1992). Reversible pain and tactile deficits associated with a cerebral tumor compressing the posterior insula and parietal operculum. *Pain, 50*(1), 29-39. [doi: 10.1016/0304-3959(92)90109-O]

James, T. W., Humphrey, G. K., Gati, J. S., Servos, P., Menon, R. S., & Goodale, M. A. (2002). Haptic study of three-dimensional objects activates extrastriate visual areas. *Neuropsychologia, 40*(10), 1706-1714. [doi: 10.1016/s0028-3932(02)00017-9]

Kanwisher, N., McDermott, J., & Chun, M. M. (1997). The fusiform face area: A module in human extrastriate cortex specialized for face perception. *Journal of Neuroscience, 17*(11), 4302-4311. [doi: 10.1523/JNEUROSCI.17-11-04302.1997]

Kilgour, A. R., de Gelder, B., & Lederman, S. J. (2004). Haptic face recognition and prosopagnosia. *Neuropsychologia, 42*(6), 707-712. [doi: 10.1016/j.neuropsychologia.2003.11.021]

Kitada, R. (2016). The brain network for haptic object recognition. In H. Kajimoto, S. Saga, & M. Konyo (Eds.), *Pervasive Haptics* (pp. 21-37). Springer.

Kitada, R., Doizaki, R., Kwon, J., Tanigawa, T., Nakagawa, E., Kochiyama, T., ... Sadato, N. (2019). Brain networks underlying tactile softness perception: A functional magnetic resonance imaging study. *NeuroImage, 197*, 156-166. [doi: 10.1016/j.neuroimage.2019.04.044]

Kitada, R., Hashimoto, T., Kochiyama, T., Kito, T., Okada, T., Matsumura, M., ... Sadato, N. (2005). Tactile estimation of the roughness of gratings yields a graded response in the human brain: An fMRI study. *NeuroImage, 25*(1), 90-100. [doi: 10.1016/j.neuroimage.2004.11.026]

Kitada, R., Johnsrude, I. S., Kochiyama, T., & Lederman, S. J. (2009). Functional specialization and convergence in the occipito-temporal cortex supporting haptic and visual identification of human faces and body parts: An fMRI study. *Journal of Cognitive Neuroscience, 21*(10), 2027-2045. [doi: 10.1162/jocn.2009.21115]

Kitada, R., Kito, T., Saito, D. N., Kochiyama, T., Matsumura, M., Sadato, N., & Lederman, S. J. (2006). Multisensory activation of the intraparietal area when classifying grating orientation: A functional magnetic resonance imaging study. *Journal of Neuroscience, 26*(28), 7491-7501. [doi: 10.1523/JNEUROSCI.0822-06.2006]

Kitada, R., Yoshihara, K., Sasaki, A. T., Hashiguchi, M., Kochiyama, T., & Sadato, N. (2014). The brain network underlying the recognition of hand gestures in the blind: The supramodal role of the extrastriate body area. *Journal of Neuroscience, 34*(30), 10096-10108. [doi: 10.1523/JNEUROSCI.0500-14.2014]

Lederman, S. J., & Klatzky, R. L. (1987). Hand movements: A window into haptic object recognition. *Cognitive Psychology,*

19(3), 342–368.［doi: 10.1016/0010-0285(87)90008-9］

Ohtake, H., Fujii, T., Yamadori, A., Fujimori, M., Hayakawa, Y., & Suzuki, K. (2001). The influence of misnaming on object recognition: A case of multimodal agnosia. *Cortex, 37*(2), 175–186.［doi: 10.1016/s0010-9452(08)70566-5］

Reich, L., Szwed, M., Cohen, L., & Amedi, A. (2011). A ventral visual stream reading center independent of visual experience. *Current Biology, 21*(5), 363–368.［doi: 10.1016/j.cub.2011.01.040］

Ricciardi, E., Vanello, N., Sani, L., Gentili, C., Scilingo, E. P., Landini, L., ... Pietrini, P. (2007). The effect of visual experience on the development of functional architecture in hMT+. *Cerebral Cortex, 17*(12), 2933–2939.［doi: 10.1093/cercor/bhm018］

Roland, P. E., O'Sullivan, B., & Kawashima, R. (1998). Shape and roughness activate different somatosensory areas in the human brain. *Proceedings of the National Academy of Sciences of the USA, 95*(6), 3295–3300.［doi: 10.1073/pnas.95.6.3295］

Snow, J. C., Goodale, M. A., & Culham, J. C. (2015). Preserved haptic shape processing after bilateral LOC lesions. *Journal of Neuroscience, 35*(40), 13745–13760.［doi: 10.1523/JNEUROSCI.0859-14.2015］

Stilla, R., & Sathian, K. (2008). Selective visuo-haptic processing of shape and texture. *Human Brain Mapping, 29*(10), 1123–1138.［doi: 10.1002/hbm.20456］

Wolbers, T., Klatzky, R. L., Loomis, J. M., Wutte, M. G., & Giudice, N. A. (2011). Modality-independent coding of spatial layout in the human brain. *Current Biology, 21*(11), 984–989.［doi: 10.1016/j.cub.2011.04.038］

Zeki, S. (1998). Parallel processing, asynchronous perception, and a distributed system of consciousness in vision. *Neuroscientist, 4*(5), 365–372.［doi: 10.1177/107385849800400518］

（2・6）

Cohen, L. G., Celnik, P., Pascual-Leone, A., Corwell, B., Faiz, L., Dambrosia, J., ... Hallett, M. (1997). Functional relevance of cross-modal plasticity in blind humans. *Nature, 389*(6647), 180–183.［doi: 10.1038/38278］

Fujii, T., Tanabe, H. C., Kochiyama, T., & Sadato, N. (2009). An investigation of cross-modal plasticity of effective connectivity in the blind by dynamic causal modeling of functional MRI data. *Neuroscience Research, 65*(2), 175–186.［doi: 10.1016/j.neures.2009.06.014］

Kitada, R., Yoshihara, K., Sasaki, A. T., Hashiguchi, M., Kochiyama, T., & Sadato, N. (2014). The brain network underlying the recognition of hand gestures in the blind: The supramodal role of the extrastriate body area. *Journal of Neuroscience, 34*(30), 10096–10108.［doi: 10.1523/JNEUROSCI.0500-14.2014］

Sadato, N., Okada, T., Honda, M., & Yonekura, Y. (2002). Critical period for cross-modal plasticity in blind humans: A functional MRI study. *NeuroImage, 16*(2), 389–400.［doi: 10.1006/nimg.2002.1111］

Sadato, N., Pascual-Leone, A., Grafman, J., Ibanez, V., Deiber, M. P., Dold, G., & Hallett, M. (1996). Activation of the primary visual cortex by Braille reading in blind subjects. *Nature, 380*(6574), 526–528.［doi: 10.1038/380526a0］

Saito, D. N., Okada, T., Honda, M., Yonekura, Y., & Sadato, N. (2006). Practice makes perfect: The neural substrates of tactile discrimination by Mah-Jong experts include the primary visual cortex. *BMC Neuroscience, 7*, 79.［doi: 10.1186/1471-2202-7-79］

Siuda-Krzywicka, K., Bola, Ł., Paplińska, M., Sumera, E., Jednoróg, K., Marchewka, A., ... Szwed, M. (2016). Massive cortical reorganization in sighted Braille readers. *eLife, 5*, e10762.［doi: 10.7554/eLife.10762］

（2・7）

Coan, J. A., Schaefer, H. S., & Davidson, R. J. (2006). Lending a hand: Social regulation of the neural response to threat. *Psychological Science, 17*(12), 1032–1039.［doi: 10.1111/j.1467-9280.2006.01832.x］

Kawamichi, H., Kitada, R., Yoshihara, K., Takahashi, H. K., & Sadato, N. (2015). Interpersonal touch suppresses visual processing of aversive stimuli. *Frontiers in Human Neuroscience, 9*, 164.［doi: 10.3389/fnhum.2015.00164］

Rolls, E. T., Aggelopoulos, N. C., & Zheng, F. (2003). The receptive fields of inferior temporal cortex neurons in natural scenes. *Journal of Neuroscience, 23*(1), 339–348.［doi: 10.1523/JNEUROSCI.23-01-00339.2003

第3章 温度感覚

温度感覚とは，皮膚に与えられた外界からの温度刺激に対する感覚である．温度感覚は，環境の状態を認識するとともに，自身の生理状態を調節するうえで重要である．本章では，温度を感じる感覚のしくみ，温度感覚の特性，および温度情報を用いた材質認識について述べる．

（何　昕霓）

3・1　温度を感じるしくみ

3・1・1　温度受容器

温度感覚は，皮膚にある温度受容器が温度刺激を電気信号に変換し，その信号が脳内で情報処理されて生じる．温度受容器は皮膚表面近くに位置し，組織学的に特殊な構造をもたない自由神経終末である（Hensel, 1981）．温度受容器は，温受容器と冷受容器に分けることができる．温受容器の求心性神経（受容器から中枢へ向かう軸索）は主に無髄のC線維であり，冷受容器の求心性神経は主に有髄のAδ線維であるため，冷受容器の情報は温受容器より速く中枢に伝わる．温および冷受容器の分布は，古典的に温点と冷点を用いて分析されている．温点と冷点とは温度刺激によって温覚または冷覚のみを生じさせることができる皮膚上の小さな領域（直径数mm以下）と定義され，温度受容器における受容野に相当すると考えられている．温点と冷点の分布密度は身体部位によって異なるが，一般的にどの部位においても冷点のほうが温点よりも多い．たとえば，前腕の背側には，100 mm^{2}当たり約七つの冷点と0.24個の温点があると推定されている（Stevens, 1991）．

温・冷受容器には次のような応答特性がある．温受容器は30-50℃の範囲で応答し，発火頻度は45℃付近で最大となる．冷受容器は5-43℃の範囲で応答し，22-28℃の範囲で発火頻度が最大となる（Darian-Smith, 1984；Spray, 1986）．一般的な皮膚温度（30-36℃）では，温受容器と冷受容器は低い頻度で自発発火しており，温かくも冷たくも感じない．この温度範囲を無感温度帯という．皮膚温度がこの無感温度帯から外れるとき，それぞれの受容器の相対的な発火頻度が変化する（図3-1-1a）．一般的に皮膚温度が高くなると温受容器の発火が促され，皮膚温度が低くなると冷受容器の発火が促される．温度が温・冷受容器が反応する範囲から外れる場合は，侵害受容器が刺激されることで痛みが生じる．

皮膚温度を瞬時に変化させると，温・冷受容器は動的な応答を示す（図3-1-1b）．皮膚を加熱したとき，温受容器では活動電位の発火頻度に一時的な上昇が認められる．発火頻度は皮膚温度・温度変化幅・温度変化率に依存するものの，発火頻度のピー

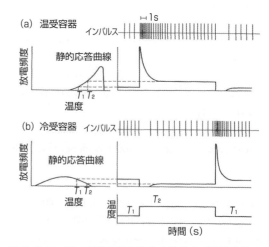

図3-1-1　温・冷受容器の静的応答および動的応答の模式図（Hensel, 1981）
温・冷受容器の発火頻度ピークの時間差を表示していない．

クはおおむね温度変化の終了後 1-2 s 以内に起こる（Duclaux & Kenshalo, 1980）。皮膚を冷やすと，温受容器の発火が一時的に抑えられる。これに対して冷受容器は温受容器とは反対の応答を示す。皮膚を冷却させると，冷受容器の活動電位の発火頻度は一時的に上昇し，加熱によって一時的に発火が抑えられる。冷受容器の皮膚冷却に対する発火頻度の変化の仕方は，基本的に温受容器の皮膚加熱の場合と似ているが，発火頻度のピークは温度変化の終了前に生じる（Kenshalo & Duclaux, 1977）。これは，冷受容器が温受容器よりも瞬間的な変化に対して敏感であることを示している。

　温度刺激は皮膚細胞や温度受容器のなかにあるイオンチャネルによって，電気信号に変換される。これらのイオンチャネルは，温度感受性 TRP チャネル（temperature-activated transient receptor potential channel）と呼ばれる。これまでに皮膚や感覚神経に六つの受容体が発見されており，これら六つの受容体はそれぞれ異なる温度によって活性化する（図 3-1-2）。六つのうち，TRPV1 と TRPV2 は高温に対して，TRPV3 と TRPV4 は体温に近い温かさで活性化し，TRPM8 は皮膚温度より低い温度で，TRPA1 は痛覚域の低温で活性化する。高温と低温を感じる受容体（TRPV1，TRPM8，TRPA1 など）は感覚神経の細胞に多く存在する。一方，体温に近い 30℃台の温度の受容体である TRPV3 や TRPV4 は皮膚の上皮細胞に多く存在する（富永, 2006）。また，温度感受性 TRP チャネルは温度だけでなく，ある種の化学物質によっても活性化されたり，抑制されたりする。たとえば，TRPV1 は唐辛子の辛み成分カプサイシンに反応し，TRPM8 はミントの主成分メントールに反応する（Patapoutian et al., 2003）。

3・1・2　感覚伝導路

　体幹や四肢から温度受容器に入力された信号は Aδ 線維と C 線維を通じて中枢神経系に伝わる。これらの線維を含む末梢神経は後根神経節（dorsal root ganglion）を経て同側の脊髄に後角から入る。そして脊髄内で 2 次ニューロンに接続し，情報が伝達される。この 2 次ニューロンは皮膚の広範囲の温度刺激に応答し，受容野は手の 1/4 または複数の指を含む場合もあるほど広い（Dostrovsky & Craig, 1996）。また，受容野内に温・冷受容器の応答が集積されるため，2 次ニューロンの発火頻度は 1 次ニューロンよりもはるかに高い（Davies et al., 1985）。そして 2 次ニューロンの活動は脊髄視床路を通じて対側に交叉し，視床中継核に伝わる。顔の温度感覚情報は体幹や四肢と異なり，脊髄を経由せず，三叉神経を通じて視床に伝達され，視床中継核に達する。これら視床中継核の 3 次ニューロンの活動は大脳皮質に伝達される。温度感覚の一次感覚野は，島皮質後部であると考えられている（Craig et al., 1994；Craig et al., 2000；Davis et al., 1999）。島皮質後部には，温・冷受容器の活動に対応するいわゆる「ホムンクルス」（体の各部位からの入力が，感覚皮質のどの部分に投射されているかを示したもの）が存在し，島後部の情報はさらに右前部島と眼窩前頭皮質に伝達され，主観的な温度感覚が生じることが示唆されている（Craig et al., 2000）。処理経路に島皮質を含むということは，温度感覚はかゆみや痛みといった自身の生理状態を感じる内受容感覚の一つであるということを意味する。これに対し，2 次ニューロンの情報は視床中継核を経由し，二次体性感覚野にも伝達されることが最近になり報告された（Mano et al., 2017）。これは温度情報が二次体性感覚野で処理されることを示しており，温度感覚は触覚など環境の状

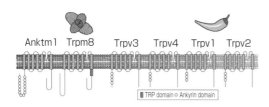

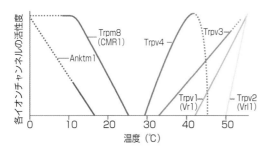

図 3-1-2　温度感受性 TRP チャネルとその応答特性
　　　　　（Patapoutian et al., 2003）

第 IV 部　触覚

態を推定する外受容感覚の一つであることを意味している。つまり温度感覚の二つの経路は，自身の生理状態を調節する機能と環境の状態を認識する機能に対応している。

(何　昕霓)

3・2　温度感覚の特性

3・2・1　知覚感度と知覚強度

3・2・1・1　知覚感度

温度感覚をもたらす刺激は温度そのものではなく，刺激部位の皮膚温度と刺激温度との差である。刺激温度が皮膚温度より高い場合，それは温刺激と呼ばれ温覚を引き起こす。同様に刺激温度が皮膚温度より低い場合は冷刺激と呼ばれ，冷覚を引き起こす。温度感覚を生じさせるのに必要な最も小さな温度差は絶対閾と呼ばれ，絶対閾が低いことはその刺激に対して感度が高いことを示している。温・冷覚の絶対閾は身体部位によって異なり，顔，特に唇が最も感度が高く，足の感度は最も低い。身体部位によって感度が100倍異なることもある（図3-2-1a）。日常生活で頻繁に使用される手は温度刺激に敏感で，1℃以下の温度変化を検出することができる。たとえば皮膚温度が33℃の場合，人差し指の指先の温覚の絶対閾は0.55℃，冷覚の絶対閾は0.30℃で，母指球の温覚の絶対閾は0.20℃，冷覚の絶対閾は0.11℃である（Stevens & Choo, 1998）。一般的に，すべての身体部位で冷刺激は温刺激よりも感度が高い傾向にあり，さらに冷覚の感度が高い部位ほど温覚の感度も高い。また，温冷覚の感度は加齢により低下し，特に下肢でその変化傾向は顕著である（図3-2-1a）。

絶対閾は皮膚温度に依存する（図3-2-1b）。基本的に皮膚温度が高いほど，温覚の絶対閾は小さくなり，反対に冷覚の絶対閾は大きくなる。無感温度帯である30℃から36℃の範囲では，冷覚の絶対閾は0.2℃から0.3℃に上昇する一方で，温覚の絶対閾は0.7-0.8℃から0.2-0.3℃に減少する。皮膚温度が40℃程度と高い場合，持続的な温かさを感じるようになり，わずか0.2℃の温度の上昇で，その温かさの変

化を検出することができる。その一方，持続的な温かさを感じる状態から冷覚を検出するのは，皮膚に対して余分に冷刺激を与える必要があるため，冷覚の絶対閾は1.1℃と他の皮膚温度の帯域に比べ大きい。同様に，皮膚温度が28℃程度と低い場合，温覚の絶対閾は冷覚の絶対閾よりはるかに大きくなり，温覚の絶対閾は1℃で，冷覚の絶対閾は0.1℃となる（Kenshalo, 1976）。

刺激の変化速度と刺激の面積も絶対閾に影響する。温度刺激の変化速度の影響については，温度刺激が0.1℃/s以上の速さで変化した場合は，1℃以下の温度変化でも知覚することができ，温覚と冷覚の絶対閾は変化速度に依存せずほぼ一定である。一方，刺激の変化速度が0.1℃/s以下でゆっくり変化した場合は，温覚と冷覚の絶対閾は刺激の変化速度に依存し変化する（図3-2-1c）。この変化速度の影響は冷覚よりも温覚で著しく認められる（Kenshalo et al., 1968）。また，温度変化速度が0.5℃/minのように極端的に遅い場合は，温度刺激が30℃と36℃の無感温度帯であれば，4-5℃と大きい温度変化でも検出できない場合がある（Stevens, 1991）。これは順応が生じているためである（IV・3・2・2・3を参照）。図3-2-1dは刺激面積の影響について示しているが，刺激面積が広いほど絶対閾は小さくなる。その影響は冷覚よりも温覚で特に顕著である（Kenshalo, 1976; Kenshalo et al., 1967）。これは，温度感覚では入力刺激に対する空間加重の影響が強いことを意味している（IV・3・2・2を参照）。

二つの温度刺激の間で，その温度の違いを知覚できる最小差を温度感覚の弁別閾と呼ぶ。たとえば，パルス状の温度刺激が母指球に与えられた場合（図3-2-2），温刺激のパルスを弁別できる刺激の温度差（弁別閾）は0.03-0.09℃程度であるのに対し，二つの冷刺激のパルスに対しては0.02-0.07℃である（Johnson et al., 1979）。これらの結果に基づいてWeber比を計算すると0.5-2%となる。この値は皮膚の温度差を弁別する能力はきわめて高いことを示している。温・冷覚の弁別閾は皮膚温度と刺激温度に依存する（図3-2-2）。たとえば，温覚の弁別閾は皮膚温度が29℃のときよりも34℃のときのほうが低く，4-6℃の平均刺激強度において最も敏感である。一方，冷覚

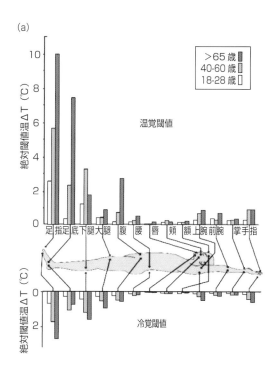
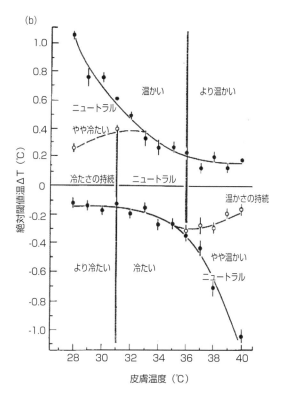
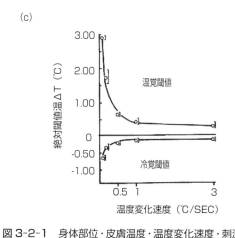
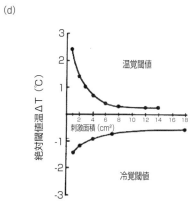

図 3-2-1　身体部位・皮膚温度・温度変化速度・刺激面積が温度感覚の絶対閾に与える影響
（a）代表的な年齢層ごとの各身体部位の温覚（上側の棒グラフ）と冷覚（下側の棒グラフ）の絶対閾。測定は皮膚温度が33℃，温刺激の変化速度が2.1℃/s，冷刺激の変化速度が1.9℃/sの条件下で行われた（Stevens & Choo, 1998）．（b）皮膚温度と絶対閾の関係。刺激部位は腕，刺激面積は15 cm²であった．（c）温度変化率と絶対閾値の関係（刺激部位は腕，刺激面積は15 cm²，皮膚温度31.5℃）．（d）刺激面積と絶対閾値の関係。刺激部位は腕であった（Kenshalo, 1976）．

第Ⅳ部 触覚

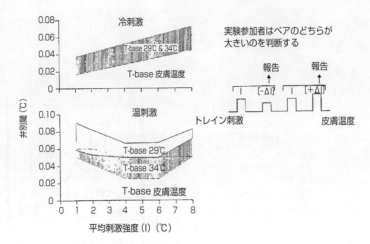

図 3-2-2 皮膚温度と刺激強度による温・冷刺激の弁別閾への影響（Darian-Smith, 1984）
測定部位は母指球。ペアのどちらがより温度が高いかを判断する。2試行分の流れをまとめて図にしている。

の弁別閾は皮膚温度には影響されないが，平均刺激強度の上昇によって増加する（Johnson et al., 1979）。

3・2・1・2 知覚強度

温度刺激が絶対閾を超えると，温・冷覚が生じる。その知覚強度（S）と刺激強度（ΔT = 刺激温度 − 皮膚温度）の関係には他の感覚と同様に，Stevens のべき法則（psychophysical power law）$S=k(\Delta T)^n$ が成立する。一般的に，温覚のべき指数 n の値は冷覚の値よりも大きい。たとえば，前腕皮膚（$16\,cm^2$）を皮膚温度 32.5℃ から加温または冷却する場合，べき指数 n の値は温覚で 1.6，冷覚で 1.0 である（Stevens & Stevens, 1960）。これは，同じ知覚強度の温・冷覚を感じさせる場合は冷刺激は温刺激よりも大きな刺激強度が必要なことを示している。また温度感覚の知覚強度は，快・不快感や痛みの程度と関連している。図 3-2-3 に示す通り，手や足を 10-50℃ の水に入れたとき，水の温度が皮膚の無感温度帯の範囲である場合には快と評価される。一方，水の温度がこの無感温度帯から外れたとき，温度が上昇，または下降するにつれ，知覚強度が強くなるとともに，不快であると感じるようになり，ある温度を超えると痛みを感じるようになる。ただし，温覚と冷覚ではこの知覚強度・快・不快感・痛みの感じ方が多少異なる。たとえば，不快から痛みに感じる刺激温度の平均的な差は，温刺激ではおよそ 1.4℃ で，冷刺激ではおよそ 5.6℃ である（Greenspan et al., 2003）。

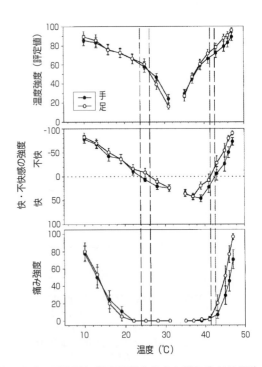

図 3-2-3 手や足に温度刺激を与えた際に生じる温冷感覚（上），快・不快感（中）と痛み（下）（Greenspan et al., 2003）
垂直の破線は感覚が快から不快に変化した温度を示す。

3・2・2 空間・時間特性

3・2・2・1 空間加重

温度感覚には空間加重の特性が強くはたらく。皮膚に複数の位置から一斉に温度刺激を受けた場合、それらの刺激による温度感覚の刺激強度は加算的に扱われ、刺激面積が大きくなるほど絶対閾が低下し、閾上刺激に対する知覚強度も増す。つまり、広い範囲に与えられた小さな温度変化を感知できることを意味する。小さな温度変化に敏感であるということは、体温調節などホメオスタシスの維持に役立っていると考えられる。

閾上刺激に関する空間加重の振る舞いを、図3-2-4に示す。図3-2-4a, bは温覚または冷覚の知覚強度、刺激の強さ、そして刺激面積の関係を示している（Stevens et al., 1974）。図3-2-4a, bから、刺激面積が大きくなるにつれ、同じ刺激強度でも、得られる知覚強度が強くなることがわかる。この関係は知覚強度が刺激面積に依存することを意味する。温覚の場合は刺激が強くなるにつれ、刺激面積からの影響が小さくなる（図3-2-4a）。刺激強度が1000 mW/cm²になると、それぞれのデータに当てはめた直線が収束する。収束点付近の刺激強度は痛覚を起こす強度とほぼ一致し、これは痛覚を起こす場合には空間加重ははたらかないことを示している。一方、冷覚の場合はそれぞれのデータを当てはめた直線は交わらず、収束しない（図3-2-4b）。これは刺激強度の範囲（0-6℃）では、刺激面積による知覚強度への影響は刺激強度によらず、ほぼ同一であることを意味する（Stevens & Marks, 1979）。ただし、この範囲の刺激強度は痛覚を起こす強度より低いので、痛覚を起こす場合の冷覚の空間加重のはたらきはまだ解明されていない。

空間加重は単一部位の刺激に対してだけでなく、正中線をまたいだ刺激に対しても生じることが報告されている（Rozsa & Kenshalo, 1977）。正中線に対し対称的な手や前腕の部位に、温度刺激が同時に呈示された場合、空間加重が生じ、閾値が低下する。一方、正中線に対して非対称に刺激した場合（額と手など）、閾値に影響しない。これらは、空間加重が左右の末梢神経からの信号が統合される皮質レベルで生じていることを示唆する。

3・2・2・2 空間精度

温度感覚の空間精度は低く、温度刺激の位置や幅、形状といった空間情報は曖昧に判断される（Stone, 1937）。触覚情報を排除した放射熱などの非接触型の温度刺激が与えられた場合、その刺激への明確な定位は困難であり、二点弁別も難しい。たとえば、前腕では150 mm離れている刺激の二点弁別でさえ出来ない（Vendrik & Eijkman, 1968）。さらに、背部と腹部どちらかに熱輻射刺激を与え、どちらが刺激

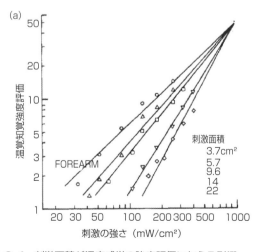
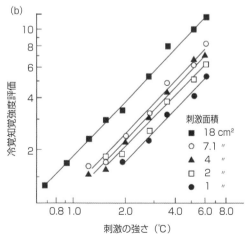

図3-2-4 刺激面積が温度感覚の強度評価に与える影響
(a) 温刺激を前腕に与えた場合（Stevens et al., 1974）、(b) 冷却刺激を前腕に与えた場合（Stevens & Marks, 1979）。

されたかを回答させた場合、誤答率が15%にも及ぶことが報告されている（Cain, 1973）。ただし、手の甲の定位精度は前腕や背部、腹部より高く、その定位誤差は19 mm であり、これは触覚刺激の定位誤差と大きく違わない（Nathan & Rice, 1966）。また温度感覚の定位能力は、刺激強度が大きくなるにつれ向上する。たとえば、前腕において温度刺激を定位する場合、触覚刺激より定位誤差が大きいが、刺激の強度が刺すような痛みに知覚される程度に強くなった場合、触覚の定位能力とほぼ同等になる（Simmel & Shapiro, 1969）。この刺激強度による変化の要因として、強い刺激では空間加重の影響が小さく、また温度感覚より空間解像度の高い侵害受容器が刺激される可能性があり、結果として高い定位精度が得られることが考えられる。この温度による定位能力の違いには以下のような機能的な役割があると考えられている。広い皮膚範囲で生じた小さな温度変化に対する感知能力は、体温調節といったホメオスタシスに寄与すると考えられており、この場合は温度刺激の正確な空間情報は必要ではない。一方、高温の刺激の場合は身体組織の損傷の恐れがあるため、即座に熱源から離れることが必要であり、その場合には温度刺激の正確な空間情報が必要となる。

3・2・2・3 順応

温度感覚の感度は、温度刺激の呈示時間によって変化する。温度刺激の呈示時間が1s以下の場合、時間加重の効果が観察され、絶対閾は刺激呈示時間と反比例の関係を示す（Stevens et al., 1973）。一方、1s以上の呈示時間の場合、絶対閾は呈示時間によって一定になるが、さらに長い時間刺激を呈示すると順応が生じる。順応とは持続的な刺激呈示により、感覚神経の応答が時間とともに変化し、感覚強度が弱まり、顕著な場合には感覚強度が消失する現象のことをいう。温度感覚の順応は、日常的にしばしば体験される。たとえば湯船に入った瞬間に熱いと感じても、温度は変化していないにもかかわらずその熱さに徐々に慣れていく。また温度刺激への曝露時間が長くなると、熱さは最終的に消えて温かくも冷たくもないと感じることがある。この現象を完全順応という。完全順応が生じるまでの時間は、皮膚と刺激の温度差により、数分から数十分の範囲で変化する（図3-2-5：Kenshalo & Scott, 1966）。完全順応が生じる温度の範囲は、身体部位と刺激面積による。たとえば、前腕部では、28-37.5℃の範囲で、指では、17-40℃の範囲で完全順応が生じる。

ある温度の範囲において順応させることで、冷感覚も温感覚も生じない無感温度（physiological zero）を操作することができる。無感温度が変化することによって、温かさや冷たさを判断する基準も変化する。たとえば、左右の手をそれぞれ冷水と温水に入れ、数分後に両手を同時にその中間の温度の水に入れると、冷水に順応した手では温かく、温水に順応した手では冷たく感じる。また、知覚強度の評価も皮膚の順応温度に影響される。たとえば20℃に順応した手に呈示された温度刺激（テスト刺激）が、32℃に順応した手にとってどの温度に対応するかを調べたところ、回答で得られた温度はテスト刺激の温度と大きくずれていた（図3-2-6）。また、テスト刺激温度が順応温度と近いほど、この誤差は大きくなる。たとえば、テスト刺激の温度が20℃の場合は、同じと感じる温度は28℃となり、8℃もの誤差が生じる（図3-2-6）。これは私たちの温度判断は手の順応温度に強く影響され、物理的な温度をそのまま判断しているわけではないことを示している（Tritsch, 1988）。

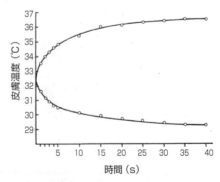

図3-2-5 完全順応の温度範囲と時間の関係（Kenshalo & Scott, 1966）
皮膚の温度を徐々に変化させたときの、実験参加者における完全順応を生じる時間経過。刺激部位は前腕、刺激面積は 14.4 cm²。

第3章 温度感覚

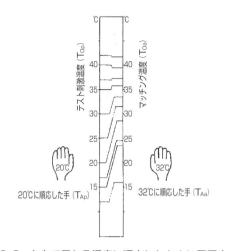

図3-2-6 左右で異なる温度に順応したときに同程度の温度に感じる温度の関係（Tritsch, 1988）
左手は20℃，右手は32℃に順応したのちに，左手に呈示した温度と同程度に感じる右手の温度は左手とは異なる．各線はどの温度とどの温度が同じに感じたかの対応関係を示している．

3・2・2・4 温度刺激に対する処理時間

温度刺激を処理するのに必要な時間は，神経の伝導速度とどのような応答を行うのかに依存する．温覚は主にC線維，冷覚は主にAδ線維によって伝導する．Aδ線維はC線維より伝導が速く，冷覚の伝導速度（13-14 m/s）は温覚（2.5 m/s）より速い（Darian-Smith, 1984）．そのため，冷刺激の大脳までの神経伝達潜時（neural transmission latency）は温刺激のそれより短い．手に温度刺激が呈示された場合の神経伝達潜時は冷刺激は130-200 msであり，温刺激の場合は280-356 msである（Chatt & Kenshalo, 1977；Ho et al., 2017；Maihöfner et al., 2002）．温度刺激が呈示されたかどうかをボタン押しで検出するような単純反応時間（simple reaction time）は，知覚処理と運動制御がかかわっているため，神経伝達潜時より長くなる．たとえば手に温度刺激が呈示されたときの単純反応時間は，冷刺激の場合で530 ms, 温刺激の場合で940 msである．この温刺激と冷刺激の反応時間の差は，刺激される箇所から大脳までの距離が増えるに従って大きくなる．たとえば，足首における温覚-冷覚の反応時間の差は，手における反応時間の差より大きい（Fowler et al., 1988）．

3・2・3 温度感覚における錯覚

3・2・3・1 Thermal grill illusion

温度感覚における錯覚の代表例として，手で交互に温（36-40℃）冷（20-24℃）と並んだ温度刺激を触るとき，交互に並んだそれぞれの刺激の温度を感じるのではなく，痛覚が生じる現象がある．それぞれの刺激の温度自体は痛みを生じさせるほど高温や低温ではないため，ここで生じる痛みはいわゆる錯覚であるといえ，この現象は"thermal grill illusion"と呼ばれる．この現象のメカニズムはまだ完全に明らかに解明されていないものの，以下の説明が現在もっとも有力である（Craig et al., 1994）．①冷刺激に触れると冷覚信号と同時に痛覚信号が生じる．②通常，冷刺激単体では痛覚信号は冷覚信号にマスクされるために，痛みは知覚されない．③ある冷刺激と温刺激の組み合わせによって，温覚信号によって冷覚信号が相殺される．④その結果，痛覚信号のみが脳内で生き残り，痛みが感じられる．この現象は実際には皮膚に対して侵害的な刺激を与えていないにもかかわらず痛みを知覚することから，痛覚の研究にも利用される．

3・2・3・2 温冷感の拡散 Thermal referral

人差し指，中指，薬指のうち，中指を指自体と同じ温度の刺激に，人差し指と薬指を温かい（冷たい）刺激に同時に接触させると，中指を含めた三本の指すべてで温かさ（冷たさ）を感じる．中指で触れている刺激の温度は指自体と同じであるので，本来中指で対象物の温度を感じることはないはずであるため，この現象は錯覚であると言える．中指を刺激から離すと，中指では温度を感じなくなることから（Green, 1977；Ho et al., 2011），この現象は物体に触れているという情報によって温冷感が拡散した結果であると考えられている．温度感覚よりも触覚のほうが位置精度が高いことから，触覚による位置情報が温度感覚の空間的な範囲の決定に貢献していると考えられる．たとえ刺激の物理的な距離が同じでも，刺激に触れる指が隣同士ではないと（たとえば人差し指，中指，小指の組み合わせ）効果が弱くなる（Ho et al., 2010）．拡散が生じるための触覚の

位置情報は，環境座標系の位置情報ではなく，一次体性感覚野にあるような体部位再現的な位置情報であると考えられる。

(何 昕霓)

3・3 温度感覚と材質認識

材質によっては実際の温度は同じであるにもかかわらず他の材質に比べて手触りが冷たいと感じることがある。たとえば，金属に触れたときに感じる温度は木材の時のそれより冷たい。この触れたときに感じる温度の違いは物体の材質などの質感認識に貢献していると考えられている（Ho, 2018）。温度感覚における材質認識には物理的，知覚的および認知的プロセスが関わっている（図3-3-1）。ここでの物理的プロセスとは，皮膚と物体の間の熱交換が皮膚温度変化を生じさせることをいう。変化の程度は物体の材質に依存する。知覚的プロセスとは，皮膚温度変化が温度受容器を活性化させ，その感覚信号が温度手がかり（thermal cues）として材質の比較弁別などの手がかりとなる過程をいう。認知的プロセスとは，温度手がかりに基づいて接触物体をある材質カテゴリに分類し材質を特定するようなより高次な過程をいう。本節では，これら温度感覚における材質認識の物理的，知覚的および認知的プロセスについて説明する。

3・3・1 物理的プロセス

3・3・1・1 皮膚と物体間の熱交換に影響する要因

通常，定常状態の皮膚温度は生活環境に存在する物体の温度より高いことが多い。これらの物体に手が接触すると，皮膚から物体に熱が伝導し，皮膚温度は低下する。接触中に交換された熱量，そして生じた温度変化の程度は，物体の材質の熱的性質（熱伝導率と熱容量など）に依存する。熱伝導率と熱容量の積の平方根をとったものを熱浸透率（thermal effusivity）と呼び，物体が接触中の皮膚と熱量を交換する割合を表す。接触係数が大きいほど，多くの熱量が交換され，物体はより冷たく感じる。金属の接触係数は木材のそれより高いため（表3-3-1），同じ室温であっても金属製の物体は木製の物体より冷たく感じる。また，物体の厚みも皮膚と物体間の熱交換に影響する。物体が薄いと接触の際に交換できる熱量が限られるため，皮膚温度の変化は少なく，感じる冷たさは弱い。たとえば，同じアルミニウムからできているアルミホイルとアルミ板では，触れたときに感じる冷たさの程度が異なり，より厚いアルミ板のほうが冷たく感じる。

物体と皮膚の間の境界面の状態も熱交換に影響する。皮膚が物体に接触する境界面は，接触面積のうち皮膚と物体が100％の割合で接触しているわけではなく，接触表面の粗さに依存し，接触面積のうち一部

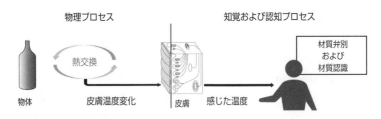

図3-3-1 温度感覚における材質認識の物理，知覚および認知プロセス

表3-3-1 皮膚と日常生活で接触する機会の多い4種類の材質の物理特性

材質	皮膚	アルミニウム	ガラス	アクリル	発泡スチロール
熱伝導率 k (W/mK)	0.37	237	1.38	0.20	0.19
熱容量 ρc (J/m³K)	3.70×10^6	1.87×10^6	1.63×10^6	1.72×10^6	0.25×10^6
熱浸透率 $(k\rho c)^{1/2}$ (J/m²s$^{1/2}$K)	1.17×10^3	24×10^3	1.50×10^3	0.59×10^3	0.22×10^3

分のみが皮膚と接触している。この実質的な接触面積は，境界面を通過する熱量を制限する。どの程度制限されるのかは接触熱抵抗（thermal resistance）で記述できる。接触熱抵抗は皮膚と物体の表面粗さや硬さに正比例する一方，接触力（contact force）や皮膚と物体の熱伝導率に反比例する（Rykaczewski, 2019；Yovanovich, 1982）ので，表面が滑らかになり，接触力が高くなるにつれ，熱接触抵抗は小さくなり，より多く熱量を交換できる。これによって，指で物体の表面を強く押し付けると，冷たい感覚がより鮮明に感じられたり，滑らかな表面が粗い表面よりも冷たく感じられるといった日常経験をうまく説明できる。

3・3・1・2　物体接触時の皮膚温度変化の挙動

物体に触れる際に生じる皮膚温度変化の挙動はいわゆる冷却曲線として示される（図3-3-2）。材質によって曲線の形状は異なるものの，基本的に以下のような構造をもつ点で共通している。まず接触の瞬間に急速に温度が低下し（初期反応），その後時間経過に従いゆっくりと変化する（後期反応）。接触直後の急速な温度変化には，皮膚表層の冷却が関わっていると考えられる。また，その後のゆるやかな変化には皮膚深層の冷却に加え，代謝熱と血液の温度の影響が関わっていると考えられる（Chen et al., 1994）。図3-3-2に室温のアルミニウム，ガラス，アクリル，発泡スチロールなど日常生活で接触する機会の多い材質を触れる際の皮膚の冷却曲線を示す。接触係数が高い材質（たとえば金属）は接触係数が低い材質（たとえば発泡スチロール）より，一般に初期冷却速度が高く，皮膚温度の総変化が大きい。この皮膚温度変化の挙動の違いは，同じ温度でも材質によって温度の感じ方が異なることの物理的な要因であり，逆の見方をすれば感じられる温度から材質が推定できる理由の一つである。

物体の材質以外に物体の厚みも冷却曲線に影響する。同じ材質でも，より厚いものは薄いものより，初期冷却速度が高く，皮膚温度の総変化が大きい。物体の材質と厚みによって，冷却曲線の後期反応の挙動は三種類に分けられる。接触係数が高い材質（たとえば金属）の場合は，時間経過に従いゆっくり変化し続けるか漸近線に近づく。一方，接触係数が低い材質（たとえば発泡スチロール）または，物体が薄い（たとえば，厚み1mm）場合は，皮膚温度が低下した後にゆっくり上昇するV字形の冷却曲線になりやすい（図3-3-2）（Ho, 2016）。この緩やかな上昇は，皮膚からの熱が物体のなかにたまることで時間経過に従い物体の表面温度が上昇するためである。

3・3・2　温度手がかり（thermal cues）に基づく材質の知覚および認知プロセス

IV・3・3・1で述べたように，材質によって熱的性質（熱伝導率，接触係数など）が異なるために，同じ温度であっても接触時に生じる皮膚温度変化が異なる（図3-3-2）。そのため，この皮膚温度変化の違いからある程度物体の材質を推定することが原理的には可能である。通常，定常状態の手の皮膚温度は生活環境に存在する物体の温度より高いことが多いため，これらの物体に手が接触する際には，この温度受容器のうち主に冷受容器が活性化し，冷受容器からの信号が温度手がかりとして中枢神経系へと伝達される。物体に触れる際に生じる皮膚温度変化の挙動は冷却曲線として示され（図3-3-2），冷却曲線の形状は材質の熱特性によって異なる。これまでに，冷却曲線の初期冷却速度（dT/dt）と皮膚温度の総変化（ΔT）という二つの特徴を変化させたとき，

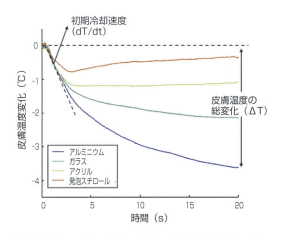

図3-3-2　アルミニウム，ガラス，アクリル，発泡スチロールを手で触れたときの皮膚の冷却曲線（初期皮膚温度34℃，初期材質温度25℃）（Ho, 2018）

第IV部　触覚

それぞれを冷たさの違いとして弁別を行うことが可能であることが報告されている（Bergmann Tiest & Kappers, 2009）。物体接触時の皮膚温度変化の冷却曲線における初期冷却速度と皮膚温度の総変化は材質の熱的性質に大きく依存するので（図3-3-2），この報告は，初期冷却速度と皮膚温度の総変化が接触物体の熱的性質を推定する手がかりとして機能することを意味している。

3・3・2・1　温度手がかりによる材質弁別

　われわれは室温のさまざまな材質を触って，それらを"冷たい"順にあるいは"温かい"順に温度ごとに並べることができる。このとき，通常熱浸透率が大きい金属は冷たい側に，接触係数が小さい布は温かい側に並べられる。このような並べ方には個人差はほとんどない。一方，物体の温度が皮膚温度より高い場合は，接触係数が大きい金属は温かい側に，接触係数が小さい布は冷たい側に並べられる（Katz, 1989）。これは，物体の温度が皮膚温度より高い場合，熱の伝導方向は物体から皮膚へと変化し，接触係数が大きい材質はより多くの熱量が交換されるためである。ここで注意すべきは，温度手がかりによって材質弁別を行うには下記の二つの要件が必要であることである。一つは，物体と皮膚の温度に一定の差が必要であることである。物体の温度と皮膚温度が近い場合は，接触時に交換される熱量が少なく，皮膚温度があまり変化しないため，そもそも温度手がかりが得られにくい。もう一つは，材質の熱的性質に一定の差が必要であることである。一般的に，二つの材質の接触係数が3倍以上異なるときに，接触時にそれぞれの温度を弁別することが可能となる（Ho & Jones, 2006）。たとえば，アルミニウムとアクリルの接触係数の値は10倍以上異なるので（表3-3-1），温度手がかりが材質（熱的性質）の弁別に役立つ。

3・3・2・2　温度手がかりによる材質認識

　二つ以上の材質の比較弁別だけでなく，われわれは接触時に感じる温度によって，個別に材質が何であるかを特定することも可能である。たとえば，室温のアルミニウム，ガラス，ゴム，プラスチック，木材をそれぞれ実験参加者に触らせて，感じた温度から材質が何であるかを回答させた場合，全体の正答率は61%とチャンスレベルの20%よりも有意に高く，さらに正答率が80%を超えるものもあった（アルミニウムと木材：Ino et al., 1993）。このような課題を行う際には，接触時に知覚された温度と，これまでに経験的に記憶された材質の接触時の温度を比較し，今接触している物体がどの材質カテゴリに分類されるのかを推論する作業が心的に行われていると考えられる。一方，日常的な環境と異なる環境で物体に接触した場合の材質の正答率は低下することが知られている（Katz, 1989）。これは，記憶されている材質の接触温度はあくまで経験時の接触条件によることを示唆するものである。たとえば，経験上ある材質に室温でふれる機会が多いのであれば，冷受容器からの信号がその材質の接触温度として記憶される。そのため，もし日頃経験しにくい状況でその材質に接触すると（たとえば，物体温度が皮膚温度より高い，接触時に手袋を着用するなど），同じ材質であるにもかかわらず，温度手がかりは記憶されている接触温度からはずれてしまい，温度手がかりが材質を推定する手がかりとして機能しにくくなる。

（何　昕霓）

文献

（3・1）

Craig, A. D., Bushnell, M. C., Zhang, E. T., & Blomqvist, A. (1994). A thalamic nucleus specific for pain and temperature sensation. *Nature, 372,* 770-773. ［doi: 10.1038/372770a0］

Craig, A. D., Chen, K., Bandy, D., & Reiman, E. M. (2000). Thermosensory activation of insular cortex. *Nature Neuroscience, 3,* 184-190. ［doi: 10.1038/72131］

Darian-Smith, I. (1984). Thermal sensibility. In I. Darian-Smith (Ed.), *Handbook of Physiology: The Nervous System* (pp.

879-913). American Physiological Society.

Davies, S. N., Goldsmith, G. E., Hellon, R. F., & Mitchell, D. (1985). Sensory processing in a thermal afferent pathway. *Journal of Neurophysiology, 53*, 429-434. [doi: 10.1152/jn.1985.53.2.429]

Davis, K. D., Lozano, R. M., Manduch, M., Tasker, R. R., Kiss, Z. H., & Dostrovsky, J. O. (1999). Thalamic relay site for cold perception in humans. *Journal of Neurophysiology, 81*, 1970-1973. [doi: 10.1152/jn.1999.81.4.1970]

Dostrovsky, J. O., & Craig, A. D. (1996). Cooling-specific spinothalamic neurons in the monkey. *Journal of Neurophysiology, 76*, 3656-3665.

Duclaux, R., & Kenshalo, D. R. (1980). Response characteristics of cutaneous warm receptors in the monkey. *Journal of Neurophysiology, 43*, 1-15. [doi: 10.1152/jn.1980.43.1.1]

Hensel, H. (1981). *Thermoreception and Temperature Regulation*. Academic Press.

Kenshalo, D. R., & Duclaux, R. (1977). Response characteristics of cutaneous cold receptors in the monkey. *Journal of Neurophysiology, 40*, 319-332. [doi: 10.1152/jn.1977.40.2.319]

Kenshalo, D. R., & Scott, H. A. (1966). Temporal course of thermal adaptation. *Science, 151*, 1095-1096. [doi: 10.1126/science.151.3714.1095]

Mano, H., Yoshida, W., Shibata, K., Zhang, S., Koltzenburg, M., Kawato, M., & Seymour, B. (2017). Thermosensory perceptual learning is associated with structural brain changes in parietal-opercular (SII) Cortex. *Journal of Neuroscience, 37*(39), 9380-9388. [doi: 10.1523/JNEUROSCI.1316-17.2017]

Patapoutian, A., Peier, A. M., Story, G. M., & Viswanath, V. (2003). ThermoTRP channels and beyond: Mechanisms of temperature sensation. *Nature Reviews Neuroscience, 4*, 529-539.

Spray, D. C. (1986). Cutaneous temperature receptors. *Annual Review of Physiology, 48*, 625-638. [doi: 10.1146/annurev.ph.48.030186.003205]

Stevens, J. C. (1991). Thermal sensibility. In M. A. Heller & W. Schiff (Eds.), *The Psychology of Touch* (pp. 61-90). Lawrence Erlbaum.

富永 真琴 (2006). 温度を感じるしくみ：受容体分子の発見 総研大ジャーナル, *10*, 44-45.

(3・2)

Cain, W. S. (1973). Spatial discrimination of cutaneous warmth. *American Journal of Psychology, 86*, 169-181.

Chatt, A. B., & Kenshalo, D. R. (1977). Cerebral evoked responses to skin warming recorded from human scalp. *Experimental Brain Research, 28*, 449-455. [doi: 10.1007/BF00236469]

Craig, A. D., Bushnell, M. C., Zhang, E. T., & Blomqvist, A. (1994). A thalamic nucleus specific for pain and temperature sensation. *Nature, 372*, 770-773. [doi: 10.1038/372770a0]

Darian-Smith, I. (1984). Thermal sensibility. In I. Darian-Smith (Ed.), *Handbook of Physiology: The Nervous System* (pp. 879-913). American Physiological Society.

Fowler, C. J., Sitzoglou, K., Ali, Z., & Halonen, P. (1988). The conduction velocities of peripheral nerve fibres conveying sensations of warming and cooling. *Journal of Neurology, Neurosurgery, and Psychiatry, 51*, 1164-1170. [doi: 10.1136/jnnp.51.9.1164]

Green, B. G. (1977). Localization of thermal sensation: An illusion and synthetic heat. *Perception & Psychophysics, 22*, 331-337. [doi: 10.3758/BF03199698]

Greenspan, J. D., Roy, E. A., Caldwell, P. A., & Farooq, N. S. (2003). Thermosensory intensity and affect throughout the perceptible range. *Somatosensory & Motor Research, 20*, 19-26. [doi: 10.1080/0899022031000083807]

Ho, H-N., Sato, K., Kuroki, S., Watanabe, J., Maeno, T., & Nishida, S. (2017). Physical-perceptual correspondence for dynamic thermal stimulation. *IEEE Transactions on Haptics, 10*, 84-93. [doi: 10.1109/TOH.2016.2583424]

Ho, H-N., Watanabe, J., Ando, H., & Kashino, M. (2010). Somatotopic or spatiotopic? Frame of reference for localizing thermal sensations under thermo-tactile interactions. *Attention, Perception, & Psychophysics, 72*, 1666-1675. [doi: 10.3758/APP.72.6.1666]

Ho, H-N., Watanabe, J., Ando, H., & Kashino, M. (2011). Mechanisms underlying referral of thermal sensations to sites of

第Ⅳ部　触覚

tactile stimulation. *Journal of Neuroscience*, *31*, 208-213. [doi: 10.1523/JNEUROSCI.2640-10.2011]

Johnson, K. O., Darian-Smith, I., LaMotte, C., Johnson, B., & Oldfield, S. (1979). Coding of incremental changes in skin temperature by a population of warm fibers in the monkey: Correlation with intensity discrimination in man. *Journal of Neurophysiology*, *42*, 1332-1353. [doi: 10.1152/jn.1979.42.5.1332]

Kenshalo, D. R. (1976). Correlations of temperature sensitivity in man and monkey, a first approximation. In Y. Zotterman (Ed.), *Sensory Functions of the Skin with Special Reference to Man* (pp. 305-330). Pergamon Press.

Kenshalo, D. R., Decker, T., & Hamilton, A. (1967). Spatial summation on the forehead, forearm, and back produced by radiant and conducted heat. *Journal of Comparative and Physiological Psychology*, *63*, 510-515. [doi: 10.1037/h0024610]

Kenshalo, D. R., Homes, C. E., & Wood, P. B. (1968). Warm and cool thresholds as a function of rate of stimulus temperature change. *Perception & Psychophysics*, *3*, 81-84. [doi: 10.3758/BF03212769]

Kenshalo, D. R., & Scott, H. A. (1966). Temporal course of thermal adaptation. *Science*, *151*, 1095-1096. [doi: 10.1126/science.151.3714.1095]

Maihöfner, C., Kaltenhäuser, M., Neundörfer, B., & Lang, E. (2002). Temporo-spatial analysis of cortical activation by phasic innocuous and noxious cold stimuli—a magnetoencephalographic study. *Pain*, *100*, 281-290. [doi: 10.1016/S0304-3959(02)00276-2]

Nathan, P. W., & Rice, R. C. (1966). The localization of warm stimuli. *Neurology*, *16*, 533-540. [doi: 10.1212/WNL.16.6.533]

Rozsa, A. J., & Kenshalo, D. R. (1977). Bilateral spatial summation of cooling of symmetrical sites. *Perception & Psychophysics*, *21*, 455-462. [doi: 10.3758/BF03199502]

Simmel, M. L., & Shapiro, A. (1969). The localization of nontactile thermal sensations. *Psychophysiology*, *5*, 415-425. [doi: 10.1111/j.1469-8986.1969.tb02841.x]

Stevens, J. C. (1991). Thermal sensibility. In M. A. Heller & W. Schiff (Eds.), *The Psychology of Touch* (pp. 61-90). Lawrence Erlbaum.

Stevens, J. C., & Choo, K. C. (1998). Temperature sensitivity of the body surface over the life span. *Somatosensory & Motor Research*, *15*, 13-28. [doi: 10.1080/08990229870925]

Stevens, J. C., & Marks, L. E. (1979). Spatial summation of cold. *Physiology & Behavior*, *22*, 541-547. [doi: 10.1016/0031-9384(79)90023-4]

Stevens, J. C., Marks, L. E., & Simonson, D. C. (1974). Regional sensitivity and spatial summation in the warmth sense. *Physiology & Behavior*, *13*, 825-836. [doi: 10.1016/0031-9384(74)90269-8]

Stevens, J. C., & Stevens, S. S. (1960). Warmth and cold: Dynamics of sensory intensity. *Journal of Experimental Psychology*, *60*, 183-192. [doi: 10.1037/h0040840]

Stevens, J. C., Okulicz, W. C., & Marks, L. E. (1973). Temporal summation at the warmth threshold. *Perception & Psychophysics*, *14*(2), 307-312. [doi: 10.3758/BF03212396]

Stone, L. J. (1937). An experimental study of form perception in the thermal senses. *Psychophysical Record*, *1*, 234-337.

Tritsch, M. K. (1988). The veridical perception of object temperature with varying skin temperature. *Perception & Psychophysics*, *43*, 531-540. [doi: 10.3758/BF03207741]

Vendrik, A. J. H., & Eijkman, E. G. (1968). Psychophysical properties determined with internal noise. In D. R. Kenshalo (Ed.), *The Skin Senses* (pp. 178-193). Charles Thomas.

(3・3)

Bergmann Tiest, W. M., & Kappers, A. M. L. (2009). Tactile perception of thermal diffusivity. *Attention, Perception, & Psychophysics*, *71*, 481-489. [doi: 10.3758/APP.71.3.481]

Chen, F., Nilsson, H., & Holmer, I. (1994). Finger cooling by contact with cold aluminium surfaces — effects of pressure, mass and whole body thermal balance. *European Journal of Applied Physiology and Occupational Physiology*, *69*, 55-60. [doi: 10.1007/BF00867928]

Ho, H-N. (2016). Influence of object geometry on skin temperature responses during hand-object interactions. In F. Bello,

H. Kajimoto, & Y. Visell (Eds.), *EuroHaptics 2016 Proceedings* (pp. 281-290). Springer.

Ho, H-N. (2018). Material recognition based on thermal cues: Mechanisms and applications. *Temperature*, *5*, 36-55. [doi: 10.1080/23328940.2017.1372042]

Ho, H-N., & Jones, L. A. (2006). Contribution of thermal cues to material discrimination and localization. *Perception & Psychophysics*, *68*, 118-128. [doi: 10.3758/BF03193662]

Ino, S., Shimizu, S., Odagawa, T., Sato, M., Takahashi, M., Izumi, T., & Ifukube, T. (1993). A tactile display for presenting quality of materials by changing the temperature of skin surface. *IEEE International Workshop on Robot and Human Communication*, 220-224. [doi: 10.1109/ROMAN.1993.367718]

Katz, D. (1989). *The World of Touch*. Lawrence Erlbaum Associates.

Rykaczewski, K. (2019). Modeling thermal contact resistance at the finger-object interface. *Temperature*, *6*, 85-95. [doi: 10.1080/23328940.2018.1551706]

Yovanovich, M. M. (1982). Thermal contact correlations. In T. E. Horton (Ed.), *Spacecraft Radiative Transfer and Temperature Control* (pp. 83-95). AIAA.

第4章 痛みとかゆみ

4·1 はじめに

　痛みやかゆみは日常生活で頻繁に経験するなじみ深い感覚である。しかし、どちらもとても不快である。そもそも、どうして私たちはそのような感覚が必要なのであろうか。先天性無痛症という病気がある。遺伝的な原因で生まれたときから痛みを感じない病気である。たとえば、使用した後のキッチンのガス台は見た目では熱いかどうか判断することができない。そこに無意識に手を置いてしまった場合、普通であれば、高温によって生じる痛みですぐに手をガス台から離すことができる。しかし、痛みをまったく感じないと手を熱いガス台に触れたままの状態になるので大火傷を負ってしまう。このように痛みを感じないというのは非常に危険である。痛みほど緊急性を要さないが、かゆみも、痛みと同様に、生体防衛機能を担っていると考えられている。かゆみは、一般的にアレルギー反応に付随して誘発される皮膚感覚である。たとえば、蚊に刺されたときのかゆみはアレルギー反応に関係すると考えられている。蚊は人間の皮膚から血を吸うために細長い針のようなものを皮膚に刺す。このときに蚊の唾液などが体のなかに入る。私たちの免疫機能はそれを異物（体のなかにあってはいけないもの）と認識し、攻撃する。このときに皮膚が赤く腫れ上がるのと同時に、異物が侵入したことを気づかせるためにかゆみという感覚が生じる。よって、痛みやかゆみは私たちにとってなくてはならない重要な機能である。しかし、痛みやかゆみが慢性化すると話は違ってくる。慢性的な痛みやかゆみは 悪性腫瘍（ガン）、神経障害、内臓疾患、皮膚疾患などさまざまな病気で引き起こされる。絶え間なく襲ってくる痛みやかゆみのせいで、

仕事や勉強に打ち込むことが難しくなったり、友人と娯楽や旅行を楽しもうとする活力がわいてこなくなったりする。さらには、睡眠が妨害されたり、憂うつな気分にもさせられたりする。慢性的な痛みやかゆみはさまざまな形で患者の生活の質（クオリティー・オブ・ライフ：QOL）を低下させる深刻な問題である。それが原因で病気が治りづらくなったり、病気がさらに悪化したりするなどの悪循環に陥ることもある。よって、鎮痛剤や止痒薬を使って痛みやかゆみを抑制することはとても重要である。しかし、既存の治療薬の効果は十分とはいえない。世界中で数えきれない数の患者が慢性的な痛みやかゆみで苦しんでいる。より効果的な痛みやかゆみの治療法を開発するためにも、痛みやかゆみのメカニズムをより深く理解しなければならない。

　脳は皮膚から送られてきた体性感覚情報（神経シグナル）を受け取り、処理する。この処理によって痛みやかゆみが知覚される。すなわち、脳は、私たちが感じる"痛い"あるいは"かゆい"という感覚を作り出す重要な役割を果たしている。そして、さまざまな研究によって、脳は皮膚から送られてきた痛みやかゆみの神経シグナルを受動的に処理しているだけではなく、脳内にはその処理を制御する機能も備わっていることがわかってきた。痛みやかゆみを処理・制御する脳内メカニズムを理解することができれば、慢性的に生じる辛い痛みやかゆみをうまくコントロールする効果的な治療法や対処法の開発につながる。生きた人間の脳内の神経活動を非侵襲的に観測することができる機能的 MRI（fMRI）などの脳機能イメージング法が開発されたことによって、ヒトを対象とした痛みやかゆみの神経科学的研究が飛躍的に増え、それに伴って、痛みやかゆみの脳内メカニズムの理解も大きく前進した。本章では、ヒト脳機能イメージング研究を中

心に，これまでに明らかにされた痛みやかゆみの脳内メカニズムについて概説する。

(望月 秀紀)

4・2 皮膚から脳へ

　体性感覚シグナルは2種類の末梢神経によって脳へ伝達される（図4-2-1）。一つは有髄神経であり，もう一つは無髄神経である。痛みは二つの種類に分けることができる。たとえば，鋭い刃物のようなもので手を切った瞬間に刺すような鋭い痛みが生じる。この痛みは，直径が細いタイプの有髄神経（Aδ線維）によって伝達される。Aδ線維は痛みのシグナルを100 ms程度で脳へ伝達するため，いち早く皮膚に起きた異常に気づくことができる。その後は，"ジンジン"としたゆっくりとした痛みが生じる。この種類の痛みは無髄神経（C線維）によって伝達される。かゆみは主にC線維によって伝達されるが，最近の研究で，有髄線維のなかにかゆみを伝達する線維があることが報告されている（Ringkamp et al., 2011）。有髄線維や無髄線維によって伝達された痛みやかゆみの神経シグナルは後根神経節というところへ運ばれる。後根神経節には神経細胞の細胞体の集団があり，これらの神経細胞は，末梢から送られてきた神経シグナルを脊髄内にある神経細胞へ伝達する中継点のような役割をする。その後，痛みやかゆみの神経シグナルは脊髄視床路を介して視床へ伝達される。以上に示したように，痛みとかゆみは同じ種類の末梢神経と脊髄神経経路によって伝達される。一方で，痛みとかゆみは異なる感覚として区別することができる。そのため，さまざまな研究者が，痛みとかゆみは末梢神経や脊髄視床路のなかでどのように区別

されるのかについて議論している。最も長く信じられてきた説は強度説である。すなわち，かゆみは弱い痛みという考えである。実際に，痛み刺激とかゆみ刺激に対する末梢神経の反応を調べた研究では，痛みとかゆみを区別する証拠は何も見つからなかったと報告している（Handwerker et al., 1991）。一方で，かゆみは弱い痛みではないことを裏づけるさまざまな証拠もあげられている。たとえば，鎮痛作用のあるモルヒネはかゆみを増強すること，C線維に微弱な電気刺激を与えても弱い痛みが誘発されるだけで，かゆみは誘発されないことなどである。1997年，ついに，かゆみに選択的に反応するC線維が発見された（Schmelz et al., 1997）。2002年には，脊髄視床路内にかゆみ選択的な神経細胞が発見された（Andrew & Craig, 2001）。さらに，Mas関連Gタンパク質共役受容体を発現している末梢神経や，ガストリン放出ペプチド受容体（GRPR）を発現している脊髄神経がかゆみの伝達に重要な役割を果たすことも明らかとなった（Dong & Dong, 2018）。これらの発見により，現在では，痛みとかゆみは異なる神経線維グループによって伝達される「選択説」が主流となっている。視床へ到達した痛みとかゆみの神経シグナルは，その後，さまざまな脳部位で伝達されて処理される。各脳部位がどのような役割を担っているのかについては完全には解明されてはいないが，現時点でどこまで理解されているのか可能な限り，以降の節で説明したいと思う。

(望月 秀紀)

4・3 体性感覚野

　脳の真ん中に左右に渡って深い溝が通っている。この溝を中心溝と呼ぶ。中心溝の後ろ側（中心後回）を電気刺激すると，皮膚を触られたという感覚が生じる（Penfield & Boldrey, 1937）。この発見により，中心後回は体の各部位から体性感覚を受け取る重要な部位であることが明らかとなり，一次体性感覚野と呼ばれるようになった（図4-3-1）。体性感覚野には，さらに，二次体性感覚野が存在する（図4-3-1）。二次体性感覚野の存在は，Adrianによって提唱された。彼はネコを使った実験で，一次体性

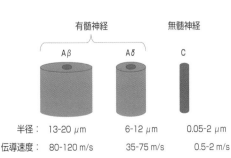

図4-2-1　体性感覚を伝達する末梢神経

第 IV 部　触覚

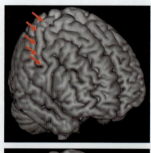
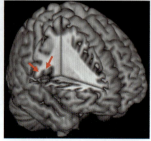

図 4-3-1　体性感覚野
上：一次体性感覚野，下：二次体性感覚野。MRI 画像：MRIcron (http://people.cas.sc.edu/rorden/mricron/index.html)

感覚野のさらに外側に皮膚刺激に反応する部位を発見した (Adrian, 1940)。その後，それはネコだけではなく，より高等な生物にも存在することが明らかとなった。一次体性感覚野の神経細胞は，皮膚に与えた痛み刺激や触刺激の強度に依存して，その反応も大きくなるという特徴をもつ。また，一次体性感覚野は，体の領域ごとにそのエリアから来る体性感覚の入力の量または重要性に応じて区分けされている (ホムンクルス, homunculus)。以上のことから，一次体性感覚野は刺激の強さや刺激を受けた身体部位の把握に関係すると考えられている。二次体性感覚野の体性感覚刺激に対する反応は一次体性感覚野のそれとは異なる。たとえば，痛みを伴わない機械刺激 (触刺激) を皮膚に与え，その刺激強度を徐々に上げても二次体性感覚野の反応はほとんど変化しない。しかし，その刺激が痛覚閾値を少し越える強度に達したとき，すなわち，痛みを感じたときにはじめてこの脳部位の反応が大きな変化 (増加) を示す。しかし，その後，さらに刺激強度を上げてもその反応は大きな変化は示さない。このような反応特性から，二次体性感覚野は何かしら痛覚認知に特化した処理をしているのではないかと解釈する研究者

もいる (Timmermann et al., 2001)。最近行われた研究では，二次体性感覚野の神経活動を抑制すると痛覚刺激の強度弁別課題の成績が落ちるが，一次体性感覚野の神経活動を抑制しても弁別能力に変化は認められなかったと報告している (Lockwood et al., 2013)。この結果から，Lockwood et al. は痛みの強さはむしろ二次体性感覚野のほうが重要な役割を果たしていると提案した。これは非常に驚くべき結果であり，長い間考えられていた "一次体性感覚野＝痛み弁別の中枢" という説に疑問を投じる研究となった。それでは，かゆみの知覚において体性感覚野はどのような役割を果たしているのだろうか。残念ながら，痛覚や触覚の研究と比べると，かゆみに関する脳研究はきわめて少ない。初期のかゆみの脳機能イメージング研究で，一次体性感覚野のかゆみ刺激に対する反応が強度依存的に増加することが報告された (Drzezga et al., 2001)。これは，それまで痛覚や触覚で報告された結果と一致するため，かゆみにおいても，一次体性感覚野は刺激強度の弁別に関係するという考えが受け入れられてきた。しかし，その後，別のさまざまな研究者によってかゆみ刺激に反応する脳部位を特定する研究が行われたが，かゆみ刺激に対して一次体性感覚野の反応が認められたという報告と，認められなかったという報告が混在している (Mochizuki et al., 2019)。また，ある脳機能イメージング研究は，触刺激を皮膚に与えると一次体性感覚野が強く反応したが，同じ場所にかゆみ刺激を与えてもそのような反応は認められなかったと報告している (Mochizuki et al., 2014)。別の脳機能イメージング研究では，一次体性感覚野の活動はかゆみ刺激によって，逆に，抑制されたと報告している (Valet et al., 2008)。二次体性感覚野のかゆみ刺激に対する反応はかゆみ刺激の時間的長さに依存する。電気刺激などによって数秒程度の短いかゆみ刺激を与えた場合には二次体性感覚野が強く反応する。一方，ヒスタミンなど数分間持続的にかゆみが誘発されるような条件では，二次体性感覚野の反応はあまり観測されない。また，かゆみ刺激の強度と二次体性感覚野の反応に相関性はない。一次・二次体性感覚野がかゆみの知覚においてどのような役割を果たしているのかを明らかにするためには，動物実験などでより詳し

第4章 痛みとかゆみ

く調べる必要がある。

(望月 秀紀)

4・4 帯状回

帯状回は大脳の内側にあり，前後方向に走る長い構造をしている（図4-4-1）。帯状回は機能的，あるいは構造学的に，前部，中部，そして，後部の三つに分けることができる。また，前部帯状回を吻側前部帯状回，中部帯状回を尾側前部帯状回と表現する論文もある。ほぼすべての痛みやかゆみの脳機能イメージング研究において，中部帯状回の反応が観測されている（図4-4-1）。中部帯状回は視床からの直接的な線維連絡があり，皮膚から視床へ到達した痛覚刺激の一部は中部帯状回へ伝達される。前部・中部帯状回を不快感など情動処理に関係すると考える研究者もいるが，情動処理は前部帯状回（吻側前部帯状回）がより重要な役割を果たし，中部帯状回（尾側前部帯状回）は主に認知に関係すると考える研究者もいる（Bush et al., 2000）。中部帯状回の痛みやかゆみの認知における役割というのははっきりとはわかっていなかったが，この部位の痛み刺激に対する反応は，感じる痛みの強度に依存することがヒトや動物を対象とした研究によって確認されている（Coghill et al., 1999；Iwata et al., 2005）。また，前・中部帯状回を治療目的で切除した患者を対象とした研究では，痛みを知覚する能力は残っているが，以前ほどつらい痛みではないと患者が報告している（Fuchs et al., 2014）。最近では，帯状回の神経活動を非侵襲的な方法で操作するたいへんユニークなトレーニング方法が開発されている（deCharms et al., 2005；Emmert et al., 2014；Guan et al., 2015；Rance et al., 2014）。この方法は Neurofeedback と呼ばれている。たとえば，MRI装置のなかで実験参加者に炎の画像を見せる。この炎は小さくなったり，大きくなったりする。実は炎の大きさは実験参加者自身の帯状回の神経活動の強さをリアルタイムで反映している。すなわち，大きな炎が見えているときには，その脳部位の神経活動が亢進していることを意味する。実験参加者はその炎の大きさを小さくするように訓練する。たとえば，冷たいシャワーを浴びていることを想像することによって炎が小さくなるかもしれない。何を考えるかは実験参加者個人で異なる。帯状回の活動をコントロールする方法を確立した実験参加者は，その方法を使って痛みを抑制することができるようになる（deCharms et al., 2005）。かゆみに関しては，Neurofeedback を使った研究は行われていないが，痛みと同様に帯状回はかゆみの治療標的になるかもしれない。

(望月 秀紀)

4・5 頭頂葉内側部

頭頂葉内側部は，後部帯状回と楔前部によって構成されている（図4-4-1）。痛みの研究では，この部位はほとんど議論されてこなかった。それは，この部位の痛みに対する反応がほとんどの先行研究で確認されていないからである。一方，頭頂葉内側部はかゆみ刺激に対して強く反応するため，かゆみの脳研究の分野では比較的よく議論されている（Mochizuki et al., 2019）。残念ながら，頭頂葉内側部がかゆみの認知においてどのような役割を果たしているのかはまだわかっていない。しかし，いくつかの研究でたいへん興味深い結果が報告されている。いずれも痛みに関連する研究である。たとえば，頭頂葉内側部の灰白質密度が少ない人は痛みをより強く感じやすいことや，痛み刺激に対する頭頂葉内側部の反応

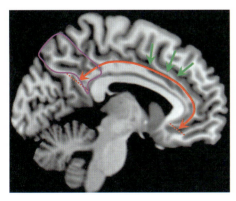

図4-4-1 帯状回
緑色の矢印：かゆみ刺激に反応。紫色の円で囲った部分は頭頂葉内側部。MRI画像：MRIcron (http://people.cas.sc.edu/rorden/mricron/index.html)

が大きい人ほど痛みの閾値が低いことも報告されている（Emerson et al., 2014；Goffaux et al., 2014）。この脳部位は物理的な痛み刺激に対してあまり反応しないが，何かしら痛みの主観的感覚に影響を及ぼすようである。頭頂葉内側部は広範な脳部位と神経情報のやり取りを常に行っている脳部位であり，注意，意識，記憶と関係することが知られている。過去の痛みの体験が主観的痛みの評価に影響を及ぼしたり，痛みに意識や注意が向きやすい人はより強く痛みを感じたりするのかもしれない。頭頂葉内側部がかゆみに選択性をもっているということは，かゆみは心的要因（注意，意識，記憶など）の影響を痛みよりもより強く受けやすいということを意味しているのかもしれない。

（望月 秀紀）

4・6 島皮質

島皮質は，側頭葉と頭頂葉下部を分ける外側溝のなかに位置している（図4-6-1）。後部島皮質を含む後部弁蓋皮質が痛覚認知において重要な役割を果たしていることは以前から知られていたが，ここ20年くらいは，特に，後部島皮質の痛覚認知における重要性が痛みの研究者の間であつく議論されている。Craig (2010) は後部島皮質は温度感覚や痛みの知覚において最も重要な脳部位であるというコンセプトを提唱した（Craig, 2010）。実際に，このコンセプトを支持するデータが数多く報告されている。たとえば，

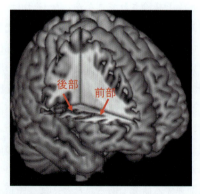

図4-6-1　島皮質
MRI画像：MRIcron (http://people.cas.sc.edu/rorden/mricron/index.html)

Garcia-Larrea et al. の研究グループは，脳損傷が原因で皮膚感覚のなかで特に痛覚と温・冷覚に異常のある患者のMRI脳構造画像を解析し，損傷部位に共通点があるかどうかを調べた（Garcia-Larrea et al., 2010）。その結果，多くの患者において，損傷部位が後部島皮質に限局していることを明らかにした。さらに，突発性の痛みのある患者を対象とした研究では，後部島皮質の近辺でニューロンが異常発火すると患者が痛みを訴えることが明らかとなった（Isnard et al., 2011）。さらに，彼らは後部島皮質の異常発火の後に痛覚認知に関係する他の脳部位（帯状回など）が活性化し，その結果として，痛みが生じることを発見した（Isnard et al., 2011）。てんかん患者などを対象とした研究では，後部島皮質の電気刺激によって痛みが誘発されることが報告されている（Mazzola et al., 2012）。また，脳機能イメージング研究や電気生理学的研究では，痛覚刺激による後部島皮質の反応が何度も確認されている（Apkarian et al., 2005）。以上のことから，後部島皮質を特に痛みの認知において重要であると考える研究者もいるが，そのコンセプトが必ずしも広く受け入れられているわけではない。その理由の一つは，後部島皮質は痛覚以外の体性感覚刺激や，視覚や聴覚など他のモダリティーの刺激に対しても反応し，その反応パターンは痛みに対するそれとまったく違いがないからである。つまり，痛み特異的な反応パターンがないのである。後部島皮質が痛み特異的と考える根拠の一つとして，その部位の神経活動が痛みの強度に依存して変化することを訴える研究者もいるが（Segerdahl et al., 2015），そのような痛みの強度依存的変化は他の脳部位でも確認されていると反論する研究者もいる（Davis et al., 2015）。痛みと同様に後部島皮質はかゆみ刺激にも反応する。そして，その反応は刺激強度依存的に上昇することが報告されている（Drzezga et al., 2001）。一方，この脳部位のかゆみに伴う反応はかゆみの主観的強さとは相関を示さない。主観的なかゆみは後部よりも前部島皮質のほうが重要な役割を果たす。たとえば，同じ強さのかゆみ刺激を繰り返し与えても，毎回同じ強さのかゆみを感じるわけではない。そのような主観的感覚は前部島皮質の活動が関係する。痛みも同様である。

（望月 秀紀）

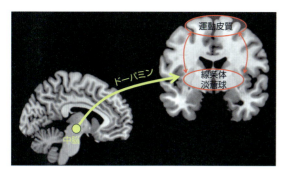

図4-7-1 ドーパミン神経システム
MRI画像:MRIcron(http://people.cas.sc.edu/rorden/mricron/index.html)

4・7 ドーパミン神経システム

痛みやかゆみを感じると運動皮質が活性化する。運動皮質とは,一次運動野,補足運動野,運動前野を含む運動に関係する機能を担っており,大脳皮質に局在する。これらの脳部位は線条体や淡蒼球などの脳内側部と神経回路を形成する(図4-7-1)。線条体や淡蒼球はドーパミン受容体が多く分布し,それら受容体は中脳から放出されるドーパミンを受け取る。よって,運動皮質と線条体・淡蒼球が形成する神経回路はドーパミンによって制御されている。このドーパミン神経システムは,運動の実行や制御,運動への動機づけなどに関係するため,このシステムが,痛みを感じたときに生じる体の硬直や逃避反応,そして,かゆみに伴う搔破欲求や引っかき行動に関係すると考えられる。

(望月 秀紀)

4・8 心理的要因による痛みやかゆみの抑制

痛みは心理的な要因で強く感じられたり,弱く感じられたりする。たとえば,ゲームに夢中になっていると痛みを忘れてしまうことがある。これは痛みに向けられていた注意が別のもの(ゲーム)に向けられたために起こる。プラセボ効果による痛みの抑制も知られている。たとえば,ビタミン剤を,ものすごく効く痛み止めの薬だと信じ込ませて,そのビタミン剤を飲ませると本当に痛みが消えてしまうことがある。また,急性の心理的ストレスは鎮痛作用を引き起こすことが知られている。以上のような心理的要因による痛みの抑制には下降性抑制経路が関係する。この経路は,中脳中心灰白質と呼ばれる脳部位からはじまり,吻側延髄腹内側部を介して,最終的に脊髄後角へ到達する(図4-8-1)。一方,脊髄後角は末梢からの神経シグナルを受け取り,そのシグナルを脳へ伝達する中継点としての役割がある。下降性神経経路が活性化するとオピオイドと呼ばれる物質がその経路の末端から放出される。放出されたオピオイドは,末梢から脊髄へ到達した痛みの神経シグナルを抑制する作用がある。この抑制効果によって痛みが減弱する。実際に,fMRIで痛みに関係する脳部位の反応を調べてみると,痛みに関係する脳部位の痛みに対する反応が小さくなっている(Wager et al., 2004)。また,オピオイド以外の物質も下降性抑制経路から放出されて鎮痛効果を示すことも知られており,オピオイド系と非オピオイド系の2種類の下降性抑制システムが存在する。下降性抑制経路の起始部ともいえる中脳中心灰白質は腹側前頭前野や吻側前部帯状回などと線維連絡をもつ。痛みから注意を逸らしたり,プラセボ効果が効いているときに,これらの脳部位の活動が増加することによって下降性抑制経路が活性化することが示唆さ

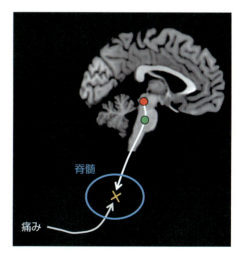

図4-8-1 下降性抑制経路
赤色の円:中脳中心灰白質,緑色の円:吻側延髄腹内側部。MRI画像:MRIcron (http://people.cas.sc.edu/rorden/mricron/index.html)

第IV部　触覚

れている（Ashar et al., 2017；Tracey et al., 2002）。かゆみも痛みと同様に注意，プラセボ効果や急性ストレスによって抑制される。そのようなかゆみの抑制にも下降性抑制系が関係する可能性がヒト脳機能イメージング研究から推察されている（Mochizuki et al., 2003；van de Sand et al., 2018）。

（望月　秀紀）

4・9　触刺激によって痛みが抑制される メカニズム

　痛いところをやさしくなでると痛みが和らぐことを経験したことがあるのではないだろうか。この現象を説明するモデルとしてよく知られているのがゲートコントロール説である。触覚情報を伝達するAβという太い有髄神経線維が，脊髄内にある介在神経細胞（inter neurons）を介して，Aδ線維やC線維によって伝達される痛みのシグナルを中継する脊髄神経細胞を不活化させることによって痛みをブロックするというメカニズムである。しかし，そのような触覚による痛みの抑制は脊髄より上の脳内のレベルでも行われていることがInui et al. (2006)の研究によって明らかとなった。彼らは，痛み刺激と触覚刺激を与えるタイミングをミリ秒単位で変えたときに，痛みの主観的感覚や，痛みに関係する脳の反応がどのような変化を示すかを脳磁図を用いて調べた。痛み刺激を与えてから500 ms後に触覚刺激を与えた場合，痛みや痛みに関係する脳の反応には何の変化も認められなかった。その後，痛み刺激を与えるタイミングと触覚刺激を与えるタイミングをどんどん近づけ，その時間差が50 msのときに，痛みや痛みに対する脳の反応が減衰した。痛みと触覚刺激を同時に与えたときには，痛みやそれに関連する脳反応は60-80%と大きく減少した。たいへん興味深いことに，触刺激を先に与えてから500 msも過ぎた後に痛み刺激を与えても同様に痛みが減少することが確認された。触覚刺激を与えてから500 ms後ということは，触刺激はすでに脳内での処理も終わっているため，ゲートコントロールのメカニズムでは説明することができない。

（望月　秀紀）

4・10　かゆいところを掻くとかゆみが 抑制されるメカニズム

　かゆみを感じると，掻きむしらずにはいられなくなる。そして，掻くことによってかゆみから解放される。以前は，掻破によるかゆみの抑制は末梢レベルで行われていると考えられていた。すなわち，かゆいところを掻くとかゆみを伝達する末梢神経に干渉が起こってかゆみが抑制されるのではないかと考えられていた。しかし，かゆいところから離れたところを掻いてもかゆみが抑制されることから，脊髄や脳レベルでもかゆみの抑制が行われている可能性が指摘されるようになった。その後，動物を使った実験でどのレベルでかゆみの抑制が行われているのかを調べる研究が行われた。脊髄後角にある神経細胞のかゆみ刺激に対する反応を調べた研究では，それまでかゆみに強く反応していた神経細胞が，皮膚を掻いた後，しばらくの間かゆみに反応しないことがわかった（Davidson et al., 2009）。そして，その神経細胞は時間の経過とともにかゆみ刺激に対する感受性が戻る反応を示した。これはかゆいところを掻いた直後にかゆみがほとんどなくなり，時間とともにかゆみがぶり返してくる現象と一致する。もし末梢レベルでかゆみと触覚が物理的に干渉し合ったことが原因で，脊髄におけるかゆみ関連の神経活動が抑制されるとするならば，痛み関連の神経活動も同様に抑制されるはずである。しかし，痛いところを掻いてもそれらの神経細胞の痛み刺激に対する反応はまったく減少しなかった。以上のことから，掻破によるかゆみの抑制は少なくとも脊髄レベルで行われていることが明らかとなった。では，どのようなメカニズムで脊髄レベルでかゆみの抑制が起こるのだろうか。痛みのゲートコントロール説のようなメカニズムなのだろうか。それとも下降性抑制経路が関係するのだろうか。別の動物実験はその点に注目した研究を行った（Akiyama et al., 2011）。もしゲートコントロール説が正しければ，脳と脊髄をつなぐ神経経路を切断しても，かゆみ刺激に対する神経細胞の反応は掻破によって抑制されるはずである。しかし，その切断によって，その抑制効果は著しく減

少した。すなわち、掻破によるかゆみの抑制は脳からのトップダウンのメカニズム、すなわち下降性抑制経路が関係することが明らかとなった。ただし、ある程度の抑制効果がまだ残っているため、ゲートコントロールのようなボトムアップのメカニズムも関係すると考えられている。

(望月 秀紀)

4・11 掻くと気持ちいいのはなぜ？

さて、かゆいところを掻くとかゆみが抑制されるだけでなく、それと同時に快感が誘発される。なぜそんなにも気持ちが良くなるのだろうか。そして、なぜそのような快感が必要なのだろうか。進化の過程で何かしらの理由で備わり、そのまま残ったのかもしれない。あるいは、別の可能性も考えられる。かゆみのない普通の状態で皮膚を掻いてみると、正直、かゆいところを掻いたときのような快感は生じない。むしろ、不快で痛い。しばらくの間、その痛みが残る。逆に、かゆいところを掻いたときにはそのような痛みはほとんど感じられない。実は、触覚性の快刺激は痛みを抑制する効果がある。そのような快刺激によって下降性抑制経路が活動して痛みが抑制されることも指摘されている。かゆいところを掻くと快感が伴うのは皮膚の掻破によって生じる痛みを緩和する役割をもっているのかもしれない。いろいろな可能性が考えられるが、実際のところ、なぜ快感が必要なのかはわかっていない。しかし、掻くと気持ちよくなる生理学的なメカニズムはある程度わかってきた。手首や足などに重りをぶらさげて一時的に末梢神経の伝達を物理的にブロックする compression nerve block という実験方法がある。この方法を使って有髄神経の機能を抑制させたときに掻いたときの快感が抑制されるかどうか調べる研究が行われた（Mochizuki et al., 2017）。その結果、掻いたときに生じる快感が nerve block によって有意に減少した。すなわち、掻破によって誘発される触覚性の快感は有髄神経によって伝達されることが明らかとなった。しかし、すべての触覚性快感覚が有髄神経によって伝達されるわけではないようである。やさしく皮膚をなでたときにも快感が生じる。

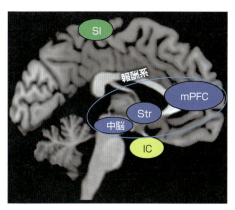

図4-11-1 掻破による快感に関係する脳部位
SI：一次体性感覚野、Str：線条体、mPFC：内側前頭前野、IC：島皮質。MRI画像：MRIcron (http://people.cas.sc.edu/rorden/mricron/index.html)

この種類の快感は無髄神経が関係する。では、有髄神経によって伝達された神経シグナルは、脳内でどのように処理されて、"快感" という皮膚感覚をつくりだすのだろうか。ナロキソンという薬がある。これは脳内にあるオピオイド受容体に結合して、内因性のオピオイドの活動をブロックする抗オピオイド薬である。これを投与すると掻いたときに生じる快感が減少する。一方、モルヒネなどのオピオイド系の作動薬を投与すると高揚感や快感が誘発される。かゆいところを掻破すると内因性オピオイドが脳内で遊離され、それが快感を引き起こすと示唆される。また、かゆいところを掻いているときに、線条体、内側前頭前野や中脳といった報酬系と呼ばれる脳部位や、一次体性感覚野や島皮質が強く活動する（図4-11-1）。これら脳部位の活動が掻破による快感に関係すると示唆されている（Mochizuki et al., 2014）。さらに、掻破による快感が運動を制御する線条体と運動皮質の神経回路を活性化する。"気持ちよいからもっと掻いてしまう" のはこの神経回路の活動亢進が関係すると示唆される。

(望月 秀紀)

4・12 慢性疼痛や慢性掻痒

ねんざなどのちょっとした怪我の痛みや、蚊に刺されたときのかゆみは、時間とともに消えてしま

第IV部 触覚

う。しかし、病気が原因で生じる痛みやかゆみの場合は、そう簡単には治らない。たとえば、神経線維を損傷したことが原因で起こる痛み、アトピー性皮膚炎など皮膚疾患に伴うかゆみなどである。痛みやかゆみが長期化すると、それらの感覚を伝達する末梢神経や脊髄神経、さらには、脳内の神経細胞や神経線維に異常が起こる。そのような変化が原因で痛みやかゆみがもっとひどくなったり、あるいは、治りづらくなったりすることがある。そのメカニズムは非常に複雑であり、まだ全容解明には至っていない。しかし、慢性疼痛や慢性掻痒の原因を説明するいくつかのメカニズムが報告されている。先にも述べたように、脳からは脊髄後角へ伸びる下降性神経経路がある。この経路の活性化によって痛みやかゆみを抑制するシグナルが脊髄へ送られる。実は、この下降性経路は抑制系だけでなく、興奮性の経路もある。つまり、痛みやかゆみの神経シグナルを増幅する経路である。この2種類の下降性経路の活動は通常の痛みやかゆみの伝達にも関わっており、その活動のバランスが感じる痛みやかゆみの強さに関係すると考えられている。慢性疼痛ではこの下降性経路に異常が起こっていることが動物実験などから明らかにされている（Ossipov et al., 2010；Porreca et al., 2002）。また、痛みに関係する脳部位に構造的な変化（灰白質の減少や増加）が起こっていることも報告されており（Apkarian et al., 2011）、そのような変化が痛みの認知に影響を与えている可能性が推察されている。さらには、前頭前野、島皮質、大脳基底核などで形成される神経回路に機能的、構造的な変化が起こると、痛みが慢性化しやすくなることが最近の脳機能イメージング研究により示唆されている（Baliki et al., 2012；Mansour et al., 2013）。

慢性掻痒に関する脳研究は、残念ながら、あまり進んでいない。かゆみ刺激に対する脳の反応に違いがあることや、灰白質が減少あるいは増加していることは確認されている（Papoiu et al., 2014）。しかし、そのような変化がかゆみの認知に影響を及ぼしているのかどうかははっきりとしていない。ただし、興味深い点もある。健常者と慢性掻痒患者の脳機能や脳構造を比較した先行研究では、共通して運動に関係する脳部位で違いがあることを報告している

（Papoiu et al., 2014；Schneider et al., 2008；Wang et al., 2018）。たとえば、線条体である。慢性掻痒患者において、この部位のかゆみ刺激に対する反応が強くなっていること、灰白質の量が増加していること、この脳部位と別の運動関連領野（補足運動野など）において機能的つながりに異常があることなどである。線条体は掻きたいという欲求に関係する。掻破欲求はかゆみの感覚の一部であることを考えると、線条体の機能的・構造的変化がかゆみの認知に何かしら影響を与える可能性は十分に考えられる。線条体は運動の制御にも関係する。慢性掻痒患者は日常生活で頻繁に体を掻いている。もちろん、かゆいから掻くのであるが、それだけではなく、掻くことが習慣化されているという指摘もある。つまり、かゆくもないのに無意識に体を掻いてしまっているのである。さらに、日常生活におけるストレスが原因でさらに掻破行動が増加してしまうこともある。それが原因で皮膚の炎症が悪化したり、治りづらくなったりする。掻破はやっかいな問題である。線条体の機能的・構造的変化がそういった行為に関係する可能性も考えられる。一方で、最新の研究では、慢性かゆみ患者が訴えるかゆみの強さというのは、かゆみの知覚に関係する脳部位（線条体、体性感覚野、島皮質や、帯状回など）の活動だけでは説明できないことが報告された。脳内にはデフォルト・モード・ネットワーク（DMN）と呼ばれるネットワークが存在する。このネットワークの活動は私たちの心の状態に影響を与える。大変興味深いことに、DMNの活動が高い慢性かゆみ患者ほど、かゆみがより辛いと訴えることが明らかになった（Mochizuki et al., 2021）。

（望月 秀紀）

4・13 痛みを想像する

怪我をしたり、皮膚を切ったりすると、痛みという不快な感覚が生じる。それでは、他人が痛そうにしているところを見ているときにはどんな感覚が生じるのだろうか。出血をしてひどい怪我をしているところを目の当たりにすれば、血の気が引き、恐怖心や不快感などの情動反応が引き起こされる。この

ような反応が起こるのは，私たちが他人の痛みを理解することができる「共感」という機能を持っているからである。神経科学として共感のメカニズムを研究するようになったのは最近である。特に，痛みの共感に関しては，2004年にSinger et al.（2004）が行ったfMRIを使った脳研究が先駆的である。彼らは，実験参加者の皮膚に物理的な痛み刺激を与えているときと，他人が痛みを経験しているところを見ているときで，脳の反応を比較した。体性感覚野や後部島皮質といった脳部位は，実験参加者自身が痛みを経験しているときに活動するが，他人の痛みを見ているときには活動しなかった。一方，帯状回や前部島皮質といった情動に関係のある脳部位はどちらの条件でも活動した。その後，さまざまな研究者によって，同様の脳機能イメージング研究が行われ，痛みの共感において，前・中部帯状回と前部島皮質が重要な役割を果たすことが明らかとなった。社会生活のなかで他人の気持ちを理解できることはとても重要であるため，痛みの共感に関する脳研究は社会心理学，発達心理学，精神医学などの分野において活発に研究が行われている。

（望月 秀紀）

4・14　かゆみを想像する

　かゆみも，痛みと同様に，共感することができる。しかし，かゆみの場合は本当に体がかゆくなってしまう。たとえば，皮膚が赤くブツブツとはれ上がっている写真を見たりすると，体がムズムズとかゆくなることがある。おそらく，多くの人はそのような経験を少なくとも，一度や二度したことがあるのではないだろうか。この不思議な現象を科学的に検証した初期の研究はNiemeier & Gieler（2000）である。彼らは，実験に参加した実験参加者に二つの講義を聞かせた。一つはかゆみに関連する講義で，もう一つはリラクゼーションに関連する講義である。リラクゼーションの講義ではかゆみに関する内容にはいっさい触れていない。各講義中に皮膚を引っかく回数（掻破回数）を計測し，2条件で比較した。その結果，リラクゼーションに関連する講義を聴いているときに比べて，かゆみに関連する講義を聞いてい

る最中のほうが掻破回数が多くなっていることが明らかとなった。別の研究では，かゆみに関連する動画（例：ケジラミが頭皮の上を動いている画像）を見せるという実験を行った（Ogden & Zoukas, 2009）。この実験に参加した実験参加者も動画を見ている最中に本当に体がかゆくなって体を掻きむしった。これらの現象は，contagious itch（かゆみの心理的伝染）と呼ばれている。掻破する身体部位には規則性はない。たとえば，左腕をかゆそうに掻いている人を見ても，掻破が左腕に集中するわけではない。頭や腰，おなかや背中など，さまざまな身体部位を掻破する。なぜ，かゆそうな画像を見たり，かゆみを想像したりすると，本当にかゆくなってしまうのだろうか。その脳内メカニズムを解明するための研究も行われている。その研究について次節で詳しく説明する。

（望月 秀紀）

4・15　かゆそうな画像を見ているときの脳活動

　かゆそうな画像を見ているときに脳内でどのような活動変化が起こっているのか。それを調べることによって，かゆみが心理的に伝染する神経メカニズムを理解することができる。脳機能イメージング法を用いて，かゆそうな画像と痛そうな画像を見ている最中の脳活動を比較する研究が行われた（Mochizuki et al., 2013）。この研究で，まず注目したいのは，一次体性感覚野，二次体性感覚野，そして，後部島皮質に反応があるかどうかである。これらの脳部位は皮膚からの神経シグナルを直接受け取る。かゆそうな画像を見ると，ヒスタミンなどのかゆみ物質が皮膚内で放出されて末梢神経を刺激するために，本当にかゆくなるのではないかと考える研究者もいる（Niemeier & Gieler, 2000）。もしこの仮説が正しければ，一次体性感覚野，二次体性感覚野，あるいは，後部島皮質といった脳部位の活動が観測されるはずである。しかし，かゆそうな画像や痛そうな画像を見ても，いずれの脳部位も活動はしなかった。すなわち，物理的に皮膚でかゆみが起こっているわけではないことがわかった。かゆそうな画

第 IV 部　触覚

像を見ているときに活動する脳部位は，前頭前野，補足運動野，線条体，視床，前部島皮質，眼窩前頭皮質，そして小脳であった。これとほぼ同じ部位が，痛そうな画像を見ているときにも活動した。まず注目したいのは補足運動野と小脳の活動である。これらの脳部位は運動に関係する。痛そうな画像を見たときには，不快感などの情動的な反応のほかに，痛み特有の身体的な反応（硬直，逃避）が起こる。かゆそうな画像を見ているときには掻きたいという欲求や，掻破行動が誘発される。おそらく，小脳や補足運動野の活動は，そのような運動関連の反応に関係した活動を反映していると考えられる。さらに，そのfMRI研究では，かゆそうな画像や痛そうな画像を見ているときに，前部島皮質と機能的なつながりが強くなる脳部位を同定する解析が行われた。前部島皮質は"共感"において重要な役割を果たす。実際に，その脳部位に障害が起こると共感する能力が著しく低下することが確認されている。痛そうな画像を見ているときに，前部島皮質の活動と，補足運動野，前補足運動野，運動前野，一次運動野といった運動関連皮質の活動に統計学的に有意な機能的つながりが認められた。また，前部島皮質と前部帯状回の活動にも有意な機能的つながりが認められた。すなわち，痛そうな画像を見たり，痛みを想像すると，前部島皮質と運動や情動に関係する脳部位の間で神経情報の伝達が活発になることが明らかとなった。痛そうな状況を目の当たりにしたときに生じる情動反応（不快感や恐怖）や身体的反応（硬直・逃避）は，それら脳部位のネットワーク活動が関係すると考えられる。かゆみの画像を見たときにも，前部島皮質と前部帯状回の間で機能的なつながりが増加する。かゆみを想像したときに惹起される情動反応に関係すると考えられる。一方，痛みの条件で観測された運動関連皮質は，かゆみの条件では観測されない。しかし，かゆそうな画像を見ているときに，線条体と淡蒼球と前部島皮質の間で統計学的に有意な機能的つながりが認められた。線条体と淡蒼球は運動制御や動機づけ・欲求にも関係する。特に，前部島皮質と淡蒼球の機能的つながりの強さは，かゆそうな画像を見ているときのほうが，痛そうな画像を見ているときに比べて，統計学的に有意な差が認

められた。淡蒼球に障害が起こると，目的を達成するために行動を起こす意欲が著しく低下する。たとえば，大好きだった音楽を聴こうとしなくなったり，大好きだったお酒やタバコに手を出さなくなったりする。かゆみは掻きたいという欲求を誘発する皮膚感覚であり，かゆみ刺激を皮膚に与えた時も線条体や淡蒼球が活性化する。すなわち，かゆみ知覚の重要な脳部位（線条体，淡蒼球，前部帯状回，前部島皮質）は，かゆみを想像するだけでも活性化することがわかった。しかし，なぜ，かゆみを想像すると本当にかゆくなってしまうのだろうか。この現象をさらに理解するために，別の脳機能イメージングでは，アトピー性皮膚炎患者を対象に同様の研究を行った（Schut et al., 2017）。実は，contagious itchはアトピー性皮膚炎患者においてより強く誘発されることが知られている。この実験では，アトピー性皮膚炎患者に，ヒトが皮膚を掻いている動画を見せた。健常者の場合，皮膚を掻いている動画を見ているだけではあまりかゆくならない。しかし，同様の動画をアトピー性皮膚炎患者に見せると，全身にかゆみが誘発され，実際に皮膚を掻きむしりだす。このとき，脳内では，かゆみに関係する脳部位が活動するだけではなく，自伝的記憶に関係する脳部位（側頭葉や頭頂葉内側部など）も活動する。しかも，動画を見ているときに，これら脳部位が強く活動する患者ほど，より強いかゆみを訴えることもわかった。すなわち，アトピー性皮膚炎患者がかゆみを想像するとかゆくなってしまうのは，かゆみの記憶が関係するのである。これはアトピー性皮膚炎患者に特有のメカニズムなのであろうか。上述の健常実験参加者を対象としたcontagious itchに関係する脳機能イメージング研究では，身体的なかゆみが実際に誘発されたかどうかを調べていない。よって，その研究で記憶に関係する脳部位が活動しなかったのは，単にかゆみが誘発されなかったからなのかもしれない。大変興味深いことに，痛みも社会的伝染（contagious pain）が起こることもあるようであり，それに関する脳機能イメージング研究も行われている（Grice-Jackson et al., 2017）。この研究では，痛そうな画像を見ているときに痛みを感じた健常実験参加者と感じなかった健常実験参加者の2グループ

に分けて脳活動を比較した。実際に痛みを感じた実験参加者グループは、アトピー性皮膚炎患者を対象としたイメージング研究と同様に、自伝的記憶に関係する脳部位が活動することがわかった。健常実験参加者を含めて contagious itch/pain には記憶が重要な役割を果たしていると推察される。

(望月 秀紀)

4・16　脳を標的とした痛みやかゆみの抑制法

　頭皮の上から脳内の神経細胞の興奮性や活動を操作することができる方法が開発された（ニューロモジュレーション）。代表的なものは、反復経頭蓋磁気刺激法（rTMS）や経頭蓋直流電気刺激（tDCS）である。いずれも非侵襲的な方法で、かつ、副作用がほとんどない安全な装置であるため、ヒトを対象とした研究に応用されている。特に、1990 年代から rTMS や tDCS を用いたヒト研究が爆発的に増えた。臨床研究では、主に、うつ病などの精神疾患に対する治療効果を調べることを目的に研究が行われている。一方、基礎研究では、神経細胞を活性化したり、抑制したりすることで、脳局所が認知や思考、あるいは行動において、具体的にどのような役割を果たしているのかを詳しく調べる研究が行われている。rTMS は 1 ms 程度（あるいは未満）の短い磁気刺激を繰り返し与えることで神経細胞の活動を亢進あるいは抑制することができる。一般的に、1 Hz 程度の低頻度刺激は神経細胞の活動を抑制し、10 Hz などの高頻度刺激は神経細胞の活動を亢進する。具体的なメカニズムは、まだわかっていない。一方、tDCS は、神経細胞の興奮性を変えると考えられている。標的となる脳部位の頭皮上に陽性電極を貼り付け、陰性電極を別の場所（額など）に貼り付けると、標的脳部位の興奮性を上げることができる。逆に、標的脳部位に陰性電極を貼り付けると興奮性を下げることができる。最近の研究で、グリア細胞の一種であるアストロサイトが tDCS を用いた神経細胞の興奮性操作に関係することがわかってきた（Monai et al., 2016）。アストロサイトは細胞内カルシウム濃度を変動させることによって神経細胞間

のシナプス伝達に影響を与える。tDCS 刺激によってアストロサイトのカルシウム濃度が上昇し、その結果、シナプス伝達の増強が起こりやすくなる。

　痛みの研究分野ではニューロモジュレーションを用いた研究が以前から行われている。主に、疼痛治療を目的とした研究であり、標的となる脳部位は一次運動野が多い。一次運動野と鎮痛の関係は Penfield などによって発見された。彼らは一次運動野の切除によって疼痛が緩和されることを報告した（Broggi et al., 2012；Lende et al., 1971）。1990 年代に入り、Tsubokawa et al. は、一次運動野に微弱な電気刺激を与えることで疼痛が抑制されることを報告した（Tsubokawa et al., 1991, 1993）。このような背景のもと、ニューロモジュレーションを用いた痛覚の研究では一次運動野を標的とした研究が健常者や疼痛患者を対象に数多く行われ、疼痛治療への有効性が示されてきた（Giannoni-Luza et al., 2020）。かゆみに関しては、tDCS を用いた研究と TMS（シータバースト刺激）を用いた研究が報告されている。これらの研究では共通して一次体性感覚野を刺激している。いずれもかゆみが有意に抑制されたと報告している（Jones et al., 2019；Knotkova et al., 2013；Nakagawa et al., 2016）。

(望月 秀紀)

4・17　おわりに

　痛みとかゆみの脳研究によって、それらのメカニズムが少しずつ明らかとなってきた。しかし、わかっていないことのほうがそれ以上にたくさんある。特に、かゆみに関してはそれが顕著である。かゆみは弱い痛みと長い間考えられてきたことが、その原因の一つである。しかし、かゆみと痛みのメカニズムは異なる。そして、かゆみは掻破による皮膚の損傷がさらにかゆみを悪化させるというやっかいな問題もある。今後、痛みやかゆみの研究に興味をもった研究者たちが、未だに解明されてない数多くの謎に挑戦し、解明してくれることを期待している。

(望月 秀紀)

第IV部　触覚

文献

(4・2)

Andrew, D., & Craig, A. D. (2001). Spinothalamic lamina I neurons selectively sensitive to histamine: A central neural pathway for itch. *Nature Neuroscience, 4*, 72–77. [doi: 10.1038/82924]

Dong, X., & Dong, X. (2018). Peripheral and central mechanisms of itch. *Neuron, 98*, 482–494. [doi: 10.1016/j.neuron.2018.03.023]

Handwerker, H. O., Forster, C., & Kirchhoff, C. (1991). Discharge patterns of human C-fibers induced by itching and burning stimuli. *Journal of Neurophysiology, 66*, 307–315. [doi: 10.1152/jn.1991.66.1.307]

Ringkamp, M., Schepers, R. J., Shimada, S. G., Johanek, L. M., Hartke, T. V., Borzan, J., ... Meyer, R. A. (2011). A role for nociceptive, myelinated nerve fibers in itch sensation. *Journal of Neuroscience, 31*, 14841–14849. [doi: 10.1523/JNEUROSCI.3005-11.2011]

Schmelz, M., Schmidt, R., Bickel, A., Handwerker, H. O., & Torebjörk, H. E. (1997). Specific C-receptors for itch in human skin. *Journal of Neuroscience, 17*, 8003–8008. [doi: 10.1523/JNEUROSCI.17-20-08003.1997]

(4・3)

Adrian, E. D. (1940). Double representation of the feet in the sensory cortex of the cat. *Journal of Physiology, 98*, 16–18.

Drzezga, A., Darsow, U., Treede, R. D., Siebner, H., Frisch, M., Munz, F., ... Bartenstein, P. (2001). Central activation by histamine-induced itch: Analogies to pain processing: A correlational analysis of O-15 H2O positron emission tomography studies. *Pain, 92*, 295–305. [doi: 10.1016/s0304-3959(01)00271-8]

Lockwood, P. L., Iannetti, G. D., & Haggard, P. (2013). Transcranial magnetic stimulation over human secondary somatosensory cortex disrupts perception of pain intensity. *Cortex, 49*, 2201–2209. [doi: 10.1016/j.cortex.2012.10.006]

Mochizuki, H., Hernandez, L. E., & Yosipovitch, G. (2019). What does brain tell us about itch? *Itchi, 4*, e23.

Mochizuki, H., Tanaka, S., Morita, T., Wasaka, T., Sadato, N., & Kakigi, R. (2014). The cerebral representation of scratching-induced pleasantness. *Journal of Neurophysiology, 111*, 488–498. [doi: 10.1152/jn.00374.2013]

Penfield, W., & Boldrey, E. (1937). Somatic motor and sensory representation in the cerebral cortex of man as studied by electrical stimulation. *Brain, 60*, 389–443. [doi: 10.1093/brain/60.4.389]

Timmermann, L., Ploner, M., Haucke, K., Schmitz, F., Baltissen, R., & Schnitzler, A. (2001). Differential coding of pain intensity in the human primary and secondary somatosensory cortex. *Journal of Neurophysiology, 86*, 1499–1503. [doi: 10.1152/jn.2001.86.3.1499]

Valet, M., Pfab, F., Sprenger, T., Wöller, A., Zimmer, C., Behrendt, H., ... Tölle, T. R. (2008). Cerebral processing of histamine-induced itch using short-term alternating temperature modulation – An fMRI study. *Journal of Investigative Dermatology, 128*, 426–433. [doi: 10.1038/sj.jid.5701002]

(4・4)

Bush, G., Luu, P., & Posner, M. I. (2000). Cognitive and emotional influences in anterior cingulate cortex. *Trends in Cognitive Sciences, 4*, 215–222. [doi: 10.1016/s1364-6613(00)01483-2]

Coghill, R. C., Sang, C. N., Maisog, J. M., & Iadarola, M. J. (1999). Pain intensity processing within the human brain: A bilateral, distributed mechanism. *Journal of Neurophysiology, 82*, 1934–1943. [doi: 10.1152/jn.1999.82.4.1934]

deCharms, R. C., Maeda, F., Glover, G. H., Ludlow, D., Pauly, J. M., Soneji, D., ... Mackey, S. C. (2005). Control over brain activation and pain learned by using real-time functional MRI. *Proceedings of the National Academy of Sciences, 102*, 18626–18631. [doi: 10.1073/pnas.0505210102]

Emmert, K., Breimhorst, M., Bauermann, T., Birklein, F., Van De Ville, D., & Haller, S. (2014). Comparison of anterior cingulate vs. insular cortex as targets for real-time fMRI regulation during pain stimulation. *Frontiers in Behavioral Neuroscience, 8*, 350. [doi: 10.3389/fnbeh.2014.00350]

Fuchs, P. N., Peng, Y. B., Boyette-Davis, J. A., & Uhelski, M. L. (2014). The anterior cingulate cortex and pain processing.

Frontiers in Integrative Neuroscience, 8, 35.［doi: 10.3389/fnint.2014.00035］

Guan, M., Ma, L., Li, L., Yan, B., Zhao, L., Tong, L., ... Shi, D. (2015). Self-regulation of brain activity in patients with postherpetic neuralgia: A double-blind randomized study using real-time fMRI neurofeedback. *PLoS ONE, 10*, e0123675.［doi: 10.1371/journal.pone.0123675］

Iwata, K., Kamo, H., Ogawa, A., Tsuboi, Y., Noma, N., Mitsuhashi, Y., ... Kitagawa, J. (2005). Anterior cingulate cortical neuronal activity during perception of noxious thermal stimuli in monkeys. *Journal of Neurophysiology, 94*, 1980–1991.［doi: 10.1152/jn.00190.2005］

Rance, M., Ruttorf, M., Nees, F., Schad, L. R., & Flor, H. (2014). Real time fMRI feedback of the anterior cingulate and posterior insular cortex in the processing of pain. *Human Brain Mapping, 35*, 5784–5798.［doi: 10.1002/hbm.22585］

(4・5)

Emerson, N. M., Zeidan, F., Lobanov, O. V., Hadsel, M. S., Martucci, K. T., Quevedo, A. S., ... Coghill, R. C. (2014). Pain sensitivity is inversely related to regional grey matter density in the brain. *Pain, 155*, 566–573.［doi: 10.1016/j.pain.2013.12.004］

Goffaux, P., Girard-Tremblay, L., Marchand, S., Daigle, K., & Whittingstall, K. (2014). Individual differences in pain sensitivity vary as a function of precuneus reactivity. *Brain Topography, 27*, 366–374.［doi: 10.1007/s10548-013-0291-0］

Mochizuki, H., Hernandez, L. E., & Yosipovitch, G. (2019). What does brain imaging tell us about itch? *Itchi, 4*, e23.

(4・6)

Apkarian, A. V., Bushnell, M. C., Treede, R. D., & Zubieta, J. K. (2005). Human brain mechanisms of pain perception and regulation in health and disease. *European Journal of Pain, 9*, 463–484.［doi: 10.1016/j.ejpain.2004.11.001］

Craig, A. D. (2010). The sentient self. *Brain Structure & Function, 214*, 563–577.［doi: 10.1007/s00429-010-0248-y］

Davis, K. D., Bushnell, M. C., Iannetti, G. D., St. Lawrence, K., & Coghill, R. (2015). Evidence against pain specificity in the dorsal posterior insula. *F1000Research, 4*, 362.［doi: 10.12688/f1000research.6833.1］

Drzezga, A., Darsow, U., Treede, R. D., Siebner, H., Frisch, M., Munz, F., ... Bartenstein, P. (2001). Central activation by histamine-induced itch: Analogies to pain processing: A correlational analysis of O-15 H2O positron emission tomography studies. *Pain, 92*, 295–305.［doi: 10.1016/s0304-3959(01)00271-8］

Garcia-Larrea, L., Perchet, C., Creac'h, C., Convers, P., Peyron, R., Laurent, B., ... Magnin, M. (2010). Operculo-insular pain (parasylvian pain): A distinct central pain syndrome. *Brain, 133*, 2528–2539.［doi: 10.1093/brain/awq220］

Isnard, J., Magnin, M., Jung, J., Mauguière, F., & Garcia-Larrea, L. (2011). Does the insula tell our brain that we are in pain? *Pain, 152*, 946–951.［doi: 10.1016/j.pain.2010.12.025］

Mazzola, L., Isnard, J., Peyron, R., & Mauguière, F. (2012). Stimulation of the human cortex and the experience of pain: Wilder Penfield's observations revisited. *Brain, 135*, 631–640.［doi: 10.1093/brain/awr265］

Segerdahl, A. R., Mezue, M., Okell, T. W., Farrar, J. T., & Tracey, I. (2015). The dorsal posterior insula subserves a fundamental role in human pain. *Nature Neuroscience, 18*, 499–500.［doi: 10.1038/nn.3969］

(4・8)

Ashar, Y. K., Chang, L. J., & Wager, T. D. (2017). Brain mechanisms of the placebo effect: An affective appraisal account. *Annual Review of Clinical Psychology, 13*, 73–98.［doi: 10.1146/annurev-clinpsy-021815-093015］

Mochizuki, H., Tashiro, M., Kano, M., Sakurada, Y., Itoh, M., & Yanai, K. (2003). Imaging of central itch modulation in the human brain using positron emission tomography. *Pain, 105*, 339–346.［doi: 10.1016/s0304-3959(03)00249-5］

Tracey, I., Ploghaus, A., Gati, J. S., Clare, S., Smith, S., Menon, R. S., & Matthews, P. M. (2002). Imaging attentional modulation of pain in the periaqueductal gray in humans. *Journal of Neuroscience, 22*, 2748–2752.［doi: 10.1523/JNEUROSCI.22-07-02748.2002］

van de Sand, M. F., Menz, M. M., Sprenger, C., & Büchel, C. (2018). Nocebo-induced modulation of cerebral itch processing – An fMRI study. *NeuroImage, 166*, 209–218.［doi: 10.1016/j.neuroimage.2017.10.056］

第 IV 部　触覚

Wager, T. D., Rilling, J. K., Smith, E. E., Sokolik, A., Casey, K. L., Davidson, R. J., ... Cohen, J. D. (2004). Placebo-induced changes in fMRI in the anticipation and experience of pain. *Science, 303*, 1162–1167. [doi: 10.1126/science.1093065]

(4・9)

Inui, K., Tsuji, T., & Kakigi, R. (2006). Temporal analysis of cortical mechanisms for pain relief by tactile stimuli in humans. *Cerebral Cortex, 16*, 355–365. [doi: 10.1093/cercor/bhi114]

(4・10)

Akiyama, T., Lodi Carstens, M., & Carstens, E. (2011). Transmitters and pathways mediating inhibition of spinal itch-signaling neurons by scratching and other counterstimuli. *PLoS ONE, 6*, e22665. [doi: 10.1371/journal.pone.0022665]

Davidson, S., Zhang, X., Khasabov, S. G., Simone, D. A., & Giesler, G. J. Jr. (2009). Relief of itch by scratching: State-dependent inhibition of primate spinothalamic tract neurons. *Nature Neuroscience, 12*, 544–546. [doi: 10.1093/cercor/bhi114]

(4・11)

Mochizuki, H., Shevchenko, A., Nattkemper, L. A., Valdes-Rodriguez, R., & Yosipovitch, G. (2017). Suppression of scratching-induced pleasurable sensation by compression nerve blocking and its association with itch relief. *Itchi, 2*, e7. [doi: 10.1097/itx.0000000000000007]

Mochizuki, H., Tanaka, S., Morita, T., Wasaka, T., Sadato, N., & Kakigi, R. (2014). The cerebral representation of scratching-induced pleasantness. *Journal of Neurophysiology, 111*, 488–498. [doi: 10.1152/jn.00374.2013]

(4・12)

Apkarian, V. A., Hashmi, J. A., & Baliki, M. N. (2011). Pain and the brain: Specificity and plasticity of the brain in clinical chronic pain. *Pain, 152*, S49–S64. [doi: 10.1016/j.pain.2010.11.010]

Baliki, M. N., Petre, B., Torbey, S., Herrmann, K. M., Huang, L., Schnitzer, T. J., ... Apkarian, A. V. (2013). Corticostriatal functional connectivity predicts transition to chronic back pain. *Nature Neuroscience, 15*(8), 1117–1119. [doi: 10.1038/nn.3153]

Mansour, A. R., Baliki, M. N., Huang, L., Torbey, S., Herrmann, K. M., Schnitzer, T. J., & Apkarian, V. A. (2013). Brain white matter structural properties predict transition to chronic pain. *Pain, 154*, 2160–2168. [doi: 10.1016/j.pain.2013.06.044]

Mochizuki, H., Kursewicz, C. D., Nomi, J. N., & Yosipovitch, G. (2021). The right default mode network is associated with the severity of chronic itch. *Journal of the European Academy of Dermatology and Venereology, 35*, e819–e821. [doi: 10.1111/jdv.17510]

Ossipov, M. H., Dussor, G. O., & Porreca, F. (2010). Central modulation of pain. *Journal of Clinical Investigation, 120*, 3779–3787. [doi: 10.1172/JCI43766]

Papoiu, A. D., Emerson, N. M., Patel, T. S., Kraft, R. A., Valdes-Rodriguez, R., Nattkemper, L. A., ... Yosipovitch, G. (2014). Voxel-based morphometry and arterial spin labeling fMRI reveal neuropathic and neuroplastic features of brain processing of itch in end-stage renal disease. *Journal of Neurophysiology, 112*, 1729–1738. [doi: 10.1152/jn.00827.2013]

Porreca, F., Ossipov, M. H., & Gebhart, G. F. (2002). Chronic pain and medullary descending facilitation. *Trends in Neurosciences, 25*, 319–325. [doi: 10.1016/s0166-2236(02)02157-4]

Schneider, G., Ständer, S., Burgmer, M., Driesch, G., Heuft, G., & Weckesser, M. (2008). Significant differences in central imaging of histamine-induced itch between atopic dermatitis and healthy subjects. *European Journal of Pain, 12*, 834–841. [doi: 10.1016/j.ejpain.2007.12.003]

Wang, Y., Fang, J. L., Cui, B., Liu, J., Song, P., Lang, C., ... Kong, J. (2018). The functional and structural alterations of the striatum in chronic spontaneous urticaria. *Scientific Reports, 8*, 1725. [doi: 10.1038/s41598-018-19962-2]

第４章　痛みとかゆみ

(4・13)

Singer, T., Seymour, B., O'Doherty, J., Kaube, H., Dolan, R. J., & Frith, C. D. (2004). Empathy for pain involves the affective but not sensory components of pain. *Science, 303*, 1157–1162. [doi: 10.1126/science.1093535]

(4・14)

Niemeier, J., & Gieler, K. U. (2000). Observations during an Itch-Inducing Lecture. *Dermatology and Psychosomatics, 1*, 15–18.

Ogden, J., & Zoukas, S. (2009). Generating physical symptoms from visual cues: An experimental study. *Psychology, Health & Medicine, 14*, 695–704. [doi: 10.1080/13548500903311547]

(4・15)

Grice-Jackson, T., Critchley, H. D., Banissy, M. J., & Ward, J. (2017). Consciously feeling the pain of others reflects atypical functional connectivity between the pain matrix and frontal-parietal regions. *Frontiers in Human Neuroscience, 11*, 507. [doi: 10.3389/fnhum.2017.00507]

Mochizuki, H., Baumgaertner, U., Sandra, K., Ruttorf, M., Schad, L., Flor, H., … Treede, R. D. (2013). Cortico-subcortical activation patterns for inner experiences of itch and pain. *Pain, 154*, 1989–1998.

Niemeier, J., & Gieler, K. U. (2000). Observations during an Itch-Inducing Lecture. *Dermatology and Psychosomatics, 1*, 15–18.

Schut, C., Mochizuki, H., Grossman, S., Lin, A. C., Conklin, C. J., Mohamed, F. B., … Yosipovitch, G. (2017). Brain processing of contagious itch in patients with atopic dermatitis. *Frontiers in Psychology, 8*, 1267. [doi: 10.3389/fpsyg.2017.01267]

(4・16)

Broggi, G., Acerbi, F., Broggi, M., & Messina, G. (2012). Surgical therapy for pain. In R. G. Ellenbogen, S. I. Abdulrauf, & L. N. Sekhar (Eds.), *Principles of Neurological Surgery* (pp. 737–756). Elsevier.

Giannoni-Luza, S., Pacheco-Barrios, K., Cardenas-Rojas, A., Mejia-Pando, P. F., Luna-Cuadros, M. A., Barouh, J. L., … Fregni, F. (2020). Non-invasive motor cortex stimulation effects on quantitative sensory testing (QST) in healthy and chronic pain subjects: A systematic review and meta-analysis. *Pain, 161*, 1955–1975. [doi: 10.1097/j.pain.0000000000001893]

Jones, O., Schindler, I., & Holle, H. (2019). Transcranial magnetic stimulation over contralateral primary somatosensory cortex disrupts perception of itch intensity. *Experimental Dermatology, 28*, 1380–1384. [doi: 10.1111/exd.13803]

Knotkova, H., Portenoy, R. K., & Cruciani, R. A. (2013). Transcranial direct current stimulation (tDCS) relieved itching in a patient with chronic neuropathic pain. *Clinical Journal of Pain, 29*, 621–622. [doi: 10.1097/AJP.0b013e31826b1329]

Lende, R. A., Kirsch, W. M., & Druckman, R. (1971). Relief of facial pain after combined removal of precentral and postcentral cortex. *Journal of Neurosurgery, 34*, 537–543. [doi: 10.3171/jns.1971.34.4.0537]

Monai, H., Ohkura, M., Tanaka, M., Oe, Y., Konno, A., Hirai, H., … Hirase, H. (2016). Calcium imaging reveals glial involvement in transcranial direct current stimulation-induced plasticity in mouse brain. *Nature Communications, 7*, 11100. [doi: 10.1038/ncomms11100]

Nakagawa, K., Mochizuki, H., Koyama, S., Tanaka, S., Sadato, N., & Kakigi, R. (2016). A transcranial direct current stimulation over the sensorimotor cortex modulates the itch sensation induced by histamine. *Clinical Neurophysiology, 127*, 827–832.

Tsubokawa, T., Katayama, Y., Yamamoto, T., Hirayama, T., & Koyama, S. (1991). Chronic motor cortex stimulation for the treatment of central pain. *Acta Neurochirurgica Supplement, 52*, 137–139. [doi: 10.1007/978-3-7091-9160-6_37]

Tsubokawa, T., Katayama, Y., Yamamoto, T., Hirayama, T., & Koyama, S. (1993). Chronic motor cortex stimulation in patients with thalamic pain. *Journal of Neurosurgery, 78*, 393–401. [doi: 10.3171/jns.1993.78.3.0393]

第5章 触覚の研究史と現象的理解

5・1 ハプティクスとは

触覚の心理学は，19世紀の前半から盛んになり今日に至っている。ここでは1940年頃までの約百年の研究の変遷について述べる。ただそうは言っても，この間の研究成果のすべてを簡潔に語ることは困難なので，今日の研究につながるテーマに絞ってその前史について述べる。

触覚（Tastsinn, touch sense）ということばは，少なくともドイツでは俗語であった。Dessoir（1892）が，はじめて，視覚におけるopticや聴覚におけるacousticという語に相当するものとして，触覚においてはhapticという語が，大学教育などにおいては使われるべきであると提案した。彼はハプティクという語に，次の2領域を含ませている。

(1) 単純触覚（contact sense）：接（contact）と圧（pressure）の感覚
(2) 高等触覚（pselaphesia）：能動触（active touch）と筋（muscle）の知覚

ここでいう高等触覚とは，能動的触覚と筋肉の活動から得られた探索的触覚であり，単純触覚から独立した現象的体験であるとした（Grunwald & John, 2008）。

Titchener（1898, 1900）は，Dessoir（1892）の考えに共感して，自分の研究室の一室をHaptics and Organic Sensesと命名したといわれる。DessoirやTitchenerの考えを踏まえて，当時の哲学・心理学辞典では，hapticsのことを「感覚と知覚をともなう触覚の教義のことである。これは，opticsが見ることの教義であり，acousticsが聞くことの教義であるのと同じである。……これには，皮膚，筋，腱，関節や平衡感覚の機能の全範囲（よって温度や痛みを含む）と位置と運動などの知覚が含まれる。さもなければ，それは狭い範囲の皮膚の感覚・知覚に制限されるだろう」（Baldwin, 1905）と記している。こうしてハプティクスという語が20世紀の初めころに学術用語として定着するようになった。

その後ハプティクスという語は，その意味を大きく変更することなく，現在に至るまで用いられている。たとえば，Gibson（1966）は，ヒトの知覚をいくつかの系に分け，その一つをハプティク・システムとし，「体を使うことによって得られる，人体に隣接する世界に対するヒトの感覚力」（p. 97）と定義し，さらに受動触と能動触を区別して，「能動触とは，ふつうに『触れること』とよばれているものをさしている。これは，受動触すなわち『触れられる』ことと区別されるべきである。一方の事例では，皮膚上の印象が知覚者自身によって引き起こされ，他方の事例では，外部の主体によって引き起こされる。……能動触とは，受容的ではなく探索的感覚である」と述べている（Gibson, 1962）。

もっとも，歴史的には，触覚を皮膚表面の感受力に限定し，触覚における筋肉や関節の役割をつよく否定した人がいた。それはvon Frey（1894a, 1894b, 1895, 1896）である。彼は，von Freyの触毛（馬毛の先で皮膚を刺激して触感を誘発させる方法）といわれる器具を工夫して，ヒトの皮膚には圧点が散在し，各圧点のまわりには圧を感受しない領域があることを観察した。彼は，触覚とは圧と接に関するものであり，もっぱら皮膚の表面に存在するものであり，触覚の機能は，この接と圧の知覚を研究することによってのみ説明されると考え，皮膚の深い部分において生じる「深部の圧覚」を信じていなかった。このことは，受動的な腕の運動知覚は，関節，筋，腱のなかにある受容器ではなく，関節の近くにある

皮膚組織の変形によって生じるという彼の主張からもうかがえる（von Frey, 1918）。

しかし，触覚を皮膚表面の感受力に限定することは，当時においても一般的でなかった。皮膚に機械的な刺激が与えられると，刺激の強度に応じて皮膚表面のみが刺激されることもあれば，皮下組織（筋肉）までも刺激されることがある。そのような皮下組織から生じた感覚も触覚の一部と考えるほうが自然であった。Titchener（1920）が，触覚ピラミッドと呼ばれる，さまざまな触印象の関係を表した模式図を提案した（図5-1-1）。この図では，ピラミッドの5頂点にある体験を基本的な印象と見なし，頂点を結ぶ稜線に沿って記されている体験を合成された印象と考える。たとえばかゆみは，むずむず感と刺痛の中間とされた。図5-1-1には，表面の触感だけでなく，深部の圧覚に関係することばも記されている。ピラミッドの左下部にある筋緊張（strain），荷重感（drag），疼痛（ache），鈍圧（dull pressure）は，明らかに皮下組織で生じる感覚である。このことは Titchener が，筋や腱のなかや関節の周辺にあって，機械的刺激に応答する受容器によって生じる感覚も触覚の成員と考えた証左である。

生理学では Goldscheider（1898）が，腕の皮膚に麻酔をかけておいて皮膚に大きな負荷をかけると，麻痺しているにもかかわらず深部圧や疼痛がもたらされることを見いだし，このことから筋肉の感受力も圧覚に関係すると考えた。Head et al.（1905）は，皮膚表面の近くにある受容器がつくる圧と，皮下組織のなかの受容器がつくる圧を分けることを提案した。彼は皮膚表面に近い感覚神経を切除すると，その部位は麻痺して，温かさ，冷たさ，表面痛，軽圧が感じられなくなるが，重い荷重に対しては鈍圧あるいは鈍痛が生じることを見いだした。

（東山 篤規）

5・2　Weberの研究

Dessoir（1892）がハプティクスということばを使う前に，すでに Weber（1834/1978）は触覚には受動的側面と能動的側面があることを認め，触2点閾をはじめとする触の弁別では，手を動かすことによって判断の精度が上がることに気づいていた。「たとえば，コンパスの2点が近づきすぎて1点にしか知覚されないときでも，指を動かすならば，じつに明瞭に点が分離していることに気づくだろう」（Weber, 1978, p. 52）と述べている。

さらに，Weber は，触面が動くときよりも触官を意図的に動かすときに，触刺激の識別が高まると述べている。「対象の触知覚は，触官が意図的に適切に動かされたときに，大きく向上することは明らかである。驚くことではないが，検査対象が，静止した触官のうえで動かされるときには，その対象の触的再認はむずかしくなる。目を閉じ，手を静止させ，誰かにいろいろな対象（紙片，ガラス，金属，滑らかな木，革，リネン，滑らかな絹，ごわごわした繊維など）を指先に当ててもらいなさい。そのとき，刺激の感覚的性質が曖昧になり，対象の特質が再認できなくなって驚くことだろう」（Weber, 1978, p. 53）。

また Weber は，重さの弁別実験において錘を受動的に受ける場合と，能動的に持ち上げる場合を比較した。受動条件では，被験者の手を動かないように固定し，各手の上に2ポンド（32オンス）の錘をおき，一方の錘をそのままにして（固定刺激），他方の錘を2ポンドから少しずつ軽くし（変化刺激），正しく錘の違いに気づいたときの変化刺激の値を記録した。試行ごとに固定刺激と変化刺激が呈示される手を変えたり，2刺激を一度持ち上げておいてから再び，同じ錘を同じ手に置く試行をときどき挿入したりすることによって，判断に推理が介入することを避けた。能動条件では，手と錘を一緒に持ち上げることを許した。この2条件に同じ17人の観察者が参加した。固定刺激に対する弁別閾（すなわち，固定

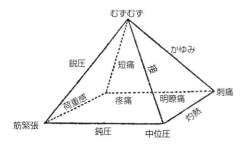

図 5-1-1 Titchener（1920）の触覚ピラミッド

第IV部　触覚

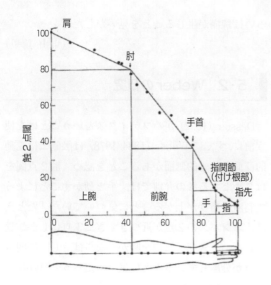

図 5-2-1　肩から指先にかけての触2点閾（Boring, 1942）
Vierordt（1870）の論文にはこの図はない。

刺激から，かろうじて差異が知覚される変化刺激の差）の比は，平均して受動条件では1/15，能動条件では1/8となった。純粋な触覚的判断の場合に比べて，能動的筋肉運動が付加されたときは，精度が約2倍に高まったことになる（Weber, 1978, p. 61）。

同じころ，身体部位の可動性が，触2点閾に影響することが指摘された（Vierordt, 1870）。彼は，指先から肩にかけて触2点閾を精密に測定したところ，肩から肘までの間の触2点閾が，肩から測定点までの距離に反比例して減少することを見いだした。これに似た関係が，肘から手首の間，手首と中手指節関節の間，中手指節関節と指先の間にも見いだされ，関節ごとに閾値の減少率が異なることが示された（図5-2-1）。これはVierordtの法則と呼ばれ，運動性の高い部位ほど皮膚の感受性が高まることを示す証拠とされた。

（東山　篤規）

5・3　感覚点

Weber（1834/1978）が触覚の最初の論文を著した翌年に，Johannes Müller（1835/1843）は「特殊神経エネルギー説（doctrine of specific nerve energies）」を提唱した。この説は，ヒトの感覚的特質は，感覚的興奮が運ばれる神経経路によって決定されるものであって外的刺激が決定するのではないと説く。このことを示す有名な例として，眼球を指などで圧迫したときに生じる眼内閃光（phosphene）が挙げられる。ここでは外的刺激が機械的であるにもかかわらず，われわれの経験が視覚的であるのは，視神経から発した信号が後頭葉に送られるからであると説明される。よって，この説では，この信号が側頭葉に送られるならば音が聞こえ，頭頂葉に送られるならば触が生じると予想される。

特殊神経エネルギー説は，von Helmholtzが支持したこともあって，19世紀後半の感覚心理学の常識になっていた。この説に照らせば，皮膚の感覚的性質に対応して，特化した感覚細胞あるいは神経系が見いだされることが予想される。この予想を検証するために，皮膚には小さな刺激を与えることが必要とされた。スウェーデンのBlix（1882, 1883）は，ファラディク刺激（単電極による電気刺激）などを使って，圧，温，冷，痛の感覚が独立して点的に散在する感覚点（sense spots）を見いだした。ほぼ同じころに，ドイツのGoldscheider（1884a, 1884b）とアメリカのDonaldson（1885）は，温度に関する感覚点の存在を確認した。

感覚点の発見にヒントを得て，von Frey（1894a, 1894b, 1895, 1896）は，皮膚には4種の感覚質が存在し，各質に対して4種の異なる受容器が対応すると仮定した。すなわち，圧点には毛包（有毛部）あるいはマイスナー小体（無毛部），痛みには自由神経終末，冷点にはクラウゼ小体，温点にはルフィニ小体が，それぞれ対応すると仮定された。非常に不思議なことであるが，間接的な証拠だけに基づいて，組織学的な検証をまたずに，この仮説が教科書に載ってしまった（Boring, 1942, p. 470）。

事情はともかく，von Freyによって仮定された，4種類の感覚質とそれにつながる受容器の仮説は，受け入れられたのであろうか。感覚点の発見者の一人であるGoldscheider（1894）は，痛みは独立した受容器をもたず，圧や温度による興奮が加重されることによって生じると考えた。これは痛みの強度説とか加重説と呼ばれた。彼は，コルクからできた接触子を用いて，圧点に軽く触れたときには接の感覚

が生じたのに対して，徐々に圧を高めていくと粒状圧，強圧，傷つけるような圧痛へと変化すると述べた。また接触子として針を用いたときには，弱い刺激では接の感覚が生じ，強い刺激では神経にさわる痛みが生じた。Guilford & Lovewell（1936）は，点刺激の強度を変えて圧点を探したところ，刺激の強度に伴って圧点の数が増加した。感覚点と受容器の関係を von Frey のように固定的に考えているかぎり，刺激強度の増加に伴って，皮膚の同じ部位が圧点から痛点に変化し，感覚点の数が増加する事実を説明するのは難しい。

Dallenbach（1927）は，1 cm^2 の矩形内の皮膚に点刺激を与えて，温点と冷点の分布を4日にわたって描いた。その結果，①皮膚では温刺激にも冷刺激にも反応しない部分がほとんどである，②温点と冷点は重ならない，③温点あるいは冷点として識別された点は，検査日が異なっても一致する割合が高いが，完全に一致することはなかった。さらに温点や冷点の部位として措定された皮膚を切開し，組織学的検査を行ったが，そこには期待されたルフィニ小体やクラウゼ小体はまったく見いだされなかった。これにより，彼は，von Frey の仮説は，大学で教えられる事実ではないと否定した。Dallenbach によると，「von Frey は，自説を述べるにあたって注意深く控え目であった。彼は『この（クラウゼ）終末小体は，おそらく斯く斯くの理由により，冷覚の器官となるだろう』とか『ルフィニの終末器官と温覚の間には，たぶん相関があると私には思える』と述べている。それに，von Frey は，自説の欠陥と弱点を率直に述べている。……（にもかかわらず）説の提案から時が経るにしたがって，彼の相関説は，一般に教条的に紹介されるようになっていった。教科書の執筆者たちは，はじめの10年間は彼の言説に忠実であったが，つぎの10年間ではそれが緩み，最近の10年間（1920-1930）では，確立した事実としてしばしば相関説に言及した」（Dallenbach, 1927）。

上述した Dallenbach（1927）の研究結果と，彼による von Frey 学説に対するコメントは，その後40年間にわたって斯界に影響した（Geldard, 1972）。後年になるが，Kenshalo & Nafe（1962）は，von Frey 以後に行われた温点や冷点として措定された部位の組織学的な研究を概観して，彼の研究を唯一の例外として，温点や冷点の下にはクラウゼ小体やルフィニ小体を見いだすことができないとした。さらに，皮膚の有毛部には，皮膚深くに存在するパチニ小体を除いて，カプセル状の受容器が存在しないとされているにもかかわらず，有毛部は，無毛部と同じように，圧にも温度にも反応するという反証が示された（Hagen et al., 1953）。そもそも皮膚の受容器のなかには，温冷刺激や圧刺激に選択的に反応するものが多いが，どの刺激に対しても反応するものも相当数含まれているという主張もなされた（Kenshalo, 1971）。

1900年前後の触覚研究者が直面したもう一つの問題は振動感覚である。振動感覚とは，音叉のような周期性をもつ機械的刺激が皮膚や骨に与えられたときに，その振動を感じる能力をさす。たとえば，冷蔵庫のようなモーターを内蔵している機器に手をあてると容易に振動を感じるので，われわれに振動を感じる能力があることは疑いえないが，その性質は，①あらゆる感覚から完全に独立した感受力，②触覚的感受力の一つ（断続的な圧覚），③深部感覚の一つなどと解釈されていた。特に von Frey（1915）が，振動感覚は「圧覚の特殊な出現形態」であると論じて以来，心理学のテキストのなかの触覚の章には，振動感覚が取り上げられていないか（Gibson, 1966），取り上げられても連続する圧刺激に対応する感覚として短く紹介される程度であった（Geldard, 1972, p. 302；Piéron, 1952, p. 51）。

これに対して外科医 Treitel（1897）は，彼の診察した患者のなかには，音叉による振動刺激には感受性を示さないにもかかわらず，綿棒で皮膚を刺激したときには正確な定位が得られる者がいる一方，綿棒による定位反応に異常が認められても振動刺激には正常に反応する者がいることに気づいた。後に，これは，求心性感覚神経が選択的に損傷を受けているという仮説の証拠となった。さらに彼は，健常者の手指の先と掌の触2点閾を比べると，前者が後者よりも数倍低いが，振動閾では部位間に差が認められないことに気づいた。また他の触覚検査では，指先と舌先では感度に違いがないにもかかわらず，220 Hz の音叉の振動刺激は，指先において感受できる

1263

第 IV 部　触覚

のに対して舌先ではできないことを示した。どの結果も，振動刺激に対する感受性が，他の触刺激の感受性と異なることを示唆する。

　振動刺激と圧刺激に対する処理過程が異なるという仮説は，Katz（1925/1989 東山・岩切訳　2003）によって強く擁護された。彼は，実験的証拠を示さなかったが，触覚系は静止した圧刺激に順応しやすいが振動刺激には順応しにくいことや，われわれは振動感覚によって皮膚から遠く離れた出来事（道を走る車など）を知ることができるが，圧覚にはこのような能力がないことなどを根拠とし，振動感覚は，他の感覚からは「完全に独立し，それに対応して，振動刺激に特化して反応をする神経装置」（§44）があるはずであると主張した。

　振動感覚をめぐる議論は，20世紀の最後の四半世紀を迎えるころまでに，受容野の大きさと順応の速度において異なる4種類の求心性神経が発見されたことによって収束しかけていた。コツコツと叩くようなタップ刺激に反応するRA神経，振動刺激に反応するPC神経，押しつけられたエッジや形に反応するSAI神経，皮膚が伸張されたときに反応するSAII神経が見いだされたのである。この発見に照らせば，振動感覚と圧覚は異なる神経が処理していると考えられる（Hollins, 2002）。

（東山　篤規）

5・4　混触による複雑な体験の生成

　Titchener（1896）は，皮膚の基本感覚は触，温冷，痛みであるとし，これらが，筋肉，腱，関節などの身体運動系だけでなく，循環器系，排出系，消化器系などもいっしょになって日常の触体験が生成されると考えた（図 5-1-1）。よって，皮膚の基本感覚同士を混ぜ合わせたり，皮膚の基本感覚を身体運動系などの要素と統合したりすれば，日常の複雑な触体験が合成されると考えた。たとえば，「湿気」は，冷たいものと接圧の感覚を組み合わせることによって人工的につくられる。氷枕に頬をつけたときのように，乾いた薄膜ごしに冷えた溶液に触れると，皮膚に湿気が感じられる。あるいは，冷やした小麦粉に指を差し込んだときには粉が湿ったように感じら

れる（Bently, 1900）。「くすぐったさ」については，不快感を伴う軽い圧と四肢の引っ込み反射の傾向から構成されるとされた（Murray, 1908）。これらの考えや実験は，混色（color mixture）にならって混触（touch blend）と呼ばれた。

　これより前にAlrutz（1897, 1898）は，灼熱感を混触によってつくった。彼は，先に述べた感覚点を探る方法を用いて，温点と冷点の部位を事前に決定した後に，温点を45℃で刺激すると熱く50℃では熱痛を感じるのに対して，冷点を45℃で刺激すると温度感覚は生じないが，48℃では冷たく感じ（熱刺激にもかかわらず，冷たく感じるのでvon Freyは逆説的冷覚（paradox sensation of cold）と呼んだ），50℃刺激では痛み（温度感覚はない）を感じた。さらに温点と冷点の両方を48℃の刺激によって同時に刺激すると灼熱感（heat）が得られた。このことから灼熱は，温覚と逆説的冷覚の合成感覚と考えられた。

　混触研究は，1922年から1927年の間にTitchenerのもとで集中して行われた。たとえばSullivan（1923）は，さまざまな物理的素材がつくりだす液体・固体（流動性）の体験と，それを構成している感覚的成分の関係を研究した。彼女は，水，粘性素材（ゼラチンや水銀など），粒粉素材（砂や小麦粉など）を温めたり冷やしたり，ときには常温にしておいて，目隠しをした観察者に，そのなかに指先を入れて①素材の与える触覚的体験を構成している成分，②その成分の配合，③体験の意味について答えさせた。たとえば，温められた砂に指を入れた観察者は，そのときの体験を「圧と温からできていて（成分），圧成分は強く温成分は弱く（配合），これは半液体のゼリーのようだ（体験）」などと答えた。

　観察者の内観報告によると，どのような素材についても，その触覚的体験を構成する成分は，圧，温，冷であった。表 5-4-1 は，観察者によって得られた液体 - 固体感と流動感ごとに各成分の強弱を示す。たとえば，表 5-4-1 の左から4列目が示すように，素材が「さらさらした油状の液体」として感じられるときには，その体験は，温が強く，圧が中位，冷の成分がなかった。表 5-4-1 の左3列が示すように，液体感が生じるときには温度の成分が強くはた

第5章　触覚の研究史と現象的理解

表5-4-1　諸素材のなかに指を差し込んだときに生じる体験（液体－固体感と流動感），その構成成分（圧，冷，温）と強度（弱，中，強）（Sullivan, 1923）

液体－固体感	液体			半液体		半固体	固体	
流動感	vaporous	wet	oily	gelatinous	greasy	mushy	doughy	dry
	蒸気感	湿気	油のさらさら感	ゼリー状	油のべとべと感	煮崩れたようす	パン生地の感触	乾
圧	（弱）	弱	中	中	中	強	強	強
冷	強	強		弱		弱		
温			強		弱		弱	（弱）

注：（　）は該当しない観察者がいたことを示す。

らき，表の右2列が示すように，固体感が生じるときには圧の成分が強くはたらく傾向があった。

触官あるいは素材が動いたときに生じる触感には，油っぽさ（oily：Cobbey & Sullivan, 1922），ざらつき（roughness：Meenes & Zigler, 1923），粘り気（stickiness：Zigler, 1923a），べとつき（clamminess：Zigler, 1923b）などがある。いずれの触感も，内観報告を分析した結果，運動成分が不可欠であることが確認された。

（東山　篤規）

5・5　筋肉の感覚

先に取り上げた深部の圧覚や，ここで述べた複雑な触覚的属性（油っぽさ，ざらつき，べとつき，粘り気など）には，皮膚表面からの情報だけでなく，皮下組織の筋や腱などによって生じる身体運動感覚が組み込まれている。ここでは，1900年前後の生理学者が身体の運動感覚をどのように考えていたのかを述べる。

Bell（1826）は，筋肉の感覚（sensation of muscle）をAristoteles（桑子訳，1999）の五感（視覚，聴覚，味覚，嗅覚，触覚）につづく6番目の感覚と見なした。その後，重さ，努力，抵抗，運動，位置の知覚に関する研究が進み，Bastian（1880）は，これらの知覚には，筋肉だけでなく，腱，関節，皮膚を含む複雑な過程が関与しているとして，それらを総称して身体運動感覚（kinesthesis）と呼んだ。一方，Sherrington（1906）は，身体の全体あるいは部分の運動や位置への感受性を自己受容（proprioception）

と呼び，外受容（exteroception：外界に起源をもつ刺激への感受性）や内受容（interoception：空腹，渇き，体内痛など体内に起源をもつ刺激への感受性）と区別した。身体運動感覚と自己受容感覚は，今ではほとんど同じ意味で使われているが，前者は身体の運動の感覚に，後者は身体の位置の感覚に，それぞれ力点が置かれていると思われる。

身体の運動感覚を支えている受容器の研究は，19世紀後半から本格化する。その一つは，腱や関節の靱帯に含まれるパチニ小体の研究である。パチニ小体は18世紀から知られていたが，1840年ころまでにPaciniが，これと同種の構造を身体のさまざまな部位において再発見し，その構造を完全に記述したとされる。Goldscheiderは，パチニ小体が四肢の位置と運動を司る受容器であると論じた。二番目の受容器は，1863年にKühneが，以前から知られていた筋肉中の小構造を筋紡錘と呼んだことが発端となり，1892年にRuffiniが神経線維をもった神経組織として筋紡錘を認定し，1894年にSherringtonが脊髄後根を切開することによって筋紡錘の機能が感覚的であることを示した。その後Matthews（1931）が，カエルの筋肉から単一の神経線維と筋紡錘を取り出すことに成功し，それを機械的に引き伸ばすことによって，この受容器が活性化することに気づいた。最後の受容器は，ゴルジ小体である。これは1876年にRolletによってカエルの腱のなかに見いだされ，1880年にGolgiがこの小体の構造を完璧に記述した（Boring, 1942）。

ここでBell（1826）によって6番目の感覚とされた筋肉の感覚に話を戻す。神経には感覚神経と

第Ⅳ部　触覚

運動神経があり，この2神経は区別されなければ
ならないことは今ではBell-Magendieの法則として
常識になっている。これはBellが1811年に脊髄前
根が運動性であることを発見し，ついで1822年に
Magendieが，脊髄後根が感覚性であり脊髄前根が
運動性であることを実験的に明らかにしたことに由
来する。しかしBellは，筋肉中の神経は運動性で
あると同時に感覚性であると論じた。いわゆる筋肉
の感覚の存在を提唱したのである。彼は，この筋肉
の感覚が，皮膚の受容器に由来する感覚といっしょ
になって，距離，大きさ，重さ，硬さ，ざらつきな
どの触知覚に貢献するだけでなく，視知覚も眼筋の
運動によって影響されると論じた。彼は，神経回路
（nervous circle）ということばをつくり，「大脳と筋
肉の間には神経回路があり，ある神経は大脳から筋
肉に影響力を行使するが，別の神経では筋肉状態の
感覚を大脳に伝える」と述べている。彼の筋肉感覚
に関する議論は，WeberやJohannes Müllerに受け
入れられていた（Boring, 1942, pp. 526-527）。

　しかし，筋肉の感覚という概念は，当時の生理学
者によってすんなりと受け入れられたわけではな
かった。筋肉の感覚とされるものは，神経分布の感覚
（sensation of innervation）によって説明することが
できたからである。神経分布の感覚とは，自発的身
体運動において遠心性神経の分布が大脳のなかに発
生させる感覚を指し，活性化した筋肉から伝えられ
る求心性神経による活動とは異なるものである。こ
れは，たとえば，手を台の上に静止させて，その上
に錘が置かれたときと，自分の意志で静止した錘を
持ち上げるときを比較すればよい。前者では，単純
に引っ張られた筋肉からの信号が中枢に伝えられる
にすぎないが，後者では，まず持ち上げようとする
意思が生じ，これが遠心性信号を発火させ，それが
筋肉に及び，錘は適切な力で持ち上げられ，その結
果，筋肉からの信号が流入することになる。このとき
の神経分布の感覚は，努力（effort）の感覚とも言わ
れ，意思（volition）という心的はたらきの感覚的意
識の基礎を形づくるものであり，von Helmholtzや
Wundtを含む当時の生理学者や心理学者の大半が
認めていた（Boring, 1942, p. 525）。先に，錘を能動的
に持ち上げるときは，受動的に持ち上げるときに比

べて，弁別閾が小さくなること（Weber, 1834/1978）
を述べたが，これは単純に筋肉から発した求心性神
経の感覚によるものなのか，持ち上げるときに発せ
られる遠心性神経の活動に対応する感覚なのか，あ
るいは両方なのかという議論は，現在にまで持ち越
されている。

　意思ということばは，20世紀に入ると行動主義の
勃興に伴って，心理学では意図（will）などの語と
ともに急速に使われなくなった。特にSherrington
（1900）は，神経分布の感覚という概念に敢然と反
対し，筋肉の感覚は，関節の受容器によって若干影
響されるものの，主に筋肉から生じる身体運動感覚
であると論じた。また皮膚にある受容器は，筋肉の
感覚の生成にはあまり役立たないだろうと述べてい
る。彼の考え方は，その後，約50年にわたってこの
分野を支配し，神経分布の感覚ということばは，論
文誌上からほとんど消えた。

　しかし，探索的能動的触覚の研究を行ううえでは，
意図や意思は避けられない概念であり，神経分布の
感覚によって都合よく説明できる現象［眼球運動に
もかかわらず対象の視方向が変化しない現象（von
Helmholtz, 1867/1925）や腕が切除され筋肉を失っ
ているにもかかわらず幻肢を動かすことができると
いう体験（Henderson & Smyth, 1948）］がある。ま
た近年では，fMRIなどを用いて脳内活動を観察す
ることが可能となり，中枢の神経活動に関する測定
が可能になってきた（Proske & Gandevia, 2009）。

　このように1900年前後には，筋肉の感覚と神経分
布の感覚をめぐって論争があったが，その間にも身
体運動感覚の研究は着実に進められていた。Boring
（1942, p. 531）は，Goldscheider（1898）をはじめ当
時の生理学者や心理学者たちの成果を次のようにま
とめた（[ ] 内は，Boring以後の研究成果を示す）。
(1)Goldscheider（1898）は，運動に対する身体のさ
　まざまな部位の関節の運動閾を決定した。たとえ
　ば，秒速0.3°で肩関節が受動的に動かされている
　とき，その運動閾は0.2°-0.4°，同様に足首の関節
　では1.20°-1.33°となった。ほかの関節（第1，第
　2指骨関節，中手指節関節，手首，肘，股，膝）の
　運動閾は，この両端の間であった。速度によって
　運動閾を測定したときには，肩が最も小さく

第5章　触覚の研究史と現象的理解

(0.5°/s–1.0°/s)，第1指骨関節が最も大きかった(12.4°/sと12.8°/s)。また能動運動の感度は受動運動よりもやや高かった。このデータはHoward & Templeton (1966, p. 83) によって「最も完璧に行われた」研究とされた。

(2) Goldscheider (1898) は，身体運動の知覚では，関節が筋肉よりも貢献するとした。皮膚およびその下の組織をコカインによって麻痺させても運動の感度は大きく低下しないが，関節を電気刺激によって麻痺させると大きく下がったからである。［Howard & Templeton (1966, p. 94) は，Goldscheider (1898) の研究を含むそれまでの研究を概観して「関節の周りにある受容器が，（四肢の）位置の感覚と受動的な運動に貢献する」と述べた。Gibson (1966, p. 109) は「筋肉の感受性は，空間や運動の知覚には無関係であるが，関節の感受性は，これにとってたいへん重要である」と述べた。これに対してClark & Horch (1986) は，皮膚や関節にある受容器からの信号は，身体運動の感覚に補助的にしか役立たないが，筋肉中の筋紡錘から発したIa群線維とII群線維のうち，前者は身体の運動感覚に，後者は身体の位置の感覚に主に役立つとした。一言でいえば，20世紀の初めの頃は，関節が自己受容感覚に最も大きく貢献するとされていたが，その終わりころには筋肉の貢献を顕著とする傾向が強まった］

(3) Goldscheider (1898) は，身体運動感覚として，筋肉，腱，関節を重要な部位と考え，その感覚受容器として，その部位に付随した筋紡錘，パチニ小体，ゴルジ小体を措定した。［最近の研究 (Clark & Horch, 1986) では，身体運動感覚を支える身体部位は，皮膚，関節，筋肉であるとし，特に筋肉に並行している筋紡錘と，筋肉に直列につながっている腱のなかのゴルジ小体を重要な受容器としている］

(4) 同じ重さのものを継時的に挙錘するとき，2刺激間の時程に依存して，第2刺激が第1刺激よりも軽く感じられたり重く感じられたりする時間誤差 (Müller & Schumann, 1889) や，同じ重さであっても容量の小さいものは大きいものよりも重く感じられる Charpentier 効果 (Charpentier, 1891)

は，身体運動感覚だけでなく，構え (Einstellung, set) や上述した神経分布の感覚のような素因を考慮しなければ説明することがむずかしい。

(5) 身体運動感覚は，触覚だけでなく，視覚による空間知覚にも影響する。特に Wundt (1862) 学派は，すべての空間知覚は運動の意識に還元することができるとした。視覚的な広がりは眼球運動が意識化されたものであり，眼の調節と輻輳は，視覚的な奥行きに対して身体運動感覚的手がかりを提供すると考えた。さらに Wundt (1911/1912 速見訳 1915) は，感情の3次元説において緊張 - 弛緩の次元を導入し，緊張と弛緩という身体運動に根ざした概念を意識の記述においてよく用いた。

(東山　篤規)

5·6　Katzの研究

Katz (1925/1989 東山・岩切訳 2003) は，四肢，指，唇などの身体的活動が，素材の触的性質に影響することを力強く表明し，名実ともに，上述したDessoir (1892) のハプティクスの定義に合致した触覚研究を展開した（本節の§は，同書のセクション番号を示す）。彼は，細い触毛を用いた感覚点の研究と，それに基づいた混触のような研究は，触覚生理学の研究を助けることになったとしても，実生活の触体験とは程遠く，触覚心理学を進展させないとした (Katz, 1925/1989 東山・岩切訳 2003, pp. 7-12)。そして，実生活の触体験は，感覚点を合成してつくられる世界よりも豊かであると考え，身体を用いて素材を探索させることによって生じる複雑な触知覚を研究した。

5·6·1　触の現われ方

触覚の世界というと，Katzの研究が現れるまでは，皮膚の上に広がる2次元的体験（主体的側面）と理解されがちであった。しかし，彼は，触覚には，観察者の外に広がる3次元的体験（客体的側面）も含まれると指摘した。触覚がこの2側面をもっていることから，彼はこれを触覚の両義性と呼んだ。彼は，次の4種類の触の現れ方を区別した。

1267

第IV部　触覚

5・6・1・1　表面触

2次元的に連続して触知される領域であり、空間を区切る妨害物として感じられる面である。表面触 [Oberflächentastung（独）, surface touch（Kruegerの英訳）] は、空間のなかの特定の場所にあり、観察者からの方向や距離がはっきりと定まっている。表面触には、羊毛のような柔らかいものからガラスのように硬いものまである。

5・6・1・2　空間充満触

手に強い風が吹きつけるとか溶液のなかで手を動かすときに、厚みはあるが形やパタンのない触印象が生じる。これを空間充満触 [raumfüllendes Tastquale（独）, immersed touch（英）] と呼ぶ。この触は確信をもって空間的と言えない。空間充満触には、定まった方向性がなく、厚みの一方の境界がない。空間充満触は物よりも素材の性質を表している。

5・6・1・3　空間触

たとえば、厚めの布で覆われた固形物がどんなものかを知ろうとして、それを握ると、覆っている布が、厚みのある触として感じられる。特に固形物に注意が向けられると、布は完全に柔らかいもので満たされた空間として感じられる。これが空間触 [raumhafte Tastphänomene（独）, volume touch（英）] である。空間触の与える厚みの一端は手が触れている布であり、他方の端は固形物が接している布である。

5・6・1・4　貫通触面

固定台の上に薄手の紙（あるいは布）を置き、指でそれに軽く触れながらその紙を前後に速く動かすと、紙が介在しているにもかかわらず、紙を通して台の肌理が感じられる。このように薄膜を通り抜ける触感を貫通触面 [durchtastete Fläche（独）, touch-transparent film（英）] という。これと同じ体験は、薄手のゴム手袋をはめて物に触れたときに得られる。空間触は比較的大きな厚みをもつが、貫通触面は薄い。

身体的活動は、素材の触印象（知覚）だけでなく、触イメージ（過去に触れたことがある素材の触記憶）にも影響する。Katz は、触印象から触イメー

ジがつくられると考える。そのとき、たとえばガラス、紙やすり、ウールなどの触知覚が、触行為に関わった身体部位（たいていは指）とともに思い出される。しかもそれは、素材の上で身体部位が静止している姿ではなく動いている姿である。触印象は、それをつくりだした運動を抜きにして思い出すことが困難である（§12）。

5・6・2　触質と触識

Katz によれば、素材が表面触として体験されるときには、その面の触質（Modifikation）と触識（Spezifikation）を区別することができるという。触質は、触れられた面の一般的な特徴を指し、「硬い－柔らかい」「粗い－滑らか（細かい）」「もろい－しなやか」の3次元から構成されている。「硬い－柔らかい」の次元と、「もろい－しなやか」の次元は、一見すると似ているが、前者は単純に硬さを表すのに対して、後者は素材の復元力あるいは弾力を表す。せんべいは曲げようとすると割れて元に戻らないので弾力がない。ゴムは曲げても力を緩めると元の状態に戻る。「硬い－柔らかい」の次元と「もろい－しなやか」の次元は、広範囲にわたって互いに独立して変化する。たとえば、厚いウール地は、柔らかいがしなやかではない、魚の骨は、柔らかくないがしなやかである（§24）。

「硬い－柔らかい」は、素材に向かって触官を押しつけたときに生じ、「粗い－滑らか」は、素材に沿って触官を擦ったときに生じ、「もろい－しなやか」は、素材を折り曲げようとして力を加えたときに生じる。いずれの触質も、素材あるいは触官の動きに伴って得られ、時間の経過とともに生じる性質であり、固定された触官に点状刺激が瞬間的に加えられたときに生じる感覚点とは大いに異なる。

「硬い－柔らかい」と「粗い－滑らか」の触質は、静止した触材に触官がはたらきかけたときでも（能動触）静止した触官に触材から接触してきた場合でも（受動触）同じように生じるが、「もろい－しなやか」の触質は、観察者の方から能動的に素材に力を加えたときにのみ発生する性質をもつので、自己受容感覚がはたらいている触次元である。

触識とは、触れられた面の素材（紙、木、布ある

いは金属など）が特定されることを指す。われわれ
は，眼を閉じて素材に触れたときには，それが，たと
えば布かそうでないかの区別ができるが，専門家で
あれば，さらにその布の種類（木綿，絹，麻，羊毛
など）を特定し，ときには自分の愛用しているスー
ツの生地かどうかさえ識別する。これは，布地のよ
うな限定された素材を専門的に扱っていれば，かな
り細かいレベルの触識に達することを示唆している
（経験の効果）。触識は，予備的知識の影響を受けや
すい。たとえば，眼を閉じてさまざまなものに触れ
て，その素材を識別する実験では，事前に素材を一
瞥しておけば，そうでないときよりも格段に再認率
が上がった（§29，視覚の効果）。

　このようにして，Katz は，触質と触識を区別する
が，両者の関係については明らかでない。この関係
を明らかにするにあたって手がかりになる現象が，
触印象の縮減と呼ばれる実験である。たとえば，素
材に触れる面積を小さくすると，まず触識が不明に
なり（第一次縮減），さらに面積を狭くしていくと触
質もわかりにくくなる（第二次縮減）。この他にも，
触覚における縮減は，素材に触れる触官の運動を制
限しても生じる（§20-22）。それから，更紙などに
触官を強く押しつけて擦りつづけるとか，氷水や雪
の中に手を入れて触官を冷やすことによって触官を
順応させても触印象の縮減が生じる（§28）。摩擦に
よる順応では，段ボール紙を指で2分間くらい擦っ
た直後では，指が厚いウールで覆われているように
感じられ，検査紙の小さな違いもわからなくなる。
しかし，順応後約30秒が経過してから検査紙に触
れると，検査紙の本来の性質がわかる（順応からの
回復）。冷却による順応では，強く冷やした後では，

ほとんどの検査紙に対して「何かの上を滑っている
ようで，ほとんど抵抗感がなく，それがどんなものかも
わからなく」なり，触識と触質が完全に失われる。

　ところで，触印象には，面の性質を表した触質と
触識のほかに，面の状態を表すものがある。面の状
態とは面の一時的な特徴である。温かい，冷たい，
振動している，乾いた，湿った，粘っこい，油っぽ
いなどは面の状態である。たとえば鉄板は，本来の
触質をもつが，それをたとえば冷やすことによって
触印象の状態が一時的に変わる。触面の性質と状態
の関係は，視覚面にたとえて言えば，面の反射率と
面に落ちた陰の関係に相当する。

5・6・3　振動感覚と空間感覚

　われわれの周りには，ガラス面のように見た目に
も触ったときにも滑らかな面から，紙のように見た
目は滑らかに見えても触るとざらつきのわかる面
（細かい面），点字のように触らなくても見ただけで
はっきりと凸凹がわかる面（粗い面）まである。とも
すれば，細かい面と粗い面は，触覚的には程度の違
いであって質的に異ならないと考えがちになるが，
Katz は，この2面を探索するときにわれわれがとる
対処法が異なるという（表5-6-1）。細かい面を探索
するときは振動感覚を用いて面の粗さ－滑らかさの
判断を行うのに対して，粗い面では空間感覚を用い
て2次元的形を判断し，それぞれの面に応じて手の
使い方が異なり，そのときに現れてくる視覚イメー
ジの鮮明さが異なるとした（§24）。

5・6・4　触印象の視覚イメージと言語化

　Katz は，触材の識別判断が行われるとき，触印象

表5-6-1　細かい面と粗い面の探索方法

刺激面の特徴	便箋のように，目視によって識別されない細かい粒子の面	点字のように，目視によって識別される凸凹のある面
判断される属性	粗い－滑らか	パターン（形）
有効な感覚	振動感覚	空間感覚
随伴する指の運動	速い動き ふつうは特定の方向に動かす 触官を面に強く押しつける	ゆっくりした動き 全方向に組織的に動かす 触官を面に軽く当てる
視覚イメージ	弱い。あるいは生じない	生じる

（知覚）が視覚イメージを喚起し，その視覚イメージから言語化（触印象に名前を与える）が行われると仮定した。「……素材を再認するときは，触印象そのものが引き金となって，最終的には，言語的なラベルづけに達する再認過程が生じるのだろうか，それとも，触印象は視覚的イメージを喚起するだけで，その視覚的イメージが，次の再認過程を決定するのだろうか……多くの場合，ひじょうに鮮明な視覚的イメージが生じていて，おそらくそれが再認過程に関与していることだけは確かである」と述べている（§29）。彼は，「目を閉じて鉛筆を走らせるとき，われわれは鉛筆の視覚的イメージをはっきりもち，その鉛筆の線の太さや濃さまでもわかる」（§24）とか，「晴眼者が点字のアルファベットを再認しようとするとき，再認につながる視覚的イメージをつくりだす」（§24）といった自他の体験に基づいて，「晴眼者は，めったに触印象と言語的ラベルをじかに結びつけたりしない。だが，ちらっとでも触面の状態を見ることが許されれば，……言語ラベルがあらかじめ準備され，それから，おそらくその表面の視覚的イメージの媒介を通して，そのラベルが，個々の触印象によって，いっそうすばやく喚起される」（§29）としている。

（東山　篤規）

5・7　点字を含む触図形

Weber（1834/1978）が，2次元的触空間の基礎研究である触2点閾などの研究を著す前から，触空間の実践的研究すなわち点字の研究が積み重ねられていた。それまで視覚障害者には，紙などを盛り上がらせた一般文字を指でなぞることによって読み書きの訓練が行われていたが，その習得は容易でなかった。Barbierは，1822年ころに「滑らかな線よりは点，直線と曲線の入り混じった複雑な字よりも簡単な字が盲人にはよい」との発想から最初の点字を工夫したといわれる（Henri, 1952 奥寺訳　1984）。それは，①各文字は6行2列の点パターンからなり，②アルファベットではなくフランス語の発音に基づいて表記され，③数字については記号に数字としての意味をもたせることによって表記された。

Barbierの方法にヒントを得て，Braille（1829）は，①点と線からなる記号（3行2列，縦列の点の間隔は3mm）を工夫し，②数符によってアルファベットと数字を分離した表記法を工夫した。Brailleは，その後1839年に，線の記号は書きにくいので，点だけで構成された記号を発表した。この方式が1854年にフランスで正式に承認された。

Brailleの方式は世界中に広まったが，それを最初に日本に取り入れたのは，東京盲唖学校教員の小西信八であった。その後，同校の教員や生徒による改良が重ねられた結果，1890年に石川倉次によって創案された点字案が採択され，手直しが施された後，1901年に「日本訓盲点字」（文部科学省，1911）として官報に掲載された。

点字の発明と改善の過程は，指先の触覚にとって処理しやすい記号（図形）を追求した歴史である。触覚が，一般文字のような複雑な記号はもちろん，曲線や直線のような記号の処理を苦手としていることがよくわかる。またBrailleのころの点字の点間距離は，3mm程度とされているが，この値はWeberが指先で見いだした触2点閾（約2.5mm）や日本（木塚，1999）で定められている点字の点間距離（横2.13mm，縦2.37mm）よりも大きい。Brailleは，点の相対位置を確実に検出するためにゆとりのある間隔を選択したように思われる。

山根（1935）は，点字よりも大きな2次元線画の

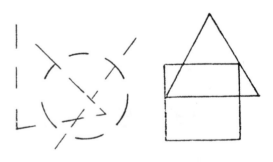

図5-7-1　山根（1935）によって用いられた触運動図形
左：よい連続の因子。視覚観察をすれば，直線＋円＋三角形が見えるが，触運動観察では短線の集合に感じられる。右：囲繞の因子。視覚観察では三角形と四角形が重なって見えるが，触運動観察では大きな外枠とそのなかに含まれる隣接した5図形（3三角形＋1長方形＋1台形）が感じられやすい。

知覚に関して，視覚障害者と晴眼者を比較した。彼はゲシュタルト心理学者（Gottschaldt, 1926, 1929；Kopfermann, 1930；Wertheimer, 1938）が視覚図形に見いだした体制化要因が，触運動知覚においても機能するのかどうかを検討した。さまざまな線画を呈示して，その知覚された姿を口頭で記述するという方法を用いたところ，触運動知覚では，たとえば，よい連続の因子は，視覚ほど強くはなく，囲繞の因子のはたらき方は，視覚とは異なっていた（図5-7-1）。Becker（1935）は，目隠しをした9-11歳の晴眼児に，能動的に線画に触れさせ，それを再生させたところ，よい連続，類同，対称の要因に関しては，視覚を用いて再生したときほど強力ではないが，近接と閉合の要因については，かなり優越的に機能した。

（東山 篤規）

5・8 身体の定位と触空間

触印象は，主に手を使って素材を探索することによって飛躍的に豊かになる。von Skramlik（1937）は，身体の定位が触空間の知覚に影響することを強調し，自らだけでなく先行する供覧実験に含まれる多くの錯覚を，次の四つの場合に分けて論評した（図5-8-1）。

5・8・1 能動触に必要な感官（皮膚あるいは関節）の通常の位置を変えたときに生じる錯覚

・凹面錯覚（図5-8-1a）

指を平らな硬い面に押しつけると，その面がくぼんだように感じられる（von Skramlik, 1937, Fig. 261）。

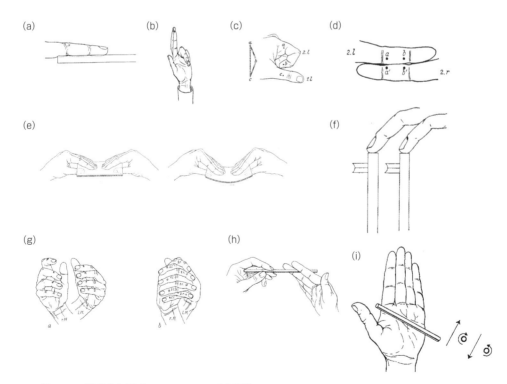

図5-8-1 手指による触運動空間（von Skramlik, 1937）
(a) 凹面錯覚，(b) 指交差錯覚（Aristoteles の錯覚），(c) 屈曲指による連結線錯覚，(d) 並行指による距離錯覚，(e) 硬板湾曲錯覚（左：客観的，右：主観的），(f) 指と鍵の錯覚，(g) 腕指交差錯覚（日本の錯覚），(h) 運動の錯覚，(i) 回転運動の錯覚。(c)(d)(g) の l（左手）や r（右手）の前に記された数は，親指から数えられたときの指番号。(c) の直線 ac は客観的，折線 abc は主観的。

第 IV 部　触覚

・指交差錯覚（Aristoteles の錯覚）

　人差指と中指を交差させ，その交わった部位を
ビーズのような小物によって触れると，この二指の
間に物があるのではなく，人差指の親指側と中指の
薬指側に一つずつ計 2 個の物の存在を感じる。
Aristoteles の錯覚（Aristoteles, 1927 丸橋他訳，
2014）ともいわれる。

・屈曲指による連結線錯覚（図 5-8-1c）

　人差指を親指の根元に曲げておき，一直線上に並
んだ 3 点 a, b, c に触刺激を与えると，3 点は直線で
はなく，点 b のところで外側（指を伸ばした方向）
に折れた線として感じられる（von Skramlik, 1937,
Fig. 272）。

・並行指による距離錯覚（図 5-8-1d）

　腹側を上にして左右の人差指を並置し，基節骨に
近い 2 点（a, b'）を刺激したときに得られる距離と
指先に近い 2 点（a', b）の距離を比較すると，前者
が長く感じられる（von Skramlik, 1937, Fig. 284）。

5・8・2　意図された習慣的行為の遂行ができな　　　　　くなったときに生じる錯覚

・硬板湾曲錯覚（図 5-8-1e）

　硬い板の両端を握って曲げようとすると，実際に
は曲がらないにもかかわらず湾曲した印象が生じ，
それに応じて持ち手の形が変わる（von Skramlik,
1937, Fig. 291, 292）。

5・8・3　視覚的印象によって能動触が影響され　　　　　る錯覚

・指と鍵の錯覚（図 5-8-1f）

　指と鍵を重ねて描かれた画像を見ていると，実際
には 1 指で鍵に触れているにもかかわらず，2 指が
2 鍵に触れている印象が生じる（von Skramlik,
1937, Fig. 294）。

・手指交差錯覚（図 5-8-1g）

　まず両腕を前に伸ばし親指が下になるように交差
させて両手の指を組み，その両手を下から手前に引
き上げる。こうすると指は，いつも見慣れているも
のとは反対方向を向き，反対の位置を占める。この
とき眼を開けて意思どおりに指を動かそうとしても
困難になる。これは，日本の錯覚 Japanese illusion

とも呼ばれる（Burnett, 1904）。

5・8・4　接触対象の運動の形や運動の方向に　　　　　関する錯覚

・運動の錯覚（図 5-8-1h）

　左手によって握られた小棒を右手の人差指と中指
の間に挿入して，棒に沿って指を前後に動かすと，
中指は自分に近づき人差指は自分から遠ざかる印象
が生じる（von Skramlik, 1937, Fig. 305）。

・回転運動の錯覚（図 5-8-1i）

　手の平に丸棒を置いて直線的に滑らせると，棒が
回転して感じられる。棒の移動方向に依存して棒の
回転方向が異なって感じられる（von Skramlik,
1937, Fig. 307）。

（東山　篤規）

5・9　能動触と視覚の関係

　Goldstein & Gelb（1919）は，脳障害によって視
覚的表象を完全に失っている患者においては，皮膚
感覚や運動感覚に対する感受性は健常者と変わらな
いが，空間性を含むようなものについては障害が現
れるという。たとえば，この患者を閉眼させて身体
運動を禁じているときに，身体に触れても，患者は
その触れられた点を示すことができなかった。また，
立体を触覚的に認知することができず，触 2 点閾す
ら測れなかったという。このことから，彼らは，①
触覚のみによっては，空間表象は得られない，②健
常者の触覚的体験に空間性があるのは，視覚表象を
通じて得られた結果であると論じた。

　この Goldstein & Gelb（1919）の仮説の妥当性に
ついては，その当時ずいぶんと議論があった。Katz
（1925/1989 東山・岩切訳　2003）も，触印象には，
元々空間的性質はなく，視覚によって空間的性質が
分け与えられると考えた。それゆえに，彼が見いだ
した触の現われ方（IV・5・6・1）は，色の現われ
方（平面色，面色，空間色，透明色）を取り込むこ
とによって生じるとされた（§46）。しかし，梅津
（1936）は，仮現運動が，むしろ先天盲において著し
いこと（椋野，1932；佐久間，1933），幾何学的錯視
図形を浮き彫り風につくって，晴眼者，先天盲およ

1272

び後天盲に，能動的に触れさせたときも，あるいは受動的に触れさせたときも，大体同じ結果が得られること（Révész, 1934）をもとにして，触覚における空間性の存在を支持する証拠とした。特に Révész（1938）は，触空間は視空間とは独立して機能し，われわれが日常的に体験する空間は，視空間と触空間の統合的産物であり，触覚が視覚よりも劣位の感覚であるとする Plato 的視覚優位の考え方を退けた。

空間の発生論に立ち入ることなく，能動触が視覚の影響を受けることを示す証拠がある。その一つは，すでに述べられたように（IV・5・6・2），事前に素材を一瞥しておくと，そうでないときに比べて，その後に行われた触運動による素材の識別検査の成績が向上することである。もう一つの証拠は，図5-8-1に示された指と鍵の錯覚や手指交差錯覚の存在である。また Charpentier 効果（Charpentier, 1891）や Koseleff の錯覚（Koseleff, 1936）（同じ重さであっても容量の小さいものは大きいものよりも重く感じられる現象）も視覚が能動触に影響することを示している。

能動触が視覚に影響することもありうる。このことが最初に問題にされたのは，1693年に Molyneux が Locke に宛てた手紙である（II・16・2参照）。その問題とは，大雑把にいえば「生まれつき目の見えない人が，突然，その視覚を回復したとしよう。そのとき，その人の前に呈示された立方体と球体を，手で触れる前に，視覚によって識別することができるだろうか」というものである。これに対して Locke（1694 大槻訳, 1972）は，その回復者は，視覚によって二物を弁別することができないと回答した。その後，この条件に合致した開眼者の協力を得て問題の検証が行われたところ［Cheselden, 1728；Dolezalova, 2005；黒田, 1930］，Locke の予想に一致して，彼らは，明暗の弁別を除いては，形，大きさ，方向，数を弁別（および識別）することが難しかった（von Senden, 1932/1960 鳥居・望月訳 2009）。開眼手術を受けた人々が通常の視覚世界を回復するためには，視覚を使いながら触運動を随伴させる訓練が長期にわたって必要になるだろう（鳥居, 1979, 1982）。

Molyneux 問題が提起されてしばらくして，Berkeley（1709 下條他訳 1990）は，視覚に及ぼす触覚の影響について透徹した論考『視覚新論』を著した。彼は，われわれの3次元的世界は，網膜に与えられた像を，輻輳や調節のような眼筋のはたらきや手や腕などの触運動から得られた情報に基づいて解釈することによって獲得されると論じた。この考えは，約200年後に著された Dewey（1887, p. 165）のテキストにおいて，彼自身の考えとして引き継がれている。「究極的には，視知覚は触覚に依存する……空間関係は，もともと目によって知覚されるのではなく，視感覚と，先行する筋肉的・触覚的体験とが連合した結果なのである」。このテキストには広範な読者がついていたことから推して，触覚優位の考えは，その当時の常識の一つだったのだろう。

（東山 篤規）

文献

（5・1）

Baldwin, M.（1905）. *Dictionary of Philosophy and Psychology, Vol. 1*. Macmillan.

Dessoir, M.（1892）. Über den Hautsinn. *Archiv für Physiologie, 3*, 175-339.

Gibson, J. J.（1962）. Observations on active touch. *Psychological Review, 67*, 477-491.［doi: 10.1037/h0046962］

Gibson, J. J.（1966）. *The Senses Considered as Perceptual System*. Houghton Mifflin Company.

Goldscheider, A.（1898）. *Physiologie des Muskelsinnes*. Johann Ambrosius Barth.

Grunwald, M., & John, M.（2008）. German pioneers of research into human haptic perception. In M. Grundwald（Ed.）, *Human Haptic Perception: Basics and Applications*（pp. 15-39）. Birkhäuser Verlag.

Head, H., Rivers, W. H. R., & Sherren, J.（1905）. The afferent nervous system from a new aspect. *Brain, 28*, 99-115.［doi: 10.1093/brain/28.2.99］

Titchener, E. B.（1898）. A psychological laboratory. *Mind, NS7*, 311-331.

Titchener, E. B.（1900）. The equipment of a psychological laboratory. *American Journal of Psychology, 11*, 251-265.［doi: 10.2307/1412274］

第 IV 部　触覚

Titchener, E. B. (1920). Notes from the psychological laboratory of Cornell University. *American Journal of Psychology, 31,* 212–214. [doi: 10.2307/1413498]

Vierordt, K. (1870). Die Abhängigkeit der Ausbildung des Raumsinnes der Haut von der Beweglichkeit der Körpertheile. *Zeitschrift für Biologie, 6,* 53–72.

von Frey, M. (1894a). Beiträge zur Physiologie des Schmerzsinns. Berichte über die Verhandlungen der Königlich Sächsischen Gesellschaft der Wissenschaften zu Leipzig. *Mathematisch-Physische Klasse, 46,* 185–196.

von Frey, M. (1894b). Beiträge zur Physiologie des Schmerzsinns. Berichte über die Verhandlungen der Königlich Sächsischen Gesellschaft der Wissenschaften zu Leipzig. *Mathematisch-Physische Klasse, 46,* 283–296.

von Frey, M. (1895). Beiträge zur Sinnesphysiologie der Haut. Berichte über die Verhandlungen der Königlich Sächsischen Gesellschaft der Wissenschaften zu Leipzig. *Mathematisch-Physische Klasse, 47,* 166–184.

von Frey, M. (1896). Untersuchungen über die Sinnesfunktionen der menschlichen Haut. Erste Abhandlung: Druckempfindung und Schmerz. *Abhandlungen der mathematisch-physischen Klasse der Königlich Sächsischen Gesellschaft der Wissenschaften, 23,* 169–266.

von Frey, M. (1918). Die Bedeutung des Drucksinns für die Wahrnehmung von Bewegung und Lage der Glieder. *Sitzungsberichte der mathematisch-physikalischen Klasse der Bayerischen Akademie der Wissenschaften München,* 93–106.

(5・2)

Boring, E. G. (1942). *Sensation and Perception in the History of Experimental Psychology.* Appleton-Century-Crofts.

Dessoir, M. (1892). Über den Hautsinn. *Archiv für Physiologie, 3,* 175–339.

Vierordt, K. (1870). Die Abhängigkeit der Ausbildung des Raumsinnes der Haut von der Beweglichkeit der Körpertheile. *Zeitschrift für Biologie, 6,* 53–72.

Weber, E. H. (1978). *Weber: The Sense of Touch* (H. E. Ross & D. J. Murray, Trans., pp. 19–135). Academic Press. (Original work published 1834)

(5・3)

Blix, M. (1882). Experimentela bidrag till lösning af fragan om hudnerveras specifica energies. *Uppsala Läkfören Förhandlingar, 18,* 87–102. (German translation: Blix, M. (1884). Experimentelle Beiträge zur Lösung der Frage über die specifische Energie des Hauptnerven. *Zeitschrift für Biologie, 20,* 141–156).

Blix, M. (1883). Experimentela bidrag till lösning af fragan om hudnerveras specifica energies. *Uppsala Läkfören Förhandlingar, 18,* 427–440. (German translation: Blix, M. (1885). Experimentelle Beiträge zur Lösung der Frage über die specifische Energie des Hauptnerven. *Zeitschrift für Biologie, 21,* 145–160).

Boring, E. G. (1942). *Sensation and Perception in the History of Experimental Psychology.* Appleton-Century-Crofts.

Dallenbach, K. M. (1927). The temperature spots and endorgans. *American Journal of Psychology, 39,* 402–427. [doi: 10.2307/1415426]

Donaldson, H. H. (1885). On the temperature-sense. *Mind, 10,* 399–416.

Geldard, F. A. (1972). *The Human Senses* (2nd ed.). John Wiley & Sons.

Gibson, J. J. (1966). *The Senses Considered as Perceptual System.* Houghton Mifflin Company.

Goldscheider, A. (1884a). Die specifische Energie der Temperaturnerven I. *Monatshefte für Praktische Dermatologie, 3,* 198–208.

Goldscheider, A. (1884b). Die specifische Energie der Temperaturnerven II. *Monatshefte für Praktische Dermatologie, 3,* 325–341.

Goldscheider, A. (1894). *Über den Schmerz in physiologischer und klinischer Hinsicht: Nach einem Vortrage in der Berliner militärärztlichen Gesellschaft am 22.* Januar 1894. August Hirschwald.

Guilford, J. P., & Lovewell, E. M. (1936). The touch spots and the intensity of the stimulus. *Journal of General Psychology, 15,* 149–159. [doi: 10.1080/00221309.1936.9917909]

第５章　触覚の研究史と現象的理解

Hagen, E., Knoche, H., Sinclair, D., & Weddell, G. (1953). The role of specialized nerve terminals in cutaneous sensibility. *Proceedings of the Royal Society; Series B: Biological Sciences, 141*, 279–287. [doi: 10.1098/rspb.1953.0042]

Hollins, M. (2002). Touch and haptics. In H. Pashler & S. Yantis (Eds.), *Stevens' Handbook of Experimental Psychology* (Vol. 1, pp. 585–618). John Wiley & Sons.

Katz, D. (1989). *The World of Touch* (L. E. Krueger, Trans.). Lawrence Erlbaum. (Original work published 1925)
　（東山 篤規・岩切 絹代 (訳) (2003). 触覚の世界　新曜社）

Kenshalo, D. R. (1971). The cutaneous senses. In J. W. Kling & L. A. Riggs (Eds.), *Woodworth & Schlosberg's Experimental Psychology* (3rd ed., pp. 117–168). Holt, Rinehart and Winston.

Kenshalo, D. R., & Nafe, I. P. (1962). A quantitative theory of feeling 1960. *Psychological Review, 69*, 17–33. [doi: 10.1037/h0038273]

Müller, J. P. (1843). *Elements of Physiology* (Vol. II., W. Baly, Trans.). Lea and Blanchard. (Original work published 1835)

Piéron, H. (1952). *The Sensations: Their Functions, Processes and Mechanisms* (M. H. Pirrene & B. C. Abbott, Trans.). Yale University Press.

Treitel, J. (1897). Über das Vibrationsgefühl der Haut. *Archiv für Psychiatrie und Nervenkrankheiten, 29*, 633–640.

von Frey, M. (1894a). Beiträge zur Physiologie des Schmerzsinns. Berichte über die Verhandlungen der Königlich Sächsischen Gesellschaft der Wissenschaften zu Leipzig. *Mathematisch-Physische Klasse, 46*, 185–196.

von Frey, M. (1894b). Beiträge zur Physiologie des Schmerzsinns. Berichte über die Verhandlungen der Königlich Sächsischen Gesellschaft der Wissenschaften zu Leipzig. *Mathematisch-Physische Klasse, 46*, 283–296.

von Frey, M. (1895). Beiträge zur Sinnesphysiologie der Haut. Berichte über die Verhandlungen der Königlich Sächsischen Gesellschaft der Wissenschaften zu Leipzig. *Mathematisch-Physische Klasse, 47*, 166–184.

von Frey, M. (1896). Untersuchungen über die Sinnesfunktionen der menschlichen Haut. Erste Abhandlung: Druckempfindung und Schmerz. *Abhandlungen der mathematisch-physischen Klasse der Königlich Sächsischen Gesellschaft der Wissenschaften, 23*, 169–266.

von Frey, M. (1915). Physiologische Versuche über das Vibrationsgefühl. *Zeitschrift für Biologie, 65*, 417–427.

Weber, E. H. (1978). *Weber: The Sense of Touch* (H. E. Ross & D. J. Murray, Trans., pp. 19–135). Academic Press. (Original work published 1834)

(5・4)

Alrutz, S. (1897). On the temperature-senses. *Mind, 6*, 445–448. [doi: 10.1093/mind/VI.3.445]

Alrutz, S. (1898). On the temperature-senses II. The sensation "hot." *Mind, 7*, 140–144.

Bently, M. (1900). The synthetic experiment. *American Journal of Psychology, 11*, 405–425.

Cobbey, L. W., & Sullivan, A. H. (1922). An experimental study of the perception of oiliness. *American Journal of Psychology, 33*, 121–127. [doi: 10.2307/1413756]

Meenes, M., & Zigler, M. J. (1923). An experimental study of the perceptions of roughness and smoothness. *American Journal of Psychology, 34*, 542–549. [doi: 10.2307/1414056]

Murray, E. (1908). A quantitative analysis of tickling: Its relation to cutaneous sensation. *American Journal of Psychology, 19*, 289–344.

Sullivan, A. H. (1923). The perception of liquidity, semi-liquidity and solidity. *American Journal of Psychology, 34*, 531–541. [doi: 10.2307/1414055]

Titchener, E. B. (1896). *An Outline of Psychology* (2nd ed.). Macmillan.

Zigler, M. J. (1923a). An experimental study of the perception of stickiness. *American Journal of Psychology, 34*, 73–84. [doi: 10.2307/1413927]

Zigler, M. J. (1923b). An experimental study of the perception of clamminess. *American Journal of Psychology, 34*, 550–561. [doi: 10.2307/1414057]

第 IV 部　触覚

(5・5)

Aristoteles. *Peri psyches.*
　（桑子 敏雄（訳）（1999）. 感覚の種類の数，共通感覚 『アリストテレス 心とは何か』第 3 巻　講談社学術文）

Bastian, H. C. (1880). *The Brain as an Organ of the Mind.* D. Appleton and Company.

Bell, C. (1826). On the nervous circle which connects the voluntary muscles with the brain. *Philosophical Transactions of the Royal Society of London, 116*(No. 1/3), 163-173. [doi: 10.1098/rstl.1826.0016]

Boring, E. G. (1942). *Sensation and Perception in the History of Experimental Psychology.* Appleton-Century-Crofts.

Charpentier, A. (1891). Analyse expérimentale: De quelques éléments de la sensation de poids. *Archives de Physiologie Normale et Pathologique, 3,* 122-135.

Clark, F. J., & Horch, K. W. (1986). Kinesthesis. In K. R. Boff, L. Kaufman, & J. P. Thomas (Eds.), *Handbook of Perception and Human Performance* (vol. 1., pp. 13-1-13-62). John Wiley & Sons.

Gibson, J. J. (1966). *The Senses Considered as Perceptual System.* Houghton Mifflin Company.

Goldscheider, A. (1898). *Physiologie des Muskelsinnes.* Johann Ambrosius Barth.

Henderson, W. R., & Smyth, G. E. (1948). Phantom limbs. *Journal of Neurology, Neurosurgery, and Psychiatry, 11,* 88-112.

Howard, I. P., & Templeton, W. B. (1966). *Human Spatial Orientation.* John Wiley & Sons.

Matthews, B. H. C. (1931). The response of a single end organ. *Journal of Physiology, 71,* 64-110. [doi: 10.1113/jphysiol.1931.sp002718]

Müller, G. E., & Schumann, F. (1889). Ueber die psychologischen Grundlagen der Vergleichung gehobener Gewichte. *Archiv für die gesamte Physiologie des Menschen und der Tiere, 45,* 37-112. [doi: 10.1007/BF01789714]

Proske, U., & Gandevia, S. C. (2009). The kinaesthetic senses. *Journal of Physiology, 587*(17), 4139-4146. [doi: 10.1113/jphysiol.2009.175372]

Sherrington, C. S. (1900). The muscular sense. In E. A. Schäfer (Ed.), *Handbook of Sensory Physiology* (pp. 1002-1025). Macmillan.

Sherrington, C. S. (1906). *The Integrative Action of the Nervous System.* Yale University Press.

von Helmholtz, H. (1925). *Helmholtz's Treatise on Physiological Optics* (J. P. C. Southhall, Ed. and Trans.). The Optical Society of America. (Original work published 1867)

Weber, E. H. (1978). *Weber: The Sense of Touch* (H. E. Ross & D. J. Murray, Trans., pp. 19-135). Academic Press. (Original work published 1834)

Wundt, W. M. (1862). *Beiträge zur Theorie der Sinneswahrnehmung.* C. F. Winter'sche Velagshandlung.

Wundt, W. M. (1912). *An Introduction to Psychology* (R. Pintner, Trans.). MacMillan Company. (Original work published 1911)
　（速水 滉（補訳）（1915）. ヴント氏心理学要領　不老閣書房）

(5・6)

Dessoir, M. (1892). Über den Hautsinn. *Archiv für Physiologie, 3,* 175-339.

Katz, D. (1989). *The World of Touch* (L. E. Krueger, Trans.). Lawrence Erlbaum. (Original work published 1925).
　（東山 篤規・岩切 絹代（訳）（2003）. 触覚の世界　新曜社）

(5・7)

Becker, J. (1935). Über Taktilmotorische Figurwahrnehmung. *Psychologische Forschung, 20,* 102-158.

Braille, L. (1829). *Procédé pour écrire les paroles, la musique et le plain-chant au moyen de points, à l'usage des aveugles et disposé pour eux.* l'institution Royale des Jeunes Aveugles.

Braille, L. (1839). *Nouveau procédé pour représenter par des points la forme même des lettres, les cartes de géographie, les figures de géométrie, les caracteres de musique, etc., à l'usage des aveugles.* l'institution Royale des Jeunes Aveugles.

Gottschaldt, K. (1926). Über den Einfluß der Erfahrung auf die Wahrnehmung von Figuren. I. Über den Einfluß gehäufter Einprägung von Figuren auf ihre Sichtbarkeit in umfassenden Konfigurationen. *Psychologische Forschung, 8,* 261-317.

［doi: 10.1007/BF02411523］

Gottschaldt, K. (1929). Über den Einfluß der Erfahrung auf die Wahrnehmung von Figuren. II. Vergleichende Untersuchungen über die Wirkung figuraler Einprägung und den Einfluß spezifischer Geschehensverläufe auf die Auffassung optischer Komplexe. *Psychologische Forschung, 12*, 1-87. ［doi: 10.1007/BF02409206］

Henri, P. (1952). *La vie et l'oeuvre de Louis Braille.*

　　(奥寺 百合子（訳）（1984）．点字発明者の生涯　朝日新聞社)

木塚 泰弘（1999）．中途視覚障害者の触読効率を向上させるための総合的点字学習システムの開発　http://web.econ.keio.ac.jp/staff/nakanoy/article/braille/BR/index.html（2018 年 3 月 31 日アクセス）

Kopfermann, H. (1930). Psychologische Untersuchungen über die Wirkung zweidimensionaler Darstellungen körperlicher Gebilde. *Psychologische Forschung, 13*, 293-364. ［doi: 10.1007/BF00406771］

文部科学省（編）（1911）．日本訓盲點字説明　国定教科書共同販売所

Weber, E. H. (1978). *Weber: The Sense of Touch* (H. E. Ross & D. J. Murray, Trans., pp. 19-135). Academic Press. (Original work published 1834)

Wertheimer, M. (1938). *A Source Book of Gestalt Psychology* (W. Ellis, Trans., pp. 71-88). Routledge & Kegan Paul.

山根 清道（1935）．触運動的図形知覚に就いての実験的研究　心理学研究, *10*, 327-390.

(5・8)

Aristoteles. (1927). *Problemata. Chapter 35: Problems connected with the effects of touch* (E. S. Forster, Trans.). Oxford University Press.

　　(丸橋 裕・土屋 睦廣・坂下 浩司（訳）（2014）．触覚による物事に関する諸問題　アリストテレス全集13『問題集』第 35 巻　岩波書店)

Aristoteles. *Peri psyches.*

　　(桑子 敏雄（訳）（1999）．感覚の種類の数，共通感覚　『アリストテレス 心とは何か』第 3 巻　講談社学術文庫)

Burnett, C. T. (1904). Studies in the influence of abnormal position upon the motor impulse. *Psychological Review, 11*, 370-394. ［doi: 10.1037/h0074642］

von Skramlik, E. (1937). *Psychophysiologie der Tastsinne.* Akademische Verlagsgesellschaft.

(5・9)

Berkeley, G. (1709). *Essay Towards a New Theory of Vision.* J. M. Dent & Sons.

　　(下條 信輔・植村 恒一郎・一ノ瀬 正樹（訳）（1990）．視覚新論　勁草書房)

Charpentier, A. (1891). Analyse expérimentale: De quelques éléments de la sensation de poids. *Archives de Physiologie Normale et Pathologique, 3*, 122-135.

Cheselden, W. (1728). An account of some observations made by a young gentleman, who was born blind, or lost his sight so early, that he had no remembrance of ever having seen, and was couch'd between 13 and 14 years of age. *Philosophical Transactions, 35*(402), 447-450. ［doi: 10.1098/rstl.1727.0038］

Dewey, J. (1887). *Psychology.* Harper & Brothers.

Dolezalova, V. (2005). Jacques Daviel, 11 August 1696-30 September 1762. *Ceska a Slovenska Oftalmologie, 61*(1), 73-75.

Goldstein, K., & Gelb, A. (1919). Über den Einfluss des vollständigen Verlustes des optischen Vorstellungsvermögens auf das taktile Erkennen. *Zeitscherift für Psychologie, 83*, 1-94.

Katz, D. (1989). *The World of Touch* (L. E. Krueger, Trans.). Lawrence Erlbaum. (Original work published 1925)

　　(東山 篤規・岩切 絹代（訳）（2003）．触覚の世界　新曜社)

Koseleff, D. (1937). Eine Modifikation des Charpentier-Effektes. *Psychologische Forschung, 21*, 142-145. ［doi: 10.1007/BF02441205］

黒田 亮（1930）．手術ニヨリテ開眼セル四十二歳先天性白内障夫人患者ニ就イテノ調査報告　*Acta Psychologica Keijo, 1*(1), 17-42.

Locke, J. (1694). *An Essay Concerning Human Understanding* (revised ed., chapter 9).

（大槻　春彦（訳）（1972）．人間知性論1（p. 205）　岩波文庫　岩波書店）

椋野　要（1932）．触覚的定位に関する仮現運動　心理学研究, *7*, 695-734.

Révész, G. (1934). System der optischen und haptischen Raumtäuschungen. *Zeitschrift für Psychologie, 131*, 296-376.

Révész, G. (1938). *Die Formenwelt des Tastsinne: Grundlegung der Haptik und der Blindensychologie. Band I und II.* Nijhoff.

佐久間　鼎（1933）．運動の知覚（pp. 142-148）　内田老鶴圃

鳥居　修晃（1979）．視覚の世界　光生館

鳥居　修晃（1982）．視覚の心理学　サイエンス社

梅津　八三（1936）．触空間の吟味　心理学研究, *11*, 87-91.

von Senden, M. (1960). *Space and Sight: The Perception of Space and Shape in the Congenitally Blind Before and After Operation* (P. Heath, Trans.). The Free Press. (Original work published 1932)

（鳥居　修晃・望月　登志子（訳）（2009）．視覚発生論：先天盲開眼前後の触覚と視覚　協同出版）

第**6**章　触覚の感度と解像力

6・1　身体の触覚感度と空間解像度

6・1・1　手先の触覚の感度と空間解像度

　手掌部の求心性神経は4種類存在している。メルケル細胞−神経複合体，マイスナー小体，パチニ小体，ルフィニ終末で終末している感覚神経はそれぞれSA I，RA，PC，SA IIと呼ばれる。これらの感覚神経は皮膚上の動きや皮膚の変形に対して異なる反応を示す。それぞれの感覚神経の先端にはミエリン鞘のない部分があり，ここで機械変形が電気信号に変換され，神経に伝わる情報として求心性神経を伝わってゆく。これら四つの感覚神経が特定の機械刺激に対して応答する選択性は，終末器官の構造や，それを取り囲む皮膚組織の構造，皮膚表面からの距離に影響を受けている。なお，上に挙げた四つの終末器官のうち，メルケル細胞は感覚神経を興奮させる機能を有していることが複数の研究により示されている。

6・1・1・1　機械受容器の分類とその応答特性の違い

　機械受容器に発現している機械受容チャネル（Piezo 2チャネル）が神経終末器官と物理的な相互作用を経た結果として，求心性の感覚神経に触覚情報が変換される。具体的には，神経終末には機械刺激受容チャネルを発現していて，上述した終末器官がなくても神経活動電位を求心性神経において生じさせることができる。パチニ小体・マイスナー小体で終末する神経は，遺伝子の欠損によってこれらの終末器官がなくとも，神経インパルスが観測される（Wende et al., 2012）。一方，メルケル細胞はそれ自体に機械受容チャネルをもっている（Ikeda et al.,

2014；Maksimovic et al., 2014；Woo et al., 2014）。また，メルケル細胞が触覚刺激を受けて興奮し，その応答が感覚神経の神経インパルス発射を引き起こすが，そのメカニズムについては現在も研究が続けられている（Chang et al., 2016; Hoffman et al., 2018）。メルケル細胞は神経終末と一体となって機械受容器の役割を果たしている。メルケル細胞−神経複合体と呼ぶのはこの理由からである。

　マイスナー小体で終末している感覚神経は，皮膚の機械受容器のなかでもすべり検知に利用されている。マイスナー小体自体が神経活動を賦活する生理機能についてはアヒルのクチバシ皮膚のマイスナー小体で研究が行われている（Nikolaev et al., 2020）。マイスナー小体の機構的な構造がすべり検知の機能を果たすことが指摘されている。マウスの研究ではあるが，BDNF受容体であるTrkBを欠損しているマウスでは，マイスナー小体が形成されないことが報告されている（González-Martínez et al., 2005；González-Martínez et al., 2004；Neubarth et al., 2020；Perez-Pinera et al., 2008）。

　機械受容器研究のなかで，パチニ小体はそのサイズの大きさ，皮膚のなかでの存在の見つけやすさから，最も研究が進んでいる。パチニ小体もまた，機械刺激によって受容器ポテンシャルを生じることが前述のアヒルのクチバシ皮膚で検討されている（Nikolaev et al., 2020）。

　ルフィニ終末は，1894年にその存在を報告されているが，機械受容メカニズムは明らかでない。その終末構造の電子顕微鏡を利用した研究により，平べったい神経終末構造体のなかに，感覚神経が入り込んでいることが明らかになっている。しかしながら，ヒトの手指腹部での存在報告があるものの，他の機械受容器終末と比較して皮膚組織内で見つけに

第Ⅳ部　触覚

くいこともあり，研究自体の進展が遅れている。

　機械受容器に接続する終末器官の分類ごとに，皮膚機械感覚受容のメカニズムを検討する方法は，古くから行われてきた。特に，皮膚解剖学による末梢神経構造を解析して機械受容器を調べた結果と，神経生理学の手法を援用して機械受容器の役割を明らかにしようとする研究が，生体の触感覚受容メカニズムの理解を促進した。具体的には，皮膚上に呈示された物理刺激を受けて求心性感覚神経がその刺激情報をエンコードした神経活動を直接記録することで，触覚情報処理のしくみを理解するものである。

　求心性神経の応答を記録する研究手法はマイクロニューログラフィと呼ばれる。この方法では，髪の毛ほどの細さのタングステン電極を求心性の感覚神経が走行している正中神経，もしくは尺骨神経に刺入する（Johansson & Vallbo, 1979）。これらの神経は手のひらや指の無毛部における触覚情報を中枢神経系に伝えており，タングステン電極が感覚神経のすぐ脇に添えられることで，1本の感覚神経応答を記録することができる。実際には，複数本の感覚神経応答を記録してしまうことから，実験後に計算機において特定の神経発火インパルス波形のみを取り出すスパイクソーティングと呼ばれるデータ解析を行い，1本の感覚神経応答を詳細に調べる。

　図6-1-1下に示すのが，それぞれの神経終末器官に対応した，感覚神経応答の模式図である。これらの応答は，刺激を加えた瞬間の応答（ダイナミック応答）と，刺激を加え続けている際の応答（スタティック応答）の2種類に分類できる。ダイナミック応答に対して活発に神経インパルスが発射されるが，スタティック応答はほとんど存在しない感覚神経は，即順応性神経（rapidly adapting：RA）と分類される。一方で，ダイナミック・スタティック刺激の両方に対して応答する感覚神経は，遅順応性神経（slowly adapting：SA）と分類される。この分類に加えて，受容野のサイズによって，タイプⅠ（受容野のサイズが小さい，10数 mm²），タイプⅡ（受容野のサイズが大きい，RAⅡは100数 mm² 程度，SAⅡは60 mm² 程度）に分類される。

　メルケル細胞やルフィニ終末に接続している感覚神経は，ダイナミック・スタティック刺激の両方に対して，応答する。ダイナミック刺激の際には高頻度で神経インパルスが観測できる。また，触覚刺激が持続的に与えられる限り神経応答を示し続ける。このような特徴がSA求心性神経の特徴である。SA求心性神経は2種類同定されており，その受容野サイズからメルケル細胞・ルフィニ終末に接続している感覚神経をSAⅠ，SAⅡ求心性神経と呼ぶ。

　マイスナー小体，パチニ小体で終末している感覚神経は，時間的に動的な刺激に対して活発に神経インパルスを発射する。マイスナー小体に接続する求心性神経は狭い受容野をもつのに対し，パチニ小体の受容野は大きく，また，1μm程度の変位でも応答する（Johansson & Vallbo, 1983）。マイスナー小体・パチニ小体で終末する神経はそれぞれRAⅠ，RAⅡ求心性神経と考えられている。このように皮膚上の触覚刺激に対して素早く順応する特性は，これらの感覚神経が速度や加速度の成分検出に貢献しうることを示唆している。

　触覚刺激と求心性神経応答の関係から，それぞれの感覚神経（中枢に情報を送ることから，求心性神経と呼ばれる）がどのような刺激を担うのかについては古くから検討が進められてきた。加えて，マイクロニューログラフィで使用する計測電極から微細な電気を流すことで，人間がどのような感覚を得るかという感覚実験も行われた（Ochoa & Torebjörk, 1983）。タイプⅠ感覚神経が直接電気刺激されると，その感覚神経が支配している受容野で数 mm² 程度のごくわずかな部分で感覚が生じる。SAⅠ求心性神経が刺激されると，圧感覚が生じ，やさしく筆で撫でられたような感覚になるという。一方で，RAⅠ求心性神経が刺激されると，指をタップしたような，パタパタと叩かれたような感覚が生じる。RAⅡは弱い振動感覚が生じて，くすぐったいような感覚になる。SAⅡを電気刺激した場合には，主観的な感覚は報告されなかった。以上の知見から，皮膚受容器の特性として機械刺激（ダイナミック：動的，スタティック：静的な触覚刺激）と感覚神経応答の関係，ならびに電気刺激と主観的な感覚の関係が導かれている。

第6章 触覚の感度と解像力

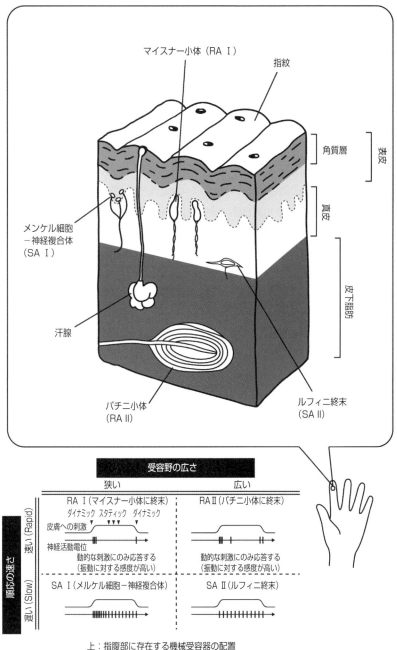

図6-1-1 指腹部（無毛部）の皮膚断面における四つの機械受容器の分布（仲谷，2016より一部改変）
（上）機械受容器は神経終末と特殊な形状を持つ終末器官によって構成され，Aβ求心性神経によって中枢に触覚情報が送られる。温度感覚や痛みの感覚を司る感覚神経（C線維，Aδ求心性神経）は割愛した。（下）4種類のAβ神経の機械刺激に対する応答特性。これらの求心性神経は，受容野の大きさと順応性の違いによって分類されている。

1281

第Ⅳ部　触覚

6・1・1・2　メルケル細胞−神経複合体と遅順応神経タイプ1（SAI）

　SAIは，手の指先において高い密度（1 cm² あたりで100個にも及ぶ）で感覚神経が侵入している。SAIは，機械刺激のなかでも，点字や物体の端（エッジ）のような物体形状のなかでも突出した特徴に反応する。空間解像度は高い。一つのSAIが支配している機械受容野の大きさは2-3 mm 程度であるが，空間解像度として0.5 mm 程度が実現できる。1本のSAIが支配しているメルケル細胞の数について，マウスの背中皮膚での知見はあるが（Marshall et al., 2016），手掌の指腹部での具体的な数字はマカクサルでは知られているものの（Paré et al. 2002），ヒトでは研究の余地が残されている。接触している物体が有する形状徴点（エッジ）直下のSAIが支配的に応答することから，機械受容野そのものの大きさよりも細かい空間解像能力をもつことを予測できる。これに加えて，これらの形状特徴が皮膚上でどの方向を向いているか（エッジの方向）に関する情報や，接触表面の曲率（平坦なのか曲線なのか）についても，接触している機械受容野の神経発火タイミングにその情報がエンコードされている可能性が検討されている（Johansson & Birznieks, 2004；Pruszynski et al., 2018；Pruszynski & Johansson, 2014）。

　SAIの形状エッジに対する反応性は，格子形状（gratings）を押し当てたときの応答をみることで理解する研究が行われてきた。格子の山（ridge）と谷（groove）の間隔が0.5 mm 以上になると，SAIが活発に応答する。この活発な応答を反映してか，格子形状の向きを尋ねるタスク（grating orientation task）を課した研究では，0.5 mm 間隔（周期1 mm）の格子刺激の向きが回答できるようになり，1.0 mm 間隔（周期2 mm）になると，75%以上の正答率をヒトは発揮する（Johnson & Phillips, 1981）。後述するように，RAやPCにおいては，格子形状を押し当てた際に，エッジ形状に反応したと明快に判断できるための活発な応答は観測されない。このことから，SAIが支配しているメルケル細胞−神経複合体が表皮層に存在し，物体が押し当てられたときに生じるひずみ集中を検出すると考えられてい

る（Srinivasan & Dandekar, 1996）。メルケル細胞は軽い荷重の機械刺激に対してもSAIを活発に応答させうることが報告されており，SAI特有の持続的な応答を維持し，かつ機械刺激に対する見かけの感度を増幅させる機能をもつと考えられている（Nakatani et al., 2015）。

　SAIが，接触面の情報や物体の形状を伝える役割を担うとする科学的根拠は，1.5 mm までの押し込み刺激の押し込み量に線形比例して神経活動量が増加するからである。マイスナー小体で終末しているRAは，変位刺激が100 μm 以上に達すると神経活動量は飽和し，かつ，300-400 μm 以上の変位刺激に対して活発な応答を示さなくなる（Blake, Hsiao et al., 1997；Blake, Johnson et al., 1997）。この事実は，SAIが皮膚の変位量そのものをエンコードしているのに対して，RAが皮膚変位の変化をエンコードすると研究者が考える根拠になっている（Kuroki & Nishida, 2018；Nakatani et al., 2021）。

　SAIの性質は，触覚による空間解像度を規定するだけでなく，接触物体表面の曲率情報もSAIの活動によってエンコードされるとする研究仮説を支持している。Goodwin et al. は，手の指先において，接触力や接触面積に依存せずに接触物体表面の曲率情報をSAIがエンコードしていると提案している（Goodwin et al., 1991；Goodwin & Wheat, 1992）。この仮説は，SAIの神経活動量の強度が形状知覚に貢献しないとする考え方に矛盾しない。RA, PCは曲率の弁別を可能にするような神経表現を含まない可能性をいくつかの研究は指摘している（Goodwin et al., 1995；Khalsa et al., 1998；LaMotte et al., 1998）。

　感覚神経応答の観点からみると，SAIが支配する機械受容野の大きさは，押し込み量によって大きさが変化することはない（Vega-Bermudez & Johnson, 1999）。この知見は心理実験において押し付け力によってパターン認識の正答率が変化しなかったとする報告と矛盾しない。また，視覚で生じているような中枢神経系における側抑制のような応答を，SAIの感覚神経応答自体でも示している。このような応答は，メルケル細胞−神経複合体で構成されている機械受容器が皮膚変形の結果として生じたひずみエネルギーに対して応答しやすい特性に起

因すると考えられる。また，静的な刺激よりも，動的な刺激に対する感度を感覚神経応答によって測った場合，少なく見積もっても10倍以上の感度をSAIはもつ。メルケル細胞を有するSAIのほうが，メルケル細胞を有していないSAIに比較して動的刺激に対して活発に感覚神経応答が生じたとする報告から推測するに，メルケル細胞が機械刺激に対する感覚神経応答を増幅する機能を有していると考えられている（Maksimovic et al., 2014；Nakatani et al., 2015）。以上の神経生理学知見から，皮膚上の機械刺激，特にエッジ刺激に対して感覚神経応答が活発であることを説明できる。

　また，皮膚表面を移動する刺激が80 mm/sまでの移動速度であれば，SAIの感覚神経応答はそれよりも遅い場合と比較してあまり変化しない。心理実験で確認した実験においても，機械刺激が80 mm/sまでの移動速度で皮膚上を移動するのであれば，ヒトの空間パターン認識の正答率は変化しない（Vega-Bermudez et al., 1991）。

6・1・1・3　ルフィニ終末で終末する感覚神経と遅順応神経タイプ2（SA II）

　ルフィニ終末は，200年来の解剖学・神経生理学研究によって報告されている人間の生体に存在している四つの主要な触覚センサーの一つである（図6-1-1）。かつ，四つの機械受容器のなかで，最も理解が進んでいない。1980年代の研究により，解剖学的形態や，生体内に存在するときに皮膚のノビに対して応答して感覚神経情報に変換することが示唆されている。この末梢感覚神経情報が脊髄を介して上行し，間脳の視床を経て体性感覚野で情報処理される（Vallbo & Johansson, 1984）。

　ルフィニ終末は霊長類マカクサルで報告されてきたが，ヒトでの解剖学知見の報告は多くない（Cobo et al., 2021；Paré et al., 2003）。この理由の一つに，ヒトがマカクサルよりも手指をより器用に使うため，皮膚のノビだけでなく，他の機械刺激に対しても応答できるよう，ヒトが独自の適応・進化を遂げた可能性が挙げられる。このような研究背景のなかで，ルフィニ終末のヒトにおける存在とその役割については，解剖学的な知見の報告から125年の時間

が経った今も，未解明の謎が残っている（Andres & von Düring, 1973）。

6・1・1・4　マイスナー小体で終末する感覚神経と即順応神経タイプ1（RAI，もしくはFAI）

　SAIが触覚刺激の明白な箇所，視覚とのアナロジーを述べるならば「明るい」場所における触覚刺激の情報を伝達するのに長けているのに比較すると，RAIは「暗い場所」，すなわち触覚刺激の物理強度が微弱な場合でも皮膚表面で生じている物理情報を検出し，中枢神経系に伝達する能力に長ける。RAIが検出する代表的な物理現象は，皮膚表面で生じている物体との「すべり」である。

　SAIが指先に100本/cm²程度が侵入しているのに対して，マイスナー小体で終末しているRAIは，指先に150本/cm²程度，侵入している（Johnson, 2001）。SAIと比較すると，RAIは静的な機械刺激に対しては接触開始（オンセット）と接触終了（オフセット）の瞬間で活発に応答する一方で，動的な機械刺激に対しては静的のそれと比較して4倍以上の検出感度を有する。支配している機械受容野の大きさは幅3-5 mm程度であるが，SAIのように機械受容野中心の高い応答感度とは対照的に受容野全体ではほぼ一様な応答感度を示す。この性質がゆえに，RAIはSAIの示すエッジ形状に対する高い空間解像度を感覚神経応答の段階では示していない。このことから，RAIはSAIのように高い空間解像度の触覚情報を中枢神経系に伝達していないと考えられている（Johnson, 2001）。しかし，RAIは皮膚で終末している機械受容器からやってくる複数の感覚神経応答の時空間情報を等価的に処理し，触覚情報の統合に貢献している可能性がある。

　RAIはマイスナー小体と呼ばれる終末器官で皮膚内の表皮と真皮の境目で真皮側に位置している。SAIが終末しているメルケル細胞-神経複合体は表皮側に存在しているが，マイスナー小体と比較すると，表皮基底層の特有のうねりをもった構造の下の部分に存在する。皮膚表層から見て，マイスナー小体のほうが浅いところにあることから，機械刺激に対する応答感度がRAIがSAIよりも良い理由は，この点からも説明ができる。手の指腹部に侵入す

る末梢神経系の解剖学的構造を検証した研究では，RAIもSAIもいくつかの枝分かれした感覚神経終末が一つの太い感覚神経に接続すると報告している（Paré et al., 2002）。

RAIは40Hzを中心とする振動触覚刺激に対して感覚感度が高い。この性質を反映して，RAIは皮膚上で生じる運動情報を中枢神経系に伝達しうる。具体的にその効用を例示すると，手の指先で把持している物体と皮膚との間のすべりの情報を伝達し，持っている物体を落とさないような動作を実現する，いわば把持制御に利用される（Johansson & Westling, 1984；Macefield et al., 1996）。この性質を利用して，すべり感覚を振動触覚刺激で工学的に演出する研究も行われている（毛利他，2006）。

6・1・1・5 パチニ小体で終末する感覚神経と即順応神経タイプ2（PC, FA II）

パチニ小体で終末する感覚神経の数は，手の指1本あたりに350本，手のひら全体で800本前後と推定されている（Johnson et al., 2000）。パチニ小体は楕円体型をした立体形状をもっており，真皮層にその存在を確認することができる（Munger & Ide, 1988）。

PCは振動刺激に対して，敏感に応答する。200Hzの振動刺激であれば，振幅が10nm程度，場合によっては3nm程度であっても応答を示す（Bolanowski & Zwislocki, 1984；Brisben et al., 1999）。機械受容野はSA I, RA Iと比較すると広いことから，どの部位に機械刺激が加わっているかを空間解像することはほぼできないと考えてよい。手掌部の研究報告例では，どの部分に機械刺激を加えられても，PCは応答する。一方で，RA Iが応答するような低い振動周波数に対しては応答を示さない。100-150Hzの機械振動に対しては，直前の振動サイクルとは独立に応答するポワソン応答を示しうることが報告されている（Freeman & Johnson, 1982）。これは，感覚神経だけが機械受容するのではなく，パチニ小体自体に神経終末を神経発火に導く機構があることを予測させる。実際，パチニ小体を構成しているラメラ細胞は機械刺激を受け取って開くイオンチャネルを有している証拠が示され始めたが，神経終末を興奮させるだけの能力を有するかの知見は得られていない（Nikolaev et al., 2020）。そのサイズと皮膚内部での視認性のよさから，機械受容器のなかでは最もよく研究されている触覚センサであるが（Mendelson & Lowenstein, 1964），科学的解明の余地は依然として残されている。

6・1・1・6 足底部の触覚の感度

足底部の求心性神経は手掌部と同様に4種類（SA I, SA II, RA, PC）があり，合計で104本の求心性神経を計測した研究が報告されている（Kennedy & Inglis, 2002；図6-1-2）。足底部と手掌部にはいくつか異なる点がある。たとえば，足底部は部位によって感度に違いがある。最も感度が高いのが指先とアーチ部（土踏まず）で，最も感度が低いのが踵である。踵は指先と比較すると1/6程度の検出感度である（Jeng et al., 2000）。また，足底部の感覚閾値は手掌部よりも高い（感覚感度が鈍い）（Weinstein, 1968）。なお，遅順応性神経タイプと即順応性神経タイプのどちらでもその傾向がみられたが，遅順応性神経タイプのほうが顕著であった。

足底の遅順応性神経タイプの割合は手掌の44%（Johansson & Vallbo, 1979）よりも低い30%である（Kennedy & Inglis, 2002）。足底部の受容野面積は手掌部の受容野面積の3倍（Johansson & Vallbo,

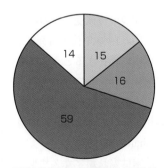

図6-1-2 足底部におけるAβ求心性神経の種類の比率（Kennedy & Inglis, 2002）
メルケル細胞-神経複合体と遅順応神経タイプ1（SA I）：15個（14%），ルフィニ終末で終末する感覚神経と遅順応神経タイプ2（SA II）：遅順応型II型16個（15%），マイスナー小体で終末する感覚神経と即順応神経タイプ1（RA I, FA I）：速順応型I型59個（57%），パチニ小体で終末する感覚神経と即順応神経タイプ2（PC, FA II）：速順応型II型14個（14%）

1980）程度である。また，機械受容野は足底表面に ランダムに分布している（Viseux, 2020）。

なお，足底部の機械受容器が果たす役割は，手掌部でみられる機械受容器の役割とは少し異なる。足底部からの皮膚感覚情報は主に立位時の体重を支え転倒しないで歩行するために使われるが，手掌部のように触れた対象物の細かな形状やわずかな粗さの違いのような高度な触感認識は必ずしも必要ではない（Kennedy & Inglis, 2002）。

足底部の求心性感覚神経について手掌部と同様に4種類（SA I, SA II, RA, PC）合計で364個を検討した結果が報告されている（Strzalkowski et al., 2018）。まず，足底部の機械受容器密度は，手掌部のそれとよく似ている。手掌部で理解されてきた機械受容器の密度は近位（掌）から遠位（指先）に進むに従って増加するが，これは足底部でも同様の傾向である。足底部では，踵で機械受容器の密度は疎であり，指先になるにつれて密になる。それに加えて足底部では内側よりも外側のほうが密度が高い。この傾向は，足底の機能的役割の側面からみてみると合理的と解釈できる。なぜならば，足底の機械受容器を立位バランス制御に寄与させるためには，皮膚が床と接触しにくい足底部の内側よりも外側に機械受容器が配置しているほうが，わずかな時間で多点の感覚情報を効率よく得るという生体センシングの観点から都合がよい。そして，立位時のバランス制御の観点からも合理的である。なぜならば，立位時に身体の重心が外側に移動する場合には，転倒を防ぐために足を踏み出して身体を支える必要があるからである。一方で，立位時に重心を足の内側に移動するような場合には，すでに重心は身体の幅の内側にあり，大きく身体バランスを崩すことは少ない。このように考えると，床面と接触している足底部は，足の解剖学的形態の個人差は差し引いたとしても，足が地につく面の端部に集中することは合理的であろう。

床と接触する部分に機械受容野やそれを構成する機械受容器の密度が高くなる傾向は，ラットやマウスのように四足歩行の哺乳類においてもみられる。すなわち，床に接触する手掌部にて，機械受容器が多く観察できる（Walcher et al., 2018）。ヒトの足底部における機械受容器の分布が哺乳類の進化の過程で培われたものなのか，それともヒトが幼少期から成人になる発達過程において，二足による立位や歩行に適していると思われる機械受容器配置を得るのかについては，今後の研究が望まれる。

なお，足底部であっても，踏んでいるものの材質感を見分けることができることは，日々の日常で誰もが経験しているだろう。手掌部と足底部の間での材質感知覚の違いに取り組んだ研究事例は多くなく，マウスの行動実験で示された例もあるが（Maricich et al., 2012），ヒトでの知見は乏しい。今後，直接比較した検討をすることで，触覚による材質感知覚の理解を増やすことが求められる。

なお，皮膚の表面温度が触覚感度に与える影響について，手の手掌部での報告があるように（Green, 1977），足裏の温度を下げても，振動触覚刺激に対する感度は低下する（Schlee et al., 2009）。

6・1・2 健康状態に依存した触覚感度の研究

ヒトの触覚の感度に関する知見自体は，古くからの研究知見が大きく覆されることはない。それゆえ，研究の蓄積があるが，最近では子どもや高齢者の触感覚感度に関する研究や，健康状態が触感覚感度に影響を与える可能性を検討した研究が示されている。

たとえば，年齢が触感覚感度に与える影響について，足裏については高齢者は若者よりも振動刺激と触覚刺激において，感度が低い。72歳前後で足裏の感度は大きく低下する（Perry, 2006）。

健康状態も触感覚感度に影響を与える。肥満体型で常に足裏に高い圧力がかかっている状態であると，足裏の皮膚感覚感度は鈍る傾向がある（Bueno et al., 2021；Peters et al., 2016）。パーキンソン病によって生じる神経変性による触認識の低下を検討した研究報告があるが，触覚感度そのものは影響を受けない可能性を示唆している（Zia et al., 2013）。また，点圧力刺激に対しても健常者との顕著な違いは認められていない（Doty et al., 2015）。

これに対して，皮膚の感度を改善するための研究も行われている。比較的に穏やかで怪我をしない運動，たとえば太極拳のような運動強度の強くないエクササイズを継続的に行うことで，皮膚感覚や固有受容感

第 IV 部　触覚

覚を改善しうることを報告する研究がある（Zhang et al., 2021）。皮膚の触覚感度が高ければよいわけではないが，触覚感度が健常状態よりも低下してしまうのは望ましくない。今後の超高齢化社会を鑑みると，日々の無理のないエクササイズが触覚感度や身体所有感

の維持に貢献し，結果としての健康寿命の延伸につながる可能性も今後検討が望まれる研究領域だろう（寺本，2020）。

（仲谷　正史・植﨑　梨乃）

文献

(6・1)

Andres, K. H., & von Düring, M. (1973). Morphology of cutaneous receptors. In A. Iggo (Ed.), *Somatosensory System* (pp. 3–28). Springer. [doi: 10.1007/978-3-642-65438-1_2]

Blake, D. T., Hsiao, S. S., & Johnson, K. O. (1997). Neural coding mechanisms in tactile pattern recognition: The relative contributions of slowly and rapidly adapting mechanoreceptors to perceived roughness. *Journal of Neuroscience, 17*, 7480–7489. [doi: 10.1523/JNEUROSCI.17-19-07480.1997]

Blake, D. T., Johnson, K. O., & Hsiao, S. S. (1997). Monkey cutaneous SAI and RA responses to raised and depressed scanned patterns: Effects of width, height, orientation, and a raised surround. *Journal of Neurophysiology, 78*, 2503–2517. [doi: 10.1152/jn.1997.78.5.2503]

Bolanowski, S. J. Jr., & Zwislocki, J. J. (1984). Intensity and frequency characteristics of pacinian corpuscles. I. Action potentials. *Journal of Neurophysiology, 51*, 793–811. [doi: 10.1152/jn.1984.51.4.793]

Brisben, A. J., Hsiao, S. S., & Johnson, K. O. (1999). Detection of vibration transmitted through an object grasped in the hand. *Journal of Neurophysiology, 81*, 1548–1558. [doi: 10.1152/jn.1999.81.4.1548]

Bueno, J. W. F., Coelho, D. B., de Souza, C. R., & Teixeira, L. A. (2021). Associations between women's obesity status and diminished cutaneous sensibility across foot sole regions. *Perceptual and Motor Skills, 128*, 243–257. [doi: 10.1177/0031512520958511]

Chang, W., Kanda, H., Ikeda, R., Ling, J., DeBerry, J. J., & Gu, J. G. (2016). Merkel disc is a serotonergic synapse in the epidermis for transmitting tactile signals in mammals. *Proceedings of the National Academy of Sciences of the USA, 113*(37), E5491–E500. [doi: 10.1073/pnas.1610176113]

Cobo, R., García-Mesa, Y., Cárcaba, L., Martin-Cruces, J., Feito, J., García-Suárez, O., ... Vega, J. A. (2021). Verification and characterisation of human digital Ruffini's sensory corpuscles. *Journal of Anatomy, 238*, 13–19. [doi: 10.1111/joa.13301]

Doty, R. L., Gandhi, S. S., Osman, A., Hurtig, H. I., Pawasarat, I., Beals, E., ... Leon-Sarmiento, F. E. (2015). Point pressure sensitivity in early stage Parkinson's disease. *Physiology & Behavior, 138*, 21–27. [doi: 10.1016/j.physbeh.2014.09.015]

Freeman, A. W., & Johnson, K. O. (1982). Cutaneous mechanoreceptors in macaque monkey: Temporal discharge patterns evoked by vibration, and a receptor model. *Journal of Physiology, 323*, 21–41. [doi: 10.1113/jphysiol.1982.sp014059]

González-Martínez, T., Fariñas, I., Del Valle, M. E., Feito, J., Germanà, G., Cobo, J., & Vega, J. A. (2005). BDNF, but not NT-4, is necessary for normal development of Meissner corpuscles. *Neuroscience Letters, 377*(1), 12–15. [doi: 10.1016/j.neulet.2004.11.078]

González-Martínez, T., Germanà, G. P., Monjil, D. F., Silos-Santiago, I., de Carlos, F., Germanà, G., ... Vega, J. A. (2004). Absence of Meissner corpuscles in the digital pads of mice lacking functional TrkB. *Brain Research, 1002*(1-2), 120–128. [doi: 10.1016/j.brainres.2004.01.003]

Goodwin, A. W., Browning, A. S., & Wheat, H. E. (1995). Representation of curved surfaces in responses of mechanoreceptive afferent fibers innervating the monkey's fingerpad. *Journal of Neuroscience, 15*, 798–810. [doi: 10.1523/JNEUROSCI.15-01-00798.1995]

Goodwin, A. W., John, K. T., & Marceglia, A. H. (1991). Tactile discrimination of curvature by humans using only cutaneous information from the fingerpads. *Experimental Brain Research, 86*, 663–672. [doi: 10.1007/BF00230540]

Goodwin, A. W., & Wheat, H. E. (1992). Human tactile discrimination of curvature when contact area with the skin remains constant. *Experimental Brain Research, 88*, 447–450. [doi: 10.1007/BF02259120]

Green, B. G. (1977). The effect of skin temperature on vibrotactile sensitivity. *Perception & Psychophysics*, *21*, 243–248. [doi: 10.3758/BF03214234]

Hoffman, B. U., Baba, Y., Griffith, T. N., Mosharov, E. V., Woo, S. H., Roybal, D. D., ... Lumpkin, E. A. (2018). Merkel cells activate sensory neural pathways through adrenergic synapses. *Neuron*, *100*(6), 1401–1413. [doi: 10.1016/j.neuron.2018.10.034]

Ikeda, R., Cha, M., Ling, J., Jia, Z., Coyle, D., & Gu, J. G. (2014). Merkel cells transduce and encode tactile stimuli to drive A β -afferent impulses. *Cell*, *157*(3), 664–675. [doi: 10.1016/j.cell.2014.02.026]

Jeng, C., Michelson, J., & Mizel, M. (2000). Sensory thresholds of normal human feet. *Foot & Ankle International*, *21*(6), 501–504. [doi: 10.1177/107110070002100609]

Johansson, R. S., & Birznieks, I. (2004). First spikes in ensembles of human tactile afferents code complex spatial fingertip events. *Nature Neuroscience*, *7*, 170–177. [doi: 10.1038/nn1177]

Johansson, R. S., & Vallbo, A. B. (1979). Tactile sensibility in the human hand: Relative and absolute densities of four types of mechanoreceptive units in glabrous skin. *Journal of Physiology*, *286*, 283–300. [doi: 10.1113/jphysiol.1979.sp012619]

Johansson, R. S., & Vallbo, A. B. (1980). Spatial properties of the population of mechanoreceptive units in the glabrous skin of the human hand. *Brain Research*, *184*, 353–366. [doi: 10.1016/0006-8993(80)90804-5]

Johansson, R. S., & Vallbo, A. B. (1983). Tactile sensory coding in the glabrous skin of the human hand. *Trends in Neurosciences*, *6*, 27–32. [doi: 10.1016/0166-2236(83)90011-5]

Johansson, R. S., & Westling, G. (1984). Roles of glabrous skin receptors and sensorimotor memory in automatic control of precision grip when lifting rougher or more slippery objects. *Experimental Brain Research*, *56*, 550–564. [doi: 10.1007/BF00237997]

Johnson, K. O. (2001). The roles and functions of cutaneous mechanoreceptors. *Current Opinion in Neurobiology*, *11*, 455–461. [doi: 10.1016/s0959-4388(00)00234-8]

Johnson, K. O., & Phillips, J. R. (1981). Tactile spatial resolution. I. Two-point discrimination, gap detection, grating resolution, and letter recognition. *Journal of Neurophysiology*, *46*, 1177–1192. [doi: 10.1152/jn.1981.46.6.1177]

Johnson, K. O., Yoshioka, T., & Vega-Bermudez, F. (2000). Tactile functions of mechanoreceptive afferents innervating the hand. *Journal of Clinical Neurophysiology*, *17*, 539–558. [doi: 10.1097/00004691-200011000-00002]

Kennedy, P. M., & Inglis, J. T. (2002). Distribution and behaviour of glabrous cutaneous receptors in the human foot sole. *Journal of Physiology*, *538*, 995–1002. [doi: 10.1113/jphysiol.2001.013087]

Khalsa, P. S., Friedman, R. M., Srinivasan, M. A., & Lamotte, R. H. (1998). Encoding of shape and orientation of objects indented into the monkey fingerpad by populations of slowly and rapidly adapting mechanoreceptors. *Journal of Neurophysiology*, *79*, 3238–3251. [doi: 10.1152/jn.1998.79.6.3238]

Kuroki, S., & Nishida, S. (2018). Human tactile detection of within-and inter-finger spatiotemporal phase shifts of low-frequency vibrations. *Scientific Reports*, *8*, 4288. [doi: 10.1038/s41598-018-22774-z]

LaMotte, R. H., Friedman, R. M., Lu, C., Khalsa, P. S., & Srinivasan, M. A. (1998). Raised object on a planar surface stroked across the fingerpad: Responses of cutaneous mechanoreceptors to shape and orientation. *Journal of Neurophysiology*, *80*, 2446–2466. [doi: 10.1152/jn.1998.80.5.2446]

Macefield, V. G., Häger-Ross, C., & Johansson, R. S. (1996). Control of grip force during restraint of an object held between finger and thumb: Responses of cutaneous afferents from the digits. *Experimental Brain Research*, *108*, 155–171. [doi: 10.1007/BF00242913]

Maksimovic, S., Nakatani, M., Baba, Y., Nelson, A. M., Marshall, K. L., Wellnitz, S. A., ... Lumpkin, E. A. (2014). Epidermal Merkel cells are mechanosensory cells that tune mammalian touch receptors. *Nature*, *509*, 617–621. [doi: 10.1038/nature13250]

Maricich, S. M., Morrison, K. M., Mathes, E. L., & Brewer, B. M. (2012). Rodents rely on Merkel cells for texture discrimination tasks. *Journal of Neuroscience*, *32*, 3296–3300. [doi: 10.1523/JNEUROSCI.5307-11.2012]

Marshall, K. L., Clary, R. C., Baba, Y., Orlowsky, R. L., Gerling, G. J., & Lumpkin, E. A. (2016). Touch receptors undergo rapid remodeling in healthy skin. *Cell Reports*, *17*, 1719–1727. [doi: 10.1016/j.celrep.2016.10.034]

Mendelson, M., & Lowenstein, W. R. (1964). Mechanisms of receptor adaptation. *Science*, *144*, 534-555. ［doi: 10.1126/science.144.3618.554］

毛利 優之・前野 隆司・山田 陽滋 （2006）．バーチャル把持のための局所滑り覚呈示法 日本機械学会論文集 C 編, *72*, 1582-1589. ［doi: 10.1299/kikaic.72.1582］

Munger, B. L., & Ide, C. (1988). The structure and function of cutaneous sensory receptors. *Archives of Histology and Cytology*, *51*, 1-34. ［doi: 10.1679/aohc.51.1］

仲谷 正史 （2016）．高度な触覚センサとして活躍する小さな細胞 季刊生命誌, *90*. https://www.brh.co.jp/publication/journal/090/research/1.html

Nakatani, M., Kobayashi, Y., Ohno, K., Uesaka, M., Mogami, S., Zhao, Z., ... Nagayama, M. (2021). Temporal coherency of mechanical stimuli modulates tactile form perception. *Scientific Reports*, *11*, 11737. ［doi: 10.1038/s41598-021-90661-1］

Nakatani, M., Maksimovic, S., Baba, Y., & Lumpkin, E. A. (2015). Mechanotransduction in epidermal Merkel cells. *Pflügers Archiv-European Journal of Physiology*, *467*, 101-108. ［doi: 10.1007/s00424-014-1569-0］

Neubarth, N. L., Emanuel, A. J., Liu, Y., Springel, M. W., Handler, A., Zhang, Q., ... Ginty, D. D. (2020). Meissner corpuscles and their spatially intermingled afferents underlie gentle touch perception. *Science*, *368*(6497), eabb2751. ［doi: 10.1126/science.abb2751］

Nikolaev, Y. A., Feketa, V. V., Anderson, E. A., Schneider, E. R., Gracheva, E. O., & Bagriantsev, S. N. (2020). Lamellar cells in Pacinian and Meissner corpuscles are touch sensors. *Science Advances*, *6*, eabe6393. ［doi: 10.1126/sciadv.abe6393］

Ochoa, J., & Torebjörk, E. (1983). Sensations evoked by intraneural microstimulation of single mechanoreceptor units innervating the human hand. *Journal of Physiology*, *342*, 633-654. ［doi: 10.1113/jphysiol.1983.sp014873］

Paré, M., Behets, C., & Cornu, O. (2003). Paucity of presumptive ruffini corpuscles in the index finger pad of humans. *Journal of Comparative Neurology*, *456*, 260-266. ［doi: 10.1002/cne.10519］

Paré, M., Smith, A. M., & Rice, F. L. (2002). Distribution and terminal arborizations of cutaneous mechanoreceptors in the glabrous finger pads of the monkey. *Journal of Comparative Neurology*, *445*, 347-359. ［doi: 10.1002/cne.10196］

Perry, S. D. (2006). Evaluation of age-related plantar-surface insensitivity and onset age of advanced insensitivity in older adults using vibratory and touch sensation tests. *Neuroscience Letters*, *392*, 62-67. ［doi: 10.1016/j.neulet.2005.08.060］

Peters, R. M., McKeown, M. D., Carpenter, M. G., & Inglis, J. T. (2016). Losing touch: Age-related changes in plantar skin sensitivity, lower limb cutaneous reflex strength, and postural stability in older adults. *Journal of Neurophysiology*, *116*, 1848-1858. ［doi: 10.1152/jn.00339.2016］

Perez-Pinera, P., García-Suarez, O., Germanà, A., Díaz-Esnal, B., de Carlos, F., Silos-Santiago, I., ... Vega, J. A. (2008). Characterization of sensory deficits in TrkB knockout mice. *Neuroscience Letters*, *433*(1), 43-47. ［doi: 10.1016/j.neulet.2007.12.035］

Phillips, J. R., & Johnson, K. O. (1981). Tactile spatial resolution. II. Neural representation of bars, edges, and gratings in monkey primary afferents. *Journal of Neurophysiology*, *46*, 1192-1203. ［doi: 10.1152/jn.1981.46.6.1192］

Pruszynski, J. A., Flanagan, J. R., & Johansson, R. S. (2018). Fast and accurate edge orientation processing during object manipulation. *eLife*, *7*, e31200. ［doi: 10.7554/eLife.31200］

Pruszynski, J. A., & Johansson, R. S. (2014). Edge-orientation processing in first-order tactile neurons. *Nature Neuroscience*, *17*, 1404-1409. ［doi: 10.1038/nn.3804］

Schlee, G., Sterzing, T., & Milani, T. L. (2009). Foot sole skin temperature affects plantar foot sensitivity. *Clinical Neurophysiology*, *120*, 1548-1551. ［doi: 10.1016/j.clinph.2009.06.010］

Srinivasan, M. A., & Dandekar, K. (1996). An investigation of the mechanics of tactile sense using two-dimensional models of the primate fingertip. *Journal of Biomechanical Engineering*, *118*, 48-55. ［doi: 10.1115/1.2795945］

Strzalkowski, N. D. J., Peters, R. M., Inglis, J. T., & Bent, L. R. (2018). Cutaneous afferent innervation of the human foot sole: What can we learn from single-unit recordings. *Journal of Neurophysiology*, *120*(3), 1233-1246. ［doi: 10.1152/jn.00848.2017］

寺本 渉 （2020）．高齢者の身体情報処理特性に基づくバーチャル・リアリティ転倒予防プログラム開発に向けて 基礎心理学研究, *39*, 80-89. ［doi: 10.14947/psychono.39.13］

Vallbo, A. B., & Johansson, R. S. (1984). Properties of cutaneous mechanoreceptors in the human hand related to touch sensation. *Human Neurobiology, 3*, 3-14.

Vega-Bermudez, F., & Johnson, K. O. (1999). SA1 and RA receptive fields, response variability, and population responses mapped with a probe array. *Journal of Neurophysiology, 81*, 2701-2710. [doi: 10.1152/jn.1999.81.6.2701]

Vega-Bermudez, F., Johnson, K. O., & Hsiao, S. S. (1991). Human tactile pattern recognition: Active versus passive touch, velocity effects, and patterns of confusion. *Journal of Neurophysiology, 65*, 531-546. [doi: 10.1152/jn.1991.65.3.531]

Viseux, F. J. F. (2020). The sensory role of the sole of the foot: Review and update on clinical perspectives. *Neurophysiologie Clinique, 50*, 55-68. [doi: 10.1016/j.neucli.2019.12.003]

Walcher, J., Ojeda-Alonso, J., Haseleu, J., Oosthuizen, M. K., Rowe, A. H., Bennett, N. C., & Lewin, G. R. (2018). Specialized mechanoreceptor systems in rodent glabrous skin. *Journal of Physiology, 596*, 4995-5016. [doi: 10.1113/JP276608]

Weinstein, S. (1968). Intensive and extensive aspects of tactile sensitivity as a function of body part, sex, and laterality. *The Skin Senses: Proceedings of the First International Symposium March (1966), Tallahassee, Florida, USA* (pp. 195-222). Charles C. Thomas Publisher.

Wende, H., Lechner, S. G., Cheret, C., Bourane, S., Kolanczyk, M. E., Pattyn, A., ... Birchmeier, C. (2012). The transcription factor c-Maf controls touch receptor development and function. *Science, 335*, 1373-1376. [doi: 10.1126/science.1214314]

Woo, S. H., Ranade, S., Weyer, A. D., Dubin, A. E., Baba, Y., Qiu, Z., ... Patapoutian, A. (2014). Piezo2 is required for Merkel-cell mechanotransduction. *Nature, 509*(7502), 622-626. [doi: 10.1038/nature13251]

Xiong, S., Goonetilleke, R. S., & Jiang, Z. (2011). Pressure thresholds of the human foot: Measurement reliability and effects of stimulus characteristics. *Ergonomics, 54*(3), 282-293. [doi: 10.1080/00140139.2011.552736]

Zhang, T., Mao, M., Sun, W., Li, L., Chen, Y., Zhang, C., ... Song, Q. (2021). Effects of a 16-week Tai Chi intervention on cutaneous sensitivity and proprioception among older adults with and without sensory loss. *Research in Sports Medicine, 29*, 406-416. [doi: 10.1080/15438627.2021.1906673]

Zia, S., Cody, F. W. J., & O'Boyle, D. J. (2013). Discrimination of bilateral differences in the loci of tactile stimulation is impaired in subjects with Parkinson's disease. *Clinical Anatomy, 16*, 241-247. [doi: 10.1002/ca.10100]

第7章　触覚における仮現運動

体表面上で空間的に離れた2点以上の位置に，適度な刺激オンセット時間差（SOA）で刺激が呈示された場合に，それらの刺激位置間を滑らかに連続的に触刺激が移動するように知覚される現象を触覚における仮現運動と称する。滑らかではなくて，飛び飛びの移動の知覚は皮膚"うさぎ"錯覚で仮現運動とは区別される。

本節では，仮現運動の初期の研究成果からその特性について概観し，最新の研究成果に基づき脳の賦活部位についても言及し，皮膚"うさぎ"錯覚は最終節で簡潔に述べることにする。

（斎田　真也）

7・1　一過性の圧刺激による仮現運動（黎明期の研究）

触覚における仮現運動の黎明期の研究の一つとしてBurtt（1917）の研究を挙げることができる。この論文のなかで触覚における最初の研究者はBenussi（1913, 1914）であろうとし，その内容を以下のように紹介している。Benussiは，10本の真鍮製の桿を2cm間隔で配置したなかの任意の2個を，電磁動作により短時間上腕に接触させて圧刺激（接触刺激）を呈示した。生じた仮現運動感覚は刺激呈示時間や刺激呈示間隔において，視覚の仮現運動に関わるKorteの法則（第3法則も含めて）と同等の関係性が認められたが，参加者は4人と少ない上に，必ずしも，常に滑らかな仮現運動が生じたわけではないと報告している。

その後Hulin（1927）もBenussiと同様の装置で7人の観察者の上腕部に圧刺激を呈示した。実験は網羅的であり刺激呈示時間は150 ms，錘の質量は4g，呈示時間差は0-300 ms，二点刺激間距離は0.5-15 cmで3500回の反応を得た。仮現運動と判断できる割合はわずか30％であった。特にKorteの時間，および空間（第3法則）に関する法則は見いだせなかった。

日本でも椋野（1933）がBenussiの実験装置を改良して，滑車を介して2個の錘を設定し，両者の質量の差から任意のグラム数（8-30 g）に設定した錘を自重により落下させ，皮膚へ接触させた後は電磁石により錘を引き上げる装置を制作し，皮膚への接触時間を短時間（44-100 ms）にすることに成功している。しかし刺激が機械的ゆえに繰り返しには比較的長い時間（96-168 ms）を要することから，2点の刺激呈示に対して，なでるような一直線の仮現運動以外に，1点呈示のときでも複雑な運動（β運動以外）が生じ，安定した明瞭な仮現運動の知覚は得られなかった。

以上の研究では視覚のような明確な仮現運動現象（古典的仮現運動で，ショートレンジの運動ではない）は生起しなかったことがうかがい知れる。原因の一つとして，錘を落下させ，電磁的に回収する方法では，皮膚に錘が接触するときと離れるときの感覚は必ずしも同質なものではないことが考えられる（Nafe & Wagner, 1941）。

（斎田　真也）

7・2　振動および電気パルス刺激による仮現運動：最適SOAと刺激呈示時間の関係

一過性の触刺激ではなくて，振動刺激を与えることで皮膚上に明確な"good movement"（良い動き）を安定して知覚させることができることを示した最初の研究として，Geldard（1961）は *Sensory*

Communication 第4章 "Cutaneous Channels of Communication" のなかで Bice (1953) の実験について言及している。彼は振動素子を胸部の周り（前部に3個，背部に3個）に配置し，0.1sの時間間隔で順次駆動すると明確な回転感覚が生じ，自身はその中心にいるように感じると述べている。また，Sherrick & Rogers (1966) はその論文のなかで，Sumby (1955) は背中に振動刺激を配置し 200 ms の呈示時間でSOAを変化させて最もいい運動が生じる最適SOAは 100 ms であった，と記述している。

これらの先駆的実験を受けて Sherrick & Rogers (1966) は振動周波数（実験では 150 Hz に固定），振動強度，振動時間，そしてSOAが正確に調整できる振動素子・システムを用いて，前部大腿遠位に 200 ms 呈示し振動知覚閾値を求め，閾上 15 dB の刺激を基準として，他の部位に刺激を呈示した。観察者はSOAを変えることができ，滑らかに連続した運動感覚が生じるSOAを求めた。また電気刺激素子（同心電極で中央円形電極の面積は 0.5 cm^2，その周りの円環電極の面積は 6.8 cm^2）を用いた実験も行っており，刺激呈示時間は 200 ms，駆動周波数は 1 kHz で，基準強度は閾上 3 dB（触感覚と同じ位の感覚）にて実験を行った。それらの結果が，図 7-2-1 で，振動刺激，電気刺激ともに Neuhaus (1930) の同様な視覚の結果と非常によく似た特性を示している。

Kirman (1974) は2個のソレノイド振動素子により 100 Hz の振動刺激を指に呈示した。2個の呈示距離は 3.6 cm で呈示機器の構造から振動子の先端（直径 0.6 mm の円形）が皮膚に接触している時間は約 1 ms と推定できる。刺激呈示時間は 1, 10, 20, 50, 100, 200 ms の 6 通りで，SOA は 10-200 ms の間の 10 通りであった。観察者は運動感覚を3段階で評価した。仮現運動の生起は呈示時間が長くなるとより生じやすくなり，また最適SOAは呈示時間が 20 ms より長い場合は，刺激呈示時間に比例して大きな値になった（図 7-2-1）。この基本的な特性はその後多くの研究で確認されている（具体的な研究例は IV・7・3 以降で取り上げる）。

また Kirman (1983) は触覚ピン（先端は直径 1.3 mm の球状）を 15×15 のマトリックス状に 5 mm 間隔で配置したピンディスプレイに，点または線分（直線）が移動する場合，線分の一端を固定してワイパー状に動く場合または線分中心を固定して回転する場合，四角形が中央から周辺に向かって拡大する場合，線分による四角形が拡大する場合，四角形の穴が拡大する場合を設定した。図形はステッ

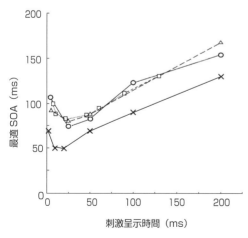 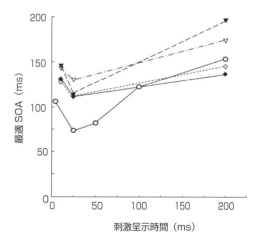

図 7-2-1　刺激呈示時間（横軸）と最適 SOA (縦軸) の関係
　　　左図：□：視覚刺激（Neuhaus, 1930），○：振動刺激，△：電気刺激（ともに Sherrick & Rogers, 1966），×：極細ピンの機械刺激（Kirman, 1974）。右図：○：振動刺激（Sherrick & Rogers, 1966，左図と同じデータ，比較のため再掲），◆：左右の腕（刺激位置は本文参照）が接触している場合の機械刺激，◇：左右の腕が接触していない場合の機械刺激，▼：左右の腕（刺激位置は本文参照）が接触している場合の電気刺激，▽：左右の腕が接触していない場合の電気刺激（Sherrick, 1968）。

プ（2段階から13段階までで図形による）状に移動または拡大した。各ステップ数において，呈示時間とSOAの組み合わせで最適SOAを調べた。その結果，図形による相違はなく，ステップ数が増加すると最適SOAは減少の傾向を示したが，最適SOAと呈示時間の関係は固定された2点間の仮現運動における場合と同じ傾向であった。

（斎田 真也）

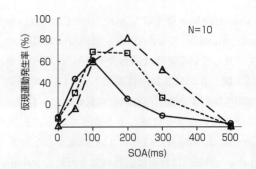

図7-3-1　左右の指の先端に振動刺激を呈示，両指の間に介在物がない条件
パラメータは刺激呈示時間で○ 100 ms, □ 200 ms, △ 300 ms。

7・3 対側間の仮現運動：体外，体内間の振動感覚の移動

　Sherrick（1968）は左右の人差し指に振動触刺激を呈示した場合，同側に刺激した場合より発生頻度は少ないが仮現運動が生じることを予備実験で確認し，本実験では振動刺激（150 Hz）または電気刺激（1 kHz）を，右手前腕外側で尺骨の茎状突起から約3 cmのところと，左前腕外側で茎状突起から約12 cmと非対応部位を選択した。これにより，両腕間の体外ファントム感覚の発生を抑えた。両腕は接触させる場合と間隙がある場合を設定した。結果は図7-2-1でわかるように，すべての刺激呈示時間で仮現運動が感じられ，最適SOAと呈示時間の関係は，腕の接触の有無を問わず，どのような配置であっても，同側に刺激が呈示された場合と同じ傾向を示した。多くの場合の仮現運動感覚は，2点間を直線で結ぶ範囲で，第1刺激から3-6 cm移動して身体外に移動して，感覚が消失し，第2刺激の手前の3-6 cmから身体に移動感覚を知覚した。

　皆川他（2015）は2.4 mm間隔でマトリックス状に32×64ピン配置された触覚ディスプレイの3×3ピンの2箇所を用いて，左右の人差し指に触刺激（10 Hz）を呈示し，対側間の触覚による仮現運動を，両指が接触する場合，両指間に発泡スチロールを挟む場合，間隙がある場合の3条件において調べた。刺激呈示時間は100, 200, 300 msでSOAは0, 50, 100, 200, 300, 500 msであった。図7-3-1に両指間に間隙がある場合の結果を示す。縦軸は仮現運動の発生頻度で，滑らかで連続した仮現運動が生じた場合を1に，部分的に感じる場合を0.5で集計し，百分率で示した。図からわかるように，最適SOAは呈示時間100, 200, 300 msに対して約100, 130, 200 msでSherrick & Rogers（1966）の結果と一致する。さらに，左右の人差し指が接触している場合及び発泡スチロールを介在した場合も図7-3-1とほぼ同じ結果であった。

　Pittera et al.（2017）は3Dプリンターで作成した握りやすい円筒形ハンドルの内部に線形ボイスコイルモーター（linear voice coil motor）を入れて，その縦方向の振動（ピストン運動，使用振動数70 Hz）を振動刺激として，閾上28 dBにて左右の手に呈示した。左右の手の間隔は31 cmと39 cmの2種類，刺激の運動方向は右手から左手またはその逆，刺激呈示時間は100, 400 msでそれぞれに対するSOAは15-160 ms，15-350 msを7段階に等分化した値であった。観察者の反応は両手間に振動がスムーズに移動した感覚を7，移動がまったくない場合を0として，移動の感覚を評価した。図7-3-1のようなグラフで2次関数フィッティングを行い最適SOAを求めた。その結果，最適SOAは運動方向，両手間距離で有意差がなく92-99 ms, 205-216 ms（それぞれ呈示時間は100, 400 ms）の範囲であった。この傾向はたとえばSherrick（1968）と同じ結果である。Zhao et al.（2015）は8インチのタブレットを包み込む構造物を制作し，それに音声用コイルによるアクチュエータを両端に装着した。このアクチュエータにより振動刺激を呈示した。タブレットの両端を各々の手で保持する条件で，駆動周波数（70, 200 Hz，閾上25, 35 dB），刺激呈示時間100, 400, 700 msに対して適切な範囲のSOAを設定し，5段階による運動

感覚を評価した。駆動周波数および振幅強度によらず，最適 SOA は呈示時間の短いほうから，63, 127, 150 ms で，この傾向は Sherrick（1968），または皆川他（2015）の介在物がある場合の呈示時間と最適 SOA の関係と一致する。さらに振動刺激の立ち上がりを緩やかにするとより明確な仮現運動が感じられた。この振動刺激の立ち上がりと移動途中の振幅を調整（減衰させる）し，タブレットの画面に表示したボールの大きさを途中で縮小して奥行き感の呈示と同期させると，視覚のみでその奥行き感が生じる観察者（20人中15人）は同時に触覚刺激が奥行きを持って移動する感覚が生じた。

　以上は対側間の体外における運動感覚であるが，腹部から背部に体内を振動感覚が移動するユニークな研究がある。渡邊他（2008）は腹部と背部に共振周波数 250 Hz の振動子を振動が身体表面で拡散しないように直径 8 cm のリング内に配置し，腹部の振動子の呈示時間を 100, 200, 300, 400 ms，背部の振動子の呈示時間は 200 ms に固定し SOA を 0-400 ms の間 25 ms 刻みで呈示した。6名の男性観察者は貫通感覚を感じ，腹部振動子の呈示時間が長くなると貫通感覚のピーク SOA が増大する傾向が認められた。この特性は今まで体表面，および体外を通過する仮現運動の基本特性に一致するものである。

（斎田　真也）

7・4　最適SOAと刺激呈示間隔（距離）：視覚におけるKorteの第3法則との関連

　視覚における仮現運動において，滑らかな運動を知覚するときの最適 SOA が刺激呈示距離に比例する関係は Korte の第3法則（1915）として知られていて Kolers（1972），Harrar et al.（2008）などで確認されている。しかし，触覚の場合は条件による。Sherrick（1968），Sherrick & Rogers（1966）の研究では大腿部への刺激呈示では距離の影響は認められなかったが，Harrar et al.（2008）は両手の人差し指の先端に触覚刺激を呈示した場合，2 cm，10 cm の間隔では最適 SOA が増加したが，56 cm 離した場合は最適 SOA の増加はなかった。第3法則が一

部分成り立っていると言える。Pittera et al.（2017）は両手に小型モータを仕込んだハンドル状のものを持って，両手間は何も無い状態において，31 cm 離れた場合と 38 cm 離れた場合では最適 SOA の有意な増加は認められなかった。空間変化量が少ないことと，両手間に間隙があることによると思われる。

　Korte（1915）の第3法則は閾上での法則であるが，閾レベルではどうであろうか。Lakatos & Shepard（1997）は視空間，触空間，聴覚空間において円形に並べた刺激列に呈示される運動方向の75%弁別閾値と刺激呈示間隔（距離）の関係においては，第3法則がすべてのモダリティで成立すると報告している。Harrar et al.（2008）は左右の方向弁別閾において，視覚−視覚，触覚−触覚においては第3法則が成立するが，視覚−触覚の複合刺激では成立しないと報告している。

（斎田　真也）

7・5　ファンタム感覚と実刺激との間の仮現運動

　皮膚の2点弁別閾以上に離れた部位に触刺激を呈示した場合，知覚訓練を重ねると2点の間に一つの刺激があるように感じられる。さらに身体外の位置，たとえば両手に振動刺激を呈示した場合，両手の振動以外に第3の刺激を両手間に感じることもある。この現象をファンタム感覚と呼ぶ（Alles, 1970；Békésy, 1957, 1967；谷江他，1979；谷江他，1980）。

　ファンタム感覚で生じた部位と実在の刺激位置との間でも仮現運動が生じる。上田他（2007）は親指，人差し指，小指に振動刺激素子を装着して，親指−小指間を底辺とした三角形を形成し，実在の刺激位置間での仮現運動の他に，実在の刺激とファンタム感覚で生じた振動位置との間で仮現運動の生成を確認し，運動方向の空間（分解能）解像力を調べており，角度情報伝達手段として π/10 rad 程度を1単位とできる可能性を報告している。

（斎田　真也）

第IV部　触覚

7・6　振動周波数の効果

皮膚の振動感覚の主な受容器はマイスナー小体とパチニ小体である。前者は数Hzから200Hz位までの周波数帯域に感度をもち最小閾は40Hz前後である。一方，後者のパチニ小体は刺激呈示素子の接触面積が極端に小さくない場合は70Hzから1000Hzと広い周波数帯域に感度をもち最小閾は250Hz前後である（Bolanowski et al., 1988）。この知見をもとに，2種類の振動刺激受容器間で仮現運動が生起するかをWake & Wake（1996）は検討している。拇指球に4mmの間隔で二つの触刺激の一方の周波数を10Hzに固定し，他方を10Hz-200Hzに変えた場合と，一方を200Hzに固定し，他方を200Hz-10Hzに変えた場合の仮現運動生起特性を調べた。両者の刺激呈示時間は300msに固定し，SOAは0-500msであった。その結果両者の周波数が同じ場合が最も仮現運動が生起しやすく，両者の差が大きいほど仮現運動生起率は低下した。しかし0にはならなかった。つまりマイスナー小体とパチニ小体間でも仮現運動は生じると考えていい。なお，SOAごとの仮現運動生起率の累積度数（SOAに対する仮現運動生起率の面積）はマイスナー小体に刺激を与える場合のほうがパチニ小体への刺激に比べて高かった。

（斎田　真也）

7・7　視覚経験の関与

Bartley（1958）は視覚イメージが触覚の仮現運動知覚に著しい影響をもつとしている。

しかし，Wake et al.（1992）は晴眼者，先天盲，後天盲の観察者を用いて，前腕部に50Hzの刺激を呈示した。どの観察者群においても，SOAの増加と共に仮現運動の知覚確率が上昇し，最適SOAを過ぎると低下する図7-3-1と同様な特性を示したが，観察者群の間でその特性には差がなかった。すなわち，触覚における仮現運動知覚には，視覚経験の影響はないと言える。

（斎田　真也）

7・8　仮現運動に関わる神経機構：脳内における情報処理

皮膚に与えられた振動刺激は主にマイスナー小体とパチニ小体の受容によって捉えられ，脊髄，脳幹，視床の求心経路を経て中心後回（一次体性感覚野）に入る。一部は直接二次体性感覚野に入る（たとえば岩村，2001；Kandel et al., 2012）。逐次皮膚の異なる部分に振動刺激が与えられた場合，（大脳）体性感覚野にどのような反応が現れるかを調べるために，Gardner et al.（1992）は，アカゲザルの手の無毛部腹側表面に振動刺激を与え，該当部位の反応を記録した。振動刺激はオプタコンプローブ（24行×6列のピン・アレイでピンの振動数は250Hz，各列は2.5mm各行は1.2mm間隔）の中部の4列のピンを同時駆動し，近方位または遠方位に刺激間時間間隔（ISI）10, 20, 40msで各列のピンを駆動させた。これらのISIは，人において知覚的に滑らかな動きを知覚する範囲である（Gardner et al., 1992；Gardner & Sklar, 1986, 1994）。触覚刺激が手に加えられている間，一次体性覚野（S1）領域の3b, 1，および2野における皮質ニューロンの活動がみられ，ISIが10msのときには連続的な発火が，ISIが40msの場合は離散的なバーストで発火が記録された。

指への単純な空気刺激に対して一次体性感覚野（BA1, BA3）はもちろん一次運動野（BA4）にも反応がみられることをOverduin & Servos（2004）が報告している。また，指への単純な電気刺激においてはこれらの領域で両側性の反応があることをRuben et al.（2001）が報告している。

7・8・1　fMRIによる研究

人間において仮現運動知覚における脳内活動を調べる研究手段の一つにfMRIを用いた研究がある。この場合，強磁場環境で刺激を呈示するために，空気圧による刺激の呈示を用いる場合が多い。黎明期における研究で，一過性の圧刺激では十分な仮現運動が得られていなかったが，一過性の空気圧刺激でもその傾向は残っている。Planetta（2005）は1mm径のノズルから空気圧（20重量ポンド/平方インチ）

の空気ジェット（呈示時間は10 msまたは20 ms）を右前腕腹側部に呈示した。ノズルは1 cm間隔で9個配置されていた。明確な触覚による仮現運動と，皮膚"うさぎ"錯覚が感じられた観察者は13人中6人であった。分析の結果，刺激がまったくランダムな位置に呈示された場合，刺激が呈示されない場合を対照にして，左側の中心後回（一次体性感覚野：BA3，BA1，BA2）と中心前回（一次運動野：BA4，前運動野・補足運動野：BA6）の賦活を認め，さらに右側の上頭頂小葉（体性感覚連合野：BA7）および両側の下頭頂小葉（縁上回：BA40）にも賦活がみられた。ただし，Amemiya et al.（2017）はダブルパルス経頭蓋磁気刺激法（transcranial magnetic stimulation）により，S1およびV5/hMTは関連する部位であるがBA7とBA40は触覚運動方向の処理には関与していないことを報告している。

両側性の反応はOverduin & Servos（2004）やRuben et al.（2001）によっても報告されている。仮現運動刺激（ノズルに順次刺激を呈示）の場合は，ランダム呈示を対照にしてその差分として，左半球のみに活動が見られ，特に海馬傍回（BA36），楔部（BA7），楔前部（BA23，BA31）の活性化がみられた。一方，皮膚"うさぎ"錯覚が生じている場合，やはりランダム呈示を対照にその差分としての賦活部位は両側の下頭頂小葉（縁上回：BA40），左半球の上頭頂小葉（体性感覚連合野：BA7）および中心後回（一次体性感覚野：BA2），右半球の中心前回（一次運動野：BA4）と中心後回（一次体性感覚野：BA3）であった。仮現運動では画像に関連した辺縁系，後頭部，頭頂葉での賦活化がみられ，皮膚"うさぎ"錯覚は注意に関わる頭頂葉の賦活化がみられた。

7・8・2　MEGによる研究

MEGは時間分解能が優れているので，触覚における仮現運動の脳内情報処理過程に関して有益な情報が得られる。Karageorgiou et al.（2008）は右手の親指以外の4本の指に空気ジェットによる刺激を呈示した。人差し指から小指にかけて50 msの呈示時間で，ISIが0，50 ms，1-2 sの3通りで，4回（各回の時間間隔は1-2 s）繰り返し呈示した。どの条件でも刺激呈示後20-50 msで左一次体性感覚野（S1）

に反応が生じ，継時的に付加的な反応がS1に現れると共に両側の二次体性感覚野（S2）も賦活した。さらに中心前回（前頭葉の最後部）にISIが0 msの場合は繰り返し2回目に，ISIが50 msの場合3回目に反応が認められた。Nasu et al.（2011）はMEG計測により，仮現運動刺激が呈示されると，まず一次体性感覚野（S1）での賦活化がみられ，次にV5/hMTが賦活し，触覚の実際運動で賦活化する運動野に活動が移っていくことを報告している。このV5/hMTの賦活化はfMRI研究でも報告されている（Amemiya et al., 2017）。以上の脳内賦活部位に関する研究結果から，仮現運動刺激に対して体性感覚野の賦活はもちろん，運動野にも賦活が生じていることがわかる。

（斎田　真也）

7・9　皮膚"うさぎ"錯覚

Geldard & Sherrick（1972）は，バイモルフの自由端に直径0.6 cmのアクリル棒を接着し，一方の先端を皮膚に静止力15 gfで接触させ，バイモルフにパルス幅2 msの電圧を印加することで，皮膚にタップ感覚を生じさせる触刺激呈示素子を用いて触感覚の実験計画中に，ISI 40-80 msで，手首に5パルス，そこから肘方向に10 cmのところにやはり5パルス，そしてさらにそこから10 cmのところに5パルスを順次呈示すると，最初の位置から最後の位置に向けてあたかも小さなうさぎが飛び跳ねて駆け上がるようなタップ感覚（ホッピング感覚）が生じることを発見した。条件が整えば，両腕に適切な間隔で2箇所，首のうなじに1箇所，計5箇所に適度な時間間隔で刺激を与えると，一方の手からうなじを経由して，もう一方の腕にタップ感覚の移動を知覚する場合もある（ただし2名の観察者）と報告している。ホッピング感覚が生じる理由の一つとして，振動の伝搬時の定在波が考えられるが，同様のタップ感覚が生じる電気刺激（刺激呈示機器間の電気的絶縁を厳密に管理）においても皮膚"うさぎ"錯覚は生じることから否定された。そして，この皮膚"うさぎ"錯覚は皮膚表面の断続的な感覚移動であって，滑らかな振動移動が感じられる仮現運動と

第 IV 部　触覚

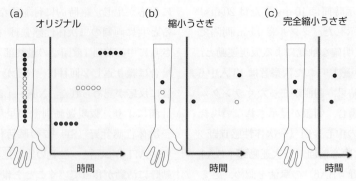

図 7-9-1　皮膚"うさぎ"錯覚を生じさせるための刺激呈示条件（Geldard, 1975）

は異なる現象であると結論づけている。

最初の発見では15個のパルス列を3箇所に呈示していた（図7-9-1a）が，錯覚のメカニズムのより明確な見解を得るために呈示位置を2箇所に減じた方法が採用されるようになり（図7-9-1b, c），図7-9-1b を「縮小うさぎ（reduced rabbit）」，図7-9-1c を「完全縮小うさぎ（utterly reduced rabbit）条件と称する場合もある（Geldard, 1975）。

ホッピング感覚を生じさせる条件のうち刺激強度は大事な要因で，一般的にはタップ刺激は弱いほうがホッピング感覚は起きやすいとされている（Tong et al., 2016）。次に，ISI（またはSOA）も大きな要因であるが，オリジナルの呈示では280 msを長いほうの限界としているが，個人差が大きいこと（Geldard, 1982）や縮小うさぎ呈示条件では1020 msとの報告もある（Trojan et al., 2010）。短いほうの限界は20 ms近辺と考えられる（Geldard, 1972）。刺激呈示の2点間の絶対距離について，初期の頃は6 cm（前腕部），8 cm（大腿部）（Geldard, 1982）であったが，23 cm（前腕部）（Flach & Haggard, 2006）の報告もある。そして正中線を挟んでのホッピング感覚は生じづらいとの報告（Geldard, 1982）があるが，額（Trojan et al., 2009）や腹部（Trojan et al., 2010）または左右の腕が接近していればその間に（Eimer et al., 2005），さらに，左右の手の人差し指間に棒を載せて各々の指にタップ刺激を呈示すると両手間にホッピング感覚を感じた（Miyazaki et al., 2010）。これらの結果から，大脳での処理が一次体性感覚野（S1）のみで処理されないことは明らかで，二次体性感覚野（S2）の関与はZhu et al.（2007）により報告されている（IV・7・8・1を参照）。

（斎田　真也）

文献

（7・1）

Benussi, V. (1913). Kinematohaptische Erscheinungen. *Archiv fur die gesamte Psychologie, 29*, 385-388.

Benussi, V. (1914). Kinematohaptische scheinbewegung und auffassungsumformung. Bericht VI. *Kongres fur experimentelle Psychologie, Gottingen*, 31-35.

Burtt, H. E. (1917). Tactual illusions of movement. *Journal of Experimental Psychology, 2*(5), 371-385.［doi: 10.1037/h0074614］

Hulin, W. S. (1927). An experimental study of apparent tactual movement. *Journal of Experimental Psychology, 10*(4), 293-320.［doi: 10.1037/h0075787］

椋野 要（1932）．触覚的定位に関する仮現運動　心理学研究，7(5)，695-734.

Nafe, J. P., & Wagoner, K. S. (1941). The nature of sensory adaptation. *Journal of General Psychology, 25*(2), 295-321.［doi: 10.1080/00221309.1941.10544401］

第 7 章　触覚における仮現運動

(7・2)

Bice, R. C. (1953). Tactual apparent movement. *Virginia Journal of Science*, *4*, 279.

Geldard, F. A. (1961). Cutaneous channels of communication. In W. A. Rosenblith (Ed.), *Sensory Communication* (pp. 73–87). MIT Press.

Kirman, J. H. (1974). Tactile apparent movement: The effects of interstimulus onset interval and stimulus duration. *Perception & Psychophysics*, *15*(1), 1–6. ［doi: 10.3758/BF03205819］

Kirman, J. H. (1983). Tactile apparent movement: The effects of shape and type of motion. *Perception & Psychophysics*, *34*(1), 96–102. ［doi: 10.3758/BF03205902］

Neuhaus, W. (1930). Experimentelle untersuchung der scheinbewegung ［Experimental investigation of apparent movement］. *Archiv für die Gesamte Psychologie*, *75*, 315–458.

Sherrick, C. E., & Rogers, R. (1966). Apparent haptic movement. *Perception & Psychophysics*, *1*, 175–180. ［doi: 10.3758/BF03215780］

Sumby, W. H. (1955). *An experimental study of vibrotactile apparent motion* (Unpublished master's thesis). University of Virginia.

(7・3)

皆川 和也・斎田 真也・和氣 洋美・和氣 典二　(2015)．両手人差し指間の振動刺激による仮現運動生起　感覚代行シンポジウム第 41 回大会論文集，51–54.

Pittera, D., Obrist, M., & Israr, A. (2017). Hand-to-hand: An intermanual illusion of movement. *ICMI '17: Proceedings of the 19th ACM International Conference on Multimodal Interaction*, 73–81. ［doi: 10.1145/3136755.3136777］

Sherrick, C. E. (1968). Bilateral apparent haptic movement. *Perception & Psychophysics*, *4*(3), 159–160. ［doi: 10.3758/BF03210458］

Sherrick, C. E., & Rogers, R. (1966). Apparent haptic movement. *Perception & Psychophysics*, *1*, 175–180. ［doi: 10.3758/BF03215780］

渡邊 淳司・福沢 恭・梶本 裕之・安藤 英由樹　(2008)．腹部通過仮現運動を利用した貫通感覚提示　情報処理学会誌，*49*(10)，3542–3545.

Zhao, S., Israr, A., & Klatzky, R. L. (2015). Intermanual apparent tactile motion on handheld tablets. *2015 IEEE World Haptics Conference* (WHC), 241–247. ［doi: 10.1109/WHC.2015.7177720］

(7・4)

Harrar, V., Winter, R., & Harris, L. R. (2008). Visuotactile apparent motion. *Perception & Psychophysics*, *70*(5), 807–817. ［doi: 10.3758/pp.70.5.807］

Kolers, P. A. (1972). *Aspects of Motion Perception*. Pergamon Press.

Korte, A. (1915). Kinematoskopische untersuchungen ［Cinematoscopic investigations］. *Zeitschrift für Psychologie*, *72*, 193–296.

Lakatos, S., & Shepard, R. N. (1997). Constraints common to apparent motion in visual, tactile, and auditory space. *Journal of Experimental Psychology: Human Perception and Performance*, *23*(4), 1050–1060. ［doi: 10.1037/0096-1523.23.4.1050］

Pittera, D., Obrist, M., & Israr, A. (2017). Hand-to-hand: An intermanual illusion of movement. *ICMI '17: Proceedings of the 19th ACM International Conference on Multimodal Interaction*, 73–81. ［doi: 10.1145/3136755.3136777］

Sherrick, C. E. (1968). Studies of apparent tactual movement. In D. R. Kenshalo (Ed.), *The Skin Senses* (pp. 331–344). Charles C. Thomas.

Sherrick, C. E., & Rogers, R. (1966). Apparent haptic movement. *Perception & Psychophysics*, *1*, 175–180. ［doi: 10.3758/BF03215780］

(7・5)

Alles, D. S. (1970). Information transmission by phantom sensations. *IEEE Transactions on Man-Machine Systems*, *11*(1),

第Ⅳ部　触覚

85-91. [doi: 10.1109/TMMS.1970.299967]

Békésy, G. V. (1957). Sensations on the skin similar to directional hearing, beats, and harmonics of the ear. *Journal of the Acoustical Society of America, 29*, 489-502. [doi: 10.1121/1.1908938]

Békésy, G. V. (1967). *Sensory Inhibition* (Princeton Legacy Library). Princeton University Press.

谷江 和雄・舘 暲・小森谷 清・阿部 稔　(1979). 電気パルス刺激における強度差ファントムセンセーション像の位置弁別特性　計測自動制御学会論文集, *15*(4), 91-98. [doi: 10.9746/sicetr1965.15.505]

谷江 和雄・舘 暲・小森谷 清・阿部 稔・浅羽 樹一郎・冨田 良幸　(1980). 電気刺激3点ファントムセンセーション像の情報伝達特性　計測自動制御学会論文集, *16*(5), 732-739. [doi: 10.9746/sicetr1965.16.732]

上田 真太郎・内田 雅文・野澤 昭雄・井出 英人　(2007). Phantom sensationと仮現運動を併用した触覚ディスプレイ　電気学会論文誌A（基礎・材料・共通部門誌）, *127*(6), 277-284. [doi: 10.1541/ieejfms.127.277]

(7・6)

Bolanowski, S. J., Gescheider, G. A., Verrillo, R. T., & Checkosky, C. M. (1988). Four channels mediate the mechanical aspects of touch. *Journal of the Acoustical Society of America, 84*(5), 1680-1694. [doi: 10.1121/1.397184]

Wake, T., & Wake, H. (1996). The effect of frequency upon tactile apparent movement. *Journal of the Acoustical Society of America, 100*, 2772. [doi: 10.1121/1.416400]

(7・7)

Bartley, S. H. (1958). *Principles of Perception*. Harper & Row.

Wake, T., Saida, S., Shimizu, Y., & Wake, H. (1992). Tactile and visual apparent movement. *Bulletin of the Faculty of General Education* (Utsunomiya University), *25*, 1-15.

(7・8)

Amemiya, T., Beck, B., Walsh, V., Gomi, H., & Haggard, P. (2017). Visual area V5/hMT+ contributes to perception of tactile motion direction: A TMS study. *Scientific Reports, 7*, 40937. [doi: 10.1038/srep40937]

Gardner, E. P., Palmer, C. I., Hämäläinen, H. A., & Warren, S. (1992). Simulation of motion on the skin. V. Effect of stimulus temporal frequency on the representation of moving bar patterns in primary somatosensory cortex of monkeys. *Journal of Neurophysiology, 67*(1), 37-63. [doi: 10.1152/jn.1992.67.1.37]

Gardner, E. P., & Sklar, B. F. (1986). Factors influencing discrimination of direction of motion on the human hand. *Society for Neuroscience Abstracts, 12*, 798.

Gardner, E. P., & Sklar, B. F. (1994). Discrimination of the direction of motion on the human hand: A psychophysical study of stimulation parameters. *Journal of Neurophysiology, 71*(6), 2414-2429. [doi: 10.1152/jn.1994.71.6.2414]

岩村 吉晃　(2001). タッチ　医学書院

Kandel, E., Schwartz, J., Jessell, T., Siegelbaum, S., & Hudspeth, A. J. (2012). *Principles of Neural Science* (5th ed.). McGraw-Hill Professional.

Karageorgiou, E., Koutlas, I. G., Alonso, A. A., Leuthold, A. C., Lewis, S. M., & Georgopoulos, A. P. (2008). Cortical processing of tactile stimuli applied in quick succession across the fingertips: Temporal evolution of dipole sources revealed by magnetoencephalography. *Experimental Brain Research, 189*, 311-321. [doi: 10.1007/s00221-008-1425-6]

Nasu, A., Kotani, K., Asao, T., & Nakagawa, S. (2011). Information processing for constructing tactile perception of motion: A MEG study. In M. J. Smith & G. Salvendy (Eds.), *Human Interface and the Management of Information. Interacting with Information. Human Interface 2011. Lecture Notes in Computer Science, 6771*, 478-487, Springer.

Overduin, S. A., & Servos, P. (2004). Distributed digit somatotopy in primary somatosensory cortex. *NeuroImage, 23*(2), 462-472. [doi: 10.1016/j.neuroimage.2004.06.024]

Planetta, P. J. (2005). *fMRI study of cutaneous illusions*. Theses and Dissertations (Comprehensive). 766. Ontario: Wilfrid Laurier University.

Ruben, J., Schwiemann, J., Deuchert, M., Meyer, R., Krause, T., Curio, G., Villringer, K., Kurth, R., & Villringer, A. (2001).

Somatotopic organization of human secondary somatosensory cortex. *Cerebral Cortex, 11*(5), 463–473. [doi: 10.1093/cercor/11.5.463]

（7・9）

Eimer, M., Forster, B., & Vibell, J. (2005). Cutaneous saltation within and across arms: A new measure of the saltation illusion in somatosensation. *Perception & Psychophysics, 67*(3), 458–468. [doi: 10.3758/BF03193324]

Flach, R., & Haggard, P. (2006). The cutaneous rabbit revisited. *Journal of Experimental Psychology: Human Perception and Performance, 32*(3), 717–732. [doi: 10.1037/0096-1523.32.3.717]

Geldard, F. A. (1975). *Sensory Saltation: Metastability in the Perceptual World.* Lawrence Erlbaum Associates.

Geldard, F. A. (1982). Saltation in somesthesis. *Psychological Bulletin, 92*(1), 136–175. [doi: 10.1037/0033-2909.92.1.136]

Geldard, F. A., & Sherrick, C. E. (1972). The cutaneous "rabbit": A perceptual illusion. *Science, 178*(4057), 178–179. [doi: 10.1126/science.178.4057.178]

Miyazaki, M., Hirashima M., & Nozaki, D. (2010). The "cutaneous rabbit" hopping out of the body. *Journal of Neuroscience, 30*(5), 1856–1860. [doi: 10.1523/JNEUROSCI.3887-09.2010]

Tong, J., Ngo, V., & Goldreich, D. (2016). Tactile length contraction as Bayesian inference. *Journal of Neurophysiology, 116*(2), 369–379. [doi: 10.1152/jn.00029.2016]

Trojan, J., Getzmann, S., Möller, J., Kleinböhl, D., Hölzl, R. (2009). Tactile-auditory saltation: Spatiotemporal integration across sensory modalities. *Neuroscience Letters, 460*(2), 156–160. [doi: 10.1016/j.neulet.2009.05.053]

Trojan, J., Stolle, A. M., Mršić Carl, A., Kleinböhl, D., Tan, H. Z., & Hölzl, R. (2010). Spatiotemporal integration in somatosensory perception: Effects of sensory saltation on pointing at perceived positions on the body surface. *Frontiers in Psychology, 1*, 206. [doi: 10.3389/fpsyg.2010.00206]

Zhu, Z., Disbrow, E. A., Zumer, J. M., McGonigle, D. J., & Nagarajan, S. S. (2007). Spatiotemporal integration of tactile information in human somatosensory cortex. *BMC Neuroscience, 8*, 21. [doi: 10.1186/1471-2202-8-21]

第8章　触空間知覚

8・1　触空間は存在するか

　Gelb & Goldstein (1919) の論述に基づいて，触覚的体験に空間性が入り込むのは視覚を通してであると梅津 (1936) は述べている。つまり，触空間は視空間があってこそ成立するものであるという考えである。Bartley (1958) も Gelb & Goldstein と似た考えを触覚の仮現運動に適用した。触覚の仮現運動は特定の時空間的条件によって生じるから，触覚には独自の情報処理系が備わっていると仮定すれば，視空間とは独立して触空間が成立していても不自然でない (和氣, 1978)。触空間が視空間とは独立して存在している根拠として，Wake et al. (1992) は，触覚と視覚の両感覚モダリティにおいて同一条件で仮現運動が観察できるが，触覚の仮現運動の最適時相は視覚とは異なることや，視覚体験のない先天盲（全盲）においてさえも仮現運動を観察できることを挙げている。しかも，ヒトの身体を3次元的空間と見なすと，たとえば異なる指の皮膚面間あるいは腹部と背中の皮膚面間で観察される仮現運動が最近報告されていることもあり，仮現運動は3次元的な空間内の出来事であるかもしれない (Ⅳ・7・3 参照)。

　Boring (1942) によると，触覚の研究領域に皮膚感覚と運動感覚が含まれるようになったのは Katz (1925) や Weber (1978) 以降のことである。その後，Gibson (1962, 1966) は触覚における従来からの知見を取り入れて，触覚を受動触 (passive touch) と能動触 (active touch) に分類した。ところで皮膚には4種類の受容器が分布している (Bolanowski et al., 1988) が，受動触はそれらの受容器の活動に基づいて身体のどの部位が刺激されたかをわれわれに伝える役割を果たしている。そのため，身体の各部位の触感度や解像力の研究がいろいろなされてきた（宮岡, 1994；和氣・和氣, 2008）。上記の Bolanowski et al. (1988) は，生理学的に測定された4種類の受容チャンネルと心理物理学的に測定された4種類の受容チャンネルが振動周波数の感度の面で類似するという事実に基づき，4チャンネルモデルを提案した。心理物理学の研究では，$0.01\,\mathrm{cm}^2$ と $2.9\,\mathrm{cm}^2$ の大きさの異なる触刺激を 700 ms の呈示時間のもとで 0.4-500 Hz の振動周波数の範囲内で振動周波数を変えて触刺激の刺激閾を求めている。このような研究は Verrillo (1975；Verrillo & Gescheider, 1985 など) 以来，その延長線上に Bolanowski et al. (1988) の研究がある。彼らは上記の条件で図 8-1-1 のように触刺激の周波数特性を心理物理学的に検討し，四つの受容チャンネルを明らかにした。彼らのいう4チャンネルとは図 8-1-1 に示された「マイスナー

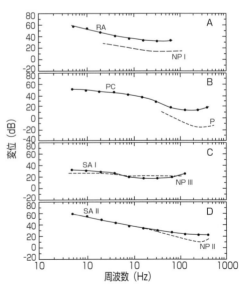

図 8-1-1　4種類の触覚受容器とその特性 (Bolanowski et al., 1988)

小体（RA）と非パチニ小体Ｉ（NPI）」「パチニ小体（PC）とパチニ小体（P）」「メルケル盤（SAＩ）と非パチニ III（NP III）」「ルフィニ終末（SA II）と非パチニ小体（PC II）」である。これら四つのペアのそれぞれの左側が生理学的受容チャンネルであり，右側が心理物理学的な受容チャンネルである。

　能動触は皮膚の受容器の活動と運動感覚の活動に基づき，対象の知覚をもたらすものである（和氣・和氣，2007）。運動感覚には筋，関節，皮膚の動きから生じる求心性の情報とそれに基づく運動を指令する遠心性の情報がある。さらに，能動触は皮膚に分布する受容器の活動以外に筋や関節に分布する運動感覚の受容器の興奮や収縮に影響される。つまり，筋，腱，関節，靭帯の受容器の興奮や収縮および運動指令に基づいて対象物の存在を知覚・認知する。この運動指令の一部が岩村（1994，2001）の指摘する遠心コピー（efference copy）である。手を動かして対象を探索するときには大脳皮質運動野から脊髄に向かって指令が出る。この指令の一部が感覚野に伝わり，知覚や認知に影響すると考えられる（岩村，1994）。

（和氣　典二）

8・2　触対象の探索モード

　和氣（2006）は，Gibson の受動触と能動触以外に能動／受動触という知覚・認知モードが存在すると述べている。このモードは能動触の状態で振動の弁別実験を行っているとき，当初は手掌や指を動かして能動触の状態で弁別実験を行なっていたが，弁別がうまくゆかなくなり，実験が長時間にわたるようになると，能動触モードから受動触モードへ変わり，受動触モードで弁別作業を続けるようになる。同様な変換は複数の図形列のなかから特定の図形を探索するときにも観察される。"指の動きを止めたり"，"動かしたり"，それに加えて"任意の空間のある部位に指を移動したり"して，"触りたいところを触る"とか"同じ部位を何回も探る"という行為が現れる。これらは脳からの運動指令に基づくと見なせる。このような指や手の動きは，ここでは自由探索モードと呼び，運動指令を含むものである。

　他方，Magee & Kennedy（1984）は実験者が観察者の指を持って線図形からなる触図形をなぞって，それを観察者に知覚・認知させる研究を行った。この場合，観察者はただ動かされているだけであるから能動触の特徴である目的志向が含まれず，観察者は実験者の誘導に従って知覚・認知したものを報告するだけである。これは受動触そのものである。この方法を誘導探索モードと呼ぶが，誘導探索モードには「運動の指令」と呼ぶような事柄が存在しない。それにもかかわらず図形の知覚・認知が可能である。このことは，実験者が観察者の指をある空間内で移動させるときに空間性が入り込む余地があるとも言えるし，それ以外に，個人ごとの視覚体験によって形成された視覚イメージが機能することも考えられる。この視覚イメージは和氣（1982）の視覚化というモデルで使用されたものと共通している。取り込んだいくつかの触情報が視覚的イメージに合致するように統合できれば，文字を容易に読むことができる。このモードには誘導探索モードＡとＢがある。誘導探索モードＡは視覚的体制化の報告が容易になるように実験者が誘導するから，視覚イメージが形成されていれば，触情報の統合を進めることになる。この研究の観察者は視覚イメージが形成されていると見なせるが，彼らの視覚体験がさまざまであるので，視覚イメージの明瞭さに個人差が現れる。そのため，文字を容易に読めるかどうかは観察者次第である。誘導探索モードＢは，反対に視覚的体制化の報告がなされにくいように誘導されるから，視覚イメージが機能しにくいように導く方法である。それゆえ，触情報の統合がうまくゆかないように誘導するモードであると言えるかもしれない。そこで，探索モードＡでは運動指令の代わりに視覚イメージが機能するが，探索モードＢでは機能しにくい。

（和氣　典二）

8・3　受動触による文字の可読性

　衰えた視覚や聴覚機能を補助したり，援助したりするのに触覚を利用した機器が感覚代行器として注目を浴びるようになってきた。その代表的なものはオプタコンやＴＶＳＳであり，それぞれ市販され

たり，市販を取りやめたものもある。オプタコンは Linvill & Bliss（1966）が開発したもので，盲人に墨字（普通文字）を読ませるために圧電素子をマトリックス状に並べた触覚盤に文字や図形を呈示して，それらを読み取らせるものである。他方，Collins（1970）や Bach-y-Rita（1972）は，皮膚に接触する圧が強い小型ソレノイド素子を開発・試作し，それらをマトリックス状に並べた触覚盤をもとに TVSS を開発した。これらの装置には個々の素子に触針（皮膚面に直接接触する）がつながっており，それらを振動させることによって外界の事物を知覚・認知させようとした。つまり，触刺激素子（触針の先端部）でドットパターンや文字を表現し，それを振動刺激に変えて観察者の皮膚を刺激するものである。和氣・清水（1975）の TVSS は空気圧により，触針を駆動させている。このような代行器の振動素子が並べられたものが触覚盤である。その表面は触針の先端部から指や手掌あるいは腹部に合うように凹状または凸状になっており，身体を自由に動かせない。そのため，感覚代行の機器は受動触モード用の機器にならざるを得なかった。

　感覚代行器を用いた触文字の可読性はドット文字の呈示モードに大きく依存する。Loomis（1974）は 20×20 個のソレノイド素子からなる TVSS の触覚盤にアルファベット 26 文字を呈示した。①文字全体の静止像を呈示する，②文字全体を動かして移動像を呈示する，③移動像の文字を固定してスリットを動かして文字を一部ずつ呈示する，④スリットを固定して，文字を動かして文字を一部ずつ呈示するという呈示モードの効果を検討した。その結果，③と④の呈示モードの成績は①や②より高かった。Saida et al.（1982）は 10×10 個のソレノイド素子からなる TVSS を用いてカタカナ文字を腹部に呈示して，着衣の状態で呈示モードの効果を検討した。その結果，筆順モードとランダムモード（文字を構成している素子を筆順あるいはランダムな順序で呈示するので，使用する触針数が少ない場合もある）の成績は高かったが，静止モードと移動モードでの成績は高くなかった。

　ところが Craig（1981）はコンピュータで制御したオプタコンの触覚盤（6×24 個の圧電素子からな

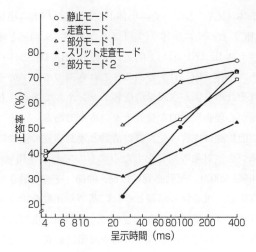

図 8-3-1　文字の呈示モードの効果（呈示時間と正答率）（Craig, 1981）

る）に図 8-3-1 の 5 種類の刺激呈示モードでアルファベット大文字を呈示し，それを左手人差し指で読ませて同図に示されているように静止モードの成績が高くなることを示した。Craig は Loomis の結果との違いについて，オプタコンに呈示された文字は小さく，しかも感度が高い指先を用いているのに対して，TVSS では腹部などの感度の低い皮膚で，大きな文字を使用している。感度の高い部位ではパターンは並列処理されるのに対して感度の良くない部位ではパターンは逐次処理されるという処理の相違があることを挙げている。いずれの場合にも文字の大きさが増すと，可読（正答）率は上昇し，探索時間は短くなる。

　和氣他（1989）は，オプタコンの触覚盤に 0 から 9 までの数字を呈示し，左手人差し指に表示される数字の可読性を検討した。触覚盤に呈示された数字は左側から右側に順次 300 ms ごとに移動する。8 歳代，10 歳代，40 歳代，70 歳代の晴眼観察者と視覚障害者が実験に参加した。結果，平均可読（正答）率は視覚障害で最も高く，晴眼観察者では 10 歳代，40 歳代，70 歳代，8 歳代の順に高かった。また，どの年齢群でも文字が大きくなると可読（「正答」）率は上昇し，可読時間は短くなった。全般的に，直線成分から構成される 1, 4, 7, の可読率は高く，曲線成分を含むその他の数字の可読率は低かった。

〔和氣　典二〕

8・4 Water jet Braille 装置
  （ウォータージェット点字装置）

　この装置は典型的な受動触の研究に向くものである。Loomis & Collins（1978）はこの装置を使って聴覚障害者の支援をしようとしていた。図 8-4-1 は Shimizu & Wake（1982）が試作したものであり，原理的には Loomis & Collins のものとほぼ似ている。顔の前面に設置された薄いゴム膜を通して，直接，水が皮膚に当たるのを避けるようにした。下図には水がノズルを通って噴射水としてゴム膜を通して皮膚を刺激するしくみが示されている。このときノズルの向きが変れば，噴射水はゴム膜上を移動するため，身体の種々の部位を刺激することができる。

　Shimizu & Wake（1982）は，基礎研究の一例として噴射水の移動距離を求めた。皮膚のある1点を噴射水の出発点と定め，噴射水が連続的にあるいは間歇的に動くという2通りの条件でそれぞれの移動距離閾を求めた。移動距離閾とは，噴射水が出発点からどの程度移動すれば異なる皮膚の部位を刺激したことになるかがわかるものである。そこで，連続的に動いて皮膚の異なる部位を刺激した場合の移動距離閾の場合と同じように動くが，間歇的に皮膚を刺激した場合の移動距離閾をそれぞれ別個に求めた。噴射水が皮膚面の1点を出発点としてどの程度移動すれば，異なる位置が刺激されたと知覚・認知するかの空間的距離閾をこの2通りの条件で求めた。この実験では，連続的に動いたときの移動距離閾は間歇的に動いたときのものより小さくなるという結果を得ている。この結果は，Loomis & Collins（1978）の2点弁別閾の結果と矛盾していない。

　以下にこの測定法を用いて，空間の異方性について議論する。空間の異方性について，Wake et al.（1982）は和氣・清水（1975）の空気圧を利用した TVSS の触覚盤を通して観察者の背中に2本のドットからなる線分を呈示して，線分間の間隙の知覚できる最小の閾を求めた。その結果では，垂直・水平方向の閾は 45°と 135°方向や他の斜め方向のものより小さかった。垂直・水平方向のランドルト環の切れ目は斜め方向のものより小さくなることは知られている。そのため，視覚と同様な結果が触覚でも得られたと考えたが，この装置を使って噴射水を上，下，左，右，斜めの8方向に動かしてそれぞれの閾を求めると，垂直と水平方向の閾は他の方向のものより小さくない。これらの不一致は，刺激の性質が異なるためなのか，実験条件の違いによるものなのかわからないが，空間の異方性が存在するか否かは未だ解決されていない。付加的な実験であるが，清水・和氣（1982）は一筆書きで文字を額に噴射水で描くと，かなり正確にその文字を読めることを指摘している。

　　　　　　　　　　　　　　　　（和氣 典二）

図 8-4-1 ウォータージェット装置（Shimizu & Wake, 1982）
　　　　上：ウォータージェットの外観，下：水流噴射部のクローズアップ

8・5　ペーパーレス点字装置
　　　（paperless Braille 装置）

　点字を使用するには，点字用紙と点字器具などを保存するスペースが必要となる。ペーパーレス点字装置が開発されれば，これらの問題から解放されるだけでなく，かつて保存したものなどは時間をかけずに検索できる。そのために試作されたペーパーレス点字装置は図 8-5-1 に示されている。その装置の右半分には自己保持型のソレノイド素子（4×6個）からなる触覚盤が設置されている。左半分にはそれらの素子の駆動状況をモニターする LED ランプがある。触覚盤に表示されるドット文字は触針の先端

第 IV 部　触覚

図 8-5-1　ソレノイド素子を利用したペーパーレス点字装置（和氣他, 1979）

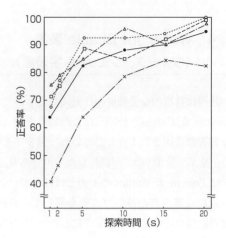

図 8-5-3　ドット文字の正答率に及ぼす探索時間の効果（和氣・和氣, 1980）
△, ○, □は 12 歳の観察者, ×は 42 歳の観察者の正答率, ●―●は 4 名の平均値である。

部から構成されたものである。一定の内容を触覚盤に表示するにはドット文字を構成する素子数は少ないほうが望ましいが，そのためにドット文字が読みにくくならないことが望ましい。この不都合さをなくすために，自己保持型ソレノイド素子の一連の装置がこの点字装置に取り付けられた。その触覚盤に図 8-5-2 の特殊なドット文字が呈示された。その図には 4×6 個と 3×6 個の 2 種類のドット文字が示されているが，実験に使用したものは 4×6 個の素子からなるドット文字である。この文字は一部の銀行で使用されている。これらのドット文字を容易に読めれば，この装置はいろいろな応用が考えられる。そこで，この装置の有効性を調べるため 3 名の 12 歳の観察者と 1 名の 42 歳の成人が観察者として実験に参加した。実験に先立ち 4×6 個のドット文字が視覚で読み取れるかを検討した。その際には，4×6 個のドット文字の誤読が少なかったので，指先でこのドット文字の可読率（正答率）を求めた。図 8-5-3 はその結果である。それによれば，探索時間が長くなるほど，観察者全員の正答率の上昇が認められ

た。ただし，42 歳の観察者の正答率は他の観察者のものより一貫して低かった（和氣・和氣, 1980）。この結果もまた可読性が年齢の影響を受ける可能性があることを示している。

(和氣　典二)

8・6　能動触による文字の可読性

佐川他（1976）は改造したプロッターによって文字を紙面（ウレタン紙）に打ち出し（図 8-6-1），人差し指の先端でひらがな 46 文字並びに漢字 48 文字を人差し指で読み取らせた。健常観察者のひらがな文字の可読結果（佐川他, 1976）によると，文字が大きくなるにつれて正答率は高くなり，文字の大きさ（通常文字は正方形になるように選ばれるので，文字の大きさを文字高で表現する）が 16 mm になる

4×6 文字

ABCDEFGHIJKLMNO
PQRSTUVWXYZ

3×6 文字

ABCDEFGHIJKLMNOPQRS
TUVWXYZ

図 8-5-2　ペーパーレス点字装置の評価に用いられたドット文字（和氣・和氣, 1980）
3×6 ドットと 4×6 ドット。黒点はソレノイド素子の触針に対応している。

図 8-6-1　ドットプロッターによって打ち出されたひらがな文字

と，ほぼ100％の正答率に達している。図8-6-2に佐川他（1977）の漢字の可読性の結果を示した。それによると，文字が大きくなるとともに可読率は増大し，文字高が24 mmになると正答率は約90％以上に達した。また可読時間は文字高の増大につれて短くなった。他方，病名は不明だが，先天性の疾病のためにロービジョンになった観察者の正答率は，わずかに保有している視機能を利用して健常者の正答率より明らかに高くなるという結果を示した。その上，正答に達するまでの探索時間は文字高が14 mmまでは，健常若年者は20 s以下であるが，このロービジョン者の場合には5 s以内と短い。和氣（1988a）は立体コピー機で作成された実線ひらがな46文字を若年者，高齢者および盲人に読ませた。若年者10名の平均年齢は18歳11か月，高齢者5名の平均年齢は76歳1か月，盲人5名の平均年齢は18歳11か月である。図8-6-3に示したように，いずれの文字の大きさ（文字高）においても若年者の可読率は高齢者より高く，可読時間は短い。また和氣他は，自己保持型ソレノイド素子32×32をマトリックスに配列したグラフィック・ディスプレイを開発し，ドット状のひらがな46文字の可読性に及ぼす年齢の効果をさらに詳細に検討した（Wake, 1986；和氣，1988b；和氣・和氣，1988）。自己保持型素子からなる触覚盤は素子を支持する平面盤の上に構築されたソレノイド素子とそれにつながる触針からなる。この装置では触針の高さを任意に設定することができる。当該装置における文字は触針の先端部分（頭）で構成されたドット文字である。図8-6-4に示した通り，文字の大きさ（文字高）が増すと，正答率は高くなるが，どの大きさのもとでも，盲人（平均年齢17歳6か月），10歳代，20歳代の観察者の正答率は80％以上と高い。これに対して，7歳代と高齢観察者の正答率は低かった。ここで注目されるのは10歳の年齢層の成績が最も高く，70歳の年齢層の観察者の成績が低いことである。

（和氣 典二）

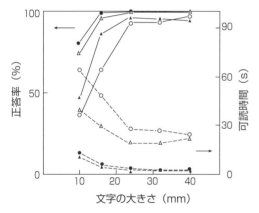

図8-6-2 能動触における漢字の正答率と可読性（佐川他，1977）
実線は健常者（KS（○）とNH（△））と先天盲（AH（●）とSI（▲））の正答率，点線は可読時間である。

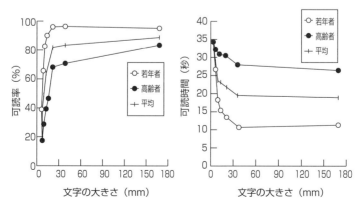

図8-6-3 ひらがな文字の大きさを変えたときの若年者と高齢者（65歳以上）の可読性（和氣・和氣，1980）

第 IV 部　触覚

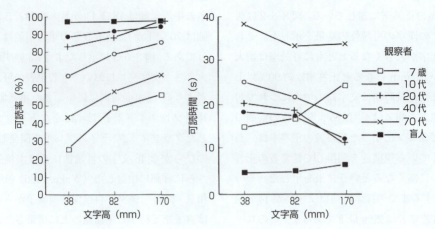

図 8-6-4　各年齢層における文字の大きさが変わったときの可読率（正答率）および可読時間との関係（和氣・和氣，1980）
　盲人・10 歳代・20 歳代の成績は他の年齢層の観察者より優れている。特に，70 代は可読率（正答率）が低く，可読時間が長くなっている。それの逆の結果は盲人に認められている。

8・7　能動触／受動触モードによる触図形認知の視覚的体制化

　和氣（1982）は能動触における文字の可読性の説明に視覚化という概念を持ち込んだ。まず，触文字を皮膚と身体の動き（たとえば指の動き）によって捉える。このように取り込まれた文字は，触覚の情報処理系のなかである程度の処理を受ける。この処理を受けない段階では，取り込まれた触文字は文字としての機能がない。その理由はこの段階での文字情報は文字を構成する部分情報だからである。文字の統合はいくつかの部分情報の単なる寄せ集めではなく，一定の文脈に沿った統合が必要となる。この文脈に相当するものが視覚的イメージである。つまり，視覚イメージと同じように触情報を統合することが望ましい。鳥居他（1975）によれば，先天盲は 3 次元的な体制化を報告しにくいが，後天盲には適切に読める観察者もいる。言葉を変えれば，先天盲の体制化では 3 次元パターンを報告するのが容易でないが，後天盲のなかには，視覚イメージが文脈のはたらきをする観察者もいるということになる。

　Becker（1935）や山根（1935）の研究によると，2 個の線図形を重ねてできる図形（たとえば，図 8-7-1 の原図の三角形と四角形）を触って知覚・認知した視覚的体制化の報告では「2 個の図形として知

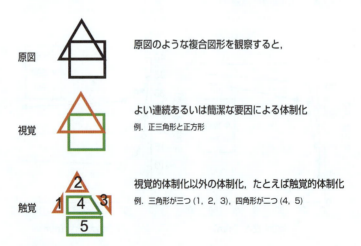

図 8-7-1　視覚的体制化と触覚的体制化（木村，1972）

覚・認知」するし，触覚的体制化の報告では「図形が交叉してできるいくつかの図形」を報告する。視覚的体制化の報告をするときには，2個の図形以外に余分な線分が知覚・認知されるが，それらの存在を無視している。触覚的体制化の場合には，2個の線図形が交叉してできる小さな三角形や四角形を含めて報告する。その際，余分な線分や交差などは小さな三角形や四角形の一部を構成していることが多い。鳥居他（1975）の結果では，先天盲は3次元的情報を含む2次元的図形から3次元図形を報告することが難しい（触覚的体制化）が，後天盲のなかには3次元的情報を含む図形に基づいて3次元的図形を知覚・認知する（視覚的体制化）観察者も存在することになる。

(和氣 典二)

8・8 健常若年者の触図形認知における視覚的体制化

触図形知覚・認知のために用いられた図形（図8-8-1）は印刷用紙に黒い実線で描かれ，立体コピー機を通すことによってその線が浮き上がっている。刺激図形の大きさは図形ごとに多少異なっているが，一辺あるいは直径が10 cmの三角形，四角形，円図形あるいは長径が10 cmの楕円である。いずれの刺激図形も指で探索すると，容易にそれらの図形を知覚できる大きさである。刺激図形のうち，mr図形とhe図形は複合図形，hs図形とtr図形は重なり図形，es図形は立体図形である。ym図形は複合図形であるが，奥行き方向に反転するので，反転図形の範疇に含めた。nk図形とsh図形も反転図形である。観察者は健常若年者であり，人差し指を使い，自由探索モードおよび誘導探索モードAとBの3種類のモードで触察した。それぞれの刺激図形には実験者が観察者の人差し指を誘導する順序が赤線で表示されており，実験者は，それを見てから観察者の指を誘導する。誘導探索モードAでは，実験者はそれを見てから観察者の指を誘導し，観察者の報告を「視覚的体制化」「触覚的体制化」「その他」に分類した。「その他の」報告には，でたらめな報告や不明と報告したものも含まれている。図8-8-2には，それぞれの刺激図形に対してプロットした視覚的体制化の報告率と探索時間が示されている。観察者が浮き上がり図形の上を自由に手指を動かして触知する自由探索モードでは，複合図形mrと重なり図形trの視覚的体制化の報告率は80%以上であり，立体図形esでは70%，重なり図形hsの視覚的体制化の報告率は60%以上である。

誘導探索モードAでは，mr図形，he図形やes図形の視覚的体制化の報告率は60-80%であり，自由探索モードの報告率より低い。重なり図形では，視覚的体制化の報告率は約35%に減り，反転図形では30%弱とさらに減少する。誘導探索モードBでは，全般的に視覚的体制化の報告率は30%以下と低い。

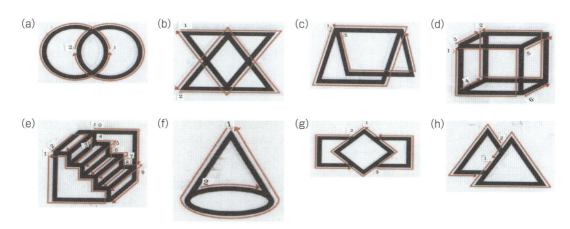

図8-8-1　8種類の刺激図形（和氣，2016）
　　(a) mr, 複合図形，(b) he, 正逆図形，(c) ym, 複合図形・反転図形，(d) nk, 反転図形Neckerキューブ，(e) sh, 反転図形，(f) es, 立体図形，(g) hs, 矩型の上の菱の重なり図形，(h) tr, 三角形の重なり図形.

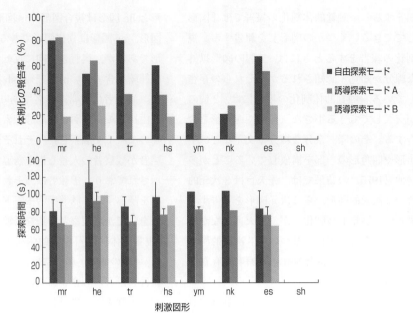

図 8-8-2 それぞれの刺激図形に対してプロットした視覚的体制化の報告率と探索時間

なかでも反転図形の ym, nk, sh 図形では，視覚的体制化の報告は認められなかった。この結果はある程度運動指令の役割を代替していることをうかがわせている。同図の右は刺激図形ごとの探索時間を示している。刺激図形の違いによって探索時間は異なるが，自由探索モードの探索時間は他のモードのものより一貫して長い。そこで，自由探索モードの報告率に対して刺激図形の探索時間をプロットしたものが図 8-8-3 である。図中の実線並びに回帰式は自由探索モードのデータに当てはめたものである。それによると，視覚的体制化の報告率が高くなると，探索時間は短くなる。ところが誘導探索モード A と B では視覚的体制化の報告率が変化しても，探索時間に変化は現れない。この違いが自由探索モードと誘導探索モードの違いであるとすれば，この違いが運動指令と視覚イメージの違いによるかは今後の研究で明らかにする必要がある。

（和氣 典二）

8・9 情報収集の大きさ（範囲）と視覚的体制化

情報収集の大きさ（範囲）の効果に関する和氣他（2016）の実験では，刺激図形を 20 種類（図 8-9-1）に増やした。それ以外の方法や手続きは今まで述べてきたものと同じである。なお刺激図形は浮き上がり実線図形である。情報収集の範囲を制限するために円筒で図形の必要部分を囲むようにした。円筒の内部では図形を見ることができたり，触ったりすることができるが，その外側では図形を見たり，触ることができない。円筒で囲んだというのは比喩であり，その範囲を限定するという意味で使用した。いずれにせよ，ドットパターンの分布や構造，ドットの大きさ，ドット間の間隔を変えずに，それらを囲んだ円の大きさ（情報収集の範囲）を 1°, 2°, 4° と変えた。観察者は 11 名の若年者である。図 8-9-2 は

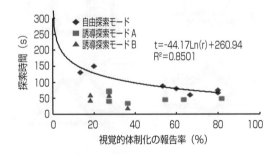

図 8-8-3 視覚的体制化の報告率と探索時間との関係（和氣，2016）
図中の回帰式の t は探索時間，r は視覚的体制化の報告率。

第 8 章　触空間知覚

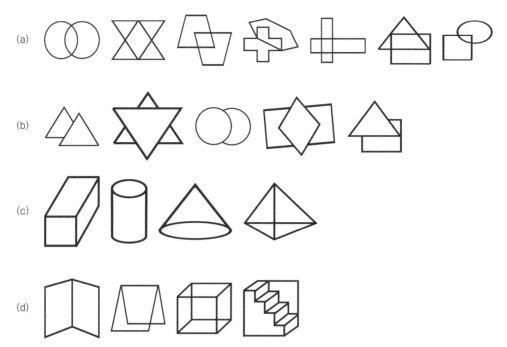

図 8-9-1　使用された 20 種類の刺激図形（ドットパターン）（和氣他，2016）
(a)compounded figure（複合図形），(b)overlapped figure（重なり図形），(c)three dimentional figure（立体図形），(d)reversed figure（反転図形）

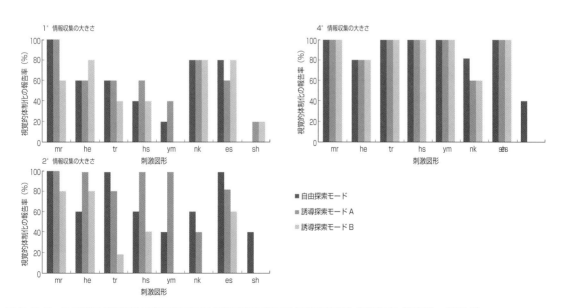

図 8-9-2　3 種類の情報収集の範囲における刺激図形に対する視覚的体制化の報告率（和氣他，2016）

1309

第Ⅳ部　触覚

情報収集の大きさごとに3種類のモードにおける各刺激図形の視覚的体制化の報告率を示したものである。情報収集の大きさが1°のとき，自由探索モードでは，mr図形の視覚的体制化の報告率は100%であり，nk図形とes図形の場合には80%の高い視覚的体制化の報告率を示している。誘導探索モードAの場合には，mr図形とnk図形のみが80%以上の視覚的体制化の報告率を示しているが，自由探索モードのものより低い。だが，誘導探索モードBの場合では，he図形とes図形は80%以上の視覚的体制化の報告率を示している。これらの図形は線分の数や交叉の数が少ない単純な図形であることから，図形が単純であるということが高い報告率を示す原因の一つである。だが，前述のnk図形が高い視覚的体制化の報告率を示すのは驚くべき結果であるが，なぜ，高い報告率を示しているかは不明である。また，ym図形やsh図形の報告率が低いということは前述のように3次元情報を有している図形であることがその原因であると思われる。

2°の情報収集範囲では，自由探索モードのmr図形，tr図形，es図形の視覚的体制化の報告率は100%と高い報告率を示している。同じく誘導探索モードAの場合には，mr図形，he図形，hs図形，ym図形，es図形の視覚的体制化の報告率は100%と高く，自由探索モードと誘導探索モードの視覚的体制化の報告には差異が認められていない。だが，誘導探索モードBではmr図形，he図形の報告率は80%であり，それ以外の刺激図形では報告率は低い。特に，tr図形では20%であるし，3次元情報を含むym図形やnk図形も視覚的体制化の報告率は低い。4°の情報収集の範囲になると，3種類のモードとも情報収集における視覚的体制化の報告率は高くなっている。このように情報収集の範囲を緩和すると，運動指令や視覚イメージが適切に機能できるようになる。

(和氣　典二)

8・10　観察者の特性と触図形認知における視覚的体制化

図8-10-1は後天盲が立体コピー機で作成された20種類の浮き上がり刺激図形を自由探索モードで触覚的に探索した場合の視覚的体制化あるいは触覚的体制化の報告人数を示したものである（和氣他，

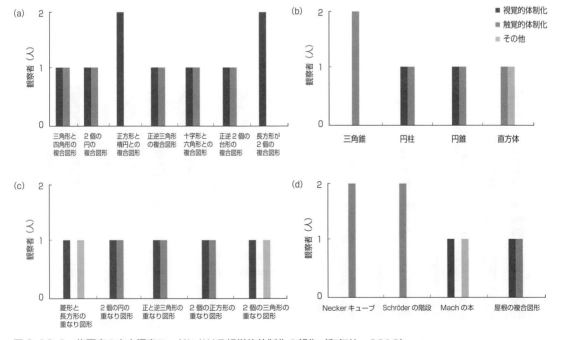

図8-10-1　後天盲の自由探索モードにおける視覚的体制化の報告（和氣他，2016）
(a) 後天盲，複合図形，(b) 後天盲，立体図形，(c) 後天盲，重なり図形，(d) 後天盲，反転図形

2016)。この研究に参加した後天盲は2名で,現時点では全盲であるが過去において視覚を保有していたので,視覚イメージは形成されていると考えられた。しかし,失明時期などが個人ごとに異なるため,視覚イメージの鮮明さに個人による差が現れると予想された。「正方形と楕円」「長方形2個」の複合図形で2名が視覚的体制化を,他の複合図形および立体図形,重なり図形,反転図形では1名が視覚的体制化を報告した。

図8-10-2(和氣他,2016に一部改変)は先天盲の結果である。現在では出生期から全盲である場合は少なくなり,4名の先天盲がこの研究に参加した。このように先天盲の観察者が少ないので,質的報告に留めた。複合図形の「正方形と楕円」,重なり図形の「長方形の上の菱型」では4名の先天盲が,複合図形の「三角形と四角形」「2個の円」「正逆2個の台形」「2個の長方形」と重なり図形の「正逆の三角形」が3名の先天盲が視覚的体制化の報告をした。また,複合図形の「正逆の三角形」,重なり図形の「2個の円」「2個の正方形」,反転図形の「屋根」については2名の先天盲が視覚的体制化の報告

をした。

同様な研究で各刺激図形に対する若年者と高齢者の視覚的体制化の報告率を比較した(図8-10-3)。若年者の場合,「十字形と六角形」を除く複合図形の視覚的体制化の報告率は60-80%,重なり図形でも40-80%の報告率であった。立体図形では円柱が約60%の報告率を示しているが,それ以外の刺激図形では約10%の視覚的体制化報告率にすぎない。反転図形のNeckerキューブ,Schroderの階段,Machの本で約20%の視覚的体制化の報告を示すが,「屋根」では5%と視覚体制化の報告率は低かった。高齢者の視覚的体制化の報告率は,一部の刺激図形を除けば,若年者より一貫して低い傾向にあり,「その他」に分類された立体図形や反転図形は複雑すぎるため,それらの刺激図形の詳細を弁別できていないという報告もある。

次にロービジョン者の保有視覚との関係についても同様な研究を行った。通常の小数点視力でなく,最近ではlog MARが用いられている。図8-10-4はlog MARに対して視覚的体制化の報告率をプロットしたものである。実線は保有視覚のデータに当ては

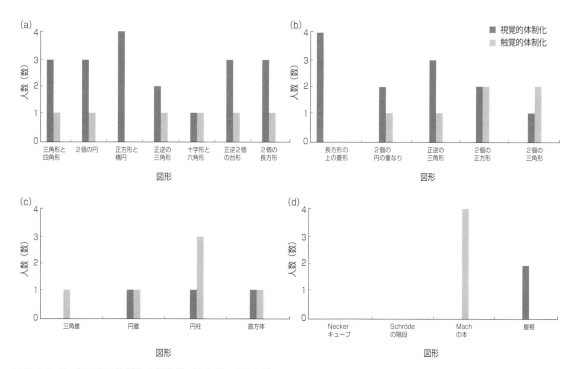

図8-10-2 先天盲の体制化の報告数(和氣他,2016)
(a)複合図形,(b)立体図形,(c)重なり図形,(d)反転図形

第IV部　触覚

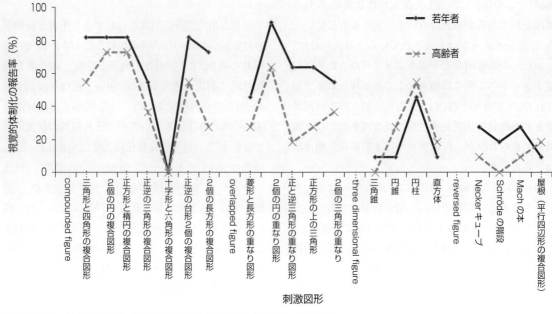

図 8-10-3　若年者と高齢者の視覚的体制化の報告率（和氣他，2016）

めた回帰式から導かれたものである。それによれば，log MARが増大すると（視力が減少すると），視覚的体制化の報告率は減少する。ただし，この結果は保有視覚で見いだされたものであるが，触覚で上記のように視覚的体制化の報告を求めると，視力との関連は得られていない。

以上の結果をまとめると，用いられた刺激図形の種類によって視覚的体制化の報告に違いが認められる。また，自由探索モードと誘導探索モードAでは，同様な結果が得られている。このことは，視覚イメージが運動指令と同様なはたらきをすることを意味する。いずれにせよ，刺激図形の複雑さと観察者の視力が体制化に及ぼす関係を視覚と触覚それぞれで明らかにする必要がある。

（和氣　典二）

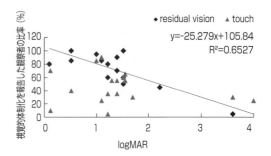

図 8-10-4　視覚的体制化と視力の関係（ロービジョン者の保有視覚と触覚）

第 8 章 触空間知覚

文献

(8・1)

Bartley, S. H. (1958). *Principle of Perception.* Harper.

Bolanowski, S. J., Gescheider, G. A., Verrillo, R. T., & Checkosky, C. M. (1988). Four channels mediate the mechanical aspects of touch. *Journal of the Acoustical Society of America, 84*(5), 1680-1694. [doi: 10.1121/1.397184]

Boring, E. G. (1942). *Sensation and Perception in the History of Experimental Psychology.* Appleton-Century.

Gibson, J. J. (1962). Observations on active touch. *Psychological Review, 69,* 477-491. [doi: 10.1037/h0046962]

Gibson, J. J. (1966). *The Senses Considered as Perceptual Systems.* Houghton Mifflin.

岩村 吉晃 (1994). 皮膚の構造 大山 正・今井 省吾・和氣 典二 (編) 新編 感覚・知覚心理学ハンドブック (pp. 1178-1196) 誠信書房

岩村 吉晃 (2001). タッチ 医学書院

Katz, D. (1925). Der Aufbau der Tastwelt. *Zeitschrift fur Psychologie Ergenzuungs Band, 11,* 1-120.

宮岡 徹 (1994). 触感覚 大山 正・今井 省吾・和氣 典二 (編) 新編 感覚・知覚心理学ハンドブック (pp. 1226-1237) 誠信書房

梅津 八三 (1936). 触空間の吟味 心理学研究, *11,* 87-91.

Verrillo, R. T. (1985). Psychophysics of vibrotactile stimulation. *Journal of the Acoustical Society of America, 77*(1), 225-32. [doi: 10.1121/1.392263]

Verrillo, R. T., & Gescheider, G. A. (1975). Enhancement and summation in the perception of two successive vibrotactile stimuli. *Perception & Psychophysics, 18*(2), 128-136. [doi: 10.3758/BF03204100]

和氣 典二 (1978). 触覚のバイオメカニズム (心理学の立場から) バイオメカニズム学会誌, *2*(2), 29-30. [doi: 10.3951/sobim.2.29_2]

和氣 典二 (1991). 皮膚感覚— 触覚 繊維製品消費科学, *32*(7), 292-300. [doi: 10.11419/senshoshi1960.32.292]

Wake, T., Saida, S., & Shimizu, Y. (1992). Tactile and visual apparent movement. *Bulletin of the Faculty of General Education* (Utsunomiya University), *25*(2), 1-15.

和氣 洋美・和氣 典二 (2008). 触覚 感覚知覚心理学 (pp. 185-204) 朝倉書店

和氣 典二・和氣 洋美 (2007). 振動刺激を用いた能動触の装置の試作 中京大学心理学研究科・心理学部紀要, *6*(2), 15-25.

Weber, E. H. (1978). De Tactu (H. E. Ross, & D. J. Murray, Trans.). Academic Press. (Original work published 1834)

(8・2)

Magee, L. E., & Kennedy, J. M. (1980). Exploring pictures tactually. *Nature, 283,* 287-288. [doi: 10.1038/283287a0]

和氣 典二 (1982). 触覚的記憶 小谷津 孝明 (編) 現代基礎心理学 4 記憶 (pp. 164-179) 東京大学出版会

和氣 典二 (2006). 触覚研究に携わって：ヒューマンインターフェースとしての感覚代行研究 中京大学心理学研究科・心理学部紀要, *4*(2), 77-83.

(8・3)

Bach-y-Rita, P. (1972). *Brain Mechanisms in Sensory Substitution.* Academic Press.

Collins, C. C. (1970). Tactile television: Mechanical and electrical image projection. *IEEE Transactions on Man-Machine Systems, 11,* 65-71. [doi: 10.1109/TMMS.1970.299964]

Craig, J. C. (1981). Tactile letter recognition: Pattern duration and modes of pattern generation. *Perception & Psychophysics, 30,* 540-546. [doi: 10.3758/BF03202007]

Linvill, J. C., & Bliss, J. C. (1966). A direct translation reading aid for the blind. *Proceedings of the IEEE, 54,* 40-51. [doi: 10.1109/PROC.1966.4572]

Loomis, J. M. (1974). Tactile letter recognition under different modes of stimulus presentation. *Perception & Psychophysics, 16,* 401-408. [doi: 10.3758/BF03203960]

第 IV 部　触覚

Saida, S., Shimizu, Y., & Wake, T. (1982). Computer-controlled TVSS and some characteristics of vibrotactile letter recognition. *Perceptual and Motor Skills, 55,* 651-653. [doi: 10.2466/pms.1982.55.2.651]

和氣 典二・清水 豊　(1975)．視覚代行システム　計測と制御，*14*，910-918.

和氣 洋美・和氣 典二・斎田 真也　(1989)．数字の受動触知覚と加齢の効果　神奈川大学心理・教育研究論集，*7*，57-64.

(8・4)

Loomis, J. M., & Collins, C. C. (1978). Sensitivity to shifts of a point stimulus: An instance of tactile hyperacuity. *Perception & Psychophysics, 24,* 487-492. [doi: 10.3758/BF03198771]

Shimizu, Y., & Wake, T. (1982). Tactile sensitivity to two types of stimulation: Continuous and discrete shifting of a point stimulus. *Perceptual and Motor Skills, 54,* 1111-1118. [doi: 10.2466/pms.1982.54.3c.1111]

清水 豊・和氣 典二　(1982)．感覚代行のための一筆書きによる文字の触認識　人間工学，*19*，91-97. [doi: 10.5100/jje.19.91]

和氣 典二・清水 豊　(1975)．視覚代行システム　計測と制御，*14*，910-918.

Wake, T., Yamashita, Y., Shimizu, Y., & Wake, H. (1982). Effect of Orientation on Tactile Sensitivity of Blind Person. *Bulletin of Faculty of General Education, Utsunomiya University,* 15(1), 61-76.

(8・5)

和氣 洋美・和氣 典二　(1980)．指頭による触文字知覚　第6回感覚代行シンポジウム論文集，63-67.

(8・6)

佐川 賢・山下 由己夫・菊地 正・清水 豊・和氣 典二　(1976)．パターン読取用点字プロッターの研究：ひらがなの判読について　第2回感覚代行シンポジウム論文集，103-110.

佐川 賢・山下 由己夫・菊地 正・清水 豊・和氣 典二　(1977)．盲人用点字プロッターの研究：漢字かな混じり文の解読について　第3回感覚代行シンポジウム論文集，50-57.

Wake, H. (1986). Tactile and visual system for visually handicapped individuals. *The Journal of Psycology & Eduction (Kanagawa University), 4,* 47-60.

和氣 洋美　(1988a)．視覚代行　特集・人間工学における感覚代行　人間工学，*24*(3). 143-149, [doi: 10.5100/jje.24.143]

和氣 洋美　(1988b)．立体コピーによる実線文字の触読　昭和61年度・62年度科学研究費補助金（一般研究C）研究成果報告書：触認識に関する発達的研究，pp. 48-71.

和氣 洋美・和氣 典二　(1988)．"ひらがな"の能動触知覚における加齢の効果　神奈川大学心理・教育論集，5, 75-122.

(8・7)

Becker, J. (1935). Über taktilmotorische Figurwahrnehmung. *Psychologische Forschung, 20,* 102-158. [doi: 10.1007/BF02409785]

木村 充彦　(1972)．触運動による組み合わせ図形の知覚　心理学研究，*43*，1-12. [doi: 10.4992/jjpsy.43.1]

鳥居 修晃・望月 登志子・和氣 典二　(1975)．視覚と触覚による複雑な二次元パターンの把握　第1回感覚代行シンポジウム，82-92.

和氣 典二　(1982)．視覚代行器における触覚の情報処理　製品科学研究所研究報告序論　95, 2-10.

山根 清道　(1935)．触運動的図形知覚についての実験的研究　心理学研究，*10*，327-390. [doi: 10.4992/jjpsy.10.327]

(8・8)

和氣 典二　(2016)．触覚と視覚における図形知覚―図形情報取得における探索モードの比較　日本特殊教育学会第54回大会シンポジウム―触図認知と触覚教材・教具作り―

和氣 典二・和氣 洋美・川端 秀仁・平川 一夫・梅沢 竜彦　(2016)．視覚障害者の触図形知覚・認知に関する研究：ロービジョン者の視覚と触覚　第42回感覚代行シンポジウム講演論文集，17-20.

（8・9）
和氣 典二・和氣 洋美・川端 秀仁・平川 一夫・梅沢 竜彦　(2016)．視覚障害者の触図形知覚・認知に関する研究：ロービジョン者の視覚と触覚　第42回感覚代行シンポジウム講演論文集，17-20.

（8・10）
和氣 典二・和氣 洋美・川端 秀仁・平川 一夫・梅沢 竜彦　(2016)．視覚障害者の触図形知覚・認知に関する研究：ロービジョン者の視覚と触覚　第42回感覚代行シンポジウム講演論文集，17-20.

第9章 身体外部の物体と空間の特性を触的に知覚する際に生じる錯覚

初期の触覚による錯覚の研究は1900年代初頭にはじまり（Bean, 1938；Benussi, 1906；Révész, 1934；Robertson, 1902；Skramlik, 1937），その多くは視覚では周知の幾何学的錯視が触覚でも起こるかを明らかにすることに焦点があった。

1950年代後半からは触覚を視覚や聴覚の代行技術として活用する試みのために，触覚ディスプレイの開発（Bach-y-Rita et al., 1969；Wake, 1986；和氣他，1980；和氣他，1975）と触覚の応用研究が盛んに行われた。その後，2005年の第1回World Haptics Conference開催，2008年の専門誌IEEE Transactions on Hapticsの創刊などにより触知覚研究への関心がさらに高まり，触覚研究は国際的かつ学際的に拡大された。この動向のなかで，触覚の錯覚についての基礎・応用研究が一層活発になった。

最近の研究は，仮想現実（VR）環境内で生じる錯覚現象に集中し（Hogan et al., 1990；Robles-De-La-Torre et al., 2001；Wang & Hayward, 2008），研究内容も，ロボット工学等の技術進歩と相まって，触覚ディスプレイの新たな開発，モバイルデバイス開発，遠隔操作装置，タッチスクリーン，人工の手・四肢のデバイス開発などの応用分野へと拡大する傾向にある（レビュー論文：Gentaz & Hattwell, 2003, 2004, 2008；Hayward, 2008；Kappers & Bergmann Tiest, 2013；Lederman & Jones, 2011；Lederman & Klatzky, 2009；Wang & Hayward, 2008）。

IV・9およびIV・10では触覚の錯覚を皮膚感覚，触運動感覚，自己受容感覚を含む体性感覚全般（Tactile & Haptics）に生起する錯覚と捉える。また，触的錯覚とは触覚的刺激の物理特性そのままに触覚印象が生成されず両者に食い違いがあることを意味するが，両章では触覚の概念を最も広義に捉える。そのうえで，IV・9では主として身体外部の物体と空間の特性を触的に知覚する際に生じる触覚について述べる。IV・10では身体に関する触的錯覚および触覚・触錯覚の応用について述べ，視覚・聴覚との相互作用で生起する触錯覚についても言及する。

（和氣 洋美・大森 馨子）

9・1 幾何学的錯視図形の触的錯覚

触覚においても幾何学的錯視に類する錯覚が生じるのかという疑問はゲシュタルト心理学者によって議論され，視覚と触覚の知覚過程が類似しているか否かを明らかにする目的で研究が行われてきた（Gentaz & Hatwell, 2004, 2008）。また，閉眼晴眼者や先天盲，後天盲を実験参加者とすることで，視覚経験や視覚イメージの影響についても検討されている。

Révész（1934）は代表的な幾何学的錯視図形について視覚と同様の触的錯覚を報告し，Bean（1938）はベニヤ板に錯視図形を浮彫にした刺激を能動的に触らせることによって，盲人が触覚で錯覚を観察できることを報告した。1960年代以降，Müller-Lyer錯視（M-L錯視），Delboeuf錯視，垂直水平錯視の三つを中心に組織的研究が行われ，触覚でも視覚と類似の錯覚が体験されることが明らかにされたが，その他の錯視，たとえば分割距離錯視やPonzo錯視，Poggendorff錯視については視触で矛盾した結果が得られている。7種の錯視図形（図9-1-1）の触錯覚を包括的に検討したSuzuki & Arashida（1992）の研究では，視覚と同等の錯覚がみられるもの（M-L錯視，垂直水平錯視，Ponzo錯視），触り方によって量的に減少するもの（Oppel-Kundt分割距離錯視），逆錯覚が現れるもの（Zöllner錯視）に分類さ

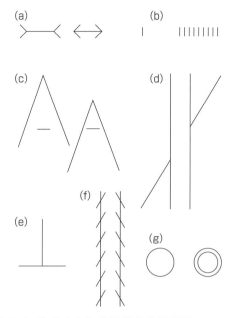

図9-1-1 使用された幾何学的錯視図形 (Suzuki & Arashida, 1992)
(a) Müller-Lyer錯視, (b) Oppel-Kundt分割距離錯視, (c) Ponzo錯視, (d) Poggendorff錯視, (e) 垂直水平錯視, (f) Zöllner錯視, (g) Delboeuf錯視

れ, Delboeuf錯視では外円錯覚は得られたが, 内円錯覚は得られなかった。

9・1・1 長さ・大きさに関する触的錯覚

指先で物体の縁を辿ってその長さを知覚する場合, 速度が小さいほど長さは過大評価される。また, 棒の尖端でなぞった長さは指先で直接なぞった長さに比べて過小評価される (Skramlik, 1937)。触覚による錯覚は, 皮膚感覚情報のほかに身体全体と手の位置関係, 運動方向, 運動速度, 筋の緊張度その他, さまざまな要因が関係することが知られており, 触的錯覚の起因は複雑である。

M-L錯視については多くの研究によって視覚と同様の触錯覚が確認されている (Bean, 1938；Békésy, 1967；Casla et al., 1999；Fry, 1975；Gentaz & Hatwell, 2004；Hatwell, 1960；Heller et al., 2002；Heller et al., 2005；Millar & Al-Attar, 2002；Over, 1966, 1967, 1968；Patterson & Deffenbacher, 1972；Révész, 1934；Robertson, 1902；Rudel & Teuber, 1963；Suzuki & Arashida, 1992；Tsai, 1967；Wong, 1975)。Rudel & Teuber (1963) はM-L錯視が連続呈示によって視覚, 触覚どちらのモダリティでも錯覚効果が減少すること, その減少は相互に他のモダリティに転移するが, 触覚から視覚への転移効果のほうが視覚から触覚への転移より大きいことを明らかにした。Over (1967) も繰り返し触ることによってM-L錯視の触的錯覚が減少することを示した。Heller et al. (2005) は閉眼晴眼者について触り方の違いが触的錯覚量に影響を与えるか検討し, 左右の人差し指で探索した場合に触的錯覚は減少することを明らかにした。またMillar & Al-Attar (2002) は, M-L錯視の矢羽根を無視するように教示すると, 視覚・触覚ともに錯覚が消失することを示した。先天盲および後天盲において, 視覚と同様の触的錯覚が確認されている。Hatwell (1960) は8歳から17歳, Casla et al. (1999) は24歳から50歳の先天盲についてM-L錯視の触的錯覚を報告した。Tsai (1967) の研究では先天盲, 早期失明者, 後天盲の触的錯覚と晴眼者の視覚の結果とが比較され, 触覚の錯覚量は, 晴眼者の視覚における錯覚より量的に少ないが, 触的錯覚量については盲人では閉眼晴眼者より顕著であることが示された。Patterson & Deffenbacher (1972) の結果では, 晴眼者の場合は触覚では視覚より錯覚量が少ないが, 先天盲・後天盲の触的錯覚は, 晴眼者の視覚における錯覚と同等に顕著であった。Heller et al. (2002), Heller et al. (2005) は, 閉眼晴眼者, 先天盲, 後天盲, 弱視においてM-L錯視の触的錯覚を報告し, 視覚経験や視覚イメージと関係なく触的錯覚が生じることを示した。

垂直水平錯視についても多くの研究で触的錯覚が報告されている (Day & Wong, 1971；Deregowski & Ellis, 1972；Heller et al., 2002；Heller et al., 1997；Heller & Joyner, 1993；McFarland & Soechting, 2007；Suzuki & Arashida, 1992；Von Collani, 1979)。Suzuki & Arashida (1992) の結果は, 先人 (Bean, 1938；Day & Wong, 1971；Hatwell, 1960；Révész, 1934；Wong, 1977) の結果と一致し, 触運動的には垂直線が水平線より1.2倍長く感じられた。Cheng (1968), Day & Wong (1971), およびWong (1977) によれば, 手や腕の運動速度が身体に対する方向で異なるために, この錯覚が起こると説明される。

ChengやWongの研究では，垂直水平錯視図形を探索する際に手を横に動かすよりも縦に動かすほうが長さを過大評価する傾向が示されたが，手の運動時間をコントロールすることでこの過大評価は消失することが，後の研究によって明らかにされた（McFarland & Soechting, 2007）。また，Heller et al.（1997）は肘をテーブルの上に置いて探索するか空中に浮かせて探索するかで，垂直水平錯視の触的錯覚の強さが変化するかを検討した。その結果，肘をテーブルの上に置いた場合には触的錯覚は減少または消失し，空中に浮かせて探索した場合には強い触的錯覚が観察された。また指だけで探索するよりも腕全体を使って探索したほうが垂直水平錯視における触的錯覚が生じやすいことが示された。これらの結果から，垂直水平錯視の触的錯覚は探索運動が最適ではないために生じることが示唆された。Hatwell（1960）は先天盲と後天盲では垂直・水平線分が互いに末端で接しているL字図形では触的錯覚は認められず，T字型では垂直過大視，Tを左に90度回転した図形では逆錯覚すなわち水平過大視が認められることを明らかにした。Heller & Joyner（1993）は親指と人差し指で挟むように刺激の大きさを推定させ，垂直水平錯視における触的錯覚の強さが閉眼晴眼者，先天盲，後天盲で異なることを示した。しかし，その後の研究で，一方の手の人差し指で刺激を探索し，もう一方の手で定規を用いて大きさを推定させると，実験参加者間による違いはみられず（Heller et al., 2002），視覚経験の影響は示されなかった。また視覚の場合は通常前額平行面に図形を呈示して効果が認められるが，触運動効果はこの呈示の仕方では起こらないことが示されている（Day & Avery, 1970；Deregowski & Ellis, 1972）。

分割距離錯視はRévész（1934）やBékésy（1967），Suzuki & Arashida（1992）により触的にも確認されたが，視覚よりも個人差が大きく，若干の実験参加者では過小評価もみられた。能動触では過大評価が生じ，受動触では過小評価が見られることも報告されている（Craig, 1931；Parrish, 1893）。Sanders & Kappers（2009）は浮き上がりブロックの長さと線分で分割された空間の長さを比較してPSEを求め，分割された空間が過大視されること，分割密度が高いほうがより過大評価されることを示した（図9-1-2）。

Ponzo錯視における触的錯覚について，Suzuki & Arashida（1992）は視覚と同様に認められることを示したが，Casla et al.（1999）では触的錯覚が生じないといったように，矛盾する結果が得られている。

同心円錯視について，閉眼晴眼者では外円の過小視は視触ともに確認されたが，内円過大視は触的には認められなかった（Suzuki & Arashida, 1992）。これはFry（1975）の結果と一致しない。Hatwell（1960）は先天盲・後天盲にDelboeuf同心円錯視を自由に両手で探索させて検討したが，触的錯覚は認められなかった。

9・1・2 角度・方向に関する触的錯覚

Poggendorff錯視の触錯覚は，Bean（1938）やRévész（1934）によって確認された。Pasnak & Ahr（1970）も閉眼晴眼者での触的錯覚は視覚での錯視量より少ないものの，盲人，閉眼晴眼者ともに触的錯覚が認められることを示した。Robertson（1902）およびLucca et al.（1986）の研究ではPoggendorffの触的錯覚は視覚と逆方向に現れた。この結果を再検討するために行われたWenderoth & Alais（1990）の研究で，浮き上がり刺激を使用すると触的錯覚が

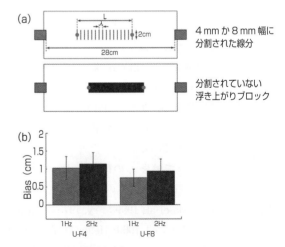

図9-1-2 分割距離錯視
(a)刺激図形，(b)結果(Sanders & Kappers, 2009)。触覚による分割距離錯覚の強さは線分の密度に依存し，密集したほうが過大評価される。

起こるが，溝状の凹んだ刺激では触的錯覚は確認されなかった。Suzuki & Arashida（1992）の結果では浮き上がり刺激でさえ触的 Poggendorff 錯視は示されなかった。

Zöllner 錯視図形について，Bean（1938）は触運動的にも視覚と同程度に錯覚が生じると報告したが，Suzuki & Arashida（1992）の結果はこれに反し，触運動モードで得られた錯覚は視覚の反対方向であった。

Bourdon 錯覚（図 9-1-3a）の直線部分は触運動的にも顕著に内側に曲がって感じられ，図 9-1-3b の直線部分は逆に外側に反って感じられる。錯覚の方向，逆錯覚の認められる条件，錯覚量の減少ともに視覚と同じ傾向になる。この錯覚は方向判断に使われる二つの手がかり，エッジと二等分線によって示される要素との間の矛盾を知覚的に解消するために錯覚が現れると説明される（Day, 1990）。

9・1・3 触覚における主観的輪郭線効果

Kanizsa（1979）は，視覚における主観的輪郭線効果にみられる特徴を「明るさの変容」「輪郭線または面の形成」「奥行きの変位」と定義し，刺激自体に補完を要求するような条件が存在するときに感性的に生じるとした。和氣・和氣（1995, 1996）は，主観的輪郭線効果について予備知識をもたない閉眼晴眼者男女各10名に立体コピー機で処理した9種類の主観的輪郭線図形（図9-1-4）を触覚で観察・報告させて，視覚ほど顕著ではないが主観的輪郭線効果に類する触錯覚が認められることを確認した。誘導図形が複雑な場合，触覚ではそれ自体が知覚困難であ

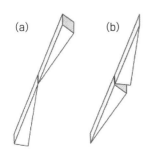

図 9-1-3　Bourdon 錯視（Day, 1990）
触覚でも視覚と同様の錯覚効果が生じ，(a)の直線部分が触運動的に顕著に内側に曲がって感じられ，(b)では外側に反って感じられる。

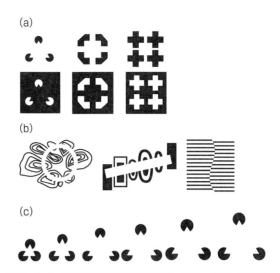

図 9-1-4　触覚の主観的輪郭線効果（和氣・和氣, 1995, 1996）
(a)凹凸反転，(b)複雑な図形，(c)パックマンの隔たり変化。図は立体コピー機で制作され，黒い部分が浮き上がっている。視覚ほど顕著ではないが，触覚でも主観的輪郭線効果に類する触錯覚が認められることが確認された。熟練観察者では奥行き効果も報告され，その場合は視覚とは逆に，主観的形は紙面より下に引っ込んで感じられた。

り主観的輪郭線効果は認められなかった。視覚では顕著な主観的「奥行き変位」が，触覚の場合ナイーブな実験参加者では報告されず，熟練者ではテスト領域が紙面より「下に引っ込んでいる」と報告された。

9・1・4 触的錯覚とストラテジー

上述したように，一般に幾何学的錯視の触的錯覚は視覚に比べて顕著さに欠け，錯覚量が少ない。錯視図形によっては触錯覚の有無に研究間で不一致や，逆方向の錯覚が報告されることもある。触覚の錯覚量が視覚より少ないことの一因として，パラレル対シリアルという視覚と触覚の情報処理過程の違いが挙げられる。しかし Wenderoth & Alais（1990）は，Poggendorff 錯覚は触運動的には認められないという結果を得たが，視覚では斜線を継時呈示しても生起することから（Wenderoth & Johnson, 1983），触運動に錯覚が生じなかった理由を触運動入力が継時的であることに求めることはできないと述べている。また錯視図形で主図形の大きさや長さを過度に

分析的態度で観察すると，視覚でも錯視効果が減少する，または通常とは逆向きの変位効果が生じることがある（盛永・池田，1965）。幾何学的錯視では同時に与えられる刺激布置の全体が影響をもつのであるから，刺激の取り込み方（ストラテジー）が錯視の生起にとって大きな問題となる。Tsai (1967) の盲の実験参加者は刺激全体を大きく包括的に観察した点で視覚による観察に似ていて，利き手の人差し指だけを使って図形をたどる閉眼晴眼者より錯視量が顕著であった。Davidson (1972) は実物の曲線性の触知覚が閉眼晴眼者に比べて盲人において正確であること，盲人と同じスキャンの仕方を閉眼晴眼者にさせると曲線性の知覚がより正確になることから，触覚ではストラテジーが結果を左右すると指摘した。

9・1・5 触的錯覚と視覚化

Frisby & Davies (1971) は，M-L 錯視において触運動モードと視覚モード間の錯視の大きさが正の相関関係を示すことから，触的錯覚は視覚化によって仲介されると考えた。Wenderoth & Alais (1990) も，触運動的に錯覚が生じなかった理由の一つとして視覚化の欠如を挙げている。しかし視覚経験のない先天盲においても，後天盲や閉眼晴眼者と同様に幾何学的触錯覚が認められることが多くの研究で確認されている（Bean, 1938；Hatwell, 1960；Heller et al., 2002；Patterson & Deffenbacher, 1972；Révész, 1934；Tsai, 1967）。したがって視覚化ですべてを説明することはできないが（Ellis & Lederman, 1993），閉眼晴眼者の場合には，触覚的に逐次入力されてくる情報を視覚化することを排除することは難しく，その影響も無視できない。

9・1・6 触的錯覚の神経心理学・神経生理学的アプローチ

Goodale & Milner (1992) は，視知覚と視覚にコントロールされる行動とが別々の独立した視覚皮質の神経機構に依存し，対象の同定や認知を可能にする視覚過程と，対象を摑もうと手を伸ばしたり，手の形を作ることをコントロールする視覚過程とはまったく独立な別の処理過程であるとする「視知覚 vs 行動仮説」を提唱した。視覚システムに二つの別個な系があるとするならば，視覚が健常な観察者においても視知覚と視覚にコントロールされる行動とが解離すると予測される。そこで Aglioti et al. (1995) は，Titchener 錯視図形の中央のテスト円にポーカーチップを使用し（図9-1-5），視覚的な大きさ判断と摑むという行動で測定される大きさとを比較して，視覚的には錯視効果がみられるが，握るという行動で示された大きさには錯視効果は及ばないことから，「大きさ対比錯視は眼を欺くが，手を欺くことはできない」と述べた。Marotta et al. (1998) は単眼視で3次元情報が使えず絵画的手がかりに依存せざるを得ない条件では，単眼視でコントロールされる握り行動も錯視効果を被ることを実験的に検証した。これらの結果から，Goodale の研究チームは「視知覚 vs 行動仮説」が支持されたとした。

この仮説の妥当性を巡り，伝統的な幾何学的錯視図形に関する触的錯覚を研究材料とした神経心理学や神経生理学の立場からの研究が多数行われた結果，いくつもの反論が提出されている（Brenner & Smeets, 1996；Bruno, 2001；Bruno & Bernardis,

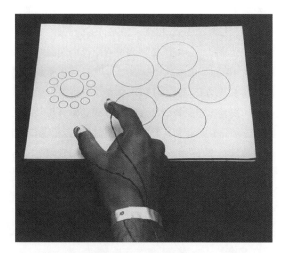

図9-1-5　「大きさ対比錯視は眼を欺くが，手を欺くことはできない」（Aglioti et al., 1995）
3次元的 Titchener 錯視図形の中央の円はポーカーチップ。視覚的には小円で囲まれた円は大円で囲まれた同じ大きさのテスト円より大きく見える。しかし親指，人差し指，手首に赤外線発光ダイオードを取り付けてチップを摑んだり握ったりする動作を測定したところ，錯視効果は認められなかった。

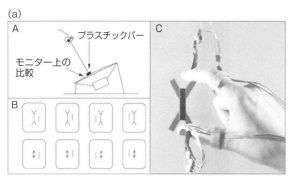
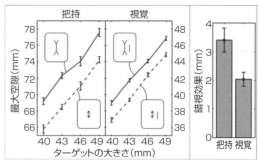
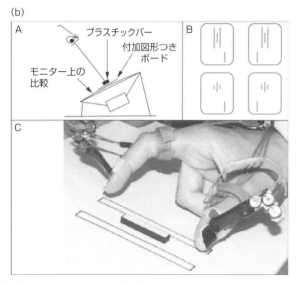
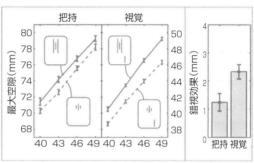

図 9-1-6　把持による錯視効果
（a）M-L 錯視，（b）Wundt の平行線錯視について，把持のみによる錯視効果と視覚による錯視効果が比較された。各錯視の左図中，A は使用された実験装置，B は視覚課題における刺激条件で，錯視の付加図形（矢羽根や平行線）はモニター上に呈示された。C はターゲットを把持する様子。右図は結果で，両錯視ともに把持の最大空隙が錯視の影響を受けた点で把持と視覚による錯視効果は似てはいるが，完全に同等ではなかった（Franz et al., 2001）。対照実験から，これらの違いが把持課題と視覚課題とのマッチングに起因する可能性があると考えられ，把持と視覚の間の乖離を示す明確な証拠が示されなかったことから，Goodale らの「知覚 vs 行動仮説」は支持されなかったと結論した。

2003；Carey, 2001；Franz, 2001；Franz et al., 2001；Smeets & Brenner, 2001；Snowden, 2000）。たとえば，Brenner & Smeets（1996）は，つまむ 2 本の指の間隙には確かに錯視効果は及ばないが，円盤を持ち上げるときに使われる力には錯視効果が及ぶことを明らかにし，物を摑む動作に別の視覚情報系を仮定する必要はないと主張した。Franz et al.（2001）は，M-L 錯視と Wundt の平行線錯視について視覚と把持を分離できる証拠は得られなかったことから，Goodale らの「視知覚 vs. 行動仮説」は支持されなかったと結論づけた（図 9-1-6）。

（和氣 洋美・大森 馨子）

9・2　皮膚の変形等による形の触錯覚

9・2・1　円盤を指で回転すると楕円に感じられる触的錯覚

　円盤を左人差し指と親指で垂直に立て，眼を閉じてそれを支点に右親指と人差し指で回転させると，

第IV部　触覚

図9-2-1　回転円盤変形錯覚（Cormack, 1973）
眼を閉じ，図のように左手親指と人差し指で硬貨の上下を支え，右手親指と人差し指で回転させると，回転方向に伸びた縦長の楕円に感じられる。

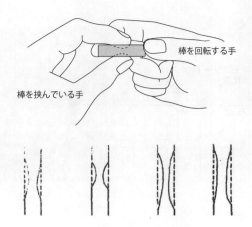

丸い硬貨が回転方向に伸びた横長の楕円に感じられる（回転円盤変形錯覚：図9-2-1）。この錯覚効果は回転の持続によって増加し，回転を止めたり円盤を見たりすると消失する。Cormack（1973）は，コインを把持する指と回転させる指の圧の差に対する順応で説明を試みた（differential-adaptation仮説）。渡辺（1980），Watanabe（1998）は特別な刺激をデザインすることで，この錯覚が両方の指の相互作用によって起こること，すなわち円盤を把持する指が，もう一方の手指による回転で，ねじ込まれたり圧迫されたりすることによって生起することを明らかにした。Jones et al.（1974）は，短い棒の両端を親指と人差し指で把持し，他方の手で棒を回転させると，棒の太さが指に接したあたりでは砂時計のように狭く，他の部分では広く感じられる回転砂時計錯覚（図9-2-2）を発表し，Cormackの回転円盤変形錯覚と回転砂時計錯覚は，どちらも一定で継続的な刺激に対する異なる圧への順応速度から生じる皮膚の隣接領域の「圧の差異に対する順応」に起因するとした。

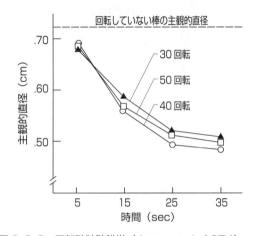

図9-2-2　回転砂時計錯覚（Jones et al., 1974）
上図のように片手の親指と人差し指で棒の中央を挟み，他方の手の親指と人差し指で棒の両端を押さえながら棒を回転させると，挟んでいる棒の中心部分が砂時計に似て，細くなっているように感じられる。中央の図は4名の実験参加者が描いた回転砂時計錯覚の印象。下図は三つの異なる回転速度で機械的に回転させられる棒の，時間の関数としての主観的棒の直径（実験参加者20名の平均）。20名中19名が錯覚を体験し，錯覚の大きさは時間とともに増大した。

9・2・2　凹凸反転錯覚

水平な円盤を親指と人差し指で軽く挟み，円盤を回転させると，円盤に空けられている穴が指を通過するたびに穴ではなく隆起しているように感じられる（Lederman & Jones, 2011；Moore et al., 1980）。付箋の粘着面を左右に並べ，その間の粘着性の内面を指で上下すると凹み（トラフ）に感じられ，逆に指を上下させる中央の面が粘着性をもつ場合には凸（リッジ）に感じられる（Hayward, 2008）。これらはリッジ錯覚（トラフ錯覚）として知られている。バンプ錯覚では，2枚の半月型の板を挟み込んである2枚のディスクが回転されることによって親指が継続的に一定の間欠的な圧を受け続けると，リッジ錯覚と同様に断続的な圧を加えられる面は他の面から盛り上がっているように感じられ，円盤が2倍以上に厚くなったように感じられた（Moore et al., 1980；図9-2-3）。Wolfe（1979）は，連続的に穴が空いている用紙を指で挟んで動かす際にも穴ではなく盛り上がりを感じることからコンピュータ用紙錯覚と命

第 9 章　身体外部の物体と空間の特性を触的に知覚する際に生じる錯覚

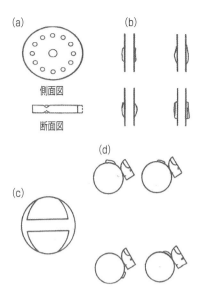

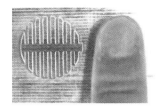 

図 9-2-5　フィッシュボーン錯覚（仲谷他，2005）
左：この触錯覚を最初に見いだしたときの金属プレート．右：黒が凸，白が凹．水平な黒部分を指先で左右になぞると，凹んでいるように感じられる．

図 9-2-3　リッジ錯覚（畝錯覚）とバンプ錯覚（Moore et al., 1980）
リッジ錯覚：水平な円盤を親指と人差し指で軽く挟み，円盤を回転させると，円盤に空けられている穴が指を通過するたびに，穴ではなく隆起しているように感じられる．(a) 刺激の模式図．(b) 4名の実験参加者が描いたリッジ錯覚の印象．
バンプ錯覚：2枚の半月板を挟みこんである2枚のディスクが回転することによって親指が継続的に一定の間欠的な圧を受け続けると（c），リッジ錯覚と同様に断続的な圧を加えられる面は他の面から盛り上がっているように感じられる．(d) 4名の実験参加者が描いたバンプ錯覚の印象．

名したが，これもリッジ錯覚の変形と考えられる．

人差し指を櫛の歯の先端にあてがい，別の手に持ったスティックで櫛の歯列を左右にこすると，櫛自体には左右の動きしか加えられていないにもかかわらず，指が櫛の歯に押されているように，または隆起した物が指の上を動くように感じられる（櫛錯覚：図 9-2-4；Hayward, 2008；Hayward & Cruz-Hernández, 2000）．

背景面から少し盛り上がって魚の骨模様の長い中心の骨部分に沿って指を動かすと，中心の骨が同じ高さの櫛形に並んでいる他の骨よりも凹んで感じられる．このフィッシュボーン錯覚（図 9-2-5）は歪み分布と摩擦差（差分順応仮説）で説明され（仲谷他，2005；Nakatani et al., 2006；Nakatani et al., 2008），一連の凹凸逆転錯覚と関連すると考えられる（Hayward, 2008；Lederman & Jones, 2011）．

9・2・3　輪郭強調錯覚と触覚コンタクトレンズ

薄い紙を介して指の下を単一の隆起が通り過ぎると，隆起が指に直に触れた場合よりも隆起を正確に判断できる（輪郭強調錯覚：Gordon & Cooper, 1975）．佐野他（2005）が開発した触覚コンタクトレンズ（図 9-2-6）は，ベースシートの上面にピンアレイを配した表面起伏の触的検出を向上させる装置で，能動的な触探索に触覚コンタクトレンズを用いると，指先がピンに接触することによって，指で直に探索するよりも，またピンなしでコンタクトレンズと同じ厚さの膜を介して探索するよりも，表面の不規則性の触的検出が向上する．平らでない表面を

図 9-2-4　櫛錯覚（Hayward & Cruz-Hernández, 2000）
人差し指を櫛の歯の先端にあてがい，別の手にもったスティックで櫛の歯列を左右にこすると，櫛自体には左右の動きしか加えられていないのに，指が櫛の歯に押されているように，または隆起した物が指の上を動くように感じられる．

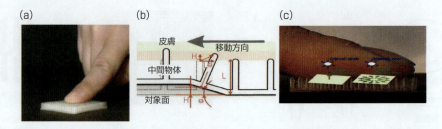

図9-2-6 触覚コンタクトレンズ（佐野他，2005）
(a) 試作した触覚コンタクトレンズ。(b) 表面のうねりによってピンの先端が移動する様子。(c) パターン表面の変位と皮膚のひずみ。(b)(c)では，台座の下面を対象面に，突起側の面を手掌に当て，触覚コンタクトレンズ越しに手掌で対象面を押さえ付けながら表面をなぞる。このとき，対象面の曲率に応じて突起側の面に伸縮が生じる。しかも中立面が薄い台座内に位置するために，可撓性を損なうことなく，物体の凹凸の情報が的確に増幅し呈示される。

走査する場合，膜が変形され，ピンアレイと接触する皮膚が横方向に伸縮されるためと考えられ，櫛錯覚に似たしくみによるものである（Kikuuwe et al., 2005；佐野他，2005）。

9・2・4 平らな板が湾曲した板に感じられる疑似触錯覚

かつて，Skramlik（1937）は，手掌を平らなガラス板の上に置くとガラス板は平らではなく，手掌の出っ張り部分に対応する部位が窪んでいるように感じられること，それとは逆にロウや石膏で手形をつくり，手をその型にピタッと嵌めると手がまったく平らな土台の上にあるように感じられることを報告した。Dostmohamed & Hayward（2005）は，人が実際の物体を探索するときに発生する皮膚の変形を利用して指先の接触軌道を計算的に変化させることができるディスプレイを開発し，仮想の接触によって任意の湾曲を識別させた。平らな板は湾曲した板のような疑似触錯覚が生じ，この錯覚によって認識された仮想湾曲は実際の板に直接接触したときに生成されるものと同等であった。

9・2・5 触的湾曲の残効

湾曲した表面を手で走査した後に平坦な表面を走査すると，平らな面が湾曲しているように感じられる。この触的湾曲の残効は長ければ60 s，短くても10 sは続く（van der Horst, Duijndam et al., 2008；van der Horst, Willebrands et al., 2008；Vogels et al., 1996）。Vogels et al.（1996）は，湾曲した面で5秒間順応した後，系統的に曲率が変化するテスト面が凹か凸かを判断するという方法で順応後に平坦に感じられる曲率を決定し，平坦面の曲率は順応曲率に線形に依存し曲率の約20％であること，順応期間は2 sという短時間で十分であること，順応曲率に触れてから40 s遅延した場合でさえ有意な残効が得られることなどを明らかにした。また Van der Horst らは，湾曲面を人差し指で能動的に走査して得られる残効が同じ手の他の指や，他方の手の指へ転移が認められることを示した（van der Horst, Duijndam et al., 2008；van der Horst, Willebrands et al., 2008）。

9・2・6 湾曲に対する触的同時対比効果

Wijntjes & Kappers（2009）は，湾曲に対する触的対比効果を明らかにするために，2D刺激として隆起線，3D刺激として塩化ビニールで加工された厚みのある板状の刺激を用いて実験を行った。人差し指で走査する上側の刺激は直線か上に凸の曲線のどちらか，親指で走査する下側の刺激は直線であった。参加者は人差し指で上側，親指で下側を挟んで同時に左から右へ1回だけなぞり，親指で直線または曲線のどちらに感じられたかを画面の左右に表示される2本の線分のどちらかを選択する方法で判断した。その結果，2Dと3Dの両方の刺激に対して強い「触覚同時対比効果」が確認され，上に凸の湾曲条件では下側の直線的なテスト刺激は上側の曲線とは逆の方向に湾曲して知覚された。

（和氣 洋美・大森 馨子）

9・3 物体の性質に関する触錯覚

9・3・1 実際の面のテクスチャと仮想面のテクスチャ

手に持った薄い紙を介して静止している物体の表面を走査すると，素指で直に走査したときに比べて横せん断力が下がり，感じられる表面の粗さが増幅される（触覚感度の錯覚的強化，Lederman, 1978）。Minsky（1995）は横力勾配モデル（2D 力フィードバック・ジョイスティック上に実装された横力勾配モデル）を使用して仮想格子を作成し，世界における仮想テクスチャ研究の先鞭を切った。考案した仮想ヤスリでは，仮想物体の表面のテクスチャを体感することができる。仮想物体を見ながら画面上の手の形をしたポインターを，手に持ったスティックで動かして仮想物体の表面をなぞると，移動方向の位置検出センサーと各方向軸に取りつけられているモーターとブレーキの抵抗感によって，疑似触印象が指に伝わって，「ざらざら」感や「ごつごつ」感などを感じることができる。以来，いろいろなモデルに基づく多数の VR テクスチャが報告され，応用技術にも反映されている（Klatzky & Lederman, 2006；Siira & Pai, 1996；Unger et al., 2008；Wiertlewski et al., 2011）。

9・3・2 物体の硬さ・軟らかさと剛性（変形のしづらさ）

物体の硬さ・軟らかさは，皮膚感覚と自己受容感覚の両方を用いて判断されるが，触覚手がかりと同時に呈示される視覚（Lécuyer, 2009；Srinivasan & Basdogan, 1997；Srinivasan et al., 1996）や聴覚（Biocca et al., 2001；DiFranco et al., 1997）の手がかりを変化させることによって仮想物体の硬軟に関する触錯覚が起こる。テニスラケットのような格子型のワイヤーを両手で挟み，そのまま手を動かすと，堅いワイヤーではなくベルベットに触れているような滑らかな感触が得られる。これはベルベットハンド錯覚（図9-3-1）と呼ばれる（Mochiyama et al., 2005；Ohka et al., 2010；Rajaei et al., 2012）。Rajaei

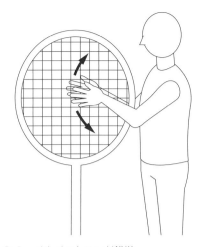

図9-3-1　ベルベットハンド錯覚
テニスラケットのような格子型のワイヤーを両手で挟み，そのまま手を動かすと，堅いワイヤーが，まるでベルベットのように滑らかに感じられる。

et al.（2016）は，手のひらにベルベットハンド錯覚を生成するための触覚マウスを開発した。仮想物体の剛性を知覚する状況では，仮想物体の剛性に関する触覚手がかりと同時に呈示される視覚（Lécuyer, 2009）または聴覚（Biocca et al., 2001）の手がかりを変化させると，魅力的な触運動錯覚がもたらされる。

9・3・3 温熱の錯覚

左右の手をそれぞれ氷水と 42℃ 程度の湯に浸した後に両手を常温水に浸けると，氷水に浸していた手には常温水は温かく，他方の手には冷たく感じられる（Locke, 1690/1975）。また，中指を常温水に，人差し指と薬指を温かい湯（または冷たい水）に同時に触れさせると，左右2本の指からの感覚に引きずられて，中指も温かい（または冷たい）と感じられる（温度参照錯覚；Green, 1977）。温冷感覚は3本の指の間で均一になる一方，その強度感は外側の2本の指に加えられた物理的強度よりも常に低くなることから，外側の2本の指に加えられた熱変化が合計され，接触しているすべての指に再分配されると考えられる（Ho et al., 2011）。私たちが日常で経験する物体の多くは熱的に均質であるために，指の間で異なる熱信号刺激が物体に同時に触れることで無効

化されるという解釈もあるが，Cataldo et al.（2016）は，対象に触らなくても輻射熱だけで同じ現象が生じることを報告しており，この錯覚が熱感受性経路の低次の機構を反映することが示唆される。また 3 本とも温かい（冷たい）ものに触れたときは，単独で同じ物に触れたときよりも中指の感覚が強まる。この現象は漏斗現象（funneling：Békésy, 1967）として知られ，温度感覚以外の触覚にもみられる。

こうした物理的には害のない温度差から，痛みの錯覚が生じる場合もある（灼熱痛錯覚）。2 本の蛇行させたチューブの 1 本を冷水，他方を温水につけた後，2 本がピッタリと接するように組み合わせて前腕に押しつける。刺激は適度に冷たい面と温かい面とからなっているが，冷たさの感覚は起こらず，人によっては自分の腕を引っ込めるという動作をしなければならないほど強烈な熱印象あるいは灼熱痛を経験する（サーマルグリル錯覚：Thunberg, 1896：図 9-3-2a）。Craig & Bushnell（1994）は純銀製の温かい棒と冷たい棒を交互に配列した Thunberg の温度格子を用いて（Thunberg の温度格子：図 9-3-2b），この錯覚を確認した。指を交互に温めたり冷やしたりすることでも同様の強い感覚が生じる。Kammers et al.（2010）はサーマルグリル錯覚における自己接触の効果について検討し，中指を冷やし，人差し指・薬指を温めることで生じた錯覚が，同様に温め／冷やした自分の他方の指に触れることで減少することを報告している。Marotta et al.（2015）は指をクロスさせた場合のサーマルグリル錯覚のパターンから，指の姿勢より外空間上の配置（温−冷−温）に錯覚が依存することを明らかにしている。温冷バーの温度や間隔，呈示部位などを操作し，錯覚が生じる条件や閾値についての検討が行われている一方（Li et al., 2009），悲しみなどの感情により灼熱痛が強まるという報告もある（Boettger et al., 2011）。灼熱痛は，温かい刺激が視床下部の冷感性ニューロン（STT）を抑制し，C ポリモーダル侵害

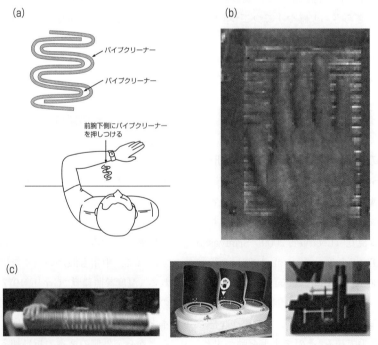

図 9-3-2　灼熱痛錯覚
　　　　（a）サーマルグリル錯覚（Thunberg, 1896），（b）Thunberg の温度格子（Craig & Bushnell, 1994），（c）ペルチェ素子を使用したサーマルグリル錯覚装置。
　　　　（a）一方を冷水，他方を温水につけたパイプを図のように交互に並べ，同時に前腕に押しつけたり，（b）温冷刺激を交互に配置した純銀製のグリルで，温冷刺激を同時に与えると，冷たいとは感じられず，灼熱痛が起こる 。(c) は，その後のいろいろなデモ機器（左，中央：科学技術館製作，右：Illusion live in JINDAI 製作）

受容器 (CPN) の刺激によって引き起こされる痛み経路の活動が解放されるときに発生する（マスク解除モデル）と説明されている (Green, 1977)。

温熱刺激が温熱以外の触印象を引き起こす錯覚もある。額に冷刺激を与えると冷感覚が残るとともに，実際には濡れていないのに湿った感じが起こる (Bergmann Teast et al., 2012 ; Filingeri et al., 2013, 2014 ; Shibahara & Sato, 2019 ; Shibahara et al., 2018)。

9・3・4 重さの錯覚

重さの印象は，対象の大きさ，表面のテクスチャ，材質（密度），温度，色など，実際の重量以外のさまざまな要因によって変化するので，触錯覚である。

9・3・4・1 大きさ・重さ錯覚

大きさ（体積）が同じなら小さなもののほうが重く感じられる強固な錯覚で (Amazeen & Turvey, 1996 ; Kawai et al., 2007 ; Stevens & Rubin, 1970)，初めに錯覚を発表した研究者の名を冠して Charpentier の錯覚 (Charpentier, 1891；図 9-3-3b)，Koseleff の錯覚 (Koseleff, 1936；図 9-3-3c) と呼ばれている。

重量錯覚を説明する理論として，密度モデル (Ross, 1969 ; Thouless, 1931)，情報統合モデル (Anderson, 1970 ; Cross & Rotkin, 1975)，期待モデル (Davis & Roberts, 1976 ; Gordon et al., 1991) が提案されており，大きさ－重さ錯覚はこれらのモデルを吟味する目的で利用され，研究が展開された。

期待モデルによれば，先行経験から小さな物は大きな物より軽いと期待されるので，小さいと認知された対象には小さい挙錘力や握力が使われる (Davis & Roberts, 1976)。それが期待に反して重ければ，ゆっくりと持ち上げられることになり，重さが誇張されたような印象をもつことになる。Ellis & Lederman (1993, 1998) は期待モデルを支持し，ゴルフボール錯覚を発表した。ゴルファーは，大きさは同じ練習用ボールが本番用ボールより軽いことを知っている。ゴルフ経験がなく，この重さの違いを予期しない実験参加者は2種のボールが同じ重さだと判断したのに対し，ゴルファーは練習用ボール

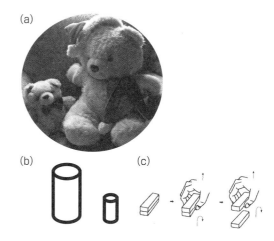

図9-3-3 大きさ（体積）－重さ錯覚
(a) 重さが同じ大きいクマと小さいクマ（写真提供：和氣）, (b) Charpentier 錯覚 (Charpentier, 1891)。同じ重さなら小さなものが重く感じられる, (c) Koseleff の錯覚 (Koseleff, 1936)。重さの異なる箱を二つ重ねて持つとき，一つを持つときに比べて軽く感じられる。

を本番用ボールより重いと判断した。さらにゴルファー群のなかでも，2種のボールの重さにより大きな違いがあると期待した実験参加者ほど強い錯覚を報告した。ボールタイプには重さの差の信号になるような低次感覚系からの手がかりは含まれていないため，この錯覚には対象についての知識や過去経験に基づく期待，すなわち重量知覚のトップダウン過程が深く関与することが示唆された。Flanagan & Beltzner (2000) は，挙錘を多数回繰り返しても大きさ－重さ錯覚が減少することがないことから，知覚的期待と感覚運動的期待は独立であり，両者の不調和がこの錯覚生起の基礎であるとした。金他 (2003) は SPIDAR (space interface device for artificial reality) を使ったバーチャル世界でこの錯覚を検証し，大きさ－重さ錯覚は期待される重さと物体の感覚的フィードバックとの間の不一致から生じると結論づけた。Masin & Crestoni (1988) は挙錘中に錘が見えないようにすると錯覚が消失することから期待モデルを批判し，Amazeen & Turvey (1996) は大きさ－重さ錯覚は期待によらず，慣性抵抗のみの関数で決まるとした。その後の研究においても，期待モデルは大きさ－重さ錯覚を十分には説明できないという指摘がある (Buckingham et, al 2009 ;

第 IV 部　触覚

Chouinard et al., 2009；Flanagan & Beltzner, 2000；Grandy & Westwood, 2006)。Amazeen (2014) は，箱の高さと幅を独立に変化させて，大きさ-重さ錯覚に対する影響を評価し，一人で持つ条件でも，チームで持ち上げる条件でも，高さを増すよりも，幅を増した方が知覚される重さは減少することを明らかにし，実際に大きな荷物を持ち上げる作業場面では，特に幅の広い箱を持ち上げる際には注意することが必要であると述べた。Buckingham et al. (2009) および Buckingham & Goodale (2010) は，挙錘前に見るブロックの大きさだけを変化させて，見ないでブロックを持ち上げるとき，直前に見たのと同じ物体を持ち上げていると信じた実験参加者は，各試行で持ち上げた単一の標準サイズの立方体の重量が，いま見た物体の大きさの関数として変化することを報告した。すなわち，事前に見たブロックが小さいと，大きな物体を見た後より物体は重く感じられた。

9・3・4・2　形・重さ錯覚

Shockley et al. (2004) は質量や楕円体の体積と対称性を変化させることができる自由に動く棒状の刺激を使って，重さ錯覚に対する形の効果を検討した。Kahrimanovicm et al. (2010a, 2010b, 2011) は，四面体が容積の同じ球体や立方体より主観的に大きく評価され，容積も重量も同じなら，四面体が球体や立方体より約18%過小評価された。

9・3・4・3　材質（密度）・重さ錯覚

密度の低い木製の物体は同じ大きさ・重さ・形であっても，高密度な金属製の物体より重いと判断される (Wolfe, 1898)。Ross (1969) は材質による重さ錯覚を密度に対する期待によって説明した。Harshfield & DeHardt (1970) は同大同重のスチール，真鍮，アルミ，マホガニー，バルサ材を用いて視覚で期待される重さの順位と，挙錘により知覚された重さの順位がちょうど逆になることを示した。彼らは重量錯覚における密度の効果を強調し，重さの知覚における材質の効果を密度−重さ錯覚と呼び変えた。Ellis & Lederman (1999) は一辺5.1 cmのアルミ，バルサ材，発泡スチロールの立方体を用いて重さ知覚への材質の違いの影響を調べた。その

重さは軽重の2種，密度は3種であった。これを視覚と触覚，触覚のみ，視覚のみの3種のモダリティ条件で調べたところ，前2条件では等しい錯覚効果がみられたが，視覚のみでは錯覚は確認されなかった。このことから，材質−重さ錯覚は材質についての感覚情報と重さについての感覚情報を引き起こすシステム，つまり触覚のシステムによって，直接に導かれると主張した。

9・3・4・4　テクスチャ・重さ錯覚

その他の重さ錯覚の起因として，物体の接触面が粗い物体のほうが，滑らかな物体より軽く感じられることもある (Flanagan et al., 1995；Rinkenauer et al., 1999)。

9・3・4・5　温度・重さ錯覚

Weber (1846) は，冷やしたターラー銀貨を額に乗せると常温の銀貨より重く感じられる温度錯覚を発表した。その後の追試により額以外にも，手，腕，腹部，大腿部，背部など複数の身体部位に置かれる冷たい物体が温かい物体より重く感じられるという結果が得られている (Galie & Jones, 2010；Stevens, 1979；Stevens & Green, 1978；Stevens & Hooper, 1982)。

9・3・4・6　視覚的手がかり・重さ錯覚

物体表面の明度・光沢などの視覚的手がかり (Buchkingham et al., 2009；柳澤・勇木，2012)，軽重の文字情報によるラベルづけの影響 (Reiner et al., 2006) なども指摘されている。

（和氣　洋美・大森　馨子）

9・4　空間に関する触錯覚

9・4・1　触空間の異方性・斜め効果

前額平行面に呈示された線分は，触運動的にも垂直方向で正確に認識され，斜め方向では誤差が大きい。また，触覚では継時比較より同時比較で誤差が大きい (Lechelt et al., 1976)。背面に呈示される振動刺激列の傾き判断においても，視覚と同様に垂直

方向と水平方向で判断精度が優れ，垂直からの傾きが10°から80°では角度が過大評価，100°から170°の傾きでは過小評価される（Wake et al., 1982）。視覚では垂直，水平について斜め45°と135°の斜め方向で誤差が少ない90°周期が示されるが（古崎・和氣, 1970, 1973），触運動的に捉えられる傾きの誤差は180°周期であり，垂直と水平の中間の45°の傾きの誤差が少ないという傾向は，触空間では認められなかった。この傾向は閉眼晴眼者，後天盲，視覚経験のない先天盲で共通である（図9-4-1）。視覚でも，微小視野での周期は触覚における周期と同様に，90°周期から180°周期に移行する傾向がある（和氣他, 1977）。

触空間知覚における「斜め効果」については，その後も触錯覚効果として研究が行われ，同様の効果が確認されている（Appelle & Gravetter, 1985；Gentaz et al., 2008；Gentaz & Hatwell, 1995；Kappers & Koenderink, 1999；Kappers & Viergever, 2006）。しかし，Kappers (2004) は，触覚では斜め方向が垂直・水平方向より優れて処理されることもあることを示し，この逆斜め効果は観察者が自己の手・身体を基準とする場合に起こると説明した。2本の棒の触覚的な平行性判断にも顕著な斜め効果が認められる（Kappers, 1999；Kappers, 2007；Kappers & Koenderink, 1999）。彼女らは，水平面全体，矢状面，前額平行面のいずれにおいても触的斜め効果が確認されることを示した（Kappers, 2002；Volcic et al., 2007）。

9・4・2　閉眼描画の縮小現象

眼を開いて描画の軌跡を見ながら一定の大きさの円を描いた後，眼を閉じてそれと同じ大きさの形を描かせた場合，描画された円は小さくなる。順を逆にしても，見ないで描かれた円は20%前後縮小した（和氣他, 2002）。線の長さや，文字の大きさにも同じことが起こる。手本を見ながら，または触りながら描いても，閉眼描画の縮小は現れることから，情報入力の違いのために記憶像に大小の差異が生じるためとは考えにくい。レーズライターを用いて閉眼描画時に触覚的なフィードバックが与えられるようにしても，縮小効果はみられた。他方，円の大きさや線の長さを視覚と触覚で別々に評価させた心理物理的実験では，物理量からの誤差はほとんどみられなかった（和氣他, 2004）。したがって，この現象は描画という触運動的行為に付随して現れる錯覚であると考えられる。

（和氣 洋美・大森 馨子）

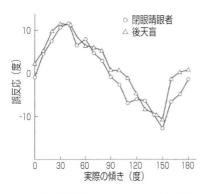

図9-4-1　触覚の異方性 (Wake et al., 1982)
前額平行面内に呈示される線分の傾き判断は，触覚でも垂直と水平が正確で，斜め方向で誤差が大きい。垂直を基準に10°から80°までは過大視，100°から170°までは過小視される。視覚では斜め45°と135°で，他の斜め方向より誤差が小さい90°周期を示すが，触運動的にはこの傾向は認められず，傾きの誤差は180°周期である。

文献

(9・0)

Bach-y-Rita, P., Collins, C. C., Sanders, F. A., White, B., & Scadden, L. (1969). Vision substitution by tactile image projection. *Nature, 221*, 963-964. [doi: 10.1038/221963a0]

Bean, C. (1938). The blind have "optical illusions." *Journal of Experimental Psychology, 22*, 283-289. [doi: 10.1037/h0061244]

Benussi, V. (1906). Experimentelles über Vorstellungs-inadäquatheit. *Zeitschrift für Psychologie, 42*, 22-55.

Gentaz, E., & Hatwell, Y. (2003). Haptic processing of spatial and material object properties. In Y. Hatwell, A. Streri,

第 IV 部　触覚

& E. Gentaz (Eds.), *Touching for Knowing: Cognitive Psychology of Haptic Manual Perception* (pp. 134–170). John Benjamins Publishing Company.

Gentaz, E., & Hatwell, Y. (2004). Geometrical haptic illusions: The role of exploration in the Müller-Lyer, vertical-horizontal, and Delboeuf illusions. *Psychonomic Bulletin & Review, 11*(1), 31–40. [doi: 10.3758/BF03206457]

Gentaz, E., & Hatwell, Y. (2008). Haptic perceptual illusions. In M. Grunwald (Ed.), *Human Haptic Perception: Basics and Applications* (pp. 223–233). Springer.

Hayward, V. (2008). A brief taxonomy of tactile illusions and demonstrations that can be done in a hardware store. *Brain Research Bulletin, 75*, 742–752. [doi: 10.1016/j.brainresbull.2008.01.008]

Hogan, N., Kay, B. A., Fasse, E. D., & Mussa-Ivaldi, F. A. (1990). Haptic illusions: Experiments on human manipulation and perception of "virtual objects". *Cold Spring Harbor Symposia on Quantitative Biology, 55*, 925–931. [doi: 10.1101/sqb.1990.055.01.086]

Kappers, A. M. L., & Bergmann Tiest, W. M. (2013). Haptic perception. *WIREs Cognitive Science, 4*, 357–374. [doi: 10.1002/wcs.1238]

Lederman S. J., & Jones, L. A. (2011). Tactile and haptic illusions. *IEEE Transactions on Haptics, 4*, 273–294. [doi: 10.1109/TOH.2011.2]

Lederman, S. J., & Klatzky, R. L. (2009). Haptic perception: A tutorial. *Attention, Perception, and Psychophysics, 71*, 1439–1459. [doi: 10.3758/APP.71.7.1439]

Révész, G. (1934). System der optischen und haptischen Raumtäuschungen. *Zeitschrift für Psychologie und Physiologie der Sinnesorgane. Abteilung 1. Zeitschrift für Psychologie, 131*, 296–375.

Robertson, A. (1902). Studies from the psychological laboratory of the University of California. VI. Geometric-optical illusion in touch. *Psychological Review, 9*, 549–569. [doi: 10.1037/h0070406]

Robles-De-La-Torre, G., & Hayward, V. (2001). Force can overcome object geometry in the perception of shape through active touch. *Nature, 412*, 445–448. [doi: 10.1038/35086588]

Skramlik, E. von. (1937). Hapatische Täuschungen. *Psychophysiologie der Tastsinne*, 826–891.

Wake, H. (1986). On tactile and visual system for visually handicapped individuals. *Journal of Psychology and Education* (Kanagawa University), *4*, 47–60.

和氣 典二・清水 豊・和氣 洋美　(1980)．触覚による3次元情報の知覚と視覚代行　人間工学，*16*(1)，27-25.

和氣 典二・清水 豊・山下 由己男　(1975)．視覚代行のための触覚の研究　電子通信学会教育技術研究会資料　特殊教育に対する教育工学の応用，9-18.

Wang, Q., & Hayward, V. (2008). Tactile synthesis and perceptual inverse problems seen from the viewpoint of contact mechanics. *ACM Transactions on Applied Perception, 5*, 7:1-7:19. [doi: 10.1145/1279920.1279921]

(9・1)

Aglioti, S., DeSouza, J. F. X., & Goodale, M. A. (1995). Size-contrast illusions deceive the eye but not the hand. *Current Biology, 5*(6), 679–685. [doi: 10.1016/S0960-9822(95)00133-3]

Bean, C. (1938). The blind have "optical illusions." *Journal of Experimental Psychology, 22*, 283–289. [doi: 10.1037/h0061244]

Békésy, G. von. (1967). *Sensory Inhibition*. Princeton University Press.

Brenner, E., & Smeets, J. B. (1996). Size illusion influences how we lift but not how we grasp on object. *Experimental Brain Research, 111*, 473–476. [doi: 10.1007/BF00228737]

Bruno, N. (2001). When does action resist visual illusions? *Trends in Cognitive Sciences, 5*, 379–382. [doi: 10.1016/S1364-6613(00)01725-3]

Bruno, N., & Bernardis, P. (2003). When does action resist visual illusions? Effector position modulates illusory influences on motor responses. *Experimental Brain Research, 151*, 225–237. [doi: 10.1007/s00221-003-1440-6]

Carey, D. P. (2001). Do action systems resist visual illusions? *Trends in Cognitive Sciences, 5*, 109–113. [doi: 10.1016/s1364-6613(00)01592-8]

第９章　身体外部の物体と空間の特性を触的に知覚する際に生じる錯覚

Casla, M., Blanco, F., & Travieso, D. (1999). Haptic perception of geometric illusions by persons who are totally congenitally blind. *Journal of Visual Impairment & Blindness, 93*, 583–588. ［doi: 10.1177/0145482X9909300905］

Cheng, M. F. (1968). Tactile-kinesthetic perception of length. *American Journal of Psychology, 81*, 74–82. ［doi: 10.2307/1420809］

Craig, F. E. (1931). Variations in the illusion of filled and unfilled tactual space. *American Journal of Psychology, 18*, 112–114. ［doi: 10.2307/1414244］

Davidson, P. W. (1972). Haptic judgments of curvature by blind and sighted humans. *Journal of Experimental Psychology, 93*, 43–55. ［doi: 10.1037/h0032632］

Day, R. H. (1990). The Bourdon illusion in haptic space. *Perception & Psychophysics, 47*(4), 400–404. ［doi: 10.3758/BF03210880］

Day, R. H., & Avery, G. C. (1970). Absence of the horizontal-vertical illusion in haptic space. *Journal of Experimental Psychology, 83*, 172–173. ［doi: 10.1037/h0028514］

Day, R. H., & Wong, T. S. (1971). Radial and tangential movement directions as determinants of the haptic illusion in an L figure. *Journal of Experimental Psychology, 87*, 19–22. ［doi: 10.1037/h0030155］

Deregowski, J., & Ellis, H. D. (1972). Effect of stimulus orientation upon haptic perception of the horizontal-vertical illusion. *Journal of Experimental Psychology, 95*, 14–19. ［doi: 10.1037/h0033264］

Ellis, R. R., & Lederman, S. J. (1993). The role of haptic versus visual volume cues in the size-weight illusion. *Perception & Psychophysics, 53*(3), 315–324. ［doi: 10.3758/BF03205186］

Franz, V. H. (2001). Action does not resist visual illusions. *Trends in Cognitive Sciences, 5*, 257–459. ［doi: 10.1016/s1364-6613(00)01772-1］

Franz, V. H., Fahle, M., Bülthoff, H. H., & Gegenfrutner, K. R. (2001). Effects of visual illusions on grasping. *Journal of Experimental Psychology: Human Perception and Performance, 27*(5), 1124–1144.

Frisby, J. P., & Davies, I. R. L. (1971). Is the haptic Müller-Lyer a visual phenomenon? *Nature, 231*, 463–465. ［doi: 10.1038/231463b0］

Fry, C. L. (1975). Tactual illusions. *Perceptional and Motor Skills, 40*, 955–960. ［doi: 10.2466/pms.1975.40.3.955］

Gentaz, E., & Hatwell, Y. (2004). Geometrical haptic illusions: The role of exploration in the Müller-Lyer, vertical-horizontal, and Delboeuf illusions. *Psychonomic Bulletin & Review, 11*(1), 31–40. ［doi: 10.3758/BF03206457］

Gentaz, E., & Hatwell, Y. (2008). Haptic perceptual illusions. In M. Grunwald (Ed.), *Human Haptic Perception: Basics and Applications* (pp. 223–233). Springer.

Goodale, M. A., & Milner, A. D. (1992). Separate visual pathways for perception and action. *Trends in Neurosciences, 15*(1), 20–25. ［doi: 10.1016/0166-2236(92)90344-8］

Hatwell, Y. G. (1960). Form perception and related issues in blind humans. In R. Held, H. W. Leibowitz, & H. L. Teuber (Eds.), *Perception* (pp. 489–519). Springer.

Heller, M. A., Brackett, D. D., Wilson, K., Yoneyama, K., Boyer, A., & Steffen, H. (2002). The haptic Müller-Lyer illusion in sighted and blind people. *Perception, 31*, 1263–1274. ［doi: 10.1068/p3340］

Heller, M. A., Calcaterra, J. A., Burson, L. L., & Green, S. L. (1997). The tactual horizontal-vertical illusion depends on radial motion of the entire arm. *Perception & Psychophysics, 59*, 1297–1311. ［doi: 10.3758/bf03214215］

Heller, M. A., & Joyner, T. D. (1993). Mechanisms in the haptic horizontal-vertical illusion: Evidence from sighted and blind subjects. *Perception & Psychophysics, 53*, 422–428. ［doi: 10.3758/bf03206785］

Heller, M. A., McCarthy, M., Schultz, J., Greene, J., Shanley, M., Clark, A., ... Prociuk, J. (2005). The influence of exploration mode, orientation, and configuration on the haptic Müller-Lyer illusion. *Perception, 34*(12), 1475–1500. ［doi: 10.1068/p5269］

Kanizsa, G. (1979). *Organization in Vision: Essays on Gestalt Perception*. Prager.

Lucca, A., Dellantonio, A., & Riggio, L. (1986). Some observations on the Poggendorff and Müller-Lyer tactual illusions. *Perception & Psychophysics, 39*, 374–380. ［doi: 10.3758/BF03203006］

Marotta, J. J., DeSouza, J. F., Haffenden, A. M., & Goodale, M. A. (1998). Does a monocularly presented size-contrast illusion

1331

第 IV 部　触覚

influence grip aperture? *Neuropsychologia, 36*(6), 491–497.［doi: 10.1016/s0028-3932(97)00154-1］

McFarland, J., & Soechting, J. F. (2007). Factors influencing the radial-tangential illusion in haptic perception. *Experimental Brain Research, 178*, 216–227.［doi: 10.1007/s00221-006-0727-9］

Millar, S., & Al-Attar, Z. (2002). The Müller-Lyer illusion in touch and vision: Implications for multisensory processes. *Perception & Psychophysics, 64*, 353–365.［doi: 10.3758/BF03194709］

盛永 四郎・池田 (和氣) 洋美 (1965). 錯視における偏位の矛盾とディメンジョンの問題　心理学研究, *36*, 231–238.［doi: 10.4992/jjpsy.36.231］

Over, R. (1966). A comparison of haptic and visual judgments of some illusions. *American Journal of Psychology, 79*, 590–595.［doi: 10.2307/1421295］

Over, R. (1967). Haptic illusions and inappropriate constancy scaling. *Nature, 214*, 629.［doi: 10.1038/214629a0］

Over, R. (1968). Explanations of geometrical illusions. *Psychological Bulletin, 70*, 545–562.［doi: 10.1037/h0026730］

Parrish, C. S. (1893). The cutaneous estimation of open and filled space. *American Journal of Psychology, 6*, 514–523.

Pasnak, R., & Ahr, P. (1970). Tactual Poggendorff illusion in blind and blindfolded subjects. *Perceptual and Motor Skills, 31*, 151–154.［doi: 10.2466/pms.1970.31.1.151］

Patterson, J., & Deffenbacher, K. (1972). Haptic perception of the Mueller-Lyer illusion by the blind. *Perceptual and Motor Skills, 35*, 819–834.［doi: 10.2466/pms.1972.35.3.819］

Revesz, G. (1934). System der optischen und haptischen Raumtäuschungen. *Zeitschrift für Psychologie und Physiologie der Sinnesorgane. Abteilung 1. Zeitschrift für Psychologie, 131*, 296–375.

Robertson, A. (1902). Studies from the psychological laboratory of the University of California. VI. Geometric-optical illusion in touch. *Psychological Review, 9*, 549–569.［doi: 10.1037/h0070406］

Rudel, R. G., & Teuber, H. L. (1963). Decrement of visual and haptic Müller-Lyer illusion on repeated trials: A study of crossmodal transfer. *Quarterly Journal of Experimental Psychology, 15*, 125–131.［doi: 10.1080/17470216308416563］

Sanders, A. F. J., & Kappers, A. M. L. (2009). Factors affecting the haptic filled-space illusion for dynamic touch. *Experimental Brain Research, 192*, 717–722.［doi: 10.1007/s00221-008-1635-y］

Skramlik, E. von. (1937). Hapatische Täuschungen. *Psychophysiologie der Tastsinne*, 826–891.

Smeets, J. B., & Brenner, E. (2001). Action beyond our grasp. *Trends in Cognitive Sciences, 4*(7), 287.［doi: 10.1016/S1364-6613(00)01684-3］

Snowden, R. (2000). The last grasp? *Trends in Cognitive Sciences, 4*(6), 213.［doi: 10.1016/S1364-6613(00)01492-3］

Suzuki, K., & Arashida, R. (1992). Geometrical haptic illusions revisited: Haptic illusions compared with visual illusions. *Perception & Psychophysics, 52*, 329–335.［doi: 10.3758/bf03209149］

Tsai, L. S. (1967). Mueller-Lyer illusion by the blind. *Perceptual and Motor Skills, 25*, 641–644.［doi: 10.2466/pms.1967.25.2.641］

Von Collani, G. (1979). An analysis of illusion components with L and perpendicular-figures in active touch. *Quarterly Journal of Experimental Psychology, 31*, 241–248.［doi: 10.1080/14640747908400723］

和氣 洋美・和氣 典二 (1995). 触覚にも主観的輪郭線効果はあるか　神奈川大学心理・教育研究論集, *14*, 1–22.

和氣 洋美・和氣 典二 (1996). 再び，触覚にも主観的輪郭線効果はあるか　神奈川大学心理・教育研究論集, *15*, 27–61.

Wenderoth, P., & Alais, D. (1990). Lack of evidence for a tactual Poggendorff illusion. *Perception & Psychophysics, 48*, 234–242.［doi: 10.3758/BF03211523］

Wenderoth, P., & Johnson, M. (1983). Relationships between the kinetic, alternating-line, and Poggendorff illusions: The effects of interstimulus interval, inducing parallels, and fixation. *Perception & Psychophysics, 34*, 273–279.

Wong, T. S. (1975). The respective role of limb and eye movements in the haptic and visual Müller-Lyer illusion. *Quarterly Journal of Experimental Psychology, 27*, 659–666.［doi: 10.1080/14640747508400526］

Wong, T. S. (1977). Dynamic properties of radial and tangential movements as determinants of the haptic horizontal-vertical illusion with an 'L' figure. *Journal of Experimental Psychology: Human Perception & Performance, 3*, 151–164.［doi: 10.1037/0096-1523.3.1.151］

(9・2)

Cormack, R. H. (1973). Haptic illusion: Apparent elongation of a disk rotated between the fingers. *Science*, *179*, 590–592. [doi: 10.1126/science.179.4073.590]

Dostmohamed, H., & Hayward, V. (2005). Trajectory of contact region on the fingerpad gives the illusion of haptic shape. *Experimental Brain Research*, *164*, 387–394. [doi: 10.1007/s00221-005-2262-5]

Gordon, I. E., & Cooper, C. (1975). Improving one's touch. *Nature*, *256*, 203–204. [doi: 10.1038/256203a0]

Harshfield, S. P., & DeHardt, D. C. (1970). Weight judgment as a function of apparent density of objects. *Psychonomic Science*, *20*, 365–366. [doi: 10.3758/BF03335692]

Hayward, V. (2008). A brief taxonomy of tactile illusions and demonstrations that can be done in a hardware store. *Brain Research Bulletin*, *75*, 742–752. [doi: 10.1016/j.brainresbull.2008.01.008]

Hayward, V., & Cruz-Hernandez, J. M. (2000). Tactile display device using distributed lateral skin stretch. *Proceedings of the Haptic Interfaces for Virtual Environment and Teleoperator Systems Symposium*, 1309–1314. [doi: 10.1115/IMECE2000-2448]

Jones, K. N., Touchstone, R. M., & Gettys, C. F. (1974). A tactile illusion: The rotating hourglass. *Perception & Psychophysics*, *15*, 335–338. [doi: 10.3758/BF03213954]

Kikuuwe, R., Sano, A., Mochiyama, H., Takesue, N., & Fujimoto, H. (2005). Enhancing haptic detection of surface undulation. *ACM Transactions on Applied Perception*, *2*, 46–67. [doi: 10.1145/1048687.1048691]

Lederman, S. J., & Jones, L. A. (2011). Tactile and haptic illusions. *IEEE Transactions on Haptics*, *4*, 273–294. [doi: 10.1109/TOH.2011.2]

Moore, J. R., Jones, K. N., & Gettys, C. F. (1980). Prediction of two haptic illusions from the differential adaptation theory. *Bulletin of the Psychonomic Society*, *15*, 197–199. [doi: 10.3758/BF03334507]

Nakatani, M., Howe, R. D., & Tachi, S. (2006). The fishbone tactile illusion. *Proceedings of Eurohaptics*, *2006*, 69–73.

仲谷 正史・梶本 裕之・川上 直樹・舘 暲 (2005). Fishbone Tactile Illusion を通した凹凸知覚の研究 日本バーチャルリアリティ学会第 10 回大会論文集, 201–204.

Nakatani, M., Sato, A., Tachi, S., & Hayward, V. (2008). Tactile illusion caused by tangential skin strain and analysis in terms of skin deformation. *Proceedings of Eurohaptics 2008*, *LNCS 5024*, 229–237. [doi: 10.1007/978-3-540-69057-3_27]

佐野 明人・菊植 亮・望山 洋・武居 直行・藤本 英雄 (2005). 触覚を増幅する触覚コンタクトレンズ 第 1 回横幹連合コンファレンス, 427–428. [doi: 10.11487/oukan.2005.0.133.0]

Skramlik, E. von. (1937). Hapatische Tauschungen. *Psychophysiologie der Tastsinne*, 826–891.

van der Horst, B. J., Duijndam, M. J. A., Ketels, M. F. M., Wilbers, M. T. J. M., Zwijsen, S. A., & Kappers, A. M. L. (2008). Intramanual and intermanual transfer of the curvature aftereffect. *Experimental Brain Research*, *187*, 491–496. [doi: 10.1007/s00221-008-1390-0]

van der Horst, B. J., Willebrands, W. P., & Kappers, A. M. L. (2008). Transfer of the curvature aftereffect in dynamic touch. *Neuropsychologia*, *46*, 2966–2972. [doi: 10.1016/j.neuropsychologia.2008.06.003]

Vogels, I. M., Kappers, A. M. L., & Koenderink, J. J. (1996). Haptic aftereffect of curved surfaces. *Perception*, *25*, 109–119. [doi: 10.1068/p250109]

渡辺 功 (1980). 回転円盤の触的錯覚に及ぼす要因の分析 心理学研究, *51*(1), 45–48. [doi: 10.4992/jjpsy.51.45]

Watanabe, I. (1998). What determines tactile illusion of a rotated disk. *Psychologia*, *41*, 183–188.

Wijntjes, M. W. A., & Kappers, A. M. L. (2009). Haptic curvature contrast in raised lines and solid shapes. *Experimental Brain Research*, *199*, 127. [doi: 10.1007/s00221-009-1986-z]

Wolfe, J. M. (1979). The computer paper illusion. *Perception*, *8*, 347–348. [doi: 10.1068/p080347]

(9・3)

Amazeen, E. L. (2014). Box shape influences the size-weight illusion during individual and team lifting. *Journal of the Human Factors and Ergonomics Society*, *56*(3), 581–591. [doi: 10.1177/0018720813497980]

Amazeen, E. L., & Turvey, M. T. (1996). Weight perception and the haptic size-weight illusion are functions of the inertia

第 IV 部　触覚

tensor. *Journal of Experimental Psychology: Human Perception and Performance, 22,* 213–232. ［doi: 10.1037/0096-1523.22.1.213］

Anderson, N. (1970). Averaging model applied to the size-weight illusion. *Perception & Psychophysics, 8*(1), 1–4. ［doi: 10.3758/BF03208919］

Békésy, G. von. (1967). *Sensory Inhibition.* Princeton University Press.

Bergmann Tiest, W. M., Kosters, N. D., Kappers, A. M. L., & Daanen, H. A. M. (2012). Phase change materials and the perception of wetness. *Ergonomics, 55*(4), 508–512.

Biocca, F., Kim, J., & Choi, Y. (2001). Visual touch in virtual environments: An exploratory study of presence, multimodal interfaces, and cross-modal sensory illusions. *Presence, 10,* 247–265. ［doi: 10.1162/105474601300343595］

Boettger, M. K., Schwier, C., & Bär, K. J. (2011). Sad mood increases pain sensitivity upon thermal grill illusion stimulation: Implications for central pain processing. *Pain, 152*(1), 123–130. ［doi: 10.1016/j.pain.2010.10.003］

Buckingham, G., Cant, J. S., & Goodale, M. A. (2009). Living in a material world: How visual cues to material properties affect the way that we lift objects and perceive their weight. *Journal of Neurophysiology, 102,* 3111–3118. ［doi: 10.1152/jn.00515.2009］

Buckingham, G., & Goodale, M. A. (2010). Lifting without seeing: The role of vision in perceiving and acting upon the size weight illusion. *PLoS ONE, 5,* 1–5. ［doi: 10.1371/journal.pone.0009709］

Cataldo, A., Ferrè, E. R., di Pellegrino, G., & Haggard, P. (2016). Thermal referral: Evidence for a thermoceptive uniformity illusion without touch. *Scientific Reports, 6,* 1–10. ［doi: 10.1038/srep35286］

Charpentier, A. (1891). Analyse experimentale de quelques éléments de la sensation de poids. *Archives de Physiologie Normale et Pathologique, 3,* 122–135.

Chouinard, P. A., Large, M. E., Chang, E. C., & Goodale, M. A. (2009). Dissociable neural mechanisms for determining the perceived heaviness of objects and the predicted weight of objects during Lifting: An fMRI investigation of the size-weight illusion. *NeuroImage, 44,* 200–212. ［doi: 10.1016/j.neuroimage.2008.08.023］

Craig, A. D., & Bushnell, M. C. (1994). The thermal grill illusion: Unmasking the burn of cold pain. *Science, 265,* 252–255. ［doi: 10.1126/science.8023144］

Cross, K. V., & Rotkin, L. (1975). The relation between size and apparent heaviness. *Perception & Psychophysics, 18,* 79–87. ［doi: 10.3758/BF03204091］

Davis, C. M., & Roberts, W. (1976). Lifting movements in the size-weight illusion. *Perception & Psychophysics, 20,* 33–36. ［doi: 10.3758/BF03198701］

DiFranco, D. E., Beauregard, G. L., & Srinivasan, M. A. (1997). The effect of auditory cues on the haptic perception of stiffness in virtual environments. *Proceedings of the ASME Dynamic Systems and Control Division,* 17–22. ［doi: 10.1115/IMECE1997-0372］

Ellis, R. R., & Lederman, S. J. (1993). The role of haptic versus visual volume cues in the size-weight illusion. *Perception & Psychophysics, 53*(3), 315–324. ［doi: 10.3758/BF03205186］

Ellis, R. R., & Lederman, S. J. (1998). The golf-ball illusion: Evidence for top-down processing in weight perception. *Perception, 27*(2), 193–201. ［doi: 10.1068/p270193］

Ellis, R. R., & Lederman, S. J. (1999). The material-weight illusion revisited. *Perception & Psychophysics, 61,* 1564–1576. ［doi: 10.3758/BF03213118］

Filingeri, D., Fournet, D., Hodder, S., & Havenith, G. (2014). Why wet feels wet? A neurophysiological model of human cutaneous wetness sensitivity. *Journal of Neurophysiology, 112*(6), 1457–1469.

Filingeri, D., Redortier, B., Hodder, S., & Havenith, G. (2013). The role of decreasing contact temperatures and skin cooling in the perception of skin wetness. *Neuroscience Letters, 551,* 65–69.

Flanagan, J. R., & Beltzner, M. A. (2000). Independence of perceptual and sensorimotor predictions in the size-weight illusion. *Nature Neuroscience, 3*(7), 737–741. ［doi: 10.1038/76701］

Flanagan, J. R., Wing, A. M., Allison, S., & Spenceley, A. (1995). Effects of surface texture on weight perception when lifting objects with a precision grip. *Perception & Psychophysics, 57,* 282–290. ［doi: 10.3758/bf03213054］

第９章　身体外部の物体と空間の特性を触的に知覚する際に生じる錯覚

Galie, J., & Jones, L. A. (2010). Thermal cues and the perception of force. *Experimental Brain Research, 200*, 81–90. ［doi: 10.1007/s00221-009-1960-9］

Gordon, A. J., Forssberg, H., Johansson, R. S., & Westling, G. (1991). Visual size cues in the programming of manipulative forces during precision grip. *Experimental Brain Research, 83*, 477–482. ［doi: 10.1007/BF00229824］

Grandy, M. S., & Westwood, D. A. (2006). Opposite perceptual and sensorimotor responses to a size-weight illusion. *Journal of Neurophysiology, 95*, 3887–3892. ［doi: 10.1152/jn.00851.2005］

Green, B. G. (1977). Localization of thermal sensation: An illusion and synthetic heat. *Perception & Psychophysics, 22*, 331–337. ［doi: 10.3758/BF03199698］

Harshfield, S. P., & DeHardt, D. C. (1970). Weight judgment as a function of apparent density of objects. *Psychonomic Science, 20*, 365–366. ［doi: 10.3758/BF03335692］

Ho, H. N., Watanabe, J., Ando, H., & Kashino, M. (2011). Mechanisms underlying referral of thermal sensations to sites of tactile stimulation. *Journal of Neuroscience, 31*(1), 208–213. ［doi: 10.1523/JNEUROSCI.2640-10.2011］

Kahrimanovic, M., Bergmann Tiest, W. M., & Kappers, A. M. L. (2010a). Haptic perception of volume and surface area of 3-D objects. *Attention, Perception, & Psychophysics, 72*, 517–527. ［doi: 10.3758/APP.72.2.517］

Kahrimanovic, M., Bergmann Tiest, W. M., & Kappers, A. M. L. (2010b). The shape-weight illusion. In A. M. L. Kappers, J. B. F. van Erp, W. M. Bergmann Tiest, & F. C. T. van der Helm (Eds.), *EuroHaptics 2010: Generating and Perceiving Tangible Sensations, Part I, LNCS 6191*, pp. 17–22.

Kahrimanovic, M., Bergmann Tiest, W. M., & Kappers, A. (2011). Characterization of the haptic shape-weight illusion with 3D objects. *IEEE Transactions on Haptics, 4*, 316–320. ［doi: 10.1109/TOH.2011.22］

Kammers, M. P. M., de Vignemont, F., & Haggard, P. (2010). Cooling the thermal grill Illusion through self-touch. *Current Biology, 20*, 1819–1822. ［doi: 10.1016/j.cub.2010.08.038］

Kawai, S., Henigman, F., MacKenzie, C. L., Kuang, A. B., & Faust, P. H. (2007). A reexamination of the size-weight illusion induced by visual size cues. *Experimental Brain Research, 179*, 443–456. ［doi: 10.1007/s00221-006-0803-1］

金 載休・洪 性寛・佐藤 誠・小池 康晴 （2003）．SPIDAR を用いた size-weight illusion の検証　日本バーチャルリアリティ学会論文集，*7*(3)，347–354. ［doi: 10.18974/tvrsj.7.3_347］

Klatzky, R. L., & Lederman, S. J. (2006). The perceived roughness of resistive virtual textures: I. Rendering by a force-feedback mouse. *ACM Transactions on Applied Perception, 3*, 1–14. ［doi: 10.1145/1119766.1119767］

Koseleff, D. (1936). Eine Modifikation des "Charpentier-Effektes". *Psychologische Forschung, 21*, 142–145. ［doi: 10.1007/BF02441205］

Lécuyer, A. (2009). Simulating haptic feedback using vision: A survey of research and applications of pseudo-haptic feedback. *Presence, 18*, 39–53. ［doi: 10.1162/pres.18.1.39］

Lederman, S. J. (1978). "Improving one's touch" ... and more. *Perception & Psychophysics, 24*, 154–160. ［doi: 10.3758/BF03199542］

Li, X., Petrini, L., Wang, L., Defrin, R., & Arendt-Nielsen, L. (2009). The importance of stimulus parameters for the experience of the thermal grill illusion. *Neurophysiologie Clinique/Clinical Neurophysiology, 39*(6), 275–282. ［doi: 10.1016/j.neucli.2009.06.006］

Locke, J. (1975). *An Essay Concerning Human Understanding* (Vol. II, Chapter 8, § 21, P. H. Nidditch, Ed.). Clarendon Press. (Original work published 1690)

Marotta, A., Ferrè, E. R., & Haggard, P. (2015). Transforming the thermal grill effect by crossing the fingers. *Current Biology, 25*(8), 1069–1073. ［doi: 10.1016/j.cub.2015.02.055］

Masin, C. M., & Crestoni, L. (1988). Experimental demonstration of the sensory basis of the size-weight illusion. *Perception & Psychophysics, 44*, 309–312. ［doi: 10.3758/BF03210411］

Minsky, M. (1995). *Computational haptics: The sandpaper system for synthesizing texture for a force-feedback display* (Unpublished doctoral dissertation). Massachusetts Institute of Technology.

Mochiyama, H., Sano, A., Takasue, N., Kikuue, R., Fujita, K., Fukuda, S., ... Fujimoto, H. (2005). Haptic illusion induced by moving line stimuli. *First Joint Eurohaptics Conference and Symposium on Haptic Interfaces for Virtual Environment*

1335

and Teleoperator Systems. *World Haptics Conference*, 645–648. [doi: 10.1109/WHC.2005.69]

Ohka, M., Kawabe, Y., Chami, A., Rajaei, N., Yussof, H. B., & Miyaoka, T. (2010). Investigation on velvet hand illusion using psychophysics and FEM analysis. *International Journal on Smart Sensing and Intelligent Systems, 3*(3), 488–503. [doi: 10.21307/ijssis-2017-404]

Rajaei, N., Kawabe, Y., Ohka, M., Miyaoka, T., Chami, A., & Yussof, H. B. (2012). Psychophysical experiments on velvet hand illusion toward presenting virtual feeling of material. *International Journal of Social Robotics, 4*, 77–84. [doi: 10.1007/s12369-012-0140-4]

Rajaei, N., Ohka, M., Nomura, H., Komura, H., Matsushita, S., & Miyaoka, T. (2016). Tactile mouse generating velvet hand illusion on human palm. *International Journal Robotic System, 13*, 1–10. [doi: 10.1177/1729881416658170]

Reiner, M., Hetch, D., Helevy, G., & Furman, M. (2006). Semantic interference and facilitation in haptic perception. *Proceedings of the Eurohaptics Conference*, Paris, 35–41.

Rinkenauer, G., Mattes, S., & Ulrich, R. (1999). The surface—Weight illusion: On the contribution of grip force to perceived heaviness. *Perception & Psychophysics, 61*, 23–30. [doi: 10.3758/BF03211946]

Ross, H. E. (1969). When is a weight not illusory? *Quarterly Journal of Experimental Psychology, 21*, 346–355. [doi: 10.1080/14640746908400230]

Shibahara, M., & Sato, K. (2019). Illusion of wetness by dynamic touch. *IEEE Transactions on Haptics, 12*(4), 533–541.

Shibahara, M., Sato, K., & Kappers, A. M. L. (2018). Relative sensation of wetness of different materials. *Haptics: Science, Technology and Applications*, 345–353.

Shockley, K., Carello, C., & Turvey, M. T. (2004). Metamers in the haptic perception of heaviness and moveableness. *Perception & Psychophysics, 66*, 731–742. [doi: 10.3758/BF03194968]

Siira, J., & Pai, D. K. (1996). Haptic texturing-a stochastic approach. *Proceedings of IEEE International Conference on Robotics and Automation*, 557–562. [doi: 10.1109/ROBOT.1996.503834]

Srinivasan, M. A., & Basdogan, C. (1997). Haptics in virtual environments: Taxonomy, research status, and challenges. *Computers & Graphics, 21*, 393–404. [doi: 10.1016/S0097-8493(97)00030-7]

Srinivasan, M. A., Beauregard, G. L., & Brock, D. L. (1996). The impact of visual information on the haptic perception of stiffness in virtual environments. *Proceedings of ASME Dynamic Systems and Control Division, 58*, 555–559.

Stevens, J. C. (1979). Thermal intensification of touch sensation: Further extensions of the Weber phenomenon. *Sensory Processes, 3*, 240–248.

Stevens, J. C., & Green, B. G. (1978). Temperature-touch interaction: Weber's phenomenon revisited. *Sensory Processes, 2*, 206–209.

Stevens, J. C., & Hooper, J. E. (1982). How skin and object temperature influence touch sensation. *Perception & Psychophysics, 32*, 282–285. [doi: 10.3758/BF03206232]

Stevens, J. C., & Rubin, L. L. (1970). Psychophysical scales of apparent heaviness and the size-weight illusion. *Perception & Psychophysics, 8*, 225–230. [doi: 10.3758/BF03210210]

Thouless, R. H. (1931). Phenomenal regression to the real object. *British Journal of Psychology, 22*, 1–30.

Thunberg, T. (1896). Förnimmelserna vid till samma ställe lokaliserad, samtidigt pågående köld-och värmeretning. *Uppsala Läkfören Förh, 1*, 489–495.

Unger, B., Hollis, R., Klatzky, R. (2008). The geometric model for perceived roughness applies to virtual textures. *2008 Symposium on Haptic Interfaces for Virtual Environment and Teleoperator Systems*, 3–10. [doi: 10.1109/HAPTICS.2008.4479905]

Weber, E. H. (1846). Der Tastsinn und das Gemeingefühl. In R. Wagner (Ed.), *Handwörterbuch der Physiologie* (Vol. 3, pp. 481–588). Vieweg.

Wiertlewski, M., Lozada, J., & Hayward, V. (2011). The spatial spectrum of tangential skin displacement can encode tactual texture. *IEEE Transactions on Robotics, 27*, 461–472. [doi: 10.1109/TRO.2011.2132830]

Wolfe, H. K. (1898). Some effects of size on judgments of weight. *Psychological Review, 5*, 25–54. [doi: 10.1037/h0073342]

柳澤 秀吉・勇木 徳仁 (2012). 物体の表面属性に対する視覚的感性が持ち上げ時の体性感覚に与える影響（感覚モダリ

ティの遷移における予測感性） 日本企画学会論文集 C 編, *78*(789), 609-620.

(9・4)

Appelle, S., & Gravetter, F. (1985). Effect of modality-specific experience on visual and haptic judgment of orientation. *Perception, 14*, 763-773. [doi: 10.1068/p140763]

Gentaz, E., Baud-Bovy, G., & Luyat, M. (2008). The haptic perception of spatial orientations. *Experimental Brain Research, 187*, 331-346. [doi: 10.1007/s00221-008-1382-0]

Gentaz, E., & Hatwell, Y. (1995). The haptic 'oblique effect' in children's and adults' perception of orientation. *Perception, 24*, 631-646. [doi: 10.1068/p240631]

Kappers, A. M. (1999). Large systematic deviations in the haptic perception of parallelity. *Perception, 28*, 1001-1012. [doi: 10.1068/p281001]

Kappers, A. M. L. (2002). Haptic perception of parallelity in the midsagittal plane. *Acta Psychologica, 109*, 25-40. [doi: 10.1016/S0001-6918(01)00047-6]

Kappers, A. M. L. (2004). The contributions of egocentric and allocentric reference frames in haptic spatial tasks. *Acta Psychologica, 117*, 333-340. [doi: 10.1016/j.actpsy.2004.08.002]

Kappers, A. M. L. (2007). Haptic space processing--Allocentric and egocentric reference frames. *Canadian Journal of Experimental Psychology, 61*, 208-218. [doi: 10.1037/cjep2007022]

Kappers, A. M. L., & Koenderink, J. J. (1999). Haptic perception of spatial relations. *Perception, 28*, 781-795. [doi: 10.1068/p2930]

Kappers, A. M. L., & Viergever, R. F. (2006). Hand orientation is insufficiently compensated for in haptic spatial perception. *Experimental Brain Research, 173*, 407-414. [doi: 10.1007/s00221-006-0377-y]

古崎 敬・和氣 洋美 （1970）．基準系の移動と直線の傾きの知覚 第 34 回日本心理学会大会論文集, 161.

古崎 敬・和氣 洋美 （1973）．ゼロ点の移動と直線の傾きの知覚 第 37 回日本心理学会大会論文集, 740-741.

Lechelt, E. C., Eliuk, J., & Tanne, G. (1976). Perceptual orientational asymmetries: A comparison of visual and haptic space. *Perception & Psychophysics, 20*, 463-469. [doi: 10.3758/BF03208283]

Volcic, R., Kappers, A. M. L., & Koenderink, J. J. (2007). Haptic parallelity perception on the frontoparallel plane: The involvement of reference frames. *Perception & Psychophysics, 69*(2), 276-286. [doi: 10.3758/BF03193749]

和氣 洋美・和氣 典二・茂木 恵理子 （2002）．眼を閉じて描くと絵・文字は縮小するか？ 第 28 回感覚代行シンポジウム, 1-4.

和氣 洋美・和氣 典二・茂木 恵理子 （2004）．閉眼時描画の縮小現象 神奈川大学心理・教育研究論集, 23, 93-114.

Wake, T., Yamashita, Y., Shimizu, Y., & Wake, H. (1982). Effect of orientation on tactile sensitivity of blind person. *Bulletin of the Faculty of General Education* (Utsunomiya University), *15*, 61-76.

和氣 典二・山下 由己夫・和氣 洋美 （1977）．微小視野による光線分の方向弁別 日本心理学会第 41 回大会発表論文, *128*, 304.

第 10 章 身体に関する触的錯覚および触錯覚の応用

本章では，身体に関する触的錯覚に関する研究を紹介する。本章でも9章と同じく，触錯覚を最も広義に捉える。

(和氣 洋美・五十嵐 由夏)

10・1 身体に関わる触的錯覚

10・1・1 Aristotelesの錯覚（交差指錯覚・触覚の複視）

Aristotelesの錯覚の顕著な特徴は一つの物体が二つに感じられるといった触覚的複視にあり，その意味では物体の錯覚に含まれると考えることもできるが，身体の状態によって，物体だけではなく身体の感じ方も影響を受けることから，本章では「身体に関わる触的錯覚」の節に含めて論ずることとした。

接触する人差し指と中指の先端の間を棒の先で触ると一つのもので触られたという感覚が起こるが，その2本の指を交差させ同様に指の先端の間を棒で触ったときには，二つのものによって触られたと感じられる。先端に乗せられた一つの小さな玉は二つに，別の指で触れば指が2本あるように感じられる。交差した指で鼻先に触れば「二つの鼻」が感じられる。交差した指の側面が鼻の一方の側に当たるようにしながら指を上下に動かすと「二つの鼻」の間の空間が広くなったように，特に指先の方向に広がるように感じられる。触るときに眼を閉じていれば，効果はよりはっきりする。これらの現象はAristotelesの錯覚として古くから知られている（図10-1-1）。2本の指の内側が刺激されるときには，触情報は触覚中枢の重複する領域あるいは隣接する領域に送られ，その結果，一つのものが触っているという感覚が起こる。他方，2本の異なる指の外側を一つの物体が

図 10-1-1 Aristotelesの錯覚（交差指錯覚・触覚の複視）
1本の鉛筆または1個の玉が2本の交差した指の先端の間に置かれると，観察者には2本の指に別の二つの対象が触れているかのように感じられる。

刺激することは通常起こりえない。しかし指の交差によって2本の指の外側が一つの物体で刺激されると情報は触覚中枢の二つの別の領域に運ばれ，脳は二つのものがそれぞれ異なる部位に触れたと感じることから，この錯覚が起こると説明されてきた。その後，Benedettiは交差した指で得られた触空間情報が，指が交差していないかのように処理されることを実証し，指を交差させた構え（姿勢）が触空間の誤解を生むことを明らかにした（Benedetti, 1985, 1986a, 1986b, 1988a, 1988b, 1991）。

Aristotelesの錯覚は唇，舌，耳など身体の他の部位でも生じることが1900年代初め，Ponzoにより報告されている（Lederman & Jones, 2011；Ponzo, 1910）。Rivers (1894) はAristotelesの錯覚の変形，いわば「逆Aristotelesの錯覚」として，交差した人差し指と中指の外側に2本の棒で同時に触れたとき，観察者は「実験者が1本の棒で2本の指に触れていると感じた」と報告した。

Aristotelesの錯覚に類する現象に，von Skramlik (1937) の図10-1-2に示されている日本の錯覚があ

第10章 身体に関する触的錯覚および触錯覚の応用

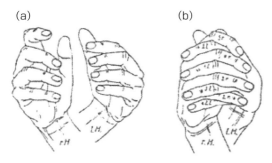

図 10-1-2 日本の錯覚（von Skramlik, 1937, p. 862）
(a) まず両手を交差し，(b) 次に指も交差する。このように二重に交差すると，右手の指は客観的に右に位置しているにもかかわらず，左右の位置の逆転が起こる。

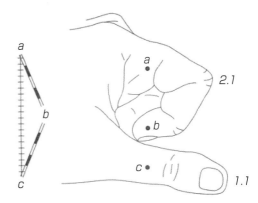

図 10-1-3 身体の位置の錯覚（von Skramlik, 1937）
眼を閉じて一直線に並んでいる人差し指の付け根の腹（a 点），人差し指の第一関節の腹（b 点），親指の第二関節の側面（c 点）を順に刺激すると，左図のように三角状に触られたように感じられる。

る。図のように手全体を交差して，さらに指を交互に交叉すると二重交差が起こる。つまり右手の指は客観的に右側に，左の指は左側に位置することになる。この状況で多くの実験参加者に左右の位置の逆転が起こり，客観的に右にあるものが主観的には左に知覚される。上唇と下唇を左右にずらし，唇にねじりを作った状態で細い触毛で上下の唇に垂直に同時に軽く触れると，垂直な線が斜めに傾いているように感じられる。上唇を右，下唇を左にずらした場合には，垂直線が左に傾いて感じられる。ねじれの方向を逆転させると，垂直線の錯覚的傾きも逆転する。この錯覚は Anstis & Tassinary（1983）によって実験的に検証され，これをねじり唇の錯覚として紹介している（東山，2000）。観察者が垂直だと感じた触毛の傾きは，唇のゆがみと同じ方向に平均して19°あまりも傾くことが示された。指や唇が常態とは異なる姿勢になっていても，それらが常態にあるものとして触覚的定位がなされることが示唆される。人差し指を丸めて，その先端を伸ばした親指の付け根につけ，人差し指の付け根の腹，第一関節の腹，拇指の第二関節の側面と，一直線に並ぶ3点を順次刺激する。すると直線上に並ぶ3点のうち真ん中の点が外側にずれ，直線ではなく三角状に触れたように感じられる（図 10-1-3；von Skramlik, 1937）。

最近の Aristoteles の交差指の錯覚に関しては，パーキンソン病や局限性手ジストニアなどの，指の皮質体性感覚表現の異常を明らかにする目的で行われた研究報告がある（Fiorio et al., 2014；Sekine &

Mogi, 2009；Tinazzi et al., 2013）。

10・1・2 身体図式を変容させる触的錯覚

自己の身体の部分あるいは全体の相対的位置や姿勢に関する知識は，身体図式（スキーマ）と呼ばれる。失った四肢に温冷感，痛覚，かゆみを感じるという幻肢錯覚はよく知られている（Ramachandran & Hirstein, 1998；Ramachandran et al., 1995；住谷，2015；住谷他，2000）。多くの触錯覚では身体図式に歪みを伴い，知覚される四肢の大きさ，長さ，位置などは物理的状態とは矛盾することになる（Lederman & Jones, 2011）。

自己認識は，身体の一部が自分に所有されているという感覚に基づいている。Aymerich-Franch & Ganesh（2016）はバーチャルリアリティー（以下，VR）環境でのアバターに所有感や身体化が生じる条件に関する先行研究を概観し，身体化の生起には多感覚刺激の提供とともに，機能性をもつ身体モデル表象が重要であると述べている。以下の身体図式の変容に関するさまざまな錯覚は，身体所有感や自己意識という，これまで数量的検討が難しかった現象を解き明かすための重要な錯覚として位置付けられる。

10・1・2・1 ゴムの手錯覚・仮想の手錯覚

机の上に片手を置き，その隣にゴム素材でできた

1339

偽の手を並べる。自分の手は見えないようについ立てで隠し，向かい側の人に二つの手の同じ箇所を同じタイミングで軽く叩いてもらう。ゴムの手が叩かれているのを見ながら，見えていない自分の手が叩かれる状況をしばらく経験していると，見ているゴムの手に触覚があるように感じられると同時に，"ゴムの手"が"自分の手"になったようにも感じられてくる（ゴムの手錯覚：図10-1-4；Botovinick & Cohen, 1998；Tsakiris & Haggard, 2005）。この状態で眼を閉じて自分の手の位置を示すように求めるとゴムの手の位置の方向にずれることから，自己受容感覚もゴムの手の方向へ誤って定位して知覚されていることがわかる。この錯覚は，ゴムの手が自分の手ではないとはっきり分かっていても生じるが，両者を叩くタイミングをずらした場合には生じにくいことから，視覚－触覚刺激間の相関が重要であることが示唆される。他にもゴムの手の大きさ（Pavani & Zampini, 2007），長さ，形状，皮膚感や色，自分の手との類似性，配置する距離や向きなど，この錯覚に影響するさまざまな条件が検討されている（Aymerich-Franch & Ganesh, 2016；Tsakiris, 2010）。

ゴムの手錯覚が生じている最中の生理的応答について，手の皮膚温度が下がると同時にその手での触覚刺激の処理が遅くなり（Hohwy & Paton, 2010；Moseley et al., 2008），ゴムの手がハンマーで叩かれるなどの脅威にさらされると，自分の手への危害はまったく及んでいないにもかかわらず自律反応（皮膚電気反射）が誘発される（Armel & Ramachandran, 2003）。この錯覚には運動前野や小脳の活動が伴うことが報告されており（Ehrsson, Holmes et al., 2005；Ehrsson et al., 2004；Golaszewski et al., 2021），運動前野は，視覚，触覚，自己受容感覚情報の入力を受けている場所であることからも，ゴムの手錯覚が複数感覚情報の統合に関連して生じることが示唆される。Honma et al. (2014) は主観的所有感（OR）・自己受容感覚ドリフト（PD）・ガルバニック皮膚応答（GSR）を指標として，ゴムの手錯覚に及ぼす睡眠と学習の効果を評価し，ゴムの手錯覚の反復練習は多感覚統合と不自然な環境への生理的馴化を促進する一方で，睡眠は馴化を修正するという結果を得た。辻他（2015）は，ヒトの身体認識・身体所有感における脳内メカニズムのモデル化を目指し，内省報告に加えてゴムの手錯覚体験中の筋電位（electromyography）を測定した。この方法により，錯覚が生起しているときには，叩かれることを避けるために手を引く・手を強張らせるという行為が誘発され，筋電位に変化が

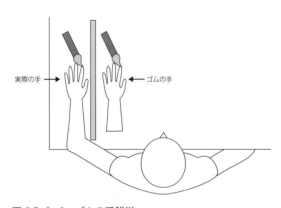

図 10-1-4　ゴムの手錯覚
机の上に片手を置き，その隣にゴム素材でできた偽物の手を並べる。自分の手を見えないようについ立てで隠し，向かい側の人に本物と偽物の二つの手の同じ箇所を同じタイミングで軽く叩いてもらう。ゴムの手が叩かれているのを見ながら，見えていない自分の手が叩かれる状況をしばらく経験していると，見ているゴムの手に触覚があるように感じられると同時に，"ゴムの手"が"自分の手"になったようにも感じられてくる。

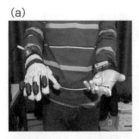 

図 10-1-5　仮想の手錯覚（Ma & Hommel, 2013）
ゴムの手錯覚を仮想の手に拡張できることから仮想の手錯覚と命名された。(a) 参加者は右手に振動子を取りつけたデータグローブを着用し，(b) 自分の本当の右手を動かすことによってスクリーン上の仮想の手を制御した。実験参加者自身の動きと仮想の手の動きの間の時間遅れを操作するだけで，触覚刺激がない場合でさえも，仮想の手錯覚を誘発することができる。

生じるということが確認され，錯覚が生起するまでに要する時間が明らかにされた。

Ma & Hommel（2013）は，実験参加者自身の動き（データグローブで測定）と仮想の手の動きの間の時間遅れを操作するだけで，触覚刺激がない場合でさえも，仮想の手が自分の手になったような感覚を誘発することができることを示し，ゴムの手錯覚を仮想の手に拡張できることを強調して，これを仮想の手錯覚（図10-1-5）と呼んだ。

10・1・2・2　身体交換錯覚・フルボディー錯覚

他人の身体または人工的身体が自分の身体であるように感じられる錯覚は身体交換錯覚（body-swapping illusion；図10-1-6；Petkova & Ehrsson, 2008），フルボディー錯覚（full-body illusion；Blanke & Metzinger, 2009；Salomon et al., 2013）と命名されており，ゴムの手錯覚と同様，自分自身以外の身体を所有しているような錯覚が起こる。この錯覚効果は強固で，自分の本当の手と錯覚している手が握手をしても，錯覚が壊れることはなかった（Petkova & Ehrsson, 2008）。

10・1・2・3　幻の鼻錯覚と体外離脱体験

身体図式の一時的変容は，手肢以外の身体の部分にも生じる。目隠しした状態で手を伸ばし，前にいる他者の鼻を軽く叩くと同時に，別の人が目隠しした人の鼻を叩いてみせるとき，他者の鼻を叩く動きと自分の鼻に感じる接触を同期させると，まるで非常に長くなった自分の鼻を叩いているように感じられる（幻の鼻錯覚：Ramachandran, 1998；Ramachandran & Hirstein, 1998）。この方法をVR環境内で応用し，頭部装着型ディスプレイを着けて，真後ろから見た自分または仮想の身体の背中（第三者視点の）やマネキンの映像を実験参加者に見せている最中に実験者が棒で参加者の背中に同期して触れてみせると，参加者は見ている背中の映像に向かって自己位置が移動するような体外離脱錯覚を体験する。この錯覚は仮想の身体にも生起したが，同じ大きさの物体には生じなかった（Lenggenhager et al., 2007）。同様に，背後からの映像を見せながら実験者が（視野からは外れている）参加者の胸と映像内の下部の"幻の胸"を同期して軽く叩いてみせる場合にも，自分が自分の身体の後ろに座って背中を見ているような体験が得られる。この錯覚が生じているときにハンマーで"幻の胸"を叩いて"傷つける画像"を見せると，脅威によって誘発される皮膚コンダクタンス反応（SCR）の値が有意に高くなる（図10-1-7；Ehrsson, 2007）。こうした特別な装置を使わなくても，向かい合う鏡の間に立って，自分の頬を叩きながら鏡のなかで反射を

(a)

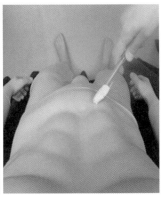

(b)

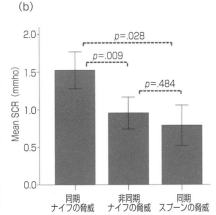

図10-1-6　身体交換錯覚（Petkova & Ehrsson, 2008）
(a) 左：人工の身体が自分の身体であるとの錯覚を誘導する実験場面．右：参加者は，マネキンの頭の方から見たマネキンの体を見ることができる．(b) マネキンの身体がナイフまたはスプーンのどちらかで「脅かされた」ときの皮膚コンダクタンス応答（SCR）．身体交換錯覚が生じている同期条件では，ナイフで脅かされたときにSCRが大きくなった．

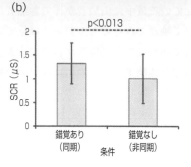

図 10-1-7 体外離脱錯覚（Ehrsson, 2007）
(a) 体外離脱錯覚を誘発するための実験場面。背後からの映像を見せながら，実験者が（視野からは外れている）参加者の胸と映像内の下部の"幻の胸"を同期して軽く叩いてみせる場合にも，自分が自分の身体の後ろに座って背中を見ているような体験が得られる。(b) "幻の胸"が「傷つけられた」とき実験参加者のSCRの値が有意に高くなった。

繰り返す自分を見た場合にも，自分が身体の外にいるような，または自分にではなく身体の外にいるアンドロイドに触っているような体外離脱錯覚が生じる（図10-1-8；Altschuler & Ramachandran, 2007）。

10・1・2・4 触振動錯覚と身体図式の変容（ピノキオ錯覚・胴体縮小錯覚）

閉眼実験参加者の固定した上腕二頭筋腱に100 Hzの振動刺激を与え続けると，あたかも筋肉が引き伸ばされ前腕が伸びていると感じる錯覚が生じ，逆に上腕三頭筋腱が振動されると腕が屈曲しているように感じられる（図10-1-9；Goodwin et al, 1972a, 1972b）。この錯覚は振動により誘発される筋紡錘体の発火速度の上昇に起因すると推定される（Fallon & Macefield, 2007；Roll & Vedel, 1982）。他方，手首の伸展筋腱に振動刺激を与えると，実際には手首は動いていない上，自ら動かそうともしていないのに，自分の手が動いているかのような錯覚が起こる。振動が加えられている最中に筋肉が能動的に伸ばされると，解剖学的に不可能な位置にあるような錯覚が起こる。Craske（1977）は，手首の屈筋の振動中には，手が前腕の背側表面に向かって曲がっているように感じられることを指摘した。

身体図式の一時的変容は，単一の身体部位に限らず複数の身体部位間で生じることもある。自分の鼻に触れながら，触れている手の上腕二頭筋に振動を与え

図 10-1-8 日常で体外離脱を体験できる方法（Altschuler & Ramachandran, 2007）
(a) 鏡を対面して配置，(b) 1番左の横顔の人物像は被写体そのもの。左から2番目の正面の人物像は覗いている木枠付き鏡に映っている被写体。3番目の背面の人物像は，背面の鏡に映った被写体。自分の頬を叩きながら鏡のなかで反射を繰り返す自分を見た場合にも，自分が身体の外にいるような，または自分にではなく身体の外にいるアンドロイドに触っているような「体外離脱錯覚」が生じる。

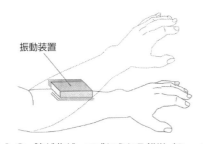

図10-1-9 腕が曲がって感じられる錯覚（Goodwin et al., 1972a, 1972b）
目を閉じ，自然に伸ばした腕の肘の付近に適切な周波数の振動を加えると，腕が曲がって感じられる。

続けると，振動によって腕が伸展したように感じられるとともに，自分の鼻が伸びて行くように感じられる（Lackner, 1988）。この錯覚はピノキオ錯覚と呼ばれる。また，ピノキオ錯覚が生じている指では，指だけでなくその指に呈示された2点間の触覚刺激の距離も広がったように感じられる。眼を閉じて左人差し指を右手の指で掴み，右腕の上腕二頭筋に振動を与えると，右腕の主観的伸長が起こり，その結果，左人差し指の主観的伸長が引き起こされた。

10・1・2・5　ハンガー反射錯覚

ワイヤーハンガーで頭部の側頭領域を挟むと，意図せずに頭部の回旋が体験される。これは疑似力覚錯覚の一つで，ハンガー反射錯覚（図10-1-11）として知られている（Matsue et al., 2008；Sato et al., 2009）。その後の研究によって，この錯覚の姿勢制御に対する有効性が示され，医療などへの応用可能性が示されている（IV・10・3・2・6参照）。

10・1・3　身体運動残効と触運動残効

Anstis（1995）は，眼を閉じてトレッドミル上で60秒間ジョギングしてから床に下り，眼を閉じたまま「ジョギング」をさせると，意に反してかなり前方へ進んでしまうことを報告した（図10-1-12）。これがトレッドミル錯覚である。この残効（錯覚）はゲインコントロールの非視覚的な側面，すなわち，ある姿勢のフィードバックへの筋出力の調整によって起こると説明した。また，トレッドミル上での片足跳びによって，同側の脚では残効が生じるが，逆脚では残効の転移がみられないことから，この身体運動残効には片脚単独を制御する神経部位の関与が示唆されるとした。速度と勾配の判断にも残効が現れ，後方に移動するトレッドミル上で走った後では静止しているトレッドミルは前方へ移動しているように感じられ，上り勾配のトレッドミル上を走った後では水平なトレッドミルが下り勾配のように感じられることが明らかにされた。Durgin & Pelah（1999）は，Anstisによって提起された身体運動残効を「RIPAE残効」（running-in-place aftereffect）と呼び，トレッドミル上の走行に限らず，ゴルフカートの後ろを走る場合にも明確に生じることを示した。ランナーは視覚情報がない場合でも視覚運動期待に依存する傾向があり，その場のランニングの残効は，視覚入力がなくても起こる視覚運動制御シ

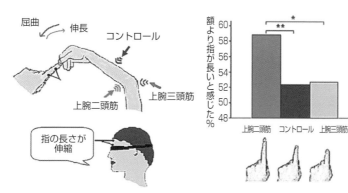

図10-1-10　指のピノキオ錯覚（de Vignemont et al., 2005）
両手首の伸筋に振動を与えながら自分の胴体部を触ると，自分の胴体が縮小したように感じられる。この腰部縮小錯覚を体験中の脳活動をfMRIにより測定した結果，頭頂葉の頭頂葉の左中心後溝および頭頂間溝の前方部に活動が認められた（Ehrsson, Kito et al., 2005）。

第 IV 部　触覚

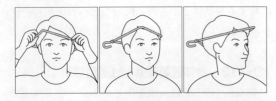

図 10-1-11　ハンガー反射錯覚（Matsue et al., 2008）
ワイヤーハンガーで頭部の側頭領域を挟むと、意図せずに頭部の回旋が体験される疑似力覚錯覚の一つ。

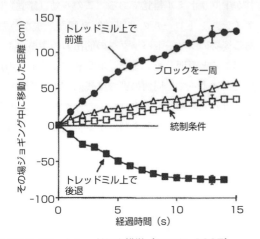

図 10-1-12　トレッドミル錯覚（Anstis, 1995）
トレッドミル上で前進（後退）した後では、眼を閉じて動かない床の同じ位置でジョギングしようとしても誤って前進（後退）してしまう。この残効は、ブロック周りを走るか、または事前に走っていないコントロール条件ではみられなかった。

ステムの再キャリブレーションによって生じる可能性があると結論した。Brennan et al.（2012）は、トレッドミル歩行残効の大きさは、トレッドミル歩行の経験が増大するにつれて減少することを示した。

運動残効は皮膚上の運動刺激への順応によっても生起する。Thalman（1922）は、4 cm 間隔で結び目をつけた布紐を前腕の掌側上で動かすことによって、陰性運動残効が生じることを確認した。その後、Hollis & Favorov（1994）は、円筒形のドラムの上面に配した滑らかな布製の畝を刺激とし、親指以外の指と手掌をドラムの上面に掛けて異なる速度で順応させた後、静止した畝が動いているように感じられる触運動残効を報告した。刺激素材および順応時間を変数とし、実験参加者の約半数は陰性残効を報告し、触運動残効は 9-98 s 持続するという結果

を得た。Lerner & Craig（2002）は、ドラムと視覚障害者用の読書補助装置 OPTACON の両方を用いて Hollis らの追試を試みて、運動残効の生起率は低かったものの、どちらの装置でも同等の順応刺激に対する負（予想）方向または正方向のいずれかの触運動残効を認めた。先行研究において触運動残効の再現性が低く、顕著さに欠けていたのは、順応刺激とテスト刺激が適切でなく、刺激される機械受容器が異なったためであると Watanabe et al.（2007）は考え、即順応型の同じ受容器を刺激することによって、より確固たる強い運動残効印象が得られることを示した。

（和氣　洋美・五十嵐　由夏）

10・2　マルチモーダル錯覚：触錯覚への視聴覚の影響／視聴覚への触覚の影響

私たちは何かを触る場合に、同時に視覚や聴覚などの他の感覚手がかりを利用していることがある。たとえば、耳栓をしてチョークで黒板に書き込み、ボードのざらつき感に耳を傾けてみる。すると、耳栓をしているときのほうが、していないときよりも、音が聞こえないことで書き心地が滑らかに感じられる（Hayward, 2008）。触る際の聴覚作用の影響を実感させられる錯覚である。また、両手をこすり合わせているときに、その音の高周波成分を増幅させたものをヘッドホンから聴いてみると、まるで手が乾燥したような、羊皮紙に触っているかのように滑らかな感覚を覚える（羊皮紙－皮膚錯覚；Jousmäki & Hari, 1998）。ポテトチップのサクサク感や新鮮さは、噛むときに生じる聴覚的フィードバックに影響され、全体的音量や周波数の増大によってサクサク感や新鮮さが増したように感じられる（Zampini & Spence, 2004）。大理石を叩くハンマー音を同時に呈示しながら小さなハンマーで実験参加者の右手を軽く繰り返し叩くと、手が大理石のように硬く重くなったような感覚が生じ、脅威刺激（針）に対する電気皮膚反応（GSR）も増加した（マーブル手錯覚；図 10-2-1；Senna et al., 2014）。

視覚が触覚にダイナミックな錯覚を生じさせる例

第10章 身体に関する触的錯覚および触錯覚の応用

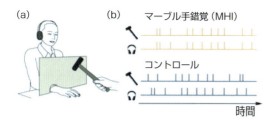

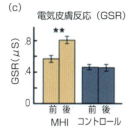

図10-2-1 マーブル手錯覚（Senna et al., 2014）
(a) 実験装置。不透明なスクリーンで手は見えないが，接近するハンマーは見える。(b) ハンマーによる打撃映像と打撃音の時間的タイミング。打撃と打撃音が同期するとマーブル手錯覚が生じる。(c) 脅威刺激に対するGSRは，錯覚が生じた後にのみ増加した。

れることを示した。Longo & Sadibolova (2013) は，ミラーボックス錯視（図10-3-5参照）を使用して自分の（反射した）手を見ることにより，知覚される手の大きさは変わらないのに，手に呈示される触覚刺激の大きさ知覚が歪むことを報告した。Igarashi et al. (2010) は，本来自分の身体とは関連のない"ディスプレイ上の視覚対象と身体感覚との間で生じる対応"について視触覚干渉課題を用いて検討した。触覚弁別課題（たとえば手の指先と付け根のどちらが振動したか回答する）中に，正面のディスプレイ上に2点の妨害光を4方向で呈示し，触覚弁別を行っている手も縦もしくは横方向に配置した。その結果，まるでディスプレイ上の視覚刺激配列に手の触覚刺激配列が対応したかのように触覚弁別は干渉を受け，その対応方向や強さは触覚刺激を受けている手の可動範囲および実際の手の配置によって変化することを明らかにした。Biocca et al. (2001) は仮想現実の世界で，実際に触覚刺激がない場合でも仮想のバネの感触が経験されたと報告し，それが仮想空間の没入感を向上させるのに有効であるとした。

逆に触覚が他の感覚に影響を与えることもある。Ernst et al. (2000) は，VR世界で視覚と触覚刺激を独立に操作し，能動的な触覚フィードバックを与えることによって，特定された方向に立方体の面が傾いて見えるように変化させることができることを確認した。大森・厳島（2009）は，Hering錯視とWundt錯視の平行線の見えを視覚と触覚を同時に使って判断させると，視覚のみで判断したときに比べて触覚情報の方向へ変化して，錯視による膨らみが減少して見えると報告した。和氣・和氣（1998）は，視覚情報のみ，触覚情報のみ，視触両方の3条

もある。収縮して見える特殊なレンズ越しに物体を掴んで見ると，掴んでいる物体が視覚につられるように小さく感じられる。この状態で眼を閉じて視覚情報を遮断すると，触っている物体が大きくなる（本来の大きさに戻る）ように感じられる（図10-2-2；Rock & Hariss, 1967；Rock & Victor, 1964）。Igarashi et al. (2017) は，3面からなる凹んだ小さな物体（奥行き反転錯視により直方体にも見ることが可能）を手のひらに乗せて観察させ，その物体の接触面の大きさを回答させた。その結果，単眼で観察し安定して（幻の）直方体が見えると，本来手に倒れて接しているはずの物体の接触面が，"立ち上がった"直方体の底面へと移動したように小さく報告さ

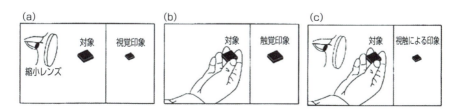

図10-2-2 縮小レンズを装着したときの視覚印象と触覚印象（Rock & Hariss, 1967）
(a) 縮小レンズによって対象は小さく見える。(b) 見ないで触ると対象はそのままの大きさに感じられる。(c) 見ずに対象の大きさを確認した後，眼を開けて縮小レンズ越しに対象を見ると，視覚に引きづられて対象がシューと縮小するように感じられる。

1345

件で，トレーシング・ペーパーと立方体の厚み判断を求め，立方体では触覚のみに比べ視覚が加わると判断が正確になり，薄い紙では視覚だけでは誤判断が大きいことを示した。この研究により，厚み判断は，刺激の厚み特性に応じて触覚優位から視覚優位へ切り替わることが示唆された。

一つの感覚モダリティ内で生じる錯覚はその時点でわれわれの知覚メカニズムを知るための重要な現象であるが，こうした他の感覚の錯覚から生じる別の錯覚は，知覚における感覚情報統合や多感覚相互作用過程を知るうえでも重要なヒントとなる現象である。多感覚相互作用を応用することで，後述するように，物理的には呈示されていない触感覚（疑似触覚）を起こすこともできる。

（和氣 洋美・五十嵐 由夏）

10・3 触覚・触錯覚研究の学際性と応用

近年，触覚および触錯覚の研究については，実験心理学，生理学，コンピュータ・サイエンス，機械工学，人間工学，ロボット工学などの学際的研究が急増し，高性能の触覚ピンディスプレイや力覚センサーの開発，マルチモーダルなインターフェースの開発などが，触覚の基礎・応用研究を可能にしてきた。スマートフォンの振動やタッチスクリーンは，デバイス（装置）に実装される触覚技術として既に世界中に普及している。その他，研究の成果は，感覚代行機器や各種触覚デバイスの開発，遠隔手術等の遠隔操作技術・交通誘導技術等への応用，VR技術の充実，建築・デザイン・製品等の評価，アミューズメントや芸術作品の創作など，多様な分野での活用へと拡大されてきている。

10・3・1 感覚代行機器の開発とその応用

1950年代の後半から，コミュニケーションの媒体として触覚を利用しようとする試みが始まり，視覚障害や聴覚障害を有する人の触覚による感覚代行や，コンピュータで生成されたVR環境のさまざまな機能を支えるために，触覚ディスプレイが開発され，触覚の基礎・応用研究が盛んに行われるようになった。

最も初期の感覚代行機器はBach-y-RitaらによるTVSS（tactile-vision sensory substitution）である。これは，背中，腹部，額などの広い体表面を触覚素子で刺激することによって，失われた視覚を触覚で代行する文字や画像の読取装置である（Bach-y-Rita et al., 1969；Bach-y-Rita et al., 1998；Collins, 1970）。また，体表面は狭いが，体性感覚野における体部位再現が広い領域を占め，感度の良い指先による文字読み取り装置（optical-tactile converter：OPTACON）(Bliss, 1969；Bliss et al., 1970)，舌の背面に触覚時空間パターンを呈示する舌表示装置（TDU）が開発された（Kaczmarek, 2011）。

わが国においても背面を使用するTVSS（図10-3-1），3次元型パターン情報呈示装置等が開発され（和氣, 1974；和氣・清水, 1975；和氣他, 1980），文字や眼前の物体の触覚による認知に関する研究が行われた。1984年，和氣は視覚障害者の生活の質の向上への活用を目的として，ソレノイド素子やピエゾ素子による点字ディスプレイ，各種触覚グラフィック・ディスプレイを含む触覚を利用した盲人の知的活動補助システム（図10-3-2）の開発（Wake, 1986），高性能触覚ディスプレイの開発（横井他, 2007），視覚障害者のための触覚絵記号と音声情報つきATMの開発（Wake et al., 1999）を行い，それぞれの評価実験を経て（高橋他, 1996；和氣他, 1986；和氣他, 2003；和氣他, 1997；横井他, 2007），触覚絵記

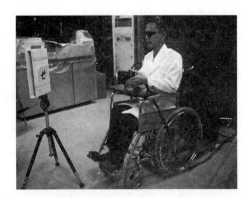

図10-3-1 感覚代行器としての盲人用人工眼システム（和氣, 1974）
車いすの背中面に触覚素子がマトリックス状に配列されている。観察者がカメラを走査して撮影した前方の文字などの対象が，触覚刺激に変換されて背中で読み取ることが出来る。

第 10 章　身体に関する触的錯覚および触錯覚の応用

号・音声情報つき ATM については一部の ATM に実装された。Lederman & Hamilton（2002）も次世代のカナダ紙幣用の触覚で利用できる浮き上がり表示を試作した。

　その後，VR 環境における疑似触覚・触錯覚の研究が急速に進み，多くのインターフェースやデバイスの開発研究，ユーザビリティに関する基礎研究を経て，応用に供する数多くの感覚代行機器が開発されるようになった。たとえば，指先の皮膚が進行する波のように局所的に横方向に変形されると，たとえ変形に垂直方向のたわみが含まれていなくても物体が皮膚上を滑るような錯覚を経験する（Hayward & Cruz-Hernandez, 2000）。Lévesque et al.（2005）は，この錯覚を利用して仮想点字ディスプレイ（VBD）を試作し，その実用可能性を示した。この開発過程で進行波パターンが観察者に起伏のある表面の感覚を体験させ，仮想表面上にランダムに配置された仮想線を検出させることから，新しい仮想触覚グラフィックスディスプレイに活用できることを示した（Wang & Hayward, 2006）。感覚代行システムの応用範囲の拡大については Bach-y-Rita（2004），Visell（2008），Auvray & Myin（2009）に概説されている。

10・3・2　VR環境における疑似触覚の生成とその応用

　物体の触覚的特性に関する錯覚，身体の認識に関する錯覚の研究成果が蓄積され，VR 環境の技術の進展に伴い，実際の触体験をこえた疑似触覚体験の有効性を示す研究の必要性が増大してきた。VR 空間上で同時にフィードバックされる視覚手がかりを変化させることで，VR 物体の剛性や抵抗，テクスチャなどに関する疑似触覚が生じることが報告されている（Biocca et al., 2001；Lécuyer, 2009；Lécuyer et al., 2000）。Wang & Hayward（2008）は，人工的に作られる触覚（疑似触覚）は，仮想現実，産業用アプリケーション，視覚障害者のための適応技術のために必要であると述べ，指先の皮膚に接線方向に漸進的な波パターンを与えて皮膚を歪ませることによって，横方向の皮膚変形を使用する指先用の触覚ディスプレイを開発し，指先の表面が波動状に動くような触的錯覚を作り出した。

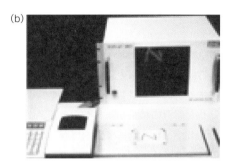

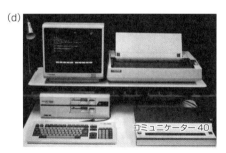

図 10-3-2　盲人用知的活動補助システム
（Wake, 1986；和氣, 1988）
（a）システム全景．（b）描画補助装置：中央の書字読取ユニットに書かれた文字や図形が左の文字表示ユニットに置かれた手掌に呈示される．（c）自己保持型グラフィック・ディスプレイ：17×17 本のソレノイド素子がマトリックス状に配列されており平仮名文字や複雑な図形も表示可能．（d）コミュニケーター 40：PC から入力した邦文が点訳されてコミュニケータ 40 の 26 列のセルに表示される．

1347

以下に，さまざまな領域における疑似触覚の生成に関する研究を概説しつつ，その応用についてまとめる．

10・3・2・1 GUIへの触覚・力覚フィードバック

Leung et al.（2007）は，グラフィカル・ユーザー・インターフェース（GUI）に関する先行研究を概観し，よりよい触覚フィードバックの方法を検討した．その成果として彼らが試作した触覚フィードバックを，モバイルデバイス上のボタン，プログレスバー，スクロールバーの操作に連動して追加することで，タスクを完了するまでの時間が大幅に改善され，利便性が向上することを明らかにした．Iwata et al.（2001）は，手の任意の部分を使用して効果的に画像に触れることができる GUI 画面の提供と，単一のデバイスを使用して視覚と触覚を同時に呈示することを目的として，フレキシブルスクリーン，アクチュエータアレイおよびプロジェクタからなる新しいインターフェース装置 FEELEX を設計した（図 10-3-3）．指向型の力覚ディスプレイと実際のグラフィックスを組み合わせたもので，生き物のように変形可能なオブジェクトを呈示することができ，画像に直接触れるとその形状と剛性を感じることができる．彼らは，触診や外科用のシミュレータ，設計作業の支援として 3D 形状モデリング，ATM や自動券売機などのタッチスクリーン，アート分野など多くの分野への応用可能性を示唆した．

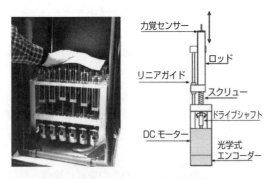

図 10-3-3　FEELEX（Iwata et al., 2001）
生き物のように変形可能なオブジェクトを呈示することができ，画像に直接触れるとその形状と剛性を感じることができる新しいインターフェース装置．(a) FEELEX 1 の全景．(b) 線形アクチュエータ

10・3・2・2 VR面の起伏・テクスチャ・凹凸感・高低感・スクラッチ感・衝突感

Kikuuwe et al.（2005）が開発した触覚コンタクトレンズは輪郭強調錯覚を誘発し，起伏を正確に伝えるデバイスとして有望視されている．また，仲谷らのフィッシュボーン錯覚は，摩擦差を利用して錯覚を生じさせることにより，実際の物品に物理的な凹凸形状を作らずに容器の持ち手などの物品に把持するための安定した触覚情報を付加することが可能となる（Nakatani et al., 2006；仲谷他，2005；Nakatani et al., 2008）．Wiertlewski et al.（2011）は物体の表面と指との間の相互作用の力を高精度かつ広い帯域幅で計測する装置を設計し，多様なテクスチャの特性を記録した．その結果を反映した模擬テクスチャを実験参加者が高い成功率で識別できることを明らかにして，テクスチャ認識ロボットへの適用可能性を示唆した．また，点字と普通文字とのコミュニケーションを重視した Paperless Braille も開発されており，盲教育に利用されている（和氣・和氣，1980）．

日常の経験から，視覚に変化が起こると，同時に触覚にも変化が起こったように錯覚する傾向がある．この傾向を利用したのが渡邊らの仮想感覚呈示装置で，画面上の画像情報を適切に変化させることによって視覚情報のみで疑似的な触感覚を生成することができる（渡邊，2008）．Web や GUI のインターフェースの分野に応用すると，VR 環境内で凹凸感，高低感，スクラッチ感を付与することができる．さらに，速度パラメータを最適化すれば衝突感を付与することもできる．また，雨宮（2016）の視覚的な衝突事象に合わせて振動刺激を呈示する衝突感誘導システムでは，マウス（あるいは手）とカーソルの位置関係を変化させ，コンピュータマウスカーソルが画面上の VR 物体と接触したときにカーソルの視覚的動きを変えながら定常的でない過渡振動刺激が呈示されたときに衝突感覚が誘導された．視触覚に過渡振動表現を重畳し，それらの刺激属性の組み合わせや感覚間の呈示時間差を調整することによって衝突感を増大させることもできる．

10・3・2・3 VR物体の硬軟・剛性・重さ・粘性

硬さや重さの疑似触覚情報を伴う皿などの仮想物

体を持ち上げる経験をした後に，視覚的に呈示される VR 物体の性質について予測させると，視覚経験しか与えられなかったときに比べて，「より硬い」「より重い」と判断される（Hoffman, 1998）。

　他方，視覚的手がかりのみで疑似的な触覚効果を作り出すこともできる。Lécuyer et al.（2000）は，視覚的フィードバックと一緒に使用される Spaceball™ が，操作者に疑似触覚フィードバックを提供できるかどうかを検討した。課題は手動で操作する二つの仮想バネの剛性を識別すること，仮想バネと等価の実物バネの剛性を評価することである。その結果，使用した受動装置が触覚情報をシミュレートできること，視覚的フィードバックで親指の固有受容情報を代行できること，すなわち親指からの固有受容情報なしで本物のバネと仮想のバネを区別できることが明らかにされた。この錯覚は非常に強く，実験参加者は仮想バネを押すときの親指の最大変位に対応する線分を描くようにという依頼に対し，親指の実際の変位の平均5倍の評価をした。Lécuyer（2009）が提案した疑似触運動フィードバックは，滑らかで均一な表面上でコンピュータマウスを移動させる際，特定の領域を通過するカーソルの動きとマウスの動きの比率を変化させることで，面の凹凸形状，粘性などの触錯覚を生成することができる。Lécuyer は，この触錯覚を活用すると，仮想バネの剛性，画像の質感，仮想物体の質量などの知覚特性をシミュレートすることができ，機械操作の職業訓練のための仮想環境や局所麻酔処置の訓練のための医療シミュレータのような仮想現実の応用に拡大する可能性があると報告した。岩田らがハプティックインターフェースとして用いることを前提に設計したマニピュレータ・システムでは，装置の上部の穴に右手を突っ込むと，プラスチックの輪に手と指が手袋のように収まり，動き・位置センサーで検出された手指の動き映像がコンピュータ画面上に投影され，手が仮想物体を摑む位置に来ると手の動きが阻止され，その反作用によって，あたかもそこに物体があるような感じを得ることができる。その映像を見ながら VR 物体を摑み，下方に引っ張ると重いものを持ったような錯覚が起こる（岩田, 1991, 1992）。

10・3・2・4　VR 環境での歩行・ナビゲーション

　岩田ら（Iwata, 1991；Iwata & Fujii, 1996；Iwata et al., 1991）の開発したウォークスルー・システムでは，頭にヘッドマウントディスプレイ，足に鉄のボールを使ったスライダ型の靴を装着して身体をハーネスで固定して宙づりにする。足位置は超音波センサーで検出され，スライダについた糸をモータで引っ張り，足に床からの反力を伝達することによって，観察者に階段昇降時の抵抗感が与えられる。また別のデバイスでは，歩行者の足に全方向性の滑り装置が装着され，ウォークスルー・システムから提供される人工的な抵抗感によって，体験者は VR 空間を自由に歩き回ったり階段を昇降することができる。矢野ら（矢野他, 2010）の歩行リハビリテーションシステムは，歩行感覚呈示装置と球面型没入ディスプレイを組み合わせることによって，単調になりがちな歩行リハビリテーションを楽しく，かつ効率的に行うことのできるシステムである。歩行リハビリテーションをする人自身の足の運びに連動して，実際の歩行運動によって本来生じるはずの周辺視野情報をも含む視野の変化を，球面型没入ディスプレイ上に人工的映像として呈示することによって臨場感を高めることができ，あたかも実際に進んでいるかのような感覚を与えたり，歩行速度を調節させたりすることもできる。

　雨宮らは非対称振動が一方向の牽引力として知覚される傾向を「牽引力錯覚」と命名し（Amemiya et al., 2008；Amemiya & Maeda, 2008），この錯覚を水平方向に発生させると，手を引いて方向を教えてくれる道案内として適用できるとした（Amemiya, 2015；Amemiya & Gomi, 2014, 2016）。また VR 環境内で着座の状態でも，振動刺激を歩行音とともに与えることにより，能動的に歩いているような疑似歩行感覚を生み出すことができることを明らかにした（雨宮・広田他, 2016；雨宮・池井他, 2016；Ikei et al., 2012；Ikei et al., 2014）。彼らは災害時に視覚障害者を安全に誘導する可能性を現場実験で検証した（雨宮, 2012, 2016, 2017；Amemiya & Gomi, 2016；Amemiya & Maeda, 2008；Amemiya & Sugiyama, 2010）。

　前述の渡邊他（2008）が開発した仮想感覚呈示装

置を歩行場面に応用すると，歩行者に自分自身の歩く速度が速くなり体が軽くなったように感じさせたり，反対に歩速が遅くなって体が重くなったように感じさせたりすることができる。ナビゲーションのために単純な振動刺激を使用する場合，振動の記号化された意味を解釈しなければならないという不利益を伴う。この弱点を解消する目的で，解釈を必要としない誘導情報として，皮膚のせん断変形を利用したハンガー反射を腰部に起こさせて腰を回転する方法が考案された（今他，2016）。

ナビゲーション機器として，最新のGPS（グローバル・ポジショニング・システム）のなかには音声言語で情報を返すものもあるが，騒音の多い環境では十分に活用できないことも考えられる。そこでvan Erp et al. (2005) は騒音環境でも使用可能なGPS利用デバイスとして，ベルトに八つの触覚素子を配し，振動のリズムと位置が距離と方向の情報を提供する振動触覚腰部ベルトを開発し，ヘリコプターと高速船で，その有用性を確認した。Gleeson et al. (2010) は指先に固定でき，方向を伝えることが可能な非常に小さな装置を開発し（図10-3-4），指先での接線方向の皮膚電位が方向手がかりの伝達によく適することを検証して，モバイル電子デバイスに組み込む小型触覚ディスプレイを完成させる可能性を示した。

10・3・2・5　遠隔操作・遠隔手術

原子力施設のメンテナンス作業など危険物を扱う分野，人間がアクセスできない遠方の対象を扱わなければならない分野では遠隔操作が必要であり，そのような遠隔探索には触覚情報のフィードバックが有益である。河野他（1999）は，物理的に触ることが不可能な物体や，触ると危険な物体をCGで表示し擬似的に触ることで力覚情報も得られるようなシステムを提案した。

また，医療分野においても，遠隔手術やリハビリテーションの補助装置として使用される医療ロボットの利便性や安全性のためには，外科医など医療従事者への触覚フィードバックが不可欠である。たとえば，手術用のロボットアームを遠隔制御する際に，弾性，剛性，摩擦，テクスチャ，温冷などの触覚情報を入力すると，器官の状態に関する重要な情報を伝達する可能性があるし，ロボットアームを外科医の手よりも小さくすることができれば手術をより侵襲性の少ないものにすることができる（Dario et al., 2003）。VR環境内の触覚に関する基礎研究では遠隔手術など医療分野への応用可能性が検討されている。Kitagawaらは，ロボット手術システムで細かい縫合結び操作を行う際に触覚フィードバックを与えると，縫合糸の張力の一貫性が向上され，縫合能力が高められることを実験的に明らかにした（Kitagawa et al., 2005；Kitagawa et al., 2002）。

10・3・2・6　リハビリテーション・治療

ゴムの手錯覚，仮想の手錯覚，身体交換錯覚，ハンガー反射錯覚，ミラーボックス錯覚などの身体図式の変容に関する錯覚は，身体所有感や自己意識というこれまで数量的に検討することが難しかった現象を解き明かすための重要な錯覚として位置づけられ，高性能な義手・義肢の開発，遠隔操作，VR環境内でのアバター（分身）の身体化などへの応用可能性（Aymerich-Franch & Ganes, 2016；Castro et al., 2023；Ehrsson, 2007；Kalchert & Ehrsson, 2014；Kilteni et al., 2015；Ward et al., 2015），食事や体重障害などに苦しんでいる患者の治療への有用性（Serino et al., 2015），リハビリテーションや運動教示など人の姿勢制御への応用可能性（旭他，2010；Nakamura et al., 2014；Ramachandran et al., 1995；佐藤他，2014）が示され，一部は医療現場などで実用に供されている。

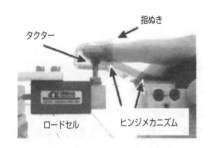

図10-3-4　指に方向を伝達できる小型触覚ディスプレイ（Gleeson et al., 2010）
指と接触している素子。指ぬきは上下に自由に動くことができるが，素子の動く面に制限される。

たとえば、Ramachandran & Hilstein（1998）は鏡に映る四肢が自身の対側の四肢であると誤認するミラーボックス錯覚を利用して、幻肢痛の緩和や脳卒中による四肢麻痺の改善に有効なリハビリテーション方法を開発し（図10-3-5）、現在では多くの病院で鏡療法として採用されている（住谷，2015；住谷他，2000）。また、佐藤らは医療用装置としてハンガー反射装置を開発し、ハンガー反射が発生したときの圧力分布の測定から、額の側方または額の反対側の圧力が重要な役割を果たすことを発見した（Matsue et al., 2008；Sato et al., 2009）。首や腰に同様の装置を装着すると、腕や身体が不随意に回旋することも報告されている（Nakamura et al., 2013, 2014）。

10・3・2・7 社会的相互作用の促進

Prattichizzo et al.（2010）は遠隔触体験を可能にするRemoTouchを開発した。一般の人が力覚センサーを備えた手袋を着用し、任意の物体に関する触覚情報を収集する。収集された情報は相手側に送信され、視覚情報や聴覚情報に加えて、離れた人や物との相互的な触情報の交換が可能となる（図10-3-6）。Tsetserukou（2010）により製作されたHaptiHugは「抱擁」をシミュレートしたデバイスで、離れた場所での社会的相互作用を豊かにすることができる。着用している服の背中に「手」がついていて、それに圧力を加えると、あたかも抱擁されているような感覚を覚える。

図10-3-5　ミラーボックス（VRボックス）
（Ramachandran & Hirstein, 1998）
上面や前面が取り外された木製または段ボール箱の中央にミラーが垂直に配置されている。患者が健常な自分の片手を箱のなかに挿入して鏡を見ると、切断された手が戻ってきたような錯覚が生まれる。脳卒中などによる片麻痺の患者の場合、麻痺した手が上手く動くように錯覚することにより、動き改善の治療効果が期待できる。

(a) 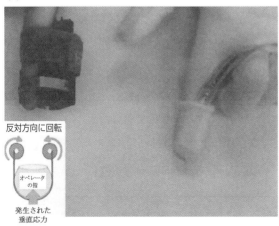　(b)

図10-3-6　遠隔触体験を可能にするRemoTouch（Prattichizzo et al., 2010）
（a）右は力覚センサーを備えた手袋。左は指ごとに着脱できる触覚ディスプレイでユーザーに触情報がフィードバックされる。（b）母親がRemoTouchを着けて子どもに触れると、触覚インタラクションが送信され、遠くにいる父親が遠隔的に子どもに触れる体験ができる。

10・3・2・8 アミューズメント・芸術表現

アミューズメントやゲームでは，ジョイスティックやステアリングホイールに力覚フィードバックを装備すれば没入感を増強することができる。高江洲らのバーチャル・テニス・システムでは，テニスラケット面に複数の空気噴射口を取りつけ空気噴射時に噴射方向と逆方向に発生する力を利用して，ラケットで球を打つ際に生じる撃力情報を重畳した。これにより VR 空間でのラケットスポーツの臨場感を高めることができ，球がラケット面に衝突する点（撃心）に応じて異なる噴射口から噴射すれば仮想の撃心を作り出すこともできた（高江洲他，2002）。渡邊他（2008）が開発した貫通触感覚呈示装置は，腹側と背側の体表面に装置を装着し，適切な時間差で振動させると，体表面に何かが激突し，体内を貫通したような疑似触覚を体験することができる（図 10-3-7）。装置を小型化し，音響や映像情報と組み合わせてマルチ情報を呈示すれば，シューティングゲームや格闘ゲームなど，体感ゲームの世界に高いリアリティを与えることができ，アミューズメントパークなどのアトラクションに応用できる（渡邊，2008；渡邊他，2008）。Iwata らが設計した FEELEX は，手の任意の部分を使用して効果的に画像に触れることができる GUI 画面の提供と，単一のデバイスを使用して視覚と触覚を同時に呈示することを目的とするフレキシブルスクリーン，アクチュエータアレイおよびプロジェクタからなる装置である。この装置ではインタラクティブな触覚が可能なので，アート分野に応用すると，通常では触れることが許されない彫刻作品に触れたり，作品を変形させたりすることが可能である（Iwata et al., 2001）。白井らは，ファントムセンセーションの原理で触覚印象の主観的位置が変わるように制御しながら，床面に投影されたサイバースペースを歩いて遊ぶスリッパ型の「Fantastic Phantom Slipper」や，把持可能なタンジブルグリップを握りながら床面を自由に歩き回ると同時に適切な力覚が遊技者にフィードバックされる「Tangible Playroom（ペンギンホッケー）」（図 10-3-8）など，身体を動かす遊びを可能にする複数の床面呈示型触覚エンタテインメントシステムを考案した（白井，2004；白井他，2002）。また，バーチャル画面の映像に触れると人工的な触覚印象を体感することができるようなディスプレイを製作し，これによって芸術表現を試みている（しらい他，2003）。

〔和氣 洋美・五十嵐 由夏〕

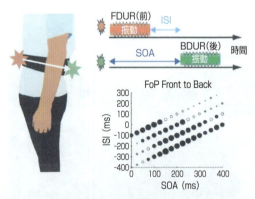

図 10-3-7　仮現運動現象を応用した貫通触感覚提示装置（渡邊，2008）
　二つ以上の振動子を身体の表面に装着し，適切な時間遅れで振動刺激を与えると，疑似的に身体を貫通する錯覚が起こる。実用化に向けて最適な時間パラメータが検討され，体感ゲームのインターフェース分野への応用可能性が示唆された。

図 10-3-8　Tangible Playroom「ペンギンホッケー」（白井，2004）
　把持可能なタンジブルグリップを握りながら自由に歩き回ると同時に，適切な力覚が遊技者にフィードバックされる。「体を動かす遊び」を可能にする床面呈示型の触覚エンタテインメントシステムで，実践例としてペンギンホッケー・ゲームが考案された。

第 10 章　身体に関する触的錯覚および触錯覚の応用

文献

（10・1）

Altschuler, E. L., & Ramachandran, V. S. (2007). A simple method to stand outside oneself. *Perception, 36*, 632–634. [doi: 10.1068/p5730]

Anstis, S. (1995). Aftereffects from jogging. *Experimental Brain Research, 103*, 476–478. [doi: 10.1007/BF00241507]

Anstis, S., & Tassinary, L. (1983). Pouting and smiling distort the tactile perception of facial stimuli. *Perception & Psychophysics, 33*, 295–297. [doi: 10.3758/bf03202867]

Armel, K. C., & Ramachandran, V. S. (2003). Projecting sensations to external objects: Evidence from skin conductance response. *Proceedings of the Royal Society B: Biological Sciences, 270*(1523), 1499–1506. [doi: 10.1098/rspb.2003.2364]

Aymerich-Franch, L., & Ganesh, G. (2016). The role of functionality in the body model for self-attribution. *Neuroscience Research, 104*, 31–37. [doi: 10.1016/j.neures.2015.11.001]

Benedetti, F. (1985). Processing of tactile spatial information with crossed fingers. *Perception, 11*(4), 517–525. [doi: 10.1037/0096-1523.11.4.517]

Benedetti, F. (1986a). Tactile diplopia (diplesthesia) on the human fingers. *Perception, 15*, 83–91. [doi: 10.1068/p150083]

Benedetti, F. (1986b). Spatial organization of the diplesthetic and nondiplesthetic areas of the fingers. *Perception, 15*, 285–301. [doi: 10.1068/p150285]

Benedetti, F. (1988a). Exploration of a rod with crossed fingers. *Perception & Psychophysics, 44*, 281–284. [doi: 10.3758/BF03206296]

Benedetti, F. (1988b). Localization of tactile stimuli and body parts in space: Two dissociated perceptual experiences revealed by a lack of constancy in the presence of position sense and motor activity. *Journal of Experimental Psychology: Human Perception and Performance, 14*(1), 69–76. [doi: 10.1037/0096-1523.14.1.69]

Benedetti, F. (1991). Reorganization of tactile perception following the simulated amputation of one finger. *Perception, 20*, 687–692. [doi: 10.1068/p200687]

Blanke, O., & Metzinger, T. (2009). Full-body illusions and minimal phenomenal selfhood. *Trends in Cognitive Sciences, 13*, 7–13. [doi: 10.1016/j.tics.2008.10.003]

Botvinick, M., & Cohen, J. (1998). Rubber hands 'feel' touch that eyes see. *Nature, 391*, 756. [doi: 10.1038/35784]

Brennan, A. A., Bakdash, J. S., & Proffitt, D. R. (2012). Treadmill experience mediates the perceptual-motor aftereffect of treadmill walking. *Experimental Brain Research, 216*, 527–534. [doi: 10.1007/s00221-011-2956-9]

Craske, B. (1977). Perception of impossible limb positions induced by tendon vibration. *Science, 196*(4285), 71–73. [doi: 10.1126/science.841342]

de Vignemont, F., Ehrsson, H. H., & Haggard, P. (2005). Bodily illusions modulate tactile perception. *Current Biology, 15*(4), 1286–1290. [doi: 10.1016/j.cub.2005.06.067]

Durgin, F. H., & Pelah, A. (1999). Visuomotor adaptation without vision? *Experimental Brain Research, 127*(1), 12–18. [doi: 10.1007/s002210050769]

Ehrsson, H. H. (2007). The experimental induction of out-of-body experiences. *Science, 317*, 1048. [doi: 10.1126/science.1142175]

Ehrsson, H. H., Holmes, N. P., & Passingham, R. E. (2005). Touching a rubber hand: Feeling of body ownership is associated with activity in multisensory brain areas. *Journal of Neuroscience, 25*(45), 10564–10573. [doi: 10.1523/JNEUROSCI.0800-05.2005]

Ehrsson, H. H., Kito, T., Sadato, N., Passingham, R. E., & Naito, E. (2005). Neural substrate of body size: Illusory feeling of shrinking of the waist. *PLoS Biology, 3*(12), e412. [doi: 10.1371/journal.pbio.0030412]

Ehrsson, H. H., Spence, C., & Passingham, R. E. (2004). That's my hand! Activity in premotor cortex reflects feeling of ownership of a limb. *Science, 305*, 875–877. [doi: 10.1126/science.1097011]

Fallon, J. B., & Macefield, V. G. (2007). Vibration sensitivity of human muscle spindles and Golgi tendon organs. *Muscle Nerve, 36*, 21–29. [doi: 10.1002/mus.20796]

1353

第 IV 部　触覚

Fiorio, M., Marotta, A., Ottaviani, S., Pozzer, L., & Tinazzi, M. (2014). Aristotle's illusion in Parkinson's disease: Evidence for normal interdigit tactile perception. *PLoS ONE, 9,* e88686. [doi: 10.1371/journal.pone.0088686]

Golaszewski, S., Vanessa, F., Thomschewski, A., Sebastianelli, L., Versace, V., Saltuari, L., Trinka, E., & Nardone., R. (2021). Neural mechanisms underlying the Rubber Hand Illusion: A systematic review of related neurophysiological studies. *Brain and Behavior, 11*(8), e02124. [doi: 10.1002/brb3.2124]

Goodwin, G. M., McCloskey, D. I., & Matthews, P. B. C. (1972a). The contribution of muscle afferents to kinaesthesia shown by vibration induced illusions of movement and by the effects of paralysing joint afferents. *Brain, 95,* 705-748. [doi: 10.1093/brain/95.4.705]

Goodwin, G. M., McCloskey, D. I., & Matthews, P. B. C. (1972b). Proprioceptive illusions induced by muscle vibration: Contribution by muscle spindles to perception? *Science, 175,* 1382-1384. [doi: 10.1126/science.175.4028.1382]

東山　篤規　(2000).　触覚による距離，運動，方向の知覚　東山　篤規・宮岡　徹・谷口　俊治・佐藤　愛子　触覚と痛み（pp. 83-100）　ブレーン出版

Hohwy, J., & Paton, B. (2010). Explaining away the body: Experiences of supernaturally caused touch and touch on non-hand objects within the rubber hand illusion. *PLoS ONE, 5*(2), e9416. [doi: 10.1371/journal.pone.0009416]

Hollis, M., & Favorov, O. (1994). The tactile movement aftereffect. *Somatosensory and Motor Research, 11,* 153-162. [doi: 10.3109/08990229409028868]

Honma, M., Yoshiike, T., Ikeda, H., Kim, Y., & Kuriyama, K. (2014). Sleep dissolves illusion: Sleep withstands learning of visuo-tactile-proprioceptive integration induced by repeated days of rubber hand illusion training. *PLoS ONE, 9,* e85734. [doi: 10.1371/journal.pone.0085734]

Lackner, J. R. (1988). Some proprioceptive influences on the perceptual representation of body shape and orientation. *Brain, 111*(2), 281-297. [doi: 10.1093/brain/111.2.281]

Lederman, S. J., & Jones, L. A. (2011). Tactile and haptic illusions. *IEEE Transactions on Haptics, 4*(4), 273-294. [doi: 10.1109/TOH.2011.2]

Lenggenhager, B., Tadi, T., Metzinger, T., & Blanke, O. (2007). Video ergo sum: Manipulating bodily self-consciousness. *Science, 317,* 1096-1099. [doi: 10.1126/science.1143439]

Lerner, E. A., & Craig, J. C. (2002). The prevalence of tactile motion aftereffects. *Somatosensory and Motor Research, 19,* 24-29. [doi: 10.1080/0899022012011309]

Ma, K., & Homme, B. (2013). The virtual-hand illusion: Effects of impact and threat on perceived ownership and affective resonance. *Frontiers in Psychology, 4,* 604. [doi: 10.3389/fpsyg.2013.00604]

Matsue, R., Sato, M., Hashimoto, Y., & Kajimoto, H. (2008). "Hanger reflex": A reflex motion of a head by temporal pressure for wearable interface. *SICE Annual Conference 2008,* Chofu, Japan, pp. 1463-1467.

Moseley, G. L., Olthof, N., Venema, A., Don, S., Wijers, M., Gallace, A., & Spence, C. (2008). Psychologically induced cooling of a specific body part caused by the illusory ownership of an artificial counterpart. *Proceedings of the National Academy of Sciences, 105*(35), 13169-13173. [doi: 10.1073/pnas.0803768105]

Pavani, F., & Zampini, M. (2007). The role of hand size in the fake-hand illusion paradigm. *Perception, 36,* 1547-1554. [doi: 10.1068/p5853]

Petkova, V. I., & Ehrsson, H. H. (2008). If I were you: Perceptual illusion of body swapping. *PLoS ONE, 3,* e3832. [doi: 10.1371/journal.pone.0003832]

Ponzo, M. (1910). Intorno Ad Alcune Illusioni Nel Campo Delle Sensazioni Tattili, Sull'illusione di Aristotele E Fenomeni Analoghi. *Archiv für die gesamte Psychologie, 16,* 307-345.

Ramachandran, V. S. (1998). Consciousness and body image: Lessons from phantom limbs, Capgras syndrome and pain asymbolia. *Philosophical Transactions of the Royal Society B: Biological Sciences, 353,* 1851-1859. [doi: 10.1098/rstb.1998.0337]

Ramachandran, V. S., & Hirstein, W. (1998). The perception of phantom limbs: The D. O. Hebb lecture. *Brain, 121,* 1603-1630. [doi: 10.1093/brain/121.9.1603]

Ramachandran, V. S., Rogers-Ramachandran, D., & Cobb, S. (1995). Touching the phantom limb. *Nature, 377*(6549),

489–490.［doi: 10.1038/377489a0］

Rivers, W. H. R. (1894). A modification of Aristotle's experiment. *Mind*, *3*(12), 583–584.［doi: 10.1093/mind/III.12.583-b］

Roll, J. P., & Vedel, J. P. (1982). Kinaesthetic role of muscle afferents in man, studied by tendon vibration and microneurography. *Experimental Brain Research*, *47*, 177–190.［doi: 10.1007/BF00239377］

Salomon, R., Lim, M., Pfeiffer, C., Gassert, R., & Blanke, O. (2013). Full body illusion is associated with widespread skin temperature reduction. *Frontiers in Behavioral Neuroscience*, *7*, 65.［doi: 10.3389/fnbeh.2013.00065］

Sato, M., Matsue, R., Hashimoto, Y., & Kajimoto, H. (2009). Development of a Head Rotation Interface by Using Hanger Reflex. *The 18th IEEE International Symposium on Robot and Human Interactive Communication*, Toyama, Japan, pp. 534–538.［doi: 10.1109/ROMAN.2009.5326327］

Sekine, T., & Mogi, K. (2009). Distinct neural processes of bodily awareness in crossed fingers illusion. *NeuroReport*, *20*, 467–472.［doi: 10.1097/WNR.0b013e3283277087］

住谷 昌彦（2015）．幻肢の感覚表象と幻肢痛　バイオメカニズム学会誌，*39*(2)，93-100.［doi: 10.3951/sobim.39.93］

住谷 昌彦・宮田 哲・前田 倫・四津 有人・大竹 祐子・山田 芳嗣（2000）．幻肢痛の脳内メカニズム　日本ペインクリニック学会誌，*17*，1-10.［doi: 10.11321/jjspc.17.1］

Thalman, W. A. (1922). The after-effect of movement in the sense of touch. *American Journal of Psychology*, *33*, 268–270.［doi: 10.2307/1414139］

Tinazzi, M., Marotta, A., Fasano, A., Bove, F., Bentivoglio, A. R., Squintani, G., ... Fiorio, M. (2013). Aristotle's illusion reveals interdigit functional somatosensory alterations in focal hand dystonia. *Brain*, *136*, 782–789.［doi: 10.1093/brain/aws372］

Tsakiris, M. (2010). My body in the brain: A neurocognitive model of body-ownership. *Neuropsychologia*, *48*(3), 703–712.［doi: 10.1016/j.neuropsychologia.2009.09.034］

Tsakiris, M., & Haggard, P. (2005). The rubber hand illusion revisited: Visuotactile integration and self-attribution. *Journal of Experimental Psychology: Human Perception and Performance*, *31*, 80–91.［doi: 10.1037/0096-1523.31.1.80］

辻 琢真・濱崎 峻資・前田 貴記・加藤 元一郎・岡 敬之・山川 博司・高草木 薫・山下 淳・淺間 一（2015）．ラバーハンド錯覚における筋電位および皮膚電位反応の解析　計測自動制御学会論文集，*51*(6)，440-447.［doi: 10.9746/sicetr.51.440］

von Skramlik, E. (1937). Haptische Tauschungen. *Psychophysiologie der Tastsinne*, 826–891.

Watanabe, J., Hayashi, S., Kajimoto, H., Tachi, S., & Nishida, S. (2007). Tactile motion Aftereffects produced by appropriate presentation for mechanoreceptors. *Experimental Brain Research*, *180*(3), 577–582.［doi: 10.1007/s00221-007-0979-z］

（10・2）

Biocca, F., Kim, J., & Choi, Y. (2001). Visual touch in virtual environments: An exploratory study of presence, multimodal interfaces, and cross-modal sensory illusions. *Presence*, *10*, 247–265.［doi: 10.1162/105474601300343595］

Ernst, M. O., Banks, M. S., & Bülthoff, H. H. (2000). Touch can change visual slant perception. *Nature Neuroscience*, *3*, 69–73.［doi: 10.1038/71140］

Hayward, V. (2008). A brief taxonomy of tactile illusions and demonstrations that can be done in a hardware store. *Brain Research Bulletin*, *75*, 742–752.［doi: 10.1016/j.brainresbull.2008.01.008］

Igarashi, Y., Kitagawa, N., & Ichihara, S. (2010). Influence of the body on crossmodal interference effects between tactile and two-dimensional visual stimuli. *Experimental Brain Research*, *204*, 419–430.［doi: 10.1007/s00221-010-2267-6］

Igarashi, Y., Omori, K., Arai, T., & Aizawa, Y. (2017). Illusory visual-depth reversal can modulate sensations of contact surface. *Experimental Brain Research*, *235*(10), 3013–3022.［doi: 10.1007/s00221-017-5034-0］

Jousmäki, V., & Hari, R. (1998). Parchment-skin illusion: Sound-biased touch. *Current Biology*, *8*(6), R190.［doi: 10.1016/s0960-9822(98)70120-4］

Longo, M. R., & Sadibolova, R. (2013). Seeing the body distorts tactile size perception. *Cognition*, *126*(3), 475–481.［doi: 10.1016/j.cognition.2012.11.013］

大森 馨子・厳島 行雄（2009）．平面上の触覚情報が錯視に及ぼす影響　感性工学会論文誌，*8*(3)，553-558.

Rock, I., & Harris, C. S. (1967). Vision and touch. *Scientific American*, *216*(5), 96–107.

Rock, I., & Victor, J. (1964). Vision and touch: An experimentally created conflict between the two senses. *Science, 143*, 594-596.［doi: 10.1126/science.143.3606.594］

Senna, I., Maravita, A., Bolognini, N., & Parise, C. V. (2014). The marble-hand illusion. *PLoS ONE, 9*(3), e91688.［doi: 10.1371/journal.pone.0091688］

和氣 洋美・和氣 典二 （1998）．視覚と触覚：ものの厚みを知るにはどちらのシステムがより有効か？ 神奈川大学心理・教育研究論集, *17*, 80-91.

Zampini, M., & Spence, C. (2004). The role of auditory cues in modulating the perceived crispness and staleness of potato chips. *Journal of Sensory Studies, 19*, 347-363.［doi: 10.1111/j.1745-459x.2004.080403.x］

（10・3）

雨宮 智浩 （2012）．知覚の非線形性を利用した牽引感力の提示 日本ロボット学会誌, *30*, 483-485.

Amemiya, T. (2015). Perceptual illusions for multisensory displays. *Proceedings of the 22nd International Display Workshops*, 1276-1279.

雨宮 智浩 （2016）．視触覚への過渡振動重畳による擬似衝突感の生成 日本バーチャルリアリティ学会論文誌, *21*, 381-384.

雨宮 智浩 （2017）．触覚・身体感覚の錯覚を活用した感覚運動情報の提示技術 基礎心理学研究, *36*(1), 135-141.［doi: 10.14947/psychono.36.26］

Amemiya, T., Ando, H., & Maeda, T. (2008). Lead-me interface for a pulling sensation from hand-held devices. *ACM Transactions on Applied Perception, 5*(3), 1-7.［doi: 10.1145/1402236.1402239］

Amemiya, T., & Gomi, H. (2014). Distinct pseudo-attraction force sensation by a thumb-sized vibrator that oscillates asymmetrically. *Proceedings of Eurohaptics, 2*, 88-95.［doi: 10.1007/978-3-662-44196-1_12］

Amemiya, T., & Gomi, H. (2016). Active manual movement improves directional perception of illusory force. *IEEE Transactions on Haptics, 9*(4), 465-473.［doi: 10.1109/TOH.2016.2587624］

雨宮 智浩・広田 光一・池井 寧 （2016）．着座型揺動装置のピッチ回転による擬似的な起伏形状知覚 日本バーチャルリアリティ学会論文誌, *21*, 359-362.［doi: 10.18974/tvrsj.21.2_359］

雨宮 智浩・池井 寧・広田 光一・北崎 充晃 （2016）．歩行を模擬した足底振動刺激による身体近傍空間の拡張 日本バーチャルリアリティ学会論文誌, *21*, 627-633.［doi: 10.18974/tvrsj.21.4_627］

Amemiya, T., & Maeda, T. (2008). Asymmetric oscillation distorts the perceived heaviness of handheld objects. *IEEE Transactions on Haptics, 1*(1), 9-18.［doi: 10.1109/TOH.2008.5］

Amemiya, T., & Sugiyama, H. (2010). Orienting kinesthetically: A haptic handheld wayfinder for people with visual impairments. *ACM Transactions on Accessible Computing, 3*(2), 6:1-6:23.［doi: 10.1145/1857920.1857923］

旭 雄士・林 央周・浜田 秀雄・佐藤 未知・梶本 裕之・高嶋 修太郎・遠藤 俊郎 （2010）．ハンガー反射を用いた頸部ジストニア治療の試み 機能的脳神経外科, *49*, 173-176.

Auvray, M., & Myin, E. (2009). Perception with compensatory devices: From sensory substitution to sensorimotor extension. *Cognitive Science, 33*(6), 1036-1058.［doi: 10.1111/j.1551-6709.2009.01040.x］

Aymerich-Franch, L., & Ganesh, G. (2016). The role of functionality in the body model for self-attribution. *Neuroscience Research, 104*, 31-37.［doi: 10.1016/j.neures.2015.11.001］

Bach-y-Rita, P. (2004). Tactile sensory substitution studies. *Annals of the New York Academy of Sciences, 1013*, 83-91.［doi: 10.1196/annals.1305.006］

Bach-y-Rita, P., Collins, C. C., Saunders, F. A., White, B., & Scadden, L. (1969). Vision substitution by tactile image projection. *Nature, 221*, 963-964.［doi: 10.1038/221963a0］

Bach-y-Rita, P., Kaczmarek, K. A., Tyler, M. E., & Garcia-Lara, M. (1998). Form perception with a 49-point electrotactile stimulus array on the tongue: A technical note. *Journal of Rehabilitation Research and Development, 35*, 427-430.

Biocca, F., Kim, J., & Choi, Y. (2001). Visual touch in virtual environments: An exploratory study of presence, multimodal interfaces, and cross-modal sensory illusions. *Presence, 10*, 247-265.［doi: 10.1162/105474601300343595］

Bliss, J. C. (1969). A relatively high-resolution reading aid for the blind. *IEEE Transactions on Man-Machine Systems, 10*,

1-9.［doi: 10.1109/TMMS.1969.299874］

Bliss, J. C., Katcher, M. H., Rogers, C. H., & Shepard, R. P. (1970). Optical-to-tactile image conversion for the blind. *IEEE Transactions on Man-Machine Systems, 11*(1), 58-65.［doi: 10.1109/TMMS.1970.299963］

Castro, F., Lenggenhager, B., Zeller, D., Pellegrino, G., D'Alonzo, M., & Di Pino, G. (2023). From rubber hands to neuroprosthetics: Neural correlates of embodiment. *Neuroscience & Biobehavioral Reviews, 153*, 105351.［doi: 10.1016/j.neubiorev.2023.105351］

Collins, C. C. (1970). Tactile television: Mechanical and electrical image projection. *IEEE Transactions on Man-Machine Systems, 11*, 65-71.［doi: 10.1109/TMMS.1970.299964］

Dario, P., Hannaford, B., & Menciassi, A. (2003). Smart surgical tools and augmenting devices. *IEEE Transactions on Robotics and Automation, 19*(5), 782-792.［doi: 10.1109/TRA.2003.817071］

Ehrsson, H. H. (2007). The experimental induction of out-of-body experiences. *Science, 317*, 1048.［doi: 10.1126/science.1142175］

Gleeson, B. T., Horschel, S. K., & Provancher, W. R. (2010). Perception of direction for applied tangential skin displacement: Effects of speed, displacement, and repetition. *IEEE Transactions on Haptics, 3*, 177-188.［doi: 10.1109/TOH.2010.20］

Hayward, V., & Cruz-Hernandez, J. M. (2000). Tactile display device using distributed lateral skin stretch. *Proceedings of the Haptic Interfaces for Virtual Environment and Teleoperator Systems Symposium*, DSC-69-2, ASME, 2000, pp. 1309-1314.

Hoffman, H. G. (1998). Physically touching virtual objects using tactile augmentation enhances the realism of virtual environments. *Proceedings of the IEEE Virtual Reality Annual International Symposium '98*, Atlanta, GA, pp. 59-63.［doi: 10.1109/VRAIS.1998.658423］

Ikei, Y., Abe, K., Hirota, K., & Amemiya, T. (2012). A multisensory VR system exploring the ultra-reality. *Proceedings of 18th International Conference on Virtual Systems and Multimedia*, 71-78.［doi: 10.1109/VSMM.2012.6365909］

Ikei, Y., Shimabukuro, S., Kato, S., Okuya, Y., Abe, K., Hirota, K., & Amemiya, T. (2014). Rendering of virtual walking sensation by a passive body motion. *Proceedings of Eurohaptics*, 150-157.［doi: 10.1007/978-3-662-44193-0_20］

岩田 洋夫 （1991）．人間の行動計測と人工現実感への応用　バイオメカニズム学会誌, *15*(3), 149-155.［doi: 10.3951/sobim.15.149］

岩田 洋夫 （1992）．人工現実感生成技術　日本機械学会誌, *95*(883), 472-477.［doi: 10.1299/jsmemag.95.883_472］

Iwata, H. (1991). Force display for virtual worlds. *Proceedings of the International Conference on Artificial Reality and Tele-existence*, 111-116.

Iwata, H., & Fujii, T. (1996). Virtual perambulator: a novel interface device for locomotion in virtual environment. *Proceedings of the IEEE 1996 Virtual Reality Annual International Symposium*, 60-65.［doi: 10.1109/VRAIS.1996.490511］

Iwata, H., Noma, H., & Nakashima, T. (1991). Performance evaluation of recognition and manipulation of virtual objects by force display. *Human Interface News and Report, 6*, 114-121.

Iwata, H., Yano, H., Nakaizumi, F., & Kawamura, R. (2001). Project FEELEX: Adding haptic surface to graphics. *ACM SIGGRAPH*, 12-17.

Kaczmarek, K. A. (2011). The tongue display unit (TDU) for electrotactile spatiotemporal pattern presentation. *Scientia Iranica, 18*(6), 1476-1485.［doi: 10.1016/j.scient.2011.08.020］

Kalckert, A., & Ehrsson, H. H. (2014). The spatial distance rule in the moving and classical rubber hand illusions. *Consciousness and Cognition, 30*, 118-132.［doi: 10.1016/j.concog.2014.08.022］

Kikuuwe, R., Sano, A., Mochiyama, H., Takesue, N., & Fujimoto, H. (2005). Enhancing haptic detection of surface undulation. *ACM Transactions on Applied Perception, 2*(1), 1-24.［doi: 10.1145/1048687.1048691］

Kilteni, K., Maselli, A., Körding, K. P., & Slater, M. (2015). Over my fake body: Body ownership illusions for studying the multisensory basis of own-body perception. *Frontiers in Human Neuroscience, 9*(703), 613-20.［doi: 10.3389/fnhum.2015.00141］

Kitagawa, M., Dokko, D., Okamura, A. M., & Yuh, D. D. (2005). Effect of sensory substitution on suture-manipulation forces for robotic surgical systems. *Journal of Thoracic and Cardiovascular Surgery, 129*(1), 151-158. [doi: 10.1016/j.jtcvs.2004.05.029]

Kitagawa, M, Okamura, A. M., Bethea, B. T., Gott, V. L., & Baumgartner, W. A. (2002). Analysis of suture manipulation forces for teleoperation with force feedback. *Proceedings of the Fifth International Conference on Medical Image Computing and Computer Assisted Intervention*, Tokyo, Japan, 155-162.

今 悠気・中村 拓人・梶本 裕之 (2016). ハンガー反射の歩行への影響 日本バーチャルリアリティ学会論文誌, *21*(4), 565-573. [doi: 10.18974/tvrsj.21.4_565]

河野 芳郎・石井 雅博・小池 康晴・佐藤 誠 (1999). 不可触世界の実時間可触化システムの提案 日本バーチャルリアリティ学会論文集, *4*(4), 679-684. [doi: 10.18974/tvrsj.4.4_679]

Lécuyer, A. (2009). Simulating haptic feedback using vision: A survey of research and applications of pseudo-haptic feedback. *Presence Teleoperators & Virtual Environments, 18*, 39-53. [doi: 10.1162/pres.18.1.39]

Lécuyer, A., Coquillart, S., Kheddar, A., Richard, P., & Coiffet, P. (2000). Pseudo-haptic feedback: Can isometric input devices simulate force feedback? *Proceedings IEEE Virtual Reality*, 83-90. [doi: 10.1109/VR.2000.840369]

Lederman, S. J., & Hamilton, C. (2002). Using tactile features to help functionally blind individuals denominate banknotes. *Human Factors, 44*(3), 413-428. [doi: 10.1518/0018720024497646]

Leung, R., MacLean, K., Bertelsen, M. B., & & Saubhasik, M. (2007). Evaluation of haptically augmented touchscreen GUI elements under cognitive load. *Proceedings of the 9th International Conference on Multimodal Interfaces*, 374-381.

Lévesque, V., Pasquero, J., Hayward, V., & Legault, M. (2005). Display of virtual Braille dots by lateral skin deformation: Feasibility study. *ACM Transactions on Applied Perception, 2*(2), 132-149. [doi: 10.1145/1060581.1060587]

Matsue, R., Sato, M., Hashimoto, Y., & Kajimoto, H. (2008). "Hanger reflex": A reflex motion of a head by temporal pressure for wearable interface. *SICE Annual Conference 2008*, Chofu, Japan, pp.1463-1467.

Nakamura, T., Nishimura, N., Sato, M., & Kajimoto, H. (2013). Application of hanger reflex to wrist and waist. Report. *Stereotactic Functional Neurosurgery, 91*(suppl 1), 165.

Nakamura, T., Nishimura, N., Sato, M., & Kajimoto, H. (2014). Development of a wrist-twisting haptic display using the hanger reflex. *Proceedings of the 11th Conference on Advances in Computer Entertainment Technology, 33*, 1-5.

Nakatani, M., Howe, R. D., & Tachi, S. (2006). The fishbone tactile Illusion. *Proceedings of Eurohaptics*, 69-73.

仲谷 正史・梶本 裕之・川上 直樹・舘 暲 (2005). Fishbone Tactile Illusion を通した凹凸知覚の研究 日本バーチャルリアリティ学会第10回大会論文集, 201-204.

Nakatani, M., Sato, A., Tachi, S., & Hayward, V. (2008). Tactile illusion caused by tangential skin strain and analysis in terms of skin deformation. *Proceedings of Eurohaptics 2008, LNCS 5024*, 229-237. [doi: 10.1007/978-3-540-69057-3_27]

Prattichizzo, D., Chinello, F., Pacchierotti, C., & Minamizawa, K. (2010). RemoTouch: A system for remote touch experience. *19th International Symposium in Robot and Human Interactive Communication*, 676-679. [doi: 10.1109/ROMAN.2010.5598606]

Ramachandran, V. S., & Hirstein, W. (1998). The perception of phantom limbs: The D. O. Hebb lecture. *Brain, 121*, 1603-1630. [doi: 10.1093/brain/121.9.1603]

Ramachandran, V. S., Rogers-Ramachandran, D., & Cobb, S. (1995). Touching the phantom limb. *Nature, 377*(6549), 489-490. [doi: 10.1038/377489a0]

佐藤 未知・松江 里佳・橋本 悠希・梶本 裕之 (2014). ハンガー反射：頭部圧迫による頭部回旋反応の条件特定と再現 日本バーチャルリアリティ学会論文誌, *19*(2), 295-301. [doi: 10.18974/tvrsj.19.2_295]

Sato, M., Matsue, R., Hashimoto, Y., & Kajimoto, H. (2009). Development of a Head Rotation Interface by Using Hanger Reflex. *The 18th IEEE International Symposium on Robot and Human Interactive Communication*, Toyama, Japan, 2009, pp. 534-538. [doi: 10.1109/ROMAN.2009.5326327]

Serino, S., Pedroli, E., Keizer, A., & Tribert, S. (2015). Virtual reality body swapping: A tool for modifying the allocentric memory of the body. *Cyberpsychology, Behavior, and Social Networking, 19*(2), 127-133. [doi: 10.1089/cyber.2015.0229]

白井 暁彦 (2004). エンタテイメントシステム 芸術学会論文誌, *3*(1), 22-34.

白井 暁彦・長谷川 晶一・小池 康晴・佐藤 誠 （2002）．タンジブル・プレイルーム『ペンギンホッケー』 芸術科学論文誌，*1*(3)，117-124.［doi: 10.3756/artsci.1.117］

しらい あきひこ・上條 慎太郎・長谷川 昌一・佐藤 誠 （2003）．Dynamo: 触覚 VR 開発環境 SPRINGHEAD を用いたアートワーク習作 2003 年 NICOGRAPH 春季大会論文＆アート部門コンテスト，160-161.

住谷 昌彦 （2015）．幻肢の感覚表象と幻肢痛 バイオメカニズム学会誌，39(2)，93-100.［doi: 10.3951/sobim.39.93］

住谷 昌彦・宮田 哲・前田 倫・四津 有人・大竹 祐子・山田 芳嗣 （2000）．幻肢痛の脳内メカニズム 日本ペインクリニック学会誌，*17*，1-10.［doi: 10.11321/jjspc.17.1］

高江洲 勲・藤井 智史・玉城 史朗・渡嘉敷 浩樹 （2002）．空気噴射を用いた撃力ディスプレイに関する研究 ロボティクスメカトロニクス講演会 '02 講演論文集，2p1-E05.

高橋 博・山崎 直子・和氣 洋美・中原 道博 （1996）．機器操作のための触覚による絵記号の識別 第 22 回感覚代行シンポジウム論文集，23-28.

Tsetserukou, D. (2010). My body in the brain: A neurocognitive model of body-ownership. *Neuropsychologia, 48*(3), 703-712.

van Erp, J. B. F., van Veen, H. A. H. C., Jansen, C., & Dobbins, T. (2005). Waypoint navigation with a vibrotactile waist belt. *ACM Transactions on Applied Perception, 2*, 106-117.［doi: 10.1145/1060581.1060585］

Visell, Y. (2008). Tactile sensory substitution: Models for enaction in HCI. *Interacting with Computers, 21*, 38-53.［doi: 10.1016/j.intcom.2008.08.004］

Wake, H. (1986). On tactile and visual system for visually handicapped individuals. *Journal of Psychology and Education* (Kanagawa University), *4*, 47-60.

和氣 洋美 （1988）．視覚代行 人間工学，*24*(3)，143-149.［doi: 10.5100/jje.24.143］

和氣 洋美・和氣 典二 （1980）．指頭による触文字知覚 第 6 回感覚代行シンポジウム論文集，63-67.

和氣 洋美・和氣 典二・茂木 恵理子・野中 恵美・三樹 弘之 （2003）．触覚絵記号と音声ガイドを備えたバリアフリー ATM の評価 神奈川大学心理・教育研究論集，*22*，104-162.

和氣 洋美・和氣 典二・斎田 真也 （1986）．視覚障害者のための描画補助 神奈川大学心理・教育研究論集，*4*，30-46.

Wake, H., Wake, T., & Takahashi, H. (1999). Tactile ATM controls for visually Impaired users. *Technology and Disability, 11*, 133-141.

和氣 洋美・和氣 典二・高橋 博・山崎 直子 （1997）．触覚絵記号と音声ガイドを備えたバリアフリー ATM の開発 電子情報通信学会研究報告，*99*，65-70.

和氣 典二 （1974）．盲人用人工眼の開発 製科研ニュース，*6*(5)，1-2.

和氣 典二・清水 豊 （1975）．視覚代行システム 計測と制御，*14*，910-918.［doi: 10.11499/sicejl1962.14.910］

和氣 典二・清水 豊・和氣 洋美 （1980）．触覚による 3 次元的情報の知覚と視覚代行 人間工学ジャーナル，*16*(1)，27-35.［doi: 10.5100/jje.16.27］

Wang, Q., & Hayward, V. (2006). Compact, portable, modular, high-performance, distributed tactile transducer device based on lateral skin deformation. *2006 14th Symposium on Haptic Interfaces for Virtual Environment and Teleoperator Systems*, 67-72.［doi: 10.1109/HAPTIC.2006.1627091］

Wang, Q., & Hayward, V. (2008). Tactile synthesis and perceptual inverse problems seen from the viewpoint of contact mechanics. *ACM Transactions on Applied Perception, 5*(2), 1-19.

Ward, J., Mensah, A., & Jünemann, K. (2015). The rubber hand illusion depends on the tactile congruency of the observed and felt touch. *Journal of Experimental Psychology: Human Perception and Performance, 41*(5), 1203-1208.［doi: 10.1037/xhp0000088］

渡邊 淳司 （2008）．触・力覚の錯覚に基づく新しいインタフェース技術 （独）科学技術振興機構「デジタルメディア作品の制作を支援する基盤技術」研究領域 JST シーズ新技術説明会

渡邊 淳司・福沢 恭・梶本 裕之・安藤 英由樹 （2008）．腹部通過仮現運動を利用した貫通感覚提示 情報処理学会論文誌，*49*(10)，3542-3545.

Wiertlewski, M., Lozada, J., & Hayward, H. (2011). The spatial spectrum of tangential skin displacement can encode tactual texture. *IEEE Transactions on Robotics, 27*, 461-472.［doi: 10.1109/TRO.2011.2132830］

第 IV 部　触覚

矢野 博明・田中 直樹・宮崎 亮・斉藤 秀之・岩田 洋夫　(2010).　視覚と歩行感覚提示装置を組み合わせた歩行リハビリ
　　テーションシステム　生活生命支援医療福祉光学系学会連合大会講演論文集，99-102.
横井 健司・和氣 典二・和氣 洋美・斎田 真也　(2007).　触知覚研究のための高性能触覚ディスプレイの開発　第 33 回感
　　覚代行シンポジウム，55-58.

第 **11** 章　行為と自己身体認識過程

11・1　複数感覚情報の統合と自己身体知覚過程

　視覚，触覚，自己受容感覚といった複数感覚情報（マルチモーダル／クロスモーダル）の統合過程と，それに関連した自己身体に関連する現象に関して，本節は主に能動的な空間探索行動を含む触覚や視覚を中心に述べる。

　ここ数十年の脳科学の進展により，われわれの脳では，視覚や触覚，聴覚といった異なるモダリティの情報はさまざまにモジュール化され，異なる脳部位で処理されるという考えが受け入れられるようになってきた。このような考えに立つと，複数感覚の統合過程を考察することになり，脳内の異なる情報処理部位で異なる時空間的特性で分散処理された情報が，どのように交互作用をするか，あるいは交互作用はないかという問題を暗に扱っていると考えられる。このような感覚モダリティの問題とは別に，視覚情報が脳内に入ってから，情報のフローが腹側と背側に分岐するという考え方が提案されており，それぞれwhat経路と呼ばれる物体そのものの属性認識に関連した情報処理過程と，where経路ないしhow経路と呼ばれる位置情報や自己身体の行為（action）に関連した情報であると考えられる（Goodale & Milner, 1992）。

　この考え方を受け入れるなら，視覚単一モダリティ内ですら眼球運動や頭部運動に代表される能動的な空間探索行動を含み，これら感覚器の運動を知覚過程に含んでいると想定すると，視覚モダリティ内でも自己受容感覚に代表される身体運動ないし行為（action）に関連した情報処理経路——where経路，how経路——と，物体（object）認識に関連した

情報処理経路——what経路——がどのように分散処理され，必要に応じて統合されうるかという問題を含んでいると考えることができる。つまり，ここにも脳の異なる部位間の交互作用の有無を暗に扱う問題を仮定できる。このような物体認識に関連した異なる部位間の交互作用ないし統合にまつわる問題は，触覚のような視覚以外のモダリティにも認められ，Gibson（2012）のいう能動触（active touch）がそれに当てはまる。これは，受動的な触知覚（passive touch）に対して，能動的な手指の探索行動を伴う触知覚のことを指す。この考え方において問題となるのは，脳内の異なる情報処理モジュール間の交互作用に，単なる動作（motion）ではなく行為（action）という目的志向的な身体運動を想定しているから，それに含まれる意思や意図，注意，過去経験や記憶といった比較的高次の情報処理からの影響を，さまざまな感覚情報の末梢から脳に入力され徐々に高次の情報処理を受けるという既存のさまざまな脳モデルや身体運動モデル，知覚モデルとの整合性のなかでどのように想定し，組み込まれるかである。

　このような異なる情報処理モジュール間の情報の統合ないし束ね（binding）は，たとえば視覚などの単一モダリティ内であると，対象知覚（object perception）の問題として80年代から注意研究の周辺で盛んに研究されてきた。視覚における代表的なモデルとしてはTreisman & Gelade（1980）を挙げることができる。そのなかで，感覚器から入力された情報が低次から高次に向かって順行するように一方通行的に処理を重ねていくモデルのみではなく，注意などの中－高次情報処理からの影響を受けながら再帰的に情報処理が進むモデルが提案されている（Hochstein & Ahissar, 2002）。これら単一感覚モダリティ内の情報統合に対して，視覚や触覚といった

第 IV 部 　触覚

複数の感覚モダリティを超えるモダリティ間の情報統合に関しては，その研究分野自体，理論的にも社会的にもさまざまな研究分野に分散しているし，一方で分野を越えた交流と統一に向かって研究途上のように思える。

これに関して，近年では工学的応用分野において，ビデオやバーチャルリアリティ，ロボティクス技術，リアルタイム遠隔操作技術など，一人称視点からヒトが自己の身体ないしその代替機能を果たすものを能動的に操作するような技術が急速に進展している。それに伴い，ヒトにとってその身体位置や見た目に関して，視覚や触覚，自己受容感覚といった複数の感覚モダリティ間で情報が不一致であったり曖昧であったりという状況がさまざまなモダリティの組み合わせで可能になっている。また，機材の低価格化も相まって，これらの機器を実験室内で基礎研究に利用することも年々容易になってきている。そこで経験的に得られた数々の現象が，後述するように，われわれが自己と他者ないし非自己をどのように認識しているかという問題に接しやすいことから，工学領域を中心に，能動的身体運動を含む複数感覚情報の統合処理過程の問題を，単なる感覚間統合過程の問題を超えて，自己／他者ないし自己／非自己知覚過程を含むとして捉える機会が増加している（たとえば，Herbelin et al., 2015）。このような一連の研究を身体的自己の研究と呼んだり，ヒトの身体機能の拡張と呼んだりする。これらの傾向は，サイボーグ技術などの身体拡張技術における身体性（embodiment），すなわち，われわれの自己意識はどのようなメカニズムで皮膚の内側に宿っている感じがしているかという研究や，もしくはどのような信念を抱くことによってわれわれがそのような感覚を達成しているかに関する研究領域，あるいは，生身の身体以外の機械やCGの身体が自己の一部であるかのような感覚を生成したり，自己がそれらのなかに入って内側から主体として操作している感覚を生成するような研究領域で顕著になっている。しかし，これらは新しい現象というよりは，身体リハビリテーション時の身心の変化，乳幼児における自己意識の発達といった既存のさまざまな心理学・脳科学領域において進行していた自己身体認識過程を巡

る研究との融合や発展が，学会内外で理解しやすい現象や応用として世に出てきたものとも解釈できる（板倉・北崎，2013；田中，2017）。

このような研究動向のなかで，Blanke（2012）は，人間の成人は「実存する私（real me）」が自己の身体のなかにいるのを経験していると同時に，その経験や思考の主体ないし語り手（"I"，私）であると表現している。さらにEdelman（1992）は，「われわれの心と意識が身体のなかに埋め込まれたかたちで認識される（embodied）と表現するだけでは不十分で，それがどのように達成されているか表現しなければならない」と記した。次節ではこのような自己とその身体を巡る問題意識を語るうえで，近年取り上げられる主要な複数感覚統合の現象を解説しながら，それらを説明するために脳を一つの予測機ないし仮説検証機と捉える近年の議論について述べる。

（葭田 　貴子）

11・2 　種々の自己身体感覚モデルとマジカルナンバー300-500 ms

単に体が動くというだけでなく能動的な，つまり，あくまで自分自身の意思や意図，興味や関心に基づき動かす身体運動と，その結果自身に戻ってくる感覚情報をヒトの脳はどのように処理しているかという問題意識は，J. J. Gibson に代表されるようなアフォーダンスを含む認知科学の文脈のなかで繰り返し議論され続けてきたものである（Gibson, 1966）。受動的な身体運動，すなわち本人の主体的な意思や意図を伴わない身体の動きとは，明解に情報処理過程が区別される。Smith et al.（1962）は，時間的に遅延した自分の手を見ながら紙に書かれた星などの形状を自分自身でなぞると，約0.5 s の遅延でも滑らかに課題を実施することが困難になることを示した（図11-2-1）。すなわち身体運動に対して視覚的フィードバックが遅延している場合に，視覚的フィードバックに依存しながら身体運動を行うような協応動作はヒトにとって困難であることが示唆される。

Blakemore et al.（1999）は図11-2-2のような装置を使用し，観察者がジョイスティックを操作する

第11章　行為と自己身体認識過程

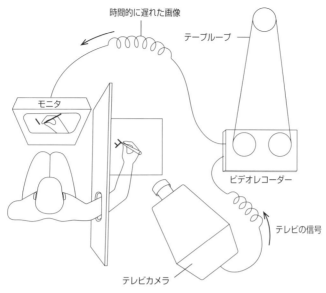

図 11-2-1　Smith らの実験装置（Smith et al., 1962 より一部改変）
実験参加者はテレビカメラによって撮影された映像を観察しながら，ペンで文字や模様をなぞるよう指示されている。カメラによって撮影された映像は，ビデオレコーダーを用いることで，モニタに呈示されるまでの時間を調整可能であった。この遅延が 0.5 s を超えると実験参加者は課題の実行が困難になった。

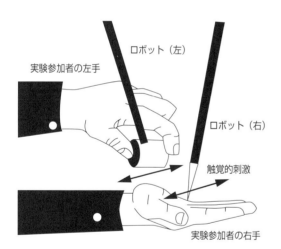

図 11-2-2　Blakemore らの実験装置（Blakemore et al., 1999 より一部改変）
ロボットマニピュレータの先端に設置された触覚的刺激が実験参加者の右手の上に設置されており，実験参加者は左手でもう一つのロボットマニピュレータの先端をつまんでいる。左手側を動かすと，右手側の触覚的刺激が左手側の動きに対して連動して，あるいは遅延して動作する。

のに応じてロボットアームについた刷毛が観察者をくすぐる場合に，身体の動きに対してロボットアームがくすぐるまでの時間遅延が 300 ms 以上になると，他人にくすぐられるのと変わらない程度のくすぐったさを示すと報告した。自分が操作したロボットアームの動きが，時間遅延により自らの能動的な行為によるものと感じられなくなり，他人によるくすぐり行為に近づくという事実は，自己受容感覚と視覚，触覚といった複数感覚情報の時空間的な一致・不一致に「自分」や「他者」ないし非自己という自己他者認識過程が関連していることを示唆すると解釈される。

身体運動とフィードバックの遅延に関する評価軸は他にもさまざまなものが報告されており，時間遅延そのものが感じられなくなる臨界遅れ時間などが報告されている（Farrer et al., 2013）。しかし Smith et al.（1962）や Blakemore et al.（1999）の研究はそれらと決定的に異なる。これは，特定の行為の結果をもたらしたのは自分自身なのか，機械やコンピュータ，他人など自分自身以外の参加者なのかをヒトがどのようなしくみで見分けているかという自己／他者認識のしくみに焦点を置いた点である。似

1363

たような問題意識は哲学のみならず，制御理論分野や社会脳科学の分野にも散見する。だが，分野間で用語が統一されていない。たとえば，「内部モデル」「身体表象（body representation）」，あるいは単に身体動作のフィードフォワードモデルなどが使用されていたり，能動的な身体動作や身体のモデルを表す用語や概念が使用されている。しかし，どの分野でも共通して，われわれの意図的な身体動作ないし行為に関連した情報処理と，その結果，脳や身体に戻ってくる視覚や触覚といったさまざまな感覚フィードバックの一致・不一致の判断が，脳が自己と他者を見分ける情報処理過程の根源とみなす傾向で一致しているように思える。このような感覚フィードバックに基づいた自己認識過程に関して，Gallagher（2000）は図 11-2-3a に示すような，行為を起こしたのは自分であるという感覚（操作主体感）と，この身体は私自身のものであるという感覚（身体所有感）という二つの感覚に関するモデルを提案した。操作主体感を理解するうえでは，先行する Wolpert（1997）の計算論モデルが役に立つと考えられるため，ここでは Wolpert のモデルを意識しながら図 11-2-3a を説明する。

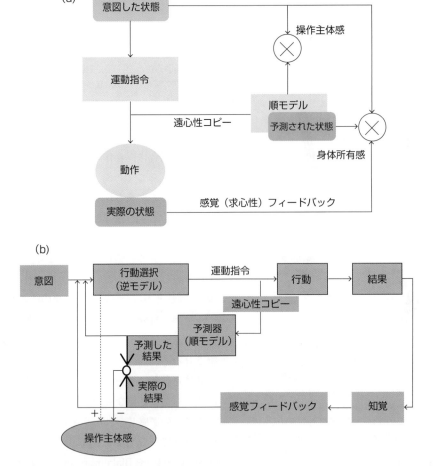

図 11-2-3 (a) 自己身体感覚の生起モデル（Gallagher, 2000），(b) 運動操作の処理過程の構成と操作主体感のモデル（Haggard & Chambon, 2012 より一部改変）
(a) 身体所有感や操作主体感が生起するプロセスを表すモデル。意図した状態と順モデルとの比較が動作に対する操作主体感を生じさせ，意図した状態，予想された状態，実際の状態の比較が動作に対する身体所有感を生じさせる。(b) 与えられた意図あるいは目的を達成するために，逆モデルにより適切な運動指令を選択する必要があるモデル。順モデルにより運動指令の結果を予測し感覚フィードバックより得られる実際の結果と比較を行うというもの。

脳は，運動の制御と学習のために，自分の身体と外界との相互関係を表象する二つの内的モデルをもっていると考える。このうち，順モデル（forward model）は，原因から結果を予測するモデルであり，逆モデル（inverse model）は，観測・決定した結果から，それを実現するに至るであろう原因を推定するモデルである。このうち順モデルにおいては，運動が実行された場合の身体感覚の予測も行い，現実の身体感覚との照合が行われる。両者がある程度一致する場合，「その行為は自分によってなされたものだ」として自己主体感が経験される。それに対して逆モデルは，ある行為を実行しようとする場合に必要な運動指令を生成する。この運動の指令が身体に送られることで筋収縮による実際の運動が生じるが，それと同時に運動指令の遠心性コピー（efference copy）が作成され，順モデルにより身体の運動の結果が推定されるというのが一連の考え方である。

Gallagher や，くすぐり実験の Blakemore らが当時提案したモデルは，自己身体のみで完結していたというのが今日の考え方である。さらに Haggard & Chambon（2012）は図 11-3-3b に示すような操作主体感の生起に身体動作のフィードフォワードモデルの投射を導入することで，心理学的な実験結果や観察された現象により忠実なモデルを提案した。それにより，道具の使用時など自己身体以外の対象に対する操作主体感への対応が可能になった。実際にこれらの研究報告の周辺で，人間に似せたアンドロイドやCGのアバターなど，人工物が自分自身の身体の一部ないし全体であるかのように感じられる例が複数報告されている（Alimardani et al., 2013；Ismail & Shimada, 2016；Rosén et al., 2009）。これらの報告例は Haggard のように考えると，脳にとって主観的な主体の所属が，生身の身体であるかどうかや皮膚や神経などの物理的しくみでつながっているかどうかよりも，自身の行為によって得られる感覚フィードバックの要件によって定まると言い換えられよう。将来的には人工の義手などが，装着者自身の身体の一部であると感じさせながら身体に馴染ませる研究に展開していくことが期待されている。目下，そのような義手にさらに触覚など他の感覚モダリティ情報を伝達する機能を付加することで，ユーザに与えられるモダリティの数が増えたほうが自己身体の一部としての感覚が増強されたり，短時間で効果的に得られたりするかどうかが将来に向けた研究開発の関心のひとつである。

このような自己所有感や操作主体感の研究では，しばしば実験参加者の意図的な身体運動とその結果得られるフィードバックの不一致を実験的に生成する目的で，Smith et al.（1962）と類似したビデオシステムやコンピュータなどを用いて，実時間に対して実験参加者の操作対象の視覚映像に遅延を加えたものを呈示することがあり（Asai & Tanno, 2007；Farrer et al., 2008；Farrer et al., 2013；Shimada et al., 2010），多くの研究から，一貫して 300-500 ms 程度の視覚映像の遅延が，操作主体感覚を消失させる臨界閾値であることが示されている（Ismail & Shimada, 2016；Kamiya & Yoshida, 2013a, 2013b）。短期記憶や作動記憶研究において，実験課題を超えて共通して得られる計測結果の数値に関して「マジカルナンバー 7±2」ないし「4±1」という表現が用いられることがあるが（Cowan, 2001；Miller, 1956），自己身体認識過程の研究においてはこの 300-500 ms という数値が，何らかの理由によりモダリティや実験課題を超えて共通して認められるため，自己／他者理解のマジカルナンバーと見なすことができる。

（葭田 貴子）

11・3　自己身体の一部や全身の位置および形状の知覚過程

ところで，特に実験参加者の手腕やそれを模した視覚フィードバックが遅延を伴い呈示される場合に，遅延が大きくなると実際の手や腕の位置と，視覚的に観察される手腕ないしそれを模した像の位置の空間的乖離も大きくなる場合がある。このような意図的な手腕運動と，その結果，手の映像など自らの視覚映像が見える位置は ±10 cm 程度空間的にずれていても気にならないが，それ以上離れていると自己身体所有感や操作主体感が失われる。これがミラー錯覚と呼ばれる鏡を用いた錯覚によって

1365

示されている（Holmes et al., 2004；Tajima et al., 2015）。これは，身体の正中線近くに垂直方向に鏡を設置し，一方の手を鏡面に写しながら，鏡の向こう側に隠れているもう一方の手を同期させるようにゆっくりと動かすと，鏡のなかに映った鏡映像の手が視覚的捕捉（visual capture）を起こして身体所有感や操作主体感が発生すると同時に，鏡の向こう側にある実際の手や腕の位置と鏡映像の手の位置が多少ずれているにもかかわらず，しばしば観察者はそれに気づかない現象を利用している。この現象を用いて，実際の手や腕位置と，それが行為の結果もたらすと期待される視覚的フィードバックの位置が必ずしも一致しない状況を作り出すのがミラー錯覚であるというのが今日の一般的な考え方である。これと類似の現象を段ボール箱に収めた鏡で再現するものが，Ramachandranのミラーボックスとして Ramachandranら著の『脳のなかの幽霊』で取り上げられている（図11-3-1，Ramachandran et al., 1995；Ramachandran & Blakeslee, 1998 山下訳, 2011）。類似の手法は，身体リハビリテーションの現場ではミラーセラピーに活用されている（レビューとしては，森岡，2016などがある）。幻肢症などの自己身体に関する主観的な現象の軽減目的であり，その有効性や脳科学的な結果の解釈，たとえば脳内の身体図式（Penfield & Rasmussen, 1950）や遠心性コピーの関与の有無がそこでは議論されている。

　このような，自己身体所有感や操作主体感に代表される，自分の身体に関して，自分自身がどう認識し感じるかという自己身体知覚過程（own-body perception）は，身体的な自己気づき（self-awareness）の一種であると考えられている。Gallagherはおおむねこれに相当するものをミニマルセルフ（minimal self）と名付けている（Gallagher, 2000）。この種の研究は，われわれは自身の身体を自分自身のものであると知覚する過程において，自分自身の身体的自己に気づくと考えられており，そのなかでGallagher（2000）は前述したように「この身体は自分のものである」という自己身体所有感と，「私がこの動きを生成している」という操作主体感覚の二つを挙げた。さらに，それら二つに加えて，「私が自己の身体のなかにいる」という自己位置感覚や「私が世界をここから見ている」という自己中心座標系の知覚（egocentric perception）を含む文献もある（Mandrigin & Thompson, 2015）。これら身体的自己に対する気づきは，通常同時に発生し，自分自身が自身の身体のなかにおり（自己位置知覚），そこに世界を覗いて見ている両目ないしその間は（自己中心座標系の知覚）自分自身の身体であり（自己身体所有感），その身体は自己が内側から制御している（操作主体感）といったように感じられるという。

　さらに哲学領域では，われわれの知覚過程の四つの側面が自己認識との関係で重要視されている。つまり，①知覚過程には世界を観察している視点が存在する，②その視点は自己の身体位置に規定されている，③自己の身体は，内側から観察するにせよ，外側から観察するにせよ，自己が知覚する事物（things）の一つである，④これらの身体部位と性質が，単に所有されているというだけでなく，自分自身であると経験される。まとめると，自身の一人称視点から観察される事物の一つが，自分自身の身体であると同時に，自分自身と知覚され（Mandrigin & Thompson, 2015），このような形で自己認識過程に自己位置や視点といった空間位置情報を考慮する

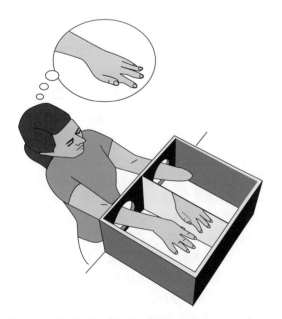

図11-3-1　ミラーボックスを用いたミラーセラピーの概念図（Ghoseiri et al., 2018）

必要が生じる。

　位置情報を含む自己身体感覚に関する初期の研究は，1937年にTastevinが，人が布の下から突き出た樹脂製の手の複製を自身の本物の指と勘違いする現象に関して（Tastevin, 1937），触覚と指の位置覚の知覚過程を検証したものといわれている。その後1960年代に，哲学者Merleau-Ponty（1968）は身体が“ここにいる感（my hereness）”を感じる様相を記述した。鏡のなかの自己を観察することは，この“ここにいる感”を外界環境の一部「視覚的に観察される自己」に拡張することと記述し，それを“向こうにいる感（my thereness）”と呼んでいる。この過程のなかで，Merleau-Pontyは自己認識過程は単にわれわれが直接自分自身の身体を経験する以上に，われわれの自己身体（bodily self）に対する視覚的知覚過程を含み，それはわれわれが他人を認識する過程ときわめて似ていると予測した。

　Tastevinが観測した錯覚は，BotvinickとCohenが身体所有感を評価する目的で1998年に取り上げられた（Botvinick & Cohen, 1998）。この論文を含む一連の研究は，後にラバーハンド錯覚（rubber-hand illusion）として知られるものである。一般に参加者は片方の腕をテーブルの下に置いた状態で着席する。実験者はゴムでできた腕を，下にある本物の腕と一列になるようテーブルの上に設置する。参加者の手をテーブルの上に設置し，参加者から見えないよう覆いなどで隠す場合もあるが，その場合はゴムの手と参加者の実際の手が同じぐらいの位置に横に並び，適度に離れすぎないようにする必要がある。実験者は参加者の手腕とゴムの手をそれぞれ絵筆など小型のブラシ1本ずつで並行してなぞり，2本が同期もしくは非同期になるようにしながら，身体所有感に関する一連の質問をした。このとき，参加者から見ると，自分がなぞられている筆の視覚的な動きと手指に与えられる触覚が同期もしくは非同期の状態になる。参加者はゴムの手と自身の手が同期してなぞられた後はゴムの手が自分の手のように感じると報告しているが，非同期の場合はそのように回答していない。さらに，同期の場合に参加者は自分の手の位置がどこに感じられるかを尋ねられると，実際の手の位置よりもゴムの手のほうに向かって指し示す

（自己受容感覚ドリフト，proprioceptive drift）。これらの事実により，ゴムの手といった本来自分自身の身体ではない対象物ないし物体に対して，自己の身体の一部であると「身体化（embodied）」している可能性が示唆される。このラバーハンド錯覚は，人間の自己に関する感覚がきわめて柔軟であると同時に，視覚情報が複数の感覚情報のなかで最も信頼性が高いような状況では，知覚された手腕の位置に関して，触覚や手腕の自己受容感覚から推定される位置情報が，視覚入力情報によりしばしば置き換えられると解釈されている。

　さらにLackner（1988）は，われわれの身体の位置ないし配置が，さまざまな感覚モダリティの相互作用から推定されたものであるということに加えて，異なる身体部位間の交互作用によっても変化することを示した（図11-3-2）。腕の腱に適切な周波数の振動刺激を加えると，腕が動いたような錯覚を生成することができる。この振動刺激の際に実験参加者自身が鼻を摘まむと，30cmも鼻が伸びる経験が報告される。これはピノキオ錯覚（Pinocchio illusion）と名付けられている。この現象は，シンクロ鼻叩きないしファントムノーズ錯覚（phantom nose illusion）と呼ばれる方法によって，腱への振動刺激がなくても生成する。具体的には，実験者と実験参加者以外に，もう1名助手として参加者に加わってもらい，実験者は目隠しされた観察者の手を取って，もう1名の参加者の鼻の上を不規則に長短をつけて触れるようにした。同時にもう片方の手で実験参加者の鼻を同期するように触れると，実験参加者の手指の動きと，その指が他の参加者の鼻を触る指と接触して，観察者が自分自身の鼻で受ける触覚と同期しているため，観察者は自分自身の鼻が非常に長くて，そこを叩いているような錯覚に陥る（Ramachandran & Hirstein, 1998）。

　聴覚に関しても，自分が床をたたく音が現実の位置より遠くから聞こえる場合，実際よりも遠い場所を叩いている感覚と同時に，腕が伸びたように感じられる（Tajadura-Jiménez et al., 2012；Tajadura-Jiménez et al., 2015）。加えて，腕の2点弁別距離も実際より長く感じられる。Tsakiris et al.（2006）は，これら身体部位の大きさの錯覚は，身体空間はわれ

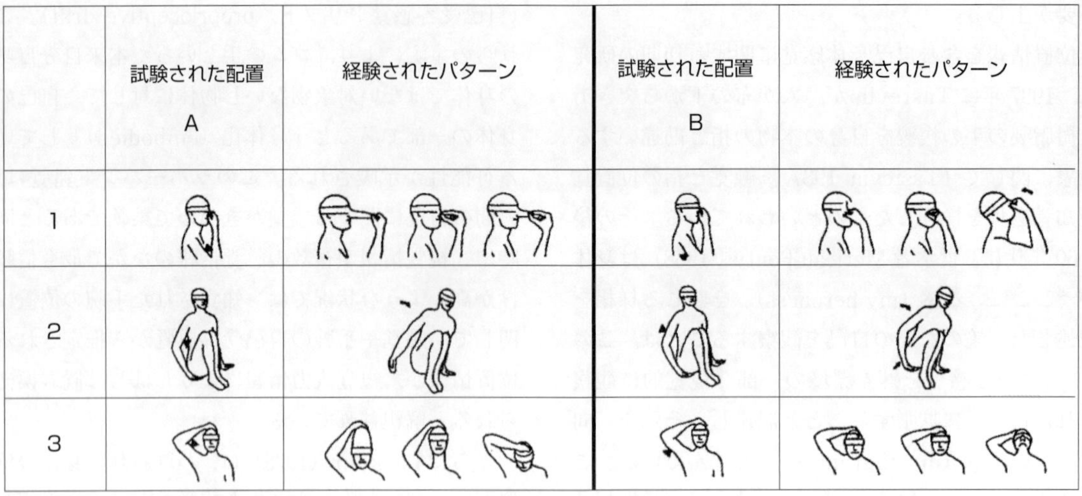

第 IV 部　触覚

	試験された配置 A	経験されたパターン	試験された配置 B	経験されたパターン
1				
2				
3				

図 11-3-2　ピノキオ錯覚の例（Lackner, 1988 より抜粋）
　　　　1 から 3 のそれぞれの列は異なる身体部位の配置条件を示しており，A は上腕二頭筋，B は上腕三頭筋への振動刺激条件を示している。それぞれの身体部位の配置条件に対して，左側に調査された物理的な状況を図示しており，右側に振動刺激中経験された最も代表的なパターンを示している。矢印は振動刺激装置をつけた場所を示している。

われの心のなかにある身体を完全かつ正確に示してはおらず，しかも身体空間の境界が物理的な身体の限界，たとえば皮膚の表面などと常には一致しないことを示していると考えている。「これらの例は，生物的な脳が擁する身体イメージがきわめて高い可塑性を有しており，環境から受ける信号の組み合わせに対して，鋭敏かつ急速に反応してしまうということを示すもの」と解釈される（Clark, 2003）。同時に，複数感覚モダリティや身体運動の間で情報に矛盾がある場合，それらのつじつまを合わせるかのように身体形状の変化として推論ないし解釈がなされ，その結果としてここで報告するような錯覚が生じるという解釈が成り立つ（Kitagawa, 2013）。

（葭田　貴子）

11・4　自己そのものの位置の知覚過程と一人称視野感覚など今後の展望

　身体そのものの位置や形状に加えて，それを観察している主体ないし「自己」そのものの位置ないし配置も，われわれの物理的身体に対して変化しうることが報告されている。言い換えると，「身体的自己」と「見る自己」（Clark, 2003），あるいは「知覚対象の物としての身体（body-as-object）」と，「その身体を所有しており，その身体を通じその身体によって世界を認識する主体としての自分（body-as-subject）」の位置関係（Mandrigin & Thompson, 2015）は，一般的な状況ではほぼ一致していると見なせる，もしくは身体に中心を置く何らかの座標軸と重なっているものである。しかし，条件を満たせばこの二つの位置を分離できることも示されている。

　このような例として最も知られた現象で，寝床のなかに横になり，眠りに落ちようとする際に，突如天井近くに浮き上がり，寝床ないし床の上の自分自身の身体を見下ろしているという現象を，一般的に幽体離脱現象（out-of-body experience：OBE）という。幽体離脱現象はしばしば超常現象的に説明されるが，ヒトの複数感覚統合情報処理に基づく科学的洞察からは，われわれの自己と身体が空間的に一致しているという日常経験を疑うと同時に，「実存する自分（real me）」が自分の身体のなかにいて，経験や思考の主体ないし「語り手（I）」であるという経験に対しても疑問を投げかける（Blanke et al., 2004）。この現象は言い換えると，自己（self）ないし意識的気づき（awareness）の中心が物理的身体の外側の通常とは異なる位置にあると同時に，世

第 11 章　行為と自己身体認識過程

界の知覚も物理的身体の外から行われているとすれ
ば，通常とは異なる一人称視点と表現することがで
きる（Blanke et al., 2004；Devinsky et al., 1989）。
さらに，身体を所有しているという自己身体の同
定が，物理的な身体位置ではない場所で脱身体化
（disembodiment）して行われており，通常とは異
なる自己認識過程ということができる（Heydrich &
Blanke, 2013）。われわれの日々の一人称視点は身体
中心であるが，それを変化させる幽体離脱現象の要
因として，神経科学的な基盤は数多くの病因から報
告されており（Blanke et al., 2004；Brugger, 2002；
Devinsky et al., 1989），偏頭痛（Lippman, 1953），て
んかんのほか（Heydrich et al., 2011），局所的な電気
皮質刺激の後（Blanke et al., 2002；De Ridder et al.,
2007），一般的な麻酔下（Lopez et al., 2006），チフ
ス熱（Menninger-Lerchenthal, 1946）や脊髄損傷で
も報告がある（Overney et al., 2009）。特に，Blanke
らの研究グループにより，右下頭頂小葉を含む側頭
–頭頂接合部（temporoparietal junction：TPJ）を

電気刺激すると種々の体外離脱体験が生じることが
報告され（図 11-4-1），幽体離脱現象との関連性が
議論されている。

　これら一連の報告では，幽体離脱現象のような視
触覚の錯覚が，通常とは異なる前庭感覚，そして
TPJ における複数感覚統合過程と頻繁に関連付け
られている。このことから，幽体離脱現象とそれに
伴う通常とは異なる自己認識や自己位置，一人称視
点は，身体信号に関する複数感覚の統合が混乱してお
り，身体近傍空間（peripersonal space）では触覚・
視覚と自己受容感覚が，手が届かない程度の身体外
空間ないし遠位空間（extrapersonal space）では視覚
と自己受容感覚がそれぞれ不一致であると考えられる。
同時に，健常者の日常における通常状態では TPJ が
それらを統合し，一人称視点で身体化（embody）
することに何らかの役割を果たしていることを示
唆していると解釈されている（Aspell et al., 2012）。

　このような幽体離脱現象と類似していると思わせ
る感覚が，今日ではビデオシステムに接続したバー

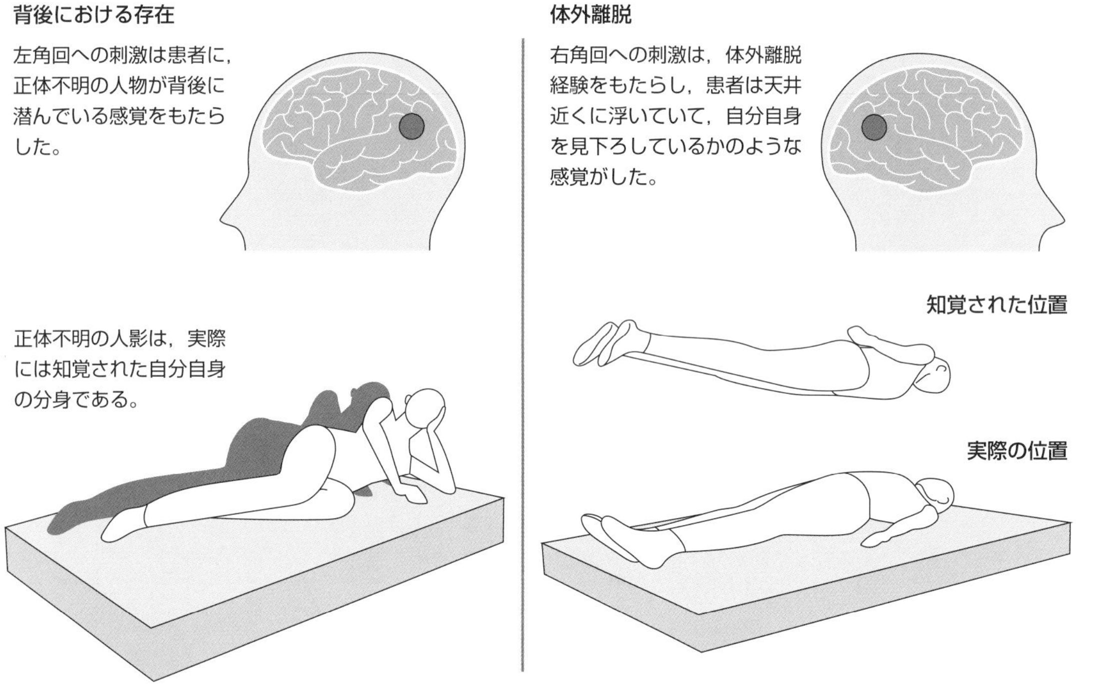

背後における存在

左角回への刺激は患者に，
正体不明の人物が背後に
潜んでいる感覚をもたら
した。

正体不明の人影は，実際
には知覚された自分自身
の分身である。

体外離脱

右角回への刺激は，体外離脱
経験をもたらし，患者は天井
近くに浮いていて，自分自身
を見下ろしているかのような
感覚がした。

知覚された位置

実際の位置

**図 11-4-1　一つの身体に対して脳が二つであると唱える場合を示す Blanke による概念図（The New York Times,
2006 をもとに作成）**
　　　Blanke らによる近年の研究は，超常現象的な説明をされがちな経験に対して，新たな科学的洞察を与えている。
　　　脳の左角回と右角回に対する刺激は，この図に示す二つの異なる結果をもたらした。

1369

チャルリアリティ用のヘッドマウントディスプレイを用いて健常者で簡便に再現できることが知られている。Descartesの言葉をもじって「ビデオ・エルゴ・スム（Video Ergo Sum）」と表現される（Lenggenhager et al., 2007）。その原理は，ラバーハンド錯覚や，シンクロ鼻叩き，ファントムノーズ錯覚と類似している。図11-4-2に示されるように，実験参加者はヘッドマウントディスプレイを通じて，2m先にいる自分自身のバーチャルな身体を3D立体視しながら，自分自身の身体とバーチャルな身体が同期してなぞられる様子を観察すると，観察者は明らかに自身の身体近傍空間よりも前方にあるバーチャルな身体のほうが，自分自身の身体であるかのように感じるほかに，自身の身体位置が，実際の物理的身体の外側に出てしまっているかのようにバーチャルな身体の方向に向かって誤って定位される。初期の頃のこの種のバーチャルリアリティを用いた研究報告では，使用できる機材やセンサー類の技術的制約により，体験者の頭部や手指などの能動的な身体運動が必ずしも含まれていない研究，すなわち，静止した身体に対する研究が目立った。しかし年を追うごとに，観察者の頭部などさまざまな身体部位をトラッキングしながら，最小の遅延時間でヘッドマウントディスプレイなどの一人称視点画像に反映させる技術が急速に進展し，簡便・安価になっている。このことから，今後は実験参加者が比較的能動的に行動できる状況において操作主体感覚を検証する研究や，触力覚，立体音響との組み合わせなど，従来のエンドユーザ向けの安価なバーチャルリアリティ機器では再現が難しかったモダリティの情報を付加した研究の増加が見込まれる。

ところで，Gallagher（2000）のモデルは，「今，ここ」を記述するための知覚の一人称視点性を含んでいない。Gallagher自身，その事実を認めつつ，ミニマルセルフの障害として，視覚経験の自己所有感の選択的喪失と解釈される症例を紹介することがある（Zahn et al., 2008）。この症例は，自己の操作主体感や身体所有感に障害はなく，他者認識など社会的知覚も正常であるにもかかわらず，視覚対象を知覚する際に，自分自身がそれを知覚している主体であるということをすぐには認識していない。Xを経験しているのが自分自身である場合，誰がXを経験しているのかについて自分は間違えないという誤同定免疫（immunity to error through misidentification）

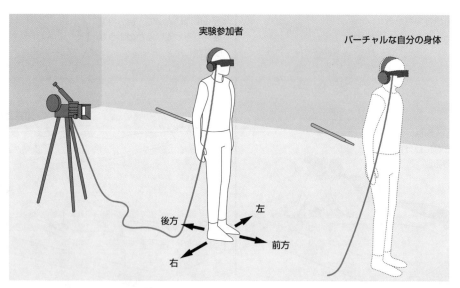

図11-4-2　ヘッドマウントディスプレイ（HMD）を用いた「ビデオ・エルゴ・スム（Video Ergo Sum）」実験の概念図（Lenggenhager et al., 2007をもとに作成）

実験参加者（左）はヘッドマウントディスプレイを通じて，2m先にいる自分自身のバーチャルな身体（右）を3D立体視しながら，自分自身の身体とバーチャルな身体が同期して棒でなぞられるのを観察する。すると，バーチャルな身体位置へ自身の身体位置の移動（drift）が感じられ，バーチャルな身体が自分自身であるかのように感じる。

らずロボットや AI を含む複数の主体が一個ないし少　　　　の拡張など，今後の課題は多い。
数の操作対象内で交互作用する状況に適したモデル

（葭田　貴子）

文献

（11・1）

Blanke, O. (2012). Multisensory brain mechanisms of bodily self-consciousness. *Nature Reviews Neuroscience, 13*, 556–571. ［doi: 10.1038/nrn3292］

Edelman, G. (1992). *Bright Air, Brilliant Fire*. Basic Books.

Gibson, J. J. (1962). Observations on active touch. *Psychological Review, 69*, 477–491. ［doi: 10.1037/h0046962］

Goodale, M. A., & Milner, A. D. (1992). Separate visual pathways for perception and action. *Trends in Neurosciences, 15*(1), 20–25. ［doi: 10.1016/0166-2236(92)90344-8］

Herbelin, B., Salomon, R., Serino, A., & Blanke, O. (2015). Neural mechanisms of bodily self-consciousness and the experience of presence in virtual reality. In A. Gaggioli, A. Ferscha, G. Riva, S. Dunne & I. Viaud-Delmon (Eds.), *Human Computer Confluence: Transforming Human Experience Through Symbiotic Technologies* (pp. 80–96). De Gruyter Open Poland. ［doi: 10.1515/9783110471137-005］

Hochstein, S., & Ahissar, M. (2002). View from the top: Hierarchies and reverse hierarchies in the visual system. *Neuron, 36*, 791–804. ［doi: 10.1016/S0896-6273(02)01091-7］

板倉　昭二・北﨑　充晃（編著）（2013）．ロボットを通して探る子どもの心：ディベロップメンタル・サイバネティクスの挑戦　ミネルヴァ書房

田中　彰吾（2017）．生きられた〈私〉をもとめて：身体・意識・他者（心の科学のための哲学入門 4）　北大路書房

Treisman, A. M., & Gelade, G. (1980). A feature-integration theory of attention. *Cognitive Psychology, 12*(1), 97–136. ［doi: 10.1016/0010-0285(80)90005-5］

（11・2）

Alimardani, M., Nishio, S., & Ishiguro, H. (2013). Humanlike robot hands controlled by brain activity arouse illusion of ownership in operators. *Nature Scientific Reports, 3*, 2396. ［doi: 10.1038/srep02396］

Asai, T., & Tanno, Y. (2007). The relationship between the sense of self-agency and schizotypal personality traits. *Journal of Motor Behavior, 39*(3), 162–168. ［doi: 10.3200/JMBR.39.3.162-168］

Blakemore, S. J., Frith, C. D., & Wolpert, D. M. (1999). Spatio-temporal prediction modulates the perception of selfproduced stimuli. *Journal of Cognitive Neuroscience, 11*(5), 551–559. ［doi: 10.1162/089892999563607］

Cowan, N. (2001). *The Magical Number 4 in Short-Term Memory: A Reconsideration of Mental Storage Capacity*. Cambridge University Press.

Farrer, C., Bouchereau, M., Jeannerod, M., Franck, N., & Lyon, C. B. (2008). Effect of distorted visual feedback on the sense of agency. *Behavioural Neurology, 19*, 53–57. ［doi: 10.1155/2008/425267］

Farrer, C., Valentin, G., & Hupé, J. M. (2013). The time windows of the sense of agency. *Consciousness and Cognition, 22*(4), 1431–1441. ［doi: 10.1016/j.concog.2013.09.010］

Gallagher, S. (2000). Philosophical conceptions of the self: Implications for cognitive science. *Trends in Cognitive Sciences, 4*(1), 14–21. ［doi: 10.1016/S1364-6613(99)01417-5］

Gibson, J. J. (1966). *The Senses Considered as Perceptual Systems*. Houghton Mifflin.

Haggard, P., & Chambon, V. (2012). Sense of agency. *Current Biology, 22*(10), R390–R392. ［doi: 10.1016/j.cub.2012.02.040］

Ismail, M. A. F., & Shimada, S. (2016). 'Robot' hand illusion under delayed visual feedback: Relationship between the senses of ownership and agency. *PLoS ONE, 11*(7), e0159619. ［doi: 10.1371/journal.pone.0159619］

Kamiya, S., & Yoshida, T. (2013a). *Gaze behaviour change around a 317-ms visual feedback delay during a simple blockcopying task*. European Conference on Visual Perception, Bremen, Germany.

Kamiya, S., & Yoshida, T. (2013b). *Visual feedback delay decreases the usability of our own body*. European Conference on

第Ⅳ部　触覚

Eye Movement, Lund, Sweden.

Miller, G. (1956). The magical number seven, plus or minus two: Some limits on our capacity for processing information. *The Psychological Review, 63*, 81-97. [doi: 10.1037/h0043158]

Rosén, B., Ehrsson, H. H., Antfolk, C., Cipriani, C., Sebelius, F., & Lundborg, G. (2009). Referral of sensation to an advanced humanoid robotic hand prosthesis. *Scandinavian Journal of Plastic and Reconstructive Surgery and Hand Surgery, 43*(5), 260-266. [doi: 10.3109/02844310903113107]

Shimada, S., Qi, Y., & Hiraki, K. (2010). Detection of visual feedback delay in active and passive self-body movements. Experimental *Brain Research, 201*, 359-364. [doi: 10.1007/s00221-009-2028-6]

Smith, K. U., Smith, W. M., & Smith, M. F. (1962). *Perception and Motion: An Analysis of Space-Structured Behavior.* Saunders.

Wolpert, D. M. (1997). Computational approaches to motor control. *Trends in Cognitive Sciences, 1*(6), 209-216. [doi: 10.1016/S1364-6613(97)01070-X]

(11・3)

Botvinick, M., & Cohen, J. (1998). Rubber hands "feel" touch that eyes see. *Nature, 391*(6669), 756. [doi: 10.1038/35784]

Clark, A. (2003). *Natural-Born Cyborgs: Minds, Technologies, and the Future of Human Intelligence.* Oxford University Press.

　　（呉羽　真・久木田 水生・西尾 香苗（訳）（2015）．生まれながらのサイボーグ：心・テクノロジー・知能の未来　春秋社）

Gallagher, S. (2000). Philosophical conceptions of the self: Implications for cognitive science. *Trends in Cognitive Sciences, 4*(1), 14-21. [doi: 10.1016/S1364-6613(99)01417-5]

Ghoseiri, K., Allami, M., Soroush, M. R., & Rastkhadiv, M. Y. (2018). Assistive technologies for pain management in people with amputation: A literature review. *Military Medical Research, 5*, Article number 1. [doi: 10.1186/s40779-018-0151-z]

Holmes, N. P., Crozier, G., & Spence, C. (2004). When mirrors lie: "Visual capture" of arm position impairs reaching performance. *Cognitive, Affective, & Behavioral Neuroscience, 4*, 193-200. [doi: 10.3758/CABN.4.2.193]

Kitagawa, N. (2013). Link between hearing and bodily sensations. *NTT Technical Review, 11.*

Lackner, J. R. (1998). Some proprioceptive influences on the perceptual representation of body shape and orientation. *Brain, 111*(2), 281-297. [doi: 10.1093/brain/111.2.281]

Mandrigin, A., & Thompson, E. (2015). Own-body perception. In M. Matthen (Ed.), *The Oxford Handbook of Philosophy of Perception* (pp. 515-529). Oxford: Oxford University Press.

Merleau-Ponty, M. (1968). *The visible and the invisible.* (A. Lingis, Trans.). Northwestern University Press. (Original work published 1964)

森岡　周（2016）．リハビリテーションのための脳・神経科学入門（改訂第2版）　協同医書出版社

Penfield, W., & Rasmussen, T. (1950). *The Cerebral Cortex of Man: A Clinical Study of Localization of Function.* Macmillan.

Ramachandran, V. S., & Blakeslee, S. (1998). *Phantoms in the Brain: Probing the Mysteries of the Human Mind.* William Morrow.

　　（山下 篤子（訳）（2011）．脳のなかの幽霊　角川書店）

Ramachandran, V. S., & Hirstein, W. (1998). The perception of phantom limbs. *Brain, 121*, 1603-1630. [doi: 10.1093/brain/121.9.1603]

Ramachandran, V. S., Rogers-Ramachandran, D., & Cobb, S. (1995). Touching the phantom limb. *Nature, 377*, 489-490. [doi: 10.1038/377489a0]

Tajadura-Jimenez, A., Tsakiris, M., Marquardt, T., & Bianchi-Berthouze, N. (2015). Action sounds update the mental representation of arm dimension: Contributions of kinaesthesia and agency. *Frontiers in Psychology, 6*, Article 689. [doi: 10.3389/fpsyg.2015.00689]

Tajadura-Jiménez, A., Väljamäe, A., Toshima, I., Kimura, T., Tsakiris, M., & Kitagawa, N. (2012). Action sounds recalibrate perceived tactile distance. *Current Biology, 22*(13), R516-R517. [doi: 10.1016/j.cub.2012.04.028]

Tajima, D., Mizuno, T., Kume, Y., & Yoshida, T. (2015). The mirror illusion: Does proprioceptive drift go hand in hand with sense of agency? *Frontiers in Psychology, 6.* [doi: 10.3389/fpsyg.2015.00200]

Tastevin, J. (1937). En partant de l'expérience d'Aristote les déplacements artificiels des parties du corps ne sont pas suivis par le sentiment de ces parties ni par les sensations qu'on peut y produire. *L'Encéphale: Revue de psychiatrie clinique biologique et thérapeutique, 32,* 57-84; 140-158.

Tsakiris, M., Prabhu, G., & Haggard, P. (2006). Having a body versus moving your body: How agency structures bodyownership. *Conscious Cognition, 15,* 423-432. [doi: 10.1016/j.concog.2005.09.004]

(11・4)

Arnold, G., Pesnot-Lerousseau, J., & Auvray, M. (2017). Individual differences in sensory substitution. *Multisensory Research, 30,* 579-600. [doi: 10.1163/22134808-00002561]

Aspell, J. E., Lenggenhager, B., & Blanke, O. (2012). Multisensory perception and bodily self-consciousness: From out-of-body to inside-body experience. In M. M. Murray & M. T. Wallace (Eds.), *The Neural Bases of Multisensory Processes* (Chapter 24). CRC Press/Taylor & Francis.

Blanke, O., Landis, T., Spinelli, L., & Seeck, M. (2004). Out-of-body experience and autoscopy of neurological origin. *Brain, 127,* 243-258. [doi: 10.1093/brain/awh040]

Blanke, O., Ortigue, S., Landis, T., & Seeck, M. (2002). Stimulating illusory own-body perceptions. *Nature, 419,* 269-270. [doi:10.1038/419269a]

Bridgeman, B. (2010). How the brain makes the world appear stable. *i-Perception, 1,* 69-72. [doi: 10.1068/i0387]

Brugger, P. (2002). Reflective mirrors: Perspective-taking in autoscopic phenomena. *Cognitive Neuropsychiatry, 7,* 179-194. [doi: 10.1080/13546800244000076]

Clark, A. (2003). *Natural-Born Cyborgs: Minds, Technologies, and the Future of Human Intelligence.* Oxford University Press.
（呉羽 真・久木田 水生・西尾 香苗（訳）（2015）．生まれながらのサイボーグ：心・テクノロジー・知能の未来　春秋社）

Corcoran, D. W. J. (1977). The phenomena of the disembodied eye or is it a matter of personal geography? *Perception, 6,* 247-253. [doi: 10.1068/p060247]

De Ridder, D., Van Laere, K., Dupont, P., Menovsky, T., & Van de Heyning, P. (2007). Visualizing out-of-body experience in the brain. *New England Journal of Medicine, 357,* 1829-1833. [doi: 357/18/1829]

Devinsky, O., Feldmann, E., Burrowes, K., & Bromfield, E. (1989). Autoscopic phenomena with seizures. *Archives of Neurology, 46*(10), 1080-1088. [doi: 10.1001/archneur.1989.00520460060015]

Friston, K., & Kilner, J., & Harrison, L. (2006). A free energy principle for the brain. *Journal of Physiology-Paris, 100,* 70-87. [doi: 10.1016/j.jphysparis.2006.10.001]

Gallagher, S. (2000). Philosophical conceptions of the self: Implications for cognitive science. *Trends in Cognitive Sciences, 4*(1), 14-21. [doi: 10.1016/S1364-6613(99)01417-5]

Grgič, R. G., Crespi, S. A., & De'Sperati, C. (2016). Assessing self-awareness through gaze agency. *PLoS ONE, 11*(11), Pe0164682. [doi: 10.1371/journal.pone.0164682]

Heydrich, L., & Blanke, O. (2013). Distinct illusory own-body perceptions caused by damage to posterior insula and extrastriate cortex. *Brain, 136,* 790-803. [doi: 10.1093/brain/aws364]

Heydrich, L., Lopez, C., Seeck, M., & Blanke, O. (2011). Partial and full own-body illusions of epileptic origin in a child with right temporoparietal epilepsy. *Epilepsy & Behavior, 20,* 583-586. [doi: 10.1016/j.yebeh.2011.01.008]

乾 敏郎・阪口 豊　（2020）．脳の大統一理論：自由エネルギー原理とはなにか　岩波書店

Kim, J., & Yoshida, T. (2024). Sense of agency at a temporally-delayed gaze-contingent display. *PLoS ONE, 19*(9): e0309998. [doi: 10.1371/journal.pone.0309998]

Lenggenhager, B., Tadi, T., Metzinger, T., & Blanke, O. (2007). Video ergo sum: Manipulating bodily self-consciousness. *Science, 317*(5841), 1096-1099. [doi: 10.1126/science.1143439]

第 IV 部　触覚

Lippman, C. W. (1953). Hallucinations of physical duality in migraine. *Journal of Nervous and Mental Disease, 117*, 345–352. [doi: 10.1097/00005053-195304000-00008]

Lopez, U., Forster, A., Annoni, J. M., Habre, W., & Iselin-Chaves, I. A. (2006). Near-death experience in a boy undergoing uneventful elective surgery under general anesthesia. *Paediatr Anaesth, 16*, 85–88. [doi: 10.1111/j.14609592.2005.01607. x]

Mandrigin, A., & Thompson, E. (2015). Own-body perception. In M. Matthen (Ed.), *The Oxford Handbook of Philosophy of Perception* (pp. 515–529). Oxford: Oxford University Press.

Menninger-Lerchenthal, E. (1946). *Der eigene Doppelganger*. Huber.

Overney, L. S., Arzy, S., & Blanke, O. (2009). Deficient mental own-body imagery in a neurological patient with out-of-body experiences due to cannabis use. *Cortex, 45*, 228–235. [doi: 10.1016/j.cortex.2008.02.005]

Shoemaker, S. S. (1968). Self-reference and self-awareness. *The Journal of Philosophy, 65*, 555–567. [doi: 10.2307/2024121]

The New York Times (2006). *One body when the brain says two*. Oct, 2.

von Helmholtz, H. (1962). *Helmholtz's treatise on physiological optics* (Vol. 3, J. P. C. Southall, Ed. & Trans.). Optical Society of America. (Original work published 1910)

Von Holst, E., & Mittelstaedt, H. (1950). Das Reafferezprincip: Wechselwirkungen zwischen Zentralnerven-system und Peripherie. *Naturwissenschaften, 37*, 464–476.

Wittgenstein, L. (1958). *The Blue and Brown Books: Preliminary Studies for the "Philosophical Investigations"*. Harper & Row.

Yoshida, T., Yamaguchi, A., Tsutsui, H., & Wake, T. (2015). Tactile search for change has less memory than visual search for change. *Attention, Perception, & Psychophysics, 77*, 1200–1211. [doi: 10.3758/s13414-014-0829-6]

Zahn, R., Talazko, J., & Ebert, D. (2008). Loss of the sense of self-ownership for perceptions of objects in a case of right inferior temporal, parieto-occipital and precentral hypometabolism. *Psychopathology, 41*, 397–402. [doi: 10.1159/000158228]

第12章　点字と点字ユーザの多様性

12・1　はじめに

点字は，触覚により読み書きできる視覚障害者のための文字（code）である。点字の研究は，指で点字を読む点字読書（触読），書き言葉としての点字，点字利用者の指導者や支援者のための視覚的な点字学習に関する研究など多岐にわたっている。ここでは，点字の特徴と点字読書と関連する研究を主に紹介する。

（大島　研介）

12・2　点字の特徴

12・2・1　点字とは

点字は世界中の言語で採用されており，基本的には横に2点，縦に3点を配置した六つの点の有無を組み合わせ（マスと呼ぶ）により，アルファベットや仮名などの文字体系を表現することができ，文字の読み書きが可能となるしくみである。日本語点字は，基本的には1マスで仮名1音を表現する表音文字である。しかし，6点の有無による組み合わせは63通り（点がないマスは除く）しかないため，基本の仮名の46音に加え，濁音・半濁音・拗音・促音などを示す記号と組み合わせて表現する方式を採用している。基本の仮名の大半は，母音を示す点配列と子音を示す点配列の合成で形作られるなど論理的なしくみに基づいて，点字の配列は構築されている（図12-2-1）。

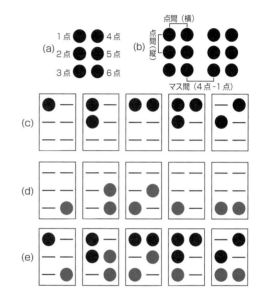

図 12-2-1　点字のレイアウトと日本語点字の組み合わせの例
（a）1マスの点の位置を示しており，左上から下に1点，2点，3点，右上から下に4点，5点，6点と呼ぶ。（b）点字のサイズにおける点間（縦と横）とマス間を示している。（c）左から母音の配列「a, i, u, e, o」を示す。基本の仮名の46音の「あ，い，う，え，お」の点字である。（d）左から子音の配列「k, s, t, n, h」を示す。点字一覧には存在しない配列である。（e）左から母音と子音の配列の組み合わせ「k+a, s+i, t+u, n+e, h+o」を示す。基本の仮名の46音「か，し，つ，ね，ほ」の点字である。

12・2・2　点字のサイズ（物理的寸法）とその多様性

1825年にLouis Brailleによって点字が考案されてから，点字は六つの凸点が指先に収まる程度のサイズであることは変わらないが，世界中でサイズの異なる点字が普及してきた（図12-2-2）。点字のサイズは，点の大きさ・点間（縦と横，それぞれの点

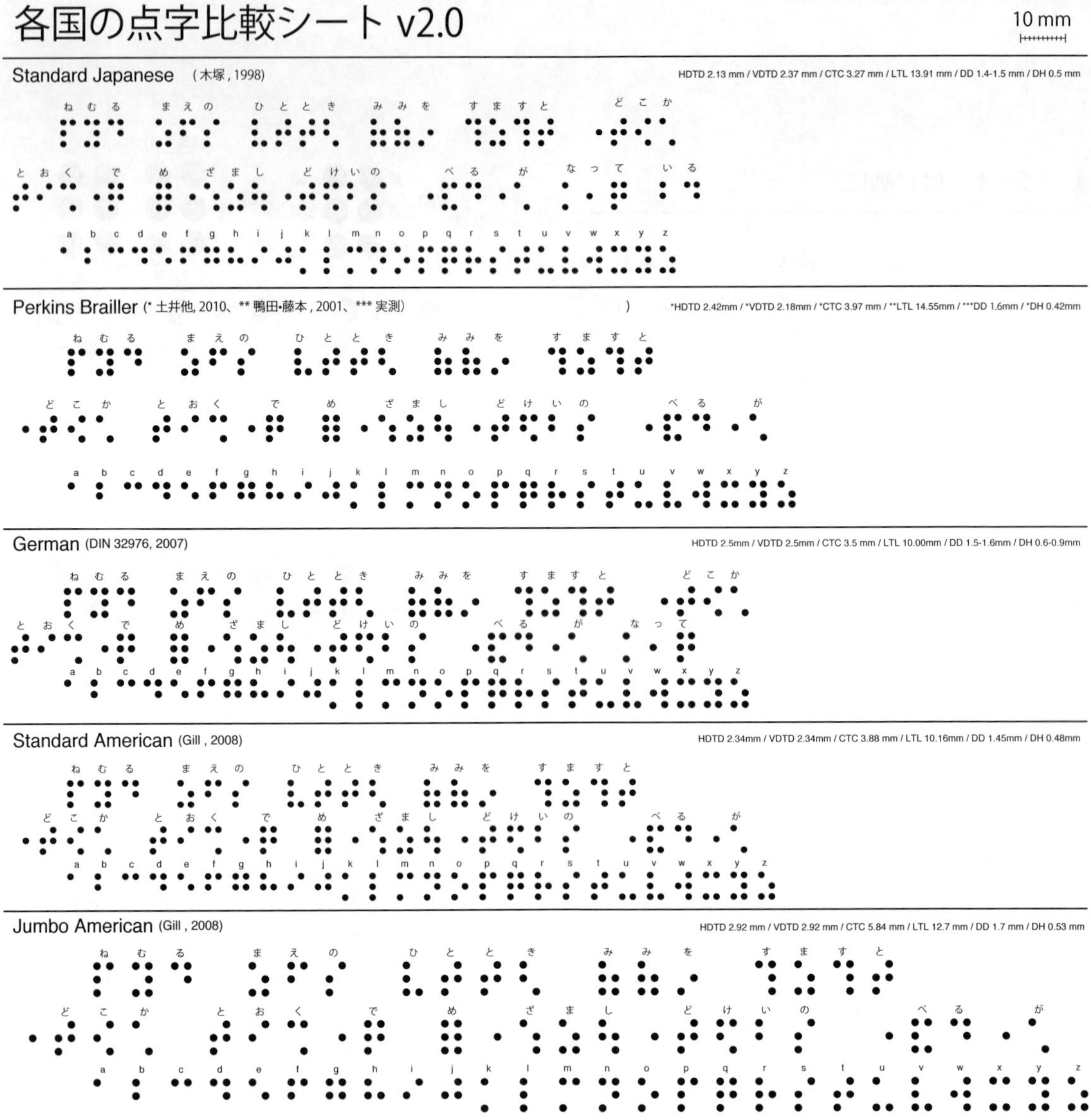
各国の点字比較シート v2.0
10 mm
Standard Japanese （木塚, 1998）
HDTD 2.13 mm / VDTD 2.37 mm / CTC 3.27 mm / LTL 13.91 mm / DD 1.4-1.5 mm / DH 0.5 mm
ね む る　ま え の　ひ と と き　み み を　す ま す と　ど こ か
と お く　で　め　ざ ま し　ど け い の　べ る　が　な っ て　い る
a b c d e f g h i j k l m n o p q r s t u v w x y z
Perkins Brailler (* 土井他, 2010、** 鴨田•藤本 , 2001、*** 実測)
*HDTD 2.42mm / *VDTD 2.18mm / *CTC 3.97 mm / **LTL 14.55mm / ***DD 1.6mm / *DH 0.42mm
ね む る　ま え の　ひ と と き　み み を　す ま す と
ど こ か　と お く　で　め　ざ ま し　ど け い の　べ る　が
a b c d e f g h i j k l m n o p q r s t u v w x y z
German (DIN 32976, 2007)
HDTD 2.5mm / VDTD 2.5mm / CTC 3.5 mm / LTL 10.00mm / DD 1.5-1.6mm / DH 0.6-0.9mm
ね む る　ま え の　ひ と と き　み み を　す ま す と　ど こ か
と お く　で　め　ざ ま し　ど け い の　べ る　が　な っ て
a b c d e f g h i j k l m n o p q r s t u v w x y z
Standard American (Gill , 2008)
HDTD 2.34mm / VDTD 2.34mm / CTC 3.88 mm / LTL 10.16mm / DD 1.45mm / DH 0.48mm
ね む る　ま え の　ひ と と き　み み を　す ま す と
ど こ か　と お く　で　め　ざ ま し　ど け い の　べ る　が
a b c d e f g h i j k l m n o p q r s t u v w x y z
Jumbo American (Gill , 2008)
HDTD 2.92 mm / VDTD 2.92 mm / CTC 5.84 mm / LTL 12.7 mm / DD 1.7 mm / DH 0.53 mm
ね む る　ま え の　ひ と と き　み み を　す ま す と
ど こ か　と お く　で　め　ざ ま し　ど け い の　べ る　が
a b c d e f g h i j k l m n o p q r s t u v w x y z

図 12-2-2　各国の点字のサイズ比較シート

上から，日本標準点字，パーキンスブレイラーで打った点字，ヨーロッパスタンダード，アメリカ標準点字，ジャンボサイズのアメリカ点字の文とアルファベットを示す。横点間 (HDTD)，縦点間 (VDTD)，４点と隣の１点とのマス間 (CTC)，行間（LTL），点の直径（DD），点の高さ (DH)。1，２行目は谷川（1968）より引用。

第 12 章　点字と点字ユーザの多様性

と点の距離）・マス間（隣のマスとの距離）・行間の 4 要素で構成されており，バリエーションも豊富である（Gill, 2008；木塚，1998）。また，点の形状（例：台形型・お椀型など）が読みやすさに影響する（林 他，2003；渡辺・大内，2003）など，点字の物理的特性が読書や弁別に影響すると考えられる。

　空間分解能の指標である 2 点弁別閾（Tong et al., 2013；Weinstein, 1968 参照）や縞刺激による弁別閾（Legge et al., 2008 参照）に基づくと，各国の標準サイズの点字では点間が 2.0-2.6 mm（Gill, 2008）の間に収まっているということは，人の指先で弁別可能な空間的なパターンであるといえる。ただし，触覚の空間分解能は，年齢（Stevens et al., 1996）や指先の面積（Peters et al., 2009），触覚経験（Wong et al., 2011）などの要因の影響を受けることが知られており，標準サイズの点字がすべてのユーザにとって最適であるとは限らない。Stevens et al.（1996）は点字読書速度と指先の感度の間に相関があり，感度低下と点字読書が関連するとした。しかし，失明時期などの個人要因を統制すると，点字読書速度に対して触覚の感度は影響しない（Legge et al., 1999；大島，2016；Oshima et al., 2014）。

　一方，指先の感度低下が点字読書に影響する事例がある。糖尿病患者は進行とともに失明するだけでなく，指先の感度低下が生じ（Harley et al., 1985），標準サイズの点字は読むことができないが，標準よりも大きいサイズの点字であれば，読むことができる（Bernbaum et al., 1989；中野他，1997）。これらの知見から，標準サイズの点字は多くのユーザにとって十分な大きさであるが，加齢や疾患により感度低下が生じているユーザにとっては，標準のサイズよりも大きい点字サイズを選定する必要があるだろう。

（大島 研介）

12・3　点字ユーザの多様性

12・3・1　点字ユーザの広がりと点字の識字率の低さ

　2015 年の時点で，全世界の人口の 0.48％にあた

る 3600 万人が盲の視覚障害者であると推計されている（Bourne et al., 2017）。視覚障害者全体における点字を読むことができる点字ユーザの割合（点字の識字率）は，国により異なるが視覚障害者全体の 10％ほどと考えられている。日本では 2006 年の身体障害児・者を対象とした調査によると視覚障害者のうち 12.7％が点字ユーザ（点字ができると回答）であった（厚生労働省，2008）。一方，イギリスでは，大規模なインタビュー調査に基づいた推定より，視覚障害者の 5％が点字を使用している（Douglas et al., 2006）。アメリカにおいては盲の視覚障害者の 10％が点字ユーザとされている（National Federation for the Blind, 2009）。このように，視覚における文字（墨字）の活用が難しい視覚障害者の大多数が，点字を利用していない現状があり，点字識字率の低さが問題となっている（National Federation for the Blind, 2009）。

　音声言語のみでも生活上の最低限のコミュニケーションは行えるとしても，リテラシー（読み書き）スキルは雇用や収入に影響する必須スキルである（Mooney & Silver-Pacuilla, 2010）。リテラシーの獲得には学習が必須であるのは墨字（視覚における文字体系）と同様であるが，点字の識字率は墨字と比べ，著しく低い。点字学習の妨げとなっている要因として，点字が複雑で学習が難しすぎるという学習者と指導者の思い込みや，点字の指導者や学習機会の不足，代替となる情報技術の発展，年齢（年齢の上昇に伴う意欲低下や触覚の感度低下など）などが指摘されている（Cryer et al., 2011）。

12・3・2　点字習得の効用

　点字で読み書きができる点字リテラシーは，教育，雇用，生活の質（quality of life：QOL）に対して効用があることが示されている（Bengisu et al., 2008；Goertz et al., 2010；Ryles, 1996）。特に，雇用や平均所得の上昇につながることから，社会参加のためにも重要なスキルであると捉えることができる。一方で，大学の入学試験や採用試験などの場面において，点字の使用に対する理解が十分でないこともあり，社会として点字学習の後押しをする環境になっていない点も考慮する必要がある。日本では

第 IV 部　触覚

2016 年 4 月の「障害を理由とする差別の解消の推進に関する法律」（いわゆる「障害者差別解消法」）の施行に伴い，障害者の社会参加に伴う障壁の除去が推進され，大学の入学試験や TOEIC® Listening & Reading Test などの資格取得試験において，点字受験や試験時間の延長などが認められるなど少しずつ変わりつつある。

12・3・3　点字ユーザの多様性と関連要因

　点字ユーザにおいて，すべてのユーザが流暢に点字を読むことができるわけではない。ウェブやメモなどのデジタル情報を携帯型の点字デバイスを通じて読み書きできるユーザから，紙に点字印刷された文書を読むユーザ，単語の識別だけに活用するユーザ（棚のラベルなど日常生活の円滑化に活用）など多様な利用状況がある。早期から点字を学んでいる早期失明者は早く読めるようになるが，成長してから失明した中途失明者は，読書速度はなかなか早く読めるようにならないことが知られている（管，1988）。これは，熟練の点字ユーザのように指を動かすことが難しいことに加え，点字の習得に要する時間の不足，視覚化（和氣，1995）のように，過去の視覚経験が触覚パターン認知に影響する可能性が考えられる。加えて，先天盲患者において，点字読書時に一次視覚野の活性化（Pascual-Leone et al., 2005；Sadato et al., 1996）や，視覚野を再活用（recruitment）する可塑性（plasticity）の臨界期の可能性（Cohen et al., 1999；Sadato et al., 2002；Sathian, 2005）が報告されており，失明時期による神経基盤の違いが背景にある可能性がある。後頭葉における脳卒中後に，体性感覚の知覚特性には変化がないものの，点字読書のみ損なわれた事例（Hamilton et al., 2000）があるが，後頭葉における可塑性と点字読書との直接的な関連はまだ明らかになっていない。

（大島　研介）

12・4　点字パターンの触知覚

12・4・1　形の触知覚における点字の特徴

　触覚において，点や線などの凹凸で形成されたパターンを認識する際には，継次的に触るため，身体運動（scanning）を伴い，皮膚感覚や運動感覚からの入力を含めた知覚系として処理が行われる。また，浮き出し文字や図形のように，角や非対称部など目立つ特徴（salient features）のある形状の触知覚では，その特徴を参照情報として利用することで，スキャンする際に物体中心座標系を利用して，要素の配置や位置を認識することで形の弁別や同定を精度よく行うことができる（Millar, 2008）。

　紙やスクリーンに視覚的な文字を提示する墨字（仮名や漢字など）の場合，要素として，点や円，直線や曲線などを含むことに加え，それぞれの長さや大きさを変えたバリエーションがあり，参照となる特徴が豊富である。

　一方，点字は，同一の寸法の六つの点で構成される均一性の高いパターンゆえに，目立つ特徴がなく，参照となる特徴がない。6 点で表現されているため，一つの点の有無，位置を読み違えると別の音として認識されてしまう（Millar, 1978）。このことから，点字は冗長性が欠如している文字である。また，点の均一性ゆえに，点のまとまりや位置に関する参照情報がない（物体中心座標系を利用できない）ということは，各点の絶対的位置を判断することが難しいことを意味する。たとえば，一つの点が左の列の上段と中段に配置された“あ（・）”と“促音［っ］（・）”は，単独のマスでは区別が難しい。点字には枠がないため，どの点が上段であるかを判断するためには，外部の参照枠を利用する必要がある。しかし，身体中心座標系だけで点字のように小さいパターンの絶対的位置を判断することは難しい。そのため，読む前に点字用紙（点字ディスプレイなどもある）の向きや大きさを確認し，用紙に対して水平に指を動かすことで点の相対的位置を判断する，外部座標系と身体中心座標系を利用する方略が採用されている。また，スキャンの際に，マスの上段の点

（1点と4点：図12-2-1を参照）を水平に触る方略をとることで，位置関係を捉える指導が行われることがあるが，IV・12・4・2で述べる系統的な点の見落としを生み出す原因の一つともなっている。

12・4・2　点字のパターンごとの読み取りやすさ

点字のマスは，六つの点の配列で構成されているが，パターンにより読み取りのしやすさ（レジビリティ）が異なることが知られている。

Nolan & Kederis（1969）は，点の数と認知時間（識別にかかった反応時間）には強い正の相関（r=.89）があることに加え，マス内において誤読の原因の大半（86％）は点の見落としであり，特に下部にある3点と6点の見落としが多いという系統的な傾向があることを示した。佐藤・河合（2000）においてもNolan & Kederis（1969）と同様の傾向が確認されており，熟練のユーザにおいても，点字の配列によるレジビリティに違いがある可能性が示唆されている。これらの傾向は，マスの上部の二つの点（1点と4点）を基準としてスキャンする方略と訓練により，系統的に下部の点の見落としが生じやすくなる。

12・4・3　点字の配列はどのようにまとまって知覚されているか

IV・12・2・2で述べたとおり，点字のサイズには多様性があり，日本語の点字のように六つの点の配置が横の点間よりも縦の点間のほうが長い，縦長のレイアウトの点字もあれば，アメリカで採用されている点字には，横と縦の点間が同一のものもある。しかし，いずれの場合においても，六つの点は対称に配置されており点間の影響はまとまりに対してあまり影響しないと考えられる。空間的に布置された点の集合である点字は，墨字と同様に，一つのマスがまとまった形（global shape）として知覚されると仮定されてきた（Nolan & Kederis, 1969）が，それを支持する知見はない（Millar, 2008）。Nolan & Kederis（1969）は形が類似したパターンにおいて，混同が起こることに注目し，global shapeであるアウトラインとしての点字の認識の仮説を提案した。Millar（1985）は，点のパターンとアウトライン化し

たパターンのマッチングを通じて実証的に検討したところ，点とアウトラインとのマッチングよりも点と点のマッチングのほうが早く，正確に判断できていたことから，global shapeとしての点字パターンが知覚されるという仮説が妥当でないと結論づけている。また点字パターン認知において，形状に起因する要素（空間的位置や形状など）よりも，点の数や空白の違いや点の密度がパターンの認識を向上させることがわかっている（Millar, 1978, 1985, 1986）。

これは，点の密度の違いが点字パターンの弁別における最も目立つ特徴であることを意味する。一方，点字パターンは，スキャンを通じて点の配列を捉えるモードであることから，時間的に引き延ばされた動的なパターンとして点字を知覚している可能性が指摘されている（Grunwald, 1966など）。点字読書における運動依存性についてMillar（1987）は実験的に検討している。熟練の点字ユーザを対象とした実験を行い，マスの垂直軸に対して水平にスキャンした場合（通常の向き）と比べ，垂直にスキャンした場合には触読速度が遅くなることを示し，点字触読は習慣的に利用しているスキャン方向（habitual hand movement）に依存することを示した。受容器における神経活動の観点からも，時間の流れに伴って生じる受容器の活動の集合から，空間的なパターンを抽出する手がかりを抜き出す必要がある。点字読書であれば，指の動きとともに皮膚にある受容器の活動が変化していくことから，時間的にサンプリングされる神経活動の集まり（population）から，時間的に引き延ばされた空間表象を抜き出し，それに基づいて，点字の弁別や同定を行うこととなる。

（大島　研介）

12・5　点字読書

12・5・1　点字読書の特徴

点字読書は，指の運動に伴い連続的に変動する平面の起伏（texture）から点字としてパターンを同定することに加え，点字パターンの配列から言語的な意味を抽出し，知覚・言語処理と指の動きを連携させ制御することを並列的に行うため，知覚・言語・

第 IV 部　触覚

運動が連携する複雑な課題である。

　読書速度の観点からみると，墨字を読む視覚での読書と比べ，点字読書の読書速度は遅い（Krueger, 1982；Legge et al., 1999）。墨字と点字の読書では，それぞれ眼と手を動かして情報取得することから身体部位の動きを伴う点は同じであるが，情報取得のモードが異なる。触覚では指を動かし継次的にかつ，連続的に情報取得していくモードであるのに対し，視覚では眼球運動により，解像度の高い中心視で目立つ特徴（salient features）を処理できるよう，停留とサッケードを繰り返し，視野内を断続的にスキャンして情報取得をしていく。点字読書は聞き取り（listening）と類似している（Mousty & Bertelson, 1992）など連続的な情報取得が特徴としてある。

12・5・2　熟練の点字ユーザの点字読書における手の動き

　熟練の点字ユーザは，両手を使用して点字を読むユーザが多く，また片手読みよりも両手読みのほうが読書速度は速い（Bertelson et al., 1985）。さらに，読み指は 1 本（人差し指が読み指のことが多い）だけではなく，複数の指（例：中指や薬指を添える）を使用して読むユーザもおり，指の本数にも多様性がある。また，両手読みにはバリエーションがあり，基本的には左手と右手で役割分担を行うことで効率的な読書を行っている。たとえば，1 行の点字を読む際に，行の左側は右手と左手の両方を添えて読んでいき，行の右側は右手のみで読みながら，左手では次の行の位置の確認し，読んでいない時間を最小にする読み方や初めの数マスを読み取り，並行して読むことがある。両手読みにおける左右の機能分化や方略に関してはバリエーションがあり，Kusajima（1974）の分類や Wormsley（1981）の手の使い方の分類が提案されている。

　点字読書における手の動きに関する研究は，指の軌跡（Bülklen, 1932）やビデオカメラ（Millar, 1997；Mousty & Bertelson, 1985），タブレットによるデジタルサンプリング（Hughes, 2011），Wii リモコンを活用した追跡システム（Aranyanak & Reilly, 2012）などの手法が考案されており，技術革新とともにサ

ンプリングレートの向上や追跡できる指の数の増加など，より詳細の分析が可能となってきた。従来，点字読書は一定の速度で水平に手を動かすと考えられてきた（Bertelson et al., 1985；Kusajima, 1974）。しかし，指の追跡システムの精度向上により，速度は連続的に変動し，加速と減速を行うことから，必ずしも一定の速度でも滑らかな動きでもないことが明らかになった（Hughes et al., 2011）。また，Hughes（2011）は，手の動きの速度と加速度に対して，単語出現頻度（word frequency）は影響するが，綴り上の頻度（orthographic frequency）の影響は小さいことを示し，語彙レベルの要因が指の動きに影響しうることを示した。

12・5・3　中途失明の点字ユーザにおける点字読書の習得・熟達の難しさ

　中途失明の点字ユーザは効率的な点字読書の習得・熟達が難しいことの背景には，熟練の点字ユーザと手の動きや点字読書の認識過程が異なることが影響している可能性がある。Bülklen（1932）は，熟練の点字ユーザは均一な触圧で点字列を真横に進み，一方，熟練ではないユーザは，不均衡な圧で小刻みに指を上下に動かす垂直運動を繰り返すことを示した。また，垂直水平運動では点字を読めても早くは読めるようにならない。そのため，垂直運動をしない水平運動を学習させる方法として，指導者が学習者の指を持って点字の上をスライドさせる他動スライディング方式（五十嵐，1996）が提案されているが，必ずしも科学的な根拠は得られていない。

　一方，中途失明の点字ユーザが習得しやすい垂直水平運動による点字読書を推奨する指導法（澤田・原田，2005）の提案もなされている。垂直水平運動による点字読書は早く読むことが難しいものの，訓練により 1 分間に 100 マス程度の速さで読めるようになることで，時間はかかるが情報取得は可能となる。中途失明の点字ユーザが水平運動のみの点字読書を習得するためには，熟練者の点字読書過程の解明と熟練者と同様の点字読書を習得する学習法の開発が必要であろう。熟練の点字ユーザは時間的に引き伸ばされた空間パターンとして点字を認識し，指の水平運動を加減速で調整しながら触り，点字を弁

別・同定するのに対し，中途失明の点字ユーザは点字を global shape として認識しようとするために，指を垂直水平に動かす方略をとっていると考えられる。IV・12・4・3でも述べたとおり，点字のような点の集合で構成された空間的パターンは，global shape を手がかりとするよりも点の数や密度といった手がかりの効果が大きいことからも，垂直水平に触り，global shape として点字を認識する方略は，弁別が難しいうえに，読書速度の観点からも効率的ではないと考えられる。しかし，熟練者と同様の点字読書を習得する試みはうまくいっていない。たとえば，他動スライディング方式は，熟練者の手の動きを模倣し，指の動きを矯正する方法としてはよいが，学習者自体は受動触であり，かつ，どのようなまとまりとして点字を捉えるかの訓練を伴っていないことが不足点であると考えられる。課題にもよるが，能動触は受動触よりも効果的である（Gibson, 1962 参照）が，動かすだけで良いわけではない。Millar（2008）は系統的でない走査は利点と

ならず，課題に適した系統的な動きが必要であるとした。Lederman & Klatzky（1987）の *Exploratory Procedures*（EPs）にもあるように，手で触って対象を走査する際には，特性により手の動きが異なるという系統的な動作が生じる。物体表面の特徴（texture）に適した EP として，水平方向の往復運動があるが，点字読書においては文字として認識するうえでの動きの制約（垂直運動を行わないなど）のため，必ずしも適しているわけではない。直感的な手の動きを抑制しつつ，手の動きを制御し，時間的に引き延ばされた空間パターンとして点字を認識する過程を習得するためには，集中的かつ点字学習の時間が必要であると考えられる。しかし，児童期までに失明した熟練の点字ユーザと比べ，青年期以降に失明した中途失明の点字ユーザは，集中的に点字学習に費やす時間を捻出できないことも，点字読書の熟達を妨げている要因であろう。

（大島 研介）

文献

（12・2）

Bernbaum, M., Albert, S. G., & McGarry, J. D. (1989). Diabetic neuropathy and braille ability. *Archives of Neurology, 46*, 1179-1181. [doi: 10.1001/archneur.1989.00520470033022]

DIN 32976. (2007). *Braille-Requirements and Dimensions*. German Institute for Standardisation (Deutsches Institut für Normung).

土井 幸輝・和田 勉・片桐 麻優・豊田 航・藤本 浩・西村 崇宏・澤田 真弓・金森 克浩・中村 均 （2010）．点字の3次元拡大モデルの開発：点字プリンタと点字の3次元形状の関係 電子情報通信学会技術研究報告，*110*(209)，55-60.

Gill, J. M. (2008). *Braille Cell Dimensions*. RNIB Digital Accessibility Team, London. http://www.arch.mcgill.ca/prof/klopp/arch678/fall2008/3%20Student%20exchange/Team%20Surface/Connexion%20Surface%20Folder/MA%20files/Braille%20cell%20dimensions.pdf

Harley, R. K., Pichert, J. W., & Morrison, M. (1985). Braille instruction for blind diabetic adults with decreased tactile sensitivity. *Journal of Visual Impairment & Blindness, 79*, 12-17. [doi: 10.1177/0145482X8507900103]

林 美恵子・鴨田 真理沙・藤本 浩志 （2003）．識別しやすい点字の形状に関する研究 人間工学，*39*(3)，117-122.

鴨田 真理沙・藤本 浩志 （2001）．点字パターンが読みやすさに与える影響に関する研究 第27回感覚代行シンポジウム発表論文集，59-62.

木塚 泰弘 （1998）．点字のサイズと手触り 日本の点字，23，19-23.

Legge, G. E., Madison, C. M., & Mansfield, J. S. (1999). Measuring Braille reading speed with the MNREAD test. *Visual Impairment Research, 1*(3), 131-145. [doi: 10.1076/vimr.1.3.131.4438]

Legge, G. E., Madison, C., Vaughn, B. N., Cheong, A. M. Y., & Miller, J. C. (2008). Retention of high tactile acuity throughout the life span in blindness. *Perception & Psychophysics, 70*(8), 1471-1488. [doi: 10.3758/PP.70.8.1471]

中野 泰志・坂本 洋一・管 一十・木塚 泰弘・中島 八十一 （1997）．糖尿病性網膜症の触弁別 （2）：サイズ可変点字印刷システムの試作 第23回感覚代行シンポジウム発表論文集，157-160.

第 IV 部　触覚

大島 研介　(2016)．点字読書速度の客観化に向けて：点字読書チャートの開発　平成 25 ～ 27 年度文部省科学研究費補助金研究成果報告書

Oshima, K., Arai, T., Ichihara, S., & Nakano, Y. (2014). Tactile sensitivity and braille reading in people with early blindness and late blindness. *Journal of Visual Impairment and Blindness*, *108*, 122-131.

Peters, R. M., Hackeman, E., & Goldreich, D. (2009). Diminutive digits discern delicate details: Fingertip size and the sex difference in tactile spatial acuity. *Journal of Neuroscience*, *29*(50), 15756-15761. [doi: 10.1523/JNEUROSCI.3684-09.2009]

Stevens, J. C., Foulke, E., & Patterson, M. Q. (1996). Tactile acuity, aging, and braille reading in long-term blindness. *Journal of Experimental Psychology: Applied*, *2*(2), 91-106. [doi: 10.1037/1076-898X.2.2.91]

谷川 俊太郎　(1968)．朝のリレー　谷川俊太郎詩集・日本の詩人 17　河出書房

Tong, J., Mao, O., & Goldreich, D. (2013). Two-point orientation discrimination versus the traditional two-point test for tactile spatial acuity assessment. *Frontiers in Human Neuroscience*, *7*, 579. [doi: 10.3389/fnhum.2013.00579]

渡辺 哲也・大内 進　(2003)．触読しやすい立体コピー点字のパターンに関する研究：原図の点径及び点間隔の条件について　国立特殊教育総合研究所研究紀要，*30*，1-8.

Weinstein, S. (1968). Intensive and extensive aspects of tactile sensitivity as a function of body part, sex and laterality. In D. R. Kenshalo (Ed.), *The Skin Senses* (pp. 195-222). Thomas.

Wong, M., Gnanakumaran, V., & Goldreich, D. (2011). Tactile spatial acuity enhancement in blindness: evidence for experience-dependent mechanisms. *Journal of Neuroscience*, *31*(19), 7028-7037. [doi: 10.1523/JNEUROSCI.6461-10.2011]

(12・3)

Bengisu, M., Izbırak, G., & Mackieh, A. (2008). Work-related challenges for individuals who are visually impaired in Turkey. *Journal of Visual Impairment & Blindness*, *102*, 284-294. [doi: 10.1177/0145482X0810200504]

Bourne, R. R., Flaxman, S. R., Braithwaite, T., Cicinelli, M. V., Das, A., Jonas, J. B., ... Naidoo, K. (2017). Magnitude, temporal trends, and projections of the global prevalence of blindness and distance and near vision impairment: A systematic review and meta-analysis. *Lancet Global Health*, *5*(9), e888-e897. [doi: 10.1016/S2214-109X(17)30293-0]

Cohen, L. G., Weeks, R. A., Sadato, N., Celnik, P., Ishii, K., & Hallett, M. (1999). Period of susceptibility for cross-modal plasticity in the blind. *Annals of Neurology*, *45*(4), 451-460. [doi: 10.1002/1531-8249(199904)45:4<451::aid-ana6>3.0.co;2-b]

Cryer, H., Home, S., Wilkins, S. M., Long, A., White, M., & Wilson, C. (2011). *Final report: Feasibility of developing a diagnostic touch test to determine braille reading potential*. Birmingham, UK: RNIB Centre for Accessible Information: Literature Review, 4.1

Douglas, G., Corcoran, C., & Pavey, S. (2006). *Network 1000: Opinions and Circumstances of Visually Impaired people in Great Britain: report based on over 1000 interviews*. Visual Impairment Centre for Teaching and Research, University of Birmingham.

Goertz, Y. H., Van Lierop, B. A., Houkes, I., & Nijhuis, F. J. (2010). Factors related to the employment of visually impaired persons: A systematic literature review. *Journal of Visual Impairment & Blindness*, *104*(7), 404-418. [doi: 10.1177/0145482X1010400704]

Hamilton, R., Keenan, J. P., Catala, M., & Pascual-Leone, A. (2000). Alexia for Braille following bilateral occipital stroke in an early blind woman. *Neuroreport*, *11*(2), 237-240.

管 一十　(1988)．視覚障害者と点字　福祉図書出版

厚生労働省　(2008)．平成 18 年身体障害児・者実態調査

Mooney, M., & Silver-Pacuilla, H. (2010). *Literacy, Employment and Youth with Learning Disabilities: Aligning Workforce Development Policies and Programs*. National Institute for Literacy.

National Federation for the Blind. (2009). *The Braille literacy crisis in America* (A Report to the Nation by the National Federation of the Blind). Jernigan Institute. https://nfb.org/images/nfb/documents/pdf/braille_literacy_report_web.

pdf（August 7, 2024）

Pascual-Leone, A., Amedi, A., Fregni, F., & Merabet, L. B. (2005). The plastic human brain cortex. *Annual Review of Neuroscience, 28*(1), 377-401.［doi: 10.1146/annurev.neuro.27.070203.144216］

Ryles, R. (1996). The impact of braille reading skills on employment, income, education, and reading habits. *Journal of Visual Impairment & Blindness, 90*, 219-226.［doi: 10.1177/0145482X9609000311］

Sadato, N., Pascual-Leone, A., Grafman, J., Ibañez, V., Deiber, M. P., Dold, G., & Hallett, M. (1996). Activation of the primary visual cortex by Braille reading in blind subjects. *Nature, 380*(6574), 526-528.［doi: 10.1038/380526a0］

Sadato, N., Okada, T., Honda, M., & Yonekura, Y. (2002). Critical period for cross-modal plasticity in blind humans: A functional MRI study. *NeuroImage, 16*(2), 389-400.［doi: 10.1006/nimg.2002.1111］

Sathian, K. (2005). Visual cortical activity during tactile perception in the sighted and the visually deprived. *Developmental Psychobiology, 46*(3), 279-286.［doi: 10.1002/dev.20056］

和氣 洋美 （1995）．視覚の世界・触覚の世界　科学, *65*, 378-388.

（12・4）

Grunwald, A. P. (1966). On reading and reading braille. *Proceedings of Braille Research and Development Conference*, 15-17.

Millar, S. (1978). Aspects of memory for information from touch and movement. In G. Gordon (Ed.), *Active Touch: The Mechanism of Recognition of Objects by Manipulation: A Multidisciplinary Approach* (pp. 215-227). Pergamon Press.

Millar, S. (1985). The perception of complex patterns by touch. *Perception, 14*(3), 293-303.［doi: 10.1068/p140293］

Millar, S. (1986). Aspects of size, shape and texture in touch: Redundancy and interference in children's discrimination of raised dot patterns. *Journal of Child Psychology and Psychiatry, and Allied Disciplines, 27*(3), 367-381.［doi: 10.1111/j.1469-7610.1986.tb01839.x］

Millar, S. (1987). Perceptual and task factors in fluent braille. *Perception, 16*, 521-536.［doi: 10.1068/p160521］

Millar, S. (2008). *Space and Sense*. Psychology Press.

Nolan, C. Y., & Kederis, C. J. (1969). *Perceptual Factors in Braille Word Recognition*. American Foundation for the Blind.

佐藤 将朗・河内 清彦 （2000）．能動的触察条件における点字のレジビリティーの検討　特殊教育学研究, *38*(2), 53-61.

（12・5）

Aranyanak, I., & Reilly, R. G. (2013). A system for tracking braille readers using a Wii Remote and a refreshable braille display. *Behavior Research Methods, 45*, 216-228.

Bertelson, P., Mousty, P., & D'Alimonte, G. (1985). A study of braille reading: 2. Patterns of hand activity in one-handed and two-handed reading. *The Quarterly Journal of Experimental Psychology Section A, 37*, 235-256.［doi: 10.1080/14640748508400932］

Bürklen, K. (1932). *Touch Reading of the Blind*. American Foundation for the Blind. (Original work published 1917)

DIN 32976. (2007). *Braille - Requirements and Dimensions*. German Institute for Standardisation (Deutsches Institut für Normung).

土井 幸輝・和田 勉・片桐 麻優・豊田 航・藤本 浩・西村 崇宏・澤田 真弓・金森 克浩・中村 均 （2010）．点字の3次元拡大モデルの開発：点字プリンタと点字の3次元形状の関係　電子情報通信学会技術研究報告, *110*(209), 55-60.

Gibson, J. J. (1962). Observations on active touch. *Psychological Review, 69*(6), 477.

Hughes, B. (2011). Movement kinematics of the braille-reading finger. *Journal of Visual Impairment & Blindness, 105*(6), 370-381.［doi: 10.1177/0145482X1110500608］

Hughes, B., Van Gemmert, A. W. A., & Stelmach, G. E. (2011). Linguistic and perceptual-motor contributions to the kinematic properties of the braille reading finger. *Human Movement Science, 30*(4), 711-730.［doi: 10.1016/j.humov.2010.05.005］

五十嵐 信敬 （1996）．視覚障害幼児の発達と指導　コレール社

鴨田 真理沙・藤本 浩志 （2001）．点字パターンが読みやすさに与える影響に関する研究　第27回感覚代行シンポジウム

第 IV 部　触覚

発表論文集，59-62.

Krueger, L. E. (1982). A word-superiority effect with print and braille characters. *Perception & Psychophysics, 31*(4), 345-352. [doi: 10.3758/BF03202658]

Kusajima, T. (1974). *Visual Reading and Braille Reading: An Experimental Investigation of the Physiology and Psychology of Visual and Tactual Reading.* American Foundation for the Blind.

Lederman, S. J., & Klatzky, R. L. (1987). Hand movements: A window into haptic object recognition. *Cognitive psychology, 19*(3), 342-368.

Legge, G. E., Madison, C. M., & Mansfield, J. S. (1999). Measuring Braille reading speed with the MNREAD test. *Visual Impairment Research, 1*(3), 131-145. [doi: 10.1076/vimr.1.3.131.4438]

Millar, S. (1997). *Reading by Touch.* Routledge.

Millar, S. (2008). *Space and Sense.* Psychology Press.

Mousty, P., & Bertelson, P. (1985). A study of braille reading: 1. Reading speed as a function of hand usage and context. *The Quarterly Journal of Experimental Psychology Section A, 37*(2), 217-233. [doi: 10.1080/14640748508400931]

Mousty, P., & Bertelson, P. (1992). Finger movements in braille reading: The effect of local ambiguity. *Cognition, 43*, 67-84.

澤田 真弓・原田 良實　(2005). 中途視覚障害者への点字触読指導マニュアル　読書工房

Wormsley, D. P. (1981). Hand movement training in Braille reading. *Journal of Visual Impairment and Blindness, 75*(8), 327-331. [doi: 10.1177/0145482X8107500804]

第13章　視覚障害教育における 3D プリンター活用と意義

13・1　立体教材活用の意義

　視覚障害教育では，視覚活用の制約から触覚や聴覚など視覚以外の感覚も積極的に活用して指導を工夫する必要があり，触覚活用の面では，触覚教材の充実が求められている（Downing & Chen, 2003）。触覚教材は，その形状から区分すると立体的な3次元触覚教材，レリーフ状の 2.5 次元触覚教材，凹凸のみの2値表示による2次元的凸触覚教材に分類できる（大内, 2015）。それらのうち，3次元触覚教材は，事物の概念形成のベースとなる最も基本的な教材である。3次元の形状のものであれば触覚による識別性もより高まってくる（Klatzky et al., 1985）ため，元来3次元で存在する事物については，3次元の立体教材を呈示することが望ましいといえる（桜井, 2013；清水, 1991）。

　しかし，学校教育の現場では，立体教材の入手の困難性の影響などの理由により，それらを適切に準備することが難しい状況が続いていた（渡辺・大内, 2019）。3D プリンターの登場により，これまで懸案とされていた3次元触覚教材が簡便にまたタイムリーに入手できる可能性が広がってきている（Jafri et al., 2015）。

（大内　進）

13・2　3D プリンターの概要

　3D プリンターの原理は，1980 年に小玉秀男によって考案された。光造形によるものであった。1987 年に Chuck Hull が同様の特許出願を行い，3D Systems 社を起業して 3D 光造形法を発展させた。1989 年には，S. Scott Crump が積層方式の特許を取得して Stratasys 社を設立し，FDM 方式 3D プリンターの礎を築いた。これらの特許をもとに 3D プリンターは大きく成長し，3D プリンターの実用化が始まったのである（丸岡, 2016）。

13・2・1　さまざまな 3D 造形法

　3D プリンターの技術の種類は，熱溶解積層（fused deposition modeling：FDM）方式の他に，光造形（stereo lithography：STL）方式，プロジェクション（projection）方式，粉末焼結（selective laser sintering：SLS）方式，インクジェット（ink-jet）方式，インクジェット粉末積層方式が主な方式であり，近年それに指向エネルギー堆積法（directed energy deposition）とシート積層法（sheet lamination）の二つの形式が加わっている（萩原, 2015）。

　2009 年に特許が失効したことにより FDM 方式の 3D プリンターの普及が目覚ましいが，光造形法の特許も 2006 年に失効しており，最近廉価な機種が開発されるようになってきている。

13・2・2　主な 3D 造形法の概要

13・2・2・1　熱溶解積層法（FDM）

　熱溶解積層法（FDM）は，フィラメントと呼ばれている糸状の樹脂を溶解ヘッドの熱で溶かし，溶けた樹脂を溶解ヘッドのノズルからさらに細い糸状に押し出して成型台（プラットフォーム）上に2次元的に描き，それを上方向に積層していくことによって造形していく工法である（萩原, 2015）。工法の特許が切れたため，低価格の機器が登場し，機能も向上してきている。ABS や PLA 樹脂を用いるが，取り扱いも比較的容易で，材料色の選択肢も多い。他方，造形精度はそれほど高いとはいえず，触覚教材

として利用する場合は，凹凸の程度が検討課題となる．

13・2・2・2　光造形法（STL）

光造形法は，紫外線を照射すると硬化する液状の紫外線硬化樹脂を利用して造形する方式である．利用できる材料には，エポキシ系樹脂，アクリル系樹脂などがある（萩原，2015）．太陽光の下での劣化が起こりやすいなど耐久性に課題がある．視覚障害教育用触覚教材の観点からは，精緻な3D造形が可能で，積層跡がほとんど残らない，仕上がりの表面が滑らか等のメリットがある．

13・2・2・3　粉末焼結法（SLS）

ナイロンなどの樹脂系や銅，青銅，チタン，ニッケルなどの金属系，セラミック系の粉末を微細な熱レーザーで溶解し焼結させることにより積層する工法である（萩原，2015）．1995年頃から普及が始まり自動車業界等で利用されている．積層の段差は出ないが，仕上がりはざらついた白色不透明の表面となる．複雑な形状の造型が可能である．

13・2・2・4　粉末石膏造形法

粉末石膏造形法は，薄い石膏粉末の層にインクジェット方式で塗料と固着材を吹き付けて1層ずつ造形し，それを積層して立体物を造形する（萩原，2015）．フルカラーで造形でき，近年，カラーの表現精度も向上してきている．人物のフィギュアなどの作成に向いている．材料が石膏の場合，造形物は他の方式に比べて重くなる．フルカラーで造形できるため，全盲者だけでなく，弱視者にも有効な触覚教材の作製が期待できる．

（大内　進）

13・3　触覚教材作製における3Dプリンターの活用事例

近年，触覚教材の作製に3Dプリンターが積極的に活用されている．ここでは，視覚障害教育に関連して3Dプリンターの活用に関する実践的な研究論文を紹介する．なお，造形に用いられている機種は，ほとんどがFDM方式である．

13・3・1　触地図

視覚障害教育において，必要度の高い教材の一つに触地図がある（図13-3-1）．点図や立体コピーなど平面的な凸図で表されている触地図からは，地形の立体的形状を捉えることは困難である（後藤，1987）．渡辺・大内（2019）は，国土地理院が提供している地形図の3Dデータ（国土地理院，2014）を利用して，日本の立体分県立体地図を作製し，触覚活用という観点から検証を行った．3Dデータは拡大縮小だけではなく，高低差の倍率も変更できるため，利用者の状態や目的に応じた立体地図が作製できる利点があることが確認できた．

また，触地図は，視覚障害者の歩行をサポートするツールとしても活用されている（牟田口，2012）．こうした歩行地図は手軽に入手できないため，かつては大変な手間をかけて作製されていた（後藤，1987）．アメリカのSmith Kettlewell視覚研究所が

図13-3-1　作製した触覚教材としての立体日本地図

図13-3-2　「Touch Mapper」で生成した3Dデータによる触地図（新宿区高田馬場）例
http://www.perkinselearning.org/technology/posts/3-d-tactile-maps

Web 画面の操作で任意の地点の触地図データを提供できるシステム TMAP（tactile map automated production）を開発したことにより，地図データの提供の問題は改善に向かった（Miele & Gilden, 2004）。渡辺他（2011）も，これと同様の触地図自動作成システム（tactile map automatic creating system：tmacs）を開発した。これらは，立体コピーやプロッター機能を有する点字プリンターで触地図を生成しようとするものであったが，Götzelmann & Pavkovic（2014）は，道路や水域などを含めて地形オブジェクトを 2.5 次元の地図データとして自動生成するシステムを開発した。これにより，触地図を 3D プリンターで造形する道が開かれた。また，Kärkkäinen は，3D プリンター用の触地図データを自動生成して即自的に提供できる「Touch Mapper」（図 13-3-2）を立ち上げている（https://touch-mapper.org/en/；http://www.perkinselearning.org/technology/posts/3-d-tactile-maps）。

触地図では記号等が多用されており，そのラベルや触認知しやすい凸表示が課題となる。Gual et al.（2012）は，視覚障害者のための 3D 印刷による触地図の有効性について検討し，触地図で利用する触覚シンボルの範囲を拡大する方法を呈示している。Gual et al.（2014）は，2D シンボルを用いた触図と，2D と 3D のボリュームのあるシンボルを混在させた 3D 印刷による 3 次元触図を用いて，シンボルを見つけて識別する速度と精度を比較したところ，3D のシンボルのほうが，探索時間が大幅に短縮し，識別のエラーも減少することを明らかにしている。

また，Götzelmann（2016）は，3D プリンターで薄い立体触地図を作製し，モバイル端末の表示画面の上に置き，タッチ操作によってモバイル端末の音声機能を利用するシステムの開発に取り組んだ。これにより地点の道路やビルの位置などの空間情報を触地図で認知し，それらの名前などを音声ガイドで確認することが可能になった。

歩行指導（O&M）トレーニングに関連して，Voigt & Martens（2006）は，O&M トレーニングに建物の 3D 印刷のモデルを使用することを提案し，Celani & Milan（2007）は，3D 印刷でフロアのレイアウトを活用し，それぞれ肯定的な反応があったことを報告している。Toyoda et al.（2020）は，視覚障害者に対する歩行訓練のニーズにかなう触読性が高い歩行訓練用触地図キットを 3D 造形し，歩行訓練時における有効性を検証した。この触地図キットの利用が，口頭での説明のみの効果と比較して，理解，想起，および不案内なルートに沿った歩行の改善に有効であったことを報告している。これらの報告は，3D 印刷が，視覚障害者用の歩行訓練用触地図を簡便に生成する方法として活用できることを示している。

13・3・2　点字

Loconsole et al.（2016）は，高性能の FDM 方式 3D プリンターと低価格の FDM 方式 3D プリンターによる点字の出力とその読み取りの可能性について比較検討し，低価格のプリンターでは読み取り可能な点字が出力できなかったことを報告している。FDM 方式プリンターでも読み取り可能な点字が出力できるが，積層ピッチの精度の高さが大きく影響することが理解できる。Zhao et al.（2020）も FDM 方式プリンターで触読可能な点字印刷が可能であることを明らかにし，点字印刷のコスト削減の可能性に言及している。光造形法を用いればより高い精度の点字出力が可能である。また，Minatani（2020）は，gen_braille という CAD モジュールを考案し，3D 造形物に点字を表示する支援技術の開発に取り組んでいる。点字は，セルのサイズ，点の形状，高さ，点径サイズ，点間距離，行間距離などさまざまな要素が触読に影響してくるが，点字印刷に関するこうした技術が実用化すれば，点字利用者のニーズに応じてカスタマイズされた点字のアウトプットが容易になり，また，3D 造形物に点字を付けることも可能となってくる。

13・3・3　教科用触覚教材

3D プリンターの普及とともに，視覚障害教育の教科指導などで用いる教材の造形も活発に行われるようになってきている。アメリカでは，バラク・オバマの一般教書演説（White House Office of the Press Secretary, 2013）の影響もあり，一般教育における 3D プリンティングの活用が進んでいる。特に STEM（科学，テクノロジー，エンジニアリン

1389

グ，および数学）に関連する授業等で関連して熱心に取り組まれており，Holloway et al.（2018）が，イギリスにおける3Dプリンター活用による触覚教材作成および実践状況を調査している。そこには，生物学的および天文学的画像の3D造形（Kolinsky, 2014），ハッブル望遠鏡の画像の3D造形（Grice et al., 2015），DNAの転写と翻訳を説明する分子の3D造形（Agarwal et al., 2014），応用計算化学のための分子の3D造形（Wedler et al., 2012），グラフィックデザイン理論を教えるための画像の3D造形（McDonald et al., 2014），方程式や表形式のデータセットから折れ線グラフの3Dデータを自動的に生成するためのツール（VizTouch）の開発と活用（Brown & Hurst, 2012），著名な建築家によって設計された建物のスケールモデル3D造形（Celani et al., 2013），建物の内部構造を視覚障害者に伝え，屋内ナビゲーションの支援に活用するためのスケールモデルの3D造形（Voigt & Martens, 2006）などの活用事例が報告されている。

　Agarwal et al.（2014）は，STEMの分野で視覚障害のある学生のための教育用補助具の開発という観点から，数学グラフ，代数方程式，化学反応，解剖学，生物学的プロセス，および触覚グラフィックスの3Dモデルの必要性を明らかにし，実際に3Dオブジェクトを設計および造形した。このような学習ツールにより，視覚障害のある生徒がこの基本的な生物学的プロセスをよりよく理解できるようになり，学習補助教材として有用であることを報告している。同様の取り組みとその成果は，Reynaga-Peña（2015）も報告している。Cavanaugh & Eastham（2019）は，2D画像データから3Dデータを生成するImage to Lithophaneというプログラムを活用して3Dデータを作成する方法を紹介している（http://3dp.rocks/lithophane/）。この変換プログラムは，オープンソースであり，さまざまなタイプの3D化したグラフなどを提供することが期待される。

　韓国では，Jo et al.（2016）やI et al.（2016）が，3Dプリンターで作製した教材の活用事例を報告しているが，全盲児童の視覚世界との統合という観点からその有効性を明らかにしている。

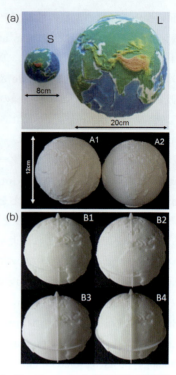

図13-3-3　Teshima et al.（2020）が開発した触覚鑑賞用地球儀の例
（a）正確な地形データに基づく造形データを3Dプリンタで実体化した模型（材料は上段が石膏粉末，下段がナイロン粉末）。SとLとA1は同じ形状データ。A2は海底を平坦化したデータ。（b）A2を改良した触覚地球儀。北極を円錐形状の突起，南極を円柱形状の突起で表現。赤道および本初子午線を帯状突起で表現。突起の高さ：B1（1.2mm），B2（1.7mm），B3（3.3mm），B4（6.3mm）。

　わが国での先駆的な取り組みとしては，Teshima et al.（2010）が，「視覚障害者が触覚で鑑賞するための立体教材」かつ「晴眼者が手にとって鑑賞できる立体標本」を開発するプロジェクトを実施し，その成果を報告している。数学曲面各種，多面体，結晶学教材，プランクトン骨格模型，惑星儀などの立体模型を3D造形し，その有用性を明らかにした。それらのなかには，数学曲面ボヘミアンドーム，プランクトン（放散虫）の骨格模型など最先端の研究を推し進めるために重要な模型もあり，視覚障害者の先端科学へのアクセスを現実のものとした。また，惑星探査で得られた正確な地形データを利用した地球の3次元（3D）触覚モデルは，球面上に正確なレリーフ形状を表現でき，視覚障害者の地球の触覚学習に

役立つことを確認している。この研究チームではその後も触覚地球儀（Teshima et al., 2020；図13-3-3）の開発などについても報告している。

また，臼田-佐藤（2018），Usuda-Sato et al.（2019）は，視覚障害者への天文学普及活動の一環として，国立天文台の「すばる望遠鏡」の模型を3Dプリンターで製作し，教育活動を行っている。川野（2019）は，視覚障害特別支援学校において，実物の骨格標本と3Dプリンターで造形した標本の併用が学習効果に影響したことを報告している。

（大内　進）

13・4　文化遺産やアートの分野における利用

13・4・1　絵画の翻案と3Dプリンターの活用

イタリアのアンテロス美術館では，絵画を半立体的に翻案して，視覚障害者の絵画鑑賞を支援している（Secchi, 2004）。これらの翻案作品は石膏により手作りされたものであったが，Oouchi et al.（2010）は，3Dスキャナーでこれらの半立体翻案絵画を3Dデータ化し，5軸の3D切削機および3Dプリンターによる3D造形を試みた（図13-4-1）。これにより複製が可能となり，ニーズに応じてサイズを変更することも容易になった。さらに，粉末カラープリンターの活用により，ロービジョン者の絵画鑑賞の支援にも利用できるようになった。

Volpe et al.（2014）は，絵画のRGBデジタル画像から始まる触覚3Dモデルの半自動生成のための方法を提案している。Vesanto（2013）によると，Harvard Innovation LabのMidas Touchプロジェクトも，絵画の2D画像にテクスチャの層を追加することによって，絵画を触覚形式に変換する方法を試みている。スペインのプラド美術館では，「Didú」と呼ばれる3Dプリント技術を用いて，視覚障害のための美術鑑賞をサポートしている（Parraman & Ortiz Segovia, 2016）。この技術は，高解像度撮影された絵画写真をもとに，色情報からアウトラインや深度を正確に抽出し，作成されたデータから特殊インキを用いて立体造形し，最大で約6 mmの高さのテクスチャを生成したもので，原作に近い色合いが再現できると報告している。3Dプリンターの普及により2次元画像の半立体的翻案の試みが容易になり，触覚も活用した絵画鑑賞の道が開かれた。今後のその検証が期待される。

13・4・2　美術館・博物館における視覚障害者支援のための利用

近年，美術館や博物館では，所蔵する資料のデジタルデータ化が加速している。3次元の形状について，表面は光学式3Dデジタイザ，内部構造は工業用のX線スキャナを用いるなど，非接触，非破壊により資料の構造を詳細に記録，分析することが可能となったことによるものである（有田，2015）。こうした資料や作成したデータが，視覚障害者の触覚による鑑賞のためにも利用可能であり，Neumüller et al.（2014）は，直接触れることが困難な博物館の文化的遺物を視覚障害者にとっても利用しやすいものにする手段として具体例を示して，3D印刷モデルの基本的なガイドラインの作成を提起している。

図13-4-1　3D造形による手でみる絵の例（Oouchi et al., 2010）
　上：ナイロン粉末焼結法による『牛乳を注ぐ女』，下：粉末石膏造形法による『神奈川沖浪裏』

Montusiewicz et al.（2018）は，3D スキャン，後処理，3D 造形などのテクノロジーを使用して視覚障害者がアクセスできるコピー作品を作製する方法を紹介し，この目的のために 3D テクノロジーを使用する利点を強調している。すでに，アメリカのスミソニアン博物館（http://3d.si.edu/）やイギリスの大英博物館（https://sketchfab.com/britishmuseum）では，所蔵品の 3D データ化を進め，その公開を開始するなど実用化が進んでいる。

わが国の博物館や美術館でも，3D プリンターを活用したレプリカの作製の取り組みは進んでいるが，広く視覚障害教育に資することを目的とした取り組みは限定的である（渡辺・大内，2019）。和歌山県立博物館では，触ることを目的としたレプリカ作製に和歌山県立和歌山工業高等学校と連携して取り組み，文化財レプリカの作製を 2010 年から続けている（大河内，2018）。そのほかにも長野，静岡，山形などでも取り組みが進められており（古田・橋詰，2019），今後学術的な検証が期待される。

（大内　進）

13・5　手でみる絵本と3D造形

視覚障害の有無を問わず，萌芽的なリテラシースキル（emergent literacy skill）の獲得という観点から幼児期における絵本の活用は大きな意味を持っている（Chen & Dote-Kwan, 2018）。

Kim et al.（2015）は，触って動かすことができるビルディングブロックとしてデザインされた手でみる絵本の 3D プリンティング例を紹介している。コロラド大学ボルダー校を拠点とする Build a Better Book プロジェクトは，3D 印刷により絵本を手でみる絵本に変換する取り組みを進めている。こうした 3D 絵本活用の成果として，内／外，上／下，高／低などの 3 次元空間概念の伝達が可能になったという。しかし，3D プリンターによる手でみる絵本のデザインと製作作業は，一般の 3D プリンターの使用法を学ぶよりもはるかに複雑であり，Stangl et al.（2014）は，そうした点に対処するための専門家によるプロジェクトの推進を提唱している。

（大内　進）

13・6　触覚教材用3Dデータの作製のためのガイドラインの策定

3D プリンターで触覚活用に適した教材を作製するためには，データの作製から触知覚の特性に配慮した対応が望まれるが，こうした観点からの 3D データ作成に関する公のガイドラインが制定されるまでにエビデンスが積み上がってはいない。

Watanabe & Sato（2019）は，複雑さの異なる六つの有名な建築モデルを三つのサイズ（6, 12, 18 cm）で印刷し，視覚障害者に呈示し，各モデルの包括性と主観評価を測定した。形状の理解では，最小の 6 cm モデルでは，検出できないオブジェクトや凹み，本来とは異なった形状の理解などの問題があったこと，主観的な評価では，より大きなモデルが優位であったことなどを示した。

こうした評価は，3D プリンターでの最大印刷可能サイズ，印刷時間，材料費，保管スペースなどの実用的な要因を考慮したモデルサイズ決定に有用であり，よりきめ細かい検証が期待される。特に立体形状への配慮については，3D プリンター出力のモデルに限らず，すべての触覚教材に共通することであるが，Stangl et al.（2015）は，アクセシブルな触図（accessible tactile graphics：ATG）のデザインのためのリソースとして，BANA（Braille Authority of North America）における Guidelines and Standards for Tactile Graphics（2010）を推奨している。

BANA のガイドラインには「触覚グラフィックを準備する方法を学ぶための最良の方法は，実践的なトレーニングや熟達者からのフィードバックなどの経験から得られる」と記されており，明確なエビデンスに基づいた原則は示されていない。アクセシブルな 3D データ作成および 3D 造形を支援するためのエビデンスの蓄積とそれに基づく触覚活用を前提とした 3D 造形に関するガイドラインの策定が待たれる。

（大内　進）

13・7 3Dプリンターの活用と当事者の参加

3Dモデルは，視覚障害者に有効に活用できるものの，視覚障害者が自力で利用することは困難であった。南谷（2017）は，視覚障害者自身による3Dデータ製作手法の開発に取り組んでいる。標準のCADプログラムはGUIに大きく依存しており，視覚障害者にはアクセスが困難であることから，コードだけで3Dモデリングが可能なプログラム言語であるSCADを導入して直接ソースを入力する方法でデータ作製しようとするものである。Götzelmann（2018）は，視覚障害者が音声対話によって制御することにより，支援なしでインターネットからの3Dモデルのデータを取得し，Wi-Fi経由で別のコンポーネントにアクセスして3Dプリンターを操作するシステムを開発した。1事例ではあるが，視覚障害者自身が，自力で3D印刷を実現できたことを報告している。Siu et al.（2019）は，2.5D触覚形状表示を使用して3Dモデルをプログラミングする補完対話型のCADソフト「shapeCAD」を開発した。これにより既存のモデルを触覚で探索および変更したり，新しいモデルを作製したりすることが可能となったことを報告している。こうした支援技術の今後の発展と実用化が待たれる。

（大内 進）

13・8 課題と展望

視覚障害分野での3Dプリンターの利用に関して，実際的，実践的な研究を中心に概観してきた。これらの取り組みから，形状の再現性については，エンドユーザー向けのFDM方式プリンターも十分活用できることが認められた。3Dプリンターの低価格化，機能とオプションの拡大，およびオンラインでのアイデアとリソースの共有と相まって，より使いやすい3Dモデリングソフトウェアツールの開発が続いていることは，このテクノロジーに発展性

があることを示している。

他方，課題も山積している。特に3Dプリンターによる造形物の質感については，まだ触覚活用という面からは十分な検討がなされているとはいいがたい。

Suzuki et al.（2017）は，テクスチャが，美しさや使いやすさ，機能性に影響を与える物理オブジェクトの重要な属性であるものの3Dモデリングにおいては，熟達したスキルが必要とされることから，効率的なテクスチャ作製のための自動補完アプローチの技術の開発を進めている。また，高橋・宮下（2016，2018）は，FDM方式3Dプリンターにおける造形時のエクストルーダ（3Dプリント用の樹脂材料を熱で溶かしてノズルから押し出す機構）の高さ位置と樹脂量に注目し，その表現力を拡張する造形手法を提案している。つまり，プリンターの制御により異なった質感を出力しようとするものである。こうした技術が実用化されれば，高解像度で高価な3Dプリンターを用いなくても，触覚的に識別しやすいテクスチャや面の凹凸の出力が期待できる。機器の開発に関して，今後，こうした技術の実用化が期待される。

また，質感や触り心地には材料も影響する。現在の3Dプリンター技術は，高い空間解像度で任意の形状の物体を成型可能にしたが，物体がもたらす触感については課題が残されている。仲谷・田中（2018）は，物体がもつ物理特性がヒトの体験する触感にどう貢献するかという視点から，3Dプリンター技術と触感生成の関係について俯瞰し，両研究分野を展望している。3Dプリンターに利用できる樹脂系素材の種類も広がっている（浅野・近藤，2021）。また，金属を材料とする3D印刷技術も急速に進歩している（京極，2021）。こうした技術が手軽に利用できるようになれば，触感に関する心理特性研究の成果とも相まって，3Dプリンターによる触察のための造形の意義がさらに高まってくると思われる。

（大内 進）

第 IV 部 触覚

文献

(13・1)

Downing, J. E., & Chen, D. (2003). Using tactile strategies with students who are blind and have severe disabilities. *TEACHING Exceptional Children, 36*(2), 56–59. ［doi: 10.1177/004005990303600208］

Jafri, R., Aljuhani, M. A., & Ali, A. S. (2015). A tangible interface-based application for teaching tactual shape perception and spatial awareness sub-concepts to visually impaired children. *Procedia Manufacturing, 3*, 5562–5569. ［doi: 10.1016/j.promfg.2015.07.734］

Klatzky, R. L., Lederman, S. J., & Metzger, V. A. (1985). Identifying objects by touch: An "expert system". *Perception & Psychophysics, 37*, 299–302. ［doi: 10.3758/BF03211351］

大内 進 （2015）．3D 造形装置による視覚障害教育用立体教材の評価に関する実際的研究（共同研究）国立特別支援教育総合研究所研究成果報告書

桜井 政太郎 （2013）．視覚障がい者と触察：「知る世界」から「わかる世界」へ。想像からの脱却をめざして 視覚障害教育ブックレット，*22*，6-13.

清水 豊 （1991）．触覚伝達における三次元表示の有効性 情報処理学会研究報告ヒューマンコンピュータインタラクション，*1991*(95)，1-8.

渡辺 哲也・大内 進 （2019）．視覚障害教育における 3D プリンタ活用状況調査 弱視教育，*57*(2)，15-25.

(13・2)

萩原 恒夫 （2015）．3D プリンタ材料の最新動向と今後の展望 日本画像学会誌，*54*(4)，293-300.

丸岡 浩幸 （2016）．3D プリンティングの変遷 設計工学，*51*(5)，303-310.

(13・3)

Agarwal, A., Jeeawoody, S., & Yamane, M. (2014). *3D-printed teaching aids for students with visual impairments*. ENGR 110 Perspectives in Assistive Technology. http://diagramcenter.org/wp-content/uploads/2014/06/E110-Final-Report-Team-Walrus.docx

Brown, C., & Hurst, A. (2012). VizTouch: Automatically generated tactile visualizations of coordinate spaces. *Proceedings of the Sixth International Conference on Tangible, Embedded and Embodied Interaction*, 131–138. ［doi: 10.1145/2148131.2148160］

Cavanaugh, T. W., & Eastham, N. P. (2019). Creating tactile graphs for students with visual impairments: 3D printing as assistive technology. *Interdisciplinary and International Perspectives on 3D Printing in Education*, 2234–2240. ［doi: 10.4018/978-1-5225-7018-9.ch011］

Celani, G., & Milan, L. F. (2007). Tactile scale models: Three-dimensional info-graphics for space orientation of the blind and visually impaired. In L. Tanchev (Ed.), *Virtual and Rapid Manufacturing: Advanced Research in Virtual and Rapid Prototyping* (pp. 801–805). CRC Press.

Celani, G., Zattera, V., de Oliveira, M. F., & da Silva, J. V. L. (2013). "Seeing" with the hands: Teaching architecture for the visually-impaired with digitally-fabricated scale models. In J. Zhang & C. Sun (Eds.), *Global Design and Local Materialization* (pp. 159–166). Springer.

後藤 良一 （1987）．日本の触地図 地図，*25*(2)，1-9.

Götzelmann, T. (2016). LucentMaps: 3D printed audiovisual tactile maps for blind and visually impaired people. *Proceedings of the 18th International ACM SIGACCESS Conference on Computers and Accessibility*, 81–90. ［doi: 10.1145/2982142.2982163］

Götzelmann, T., & Pavkovic, A. (2014). Towards automatically generated tactile detail maps by 3D printers for blind persons. *Computers Helping People with Special Needs, 8548*, 1–7. ［doi: 10.1007/978-3-319-08599-9_1］

Grice, N., Christian, C., Nota, A., & Greenfield, P., (2015). 3D printing technology: A unique way of making Hubble Space Telescope images accessible to non-visual learners. *Journal of Blindness Innovation & Research, 5*(1), 1–1.

Gual, J., Puyuelo, M., & Lloveras, J. (2014). Three-dimensional tactile symbols produced by 3D Printing: Improving the process of memorizing a tactile map key. *British Journal of Visual Impairment*, *32*(3), 263–278.［doi: 10.1177/0264619614540291］

Gual, J., Puyuelo, M., Lloverás, J., & Merino, L. (2012). Visual impairment and urban orientation. Pilot study with tactile maps produced through 3D Printing. *PsyEcology*, *1*(3), 239–250.［doi: 10.1174/217119712800337747］

Holloway, L., Marriott, K., & Butler, M. (2018). Accessible maps for the blind: Comparing 3D printed models with tactile graphics. *CHI '18: Proceedings of the 2018 CHI Conference on Human Factors in Computing Systems*, *198*, 1–13.［doi: 10.1145/3173574.3173772］

I, J. H., Harianto, R. A., Chen, E., Lim, Y. S., Jo, W., Moon, M-W., & Lee, H. J. (2016). 3D literacy aids introduced in classroom for blind and visually impaired students. *Journal of Blindness Innovation & Research*, *6*(2), 1–8.

Jo, W., I, J. H., Harianto, R. A., So, J. H., Lee, H., Lee, H. J., & Moon, M-W. (2016). Introduction of 3D printing technology in the classroom for visually impaired students. *Journal of Visual Impairment & Blindness*, *110*(2), 115–121.［doi: 10.1177/0145482X1611000205］

川野 学都 （2019）．3D プリンターで造形した骨格標本の活用：実物の骨格標本での観察方法を習得後　弱視教育，*57*(2)，30–35.

国土交通省国土地理院 （2014）．立体地図（地理院地図 3D・触地図）　http://cyberjapandata.gsi.go.jp/3d/index.html

Kolitsky, M. A. (2014). 3D printed tactile learning objects: Proof of concept. *Journal of Blindness Innovation & Research*, *4*(1), 4–51.

Loconsole, C., Leonardis, D., Bergamasco, M., & Frisoli, A. (2016). An experimental study on fused-deposition-modeling technology as an alternative method for low-cost braille printing. In G. Di Bucchianico & P. Kercher (Eds.), *Advances in Design for Inclusion* (pp. 201–211). Springer International Publishing.［doi: 10.1007/978-3-319-41962-6_18］

McDonald, S., Dutterer, J., Abdolrahmani, A., Kane, S. K., & Hurst, A. (2014). Tactile aids for visually impaired graphical design education. *Proceedings of the 16th International ACM SIGACCESS Conference on Computers & Accessibility*, 275–276.［doi: 10.1145/2661334.2661392］

Miele, J. A., & Gilden, D. B. (2004). *Tactile map automated production (TMAP): Using GIS data to generate braille maps*. Proceeding CSUN International Conference on Technology and Persons with Disabilities, Los Angeles, CA.

Minatani, K. (2020). Gen_braille: Development of a Braille Pattern Printing Method for Parametric 3D CAD Modeling. In M. Antona & C. Stephanidis (Eds.), *Universal Access in Human-Computer Interaction. Design Approaches and Supporting Technologies* (Vol. 12188, pp. 168–177). Springer, Cham.

牟田口 辰己 （2012）．盲児童生徒の歩行指導プログラムの開発に関する研究　平成 20 年度〜平成 23 年度科学研究費補助金（基盤研究（C））研究成果報告書，10–20.

Reynaga-Peña, C. G. (2015). A microscopic world at the touch: Learning biology with novel 2.5D and 3D tactile models. *Journal of Blindness Innovation and Research*, *5*(1).［doi: 10.5241/5-54］

Teshima, Y., Hosoya, Y., Sakai, K., Nakano, T., Tanaka, A., Aomatsu, T., ... Watanabe, Y. (2020). Development of tactile globe by additive manufacturing. In K. Miesenberger, R. Manduchi, M. Covarrubias Rodriguez, & P. Peňáz (Eds.), *Computers Helping People with Special Needs* (Vol. 12376, pp. 419–426). Springer, Cham.［doi: 10.1007/978-3-030-58796-3_49］

Teshima, Y., Matsuoka, A., Fujiyoshi, M., Ikegami, Y., Kaneko, T., Oouchi, S., ... Yamazawa, K. (2010). Enlarged skeleton models of plankton for tactile teaching. In K. Miesenberger, J. Klaus, W. Zagler, & A. Karshmer (Eds.), *Computers Helping People with Special Needs* (Vol. 6180, pp. 523–526). Springer.

Toyoda, W., Tani, E., Oouchi, S., & Ogata, M. (2020). Effects of environmental explanation using three-dimensional tactile maps for orientation and mobility training. *Applied Ergonomics*, *88*, 103177.［doi: 10.1016/j.apergo.2020.103177］

臼田 - 佐藤 功美子 （2018）．視覚の有無を乗り越える「すばる望遠鏡」模型の製作　第 32 回天文教育研究会集録，103-106.

Usuda-Sato, K., Nakayama, H., Fujiwara, H., & Usuda, T. (2019). Touch the universe: Developing and disseminating tactile telescope models created with a 3D printer. *Communicating Astronomy with the Public Journal*, *26*, 24.

Voigt, A., & Martens, B. (2006). Development of 3D tactile models for the partially sighted to facilitate spatial orientation.

第 IV 部　触覚

Proceedings of the 24th International Conference on Education and Research in Computer Aided Architectural Design in Europe, 366–370.

渡辺 哲也・大内 進　(2019)．視覚障害教育における 3D プリンタ活用状況調査　弱視教育，*57*(2)，15–25.

渡辺 哲也・山口 俊光・渡部 謙・秋山 城治・南谷 和範・宮城 愛美・大内 進　(2011)．視覚障害者用触地図自動作成システム TMACS の開発とその評価　電子情報通信学会論文誌 D（情報・システム），*94*(10)，1652–1663.

Wedler, H. B., Cohen, S. R., Davis, R. L., Harrison, J. G., Siebert, M. R., Willenbring, D., ... Tantillo, D. J. (2012). Applied computational chemistry for the blind and visually impaired. *Journal of Chemical Education*, *89*(11), 1400–1404. ［doi: 10.1021/ed3000364］

White House Office of the Press Secretary. (2013). President Barack Obama's State of the Union Address. https://obamawhitehouse.archives.gov/the-press-office/2013/02/12/president-barack-obamas-state-union-address-prepared-delivery

Zhao, C., Ruan, S., Wang, J., & Su, Y. (2020). Application and surface characterization of braille production based on FDM 3D printing. In P. Zhao, Z. Ye, M. Xu, & L, Yang (Eds.), *Advanced Graphic Communication, Printing and Packaging Technology* (Vol. 600, pp. 370–373). Springer. ［doi: 10.1007/978-981-15-1864-5_51］

(13・4)

有田 寛之　(2015)．博物館資料に関する三次元デジタルデータの活用について　日本教育情報学会年会論文集，*31*，126–129.

古田 貴久・橋詰 倫典　(2019)．3D プリンタの文化的位置づけと授業者にとっての利便性について　群馬大学教育学部紀要 芸術・技術・体育・生活科学編，*54*，55–59.

Montusiewicz, J., Miłosz, M., & Kęsik, J. (2018). Technical aspects of museum exposition for visually impaired preparation using modern 3D technologies. *2018 IEEE Global Engineering Education Conference*, 768–773. ［doi: 10.1109/EDUCON.2018.8363308］

Neumüller, M., Reichinger, A., Rist, F., & Kern, C. (2014). 3D Printing for cultural heritage: Preservation, accessibility, research and education. In M. Ioannides & E. Quak (Eds.), *3D Research Challenges in Cultural Heritage* (Vol. 8355, pp. 119–134). Springer.

大河内 智之　(2018)．博学連携による 3D プリンター製文化財レプリカの作製と活用　平成 30 年度博物館学芸員専門講座シンポジウム　https://www.nier.go.jp/jissen/training/h30/pdf/1213-04.pdf

Oouchi, S., Yamazawa, K., & Secchi, L. (2010). Reproduction of tactile paintings for visual impairments utilized three-dimensional modeling system and the effect of difference in the painting size on tactile perception. *International Conference on Computers for Handicapped Persons, ICCHP 2010, Computers Helping People with Special Needs*, 527–533.

Parraman, C., & Ortiz Segovia, M. V. (2016). An exploration of 2.5D printing as tactile pictures. *Society for Imaging Science and Technology. Symposium on Electronic Imaging: Measuring, Modeling, and Reproducing Material Appearance*, 1–1. ［doi: 10.2352/ISSN.2470-1173.2016.9.MMRMA-362］

Secchi, L. (2004). *L'educazione estetica per l'integrazione*. Carocci.

Vesanto, J. (2013). *Midas Touch – Augmented Art Project for the Visually Impaired*. 3D Printing Industry. http://3dprintingindustry.com/2013/04/19/midas-touchaugmented-art-project-for-the-visually-impaired/

Volpe, Y., Furferi, R., Governi, L., & Tennirelli, G. (2014). Computer-based methodologies for semi-automatic 3D model generation from paintings. *International Journal of Computer Aided Engineering and Technology*, *6*, 88–112. ［doi: 10.1504/IJCAET.2014.058012］

渡辺 哲也・大内 進　(2019)．視覚障害教育における 3D プリンタ活用状況調査　弱視教育，*57*(2)，15–25.

(13・5)

Chen, D., & Dote-Kwain, J. (2018). Promoting emergent literacy skills in toddlers with visual impairments. *Journal of Visual Impairment & Blindness*, *112*(5), 542–550.

Kim, J., Oh, H., & Yeh, T. (2015). A study to empower children to design movable tactile pictures for children with visual impairments. *Proceedings of the Ninth International Conference on Tangible, Embedded, and Embodied Interaction*, Stanford, California, USA, 703-708.

Stangl, A., Kim, J., & Yeh, T. (2014). 3D printed tactile picture books for children with visual impairments: A design probe. *Proceedings of the 2014 conference on Interaction design and children*, Aarhus, Denmark, 321-324.

(13・6)

Braille Authority of North America. (2010). *Guidelines and Standards for Tactile Graphics*.

Stangl, A., Hsu, C-L., & Yeh, T. (2015). Transcribing across the senses: Community efforts to create 3D printable accessible tactile pictures for young children with visual impairments. *Proceedings of the 17th International ACM SIGACCESS Conference on Computers & Accessibility*, 127-137. ［doi: 10.1145/2700648.2809854］

Watanabe, T., & Sato, K. (2019). Suitable size of 3D printing architecture models for tactile exploration. *Journal on Technology & Persons with Disabilities, 7*, 45-53.

(13・7)

Götzelmann, T. (2018). Visually augmented audio-tactile graphics for visually impaired people. *ACM Transactions on Accessible Computing* (TACCESS), *11*(2), 8. ［doi: 10.1145/3186894］

南谷 和範 （2017）．視覚障害者が使用可能な 3D データ製作手法の探索　電子情報通信学会技術研究報告, *117*(30), 85-90.

Siu, A. F., Kim, S., Miele, J. A., & Follmer, S. (2019). ShapeCAD: An accessible 3D modelling workflow for the blind and visually-impaired via 2.5D shape displays. *Proceedings of the 21st International ACM SIGACCESS Conference on Computers and Accessibility*, 342-354. ［doi: 10.1145/3308561.3353782］

(13・8)

浅野 到・近藤 啓之 （2021）．樹脂系材料　萩原 恒夫（監修）　3D プリンタ用新規材料開発（pp. 143-210）　エヌ・ティー・エス

京極 秀樹 （2019）．3D プリンティング技術の最新動向と今後の展開　日本機械学会誌, *122*(1204), 4-7. ［doi: 10.1299/jsmemag.122.1204_4］

仲谷 正史・田中 浩也 （2018）．3D プリンタ技術を利用した触感研究の動向　高分子, *67*(10), 585-587.

Suzuki, R., Yeh, T., Yatani, K., & Gross, M. (2017). *Autocomplete textures for 3D printing*. arXiv. ［doi: 10.48550/arXiv.1703.05700］

高橋 治輝・宮下 芳明 （2018）．Road 単位の造形に着目した熱溶解積層方式 3D プリンタでの質感表現　情報処理学会論文誌, *59*, 644-656.

第14章 触覚における感性問題：触り心地

14·1 触り心地に関する研究

　私たちは触り心地をどのように感じているのか。そこにはさまざまな要因が寄与している。たとえば，普段何気なく行う，「目の前にある物体に手を伸ばして触れる」ときでも，触れる前に得られる視覚，聴覚，嗅覚からの情報や，事前に有する知識から，手触りや材質を予想しつつ手を伸ばすであろう。そして実際に指が対象に触れたとき，その「粗さ」「硬さ」「温かさ」といった材質に関する知覚が生じる。さらには，「金属らしさ」といったカテゴリに関する認知や，情動的な反応から「心地よさ」といった感性評価が行われる。本章では，特に触り心地のなかでも材質感に関する知覚機序について詳説し，さらには触り心地一般の言語表現について取り上げ，それらの感性評価との関連について述べる。

（渡邊 淳司）

14·2 材質感の知覚

14·2·1 材質感の主要因

　触覚における材質感の知覚処理は，性質の異なる複数のセンサー系（機械受容器あるいは自由神経終末と，それにつながる神経線維）を通じてなされる。機械受容器は，皮膚変形の圧力に反応するSA I（Slowly Adapting I）系（もしくはNP III系），皮膚の横ずれに反応するとされるSA II系（もしくはNP II系），数Hzから数十Hzの低周波振動に反応するFA I（Fast Adapting I）系（もしくはRA系，NP I系），百Hz以上の高周波振動に反応するFA II系（もしくはPC系，P系）に分類される。また，温

冷に反応する系，毛の動きに反応する系，鈍痛や鋭痛といった痛みに関連する系，快不快に強く関与する系，さらには筋肉や腱に存在する自己受容感覚に関連する系なども存在する。これらのセンサー系を通じて得られる神経発火パターンおよびそれらに対する脳の情報処理を通じて，さまざまな材質感の知覚が生み出されている。

　これまで，どのような感覚が材質感を構成する主要因であるかを調べる研究が数多く行われてきた。広く行われてきた実験法は，「粗い－滑らか」，「凹凸な－平らな」「硬い－軟らかい」「すべる－粘つく」「温かい－冷たい」等，材質感に関する形容表現の評価語対を用意し，実験参加者に多様な触素材（布，紙，皮革，木，金属，ゴムなど）に触れてもらい，評価語対の観点から定量化する方法である（semantic differential 法：SD法）。たとえば，+3を「とても粗い」，+2を「粗い」，+1を「やや粗い」，0を「どちらでもない」，−1を「やや滑らか」，−2を「滑らか」，−3を「とても滑らか」のように各評価語対に点数を付与し，その点数群に対する因子分析などによって主たる要因を抽出する。その他にも，触素材間の類似度を点数づけし，多次元尺度構成法（multi-dimensional scaling 法：MDS法）によって素材間の関係性を定量化して，SD法の評価と対応付けることで主要因を特定する研究も行われてきた（Hollins et al., 1993）。また，触り心地のみから触素材群をグループに分け，関係性を可視化する方法（永原他，2016など）や，形容詞をタグ付けし触素材の特性を定量化する方法も存在する（Seifi et al., 2015など）。しかしながら，異なる実験法，評価語，触素材を使用して実験が行われているため，研究ごとに異なる結果が報告されることも多かった。そのような問題意識から，いくつかの実験結果を総合した分析も行

第14章　触覚における感性問題：触り心地

われている。その分析では，材質感に関しては，「凹凸感」「粗さ感」「摩擦感」「硬軟感」「温冷感」の五つが主要因だと結論づけている（永野他，2011；Okamoto et al., 2013）。以下，それぞれの感覚について述べる。

14・2・2　材質感の知覚メカニズム

「凹凸感」は，凸と凸の間が100 μm程度以上の凸間距離をもつ形状に関する感覚を指す。指を動かさずとも皮膚の変形からある程度知覚可能であり，主に圧力に反応する系（SA I）からの信号によって生じる（Connor et al., 1990）。「粗さ感」は，刺激の凸間距離が数〜数十 μm程度の対象を指でなぞることによって生じる感覚である。数 Hzから数十 Hzの低周波振動に反応する系（FA I），百 Hz以上の高周波振動に反応する系（FA II）の両方のセンサー系が関与するが，特に高周波振動に反応する系が主たる役割を担っている（Miyaoka et al., 1999）。また「摩擦感」は，弾性体である皮膚と接触対象が滑りあうときに生じる固着とすべりに関連する感覚で，低周波と高周波の両方の系が関係する。ただし，前述のOkamoto et al.（2013）の議論では，「乾いた−湿った」という形容表現の評価語対と関連する「乾湿感」について，これまでの研究で「摩擦感」と別に抽出されたことがないということから大きく「摩擦感」に含めている。「硬軟感」は，力をかけて対象を押し込むことによって生じる感覚であり，皮膚の圧力に反応する系と，力に関して筋・腱・関節にある自己受容感覚に関連する系からの信号が必要である（Srinivasan & La Motte, 1995）。「温冷感」の知覚は，温冷の時間変化，つまりは皮膚と接触対象との熱エネルギー移動速度と関連する（Ho & Jones, 2006）。

また，これら五つの感覚は関連付けられる手の運動が異なることが報告されている（Lederman & Klatzky, 1987）。「凹凸感」「粗さ感」「摩擦感」という対象の表面構造に関する感覚は対象表面を水平方向になぞる手の運動と関係が深い。一方，「硬軟感」は，対象表面に対し垂直方向に力をかける運動と関係が深い。「温冷感」は，皮膚と対象の間の熱エネルギーの移動によって生じる感覚であるため，対象

と皮膚の間に温度差があれば，触れるだけでその知覚が生じる。

このように，触覚の材質感の主要因である五つの感覚は，それらに関連付けられる主たる受容器が異なるため，ある程度は独立したものだと言える。そして，それぞれの感覚に対応する代表的な手の動き方があるため，すべての感覚が同時に知覚されることは少ない。ただし，その感覚の優先順位を調べた研究は存在する（Klatzky et al., 1987）。「大きさ」「形状」「粗さ感」「硬軟感」を各3種類ずつ組み合わせた81種類の触素材に対して分類を行った研究では，触覚のみで判断する閉眼時には「粗さ感」と「硬軟感」を優先して分類が行われることが示されている。また，触覚の発達という観点からは，生後8か月の乳児でも「粗さ感」や「形状」の記憶が存在すること，さらにそれらは異なる機序によるものであることが示唆されている（Catherwood, 1993）。

（渡邊　淳司）

14・3　触り心地の言語表現

14・3・1　形容詞

触り心地の分類においては，前述のように，形容表現の評価語対を用い，それらの観点から定量化する方法が多く用いられてきた。小松（2016）は，物体の材質や表面状態を推定する情報処理機能（「質感認知」）と，それに伴う情動反応に基づく価値判断の情報処理機能（「感性的質感認知」）を分けて論じており，触り心地を表現する形容表現においてもそのような区別が可能である。たとえば，Sakamoto & Watanabe（2017）の実験では，表14-3-1にある26対の評価語対を用意し，材質感の基礎的感覚（2列目），素材の印象およびその構成（3列目），感性的な評価（4列目）の三つに分類している。この実験では，30人の実験参加者が120種類の素材に対して前述の26対の評価語対の観点から得点づけを行った。その結果を因子分析し，整理したものが表14-3-1である。第1列（1から6の数字）は，因子分析で見いだされた要因の寄与率の順序である。第一の要因は「摩擦感」に関する基礎的感覚と素材の印

1399

第 IV 部　触覚

表 14-3-1　実験で使用した 26 対の評価語対（Sakamoto & Watanabe, 2017）

		Basic tactile evaluation 材質感の基礎的感覚	Material-oriented evaluation 素材の印象・構成	Affective evaluation 感性的評価
1		Slippery-Sticky Wet-Dry	Clean-Dirty Repulsive-Non-repulsive	Comfortable-Uncomfortable Good-Bad Pleasant-Irritating Relieved-Uneasy Familiar-Unfamiliar Ordinary-Eccentric Calm-Intense Impressive-Unimpressive
2		Hard-Soft	Elastic-Non-elastic Stretchy-Non-stretchy Strong-Weak Sharp-Dull Firm-Fragile	
3		Bumpy-Flat Smooth-Rough	Regular-Irregular	
4			Heavy-Light Thick-Thin	Luxury-Cheap
5		Warm-Cold		
6				Natural-Artificial

象・構成，さらには感性的評価の大部分となった。
この結果は，実験で使用した触素材では摩擦感と感
性的評価が強く関連することを意味する。第二の要
因は「硬軟感」に関する基礎的感覚と素材の印象・
構成，第三の要因は「粗さ感」と「凹凸感」という
素材表面に関する感覚となった。第四の要因は素材
の質量やボリューム，その価値に関する要因，第五
の要因は「温冷感」に関する基礎的感覚，第六の要
因は「自然感」に関する感性的評価であった。これ
らは，Okamoto et al.（2013）の分析で挙げられた
五つの主要因を含み，残りの第四と第六の要因も材
質感にとどまらない触素材の構成や感性的評価を表
している。

14・3・2　オノマトペ

　日常使用する触り心地に関する言語表現は，形容
詞だけではなく，たとえば，英語では「振動する
（vibrating）」や「粘つく（sticky）」などの動詞から
の派生語や，「砂のような（sandy）」といった素材に
関する直喩が使用される（Guest et al., 2010）。また
日本語の場合は，それに加えて「つるつるの石」「す

べすべの肌」「ふわふわの毛布」など，オノマトペを
利用することも多い。オノマトペとは擬音語・擬態
語の総称であり，柔軟な感覚伝達手段として日常会
話だけでなく，マンガや文学作品のなかでもよく使
用されている。日本語の触覚のオノマトペは，他の
言語，他の感覚に比べて数が多く，日本語ではオノ
マトペ表現のほうが形容詞よりも多く用いられると
いう報告（北村他，1998）もあり，オノマトペを用
いた触り心地に関する研究手法も多い。

　たとえば，早川他（2010）は，触覚のオノマトペ
一つ一つがそれぞれ別の触り心地のカテゴリを表現
すると考え，それらの関係性を表したオノマトペの
2 次元分布図を作成している（図 14-3-1）。このオ
ノマトペ分布図は，触り心地を表すオノマトペ 42
語に対してそのオノマトペの語自体がもつ総合的な
印象を，凹凸や粗さに関する印象，摩擦に関する印
象，硬軟や粘性に関する印象の観点から得点化して
もらい，主成分分析によって 2 次元平面上に可視化
したものである。そのため，近い触り心地を表すオ
ノマトペは，分布図のなかでも空間的に近く位置し
ている。この分布図は，現在の日本語のオノマトペ

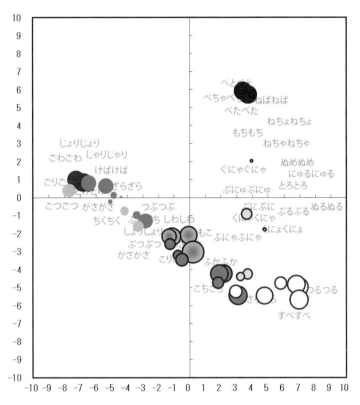

図 14-3-1　オノマトペの 2 次元分布図と，その上に触素材の触り心地を配置した触相図（渡邊他，2014）
　オノマトペに対する印象を 2 次元平面上に可視化し，その平面上に触素材 50 種類の触り心地を配置した（IV・4・4・2 参照）。バブル一つが触素材 1 種類を表し，サイズは快不快の絶対値，快は輪郭があり薄いもの，不快は輪郭がなく濃いものである。

の語彙が触り心地をどのようにカテゴリ化しているのか，それを空間的に表したものといえる。

14・3・3　言語表現と触り心地

　触り心地は言語で表現され，多くの実験では，「この粗さはどのくらいですか？」「この素材は前に触れた素材より硬いですか？」とあらかじめ言語情報によって指示が与えられる。そのため，実験参加者は触れる前から特定の触り心地に対して注意を向けることになる。そして，「粗さ感」を問われて対象に触れるときには対象表面をなぞる動作が多く観察され，「硬軟感」を問われて対象に触れるときには対象を垂直方向に押す動きが観察されるであろう。つまり，実験者がどのような言葉を使って問うかによって，実験参加者の指や腕の動きにも変化が生じ，さらには注意を向けやすい感覚にも変化が生じる可能性がある。特に触り心地の実験を行う際にはこれらの可能性に留意すべきである。

　また，どんな語彙体系を使用して触り心地を表現するかによっても注意を向ける触り心地が変化する場合がある。たとえば，日本語で触れたものを表現する場合，形容詞で表現する場合とオノマトペで表現する場合がある。どちらも基本的な材質感を表現する語彙を有しているが，触れた素材を形容詞で表現する場合は「硬軟感」に関する語彙を使用しやすく，オノマトペで表現する場合は「粗さ感」に関する語彙を使用しやすいという報告も存在する（坂本・渡邊，2013）。

〔渡邊　淳司〕

第IV部　触覚

14·4　触り心地の感性評価

14·4·1　材質感との関連

　触覚の感性評価に関する研究は，風合い（川端，1994）と呼ばれる布の触り心地に関する分野や，触感塗装と呼ばれる金属やプラスティック表面に細かい凹凸を施す表面加工や内装の分野（Wastiels et al., 2013），また，肌触りが重要な化粧品の分野（Nakatani et al., 2013）というように，いくつかの特定の分野でその素材に合わせて研究が進められてきた。しかし，感性評価に関しては個人差も大きく，その統一的な機序について明らかでないことも多い。もちろん，Carbon & Jakesch（2013）や前述のSakamoto & Watanabe（2017）をはじめ，触覚の快不快を材質感と合わせて評価する研究は存在している。Chen et al.（2009）は，37種類のカードボードなどの素材に対して，六つの材質感と好き嫌いを評価してもらい，「摩擦感」と「硬軟感」が好き嫌いと関連すると報告している。また，Kitada et al.（2012）は，2次元のドットパターンの刺激を用意し，ドット間距離を変化させて快不快を評価した。その結果，ドット間の距離が小さいほど快と評価された。Löken et al.（2009）は，秒速3 cmのストロークで皮膚表面がなぞられるときに，快の感覚と強い関連があるセンサ系の神経活動が増えることを報告した。

14·4·2　オノマトペ分布図による把握

　感性評価には，材質感が複合的に関わるため，総合的な議論が必要である。一つの方法として，複雑な触り心地を一語で表すオノマトペの特性に着目した手法が考えられる。前述のオノマトペ分布図上に触素材を配置すると，近い触り心地の素材が分布図上でも空間的に近く分布するため，その関係性を平面上で可視化することができる（以後，「触相図」と呼ぶ；Doizaki et al., 2017；早川他，2010）。同時に，触素材に快不快の評価を行うことで，快不快と材質感の関係性を可視化することができる。

　渡邊他（2014）の研究では，布，紙，金属などの50種類の触素材を，その触り心地をもとに，早川他（2010）で作成したオノマトペ分布図上に配置し，同時にその快不快を＋3から−3までの7段階で評価した。各触素材の分布図上での位置は，オノマトペがある位置だけでなく，オノマトペとオノマトペの間など，任意の位置を回答可能とした。図14-3-1はオノマトペ分布図上に50種類の触素材の触り心地を配置したものである。バブル一つが触素材1種類に対応し，その位置は実験参加者30名が回答した位置の平均から算出した。また，バブルの面積は30名の快不快の平均の絶対値を表し，濃淡が薄く輪郭があるものが正の値（快），濃淡が濃く輪郭がないものが負の値（不快）を表している。

　触相図から，快の触素材は，右下の「すべすべ」した滑らかで硬いものから中央付近の「ふかふか」した柔らかいものまで連続して分布している。一方，不快な触素材は，左上の「ざらざら」した粗くて乾いたもの，もしくは右上の「ねちょねちょ」した軟らかく，湿り気を伴うものの二つに分けられた。このことは，快の触り心地は比較的連続的に分布する一方，不快の触り心地は粗く痛みを伴うような覚醒度の高い不快と，軟らかく湿り気を伴う覚醒度の低い不快に分けられると考えられる。このように触相図は，感性評価を材質感と合わせて体系的に議論することを可能にしている。

14·4·3　触れる行為との関連

　触覚においても，対象に繰り返し接することで好感度や評価が高まる単純接触効果（mere exposure effect）が生じること（Jakesch & Carbon, 2012）や，自分の持っているものを高く評価する傾向（endowment effect）があること（Wolf et al., 2008）が示されている。

　また，触れる対象の視覚情報が「触りたくなる」という触動作の衝動を喚起することや（Klatzky & Peck, 2011），触り心地やその評価と触れる動作には深い関係があることが示唆されている。Yokosaka et al.（2017）は，35種類の触素材に触れているときの手の運動，押し込み圧力，眼球運動を計測し，触対象についての主観評価との関係性を調べた。その結果，図14-4-1に示すように，粗い素材や粘つく素

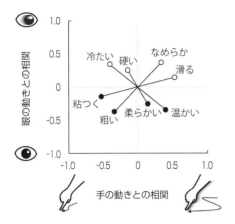

図14-4-1 触り心地と眼や手の動きとの関係
（Yokosaka et al., 2017）

材，冷たい素材を触っているときほど手の動きが遅く，硬い素材や冷たい素材，滑らかな素材を触っているときほど眼球運動が速くなる傾向があった。このことは，手や眼の動きを観察することで，動作者の感じている触り心地を予測できる可能性を示唆している。

さらに触動作には，その素材の好ましさの情報も含まれている。Yokosaka et al.（2020）は，30種類の触素材に触れているときの動作者の手の運動と押し込み圧力を計測し，その好ましさ評価との関係を調べた。その結果，好ましい素材に触れているときは手の動きが速くなる一方で，押し込み圧力は素材の好ましさによって変化しないことがわかった。また，触れ方の時間パターンの解析から，好ましい素材は同じ触れ方を繰り返す一方で，好ましくない素材に対しては触り方を変えながら触れることがわかった。

14·4·4 感性評価と標準触素材

感性評価に関する研究を進めるうえで重要な要素の一つに標準素材がある。国際的な標準刺激として，視覚の感性評価に関してはInternational Affective Picture System（IAPS；Lang et al., 1997）が，聴覚に関してはInternational Affective Digitized Sounds（IADS；Bradley & Lang, 1999）がある。触覚においても同様の標準刺激の整備が必要であろう。

（渡邊 淳司）

文献

(14・2)

Catherwood, D. (1993). The robustness of infant haptic memory: Testing its capacity to withstand delay and haptic interference. *Child Development*, *64*, 702-710.

Connor, C. E., Hsiao, S. S., Phillips, J. R., & Johnson, K. O. (1990). Tactile roughness: Neural codes that account for psychophysical magnitude estimates. *Journal of Neuroscience*, *10*, 3823-3836.［doi: 10.1523/JNEUROSCI.10-12-03823.1990］

Ho, H.-N., & Jones, L. A. (2006). Contribution of thermal cues to material discrimination and localization. *Perception & Psychophysics*, *68*, 118-128.［doi: 10.3758/BF03193662］

Hollins, M., Faldowski, R., Rao, S., & Young, F. (1993). Perceptual dimensions of tactile surface texture: A multidimensional scaling analysis. *Perception & Psychophysics*, *54*(6), 697-705.［doi: 10.3758/BF03211795］

Klatzky, R. L., Lederman, S., & Reed, C. (1987). There's more to touch than meets the eye: The salience of object attributes for haptics with and without vision. *Journal of Experimental Psychology: General*, *116*(4), 356-369.［doi: 10.1037/0096-3445.116.4.356］

Lederman, S. J., & Klatzky, R. L. (1987). Hand movements: A window into haptic object recognition. *Cognitive Psychology*, *19*, 342-368.［doi: 10.1016/0010-0285(87)90008-9］

Miyaoka, T., Mano, T., & Ohka, M. (1999). Mechanisms of fine-surface-texture discrimination in human tactile sensation. *Journal of Acoustical Society of America*, *105*, 2485-2492.［doi: 10.1121/1.426852］

永原 宙・森永 さよ・渡邊 淳司（2016）．人間のカテゴリ分類特性を利用した触感選択法　日本バーチャルリアリティ学会論文誌，*21*(2)，533-536.［doi: 10.18974/tvrsj.21.3_533］

第IV部　触覚

永野　光・岡本　正吾・山田　陽滋　（2011）．触覚的テクスチャの材質感次元構成に関する研究動向　日本バーチャルリアリティ学会誌，*16*(3)，343-353．[doi: 10.18974/tvrsj.16.3_343]

Okamoto, S., Nagano, H., & Yamada, Y. (2013). Psychophysical dimensions of tactile perception of textures. *IEEE Transactions on Haptics, 6*(1), 81-93. [doi: 10.1109/TOH.2012.32]

Seifi, H., Zhang, K., & MacLean, K. E. (2015). VibViz: Organizing, visualizing and navigating vibration libraries. *IEEE World Haptics Conference*, 254-259. [doi: 10.1109/WHC.2015.7177722]

Srinivasan, M. A., & LaMotte, R. H. (1995). Tactual discrimination of softness. *Journal of Neurophysiology, 73*, 88-101. [doi: 10.1152/jn.1995.73.1.88]

(14・3)

Guest, S., Dessirier, J. M., Mehrabyan, A., McGlone, F., Essick, G., Gescheider, G., ... Blot, K. (2010). The development and validation of sensory and emotional scales of touch perception. *Attention, Perception, & Psychophysics, 73*(2), 531-550. [doi: 10.3758/s13414-010-0037-y]

早川　智彦・松井　茂・渡邊　淳司　（2010）．オノマトペを利用した触り心地の分類手法　日本バーチャルリアリティ学会論文誌，*15*(3)，487-490．[doi: 10.18974/tvrsj.15.3_487]

北村　薫子・磯田　憲生・梁瀬　度子　（1998）．質感の評価尺度の抽出および単純なテクスチャーを用いた質感の定量的検討　日本建築学会計画計論文集，*511*，69-74．[doi: 10.3130/aija.63.69_4]

小松　英彦（編）　（2016）．質感の科学：知覚・認知メカニズムと分析・表現の技術　朝倉書店

Okamoto, S., Nagano, H., & Yamada, Y. (2013). Psychophysical dimensions of tactile perception of textures. *IEEE Transactions on Haptics, 6*(1), 81-93. [doi: 10.1109/TOH.2012.32]

坂本　真樹・渡邊　淳司　（2013）．手触りの質を表すオノマトペの有効性：感性語との比較を通して　認知言語学会論文集，*13*，473-485．

Sakamoto, M., & Watanabe, J. (2017). Exploring tactile perceptual dimensions using materials associated with sensory vocabulary. *Frontiers in Psychology, 8*, 569. [doi: 10.3389/fpsyg.2017.00569]

渡邊　淳司・加納　有梨紗・坂本　真樹　（2014）．オノマトペ分布図を利用した触素材感性評価傾向の可視化　日本感性工学会論文誌，*13*(2)，353-359．[doi: 10.5057/jjske.13.353]

(14・4)

Bradley, M., & Lang, P. (1999). *International Affective Digitized Sounds (IADS): Stimuli, Instruction Manual and Affective Ratings*. University of Florida.

Carbon, C.-C., & Jakesch, M. (2013). A model for haptic aesthetic processing and its implications for design. *Proceedings of the IEEE, 101*(9), 2123-2133. [doi: 10.1109/JPROC.2012.2219831]

Chen, X., Shao, F., Barnes, C., Childs, T., & Henson, B. (2009). Exploring relationships between touch perception and surface physical properties. *International Journal of Design, 3*(2), 67-77.

Doizaki, R., Watanabe, J., & Sakamoto, M. (2017). Automatic estimation of multidimensional ratings from a single sound-symbolic word and word-based visualization of tactile perceptual space. *IEEE Transactions on Haptics, 10*(2), 173-182. [doi: 10.1109/TOH.2016.2615923]

早川　智彦・松井　茂・渡邊　淳司　（2010）．オノマトペを利用した触り心地の分類手法　日本バーチャルリアリティ学会論文誌，*15*(3)，487-490．[doi: 10.18974/tvrsj.15.3_487]

Jakesch, M., & Carbon, C. (2012). The mere exposure effect in the domain of haptics. *PLoS ONE, 7*(2), e31215. [doi: 10.1371/journal.pone.0031215]

川端　季雄　（1994）．布風合いの客観評価システム　シミュレーション，*13*，20-24．

Kitada, R., Sadato, N., & Lederman, S. J. (2012). Tactile perception of nonpainful unpleasantness in relation to perceived roughness: Effects of inter-element spacing and speed of relative motion of rigid 2-D raised-dot patterns at two body loci. *Perception, 41*(2), 204-220. [doi: 10.1068/p7168]

Klatzky, R. L., & Peck, J. (2012). Please touch: Object properties that invite touch. *IEEE Transaction on Haptics, 5*(2),

139-147. [doi: 10.1109/TOH.2011.54]

Lang, P. J., Bradley, M. M., & Cuthbert, B. N. (1997). *International Affective Picture System (IAPS): Technical Manual and Affective Ratings* (Technical Report No. A-1). University of Florida, NIMH Center for the Study of Emotion and Attention.

Löken, L.S., Wessberg, J., Morrison, I., McGlone, F., & Olausson, H. (2009). Coding of pleasant touch by unmyelinated afferents in humans. *Nature Neuroscience, 12*(5), 547-548. [doi: 10.1038/nn.2312]

Nakatani, M., Fukuda, T., Sasamoto, H., Arakawa, N., Otaka, H., Kawasoe, T., & Omata, S. (2013). Relationship between perceived softness of bilayered skin models and their mechanical properties measured with a dual-sensor probe. *International Journal of Cosmetic Science, 35*(1), 84-88. [doi: 10.1111/ics.12008]

Sakamoto, M., & Watanabe, J. (2017). Exploring tactile perceptual dimensions using materials associated with sensory vocabulary. *Frontiers in Psychology, 8*, 569. [doi: 10.3389/fpsyg.2017.00569]

Wastiels, L., Schifferstein, H. N. J., Wouters, I., & Heylighen, A. (2013). Touching materials visually: About the dominance of vision in building material assessment. *International Journal of Design, 7*(2), 31-41.

渡邊 淳司・加納 有梨紗・坂本 真樹 （2014）．オノマトペ分布図を利用した触素材感性評価傾向の可視化　日本感性工学会論文誌，*13*(2)，353-359. [doi: 10.5057/jjske.13.353]

Wolf, J. R., Arkes, H. R., & Muhanna, W. A. (2008). The power of touch: An examination of the effect of duration of physical contact on the valuation of objects. *Judgment and Decision Making, 3*(6), 476-482.

Yokosaka, T., Inubushi, M., Kuroki, S., & Watanabe, J. (2020). Frequency of switching touching mode reflects tactile preference judgment. *Scientific Reports, 10*(1), 3022. [doi: 10.1038/s41598-020-59883-7]

Yokosaka, T., Kuroki, S., Watanabe, J., & Nishida, S. (2017). Linkage between free exploratory movements and subjective tactile ratings. *IEEE Transactions on Haptics, 10*(2), 217-225. [doi: 10.1109/TOH.2016.2613055]

第 V 部

前庭機能
（平衡感覚）

第 1 章　前庭感覚

第 2 章　前庭感覚器の構造と機能

第 3 章　重力と前庭器官

第 1 章　前庭感覚

　前庭感覚器には大別すると 2 種類の感覚器官が含まれる。どちらも身体への時間・空間変化という刺激を受容し，中枢へその情報を送る役割を担っている。他動的（受動的），能動的（自発的）にかかわらず，身体の 3 次元空間内における変化には三つの空間軸を設定する。それぞれの軸周りの回転と軸の平行移動の計 6 種類の変量で，空間内における変化を表すことができる。

　ヒトの空間識に関わる研究の泰斗である Howard (1966) は，ヒトの空間内における身体軸とそれらの動作ベクトルを示している（図 1-0-1）。そこに示されている身体軸の説明には注意が必要である。身体を表す 3 軸はそれぞれ X 軸（身体の前後方向の軸），Y 軸（身体の左右方向の軸），Z 軸（身体の上下を貫く方向の軸）で定義されている。これはあくまでも解剖学の領域で使用されてきた軸を定義したものである。3 次元空間内における運動を含む物理的な位置情報は基本的には右手系表記で示されている。右手の①親指，②人差し指，③中指を直交する三つの軸として，人体の前後方向の軸（X 軸），左右水平方向の軸（Y 軸），頭部を垂直方向に貫く軸（Z 軸）と定義し，その軸周りの回転運動をロール，ピッチ，ヨーと定義している。われわれが地球上の重力空間で生活しているときに右手の指によって 3 軸の直交座標を示すと視覚的には親指が上下方向を，人差し指が前後方向を，中指が左右方向を指している。その軸を Z 軸，X 軸，Y 軸と呼称することは幾何学，特に平面幾何学における横軸を x 軸，縦軸を y 軸と呼んでいる縦，横，前後という概念とは直感的に一致していない。しかし空間を表記する概念には重力を勘案した呼称と多次元空間の概念とは別物であって，両者の間には経験則による呼称とは関係がない。そのことによって空間情報を記述するとき

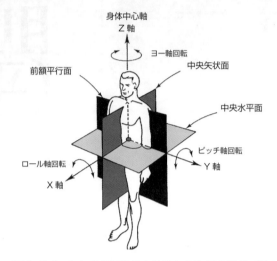

図 1-0-1　ヒトの解剖学的身体軸を 3 次元空間軸で示す (Howard, 1966, Fig. 1.3)。3 本の軸はそれぞれ中央水平面，前額平行面，中央矢状面が身体の重心を通る部分についてそれぞれ X，Y，Z 軸と定義する。身体の移動には各軸に平行に移動する直線加速度と軸周りに回転する回転加速度で示すことで，空間内のあらゆる位置について経過時間を含めて表現することができる。

には共通の定義に基づいた記述が用いられるが，このときに生活空間で使用している呼称を用いると概念の理解，たとえば 3 次元空間の情報の伝達には共通の定義が必要であり，物理学的な軸の呼称が必要である。われわれが日常生活で使用する，上下，左右，前後方向は空間軸の情報伝達，とりわけ運動を伴う位置変化の表現では使用できない。一方，3 次元という言葉で物理空間を表現する領域では，右手系，左手系の違いがあるにしても，親指を立てた方向が空間の上下を定義し X 軸と表現するため，解剖学で定義する上下方向の Z 軸と混同しないよう注意が必要である。視覚，聴覚のみならず 3 次元空間知覚の研究は生理学，神経科学と深い関係にあるが，個別の研究は時間が経過するなかで空間の定義と軸

の呼称が異なってしまった。議論をする場合には頻繁に齟齬が生じる可能性がある。もう一つ，注意が必要な点がある。図 1-0-1 に示されたヒトの直立姿勢は，空間の中で身体が変化するときの，ある時点における静的な位置の値を説明することを目的としたものである。生身の身体のさまざまな運動の方向や速度の説明に直接援用することができない点にも注意が必要である。

ヒトの身体は，複数の関節をもつ下肢の上に複数の脊柱から構成された胴体が乗り，胴体には下肢と同様，広い可動範囲と複雑な自由度をもつ腕が付属している。さらにその上には複数の頸椎によって広い可動域をもつ運動を可能とする頭部があり，下肢，胴体，上腕と連動しながら独立する動作を可能としている。ヒトの身体運動は，身体の運動の位置変化や回転の方向，あるいはそのときの速度変化を重心の位置だけで代表して表現し，行動を説明することが多く行われているが，運動変化の記録や測定は，身体各部の関節単位で同時記録することが望まれることは言うまでもない。

昨今多くの研究で用いられるモーションキャプチャーのシステムは，測定の手法や原理に違いはあるものの，身体の関節位置の3次元空間内の位置変化を経時的に記録する手法は共通している。このような事情を勘案すると，身体の運動を記録するには関節ごとの可動範囲内で身体部位ごとに3次元位置変化を記録しなければならないことになる。本章で述べる前庭器官の機能との関係を理解するには，身体の重心位置だけで記述できるわけではない点を確認しておくだけではなく，実際の研究を行ううえで常に注意しておかなければならない。通常，整形外科やリハビリテーションの領域では，身体の関節の可動域について上下肢のような大きな関節はもとより，小さく，かつ繊細な運動を可能にする手足の指の関節まで詳細に記述する。そこでは，関節周りの可動域はそれぞれのニュートラルな位置からの移動範囲が示されている。しかしそれらは屈曲点での運動の3次元空間内における単独の軸による運動位置の絶対値が示されているわけではない。物理的空間内で身体の位置変化を評価する場合に最も必要な基準軸設定の問題である。複数の運動器官が連動しな

がらまとまった行動を行う場合の運動量の合計値を得る計算は，困難な計算を必要とするが不可能なわけではない。たとえば，首を動かすときには七つの頸椎が身体の回転軸と軸に平行な位置の座標値を少しずつ移動して左右前後に首を振る動作が必要であるので，それらの小さな単位ごとに動作を定量的に測定し分析することが必要である。このことを強く主張することは奇異に思うかもしれない。地球上ですべての生物に共通な重力環境のなかで議論を進めるだけなら大きな問題はない。しかし，ひとたび地上と異なる重力空間に生物が曝されたときには，共通の基準軸がどうしても必要になる。このことを，身体の加速度センサーを備えた前庭器官および中枢の処理機構を通して解説し，議論することが本章の目的である。

図 1-0-2 で具体的にこのことを示す。この図ではミケランジェロによるシスティーナ礼拝堂の天井画『アダムの創造』（1510 年作）のアダムと神の動作について，図 1-0-1 の重心位置を基準の軸としたときの Y-Z 平面（前額面または冠状面）の物理的な位置を主要な関節と脊椎について3次元的に示したものである。生命を吹き込まれ半身を起こしかけたアダムの関節の位置が複雑な動作の様相を示しているのに対して，生命を吹き込む神のそれらは対照的に単純な位置の変化を示している。

このように，身体が運動するときのデータを基準となる空間座標の軸で記述すると，多くの運動器官が複数の骨格によって可動域内で位置の変位を実現しながら合理的な身体位置の変化を行うことがよくわかる。生物の動作は環境の物理現象の一つである重力という変数をはじめとして，そこからの物理現象の変化を感覚受容器における分子レベルの化学変化として受容する。その変化は神経伝達過程を通して化学変化を電気信号の変化に変換され，高次中枢の伝達機構により蓄積し，最終的には外界の環境に適応した行動とした動作機能に反映されていく。もちろん多くの生物は自ら動きまわるので，物理的重力環境の中で受動的，能動的を問わず自己の運動によって生じた加速度を含めた知覚について理解することが最終的な課題であることは言うまでもない。

（古賀　一男）

第 V 部　前庭機能（平衡感覚）

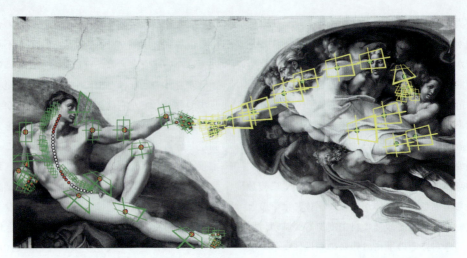

図 1-0-2　ミケランジェロがシスティーナ礼拝堂の天井に描いた『アダムの創造』のアダムと神の動作の身体内部の主要な関節について，Howard（1982）が示した正立像の前額面を基準とし，動作中の傾きと方向を示す．重心の位置の変化は人体が正立姿勢のまま傾斜し移動した姿を描写することでも可能であるが，現実の生物の身体運動は関節単位で複雑に折れ曲がり，ひねられた結果の姿勢をとることを定量的に理解する目的で図示した．

文献

（1・0）

Howard, I. P.（1966）. *Human Spatial Orientation*. John Wiley & Sons.

Howard, I. P.（1982）. *Human Visual Orientation*. John Wiley & Sons.

第 2 章　前庭感覚器の構造と機能

身体の運動を直接検出する2種類の前庭感覚器は，半規管（semicircular canal）と耳石器官（otolith organ）である。前者は前述した3軸の軸周りの回転加速度を検出する仕組みをもち，後者は同じ3軸の軸方向に負荷される直線加速度を知覚する仕組みと機能をもつ。前庭器官は聴覚器官の近傍にある。図2-0-1にはHardy（1934）の図を示す。Hardyの図版では，頭部の側面から前庭器官の所在と聴覚器官を含めた主要な受容器の名称が記載されている。前庭器官全体はおおよそ216 mm^{3}であり，Brödel（1946）によって描かれた全体の解剖図を古賀（2007）でも示した。本章ではBrödelが原図であるスケッチ図版から線画を起こしたものを図2-0-2として示した。図版にはHardyの図版よりも多くの前庭器官の詳細な部位名称が記載されている。Brödelの図版（古賀，2007）と図2-0-1のHardyを参照することで，形態と機能の両方の構造と機能を理解することができる。

（古賀　一男）

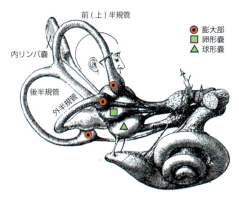

図 2-0-1　Hardy（1934）は聴覚器官を含めて内耳の器官，三半規管，耳石器官の外観を示した。ここに描かれた器官は前庭器官だけを図示した。前庭器官は左右両耳の前部に位置する一対の器官である。

2・1　前庭機能

身体（頭部含む）の座標位置を三次元空間内で変化させたときの自由度は，3軸それぞれの回転方向ごとに3種類，各軸の直線方向への変化が3種類で，計6種類ある。前者は回転加速度として，後者は直線加速度として別々の器官で検出される。加速度の変化を直接的に検出する感覚器官は半規管であり，身体の回転加速度を受容する機能をもっている。耳石器官は直線加速度の刺激の受容を受けもつ器官である。その他の感覚器官，たとえば筋肉の緊張と弛緩を検知する筋紡錘や皮膚に散在する圧感覚の受容機構，あるいは視覚や聴覚なども，重力を含めた加速度の変化を二次的に検出することができる。必要な場合にはそれらの感覚についても取り上げる。本章では半規管と耳石器官について概略を述べるが，両器官ともに有毛細胞といわれる特殊な機械的感覚細胞を備えているため，半規管と耳石器官について述べる前に有毛細胞について解説する。

2・1・1　有毛細胞

有毛細胞には，感覚毛（hair bundle）と呼ばれる微絨毛を用いて動毛（kinocilium）の機械的偏位を電気信号に変換するメカニズムがある。感覚毛は，一本の動毛と数十本程度の不動毛（stereocilia）を単位として機能している。不動毛は短いものから長いほうへ整列しており，先端部分が先端糸によってつながっている。先端糸の一端は動毛につながっており，結合部において機械的な偏位を電気信号に変換する。その機能はトランスダクションチャンネルと呼ばれる。感覚毛に機械刺激が加えられると基底部にある感覚細胞で脱分極が起こり，そのときの電

第 V 部　前庭機能（平衡感覚）

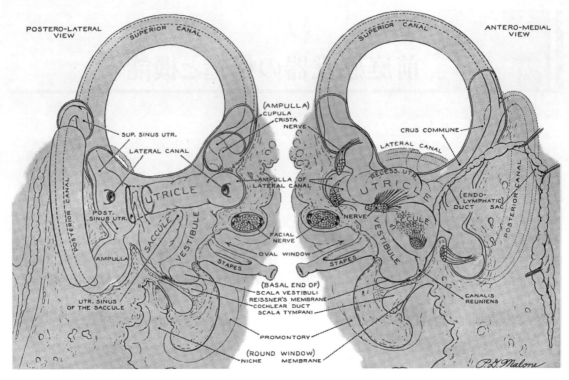

図 2-0-2　Brödel による内耳の外観図。この図は古賀（2007）では外観図だけを掲載したが，本章では器官内組織の詳細な名称を記載した線画による図版のほうを採録した（Brödel, 1946, Fig. 3b）。

気的変化を求心性線維の終末に出力することで前庭に変化が生じたことがわかる。機械刺激を電気信号に変換するのに必要な時間は数 μs というきわめて高速で行われることがわかっており，その機能について分子レベルのメカニズムが精力的に研究されている。

図 2-1-1 に I 型（HC-I），II 型（HC-II）の 2 種類の有毛細胞を示す（島津, 1989）。両者の分布は生物の種によって違いがあるが，II 型はほとんどの生物について共通して認められる。鳥類と哺乳類は I，II 型の両方をもつが，両タイプは形態と機能に違いがある。II 型は細胞の基底部に求心性（アファレント）と遠心性（エファレント）の神経終末が別個のシナプス結合を構成している。I 型の有毛細胞の求心性神経終末は細胞本体をすっぽりと覆う形態をもっており，遠心性神経終末は求心性神経終末に結合する形をとっている。I 型の有毛細胞では，遠心性神経終末が求心性信号を直接的に抑制することからシナプス後抑制機能としての制御を行っていると考えられている（島津, 1989）。

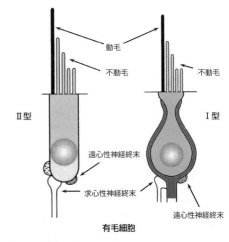

図 2-1-1　有毛細胞の I 型（HC-I），II 型（HC-II）を模式的に示した。両型は外形の違いよりも，遠心性のシナプス結合が細胞に直接行われているか，あるいは求心性の神経終末を介して間接的に行われているかの違いが重要である（Engström, 1961 を改変）。

第2章 前庭感覚器の構造と機能

有毛細胞では，隣同士が結びついた複数の短い不動毛と一本の動毛を備えている。不動毛が動毛側に傾斜した場合，基部の感覚細胞には脱分極が生じる。一方，動毛と反対に傾斜した場合は過分極が起こり，回転加速度が半規管のどちらの方向から負荷を与えたかというベクトル情報が中枢に送り出される。動毛によって引き起こされる不動毛のわずかな傾斜という物理的，機械的運動エネルギーを電気信号に変換するメカニズムはMET機構（mechano-electrical transduction）と呼ばれている。この機構は一般のシナプスにおける伝達物質の放出による信号伝達と異なり，有毛細胞に加えられた刺激の強さ（加速度の強弱）に比例して神経伝達物質の放出量が段階的に変化する。そのため，刺激の強弱をモジュレートした信号を求心性信号として送出することができる。他の感覚と同様に有毛細胞の重要な機能として順応機能も重要であるが，これらについて分子生理学と電気生理学の双方から詳細な検討が加えられてきた。詳細に述べることは本書の目的から逸脱するので他書（Berthoz & Jones, 1985）を参照されたい。前庭器官，有毛細胞の知見と研究を示した最近のものについては大森（1999）が参考となる。感覚器官と運動器官は狭い範囲に密集，同居していることが多いので求心・遠心性神経系は相互に連絡を必要としていることが多い。このことから両方の神経系は相互に特別な連絡ネットワークを形成していることがある。両者のネットワークが複雑な機構を形成しているが，ここに示したものはそのメカニズムを示す良い例である。

半規管では動毛と不動毛の配列の向きが一方向に揃っているため，一つの半規管のすべての感覚細胞が同じ方向への回転加速度の負荷を検出できる。耳石器官では，複数の有毛細胞を覆うゼラチン質の平衡膜の上部に集積された炭酸カルシウムを成分とする耳石が身体の傾斜によって重力との合力で傾斜したときに，動毛の傾斜方向によって発火する反応を中枢に送る仕組みを備えている。半規管は身体の回転によって生じる内リンパ液の動きを有毛細胞で，耳石器官は身体の傾斜と直線方向への運動によって生じる慣性力によって生じる耳石の変位を有毛細胞で検知する仕組みを備えており，それによって身体

のさまざまな運動の大きさと方向を検知するものである。以下にそれぞれの器官について解説する。

2・1・2 半規管

前庭器官は一定の姿勢を保持するための平衡機能を司る感覚器官で，内耳の2種類の感覚受容器を指す。三次元の回転加速度を感知する半規管と直線加速度を感知する耳石器官がそれにあたるが，ここでは半規管について概略を解説する。

半規管は身体の3軸に対応するように前半規管，外半規管，後半規管で構成されている。三つの半規管が直交していることで，それぞれの平面内での回転加速度を検出することができる。外半規管は水平面から平均でおおよそ28°上方に傾いており，したがって頭部をその角度だけ前屈させるとすべての半規管は重力軸を基準とした物理的3次元平面に一致する。半規管は左右両耳の内耳に一対備わっている。図2-1-2に半規管の略図を示す（Groen, 1961）。

半規管内部はリンパ液で満たされており，その一端の膨らみをもつ部分（膨大部）に回転加速度を検出するセンサー機構がある。図2-1-3に半規管の構造を示す（Milsum & Melvill Jones, 1969）。リンパ液の流れを感知するのは有毛感覚細胞である。有毛細胞の不動毛，動毛が膨大部において半規管内部のリンパ液に直接暴露されているわけではない。有毛細胞はクプラと呼ばれるゼラチン質の薄膜で覆われており，細胞全体が半規管内のリンパ液の流れに応じ

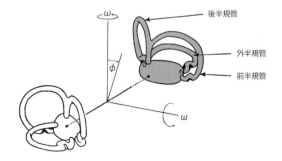

図2-1-2 ヒトの頭部，両側の三半規管を模式的に示した（Groen, 1961を改変）。注意すべきことは両側の三半規管の半規管が正確に直交していること，および器官全体がおおよそ28°上方を向いていることで，下方向に頭部を傾斜させた位置が重力方向と物理的な重力軸と合致する点である。ヒトの日常行動の長い歴史の結果かもしれない。

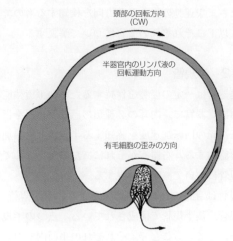

図2-1-3　三半規管の水平半規管の構造（Milsum & Melvill Jones, 1969を改変）
頭部を左右の一方向に振ったときには頭部の運動方向とは逆の方向に半規管内部のリンパ液が移動する。その結果，半規管下部にあるクプラに包まれた有毛細胞は頭部と同方向に傾斜し，基部の前庭神経から中枢への信号が発生する。これは物理的な運動を感知する機械的受容器（メカノリセプター）の刺激受容機構である。

てすべて同方向の動きをする。身体（頭部）が回転し始めると，やや遅れて半規管内のリンパ液が移動を開始する。内リンパ液の流れによって有毛細胞の不動毛に位置の偏位が生じ，身体の回転の検出が開始される。半規管内の刺激受容機構にある神経終末からの求心性神経連絡はすべて前庭神経核の上核に投射されている。この神経線維から細胞活動の記録を行うと，頭部が静止していても常に一定量の自発放電が観察されている。頭部の回転加速度の増減に伴って発火の頻度も変化するが，一定の周波数内においては応答の位相の遅れが観察される。この位相の遅れは，半規管における刺激に対する細胞の時定数に起因するものと考えられている。身体が回転したときの位置変位は半規管（基部の膨大部の有毛細胞がセンサー）で検出されるが，半規管内部のリンパ液が回転するときに生じる慣性力が有毛細胞に与える機械的刺激によって，有毛基底部の位置に偏位が生じる。このときの位置偏位が基部細胞の興奮を引き起こし，身体位置の変位情報が中枢へ伝達される。このメカニズムは，身体の回転の初期には内リンパ液が慣性力で停止しようとすることで回転を素早く感知する仕組みとなっている。電車がホームを発車した瞬間に慣性力で身体が進行方向と反対側に倒れることと同じ原理である。回転が始まってやや時間が経過し定速回転になると，内リンパ液も同方向へ定速で運動を持続し，慣性力が残っているうちは有毛細胞を刺激し続ける。回転速度の減衰と停止に際しても同様に，慣性力によってリンパ液の移動は一定の時定数を伴って運動を継続し，その結果身体は静止しているにもかかわらず，同方向への信号を自動的に出力し続ける。このようにリンパ液の慣性力によって有毛細胞を機械的に刺激することで，身体の回転加速度を知覚する仕組みが整うのである。液体の慣性力を利用する限り，一定の時間遅れが必ず伴うことは物理法則から明らかである。この時間遅れは，身体・頭部の回転が能動的，受動的であるかにかかわらず，自動的に生じることを日常の行動で確認することができる。各種のスポーツでは能動的に行われる複雑な身体の回転やひねりを頻繁に観察できる。また回転椅子や遊具などを用いて身体を回転させたときは，身体にかかる外力は他動的であるが身体の回転運動を自覚することができる。両者の身体の回転が半規管に与える外力も同様であって，そのとき生じる他の感覚器官や運動器官に生じる反射，反応，あるいは感覚の変化はどのような状況でも同様な外的刺激が生じる。時定数によって生じた感覚の遅れが感覚器官のバグなのか，合理的な仕組みなのか，あるいはもっと別の機能として働いているのかも検討されなければならない。半規官への刺激が生じたときの感覚上の変化については，後段において各種の研究とそこで得られた結果を紹介し説明を加える。次項では耳石器官にかかる直線加速度刺激に起因する感覚の変容，運動器官の反応について解説する。

2・1・3　耳石器官

耳石器官（otolith organ）は直線加速度を感知する感覚受容器である。回転加速度の刺激変化を受容する半規管と同じく，耳石器官の感覚細胞は有毛細胞である。半規管はクプラの薄膜で覆われた複数の有毛細胞列で構成されているが，耳石器官では一群の有毛細胞の集合体がゼラチン質の耳石膜で覆われ

ている。ヒトの場合，耳石器官は両側に一対あり，それぞれの器官は卵形嚢（utricle），球形嚢（saccule）の2種類の感覚器官である。卵形嚢，球形嚢ともに有毛細胞の配列の支持層である平衡斑の膜上に有毛細胞が形成されており，直線的な運動によって生じる加速度を感知するように機能している。耳石膜上には炭酸カルシウムの結晶集合体が乗っていて，生体の運動（能動的，受動的とも）によって生じる加速度のうちの直線加速度のみを感知することができる。図2-1-4に耳石器官を示す（Iurato, 1967）。耳石膜に包まれた有毛細胞の感覚毛の動きに関しては，身体の位置がある方向に加速度を受けた場合（直線加速度），耳石膜上の炭酸カルシウムが慣性の法則によってその場に停止しようとする。その結果，耳石膜に包まれた有毛細胞の感覚毛全体は逆の方向に変位し直線加速度を受容するという仕組みである。身体の直線加速度は3次元空間の各々の軸方向に平行に移動するときの加速度である。前後方向，左右方向の身体の動きとともに，身体に対して恒常的に働いている重力加速度の変化を知覚することが耳石器官の機能である。図2-1-5で耳石器官の頭部内の位置関係を示す（Malcom & Melvill Jones, 1974）。

直線加速度の検出は半規管と同様に有毛細胞で行われる。ヒトが直立しているとき，卵形嚢は水平の位置に，球形嚢は垂直の位置にある。卵形嚢は水平方向の加速度と傾斜によって生じる重力方向の加速度の変化を検出し，球形嚢は垂直方向の加速度の変化を検出している。卵形嚢，球形嚢ともに有毛細胞

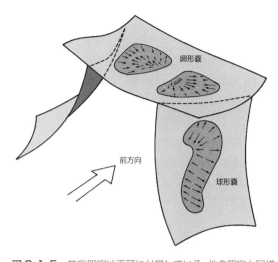

図2-1-5 前庭器官は両耳に付属している。他の器官と同様に，中枢からは反側からの統御と受容器官からの刺激受容を受けている。しかし，頭部の運動は両側性に分離して実行されるわけではない。つまり，一つの頭部運動が両側の耳石器官によって反側から刺激を受けたうえで，まとまった頭部運動を認識できるような仕組みをもたなければならない。これは左右非対称な刺激受容器官と非対称な運動器官のプログラムであれば簡単な原理で作成可能だが，動作が実行されると相反する感覚受容器の信号が求心性の信号として発信され，それを単一のまとまった行動であると認識できるシステムはきわめて複雑な仕組みを必要とする。二次元の情報しか受容できない感覚器官が三次元の行動範囲を受けもち，さらに両側がミラーイメージとなった情報を処理しなければならないという状況を簡素なシステムで知覚可能とする仕組みがここに示した両側の耳石の配置である（Malcom & Melvill Jones, 1974を改変）。

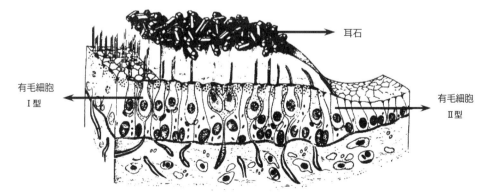

図2-1-4 耳石を光学顕微鏡で観察したときのスケッチ（Iurato, 1967）
耳石膜上に炭酸カルシウムの集合体（耳石）が乗っており，下部には整列した有毛細胞が存在する様子が描かれている。

第 V 部　前庭機能（平衡感覚）

の分布と配置が半規管とまったく異なっている。半規管では受容器内のすべての有毛細胞は整然と一様に同じ方向を向いているのに対して，耳石の有毛細胞は平衡斑の中央部（分水嶺：striola）を境にして不動毛を基準にして相対する（逆方向の）配列を形成している。球形嚢では分水嶺を境にして不動毛が相互に外側方向に，卵形嚢では不動毛が内向き方向に配列を形成している。卵形嚢，球形嚢ともにＳ字形に蛇行した形態を示す分水嶺はそれに沿った曲線的な位置を形成しているので，２種類の器官でありながら三次元的に直線加速度を検出することが可能なメカニズムとなっている。

　主として二次元的な平面上での行動が多いヒトの場合は，垂直方向の加速度は重力加速度が主な刺激となるために複雑な仕組みが必要である。三次元空間内で身体の位置を正しく知覚するために鳥類，魚類，両生類では壺嚢という第３の耳石器官を備えている。哺乳類では存在しない壺嚢の機能の研究は少なく，今日でも機能はあまりよくわかっていない。鳥類の飛翔中の高度知覚，魚類，両生類の水中行動から類推すると明らかに三次元行動空間に寄与した機能をもつ器官と考えてよいだろう。コウモリは鳥類ではないが三次元行動を行う。哺乳類であるイルカやクジラの類も魚類ではないが水中で三次元空間内において日常行動を行うが，いずれも壺嚢を備えていない。それらの生物に共通な特徴は自ら超音波を発信し空間内の反射波を受容する器官（聴覚器官）で空間の認識を行うことで，良質な三次元行動をしていることがわかっている。水中や空中における三次元行動についても耳石器官だけで行動する生物ばかりではない。おそらく系統発生の過程でさまざまな神経機構を発達させながら，表に現れた行動は類似しているが行動の仕組みが異なっている状況を生み出しているのである。鳥類の帰巣行動や渡り鳥の正確な長距離移動習性など，特殊な行動にも壺嚢が寄与している可能性も報告されているが詳細については不明である。

　身体の外部からの力によって加速度が加わること，たとえば自動車を運転しているときに加わる加速度，自分の力で身体を動かすときに加わる加速度，両者は異なる仕組みで身体に加えられる加速度であ

る。それを感覚受容器である前庭器官が検出することはできるが両者の違いまで識別することができるかどうかは別の話である。感覚受容器の違いを識別できれば，身体にかかる外界の力と身体自身が運動することで外部から加えられた力であることを区別することが可能かもしれない。中枢を含めた生体が重力が変化したことの原因と経緯を正しく知ることができるには，経験と精緻な識別機能のシステムが必要であると言えるだろう。耳石器官も半規管と同様に，物理的，機械的運動エネルギーを電気信号に変換することで身体の傾斜を感知するが，ニューロンの発火頻度が傾斜の角度に対して忠実に比例していることから，耳石器官は重力加速度の変化（身体の傾き）に対して重要な感覚受容器であることがわかる。このことは生体の重力に対応した姿勢制御に関して，身体の傾斜に関する情報を常時中枢にフィードバックをかけることで最も安定した姿勢を保持するという行動学的な意味がある。耳石器官からの求心性神経線維は半規管と同様に，前庭神経核に投射しているとともに有毛細胞の特殊な分布による求心性神経系からの信号の増幅機構がよく知られている。卵形嚢，球形嚢ともに有毛細胞の分布は平衡斑の中央部の分水嶺を境にして不動毛を基準にしたとき逆方向の配列を形成しているので，一方向に加速度が変化したときには分水嶺の両側の感覚細胞が正負逆相の出力を生じることになる。これは耳石器官の感度を一層鋭敏にするという巧妙な仕組みである。この仕組みは交分水嶺抑制（cross-striolar inhibition）と呼ばれていて感度の増強とともにノイズの減弱にも効果がある。図 2-1-6 で分水嶺と呼ばれている耳石器官の有毛細胞配列を模式的に示す（Engström, 1961）。さまざまな形式はあるが，この種の高効率化を生み出す複雑な差動増幅機能は生体の多くの神経機構で実現されている。

（古賀　一男）

第2章　前庭感覚器の構造と機能

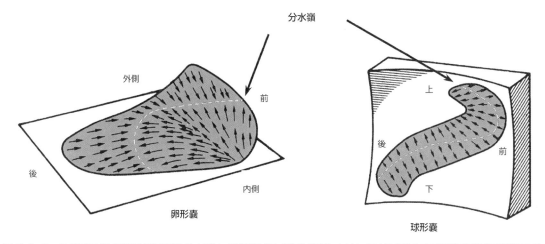

図2-1-6　この図において耳石受容器の分水嶺は，工学領域で「差動増幅」といわれる仕組みを有毛細胞の配列で簡略に示している（Engström，1961を改変）。生物の身体が末梢と中枢で情報をやり取りするために微小な信号を増幅するためには，やたらとセンサーを増やして配置することでは効果的でもなく限界を超えてしまい，身体中が感覚器の集合体で覆われてしまうことは容易に想像できる。生体が用意するのが「差動増幅」機構である。ここで示された耳石器官の有毛細胞の配列がミラーイメージとなる分水嶺に沿って双方の側が逆向きのセンサーを配置することはその典型的な例である。耳石器官では分水嶺のパターンを巧妙に曲げ伸ばして配置することで三次元空間における知覚を可能にしている。

2・2　前庭器官と他感覚器官の相互関係

2・2・1　前庭刺激による眼球運動の偏位

　前庭機能と視覚の関係はきわめて深い。耳鼻科の診療現場では，前庭機能失調の検査や各種の「めまい」の原因特定のために眼振（nystagmus）の有無の検査が多く用いられてきた。頭位を変化させながら前庭動眼反射（vestibular ocular reflex：VOR）を図2-2-1のように記録して前庭系の異常を診断することは，耳鼻科の診療現場で多く行われてきた。また，動的な視覚刺激を与えて視運動性眼振（optokinetic nystagmus：OKN，図2-2-2）を記録することで，内耳に異常をもつ患者の症状を特定することも多く行われてきた。一連の研究を展望すると，視知覚や感覚の研究のカテゴリーに入っている「眼球運動」関連の記述や解説が耳鼻科の領域で多くなされている。

　眼球運動に関する論文にみえて実は耳鼻科における研究に源を発していることがよくあるが，決して眼科が起源の研究ではない。前庭機能と視覚の関係の研究では，前庭動眼反射の研究が最もなじみ深い。

頭部の眼窩（ソケット）内に6本の外眼筋で固定された眼球が，それ自身が精妙に動作させることができるため，頭部のわずかな位置の変位について素早く対応して眼球位置の補正を行い，網膜上の映像を一定の位置に保持するには不可欠の神経系の交絡である。このときの頭部運動によって引き起こされる眼球の補償的運動が前庭動眼反射と呼ばれる前庭刺激に励起される眼球運動であるという認識は重要である。一般には前庭動眼反射，視運動性眼振ともに上下，左右方向の回転運動に対する眼球運動の反射機能の一つとして通常の眼球運動のサッカードと同様に反対回旋運動（counterrolling）の高速成分として議論されるが，身体の側方への傾斜や回転に伴う眼球の回旋運動は重力環境下においては重要な意味をもっている。このことについては後節の重力と前庭機能で詳しく解説を加える。現実には，眼球の回旋運動を測定記録する方法が技術的に難しく，適切な装置の開発が十分でないことがこの領域の研究の進展を妨げている主な原因である。

　図2-2-3は両眼瞳孔を中心に身体の左右方向のスイング刺激を与えたときの物理的なスイング刺激のデータと，眼球の反対回旋運動を高速のサンプリングタイムで計測・記録したものである。

第Ⅴ部　前庭機能（平衡感覚）

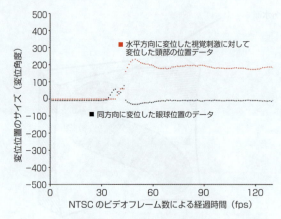

図 2-2-1　前庭動眼反射の典型的な記録を示す。眼球運動，頭部運動がそれぞれミクロな行動，粗大な行動として理解されている。視野内のどこかに特異な刺激価をもったターゲットが出現したとき，最初に動くのは質量が小さく片眼で6本の強靭な外眼筋を備えている眼の動き（眼球運動）である。

　図でわかるように，ターゲットに飛びつくのは眼球である。しかし眼球内の網膜の最も解像力の高い中心窩 (fovea centralis) は実寸でわずか1mmでしかない。視角にして数度のサイズでしかない。大きな質量をもつ頭部は強靭な僧帽筋を用いて動かし，そのとき視野内の刺激布置の変化を眼球が素早く原点移動して補正する役割分担と協応を同時に行う。この一連の眼球・頭部の協応動作が前庭動眼反射である。

　頭部や体躯の運動がない場合も，眼前の刺激が網膜上で移動し，刺激の運動速度が一定の速度を超えると，実験参加者は滑動性追跡眼球運動（smooth pursuit eye movement）で追跡することが不可能となり，サッカードで追視を継続しようとする。刺激の運動を捕捉すると，再び滑動性追跡眼球運動で視対象を追跡しようとする。このときの滑動性追跡眼球運動とサッカードが繰り返し出現する現象は視運動性眼振として知られている。このとき，運動する視対象はサッカード抑制によって視認に必要な閾値が上昇し，はっきりと刺激を見ることはできないが，滑動性追跡眼球運動の間では刺激を捕捉，認識することができる。一方，視対象を停止させた状態で頭部を一定の速度以下で動かすと，眼球は頭部の運動方向とは逆相に滑動性追跡眼球運動を示し，網膜上には相対的に運動する視対象が固定され，実験参加者はそれを明確に視認することができる。このことはあまり知られておらず，興味を持たれることも少ない。身体運動に伴う前庭動眼反射の例として，電車やバスの車中では新聞や書籍を読むことはできるが，身体や頭部が静止した状態で書籍などの視覚刺激を振動させると文字を読むことができなくなる。このことは前庭動眼反射の実例として説明に使用さ

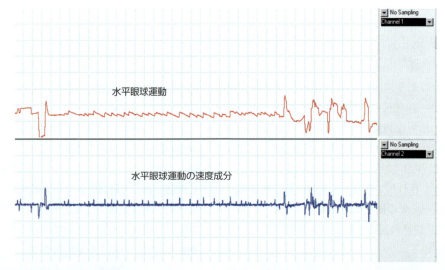

図 2-2-2　典型的な視運動性眼振の眼球運動記録を示す。上段の記録は，水平眼球運動の記録である。このデータは頭部を非動化する装置に固定した観察者に右から左に連続的に運動するランダム・ドットパターンを観察させたものである。絶え間なく動く刺激を視認しようとする眼球は，それを中心窩に捕捉しようとする「滑動性追跡眼球運動」と，その後に続く刺激に対して視認行動を持続させようとするサッカードが発生し，再び滑動性追跡眼球運動でターゲットを追視するシーケンスが繰り返される。

第2章　前庭感覚器の構造と機能

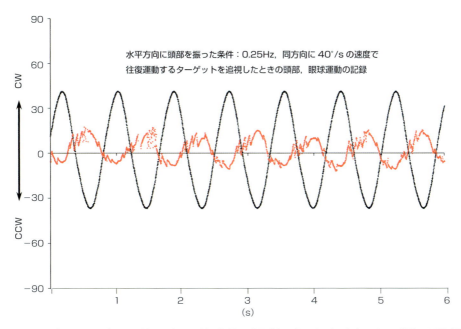

図2-2-3　身体を左右にスイングさせる装置の上で反対回旋性眼球運動を記録したデータを示す。日常的には眼球運動の記録は眼球の左右，上下軸方向に回転する運動を記録する仕組みになっている。身体のローリング，あるいは眼前の視覚刺激の回転方向への動きに対しては左右，上下での前庭動眼反射，回転する運動刺激に対する視運動性眼振と同様に回旋眼振を生じさせる反射性運動がある。しかし眼球の回旋運動を記録する装置は少ないことと，反対回旋運動を記録する必要性を求める研究者がヒトの神経行動研究では少数であるため，報告されることはきわめて少ない（古賀，2021a，2021b）。

れることが頻繁にある。身体が受動的，能動的にかかわらず，視対象を網膜上の中心窩に固定しようとする眼筋の補償性運動であるが視覚と頭部運動の補償作用の好例として教科書的によく引き合いに出されている。広義には身体，環境ともに運動しているときに外環境を安定的に静止させ，上質で安定した外環境の認識を成立させるシステムの一部であるという生物学的な解釈として考えてよいだろう。

　静止した頭部では半規管からの入力がないのに対して，頭部の運動に起因する前庭入力が眼球の補償性運動を引き起こしている。このとき前庭動眼反射は，視対象の運動する速度閾値を下げることを可能にするシステムとしてはたらくとも理解することができる。本章は前庭機能を解説することが主たる目的である。しかしヒトはもとより生物は視覚の動きだけで視対象を捕捉し認識するわけではなく，また頭部運動だけで移動する視対象の現状を知覚していないことも事実である。眼球運動，頭部運動，身体運動はそれぞれ緊密に協応する身体運動機能である。視覚は網膜上の視細胞からはもとより，頭部運動を

はじめとする身体運動の変化は前庭器官からの入力によって知覚されるのだが，身体の各部の運動は筋肉中の筋紡錘，関節部に筋を固定する腱内部の腱紡錘と運動中枢との調節機構も姿勢の維持と変化に大きく寄与していることもわかっている。前庭の姿勢調節機構と運動機能との協応が生物の行動にとってきわめて重要である。前庭動眼反射をもつ生物はヒトを含めてサル，ネコ，イヌなど多くの脊椎動物でも観察される。同じ脊椎動物でも鳥類などには前庭動眼反射がなく，その代わりに前庭頸反射が同じ機能を果たしている。前庭動眼反射と前庭頸反射は補償運動をする器官が眼球か頸部かの違いだけのように見えるが，機能的には前庭動眼反射は前庭器官の検出した加速度信号を資源とした感覚情報からの入力で眼筋を制御するというバリスティックな動作であるのに対し，前庭頸反射は頸筋の筋紡錘からの感覚出力が前庭器官に入力するという閉回路を形成している点が大きく異なっている。

　ヒトはもとより脊椎動物の多くに前庭器官には半規管と耳石器官があることを最初に述べた。一般

1419

に，前庭動眼反射は半規管からの入力，すなわち回転加速度に随伴する眼球の補償性運動を惹起するため，多くの研究はこの領域で盛んに行われてきた。他方，耳石器官で感受される直線加速度に起因する耳石・動眼反射は，眼球の回旋運動以外あまり研究が進んでいない。回旋性眼球運動は，眼球を正面から見たときに前後方向の軸周りで左右に回転する眼球運動を指す。この運動には2種類の刺激によって生起するモードがある。一つは前庭，特に耳石器官からの刺激によって生じる運動であり，もう一つは視覚刺激によって惹起される眼球運動である。前者は前庭性反対回旋（vestibular counter-rolling あるいは vestibular torsional counter rolling）と呼ばれている。身体，あるいは頭部を左右どちらかの方向に傾斜させると，眼球は身体（頭部）の傾斜とは反対の方向にちょうど「起き上がりこぼし」のように回転する（図2-2-4）。図1-1-1で示すと，身体のX軸周りの回転方向の眼球運動（回旋性眼球運動）である。通常，眼球運動はどこを注視しているか，あるいはどこに注意を向けているかを眼球運動というミクロな行動で確認しようとする。そのとき眼球網膜上の中心窩がどこを注視しているかは，前額平行面内の2次元空間内における特定の刺激の位置情報を求めているのである。現実空間は3次元空間であるため，2次元空間のセンサーでしかない網膜上の情報から中枢における処理を経て，3次元空間を吟味することになる。2次元空間内の情報検索時の眼球運動は，両眼が同方向にほぼ同時に運動する共役性眼球運動と，両眼がお互いに相反する方向に比較的遅い速度で運動する非共役性眼球運動（輻輳・開散）がある。ヒトの場合，眼球は頭部前面に位置しており，頭部の位置変化や加速度変化があっても両眼には同方向の刺激が加わる。眼球の反対回旋は通常両眼ともに同時，同方向に起こる。この方法は，古くから両耳の前庭機能の障害を耳鼻科で診断するときに用いられてきた。Barnes（1905）は反対回旋を起こさせる torsiometer を用いて診断を行った経緯を報告している。診断装置は眼球運動の計測に用いる頭部非動化装置（顎台）に類似しており，実験参加者はバイト・ボードで頭部を固定した状態で装置の下部に左右方向に傾斜させて傾斜角度を読み取る角度計を認めることができる。その状態で実験参加者の眼球の虹彩を拡大させ，生起した反対回旋を正立時からの変位角として測定する仕組みである。図2-2-5でその装置を示す（Barnes, 1905）。回旋性眼球運動には静的なものと動的なものがある。静的回旋性眼球運動は，身体，頭部が一定位置に傾斜したとき眼球が反対側に回転してある限界の角度で停止するが，動的な回旋性眼球運動は身体あるいは頭部が身体軸の左右方向に絶え間なく運動をした場合に補償性の眼球運動として生じるものである。この反射性の回旋眼球運動は前庭器官のなかでも，耳石器官（卵形嚢）の入力変化に応じて生じるケースと，前額平行面内で視覚刺激が左右方向回転するときに誘発されるもの，すなわち反対回旋運動にも視覚誘発性の眼振が生じるものと2種類がある。この運動は運動視覚刺激を水平，あるいは垂直に運動させたときに生じる視運動性眼振と同様のふるまいである

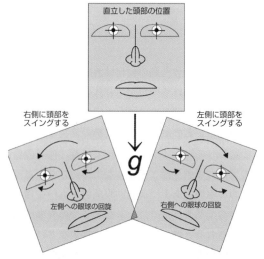

図2-2-4 頭部，あるいは身体を左右の方向にスイングさせると，眼球は身体の傾斜方向と反対側に反射的に回旋運動を起こす。しかし外眼筋による回旋角度は左右，上下方向の眼球の回旋ほど大きな範囲で制御されていないため，ローリングによる身体の傾斜の回転角度に対応したほど外眼筋による回旋角の補償運動ができるわけではない。身体の傾きに関しては最大12-15°の回転運動をする。視覚刺激に関しては6-7°程度を補償する反対回旋の運動が観察される程度である。この値は身体の運動角度，あるいは回転運動視覚刺激についてのわれわれの日常行動から考えると，反射行動としては評価すべき制御範囲である（古賀, 2011）。

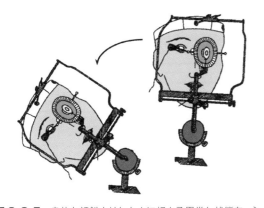

図 2-2-5　身体を傾斜させたときに起きる異常な状態を，主観的に報告される感覚の違いだけではなく客観的なデータから診断する目的で案出された方法が捻転計（torsiometer）を用いた診断である。この方法は，心理学の実験で多用される「頭部非動化装置」に似ているが，それらとは大きな違いがある。この装置は頭部を非動化することが目的ではなく，実験者（あるいは主治医が）実験参加者（患者）の頭部の傾斜を客観的に統制し，そのときの眼球の反対回旋を計測することに使用した。左右方向の頭部傾斜に伴う眼球の反対回旋の程度が対称でなければ，前庭器官に何らかの障害があると診断したのである（Barnes, 1905）。

が，回旋の運動範囲は解剖学的には外眼筋の物理的な構成から最大でも15°を越えることはできない。振幅の範囲が異なっている点で水平，垂直方向の視運動性眼振とは異なっている。

今日でも同様の計測装置が使用されているが，技術的には眼球，頭部運動ともにコンピュータによる高速自動計測が可能である。図2-2-6に反対回旋眼球運動を取得中の例を示す。装置全体は頭部搭載式で両眼の上下，左右方向および反対回旋が計測可能である。同時に頭部の3軸の回転角の測定が可能である。反対回旋性眼球運動以外はリアルタイム計測が可能だが，反対回旋は虹彩の色素模様が瞳孔中心から偏位した角度を測定するため，画像を記憶装置に保存してオフライン処理で計測され，その結果が他のデータとともに最大31チャンネルまで随伴する神経生理学的な記録が可能である。サンプリングタイムは最速で1/400 s，反対回旋を記録する場合では1/200 s，空間分解能は0.005°である。この装置は，身体運動に伴う前庭系への重力加速度の変化を反対回旋という眼球運動を分析することで検討するのに有用である。実験で使用中の例を図2-2-7で示す。耳石動眼反射の研究として水平型直線加速装置を用いた実験で眼振が観察されたという報告を稀に見ることもあるが，これは重力との合力方向に加速度が加わったために半規管へ入力が生じた結果，眼振が観察されたにすぎない。頭部あるいは身体の運動を実験参加者の自発的な運動にまかせることが実験として頻繁に見られる。しかしこの状況で頭部運動や身体運動を実験参加者が教示どおりに行ったという保証はほとんどない。少なくとも実験参加者が教示どおりに行動したかどうかについては，身体あるいは頭部運動を記録し確認しておく必要がある。現実には自発的な身体運動は中枢からの効果器に与える効果がきわめて大きい。自発的な運動をする場合には運動に伴う筋，腱の緊張に伴う求心性の神経信号が発生する。その場合でも重力以外の予期できない身体の制御信号がデータを汚染することは可能である。前庭の感覚システムはそれに影響する多くの感覚系の神経活動からの影響と協応によって，重力という絶対的な物理的環境の作用に対応した行動を系統発生過程のなかで獲得してきたものである。個体発生の過程においても生き残るための行動原理を，現在の物理的環境のもとで基本的な対処原理として統御システムを形成してきたと考えられる（古賀，2021a, 2021b）。このことを研究の目的とするならば，重力はもとより外的環境からの影響を感覚器官がどのように処理しているかを正確に把握，分析するのならば可能な限り身体側の能動的な活動の要素を除外しておくことが重要である。遠心性神経経路の影響を可能な限り除いた条件で求心性神経経路の信号の全容を明らかにしたうえで自発的，能動的な運動に伴う行動のスキームを検討しなければならない。このように外的環境，たとえば重力環境下で系統発生を維持，進化させてきた生物が個体発生にもそれを反映させている現実をどのように検討していけばよいのかという疑問に直接解答を与える研究が重力を統制できる環境，すなわち地球を離れた宇宙環境である。次の章では重力条件を実験変数とするさまざまな試みを示し現在の生物の機能や姿を理解する。

第 V 部　前庭機能（平衡感覚）

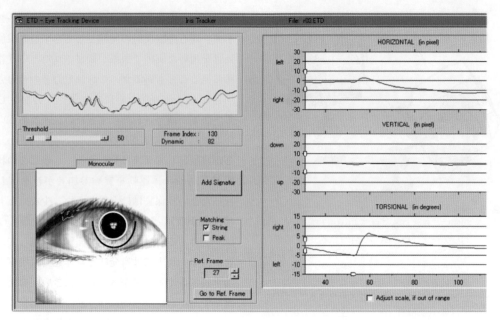

図 2-2-6　反対回旋性眼球運動を記録できる装置。ドイツの CHRONOS VISION 社で製作された眼球運動測定装置。これまでの眼球運動の測定，従来の 2 次元記録法では不可能であった眼球の回旋方向の動きについての位置情報を時系列に従って記録できるシステム。

　眼球運動は水平，垂直成分だけならリアルタイム実時間計測が可能であり，反対回旋性眼球運動については収録された眼球の虹彩部分の映像の輝度スペクトラムのプロファイルを回旋方向に関して直立時の値と比較し回転角度を計測する手法を用いている。図では左下に眼球の画像，左上には基準となる安静時の虹彩の輝度分布と計測中のデータが示されている。右側には上から順に眼球運動の水平方向，垂直方向，回旋方向の運動量を時間経過とともに示している。最新の製品では画像の取り込みにフロント・エンド・プロセッサを用いて高速のサンプリングを実現している。この装置は現在運用中の国際宇宙ステーションにも常備され，オンボードでの実験に共用されている（Clarke, 1994；Clarke et al., 1991）。

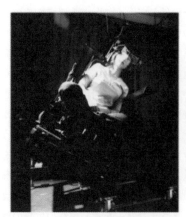  

図 2-2-7　反対回旋性眼球運動を記録可能な頭部搭載式装置 (CHRONOS) を装着した実験参加者を 3 次元スイング装置に乗せ，両眼瞳孔間位置の中央を基点としてローリング方向に運動させることで身体運動の運動データ，およびその間の反対回旋性眼球運動を記録した。

2・2・2　前庭動眼反射の神経支配

　前庭動眼反射の神経支配の研究には長い歴史がある。これまでに得られている神経解剖学的研究によれば，外眼筋を制御する運動ニューロンは反対側の半規管から興奮性の制御を，同側の半規管からは抑制性の制御を受けていることがわかっている。この神経支配を基本として一側への刺激入力が一定以上持続すると反側方向への緩やかな眼球運動（緩徐相）が生起し，一定時間の後急速に同側へ帰還する眼球運動（急速相）が生じるという解釈が可能になる。この眼球運動のパターンは刺激の持続するなかで繰り返されて発現し，眼振（nystagmus）と呼ばれる生理学的な反射的眼球運動を誘発する。また刺激が除去されても一定時間後眼振が継続することが視運動性後眼振（optokinetic afternystagmus：OKAN）である。6種類の外眼筋は異なった脳神経系（神経核）の支配を受けている。内直筋，上直筋，下直筋，および下斜筋は動眼神経核（oculomotor nucleus：第Ⅲ核）に支配され，上斜筋は滑車神経核（trochlear nucleus：第Ⅳ核）によって神経支配されている。外直筋は外転神経核（abducens nucleus：第Ⅵ核）によって眼球の外方向への回転を可能にしている。またすべての外眼筋は前庭神経核（vestibular nucleus）の支配も受けており，前庭動眼反射はこの系によって運動が制御されている。動眼神経核（第Ⅲ核）は中脳の中心灰白質腹側に位置し，上記6種類の外眼筋の他に上眼瞼挙筋の制御も同時に支配しているが，それぞれの運動支配についての神経連絡はすでに形態学的にも解明されている。滑車神経核は動眼神経核の後方に位置しており外眼筋のうちの上斜筋だけを支配しているが，大部分のものは両側交差性に神経支配を行っている。外転神経核は前記の両神経核と少し離れて延髄に近い位置にあるが動眼神経核に対しても入力経路をもっており，両眼の共役性水平眼球運動（一側の外直筋と内直筋が同方向に運動する）が可能であるように反対側への入力を可能にすべく外眼筋の制御を行っている。一方，前庭神経核からの投射も確認されているので，水平方向の前庭動眼反射はこの神経核からも制御されていることになる。このように6本の外眼筋は主として3種類の異なった脳神経によっ

て制御されており，表面的には単純な動作にみえる眼球運動も複数の異なった神経系によって支配を受けながら統一がとれた運動を行っている。たとえば前庭動眼反射は頭部や身体の動揺に付随して起きる眼球の反射運動であるが，この種の反射的な眼球の位置変位が起こる場合には，水平方向と垂直方向ではまったく異なった脳神経核による神経支配がなされていることに加えて，頭部の位置変位の水平，垂直方向が異なった半規管機構からの出力がさらに加わることを考えると，両者の入出力関係がさらに複雑な系を構成していると推測される。眼球運動は複数のカテゴリーに分類することができるが，それぞれの運動は背後に共通の神経生理学的な制御機構と大きく異なった同種の機構の両方が併存しており，眼球の位置の変化を制御する中枢からの信号は速度信号が最初に，その後終着点にあたる位置信号が発動されると考えられ，速度信号はバースト・ニューロン（burst neuron）によって，位置信号は神経積分器と呼ばれる機構によって変換されてトーニック・ニューロン（tonic neuron）となって最終的な運動ニューロンに情報が伝達されることがわかっている。各種の眼球運動に関して神経回路の源や大脳両側の制御構造は異なっているだけでなく，上述した機構がそのメカニズムを実行する機構となっている。ここではいくつかの代表的なニューロンおよびその活動について述べる。バースト・ニューロンは，眼球が急速に位置を変えるタイミングに10ms程度先行して高頻度でスパイク活動を示すニューロンである。この高頻度なスパイクは眼球が運動している間にのみ活動がみられ，眼球が運動を停止させると同時に活動を停止する。この一過性のスパイク様の活動は，外眼筋を直接制御するモーター・ニューロン（motor neuron）のスパイクの発生とも同期している。バースト・ニューロンには興奮性バースト・ニューロン（excitatory burst neuron：EBN）と抑制性バースト・ニューロン（inhibitory burst neuron：IBN）の2種類があり，前者は急速な眼球運動の開始時の運動中にスパイク活動がみられたことと同側のモーター・ニューロンに投射している。一方，後者の抑制性バースト・ニューロンは外転神経核運動ニューロンに直接結合して抑制的にはたらくととも

第 V 部　前庭機能（平衡感覚）

に，ポーズ・ニューロン（pause neuron）といわれる別の一群のニューロンも確認されている。このニューロンは，眼球がサッカードによって位置を変化させるときにのみ活動を休止し，眼球が静止しているときのみ活動することで，抑制性や興奮性バースト・ニューロンと相補的な関係にある。ポーズ・ニューロンは眼球のあらゆる方向のサッカードに対しても活動を示すことからオムニポーズ・ニューロン（omni-pause neuron）とも呼ばれている。上丘（superior colliculus）からも外眼筋の制御が行われることもよく知られている。上丘の受容野は網膜の部位を再現するようにマッピングされている。すなわち網膜上に映じた二次元表現情報が上丘においては相似的にマッピングされている。このマップをもとにして，上丘ではサッカードに数十 ms 先立ってバースト性の発火を示すニューロンが特定されている。視野内の座標と相似的な上丘のマップ上ではサッカードの速さと方向を特定するバースト発火が生じ，その信号はバースター・ドライビング・ニューロン（burster driving neuron）を介して興奮性バースト・ニューロンに信号を送り，脳幹網様体内にあるプレモーター・ニューロン（pre-motor neuron）を介してモーター・ニューロンに運動コマンドが出され，最終的に行動としてのサッカードが実行されることになる。上丘は他にも多様な運動制御の中枢操作を行っているが，特にサッカードの運動制御にはきわめて重要な役割を担っている。外眼筋の神経支配に前庭からの入力が加わることは事態を一層複雑にすることになるとともに神経系の連絡網を確定させるためには，さらに高次中枢へ遡及して検討を進める必要がある（小松崎他，1985）。

2・2・3　前庭・視覚協応運動と感覚

　前庭機能が重力環境下における姿勢の維持にどれほど関与しているかということと，他の感覚器官の前庭入力，出力への寄与，特に視覚からの修飾についての説明のために，感覚器官の前庭機能と視覚機能の関係を中心にいくつかの例を述べる。

　前庭には，特に耳石器官からの入力が深く関与する感覚として「身体の傾斜感覚」がある。前額平行面上に左右方向（X軸の周りの左右一方に回転する）

に実験参加者を仮に CW 方向（時計回り）に傾斜させると実験参加者は視覚刺激が CCW（反時計回り）に回転したように主観的な判断を下すが，この感覚はオキュロ・グラビック錯覚（oculogravic illusion）と言われる感覚である（Graybiel, 1980）。これは，耳石器官にかかる重力加速度が身体の傾斜とともに変化するときの耳石入力が視覚を修飾する錯視である。身体をX軸周りに回転（rolling）させて停止させ，速やかに現在の身体位置を傾斜角で報告させると，回転角度が小さいときは眼前の視覚刺激は身体と同じ方向と同等の角度だけ傾斜して感じられると報告するが，身体の傾斜角が 60° あたりを超えると逆に身体の傾きとは反対方向に傾斜して過小に評価するようになる。前者は E 効果（earth effect，あるいは Müller effect），後者は A 効果（Aubert effect）と呼ばれている。これらの主観的感覚異常も身体の傾斜を受容する耳石器官，特に卵形嚢からの傾斜に伴う出力が視覚情報などを修飾した結果，得られる錯誤だと解釈されている。一方，視覚情報が身体の回転や直線運動感覚を修飾することもあり，総称して自己運動感覚と呼ばれ，その感覚は通常「ベクション」と総称されている。たとえば自動車で信号待ちをしているときや，プラットホームに停車中の車窓から隣の車や電車が静かに動き出すとあたかも自分の運転している車両が後退するような感覚を持つことがよくある。これは，古くは誘導運動と呼ばれていた。ベクションには直線性ベクション（linear vection），回転性ベクション（circular vection）などがある。この錯覚は視覚性入力があって前庭から中枢への求心性入力がないとき，すなわち等速運動を行っているときには加速度入力がない（前庭入力がゼロ）にもかかわらず位置の変化があるような場合，あるいは視覚からは等速視覚入力があるような場合には自分の身体位置感覚について中枢が視覚からの入力を優先的に採用することで生じる錯誤である。回転視覚刺激を与えた場合，回転刺激の速度によってベクションの生じ方が異なる。この錯誤は視覚刺激が運動を開始したあと数秒後から生じる。毎秒数十度の速度までは速度に比例した回転性ベクションを生じるが，それ以上の速さでは運動刺激に滑動性追跡眼球運動が追従できなくなるため，逆に

ベクションを感じなくなる。このベクション感覚は主観的ではあるにもかかわらず，感覚に対応した側方への下肢の筋緊張（本来なら必要ない筋の緊張）が生じた結果，視覚刺激の回転方向と同じ方向に姿勢が傾斜していくことになる。そのまま傾斜が持続すると転倒してしまうが，前庭からの傾斜についての求心性インパルスが発せられることで身体を逆の方向へ引き戻そうとする行動が生じ，これは姿勢を正常に戻そうとする行動である。この一連の行動は回転視覚刺激が呈示されている間は絶え間なく繰り返される。このときの姿勢を修正しようとする感覚入力こそが重力加速度である。すなわち視覚が前庭への関与をするとしても，結局のところ重力環境下における感覚情報が姿勢の維持を統御するにすぎず，前庭入力が最も重要であって視覚，筋感覚，体性感覚，深部感覚などは修正機能をもっているにすぎないことになる。

　地上の重力環境下に適応したさまざまな行動は，重力環境下で最も効率的に動作できるために重力を受容する感覚を効率的に利用し日常の生活を最適に操作している。地上における外力は，重力だけではなくその他の感覚入力も大いに利用され，動作・行動の円滑な実行に関与している。そのような日常環境が前触れもなく変化するような条件，たとえば大きな重力が負荷されたとき，逆に身体にかかる重力が取り払われたときに地球上の重力環境に適応した身体はどのような順応過程をたどるのだろうか。これと同時に，前庭からの入力が視覚入力を支持する形で作用することで，視覚入力すら修飾する可能性もあることが報告されている。Melvill Jones（1985）はこれらの関係を分析して，前庭動眼反射に可塑性

があることを示した。Melvill Jones はプリズムを長期間（数週間）着用する実験を行い，視覚からの入力と頭部の運動の方向を逆にすると，前庭動眼反射の緩徐相と急速相の向きが反対方向になることを示した。さらに劇的な可塑性の反応が魚類のヒラメで観察されている（Graf et al., 2001）。ヒラメは幼生時，普通の魚類と同じように正立姿勢で行動しており，前庭器官の耳石器官と眼球の解剖学的位置関係は普通の魚類と同様である。しかしヒラメの体幅は広いため，成長するにしたがって時計回りに 90°回転させた横向きの姿勢をとるようになる。この変化に伴って，両側に位置していた眼球が反対方向へ徐々に移動し，ヒレも同様に位置が変位していく。しかし，頭部内の前庭器官の位置はなぜか変化を起こさないままである。このままでは視覚，前庭入力の間に 90°の方向偏位が生じてしまうことになる。ヒラメの神経解剖学的所見として通常の魚類には見られない特殊なニューロン結合があることが確認されている。このプロセスは何らかの環境的な作用因子によりヒラメに系統発生的な変化が起こったことを予想させるが，幼生から成体までの短期間に体型の変化や成体で環境適応型の新規の神経結合が見られることは，個体の成長プロセスのなかで系統発生が繰り返されていく中途であるのかもしれない。このことは前庭の神経系が環境適応型の可塑性を示す典型的な例であるが，多くの生物の神経系が環境への柔軟な対応を示すことによって生存を維持してきたことを考えると，重力を軸にして生物の進化や発達の様相を再描画できるかもしれない。

（古賀　一男）

文献

（2・0）

Brödel, M. (1946). *Three Unpublished Drawings of the Anatomy of the Human Ear*. W. B. Saunders Company.

Hardy, M. (1934). Observations on the innervation of the macula sacculi in man. *Anatomical Record, 59,* 403-418. [doi: 10.1002/ar.1090590403]

古賀　一男　（2007）．前庭機能　大山　正・今井　省吾・和気　典二・菊池　正（編）　新編 感覚・知覚心理学ハンドブック: Part 2(pp. 436-464)　誠信書房

（2・1）

Berthoz, A., & Jones, G. M. (1985). *Adaptive Mechanisms in Gaze Control: Facts and Theories* (Reviews of Oculomotor

第Ⅴ部　前庭機能（平衡感覚）

Research, Vol. 1). Elsevier.

Engström, H. (1961). The innervation of the vestibular sensory cells. *Acta Oto-Laryngologica, 53*, 30–41. ［doi: 10.3109/00016486109121801］

Groen, J. J. (1961). The problems of the spinning top applied to the semi-circular canals. *Confinia Neurologica, 21*, 454–455. ［doi: 10.1159/000104557］

Iurato, S. (1967). Light microscopic features. In S. Iurato (Ed.), *Submicroscopic Structure of the Inner Ear* (pp. 18–37). Pergamon Press.

Malcom, R., & Melvill Jones, G. (1974). Erroneous perception of vertical motion by humans seated in the upright position. *Acta Oto-Laryngologica, 77*, 274–283. ［doi:10.3109/00016487409124625］

Milsum, J. H., & Melvill Jones, G. (1969). Dynamic asymmetry in neural components of the vestibular system. *Annals of the New York Academy of Sciences, 156*, 851–871. ［doi: 10.1111/j.1749-6632.1969.tb14018.x］

大森 治紀 （1999）．神経薬理・シリーズ教育講座　5．前庭末梢器官の形態と機能：(2) 有毛細胞　*Equilibrium Research, 58*(6)，582–591. ［doi: 10.3757/jser.58.582］

島津 浩 （1989）．平衡覚　田崎 京二・小川 哲朗 （編）　新生理科学大系第9巻　感覚の生理学 （pp. 439-470）　医学書院

（2・2）

Barnes, B. (1905).Studies from the psychological laboratory of the University of Michigan. *American Journal of Psychology, 16*, 199–207.

Clarke, A. H. (1994). Image processing techniques for the measurement of eye movement. In J. Ygge & G. Lennerstrand (Eds.), *Eye Movements in Reading* (pp. 21–38). Elsevier.

Clarke, A. H., Teiwes, W., & Scherer, H. (1991). Video-oculography—An alternative method for measurement of three-dimensional eye movements. In R. Schmidt & D. Zambarbieri (Eds.), *Oculomotor Control and Cognitive Processes* (pp. 431–443). Elsevier Science Publishers, B. V.

Graf, W., Spencer, R., Baker, H., & Baker, R. (2001). Vestibuloocular reflex of the adult flatfish. III. A species-specific reciprocal pattern of excitation and inhibition. *Journal of Neurophysiology, 86*, 1376-1388. ［doi: 10.1152/jn.2001.86.3.1376］

Graybiel, A. (1980). Space motion sickness: Skylab revisited. *Aviation, Space, and Environmental Medicine, 51*, 814–822.

古賀 一男 （2011）．前庭機能・眼球運動　大山 正 （監修）　村上 郁也 （編著）　心理学研究法 1：感覚・知覚 （pp. 201-231）　誠信書房

古賀 一男 （2021a）．West met east at west. *VISION, 33*(1)，12-20. ［doi: 10.24636/vision.33.1_12］

古賀 一男 （2021b）．East met west at west. *VISION, 33*(2)，83-93. ［doi: 10.24636/vision.33.2_83］

小松崎 篤・篠田 義一・丸尾 敏夫 （1985）．眼球運動の神経学　医学書院

Melvill Jones, G. (1985). Adaptive modulation of VOR parameters by vision. In A. Berthoz & G. Melvill Jones (Eds.), *Adaptive Mechanisms in Gaze Control* (pp. 21–50). Elsevier.

第3章　重力と前庭器官

3・1　重力の意味

　重力と引力は異なる。引力は万有引力の法則によって定義された概念で，物質はその質量に比例して相互に引き合う力を有すると定義される。重力は地球の自転による遠心力と引力の合力として定義される。地球上の重力は環境によってわずかに異なっている。平均地表面からの高さ，地球内部のコアを構成する物質の不均一な状況は引力の大きさが異なっているため観測地点によって異なる重力が観測される。重力を表す単位はg（Gal：ガル）である。地震などの大きさを単位時間あたりの振動速度で表現するときによく使用されている。単位はcm/s^2で表される加速度で表示している。平均的な地表面における重力，1gの値は980 Galである。しかし，運動する物体が置かれた条件によってその見かけの値は大きく異なる。たとえば，移動中の自動車が高速で急カーブを切ると身体には大きな遠心力がかかる。このとき，身体にかかる物理的な力は，地球の中心に向かう重力と遠心力の合力としての物理的な外力が負荷されている。常に動き回る生物には均一な重力ではなく自分の動作によって生じる加速度によってわずかではあるが身体にかかる重力の実効値は変動する。

　高度数百km を飛行するいわゆる宇宙船や国際宇宙ステーション（international space station：ISS）の船内は無重力状態であるという説明がなされることもあるが，実際には重力がゼロではない。厳密に定義すると「微小重力環境」という表現を用いる。なぜ宇宙船の船内・環境を「微小」と定義するのだろうか。地球を周回する物体は，大気との摩擦を最小限にしながら積載できる燃料の重量で到達できる最大高度（350-500 km）を約8km/s の速度で飛行

するとき，重力方向の加速度が地球の引力とほぼ同じ値となり円周軌道を得ることができる。高速で飛行する飛行船の軌道は通常では楕円軌道となる。楕円軌道上の宇宙船の速度は時間とともに変化するため，飛行体は時々刻々変化する重力が発生する。さらに，高速で飛行する場合の軌道は双曲線を描き重力加速度から離れて地球以外の宇宙空間へと旅立つことになるため，重力の変化が大きな問題になることはない。周回軌道が円軌道であるとき，地球の重力と飛行体の重力方向の加速度とは均衡を保つことができるため，このとき見かけ上の重力はゼロすなわち「無重力」となる。この環境を特に微小重力と表現するのにはいくつかの理由がある。最大の理由は，地上数百km といえどもわずかながら大気が存在することが原因である。この高度における大気は，希薄ではあるが微量の大気がまだ存在しており軌道上を飛行する物体との間に摩擦を生じるため，飛行体の速度をわずかではあるが減速させ，徐々に飛行高度を下げていくことになる。この状態が長時間継続すると，結果的に飛行体は大気圏に再突入し，大気との摩擦によりアストロノートが滞在中の機体は高温となり炎上することになる。これを避けるため，通常は一日に数度船体の姿勢制御用の小さなエンジンを始動させ，一定の高度を維持するという作業を行う。この作業は一日に何回作業をするかによって回復すべき高度に差が生じる。実際のエンジンの稼働は数秒から数十秒継続する。エンジンの噴射回数を増やせば一回の稼働時間は短くなるが，回数を少なくするとエンジンの稼働時間は長くなる。いずれにせよ，24 時間のうち一定の時間だけは船上では大きな重力が発生するということになる。このような条件下では船上ではもはや重力がゼロであるとはいえない。「微小重力環境」という厳密な環境の定義を

1427

第Ⅴ部　前庭機能（平衡感覚）

行う理由はそこにある。通常の飛行をしている船内においては，さまざまな機器が発生する機械的振動は重力のレベルを著しく汚染することになる。間欠的にさまざまな電気モーターを回転させることも多い。室温調整用のアビオニクス系のポンプを稼働させると実際の飛行では平均1/100 g程度の重力が発生する。船内で作業するアストロノートは自分自身の運動によってさまざまな回転，直線加速度を身体に対して発生させるため，このことも実験対象（ヒトを含む）にとってかなりの加速度がかかっている。実験用動物についても同様である。これらのさまざまな状況を考慮に入れると，スペースシャトルなどの飛行体を使用した実験を取り巻く環境は重力加速度が著しく小さいという特徴には決して優良な環境とはいえない。実験結果についても細心の注意を払わなければならない。このことから「無重力」という言葉は簡単には使用できないことになる。

実験パラダイムの問題も考慮しておかなければならない。重力環境，すなわち地上における1 g条件と比較する目的で何らかの方法によって微小重力環境を導入した実験を実施したとしよう。重力というパラメータだけが操作されたかというと，そう簡単にはいかない。実際には随伴する多くのパラメータも変化させてしまうことが多い。たとえばスペースシャトルや国際宇宙ステーション内部の室温であったり，チャンバー内の酸素濃度の変化であったり，船内の恒常的で持続的に発生する高レベルの騒音のように，地上の実験室とは異なった環境要因が導入されていることは考慮しておかなければならない。ヒトや小動物を対象として実験する場合には，重力を変化させることによって身体内部における心・循環器系に大きな変化が生じることは最も慎重に考慮されなければならない。地上では重力によって身体下部，特に両下肢に多く分布している体液（血液と細胞外体液の両方を指す）が，微小重力の導入によって一挙に身体頭部方向に分布を変化させてしまう。このことは身体全体の自律神経系の変化を惹起し，その影響で各種の生理指標や分子細胞レベルの系を大きく変化させてしまう。たとえば縮瞳反射は交感神経，副交感神経の両方の制御を受けているが，知覚レベルの実験を行うときにはこのような周辺の

事実を熟知しておかなければならないのと同様である。後に述べるが微小重力環境における「宇宙酔い」に関する研究はその良い例である。微小重力環境で得られたデータを重力環境下におけるデータと単純に比較検討するだけでは正しい「研究」にはならない。なぜなら微小重力に関する生命科学の研究は少なくとも「重力が生体に与えている影響は何かを知ること」が研究の最終目的であって，微小重力空間の利用を目的とした研究とは明らかに一線を画するものであることは常に念頭に置いておかなければならない重要なポイントである。

（古賀　一男）

3・2　重力と生体

地上で普通に生活する限り，生物には等しく重力負荷という物理的環境があるため，生体に対して重力がどのように作用しているかを地上で知ろうとすることは極限すれば推論の域を出ないことになる。たとえばBárány（1906）は温度性眼振（外耳道に温湯，温風，あるいは冷水，冷風を与えると眼振が発生すること）の成因を「内耳における半規管内のリンパ液が外耳道を介して内耳に加えられた温度差が主要な原因でリンパ液の対流を発生させる」と主張した。そのことが有毛細胞に機械的刺激が与える結果を生じ，そのことが感覚的には「めまい」を生じさせ，行動としての眼球運動には「眼振を生じせしめた」という仮説を述べた。つまり，外耳道に体温より高い（あるいは低い）水または空気を注入すると，内耳に加わる温度差が半規管内に満たされているリンパ液の温度差による対流を生じさせるため，眼振が生じるとともに主観的な「めまい」を自覚させるという仮説を提唱したのである。ここで重要なのは「対流は温度の変化によって媒質（液体状の物質）の密度差が変化することによって生じる現象である」という点である。つまり密度が粗になれば重量が減少し，密になれば重量が増大するということが温度変化によって生じ，それが重力環境下では対流という現象を生じさせるという点に着目した仮説であることが重要である。重量の変化は重力の作用によって密度の勾配が発生するが，熱源からの

距離によって時間の経過に従って密度勾配に変化が生じ，これが対流という媒質の運動となる環境が地球という重力環境の本質であると結論したわけである。これは重力が存在する環境でのみ生じる現象であるが，もし Bárány の仮説が正しいとするならば微小重力環境では半規管内のリンパ液の対流は生じないことになり，その結果温度性眼振は生じず，主観的なめまいも生じないことになる。この仮説の有効性については，Bárány が重力仮説を提唱した直後から反論や異論が議論されてはいたが，Bárány はこの仮説の功績により 1914 年にはノーベル賞が授与された。その 70 年後の 1983 年に行われたスペースシャトル・コロンビア号を用いた実験（カナダ，アメリカ，ドイツの生命科学の研究者が共同で行った宇宙実験）では，アストロノートに温度刺激を与えても眼振が生じたからである。Bárány の仮説は否定されたのである（von Baumgarten, 1986）。重力のないところでも外耳への温度刺激によって眼振が生じたからである。実験を行ったドイツの研究チームは「温度性眼振の成因として温度性対流説は実験的事実によって否定されたが，真の原因はまだ不明である」としか述べていない（Scherer et al., 1986）。重要なことは Bárány の仮説が成立しなかったということではなく，地上の実験室で行われている多数の実験や観察を主体とした研究では，重力がどのような役割を果たしているかについて注意が払われることなく実験結果の解釈は「推論の域を出ない」ということで結論を出すことが多い。「重力を勘案して推論する研究者は少数であって大多数の研究者は重力の要因などまったく考慮することなく宇宙実験を続けている。それは『重力』の有無が重要なのではなく，『重力』が微小である環境が経済効果に寄与する近道である」と解釈する経済原則を最優先する現状が優勢であるからだ。明らかに科学の本道から外れた動機に根ざしていると言わざるを得ない。

（古賀 一男）

3・3 過重力，微小重力を負荷する実験方法

本節では，前庭機能を検討する実験方法について代表的な方法と応用，およびその妥当性について述べる。今日の神経科学，生理学領域では前庭機能に関する研究だけではなく，重力を実験条件とした細胞レベルから遺伝子の編集まで踏み込んだ研究がなされている。それらを含む研究方法について概略を述べ，その後で最近得られた知見について展望を行うことで重力が関係する前庭研究の知られざる側面を紹介する。

3・3・1 過重力を負荷する研究

地上の環境では生体には重力加速度が必ず負荷されている。しかし能動的，受動的にかかわらず生体が静止していることはない。しかし生物には常に重力だけが負荷されているわけではない。歩行すれば前方への加速度が生じ，重力との合成ベクトル方向への加速度がかかる。また車の運転中にハンドルを切ると，遠心力で側方へ強く押しつけられる力を感じるが，このときは前進方向への加速度と曲がる方向へ遠心力によって生じる加速度に加えて，重力加速度も合成された加速度が，三次元的な空間の中で身体に対して負荷されることになる。運動する生体は常に重力と自分自身の運動の合力方向への加速度環境の中で行動しているといえる（Boff & Lincoln, 1988）。静かに着座し仰臥しているような状態では重力方向への加速度が生体にかかっているだけで地上の加速度環境に似た状況といってもかまわない。そのような環境で何らかの特別な装置を用いて生体に加速度を加えると，その環境では「過重力」が負荷されていることになる。最も精度よく統制された加重力を負荷する操作には複雑な仕組みが必要である。たとえば航空機を一定のバンク角（飛行機に限らず旋回する物体は，旋回する半径に応じて水平面に対する角度をつけないと飛行できない）をつけて旋回させたときの乗客の姿勢を考えてみよう。バンク角が大きくなるほど，乗客やパイロットの身体Z軸（体軸）にかかる加速度は通常の重力の余弦角に比例して大きくなる（図3-3-1）。高度を維持しながら60度の角度をつけて旋回すると，機体内の乗員の身体軸には重力の2倍の重力加速度がかかることがわかる。地上の装置では遠心加速器（centrifuge）がアストロノートの選抜や訓練用に用いられている。一定のサイズのシャフトの先端に取り付けたゴ

第 V 部　前庭機能（平衡感覚）

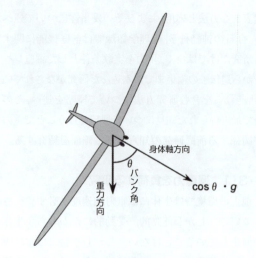

図 3-3-1　高速で三次元空間を移動できる装置（小型航空機）を用いてバンク角θをつけて旋回したとき，機体内の乗員にかかる加速度を示す。旋回バンク角θが 60°の場合，機上では 2 g の合成重力がかかることになる（古賀, 2007, p.443）。

ができる。小動物を実験対象とする装置はJAXA・筑波宇宙センターの「旋回型加速度試験設備」，パイロットの訓練用設備としては航空医学実験隊の戦闘機の旋回機動時に発生する大きい重力にゴンドラを回転させることによって地上でシミュレートする遠心力発生装置があり，さらに厳しい条件の加重を与えることができる。ゴンドラ内のデータは回転軸に取り付けたスリップリング（摺動式接点），あるいは無線による伝送が可能なテレメトリー装置を介して外部で観察，収集が可能である。実験装置は，実験対象にかかる加重の実験というよりも，過大な加速度がかかった場合どのような状況が生体内に起こるかを調べることを目的として使用されている。

3・3・2　直線加速度負荷装置

　直線加速度負荷装置は，生物の前庭系のうちの耳石器官に物理的な加速度を与えることで生体の反応を吟味する装置である。装置は，実験参加者（実験対象）を乗せたゴンドラを直線走路上で加速度を変化させながら軌道上を往復運動させる駆動部を持つ実験装置である。実験参加者は通常，軌道上のカプセル内にあぐらをかいた状態で着座する。その姿勢を維持したまま軌道上の直線方向に前進・後退方向（X軸），左右方向（Y軸），あるいは背中を床に平行にして前後方向（Z軸）に加速度を加えると，身体の各軸に関して直線加速度を負荷することができる（図 3-3-2）。実験参加者の乗った台座は，軌道上を往復運動するために両端では速度がゼロになるように制御し，進行方向を反転させることができる。そ

ンドラを水平面内で回転させ，そのとき生じる遠心力を利用して過重を負荷する装置（セントリフュージ）である。回転速度に応じて遠心力は増加するが，遠心力に比例してアーム先端に取り付けられたゴンドラの角度が水平位置まで変化する仕組みが設けられているため，回転によって生じる遠心力がゴンドラ内の実験対象の体軸に沿って加重が負荷されるようになっている。この装置では大きな過重力環境を得ることができるがアストロノートの訓練用としては例外的に厳しい，日本人アストロノートが利用する装置はアメリカのヒューストンの訓練施設を利用することで最大 6-7 g 程度まで過重力をかけること

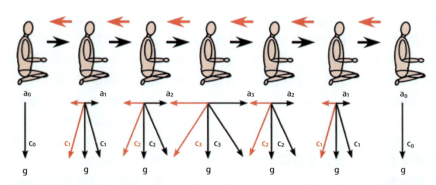

図 3-3-2　直線加速度負荷装置によって実際に生体に負荷される加速度の変化を位置と方向で示す。負荷された直線加速度は重力との合成ベクトルとして実験参加者にかかるが，そのときの合成ベクトルの方向は時間軸上で常に変化する。図中に示した合成ベクトル c でその変化の様相を示す（古賀, 2007, p.444）。

のときの加速度はゼロとなるが，その他の場所では装置が有する性能，特に走路の長さによって台車の進行方向に加速度を実験参加者に与えることができる。どの程度の加速度を負荷させることができるかは速度制御機構の能力にも依存するが，軌道のサイズは小規模なものでは2m程度，大規模なものでは軌道長が数十mになるものもある。X-Y軸について同時に稼働させることが可能な二次元直線加速度負荷装置もある。直線加速度負荷装置では台車について正弦波状に加速度を負荷することによって設定された加速度を短時間ではあるが維持できる。心得ておかなければならないことは，設定できるものは加速度であり，速度ではない点である。加速度を変化させるということは時間軸について常に速度を変化させなければならない。それは常に速度が変化するということであり，時間的には無限に変化させることができるわけではない。加速度を上げるということはすぐに高速の負荷を加えなければならなくなり，実験参加者に負荷される加速度は生体の耐性を超えてしまう。逆に加速度を減少させると短時間で速度はゼロになってしまい，負荷される加速度は意味のないことになってしまう。微小であっても生体は常に自発的にあるいは他動的に運動（移動）しているとすれば，目視の限界を超えた低加速度を負荷させることは無意味ではない。そのような微細な加速度が生体に与える影響についてここでは触れないが，別の場所で議論されなければならない。

直線加速度負荷装置は装置の中間点で加速度は最大となるが，装置が屋内に設置されることから走路のサイズには制限があり，所定の加速度を連続的に一定時間与えることは先に述べたような理由で非常に困難である。正弦波状に加速度を変化させることで軌道の端点での加速度をゼロとして連続した折り返し運動が可能となるため，データの分析方法を工夫しさえすれば長時間の実験も可能になる。しかし水平運動型の直線加速度装置に決定的な問題点があることを認識している研究者は少ない。それは水平移動型の直線加速度負荷装置は，水平方向に加速度を負荷するという意味を理解することが重要である。装置のゴンドラ内の実験対象にかかる実際の加速度は重力加速度との合力方向にしか作用しない。決して水平方向に加速度が負荷されたことにはならない。水平方向に加速度を負荷すると，生体には水平加速度がかかっていると誤解して報告する研究者が多数いるが，それは誤りである。たとえば1/2gの加速度が水平方向に負荷されたときは45°下方向に$\sqrt{2}$gの加速度がかかるのである。だからといって直線加速度負荷装置を用いることに意味がないわけではない。加速度負荷装置として水平移動型ではなく垂直移動型，すなわちエレベータと同じ機構で実験対象に加速度を与える装置を用いさえすれば，純粋に直線加速度負荷の実験が可能になる。垂直型の直線加速度負荷装置を用いたなら，実験参加者の耳石器官に対して特定方向に加速度を負荷する実験条件が可能となる。直線加速度負荷装置が通常水平型であるという先入観を捨て去れば，直線加速度による研究は飛躍的な進展をみせるだろう。

水平型直線加速度負荷装置に類似したものとして「パラレル・スイング装置」がある（図3-3-3）。これは，重力環境下における振り子運動を利用して天井からつり下げた装置をスイングさせて正弦波状の直線加速度を加えるようになっている。この装置も水平型直線加速度負荷装置と同じ機能上の限界があ

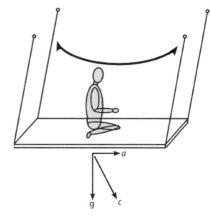

図 3-3-3　パラレル・スイングによる直線加速度の負荷。この方法は直線加速度負荷装置に比較して簡単な装置で直線加速度を実験参加者に負荷することができるが，図に示したように上下方向へかなり大きい偏位があるため，擬似的にしか直線加速度を与えることができない。また実験参加者にかかる直線加速度の時間的変化は直線加速度負荷装置と同様に重力との合成ベクトルでしかなく，その方向は常に変化することになる（古賀，2007, p.445）。

り，さらにスイングするたびに上下方向への加速度も加わるため，より複雑な加速度を与えることになる。このことを考慮に入れたうえでデータを吟味しなければならない。

3・3・3 落下塔装置によって微小重力を負荷する実験

落下塔装置（drop tower）は，実験対象に関して外部から上下方向に加速度を加える装置から外部駆動装置としての加速度負荷機構を取り去ったものである（中村，2000）。落下塔装置は鉱山や石炭採掘などで廃坑になった入坑用の縦坑を利用して，地下数十m程度から数百mまでカプセルを自由落下させて微小重力環境を短時間実現できる機能をもった施設である。カプセルが落下するときの加速度が重力加速度と釣り合ったところで，微小重力環境を得ることができる。研究室の屋上から地上まで小規模な落下塔を用いて安全にカプセルを落下させるような安全装置を備えた，短時間であるが微小重力環境を可能にする施設もある。小規模な施設とはいえ，大学の研究室でこのような装置を所持していることは稀である。名古屋大学理学部には，微小重力環境下で物質が燃焼するときの挙動を観察する目的で設置された5階の建て屋の外壁に取り付けた装置があった。研究は，1992年にNASAとNASDA（現JAXA）が共同で実施した有人宇宙実験の日本側テーマの一つとしてマテリアル系実験に採択された。

微小重力環境を地上で利用するためには，通常高額の費用を必要とする。落下塔実験も例外ではなく，専用の大型装置を備えた専門業者が提供する施設を利用することが多い。物体を自由落下させると地球の中心に向かって加速度を増加させながら移動（落下）し，その加速度が重力加速度と釣り合った時点でカプセル内の物体は見かけ上重力がなくなった状態となる。自然な状態では大気との摩擦が原因となって速やかに重力加速度に到達することができないため，微小重力環境を得るためにはかなりの高度を落下させなければならない。実験施設としての落下塔ではチューブ内を真空状態にすることによって，落下直後から重力加速度と釣り合う速度を実現することが可能である。落下塔実験装置では特別な減速装置を付加する。カプセルが落下などの終端に激突することを防止すると同時に実験試料を回収することも可能である。急制動をかけ軟着陸させる仕組みは，落下塔装置の下部に電磁石やゴム性のフリクション・ダンパー（摩擦による減速装置）などを用いて小動物なら実験終了後に生きたまま回収することも可能である。国内では岐阜県土岐市の日本無重量総合研究所の落下塔が運用可能であったが現在は使用されていない（図3-3-4）。性能としては10^{-5}gの精度で5s間程度の微小重力環境を得ることができる。一日の実験回数は最大で30回の繰り返し実験が可能である。落下塔実験装置を用いた場合の微小重力環境は10^{-5}gが達成されているが，微小重力環境の持続時間が短いため高速で変化する現象に対してのみ利用可能である。材料，物質系の実験で主に

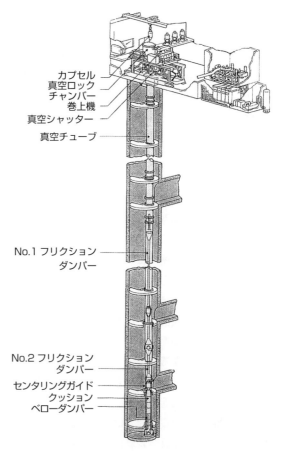

図3-3-4 落下塔実験装置と資料を搭載するチャンバー。ここに示したものは土岐市にある日本無重量総合研究所で運用されている装置である（中村，2000）

利用されている。生命科学実験では落下塔実験装置はあまり適していないと考えられてきたが，最近では細胞レベル，遺伝子レベルの研究分野で利用されることも多くなってきた。欧米で運用中のものとしては，ドイツ・ケルン市の落下塔が規模，性能とも群を抜いている。わが国で運用中の落下塔施設は，廃坑となった鉱山の縦坑を利用しているので本体部分は地下にあるが，ケルン市のそれは地上 150 m ほどの建造物を新設し運用している。このあたりの状況は微小重力関係の研究への長期的展望の意気込みが違うことがよく表れている。落下塔と同じコンセプトで利用されるものとして，観測用気球に試料チャンバーを搭載し，数千 m の成層圏に近い高所で切り離しを行い自由落下させる実験もある。試料の回収にかかる費用が莫大であること，実験の実施が気象条件に大きく左右されること，微小重力環境の精度がよくないなどの理由で，この方法が積極的に利用されることは多くない。

3・3・4 観測用ロケットを用いて微小重力環境を実現する実験

　観測用ロケットはサウンディング・ロケットの邦訳である。「サウンディング」とは "to measure"（観測すること）の意味であり，そこから「観測用ロケット」と呼称されている。観測用ロケットは地球周回軌道に到達することなくほぼ垂直に近い角度で射出され，成層圏まで達した後自然落下する 1 回使用使い捨て型のロケットによる実験システムである。軌道は放物線を描くため，到達高度に達する前後に約 5-15 分間ほどの微小重力環境を得ることができる（中村，2000；図 3-3-5）。落下塔実験と比較すると，かなりの長時間微小重力を維持することができるという利点がある。非常に稀であるが，観測ロケット本体を回収する再利用型ロケットが使用されることもある。データはテレメーターで取得し，搭載した資料が必要な場合にはパラシュートで回収するという方法が用いられる。打ち上げ時の加速度が大きいことが生命科学実験では問題になるが，質の高い微小重力環境が分単位で比較的長時間得られるということと，フライトの機会が多いという理由から小動物を搭載した実験や細胞レベルの実験で多用されて

いる。大規模なロケットを用いた実験と同様に，生物試料搭載のタイミングに関して最終フェーズにおける被検体へのアクセス（late access）がどれだけ短時間ですむかということが，実験用の生体試料の種類の選択に大きな影響を与える。搭載される生体試料は細胞，小動物を問わず，実験中には一定の生存環境を維持しておかなければならない。地上の研究室では常時それらが維持されているので特別に考慮することは少ないが，研究室を一歩外に出た場合，それらの維持は飛躍的に困難となる。特にロケットを使用した実験の場合，打ち上げ時刻に関してどれだけ間近まで地上生命維持装置につないでおけるかということと，搭載してから打ち上げまでの間に電源が供給されない間どのような体制を取りうるか，その間生命維持装置がバッテリなどで駆動できるかどうかなどが実験の成否を分けることになる（古賀，2007, 2011a, 2011b, 2014, 2015, 2018, 2019）。

3・3・5 パラボリック飛行によって微小重力を実現する方法

　特殊な改造を施した航空機と特殊な訓練を受けたパイロットが航空機を操作する特殊な操縦によってパラボリック飛行（弾道飛行あるいは放物線軌道飛行）によって数秒から 30 s 程度までの時間 10^{-2} g レベルの微小重力環境を実現することができる。先に述べたサウンディング・ロケットによる微小重力環境は，小型ロケットという制約からせいぜい小動物までが実験の対象となる。しかし，ヒトを実験参加者として微小重力環境下で実験を行うには，多くの場合，中，大型で高速の飛行速度が可能なパラボリック飛行による実験手法が唯一の方法である。弾道飛行は十分に加速したエンジンの出力を最小に絞り放物線軌道をできる限り長時間維持するという特殊な操縦を行うには飛行物体を自由落下させなければならない（中村，2000）。微小重力環境を実現する時間は，飛行物体が実現できる飛行速度に依存している。小型のプロペラ機なら数秒程度，中・大型ジェット機を用いると 20 s 程度微小重力を実現することができる（図 3-3-6）。一般的な飛行の高度プロファイルと重力プロファイルを図 3-3-7 に示す。図から明らかなように，最初は機体を地上（海上）方向にむ

第 V 部　前庭機能（平衡感覚）

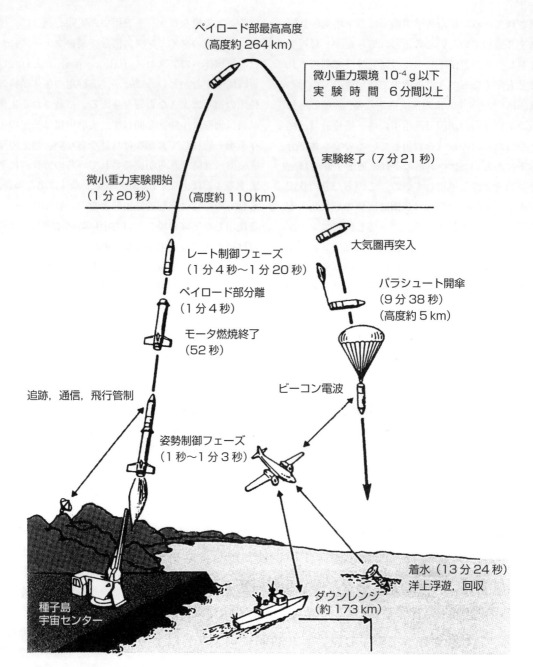

図 3-3-5　TR-IA ロケットの飛行プロファイル
　サウンディング・ロケットの軌道。宇宙開発事業団が運用する典型的サウンディング・ロケットの打ち上げから試料回収までの手続きを示す。ここで示されているロケットは TR-IA と呼ばれる全長 14 m 弱，約 10 t の重量をもつ 1 段式固体燃料ロケットである。搭載可能な実験試料は最大 750 kg とかなり大きく，微小重力環境は 360 秒（約 6 分）とかなり長時間にわたる。多くの非有人飛行実験がこのシステムを用いて運用されてきた（中村，2000）。

図 3-3-6　パラボリック飛行を行うビジネスジェット

けて重力加速度を利用しながら機体の性能限界に近い速度までもっていく。このときわずかに重力加速度が減じられるが，その大きさは旧式のエレベータで下降時に感じられる程度の加速度変化である。十分な速度が得られた時点で機首を上方向に引き上げるが，このとき短時間ではあるが約 2-2.5 g 程度の過重力がかかる。パラボリック飛行では，弾道軌道に入る直前の速度が高速であるほど微小重力環境を長引かせることができる。微小重力を実現する直前の過重力フェーズは避けがたい条件である。弾道飛行に移行した後，2-5 s 後の経過時間を経て微小重力状態となる。この間実現される微小重力の精度とその維持時間は，パイロットの操縦技術に負うところが大きい。弾道飛行終了後の高度回復過程では再度 1.5-1.8 g 程度，一過性の加重がかかる。飛行中の

プロファイルからわかるように，パラボリック飛行では数秒から十数秒の微小重力環境が得られるとはいえ，その前後に比較的高い過重力が負荷されるため，特に微小重力に入る直前の高い過重力の履歴が生体反応に影響する可能性は否定できない。特別な飛行手順を踏めば微小重力環境の持続時間は短くなるがパラボリック・フライト（放物線飛行）の前後の操縦操作で生じる高い加速度の影響によるアーチファクト（一過性であるが高い加重を受ける）を少なくすることができる。高 g のフェーズを短縮することもできる。水平飛行から一気にエンジン出力を絞ることで機体をダイブさせる方法（レベル・パラボリック・フライト）がある。この方法では比較的速やかに微小重力環境へと移行できるが，微小重力の持続時間は短くなる。仮に 20 s 間の微小重力が得られたとしても有効実験時間は 10 s 以下である。宇宙飛行士の訓練の一環として実施されるパラボリック飛行の映像では，人間が機体の中空に漂っている映像や写真をよく見かける。これは実験ではなく，訓練と体験を目的とした自由な行動を可能にした状況のデモンストレーションにすぎない。水中の浮力を利用した訓練装置（中性浮力装置）という典型的な装置もよく利用される。パラボリック飛行による多くの実験では，搭乗するクルーの安全と実験装置の安定した稼働を優先するために，搭載した機材はリジッドに機体床面に固定されなければならない。

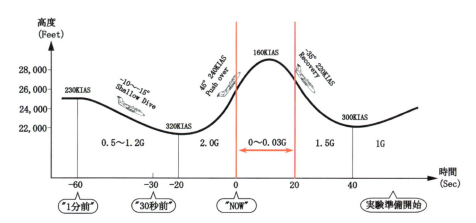

図 3-3-7　パラボリック飛行の G プロファイルと高度変化。パラボリック飛行のマヌーバーは，最初下方向へダイビングを行い十分な速度を得たのち機首の引き上げを急速に行った後，一定の時間放物線飛行を行っている間は微小重力環境が得られる。放物線飛行が終了した後には高度の回復を行い，次の飛行の準備へと移行する。この繰り返しによって複数回のパラボリック飛行を実施する。（宇宙航空研究開発機構，1999）

第Ⅴ部　前庭機能（平衡感覚）

パラボリックフライトでは，地上の実験室に比較すると機器の操作性がかなり損なわれる。液体を含む試料や水生動物の生命維持装置は，完全に密封された閉環境を用いて重力環境の変化で機体内部に液体が飛散しない環境を準備しなければならない。実験参加者がヒトの場合，重力の急激な変化による不測の事故を回避するため，実験者ともども座席や床面に身体を固定することが必要となる。このような制約があるとはいえ，ヒトを実験参加者として地上で行う微小重力実験はパラボリック飛行によって初めて可能になったのである。

3・3・6　スペースシャトル，宇宙ステーションなどの大規模なシステムを使用した微小重力実験

おおよそ 8 km/s の速度で地表に対して水平飛行する物体の加速度は重力加速度と釣り合うが，その物体は地表面を円軌道で周回することになる。地表付近では濃い大気の摩擦により加速度が減じられるが，その影響を少なくするため，地表面からかなりの高度を維持することで大気との間に生じる摩擦による減速を抑えることができる。通常，オービター（軌道船）の軌道は数百 km の高度に設定されている。スペースシャトルの場合，周回軌道は高度 300-500 km 付近で運用される。現在も運用中の国際宇宙ステーション（International Space Station：ISS）は高度 500-600 km のあたりで飛行している。この高度は大阪－東京間の距離に等しく，さほどの高度ではない。有人飛行に限定すれば，周回軌道上で生命科学の実験の最初のケースは 1970 年代初頭に行われた。有人月面活動を目的としたアポロ計画の最終ミッションが 1972 年に終了した後，既に製造が完了していたサターン・ロケットを使用した予備的研究としての有人科学実験がそれにあたる。ミッションはスカイラブ（宇宙実験室）計画と呼ばれ，1973 年中に合計 4 回実施された。スカイラブミッションでは，比較的広い空間でアストロノートの行動を束縛しないという趣旨のもとで多くの生命科学実験が行われた。サイエンスという立場からは統制された研究（実験）が行われたようには思えないが，アポロ計画の余剰パーツを利用した自由研究という意味で

はプリミティブな疑問を解消するような試みが行われたことは大きく評価されてよい。典型的な例を示すと，微小重力で無制限にとりうる姿勢のうちアストロノートの上下逆の姿勢を見せたスナップショットが多く残されている（NASA, 1973/1974）。有人によるミッションは 2, 3, 4 回目に行われ，それぞれ 28 日，59 日，84 日の滞在期間を記録した。スカイラブの特徴は，実験の一部を①初めて生物学，医学実験に費やしたこと，②その後，1981 年に初めて飛行が可能になったスペースシャトルによるミッションに比較して，アストロノートが微小重力環境に滞在した期間が長期にわたったことである。これ以前にも多くの有人飛行は行われていたが，このミッションで初めてアストロノートが経験した「宇宙酔い」を報告したことも大きな特徴である。スカイラブ計画以前，たとえば月着陸を目指したマーキュリー計画では，アストロノートたちは狭い機器類の隙間に身体を詰め込まれ，身動きもままならない狭隘な場所で活動しなければならなかった。広い荷物室を実験室として使用した本ミッションでは，アストロノートたちは三次元空間的な身体の自由度を持っており，自分の意思によって身体を能動的に動かすことができた。その結果，いわゆる宇宙適応症候群（space adaptation syndrome：SAS）と呼ばれる「宇宙酔い」が発症した（Ⅴ・3・4・1 にて詳述）。また，長期宇宙滞在によって骨格から失われたカルシウムは地上に帰還しても速やかに飛行前のレベルに戻ることがないことなど，予想されていなかった生体に対する微小重力のマイナスの面を表面化させることになった。アポロ計画終了後の余った資源を利用して行われたミッションではあったが，その後に続くスペースシャトル・ミッションに引き継がれた研究として生命科学の必要性を顕在化させた意義は大きい。

1981 年に開始されたスペースシャトル・ミッションの最大の特徴は，再使用可能なオービターを用いて地球周回軌道上での多目的宇宙環境利用を行うことにあった。「シャトル」とは往復を意味するので「スペースシャトル」は「宇宙往還機」と通称している。正式名称は STS-xxx（Space Transportation System: 宇宙輸送システム）である（図 3-3-8）。周回軌道上にあるオービターでは約 10^{-2}g 程度の微小

1436

図 3-3-8 スペースシャトル以前の有人飛行はすべて1回使用の使い捨て型航空機を利用して行われていた。アメリカ航空宇宙局（NASA）では1969年から計画が開始され，1977年にはエンジンをもたない初号機エンタープライズ号が大気圏内自由飛行を行い1981年のコロンビア号により2日間のミッションを成功させた。シャトルは軌道上飛行から大気圏内への帰還後整備を行った。「シャトル」という通称は同一機体が複数回の打ち上げに供されるところから命名された通称である。図の機体は，大気圏内の試験飛行のみに使用されたエンタープライズ号が専用のサポート用機材で移送される様子である。

重力環境が実現されているが，そのような環境が常に維持されているわけではない。地表から300-500 km を飛行するといえども大気がまったくないわけではなく，ごく薄い大気と機体の間にわずかながら摩擦を生じる。V・3・1で示したとおり，このことにより船上では，短時間とはいえ重力環境が生じ，生体には比較的大きな重力加速度がかかる。精密な微小重力環境を要求する材料実験ではエンジンの作動中には実験を中断せざるを得ない。しかし生命科学の実験ではなぜかこのことが与える生体への影響が議論されることは少ない。厳密な意味での微小重力環境を問題とする今後の研究では，大きな重力ノイズが発生していることを考慮しなければならない。

スカイラブやスペースシャトルを用いたこれまでの生命科学実験では，生体の生理的な諸側面が微小重力環境に対してどのように反応して適応してゆくのかという点についていくつかの新しい知見が得られている。たとえば微小重力環境に到達した後，そのほかの生理学的な変化に比較して最も速く（1日以内）問題を起こすことと速やか（数日から1週間以内）に適応していくのは前庭神経系であることがわかってきた。このことは，重力加速度を受容する感覚器官が前庭神経系であるということから考えると明らかだが，あまりにも常識のなかに埋没している知見であること，長期の微小重力環境は地上で得ることが困難なことから検討されることが少なかった。地上においてあまねく負荷されている重力加速度が生体に与えている影響について研究するためには，微小重力環境下における長期滞在実験が必要であることは言うまでもない。そのような必要性は，生物の発生と進化に最も大きく関与する環境要因が重力であることを明示的に示すことが必要であるという理由による。実験心理学からの寄与はあまりにも少なすぎる。

3・3・7 その他の微小重力環境をミミック（疑似）する方法

これまで各種の実験方法はヒトを含めて実験対象となる生物をインビボ（*in vivo*）の条件も含めて過重力，微小重力を実際に負荷する方法について述べてきた。ここでは細胞を用いたインビトロ（*in vitro*）による研究法について述べる。クリノスタット・ローテーション（clinostat rotation）実験と呼ばれている実験手法がある（Duke & Montufar-Solis, 1998）。たとえば，庭先の鉢植え植物が強風で倒れたとしよう。転倒した植物は最初のうちは地面と平行な向きのままの姿勢を保持しているが，短時間に茎の向きを上方向（地面とは直角の方向）に屈曲させて（正の屈光性）成長を継続するようになる。鉢の中では，根茎が茎とは反対の地面方向に向きを変えて成長を継続（正の屈地性）しようとする。これらの変化が生じる主要な原因を重力要因に求めて実験が行われている。植物の成長細胞の近傍には，重力を機械的刺激として感知する仕組みがある。重力方向をモニターすることで植物の成長の方向性を決定しているのである。植物に重力を受容する機械的センサーがあるため，植物を横向きにした状態で茎の軸を中心に回転させ，植物の成長軸に関して全方向にまんべんなく重力を負荷してやれば，植物の茎や根茎は屈曲することなく直立させたときと同じ成

長方向を維持することが知られている。そのような条件を人工的に作り出し植物に応用すると，一時的に横向きになった植物でも正立して置かれた状態と同じような成長の方向を示すのである。植物の細胞内では，比重の大きいアミロプラスト成分が植物成長の方向と重力の向きとのズレを感知し，正常な方向への成長を促す信号を伝達している。この結果，植物に生じる重力屈曲反応が起こり形態の変化が生じる。重力に対する植物の環境依存型順応性の成長過程である茎や根の偏位は，偏差成長と呼ばれている。このように，重力という外環境が変化したときに植物の成長過程が重力方向に順応して変化していくプロセスの研究では，細胞，情報伝達ホルモン，そして遺伝子レベルの研究で多くの新しい知見が得られている。これらの研究結果はヒトが地球の重力に順応，進化してきた過程をたどることに大きなヒントを与えてくれるに違いない。図3-3-9でクリノスタット・ローテーションの原理を示す。この実験で負荷された回転刺激を与える実験系をクリノスタット実験と呼ぶ。この場合，生物試料に与えた回転が方向を変化させる操作をまんべんなく長時間与えられることを，「あらゆる方向からまんべんなく」を「averaged gravity vector（平均重力過重）」と理解することで「微小重力環境をある側面でミミックする（＝擬似的に真似する）」と表現している。この方法をさらに洗練させ，地上の実験室内において細胞レベルでの微小重力実験を可能にしたのがクリノスタット実験である。クリノスタット実験では，回転そのものが細胞に与える影響を吟味するための統制条件として重力に対して水平に回転させる「回転統制条件」および回転を与えず静置したままの「静置統制条件」をクリノスタット・ローテーション条件と同時に行い，3条件間に時間経過に従う変化に差が見られるか否かを検討することが必須である。回転を重力軸に対して直角にした軸のみで回転させる方法の他に，空間3軸のすべての方向同時に回転を与える三次元クリノスタット・ローテーションという方法もある。いずれの場合も，回転軸方向になるべく遠心力がかからないような密閉容器にO_2やCO_2透過膜を用いインキュベータ（恒温漕）内で数日間連続的に回転を与えながら細胞の成長過程，分裂速度，遺伝子解析による細胞の定量的変化の分析などの生物試料分析が行われる。使用される細胞の種類によってクリノスタット・ローテーションの最適回転数を決定するための予備実験を行っておくことが実験の成否を決めることになる。図3-3-10でクリノスタット実験装置を示す。

クリノスタット・ローテーションによる研究は多く報告されているが，神経系細胞の重力加速度に対応する働きを検討した研究を紹介しておく。Gruener（1998）は一次元クリノスタット上でPC12細胞（神経系のニューロンと同様の挙動を示すガン細胞由来の実験用細胞試料）を用いて重力の影響に関する実験を行った。彼は一次元クリノスタット・ローテーション群と静置群（統制実験群）および回転実験群（回転統制実験群）との間には細胞の挙動に大きな差が生じることを報告している。2種類の統制群ではいずれの場合も細胞から伸びるニューロライトは正常であったが，クリノスタット・ローテーション群ではデンロライト（神経細胞から他の細胞体へ伸びる分岐した伝達枝）の成長が不正常で，形態的には短く，成長した先端部分にswelling（大き

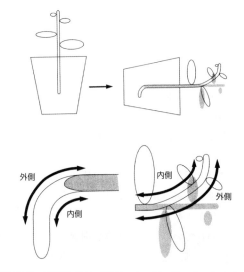

図3-3-9　植物をクリノスタット・ローテーションしたとき，細胞に重力がまんべんなく平均的に負荷される様子を示している。植物はローテーションを負荷しない場合（上図）とは異なって屈地性や屈光性を示さないため，微小重力環境をミミック（擬似）していると表現することや平均重力過重（averaged gravity）と呼称することが多い（岡田，2000）。

3・4 微小重力環境における研究

　前庭機能の特徴のうち，生物の行動の直線加速度と回転加速度に関わる環境要因と自らの行動によって生じる回転加速度について適切な変化を感知し，それに対応する行動の順応と破綻についてこれまで述べてきた。本節では具体的な研究の現状について解説を加える。微小重力が生体に与える影響は，前庭器官だけではなく身体全域の広汎にわたっている。たとえば，心循環器系機能は重力が変化することによって上半身方向への体液（血液および細胞外液体）のシフトを促すことになる。地上で直立しているときには重力によって体液が下半身方向により多く貯留している。しかし，微小重力環境下では下半身方向へ体液を引っ張る外力が働かないため，上半身，特に頭部へ血液がシフトし，その結果頭部の血圧昂進が進行する。中枢からは速やかに血液のボリュームを減らして血圧を下げるようコマンドが発せられる。適応機制の一つとして，体液の一部が排尿によって排出され体液全体の量が調節されることで頭部の血圧の調整が行われる（Nicogossian & Parker, 1982）。このときの身体のマイクロな機序としては，微小重力環境→心臓より上部にある頭部方向への血液分布の集中→頭部に至る頸静脈の拡張および静脈の拡張→静脈内の圧受容器（バロリセプター）から中枢への警告信号→中枢からの血圧降下のエファレントコマンドの発信→心臓における心房性ナトリウムホルモンの分泌→身体内の血流量の抑制→排尿による総体液量の調節などの過程をたどって自律的な安全機構がはたらいている。現在ではこの過程について心房性ナトリウムホルモンの分泌を促す役割の細胞群，それに随伴する神経伝達物質の複雑なメカニズムなどが精力的に探索，研究されている。実験心理学のなかでも神経科学や生理学あるいは医学に近く，深い理解をもっているといわれる感覚，知覚の研究領域であっても，よほど特殊な領域でない限り研究の守備範囲を超えているともいえるが知識として知っておくことは重要である。専門領域の細分化が進行し隣接領域の理解が困難になる傾向が急速であるが，他方では境界領域との協同作

図 3-3-10　生物細胞試料を回転させるクリノスタット装置。インキュベータ内においてクリノスタット装置上に積載した細胞培養容器（シャーレ）を，数日から1週間程度連続的に回転させて実験を行うように作られている。上図では水平平面内で回転させる回転だけを与える統制条件を，下図では重力に対して垂直平面内で回転させるクリノスタット条件を示す。この他に回転を与えない静置条件を加えることで，回転に伴う遠心力の影響を考慮した上で重力が細胞に与える影響を地上の実験室で長期間検討することができる（古賀，2007，p.451）。

く膨らんだ膨大部）と呼ばれる正常でない形態が観察された。この結果は神経細胞の成長，特に個体の発達初期における神経連絡ネットワークの形成，あるいは新規の神経伝達回路網の形成に，重力情報がきわめて重要な役割を示していることを暗示している。今後の研究如何によっては，長期微小重力環境における世代交代の問題，ひいては系統発生に関わる重要な阻害要因として重力が取り上げられることになる可能性がある（Kobayashi et al., 2000）。図 3-3-11 で，骨芽細胞がクリノスタット・ローテーションで微小重力環境に一群の細胞を暴露した骨芽細胞の顕微鏡写真を示す（Sarkar et al., 2000）。

　　　　　　　　　　　　　　　　（古賀　一男）

第Ⅴ部　前庭機能（平衡感覚）

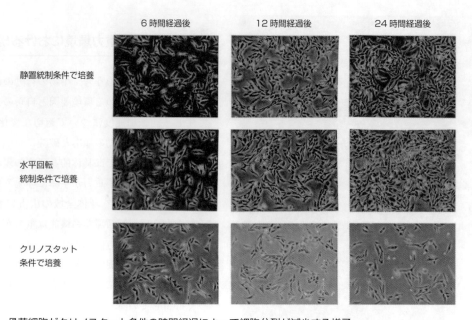

図 3-3-11　骨芽細胞がクリノスタット条件の時間経過によって細胞分裂が減少する様子
　クリノスタット上に骨芽細胞（ROS17/2.8）を搭載し，静置条件，重力方向に平行に回転させた水平条件（回転統制条件）および重力に向けて回転させるクリノスタット条件を比較した。細胞の状態は 6 時間，12 時間，および 24 時間後に細胞数が数えられ，骨芽細胞が重力軸の全方位に対して平均的に負荷をかける条件，すなわちクリノスタット条件のみが著しい減数が確認された。これは重力が少ない環境において，破骨細胞と骨芽細胞の状態の平衡が崩れ，骨粗鬆症が進むというアストロノートの実際の症状に対応した状況を地上の実験で示した例である（Sarkar et al., 2000 を改変）。

業の必要性は過去に例を見ないほど隆盛である。本節では，そのような状況を踏まえたうえで重力環境における前庭機能と行動の関係について実例を示し解説を加える。

　生体のいたるところ，換言すると細胞から器官まで，末梢器官から中枢まで，足の裏から頭髪まで，重力の変化に反応しないものはなく，すべてのシステムには適応機制がはたらき重力特異的な行動が成立することになる。前庭機能も当然のことながら重力の変化に対して他の生理的な反応に先立って障害を起こす。たとえば耳石器官からの入力がなくなることで，その他の感覚器官，たとえば視覚や体性感覚からの入力とコンフリクトが生じ，その結果「宇宙酔い」と呼ばれる一過性の自律神経系の不調が生じるのではないかと考える研究者が多くいる（Grigoriev, 2008）。もしこの順応が非可逆的で可塑性が高ければ，再び重力環境に戻ってきたときには解決できない障害となって大きな問題を生じるのだが，前庭器官の場合そのような障害は一時的で，時間経過に伴って生体が置かれた重力環境に速

やかに適応していくところが特徴的である。前庭器官が重力を直接知覚する器官であることからすれば，その変容と順応はきわめて興味ある問題である（Higashiyama & Koga, 2002, 2007；Howard, 2012；Howard & Rogers, 2012）。また，前庭器官が他の感覚器官と協応しているなら中枢におけるプログラムの書き換えも必要となるし，感覚器官が運動機能と連動しているなら異なる中枢部位と連絡が生じることになる。感覚器官が入力で運動機能は出力であるので両者のレシプロカルなプログラムの形成を仮定しなければならない。このような基本的仮定をもとにして，これまで人類が重力と前庭器官の関係について現在まで知り得た知見について述べる。

3・4・1　宇宙適応症候群

　アポロ計画では多くのアストロノートが月探査衛星を用いて月面探査を行い，長時間の微小重力環境に滞在する経験を重ねた。この時点では，宇宙適応症候群といわれる身体の不調を訴えたという報告や記録を見いだすことはできない。有人飛行による月

面探査計画が終了した後，サターン・ロケットを使用したスペースラブ計画が次世代のスペースシャトル計画の準備ミッションとして運用された。このときを境にして後に宇宙適応症候群と呼ばれる自律神経系の不調を中心とした身体の不調を訴えるアストロノートが激増した（Lackner & Graybiel, 1987）。地上における「動揺病＝乗り物酔い」と症状は酷似してはいるが，「前触れなしに突然襲ってくる嘔吐がある」という点が動揺病とは異なっているといわれていた。しかし，車酔いとは発症する環境が異なっていたが多く議論されることはなかった。理由は単純であった。人が重力のない環境に暴露されて身体の異常，特に自律神経系の異常を訴えることが初めてだったからである。Lackner & DiZio（1983），Lackner & Graybiel（1984a, 1987），Lackner & Taubieb（1984）は宇宙適応症候群の成因について重力加速度の増加，減少のいずれもが関係していると述べている。すなわち前庭器官のなかでも特に耳石器官への入力異常が関係していて，このことは地上実験におけるパラボリック飛行での実験結果や，内耳疾患をもつ患者の事例報告において多くの事例が確認されていることと一致していると述べている。どの程度の頻度の発症例があるかという報告については，その調査結果がDavis et al.（1988）によって明らかになっている。調査で回答を寄せたアストロノートの67%が宇宙適応症状を経験したと報告している。自尊心の高いアストロノートが自分の身体の不調を正直に告白しない要因を考慮すると，実際の例数はもっと多いと推測できる。地上において実験的に宇宙適応症候群の成因を立証する試みも広く行われているが，地上における実験的研究では動揺病の成立機序を研究することで宇宙適応症候群を類推する研究が多い。動揺病の成立原因の一つに視覚・前庭干渉説（visual-vestibular interaction；Dichgans et al., 1972）があり，他にも多くの研究が実施されている（Matsnev et al., 1987）。しかし，現在ではこの仮説が検証されるような神経解剖学的な事実はいまだに示されていない。動揺病が「前庭入力の非日常性」が契機となっていることは確からしいが，その結果生じる身体の異常は自律神経系反応であるということが議論を複雑で困難なものにして

いる。自律神経系反応の発症機序は多岐にわたっており，身体の内部のあらゆる末梢器官からの求心神経系は外部から入力される各種の刺激から影響を受け，求心性のコマンドが入力される。その結果，神経系全体の調節は自律的に行われている。動揺病の結果として生じる正常でない自律神経反応の成立機序は無限に近い組み合わせから一つの経路を確定させるという困難な試みである。さらに問題を複雑にしているのは，薬物の投与がきわめて効果的であることはよく知られていたこともあるが，宇宙飛行士には「機序はどうであれ実際に効果がある」という実効性を優先する方針が多くとられる現実があり，メカニズムの探索を一層困難にしている。

3・4・2　スペースシャトルを用いた生命科学実験

前庭系の重力／微小重力に関する問題が集中的に検討されたのは，1983年にSTS-9（コロンビア号）で実施されたSpacelab-1計画であった。この計画を含めて生命科学実験が主体で実施されたミッションを表3-4-1に示す。このミッションはヨーロッパ・グループとMIT／カナダ・グループの合同ミッションであった。ミッション共通の目的は「微小重力環境が生体にどのような影響を与えているかについて多面的に検討を加える」ことにあった。ヨーロッパ・グループが担当したすべての研究テーマが前庭機能の解明に関係している（von Baumgarten, 1986）。それらは①外耳への温度刺激による眼振検査実験，②微小重力環境下における直線加速度実験，③回転加速度実験，④静的に身体傾斜させたときの眼球回旋の計測などであった。先にも述べたが，「外耳への温度刺激を加えたときに生じる温度性眼振は半規管内部のリンパの対流に起因する」という伝統的仮説はこのミッションで行われた実験で否定された。対流を生じない微小重力環境においても温度性眼振（外耳道への急激な温度変化が眼振を生じさせることを指す）は地上と同じように生じたことが特筆すべき実験結果であった。温度性眼振の成因は何かという問題について現在では結論はまだ得られていない（Scherer et al., 1986）。垂直性前庭動眼反射に関する実験も行われた（Berthoz et al., 1986）。地上では垂直方向に頭部を往復スイングさせることは重力加

第 V 部　前庭機能（平衡感覚）

表 3-4-1　Spacelab-1 で実施された前庭器官に関する生命科学実験の概要
NASA の宇宙往還輸送システム（通称はスペースシャトルと呼ばれるが，公称は Space Transportation System：STS）の軌道船部分は複数回再利用された。打ち上げには複数の軌道船が順次使用され，複数の軌道船が同時に運用された例はなかった。個々のミッションには STS ＊＊＊ の名称が付与されていた。ここでは通称 Spacelab-1 と呼ばれるミッションが 1983 年 11 月 28 日にコロンビア号を用いて 10 日間と 7 時間をかけて実施されたのでミッション名を用いる。実験はヨーロッパ宇宙機関 (ESA) と北米 NASA の合同ミッションであった。それぞれの責任研究者は ESA 側は Mainz 大学の R. J. von Baumgarten であり，ヨーロッパ前庭実験と呼んでいた。NASA 側は MIT の L. R. Young が研究代表者であり，カナダの共同研究者も参加していたことから MIT／カナダ・グループによる前庭実験と呼んでいたが，ミッション全体は Spacelab-1 と呼ばれた。個々の実験テーマと研究責任者を記載するが，1986 年に発行された *Experimental Brain Research* の 64 巻特集号には実験全体の詳細が報告されている。

ヨーロッパ前庭実験	実験研究者
Spacelab-1 ミッションで行われたヨーロッパ前庭実験の概略	R. J. von Baumgarten
実験装置と実験方法について	J. R. Kass, W. Bruzek, Th. Probst, R. Thuemler, Th. Vieville, and H. Vogel
微小重力環境下における温度性眼振	H. Scherer, U. Brandt, A. H. Clarke, U. Merbold, and R. Parker
微小重力環境下における直線加速度閾値弁別実験	A. J. Benson, J. R. Kass, and H. Vogel
垂直性前庭動眼反射への耳石器官の関与	A. Berthoz, Th. Brandt, J. Dichgans, Th. Probst, W. Btuzek, and Th. Vieville
ヨー軸方向刺激に対する前庭動眼反射	A. J. Benson snd Th. Vieville
宇宙飛行前後の反対回旋眼球運動の比較研究	H. Vogel and J. R. Kass
Spacelab-1 ミッションで行われた MIT／カナダ・グループによる前庭実験の概略	L. R. Young
MIT／カナダの前庭実験研究の概略	L. R. Young, C. M. Oman, D. G. D. Watt, K. E. Money, B. K. Lichtenberg, R. V. Keyon, and A. P. Arott
微小重力環境における視覚・前庭傾斜の相互作用	L. R. Young, M. Shelhamer, and S. Modestino
長時間微小重力暴露環境におけるヒトの耳石脊髄反射	D. G. D. Watt, K. E. Money, and L. M. Tomi
宇宙酔いに関する症状，誘発刺激およびその予測	C. M. Oman, B. K. Lichtenberg, K. E. Money, and R. K. McCoy
微小重力環境に暴露された場合の姿勢制御	R. V. Kenyon and L. R. Young
10 日間の微小重力環境へ暴露されたときの体側方向直線加速度に対する前庭反射	A. P. Arott and L. R. Young
微小重力環境における質量弁別判断と地上帰還後の再順応過程	H. E. Ross, E. E. Brodie, and A. J. Benson
微小重力環境下における H 反射を指標とした前庭脊髄反射への修飾	M. F. Reschke, D. J. Anderson, and J. L. Homic
微小重力環境における姿勢制御の動的分析	D. J. Anderson, M. F. Reschke, J. E. Homic, and S. A. S. Werness

速度に逆らう方向（頭部を持ち上げる）と重力を利用して制御する方向（頭部を振り下ろす）とでは非対称的になっている。したがって垂直方向の頭部の往復運動に付随する補償性眼球運動である前庭動眼反射も，地上ではそれを反映して頭部運動とは逆の方向に非対称な眼振のパターンが生じる。微小重力環境では「地上でプログラムされた非対照的な前庭動眼反射は再プログラムされる必要がある」という仮説に従って宇宙実験が行われた。少なくとも微小

重力環境に到達後数日経過した段階ですでに前庭の順応が起こっていることを示唆する結果が報告されている (Koga, 2000)。重力の影響を直接検討する目的で小型の直線加速度負荷装置による実験も実施された。地上における垂直型直線加速度負荷装置を用いる研究は，前述のように重力の大きさと負荷される方向を検討することが重要である。外部の物理的環境が生物に与える外的基準枠，すなわち視覚，聴覚，触覚，そして重力感覚器官によって多元的に構

成される空間識と呼ばれる外環境に関する高次認識スキームが，生理学な表現形式である行動を制御する運動で実行される神経反射を制御している。上下，左右の区別がない微小重力環境においては，直線加速度負荷装置は垂直型であろうと水平型であろうと空間軸を区別することは無意味であるという理屈からこのミッションで行われた実験には大きな意義がある。ミッションでは小型の水平型直線加速度装置を搭載し，微小重力環境下で実験参加者にわずかな加速度を加えたときの空間・時間的な偏位の知覚閾値の測定を行った（Benson & Vieville, 1986）。結果としては，空間3軸のいずれにおいても飛行中の測定で偏位の閾値は上昇していた。その原因が感覚受容器レベルの問題なのか中枢処理過程での閾値上昇なのかを決定することは今後の重要な研究課題である。

MITチームも前庭系に特化したいくつかの実験を同ミッションで行った。アストロノート3名の宇宙適応症候群の調査観察記録が実施された（Oman et al., 1986）。特筆すべき現象として，ピッチ方向への頭部運動が症状を悪化させ宇宙適応症候群を誘発しやすいことが報告されている。地上で実施した各種の動揺病検査の実験結果と正の相関を示すものが多く確認されたことから，宇宙適応症候群が前庭由来の症状であり地上における動揺病の一種であるにちがいないという推論も述べられている（図3-4-1）。視覚・前庭相互作用についての実験も行われた（Young, Oman et al., 1986）。この実験では実験参加者の視野を半球状のスクリーンで遮蔽し，そのスクリーン上にX軸を中心として時計回り（CW）および反時計回り（CCW）の方向に回転するランダムドット刺激を生成し，実験参加者の視性反対回旋（前額平行面視野内で時計回り，あるいは反時計回りの回転刺激を実験参加者に与えると，実験参加者の眼球がX軸周り，すなわち回転刺激と同じ方向に眼振を生じる現象）を吟味した（図3-4-2）。反対回旋の基本的性状は地上の記録とほぼ同様であったが，アストロノートたちが受けた視覚刺激の主観的強度は，地上における重力環境における感覚と比較してかなり大きく知覚されていた。このことは，

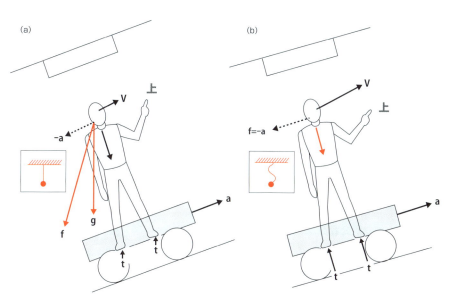

図3-4-1 （a）飛行前の地上実験室における「上」方向の主観的感覚。（b）飛行中のシャトル内における「上」方向の主観的感覚

スペースシャトルを用いたSpacelab-1においてYoung, Oman et al. (1986) は地上の重力環境下を統制条件とし，微小重力環境下で同一の条件で実験を行った。地上では重力刺激が前庭感覚器に入力されるだけではなく，立位をとった床からは足底に圧刺激があり，上方向の感覚を指し示す腕や指の筋内の筋紡錘や腱紡錘からは重力による等尺性の求心性筋感覚が生じる。一方，微小重力環境ではそのいずれの入力もがゼロとなる。小型の直線加速度装置から加えられた外力のみの環境で示す上方向の空間識は，加速度方向に大きく影響されることが明らかになった（Young, Oman et al., 1986をもとに作成）。

図3-4-2 Young, Shelhamer et al. (1986)の微小重力が視覚・前庭協応機能に与える影響を検討した研究。頭部を覆い隠す大きさの半球スクリーンの内部にドット・パターンを時計回り（CW）方向に回転させると、身体は同方向に回転する感覚が生じる。地上では重力により姿勢の安定維持が行われるが、微小重力環境では感覚として生じた身体の回転方向に身体が実際に回転する様子が記録されている。地上では身体が視覚刺激の回転方向あるいは反対方向に誘導される感覚は生じるが、重力に対する反応が優勢なためそれ以上の姿勢の変化は起こらない。姿勢の安定な維持機構について、地上では得ることが困難な微小重力環境を用いた人間の感覚変容に関する研究である（Young, Shelhamer et al., 1986をもとに作成）。

重力環境下では前庭に負荷される重力情報と運動視覚情報が相互に抑制し合っていることを意味している。両者の相互抑制要因が微小重力という状況で前庭器官のほうから取り除かれているのか、あるいは減弱されたときに中枢プログラムの新規書き換え、あるいは再編成が必要になることを示唆している。同ミッションではドイツの研究者グループが小型の直線加速度負荷装置を用いた実験を行ったことを先に述べた。加速度は実験参加者のX軸（身体の前後軸）にそって負荷された。通常の重力環境下ではこの向きの加速度が重力加速度との合力方向に作用するため、実験参加者の主観的感覚としては左右への傾斜感覚を生じさせることになるのだが、微小重力環境における実験の結果は地上の結果と明らかに違っていて傾斜感覚の閾値の上昇がみられた。カナダチームは主に姿勢制御について微小重力の影響を吟味する実験をいくつか担当した。耳石・脊髄反射について検討が加えられた（Watt et al., 1986）。身体を牽引している力を不意に解除すると、耳石器官への入力から脊髄反射への中枢からのコマンドが生じる。地上の重力環境下では下肢の筋電の潜時が生起する（耳石・脊髄反射）。カナダチームはこの反射が飛行前の地上、微小重力環境、帰還後の地上でどのように変化するかについて、両者の比較を行った（図3-4-3）。微小重力環境下では重力の代わりにゴムベルトで船内の床方向に張力を与えて実験を行った（図3-4-4）。実験参加者となった4名のデータでは、地上に比べて微小重力環境下において下肢筋電図の速い反射成分（50-120 ms）の顕著な減少がみ

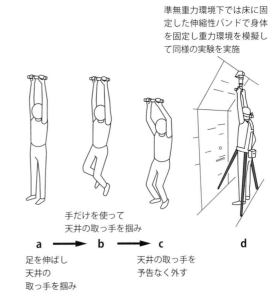

図3-4-3 カナダ・チームはSpacelab-1で重力に対応する筋の反応について筋電図を指標として実験を行った（Watt et al., 1986）。地上では両脚が床につかない高さに両上肢だけで身体を支持し、予告なくフックを外したときの筋電図を記録した。地上と類似した状況を再現するために、宇宙船の床に固定した伸縮素材で身体をウエストに固定し足の方向に負荷をかけ実験を行った。脚の筋電図は地上と大きく異なった結果が示された。微小重力環境では不意にリリースされるような状況では、原因が前庭系にあるのか、それとも筋の緊張にあるのかは不明であったが微小重力環境における反応は地上での反射に較べると数倍の大きさの筋活動を示していた。原因は重力環境の有無に起因していると結論している（Watt et al., 1986をもとに作成）。

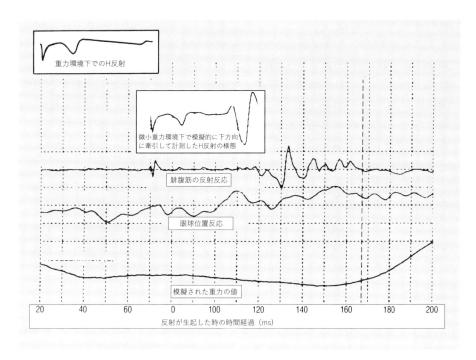

図 3-4-4　H 反射の発生についての刺激の経過（Reschke et al., 1986）
　　　　　図版で示されたデータは上段から H 反射，下肢ひらめ筋，筋電図，眼球運動，上肢のフックがリリースされてからの身体にかかる G プロファイルである。中枢からのエファレント信号で意識的に反応する行動（反応時間）は平均 180 ms で，H 反射は脊髄の反射機構であり，生起する時間はおおよそ 100 ms であることがわかる。また重力環境におけるデータ（図左上部）と比較しても，反射の電位が数倍大きいことも特徴的である。

られ，軌道上に滞在している間その傾向はますます顕著となった（Reschke et al., 1986）。このことは微小重力環境に滞在している間，耳石器官に対する入力がないことを中枢が調整していることを示唆している。カナダのチームは微小重力環境下において重量弁別に関わる皮膚感覚の重要性について興味深い研究を行った。重力がほとんどない環境において船外活動（extra vehicle activity：EVA）を行うときアストロノートの皮膚感覚，特に圧受容感覚器が地上の重力環境下で学習した状態のままで微小重力環境下における弁別閾値に対応できるのだろうかという問題を検討することが目的であった。スペースシャトル内の環境で得られた結果は，質量をもつ標準刺激および検査刺激を指で挟み任意の方向に振ることで重量弁別を行った。地上と同様の結果が得られた。このことは地上におけるわれわれの行動でも意識せずに実行している動作や行動のなかでも，末梢の指先の圧受容器は重力の有無に大きく影響されないことを示していることに対応している。地上でも重量をより精密に感覚入力に対応させるときには，刺激を振って皮膚の圧感覚受容器に質量以上の加速度を与えることで精密な評価を行っていることがあることと同様な知覚に対応している。微小重力環境下で得られた感覚弁別閾値測定が重力環境下における日常行動について新しい解釈を与えたと考えることができる。

　1983 年というシャトル・ミッションの初期にミッションのすべてが生命科学，特に前庭関連の実験で占める実験計画が立案，実施されたということは，微小重力に対する各種の生命現象の変化に大きな興味，あるいは重大な危機を感じていたことが原動力となっていた。生命活動の中心部分において重力という物理的刺激がもつ役割の重要さを顕在化させる意味があったことになる。生命科学の全貌は 3 年後に特集号として公にされたことは本節で述べたとおりである。

3・4・3　FMPT宇宙実験の意義

わが国においてスペースシャトル上でヒトを実験対象として実験を行った最初の実験は，「第一次材料実験 (First Material Processing Test：FMPT)」と呼ばれる一群の実験群としてスペースシャトル・エンデバー号上で行われた。L-04 のコードネームをもつ実験では，日本人搭乗科学者 (payload specialist：PS) を実験参加者として眼球・頭部の協応運動と主観的空間認識に関する重力加速度の影響の有無が検討された。図 3-4-5 ではオービター実験室内における実験中の風景が示されている (古賀, 2007)。実験結果は，①1 週間程度の微小重力環境への滞在は前庭入力によって運動プログラムの変更が必要である。抗重力筋の代表格である僧帽筋 (trapezius) の活動は大幅に変化するが，②網膜を通して視覚刺激によってドライブされる眼球を動かす外眼筋の運動 (非抗重力筋) の変化は地上の場合と比較してあまり変化がないことが示された。③一方，両者の協応関係を成立させる新しい中枢プログラムの成立は 1 週間程度の微小重力環境下に滞在の間では作り上げることができなかったということもわかった。微小重力環境下における主観的空間軸 (subjective [egocentric] body axis) と外的空間基準軸 (exocentric spatial axis) が重力情報の欠落によって大きな差を生じるという空間識に関する特異な現象も確認された (Koga, 2000；古賀, 2014)。ミッション開始後おおよそ 20 時間が経過したころに「スペースラブ内部の監視用ビデオカメラの位置を床面に正確に合致させよ」という予定外の作業が地上コマンダーからアメリカ人の女性アストロノートに要請された。作業を担当した彼女は，シャトル内の実験室の床と称している面を基準 (exocentric spatial axis) として作業すべきだったのだが，自分自身の体軸 (egocentric body axis) に合わせて調整するという誤りをおかしてしまった。図 3-4-6 でその経過を示す。この例は作業内容の重要度からすれば単純な勘違いとして看過されるようにみえるが，重力の手がかりが失われたことに起因して主観的空間軸と外的空間基準軸が乖離したという重要な問題を含んでいる (古賀, 2011a, 2011b)。誤謬をおかしたのはアストロノートなのか，地上で作業をしているコマンダーの不用意で十分に吟味されていないコマンドであったのか，残されているビデオテープを分析してみる価値は十分ある。日本人アストロノートが 8 日間の微小重力環境から帰還した直後の行動にも問題が起こっ

図 3-4-5　FMPT／L-4 実験中の日本人ペイロードスペシャリストと実験補助者ミッションスペシャリストが，STS-47 ミッション中に行われた「宇宙空間における視覚安定性の研究」を実施している様子を示す。この写真は SL-J ミッションの生命科学実験 (L-04, 実験責任者：古賀他) が実験を依頼したアストロノートによって撮影された (古賀, 2011b)。

図 3-4-6　1992年9月，日本人アストロノートを乗せたスペースシャトル・エンデバー号は微小重力の地球周回軌道に達した。管制室のモニター画面が傾いているため，地上スタッフが女性アストロノート Jan Davis にカメラ角度の修正を依頼した。Davis はすぐにカメラの角度を調整したが，今度は画面が 90°横に傾いた（古賀，2011b，p. 38，図 4）

た。いわゆるジャイアントハンド効果（giant hand effect：巨人の手が背中を押すような主観的な錯誤感覚）が生じたのである。ジャイアントハンド効果とは，微小重力環境に長期滞在したアストロノートが地上帰還直後の直進歩行ができにくく，左側側方へ傾いて歩行しているように感じるときの説明に用いられることがある。着陸した滑走路を歩行するアストロノートの感覚は，あたかもそれが背後から巨大な手によって身体が押されているような主観的な認識をもつのである。着陸直後の実際の歩行を記録したビデオ映像では実際には異常な歩行は記録されていなかったことから，それが典型的なジャイアントハンド効果と呼ばれる感覚上の錯誤であることがわかった（Koga，2004）。この錯誤の成因の説明として，①左右の脚力の非対称性（利き足）の求心性情報と運動指令としての遠心性神経情報が，一定時間微小重力環境下に滞在したことで両者のリンクが外れてしまい，地上に帰還した直後に補正機能が意識されるほど両者の乖離が大きくなっているという考え方と，②重力感覚器官としての耳石器官の非対称性等が重力環境下では他の感覚情報や中枢の補償プログラムによって補正されているが，微小重力環境下に長期滞在することでそのプログラムが変質，あるいはリセットされてしまったと考えることができる。地上帰還直後に感覚的な錯誤を感じるのではないかという解釈も可能である。重力環境下における姿勢制御で生成された空間の認識様式が非重力対応型環境に順応するにはどれくらいの経験と時間が必要なのだろうか。異なる重力環境（微小重力，軽重力，過大重力）などにおいて地上の重力に順応したヒト（生物）は対応，順応にどれほどの時間が必要なのだろうか，地上に帰還してから確実に再順応は可能なのか，可塑的なダメージへの対応策はどれほど考慮されているのだろうか，などが将来的に大きな課題である。

3・4・4　前庭感覚と重力の関係について残されたいくつかの課題

微小重力環境下に長時間暴露されるとアストロノートの眼球後部にある視神経が眼窩内で浮遊し，鋭角的に折れ曲がる状態が高精度 MRI で記録された例を示す（図 3-4-7）。微小重力は目に見える行動だけではなく体内のさまざまな組織，器官の外観にダメージを与えることが確認された最初の例である。視神経に物理的な形状変化が生じることは重力が生体に与える致命的な影響の一つと考えてよいだろう。

重力空間における日常的な姿勢の維持は地球上とは異なる重力環境下でどれほど耐久性があるのだろうか。異なる重力環境に置かれたときにどこまで中枢，末梢のプログラムは維持できるのだろうか。図 3-4-7 は地球上の重力環境下に置かれた平常の姿勢保持，同じく地球上で常ならざる姿勢に置かれた身体の状態，そして微小重力環境下で自由度が無数にある状態で，勝手な姿勢をとったときの状況を簡単に示したものである。重力環境下においても視覚入力を操作すると姿勢調節や空間軸の認識が簡単に崩壊してしまうことはよく経験するところである。このとき重力によって維持されてきた物理的空間軸は

第 V 部　前庭機能（平衡感覚）

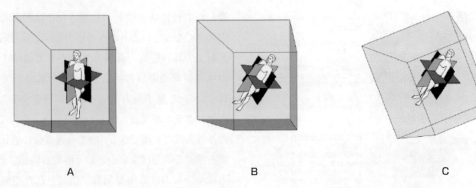

図 3-4-7　ヒトが自分の姿勢をどれだけ客観的に認識できるのかという問題は，重力を条件として導入しないかぎり評価できない。なぜなら地上では常に一定の重力加速度がわれわれの身体を拘束しているからである。重力のある環境条件で前庭入力を無視して他の入力（たとえば視覚刺激入力など）を操作して身体の姿勢の評価を検討することは，重力が生体に与える影響を検討することにはならない。地上では絶え間なく重力という要素を除去することはできない。図では自己中心的な空間基準軸が外界の視覚環境の基準軸を逸脱したときの関係を示した（古賀，2015）。

どれほど変更されるのだろうか，それとも外的環境の変化をものともせず維持されるのだろうか。図 3-4-7 ではそのような重力環境と姿勢の関係を示した（古賀，2015）。

　本章では地上の重力環境に適応してきた生物の行動について個体発生と系統発生の問題に触れ，現在地上に棲息する生物について事例を挙げて説明を加えてきた。個体発生は系統発生という長時間のなかで重力に対する問題を乗り越えて今日に至っている。個体発生の発生過程は系統発生をたどるという見解は特別な証拠を示さないままに認められている現実も一方ではある。この章では地球上における物理的環境要素の一つである重力加速度に焦点をあて生物が重力環境に関してどのように対応しているかについて実験で確認された事実を述べた。本書の主題はヒトの感覚と知覚であり，本部ではその一つの前庭感覚について述べてきたがヒトの感覚を理解するためには異なる種属が属する近隣の生物の特殊な発達についても触れておくことが感覚器の本質を理解するうえで参考になる。議論を一層深めるために特異な成長過程をたどるヒラメの前庭器官について触れておきたい。

　「なぜ"ヒラメ"なのか」という理由がある。ヒラメの成魚は多くの魚類とは異なる神経回路と類似した外観が複合している。身体は重力平面に対して平行に扁平な形状をしており日常の活動をしている。しかし幼魚期では普通よく目にする他の魚類と変わらない外観で水中を泳ぎ回る行動を示しているので稚魚の行動はごく普通であるといえる。成長するに従って身体内部の解剖学的な形態は変わらないものの行動する姿勢だけが 90 度横向きに変化する。機を一にして頭部の両側にある眼球の一方だけ他方の体側に移動してくる。このプロセスが終了するとヒラメは残りの生涯を通して両眼が一方の側の頭部の上方にあたるような側に固定されて機能するようになる。眼球の位置移動が終了した成魚は一見すると扁平な胴体（背側と腹側の軸から見て）と稚魚の時代は腹背側の両側に配置されていた眼球だけが両眼とも背側位置に変位した体型で生活することになる。これは外観の形態について観察される様子を示したにすぎない。Graf et al. (2001) は中枢の神経経路の位置が成長に応じて変位する過程について詳しく説明している（図 3-4-8）。この事例を視覚という知覚から見た場合，両眼の眼球位置の変異から見たとき，身体の平衡を重力軸では形態上の変異と神経経路の位置変位という視点から考察することもできるが，忘れてならないのは生涯を通じて変位しない身体の物理的位置変位がきわめて短時間の生涯の成長期間内に種属全体に行われるという特異な現象について合理的な説明を与えることが必要である。生物が環境に適応した身体の形態を変化させるにはとてつもない長い時間が必要であるとすれば，ヒラメの新体軸に対する両眼位置の変異は 1 世代内の出来事であるから知覚と行動が外界の経験に対応して変化する

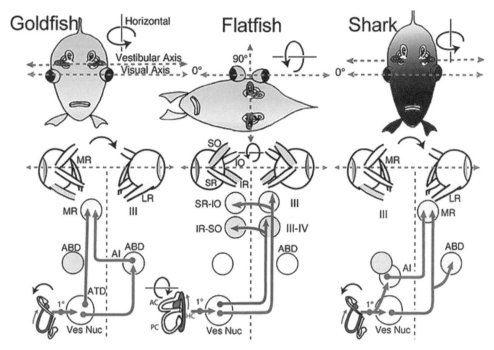

図 3-4-8　ヒラメに見られる前庭，視覚間のニューロン活動（Straka & Baker, 2013）
ヒラメは，幼生時は通常の魚類と同じように体側の両側に眼球が位置している。しかし成長するにしたがって一方の体側の眼球が他方の側へと移動を開始し，ついにはわれわれが知っているような一方の体側に両眼が併存する個体へと変化を遂げてしまう。しかし理由は不明だが，前庭器官は元の位置を保存している。このように不規則な状態で，視覚系と前庭系の神経活動はどのように折り合いをつけているのだろうか。幼生から成体への成熟過程で中枢神経を含めて神経系がどのように変貌していくのかについて，Graf et al.（2001）は非常に興味深い研究を行っている。重力が生体に与える影響が感覚器官によって異なることが，重力の本質を解明する好例であるに違いない。

という事例，すなわち進化とは別のプロセスであると考えなくてはならないだろう。ヒトが母体にあるときは尻尾をもった形態であるが出産時にはその片鱗さえないということ，あるいは両生類のカエルは幼体では尻尾を持つ期間があり成体になる過程でそれを失うという事例を考えるとヒラメの事例も成長や発達過程の一部であると考えることができる。ヒラメの前庭器官と両眼視の神経回路の組成に変化がないとすれば両者の空間軸の関係が 90 度変化してしまう事実は中枢のプログラムの書き換えという簡単な操作（行動の熟練）という次元で考えることも可能だろう。長い研究の歴史をもつ変換視研究の魚類による恒久的変換視と考えるなら知覚心理学の領域で取り扱う研究として好例である。逆さまにぶら下がって暮らしているコウモリが食餌のときは普通に飛び出して行くことも奇妙な行動ではない。

ヒトの感覚，知覚の変換による順応と再順応の研究は古い歴史をもっているが，実験や観察は非侵襲的な手法に限られている。個体発生を含めて広い範囲で実証的な研究を行うことが可能であるにもかかわらず今日まで検討されたことは皆無である。今後の検討課題である。

地上における重力環境が一気に変動した環境，本節では微小重力環境における行動の変容に関する原因について述べてきた。微小重力環境で空間知覚が変容するという実証的な事例も示した。地上の重力環境下においても条件によっては空間の知覚が適合的でない事例は多く示されてきた（古賀，1998；Revol et al., 2009；Rossetti et al., 1993）。では，重力の負荷の程度の差，あるいは有無がヒトの認識にどの程度影響を与えるのだろうか。生物学的な意味では身体の体液分布が変化すること，重力の直接感覚受容器である耳石器官への影響，受動的，能動的な自分の運動自身が作り出す加速度（自己運動創因型加速度→自己重力空間）が地上の重力環境と宇宙の微小重力環境，あるいは月面のような軽重力環境，

第Ⅴ部　前庭機能（平衡感覚）

そして生物が耐えうる範囲内における過大重力環境において，どのような行動を生むのか，それは時間経過に従って，順応し適応できるのか，系統発生については適応的な結果になるのか，選択的な遺伝子構造の変容は生じるのか，多くの検討すべき課題が山積している（古賀，2018, 2019；古賀・辻，1995）。少なくとも，生物が一時的に耐えうる環境である微小重力環境では短時間で即時的な行動の適応は達成可能であるように見える（飯塚・片山，2008）。それは地上における訓練の成果であるかもしれない（川合・榊原，2003）。完全な順応がどの程度達成できる

のかについては緊急の検討課題である。また世代を重ねなければ到達できない遠距離に人類を送り出すミッションはどれほど深い洞察がなされているのであろうか。大航海時代に富と名声を求めて地球の反対側へ船団を進めたこととは事情が大きく異なっている。地上の重力環境に慣れきっていることを忘れてテーマパークで遊具に乗るような気分で宇宙に行きたいなどと浮かれている場合ではない。日常的に意識しないほど慣れ親しんでいる前庭からの加速度刺激をもっと正確に評価すべきであろう。

（古賀　一男）

文献

(3・2)

Bárány, R. (1906). Untersuchengen uber den vom Vestibularaparat des Ohres, sinen reflektorish ausgeloseten rhythmischen Nystagmus und seine Begleiterscheinungen. *Monatschr Ohrenheilkde, 40*, 193-205.

Scherer, H., Brandt, U., Clarke, A. H., Merbold, U., & Parker, R. (1986). European vestibular experiments on the Spacelab-1 mission: 3. Caloric nystagmus in microgravity. *Experimental Brain Research, 64*, 255-263. [doi: 10.1007/BF00237741]

von Baumgarten, R. J. (1986). European vestibular experiments on the Spacelab-1 mission: 1. Overview. *Experimental Brain Research, 64*, 239-246. [doi: 10.1007/BF00237739]

(3・3)

Boff, K. R., & Lincoln, J. E. (1988). *Engineering Data Compendium: Human Perception and Performance* (3 Vols.). Harry G. Armstrong Aerospace Medical Research Laboratory.

Duke, P. J., & Montufar-Solis, D. (1998). Rotating systems used as microgravity simulators for studies of cartilage differentiation. 宇宙航空環境医学, *35*, 41-54.

Gruener, R. (1998). Neuronal responses to vector-averaged gravity: A search for gravisensing and adaptation mechanisms—A preliminary report. *Japanese Journal of Aerospace and Environmental Medicine, 35*, 63-83.

Kobayashi, K., Kambe, F., Kurokochi, K., Sakai, T., Ishiguro, N., Iwata, H., ... Seo, H. (2000). TNF-α-dependent activation of NF-κB in human osteoblastic HOS-TE85 cells is repressed in vector-averaged gravity using clinostat rotation. *Biochemical and biophysical Research Communications, 279*, 258-264. [doi: 10.1006/bbrc.2000.3945]

古賀　一男　(2007). 前庭機能　大山　正・今井　省吾・和気　典二・菊池　正（編）　新編 感覚・知覚心理学ハンドブック：Part 2(pp. 436-464)　誠信書房

古賀　一男　(2011a). 前庭機能・眼球運動　大山　正（監修）　村上　郁也（編著）　心理学研究法1：感覚・知覚（pp. 201-231）誠信書房

古賀　一男　(2011b). 知覚の正体：どこまでが知覚でどこからが創造か　河出書房新社

古賀　一男　(2014). 有人宇宙実験FMPTと有人ライフ・サイエンスの役割と重要性　宇宙航空環境医学, *51*(1), 1-2.

古賀　一男　(2015). 宇宙空間における知覚と行動の変容と適応　宇宙の人間学研究会（編）　なぜ，人は宇宙をめざすのか：「宇宙の人間学」から考える宇宙進出の意味と価値（pp. 43-57）　誠文堂新光社

古賀　一男　(2018). 実験とは／観察と実験　日本基礎心理学会（監修）　坂上　貴之・河原　純一郎・木村　英司・三浦　佳世・行場　次朗・石金　浩史（編）　基礎心理学実験法ハンドブック（pp. 1-5）　朝倉書店

古賀　一男　(2019). Size・distance invarianceと手前・向こうの概念（第3章　知覚・認知）　太城　敬良・橋本　文彦・天ヶ瀬　正博・一川　誠（編著）　知覚−身体的リアリティの諸相：感覚間統合から社会的ネットワークまで（pp. 108-120）ユニオンプレス

中村　富久　(2000)．短時間の微小重力実験手段　井口　洋夫（監修）　宇宙環境利用のサイエンス（pp. 273-288）　裳華房

岡田　清孝　(2000)．植物の重力屈性のシステムを支える遺伝子　井口　洋夫（監修）　宇宙環境利用のサイエンス（pp. 274-288）　裳華房

Sarkar, D., Nagaya, T., Koga, K., Nomura, Y., Gruener, R., & Seo, H. (2000). Culture in vector-averaged gravity under clinostat rotation results in apoptosis of osteoblastic ROS 17/2.8 cells. *Journal of Bone and Mineral Research, 15*(3), 489-498.［doi: 10.1359/jbmr.2000.15.3.489］

宇宙航空研究開発機構　(1999)．航空機実験システムガイド（改訂 C 版）

(3・4)

Benson, A. J., & Vieville, Th. (1986). European vestibular experiments on the Spacelab-1 mission: 6. Yaw axis vestibulo-ocular reflex. *Experimental Brain Research, 64*, 279-283.［doi: 10.1007/BF00237744］

Berthoz, A., Brandt, Th., Dichgans, J., Probst, Th., Bruzek W., & Vieville, T. (1986). European vestibular experiments on the Spacelab-1 mission: 5. Contribution of the otoliths to the vertical vestibulo-ocular reflex. *Experimental Brain Research, 64*, 272-278.［doi: 10.1007/BF00237743］

Davis, J. R., Vanderploeg, J. M., Santy, P. A., Jennings, R. T., & Stewart, D. F. (1988). Space motion sickness during 24 flights of the space shuttle. *Aviation, Space, and Environmental Medicine, 59*(12), 1185-1189.

Dichgans, J., Held, R., Young, L.R., & Brandt, T. (1972). Moving visual scenes influence the apparent direction of gravity. *Science, 178*, 1217-1219.［doi: 10.1126/science.178.4066.1217］

Graf, W., Spencer, R., Baker, H., & Baker, R. (2001). Vestibuloocular reflex of the adult flatfish. III. A species-specific reciprocal pattern of excitation and inhibition. *Journal of Neurophysiology, 86*, 1376-1388.［doi: 10.1152/jn.2001.86.3.1376］

Grigoriev, A. (2008). The work of the Institute of Bio-Medical Problems. In D. M. Harland & B. Harvey (Eds.), *Space Exploration* (pp. 59-67). Springer.

Higashiyama, A., & Koga, K. (2002). Integration of visual and vestibule-tactile inputs affecting apparent self-motion around the line of sight. *Perception & Psychophysics, 64*(6), 981-995.

Higashiyama, A., & Koga, K. (2007). Perceived self-body tilt in dynamic visual stimuli. *Perception, 36*, 37.

Howard, I. P. (2012a). *Perceiving in Depth, Vol. 1: Basic Mechanisms* (Oxford Psychology Series). Oxford University Press.

Howard, I. P., & Rogers, B. J. (2012). *Perceiving in Depth, Vol. 2: Stereoscopic Vision* (Oxford Psychology Series). Oxford University Press.

飯塚　景記・片山　知史　(2008)．日本産硬骨魚類の耳石の外部形態に関する研究　水研センター研報告, *25*, 1-222.

川合　亮・榊原　学　(2003)．古典的条件づけに伴う軟体動物神経細胞の形態学的生理学的変化　生物物理, *43*, 275-280.

古賀　一男　(1998)．重力基準の要因　牧野　達郎（編）　知覚の可塑性と行動適応（pp. 75-87）　ブレーン出版

Koga, K. (2000). Gravity cue gives implicit effects to the human behavior under the altered gravity environments. *Aviation, Space, and Environmental Medicine, 71*(9), A78-86.

Koga, K. (2004). Human visual perception under altered gravity environment. *Swiss Journal of Psychology, 63*(3), 165-171.［doi: 10.1024/1421-0185.63.3.165］

古賀　一男　(2007)．前庭機能　大山　正・今井　省吾・和気　典二・菊池　正（編）　新編 感覚・知覚心理学ハンドブック：Part 2(pp. 436-464)　誠信書房

古賀　一男　(2011a)．前庭機能・眼球運動　大山　正（監修）　村上　郁也（編著）　心理学研究法 1：感覚・知覚（pp. 201-231）　誠信書房

古賀　一男　(2011b)．知覚の正体：どこまでが知覚でどこからが創造か　河出書房新社

古賀　一男　(2014)．有人宇宙実験 FMPT と有人ライフ・サイエンスの役割と重要性　宇宙航空環境医学, *51*(1), 1-2.

古賀　一男　(2015)．宇宙空間における知覚と行動の変容と適応　宇宙の人間学研究会（編）　なぜ, 人は宇宙をめざすのか：「宇宙の人間学」から考える宇宙進出の意味と価値（pp. 43-57）　誠文堂新光社

古賀　一男　(2018)．実験とは／観察と実験　日本基礎心理学会（監修）　坂上　貴之・河原　純一郎・木村　英司・三浦　佳世・

第 V 部　前庭機能（平衡感覚）

行場 次朗・石金 浩史（編）　基礎心理学実験法ハンドブック（pp. 1-5）　朝倉書店

古賀 一男・辻 敬一郎（1995）．拡大する現代の生活環境と人間の行動　加藤 喜久雄・森 滋夫・松原 豊（編）　21 世紀の環境を考える：地球・太陽・宇宙（pp. 189-199）　日刊工業新聞社

Lackner, J. R., & DiZio, P. (1983). Some efferent and somatosensory influences on body orientation and oculomotor control. In L. Spillman & B. R. Wooten (Eds.), *Sensory Experience, Adaption and Perception* (pp. 281-301). Erlbaum.

Lackner, J. R., & Graybiel, A. (1984). Elicitation of motion sickness by head movements in the microgravity phase of parabolic flight maneuvers. *Aviation, Space, and Environmental Medicine, 55,* 513-520.

Lackner, J. R., & Graybiel, A. (1987). Head movements in low and high gravitoinertial force environments elicit motion sickness: Implications for space motion sickness. *Aviation, Space, and Environmental Medicine, 58,* 212-217.

Lackner, R. J., & Taublieb, A. B. (1984). Influence of vision on vibration-induced illusions of limb movement. *Experimental Neurology, 85,* 97-106.［doi: 10.1016/0014-4886(84)90164-X］

Matsnev, E. I., Kuzmin, M. P., & Zakharova, L. N. (1987). Comparative assessment of vestibular, optokinetic, and optovestibular stimulation in the development of experimental motion sickness. *Aviation, Space, and Environmental Medicine, 58*(10), 954-957.

Nicogossian, A. E., & Parker, J. F. Jr. (1982). *Space Physiology and Medicine* (NASA SP-447). Scientific and Technical Information Branch, National Aeronautics and Space Administration.

Oman, C. M., Lichtenberg, B. K., Money, K. E., & McCoy, R. K. (1986). M.I.T./Canadian vestibular experiments on the Spacelab-1 mission: 4. Space motion sickness: symptoms, stimuli, and predictability. *Experimental Brain Research, 64,* 316-334.［doi: 10.1007/BF00237749］

Reschke, M. F., Anderson, D. J., & Homick, J. L. (1986). Vestibulo-spinal response modification as determined with the H-reflex during the Spacelab-1 flight. *Experimental Brain Research, 64,* 367-379.［doi: 10.1007/BF00237753］

Revol, P., Farnè, A., Pisella, L., Holmes, N. P., Imai, A., Susami, K., ... Rossetti, Y. (2009). Optokinetic stimulation induces illusory movement of both out-of-the-body and on-the-body hand-held visual objects. *Experimental Brain Research, 193*(4), 633-638.［doi: 10.1007/s00221-008-1696-y］

Rossetti, Y., Koga, K., & Mano, T. (1993). Prismatic displacement of vision induces transient changes in the timing of eye-hand coordination. *Perception & Psychophysics, 54,* 355-364.［doi: 10.3758/BF03205270］

Scherer, H., Brandt, U., Clarke, A. H., Merbold, U., & Parker, R. (1986). European vestibular experiments on the Spacelab-1 mission: 3. Caloric nystagmus in microgravity. *Experimental Brain Research, 64,* 255-263.［doi: 10.1007/BF00237741］

Straka, H., & Baker, R. (2013). Vestibular blueprint in early vertebrates. *Frontiers in Neural Circuits, 7,* Article 182.［doi: 10.3389/fncir.2013.00182］

von Baumgarten, R. J. (1986). European vestibular experiments on the Spacelab-1 mission: 1. Overview. *Experimental Brain Research, 64,* 239-246.［doi: 10.1007/BF00237739］

Watt, D. G. D., Money, K. E., & Tomi, L. M. (1986). M.I.T./Canadian vestibular experiments on the Spacelab-1 mission: 3. Effects of prolonged weightlessness on a human otolith-spinal reflex. *Experimental Brain Research, 64,* 308-315.［doi: 10.1007/BF00237748］

Young, L. R., Oman, C. M., Watt, D. G. D., Money, K. E., Lichtenberg, B. K., Kenyon, R. V., & Arrott, A. P. (1986). M.I.T./Canadian vestibular experiments on the Spacelab-1 mission: 1. Sensory adaptation to weightlessness and readaptation to one-g: An overview. *Experimental Brain Research, 64,* 291-298.［doi: 10.1007/BF00237746］

Young, L. R., Shelhamer, M., & Modestino, S. (1986). M.I.T./Canadian vestibular experiments on the Spacelab-1 mission: 2. Visual vestibular tilt interaction in weightlessness. *Experimental Brain Research, 64,* 299-307.［doi: 10.1007/BF00237747］

第VI部

嗅覚

第1章　ニオイの受容機構

第2章　嗅覚の精神物理学（心理物理学）

第3章　ニオイの知覚

第4章　嗅覚と他の感覚の相互作用

第5章　ニオイによる生理・心理反応

第1章 ニオイの受容機構

生物はニオイの情報をもとにして，食物を探したり，仲間を認識したり，天敵から逃れることができるため，多くの生物にとって嗅覚は重要な感覚である。われわれヒトにおいて，嗅覚は五感のなかで軽視されがちな感覚だが，COVID-19の流行により，経験を介してマスクを着用して生活することになり，ニオイを嗅ぐことの重要性が再認識されているように思える。ニオイの実体は揮発性の低分子化合物である。たとえば，バニリンという分子はバニラの香りを呈し，β-イオノンはスミレの香りを呈する（図1-0-1）。嗅覚の感覚器である鼻がニオイを感知している（図1-0-2a）。厳密には鼻の奥に嗅神経細胞が存在し，そこに発現している嗅覚受容体（olfactory receptor：OR）がニオイ分子を受容することで，ニオイ情報が符号化され，われわれはニオイを感知することができる（図1-0-2b）。その情報は脳に伝達されて，ニオイの知覚や情動の変化を引き起こす。本章では，ORの発見に端を発するこれまでの嗅覚研究について，ORによるニオイの受容からニオイ

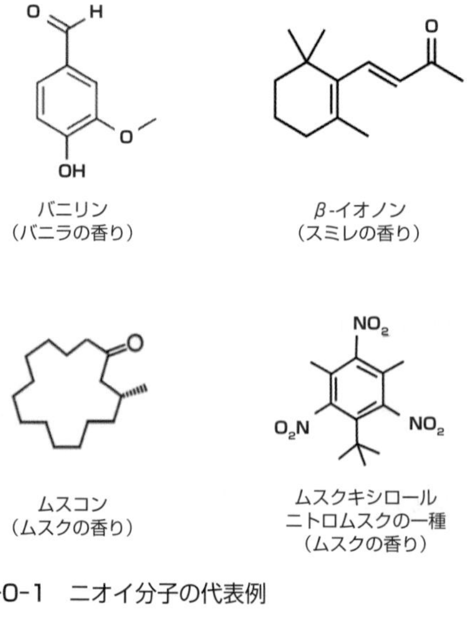

図1-0-1 ニオイ分子の代表例

の知覚が生じる仕組みを含めて，最新の知見と今後の課題に触れながら概説する。

（板倉 拓海・東原 和成）

1・1 嗅覚受容体

1・1・1 嗅覚受容体遺伝子の発見，機能の解明

OR遺伝子は，1991年にBuck & Axelによって発見された。彼らは当時の最先端技術であったPCR（polymerase chain reaction）法を用いて，ORをコードしている遺伝子群のクローニングに成功した（Buck & Axel, 1991）。ORの正体はGタンパク質共役型受容体であり，その遺伝子は多重遺伝子ファミリーを形成していることが示唆された。しかし，この時点ではあくまでも候補遺伝子であり，実際にニオイ分子と結合するタンパク質をコードしているのかという点は実証されなかった。ORの機能が実証されたのは，それから7年以上経った1998年以降である。遺伝子の発見から機能の証明までに時間がかかったのは，ORが培養細胞で機能的に発現しないこと，具体的には翻訳されたタンパク質が膜上に移行しないことが大きな原因であった。この問題はマウスやラットの嗅神経細胞に特定のORを強制的に発現させ，嗅神経細胞のニオイ分子への応答を見るという手法によって克服された（Touhara et al., 1999；Zhao et al., 1998）。ORが機能的に同定されたことで，嗅覚研究に分子生物学的手法の適用が可能となった。ORを同定した業績によって，Buck & Axelは2004年のノーベル生理学・医学賞を受賞した。この発見を機に，それまではつかみどころのなかった嗅覚の基本原理が次々と明らかにされた。

マウスやラットなどの生体システムを利用した

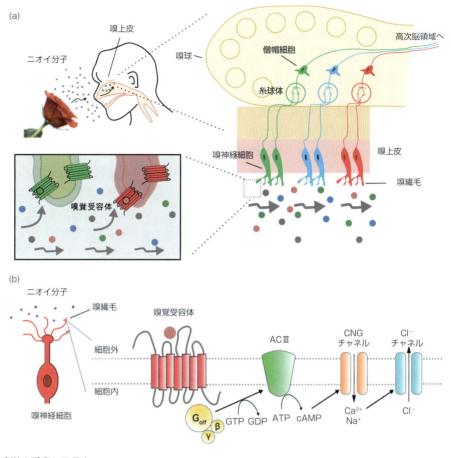

図 1-0-2 嗅覚の受容システム
(a) ニオイ分子の受容から高次中枢への伝達まで.
(b) ニオイ分子が嗅覚受容体に結合することで生じる細胞内シグナル伝達

研究だけでなく,培養細胞を利用した研究も OR の機能解析に大きな貢献を果たしている.網膜に存在する光受容体ロドプシンの膜移行には N 末端のアミノ酸配列が重要であり,この配列を OR に付加することで OR を培養細胞で機能的に発現させることが可能になった(Krautwurst et al., 1998).OR の機能的発現を助けるシャペロン因子である RTP1 (receptor transporting protein 1)の発見など,受容体の機能的発現に関する知見が深まったことにより,OR の培養細胞における発現が比較的容易になった(Saito et al., 2004).培養細胞での解析が進展することで,生体システムでは解析が困難な,受容体とニオイ分子の対応を大規模に検証することが可能となった.しかし,現時点では,ニオイ分子との対応づけができている OR は数割にも満たず,リガンド未知の受容体はいまだに多く存在する.その理由は,ニオイ分子が膨大な数に及びそのすべてを扱うことができていないことや,OR の種類によっては培養細胞において機能的に発現しないことが挙げられる.

1・1・2 嗅覚受容体遺伝子レパートリー

近年,ゲノム解読が急速に行えるようになり,さまざまな生物種において OR 遺伝子レパートリーの同定・比較解析が容易にできるようになった.ヒトは約 400 種の OR 遺伝子を有する(Matsui et al., 2010).その他の霊長目も同程度,つまり 300-400 種程度の OR 遺伝子を有する.霊長目以外の哺乳類では,イヌで約 800 種,マウスで約 1100 種,アフリカゾウが最多の約 2000 種の OR 遺伝子を有する(Niimura et

第 VI 部　嗅覚

al., 2014)。一方で魚類はトラフグで50種, メダカで70種ほどと一般的な哺乳類と比べてきわめて少ない (Niimura, 2009)。そもそも魚類は水中で生活しているため, 空気中の揮発性物質を受容する必要はなく, 水溶性の物質をニオイとして受容しているのでORの数が少なくてすむのであろう。このようなOR遺伝子レパートリーの種間での違いは, 種間でのニオイ空間 (認識できるニオイのレパートリー) の違いを生み出している。

1・1・3　嗅覚受容体とニオイ物質の対応関係

ニオイ分子は, およそ数十万種存在すると考えられている。一方, ヒトのORは約400種程度である。どのようにして限られた数の受容体で膨大な数のニオイ分子を識別し符号化しているのだろうか。一つのニオイ分子は複数種のORによって感知される。逆もまた然りで, 一つのORは複数種のニオイ分子を感知することができる。つまり, ニオイ分子とORの対応関係は「多対多」となっており, あるニオイ分子に対応するORの活性化パターンが膨大になるため, 果てしない数のニオイ分子を識別し, その情報を符号化できるのである (Malnic et al., 1999)。一つのORは類似した構造を有する複数のニオイ分子と結合できるが, 結合するニオイ分子の数は, 受容体ごとに異なる。つまり, ごく限られたニオイ分子のみを認識する受容体と, 幅広い種類のニオイ分子を認識する受容体の両方が存在している。

近年, ORとニオイ分子の関係性は活性化の有無のみではないことが示唆されている。あるニオイ分子は, 他のニオイ分子のORのアンタゴニストとなって応答を阻害する例や, 逆に, 他のニオイ分子と協調してORの応答を増強する例が報告されている (Inagak et al., 2020；Xu et al., 2020)。特に, 濃度が高い混合臭では応答の阻害が生じやすく, 濃度の低い混合臭では応答の促進が生じやすい。われわれが普段嗅ぐニオイは多様なニオイ分子が混ざった混合臭である場合がほとんどである。上述した混合臭内での複雑な相互作用の結果, ニオイ分子の組み合わせや濃度が応答するORの組み合わせに反映されて, 無限ともいえるニオイ情報が符号化される。

上記のようなニオイ分子とORの複雑な関係性か

らもわかるように, ORに対応するニオイ分子を予測することは現状では困難である。しかし, 近年開発されたAlphaFold2をはじめとするタンパク質の立体構造予測によって, ORのアミノ酸配列から結合しうるニオイ分子の予測が可能になるかもしれない。ORの立体構造を解くことでORとニオイ分子の関係性の理解がより深まると期待される。

1・1・4　ニオイ物質の構造とニオイの質

ニオイに関する興味深い点の一つは, 分子の構造がきわめて類似している化合物であっても, 異なるニオイの質を呈することである。たとえば異性体であるl-メントールとd-メントールはニオイの質が異なることが知られている。これは異性体ごとにORの活性化パターンが異なるためである。実際に, メントールの両方の異性体を認識するORだけでなく, 片方の異性体のみを認識するORの存在が確かめられている (Takai & Touhara, 2015)。

また, 構造の類似度が低いにもかかわらず, 同じようなニオイの質を呈する物質もある。古くから香粧品などに用いられてきたムスク香料がそのよい例である。天然のムスク香料であるムスコンは大環状構造を有することが知られているが, これとは構造の類似度が低い, ベンゼン環にニトロ基がついたニトロムスクもムスコン様のニオイを呈する (図1-0-1)。これは, 大きく構造の異なる二つのニオイ分子が同じORを特異的に活性化するためである。どちらのニオイ分子も約400種あるヒトORのうち, OR5AN1のみを強く活性化する (Sato-Akuhara et al., 2016)。

以上のように, ニオイ分子の構造からニオイの質を予測することは依然として難しいとされてきた。しかし, 近年, 大規模な官能試験と機械学習を組み合わせることにより, 一定の精度でニオイの質を予測できると報告されている (Keller et al., 2017)。さらに, ORとニオイ分子の関係性の理解が深まることで, ニオイ分子の構造やORの活性化パターンからニオイの質が予測できるようになるかもしれない。

第1章　ニオイの受容機構

1・1・5　嗅覚受容体の配列の多様性と嗅覚の個人差

OR レパートリーの種間での違いは種間でのニオイ空間の大きな違いを生み出すが，同種内でもニオイ空間には個体差がある。OR 遺伝子には一塩基多型（single nucleotide polymorphism：SNP）が多いことが知られている。SNP とは，1% 以上の頻度で観察されるゲノム上の一塩基の変異である。SNP による個体間での OR の配列の違いが，受容体の発現の有無や，ニオイ分子と受容体の相互作用に影響を与え，個体ごとにニオイ知覚の違いを生み出すのである（Keller et al., 2007；Trimmer et al., 2019）。たとえば，スミレの花の香りとして知られている β-イオノンは，その受容体である OR5A1 遺伝子配列の 1 塩基の違いで感知閾値が 100 倍変化し，そのニオイが含まれる食品に対する嗜好性に影響を与える（Jaeger et al., 2013；McRae et al., 2013）。OR 遺伝子の「ファミリー」という多様性と，「SNP」という個体間の配列の多様性が，嗅覚の統合的な理解を困難にしている大きな要因の一つであると考えられる。先述した培養細胞における OR の機能解析を SNP による配列の変異も考慮して網羅的に行い，SNP がヒトのニオイの知覚に対する影響を官能試験により検証することで，OR が作り出すニオイ空間の全貌が見えてくると期待される。

（板倉　拓海・東原　和成）

1・2　ニオイ信号から電気信号への変換

1・2・1　嗅上皮，嗅神経細胞

鼻の奥には嗅上皮と呼ばれる組織があり，そこには嗅神経細胞という神経細胞の一部が露出している（図1-0-2a）。OR は嗅神経細胞の先端にある嗅繊毛という部分に局在している。嗅上皮は嗅粘液という分泌液に覆われており，吸気に伴い嗅上皮に到達したニオイ分子が，まず嗅粘液に溶け込み，嗅繊毛上の OR と結合することがニオイ知覚の第 1 ステップである。一つの嗅神経細胞は一つの OR のみを排他的に発現する。つまり，「1 細胞 - 1 受容体」ルールが成り立っている。このルールによって，OR が受け

取ったニオイ情報は混線せずに脳へと伝達される。なお，嗅粘液はニオイ分子が溶け込むだけの，ただの液体ではなく，そのなかにはニオイ分子と結合するタンパク質や，ニオイ分子を代謝する酵素が含まれており，これらの要素もニオイ知覚に大きく貢献していると考えられる。生体システムの高度な嗅覚感度が達成されるメカニズムはいまだ謎に包まれているが，嗅粘液にニオイ分子が溶け込むという局所的なイベントにその秘密を紐解く鍵があるかもしれない。

1・2・2　シグナル伝達機構

ニオイ分子が OR と結合すると，7 回膜貫通型の G タンパク質共役型受容体である OR は構造が変化し，G タンパク質を介した細胞内シグナル伝達が生じて，最終的にニオイ情報が電気信号に変換される（図1-0-2b）。平常時の G タンパク質は，$\alpha \cdot \beta \cdot \gamma$ サブユニットが集合した三量体である。しかし，ニオイ分子が OR に結合すると G タンパクが活性化され，α サブユニットに結合しているグアノシン二リン酸（guanosine diphosphate：GDP）が解離する。次いでグアノシン三リン酸（guanosine triphosphate：GTP）が α サブユニットに結合し，G タンパク質は α サブユニットと $\beta \cdot \gamma$ サブユニットの二つに分かれる。α サブユニットはアデニル酸シクラーゼ III（adenylate cyclase III：AC III）を活性化し，AC III は ATP をサイクリック AMP に変換する。サイクリック AMP 濃度が上昇することで，環状ヌクレオチド作動性チャネル（cyclic nucleotide-gated channel：CNG チャネル）が開口する。CNG チャネルが開口することで，$Na^+ \cdot Ca^{2+}$ といった陽イオンが流入する。さらに流入した Ca^{2+} が Cl^- チャネルを開口することで，細胞内から Cl^- が流出し脱分極が促進される。ニオイ分子が OR に結合して，脱分極が十分な強度に達すると，ニオイ情報が嗅神経細胞の活動電位に変換される。

（板倉　拓海・東原　和成）

1457

第 VI 部　嗅覚

1・3　嗅覚一次中枢（嗅球）における情報処理

1・3・1　嗅球

　ニオイ分子により活性化された嗅神経細胞は，その情報を脳へと伝達する。嗅神経細胞は軸索を嗅覚の一次中枢である嗅球へと伸ばしている。嗅球の表層には糸球体と呼ばれる構造体が存在し，そこで嗅神経細胞は僧帽細胞および房飾細胞とシナプスを形成し，ニオイ情報を伝達している。一つの嗅神経細胞には1種類のORのみが発現し，同一のORを発現する嗅神経細胞の軸索は，左右一対の特定の糸球体に収束投射する。つまり，「1受容体 − 1神経 − 1糸球体」ルールが成り立ち，一つの糸球体の活動は1種類のORの活動を表現することになる（Mori & Sakano, 2011）。

　嗅球は層状構造からなっており，表層から嗅神経層，糸球体層，外叢状層，僧帽細胞層，内叢状層，顆粒細胞層からなる。僧帽細胞層には僧帽細胞，外叢状層には房飾細胞といったように，それぞれの層に特徴的なタイプのニューロンが分布している。これらのニューロンは嗅球内でシナプスを形成することで，ニオイ情報を処理し，高次脳領域に伝達する役割を担っている。

1・3・2　嗅球におけるニオイ情報の表現

　「1受容体 − 1神経 − 1糸球体」ルールのため，あるニオイの情報は嗅球における糸球体の固有の活性化パターンに変換される。糸球体の活性化パターンはニオイ分子それぞれに特有なので「ニオイ地図」と呼ばれている。マウスやラットを用いて，さまざまなニオイ分子を嗅がせたときの糸球体の神経活動をリアルタイムで測定する実験が行われた。その結果，ニオイ分子への応答パターンが類似している糸球体は，嗅球の表層でクラスター状に分布していた。たとえば，マウスでは脂肪酸，アルデヒドに応答する糸球体は嗅球の背側領域にクラスターを形成して存在する。他にもエステルやアミンなど，ある構造的特徴をもつ化合物に応答する糸球体がクラス

ターを形成しており，嗅球はニオイ分子への応答パターンによって，ある程度領域分けすることができる（Mori et al., 2006）。

1・3・3　嗅球におけるニオイ情報の処理・伝達

　嗅神経細胞とシナプスを形成する僧帽細胞および房飾細胞は，ニオイ情報を高次中枢へと伝達する出力ニューロンである。また，嗅球は嗅神経細胞に由来するニオイ情報を単純に中継するだけでなく，嗅球内の局所的な回路で情報処理を行う。この演算には，介在性ニューロンである傍糸球体細胞，短軸細胞，外房飾細胞，顆粒細胞，パルブアルブミン陽性ニューロンなどが関わっている。介在性ニューロンは嗅神経細胞，出力ニューロン，他の介在性ニューロンなどと接続して，嗅球内でニオイ情報を処理している。たとえば，顆粒細胞は，僧帽細胞および房飾細胞からの入力を受け，周囲の糸球体の活性化を抑制し，ニオイ情報のコントラストを強める側方抑制という処理を行う。一方で，パルブアルブミン陽性ニューロンは，顆粒細胞よりも多くの僧帽細胞からの入力を受け，周辺に分布する多数の僧帽細胞を抑制する。これにより，ニオイの質を維持しつつ嗅球からの出力を抑える（Kato et al., 2013；Miyamichi et al., 2013）。他にもさまざまなタイプの介在性ニューロンが，多様なニオイ情報処理に関わっていると考えられている。

　嗅球におけるニオイ情報の処理は，内部のみで完結するものではなく，高次からのトップダウンによる調節を受けている。梨状皮質や前嗅核などの脳領域は嗅球の活動を調節する。例として，梨状皮質，前嗅核から嗅球へ軸索を伸ばすニューロンは，嗅球の介在性ニューロンを介して，僧帽細胞および房飾細胞の活動を抑制する（Boyd et al., 2012；Markopoulos et al., 2012）。さらに，ホルモンなどの内的環境も嗅球の活動に影響することが知られている。このように，嗅球は，ニオイ情報を高次中枢へと経由するだけでなく，さまざまな内的・外的要因を反映した演算を行っている。

（板倉 拓海・東原 和成）

第1章　ニオイの受容機構

1・4　ニオイの高次中枢における情報処理

1・4・1　嗅球から嗅皮質への投射パターン

　嗅球に伝達されたニオイ情報は，僧帽細胞および房飾細胞という出力ニューロンによってさらに高次の領域へと伝えられる。出力ニューロンから直接軸索投射を受ける領域は，嗅皮質（二次中枢）と呼ばれている。嗅皮質は前嗅核，梨状皮質，嗅結節，扁桃体，嗅内野からなる複合領域である。嗅皮質へニオイ情報が伝達される際，嗅球におけるニオイ地図という空間的な情報がどのように処理されるかという点は，嗅皮質における情報処理機構を探るうえで重要である。マウスを用いて特定の糸球体の出力ニューロンにトレーサーを導入する手法や，逆に嗅皮質の特定のニューロンに逆行性ウイルストレーサーを導入する手法により嗅球と嗅皮質の接続を調べる研究が行われ，嗅球から嗅皮質への投射パターンが明らかになりつつある（Ghosh et al., 2011；Igarashi et al., 2012；Miyamichi et al., 2011；Sosulski et al., 2011）。

　前嗅核や扁桃体においては，一つの糸球体からの投射先は特定の領域内にパッチ状に存在する。しかし，投射範囲が糸球体ごとに明確に分かれているわけでなく，ある程度の重なりをもって投射している。嗅球全体からの投射パターンについては，前嗅核と扁桃体で違いが観察されている。前嗅核においては，嗅球の背側（腹側）に位置する糸球体は，前嗅核の背側（腹側）領域に軸索投射をする傾向がある。一方で扁桃体は，嗅球の背側領域の糸球体からの投射を多く受ける傾向がある。前嗅核や扁桃体とは対照的に，個々の糸球体から梨状皮質への投射パターンはランダムである。また，逆に梨状皮質は嗅球全体の糸球体からランダムに投射を受けている。実際に，ニオイ分子を嗅いだ際には，梨状皮質の特定の領域が活性化されるということはなく，活性化されるニューロンは全体に分散している（Stettler & Axel, 2009）。このように，嗅球からの軸索の投射様式は，投射を受ける領域ごとに特色がある。この違いはそ

れぞれの嗅皮質でのニオイの情報処理の特徴を反映していると考えられる。

1・4・2　嗅皮質および他の領域でのニオイ情報処理

　ニオイ情報を受け取った嗅皮質はさらに高次の領域（三次中枢）に情報を伝達する。嗅皮質と接続している領域としては，海馬や視床下部，眼窩前頭皮質などが知られている。それぞれの高次の領域では特徴的なニオイ情報処理が行われていると考えられている。近年の研究で，嗅皮質と高次脳領域の接続や，これらの脳領域におけるニオイ情報処理の詳細が明らかになりつつある。

　嗅球から直接入力を受ける主要な二次中枢である梨状皮質において，ニオイの知覚が生じると長らく考えられている。近年の神経活動記録技術の発展によって，ニオイの知覚が生じる神経基盤の解析が精力的に行われている。この点について，梨状皮質の錐体細胞と，嗅球から梨状皮質へ投射するニューロンのシナプスブトン（軸索末端）の活動を同時に記録しつつ，官能基や炭素数が異なる多様なニオイ分子を嗅いだ際の情報表現様式が解析された（図1-4-1a）。その結果，類似した部分構造を有するニオイ分子群は，梨状皮質と嗅球において類似した神経活動パターンを生み出すことが示された（Pashkovski et al., 2020）。さらに，それらのニオイ分子群が生み出す神経活動パターンの類似性は，嗅球よりも梨状皮質のほうが高かった。つまり，類似したニオイ分子群は，嗅球から梨状皮質へと情報が伝達される際に，類似した神経活動パターンが生じるように処理されるため，類似したニオイ知覚が生じることが示唆された。このような演算は，レモンとライムがなぜ類似したニオイ知覚を生み出すのかを説明しうるものである。その一方で，あるニオイに対して「安定したニオイ知覚」が生じるためには，梨状皮質においてそれに対応する「安定した神経表象」が生じると予想されるが，特定のニオイ分子を受容した際の梨状皮質の神経活動を連日で記録したところ，ニオイの神経表象は安定せずに日によって変動することが観察されている（図1-4-1b；Schoonover et al., 2021）。現状では，ニオイの知覚がどのように生じて

1459

第Ⅵ部 嗅覚

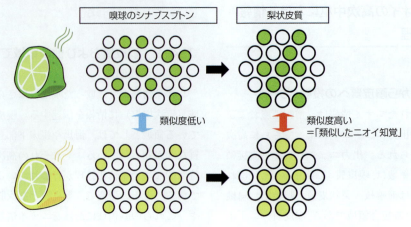

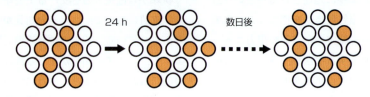

図 1-4-1 梨状皮質におけるニオイの情報処理についての最新の知見
(a) 嗅球から梨状皮質にニオイ情報が伝達される際の情報処理過程。左側が嗅球のシナプスブトンの活動パターンの模式図を，右側が梨状皮質の活動パターンの模式図を示す。(b) 梨状皮質におけるニオイの神経表象の変動。梨状皮質の活動パターンは日によって変動していく。

いるのか，その神経メカニズムはいまだに謎に包まれている。

梨状皮質は，ニオイの知覚だけでなく，ニオイと報酬や罰といった価値との連合学習に関与していると考えられている。光遺伝学によって梨状皮質の任意のニューロン集団を人為的に活性化する際に，報酬や罰を同時に与え，その後再び任意のニューロン集団を活性化すると，付与した価値に応じた行動が出力されることが報告されている（Choi et al., 2011）。なお，前述した梨状皮質におけるニオイの神経表象の経時的な変動は，ニオイに対して恐怖条件づけを行った際にも観察されている。

嗅結節は嗅皮質の一部であると同時に，報酬系に関与する腹側線条体の一部でもある。そのため，嗅結節がニオイと価値の連合学習に関わっている可能性が指摘されている。あるニオイと食べ物，もしくは危険という連合学習をさせたマウスにおいて，連合学習したニオイを嗅がせたときの嗅結節の活性化パターンを観察する実験が行われた。その結果，ニオイと食べ物を関連づけた場合と危険を関連づけた場合では活性化領域が異なることが明らかになった（Murata et al., 2015）。このことからも嗅結節では，ニオイに対して報酬や危険といった価値を付与していると考えられる。

嗅内野の外側部は嗅球からの入力を受け，海馬へ直接神経を投射することが知られており，ニオイの記憶に関与していることが示唆されている。また，海馬は自己の位置情報の認知に深く関わる領域であり，嗅内野の外側部から海馬への回路はニオイと場所の連合学習にも深く関わっている。ラットに対して，ニオイと場所を関連づける課題を行わせ，その過程の脳波を観察する実験が行われた（Igarashi et al., 2014）。その結果，ニオイと場所の関連を学習する過程で，嗅内野と海馬の特定波長帯の脳波が同期していくことが明らかとなった。さらに，嗅内野の外側部において，ニオイと報酬の連合記憶が形成され，

この際には腹側被蓋野からのドパミン放出が記憶を定着させると報告されている（Lee et al., 2021）。

このように，嗅球から嗅皮質，さらに高次への神経投射パターンが明らかになるとともに，各脳領域がどのようにニオイの知覚や連合学習記憶に寄与しているかが明らかになりつつある。これらは，マウスやラットにおいて，光遺伝学による神経活動操作や，単一細胞解像度での大規模神経活動記録を適用した実験で得られた知見である。これらの手法はヒトに対して適用することはできない。ヒトにおいては頭表上脳波計測や機能的磁気共鳴映像法（fMRI）による非侵襲的な手法で，ニオイを嗅いだ際の脳活動を記録できるが，時間的・空間的解像度の低さや，嗅皮質が脳深部に位置するため信号が検出しにくいといった問題がある。このような難点がありながらも，ヒトの嗅覚研究では，動物実験では評価に限界があるニオイの知覚やそれに伴う情動変化について，官能試験を用いて言語による評価が可能である。このように動物とヒトでの研究には長所・短所があるため，これら両輪で嗅覚研究が進展していくことが重要である。

約30年前のBuck & AxelによるOR遺伝子の同定を機に，分子生物学や神経科学によるアプローチで，嗅覚の基本原理が次々に解明されてきた。それでもなお，嗅覚は謎の多い感覚である。鼻がニオイを超高感度で検出できるのはなぜか。個体間でのORの多様性は個体間のニオイ空間の違いにどの程度寄与しているのか。あるニオイを嗅いだ際に特定の知覚や情動が生じるのはなぜか。このような問いに対して，既存の枠組みに囚われない学際的なアプローチにより突破口が開かれると期待される。

（板倉 拓海・東原 和成）

文献

(1・1)

Buck, L., & Axel, R. (1991). A novel multigene family may encode odorant receptors: A molecular basis for odor recognition. *Cell, 65*, 175-187. [doi: 10.1016/0092-8674(91)90418-x]

Inagaki, S., Iwata, R., Iwamoto, M., & Imai, T. (2020). Widespread inhibition, antagonism, and synergy in mouse olfactory sensory neurons in vivo. *Cell Reports, 31*, 107814. [doi: 10.1016/j.celrep.2020.107814]

Jaeger, S. R., McRae, J. F., Bava, C. M., Beresford, M. K., Hunter, D., Jia, Y., ... Newcomb, R. D. (2013). A mendelian trait for olfactory sensitivity affects odor experience and food selection. *Current Biology, 23*, 1601-1605. [doi: 10.1016/j.cub.2013.07.030]

Keller, A., Gerkin, R. C., Guan, Y., Dhurandhar, A., Turu, G., Szalai, B., ... Meyer, P. (2017). Predicting human olfactory perception from chemical features of odor molecules. *Science, 355*, 820-826. [doi: 10.1126/science.aal2014]

Keller, A., Zhuang, H., Chi, Q., Vosshall, L. B., & Matsunami, H. (2007). Genetic variation in a human odorant receptor alters odour perception. *Nature, 449*, 468-472. [doi: 10.1038/nature06162]

Krautwurst, D., Yau, K. W., & Reed, R. R. (1998). Identification of ligands for olfactory receptors by functional expression of a receptor library. *Cell, 95*, 917-926. [doi: 10.1016/s0092-8674(00)81716-x]

Malnic, B., Hirono, J., Sato, T., & Buck, L. B. (1999). Combinatorial receptor codes for odors. *Cell, 96*, 713-723. [doi: 10.1016/s0092-8674(00)80581-4]

Matsui, A., Go, Y., & Niimura, Y. (2010). Degeneration of olfactory receptor gene repertories in primates: No direct link to full trichromatic vision. *Molecular Biology and Evolution, 27*, 1192-1200. [doi: 10.1093/molbev/msq003]

McRae, J. F., Jaeger, S. R., Bava, C. M., Beresford, M. K., Hunter, D., Jia, Y., ... Newcomb, R. D. (2013). Identification of regions associated with variation in sensitivity to food-related odors in the human genome. *Current Biology, 23*, 1596-1600. [doi: 10.1016/j.cub.2013.07.031]

Niimura, Y. (2009). On the origin and evolution of vertebrate olfactory receptor genes: Comparative genome analysis among 23 chordate species. *Genome Biology and Evolution, 30*, 33-44. [doi: 10.1093/gbe/evp003]

Niimura, Y., Matsui, A., & Touhara, K. (2014). Extreme expansion of the olfactory receptor gene repertoire in African elephants and evolutionary dynamics of orthologous gene groups in 13 placental mammals. *Genome Research, 24*,

第 VI 部　嗅覚

1485-1496. [doi: 10.1101/gr.169532.113]

Saito, H., Kubota, M., Roberts, R. W., Chi, Q., & Matsunami, H. (2004). RTP family members induce functional expression of mammalian odorant receptors. *Cell, 119*, 679-691. [doi: 10.1016/j.cell.2004.11.021]

Sato-Akuhara, N., Horio, N., Kato-Namba, A., Yoshikawa, K., Niimura, Y., Ihara, S., ... Touhara, K. (2016). Ligand specificity and evolution of mammalian musk odor receptors: Effect of single receptor deletion on odor detection. *Journal of Neuroscience, 36*, 4482-4491. [doi: 10.1523/JNEUROSCI.3259-15.2016]

Takai, Y., & Touhara, K. (2015). Enantioselective recognition of menthol by mouse odorant receptors. *Bioscience, Biotechnology, and Biochemistry, 79*, 1980-1986. [doi: 10.1080/09168451.2015.1069697]

Touhara, K., Sengoku, S., Inaki, K., Tsuboi, A., Hirono, J., Sato, T., ... Haga, T. (1999). Functional identification and reconstitution of an odorant receptor in single olfactory neurons. *Proceedings of the National Academy of Sciences of USA, 96*, 4040-4045. [doi: 10.1073/pnas.96.7.4040]

Trimmer, C., Keller, A., Murphy, N. R., Snyder, L. L., Willer, J. R., Nagai, M. H., ... Mainland, J. D. (2019). Genetic variation across the human olfactory receptor repertoire alters odor perception. *Proceedings of the National Academy of Sciences of USA, 116*, 9475-9480. [doi: 10.1073/pnas.1804106115]

Xu, L., Li, W., Voleti, V., Zou, D. J., Hillman, E. M. C., & Firestein, S. (2020). Widespread receptor-driven modulation in peripheral olfactory coding. *Science, 368*, eaaz5390. [doi: 10.1126/science.aaz5390]

Zhao, H., Ivic, L., Otaki, J. M., Hashimoto, M., Mikoshiba, K., & Firestein, S. (1998). Functional expression of a mammalian odorant receptor. *Science, 279*, 237-242. [doi: 10.1126/science.279.5348.237]

(1・3)

Boyd, A. M., Sturgill, J. F., Poo, C., & Isaacson, J. S. (2012). Cortical feedback control of olfactory bulb circuits. *Neuron, 76*, 1161-1174. [doi: 10.1016/j.neuron.2012.10.020]

Kato, H. K., Gillet, S. N., Peters, A. J., Isaacson, J. S., & Komiyama, T. (2013). Parvalbumin-expressing interneurons linearly control olfactory bulb output. *Neuron, 80*, 1218-1231. [doi: 10.1016/j.neuron.2013.08.036]

Markopoulos, F., Rokni, D., Gire, D. H., & Murthy, V. N. (2012). Functional properties of cortical feedback projections to the olfactory bulb. *Neuron, 76*, 1175-1188. [doi: 10.1016/j.neuron.2012.10.028]

Miyamichi, K., Shlomai-Fuchs, Y., Shu, M., Weissbourd, B. C., Luo, L., & Mizrahi, A. (2013). Dissecting local circuits: Parvalbumin interneurons underlie broad feedback control of olfactory bulb output. *Neuron, 80*, 1232-1245. [doi: 10.1016/j.neuron.2013.08.027]

Mori, K., & Sakano, H. (2011). How is the olfactory map formed and interpreted in the mammalian brain? *Annual Review of Neuroscience, 34*, 467-499. [doi: 10.1146/annurev-neuro-112210-112917]

Mori, K., Takahashi, Y. K., Igarashi, K. M., & Yamaguchi, M. (2006). Maps of odorant molecular features in the mammalian olfactory bulb. *Physiological Reviews, 86*, 409-433. [doi: 10.1152/physrev.00021.2005]

(1・4)

Choi, G. B., Stettler, D. D., Kallman, B. R., Bhaskar, S. T., Fleischmann, A., & Axel, R. (2011). Driving opposing behaviors with ensembles of piriform neurons. *Cell, 146*, 1004-1015. [doi: 10.1016/j.cell.2011.07.041]

Ghosh, S., Larson, S. D., Hefzi, H., Marnoy, Z., Cutforth, T., Dokka, K., & Baldwin, K. K. (2011). Sensory maps in the olfactory cortex defined by long-range viral tracing of single neurons. *Nature, 472*, 217-220. [doi: 10.1038/nature09945]

Igarashi, K. M., Ieki, N., An, M., Yamaguchi, Y., Nagayama, S., Kobayakawa, K., ... Mori, K. (2012). Parallel mitral and tufted cell pathways route distinct odor information to different targets in the olfactory cortex. *Journal of Neuroscience, 32*, 7970-7985. [doi: 10.1523/JNEUROSCI.0154-12.2012]

Igarashi, K. M., Lu, L., Colgin, L. L., Moser, M. B., & Moser, E. I. (2014). Coordination of entorhinal-hippocampal ensemble activity during associative learning. *Nature, 510*, 143-147. [doi: 10.1038/nature13162]

Lee, J. Y., Jun, H., Soma, S., Nakazono, T., Shiraiwa, K., Dasgupta, A., ... Igarashi, K. M. (2021). Dopamine facilitates associative memory encoding in the entorhinal cortex. *Nature, 598*, 321-326. [doi: 10.1038/s41586-021-03948-8]

Miyamichi, K., Amat, F., Moussavi, F., Wang, C., Wickersham, I., Wall, N. R., ... Luo, L. (2011). Cortical representations of olfactory input by trans-synaptic tracing. *Nature, 472*, 191–196. [doi: 10.1038/nature09714]

Murata, K., Kanno, M., Ieki, N., Mori, K., & Yamaguchi, M. (2015). Mapping of learned odor-induced motivated behaviors in the mouse olfactory tubercle. *Journal of Neuroscience, 35*, 10581–10599. [doi: 10.1523/JNEUROSCI.0073-15.2015]

Pashkovski, S. L., Iurilli, G., Brann, D., Chicharro, D., Drummey, K., Franks, K., ... Datta, S. R. (2020). Structure and flexibility in cortical representations of odour space. *Nature, 583*, 253–258. [doi: 10.1038/s41586-020-2451-1]

Schoonover, C. E., Ohashi, S. N., Axel, R., & Fink, A. J. P. (2021). Representational drift in primary olfactory cortex. *Nature, 594*, 541–546. [doi: 10.1038/s41586-021-03628-7]

Sosulski, D. L., Lissitsyna Bloom, M., Cutforth, T., Axel, R., & Datta, S. R. (2011). Distinct representations of olfactory information in different cortical centres. *Nature, 472*, 213–216. [doi: 10.1038/nature09868]

Stettler, D. D., & Axel, R. (2009). Representations of odor in the piriform cortex. *Neuron, 63*, 854–864. [doi: 10.1016/j.neuron.2009.09.005]

第2章 嗅覚の精神物理学（心理物理学）

2・1 ニオイの閾値

2・1・1 ニオイの閾値の種類

嗅覚の研究に用いられる閾には，検知閾，認知閾，弁別閾がある。ニオイの検知閾はニオイを検知できる最小濃度，認知閾はどのようなニオイかを認知できる最小濃度，弁別閾は濃度が異なる同一種類のニオイ物質を区別できる最小濃度の変化量を指す。ニオイの閾値の単位は，通常，%，ppm（10^{-6}），ppb（10^{-9}）で表される。ただし，同じ単位で表されていても，ニオイ物質が重量（液体）を基準としているか体積（気体）を基準としているか，また希釈する物質が無臭空気（気体）か無臭の溶媒（液体）かによって，割合が重量／体積，重量／重量，体積／体積で構成されるため，まったく異なる濃度になる。したがって，閾値を示す際には単位だけではなく，いずれの表示であるのかを明記する必要がある。実験室実験ではニオイ物質を重量で計量してニオイ刺激を作ることが多いが，環境アセスメントのような場面においては，現場臭気を一定容量採集して無臭空気で希釈することが多いために体積で扱うことが多い。

検知閾は，そのニオイを感じる最も低い濃度を知るという直接目的の他に，ニオイの受容機構の神経基盤を検討する目的から心理物理学や物理化学などの分野で研究されてきた。しかし，嗅覚の閾値が非常に低く，ヒトがニオイ物質を感知する状態，つまりニオイ物質を気体の状態で精密な制御のもとで呈示することにはさまざまな困難がある。このことに起因して，報告されている閾値は研究間で大きく異なることも多く，その取り扱いには十分な配慮が必要とされる。

認知閾については，検知閾測定時に併せて計測されることが多い。25種類のニオイ物質について測定された検知閾値と認知閾値には，ほぼ一桁の濃度差が報告されている（斉藤，2008）。弁別閾については，斉藤（1994a）を参照のこと。

2・1・2 検知閾

van Gemert & Nettenbreijer（1977）は，1976年までに公刊された論文から，約600種類のニオイ物質の検知閾と認知閾を，濃度の単位を重量／体積（$\mu g/l$）に統一して収録している。それによると脂肪族アルコール類の検知閾においては，測定値に約4桁の幅があった（斉藤，1994a）。測定値に大きな幅（ばらつき）が生じる要因として，ニオイ物質の純度，刺激の作製（濃度調整）法，刺激の呈示法，閾値の測定方法，実験参加者の特性や数，結果の分析方法などの違いが挙げられる。なかでもニオイ刺激の呈示法の違いは主要因であり，刺激呈示の際，濃度の統制がより厳密に制御できる精度の高い装置の開発が求められてきた。

オルファクトメータは，機械的操作によって空気希釈を繰り返してニオイ刺激を呈示することができる装置である（綾部，2008；斉藤，1994b；斉藤，2011）。坂口他（1981）は，悪臭物質について精度の高い閾値測定のために，当時欧州でよく使用されていた刺激呈示流量が2.5 ml/sのバブリング式オルファクトメータ（Dravnieks, 1975）であったのに対して，ヒトの1回の吸入量の平均500 ml/sを安定して連続呈示できるバッチ式オルファクトメータを製作した。この装置には，呈示される濃度を精度高く計測するためにニオイ物質の完全気化方式が取り入れられた。さらに，実験終了後には，装置内を加

熱・減圧することによって計測に使用した悪臭物質を脱着することができた。この装置を用いて計測された検知閾の大多数は，それ以前に報告された文献値よりも低い値を示した（Saito & Iida, 1992；斉藤他，1985）。実験実施要領（プロトコル）の違いにより検知閾が大きく異なる場合には，最も低い検知閾を示すプロトコルが，最も適切であると見なされることが指摘されている（Schmidt & Cain, 2006）。実験方法上の弱点，たとえば，濃度統制の緩さが，高い閾値を導くことが，一般に知られているためである。

閾値測定の困難さや報告された検知閾に大きな幅があること，また分子生物学による受容機構の解明が進み，閾値を測定する研究も一時は衰退した。しかし，2010 年前後から環境臭気の閾値計測の研究が行われるようになった。1970 年から 2010 年代にかけて，嗅覚の心理物理学研究を先導してきた米国の心理学者 Cain のグループは，多様なニオイ物質の検知閾を測定できるオルファクトメータ（8-station vapor delivery device：VDD8）を開発した（Cain et al., 2007）。この装置の特徴は，実験参加者がニオイを嗅ぎやすいインターフェースが設計されていること，広範囲の濃度調整が容易であり，1 日あたり数千の検知閾の収集が可能であることである。この装置によって多種なニオイ物質の検知閾値が測定されている（Cometto-Muñiz & Abraham, 2008, 2009a, 2009b, 2010a）。

また，報告されている検知閾のばらつきは大きいものの，規則性があることも示されている。Punter (1983) は，4-31 種類のニオイ物質の閾値を扱った七つの実験の間で，プロトコルが異なっていたにもかかわらず，検知閾の間に有意な相関がみられたことを報告している。さらに，Cometto-Muñiz & Abraham (2008) は，n- アルコールの炭素数が増すにつれて検知閾が減じる傾向は，プロトコルが異なるために検知閾そのものは桁違いに異なっていても同様であることを示している。

最近の総括的論文で引用されている，比較的多くのニオイ物質（60 種類以上）の検知閾を測定している研究では，主に二つのプロトコルが用いられていることが示されている（Abraham et al., 2012）。この二つは，日本で臭気公害対策のために開発された三点比較式臭袋法（Iwasaki, 2003）と，ニオイ嗅ぎ瓶法（Cometto-Muñiz, 2001；Cometto-Muñiz & Cain, 1990）で，どちらのプロトコルも標準化されている。前者の三点比較式臭袋法では，193 種類の環境対策に関連した揮発性・半揮発性物質（VOCs）の検知閾が測定されている（Nagata, 2003）。Abraham et al. (2012) は，Nagata (2003) のこの 193 種類のニオイ物質の検知閾（olfactory detection threshold：ODT）について相関分析を行い，閾値を予測できるアルゴリズムを確認した。具体的には，Nagata が計測した検知閾は，ニオイ物質（化合物）に含まれるアルデヒド，酸，不飽和エステル，メルカプタンを指標変数として加えた一次方程式で得られた log（1/ODT）に $R^2 = 0.748$ で回帰できることを示した。log（1/ODT）は，検知閾の逆数（1/ODT）の対数（log）をとって，極少量でニオイ物質が検知される状況，つまり物質の効力として扱われている。このアルゴリズムが，ニオイ嗅ぎ瓶法のプロトコルで得られた 353 種類のニオイ物質の ODT についても適用可能であることが示され，化合物の化学構造から数十万種類は存在すると言われる揮発性・半揮発性の物質の Nagata プロトコル（三点比較式臭袋法）での検知閾を予測することを可能としている（Abraham et al., 2012）。

2・1・3　検知閾とニオイ物質の物理化学特性

ニオイ物質の検知閾と物理化学特性との関係を明らかにすることは，前述のように，嗅覚受容の手がかりを得るという点からも興味ある課題で 1950 年代から 1970 年代にかけて複数の報告があり，斉藤 (1994a) に紹介されている。そのなかで，Dravnieks (1974) は，ニオイの閾，強度，質がニオイ物質のさまざまな構造的特性（分子の大きさ，特性基，二重結合など）と関連があるとする，ビルディングブロックモデル（building-block model）を提案している。Saito & Iida (1992) は，同じ官能基をもつニオイ物質の検知閾は炭素鎖が増すと低くなる傾向がみられること，特に低級脂肪族アルコール類では，ニオイ物質の炭素鎖の長さに伴って検知閾は低下し，炭素数が 4 のブタノールで最も低くなり，炭素数が 6

第VI部　嗅覚

のn-ヘキシルアルコールまでは上昇することを示した。さらに，側鎖構造の場合も同様な変動を示すが，直鎖構造の場合よりも対数表示で1-2倍閾値が高くなることを示した。低級脂肪族の直鎖アルコール類で炭素鎖の増加に伴って検知閾が低くなる傾向は，永田・竹内（1990）など他の文献でも多く報告され，さらなる炭素数の増加によって，再び検知閾が高くなることも報告されている。また，アルキル基同族類についても同様の傾向が報告されている（Cometto-Muñiz & Abraham, 2010b；Saito & Iida, 1992；Zarzo, 2012）。このことについて，Cometto-Muñiz & Abraham（2010b）は，ニオイ分子が嗅粘膜に溶け込みやすい大きさがあるのではないかと推定しているが，閾値が一度低下して再び上昇するときの炭素数は研究間で必ずしも一致していない。

　一方，嗅覚受容機構の解明は，近年，分子生物学分野で目覚ましい進展がみられている。閾値については受容体（多型を含む）の有無と数，さらには関わる受容体の種類に起因すると考えられているが，今後，ニオイの検知に関する心理物理学的・物理化学的知見や疑問が解明されることが期待される。

2・1・4　ニオイの閾値の社会的問題への応用

　ニオイの閾値は，医療分野や臭気の環境対策分野でそれぞれに使用するときの利便性を考慮した測定法が開発され，計測されている。医療分野では，頭部外傷などによる嗅覚障害を調べるために，ニオイ紙（長細い形状のろ紙）の先端にニオイ物質の溶液を浸してニオイ物質を呈示して検知閾と認知閾を測る「T&Tオルファクトメトリー」が考案されている。ここで用いられる5種類のニオイ物質の複数の濃度セットは「T&Tオルファクトメータ」と呼ばれる。現在，保険適用されて耳鼻咽喉科などの臨床医学の現場で使用されている。

　環境分野では，1971年に環境庁（現在の環境省）により制定された悪臭防止法においてニオイの閾値が取り入れられた。当初，特定悪臭物質ごとに規制基準濃度を定めていたが，苦情の多い飲食店や複合臭については十分に適用できず，その後，現場で採取した臭気の臭気濃度による規制基準が取り入れられるようになった。臭気濃度とは，現場臭気を無臭

空気で希釈してニオイを感知しなくなる希釈倍数を指し，三点比較式臭袋法によって測定される。

2・1・5　ニオイの閾値を変動させる要因

　閾値は，実験参加者内，実験参加者間（遺伝による個人感度の違い），日内，日間で変動する。閾値を変動させる要因には，性ホルモン，発達（加齢），学習や体験，喫煙習慣，嗅覚障害・疾患，薬の服用の影響などが考えられるが，実験条件を厳密に統制できれば，実験参加者内変動，日間変動は抑制することはできる。これらの要因の詳細は，斉藤（1994a），斉藤（2017），中野・斉藤（2018）に記載されているのでここでは割愛する。

（綾部　早穂・斉藤　幸子）

2・2　ニオイの感覚強度

2・2・1　ニオイの感覚強度の測定

　ニオイを検知したときに，感覚として刺激の強さを感じる。この感覚的なニオイの強弱を感覚強度という。感覚強度は心理量（感覚量）であり，物理量（刺激量）であるニオイ物質の濃度とは異なる。ニオイの感覚強度の測定には，間隔尺度レベルの評定尺度法およびビジュアルアナログ尺度（visual analog scale：VAS），比率尺度レベルのマグニチュード推定（magnitude estimation：ME）およびラベルド・マグニチュード尺度（labeled magnitude scale：LMS）といった心理尺度が用いられることが多い。

　評定尺度は，5段階あるいは7段階といった数段階の尺度を示し，そのうちの当てはまる1段階を選ばせる評価方法である。多くの場合この段階にラベルをつける（たとえば，「無臭」や「かすかに感じる」）。ラベル間の等間隔性や尺度の連続性が保証されていることが間隔尺度の要件であり，これを満たさない場合には，順序尺度であり四則演算をすることは適切でないので注意が必要である。悪臭防止法では6段階臭気強度表示法（0：無臭，1：やっと感知できるにおい，2：何のにおいであるかがわかる弱いにおい，3：らくに感知できるにおい，4：強いにおい，5：強烈なにおい）が定められているが，尺度の

連続性とラベルの等間隔性を示すために直線と目盛りを用いた尺度上に等間隔にこのラベルを置いて評定尺度がニオイの感覚強度の測定で使われることが多い。この他の実用的な方法としては，斉藤（2011）を参照のこと。

VASは，評定者が自己の感覚強度を連続帯である線分上の長さで評価する尺度である。ニオイの感覚強度を測定するときには，一定の長さ（たとえば，10 cm）の直線の左端に「無臭」右端に「強烈」といったラベルや左端に「0」右端に「100」といった数値を配置した尺度が用いられる。VASは主に医療看護系の領域を中心に主観的な痛みの測定に使用されてきたが，現在では多くの多様な研究で感覚強度のみならずさまざまな回答を求める際に用いられている。評定者によって示される直線上の1点の位置で表現される値は尺度の連続性と等間隔性が保たれていると考えられている。

MEは，標準刺激に対して評価すべき刺激がどのくらいの大きさ（強さ）であるのかを比率で判断を求めるものである。すなわち，評定者の感覚量そのものではなく，基準刺激に対する感覚量との比率を表現するものである。実際の感覚強度の測定には，基準刺激に対する感覚量に対して評定者間の感覚強度レベルを調整する必要もあり，評定者が比率で評価できるようになる訓練と合わせて，慎重な準備が求められる。また，個人間で感覚強度そのものを直接比較できない問題もある。LMSは，比尺度上にラベルを付すことで，個人間の強度比較を可能にし，MEをより簡便とした代替尺度として提案されている。しかし，比較的強度の大きい刺激を評価する場合（たとえば，「辛さ」「痛み」）には適しているが，「強烈」には至らない程度の一定の範囲内のニオイの強さの評価を弁別することが難しい問題点が残る。

繰り返しになるが，いずれの尺度を使用する場合にも，尺度の連続性，間隔や比の等価性，また測定するニオイ刺激の濃度の範囲に適切な尺度であるのかについて慎重な検討が必要である。さらに，評定者がニオイ刺激から受ける強弱の感覚を与えられた尺度で適切に評価できるための訓練や確認も重要である。ニオイの感覚強度を測定する際には，尺度の特徴を十分に理解したうえで，研究の目的に最適な尺度を選ぶ必要がある（斉藤，2011）。

2・2・2　ニオイの強度関数

感覚強度と物理量の関係は心理物理関数として知られているが，上述のような評定尺度で測定されたニオイの感覚強度はニオイ物質の濃度の対数に比例し（Fechnerの法則），MEで測定されたニオイの感覚強度（反応量）はニオイ物質の濃度のベキ乗に比例する（Stevensの法則）。詳細については，斉藤（1994）を参照されたい。前者の回帰係数または後者のベキと，ニオイ物質の物理化学的特徴（分子量，分子の長さ，原子数，水酸基（-OH）の有無，溶解度など）との関係についても報告があるが，強度関数全般を説明するには至っていない（斉藤，2008）。

2・2・3　混合したニオイの強度予測モデル

複数のニオイ物質が混合した複合臭（混合臭）の強度を推定する強度予測モデルとして，対象とされる複合臭には制約があるが，「ベクトルモデル」（Berglund et al., 1973）が報告されている（斉藤，1994）の詳細な解説を参照されたい）。Berglundsらのベクトルモデルでは，各成分臭のベキ関数を求め，別の実験系で各成分間の相互作用常数を求める必要があるが，より単純な「強度最大値モデル」（各成分臭の強度の最大値を利用）と「総和モデル」（各成分臭の強度の総和を利用）も加えて，2臭および3臭混合臭に適用してその妥当性が検討された（斉藤・平畑，1991）。その結果，ピリジン，硫化メチル，酢酸の混合臭を用いた実験で，強度最大値モデル（図2-2-1a）は，推定値と実測値の相関係数はベクトルモデル（図2-2-1c）と同様な高い値を示し，回帰係数もベクトルモデルと同様に1.0に近い値を示した。総和モデル（図2-2-1b）による推定値と実測値の関係性は低かった。ベクトルモデルでは，各成分の相互作用常数算出のための実験が負担であり，3臭以上の混合臭の相互作用が考慮されない欠点があるため，実用性の面からは，強度最大値モデルが使いやすい。ただし，混合臭に含まれる各成分臭の強度が小さい場合には，混合臭の強度が大きくなることもあり，改善の余地が残されている。また，各成分臭の濃度と閾値の比をニオイ活性値（odor activity

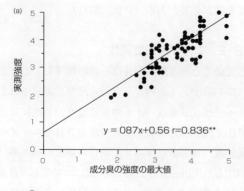
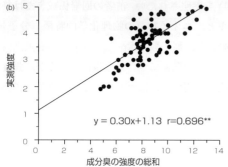
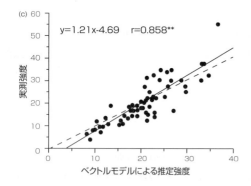

図2-2-1 実験強度と各推定値との関係の例（ピリジン，硫化メチル，酢酸による複合臭気の場合）
(a) 成分臭の強度の最大値と実測強度の関係。図中の回帰式が強度最大値モデルによる推定式を示す。(b) 成分臭の強度の総和と実測強度の関係。図中の回帰式が総和モデルによる推定式を示す。(c) ベクトルモデルによる推定強度と実測強度の関係。

value：OAV）と捉えて，各成分臭間の相互作用常数を簡便な方法で求める変形ベクトルモデルも提案されている（Yan et al., 2015）。このモデルでは，同じ官能基や同様な分子構造を有する臭気成分について，2臭，3臭，4臭からなる混合臭への適応が確認されている。

（綾部 早穂・斉藤 幸子）

2・2・4 ニオイの感覚強度に影響する要因

ニオイの感覚強度は，嗅覚刺激の物質的特性や濃度のみでは決まらない。環境要因については，計測条件の統制が困難であることから報告例は少ないものの，湿度によってニオイの感覚強度が強まるとされている（川崎，2011）。個人の属性要因として，60歳以上の評価者は60歳未満の評価者よりも有意に低い感覚強度を示す（斉藤他，2001）など，年齢による嗅覚感度の低下が報告されており，加齢による嗅覚受容器の変化にもよるとされている（Doty & Kamath, 2014）。また，嗅覚受容体遺伝子多型の影響として，たとえばヒトの腋臭にも含まれているアンドロステノンのニオイに対する感覚強度が，このニオイのようなステロイド様化合物との結合に選択的である嗅覚受容体遺伝子のタイプの違いによって異なることが報告されている（Keller et al., 2007）。感度の違いが，そのニオイの認知や嗜好性に影響する可能性が示されている。

経験による影響は，ニオイの同定など高次の認知的側面だけでなく感覚強度へも及ぶ。日常的に接する頻度が高いニオイはより強く感じられ，ニオイの感覚強度が親近度や快さと正の相関関係を示すことが，日本とドイツで各国に典型的または馴染みのないニオイの捉え方を比較した研究で明らかにされている（Ayabe-Kanamura et al., 1998；Distel et al., 1999）。また，近年行われている嗅覚トレーニングの研究では，4種類のニオイを一定期間毎日嗅ぐことによって，そのニオイへの感度や同定能力が向上することが認められており，高齢の参加者でも検知閾の低下が報告されている（Sorokowska et al., 2017）。

ニオイ刺激についての知識や情報による認知的影響も大きい。ニオイを嗅ぎ続けるとそのニオイの感

覚強度は低下するが，Dalton（1996）は，ニオイ刺激についてあらかじめ与えられた情報により感覚強度が認知的に影響されることを示した．実験参加者は，針葉樹のようなニオイのイソボルニルアセテートを20分間持続呈示され，比率尺度であるラベルド・マグニチュード尺度（labeled magnitude scale：LMS；Green et al., 1993）で1分ごとに感覚強度を評定した．長時間吸入すると健康に悪影響があるというネガティブ情報とともに呈示された群は，健康に良いというポジティブ情報とともに呈示された群や嗅覚研究で一般的に用いられるニオイとだけ伝えられた（ニュートラルな情報）群と比べて，特に呈示時間の後半にかけて感覚強度が低下しなかった（図2-2-2）．これは，健康リスクへの懸念などから注意が喚起され，ニオイの感覚強度が維持されたことを示している．同様の結果は，嗅覚受容体レベルでの順応の影響を統制するために短時間で断続的にニオイを呈示した場合でも認められ（小林他, 2007；Kobayashi et al., 2008），感覚強度への認知的影響は中枢レベルでの働きによるとされている（Ⅵ・2・3参照）．

食品や飲料などの，ニオイに加えて味覚や食感などが摂食中に変化する対象の場合は，特定のフレーバーや甘味といった1次元の感覚強度を連続して評定する time intensity（TI；Lee & Pangborn, 1986）法が用いられる．TI法を用いた事例では，菓子に含まれるショ糖の量が多いと（25 g kg^{-1} 対 100 g kg^{-1}），摂食中から嚥下後にかけてフレーバーがより強く評定されたこと（Lethuaut et al., 2004）などが報告されている．

Distel & Hudson（2001）は，食品などさまざまな日常のニオイを，ニオイ発生源の名前つきで呈示された条件下では，名前なし条件よりも，好ましさや親近度とともに感覚強度が強く評定されたことが報告されている（Distel & Hudson, 2001）．この研究ではさらに，名前つき条件で呈示されたニオイと名前が一致していると判断された場合も感覚強度が強くなり，ニオイ発生源の知識によって，そのときの知覚体験との照合も行われていることが示された．ニオイの感覚強度は言語情報だけでなく色味によっても影響を受けることがわかっており，赤色に着色されたイチゴのニオイ溶液を嗅いだときは，無着色のニオイ溶液より感覚強度が強くなったとされている（Zellner & Kautz, 1990）．また，同じニオイを異なる濃度で続けて嗅いだときに，同濃度のニオイの感覚強度は，その前に低濃度のニオイを嗅いでいた場合により強く感じられ（Pol et al., 1998），刺激の文脈的要因も認められている．

（中野　詩織）

2・3　ニオイの順応と慣れ

嗅覚の順応（adaptation）は，末梢受容器および中枢神経系の神経活動の減衰と定義され，近年では末梢受容器における順応（peripheral adaptation）と中枢神経系における順応（central adaptation）に分けて表現されることもある（Pellegrino et al., 2017）．一方，慣れについては他の感覚系と基本的に共通であり，刺激の反復呈示に伴う行動反応の減少として観察されるもの，かつ感覚上の順応／疲労，あるいは運動上の疲労を含まないもの，と定義されている（Rankin et al., 2010）．以上のように，嗅覚の順応と慣れは概念的・定義的には異なる現象であるが，実際の生体の反応においては相互に影響を及ぼし合いながら現れる．以下に具体的な順応と慣れの研究を紹介する．

ヒトの嗅覚における順応と慣れは主に主観的感覚強度（perceived odor intensity：以下，感覚強度）の推移や閾値（threshold）などの測度を用いて検討

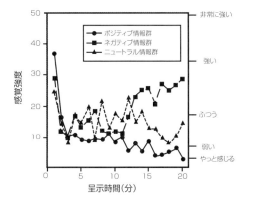

図2-2-2　各群におけるニオイ刺激呈示中の感覚強度推移（Dalton, 1996, p. 453, Fig.2 をもとに著者作成）

第VI部 嗅覚

されてきた。ここでは主に感覚強度を用いた研究を概観する。あるニオイが存在するとき、そのニオイが主観的にどのくらいの強度であるのかという変数には、感覚受容器における神経活動に加えて、そのニオイの同定といった認知的要因、ニオイに対する快・不快度といった情動的要因が関わる。そもそも、感覚強度を主観的に評定すること自体が認知的活動を必要とする。ここでたとえば嗅覚刺激が不快な刺激である場合、同刺激に順応が生じても、そのニオイになかなか慣れない、という現象が観察されうる。これらの認知的・情動的要因は、いずれも中枢神経系の神経活動に依拠するものであり、末梢および中枢における神経活動は、その相互作用を通して嗅覚の順応と慣れに影響を与えていると考えられる。

従来、持続的に呈示される嗅覚刺激に対する感覚強度の実時間変化は、嗅覚刺激の濃度およびその呈示時間の影響を受けつつ、指数関数的な減少を示すことが報告されてきた（Berglund, 1974；Cain, 1974；Ekman et al., 1967）。これらの研究では、嗅覚刺激として、プロピルアルコール、オイゲノール、酢酸ブチル、オゾンなど、日常的に香料に添加される溶媒などが用いられていた。一方、斉藤他（2004）は、悪臭物質のトリエチルアミンを用いて、同物質の10分間にわたる持続呈示下の感覚強度の推移を検討した。その結果、実験参加者の反応が、①指数関数型（時間の指数関数的に低下するもの）、②指数関数＆矩形型（はじめは高いが急に低下し、その後変化が少ないもの）、③変動型（はじめは高いが一度低下してまた上昇するもの）、④不変型（高い水準で推移し続けるもの）、⑤上昇型（徐々に上昇し、山のような推移を示すもの）、の5種類に分類されうることを見いだした。さらに、これらの感覚強度変化の型のうち約50％は変動型を示し、指数関数型は30％前後にとどまることも見いだされた。以上の結果は、感覚強度の指数関数の減少が普遍的に観察される現象ではないこと、感覚強度の推移には個人差がみられること、さらにその個人差は複数の型に分類されることを示唆する。

嗅覚の順応と慣れに及ぼす要因として、先入観などの認知的要因の影響も検討されてきた。Dalton（1996）の研究は前項でも紹介されているが、本項

では、特に順応と慣れの過程に及ぼす先入観の付与条件、実験条件の統制の観点から同研究およびKobayashi et al.（2008）の研究を紹介する。Dalton（1996）は、嗅覚刺激が身体に害を及ぼす危険性を示唆するような情報を実験参加者にあらかじめ呈示した後で、20分間にわたり持続的に嗅覚刺激を呈示し、1分ごとに感覚強度評定を求めた。その結果、嗅覚刺激の身体への害を示唆された群は、健康に良いことを示唆する情報をあらかじめ呈示された群に比べて感覚強度の推移が安定せず、特に20分間の刺激呈示セッションの後半において感覚強度の上昇ともみられるような推移を呈した（図2-2-2参照）。しかし、同研究では上記2群の感覚強度の推移の分析結果について、群と時間の交互作用が有意であったとの記述にとどまっており、両群の感覚強度の上昇・低下については明らかではない。

Kobayashi et al.（2008）は、従来の感覚強度の推移を検討した研究が、実験参加者にとって既知の嗅覚刺激を用いていることを問題として指摘した。既知の嗅覚刺激には認知的・情動的要因としての先入観の影響が避けられないためである。そこで、嗅覚刺激として日本人に馴染みの薄いアネトールを用いて、Dalton（1996）の研究に類似した条件にて検討を行った。嗅覚刺激が健康に資する物質の香りであるとする情報をあらかじめ呈示する healthy-description 群（以下、ポジティブ群）と、同刺激について危険等級など不安喚起を想定した情報を呈示する hazardous-description 群（以下、ネガティブ群）を設け、両群に20分間の持続刺激呈示下の感覚強度の実時間評定を求めた。その結果、感覚強度の推移に群間の有意差はみられず、さらに、従来の研究で報告された感覚強度の減少（Berglund, 1974；Cain, 1974；Ekman et al., 1967）も見いだされなかった。すなわち、嗅覚刺激として実験参加者に未知の物質を用いて先入観の要因を除外してもなお、感覚強度の推移に多様な個人差がみられることが明らかになった。

そこで、Kobayashi et al.（2008）は、嗅覚受容器へのニオイ分子の暴露の統制、すなわち順応を可能な限り回避する実験条件の構築を試みた。嗅覚刺激の持続呈示条件下では順応が進み、これが認知的・

情動的要因による個人差の影響を増幅させていると考えたためである。具体的には，嗅覚刺激を 14.8 秒ごとに 0.2 秒，計 60 回呈示すること，嗅覚刺激呈示後は嗅覚刺激の呈示量の 2 倍の負圧で鼻腔下から呈示刺激を吸引すること，さらに，全呈示セッションを 4 分割し，各セッション間に 3 分の休憩を設けることによって，嗅覚受容器周辺のニオイ分子の滞留を可能な限り回避する条件を構築した。同条件下で，先述と同様の嗅覚刺激に対する情報呈示の効果を検討したところ，ネガティブ群は，ポジティブ群に比べてセッションの後半まで感覚強度が相対的に有意に高いまま推移することが明らかになった。同結果は，先入観などの個人差に埋没してその検出が難しい認知的・情動的要因の実験的操作の有意な影響が，嗅覚順応を可能な限り抑制する条件を厳密に構築することではじめて検出されうることを示唆している。

　順応と慣れの過程について厳密に研究する際には，嗅覚刺激の濃度，呈示流量，温度，湿度，呈示条件など，実験環境の統制が不可欠である。さらに，嗅覚刺激が呼吸に伴って入力されれば吸気と呼気条件下で主観的・生理的反応は異なる影響を受けるた

め，実験参加者は口腔のみを用いた呼吸法をあらかじめ訓練し，これに習熟したのちに，鼻腔内に嗅覚刺激を呈示するという手続きをとる必要がある。

　このほかに，嗅覚の順応と慣れの研究には，特に当該現象に関与する中枢神経系機能を扱ったものがある。脳波を測度として用いた研究では，嗅覚刺激呈示によって生じる感覚強度の減少の程度に比べて事象関連電位の減少は緩慢であること（Humme et al., 1996），感覚強度がきわめて小さくなっても脳の誘発応答の強度は嗅覚刺激呈示開始時に比べて半分程度までしか減少していないこと（Wang et al., 2002）などが報告されており，主観的反応と中枢の応答には乖離がみられることが明らかになっている。さらに，嗅覚の順応と慣れが中枢神経系においてどのような機能局在を示すかについても知見が蓄積されつつあり，梨状皮質，前頭眼窩皮質，嗅内皮質，島皮質，扁桃体，頭頂葉，海馬吻側部などの関与が示唆されている（Li et al., 2006；Poellinger et al., 2001）が，まだ明瞭な対応関係については知見の蓄積を待つ状態である。

（小林　剛史）

文献

（2・1）

Abraham, M. H., Sánchez-Moreno, R., Cometto-Muñiz, J. E., & Cain, W. S. (2012). An algorithm for 353 odor detection thresholds in humans. *Chemical Senses, 37,* 207-218.［doi: 10.1093/chemse/bjr094］

綾部 早穂（2008）．におい刺激の提示方法　綾部 早穂・斉藤 幸子（編）　においの心理学（pp. 31-43）　フレグランスジャーナル社

Cain, W. S., Schmidt, R., & Wolkoff, P. (2007). Olfactory detection of ozone and D-limonene: Reactants in indoor spaces. *Indoor Air, 17,* 337-347.［doi: 10.1111/j.1600-0668.2007.00476.x］

Cometto-Muñiz, J. E. (2001). Physicochemical basis for odor and irritation potency of VOCs. In J. D. Spengler, J. Samet, & J. F. McCarthy, (Eds.), *Indoor Air Quality Handbook* (pp. 20.1-20.21). McGraw-Hill.

Cometto-Muñiz, J. E., & Abraham, M. H. (2008). Human olfactory detection of homologous n-alcohols measured via concentration-response functions. *Pharmacology Biochemistry and Behavior, 89,* 279-291.［doi: 10.1016/j.pbb.2007.12.023］

Cometto-Muñiz, J. E., & Abraham, M. H. (2009a). Olfactory detectability of homologous n-alkylbenzenes as reflected by concentration-detection functions in humans. *Neuroscience, 161,* 236-248.［doi: 10.1016/j.neuroscience.2009.03.029］

Cometto-Muñiz, J. E., & Abraham, M. H. (2009b). Olfactory psychometric functions for homologous 2-ketones. *Behavioural Brain Research, 201,* 207-215.［doi: 10.1016/j.bbr.2009.02.014］

Cometto-Muñiz, J. E., & Abraham, M. H. (2010a). Odor detection by humans of lineal aliphatic aldehydes and helional as gauged by dose-response functions. *Chemical Senses, 35,* 289-299.［doi: 10.1093/chemse/bjq018］

Cometto-Muñiz, J. E., & Abraham, M. H. (2010b). Structure-activity relationships on the odor detectability of homologous

第Ⅵ部　嗅覚

carboxylic acids by humans. *Experimental Brain Research, 207*, 75-84. [doi: 10.1007/s00221-010-2430-0]

Cometto-Muñiz, J. E., & Cain, W. S. (1990). Thresholds for odor and nasal pungency. *Physiology & Behavior, 48*, 719-725. [doi: 10.1016/0031-9384(90)90217-r]

Dravnieks, A. (1974). A Building-Block Model for the characterization of odorant molecules and their odors. *Annals of the New York Academy of Sciences, 237*, 144-163. [doi: 10.1111/j.1749-6632.1974.tb49851.x]

Dravnieks, A. (1975). Instrumental aspects of olfactometry. In D. G. Moulton, A. Turk, & J. W. Johnston Jr. (Eds.), *Methods in Olfactory Research* (pp. 1-61). Academic Press.

Iwasaki, Y. (2003). The history of odor measurement in Japan and triangle odor bag method. In *Odor Measurement Review* (pp. 37-47). Japan: Office of Odor, Noise and Vibration, Environmental Management Bureau, Ministry of the Environment.

Nagata, Y. (2003). Measurement of odor threshold by triangle odor bag method. In *Odor Measurement Review* (pp. 118-127). Japan: Office of Odor, Noise and Vibration, Environmental Management Bureau, Ministry of the Environment.

永田 好男・竹内 教文　(1990).　三点比較式匂袋法による臭気物質の閾値測定結果　日本環境センター所報, *17*, 77-89.

中野 詩織・斉藤 幸子　(2018).　においの閾値・感覚強度　斉藤 幸子・今田 純雄（監修）, 斉藤 幸子・小早川 達（編）　味嗅覚の科学：人の受容体遺伝子から製品設計まで（pp. 18-26）　朝倉書店

Punter, P. H. (1983). Measurement of human olfactory thresholds for several groups of structurally related compounds. *Chemical Senses, 7*, 215-235. [doi: 10.1093/chemse/7.3-4.215]

斉藤 幸子　(2008).　感覚・知覚　綾部 早穂・斉藤 幸子（編）　においの心理学（pp. 91-168）　フレグランスジャーナル社

斉藤 幸子　(1994a).　嗅覚の精神物理学　大山 正・今井 省吾・和気 典二（編）　新編 感覚・知覚心理学ハンドブック（pp. 1413-1424）　誠信書房

斉藤 幸子　(1994b).　嗅覚の測定法　大山 正・今井 省吾・和気 典二（編）　新編 感覚・知覚心理学ハンドブック（pp. 1371-1382）　誠信書房

斉藤 幸子　(2011).　嗅覚・味覚　大山 正（監）, 村上 郁也（編）　心理学研究法1：感覚・知覚（pp. 234-264）　誠信書房

斉藤 幸子　(2017).　においの閾値　斉藤 幸子・井濃内 順・綾部 早穂（編）　嗅覚概論：においの評価の基礎（pp. 69-101）　におい・かおり環境協会

Saito, S., & Iida, T. (1992). Psychophysics of gustation and olfaction. *Sensors and Materials, 4*, 121-133.

斉藤 幸子・飯田 健夫・坂口 諭　(1985).　臭気物質に対する嗅感覚特性　製品科学研究所研究報告, *102*, 13-23.

坂口 諭・飯田 健夫・斉藤 幸子　(1981).　減圧／加圧式オルファクトメータ　第15回味と匂のシンポジウム論文集, *15*, 60-63.

Schmidt, R., & Cain, W. S. (2006). The credibility of measured odor thresholds. *Presented at the 28th Annual Meeting of the Association for Chemoreception Sciences*, 2006 April 28. Sarasota (FL): AChemS.

Van Gemert, L. J., & Nettenbreijer, A. H. (Eds.). (1977). *Compilation of Odor Threshold Values in Air and Water*. National Institute for Water Supply.

Zarzo, M. (2012). Effect of functional group and carbon chain length on the odor detection threshold of aliphatic compounds. *Sensors, 12*, 4105-4112. [doi: 10.3390/s120404105]

(2・2)

Ayabe-Kanamura, S., Schicker, I., Laska, M., Hudson, R., Distel, H., Kobayakawa, T., & Saito, S. (1998). Differences in perception of everyday odors: A Japanese-German cross-cultural study. *Chemical Senses, 23*, 31-38. [doi: 10.1093/chemse/23.1.31]

Berglund, B., Berglund, U., Lindvall, T., & Svensson, L. T. (1973). A quantitative principle of perceived intensity summation in odor mixtures. *Journal of Experimental Psychology, 100*, 29-38. [doi: 10.1037/h0035435]

Dalton, P. (1996). Odor perception and beliefs about risk. *Chemical Senses, 21*, 447-458. [doi: 10.1093/chemse/21.4.447]

Distel, H., Ayabe-Kanamura, S., Martínez-Gómez, M., Schicker, I., Kobayakawa, T., Saito, S., & Hudson, R. (1999). Perception of everyday odors: Correlations between intensity, familiarity and strength of hedonic judgement. *Chemical Senses, 24*, 191-199. [doi: 10.1093/chemse/24.2.191]

第 2 章　嗅覚の精神物理学（心理物理学）

Distel, H., & Hudson, R. (2001). Judgement of odor intensity is influenced by subjects' knowledge of the odor source. *Chemical Senses*, *26*, 247-251. ［doi: 10.1093/chemse/26.3.247］

Doty, R. L., & Kamath, V. (2014). The influences of age on olfaction: A review. *Frontiers in Psychology*, *5*, 1-20. ［doi: 10.3389/fpsyg.2014.00020］

Green, B. G., Shaffer, G. S., & Gilmore, M. M. (1993). Derivation and evaluation of a semantic scale of oral sensation magnitude with apparent ratio properties. *Chemical Senses*, *18*, 683-702. ［doi: 10.1093/chemse/18.6.683］

川崎 道昭　(2011). 湿度とにおい強度　川崎 道昭・堀内 哲嗣郎　嗅覚とにおい物質（pp. 51-55）　におい・かおり環境協会

Keller, A., Zhuang, H., Chi, Q., Vosshall, L. B., & Matsunami, H. (2007). Genetic variation in a human odorant receptor alters odour perception. *Nature*, *449*, 468-472. ［doi: 10.1038/nature06162］

小林 剛史・小早川 達・秋山 幸代・戸田 英樹・斉藤 幸子　(2007). におい刺激に対する感覚強度に及ぼす認知的要因の影響：短時間・断続的に呈示されるにおい刺激に対して　におい・かおり環境学会誌，*38*，444-452. ［doi: 10.2171/jao.38.444］

Kobayashi, T., Sakai, N., Kobayakawa, T., Akiyama, S., Toda, H., & Saito, S. (2008). Effects of cognitive factors on perceived odor intensity in adaptation/habituation processes: From 2 different odor presentation methods. *Chemical Senses*, *33*, 163-171. ［doi: 10.1093/chemse/bjm075］

Lee, W. E. III., & Pangborn, M. (1986). Time-intensity: The temporal aspects of sensory perception. *Food Technology* (USA), *40*, 71-78, 82.

Lethuaut, L., Weel, K. G. C., Boelrijk, A. E. M., & Brossard, C. D. (2004). Flavor perception and aroma release from model dairy desserts. *Journal of Agricultural and Food Chemistry*, *52*, 3478-3485. ［doi; 10.1021/jf035488c］

Pol, H. E. H., Hijman, R., Baare, W. F. C., & van Ree, J. M. (1998). Effects of context on judgements of odor intensities in humans. *Chemical Senses*, *23*, 131-135. ［doi: 10.1093/chemse/23.2.131］

斉藤 幸子　(1994). 嗅覚の精神物理学　大山 正・今井 省吾・和気 典二（編）　新編 感覚・知覚心理学ハンドブック（pp. 1413-1424）　誠信書房

斉藤 幸子　(2008). 嗅覚の心理物理学　内川 恵二・近江 政雄（編）　味覚・嗅覚　朝倉書店

斉藤 幸子　(2011). 嗅覚・味覚　大山 正（監），村上 郁也（編）　心理学研究法 1：感覚・知覚（pp. 234-264）　誠信書房

斉藤 幸子・平畑 奈美　(1991). 複合臭気の強度の推定方法の検討　心理学研究，*62*，75-81. ［doi: 10.4992/jjpsy.62.75］

斉藤 幸子・増田 有香・小早川 達・後藤 なおみ・綾部 早穂・内藤 直美…高島 靖弘　(2001). スティック型ニオイ同定能力検査法による嗅覚の年代別比較：ニオイの同定能力，感覚的強度，快不快度について　日本味と匂学会誌，*8*，383-386.

Sorokowska, A., Drechsler, E., Karwowski, M., & Hummel, T. (2017). Effects of olfactory training: A meta-analysis. *Rhinology*, *55*, 17-26. ［doi: 10.4193/Rhin16.195］

Yan, L., Liu, J., & Fang, D. (2015). Use of a modified vector model for odor intensity prediction of odorant mixtures. *Sensors*, *15*, 5697-5709. ［doi: 10.3390/s150305697］

Zellner, D. A., & Kautz, M. A. (1990). Color affects perceived odor intensity. *Journal of Experimental Psychology: Human Perception and Performance*, *16*, 391-397. ［doi: 10.1037/0096-1523.16.2.391］

（2・3）

Berglund, U. (1974). Dynamic properties of the olfactory system. *Annals of the New York Academy of Sciences*, *237*, 17-27. ［doi: 10.1111/j.1749-6632.1974.tb49840.x］

Cain, W. S. (1974). Perception of odor intensity and the time-course of olfactory adaptation. *ASHRAE Transactions*, *80*, 53-75.

Dalton, P. (1996). Odor perception and beliefs about risk. *Chemical Senses*, *21*, 447-458. ［doi: 10.1093/chemse/21.4.447］

Ekman, G., Berglund, B., Berglund, V., & Lindval, T. (1967). Perceived intensity of odor as a function of time of adaptation. *Scandinavian Journal of Psychology*, *8*, 177-186. ［doi: 10.1111/j.1467-9450.1967.tb01392.x］

Hummel, T., Knecht, M., & Kobal, G. (1996). Peripherally obtained electrophysiological responses to olfactory stimulation in man: Electro-olfactograms exhibit a smaller degree of desensitization compared with subjective intensity estimates.

第Ⅵ部　嗅覚

Brain Research, 717, 160-164. [doi: 10.1016/0006-8993(96)00094-7]

Kobayashi, T., Sakai, N., Kobayakawa, T., Akiyama, S., Toda, H., & Saito, S. (2008). Effects of cognitive factors on perceived odor intensity in adaptation/habituation processes: From 2 different odor presentation methods. *Chemical Senses, 33*, 163-171. [doi: 10.1093/chemse/bjm075]

Li, W., Luxenberg, E., Parrish, T., & Gottfried, J. A. (2006). Learning to smell the roses: Experience-dependent neural plasticity in human piriform and orbitofrontal cortices. *Neuron, 52*(6), 1097-1108. [doi: 10.1016/j.neuron.2006.10.026]

Pellegrino, R., Sinding, C., de Wijk, R. A., & Hummel, T. (2017). Habituation and adaptation to odors in humans. *Physiology & Behavior, 177*, 13-19. [doi: 10.1016/j.physbeh.2017.04.006]

Poellinger, A., Thomas, R., Lio, P., Lee, A., Makris, N., Rosen, B. R., & Kwong, K. K. (2001). Activation and habituation in olfaction: An fMRI study. *NeuroImage, 13*, 547-560. [doi: 10.1006/nimg.2000.0713]

Rankin, C. H., Abrams, T., Barry, R. J., Bhatnagar, S., Clayton, D., Colombo, J., ... Thompson, R. F. (2010). Habituation revisited: An updated and revised description of the behavioral characteristics of habituation. *Neurobiology of Learning and Memory, 92*, 135-138. [doi: 10.1016/j.nlm.2008.09.012]

斉藤 幸子・飯尾 心・小早川 達・後藤 なおみ　(2004).　持続呈示する臭気に対する感覚的強度の多様な時間依存性　におい・かおり環境学会誌, *35*, 17-21. [doi: 10.2171/jao.35.17]

Wang, L., Walker, V. E., Sardi, H., Fraser, C., & Jacob, T. J. C. (2002). The correlation between physiological and psychological responses to odour stimulation in human subjects. *Clinical Neurophysiology, 113*, 542-551. [doi: 10.1016/s1388-2457(02)00029-9]

第3章 ニオイの知覚

3・1 ニオイの同定

3・1・1 ニオイの同定とは

　嗅いだニオイが何のニオイであるか判断することを，ニオイの同定（odor identification）という。嗅いだニオイのイメージ（嗅覚表象）とそのニオイに関する記憶（意味表象）が照合され，嗅覚表象と連合した意味表象が活性化された結果，言語化（命名）される。嗅覚刺激以外に手がかりがなければ，日常生活で接するニオイでも同定が困難となることが，共通して報告されている（Cain, 1979；de Wijk & Cain, 1994；Engen, 1987）。ただし，同定の正否をフィードバックされたり，その試行を繰返す実験的な訓練を行うことで，同定成績は上がることも認められている（Cain, 1979；Desor & Beauchamp, 1974）。日常生活で接するほとんどのニオイは単一の化学物質ではなく，数十から数百の異なる化学物質からなる混合物である。ニオイの発生源から揮発した多様な化学物質がまとまりをもって受容され，あるパターンとして知覚され，たとえば「バラのニオイ」のような意味表象と連合される。このような連合学習が生活のなかで偶発的に行われるため，ニオイの記憶は個人に特有のものとなりやすい（Hudson, 1999；Wilson & Stevenson, 2006 鈴木・柾木監訳，2012）。嗅覚表象は実際の嗅覚刺激として再生することができず，言語化も困難なため（VI・3・2・1 も参照），研究で同定課題を用いる場合や後述の臨床場面などでも用いられる同定検査では，嗅覚表象に合致するニオイの名前を選択肢から選ぶ手がかり同定の回答方法が取られている。

3・1・2 ニオイの同定に関わる要因

　ニオイの同定には高次の情報処理が関与しており，発達の過程で同定能力が変化する。4歳から90歳までの幅広い年代を対象に，食品や石鹸など家庭品のニオイ29種類の同定課題を行った結果，18-30歳の群で最も成績が高く，64-90歳の群が最も低かった（Lehrner et al., 1999；Sorokowska et al., 2015 も参照）。高齢者におけるニオイの同定成績の低さを示した例は多いが（綾部他，2005；Larsson et al., 2000など），その原因は加齢に伴う嗅覚受容体の機能低下といった末梢の変化とともに，認知機能など中枢の変化も関係している（Rawson et al., 2012）。若齢者と高齢者でニオイの閾値に差がなく，同定成績は高齢者が低いことを確認した研究では，加齢により意味知識へのアクセスが弱まることで，ニオイの快－不快判断が，個人の経験に基づくニオイの記憶よりも，嗅覚刺激の化学的特性に沿ってなされることを示した（Poncelet et al., 2010，VI・3・2・4 も参照）。この研究では，10歳前後の子どもも高齢者と同様の快－不快判断を示し，成人に比べてニオイの学習が進んでおらず嗅覚表象と意味表象の連合が弱い子どもは，嗅覚以外に手がかりがない場合に嗅覚刺激の化学的特性の影響を強く受けたと考えられる。ただし，あらかじめ名前が与えられることで5, 6歳児でも成人と同様に，ニオイの快－不快判断が変わるといった，言語的知識の影響を受けることは認められている（Bensafi et al., 2007）。

　女性は，男性に比べて身の回りのニオイへ注意を向ける傾向が高く（Herz & Cahill, 1997），特にニオイに関する言語的能力の生物学的な優位性（Brand & Millot, 2001）があり，ニオイの同定能力が高いことが多くの研究で示されている。一方で性別よりも，年齢や意味記憶の成績，性格特性がニオイの同

定成績へ影響を及ぼしたことを示した研究もある（Larsson et al., 2000）。また，男性にとっての煙草や機械油のニオイ，女性にとっての石鹸や除光液のニオイなど，それぞれに親近性が高いニオイには高い同定成績が示されており（Cain, 1982），同定課題に用いたニオイが回答者に馴染みがあるかによって成績が変わることを示唆している。年齢の要因でも同様に，高齢者に馴染みのあるニオイに対しては，若齢者より高い同定成績が示されている（Wood & Harkins, 1987）。ニオイの学習が進んでいく児童期には，6歳から9歳にかけて言語能力の向上とともに生活中のニオイの積極的な探索や気づきが高くなり，特に女児でその傾向があった（Ferdenzi et al., 2008）。児童期に香粧品の使用や料理などの経験が多かったという人は，生物学的性別にかかわらず，ニオイの同定成績が高く，身の回りにあるニオイに気づきやすい（awareness）と自覚していたことも報告されている（Nováková et al., 2014）。

以上のようにニオイの同定能力は，生物学的側面からの加齢や性別だけでは必ずしも決まらないことが示されている。ニオイについての言語的知識が獲得される過程で，どのようなニオイ（種類や頻度など）の環境で過ごしていたかという経験や，身の回りのニオイへどの程度関心があるかという態度も，ニオイの同定に関わる重要な要因である。

3・1・3　ニオイの同定能力を測定する方法

ニオイの同定能力を測定する検査は，嗅覚関連の研究で用いられる他に，飲食品や香粧品などの官能評価パネルの選定や，耳鼻咽喉科での嗅覚障害の診断などに使われている。同定検査では手がかり同定を用いて，四つの選択肢から該当するニオイの名前を選ぶ強制選択法が主に採用されている。後述するOSIT-JやOpen Essenceでは，選択肢から選べない場合のために，「その他（のニオイ）」や「わからない」も含めた強制選択ではない方法が取られている。

国外の代表的な同定検査には，アメリカで開発されたマイクロカプセル化した40種類のニオイを用いたUniversity of Pennsylvania Smell Identification Test（UPSIT；Doty et al., 1984）や，

ドイツで開発されたフェルトペン型容器に入った16種類のニオイを用いたSniffin' Sticks（Hummel et al., 1997）などがある。これらの検査で採用されているニオイには，クローブやリコリスなど西洋文化に特有のものが含まれており，異なる文化圏の測定対象者にはその文化圏に馴染みのあるニオイを用いる必要がある。日本人向けに作成された，スティック型嗅覚同定能力検査法（OSIT-J；Saito et al., 2006）や，マイクロカプセル化したニオイを呈示する嗅覚同定能力測定用カードキット（Open Essence）では，日本人の生活に馴染みのある畳や墨汁などのニオイが用いられている（詳細は綾部・中野，2018を参照）。

パーキンソン病の患者にOSIT-Jで同定検査を行った研究では，対照群に比べて患者群で有意に成績が低いことが認められている（Iijima et al., 2008）。アルツハイマー型認知症へ移行する場合がある軽度認知症（mild cognitive impairment：MCI）の症状を示す患者にUPSITによるニオイの同定検査を行い，その後2年の経過をみたところ，2年前に同定成績が低かった患者の47%（健常な同定成績を示したMCI患者では11%）が，認知症へ移行していたことも報告されている（Conti et al., 2013）。このように，記憶障害や認知機能障害を主な症状とする認知症やパーキンソン病などの神経変性疾患では，その前駆症状として嗅覚障害が起きることが認められており，ニオイの同定検査は早期発見に有用とされている。

（中野　詩織）

3・2　ニオイの分類と知覚の世界における快−不快

3・2・1　ニオイの分類

人間が知覚する「色」は，色相，明度，彩度で規定できる。「味」には，甘味，酸味，塩味，苦味，うま味の基本五味がある。では人間が知覚するニオイはどのような要素で分類され，規定されるのだろうか。19世紀後半から，ニオイを客観的に捉えることを目指して，定性的な分類カテゴリー，すなわち

人間が知覚するニオイの質をもとにした分類の仕方を探索する試みが行われ，さまざまなニオイの分類カテゴリーが提案されてきた。しかしながら現在，共通して広く受け入れられる分類カテゴリーはいまだ存在しないというのが定説である（レビューとして，Kaeppler & Mueller, 2013）。たとえば Henning (1916) は，「薬味，花，果実，樹脂，焦げ，腐敗」の六つのニオイ刺激カテゴリーを三角柱の頂点に割り当てた「嗅覚プリズム」を提案した。Hazzard (1930) は，疎−密，滑−粗，薄−厚，鋭−鈍，軟−硬，明−曇，生気あり−なし，表面的−深み，大−小の 10 対の形容語での分類を示している。Yoshida (1964) は有香物質の分類に関する一連の研究で，快−不快，harshness，強さの 3 軸を見いだしている。このようにニオイの分類カテゴリーは多様で研究間での共通性が低く，構造が弱く多次元的であること，分類の名称が恣意的であること，分類カテゴリーが明確に分離していないことなどが指摘されている（Chastrette, 2002）。こうしたニオイ分類カテゴリーの多様さには，それぞれの研究において，実験に用いられたニオイの種類や数，実験に参加した評価者の特性や経験，ニオイの分類・評価手法，評価に用いられる用語，評価データの解析方法など，複数の要因が関与すると考えられる。

　実験に用いられるニオイ刺激の種類やカテゴリーは，芳香を有する化合物，悪臭に分類される化合物，香粧品に用いられる香料，さまざまな花の香り，特定の文化にある生活の中のニオイなど多種多様であり，時には特定の分野に偏っている。ニオイを嗅いで分類する評価者も，特に知識をもたない一般的な人々，あるいはニオイを嗅ぐことに慣れ評価に熟練した専門家たちであることもある。この場合，実験に用いられるニオイへの親近性や熟知性，評価用語の理解度，自身の評価基準を保つといった官能評価手法の習熟度も影響しうる。評価者についてはさらに，嗅覚機能，性ホルモンの周期的変化などの生理的な状態（Good & Kopala, 2006），評価時の気分，文化や生育環境，年齢などを背景としたニオイへの接触経験（VI・3・3 を参照），といった，ニオイの知覚に影響を与えるさまざまな個人差も関係する。

　ニオイを分類，評価するために確立されてきた実験手法は，大きく非言語的手法と言語的手法に分けられる。非言語的手法では，準備されたさまざまなニオイを総当たり的に嗅ぎ比べて，質的に似ていると感じられるニオイ同士をグループにまとめるソーティング（sorting）や，知覚された類似度（あるいは非類似度）を数値で評価するニオイペアの類似性評価（pairwise similarity）がある（たとえば，Carrasco & Ridout 1993；Chrea et al., 2004；Higuchi et al., 2004；Sugiyama, et al., 2006；吉田，1964）。言語的手法では，ニオイを嗅いで知覚された特性を記述する。またそのようにして選定された一群のニオイ特性の評価用語に，一つ一つのニオイがどの程度当てはまると感じられるかを数値で評価したり（attributes），反対の意味をもつ評価用語を組み合わせ（たとえば，重い−軽い）より適切な方向の評価用語への当てはまりを評価するセマンティックディファレンシャル法（semantic differential：SD 法）がある（たとえば，竹内他，1995）。これらの評価データに多変量解析（多次元尺度構成法，主成分分析，探索的因子分析など）を適用すると，似たものとして知覚され評価されたニオイ同士がグループ化され，そのグループに命名を行うことで，人間がニオイを定性的に捉える基盤となる何らかの分類カテゴリーや次元が把握される。ただしここでも，ニオイの質を評価する用語が，「果実のような匂い」「花のような匂い」といった何らかの事物のニオイを知っていることを前提とした定性的なものなのか，「重い−軽い」「明るい−暗い」といった形容詞または形容詞対が用いられるのかによっても，得られる分類カテゴリーが異なってくることは容易に想像できるだろう。Kaeppler & Mueller (2013) はニオイの分類に関する 27 の心理学研究について，それぞれの研究手法や得られた分類カテゴリー数をまとめているが（表 3-2-1），この表からも研究手法の多様さや分類の一貫性の低さが見てとれる。

　ここまで，ニオイを定性的に分類，カテゴリー化し，共通のものとして共有することの困難さを示してきた。しかしながら，さまざまな分類カテゴリーのなかに，共通点と見なせる要素が見いだされる。それは，多くの研究で感情の一次元であるポジティブ−ネガティブの感情価（valence），すなわち快−不快

第Ⅵ部　嗅覚

表3-2-1　ニオイの分類に関する27の心理学研究について，それぞれの研究手法や得られた分類カテゴリー数をまとめたKaeppler & Mueller（2013）Tab.1をもとに著者作成。なお，本表に記載されている文献については，Kaeppler & Mueller（2013）を参照とのこと。
分類手法の略語は，A（attributes：ニオイ特性の評価），RefO（reference odors：参照ニオイとの比較），Psim（pairwise similarity：ニオイペアの類似性評価），Oprof（odor profile：ニオイプロファイル法），S（sorting：ソーティング），SemD（semantic differential：SD法）データ解析手法の略語は，CA（correspondence analysis：対応分析），CLA（cluster analysis：クラスター分析），DA（discriminant analysis：判別分析），EFA（exploratory factor analysis：探索的因子分析），MDS（multi dimensional scaling：多次元尺度法），PCA（principal component analysis：主成分分析），SOM（self-organizing maps：自己組織化マップ）をそれぞれ表す。

研究	分析対象	実験参加者		分類				結果			
		n	知識の状態	実験に用いたニオイ数	分類手法	評価用語の数	参照したニオイ数	データ解析手法	次元数	第一次元が快−不快	クラスター数
Wright & Michels (1964)	-	84	不明	45	RefO	-	9	EFA	8	No	-
Woskow (1968)	-	20	一般参加者	25	PSim	-	-	MDS	3	Yes	-
Døving (1970)	Woskow (1964)	20	一般参加者	25	PSim	-	-	MDS	4	解釈なし	-
	Wright & Michels (1964)	84	不明	45	RefO	-	9	MDS	3	解釈なし	-
	Wright & Michels (1964)	84	不明	46	RefO	-	10	CLA	-	-	3
Cunningham & Crady (1971)	-	20	不明	14	SemD	24	-	EFA	4	Yes	-
Berglund et al. (1973)	-	11	経験豊富な一般参加者	21	PSim	-	-	PCA	3	Yes	-
Schiffman (1974a, 1974b)	Wright & Michels (1964)	84	不明	45	RefO	-	9	MDS	2	Yes	-
	Woskow (1964)	20	一般参加者	25	PSim	-	-	MDS	2	解釈なし	-
Moskowitz & Gerbers (1974)	-	15	経験豊富な一般参加者	15	PSim	-	-	MDS	2	Yes	-
Yoshida (1975)	-	20	一般参加者	32	RefO	-	40	PCA	7	Yes	-
								MDS (metric)	3	Yes	-
								MDS (nonmetric)	10	Yes	-
Schiffman et al. (1977)	-	12	一般参加者	19	PSim			MDS	2	Yes	-
Coxon et al. (1978)	-	60	一般参加者	23	A	9	-	MDS	5	Yes	-
Boelens & Haring (1981)	-	7	専門家	309	RefO	-	30	PCA	15	解釈なし	-
Ennis et al. (1982)	Boelens & Haring (1981)	7	専門家	309	RefO	-	30	PCA	12	No	-
								PCA および CLA	-	解釈なし	27
								PCA および DA	-	解釈なし	27
Jeltema & Southwick (1986)	-	25	一般参加者	35	A	146	-	EFA	17	No	-
	Dravnieks (1985)	507	専門家	144	A	146	-	EFA	17	No	-
Chastrette et al. (1988)	Arctander (1969)	1	専門家	2467	OProf	74	-	CLA	-	-	41

表 3-2-1（続き）

研究	分析対象	実験参加者		実験に用いたニオイ数	分類			データ解析手法	結果		
		n	知識の状態		分類手法	評価用語の数	参照したニオイ数		次元数	第一次元が快-不快	クラスター数
Abe et al. (1990)	Arctander (1969)	1	専門家	1573	OProf	126	–	CLA	–	–	19
Carrasco & Ridout (1993)	–	32	一般参加者	16	PSim	–	–	MDS	3	Yes	–
Stevens & O'Connell (1996)	–	104	不明	15	S	–	–	MDS	3	Yes	–
Prost et al. (2001)	–	240	一般参加者	40	A	40	–	CA	4	No	–
							–	CLA	–	–	–
Madany et al. (2003)	Sigma-Aldrich (1996)	n/a	専門家	851	OProf	278	–	MDS（および SOM）	32	解釈なし	–
Madany (2004)	Sigma-Aldrich (1996)	n/a	専門家	851	OProf	171	–	MDS と PCA	32	解釈なし	–
Chrea et al. (2004)	–	90	一般参加者（フランス人30人, 米国人30人, ヴェトナム人30人）	40	S	–	–	MDS と CLA	各3	Yes	フランス5, 米国4, ヴェトナム4
Sugiyama et al. (2006)	–	25	一般参加者	17	PSim	–	–	MDS	3	No	–
Zarzo & Stanton (2006)	Sigma-Aldrich (2003)	n/a	専門家	881	OProf	82	–	PCA	–	No	17
Khan et al. (2007)	Dravnieks (1985)	507	専門家	144	A	146	–	PCA	4	Yes	–
Dalton et al. (2008)	–	300	一般参加者	30	SemD	50	–	PCA	3	Yes	–
Zarzo (2008a)	Chrea et al. (2005)	90	一般参加者	40	A	11	–	PCA	5	Yes	10
Zarzo (2008b)	Boelens & Haring (1981)	7	専門家	309	RefO	–	30	PCA	4	No	–
Zarzo & Stanton (2009)	Boelens & Haring (1981)	7	専門家	309	RefO	–	30	PCA	2	No	–
	Thiboud (1991)	1	専門家	119	OProf	–	–	PCA	2	No	–

（pleasant–unpleasant：hedonic が用いられることもある）と解釈できる軸が分類の主要な次元として抽出されることである。快-不快が第一次元として抽出されなかった場合も（表 3-2-1 を参照），「シトラス，甘い，重い」（Prost et al., 2001）や「食べられる-食べられない」（Sugiyama et al., 2006）のように，軸や次元への命名が快-不快を示唆すると考えられる研究や，用いられたニオイが一般的に好まれる香りのみであったことが快-不快が第二次元として抽出された理由と考察した研究のように（Zarzo & Stanton, 2006），ニオイの快-不快が分類カテゴリーの重要な要素であることは確かなようだ。

3・2・2 ニオイの快-不快の機能と中枢反応

ニオイの快-不快が，ニオイを知覚し認識する主要な次元であることや，それほどに重要な理由とは何であろうか。ヒトにとってニオイの快-不快はどのような機能をもつのだろうか。

Stevenson（2010）は，人間における嗅覚の機能を大きく三つに分類した。一つ目は飲食物の検出や識別，期待と異なる刺激の検出，母乳や母体の探索など特に食物に対する反応である摂取行動（ingestive

第Ⅵ部　嗅覚

behavior），二つ目は恐怖や嫌悪反応に代表される危険な環境の回避（avoiding environmental hazards），三つ目は近親交配を避け適切な相手を探す生殖や，感情の伝染といった反応に代表される社会的コミュニケーション（social communication）である。いずれも生命の維持や社会生活に重要な機能であるが，これらを総括すると，嗅覚の機能は，ニオイを発する対象により接近すべきか回避すべきかの判別であり，これは快‐不快の判断ともいえる。

　より日常的な例としては，ニオイで食物の腐敗を判断して食べない，美味しそうなニオイの食物を口にする，ガスのニオイや異臭を感知してその場から離れたり，他者に危険を知らせたりする。他の動物においてそうであるように，ヒトにとってもニオイは快‐不快判断を通じて，生きていくうえで非常に重要な役割を果たしている。ただし，ヒトにとってのニオイの快‐不快の機能はそれだけではない。普段の生活に香水やアロマを用いて楽しみや癒しを求める，多種多様な香りをもつ日用品のなかから好みのものを選択して使用するなど，嗜好のために快と判断されるニオイを選び，生活を豊かにすることができる。ニオイを嗅いで快‐不快を判断することは，気分や感情を調節し，接近または回避の行動を引き起こし，さらにはニオイに対してだけではない態度や行動にまで影響が及ぶこともある。

　嗅いでいるニオイの特徴を説明する内容がポジティブなものかネガティブなものかによって，ニオイの強度や順応などの常に一定と考えられるようなニオイの知覚の仕方も影響を受ける（たとえば，小林他，2007）。また，快いニオイを嗅いだ場合に，分時呼吸数が減少し一回換気量が増加する，すなわち呼吸がゆったりしたリズムに変化するように（Masaoka et al., 2005），ニオイの快‐不快は，心拍，皮膚電位反応，呼吸，表情筋など，身体的，生理的な反応も引き起こす（Ⅵ・5・2を参照）。

　ニオイを嗅ぐこと，またニオイの快‐不快判断に関与する脳活動領域をfMRIやPETにより計測した研究についてメタ分析が行われ（Zou et al., 2016），両側海馬傍回，扁桃体，眼窩前頭皮質，帯状回，前頭回，右島皮質などからなる嗅覚系情動処理ネットワークの存在が示されている。嗅覚情報処理

および情動反応に関与するこれらの領域は報酬系とも関連し（たとえば，Small, 2002），ニオイ知覚の主要な要素として快‐不快判断があることが人にとってどのような意味があるかを示唆する。

3・2・3　ニオイの快‐不快を測る

　人が感じるニオイの快‐不快の計測手法として最も一般的に用いられるのは，スケールを用いた主観的な評価だろう。多くの知覚，認知研究において，ニオイを嗅いだ対象者にその人が感じた快‐不快の程度を，両極に不快と快を配したリッカートスケールやビジュアルアナログスケール（visual analog scale：VAS）を用いて評価するよう求める。スケールの目盛りに，不快および快の程度を表す言葉（たとえば，非常に不快‐不快‐やや不快‐どちらでもない‐やや快‐快‐非常に快）を付加したものもしばしば用いられる。これらのスケールを用いて評価する，ニオイの快‐不快度が数値で表現される。

　Ⅵ・3・2・2で述べた，ニオイの快‐不快による身体的，生理的な影響，すなわち心拍，皮膚電位反応，呼吸，表情筋などの感情の変化に伴って変動する生理指標は，ニオイの快‐不快の程度を計測する手法であるともいえる（たとえば，Alaoui-Ismaïli et al., 1997；Bensafi et al., 2002；Brauchli et al., 1995）。身体的，生理的な反応は，ニオイの快‐不快の判断を意識的に行わなくても生じることから，スケールを使った主観評価を行うことが難しい場合に利用できる。乳児や幼児を対象とした研究では，これらの生理指標の計測の他に，二種類のニオイを呈示してどちらに顔を向けたか，より長く注視したか，といった選好的な行動をもって快‐不快の評価とすることもできる。

3・2・4　ニオイの快‐不快を規定するもの

3・2・4・1　生得的か，経験的か

　実験室で生育され天敵に遭遇したことがないマウスでも，ネコのニオイ（Dielenberg et al., 2001）やキツネの糞のニオイ（Kobayakawa et al., 2007）に対して防御的な反応を示すことが報告されている。また雌マウスは，雄マウスの尿に含まれている物質に

1480

対して先天的な嗜好行動を示すが，これも嗅覚経路を通じて行われる（Yoshikawa et al., 2013）。人間においても，生得的に快または不快が決まっているニオイというものはあるのだろうか。

Buck & Axcel（1991）の研究をはじめとしてニオイ分子の受容体の解明が大きく進んだ近年では，人間が知覚・認知するニオイの特性をニオイ分子の化学的特性と結びつけて説明する，新たな視点での研究が進められている。たとえば，ニオイ物質の物理化学的特性の第一次元である分子の重さ−拡散性や（たとえば，Khan et al., 2007），ニオイ物質の分子構造の複雑さ（Keller & Vosshall, 2016；Kermen et al., 2011），ニオイの分子構造に特定の官能基が含まれること（Keller & Vosshall, 2016）などが，人間が感じるニオイの快−不快を規定することが示されている。ただし，これらの研究で用いられている嗅覚刺激は，単一の化学物質であることがほとんどで，濃度も一定に保たれている。われわれが日常で接するニオイの世界は，多様な化学物質が複雑に混合した複合的な嗅覚体験である。特定の化学的な特性をもつ物質が含まれていれば何であっても，快に感じるまたは不快に感じるということは考えにくい。これから見ていくように，人のニオイの快−不快判断は，さまざまな要因に影響を受けることが多い。

3・2・4・2　ニオイの認知過程とトップダウン処理

ニオイが知覚され認知される心的過程は次のように考えられる。ニオイを嗅ぐと揮発性のニオイ分子が鼻腔から嗅粘膜を経て受容体に至り，電気信号に変換される。複合的なニオイであれば，同時にあるいはごくわずかな時間差で，約400種の嗅覚受容体のうちの何種類かが複数の分子に応答し，あるいは抑制的に反応する。これらの複雑な電気信号のパターンが，嗅神経を経て一次中枢である嗅球へ，さらに二次中枢である大脳へと送られる。この知覚的な経験は嗅覚表象として，共に経験された環境や文脈の情報，それが何であるかといった意味表象や，同時に体験される感情情報と結びついて記憶される。すなわち，他の感覚と同様に，感覚的にも意味的にも符号化される（Paivio, 1971を参照）。そして後に，再び同じニオイや同じように感じられる類似したニオイを嗅ぐと，そのニオイの嗅覚表象が記憶に保存されている嗅覚表象と照合され，連合している意味表象や感情情報が活性化される。その結果として，ニオイが何であるか，どのようなものであるかといった認知が生じる。

ニオイの快−不快判断が，外界の刺激に対する接近−回避反応として機能することから，ヒトがニオイを知覚した際には，高次な処理を経る以前に快−不快の判断が下されているようにも思える。しかしながら，ニオイの知覚・認知のプロセスを考えると，ニオイの発生源が何であるかを同定しようとするプロセスが先行し，快−不快の判断がその影響を受ける（Olofsson et al., 2012）という説明がより妥当であると考えられる。実際これから見ていくように，ニオイの快−不快の判断は，嗅覚表象（知覚的な経験）や，活性化された意味表象や感情に関する情報にトップダウン的に影響されることが多い。

ニオイの発生源が何であるかという情報と同時にニオイを呈示すると，快−不快判断を含むニオイの認知が，その情報の内容に影響されることを多くの研究が示している（たとえば，Herz & von Clef, 2001；杉山他，2000）。たとえばイソ吉草酸という物質を，「納豆」という名称を呈示されながら嗅いだ場合と，「蒸れた足のニオイ」という名称を呈示されながら嗅いだ場合とでは，後者のほうがより不快に評価される。呈示される悪臭物質の教示が，その物質が安全なものであるか危険な可能性があるかによって，快−不快の判断が異なる（たとえば，戸田他，2007）。日常生活にあるさまざまなニオイの快−不快評価を求めた研究では，磯のニオイやシンナー，ニンニクなどのいくつかのニオイで，個人によって快−不快の評価値が大きくばらついた（斉藤，1990）。これは，たとえば磯のニオイを「海苔のニオイ」と思ったか「下水のニオイ」と思ったか，すなわちニオイをどのように捉えたかが個人間で異なるためである。ニオイに関する情報を与えられた場合でも，自身でニオイが何か同定する場合でも，自身の経験や知識をもとに蓄積された意味表象が活性化され，それに基づく快−不快判断が下されている。

経験や知識がニオイの快−不快判断に影響を及ぼす重要な要素の一つであることは，発達的な視点を

第Ⅵ部　嗅覚

取り入れた研究からも示唆される。2歳児を対象とした実験では，二つのダンボール製の小部屋を，一方は一般に成人に好まれやすい β-フェニルエチルアルコール（バラの花のようなニオイ），もう一方は不快に感じられるスカトール（糞便のようなニオイ）で満たし，子ども向けの映像をそれぞれの小部屋で視聴させた。その後にどちらの小部屋での視聴を好むかを調べると，選択率に差がなかった（綾部他，2003）。この結果が示すのは，ニオイの快－不快判断に発達的な変化があり，2歳児はそれぞれのニオイがもつ意味をまだ習得できていないということだ。ニオイの快－不快判断が物質依存的に規定されているのであれば，子どもでも成人でもニオイの嗜好は同様になっただろう。実際，ニオイの快－不快判断を3歳児から4歳，5歳まで縦断的に追った研究では，5歳になると成人と同様のニオイの快－不快カテゴリーを捉えられること，言語能力の発達がその獲得に影響することが報告された（Rinck et al., 2011）。特に日常生活で遭遇するニオイの快－不快判断は，言語的な発達と相関して獲得されていく。外界にあるニオイ刺激を言語で捉えることで，ニオイの経験と言語がもつ意味とが結びついて蓄積され，この経験に基づいて刺激の快－不快判断がなされる。

　このことは，環境や文化的背景がニオイの快－不快判断に影響を及ぼす例からも推察できる。ドイツ人と日本人を対象とした比較文化的な研究（Ayabe-Kanamura et al., 1998）では，文化に共通する日常的なニオイ（たとえばチョコレート）と，それぞれの文化に特有なニオイ（ドイツはハーブの一種であるアニスなど，日本は納豆など）を呈示してさまざまな評価を求めた。その結果，文化に特有なニオイの多くが，それぞれの文化を背景とした対象者によって，より快いものとして評価された。またニオイに対する親近性（知っている，身近に感じるニオイかどうか）と快－不快の判断に相関関係が認められた。嗅いだことがない，ほとんど経験したことがないニオイは，何であるかわからないことによる不安や構えがある一方で，生活している文化で触れることが多いニオイは，意識的であれ無意識的であれ知覚すると同時に何らかの知識や意味が結びつく経験が蓄積されているからだろう。

　ニオイの快－不快判断が，文脈や環境，個人の知識や経験によって異なるという多くの知見は，先に述べたニオイの快－不快が物質的に決まっているとする研究と，一見矛盾するように思える。この点については，次のような世代間比較の研究がその解釈を提供するだろう。物質の化学的な特性から快，あるいは不快と規定された嗅覚刺激を，それぞれ年齢の違うグループに嗅がせて快－不快判断を求めたところ，子ども（7-12歳）と高齢者（60-75歳）のグループは化学的な特性から規定された快－不快の程度に一致する評価を行った一方で，10代の若者（13-17歳）と若年成人（20-40歳）は，快刺激と不快刺激のどちらも同程度に評価した（Poncelet et al., 2010：図3-2-1）。10代の若者や若年成人は，嗅覚刺激から形成される嗅覚表象と結びつく意味表象が十分に獲得されているため，快－不快の評価は個人の経験に基づいて総合的に行われ，化学物質的な特性による推定が上書きされる。一方子どもでは，嗅覚表象を形成し意味表象を結びつける経験の蓄積が乏しいため，化学物質的な特性が定義する快－不快が評価にそのまま表れる。高齢者では，加齢による知覚的・認知的な減衰によって嗅覚表象と意味表象とを結びつけることが困難になり，嗅覚表象への意味づけが行いづらくなったため，化学物質的な特性に依存して判断を行ったものと考えられる。

3・2・4・3　知覚経験とニオイの快－不快

　通りすがりにふわりと香る程度であれば快く感じる香水でも，高濃度で大量に吹きかけられれば不快に感じる。低濃度のスカトールはバラの花のように感じられるが，一定の濃度以上では糞便などの悪臭と知覚される。嗅覚刺激の濃度はニオイの強さ・強度として知覚されるが，快－不快を左右する要素の一つでもある。ただしニオイの強度と快－不快とは，強烈に感じられるニオイが不快で弱く感じられるニオイは快になる，といった単純な相関関係になるとは限らない。研究によって，ニオイの種類によって，強度と快－不快とが正の相関である，相関がない，強すぎても弱すぎても快とは感じられない逆向きの二次関数の関係をもつ，など複雑な関係性が報告さ

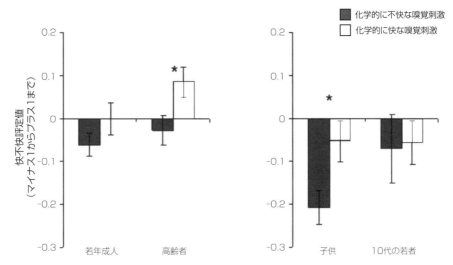

図 3-2-1　ニオイの快-不快判断の世代間比較（Poncelet et al., 2010, Fig.1, Fig.4をもとに著者作成）
ニオイの快-不快を5段階で評価（「非常に不快」を−1,「不快」を−0.5,「どちらでもない」を0,「快い」を0.5,「非常に快い」を1と数値化）。アスタリスクは有意水準5％以下での統計的有意差を示す。化学的な特性で快-不快が規定されたニオイであっても，年代によって評価が異なる。嗅覚と意味表象の連合能力が低い子どもや低下している高齢者では化学的な快-不快に判断が左右されやすい。

れている（たとえば，Doty, 1975；Moskowitz et al., 1974；Moskowitz et al., 1976；Royet et al., 1999）。ニオイの強度とニオイに対する親近性および快-不快と親近性との正の相関関係を見いだした報告や（Royet et al., 1999），ニオイが何であるかわかるとニオイの強度，親近性，快-不快度が上昇するという報告があるように（たとえば，Distel et al., 1999；Distel & Hudson, 2001），経験や知識など認知的な要因がニオイの強さの知覚に介在することで，ニオイの快-不快の判断に影響する。

単純接触効果（mere exposure effect）は，刺激に繰り返し接触することで刺激に対する快さが向上する現象であり（Zajonc, 1968），接触による知覚的な体験の繰り返しにより知覚情報処理が容易になることが好ましさに結びつく，知覚的流暢性誤帰属説（Bornstein & D'Agostino, 1992）で説明されることが多い。先に述べたニオイの親近性と快-不快の判断との相関関係は，ニオイに知識や意味が結びついていることに加えて，知覚的な接触経験が豊富であることから，知覚的な処理が容易になり好ましいものとして捉えられるようになったとも考えられる。しかしながら嗅覚における単純接触効果は，さまざまな条件のもとで検討され，接触の頻度が増えれば快-不快度が向上するという一様な結果にならないこともわかっている。もともと不快に感じられるニオイは接触を続けると快に，もともと快いと判断されたニオイは不快に変化する（阿部他，2009；Cain & Johnson, 1978），もともとの快-不快の程度がそれぞれ極端なニオイは繰り返しの接触の影響を受けない（Delplanque et al., 2015），ニオイ刺激の質的なイメージによって効果が異なる（庄司他，2006）といった刺激特性の影響，ニオイに注意を向けていた場合に効果が大きくなる（Prescott et al., 2008），注意が払われていないと単純接触効果が成立しない（小川他，2010）といった注意の影響，短時間に接触を繰り返すことが不快を感じさせる知覚的な飽きや嗅覚疲労の影響（庄司，2008），単にニオイ刺激に接触するだけでは変化しないが，そのニオイ刺激が何であるかを示す情報（たとえば，身体に良いもののニオイであるなど）を与えるとより快に評価されるという意味情報の影響（綾部他，2002）などがある。さらに，特に食物のフレーバーでは繰り返しの接触が飽きにつながる，すなわち不快に変化する感性満腹感（sensory-specific satiety）と呼ばれる現象もある（Rolls & Rolls, 1997）。ここでもまた，知識や経験，環境や文脈など，複雑な要因が，知覚の仕

第Ⅵ部　嗅覚

方とニオイの快−不快判断に影響を及ぼすことがわかる。

　発達のきわめて初期段階に着目することで，意味表象との連合を伴わない，ニオイの知覚学習によるニオイの快−不快の形成をみることができる。産後3日目の新生児は，母親の羊水を，水や他の母親の羊水といった対照刺激よりも選好する行動を示す（Schaal et al., 1995, 2000）。また出産直前の10日間にアニスのニオイが付された食品を摂取していた母親から生まれた新生児は，摂取していなかった母親から生まれた新生児に比べて，アネトール（アニスのニオイの主成分）への選好を示す（Schaal et al., 2000）。胎児は母親の羊水を通じて，食事や環境などから母体が摂取した化学物質を受容している。母体内での化学的経験，すなわち知覚的な学習が，新生児のニオイに対する快−不快を規定しうる。

　ニオイを嗅ぐことそのものによってニオイの快−不快が変化する知覚学習の影響の例として他に，対比効果（contrast effect）がある。これは，先に知覚した刺激の特徴が，時間的に接近して呈示される刺激の知覚的な判断に影響を及ぼす現象の一つである。ニオイの場合，快く感じられるニオイ刺激を嗅いだ後に不快なニオイを嗅ぐと，不快なニオイだけを嗅いだ場合よりもさらに不快に感じるという対比効果がみられるが，不快なニオイを嗅いだ後に快いニオイを嗅いだ場合には，より快く感じるということはない（Nakano & Ayabe-Kanamura, 2017）。

（杉山　東子）

3・3　ニオイの知覚学習

　特定のニオイ（嗅覚刺激）に繰り返し接触する経験や，あるニオイを特定の言葉と結びつける訓練の結果，そのニオイに対する感覚強度や弁別，同定や嗜好性などの認知に変化が生じる。

　食習慣などの文化的経験はニオイの捉え方に強く影響する。高地で農業や牧畜を主な生業とするチベット系民族のシェルパは，魚を食べる習慣がないため「魚臭い」というニオイの分類概念がない（上野，1992）。また，自分の文化圏に特有な食品のニオイは，日常的に馴染みがあるために感覚強度がよ

り強く，食品か否かを正しく判断することができる（Ayabe-Kanamura et al.,1998）。ある地域（スイス）を想起させる単語（スイス国内の地名）を事前呈示するプライミングを行うと，その地域の代表的なニオイ（チョコレート）の感覚強度が，その地域出身者で非出身者より強くなり（Coppin et al., 2016），実験的操作による社会的アイデンティティの活性が，ニオイの知覚へも影響することも確認されている。

　比較的短時間の接触経験でも，ニオイの知覚へ影響することがわかっている。たとえば，アンドロステノンのニオイを感知できない実験参加者に3週間にわたり1日3回，1回あたり3分間嗅がせると，アンドロステノンの検知閾が低下し，嗅電図や嗅覚誘発電位の振幅が増強した（Wang et al., 2004；Wysocki et al., 1989も参照）。このような反復的単純接触による嗅覚感度の上昇を示す例はほかにもある。日本人に馴染みのないニオイ（アニスシード）をお茶として日常生活で飲用することで約1か月間接触させた結果，アニスシードの主成分であるアネトールの閾値は変動しなかったが，このニオイの熟知度や快さは上昇した（綾部他，2002）。また，あるニオイを3.5分間嗅いだ後に，そのニオイと質的なカテゴリー（たとえばフローラル）あるいはニオイの物質的構造が同じである他のニオイへの感度も高くなり（Li et al., 2006），短時間の単純接触による嗅覚感度への影響が，接触したニオイそのものだけでなく類似のニオイへも般化することが示されている。同様の結果が女性に限り認められた研究では，エストロゲンなど女性ホルモンの分泌量が関与している可能性も指摘されている（Dalton et al., 2002）。

　反復的単純接触による嗅覚感度への作用は，嗅覚治療としても取り入れられている。たとえばHummel et al. (2009) は，後天的な嗅覚障害患者（感染や頭部外傷による，または突発性の嗅覚障害）に12週間にわたり4種類のニオイ（バラ，ユーカリ，レモン，クローブのニオイを呈する単体化学物質）を1日2回嗅がせる嗅覚訓練を実施した。その結果，訓練前に比べて検出，弁別，同定の嗅覚能力が向上したことを示した。さらに最近では，対象は健常者であるが，Hummel et al. (2009) と同様の嗅覚訓練を実施した参加者の嗅球容積が10％以上拡大

1484

した（Negoias et al., 2017）ことも報告されている。しかし，このような感度の上昇が維持される期間については検討例が少なく明らかになっていない。

　より能動的なニオイの接触経験による影響として，ワインなどの嗜好品に関わる専門的訓練を受けた人々における嗅覚能力の優位性を示す研究がいくつか報告されている。ワインのエキスパートに，1か月間指定されたニオイ（ワインの重要成分であるリナロールとジアセチルのいずれか）を毎日約1分間嗅ぐ訓練を行ったところ，そのニオイの検知閾が低下した（Tempère et al., 2012）。また，ワイン製造技術者は，その含有量でワインの品質が左右される成分（ethylphenols）のニオイに対する感度が，ワイン農家やワイン産業に関わる他の専門家に比べて高かった（Tempère et al., 2014）。一方で，閾値計測に標準的に用いられるn-ブタノールのニオイの検出力は，ワインエキスパートと非エキスパートの間に優劣はなかった（Bende & Nordin, 1997；Parr et al., 2002）。ビールの訓練生を対象とした研究でも同様に，ビールフレーバーの検出と同定や，苦味やホップといった一般的特性の強度評価訓練を11時間受けた人は，ビールの分類課題において，訓練を受けていない一般消費者よりも一貫性の高い分類ができた。しかし，ビールの特徴を言語化して会話をしながらビールを組み合わせる課題成績には，一般消費者群と明確な差がなく，訓練生の成績優位性は，訓練で接したビールでのみ認められた（Chollet & Valentin, 2001）。また，香道の専門家に4種類の香の弁別課題を実施した結果，香を対象とした場合は初心者に比べて専門家の成績が優れていたが，統制条件である茶のニオイの弁別課題成績は初心者との間に差がなかった（Fujii et al., 2007）。さらに，ワインのエキスパート，コーヒーのエキスパート，および一般対象者とで比較した研究では（Croijmans & Majid, 2016），日常的なニオイや味の命名課題では群間で差がなかったが，ワインのエキスパートはワインのニオイやフレーバー（コーヒーのフレーバーも）の命名成績が他の群より優れていた。また，各エキスパートは，専門のニオイを命名する際にニオイの発生源を回答することが多かった。以上の知見は，特定のニオイについての専門的訓練は，訓練し

たニオイに対して効果があり，日常の他のニオイまでは必ずしも及ばないことを示している。さらに，ワイン学を専攻する学生が赤色に着色された白ワインのニオイの表現に，赤ワインに関する記述語を選択した（Morrot et al., 2001）ように，専門的な経験があっても嗅覚以外の感覚情報でニオイの知覚が影響されることも示されている。

　以上で述べたように，ニオイの知覚学習は，接触経験に依存した個人の主観的枠組みの変化を反映したものであり，高次認知処理の関連が強いことが，行動的および生理学的に確認されている。その一方で，中枢レベルでの変化が末梢レベルへも影響しているのかは明らかになっていないところも多い。動物研究では，母親ウサギの摂取により，胎児期に羊水中でジュニパーベリーのニオイに暴露された仔ウサギは，このニオイを暴露されなかった仔ウサギと比べて，ジュニパーベリーのニオイに対する嗅覚神経細胞応答の増強がみられた（Semke et al., 1995）。ヒトを対象とした研究でも，胎児期の羊水や出生後の母乳を介して接触したニオイの食品に対して，生後に嗜好性を示すことが確認されている（Mennella et al., 2001；Schaal et al., 2000）。今後，神経生理学的研究と行動学的研究を組み合わせた知見が蓄積されることで，ニオイの知覚学習が成立した場合における末梢レベルでの変化の可能性やその特徴についても明らかになるであろう。

（中野　詩織）

3・4　ニオイの記憶

　1970年代以降，嗅覚と記憶に関する研究は今日まで継続的に行われており，一定程度の知見が蓄積されている（レビューとして，綾部，2010；綾部・菊地，1996；Herz & Engen, 1996；Richardson & Zucco, 1989；Schab, 1991；Stevenson & Boakes, 2003；高橋，2000；White, 1998）。それらによると，従来の研究はニオイそれ自体の記憶を検討した研究と，ニオイの想起手がかりとしての有効性を検討した研究の二つに大別される。

　ニオイそれ自体の記憶に関する研究では，主に短期記憶（たとえば，Ayabe-Kanamura et al., 1997；

Doty & Kerr, 2005；Engen et al., 1973；Jones et al., 1978）と，長期記憶（たとえば，綾部他，1996；Cain & Potts, 1996；Engen & Ross, 1973；Frank et al., 2011；Larsson & Bäckman, 1997；Lawless, 1978；Lyman & McDaniel, 1986, 1990；Murphy et al., 1991；Rabin & Cain, 1984；Stagnetto et al., 2006）についての検討が行われてきた。この領域では一般的に再認法が用いられている。まず学習時に複数のニオイ刺激が呈示され，その後，テスト時には学習時に呈示されたニオイ刺激とそれら以外の新しい刺激が複数呈示される。そのなかから学習時に呈示された刺激を選択した場合に正答となる。短期記憶に関する初期の研究として，Engen et al. (1973) はニオイ刺激を記銘させた後，3秒，6秒，12秒，30秒という保持時間の後に再認テストを行った。その結果，3秒後の再認率と遜色なく30秒後でも80％程度を保つことが示された。またニオイの長期記憶を検討した Engen & Ross（1973）の研究では，ニオイ刺激の学習直後の再認率は約75％であったが，この高い再認率は30日後でもほぼそのままの水準で保たれており，1年後でも約65％であった。一方，視覚的刺激では学習直後の再認率はほぼ100％であったが，1年後にはチャンスレベルにまで成績が低下したことが報告された。ニオイの記憶が忘却されにくい理由については，保持期間中に経験する妨害刺激が視覚などと比べて少なく，干渉されにくいことなどが考えられる（Murphy et al., 1991）。しかし，その後いくつかの研究から，ニオイの記憶も遅延による忘却が生じること（たとえば，Ayabe-Kanamura et al., 1997；Murphy et al., 1991；Rabin & Cain, 1984），視覚的記憶でもニオイの記憶と類似した結果が得られること（たとえば，Lawless, 1978）などが報告された。呈示される記銘リストの位置によって記憶の成績が異なる系列位置効果（serial position effect）に関する研究においても，ニオイの記憶は他の感覚的記憶と異なる場合と類似する場合があり，その独自性については議論が行われている（たとえば，Johnson et al., 2013；Johnson & Miles, 2007, 2009；Miles & Hodder, 2005；Reed, 2000；White & Treisman, 1997）。これらの結果から，ニオイの記憶は他の感覚的記憶と本質的には変わらない可能性も考えられる。

言語的記憶や他の感覚的記憶と同様に，ニオイの記憶においても刺激の熟知性や情動性，命名のしやすさなどの諸特性が記憶成績を規定する（たとえば，Moss et al., 2016；Murphy et al., 1991）。なかでも命名などによる言語の影響は，符号化時の処理も含めて重要な要因である。一般的に，写真や絵などの視覚的刺激はそれ自体のイメージと言語的情報によって二重に符号化されている（Paivio, 1971）。嗅覚においてはイメージそれ自体が困難であると考えられてきたが（Engen, 1991），近年では，嗅覚的イメージを想定しないと解釈できない実験結果が報告されており，その存在が主張されている（たとえば，Bensafi & Rouby, 2007；Djordjevic et al., 2004；Gilbert et al., 1998；山本他，2018）。すなわち，嗅覚的記憶も嗅覚的イメージと言語的情報によって二重に符号化されているため，符号化時および検索時における言語的処理による影響を受けることが予測される。これに関して，たとえば Lyman & McDaniel (1986, 1990) は30種類のニオイ刺激を実験参加者に呈示し，そこでの記銘方略を操作した。具体的には視覚的イメージを生成させる条件，ニオイと関連した過去の出来事を想起させる条件，命名させたり簡単な定義を行わせたりする条件，そして呈示のみを行う統制条件を設定した。実験の結果，命名させる条件で成績が最も高くなり，統制条件でその成績が最も低くなった。この結果は，嗅覚的符号化のみが単一で行われるよりも，言語的符号化によって意味的情報が付加されたほうが記憶痕跡が強固になるからであると解釈される。また，ニオイのワーキングメモリに関する研究（たとえば，Dade et al., 2001；Jönsson et al., 2011；Martin & Chaudry, 2014）でも，命名が容易なニオイでは，それが困難なニオイよりもワーキングメモリ課題（Nバック課題）の成績が高くなることが報告されている。円滑な言語的処理が困難であると推定される5, 6歳児を対象とした研究（Stagnetto et al., 2006）では，ニオイ刺激を呈示するだけの群とニオイ刺激とともに文脈情報として言語ラベルと事物の写真を呈示する群（オレンジのニオイの場合，「オレンジ」という文字情報とオレンジの写真を呈示する）を設け，3週間の学習期

間後，群ごとにニオイの再認テストを行った。その結果，文脈情報を呈示された群がそうではない群よりも再認成績が高くなった。すなわち，言語発達が未熟な幼児でも言語的情報に依存してニオイの記憶を保持している可能性が示された。

ニオイの想起手がかりとしての有効性に関する研究は，さらに文脈依存記憶（context dependent memory）の研究と，自伝的記憶（autobiographical memory）の研究に分類される。文脈依存記憶とは，符号化時と検索時の文脈情報（たとえば，場所）が一致する場合は，それが不一致な場合と比較して記憶成績が促進される現象である（たとえば，Godden & Baddeley, 1975）。ニオイを文脈として用いた研究では，符号化時と検索時でニオイの有無や種類の一致，不一致などが操作された。従来の研究では，単語（Ball et al., 2010；Herz, 1997a, 1997b；Isarida et al., 2014；Schab, 1990；山田・中條，2010）や写真（Cann & Ross, 1989；Herz, 1998；Herz & Cupchik, 1995），物語（Phillips & Cupchik, 2004），実験室に置かれた事物（Wiemers et al., 2014）などを記銘材料とした検討が行われた。厳密には研究ごとに詳細な方法は異なるものの，いずれの研究でも符号化時と検索時の両方で同じニオイが呈示された場合に単語などの記憶成績が促進されることが示されている。ただし，ニオイと他の感覚知覚刺激による文脈依存記憶の効果を比較した研究では，感覚間でその効果に差は認められていない（Herz, 1998）。

また，自伝的記憶（自分自身が過去に経験した出来事の記憶）に関する研究では，ニオイ刺激を手がかりとして過去の出来事の想起を求め，主観的な評定値などによってその特徴が検討されてきた（レビューとして，Chu & Downes, 2000a；Hackländer et al., 2019；Larsson & Willander, 2009；山本，2015, 2016）。その結果，ニオイ手がかりによって喚起された自伝的記憶は，情動的でかつ鮮明であり，古い出来事が多いことがわかっている（たとえば，Herz & Cupchik, 1992；山本，2008b）。しかし，言語などの他の手がかりと比較した研究では，ニオイ，言語ラベル，視覚的刺激によってそれぞれに喚起された自伝的記憶の鮮明さや情動性に差が認められないという報告（Rubin et al., 1984）や，むしろニオイ

手がかりによって喚起された記憶の鮮明さは，視覚的刺激や言語ラベル手がかりの場合と比較して低いという報告もある（Goddard et al., 2005）。その一方で，ニオイ手がかりによって喚起された自伝的記憶は，言語ラベル手がかりによって喚起された記憶よりも鮮明でかつ情動的であること（Chu & Downes, 2002），聴覚，視覚的手がかりの場合よりも情動的で追体験したような感覚を伴うこと（Herz, 2004；Herz & Schooler, 2002），幼少期の出来事が多いこと（Chu & Downes, 2000b；Willander & Larsson, 2007）など，ニオイによる自伝的記憶の独自性を示唆する知見も複数報告されている。

ニオイの想起手がかりが自伝的記憶に作用するメカニズムについては，まだ未解明な点が多いが，ニオイを認知する際の言語や情動的な処理が要因の一つとして考えられている（Ehrlichman & Halpern, 1988；Willander & Larsson, 2007；山本，2008a；山本・野村，2010；山本・杉山，2017）。たとえば，山本・杉山（2017）は日常的なニオイを手がかりとして自伝的記憶の想起を求め，OEAMQ（Odor Evoked Autobiographical Memory Questionnaire）という尺度によって想起の特性を調べると同時に，そのニオイの情動的特性（たとえば，感情喚起度）を評価させ，またニオイの命名が可能かどうかを判断させた。その結果，ニオイの情動的特性が高く評価されるほど，記憶の鮮明度やノスタルジー感情に関する想起特性が高くなった。さらに，ニオイの命名が正しく行われた場合のほうが，誤った命名が行われた場合よりも鮮明度や感覚知覚情報等に関する想起特性が高く評価された。

ニオイの言語および情動による処理が記憶に及ぼす影響について，脳の処理機構との対応関係に基づいた神経心理学的な解釈が行われている（Larsson et al., 2014）。嗅覚情報は，嗅球から梨状皮質を経て大脳辺縁系に投射され，ここで感情と記憶に関係する扁桃体および海馬が賦活される（Herz et al., 2004）。実際, fMRI（functional Magnetic Resonance Imaging）を用いた研究では，ニオイ手がかりによって自伝的記憶を喚起する場合に，視覚的手がかりの場合に比べて，扁桃体および海馬がより賦活されること（Herz et al., 2004），言語手がかりの場合に比べ

て，情動的処理を行う辺縁系とともに，言語などの意味的な処理と関係した右前頭前皮質前部，両背外側前頭前皮質，中前頭回，左下前頭回が賦活されることなどが報告されている（Arshamian et al., 2013）。

また，ニオイを嗅ぐ行為と呼吸とは密接な関係にあることから，自伝的記憶が想起可能なニオイ，あるいは想起不可能なニオイを呈示した際の呼吸の差異に注目した研究が行われており，そこでも脳内の活動が検討されている。それらの研究では，自伝的記憶が想起不可能なニオイよりも，想起可能なニオイを呈示したほうが1回の呼吸の量が増加し，かつその頻度が低下する（呼吸のペースが緩やかになる）こと（Masaoka et al., 2012），またその際には左後眼窩前頭皮質が安定して賦活することが示唆されている（Watanabe et al., 2018）。

（山本　晃輔）

3・5　ニオイの条件づけ

ニオイを用いた条件づけに関する研究には，ニオイの感覚知覚の仕組みや成り立ちを理解し，応用するための示唆に富むものが少なくない。ニオイを無条件刺激（US）とする研究のなかには，嗅覚情報処理の生得的側面を示すものがある。動物研究ではあるが，ストレスなどの情動的情報処理に行動的，電気生理的，神経生理的側面からアプローチする目的で，天敵（捕食者）のニオイで恐怖条件づけを試みる実験が行われている（Takahashi et al., 2008）。ヒトに対して悪臭をUSとして条件づけを試みる研究もある（たとえば，Gottfried et al., 2002；Hermann et al., 2000）。一方，ニオイを条件刺激（CS）とした研究は，嗅覚情報処理の獲得的側面を示し，ニオイ知覚が学習によって修飾され変化することを強調する。本節ではこの側面からの研究を主に取り上げる。

動物の嫌悪学習をはじめとしてニオイに対する嫌悪行動の条件づけを示す研究は多く，歴史も古い。なかでもニオイを単独でCSとした場合では味の場合より連合強度が低いが，ニオイと味を一緒にCSとして呈示すると，ニオイ単独の場合よりもニオイに対する嫌悪反応が増強される味覚増強性嗅覚嫌悪（Palmerino et al., 1980）は特筆すべき現象である。

ニオイ呈示直後に目に空気を吹きつけることを繰り返して，ニオイでヒトの瞬目反射が条件づけられたという報告（Moore & Murphy, 1999）もある一方で，近年のニオイをCSとする研究の意義は，条件づけの成立要因を明らかにすること以外にも，感覚知覚に関わる神経生理学的な可塑性を調べることや，学習性の知覚修飾がどの範囲で生じるかを示すこと，またニオイによって新たな行動を引き起こす可能性を調べることなどであろう。

快い2種類のニオイをCSに用い，鼻腔内に送る二酸化炭素による三叉神経刺激をUSとして古典的条件づけを行う2種類の実験報告がある。対呈示後の強度評定の増大といった行動的条件反応や，事象関連脳電位を含む電気生理的反応は一部の実験参加者でしか生じなかったが（Bensafi et al., 2007），fMRIでは条件性の反応が生じる脳領域が見いだされ，その部位は他の嫌悪性条件づけ研究や痛みの研究で関連領域とされる部位と同じネットワーク領域であった（Moessnang et al., 2013）。これらの研究で明確な条件性の行動反応や電気生理的反応が確認されなかったのは，USとして用いた刺激の強度が控えめだったためかもしれない。USに電撃を用いた2種類の研究では，電撃と対呈示されたCSに対して皮膚電気反応が増大した（Leer et al., 2011；Marinkovic et al., 1989）。Marinkovic et al. (1989)では，条件反応の生起にはCSとUSの随伴性が意識されていることが重要だということも示された。また，他の認知的要因も条件づけに影響するようだ。Winters et al. (2003) は，事前に環境における化学物質過敏症に関する情報を与えられた群ではCSであるニオイに対して過呼吸様症状が条件づけられるのに対し，事前の情報なしの群では条件づけは成立しないという結果を得て，認知的側面の重要性を示唆した。

ニオイ知覚に関わる神経生理学的な可塑性を示す研究に，同じニオイと知覚されるニオイ物質を用いてヒトに対し弁別条件づけを試みた一連の興味深い実験報告がある。単体香料の鏡像異性体の一方をCSとして電撃（US）と対呈示し他方の異性体は対呈示しないと，主観的な強度や快不快度には変化がないものの，鏡像異性体間の弁別力が向上し，CSに

対して皮膚電気反応が生じた（Li et al., 2008）。鏡像異性体を用いた同様の実験では，末梢の嗅粘膜で測定される嗅電位にも条件反応による影響が生じた（Cavazzana et al., 2018）。これらの嫌悪性条件づけとは異なり，USにチョコレートを用いた嗜好性の条件づけでは，弁別力に変化が起きなかったが，皮膚電気反応や呼吸パタンに差異が生じたとの報告がある（Pool et al., 2014）。

連合学習による知覚の修飾に関しては，Stevenson（2001a, 2001b, 2001c）が，A臭とB臭の混合臭を経験することで，A臭とB臭の弁別成績が低下し，ニオイの質が似ているように感じられるという獲得等価性（たとえば，Hall, 1991）に基づく現象を報告している。また，経験によるニオイの嗜好の変化に関する説明仮説の一つである評価条件づけは，CSに対する嗜好や快不快の評価がUSのもつ感情価の方向に変動することに注目したものだが，完全に例証されているわけではない。というのも，多くの研究でUSが不快な刺激の場合は，後にCSであるニオイの評価が一貫して不快方向に変動するが，USが快刺激の場合，快方向に変化しないからである（たとえば，van den Bosch et al., 2015）。この一貫性の欠如を理解するには「フレーミング」という観点が重要だとする論文（Rozin et al., 1998）や，快刺激の感情価には個人差が大きいからではないかと示唆する論文がある（Yeomans et al., 2006）。また，USとして視覚刺激を示したうえでニオイに対するラベルづけを行った実験では，条件づけ直後より1週間後で快不快の変化がさらに大きくなった（鈴木他，2003）。食品を摂取するモデルの表情をUSとして，その様子を観察することでニオイの評価が変わ

るという，観察による条件づけの効果も示されている（Baeyens et al., 2001）。

親近度の低いニオイ（CS）のする部屋でフラストレーションを感じる課題（US）を経験させると，大人の場合も（Herz et al., 2004；Kirk-Smith et al., 1983；Zucco et al., 2009），5歳児の場合も（Epple & Herz, 1999），後に同じニオイのなかで行うテストのパフォーマンスや気分に影響があった。5歳児も大人も制限時間内の正答数が減り，制限時間がないと大人は早くに課題を終わらせたことをもって，これらはニオイによって動機づけが低下した結果ではないかと解釈されている（Herz et al., 2004）。また，難易度の高い課題を実施した環境と同じニオイのする場所では，ネガティブ方向に感情が変化したが，ニオイの存在を特に意識した実験参加者がいなかったため，気づきは必要でないことが示唆された（Kirk-Smith et al., 1983；Zucco et al., 2009）。一方，ニオイのあるなかで予期せぬ成功体験をした学業不振児が，後に同じニオイがあると，対照群より良い成績を収めたという研究（Chu, 2008）は，ポジティブな方向への影響を見いだした数少ない例である。また，条件づけ研究として行われたものではないが，洗剤のニオイのする場所で実験をしたところ，ニオイのない場合に比べその場をきれいにする行動の生起や，掃除に関わる言葉に対する反応時間の短縮などの影響があるが，その関連に自覚がなかったとする報告（Holland et al., 2005）もこの系譜に連なる研究例であろう。条件づけに刺激や随伴性の意識的な気づきを要するかどうかについては状況によって異なり，いまだ見解の一致をもつに至っていない。

（鈴木　まや）

文献

(3・1)

綾部　早穂・中野　詩織　（2018）．嗅覚に関する検査および質問紙　日本基礎心理学会（監修）　基礎心理学実験法ハンドブック（pp. 112-113）　朝倉書店

綾部　早穂・斉藤　幸子・内藤　直美　（2005）．スティック型嗅覚同定能力検査法（OSIT）による嗅覚同定能力：年代と性別要因　*Aroma Research, 6*, 368-371.

Bensafi, M., Rinck, F., Schaal, B., & Rouby, C. (2007). Verbal cues modulate hedonic perception of odors in 5-year-old children as well as in adults. *Chemical Senses, 32*, 855-862. [doi: 10.1093/chemse/bjm055]

Brand, G., & Millot, J. L. (2001). Sex differences in human olfaction: Between evidence and enigma. *Quarterly Journal of Experimental Psychology: Section B, 54*, 259-270. [doi: 10.1080/02724990143000045]

第VI部　嗅覚

Cain, W. S. (1979). To know with the nose: Keys to odor identification. *Science, 203*, 467–470. [doi: 10.1126/science.760202]

Cain, W. S. (1982). Odor identification by males and females: Predictions vs performance. *Chemical Senses, 7*, 129–142. [doi: 10.1093/chemse/7.2.129]

Conti, M. Z., Vicini-Chilovi, B., Riva, M., Zanetti, M., Liberini, P., Padovani, A., & Rozzini, L. (2013). Odor identification deficit predicts clinical conversion from mild cognitive impairment to dementia due to Alzheimer's disease. *Archives of Clinical Neuropsychology, 28*, 391–399. [doi: 10.1093/arclin/act032]

de Wijk, R. A., & Cain, W. S. (1994). Odor quality: Discrimination versus free and cued identification. *Perception & Psychophysics, 56*, 12–18. [doi: 10.3758/bf03211686]

Desor, J. A., & Beauchamp, G. K. (1974). The human capacity to transmit olfactory information. *Perception & Psychophysics, 16*, 551–556. [doi: 10.3758/BF03198586]

Doty, R. L., Shaman, P., Kimmelman, C. P., & Dann, M. S. (1984). University of Pennsylvania smell identification test: A rapid quantitative olfactory function test for the clinic. *The Laryngoscope, 94*, 176–178. [doi: 10.1288/00005537-198402000-00004]

Engen, T. (1987). Remembering odors and their names. *American Scientist, 75*, 497–503.

Ferdenzi, C., Coureaud, G., Camos, V., & Schaal, B. (2008). Human awareness and uses of odor cues in everyday life: Results from a questionnaire study in children. *International Journal of Behavioral Development, 32*, 422–431. [doi: 10.1177/0165025408093661]

Herz, R. S., & Cahill, E. D. (1997). Differential use of sensory information in sexual behavior as a function of gender. *Human Nature, 8*, 275–286. [doi: 10.1007/BF02912495]

Hudson, R. (1999). From molecule to mind: The role of experience in shaping olfactory function. *Journal of Comparative Physiology A, 185*, 297–304. [doi: 10.1007/s003590050390]

Hummel, T., Sekinger, B., Wolf, S. R., Pauli, E., & Kobal, G. (1997). 'Sniffin' sticks': Olfactory performance assessed by the combined testing of odor identification, odor discrimination and olfactory threshold. *Chemical Senses, 22*, 39–52. [doi: 10.1093/chemse/22.1.39]

Iijima, M., Kobayakawa, T., Saito, S., Osawa, M., Tsutsumi, Y., Hashimoto, S., & Iwata, M. (2008). Smell identification in Japanese Parkinson's disease patients: Using the odor stick identification test for Japanese subjects. *Internal Medicine, 47*, 1887–1892. [doi: 10.2169/internalmedicine.47.1345]

Larsson, M., Finkel, D., & Pedersen, N. L. (2000). Odor identification: Influences of age, gender, cognition, and personality. *Journals of Gerontology Series B: Psychological Sciences and Social Sciences, 55*, 304–310. [doi: 10.1093/geronb/55.5.p304]

Lehrner, J. P., Glück, J., & Laska, M. (1999). Odor identification, consistency of label use, olfactory threshold and their relationships to odor memory over the human lifespan. *Chemical Senses, 24*, 337–346. [doi: 10.1093/chemse/24.3.337]

Nováková, L., Valentova, J. V., & Havlíček, J. (2014). Engagement in olfaction-related activities is associated with the ability of odor identification and odor awareness. *Chemosensory Perception, 7*, 56–67. [doi: 10.1007/s12078-014-9167-2]

Poncelet, J., Rinck, F., Ziessel, A., Joussain, P., Thévenet, M., Rouby, C., & Bensafi, M. (2010). Semantic knowledge influences prewired hedonic responses to odors. *PLoS ONE, 5*, e13878. [doi: 10.1371/journal.pone.0013878]

Rawson, N. E., Gomez, G., Cowart, B. J., Kriete, A., Pribitkin, E., & Restrepo, D. (2012). Age-associated loss of selectivity in human olfactory sensory neurons. *Neurobiology of Aging, 33*, 1913–1919. [doi: 10.1016/j.neurobiolaging.2011.09.036]

Saito, S., Ayabe-Kanamura, S., Takashima, Y., Gotow, N., Naito, N., Nozawa, T., ... Kobayakawa, T. (2006). Development of a smell identification test using a novel stick-type odor presentation kit. *Chemical Senses, 31*, 379–391. [doi: 10.1093/chemse/bjj042]

Sorokowska, A., Schriever, V. A., Gudziol, V., Hummel, C., Hähner, A., Iannilli, E., ... Hummel, T. (2015). Changes of olfactory abilities in relation to age: Odor identification in more than 1400 people aged 4 to 80 years. *European Archives of Oto-Rhino-Laryngology, 272*, 1937–1944. [doi: 10.1007/s00405-014-3263-4]

Wilson, D. A., & Stevenson, R. J. (2006). *Learning to Smell: Olfactory Perception from Neurobiology to Behavior*. The Johns Hopkins University Press.

1490

第 3 章　ニオイの知覚

（鈴木 まや・柾木 隆寿（監訳）（2012）.「においオブジェクト」を学ぶ：神経生物学から行動科学が示すにおいの知覚　フレグランスジャーナル社）

Wood, J. B., & Harkins, S. W. (1987). Effects of age, stimulus selection, and retrieval environment on odor identification. *Journal of Gerontology, 42*, 584–588.［doi: 10.1093/geronj/42.6.584］

（3・2）

阿部 恒之・庄司 耀・菊地 史倫（2009）. 嗅覚の単純接触効果：ジャスミン・ローズの睡眠中呈示　感情心理学研究, *17*, 84–93.［doi: 10.4092/jsre.17.84］

Alaoui-Ismaïli, O., Vernet-Maury, E., Dittmar, A., Delhomme, G., & Chanel, J. (1997). Odor hedonics: Connection with emotional response estimated by autonomic parameters. *Chemical Senses, 22*, 237–248.［doi: 10.1093/chemse/22.3.237］

綾部 早穂・小早川 達・斉藤 幸子（2003）. 2歳児のニオイの選好：バラの香りとスカトールのニオイのどちらが好き？　感情心理学研究, *10*, 25–33.［doi: 10.4092/jsre.10.25］

綾部 早穂・斉藤 幸子・菊地 正（2002）. ニオイの知覚に及ぼす経験の影響　筑波大学心理学研究, *24*, 1–5.

Ayabe-Kanamura, S., Schicker, I., Laska, M., Hudson, R., Distel, H., Kobayakawa, T., & Saito, S. (1998). Differences in perception of everyday odors: A Japanese-German cross-cultural study. *Chemical Senses, 23*, 31–38.［doi: 10.1093/chemse/23.1.31］

Bensafi, M., Rouby, C., Farget, V., Vigouroux, M., & Holley, A. (2002). Asymmetry of pleasant vs. unpleasant odor processing during affective judgment in humans. *Neuroscience Letters, 328*, 309–313.［doi: 10.1016/S0304-3940(02)00548-7］

Bornstein, R. F., & D'Agostino, P. R. (1992). Stimulus recognition and the mere exposure effect. *Journal of Personality and Social Psychology, 63*, 545–552.［doi: 10.1037/0022-3514.63.4.545］

Brauchli, P., Rüegg, P. B., Etzweiler, F., & Zeier, H. (1995). Electrocortical and autonomic alteration by administration of a pleasant and an unpleasant odor. *Chemical Senses, 20*, 505–515.［doi: 10.1093/chemse/20.5.505］

Buck, L., & Axel, R. (1991). A novel multigene family may encode odorant receptors: A molecular basis for odor recognition. *Cell, 65*, 175–187.［doi: 10.1016/0092-8674(91)90418-x］

Cain, W. S., & Johnson, F. Jr. (1978). Lability of odor pleasantness: Influence of mere exposure. *Perception, 7*, 459–465.［doi: 10.1068/p070459］

Carrasco, M., & Ridout, J. B. (1993). Olfactory perception and olfactory imagery: A multidimensional analysis. *Journal of Experimental Psychology: Human Perception and Performance, 19*, 287–301.［doi: 10.1037/0096-1523.19.2.287］

Chastrette, M. (2002). Classification of odors and structure-odor relationships. In C. Rouby, B. Schaal, D. Dubois, R. Gervais, & A. Holley (Eds.), *Olfaction, Taste, and Cognition* (pp. 100–116). Cambridge University Press.

Chrea, C., Valentin, D., Sulmont-Rossé, C., Ly Mai, H., Hoang Nguyen, D., & Abdi, H. (2004). Culture and odor categorization: agreement between cultures depends upon the odors. *Food Quality and Preference, 15*, 669–679.［doi: 10.1016/j.foodqual.2003.10.005］

Delplanque, S., Coppin, G., Bloesch, L., Cayeux, I., & Sander, D. (2015). The mere exposure effect depends on an odor's initial pleasantness. *Frontiers in Psychology, 6*, 911.［doi: 10.3389/fpsyg.2015.00920］

Dielenberg, R. A., Hunt, G. E., & McGregor, I. S. (2001). "When a rat smells a cat": The distribution of Fos immunoreactivity in rat brain following exposure to a predatory odor. *Neuroscience, 104*, 1085–1097.［doi: 10.1016/s0306-4522(01)00150-6］

Distel, H., Ayabe-Kanamura, S., Martínez-Gómez, M., Schicker, I., Kobayakawa, T., Saito, S., & Hudson, R. (1999). Perception of everyday odors: Correlation between intensity, familiarity and strength of hedonic judgement. *Chemical Senses, 24*, 191–199.［doi: 10.1093/chemse/24.2.191］

Distel, H., & Hudson, R. (2001). Judgement of odor intensity is influenced by subjects' knowledge of the odor source. *Chemical Senses, 26*, 247–251.［doi: 10.1093/chemse/26.3.247］

Doty, R. L. (1975). An examination of relationships between the pleasantness, intensity, and concentration of 10 odorous stimuli. *Perception & Psychophysics, 17*, 492–496.［doi: 10.3758/BF03203300］

1491

第Ⅵ部　嗅覚

Good, K. P., & Kopala, L. (2006). Sex differences and olfactory function. In W. J. Brewer, D. Castle, & C. Pantelis (Eds.), *Olfaction and the Brain* (pp. 183-202). Cambridge University Press.

Hazzard, F. W. (1930). A descriptive account of odors. *Journal of Experimental Psychology, 13*, 297-331. [doi: 10.1037/h0070103]

Henning, H. (1916). *Der Geruch*. Verlag von Johann Ambrosius Barth.

Herz, R. S., & von Clef, J. (2001). The influence of verbal labeling on the perception of odors: Evidence for olfactory illusions? *Perception, 30*, 381-391. [doi: 10.1068/p3179]

Higuchi, T., Shoji, K., & Hatayama, T. (2004). Multidimensional scaling of fragrances: A comparison between the verbal and non-verbal methods of classifying fragrances. *Japanese Psychological Research, 46*, 10-19. [doi: 10.1111/j.1468-5884.2004.00232.x]

Kaeppler, K., & Mueller, F. (2013). Odor classification: A review of factors influencing perception-based odor arrangements. *Chemical Senses, 38*, 189-209. [doi: 10.1093/chemse/bjs141]

Keller, A., & Vosshall, L. B. (2016). Olfactory perception of chemically diverse molecules. *BMC Neuroscience, 17*, 55. [doi: 10.1186/s12868-016-0287-2]

Kermen, F., Chakirian, A., Sezille, C., Joussain, P., Le Goff, G., Ziessel, A., ... Bensafi, M. (2011). Molecular complexity determines the number of olfactory notes and the pleasantness of smells. *Scientific Reports, 1*, 206. [doi: 10.1038/srep00206]

Khan, R. M., Luk, C-H., Flinker, A., Aggarwal, A., Lapid, H., Haddad, R., & Sobel, N. (2007). Predicting odor pleasantness from odorant structure: Pleasantness as a reflection of the physical world. *Journal of Neuroscience, 27*, 10015-10023. [doi: 10.1523/JNEUROSCI.1158-07.2007]

Kobayakawa, K., Kobayakawa, R., Matsumoto, H., Oka, Y., Imai, T., Ikawa, M., ... Sakano, H. (2007). Innate versus learned odour processing in the mouse olfactory bulb. *Nature, 450*, 503-508. [doi: 10.1038/nature06281]

小林　剛史・小早川　達・秋山　幸代・戸田　英樹・斉藤　幸子　(2007). におい刺激に対する感覚強度に及ぼす認知的要因の影響：短時間・断続的に呈示されるにおい刺激に対して　におい・かおり環境学会誌, *38*, 444-452. [doi: 10.2171/jao.38.444]

Masaoka, Y., Koiwa, N., & Homma, I. (2005). Inspiratory phase-locked alpha oscillation in human olfaction: Source generators estimated by a dipole tracing method. *Journal of Physiology, 566*, 979-997. [doi: 10.1113/jphysiol.2005.086124]

Moskowitz, H. R., Dravnieks, A., & Gerbers, C. (1974). Odor intensity and pleasantness of butanol. *Journal of Experimental Psychology, 103*, 216-223. [doi: 10.1037/h0036793]

Moskowitz, H. R., Dravnieks, A., & Klarman, L. A. (1976). Odor intensity and pleasantness for a diverse set of odorants. *Perception & Psychophysics, 19*, 122-128. [doi: 10.3758/BF03204218]

Nakano, S., & Ayabe-Kanamura, S. (2017). The influence of olfactory contexts on the sequential rating of odor pleasantness. *Perception, 46*, 393-405. [doi: 10.1177/0301006616670924]

小川　緑・今井　久登・綾部　早穂　(2010). ニオイ刺激の無自覚接触による単純接触効果の検討　日本味と匂学会誌, *17*, 311-314.

Olofsson, J. K., Bowman, N. E., Khatibi, K., & Gottfried, J. A. (2012). A time-based account of the perception of odor objects and valences. *Psychological Science, 23*, 1224-1232. [doi: 10.1177/0956797612441951]

Paivio, A. (1971). *Imagery and Verbal Processes*. Holt, Rinehart, and Winston.

Poncelet, J., Rinck, F., Ziessel, A., Joussain, P., Thévenet, M., Rouby, C., & Bensafi, M. (2010). Semantic knowledge influences prewired hedonic responses to odors. *PLoS ONE, 5*, e13878. [doi: 10.1371/journal.pone.0013878]

Prescott, J., Kim, H., & Kim, K.-O. (2008). Cognitive mediation of hedonic changes to odors following exposure. *Chemosensory Perception, 1*, 2-8. [doi: 10.1007/s12078-007-9004-y]

Prost, C., Le Guen, S., Courcoux, P., & Demaimay, M. (2001). Similarities among 40 pure odorant compounds evaluated by consumers. *Journal of Sensory Studies, 16*, 551-565. [doi: 10.1111/j.1745-459X.2001.tb00320.x]

Rinck, F., Barkat-Defradas, M., Chakirian, A., Joussain, P., Bourgeat, F., Thevenet, M., Rouby, C., & Bensafi, M. (2011).

Ontogeny of odor liking during childhood and its relation to language development. *Chemical Senses, 36*, 83-91. [doi: 10.1093/chemse/bjq101]

Rolls, E. T., & Rolls, J. H. (1997). Olfactory sensory-specific satiety in humans. *Physiology & Behavior, 61*, 461-473. [doi: 10.1016/s0031-9384(96)00464-7]

Royet, J.-P., Koenig, O., Gregoire, M.-C., Cinotti, L., Lavenne, F., Le Bars, D., ... Froment, J.-C. (1999). Functional anatomy of perceptual and semantic processing for odors. *Journal of Cognitive Neuroscience, 11*, 94-109. [doi: 10.1162/089892999563166]

斉藤 幸子 (1990). 嗅覚の官能評価に関する実験的研究　筑波大学博士論文

Schaal, B., Marlier, L., & Soussignan, R. (1995). Responsiveness to the odour of amniotic fluid in the human neonate. *Biology of the Neonate, 67*, 397-406. [doi: 10.1159/000244192]

Schaal, B., Marlier, L., & Soussignan, R. (2000). Human foetuses learn odours from their pregnant mother's diet. *Chemical Senses, 25*, 729-737. [doi: 10.1093/chemse/25.6.729]

庄司 健 (2008). 香りの単純接触効果　宮本 聡介・太田 信夫 (編)　単純接触効果研究の最前 (pp. 141-154)　北大路書房

庄司 健・田口 澄恵・寺嶋 有史 (2006). 香りの単純接触効果 (2)：嗜好変化と香りの印象の関係　日本味と匂学会誌, *13*, 617-620.

Small, D. M. (2002). Toward an understanding of the brain substrates of reward in humans. *Neuron, 33*, 668-671. [doi: 10.1016/s0896-6273(02)00620-7]

Stevenson, R. J. (2010). An initial evaluation of the functions of human olfaction. *Chemical Senses, 35*, 3-20. [doi: 10.1093/chemse/bjp083]

杉山 東子・綾部 早穂・菊地 正 (2000). ラベルがニオイの知覚に及ぼす影響　日本味と匂学会誌, *7*, 489-492.

Sugiyama, H., Ayabe-Kanamura, S., & Kikuchi, T. (2006). Are olfactory images sensory in nature? *Perception, 35*, 1699-1708. [doi: 10.1068/p5453]

竹内 晴彦・青木 恵子・斉藤 幸子・綾部 早穂・半田 高 (1995). 花の香りの官能評価用語の選定　生命工学工業技術研究所報告, *3*, 13-22.

戸田 英樹・斉藤 幸子・杉山 東子・後藤 なおみ・小早川 達 (2007). 認知的要因が特定悪臭物質の快不快に及ぼす影響：臭気順応計測システムによる計測　におい・かおり環境学会誌, *38*, 18-23.

吉田 正昭 (1964). 有香物質の分類に関する計量心理学的研究 (その3)　心理学研究, *35*, 1-17.

Yoshida, M. (1964). Studies in psychometric classification of odors (4). *Japanese Psychological Research, 6*, 115-124. [doi: 10.4992/psycholres1954.6.115]

Yoshikawa, K., Nakagawa, H., Mori, N., Watanabe, H., & Touhara, K. (2013). An unsaturated aliphatic alcohol as a natural ligand for a mouse odorant receptor. *Nature Chemical Biology, 9*, 160-162. [doi: 10.1038/nchembio.1164]

Zajonc, R. B. (1968). Attitudinal effects of mere exposure. *Journal of Personality and Social Psychology, 9*, 1-27. [doi: 10.1037/h0025848]

Zarzo, M., & Stanton, D. T. (2006). Identification of latent variables in a semantic odor profile database using principal component analysis. *Chemical Senses, 31*, 713-724. [doi: 10.1093/chemse/bjl013]

Zou, L. Q., van Hartevelt, T. J., Kringelbach, M. L., Cheung, E. F. C., & Chan, R. C. K. (2016). The neural mechanism of hedonic processing and judgment of pleasant odors: An activation likelihood estimation meta-analysis. *Neuropsychology, 30*, 970-979. [doi: 10.1037/neu0000292]

(3・3)

綾部 早穂・斉藤 幸子・菊地 正 (2002). ニオイの知覚に及ぼす経験の影響　筑波大学心理学研究, *24*, 1-5.

Ayabe-Kanamura, S., Schicker, I., Laska, M., Hudson, R., Distel, H., Kobayakawa, T., & Saito, S. (1998). Differences in perception of everyday odors: A Japanese-German cross-cultural study. *Chemical Senses, 23*, 31-38. [doi: 10.1093/chemse/23.1.31]

Bende, M., & Nordin, S. (1997). Perceptual learning in olfaction: Professional wine tasters versus controls. *Physiology &*

第VI部　嗅覚

Behavior, 62, 1065-1070.［doi: 10.1016/S0031-9384(97)00251-5］

Chollet, S., & Valentin, D. (2001). Impact of training on beer flavor perception and description: Are trained and untrained subjects really different? *Journal of Sensory Studies, 16*, 601-618.［doi: 10.1111/j.1745-459X.2001.tb00323.x］

Coppin, G., Pool, E., Delplanque, S., Oud, B., Margot, C., Sander, D., & Van Bavel, J. J. (2016). Swiss identity smells like chocolate: Social identity shapes olfactory judgments. *Scientific Reports, 6*, 34979.［doi: 10.1038/srep34979］

Croijmans, I., & Majid, A. (2016). Not all flavor expertise is equal: The language of wine and coffee experts. *PLoS ONE, 11*, e0155845.［doi: 10.1371/journal.pone.0155845］

Dalton, P., Doolittle, N., & Breslin, P. A. (2002). Gender-specific induction of enhanced sensitivity to odors. *Nature Neuroscience, 5*, 199-200.［doi: doi: 10.1038/nn803］

Fujii, N., Abla, D., Kudo, N., Hihara, S., Okanoya, K., & Iriki, A. (2007). Prefrontal activity during koh-do incense discrimination. *Neuroscience Research, 59*, 257-264.［doi: 10.1016/j.neures.2007.07.005］

Hummel, T., Rissom, K., Reden, J., Hähner, A., Weidenbecher, M., & Hüttenbrink, K. B. (2009). Effects of olfactory training in patients with olfactory loss. *The Laryngoscope, 119*, 496-499.［doi: 10.1002/lary.20101］

Li, W., Luxenberg, E., Parrish, T., & Gottfried, J. A. (2006). Learning to smell the roses: Experience-dependent neural plasticity in human piriform and orbitofrontal cortices. *Neuron, 52*, 1097-1108.［doi: 10.1016/j.neuron.2006.10.026］

Mennella, J. A., Jagnow, C. P., & Beauchamp, G. K. (2001). Prenatal and postnatal flavor learning by human infants. *Pediatrics, 107*, e88.［doi: 10.1542/peds.107.6.e88］

Morrot, G., Brochet, F., & Dubourdieu, D. (2001). The color of odors. *Brain and Language, 79*, 309-320.［doi: 10.1006/brln.2001.2493］

Negoias, S., Pietsch, K., & Hummel, T. (2017). Changes in olfactory bulb volume following lateralized olfactory training. *Brain Imaging and Behavior, 11*, 998-1005.［doi: 10.1007/s11682-016-9567-9］

Parr, W. V., Heatherbell, D., & White, K. G. (2002). Demystifying wine expertise: Olfactory threshold, perceptual skill and semantic memory in expert and novice wine judges. *Chemical Senses, 27*, 747-755.［doi: 10.1093/chemse/27.8.747］

Schaal, B., Marlier, L., & Soussignan, R. (2000). Human foetuses learn odours from their pregnant mother's diet. *Chemical Senses, 25*, 729-737.［doi: 10.1093/chemse/25.6.729］

Semke, E., Distel, H., & Hudson, R. (1995). Specific enhancement of olfactory receptor sensitivity associated with foetal learning of food odors in the rabbit. *Naturwissenschaften, 82*, 148-149.［doi: 10.1007/BF01177279］

Tempère, S., Cuzange, E., Bougeant, J. C., De Revel, G., & Sicard, G. (2012). Explicit sensory training improves the olfactory sensitivity of wine experts. *Chemosensory Perception, 5*, 205-213.［doi: 10.1007/s12078-012-9120-1］

Tempère, S., Cuzange, E., Schaaper, M. H., De Lescar, R., De Revel, G., & Sicard, G. (2014). "Brett character" in wine: Is there a consensus among professional assessors? A perceptual and conceptual approach. *Food Quality and Preference, 34*, 29-36.［doi: 10.1016/j.foodqual.2013.12.007］

上野 吉一 （1992）．シェルパの生活と匂い　ヒマラヤ学誌，*3*，40-51.［doi: 10.14989/HSM.3.40］

Wang, L., Chen, L., & Jacob, T. (2004). Evidence for peripheral plasticity in human odour response. *The Journal of Physiology, 554*, 236-244.［doi: 10.1113/jphysiol.2003.054726］

Wysocki, C. J., Dorries, K. M., & Beauchamp, G. K. (1989). Ability to perceive androstenone can be acquired by ostensibly anosmic people. *Proceedings of the National Academy of Sciences, 86*, 7976-7978.［doi: 10.1073/pnas.86.20.7976］

（3・4）

Arshamian, A., Iannilli, E., Gerber, J. C., Willander, J., Persson, J., Seo, H., Hummel, T., & Larsson, M. (2013). The functional neuroanatomy of odor evoked autobiographical memories cued by odors and words. *Neuropsychologia, 51*, 123-131.［doi: 10.1016/j.neuropsychologia.2012.10.023］

綾部 早穂 （2010）．ニオイの記憶の心理学研究　*Aroma Research*，*43*，202-205.

綾部 早穂・菊地 正 （1996）．ニオイの記憶に関する心理学的研究の動向　筑波大学心理学研究，*18*，1-8.

綾部 早穂・菊地 正・斉藤 幸子 （1996）．ニオイの再認記憶に及ぼすラベルの影響　日本味と匂学会誌，*3*，27-35.［doi: 10.18965/tasteandsmell.3.2_27］

第３章　ニオイの知覚

Ayabe-Kanamura, S., Kikuchi, T., & Saito, S. (1997). Effect of verbal cues on recognition memory and pleasantness evaluation of unfamiliar odors. *Perceptual and Motor Skills, 85*, 275–285. ［doi: 10.2466/pms.1997.85.1.275］

Ball, L. J., Shoker, J., & Miles, J. N. V. (2010). Odour-based context reinstatement effects with indirect measures of memory: The curious case of rosemary. *British Journal of Psychology, 101*, 655–678. ［doi: 10.1348/000712609X479663］

Bensafi, M., & Rouby, C. (2007). Individual differences in odor imaging ability reflect differences in olfactory and emotional perception. *Chemical Senses, 32*, 237–244. ［doi: 10.1093/chemse/bjl051］

Cain, W. S., & Potts, B. C. (1996). Switch and bait: Probing the discriminative basis of odor identification via recognition memory. *Chemical Senses, 21*, 35–44. ［doi: 10.1093/chemse/21.1.35］

Cann, A., & Ross, D. A. (1989). Olfactory stimuli as context cues in human memory. *American Journal of Psychology, 102*, 91–102.

Chu, S., & Downes, J. J. (2000a). Odour-evoked autobiographical memories: Psychological investigations of Proustian phenomena. *Chemical Senses, 25*, 111–116. ［doi: 10.1093/chemse/25.1.111］

Chu, S., & Downes, J. J. (2000b). Long live Proust: The odour-cued autobiographical memory bump. *Cognition, 75*, 41–50. ［doi: 10.1016/s0010-0277(00)00065-2］

Chu, S., & Downes, J. J. (2002). Proust nose best: Odors are better cues of autobiographical memory. *Memory and Cognition, 30*, 511–518. ［doi: 10.3758/BF03194952］

Dade, L. A., Zatorre, R. J., Evans, A. C., & Jones-Gotman, M. (2001). Working memory in another dimension: Functional imaging of human olfactory working memory. *NeuroImage, 14*, 650–660. ［doi: 10.1006/nimg.2001.0868］

Djordjevic, J., Zatorre, R. J., Petrides, M., & Jones-Gotman, M. (2004). The mind's nose: Effects of odor and visual imagery on odor detection. *Psychological Science, 15*, 143–148. ［doi: 10.1111/j.0956-7976.2004.01503001.x］

Doty, R. L., & Kerr, K. L. (2005). Episodic odor memory: Influences of handedness, sex, and side of nose. *Neuropsychologia, 43*, 1749–1753. ［doi: 10.1016/j.neuropsychologia.2005.02.007］

Ehrlichman, H., & Halpern, J. N. (1988). Affect and memory: Effects of pleasant and unpleasant odors on retrieval of happy and unhappy memories. *Journal of Personality and Social Psychology, 55*, 769–779. ［doi: 10.1037/0022-3514.55.5.769］

Engen, T. (1991). *Odor Sensation and Memory*. Praeger.

Engen, T., Kuisma, J. E., & Eimas, P. D. (1973). Short-term memory of odors. *Journal of Experimental Psychology, 99*, 222–225. ［doi: 10.1037/h0034645］

Engen, T., & Ross, B. M. (1973). Long-term memory of odors with and without verbal descriptions. *Journal of Experimental Psychology, 100*, 221–227. ［doi: 10.1037/h0035492］

Frank, R. A., Rybalsky, K., Brearton, M., & Mannea, E. (2011). Odor recognition memory as a function of odor-naming performance. *Chemical Senses, 36*, 29–41. ［doi: 10.1093/chemse/bjq095］

Gilbert, A. N., Crouch, M., & Kemp, S. E. (1998). Olfactory and visual mental imagery. *Journal of Mental Imagery, 22*, 137–146.

Goddard, L., Pring, L., & Felmingham, N. (2005). The effects of cue modality on the quality of personal memories retrieved. *Memory, 13*, 79–86. ［doi: 10.1080/09658210344000594］

Godden, D., & Baddeley, A. (1975). Context dependent memory in two natural environments: On land and under water. *British Journal of Psychology, 66*, 325–331. ［doi: 10.1111/j.2044-8295.1975.tb01468.x］

Hackländer, R. P. M., Janssen, S. M. J., & Bermeitinger, C. (2019). An in-depth review of the methods, findings, and theories associated with odor-evoked autobiographical memory. *Psychonomic Bulletin & Review, 26*, 401–429. ［doi: 10.3758/s13423-018-1545-3］

Herz, R. S. (1997a). The effects of cue distinctiveness on odor-based context-dependent memory. *Memory and Cognition, 25*, 375–380. ［doi: 10.3758/BF03211293］

Herz, R. S. (1997b). Emotion experienced during encoding enhances odor retrieval cue effectiveness. *American Journal of Psychology, 110*, 489–505. ［doi: 10.2307/1423407］

Herz, R. S. (1998). Are odors the best cues to memory? A cross-modal comparison of associative memory stimuli. *Annals of the New York Academy of Sciences, 855*, 670–674. ［doi: 10.1111/j.1749-6632.1998.tb10643.x］

1495

第Ⅵ部　嗅覚

Herz, R. S. (2004). A naturalistic analysis of autobiographical memories triggered by olfactory visual and auditory stimuli. *Chemical Senses, 29*, 217–224. [doi: 10.1093/chemse/bjh025]

Herz, R. S., & Cupchik, G. C. (1992). An experimental characterization of odor-evoked memories in humans. *Chemical Senses, 17*, 519–528. [doi: 10.1093/chemse/17.5.519]

Herz, R. S., & Cupchik, G. C. (1995). The emotional distinctiveness of odor-evoked memories. *Chemical Senses, 20*, 517–528. [doi: 10.1093/chemse/20.5.517]

Herz, R. S., Eliassen, J., Beland, S., & Souza, T. (2004). Neuroimaging evidence for the emotional potency of odor-evoked memory. *Neuropsychologia, 42*, 371–378. [doi: 10.1016/j.neuropsychologia.2003.08.009]

Herz, R. S., & Engen, T. (1996). Odor memory: Review and analysis. *Psychonomic Bulletin and Review, 3*, 300–313. [doi: 10.3758/BF03210754]

Herz, R. S., & Schooler, J. W. (2002). A naturalistic study of autobiographical memories evoked by olfactory and visual cues: Testing the Proustian hypothesis. *American Journal of Psychology, 115*, 21–32.

Isarida, T., Sakai, T., Kubota, T., Koga, M., Katayama, Y., & Isarida, T. K. (2014). Odor-context effects in free recall after a short retention interval: A new methodology for controlling adaptation. *Memory and Cognition, 42*, 421–433. [doi: 10.3758/s13421-013-0370-1]

Johnson, A. J., Cauchi, L., & Miles, C. (2013). Hebbian learning for olfactory sequences. *The Quarterly Journal of Experimental Psychology, 66*, 1082–1089. [doi: 10.1080/17470218.2012.729068]

Johnson, A. J., & Miles, C. (2007). Serial position functions for recognition of olfactory stimuli. *The Quarterly Journal of Experimental Psychology, 60*, 1347–1355. [doi: 10.1080/17470210701515694]

Johnson, A. J., & Miles, C. (2009). Single-probe serial position recall: Evidence of modularity for olfactory, visual, and auditory short-term memory. *The Quarterly Journal of Experimental Psychology, 62*, 267–275. [doi: 10.1080/17470210802303750]

Jones, F. N., Roberts, K., & Holman, E. W. (1978). Similarity judgments and recognition memory for some common spices. *Perception and Psychophysics, 24*, 2–6. [doi: 10.3758/BF03202967]

Jönsson, F. U., Møller, P., & Olsson, M. J. (2011). Olfactory working memory: Effects of verbalization on the 2-back task. *Memory and Cognition, 39*, 1023–1032. [doi: 10.3758/s13421-011-0080-5]

Larsson, M., & Bäckman, L. (1997). Age-related differences in episodic odour recognition: The role of access to specific odour names. *Memory, 5*, 361–378. [doi: 10.1080/741941391]

Larsson, M., & Willander, J. (2009). Autobiographical odor memory. *Annals of the New York Academy of Sciences, 1170*, 318–323. [doi: 10.1111/j.1749-6632.2009.03934.x]

Larsson, M., Willander, J., Karlsson, K., & Arshamian, A. (2014). Olfactory LOVER: Behavioral and neural correlates of autobiographical odor memory. *Frontiers in Psychology, 5*, 1–5. [doi: 10.3389/fpsyg.2014.00312]

Lawless, H. T. (1978). Recognition of common odors, pictures, and simple shapes. *Perception and Psychophysics, 24*, 493–495. [doi: 10.3758/BF03198772]

Lyman, B. J., & McDaniel, M. A. (1986). Effects of encoding strategy on long-term memory for odours. *Quarterly Journal of Experimental Psychology Section A, 38*, 753–765. [doi: 10.1080/14640748608401624]

Lyman, B. J., & McDaniel, M. A. (1990). Memory for odors and odor names: Modalities of elaboration and imagery. *Journal of Experimental Psychology: Learning, Memory, and Cognition, 16*, 656–664. [doi: 10.1037/0278-7393.16.4.656]

Martin, G. N., & Chaudry, A. (2014). Working memory performance and exposure to pleasant and unpleasant ambient odor: Is spatial span special? *International Journal of Neuroscience, 124*, 806–811. [doi: 10.3109/00207454.2014.890619]

Masaoka, Y., Sugiyama, H., Katayama, A., Kashiwagi, M., & Homma, I. (2012). Slow breathing and emotions associated with odor-induced autobiographical memories. *Chemical Senses, 37*, 379–388. [doi: 10.1093/chemse/bjr120]

Miles, C., & Hodder, K. (2005). Serial position effects in recognition memory for odors: A reexamination. *Memory and Cognition, 33*, 1303–1314. [doi: 10.3758/bf03193230]

Moss, A. G., Miles, C., Elsley, J. V., & Johnson, A. J. (2016). Odorant normative data for use in olfactory memory experiments: Dimension selection and analysis of individual differences. *Frontiers in Psychology, 24*, 1–11. [doi:

10.3389/fpsyg.2016.01267]

Murphy, C., Cain, W. S., Gilmore, M. M., & Skinner, R. B. (1991). Sensory and semantic factors in recognition memory for odors and graphic stimuli: Elderly versus young persons. *American Journal of Psychology, 104,* 161-192.

Paivio, A. (1971). *Imagery and Verbal Processes.* Rinehart & Winston.

Phillips, K., & Cupchik, G. C. (2004). Scented memories of literature. *Memory, 12,* 366-375. [doi: 10.1080/09658210344000053]

Rabin, M. D., & Cain, W. S. (1984). Odor recognition: Familiarity, identifiability, and encoding consistency. *Journal of Experimental Psychology: Learning, Memory, and Cognition, 10,* 316-325. [doi: 10.1037/0278-7393.10.2.316]

Reed, P. (2000). Serial position effects in recognition memory for odors. *Journal of Experimental Psychology: Learning, Memory, and Cognition, 26,* 411-422. [doi: 10.1037/0278-7393.26.2.411]

Richardson, J. T., & Zucco, G. M. (1989). Cognition and olfaction: A review. *Psychological Bulletin, 105,* 352-360. [doi: 10.1037/0033-2909.105.3.352]

Rubin, D. C., Groth, E., & Goldsmith, D. J. (1984). Olfactory cuing of autobiographical memory. *American Journal of Psychology, 97,* 493-507. [doi: 10.2307/1422158]

Schab, F. R. (1990). Odors and the remembrance of things past. *Journal of Experimental Psychology: Learning, Memory, and Cognition, 16,* 648-655. [doi: 10.1037/0278-7393.16.4.648]

Schab, F. R. (1991). Odor memory: Taking stock. *Psychological Bulletin, 109,* 242-251. [doi: 10.1037/0033-2909.109.2.242]

Stagnetto, J. M., Rouby, C., & Bensafi, M. (2006). Contextual cues during olfactory learning improve memory for smells in children. *European Review of Applied Psychology, 56,* 253-259. [doi: 10.1016/j.erap.2005.09.012]

Stevenson, R. J., & Boakes, R. A. (2003). A mnemonic theory of odor perception. *Psychological Review, 110,* 340-364. [doi: 10.1037/0033-295x.110.2.340]

高橋 雅延 (2000). 匂いと記憶の実験的研究の現状 こころの臨床 á·la·carte, *19,* 317-321.

Watanabe, K., Masaoka, Y., Kawamura, M., Koiwa, N., Yoshikawa, A., Kubota, S., ... Izumizaki, M. (2018). Left posterior orbitofrontal cortex is associated with odor-induced autobiographical memory: An fMRI study. *Frontiers in Psychology, 11,* 1-9. [doi: 10.3389/fpsyg.2018.00687]

White, T. L. (1998). Olfactory memory: The long and short of it. *Chemical Senses, 23,* 433-441. [doi: 10.1093/chemse/23.4.433]

White, T. L., & Treisman, M. (1997). A comparison of the encoding of content and order in olfactory memory and in memory for visually presented verbal materials. *British Journal of Psychology, 88,* 459-472. [doi: 10.1111/j.2044-8295.1997.tb02651.x]

Wiemers, U. S., Sauvage, M. M., & Wolf, O. T. (2014). Odors as effective retrieval cues for stressful episodes. *Neurobiology of Learning and Memory, 112,* 230-236. [doi: 10.1016/j.nlm.2013.10.004]

Willander, J., & Larsson, M. (2007). Olfaction and emotion: The case of autobiographical memory. *Memory and Cognition, 35,* 1659-1663. [doi: 10.3758/BF03193499]

山田 恭子・中條 和光 (2010). 単語完成課題における環境的文脈依存効果に及ぼす保持期間の影響 心理学研究, *81,* 43-49.

山本 晃輔 (2008a). におい手がかりが自伝的記憶検索過程に及ぼす影響 心理学研究, *79,* 159-165. [doi: 10.4992/jjpsy.79.159]

山本 晃輔 (2008b). においによる自伝的記憶の無意図的想起の特性:プルースト現象の日誌法的検討 認知心理学研究, *6,* 65-73. [doi: 10.5265/jcogpsy.6.65]

山本 晃輔 (2015). 嗅覚と自伝的記憶に関する研究の展望:想起過程の再考を中心として 心理学評論, *58,* 423-450. [doi: 10.24602/sjpr.58.4_423]

山本 晃輔 (2016). 嗅覚と自伝的記憶に関する心理学的研究 風間書房

山本 晃輔・猪股 健太郎・須佐見 憲史・綾部 早穂 (2018). 日本語版嗅覚イメージ鮮明度質問紙作成の試み パーソナリティ研究, *27,* 87-89. [doi: 10.2132/personality.27.1.10]

山本 晃輔・野村 幸正 (2010). におい手がかりの命名,感情喚起度,および快-不快度が自伝的記憶の想起に及ぼす影響 認知心理学研究, *7,* 127-135. [doi: 10.5265/jcogpsy.7.127]

第Ⅵ部　嗅覚

山本　晃輔・杉山　東子　(2017)．匂い手がかりによって喚起される自伝的記憶特性質問紙（OEAMQ）の開発　心理学研究，*88*，478-487．[doi: 10.4992/jjpsy.88.16229]

(3・5)

Baeyens, F., Eelen, G., Crombez, G., & De Houwer, J. (2001). On the role of beliefs in observational flavor conditioning. *Current Psychology: A Journal for Diverse Perspectives on Diverse Psychological Issues, 20*, 183-203. [doi: 10.1007/s12144-001-1026-z]

Bensafi, M., Frasnelli, J., Reden, J., & Hummel, T. (2007). The neural representation of odor is modulated by the presence of a trigeminal stimulus during odor encoding. *Clinical Neurophysiology, 118*, 696-701. [doi: 10.1016/j.clinph.2006.10.022]

Cavazzana, A., Poletti, S. C., Guducu, C., Larsson, M., & Hummel, T. (2018). Electro-olfactogram responses before and after aversive olfactory conditioning in humans. *Neuroscience, 373*, 199-206. [doi: 10.1016/j.neuroscience.2018.01.025]

Chu, S. (2008). Olfactory conditioning of positive performance in humans. *Chemical Senses, 33*, 65-71. [doi: 10.1093/chemse/bjm063]

Epple, G., & Herz, R. S. (1999). Ambient odors associated to failure influence cognitive performance in children. *Developmental Psychobiology, 35*, 103-107. [doi: 10.1002/(sici)1098-2302(199909)35:2<103::aid-dev3>3.0.co;2-4]

Gottfried, J. A., O'Doherty, J., & Dolan, R. J. (2002). Appetitive and aversive olfactory learning in humans studied using event-related functional magnetic resonance imaging. *Journal of Neuroscience, 22*, 10829-10837. [doi: 10.1523/JNEUROSCI.22-24-10829.2002]

Hall, G. (1991). *Perceptual and Associative Learning*. Oxford University Press.

Hermann, C., Ziegler, S., Birbaumer, N., & Flor, H. (2000). Pavlovian aversive and appetitive odor conditioning in humans: Subjective, peripheral, and electrocortical changes. *Experimental Brain Research, 132*, 203-215. [doi: 10.1007/s002210000343]

Herz, R. S., Schankler, C., & Beland, S. (2004). Olfaction, emotion and associative learning: Effects on motivated behavior. *Motivation and Emotion, 28*, 363-383. [doi: 10.1007/s11031-004-2389-x]

Holland, R. W., Hendriks, M., & Aarts, H. (2005). Smells like clean spirit: Nonconscious effects of scent on cognition and behavior. *Psychological Science, 16*, 689-693. [doi: 10.1111/j.1467-9280.2005.01597.x]

Kirk-Smith, M. D., van Toller, C., & Dodd, G. H. (1983). Unconscious odour conditioning in human subjects. *Biological Psychology, 17*, 221-231. [doi: 10.1016/0301-0511(83)90020-0]

Leer, A., Smeets, M. A. M., Bulsing, P. J., & van den Hout, M. A. (2011). Odors eliciting fear: A conditioning approach to idiopathic environmental intolerances. *Journal of Behavior Therapy and Experimental Psychiatry, 42*, 240-249. [doi: 10.1016/j.jbtep.2010.12.007]

Li, W., Howard, J. D., Parrish, T. B., & Gottfried, J. A. (2008). Aversive learning enhances perceptual and cortical discrimination of indiscriminable odor cues. *Science, 319*, 1842-1845. [doi: 10.1126/science.1152837]

Marinkovic, K., Schell, A. M., & Dawson, M. E. (1989). Awareness of the CS-UCS contingency and classical conditioning of skin conductance responses with olfactory CSs. *Biological Psychology, 29*, 39-60. [doi: 10.1016/0301-0511(89)90049-5]

Moessnang, C., Pauly, K., Kellermann, T., Krämer, J., Finkelmeyer, A., Hummel, T., ... Habel, U. (2013). The scent of salience: Is there olfactory-trigeminal conditioning in humans? *NeuroImage, 77*, 93-104. [doi: 10.1016/j.neuroimage.2013.03.049]

Moore, A. B., & Murphy, C. (1999). A demonstration of classical conditioning of the human eyeblink to an olfactory stimulus. *Physiology and Behavior, 66*, 689-693. [doi: 10.1016/s0031-9384(99)00010-4]

Palmerino, C. C., Rusiniak, K. W., & Garcia, J. (1980). Flavor-illness aversions: The peculiar roles of odor and taste in memory for poison. *Science, 208*, 753-755. [doi: 10.1126/science.7367891]

Pool, E., Delplanque, S., Porcherot, C., Jenkins, T., Cayeux, I., & Sander, D. (2014). Sweet reward increases implicit discrimination of similar odors. *Frontiers in Behavioral Neuroscience, 8*, 158. [doi: 10.3389/fnbeh.2014.00158]

Rozin, P., Wrzesniewski, A., & Byrnes, D. (1998). The elusiveness of evaluative conditioning. *Learning and Motivation, 29*, 397-415. [doi: 10.1006/lmot.1998.1012]

Stevenson, R. J. (2001a). The acquisition of odour qualities. *The Quarterly Journal of Experimental Psychology, 54A,* 561–577. [doi: 10.1080/713755972]

Stevenson, R. J. (2001b). Associative learning and odor quality perception: How sniffing an odor mixture can alter the smell of its parts. *Learning and Motivation, 32,* 154–177. [doi: 10.1006/lmot.2000.1070]

Stevenson, R. J. (2001c). Perceptual learning with odors: Implications for psychological accounts of odor quality perception. *Psychonomic Bulletin and Review, 8,* 708–712. [doi: 10.3758/bf03196207]

鈴木 まや・梅川 依子・八木 昭宏 (2003). 対呈示刺激によって変動するにおいの快不快度評価：対呈示回数と意味的関連付けの操作による研究 日本味と匂学会誌, *10,* 257–266. [doi: 10.18965/tasteandsmell.10.2_257]

Takahashi, L. K., Chan, M. M., & Pilar, M. L. (2008). Predator odor fear conditioning: Current perspectives and new directions. *Neuroscience & Biobehavioral Reviews, 32,* 1218–1227. [doi: 10.1016/j.neubiorev.2008.06.001]

van den Bosch, I., van Delft, J. M., de Wijk, R. A., de Graaf, C., & Boesveldt, S. (2015). Learning to (dis)like: The effect of evaluative conditioning with tastes and faces on odor valence assessed by implicit and explicit measurements. *Physiology and Behavior, 151,* 478–484. [doi: 10.1016/j.physbeh.2015.08.017]

Winters, W., Devriese, S., Van Diest, I., Nemery, B., Veulemans, H., Eelen, P., ... van den Bergh, O. (2003). Media warnings about environmental pollution facilitate the acquisition of symptoms in response to chemical substances. *Psychosomatic Medicine, 65,* 332–338. [doi: 10.1097/01.PSY.0000041468.75064.BE]

Yeomans, M. R., Mobini, S., Elliman, T. D., Walker, H. C., & Stevenson, R. J. (2006). Hedonic and sensory characteristics of odors conditioned by pairing with tastants in humans. *Journal of Experimental Psychology: Animal Behavior Processes, 32,* 215–228. [doi: 10.1037/0097-7403.32.3.215]

Zucco, G. M., Paolini, M., & Schaal, B. (2009). Unconscious odour conditioning 25 years later: Revisiting and extending 'Kirk-Smith, Van Toller and Dodd'. *Learning and Motivation, 40,* 364–375. [doi: 10.1016/j.lmot.2009.05.001]

第4章 嗅覚と他の感覚の相互作用

4・1 嗅覚と味覚

　日常生活において「味」という言葉が使用される場合の多くは，味物質が味細胞に受容されることで感じる甘味，塩味，酸味，苦味，うま味のいわゆる「基本5味」だけを指すのではない。「イチゴ味」「メロン味」のように嗅覚から得られた情報も含んだ，味覚と嗅覚が統合された知覚のことを指す。飲食物摂取時には，味覚は口腔内の飲食物に含まれる味物質により刺激され，嗅覚は，ニオイ物質が口腔の奥から鼻腔へ上がり，嗅粘膜の嗅細胞に到達することで（レトロネイザル経路）刺激される。ニオイ物質が嗅粘膜に到達するまでの経路としては，このレトロネイザル経路と，口腔を介さずに直接鼻孔から嗅粘膜に到達する経路（オルソネイザル経路）との2経路があるが，特にレトロネイザル経路での嗅覚への刺激は咀嚼に合わせて味覚と同時に刺激されることが多い。飲食という日常的に行う動作に伴って頻繁に同時に両者が刺激されることで，両者の知覚は統合されやすく，互いに影響し合うような「密接な関係」にあると考えられる。本節では，嗅覚が味覚に与える影響を中心に，嗅覚と味覚の相互作用について概説する。

　先行呈示された嗅覚刺激により，味覚への刺激を検知しやすくなることが報告されている。甘味もしくは塩味を連想するニオイを嗅いだ後に，閾値濃度（味覚への刺激を感じることができる最低濃度）の甘味溶液と水を飲み比べて甘味溶液を選択させると，甘味を連想するニオイを嗅いだ後のみ，チャンスレベル（当て推量で解答した場合に正答する確率）以上に甘味溶液が選択されるようになった（Djordjevic et al., 2004a）。これはニオイを想像さ

せた後に甘味溶液を選択させた場合にも同様であった。また，酸味，甘味溶液とグレープフルーツ（酸味を連想），イチゴ（甘味を連想）のニオイをそれぞれ組み合わせて同時に呈示し，味質が酸味か甘味かを判断させると，味溶液の味質とニオイから連想される味質が一致していた場合に，判断が速くなることが示されている（White & Prescott, 2007）。これらのことから，嗅覚刺激の呈示が味覚刺激について判断を行う際の手がかりとなっているといえる。しかし，小早川・後藤（2015）は日常生活で接する機会の少ない，馴染みのない食品においては，嗅覚刺激の呈示を手がかりにした味覚刺激の検知ができないことを報告している。先行呈示された嗅覚刺激が手がかりとなるか否かについては，日常生活における接触頻度の影響が大きいと考えられる。

　嗅覚刺激の呈示が，味覚刺激の検知しやすさに影響する一方で，両者が同時に呈示された場合には，ニオイの質の評価（嗅いだニオイがどの程度イチゴやバナナに似ているか）が難しい（Stevenson & Mahmut, 2015）など，味覚刺激があることで嗅覚刺激に対する評価が妨げられることが報告されている。また，味物質とニオイ物質の混合物を摂取し，ニオイの発生源が鼻腔に近いか口腔に近いかの程度を評価させると，口腔に近いと評価されること（Stevenson et al., 2011）が報告されている。これらの現象は味覚刺激の味質と嗅覚刺激からイメージされる味質が一致している場合に顕著にみられ，嗅覚，味覚への刺激を混同してしまうために生じると考えられる。

　小早川・後藤（2015）は嗅覚，味覚への刺激呈示タイミングに600 ms程度の時間差がある場合でも，両者への刺激を分離して知覚することが難しいとしている。この研究では，視覚・味覚・嗅覚刺

激を2種類ずつに組み合わせて，2種類の刺激呈示タイミングに，いずれかの刺激が先行，後行の場合ともに最大800 msの時間差を設けて呈示した。実験参加者に両者の刺激呈示が同時であったかを尋ねた。視覚刺激と味覚刺激，視覚刺激と嗅覚刺激のそれぞれの組み合わせでは，呈示タイミングに600 ms程度の時間差があった場合（視覚刺激が先行，後行の場合ともに）には両者の呈示は非同時であると判断されたが，味覚刺激と嗅覚刺激の組み合わせでは600 ms以上の時間差（嗅覚刺激が先行，後行の場合ともに）で呈示されても同時と判断された。このことから嗅覚と味覚は，嗅覚と視覚，味覚と視覚それぞれの間の関係性とは異なり，両者の知覚が混同しやすいことがうかがえる。この嗅覚と味覚の間に独特な混同した知覚は食行動における咀嚼のように，味覚と嗅覚が周期的に同時に刺激される状況が，他の感覚と比較して多いことに起因していると解釈されている。この研究からも嗅覚と味覚の相互作用は日常生活における経験，学習の影響を受けることがうかがえる。

　嗅覚と味覚の相互作用における経験，学習の影響の大きさを示す研究として，嗅覚刺激による味覚刺激強度の促進・抑制効果が挙げられる。食塩水とベーコンのニオイ（塩味を連想）やショ糖溶液とキャラメルのニオイ（甘味を連想）など味とニオイから連想されるイメージが一致する場合，味質強度が強く（促進），不一致の場合には弱く（抑制）感じられることが報告されている（たとえば，Djordjevic et al., 2004b；Lawrence et al., 2009；Sakai et al., 2001；Stevenson et al., 1999）。この促進・抑制効果について料理人と素人を比較した研究（Boakes & Hemberger, 2012）では，濃度の異なる甘味溶液に酸味を連想させるニオイを加えると，料理人では高濃度甘味溶液，素人では低濃度甘味溶液において，酸味の増強がみられた。また，塩味溶液の塩味強度を高く評価する傾向の人は，味とニオイの一致，不一致にかかわらず味覚刺激強度の促進がみられている（小川他，2012）。評価者の有している食に関する専門的知識の程度や味質強度の感じ方の違いといった個人特性により，促進・抑制効果が生起するか否かや，効果の程度が異なると考えられる。

　この嗅覚刺激による味覚刺激強度の促進・抑制効果は，味溶液にニオイ物質を直接添加した刺激を用いて検討されたものが多い。そのため，ニオイ物質が味細胞を活性化させたために促進効果が生起した可能性も指摘されたが，ニオイ物質を味溶液に添加せずに両者を同時に呈示した場合でも促進効果は確認されている（Djordjevic et al., 2004b）。別々に刺激された感覚器から得られた情報が高次レベルで統合された結果，味覚刺激強度の促進や抑制が生起したといえる。Clark & Lawless（1994）は味覚刺激と嗅覚刺激を同時に呈示し，味覚刺激強度のみを評価させると，味覚刺激と嗅覚刺激の強度の両方を評価させた場合よりも，味覚強度が強く評価されること（halo-dumping effect：ハローダンピング効果）があると報告している。これは味覚強度のみを評価させると，嗅覚刺激の強度を味覚刺激強度に上乗せして評価してしまうために見かけ上の促進効果が生起したと解釈されている。また，味物質とニオイ物質の混合物に接触させる際に，実験参加者に味物質とニオイ物質が混合しているものであると教示した場合には，促進効果が小さくなることが示されており，事前に混合物であると知らされることで，味とニオイを別々のものであると分析的に捉えられるようになり，促進効果が減少したと解釈されている（Prescott et al., 2004）。これら先行研究が示すように，評価時に使用する尺度の項目や教示内容により促進効果の効果量が左右されることからも，嗅覚と味覚間の相互作用は高次レベルでの情報の統合により生起するものといえる。味覚と嗅覚の情報統合における脳の活動領域を検討した研究では，島皮質や眼窩前頭皮質，前帯状回，前頭弁蓋部が味覚，嗅覚情報の統合に関わっていることが報告されている（たとえば，De Araujo et al., 2003；Seo et al., 2013；Small & Prescott, 2005）。詳細はSmall & Prescott（2005）を参照されたい。

　Stevenson & Oaten（2010）はニオイ物質と味物質が食経験を通じて対呈示されることで，両者の特徴が共有され，促進効果が生起すると指摘しており，高次レベルにおける味嗅覚情報の統合は，日常の食生活におけるニオイと味の組み合わせが学習された結果生じるものと考えられる。Kakutani et al. (2017) はニオイと味の組み合わせだけでなく、嗅覚が刺激される経路やタイミングも学習されている可能性を挙げている。Kakutani et al. (2017) では味質が一致する嗅覚刺激と味覚刺激を、通常の飲食物の摂取時と同様の、嗅覚、味覚が刺激される順番（オルソネイザル経路での嗅覚への刺激の後、味覚への刺激、最後にレトロネイザル経路での嗅覚への刺激）で呈示した場合とオルソネイザル経路とレトロネイザル経路での嗅覚刺激の呈示の順番を入れ替えて呈示した場合での嗅覚による味覚強度の促進効果を検討した。通常の飲食物の摂取時と同様の順番で刺激呈示をした場合のみ、促進効果が確認され、単純な味とニオイの組み合わせだけでなく、各感覚が刺激される一連の流れも学習されていると解釈している。

（小川 緑）

4・2　嗅覚と視覚

　嗅覚と視覚の関連性は 1930 年代にさかのぼり、古くから視覚の「明るさ」とニオイの質の関連を報告する研究がある（Deroy et al., 2013 参照）。より強く感じられるニオイは明度が低く暗い色と対応することが見いだされた（Kemp & Gilbert, 1997）。色相に関しても、特定のニオイと頑健に対応する色相が存在することが報告された（Gilbert et al., 1996）。しかしながら最近の異文化間研究では、同一文化内では色相とニオイの対応は一貫している一方で、異文化間では必ずしも一致しないことから、色相との関連性には学習性の影響がある可能性が示唆されている（Levitan et al., 2014）。また色とニオイの対応には言語が介在することを示す異文化間研究もある（de Valk et al., 2017）。色以外では、視覚オブジェクトの形態がニオイの質と関連することが示されており、三次元オブジェクト（Smets & Overbeeke, 1989）や、抽象図形（Seo et al., 2010）、「ブーバ／キキ効果」（Ramachandran & Hubbard, 2001）で知られる丸い曲線からなる図形とギザギザの直線からなる図形の特徴（Hanson-Vaux et al., 2013）が特定のニオイと関連をもつことが示唆されている。後者二つの研究結果からは、図形の特徴はニオイの快不快と対応する（たとえば、より不快で強度の高いニオイは角ばった形と関連する）ことが示唆されている。

　視覚刺激の存在が嗅覚における知覚の質やニオイに対する評価に影響するという報告も多い（レビューとして, Deroy et al., 2013）。これらの研究を大別すると、ヒトの環境認識には視覚情報が主要な役割を果たすことから嗅覚情報処理に対して視覚の優位性を示すものと、多感覚統合による情報処理の促進を示すという二つの立場がある。飲料のニオイと適合する色をつけた場合と適合しない色をつけた場合で、ニオイの同定率や（DuBose et al., 1980；Zellner et al., 1991）、ニオイ（ワインの香り）を記述する用語が変わり（Morrot et al., 2001）、適合しない視覚情報による誤同定が生じる。一方、適合した視覚情報があると同定に要する時間は短くなり、よりニオイを快と評定した（Zellner et al., 1991）。時空間的要因も精査され、色がニオイ同定に影響するには、ニオイより前、あるいはニオイと同時に色が呈示されることと、色とニオイの空間的近接が必要とされた（Shankar et al., 2010a）。さらに、色とニオイの不一致度が高すぎてまったく予期できないような場合は、色はニオイ同定に影響しにくかった（Shankar et al., 2010b）。Stevenson & Oaten (2008) は、色によるニオイ同定への影響が構音抑制課題によって低減したことから、言語に媒介される概念化の影響があると考察している。

　単に色だけではなく、ニオイを写真や色つきの線画と同時に呈示して、ニオイに対するすばやい弁別反応を求めると、写真や線画がニオイと一致する場合とそうでない場合で弁別反応成績に差が生じた（写真は Gottfried & Dolan, 2003；線画は Demattè et al., 2009）。視覚情報は無視するよう告げられていても、弁別課題成績は不一致な視覚ディストラクターに影響されて低下した（Demattè et al., 2009）。Arao et al. (2012) では対応する色を有する 2 種類の単体香料を混合した 2 種混合臭の容器にいずれかの香料に対応する色を付して呈示したところ、色に対応する香料の混合比が過大評価された。以上の視覚情報によるニオイ知覚への影響は、視覚刺激によってニオイと関連する具体的なオブジェクト

（odor-objects；Wilson & Stevenson, 2006 鈴木・柾木監訳, 2012 参照）の概念（あるいは記憶）が活性化されることによって生じている可能性が大きいと考えられる。

しかし，具体的なオブジェクトの意味的あるいは言語的介在が影響しているとは考えにくい例もある。色とニオイの知覚強度評価の関係については，色のあるほうがニオイの強度が高く評定され，それは親近性の低いニオイでも（Zellner & Kautz, 1990），意味的に一致しない色であっても同様の効果があった（Zellner & Whitten, 1999）。白黒であってもニオイと一致すると感じられる抽象図形があるとニオイの強度が増大し，ニオイの快不快度も強調された（Seo et al., 2010）。ニオイと色の共感覚者はニオイの弁別や命名が優れていることを示す研究（Speed & Majid, 2017）や，反復経頭蓋磁気刺激法で視覚野を刺激するとニオイの質の弁別成績が向上したとの報告（Jadauji et al., 2012）も，言語レベルの概念化のもたらす影響とは違う要因があることを示唆する。これらの結果に関連すると考えられる仮説は複数あるが，どれか一つですべての現象を説明できるわけではない。他のモダリティでの研究では，Osgood et al.（1957）のセマンティックディファレンシャル法（SD 法）で示されるような，感覚モダリティを超えて共有される内包的意味の重要性も指摘されている（Walker et al., 2012）。色とニオイの場合には感覚間相互作用に感情が媒介すること（荒尾他, 2011；Schifferstein & Tanudjaja, 2004）が示唆されている。さらに，神経生理学的視点から感覚間対応（crossmodal correspondences；Spence, 2011）を説明する仮説の一つである構造的対応（structural correspondence）仮説では，脳内での処理を行う部位が同じあるいは近いなどという可能性が推測されている。今後の研究の発展が待たれるところである。

（鈴木 まや）

4・3　嗅覚と触覚

4・2 節で述べたように嗅覚と味覚の相互作用においては，日常における経験，学習の影響が大きく，それまでに経験してきたニオイと味の組み合わせで

あることや両者から連想されるイメージが一致していることが重要である。一方で，嗅覚と触覚（手触りや触運動）の相互作用においては，両者の特徴の一致性にかかわらず，嗅覚の特徴（嗅覚から連想されるイメージ）が触覚の知覚に反映されることが示されている（たとえば，Castiello et al., 2006；Croy et al., 2014；Demattè et al., 2006）。

触覚刺激（リンゴやイチゴの模型）を掴む運動を行う際に，嗅覚刺激（リンゴやイチゴの香料）を同時に呈示すると，触覚刺激の大きさと嗅覚刺激から連想される物体の大きさの一致，不一致にかかわらず，手の開きは嗅覚刺激から連想される物体の大きさに合わせた開き具合になることが報告されている（Castiello et al., 2006；Tubaldi, Ansuini, Tirindelli et al., 2008；Tubaldi et al., 2009）。たとえば，触覚刺激の種類にかかわらず，嗅覚刺激がリンゴの場合は手の開きが大きく，イチゴの場合は小さい。このことは嗅覚刺激から連想された物体の大きさの情報に合わせた触運動が導かれることを示している。また，触覚刺激の大きさと嗅覚刺激から連想される大きさが不一致の場合には手の開き具合が最大になるまでにかかる時間が長く，触運動にかかる時間が嗅覚から得た情報の影響を受けることも報告されている（Tubaldi, Ansuini, Demattè et al., 2008）。

嗅覚が手触りに与える影響について，Demattè et al.（2007）は，快なニオイが呈示された場合に布はより柔らかく，不快なニオイが呈示された場合にはより硬いと評価されることを示し，嗅覚刺激の快さが手触りの評価に影響した可能性を挙げている。快いニオイによりポジティブな情動が喚起されたことで，柔らかい評価がされやすくなったと解釈している。嗅覚刺激の快さが手触りの快さに影響することも報告されており（Croy et al., 2014），嗅覚刺激により喚起された情動が手触りに影響すると考えられる。しかし，後に Demattè et al.（2007）により快いニオイと柔らかい布，不快なニオイと硬い布の連合が強いことが報告されている。嗅覚刺激と触覚（手触り）のイメージの一致により布の特徴が強調され，布の柔らかさの評価が変化した可能性も挙げられる。

前述までの研究とは異なり，Koijck et al.（2015）

第VI部　嗅覚

では嗅覚刺激による手触り（硬さ）の評価に違いはみられず，嗅覚の手触りへの影響は認められなかった。評価対象がサンドペーパーと硬いものであったため，床効果が生起した可能性がある。しかし，前述の先行研究のような布とニオイの組み合わせと異なり，日常生活においてサンドペーパーとニオイに同時に接触する機会は少なく，触覚と嗅覚からの情報の関連性が認識されず，評価に影響しなかったとも考えられる。嗅覚刺激と触覚刺激（手触り）との一致度評価を年齢間で比較した研究（Speed et al., 2021）では，幼児（4-5歳）は，ニオイと手触りの組み合わせ（キャラメルやたまねぎと，プラスチックやサンドペーパー）に対して一致するとも不一致であるとも評価ができなかったが，加齢に伴い特定のニオイと手触りの組み合わせ（キャラメルとプラ

スチック，たまねぎとサンドペーパー）について高い一致度を示すようになった。このことから，嗅覚および触覚への刺激経験により嗅覚刺激と触覚刺激の結びつきが形成されると考えられる。接触経験が少ない刺激同士は，両者の関連性が認識されず互いの知覚に影響することが少ないといえる。

現在までに得られている知見だけでは，嗅覚が触覚に与える影響について明確な解釈はできないが，嗅覚と味覚の相互作用とは異なり，嗅覚と触覚の両者のイメージの一致，不一致は両者の相互作用の大きな生起要因とはいえないようである。これは嗅覚と触覚が，嗅覚と味覚ほど，日常生活で関連づけられて刺激されることが少ないためと考えられる。

（小川　緑）

文献

（4・1）

Boakes, R. A., & Hemberger, H. (2012). Odour-modulation of taste ratings by chefs. *Food Quality and Preference, 25*, 81-86. ［doi: 10.1016/j.foodqual.2012.01.006］

Clark, C. C., & Lawless, H. T. (1994). Limiting response alternatives in time-intensity scaling: An examination of the halo-dumping effect. *Chemical Senses, 19*, 583-594. ［doi: 10.1093/chemse/19.6.583］

De Araujo, I. E., Rolls, E. T., Kringelbach, M. L., McGlone, F., & Phillips, N. (2003). Taste-olfactory convergence, and the representation of the pleasantness of flavour, in the human brain. *European Journal of Neuroscience, 18*(7), 2059-2068. ［doi: 10.1046/j.1460-9568.2003.02915.x］

Djordjevic, J., Zatorre, R. J., & Jones-Gotman, M. (2004a). Effects of perceived and imagined odors on taste detection. *Chemical Senses, 29*, 199-208. ［doi: 10.1093/chemse/bjh022］

Djordjevic, J., Zatorre, R. J., & Jones-Gotman, M. (2004b). Odor-induced changes in taste perception. *Experimental Brain Research, 159*, 405-408. ［doi: 10.1007/s00221-004-2103-y］

Kakutani, Y., Narumi, T., Kobayakawa, T., Kawai, T., Kusakabe, Y., Kunieda, S., & Wada, Y. (2017). Taste of breath: The temporal order of taste and smell synchronized with breathing as a determinant for taste and olfactory integration. *Scientific Reports, 7*, 8922. ［doi: 10.1038/s41598-017-07285-7］

小早川 達・後藤 なおみ（2015）．食品の味わいと味覚・嗅覚　日本調理科学会誌, *48*, 175-179. ［doi: 10.11402/cookeryscience.48.175］

Lawrence, G., Salles, C., Septier, C., Busch, J., & Thomas-Danguin, T. (2009). Odour-taste interactions: A way to enhance saltiness in low-salt content solutions. *Food Quality and Preference, 20*, 241-248. ［doi: 10.1016/j.foodqual.2008.10.004］

小川 緑・中野 詩織・黄 暁薇・綾部 早穂（2012）．嗅覚による味覚の促進効果：塩味への感度に着目して　筑波大学心理学研究, *43*, 1-7.

Prescott, J., Johnstone, V., & Francis, J. (2004). Odor-taste interactions: Effects of attentional strategies during exposure. *Chemical Senses, 29*, 331-340. ［doi: 10.1093/chemse/bjh036］

Sakai, N., Kobayakawa, T., Gotow, N., Saito, S., & Imada, S. (2001). Enhancement of sweetness ratings of aspartame by a vanilla odor presented either by orthonasal or retronasal routes. *Perceptual and Motor Skills, 92*, 1002-1008. ［doi: 10.2466/pms.2001.92.3c.1002］

第４章　嗅覚と他の感覚の相互作用

Seo, H. S., Iannilli, E., Hummel, C., Okazaki, Y., Buschhüter, D., Gerber, J., ... Hummel, T. (2013). A salty-congruent odor enhances saltiness: Functional magnetic resonance imaging study. *Human Brain Mapping*, *34*, 62–76. ［doi: 10.1002/hbm.21414］

Small, D. M., & Prescott, J. (2005). Odor/taste integration and the perception of flavor. *Experimental Brain Research*, *166*, 345–357. ［doi: 10.1007/s00221-005-2376-9］

Stevenson, R. J., & Mahmut, M. (2015). Why does the sense of smell vanish in the mouth? Testing predictions from two accounts. *Psychonomic Bulletin & Review*, *22*, 955–960. ［doi: 10.3758/s13423-014-0785-0］

Stevenson, R. J., Mahmut, M. K., & Oaten, M. J. (2011). The role of attention in the localization of odors to the mouth. *Attention, Perception, & Psychophysics*, *73*, 247–258. ［doi: 10.3758/s13414-010-0013-6］

Stevenson, R. J., & Oaten, M. J. (2010). Sweet odours and sweet tastes are conflated in memory. *Acta Psychologica*, *134*, 105–109. ［doi: 10.1016/j.actpsy.2010.01.001］

Stevenson, R. J., Prescott, J., & Boakes, R. A. (1999). Confusing tastes and smells: How odours can influence the perception of sweet and sour tastes. *Chemical Senses*, *24*, 627–635. ［doi: 10.1093/chemse/24.6.627］

White, T. L., & Prescott, J. (2007). Chemosensory cross-modal Stroop effects: Congruent odors facilitate taste identification. *Chemical Senses*, *32*, 337–341. ［doi: 10.1093/chemse/bjm001］

(4・2)

Arao, M., Suzuki, M., Katayama, J., & Yagi, A. (2012). An odorant congruent with a colour cue is selectively perceived in an odour mixture. *Perception*, *41*, 474–482. ［doi: 10.1068/p7152］

荒尾 真理・鈴木 まや・八木 昭宏 （2011）．ニオイの感情効果はプライムされた色によって変化する　感情心理学研究, *19*, 10–18. ［doi: 10.4092/jsre.19.10］

de Valk, J. M., Wnuk, E., Huisman, J. L. A., & Majid, A. (2017). Odor-color associations differ with verbal descriptors for odors: A comparison of three linguistically diverse groups. *Psychonomic Bulletin and Review*, *24*, 1171–1179. ［doi: 10.3758/s13423-016-1179-2］

Demattè, M. L., Sanabria, D., & Spence, C. (2009). Olfactory discrimination: When vision matters? *Chemical Senses*, *34*, 103–109. ［doi: 10.1093/chemse/bjn055］

Deroy, O., Crisinel, A. S., & Spence, C. (2013). Crossmodal correspondences between odors and contingent features: Odors, musical notes, and geometrical shapes. *Psychonomic Bulletin and Review*, *20*, 878–896. ［doi: 10.3758/s13423-013-0397-0］

DuBose, C. N., Cardello, A. V., & Maller, O. (1980). Effects of colorants and flavorants on identification, perceived flavor intensity, and hedonic quality of fruit-flavored beverages and cake. *Journal of Food Science*, *45*, 1393–1399. ［doi: 10.1111/j.1365-2621.1980.tb06562.x］

Gilbert, A. N., Martin, R., & Kemp, S. E. (1996). Cross-modal correspondence between vision and olfaction: The color of smells. *American Journal of Psychology*, *109*, 335–351. ［doi: 10.2307/1423010］

Gottfried, J. A., & Dolan, R. J. (2003). The nose smells what the eye sees: Crossmodal visual facilitation of human olfactory perception. *Neuron*, *39*, 375–386. ［doi: 10.1016/s0896-6273(03)00392-1］

Hanson-Vaux, G., Crisinel, A.-S., & Spence, C. (2013). Smelling shapes: Crossmodal correspondences between odors and shapes. *Chemical Senses*, *38*, 161–166. ［doi: 10.1093/chemse/bjs087］

Jadauji, J. B., Djordjevic, J., Lundström, J. N., & Pack, C. C. (2012). Modulation of olfactory perception by visual cortex stimulation. *Journal of Neuroscience*, *32*, 3095–3100. ［doi: 10.1523/JNEUROSCI.6022-11.2012］

Kemp, S. E., & Gilbert, A. N. (1997). Odor intensity and color lightness are correlated sensory dimensions. *American Journal of Psychology*, *110*, 35–46. ［doi: 10.2307/1423699］

Levitan, C. A., Ren, J., Woods, A. T., Boesveldt, S., Chan, J. S., McKenzie, K. J., ... van den Bosch, J. J. F. (2014). Cross-cultural color-odor associations. *PLoS ONE*, *9*, e101651. ［doi: 10.1371/journal.pone.0101651］

Morrot, G., Brochet, F., & Dubourdieu, D. (2001). The color of odors. *Brain and Language*, *79*, 309–320. ［doi: 10.1006/brln.2001.2493］

第 VI 部　嗅覚

Osgood, C. E., Suci, G. J., & Tannenbaum, P. H. (1957). *The Measurement of Meaning*. University of Illinois Press.

Ramachandran, V. S., & Hubbard, E. M. (2001). Synaesthesia: A window into perception, thought and language. *Journal of Consciousness Studies, 8*(12), 3-34.

Schifferstein, H. N. J., & Tanudjaja, I. (2004). Visualising fragrances through colours: The mediating role of emotions. *Perception, 33*, 1249-1266. [doi: 10.1068/p5132]

Seo, H.-S., Arshamian, A., Schemmer, K., Scheer, I., Sander, T., Ritter, G., & Hummel, T. (2010). Cross-modal integration between odors and abstract symbols. *Neuroscience Letters, 478*, 175-178. [doi: 10.1016/j.neulet.2010.05.011]

Shankar, M. U., Simons, C., Levitan, C. A., Shiv, B., McClure, S., & Spence, C. (2010a). An expectations-based approach to explaining the crossmodal influence of color on orthonasal olfactory identification: Assessing the influence of temporal and spatial factors. *Journal of Sensory Studies, 25*, 791-803. [doi: 10.1111/j.1745-459X.2010.00305.x]

Shankar, M. U., Simons, C., Shiv, B., McClure, S., Levitan, C. A., & Spence, C. (2010b). An expectations-based approach to explaining the cross-modal influence of color on orthonasal olfactory identification: The influence of the degree of discrepancy. *Attention, Perception, & Psychophysics, 72*, 1981-1993. [doi: 10.3758/APP.72.7.1981]

Smets, G. J., & Overbeeke, C. J. (1989). Scent and sound of vision: expressing scent or sound as visual forms. *Perceptual and Motor Skills, 69*, 227-233. [doi: 10.2466/pms.1989.69.1.227]

Speed, L. J., & Majid, A. (2017). Superior olfactory language and cognition in odor-color synaesthesia. *Journal of Experimental Psychology: Human Perception and Performance, 44*, 468-481. [doi: 10.1037/xhp0000469]

Spence, C. (2011). Crossmodal correspondences: A tutorial review. *Attention, Perception, & Psychophysics, 73*, 971-995. [doi: 10.3758/s13414-010-0073-7]

Stevenson, R. J., & Oaten, M. (2008). The effect of appropriate and inappropriate stimulus color on odor discrimination. *Perception & Psychophysics, 70*, 640-646. [doi: 10.3758/PP.70.4.640]

Walker, L., Walker, P., & Francis, B. (2012). A common scheme for cross-sensory correspondences across stimulus domains. *Perception, 41*, 1186-1192. [doi: 10.1068/p7149]

Wilson, D. A., & Stevenson, R. J. (2006). *Learning to Smell: Olfactory Perception from Neurobiology to Behavior*. The Johns Hopkins University Press.
（鈴木 まや・征木 隆寿（監訳）（2012）．「においオブジェクト」を学ぶ：神経科学から行動科学が示すにおいの知覚 フレグランスジャーナル社）

Zellner, D. A., Bartoli, A. M., & Eckard, R. (1991). Influence of color on odor identification and liking ratings. *American Journal of Psychology, 104*, 547-561. [doi: 10.2307/1422940]

Zellner, D. A., & Kautz, M. A. (1990). Color affects perceived odor intensity. *Journal of Experimental Psychology: Human Perception and Performance, 16*, 391-397. [doi: 10.1037/0096-1523.16.2.391]

Zellner, D. A., & Whitten, L. A. (1999). The effect of color intensity and appropriateness on color-induced odor enhancement. *American Journal of Psychology, 112*, 585-604. [doi: 10.2307/1423652]

(4・3)

Castiello, U., Zucco, G. M., Parma, V., Ansuini, C., & Tirindelli, R. (2006). Cross-modal interactions between olfaction and vision when grasping. *Chemical Senses, 31*, 665-671. [doi: 10.1093/chemse/bjl007]

Croy, I., D'Angelo, S., & Olausson, H. (2014). Reduced pleasant touch appraisal in the presence of a disgusting odor. *PLoS ONE, 9*, e92975. [doi: 10.1371/journal.pone.0092975]

Demattè, M. L., Sanabria, D., & Spence, C. (2007). Olfactory-tactile compatibility effects demonstrated using a variation of the Implicit Association Test. *Acta Psychologica, 124*, 332-343. [doi: 10.1016/j.actpsy.2006.04.001]

Demattè, M. L., Sanabria, D., Sugarman, R., & Spence, C. (2006). Cross-modal interactions between olfaction and touch. *Chemical Senses, 31*, 291-300. [doi: 10.1093/chemse/bjj031]

Koijck, L. A., Toet, A., & Van Erp, J. B. F. (2015). Tactile roughness perception in the presence of olfactory and trigeminal stimulants. *PeerJ, 3*, e955. [doi: 10.7717/peerj.955]

Speed, L. J., Croijmans, I., Dolscheid, S., & Majid, A. (2021). Crossmodal associations with olfactory, auditory, and tactile

1506

stimuli in children and adults. *i-Perception*, *12*, 1–34. [doi: 10.1177/20416695211048513]

Tubaldi, F., Ansuini, C., Demattè, M. L., Tirindelli, R., & Castiello, U. (2008). Effects of olfactory stimuli on arm-reaching duration. *Chemical Senses*, *33*, 433–440. [doi: 10.1093/chemse/bjn010]

Tubaldi, F., Ansuini, C., Tirindelli, R., & Castiello, U. (2008). The grasping side of odours. *PLoS ONE*, *3*, e1795. [doi: 10.1371/journal.pone.0001795]

Tubaldi, F., Ansuini, C., Tirindelli, R., & Castiello, U. (2009). The effects of task-irrelevant olfactory information on the planning and the execution of reach-to-grasp movements. *Chemosensory Perception*, *2*, 25–31. [doi: 10.1007/s12078-009-9039-3]

第5章 ニオイによる生理・心理反応

5・1 脳神経細胞の電気的活動

　動物を対象とした神経生理学的研究では，脳に電極を挿したり，脳細胞に薬品を注入したりすることによって嗅覚情報処理に関わる脳活動の検討を行っている。一方，健常者に対して外科的処理を施し，脳活動を直接観察することは不可能である。そこで近年，覚醒下における健常者の脳活動を非侵襲的に計測するさまざまな手法が開発されている。非侵襲計測は，脳活動に付随する神経細胞内の電気的活動を計測する手法と，脳活動に伴う血流やブドウ糖の代謝を計測する手法に大別される。本節では，脳神経細胞の電気的活動を捉える主な手法である脳波計測および脳磁場計測について解説する。

　脳波計測および脳磁場計測は，刺激オンセット（刺激呈示時点）から ms 単位で脳の活動を追うことができるため，時間分解能に優れている。その反面，頭皮上で観察された電位や磁場の二次元分布から三次元的に活動源を推定する必要があるため，空間分解能には劣る。特に，同時刻かつ近接した部位での脳活動が想定される場合には推定精度が低下する。また，神経細胞の電位信号は脳髄液や頭蓋骨を通過する際に歪曲する一方，脳髄液や頭蓋骨における透磁率は真空の透磁率とほぼ同一であるため，神経細胞の磁場信号がこれらの組織を通過してもほとんど歪曲しない。したがって，脳波計測に比べて脳磁場計測のほうが高い精度で活動源を推定することができる。

　嗅覚は，化学物質によって引き起こされる感覚（化学感覚）である。Evans et al. (1993) は，高精度で嗅覚事象関連電位を計測するための刺激呈示法について，以下に示す三つの基準を提唱した。① 触覚による三叉神経系への刺激を防ぐために無臭空気の流れのなかに嗅覚刺激をパルス状に挿入すること，② 最大刺激濃度の 70% が 50 ms 以内で立ち上がること，③ 鼻腔内の乾燥を防ぐために無臭空気には 50% 以上の湿度を与えるとともに体温程度の温度にすること，である。② の基準を満たしているか否かの確認方法として，Evans et al. (1993) は，実験参加者がいない状態で，空気と煙の切り替えによる光の透過量の変化もしくは冷気と室温空気の切り替えによる温度変化を計測することを提唱している。しかしながら，煙の使用は刺激呈示装置内部の汚染を招き，また，ms 単位での温度変化の計測は原理的に不可能である。そこで，超音波の多重干渉を利用することによって，空気と嗅覚刺激の切り替えに伴う気体成分の変化を ms 単位の精度で計測する技術が開発された（Toda & Kobayakawa, 2008；Toda et al., 2006）。

　Kobal (1985), Kobal & Hummel (1988) によって開発された嗅覚刺激呈示装置（Kobal 式オルファクトメーター）は，Evans et al. (1993) が提唱した三つの基準をすべて満たしている。Kobayakawa et al. (2007) は，超音波気体濃度計（Toda & Kobayakawa, 2008；Toda et al., 2006）を取り付けた Kobal 式オルファクトメーターを用い，6 人の実験参加者を対象に嗅覚事象関連電位と嗅覚事象関連磁場の同時計測を行った（図 5-1-1）。各実験参加者は，30 試行からなるセッションを 7-11 セッション実施した。嗅覚刺激としてバニリンを用い，流速 7.5 l/分，刺激呈示時間 200 ms，刺激間間隔 40 秒で呈示した。脳波を計測するため，国際標準電極配置法（10-20 法）（Jasper, 1958）に基づき，Fpz, Cz, Pz から両耳朶平均を基準とする単極導出を行った。サンプリング周波数は 625 Hz とし，100 Hz のハイ

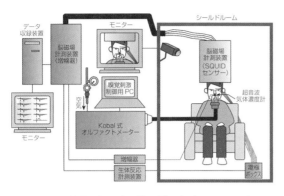

図 5-1-1　嗅覚事象関連電位・磁場計測システムの概要

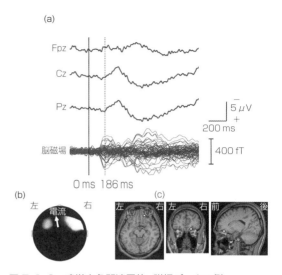

図 5-1-2　嗅覚事象関連電位・磁場データの例
(a) 嗅覚事象関連電位の加算波形と嗅覚事象関連磁場のスタック波形。(b) 磁場応答の頭皮上マップ。(c) 推定された活動部位。

カットフィルターおよび 0.16 Hz のローカットフィルターをオンラインで用いた。全頭型 SQUID システムによる脳磁場計測では，サンプリング周波数を 625 Hz とし，40 Hz のハイカットフィルターをオンラインで用いた。Kobal 式オルファクトメーターは，無臭空気が流れる系と臭気が流れる系から構成されており，これらの系を電磁弁で切り替えることによって空気もしくは嗅覚刺激を実験参加者に呈示している。全実験参加者から取得したデータをもとに，電磁弁の切り替えから嗅覚刺激が最大濃度の 70% に到達するまでの時間を算出したところ，118 ± 23.3 ms（平均 ± 標準偏差）であった。換言すれば，最大濃度の 70% 到達時点を刺激オンセットとした場合，電磁弁の切り替えをオンセットとした場合に比べて，活動潜時が約 120 ms 短くなることがわかった。また，最大濃度の 70% に到達するまでの時間は，試行間で 20 ms 以上ばらついた。これらの結果は，嗅覚事象関連応答の計測精度を高めるためには，嗅覚刺激の実時間モニタリングを行う必要があることを示唆している。続いて，最大濃度の 70% 到達時点を刺激オンセットとして加算した嗅覚事象関連電位・磁場データの例を図 5-1-2 に示す。この例では，刺激オンセットから 186 ms 後に右側の眼窩前頭皮質外側部での活動が推定された。Kobayakawa et al.（2007）の研究では，刺激オンセットから 180-200 ms の間に，右側の眼窩前頭皮質外側部，両側の横側頭回での活動が推定されている。

Kobal 式オルファクトメーターを用いて嗅覚事象関連電位・磁場計測を行ったいくつかの先行研究では，長潜時の脳活動についても報告されている。

Kettenmann et al.（1997）では，P1 成分（潜時 226-380 ms）に対応する脳磁場の活動源として上側頭溝と島皮質の間，N1 成分（潜時 306-486 ms）に対応する活動源として島皮質の前部から中心部，P2 成分（潜時 518-730 ms）に対応する活動源として上側頭溝が推定された。綾部他（1998）においても，P2 成分の潜時付近（約 600 ms）で上側頭溝での活動が推定された。また，非常に短い潜時での活動も報告されており，刺激オンセットから 150 ms 以内に一次嗅覚野（梨状皮質），海馬，海馬傍回，扁桃体，眼窩前頭皮質が推定されている（Stadlbauer et al., 2016）。しかしながら，これらの先行研究では電磁弁の切り替えを刺激オンセットとしているため，各脳部位における本来の活動潜時は報告されている値よりも短くなると推察される。

（小早川 達）

5・2　ニオイの快−不快による生理反応

ニオイの知覚は経験を通して形成されるため，ニオイの物質的特性だけでなく，ニオイを嗅いだときの状況やトップダウン処理の影響によって，引き起こされる生理または心理反応も異なる。ニオイによって喚起される感情の快不快と生理反応の関係と

第 VI 部　嗅覚

して，不快と評価されるニオイを嗅いだときの心拍数の増加や皮膚電気反応の増大（Alaoui-Ismaïli, Robin et al., 1997；Alaoui-Ismaïli, Vernet-Maury et al., 1997；Bensafi et al., 2002a），驚愕性瞬目反射の増強（Ehrlichman et al., 1997），吐き気を反映する収縮期血圧の低下（Croy et al., 2013）などが報告されている。ただし，たとえば皮膚電気反応の増大は覚醒度と関連する（Bensafi et al., 2002a）とされており，ニオイと生理反応との関連に，感情反応以外の要因も含まれることは考慮する必要がある。また，同じニオイ（白檀）であっても，そのニオイを好ましいと感じた実験参加者では副交感神経活動（心電図の低周波帯域）が亢進したが，このニオイを嫌いと感じた参加者では自律神経系活動に変化が認められなかった（川西他，2004）。歯科治療で経験する痛みや不安感と，この状況で接したニオイ（歯の詰め物に含有されるオイゲノール）が結びつけられると，オイゲノールのニオイによって不安や不快感が喚起されるとともに，皮膚電気反応の増大，心拍数の増加といった生理反応への影響も現れた（Robin et al., 1998）。これは，ニオイから受ける生理的または心理的影響が経験によって変わることを示唆するものである。また，ペパーミントのニオイによる皮膚電気反応の増加が，そのニオイをより覚醒的だと感じた実験参加者ほど大きいという事例もある（Bensafi et al., 2002b）。このように，ニオイによる生理反応はニオイの主観的評価に影響を受けるため，主観評価との間に関連性があるか常に確認することが重要である（Herz, 2009）。

（中野　詩織）

5・3　ニオイによる痛みの緩和作用

　ニオイへ注意を向けさせることで，痛みが緩和される作用が示されている。痛み刺激と嗅覚刺激が同時呈示されたとき，痛みに注意を向けた場合に比べて，ニオイへ注意を向けた場合に，痛みの主観的強度や不快感が軽減された（Gedney et al., 2004）。このような痛みの軽減作用は，ニオイを認知閾値（何のニオイかわかる最小濃度）程度の強さで呈示した場合に認められており（政岡他，2010），痛みから注意

が逸れる程度にニオイの主観強度が強く感じられている必要があることが示されている。ただし，刺激呈示中の呼吸数は，嗅覚刺激を呈示しない場合に痛み刺激の呈示により増加したのに対して，嗅覚刺激を呈示した場合では，検知閾値程度の強さで呈示した場合でも呼吸数が減少したため，ニオイの吸入による呼吸数の減少が痛みの緩和へ作用した可能性も考えられる。注意を逸らすことによる痛みの軽減作用は，視覚刺激を用いた場合（Legrain et al., 2011）でも確認されており，特定の感覚刺激に拠らない作用ともいえる。さらに，単に痛みから注意を逸らすだけでなく，好ましく感じるニオイや，経験的に馴染みのあるニオイによって痛みが緩和されることも示されている。さまざまなニオイのなかから各自が選択した嗜好性が高いニオイが呈示された場合に，不快なニオイよりも痛みによる不快感や不安感が軽減した（Villemure et al., 2003）。また，乳幼児を対象とした研究で，採血の際にあらかじめ馴れていたバニリンのニオイを呈示した群の乳幼児は，採血時のみバニリンのニオイを呈示した群やニオイを呈示しなかった群に比べて，泣き止むまでの時間が有意に短く，呼吸の規則性が維持されたことで血中酸素飽和量も維持されたとされている（ただし血中酸素飽和量に群間で有意差は認められていない）研究結果（Sadathosseini et al., 2013）もある。

（中野　詩織）

5・4　ニオイによる持続的注意や認知課題成績への影響

　持続的な注意を必要とするような認知課題の遂行時に，その環境内に呈示されたニオイが課題パフォーマンスへ影響を及ぼすことが，複数の研究により示されている。比較的快いニオイを呈示した場合，そのニオイを呈示しなかった場合に比べて，計算課題や決められた刺激にのみ反応する課題の正答率向上や反応時間の短縮（Baron & Thomley, 1994；Kato et al., 2012；Warm et al., 1991），課題の遂行に伴う身体的または精神的疲労感の減少（Warm et al., 1991）が認められている。また，民間療法的に鎮静作用があると伝承されているラベンダーのニオイ

が課題遂行へ及ぼす効果を検討した例がある。持続的注意課題の成績が向上した研究では，ラベンダーのニオイが過剰な覚醒状態を抑制したことを要因としており（清水他，2008），一方で課題成績が低下した研究では，ニオイの鎮静作用を集中力妨害の要因としている（Ludvigson & Rottman, 1989；Moss et al., 2003）。このように，相反する結果が同じ原因で考察されている点をみると，ニオイの物理化学的特性に効果の要因があると結論づけることは難しい。聴覚刺激の識別と視覚刺激の検出を同時遂行する二重課題下で，より難易度の高い聴覚識別課題の成績が，快なニオイ（バラ）を呈示したときに比べて，不快なニオイ（イランイラン）の呈示によって阻害された（中野他，1997）。その一方で，ニオイの快不快（快なニオイとしてラベンダー，不快なニオイとしてピリジン）にかかわらず課題成績の向上が認められた研究では，快なニオイは課題によるストレスを軽減させることが，不快なニオイは不快感による覚醒感が，それぞれ作業効率の促進に寄与したという解釈もなされている（Millot et al., 2002）。以上のように，伝承的に特定の効果があるとされるニオイを呈示した場合に，認知課題のパフォーマンスへの影響が一貫しない背景の一つには，ニオイの捉え方の違いが挙げられる。ニオイの情報は伏せて，さまざまな香料の形容詞による分類を試みた研究（樋口他，2002）では，アロマセラピーなどのいわゆる民間療法で言われている，ラベンダーのニオイにおける鎮静作用やジャスミンのニオイにおける高揚作用といった気分効果を表す表現は，実際の評価結果には認められなかった。すなわち，ニオイに関する知識や期待が反映されなければ，ニオイの種類に依存した気分への影響は生じにくいといえる。ペパーミントのニオイによって作業効率が向上したという例もあるが（Ho & Spence, 2005；Warm et al., 1991），これはニオイの影響だけでなく，ペパーミントのもつ冷涼感である三叉神経系（メントールに関与するイオンチャネルである TRPM8；McKemy et al., 2002）への刺激が寄与していると考えられ，純粋な嗅覚刺激の影響とは区別して捉える必要があ

る。ニオイの吸入による薬理的作用を示した知見には，侵襲的な検出方法が可能な動物研究によるものが多いが（たとえば Kovar et al., 1987；Shen et al., 2005），ヒトの場合でも確認された例がある。ローズマリーの香りが呈示された室内で認知課題を行った場合に，主要な香気成分である 1,8-cineole が参加者の血漿中で同定され，その成分濃度と記憶に関わる認知課題の正答数との間に正の相関関係が認められた（Moss & Oliver, 2012）。

（中野　詩織）

5・5　ニオイに対する注意や関心

空気中のニオイ物質は視認できず，また厳密に統制された環境でない限りは常にさまざまなニオイ物質が空間内に飛散しているため，意識的に注意を向けなければ特定のニオイに気づかないことが多い（Sela & Sobel, 2010）。視覚的認知課題に取り組んでいる最中に，同じ室内にコーヒーのニオイが呈示されていても，半数以上の参加者がこのニオイの存在に気づかず，その人数は課題の認知的負荷が高い場合はさらに多かった（Forster & Spence, 2018）。このような日常のニオイへの気づきやすさ（awareness）には個人差もあり，身の回りのニオイに気づきやすい人は，気づきにくい人に比べて，ニオイの検出や弁別，同定といった嗅覚能力が高く（Smeets et al., 2008），特にニオイの同定力の高さとニオイへの気づきやすさの関連を示した知見もある（Arshamian et al., 2011；中野・綾部，2014）。また，公共スペースでの香りの演出や賦香される日用品の多様化といった香りつき製品市場の拡大と，製品に賦香される香りの強さや持続性に対する消費者側の期待といった傾向はいまだに強い。しかし，ここまで多くの研究例が示してきたように，ニオイの嗜好性，認知，気づきやすさには個人差があることを踏まえ，「香害」が生じる可能性があることも留意する必要がある。

（中野　詩織）

第 VI 部　嗅覚

文献

(5・1)

綾部 早穂・小早川 達・後藤 なおみ・遠藤 博史・金田 弘挙・斉藤 幸子　(1998)．脳磁場及び電位同時計測による嗅覚情報処理関連部位　日本生体磁気学会誌, *11*, 9-14.

Evans, W. J., Kobal, G., Lorig, T. S., & Prah, J. D. (1993). Suggestions for collection and reporting of chemosensory (olfactory) event-related potentials. *Chemical Senses, 18*, 751-756. [doi: 10.1093/chemse/18.6.751]

Jasper, H. H. (1958). Report of the committee on methods of clinical examination in electroencephalography: 1957. *Electroencephalography and Clinical Neurophysiology, 10*, 370-375. [doi: 10.1016/0013-4694(58)90053-1]

Kettenmann, B., Hummel, C., Stefan, H., & Kobal, G. (1997). Multiple olfactory activity in the human neocortex identified by magnetic source imaging. *Chemical Senses, 22*, 493-502. [doi:10.1093/chemse/22.5.493]

Kobal, G. (1985). Pain-related electrical potentials of the human nasal mucosa elicited by chemical stimulation. *Pain, 22*, 151-163. [doi:10.1016/0304-3959(85)90175-7]

Kobal, G., & Hummel, C. (1988). Cerebral chemosensory evoked potentials elicited by chemical stimulation of the human olfactory and respiratory nasal mucosa. *Electroencephalography and Clinical Neurophysiology, 71*, 241-250. [doi:10.1016/0168-5597(88)90023-8]

Kobayakawa, T., Toda, H., Gotow, N., & Akiyama, S. (2007). More precise analyses (measurement) of olfactory event related potentials and magnetic fields. *AChemS XXIX Abstracts*, 65.

Stadlbauer, A., Kaltenhäuser, M., Buchfelder, M., Brandner, S., Neuhuber, W. L., & Renner, B. (2016). Spatiotemporal pattern of human cortical and subcortical activity during early-stage odor processing. *Chemical Senses, 41*, 783-794. [doi:10.1093/chemse/bjw074]

Toda, H., & Kobayakawa, T. (2008). High-speed gas concentration measurement using ultrasound. *Sensors and Actuators A: Physical, 144*, 1-6. [doi:10.1016/j.sna.2007.12.025]

Toda, H., Saito, S., Yamada, H., & Kobayakawa, T. (2006). High-speed gas sensor for chemosensory event-related potentials or magnetic fields. *Journal of Neuroscience Methods, 152*, 91-96. [doi: 10.1016/j.jneumeth.2005.08.013]

(5・2)

Alaoui-Ismaïli, O., Robin, O., Rada, H., Dittmar, A., & Vernet-Maury, E. (1997). Basic emotions evoked by odorants: Comparison between autonomic responses and self-evaluation. *Physiology & Behavior, 62*, 713-720. [doi: 10.1016/S0031-9384(97)90016-0]

Alaoui-Ismaïli, O., Vernet-Maury, E., Dittmar, A., Delhomme, G., & Chanel, J. (1997). Odor hedonics: Connection with emotional response estimated by autonomic parameters. *Chemical Senses, 22*, 237-248. [doi: 10.1093/chemse/22.3.237]

Bensafi, M., Rouby, C., Farget, V., Bertrand, B., Vigouroux, M., & Holley, A. (2002a). Autonomic nervous system responses to odours: The role of pleasantness and arousal. *Chemical Senses, 27*, 703-709. [doi: 10.1093/chemse/27.8.703]

Bensafi, M., Rouby, C., Farget, V., Bertrand, B., Vigouroux, M., & Holley, A. (2002b). Influence of affective and cognitive judgments on autonomic parameters during inhalation of pleasant and unpleasant odors in humans. *Neuroscience Letters, 319*, 162-166. [doi: 10.1016/s0304-3940(01)02572-1]

Croy, I., Laqua, K., Süß, F., Joraschky, P., Ziemssen, T., & Hummel, T. (2013). The sensory channel of presentation alters subjective ratings and autonomic responses toward disgusting stimuli-blood pressure, heart rate and skin conductance in response to visual, auditory, haptic and olfactory presented disgusting stimuli. *Frontiers in Human Neuroscience, 7*, 1-10. [doi: 10.3389/fnhum.2013.00510]

Ehrlichman, H., Kuhl, S. B., Zhu, J., & Warrenburg, S. (1997). Startle reflex modulation by pleasant and unpleasant odors in a between-subjects design. *Psychophysiology, 34*, 726-729. [doi: 10.1111/j.1469-8986.1997.tb02149.x]

Herz, R. S. (2009). Aromatherapy facts and fictions: A scientific analysis of olfactory effects on mood, physiology and behavior. *International Journal of Neuroscience, 119*, 263-290. [doi: 10.1080/00207450802333953]

川西 由里子・任 和子・豊田 久美子 （2004）．白檀のニオイにおける嗜好の違いが自律神経系に及ぼす影響　*Aroma Research*, *5*, 382–385.

Robin, O., Alaoui-Ismaïli, O., Dittmar, A., & Vernet-Maury, E. (1998). Emotional responses evoked by dental odors: An evaluation from autonomic parameters. *Journal of Dental Research*, *77*, 1638–1646. ［doi: 10.1177/00220345980770081201］

（5・3）

Gedney, J. J., Glover, T. L., & Fillingim, R. B. (2004). Sensory and affective pain discrimination after inhalation of essential oils. *Psychosomatic Medicine*, *66*, 599–606. ［doi: 10.1097/01.psy.0000132875.01986.47］

Legrain, V., Crombez, G., Verhoeven, K., & Mouraux, A. (2011). The role of working memory in the attentional control of pain. *Pain*, *152*, 435–459. ［doi: 10.1016/j.pain.2010.11.024］

政岡 ゆり・矢嶌 裕義・高山 美歩 （2010）．香りによって痛みは和らぐ：そのとき呼吸と脳活動は変わる　日本アロマセラピー学会誌, *9*, 23–29.

Sadathosseini, A. S., Negarandeh, R., & Movahedi, Z. (2013). The effect of a familiar scent on the behavioral and physiological pain responses in neonates. *Pain Management Nursing*, *14*, e196–e203. ［doi: 10.1016/j.pmn.2011.10.003］

Villemure, C., Slotnick, B. M., & Bushnell, M. C. (2003). Effects of odors on pain perception: Deciphering the roles of emotion and attention. *Pain*, *106*, 101–108. ［doi: 10.1016/s0304-3959(03)00297-5］

（5・4）

Baron, R. A., & Thomley, J. (1994). A whiff of reality: Positive affect as a potential mediator of the effects of pleasant fragrances on task performance and helping. *Environment and Behavior*, *26*, 766–784. ［doi: 10.1177/0013916594266003］

樋口 貴広・庄司 健・畑山 俊輝 （2002）．香りを記述する感覚形容語の心理学的検討　感情心理学研究, *8*, 45–59. ［doi: 10.4092/jsre.8.45］

Ho, C., & Spence, C. (2005). Olfactory facilitation of dual-task performance. *Neuroscience Letters*, *389*, 35–40. ［doi: 10.1016/j.neulet.2005.07.003］

Kato, Y., Endo, H., Kobayakawa, T., Kato, K., & Kitazaki, S. (2012). Effects of intermittent odours on cognitive-motor performance and brain functioning during mental fatigue. *Ergonomics*, *55*, 1–11. ［doi: 10.1080/00140139.2011.633175］

Kovar, K. A., Gropper, B., Friess, D., & Ammon, H. P. T. (1987). Blood levels of 1,8-cineole and locomotor activity of mice after inhalation and oral administration of rosemary oil. *Planta Medica*, *53*, 315–318. ［doi: 10.1055/s-2006-962725］

Ludvigson, H. W., & Rottman, T. R. (1989). Effects of ambient odors of lavender and cloves on cognition, memory, affect and mood. *Chemical Senses*, *14*, 525–536. ［doi: 10.1093/chemse/14.4.525］

McKemy, D. D., Neuhausser, W. M., & Julius, D. (2002). Identification of a cold receptor reveals a general role for TRP channels in thermosensation. *Nature*, *416*, 52–58. ［doi: 10.1038/nature719］

Millot, J-L., Brand, G., & Morand, N. (2002). Effects of ambient odors on reaction time in humans. *Neuroscience Letters*, *322*, 79–82. ［doi: 10.1016/s0304-3940(02)00092-7］

Moss, M., Cook, J., Wesnes, K., & Duckett, P. (2003). Aromas of rosemary and lavender essential oils differentially affect cognition and mood in healthy adults. *International Journal of Neuroscience*, *113*, 15–38. ［doi: 10.1080/00207450390161903］

Moss, M., & Oliver, L. (2012). Plasma 1,8-cineole correlates with cognitive performance following exposure to rosemary essential oil aroma. *Therapeutic Advances in Psychopharmacology*, *2*, 103–113. ［doi: 10.1177/2045125312436573］

中野 良樹・畑山 俊輝・菊池 晶夫 （1997）．香りによる快・不快感が心的作業に及ぼす影響　感情心理学研究, *4*, 44–54. ［doi: 10.4092/jsre.4.44］

Shen, J., Niijima, A., Tanida, M., Horii, Y., Maeda, K., & Nagai, K. (2005). Olfactory stimulation with scent of grapefruit oil affects autonomic nerves, lipolysis and appetite in rats. *Neuroscience Letters*, *380*, 289–294. ［doi: 10.1016/j.neulet.2005.01.058］

第 VI 部 嗅覚

清水 邦義・玉泉 真弓・北村 真吾・河邊 隆寛・小崎 智照・石橋 圭太...近藤 隆一郎 （2008）．ビジランス（持続的注意力）に着目した香りの機能性の評価 *Aroma Research*, *9*, 32-35.

Warm, J. S., Dember, W. N., & Parasuraman, R. (1991). Effects of olfactory stimulation on performance and stress in a visual sustained attention task. *Journal of the Society Cosmetic Chemists*, *42*, 199-210.

(5・5)

Arshamian, A., Willander, J., & Larsson, M. (2011). Olfactory awareness is positively associated to odour memory. *Journal of Cognitive Psychology*, *23*, 220-226. [doi: 10.1080/20445911.2011.483226]

Forster, S., & Spence, C. (2018). "What smell?": Temporarily loading visual attention induces a prolonged loss of olfactory awareness. *Psychological Science*, *29*, 1642-1652. [doi: 10.1177/0956797618781325]

中野 詩織・綾部 早穂 （2014）．Odor Awareness Scale の日本人への適用可能性 筑波大学心理学研究, *47*, 1-8.

Sela, L., & Sobel, N. (2010). Human olfaction: A constant state of change-blindness. *Experimental Brain Research*, *205*, 13-29. [doi: 10.1007/s00221-010-2348-6]

Smeets, M. A. M., Schifferstein, H. N. J., Boelema, S. R., & Lensvelt-Mulders, G. (2008). The Odor Awareness Scale: A new scale for measuring positive and negative odor awareness. *Chemical Senses*, *33*, 725-734. [doi: 10.1093/chemse/bjn038]

第VII部
味覚

第1章　味覚と味

第2章　味覚の分子生物学

第3章　味覚の神経科学

第4章　味覚の精神物理学

第5章　味覚の欲求と嗜好

第6章　味覚の異常・障害

第7章　料理・飲料と味覚

第8章　味覚と他の感覚の相互作用

第1章　味覚と味

　まず，一般的には味覚という用語で，食事中に生じる感覚現象すべてを指すことが多いが，心理学や医学の領域で味覚という定義はそれとは異なる。そこで他の感覚との比較で述べるとわかりやすいと考えて表1-0-1に示した。視覚では，光波という適刺激が，網膜という感覚器官にある視細胞（桿体と錐体）に受容されたときに電位変化が生じ，その電位変化が視神経により脳へと伝達されることによって生じるとされている。他の感覚も多く（体性感覚は種々の感覚をまとめた概念であるので合致しない）は表1-0-1に示したように，適刺激と感覚器官が明確に定義されている。味覚では，適刺激が口腔内の水溶性化学物質（味物質），感覚器官である味細胞を擁する味蕾，味細胞で生じた活動電位を脳へと伝達する神経を味覚神経と定義している。そのため，化学物質であっても味細胞を刺激しないカプサイシン（唐辛子の成分）やアリルイソチオシアネート（ワサビの成分）などによって喚起される感覚は味覚とは呼ばない。これらの味物質の受容体での検知と味細胞での情報処理（VII・2），味覚情報の上行性の情報伝達と脳内での情報処理（VII・3）などについて

この章の前半で最新の知見を紹介している。特に受容体に関する研究は，分子生物学の手法の進歩により，飛躍的に知見が蓄えられている分野である。また，近年消化器官にも味覚受容体が見つけられており，その機能は口腔内にある味覚受容体と類似していると考えられている。味覚は「味わい」の感覚であるとともに，内臓における消化・吸収機能を支える感覚であるともいえよう。

　上に述べた定義に基づく味覚は，表1-0-2にある五基本味から構成されると考えられている。この5基本味は現時点で世界的に広く共通と考えられているもので，今後の研究の進歩により新たな基本味が追加される可能性もある。これらの基本味はそれぞれ表に示すような生体にとって意味のある食物刺激の特性を表すものであり，生得的な好嫌がみられる。ヒトにおいては，表1-0-2に示す通り，甘味とうま味に対して生得的な嗜好を示し，酸味と苦味に対しては生得的な忌避を示すことが知られている。このような味覚特性をヒトがどのように知覚し，表現するかということを調べる研究分野は官能評価学と呼ばれる。官能評価学およびそれらの知識の産業応用

表 1-0-1　感覚モダリティにおける適刺激と感覚器官

モダリティ	適刺激	感覚器官	感覚神経
視覚 vision	物理刺激（光）	網膜 retina	視神経（II）
聴覚 audition	物理刺激（音波）	蝸牛 cochlea	内耳神経（VIII）
嗅覚 olfaction	化学刺激（揮発性）	嗅上皮 olfactory epithelium	嗅神経（I）
味覚 gustation	化学刺激（水溶性）	味蕾 taste bud	味覚神経（VII・IX・X）
体性感覚 somatosenses	物理・化学	種々	種々

第1章　味覚と味

表1-0-2　5基本味と信号の種類

5基本味	信号	代表的な物質	本能的好嫌
甘味 sweet	エネルギー源（糖質）	ブドウ糖，スクラロース， アルパルテームなど	好き
うま味 umami	体の材料（アミノ酸・核酸）	グルタミン酸，イノシン酸， グアニル酸など	好き
塩味 salty	ミネラル源	食塩など	低濃度：好き 高濃度：嫌い
酸味 sour	未熟な果実 腐敗したもの	クエン酸，酢酸など	嫌い
苦味 bitter	毒性（アルカロイドなど）	カフェイン，ニコチン， テオブロミンなど	嫌い

については，VII・4とVII・7で，本研究を担われている方々に解説していただいている。また，ヒトにおける味覚の障害についてはVII・6で解説されている。さらに，これらの味覚をベースとして，食物による栄養素の選択，食べていいもの，食べてはいけないものの識別と記憶などに関する動物実験を基礎とした生体システムについてはVII・5で触れている。

しかしながら，日々の食経験から類推できるように，われわれが摂取する実際の食物は単にこれらの基本味が混合したものではない。そこで，VII・8では味覚と他の感覚の相互作用について解説する。味覚と他の感覚の相互作用については，これまで刊行されたハンドブックで詳細に解説されているため，本書では最近進歩した研究分野および最近注目されているトピックスに限定して解説した。

最後に本章では節立てできなかったが，最近いくつか報告されるようになった味覚のメタファーに関する研究を紹介しておきたい。最初に，味覚のメタファーに関する初期の研究（Eskine et al., 2011）を紹介したい。Eskineらは57人の大学生にジュース（甘味条件），ハーブ飲料（苦味条件）あるいは水（コントロール条件）のいずれかを摂取させ，その後小文に関するモラル判断を行わせた。その結果，苦味飲料を摂取した参加者はモラル判断を厳しく行うことがわかった。Ren et al.（2015）は，参加者にクッキー（甘味条件）かポテトチップ（コントロール条件），あるいはジュース（甘味条件）か水（コントロール条件）を摂取させながら，架空の交際相手と

の関係を判断させたところ，甘味条件において交際相手との関係をより良いものだと判断した。一方，実際の交際相手との関係の評定や気分の評定には条件の有意な効果がみられなかったため，この効果は単なる気分一致効果ではなく，架空の相手との恋愛関係の想像において，甘味（sweet）がメタファー的に影響を及ぼすことが示唆された。

また，甘いもの好きの人は協調性が高く，向社会的な性格の持ち主であると推測されることも報告されている（Meier et al., 2012）。このことは甘さが一般的に心地よいものであり，接近行動や報酬に関連する脳部位を活性化させることで説明できると考えられた。つまり，甘味による心地よさが対人関係で生じる心地よさへと関連づけられるのである。この仮説を支持するように，飴を食べているときや甘いものを食べていることを連想させたときには，広告に対して好意的な態度になることが報告されている（Ahn & Min, 2020）。この結果も甘さによって向社会的な態度が喚起されたことによると解釈されている。

このような味覚のメタファー的な効果の背後にある仕組みについてはまだよく知られていない。味覚情報処理と向社会性に共通してみられる脳部位の関与によるものか，味覚によって喚起された顔面表情によって社会性判断が影響を受けたものか，より高次の認知機能によって引き起こされるものかなどについて，今後の研究が必要とされる。

（坂井　信之）

第 VII 部　味覚

文献

Ahn, A., & Min, D. (2020). How sweetness plays sweetly in persuasion. *Japanese Psychological Research, 62*, 172-183. [doi: 10.1111/jpr.12260]

Eskine, K. J., Kacinik, N. A., & Prinz, J. J. (2011). A bad taste in the mouth: Gustatory disgust influences moral judgment. *Psychological Science, 22*, 295-299. [doi: 10.1177/0956797611398497]

Meier, B. P., Moeller, S. K., Riemer-Reltz, M., & Robinson, M. D. (2012). Sweet taste preferences and experiences predict prosocial inferences, personalities, and behaviors. *Journal of Personality and Social Psychology, 102*, 163-174. [doi: 10.1037/a0025253]

Ren, D., Tan, K., Arriaga, X. B., & Chan, K. Q. (2015). Sweet love: The effects of sweet taste experience on romantic perceptions. *Journal of Social and Personal Relationships, 32*, 905-921. [doi: 10.1177/0265407514554512]

第2章　味覚の分子生物学

2・1　味覚受容器の形状

2・1・1　味蕾を構成する細胞とその性質

　味を受け取る器官は味蕾と呼ばれる50-100個程度の細胞の集合体であり，味乳頭の一部として存在する。味乳頭はその存在位置と形態により茸状乳頭，有郭乳頭，葉状乳頭の3種類に分けられる（図2-1-1a）。茸状乳頭は，舌の前方3分の2に散在して存在する。一つの茸状乳頭には1-3個の味蕾が存在する。舌の後方3分の1に存在するのが有郭乳頭と葉状乳頭である。有郭乳頭は通常マウスやラットでは舌の基部に一つしか存在しないが，ヒトの場合は十数個存在する。葉状乳頭は舌後方の両側に存在する。有郭乳頭，葉状乳頭いずれも乳頭の側面の溝に多くの味蕾を含むことが知られている。味蕾はこれらの乳頭以外にも軟口蓋（図2-1-1b），咽頭，喉頭蓋などにも存在する。

　さて，味蕾に含まれる味細胞は，上皮細胞と神経細胞の両方の性質をもつユニークな細胞である。味細胞は10-14日の周期で入れ替わることが知られており，これは上皮細胞のような性質といえる。その一方で，一部の味細胞では神経細胞に特異的な分子が発現し，味に関する神経細胞のような情報伝達を行うといった性質も併せもつ。味細胞にはシナプスを形成するものとしないものが存在するが，味蕾に投射する神経を切断すると味蕾が消失することから，味蕾の維持には神経の持続が必要であることも示されている。

　味蕾を構成する味細胞が一様でないことは，形態学的，生理学的特徴などから，以前より明らかにされていた。

　形態学的特徴として，味蕾の細胞は，外形や電子顕微鏡での観察による電子密度の違いから，Ⅰ〜Ⅳ型に分類される（Finger, 2005；Murray, 1974）

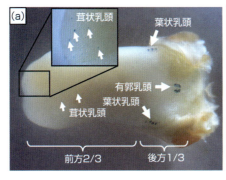 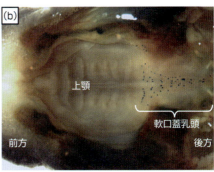

図2-1-1　味乳頭の種類と位置
　甘味受容体を発現する細胞に大腸菌のβ-ガラクトシダーゼを発現させたT1R2-LacZマウスを用いることで，味乳頭の位置が可視化できる。同マウスの生後7日目の舌（a）と，5日目の上顎（b）のホールマウントX-gal染色写真から，甘味受容細胞を包含する味乳頭の存在部位が確認できる。舌上皮においては茸状乳頭，葉状乳頭，有郭乳頭の三つが存在する（a）。茸状乳頭は舌前方2/3に散在し，葉状乳頭および有郭乳頭は後方1/3に位置する。味乳頭は上顎後方の軟口蓋にも存在している（b）。

I～III型の細胞は細長く，細胞同士が結合して花の蕾のような球形を形成している（図2-1-2，図2-1-3）。頂端側に外界からの物質が細胞と細胞の間を通り抜けないように強く接着する tight junction が存在し，呈味物質は先端部分でしか検出されない構造になっている。I型細胞は暗調で比較的幅が狭く，細胞の先端側に分泌顆粒を有している。II型細胞は明調で比較的幅が広く，空胞や滑面小胞体を多数含んでいる。III型細胞も比較的暗調で，唯一シナプス構造をもつ。IV型細胞はI～III型とは異なり，球形をしていて，味蕾の基底部側に存在しているため，基底細胞とも呼ばれる。I～III型については，光学顕微鏡によっても分類を可能にしたいという考えから，さまざまな細胞マーカー分子に対する染色性が解析された（Chaudhari & Roper, 2010；表2-1-1）。これらは，電子顕微鏡による形状に基づく分類と完全に一致するわけではないが，簡便な細胞の分類方法として多用されている。さらに，I～III型細胞の生理学的な特徴を明らかにするため，パッチクランプ法やカルシウムイメージング法などにより，細胞に存在するイオンチャネルの組み合わせや味に対する応答性が解析されてきた。I～III型細胞には基本的に外向きの電位依存性チャネルが存在する。また，内向きのイオンチャネルは細胞の脱分極に必須であり，II型とIII型の細胞に存在する。II型細胞にはシナプスが存在せず，III型細胞にシナプスが存在することが示すように，脱分極は細胞のタイプによって異なっており，発現するチャネルの種類も細胞の種類によることが観察されている（Vandenbeuch & Kinnamon, 2009）。味覚受容体の発現とI～III型細胞との関係については後述する。

2・1・2 味乳頭と味蕾，その発生について

舌および味乳頭・味蕾の発生は胎生期に始まる。マウスにおいては妊娠中期である胎生11日目（E11）に二つの小さな隆起（側方隆起：図2-1-4a, b）が下顎上に観察され，ここから舌が形成される。E12になると舌が伸長しその表面に味乳頭の原基（placode：図2-1-4d）が形成される。味乳頭の発生には Wnt, Shh（sonic hedgehog），BMP（bone morphogenetic protein），FGF（fibroblast growth factor）などのシグナルが重要であることが知られている（Iwatsuki et al., 2007；Prochazkova et al., 2017；Zhou et al., 2006）。出生に近づくにしたがって味乳頭は成熟し，そこには分化した味細胞の集合体である味蕾が形成される。

味細胞の特徴の一つに，再生を繰り返すことが挙げられる。つまり，髪の毛や消化管上皮と同じように幹細胞が味蕾の近傍に存在し，常に新しい細胞が供給されている。抗がん剤投与や放射線照射により増殖する細胞が消失し一時的に味覚が消失するが，治療を中止するとしばらくして味覚が回復することは味幹細胞の存在によるものである。その味幹細胞には，多くの内胚葉由来の組織性幹細胞に共通して発現する分子マーカーであるLgr5が発現している

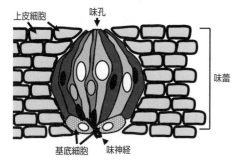

図2-1-2　味蕾の模式図
上皮細胞に取り囲まれており，先端の味孔と呼ばれる部位で外界と接する。味孔には細長い味細胞の先端にある微絨毛が集まっており，味物質はこの部分で受容される。

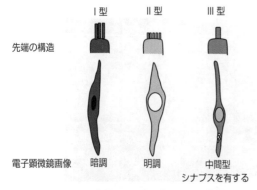

図2-1-3　味細胞の種類とその特徴（西村・黒田，2021）
電子顕微鏡画像の特徴によりI, II, III型に分けられる。それぞれの特徴と役割については，推定の域を超えないものがあり，不明な点が残されている。

表 2-1-1 味細胞のマーカー分子一覧

		分子名	役割（明らかにされているもの）	文献
Ⅰ型		GLAST	神経伝達物質の回収	Lawton et al.（2000）
		NTPDase2		Bartel et al.（2006）
		ROMSK		Dvoryanchikov et al.（2009）
Ⅱ型	部分的に発現	T1Rs	味覚受容体	Clapp et al.（2006）
		T2Rs		Mueller et al.（2005）
		mGluR4		Chaudhari et al.（2009）
		Gαgust（α-gustducin）	味覚情報伝達に関与	Yang et al.（2000）
	全体に発現	Gαi2	味覚情報伝達に関与	Miyoshi et al.（2001）
		Gγ13		Huang et al.（1999）
		PLCβ2		Miyoshi et al.（2001）
		IP$_3$R3		Miyoshi et al.（2001）
		TRPM5		Clapp et al.（2006）
		CAHLM1/CAHLM3		Ma et al.（2018）
Ⅲ型		PKD1L3/PKD2L1	酸味受容体	Kataoka et al.（2008）
		Otop1		Tu et al.（2018）
		NCAM		DeFazio et al.（2006）
		SNAP25	シナプスに関与	Clapp et al.（2006）

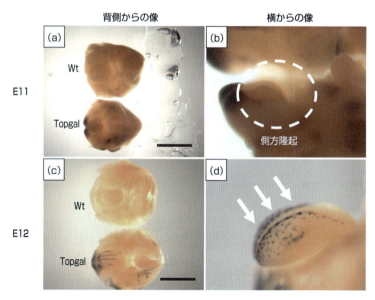

図 2-1-4 茸状乳頭の発生（a, b, c：岩槻, 2017 を一部改変）
　　Wnt/β-カテニンシグナルが働いている細胞だけにβ-ガラクトシダーゼ遺伝子が発現する組換えマウス（Topgalマウス）を用いて，味乳頭の発生を調べた．妊娠11日目（E11）において舌の原基である側方隆起が出現するが（a, b），Wnt/β-カテニンシグナルは舌上皮にはまだ検出されない．妊娠12日目（E12）になり舌上皮にWnt/β-カテニンシグナルが初めて味乳頭の原基（プラコード）に出現し（c, d 矢印），乳頭の発生が進む．Bars, 2 mm．

(Yee et al., 2013)。舌後方の有郭乳頭における Lgr5 陽性細胞の分布は消化管のクリプト（陰窩：幹細胞が集積する部位）と構造上似ており，消化管上皮細胞と味細胞の発生や再生についても共通性があると思われる。

（岩槻 健・日下部 裕子）

2・2 味受容体の分子生物学

2・2・1 味覚受容体の存在の予想

味覚受容体というものの存在が考えられるようになってきたのは1970年代のことである。この頃，分子生物学の進展から，膜タンパク質が刺激を受容するという概念が広がり始めた。味覚受容体がタンパク質分子であるという最初の証明は，甘味において行われた。ヒトの舌の片側にのみタンパク質を分解する酵素であるプロテアーゼを塗布し，同じ甘味料を舌の両側において，官能評価により味の強さを調べたのが発端である（Hiji, 1975）。この実験の結果，プロテアーゼが塗布された側の甘味の強さが減少することが見いだされ，甘味受容体はタンパク質分子であると提唱された。その後，プロテアーゼの種類と甘味料の種類を変えて実験が行われ，甘味料ごとにプロテアーゼによる効果が異なることが明らかになった。これらは，甘味受容体が複数あるか，あるいは，一つの受容体に複数の甘味料の結合部位があることを示唆する結果となった。また，遺伝学も味覚受容体の存在を示唆した。1931年にフェニルチオカルバミド（PTC）の苦味の感受性が遺伝により異なることが示された（Fox, 1932）。その後，1940年に遺伝子とタンパク質が一対一の関係であることが示され，苦味の受容体がタンパク質であることが示唆された。1970年代には，マウスの系統によって異なるサッカリンの甘味の感受性の差が，遺伝的に決定されているものであることが示された（Fuller, 1974）。1980年代には光の受容体であるロドプシン遺伝子が，1990年代に嗅覚受容体が同定され，味覚受容体を同定しようとする研究が以後盛んになった。5基本味の中で，伝達速度や味物質の分子量や性状から，甘味・うま味・苦味にはロドプシンや嗅覚受容体と同様のGタンパク質共役型受容体（GPCR）が（Akabas et al., 1988；Stream et al., 1989），酸味・塩味には細胞外のイオンを細胞内に通すイオンチャネルが関わることが予想された（Gilbertson et al., 1993；Heck et al., 1984）。1990年代以降，味蕾に発現する遺伝子の網羅的解析，ヒトゲノム計画による遺伝子全体の配列解読が進み（Hoon & Ryba, 1997），現在では5基本味すべてについて少なくとも一種類は受容体の構造が報告されている（図2-2-1）。しかし，酸味と塩味受容体については未解明な部分が多い。

2・2・2 基本味の受容体の概要

2・2・2・1 苦味受容体

最初にアミノ酸配列同定された味覚受容体が苦味受容体である。ヒトゲノム計画によるヒトゲノム解読完了により，PTCの感受性に関わる遺伝子座近傍のアミノ酸配列が明らかになった。その配

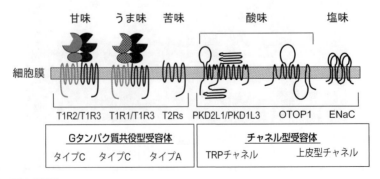

図2-2-1　基本味の受容体構造
現在までに報告されている主な味覚受容体の構造を挙げた。T1R, T2R についてはTas1r, Tas2r とも表記される。

列の中からGPCRの特徴である7回膜貫通型をとるタンパク質をコードする遺伝子を探索したところ，数種類の7回膜貫通型受容体のT2R遺伝子群がその近傍に存在することが明らかになった（Adler et al., 2000）．さらに，これらの遺伝子が特定の味細胞に発現することや，これらの遺伝子を培養細胞に強制発現させると苦味物質に応答することよりT2Rsが苦味受容体であることが裏付けられた（Chandrashekar et al., 2000）．GPCRはその性質により，A～Fのグループに分けられるが，T2Rsは細胞膜外領域が小さいクラスAに属している．ロドプシンや嗅覚受容体もクラスAである．また，嗅覚受容体と同様，クラスターを形成しており，ヒトでは26種類の受容体が機能していると考えられている（Hayakawa et al., 2014）．苦味を呈する物質は多様であるばかりでなく，有毒な場合が多いため，もれなく検出できるような仕組みをとる必要がある．そこで，受容体の種類が多数必要になったと考えられる．加えて，苦味物質と苦味受容体は1対1の関係ではない．26種類の苦味受容体の性質は一様ではなく，特定の苦味物質を受容する受容体もあれば，多くの苦味物質を広く受容する受容体もある．

2・2・2・2　甘味受容体

甘味受容体のアミノ酸配列は，マウスの系統によるサッカリン感受性の差がヒントとなって同定された．甘味受容体はT1R2とT1R3の2種類の分子が組み合わさって機能するが，T1R2が1999年に先行して同定されていた（Hoon et al., 1999）．しかし，この先行研究ではその受容体が何の味を受容するのかは明らかでなかった．その後，T1R1とT1R2に関わるアミノ酸配列がサッカリン感受性の差を担うSac遺伝子座の近傍に位置することが明らかになった（Li et al., 2001）ことから，Sac遺伝子座にはT1R1, T1R2と遺伝子ファミリーを形成する遺伝子が存在することが予想され，T1R3が同定された（Kitagawa et al., 2001；Max et al., 2001）．その後，T1R2とT1R3が甘味受容体を形成することが証明されている（Nelson et al., 2001）．T1R受容体群はGPCRのクラスCに属している．クラスCは細胞膜外領域が大きく，ハエトリグサ（Venus flytrap）のような構造（VFTドメイン）をとっており，大半の甘味料がこの領域に結合する（図2-2-2）．その後のT1R受容体群の膜外領域の構造機能解析から，ハエトリグサのような構造の内部に，味物質と結合する部位が複数あること（Masuda et al., 2012），多様な構造をもつ味物質と結合できるように塩基性と酸性の部位をタイル状にもつという特徴を有することが示唆されている（Nuemket et al., 2017）．このクラスCのGPCRに関する研究は，代謝型グルタミン酸受容体の研究が先行的に行われている．その中で，代謝型グルタミン酸受容体に結合する物質は，細胞膜外領域だけに結合するのではなく，細胞膜貫通領域にも結合する箇所があることが示されている．この領域はpositIVe allosteric modulatorと呼ばれ，細胞膜外領域に物質が結合したというシグナルを増減

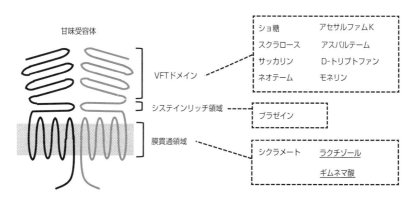

図2-2-2　ヒト甘味受容体hT1R2/hT1R3の甘味物質受容部位
VFTドメイン：Venus flytrapドメイン．各領域に結合する甘味料を示す（甘味抑制剤は下線で示す）．大半の甘味料はVFTドメインに結合する．膜貫通領域には，一部の甘味料と甘味抑制剤の両方が結合する．

1523

第 VII 部　味覚

させる作用があることで知られている（Conn et al., 2009）。甘味受容体にもこの領域に結合する物質が知られている。甘味抑制剤のギムネマ酸やラクチゾールおよび, 甘味料のシクラメートなどである。これらの結合部位は, 進化による甘味料の検出能力の差を利用して同定された。アスパルテームのような高甘味度甘味料では, 霊長類以上の種でしか感受性がないものが存在する。ギムネマ酸, ラクチゾール, シクラメートも霊長類以上で作用する。このことを利用して, ヒトの甘味受容体の遺伝子の一部をげっ歯類の甘味受容体に組み替えた変異体を作製し, それらのギムネマ酸, ラクチゾール, シクラメートの作用を調べることで, これらが T1R3 の膜貫通領域に結合することが見いだされている（Jiang, Cui, Zhao, Liu et al., 2005；Jiang, Cui, Zhao, Snyder et al., 2005；Sanematsu et al., 2014）。ギムネマ酸もラクチゾールも T1R2 に結合する甘味料の甘味を抑制することから, T1R2 に甘味料が結合したという情報が T1R3 の膜貫通部位の変異により遮断されたと予想される。

2・2・2・3　うま味受容体

うま味受容体にはいくつかの候補がある。主なうま味物質がグルタミン酸であることから, 代謝型グルタミン酸受容体の異形がうま味受容体の正体ではないかと考えた解析が初期に行われていた。最初のうま味受容体候補は, 代謝型受容体ファミリーに属する m GluR4 の膜外領域が短い異形として同定された（Chaudhari et al., 2000）。一方, T1R 受容体群が同定された後, T1R1 と T1R3 の 2 種類の分子が組み合わさって（T1R1/T1R3）アミノ酸を受容することが示された（Nelson et al., 2002）。T1R1/T1R3 のアミノ酸に対する感受性は動物種により異なっており, マウスは多くのアミノ酸に応答し, ヒトではグルタミン酸に大きな応答を示したが他のアミノ酸にはあまり応答しなかった。この傾向は, 実際のヒトのうま味応答に似ていることから, T1R1/T1R3 がうま味受容の主要部分を担うと考えられている。また, T1R1/T1R3 の変異体による解析により, グルタミン酸とイノシン酸によるうま味の相乗効果が説明できることも（Zhang et al., 2008）, T1R1/T1R3

がうま味受容体であることの後押しをしている。

2・2・2・4　酸味受容体

酸性の物質が酸味を呈することについては, 誰もが感じているところである。しかし私たちが感じている酸味の強さは, 必ずしも pH と比例するとは限らない。たとえば, 同じ pH であっても塩酸による酸味と酢酸による酸味では, 酢酸による酸味のほうが酸っぱく感じる。このことは, 酸味受容体の定義にも反映されている。酸味受容体の条件として, 水素イオンによって活性化すること, 味蕾に存在することが必須であるが, それだけではなく, 同じ pH でも物質により活性化の度合いが異なることを示すことが求められる。これまで酸味を受容するイオンチャネルにはいくつかの候補が挙げられてきた。中でも, 温度感受性の transient receptor potential（TRP）チャネルファミリーに属す polycystic kidney disease1-like3（PKD1-L3）と polycystic kidney disease2-like1（PKD2-L1）の複合体である PKD1-L3/ PKD2-L1（Ishimaru et al., 2006；Huang et al., 2006）は, III 型細胞に発現し II 型細胞に発現する甘味, 苦味, うま味受容体とは共存しないこと（Kataoka et al., 2008）, 水素イオンに応答し, 塩酸よりも酢酸に対する感受性が強いといった特徴を有していたことから, 酸味受容体の有力な候補として扱われてきた。ただし, PKD1-L3/ PKD2-L1 は酸味受容のすべてを担わない可能性が高い。PKD1-L3/ PKD2-L1 は水素イオンを添加したときの刺激によって活性化するのではなく, その後, バッファーで洗い流したときに応答が発生する（Inada et al., 2008）。これはオフ応答と呼ばれるもので, 酸刺激により直接応答するオン応答を担う分子ではない。よって, オン応答を担う別の分子の存在が考えられる。PKD1-L3/ PKD2-L1 を発現する細胞のみを死滅させると酸味を感じなくなることが明らかにされていることから（Huang et al., 2006）, オン応答を担う分子は III 型細胞に発現すると考えられる。

最近になって, 平衡感覚を司る耳石の発達に関与する膜タンパク質 Otopetrin1（OTOP1）が III 型細胞に発現することが明らかになった（Tu et al.,

2018）．OTOP1 はカルシウムイオンを透過させると従来考えられてきた．しかし，アフリカツメガエルの卵母細胞や培養細胞への強制発現実験より，水素イオンを選択的に透過させるイオンチャネルであり，細胞外の pH を低下させると開口することが観察されている．また，OTOP1 遺伝子の変異が pH の感受性を失わせることについても，遺伝子改変マウスにより明らかにされている（Teng et al., 2019；Zhang et al., 2019）．よって，OTOP1 が酸味のオン応答を担う，すなわち酸味受容体であると考えられる．

2・2・2・5　塩味受容体

　酸味が水素イオンによって活性化されるイオンチャネルであることが予想されたように，塩味受容体はナトリウムイオンにより活性化されるイオンチャネルであることが予想されていた．また，受容体が同定される以前から 2 種類の塩味受容体が存在することも示唆されていた（Ninomiya & Funakoshi, 1988）．一般的に，ナトリウムイオンチャネルには細胞の脱分極によって開口する電位依存性ナトリウムチャネルと，ナトリウムイオンの再吸収に関与する上皮型ナトリウムチャネルの存在が知られている．上皮型ナトリウムチャネルはアミロライドにより阻害されることが知られており，アミロライド存在下での塩味感受性の解析が，以前より行われていた．その結果から，塩味の受容にはアミロライド感受性と非感受性の 2 種類があること，塩化カリウムが呈する塩味はアミロライドでは阻害されないことが明らかになっていた．そこで，アミロライド感受性の塩味チャネルとして上皮型ナトリウムチャネルである ENaC がその候補として挙げられた．ただし，ENaC は腎臓においてナトリウムの再吸収を担う重要な分子であり，その欠損は生存に関与することから，ENaC 遺伝子を欠如させたマウスによって ENaC が塩味受容体であることを証明することは困難であった．その後，特定の器官を狙って遺伝子を欠損させた動物の作出が可能になったことから，ENaC が塩味受容体であることの証明が行われた（Chandrashekar et al., 2010）．味蕾に ENaC が発現しないマウスは，低濃度のナトリウムイオンを感知することができなかった．その一方で，高濃度の

ナトリウムイオンに対する神経応答は残っていた．よって，今まで示唆されてきた 2 種類の塩味受容体は，それぞれナトリウムイオンの低濃度域と高濃度域を感知するものであると考えられる．高濃度のナトリウムイオンに対する受容体については，カプサイシンの辛味の受容体である TRPV1 の異形であるとの報告もあるが（Lyall et al., 2004），完全には明らかではない．

2・2・3　味覚受容体の発現と細胞構造

　甘味，うま味，苦味受容体が同定されたことにより，味蕾における遺伝子発現様式の解析が進んだ．味覚受容体が同定されるまでは，III 型細胞のみにシナプス構造が観察されることから，味覚受容を行う細胞は III 型細胞のみではないかという考え方も存在していた．しかし，味覚受容体の発現様式が解析されるようになると，新たな考え方が提唱されるようになった．甘味受容体，うま味受容体，苦味受容体を発現する細胞は主に II 型細胞である．また，酸味受容体は III 型細胞に発現することが明らかになった．塩味受容体を発現する細胞についての情報は少なく，塩味受容細胞を特定することは難しい．このようにシナプスをもたない III 型以外の細胞が味覚受容を担うことが，受容体の発現様式から示されたことから，III 型以外の細胞からシナプスを介した情報伝達を行う III 型細胞へ情報を伝達するか，あるいはシナプスを介さない情報の伝達経路を考える必要が生じた（VII・2・3・2 参照）．

　また，受容体の発現様式に関する研究は，口腔内における味覚受容が味蕾に投射する神経によって異なることを示した．舌の基部にある有核乳頭や葉状乳頭中の味蕾における味覚受容体の発現様式と舌の先端や軟口蓋における味覚受容体の発現様式は異なっている（Kim et al, 2003；Miura et al., 2007）．つまり，舌の前後や舌以外の軟口蓋では，味の感じ方が異なる可能性があるといえよう．舌の位置によって味覚感受性が異なるという，いわゆる「味覚地図」は現在否定されているが，口腔内のどこでも全く同じ味の感受性をもつことはないことが，味覚関連分子の発現様式から推測される．

（岩槻　健・日下部　裕子）

第 VII 部　味覚

2・3　受容器における味刺激の変換

2・3・1　味刺激の変換および伝達に関わる分子

　一般に, GPCR で受け取られた情報は, GPCR に共役するヘテロ三量体型 GTP 結合タンパク質（G タンパク質）により変換される。G タンパク質は $\alpha, \beta,$ γ の三つのサブユニットから形成され, 主に α サブユニットの機能の違いにより大きく Gs, Gi/o, Gq, G12/13 の 4 種類に分類される（Wettschureck & Offermanns, 2005）。Gs は膜酵素であるアデニル酸シクラーゼを活性化させ, Gi/o は逆に不活性化させる。Gq はイノシトール三リン酸を産生させるホスホリパーゼ Cβ を活性化させ, G12/13 は低分子量 G タンパク質である Ras や Rho を介したシグナル伝達系に関わる分子を活性化する。また, Gi/o タイプの α サブユニットと共に機能する $\beta\gamma$ サブユニットは, ホスホリパーゼ Cβ を活性化させる。味覚情報伝達における G タンパク質の関与は, 味覚受容体や味蕾に発現する G タンパク質のアミノ酸配列が同定される前から生理学的・生化学的な解析により予想されていた。たとえば, 甘味刺激によりアデニル酸シクラーゼが活性化され, 苦味刺激では逆に不活性化されることが観察され, 甘味受容には Gs のタイプが, 苦味受容には Gi/o のタイプが関与すると考えられ

ていた。1992 年に, 味覚受容体に先駆けて, 味蕾特異的に存在する分子として Gi/o タイプに属する α-gustducin が同定され（McLaughlin et al., 1992）, 以降, 味蕾に発現する情報伝達関連分子の種類から, 味覚情報伝達の経路が推測されるようになった（表 2-3-1）。その後, G タンパク質 α, β, γ の各サブユニットや, その下流の情報伝達に関与する分子の発現様式の解析が行われ, II 型細胞に共通して Gi タイプの Gαi2, Gβ 3, Gγ13, ホスホリパーゼ Cβ2, イノシトール三リン酸受容体 3, TRPM5 チャネルが発現することが明らかになった（表 2-3-1）。また, ホスホリパーゼ Cβ2 および TRPM5 の遺伝子の欠損は甘味, 苦味, うま味の感度を低下させることが明らかになっている（Pérez et al., 2002；Zhang et al., 2003）。よって甘味, 苦味, うま味の情報伝達はイノシトール三リン酸-カルシウムイオン系を介すという考えになっている（Miyoshi et al., 2001）。

2・3・2　シナプスを介さない味情報の伝達経路

　前述したように, 味細胞は形態学的に 4 種類に分類することができる。このうち味覚受容細胞として機能するのは II 型と III 型細胞であることがわかっている。味覚受容における I 型細胞の役割は明らかではない。酸味受容体細胞と考えられる III 型細胞はシナプスを形成し, セロトニン, ノルアドレナリン, GABA など複数の神経伝達物質を有していると

表 2-3-1　味細胞特異的に発現する分子とその性質の連関

情報伝達の種類	Gs	Gi/o	Gq	G12/13
Gα	Gαs	Gαi, Gαo	Gαq	Gα12/13
		Gαgust, **Gαi2**	Gα14	
G$\beta\gamma$			**Gβ1, Gβ3,** **Gγ13**	
エフェクター	アデニル酸シクラーゼ	アデニル酸シクラーゼ	ホスホリパーゼ（PLC）	Ras Rho
			PLCβ2	
セカンドメッセンジャー	cAMP	cAMP	イノシトール三リン酸	
セカンドメッセンジャー 関連分子	CREB 等	CNG チャネル等	IP$_3$R	
			IP$_3$R3	

味細胞に発現が確認されている分子を太字で示す。

いう報告があるが，これらの神経伝達物質のどれが酸味受容に重要なのか，別の神経伝達物質も存在するのかなど統一した見解はまだない。II型細胞は甘味，うま味，苦味を受容するが，典型的なシナプスを形成しない。では，どうやって味覚情報を味神経に伝達するのであろうか。甘味およびうま味受容体を形成するT1R3発現細胞に経シナプス性神経トレーサーであるWGA（wheat germ agglutinin）を発現させた組み換え動物の解析から，II型細胞近傍に存在する神経終末を通じてWGAが輸送されることが示され，シナプスを形成せずとも神経伝達物質は味神経に受容されることが推察された（Ohmoto et al., 2008）。実際，II型細胞は味刺激に応じてATPを分泌し，味神経に味シグナルが伝達されることが明らかとなった。味神経にはATP受容体が存在するが，ATP受容体を欠損させた動物では味覚が消失すること（Finger et al., 2005），ATPを放出するために必要なチャネルを欠損させた動物ではII型細胞からの味刺激は動物に伝わらないことから（Taruno et al., 2013），ATPはII型細胞からの味シグナルには必須の神経伝達分子とされる。エネルギー通貨として重要なATPであるが，味覚以外にも痛覚のメディエーターになっているほか，さまざまな臓器で神経伝達物質として機能している。

（岩槻　健・日下部　裕子）

▍2・4　消化器に分布する味細胞

　味覚受容体が発見される以前から，消化管上皮細胞には形態学的に神経細胞と味細胞の両方に似ている細胞が存在し，"パラニューロン"と名付けられていた。その後，α-gustducinという味細胞マーカーが発見され，このマーカーが味細胞のみならず消化管上皮細胞にも発現していることが明らかとなった。つまり，消化管においても味細胞様細胞の存在が示唆された。ついに，2007年に消化管に甘味受容体T1R2／T1R3を発現する細胞が存在すること，その細胞は甘味刺激に応じてGLP-1というインスリン分泌を亢進するホルモンを分泌する内分泌細胞であることが示された。このことで長年謎であった，グルコースを経口摂取したほうが，同量のグルコー

スを静脈内に投与するよりもインスリンの分泌が多いという「インクレチン効果」のメカニズムが説明できるようになった（Jang et al., 2007）。また2021年には，消化管に発現するグルコーストランスポーターであるSGLT-1を介して迷走神経が興奮し，脳に糖の情報が送られ嗜好性が生じることが報告された（Tan et al., 2020）。続いて，脂肪に対する嗜好性も迷走神経を介していることも発表され，いわゆる嚥下後の効果（postingestive effect）は"味"ではなく，"消化管からのシグナル"により惹起されることが提唱された（Li et al., 2022）。以上，これまでの研究から，糖や栄養素を認知するシステムにはさまざまな種類が存在することが明らかになりつつある。

　さて，内分泌細胞とは明らかに形態が異なる味細胞様細胞も消化管には存在する。それは，Brush細胞あるいはTuft細胞とも呼ばれている細胞で，味覚のシグナル伝達に重要なα-gustducin, TRPM5などを発現している。同細胞は長年，どのような機能をもつかわからなかったが，最近，寄生虫の感染を察知するセンサーとしてはたらくことがわかってきた。寄生虫が感染するとBrush細胞はインターロイキン25を放出することにより2型自然リンパ球（ILC2）を活性化し，杯細胞を増やし粘液を多く分泌することで寄生虫を洗い流すようだ（Howitt et al., 2016）。

　上記のように，消化管内分泌細胞とBrush細胞はいずれも味細胞マーカー分子を発現する味細胞様細胞であるが，表現の仕方を逆にして，「舌上皮にも消化管上皮細胞に似た消化管上皮様細胞が存在する」と考えてもおかしくない。つまり，消化管の栄養素や寄生虫を認識する細胞が長い進化の過程で，味細胞に姿を変え舌上皮に配置されたと捉えることができる。もともと太古の時代の生物は，クラゲやイソギンチャクのように消化管とそれを取り巻く簡単な神経系で成り立っていた。しかし生物が高等になるにつれ，安全で効率の良い栄養素の選択を迫られ，そのため消化管の一部を味細胞に変化させ，舌に美味しく安全なものだけを飲み込むゲートキーパーの役割をもたせたのではと考えられる。そうであるとしたら，消化管の内分泌細胞やBrush細胞などのセ

第 VII 部　味覚

ンサー細胞は，味細胞の先祖である。実際，内胚葉マーカーである Foxa2 は消化管上皮と舌上皮（背側）の双方に胎児期から発現しているほか，消化管や内臓を支配する迷走神経と味覚を伝える舌咽神経や鼓索神経は同じ延髄孤束核に入り中継されることから，内臓感覚や味覚の起源は同じであろう。

（岩槻　健・日下部　裕子）

2・5　再生する味細胞と味神経終末

　味細胞が再生すること，味幹細胞が味蕾の近傍に存在することは先に述べた。これまでの研究から味細胞は 10-14 日で再生することがわかっている。よって，味細胞の近傍に存在する味神経は，約 2 週間で新しく生まれた味細胞に繋ぎ換えられなければならない。しかも，甘味神経は味細胞が再生を繰り返しても常に甘味細胞からのシグナルを担当しなければならず，他の味質についても同じことがいえる。そこで，それぞれの味質を担当する味神経が存在し，その神経終末は特定の味細胞と常にコンタクトしているというアイデアが生まれた。まだ完全ではないが，このアイデアを支持する研究結果が報告されている（Lee et al., 2017）。それは，甘味や苦味受容細胞に選択的に発現する軸索誘導（axon guidance）因子が存在し，常に特定の味神経と相互作用をもつというものである。味細胞に発現する軸索誘導因子の種類を変えることにより嗜好性も変化することか

ら，軸索誘導因子は神経の特異性を決めていると思われる。

（岩槻　健・日下部　裕子）

2・6　味細胞の培養系

　これまで，多くの研究者達が味細胞の培養にチャレンジしてきた。しかしながら，多くの内胚葉由来の細胞培養が難しいように，完全な味細胞の培養系に成功した例はなかった。そのため，消化管上皮ガン由来の細胞株の中から味覚関連分子を発現している STC-1, GLUTag, NCI-H716 などの株化細胞が研究に用いられてきた。最近になり，内胚葉組織由来の 3 次元幹細胞培養系（オルガノイド培養系）が確立され，内胚葉由来である味細胞もこの培養系で培養できることが報告された（Ren et al., 2014）。オルガノイド培養系の利点は，味幹細胞と最終分化した味細胞を同時に培養し解析できる点である。つまり，生体内で起こっている再生の過程を in vitro にて観察できる。成熟した味細胞も出現するため，呈味物質のアッセイも可能なほか，将来の再生医療に向けた研究も同細胞系を用いて行うことができる。高齢化社会を迎える今，移植可能な味細胞を培養し，生涯にわたり美味しく味わい健康を保つためにも，味蕾オルガノイド培養系は期待されている。

（岩槻　健・日下部　裕子）

文献

(2・1)

Bartel, D. L., Sullivan, S. L., Lavoie, E. G., Sévigny, J., & Finger, T. E. (2006). Nucleoside triphosphate diphosphohydrolase-2 is the ecto-ATPase of type I cells in taste buds. *Journal of Comparative Neurology, 497*, 1-12. [doi: 10.1002/cne.20954]

Chaudhari, N., Pereira, E., & Roper, S. D. (2009). Taste receptors for umami: The case for multiple receptors. *American Journal of Clinical Nutrition, 90*, 738S-742S. [doi: 10.3945/ajcn.2009.27462H]

Chaudhari, N., & Roper, S. D. (2010). The cell biology of taste. *Journal of Cell Biology, 190*, 285-296. [doi: 10.1083/jcb.201003144]

Clapp, T. R., Medler, K. F., Damak, S., Margolskee, R. F., & Kinnamon, S. C. (2006). Mouse taste cells with G protein-coupled taste receptors lack voltage-gated calcium channels and SNAP-25. *BMC Biology, 4*, 7. [doi: 10.1186/1741-7007-4-7]

DeFazio, R. A., Dvoryanchikov, G., Maruyama, Y., Kim, J. W., Pereira, E., Roper, S. D., & Chaudhari, N. (2006). Separate populations of receptor cells and presynaptic cells in mouse taste buds. *Journal of Neuroscience, 26*, 3971-3980. [doi: 10.1523/JNEUROSCI.0515-06.2006]

Dvoryanchikov, G., Sinclair, M. S., Perea-Martinez, I., Wang, T., & Chaudhari, N. (2009). Inward rectifier channel, ROMK, is localized to the apical tips of glialike cells in mouse taste buds. *Journal of Comparative Neurology, 517*, 1-14. [doi: 10.1002/cne.22152]

Finger, T. E. (2005). Cell types and lineages in taste buds. *Chemical Senses, 30*(Suppl 1), 54-55. [doi: 10.1093/chemse/bjh110]

Hisatsune, C., Yasumatsu, K., Takahashi-Iwanaga, H., Ogawa, N., Kuroda, Y., Yoshida, R., ... Mikoshiba, K. (2007). Abnormal taste perception in mice lacking the type 3 inositol 1, 4, 5-trisphosphate receptor. *Journal of Biological Chemistry, 282*, 37225-37231. [doi: 10.1074/jbc.M705641200]

Huang, L., Shanker, Y. G., Dubauskaite, J., Zheng, J. Z., Yan, W., Rosenzweig, S., ... Margolskee, R. F. (1999). G γ 13 colocalizes with gustducin in taste receptor cells and mediates IP3 responses to bitter denatonium. *Nature Neuroscience, 2*, 1055-1062. [doi: 10.1038/15981]

Ishimaru, Y., Inada, H., Kubota, M., Zhuang, H., Tominaga, M., & Matsunami, H. (2006). Transient receptor potential family members PKD 1L 3 and PKD 2L 1 form a candidate sour taste receptor. *Proceedings of the National Academy of Sciences of the USA, 103*, 12569-12574. [doi: 10.1073/pnas.0602702103]

岩槻 健 (2017). 味細胞の発生・再生と培養 都甲 潔・柏柳 誠 (編著) おいしさの科学とビジネス展開の最前線 (p. 18-26) シーエムシー出版

Iwatsuki, K., Liu, H. X., Grónder, A., Singer, M. A., Lane, T. F., Grosschedl, R., ... Margolskee, R. F. (2007). Wnt signaling interacts with Shh to regulate taste papilla development. *Proceedings of the National Academy of Sciences of the USA, 104*, 2253-2258. [doi: 10.1073/pnas.0607399104]

Lawton, D. M., Furness, D. N., Lindemann, B., & Hackney, C. M. (2000). Localization of the glutamate-aspartate transporter, GLAST, in rat taste buds. *European Journal of Neuroscience, 12*, 3163-3171. [doi: 10.1046/j.1460-9568.2000.00207.x]

Ma, Z., Taruno, A., Ohmoto, M., Jyotaki, M., Lim, J. C., Miyazaki, H., ... Foskett, J. K. (2018). CALHM3 is essential for rapid ion channel-mediated purinergic neurotransmission of GPCR-mediated tastes. *Neuron, 98*, 547-561.e10. [doi: 10.1016/j.neuron.2018.03.043]

Mueller, K. L., Hoon, M. A., Erlenbach, I., Chandrashekar, J., Zuker, C. S., & Ryba, N. J. (2005). The receptors and coding logic for bitter taste. *Nature, 434*, 225-229. [doi: 10.1038/nature03352]

Murray, R. G. (1973). The ultrastructure of taste buds. In I. Friedmann (Ed.), *The Ultrastructure of Taste Organs* (pp. 1-81). Elsevier.

Nelson, G., Hoon, M. A., Chandrashekar, J., Zhang, Y., Ryba, N. J., & Zuker, C. S. (2001). Mammalian sweet taste receptors. *Cell, 106*, 381-390. [doi: 10.1016/s0092-8674(01)00451-2]

西村 敏英・黒田 素央 (編) (2021). 食品のコクとは何か：おいしさを引き出すコクの科学 恒星社厚生閣

Prochazkova, M., Häkkinen, T. J., Prochazka, J., Spoutil, F., Jheon, A. H., Ahn, Y., ... Klein, O. D. (2017). FGF signaling refines Wnt gradients to regulate the patterning of taste papillae. *Development, 144*, 2212-2221. [doi: 10.1242/dev.148080]

Shindo, Y., Miura, H., Carninci, P., Kawai, J., Hayashizaki, Y., Ninomiya, Y., ... Kusakabe, Y. (2008). G α 14 is a candidate mediator of sweet/umami signal transduction in the posterior region of the mouse tongue. *Biochemical and Biophysical Research Communications, 376*, 504-508. [doi: 10.1016/j.bbrc.2008.09.035]

Toyono, T., Seta, Y., Kataoka, S., Kawano, S., Shigemoto, R., & Toyoshima, K. (2003). Expression of metabotropic glutamate receptor group I in rat gustatory papillae. *Cell and Tissue Research, 313*, 29-35. [doi: 10.1007/s00441-003-0740-2]

Vandenbeuch, A., & Kinnamon, S. C. (2009). Why do taste cells generate action potentials? *Journal of Biology, 8*, 42. [doi: 10.1186/jbiol138]

Wong, G. T., Gannon, K. S., & Margolskee, R. F. (1996). Transduction of bitter and sweet taste by gustducin. *Nature, 381*, 796-800. [doi: 10.1038/381796a0]

Yang, R., Tabata, S., Crowley, H. H., Margolskee, R. F., & Kinnamon, J. C. (2000). Ultrastructural localization of gustducin immunoreactivity in microvilli of type II taste cells in the rat. *Journal of Comparative Neurology, 425*, 139-151. [doi: 10.1002/1096-9861(20000911)425:1<139::aid-cne12>3.0.co;2-#]

Yee, K. K., Li, Y., Redding, K. M., Iwatsuki, K., Margolskee, R. F., & Jiang, P. (2013). Lgr5-EGFP marks taste bud stem/

第 VII 部　味覚

progenitor cells in posterior tongue. *Stem Cells, 31,* 992–1000. [doi: 10.1002/stem.1338]

Zhou, Y., Liu, H. X., & Mistretta, C. M. (2006). Bone morphogenetic proteins and noggin: Inhibiting and inducing fungiform taste papilla development. *Developmental Biology, 297,* 198–213. [doi: 10.1016/j.ydbio.2006.05.022]

(2・2)

Adler, E., Hoon, M. A., Mueller, K. L., Chandrashekar, J., Ryba, N. J., & Zuker, C. S. (2000). A novel family of mammalian taste receptors. *Cell, 100,* 693–702. [doi: 10.1016/s0092-8674(00)80705-9]

Akabas, M. H., Dodd, J., & Al-Awqati, Q. (1988). A bitter substance induces a rise in intracellular calcium in a subpopulation of rat taste cells. *Science, 242,* 1047–1050. [doi: 10.1126/science.3194756]

Chandrashekar, J., Kuhn, C., Oka, Y., Yarmolinsky, D. A., Hummler, E., Ryba, N. J., & Zuker, C. S. (2010). The cells and peripheral representation of sodium taste in mice. *Nature, 464,* 297–301. [doi: 10.1038/nature08783]

Chandrashekar, J., Mueller, K. L., Hoon, M. A., Adler, E., Feng, L., Guo, W., ... Ryba, N. J. (2000). T2Rs function as bitter taste receptors. *Cell, 100,* 703–711. [doi: 10.1016/s0092-8674(00)80706-0]

Chaudhari, N., Landin, A. M., & Roper, S. D. (2000). A metabotropic glutamate receptor variant functions as a taste receptor. *Nature Neuroscience, 3,* 113–119. [doi: 10.1038/72053]

Conn, P. J., Christopoulos, A., & Lindsley, C. W. (2009). Allosteric modulators of GPCRs: A novel approach for the treatment of CNS disorders. *Nature Reviews Drug Discovery, 8,* 41–54. [doi: 10.1038/nrd 2760]

Fox, A. L. (1932). The relationship between chemical constitution and taste. *Proceedings of the National Academy of Sciences of the USA, 18,* 115–120. [doi: 10.1073/pnas.18.1.115]

Fuller, J. L. (1974). Single-locus control of saccharin preference in mice. *Journal of Heredity, 65,* 33–36. [doi: 10.1093/oxfordjournals.jhered.a108452]

Gilbertson, T. A., Roper, S. D., & Kinnamon, S. C. (1993). Proton currents through amiloride-sensitive Na+ channels in isolated hamster taste cells: Enhancement by vasopressin and cAMP. *Neuron, 10,* 931–942. [doi: 10.1016/0896-6273(93)90208-9]

Hayakawa, T., Suzuki-Hashido, N., Matsui, A., & Go, Y. (2014). Frequent expansions of the bitter taste receptor gene repertoire during evolution of mammals in the Euarchontoglires clade. *Molecular Biology and Evolution, 31,* 2018–2031. [doi: 10.1093/molbev/msu144]

Heck, G. L., Mierson, S., & DeSimone, J. A. (1984). Salt taste transduction occurs through an amiloride-sensitive sodium transport pathway. *Science, 223,* 403–405. [doi: 10.1126/science.6691151]

Hiji, T. (1975). Selective elimination of taste responses to sugars by proteolytic enzymes. *Nature, 256,* 427–429. [doi: 10.1038/256427a0]

Hoon, M. A., Adler, E., Lindemeier, J., Battey, J. F., Ryba, N. J., & Zuker, C. S. (1999). Putative mammalian taste receptors: A class of taste-specific GPCRs with distinct topographic selectivity. *Cell, 96,* 541–551. [doi: 10.1016/s0092-8674(00)80658-3]

Hoon, M. A., & Ryba, N. J. (1997). Analysis and comparison of partial sequences of clones from a taste-bud-enriched cDNA library. *Journal of Dental Research, 76,* 831–838. [doi: 10.1177/00220345970760040301]

Huang, A. L., Chen, X., Hoon, M. A., Chandrashekar, J., Guo, W., Trankner, D., ... Zuker, C. S. (2006). The cells and logic for mammalian sour taste detection. *Nature, 442,* 934–938. [doi: 10.1038/nature05084]

Inada, H., Kawabata, F., Ishimaru, Y., Fushiki, T., Matsunami, H., & Tominaga, M. (2008). Off-response property of an acid-activated cation channel complex PKD1L3-PKD2L1. *EMBO Reports, 9,* 690–697. [doi: 10.1038/embor.2008.89]

Ishimaru, Y., Inada, H., Kubota, M., Zhuang, H., Tominaga, M., & Matsunami, H. (2006). Transient receptor potential family members PKD1L3 and PKD2L1 form a candidate sour taste receptor. *Proceedings of the National Academy of Sciences of the USA, 103,* 12569–12574. [doi: 10.1073/pnas.0602702103]

Jiang, P., Cui, M., Zhao, B., Liu, Z., Snyder, L. A., Benard, L. M., ... Max, M. (2005). Lactisole interacts with the transmembrane domains of human T1R3 to inhibit sweet taste. *Journal of Biological Chemistry, 280,* 15238–15246. [doi: 10.1074/jbc.M414287200]

Jiang, P., Cui, M., Zhao, B., Snyder, L. A., Benard, L. M., Osman, R., ... Margolskee, R. F. (2005). Identification of the cyclamate interaction site within the transmembrane domain of the human sweet taste receptor subunit T1R3. *Journal of Biological Chemistry, 280*, 34296–34305. [doi: 10.1074/jbc.M505255200]

Kataoka, S., Yang, R., Ishimaru, Y., Matsunami, H., Sévigny, J., Kinnamon, J. C., & Finger, T. E. (2008). The candidate sour taste receptor, PKD2L1, is expressed by type III taste cells in the mouse. *Chemical Senses, 33*, 243–254. [doi: 10.1093/chemse/bjm083]

Kim, M. R., Kusakabe, Y., Miura, H., Shindo, Y., Ninomiya, Y., & Hino, A. (2003). Regional expression patterns of taste receptors and gustducin in the mouse tongue. *Biochemical and Biophysical Research Communications, 312*, 500–506. [doi: 10.1016/j.bbrc.2003.10.137]

Kitagawa, M., Kusakabe, Y., Miura, H., Ninomiya, Y., & Hino, A. (2001). Molecular genetic identification of a candidate receptor gene for sweet taste. *Biochemical and Biophysical Research Communications, 283*, 236–242. [doi: 10.1006/bbrc.2001.4760]

Li, X., Inoue, M., Reed, D. R., Huque, T., Puchalski, R. B., Tordoff, M. G., ... Bachmanov, A. A. (2001). High-resolution genetic mapping of the saccharin preference locus (*Sac*) and the putative sweet taste receptor (T1R1) gene (*Gpr70*) to mouse distal Chromosome 4. *Mammalian Genome, 12*, 13–16. [doi: 10.1007/s003350010236]

Lyall, V., Heck, G. L., Vinnikova, A. K., Ghosh, S., Phan, T. H., Alam, R. I., ... DeSimone, J. A. (2004). The mammalian amiloride-insensitive non-specific salt taste receptor is a vanilloid receptor-1 variant. *Journal of Physiology, 558*, 147–159. [doi: 10.1113/jphysiol.2004.065656]

Masuda, K., Koizumi, A., Nakajima, K., Tanaka, T., Abe, K., Misaka, T., & Ishiguro, M. (2012). Characterization of the modes of binding between human sweet taste receptor and low-molecular-weight sweet compounds. *PLoS ONE, 7*, e35380. [doi: 10.1371/journal.pone.0035380]

Max, M., Shanker, Y. G., Huang, L., Rong, M., Liu, Z., Campagne, F., ... Margolskee, R. F. (2001). *Tas1r3*, encoding a new candidate taste receptor, is allelic to the sweet responsiveness locus *Sac. Nature Genetics, 28*, 58–63. [doi: 10.1038/ng0501-58]

Miura, H., Nakayama, A., Shindo, Y., Kusakabe, Y., Tomonari, H., & Harada, S. (2007). Expression of gustducin overlaps with that of type III IP3 receptor in taste buds of the rat soft palate. *Chemical Senses, 32*, 689–696. [doi: 10.1093/chemse/bjm036]

Nelson, G., Chandrashekar, J., Hoon, M. A., Feng, L., Zhao, G., Ryba, N. J., & Zuker, C. S. (2002). An amino-acid taste receptor. *Nature, 416*, 199–202. [doi: 10.1038/nature726]

Ninomiya, Y., & Funakoshi, M. (1988). Amiloride inhibition of responses of rat single chorda tympani fibers to chemical and electrical tongue stimulations. *Brain Research, 451*, 319–325. [doi: 10.1016/0006-8993(88)90777-9]

Nuemket, N., Yasui, N., Kusakabe, Y., Nomura, Y., Atsumi, N., Akiyama, S., ... Yamashita, A. (2017). Structural basis for perception of diverse chemical substances by T1r taste receptors. *Nature Communications, 8*, 15530. [doi: 10.1038/ncomms15530]

Sanematsu, K., Kusakabe, Y., Shigemura, N., Hirokawa, T., Nakamura, S., Imoto, T., & Ninomiya, Y. (2014). Molecular mechanisms for sweet-suppressing effect of gymnemic acids. *Journal of Biological Chemistry, 289*, 25711–25720. [doi: 10.1074/jbc.M114.560409]

Stream, B. J., Striem, B. J., Pace, U., Zehavi, U., Naim, M., & Lancet, D. (1989). Sweet tastants stimulate adenylate cyclase coupled to GTP-binding protein in rat tongue membranes. *Biochemical Journal, 260*, 121–126. [doi: 10.1042/bj2600121]

Teng, B., Wilson, C. E., Tu, Y. H., Joshi, N. R., Kinnamon, S. C., Limain, E. R. (2019). Cellular and neural responses to sour stimuli require the proton channel Otop1. *Current Biology, 29*, 3647–3656. [doi: 10.1016/j.cub.2019.08.077]

Tu, Y. H., Cooper, A. J., Teng, B., Chang, R. B., Artiga, D. J., Turner, H. N., ... Liman, E. R. (2018). An evolutionarily conserved gene family encodes proton-selective ion channels. *Science, 359*, 1047–1050. [doi: 10.1126/science.aao3264]

Zhang, F., Klebansky, B., Fine, R. M., Xu, H., Pronin, A., Liu, H., ... Li, X. (2008). Molecular mechanism for the umami taste synergism. *Proceedings of the National Academy of Sciences of the USA, 105*, 20930–20934. [doi: 10.1073/

第 VII 部　味覚

pnas.0810174106]

Zhang, J., Jin, H., Zhang, W., Ding, C., O'Keeffe, S., Ye, M., & Zuker, C. S. (2019) Sour sensing from the tongue to the brain. *Cell, 179*, 392–402. [doi: 10.1016/j.cell.2019.08.031]

(2・3)

Finger, T. E., Danilova, V., Barrows, J., Bartel, D. L., Vigers, A. J., Stone, L., ... Kinnamon, S. C. (2005). ATP signaling is crucial for communication from taste buds to gustatory nerves. *Science, 310*, 1495–1499. [doi: 10.1126/science.1118435]

McLaughlin, S. K., McKinnon, P. J., & Margolskee, R. F. (1992). Gustducin is a taste-cell-specific G protein closely related to the transducins. *Nature, 357*, 563–569. [doi: 10.1038/357563a0]

Miyoshi, M. A., Abe, K., & Emori, Y. (2001). IP3 receptor type 3 and PLC β a 2 are co-expressed with taste receptors T1R and T2R in rat taste bud cells. *Chemical Senses, 26*, 259–265. [doi: 10.1093/chemse/26.3.259]

Ohmoto, M., Matsumoto, I., Yasuoka, A., Yoshihara, Y., & Abe, K. (2008). Genetic tracing of the gustatory and trigeminal neural pathways originating from T1R3-expressing taste receptor cells and solitary chemoreceptor cells. *Molecular and Cellular Neuroscience, 38*, 505–517. [doi: 10.1016/j.mcn.2008.04.011]

Pérez, C. A., Huang, L., Rong, M., Kozak, J. A., Preuss, A. K., Zhang, H., ... Margolskee, R. F. (2002). A transient receptor potential channel expressed in taste receptor cells. *Nature Neuroscience, 5*, 1169–1176. [doi: 10.1038/nn952]

Taruno, A., Vingtdeux, V., Ohmoto, M., Ma, Z., Dvoryanchikov, G., Li, A., ... Foskett, J. K. (2013). CALHM1 ion channel mediates purinergic neurotransmission of sweet, bitter and umami tastes. *Nature, 495*, 223–226. [doi: 10.1038/nature11906]

Wettschureck, N., & Offermanns, S. (2005). Mammalian G proteins and their cell type specific functions. *Physiological Reviews, 85*, 1159–1204. [doi: 10.1152/physrev.00003.2005]

Zhang, Y., Hoon, M. A., Chandrashekar, J., Mueller, K. L., Cook, B., Wu, D., ... Ryba, N. J. (2003). Coding of sweet, bitter, and umami tastes: different receptor cells sharing similar signaling pathways. *Cell, 112*, 293–301. [doi: 10.1016/s0092-8674(03)00071-0]

(2・4)

Howitt, M. R., Lavoie, S., Michaud, M., Blum, A. M., Tran, S. V., Weinstock, J. V., ... Garrett, W. S. (2016). Tuft cells, taste-chemosensory cells, orchestrate parasite type 2 immunity in the gut. *Science, 351*, 1329–1333. [doi: 10.1126/science.aaf1648]

Jang, H. J., Kokrashvili, Z., Theodorakis, M. J., Carlson, O. D., Kim, B. J., Zhou, J., ... Egan, J. M. (2007). Gut-expressed gustducin and taste receptors regulate secretion of glucagon-like peptide-1. *Proceedings of the National Academy of Sciences of the USA, 104*, 15069–15074. [doi: 10.1073/pnas.0706890104]

Li, M., Tan, H. E., Lu, Z., Tsang, K. S., Chung, A. J., & Zuker, C. S. (2022). Gut-brain circuits for fat preference. *Nature, 610*, 722–730. [doi: 10.1038/s41586-022-05266-z]

Tan, H. E., Sisti, A. C., Jin, H., Vignovich, M., Villavicencio, M., Tsang, K. S., ... Zuker, C. S. (2020). The gut-brain axis mediates sugar preference. *Nature, 580*, 511–516. [doi: 10.1038/s41586-020-2199-7]

(2・5)

Lee, H., Macpherson, L. J., Parada, C. A., Zuker, C. S., & Ryba, N. J. P. (2017). Rewiring the taste system. *Nature, 548*, 330–333. [doi: 10.1038/nature23299]

(2・6)

Ren, W., Lewandowski, B. C., Watson, J., Aihara, E., Iwatsuki, K., Bachmanov, A. A., ... Jiang, P. (2014). Single Lgr5- or Lgr6-expressing taste stem/progenitor cells generate taste bud cells ex vivo. *Proceedings of the National Academy of Sciences of the USA, 111*, 16401–16406. [doi: 10.1073/pnas.1409064111]

第3章 味覚の神経科学

3・1 味神経線維の応答性

　口腔内にある味蕾（味受容細胞の集合体）で得た味情報は味神経を通り中枢の延髄孤束核に伝達される。味蕾は口腔内において，舌だけではなく軟口蓋や咽頭・喉頭部と広範囲に分布しており，それぞれに別の味神経で支配されている。すなわち，顔面神経（脳神経Ⅶ）枝の鼓索神経および大錐体神経，舌咽神経（脳神経Ⅸ）および迷走神経（脳神経Ⅹ）枝の上喉頭神経である。それらの神経は 1000 本以上の細い神経線維からなり，その中には味を伝える神経以外にも物理的刺激や温覚・冷覚など体性感覚を伝える知覚性神経（求心性）や運動性神経（遠心性）も存在し，知覚性神経線維の約半分が温度に反応する（Cruz & Green, 2000）。このことから味の質が，非味刺激，たとえば温度によって影響を受けるのもうなずける。味蕾に入る神経には風味のある刺激に反応する三叉神経も茸状乳頭と葉状乳頭の前半部に達しているが，これは味覚中枢へ情報を伝えるわけではない。

3・1・1　味神経

3・1・1・1　鼓索神経および大錐体神経

　舌前方部の茸状乳頭にある味蕾と舌後方部の葉状乳頭の前半部にある味蕾は鼓索神経が支配している。軟口蓋にある味蕾は大錐体神経が支配している。どちらも顔面神経の中枢神経枝であるが，その中には副交感神経線維も存在し味蕾だけではなく唾液腺（顎下腺および舌下腺）や涙腺にも作用する。鼓索神経は中耳の鼓室を通るため，中耳手術の際に切断されて味覚障害を起こすことが多い。そのアクセスのしやすさのため，鼓索神経を用いた研究は他の神経に比べて群を抜いて多い。

3・1・1・2　舌咽神経

　舌後方の有郭乳頭および葉状乳頭の後半部の味蕾を支配し，他の神経同様一般的な感覚神経支配もしている。また，分岐した舌咽神経枝が咽頭部の味蕾も支配するがここに存在する味蕾は少ない。

3・1・1・3　上喉頭神経

　迷走神経枝である。喉頭蓋，喉頭，および食道近位部の喉頭表面の味蕾を支配する。

　他のほとんどの感覚系とは対照的に，味覚はこのように三つの異なる脳神経（末梢神経では 4 種）が偏りはあるもののそれぞれ 5 基本味を伝達しているため，味を完全に感じなくさせるのは難しい。たとえば鼓索神経に障害があれば，舌の前半部だけが味を感じないといった味覚障害が起こる。また三叉神経が関与する感覚（触覚や温度など）と分離するのも難しい。このような末梢組織の情報を中枢に運ぶ味神経の臨床的，解剖学的研究は 19 世紀から行われ，ヒトの味神経経路に関しては Lewis & Dandy（1930）によって詳しくまとめられている。

3・1・2　味神経と味情報

　味情報は味神経上をインパルスとして伝えられるので，電気的計測が可能となる。味神経を手術的に取り出し，記録したインパルスを増幅後，解析が容易になるように積分し応答値として示すことが多い（図 3-1-1a，b）。インパルスが多いほど応答値は大きくなるため，高さで味応答の大きさを表すことができる。図 3-1-1c にラットの鼓索神経のショ糖応答の積分記録を示してある。濃度が高くなるにつ

1533

第 VII 部　味覚

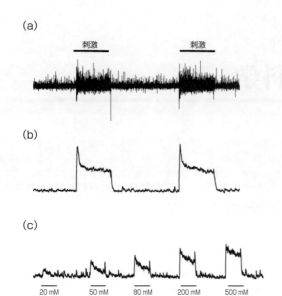

図 3-1-1　ラット鼓索神経の味刺激に対する計測結果とその積分処理後の応答および，濃度の異なるショ糖に対する応答
(a) 神経束からの電気計測記録，(b) a の計測結果の電気的積分回路処理後，(c) ショ糖応答

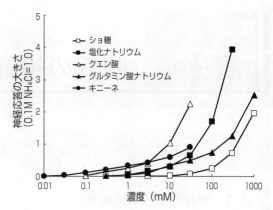

図 3-1-2　マウス鼓索神経の 5 基本味に対する応答
甘味：ショ糖，塩味：塩化ナトリウム，酸味：クエン酸，うま味：グルタミン酸ナトリウム，苦味：キニーネ

れて応答が大きくなり，味神経応答が味の強さに対応しているのがわかる。このことを利用して，マウス鼓索神経がキニーネ単独よりもグルコン酸を混合することで応答が小さくなっていることが示された（Narukawa et al., 2012）。同時にグルコン酸を混合することによりキニーネに対する忌避も弱くなっていたことから，グルコン酸の苦味低減作用は末梢組織でのキニーネ応答を小さくしていることによるものだと考えられる。マウス鼓索神経を濃度の異なる各種味溶液で刺激し，まとめたのが図 3-1-2 である。閾値の低い忌避性の味（酸味や苦味）ほど，低濃度から応答が出始めるのがみてとれる。

　口腔内での味の感じ方の部位特異性に関して，Harada & Smith（1992）は，応答性は味神経によってばらつきはあるが，いずれの味神経もショ糖，塩化ナトリウム，キニーネ，塩酸の応答を伝えていること，しかし，各種の味質の情報を均等に伝達しているのではないことを示した（図 3-1-3）。特徴的なのは，上咽頭神経は水応答を伝える神経が多いということである。生理食塩水には応答せず水に応答するのである。これは，「のど越し」に関わる応答と考えられる。真貝（1999）はさらにラット，ウサギの舌咽神経咽頭枝も水応答をすることを示し喉頭だけではなく咽頭ものど越しに関与していることを示している。近年，基本味として認められたうま味を加えた記録から，ラットの鼓索神経および大錐体神経は，グルタミン酸ナトリウムおよびイノシン酸の混合物に対して反応性が高いが，舌咽神経ではほぼみられないことが示されている（図 3-1-4；Sako et al., 2000）。したがって，ラットはうま味情報を主に鼓索神経と大錐体神経で伝えていることになる。

　うま味が基本味として定着後，最近第 6 の味として脂質が取り上げられてきている。脂質の味物質は脂質から切り出された脂肪酸と考えられているが，脂肪酸の神経応答は濃度依存性がみられるもののかなり小さい（図 3-1-5）。Yasumatsu et al.（2017）は，単一味神経線維の応答測定によって一本の神経線維が伝える脂肪酸の味情報を調べた。単一味神経線維は数種の味を伝達しその中のいずれかを強く伝達していることから，一番大きく応答する物質名を使って各々の単一神経線維を呼ぶことにしている。たとえば，ショ糖に一番大きく応答した神経はショ糖型神経と呼ぶ。マウスの単一味神経線維は，脂肪酸型，ショ糖型，グルタミン酸型，アミロライド抑制性塩化ナトリウム型，酸・塩応答型，キニーネ型に分類された。単一味神経線維の 17.9% が脂肪酸型であったことも驚きだが，嗜好性を示す甘味やうま味情報を伝達すると考えられるショ糖型味神経線維とグルタ

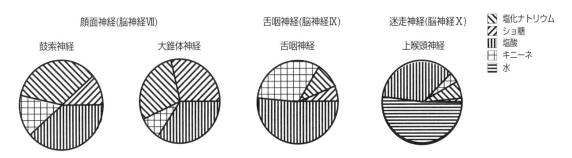

図 3-1-3　ハムスターの四つの味神経における 0.3 M ショ糖，0.3M 塩化ナトリウム，0.01M キニーネ，0.01M 塩酸，蒸留水に対する応答比（Harada & Smith, 1992 を一部改変）

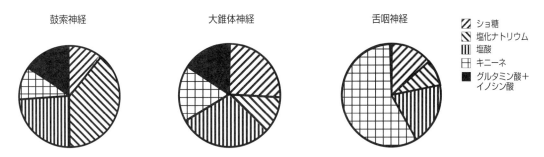

図 3-1-4　ラットの鼓索神経，大錐体神経，舌咽神経の 0.5 M ショ糖，0.1 M 塩化ナトリウム，0.01 M 塩酸，0.02 M キニーネ，0.1 M グルタミン酸ナトリウム +0.01 M イノシン酸混合液に対する応答比（Sako et al., 2000 を一部改変）

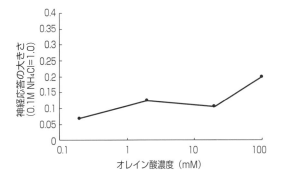

図 3-1-5　ラット鼓索神経の脂肪酸に対する応答

ミン酸型味神経線維のそれぞれ 57.9%，70.0% が脂肪酸にも応答していた一方で，そのほかの型の神経は脂肪酸に応答しなかったことは非常に興味深い。

3・1・3　味神経と味蕾形成

　味覚と加齢の関係を，ヒトを用いて感覚的に調べた論文は多く，それらの研究によると，個人差のばらつきは多いものの年齢とともに味覚の機能は低下すると考えられている。Whiddon et al.(2018) は，ラットの鼓索神経反応が加齢によってどのように影響を受けるかを調べた結果，加齢によって鼓索神経の塩化ナトリウム応答が低下していた。同時に茸状乳頭の形態学的特徴も変化していることを示し，味蕾と味神経応答は密接な関係であることがわかった。

　味蕾内の味受容体細胞は，約 2 週間という寿命で加齢に関係なく常にターンオーバーしている（Beidler & Smallman, 1965）。細胞死が起こると，味受容体細胞と神経線維との間の機能的結合が失われることになる。そして新しい味受容体細胞が味蕾に形成されると，味神経と新しい結合を形成しそれらは神経線維に再支配されるようになる。そこには複数の要因が存在していると考えられている。その中の一つは BDNF-TrkB である。BDNF が存在しない場合，味蕾の神経支配は 40% 減少したことから（Meng et al., 2015），BDNF が味蕾へのある程度の神経支配を維持するのに必要であることを示している。しかし，神経支配の 60% は BDNF 遺伝子除去後も味蕾に残っていることから，別のメカニズムとしてグリア細胞株由来神経栄養因子や，他の多くの

要因が考えられている。

　神経線維は味蕾が形成されて機能し始めると味蕾を維持するのに必要とされるが，神経は味蕾の発生を開始させるのに必要ではなく，マウスを用いた研究では味蕾の発生は味神経非依存的である（Mbiene & Roberts, 2003）。鼓索神経切断された成体ラットは舌前方の味蕾の喪失および味認識が低下するが，神経再生後に回復する。しかし，新生児期（出生後10日目以下）のラットの鼓索神経が切断される場合，神経再生は起こらない（Martin et al., 2019；Sollars & Bernstein, 2000）。成体では味神経と味蕾の関係は可塑性があるのに，新生児においては障害を受けやすい理由に関しては解明が待たれる。

（林　由佳子）

3·2　味覚中枢における神経情報処理とその発達

3·2·1　孤束核における味覚情報処理

　味の情報は味蕾から鼓索神経，大浅錐体神経，舌咽神経，迷走神経を介して孤束核に伝えられる。鼓索神経は舌前方1/3の領域にある茸状乳頭と葉状乳頭の味蕾を，大浅錐体神経は軟口蓋の味蕾を，齧歯類では鼻切歯管も支配する。舌咽神経は舌後方1/3の領域にある有郭乳頭と葉状乳頭の味蕾を，迷走神経は上喉頭神経を介して咽頭と喉頭の味蕾を支配する（図3-2-1）。鼓索神経と大浅錐体神経は孤束核の最吻側部に投射する。舌咽神経の投射領域は顔面神経の投射領域と重なり合い，さらに尾側へ広がり，迷走神経の投射領域と重なり合う（Contreras et al., 1982；Hamilton & Norgren, 1984；May & Hill, 2006）。

　投射領域のこのような配置の結果，口腔前方部（舌前方と鼻切歯管）への味刺激に応答するニューロンは孤束核の吻側に多くみられ，尾側に向かうにつれて口腔後方部（軟口蓋，舌後方，咽頭，喉頭）への味刺激に応答するニューロンが多くみられるようになる。また，齧歯類では，鼓索神経はNaClによる味刺激に，大浅錐体神経はショ糖やHClによる味刺激に，舌咽神経はHClやキニーネによる味刺激に大きな応答を示すことから（Harada & Smith,

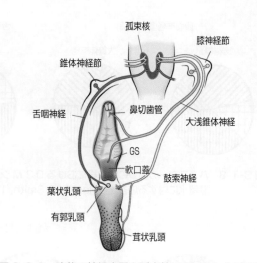

図 3-2-1　味蕾の神経支配と孤束核におけるシナプス伝達の組織図（May & Hill, 2006 を一部改変）
鼓索神経は舌前方部の茸状乳頭と葉状乳頭を神経支配する。大浅錐体神経は鼻切歯管，硬口蓋と軟口蓋の移行部である geschmacksstreifen（GS）および軟口蓋を支配する。これらの神経は顔面神経を構成し，膝神経節に細胞体を有する。舌咽神経は舌後方部の葉状乳頭と有郭乳頭を支配し，錐体神経節に細胞体を有する。鼓索神経，大浅錐体神経および舌咽神経は孤束核に両側性に終止する。図説の便宜上，鼓索神経と大浅錐体神経は左側のみ，舌咽神経は右側のみ図示されている。

1992；Sako et al., 2000），NaClベストニューロンは孤束核の吻側に多くみられ，これよりも尾側に酸味ベストニューロンは多くみられる（Halsell et al., 1993；McPheeters et al., 1990；Travers et al., 1994）。塩味応答と酸味応答の分離は傍腕核でも維持されており，塩味ベストニューロンが内側亜核に多くみられ，外側亜核に向かうにつれて酸味ベストニューロンが多くみられるようになる（Ogawa et al., 1987；Shimura et al., 2002；Van Buskirk & Smith, 1981）。

　NaCl，キニーネ，ショ糖，HClなどの味物質による味蕾の刺激に対して孤束核のニューロンは活動電位の発生（発火）をもって応答する。孤束核において味の情報がどのようにして識別されるのかについては，発火頻度によるアクロスニューロンパターン説とラベルドライン説の二つの仮説が提唱されている。

　アクロスニューロンパターン説は，味覚ニューロンの多くは2種類以上の味質の刺激に応答すること

から（Pfaffmann, 1955），味の情報は個々のニューロンの応答の組み合わせからなるニューロン集団全体の応答パターン（アクロスニューロンパターン）によって識別されるという考え方である（Doetsch & Erickson, 1970；Ganchrow & Erickson, 1970）。この仮説では，味の違いはそれぞれの味のアクロスニューロンパターンの違いで表される（Scott & Giza, 2000；Smith & St. John, 1999）。

ラベルドライン説は，味の情報は味質ごとに決まったタイプのニューロンによって伝えられるという考え方である。この仮説では，ニューロンはベスト刺激（数種類の味刺激のうちニューロンが最も大きな応答を示す味刺激）に基づいて分類され，各ニューロンはベスト刺激の味質を伝える役割を担う（Frank, 1973, 2000）。たとえば，ショ糖，食塩，塩酸，キニーネに対する応答のうち，ショ糖に対する応答が最も大きいニューロンはショ糖ベストニューロンに分類され，このニューロンは甘味を伝える役割を担う。ラベルドライン説では，味の識別は味刺激に対する各ベストニューロンの発火頻度の違いに基づいて行われる。ベスト刺激以外の味刺激に対する発火はノイズであるため，各ニューロンには高い応答特異性が必要とされる（Scott & Giza, 2000；Smith & St. John, 1999）。

孤束核のニューロンの多くは複数の味刺激に等しく応答する（Chen & Di Lorenzo, 2008；Di Lorenzo et al., 2009）。たとえば，ラットの孤束核のHClとキニーネに大きな応答を示すニューロンはNaClにも大きな応答を示す。ラベルドライン説では各ニューロンはベスト刺激の味質を伝えるとされているため，NaClの味を酸味または苦味として伝えることになる（Lemon & Smith, 2005）。またラットとハムスターの孤束核でみられるNaClにも大きな応答を示すショ糖ベストニューロンは（Boughter & Smith, 1998；Smith et al., 1996；St. John & Smith, 2000），NaClの味を甘味として伝えることになる。しかしながら，ラットとハムスターは行動生理学的研究において NaClの味をショ糖，HCl，あるいはキニーネの味と混同することはなく，まったく異なるものとして識別する（Nowlis et al., 1980）。この矛盾は，孤束核ニューロンの複数の味に応答する性質はラベ

ルドラインで味の情報を伝えるには不向きであることを示している。孤束核ニューロンは複数の味質に応答することでアクロスニューロンパターンによる味の情報の識別に貢献すると考えられている（Scott & Giza, 2000；Smith & St. John, 1999）。

時間的符号化は，味の情報が活動電位の発火の時間パターン（発火のタイミング，発火の時間経過など）によって識別されることである。孤束核を含む味覚中枢のいずれのレベルでも発火の時間パターンによって味の情報を識別できることが示されている（Chen et al., 2011；Di Lorenzo et al., 2009；Di Lorenzo & Victor, 2003；Katz et al., 2001, 2002；Liu & Fontanini, 2015；Perrotto & Scott, 1976；Rosen et al., 2011；Roussin et al., 2008）。

ラットの孤束核では，NaCl・ショ糖・キニーネ・HClによる一連の味刺激を繰り返すことでニューロンの発火頻度を繰り返し測定すると，いくつかのニューロンでは各味物質に対する発火頻度が測定のたびに大きくばらつき，ベスト刺激が一定しないことが明らかになっている。これは，一部のニューロンは味の情報の識別に一貫性がないことを示す。しかし，発火のタイミングを利用することにより多くのニューロンで味の情報の識別能が向上する。特にスパイク数の変動の大きいニューロンで味の情報の識別能が大きく向上することが明らかになっている（Di Lorenzo & Victor, 2003）。さらに発火の時間パターンは発火頻度だけでは識別できない味，たとえば，類似の味質であるが異なる味物質が呈する味（NaClの塩味とLiClの塩味，あるいはHClの酸味とクエン酸の酸味）（Roussin et al., 2008），異なる味質であるが同程度の発火頻度を生じる濃度の味物質が呈する味（Chen et al., 2011），2種類の味物質からなる混合味とその混合味を構成する味物質単体の味（Di Lorenzo et al., 2009）の識別を可能にすることも明らかになっている。これらのことから，発火の時間パターンは刺激間のわずかな違いを識別するために発火頻度を補足し，ニューロンの味覚情報処理能力を向上させると考えられている。

3・2・2　孤束核における味覚情報処理機構の発達
　孤束核吻側部は味の情報を識別して上位の味覚中

第 VII 部 味覚

枢へ伝える一次中継核として機能するとともに，食物の摂取・忌避行動を調節する神経機構として機能する。孤束核吻側部の神経回路は味覚神経回路の発達モデルとして解剖学的・神経生理学的によく研究されていることから，本項では味覚中枢のうち孤束核吻側部に的を絞って味情報処理機構の発達を解説する。

出生後48時間以内の新生ラットに甘味溶液を与えると積極的に甘味溶液をなめる摂取行動がみられ，苦味溶液を与えると口を大きく開けて頭を振る忌避行動がみられる（Ganchrow et al., 1986）。このような味覚反射は下位脳幹（延髄と橋）を残した除脳ラットでもみられる（Grill & Norgren, 1978；Travers et al., 1999）ことから，孤束核の基本的な味覚神経回路は出生前に完成していると考えられる。また味覚伝導路は末梢から中枢へ順次発達していくことから（Hill, 1987；Hill et al., 1982；Hill et al., 1983；Lasiter & Kachele, 1988；Lasiter et al., 1989），孤束核の発達が上位の味覚中枢の発達を促進している可能性がある。

ラットでは，鼓索神経と大浅錐体神経の細胞体を含む膝神経節細胞および舌咽神経の細胞体を含む錐体神経節細胞は胎生10日齢から胎生13日齢の間に誕生する（Altman & Bayer, 1982）。膝神経節細胞から顔面神経（鼓索神経と大浅錐体神経）が，錐体神経節細胞から舌咽神経が出る。

顔面神経は胎生13日齢に，舌咽神経も胎生16日齢までには延髄に進入して孤束を形成する（Altman & Bayer, 1982）。顔面神経は胎生14日齢に孤束から孤束核へ進入を始め，胎生15日齢から胎生17日齢の間に孤束核吻側部に投射領域を形成する。孤束核の神経線維とニューロンの間で胎生15日齢にシナプス肥厚が，胎生19日齢にシナプス小胞がみられるようになり，解剖学的にシナプス結合が成立する（Zhang & Ashwell, 2001a）。胎生14日齢から18日齢のラットの孤束に軸索ガイダンス分子の受容体であるニューロピリンが，脳幹にニューロピリンのリガンドであるセマフォリンが発現していることから，味覚神経による孤束と投射領域の形成におけるニューロピリンとセマフォリンの関与が示唆されている（Corson et al., 2013）。

発達に伴って孤束核における味覚神経の投射領域は縮小していく。ラットの鼓索神経，大錐体神経および舌咽神経の投射領域は生後15日齢から35日齢の間に約半分の大きさに縮小し，成体ラットの投射領域と同等の大きさになる。また投射領域の縮小によって投射領域相互の重なり合いが減少し，投射領域の局在がみられるようになり，成体ラットの投射領域と同様の配置になる（Mangold & Hill, 2008）。

この味覚神経投射領域の縮小のメカニズムとして，神経活動依存的な神経線維の刈り込み（pruning）が提唱されている。胎生初期から塩分摂取量を制限したラット（Mangold & Hill, 2007；Mangold & Hill, 2008；May et al., 2008）および遺伝子操作によって塩味受容体サブユニット αENaC を欠損させたマウス（Skyberg et al., 2017；Sun et al., 2017）の孤束核における味覚神経投射領域は通常よりも広い。どちらの場合でも塩味刺激に対する味覚神経の活動性が通常よりも低いために孤束核で味覚神経線維の刈り込みが正常に行われず，投射領域が拡大を続けると考えられている。

発達に伴う孤束核吻側部のシナプス伝達の変化は抑制性シナプスで詳細に調べられている。ラットでは孤束核吻側部ニューロンは遅くとも胎生14日齢には GABA，$GABA_A$ 受容体作動薬，$GABA_C$ 受容体作動薬に対して過分極性の応答を示すようになり，胎生16日齢には孤束の電気刺激によって引き起こされるシナプス入力に対して脱分極性および過分極性の応答を示すようになる（Suwabe et al., 2013）。生後3週目まで抑制性シナプス入力は $GABA_A$ および $GABA_C$ 受容体を介する。生後4週目以降は $GABA_C$ 受容体の関与がみられなくなるが（Grabauskas & Bradley, 2001），$GABA_B$ 受容体作動薬に対して過分極性応答を示すようになり，抑制性シナプス入力は $GABA_A$ および $GABA_B$ 受容体を介して行われるようになる（Wang & Bradley, 1995）。発達に伴い抑制性シナプス入力に対する過分極性応答の動態にも変化がみられる。生後2週目に過分極性シナプス応答の立ち上がりおよび減衰の速度が著しく上昇する（Grabauskas & Bradley, 2001）。ハムスターでは GABA 作動性の持続的な抑制性シナプス入力は味刺激に対する孤束核吻側部ニューロン

の応答の味質特異性を高めることが報告されている（Smith & Li, 1998）。

　ラットにおいて孤束核を形成する細胞は胎生11日齢から胎生14日齢の間に誕生する（Altman & Bayer, 1980）。誕生した細胞は胎生15日齢までに孤束核を形成し，孤束核内の亜核の構成は胎生19日齢までに成体ラットと同様になる。また孤束核の生化学的マーカー（シトクロム酸化酵素，NADPHジアホラーゼ，コリンエステラーゼ活性，カルビンディン，カルレチニン，チロシン水酸化酵素，サブスタンスP）の分布パターンも胎生19日齢までに成体ラットと同様になる（Zhang & Ashwell, 2001b）。

　Ⅶ・3・2・1で述べたように，味覚情報は活動電位の発火パターン（発火頻度，発火のタイミング，発火の時間経過）に変換される（たとえばDi Lorenzo & Victor, 2003）。孤束核吻側部のニューロンは持続的に脱分極させても胎生14日齢では連続的に発火しないが，発達に伴い連続的に発火できるようになり，最大発火頻度が増加していく（Bao et al., 1995；Suwabe et al., 2011）。成体ラットで発火パターンを変化させることが報告されている一過性外向きカリウム電流は（Suwabe & Bradley, 2009；Tell & Bradley, 1994），胎生14日齢では大きさが小さく，持続時間が短いが，発達に伴い大きさが大きくなり，持続時間が延長していく（Suwabe et al, 2011）。このような電気生理学的変化によって孤束核吻側部のニューロンは多様な味覚情報に対応した発火パターンをつくることができるようになると考えられる。

（諏訪部　武）

3・3　ヒト味覚中枢の非侵襲計測

3・3・1　概要

　ヒトが脳のどこで味を感じ，味に関わる情報処理を行っているのかについては，従来，手術中における大脳皮質への電気刺激や脳損傷患者で観察される味覚疾患，てんかんの原発部位とてんかん発作時に現れる幻覚の関係といった臨床研究から推察が行われていた。臨床例の多くは損傷箇所が広範囲にわたっており，局所的な味覚関連皮質の同定や機能の解明

は困難であったため，ヒトにおける一次味覚野および高次味覚野の場所や役割に関する統一的な見解は得られていなかった。

　ヒトの脳機能の解明を目指し，近年，さまざまな非侵襲計測法が開発されてきた。これらの手法は，脳活動に伴う血流やブドウ糖の代謝を計測する手法と，脳活動に付随する神経細胞内の電気活動を計測する手法に大別される。ポジトロン断層撮影法（positron emission tomography：PET）や機能的磁気共鳴映像法（functional magnetic resonance imaging：fMRI）は前者に，脳電位や脳磁場は後者に分類される。ただし，放射性同位元素を用いるPETは，陽電子（ポジトロン）・電子の対消滅によるガンマ線（X線より高いエネルギーをもつ電磁波）被曝を引き起こすため，厳密には非侵襲計測とはいえない。

　液体である味覚刺激の厳密な制御は難度が高い。そのため，視覚や聴覚，体性感覚に比べて，ヒトの味覚中枢に関する非侵襲計測はあまり行われていないが，研究報告が徐々に増えつつある。

3・3・2　PETによる味覚関連脳部位の同定

　Kinomura et al.（1994）は，0.18％食塩水と純水を用いた弁別課題を実施し，脳血流の変化について検討した。純水のみを呈示した条件と弁別課題を課した条件の間で差分をとったところ，前頭弁蓋部，海馬傍回，海馬，上側頭溝，帯状回，視床などで血流の増加がみられた。また，23 mMの酒石酸と蒸留水を用いた弁別課題を行ったSmall et al.（1997）は，眼窩前頭野，側頭皮質の右前部，扁桃体付近における血流の増加を報告した。Zald et al.（1998）は，好ましくない味質として5％の食塩，好ましい味質としてチョコレートを用い，脳血流の変化を計測した。食塩を呈示した場合とチョコレートを呈示した場合を比較したところ，帯状回，島皮質，扁桃体，運動野，眼窩前頭皮質で血流量に差異が認められたため，これらの部位が快不快に関連していることが示唆された。

3・3・3　fMRIによる味覚関連脳部位の同定

　味覚刺激として85 mM食塩，2 mMアスパルテーム，1 mM塩酸キニーネ，0.5 mMグリチルリジン

1539

第 VII 部　味覚

酸，250 mM スレオニン，1 mM グアニル酸を呈示した Faurion et al.（1998）の研究では，島皮質，頭頂弁蓋部，前頭弁蓋部，側頭弁蓋部における活動が報告されている。具体的には，実験参加者にとって新奇な味を繰り返し呈示することにより，初めは不快であった味が快に転じると，島皮質の前部や島皮質周辺の領域（弁蓋部など）の血流が増加した一方，初めは快であった味が不快に転じると，これらの部位の血流が減少することがわかった。また，Rolls らの研究（de Araujo, Kringelbach, Rolls, & Hobden, 2003；de Araujo, Kringelbach, Rolls, & McGlone, 2003；Kringelbach et al., 2003）によると，味覚刺激（食塩水，ショ糖水溶液，グルタミン酸水溶液）の呈示によって前頭弁蓋部，前部島皮質，眼窩前頭野が活動し，眼窩前頭野は満足度や喉の渇きなどに関連したという。Small et al.（2003）は，小脳，橋，島皮質の中部，扁桃体が味質に対する感覚強度評定に関与し，島皮質の前部および弁蓋部から眼窩野が味質に対する嗜好性に関与していると報告した。

3・3・4　事象関連電位による味覚応答の計測

Funakoshi & Kawamura（1971）は，小さなスプーンをハンドルで反転させた瞬間を信号加算のトリガーとし，漏斗を通じて味覚刺激を実験参加者の舌上に滴下する方式で味覚事象関連電位を計測した。前谷他（1988）は，蒸留水に対する味溶液の拡散を防ぐために増粘剤を加えた味溶液を用い，実験参加者の口元に設置した電磁弁で蒸留水と味溶液を切り替える味覚呈示装置を開発し，事象関連電位の計測を行った。しかしながら，Funakoshi & Kawamura（1971）および前谷他（1988）による刺激呈示法では，味覚事象関連脳応答だけでなく，触覚刺激による脳応答も計測された。Plattig（1991）は，実験参加者に味溶液を呈示する場合は水，水を呈示する場合は味溶液を吸引することによって，水と味溶液を切り替える味覚刺激呈示装置を開発した。この刺激方法では，触覚刺激による脳応答が計測されることはない一方，刺激の立ち上がりが緩慢（約 400 ms）であった。嗅覚事象関連電位測定のために開発した刺激呈示装置を用いた Kobal（1985）は，実験協力者の舌にガス状の塩化アンモニウム（塩味），クロロ

フォルム（甘味），酢酸（酸味）などを吹きつけることで味覚事象関連電位の計測を行った。酢酸を呈示した場合，P300，N410，P660 などの成分が観察されたという。Kobal（1985）による刺激呈示法は，立ち上がりが急峻（約 18 ms）であったが，ガス状の味覚刺激（気体）を用いた点が通常の味覚刺激（液体）とは異なる。

3・3・5　事象関連磁場による味覚応答の計測

Murayama et al.（1996）は，チューブを通して実験参加者の舌に 0.3M 食塩水もしくは 10％ショ糖水溶液を滴下する方法を用い，味覚事象関連磁場の計測を行った。食塩水を滴下した場合，ショ糖水溶液を滴下した場合，味溶液の代わりに蒸留水を滴下した場合のいずれにおいても，175 ms 付近（150-200 ms）の潜時で磁場の変化が観察された。この潜時は，触覚刺激に対する一次応答の潜時よりも長かった。また，175 ms 付近における磁場の振幅は，ショ糖水溶液，食塩水，蒸留水の順に小さくなった。さらに，この潜時における磁場応答の頭皮上マップから推定された脳部位は弁蓋部と島皮質の移行部であり，Penfield のホムンクルスにおいて体性感覚野の舌に対応する領域より深かった。以上の結果を踏まえ，Murayama et al.（1996）は，味覚刺激による応答も寄与している事象関連磁場が計測されたと報告した。ただし，この刺激呈示法では触覚刺激の混入が避けられない。しかも，サルの一次味覚野では舌の触感覚に応答するニューロンが見つかっていることから，推定された脳部位が島皮質と弁蓋部に位置することを根拠に，得られた事象関連応答が味覚由来のものであるとはいえない。

Kobayakawa ら（Kaneda et al., 2004；Kobayakawa et al., 1996；Kobayakawa et al., 1999）は，テフロンチューブの中を常時流れる脱イオン水に対して味覚刺激をパルス状に挿入する方法を用い，事象関連磁場の計測を行った。味覚刺激の立ち上がりは，約 17 ms と急峻であった。事象関連応答が味覚刺激のみに起因することを確認するため，脱イオン水と味溶液に対する応答の違い，味質の違いによる応答の変化，味溶液の濃度段階と応答の関係について検討した。脱イオン水（コントロール条

1540

第3章 味覚の神経科学

件），1M食塩水，3mMサッカリン水溶液を呈示した場合に得られた脳磁場応答の例を図3-3-1に示す。64チャンネルのセンサで計測された脳磁場応答を一つの座標上に重ね書きした図はスタック波形と呼ばれ，横軸の0msは味覚刺激の呈示開始（オンセット）時刻に相当する。味覚刺激のオンセットから，食塩水では約80ms後，サッカリン水溶液では約280ms後にスタック波形の振幅が大きくなり，応答が開始された（図3-3-1bおよび3-3-1c）。その一方で，味溶液の代わりに脱イオン水を呈示した場合，刺激呈示前と刺激呈示後の間で磁場応答が変化することはなかった（図3-3-1a）。これらの結果は，触覚，圧覚，温度感覚といった味覚以外の刺激による事象関連応答が混入していないことを示している（Kobayakawa et al., 1996）。

1M食塩水，3mMサッカリン水溶液を呈示した場合，短潜時に最も高い頻度で推定された脳部位を図3-3-2に示す（Kobayakawa et al., 1999）。模式図に示したように，推定された脳部位は中心溝より後方，具体的には頭頂弁蓋部と島皮質の移行部であったことから，ヒトの一次味覚野はサルの一次味覚野に比べて後方に位置していることがわかった。食塩水とサッカリン水溶液の間で，活動部位に差異はみられなかった。また，一次味覚野の平均活動潜時は，1M食塩水を呈示した場合が155ms，3mMサッカリン水溶液を呈示した場合が267msであった。食塩を呈示した場合には，平均91msの潜時で中心溝の下部にも活動が認められ，頭頂弁蓋部と島皮質の移行部および中心溝の下部ともに両側性の活動であった。

Kaneda et al. (2004) は，サッポロビール株式会社と産業技術総合研究所の共同研究において，ビールにイソフムロン（ビールに含まれる苦味成分）を添加した味覚刺激を用いた事象関連磁場計測を実施した。味覚刺激呈示後，最初の磁場応答は平均327msで認められ，活動源として頭頂弁蓋部と島皮質の移行部が推定された。一連の研究（Kobayakawa et al., 1996; Kobayakawa et al., 1999; Kaneda et al., 2004）を踏まえると，1M食塩水，3mMサッカリン水溶液，イソフムロン添加ビールの間で一次味覚野の潜時が異なる現象は，舌の味細胞における受容機構の違いを反映していると考えられる。すなわち，食塩水の場合，ナトリウムイオンが直接味細胞に入り，神経パルスを発生させる。一方，甘味物質であるサッカリンや苦味物質であるイソフムロンの場合，味覚物質が味細胞の表面に発現している受容タンパクに結合

図3-3-1 水，食塩水，サッカリン水溶液を呈示した場合の脳磁場応答
　　　　（a）水，（b）食塩水，（c）サッカリン水溶液

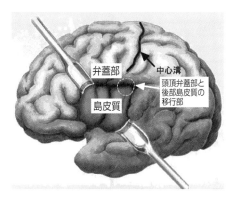

図3-3-2 最短潜時における活動部位

1541

した後，セカンドメッセンジャーが駆動され，いくつかの化学反応の過程を経て神経パルスを生じさせる．このような受容メカニズムの違いが，潜時の差として現れていると推察される．

味覚情報処理には，一次味覚野以外の脳部位も関わっている．味覚刺激の呈示によって，平均353 msの潜時で海馬，522 msで上側頭溝，359 msで海馬傍回，447 msで前頭弁蓋部（島皮質の前部を含む），その他に中心溝や頭頂間溝，帯状回での活動が推定された（Kobayakawa et al., 1999）．これらの中には，同じ部位が別の潜時で複数回推定された場合もあった．

Kobayakawa, Saito et al. (2012) は，30 mM，100 mM，300 mM，1 M食塩水を呈示することによって，事象関連磁場の計測を行った．実験参加者は，味覚刺激が呈示された後，0-5（0:無味，5:強烈）の尺度を用いて感覚強度を評定した．食塩水の濃度と一次味覚野における等価電流双極子（equivalent current dipole : ECD）のモーメント値（活動強度）の関係を図3-3-3aに示す．横軸は，対数目盛で示した食塩水の濃度である．一次味覚野の活動強度は，対数表記の濃度に対してほぼ一次関数に増加した．また，食塩水の濃度と感覚強度の関係については，1 M食塩水を除いて，対数表記の濃度と感覚強度の間に一次関数的増加が観察されたが，1 M食塩水と300 mM食塩水の感覚強度はほぼ等価であった（図3-3-3b）．換言すれば，感覚強度は，一次味覚野の活動量ほど濃度に対して高い直線性を示さなかった．

3・3・6 事象関連電位と磁場による味覚応答の同時計測

現在，臨床の現場で用いられている味覚検査法にはディスク状の濾紙を味溶液（5段階の濃度×基本四味）に浸して患者の舌上に置き，患者にどんな味かを尋ねる濾紙ディスク法や，電極を舌上に置き，微弱な電流を流す電気味覚法などがある．これらの検査法は自覚的検査法であるため，詐病を見分けることはできない．そこで，事象関連応答による味覚機能の他覚的検査法を確立するため，Mizoguchi et al. (2002) は，300 mMの食塩水を用いた脳電位と脳磁場の同時計測を行った．5人の実験参加者が，6セッションの計測に参加した．Kobayakawa et al. (1996)，Kobayakawa et al. (1999) が開発した味覚刺激呈示装置を用い，1セッションにつき味覚刺激を40試行呈示した．刺激呈示時間は400 ms，刺激間間隔は30秒とした．脳電位を計測するため，国際標準電極配置法（10-20法）に基づき，Fz, Cz, Pz, T3, T4から両耳朶連結を基準とする単極導出を行った．10-20法とは，鼻根と後頭結節の間，および左右の両耳介前点（または外耳孔）の間の距離を計測し，それらの距離を10%もしくは20%で均等間隔に分割した場所に脳電位計測用の電極を貼る方法をいう．各電極で計測された味覚事象関連電位のグランドアベレージを図3-3-4に示す．グランドアベレージとは，取

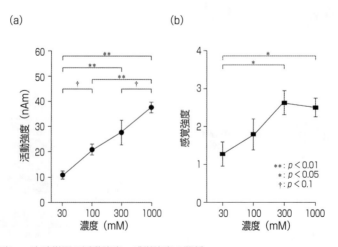

図 3-3-3　食塩水の濃度，一次味覚野の活動強度，感覚強度の関係
　　　　（a）食塩水の濃度と一次味覚野の活動強度の関係，（b）食塩水の濃度と感覚強度の関係．

得した脳応答を実験協力者ごとに加算した後，これらの加算波形を更に加算することによって得た波形をいう．図 3-3-4 に示したグランドアベレージは，一人あたり 200 試行前後かつ 5 人分の加算波形に基づいているため，約 1000 試行の脳応答を反映している．グランドアベレージでは，P1，N1，P2 成分が観察され，各平均潜時は 127 ms，263 ms，432 ms であった．P1 成分と N1 成分の間における振幅の差，N1 成分と P2 成分の間における振幅の差は，いずれも Cz で最も大きく，Pz，Fz，T3，T4 の順に小さくなった．

あるセッションで得られた味覚事象関連電位と脳磁場の例を図 3-3-5 に示す．脳電位は Cz で計測された応答である．P1 成分の活動潜時において脳磁場の振幅も大きくなったため，活動源の推定を行ったところ，頭頂弁蓋部と島皮質の移行部および中心溝の底部が同定された．

医療現場において，味覚機能の他覚的検査を目的とした味覚事象関連電位計測を行う場合，計測に要する時間や手間はできるだけかからないほうが望ましい．そこで，味覚機能の他覚的検査のために，どの程度の加算回数が必要かについて検討した．1 セッション 40 試行の加算では，P2 成分だけが観察され，P1，N1 成分は不明瞭であった．P1 成分が明瞭に現れるためには，200 試行の加算が必要であった．以

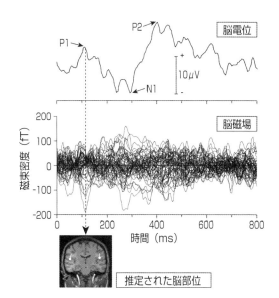

図 3-3-5 同時計測された味覚事象関連電位と磁場

上の結果から，事象関連電位計測によって味覚機能の他覚的検査を行う場合，次の 2 段階が考えられる．第 1 段階として，味覚刺激を 40 試行呈示した後，加算波形を求め，P2 成分の有無について判断する．このスクリーニング検査で判断がつかない場合には，第 2 段階として，味覚刺激を合計 200 試行呈示し，味覚事象関連成分の出現について精査する．

臨床現場に適用可能な他覚的検査法を確立するためには，味覚障害患者を対象とした計測，および健常者を対象に塩味以外の味質を用いた事象関連電位計測といった基礎データの蓄積が必要とされる．これらの点に関しては，今後の課題である．

3・3・7 ヒトの一次味覚野

大脳皮質の中で最初に活動する部位は，一次感覚野と呼ばれる．味覚刺激を呈示した場合，最短潜時で活動する脳部位を一次味覚野という．短潜時では複数の脳部位が同時に活動する可能性が低いため，一次味覚野の同定には時間分解能に優れた脳磁場計測が最も適している．味覚事象関連磁場計測を実施した Kobayakawa et al. (1999) は，頭頂弁蓋部と後部島皮質の移行部がヒトの一次味覚野であるとの報告を行った．fMRI による味覚関連部位の計測においても，頭頂弁蓋部や後部島皮質の移行部に活性化が認められている (Ogawa et al., 2005)．その一方

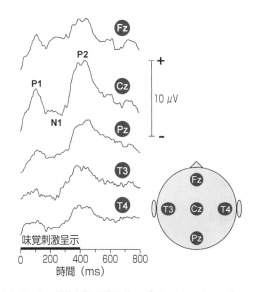

図 3-3-4 味覚事象関連電位のグランドアベレージ

で，前頭弁蓋部と前部島皮質近傍がヒトの一次味覚野であるとするfMRIによる研究報告（de Araujo, Kringelbach, Rolls, & Hobden, 2003；de Araujo, Kringelbach, Rolls, & McGlone, 2003；Kringelbach et al., 2003）やPETによる研究報告（Kinomura et al., 1994；Small et al., 1997）もある。このようにヒトの一次味覚野に関しては，頭頂弁蓋部と島皮質の移行部とする説と前頭弁蓋部と島皮質近傍とする説が対立している。

ヒトの一次味覚野の同定において，刺激呈示による最短潜時での賦活は必要条件でしかなく，後内側腹側視床核小細胞部（ventroposteromedial nucleus：VPMpc）との直接線維連絡が確認されて初めて十分条件が整う。小早川他（2011），Kobayakawa, Kikuchi et al. (2012) は，fMRIによって撮像された拡散強調画像を用い，VPMpcに対する頭頂弁蓋部と島皮質の移行部からの神経投射の有無およびVPMpcに対する前頭弁蓋部からの神経投射の有無について検討した。その結果，VPMpcに対する頭頂弁蓋部と島皮質の移行部からの神経投射は確認された（図3-3-6a）。一方，VPMpcに対する前頭弁蓋部からの神経投射は認められなかった（図3-3-6b）ことから，頭頂弁蓋部と島皮質の移行部がヒトの一次味覚野であることが強く支持された。

（小早川 達）

3・4 ヒト味覚の事象関連応答計測時の注意点

3・4・1 刺激呈示法に関する国際基準

味覚事象関連応答を計測する場合，視覚，聴覚，触覚といった物理感覚とは異なり，液体である刺激の制御に高度な技術を要する。このような状況を踏まえ，化学感覚（味覚や嗅覚のように化学物質によって引き起こされる感覚）事象関連応答の計測に長年携わる複数の研究者によって，刺激呈示法に関する基準が提唱された（Evans et al., 1993）。以降，この基準は，嗅覚を例にとって策定されているが，化学感覚全般について事象関連応答計測を行う場合の国

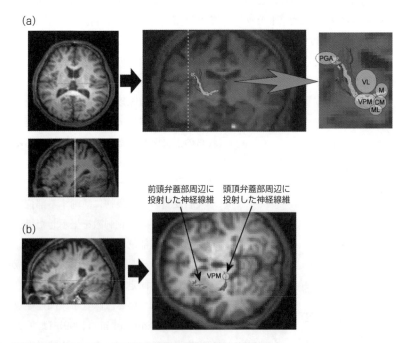

図3-3-6 拡散強調画像による一次味覚野近傍と視床の神経線維連絡
(a) 頭頂弁蓋部と島皮質の移行部，(b) 前頭弁蓋部周辺，PGA：primary gustatory area（transition between parietal operculum and posterior part of insula）（頭頂弁蓋部と島皮質の移行部），CM：centomedian thalamic nucleus，（視床中内側核），M：dorsomedial thalamic nucleus（視床背内側核），ML：medial lemniscus（内側毛帯），VL：ventral lateral thalamic nucleus（視床外側腹側核），VPM：ventral posteromedial thalamic nucleus（視床後内側腹側核）

際的な共通認識となっている。味覚事象関連応答計測に言い換えた基準を以下に示す。

(1) 味覚刺激を舌上に滴下した場合，味覚神経を刺激するだけでなく，圧力変化に伴う触覚による三叉神経系への刺激も喚起されてしまう。換言すれば，味覚刺激の舌上への滴下によって，味覚刺激と触覚刺激が同時に呈示されるため，味覚事象関連応答のみを取得したいにもかかわらず，触覚事象関連応答の混入を招いてしまう。触覚刺激に対応する脳応答の混入を防ぐためには，味覚刺激を舌上に滴下するのではなく，無味の水の流れの中に味覚刺激をパルス状に挿入することが必要である。

(2) 味覚刺激を矩形状に呈示する。具体的には，味覚刺激のオンセットから 50 ms 以内に最大濃度の 70% に達することが望ましい。

(3) 呈示する水と味覚刺激は体温と同等の温度とする。

3・4・2 国際基準を満たした味覚刺激呈示装置の使用例

Kobayakawa et al. (1996), Kobayakawa et al. (1999) は，先述の基準をすべて満たした味覚刺激呈示装置を開発し，味覚事象関連磁場計測を行った。味覚刺激の呈示時間は 400 ms，刺激間間隔は 30 秒とした。1 セッションあたりの刺激呈示回数は 40 試行であった。取得した脳磁場応答の加算に際し，眼球運動などのアーチファクトが混入した試行を除外した後，加算に使用できる試行が 30 試行以上確保できたセッションを解析対象とした。その結果，最短潜時で頭頂弁蓋部と後部島皮質の移行部での活動

が同定されたため，この部位がヒトの一次味覚野であると報告した。

視覚の一次感覚野（すなわち一次視覚野）は，パターンリバーサル刺激（格子模様の白黒が一定の時間間隔で反転する刺激）に対して応答しやすい。同様に，一次味覚野も味覚刺激のオン・オフの繰り返しに対して応答しやすい。脳磁場計測もまた，刺激オンセットに対する感度が高い。刺激オンセットをキーワードに組み合わされた計測手法と実験パラダイムによって同定されたヒトの一次味覚野の場所が，頭頂弁蓋部と後部島皮質の移行部であった。

従来の fMRI や PET による味覚関連部位の計測では，Kobayakawa et al. (1996), Kobayakawa et al. (1999) の味覚事象関連磁場計測に比べ，単位時間あたりの刺激オンセットの数が少ない実験パラダイムが用いられてきた。そのため，Kobayakawa et al. (1996), Kobayakawa et al. (1999) が一次味覚野であると主張している頭頂弁蓋部と後部島皮質の移行部での活動が強く観測されなかったと推察される。これを踏まえ，Ogawa et al. (2005) は，Kobayakawa et al. (1996), Kobayakawa et al. (1999) が開発した味覚刺激呈示装置を改良し，頻繁に味覚刺激のオン・オフが繰り返される実験パラダイムを用いて fMRI 計測を行った。その結果，fMRI 計測においても，頭頂弁蓋部と後部島皮質の移行部の活動が観察された。以上のように，計測手法，刺激呈示法，実験パラダイムによって，得られる脳応答が変化する可能性があることに留意しなければならない。

(小早川 達)

文献

(3・1)

Beidler, L. M., & Smallman, R. L. (1965). Renewal of cells within taste buds. *Journal of Cell Biology, 27*, 263-272. [doi: 10.1083/jcb.27.2.263]

Cruz, A., & Green, B. G. (2000). Thermal stimulation of taste. *Nature, 403*, 889-892. [doi: 10.1038/35002581]

Harada, S., & Smith, D. V. (1992). Gustatory sensitivities of the hamster's soft palate. *Chemical Senses, 17*, 37-51. [doi: 10.1093/chemse/17.1.37]

Lewis, D., & Dandy, W. E. (1930). The course of the nerve fibers transmitting sensation of taste. *Archives of Surgery, 21*, 249-288. [doi: 10.1001/archsurg.1930.01150140066002]

Martin, L. J., Lane, A. H., Samson, K. K., & Sollars, S. I. (2019). Regenerative failure following rat neonatal chorda tympani transection is associated with geniculate ganglion cell loss and terminal field plasticity in the nucleus of the solitary

第 VII 部　味覚

tract. *Neuroscience, 402,* 66–77. [doi: 10.1016/j.neuroscience.2019.01.011]

Mbiene, J. P., & Roberts, J. D. (2003). Distribution of keratin 8-containing cell clusters in mouse embryonic tongue: Evidence for a prepattern for taste bud development. *Journal of Comparative Neurology, 457,* 111–122. [doi: 10.1002/cne.10551]

Meng, L., Ohman-Gault, L., Ma, L., & Krimm, R. F. (2015). Taste bud-derived BDNF is required to maintain normal amounts of innervation to adult taste buds. *eNeuro, 2,* ENEURO.0097-15.2015. [doi: 10.1523/ENEURO.0097-15.2015]

Narukawa, M., Tsujitani, T., Ueno, Y., Nakano-Ooka, K., Miyamoto-Kokubo, N., Sawano, S., & Hayashi, Y. (2012). Evaluation of the suppressive effect on bitter taste of gluconate. *Bioscience, Biotechnology, and Biochemistry, 76,* 2282–2288. [doi: 10.1271/bbb.120560]

Sako, N., Harada, S., & Yamamoto, T. (2000). Gustatory information of umami substances in three major taste nerves. *Physiology & Behavior, 71,* 193–198. [doi: 10.1016/s0031-9384(00)00342-5]

真貝 富夫 （1999）．咽喉頭の味覚応答性：のど越しの味　日本味と匂学会誌, *6,* 33–40. [doi: 10.18965/tasteandsmell.6.1_33]

Sollars, S. I., & Bernstein, I. L. (2000). Neonatal chorda tympani transection permanently disrupts fungiform taste bud and papilla structure in the rat. *Physiology & Behavior, 69,* 439–444. [doi: 10.1016/s0031-9384(99)00259-0]

Whiddon, Z. D., Rynberg, S. T., Mast, T. G., & Breza, J. M. (2018). Aging decreases chorda-tympani nerve responses to NaCl and alters morphology of fungiform taste pores in rats. *Chemical Senses, 43,* 117–128. [doi: 10.1093/chemse/bjx076]

Yasumatsu, K., Iwata, S., Inoue, M., & Ninomiya, Y. (2018). Fatty acid taste quality information via GPR120 in the anterior tongue of mice. *Acta Physiologica, 226,* e13215. [doi: 10.1111/apha.13215]

（3・2）

Altman, J., & Bayer, S. A. (1980). Development of the brain stem in the rat. I. Thymidine-radiographic study of the time of origin of neurons of the lower medulla. *Journal of Comparative Neurology, 194*(1), 1–35. [doi: 10.1002/cne.901940102]

Altman, J., & Bayer, S. (1982). Development of the cranial nerve ganglia and related nuclei in the rat. *Advances in Anatomy, Embryology and Cell Biology, 74,* 1–90. [doi: 10.1007/978-3-642-68479-1]

Bao, H., Bradley, R. M., & Mistretta, C. M. (1995). Development of intrinsic electrophysiological properties in neurons from the gustatory region of rat nucleus of solitary tract. *Developmental Brain Research, 86,* 143–154. [doi: 10.1016/0165-3806(95)00020-e]

Boughter, J. D. Jr., & Smith, D. V. (1998). Amiloride blocks acid responses in NaCl-best gustatory neurons of the hamster solitary nucleus. *Journal of Neurophysiology, 80*(3), 1362–1372. [doi: 10.1152/jn.1998.80.3.1362]

Chen, J. Y., & Di Lorenzo, P. M. (2008). Responses to binary taste mixtures in the nucleus of the solitary tract: Neural coding with firing rate. *Journal of Neurophysiology, 99*(5), 2144–2157. [doi: 10.1152/jn.01020.2007]

Chen, J. Y., Victor, J. D., & Di Lorenzo, P. M. (2011). Temporal coding of intensity of NaCl and HCl in the nucleus of the solitary tract of the rat. *Journal of Neurophysiology, 105*(2), 697–711. [doi: 10.1152/jn.00539.2010]

Contreras, R. J., Beckstead, R. M., & Norgren, R. (1982). The central projections of the trigeminal, facial, glossopharyngeal and vagus nerves: An autoradiographic study in the rat. *Journal of the Autonomic Nervous System, 6*(3), 303–322. [doi: 10.1016/0165-1838(82)90003-0]

Corson, S. L., Kim, M., Mistretta, C. M., & Bradley, R. M. (2013). Gustatory solitary tract development: A role for neuropilins. *Neuroscience, 252,* 35–44. [doi: 10.1016/j.neuroscience.2013.07.068]

Di Lorenzo, P. M., Chen, J. Y., & Victor, J. D. (2009). Quality time: Representation of a multidimensional sensory domain through temporal coding. *Journal of Neuroscience, 29*(29), 9227–9238. [doi: 10.1523/JNEUROSCI.5995-08.2009]

Di Lorenzo, P. M., & Victor, J. D. (2003). Taste response variability and temporal coding in the nucleus of the solitary tract of the rat. *Journal of Neurophysiology, 90*(3), 1418–1431. [doi: 10.1152/jn.00539.2010]

Doetsch, G. S., & Erickson, R. P. (1970). Synaptic processing of taste-quality information in the nucleus tractus solitarius of the rate. *Journal of Neurophysiology, 33,* 490–507. [doi: 10.1152/jn.1970.33.4.490]

Frank, M. E. (1973). An analysis of hamster afferent taste nerve response functions. *Journal of General Physiology, 61*(5),

588–618. [doi: 10.1085/jgp.61.5.588]

Frank, M. E. (2000). Neuron types, receptors, behavior, and taste quality. *Physiology & Behavior, 69*, 53–62. [doi: 10.1016/S0031-9384(00)00188-8]

Ganchrow, J. R., & Erickson, R. P. (1970). Neural correlates of gustatory intensity and quality. *Journal of Neurophysiology, 33*, 768–783. [doi: 10.1152/jn.1970.33.6.768]

Ganchrow, J. R., Steiner, J. E., & Canetto, S. (1986). Behavioral displays to gustatory stimuli in newborn rat pups. *Developmental Psychobiology, 19*(3), 163–174. [doi: 10.1002/dev.420190303]

Grabauskas, G., & Bradley, R. M. (2001). Postnatal development of inhibitory synaptic transmission in the rostral nucleus of the solitary tract. *Journal of Neurophysiology, 85*, 2203–2212. [doi: 10.1152/jn.2001.85.5.2203]

Grill, H. J., & Norgren, R. (1978). The taste reactivity test. II. Mimetic responses to gustatory stimuli in chronic thalamic and chronic decerebrate rats. *Brain Research, 143*, 281–297. [doi: 10.1016/0006-8993(78)90569-3]

Halsell, C. B., Travers, J. B., & Travers, S. P. (1993). Gustatory and tactile stimulation of the posterior tongue activate overlapping but distinctive regions within the nucleus of the solitary tract. *Brain Research, 632*(1-2), 161–173. [doi: 10.1016/0006-8993(93)91151-h]

Hamilton, R. B., & Norgren, R. (1984). Central projections of gustatory nerves in the rat. *Journal of Comparative Neurology, 222*(4), 560–577. [doi: 10.1002/cne.902220408]

Harada, S., & Smith, D. V. (1992). Gustatory sensitivities of the hamster's soft palate. *Chemical Senses, 17*(1), 37–51. [doi: 10.1093/chemse/17.1.37]

Hill, D. L. (1987). Development of taste responses in the rat parabrachial nucleus. *Journal of Neurophysiology, 57*(2), 481–495. [doi: 10.1152/jn.1987.57.2.481]

Hill, D. L., Bradley, R. M., & Mistretta, C. M. (1983). Development of taste responses in rat nucleus of solitary tract. *Journal of Neurophysiology, 50*(4), 879–895. [doi: 10.1152/jn.1983.50.4.879]

Hill, D. L., Mistretta, C. M., & Bradley, R. M. (1982). Developmental changes in taste response characteristics of rat single chorda tympani fibers. *Journal of Neuroscience, 2*(6), 782–790. [doi: 10.1523/JNEUROSCI.02-06-00782.1982]

Katz, D. B., Simon, S. A., & Nicolelis, M. A. (2001). Dynamic and multimodal responses of gustatory cortical neurons in awake rats. *Journal of Neuroscience, 21*(12), 4478–4489. [doi: 10.1523/JNEUROSCI.21-12-04478.2001]

Katz, D. B., Simon, S. A., & Nicolelis, M. A. (2002). Taste-specific neuronal ensembles in the gustatory cortex of awake rats. *Journal of Neuroscience, 22*(5), 1850–1857. [doi: 10.1523/JNEUROSCI.22-05-01850.2002]

Lasiter, P. S., & Kachele, D. L. (1988). Postnatal development of the parabrachial gustatory zone in rat: Dendritic morphology and mitochondrial enzyme activity. *Brain Research Bulletin, 21*, 79–94.

Lasiter, P. S., Wong, D. M., & Kachele, D. L. (1989). Postnatal development of the rostral solitary nucleus in rat: Dendritic morphology and mitochondrial enzyme activity. *Brain Research Bulletin, 22*, 313–321. [doi: 10.1016/0361-9230(89)90059-2]

Lemon, C. H., & Smith, D. V. (2005). Neural representation of bitter taste in the nucleus of the solitary tract. *Journal of Neurophysiology, 94*(6), 3719–3729. [doi: 10.1152/jn.00700.2005]

Liu, H., & Fontanini, A. (2015). State dependency of chemosensory coding in the gustatory thalamus (VPMpc) of alert rats. *Journal of Neuroscience, 235*(47), 15479–15491. [doi: 10.1523/JNEUROSCI.0839-15.2015]

Mangold, J. E., & Hill, D. L. (2007). Extensive reorganization of primary afferent projections into the gustatory brainstem induced by feeding a sodium-restricted diet during development: Less is more. *Journal of Neuroscience, 27*, 4650–4662. [doi: 10.1523/JNEUROSCI.4518-06.2007]

Mangold, J. E., & Hill, D. L. (2008). Postnatal reorganization of primary afferent terminal fields in the rat gustatory brainstem is determined by prenatal dietary history. *Journal of Comparative Neurology, 509*(6), 594–607. [doi: 10.1002/cne.21760]

May, O. L., Erisir, A., & Hill, D. L. (2008). Modifications of gustatory nerve synapses onto nucleus of the solitary tract neurons induced by dietary sodium-restriction during development. *Journal of Comparative Neurology, 508*, 529–541. [doi: 10.1002/cne.21708]

第 VII 部　味覚

May, O. L., & Hill, D. L. (2006). Gustatory terminal field organization and developmental plasticity in the nucleus of the solitary tract revealed through triple-fluorescence labeling. *Journal of Comparative Neurology, 497*(4), 658–669. [doi: 10.1002/cne.21023]

McPheeters, M., Hettinger, T. P., Nuding, S. C., Savoy, L. D., Whitehead, M. C., & Frank, M. E. (1990). Taste-responsive neurons and their locations in the solitary nucleus of the hamster. *Neuroscience, 34*(3), 745–758. [doi: 10.1016/0306-4522(90)90179-8]

Nowlis, G. H., Frank, M. E., & Pfaffmann, C. (1980). Specificity of acquired aversions to taste qualities in hamsters and rats. *Journal of Comparative and Physiological Psychology, 94*(5), 932–942. [doi: 10.1037/h0077809]

Ogawa, H., Hayama, T., & Ito, S. (1987). Response properties of the parabrachio-thalamic taste and mechanoreceptive neurons in rats. *Experimental Brain Research, 68*(3), 449–457. [doi: 10.1007/BF00249789]

Perrotto, R. S., & Scott, T. R. (1976). Gustatory neural coding in the pons. *Brain Research, 110*(2), 283–300. [doi: 10.1016/0006-8993(76)90403-0]

Pfaffmann, C. (1955). Gustatory nerve impulses in rat, cat and rabbit. *Journal of Neurophysiology, 18*(5), 429–440. [doi: 10.1152/jn.1955.18.5.429]

Rosen, A. M., Victor, J. D., & Di Lorenzo, P. M. (2011). Temporal coding of taste in the parabrachial nucleus of the pons of the rat. *Journal of Neurophysiology, 105*(4), 1889–1896. [doi: 10.1152/jn.00836.2010]

Roussin, A. T., Victor, J. D., Chen, J. Y., & Di Lorenzo, P. M. (2008). Variability in responses and temporal coding of tastants of similar quality in the nucleus of the solitary tract of the rat. *Journal of Neurophysiology, 99*(2), 644–655. [doi: 10.1152/jn.00920.2007]

Sako, N., Harada, S., & Yamamoto, T. (2000). Gustatory information of umami substances in three major taste nerves. *Physiology & Behavior, 71*(1-2), 193–198. [doi: 10.1016/s0031-9384(00)00342-5]

Scott, T. R., & Giza, B. K. (2000). Issues of gustatory neural coding: Where they stand today. *Physiology & Behavior, 69*(1-2), 65–76. [doi: 10.1016/s0031-9384(00)00189-x]

Shimura, T., Tokita, K., & Yamamoto, T. (2002). Parabrachial unit activities after the acquisition of conditioned taste aversion to a non-preferred HCl solution in rats. *Chemical Senses, 27*(2), 153–158. [doi: 10.1093/chemse/27.2.153]

Skyberg, R., Sun, C., & Hill, D. L. (2017). Maintenance of mouse gustatory terminal field organization is disrupted following selective removal of peripheral sodium salt taste activity at adulthood. *Journal of Neuroscience, 37*(32), 7619–7630.

Smith, D. V., & Li, C. S. (1998). Tonic GABAergic inhibition of taste-responsive neurons in the nucleus of the solitary tract. *Chemical Senses, 23*(2), 159–169. [doi: 10.1093/chemse/23.2.159]

Smith, D. V., Liu, H., & Vogt, M. B. (1996). Responses of gustatory cells in the nucleus of the solitary tract of the hamster after NaCl or amiloride adaptation. *Journal of Neurophysiology, 76*(1), 47–58. [doi: 10.1152/jn.1996.76.1.47]

Smith, D. V., & St. John, S. J. (1999). Neural coding of gustatory information. *Current Opinion in Neurobiology, 9*(4), 427–435. [doi: 10.1016/S0959-4388(99)80064-6]

St. John, S. J., & Smith, D. V. (2000). Neural representation of salts in the rat solitary nucleus: brain stem correlates of taste discrimination. *Journal of Neurophysiology, 84*(2), 628–638. [doi: 10.1152/jn.2000.84.2.628]

Sun, C., Hummler, E., & Hill, D. L. (2017). Selective deletion of sodium salt taste during development leads to expanded terminal fields of gustatory nerves in the adult mouse nucleus of the solitary tract. *Journal of Neuroscience, 37*(3), 660–672. [doi: 10.1523/JNEUROSCI.2913-16.2016]

Suwabe, T., & Bradley, R. M. (2009). Characteristics of rostral solitary tract nucleus neurons with identified afferent connections that project to the parabrachial nucleus in rats. *Journal of Neurophysiology, 102*(1), 546–555. [doi: 10.1152/jn.91182.2008]

Suwabe, T., Mistretta, C. M., & Bradley, R. M. (2013). Excitatory and inhibitory synaptic function in the rostral nucleus of the solitary tract in embryonic rat. *Brain Research, 1490*, 117–127. [doi: 10.1016/j.brainres.2012.10.037]

Suwabe, T., Mistretta, C. M., Krull, C., & Bradley, R. M. (2011). Pre- and postnatal differences in membrane, action potential, and ion channel properties of rostral nucleus of the solitary tract neurons. *Journal of Neurophysiology, 106*(5), 2709–2719. [doi: 10.1152/jn.00178.2011]

Tell, F., & Bradley, R. M. (1994). Whole-cell analysis of ionic currents underlying the firing pattern of neurons in the gustatory zone of the nucleus tractus solitarii. *Journal of Neurophysiology*, *71*(2), 479–492. [doi: 10.1152/jn.1994.71.2.479]

Travers, J. B., Urbanek, K., & Grill, H. J. (1999). Fos-like immunoreactivity in the brain stem following oral quinine stimulation in decerebrate rats. *American Physiological Society Journal*, *277*, R384–R394. [doi: 10.1152/ajpregu.1999.277.2.R384]

Travers, S. P., Becker, D. C., Halsell, C. B., Harrer, M. I., & Travers, J. B. (1994). Functional organization of the orally responsive NST. In K. Kurihara, N. Suzuki, & H. Ogawa (Eds.), *Olfaction and Taste XI* (pp. 396–401). Springer.

Van Buskirk, R. L., & Smith, D. V. (1981). Taste sensitivity of hamster parabrachial pontine neurons. *Journal of Neurophysiology*, *45*(1), 144–171. [doi: 10.1152/jn.1981.45.1.144]

Wang, L., & Bradley, R. M. (1995). In vitro study of afferent synaptic transmission in the rostral gustatory zone of the rat nucleus of the solitary tract. *Brain Research*, *702*(1–2), 188–198. [doi: 10.1016/0006-8993(95)01062-6]

Zhang, L. L., & Ashwell, K. W. (2001a). The development of cranial nerve and visceral afferents to the nucleus of the solitary tract in the rat. *Anatomy and Embryology*, *204*, 135–151. [doi: 10.1007/s004290100185]

Zhang, L. L., & Ashwell, K. W. (2001b). Development of the cyto- and chemoarchitectural organization of the rat nucleus of the solitary tract. *Anatomy and Embryology*, *203*(4), 265–282. [doi: 10.1007/s004290000151]

(3・3)

de Araujo, I. E., Kringelbach, M. L., Rolls, E. T., & Hobden, P. (2003). Representation of umami taste in the human brain. *Journal of Neurophysiology*, *90*, 313–319. [doi: 10.1152/jn.00669.2002]

de Araujo, I. E., Kringelbach, M. L., Rolls, E. T., & McGlone, F. (2003). Human cortical responses to water in the mouth, and the effects of thirst. *Journal of Neurophysiology*, *90*, 1865–1876. [doi: 10.1152/jn.00297.2003]

Faurion, A., Cerf, B., Le Bihan, D., & Pillias, A. M. (1998). fMRI study of taste cortical areas in humans. *Annals of the New York Academy of Sciences*, *855*, 535–545. [doi: 10.1111/j.1749-6632.1998.tb10623.x]

Funakoshi, M., & Kawamura, Y. (1971). Summated cerebral evoked responses to taste stimuli in man. *Electroencephalography and Clinical Neurophysiology*, *30*, 205–209. [doi: 10.1016/0013-4694(71)90055-1]

Kaneda, H., Goto, N., Kobayakawa, T., Takashio, M., & Saito, S. (2004). Measurement of human brain activity evoked by stimulation of beer bitterness using magnetoencephalography. *Journal of Food Science*, *69*, 156–160. [doi: 10.1111/j.1365-2621.2004.tb06357.x]

Kinomura, S., Kawashima, R., Yamada, K., Ono, S., Itoh, M., Yoshioka, S., ... Fukuda, H. (1994). Functional anatomy of taste perception in the human brain studied with positron emission tomography. *Brain Research*, *659*, 263–266. [doi: 10.1016/0006-8993(94)90890-7]

Kobal, G. (1985). Gustatory evoked potentials in man. *Electroencephalography and Clinical Neurophysiology*, *62*, 449–454. [doi: 10.1016/0168-5597(85)90055-3]

Kobayakawa, T., Endo, H., Ayabe-Kanamura, S., Kumagai, T., Yamaguchi, Y., Kikuchi, Y., ... Ogawa, H. (1996). The primary gustatory area in human cerebral cortex studied by magnetoencephalography. *Neuroscience Letters*, *212*, 155–158. [doi: 10.1016/0304-3940(96)12798-1]

小早川 達・菊池 吉晃・小川 尚（2011）．拡散強調画像法を用いた第一次味覚野と視床間の神経投射可視化の試み　日本味と匂学会第 45 回大会プログラム・予稿集，98.

Kobayakawa, T., Kikuchi, Y., & Ogawa, H. (2012). Identification of neural projection between the primary gustatory area and the thalamus, using diffusion tensor imaging. *XVI International Symposium on Olfaction and Taste Abstracts*, p. 120.

Kobayakawa, T., Ogawa, H., Kaneda, H., Ayabe-Kanamura, S., Endo, H., & Saito, S. (1999). Spatio-temporal analysis of cortical activity evoked by gustatory stimulation in humans. *Chemical Senses*, *24*, 201–209. [doi: 10.1093/chemse/24.2.201]

Kobayakawa, T., Saito, S., & Gotow, N. (2012). Temporal characteristics of neural activity associated with perception of

第 VII 部　味覚

gustatory stimulus intensity in humans. *Chemosensory Perception, 5*, 80–86. [doi: 10.1007/s12078-012-9123-y]

Kringelbach, M. L., O'Doherty, J., Rolls, E. T., & Andrews, C. (2003). Activation of the human orbitofrontal cortex to a liquid food stimulus is correlated with its subjective pleasantness. *Cerebral Cortex, 13*, 1064–1071. [doi: 10.1093/cercor/13.10.1064]

前谷 近秀・野竹 敬子・竹本 市紅・肥塚 泉・荻野 仁・松永 亮...外池 光雄 (1988). 味溶液による味覚誘発電位の測定 第22回味と匂のシンポジウム論文集, 97–99.

Mizoguchi, C., Kobayakawa, T., Saito, S., & Ogawa, H. (2002). Gustatory evoked cortical activity in humans studied by simultaneous EEG and MEG recording. *Chemical Senses, 27*, 629–634. [doi: 10.1093/chemse/27.7.629]

Murayama, N., Nakasato, N., Hatanaka, K., Fujita, S., Igasaki, T., Kanno, A., & Yoshimoto, T. (1996). Gustatory evoked magnetic fields in humans. *Neuroscience Letter, 210*, 121–123. [doi: 10.1016/0304-3940(96)12680-x]

Ogawa, H., Wakita, M., Hasegawa, K., Kobayakawa, T., Sakai, N., Hirai, T., ... Saito, S. (2005). Functional MRI detection of activation in the primary gustatory cortices in human. *Chemical Senses, 30*, 583–592. [doi: 10.1093/chemse/bji052]

Plattig, K. H. (1991). Gustatory evoked brain potentials in humans. In T. V. Getchell, R. L. Doty, L. M. Bartoshuk, & J. B. Snow (Eds.), *Smell and Taste in Health and Disease* (pp. 277–286). Raven Press.

Small, D. M., Gregory, M. D., Mak, Y. E., Gitelman, D., Mesulam, M. M., & Parrish, T. (2003). Dissociation of neural representation of intensity and affective valuation in human gustation. *Neuron, 39*, 701–711. [doi: 10.1016/s0896-6273(03)00467-7]

Small, D. M., Jones-Gotman, M., Zatorre, R. J., Petrides, M., & Evans, A. C. (1997). A role for the right anterior temporal lobe in taste quality recognition. *Journal of Neuroscience, 17*, 5136–5142. [doi: 10.1523/JNEUROSCI.17-13-05136.1997]

Zald, D. H., Lee, J. T., Fluegel, K. W., & Pardo, J. V. (1998). Aversive gustatory stimulation activates limbic circuits in humans. *Brain, 121*, 1143–1154. [doi: 10.1093/brain/121.6.1143]

(3・4)

Evans, W. J., Kobal, G., Lorig, T. S., & Prah, J. D. (1993). Suggestions for collection and reporting of chemosensory (olfactory) event-related potentials. *Chemical Senses, 18*, 751–756. [doi: 10.1093/chemse/18.6.751]

Kobayakawa, T., Endo, H., Ayabe-Kanamura, S., Kumagai, T., Yamaguchi, Y., Kikuchi, Y., ... Ogawa, H. (1996). The primary gustatory area in human cerebral cortex studied by magnetoencephalography. *Neuroscience Letters, 212*, 155–158. [doi: 10.1016/0304-3940(96)12798-1]

Kobayakawa, T., Ogawa, H., Kaneda, H., Ayabe-Kanamura, S., Endo, H., & Saito, S. (1999). Spatio-temporal analysis of cortical activity evoked by gustatory stimulation in humans. *Chemical Senses, 24*, 201–209. [doi: 10.1093/chemse/24.2.201]

Ogawa, H., Wakita, M., Hasegawa, K., Kobayakawa, T., Sakai, N., Hirai, T., ... Saito, S. (2005). Functional MRI detection of activation in the primary gustatory cortices in human. *Chemical Senses, 30*, 583–592. [doi: 10.1093/chemse/bji052]

第 **4** 章 味覚の精神物理学

4・1 実験法

味覚測定にも通常の精神物理学の測定手法を用い
るが，味覚測定では被験対象を口腔内に含み，場
合によっては飲み込む（体内に取り込む），刺激を
ウォッシュアウトするためにうがいを行うなどの特
殊な手続きが必要となる。そのため，実験参加者の
安全性はもとより，実験参加者の生理的・心理的疲
労を招かないような配慮が必要である。味覚測定の
方法としては，食品の開発や品質管理に用いられる
官能評価（sensory evaluation）の標準手法も参考に
なる。代表的なものとしては ISO 規格［規格・発行；
International Organization for Standardization（国
際標準化機構）（https://www.iso.org/home.html）］，
ASTM 規格［規格・発行；ASTM International
（https://www.astm.org/）］が挙げられる。JIS
（Japanese Industrial Standards）規格においても，
ISO 規格に適合するよう官能評価手法が整備されて
いる。

4・1・1 実験の環境・設備

味覚の測定では通常，気温，湿度，照明（照度や色
調）などを調節でき，無臭かつ低騒音で，うがいや試
料の吐き出しのための上下水道を備えた評価台を据
え付けた，清潔な個室ブースが用いられる。実験参加
者は実験者が準備しているところを通らずブースに
到達でき，ブースには実験者が実験参加者に被験対
象を呈示するための小窓があるとよい。個室ブース
を設置できない場合，机上に衝立を立てて周囲の実
験参加者が気にならないようにし，うがい用の水や
吐き出し用の容器を用意する。回答は，回答用紙を用
いるほか，市販の官能評価専用ソフトウェア［FIZZ

（Biosystems 社），Compusense20（Compusense 社）
など］を搭載した PC やタッチパネル PC などの画
面上で行う。

4・1・2 味刺激の調製法

味物質の基本的な味覚特性の測定には，通常，味
物質を水溶液として実験参加者に呈示する方法がと
られる。本章では断りのない限り，被験対象として
水溶液を用いた場合を紹介する。味物質濃度をモル
濃度（mol/l）で表せば，単位分子数が引き起こす味
覚強度として結果を解釈でき，受容機構などと合わ
せて考察しやすい。水溶液調製用の水としては高純
度のものを用いるが，市販の飲料用の軟水を用いて
も構わない。pH を調整するには塩酸や水酸化ナト
リウム溶液を用いることが多いが，味への影響を配
慮しながら希薄なリン酸ナトリウムもしくはリン酸
カリウム緩衝液などを用いることもある。味溶液は，
空気中の二酸化炭素による pH 変化・酸素による酸
化などの安定性や，微生物汚染に留意し，味やニオ
イに影響する可塑剤のしみ出しのないガラスやポリ
エチレンテレフタレート（PET）樹脂，ポリカーボ
ネート樹脂製の容器に入れて密栓し，冷蔵保存する。

味物質として，過去には高純度試薬を用いること
が推奨されていたが，試薬は不純物の安全性が保証
されていないため，食品添加物グレードのものを用
いることが好ましい。新規物質については毒性を調
査し，安全性が確認された後に味わわせることが望
ましい。食品添加物グレードの代表的な基本味物
質としては，甘味はグラニュー糖（ショ糖），塩味
は食塩（NaCl），酸味はクエン酸，苦味はカフェイ
ン，うま味はグルタミン酸ナトリウム（monosodium
L-glutamate：MSG）が入手可能である。高感受性の
実験参加者を選抜する際に用いる味溶液の濃度の例

第 VII 部　味覚

表 4-1-1　基本味物質濃度の事例

(a) トレーニングされたパネリストの認知閾付近の濃度 (ISO 3972, 2011)，(b) パネリスト選定のための基本味識別試験の検査液の濃度 (古川，1995)。(b) では水のカップ三つとともに呈示し，各基本味のものを選択させる。各基本味の正答率は 55-65%である（現在，苦味にはカフェイン 0.2 g/L を用いている）。

(a)

基本味	味物質	g/l
甘味	ショ糖	5.76
塩味	NaCl	1.19
酸味	クエン酸	0.28
苦味	カフェイン	0.195
うま味	MSG	0.29

(b)

基本味	味物質	g/l
甘味	ショ糖	4
塩味	NaCl	1.3
酸味	酒石酸	0.05
苦味	塩酸キニーネ	0.004
うま味	MSG	0.5

を表 4-1-1 に記載する。

4・1・3　味覚刺激の呈示

味覚刺激の呈示法として，被験対象を口腔に含み味わって全口腔を刺激する方法（全口腔法）と，口腔内の一部を刺激する部分刺激法がある。全口腔法には，被験対象を味わい飲み込む場合（飲み込み法）と，味わった後に吐き出す場合（吐き出し法）がある。部分刺激法としては，刺激溶液を染み込ませたろ紙を口腔内に置く［濾紙ディスク法（Tomita et al., 1986；VII・6・4・3）］，刺激溶液をチューブ等で舌の一部に流す（舌面灌流法）などがある。部分刺激法は，舌の左右を異なる刺激で同時に刺激して比較させるためにも応用されている［Kroeze & Bartoshuk, 1985（図 4-1-1）；宮澤，2015（図 4-1-2）など］。味覚刺激による脳機能部位測定のためには，fMRI では仰臥位で口腔を動かさずに味わわせる，MEG や EEG ではミリ秒単位で刺激時間を統制するなどの必要があり，これらの場合も舌面還流法

が取られる。その例として，仰臥位でも口腔を動かすことなく溶液を有郭乳頭部以外の全口腔に呈示できるマウスピース（Goto et al., 2015；図 4-1-3）や，刺激呈示の時間管理を厳密に行える舌面接触側に窓のあるフローセルを備えた舌尖部刺激装置（小早川他，1998；VII・4・3 参照）などが報告されている。

味覚測定によく用いられる全口腔法は，唾液の影響や刺激部位，刺激時間などを厳密に統制するのはむずかしいが，簡便で，また日常の味わう行為に近いという利点がある。被験対象は，30-50 ml 程度の無臭で安全無害な材質の同一のカップに入れ，トレイに並べて呈示する。カップの区別は，カップ自体にランダムな数字や記号を記載する，あるいはトレイ上での位置（左・中・右等）を指定することで行う。実験参加者が味覚以外の要因で判定することがないように，分注量や温度を揃える。被験対象の外観，特に色差があるような場合は褐色のカップを用いる，ブースの照明の照度を下げるなどして味わわせる。味物質あるいはこれに含まれるわずかな不純物のニオイの味覚の評定への影響を排除することを目的に，ノーズクリップ（図 4-1-4）を装着して味わわせると，前鼻腔性のニオイだけでなく後鼻腔性のニオイも防ぐことができる。しかし鼻腔閉鎖下では嚥下しにくいため，ノーズクリップ装着は吐き出し法評価に適する。

閾上の味覚特性を測定する場合は通常，味わう順序をランダムとするが，刺激の組み合わせによっては対比やマスキング・相乗作用などが起こる場合があるので留意する。特にうま味に関しては，アミノ酸系うま味物質（L-グルタミン酸などの酸性 L-アミノ酸）と核酸系うま味物質［5′-イノシン酸（IMP），5′-グアニル酸（GMP）などの 5′-プリンモノヌクレオタイド］の間に大きなうま味の相乗作用が起こる（Yamaguchi, 1967；Yamaguchi et al., 1971）が，後味や順応の程度も大きい（Yamaguchi, 1998；図 4-1-5）ため，味わう前にはうがいをよくさせるとともに，順序効果を考慮して呈示順のカウンターバランスを取ることで対応する。うがいには通常室温の純水を用いるが，よりリフレッシュさせたい場合，風味のない室温の炭酸水やクラッカーを味わわせることもある。刺激溶液が口腔内で唾液によって希釈さ

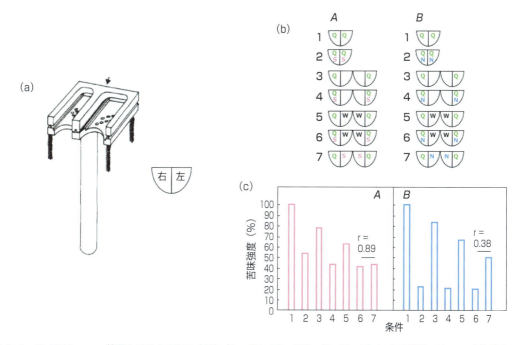

図4-1-1 Split Tongue装置とこれを用いた甘味（ショ糖, S）, 塩味（NaCl, N）による苦味（キニーネ塩酸塩, Q）の低減の測定（Kroeze et al., 1985）
　（a）装置。舌を挟むように矢印の方向から本装置（tongue box）に入れて固定し、舌尖部を左右に隔てて刺激溶液で灌流する。（b）この実験の刺激溶液呈示条件。Wは水。（c）QとS混合溶液による片側刺激（A6）と、QとSで左右別に刺激（A7）では、同等な苦味低減が起こり、中枢（認知レベル）において相互作用が起こっていると推測される。Nでは左右別に刺激では苦味低減度合は小さく、末梢と中枢の両方で相互作用が起こっている可能性がある。

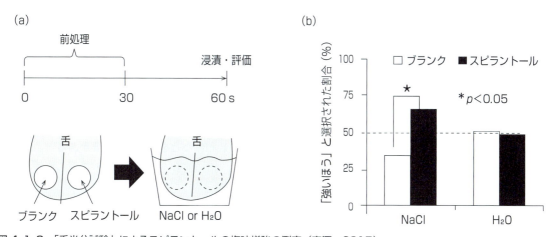

図4-1-2 「舌半分試験」によるスピラントールの塩味増強の測定（宮澤, 2015）
　（a）直径1cmのろ紙に水（ブランク）とスピラントール（塩味増強物質）を染み込ませ、舌の右側、左側にそれぞれ30秒間置き、前処理を行う。次いで食塩水もしくは水に舌を浸漬し、左右どちらが塩味が強いか、2肢強制選択法（2-alternative forced choice, 2-AFC）で回答する。（b）スピラントールで舌を前処理したほうがしないより塩味が強く感じられる。

第 VII 部　味覚

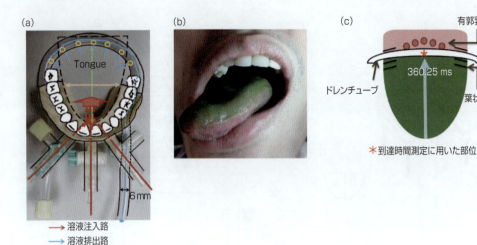

図 4-1-3　仰臥位でほぼ全口腔を刺激できる味覚刺激装置（Goto et al., 2015）
（a）刺激用マウスピース。実験参加者ごとに歯型を取りマウスピースを作製して，チューブを配する。マウスピースを装着すると，舌尖部中央から流入した刺激溶液は舌根部に設置したドレンチューブの吸引孔から排出される。実験参加者は刺激溶液を嚥下する必要はない。（b）色素を流し入れた後の舌の着色。緑部分に刺激溶液が到達する。（c）刺激溶液は舌尖部から舌根部（＊）に平均 360.25 ms で到達した。

図 4-1-4　ノーズクリップ
呼吸機能測定用のものが痛みがなくてよい。

れたり不均一な拡散を受けたりすることで，刺激が濃度依存的でなくなることを避けるため，一度に口に含む刺激溶液は 5 ml 以上とするのが好ましい。特に，酸味は唾液で希釈されるだけでなく中和されて強度が減弱されるため，注意を要する。

味刺激の媒体が水などの液体でなく固体の場合，固体中の味物質が味刺激を惹起するためには味物質が唾液に抽出されることが必要である。つまり，媒体の咀嚼等による崩壊や唾液への溶解，味物質と媒体との親和性などを考慮する必要がある。

（河合 美佐子・笠松 千夏・坂井 信之）

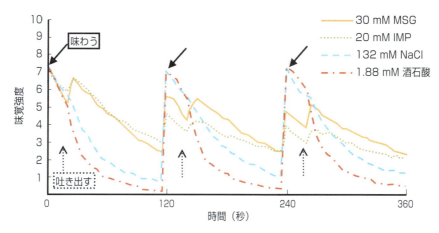

図 4-1-5 基本味溶液の TI カーブ（Yamaguchi, 1998 を一部改変）
30 名の実験参加者に 10ml の基本味水溶液を 20 秒間味わって吐き出させ，その後 100 秒間じっとさせた後，再び同様に同じ溶液を味わわせた。これを繰り返し，その間感じた味覚全体の強度を 0 から 10 の数値を配したスケールで回答させた。平均値をみると，うま味（MSG, IMP）は塩味（NaCl）や酸味（酒石酸）と比較して持続性が長く，順応が起きやすかった。また，うま味は吐き出し後に一過性に味覚強度が強まった。

4・2 閾値と感受性

4・2・1 閾の測定

検知閾［媒体とやっと識別できる（識別可能と不可能の境，味質を特定できなくてもかまわない）刺激強度］（detection threshold）の測定には，通常，媒体（水）と味物質水溶液を呈示し，2 肢あるいは 3 肢の強制選択法（forced choice method）による恒常法の手続きが用いられる。味物質水溶液の濃度範囲は，高濃度側は水と容易に識別でき，低濃度側はまったく識別できない範囲で 6 段階程度の等比級数系列になるように設定する。順応や持続性が問題となる場合は上昇系列で，識別の着目点を明確にするには下降系列で呈示することもある。実験参加者数が少ない（n<25）場合は，味物質水溶液と水を極限法（上昇系列もしくは下降系列）で呈示し，片側 2 項検定により連続して有意に正答された最低濃度を閾として採用することが多い。実験参加者個人の検知閾を正確に測定するには，一般的に，上下法の一つである変形上下法（up-down transformed response：UDTR）が使われる。味わう一連の行為［（うがいする〜）被験対象を口に含む〜味わう〜吐き出す／飲み込む（〜持続する感覚を感じ取る）］は時間を要し実験参加者の疲労を招きやすい。そのため，偶然の正答を減らすことで全試行回数を減じるよう，本法を用いる。解析法詳細は，河合・山口（2008）を参照されたい。

認知閾（味質をやっと識別できる刺激強度）（recognition threshold）は，識別できた際に比較刺激に対して認知した味質を回答させることで測定する。代表的な塩味物質である NaCl は検知閾付近では甘味と認知されることが多い。この甘味発現機序に関しては，希薄な NaCl の甘味はショ糖と交叉順応を起こし，甘味阻害活性のあるギムネマ（インド産のハーブ *Gymnema sylvestre* の抽出物で，甘味阻害物質ギムネマ酸を含む）で抑制されることから，希薄な NaCl が甘味受容体に作用する可能性（Bartoshuk et al., 1978）が示されているが，メカニズムは未だ明らかになっていない。

このようにして求めた味物質の閾値の例を表 4-2-1 に記載する。特に，うま味に関しては測定法と検知閾値を表 4-2-2 に示す。

（河合 美佐子・笠松 千夏・坂井 信之）

4・3 閾上の味覚の評定法

閾上の味覚は，強度および質，これらの経時的変化，さらに感受性部位で特徴づけられる。味物質の

第 VII 部　味覚

表 4-2-1　味物質の閾値（Pfaffmann et al., 1971）

味質	味物質	閾値（mol/l）	範囲（mol/l）
甘味	ショ糖	0.01[a]	0.005 — 0.016
		0.17[b]	0.012 — 0.037
	ブドウ糖	0.08	0.04 — 0.09
	サッカリン	0.000023	0.00002 — 0.00004
	塩化ベリリウム	0.0003	
	水酸化ナトリウム	0.008	0.002 — 0.012
苦味	硫酸キニーネ	0.000008	0.0000004 — 0.000011
	塩酸キニーネ	0.00003	0.000002 — 0.0004
	塩酸ストリキニーネ	0.0000016	
	ニコチン	0.000019	
	カフェイン	0.0007	0.0003 — 0.001
	フェニルチオウレア (PTC)		
	非味盲者 (tasters)	0.00002[c]	0.0000002 to
	味盲者 (nontasters)	0.008[c]	>0.017
	尿素	0.12	0.116 — 0.13
	硫酸マグネシウム (Epsom salt)	0.0046	0.0042 — 0.005
酸味	塩酸	0.0009	0.00005 — 0.01
	硝酸	0.0011	0.001 — 0.0063
	硫酸	0.001	0.00005 — 0.002
	ギ酸	0.0018	0.0007 — 0.0035
	酢酸	0.0018	0.0001 — 0.0058
	酪酸	0.0020	0.0005 — 0.0035
	シュウ酸	0.0026	0.0020 — 0.0032
	コハク酸	0.0032	0.0016 — 0.0094
	乳酸	0.0016	0.00052 — 0.0028
	リンゴ酸	0.0016	0.0013 — 0.0023
	酒石酸	0.0012	0.000025 — 0.0072
	クエン酸	0.0023	0.0013 — 0.0057
塩味	塩化リチウム	0.025	0.009 — 0.04
	塩化アンモニウム	0.004[d]	0.001 — 0.009
	食塩	0.01[a]	0.001 — 0.08
		0.03[b]	0.003 — 0.085
	塩化カリウム	0.017	0.001 — 0.07
	塩化マグネシウム	0.015[d]	0.003 — 0.04
	塩化カルシウム	0.01	0.002 — 0.03
	フッ化ナトリウム	0.005	0.001 — 0.04
	シュウ化ナトリウム	0.024	0.008 — 0.04
	ヨウ化ナトリウム	0.028	0.004 — 0.1

a：検知閾，b：認知閾，c：モード，d：平均値

味覚特性は通常，刺激量のコントロールがしやすいため水溶液を刺激として測定が行われる。強度を測定する場合，主観的な味覚強度をスケールや数値で回答する直接尺度構成法（direct scaling）や，測定対象と味強度が等しい基準物質の濃度［等価濃度，主観的等価値（point of subjective equality：PSE）］を求める間接尺度構成法（indirect scaling）が取られる。強度測定には間隔尺度・比率尺度とも用いられるが，実験参加者に知覚した基本味の強度をそれぞれ回答させれば，味の質の記述が可能となる。味覚の経時的変化に関しては刺激と回答のタイミングを管理して実験参加者に強度や質を回答させるが，特に強度を評定させる手法を time-intensity（TI）法と呼ぶ。

近年は市販の官能評価専用ソフトウェア（VII・4・1・1）を用いるなどして，連続スケール上の任意の位置の回答を自動で読み取れることに加え，経時的に頻回の回答を得ることが容易になっており，新規な経時的な感覚の測定法などが開発されている。

4・3・1　直接法：ラインスケール

味強度測定によく用いられるスケールとしては，言語ラベル付けされたカテゴリー尺度が挙げられる。実験参加者は，感覚強度を表すラベルを配したスケール上の適当と思われる位置をチェックし回答する。カテゴリー尺度のラベルに数値を割りあてて

第４章　味覚の精神物理学

表4-2-2　うま味物質グルタミン酸ナトリウムの検知閾値

平均年齢	実験参加者数（男性）	国	閾値(mol/l)	方法	順序	公比	視点	味わい方	閾値計算法	インストラクション	うがい	文献
26	16(?)	USA	9.02E-04	Triangle	上昇	2	個人	味わい吐き出す	3連続正答の最低濃度の平均値	有（閾上MSG溶液呈示）	組ごと	Schiffman et al.(1991)
87	17(?)	USA	2.83E-03	Triangle	上昇	2	個人	味わい吐き出す	3連続正答の最低濃度の平均値	有（閾上MSG溶液呈示）	組ごと	Schiffman et al.(1991)
19	13(7)	USA	2.36E-03	Triangle	上昇	2	個人	味わい吐き出す	3連続正答の最低濃度の平均値	無（実験参加者経験無し）	組ごと	Schiffman et al.(1990)
75	10(0)	USA	6.38E-03	Triangle	上昇	2	個人	味わい吐き出す	3連続正答の最低濃度の平均値	無（実験参加者経験無し）	組ごと	Schiffman et al.(1990)
成人	65(?)	日本	6.10E-04	Triangle	下降	2	群	味わい吐き出す	Probit	最初の組後答え合わせ		Yamaguchi (1991)
成人	65(?)	USA	7.30E-04	Triangle	下降	2	群	味わい吐き出す	Probit	最初の組後答え合わせ		Yamaguchi (1991)
成人	30(?)	日本	8.70E-04	Triangle	下降	2	群	味わい吐き出す	Probit	無（食品社研究員）	組ごと	山口他(1995)
成人	30(?)	日本	8.10E-04	Triangle	下降	2	群	味わい吐き出す	Probit	無（食品社研究員）	組ごと	山口他(1995)
25 65	21(11) 21(11)	オランダ	高齢者は成人の1.7倍	2AFC-5-in-a-raw	上昇	1.6	個人	味わい吐き出す	2AFC-5-in-a-raw	有（予備測定）		Mojet et al. (2005)

回答を数値化した後，間隔尺度として処理されるものと，比率尺度として処理されるものとがある。間隔尺度ではスケールの等間隔性のみが保証されており，たとえば"1"と"2"の差は"6"と"8"の差の倍であるが，"8"は"2"の４倍ではない（温度計で測定した温度をイメージしてほしい）。比率尺度は，0を原点として作成されたスケールで数値間の比も保証されており，前述の例で"8"は"2"の４倍である（秤で測った重量などをイメージしてほしい）。

官能評価専用ソフトウェアなどで回答の読み取りが自動化できるようになったため，不連続スケールに加えて，連続スケール（visual analogue scale：VAS）も用いられる。実験手続きが簡便であるため，食品の官能評価においてよく用いられる。尺度の例を図4-3-1に記す。

このうち，Greenらが開発したラベルドマグニチュードスケール（labeled magnitude scale：LMS）（Green et al., 1993；Green et al., 1996）（図4-3-1d）は比率尺度のカテゴリー尺度で，現在味覚強度測定によく用いられている。強度を表す六つのラベルに対する強度イメージをマグニチュード推定で評定さ

せ，それに基づいてラインスケール上にラベルを配したものである。Bartoshuk et al.（2004）はLMSの最大ラベル "strongest imaginable" を「（開発当初に適用された口腔感覚のみでなく）すべての感覚で最も強い（激痛など）」と捉えて回答するよう実験参加者に指示してLMSを使わせることを提唱し，general LMS（gLMS）と呼ばれるようになっている。ラベルの強度イメージに対する個人差（ラベルの強度イメージが強いため弱く回答する傾向があるなど）を補正するため，全実験参加者に複数のモダリティの刺激（重さ，音量など）を与えてLMSで回答させ，その回答を元にマグニチュード推定法と同様に実験参加者ごとの係数を決定し，回答を標準化した後に解析を行う。本法を混合味に対して用いて，味全体の強度だけでなく基本味毎の強度を回答させることで，味覚特性を記述することもできる。Kawai et al.（2012）により，LMSで求められたアミノ酸の味覚特性の例を図4-3-2に示す。

4・3・2　直接法：マグニチュード推定法

マグニチュード推定法（magnitude estimation）

第 VII 部 味覚

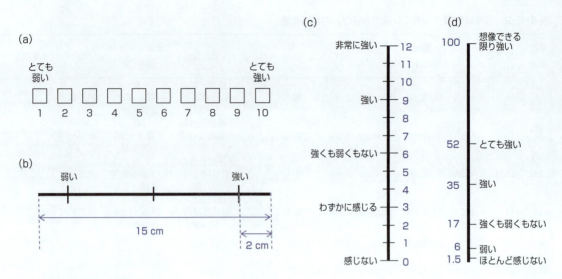

図 4-3-1 感覚強度の評価に用いるスケール
（a）実験参加者は該当するボックスにチェックをつける（ISO4121），（b）QDA® に用いられる VAS。実験参加者はスケール上の任意の場所にチェックをつける。左端からの距離を強度とする，標準的なスケールの長さを併記する，（c）実験参加者はスケール上の横棒と交差したところにチェックをつける。回答を数値（青字）に置き換える（Cowart et al., 1994），（d）実験参加者はスケール上の任意の場所にチェックをつけ，下端から各ラベルまでの距離を青字で表す（Green et al., 1993）。

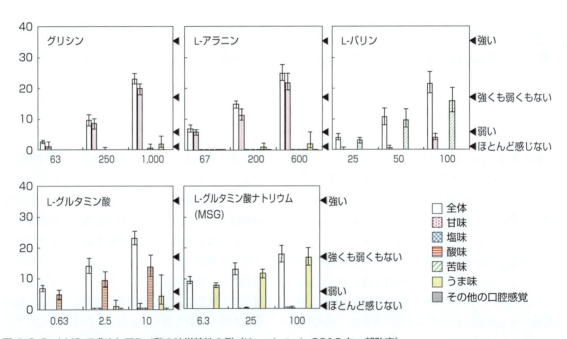

図 4-3-2 LMS で求めたアミノ酸の味覚特性の例（Kawai et al., 2012 を一部改変）
8 名のトレーニングされた実験参加者に，ノーズクリップを装着してアミノ酸水溶液を味わい吐き出させ，味全体，甘味，塩味，酸味，苦味，うま味，およびその他の口腔感覚をそれぞれ LMS で回答させた。回答値を対数変換して平均値および SE を求め，元の値に変換して図示した。縦軸は LMS 値（左軸）とラベルの位置（右軸），横軸は各アミノ酸の濃度（mmol/l）で，シンボルは図右下に記載する。濃度によって強度だけでなく質も異なる場合がある。

は、感覚強度間の比を数値で回答させる方法である。本法とLMSは比率尺度であるが、人で比率尺度を用いて味覚強度を測定した結果と鼓索神経応答とが相関したという報告があり（Diamant et al., 1965），比率尺度を用いて味覚強度を測定した結果と，神経応答あるいは受容体の応答とを照合して考察できる可能性もある。比率尺度で測定した値は，大きな値を使用した実験参加者の影響が大きくならないよう，実験参加者間の尺度（数値）の使用の仕方を標準化した後，相乗平均（対数値の算術平均）を求め，Stevensのべき則に当てはめる。アミノ酸水溶液の味覚強度をマグニチュード推定で測定した事例を図4-3-3に示す。Stevensのべき則に当てはめて心理物理関数を求め，高齢者と若年者を比較すると，高齢者は若年者より心理物理関数の傾きが小さくなっていることが観察された（Schiffman et al., 1982; Schiffman & Clark, 1980）。

4・3・3 間接尺度：等価濃度測定

PSE（味物質溶液を基準刺激とする場合，"等価濃度"と呼ぶ）測定では，被験対象質についてある濃度の溶液を用意し，これと数段階の等比級数系列濃度の基準刺激溶液とをそれぞれ対でランダム順に実験参加者に呈示して"味の強いほう"を強制選択させる。選択率を正規確率に当てはめ，確率50％点となる濃度を最尤法などで求めてPSEを決定する。基準物質としては，高甘味度甘味料の甘味強度を甘味強度が主観的に等価であるショ糖液濃度として表すように，味質が同質のものを用いる場合と，味質の異なる物質（NaClなど）を用いて味質は度外視し，強度のみに着目して判定させる場合がある。PSE測定を複雑な味質の記述に用いるには，各基本味のPSE測定を行わねばならず，実験参加者に非常に多くの強制選択タスクを強いるため現実的でない。ただし，上述の例のように，単一味質の強度を精度高く測ることができるため，Yamaguchi et al.（1970a）は本法を用いて種々の甘味物質の甘味強度を測定している（図4-3-4）。

4・3・4 経時的測定

感覚の経時測定法であるTI法では，実験参加者がラインスケールにその瞬間の感覚強度を回答する。評価用紙を用いる場合，実験参加者は自分の回答履歴を見られる状態で回答するが，回答をPC画面上で行う場合，実験参加者はラインスケール上のカーソルをマウスなどで動かし，回答履歴を見ることなく，感じた感覚強度を回答する。味覚や食品のTI測定の場合，実験参加者は味わいながらこの操作を行うが，その際，被験対象を口に入れるタイミングや味わって飲み込む（吐き出す）タイミングを実験者が指示することが多い。各測定時刻で強度の平均値を取る，あるいは時刻・強度で標準化した後に平均値を求める。Yamaguchi（1998）は回答用紙を用いてTI測定を行い各種基本味物質の味覚の時間特性を調べた。実験参加者は味溶液を20秒間味わって吐き出し，その後100秒間休憩することを繰り返したところ，うま味は酸味や塩味と比べて持続性が長く，また続けて味わうと順応によって味強度が大

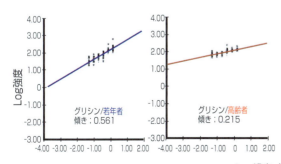
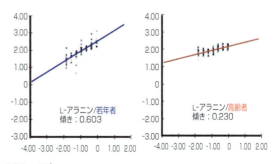

図4-3-3 アミノ酸の味覚強度のマグニチュード推定による測定（Schiffman & Clark III, 1980）
アミノ酸水溶液を若年者，高齢者に味わわせ，マグニチュード推定で味覚強度を測定した。若年者は高齢者より総じて心理物理関数の傾きが大きい。

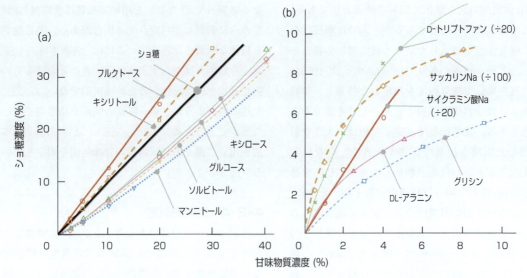

図 4-3-4 各種甘味物質の甘味強度（ショ糖等価濃度として）（Yamaguchi et al., 1970a）
(a) 糖類，(b) 糖類ではない甘味物質。

きく低下した（図 4-1-5）。

上記事例は，繰り返し味わいや TI カーブが二峰性であるといった特殊ケースであり，定型的な TI 解析法を当てはめにくいが，通常，得られた TI カーブから表 4-3-1, 図 4-3-5 に示すパラメータを求めて解析を行う（Chaya, 2017）。TI の回答は特に個人差が大きなことが多く，実験参加者のトレーニングは重要である（Peyvieux & Dijksterhuis, 2001）。また TI 法では一つ，あるいはごく少数の感覚特性に着目して評価を行わせるため，たとえば，スープのうま味強度の評定にうま味と調和する塩味も含めてしまうといった，halo-dumping 効果（VII・8・1・2 参照）が起こりやすいという指摘もある（Pineau et al., 2009）。

複数の感覚特性を対象として経時変化を測定する，temporal dominance of sensations（TDS）法は，Pineau et al.（2009）により開発され，食品開発などで用いられるようになった。TDS 法では，実験参加者は試料を味わい，「dominant（最も注意が向けられ，気になる）」感覚特性を PC 画面上の特性用語ボタンから逐次選択して押していく（図 4-3-6a）。解析は，特性用語ごと，単位時間ごとに，その特性用語を選択した実験参加者の割合（dominance rate：DR）を求める。DR をスムージングしたものを TDS カーブと呼び，DR が以下のように求めた閾

表 4-3-1 TI カーブの解析に通常用いるパラメータ（Chaya, 2017 を一部改変）

略号	定義
I_{max}	TI カーブのピーク値
T_{max}	感覚強度がピーク値に達するまでの時間
T_{dur}	感覚の全持続時間
T_{plat}	ピーク値の持続時間※
T_{dec}	ピーク値からの低下が始まる時間
T_{lag}	最初の感覚が生じるまでの時間
AUC	TI カーブ下の面積（Area under the curve）
Onset	増大回帰直線の傾き
Decay	減少回帰直線の傾き

※ I_{max} の 90% 以上の強度の持続時間とすることが多い。

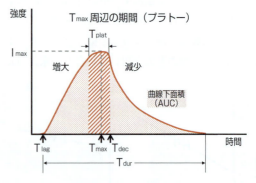

図 4-3-5 典型的な TI カーブと測定パラメータ（Chaya, 2017）

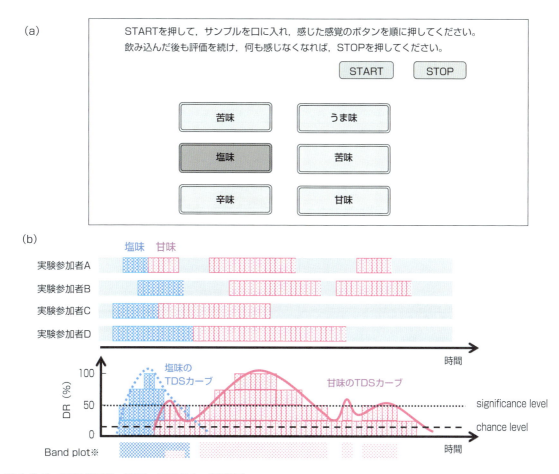

図 4-3-6　TDS 測定法（川﨑，2016 を一部改変）
(a) TDS 評価画面の例。実験参加者は dominant な感覚が現れた瞬間，該当する特性用語ボタンを押していく。(b) 回答から TDS カーブの求め方の模式図。特性用語ごと，単位時間ごとに，その特性用語を選択した実験参加者をカウントして DR を求める。※ Band plot：有意な特性を図示したもの。

値（P_S；significance level）を超えていれば，チャンスレベル（P_0）を有意に超えている（p=5%）といえる（図 4-3-6b）。

$$P_S = P_0 + 1.645\sqrt{(P_0(1-P_0)/n)}$$

P_0 はチャンスレベル（$P_0 = 1/P$：P は特性用語の数），n は試行数（実験参加者数×繰り返し数）を意味する。

実験参加者ごとに特性用語が選択された合計時間（duration）を求める，試料間で DR を比較するなどの解析も行うことがある（川﨑，2016；市原，2018）。Kawasaki et al.（2016）は，種々濃度の MSG 溶液とそれらと等価なうま味強度をもつ MSG と IMP 混合溶液の味覚特性を TDS 法で測定し（図 4-3-7a），うま味強度が等価の場合，MSG のほうが混合溶液よりもうま味の duration が長いことを示した（図 4-3-7b）。ただし TDS 法で得られるのは dominant（気になる）感覚の出現頻度であって強度そのものではないことに留意する必要がある。

4・3・5　その他の測定法

トレーニングされた評価者（パネリスト）を対象に食品等の刺激物（以下，製品またはサンプル）の官能特性を定量的評価させる descriptive analysis（記述分析）測定法として flavor profile 法，quantitative descriptive analysis（QDA®）法，spectrum™ 法，texture profile 法の 4 種が ASTM マニュアル（1992）に紹介された。これらは官能評価専門家がパネルリーダーとなり，評価者の選抜，官能評価用語

1561

第 VII 部　味覚

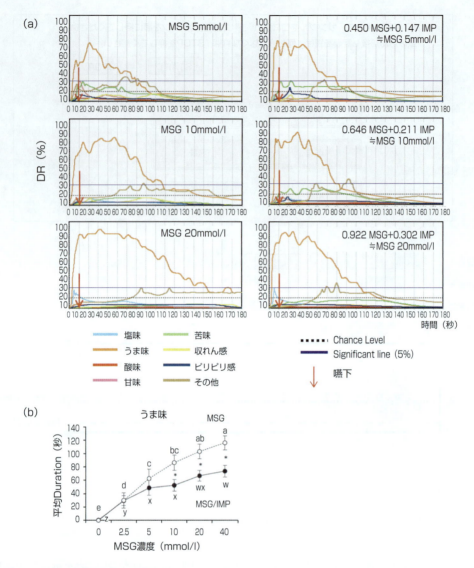

図 4-3-7　うま味溶液の TDS カーブ
　（a）トレーニングされた実験参加者は，START ボタンを押し直ちに 10ml の水溶液を口に入れ 10 秒間味わった後嚥下し，感覚が消失したら STOP ボタンを押した。この間 TDS 法で dominant な感覚特性を回答した。選択肢は 8 種（グラフ下）とした。上記は，グルタミン酸ナトリウム（MSG）水溶液と，それらとうま味強度が等しい，MSG とイノシン酸ナトリウム（IMP）混合溶液（グラフ内の数値は濃度（mmol/l））の TDS カーブを横に並べて示す。MSG と IMP の混合溶液のうま味強度は Yamaguchi（1967）を参照して求めた（Kawasaki et al., 2016 を一部改変），（b）うま味強度が等しい MSG と MSG+IMP 溶液間に，うま味の duration に有意な差（*）がみられた。エラーバーは SE（Kawasaki et al., 2016）。

の開発，尺度を用いて評点・スコアをつけるトレーニングを行い，サンプルを分析的，客観的に特徴づけする手法である。四つの手法はそれぞれ評価者人数やトレーニング方法に特徴があるが（表 4-3-2a），flavor profile 法と texture profile 法は感度（acuity）の高いパネル（評価者集団）によるコンセンサス（合議）が重要な評価法として発展し，QDA® 法と Spectrum™ 法はより定量的な測定法として，前者は Tragon 社，後者は Sensory Spectrum 社により商標登録され，使用に関する有料のコンサルティングやセミナーなども行われている。QDA® 法は評価する製品または同カテゴリーのユーザーやそのカ

第 4 章　味覚の精神物理学

表 4-3-2　(a) ASTM マニュアル（1992）による記述分析測定法，(b) ISO13299（2016）で定義された記述分析の手法

(a)

手法	Flavor profile 法	QDA® 法	Spectrum™ 法	Texture profile 法
評価者人数	最低 4 名	10-12 名（8 名や 15 名の場合もある）	12-15 名	6-10 名
評価者の選抜	基本味，匂いに関する順位法などを組み合わせた識別試験，面談	測定する製品またはカテゴリーのユーザーまたは好む人	感度で事前に選抜し，面談でスケジュールが合うか，評価に対する興味，前向きな態度，健康的かどうかにより選ぶ	テクスチャー特性に関する識別試験，面談
トレーニング，試験に要する時間	6 か月，15 分 / サンプル	全体で 2 週間（8-10 時間），3-5 分 / 製品	1 つのモダリティに関して 3-4 か月（60-80 時間），5-15 分 / 製品	4-6 か月（90-100 時間），5-15 分 / 製品
トレーニング	味・匂い，用語開発，リファレンス標準品を用いた製品評価と結果のフィードバック，データ使用についての基本説明	評価者が用語を開発し，定義づけし，評価手順を決める必要に応じてリファレンスを用いる	官能評価，生理学，記述分析の基本説明，用語開発，リファレンスの使い方，評価手法の選び方，製品評価，結果についてのディスカッション	テクスチャーの定義，評価手順，標準的なリファレンス尺度，目的とする製品の評価，結果についてのディスカッション
測定する製品	食品，飲料，薬品，化粧品，たばこ，包装材料，ペットフード，環境臭気	食品，飲料（アルコール類を含む），たばこ，紙製品，布製品，ヘルス＆ビューティ製品	すべての消費財（たとえば，食品，パーソナルヘルスケア製品，家庭用品，布製品）	食品と飲料
尺度 / スコアカード	アンプリチュード（全体の印象），特徴的な香り・フレーバーそれぞれの強度（7 段階），その出現順，後味を記入する	15 cm の線尺度に評価用語が一つずつ記され順番に並べてある 1 人一つのサンプルにつき最低 3 回繰り返し測定を行う	15 cm 線尺度または 150 段階カテゴリー尺度に評価用語が一つずつ記され，線上には強さのリファレンス品の目印がつけられている	評価用語の説明強度を 5 段階カテゴリー尺度で評価
データの扱い	最終的にコンセンサスの得られたプロファイルを表にする 主成分分析，ANOVA	尺度に印をつけた距離を数値に変換して解析 平均，標準偏差，評価者ごとの一元配置分散分析，混合モデルを用いた ANOVA，Duncan などの多重比較，順位相関，PCA などの多変量解析	個々のスコアを集めてグラフで表す 統計解析法は評価設計により異なるが，各種 ANOVA や多変量解析を用いる	パネルディスカッションを行い，評価用語ごとにコンセンサスを得る

(b)

記述分析の手法	原理と特徴
1. Consensus profile（合議制プロファイル）	評価者は各々の感じ方を共有し，全特性，特性を知覚する順序，強度について合議し，単一のスコアを得る
2. Deviation from reference profile（コントロールとの差）	サンプルはコントロールと常にペアで呈示され，比較評価により相対的な差のスコアをつける
3. Free-choice profile（フリーチョイスプロファイル）	評価者は自分の言葉で用語リストを作りスコアをつける 結果は多変量解析（GPA[1]など）を用いてマップにし，解釈する
4. Flash profile（フラッシュプロファイル）	すべてのサンプルを同時に呈示し，自分の言葉で作った用語リストにサンプルの順位をつける 結果は多変量解析（GPA など）を用いてマップにし，解釈する
5. Quantitative descriptive profile（定量的記述プロファイル）確立された手法がいくつかあり，中には商標登録された技術もある	評価者は全員共通の評価用語リストを用い，それぞれの強度尺度にスコアをつける 結果は官能特性ごとの解析および多変量解析（PCA[2]など）で表される
6. Qualitative sensory profile（定性的センサリープロファイル）	評価者は共通の評価用語リストに対してあるかないかを評価する，評価用語の数は多いが，知覚した強度は示さない，パネルトレーニングは用語の質を理解することにフォーカスされる，評価者の人数または繰り返し数は定量的記述プロファイルよりも多くなければならない，結果は各特性があるとされた頻度で表す
7. Temporal Dominance of Sensations（TDS）	評価者はドミナントな（印象に残り，気になる）感覚を連続的に示す，経時的プロファイル技術，ドミナントな感覚は共通の評価用語リストから選択し，オプションで強度スコアをつけることもできる，解析は評価用語がドミナントな感覚として選ばれた割合を x 軸（時間）に対するカーブで示す（図 4-3-6 参照）

1）GPA（一般化プロクラステス分析），2）PCA（主成分分析）

第 VII 部　味覚

テゴリーの製品を好む一般消費者をパネルとするのが特徴で，トレーニング期間も比較的短い。記述分析測定法は ISO13299（2016）にて再定義され，現在は表 4-3-2b に示す七つに分類されている。近年，複雑な感覚や個人差の大きい感覚を測定するニーズが増えており，評価者が誰であるか，事前にどのような選抜やトレーニングをしたかがより重要となっている。七つの手法に共通する実施手順を表 4-3-3

に示す。

七つの手法のなかで，「2. deviation from reference profile（コントロールとの差）」「5. quantitative descriptive profile（定量的記述プロファイル）」「6. qualitative sensory profile（定性的センサリープロファイル）」について補足する。

コントロールとの差を測定する方法（deviation from reference profile）は，現行品，自社品のよう

表 4-3-3　記述分析測定法に共通する実施手順と内容

手順	実施内容	関連情報
1. 評価場所，設備の準備	個別ブースおよび準備室	ISO8589 Design of test room
2. トレーニングする製品の選択	記述したい官能特性の種類を兼ね備えた製品や試作品	1-2 名の専門家が多くの製品を集め，可能ならば 6-10 品を選ぶ
3. 評価者の選抜	パネルリーダーが候補者を集め手順 2 の製品を使いながら必要な識別能力を測り，適切な評価者を選ぶ	ISO8586 Selection, training and monitoring selected assessors and expert sensory assessors ISO3972 Sensitivity of taste ISO5496 Initiation and training of assessors in the detection and recognition of odours
4. 最適な評価用語の選択	用いる用語群は重複しない，単一の，客観的で，あいまいでないことが重要 フリーチョイスプロファイル，フラッシュプロファイル以外は，共通に用いる評価用語をパネルリーダーが既存リストから選ぶか，評価者が手順 2 の製品を評価しながら多くの用語をだし，合議や統計的に絞り込む方法がある	評価用語の定義づけを行う際に参照できる適切なリファレンス標準品を示せると望ましい ISO5492 Vocabulary ISO11035 Selection of descriptors 全体的な（overall）評価も可能である（例：全体的なフルーティさ，スパイス感，フレーバー全体の強さなど） ただし，これらは嗜好であってはならない
5. 評価用語を評価する順番を決める	パネルリーダーが手順 3 の間に決める	自然に知覚する順番（外観→香り→味→食感など）が望ましいが，評価中に物性が変化するサンプルなどは目的に応じて順番を変えることもある
6. 評価に用いる尺度を決める	パネルリーダーが適切な評価尺度を決める	ISO4121 Quantitative response scales 線尺度は「エンド効果」（端の点は選びづらい）が起きにくいといわれている
7. 評価トレーニング	選択した評価用語や尺度を用いて，評価者の感度や繰り返し精度，一致性が向上するようにトレーニングする，トレーニング結果は評価者にフィードバックすることをすすめる	ISO8586　　上述 ISO1132 Monitoring the performance
8. 実査	評価の仕方についての説明を含む評価シートまたは PC 画面，タブレットを準備し，評価者に記入，入力してもらう サンプルの呈示は釣り合い型やランダム計画に従って行うと順序効果を減らすことができる	評価者のコメントや意見を記せるスペースも必要である
9. 統計的な解釈	最初にロウデータを俯瞰して明らかな間違いがあったら修正する 外れ値を除く，データ構造について最初の印象を得て，追加解析の方針をたてる	結果の解釈ポイント 1. 評価者のパフォーマンスに着目し，実験にエラーがなかったか 2. サンプルを識別するのに最もよい評価用語はどれか（一変量の解析） 3. 全評価項目や有意差のあった評価項目を用いた多変量解析からわかることは何か
10. 結果報告	企業や研究所，パネルリーダー，責任者の名前 研究目的 サンプルの名称 実施日，実施時間 実験条件（参考にした文献，実験計画の詳細，評価者のタイプと人数，評価項目と定義，評価手順，リファレンス物質，用いた尺度，その他評価者に与えた情報など） 結果は統計的解析を行い，適切な図表で示す	

に明らかに基準としたいサンプルがある場合や単独で評価すると僅差で識別が難しい場合にサンプルを直接比較する方法である。基準とするサンプルを線尺度の真ん中において，ある評価項目に対して比較するサンプルがより強いときは右方向に，より弱いときは左方向にその程度を評価する。どちらが基準サンプルかわからないようにサンプル1とサンプル2を同じ線尺度で評価し後で差を計算してもよい。どちらの場合でもパネリストにわからないようにブラインドコントロールを入れた評価を行い（同じサンプル同士を比較することになる），評価者の信頼性をみるための内的基準とする。比較したいサンプルと基準サンプルのそれぞれの評点を対応のある t 検定により解析することで結果を考察するが，比較サンプルが複数ある場合に，ブラインドコントロールの評点を用いれば，分散分析や多変量解析が適用できる。

定量的記述プロファイル（quantitative descriptive profile）は評価する製品のユーザーかそれを受容する人が評価者であることが特徴である。トレーニングは，評価用語出しと定義づけを行い，1人につき2～3回試し評価を行い，評価者ごとに均一性（他の評価者と揃っているか），繰り返し精度をチェックする。実査はサンプルをランダムに一つずつ（モナディック）呈示して行い，1サンプルにつき一人2～3回測定を繰り返すことが推奨されている。結果は，平均値を用いたレーダーチャート図（図4-3-8a）で表し，評価用語（アトリビュート，官能特性）ごとの二元配置分散分析による有意差検定を行い，多重比較でサンプル間に有意差があるか検定し，それぞれの特徴を考察する。多変量解析方法としてサンプルとアトリビュートを同時にマップに布置する主成分分析（PCA）が用いられる（図4-3-8b）。すべてのアトリビュートを同じウエイトで扱いたくない場合は分散共分散行列，同じウエイトで扱う場合は相関行列を用いてPCAに供する。

定性的センサリープロファイル（qualitative sensory profile）は，ワインやチーズなど複雑な香りをもつ製品を評価するときに用いられる。16名から30名の評価者に対し，約100個の評価用語（アトリビュート）リストに馴染むためにリファレンス標準品などを体験し評価用語を絞り込むトレーニングと，評価用語を製品と対応させるトレーニングを行う。結果の解析は，アトリビュートごとに選択された頻度に対し，カイ二乗検定を行い，少なくとも10-15%以上の評価者が選択したアトリビュートのみ

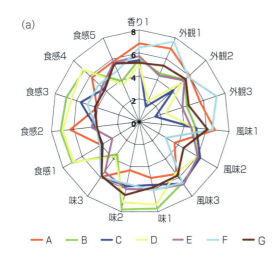 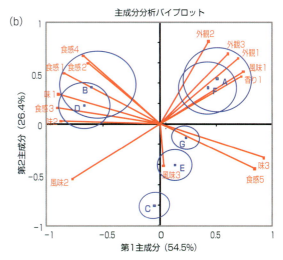

図4-3-8　QDA法の結果表示例
(a) レーダーチャート。サンプルA～Gについて，15アトリビュート（香り1，外観1～3，風味1～3，味1～3，食感1～5）を0～8点のラインスケールで評価し，各平均値をプロットした。(b) PCA。サンプルA～Gと15アトリビュートを同時に布置した［SenPAQ（Qi Statistics社）による解析］。

第 VII 部　味覚

を用いたコレスポンデンス分析を行う。

　近年，精度（サンプル間の識別性）は多少落ちてもより速く，よりコストに見合う迅速な記述分析手法（rapid methods）への関心が高まり，最も時間のかかる，トレーニングを必要としない評価法やトレーニングしたパネルでもトレーニングしていない消費者でも評価者になれる，新たな手法が種々検討されている（Valentine et al., 2012）。表 4-3-2b の「3. フリーチョイスプロファイル」や「4. フラッシュプロファイル」のように評価用語に対するトレーニングを行わず，評価者それぞれが自身の感じた感覚を評価用語とし，強度スコアや順位をつけるものが迅速手法（rapid method）にあたる。これらの場合，評価用語が評価者によって異なるので，データ解析に多因子分析（multiple factor analysis：MFA）（Dehlholm et al., 2012）や一般化プロクラステス分析（generalized procrustes analysis：GPA）（Wakeling et al., 1992）を用いるのが特徴である。

　また，一般消費者を対象に，評価用語リストから製品の特徴を表すのに適切なものを直感的にすべて選ぶ，Check-all-that-apply（CATA）法（Ares, Barreiro et al., 2010；Ares, Deliza et al., 2010；Jaeger et al., 2015；市原，2018）も迅速手法の一つである。評価用語リストは一般に 20-30 個からなり，チェックボックスとともに評価用紙（または PC の画面）に並べて示される。評価者はあてはまる評価用語のチェックボックスにチェックを入れる。評価用紙上の評価用語の並び順が評価に影響を与えることがわかっており（Ares & Jaeger, 2013），評価者ごとに評価用語の並び順がランダムになるように評価用紙を準備することが重要である。結果は評価用語ごとの頻度データに対し，Cochran の Q 検定を行い，サンプル間で有意差のみられた評価用語に関して対応分析を行い，サンプルと評価用語との関連性を考察する（Meullenet et al., 2008）。

　複数のサンプルを同時に呈示し，類似したサンプルを近く，非類似サンプルは遠くなるよう自由に布置する Napping®（Rivik et al., 1994；Pagés, 2005），Napping® 後にサンプルを分類し，自らの言葉で特徴を記す Sorted Napping（Pagés et al., 2010），Napping® と CATA を組み合わせた Ultra-

Flash Profiling（UFP）（Perrin & Pagés, 2009）等も，官能評価に用いるサンプルを多くの候補から選択するため，あるいは専門家の設定した評価用語が適切かどうかを知るための迅速手法として用いられる。Napping® は 40 × 60 cm の白いナプキン（実際は紙）の上に直接サンプルを置いていくことから始まった評価方法である。複数のサンプルが置かれた位置を紙の左下を（0,0）とした x,y 座標に数値化し，多因子分析により解析する。評価者全体でコンセンサスのとれたサンプルの類似性マップが得られ，自由に追記した特徴についても多重対応分析により同じマップ上で示すことができる。

（河合　美佐子・笠松　千夏・坂井　信之）

4・4　味覚の相互作用

4・4・1　相互作用の様式とその判定

　複数の味物質を味わう際，そこには何等かの味覚の相互作用が起こっており，相互作用の様式としては，味覚の増強（enhancement），抑制（suppression），および味覚変革（もしくは修飾，modification）が挙げられる。味覚の質の変化を伴う味覚変革の例としては，ミラクルフルーツに含まれるたんぱく質であるミラクリン（miraculin）によって「すっぱいものが甘く感じられる」現象が有名である（栗原，1999）。また相互作用は，同種の味質間，異種の味質間いずれにおいても観察され，単独では無味のものが相互作用を起こすこともある。

　同種の味質の味物質間に起こる相互作用の様式（増強・抑制）は，特に神経応答の解析において，相乗比（potentiation ratio：PR）を求め，以下のように判定される場合が多い。そして心理物理学測定でもこの式が用いられる場合もある。

　　$PR = I_{mix} / \sum I_{indiv}$（$I_{mix}$；混合物の味覚強度，
　　　　　I_{indiv}；混合物中の単体の味覚強度）

　　$PR > 1$；相乗的増強，$PR = 1$；相互作用なし
　　（相加），$PR < 1$；抑制

　Rifkin & Bartoshuk（1980）は，1 濃度水準のみの強度を用いた PR からでは，相互作用様式の判定を誤ることを指摘した。つまり，心理物理関数が，

閾値付近の低濃度にみられるような，傾きが漸増する（expansive）範囲で測定すればPRは常に1より小さく"増強"と判定され，高濃度の感覚飽和付近のような，傾きが漸減する（compressive）範囲では逆に"抑制"と判定される危険性がある（図4-4-1a）。Rifkin & Bartoshuk（1980）はこの考えに基づいて，全体の重量濃度を一定にした複数濃度水準のMSGとGMPの単独溶液，および両者の混合溶液の味覚強度をマグニチュード推定法で測定してPRを求め，MSGとGMP間の味覚相互作用は相乗的増強であると判定した（図4-4-1b）。広い刺激強度範囲では一般的に心理物理曲線はシグモイド型と考えることができ，相互作用によって心理物理曲線がどのように変化するかを，図4-4-2のように整理できる（Keast & Breslin, 2002）。Keast & Breslin（2002）は相互作用様式の誤判定を避けるため，相加効果を参照に置いて相互作用を判定するスキーム（図4-4-2）で測定を行うことを提案した。つまり混合する一方の濃度を変え他方を一定濃度とした測定法を用いて，種々の苦味物質間の相互作用様式を推定している（Keast et al., 2003）。

Yamaguchi et al.（1970b）は，強度として基準物質のPSEを用いる場合にも，上述の比率尺度の場合と同様に，濃度と強度の関係がexpansiveであるかcompressiveであるかを考慮して相互作用を判定すべきと述べており，ショ糖を標準刺激とする等価濃度として測定した種々の甘味物質（Yamaguchi et al., 1970a；図4-3-4）の2者間の相互作用の様式を判定している。

4・4・2 相互作用のメカニズム

相互作用の発現が，末梢（受容体上，味覚受容細胞内），中枢のいずれで起こっているか，心理物理学的研究のみから判定することは難しい。しかし，相互作用が中枢で起こるならば，左右異なる味神経肢で支配される舌を左右異なる刺激をしても相互作用を認知できると考えられるため，Ⅶ・4・1・3で紹介した舌の部分刺激法（split tongue法）を用いて検証できる（Kroeze & Bartoshuk, 1985；図4-1-1b）。さらに，心理物理学的研究に加えて，分子生物学，神経生理学などの進展によって，人の心理物理測定で観察された相互作用現象のメカニズムが解かれつつある。受容体上で起こる代表的な相互作用はうま味の相乗的増強で，うま味受容体T1R1/T1R3上でIMPやGMPなどの5′-プリンモノヌクレオタイドが酸性L-アミノ酸のアロステリックモジュレータとして機能することが示された。つまりIMPやGMPは単独ではこの受容体の応答を引き起

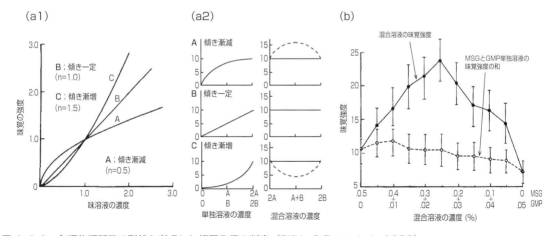

図4-4-1 心理物理関数の形状を考慮した相互作用の判定（Rifkin & Bartoshuk, 1980）
(a1) 心理物理関数の傾きに関する模式図（p.1170, Fig.1を一部改変），(a2) 心理物理関数が同じ物質を合計が一定となる濃度で混合する場合，単体の感覚強度（実測値）の単純和は右列グラフの点線のようになる（p.1170, Fig.2を一部改変），(b) MSGと5′-グアニル酸ニナトリウム（GMP）を各濃度で混合した際の味覚強度。実線は混合溶液の味覚強度，点線はMSGとGMP単独溶液の味覚強度の和。エラーバーはSE（p.1171, Fig.3を一部改変）。

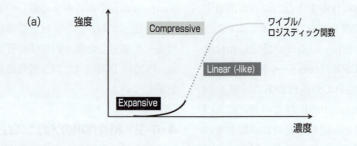
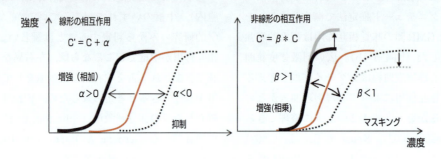
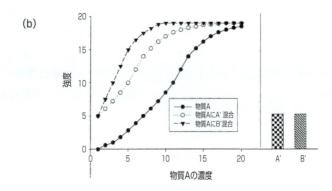

図 4-4-2 心理物理関数の形状を考慮した相互作用の判定 -2
(a) 比率尺度測定による広範囲の濃度の味溶液の味覚強度（単一物質）の心理物理曲線（上段）と，それに他の味物質を添加したときの味覚相互作用パタンと心理物理曲線の模式図（Breslin, 1996 を一部改変），(b) 物質 A と物質 B の間の相互作用様式を判定する場合，種々濃度の物質 A に，弱い強度の A（濃度 A'）を添加した場合（相加効果）の心理物理曲線のパターンを基準に，A' と等しい強度の物質 B（濃度 B'）を添加した場合の味覚強度を測定し，両者を比較する。上記グラフでは物質 B は相乗的増強を引き起こしている（低濃度側にシフトし，傾きが大きくなっている）（Keast & Breslin, 2002）。

こさないが，L-グルタミン酸の応答を相乗的に増強する。(Li et al., 2002；Zhang et al., 2008)。この現象に関しては，1960 年代に Yamaguchi (1967) が，MSG と IMP の混合溶液のうま味強度を，MSG を基準物質として PSE を測定し，混合物のうま味強度を MSG の等価濃度として表す予測式を以下のように求めている。

$$Y = u + 1,218 * u * v$$

u は MSG（L-グルタミン酸ナトリウム・1 水和物）濃度（%（w/v）），v は IMP（5'-イノシン酸二ナトリウム・7.5 水和物）濃度（%（w/v）），Y はうま味強度（MSG 等価濃度（%（w/v）））を意味する。

Yamaguchi et al. (1971) はさらに類縁化合物についても同様な手法で味覚強度を測定し，同型の予測式が成立することを示した。相乗効果の強度の予測式中に，混合する二つの物質の濃度の積の項があることは興味深い。本予測式は高濃度域で予測値のほうが高くなるが，これは前述の compressive 領域

第4章　味覚の精神物理学

表4-4-1　同種の味質間の相互作用の例

	濃度範囲※	味物質	相互作用様式	測定法	文献
甘味	M	アスパルテーム＋アセサルファム-K	増強（相乗的）	マグニチュード推定	Schifferstein（1996）
	LMH	アスパルテーム＋アセサルファム-K	増強（相乗的）	TI法	Ayya & Lawless（1992）
	L	アスパルテーム＋サッカリン	増強（相乗的）	TI法	Ayya & Lawless（1992）
	LMH	アスパルテーム＋ショ糖	増強	TI法	Ayya & Lawless（1992）
	LMH	サッカリン＋アセサルファム-K	増強	TI法	Ayya & Lawless（1992）
	LMH	フラクトース＋グルコース	増強	マグニチュード推定	De Graaf et al.,（1987）
	L	ショ糖／フラクトース／グルコース（2者）	増強	マグニチュード推定	McBride（1986）
	M	ショ糖／フラクトース／グルコース（2者）	増強（やや相乗的）	マグニチュード推定	McBride（1986）
	M	ショ糖＋グルコース	増強	PSE測定（ショ糖）	Yamaguchi et al.,（1970b）
	M	ショ糖＋フラクトース	増強（やや相乗的）	PSE測定（ショ糖）	Yamaguchi et al.,（1970b）
	M	ショ糖＋サイクラメート	増強（相乗的）	PSE測定（ショ糖）	Yamaguchi et al.,（1970b）
	M	ショ糖＋グリシン	増強	PSE測定（ショ糖）	Yamaguchi et al.,（1970b）
	M	グルコース＋グリシン	増強	PSE測定（ショ糖）	Yamaguchi et al.,（1970b）
	M	フラクトース＋サッカリン	増強（相乗的）	PSE測定（ショ糖）	Yamaguchi et al.,（1970b）
	M	フラクトース＋サッカリン	増強（相乗的）	PSE測定（ショ糖）	Yamaguchi et al.,（1970b）
苦味	M	キニーネ塩酸塩／スクロースオクタアセテート／L-トリプトファン／L-フェニルアラニン／ランチニジン塩酸塩／テトラロン（2者）	増強	LMS	Keast et al.,（2003）
塩味（塩）	L	NaCl＋KCl	増強	マグニチュード推定	Breslin & Beauchamp（1995）
	H	NaCl＋KCl	抑制	マグニチュード推定	Breslin & Beauchamp（1995）
うま味	LM*	グリシン／L-アラニン／L-セリン＋IMP	増強（相乗的）	マグニチュード推定	Kawai et al.,（2002）
	LM*	MSG+GMP	増強（相乗的）	マグニチュード推定	Rifkin & Bartoshuk（1980）
	LM*	L-アスパラギン酸＋IMP	増強（相乗的）	PSE測定（MSG）	Yamaguchi, et al.,（1971）
	LM*	MSG＋GMP/XMP/AMP	増強（相乗的）	PSE測定（MSG）	Yamaguchi et al.,（1971）
	LM*	MSG＋IMP	増強（相乗的）	PSE測定（MSG）	Yamaguchi（1967）

※L；閾付近（低濃度），M；中程度の濃度，H；高濃度，LM*；ヌクレオチドは閾付近

での予測値との乖離に起因するものと考えられる。

　細胞内で起こる現象としてはうま味物質と位置付けられるヌクレオチドによる苦味低減が挙げられる。これは苦味受容体への苦味物質結合後に起こるGタンパク質gustducinの活性化がヌクレオチドで阻害されるためであることが判明した（Ming et al., 1999）が，この in vitro の実験から，うま味物質でない3'-ヌクレオチドなども低減能をもつことがわかった。

　味覚変革に関しては，特にたんぱく質性の味覚変革物質の作用メカニズムについて，味覚変革たんぱく質や受容体たんぱく質を部位特異的に改変するこ

表4-4-2　異なる味質間の相互作用の例（古典的な報告より）

太字：閾上濃度で混合した際の変化，→：不変，↑：増強，↓：抑制，−↓：高濃度で抑制，−↑：高濃度で増強
@L：閾値の変化，Hypoadd：相加より高い閾値
うま味※：閾上の各基本味物質が存在するときのうま味（MSG）の閾値の純水での閾値に対する変化

	甘味	塩味	酸味	苦味	うま味
甘味		ショ糖＋NaCl： 甘↓・塩↓（Kamen et al.,1961） ショ糖＋NaCl： 甘↓・塩↓（Pangborn, 1962b）	ショ糖＋酒石酸： 甘↓・酸↓（Kamen et al.,1961） ショ糖＋クエン酸：甘味↓（Pangborn, 1962a）	ショ糖＋カフェイン： 甘→・苦↓（Kamen et al.,1961）	ショ糖＋MSG： 甘−↓・うま↓（Yamaguchi & Kimizuka, 1979）
塩味			NaCl＋酒石酸： 塩↑・酸↑↓（Kamen et al.,1961）	NaCl＋カフェイン： 塩→・苦→（Kamen et al.,1961）	NaCl＋MSG： 塩−↑・うま−↓（Yamaguchi & Kimizuka, 1979）
酸味		クエン酸＋NaCl@L： Hypoadd（Stevens, 1995）		酒石酸＋カフェイン： 苦↑・酸↑（Kamen et al.,1961）	酒石酸＋MSG： 酸↓・うま↓（Yamaguchi & Kimizuka, 1979）
苦味		キニーネ＋NaCl@L： Hypoadd（Stevens, 1995）	キニーネ＋クエン酸@L： Hypoadd（Stevens, 1995）		キニーネ＋MSG： 苦↓・うま↓（Yamaguchi & Kimizuka, 1979）
うま味※	MSG＋ショ糖： 上昇（Yamaguchi, 1987）	MSG＋NaCl： 上昇傾向（Yamaguchi, 1987）	MSG＋酒石酸： 上昇傾向（Yamaguchi, 1987）		

とによる，分子生物学的解析が行われている。前述の酸味を甘味に変革するたんぱく質ミラクリンは，ミラクリン自体が酸性条件下で構造変化を起こし，甘味受容体 T1R2/T1R3 に結合することが報告されている（Koizumi et al., 2011）。さらに非解離状態にある細胞外の弱酸が細胞内に浸透して細胞内で解離し，甘味受容体の T1R2 サブユニットの細胞内ドメインにあるヒスチジン残基がプロトン化されることも，ミラクリンの甘味発現に寄与している（Sanematsu et al., 2016）。特に後者のメカニズムは，ミラクリンが同じ pH でも弱酸のほうが強酸よりも強い甘味を引き起こすという人の感覚を説明できる。

4・4・3　相互作用の事例

　閾上の味覚相互作用として，味質の異なる物質を混合すると抑制が起こる現象（mixture suppression）が古くから観察されている（Pangborn, 1960）。また閾付近では味質の異なる物質を混合すると増強することが報告されている。古典的な測定事例を表4-4-2に記載する。このような相互作用の報告例は多数ある（Keast & Breslin, 2002）が，報告間で結果が一致しないことも多い。Breslin（1996）は結果が一致しない原因として①実験参加者の味覚感受性に個人差がある，②同じ味質でも物質により受容メカニズムが異なる，③濃度域によって相互作用が異なる，④実験手法が異なる，⑤閾付近と閾上では弁別のしやすさが異なる，という可能性を挙げている。

（河合 美佐子・笠松 千夏・坂井 信之）

文献

（4・1）

古川 秀子（1995）．おいしさを測る：食品官能検査の実際　幸書房

Goto, T. K., Yeung, A. W. K., Suen, J. L. K., Fong, B. S. K., & Ninomiya, Y. (2015). High resolution time-intensity recording with synchronized solution delivery system for the human dynamic taste perception. *Journal of Neuroscience Methods,*

第4章　味覚の精神物理学

245, 147-155.［doi: 10.1016/j.jneumeth.2015.02.023］

小早川　達・綾部　早穂・小川　尚・吉村　眞一・斉藤　幸子　(1998)．味覚刺激による大脳誘発応答を計測するための刺激提示装置の開発　医用電子と生体工学，*36*，31-38.［doi: 10.11239/jsmbe1963.36.351］

Kroeze, J. H. A., & Bartoshuk, L. M. (1985). Bitterness suppression as revealed by split-tongue taste stimulation in humans. *Physiology and Behavior, 35*, 779-783.［doi: 10.1016/0031-9384(85)90412-3］

宮澤　利男　(2015)．フレーバーテクノロジーによる塩味の増強効果　日本味と匂学会誌，*22*，5-10.［doi: 10.18965/tasteandsmell.22.1_5］

Tomita, H., Ikeda, M., & Okuda, Y. (1986). Basis and practice of clinical taste examinations. *Auris Nasus Larynx, 13*(Suppl 1), 1-15.［doi: 10.1016/s0385-8146(86)80029-3］

Yamaguchi, S. (1967). The synergistic taste effect of monosodium glutamate and disodium 5′-inosinate. *Journal of Food Science, 32*, 473-478.［doi: 10.1111/j.1365-2621.1967.tb09715.x］

Yamaguchi, S. (1998). Basic properties of umami and its effects on food flavor. *Food Reviews International, 14*, 139-176.［doi: 10.1080/87559129809541156］

Yamaguchi, S., Yoshikawa, T., Ikeda, S., & Ninomiya, T. (1971). Measurement of the relative taste intensity of some L-*a*-amino acids and 5′-nucleotides. *Journal of Food Science, 36*, 846-849.［doi: 10.1111/j.1365-2621.1971.tb15541.x］

(4・2)

Bartoshuk, L. M., Murphy, C., & Cleveland, C. (1978). Sweet taste of dilute NaCl: Psychophysical evidence for a sweet stimulus. *Physiology and Behavior, 21*, 609-613.［doi: 10.1016/0031-9384(78)90138-5］

河合　美佐子・山口　静子　(2008)．味覚強度の測定法　内川　惠二・岡嶋　克典　(編)　感覚・知覚実験法 (pp. 163-169)　朝倉書店

Mojet, J., Christ-Hazelhof, E., & Heidema, J. (2005). Taste perception with age: Pleasantness and its relationships with threshold sensitivity and supra-threshold intensity of five taste qualities. *Food Quality and Preference, 16*, 413-423.［doi: 10.1016/j.foodqual.2004.08.001］

Pfaffmann, C., Bartoshuk, L. M., & McBurney, D. H. (1971). Taste psychophysics. In L. M. Beidler (Ed.), *Taste* (Vol. 4, pp. 75-101). Springer.［doi: 10.1007/978-3-642-65245-5_5］

Schiffman, S. S., Crumbliss, A. L., Warwick, Z. S., & Graham, B. G. (1990). Thresholds for sodium salts in young and elderly human subjects: Correlation with molar conductivity of anion. *Chemical Senses, 15*, 671-678.［doi: 10.1093/chemse/15.6.671］

Schiffman, S. S., Frey, A. E., Luboski, J. A., Foster, M. A., & Erickson, R. P. (1991). Taste of glutamate salts in young and elderly subjects: Role of inosine 5′-monophosphate and ions. *Physiology & Behavior, 49*, 843-854.［doi: 10.1016/0031-9384(91)90193-R］

Yamaguchi, S. (1991). Basic properties of umami and effects on humans. *Physiology & Behavior, 49*(5), 833-841.［doi: 10.1016/0031-9384(91)90192-Q］

山口　静子・菅野　幸子・芳賀　敏郎　(1995)．うま味および4基本味の閾値に関する検討　日本味と匂学会誌，*2*，S331-S334.

(4・3)

Ares, G., Barreiro, C., Deliza, R., Giménez, A., & Gámbaro, A. (2010). Application of a check-all-that-apply question to the development of chocolate milk desserts. *Journal of Sensory Studies, 25*, 67-86.［doi: 10.1111/j.1745-459X.2010.00290.x］

Ares, G., Deliza, R., Barreiro, C., Giménez, A., & Gámbaro, A. (2010). Comparison of two sensory profiling techniques based on consumer perception. *Food Quality and Preference, 21*, 417-426.［doi: 10.1016/j.foodqual.2009.10.006］

Ares, G., & Jaeger, S. R. (2013). Check-all-that-apply questions: Influence of attribute order on sensory product characterization. *Food Quality and Preference, 28*, 141-153.［doi: 10.1016/j.foodqual.2012.08.016］

Bartoshuk, L. M., Duffy, V. B., Green, B. G., Hoffman, H. J., Ko, C. W., Lucchina, L. A., ... Weiffenbach, J. M. (2004). Valid across-group comparisons with labeled scales: The gLMS versus magnitude matching. *Physiology and Behavior, 82*, 109-114.［doi: 10.1016/j.physbeh.2004.02.033］

第 VII 部　味覚

Chaya, C. (2017). Continuous time-intensity. In J. Hort, S. E. Kemp, & T. Hollowood (Eds.), *Time-Dependent Measures of Perception in Sensory Evaluation* (pp. 237–266). Wiley-Blackwell.

Cowart, B., Yokomukai, Y., & Beauchump, G. K. (1994). Bitter taste in aging: Compound-specific decline in sensitivity. *Physiology & Behavior, 56*, 1237–1241. [doi: 10.1016/0031-9384(94)90371-9]

Dehlholm, C., Brockhoff, P. B., Meinert, L., Aaslyng, M. D., & Bredie, W. L. P. (2012). Rapid descriptive sensory methods— Comparison of Free Multiple Sorting, Partial Napping, Napping, Flash Profiling and conventional profiling. *Food Quality and Preference, 26*, 267–277. [doi: 10.1016/j.foodqual.2012.02.012]

Diamant, H., Oakley, B., Ström, L., Wells, C., & Zotterman, Y. (1965). A comparison of neural and psychophysical responses to taste stimuli in man. *Acta Physiologica, 64*, 67–74. [doi: 10.1111/j.1748-1716.1965.tb04154.x]

Green, B. G., Dalton, P., Cowart, B., Shaffer, G., Rankin, K., & Higgins, J. (1996) Evaluating the 'labeled magnitude scale' for measuring sensations of taste and smell. *Chemical Senses, 21*, 323–334. [doi: 10.1093/chemse/21.3.323]

Green, B. G., Shaffer, G. S., & Gilmore, M. M. (1993). Derivation and evaluation of a semantic scale of oral sensation magnitude with apparent ratio properties. *Chemical Senses, 18*, 683–702. [doi: 10.1093/chemse/18.6.683]

市原 茂 （2018）．官能評価の統計解析（3）　日本調理科学会誌，*51*，119–124.

Jaeger, S. R., Beresford, M. K., Paisley, A. G., Antúnez, L., Vidal, L., Cadena, R. S., ... Ares, G. (2015). Check-all-that-apply (CATA) questions for sensory product characterization by consumers: Investigations into the number of terms used in CATA questions. *Food Quality and Preference, 42*, 154–164. [doi: 10.1016/j.foodqual.2015.02.003]

Kawai, M., Sekine-Hayakawa, Y., Okiyama, A., & Ninomiya, Y. (2012). Gustatory sensation of L- and D-amino acids in humans. *Amino Acids, 43*, 2349–2358. [doi: 10.1007/s00726-012-1315-x]

川崎 寛也 （2016）．Temporal Dominance of Sensations（TDS）：感覚の経時変化を測定する新たな手法　日本調理科学会誌，*49*，243–247. [doi: 10.11402/cookeryscience.49.243]

Kawasaki, H., Sekizaki, Y., Hirota, M., Sekine-Hayakawa, Y., & Nonaka, M. (2016). Analysis of binary taste-taste interactions of MSG, lactic acid, and NaCl by temporal dominance of sensations. *Food Quality and Preference, 52*, 1–10. [doi: 10.1016/j.foodqual.2016.03.010]

Meullenet, J. F., Lee, Y., & Dooley, L. (2008). The application of check-all-that-apply consumer profiling to preference mapping of vanilla ice cream and its comparison to classical external preference mapping. *The 9th Sensometric Meeting*. St. Catherines, Canada: The Sensometrics Society.

Pagés, J. (2005). Collection and analysis of perceived product inter-distances using multiple factor analysis: Application to the study of ten white wines from the Loire Valley. *Food Quality and Preference, 16*, 642–649. [doi: 10.1016/j.foodqual.2005.01.006]

Pagés, J., Cadoret, M., & Lé, S. (2010). The sorted napping: A new holistic approach in sensory evaluation. *Journal of Sensory Studies, 25*, 637–658. [doi: 10.1111/j.1745-459X.2010.00292.x]

Perrin, L., & Pagès, J. (2009). Construction of a product space from the ultra-flash profiling method: Application to 10 red wines from the loire valley. *Journal of Sensory Studies, 24*, 372–395. [doi: 10.1111/j.1745-459X.2009.00216.x]

Peyvieux, C., & Dijksterhuis, G. (2001). Training a sensory panel for TI: A case study. *Food Quality and Preference, 12*, 19–28. [doi: 10.1016/S0950-3293(00)00024-0]

Pineau, N., Schlich, P., Cordelle, S., Mathonnière, C., Issanchou, S., Imbert, A., ... Köster, E. (2009). Temporal dominance of sensations: Construction of the TDS curves and comparison with time-intensity. *Food Quality and Preference, 20*, 450–455. [doi: 10.1016/j.foodqual.2009.04.005]

Rivik, E., Mcewan, J. A., Colwill, J. S., Rogers, R., & Lyon, D. H. (1994). Projective mapping: A tool for sensory analysis and consumer research. *Food Quality and Preference, 5*, 263–269. [doi: 10.1016/0950-3293(94)90051-5]

Schiffman, S. S., & Clark, T. B. III. (1980). Magnitude estimates of amino acids for young and elderly subjects. *Neurobiology of Aging, 1*, 81–91. [doi: 10.1016/0197-4580(80)90028-7]

Schiffman, S. S., Clark, T. B. III., & Gagnon, J. (1982). Influence of chirality of amino acids on the growth of perceived taste intensity with concentration. *Physiology and Behavior, 28*, 457–465. [doi: 10.1016/0031-9384(82)90140-8]

Valentine, D., Chollet, S., Lelievre, M., & Abdi, H. (2012). Quick and dirty but still pretty good: A review of new descriptive methods in food science. *International Journal of Food Science and Technology, 47,* 1563-1578.〔doi: 10.1111/ j.13652621.2012.03022.x〕

Wakeling, I. N., Raats, M. M., & MacFie, H. J. H. (1992). A new significance test for consensus in generalized Procrustes analysis. *Journal of Sensory Studies, 7,* 91-96.〔doi: 10.1111/j.1745-459X.1992.tb00526.x〕

Yamaguchi, S. (1967). The synergistic taste effect of monosodium glutamate and disodium 5′-inosinate. *Journal of Food Science, 32,* 473-478.〔doi: 10.1111/j.1365-2621.1967.tb09715.x〕

Yamaguchi, S. (1998). Basic properties of umami and its effects on food flavor. *Food Reviews International, 14,* 139-176. 〔doi: 10.1080/87559129809541156〕

Yamaguchi, S., Yoshikawa, T., Ikeda, S., & Ninomiya, T. (1970a). Studies on the taste of some sweet substances: Part I. Measurement of the relative sweetness. *Agricultural Biological Chemistry, 34,* 181-186.〔doi: 10.1080/00021369.1970.10859599〕

(4・4)

Ayya, N., & Lawless, H. T. (1992). Quantitative and qualitative evaluation of high-intensity sweeteners and sweetener mixtures. *Chemical Senses, 17,* 245-259.〔doi: 10.1093/chemse/17.3.245〕

Breslin, P. A. S. (1996). Interactions among salty, sour and bitter compounds. *Trends in Food Science & Technology, 7,* 390-399.〔doi: 10.1016/S0924-2244(96)10039-X〕

Breslin, P. A. S., & Beachamp, G. K. (1995). Suppression of bitterness by sodium: Variation among bitter taste stimuli. *Chemical Senses, 20,* 609-623.〔doi: 10.1093/chemse/20.6.609〕

De Graaf, C., Frijters, J. E. R., & Van Trijp, H. C. M. (1987). Taste interaction between glucose and fructose assessed by functional measurement. *Perception & Psychophysics, 41,* 383-392.〔doi: 10.3758/BF03203030〕

Kamen, J. M., Pilgrim, F. J., Gutman, N. J., & Kroll, B. J. (1961). Interactions of suprathreshold taste stimuli. *Journal of Experimental Psychology, 62,* 348-356.〔doi: 10.1037/H0044534〕

Keast, R. S. J., Bournazel, M. M. E., & Breslin, P. A. S. (2003). A psychophysical investigation of binary bitter-compound interactions. *Chemical Senses, 28,* 301-313.〔doi: 10.1093/chemse/28.4.301〕

Keast, R. S. J., & Breslin, P. A. S. (2002). An overview of binary taste-taste interactions. *Food Quality and Preference, 14,* 111-124.〔doi: 10.1016/S0950-3293(02)00110-6〕

Koizumi, A., Tsuchiya, A., Nakajima, K., Ito, K., Terada, T., Shimizu-Ibuka, A., ... Abe, K. (2011). Human sweet taste receptor mediates acid-induced sweetness of miraculin. *Proceedings of the National Academy of Sciences, 108,* 16819-16824.〔doi: 10.1073/pnas.1016644108〕

Kroeze, J. H. A., & Bartoshuk, L. M. (1985). Bitterness suppression as revealed by split-tongue taste stimulation in humans. *Physiology and Behavior, 35,* 779-783.〔doi: 10.1016/0031-9384(85)90412-3〕

栗原 良枝 (1999). 味を変える物質 季刊化学総説, *40,* 61-69.

Li, X., Staszewski, L., Xu, H., Durick, K., Zoller, M., & Adler, E. (2002). Human receptors for sweet and umami taste. *Proceedings of the National Academy of Sciences, 99,* 4692-4696.〔doi: 10.1073/pnas.072090199〕

McBride, R. L. (1986). Sweetness of binary mixtures of sucrose, fructose, and glucose. *Journal of Experimental Psychology: Human Perception and Performance, 12,* 584-591.〔doi: 10.1037/0096-1523.12.4.584〕

Ming, D., Ninomiya, Y., & Margolskee, R. F. (1999). Blocking taste receptor activation of gustducin inhibits gustatory responses to bitter compounds. *Proceedings of the National Academy of Sciences, 96,* 9903-9908.〔doi: 10.1073/ pnas.96.17.9903〕

Pangborn, R. M. (1960). Taste interrelationships. *Food Research, 25,* 245-256.〔doi: 10.1111/j.1365-2621.1960.tb00328.x〕

Pangborn, R. M. (1962a). Taste interrelationships. II. Suprathreshold solutions of sucrose and citric acid. *Journal of Food Science, 26,* 648-655.〔doi: 10.1111/j.1365-2621.1961.tb00811.x〕

Pangborn, R. M. (1962b). Taste interrelationships. III. Suprathreshold solutions of sucrose and sodium chloride. *Journal of Food Science, 27,* 495-500.〔doi: 10.1111/j.1365-2621.1962.tb00133.x〕

Rifkin, B., & Bartoshuk, L. M. (1980). Taste synergism between monosodium glutamate and disodium 5′-guanylate.

第 VII 部　味覚

Physiology and Behavior, 24, 1169-1172. [doi: 10.1016/0031-9384(80)90066-9]

Sanematsu, K., Kitagawa, M., Yoshida, R., Nirasawa, S., Shigemura, N., & Ninomiya, Y. (2016). Intracellular acidification is required for full activation of the sweet taste receptor by miraculin. *Scientific Reports, 6*, 22807. [doi: 10.1038/srep22807]

Schifferstein, H. N. (1996). An equiratio mixture model for non-additive components: A case study for aspartame/acesulfame-K mixtures. *Chemical Senses, 21*, 1-11. [doi: 10.1093/chemse/21.1.1]

Stevens, J. (1995). Detection of heteroquality taste mixtures. *Perception and Psychophysics, 57*, 18-26. [doi: 10.3758/BF03211846]

Yamaguchi, S. (1967). The synergistic taste effect of monosodium glutamate and disodium 5′ -inosinate. *Journal of Food Science, 32*, 473-478. [doi: 10.1111/j.1365-2621.1967.tb09715.x]

Yamaguchi S. (1987). Fundamental properties of umami in human taste sensation. In Y. Kawamura & M. R. Kare (Eds.), *Umami: A Basic Taste* (pp. 41-73). Marcel Dekker.

Yamaguchi, S., & Kimizuka, A. (1979). Psychometric studies on the taste of monosodium glutamate. In L. J. Filer, Jr., S. Garratini, M. R. Kare, W. A. Reynolds & R. J. Wurtman (Eds.), *Glutamic acids: Advance in biochemistry and physiology* (pp. 35-54). Raven Press.

Yamaguchi, S., Yoshikawa, T., Ikeda, S., & Ninomiya, T. (1970a). Studies on the taste of some sweet substances: Part I. Measurement of the relative sweetness. *Agricultural Biological Chemistry, 34*, 181-186. [doi: 10.1080/00021369.1970.10859599]

Yamaguchi, S., Yoshikawa, T., Ikeda, S., & Ninomiya, T. (1970b). Studies on the taste of some sweet substances: Part II. Interrelationships among them. *Agricultural Biological Chemistry, 34*, 187-197. [doi: 10.1080/00021369.1970.10859599]

Yamaguchi, S., Yoshikawa, T., Ikeda, S., & Ninomiya, T. (1971). Measurement of the relative taste intensity of some L- α -amino acids and 5′ -nucleotides. *Journal of Food Science, 36*, 846-849. [doi: 10.1111/j.1365-2621.1971.tb15541.x]

Zhang, F., Klebansky, B., Fine, R. M., Xu, H., Pronin, A., Liu, H., ... Li, X. (2008). Molecular mechanism for the umami taste synergism. *Proceedings of the National Academy of Sciences, 105*, 20930-20934. [doi: 10.1073/pnas.0810174106]

第5章 味覚の欲求と嗜好

味覚と食欲には密接な関係がある。たとえば，好きな味でも満腹状態では美味しく感じられないし，身体に入って不都合な物質の味は不快な味と感じ拒否する仕組みがある。また，好きな味でも同じ味を立て続けに摂取するのは，飽きがきて，むしろ受け入れられなくなることなどからも，この関係は理解できよう。味覚は，われわれが思っている以上に健康の維持と密接に関わっていることが説明できるようになってきた。すなわち，味覚の役割としては，食物に含まれる嗜好・忌避物質を感知し体内へ侵入する物質の門番としての役割がある他に，われわれの身体の恒常性を維持するうえで重要な感覚となっていることが最近わかってきた。その根拠としては，各種の味覚受容体は，口腔内だけでなく，腸管・鼻腔・気管・膵臓・甲状腺など全身のさまざまな臓器に発現して，栄養素吸収の調節や身体の代謝活動を調節していることが挙げられる。味覚受容体は，多機能センサーとして脳および全身の臓器と協調しながら，生体恒常性の維持に深く関与していることが明らかにされつつある。

（駒井 三千夫）

5・1 空腹・満腹要因

食物の摂取は，栄養素やエネルギー源の補給行動としてすべての生物に必須のものである。しかし，摂食が正常に行われないと，私たちの体にさまざまな弊害が現れるため，個人個人に見合った適切な量と質の食物を適切に摂取することは非常に重要である。特に米国においては高脂肪・高タンパク質食の食習慣が引き金となって肥満体型の人が多くなり，肥満者の増加が国家的な経済問題にもなっている。たとえば，2018 年時点で BMI（body mass index）

が 30.0 以上で肥満を判定された 18 歳以上の人は人口の 30.9％を占め，さらに小児の肥満も増えているという実態がある（14-17 歳で肥満と判定された割合は 14.8％）。米国では動物油脂の摂取を減らす取り組みから菜食主義（ベジタリアン）が流行しており，以前は「豆臭がする」といって嫌われていた大豆食品を模造肉にした形での利用が高まっている。

近年，わが国においても食生活やライフスタイルの欧米化に伴い，糖尿病・高血圧症・脂質異常症・動脈硬化などの生活習慣病が増加している。これらの生活習慣病の共通の基盤として「肥満」がある。肥満発症には遺伝的素因と食習慣などの環境因子の両方が重要であるとされている（Maes et al., 1997；大木，2002）。ここでは食習慣につながる食欲調節系を中心に考えていく。正常な調節系が備わっていれば，満腹時に摂食行動が抑制され，空腹時には摂食行動が亢進する。これによって適切な BMI となり健康的な生活を送ることができる。しかし，正常な調節系が破たんすると，たとえば満腹時でも摂食行動が抑制されずにどんどん食べてしまう摂食異常となり肥満を呈するようになる。これが病気の基となる。したがって，食欲を適切に調節することが肥満（と痩せ）の予防につながり，生活習慣病を抑制することになる。その観点から，空腹要因と満腹要因についてまとめる。

1950 年代にネコの脳の視床下部外側野（lateral hypothalamic area：LHA）を選択的に破壊すると摂食抑制と痩せを呈し，視床下部腹内側核（ventromedial nucleus of the hypothalamus：VMH）を破壊すると摂食亢進と肥満を呈することが報告され，LHA は摂食を亢進させる摂食中枢，VMH は摂食を抑制する満腹中枢と考えられるようになった。その後，視床下部の室傍核や弓状核および延髄孤束

第 VII 部　味覚

核が摂食調節に関係している部位であることがわかった。

　空腹時の血中ブドウ糖濃度は 4 mM（ミリモル）台であり，摂食によって 8 mM 程度になるので，それに相当するようにブドウ糖を頸動脈に注入すると，VMH のニューロン活動は上昇し，LHA のそれは低下する。これらは 1964 年に大村らによって報告され，満腹中枢と摂食中枢のニューロン活動の基本知見となっていた（Oomura et al., 1964）。その後 1976 年になって，空腹時に血中に増加する遊離脂肪酸（FFA）によって VMH 内のブドウ糖受容ニューロン（glucoreceptor neurons：GRN）は活動が抑制され，LH 内のブドウ糖感受性ニューロン（glucose-sensitive neurons：GSN）は促進されることがわかった（Oomura, 1976）。ここでブドウ糖は満腹物質，FFA は空腹物質としての位置が確立した。摂食調節の神経回路の研究は，これらのことを基盤に発展していった。さらに，これを上位からさらに調節する脳の高次機能すなわち連合野との関連に研究が進展していった。すなわち，ヒトでは視床下部だけでなく，五感・嗜好性・情動・味の記憶等の情報を統合する大脳皮質連合野などの上位中枢も摂食調節に大きな影響を及ぼしている。最近では，1994 年のレプチン（Considine et al., 1996；Yoshida et al., 2010）（ペプチドホルモン：VII・5・1・1 参照）の発見以降，末梢組織の重要性もより明確になってきた。レプチンを分泌する脂肪組織をはじめ，胃と腸，膵臓などの末梢組織は，多くの摂食調節分子を産生し，迷走神経（内臓神経）や血流を介して中枢神経に情報を送っている。このように，摂食は多くの因子が複雑なネットワークを形成して巧妙に制御されていることがわかった。

5・1・1　満腹感の発生

　満腹感を感じるのは，まずは胃壁の拡張の刺激が脳に伝わることが挙げられる。食物が胃に達して充満すると胃壁が拡張し，胃に分布している迷走神経（第 X 脳神経消化器などの機能を調節する副交感神経の最大のもの）が刺激を受け，そのシグナルが脳に伝えられ満腹感を生み出すというものである。しかし，ラットで迷走神経を切除しても摂食量が変化

しないという結果が報告され，より重要な満腹刺激が他にもあるということが示された。それが血糖値の上昇である。食事中の糖質が吸収されて生じるグルコースが血液を介して脳に達すると満腹感が生まれる。このような胃壁の拡張と血糖値の上昇という 2 種類の刺激は，食事の量と質の限度を規定しているといわれている。

　最近，脳内でマリファナ様のはたらきをする内因性カンナビノイドが食欲の増進とともに甘味感受性を上昇させることが明らかになった。つまり，食欲が高まっているときには味細胞は甘味に敏感になり，甘味を普段より美味しく感じる（図 5-1-1；Kawai et al., 2010）。身体は非常に巧妙にできており，その逆のシステムもある。食欲と代謝調節に関与するレプチンのはたらきがそれである。レプチンは脂肪組織で作られ，血流にのって脳の視床下部に到達し，食欲調節を行う神経の活性を低下させ，食欲を抑制する。このときに味細胞の甘味感受性も低下することが明らかになっている（Lasschuijt et al., 2021；図 5-1-2）。

5・1・2　空腹感の発生

　空腹感が生じる仕組みは，満腹感に比べるとよくわかっていない。空腹時においても血糖値が一定の値で維持される仕組みがあるために，血糖値の低下が直接的に空腹感を生み出すとはいえない。また，胃壁の弛緩も空腹感を生み出す直接的な刺激になっ

	⇧　内因性カンナビノイド
空腹時	⇧　食欲
	⇧　甘味の感度

	⇧　血中レプチン濃度
満腹時	⇩　食欲
	⇩　甘味の感度

図 5-1-1　空腹時と満腹時で異なる食欲と味覚感受性（Kawai et al., 2010；Yoshida et al., 2010）

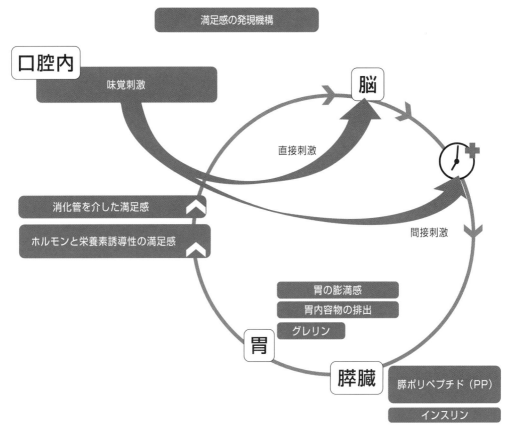

図5-1-2 口腔への食物の刺激と満足感の発現機構（Lasschuijt et al., 2021）

ているわけではないことが知られている。しかし，血糖値が上昇せず，胃壁が弛緩している状態は空腹感を生み出すために必要であることは確かである。ヒトの場合は，この条件だけでは十分ではなく，食経験や食物の外観，好き嫌い，おいしそうな匂いと香り等の条件もある。したがって，食欲は空腹時に何らかの食物に関係した刺激が加わることで誘導されると考えられている。最近の研究によって，図5-1-3に示すような空腹感と満足感を感じる食欲調節系に鍵となる物質が判明してきている（上野・中里, 2015）。さらに全貌を明らかにするには，脳幹部の領域の研究が進められていく必要がある。

5・1・3 食欲調節機構

脳内や末梢臓器には，食欲亢進または食欲抑制作用をもつ多数の食欲制御物質が発現しており，神経回路網や血流を介して複雑に情報伝達されて相互に作用している。これをまとめたものを表5-1-1に示す。中枢での食欲調節系を上段に，末梢組織からの食欲調節系を，下段に分けて示した（中里, 2006）。また，食欲を亢進する作用を有するものを右側に，食欲を抑制する作用を有するものを左側にまとめた。また，食事に伴う胃の機械受容器を介する伸展刺激，食物やその消化産物が化学的刺激となって消化管粘膜から分泌されるグレリン・コレシストキニン・peptide YY（PYY）・glucagon-like peptide-1（GLP-1）といった消化管ペプチドや，肝臓のグルコースセンサーで検出される代謝情報などが迷走神経求心線維を介して伝達されている（図5-1-3；中里, 2006；上野・中里, 2015）。こうした情報は，消化管からの神経線維，ならびに顔面神経，舌咽神経，迷走神経の各脳神経に含まれる味覚線維を介して延髄孤束核に伝えられそこで神経線維を乗り換えて視床下部や大脳皮質などに伝達される。すべての情報は統合処理され，最終的な「食べる」「食べない」の決定がなされている。

第VII部 味覚

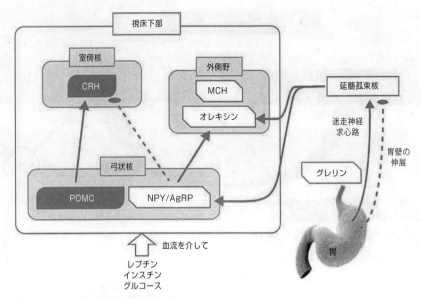

図 5-1-3 視床下部を中心とした食欲調節機構（上野・中里, 2015）
視床下部諸核に発現している食欲制御物質と相互作用を示す。白抜き文字は食欲抑制物質を, 黒字は食欲亢進物質を示す。実線は促進的, 点線は抑制的なシグナルを示す。実際には記載した以外にも多くの食欲制御物質と相互作用が存在する。胃から分泌されるグレリンは迷走神経求心路, 延髄孤束核を介して視床下部へ食欲亢進情報を伝達する。胃壁の伸展は迷走神経を介して食欲抑制に作用する。CRH：Corticotropin-releasing hormone, MCH：Melanin-concentrating hormone, POMC/CART：Proopiomelanocortine/Cocaine- and amphetamine-regulated transcript, NPY/AgRP：Neuropeptide Y/Agouti-related peptide.

表 5-1-1 食欲制御物質一覧（上野・中里, 2015）

	食欲抑制に作用		食欲亢進に作用	
	名前	主な発現部位	名前	主な発現部位
中枢神経系	POMC	弓状核	NPY	弓状核, 室傍核など
	α-MSH	弓状核	AgRP	弓状核
	CART	弓状核	オレキシン	視床下部外側野
	CRH	室傍核	MCH	視床下部外側野
	ウロコルチン	中脳, 視索上核	ガラニン	弓状核, 室傍核
	ウロコルチンII	弓状核, 室傍核	ノルアドレナリン（α2）	青斑核, 孤束核
	ウロコルチンIII	腹内側核, 室傍核	エンドカンナビノイド	大脳基底核, 辺縁系
	NPB	中脳, 海馬		
	NPW	室傍核, 視索上核		
	ニューロメジンU	弓状核		
	PrRP	腹内側核, 孤束核		
	セロトニン	縫線核		
	ヒスタミン	結節乳頭核		
	ノルアドレナリン（α1, β）	青斑核, 孤束核		
	C型ナトリウム利尿ペプチド	弓状核		
	ネスファチン-1	室傍核, 視索上核		
末梢組織	レプチン	脂肪細胞	グレリン	胃
	コレシストキニン	上部小腸		
	PYY	下部腸管, 直腸		
	GLP-1	下部小腸		
	オキシントモデュリン	下部小腸		
	インスリン	膵β細胞		

NPB：neuropeptide B, NPW：neuropeptide W, PrRP：prolactin related protein, GLP-1：glucagon like peptide-1

第 5 章　味覚の欲求と嗜好

次に主に中枢神経系における制御系を述べる。摂食中枢であるLHAには食欲亢進ペプチドであるオレキシンやメラニン凝集ホルモン（MCH）の含有ニューロンが存在する。一方，満腹中枢であるVMHは満腹感を惹起すると考えられていたが，その詳細な仕組みについてはよくわからない部分もあった。最近の研究によって食欲調節機構はさらに複雑であることが明らかにされた。視床下部室傍核には，食欲抑制物質であるコルチコトロピン放出ホルモン（CRH）含有ニューロンが存在し，同部にはLHA，VMHおよび視床下部弓状核からの神経入力がある。室傍核からは，食欲抑制に作用するヒスタミンニューロンなどに神経投射を認める。一方，視床下部弓状核には食欲亢進に作用するニューロペプチドY／アグーチ関連ペプチド（NPY/AgRP）ニューロンおよび食欲抑制に作用するプロオピオメラノコルチン／コカイン・アンフェタミン調節転写産物（POMC/CART）ニューロンの両方が存在する。POMCニューロンからは α メラニン細胞刺激ホルモン（α-MSH）が生成され，その軸索は，内側視索前野，視床下部室傍核・背内側核などに投射しており，α-MSHはメラノコルチン4型受容体を介して食欲抑制に作用する。NPY/AgRPニューロンとPOMC/CARTニューロンにはレプチン受容体が発現しており，レプチンから前者は抑制性に，後者は促進性に制御されている。一方，食欲亢進ペプチドであるグレリンからはレプチンとは逆に制御される。弓状核からは室傍核のCRHニューロン，外側野のMCHニューロンおよび腹内側核などに神経投射を認める。その他，概日リズムを司る視交叉上核や，体温調節中枢でもある視索前野と腹内側核や外側野との間にも神経回路網が存在し，概日リズムや体温も摂食調節に影響を与えている。たとえば，ヒトでは昼勤と夜勤が不規則なシフトワーカーで肥満のリスクが高いことを示すデータが報告されている（Wang et al., 2014）。

図5-1-4に，最近報告された食欲調節機構に関するデータを紹介してこの項を終える。すなわち，食事摂取後および食間の血中のグレリン（図中では破線の動き）とGLP-1（図中では実線の動き）の変化（＝上段）と，食事摂取による報酬系の動きに連動して動くこれらのシグナルの変化（＝中段：⇑上昇，⇓低下），およびこれらの調節系に関連する脳の領域（＝下段）について，併せてまとめられている

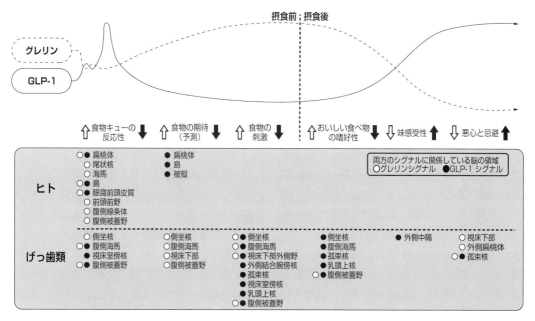

図5-1-4 （上）食事摂取後の血中のグレリン（○）とGLP-1（●）の変化，（下）食事摂取による報酬系の動きに連動して動くこれらのシグナルの変化（中段：⇑上昇，⇓低下），およびこれらの調節系に関連する脳の領域（Decarie-Spain & Kanoski, 2021）

第 VII 部　味覚

(Decarie-Spain & Kanoski, 2021)。

（駒井 三千夫）

5・2　栄養要因

　われわれは，体調が悪いときに味覚に異常を感じ
たり，食欲をなくしてしまう場合がある。また，あ
る種の薬を飲み続けている場合や，ある特定の栄養
素が欠乏した場合にも，味を正常に感じとれないこ
とがある。これらのことは，"正常な"味を感じとる
には身体の栄養状態・生理状態が良好で，身体全体
が正常に機能していることが重要であることを意味
している。普段は何気なく感じとっている味覚は，
じつは，舌の表面にある味蕾（味細胞の集まり＝末
梢受容器）や，脳幹部や大脳などの高次の中枢，お
よび肝臓などの内臓の代謝情報（内臓神経介在）の
味覚中枢への投射という巧妙な連携プレーによって
成り立っているのである。特に，中枢が発達してい
るヒトにおいては，味のおいしさを論じるときには，
身体の生理状態・栄養代謝状態を抜きにしては語れ
ないものがある。さらに，遺伝子多型による味覚受
容体の個人差の研究と，栄養素や食物成分の代謝酵
素の個人差の研究が進みつつあるものの，まだ十分
にはまとめられていないため次の段階ではこうした
研究の進展も必要である。ここでは，まずは筆者ら
が研究してきた身体の生理状態および栄養状態の変
化が味の嗜好性に及ぼす影響について解説する。

5・2・1　栄養状態と食塩の嗜好性

　生体にとって食塩（NaCl）は，必要不可欠のもの
である。タンパク質が欠乏気味になっても，微量元素
が欠乏気味になっても，最初に顕著に現れるのが食
塩欲求の亢進である。それほど，食塩の摂取は身体
にとって重要なのであろう。野菜やビールなどのカ
リウムが多い食品・飲料を食べたり飲んだりしてい
るときに欲するのは食塩である。このときに，食塩
の味は一層おいしく感じられる。しかし，高食塩食
は，高血圧になりやすいという理由から，減塩の行
政指導となっている。わが国では厚生労働省によっ
て一律に食塩の摂取制限がなされており，味をおい
しく感じさせない減塩食で高齢者の楽しみを奪って

いる。しかし，たとえば遺伝的に食塩摂取が疾病発
症に関与しない人などでは，厳しい塩分の制限はし
なくてもよいはずである。現在，日米ともに高齢者
において食塩欠乏性の脱水症が増えてきているの
は，こうした栄養指導行政の画一化のためといって
も過言ではない。テイラーメード医療の必要性が指
摘されてきて，テイラーメード栄養という言葉も出
てきたのに，一律の指導がなされている。このこと
が改善されなければならないことは，ラットなどの
動物実験のデータでも示されている（Cowley et al.,
2000）。血液中や組織液など細胞外液の Na イオン濃
度は厳密に 0.9% 前後に維持されなければ生命維持
はできないほど，Na は必須のミネラルである。そ
して，Na イオンを貯蔵する場所がないので，身体
が必要とする Na イオンを食塩摂取という形で毎日
補充する必要がある。健常人において一般においし
いと感じるときは，身体が必要とするものを補充し
たときであり，身体が要求しないときにはおいしさ
は低減し，むしろまずく感ずる場合が多い。そのた
め，塩分を含む食事をおいしいと思うときには身体
の塩分が欠如している可能性も高いと考えられる。

　食事中の，特に動物性タンパク質の摂取量が少な
すぎると食塩の嗜好性が強くなることが知られてい
る。木村らがまとめた疫学データ（図 5-2-1：木村,
1981）によると，摂取している食物中に占める動物
性タンパク質の割合が小さいほど，食塩摂取量は多
い。また，ラットを用いた鳥居らの研究によっても
同様の知見が明らかにされている。駒井らもこれを
ラットの選択実験で確かめた（図 5-2-2 左；Kimura
et al., 1991）。さらに，低タンパク質食を長期間食べ
させたラットの鼓索神経応答について検討したとこ
ろ，その食塩水溶液に対する応答が顕著に低下して
いることがわかった（図 5-2-2 右）。低タンパク質食
群では，タンパク質の供給不足による味細胞の機能
低下，味神経の伝達能あるいは高次中枢への投射機
能の低下，腎機能の低下によるミネラル代謝の異常
も示唆されているが，低タンパク質食で育てられた
ラットの塩分嗜好性が高くなることについて，まだ
明確なメカニズムはわかっていない。さらに，Ohara
et al.（1994）は，「低タンパク質食条件下では，ラッ
トの血中亜鉛濃度が低下するために，食塩水濃度の

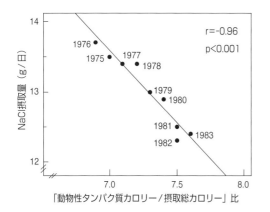

図 5-2-1　動物性タンパク質の摂取割合（横軸）と食塩摂取量（縦軸）の関係性（木村他，1981）
　食塩嗜好率は，動物性タンパク質の摂取比率が高くなるほど低下する（1975～83年まで行われた宮城県と山形県の住人の国民栄養調査データをもとに，木村らが統計処理して表したもの）。

識別能が低下（検知閾値が上昇）している」とも報告している。

　鳥居（2014）は，タンパク質が欠乏気味の食餌を与えたラットを用いて，うま味物質などの呈味物質の嗜好性がどのように変化するかを調べた。その結果，タンパク質が欠乏すると，ラットは食塩やグリシンを嗜好するようになり，逆にタンパク質が十分に含まれている食餌を与えると，食塩の嗜好率が低下し，うま味物質を嗜好するようになるという知見を得た。グリシンは，タンパク質の分解を抑制する効果のあるアミノ酸であるために，タンパク質が欠乏気味の場合に摂取すると好都合なのかもしれない。また，タンパク質を十分量摂取している条件下では一般に血中アンモニア濃度が上昇するが，MSG（monosodium glutamate）等のうま味物質の摂取により血中アンモニア濃度が低下するという事実もある（Mori et al., 1991）。それぞれの栄養状態において生体に好都合となる状況を生み出す方向に，溶液の嗜好性が変わるものと考えられる。

5・2・2　摂取タンパク質レベルとアルコールの嗜好性

　低タンパク質食はまた，アルコールの嗜好を低下させる。Yang et al.（1994）は，低タンパク質食（5％全卵たんぱく質食）を与えたラットでは，通常のレベルのタンパク質食（15％同）を与えたラットに比べて，肝ミトコンドリア画分のアルコールデヒドロゲナーゼと，アセトアルデヒドデヒドロゲナーゼの活性が低くなることを明らかにした。ちなみにアセトアルデヒドデヒドロゲナーゼ（ALDH）にはHigh-Km（ALDH1）とLow-Km（ALDH2）のアイソザイムがあり，日本人を含むモンゴロイドには欧

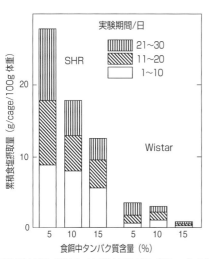

高血圧ネズミ（SHR）と正常血圧ネズミ（Wistar）の累積食塩摂取量に及ぼす食餌タンパク質レベルの影響

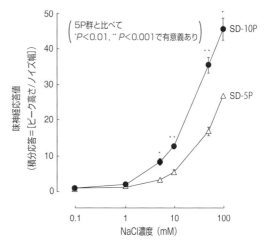

食塩水に対する鼓索神経応答に及ぼす食餌タンパク質レベルの影響，平均±標準誤差，SD系ラット，5P＝5％全卵タンパク質食［n＝5］，10P＝10％全卵タンパク質食［n＝5］．

図 5-2-2　タンパク質摂取不足が味覚に及ぼす影響（駒井・古川，2001）
　5％というタンパク質不足の餌を与えると食塩の嗜好は急激に高まり（左），味神経応答も顕著に低下する（右）。

米人とは異なってALDH 2の遺伝型には欠損型が存在するが（日本人は44％，韓国人は25％程度），白人や黒人では欠損型の割合は低い。つまり，低タンパク質食で飼育したラットでは，アルコール（お酒）の処理能力が低いためにあまり"お酒を飲めない"理由がわかった。近年の日本人は，路上で寝込む人も以前ほど（昭和年代ほど）は見かけなくなったのは，タンパク質摂取量がほぼ十分になってきていることも一因と考えられる。

（駒井 三千夫）

5・3 運動要因

食べ物を美味しく味わうには，味覚を受け取る口腔内受容機構の機能が正常であるほかに，嗅覚機能の寄与や，身体の代謝状態（臓器の代謝生理状態）が大きく関与していることがわかってきた。からだの栄養・生理状態に変化が起きると，味の嗜好性が変わる。典型的な例に，登山などの激しい運動をした後に梅干しやレモンなどの酸っぱいものが一段とおいしく感じられることなどが挙げられる。これまで筆者らは，ラットの栄養・生理状態の変化が味の嗜好性に及ぼす影響について種々検討してきた。たとえば，糖尿病の病態を改善させる効果のあるビオチンの嗜好が糖尿病ラットで上昇すること，低タンパク質食を慢性的に与えたラットでのアルコール嗜好の低下（前述），そして，肝臓のグリコーゲンが激減するような激しい運動（強制水泳）を行った後の酸味物質嗜好率の上昇，等である。たとえば強制水泳負荷後のクエン酸やその他のTCAサイクルを構成する有機酸の経口投与は，肝臓中のATP濃度の回復に有効であること（図5-3-1；駒井・古川，2001）から，こうしたそれぞれの味の選択行動は，からだの栄養・代謝状態を有益にするための行動であることが示唆された。運動後に酸味嗜好性が上昇することについては，大学生58人を用いた自転車エルゴメーター運動（最大酸素消費量50％条件下）後において，ショ糖とクエン酸の選択嗜好率が上昇することが報告されている（Horio & Kawamura, 1998）。

ヒト被験者で行われた「運動と味覚感受性」に関する2020年に報告された総説（表5-3-1；Gauthier

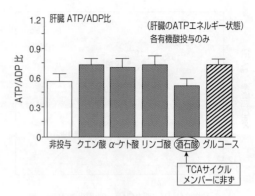

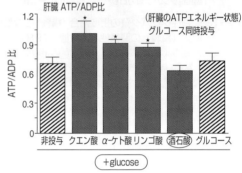

図5-3-1 肝臓のATPエネルギー状態に及ぼす有機酸投与の影響（駒井・古川，2001）

et al., 2020）では，実験計画とデータ解析において信頼性のあった18報について，慢性並びに急性の運動後の五つの基本味の感じ方や嗜好性の変化をまとめている。その結果，苦味以外の味覚に対する反応は運動後に何らかの変化が起きているとの報告であった。この論文では，運動後の甘味，塩味，酸味，うま味の変化についてまとめられていた。甘味については，運動後に味強度を強く感じるという成果が3報（Mori et al., 1991；鳥居，2014；Yang et al., 1994），甘味の感度が上昇した報告が1報（Kolble et al., 2001）報告されている。嗜好性についてはデータが分かれており，上昇したのが4報（4/6 = 67％），低下したのが2報（2/6 = 33％）と報告されている。塩味については，味強度（閾値上濃度の飲料や食品に対する強度評定値）と味感受性（飲料や食品の検知閾値）の両方が低下し，嗜好性は一貫して上昇するという結果であった［4報（4/4 = 100％）］。これらは筆者らのラットを用いた研究と一致するものであった。酸味については，嗜好性が上昇することが報告されている（Horio & Kawamura, 1998）。この

第 5 章　味覚の欲求と嗜好

表 5-3-1　運動（慢性及び急性）が味の嗜好性に及ぼす影響（文献一覧）（Gauthier et al., 2020）

	味の強度 （飲料や食品の味強度）	味感受性 （飲料や食品の検知閾値）	嗜好率（おいしさ，味の好み，などの評価）
甘味	⇧ Kanarek et al., 1995 ； Nakagawa et al., 1996 ； Horio & Kawamura, 1998	⇧ Havermans et al., 2009	⇧ Horio & Kawamura, 1998 ；King et al., 1999 ； Horio, 2004 ；Passe et al., 2004 ⇩ Kanarek et al., 1995 ；Wen & Song, 2010
塩味	⇩ Narukawa et al., 2010	⇩ Josaphat et al., 2020	⇧ Nakagawa et al., 1996 ；Leshem et al., 1999 ； Walt & Leshem, 2003 ；Narukawa et al., 2009
酸味	⇩ Crystal et al., 1995	－	⇧ Horio & Kawamura, 1998
苦味	－	－	－
うま味	⇧ Wen & Song, 2010	⇧ Wen & Song, 2010	⇩ Wen & Song, 2010

味覚感受性（⇧ = 上昇，　⇩ = 低下）

結果は筆者らのラットを対象とする報告（Yang et al., 1994）と一致する。うま味については，味強度と味感受性の両方とも上昇し，味嗜好性は低下した（1 報のみ）。

（駒井　三千夫）

5・4　妊娠など体内環境の変化

妊娠中に味の感じ方が変化したり嗜好性が変化したりすることは経験的に知られているが，科学的にまとめられた信頼性の高い報文は少なく，必ずしも一貫性のあるデータが出されている訳ではない。ここでは妊娠期間中の味の閾値変化，感度の変化，味の好みと嗜好性の変化等についてまとめられた最近の知見について表 5-4-1 にまとめて紹介する（Weenen et al., 2019）。妊婦の自己申告データによると，妊娠初期の第 1 三半期には「味の感じ方に何らかの変化がある」ことが報告されている。ただし，自己申告の場合は，直接計測された味の感じ方よりも変化の度合いが高くなるようである。味の感じ方の閾値については，第 1 三半期に大きな変化がみられる傾向があり，各種の味の閾値が高くなる（検知濃度が上がる＝鈍感になる）との報告がある。とくに苦味についてだけは，第 1 三半期に閾値が高くなるという一貫した知見が得られている。

味覚強度については，直接計測した結果では妊婦と非妊婦（対照群）との間には一貫した違いが認められなかったものの，妊婦の妊娠期間内の変化については塩味強度が低下したと報告された。他の味に

は変化は認められなかった。味の好みと嗜好性については，妊婦は非妊娠対象者と比べて塩味を好み，少なくとも普段は欲さない 0.1 M NaCl 濃度以上の濃い食塩水溶液を好んだ。出産後と比べて妊娠期間中の食塩の嗜好性については，塩味が濃い食塩含有スナック菓子類を好んだというデータもある（Skinner et al., 1998）。この傾向は，第 2 および第 3 三半期に特に顕著であった。甘味については，妊婦はより甘くない飲料を好んだという報告が出ているが，甘いスナック菓子類の摂取量は第 2 三半期で最大となった。一方，砂糖含有の飲料については一貫した結果が出ていない。また，砂糖含有食品については差が認められず，酸味と苦味の嗜好性についても違いがないというデータが出された（Kölble et al., 2001 ；Ochsenbein-Kolble et al., 2005）。

（駒井　三千夫）

1583

第 VII 部　味覚

表 5-4-1　妊娠期間中の味の閾値変化，味受容感度，味嗜好性に及ぼす影響（Weenen et al., 2019）

文献	報告内容	甘味
Karasawa & Muto (1978)	嗜好調査報告	甘味嗜好率は上昇する。＝15%（第1三半期），30%（第2三半期），46%（第3三半期）。
Dippel & Elias (1980)	妊婦と非妊婦の比較を中心に	ショ糖溶液：①妊婦は非妊婦よりも甘味度が低いものを好む。②妊娠期間中でその嗜好は変わらない。③非妊婦では甘味嗜好率は月経周期によって影響を受けて，黄体形成を修飾する避妊薬の使用によっても影響を受ける。
Brown & Toma (1986)	味の嗜好率調査	ショ糖溶液：甘味の嗜好率は変わらない（妊娠期間中と，出産後あるいは対照非妊婦との比較）。
Bowen (1992)	消費量の調査	甘い食品の摂取：第2三半期の妊婦は甘い食品をより多く消費した（チョコレート，コーヒーケーキ，ガムドロップ。他の三半期や出産後との比較）。
Skinner et al. (1988)	甘味と塩味の嗜好調査	甘味食品の嗜好率：甘味度の高いものと低いものでは差がみられなかった（ピーチとチョコレートプディング）。
Duffy et al. (1988)	味溶液の快不快度の調査	
Tepper & Seldner (1999)	甘味嗜好度の調査	グルコース溶液（0.01-0.16M）の嗜好：変化は認められなかった。 甘い牛乳の嗜好：非妊娠性糖尿病の高甘味度の甘味溶液嗜好（10%ショ糖溶液）は低下した。砂糖の摂取量報告では妊娠性糖尿病で低いが，通常の糖尿病では違いが認められなかった。
Kölble et al. (2001)	基本味の嗜好調査	10%ショ糖溶液の嗜好には変化が認められなかった。
Ochsenbein-Kölble et al. (2005)	同上	
Kuga et al. (2002)	基本味の嗜好に関するアンケート調査	甘味は妊婦の6%の人で好まれた味であった。
Belzer et al. (2009)		グルコース溶液の甘味の好みは，妊娠期間中の三つの三半期の期間を通して変化はみられなかった。この際の妊婦の耐糖能は，非妊婦対照群と変わりがなかった。
Nanou et al. (2016)	味の嗜好調査	甘味飲料：妊婦は甘味度の低いものを好んだ。 甘味食品：ケーキの嗜好には違いがみられなかった。
Sonbul et al. (2016)	甘味嗜好の調査	妊娠初期に甘味度の高いショ糖溶液を好んだ。

塩味	酸味	苦味
塩味嗜好率は低下し，妊娠期間を通して17-19％程度で安定している。	酸味嗜好率は低下する。＝50％（第1三半期），20％（第2三半期），14％（第3三半期）。	記載なし。
食塩溶液：0.025-0.2M 溶液では，妊婦は高濃度の食塩溶液を好む（1. 出産後，2. 非妊婦との比較）。		
塩味食品の摂取：第3三半期の妊婦は塩味の強い食品を消費した（特にピーナッツ類。他の三半期や出産後との比較）。		
塩味食品の嗜好率：塩のきいたスナック類の嗜好率が高かった。		
食塩溶液（0.1-1M）：0.1M は嫌いではないが1M は嫌う。嫌いな時期は第1～第2三半期と第2～第3三半期。	クエン酸溶液：妊婦では嫌いな感覚が弱くなった（非妊婦と比べて）。	塩酸キニーネ溶液（0.00032-0.32M）：最低濃度の溶液を不快ではないと評価した（非妊婦との比較）。妊娠期間間中に不快感は低下した（第1～第2三半期，第1～第3三半期との比較）。
7.5％食塩水溶液の嗜好には違いがみられなかった。	5％クエン酸溶液の嗜好には違いがみられなかった。	0.5％キニーネ溶液の嗜好には違いがみられなかった。
7.5％食塩水溶液の嗜好は，妊娠第2三半期で高いことがわかった（第1および第3三半期や出産後との比較）。		
塩味は妊婦の46％の人で好まれた味であった。	酸味は妊婦の66％の人で好まれた味であった。	苦味は妊婦の0％の人で好まれた味であった（＝妊婦の誰もが苦味を好きではなかった）。
		苦味を感じる食品の嗜好には違いがみられなかった。

第 VII 部　味覚

5・5　おわりに

　メタボリックシンドロームが増えてきている昨今，味覚が健康のバロメーターとして果たしている役割は大きい。すなわち，軽症の疾病→味覚異常→代謝の偏りによる疾病の悪化，という図式が成り立つことがわかったことから，味覚と栄養に関する研究は近年特に重要になってきた。食べ物のおいしさは，健常人では効率よく感じられることが基本であるが，味の嗜好性には個人の遺伝的素因も関係するので，個人ごとの各味覚受容体の遺伝子多型の研究が重要である。しかし，研究成果が積み上げられつつあるものの，まだ十分ではない。個人ごとに異なる味覚受容体の遺伝子多型の解析と，栄養素と摂取した食物成分の代謝酵素の遺伝子多型の解析も必要である。こうした解析は日本でも少しずつ進みつつあるものの，米国と比べては後れを取っている。それは発癌リスクの評価と遺伝子解析において，日本では発癌リスクなどの生涯リスクの各自への告知の際に心理学的ケアが十分にできる状態ではないために，個人宛てとはいえ遺伝子データ公開の問題がある。つまり，日本では「あなたは○○癌になりやすい遺伝子型をもっているので○○に注意しなさい」と個人個人に言える段階にはない状況だと思われる。したがって，ヒト遺伝子多型の解析では米国からは後れている状況にあるといえる。われわれも癌患者の苦味受容体 TAS2R38 を解析して，ある遺伝子型が発癌リスクに関係していると推定することができたが（Yamaki et al., 2017），こういう研究が一層必要とされている。なぜならば，発癌しにくくなるようにする個人個人への食生活の指導が若い時期から可能になるからである。こうした「テイラーメード栄養指導」（テイラーメード医療）が，国民の健康増進とともに医療費の削減にとっても重要になってきている。

（駒井　三千夫）

5・6　摂食に関わる動機づけ・学習と脳のしくみ

5・6・1　概要

　動物やわれわれヒトでは，身体のエネルギーや栄養素の欠乏・不足や胃の収縮などからの情報を内受容感覚・内臓感覚情報として脳が受容・感知する。それらによって空腹感という意識的な体験が生じる（今田, 2005）。空腹は一次的欲求（生理的欲求）に分類される。そして，代謝的・栄養学的な要求（metabolic/nutritional need）に基づく身体状態を「飢え・飢餓（hunger）」の状態という。空腹という不快状態は体内の生理学的環境を一定に保とうとする働き（恒常性維持機能）の不均衡に由来して生じる。空腹（飢餓動因）に動機づけられ，その不均衡を補正するために行う食物摂取を「恒常性維持のための摂食」と呼ぶ（Saper et al., 2002）。一方，味覚報酬や摂食に由来する快（情動）を求める動機づけや味覚嗜好性に基づく摂食を動機づける欲求がある。味覚嗜好性に基づく摂食動機づけは，時として，代謝的要求がない状態，たとえば，食物・カロリー摂取（直）後の状況であっても味覚報酬や摂食由来の快情動を得るための摂食を促進させる。そのため，hedonic hunger と呼ばれることもある（Lowe & Butyn, 2007）。以上から，食欲は，代謝的欲求（飢え・空腹）に基づく恒常性維持のための摂食への動機づけだけではなく，より広義に捉えるべきである。

　恒常性維持のための摂食の開始要因には，胃の収縮が原因であるという胃の収縮説，血糖値の低下とその補償を目的として摂食を行うという血糖恒常説，そして，脂質恒常説がある（桜井, 2012）。「摂食中枢」である視床下部外側野（lateral hypothalamus area：LHA）と「満腹中枢」である視床下部腹内側核（ventromedial hypothalamus）の二つの脳領域が拮抗的に作用して摂食を調節するという「二重中枢説」が提唱されていた（岡本, 2017）。しかしながら，現在では，視床下部弓状核と視床下部室傍核，視床下部外側野，背内側核との神経回路や，弓状核から結合腕傍核への神経投射などの複雑な神経回路

網によって摂食が調節されていると考えられている（岡本, 2017）。そして, ニューロペプチドY（NPY）／アグーチ関連ペプチド（AgRP）やα-メラノサイト刺激ホルモン（α-MSH）などが弓状核に存在し, さまざまな脳領域へとそれらの神経ペプチド情報が伝達されることで, 摂食が調節されている（岡本, 2017；VII・5・5も参照）。

「恒常性維持のための摂食」における生理的欲求は, 空腹感という内臓感覚や意識的体験を生じさせ, それが内的推進力である飢餓動因となって食物探索という欲求行動を生じさせる。食物探索行動にはLHA（Petrovich, 2018）や扁桃体が関わる。扁桃体は後述する条件性摂食における条件刺激への接近や学習形成に関わり（Balleine, 2005）, LHA-扁桃体回路は空腹ではなくても条件性摂食を誘発させる（Petrovich et al., 2002）。食物の発見・接近の後では噛み付き・咀嚼・嚥下行動などの一連の摂取行動が完了行動として開始される。摂取後には胃の拡張, 血糖値の増大, 摂取された食物内容物による消化管への刺激とその刺激に由来する消化管ホルモンの分泌などのさまざまな生理的要因が生じ, それらが摂食抑制的に作用することで摂食行動が停止する。

5・6・2　摂食行動へと影響する感覚要因：味覚・嗅覚要因

味覚・嗅覚は食欲に大きな影響を及ぼす感覚要因である。甘味や適度な塩味は好ましい味として摂食を促進するが, 酸味や苦味は摂食を抑制する（山本, 2001）。この味覚刺激への反応は生得的であり, 新生児からみられる（Steiner, 1973；Steiner et al., 2001）。

絶食条件下では甘味感受性が高まることが報告されている（Hanci & Altun, 2016）。視床下部, 扁桃体, 眼窩前頭皮質などの脳領域の神経細胞には体内の空腹・満腹状態に対応して味覚応答性が変化するものがあると報告されている（Burton et al., 1976；de Araujo et al., 2006；Rolls et al., 1989）。また, 視床下部弓状核のAgRP陽性ニューロンを光遺伝学的に活性化すると甘味感受性が向上する（Fu et al., 2019）。

一定量を摂取した食物への好ましさが相対的に低下することを感性満腹感（感覚特異的満腹感）と呼ぶが, 嚥下せずに咀嚼を一定時間行っただけでも好ましさの低下は生じる（Rolls & Rolls, 1997）。さらに, ある食物を満腹になるまで摂取すると, その食物の匂いへの好ましさが特異的に低下した（Rolls & Rolls, 1997）。摂取したカロリーの多寡によって, 風味刺激への情動的評価が低下する（Yeomans & Mobini, 2006）。食事中に食べていた食物とはまったく異なる食物（たとえばデザートなど）を見ると, 胃からの食物排出が促進され, 胃が新たに食物を受け入れることができるため, それへの食欲が増えることが示唆されている（山本, 2001）。脳内でのオレキシン信号の増大は, 胃の「受入弛緩」と胃の律動的収縮を引き起こす（Kobashi et al., 2002）。食物画像への視床下部の応答は空腹感と正の相関を示すこと（Belfort-DeAguiar et al., 2016）から, 視覚刺激→視床下部活性化→オレキシン増大→胃受入弛緩増大というプロセスがいわゆる別腹［これ以上は食べられない満腹状態であっても甘い食べ物ならば食べられるなどの現象（山本, 2007）］の背景メカニズムとして機能している可能性がある。

生得的な味覚嗜好・嫌悪以外に, 経験に基づく味覚嗜好・嫌悪がある。新奇な甘味刺激を経験した後, 嘔吐（感）や下痢などの内臓不快感を経験すると, その病態から快復した後には, その味刺激を呈する飲食物の摂取を忌避（回避）するようになる。この現象は味覚嫌悪学習（conditioned taste aversion：CTA）と呼ばれている（Bures et al., 1998）。実験室におけるCTAはGarcia et al.（1955）が最初に報告したため, Garcia効果とも呼ばれている。CTAの形成（Yamamoto et al., 1995）や表出（Inui et al., 2019）には扁桃体が関与していることが示唆されている。CTAにおいては, 条件づけられた味覚嫌悪（conditioned taste aversion/disgust）と味覚回避（conditioned taste avoidance）という異なるプロセスがあるとの指摘もある（Parker, 2003）。条件づけられた味覚嫌悪とは, 味がおいしくなくなった, その味を口にするのが気持ち悪くなったなどのように条件刺激への情動的評価がネガティブへとシフトされたことをいう。一方の条件づけられた味覚回避は, 条件刺激への不安や恐怖を生じるようになったこと

が原因となって，その味刺激への接近やその摂取を避けるようになることをいう。

味覚や風味刺激への嗜好学習も報告されているが，扁桃体は味覚嗜好ではなく，風味嗜好の学習にも関わると示唆されている（Touzani & Sclafani, 2005）。また，異なる甘味刺激の味覚弁別嗜好学習にも扁桃体が関与していることが報告されている（Yasoshima et al., 2015）。嗅覚刺激と味覚刺激との連合学習にも扁桃体の関与が示唆されている（Sakai & Yamamoto, 2001）。

5・6・3 外発的な要因に基づく摂食

恒常性維持のための摂食以外にもさまざまな摂食のタイプがあり，それらを開始させる要因には味・嗅覚以外の感覚刺激や，空間・場所・時間などの環境要因がある（Johnson, 2013）。たとえば，おいしい（高嗜好性）食物が呈する視覚的・嗅覚的要因が摂食を誘発する手がかり刺激となって誘発される摂食は外発的摂食（external eating）と呼ばれており，空腹でなくてもそれらの手がかりによって摂食への動機づけが高められる（Lambert et al., 1991）。その場合，食物の視覚刺激などは誘因刺激として食物への接近行動を誘発することが多い。

ヒトの摂食に対する視覚情報の効果を研究した成果をいくつか紹介する。食物関連視覚刺激は大人や子供の摂食を促す（Birch et al., 1989；Cornell et al., 1989）。飲食物の視覚的属性はその飲食物が呈する味覚や風味への嗜好性評価に影響を与えることが報告されている（Morrot et al., 2001）。食事で提供される同じ内容の食物でも，その盛り付けの違いによっておいしさ（嗜好性）の評価が異なること（Zellner et al., 2014），また，摂取量も変化すること（Navarro et al., 2016）が示唆されている。食物の見た目や食物そのものやテーブルクロスなどの色彩が食欲に作用する（大谷，2010）。バランスの良い盛り付けは，味の好ましさを増大させる（Zellner et al., 2011）。また，カレーがグツグツと煮えているような動的質感の視覚情報は食欲を喚起させる（Suzuki et al., 2021）。さらに，食物の大きさや盛り付けという見た目は満腹感に作用するが，バーチャルリアリティー技術を用いて食器に盛られた食物の見た目の量だけを増減

させると摂食量も増減した（Narumi et al., 2012；Sakurai et al., 2015）。食物量の視覚的情報が食欲調節に作用すると考えられる。

食物に関連する嗅覚刺激は，唾液（Yeomans, 2006）や，インスリン（Johnson & Wildman, 1983；Louis-Sylvestre & Le Magnen, 1980），胃酸（Feldman & Richardson, 1986）の脳からの指令による（脳相）分泌を促す。これらの脳相分泌は，摂食行動に由来する身体機能変化を予測し，それに事前に備える反応であり，かつ条件づけられた反応と考えられている（Power & Schulkin, 2008）。砂糖への味覚嫌悪学習を獲得した動物では，口腔に与えられた糖質に対するインスリンの脳相分泌が低下する（Berridge et al., 1981）。インスリンの脳相分泌は味覚刺激や嗅覚刺激だけでなく，さらに視覚刺激や聴覚刺激とも連合可能であることが示唆されている（Woods et al., 1997）。

5・6・4 一般飢餓と特殊飢餓

特殊飢餓とは，体内のある特定の栄養分や身体構成成分の欠乏に伴って，その欠乏成分を選択的に摂取するように動機づける内的な状態（動因）である。たとえば，発汗や排尿の亢進によって体内のナトリウム濃度が低下した場合に，ナトリウムへの特異的な摂取動機づけが生じる。これを食塩欲求（salt appetite）あるいはナトリウム飢餓（sodium hunger）と呼ぶ。副腎萎縮に由来するアルドステロン欠乏者が食塩を多量摂取したという症例（Wilkins & Richter, 1940）が有名である。ナトリウム濃度が高くて，健常者には塩辛すぎて嫌悪的味覚として知覚される食塩溶液でも，体内ナトリウムの欠乏状態ではそれを好ましい味と知覚される。げっ歯類において味覚嗜好性を評価する味覚反応テストでは，健常なナトリウム充足状態のラットは高濃度（0.5 M）のナトリウム溶液へは gaping などの嫌悪性味覚反応を示す一方，体内ナトリウムが欠乏状態にある動物では同様の高濃度ナトリウム溶液に対して摂取（嗜好）性味覚反応を呈する（Berridge & Schulkin, 1989）。食塩欲求には，扁桃体中心核や腹側淡蒼球が関与している（Smith & Lawrence, 2018）。

第5章 味覚の欲求と嗜好

5・6・5 学習性の食欲調節

摂食を誘発させる外部要因には，視覚や嗅覚などの感覚刺激だけではなく，聴覚刺激や時間要因もありうる。古くは Weingarten（1983）が示したようにブザー音と光刺激という視聴覚刺激（条件刺激）と食物供給（液体飼料）との対呈示を 60 試行以上経験したラットでは，条件刺激の呈示後には摂食開始までの潜時が対照群に比べて有意に短く，さらに満腹状態であっても条件刺激に随伴した食物摂取を示した。これは条件性摂食開始（conditioned meal initiation；Weingarten & Martin, 1989）と呼ばれており，先に述べた代謝的欲求の有無とは関連しない学習性の摂食開始や摂食行動の一例でもある。条件性摂食の別のタイプとして，手がかり増強性摂食（cue-potentiated feeding）がある（Johnson, 2013；Reichelt et al., 2015）。給餌制限下のラットにショ糖と特定の聴覚刺激を対呈示した後，その聴覚刺激（条件刺激）を呈示すると，ショ糖摂取が増大した（Petrovich et al., 2002）。

一定の明暗サイクルで飼育された夜行性のラットに，本来の活動時間（暗期）ではなく，明期の一定時刻や時間帯にのみ食物摂取が可能な（時間）制限給餌を繰り返し経験させると，その食物呈示（給餌）タイミングに同期した摂食を行うようになる。このような現象は食事（餌）性同調（food entrainment）と呼ばれ（Carneiro & Araujo, 2012；Mistlberger, 2011），その摂食は時刻固定（スケジュール化）された食事・摂食（scheduled meal/feeding) でもある。本来，摂食行動は体内時計が作り出す概日リズム変動により制御されており，光という同調因子によりリセット（位相変位）されながら昼夜周期性に調節されている。しかしながら，食事や栄養も同調因子（Zeitgeber）として機能することで食事（餌）同調が生じる（Carneiro & Araujo, 2012；Mistlberger, 2011）。げっ歯類以外にもさまざまな動物や霊長類（Boulos et al., 1989）において時刻固定された食物利用性への行動同調が報告されている（Carneiro & Araujo, 2012 参照）。食事（時刻・タイミング）に同調する行動（food entrained behavior）として食物探索行動（foraging behavior）が生じる。そして，スケジュール化された食事呈示時刻に先だって

自発的行動が増えるが，それは食物予期活動（food anticipatory activity：FAA）と呼ばれる（Carneiro & Araujo, 2012；Mistlberger, 2011；Richter, 1922）。FAA は食物探索行動であると考えられている。ラットを制限給餌条件下に置き，一定時刻での給餌を反復すると，ラットはその給餌スケジュールに適応して一日に必要とされる食物摂取量を摂取できるようになり（青山，2009），体重も自由給餌状態のレベルに戻る場合がある。一方，自由給餌状態までは戻らない場合でも体重を一定の水準に保ちながら生存できる（Curi & Hell, 1986；Solis-Salazar et al., 2005）。この適応も学習性のものと考えられる。一方，制限給餌条件下でラットに不規則な時間タイミングにて飼料を給餌すると，ラットはその不規則な給餌手続きに適応できず，十分な食物を摂取できないので体重減少はより大きい（Verhagen et al., 2011）。ただし，制限給餌下での不規則な給餌スケジュールであっても，給餌の 30 分前に手がかり刺激（空の餌箱）を経験させると飼料摂取量は健康を損なわない量を摂取できた（青山，2009）。

スケジュール化された摂食を経験すると，体温上昇（Krieger, 1979）や血中コルチコステロン増加（Díaz-Muñoz et al., 2000；Honma et al., 1983）などの生理・内分泌系も食事（餌）性同調を示す。ラットにスケジュール化された時刻で給餌すると，インスリンの予期的分泌がその時刻に同調して生じる（Power & Schulkin, 2008）。さらに，環境刺激に同調したインスリンの脳相分泌は扁桃体中心核の破壊によって消失した（Roozendaal et al., 1990）。摂食促進作用をもつグレリンは胃から分泌されるが，制限給餌下でのラットでのグレリン分泌は給餌スケジュールに同調して予期的に増加し（Drazen et al., 2006），胃でのグレリン合成の日内リズムは食事時間に同調するように変化する（LeSauter et al., 2009）。

5・6・6 感情と摂食

げっ歯類やヒトのような雑食性の動物では，新奇な食物について摂取を避けたり控えたりという行動傾向を示す。これは食物への新奇恐怖（food neophobia）と呼ばれ（Birch & Marlin, 1982），ヒトでは幼児・児童期に多い（Dovey et al., 2008）。その

1589

第 VII 部　味覚

食物が呈する味覚刺激ならびに嗅覚刺激への新奇恐怖をそれぞれ味覚性ならびに嗅覚性の新奇恐怖という（篠原, 2021）。ヒトの食物新奇恐怖には気質特性が関わっており, 新奇恐怖は不安や内気などの性格と正の相関を示し（Galloway et al., 2003；Maiz & Balluerka, 2018；Pliner & Loewen, 1997）, 刺激探究とは負の相関を示す（Alley & Potter, 2011；Pliner & Hobden 1992）。食物新奇性恐怖は家族や親子での類似性が示唆されている（Logue et al., 1998）。味覚性新奇恐怖には扁桃体や島皮質が関与しているが, 嗅覚性新奇恐怖には扁桃体や島皮質の関与はなく, 腹側海馬が関与するという報告（Shinohara & Yasoshima, 2021）がある。

　食行動の開始にはポジティブな感情よりもネガティブな感情が原因となる場合が多い（今田, 2005；Macht & Simons, 2000）。その摂食を情動性摂食（emotional eating）と呼ぶ。特にストレスによる不快情動による情動性摂食をストレス誘導性摂食とも呼ぶ（Gibson, 2012；Dallman, 2010）。ストレスが負荷されると, 摂食が抑制される人々もいれば, ストレス誘導性摂食（stress-induced eating）が増加する人もいる（Epel et al., 2004；Stone & Brownell, 1994）。Oliver & Wardle（1999）による大学生対象の調査では, ストレス下における摂食が増加もしくは減少すると答えた割合はほぼ同じであり, 男女差もみられなかった。また, ダイエット（体重減少）を行っている場合は, より多くの学生がストレス下での摂食が増えると答えている。さらに, 男女やダイエット状態とは無関係に, ストレス下では約 7 割の学生がおやつ（snack-type foods）の摂取量が増えること, 4 割強の学生が肉・魚・野菜などの摂取は減少することを回答した。実験条件でも, 情動性摂食傾向が高い学生では, ストレス下でのみ, 甘くて脂肪を含む食物の摂取量が増えた（Oliver et al., 2000）。ダイエット中であるかどうか（Oliver & Warde, 1999）, ストレスを感じている度合い（Ling & Zahry, 2021；

Tan & Chow, 2014）, BMI（Järvelä-Reijonen et al., 2016）, そして情動性摂食スタイル（Reichenberger et al., 2016）の相違, もしくは若年期でのストレス暴露の違い（Finch & Tomiyama, 2015）がストレスと摂食との関係性における個人差を生み出す可能性がある。また, 失感情症（アレキシサイミア）の水準が高いほど, ストレス下での情動的覚醒を空腹と取り違える可能性も示されており（Tan & Chow, 2014）, 過体重者ではアレキシサイミア傾向が高い（Casagrande et al., 2020）。動物実験では, ストレス誘導性摂食と不安傾向に関連性が示されていること（Aso-Someya et al., 2018）から, 情動性もストレス下での摂食に影響することが示される。

5・6・7　社会的要因

　社会的な要因は摂食にも影響する。食の選り好み（pickiness, fussiness）についての調査によると, その程度は「食の楽しさ（楽しく食べる, 周囲の人と食を楽しむ）」や「調理の楽しさ（一緒に作る, 見た目・食べやすさを工夫する）」などとは負の相関を示し, 一方で, プレッシャーや強い制限などは正の相関を示す（van der Horst, 2012）。子供の食の好みの形成には周囲の大人, 特に親などの養育者の効果が大きい（Addessi et al., 2005；Fisher et al., 2002；Harper & Sauders, 1975）。信頼できる大人と一緒に食べることで食物新奇性恐怖が和らぐからと解釈されている（外山, 2009）。さらに, 「おいしそう」に食べる他者の顔表情という視覚刺激をみることで食物へのおいしさ評価が増大し, 摂取量も増える（Winkielman et al., 2005）。人は他者とともに摂食（共食）を行うことによって, 摂取する食物量が増加する（de Castro, 1995）。このような共食による効果を食の社会的促進と呼ぶ。興味深いことに, 他者が食べる映像にも促進効果はあるが, 話す映像では促進は生じない（郭他, 2019）。

（八十島　安伸）

文献

(5・1)

Considine, R. V., Sinha, M. K., Heiman, M. L., Kriauciunas, A., Stephens, T. W., Nyce, M. R., ... Caro, J. F. (1996). Serum immunoreactive-leptin concentrations in normal-weight and obese humans. *New England Journal of Medicine, 334,*

292-295. [doi: 10.1056/NEJM199602013340503]

Decarie-Spain, L., & Kanoski, S. E. (2021). Ghrelin and glucagon-like peptide-1: A gut-brain axis battle for food reward. *Nutrients, 13*, 977-998. [doi: 10.3390/nu13030977]

Kawai, K., Sugimoto, K., Nakashima, K., Miura, H., & Ninomiya, Y. (2010). Leptin as a modulator of sweet taste sensitivities in mice. *Proceedings of the National Academy of Sciences of the USA, 97*, 11044-11049. [doi: 10.1073/pnas.190066697]

Lasschuijt, M. P., de Graaf, K., & Mars, M. (2021) Effects of oro-sensory exposure on satiation and underlying neurophysiological mechanisms—What do we know so far? *Nutrients, 13*, 1391-1405. [doi: 10.3390/nu13051391]

Maes, H. H. M., Neale, M. C., & Eaves, L. J. (1997). Genetic and environmental factors in relative body weight and human adiposity. *Behavior Genetics, 27*, 325-351. [doi: 10.1023/a:1025635913927]

中里 雅光 (2006). 摂食調節の中枢機構 *Clinical Neuroscience, 24*(8), 873-876.

大木 秀一 (2002). 日本人成人のBMIに関わる諸要因の統計学的検討：双生児家系研究法にかかわる遺伝要因, 家族歴, 健康習慣の寄与の推定 肥満研究, *8*, 69-75.

Oomura, Y. (1976). Significance of glucose, insulin and free fatty acid on the hypothalamic feeding and satiety neurons. In D. Novin, W. Wyrwicka, & G. Bray (Eds.), *Hunger: Basic Mechanism and Clinical Implications* (pp. 145-157). Raven Press.

Oomura, Y., Kimura, K., Ooyama, H., Maeno, T., Iki, M., & Kuninomiya, M. (1964). Reciprocal activities of the ventromedial and lateral hypothalamic areas of cats. *Science, 143*, 484-485. [doi: 10.1126/science.143.3605.484]

上野 浩晶・中里 雅光 (2015). 食欲制御物質と肥満症 日本内科学会雑誌, *104*(4), 717-722.

Wang, F., Zhang, L., Zhang, Y., Zhang, B., He, Y., Xie, S., ... Tse, L. A. (2014). Meta-analysis on night shift work and risk of metabolic syndrome. *Obesity Reviews, 15*, 709-720. [doi: 10.1111/obr.12194]

Yoshida, R., Ohkuri, T., Jyotaki, M., Yasuo, T., Horio, N., Yasumatsu, K., ... Ninomiya, Y. (2010). Endocannabinoids selectively enhance sweet taste. *Proceedings of the National Academy of Sciences of the USA, 107*, 935-939. [doi: 10.1073/pnas.0912048107]

(5・2)

Cowley, A. W., Jr., Stoll, M., Greene, A. S., Kaldunski, M. L., Roman, R. J., Tonellato, P. J., ... Jacob, H. J. (2000). Genetically defined risk of salt sensitivity in an intercross of Brown Norway and Dahl S rats. *Physiological Genomics, 2*, 107-115. [doi: 10.1152/physiolgenomics.2000.2.3.107]

木村 修一 (1981). 生体内での機能を考える：食塩の生理学 木村 修一・足立 己幸（編） 食塩：減塩から適塩へ（pp. 60-110） 女子栄養大学出版部

Kimura, S., Kim, C. H., Ohtomo, M. I., Yokomukai, Y., Komai, M., & Morimatsu, F. (1991). Nutritional studies of the roles of dietary protein levels and umami in the preference response to sodium chloride for experimental animals. *Physiology & Behavior, 49*, 997-1002. [doi: 10.1016/0031-9384(91)90213-8]

Mori, M., Kawada, T., Ono, T., & Torii, K. (1991). Taste preference and protein nutrition and L-amino acid homeostasis in male Sprague-Dawley rats. *Physiology & Behavior, 49*, 987-995. [doi: 10.1016/0031-9384(91)90212-7]

Ohara, I., Tabuchi, R., Kimura, M., & Itokawa, Y. (1994). Preference for sodium chloride is reduced in protein-deprived juvenile rats. *Journal of Nutrition, 124*, 901-905. [doi: 10.1093/jn/124.6.901]

鳥居 邦夫 (2014). 脳による食物摂取の認知とアミノ酸恒常性維持の仕組みに関する研究 日本栄養・食糧学会誌, *67*, 65-72.

Yang, S. C., Ito, M., Furukawa, Y., & Kimura, S. (1994). Comparative study of alcohol metabolism in stroke-prone spontaneously hypertensive rats and Wistar-Kyoto rats fed normal or low levels of dietary protein. *Journal of Nutritional Science and Vitaminology, 40*, 547-555. [doi: 10.3177/jnsv.40.547]

(5・3)

Crystal, S., Frye, C. A., & Kanarek, R. B. (1995). Taste preferences and sensory perceptions in female varsity swimmers. *Appetite, 24*, 25-36. [doi: 10.1016/S0195-6663(95)80003-4]

第 VII 部　味覚

Gauthier, A. C., Guimarães, R. F., Namiranian, K., Drapeau, V., & Mathieu, M. E. (2020). Effect of physical exercise on taste perceptions: A systematic review. *Nutrients, 12*, 2741-2764. [doi: 10.3390/nu12092741]

Havermans, R. C., Salvy, S. J., & Jansen, A. (2009). Single-trial exercise-induced taste and odor aversion learning in humans. *Appetite, 53*, 442-445.

Horio, T. (2004). Effect of physical exercise on human preference for solutions of various sweet substances. *Perceptual and Motor Skills, 99*, 1061-1070. [doi: 10.2466/pms.99.3.1061-1070]

Horio, T., & Kawamura, Y. (1998). Influence of physical exercise on human preferences for various taste solutions. *Chemical Senses, 23*, 417-421. [doi: 10.1093/chemse/23.4.417]

Kanarek, R. B., Ryu, M., & Przypek, J. (1995). Preferences for foods with varying levels of salt and fat differ as a function of dietary restraint and exercise but not menstrual cycle. *Physiology & Behavior, 57*, 821-826. [doi: 10.1016/0031-9384(94)00341-2]

King, N. A., Appleton, K., Rogers, P. J., & Blundell, J. E. (1999). Effects of sweetness and energy in drinks on food intake following exercise. *Physiology & Behavior, 66*, 375-379. [doi: 10.1016/S0031-9384(98)00280-7]

Kolble, N., Hummel, T., von Mering, R., Huch, A., & Huch, R. (2001). Gustatory and olfactory function in the first trimester of pregnancy. *European Journal of Obstetrics & Gynecology and Reproductive Biology, 99*, 179-183. [doi: 10.1016/s0301-2115(01)00408-0]

駒井 三千夫・古川 勇次 （2001）．ラットの栄養状態と味の選択行動　日本味と匂学会誌, *8*, 25-32.

Leshem, M., Avital., A., & Eilon, R. (1999). Exercise increases the preference for salt in humans. *Appetite, 32*, 251-260. [doi: 10.1006/appe.1999.0228]

Mori, M., Kawada, T., Ono, T., & Torii, K. (1991). Taste preference and protein nutrition and L-amino acid homeostasis in male Sprague-Dawley rats. *Physiology & Behavior, 49*, 987-995. [doi: 10.1016/0031-9384(91)90212-7]

Nakagawa, M., Mizuma, K., & Inui, T. (1996). Changes in taste perception following mental or physical stress. *Chemical Senses, 21*, 195-200. [doi: 10.1093/chemse/21.2.195]

Narukawa, M., Ue, H., Morita, K., Kuga, S., Isaka, T., & Hayashi, Y. (2009). Change in taste sensitivity to sucrose due to physical fatigue. *Food Science and Technology Research, 15*, 195-198. [doi: 10.3136/fstr.15.195]

Narukawa, M., Ue, H., Uemura, M., & Morita, K. (2010). Influence of prolonged exercise on sweet taste perception. *Food Science and Technology Research, 16*, 513-516. [doi: 10.3136/fstr.16.513]

Passe, D. H., Horn, M., Stofan, J., & Murray, R. (2004). Palatability and voluntary intake of sports beverages, diluted orange juice, and water during exercise. *International Journal of Sport Nutrition and Exercise Metabolism, 14*, 272-284. [doi: 10.1123/ijsnem.14.3.272]

鳥居 邦夫 （2014）．脳による食物摂取の認知とアミノ酸恒常性維持の仕組みに関する研究　日本栄養・食糧学会誌, *67*, 65-72.

Wald, N., & Leshem, M. (2003). Salt conditions a flavor preference or aversion after exercise depending on NaCl dose and sweat loss. *Appetite, 40*(3), 277-284. [doi: 10.1016/S0195-6663(03)00013-8]

Wen, X. Y. (2010). Salt taste sensitivity, physical activity and gastric cancer. *Asian Pacific Journal of Cancer Prevention, 11*, 1473-1477

Yang, S. C., Ito, M., Furukawa, Y., & Kimura, S. (1994). Comparative study of alcohol metabolism in stroke-prone spontaneously hypertensive rats and Wistar-Kyoto rats fed normal or low levels of dietary protein. *Journal of Nutritional Science and Vitaminology, 40*, 547-555. [doi: 10.3177/jnsv.40.547]

(5・4)

Belzer, L. M., Smulian, J. C., Lu, S.-E., & Tepper, B. J. (2009). Changes in sweet taste across pregnancy in mild gestational diabetes mellitus: Relationship to endocrine factors. *Chemical Senses, 34*, 595-605. [doi: 10.1093/chemse/bjp041]

Bowen, D. J. (1992). Taste and food preference changes across the course of pregnancy. *Appetite, 19*, 233-242.

Brown, J. E., & Toma, R. B. (1986). Taste changes during pregnancy. *American Journal of Clinical Nutrition, 43*, 414-418.

Dippel, R. L., & Elias, J. W. (1980). Preferences for sweet in relationship to use of oral contraceptives and pregnancy.

Hormones and Behavior, 14, 1–6.

Duffy, V. B., Bartoshuk, L. M., Striegel-Moore, R., & Rodin, J. (1998). Taste changes across pregnancy. *Annals of the New York Academy of Sciences, 855*, 805–809.

Karasawa, K., & Muto, S. (1978). Taste preference and aversion in pregnancy. *Japanese Journal of Nutrition and Dietetics, 38*, 31–37.

Kölble, N., Hummel, T., von Mering, R., Huch, A., & Huch, R. (2001). Gustatory and olfactory function in the first trimester of pregnancy. *European Journal of Obstetrics & Gynecology and Reproductive Biology, 99*, 179–183. [doi: 10.1016/s0301-2115(01)00408-0]

Kuga, M., Ikeda, M., Suzuki, K., & Takeuchi, S. (2002). Changes in gustatory sense during pregnancy. *Acta Oto-Laryngologica, 122*, 146–153.

Nanou, E., Brandt, S., Weenen, H., & Olsen, A. (2016). Sweet and bitter taste perception of women during pregnancy. *Chemosensory Perception, 9*, 141–152.

Ochsenbein-Kölble, N., von Mering, R., Zimmermann, R., & Hummel, T. (2005). Changes in gustatory function during the course of pregnancy and postpartum. *BJOG: An International Journal of Obstetrics & Gynaecology, 112*, 1636–1640. [doi: 10.1111/j.1471-0528.2005.00783.x]

Skinner, J. D., Pope, J. F., & Carruth, B. R. (1998). Alterations in adolescents' sensory taste preferences during and after pregnancy. *Journal of Adolescent Health, 22*, 43–49. [doi: 10.1016/S1054-139X(97)00207-3]

Sonbul, H., Ashi, H., Aljahdali, E., Campus, G., & Lingstrom, P. (2016). The influence of pregnancy on sweet taste perception and plaque acidogenicity. *Maternal and Child Health Journal, 21*, 1037–1046.

Tepper, B. J., & Seldner, A. C. (1999). Sweet taste and intake of sweet foods in normal pregnancy and pregnancy complicated by gestational diabetes mellitus. *American Journal of Clinical Nutrition, 70*, 277–284.

Weenen, H., Olsen, A., Nanou, E., Moreau, E., Nambiar, S., Vereijken, C., & Muhardi, L. (2019). Changes in taste threshold, perceived intensity, liking, and preference in pregnant women: A literature review. *Chemosensory Perception, 12*, 1–17. [doi: 10.1007/s12078-018-9246-x]

（5・5）

Yamaki, M., Saito, H., Isono, K., Goto, T., Shirakawa, H., Shoji, N., ... Komai, M. (2017). Genotyping analysis of bitter-taste receptor genes TAS2R38 and TAS2R46 in Japanese patients with gastrointestinal cancers. *Journal of Nutritional Science and Vitaminology, 63*, 148–154. [doi: 10.3177/jnsv.63.148]

Zhang, Y., Proenca, R., Maffei, M., Barone, M., Leopold, L., & Friedman, J. M. (1994). Positional cloning of the mouse obese gene and its human homologue. *Nature, 372*, 425–432. [doi: 10.1038/372425a0]

（5・6）

Addessi, E., Galloway, A. T., Visalberghi, E., & Birch, L. L. (2005). Specific social influences on the acceptance of novel foods in 2–5-year-old children. *Appetite, 45*(3), 264–271. [doi: 10.1016/j.appet.2005.07.007]

Alley, T. R., & Potter, K. A. (2011). Food neophobia and sensation seeking. In V. Preedy, R. Watson, & C. Martin (Eds.), *Handbook of behavior, food and nutrition* (pp. 707–724). Springer.

青山 謙二郎　(2009).　食べる：食べたくなる心のしくみ　(pp. 26–28)　二瓶社

Aso-Someya, N., Narikiyo, K., Masuda, A., & Aou, S. (2018). The functional link between tail-pinch-induced food intake and emotionality and its possible role in stress coping in rats. *Journal of Physiological Sciences, 68*, 799–805. [doi: 10.1007/s12576-018-0596-6]

Balleine, B. W. (2005). Neural bases of food-seeking: affect, arousal and reward in corticostriatolimbic circuits. *Physiology & Behavior, 86*(5), 717–730. [doi: 10.1016/j.physbeh.2005.08.061]

Belfort-DeAguiar, R., Seo, D., Naik, S., Hwang, J., Lacadie, C., Schmidt, C., ... Sherwin, R. (2016). Food image-induced brain activation is not diminished by insulin infusion. *International Journal of Obesity, 40*(11), 1679–1686. [doi: 10.1038/ijo.2016.152]

第 VII 部　味覚

Berridge, K., Grill, H. J., & Norgren, R. (1981). Relation of consummatory responses and preabsorptive insulin release to palatability and learned taste aversions. *Journal of Comparative and Physiological Psychology, 95*(3), 363–382.

Berridge, K. C., & Schulkin, J. (1989). Palatability shift of a salt-associated incentive during sodium depletion. *The Quarterly Journal of Experimental Psychology, 41*(2), 121–138.

Birch, L. L., & Marlin, D. W. (1982). I don't like it; I never tried it: Effects of exposure on two-year-old children's food preferences. *Appetite, 3*(4), 353–360. [doi: 10.1016/S0195-6663(82)80053-6]

Birch, L. L., McPhee, L., Sullivan, S., & Johnson, S. (1989). Conditioned meal initiation in young children. *Appetite, 13*(2), 105–113. [doi: 10.1016/0195-6663(89)90108-6]

Boulos, Z., Frim, D. M., Dewey, L. K., & Moore-Ede, M. C. (1989). Effects of restricted feeding schedules on circadian organization in squirrel monkeys. *Physiology & Behavior, 45*(3), 507–515. [doi: 10.1016/0031-9384(89)90066-8]

Bures, J., Bermúdez-Rattoni, F., & Yamamoto, T. (1998). *Conditioned Taste Aversion: Memory of a Special Kind.* Oxford University Press.

Burton, M. J., Rolls, E. T., & Mora, F. (1976). Effects of hunger on the responses of neurons in the lateral hypothalamus to the sight and taste of food. *Experimental Neurology, 51*(3), 668–677. [doi: 10.1016/0014-4886(76)90189-8]

Carneiro, B. T. S., & Araujo, J. F. (2012). Food entrainment: major and recent findings. *Frontiers in Behavioral Neuroscience, 6*, 83. [doi: 10.3389/fnbeh.2012.00083]

Casagrande, M., Boncompagni, I., Forte, G., Guarino, A., & Favieri, F. (2020). Emotion and overeating behavior: Effects of alexithymia and emotional regulation on overweight and obesity. *Eating and Weight Disorders-Studies on Anorexia, Bulimia and Obesity, 25*(5), 1333–1345. [doi: 10.1007/s40519-019-00767-9]

Cornell, C. E., Rodin, J., & Weingarten, H. (1989). Stimulus-induced eating when satiated. *Physiology & Behavior, 45*(4), 695–704. [doi: 10.1016/0031-9384(89)90281-3]

Curi, R., & Hell, N. S. (1986). Metabolic changes of twenty weeks food-restriction schedule in rats. *Physiology & Behavior, 36*(2), 239–243. [doi: 10.1016/0031-9384(86)90010-7]

Dallman, M. F. (2010). Stress-induced obesity and the emotional nervous system. *Trends in Endocrinology & Metabolism, 21*(3), 159–165. [doi: 10.1016/j.tem.2009.10.004]

Díaz-Muñoz, M., Vázquez-Martínez, O., Aguilar-Roblero, R., & Escobar, C. (2000). Anticipatory changes in liver metabolism and entrainment of insulin, glucagon, and corticosterone in food-restricted rats. *American Journal of Physiology. Regulatory, Integrative and Comparative Physiology, 279*, R2048–R2056. [doi: 10.1152/ajpregu.2000.279.6.R2048]

de Araujo, I. E., Gutierrez, R., Oliveira-Maia, A. J., Pereira Jr, A., Nicolelis, M. A., & Simon, S. A. (2006). Neural ensemble coding of satiety states. *Neuron, 51*(4), 483–494. [doi: 10.1016/j.neuron.2006.07.009]

de Castro, J. M. (1995). Social Facilitation and Inhibition of Eating. In B. M. Marriott (Ed.), *Not Eating Enough: Overcoming Underconsumption of Military Operational Rations* (pp. 373–392). National Academy Press.

Dovey, T. M., Staples, P. A., Gibson, E. L., & Halford, J. C. (2008). Food neophobia and 'picky/fussy' eating in children: A review. *Appetite, 50*(2–3), 181–193. [doi: 10.1016/j.appet.2007.09.009]

Drazen, D. L., Vahl, T. P., D'Alessio, D. A., Seeley, R. J., & Woods, S. C. (2006). Effects of a fixed meal pattern on ghrelin secretion: Evidence for a learned response independent of nutrient status. *Endocrinology, 147*(1), 23–30. [doi: 10.1210/en.2005-0973]

Epel, E., Jimenez, S., Brownell, K., Stroud, L., Stoney, C., & Niaura, R. A. Y. (2004). Are stress eaters at risk for the metabolic syndrome? *Annals of the New York Academy of Sciences, 1032*(1), 208–210. [doi: 10.1196/annals.1314.022]

Feldman, M., & Richardson, C. T. (1986). Role of thought, sight, smell, and taste of food in the cephalic phase of gastric acid secretion in humans. *Gastroenterology, 90*(2), 428–433. [doi: 10.1016/0016-5085(86)90943-1]

Finch, L. E., & Tomiyama, A. J. (2015). Comfort eating, psychological stress, and depressive symptoms in young adult women. *Appetite, 95*, 239–244. [doi: 10.1016/j.appet.2015.07.017]

Fisher, J. O., Mitchell, D. C., Smiciklas-Wright, H., & Birch, L. L. (2002). Parental influences on young girls' fruit and vegetable, micronutrient, and fat intakes. *Journal of the American Dietetic Association, 102*(1), 58–64. [doi: 10.1016/s0002-8223(02)90017-9]

1594

Fu, O., Iwai, Y., Narukawa, M., Ishikawa, A. W., Ishii, K. K., Murata, K., ... Nakajima, K. I. (2019). Hypothalamic neuronal circuits regulating hunger-induced taste modification. *Nature Communications, 10*(1), 1-14.［doi: 10.1038/s41467-019-12478-x］

Galloway, A. T., Lee, Y., & Birch, L. L. (2003). Predictors and consequences of food neophobia and pickiness in young girls. *Journal of the American Dietetic Association, 103*(6), 692-698.［doi: 10.1053/jada.2003.50134］

Garcia, J., Kimeldorf, D. J., & Koelling, R. A. (1955). Conditioned aversion to saccharin resulting from exposure to gamma radiation. *Science, 122,* 157-158.

Gibson, E. L. (2012). The psychobiology of comfort eating: implications for neuropharmacological interventions. *Behavioural Pharmacology, 23*(5 and 6), 442-460.［doi: 10.1097/FBP.0b013e328357bd4e］

郭 苗根・中田 龍三郎・川合 伸幸 (2019). 食事の社会的促進に関する研究：他人が食事している映像は社会的促進が生じるが，他人が話をしている映像では生じない 2019年度日本認知科学会第36回大会, 1-4. https://www.jcss.gr.jp/meetings/jcss2019/proceedings/pdf/JCSS2019_P1-4.pdf

Hanci, D., & Altun, H. (2016). Hunger state affects both olfactory abilities and gustatory sensitivity. *European Archives of Oto-Rhino-Laryngology, 273,* 637-1641.［doi: 10.1007/s00405-015-3589-6］

Harper, L. V., & Sanders, K. M. (1975). The effect of adults' eating on young children's acceptance of unfamiliar foods. *Journal of Experimental Child Psychology, 20*(2), 206-214.［doi: 10.1016/0022-0965(75)90098-3］

Honma, K., Honma, S., & Hiroshige, T. (1983). Critical role of food amount for prefeeding corticosterone peak in rats. *American Physiological Society Journal, 244,* R339-R344.［doi: 10.1152/ajpregu.1983.245.3.R339］

今田 純雄（編）（2005）. 食べることの心理学：食べる，食べない，好き，嫌い（p. 29） 有斐閣

Inui, T., Sugishita, T., Inui-Yamamoto, C., Yasoshima, Y., & Shimura, T. (2019). The basolateral nucleus of the amygdala executes the parallel processes of avoidance and palatability in the retrieval of conditioned taste aversion in male rats. *eNeuro, 6*(4).［doi: 10.1523/ENEURO.0004-19.2019］

Järvelä-Reijonen, E., Karhunen, L., Sairanen, E., Rantala, S., Laitinen, J., Puttonen, S., ... Kolehmainen, M. (2016). High perceived stress is associated with unfavorable eating behavior in overweight and obese Finns of working age. *Appetite, 103,* 249-258.［doi: 10.1016/j.appet.2016.04.023］

Johnson, A. W. (2013). Eating beyond metabolic need: how environmental cues influence feeding behavior. *Trends in Neurosciences, 36*(2), 101-109.［doi: 10.1016/j.tins.2013.01.002］

Johnson, W. G., & Wildman, H. E. (1983). Influence of external and covert food stimuli on insulin secretion in obese and normal persons. *Behavioral Neuroscience, 97*(6), 1025-1028.［doi: 10.1037/0735-7044.97.6.1025］

Kobashi, M., Furudono, Y., Matsuo, R., & Yamamoto, T. (2002). Central orexin facilitates gastric relaxation and contractility in rats. *Neuroscience Letters, 332,* 171-174.［doi: 10.1016/s0304-3940(02)00958-8］

Krieger, D. T. (1979). Regulation of circadian periodicity of plasma corticosteroid concentrations and of body temperature by time of food presentation. In M. Suda, O. Hayaishi, & H. Nakagawa (Eds.), *Biological Rhythms and Their Central Mechanism*（pp. 247-259）. Elsevier/North-Holland Biomedical.

Lambert, K. G., Neal, T., Noyes, J., Parker, C., & Worrel, P. (1991). Food-related stimuli increase desire to eat in hungry and satiated human subjects. *Current Psychology, 10*(4), 297-303.［doi: 10.1007/BF02686902］

LeSauter, J., Hoque, N., Weintraub, M., Pfaff, D. W., & Silver, R. (2009). Stomach ghrelin-secreting cells as food-entrainable circadian clocks. *Proceedings of the National Academy of Sciences, 106*(32), 13582-13587.［doi: 10.1073/pnas.0906426106］

Ling, J., & Zahry, N. R. (2021). Relationships among perceived stress, emotional eating, and dietary intake in college students: Eating self-regulation as a mediator. *Appetite, 163,* 105215.［doi: 10.1016/j.appet.2021.105215］

Logue, A. W., Logue, C. M., Uzzo, R. G., McCarty, M. J., & Smith, M. E. (1988). Food preferences in families. *Appetite, 10*(3), 169-180.［doi: 10.1016/0195-6663(88)90010-4］

Louis-Sylvestre, J., & Le Magnen, J. (1980). Palatability and preabsorptive insulin release. *Neuroscience & Biobehavioral Reviews, 4,* 43-46.［doi: 10.1016/0149-7634(80)90047-0］

Lowe, M. R., & Butryn, M. L. (2007). Hedonic hunger: A new dimension of appetite? *Physiology & Behavior, 91*(4), 432-

第 VII 部　味覚

439.［doi: 10.1016/j.physbeh.2007.04.006］

Macht, M., & Simons, G. (2000). Emotions and eating in everyday life. *Appetite, 35*(1), 65–71.［doi: 10.1006/appe.2000.0325］

Maiz, E., & Balluerka, N. (2018). Trait anxiety and self-concept among children and adolescents with food neophobia. *Food Research International, 105*, 1054–1059.［doi: 10.1016/j.foodres.2017.12.037］

Mistlberger, R. E. (2011). Neurobiology of food anticipatory circadian rhythms. *Physiology & Behavior, 104*(4), 535–545.［doi: 10.1016/j.physbeh.2011.04.015］

Morrot, G., Brochet, F., & Dubourdieu, D. (2001). The color of odors. *Brain and Language, 79*(2), 309–320.［doi: 10.1006/brln.2001.2493］

Narumi, T., Ban, Y., Kajinami, T., Tanikawa, T., & Hirose, M. (2012). Augmented perception of satiety: Controlling food consumption by changing apparent size of food with augmented reality. *Proceedings of the SIGCHI Conference on Human Factors in Computing Systems*, 109–118.［doi: 10.1145/2207676.2207693］

Navarro, D. A., Boaz, M., Krause, I., Elis, A., Chernov, K., Giabra, M., … Singer, P. (2016). Improved meal presentation increases food intake and decreases readmission rate in hospitalized patients. *Clinical Nutrition, 35*(5), 1153–1158.［doi: 10.1016/j.clnu.2015.09.012］

岡本 士毅　（2017）．恒常的摂食調節機構と食嗜好性制御機構との関連　実験医学, *35*(6)，933–938.

Oliver, G., & Wardle, J. (1999). Perceived effects of stress on food choice. *Physiology & Behavior, 66*, 511–515.［doi: 10.1016/s0031-9384(98)00322-9］

Oliver, G., Wardle, J., & Gibson, E. L. (2000). Stress and food choice: A laboratory study. *Psychosomatic Medicine, 62*, 853–865.［doi: 10.1097/00006842-200011000-00016］

大谷 貴美子　（2010）．視覚情報による「おいしさ」の研究　日本調理科学会誌, *43*(2)，57–63.［doi: 10.11402/cookeryscience.43.57］

Parker, L. A. (2003). Taste avoidance and taste aversion: evidence for two different processes. *Animal Learning & Behavior, 31*(2), 165–172.［doi: 10.3758/BF03195979］

Petrovich, G. D. (2018). Lateral hypothalamus as a motivation-cognition interface in the control of feeding behavior. *Frontiers in Systems Neuroscience, 12*, 14.［doi: 10.3389/fnsys.2018.00014］

Petrovich, G. D., Setlow, B., Holland, P. C., & Gallagher, M. (2002). Amygdalo-hypothalamic circuit allows learned cues to override satiety and promote eating. *Journal of Neuroscience, 22*(19), 8748–8753.［doi: 10.1523/JNEUROSCI.22-19-08748.2002］

Pliner, P., & Hobden, K. (1992). Development of a scale to measure the trait of food neophobia in humans. *Appetite, 19*(2), 105–120.［doi: 10.1016/0195-6663(92)90014-W］

Pliner, P., & Loewen, E. R. (1997). Temperament and food neophobia in children and their mothers. *Appetite, 28*(3), 239–254.［doi: 10.1006/appe.1996.0078］

Power, M. L., & Schulkin, J. (2008). Anticipatory physiological regulation in feeding biology: Cephalic phase responses. *Appetite, 50*(2-3), 194–206.［doi: 10.1016/j.appet.2007.10.006］

Reichelt, A. C., Westbrook, R. F., & Morris, M. J. (2015). Integration of reward signalling and appetite regulating peptide systems in the control of food-cue responses. *British Journal of Pharmacology, 172*(22), 5225–5238.［doi: 10.1111/bph.13321］

Reichenberger, J., Kuppens, P., Liedlgruber, M., Wilhelm, F. H., Tiefengrabner, M., Ginzinger, S., & Blechert, J. (2018). No haste, more taste: An EMA study of the effects of stress, negative and positive emotions on eating behavior. *Biological Psychology, 131*, 54–62.［doi: 10.1016/j.biopsycho.2016.09.002］

Richter, C. P. (1922). A behavioristic study of the activity of the rat. *Comparative Psychology Monographs, 1*, 56.

Rolls, E. T., & Rolls, J. H. (1997). Olfactory sensory-specific satiety in humans. *Physiology & Behavior, 61*(3), 461–473.［doi: 10.1016/s0031-9384(96)00464-7］

Rolls, E. T., Sienkiewicz, Z. J., & Yaxley, S. (1989). Hunger modulates the responses to gustatory stimuli of single neurons in the caudolateral orbitofrontal cortex of the macaque monkey. *European Journal of Neuroscience, 1*(1), 53–60.［doi: 10.1111/j.1460-9568.1989.tb00774.x］

第５章　味覚の欲求と嗜好

Roozendaal, B., Oldenburger, W. P., Strubbe, J. H., Koolhaas, J. M., & Bohus, B. (1990). The central amygdala is involved in the conditioned but not in the meal-induced cephalic insulin response in the rat. *Neuroscience Letters, 116*(1-2), 210-215. [doi: 10.1016/0304-3940(90)90412-3]

Sakai, N., & Yamamoto, T. (2001). Effects of excitotoxic brain lesions on taste-mediated odor learning in the rat. *Neurobiology of Learning and Memory, 75*(2), 128-139. [doi: 10.1006/nlme.2000.3969]

Sakurai, S., Narumi, T., Ban, Y., Tanikawa, T., & Hirose, M. (2015). CalibraTable: Tabletop system for influencing eating behavior. *SIGGRAPH Asia 2015 Emerging Technologies*, pp. 1-3. [doi: 10.1145/2818466.2818483]

桜井 武 (2012). 食欲の科学 講談社

Saper, C. B., Chou, T. C., & Elmquist, J. K. (2002). The need to feed: Homeostatic and hedonic control of eating. *Neuron, 36*(2), 199-211. [doi: 10.1016/s0896-6273(02)00969-8]

篠原 恵介 (2021). 総説 食物新奇恐怖における腹側海馬の役割 日本味と匂学会誌, *28*(1), 25-31. [doi: 0.18965/tasteandsmell.28.1_25]

Shinohara, K., & Yasoshima, Y. (2021). Inactivation of the ventral hippocampus facilitates the attenuation of odor neophobia in rats. *Behavioural Brain Research, 401*, 113077. [doi: 10.1016/j.bbr.2020.113077]

Smith, C. M., & Lawrence, A. J. (2018). Salt appetite, and the influence of opioids. *Neurochemical Research, 43*(1), 12-18. [doi: 10.1007/s11064-017-2336-3]

Solis-Salazar, T., Martínez-Merlos, M. T., Angeles-Castellanos, M., Mendoza, J., & Escobar, C. (2005). Behavioral and physiological adaptations in rats during food-entrainment. *Biological Rhythm Research, 36*(1-2), 99-108. [doi: 10.1080/09291010400028757]

Steiner, J. E. (1973). The gustofacial response: Observation on normal and anencephalic newborn infants. *Symposium on Oral Sensation and Perception, 4*(4), 254-278.

Steiner, J. E., Glaser, D., Hawilo, M. E., & Berridge, K. C. (2001). Comparative expression of hedonic impact: Affective reactions to taste by human infants and other primates. *Neuroscience & Biobehavioral Reviews, 25*(1), 53-74. [doi: 10.1016/S0149-7634(00)00051-8]

Stone, A. A., & Brownell, K. D. (1994). The stress-eating paradox: multiple daily measurements in adult males and females. *Psychology and Health, 9*(6), 425-436. [doi: 10.1080/08870449408407469]

Suzuki, Y., Narumi, T., Tanikawa, T., & Hirose, M. (2021). Taste in motion: The effect of projection mapping of a boiling effect on food expectation, food perception, and purchasing behavior. *Frontiers of Computer Science, 3*, 662824. [doi: 10.3389/fcomp.2021.662824]

Tan, C. C., & Chow, C. M. (2014). Stress and emotional eating: The mediating role of eating dysregulation. *Personality and Individual Differences, 66*, 1-4. [doi: 10.1016/j.paid.2014.02.033]

Touzani, K., & Sclafani, A. (2005). Critical role of amygdala in flavor but not taste preference learning in rats. *European Journal of Neuroscience, 22*(7), 1767-1774. [doi: 10.1111/j.1460-9568.2005.04360.x]

外山 紀子 (2009). 共食（共に食べること〉の勧め チャイルドヘルス, *12*, 34-35.

Van der Horst, K. (2012). Overcoming picky eating. Eating enjoyment as a central aspect of children's eating behaviors. *Appetite, 58*(2), 567-574. [doi: 10.1016/j.appet.2011.12.019]

Verhagen, L. A., Luijendijk, M. C., de Groot, J. W., van Dommelen, L. P., Klimstra, A. G., Adan, R. A., & Roeling, T. A. (2011). Anticipation of meals during restricted feeding increases activity in the hypothalamus in rats. *European Journal of Neuroscience, 34*(9), 1485-1491. [doi: 10.1111/j.1460-9568.2011.07880.x]

Weingarten, H. P. (1983). Conditioned cues elicit feeding in sated rats: A role for learning in meal initiation. *Science, 220*(4595), 431-433. [doi: 10.1126/science.6836286]

Weingarten, H. P., & Martin, G. M. (1989). Mechanisms of conditioned meal initiation. *Physiology & Behavior, 45*(4), 735-740. [doi: 10.1016/0031-9384(89)90287-4]

Wilkins, L., & Richter, C. P. (1940). A great craving for salt by a child with cortico-adrenal insufficiency. *Journal of the American Medical Association, 114*(10), 866-868. [doi: 10.1001/jama.1940.62810100001011]

Winkielman, P., Berridge, K. C., & Wilbarger, J. L. (2005). Unconscious affective reactions to masked happy versus angry

1597

第 VII 部　味覚

faces influence consumption behavior and judgments of value. *Personality and Social Psychology Bulletin, 31*(1), 121-135. [doi: 10.1177/0146167204271309]

Woods, S. C., Vasselli, J. R., Kaestner, E., Szakmary, G. A., Milburn, P., & Vitiello, M. V. (1977). Conditioned insulin secretion and meal feeding in rats. *Journal of Comparative and Physiological Psychology, 91*(1), 128-133. [doi: 10.1037/h0077307]

山本　隆　(2001)．美味の構造　講談社

山本　隆　(2007)．おいしさから過食へ：脳内報酬系の働き　化学と生物，*45*(1)，21-26.

Yamamoto, T., Fujimoto, Y., Shimura, T., & Sakai, N. (1995). Conditioned taste aversion in rats with excitotoxic brain lesions. *Neuroscience Research, 22*(1), 31-49. [doi: 10.1016/0168-0102(95)00875-t]

Yasoshima, Y., Yoshizawa, H., Shimura, T., & Miyamoto, T. (2015). The basolateral nucleus of the amygdala mediates caloric sugar preference over a non-caloric sweetener in mice. *Neuroscience, 291*, 203-215. [doi: 10.1016/j.neuroscience.2015.02.009]

Yeomans, M. R. (2006). Olfactory influences on appetite and satiety in humans. *Physiology & Behavior, 87*(4), 800-804. [doi: 10.1016/j.physbeh.2006.01.029]

Yeomans, M. R., & Mobini, S. (2006). Hunger alters the expression of acquired hedonic but not sensory qualities of food-paired odors in humans. *Journal of Experimental Psychology: Animal Behavior Processes, 32*(4), 460-406. [doi: 10.1037/0097-7403.32.4.460]

Zellner, D. A., Loss, C. R., Zearfoss, J., & Remolina, S. (2014). It tastes as good as it looks! The effect of food presentation on liking for the flavor of food. *Appetite, 77*, 31-35. [doi: 10.1016/j.appet.2014.02.009]

Zellner, D. A., Siemers, E., Teran, V., Conroy, R., Lankford, M., Agrafiotis, A., ... Locher, P. (2011). Neatness counts. How plating affects liking for the taste of food. *Appetite, 57*, 642-648. [doi: 10.1016/j.appet.2011.08.004]

第**6**章　味覚の異常・障害

6・1　味覚異常と味覚障害

　臨床において，味覚異常と味覚障害の用語が混同されて使用されている。冨田は，「味覚異常（taste disorder, dysgeusia）という表現は，患者の訴える味覚の変化・表現を指し，味覚障害（taste disturbance）は，味覚検査を施行して，患者の訴える味覚異常の種類を診断した上で議論する場合に使用する」（冨田, 2011），と二つの用語を明確に区別している。しかし，和文の書籍・論文では味覚の異常を訴える人は味覚障害者と表記され，味覚異常者と表現することはほとんどない。一方英語表記では，味覚の異常を訴える人も味覚検査値が異常である人も味覚異常者を意味する taste disorder や dysgeusia の用語で統一されている。

（庄司　憲明）

6・2　遺伝性味覚異常と味盲

6・2・1　一塩基多型による味覚感受性の相違

　味覚は食物の質を評価し，摂取すべきか否かを決定するための化学感覚システムである。五基本味（甘味，塩味，酸味，苦味，うま味）は，遺伝子にコードされている分子から構成される味覚受容体を介して受容される。味覚感受性には一塩基多型（single nucleotide polymorphism：SNPs）による個人差があることが知られており，味覚感受性は同一ではない（Bufe et al., 2005；Kim et al., 2003；Wooding et al., 2004）。

　感受性の個人差について，アメリカの科学者 Fox は先天的にフェニルチオ尿素（phenylthiocarbamide：PTC）の味がわからない集団を「味盲（tasteblind）」と命名した（Fox, 1931）。その後味盲の研究は，PTC だけでなく 6-n-プロピルチオウラシル（PROP）などの苦味物質に対する低感受性のヒト集団を対象として行われるようになった。一方遺伝的研究において，特定の物質を味わえない個体は「non-taster」と表現される。PTC や PROP などの苦味物質だけでなく Gurmarin（Gur）のペプチド（Sanematsu et al., 2005），温度（thermal）（Skinner et al., 2018）などに感受性のない個体は，それぞれ，PTC non-taster，PROP non-taster，Gur non-taster，thermal non-taster と表される。

　近年，苦味物質である PTC や化学的に類似する PROP に対する感受性は遺伝学的に決定されていることが報告された（Wooding et al., 2004）。たとえば PTC の感受性は，苦味受容体遺伝子の一つである hTAS2R38 を構成する 333 個のアミノ酸の 49 番目，262 番目，および 296 番目がそれぞれプロリン（P）かアラニン（A），アラニン（A）かバリン（V），およびバリン（V）かイソロイシン（I）のどちらの variant（バリアント，多様体）であるかによって決定される（Bufe et al., 2005）。出現頻度の高いハプロタイプ（Haplotypes）は PAV，AVI であり，PTC に対する感受性は遺伝子型 PAV/PAV（PAV homozygotes）の保有者で高く（PTC super-tasters），PAV/AVI（heterozygotes）の保有者で中程度（PTC medium-tasters）であり，AVI/AVI（AVI homozygotes）の保有者では低い（PTC non-tasters）（Kim et al., 2003）。TAS2R38 以外の苦味受容体（TAS2Rs）においても，SNPs による苦味感受性の変化についてさまざまな報告がある。TAS2R19 や TAS2R31 の変異は quinine（キニン）に対する感受性とグレープフルーツの嗜好性に影響を与え

1599

第 VII 部　味覚

(Hayes et al., 2011；Hayes et al., 2015)，TAS2R43 の変異は天然植物の aloin（アロエ由来の抽出物）や人工甘味料である saccharin の苦味に対する感受性に関係している（Pronin et al., 2007）。また，甘味感受性では，TAS1R3 のプロモーター領域の SNP により感受性が変化すること（Fushan et al., 2009）や，TAS1R2 の遺伝子変異（191 番目のアミノ酸がバリン→イソロイシン）は糖分消費に影響を与えることが報告されている（Eny et al., 2010）。さらに，うま味感受性では，TAS1R1 の 372 番目アミノ酸がアラニン→トレオニンに変化すると高感受性になり，TAS1R3 の 757 番目アミノ酸がアルギニン→システインに変化すると低感受性になる。アジア人ではうま味感受性が高い TAS1R1 372 トレオニンの頻度が高いことがわかっている（Shigemura et al., 2009）。このように味覚感受性は遺伝的に変化し，さまざまな狭義の味覚異常が惹起され，個々の嗜好性や食物摂取を決定する大きな要因となっている（表 6-2-1）。

6・2・2　遺伝的味覚異常と疾患

　近年，苦味受容体（TAS2Rs）の SNPs と食事行動，食物・栄養摂取，肥満や生活習慣病との関係が報告されている。TAS2R38 PAVcarriers（PAV/PAV+PAV/AVI：PTC super- + medium- tasters）はアルコールやタバコの摂取が少ない傾向にあり（Keller et al., 2013），またガン患者では TAS2R13 の変異とアルコール摂取との関係が指摘されている（Dotson et al., 2012）。さらに，アーミッシュファ

ミリー糖尿病，甲状腺機能異常および呼吸器感染の罹患率はそれぞれ TAS2R9（Dotson et al., 2008），TAS2R42（Clark et al., 2015），TAS2R38（Lee et al., 2012）の SNPs と関係することが示されている。最近，ガンの罹患率と TAS2R38 の遺伝的関与について複数の報告がある。ドイツとチェコの PTC non-tasters（AVI/AVI）は大腸ガンになるリスクが高く（Carrai et al., 2011），同様に日本では，PTC non-tasters（AVI/AVI）が消化器ガンになるリスクが高い（Yamaki et al., 2017）。一方韓国では，胃ガンの罹患率が PAV/AVI（heterozygotes）の保有者（PTC medium-tasters）で高く（Choi et al., 2016），ハワイのアメリカ人では，大腸ガン（腺癌）と TAS2R38 の遺伝子型に関係はなかった（Schembre et al., 2013）とされ，ガンの罹患率と TAS2R38 の遺伝的関与について未だ一定の見解は得られていない。このような地域間の相違は，hTAS2R38 PAV, AVI and AAI ハプロタイプの発生頻度の相違（図 6-2-1）に由来していると考えられる。

　日本において，消化器ガンになるリスクが高いと推測される TAS2R38（AVI/AVI）の保有率は，人口の約 18％である 2300 万人と推定されている（Yamaki et al., 2017）。今後，大規模な遺伝子調査により TAS2R38 の遺伝性味覚異常とガン発症との関係について明らかにすることが喫緊の重要課題である。

（庄司　憲明）

表 6-2-1　味覚受容体遺伝子多型と表現型

味質	味覚受容体遺伝子	遺伝子変異による影響
苦味	TAS2R38	PTC 感受性
	TAS2R19，TAS2R31	quinine（キニン）感受性，グレープフルーツの嗜好性
	TAS2R43	aloin, saccharin の苦味に対する感受性
甘味	TAS1R2	糖分消費
	TAS1R3	甘味感受性
うま味	TAS1R1	umami 高感受性
	TAS1R3	umami 低感受性

第6章 味覚の異常・障害

図6-2-1　hTAS2R38 PAV, AVI, AAIハプロタイプの発生頻度の相違（Risso et al., 2016）

6・3　味覚障害

　味覚は，食物摂取に関与する重要な感覚である。すなわち，味覚を構成する五つの基本味のうち甘味，塩味，うま味はそれぞれ，生命維持に欠かせない糖，ミネラル，アミノ酸摂取のシグナルであり，苦味と酸味は毒物や腐敗物の摂取を避けるためのシグナルである。したがって，味覚障害は単なる感覚障害にとどまらず，栄養障害を惹起し健康と深く関わる。特に高齢者では，味覚障害によって栄養障害からフレイル（加齢により心身が老い衰えた状態），そして要介護状態へ移行する危険性がある。しかしながら，味覚障害は，視覚，聴覚などの感覚障害と比較して自覚に乏しく，味覚障害を主訴に病院を受診する患者は少ない。味覚障害は最近マスコミでも取り上げられるようになり国民の関心も高まってきているが，未だに検査・診断・治療が必要な疾患として広く認識されてはいない。実際，味覚障害を専門としている国内の医療機関はわずか2.1%（日本口腔咽頭学会調べ：1990年）と非常に少ない（愛場，2003）。

6・3・1　味覚障害の臨床統計

　味覚障害患者数は，1990年の調査では年間約14万人，2003年の調査では年間約24万人であり急速に増加している（愛場，2003）。しかしこの調査対象者は耳鼻咽喉科を受診した患者であり，内科など他科を受診した患者は含まれていない。味覚障害のため耳鼻咽喉科や内科を受診したものの原因不明と診断され歯科を受診する患者も存在する（Ikeda et al., 2015）。味覚障害の総患者数は，耳鼻咽喉科以外を受診する味覚障害患者や味覚異常の自覚がない味覚障害患者を勘案すると，年間約24万人よりもさらに多いものと推測される。

6・3・2　味覚障害の疫学調査

　わが国における味覚障害患者は超高齢化を背景に増加しており，その実態に関する疫学調査が報告されている（佐藤他，2003）。調査対象は，仙台市近郊の養護老人ホームに入居し健常者と同様の自立した生活を送っている65歳から94歳の高齢者71名（男性19名，女性52名）で，濾紙ディスク法（Ⅶ・6・4参照）を用いた味覚検査により63.4%は味覚正常，36.6%は味覚障害と診断され，約4割弱に味覚障害がみられた。その内訳は，軽度味覚障害が33.8%，中等度味覚障害が2.8%で，高度味覚障害は認められなかった（図6-3-1）。興味あることに，味覚異常感を自覚している者は71名中9名（12.7%）と少なく，味覚障害者の多くは味覚異常感を自覚していなかった（佐藤他，2003）。また，健常若年者における味覚の疫学調査障害についての報告がある（佐藤他，2006）。東北大学歯学部新入生153名（男子103名，女子50名）を対象として濾紙ディスク法による

1601

第 VII 部　味覚

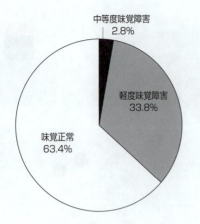

図 6-3-1　高齢者の味覚障害（佐藤他，2003 を一部改変）

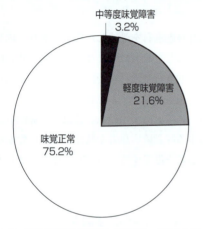

図 6-3-2　若年者の味覚障害（佐藤他，2006 を一部改変）

味覚検査を実施した結果，75.2％は味覚正常，24.8％は味覚障害と診断され，健常若年者の1/4に味覚障害がみられた。その内訳は，軽度味覚障害が21.6％，中等度味覚障害が3.2％で，高度味覚障害は認められなかった（図6-3-2）。なお，味覚異常感を自覚している者は7.9％と高齢者と同様に少なく，味覚障害者の多くは味覚異常感を認識していなかった。この結果は，若年者においても味覚障害者が数多く存在することを示しており，近年の若年者をとりまく生活環境の変化や食生活の変化が若年者の味覚に影響を及ぼしていることを示唆している。

6・3・3　味覚障害の分類

　味覚障害の分類は症状別，原因別，障害部位別および亜鉛との関連による分類などがあり（冨田, 1997），一般臨床では下記の症状による分類がよく用いられている。①味覚低下（減退）：味が薄く感じる，②味覚消失（脱失）：まったく味がしない，③解離性味覚障害：特定の味（甘味など）だけがわからない，④錯味症（異味症）：本来の味質と異なる味質を感じる（例：塩味が苦い），⑤自発性異常味覚：口の中に何もないのに常に味がする，⑥悪味症：食べ物が嫌な味になる，⑦味覚過敏：味を濃く感じる。

　また，味覚障害の味覚伝導経路（図6-3-3）の障害部位から，①末梢レベル障害［味覚受容体の障害（味を受ける部分）］，②神経レベル障害［味覚神経の障害（味を伝える部分）］，③中枢レベル障害［味覚情報の統合（味を感じる部分）］と分類する方法は味覚障害の原因や治療を考えるうえで重要である。①末梢レベル障害は，味蕾（味覚受容体）に対する障害であり，舌炎，口腔乾燥，火傷などの外的障害と亜鉛欠乏，鉄欠乏，ビタミン欠乏などの栄養障害による内的障害がある（佐藤他，2018）。

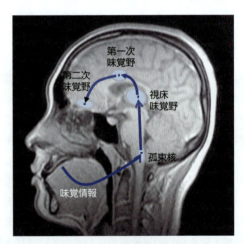

図 6-3-3　味覚の求心性伝導路味覚障害の原因（佐藤他，2018）

味覚神経は延髄の孤束核に終止している。孤束核には，口腔からの体性感覚（触・圧・温度感覚）および迷走神経からの内臓感覚も入力されている。これらの情報は，視床味覚野を経て大脳味覚野に伝わる（山本，1996）。視床味覚中継核および大脳皮質味覚野においても，味覚は口腔感覚や内臓感覚との統合が起こりやすい環境にある（小川，2010）。

6・3・4 味覚障害の原因

味覚障害の70％は薬剤性，亜鉛欠乏性，全身性，特発性（血清亜鉛値を含め諸検査が正常であり，原因や誘因が不明な味覚障害）に惹起されるとの報告がある（冨田，1991）．図6-3-4に示すとおり，薬剤性の頻度が約24％と最も高い．味覚障害の副作用を有する薬剤は，降圧剤や消化性潰瘍剤，解熱鎮痛消炎剤，抗菌剤，抗ヒスタミン剤，糖尿病用剤，肝疾患用剤，高脂血症用剤，不整脈用剤，痛風用剤，抗精神剤，抗パーキンソン剤などに多数存在する（冨田，2011）．2番目に頻度が高いのは味細胞の新生に関与する亜鉛の欠乏（14.6％）である．さらに全身性（14.4％）が次に続き，糖尿病，消化器疾患（胃・腸手術を含む），腎障害，肝障害，甲状腺機能障害，悪性貧血，鉄欠乏性貧血，脳疾患（脳腫瘍，脳梗塞）などがある．亜鉛治療の無効例である特発性味覚障害は全体の13.5％に及ぶ．一方，口腔疾患を原因とする味覚障害は7％程度と少ない．しかし前述のとおり，内科や耳鼻咽喉科等では，舌炎や口内炎，口腔乾燥，口腔カンジダ症，口腔粘膜疾患といった歯科特有の口腔疾患の診断が困難な場合が多く，これらを原因とする味覚障害患者が見逃されている可能性がある．実際，味覚異常が主訴でありながら味覚検査で異常がみられない症例の多くに，義歯などの補綴物，歯周疾患，口腔粘膜疾患などが原因としてみられる（栗和田他，1993）．味覚は，単に味蕾による味の受容感覚ではなく，口腔感覚を含む総合感覚として高位中枢で知覚される（図6-3-3）ことから，口腔症状が味覚の変調をきたすことは十分に考えられる．

6・3・5 味覚障害の治療

味覚障害の治療は，検査で判明した原因（表6-3-1）に対して行う．薬剤の副作用が原因と考えられた場合には，薬剤の変更が可能かどうか検討する．栄養障害に対しては，亜鉛やビタミンの投与，食事指導を行う．内科疾患，耳鼻咽喉科疾患，心因性疾患などに対しては，専門診療科が対応する．口腔疾患に対しては，含嗽，軟膏塗布，抗真菌剤投与および口腔健康管理など歯科が対応する．最近の報告（佐藤，2013）では，味覚障害患者の約94％に何らかの口腔症状（併発症状を含む）がみられることが示されている．特に，唾液分泌量は味覚と深く関わる（Satoh-Kuriwada et al., 2009）ため，口腔乾燥症状の診断と治療は極めて重要である．とりわけ高齢者では歯周病や歯の欠損，さらには義歯装着による口

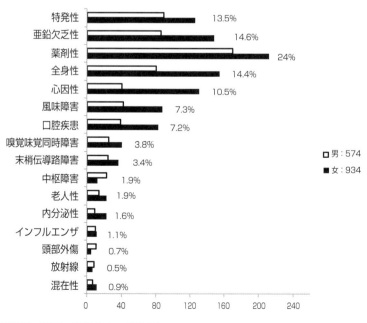

図6-3-4　味覚障害の原因（冨田，2011を一部改変）

表 6-3-1 味覚障害の原因（佐藤他，2018 を一部改変）

原因	有害事象および疾患
薬剤性	副作用に味覚障害のある各種薬剤（降圧剤，消化性潰瘍剤，解熱鎮痛消炎剤，抗菌剤，抗ヒスタミン剤，糖尿病用剤，肝疾患用剤，高脂血症用剤，不整脈用剤，痛風用剤，抗精神剤，抗パーキンソン剤など）
栄養障害	亜鉛欠乏，ビタミン（Vit.A, Vit.B12, Vit.B2 など），摂食障害など
全身疾患	糖尿病，消化器疾患（胃・腸手術を含む），腎障害，肝障害，甲状腺機能障害，悪性貧血，鉄欠乏性貧血，脳疾患（脳腫瘍，脳梗塞）など
心因性	うつ病，神経症，転換性障害，神経性食欲不振など
味覚神経障害	中耳炎，中耳外傷，中耳手術，顔面神経障害（Bell 麻痺，Ramsay Hunt 症候群など），球麻痺，扁桃手術，喉頭手術，頭頸部癌の放射線治療，抗ガン剤の副作用など
嗅覚障害	慢性副鼻腔炎，加齢による嗅覚障害，嗅裂炎，頭頸部癌の放射線治療，抗ガン剤の副作用など
口腔疾患	舌炎，口内炎，口腔乾燥（唾液分泌量低下を含む），口腔カンジダ症，口腔粘膜疾患（口腔扁平苔癬）など

なお，特発性味覚障害は表から除外した。

腔体性感覚の障害が味覚を障害する場合があり，歯科治療が効果的な場合がある。

（庄司 憲明）

6・4 味覚検査法

味覚障害を診断し治療するためには，原因精査と味覚機能検査が必要である。

原因精査は，味覚伝導路（図 6-3-3）における障害部位を考慮し以下の検査を行う。

6・4・1 問診

問診により，①発症時の全身の状況（感冒，中耳炎，頭部外傷，薬剤服用，心理的ストレスなど），②全身疾患（糖尿病，消化器疾患，胃切除，腎障害，肝障害，シェーグレン症候群など），③服用薬剤（味覚障害のみならず口腔乾燥の副作用のある薬剤），および④随伴症状（口腔乾燥，嗅覚障害，口内炎など）を聴取する。

6・4・2 臨床検査

6・4・2・1 血液一般検査

亜鉛欠乏性，全身性の原因精査のため，血液一般検査（血糖値，血清亜鉛，ビタミン B12，葉酸，血清鉄，赤血球数，ヘモグロビン，ヘマトクリット，MCV，MCH，MCHC など）を行う。

6・4・2・2 口腔領域の検査

視診により口腔乾燥や舌炎，舌苔などによる口腔病変の有無について精査を行う。鉄欠乏性貧血や悪性貧血に随伴する赤い舌乳頭萎縮性の平滑舌（舌炎）は味覚障害を惹起するため注意が必要である。また，唾液量検査も重要である。唾液は，味物質の溶解と味蕾への接触，唾液中の成長因子による味蕾再生促進，唾液中の各種抗菌・抗炎症成分による口腔粘膜の保護等によって味覚と密接に関連している。唾液量を評価するために安静時唾液量と刺激唾液量（ガムテスト）を測定する。さらに，口腔カンジダ症により味覚障害が引き起こされる場合もある（佐藤他，2018）ため，カンジダ菌培養検査も重要である。抗真菌剤を処方するかどうかの指標になる。

6・4・3 味覚機能検査

現在，本邦で用いられている味覚診断法として，電

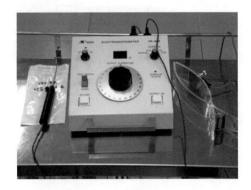

図 6-4-1 電気味覚計

第6章　味覚の異常・障害

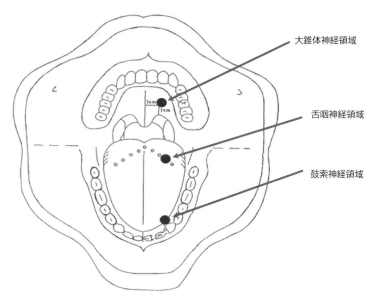

図 6-4-2　味覚検査部位（佐藤他, 2018）
左右の舌尖（鼓索神経支配），舌後方（舌咽神経支配），軟口蓋（大錐体神経支配）の6か所。

気味覚検査および濾紙ディスク検査がある。前者は電気刺激，後者は味覚呈味物質（甘味・塩味・酸味・苦味）刺激に対する患者の応答により，感覚閾値及び認知閾値を調べる主観的検査である。最近，うま味に対する濾紙ディスク検査が開発された（Satoh-Kuriwada et al., 2014）。一方でfMRI，MEG（脳磁図）による生体情報や，味覚受容体遺伝子発現を指標とした客観的，定量的な検査法（Shoji et al., 2015）も報告されているが未だ一般的ではない。

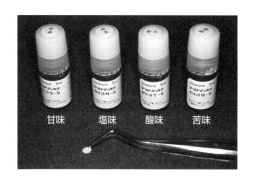

図 6-4-3　濾紙ディスク検査（佐藤他, 2018を一部改変）
濃度の異なる味質溶液（甘味, 塩味, 酸味, 苦味の各溶液）をピンセットで挟んだ濾紙に含ませ図6-4-2に示す部分に貼付し味覚閾値を調べる味覚感受性検査。

6・4・3・1　電気味覚検査

舌や軟口蓋を微弱な直流電流で刺激することにより，金属を舐めたような電気味覚が生じることを利用した検査法である。ペースメーカー装着者には使用できない。電気味覚計（TR-06A型：リオン社製：図6-4-1）により-6 dB（4μA）から電気味覚を感じるまで段階的に電気刺激を与え感覚閾値を測定し味覚異常を診断する。測定部位は図6-4-2に示す，鼓索神経領域（舌前方），舌咽神経領域（舌後方），大錐体神経領域の左右両側6か所とすることが一般的である。この検査は，顔面神経麻痺による障害部位の診断など味覚伝導路の障害を診断するうえで有用である。

6・4・3・2　濾紙ディスク検査

甘味，塩味，酸味，苦味の4種類の呈味物質を用いる味覚検査法（テーストディスク™：三和化学研究所）である（図-6-4-3）。5段階濃度系列に設定した溶液を用いて，直径5 mmの円形濾紙に溶液を浸して測定部位に置き，感じた味を答えさせ，認知閾値（味質を正確に判別できる最小濃度）を測定する。測定部位は電気味覚検査と同様である（図6-4-2）。この方法は，味覚伝導路障害の診断に加えて，味質ごとの定性定量評価が可能である。すなわち，

第 VII 部　味覚

味覚減退（閾値上昇）のみならず味覚錯誤（本来の　　ある。
味質と異なった味として感じる）の診断にも有用で　　　　　　　　　　　　　　（庄司　憲明）

文献

(6・1)

冨田　寛　(2011)．味覚障害の原因別分類　味覚障害の全貌　(pp. 258-400)　診断と治療社

(6・2)

Bufe, B., Breslin, P. A. S., Kuhn, C., Reed, D. R., Tharp, C. D., Slack, J. P., ... Meyerhof, W. (2005). The molecular basis of individual differences in phenylthiocarbamide and propylthiouracil bitterness perception. *Current Biology*, *15*(4), 322-327. [doi: 10.1016/j.cub.2005.01.047]

Carrai, M., Steinke, V., Vodicka, P., Pardini, B., Rahner, N., Holinski-Feder, E., ... Campa, D. (2011). Association between TAS2R38 gene polymorphisms and colorectal cancer risk: A case-control study in two independent populations of Caucasian origin. *PLoS ONE*, *6*(6), e20464. [doi: 10.1371/journal.pone.0020464]

Choi, J. H., Lee, J., Choi, I. J., Kim, Y. W., Ryu, K. W., & Kim, J. (2016). Genetic variation in the TAS2R38 bitter taste receptor and gastric cancer risk in Koreans. *Scientific Reports*, *6*, 26904. [doi: 10.1038/srep26904]

Clark, A. A., Dotson, C. D., Elson, A. E., Voigt, A., Boehm, U., Meyerhof, W., ... Munger, S. D. (2015). TAS2R bitter taste receptors regulate thyroid function. *The FASEB Journal*, *29*(1), 164-172. [doi: 10.1096/fj.14-262246]

Dotson, C. D., Wallace, M. R., Bartoshuk, L. M., & Logan, H. L. (2012). Variation in the gene TAS2R13 is associated with differences in alcohol consumption in patients with head and neck cancer. *Chemical Senses*, *37*(8), 737-744. [doi: 10.1093/chemse/bjs063]

Dotson, C. D., Zhang, L., Xu, H., Shin, Y. K., Vigues, S., Ott, S. H., ... Munger, S. D. (2008). Bitter taste receptors influence glucose homeostasis. *PLoS ONE*, *3*(12), e3974. [doi: 10.1371/journal.pone.0003974]

Eny, K. M., Wolever, T. M., Corey, P. N., & El-Sohemy, A. (2010). Genetic variation in TAS1R2 (Ile191Val) is associated with consumption of sugars in overweight and obese individuals in 2 distinct populations. *American Journal of Clinical Nutrition*, *92*(6), 1501-1510. [doi: 10.3945/ajcn.2010.29836]

Fox, A. F. (1931). Six in ten 'tasteblind' to bitter chemical. *Science News Letter*, *9*, 249.

Fushan, A. A., Simons, C. T., Slack, J. P., Manichaikul, A., & Drayna, D. (2009). Allelic polymorphism within the TAS1R3 promoter is associated with human taste sensitivity to sucrose. *Current Biology*, *19*, 1288-1293. [doi: 10.1016/j.cub.2009.06.015]

Hayes, J. E., Feeney, E. L., Nolden, A. A., & McGeary, J. E. (2015). Quinine bitterness and grapefruit liking associate with allelic variants in TAS2R31. *Chemical Senses*, *40*(6), 437-443. [doi: 10.1093/chemse/bjv027]

Hayes, J. E., Wallace, M. R., Knopik, V. S., Herbstman, D. M., Bartoshuk, L. M., & Duffy, V. B. (2011). Allelic variation in TAS2R bitter receptor genes associates with variation in sensations from and ingestive behaviors toward common bitter beverages in adults. *Chemical Senses*, *36*(3), 311-319. [doi: 10.1093/chemse/bjq132]

Keller, M., Liu, X., Wohland, T., Rohde, K., Gast, M. T., Stumvoll, M., ... Böttcher, Y. (2013). TAS2R38 and its influence on smoking behavior and glucose homeostasis in the German Sorbs. *PLoS ONE*, *8*(12), e80512. [doi: 10.1371/journal.pone.0080512]

Kim, U. K., Jorgenson, E., Coon, H., Leppert, M., Risch, N., & Drayna, D. (2003). Positional cloning of the human quantitative trait locus underlying taste sensitivity to phenylthiocarbamide. *Science*, *299*(5610), 1221-1225. [doi: 10.1126/science.1080190]

Lee, R. J., Xiong, G., Kofonow, J. M., Chen, B., Lysenko, A., Jiang, P., ... Cohen, N. A. (2012). T2R38 taste receptor polymorphisms underlie susceptibility to upper respiratory infection. *Journal of Clinical Investigation*, *122*(11), 4145-4159. [doi: 10.1172/JCI64240]

Pronin, A. N., Xu, H., Tang, H., Zhang, L., Li, Q., & Li, X. (2007). Specific alleles of bitter receptor genes influence human sensitivity to the bitterness of aloin and saccharin. *Current Biology, 17*(16), 1403-1408. ［doi: 10.1016/j.cub.2007.07.046］

Risso, D. S., Mezzavilla, M., Pagani, L., Robino, A., Morini, G., Tofanelli, S., ... Drayna, D. (2016). Global diversity in the TAS2R38 bitter taste receptor: Revisiting a classic evolutionary PROPosal. *Scientific Reports, 6*, 25506. ［doi: 10.1038/srep25506］

Sanematsu, K., Yasumatsu, K., Yoshida, R., Shigemura, N., & Ninomiya, Y. (2005). Mouse strain differences in Gurmarin-sensitivity of sweet taste responses are not associated with polymorphisms of the sweet receptor gene, Taslr3. *Chemical Senses, 30*(6), 491-496. ［doi: 10.1093/chemse/bji041］

Schembre, S. M., Cheng, I., Wilkens, L. R., Albright, C. L., & Le Marchand, L. (2013). Variations in bitter-taste receptor genes, dietary intake, and colorectal adenoma risk. *Nutrition and Cancer, 65*(7), 982-990. ［doi: 10.1080/01635581.2013.807934］

Shigemura, N., Shirosaki, S., Sanematsu, K., Yoshida, R., & Ninomiya, Y. (2009). Genetic and molecular basis of individual differences in human umami taste perception. *PLoS ONE, 4*, e6717. ［doi: 10.1371/journal.pone.0006717］

Skinner, M., Eldeghaidy, S., Ford, R., Giesbrecht, T., Thomas, A., Francis, S., & Hort, J. (2018). Variation in thermally induced taste response across thermal tasters. *Physiology & Behavior, 188*, 67-78. ［doi: 10.1016/j.physbeh.2018.01.017］

Wooding, S., Kim, U. K., Bamshad, M. J., Larsen, J., Jorde, L. B., & Drayna, D. (2004). Natural selection and molecular evolution in PTC, a bitter-taste receptor gene. *American Journal of Human Genetics, 74*(4), 637-646. ［doi: 10.1086/383092］

Yamaki, M., Saito, H., Isono, K., Goto, T., Shirakawa, H., Shoji, N., ... Komai, M. (2017). Genotyping analysis of bitter-taste receptor genes TAS2R38 and TAS2R46 in Japanese patients with gastrointestinal cancers. *Journal of Nutritional Science and Vitaminology, 63*(2), 148-154. ［doi: 10.3177/jnsv.63.148］

(6・3)

愛場 庸雅 （2003）．味覚障害患者の動向　阪上 雅史 （編）　耳鼻咽喉科診療プラクティス 12　嗅覚・味覚障害の臨床最前線 （pp.88-91）　文光堂

Ikeda, M., Aiba, T., Ikui, A., Inokuchi, A., Kurono, Y., Sakagami, M., ... Tomita, H. (2005). Taste disorders: A survey of the examination methods and treatments used in Japan. *Acta Oto-Laryngologica, 125*, 1203-1210. ［doi: 10.1080/00016480510040173］

栗和田 しづ子・庄司 憲明・駒井 伸也・菅原 由美子・古内 寿・阪本 真弥...三条 大助 （1993）．味覚異常の診断　日口診誌，6，397-404.

小川 尚 （2010）．脳における味の認識　日本味と匂学会 （編）　味のなんでも小事典 （pp. 120-126）　講談社

佐藤 しづ子 （2013）．高齢者の味覚障害に対する口腔内科学的診断および治療の重要性　日本味と匂学会誌，20(2)，97-109. ［doi: 10.18965/tasteandsmell.20.2_97］

佐藤 しづ子・阪本 真弥・笹野 高嗣 （2006）．若年者の味覚異常に関する疫学調査研究：第 1 報　実態およびライフスタイルとの関連について　日口診誌，19，62-68.

佐藤 しづ子・笹野 高嗣・斉藤 美紀子・橋本 憲二・示野 陽一・大場 麻美...渡辺 誠 （2003）．高齢者の味覚異常に関する疫学調査研究：第 1 報　全身疾患および服薬が味覚異常に及ぼす影響　日口診誌，16，1-8.

佐藤 しづ子・庄司 憲明・笹野 高嗣 （2018）．味覚障害　山根 源之・草間 幹夫・久保田 英朗・中村 誠司 （編）　口腔内科学 （pp. 466-470）　永末書店

Satoh-Kuriwada, S., Shoji, N., Kawai, M., Uneyama, H., Kaneta, N., & Sasano, T. (2009). Hyposalivation strongly influences hypogeusia in the elderly. *Journal of Health Science, 55*, 689-698. ［doi: 10.1248/jhs.55.689］

冨田 寛 （1991）．嗅覚障害，味覚障害　日本臨床，49，1260-1262.

冨田 寛 （1997）．味覚障害　佐藤 昌康・小川 尚 （編）　最新 味覚の科学 （pp. 227-246）　朝倉書店

冨田 寛 （2011）．味覚障害の臨床統計　味覚障害の全貌 （pp. 208-221）　診断と治療社

山本 隆 （1996）．脳と味覚：おいしく味わう脳のしくみ　共立出版

第 VII 部　味覚

(6・4)

Blakeslee, A. F. (1932). Genetics of sensory thresholds: Taste for Phenyl thio carbamide. *Proceedings of the National Academy of Sciences of the USA, 18*, 120–130. [doi: 10.1073/pnas.18.1.120]

佐藤 しづ子・庄司 憲明・笹野 高嗣 （2018）．味覚障害　山根 源之・草間 幹夫・久保田 英朗・中村 誠司 （編）　口腔内科学 （pp. 466–470）　永末書店

Satoh-Kuriwada, S., Kawai, M., Iikubo, M., Sekine-Hayakawa, Y., Shoji, N., Uneyama, H., & Sasano, T. (2014). Development of an umami taste sensitivity test and its clinical use. *PLoS ONE, 9*(4), e95177. [doi: 10.1371/journal.pone.0095177]

Shoji, N., Kaneta, N., Satoh-Kuriwada, S., Tsuchiya, M., Hashimoto, N., Uneyama, H., ... Sasano, T. (2015). Expression of umami-taste-related genes in the tongue: A pilot study for genetic taste diagnosis. *Oral Diseases, 21*(6), 801–806. [doi: 10.1111/odi.12350]

第7章　料理・飲料と味覚

7・1　はじめに

　本章では味覚に関する感覚・知覚心理学の知見を社会実装する場として，食品や飲料の開発を取り上げる。心理学の応用が社会実装された場は，マーケティングや消費者行動，広告，行動経済学などの分野にみられることは周知の通りである。しかし，食品や飲料の開発で重要な官能評価も感覚・知覚心理学を基盤とした社会実装の場であることはあまり明確に意識されないようだ。味覚の感覚・知覚心理学研究が，官能評価にどのように貢献してきたかということはすでに VII・4 で概観した。本章ではそれらの知見が食品や飲料の開発という社会実装にどのようにつながっているかということを現場で活躍されている研究者の方々に解説していただく。

　VII・7・2 ではうま味が食品の味わいにどのような形で貢献できているかということを豊富な実例とともに解説する。VII・1 で解説したように，五基本味の一つであるうま味は，アミノ酸や核酸によって引き起こされる味覚である。このうま味は単独ではっきりとした味覚経験を及ぼすものではないが，食品の味わいを広げたり，他の味覚と相互作用することが知られている。そのようなうま味のもつ特性を食品の開発にあたりどのように応用するかということについて紹介する。

　VII・7・3 ではいわゆる「味」（感覚としての味覚ではない）について多大な貢献をしていることが知られている食感のうち，のど越しの感覚について説明する。食感は食品の物理特性によって引き起こされるだけでなく，食品に含まれる化学物質によっても引き起こされる。たとえば，炭酸水のピリピリ感はのど奥にある三叉神経の自由神経終末に存在する

化学受容体によって検知されること，香辛料やハーブなどの「味」は口腔内の TRP チャネルによって検知されること，これらの口腔内体性感覚は味覚神経と相互作用することによって，味覚と一体化した「味」として知覚されることなどがすでに知られており（駒井他，2006），世界的に研究が進んでいる。しかしながら，のど越しやコクなど，通常の生活ではよく経験するような知覚経験は未だに十分に理解されていない。本節の後半ではのど越しについて，主に生理学的なアプローチから解明しようとする試みを概説した。これらの研究結果は，未だによく理解されていないのど越しに関する感覚知覚研究の基礎となる知見となるだろう。

　本章を通じて，いわゆる基礎科学である感覚知覚研究と応用科学である食品学の間の関連性および相違性が理解できるだろう。そのギャップを埋める鍵は，感覚知覚心理学の知見を社会実装することにあると期待している。

（坂井　信之）

7・2　料理とうま味

7・2・1　はじめに

　ヒトは有史以来，生命を維持し生活を営むうえで，必要な栄養素を動物性，植物性を問わず他の生物を食物として調達するためにさまざまな試行錯誤を繰り返してきた。その結果，世界各地には，その地方で容易に手に入る食物を巧みに組み合わせて加工，調理する食文化が形成されてきた。イギリスの自然科学者 Charles Darwin（1809-1882）は，調理とはヒトが言語の次に獲得した人類特異の技術であり，ヒトの歴史における第二の革命であると述べている。調

1609

第 VII 部　味覚

理は人類の食事の形態を変化させただけでなく，体形，脳，社会生活などにも大きな変化をもたらした。植物は毒素をもつことで，昆虫や草食動物から身を守っているが，調理することで，これらの毒素を壊し食べられる食品に変えることが可能になった。たとえば，インゲン豆のヘマグルチニン（植物性血球凝集素）は調理によって分解される。また，サルモネラ菌のような病原微生物は調理によって死滅させることができる。調理された食品は消化されやすくなるなど，多くの利点がある。約 180 万年前にヒトの脳のサイズが大きくなったのは，加熱調理が始まったことに関係しているともいわれている。火を使うことで危険な動物から身を守ることができるようになり，人々は集団で暮らすようになり，料理を分けて食べる共食が始まった。そして，加熱調理をすることで，より美味しく食べることができるようになり，食物に含まれている呈味成分を抽出し汁物として摂取することができるようになるなど，加熱調理はヒトの歴史に大きな変革をもたらした。汁物の成分として素材の食物から抽出されてくる呈味成分の主なものは，遊離アミノ酸，ペプチド，核酸関連物質，糖，有機酸などが挙げられる。これらの呈味物質の中でうま味に関与しているのは，遊離アミノ酸のグルタミン酸とアスパラギン酸，核酸関連物質のイノシン酸，グアニル酸である。

　本章では，料理におけるこれらのうま味成分の存在や役割について解説する。

7・2・2　食品中の主なうま味物質

　われわれは日々の食事から生命維持に必要なタンパク質，脂質，炭水化物をはじめビタミンやミネラルなどの栄養素を摂取している。食品成分表には，さまざまな食品中に含まれるこれらの栄養素の情報が掲載されている。三大栄養素であるタンパク質，脂質，炭水化物はいずれも大きな分子であるため味はないが，これらの高分子物質が低分子物質に分解されることによって味のある遊離アミノ酸，脂肪酸や糖類ができ，われわれはそれをさまざまな味として感知することができるようになる。純粋なタンパク質は無味であるが，遊離アミノ酸には味がある。さまざまな食品中にはタンパク質とともに遊離アミノ

酸も含まれており，遊離アミノ酸が食品の呈味に大きく関わっている。各種食品中の遊離アミノ酸含量については，ＮＰＯ法人うま味インフォメーションセンターの公開データベースを参照していただきたい（NPO 法人うま味インフォメーションセンター：https://www.umamiinfo.jp）。

　グルタミン酸はタンパク質を構成する 20 種類のアミノ酸の一つであり，自然界に最も多く存在するアミノ酸である。栄養学的にはグルタミン酸は非必須アミノ酸に分類されている。つまり，われわれの体内で合成されているアミノ酸である。われわれは植物や動物が体内で合成した遊離グルタミン酸を食品から摂取しており，この遊離グルタミン酸が調理におけるうま味に関与している。野菜，肉，魚，それらを原料とした発酵食品など遊離グルタミン酸は幅広く食品中に含まれている。イノシン酸は動物性食品である肉や魚，そして，グアニル酸は干したきのこ類に特異的に多く含まれている。

　グルタミン酸は非常に安定した物質であり，加熱調理の工程で分解されて他の物質に変化したりすることはない。一方，イノシン酸は畜肉や魚の筋肉中のエネルギー源であるアデノシン三リン酸（ATP）が酵素で分解されることによって生成される。ある一定期間を経てイノシン酸はさらに分解されて最終的にはうま味をもたないヒポキサンチンという物質に変化していく。

　乾燥きのこは，日本や中国だけではなく，世界各地で古くから料理に使われている。きのこ類の細胞にはRNAが豊富に含まれているが，乾燥工程で細胞壁が壊れること，乾燥させたきのこを水戻しする工程で，細胞内のRNAと細胞外のRNA分解酵素が出会うことにより，うま味物質であるグアニル酸が生成される（青柳・菅原，1986）。

7・2・3　和食における‘出汁’の特徴

　‘出汁’やブイヨンなどのスープストックの調理工程は，素材となる食品から呈味成分を抽出する工程である。和食における‘出汁’は西洋料理における‘出汁’に相当するブイヨンやスープストックとは異なる特徴をもっている。昆布出汁には昆布に含まれていた呈味成分が抽出されるが，昆布出汁中の

遊離アミノ酸組成をみると，うま味をもつグルタミン酸とアスパラギン酸がほとんどであり，その他，甘味をもつプロリン，アラニンなどが若干含まれている（図7-2-1；Ninomiya, 2015）。すなわち，昆布出汁はうま味を中心とした液体といえる。昆布と鰹節から引く一番出汁は，鰹節に含まれているイノシン酸が出汁中に抽出され，グルタミン酸との相乗効果で，昆布出汁よりも強いうま味を感じる。

西洋料理のスープストック，中国料理の上湯（シャンタン）に含まれる遊離アミノ酸とイノシン酸を図7-2-2に示した。いずれの場合も肉や野菜を長時間煮込んだもので，この加熱調理工程でグルタミン酸は野菜と肉の両方から，イノシン酸は肉から抽出される。出汁と大きく異なる点は，他にもさまざまな遊離アミノ酸が抽出されるので，これらのスープストックの味はグルタミン酸やイノシン酸によるうま味は存在する

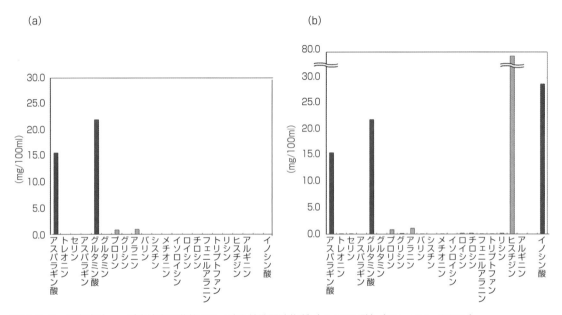

図 7-2-1　昆布出汁，一番出汁中の遊離アミノ酸と核酸関連物質（イノシン酸）（Ninomiya, 2015）
（a）昆布出汁，（b）一番出汁

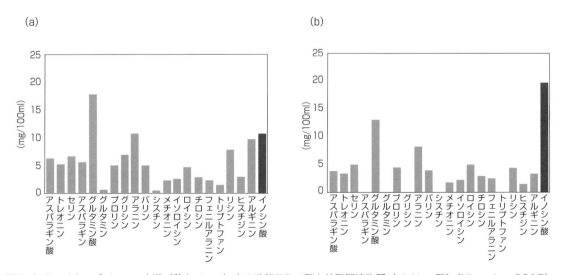

図 7-2-2　チキンブイヨン，上湯（鶏肉ベース）中の遊離アミノ酸と核酸関連物質（イノシン酸）（Ninomiya, 2015）
（a）チキンブイヨン，（b）上湯（鶏肉ベース）

ものの，他の多くのアミノ酸による呈味によって，うま味だけではなく，より複雑な呈味を示す。日本の出汁との大きな違いはこの点にある。

図 7-2-3 は味噌汁とチキンコンソメ中のアミノ酸について示した。日本の出汁の呈味成分はうま味が中心であるが，その出汁は味噌汁，吸い物，煮物等さまざまな料理に使われ，和食における基本素材である。味噌汁の場合は，うま味を中心とした出汁に味噌を加えるが，味噌には大豆たんぱく質が発酵過程で分解されることによってできた遊離アミノ酸が豊富に含まれている。味噌汁には，出汁に含まれていたうま味物質に加え，味噌由来のさまざまな遊離アミノ酸が含まれている。チキンコンソメはチキンブイヨンに鶏ひき肉を加え，さらに加熱，濃縮したもので，ここにはグルタミン酸だけではなくさまざまなアミノ酸が存在している。図 7-2-3 に示したように，味噌汁とチキンコンソメのいずれにも遊離アミノ酸がほぼ同様に含まれている。調理工程とその素材は大きく異なるので，素材由来の風味は味噌汁とチキンコンソメではまったく異なるものであるが，遊離アミノ酸組成は非常によく似ている。最終的にはほぼ同様の遊離アミノ酸混合物を汁物として摂取していることになる。素材による風味，調理工程が異なることが，世界各地の異なる食文化形成の一端を担っているといえる。

7・2・4　料理におけるうま味の役割

7・2・4・1　風味の増強

うま味そのものは単独では決して美味しい味ではないが，各種料理の風味増強に大きな役割を果たしている。料理の味におけるうま味の効果については過去に多くの研究が行われており，いずれも純粋なうま味物質であるうま味調味料（グルタミン酸ナトリウム）を使用し，その呈味効果を調べたものである。

図 7-2-4 にビーフコンソメにうま味物質であるグルタミン酸ナトリウムを添加した際の味の変化を示した（Yamaguchi & Kimizuka, 1979）。この試験は一般の人を対象として行われたもので，一般人が用いる表現用語を用い，うま味という言葉を使わずにうま味物質添加前後の風味の変化を表現してもらった。その結果，味の持続性，こく，広がり，まろやかさ，濃厚感が増し，ビーフコンソメらしい風味が増強することが示されている。

料理におけるグルタミン酸ナトリウムの添加効果

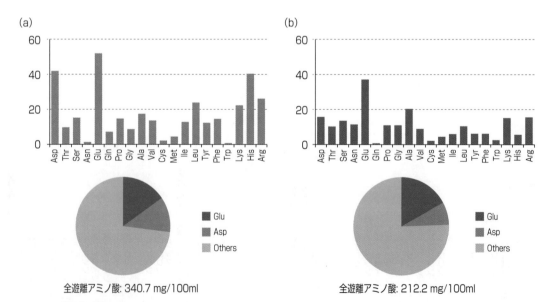

図 7-2-3　味噌汁とチキンコンソメの遊離アミノ酸組成（上図）と全遊離アミノ酸に対するグルタミン酸，アスパラギン酸の割合（下図）（Ninomiya, 2015）
　　　　　(a) 味噌汁，(b) チキンコンソメ

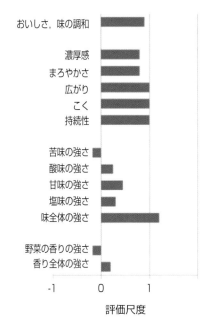

図 7-2-4 ビーフコンソメに対するグルタミン酸ナトリウム（0.05%）添加効果のプロファイル（Yamaguchi & Kimizuka, 1979）

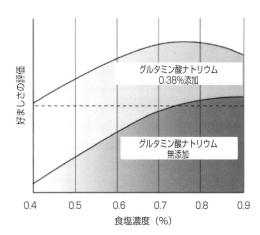

図 7-2-5 鰹出汁ベースの吸い物の好ましさと食塩濃度，グルタミン酸ナトリウム添加効果（Yamaguchi, 1979）

については1948年，1955年に米国でMSGに関するシンポジウムが開かれており，米軍で提供される食事をよりおいしくすることを目的に米軍の研究機関や食品メーカの研究者が集まりさまざまな討議が行われている（Cairncross & Sjöström, 1948）。うま味物質そのものは美味しい味ではないが料理にうま味が加わることで，他の味や風味との調和を取り料理の味を向上させるといううま味の特徴を上手く表している。

7・2・4・2　うま味と減塩

健康のために塩分を控えめにしたほうがいいことはわかっていても，塩分を控えると美味しさが低減する。図7-2-5に鰹出汁をベースとした吸い物の好ましさと塩分濃度の関係を示した（Yamaguchi, 1987）。吸い物の食塩濃度が0.9%から0.4%まで下がっていくにつれて，吸い物の好ましさは減少していくが，グルタミン酸ナトリウムを添加した場合，食塩濃度が0.4%でも好ましさは食塩濃度0.9%とほぼ同程度になる。米国のモネル化学感覚研究所がチキンブイヨンをベースとしたスープでも同様の結果が得られることを報告している（Okiyama & Beaucamp, 1998）。病院給食の場合は塩分を厳密にコントロールする必要がある。塩分を減らすと味が物足りなくなり，入院患者の摂食量低下が栄養摂取量低下につながる。これを防ぐためにグルタミン酸マグネシウムを添加することによって，おいしさを損なうことなくナトリウム摂取量を減らすことが可能であることが報告されている（石田他，2011）。ここでは，料理に使用する味噌，醤油にあらかじめうま味物質であるグルタミン酸マグネシウム，イノシン酸ナトリウム，グアニル酸ナトリウムを添加し，これらの味噌，醤油を調理の際に使用することでおいしさを損なうことなくナトリウムを制限した食事を提供している（表7-2-1）。グルタミン酸と核酸関連物質であるイノシン酸，グアニル酸による相乗効果でうま味を強めることで，ひじきご飯，千草焼き，サバ味噌煮，すまし汁，味噌汁，お浸し等各種メニューにおいて減塩率10-30%でも，好ましさは通常食とほぼ同等の評価が得られている。

米国人シェフが提案した減塩メニューでは，グルタミン酸ナトリウムと食塩を1:3の割合で混ぜたものをあらかじめ準備しておき，各種メニューにこのうま味塩を使用している。うま味調味料をあらかじめ各種調味料に混合しておくことで，日常生活においても手軽に減塩ができ，しかも美味しく食べることができるよい事例である。

〔二宮　くみ子〕

第 VII 部　味覚

表 7-2-1　うま味添加調味料の組成（石田他，2011）

	構成内容	(g/100g)
うま味添加醤油	醤油（濃い口，本醸造）	40.90
	水	46.10
	グルタミン酸マグネシウム	8.50
	イノシン酸ナトリウム	0.20
	グアニル酸ナトリウム	0.02
うま味添加味噌	味噌（信州白味噌）	87.00
	グルタミン酸マグネシウム	12.70
	イノシン酸ナトリウム	0.29
	グアニル酸ナトリウム	0.03

7·3　飲料のおいしさ

　食品のおいしさは，食品の味や香り，食感や外観のほか，個人の食経験や嗜好，生理状態など複数の要因が相互に関連して，生じる感覚であると考える。要因については，次のような整理が可能である（伏木，2001, 2003）。

(1)生理的な状態（栄養素の欠乏，渇き，空腹，疲労）に基づく欲求に合致するおいしさ

(2)文化（食の歴史と嗜好）に合致したおいしさ

(3)情報（安全，評判）がリードするおいしさ

(4)薬理学的なおいしさ（報酬効果）

　特に，(2)文化に合致したおいしさとして，日本においては，テクスチャについて考慮すべきであろう。早川他（2005）の報告によれば，中国語の144語，英語の77語，独語の105語に比べて，日本語テクスチャ用語は，445語と数が多く，日本人はテクスチャを表現する言葉を細かく使い分けており，他国に比べて食感を重要視する傾向にあることが知られている。飲料においても，テクスチャ用語である「のど越し」で表現されることが多く，欧米にはあまりみられない特徴である。

　「のど越し」は，1968年の食品のテクスチャ用語に関するアンケート調査では出現しない用語であった（吉川，1968；吉川他，1968）が，その後のビールのコマーシャルの影響により，2000年代には，「のど越し」という表現が広く普及した（早川他，2005；早川，2007）。このように，「のど越し」は日本語と

しては比較的新しい言葉であるが，蕎麦，うどん，ラーメン等の麺類など食品だけでなく，ビールや，焼酎，日本酒等の酒類や飲料に，現在では広く用いられている。

　「のど越し」は『広辞苑（第六版）』によると，単に「飲食物が喉をくだる感覚」と記載されているが，端的に表す言葉は存在しない。また「のど越しがあって，おいしくない」のような使い方はされず，のどにしっかりと刺激があり，なおかつ，のどに引っ掛かりがないときに「のど越しがよい」と表すことが多く，かなり主観的で繊細な感覚であると考えられる。

　さらに，のど越しの感覚は，舌で感じる基本五味（甘味，酸味，塩味，苦味，うま味）のような単一の感覚ではなく，複合的な感覚であり（北川他，2013；北川・真貝，2000；真貝，1999；真貝他，1996；高辻他，2015），「のど越し」を厳密に定義することは非常に難しい。

　特に，ビールは「のど越し」を楽しむ代表的な飲料である。ビールののど越しとはどのような感覚かと問われると明確に答えることは難しいが，のど越しのいいビールは，のどをすっと通り，のどを過ぎるとスパッと消え，次の一杯も最初の一杯と同じように爽快においしく感じ，何杯飲んでも最初ののど越しが持続する特徴を有していると考えられる。

　ビールを飲み込む際（嚥下運動中）ののどの動きを観察するために，従来のX線撮影方法（Ardran et al., 1955）に代わり，近年，時間分解能が高く非侵襲な計測方法が開発されている。次項でその一例とな

る嚥下運動計測法を紹介する。

7・3・1 嚥下運動計測法

7・3・1・1 計測機器の構成

嚥下運動計測機器の構成を図7-3-1に示した。飲み込むときには甲状軟骨がいったん上がって（気管閉），その後元の位置に戻る（気管開）（林他，2002）。気管と食道の切り替えを行う喉頭蓋と甲状軟骨（のどぼとけ）は，連動しており，のどの甲状軟骨の突起の位置が変わるため，圧力センサーを皮膚に密着させることによって，喉頭の位置を計測することができる。この圧力センサー（S1～S4）を縦方向に四つ配置し（図7-3-2），甲状軟骨の位置の経時変化を計測でき，切り替えの速さやタイミングを評価した。

喉頭上下運動に関与するのは舌骨上筋群（顎二腹筋，茎突舌骨筋，顎舌骨筋，オトガイ舌骨筋）であるので，表面電極を顎二腹筋前腹相当部に貼り付け，舌骨上筋群の飲み込むときの負荷を計測した。

また，マイクロフォン（振動ピックアップ）を甲状軟骨の下の輪状軟骨の脇に貼り付け，嚥下音を捉えた。

各センサーによって検出されたシグナルは，アナログ/デジタル（A/D）変換器を介してパーソナルコンピュータに記録され，分析ソフトウェアで解析された。

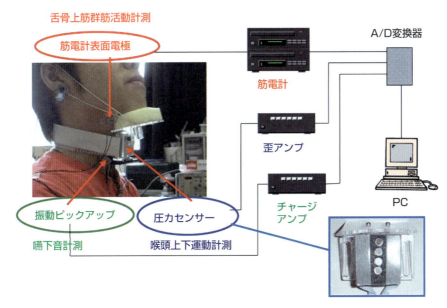

図7-3-1 嚥下運動計測機器の構成（小島，2015）

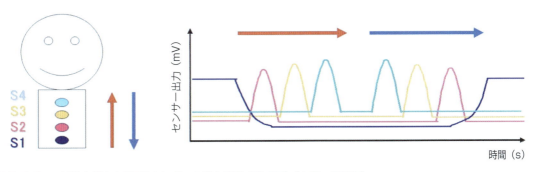

図7-3-2 一口飲んだときの圧力センサーの出力波形（模式図）（小島，2015）
　　喉頭上下運動を表す。グラフの各色は，S1（最下部）～S4（最上部）の各圧力センサーの出力に対応する。

7・3・1・2 嚥下運動計測（金田他，2007；小島，2015；Kojima et al., 2009）

実験参加者に計測開始前にセンサーを装着し，ミネラルウォーターを一口だけ飲む場合と連続して飲む場合の嚥下運動を比較した。連続して飲む際は，実験参加者は開始の合図とともにサンプルを飲み始め，任意の時間（約15秒間）に飲むのをやめるものとした。図7-3-2に，ミネラルウォーターを一口だけ飲む場合の喉頭運動を示した。嚥下前に，最下部の圧力センサー（S1）が喉頭の突起部分，つまり甲状軟骨となるよう装着すると，一口だけ飲む場合は，S1→S2→S3→S4 の順にシグナルが現れ，その後，S4→S3→S2→S1 の順にシグナルが現れ，喉頭の上下運動を計測できた。一方，ゴクゴクと連続して飲む場合（図7-3-3a）には，S1→S2→S3→S4 の順に喉頭の挙上を一口飲み込むときと同様に計測できた。しかし，S4→S3 のピークが現れた後に，再び S3→S4 のピークが観察され S2, S1 の信号は観察されなかった。ゴクゴクと連続して飲む場合は，喉頭は定位置 S1 まで戻るのではなく，センサーの上半分の S3, S4 を連続的に上下に動く。本計測法により飲料の飲み方によって，喉頭の上下運動が異なることが推察された（Kojima et al., 2009）。

ゴクゴクと連続して飲む場合の喉頭運動，筋活動，嚥下音の計測値について，指標を新たに設定した。本実験では，喉頭の上下運動については周期（喉頭上下運動周期）を計測した（図7-3-3a）。図7-3-3b の四角で囲まれた部分は，連続した嚥下運動中の一回の嚥下における筋活動量に相当する。この舌骨上筋群の活動については，一口あたりの筋活動量として筋電図の強さを表すのに用いる二乗平均平方根（舌骨上筋群筋活動量）を比較することとした。嚥下音計測ではピークが最も高くなる時間（音が最大の時間）を算出し，ピークとピークの間隔（嚥下音周期）を計測した（図7-3-3c）。いずれの指標も誤差は小さく（変動係数5-10%），喉頭の上下運動周期や，喉の筋肉活動量，嚥下音周期を捉えられることがわかった。

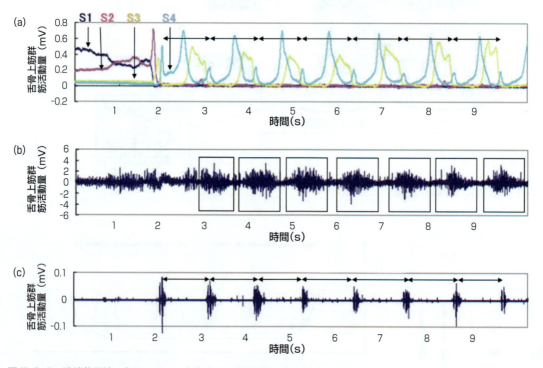

図7-3-3 連続飲用時の各センサーの出力波形と嚥下運動指標（小島，2015）
　　(a) 喉頭上下運動周期（圧力センサー，両矢印部分の間隔（sec）），(b) 舌骨上筋群筋活動量（筋電計，四角の部分の筋電位の二乗平均平方根（mV）），および (c) 嚥下音周期（振動ピックアップ，両矢印部分の間隔（sec））。

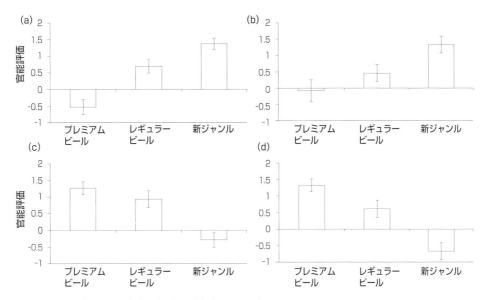

図7-3-4 ビール，新ジャンルの官能評価結果（小島，2015）
「-2（全くない）～+2（非常にある）」のVAS（visual analogue scale）で測定した評点の，平均値 ± SE（n=10）。
(a) のど越しのすっきり感，(b) 飲みやすい，(c) 飲みごたえがある，(d) 濃厚さ。

7・3・2 ビール飲用時の嚥下運動と官能評価

官能評価において「しっかり」したのど越しは，プレミアムビール＞レギュラービール＞新ジャンル，「すっきり」したのど越しは，新ジャンル＞レギュラービール＞プレミアムビールと明確な差異が認められた（図7-3-4）。この3種類の試料を用いて，嚥下運動の比較を行った。

喉頭の上下運動周期においては，プレミアムビール，レギュラービールに比べて新ジャンルは，周期が短く，軽快に飲み干される傾向がみられた（図7-3-5a）。一方，プレミアムビールは，周期が長く，無意識にゆっくりと飲まれる傾向であった（図7-3-5a）。嚥下音周期においても，新ジャンルを飲んだ際の周期は短く，プレミアムビールは長い傾向がみられ，同様の結果が得られた（図7-3-5b）。また，新ジャンルを飲んだ際はプレミアムビールに比べて舌骨上筋群筋活動量が小さく，筋肉に負荷がかからず，飲み込めることが示唆された（図7-3-5c）。以上の結果から，新ジャンル，レギュラービール，プレミアムビール間ののど越しの違いを，喉頭上下運動周期や嚥下音周期，筋活動量として評価できることが示唆された。

この結果は，のど越しの「良し悪し」を示すものではないことに注意しなければならない。横向（1999）の報告によると，のど越しの「良し悪し」は嗜好であり，たとえば「しっかり」したのど越しが好きな消費者は，そのようなビールを「のど越しが良い」と評価する傾向にある。本測定の結果は好き嫌いではなく，のど越し感覚の違い，すなわち「しっかり」したのど越しあるいは「すっきり」したのど越しの特性を示したものである。

7・3・3 ビール飲用時の嚥下運動とビール中の成分

プレミアムビール，レギュラービール，発泡酒，新ジャンル8種類を用いて，嚥下運動とのど越し感覚の関連性について調べた。その結果，喉頭上下運動周期および舌骨上筋群筋活動量と，のど越し感覚の官能評価の間に有意な相関がみられた（図7-3-6）。

次に，ビールの味と関連する分析値と嚥下運動指標との相関性について検討したところ，全窒素含量，苦味価と喉頭上下運動周期および舌骨上筋群筋活動量の間に有意な正の相関がみられた（図7-3-7，図7-3-8）。全窒素含量は旨味やコク，苦味価は苦味との相関が高く，これらの要素がのど越し感に影響を与えることが確かめられた。すなわち，全窒素含量

1617

第 VII 部 味覚

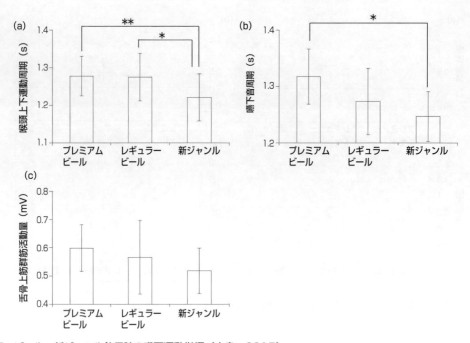

図 7-3-5 ビール，新ジャンル飲用時の嚥下運動指標（小島，2015）
(a) 喉頭上下運動周期，(b) 嚥下音周期，および (c) 舌骨上筋群筋活動量の平均値± SE。[n=10。*: $p<0.05$，**: $p<0.01$ (one-way repeated measures ANOVA)]

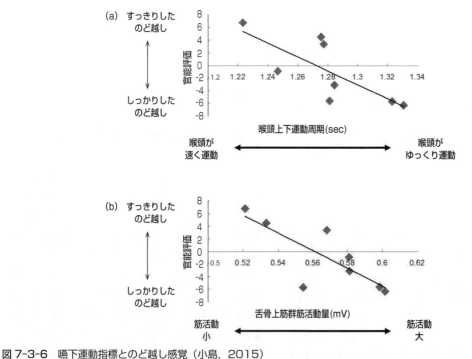

図 7-3-6 嚥下運動指標とのど越し感覚（小島，2015）
のど越しの官能評価結果と，(a) 喉頭上下運動周期（$p<0.05$, n=8），および (b) 舌骨上筋群筋活動量（$p<0.05$, n=8）。のど越しの官能評価（縦軸）は「-10（非常にしっかりしたのど越し）～+10（非常にすっきりしたのど越し）」の VAS を用いて行った。

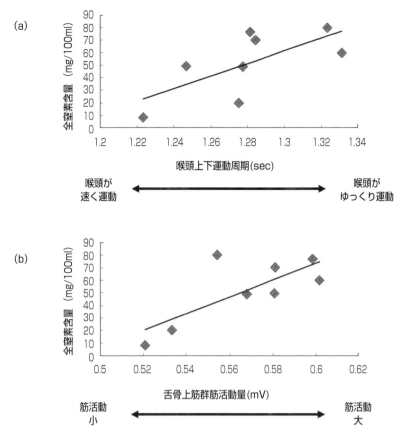

図 7-3-7 嚥下運動指標と全窒素含量（小島，2015）
全窒素量と（a）喉頭上下運動周期（$p<0.07$, n=8），および（b）舌骨上筋群筋活動量（$p<0.05$, n=8）。

や苦味価が高いほど，嚥下周期が長く，筋活動量が大きくなることが示唆された。

7・3・4 筋電図による飲みやすさの評価

一般に筋肉が疲労すると，表面筋電図の低周波成分（10 Hz 以下）が上昇し，高周波成分（100 Hz 以上）が減少することが知られている。

そこで，飲む際に活動する舌骨上筋群筋の筋電図を測定し，周波数を解析することによって，舌骨上筋群筋の負荷の大きさ，すなわち飲み易さを評価した。「すっきり」としたのど越しで飲み易い冷水（11℃）を飲んだ際の筋電図を周波数解析すると，常温水（23℃）に比べて，0.2-5 Hz の低周波成分が低く，飲み易いとの官能評価結果と一致する結果が得られた（図 7-3-9）（Miura et al., 2009）。

7・3・5 まとめ

飲料のおいしさとして，近年，のど越し感覚が注目されている。のど越しの感覚は，味覚，嗅覚のほか，聴覚や温度や触感（Hossain et al., 2018）などさまざまな感覚が関わる複雑な感覚であり，さらに，個人の嗜好も反映され，科学的に評価することが難しかった。しかし，飲料を飲む際の甲状軟骨の上下運動や，舌骨上筋群の筋肉活動，嚥下音を計測し，嚥下運動を分析することによって，のど越しの感覚の客観的な指標として有用な数値が得られることが明らかになりつつある。

のど越しが「すっきり」して飲み易い飲料を連続的に飲んだときは，嚥下周期が短く，筋活動量が小さく，筋電図の低周波成分が低く，高周波成分が高い傾向がみられた。一方，のど越しが「しっかり」している飲料を飲んだときは，嚥下周期が長く，筋活動量が大きく，低周波成分が高く，高周波成分が

第 VII 部　味覚

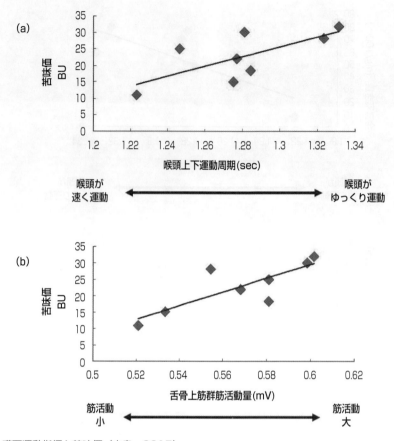

図 7-3-8　嚥下運動指標と苦味価（小島, 2015）
　　　苦味価と（a）喉頭上下運動周期（$p<0.05$, n=8），および（b）舌骨上筋群筋活動量（$p<0.05$, n=8）。苦味価はホップ由来のビールの苦味強度の国際指標である。

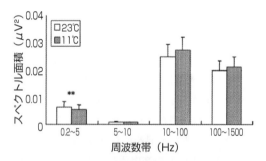

図 7-3-9　冷水（11℃）と常温水（23℃）を飲んだときの舌骨上筋群の筋電図の周波数解析（Miura et al., 2009）

低い傾向にあった。

　このように，のど越し感覚を客観的指標で示すことによって，のど越し感や飲み易さを適切にコントロールされたさまざまな飲料が開発され，多様なニーズに応えることが期待される。

（荒木　茂樹）

7・4　おわりに

　本章では味覚やのど越しに関する心理学・生理学的知見が食品や飲料の味わいにどのように関わっているかということを，実際に食品や飲料の開発に携わっている研究者の方に解説していただいた。この二つの論文では，どの部分が感覚・知覚心理学で，どの部分が食品科学なのかという区別が明記されていなかったので，戸惑われた方もおられるかもしれない。しかし，実際の食品や飲料の開発現場では，本章の文章にあるような，食品化学や生理学などの用語が飛び交っている。このような事情を知らないままで共同研究を始めたり，研究者として就職したりすると分野外の用語や論理に対する困惑や混乱が先に来て，十分に感覚・知覚心理学の知見を発揮することができなくなる

かもしれない。そのために本章では，現場の生の声をお伝えしようと，著者の方々の書いた文章をあえてほぼそのまま掲載した。共同研究や就職の機会が生じたときには，事前にこれらの論文を読んで心理学と食品科学との違いや接点を感じて準備をしていただければ幸いである。

本章の前半では心理学ではうま味＝グルタミン酸ナトリウムとしか認知されていないものが，食品の味わいを深めたり，減塩食の味の満足感を高めたりする効果をもっていることを食品化学の観点からまとめていただいた。Ⅶ・2で解説した通り，味覚は呈味物質と味細胞の受容体との化学反応によって生じるものであり，その根本には化学的な知識が前提となる。食品や飲料の開発に携わる研究者は圧倒的に農学や化学を学んだ方が多い。しかし，同時に食品や飲料は人が味わうものであるため，心理学や脳科学の知見も必要である。今後，心理学や脳科学を専門とする読者の方々の活躍の場となるだろうと期待している。

一転して，本章の後半ではのど越しに関する生理学的な研究について紹介してある。一般的にはよく聞くのど越しという表現が，未だに統一された概念ではないこと，にもかかわらず飲料や食品の特性として大きな意味をもっていることなどが概観され，その生理学的な計測方法を紹介していただいた。日常よく経験するが，学問的にはまだ研究が未発展のものとしては他に，コクや脂味などがある。感覚研究では生理学的メカニズムと並行して（あるいはそれに先行して）官能評価的，心理学・脳科学的な研究が進むことが多いが，味覚や風味の領域ではそれが逆になることも多い。これらの未解明の感覚について，読者の方が興味をもち，心理学・脳科学的な観点からアプローチされることを強く望む。

視覚や聴覚の心理学・脳科学の知見は，映像やVRなどの技術へと社会実装されてきたことは周知の事実であろう。しかしながら，古くから感覚研究の知見が社会実装されてきたのは味覚や嗅覚である。本章ではその一端を垣間見ていただけたのではないかと期待する。しかしながら，まだまだ未到達の研究は多い。加えて，未到達の部分が多いためかもしれないが，味覚や風味の心理学・脳科学研究に「偏見」があるようだ。味覚や風味研究も立派な感覚・知覚心理学の研究対象となるし，それらの知見がいち早く社会実装できる場でもあることを再確認する一助になれば幸いである。

(坂井 信之)

文献

(7・1)

駒井 三千夫・井上 貴詞・長田 和実 （2006）．口腔・鼻腔の三叉神経を介した刺激性物質の受容機構　におい・かおり環境学会誌，*37*, 408-416. [doi: 10.2171/jao.37.408]

(7・2)

青柳 康夫・菅原 龍幸 （1986）．干し椎茸の水もどしに関する一考察　日本食品工業学会誌，*33*, 244-249. [doi: 10.3136/nskkk1962.33.4_244]

Cairncross, S. E., & Sjöström, L. B. (1948). What glutamate does in food. *Food Industries, 20*, 982-983, 1106-1107.

Cairncross, S. E., & Sjöström, L. B. (1950). Flavor profiles: A new approach to flavor problems. *Food Technology, 4*, 308-311.

Chi, S. P., & Chen, T. C. (1992). Predicting optimum monosodium glutamate and sodium chloride concentrations in chicken broth as affected by spice addition. *Journal of Food Processing and Preservation, 16*, 313-326. [doi: 10.1111/j.1745-4549.1992.tb00212.x]

石田 眞弓・手塚 宏幸・長谷川 智美・曹 利麗・今田 敏文・木村 英一郎…新井 平伊 （2011）．うま味を利用した減塩料理の提案とその官能評価　日本栄養・食糧学会誌，*64*(5), 305-311. [doi: 10.4327/jsnfs.64.305]

Ninomiya, K. (2015). Science of umami taste: adaptation to gastronomic culture. *Flavour, 4*, 13. [doi: 10.1186/2044-7248-4-13]

NPO法人うま味インフォメーションセンター　うま味の知識を世界中の人々に　http://www.umamiinfo.jp

第 VII 部　味覚

Okiyama, A., & Beaucamp, G. K. (1998). Taste dimensions of monosodium glutamate (MSG) in a food system: Role of glutamate in young American subjects. *Physiology & Behavior, 65*(1), 177-181. [doi: 10.1016/S0031-9384(98)00160-7]

Yamaguchi, S. (1987). Fundamental properties of umami in human taste sensation. In Y. Kawamura & M. R. Kare (Eds.), *Umami: A Basic Taste. Physiology, Biochemistry, Nutrition, Food Science* (pp. 41-73). Marcel Dekker.

Yamaguchi, S., & Kimizuka, A. (1979). Psychometric studies on the taste of monosodium glutamate. In L. J. Filer, Jr., S. Garattini, M. R. Kare, W. A. Reynolds, & R. J. Wurtman (Eds.), *Glutamic Acid: Advances in Biochemistry and Physiology* (p. 35). Raven Press.

(7・3)

Ardran, G. M., & Kemp, F. H. (1955). A radiographic study of movements of the tongue in swallowing. *Dent Practitioner, 5*, 252-261.

伏木 亨 （2003）．おいしさの構成要素とメカニズム　栄養学雑誌，*61*，1-7．[doi: 10.5264/eiyogakuzashi.61.1]

伏木 亨 （2011）．おいしさの認識機構　*Foods & Food Ingredients Journal of Japan, 193*，27-34.

早川 文代 （2007）．官能評価のためのテクスチャー用語リスト　食総研ニュース，*19*，2-3.

早川 文代・井奥 加奈・阿久澤 さゆり・齋藤 昌義・西成 勝好・山野 善正・神山 かおる （2005）．日本語テクスチャー用語の収集　食科工誌，*52*，337-346．[doi: 10.3136/nskkk.52.337]

林 豊彦・金子 裕史・中村 康雄・石田 智子・高橋 肇・山田 好秋…野村 修一 （2002）．お粥の性状と嚥下動態の関係　日本摂食嚥下リハビリテーション学会雑誌，*6*，73-81.

Hossain, M. Z., Ando, H., Unno, S., Masuda, Y., & Kitagawa, J. (2018). Activation of TRPV1 and TRPM8 channels in the larynx and associated laryngopharyngeal regions facilitates the swallowing reflex. *International Journal of Molecular Sciences, 19*, 4113-4130. [doi: 10.3390/ijms19124113]

金田 弘挙・小島 英敏・渡 淳二・中村 康雄・林 豊彦 （2007）．喉越し計測システムの開発　*Foods & Food Ingredients Journal of Japan, 212*，666-670.

北川 純一・真貝 富夫 （2000）．喉越しの美味しさ　日本味と匂学会誌，*7*，199-202．[doi: 10.18965/tasteandsmell.7.2_199]

北川 純一・高辻 華子・高橋 功次郎・真貝 富夫 （2013）．のどごしについての生理学的考察　日本味と匂学会誌，*20*，143-149．[doi: 10.18965/tasteandsmell.20.2_143]

小島 英敏 （2015）．ビールののど越し感を計測する「のど越しセンサー」　日本味と匂学会誌，*22*，37-44．[doi: 10.18965/tasteandsmell.22.1_37]

Kojima, H., Kaneda, H., Watari, J., Nakamura, Y., & Hayashi, T. (2009). Development of a biometric system for the measurement of swallowing motion while drinking beer. *Journal of the American Society of Brewing Chemists, 67*, 1-7. [doi: 10.1094/ASBCJ-2009-0107-01]

Miura, Y., Morita, Y., Koizumi, H., & Shingai, T. (2009). Effects of taste solutions, carbonation, and cold stimulus on the power frequency content of swallowing submental surface electromyography. *Chemical Senses, 34*, 325-331. [doi: 10.1093/chemse/bjp005]

真貝 富夫 （1999）．咽喉頭の味覚応答性：のど越しの味　日本味と匂学会誌，*6*，33-40.

真貝 富夫・高橋 義弘・池田 圭介・山田 好秋 （1996）．喉頭の味覚神経の応答特性　日本味と匂学会誌，*3*，404-407.

高辻 華子・高橋 功次郎・北川 純一 （2015）．咽頭・喉頭感覚が関与する生理・薬理作用　日本薬理学雑誌，*145*，278-282．[doi: 10.1254/fpj.145.278]

横向 慶子 （1999）．消費者の視点に立ったビールの官能評価　日本味と匂学会誌，*6*，333-336.

吉川 誠次 （1968）．テクスチャー用語の収集と分析（2）　品質管理，*19*(2)，147-155.

吉川 誠次・西丸 震哉・田代 豊久・吉田 正昭 （1968）．テクスチャー用語の収集と分析（1）　品質管理，*19*，66-70.

第8章 味覚と他の感覚の相互作用

味覚と他の感覚の相互作用のうち，最もよく研究され，かつ応用されているのは，嗅覚とのものである。味覚と嗅覚の相互作用については現象論としてはほぼ出尽くしており，『新編 感覚・知覚心理学ハンドブック』の刊行後は，新規の香りと味覚との相互作用に関する研究や味覚－嗅覚相互作用の臨床応用に関する研究などがみられる程度である。そこで本章の前半では，前版刊行後に出版された味覚と嗅覚の相互作用のメカニズムに関する研究のうち，いくつかを取り上げ，解説するに留める。

また，最近オックスフォード大学のCharles Spenceらのグループなど複数の研究者より，味覚と他の感覚の相互作用についての研究が積極的に報告されている。そこで，本章の後半でこれらの研究を簡単に紹介する。

(坂井 信之)

■ 8・1 嗅覚との相互作用

8・1・1 学習性の共感覚

嗅覚が味覚に及ぼす影響については広く知られている。たとえば，「甘い」香料を甘味溶液に添加すると，感じられる甘さは増強する。このような現象は嗅覚による味覚増強効果と呼ばれ，50年以上前から研究されてきている。2000年前後には，この現象の背後にある心理・脳メカニズムについて広く研究が進んだ時期でもある。

最初にこの現象の背後にある仕組みについて深く掘り下げようとした研究ではラットを用いて，古典的条件づけの手続きを取ることにより，味覚と嗅覚の連合を形成することを示した（Fanselow & Birk, 1982）。彼らはラットに香料A（アーモンドかバニ

ラ）とサッカリン溶液，香料B（バニラかアーモンド）とキニーネ溶液とを3回ずつ摂取させると，ラットはキニーネと対呈示された香料Aのついた水の摂取を忌避し，サッカリンと対呈示された香料Bのついた水を香りなしの水よりも選好することを報告した。その後の研究により，この学習の獲得は主に大脳基底核の扁桃体によって制御されることが示唆されている（Sakai & Yamamoto, 2001）。また，Sakai & Imada（2003）では，古典的条件づけパラダイムに則りラットに「塩辛い」香りを学習させることに成功し，その学習は大脳皮質味覚野（ラットでは島皮質）で司られていると報告した。

マッコーリー大学のStevensonを中心とする研究グループは，ヒトも古典的条件づけに基づいて，「甘い」香りや「酸っぱい」香りという学習を行っていることを明らかにした。特にヒトにおいては，「甘い」香りを嗅ぐことによって，実際には甘味刺激が呈示されていなくても，「甘さ」が感じられることなどから，単なる学習というだけでなく，嗅覚と味覚の間には「学習性の共感覚」ともいうべき現象が生じているという議論を行っている（坂井, 2009；Stevenson et al., 1998）。

しかしながら，前述の動物実験では，ラットは香料Aが甘いから選好し，香料Bが苦いから忌避したのか，それとも香料A自体に対して選好を，香料B自体に対して忌避を形成したのかは不明であった。一方で，ヒトを対象とする実験では，先に述べたように甘味溶液と対呈示された香りは「甘い」香りとなり，結果として甘さを生じさせることが中心的な話題であり，甘味溶液と対呈示された香りに対して評価条件づけが生じるか否かについてはそれほど話題とならなかった。最近報告されたラットを用いた実験から，古典的条件づけに基づく味覚嗅覚間

第 VII 部　味覚

連合では，主に情動性情報間の連合が形成され，感覚性情報間の連合は形成されにくいことがわかった（Onuma & Sakai, 2016）。この違いがラットとヒトの認知機構の差によるものか，それともヒトでもラットと同じような情動性情報間の連合が優位に形成されるが，その後の認知的処理によってその香りが「甘い」あるいは「酸っぱい」とラベルづけされるのかということについてはまだよく議論されていない。この視点からのヒトを対象とする研究が進み，「甘い」香料を甘くない食品に添加することにより，その食品への満足感を上昇させる効果をもつのか，あくまでも「甘い」香料は甘い食品に限定して味を引き立てるという効果しかもたないのかについて知見を得ることができる。このような知見は後に述べるような制限食への満足感の向上という喫緊の課題の一つの解決策につながると期待できる。

8・1・2　相互作用に関する認知的要因

味覚と嗅覚の相互作用について，これまで多くの研究が示唆してきたのは，味覚の表象と嗅覚の表象が一致した（共通性がみられた）ときに増強効果が生じ，不一致のときには抑制効果がみられるというものであった。このことは閾値下の濃度の嗅覚刺激を用いたときにもみられることが示されている（Labbe et al., 2007）。この研究では，閾値下の嗅覚刺激にもかかわらず，甘味とより強く一致する酪酸エチル（バナナ・ストロベリー香）は，甘味との一致度の弱いマルトール（カラメル香）よりも強い甘味増強効果を示した。この結果の違いは，実験参加者の食経験に依存すると考えられた。すなわち酪酸エチルと甘味を同時に経験する機会のほうが，マルトールと甘味を同時に経験する機会よりも多いため，前者の香りによってより甘さの増強効果が強くなるという考えである。この議論はベンズアルデヒド（アーモンド香）とサッカリンを用いた別の研究（Pfeiffer et al., 2005）によっても支持されている。これらの研究結果は，先に述べた古典的条件づけによって獲得された味覚嗅覚連合によって説明できる。たとえば日々の食経験（イチゴ味のアイスクリームはよく食べるが，キャラメル味のアイスクリームは食べない）によって，イチゴ香と甘味の連合は強く，カラメル

香と甘味の連合は弱く形成されている人がいるとする。その人がイチゴ香を嗅ぐと，大脳一次味覚野に甘味表象が喚起される。その状態で甘味刺激が到達すると，甘味評定値は嗅覚誘発の甘味表象と味覚誘発の甘味表象の和となり，甘味単独時より高くなる。閾値下のイチゴ香であっても，ある程度の甘味表象が喚起されると，甘味評定値の増強はみられる。一方で，この人ではカラメル香によってより少ない甘味表象しか生じないので，閾値下のカラメル香では甘味増強効果はみられない。嗅覚刺激によって味覚増強効果が生じているときには，一次味覚野近傍の側頭部での血流量の上昇が報告されており（Onuma et al., 2018），この仮説を指示する脳基盤の存在も示唆されている。

実際の嗅覚刺激を呈示せずに，香りをイメージさせただけでも，味覚の増強効果がみられることも報告されている（Djordjevic et al., 2004）。また，味覚と嗅覚の相互作用において，視覚刺激によるプライミングによって，増強作用の効果が影響を受けることも報告されている（van Beilen et al., 2011）。後者の研究では，カラメル香とイチゴ香のショ糖の甘さにおける増強効果は，キャラメルやイチゴの写真を呈示することによってより強められるが，黄褐色や赤色の刺激だけでは強められないことが明らかにされている。さらに，味を予期したときに，その予期の内容や予期と実際の味覚刺激との一致／不一致に伴って島皮質近傍の味覚誘発電位に変化がみられることも報告されている（Wilton et al., 2018）。これらの研究は味覚の質や強度に選択的に注意を向けることによって，その知覚が促進されることを示唆している。

味覚に対する選択的注意を直接検証した研究によって，味覚刺激（ショ糖）に対して選択的に注意を向けることによってショ糖に対する検出力が上昇するが，同じ手続きを用いても嗅覚刺激（バニラ香）には注意を向けることが難しいことが報告されている（Ashkenazi & Marks, 2004）。このことは，口腔内にものがあるときに経験する感覚は，それらが嗅覚性のものであっても，味覚と間違われやすいという taste referral という現象から説明できる。また，味覚に注意を向けて味わっているときには，左右の島皮質・前頭弁蓋部の血流量が，味覚に注意を向け

ずに味わっているときよりも多くなることも報告されている（Veldhuizen & Small, 2011）。選択的注意がはたらくと検出力が上がる理由について，情報統合理論（Anderson, 1970）を用いて予測式を立てた研究（Marks et al., 2007）では，味覚に注意を向けることによって味覚に関連するノイズが減少し，感じられる味覚の強さは味覚と嗅覚のベクトル和になると論じられている。

　従来の多くの研究では研究試料として味物質を含んだ水溶液に香料を添加する手続きが用いられてきた。しかしながら，いくつかの食物刺激を用いた研究結果は，従来のモデル刺激（水溶液）を用いた研究結果と相容れないことが示唆されている。特に，実際の食物刺激として「苦い牛乳」のような食べ慣れないものを用いた場合，一般消費者だけでなく専門的なパネルにおいても，嗅覚による味覚増強効果がみられないばかりか，甘い香りを添加することによって逆に苦味が増強されてしまうこともあることが報告されている（Labbe et al., 2006）。このように嗅覚と味覚の相互作用において，食文化や性別，味覚感受性の個人差などに加えて，甘味に対する全般的な好みなどの要因も深く関わっていることが示唆されている（Bertelsen et al., 2020）。食べ慣れない食物への嗜好を上昇させる目的で好まれる香りを付けたとしても，その味覚と嗅覚の組み合わせが新奇なものであれば，その食物のネガティブな部分（苦味など）が目立ってしまうことになる。このように，味覚と嗅覚の相互作用においては，単なる古典的条件づけによる「学習性の共感覚」を超える認知的な要因も深く関わっていることに留意したい。

　おそらくこのような認知的な要因が VII·4 で述べられた halo-dumping 効果（Clark & Lawless, 1994）に関連していると思われる。つまり，本来は影響を受けない味であっても，注意の機能がその味に向くことによって，その味が増強されたかのように感じてしまうのである。しかしながら，この現象のメカニズムについて今後詳細な検討が行われるべきであり，現状は単なる推測にすぎない。

8·1·3　味覚と嗅覚の相互作用における時間的空間的要因

　最近の味覚と嗅覚の相互作用において，注目されている研究に味覚と嗅覚の時間的空間的関係に関わるものがある。普段の食行動においては，食物を口に入れる前に前鼻腔性嗅覚（orthonasal）による可食性の判断が行われる。それから食物を口に入れて，咀嚼が始まる。このとき，食物中に含まれる水溶性の化学物質が味覚を刺激し，同時に揮発性の化学物質が口腔内に放出される。放出された化学物質は口腔の後を通り嗅上皮に到達する。このようにして生じる嗅覚を本章では後鼻腔性嗅覚（retronasal）と呼ぶ。さらに食物が嚥下される間に，水溶性の化学物質は咽頭部及び食道の上部に存在する味蕾を刺激し，揮発性の化学物質が咽頭部に漂う。これらの化学物質は，嚥下後呼気により嗅上皮に到達する。このような過程において，前鼻腔性嗅覚と後鼻腔性嗅覚それぞれと味覚の相互作用，嗅覚が生じる時間と味覚の生じる時間とのギャップあるいは同時性などの要因が味覚と嗅覚の相互作用などに及ぼす影響に相違が生じる。このような物理・化学的な作用の違いをわれわれはどのように知覚し，統合しているのかを理解することがこれらの研究の主な目的である。

　普段の食経験によって確立された「学習性の共感覚」は前鼻腔性嗅覚においても，後鼻腔性嗅覚においても，同様に生じると報告されてきた（たとえば Sakai et al., 2001）。従来の研究では味覚刺激と嗅覚刺激を混合して呈示したり，嗅覚刺激は鼻腔あるいは口腔内に吹き付けるなど，不自然な形での呈示も多くみられた。電子機器の進歩から，近年の研究ではより自然な形での味覚および嗅覚刺激の呈示法が可能となり，その結果の信頼性も増している。たとえば，Manabe et al.（2020）は，ストローを通じて醤油香と食塩水を同時に呈示し，食塩水の塩味が後鼻腔的に呈示される醤油香によって増強されることを示した。また，Kakutani et al.（2017）は呼気に伴って後鼻腔的にバニラ香を呈示するとショ糖溶液の甘味の増強効果がみられるが，呼気に伴って前鼻腔的に呈示しても，吸気に伴って前鼻腔的・後鼻腔的に呈示しても，甘味の増強効果はみられないことを明らかにした。このことは実生活における食行動

第 VII 部　味覚

の時間・空間的な流れと一致する。今後はこのような実際の食行動を再現する方法を用いて味覚と嗅覚の交互作用を明らかにする研究が増えていくと思われる。

　嗅覚と味覚の順番および時間間隔について調べた研究は，基本的には嗅覚による味覚への効果では，嗅覚と味覚の同時呈示が最も効果的であると報告している（Isogai & Wise, 2016）。この研究では，香り刺激として日本酒の香り成分に含まれるイソバレルアルデヒド香（IVA：むせ返るような焦げた臭い）とヘキサン酸エチル（EH：リンゴ様の果実臭）が用いられ，味溶液としてオクタアセチルスクロース（SOA：苦味）とショ糖（SU：甘味）が用いられた。嗅覚刺激の呈示は口腔内呈示（後鼻腔性嗅覚）であった。IVA は，味覚刺激と同時あるいは味覚刺激呈示から 1 秒以内に呈示された場合に，SOA の苦味を増強し，SU の甘味を抑制した。一方，EH は味覚刺激と同時あるいは味覚刺激より 1 秒前に呈示されたときに SU の甘味を増強し，味覚刺激呈示 1 秒前よりも後に呈示された場合に SOA の苦味を抑制した。しかしながら，この実験で用いられた味覚刺激装置は重力を利用し，口腔内に味溶液を滴下するという方法のものであったため，味覚刺激呈示には若干の（論文によれば 2 秒以内）遅延があったと考えられる。その遅延を考慮すれば，嗅覚刺激の方が味覚刺激よりも 1 秒ほど先に刺激されたときに相互作用がみられると考えられよう。このことは上述の普段の食行動に基づく推察に合致する。

　小早川らはより精密に刺激タイミングをコントロールできる呈示装置を用いて，より厳密な嗅覚−味覚タイミングを測定している（Gotow & Kobayakawa, 2017, 2020）。しかしながら，先に紹介した研究（Isogai & Wise, 2016）と大きく異なるのは研究の目的である。先に紹介した研究では，味覚と嗅覚の相互作用が生じる時間間隔を測ることを目的にしていた一方で，小早川らの研究では味覚と嗅覚が同時に生じたと感じるための時間間隔を測ることを目的としている。最初の研究（Gotow & Kobayakawa, 2017）では，嗅覚刺激としてクマリン（桜餅のような甘い香り）を，味覚刺激として食塩水（塩味）を用いた。味覚刺激と嗅覚刺激はそれぞれ専

用の呈示装置を用い，嗅覚刺激が味覚刺激より 2 秒先行する条件から，2 秒遅延する条件まで 27 条件を設定した。その結果，実験参加者が味覚と嗅覚が同時に呈示されたと感じたの（主観的同時点）は，嗅覚刺激が味覚刺激よりも 150 ms ほど前に呈示されたときであった。また，最近発表された研究（Gotow & Kobayakawa, 2020）では，時間間隔の条件として −2 秒〜 +2 秒の広範囲条件と −0.9 秒〜 +0.9 秒の狭範囲条件の 2 条件を設定し，それぞれの条件での半値半幅（HWHH：同時性判断における時間分解能の鈍さの指標）を比較した。その結果，広範囲条件では狭範囲条件に比べて半値半幅が有意に小さく，視覚−味覚の同時性判断や視覚−嗅覚の同時性判断とほぼ同じであることがわかった。また，別の研究（Kobayakawa & Gotow, 2016）から，一致しない嗅覚と味覚の組み合わせ（桜餅香−食塩）では，一致した組み合わせ（醤油香−食塩）よりも，時間分解能が低くなることも示されている。これらの結果は，日頃の食経験によって形成された「学習性の共感覚」は味覚と嗅覚の間に生じる時間分解能を低下させ，その結果二つの感覚モダリティ間の違いが識別されにくくなることを示唆している。

（坂井　信之）

8・2　味覚と他の感覚の相互作用

8・2・1　味覚と視覚の相互作用

　視覚情報の中でも色と味覚の相互作用については古くから研究が行われてきた。それらの概説については他稿（坂井，2010；山本他，2019）に譲ることにし，ここでは近年の研究をいくつか紹介する。Huisman et al. (2016) は，ブーバ・キキ効果の検証で用いられるような図形（角ばった・丸い）に色（グレー・赤・緑）をつけたアニメーション刺激（静止・ゆっくりした動き・早い動き）を呈示し，それらと 4 基本味との連合の強さを 9 点法により調査した。その結果，赤色は甘さと，酸っぱさは緑とそれぞれ連合しており，塩味は緑との連合が他の色よりも弱いことなどが明らかとなった。また，赤色は丸い形との連合が強いが，酸味・苦味・塩味は角ばっ

第 8 章　味覚と他の感覚の相互作用

た形との連合が強いことが示唆された。さらに，早い動きのアニメーションは酸味と強い結びつきを示すことも示された。この研究例のように従前の研究では味覚と視覚（色）の連合を調査法による質問に基づいて研究するものが多かった。そこで Saluja & Stevenson（2018）は，5 基本味それぞれについて 3 濃度の味覚刺激を用意し，参加者にそれぞれの味覚刺激を口に含みながら，その味覚とマッチする色をカラーホイールより選択してもらった。その結果，甘味とうま味は赤・桃色系と，塩味は青色系と，酸味は黄色系と，苦味は黒および緑色系と最もマッチしていると報告された。これらの結果は最近われわれが実施した質問紙法による調査結果（坂井他，2020）とも一致する。われわれの研究では，さらに色イメージと味覚イメージとの一致は，聴覚イメージ（子どもの声，女性の声，男性の声）との一致よりも，より広く分布している，すなわち味覚イメージの色との一致度は，声に比べて低いことも明らかにしている。

Huisman et al.（2016）は上述のアニメーション刺激をヨーグルトと同時に呈示し，ヨーグルトの味覚評定（4 基本味・9 点法）を参加者にさせた。その結果，赤色の丸いアニメーション図形と同時に呈示されたときに酸味が最も低く感じられ，緑色の角ばったアニメーション図形と同時に呈示されると酸味が最も高く感じられたと報告している。同じようにブーバ／キキ図形に類似した図形を用いた研究（Turoman et al., 2018）でも，丸い図形は甘味を増強し，角ばった図形は酸味を増強させることが確認されたが，その増強効果は，図形の対称性に依存することが明らかにされた。対称性が高い丸い図形は甘味を増強させ，苦味や酸味を抑制した。一方，対称性が低い角ばった図形は甘味を抑制し，苦味や酸味を増強した。これらの味覚と視覚の相互作用には，欧米人と台湾人の間で効果に差がみられなかったことも報告されている。形情報と基本味の関係については食経験や文化差は関係しない可能性もある。

8・2・2　味覚と聴覚の相互作用

聴覚が食物の「味」に強い影響を与えることは広く知られている。このときの「味」は食感（パリパリ感やコリコリ感など）であることが多い（たとえば Saita et al., 2021）。しかしながら本章で扱うのは味覚であるため，本節では 5 基本味に対する音刺激の効果を調べた研究を紹介する。

背景ノイズの大きさが味覚に及ぼす影響についての研究がいくつかみられる。たとえば Yan & Dando（2015）は飛行機内のノイズ（80-85 dB）をヘッドフォンで聴いている間に 5 基本味溶液を味見する条件での強度評定値を静かな環境（室内のノイズのみ）で味見する条件での評定値と比較した。その結果，甘味とうま味に対する評定値は大きい音条件下で増幅するのに対して，塩味や酸味，苦味に対する評定値は音条件による差はみられなかったことを報告している。また，Ferber & Cabanac（1987）は不快なノイズ（90 dB）を聴いているときにはショ糖溶液（特に高濃度）に対する好みが強まることを示し，この嗜好の変化は大きな音に対して生じたストレスが原因であると解釈した。しかしながら，このこととは一致しない，すなわち大きなノイズがあっても味覚に変化は生じないことを報告するものも多く，未だに一致した見解はない状況にある（Spence, 2014）。

また，オックスフォード大学の Spence らのグループは，参加者にうま味を除く基本味にマッチする音フレーズを作成させるという課題を行わせ，それぞれの基本味（たとえば甘味は高い音で滑らかな G メジャーの音フレーズ）にマッチする音フレーズがそれぞれ異なること（実際の音は https://soundcloud.com/crossmodal/sets/tastemusic で公開されている）を報告している（Knoeferle et al., 2015）。

さらに最近では言葉の音素と基本味の関連性について調べようとする研究も報告されている。たとえば母音の音の長短によってさまざまな食品名を作り出し，それぞれの名称が甘味を含むか否かを判断させた研究（Pathak et al., 2020）は，長母音を含む単語は甘味をより想起させることを報告している。また，母音や子音を組み合わせた食品名を呈示し，それぞれの（うま味を除く）基本味の程度を推察させた研究（Motoki et al., 2020）では，甘味は前舌母音と摩擦音よりなる単語が最も高く推定される一方，

第Ⅶ部　味覚

苦味は破裂音よりなる単語が最も高く推定されることなどを報告している。これらの知見は，同じ食品を摂取するときでも，食品名によって感じられる味覚が異なるように感じられる可能性を示唆しているが，このことを直接検証した官能評価的な研究はまだみられていない。今後の検証が楽しみである。

8・2・3　味覚と触覚の相互作用

触覚という観点からは，固さや塊感，歯応えなど，さまざまな物性と味覚の相互作用に関する研究はいくつかみられる。しかしながら，その背後には食物の物理化学的特性の相違によって，味物質の放出や食塊の崩壊などの要因が異なるなどの物理化学的要因が主に味覚に影響を与えていると考えられる。同じように，食品や飲料の温度の違いが感じられる味覚に及ぼす影響についてもいくつか報告されているが，この原因も口腔内に存在する味覚受容器とその周囲に存在する温度受容器や自由神経終末などの末梢要因が深く関わると考えられている。

そこで，純粋に触覚と味覚の相互作用という観点からの研究をいくつか紹介したい。いずれもオランダのトゥヴェンテ大学の van Rompay らの研究である。たとえば van Rompay et al. (2018) は，同じアイスクリーム（バニラアイスクリームとレモンアイスクリーム）をトゲのある器に入れて試食したときと滑らかな手触り感の器に入れて試食したときで，滑らかな器のときのほうが甘さをより強く感じられることを報告している。また，カップ表面の凸凹が四角いときには，丸いときに比べて，コーヒーやチョコレートドリンクの苦味が強く感じられることも報告している（van Rompay et al., 2017）。さらに彼らは食器の手触り感（陶器のようなザラつき感 vs 磁器のようなサラサラ感）の違いが，一般消費者のポテトチップの塩辛さ評定に対する効果を調べ，ザラついた食感の器に入れられたポテトチップは，サラサラの器に入れられたものに比べて，より塩味が強く感じられること（van Rompay & Groothedde, 2019）を報告している。これらの結果から，手に与えられた触覚刺激の違いが，感じられる味覚に影響を及ぼすことが示唆される。しかしながら，これらの感覚

間の相互作用が，経験に基づく連合（Deroy et al., 2013）か言語を介するメタファー的なもの（Spence, 2011）か，それとも脳内での感覚連合に基づくものなのか（Rolls, 2008）については未だに直接検討されておらず，今後の課題とされている。

（坂井　信之）

8・3　おわりに

途中述べたように，実生活でのわれわれの味わいは，視覚や聴覚で食物を認知し，食物の味を予期することから始まる。その意味において，われわれが日常生活で経験する「味」には味覚の関与は少ないといえるが，消化や吸収を含む食行動全般においては味覚の役割は非常に大きい。そのため，味覚受容器は口腔内だけでなく，消化器官全体に広く分布している（Ekstrand et al., 2017）のである。

われわれは嗅覚により食物の味の細かなニュアンスを先読みし，また食物の状態を予期する。それらの情報に基づき，われわれは食物を口の中に入れるが，それまでに形成された予期に基づいて，口の開け方，頭の傾け方，食物を置く位置，咀嚼のパターンや咀嚼力，舌の動き，口腔内に保つ時間などが詳細にコントロールされる。それらのコントロールの結果，味覚や食感などが，物理・化学的にも，知覚的にも大きく変化する。つまりわれわれの味わいは，食物の化学物質を分析するということではなく，情報を積極的に処理し，また食物にはたらきかけるというプロセスなのである。

感覚間の詳細な連合あるいは相互作用を研究するためには，色や形などの単純な要素と味覚との交互作用を観察することは必要である。しかしながら，それらの知見の蓄積だけで実際の食行動における食物の認知の仕組みを理解したり，食生活に応用できるようなアイデアを得ることは難しい。これまでの受動的な感覚としての味覚という視点からよりアクティブな知覚という視点からの味覚研究が増えていくことを望んでいる。

（坂井　信之）

文献 ─────

（8・1）

Anderson, N. H. (1970). Functional measurement and psychophysical judgment. *Psychological Review, 77*, 153-170. ［doi: 10.1037/h0029064］

Ashkenazi, A., & Marks, L. E. (2004). Effect of endogenous attention on detection of weak gustatory and olfactory flavors. *Perception & Psychophysics, 66*, 596-608. ［doi: 10.3758/bf03194904］

Bertelsen, A. S., Mielby, L. A., Alexi, N., Byrne, D. V., & Kidmose, U. (2020). Individual differences in sweetness ratings and cross-modal aroma-taste interactions. *Foods, 9*, 146. ［doi: 10.3390/foods9020146］

Clark, C. C., & Lawless, H. T. (1994). Limiting response alternatives in time-intensity scaling: An examination of the halo-dumping effect. *Chemical Senses, 19*, 583-594. ［doi: 10.1093/chemse/19.6.583］

Djordjevic, J., Zatorre, R. J., & Jones-Gotman, M. (2004). Effects of perceived and imagined odors on taste detection. *Chemical Senses, 29*, 199-208. ［doi: 10.1093/chemse/bjh022］

Fanselow, M., & Birk, J. (1982). Flavor-flavor associations induce hedonic shifts in taste preference. *Animal Learning & Behavior, 10*, 223-228. ［doi: 10.3758/BF03212274］

Gotow, N., & Kobayakawa, T. (2017). Simultaneity judgment using olfactory-visual, visual-gustatory, and olfactory-gustatory combinations. *PLoS ONE, 12*(4), e0174958. ［doi: 10.1371/journal.pone.0174958］

Gotow, N., & Kobayakawa, T. (2020). Context effect on temporal resolution of olfactory-gustatory, visual-gustatory, and olfactory-visual synchrony perception. *Chemosensory Perception, 14*, 27-40. ［doi: 10.1007/s12078-020-09282-z］

Isogai, T., & Wise, P. M. (2016). The effects of odor quality and temporal asynchrony on modulation of taste intensity by retronasal odor. *Chemical Senses, 41*, 557-566. ［doi: 10.1093/chemse/bjw059］

Kakutani, Y., Narumi, T., Kobayakawa, T., Kawai, T., Kusakabe, Y., Kunieda, S., & Wada, Y. (2017). Taste of breath: the temporal order of taste and smell synchronized with breathing as a determinant for taste and olfactory integration. *Scientific Reports, 7*, 8922. ［doi: 10.1038/s41598-017-07285-7］

Kobayakawa, T., & Gotow, N. (2016). Specificities of chemical senses among sensory modalities: Synchrony perception for olfactory-visual, visual-gustatory, olfactory-gustatory and match-mismatch combinations. *Chemical Senses, 41*, e170-e171.

Labbe, D., Damevin, L., Vaccher, C., Morgenegg, C., & Martin, N. (2006). Modulation of perceived taste by olfaction in familiar and unfamiliar beverages. *Food Quality and Preference, 17*, 582-589. ［doi: 10.1016/j.foodqual.2006.04.006］

Labbe, D., Rytz, A., Morgenegg, C., Ali, S., & Martin, N. (2007). Subthreshold olfactory stimulation can enhance sweetness. *Chemical Senses, 32*, 205-214. ［doi: 10.1093/chemse/bjl040］

Manabe, M., Sakaue, R., & Obata, A. (2020). Contribution of the retronasal odor of soy sauce to salt reduction. *Journal of Food Science, 85*, 2523-2529. ［doi: 10.1111/1750-3841.15332］

Marks, L. E., Elgart, B. Z., Burger, K., & Chakwin, E. M. (2007). Human flavor perception: Application of information integration theory. *Teorie & Modelli, 1*, 121-132.

Onuma, T., Maruyama, H., & Sakai, N. (2018). Enhancement of saltiness perception by monosodium glutamate taste and soy sauce odor: A near-infrared spectroscopy study. *Chemical Senses, 43*, 151-167. ［doi: 10.1093/chemse/bjx084］

Onuma, T., & Sakai, N. (2016). Higher-order conditioning of taste-odor learning in rats: Evidence for the association between emotional aspects of gustatory information and olfactory information. *Physiology & Behavior, 164*, 407-416. ［doi: 10.1016/j.physbeh.2016.06.025］

Pfeiffer, J. C., Hollowood, T. A., Hort, J., & Taylor, A. J. (2005). Temporal synchrony and integration of subthreshold taste and smell signals. *Chemical Senses, 30*, 539-545. ［doi: 10.1093/chemse/bji047］

坂井 信之（2009）．食における学習性の共感覚　日本味と匂学会誌, *16*, 171-178. ［doi: 10.18965/tasteandsmell.16.2_171］

Sakai, N., & Imada, S. (2003). Bilateral lesions of the insular cortex or of the prefrontal cortex block the association between taste and odor in the rat. *Neurobiology of Learning and Memory, 80*, 24-31. ［doi: 10.1016/S1074-7427(03)00021-2］

第 VII 部　味覚

Sakai, N., Kobayakawa, T., Gotow, N., Saito, S., & Imada, S. (2001). Enhancement of sweetness ratings of aspartame by a vanilla odor presented either by orthonasal or retronasal routes. *Perceptual and Motor Skills, 92*, 1002–1008. ［doi: 10.2466/pms.2001.92.3c.1002］

Sakai, N., & Yamamoto, T. (2001). Effects of excitotoxic brain lesions on taste-mediated odor learning in the rat. *Neurobiology of Learning and Memory, 75*, 128–139. ［doi: 10.1006/nlme.2000.3969］

Stevenson, R. J., Boakes, R. A., & Prescott, J. (1998). Changes in odor sweetness resulting from implicit learning of a simultaneous odor-sweetness association: An example of learned synesthesia. *Learning and Motivation, 29*, 113–132. ［doi: 10.1006/lmot.1998.0996］

van Beilen, M., Bult, H., Renken, R., Stieger, M., Thumfart, S., Cornelissen, F., & Kooijman, V. (2011). Effects of visual priming on taste-odor interaction. *PLoS ONE, 6*(9), e23857. ［doi: 10.1371/journal.pone.0023857］

Veldhuizen, M. G., & Small, D. M. (2011). Modality-specific neural effects of selective attention to taste and odor. *Chemical Senses, 36*, 747–760. ［doi: 10.1093/chemse/bjr043］

Wilton, M., Stancak, A., Giesbrecht, T., Thomas, A., & Kirkham, T. (2018). Intensity expectation modifies gustatory evoked potentials to sweet taste: Evidence of bidirectional assimilation in early perceptual processing. *Psychophysiology, 56*, e13299. ［doi: 10.1111/psyp.13299］

(8・2)

Deroy, O., Crisinel, A.-S., & Spence, C. (2013). Crossmodal correspondences between odors and contingent features: Odors, musical notes, and geometrical shapes. *Psychonomic Bulletin & Review, 20*, 878–896. ［doi: 10.3758/s13423-013-0397-0］

Ferber, C., & Cabanac, M. (1987). Influence of noise on gustatory affective ratings and preference for sweet or salt. *Appetite, 8*, 229–235. ［doi: 10.1016/0195-6663(87)90022-5］

Huisman, G., Bruijnes, M., & Heylen, D. K. J. (2016). A moving feast: Effects of color, shape and animation on taste associations and taste perceptions. *ACE '16: Proceedings of the 13th International Conference on Advances in Computer Entertainment Technology, 13*, 1–12. ［doi: 10.1145/3001773.3001776］

Knoeferle, K. M., Woods, A., Kappler, F., & Spence, C. (2015). That sounds sweet: Using cross-modal correspondences to communicate gustatory attributes. *Psychology & Marketing, 32*, 107–120. ［doi: 10.1002/mar.20766］

Motoki, K., Saito, T., Park, J., Velasco, C., Spence, C., & Sugiura, M. (2020). Tasting names: Systematic investigations of taste-speech sounds associations. *Food Quality and Preference, 80*, 103801. ［doi: 10.1016/j.foodqual.2019.103801］

Pathak, A., Calvert, G. A., & Motoki, K. (2020). Long vowel sounds induce expectations of sweet tastes. *Food Quality and Preference, 86*, 104033. ［doi: 10.1016/j.foodqual.2020.104033］

Rolls, E. T. (2010). The affective and cognitive processing of touch, oral texture, and temperature in the brain. *Neuroscience & Biobehavioral Reviews, 34*, 237–245. ［doi: 10.1016/j.neubiorev.2008.03.010］

Saita, A., Yamamoto, K., Raevskiy, A., Takei, R., Washio, H., Shioiri, S., & Sakai, N. (2021). Crispness, the key for the palatability of "Kakinotane": A sensory study with onomatopoeic words. *Foods, 10*(8), 1724. ［doi: 10.3390/foods10081724］

坂井 信之 (2010). 食べ物の味と見た目の相互作用について　日本色彩学会誌, *34*(4), 343–347.

坂井 信之・大沼 卓也・ラエフスキー・アレクサンドル (2020). 味覚の色イメージに関する探索的研究　日本味と匂学会誌, 第54回大会プロシーディング集, S33–S36.

Saluja, S., & Stevenson, R. J. (2018). Cross-modal associations between real tastes and colors. *Chemical Senses, 43*, 475–480. ［doi: 10.1093/chemse/bjy033］

Spence, C. (2011). Crossmodal correspondences: A tutorial review. *Attention, Perception, & Psychophysics, 73*, 971–995. ［doi: 10.3758/s13414-010-0073-7］

Spence, C. (2014). Noise and its impact on the perception of food and drink. *Flavour, 3*, 9. ［doi: 10.1186/2044-7248-3-9］

Turoman, N., Velasco, C., Chen, Y.-C., Huang, P.-C., & Spence, C. (2018). Symmetry and its role in the crossmodal correspondence between shape and taste. *Attention, Perception, & Psychophysics, 80*, 738–751. ［doi: 10.3758/s13414-017-1463-x］

van Rompay, T. J. L., Finger, F., Saakes, D., & Fenko, A. (2017). "See me, feel me": Effects of 3D-printed surface patterns on beverage evaluation. *Food Quality and Preference, 62*, 332–339. ［doi: 10.1016/j.foodqual.2016.12.002］

van Rompay, T. J. L., & Groothedde, S. (2019). The taste of touch: Enhancing saltiness impressions through surface texture design. *Food Quality and Preference, 73*, 248–254. ［doi: 10.1016/j.foodqual.2018.11.003］

van Rompay, T. J. L., Kramer, L.-M., & Saakes, D. (2018). The sweetest punch: Effects of 3D-printed surface textures and graphic design on ice-cream evaluation. *Food Quality and Preference, 68*, 198–204. ［doi: 10.1016/j.foodqual.2018.02.015］

山本 浩輔・丸山 弘明・坂井 信之 （2019）．食物の味に色が与える影響について　日本色彩学会誌，*43*(2)，103-106.

Yan, K. S., & Dando, R. (2015). A crossmodal role for audition in taste perception. *Journal of Experimental Psychology: Human Perception and Performance, 41*, 590–596. ［doi: 10.1037/xhp0000044］

（8・3）

Ekstrand, B., Young, J. F., & Rasmussen, M. K. (2017). Taste receptors in the gut: A new target for health promoting properties in diet. *Food Research International, 100*, 1–8. ［doi: 10.1016/j.foodres.2017.08.024］

第VIII部
時間知覚

第1章　時間知覚研究の課題

第2章　時間知覚のモデル

第3章　時間知覚の諸現象

第 1 章　時間知覚研究の課題

1・1　時間知覚研究の問題設定

1・1・1　心理的時間と物理的時間の関係

　本書の主題である感覚には，感覚モダリティに応じた刺激と受容器の組み合わせが存在する。一方，「時間」に特化した受容器は存在しない。視覚，聴覚，体性感覚など，どの感覚モダリティの刺激に対しても，刺激の時間長や時間順序などの時間的な知覚が生じうる。われわれは時間そのものを直接知覚するのではない。さまざまな感覚モダリティ由来の刺激が事象として知覚されるとともに，事象に付随する時間属性として知覚されると考えるのが適当だろう（Gibson, 1975；McTaggart, 1908；Pöppel, 1978）。

　この時間知覚成立の過程をもう少し具体的に記述してみよう。事象はまず物理的な時空間で物理的な時間軸に沿って発生し（図 1-1-1：物理的時間の事象 1-4），それが神経活動に変換されたのち，心理的な時間軸上に事象として位置づけられる。この際に注意すべきことは，心理的時間軸上の順序や間隔は必ずしも物理的時間軸上の順序や間隔をそのまま反映するわけではない，ということである。時間知覚研究の多くは，主観的な時間長や時間順序に関する判断を，客観的で物理的な真の時間長や時間順序と比較する，という形式をとっている。両者（物理的時間と心理的時間）の関数関係が，種々の条件（感覚モダリティ，刺激の強さ，受容器の空間配置など）に応じてどう変わるかを調べるのが標準的な時間知覚研究の構造となる。

1・1・2　物理的時間に関する世界観の変遷

　心理的時間の原因となる物理的時間とはどのように定義されるのだろうか。実用的な定義は「時計で計られる量」である。これは，Newton の相対時間の定義に由来する（Newton, 1687/1999）。Newton はまず知覚できない絶対的な時間を定義した。「絶対的な，真の，数学的な時間は，自ずから，その本質に従って外界のいかなる物とも無関係に一様に流れる」。その劣化した複製としてわれわれが運動（時計）の観察によって，拠り所にできるのが相対時間である。「相対的な，見かけの，日常的な時間は，正確であろうとなかろうと，一様であろうとなかろうと，運動を観察することによって得られる感じることができて外部に属する時間長の計測値である。これが日常においては真の時間の代わりに使われている。たとえば，1 時間，1 日，1 か月，1 年などがその例である」。Newton が定義した実用的な相対時間は，心理学だけでなく現代のあらゆる実験科学に用いられている。もちろん，時間計測の精度は時代とともに向上しているわけだが，「周期運動＝振動」を数えて経過時間の読みとするという考えは現代のクオーツ時計や原子時計にも共通である。

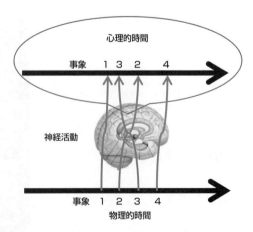

図 1-1-1　心理的時間と物理的時間の関係

第1章 時間知覚研究の課題

　時間知覚を説明するモデルの多くは、心や脳の中にも「振動子」と「カウンター」があると仮定する（VIII・2参照）。これらの学説は、Newtonの相対時間の定義を心理的時間、あるいは脳内の時間、に拡張したものと見なすことができるだろう。この立場に立てば、時間知覚研究の目的は、心や脳の中の振動子とカウント機構を探索して同定することと定義できるだろう。

　Newtonの世界観に従えば、空間と時間は独立している。しかし、Einstein（1905）はこの考え方を否定した。Newtonの時空とEinsteinの時空を比較してみよう（図1-1-2）。話を単純にするために、時間も空間も1次元とする。

　静止した座標系SとS'に対して速度vで動く座標系S'があるとしよう。SとS'で、ある事象Aがいつ、どこで起こったのか、を計測したところ、Sからは（x, t）、S'からは（x', t'）だったとする。ここで、x, x'は空間座標の値であり、t, t'は時間座標の値である。S'の原点がSの座標系で速度vで等速直線運動しているとすれば

$$x' = x - vt \tag{1}$$
$$t' = t \tag{2}$$

が成り立つ。これがいわゆるガリレイ変換（Galilean transformation）である。t'軸の方向は、x'=0と置いて、x=vt（図1-1-2左の点線）、x'軸の方向はt'=0と置いて、t=0となる（x軸と一致）。つまり、時刻t'=一定 の方向はt=一定 の方向と同じなので、座標系Sで同時（たとえば、時刻t=0）に生じた事象PとQは、座標系S'でも同時（t'=0）のままである。

　ガリレイ変換の式(1)をtで微分して移項すると

$$dx/dt = dx'/dt' + v \tag{3}$$

になる。座標系Sで計測した速度dx/dtは、S'で計測した速度dx'/dt'にS'の原点の移動速度vの下駄をはかせたものになっている。これも常識の通りである。

　しかし、「光」の速度を計測してみると、座標系Sで計測してもS'で計測しても光速cが一定になって、c+vにはならないことが、19世紀末のMichelsonとMorleyの実験で明らかになった（Michelson & Morley, 1887）。こんな常識外れのことがあるはずはないと思われるだろうが、実験事実なのだから受け入れるしかない。そこで、(x, t)と(x', t')の間の一次変換で、光速不変を満足する解を探してみると、これが簡単に見つかるのだ。Einsteinの1905年の論文に記されたその結果は、

$$x' = \beta(x - vt) \tag{4}$$
$$t' = \beta\left(t - \frac{v}{c^2}x\right) \tag{5}$$
$$\beta = 1/\sqrt{1 - \left(\frac{v}{c}\right)^2} \tag{6}$$

となる。この一次変換がローレンツ変換（Lorentz transformation）である。t'軸の方向は、実はガリレ

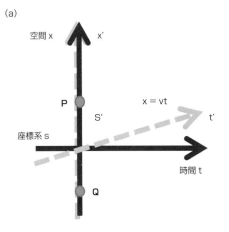
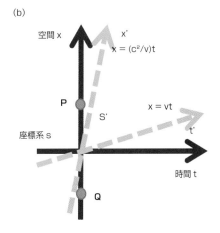

図1-1-2　物理的時間に関する世界観の変遷
　（a）Newtonの時空間（ガリレイ変換）。同時の事象P, Qは動く座標系S'から見ても同時。
　（b）Einsteinの時空間（ローレンツ変換）。動く座標系S'の空間軸（同時の方向）は光速を一定にするために斜めになる。その結果Sで同時だったPとQはS'ではPが起きてからQが起きたと判断される。

1635

イ変換と同じ $x = vt$ である（図1-1-2右の t' 軸）。一方，x' 軸の方向は，式(5)で t'=0 と置くと $x = (c^2/v) t$ となって，少し斜めになる（v=0 なら x' 軸も t' 軸も x 軸，t 軸にそれぞれ一致する。v=c になると，x' 軸も t' 軸も x=ct となって一致してしまう）。この「x' 軸が斜めになる」というのが，Newton 的な「時間と空間が独立している」という世界観との決定的な違いとなる。座標系 S で t=0 に x=1 で生じた事象 P と x=−1 で生じた事象 Q は，S' においてはもはや同時ではない。

式(5)によれば，座標系 S で時刻 t=0 に x=1 で生じた事象 P は，S' では時刻 $t' = \beta(-v/c^2) < 0$，つまりは過去に生じたことになる。他方，x=−1 で生じた事象 Q は $t' = \beta(v/c^2) > 0$，つまり未来に生じることになる。S で，今（t=0）同時に生じたはずの事象 P と Q は，相対速度 v で動く別の座標系 S' で観察すると，もはや同時ではない。P が過去で生じてから Q が未来に生じることになる。

言い換えると，座標系 S の「現在」で切り取った「空間」のスナップショットは，座標系 S' の「現在」で切り取った「空間」のスナップショットとは一致しないのだ。われわれは全宇宙で「現在」は共通で，「現在」の事象が客観的な実在だと考えることに慣れている。このいわゆる「現在主義（presentism）」を仮定して，相対論も認めると，観測者ごとに客観的な実在が異なることになる。これは矛盾なので，「現在主義」は否定される。時空とそのなかで生起する事象全体が実在するとすれば，座標系によって実在が変わるという困難は克服できる。実際，Einstein は過去も未来も含めた「時空（spacetime）」全体が実在するという「永遠主義（eternalism）」の立場をとっていた（Buonomano, 2017）。しかし，同時に，「現在という問題」に深刻に悩んでいたという。「現在を経験することは，人間にとって特別な意味をもつ。過去や未来とは本質的に違った何かがあるが，この重要な違いは，物理学には現れないし，また現れることもできない」（Prigogine & Stengers, 1984 伏見他訳, 1987）と哲学者のカルナップに打ち明けたという。主観的な時間にとって決定的に重要な「現在」が物理学で説明できないとすれば，過去・現在・未来の区別は客観的な実在ではないだろう。実際，スピノザ，カント，ヘーゲル，ショーペンハウアーら，名だたる哲学者が，時間は実在しない，という結論に到達している（McTaggart, 1908）。

1・1・3 心理的時間のA系列とB系列

The unreality of time と題する論考で，McTaggart（1908）は時間には2種類の系列があると述べた。事象が時間のなかでもつ位置は二つの方法で区別されるという（図1-1-3）。

まず，「それぞれの位置は，過去，現在，未来のいずれかである」。彼はこれを A 系列（A series）と名付けた。A 系列の特徴は変化にある。ある出来事は遠い未来から近い未来を通って現在を通過して近い過去から遠い過去へと過ぎ去っていく。この動きはいつまでも止むことはない。逆に，過去−現在−未来という時間の軸が，一列に並んだ出来事の上を未来の方向に動き続けている，と見なすこともできる（図1-1-3 上）。

次いで，「それぞれの位置はあるものより早く，それ以外のあるものよりも遅い」。彼はこれを B 系列（B series）と名付けた。B 系列の特徴は不変性にある。事象 L と事象 M の前後関係は，L と M の組に対して一意に定まり，その関係は「未来永劫」変わることはない。

McTaggart（1908）は，A 系列があれば B 系列の順序が定まる一方，B 系列の順序だけでは過去・現在・未来の変化は生じないので，A 系列が B 系列よりも本質的であるとした。その上で，A 系列が実在

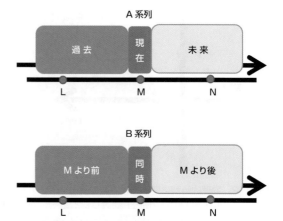

図 1-1-3　心的時間の A 系列と B 系列

すると仮定した場合に「一つの事象が未来であり，現在であり，過去である」ことは矛盾である，とした。「事象は同時に三つの属性を示すわけではない。ある時点においては過去，現在，未来のいずれか一つであるから，矛盾ではない」という反論には「一つの事象がいつ未来に属し，いつ現在になり，いつ過去になるかを指定するには A 系列が必要である」という定義の循環が生じることを指摘した。いずれにしても，矛盾が生じるので，A 系列は実在しない，つまり時間は実在しないという結論が導かれた。

しかし，論考の最後に，McTaggart はこうも述べている。「（われわれがあらゆることを時間のなかに位置づけて知覚するということ）はわれわれが物事（things）を知覚する唯一の方法である」。つまり，われわれの心が一種の方便として時間を作り上げて使っていることは認めているのだ。したがって，時間が実在しないとしても，心，あるいは脳，がいかにして時間の知覚を作りだすのかを研究することには十分な意義がある。

知覚される心的時間には二つの系列がある。一つは過去 – 現在 – 未来の変化する A 系列，もう一つは，二つの事象の間の前後関係である B 系列，である。脳と心は A 系列や B 系列の知覚をいかにして作り出しているのだろうか。これが時間知覚研究の基本的な問題設定となる。

（北澤　茂）

1・2　時間知覚研究の方法論

A 系列の時間知覚（前節を踏まえ，「時間に関する何らかの認識がなされること」一般を指して広義の「時間知覚」と呼びならわすが，狭義の「時間知覚」については VIII・1・2・4 を参照）には，時間の見当識（mental orientation in time：現在の年月や時刻に関する自覚），過去の事象の想起（記憶の再生），未来の事象の予測や想像，予定の自覚（展望記憶）などが含まれる。いわゆる心的時間旅行（mental time travel）は過去の想起と未来の想像の範疇である。ここでは A 系列の知覚研究の方法論については時間の見当識を取り上げる（VIII・1・2・1）。B 系列は安定しているので，時間知覚研究の多くは B 系列

に関するものである。ここでは同時性判断（VIII・1・2・2），時間順序判断（VIII・1・2・3），時間長判断（VIII・1・2・4）の三つに分けて説明する。

1・2・1　時間の見当識

時間の見当識の障害は質問紙法で調べることができる。認知症のスクリーニングに用いられる Mini-Mental State Examination（MMSE；Folstein et al., 1975）では，30 問のうちはじめの 5 問（「今日は何日ですか」「今年は何年ですか」「今の季節は何ですか」「今日は何曜日ですか」「今月は何月ですか」）が時間の見当識を調べる設問となっている。

Peer et al.（2015）は見当識の神経基盤を調べる研究で，「画面に呈示した二つの刺激のうち，現在に近いものを選ぶ」という課題を使った。呈示したのは，人生の個人的な出来事（期末試験など），個人とは関係のない世界の出来事（オバマの選挙），未来に起こるかもしれない個人的な出来事（一人目の子供），未来に起こるかもしれない個人とは関係のない世界の出来事（火星探検）である。たとえば画面には「期末試験」と「オバマの選挙」が画面の左と右に呈示される。自分が経験した過去の期末試験までの距離が 25 年で「オバマの選挙」が 12 年前だとすれば，「オバマの選挙」のほうが近いので右ボタンを押す，といった具合である。

1・2・2　同時性判断

二つの刺激が短い時間間隔で呈示された際に，その時間間隔を短くしていくと，それらが継時的ではなく同時に感じられるようになる。同時性判断（simultaneity judgment：SJ）の実験においては，観察者は呈示された二つの刺激の呈示タイミングが同時であったのか，もしくは同時ではなかった（継時的であった）のか，の判断を行う。多くの実験では，刺激の呈示タイミングの判断を行うが，二つの刺激の消失タイミングを判断する実験（Allan & Kristofferson, 1974）や，刺激の消失と呈示のインターバルを検出する実験（Allan, 1976；Efron, 1970）もある。また，呈示刺激がフリッカーなどの周期的なものである場合，観察者の判断としては，二つの刺激が同期していたのか，もしくは非同

第 VIII 部　時間知覚

期だったのか，の判断を行うこともある。同時性判断の典型的な実験では，二つの刺激をさまざまな時間間隔で呈示し，観察者の同時であったという判断が全試行の75％（同時ではなかったという判断が25％）で生じるであろう時間間隔を調べることで，同時に感じる時間幅，すなわち同時性の時間窓（simultaneity window）が調べられてきた。この同時性の時間窓は，呈示刺激の内容やモダリティ，時間ずれに対する順応など，さまざまな要因によって影響を受けることが示されている（Fujisaki et al., 2004；Lichtenstein, 1961；Pastore, 1983）。たとえば，刺激の呈示モダリティに関しては，同時性の時間窓は，視覚よりも聴覚のほうが短いとされている（Recanzone & Sutter, 2008；Saunders, 1975）。さらに，視覚と聴覚のように，モダリティをまたいだ場合，同一のモダリティ内よりも，同時性の時間窓は長くなることが示されている（Fujisaki & Nishida, 2007）。

1・2・3　時間順序判断

　時間順序判断（temporal order judgment：TOJ）の実験においては，観察者は呈示された二つの刺激のうち，どちらが時間的に先に（もしくは後に）呈示されたのか，の判断を行う。多くの実験では，刺激の呈示順序の判断を行うが，二つの刺激の消失順序を判断する実験（Allan & Kristofferson, 1974；Yoshida et al., 2012）もある。時間順序判断の典型的な実験では，二つの刺激をさまざまな時間間隔で呈示し，観察者の順序判断が全試行の75％で正しい（25％で正しくない）であろう時間間隔を調べることで，時間順序がわかるために必要な時間差が調べられてきた。この時間差より短い時間差であったときには同時に感じているのだと見なせば，同時性の時間窓を間接的に調べているともいえるが，時間順序判断で得られる同時性の時間窓は，前述の同時性判断で得られるものとは少し異なる特徴がみられる。たとえば，同時性判断では呈示モダリティの違いによる影響が大きいが，時間順序判断では，視覚，聴覚，触覚といった呈示モダリティ間で，同時性の時間窓はおおよそ同じであるとされている（Hirsh & Sherrick, 1961；Pöppel, 1997）。これらの実験結

果が意味することとして，同時性判断には，感覚器の違いによる時間分解能の差が影響するのに対して，時間順序判断では，より高次な処理過程が影響しているのだと考えられる。近年の神経生理学の研究においても，時間順序判断にはより多くの脳部位が関与していることが示されている（Miyazaki et al., 2016）。また，時間順序判断には，注意による影響が大きいことが多くの研究により示されてきた。具体的には，同時に呈示された視覚刺激であっても，注意が向けられた刺激のほうが先に呈示されたように知覚される（Shore et al., 2001；Stelmach & Herdman, 1991）。この現象は視覚だけでなく，モダリティをまたいだ時間順序判断においても多く研究されている（Hirsh & Sherrick, 1961；Jaśkowski et al., 1990；Roufs, 1974；Rutschmann & Link, 1964；Spence et al., 2001）。また，触覚の時間順序判断においては，手を交差することで，時間差が約0.3 s以内で，時間順序判断が逆転する現象が示されており（Yamamoto & Kitazawa, 2001a），さらに手に持った棒の先を交差させることでも時間順序判断が逆転することが知られている（Yamamoto & Kitazawa, 2001b）。

1・2・4　時間長判断

　時間の長さを判断する実験においては，扱う時間の長さは，数十 ms の短い時間から，数十秒やそれ以上といった長い時間の判断も含まれる。従来の時間長判断の研究では，その扱う時間の長さで大きく二つに分類してきた。一つ目は，2 sか3 s以下の範囲の時間長判断を扱う，時間知覚（time perception）である。この2 sか3 s程度の範囲は心理的現在（psychological present）と呼ばれ，直接的に把握されうる時間とされている（Michon, 1978）。二つ目は，心理的現在を超える範囲の時間長判断を扱う，時間評価（time estimation）である。時間知覚と時間評価の違いは，課題で扱う時間の長さが心理的現在を超えているか否かであるが，その境目ははっきりしているわけではなく，扱う時間の長さが長くなるにつれて，さまざまな要因の影響を受けやすくなると考えられる。また，扱う時間の長さが異なる場合には，関与する脳領域も異なることが知られてい

る（Lewis & Miall, 2003）。

1・2・4・1　測定方法

　時間長判断に関する研究ではさまざまな測定方法が使用されてきた。ここでは大きく四つに分類して説明する。

1）評価法（estimation method）

　実験者によって呈示された事象の時間を，実験参加者が何らかの方法で評価する方法である。たとえば，「何秒」や「何分」など，言語で表現して評価する方法を言語評価法という。また，あらかじめ学習しておいたカテゴリーで評価を行う方法はカテゴリー評価法という。

2）弁別法（discrimination method）

　実験者によって呈示された二つの事象の時間を，実験参加者が比較して一方のほうが長いもしくは短いといった判断をする方法である。

3）再生法（reproduction method）

　実験者によって呈示された事象の時間を，実験参加者が同じ時間，ボタンを押し続けるといった方法で再び作り出す方法である。

4）産出法（production method）

　実験者によって教示された時間の長さを，実験参加者がボタンを押し続けるといった方法で作り出す方法である。この産出法は前述の再生法と似ているが大きく異なる点がある。再生法では通常，実験的操作は事象の呈示中に行われ，その後，ボタン押し等で時間を再生するが，産出法での実験的操作は，ボタン押し等の時間の産出中に行われることが多い。そのため，再生法を用いた場合，事象の呈示中に何らかの要因で心理的な時間経過が通常よりも速くなった場合，事象の時間は長く感じられるため，再生される時間も長くなる。しかし，産出法を用いた場合，ボタン押し中に心理的な時間経過が通常よりも速くなった場合，教示された時間に速く到達したと感じるため，産出される時間は短くなる。したがって，同じ実験的操作を行った場合，再生法と産出法で得られた実験結果は逆の関係になるとされている（Zakay, 1993）。

1・2・4・2　感覚モダリティ

　われわれは視覚刺激に限らず聴覚刺激や触覚刺激においても時間の長さを感じることが可能である。Goldstone et al.（1959）は，同じ呈示時間であっても聴覚刺激の呈示時間のほうが，視覚刺激の呈示時間よりも長く感じる傾向があることを報告している（他にも，Behar & Bevan, 1961；Goldston & Lhamon, 1974）。こうした感覚モダリティにおける時間長判断においては，その処理プロセスが一つの中枢で行われているのか，感覚モダリティごとに別々で行われているのか，といった点が多くの研究者の興味を引きつけてきた（Nobre & O'Reilly, 2004）。現在, 時間知覚の処理プロセスを説明するモデルの多くは，各モダリティから得られた時間情報を中枢にて処理する，ある種のペースメーカーを想定している（Creelman, 1962；Treisman, 1963）。また，Warm et al.（1975）は，時間長判断の学習効果が, 感覚モダリティ間で転移することを示している。さらに，Ono et al.（2012）の実験では，反復刺激による時間長判断の歪みにおいて，感覚モダリティ間で相関関係が認められた。これらの結果は，時間長判断を司る処理プロセスにおいて，モダリティ間で共通の中枢機構の存在を示唆している。反対に，感覚モダリティごとの時間処理プロセスの存在を示唆する研究もある。Grondin & Rousseau（1991）は，時間長判断における課題成績が感覚モダリティ間で異なることを示し，モダリティによらず共通の中枢機構に加え，各モダリティごとの処理プロセスが存在しているとした。また，時間と空間の知覚において，時間に関しては聴覚が優先されるのに対し，空間に関しては視覚が優先されることが示されている（Shams et al., 2000）。さらに, Johnston et al.（2006）は，視覚という単一のモダリティ内でありながら，網膜上の異なる位置では，それぞれ個別に時間処理を行っている可能性があることを示している。

（小野　史典）

第 VIII 部　時間知覚

1・3　時間知覚の生物学的基礎の研究および症例研究

1・3・1　Ａ系列の神経基盤

1・3・1・1　「現在」と時間の見当識

McTaggart（1908）はＡ系列の議論のなかで, 事象の過去性（pastness）, 現在性（presentness）, 未来性（futurity）という用語を導入している。雨を話題にしている場面を考えよう。「雨が降ってきたね」という発言を聞けばわれわれは瞬時に「現在」の降雨が話題になっていることを理解する。同様に「ひどい雨だったね」と聞けば「過去」,「雨が降るかな」と聞けば「未来」の降雨が話題になっていることを理解する。つまり, われわれは言語表現の微妙な差異から, 降雨という事象をＡ系列のなかに瞬時に位置づけている。Tang et al.（2020）は「今　会議を始める」「昨日　本を　読んだ」「明日　本を　読む」などの「時の品詞の副詞的用法＋目的語＋異なる時制の動詞」という単純な文を聞いたときに喚起される「現在性」「過去性」「未来性」に応じて異なる活動をする脳領域を探索した。その結果, 大脳皮質内側面の楔前部（precuneus）が,「現在性」に強く相関して活動することが明らかとなった。これは, 時制が厳密な英語や時制を欠く中国語の話者にも共通していた。事象の現在からの距離を判断する課題を使った Peer et al.（2015）は, 楔前部の腹側前方と左の上側頭溝周辺と側頭頭頂接合部が時間の見当識の神経基盤であることを示唆した。

アルツハイマー型認知症（Alzheimer-type dementia）では, 時間領域の見当識が最初に障害を受け, 空間の見当識, 人間関係の見当識の順で失われていくという（Peer et al., 2015）。一方, アルツハイマー型認知症の病原物質と目されているアミロイド β タンパクが最初に蓄積するのは楔前部と後部帯状回（posterior cingulate）である（Sperling et al., 2009）。発症順序が病理変化の順序と対応するとすれば, 楔前部と後部帯状回が時間の見当識の神経基盤であることが示唆される。

左帯状回の前部から後部の陳旧性出血性梗塞と左楔前部の血流低下を認めた 31 歳男性は「時間の距離感」と「日付の感覚」が消失したと訴えた（Futamura et al., 2018）。また, レヴィ小体型認知症や自閉症でも時間の感覚が失われる症例が報告されている（河村他, 2021）。

以上の報告の多くに共通して現れるのは楔前部と後部帯状回である。楔前部と後部帯状回は大脳皮質全体が作るネットワーク構造の中心に位置するデフォルトモードネットワーク（default mode network：DMN）のコア領域で, さまざまな感覚入力を受ける感覚野から最も離れている（Margulies et al., 2016；Raichle, 2015）。大脳皮質内側面の楔前部と後部帯状回は, さまざまな感覚モダリティに由来して生じる事象の知覚に「現在性」を与えるとともに, 過去や未来の事象と「現在」の距離感を作り出す神経基盤の有力な候補である。

1・3・1・2　「過去」生成

「現在」において知覚される事象はすぐに「過去」の記憶として脳の中に蓄積されていく。この「過去」すなわち記憶の生成に最も重要な領域は側頭葉の内側部に位置する海馬（hippocampus）である。後部帯状回や楔前部の情報は脳梁の周囲の線維束によって海馬傍回（parahippocampal gyrus）に伝えられ, 嗅内野（entorhinal cortex）を経由して海馬に入る。

てんかんの治療のために 1953 年に海馬を含む両側側頭葉内側部の切除術を受けた患者 HM は重篤な記憶の障害を示した（Scoville & Milner, 1957；Squire, 2009；Squire & Wixted, 2011）。HM のエピソードを例示する。

(1) HM は同じ漫画を何回でも面白がって読んでいた。しかし, 過去に読んだという記憶はなかった。

(2) HM は何年たっても自分が 27 歳（手術を受けた当時の年齢）だと思っていた。

(3) HM は鏡だけを見て, 星型などの図形を鉛筆でなぞる練習をした。毎日,「こんなことはできない」と文句を言った。しかし, 技能は日々向上して, HM は自分がうまく描けることに驚いた。

(4) 数字列を即時復唱することができた。

(5) 自然な日常会話を続けることができた。

（6）HMは実験者が「go」と「stop」で呈示した時間長を，「go」と「stop」と発語することで再生する課題に対しては，再生時間と呈示時間が20sまではきわめてよく一致した（Richards, 1973）。しかし，20sを超えると再生時間の伸びは急速に衰え，呈示時間を5minまで伸ばしても再生時間は60s程度で飽和した。

（7）手術を受けた時点より3年以上前の古い事象の記憶は保たれていた。

数字の復唱，日常会話，漫画のストーリーの理解，に必要な程度の即時の記憶と一般的な知能には障害がない。20s以内の時間再生課題に異常がないことと併せて，HMの現在近傍のA系列は保存されていたとみてよいのではないか。

一方，「漫画を読んだ」「鏡映描写課題を行った」というエピソードの記憶はまったく生成されない。つまり，新しい「過去」が生成されない状態になった。おそらく，そのために，自分の年齢も27歳のまま更新されないこととなった。海馬を失ったHMは短いトレッドミル状の現在近傍のA系列の上を，前に進むことなくいつまでも走り続けていたのではないだろうか。

サルに4枚の図形を見せて，見た図形か否かを判断させる課題においては，最後の4枚目の図形の想起には，ワーキングメモリの記憶と想起に関わる前頭頭頂ネットワークが寄与していた。しかし，20s程度前に見た最初の図形の想起には，海馬と海馬傍回を含む側頭葉内側部のモジュールと楔前部と後部帯状回を含むデフォルトモードネットワークが寄与していた（Miyamoto et al., 2013）。新しい刺激で生じた事象の即時記憶は，20s程度までは前頭葉と頭頂葉のネットワークで保持するものの，20sを越えるころから海馬が寄与し始めるものと思われる。

以上をまとめると，海馬は20s程度前には「現在」だった事象の情報から「過去」の記憶を生成して，A系列の「現在」の位置を更新するのに不可欠な領域といえるだろう。

1・3・1・3 「未来」想像

過去の事象の想起課題と未来の事象の想像課題は，よく似た領域を活性化する（Schacter et al.,

2007）。その領域は，海馬と海馬傍回を含む側頭葉内側部，楔前部と脳梁膨大後部皮質（retrosplenial cortex：後部帯状回），内側前頭前野，外側頭頂葉，外側側頭葉である。両側海馬に傷害がある5名の患者は，HMと同様の前向性の記憶障害があるだけでなく，未来の新しい経験を想像することができなかった（Hassabis et al., 2007）。未来を想像するにも海馬が不可欠な神経基盤であるといえるだろう。

1・3・1・4 θサイクルの中に表現される過去・現在・未来

げっ歯類の海馬には，迷路や部屋の特定の場所で特定の向きに頭を向けた時に活動する場所細胞がある（O'Keefe, 1976）。この場所細胞は現在の場所を好むものだけでなく，ちょうど通り過ぎた場所（過去の場所）を好むものや，これから通り過ぎる未来の場所を好むものも含めて，複数のニューロンがほぼ同時に活動する。しかし，完全に同時ではない。げっ歯類の海馬では8-12Hzのθ波と呼ばれる帯域で高振幅の脳波成分が記録されるのだが，そのθ波の1周期（θサイクル）の中で過去・現在・未来の場所細胞は異なる位相で，この順番で活動するのだ（Wikenheiser & Redish, 2015；Wikenheiser & Schoenbaum, 2016；図1-3-1）。動物の移動に伴って，「未来」の位相で活動していた場所細胞は「現在」の位相を占め，さらに「過去」の位相へと移動して，遂にはθサイクルから消えていく（Buzsaki & Tingley, 2018；O'Keefe, 1993）。つまり，θサイクルの過去・現在・未来の位相に表現される場所細胞群の活動は，動物の移動に伴って時々刻々と更新されていく。まさにA系列の神経基盤と呼ぶにふさわしい。面白いのは，表現される事象（過去の場所から現在地を経由して未来の場所へ移動すること）の時間幅はθサイクルの物理的な長さである100msを越えうることだろう。Buzsaki & Tingley（2018）によれば，海馬の重要な機能は，次々と生起する事象（時間の間隔は問わない）に順序を与えてその順序を保存することであるという。θサイクルを使って事象に順序をつけて，逐次記憶を追加していけば，A系列の「現在」の位置が更新されるとともに，過去に属する事象の順序（B系列）も定まって保存さ

第 VIII 部　時間知覚

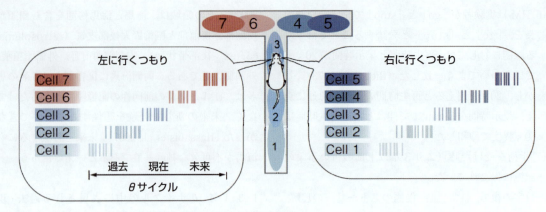

図 1-3-1　海馬のθサイクルに表現される過去・現在・未来の情報

れることとなる。

1・3・2　B系列の神経基盤

1・3・2・1　同時性判断と時間順序判断

　同時性判断と時間順序判断の神経基盤は，主として機能的磁気共鳴映像法によって調べられている。Davis et al.（2009）はモニター上に呈示された二つの視覚刺激の時間順序判断に貢献する脳の領域を，また，Takahashi et al.（2013）と Miyazaki et al.（2016）は右手と左手に加えた触覚刺激の時間順序判断に貢献する脳の領域を検索した。三つの研究に共通する領域は，3か所ある。一つ目は左の側頭頭頂接合部である。この領域は，後方ではランダムドットの動き刺激に応答するヒトの MT/MST 野相同領域に重なる（Takahashi et al., 2013）。二つ目は，頭頂間溝（intraparietal sulcus：IPS）周辺の領域である。この領域は，注意が向かう対象の空間内の位置を表現する領域である。三つ目は，運動前野（premotor cortex）である。この領域は運動の軌道計画に関与するだけでなく，ランダムドットの動きにも応じる。これらの研究で用いられた 200 ms 程度までの時間差で連続して生じる事象の時間順序の知覚は，刺激の空間位置の情報と，二つの刺激が作る仮現運動様の動きの情報を総合して生成されている可能性がある（北澤，2017）。

　Miyazaki et al.（2016）は左右の手に加えた触覚刺激の時間順序判断と同時性判断で生じる脳活動の差を検討し，同時性判断に特異的な神経基盤は左の後部島皮質（posterior insular cortex）であると結論した。一方 Lux et al.（2003）は左右の視野に呈示したひし形の同時性判断と，傾き判断の際の脳活動を比較して，左上側頭回，左側頭頭頂接合部，左中前頭回，右島弁蓋部が同時性判断の際に傾き判断よりも強く活動すると報告した。同時性判断では，時間順序判断に比べて空間を表現する領域の貢献が減少する一方，島皮質が貢献している。

　時間順序判断の感度は高齢者で低下するが，パーキンソン病（Parkinson's disease）は影響を与えない（Nishikawa et al., 2015）。つまり，時間順序判断は主として大脳皮質が担っていて，大脳基底核（basal ganglia）の貢献は小さい。これは時間長判断の神経基盤との著しい違いである。

1・3・2・2　時間長判断

　実験によく用いられる 0-20 s の時間長判断に関しては，大脳皮質，大脳基底核，小脳などさまざまな領域の関与が示唆されてきた（Merchant et al., 2013；Paton & Buonomano, 2018）。

　ヒトの脳機能画像研究では，1 s 程度の間隔で呈示される音の間隔の長短を比較する課題を用いた Rao et al.（2001）は，時間長判断特異的に右の大脳基底核が強く活動することを見いだした。Pouthas et al.（2005）は 450 ms または 1350 ms の間隔でフラッシュする視覚刺激を標準として事前に記憶したのち，与えられたフラッシュ間隔が標準と同じか否かを判断する際の脳活動領域を調べた。賦活されたのは，前補足運動野（presupplementary motor area：preSMA），帯状皮質前部，下前頭皮質，運動前野，尾状核（caudate nucleus），右頭頂間溝だった。さらに，時間長が長いほど活動する領域を検討した結果，尾状核－前補足運動野がクロック機構，帯状皮質前部が判断の決定，運動前野と右下前頭皮質が時間情報の維持に関わるのではないかと推測された。Hayashi et al.（2015）は，0.4 s または 0.6 s の視覚参照刺激を呈示した後，0.5 s 後に，参照刺激と同じか異なる長さのテスト刺激を呈示して，二つの刺激の時間長が同じか違うかを判断させる課題を使って，時間長判断の神経基盤を探索した。テスト刺激が参照刺激と同じ長さの反復条件で，テスト刺激に対する応答が減弱する領域を調べたところ，右頭頂葉の下部（縁上回）が描出された。この領域の反復抑制は物理的な時間長ではなく，主観的な時間長を反映していることも示された（Hayashi & Ivry, 2020）。一方，Protopapa et al.（2019）は同様の視覚刺激の時間長判断課題で，一つ目の刺激長（0.2, 0.4, 0.6, 1.0 s）に応じて活動を変化させる領域を検索した。この条件で描出されたのは，大脳皮質内側面の補足運動野で，前方から後方に向けて選好する時間長が連続的に増加するトポグラフィーも見いだされた。

Paton のグループは 0.6 s から 2.4 s の間のさまざまな間隔で二つの音刺激を呈示して，中央の 1.5 s より短いか長いかを弁別するようにげっ歯類を訓練した（Gouvea et al., 2015）。線条体（大脳皮質から入力を受ける大脳基底核の入力層）の神経活動を計測したところ，一つ目の刺激から一定の時間が経過したときに，タイマーのように活動するニューロンが存在していた。選好する経過時間はニューロンによって異なり，全体としては 0 s から 2.4 s を覆いつくしていた。つまり，二つ目の音刺激が出現したときの線条体の「タイマーニューロン」群の活動を知れば，音刺激の間隔がわかるということになる。これらニューロン群の活動の揺らぎが動物の判断の揺らぎと相関し，線条体を薬物で抑制した際には時間弁別能が低下したことから，Paton のグループは線条体の情報に基づいて時間長判断が行われていると結論した（Gouvea et al., 2015）。また，線条体に投射する黒質網様部のドパミンニューロンもげっ歯類の時

間長判断に影響を与えている（Soares et al., 2016）。黒質網様部のドパミンニューロンの活動を遺伝薬理学の手法で特異的に抑制したところ，マウスの時間弁別能が低下した。さらに光遺伝学の手法でドパミンニューロンの活動を増加させると，マウスの弁別閾値は 1.5 s より長く（1.5 s の間隔を短いと判断するように）なった。つまり，ドパミンが放出される快の状態では時間が実際よりも短く感じられる（早く過ぎる）。一方，ドパミンニューロンの活動を抑制すると，時間を長く感じる方向に判断が変化した。

Chiba et al.（2015）はサルに，赤い刺激と青い刺激を順番に異なる時間長（0.2-2 s の間）で呈示して，呈示後 1 s 経ってから，長く呈示した刺激の色を回答させた。記録した線条体のニューロンのおよそ半数は課題に関連した活動を示し，直前の刺激長か，二つの刺激のどちらが長いか，に相関する活動を示していた。

Kunimatsu et al.（2018）は，固視点の色（緑・青・赤）に応じて 0.4, 1.0, 2.2 s 待ってから眼を動かすようにサルを訓練して，線条体と小脳核からニューロン活動を記録した。どの時間長でも線条体のニューロン活動は漸増し続けたが，小脳核のニューロンは運動の開始直前の 0.5 s 間だけに活動が集中していた。大脳基底核が計時に関与する一方，小脳は運動タイミングの微調整に関与することを示唆する報告である。

大脳基底核のドパミンが枯渇するパーキンソン病の患者で，時間長の知覚が変化することも繰り返し報告されている（Honma et al., 2016；Honma et al., 2017；Merchant et al., 2013；Paton & Buonomano, 2018；Terao et al., 2021）。ただし，知覚の変化は時間長に依存する。10 s 未満の時間産出課題では健常対照群に比べて産出される時間が延長する（Terao et al., 2021）。一方，10 s 以上の時間産出課題では産出される時間が短縮する（Honma et al., 2016；Honma et al., 2017）。さらに，産出時間の長さはドパミントランスポーターとドパミンの結合率の低下と相関して変化することも示された（Honma et al., 2016；Honma et al., 2017）。

以上の報告を総合すると，大脳基底核の中でも補足運動野から前補足運動野とループを作る領域が基

第 VIII 部　時間知覚

本的なタイマーとして機能して，ドパミンがタイマーのクロックスピードを変化させる可能性が指摘できよう。運動前野，前頭前野，縁上回などの領域は，時間長の比較や判断に関わる，より高次の時間長の表象を保持している可能性がある。

1・3・2・3　分オーダーの時間位置の記憶

　Montchal et al. (2019) は 28 min のテレビ番組を視聴した後で，番組の 1 場面を静止画として呈示して，その場面が番組全体のどの時間的な位置で出てきたかを答えさせる課題を用いて，分オーダーの時間記憶の神経相関を調べた。回答の正確さと相関して活動が増加した領域は，海馬の入出力のインターフェースである嗅内野（特に前方外側部）と嗅周野（perirhinal cortex）だった。短い時間スケールの記憶判断課題で活動することが報告されている海馬傍回（Jenkins & Ranganath, 2010）は描出されなかったことから，嗅内野の前方外側部と嗅周野は分オーダーで次々に生起する事象の時間記憶に特異的に寄与している可能性が高い。

（北澤　茂）

文献

(1・1)

Buonomano, D. (2017). *Your Brain is a Time Machine: The Neuroscience and Physics of Time*. W. W. Norton & Company.

Einstein, A. (1905). Zur Elektrodynamik bewegter Körper. *Annalen der Physik, 322*(8), 549–560. [doi: 10.1002/andp.19053221004]

Gibson, J. J. (1975). Events are perceivable but time is not. In J. T. Fraser (Ed.), *The Study of Time* (Vol. II, pp. 295–301). Springer-Verlag.

McTaggart, J. E. (1908). The unreality of time. *Mind, 17,* 457–474. [doi: 10.1093/mind/XVII.4.457]

Michelson, A. A., & Morley, E. W. (1887). On the relative motion of the earth and the luminiferous ether. *American Journal of Science, 34,* 333–345. [doi: 10.2475/ajs.s3-34.203.333]

Newton, I. (1999). *Philosophiae Naturalis Principia Mathematica / The Principia: Mathematical Principles of Natural Philosophy* (I. Cohen & A. Whitman, Trans.). University of California Press. (Original work published 1687)

Pöppel, E. (1978). Time perception. In S. M. Anstis (Ed.), *Perception* (pp. 713–729). Springer-Verlag.

Prigogine, I., & Stengers, I. (1984). *Order Out of Chaos*. Bantam Books.
　（伏見 康治・伏見 譲・松枝 秀明（訳）（1987）．混沌からの秩序　みすず書房）

(1・2)

Allan, L. G. (1976). Is there a constant minimum perceptual duration? *Quarterly Journal of Experimental Psychology, 28,* 71–76. [doi: 10.1080/14640747608400539]

Allan, L. G., & Kristofferson, A. B. (1974). Successiveness discrimination: Two models. *Perception & Psychophysics, 15*(1), 37–46. [doi: 10.3758/BF03205825]

Behar, I., & Bevan, W. (1961). The perceived duration of auditory and visual intervals: Cross-modal comparison and interaction. *American Journal of Psychology, 74*(1), 17–26. [doi: 10.2307/1419819]

Creelman, C. D. (1962). Human discrimination of auditory duration. *Journal of the Acoustical Society of America, 34,* 528–593. [doi: 10.1121/1.1918172]

Efron, R. (1970). Effect of stimulus duration on perceptual onset and offset latencies. *Perception & Psychophysics, 8*(4), 231–234. [doi: 10.3758/BF03210211]

Folstein, M. F., Folstein, S. E., & McHugh, P. R. (1975). "Mini-mental state". A practical method for grading the cognitive state of patients for the clinician. *Journal of Psychiatric Research, 12*(3), 189–198. [doi: 10.1016/0022-3956(75)90026-6]

Fujisaki, W., & Nishida, S. (2007). Feature-based processing of audio-visual synchrony perception revealed by random pulse trains. *Vision Research, 47*(8), 1075–1093. [doi: 10.1016/j.visres.2007.01.021]

Fujisaki, W., Shimojo, S., Kashino, M., & Nishida, S. (2004). Recalibration of audiovisual simultaneity. *Nature Neuroscience,*

7(7), 773–778.［doi: 10.1038/nn1268］

Goldstone, S., Boardman, W. K., & Lhamon, W. T. (1959). Intersensory comparisons of temporal judgments. *Journal of Experimental Psychology, 57*(4), 243–248.［doi: 10.1037/h0040745］

Goldston, S., & Lhamon, W. T. (1974). Studies of auditory-visual differences in human time judgment. 1. Sounds are judged longer than lights. *Perceptual and Motor Skills, 39*(1), 63–82.［doi: 10.2466/pms.1974.39.1.63］

Grondin, S., & Rousseau, R. (1991). Judging the relative duration of multimodal short empty time intervals. *Perception & Psychophysics, 49*(3), 245–256.［doi: 10.3758/BF03214309］

Hirsh, I. J., & Sherrick, C. E., Jr. (1961). Perceived order in different sense modalities. *Journal of Experimental Psychology, 62*, 423–432.［doi: 10.1037/h0045283］

Jaśkowski, P., Jaroszyk, F., & Hojan-Jezierska, D. (1990). Temporal-order judgments and reaction time for stimuli of different modalities. *Psychological Research, 52*(1), 35–38.［doi: 10.1007/BF00867209］

Johnston, A., Arnold, D. H., & Nishida, S. (2006). Spatially localized distortions of event time. *Current Biology, 16*(5), 472–479.［doi: 10.1016/j.cub.2006.01.032］

Lewis, P. A., & Miall, R. C. (2003). Distinct systems for automatic and cognitively controlled time measurement: Evidence from neuroimaging. *Current Opinion in Neurobiology, 13*(2), 250–255.［doi: 10.1016/s0959-4388(03)00036-9］

Lichtenstein, M. (1961). Phenomenal simultaneity with irregular timing of components of the visual stimulus. *Perceptual and Motor Skills, 12*(1), 47–60.［doi: 10.2466/pms.1961.12.1.47］

Michon, J. (1978). The making of the present: A tutorial review. In J. Requin (Ed.), *Attention and Performance VII* (pp. 89–111). Erlbaum.

Miyazaki, M., Kadota, H., Matsuzaki, K. S., Takeuchi, S., Sekiguchi, H., Aoyama, T., & Kochiyama, T. (2016). Dissociating the neural correlates of tactile temporal order and simultaneity judgements. *Scientific Reports, 6*, 23323.［doi: 10.1038/srep23323］

Nobre, A. C., & O'Reilly, J. (2004). Time is of the essence. *Trends in Cognitive Sciences, 8*(9), 387–389.［doi: 10.1016/j.tics.2004.07.005］

Ono, F., Horii, S., & Watanabe, K. (2012). Individual differences in vulnerability to subjective time distortion. *Japanese Psychological Research, 54*(2), 195–201.［doi: 10.1111/j.1468-5884.2011.00497.x］

Pastore, R. E. (1983). Temporal order judgment of auditory stimulus offset. *Perception & Psychophysics, 33*(1), 54–62.［doi: 10.3758/BF03205865］

Peer, M., Salomon, R., Goldberg, I., Blanke, O., & Arzy, S. (2015). Brain system for mental orientation in space, time, and person. *Proceedings of the National Academy of Sciences of the USA, 112*(35), 11072–11077.［doi: 10.1073/pnas.1504242112］

Pöppel, E. (1997). A hierarchical model of temporal perception. *Trends in Cognitive Sciences, 1*, 56–61.［doi: 10.1016/S1364-6613(97)01008-5］

Recanzone, G. H., & Sutter, M. L. (2008). The biological basis of audition. *Annual Review of Psychology, 59*, 119–142.［doi: 10.1146/annurev.psych.59.103006.093544］

Roufs, J. A. (1974). Dynamic properties of vision—V: Perception lag and reaction time in relation to flicker and flash thresholds. *Vision Research, 14*(9), 853–869.［doi: 10.1016/0042-6989(74)90149-7］

Rutschmann, J., & Link, R. (1964). Perception of temporal order of stimuli differing in sense mode and simple reaction time. *Perceptual and Motor Skills, 18*, 345–352.［doi: 10.2466/pms.1964.18.2.345］

Saunders, R. M. (1975). The critical duration of temporal summation in the human central fovea. *Vision Research, 15*(6), 699–703.［doi: 10.1016/0042-6989(75)90287-4］

Shams, L., Kamitani, Y., & Shimojo, S. (2000). What you see is what you hear. *Nature, 408*(6814), 788.［doi: 10.1038/35048669］

Shore, D. I., Spence, C., & Klein, R. M. (2001). Visual prior entry. *Psychological Science, 12*(3), 205–212.［doi: 10.1111/1467-9280.00337］

Spence, C., Shore, D. I., & Klein, R. M. (2001). Multisensory prior entry. *Journal of Experimental Psychology: General,*

130(4), 799–832.［doi: 10.1037/0096-3445.130.4.799］

Stelmach, L. B., & Herdman, C. M. (1991). Directed attention and perception of temporal order. *Journal of Experimental Psychology: Human Perception and Performance, 17*(2), 539–550.［doi: 10.1037/0096-1523.17.2.539］

Treisman, M. (1963). Temporal discrimination and the indifference interval: Implications for a model of the "internal clock". *Psychological Monographs: General and Applied, 77*, 1–31.［doi: 10.1037/h0093864］

Warm, J. S., Stutz, R. M., & Vassolo, P. A. (1975). Intermodal transfer in temporal discrimination. *Perception & Psychophysics, 18*(4), 281–286.［doi: 10.3758/BF03199375］

Yamamoto, S., & Kitazawa, S. (2001a). Reversal of subjective temporal order due to arm crossing. *Nature Neuroscience, 4*(7), 759–765.［doi: 10.1038/89559］

Yamamoto, S., & Kitazawa, S. (2001b). Sensation at the tips of invisible tools. *Nature Neuroscience, 4*(10), 979–980.［doi: 10.1038/nn721］

Yoshida, J., Ueda, K., & Hasegawa, H. (2012). Influence of auditory-visual stimuli presentation timing at onset on temporal order judgment at offset. *Acoustical Science and Technology, 33*, 200–203.［doi: 10.1250/ast.33.200］

Zakay, D. (1993). Time estimation methods: Do they influence prospective duration estimates? *Perception, 22*(1), 91–101.［doi: 10.1068/p220091］

(1・3)

Buzsáki, G., & Tingley, D. (2018). Space and time: The hippocampus as a sequence generator. *Trends in Cognitive Sciences, 22*(10), 853–869.［doi: 10.1016/j.tics.2018.07.006］

Chiba, A., Oshio, K., & Inase, M. (2015). Neuronal representation of duration discrimination in the monkey striatum. *Physiological Reports, 3*(2), e12283.［doi: 10.14814/phy2.12283］

Davis, B., Christie, J., & Rorden, C. (2009). Temporal order judgments activate temporal parietal junction. *Journal of Neuroscience, 29*(10), 3182–3188.［doi: 10.1523/JNEUROSCI.5793-08.2009］

Futamura, A., Honma, M., Shiromaru, A., Kuroda, T., Masaoka, Y., Midorikawa, A., ... Ono, K. (2018). Singular case of the driving instructor: Temporal and topographical disorientation. *Neurology and Clinical Neuroscience, 6*(1), 16–18.［doi: 10.1111/ncn3.12166］

Gouvêa, T. S., Monteiro, T., Motiwala, A., Soares, S., Machens, C., & Paton, J. J. (2015). Striatal dynamics explain duration judgments. *eLife, 4*, e11386.［doi: 10.7554/eLife.11386］

Hassabis, D., Kumaran, D., Vann, S. D., & Maguire, E. A. (2007). Patients with hippocampal amnesia cannot imagine new experiences. *Proceedings of the National Academy of Sciences of the USA, 104*(5), 1726–1731.［doi: 10.1073/pnas.0610561104］

Hayashi, M. J., Ditye, T., Harada, T., Hashiguchi, M., Sadato, N., Carlson, S., ... Kanai, R. (2015). Time adaptation shows duration selectivity in the human parietal cortex. *PLoS Biology, 13*(9), e1002262.［doi: 10.1371/journal.pbio.1002262］

Hayashi, M. J., & Ivry, R. B. (2020). Duration selectivity in right parietal cortex reflects the subjective experience of time. *Journal of Neuroscience, 40*(40), 7749–7758.［doi: 10.1523/JNEUROSCI.0078-20.2020］

Honma, M., Kuroda, T., Futamura, A., Shiromaru, A., & Kawamura, M. (2016). Dysfunctional counting of mental time in Parkinson's disease. *Scientific Reports, 6*, 25421.［doi: 10.1038/srep25421］

Honma, M., Murai, Y., Shima, S., Yotsumoto, Y., Kuroda, T., Futamura, A., Shiromaru, A., ... Kawamura, M. (2017). Spatial distortion related to time compression during spatiotemporal production in Parkinson's disease. *Neuropsychologia, 102*, 61–69.［doi: 10.1016/j.neuropsychologia.2017.06.004］

Jenkins, L. J., & Ranganath, C. (2010). Prefrontal and medial temporal lobe activity at encoding predicts temporal context memory. *Journal of Neuroscience, 30*(46), 15558–15565.［doi: 10.1523/JNEUROSCI.1337-10.2010］

河村 満・越智 隆太・花塚 優貴・二村 明徳・緑川 晶 (2021). 時間の流れの科学：患者さんの内観からわかること 嶋田 珠巳・鍛治 広真（編著）時間と言語（pp. 24–39）三省堂

北澤 茂 (2017). 時間順序をつくり出す神経メカニズム *BRAIN and NERVE, 69*(11), 1203–1211.［doi: 10.11477/mf.1416200896］

Kunimatsu, J., Suzuki, T. W., Ohmae, S., & Tanaka, M. (2018). Different contributions of preparatory activity in the basal ganglia and cerebellum for self-timing. *eLife, 7*, e35676. [doi: 10.7554/eLife.35676]

Lux, S., Marshall, J. C., Ritzl, A., Zilles, K., & Fink, G. R. (2003). Neural mechanisms associated with attention to temporal synchrony versus spatial orientation: An fMRI study. *NeuroImage, 20*(Suppl 1), S58–S65. [doi: 10.1016/j.neuroimage.2003.09.009]

Margulies, D. S., Ghosh, S. S., Goulas, A., Falkiewicz, M., Huntenburg, J. M., Langs, G., ... Smallwood, J. (2016). Situating the default-mode network along a principal gradient of macroscale cortical organization. *Proceedings of the National Academy of Sciences of the USA, 113*(44), 12574–12579. [doi: 10.1073/pnas.1608282113]

McTaggart, J. E. (1908). The unreality of time. *Mind, 17*, 457–474. [doi: 10.1093/mind/XVII.4.457]

Merchant, H., Harrington, D. L., & Meck, W. H. (2013). Neural basis of the perception and estimation of time [Review]. *Annual Review of Neuroscience, 36*, 313–336. [doi: 10.1146/annurev-neuro-062012-170349]

Miyamoto, K., Osada, T., Adachi, Y., Matsui, T., Kimura, H. M., & Miyashita, Y. (2013). Functional differentiation of memory retrieval network in macaque posterior parietal cortex. *Neuron, 77*(4), 787–799. [doi: 10.1016/j.neuron.2012.12.019]

Miyazaki, M., Kadota, H., Matsuzaki, K. S., Takeuchi, S., Sekiguchi, H., Aoyama, T., & Kochiyama, T. (2016). Dissociating the neural correlates of tactile temporal order and simultaneity judgements. *Scientific Reports, 6*, 23323. [doi: 10.1038/srep23323]

Montchal, M. E., Reagh, Z. M., & Yassa, M. A. (2019). Precise temporal memories are supported by the lateral entorhinal cortex in humans. *Nature Neuroscience, 22*(2), 284–288. [doi: 10.1038/s41593-018-0303-1]

Nishikawa, N., Shimo, Y., Wada, M., Hattori, N., & Kitazawa, S. (2015). Effects of aging and idiopathic Parkinson's disease on tactile temporal order judgment. *PLoS ONE, 10*(3), e0118331. [doi: 10.1371/journal.pone.0118331]

O'Keefe, J. (1976). Place units in the hippocampus of the freely moving rat. *Experimental Neurology, 51*(1), 78–109. [doi: 10.1016/0014-4886(76)90055-8]

O'Keefe, J. (1993). Hippocampus, theta, and spatial memory. *Current Opinion in Neurobiology, 3*(6), 917–924. [doi: 10.1016/0959-4388(93)90163-S]

Paton, J. J., & Buonomano, D. V. (2018). The neural basis of timing: Distributed mechanisms for diverse functions. *Neuron, 98*(4), 687–705. [doi: 10.1016/j.neuron.2018.03.045]

Peer, M., Salomon, R., Goldberg, I., Blanke, O., & Arzy, S. (2015). Brain system for mental orientation in space, time, and person. *Proceedings of the National Academy of Sciences of the USA, 112*(35), 11072–11077. [doi: 10.1073/pnas.1504242112]

Pouthas, V., George, N., Poline, J. B., Pfeuty, M., Vandemoorteele, P. F., Hugueville, L., ... Renault, B. (2005). Neural network involved in time perception: An fMRI study comparing long and short interval estimation. *Human Brain Mapping, 25*(4), 433–441. [doi: 10.1002/hbm.20126]

Protopapa, F., Hayashi, M. J., Kulashekhar, S., van der Zwaag, W., Battistella, G., Murray, M. M., ... Bueti, D. (2019). Chronotopic maps in human supplementary motor area. *PLoS Biology, 17*(3), e3000026. [doi: 10.1371/journal.pbio.3000026]

Raichle, M. E. (2015). The brain's default mode network. *Annual Review of Neuroscience, 38*, 433–447. [doi: 10.1146/annurev-neuro-071013-014030]

Rao, S. M., Mayer, A. R., & Harrington, D. L. (2001). The evolution of brain activation during temporal processing. *Nature Neuroscience, 4*(3), 317–323. [doi: 10.1038/85191]

Richards, W. (1973). Time reproductions by H.M. *Acta Psychologica, 37*(4), 279–282. [doi: 10.1016/0001-6918(73)90020-6]

Schacter, D. L., Addis, D. R., & Buckner, R. L. (2007). Remembering the past to imagine the future: The prospective brain. *Nature Reviews Neuroscience, 8*(9), 657–661. [doi: 10.1038/nrn2213]

Scoville, W. B., & Milner, B. (1957). Loss of recent memory after bilateral hippocampal lesions. *Journal of Neurology, Neurosurgery, and Psychiatry, 20*(1), 11–21. [doi: 10.1136/jnnp.20.1.11]

Soares, S., Atallah, B. V., & Paton, J. J. (2016). Midbrain dopamine neurons control judgment of time. *Science, 354*(6317), 1273–1277. [doi: 10.1126/science.aah5234]

第 VIII 部　時間知覚

Sperling, R. A., Laviolette, P. S., O'Keefe, K., O'Brien, J., Rentz, D. M., Pihlajamaki, M., ... Johnson, K. A. (2009). Amyloid deposition is associated with impaired default network function in older persons without dementia. *Neuron, 63*(2), 178–188. [doi: 10.1016/j.neuron.2009.07.003]

Squire, L. R. (2009). The legacy of patient H.M. for neuroscience. *Neuron, 61*(1), 6–9. [doi: 10.1016/j.neuron.2008.12.023]

Squire, L. R., & Wixted, J. T. (2011). The cognitive neuroscience of human memory since H.M. *Annual Review of Neuroscience, 34*, 259–288. [doi: 10.1146/annurev-neuro-061010-113720]

Takahashi, T., Kansaku, K., Wada, M., Shibuya, S., & Kitazawa, S. (2013). Neural correlates of tactile temporal-order judgment in humans: An fMRI study. *Cerebral Cortex, 23*(8), 1952–1964. [doi: 10.1093/cercor/bhs179]

Tang, L., Takahashi, T., Shimada, T., Komachi, M., Imanishi, N., Nishiyama, Y., ... Kitazawa, S. (2020). Neural correlates of temporal presentness in the precuneus: A cross-linguistic fMRI study based on speech stimuli. *Cerebral Cortex, 31*, 1538–1552. [doi: 10.1093/cercor/bhaa307]

Terao, Y., Honma, M., Asahara, Y., Tokushige, S. I., Furubayashi, T., Miyazaki, T., ... Suzuki, M. (2021). Time distortion in parkinsonism. *Frontiers in Neuroscience, 15*, 648814. [doi: 10.3389/fnins.2021.648814]

Wikenheiser, A. M., & Redish, A. D. (2015). Hippocampal theta sequences reflect current goals. *Nature Neuroscience, 18*(2), 289–294. [doi: 10.1038/nn.3909]

Wikenheiser, A. M., & Schoenbaum, G. (2016). Over the river, through the woods: Cognitive maps in the hippocampus and orbitofrontal cortex. *Nature Reviews Neuroscience, 17*(8), 513–523. [doi: 10.1038/nrn.2016.56]

第2章 時間知覚のモデル

2・1 同時性知覚と時間順序知覚

　時間に関する知覚の研究対象には，時間順序（temporal order），同時性（simultaneity），時間の長さ（duration）などがある。これらのうち，時間順序の知覚と同時性の知覚に関しては，相互に関連づけて議論されることが多いので，まずはまとめてこれらの基礎過程について解説する。

　物理的には生起した時間が同時であっても，さまざまな要因によって同時に感じられなくなることがある。これまでの研究によって，感じられる時間の長さに影響を及ぼす要因としては，刺激強度，それぞれの事象に向けられる注意，それぞれの事象が生起する知覚要素や属性を挙げることができる。

　時間順序や同時性の知覚については，同様の過程が基礎にあることが仮定されることもある（Arnold & Yarrow, 2010；Yamamoto et al., 2012）。たとえば，どちらも対象となる事象の知覚潜時に基づいて同様に内的に決定されるとする仮説がある（たとえば，Baron, 1969）。

　しかしながら，多くの研究者が，これらの過程の違いに着目している。すなわち，同時性判断は，複数の事象の時間軸上で同一か否か，逐次性をもつか同時かを判断するだけではなく，事象を同定し，それらの間の時間順序に関しても判断する必要がある。そのため，同時性知覚の過程は時間順序の知覚にも寄与するものの，時間順序知覚の過程は，時間順序についての判断の過程など，同時性知覚よりも多くの過程を含むと仮定されることが多い（Hirsh & Sherrick, 1961）。

　さらには，同時性の知覚と時間順序の知覚とにそれぞれ相互独立的過程が想定されることもある。

たとえば，人間の触覚刺激に対する時間順序の知覚と同時性の知覚の脳内過程を比較したfMRI研究（Miyazaki et al., 2016）では，時間順序知覚は，知覚と運動系に関する一般的時間的予期ネットワーク（general temporal prediction network）と重なる多様な領域（たとえば，左の腹側と両側の背側運動前野と左の後頭頂皮質）の活動が認められたのに対し，同時性知覚については後部島皮質のみで活動が認められた。これらの結果は，時間順序判断は同時性判断より多くの過程を必要とすることを示すものの，同時性知覚が時間順序知覚に含まれるというよりは，それぞれの過程が固有の基礎過程をもつことを示唆している。

（一川　誠）

2・2 時間の長さの知覚

2・2・1 時間の長さの知覚に関する研究の基礎

　時間の長さ（時間間隔）の知覚に関しては，同時性や時間順序の知覚とは関連がなく，独自の基礎を持つ過程として研究されてきている。

　時間の長さの知覚については，現在進行形の事態に対してどれだけの時間が経過したかを対象とする場合（予期的時間：prospective time），過去に経過した時間の長さを対象とする場合（追想的時間：retrospective time）とで分けて検討されてきている。人間に関しては，どちらの場合も，主観的に感じた時間の長さを言語で報告したり，マグニチュード推定したり，再生法や産出法（VIII・1・2・4・1参照）によって検討されてきている。加えて，人間だけではなく，ラットやハトなどの動物に関しても，行動的指標を用いることで，知覚される時間の長さ

に関する研究が進められ，時間の長さの知覚に関するモデル構築が行われてきている。

　動物の時間の長さの知覚の特性を検討するための行動的指標として，固定間隔スケジュール法やピーク法などが用いられてきている。固定間隔（FI）スケジュール法（fixed-interval schedule）では，前の試行における強化子（reinforcer）呈示からある一定の時間が経過した後の最初の反応に対してのみ強化子を与える。この場合，実験動物が試行を繰り返すことによってある程度の学習が進むと，一度強化した後はしばらく反応がなく，その後，設定された時間間隔に近づくにつれて次第に反応数が増加することになる。このように，強化子呈示の直後の反応休止期間の後，時間経過とともに加速的に反応率が上昇するFIスキャロップ（FI scallop：図2-2-1）は，固定間隔スケジュール法による学習が進んだ際に典型的にみられる反応パターンである。評定対象となった時間の長さとこうした反応パターンとの関係から，動物の時間知覚のスカラー特性（後述）が示されている。

　ピーク法（peak-interval procedure）では，固定間隔スケジュール法には含まれない，強化子を与えないプローブ試行を一定の頻度で使用する。固定間隔スケジュール法における各試行では，試行開始から設定された時間間隔の経過後の最初の反応に強化が与えられる。そのため，反応分布の前半だけで反応が切れてしまい，それ以降の反応分布の特性がわからない。それに対し，ピーク法のプローブ試行では，設定された時間間隔が経過するまではそれが強化試行なのか非強化試行なのかは不可知である。そのため，学習が進むと強化後はしばらく反応がなく，設定された時間間隔に近づくにつれて反応数が増加する。反応分布のプロフィールからは強化を期待している時間についての情報が得られるものと考えられている。

　ラットに関して，全身の細胞のサーカディアンリズム（circadian rhythm）の位相合わせに関わる視交叉上核（suprachiasmatic nucleus）を破壊した場合でも，秒から分単位の行動制御に関して，固定間隔スケジュール法によって得られた反応のパターンは変わらない（Innis & Vanderwolf, 1981）。そのため，サーカディアンリズムと時間間隔の知覚認知とは脳内機序が異なるものと考えられる。

　追想的時間の長さを測定する方法論として，人間にも動物にも適用できる方法として間隔二等分法（temporal bisection procedure）がある。この方法では，事前に長短2通りの持続時間を弁別する学習セッションが設けられる。学習セッションの各試行では，長短それぞれの時間に対応した反応（キー押しなど）がなされれば，強化子が与えられる。長短2通りの時間間隔の弁別がある程度できるようになったらテストセッションに移行する。テストセッションでは，事前に学習した2通りの時間間隔の間の範囲内の時間間隔で刺激が呈示される。長短それぞれの時間に対応した反応の割合がちょうど50％となる時間間隔（間隔二等分点）がこの方法での測定対象となる。実際の計測対象となる時間間隔の経過後に，その間隔のことを思い出して，事前に学習された長短どちらの間隔に近いかを判断するため，追想的時間を対象とした測定といえる。

　これらの方法で検討された時間知覚の特性として，特に注目されたのがスカラー特性（scalar property）である。スカラー特性とは，時間間隔の開始からの経過時間と時間の長さの知覚の行動的指標を，対象となる経過時間の長さに対して相対化した場合，元々の時間の長さによらず，同様の特

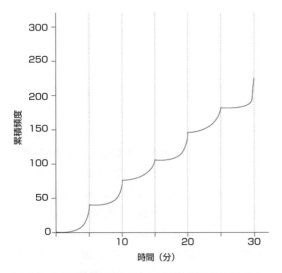

図2-2-1　固定間隔スケジュール法で得られるFIスキャロップ

性が得られることをいう。たとえば，ピーク法において，10 s のピークをもつ反応時間分布の変動幅と，40 s のピークをもつ反応時間分布の変動幅を比較すると，40 s の変動幅は 10 s の変動幅の約 4 倍となる。すなわち，短い時間では小さな誤差が，長い時間になればそれだけ増幅することになる。そのため，対象となった時間の長さを基準にして相対化すると，データの分布が同様となる。スカラー特性が成り立つということは，経過時間と知覚される時間の長さとの間に Weber の法則が成り立つことも意味する。ピーク法や間隔二等分法などを用いた多くの研究で，知覚された時間の長さに関して，このスカラー特性が確認されている（Gibbon et al., 1998 ; Killeen & Weiss, 1987 ; Wearden et al., 1997）。

2・2・2 時間の長さの知覚についてのモデル

物理的な時間の長さが同じであっても，感じられる時間はさまざまな要因によって短く感じられたり長く感じられたりする。これまでの研究によって，感じられる時間の長さに影響を及ぼす要因としては，身体の代謝，身体運動，時間経過に向けられる注意，認知される出来事の数，刺激の新奇性，観察者の感情状態などが挙げられており，今後もこうした要因のリストは増え続ける可能性がある。

知覚系は各事象の生起した時点や時間の進行に関して一義的な情報を得ることができない。そのため，得られた知覚的情報から事象間の間隔や時間順序，同時性などの知覚は不良設定問題の解決過程と見なすことができる。知覚系がこの不良設定問題に対してどのように対峙しているのか，まだ完全には解明されていないが，時間に関する知覚課題別に多くのモデルが提案されている。本節では，時間の長さの知覚に特化した過程の存在を想定する特化型モデル（dedicated model）について，ペースメーカー－蓄積器モデル（pacemaker-accumulator model）と線条体ビート周波数モデルを中心に紹介する。また，時間の長さの知覚に特化した過程を想定しない内因性モデル（intrinsic model）について，エネルギー消費モデルや状態依存モデルを中心に紹介する。

2・2・2・1 ペースメーカー－蓄積器モデル

感じられる時間の長さを決定する機構について多様なモデルが立てられている。こうしたモデルの多くでは，時間の長さを専門的に行う「体内時計（internal clock）」としての神経的過程を想定し，その基礎にある種の内的な発振器やペースメーカーのような機構の存在があるものと仮定している。こうした機構は，ある特定の時間周波数でパルス出力するものとされ，そうした過程の出力の量が経過時間の推定に用いられると考えられている。

これらのモデルにおいて，体内時計は，時間計測過程，記憶過程，比較・決定過程という下位過程によって構成される。ただし，時間計測過程がどのような特性をもつかについて，モデル間で差異がある。たとえば，時間の長さの知覚に関する初期のモデルである内的時計モデル（internal clock model ; Treisman, 1963）では，一定の周期でパルスを発生するペースメーカー（もしくは発振器），計時の開始時から終了時までの間にペースメーカーから発せられたパルス数を数えるカウンター，カウントされた値を貯蔵する貯蔵スペース，現在の経過時間と過去に登録したカウンターの値を比較する比較器，さまざまな長さの時間間隔と対応づけられた言語ラベルを貯蔵スペースの特定の部位から選び出す言語的選択機構によって構成されている（図 2-2-2）。

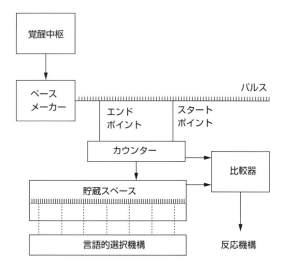

図 2-2-2　内的時計モデル（Treisman, 1963 をもとに著者作成）

スカラー期待値理論（scalar expectancy theory：SET；Gibbon et al., 1984）は，上述の時間知覚のスカラー特性を説明することを軸にして提案されたモデルである。ペースメーカーと蓄積器の間にパルス発生を制御するスイッチ，パルス数を保持する作業記憶，さまざまな長さの時間の判断基準として保持された過去の持続時間のパルス数についての参照記憶，作業記憶と参照記憶とを比較する比較器から構成される（図2-2-3）。こうした発振器のパルス発振のペースは代謝などの身体の状態によって変動すると考えられている。実際，産出法によって測定される知覚時間の長さが，運動や発熱，身体の概日周期性により変動する代謝に対応して変動することも，発振器のような過程が時間の長さの知覚の基礎にあるという考え方と整合的である。

注意ゲート・モデル（attentional-gate model：AGM；Zakay & Block, 1996）も，一定の周期でパルスを発生するペースメーカーを想定し，このパルスがワーキングメモリに蓄積され，保持されることを時間の長さの知覚の基礎に置く。覚醒度が高まると，ペースメーカーからより多くのパルスが産出される。時間の長さについての処理は，スイッチが開いてパルスを蓄積器に送ることによって始められる。このモデルでは，特に注意が時間の長さの知覚に及ぼす影響を重視し，パルスがスイッチに伝えられる以前の段階で時間情報に注意を向けるか否かを制御する注意ゲート機構を想定している（図2-2-4）。このゲート機構を想定することによって，時間経過に注意を向ける回数が多いほど時間の長さが長く感じられる現象の説明が可能となる。すなわち，時間経過に向けられた注意の量に対応して注意ゲートを開けると，より多くのパルスがワーキングメモリに蓄積される。他方，時間経過に注意を向けなかった場合にはゲート機構が閉まることにより，ワーキングメモリに蓄積されるパルスの量が減少する。このように，注意を時間経過や他の事柄に向けることによって，蓄積されるパルスの数が変動することで，知覚される時間の長さも変動する。

SETやAGMは特定の時間の長さに関する記憶表象を重視したモデルである。他方，行動的時間計測理論（behavioral theory of timing；BeT；Killeen & Fetterman, 1988）は，内的な発振器によるパルスが時間間隔の知覚の基礎にあることを想定するものの，生体の行う行動が時間間隔の知覚の手がかり（cue）になることを仮定する。すなわち，ある一定の時間間隔で強化子が与えられる状況で，生体の自発的行動は時間経過とともに次第に次の行動へと移行していく。そのため，生体は自分自身の現在の行動の状態を手がかりにして時間間隔について判断する。また，それぞれの行動状態を特定のオペラント反応と対応づける学習に基づいた時間学習モデル（learning-to-time model：LeT；Machado, 1997）も提案されている。このモデルでは，学習の効果は，たとえば，あるオペラント反応は1s間という時間間隔では弱く，4s間という時間間隔では強いという具合に，それぞれの行動状態と特定のオペラント反応との対応づけの強さによって表現される。

なお，ペースメーカー－蓄積器モデルについては，測定法に関連していくつかの問題が提起されている。人間の感じられる時間の長さの測定でよく使われる方法に産出法（production method）と再生法（reproduction method）とがある。産出法では，指定された時間の長さ（たとえば10s間）に相当すると感じられる時間をキー押しなどで産出する。他方，再生法では，一定の長さの知覚刺激が呈示された後，その長さに相当する時間を産出するよう指示

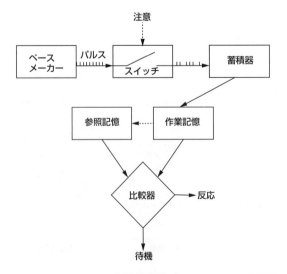

図2-2-3　スカラー期待値理論（Gibbon et al., 1984をもとに著者作成）

第 2 章　時間知覚のモデル

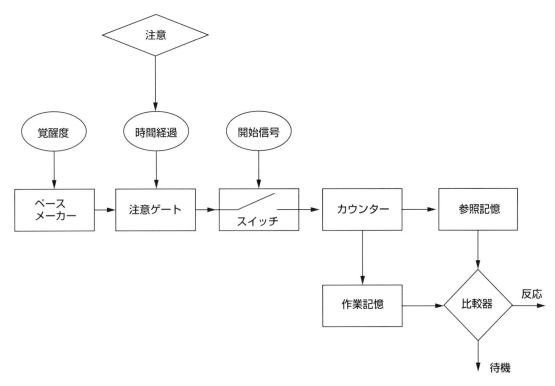

図 2-2-4　注意ゲートモデル（Zakay & Block，1996 をもとに著者作成）

される。この場合，発振器のペースが一定であれば，再生法の場合，参照した刺激の長さと同等の長さの時間が産出されるはずである。しかしながら，実際には，参照した刺激の長さよりは短い時間が再生されやすい（Wackermann & Miener, 2002）。再生法におけるこの短縮傾向は，参照時間が長くなるほど顕著となるスカラー特性をもつ（Eisler, 2003）。

　また，産出法でも再生法でも，感じられる時間の長さは日内変動する（Pöppel & Giedke, 1970）。発振器は身体の一部であるから，上述したように，そのパルス発振のペースは全身の細胞と同様の概日周期性に従って変動すると考えられる。そのため，産出法で測定された時間間隔が身体の概日周期的特性に対応して変動するのは当然と言えよう。しかしながら，再生法による測定でも日内変動がみられることについては，経過時間と過去に形成された特定の時間の長さに関する参照記憶の両方の基礎に発振器の出力結果の蓄積を想定するペースメーカー–蓄積器モデルでは説明が難しい。

2・2・2・2　線条体ビート周波数モデル

　前節で想定された発振器やペースメーカーに基づくモデルは，多くの実験の結果を説明できる点で強力であり，これまでの時間知覚研究において重要な役割を果たしてきた。しかしながら，これらのモデルの基礎となる発振器やペースメーカーは，実験結果を整合的に説明するために導入された媒介概念であるものの，その神経科学的な基礎過程は特定されていない。

　神経科学的な基礎づけをより重視して提案されたモデルが線条体ビート周波数モデル（striatal beat frequency model：SBF；Matell & Meck, 2000）である（図 2-2-5）。このモデルでは，数秒間までのオーダーの時間間隔の知覚の基礎として，皮質における，異なる周期で活動する複数の発振器細胞の存在を仮定する。これらの発振器細胞の活動の位相は，時間間隔の計測開始の合図となる刺激開始によって黒質と腹側被蓋野からのドパミン入力によってリセットされ，そこから各発振器細胞は自発的な頻度で発振を開始する。

1653

第VIII部　時間知覚

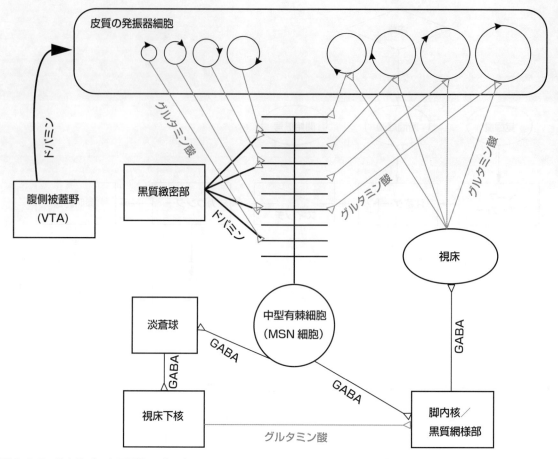

図 2-2-5　線条体ビート周波数モデル（Matell & Meck, 2000 をもとに著者作成）

複数の発振器細胞が比較的短い周期で発振するため，これらを統合することで各周期の公倍数にあたる長い発振周期が得られる。この長い発振周期が数秒間から数十秒間にわたる時間間隔に対応したクロックとなると仮定されている。すなわち，皮質における各発振器細胞による短い周期の独立した発振が統合されることで生じる長い発振周期（うなり，ビート）が時間の長さの手がかりとして機能すると考えられている。この場合，うなりとは，複数の周波数のわずかに異なる波が干渉して生じる合成波のことである。たとえば，周波数がわずかに異なる複数の波が合成されたとき，各々の波の基本周波数の差に相当する周期で振幅変調する合成波形がうなりとして生じる。

複数の発振器細胞からの異なる周期の発振パターンを統合し，うなりを検出する同期検出を行う過程として線条体にある中型有棘神経細胞（medium spiny neuron：MSN）が想定されている。というのも，このMSN細胞は膨大な数（数万程度）の入力を皮質の発振器細胞や視床からシナプス結合を通して受け取っているからである。一定数以上の発振器細胞からの入力が同期したときにこのMSN細胞が発火することで同期検出が行われると考えられている。

また，MSN細胞で検出された複数の発振器細胞の発振パターンの強化が，特定の時間間隔の学習の基礎と考えられている。たとえば，ピーク法などにおける特定の時間間隔の学習過程では，時間知覚の結果として発現された行動に対して報酬が与えられる。この場合，行動を発現した際にMSN細胞で検出された複数の発振器細胞の発振のパターンが，黒質からのドパミン入力によって強められる。当該の時

1654

間間隔に関して，その際の複数の発振器細胞の発振パターンがその時間間隔の記録として符号化されると考えられている。学習成立後の MSN 細胞は，複数の発振器細胞の同じ活動パターンが生じた時点，すなわち試行開始から同じ時間が経過した時点で強く発火することになり，それが時間間隔に対応した行動制御のための手がかりとなると考えられている。

Matell & Meck（2004）は，シミュレーションを用いて MSN の活動にスカラー特性が生じることを示した。さらに，Matell et al.（2003）は，10 s と 40 s の間隔を用いたピーク法課題実行中のラットの MSN の活動記録を行い，学習されたピーク時間に対応して活動のピークを示す細胞があることを示した。これらの結果から，SBF は時間間隔の知覚やその学習に関して，神経的基礎をもつモデルの代表と見なされている。

2・2・2・3 非ペースメーカー型モデル

時間の長さの知覚の基礎に発振器によるパルスを想定するモデルに対して指摘された種々の問題を回避するため，発振器（ペースメーカー）を想定しない時間の長さの知覚モデルが提案されている。ただし，こうしたモデルでは，神経科学的基礎は特定されておらず，従来のモデルの不備を補うための対処として提案されたものが多い。

発振器的な過程を想定しない時間の長さの知覚モデルとしては蓄積容量仮説（storage size hypothesis；Ornstein, 1969）がある。このモデルでは，時間の長さの知覚に影響を及ぼすのは，認知された変化の数ではなく，蓄積された情報量によると仮定されている。この仮説では，時間の長さの知覚に影響を及ぼすのは事象の物理的な回数ではなく，その事象に関連して内的に蓄積された情報の量と考えることになる。こう考えることによって，事象の数や複雑性の増加によって持続時間が長く評価されることを蓄積情報量によって説明しようとしている。

諸々のイベントによって開始された間隔を，時間経過とともに馴化により減衰する強度として記憶する過程を想定する多重時間尺度馴化モデル（multiple-time-scale model of habituation；Staddon & Higa, 1999）が提案されている。また，再生法における参照刺激の呈示中と再生中にそれぞれ時間経過に対応して変動する複数の時間計測過程を想定する二重砂時計モデル（dual klepsydra model；Wackermann & Ehm, 2006）が提案されている。

多重時間尺度馴化モデルでは，時間の長さの知覚の基礎について，ペースメーカーを想定する代わりに，記憶痕跡の減衰を仮定する。このモデルは，元々は反射の馴化と，馴化からの自発的回復について提案されたモデルに基づいている。すなわち，反射を引き起こす刺激呈示が中止された後の記憶痕跡の減衰を反映して，反射の自発的回復が生じる過程を想定している。たとえば，刺激呈示が繰り返されるとその刺激についての記憶痕跡が強くなり，その強さを反映して馴化が生じることを予測する。時間知覚の基礎過程としては，入力を保持するインテグレーターと，出力の大きさを決める閾値の設定されたユニット（図2-2-6）複数個を直列につないだものが想定されている。個々のユニットにおける活性の強度は，このユニットに入力があるときには増大し，ないときには指数関数的に減衰する。直列につながれた複数のユニットそれぞれにおける減衰率が異なることにより，各ユニットが異なる時間の長さの尺度となると考えられており，また，この想定がモデ

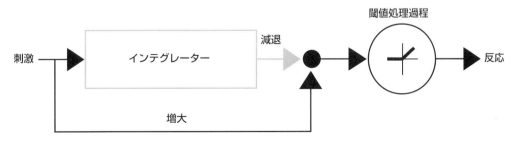

図2-2-6　多重時間尺度馴化モデルのユニット（Staddon & Higa, 1999 をもとに著者作成）

ルの名称の元になっている。なお，このモデルは，必ずしも時間の長さの知覚におけるスカラー特性やWeber比を説明するわけではない。また，想定されたユニット的振る舞いを示す神経的基礎も見出されていない。

二重砂時計モデルでは，たとえば，まずは実験参加者に参照対象となる，ある特定の長さの時間間隔を体験させた後，それに対応した長さの時間を再生させる課題を取り扱う。この場合，参照時間（s）と再生中の経過時間（r）それぞれの長さに対応して，連続的に状態が変わる「砂時計」のような過程が想定される（図2-2-7）。このモデルでは，参照時間の体験中，参照時間は，経過時間に対応して砂時計1の流体力学的入力の蓄積量によって表現される。また，それに対応した時間間隔を参照しながら時間を再生する場合，再生時間用の砂時計2の流体力学的入力の蓄積量が参照時間用の砂時計1の蓄積量と同様になるまで待つことになる。この際，参照時間の表現である砂時計1は，締まりが悪く（leaky），参照時間の体験から再生開始までの間隔（w）および再生時間の間も次第に目減りする。そのため，参照時間よりも再生時間のほうが短くなることを想定し，上述の，参照刺激の時間の長さより短い時間が再生されやすいという再生法の特性の説明を試みている。この「砂時計」は，コンデンサと抵抗のようなはたらきをする神経的過程からなる回路によっても実装可能と考えられている。

ここまで紹介したモデルはいずれも，時間の長さの知覚に特化した内的過程を想定していた。しかしながら，時間の長さの知覚に特化した過程の存在を想定しないモデルも提案されてきている。たとえば，状態依存ネットワーク（state-dependent network：SDN；たとえば，Karmarkar & Buonomano, 2007; Mauk & Buonomano, 2004）モデルでは，刺激に対する神経発火の継時的な変動パターンのなかに，時間の長さについての情報が含まれると仮定する。このSDNモデルのように，時間の長さの知覚に特化した過程ではなく，それ以外の生体の内的状態が時間の長さの知覚の基礎であることを主張するモデルのタイプは内因性モデルと呼ばれる。

視覚刺激の呈示された時間間隔は刺激の強度に応じて長く感じられる。たとえば，輝度の高い刺激，サイズの大きい刺激ほど，知覚される時間は長くなる。また，繰り返し呈示された刺激に対しては呈示時間間隔が短く感じられ，新奇な刺激に対しては呈示時間間隔が長く感じられる。こうした特性を，刺激の強度に対応して増大する神経活動によって説明しようとする試みがエネルギー消費モデル（energy expenditure model；Eagleman & Pariyadath, 2009）である。このモデルも，時間の長さの知覚に特化した過程ではなく，生体の内的状態を時間の長さの知覚の基礎としており，内因性モデルの一つといえる。このモデルでは，刺激が意識に上るまでの処理に必要とされる神経生理学的なコストに対応して，その刺激に対して知覚される時間が長くなることを想定する。刺激の強度や新奇性に対応して，その処理に必要とされる神経生理学的なエネルギーが大きくなるため，知覚される時間が長く感じられると説明される。

2・2・2・4 複合的モデル

ここまで紹介してきたモデルは，実際のところ，単独で時間の長さの知覚の多様な特性を説明するのは困難である。また，これらのモデルは相互排他的

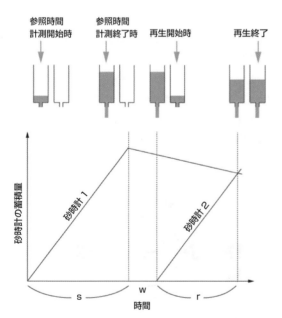

図2-2-7 二重砂時計モデル（Wackermann & Ehm, 2006をもとに著者作成）

でもない。そのため，適用できる時間評価の様式や時間の長さの範囲を広げるために，複数のモデルを組み合わせたモデルも提案されてきている。

時間の長さの知覚が刺激の量的特性や複雑性などの非時間的特性に対応して変動することを説明するために，発振器やペースメーカーのような機構によって得られる時間情報と，刺激の量的特性や複雑性などの非時間的な特性についての知覚情報を統合する多重モデルが提案されている。たとえば，Thomas & Weaver（1975）のモデルでは，時間の長さについての情報を処理するタイマー的過程と，非時間情報を処理する機構を仮定している。時間の長さについての情報と非時間情報それぞれにどの程度の注意を配分するかによって非時間的要因による知覚される時間の長さの変動を説明する。

追想的時間など，記憶が深く関わる比較的長い時間の時間経験は，Ornstein の蓄積容量モデルのように，タイマー的な過程を想定しなくても，どのような情報がどれほど記憶に蓄積したかが推定できれば，おおよその特性が説明できる。それに対し，予期的時間に関しては，タイマー的な過程を仮定することで，おおよそのことが説明できる。

Zakay（1993）は，予期的時間と追想的時間の特性の違いを説明するために，タイマー的過程に基づく時間の長さについての情報の処理 P(t)と，記憶情報処理 P(m)という二つの過程を想定し，それぞれに割り当てる注意の量によって知覚される時間の長さが変動することを想定している。すなわち，予期的時間に関しては，刺激が単純であるほど時間経過に対する注意の割り当てが増えることでタイマー的過程に基づく時間情報 P(t)が大きくなり，その結果として時間が長く評価される。この際，刺激が複雑であれば，時間経過に対する注意の割り当てが減ることによって P(t)が小さくなり，その結果として時間が短く評価されることになる。他方，追想的時間に関しては，タイマー的過程によるリアルタイムの

時間経過を参照する必要はない。そのため，非時間的な記憶に基づく情報 P(m)のみが機能することにより，記憶への負荷が大きくなる複雑な刺激の持続時間は長く評価されることになる。

内的なタイマー的過程に関して，最近の短い時間に関わる知覚に関する脳神経科学の研究では，単独の局所的部位ではなく，複数の脳内部位が計時に関与することを考える研究が多い。たとえば，持続時間の長さに応じて複数の計時過程の存在が仮定されている（Heron et al., 2011）。対象となる時間の長さに応じて，時間知覚に特化された過程と，神経活動などの時間的特性を利用する内因性的な過程を組み合わせて，階層的な時間処理メカニズムが働いていると想定する統一モデル（unified model）も提案されている（たとえば，Allman et al., 2014；Merchant et al., 2008；Teki et al., 2011）。こうした統一モデルでは，時間の長さに対応した階層的な知覚過程が想定されている。

時間知覚の対象となる時間の長さのオーダーは，大雑把には ms 単位の時間間隔，数百 ms 間～数分間の帯域の時間間隔，1日単位の概日的な時間間隔の三段階へと分類できる（Buhusi & Meck, 2005）。また，行動科学的な方法論に基づく実験研究では，約1sの時間を境にして，時間の長さの知覚特性が異なることが指摘されてきている（たとえば，Gu et al., 2015；Hayashi et al., 2014；Mauk & Buonomano, 2004）。そのため，数百 ms 間までの時間間隔と数秒間では時間の長さについての知覚メカニズムが異なることが示唆されている。こうした特性を考慮し，統一モデルにおいては，ms 単位の時間の長さの処理は皮質における補足運動野や小脳で，数秒を超える時間の長さについては基底核周辺の神経ネットワークで時間情報が処理されていることが想定されている。

（一川 誠）

文献

(2・1)

Arnold, D. H., & Yarrow, K. (2010). Temporal recalibration of vision. *Proceedings of the Royal Society B: Biological Sciences, 278*(1705), 535-538. [doi: 10.1098/rspb.2010.1396]

第 VIII 部　時間知覚

Baron, J. (1969). Temporal ROC curves and the psychological moment. *Psychonomic Science, 15*(6), 299–300. [doi: 10.3758/BF03336309]

Hirsh, I. J., & Sherrick, C. E. Jr. (1961). Perceived order in different sense modalities. *Journal of Experimental Psychology, 62*(5), 423–432. [doi: 10.1037/h0045283]

Miyazaki, M., Kadota, H., Matsuzaki, K. S., Takeuchi, S., Sekiguchi, H., Aoyama, T., & Kochiyama, T. (2016). Dissociating the neural correlates of tactile temporal order and simultaneity judgements. *Scientific Reports, 6*, 23323. [doi: 10.1038/srep23323]

Yamamoto, S., Miyazaki, M., Iwano, T., & Kitazawa, S. (2012). Bayesian calibration of simultaneity in audiovisual temporal order judgments. *PLoS ONE, 7*, e40379. [doi: 10.1371/journal.pone.0040379]

(2・2)

Allman, M. J., Teki, S., Griffiths, T. D., & Meck, W. H. (2014). Properties of the internal clock: First- and second-order principles of subjective time. *Annual Review of Psychology, 65*, 743–771. [doi: 10.1146/annurev-psych-010213-115117]

Buhusi, C. V., & Meck, W. H. (2005). What makes us tick? Functional and neural mechanisms of interval timing. *Nature Reviews: Neuroscience, 6*(10), 755–765. [doi: 10.1038/nrn1764]

Eagleman, D. M., & Pariyadath, V. (2009). Is subjective duration a signature of coding efficiency? *Philosophical Transactions of the Royal Society of London. Series B: Biological Sciences, 364*(1525), 1841–1851. [doi: 10.1098/rstb.2009.0026]

Eisler, A. D. (2003). The human sense of time: Biological, cognitive and cultural considerations. In R. Buccheri, M. Saniga, & W. M. Stuckey (Eds.), *The Nature of Time: Geometry, Physics and Perception* (pp. 5–18). Springer.

Gibbon, J., Church, R. M., Fairhurst, S., & Kacelnik, A. (1988). Scalar expectancy theory and choice between delayed rewards. *Psychological Review, 95*(1), 102–114. [doi: 10.1037/0033-295X.95.1.102]

Gibbon, J., Church, R. M., & Meck, W. H. (1984). Scalar timing in memory. *Annals of the New York Academy of Sciences, 423*, 52–77. [doi: 10.1111/j.1749-6632.1984.tb23417.x]

Gu, B. M., Van Rijn, H., & Meck, W. H. (2015). Oscillatory multiplexing of neural population codes for interval timing and working memory. *Neuroscience and Biobehavioral Reviews, 48*, 160–185. [doi: 10.1016/j.neubiorev.2014.10.008]

Hayashi, M. J., Kantele, M., Walsh, V., Carlson, S., & Kanai, R. (2014). Dissociable neuroanatomical correlates of subsecond and suprasecond time perception. *Journal of Cognitive Neuroscience, 26*(8), 1685–1693. [doi: 10.1162/jocn_a_00580]

Heron, J., Aaen-Stockdale, C., Hotchkiss, J., Roach, N. W., McGraw, P. V., & Whitaker, D. (2011). Duration channels mediate human time perception. *Proceedings of the Royal Society B: Biological Sciences, 279*(1729), 690–698. [doi: 10.1098/rspb.2011.1131]

Innis, N. K., & Vanderwolf, C. H. (1981). Neural control of temporally organized behavior in rats: The suprachiasmatic nucleus. *Behaviour Analysis Letters, 1*, 53–62.

Karmarkar, U. R., & Buonomano, D. V. (2007). Timing in the absence of clocks: Encoding time in neural network states. *Neuron, 53*(3), 427–438. [doi: 10.1016/j.neuron.2007.01.006]

Killeen, P. R., & Fetterman, J. G. (1988). A behavioral theory of timing. *Psychological Review, 95*(2), 274–295. [doi: 10.1037/0033-295x.95.2.274]

Killeen, P. R., & Weiss, N. A. (1987). Optimal timing and the Weber function. *Psychological Review, 94*(4), 455–468. [doi: 10.1037/0033-295X.94.4.455]

Machado, A. (1997). Learning the temporal dynamics of behavior. *Psychological Review, 104*(2), 241–265. [doi: 10.1037/0033-295x.104.2.241]

Matell, M. S., & Meck, W. H. (2000). Neuropsychological mechanisms of interval timing behavior. *BioEssays, 22*(1), 94–103. [doi: 10.1002/(SICI)1521-1878(200001)22:1<94::AID-BIES14>3.0.CO;2-E]

Matell, M. S., & Meck, W. H. (2004). Cortico-striatal circuits and interval timing: Coincidence detection of oscillatory processes. *Cognitive Brain Research, 21*(2), 139–170. [doi: 10.1016/j.cogbrainres.2004.06.012]

Matell, M. S., Meck, W. H., & Nicolelis, M. A. (2003). Interval timing and the encoding of signal duration by ensembles of cortical and striatal neurons. *Behavioral Neuroscience, 117*(4), 760–773. [doi: 10.1037/0735-7044.117.4.760]

Mauk, M. D., & Buonomano, D. V. (2004). The neural basis of temporal processing. *Annual Review of Neuroscience, 27*, 307–340. [doi: 10.1146/annurev.neuro.27.070203.144247]

Merchant, H., Zarco, W., & Prado, L. (2008). Do we have a common mechanism for measuring time in the hundreds of millisecond range? Evidence from multiple-interval timing tasks. *Journal of Neurophysiology, 99*(2), 939–949. [doi: 10.1152/jn.01225.2007]

Ornstein, R. E. (1969). *On the Experience of Time*. Penguin Books.
（本田 時雄（訳）（1975）．時間体験の心理　岩崎学術出版社）

Pöppel, E., & Giedke, H. (1970). Diurnal variation of time perception. *Psychologische Forschung, 34*(2), 182–198. [doi: 10.1007/BF00424544]

Staddon, J. E. R., & Higa, J. J. (1999). Time and memory: Towards a pacemaker-free theory of interval timing. *Journal of the Experimental Analysis of Behavior, 71*, 215–251. [doi: 10.1901/jeab.1999.71-215]

Teki, S., Grube, M., & Griffiths, T. D. (2011). A unified model of time perception accounts for duration-based and beat-based timing mechanisms. *Frontiers in Integrative Neuroscience, 5*, 90. [doi: 10.3389/fnint.2011.00090]

Thomas, E. A. C., & Weaver, W. B. (1975). Cognitive processing and time perception. *Perception & Psychophysics, 17*(4), 363–367. [doi: 10.3758/BF03199347]

Treisman, M. (1963). Temporal discrimination and the indifference interval: Implications for a model of the "internal clock". *Psychological Monographs: General and Applied, 77*(13), 1–31. [doi: 10.1037/h0093864]

Wackermann, J., & Ehm, W. (2006). The dual klepsydra model of internal time representation and time reproduction. *Journal of Theoretical Biology, 239*(4), 482–493. [doi: 10.1016/j.jtbi.2005.08.024]

Wackermann, J., & Miener, M. (2002). Reproduction of time intervals under photic driving of the brain's electrical activity. *Fechner Day*, 558–563.

Wearden, J. H., Denovan, L., & Haworth, R. (1997). Scalar timing in temporal generalization in humans with longer stimulus durations. *Journal of Experimental Psychology: Animal Behavior Processes, 23*(4), 502–511. [doi: 10.1037/0097-7403.23.4.502]

Zakay, D. (1993). Relative and absolute duration judgments under prospective and retrospective paradigms. *Perception & Psychophysics, 54*, 656–664. [doi: 10.3758/bf03211789]

Zakay, D., & Block, R. A. (1996). The role of attention in time estimation processes. In M. A. Pastor & J. Artieda (Eds.), *Time, Internal Clocks and Movement* (pp. 143–164). Elsevier Science.

第3章 時間知覚の諸現象

3・1 視覚運動，フリッカ，フラッタ，順応による知覚時間長の変容

3・1・1 視覚刺激特性が知覚時間長に及ぼす効果

ある事象の時間長（時間間隔）の知覚は，その事象を定義する刺激の物理的特性に影響を受ける。視覚刺激の時間長知覚に関しては，静止刺激よりも運動刺激のほうが長く知覚される（Brown, 1995；Lhamon & Goldstone, 1975）。Kanai et al. (2006) の研究では，視覚刺激の運動速度，時間周波数，空間周波数，ランダムドット刺激のコヒーレンス等が時間長知覚に影響することが報告されている（Kanai et al., 2006）。また，運動する刺激の時間周波数や空間周波数よりも運動速度が時間長知覚に影響するという知見もあり（Kaneko & Murakami, 2009），比較的高次の視覚情報処理が時間長知覚に関与している可能性も示唆されている。また，運動速度が徐々に加速する場合，速度変化の範囲が大きいほど知覚時間長は縮小するが，徐々に減速する場合は知覚時間長の変化はそれほどみられない（Bruno et al., 2015）など，刺激の運動と時間知覚の関係は単純ではない。

刺激の数やサイズなども時間長知覚を変容させる。画面に呈示されるドット刺激の数，正方形のサイズ，数字で表された数が，知覚時間に影響する（Xuan et al., 2007）。これは，一般化された大きさの概念が，時間長知覚に影響することを意味している。また，呈示された写真がバイクの場合と自転車の場合で，知覚時間長が異なるという報告もあり（Mioni et al., 2015），高次認知である意味的な概念が時間長知覚に関与するという説が支持されている。

視覚刺激を任意の周波数で明滅させる刺激をフリッカ刺激（flickering stimulus）という。フリッカ刺激でも，静止刺激と比べて知覚時間長が延長することが報告されている（Droit-Volet & Wearden, 2010；Hashimoto & Yotsumoto, 2015；Herbst et al., 2013；Kanai et al., 2006；Treisman & Brogan, 1992）。刺激の時間変調が周波数で表現可能であるという側面は，運動刺激と類似しているが，フリッカ刺激では輝度の変調のタイミングに合わせて視覚皮質に定常状態視覚性誘発電位（SSVEP）が生じる点が特徴的である。フリッカ刺激観察時には，視覚刺激の明滅に神経活動の同期が生じるため，脳内の周期的同期活動がフリッカ周波数に近い値に変化する「神経引き込み（neural entrainment）」が生じる。時間知覚をペースメーカーと蓄積器で説明するペースメーカー−蓄積器モデルや，脳内の周期的同期活動が時間長情報の符号化に関与すると仮定する線条体ビート周波数モデルとの親和性が高いため，時間長知覚に関する知覚メカニズムの検証には，さまざまな周波数で明滅するフリッカ刺激が利用されることが多い。フリッカ刺激による時間知覚の延長の詳細なメカニズムについては，未だ議論が続いている。Herbst et al. (2013) の研究では，広範囲の周波数のフリッカ刺激を用いて時間長の知覚と明滅が知覚されなくなる周波数閾値である臨界融合周波数（critical fusion frequency：CFF）を測定した。臨界融合周波数より低い周波数のフリッカ刺激では時間長延長（time dilation）が観察されたが，臨界融合周波数より高い周波数のフリッカ刺激では，それに対応する脳波成分は観察されたものの時間長延長は観察されなかった。このことから，視覚刺激に誘発された神経活動の変容ではなく視覚刺激に対する主観的な顕著性が時間知覚に影響していると結論づけられた。しかし

ながら，刺激に誘発される定常状態視覚性誘発電位は周波数が高くなると小さくなるため，この操作では顕著性と神経活動が独立に検証されたわけではない。Hashimoto & Yotsumoto（2015）の研究では，線条体ビート周波数モデルとフリッカ刺激による神経引き込みによる神経モデルのシミュレーションで，時間長知覚が予測できたことが報告されるなど，時間長延長のメカニズムを具体的な神経活動で説明することも可能だとされている。

3・1・2　聴覚や触覚について

　視覚刺激と同様に，聴覚刺激の物理特性も時間長知覚に影響する。聴覚刺激の時間長は，聴覚刺激の音量が大きいほど長く知覚される（Goldstone et al., 1978；Matthews et al., 2011）。聴覚刺激の音量を任意の周波数で変調させる刺激を聴覚フラッタ（auditory flutter）という。視覚フリッカと同様に，聴覚フラッタも知覚時間長の変容をもたらす（Treisman et al., 1998）。Treisman et al.（1998）の研究では，さまざまな振幅変調周波数のフラッタ刺激を用い時間長知覚を測定したところ，周波数に依存して知覚される時間長が延長したり縮小したりすることが報告された。聴覚フラッタを用いた研究は，視覚フリッカと同様に，時間周波数がペースメーカーの作動速度を変化させるという仮定に基づいて議論されることが多い（Repp et al., 2013）。

　視覚でも聴覚でも，刺激変調の周波数が知覚時間長の変調をもたらすが，その詳細は必ずしも一致しない。視覚刺激と聴覚刺激の時間長知覚を比較した場合，聴覚刺激は視覚刺激とくらべて長く知覚される（Lustig & Meck, 2011；Wearden et al., 1998）。また，フリッカ刺激は知覚時間が延長し，フラッタ刺激は知覚時間が縮小するという報告もある（Yuasa & Yotsumoto, 2015）。この知見は，同じ時間周波数でもモダリティによって知覚時間への影響が異なることを意味しており，ペースメーカーの周波数がモダリティ間で異なる可能性を示唆するものである。時間解像度には視聴覚で違いがあることから，時間知覚に関与する周波数の特性も視聴覚間で異なる可能性は高い。

　触覚刺激に関しても，刺激の物理特性が時間長知覚に影響する。Tomassini et al.（2011）の研究では，同じ時間長であっても，視覚刺激のほうが触覚刺激よりも長く知覚されるなど，モダリティ間の違いも報告されている。

　時間長知覚に関する研究の多くは，数百 ms から数秒の時間を用いている。一方で，ヒトの時間知覚は 1 s 以下と 1 s 以上で異なる神経メカニズムが関与することも指摘されている（Lewis & Miall, 2003）。刺激の物理特性が時間長知覚に及ぼす効果は，モダリティや刺激時間によって異なる可能性があることに注意が必要である。

3・1・3　順応による知覚時間長の変容

　視覚や聴覚では，視覚皮質や聴覚皮質でそれぞれのモダリティに特化した神経細胞が刺激入力に反応する。視覚皮質や聴覚皮質の神経細胞は，特定の刺激特徴に選択性をもつものも多い。たとえば，視覚野の神経細胞は比較的限られた空間周波数に選択性をもつため，ある任意の空間周波数の視覚刺激に順応すると，順応した空間周波数とその近傍の空間周波数への感度が下がる。つまり，ヒトの知覚には，空間周波数に選択性をもつチャネルが複数存在すると考えられる。このように，何らかの知覚に関してチャネル型の特性をもつことは，その情報処理に関わる神経細胞のユニットが，比較的狭い範囲の感覚情報に選択的に反応することを示唆する。Heron et al.（2012）は，時間長知覚がチャネル型の特性をもつかを検証した。実験では，ある特定の時間長刺激を繰り返し呈示することで特定の時間長への順応を生じさせ，その後に呈示された刺激の時間長知覚を測定した。その結果，視覚でも聴覚でも，順応した時間長とその近傍でのみ，順応の効果が観察された。この結果は，視覚刺激や聴覚刺激の時間長知覚に関しても，時間長に選択的に応答するチャネル型の特性をもつ神経機構が関与していることを示唆している。時間長への順応は，モダリティ選択的であり（Walker et al., 1981），モダリティ間の情報統合に先んじる（Heron et al., 2013）ことから，比較的の低次の情報処理が順応に関与していることが示唆されている。一方で，時間長順応は刺激の方位や視野上の位置に依存しないという知見もあり（Li, Yuan, Chen

第 VIII 部　時間知覚

et al., 2015；Li, Yuan, & Huang, 2015），視覚刺激の方位や位置の処理よりは高次の情報処理経路が順応に関与していることも示唆されている。

（四本　裕子）

3・2　知覚時間長の変容・クロノスタシス

3・2・1　注意と時間長知覚

　認知的状態や注意が時間長知覚に影響を及ぼすことは広く報告されている。認知負荷が高いと時間が長く感じられる場合や，認知負荷が低いと時間が長く感じられる場合もあり，その関係は一意ではない。また，認知的状態や注意の影響は，課題中に時間に注意を向ける場合（予期的時間知覚）と，課題遂行後に時間について回答する場合（追想的時間知覚）や，時間長の知覚と時間経過の速さの知覚でも異なる。

3・2・2　予期的時間知覚と追想的時間知覚

　多くの時間知覚実験では，観察者はあらかじめ時間に注意を向けて，観察した時間長について判断する。この場合の時間知覚を予期的時間（prospective time）の知覚という。一方で，時間に関する判断を必要とされることを知らずに課題を行い，課題終了後にその時間長を判断することを，追想的時間（retrospective time）の知覚という。予期的時間知覚と追想的時間知覚には，異なる時間情報処理が関与することが報告されている（Block & Zakay, 1997；Zakay & Block, 2004）。予期的時間知覚には注意の関与が大きく（Zakay, 1998），追想的時間知覚には記憶の関与が大きい（Block & Reed, 2006）。

3・2・3　時間長知覚とpassage of time judgment（POTJ）知覚

　ある事象や刺激の時間の長さの知覚を時間長知覚と呼ぶ。時間長知覚の研究では，事象の終了後や刺激呈示後に，その時間長知覚が測定される。時間長知覚の測定には，弁別課題，再生課題，間隔二等分法課題などが用いられる。一方で，時間が経過する速さの知覚は，passage of time judgment（POTJ）

と呼ばれる。POTJ は，「普段の時間経過と比べて速いか遅いか」を問うため，リッカート尺度（Likert scale）を用いて測定することが多い。時間長知覚とPOTJ は，異なる特性をもつ。知覚された時間長が実際よりも長い／短い条件においてPOTJ が遅く／速くなるわけではなく，時間経過の速さの知覚は，知覚された時間長のみに基づいて計算されているわけではない（Wearden, 2015）。POTJ は，実況的な時間の感じ方を反映しているため，「楽しい時間はあっという間に過ぎる」や「退屈なときは時間が長く感じる」という感覚との関連も大きい。時間長知覚と POTJ のそれぞれについて，予期的な測定と追想的な測定が可能である。

3・2・4　知覚時間の変容

3・2・4・1　注意ゲート・モデル（AGM）

　予期的時間知覚への注意の影響を説明するモデルとして，注意ゲート・モデル（attentional-gate model：AGM）が挙げられる。AGM は，ペースメーカーモデル（Gibbon et al., 1984）に注意によるゲーティングの機能を仮定する。より多くの注意の資源が割り当てられた場合，より多くの「パルス」がゲートを通り蓄積器へ入る。つまり，時間に向けられる注意の資源が大きいほど，時間は長く知覚される。時間長と無関係の課題と時間知覚課題を同時に行う場合，限られた注意の資源が二つの課題間で分割される。もう一方の課題の認知的負荷が高いほど，時間知覚に利用可能な注意の資源は減少し，結果として，時間長は実際よりも短く知覚される。反対に，もう一方の課題が普段から繰り返している日常的な課題であれば，注意の資源は必要とされず，知覚される時間は長く見積もられる（Zakay & Block, 1994）。

3・2・4・2　覚醒度がペースメーカーに及ぼす効果

　覚醒度（arousal）が，蓄積器へのゲーティングではなくパルスの頻度に影響するというモデルも提案されている（Treisman, 1963）。このモデルは，VIII・3・1で述べられている線条体ビート周波数モデルにおける周波数引き込みと時間長知覚の変容と類似している。また，このモデルは AGM と相互背反ではな

1662

い。

3・2・4・3　危険な状況での時間知覚の変容

　危険な状況では外界がスローモーションで動いているように見えるという逸話は，一般的に広く信じられている。実際に，事故にあった人は，事故の最中に時間が遅く知覚されたと報告する（Arstila, 2012）。このような報告のほとんどは，追想的な知覚であるため記憶の影響も大きく，その知覚特性を検証するのは困難である。そこでStetson et al. (2007) は，30 m以上の高さのフリーフォールを用いて，実験参加者の時間長知覚と視知覚の時間解像度を測定した。その結果，フリーフォール中の時間長は増加して感じられたが，その間の視覚の解像度に変化はみられず，危険を感じる状況での時間知覚の変容は，知覚における時間の刻まれ方自体が速まっているからではなく，記憶情報処理など他の過程が関わって生じることが示唆された。

3・2・4・4　感情・情動

　感情・情動（emotion）が知覚時間に影響することが多くの研究で報告されている（Droit-Volet & Meck, 2007）。それらの影響は，多くの場合，AGMで説明が可能である。たとえば，退屈な状況では認知負荷が低いため，注意の資源の多くが時間に向けられ，より多くの「パルス」がゲートを通り蓄積器へ入り，知覚される時間は長くなる。一方で，感情・情動によって認知負荷が高まると，蓄積されるパルス数が減り知覚時間は短くなる（Zakay, 2014）。さらに，感情・情動と共変するドパミンなどの神経伝達物質が，ペースメーカーのスピードやゲートのスイッチに影響を及ぼすことで知覚時間に影響を及ぼすという説明も可能である。

　感情・情動が時間知覚に及ぼす効果は単純ではない。たとえば，感情価（valence）の高い音刺激（emotional sound）は実際よりも長く知覚される（Langer et al., 1961）。これは，刺激のもつ感情性がペースメーカーを速めたと説明できる。一方で，覚醒度の高い刺激は低い刺激よりも短く知覚されるという報告もある（Buhusi & Meck, 2006）。さまざまな感情価と覚醒度をもつ写真刺激を使った実験で

は，覚醒度の高い条件では負の感情価の刺激の時間長が過大視され，正の感情価の刺激時間長は過小視されたが，覚醒度の低い条件では負の感情価の刺激の時間長が過小視され，正の感情価の刺激時間長は過大視された（Millot et al., 2016）。つまり，感情価の効果は覚醒度によって変わる複雑なものである。

　ヒトの表情も知覚時間に影響する。特に，怒り顔の時間は中性（neutral）顔と比べて長く知覚される（Droit-Volet et al., 2004）。電気刺激を与えられたラット（Meck, 1983）や目隠しして段差に向かって歩くとき（Langer et al., 1961）にも知覚時間が延長することから，怒り顔の刺激は脅威を感じる状況と同様に覚醒度を高めることにより時間知覚に影響すると考察されている。

3・2・4・5　加齢

　「年齢を重ねると時間経過が速く感じられる」という現象が一般に信じられている。現在の時間経過の速さと昔の時間経過の速さを比べると，現在のほうが時間経過を速く感じるという報告があるが，20歳前後の大学生が実験参加者の場合でも同様の効果があり，必ずしも加齢の効果では説明できない（Joubert, 2007；Lemlich, 1975）。昔の時間経過の速さの判断は記憶に依存し，認知的バイアスの影響も受けるため，知覚以外の要因が大きく関係する。日常生活のさまざまなタイミングでその時点での時間知覚を問う経験サンプリング法（experience sampling methodology）により，大学生と老人のPOTJを比較した研究では，POTJに年齢差は無く，年齢とは関係なく日常生活中の活動量がPOTJに影響することが報告されている（Droit-Volet & Wearden, 2015）。

3・2・4・6　時間知覚に影響を及ぼすその他の要因

　体温やアルコール摂取による酔いなど，身体的状態が時間知覚に影響することが報告されている。体温が上昇すると知覚時間長が増加し，体温が下がると知覚時間長が減少する。これは，体温に伴って変化する覚醒度が知覚時間長に影響することが理由だと考えられている（Wearden & Penton-Voak, 1995）。また，アルコールを摂取すると，POTJは増加する

第 VIII 部　時間知覚

（時間経過が速く感じられる；Ogden et al., 2011）と
いう報告や，退屈を感じやすい性格の人は，そうで
ない人と比べて，時間を長く知覚し時間経過を遅く
感じる（Wittmann & Paulus, 2008）という報告もあ
る。

3・2・5　クロノスタシス

3・2・5・1　クロノスタシスの定義

　クロノスタシス（chronostasis）とは，時間に関
する錯覚の一種であり，あるイベントや課題の直
後の事象の時間が延長して知覚されることを指す
（Thilo & Walsh, 2002；Yarrow et al., 2001）。たとえ
ば，サッケードと呼ばれる速い眼球運動の直後に注
視した刺激の時間長が実際よりも長く感じられる。
サッケード直後に見た時計の秒針が，本来 1 s ごと
に進むのに 1 s より長く留まっているように見える
という現象から，stopped-clock 錯視（stopped-clock
illusion）とも呼ばれる。

3・2・5・2　クロノスタシスにサッケードは必須か？

　Yarrow et al.（2001）の実験では，観察者が眼を動
かさない状態で，視野中心に向かって刺激が移動す
る条件ではクロノスタシスは起こらなかった。また，
サッケードせずに注意が移動する条件でもクロノス
タシスは観察されなかった。そのため，サッケード
はクロノスタシス成立の必要条件であるという説が
提案されたが，その後，クロノスタシスはサッケー
ドに限らず，ボタン押しや発声などの他の自発的運
動（voluntary action）によっても引き起こされるこ
とが報告された（Park et al., 2003）。
　また，Rose & Summers（1995）は，視野の中心
に呈示された一連のフラッシュ刺激のうち，最初の
刺激だけが長く知覚されることを報告し，自発的な
運動がなくても時間長の延長が起こりうることを示
した。
　クロノスタシスは聴覚でも観察される。実験では，
片方の耳に一定の間隔で連続するトーン刺激を呈示
し，ある瞬間にもう片方の耳に入力を切り替えた。実
験参加者は切り替えられた直後の一つ目と二つ目の
刺激間隔がその後の刺激間隔よりも長いと回答した

（Hodinott-Hill et al., 2002）。また，実験参加者が手
を伸ばして物体を摑むという実験で，新しい物体を
摑んだとき，その物体を触っていると感じる時間が
延長することが報告された（Yarrow & Ruthwell,
2003）。
　このように，クロノスタシスは自発的運動がなく
ても成立し，また，視覚に限らず聴覚や触覚のモダ
リティでも観察されることから，サッケードはクロ
ノスタシスの必要条件ではないと考えられる。

3・2・5・3　クロノスタシスの機能

　眼球運動中に視覚入力が抑制されるサッケード抑
制という現象がある。クロノスタシスが報告された
当初は，サッケード抑制の影響を抑えてサッケード
中の前後でも安定した知覚を実現するための知覚的
充塡の現象がクロノスタシスに関係すると考えられ
ていた。しかしながら上述のようにサッケードはク
ロノスタシスの必要条件ではない。現在では，刺激
の急な変化に伴う覚醒度の状態の変化が内的時計を
速め，それによって知覚時間が延長するという説が
支持されている（Alexander et al., 2005）。

　　　　　　　　　　　　　　　　　　（四本　裕子）

3・3　時間知覚の履歴依存性

　時間知覚は，前節までに議論してきた運動やフ
リッカといった刺激自体の変調や注意状態の変化な
ど，現在注目している刺激に関する要因のみならず，
過去に観察した刺激に基づく履歴効果によっても影
響を受ける。本節ではまず，中心化傾向（central
tendency），系列依存性（serial dependence），時間順
序効果（time order effect）という 3 種の異なる履
歴効果について概説したのち，ベイズ理論を用いた
計算論的モデルおよびその脳内実装についても紹介
する。

3・3・1　時間知覚における履歴効果の諸現象

　現在の感覚入力は感覚ノイズや知覚的意思決定の
曖昧性に由来する不確定性にさらされている。そこ
で，知覚系は過去の情報をもとに現在の情報を最適
に推定しようとする（Ma & Jazayeri, 2014）。ひと

第 3 章　時間知覚の諸現象

くちに履歴情報と言っても，過去数十から数百試行という非常に長い履歴が現在の知覚に影響する中心化傾向から，直前数試行の履歴を参照する系列依存性，そして一試行内で複数の刺激を観察するときに呈示順序が知覚や反応のバイアスを生む時間順序効果までさまざまなスケールの履歴情報が複雑に絡み合っている。

3・3・1・1　中心化傾向

中心化傾向とは，さまざまな時間長の刺激を継時的に呈示すると，現在注目している刺激の時間長が事前に観察した時間長の平均に近づいて感じられる現象である。結果として，比較的長い時間長は短く，比較的短い時間長は長く感じられる。この現象は 19 世紀半ばには実験的に報告されており（Vierordt, 1868），報告者の名を取って Vierordt の法則と呼ばれる。後に Hollingworth（1910）が時間長の知覚に限らず他の視覚特徴に対しても同様の現象が生じることを示し，より一般的に現在の刺激の知覚が事前に呈示した刺激系列の平均値に近づく現象を中心化傾向と命名した。つまり Vierordt の法則は，時間長知覚における中心化傾向を特に指す名称といえる。本節では簡単のため，Vierordt の法則を指して中心化傾向と呼ぶことにする。

Vierordt 以降，中心化傾向の指標として均等点（indifference point）と呼ばれる時間長を測定する手法がよく用いられた（Lejeune & Wearden, 2009）。均等点とは，刺激の物理的な時間長と知覚的な時間長が等しくなる点であり，均等点より長い時間長は過小評価され，均等点より短い時間長は過大評価される。ところが，均等点は刺激時間長の範囲や刺激の感覚モダリティにも影響を受けるため，必ずしも中心化傾向を反映しない場合が多い（Grondin, 2010）。このため，現在では知覚時間長の物理時間長に対する線形回帰係数（Cicchini et al., 2012）や後述するベイズモデルを用いて中心化傾向を定量化する方法が主流である。また中心化傾向研究では，呈示した刺激の時間長をボタン押し等で再生させる時間再生法が最もよく用いられるが，二つの刺激の時間長を比べる時間弁別課題など他の課題でも同様の現象が報告されており，課題非依存の一般的な現象

と言える（Gu & Meck, 2011）。

近年の研究の傾向として，異なる感覚モダリティ間や異なる知覚特徴の中心化傾向の比較が盛んに行われている。従来から，時間スケール（Lewis & Miall, 2003；Morillon et al., 2009；Pouthas et al., 2005；Wiener et al., 2010）や感覚モダリティ（Burr et al., 2009；Penney et al., 2000；Walker & Scott, 1981）によって異なる計時メカニズムが存在することが示されているが，視覚刺激と聴覚刺激を用いて百 ms 単位の時間長と秒単位の時間長に対して中心化傾向を計測した研究では，百 ms 単位の時間長ではモダリティ依存的に，秒単位の時間長ではモダリティ非依存的に中心化傾向が生じることが明らかになっている（Murai & Yotsumoto, 2016b；Noulhiane et al., 2009；Ryan, 2011）。一般に 1 s 以下の時間長では聴覚刺激に比べ視覚刺激で中心化傾向が強く生じるが，視覚刺激と聴覚刺激を交互に呈示する場合は中心化傾向が感覚モダリティを越えて般化する（Roach et al., 2017）。さらに Cicchini et al.（2012）はプロの打楽器奏者，弦楽器奏者，通常の実験参加者に対して中心化傾向を測定し，打楽器奏者では視覚刺激でもほとんど中心化傾向が観察されず時間長弁別の感度がきわめて高いことを示している。一方，時間長，面積，数量に対する中心化傾向には相関関係が存在することが知られており（Martin et al., 2017），時間長，面積，数量といった事象の「マグニチュード」に関わる特徴量は処理システムを共有しているとするマグニチュード理論（a theory of magnitude：ATOM；Walsh, 2003）と一致した結果となっている。

3・3・1・2　系列依存性

中心化傾向が系列全体の平均という長い履歴の統計量に基づく知覚的変化であるのに対して，直前数試行程度の短い履歴に知覚が影響を受ける現象を系列依存効果と呼ぶ。たとえば，時間再生法や時間弁別課題において，現在の刺激の時間長が直前の試行で呈示された時間長に近づいて感じられる（Bausenhart et al., 2014；Dyjas et al., 2012；Gu & Meck, 2011；Togoli et al., 2021）。一方，実験ブロックの初めにアンカーとしてきわめて短い時間長とき

1665

第 VIII 部　時間知覚

わめて長い時間長を学習しておき，各試行で呈示される刺激時間長がどちらに近いかを判断させる間隔二等分法課題では，逆に現在の刺激時間長が直前試行と逆にずれて知覚されることが報告されている（Wiener et al., 2014）。また，時間長知覚だけでなく次節で解説する時間順序判断においても系列依存性が生じるほか（Roseboom, 2019），直前試行と現在の試行の間だけではなく，数試行単位のブロック間でも同様の現象が生じる（Jones & Wearden, 2003）。

　中心化傾向が主に視覚刺激に対して頑健に観察されるのに対して（Cicchini et al., 2012；Murai & Yotsumoto, 2016b），上述した系列依存性の研究はほぼ聴覚刺激を用いており視覚刺激に対しては効果が小さいとする報告もある（Wiener et al., 2014）。これは中心化傾向と系列依存性が異なるメカニズムによる現象であることを示唆する一方，中心化傾向をローカルな系列依存性の積み重ねとして理解しようとする試みもある（Petzschner & Glasauer, 2011）。また時間知覚の系列依存性が聴覚でより頑健に生じるという事実は，方位や位置の知覚といった空間的な系列依存性が主に視覚を中心に観察されてきたことと対比的である（Fischer & Whitney, 2014；Kiyonaga et al., 2017）。

3・3・1・3　時間順序効果

　中心化傾向や系列依存性のような複数試行間で起こる履歴効果に対して，一試行内で生じる履歴効果が時間順序効果である。時間順序効果とは一般に，二つの物理的に同一の刺激を一定の時間を空けて呈示した場合，二つの刺激が知覚的に異なって感じられる現象であり，実験的報告は 19 世紀半ば，心理物理学の父 Fechner に遡る（Hellström, 1985）。時間長知覚における時間順序効果も古くから研究されており，およそ 1 s 前後を境に短い時間長では初めに呈示された刺激のほうが長く感じられ，それより長い時間長の判断では後に呈示された刺激のほうが長く感じられるとされる（Stott, 1935；Woodrow, 1935）。判断の確度のみならず精度も順序効果の影響を受けることが知られており，特定の時間長の標準刺激とさまざまな時間長の比較刺激を比べる弁別課題の場合，標準刺激が最初に呈示されるほうが，比較刺激が最初に呈示される場合に比べて精度が高いことが知られている（Bruno et al., 2012；Dyjas et al., 2012；Dyjas & Ulrich, 2014）。ただし，数十 ms 程度のきわめて短い時間長に対しては効果が反転する（Hellström & Rammsayer, 2004, 2015）。また，一試行内で標準刺激を一回ではなく複数回呈示すると弁別課題の感度が上昇する（Drake & Botte, 1993；Schulze, 1989）。

　Jamieson らの一連の研究では，刺激間時間間隔（ISI）を増加させると時間順序効果が減少し，かつ正誤フィードバックを与えても効果量が変化しないことなどから，この現象は感覚知覚レベルもしくはワーキングメモリ保持中の時間表象の変化に由来するものであって単なる反応バイアスではないと主張しているが（Hellström, 1985；Jamieson & Petrusic, 1975a, 1975b, 1975c, 1976, 1978），意思決定過程における反応バイアスで一連の結果を説明しようとするモデルも存在する（Allan, 1977）。一方，5 歳児・8 歳児を対象にした発達研究では，時間順序効果は ISI によらず一定であるという報告もある（Droit-Volet et al., 2007）。

3・3・2　履歴効果の計算モデル

　以上にまとめた時間長知覚の履歴効果は，近年ベイズ理論を用いて計算論的にモデル化されており，多くの総説論文が発表されている（Bausenhart et al., 2016；Gardner, 2019；Petzschner et al., 2015；Rhodes, 2018；Shi & Burr, 2016；Shi et al., 2013；van Rijn, 2016）。その端緒となったのは Jazayeri & Shadlen（2010）による中心化傾向のベイズモデルであるが，次節で扱う時間順序判断における履歴効果では，同種のモデルが先んじて提唱されている（Miyazaki et al., 2006）。計時システムに入力される外界の時間情報は，数々の情報処理を経るにつれ，感覚器の時空間分解能や意思決定の曖昧性に由来するさまざまなノイズを含むため，脳は感覚入力のみに頼らず，事前情報を手がかりとした時間推定を行っている。たとえば，過去数百試行の履歴をもとに刺激の時間長の分布に関する情報をもっていれば，その情報を事前分布として現在の感覚入力との整合性を確認できる。Jazayeri & Shadlen（2010）は，感

覚入力の尤度のみに知覚が依存する最尤推定モデルと，事前分布と感覚入力を統合するベイズモデルを比較し，ベイズモデルによるシミュレーション結果が実際の行動データをよりよく説明することを示した。

ただし，ヒトは必ずしも刺激時間長の真の分布を事前分布として利用できるわけではない。たとえば，刺激時間長の平均や分散といった低次の統計量情報は事前分布として使えるものの，歪度や尖度といった三次以上の統計量は学習できない（Acerbi et al., 2012）。このため，たとえばさまざまな時間長の刺激が同じ試行数呈示されるような場合でも，真の分布である一様分布を事前分布として仮定するより，刺激時間長の平均に中心をもつ正規分布を事前分布として用いる方が行動データのモデル化に便利な場合もある（Cicchini et al., 2012；Karaminis et al., 2016；Murai & Yotsumoto, 2018）。

こうした中心化傾向のモデルが刺激系列全体の時間長分布を固定の事前分布として扱うのに対して，各試行ごとに事前分布がアップデートされていくモデルも考えられうる。これに関してはカルマンフィルタなどの時変ベイズモデルを利用するものが一般的で，単純な例として，現在の刺激入力と一試行前の入力の重みづけ線形和で現在の知覚を説明するモデルが考えられうる。モデルが動的であることから直前数試行の影響を重視する系列依存効性のモデル化によく用いられるが（Cicchini et al., 2014；Dyjas et al., 2012；Taubert et al., 2016；Wiener et al., 2014），試行ごとの事前分布の更新の積み重ねとして中心化傾向を捉えなおそうとするモデルも存在する（Bausenhart et al., 2014；Petzschner & Glasauer, 2011）。

3・3・3　履歴効果の神経基盤

種々の現象報告や計算論的モデルの蓄積に対して，時間長知覚の履歴効果の神経基盤研究も近年盛んになりつつある。

サルに眼球運動を用いた時間再生課題を行わせた研究では，サルもヒト同様の中心化傾向を示すことが報告されており，外側頭頂間溝（LIP野）の活動がベイズ的な処理を反映している可能性が示唆されている（Jazayeri & Shadlen, 2015）。中心化傾向が生じている際の脳活動をfMRIを用いて調べた研究では，下側頭頂葉や運動野など時間処理に関わる部位の賦活パターンが，前後に呈示された時間長に依存して変化することが明らかになっている（Murai & Yotsumoto, 2016a）。神経疾患の患者群を対象とした研究として，パーキンソン病では，ドパミンの前駆物質であるL-ドパを服薬していないとき，服薬中に比べ中心化傾向が著しく増加することも報告されている（Malapani et al., 1998）。

系列依存効果の神経基盤を脳波を用いて調べた研究では，随伴陰性変動（contingent negative variation：CNV）などの計時に関わる事象関連電位の大きさが直前の試行で呈示された刺激の時間長に応じて変化するほか（Wiener & Thompson, 2015），20 Hz前後のβ帯域の神経振動のパワーが直前試行の時間長が長いほど増加することが示されている（Wiener et al., 2018）。

時間順序効果の神経基盤として，脳内の神経伝達物質などの生化学物質の濃度を計測可能な磁気共鳴分光法（magnetic resonance spectroscopy：MRS）を用いた研究では，視覚刺激の時間長弁別課題における時間順序効果と視覚野のGABA濃度が相関することが示されている（Terhune et al., 2014）。一方，反復経頭蓋磁気刺激法（rTMS）を用いた研究では，同じく視覚刺激の時間長弁別課題で右縁上回への磁気刺激と時間順序効果の関係性が指摘されている（Wiener et al., 2012）。

3・3・4　時間知覚の履歴依存性研究の展望

以上のように，19世紀以降種々の時間知覚の履歴効果が報告されてきたが，主に2010年代に入ってベイズ理論を用いた計算モデルやその神経基盤が盛んに研究されるようになっている。本節では時間知覚における履歴効果を概説したが，中心化傾向・系列依存性・時間順序効果はさまざまな知覚特性に一般的に観察される現象であり，幅広い知覚研究の比較検討を通じて，時間知覚を超えたより包括的な知覚系の計算アルゴリズムや脳内処理過程の解明が望まれる。

（村井　祐基）

第VIII部　時間知覚

3・4　クロスモーダルな知覚的同時性判断，時間順序判断

　時間的な同時性・同期性は，異なる感覚モダリティを関連づけるための非常に重要な手がかりとなる。これは，同じイベントから得られた各感覚情報は通常，同じタイミングを共有すると考えられるからである。では，われわれの脳はどのようにして感覚モダリティ間の同時性・同期性を判断しているのだろうか。本節では，このような感覚モダリティ（視覚，聴覚，触覚など）の時間関係（同時性・同期性）の知覚の問題について概説する。

3・4・1　事象時間，脳時間，主観時間

　人間の時間知覚について議論するときには，事象時間（event time），脳時間（brain time），主観時間（subjective time）の三つの時間を区別する必要がある（Dennett & Kinsbourne, 1992；Johnston & Nishida, 2001）。事象時間とは，外界で事象が発生した時間である。脳時間とは，事象によって引き起こされる脳活動のタイムコースである。そして主観時間とは，事象のタイミングに関して観察者が実際に知覚する内容である。

　視聴覚の場合を例にとって，事象時間，脳時間，主観時間の違いを考えてみる。まず事象時間については，たとえばワイングラスを床に落として割ってしまったとき，「グラスが割れた」という事象が発生した時間が事象時間である。このとき外界においてグラスが割れた瞬間の光景とグラスが割れた音の時刻は同期している。ただし，視聴覚イベントの時刻が発生源で同期していても，視聴覚信号の時間関係は，信号が眼や耳に到達するまでの間に距離に応じて変動することに注意する必要がある。これは，音が光よりも遅く伝わるためである（光は毎秒約3億m進み，音は約340m進む）。花火や遠くの稲妻など極端な例では，光だけが最初に見えて，音はそのあとしばらく経ってから聴こえる。

　次に，脳時間を考える。脳内でも，神経伝達と処理の過程で視聴覚信号の間に時間ずれが生じる。しかし，脳内では，外界とは対照的に，聴覚は視覚よりも信号の伝達と処理にかかる時間が短いと一般に考えられている（King, 2005；Spence & Squire, 2003）。その要因の一つは，基底膜での音波の神経変換のプロセスが，網膜での光の神経変換のプロセスよりも速いことにある。これは，刺激がまったく同じタイミングで眼と耳に呈示されたとしても，処理の初期段階から時間ずれが生じることを意味する。さらに，脳内の神経伝達と処理時間は，刺激の強さ，視覚刺激が呈示される網膜上の位置，視覚刺激の空間周波数などの要因によっても変化すると言われている（Kopinska & Harris, 2004；Tappe et al, 1994）。

　最後に主観時間は，「同時か否か」や「どちらが先か」などのイベントのタイミングに対する観察者の知覚である。視聴覚刺激の間には，外界や脳内で発生する，単純に予測できない時間ずれがあるが，われわれが実際に知覚する主観時間は，外界の時間ずれや脳内の時間ずれをそのまま反映したものではない（Fujisaki et al., 2004；Stone et al., 2001；Sugita & Suzuki, 2003；Vroomen, 2004）。主観時間は，さまざまな困難や制約と折り合いをつけながら，「発生源」での時間関係（事象時間）を可能な限り正確に解釈しようとわれわれの脳が試みた結果を反映したものであると考えられる。実際，主観時間は，後述するように，さまざまな要因の影響を受ける。

3・4・2　主観的同時点に影響する諸要因

　光と音の同時性を測る場合，まずさまざまな時間ずれをもつ光刺激と音刺激を観察者に呈示し，それらが同時であるかどうかの判断を求める。次に，横軸に刺激の時間ずれを，縦軸に同時と答えた割合をプロットすることにより，どの程度の時間ずれを同時であると回答したかを示す「同時性の時間窓（simultaneity window）」を描くことができる。この「同時性の時間窓」の中心を，主観的同時点（point of subjective simultaneity：PSS）と呼ぶ。同時性判断（simultaneity judgment：SJ）ではなく，時間順序判断（temporal order judgment：TOJ）によって主観的同時点を求める場合は，たとえば「音が先」と答えた割合と「光が先」と答えた割合が等しくなる点が主観的同時点となる。

　主観的な同時性は，さまざまな要因の影響を受け

1668

る。たとえば，prior entry effect が挙げられる。これは注意を向けた刺激が，注意を向けていない刺激よりも先であるように観察者に知覚される現象のことである。この現象は，異種感覚モダリティ間（クロスモーダル：crossmodal）でも同一感覚モダリティ内（ユニモーダル：unimodal）でも生じると言われている（Spence et al., 2001；Zampini et al., 2007）。

刺激の時間構造も主観的な同時性判断に影響を与える。異なる時間構造をもつ二つの刺激の時間的タイミングを比較することは本質的に困難である。たとえば，視覚研究では，連続的に動く刺激と短いフラッシュ刺激が与えられると，フラッシュが遅れて知覚されるフラッシュ・ラグ効果（flash-lag effect）と呼ばれる現象が報告されているが（たとえば，Baldo et al., 2002；Nijhawan, 1994, 2002；Whitney & Murakami, 1998），Alais & Burr（2003）は，聴覚や視覚などの異種感覚モダリティ間でも同様の現象が発生することを報告している。また，上方向に連続的に動く緑のパターンと下方向に連続的に動く赤いパターンを 250 ms ごとに交替させると，どの色と運動が対応しているのかが判らなくなるが，運動変化を色変化よりも 100 ms 程度先行させると二つの属性を対応付けることができるようになるという，色と運動の非同期錯視（color-motion asynchrony illusion）と呼ばれる現象（Moutoussis & Zeki, 1997；Nishida & Johnston, 2002）においても，異種感覚モダリティ間でも同様の現象が発生するという報告がある（Arrighi et al., 2005）。

刺激の因果関係も主観的な同時性に影響を与える。たとえば，ハンマーで釘を打った結果として音が出る場合，ハンマーが釘に当たる前に音が鳴る可能性は低い。このように，視覚的および聴覚的イベントの因果関係が自明である場合には，われわれの脳は，刺激の因果関係を考慮して主観的な同時性を調整しているようである。van Eijk et al.（2007）は，「ニュートンのゆりかごおもちゃ」と呼ばれる振り子のおもちゃを模倣した刺激を使用して実験を行った。ニュートンのゆりかごおもちゃでは，図 3-4-1 に示すように，同じサイズの複数の金属球が，同じ線上に並ぶように紐で吊るされている。そして，一方の端を引っ張って離すと，金属のボールがもう一

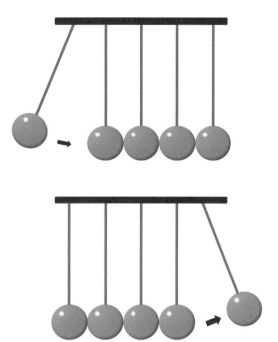

図 3-4-1　ニュートンのゆりかごおもちゃの模式図

方の静止したボールに当たって音が鳴り，もう一方の端のボールが大きく揺れる。van Eijk et al.（2007）は，このように聴覚イベントが発生してから視覚イベントが発生する状況を作ると，主観的同時点が「音が先，光が後」の方向にシフトすると報告している。

距離による視聴覚信号の時間ずれについては，信頼できる距離の手がかりが得られる場合，ある程度の距離まで音の時間遅延の補正が行われることが報告されている（Alais & Carlile, 2005；Engel & Dougherty, 1971；Kopinsuka & Harris, 2004；Sugita & Suzuki, 2003）。

たとえば，Sugita & Suzuki（2003）は観察者に発光ダイオード（LED）が光と音の両方の発生源であると考えるように教示して，視覚刺激（LED）の距離を変化させ，聴覚刺激（頭部伝達関数を畳みこんだ白色雑音）をヘッドフォンから呈示して時間順序判断を行い，主観的同時点が距離に応じて音速を勘案するように補正されたと報告している。また Kopinska & Harris（2004）は視聴覚刺激の距離，および刺激が呈示される網膜上の位置や刺激の強度などの要因を操作して時間順序判断課題を行い，距離

1669

第VIII部　時間知覚

による物理時間のずれだけではなく，神経潜時（脳時間）の違いに起因すると考えられる時間ずれについても，ある程度は補正が可能なのではないかという報告をしている。しかし異なる結果を報告しているものもあり（Arnold et al., 2005；Lewald & Guski, 2004；Stone et al., 2001），距離の手がかりが得られた場合に，常に補正が起きるとは限らないようである。

　順応に伴う再調整（recalibration）も主観的同時点に影響を与える。Fujisaki et al.（2004）は視聴覚の一定の時間ずれに順応した後では，そのずれを小さくする方向に視聴覚の主観的同時点がシフトすること，また，同時であると判断される領域（同時性の時間窓）が順応した時間ずれの方向に拡張することを示した。また，観察者に直接「同時性」を訊かずに「通過・反発の錯覚（stream/bounce illusion）」（Sekuler et al., 1997）を用いて間接的に視聴覚の同時性を測定した場合にも同様の結果が得られたことを報告している。Vroomen et al.（2004）も同様の実験を行い，ほぼ一貫した結果を報告している。同様の順応後の再調整が，さまざまな刺激条件下で生じるかどうかを多くの研究が調べている。たとえば，Vatakis et al.（2007）は，リング刺激や純音刺激のように人工的な刺激ではなく，音声のようにより自然な刺激を用いた場合にも，順応によって主観的同時点のシフトがみられると報告している。

　時間ずれ順応では主観的同時点は，順応した時間ずれを小さくする方向に変化するが，Miyazaki et al.（2006）は，両手に与えられる触覚刺激の時間順序を判断する際に，順応の時間ずれを短縮する方向ではなく，むしろ逆の方向に変化が起こる現象を報告した。Miyazaki et al.（2006）はこの現象をベイズ較正（Bayesian calibration）と名づけ，人間の脳には時間ずれ順応とベイズ較正の二つのメカニズムが存在しているのではないかと議論している。また，Yamamoto et al.（2012）は周波数の異なる2種類の音と1種類の光を用いて時間順序判断を行い，その際に時間ずれ順応をキャンセルする刺激操作を行うと，視聴覚の場合でもベイズ較正によって予測される方向にシフトが生じると報告している。

3・4・3　主観時間の観察方法

　われわれの主な関心は主観時間であるが，主観時間は観察者の体験にのみ存在し，客観的に観察することができない。では主観時間についての知見を得るにはどうすればよいだろうか。本節では，同時性判断，時間順序判断，同期・非同期弁別（in-phase/out-of-phase discrimination），および時間バインディング（時間対応付け：temporal binding）の四つの心理物理学的測定方法について簡単に解説する。

　同時性判断は，さまざまな時間のずれを持つ刺激のペアを呈示して，観察者に同時か同時でないかの判断を求めるという，最も単純かつ簡易な主観的同時性の測定方法である。たとえば視覚刺激としてフラッシュを，音刺激としてクリック音を呈示したと考えてみる。フラッシュとクリック音が十分に離れているときには，観察者はたとえば10回の試行があったとすると，そのうち10回とも「同時でない」と答える。したがって「同時」回答率は0となる。逆にフラッシュとクリック音が時間的に極めて近接しているときには，観察者は10回中10回とも，「同時である」と答える。すなわち「同時」回答率は1になる。そしてフラッシュとクリック音の時間のずれがその間にあるとき，観察者の反応は10回の試行のうちあるときは「同時である」と答え，あるときは「同時でない」と答えるというようになる。全試行の半分で「同時である」と答えた場合，「同時」回答率は0.5となる。このように「同時」回答率は，時間のずれが大きくなるにしたがって，だんだん1から0へと近づいていく。

　実際の実験ではさまざまな時間のずれを持つ刺激のペアをランダムな順番で呈示して，各刺激ペアについて同時か同時でないかの判断を求める。このようにして得られたデータを，横軸を刺激の時間のずれ，縦軸を同時と答えた割合としてプロットすると，図3-4-2のような同時性の時間窓を描くことができる。同時性判断課題においてはこのようにして得られた同時性の時間窓の中心を主観的同時点と呼ぶ。

　同時性判断では直接的に観察者の同時性知覚を訊くことができる。また，時間窓全体の形状が判る。一方で観察者の判断の基準値（基準：criterion）によって，時間窓の幅が変わってしまうという危惧が

第 3 章　時間知覚の諸現象

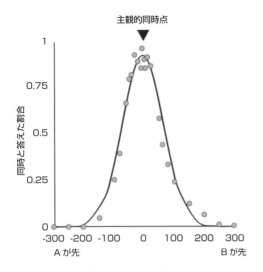

図 3-4-2　同時性の時間窓と主観的同時点の例

ある。刺激のペアが同時であるか同時でないかを自信をもって答えられないときに、もし観察者が「同時か同時でないかを判断できないときはすべて非同時と答える」という方略を取った場合は、測定で得られる時間窓は狭くなり、逆に「同時か同時でないかを判断できないときはすべて同時と答える」という方略をとった場合は、測定で得られる時間窓は広くなる。このような問題に対処するためには、あらかじめ観察者に途中で基準を変えないように教示したり、ほかの測定法と組み合わせて検討を行うなどの工夫が必要である。

　時間順序判断は、さまざまな時間のずれをもつ刺激のペアを呈示して、刺激 A と刺激 B のどちらが先かの判断を求める方法である。同時性判断と異なるのは「同時か同時でないか」ではなく「A が先か、B が先か」というように刺激の順序を答える点である。同時性判断のときと同じように、視覚刺激としてフラッシュを、音刺激としてクリック音を呈示したとして考えてみる。フラッシュに対してクリック音が十分に先行しているときは、観察者はたとえば 10 回の試行があったとすると、そのうち 10 回とも「音が先（光が後）」と答える。したがって「光が先」回答率は 0 になる。逆にフラッシュがクリック音に対して十分に先行しているときは、観察者は 10 回中 10 回とも「光が先（音が後）」と答える。したがって

「光が先」回答率は 1 になる。フラッシュとクリック音の時間のずれがとても小さいとき、観察者の反応は 10 回の試行のうちあるときは「音が先」、あるときは「光が先」と答えるようになる。したがって「光が先」回答率は、時間のずれが小さくなるにつれて、0.5 に近づくことになる。このようにして得られたデータについて、横軸に刺激の時間のずれ、縦軸に光が先と答えた割合をプロットすると、図 3-4-3 のように、時間順序判断の心理測定関数を描くことができる。時間順序判断課題においては、このようにして得られた時間順序判断の心理測定関数の「音が先」回答率と「光が先」回答率とが等しくなる点を、主観的同時点と呼ぶ。

　時間順序判断では、同時か否かを観察者に直接訊かずに主観的同時点の推定ができる。しかし観察者の基準の変化によって、心理測定関数の横位置が変わってしまう。たとえば、観察者が「音が先か、光が先かを判断できないときは常に音が先と答える」という方略をとった場合と、「音が先か、光が先かを判断できないときは常に光が先と答える」という方略をとった場合とでは、心理測定関数の横位置が異なってしまう。

　感覚モダリティをまたがった時間順序判断の場合、同時性の時間窓が広く、同時に知覚されてしまう領域でもこのような 2 件法で「音が先」か「光が先」かを答えなければならないとすると、このよう

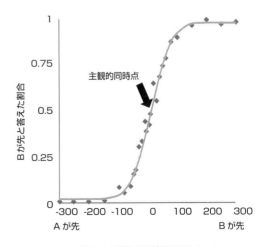

図 3-4-3　時間順序判断の心理測定関数と主観的同時点の例

な問題が生じる（van de Par et al., 2002）。ただしこのように観察者の基準によって心理測定関数の位置が変わっても心理測定関数の傾きが変わるわけではない。時間順序判断を用いる場合も，同時性判断を用いる場合と同様に，このような特性があることに留意しておく必要があるだろう。

これまで述べてきた同時性判断課題や時間順序判断課題では，観察者の基準の変化による反応バイアスの影響が問題になる。このような反応バイアスの影響は，「物理的に同期した刺激」と「物理的に同期していない刺激」の弁別課題にすると回避することができる。

同期・非同期弁別課題においては，観察者は物理的に同期した刺激ペアと，物理的に同期していない刺激ペアとの弁別課題を行う。例として，1 Hz（1秒間に1回のレート）で光が呈示されるフラッシュ刺激列と，同様に1 Hzで音が呈示されるクリック刺激列を考えてみる。物理的に同期した視聴覚刺激ペアでは，光も音も同じタイミングで刺激が出現する。物理的に同期していないペアでは，光と音は異なるタイミング，たとえば180°逆位相（1 Hzの場合は500 msのずれ）で呈示される。実験の各試行で観察者は，呈示された刺激ペアが物理的に同期しているか同期していないかを答え，正解か不正解かのフィードバックを得る。毎回フィードバックを得ることによって，仮に観察者自身の主観的同時点が物理的同時点とずれていた場合でも，弁別課題の遂行が可能になる。

上記の例では，各試行で物理的に同期もしくは非同期のどちらか片方の刺激が呈示されているが，本来は，実験時間が長くなってしまうという問題があるものの，各試行において同期刺激と非同期刺激を両方呈示してどちらの刺激が同期していたかを選択してもらう二肢強制選択の方式をとったほうが良い。

繰り返し呈示の時間周波数が十分に低いときには，観察者はほぼ完ぺきに同期刺激と非同期刺激を弁別できるが（正答率がほぼ100％となる），時間周波数を高くしていくと，正答率が徐々に下がり始め，ある程度以上高くなると弁別できなくなり，正答率はチャンスレベル（50％）になる。横軸に時間周波数，縦軸に正答率をプロットすると，図3-4-4のような同期・非同期弁別の心理測定関数を描くことができる。典型的には，正答率が75％になる時間周波数がこの場合の閾値となる。

同期・非同期弁別課題は，同時性判断や時間順序判断とは異なり，観察者の判断基準の変化による影響を受けない手法である。同期・非同期弁別課題では，観察者が「同期か非同期かを判断できないときは常に同期と答える」といる方略をとった場合でも「同期か非同期かを判断できないときは常に非同期と答える」という方略をとった場合でも，どちらも同じ正答率（チャンスレベル）となり，結果に影響しないためである。したがって同期知覚の精度を厳密に測るという目的に適している。ただしこの課題はあくまで物理的な同期と非同期の弁別であり，観察者の主観的な同時性知覚を問うているのではないということに注意が必要である。たとえば視聴覚信号の物理的な同時呈示が観察者にとっての主観的同時点ではない場合，観察者にとってこの課題は（主観的には）同期と非同期の弁別ではなく，小さなずれと大きなずれの弁別課題になってしまう。

同期・非同期弁別課題と似ているが異なる課題である時間バインディング課題においては，観察者は，たとえば視覚刺激として赤と緑の交替刺激，聴覚刺激として高い音と低い音の交替刺激が同期して呈示された場合に，赤と高い音が同期していたか，それ

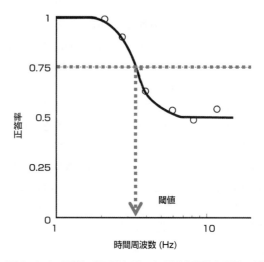

図3-4-4　同期・非同期弁別の心理測定関数と閾値の例

とも緑と高い音が同期していたかを答える。すなわち同期していた刺激属性の組み合わせの内容を答える。刺激の繰り返し呈示の時間周波数が十分に低いときには，観察者は赤のときに高い音，緑のときに低い音が呈示されていたというように，ほぼ完ぺきに時間バインディングを答えることができる（正答率がほぼ100%となる）。しかし周波数を高くしていくと，正答率が徐々に下がり始め，ある程度以上周波数が高くなると正答率はチャンスレベル（50%）になる。横軸に繰り返し呈示の時間周波数，縦軸に正答率をプロットすると，図3-4-5のようにバインディングの時間限界の心理測定関数を得ることができる。典型的には，正答率が75%になる時間周波数が閾値となる。

同期・非同期弁別課題と時間バインディング課題の大きな違いは，同期・非同期弁別課題では刺激の出現した「時間」だけを比較すればよいのに対して，時間バインディング課題は，「時間」だけでなく「内容」も判断して，「時間」と「内容」を統合しなければならないということである。たとえば視聴覚刺激を用いた場合，同期・非同期弁別では，視覚刺激と聴覚刺激が合っているかずれているかを判断するだけで良く，それぞれの視覚刺激，聴覚刺激が何であるかという内容の判断までは求められていない。一方で時間バインディング課題では，赤と高い音が同期していたか，それとも緑と高い音が同期していたかというように「内容」と「時間」の両方の判断が求められており，さらにそれらを統合しなければ，課題を遂行することができない。

これまでの異種感覚モダリティ研究においては，同期・非同期弁別課題が用いられることが多く，一方で視覚研究においては時間バインディング課題が用いられることが多かった。そのため，得られた結果が，課題の違いの要因によるものなのか，感覚モダリティや属性の要因によるものなのかを明確に区別することができなかった。そこでFujisaki & Nishida (2010)は，同一観察者，同一刺激を用いて，同期・非同期弁別課題と時間バインディング課題を，属性内（色と色，輝度と輝度など），属性間（色と輝度，色と方位など），感覚モダリティ間（色と音高，輝度と触覚（振動）など）で比較した。その結果，感覚属性や感覚モダリティをまたがった比較の場合には，同期・非同期弁別課題と時間バインディング課題に明確な乖離が見られることを発見した（Ⅷ・3・4・4参照）。

3・4・4 クロスモーダルな同時性判断における限界

多感覚の同時性判断には，呈示密度や一度に比較できる数の限界がある。Fujisaki & Nishida (2005)は周期パルス列を用いて視聴覚の同期・非同期弁別課題を行い，パルス列の時間周波数が約4 Hzを超えると，視覚，聴覚のそれぞれの刺激内部では時間構造が明確に知覚できるにもかかわらず，視聴覚の時間バインディングができなくなってしまうことを報告している。

Fujisaki & Nishida (2007)は，約4 Hzという視聴覚の時間バインディングの時間限界が時間周波数の問題なのか密度の問題なのかを切り分けるために，周期刺激の代わりに高密度ランダムパルス列を用いて視聴覚の同期・非同期弁別課題を行い，視聴覚の時間バインディングの限界が時間周波数ではなく密度で規定されていることを示した。さらにFujisaki & Nishida (2008)は，密度が高い背景刺激のなかにまばらな図となる刺激を埋め込むと，信号全体の密度は高いままであっても再び視聴覚の時間バインディングが可能になることを示した。これらの結果は，視聴覚の同期判断において重要なのは信号全体

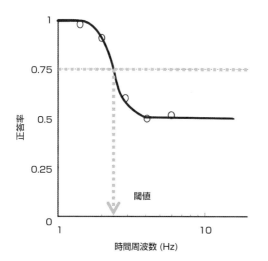

図3-4-5 時間バインディング課題の心理測定関数と閾値の例

第 VIII 部　時間知覚

の密度ではなく，刺激の中に含まれる顕著特徴の密度であることを示唆している。

その後，Fujisaki & Nishida（2009）は，視聴覚，視触覚，聴触覚間の比較を行い，同期・非同期弁別において聴触覚の組み合わせの特異性を発見した。具体的には，視覚と聴覚，視覚と触覚の同期・非同期弁別閾が約 4 Hz となるのに対して，聴覚と触覚の弁別閾が約 8-10 Hz と特異的に高くなることを発見した。

Fujisaki & Nishida（2010）は，この聴触覚の組み合わせの特異性が「時間バインディング課題」にすると消失し，どの感覚モダリティの組み合わせであっても，時間バインディング課題の限界は約 2.5 Hz と一定の値になることを示した。このことは，「いつ（when）」と「何（what）」の組み合わせの判断の場合には感覚モダリティの組み合わせによらない共通の機構が働くことを示唆している。

一度に比較できる数の限界もある。Fujisaki et al.（2006）は，視覚探索のパラダイムを用いて，聴覚刺激と時間的に同期した視覚ターゲット刺激を，聴覚刺激とは無相関に時間変化する視覚ディストラクタ刺激のなかから探索するという実験を行って検討した。結果は明瞭なセットサイズ効果，いわゆる逐次探索を示した。このことは視聴覚の同期判断が一度に一つずつ，あるいは少数ずつしか行えないことを示している。

（藤崎　和香）

▍3・5　サッケード眼球運動と時間知覚

たとえば本を読んだり，スポーツを観戦したり，景色をぐるっと見回したりするときには，ある点から次の点へと跳躍するような眼球運動（急速な眼球の回転）が頻繁に起きている。このような急速な眼球運動はサッケードと呼ばれる。サッケード時に網膜像は急速に大きく変化するにもかかわらず，われわれは通常，このサッケードに気づくことはない。眼を急速に動かしても視覚イメージはぶれることなく，世界は安定して知覚される（サッケードについての詳細は II・15 参照）。

ここではサッケードと時間間隔知覚の関係につい

ての研究をいくつか紹介する。Morrone et al.（2005）は，二つの視覚刺激（上下に出現する横棒）がサッケードの直前に呈示されると，時間間隔が短縮して知覚されるという現象を報告している。具体的にはサッケードの直前に呈示された二つの刺激の刺激間隔が 100 ms から 50 ms 程度と約半分に縮んで知覚されたとのことである。Morrone et al.（2005）は，コントロール条件として，視覚刺激の代わりに聴覚刺激（二つのクリック音）をサッケードの直前に呈示する実験も行っているが，聴覚刺激については時間間隔の縮小はみられなかったという。つまりサッケードによって変化したのは時間間隔知覚全般ではなく，視覚の時間間隔知覚であるということになる。また，サッケードの代わりに瞬き（サッケードの際と同じような視覚の抑制を示すと言われる）を用いたコントロール条件も行っているが，視覚刺激の時間間隔の縮小はみられなかったとのことである。さらに Morrone et al.（2005）は上下に呈示される二つの視覚刺激間の時間順序判断も行っているが，サッケード直前に呈示される二つの視覚刺激（上下の横棒）の時間間隔が短いときには（20-44 ms, 44-75 ms），観察者の時間順序判断がかなりの確率で逆転するという現象が生じた。サッケード直前にではなく，サッケードよりかなり前に同じ課題を行った場合には高い確率で正しく判断できたとのことである。

Morrone et al.（2005）の研究結果は，サッケードの直前に，サッケードに固有の視覚特有の時間知覚の変容が起きていることを示唆しているようであるが，一方で Terao et al.（2008）は，輝度ノイズを付与するなどして視覚刺激の過渡的信号を弱めた場合には，サッケードなしでも時間間隔知覚の短縮が生じることを示している。Terao et al.（2008）は，この時間間隔知覚の縮小はサッケードそのものによるものではなく，サッケードの際に付随する知覚の処理の低下や見えやすさ（visibility）の低下によるものではないか，そして過渡的信号が弱いときにはより同時であると知覚されやすくなるのではないかと議論している。

サッケード後の時間知覚については，クロノスタシス（chronostasis）と呼ばれる，サッケードの直後

1674

に目にした最初の映像が長く続いているように見えるという錯覚が知られている。Yarrow et al.（2001）は，サッケードの長さによって，知覚されるクロノスタシスの長さが異なるかを調べた。その結果，観察者はサッケードが22°もしくは55°（それぞれ約72 ms，約139 ms）のとき，物理的な1 sよりも短い時間（22°のときで880 ms，55°のときで811 ms）を1 sだと知覚することが示された。つまりサッケード直後に目にしたターゲットは実際よりも長く知覚され，さらにサッケードの長さによって，クロノスタシスの長さが異なったということである。サッケードを行わないコントロール条件では，観察者はほぼ正しく1 sを知覚した。サッケードの後で常にこのような錯覚が起きるわけではなく，サッケード中に視線を飛ばした先のターゲットが動いてしまって，かつ観察者がそれに気づいた場合には，錯覚が生じなかったという。これらのことから，サッケードの直後に見えた刺激と同じ刺激がサッケード中もそこにとどまっていたと推定されるときには，知覚系はサッケードにかかった時間とその少し前の時間までのギャップを補完するように働くのではないかと，Yarrow et al.（2001）は議論している。なお，クロノスタシスは，能動的なサッケードを行わず，シミュレートされたサッケードを受動的に観察するだけでも生じることから，刺激の見えやすさ（visibility）やマスキングが関連している可能性も指摘されている（Knoll et al., 2013）。

（藤崎 和香）

■ 3・6 二重フラッシュ錯覚，時間領域の腹話術師効果，その他の錯誤

　空間における多感覚相互作用では視覚が優位となる場合が多く報告されているが，時間における多感覚相互作用では聴覚が優位となる現象がさまざまに報告されてきている。たとえば古くから知られている現象に「聴覚ドライビング（auditory driving）」がある（たとえば，Shipley, 1964）。これは，周期的に点滅する視覚刺激（フリッカー）が，異なる時間レートでオンオフする聴覚刺激（フラッター）と同期しているように知覚される現象であ

る。Recanzone（2003）はこの現象をシステマティックに検証した。まず視覚刺激の時間レートを固定して聴覚刺激の時間レートを変化させて，観察者には聴覚刺激を無視するように教示した。その結果，聴覚刺激を無視するように教示したにもかかわらず，聴覚刺激の時間レートが変化すると，それに応じて視覚刺激の見た目の呈示レートが変化して知覚されることが示された。次に聴覚刺激の時間レートを固定して視覚刺激の時間レートを変化させて，観察者には聴覚刺激を無視するように教示した。その結果，やはり聴覚刺激の影響を受けて，視覚刺激の見た目の呈示レートが視覚刺激単独呈示の場合に比べて変化して知覚されることが示された。一方で視覚刺激を無視して聴覚刺激について判断した場合には，聴覚刺激に対する視覚刺激の影響はみられなかったとのことである。なお，この聴覚ドライビングが生じるのは視聴覚の時間レートが近接しているときのみであり，4 Hzの視覚刺激に対して，聴覚刺激を0.5 Hzにしたり8 Hzにしたりすると効果が消失する。

　Shams et al.（2000）は，単独のフラッシュが2回以上のビープ音と共に呈示されるとフラッシュが2回呈示されたように知覚されるという「二重フラッシュ錯覚（double-flash illusion）」を報告している。ビープ音の数が増えれば増えるほどフラッシュの数が増えるわけではなく，ビープ音が3回，4回と増えても，知覚されるフラッシュはほぼ2回である。音がなくて物理的に複数のフラッシュが呈示されたときには正しく知覚できるとのことである。こちらも聴覚が視対象の微妙な時間的変化の見え方に影響を及ぼす例である。

　Morein-Zamir et al.（2003）は，二つの視覚刺激の前後に聴覚刺激を呈示することによって視覚刺激間の時間順序判断の成績が向上するという「時間領域の腹話術師効果（temporal ventriloquist）」（時間的腹話術効果：temporal ventriloquism effect）を報告している。逆に二つの視覚刺激の内側に音を二つ呈示した場合には，視覚刺激の時間順序判断の成績が低下するとのことである（ただし，二つの音の時間間隔が16 ms間隔という狭さのときのみ）。

　感覚間だけでなく感覚運動協応との相互作用につ

1675

第 VIII 部　時間知覚

いての研究も行われている。たとえば Repp & Penel (2002) は，周期的な視聴覚刺激に対するタッピング課題 (tapping task) において，視覚と聴覚のタイミングを逆方向にずらすと，聴覚優位のタッピングの修正反応が見られると報告している。

なお，時間領域において必ずしも常に聴覚が視覚を引っ張るわけではなく，Fendrich & Corballis (2001) は時計に似た視覚刺激を用いて，フラッシュとクリックのような短い刺激が時間的に近接しているときに視聴覚で相互に捕獲 (capture) が生じるという現象を報告している。

(藤崎 和香)

文献

(3・1)

Brown, S. W. (1995). Time, change, and motion: The effects of stimulus movement on temporal perception. *Perception & Psychophysics, 57*, 105–116. [doi: 10.3758/BF03211853]

Bruno, A., Ayhan, I., & Johnston, A. (2015). Changes in apparent duration follow shifts in perceptual timing. *Journal of Vision, 15*(6), 2. [doi: 10.1167/15.6.2]

Droit-Volet, S., & Wearden, J. (2010). Speeding up an internal clock in children? Effects of visual flicker on subjective duration. *Quarterly Journal of Experimental Psychology, 55*, 193–211. [doi: 10.1080/02724990143000252]

Goldstone, S., Lhamon, W. T., & Sechzer, J. (1978). Light intensity and judged duration. *Bulletin of the Psychonomic Society, 12*(1), 83–84. [doi: 10.3758/BF03329633]

Hashimoto, Y., & Yotsumoto, Y. (2015). Effect of temporal frequency spectra of flicker on time perception: Behavioral testing and simulations using a striatal beat frequency model. *Timing & Time Perception, 3*(3–4), 201–222. [doi: 10.1163/22134468-03002049]

Herbst, S. K., Javadi, A. H., van der Meer, E., & Busch, N. A. (2013). How long depends on how fast—Perceived flicker dilates subjective duration. *PLoS ONE, 8*(10), e76074. [doi: 10.1371/journal.pone.0076074]

Heron, J., Aaen-Stockdale, C., Hotchkiss, J., Roach, N. W., Mcgraw, P. V., & Whitaker, D. (2012). Duration channels mediate human time perception. *Proceedings of the Royal Society B: Biological Sciences, 279*(1729), 690–698. [doi: 10.1098/rspb.2011.1131]

Heron, J., Hotchkiss, J., Aaen-Stockdale, C., Roach, N. W., & Whitaker, D. J. (2013). A neural hierarchy for illusions of time: Duration adaptation precedes multisensory integration. *Journal of Vision, 13*, 4. [doi: 10.1167/13.14.4]

Kanai, R., Paffen, C. L. E., Hogendoorn, H., & Verstraten, F. A. J. (2006). Time dilation in dynamic visual display. *Journal of Vision, 6*(12), 1421–1430. [doi: 10.1167/6.12.8]

Kaneko, S., & Murakami, I. (2009). Perceived duration of visual motion increases with speed. *Journal of Vision, 9*(7), 14. [doi: 10.1167/9.7.14]

Lewis, P. A., & Miall, R. C. (2003). Distinct systems for automatic and cognitively controlled time measurement: Evidence from neuroimaging. *Current Opinion in Neurobiology, 13*(2), 250–255. [doi: 10.1016/S0959-4388(03)00036-9]

Lhamon, W. T., & Goldstone, S. (1975). Movement and the judged duration of visual targets. *Bulletin of the Psychonomic Society, 5*(1), 53–54. [doi: 10.3758/BF03336701]

Li, B., Yuan, X., Chen, Y., Liu, P., & Huang, X. (2015). Visual duration aftereffect is position invariant. *Frontiers in Psychology, 6*, 1536. [doi: 10.3389/fpsyg.2015.01536]

Li, B., Yuan, X., & Huang, X. (2015). The aftereffect of perceived duration is contingent on auditory frequency but not visual orientation. *Scientific Reports, 5*, 10124. [doi: 10.1038/srep10124]

Lustig, C., & Meck, W. H. (2011). Modality differences in timing and temporal memory throughout the lifespan. *Brain and Cognition, 77*(2), 298–303. [doi: 10.1016/j.bandc.2011.07.007]

Matthews, W. J., Stewart, N., & Wearden, J. H. (2011). Stimulus intensity and the perception of duration. *Journal of Experimental Psychology: Human Perception and Performance, 37*(1), 303–313. [doi: 10.1037/a0019961]

Mioni, G., Zakay, D., & Grondin, S. (2015). Faster is briefer: The symbolic meaning of speed influences time perception. *Psychonomic Bulletin and Review, 22*(5), 1285–1291. [doi: 10.3758/s13423-015-0815-6]

Repp, B. H., Mendlowitz, H. B., & Hove, M. J. (2013). Does rapid auditory stimulation accelerate an internal pacemaker? Don't bet on it. *Timing and Time Perception, 1*(1), 65–76. ［doi: 10.1163/22134468-00002001］

Tomassini, A., Gori, M., Burr, D., Sandini, G., & Morrone, M. C. (2011). Perceived duration of visual and tactile stimuli depends on perceived speed. *Frontiers in Integrative Neuroscience, 5*, 51. ［doi: 10.3389/fnint.2011.00051］

Treisman, M., & Brogan, D. (1992). Time perception and the internal clock: Effects of visual flicker on the temporal oscillator. *European Journal of Cognitive Psychology, 4*(1), 41–70. ［doi: 10.1080/09541449208406242］

Treisman, M., Faulkner, A., Naish, P., & Brogan, D. (1998). The internal clock: Evidence for a temporal oscillator underlying time perception with some estimates of its characteristic frequency. *Perception, 19*, 705–743. ［doi: 10.1068/p190705］

Walker, J. T., Irion, A. L., & Gordon, D. G. (1981). Simple and contingent aftereffects of perceived duration in vision and audition. *Perception & Psychophysics, 29*(5), 475–486. ［doi: 10.3758/BF03207361］

Wearden, J. H., Edwards, H., Fakhri, M., & Percival, A. (1998). Why "sounds are judged longer than lights": Application of a model of the internal clock in humans. *Quarterly Journal of Experimental Psychology, 51*, 97–120. ［doi: 10.1080/713932672］

Xuan, B., Zhang, D., He, S., & Chen, X. (2007). Larger stimuli are judged to last longer. *Journal of Vision, 7*(10):2, 1–5. ［doi: 10.1167/7.10.2］

Yuasa, K., & Yotsumoto, Y. (2015). Opposite distortions in interval timing perception for visual and auditory stimuli with temporal modulations. *PLoS ONE, 10*(8), e0135646. ［doi: 10.1371/journal.pone.0135646］

（3・2）

Alexander, I., Thilo, K. V., Cowey, A., & Walsh, V. (2005). Chronostasis without voluntary action. *Experimental Brain Research, 161*(1), 125–132. ［doi: 10.1007/s00221-004-2054-3］

Arstila, V. (2012). Time slows down during accidents. *Frontiers in Psychology, 3*, 196. ［doi: 10.3389/fpsyg.2012.00196］

Block, R. A., & Reed, M. A. (2006). Remembered duration: Evidence for a contextual-change hypothesis. *Journal of Experimental Psychology: Human Learning & Memory, 4*(6), 656–665. ［doi: 10.1037/0278-7393.4.6.656］

Block, R. A., & Zakay, D. (1997). Prospective and retrospective duration judgments: A meta-analytic review. *Psychonomic Bulletin and Review, 4*(2), 184–197. ［doi: 10.3758/BF03209393］

Buhusi, C. V., & Meck, W. H. (2006). Interval timing with gaps and distracters: Evaluation of the ambiguity, switch, and time-sharing hypotheses. *Journal of Experimental Psychology: Animal Behavior Processes, 32*(3), 329–338. ［doi: 10.1037/0097-7403.32.3.329］

Droit-Volet, S., Brunot, S., & Niedenthal, P. M. (2004). Perception of the duration of emotional events. *Cognition and Emotion, 18*(6), 849–858. ［doi: 10.1080/02699930341000194］

Droit-Volet, S., & Meck, W. H. (2007). How emotions colour our perception of time. *Trends in Cognitive Sciences, 11*(12), 504–513. ［doi: 10.1016/j.tics.2007.09.008］

Droit-Volet, S., & Wearden, J. H. (2015). Experience sampling methodology reveals similarities in the experience of passage of time in young and elderly adults. *Acta Psychologica, 156*, 77–82. ［doi: 10.1016/j.actpsy.2015.01.006］

Gibbon, J., Church, R. M., & Meck, W. H. (1984). Scalar timing in memory. *Annals of the New York Academy of Sciences, 423*, 52–77. ［doi: 10.1111/j.1749-6632.1984.tb23417.x］

Hodinott-Hill, I., Thilo, K. V., Cowey, A., & Walsh, V. (2002). Auditory chronostasis: Hanging on the telephone. *Current Biology, 12*(20), 1779–1781. ［doi: 10.1016/S0960-9822(02)01219-8］

Joubert, C. E. (2007). Subjective expectations of the acceleration of time with aging. *Perceptual and Motor Skills, 70*(1), 334. ［doi: 10.2466/pms.1990.70.1.334］

Langer, J., Wapner, S., & Werner, H. (1961). The effect of danger upon the experience of time. *American Journal of Psychology, 74*(1), 94–97.

Lemlich, R. (1975). Subjective acceleration of time with aging. *Perceptual and Motor Skills, 41*, 235–238. ［doi: 10.2466/pms.1975.41.1.235］

第 VIII 部　時間知覚

Meck, W. H. (1983). Selective adjustment of the speed of internal clock and memory processes. *Journal of Experimental Psychology: Animal Behavior Processes, 9*(2), 171-201. [doi: 10.1037/0097-7403.9.2.171]

Millot, J. L., Laurent, L., & Casini, L. (2016). The influence of odors on time perception. *Frontiers in Psychology, 7*(6), 181. [doi: 10.3389/fpsyg.2016.00181]

Ogden, R. S., Wearden, J. H., Gallagher, D. T., & Montgomery, C. (2011). The effect of alcohol administration on human timing: A comparison of prospective timing, retrospective timing and passage of time judgements. *Acta Psychologica, 138*(1), 254-262. [doi: 10.1016/j.actpsy.2011.07.002]

Park, J., Schlag-Rey, M., & Schlag, J. (2003). Voluntary action expands perceived duration of its sensory consequence. *Experimental Brain Research, 149*(4), 527-529. [doi: 10.1007/s00221-003-1376-x]

Rose, D., & Summers, J. (1995). Duration illusions in a train of visual stimuli. *Perception, 24*(10), 1177-1187. [doi: 10.1068/p241177]

Stetson, C., Fiesta, M. P., & Eagleman, D. M. (2007). Does time really slow down during a frightening event? *PLoS ONE, 2*(12), e1295. [doi: 10.1371/journal.pone.0001295]

Thilo, K. V., & Walsh, V. (2002). Chronostasis. *Current Biology, 12*(17), 580-581. [doi: 10.1016/s0960-9822(02)01096-5]

Treisman, M. (1963). Temporal discrimination and the indifference interval. Implications for a model of the "internal clock". *Psychological Monographs, 77*(13), 1-31. [doi: 10.1037/h0093864]

Wearden, J. H. (2015). Passage of time judgements. *Consciousness and Cognition, 38*, 165-171. [doi: 10.1016/j.concog.2015.06.005]

Wearden, J. H., & Penton-Voak, I. S. (1995). Feeling the heat: Body temperature and the rate of subjective time, revisited. *Quarterly Journal of Experimental Psychology Section B, 48*(2), 129-141. [doi: 10.1080/14640749508401443]

Wittmann, M., & Paulus, M. P. (2008). Decision making, impulsivity and time perception. *Trends in Cognitive Sciences, 12*(1), 7-12. [doi: 10.1016/j.tics.2007.10.004]

Yarrow, K., Haggard, P., Heal, R., Brown, P., & Rothwell, J. C. (2001). Illusory perceptions of space and time preserve cross-saccadic perceptual continuity. *Nature, 414*(6861), 302-305. [doi: 10.1038/35104551]

Yarrow, K., & Ruthwell, J. C. (2003). Manual chronostasis: Tactile perception precedes physical contact. *Current Biology, 13*, 1134-1139. [doi: 10.1016/s0960-9822(03)00413-5]

Zakay, D. (1998). Attention allocation policy influences prospective timing. *Psychonomic Bulletin and Review, 5*(1), 114-118. [doi: 10.3758/BF03209465]

Zakay, D. (2014). Psychological time as information: The case of boredom. *Frontiers in Psychology, 5*, 917. [doi: 10.3389/fpsyg.2014.00917]

Zakay, D., & Block, R. A. (1994). An attentional gate model of prospective time estimation. *Time and the Dynamic Control of Behavior*, 167-178.

Zakay, D., & Block, R. A. (2004). Prospective and retrospective duration judgments: An executive-control perspective. *Acta Neurobiologiae Experimentalis, 64*(3), 319-328.

（3・3）

Acerbi, L., Wolpert, D. M., & Vijayakumar, S. (2012). Internal representations of temporal statistics and feedback calibrate motor-sensory interval timing. *PLoS Computational Biology, 8*(11), e1002771. [doi: 10.1371/journal.pcbi.1002771]

Allan, L. G. (1977). The time-order error in judgments of duration. *Canadian Journal of Psychology, 31*(1), 24-31.

Bausenhart, K. M., Bratzke, D., & Ulrich, R. (2016). Formation and representation of temporal reference information. *Current Opinion in Behavioral Sciences, 8*, 46-52. [doi: 10.1016/j.cobeha.2016.01.007]

Bausenhart, K. M., Dyjas, O., & Ulrich, R. (2014). Temporal reproductions are influenced by an internal reference: Explaining the Vierordt effect. *Acta Psychologica, 147*, 60-67. [doi: 10.1016/j.actpsy.2013.06.011]

Bruno, A., Ayhan, I., & Johnston, A. (2012). Effects of temporal features and order on the apparent duration of a visual stimulus. *Frontiers in Psychology, 3*, 90. [doi: 10.3389/fpsyg.2012.00090]

Burr, D., Banks, M. S., & Morrone, M. C. (2009). Auditory dominance over vision in the perception of interval duration.

Experimental Brain Research, 198(1), 49–57. [doi: 10.1007/s00221-009-1933-z]

Cicchini, G. M., Anobile, G., & Burr, D. C. (2014). Compressive mapping of number to space reflects dynamic encoding mechanisms, not static logarithmic transform. *Proceedings of the National Academy of Sciences of the USA, 111*(21), 7867–7872. [doi: 10.1073/pnas.1402785111]

Cicchini, G. M., Arrighi, R., Cecchetti, L., Giusti, M., & Burr, D. C. (2012). Optimal encoding of interval timing in expert percussionists. *Journal of Neuroscience, 32*(3), 1056–1060. [doi: 10.1523/JNEUROSCI.3411-11.2012]

Drake, C., & Botte, M. (1993). Tempo sensitivity in auditory sequences: Evidence for a multiple-look model. *Perception and Psychophysics, 54*(3), 277–286. [doi: 10.3758/bf03205262]

Droit-Volet, S., Wearden, J., & Delgado-Yonger, M. (2007). Short-term memory for time in children and adults: A behavioral study and a model. *Journal of Experimental Child Psychology, 97*(4), 246–264. [doi: 10.1016/j.jecp.2007.02.003]

Dyjas, O., Bausenhart, K. M., & Ulrich, R. (2012). Trial-by-trial updating of an internal reference in discrimination tasks: evidence from effects of stimulus order and trial sequence. *Attention, Perception, & Psychophysics, 74*(8), 1819–1841. [doi: 10.3758/s13414-012-0362-4]

Dyjas, O., & Ulrich, R. (2014). Effects of stimulus order on discrimination processes in comparative and equality judgements: Data and models. *Quarterly Journal of Experimental Psychology, 67*(6), 1121–1150. [doi: 10.1080/17470218.2013.847968]

Fischer, J., & Whitney, D. (2014). Serial dependence in visual perception. *Nature Neuroscience, 17*(5), 738–743. [doi: 10.1038/nn.3689]

Gardner, J. (2019). Optimality and heuristics in perceptual neuroscience. *Nature Neuroscience, 22*, 514–523. [doi: 10.1038/s41593-019-0340-4]

Grondin, S. (2010). Timing and time perception: A review of recent behavioral and neuroscience findings and theoretical directions. *Attention, Perception, & Psychophysics, 72*(3), 561–582. [doi: 10.3758/APP.72.3.561]

Gu, B.-M., & Meck, W. H. (2011). New perspectives on Vierordt's law: Memory-mixing in ordinal temporal comparison tasks. In A. Vatakis, A. Esposito, M. Giagkou, F. Cummins, & G. Papadelis (Eds.), *Multidisciplinary Aspects of Time and Time Perception* (Lecture Notes in Computer Science, Vol. 6789, pp. 67–78). Springer.

Hellström, Å. (1985). The time-order error and its relatives: Mirrors of cognitive processes in comparing. *Psychological Bulletin, 97*(1), 35–61. [doi: 10.1037/0033-2909.97.1.35]

Hellström, Å., & Rammsayer, T. H. (2004). Effects of time-order, interstimulus interval, and feedback in duration discrimination of noise bursts in the 50- and 1000-ms ranges. *Acta Psychologica, 116*(1), 1–20. [doi: 10.1016/j.actpsy.2003.11.003]

Hellström, Å., & Rammsayer, T. H. (2015). Time-order errors and standard-position effects in duration discrimination: An experimental study and an analysis by the sensation-weighting model. *Attention, Perception, & Psychophysics, 77*(7), 2409–2423. [doi: 10.3758/s13414-015-0946-x]

Hollingworth, H. L. (1910). The central tendency of judgment. *Journal of Philosophy, Psychology and Scientific Methods, 7*, 461–469. [doi: 10.2307/2012819]

Jamieson, D. G., & Petrusic, W. M. (1975a). The dependence of time-order error direction on stimulus range. *Canadian Journal of Psychology, 29*(3), 175–182. [doi: 10.1037/h0082023]

Jamieson, D. G., & Petrusic, W. M. (1975b). Pairing effects and time-order errors in duration discrimination. *Perception & Psychophysics, 18*(2), 107–113. [doi: 10.3758/BF03204096]

Jamieson, D. G., & Petrusic, W. M. (1975c). Presentation order effects in duration discrimination. *Perception & Psychophysics, 17*(2), 197–202. [doi: 10.3758/BF03203886]

Jamieson, D. G., & Petrusic, W. M. (1976). On a bias induced by the provision of feedback in psychophysical experiments. *Acta Psychologica, 40*, 199–206. [doi: 10.1016/0001-6918(76)90011-1]

Jamieson, D. G., & Petrusic, W. M. (1978). Feedback versus an illusion in time. *Perception, 7*(1), 91–96. [doi: 10.1068/p070091]

第 VIII 部 時間知覚

Jazayeri, M., & Shadlen, M. N. (2010). Temporal context calibrates interval timing. *Nature Neuroscience, 13*(8), 1020–1026. [doi:10.1038/nn.2590]

Jazayeri, M., & Shadlen, M. N. (2015). A neural mechanism for sensing and reproducing a time interval. *Current Biology, 25*(20), 2599–2609. [doi: 10.1016/j.cub.2015.08.038]

Jones, L. A., & Wearden, J. H. (2003). More is not necessarily better: Examining the nature of the temporal reference memory component in timing. *Quarterly Journal of Experimental Psychology Section B, 56*(4), 321–343. [doi: 10.1080/02724990244000287]

Karaminis, T., Cicchini, G. M., Neil, L., Cappagli, G., Aagten-Murphy, D., Burr, D., & Pellicano, E. (2016). Central tendency effects in time interval reproduction in autism. *Scientific Reports, 6*, 28570. [doi: 10.1038/srep28570]

Kiyonaga, A., Scimeca, J. M., Bliss, D. P., & Whitney, D. (2017). Serial dependence across perception, attention, and memory. *Trends in Cognitive Sciences, 21*(7), 493–497. [doi: 10.1016/j.tics.2017.04.011]

Lejeune, H., & Wearden, J. H. (2009). Vierordt's the experimental study of the time sense (1868) and its legacy. *European Journal of Cognitive Psychology, 21*(6), 941–960. [doi: 10.1080/09541440802453006]

Lewis, P. A., & Miall, R. C. (2003). Brain activation patterns during measurement of sub- and supra-second intervals. *Neuropsychologia, 41*(12), 1583–1592. [doi: 10.1016/s0028-3932(03)00118-0]

Ma, W. J., & Jazayeri, M. (2014). Neural coding of uncertainty and probability. *Annual Review of Neuroscience, 37*, 205–220. [doi:10.1146/annurev-neuro-071013-014017]

Malapani, C., Rakitin, B., Levy, R., Meck, W. H., Deweer, B., Dubois, B., & Gibbon, J. (1998). Coupled temporal memories in Parkinson's disease: A dopamine-related dysfunction. *Journal of Cognitive Neuroscience, 10*(3), 316–331. [doi: 10.1162/089892998562762]

Martin, B., Wiener, M., & van Wassenhove, V. (2017). A Bayesian perspective on accumulation in the magnitude system. *Scientific Reports, 7*(1), 630. [doi:10.1038/s41598-017-00680-0]

Miyazaki, M., Yamamoto, S., Uchida, S., & Kitazawa, S. (2006). Bayesian calibration of simultaneity in tactile temporal order judgment. *Nature Neuroscience, 9*, 875–877. [doi: 10.1038/nn1712]

Morillon, B., Kell, C. A., & Giraud, A. L. (2009). Three stages and four neural systems in time estimation. *Journal of Neuroscience, 29*(47), 14803–14811. [doi: 10.1523/jneurosci.3222-09.2009]

Murai, Y., & Yotsumoto, Y. (2016a). Context-dependent neural modulations in the perception of duration. *Frontiers in Integrative Neuroscience, 10*, 12. [doi: 10.3389/fnint.2016.00012]

Murai, Y., & Yotsumoto, Y. (2016b). Timescale- and sensory modality-dependency of the central tendency of time perception. *PLoS ONE, 11*(7), e0158921. [doi: 10.1371/journal.pone.0158921]

Murai, Y., & Yotsumoto, Y. (2018). Optimal multisensory integration leads to optimal time estimation. *Scientific Reports, 8*(1), 13068. [doi: 10.1038/s41598-018-31468-5]

Noulhiane, M., Pouthas, V., & Samson, S. (2009). Is time reproduction sensitive to sensory modalities? *European Journal of Cognitive Psychology, 21*(1), 18–34. [doi: 10.1080/09541440701825981]

Penney, T. B., Gibbon, J., & Meck, W. H. (2000). Differential effects of auditory and visual signals on clock speed and temporal memory. *Journal of Experimental Psychology: Human Perception and Performance, 26*(6), 1770–1787. [doi: 10.1037/0096-1523.26.6.1770]

Petzschner, F. H., & Glasauer, S. (2011). Iterative Bayesian estimation as an explanation for range and regression effects: A study on human path integration. *Journal of Neuroscience, 31*(47), 17220–17229. [doi: 10.1523/JNEUROSCI.2028-11.2011]

Petzschner, F. H., Glasauer, S., & Stephan, K. E. (2015). A Bayesian perspective on magnitude estimation. *Trends in Cognitive Sciences, 19*(5), 285–293. [doi: 10.1016/j.tics.2015.03.002]

Pouthas, V., George, N., Poline, J. B., Pfeuty, M., Vandemoorteele, P. F., Hugueville, L., ... Renault, B. (2005). Neural network involved in time perception: An fMRI study comparing long and short interval estimation. *Human Brain Mapping, 25*(4), 433–441. [doi: 10.1002/hbm.20126]

Rhodes, D. (2018). On the distinction between perceived duration and event timing: Towards a unified model of time

第 3 章　時間知覚の諸現象

perception. *Timing & Time Perception, 6*, 90–123.［doi: 10.1163/22134468-20181132］

Roach, N. W., McGraw, P. V., Whitaker, D. J., & Heron, J. (2017). Generalization of prior information for rapid Bayesian time estimation. *Proceedings of the National Academy of Sciences of the USA, 114*(2), 412–417.［doi: 10.1073/pnas.1610706114］

Roseboom, W. (2019). Serial dependence in timing perception. *Journal of Experimental Psychology: Human Perception and Performance, 45*(1), 100–110.［doi: 10.1037/xhp0000591］

Ryan, L. J. (2011). Temporal context affects duration reproduction. *Journal of Cognitive Psychology, 23*(1), 157–170.［doi: 10.1080/20445911.2011.477812］

Schulze, H. H. (1989). The perception of temporal deviations in isochronic patterns. *Perception & Psychophysics, 45*(4), 291–296.［doi: 10.3758/BF03204943］

Shi, Z. H., & Burr, D. (2016). Predictive coding of multisensory timing. *Current Opinion in Behavioral Sciences, 8*, 200–206.［doi: 10.1016/j.cobeha.2016.02.014］

Shi, Z. H., Church, R. M., & Meck, W. H. (2013). Bayesian optimization of time perception. *Trends in Cognitive Sciences, 17*(11), 556–564.［doi: 10.1016/j.tics.2013.09.009］

Stott, L. H. (1935). Time-order errors in the discrimination of short tonal durations. *Journal of Experimental Psychology, 18*(6), 741–766.［doi: 10.1037/h0057714］

Taubert, J., Alais, D., & Burr, D. (2016). Different coding strategies for the perception of stable and changeable facial attributes. *Scientific Reports, 6*, 32239.［doi: 10.1038/srep32239］

Terhune, D. B., Russo, S., Near, J., Stagg, C. J., & Cohen Kadosh, R. (2014). GABA predicts time perception. *Journal of Neuroscience, 34*(12), 4364–4370.［doi: 10.1523/JNEUROSCI.3972-13.2014］

Togoli, I., Fedele, M., & Fornaciai, M., & Bueti, D. (2021). Serial dependence in time and numerosity perception is dimension-specific. *Journal of Vision, 21*(5), 6.［doi: 10.1167/jov.21.5.6］

van Rijn, H. (2016). Accounting for memory mechanisms in interval timing: A review. *Current Opinion in Behavioral Sciences, 8*, 245–249.［doi: 10.1016/j.cobeha.2016.02.016］

Vierordt, K. (1868). *Der Zeitsinn nach Versuchen.* Laupp.

Walker, J. T., & Scott, K. J. (1981). Auditory-visual conflicts in the perceived duration of lights, tones, and gaps. *Journal of Experimental Psychology: Human Perception and Performance, 7*(6), 1327–1339.［doi: 10.1037/0096-1523.7.6.1327］

Walsh, V. (2003). A theory of magnitude: Common cortical metrics of time, space and quantity. *Trends in Cognitive Sciences, 7*(11), 483–488.［doi: 10.1016/j.tics.2003.09.002］

Wiener, M., Kliot, D., Turkeltaub, P. E., Hamilton, R. H., Wolk, D. A., & Coslett, H. B. (2012). Parietal influence on temporal encoding indexed by simultaneous transcranial magnetic stimulation and electroencephalography. *Journal of Neuroscience, 32*(35), 12258–12267.［doi: 10.1523/JNEUROSCI.2511-12.2012］

Wiener, M., Parikh, A., Krakow, A., & Coslett, H. B. (2018). An intrinsic role of beta oscillations in memory for time estimation. *Scientific Reports, 8*(1), 7992.［doi: 10.1038/s41598-018-26385-6］

Wiener, M., & Thompson, J. C. (2015). Repetition enhancement and memory effects for duration. *NeuroImage, 113*, 268–278.［doi: 10.1016/j.neuroimage.2015.03.054］

Wiener, M., Thompson, J. C., & Coslett, H. B. (2014). Continuous carryover of temporal context dissociates response bias from perceptual influence for duration. *PLoS ONE, 9*(6), e100803.［doi: 10.1371/journal.pone.0100803］

Wiener, M., Turkeltaub, P., & Coslett, H. B. (2010). The image of time: A voxel-wise meta-analysis. *NeuroImage, 49*(2), 1728–1740.［doi: 10.1016/j.neuroimage.2009.09.064］

Woodrow, H. (1935). The effect of practice upon time-order errors in the comparison of temporal intervals. *Psychological Review, 42*(2), 127–152.［doi: 10.1037/h0063696］

(3・4)

Alais, D., & Burr, D. (2003). The "flash-lag" effect occurs in audition and cross-modally. *Current Biology, 13*, 59–63.［doi: 10.1016/s0960-9822(02)01402-1］

1681

第 VIII 部　時間知覚

Alais, D., & Carlile, S. (2005). Synchronizing to real events: Subjective audiovisual alignment scales with perceived auditory depth and speed of sound. *Proceedings of the National Academy of Sciences of the USA, 102*(6), 2244–2247. [doi: 10.1073/pnas.0407034102]

Arnold, D. H., Johnston, A., & Nishida, S. (2005). Timing sight and sound. *Vision Research, 45*(10), 1275–1284. [doi: 10.1016/j.visres.2004.11.014]

Arrighi, R., Alais, D., & Burr, D. (2005). Perceived timing of first- and second-order changes in vision and hearing. *Experimental Brain Research, 166*(3–4), 445–454. [doi: 10.1007/s00221-005-2384-9]

Baldo, M. V., Ranvaud, R. D., & Morya, E. (2002). Flag errors in soccer games: The flash-lag effect brought to real life. *Perception, 31*, 1205–1210. [doi: 10.1068/p3422]

Dennett, D. C., & Kinsbourne, M. (1992). Time and the observer: The where and when of consciousness in the brain. *Behavioral and Brain Sciences, 15*(2), 183–201. [doi: 10.1017/S0140525X00068229]

Engel, G. R., & Dougherty, W. G. (1971). Visual-auditory distance constancy. *Nature, 234*, 308. [doi: 10.1038/234308a0]

Fujisaki, W., Koene, A., Arnold, D., Johnston, A., & Nishida, S. (2006). Visual search for a target changing in synchrony with an auditory signal. *Proceedings of the Royal Society B: Biological Sciences, 273*(1588), 865–874. [doi: 10.1098/rspb.2005.3327]

Fujisaki, W., & Nishida, S. (2005). Temporal frequency characteristics of synchrony–asynchrony discrimination of audio-visual signals. *Experimental Brain Research, 166*(3–4), 455–464. [doi: 10.1007/s00221-005-2385-8]

Fujisaki, W., & Nishida, S. (2007). Feature-based processing of audio-visual synchrony perception revealed by random pulse trains. *Vision Research, 47*(8), 1075–1093. [doi: 10.1016/j.visres.2007.01.021]

Fujisaki, W., & Nishida, S. (2008). Top-down feature-based selection of matching features for audio-visual synchrony discrimination. *Neuroscience Letters, 433*(3), 225–230. [doi: 10.1016/j.neulet.2008.01.031]

Fujisaki, W., & Nishida, S. (2009). Audio-tactile superiority over visuo-tactile and audio-visual combinations in the temporal resolution of synchrony perception. *Experimental Brain Research, 198*(2–3), 245–259. [doi: 10.1007/s00221-009-1870-x]

Fujisaki, W., & Nishida, S. (2010). A common perceptual temporal limit of binding synchronous inputs across different sensory attributes and modalities. *Proceedings of the Royal Society B: Biological Sciences, 277*(1692), 2281–2290. [doi: 10.1098/rspb.2010.0243]

Fujisaki, W., Shimojo, S., Kashino, M., & Nishida, S. (2004). Recalibration of audiovisual simultaneity. *Nature Neuroscience, 7*(7), 773–778. [doi: 10.1038/nn1268]

Johnston, A., & Nishida, S. (2001). Time perception: Brain time or event time? *Current Biology, 11*, R427–R430. [doi: 10.1016/S0960-9822(01)00252-4]

King, A. J. (2005). Multisensory integration: strategies for synchronization. *Current Biology, 15*(9), R339–R341. [doi: 10.1016/j.cub.2005.04.022]

Kopinska, A., & Harris, L. R. (2004). Simultaneity constancy. *Perception, 33*(9), 1049–1060. [doi: 10.1068/p5169]

Lewald, J., & Guski, R. (2004). Auditory-visual temporal integration as a function of distance: No compensation for sound-transmission time in human perception. *Neuroscience Letters, 357*(2), 119–122. [doi: 10.1016/j.neulet.2003.12.045]

Miyazaki, M., Yamamoto, S., Uchida, S., & Kitazawa, S. (2006). Bayesian calibration of simultaneity in tactile temporal order judgment. *Nature Neuroscience, 9*, 875–877. [doi: 10.1038/nn1712]

Moutoussis, K., & Zeki, S. (1997). A direct demonstration of perceptual asynchrony in vision. *Proceedings of the Royal Society B: Biological Sciences, 264*, 393–399. [doi: 10.1098/rspb.1997.0056]

Nijhawan, R. (1994). Motion extrapolation in catching. *Nature, 370*, 256–257. [doi: 10.1038/370256b0]

Nijhawan, R. (2002). Neural delays, visual motion and the flash-lag effect. *Trends in Cognitive Sciences, 6*, 387–393. [doi: 10.1016/s1364-6613(02)01963-0]

Nishida, S., & Johnston, A. (2002). Marker correspondence, not processing latency, determines temporal binding of visual attributes. *Current Biology, 12*, 359–368. [doi: 10.1016/S0960-9822(02)00698-X]

Sekuler, R., Sekuler, A. B., & Lau, R. (1997). Sound alters visual motion perception. *Nature, 385*, 308. [doi: 10.1038/385308a0]

Spence, C., Shore, D. I., & Klein, R. M. (2001). Multisensory prior entry. *Journal of Experimental Psychology: General*, *130*, 799–832. [doi: 10.1037/0096-3445.130.4.799]

Spence, C., & Squire, S. (2003). Multisensory integration: Maintaining the perception of synchrony. *Current Biology*, *13*(13), R519–R521. [doi: 10.1016/S0960-9822(03)00445-7]

Stone, J. V., Hunkin, N. M., Porrill, J., Wood, R., Keeler, V., Beanland, M., Port, M., & Porter, N. R. (2001). When is now? Perception of simultaneity. *Proceedings of the Royal Society B: Biological Sciences*, *268*(1462), 31–38. [doi: 10.1098/rspb.2000.1326]

Sugita, Y., & Suzuki, Y. (2003). Audiovisual perception: Implicit estimation of sound-arrival time. *Nature*, *421*, 911. [doi: 10.1038/421911a]

Tappe, T., Niepel, M., & Neumann, O. (1994). A dissociation between reaction time to sinusoidal gratings and temporal-order judgment. *Perception*, *23*(3), 335–347. [doi: 10.1068/p230335]

van Eijk, R. L., Kohlrausch, A., Juola, J. E., & van de Par, S. (2007). Causal relationships affect audio-visual asynchrony detection: Opposite trends for different stimuli. *Poster presented at the Eighth International Multisensory Research Forum*, Sydney, Australia

van de Par, S. L. J. D. E., Kohlrausch, A. G., & Juola, J. F. (2002). Some methodological aspects for measuring asynchrony detection in audio-visual stimuli. In A. Calvo Manzano, A. Perez Lopez, & J. S. Santiago (Eds.), *Proceedings of the Forum Acusticum*, Sevilla, Spain, 16–20 September 2002 (on CD-rom) Forum Acusticum.

Vatakis, A. J., Navarra., Soto-Faraco, S., & Spence, C. (2007). Temporal recalibration during asynchronous audiovisual speech perception. *Experimental Brain Research*, *181*(1), 173–181. [doi: 10.1007/s00221-007-0918-z]

Vroomen, J., Keetels, M., de Gelder, B., & Bertelson, P. (2004). Recalibration of temporal order perception by exposure to audio-visual asynchrony. *Cognitive Brain Research*, *22*(1), 32–35. [doi: 10.1016/j.cogbrainres.2004.07.003]

Whitney, D., & Murakami, I. (1998). Latency difference, not spatial extrapolation. *Nature Neuroscience*, *1*, 656–657. [doi: 10.1038/3659]

Yamamoto, S., Miyazaki, M., Iwano, T., & Kitazawa, S. (2012). Bayesian calibration of simultaneity in audiovisual temporal order judgments. *PLoS ONE*, *7*, e40379. [doi: 10.1371/journal.pone.0040379]

Zampini, M., Shore, D. I., & Spence, C. (2005). Audiovisual prior entry. *Neuroscience Letters*, *381*, 217–222. [doi: 10.1016/j.neulet.2005.01.085]

(3・5)

Knöll, J., Morrone, M. C., & Bremmer, F. (2013). Spatio-temporal topography of saccadic overestimation of time. *Vision Research*, *83*, 56–65. [doi: 10.1016/j.visres.2013.02.013]

Morrone, M. C., Ross, J., & Burr, D. (2005). Saccadic eye movements cause compression of time as well as space. *Nature Neuroscience*, *8*(7), 950–954. [doi: 10.1038/nn1488]

Terao, M., Watanabe, J., Yagi, A., & Nishida, S. (2008). Reduction of stimulus visibility compresses apparent time intervals. *Nature Neuroscience*, *11*(5), 541–542. [doi: 10.1038/nn.2111]

Yarrow, K., Haggard, P., Heal, R., Brown, P., & Rothwell, J. C. (2001). Illusory perceptions of space and time preserve cross-saccadic perceptual continuity. *Nature*, *414*, 302–305. [doi: 10.1038/35104551]

(3・6)

Fendrich, R., & Corballis, P. M. (2001). The temporal cross-capture of audition and vision. *Perception & Psychophysics*, *63*(4), 719–725. [doi: 10.3758/bf03194432]

Morein-Zamir, S., Soto-Faraco, S., & Kingstone, A. (2003). Auditory capture of vision: Examining temporal ventriloquism. *Cognitive Brain Research*, *17*(1), 154–163. [doi: 10.1016/s0926-6410(03)00089-2]

Recanzone, G. H. (2003). Auditory influences on visual temporal rate perception. *Journal of Neurophysiology*, *89*(2), 1078–1093. [doi: 10.1152/jn.00706.2002]

Repp, B. H., & Penel, A. (2002). Auditory dominance in temporal processing: New evidence from synchronization with

第 VIII 部　時間知覚

simultaneous visual and auditory sequences. *Journal of Experimental Psychology: Human Perception and Performance*, *28*(5), 1085–1099.

Shams, L., Kamitani, Y., & Shimojo, S. (2000). Illusions. What you see is what you hear. *Nature*, *408*(6814), 788. [doi: 10.1038/35048669]

Shipley, T. (1964). Auditory flutter-driving of visual flicker. *Science*, *145*, 1328–1330. [doi: 10.1126/science.145.3638.1328]

索引

人名索引	1686
和文事項索引	1716
欧文事項索引	1737

凡例

⑴　人名索引および欧文事項索引はアルファベット順に，和文事項索引は五十音順に配列した。
⑵　数字は当該の人名・時候の所在ページを示す。
⑶　ページ数に続く L, R は，相当ページのそれぞれ L は左欄，R は右欄を示す。
⑷　ページ数のうち L, R のないものは，2 段にまたがる図表または図表の説明文に掲載されている場合を示す。

◆人名の配列について
⑴　漢字表記による日本人名はヘボン式ローマ字綴りの順に並べた。
⑵　漢字の読みが不明の場合は通例に従った。
⑶　外国人名でミドルネームが入ったり略されたりしている場合もある。その際，同一人と認められる場合は見出しを合併した。同一人か否か不確かな場合は別の見出しとした。

人名索引

A

Aaen-Stockdale, C. 800L
Abbey, C. K. 656R
阿部 恒之 1483R
Abe, J. 1096R, 1099L
阿部 純一 1092R, 1096R, 1098R
Abelin, Å. 1170R, 1173L
網干 和敬 322R
Abraham, M. H. 1465LR
Abraham, W. C. 272L
Abraira, V. E. 1214L
Abramson, A. S. 1143L
Acerbi, L. 1667L
Ackroyd, C. 886L
Acunzo, D. J. 162R
Adab, H. Z. 271R
Adair, J. C. 173L
Adams, W. J. 740L
Addams, R. 766R
Addessi, E. 1590R
Adelson, E. 400L
Adelson, E. H. 216R, 217R, 774R,
    776L, 779L, 781R, 957R
Adler, E. 1523L
Adrian, E. D. 1246L
Afraz, A. 707L
Agarwal, A. 1390L
Agarwal, V. 431R
Aggius-Vella, E. 1055L
Aglioti, S. 269R, 1320R
Ahissar, M. 272R
Ahlström, V. 800L
Ahn, A. 1517R
Ahn, W.-Y. 221L
Ahnelt, P. 452R
Ahumada, A. J., Jr. 656R
愛場 庸雅 1601L
相田 紗織 710R, 743L
Akabas, M. H. 1522R
Akao, T. 841L
Akeroyd, M. A. 1055L
Akerstrom, R. A. 217L
Akiyama, T. 1250R
Akizuki, H. 944L
Aks, D. J. 139L
Aksay, E. 832R
阿久津 洋巳 966R
Alais, D. 235R, 643L, 1669L, 1669R
Alam, M. M. 616L

Alaoui-Ismaïli, O. 1480R, 1510L
Albert, M. L. 1022R
Albrecht, D. G. 603R
Albright, T. D. 774L
Albus, J. S. 838L
Alexander, G. E. 173R
Alexander, I. 1664R
Algom, D. 1033L
Alimardani, M. 1365L
Allan, L. G. 1637R, 1666R
Allard, R. 328R
Alles, D. S. 1293R
Alley, T. R. 1590L
Allison, R. S. 744L
Allman, J. M. 782R
Allman, M. J. 1657R
Allopenna, P. D. 1181R
Allred, S. R. 400R
Aloimonos, Y. 794L
Alpern, M. 517R, 520L, 520R
Alrutz, S. 1264R
Alsius, A. 1151L
Altieri, N. 1152L
Altimus, C. M. 371L
Altman, C. F. 1056L
Altman, J. 1538L, 1539L
Altschuler, E. L. 1342R
Altvater-Mackensen, N. 1176R
Alvarez, G. A. 128R, 265R, 278R,
    279L
Amano, K. 114L, 782R
天野 成昭 1179L
American Speech-Hearing-Language
    Association 1018L
Amazeen, E. L. 1327L, 1327R, 1328L
Ambady, N. 1171L
Amedi, A. 1222L
Amemiya, T. 1295L, 1295R, 1348R,
    1349R
雨宮 智浩 1349R
Ames, A. 702L, 702R, 709L
Ames, A. Jr. 736R
Amunts, K. 1005R
Andersen, G. J. 725L, 786R, 787L,
    789L
Anderson, B. L. 215R, 653L
Anderson, N. 1327L
Anderson, N. H. 1625L
Anderson, P. 743R
Anderson, P. A. 714R
Anderson, P. W. 1054R, 1055L

Anderson, S. J. 601L
Ando, R. 948R, 949R
Andres, K. H. 1283R
Andrew, D. 1245R
Angelopoulou, E. 430L
Anikin, A. 1169R
ANSI 1039R
Anstis, S. 767R, 776L, 1339L, 1343R
Anstis, S. M. 444L
Antal, A. 111L
Anwyl-Irvine, A. L. 332R
Anzai, A. 644R, 958L
青柳 康夫 1610R
青山 謙二郎 1589R
Aoyama, T. 571R
Apkarian, A. V. 1248R
Apkarian, V. A. 1252L
Appelle, S. 1329L
Apthorp, D. 785R
Arai, T. 401R
Aranyanak, I. 1382L
Arao, M. 1502R
荒尾 真理 1503L
Arcizet, F. 678L
Ardran, G. M. 1614R
Arend, L. 428L
Areni, C. S. 1060R
Ares, G. 1566L
Aretz, A. J. 954L
Ariely, D. 265R
Arimoto, Y. 1163L
Aristoteles 1265L, 1272L
有田 寛之 1391R
Arita, J. T. 158L, 158R
Armel, K. C. 237R, 1340R
Armstrong, K. M. 167R
Arnal, L. H. 244L
Arnett, D. W. 354R
Arnheim, R. 212L
Arnold, D. B. 832R
Arnold, D. H. 256L, 1649L, 1670L
Arnold, G. 1371R
Arnold, L. E. 114L
Arnold, W. 389R
Arns, M. 114L
Arnsten, A. F. 171L
Aron, A. R. 166R
Arrighi, R. 1669L
Arsenault, A. S. 679L
Arshamian, A. 1488L, 1511R
Arstila, V. 1663L

人名索引

旭 雄士　　1350R
Asai, T.　　1365R
浅井 智子　　899L, 900L
浅川 賢　　340R
浅野 到　　1393R
Asano, M.　　225L
浅野 倫子　　222L
Asenjo, A. B.　　517R
Ash, A.　　789R
Ashar, Y. K.　　1250L
Ashida, H.　　366R, 767R, 777L, 779R, 780R, 782L, 785L
Ashihara, K.　　1038L
蘆原 郁　　1038R
Ashkenazi, A.　　1624R
Ashmead, D. H.　　1054R, 1055LR, 1056L
Aso-Someya, N.　　1590R
Aspell, J. E.　　1369R
Aston-Jones, G.　　170R
Atkinson, J.　　871R, 874R
Atkinson, R. C.　　145R, 149L, 198L
Attneave, F.　　13L
Auer, T. E. Jr.　　1149L
Auerbach, S. H.　　1014L
Auksztulewicz, R.　　1218R
Aulhorn, E.　　562R
Auvray, M.　　1347R
粟屋 忍　　882L
Awh, E.　　128R, 145L, 204L, 278R
綾部 早穂　　1464R, 1475L, 1482L, 1483R, 1484R, 1485R, 1486L, 1509R
Ayabe-Kanamura, S.　　1482L, 1484R, 1485R, 1486LR
綾屋 紗月　　899L
Aymerich-Franch, L.　　1339R, 1350R
Aytekin, M.　　851L

B

Baars, B. J.　　20R
Baas, J. M.　　147L
Bååth, R.　　1100R
Babcock, H. W.　　342R
Babilon, S.　　432R
Bach-y-Rita, P.　　1316L, 1346R, 347R
Backus, B. T.　　711LR
Bacon, F.　　1063R
Bacon, W. F.　　139R, 156L
Badcock, D. R.　　595L
Baddeley, A.　　198LR, 199LR, 200LR
Baden, T.　　351R
Bader, D. L.　　1207L
Baeyens, F.　　1489R
Bagherzadeh, Y.　　162L
Bailey, A.　　892R
Baillet, S.　　91R
Bair, W.　　852R

Baird, B.　　159R
Baird, J. C.　　1027L
Baker, C. L. Jr.　　773L
Baker, R.　　833L
Balconi, M.　　1168L
Balderston, N. L.　　87R
Baldo, M. V.　　1669L
Baldwin, A. S.　　600R, 611R, 612R
Baldwin, J. M.　　734R
Baldwin, M.　　1260R
Bales, J. F.　　651L
Baleine, B. W.　　1587L
Ban, H.　　328R, 641R, 711R, 730L
Banakou, D.　　238L
Banica, T.　　639L
Banks, M. S.　　596R, 689R, 699L, 710R, 711L, 871R, 873L
Bannert, M. M.　　433R, 464L
Banno, T.　　462R
Banton, T.　　898L
Bao, H.　　1539L
Bar, M.　　264R
Bárány, R.　　1428R
Barash, S.　　835L
Barbeito, R.　　698R
Barbur, J. L.　　427L
Bardy, B. G.　　791R
Bargary, G.　　224L
Barker, A. T.　　108L
Barkhuysen, P.　　1170L
Barlow, H. B.　　348R, 353L, 386L, 767L, 782L
Barlow, R. B., Jr.　　371R
Barnard, K.　　430R
Barnes, B.　　1420R
Barnes, G. R.　　254R
Barnes, J.　　464R
Baron, J.　　1649L
Baron, R. A.　　1510R
Baron-Cohen, S.　　896L
Bartels, A.　　461R, 463L
Bartlett, F. C.　　12L
Bartley, S. H.　　1294L, 1300L
Barton, F. B.　　546R
Bartoshuk, L. M.　　1555L, 1557R
Baruni, J. K.　　166R
Barutchu, A.　　242R
Bassili, J. N.　　803R
Bastian, H. C.　　1265L
Battaglia, P. W.　　334R
Baumann, O.　　1165R
Baumann, S.　　998L
Bausenhart, K. M.　　1665R, 1666R, 1667L

Bay, H.　　333R
Bayes, T.　　739L
Baylis, G. C.　　682L
Baylor, D. A.　　348R, 574L
Bays, P. M.　　278R
Bean, C.　　1316LR, 1317LR, 1318R, 1319L, 1320L
Beard, B. L.　　614R
Beatty, J.　　113R
Beauchamp, M. S.　　463L
Beck, J.　　212R, 216R, 653L, 678L
Beck, V. M.　　148L, 158L
Becker, J.　　1271L, 1306R
Beerends, J. G.　　1068L
Behar, I.　　1639R
Beidler, L. M.　　1535R
Belfort-DeAguiar, R.　　1587R
Bell, C.　　1265L, 1265R
Bell, J.　　644R
Bellet, J.　　169L
Ben-Aharon, B.　　1033L
Bende, M.　　1485L
Bender, D.　　1042R
Benedetti, F.　　1338R
Benevento, L. A.　　357R, 358R, 359L
Bengisu, M.　　1379R
Bengtsson, I.　　1106R
Bennett, C. M.　　100R
Bennett, D. J.　　261R
Bennett, P. J.　　125R
Benoni, H.　　150L
Bensafi, M.　　1475R, 1480L, 1486R, 1488R, 1510L
Benson, A. J.　　1443L
Bently, M.　　1264R
Benussi, V.　　1290L, 1316L
Berbaum, K.　　728R
Bergen, J. R.　　678L
Berglund, B.　　1035R, 1467R
Berglund, U.　　1470L, 1470R
Bergmann Tiest, W. M.　　1240L, 1327L
Berkeley, G.　　4LR, 700R, 880L, 1273R
Berlin, B.　　444R, 445L
Berlyne, D. E.　　211R, 218R, 219L
Bernbaum, M.　　1379L
Berridge, K. C.　　1588R
Berry, M, J, II.　　784R
Berson, D. M.　　371R
Bertamini, M.　　646L
Bertelsen, A. S.　　1625L
Bertelson, P.　　1382R
Bertenthal, B. I.　　799R, 806L
Berthoz, A.　　1413L, 1441L
Bertin-Mahieux, T.　　1089R
Bertoncini, J.　　1174R
Bertone, T.　　898L
Best, C. T.　　1146R, 1148L, 1174R

Bestelmeyer, P. E.　1140R
Bettencourt, K. C.　151L, 281R
Beutter, B. R.　779R
Bex, P. J.　607R
Bharucha, J. J.　1086R
Biamonte, N.　1091R
Bian, Z.　727R
Bice, R. C.　1291L
Bichot, N. P.　164R
Bickford, M. E.　357R
Bieber, M. L.　417R
Biederman, I.　259L, 260LR, 261R, 264L, 434R
Bikson, M.　111L, 112R
Biocca, F.　1325L, 1325R, 1345R
Biocca, F. A.　945R, 946L
Birbaumer, N.　92R, 112R, 114L
Birch, E. E.　873R
Birch, L. L.　1588L, 1589R
Birkhoff, G. D.　211R, 218R
Bisiach, E.　173L
Bisley, J. W.　165R
Blackwell, H. R.　520L
Blake, D. T.　1282R
Blake, R.　713R
Blakemore, C.　593LR, 594R, 609R, 648L, 651L
Blakemore, S. J.　1362R, 1363R
Blakeslee, B.　403L
Blanke, O.　1341L, 1362R, 1368R, 1369L
Blanz, V.　259L
Blauert, J.　1056R, 1058L, 1059L
Bles, W.　792L
Bliss, J. C.　1346R
Blix, M.　1262R
Bloch, M. A.-M.　387R
Block, N.　18R
Block, R. A.　1662L
Blood, A. Z.　212R
Blough, D. C.　9R
Boakes, R. A.　1501L
Boatman, D.　1135R
Bodmann, H. W.　401R, 962R
Bodrogi, P.　432R
Boehnke, S. E.　059L
Boer, E. R.　797L
Boersma, P.　1141R
Boettger, M. K.　1326R
Boff, K. R.　1429R
Bohn, O.-S.　1144R, 1145L
Bohr, I.　743R, 744R
Boi, M.　770L
Bolanowski, S. J.　1294L, 1300L, 1300R
Bolanowski, S. J. Jr.　1284L
Bölte, S.　894R, 895R
Bolton, T.　1100R, 1106L

Boman, D. K.　54R
Bonada, J.　1137L
Bonaiuto, J. J.　93R
Bonato, F.　942R
Bonds, A. B.　605R
Bonneh, Y.　714L
Bookheimer, S. Y.　1173R
Boot, W. R.　156L
Borden, G. J.　1142R
Borg, I.　54R, 55L, 56LR, 57LR, 58LR, 61L
Boring, E. G.　3R, 4LR, 733R, 1262R, 1265R, 1266LR, 1300L
Borji, A.　154R
Bornstein, R. F.　1483L
Borod, J. C.　1173R
Borra, E.　271L
Borrego, A.　943L
Bortfeld, H.　1176R
Bosley, H.　223L
Bossard, M.　943R
Bosten, J. M.　710R, 743R
Boto, E.　89L
Botvinick, M.　237R, 897R, 947R, 1340L, 1367L
Boughter, J. D. Jr.　1537L
Boulos, Z.　1589L
Bourdon, B.　720L
Bourne, R. R.　1379R
Bouvier, S. E.　463R, 550L, 917R
Bovey, F. A.　102L
Boycott, B. B.　347R, 351R
Boyd, A. M.　1458R
Boyle, M.　1022R
Boynton, R. M.　99R, 100L, 445L, 604R, 626R
Bozzi, P.　653L
Braddick, O.　766R, 769L
Braddick, O. J.　624L, 766L, 769L, 873R
Bradley, A.　421R
Bradley, M.　1403R
Bradlow, A. R.　1145L
Bradshaw, M. F.　723R, 724L, 742LR
Brady, T. F.　276R
Brainard, D. H.　328R, 426L, 431R, 451R
Braithwaite　141R
Bramão, I.　260L, 435L
Brand, G.　1475R
Brandimonte, M.　200R, 201L
Brandt, T.　787LR, 789L, 792L
Brauchli, P.　1480R
Braunstein, M. L.　725L, 725R
Braver, T. S.　204L
Bravo, M. J.　139R
Bray, S.　114L
Breen, N.　661L

Bregman, A.　1056R
Bregman, A. L.　637R
Bregman, A. S.　1042R, 1043L, 1044LR, 1045R, 1105L
Brennan, A. A.　1344L
Brenner, E.　1320R, 1321L
Brent, M. R.　1176L
Breslin, P. A. S.　1570R
Bressler, S. L.　206R
Brewer, A. A.　461L, 463L
Brewster, D.　729L
Brewster, D. S.　717L
Bridge, H.　358R, 742L
Bridgeman, B.　1372R
Briggs, F.　355R
Brisben, A. J.　1284L
Broadbent, D. E.　13R, 17R, 149L, 154L, 1043R
Broca, A.　389R, 400R
Brock, J.　244R
Brödel, M.　1411L
Brodmann, K.　997R
Broggi, G.　1255R
Bromley, J.　899R
Bronkhorst, A. W.　1054R, 1056L
Brookes, M. J.　91R
Brooks, K. R.　781R
Brosch, M.　1053R
Brosnan, M. J.　894L
Brouwer, G. J.　461R, 463R
Brown, B.　888L
Brown, C.　895R, 1390L
Brown, G. J.　997L, 997R
Brown, S. W.　1660L
Brown, T. M.　372L, 392L, 399L, 457L
Bruce, V.　660R, 664L, 775R
Bruckert, L.　1140R
Brugger, P.　1369L
Bruner, J. S.　12L
Brungart, D. S.　1054R, 1056LR
Bruno, A.　1660L, 1666R
Bruno, N.　1320R
Brunswik, E.　12R
Bubka, A.　789R
Bucci, M. P.　174R
Buchholtz, J.　896R
Buchsbaum, G.　429R
Buck, L.　1454R, 1461R, 1481L
Buckingham, G.　897R, 1327R, 1328R
Buckner, R. L.　205R
Buell, T. N.　1056R
Bueno, J. W. F.　1285R
Bufe, B.　1599LR
Buhusi, C. V.　1657R, 1663L
Bullier, J.　357R
Bülthoff, H. H.　680LR
Bundesen, C.　138R, 145R
Bunge, S. A.　204L

人名索引

Buonomano, D.　1636L
Buracas, G. T.　97R
Burden, R. L.　80L
Bures, J.　1587R
Burge, J.　690L
Burger, B.　1116L
Burgoyne, J. A.　1090R
Burin, D.　237R
Burke, D.　261R
Bürklen, K.　1382L, 1382R
Burland, K.　1113R
Burnett, C. T.　1272R
Burnham, D.　1153L
Burr, D.　620R, 786L, 1665R
Burr, D. C.　619R, 620LR, 785R
Burt, P.　709R
Burton, M. J.　1587L
Burtt, H. E.　1290L
Busch, A.　650L
Busch, N. A.　162L
Busettini, C.　847R, 849L
Bush, G.　1247L
Bushnell, B. N.　462L
Butler, R. A.　1055R
Butterworth, G.　791R
Büttner, U.　358L, 832L
Büttner-Ennever, J. A.　833L
Buzsáki, G.　162L, 1641R
Bybee, J.　1147L

C

Caclin, A.　1048L
Caeyenberghs, K.　241L
Cagenello, R.　742L
Cain, W. S.　1236L, 1465L, 1470LR, 1475L, 1483R, 1486L
Cairncross, S. E.　1613L
Cajochen, C.　371R
Calkins, D. J.　453L, 456L, 457R
Calvert, G. A.　1152L
Cameron, E. L.　767L
Camgöz, N.　439LR, 440R
Campbell, C.　1149R
Campbell, F. W.　593L, 597L, 598L, 601R, 714R, 781R, 782L
Cann, A.　1487L
Cannon, S. C.　832R
Canolty, R. T.　90R
Canzoneri, E.　240L
Cao, D.　619L
曹 蓮　1171R
Capgras, J.　661L
Carandini, M.　605R
Carbon, C.-C.　1402L
Carey, D. P.　1321L
Carlson, T. A.　130L
Carmichael　223L

Carneiro, B. T. S.　1589LR
Carney, L. H.　996R
Caron, R. F.　871L
Carpenter, M. B.　833L
Carrai, M.　1600R
Carrasco, M.　128L, 150R, 648L, 1477R
Carroll, J.　345R, 520L
Carroll, J. D.　54R, 55L, 58R, 59L
Casagrande, M.　1590R
Casasanto, D.　211R
Cascio, C. J.　244R, 897R
Casile, A.　800R, 854R
Casla, M.　1317LR, 1318R
Cass, J.　624R, 625R
Cassanello, C. R.　780R
Castelhano, M. S.　436R, 437R, 438L
Castellano, M. A.　1097L
Castelli, F.　892R
Castiello, U.　128R, 1503R
Castro, F.　1350R
Cataldo, A.　1326L
Catherwood, D.　1399R
Cauquil, A. S.　738R
Cavanagh, P.　129LR, 131R, 151L, 417R, 648LR, 766R, 767R, 769L, 770L, 778LR
Cavanaugh, T. W.　1390L
Cavazzana, A.　1489L
Cave, K. R.　125R
Cavina-Pratesi, C.　463L
Caylak, E.　173R
Caziot, B.　711L
Cela-Conde, C. J.　212L
Celani, G.　1389L, 1390L
Censor, N.　276R
Cestnick, L.　896L
Chadwick, A. C.　215R
Chalmers, D. J.　18R
Chambers, D.　200R
Chan, B. L.　239L
Chan, D. W.　1171R
Chandrashekar, J.　1523L, 1525L
Chang, D. H.　800R
Chang, J. J.　766R
Chang, L. H.　272R
Chang, W.　1279R
Changizi, M. A.　432L, 439L, 440L
Chao, L. L.　463R
Chapanis, A.　532R
Chapman, B.　361L
Charpentier, A.　1267L, 1273L, 1327L
Chastrette M.　1477L
Chatt, A. B.　1237L
Chatterjee, S.　459L
Chaudhari, N.　1520R, 1524L
Chaya, C.　1560L
Chaya, K.　222L

Cheatham, P. G.　1100L, 1101L
Chein, J. M.　205L
Chen, A.　1084R
Chen, A. I.　833R
Chen, C. C.　608R
Chen, C. Y.　169L
Chen, D.　1392L
Chen, F.　1239L
Chen, J. Y.　1537LR
Chen, L.　648L
Chen, N.　271R
Chen, S.　637R
Chen, X.　1402L
Chen, Y.　125R, 614L
Cheng, D. L.　920R
Cheng, K.　366L
Cheng, M. F.　1317R
Cheong, S. K.　357R
Cheour, M.　1175L
Cherici, C.　851L
Cherry, E. C.　13R, 149L, 1043R, 1056R
Cheselden, W.　879L, 880L, 1273R
Cheung, O. S.　260L
Chevillet, M. A.　1140R
Cheyne, J. A.　159L
Chiba, A.　1643R
Chinen, M.　1068L
Chintanpalli, A.　997L, 997R
Cho, N. C.　546R
Choi, G. B.　1460L
Choi, J. H.　1600R
Chollet, S.　1485L
Chomsky, N.　1007L
Chong, S. C.　265R
Chou, W.　496L
Chouard, C. H.　1084L
Chouinard, P. A.　895R, 896L, 1222R, 1328L
Chrea, C.　1477R
Christie, P. S.　734R
Chu, S.　1487LR, 1489R
Chubb, C.　776LR
Chuman, H.　340L
Chun, M.　143L, 143R
Chun, M. M.　130R, 136R
Cicchini, G. M.　1665LR, 1666L, 1667L
Cichy, R. M.　92R, 93L
Claeys, K. G.　463R
Clark, A.　1368L
Clark, A. A.　1600R
Clark, C. C.　1501R, 1625L
Clark, F. J.　1267L
Clark, J. J.　740R
Clark, W. C.　726R
Clayton, M. S.　162R
Cleary, L.　896L
Clemes, S. A.　943L

1689

Clercq, T. D.   1091L
Coan, J. A.   1225R
Cobbey, L. W.   1265L
Coblentz, W. W.   486R
Cobo, R.   1283L
Coghill, R. C.   1247L
Cohen, A. J.   1059R, 1097L
Cohen, B.   844R, 845LR
Cohen, J. D.   153R
Cohen, J. Y.   164R
Cohen, L.   918L
Cohen, L. G.   1224L, 1380L
Colclough, G. L.   90R
Cole, G. G.   211R, 212L, 221R, 265R
Cole, R. A.   1185R
Coleman, P. D.   1054R, 1055LR, 1056L
Colenbrander, A.   890R
Collewijn, H.   360L, 851L
Collins, C. C.   1302L, 1346R
Combe, E.   705R
Cometto-Muñiz, J. E.   1465LR, 1466L
Conn, P. J.   1524L
Connor, C. E.   676L, 682L, 1399L
Considine, R. V.   1576L
Constantini, M.   237R
Conti, M. Z.   1476R
Contreras, R. J.   1536L
Conway, B. R.   457L, 459R, 461LR, 462LR
Cook, N. D.   738L
Cook, P.   1115R
Coombs, C. H.   61L
Cooper, G. W.   1106L, 1106R
Cooper, N. P.   1028L
Coppin, G.   1484R
Corbetta, M.   152L, 153L, 158R, 160R, 167L, 172R, 204R, 463R
Corcoran, D. W. J.   1372L
Coren, S.   640L, 649R, 650R, 733R, 734R
Cormack, R. H.   721R, 1322L
Corn, A.   889L
Cornell, C. E.   1588L
Corniani, G.   1214L
Cornilleau-Pérès, V.   723R, 724R
Cornsweet, T.   385R, 386L, 389L, 403R
Cornsweet, T. N.   851L, 852R
Corrigall, K. A.   1097L, 1113L
Corrow, S. L.   737L
Corson, S. L.   1538L
Costen, N. P.   664L
Cottaris, N. P.   597L, 598L
Coull, J. T.   147L, 204R
Courchesne, E.   892R, 899L
Cowan, N.   199R, 201R, 277R, 278L, 1365R

Cowey, A.   462R
Cowley, A. W.   1580R
Craft, E.   676L
Craig, A. D.   1220L, 1222R, 1231R, 1237R, 1248L, 1326L
Craig, F. E.   1318L
Craig, J. C.   1302L
Craik, K. J. W.   403R
Craske, B.   1342R
Cravo, A. M.   162R
Creelman, C. D.   1639R
Creem-Regehr, S. H.   708L
Creutzfeldt, O. D.   111L
Crist, R. E.   272R
Croijmans, I.   1485L
Crone, R. A.   536LR
Crook, J. D.   453L, 456LR
Cropper, S. J.   416L, 778R
Cross, K. V.   1327L
Crowell, J. A.   793L, 794R, 795L
Croy, I.   1503R, 1510L
Cruz, A.   1533L
Cryer, H.   1379R
Crystal, D.   1159L, 1163L
Csibra, G.   1178R
Csikszentmihalyi, M.   1116L
Culham, J. C.   129L, 205L, 778L
Cullen, K. E.   848R
Culling, J.   1059L
Culling, J. F.   1043R, 1045R
Cumming, B. G.   679R, 716L
Curcio, C. A.   423R, 452R, 544L, 597R
Curi, R.   1589R
Cursio, C. A.   384R
Curtis, V.   220R
Cusick, C. G.   1219L
Cutler, A.   1143R
Cutting, J. E.   211R, 799R
Cutzu, F.   125R
Cytowic, R. E.   15R, 222R, 223LR
Czuba, T. B.   366R

D

D'Ausilio, A.   1147R
D'Esposito, M.   203R
D'Zmura, M.   429R, 653L
da Cruz, L.   920R
Dacey, D.   349L, 352R, 357L
Dacey, D. M.   372L, 453L, 454R, 456L, 457L
Dade, L. A.   1486R
Dahl, S.   1117L
Dakhel, A. M.   335R
Dakin, S. C.   773R
Dale, A. M.   91L
Dallenbach, K. M.   1263L
Dallman, M. F.   1590L

Dalton, P.   1469L, 1470LR, 1484R
Damasio, A. R.   19R, 172L
Daneman, M.   201R, 202L
Danilova, M. V.   461L
Dao, D. Y.   614L
Dapretto, M.   892R
Darian-Smith, I.   1230R, 1237L
Dario, P.   1350R
Dartnall, H. J. A.   505L
Darwin, C.   1168L, 1609R
Darwin, C. J.   1043L, 1044L, 1045R
Dasser, V.   803R
Datta, R.   126R
Dau, T.   995L
Davenport, J. L.   259L
Davidson, J. W.   1117L
Davidson, M. C.   169R
Davidson, P. W.   1320L
Davidson, S.   1250R
Davies, D. R.   153R
Davies, S. N.   1231R
Davis, B.   1642L
Davis, C.   896L
Davis, C. M.   1327L
Davis, E. T.   158L
Davis, G. A.   1019R
Davis, J. R.   1441L
Davis, K. D.   1231R, 1248R
Daw, N. W.   461L, 520L
Dawson, G.   893L, 899L
Dawson, M. R.   1096R
Day, R. H.   734R, 1317R, 1318L, 1319L
Day, S.   223R
De Araujo, I. E.   1501R, 1540L, 1544L, 1587L
de Boer, E.   1029L, 1029R
de Boer-Schellekens, L.   243L, 244R
de Castro, J. M.   1590R
De Gardelle, V.   265R
de Gelder, B.   244R, 1171L
de Graaf, B.   841R
de Gracia, P.   598R
de Lange Dzn, H.   874L
de Lange, F. P.   241L
de Leeuw, J. R.   335L
De Ridder, D.   1369L
de Valk, J. M.   1502L
De Valois, R. L.   457R, 593R, 595R, 605L
De Vries, H. L.   536R
de Wijk, R. A.   1475L
DeAngelis, G. C.   421L, 609R, 658R, 850R
Deas, L. M.   643L
Deatherage, B. H.   1054L
Decarie-Spain, L.   1580L
DeCasper, A. J.   1167L

deCharms, R. C.　114L, 1247R
Deeb, S. S.　518R, 534R
Degenaar, M.　877R, 880L
Dehaene, S.　20R
Dehaene-Lambertz, G.　1175L
Dehlholm, C.　1566L
Delalleau, A.　1206R, 1207L
Delattre, P.　1142L
Delbouf, M. J.　734R
Dell, G. S.　1021L
Delorme, A.　436R, 714R, 791R
DeLoss, D. J.　243L
Delplanque, S.　1483R
Delvin, J. T.　1147L, 1147R
Demattè, M. L.　1502R, 1503R
Demer, J. L.　830L, 831LR, 832L
Denes, P. B.　1134R
Deng, J.　959L
Deng, Y.-Q.　159R
Denison, R. N.　855L
Dennett, D. C.　18L, 20L, 1668L
電子情報通信学会　1158L
Deregowski, J.　1317R, 1318L
Deroy, O.　1502L, 1502R, 1628R
Derrington, A.　779L
Derrington, A. M.　457R, 509L, 776R
Desain, P.　1101R
Descartes, R.　700R
Desimone, R.　153L, 161L, 662L
Desjardins, R. N.　1153L
Desor, J. A.　1475L
Dessoir, M.　1260L, 1261R, 1267R
Deutsch, J. A.　17R, 149L
DeValois, R. L.　783R
Devinsky, O.　1369L
Devries, S. H.　353L
Dewey, J.　1273R
DeYoe, E. A.　98L
Di Dio, C.　219L
Di Lorenzo, P. M.　1537L, 1537R, 1539L
di Pellegrino, G.　239R
Di Russo, F.　838R
Diamant, H.　1559L
Diamond, A.　154R
Diaz-Muñoz, M.　1589R
DiCarlo, J. J.　258L
Dichgans, J.　786R, 787R, 788LR, 789L, 791L, 794R, 842LR, 1441L
Dick, A. S.　1006R
Dicke, U.　996R
Diehl, R. L.　1145R, 1146L
Dielenberg, R. A.　1480R
Diener, H. C.　782L
DiFranco, D. E.　1325L
Ding, J.　698L, 744R
Dingle, R. N.　1059L
Disbrow, E.　1219L

Disney, A. A.　169R
Distel, H.　1468R, 1469R, 1483L
Ditchburn, R. W.　851L, 854R
Dittrich, W. H.　799R, 803R, 804L
Dixon, E. T.　701L
Dixon, M. J.　224L
Dixon, P.　159L
Djordjevic, J.　1486R, 1500L, 1501LR, 1624R
Dobbins, A.　362R
Dobelle, W. H.　925R
Dobkins, K. R.　874R
Doerschner, K.　215L
Doesburg, S. M.　162L
Doetsch, G. S.　1537L
Doherty, J. R.　164L
Doizaki, R.　1402L
Dolezal, H.　708L
Dolezalova, V.　1273R
Domini, F.　697LR, 698L
Donaldson, H. H.　1262R
Donders, F. C. E.　831L
Dong, X.　1245R
Donges, E.　797R
Donk, M.　142L
Donnelly, N.　732L
Donner, K.　617L, 618R
Donofrio, R. L.　398R
Dooley, K.　1082R
Dorman, M. F.　1045R
Dosher, B. A.　276L, 725L
Dosovitskiy, A.　959R
Dostmohamed, H.　1324L
Dostrovsky, J. O.　1231R
Dotsch, R.　657R
Dotson, C. D.　1600LR
Doty, R. L.　1285R, 1468R, 1476L, 1483L, 1486L
Dougherty, D. D.　174L
Dougherty, K.　357R
Douglas, C. A.　401R
Douglas, G.　1379R
Dovey, T. M.　1589R
Dowling, J. E.　347L
Dowling, W. J.　1045R
Downing, C. J.　124R, 127R
Downing, J. E.　1387L
Downing, P. E.　1223L
Drake, C.　1095L, 1666R
Drasdo, N.　576R
Dravnieks, A.　1464R, 1465R
Drazen, D. L.　1589R
Dreher, B.　356R
Driedger, J.　1065R
Driver, J.　123R, 244L
Droit-Volet, S.　1660R, 1663LR, 1666R
Dror, R. O.　215L
Druschel, B. A.　221L

Drzezga, A.　1246R, 1248R
Dubois, T.　1087R
Dubois-Poulsen, A.　561L
DuBose, C. N.　1502R
Duclaux, R.　1231L
Dudley, H.　1137L
Duffy, C. J.　795R
Duhamel, J. R.　368R
Duke, P. J.　1437R
Dummer, T.　947R
Dumoulin, S. O.　98L
Duncan, J.　139L, 152R, 156R, 160R
Duncker, K.　780R, 841R
Durgin, F. H.　689R, 708L, 1343L
Durlach, N. I.　1053L
Dursteler, M. R.　839L
Dux, P. E.　148L
Dwyer, J.　706L
Dyjas, O.　1665R, 1666R, 1667L

E

Eagleman, D. M.　222R, 255L, 1656R
Ebner, M.　429R, 431R
Eckstein, M. P.　131L
Edelman, G.　1362R
Edelman, S.　264L
Edwards, A.　1055L
Edwards, A. S.　791L
Edwards, M.　774L
Edwards, S. B.　359L
Edwards, W.　46R
Edworthy, J.　1062R
Eerola, T.　1115L
Efron, R.　1637R
Egeth, H. E.　158L
Egly, R.　157L
江口 順二　902L
Egusa, H.　404L
Ehinger, K. A.　264R
Ehrenstein, W. H.　698L
Ehrlichman, H.　1487R, 1510L
Ehrsson, H. H.　15R, 237L, 1340R, 1341R, 1350R
Eickhoff, S. B.　1005R, 1219L
Eimas, P. D.　1174R
Eimer, M.　1296R
Einstein, A.　1635L, 1636L
Eiraku, M.　924R
Eisler, A. D.　1653L
Eizenman, M.　851L
映像メディア学会誌　948R
Eklund, A.　100R
Ekman, G.　1470LR
Ekman, P.　1158L, 1168LR, 1169L, 1171L
Ekstrand, B.　1628R
Elfenbein, H. A.　1171L

Elliott, L. L.   1054L
Ellis, R. R.   1320L, 1327L, 1328L
Elman, J. L.   1184R
Emerson, N. M.   1248L
Emerson, R. C.   598L, 774R
Emmert, K.   1247R
Emura, N.   1089L
遠藤 太郎   892R
Engbert, R.   852LR, 856L
Engel, G. R.   1669R
Engel, S. A.   98L
Engelking, E.   532L
Engen, T.   1475L, 1486LR
Engle, R. W.   199R
Engström, H.   1416R
Enns, J. T.   263R, 731R
Enright, J. T.   833R
Enroth-Cugell, C.   351R, 353L
Eny, K. M.   1600L
Epel, E.   1590L
Epple, G.   1489R
Epstein, M.   1028R, 1034LR
Epstein, R.   918L
Epstein, W.   703R, 704LR, 705L, 706L
Erber, N. P.   1149L
Eriksen, B. A.   123R, 150R, 151L
Eriksen, C. W.   130L
Erkelens, C. J.   691L, 697L, 698L, 699L
Ernst, M. O.   235R, 236LR, 741LR, 1345R
Eskew, R. T.   420L
Eskew, R. T. Jr.   440L
Eskine, K. J.   1517L
Esterman, M.   154L
Estévez, O.   536R
Etani, T.   1115R
Evans, B. J. W.   743R, 744L
Evans, K. K.   436R
Evans, W. J.   1508LR, 1544R
Ewert, P. H. A.   242L

F

Facoetti, A.   896R
Fagg, A. H.   270R
Fairchild, M.   498L
Fairchild, M. D.   213R
Falkner, A. L.   125R
Fallon, J. B.   1342R
Falmagne, J.-C.   28L, 29R
Famiglietti, E. V.   349R, 354L
Fan, J.   151R, 160R
Fang, F.   638R, 706L, 730R
Fang, Y.   123L
Fankhauser, F.   564L, 579L
Fanselow, M.   1623L
Fantz, R. L.   871L

Farah, M.   258L
Faraone, S. V.   174L
Farid, H.   266L
Farnè, A.   239R
Farnebäck, G.   334L
Farnsworth, D.   525LR, 529L
Farrer, C.   1363R, 1365R
Farwell, L. A.   92R
Fastl, H.   1048L
Fattori, P.   782R
Faul, F.   214L
Faurion, A.   1540L
Faye, E. E.   888R
Fechner, G. T.   5R, 6LR, 27L, 43L, 211R, 218R
Feinberg, T. E.   1223L
Feldman, M.   1588R
Feldman, R.   1210L
Felleman, D. J.   16L, 364L, 369R, 462L
Fendrich, R.   1676R
Ferber, C.   1627R
Ferdenzi, C.   1476L
Fernandes, A. S.   943L
Fernandez, D.   221R
Ferrera, V. P.   779L, 840L
Ferwerda, J. W.   214R
Field, D. J.   643L
Field, G. D.   351R, 453L, 456LR
Filehne, W.   841R
Filingeri, D.   1327L
Finch, L. E.   1590R
Fine, L.   882R
Finger, T. E.   1527L, 1519R
Finkel, L. H.   681L, 675L
Finlay, D.   772R
Finlayson, G.   430R
Finney, S. A.   1134R
Fiorio, M.   1339L
Fischer, J.   161R, 1666L
Fischer, J. H.   881L
Fischer, M. H.   786R
Fisher, J. O.   1590R
Fisher, S. K.   701L
Fitts, P. M.   241L
Fitzgerald, P. J.   1222R
Fitzpatrick, D.   357L, 357R
Flach, R.   1296R
Flament, F.   659R
Flanagan, J. L.   1137R
Flanagan, J. R.   1327R, 1328LR
Fleck, M. S.   140L
Fleet, D. J.   709R
Flege, J. E.   1144R
Fleming, R.   682R
Fleming, R. W.   212R, 215LR, 216L, 217L, 265L, 653L, 683L
Fletcher, H.   993R, 1026R, 1027R,

1029R, 1030L, 1033L
Floccia, C.   1176L
Flöel, A.   1006R
Flor, H.   239L
Florentine, M.   1026LR, 1028LR, 1029R
Foell, J.   239L
Fogassi, L.   239R
Foley, J. M.   602LR, 603L, 604R, 605L, 606R, 607LR, 608R, 609R, 611L, 614R
Folk, C. L.   148L, 155LR, 158L
Folstein, M. F.   1637R
Fonda, G.   888R
Formisano, E.   998L
Forster, S.   159R, 1511R
Forsyth, D.   430R
Foss-Feig, J. H.   244R
Foster, D. H.   263L, 426R, 427LR, 428L, 429L, 431R
Foster, J. J.   281R
Fougnie, D.   280L
Fowler, C. A.   1146R
Fowler, C. J.   1237L
Fowlkes, C. C.   681R
Fox, A. F.   1599R
Fox, A. L.   1522R
Fox, M. D.   152L, 206L
Foxe, J. J.   162L
Fraisse, P.   1099L, 1101LR
Franceschetti, A.   518L, 520L
Francl, A.   1059L
Franconeri, S. L.   123L
Frank, M. E.   1537L
Frank, R. A.   1486L
Frank, S. M.   782R
Franklin, A.   440L, 443L
Fransson, P.   205R
Franz, J. C. A.   880R
Franz, V. H.   270L, 1321L
Frauenfelder, U. H.   1185L
Frederiksen, R. E.   624R
Freedman, M. S.   371L
Freeman, A. W.   1284L
Freeman, J.   152R, 265L, 679L, 958L
Freeman, T. C.   625R
Frens, M. A.   836R, 837R
Freyd, J. J.   785LR
Fridriksson, J.   1174L
Friederici, A. D.   1006R
Friedman, D. P.   1219R
Friedman, H. S.   418L
Friedmann, A. I.   563R
Fries, P.   164R
Fries, W.   357R
Friesen, W. V.   1168R, 1171L
Frigo, M.   333R
Frisby, J. P.   1320L

Frisén, L.　580LR
Friston, K.　1372R
Frith, U.　892R, 893L, 895LR
Fritsch, B.　111L
Fritz, J.　996L
Fröhlich, F.　111R
Fröhlich, F. W.　785L
Frühauf, J.　1115R
Fry, C. L.　1317L, 1318R
Fry, D. B.　1143L
Fry, G. A.　698R
Fu, O.　1587L
Fuchs, A. F.　832L, 834R
Fuchs, P. N.　1247R
Fuchs, R.　1107L
藤林 眞理子　1022R
Fujii, N.　1485L
Fujii, T.　1224R
Fujikado, T.　922R, 924L
不二門 尚　326L
Fujisaki, H.　1136L, 1138R, 1142L, 1158R, 1159R
Fujisaki, W.　237L, 1638L, 1668R, 1670L, 1673R, 1674L
藤田 愛子　1062R
Fujita, I.　266L
藤田 郁代　1019L
Fujiwara, K.　838R
藤吉 弘亘　261L
深見 嘉一郎　529R
深美 悟　1131R
深野 純一　949R
吹抜 敬彦　767R, 775R
Fukuda, K.　281R, 430R, 431L
福田 哲也　1046R
福江 一起　1062R
Fukushima, K.　266R, 842R, 849L
Fuller, J. L.　1522R
Funaishi, S.　698R
Funakoshi, M.　1540L
船津 孝行　12R
Funk, M.　240R
Furlan, M.　781L, 783L
古畑 睦弥　322L
古井 貞熙　1129R, 1131R, 1159L, 1165L
古田 貴久　1392L
Fushan, A. A.　1600L
伏木 亨　1614L
Futamura, A.　1640R
Fux, J. J.　1087R

G

Gabor, D.　1064L
Gabrielsson, A.　1048L, 1115L
Galera, C.　159L
Galfano, G.　856R

Galie, J.　1328R
Gallagher, S.　15R, 238L, 1364R, 1366R, 1370R
Gallego, A.　347R
Gallese, V.　1147R
Gallowa, A. T.　1590L
Galton, F.　222R
Gamble, E. A.　1055L, 1056L
Ganchrow, J. R.　1537L, 1538L
Gandhi, T.　650L
Ganong, W. F.　1181R
Gao, T.　803R, 804L
Garcia, J.　1587R
García-Larrea, L.　1248R
García-Larrea, L.　163L
Gardner, E. P.　1294R
Gardner, J.　1666R
Gardner, J. C.　520R
Gardner, J. S.　727L
Gardner, M. B.　1054R, 1055R, 1058L
Garg, A. K.　459L
Garner, W. R.　212L
Gaskell, M. G.　1181R
Gaspelin, N.　156L
Gauthier, A. C.　1582L
Gavgani, A. M.　943L
Gazzaniga, M. S.　218R
Gedney, J. J.　1510L
Gegenfurtner, K. R.　416L, 432L, 433R, 438R, 439L, 440L, 457L, 461R, 462L
Geisler, W. S.　658R, 785R
Gelb, A. U.　1300L
Geldard, F. A.　1263LR, 1290R, 1295R, 1296LR
Gelfer, M. P.　1132L
Gelman, A.　32L, 33R, 34L, 81R, 82L
Gelman, R. S.　846R
Gendron, M.　1169L
Gentaz, E.　650R, 1316LR, 1317L, 1329R
Gentilucci, M.　239R
Georgeson, M. A.　774L
Gepner, B.　898L
Gerland, G.　899L
Gescheider, G. A.　27L, 28LR, 39L, 43L, 44LR, 45L, 46L, 47L, 48R, 49L
Gevensleben, H.　114L
Geyer, T.　143R
Ghasia, F. F.　831R
Ghazanfer, A. A.　1152L
Gheorghiu, E.　645L, 651R
Ghosh, S.　1459L
Giannoni-Luza, S.　1255R
Gibbon, J.　1651L, 1652L, 1662R
Gibson, E. J.　5L, 720R
Gibson, E. L.　1590L
Gibson, J. J.　13L, 16L, 651L, 675L,

694L, 705L, 706R, 720R, 725R, 726R, 727R, 786L, 793L, 881L, 883L, 884R, 1260R, 1263R, 1267L, 1300L, 1361R, 1362R, 1383L, 1634L
Gibson, K. S.　486R
Giesbrecht, B.　150L, 160R
Gijsenij, A.　430R, 431R
Gilbert, A. N.　1486R, 1502L
Gilbert, C. D.　271R
Gilbertson, T. A.　1522R
Gilchrist, A. L.　391L, 400L
Gilchrist, I. D.　141L, 172L
Gilden, D. L.　805R
Gilinsky, A. S.　714R
Gill, J.　52L, 81R
Gill, J. M.　1379L
Gillam, B.　712R, 716R, 733L, 734LR, 735L, 742LR, 744L
Gillam, B. J.　704R, 705L
Gilroy, L. A.　730R
Glasauer, S.　792L
Glasberg, B. R.　994L, 1030LR
Glasser, M. F.　1005R, 1216R
Gleeson, B. T.　1350L
Gleiss, N.　1033L
Glennerster, A.　712L
Glezer, V. D.　576R
Glindemann, R.　1022R
Goard, M.　169R
Gobbini, M. I.　662L
Gobell, J. L.　125R
Gobl, C.　1161L
Gockel, H.　1032R
Goda, N.　266R, 369R, 959R
Godaux, E.　832R
Goddard, L.　1487R
Godden, D.　1487L
Goebel, R.　683L
Goertz, Y. H.　1379R
Goethe, J. W.　8L
Goffart, L.　835L
Goffaux, P.　1248L
Goffaux, V.　436R, 438L, 664L
Gogel, W. C.　691R, 703R, 704R, 705L, 721R
Golan, T.　139L
Golaszewski, S.　1340R
Gold, J. I.　271R
Gold, J. M.　654R, 655R, 656R, 657R, 658R, 659L
Goldinger, S. D.　1147L, 1179L
Goldmann, H.　562R
Goldscheider, A.　1261L, 1262R, 1266L, 1267L
Goldstein, H.　892R
Goldstein, K.　1272R
Goldstone, S.　1639R, 1661L
Golz, J.　430L, 431L

1693

Gomi, H.   847R
Gomot, M.   900L
González-Martínez, T.   1279R
Good, K. P.   1477L
Goodale, M. A.   17L, 263R, 268LR, 1320L, 1361L
Goodfellow, I. J.   961L
Goodglass, H.   1022L
Goodrich, G. L.   888LR
Goodwin, A. W.   1282R
Goodwin, G. M.   1342R
Gordon, A. J.   1327L
Gordon, I. E.   1323R
Gorea, A.   387R, 624L
Gori, M.   242R, 243L
Gori, S.   895LR, 896LR
Goris, R. L.   607L
Gosselin, F.   658L
後藤 良一   1388R
後藤 倬男   650R
Goto, T. K.   1552R
後藤 靖宏   1095L
Goto-Omoto, S.   520L
Gotow, N.   1626LR
Gottfried, J. A.   1488L, 1502R
Gottschaldt, K.   12L, 1271L
Götzelmann, T.   1389L, 1393L
Gouras, P.   353L, 459R
Gouvea, T. S.   1643L
Grabauskas, G.   1538R
Graf, W.   1425R, 1448R
Graham, C. H.   9LR, 539L
Graham, D. J.   266L
Graham, N.   593L, 595L, 601R
Graham, N. V.   603R, 607L, 610R
Gramfort, A.   91R
Grancy, J.   706R
Grandy, M. S.   1328L
Granier-Deferre, C.   1174L
Grant, K. W.   1149L
Grantham, D. W.   1059L
Granzier, J. J. M.   430L
Grasse, K. L.   360L
Gray, C. M.   354R
Gray, R.   798R, 799L
Graybiel, A.   1424R
Graziano, M. S.   239R
Grechkin, T.   946R, 947L
Green, B. G.   1237R, 1285R, 1325R, 1327L, 1469L, 1557L
Green, D. G.   520R
Green, D. M.   29R, 65R, 72R, 1029L, 1053L
Green, K. P.   236L, 1150L
Green, M.   771R, 773R
Greene, G.   854L
Greenspan, J. D.   1222R, 1234L
Greenwald, H. S.   710L, 742R

Gregory, R. J.   879L, 880R, 882L, 885L
Gregory, R. L.   5L, 647R, 648L, 704R, 705L, 706L, 732R, 734LR, 736R
Greicius, M. D.   206L
Gremmler, S.   838R
Greschner, M.   854L
Grgič, R. G.   1371L
Grice, N.   1389L, 1390L
Grice-Jackson, T.   1254R
Griffin, I. C.   159R, 164L
Griffith, E. M.   895L
Grigo, A.   795R
Grigoriev, A.   1440L
Grill, H. J.   1538L
Grill-Spector, K.   98L, 662L
Grimes, J. A.   132L
Groen J. J.   1413R
Groenen, P. J. F.   57R
Grondin, S.   1099L, 1102R, 1639R, 1665L
Gros, B. L.   773R
Grose, J. H.   1052L
Grosof, D. H.   640R
Gross, C. G.   369L
Gross, D. M.   1168L
Gross, J. J.   1170L
Groves, R. B.   1207L
Gruber, H. E.   704R
Gruber, T.   162L
Gruener, R.   1438R
Grunwald, A. P.   1381R
Grunwald, M.   1260L
Grützner, P.   537R
Grzybowski, A.   562L
Gu, B. M.   1657R
Gu, B.-M.   1665R
Gu, Y.   367L
Guan, M.   1247R
Guerra, A.   111R
Guest, S.   1400L
Guidelines and Standards for Tactile Graphics   1392R
Guild, J.   486R
Guilford, J. P.   439LR, 440R, 966R, 1263L
Guillem, K.   169R
Guinan, J. J.   997L
Guion, S. G.   1144R
Guler, A. D.   371L
Gumming, B. G.   727R
Gundlach, C.   111R
Gunther, K. L.   519R
郭 茁根   1590R
Gur, M.   417R
Gussenhoven, C.   1163L
Guth, S. L.   508R
行場 次朗   211R, 212L, 676R, 954L

H

Haans, A.   237R
Haarmeier, T.   842L
Haber, R. N.   705L
Haber, W. B.   238R
Haberman, J.   265R
Hackländer, R. P. M.   1487L
Hadjikhani, N.   461R, 463L
Hafed, Z. M.   169L, 856R
Haffenden, A. M.   270L
Hagen, E.   1263R
Hagen, M. A.   708R
Haggard, P.   1365L
萩原 恒夫   1387R, 1388L
Haidt, J.   221L
Haijiang, Q.   730L
Hairston, D. W.   245L
Hall, C.   743R
Hall, C. N.   105L
Hall, D. A.   998L, 1055L
Hall, E. T.   1172L
Hall, G.   1489L
Hall, G. S.   1099R, 1100L
Hall, J. W.   995R
Halsell, C. B.   1536R
Hämäläinen, M.   87L, 91L, 94L
Hamburger, K.   648R
Hamilton, R.   1380L
Hamilton, R. B.   1536L
Hamilton, V.   734R
Hamm, L. M.   896R
Hammett, S. T.   624R, 781R, 786L
Hanajima, R.   108R
Hanakawa, T.   104L, 106L, 109L, 241L
Hanazawa, A.   459R, 680R
Hanci, D.   1587L
Händel, B. F.   162L
Handel, S.   1099L, 1102R, 1105L, 1106LR, 1107L
Handwerker, H. O.   1245R
Handy, T. C.   150R
Hanks, T. D.   265R
Hanna, A.   438R
Hannon, E. E.   1095R, 1096R
Hanout, M.   567L
Hansen, C. H.   139L
Hansen, T.   433L, 433R
Hanson-Vaux, G.   1502L
Happé, F.   892R, 893L, 895LR
原 宏   88R, 94L
Hara, K.   961L
原 光雄   7R
原 直也   962L
Harada, S.   716R, 1534L, 1536L
Harada, T.   462R

原田 利宣　968R
Harasawa, M.　128LR
Hardy, L. H.　541R
Hardy, M.　1411L
Hargreaves, D.　1097L
Hargreaves, D. J.　1113R
Hari, R.　896R
Hariharan-Vilupuru, S.　697LR
Harley, R. K.　1379L
Harper, L. V.　1590R
Harrar, V.　1293L, 1293R
Harris, J. J.　639L, 640L
Harris, J. M.　710R, 796L
Harris, M. G.　781R
Harris, R. W.　536R
Harrison, J. E.　223L, 223R
Harrison, R.　520L
Harrison, S. A.　281R
Harshfield, S. P.　1328L
Harting, J. K.　838L
Hartline, H. K.　349R
Hartman, E. E.　874R
Hartmann, W. M.　1056L
Haruno, I.　340L
長谷川 浩之　948R, 951R
Hasegawa, R. P.　166R
長谷川 幸子　340R
橋本 亮太　892R
Hashimoto, T.　892R
Hashimoto, Y.　1660R, 1661L
Hassabis, D.　1641R
Hassenstein, V.　774L
Hasuo, E.　1102L
蓮尾 絵美　1102L, 1105L
畑田 豊彦　915R
Hattar, S.　353R, 371L, 372R
Hatwell, Y. G.　1317LR, 1318LR, 1320L
Hausfeld, L.　1004L
Hautus, M. J.　1135R
Havermann, K.　852R
Hawley, M. L.　1056R
Haxby, J. V.　662L
早川 文代　1614L
Hayakawa, T.　1523L
早川 智彦　1400R, 1402LR
Hayashi, A.　1178L
Hayashi, M. J.　1643L, 1657R
林 美恵子　1379L
Hayashi, R.　955R, 958L, 959R
Hayashi, T.　535L, 543L, 547L
林 孝彰　545R
林 豊彦　1615L
Hayes, J. E.　1600L
Haynes, J.-D.　100L
Hayward, V.　1316L, 1322R, 1323R, 1344R, 1347R
Hayward, W. G.　263L

Hazen, E. P.　900L
Hazzard, F. W.　1477L
He, B. J.　173L
He, J. C.　534R
He, K.　959L
He, Z. J.　637R, 643L
Head, H.　240L, 1261L
Heald, S. L.　1084L
Hecht, S.　386L, 388R, 389L, 399R, 874L, 902L
Heck, G. L.　1522R
Heckmann, T.　709L
Hedger, S. C.　1083L
Hedges, J. H.　840R
Heeger, D. J.　605R, 607R, 793R
Heeley, D. W.　594R
Hegdé, J.　369L, 644R
Heider, F.　801R, 802R
Heijl, A.　564L
Heine, L.　720L
Heintz, F.　949L
Held, R.　789L, 875L
Helenius, P.　896R
Heller, M. A.　1317LR, 1318L, 1320L
Hellman, R. P.　1027L, 1032L, 1033LR
Hellström, Å.　1666LR
Helmchen, C.　832R
Henderson, W. R.　1266R
Hendrickson, A. E.　355R
Hendry, S. H.　357L
Henn, V.　832L
Henning, G. B.　607L
Henning, H.　1477L
Henri, P.　1270L
Henry, G. H.　519L
Henry, M. J.　162R
Hensel, H.　1230L
Hentschel, H. J.　293R
Heptulla-Chatterjee, H. S.　800R
Herbelin, B.　1362L
Herbst, S. K.　1660L
Hering, E.　403L, 432R, 694R, 832R
Hering, K. E. K.　4L
Herman, R.　1162R
Hermann, C.　1488L
Hermann, L.　403L
Heron, J.　1657R, 1661R
Herrero, J. L.　169R
Herrmann, M. J.　662R
Herrnstein, R. J.　2R, 3L, 4L, 6L
Hershenson, M.　704R, 705L, 706L
Hershler, O.　139L
Herz, R. S.　1487LR, 1475R, 1481R, 1485R, 1489R, 1510L
Hess, C.　785L
Hess, E. H.　5L
Hess, R. F.　621R, 624R, 625L, 643R, 710R, 725L, 781L

Heuer, H.　799L
Hewitt, M. J.　996R
Heydrich, L.　1369L
Heywood, C. A.　462L, 462R
Hibbard, P. B.　221R, 742LR, 743L
Hickey, C.　144L, 155L
Hickok, G.　1147R
Hidaka, S.　235R, 237L
Higashiyama, A.　691L, 705LR, 707R, 708L, 1440R
東山 篤規　688L, 691L, 698L, 1339L
Highstein, S. M.　833L
樋口 貴広　240R, 1511L
Higuchi, T.　1477R
Hiji, T.　1522L
Hikosaka, O.　834R, 896R
彦坂 渉　899R
Hildreth, E. C.　793LR, 798L
Hill, A.　238R
Hill, D. L.　1538L
Hill, H.　736R, 737L
Hillebrand, F.　701L
Hillis, A. E.　173L
Hillis, J. M.　741L
Hillock, A. R.　242R
Hillock-Dunn, A.　242R
Hillyard, S. A.　147L, 162R, 163LR
Hindemith, P.　1087R
Hirahara, T.　986R
平原 達也　982L, 984L, 986R, 987LR, 988L, 989R, 990L
Hiramatsu, C.　213L, 260L, 266L, 551R
平野 邦彦　904R
平野 正治　1015L
Hirasawa, H.　350R
平山 和美　918R, 1014R
Hiris, E.　780L
廣瀬 肇　1129L
広瀬 通孝　948R
Hirsch, H. R.　1056L
Hirschberg, J.　1162R
Hirsh, I. J.　1101L, 1638LR, 1649L
Hisakata, R.　783R
Hisanaga, S.　244L, 1152R
Ho, A.　782L
Ho, C.　1511L
Ho, H.-N.　1237LR, 1238L, 1239R, 1240L, 1325R, 1399L
Ho, Y. X.　215L, 265L
Hobson, R. P.　899L
Hochberg, C. B.　703R
Hochberg, J.　212L
Hochberg, J. E.　4L
Hochberg, L. R.　113R
Hochstein, S.　1361L
Hodinott-Hill, I.　1664R
Höfel, L.　212L

Hofer, H.   345R, 386L, 393R, 451L, 516R
Hoffman, B. U.   1279R
Hoffman, H. G.   1349L
Hogan, N.   1316L
Höge, H.   218R
Hogg, R. V.   29R, 81LR
Hohl, S. S.   852L
Hohwy, J.   1340R
Holland, R. W.   1489R
Hollingworth, A.   157L
Hollingworth, H. L.   1665L
Hollins, M.   1264L, 1398R
Hollis, M.   1344L
Holloway, L.   1390L
Holmes, N. P.   1366L
Holmgren, F.   539L
Holway, A. W.   705R, 707R
Homa, D.   438R
Homae, F.   1007L
本多 清志   1159L
Honing, H.   1102L, 1106R, 1115R
本城 直季   706R
Honma, K.   1589R
Honma, M.   1340R, 1643R
Hood, D. C.   544L
Hood, J. D.   845L
Hooge, I. T. C.   141L
Hoon, M. A.   1522R, 1523R
Hopf, J.-M.   125R
Hopp, J. J.   836R, 839L
Horel, J. A.   462R
Horiguchi, H.   392R, 551L
Horio, T.   1582LR
Horiuchi, K.   944L
Horlings, C. G. C.   944L
Horn, B. K.   334L, 775R
Horowitz, T.   140R
Horowitz, T. S.   131LR, 856L
Horsten, G. P. M.   875R
Horstmann, G.   139L
Horwitz, G. D.   459R, 460L, 618R
Hoshi, T.   1208R
星野 悦子   1095R
星野 博之   1049L
細川 研知   332L, 883L
Hossain, M. Z.   1619R
Houston, D. M.   1176R
Houston, S. K. S.   580R
Howard, D.   1022R
Howard, I. P.   235L, 688R, 689LR, 690R, 691LR, 692R, 695R, 698LR, 699R, 700R, 701R, 708R, 711LR, 716R, 717L, 718R, 719LR, 725R, 726LR, 727R, 729R, 730R, 789L, 1267L, 1408L, 1440R
Howarth, P. A.   943R
Howitt, M. R.   1527R

Hoy, J. A.   895R
HOYA   302L
Hsia, Y.   530R
Hsiao, S. S.   1213L
Hsieh, I. H.   1086L
Hsieh, P. J.   856L
Hsu, N. S.   433R
Huang, A. L.   1524R
Huang, P. C.   644L
Hubbard, T.   785L
Hubbard, T. L.   785L, 1116R
Hubel, D. H.   3L, 361R, 363R, 460L, 461R, 595L, 648L, 774L, 782R, 956R
Huber, R.   1068L
Hübner, R.   1031L
Hudson, R.   1475L
Huerta, M. F.   358R, 838L
Huettel, S. A.   97L
Hughes, B.   1382R
Huisman, G.   1626R, 1627L
Huk, A. C.   782R
Hulin, W. S.   1290L
Hummel, T.   1471R, 1476R, 1484R
Humphrey, G. K.   464R, 884R
Humphrey, N. K.   734R
Humphreys, G.   141R
Humphreys, G. W.   172L
Humphreys, N.   435R, 439LR
Hung, C. P.   261L
Hung, S. C.   276L
Hunt, A. R.   800L
Hunt, R. W. G.   213L, 399L
Hurlbert, A. C.   439LR, 440L, 442L, 443L
Hurles, M.   892R
Huron, D.   1113L
Hurvich, L. M.   457R, 494L
Husain, M.   172L
Hussain, M. A.   431R
Hutchins, J. B.   340L
Hüttermann, S.   145L
Huxlin, K. R.   462R

I

I, J. H.   1390L
市原 茂   593L, 967R, 1561L, 1566R
Ichihara, S.   966R
市川 宏   519L, 523L, 525R, 526R, 527R, 528LR, 529L, 536LR, 902R
Ichikawa, M.   718R, 722L, 723LR, 741L, 785L
一川 誠   651R
Idesawa, M.   638R
Igarashi, K. M.   1459L, 1460R
五十嵐 信敬   1382R
Igarashi, Y.   1345R
Ignashchenkova, A.   168L

Ihara, A.   1173R
Iijima, M.   1476R
飯沼 巖   536R
Iivarinen, J. T.   1207L
飯塚 景記   1450 L
Ikeda, H.   575L
池田 紘一   962L
Ikeda, M.   127L, 398R, 536R, 620L, 714R, 1601R
池田 まさみ   32R
池田 将也   1065R
池田 光男   521L, 523L, 575L
Ikeda, R.   1279L
Ikeda, T.   839L
Ikei, Y.   1349R
生島 博之   900L
Ilg, U. J.   841L
今田 純雄   1590L
今井 四郎   212L
今井 省吾   650R
Imaizumi, L. F. I.   944L
Imaizumi, S.   222L
今泉 修   221R
Inaba, N.   838L
Inada, H.   1524R
Inagaki, S.   1456L
稲富 昭太   566L, 567R
Inatomi, A.   566L, 567R
Inbar, Y.   221L
Ingling, C,. R.   421R, 423R
Innis, N. K.   1650R
Ino, S.   1240R
井上 正明   62L
Inoue, Y.   847LR
井上 康之   800R
Intoy, J.   851L, 853L
Intraub, H.   136L
Intriligator, J.   124L, 128L
Inui, K.   1250L
Inui, T.   575R, 576R, 1587R
乾 敏郎   576R, 599R, 1372R
Ionta, S.   240R
Iriki, A.   239R, 241R
Irino, T.   994LR, 995R, 996L
入野 俊夫   993R
Irlen, H.   899R
Irwin, R.   1033L
Isarida, T.   1487L
Isayama, Y.   567L
Iseki, K.   107L
Ishai, A.   220L
Ishi, C. T.   1161L
石合 純夫   171R
石橋 和也   140L
Ishida, H.   239R
石田 眞弓   1613R
Ishida, R.   895R
石田 修   1134R

人名索引

Ishida, T.　444R, 445L
石田 泰一郎　444L
石原 忍　526R
Ishii, K.　1172R
石井 カルロス 寿憲　1162L
Ishikane, H.　354R
石川 均　339R
Ishikawa, H.　340L
石子 智士　567L
Ishimaru, Y.　1524R
Ishizu, T.　219R
Ismail, M. A. F.　1365LR
Isnard, J.　1248R
Isogai, T.　1626L
一新会　526LR
板倉 昭二　1362R
Itaya, S. K.　358R
Itier, R. J.　662R
Ito, H.　644R, 646L, 651R, 652L
Ito, M.　675R, 838L, 958L
Itoh, K.　1085R
Ittelson, W. H.　13L, 702L, 726R, 736L
Itthipuripat, S.　128R
Itti, L.　145R, 154R, 165R
Iurato, S. 1415L
Iverson, P. 1045R
岩宮 眞一郎　1046LR, 1047L, 1049L,
　1059R, 1060LR, 1062L
岩本 貴之　1208R
Iwamoto, Y.　835L, 836R
Iwamura, Y.　1217R
岩村 吉晃　1294R, 1301L
岩永 誠　1115R
岩永 竜一郎　900L
Iwasa, K.　221L
岩佐 和典　221LR
Iwasaki, Y.　1465R
Iwata, H.　1348L, 1349R, 1352R
岩田 洋夫　1349L
Iwata. K.　1247L
Iwatsuki, K.　1520R
Izard, C. E.　1158R, 1168L, 1171R

J

Jack, R. R.　1169L
Jackson, C. V.　236L
Jacobs, R. A.　741LR
Jacobs, R. J.　839L
Jacoby, N.　1085L
Jadauji, J. B.　1503L
Jaeger, S. R.　1457L, 1566L
Jaekl, P.　705R
Jafri, R.　1387L
Jagla, W.　534R
Jahn, K.　792R
Jakesch, M.　1402R
Jalal, B.　221L

James, T. W.　261R, 1222L
James, W.　17L, 159R, 707R
Jameson, D.　531R
Jamieson, D. G.　1666R
Janata, P.　1116L
Jang, H. J.　1527R
Jans, B.　128LR, 151L
Janssen, P.　260L, 271L
Järvelä-Reijonen, E.　1590R
Jaschinski, W.　698L
Jaśkowski, P.　1638R
Jasper, H. H.　1508R
Jazayeri, M.　1666R, 1667L
Jeannerod, M.　240R, 241L
Jefferies, L. N.　129L, 130R, 131R
Jeffress, L. A.　995L, 1059L
Jeng, C.　1284R
Jenkins, L. J.　1644R
Jennings, S. G.　997LR
Jensen, O.　90LR, 162L
鄭 乗国　968R
Jersild, A. T.　148R
Jesteadt, W.　1031L
Jewett, D. H.　888R
Jiang, P.　1524L
Jiang, Y.　142L, 143R, 418L
自動車技術会　950R
神保 恵理子　892R
神宮 英夫　967R
Jo, W.　1390L
Johansson, G.　13L, 17L, 703L, 789L,
　799R
Johansson, R. S.　1207L, 1213R,
　1280LR, 1282L, 1284LR
Johnson, A. J.　1486L
Johnson, A. W.　1588L, 1589L
Johnson, C. A.　543L, 547L
Johnson, E. K.　1176L, 1177L
Johnson, E. N.　460R, 461L
Johnson, K.　1142LR, 1147L
Johnson, K. O.　1232R, 1234L, 1282L,
　1283R, 1284L
Johnson, W. G.　1588R
Johnston, A.　737L, 773L, 775R, 776R,
　782L, 1639R, 1668L
Johnstone, E. B.　741L
Jones, F. N.　1486L
Jones, J. A.　236L, 688R
Jones, J. P.　593R, 675R, 956R
Jones, K. N.　1322L
Jones, L. A.　1666L
Jones, M. R.　1105R
Jones, O.　1255R
Jones, R.　743L
Jonides, J.　203L
Jönsson, F. U.　1486R
Joodaki, H.　1207L
Jørgensen, A. L.　535R

Jørgensen, S.　995L
Jose, R. T.　888R
Joshua, M.　832R
Joubert, C. E.　1663R
Jousmäki, V.　235L, 1344R
Ju, N.　459R
Judd, C. M.　80L
Judd, D. B.　492R, 494L, 503R, 539L
Julesz, B.　648R, 677R, 718R, 719L,
　766L, 778L, 881R
Jurgens, R.　832L
Jürgens, R.　1169L
Jusczyk, P. W.　1176LR, 1177L, 1178L
Juslin, P. N.　1113LR, 1114L
Just, M. A.　198L, 201R

K

Kaas, J. H.　358R
Kaczmarek, K. A.　1346R
Kaeppler, K.　1477LR
加我 君孝　1013R, 1015L, 1016R,
　1021L
Kagimoto, A.　402R
Kahlon, M.　842R
Kahneman, D.　149R, 155R, 769L
Kahnt, T.　271R, 276L
Kahrimanovic, M.　1328L
笂 一彦　1144L
柿﨑 祐一　28R
Kakutani, Y.　1501R, 1502L, 1625R
Kalckert, A.　238L, 1350R
Kam, J. W.　159L, 159R
Kamachi, M.　664R, 665R
Kamitani, Y.　100L, 114L, 682R
Kamiya, S.　1365R
Kammers, M. P. M.　1326R
Kan, A.　1054R
管 一十　1380L
Kanai, R.　1660LR
Kanakogi, Y.　803L
Kanaseki, T.　358L
Kanatani, K.　679L
Kanaya, S.　237R
神田 浩路　912L
Kandel, E.　1294R
Kandel, E. R.　1206R
Kane, M. J.　159L
Kaneda, H.　1540R, 1541R
金田 弘挙　1616L
金田 豊　985L
Kaneko, H.　711LR
Kaneko, S.　401R, 1660L
Kaneko, W.　949R
Kang, S. M.　1171L
Kani, K.　566R, 575R, 576L, 577R,
　582L
可児 一孝　565R, 577R, 581R

1697

Kanizsa, G. 638R, 640L, 649R, 654R, 882L, 883L, 1319L
環境省 1037R
Kanner, L. 892R
狩野 千鶴 786R, 787R
狩野 裕 62L
神作 博 32R
Kanwisher, N. 16R, 139L, 148L, 662L, 918L, 1223L
Kapadia, M. K. 643R
Kapoula, Z. 792L
Kappers, A. M. 1329R
Kappers, A. M. L. 1316L, 1329R
Karageorgiou, E. 1295L
Karaminis, T. 1667R
Kardon, R. H. 573L
Karhu, J. 1219R
Kärkkäinen 1389L
Karmarkar, U. R. 1656R
Karnath, H. O. 172L
Karni, A. 271R
笠置 剛 951L
Kashiwagi, A. 172R
柏木 敏宏 1022R
Kasten, F. H. 112L
Kastner, S. 160R
粕谷 英樹 1130L
Katagiri, M. 895L
片桐 正敏 895L
Kataoka, S. 1524R
Kato, H. K. 1458R
Kato, I. 360L
加藤 和美 1147L
加藤 金吉 519R
加藤 健郎 966L
Kato, Y. 1510R
加藤 洋子 963R, 964L
加藤 義明 12L
Kätsyri, J. 222L
Katz, B. 548L
Katz, D. 8R, 212R, 213L, 1213L, 1240LR, 1264L, 1267R, 1272R, 1300L, 1537R
Katz, J. 238R
Kaufman, L. 693R, 704R, 725R
Kaufmann, W. E. 892R
Kawabata, H. 212L, 219R
川端 秀仁 900R
川端 季雄 1402L
Kawabe, T. 213L, 217LR, 222L, 367L, 653R, 784L
河邉 隆寛 883L
河地 庸介 806R
Kawahara, H. 1136LR, 1140LR, 1141R, 1164L
河原 英紀 1065R, 1136R, 1140L, 1141R
Kawahara, J. 129L, 143R, 156L

Kawai, K. 1576R
Kawai, M. 1557R
河合 美佐子 1555R
川合 亮 1450L
Kawai, S. 1327L
川上 元郎 526L, 529R
川上 蓁 1162R
河北 真宏 326R
Kawamichi, H. 1225R
河本 健一郎 444R, 445L, 447R, 449R
河村 満 1640R
Kawamura, K. 359L
川西 由里子 1510L
Kawano, K. 847L, 847R
川野 学都 1391L
川﨑 寛也 1561L
Kawasaki, H. 1561L
川崎 道昭 1468R
川崎 葉子 899R
Kawase, S. 1115R, 1117LR
河瀬 諭 1117R
Kawase, T. 997L, 997R
川嶋 英嗣 884R
Kawashima, T. 1058R
Kawato, M. 254L
Kay, J. 1022R
Kearns, M. J. 799L
Keast, R. S. J. 1567L, 1570R
Keller, A. 1456R, 1457L, 1468R, 1481L
Keller, M. 1600L
Keller, P. E. 1116R
Kellman, P. J. 638R
Kelly, D. H. 416R, 421R, 618R, 619L, 620R, 622L, 771R, 874LR, 896L
Kelly, J. W. 691L
Kelly, S. P. 162R
Kemp, S. E. 1502L
Kenealy, P. M. 1170L
Kenkel, F. 768L
Kennedy, P. M. 1284R, 1285L
Kennedy, R. S. 943L
Kenshalo, D. R. 1231L, 1232R, 1236RL, 1263R
Kentridge, R. W. 216L, 461L
Kermen, F. 1481L
Kerrigan, I. S. 740L
Kersten, D. 729R, 730L
Kerzel, D. 148L, 799L
Kessler, E. J. 1097L
Kettenmann, B. 1509R
Kevan, A. 896R
Keysers, C. 1218R, 1220L
Khalsa, P. S. 1282R
Khan, A. Z. 699R
Khan, R. M. 1481L
Khawaja, F. A. 366L
Khoei, M. A. 784R

Khokhotva, M. 699R
Khuu, S. K. 600L, 651R
Kidd, G. Jr. 1053R
木戸 博 1167R
Kikuuwe, R. 1324L, 1348R
Kilchenmann, L. 1115R
Kilgour, A. R. 1223L
Killeen, P. R. 1651L, 1652R
Kilpatrick, F. P. 704LR
Kilteni, K. 948L, 1350R
Kim, D. O. 1056L
Kim, H. K. 943L
Kim, H. Y. 1056R
Kim, J. 213R, 215R, 780L, 943R, 1371R, 1392L
金 載㤑 1327R
Kim, K. 943L
Kim, K. H. 1062L
金 基弘 1059R, 1061L
Kim, M. R. 1525R
Kim, S. 705L, 1083R
Kim, S. S. 1217L
Kim, U. K. 1599LR
Kimura, E. 432R, 433L, 438L
Kimura, S. 1580R
木村 修一 1580R
Kimura, T. 87R
King, A. J. 1668R
King, W. M. 833R
Kingdom, F. A. A. 27LR, 29R, 30R, 31R, 32LR, 34R, 39R, 42L, 51R, 53L, 64L, 66R, 68R, 70L, 72L, 217L, 683L, 735R
Kingma, D. P. 961L
King-Smith, P. E. 30L
Kinno, R. 1007R, 1008L
Kinomura, S. 1539R, 1544L
Kiper, D. C. 461R
Kirchberger, M. J. 1085R
Kirk-Smith, M. D. 1489R
Kirman, J. H. 1291R
Kisilevsky, B. S. 1167L
Kiss, M. 144L
Kitada, R. 1210L, 1220R, 1222LR, 1223LR, 1402L
北川 純一 1614R
Kitagawa, M. 1350R, 1523R
Kitagawa, N. 1368L
北原 格 949L
北原 健二 516L, 535R, 902R
北村 薫子 1400R
Kitaoka, A. 646R, 647L, 738L, 738R, 771L, 785R
北岡 明佳 646R, 706R
Kitawaki, N. 1068L
Kitazaki, M. 786R, 789R
北崎 充晃 789R
Kitazawa, S. 242L

北澤 茂　　1642L
Kiyonaga, A.　　1666L
木塚 泰弘　　1270R, 1379L
Klatzky, R. L.　　1210L, 1325L, 1387L, 1399R, 1402R
Kleffner, D. A.　　739L, 883L
Klein, C.　　174R
Klein, G. S.　　148R
Klein, R.　　140R, 141L
Klein, R. M.　　150R
Klein, S. A.　　32R, 66L
Kleiner, M.　　331L
Kleinschmidt, A.　　682L
Klier, E. M.　　831R, 832L
Klink, P. C.　　678L
Klug, K.　　453L, 456LR, 457L
Klymenko, V.　　636L
Knau, H.　　508R
Knight, B.　　664R
Knill, D. C.　　730L, 739L, 740L, 741LR
Knoblauch, K.　　955R
Knoeferle, K. M.　　1627R
Knoll, J.　　1675L
Knotkova, H.　　1255R
Ko, H. K.　　851L, 853L
Kobal, G.　　1508R, 1540LR
Kobashi, M.　　1587R
Kobatake, E.　　644R
Kobayakawa, K.　　1480R
Kobayakawa, T.　　1508R, 1509L, 1540R, 1541LR, 1542LR, 1543R, 1544L, 1545LR, 1626R
小早川 達　　1500L, 1544L, 1552R
Kobayashi, K.　　1141R, 1439L
Kobayashi, M.　　237L
小林 実　　903L
小林 茂雄　　213L
Kobayashi, T.　　1469L, 1470R
小林 剛史　　1469L, 1480L
Kobayashi, Y.　　847R
Kober, S. E.　　114R
Koch, C.　　20L, 145R, 165R
Kodama, A.　　676L
Koegel, R. L.　　900L
Koelsch, S.　　1097R
Koenderink, J. J.　　217L, 262R, 691L, 710L, 725L, 793LR
Koerner, F.　　845L
Koessler, T.　　732R
Koffka, K.　　636L
Koga, K.　　1442R, 1446R, 1447L
古賀 一男　　1411L, 1421R, 1433R, 1446L, 1446R, 1448L, 1449R, 1450L
Kohl, S.　　520L
Köhler, W.　　11LR, 212L, 636L
Koida, K.　　462R
鯉田 孝和　　551R
Koijck, L. A.　　1503R

Koizumi, A.　　114R, 1570L
小泉 文夫　　1097R
児嶋 久剛　　1130R, 1132L
小島 英敏　　1616L
Kojima, H.　　1616LR
Kojima, Y.　　835L, 837R, 838LR, 839L
国土交通省国土地理院　　1388R
Kolarik, A. J.　　1054R, 1055R, 1056L
Kolb, H.　　354L
Kölble, N.　　1582L, 1583R
Kolers, P. A.　　768R, 1293L
Kolitsky, M. A.　　1390L
Kolster, H.　　782R
駒井 三千夫　　1580R, 1582L, 1609R
Komatsu, H.　　457L, 461R, 462R, 676L, 683L, 840L, 841R
小松 英彦　　213L, 445L, 445L, 1399R
Komatsu, M.　　1107R
小松原 明哲　　968R
小松原 仁　　305L
小松崎 篤　　830L, 1424L
Kommerell, G.　　698L
Komoda, M. K.　　701R
今 悠気　　1350L
Kondo, H.　　204R, 205L
Kondo, H. M.　　999L
König, A.　　423R
Koning, A.　　259L
古野間 邦彦　　689L
Kontsevich, L. L.　　34R
Konyo, M.　　1208R
昆陽 雅司　　1208R
Kopčo, N.　　1054R, 1055R, 1056R
Kopfermann, H.　　1271L
Kopinska, A.　　1668R, 1669R
Korte, A.　　768R, 1293R
厚生労働省社会・援護局障害保健福祉部　　890L
Koseleff, D.　　1273L, 1327L
越仲 孝文　　1165R
Koshino, H.　　206R
Kosslyn, S. M.　　240R, 241L
Kotake, Y.　　462L
河内 まき子　　660L
河野 芳郎　　1350L
Kountouriotis, G. K.　　797R, 798L
Kourtzi, Z.　　641L, 785R
厚生労働省　　1379R
Koush, Y.　　114R
Kovar, K. A.　　1511R
Kowler, E.　　167L, 254L
古崎 敬　　1329L
Kozlowski, L. T.　　799R
Kralj-Hans, I.　　838L
Krauskopf, J.　　452R, 851L
Krautwurst, D.　　1455L
Krauzlis, R. J.　　167L, 839L
Kravitz, D. J.　　268L, 364R

Kreiman, J.　　1166L
Krekelberg, B.　　255L, 785R
Krieger, D. T.　　1589R
Kriegeskorte, N.　　100R, 959R
Krill, A. E.　　519L, 537L
Kringelbach, M. L.　　1540L, 1544L
Kristjánsson, Á.　　141L, 144L
Krizhevsky, A.　　958R
Kroeze, J. H. A.　　1552L, 1567R
Krubitzer, L.　　1219L
Krueger, L. E.　　1382L
Krumhansl, C. L.　　1096R, 1097L
Kruschke, J. K.　　32L, 33R, 34L, 49R
Kruskal, J. B.　　56R, 58LR
Kuang, X.　　854R
久保 真澄　　319L
Kuhl, P. K.　　1143R, 1146R, 1153L, 1175L, 1178L
Kuhl, S. A.　　944R, 945L
Kulikowski, J. J.　　624R, 781L
Kumada, T.　　147L
Kumar, T.　　716L
Kunimatsu, J.　　1643
Kunz, B. R.　　944R, 945L
Kupfer, T. R.　　222L
Kurakata, K.　　1036R, 1037R
栗原 良枝　　1566R
Kuriki, I.　　432R
栗木 一郎　　129L, 548R
栗和田 しづ子　　1603R
黒田 亮　　880L, 881L, 882L, 1273R
Kuroki, D.　　712L
Kuroki, S.　　1282R
Kurtz, L. A.　　901L
Kusajima, T.　　1382R
Kusano, T.　　698L
草野 勉　　694R, 698L
Kushnerenko, E.　　1153L
Kuwano, S.　　1034R
桑野 園子　　1036R
Kveraga, K.　　266L
Kwakye, D.　　244R
京極 秀樹　　1393R

L

Labbe, D.　　1624L, 1625L
LaBerge, D.　　125L, 127L, 145R, 151L, 161L
Lackner, J. R.　　1343L, 1367R, 1441L
Làdavas, E.　　239R
Ladd, D. R.　　1163L
Ladefoged, P.　　1043R
Lafer-Sousa, R.　　426L, 426R
Lakatos, P.　　162R
Lakatos, S.　　1293R
Lakowski, R.　　529R
Lallier, M.　　896R

Lambert, K. G.　1588L
Lamme, V. A. F.　676L
Lamont, A.　1097L
LaMotte, R. H.　1282R
Land, E. H.　426R, 427L, 429R
Land, M.　798L
Land, M. F.　254L, 796R, 838R
Landau, W. L.　1014L
Lander, K.　664R, 665R
Landman, R.　159R
Landy, M. S.　678L, 680L, 725L, 740R
Lang, P. J.　1403R
Langdell, T.　899L
Langendijk, E. H.　1056R
Langer, J.　1663L, 1663R
Langer, M. S.　737L
Langner, G.　995L, 996R
Lanthony, P.　530L
Lanza, J.　1060R
Lappe, M.　794R, 795R, 796L
Lappi, O.　797R
Large, E. W.　1103L
Larsen, H.　520L
Larson-Prior, L. J.　94L
Larsson, M.　1475R, 1476L, 1486L, 1487R
Lasiter, P. S.　1538L
Lasschuijt, M. P.　1576R
Latinus, M.　1140R
Latta, R.　880R, 881L, 882L
Lau, A. S.　1171L
Lau, B. K.　1084R
Laubrock, J.　856R
Laukka, P.　1171L
Laurienti, P. J.　243L
Lauterbur, P. C.　94L
Lavie, N.　127R, 150L
Lavrenteva, S.　648R
Law, C. T.　271R, 276L
Lawless, H. T.　1486L
Lawrence, G.　1501L
Lawson, R.　259L
Lazarus, R. S.　12L
Le Brun, M.　1065L
Le Grand, Y.　531L
Le Meur, G.　924L
Le, A. T. D.　221R, 222L
Leat, S. T.　889L, 890R
Leaver, A. M.　1002R
Lebedev, M. A.　166R
Leber, A. B.　156L
Lechelt, E. C.　1328R
Lécuyer, A.　789R, 1325LR, 1347R, 1349L
Lederman, S. J.　1222L, 1316L, 1322L, 1323R, 1325L, 1338R, 1339R, 1340L, 1347R, 1383R, 1399L
Ledgeway, T.　776R

Lee, W. E. III.　1469L
Lee, A.　1056R
Lee, B. S.　1134R
Lee, C. S.　1095L
Lee, D. N.　791LR, 798R
Lee, H.　1528L
Lee, H.-C.　429R
Lee, J. H.　946L
Lee, J. Y.　1461L
Lee, R. J.　1600R
Lee, S. A.　1162R
Lee, S. H.　281R, 714L
Lee, T. S.　733L
Leer, A.　1488R
Lefèvre, P.　832L
LeGates, T. A.　372L
Legge, G. E.　602LR, 603L, 604R, 1379L, 1382L
Legrain, V.　1510R
Lehky, S. R.　261L, 676R
Lehmann, A.　648LR
Lehmkuhle, S. W.　767L
Lehrner, J. P.　1475R
Leibold, L. J.　1029R, 1030L, 1031R
Leigh, R. J.　830L, 831L
Lejeune, H.　1665L
Lemlich, R.　1663R
Lemon, C. H.　1537L
Lende, R. A.　1255R
Lenggenhager, B.　238L, 1341R, 1370L
Lennie, P.　459R
Lenoir, M.　838R
Lerner, E. A.　1344R
LeSauter, J.　1589R
Leslie, A. M.　805L
Lestienne, F.　791L
Lethuaut, L.　1469R
Leung, R.　1348L
Léveillard, T.　916R
Levelt, W. J.　714R
Lévesque, V.　1347R
Levi, D. M.　744R
Levin, D. T.　134L, 140L
Levin, R. W.　405L
Levinson, D. B.　159R
Levitan, C. A.　1502L
Levitt, H.　38R
Lewald, J.　1670L
Lewis, D.　1533R
Lewis, D. E.　436L, 443R
Lewis, J. W.　1217R, 1219L
Lewis, P. A.　1639L, 1661L, 1665R
Lewkowicz, D. J.　244L
Lew-Williams, C.　1176L
Lhamon, W. T.　1660L
Li, B.　1661R, 1662L
Li, C.-Y.　638R, 640R, 648L

Li, L. J.　266L
Li, M.　1527R
Li, Q.　160L
Li, W.　271R, 1471R, 1484R, 1489L
Li, X.　1326R, 1523R, 1568L
Li, Z.　145R, 342R, 343L, 597R, 598R
Liang, J.　342R, 343L, 597R, 598R
Liberman, A. M.　1142R, 1143L, 1145LR
Libet, B.　90L
Lichtenauer, M. S.　215L
Lichtenstein, M.　773L, 1638L
Licklider, J. C. R.　995L, 1053L
Lieberman, H. R.　39L
Lieberman, P.　1131L
Liebmann, S.　648L
Lim, K.　943L
Lin, C. S.　355R
Lin, F. H.　91L
Lincoln, M.　1134R
Linden, D. E.　242L
Lindquist, S. I.　159L
Lindström, E.　1113R
Ling, J.　1590L
Link, S. W.　28L
Linvill, J. C.　1302L
Lippmanm, C. W.　1369L
Lisberger, S. G.　839L, 843R, 845R
Lisker, L.　1142R
Lissauer, H.　918R
Liter, J. S.　725L
Litleskare, S.　943L
Little, A. C.　220L
Litvak, V.　91R
Liu, H.　1537R
Liu, H. M.　1176L
Liu, T.　158LR, 160R
Liu, X.　1206R, 1207L
Lively, S. E.　1144R, 1145L
Livingstone, M. S.　416L, 459L, 460L, 461LR, 648L, 675R, 782R
Lloyd, D. M.　237R
ロケーションベース VR 協会　326L
Lochner, J. P. A.　1032R
Locke, J.　3R, 4L, 878L, 1273R, 1325R
Lockley, S. W.　371R, 372L
Lockwood, P. L.　1246R
Loconsole, C.　1389R
Loehr, J. D.　1117L
Loffler, G.　644R
Logan, J. S.　1144R, 1145L
Logie, R. H.　200L, 200R
Logothetis, N.　264L
Logothetis, N. K.　96L, 713R
Logue, A. W.　1590L
Löken, L. S.　1402L
Longo, M. R.　1345R
Longuet-Higgins, H. C.　793LR,

人名索引

1095L, 1096R
Loomis, J. M.　708L, 799L, 1054R,
　1055L, 1302L, 1303LR
Lopez, U.　1369L
Lopez-Moliner, J.　785L
Lotto, A. J.　1147R
Loui, P.　1091R, 1092L
Louis-Sylvestre, J.　1588R
Lovejoy, L. P.　168L, 169L
Lowe, D. G.　264L, 333R
Lowe, M. R.　1586R
Lowry, E. M.　403R
Lu, H. D.　459L, 461R
Lu, S. A.　150L
Lu, Z. I.　611L
Lu, Z. L.　596L, 611R, 612LR, 614L,
　776R, 778LR
Lubar, J. F.　114L
Lucas, B. D.　333R, 775R
Lucas, R. J.　372R
Lucca, A.　1318R
Luce, P. A.　1182R
Luce, R. D.　6R, 32R, 39R, 40LR, 43R,
　44L, 46L
Luck, G.　1117L
Luck, S. J.　90L, 150L, 151L, 156L,
　164R, 201L, 277LR, 278LR, 279LR,
　280L
Lucker, J. E.　900L
Luckiesh, M.　404R
Ludlow, A. K.　899R
Ludvigson, H. W.　1511L
Lund, J. S.　355R
Luo, M. R.　495L, 501R
Luria, S. M.　417L
Lustig, C.　1661L
Lux, S.　1642R
Lyall, V.　1525R
Lyman, B. J.　1486L, 1486R
Lynch, M. P.　1097L
Lyon, M. F.　537R
Lyons, M.　333L
Lysakowski, A.　357R
Lyu, S.　266L

M

Ma, C. L.　170R
Ma, D. S.　333L
Ma, K.　1341L
Ma, W. J.　279L, 1664R
Maaranen, T. H.　546R
MacAdam, D.　430R
MacAdam, D. L.　491R
MacDonald, A. W. III,　204R
MacDonald, J.　1150L
MacDorman, K. F.　222L
Macefield, V. G.　1284L

Mach, E.　786R, 1102R, 1105LR
Machado, A.　1652R
Macht, M.　1590L
MacInnes, W. J.　856R
Mack, A.　17R, 135L
MacKay, D. M.　770R, 784R
MacKay, G.　549R
Mackie, R.　888R
Mackworth, N. H.　153R
MacLeod, C. M.　148R
MacLeod, D. I. A.　389R, 430R, 509L
Macmillan, N. A.　27R, 28L, 29LR,
　39L, 63R, 64L, 66LR, 68R, 70L, 75L,
　76L, 78L
Macrosson, W. D. K.　218R, 219L
Madison, G.　1115R
Maekawa, K.　1161L, 1179L
前川 喜久雄　1160L, 1162R, 1163L
前野 隆司　1206R
Maes, H. H. M.　1575R
Maeshima, S.　172L
Maess, B.　1097L
前谷 近秀　1540L
Maex, R.　832R
Magee, L. E.　1301R
Magnotti, J. F.　1152L
Magnuson, J. S.　1184R, 1185L
Mahendran, A.　959R
Maher, L. M.　1022R
Mahoney, J. R.　243R
Mahroo, O. A.　426R
Maihöfner, C.　1237L
Maison, S. F.　997L
Maiz, E.　1590L
馬嶋 昭生　518L, 525L, 528R, 535L,
　536LR, 537L
Majima, K.　261L
Makin, T. R.　237R
Makovski, T.　160L
Maksimovic, S.　1212L, 1279R, 1283L
Malania, M.　599R
Malapani, C.　1667R
Malcom, R.　1415L
Malik, J.　678L
Maljkovic, V.　142R
Malnic, B.　1456L
Maloney, L. T.　52LR, 53L, 425R,
　431R, 683L, 721R
Malpeli, J. G.　356R
Mamassian, P.　729R
Manabe, M.　1625R
Mandai, M.　924R
Mandler, M. B.　624R, 625L
Mandrigin, A.　1366R, 1368R
Mangini, M. C.　657R
Mangold, J. E.　1538R
Mangun. G. R.　147L
Manly, T.　154L

Mann, B. H.　1184R
Mano, H.　1231R
Mansfield, J. S.　698L, 699L
Mansfield, P.　94L
Mansour, A. R.　1252L
Mäntyjärvi, M.　545L
Mapp, A. P.　699LR
Maravita, A.　240L
Marchman, V. A.　1177L
Mareschal, L.　777L
Margulies, D. S.　1640R
Maricich, S. M.　1285R
Marinkovic, K.　1488R
Markopoulos, F.　1458R
Markov, N. T.　256L
Marks, L. E.　1027L, 1033LR, 1035L,
　1625L
Marks, L.　27R
Marlow, P.　213R, 215LR
Marotta, A.　1326R
Marotta, J. J.　1320R
Marozeau, J.　1033L, 1033R
Marr, D.　14R, 259L, 261R, 263L,
　728R, 775R, 838L, 955L, 956L
Marré, M.　540L
Marrocco, R. T.　357R
Mars, F.　797L
Marshak, W.　780L
Marshall, K. L.　1282L
Marslen-Wilson, W.　1179R
Martin, A.　463R
Martin, B.　1665R
Martin, G. N.　1486R
Martin, L. J.　1536L
Martin, P. R.　451R, 453L
Martinez, A.　147L
Martinez-Conde, S.　850R, 851R,
　852L, 854R, 856L
丸岡 浩幸　1387R
Masaoka, Y.　1480L, 1488L
政岡 ゆり　1510L
Masin, C. M.　1327R
Mason, M. F.　152L, 159L
Massaro, D. W.　243R, 1152L
Masson, G.　847R
Masuda, K.　1523R
増田 敬史　908L
増山 英太郎　967R
Mateeff, S.　235R
Matell, M. S.　1653R, 1655L
Mather, G.　725R, 767R, 776L, 799R
Mathews, N.　773R
Matsnev, E. I.　1441L
Matsubara, K.　125L, 127L
Matsuda, K.　827L, 848R
Matsue, R.　1343L, 1351R
Matsui, A.　1455R
Matsui, T.　996L

1701

Matsukura, M. 160L
Matsumiya, K. 712R, 947R
松宮 一道 713L
Matsumora, T. 462R
Matsumoto, C. 573R
Matsumoto, D. 1171L
Matsumoto, H. 112R
松本 英之 110L, 112R
Matsunaga, R. 1096LR, 1097LR
Matsuno, K. 567L
松尾 治亘 565R
Matsuo, Y. 174R
Matsushima, A. 166R, 167R
Matsushita, S. 723L
Matsuzawa, T. 445L
Matthews, B. H. C. 1265R
Matthews, H. 732R
Matthews, N. 711R
Matthews, W. J. 1661L
Mattingley, J. B. 173L
Mattingly, I. G. 1143L
Matusik, W. 214R
Mauguière, F. 359L
Mauk, M. D. 1656R, 1657R
Maunsell, J. H. 165LR, 782R, 850R
Maurer, D. 1175L
Max, M. 1523R
May, O. L. 1536L, 1538R
May, P. J. 839L
Maye, J. 1175R
Mayer, J. S. 206L
Mayhew, J. E. W. 702R
Mays, L. E. 833L, 849L
Mazuka, R. 1176R
Mazzola, L. 1248R
Mbiene, J. P. 1536L
McAulay, J. D. 1105LR, 1106L
McAulay, R. 1137L
McCamy, M. B. 851L, 856L
McCarley, J. S. 141L
McClelland, J. L. 1179R, 1181R,
    1184R
McClure, S. M. 102L
McColl, S. L. 743L
McCready, D. 704R, 706L
McCree, K. J. 423R
McDonald, J. J. 155R, 162R
McDonald, S. 1390L
McFadden, D. 1056R
McFarland, J. 1317R, 1318L
McGinnies, E. 12L
McGlone, F. 1210L, 1212L, 1214LR,
    1220L
McGuire, G. 1135R
McGurk, H. 235L, 243R, 665R, 1145R,
    1149R, 1153L
McKee, S. P. 257R, 743R, 781R
McKeefry, D. J. 463L

McKemy, D. D. 1511L
McLachlan, N. M. 1082R
McLaughlin, S. 836R
McLaughlin, S. K. 1526R
McLeod, R. W. 798R
McMains, S. A. 128R, 151L
McManus, I. C. 439R, 440R
McPeek, R. M. 168R
McPheeters, M. 1536R
McPherson, M. J. 1085L
McQueen, J. M. 1143R, 1184R
McRae, J. F. 1457L
McTaggart, J. E. 1634L, 1636R,
    1637L, 1640L
Meadows, J. C. 549R
Mechler, F. 595R
Meck, W. H. 1663R
Meddis, R. 993L, 997R
Meenes, M. 1265L
Meese, T. S. 600L, 609R
Mehler, J. 1174R
Meier, B. P. 1517R
Meier, L. 625R
Meinzer, M. 1022R
Meister, M. 354R
Melvill Jones, G. 1425L
Melzack, R. 238R
Mendelson, M. 1284R
Meng, L. 1535R
Mennella, J. A. 1485R
Menninger-Lerchenthal, E. 1369L
Merbs, S. L. 516L
Merchant, H. 1642R, 1643R, 1657R
Meredith, M. A. 243L
Merigan, W. H. 356R
Merrikhi, Y. 167R
Mershon, D. 1054R, 1055R, 1056L
Messing, D. P. 997L
Mesulam, M. M. 172L
Metelli, F. 212R, 216R, 652L, 728R
Metha, A. B. 624R
Metherate, R. 169R
Metzger, W. 8R, 652L, 729R, 806L,
    1105R
Meullenet, J. F. 1566L
Meyer, M. L. 206R
Miceli, G. 1147R
ミケランジェロ 1409R
Michelas, A. 1162R
Michelson, A. A. 1635R
Micheyl, C. 1135R
Michon, J. 1638R
Michotte, A. 637L, 804R, 805L
Middendorf, M. 92R
Middlebrooks, J. C. 1059L
Miele, J. A. 1389L
Mihalas, S. 676L
Mikellidou, K. 594R

Miki, S. 848L
Miles, C. 1486L
Miles, F. A. 846R, 847R
Millar, S. 1317LR, 1380R, 1381LR,
    1382L, 1383L
Miller, E. K. 160R
Miller, G. 1365R
Miller, G. A. 17L, 201R, 392L, 1028L,
    1055L
Miller, J. 280R
Miller, J. D. 1142L
Miller, J. M. 830R, 831L
Millot, J. L. 1511L, 1663R
Mills, D. L. 1177R
Millslagle, D. G. 838L
Milne, E. 895R, 898R
Milosavljevic, M. 155L
Milsum, J. H. 1413R
三村 將 1022R
Min, C. S. 1172L
皆川 和也 1292L, 1293L
Minai, U. 1174R
Minami, S. 90L, 112L, 256L
Minamoto, T. 205L
Minatani, K. 1389L
南谷 和範 1393L
Ming, D. 1569R
Miniussi, C. 164L
Minken, A. W. 831R
Minsky, M. 1325L
Mioni, G. 1660L
Mischenko, E. 703R
三科 智之 326R
Mishkin, M. 263R, 1147R
Misslisch, H. 832L
Mistlberger, R. E. 1589L, 1589R
Mitchell, P. 895R
Mitchison, G. J. 742LR
Mitsudo, H. 216R, 711R, 719R
光藤 宏行 728R
Mittelstaedt, J. 943L
Mitterer, H. 433R
Miura, H. 1525R
Miura, K. 832L, 847LR, 849R
三浦 佳世 211LR, 212LR, 218R,
    706R, 707L, 968R
三浦 雅展 1087R, 1088R, 1089R
Miura, Y. 1619R
宮川 知彰 707R
Miyake, A. 154L
Miyamichi, K. 1458R, 1459L
Miyamoto, K. 1641L
Miyaoka, T. 1399L
宮岡 徹 1300R
Miyauchi, R. 1106R
宮屋敷 英弘 710R, 722R
Miyazaki, K. 1053R
宮崎 謙一 1082L

Miyazaki, M. 1296R, 1638R, 1642L, 1649R, 1666R, 1670L
宮﨑 紀郎 966L
Miyazawa, K. 1176L
宮澤 利男 1552L
Miyoshi, M. A. 1526R
Mizoguchi, C. 1542R
溝口 舞子 1060R
Mizuno, N. 358R
Mochiyama, H. 1325L
Mochizuki, H. 1246R, 1247R, 1250L, 1251LR, 1252R, 1253L
Mochizuki, T. 878L
望月 登志子 878LR, 879LR, 880R, 881L, 883L, 885R
Moessnang, C. 1488R
Mogk, L. 888L, 888R
Mohamed Elias, Z. 941R, 942L
Moher, J. 148L
Mohler, B. J. 945L
Mohrmann, K. 1034L
Moidell, B. 699R
Mok, D. 831R
Mollon, J. D. 432L, 439L, 440L, 451R, 452R, 544L
Molyneux, W. 877R, 880L
Monai, H. 1255L
文部科学省 1270R
物井 寿子 1022R
Monosov, I. E. 164R
Montchal, M. E. 1644L
Montusiewicz, J. 1392L
Mon-Williams, M. 701L, 701R, 941R
Moon, C. 1174R, 1175L
Mooney, M. 1379R
Moore, A. B. 1488R
Moore, B. C. 1053R
Moore, B. C. J. 993R, 994L, 1029R, 1031LR, 1042L, 1044R
Moore, J. R. 1322L, 1322R
Moore, T. 167L, 167R, 370L
Moors, A. 145R
Morein-Zamir, S. 235L, 1675R
Moreland, J. D. 506R
Moreno, F. J. 838R
Morgan, M. J. 648L
Morgenstern, Y. 614R
Mori, H. 1163L
森 大毅 1159R, 1162L
Mori, K. 1458L, 1458R
Mori, M. 222L, 1581R, 1582R
森 周司 993L
Moriguchi, Y. 107R
Morikawa, K. 651L
森川 和則 651L
Morillon, B. 1665R
森本 政之 1054R
Morimoto, T. 426R, 430R, 431L

盛永 四郎 1320L
Morin-Lessard, E. 244L
森岡 周 1366L
Moris Fernández, L. 1152L
Morise, M. 1136L, 1164L
森田 和元 949R
Morita, T. 464R, 801R
Morley, E. W. 1635R
Morrillo, M. 838R
Morrone, M. C. 873R, 1674R
Morrongiello, B. A. 1097L
Morrot, G. 1485R, 1502R, 1588L
Morton, J. 1179L, 1184R
Moseley, G. L. 237R, 1340R
Moser, E. I. 16R
Moskowitz, H. R. 1483L
Moss, A. G. 1486R
Moss, F. C. 1091L
Moss, J. D. 942R
Moss, M. 1511LR
Most, S. B. 136L, 156R
Motoki, K. 1627R
Motomura, N. 1013R
Motoyoshi, I. 212R, 213LR, 215R, 217L, 265L, 265R, 266L, 683L
本吉 勇 215R
Mottron, L. 894L
Moulines, E. 1137R
Mount, G. E. 702L
毛利 優之 1284L
Mousty, P. 1382L
Moutoussis, K. 461L, 1669L
Movshon, J. 779L
Mueller, A. 173R, 174L
椋野 要 1272R, 1290R
Mullen, K. T. 420R, 421R, 461R, 601L, 769L, 778R
Müller, F. 353L
Müller, G. E. 1267L
Muller, H. J. 130L
Müller, J. 1131L
Müller, J. P. 2R, 1262L
Müller, J. R. 168L
Müller, M. M. 151L
Mullins, P. G. 102R
Munafo, J. 943L
Munger, B. L. 1284L
Munhall, K. G. 1149R, 1150LR
Munoz, D. P. 174R
Munsell Color Services Lab of X-Rite, I. 530L
Munson, W. A. 1029L
村井 隆一 319R
Murai, Y. 1665R, 1666L, 1667LR
Murakami, I. 258L, 771L, 851L, 853R, 854L
村上 郁也 27R, 28R, 30R, 64L
Murase, H. 264L

Murata, K. 1460R
Murata, T. 567R
Murayama, N. 1540R
Murphey, D. K. 463R
Murphy, C. 1486LR
Murray, A. M. 160L
Murray, E. 1264R
Murray, I. J. 427L
Murray, R. F. 400R, 658L
Murray, R. G. 1519R
Murray, S. O. 706L
Musatti, C. L. 725L
Mustari, M. J. 360L
Mustonen, J. 598R
牟田口 辰己 1388R
Myers, N. E. 160L

N

Nabeta, T. 143R
Nachmias, J. 602LR, 851L
Nadler, J. W. 367R
Nafe, J. P. 1290R
永原 宙 1398R
Nagai, J. 223L
永井 淳一 435LR
Nagai, M. 656R, 657L, 658LR
永井 聖剛 68R
Nagamatsu, L. S. 159L
永野 光 1399L
Nagata, S. 582L
Nagata, Y. 1465R
永田 好男 1466L
Nagel, F. 1115L
Naguib, M. 1054L
Nagy, A. L. 908R
内藤 智之 658R
Naka, K. I. 491R
Nakadomari, S. 550R
仲泊 聡 550L, 551L, 919L
Nakagawa, K. 1255R
Nakagawa, S. 358R
Nakajima, Y. 1101L, 1102L, 1106R
中島 義明 766L
中島 祥好 1100L
中嶋 優 212L
中溝 幸夫 688L, 694R, 695R, 698R, 833R
Nakamura, D. 957L
中村 光 1022R
Nakamura, S. 789L
中村 信次 786R
Nakamura, T. 1116L, 1350R, 1351R
中村 富久 1432L, 1433LR
中村 敏枝 212R
Nakamura, Y. 963R
中根 芳一 962L
中西 雅夫 1013R

1703

Nakanishi, S. 349L
中西 達彦 1048R
Nakano, S. 1484L
中野 詩織 1466R, 1511R
中野 泰志 891R, 1379L
中野 良樹 1511L
中尾 敬 90L
中谷 和夫 49L
Nakatani, M. 1282R, 1283L, 1323R, 1348R, 1402L
仲谷 正史 1323R, 1348R, 1393R
Nakatani, Y. 581L
中山 英樹 332R
Nakayama, K. 130L, 257L, 637R, 709L, 712R, 766LR, 771R, 786R, 787L
中里 雅光 1577R
仲里 博彦 538R
中村 芳樹 963L, 964LR, 965L
難波 精一郎 28R, 49L, 1035R
Namba, S. 212L
南部 篤 87L, 94L
並木 祐子 545R
Namima, T. 462LR
Naor-Raz, G. 436L
Narbutt, M. 1068L
Nardini, M. 242R, 741R
Narukawa, M. 1534L
Narumi, T. 1588R
Nassi, J. J. 360R, 370L, 459L, 461R
Nasu, A. 1295R
Natasha, G. 924R
Nathan, P. W. 1236L
Nathans, J. 515R, 516L, 517R, 518R, 520R, 535R
National Federation for the Blind. 1379R
Navalpakkam, V. 140L, 145R, 153L
Navarro, D. A. 1588L
Navon, D. 149R
Nawrot, M. 723L, 780R
Nayebi, A. 961L
Nazzi, T. 1174L, 1176L, 1177R
Negoias, S. 1485L
Neisser, U. 12R, 13R, 135R, 156R
Neitz, M. 517R, 535R
Nelson, G. 1523R, 1524L
Nelson, P. C. 996R
Nelson, R. 350L
Nemeroff, C. 221L
Nerger, J. L. 508R
Neri, P. 605R, 659L, 711R
Neth, C. T. 946R, 947L
Neubarth, N. L. 1279R
Neuenschwander, S. 354R
Neuhaus, W. 1291R
Neuhoff, J. G. 1055L
Neuling, T. 162R

Neumüller, M. 1391R
Neuwirth, M. 1091L
Newhall, S. M. 432R
Newman, R. S. 1178L
Newsome, W. T. 772LR, 839LR, 840L
Newton, I. 7R, 1634R, 1635L
Nguyen, A. 959R, 960R
Nicogossian, A. E. 1439R
Nicolelis, M. A. L. 113R
Niemeier, J. 1253LR
日本眼科医会研究班 890L
日本遺伝学会 518R
日本規格協会 901R
日本脳卒中学会 脳卒中ガイドライン委員会 1023R
日本音響学会 1036R, 1066R
日本音声学会 1129L
日本音声言語医学会 1066L
日本産業衛生学会 1038R
日本産業規格 399R, 404R, 405L
日本精神神経学会精神科病名検討連絡会 1018L
新倉 栄二 318L
Niimi, R. 262R
Niimura, Y. 1455R
Nijhawan, R. 255L, 649L, 784R, 1669L
二唐 東朔 881R
Niketeghad, S. 925R
Nikitenko, D. 431R
Nikolaev, Y. A. 1279R, 1284R
NINDS 1018L
Ninio, J. 718R
Ninomiya, K. 1611L
Ninomiya, Y. 1525L
Nishi, K. 1145L
Nishida, S. 127L, 212R, 214R, 265L, 340L, 714L, 767LR, 776R, 777L, 784L, 1669L
西田 眞也 766L
Nishida, Y. 567L
Nishikawa, N. 1642R
Nishimoto, S. 99L
Nishio, A. 216L, 266L, 369R, 683R
西尾 正輝 1131R
Niso, G. 94L
Nitsche, M. A. 110R
Nitta, H. 221L
入戸野 宏 90L, 94L
Niwa, Y. 547L
Nobile, D. 1091R
Nobre, A. C. 150L, 159R, 164L, 1639R
信吉 真璃奈 899L
Noel, J. P. 240L
野口 薫 212L
Nolan, C. Y. 1381L

Nolan, F. 1165R
Nombela, C. 1115R, 1116L
Nomura, A. 349L
Norcia, A. M. 90L, 716L, 872L
Norman, J. 705R
Norman, J. F. 725L
Norman-Haignere, S. V. 998R
Normann, R. A. 574L
Norris, D. 1144L, 1183L, 1184R, 1185L
Noseda, R. 372L
能登谷 晶子 1013R, 1014L, 1016L, 1020L
Noudoost, B. 170R
Noulhiane, M. 1665R
Noury, N. 112L
Nováková, L. 1476L
Nowlis, G. H. 1537L
Nuding, U. 839R
Nuemket, N. 1523R
Nummela, S. U. 168R
Nygaard, L. C. 1163R, 1173L

O

O'Brien, J. J. 452R
O'Connor, K. 898R, 899L
O'Craven, K. M. 16R, 157L, 160R
O'Doherty, J. 220L
O'Hare, L. 221R
O'Keefe, J. 16R, 1641R
O'Keefe, L. P. 777L
O'Regan, J. K. 132R, 133L, 912L
O'Shea, R. P. 702L
Oaten, M. 221L
Obama, B. 1389R
尾畑 文野 1049R
Obayashi, S. 241R
O'Brien, V. 403R
落合 博明 1037R
落合 信寿 970R
Ochoa, J. 1280R
Ochsenbein-Kölble, N. 1583R
小田 浩一 891L, 891R
Ofuka, E. 1163L
Ogawa, H. 143R, 1536R, 1543R, 1545R
小川 洋和 143L
小川 清隆 320L
小川 緑 1501L, 1483R
Ogawa, N. 265R
Ogawa, S. 95R
小川 容子 1063L
Ogden, J. 1253R
Ogden, R. S. 1664L
Ogle, K. N. 711R
小黒 啓介 1208R
Ohala, J. J. 1145R

人名索引

Ohara, I.　1580R
大畑 晶子　884R
大庭 紀雄　519L, 565R
Ohgushi, K.　1117L
大串 健吾　1117R
Ohka, M.　1325L
Ohmi, M.　789L
Ohmoto, M.　1527L
Ohta, S.　1008L
Ohta, Y.　567L
太田 安雄　518R, 523L
Ohtake, H.　1223L
大谷 貴美子　1588L
大谷 公子　519L
Ohtani, Y.　620L, 620R
大田原 一成　325R
Ohtsuka, S.　721R
Ohzawa, I.　605R, 957R
Ohzawa, L.　598L
大頭 仁　901R
Okabayashi, S.　948R
岡林 繁　949LR, 950R, 954L
Okada, A.　520L
岡田 顕宏　1095L, 1098R, 1099L
Okada, K.　244L
岡嶋 克典　402R, 404L
岡島 修　525L
岡本 士毅　1586R, 1587L
Okamoto, S.　1399L, 1400L
Okamoto, Y.　36LR, 47LR
岡本 安晴　32LR, 33L, 35L, 36L, 37R,
　55L, 81L, 81R
岡本 祐二　576L
Okazaki, Y. O.　162L
Okazawa, G.　216L, 679L, 958R
Okiyama, A.　1613L
大河内 智之　1392L
奥村 治彦　949L
奥村 智人　901L
Olatunji, B. O.　221L
Olds, J.　212L
Oliva, A.　259L, 264R, 267L, 436R,
　437L, 438L, 664L
Oliver, G.　1590L
Olkkonen, M.　215L, 428L, 432R,
　433L, 435R
Olman, C.　657L
Olofsson, J. K.　1481R
Olshausen, B. A.　616R, 957L
Ölveczky, B. P.　854L
Oman, C. M.　1443L
大森 治紀　1413L
大森 馨子　1345R
Onimaru, S.　789R
Ono, F.　1639R
Ono, H.　690R, 691L, 694R, 696R,
　697L, 698LR, 699LR, 709L, 721R,
　722R, 725R, 726R, 738R, 833R,

Ono, S.　839R, 840LR, 841L, 843LR
Onuma, T.　1624LR
Ooi, T. L.　708L
大木 秀一　1575R
Oomura, Y.　1576L
Oord, A. V. D.　335R, 1135R
Oord, A. v. d.　1068L
Oostenveld, R.　91R
Oouchi, S.　1391R
大内 進　1387L
Opitz, A.　111R
Oprian, D. D.　516L
Optican, L. M.　832R
Orban de Xivry, J. J.　254R
Ornstein, R. E.　1655L, 1657L
Orquin, J. L.　155L
Osa, A.　735R
Osaka, M.　204LR, 205L, 206R
苧阪 満里子　198L, 201R, 202L, 203L,
　205R
Osaka, N.　20L, 204LR, 1066R
小坂 直敏　1065L
苧阪 直行　16L, 17R, 19LR, 21R, 31R,
　202L, 203L, 206R
苧阪 良二　692R, 824L, 1060R
Osgood, C. E.　62L, 212L, 967L, 1503L
Oshima, K.　1379L
大島 研介　1379L
Ossipov, M. H.　1252L
Østerberg, G. A.　389L
Oswald, J.　924R
Otero-Millan, J.　851R, 852L, 856L
Otsuka, S.　997L
Ou, L.-C.　439R, 440R, 442L
Ouhnana, M.　652L
Oum, R. E.　221R
Over, R.　780R, 1317LR
Overath, T.　1002L
Overduin, S. A.　1294R, 1295L
Overney, L. S.　1369L
Owen, A.　20L
Owen, A. M.　203R
Oxenham, A. J.　1053L
Oxholm, G.　683R
Oyama, T.　212L, 642R, 705LR
大山 正　14L, 27LR, 32L, 33L, 37L,
　39L, 42L, 44L, 46R, 62LR, 63LR,
　212R, 646R, 675L, 717R, 768L, 952R,
　967R, 968L
小山田 雄仁　948R
Oyster, C. W.　360L

P

Pack, C. C.　362R
Packer, O. S.　352R, 454R
Pagés, J.　1566L
Paivio, A.　1481L, 1486R

Palmer, C.　1095L
Palmer, D. A.　709L
Palmer, J.　125L, 127L
Palmer, S.　259L
Palmer, S. E.　440LR, 442LR, 443L,
　642L, 643L, 689R
Palmeri, T. J.　1147L
Palmerino, C. C.　1488L
Palmisano, S.　718L, 789R, 943R
Pammer, K.　896R
Pan, F.　600L
Pan, K.　128R
Pan, Y.　640R
Panagiotidi, M.　245L
Panda, S.　372R
Panerai, F.　703R
Pangborn, R. M.　1570R
Pantle, A.　593L, 767L, 769R
Panum, P. L.　709L
Papathomas, T. V.　649L, 732R, 736R,
　737R, 738L
Papcun, G.　1167R
Papoiu, A. D.　1252L,R
Paradiso, M. A.　640R
Pardo, J. V.　172R
Parducci, A.　50L, 50R
Paré, M.　1213L, 1282L, 1283L, 1284L
Paries, C. V.　236L
Park, A. S. Y.　853R
Park, J.　1664L
Park, M.　946L
Park, S.　137L
Parker, L. A.　1587R
Parr, W. V.　1485L
Párraga, C. A.　432L, 439L, 440L
Parraman, C.　1391R
Parrish, C. S.　1318L
Parseihian, G.　1054R
Parsons, L. M.　240R, 241L
Parton, A.　172L
Pascual-Leone, A.　1380L
Pascual-Marqui, R. D.　91L
Pashkovski, S. L.　1459R
Pashler, H.　131L, 278L
Pasnak, R.　1318R
Pasqualotto, A.　261R
Pasquero, J.　1207R
Pastore, R. E.　1638L
Pasupathy, A.　266L, 462L, 644R,
　675R, 958L
Patapoutian, A.　1231R
Patel, A.　1107R
Patel, A. D.　1115R
Pathak, A.　1627R
Paton, B.　244R, 897R
Paton, J. J.　1642R, 1643R
Patterson, J.　1317LR, 1320L
Patterson, K.　1020R

Patterson, M. L.   1153L
Patterson, R. D.   993R, 994L, 995L, 1051L
Paulesu, E.   203L
Paulun, V. C.   218L
Paulus, W.   792L
Pavani, F.   238L, 1340L
Pavel, M.   1032L
Pavio, A.   240R
Pavlova, M.   799R
Peelen, M. V.   258R
Peer, M.   1637R, 1640L
Peh, C. H.   703L
Pei, Y. C.   1218L
Peichl, L.   353L
Peiffer, A. M.   243L
Peirce, J.   332R
Peirce, J. W.   331R
Peissig, J. J.   260R
Pellegrino, R.   1469R
Pelli, D. G.   315L, 612L
Penfield, W.   1245R, 1366R
Penney, T. B.   1665R
Pentland, A.   38R
Pérez, C. A.   1526R
Perez-Marcos, D.   948L
Perez-Pinera, P.   1279R
Perrachione, T. K.   1164L
Perrett, D. I.   662L, 665L
Perrin, L.   1566R
Perrone, J. A.   366R, 793R
Perrott, D. R.   1056R
Perrotto, R. S.   1537R
Perry, S. D.   1285R
Perry, V. H.   351R
Persike, M.   644R
Persson, J.   206L
Persuh, M.   640L
Peters, R. M.   1285R, 1379L
Petersen, S. E.   151R
Peterson, G. E.   1142L
Peterson, M.   636L
Peterson, M. A.   636L, 721R
Petkova, V. I.   1341L
Petrini, K.   1117R
Petrovich, G. D.   1587L, 1589L
Petzschner, F. H.   1666LR, 1667L
Peyvieux, C.   1560L
Pfaffmann, C.   1537L
Pfeiffer, J. C.   1624L
Pfordresher, P. Q.   1134R
Pfurtscheller, G.   90L, 240R
Phan, K. L.   1168L
Pharr, M.   334R
Philippon, A. C.   1167R
Philippot, P.   1170L
Phillips, D. P.   1059L
Phillips, K.   1487L

Phillips, W. A.   276R, 277L
Pianta, M. J.   710R
Pickford, R. W.   536L
Piéron, H.   1263R
Pierrehumbert, J. B.   1147L
Pikler, J.   769L
Pilorz, V.   373R
Pinckers, A.   519L, 530L, 545L
Pineau, N.   1560L
Pinna, B.   682R, 770R
Piotrowski, L. N.   595R
Pirchio, M.   871R, 873L
Pisoni, D. B.   1135R, 1143L. 1146L
Piston, W.   1087R
Pitt, F. H. G.   520R
Pitt, M. A.   1184R
Pittenger, J. B.   659R
Pittera, D.   1292R, 1293R
Pizlo, Z.   689R
Plack, C. J.   1055L
Planetta, P. J.   1294R
Plateau, J.   389R
Plattig, K. H.   1540L
Platz, F.   1117LR
Pliner, P.   1590L
Plomp, R.   1029L
Plummer, D. J.   653L
Poellinger, A.   1471R
Poggio, G. F.   850R, 957R
Poggio, T.   264L
Pogosyan, A.   111R
Pogson, J. M.   838R
Pokorny, J.   507L, 521R, 522L, 523L
Pokrovskii, A. I.   879L, 880R
Pol, H. E. H.   1469R
Polak, B. C.   548L
Polat, U.   608LR, 643R
Poletti, M.   851L, 853L, 854L, 856L
Polich, J.   89R
Polka, L.   1176LR
Pollick, F. E.   799R
Ponce, C. R.   366L, 367R
Poncelet, J.   1475R, 1482R
Pons, T. P.   1217R, 1219L
Ponsot, E.   1035L
Ponzo, M.   1338R
Pool, E.   1489L
Poom, L.   638R
Poort, J.   676LR
Popham, S.   1138R
Popova, E.   350R
Pöppel, E.   1634L, 1638L, 1653L
Porac, C.   699R
Porreca, F.   1252L
Porro, C. A.   241L
Port, R. F.   1107L, 1142R
Portilla, J.   212R, 265L, 333R, 677L, 678R, 958L

Posner, M. I.   128R, 130L, 140R, 145R, 147L, 149L, 150R, 151R, 152L, 158R, 160L
Post, R. B.   789L
Postman, L.   12LR
Potter, M. C.   148L, 264R, 436R
Pouthas, V.   1642R, 1665R
Povel, D.-J.   1103LR
Power, M. L.   1588R, 1589R
Prattichizzo, D.   1351R
Prazdny, K.   638R, 725L, 793L
Premack, D.   802R
Prescott, J.   1483R, 1501R
Press, W. H.   79R, 80L
Previc, F. H.   791R
Price, C. J.   435R
Price, N. S.   840R, 841R, 843R
Priebe, N. J.   366R, 843R
Prigogine, I.   1636L
Prochazkova, M.   1520R
Prockop, L. D.   919R
Pronin, A. N.   1600L
Proske, U.   1266R
Prost, C.   1479L
Protopapa, F.   1643L
Provitera, V.   1214L
Pruszynski, J. A.   1282L
Pulfrich, C.   715R
Pulvermüller, F.   1022R
Punter, P. H.   1465L
Purves, D.   256R, 264L
Pyasik, M.   948L
Pylyshyn, Z. W.   166L

Q

Qian, N.   780L, 957R, 958L
Qiu, F. T.   638L
Quaia, C.   831R, 850R
Quessy, S.   837R
Quick, R. F.   610R
Quinet, J.   848R

R

Raab, D. H.   392L
Rabin, J.   426R, 543R
Rabin, M. D.   1486L
Radford, A.   961L
Raghunandan, A.   697L, 697R
Rahi, J. S.   743R
Rahman, A.   112R
Raichle, M. E.   205R, 206L, 1640R
Rajaei, N.   1218R, 1325L
Ramachandran, V. S.   212R, 222R, 238R, 239L, 272R, 680R, 728R, 729L, 739L, 780R, 783R, 883L, 884R, 1339R, 1341R, 1350R, 1366L, 1367R,

1502L

Ramat, S. 832L

Rameau, J. P. 1087LR

Ramus, F. 1107L, 1174R

Rance, M. 1247R

Rangarajan, V. 463R

Rankin, C. H. 1469R

Rao, A. R. 212R

Rao, R. P. 255R

Rao, S. M. 1642R

Raphael, L. J. 1142R

Raphan, T. 831R

Rasch, R. A. 1116R

Rasengane, T. A. 874R, 875LR

Rashbass, C. 839R

Ratnam, K. 854R

Ratner, C. 433R

Rauschenberger, R. 638L

Rawson, N. E. 1475R

Raymond, J. E. 18L, 130R, 148L, 774L

Razzaque, S. 946R

Read, J. C. 710L

Read, J. C. A. 744L

Readinger, W. O. 798L

Reas, C. 332R

Reber, R. 211R

Recanzone, G. H. 1638L, 1675R

Redding, G. M. 242LR

Reed, C. L. 800R

Reed, P. 1486L

Reeder, R. 147L

Regal, D. M. 874LR

Regan, D. 636R

Regier, T. 457R

Reich, L. 1223R

Reichardt, W. 774R

Reichelt, A. C. 1589L

Reichenberger, J. 1590R

Reid, R. C. 457R

Reiner, M. 1328R

Reis, J. 111L

Remez, R. E. 1136L, 1144L

Remington, R. 130R

Ren, D. 1517L

Ren, W. 1528R

Rensink, R. A. 17L, 132L, 133L, 134R, 153L, 637R, 912L

Repp, B. H. 1116R, 1661L, 1676L

Reschke, M. F. 1445L

Revesz, G. 1316R, 1317LR, 1318LR, 1320L

Revol, P. 1449R

Reynaga-Peña,C. G. 1390L

Reynolds, G. S. 1033L

Reynolds, J. H. 165R

Rhodes, D. 1666R

Rhodes, G. 220L

Ricciardi, E. 1223R

Riccò, A. 387L

Rich, A. N. 140L, 222R

Richards, W. 706L, 743LR, 1641L

Richards, W. A. 260L

Richardson, A. R. 944R, 945R

Richardson, J. T. 1485R

Richardson, L. F. 1027L

Richter, C. P. 1589R

Richter, H. 242L

Ridding, M. C. 112R

Riddoch, G. 565R

Rideaux, R. 102R, 258L

Rider, A. T. 617R, 783R

Riecke, L. 111R, 999R

Riemer, M. 947R

Riesenhuber, M. 266R

Rietzler, M. 946R, 947L

Rifkin, B. 1566R, 1567L

理化学研究所 892R

Rilling, J. K. 1005L

Rima, S. 706R

Rinck, F. 1482L

Ringach, D. 658R, 955R

Ringach, D. L. 654R, 774L

Ringkamp, M. 1245L

Rinkenauer, G. 1328R

Riquimaroux, H. 1144L

Rivers, W. H. R. 1338R

Rivik, E. 1566L

Rix, A. W. 1068L

Rizzolatti, G. 16L, 167L, 239L, 268L, 364R

Roach, N. W. 1665R

Robert, M. T. 944L

Roberts, B. 1045R

Robertshaw, K. D. 797R, 798L

Robertson, A. 1316L, 1317L, 1318R

Robertson, A. R. 494R

Robertson, C. E. 781L

Robertson, I. H. 153R

Robertson, L. C. 223L

Robin, O. 1510L

Robinson, D. A. 828L, 832L, 834R

Robinson, F. R. 835L

Robinson, J. O. 733R, 734L

Robles-De-La-Torre, G. 1316L

Robson, J. G. 622L

Rochat, P. 803R

Roche, J. M. 1173L

Rock, I. 235L, 643L, 704R, 728L, 1345L

Rodieck, R. W. 357R, 956L

Rodman, H. R. 359L, 779L

Roe, A. W. 365R, 461R, 462L

Roelofs, C. O. 698R, 699R

Rogers, B. 723L, 738L

Rogers, B. J. 697L, 702R, 720L, 721R, 722L, 723R, 724L, 742L

Rogers, S. 723L, 724L, 899L

Rogers, S. J. 895L

Rohaly, A. M. 596L

Rohenkohl, G. 162L

Rokers, B. 366R, 716L

Roland, P. E. 1222L

Rolfs, M. 851R

Roll, J. P. 1342R

Rolls, E. T. 1225R, 1483R, 1540L, 1587LR, 1628R

Rombach, R. 335R

Romeiro, F. 683R

Roorda, A. 385R, 393R, 452R

Root, N. B. 225R

Roozendaal, B. 1589R

Ropar, D. 895R

Ros, T. 115R

Rosch, E. 259L

Rose, D. 19L, 697L, 1664L

Roseboom, W. 1666L

Rosen, A. M. 1537R

Rosén, B. 1365L

Rosenberg, M. 152L, 154L

Rosenblatt, F. 15L

Rosenblum, L. D. 1153L

Rosenbrock, H. H. 80L

Rosenholtz, R. 139R, 263R, 264R

Roska, B. 351L

Ross, D. A. 1083R

Ross, E. D. 1173R

Ross, H. E. 704LR, 705LR, 706L, 734LR, 1327L, 1328L

Rossetti, Y. 242L, 1449R

Rossi, A. F. 158L

Rossi, A. H. 403R

Rossi, S. 110L

Rossion, B. 435L

Rossit, S. 269R

Rothacher, Y. 947L

Rottach, K. G. 839L

Rouder, J. N. 278L

Roufs, J. A. 1638R

Rouse, H. 896L

Rouse, M. W. 743R

Roussin, A. T. 1537R

Roux, F. 87R

Rovamo, J. 599L, 600R, 618L, 623L, 772R

Roy, J. P. 721L, 850R

Roy, S. 457R

Royden, C. S. 794R, 795R, 796L

Royet, J. -P. 1483L

Rozin, P. 221L, 1489L

Rozsa, A. J. 1235R

Ruben, J. 1294R, 1295L

Rubin, A. 1033L

Rubin, D. C. 1487L

Rubin, E.   8R, 636L
Rubner, Y.   212R
Ruby, F. J.   159R
Rucci, M.   854L
Rudel, R. G.   1317LR
Rueda, M. R.   151R
Rufer, F.   543L
Ruggero, M. A.   1028L
Rumelhart, D. E.   15L
Rushton, S. K.   796L
Rushton, W. H. R.   389L
Russel, J. A.   1158R, 1168R
Russell, B.   219R
Rust, N. C.   258R, 955R
Rutschmann, J.   1638R
Ryan, C.   742R, 743L
Ryan, L. J.   1665R
Rykaczewski, K.   1239L
Ryles, R.   1379R

S

Saalasti, S.   1152R
Saalmann, Y. B.   161R
Sabesan, R.   393R, 394L, 452R
Sacchet, M. D.   114R
Sachs, M. B.   593R
Sadaghiani, S.   152L
Sadakata, M.   1107R
Sadathosseini, A. S.   1510R
Sadato, N.   1224L, 1380L
Sadeh, B.   662R
Saffran, J.   1176R
Saffran, J. R.   1175R
Sagawa, K.   714R
佐川 賢   884R, 1302R, 1304R, 1305L
Sagi, D.   125L, 271R
Sahm, C. S.   944R
Saida, S.   1302L
斎田 真也   830L
Saiki, J.   280R
Saita, A.   1627R
齋藤 亜矢   212R
Saito, D. N.   1225L
Saito, H.   780R, 782L, 1455L
Saito, M.   439R, 443L
Saito, S.   1465LR, 1466L, 1476R
斉藤 幸子   1464R, 1465LR, 1466R,
    1467LR, 1468R, 1470L, 1481R
Sajda, P.   681L, 682L
坂口 嚜   1464R
Sakai, K.   464L, 676L, 680LR, 682L,
    727R
Sakai, K. L.   1007L
Sakai, N.   1501L, 1588L, 1623R, 1625R
坂井 信之   1623R, 1626R, 1627L
酒巻 隆治   966L, 969L
Sakamoto, M.   1399R, 1402L

坂本 真樹   1401R
Sakano, Y.   215L
Sakata, M.   949L
Sakitt, B.   386L
Sako, N.   1534R, 1536R
Saksida, A.   1176R
佐久間 鼎   1272R
佐久間 尚子   1179L
Sakurai, K.   721R
桜井 政太郎   1387L
櫻井 美緒   1089L
Sakurai, S.   1588R
桜井 武   1586R
Salimpoor, V. N.   1115L
Salomon, R.   1341L
Saluja, S.   1627L
Salvucci, D. D.   798L
Sambo, C. F.   239R
Sample, P. A.   547L
Samuel, A. G.   1185R
Sanada, T. M.   366R
Sanchez-Vives, M. V.   947R
Sanders, A. F. J.   1318L
Sanders, M. D.   269R
Sanematsu, K.   1524L, 1570L, 1599R
実吉 綾子   331R
佐野 明人   1323R, 1324L
Sanocki, E.   534R
Santala, O.   1057L, 1058R
Saper, C. B.   1586R
Sarkar, D.   1439L
Sarter, M.   170L
Sasaki, K.   212L, 221R
佐々木 健一   211L
佐々木 清子   900L
佐々木 恭志郎   221R
佐々木 正晴   886R
Sasaki, R.   370R
Sasaki, Y.   271R, 274R, 276R, 595L
Satgunam, P.   916R
Sathian, K.   1380L
Sato, H.   459R
Sato, M.   93L, 716R, 924L, 1343L,
    1351R
佐藤 将朗   1381L
佐藤 正之   1108R
佐藤 雅之   741R, 742R
佐藤 未知   1350R
佐藤 しづ子   1601R, 1602R, 1603R,
    1604R
佐藤 宗純   984L
佐藤 隆夫   706R, 707L
Sato-Akuhara, N.   1456R
Satoh-Kuriwada, S.   1603R, 1605L
Saunders, J. A.   732R
Saunders, R. M.   1638L
Saur, D.   1007L
Sauseng, P.   162L, 281R

Savelsbergh, G. J.   798R
Savelsbergh, G. J. P.   798R
澤田 真弓   1382R
Sawada, T.   605R
Sawada, Y.   943R
Sawaki, R.   156L
Sawayama, M.   265L
Sayette, M. A.   159L
Sayim, B.   216R, 217L
Scase, M. O.   772R
Schaal, B.   1484L, 1485R
Schab, F. R.   1485R, 1487L
Schacter, D. L.   1641L
Schafer, R. J.   167L
Schall, J. D.   166L
Scharf, B.   1029R, 1030R, 1032L,
    1033LR
Schembre, S. M.   1600R
Scherer, H.   1429L, 1441R
Scherer, K. R.   1168L, 1170R, 1171L
Scherf, K. S.   894L
Schiff, W.   1055R
Schifferstein, H. N. J.   1503L
Schiffman, S. S.   61R, 1559L
Schiller, P. H.   350L, 356R, 462L,
    705R, 832L
Schlaer, S.   901R
Schlee, G.   1285R
Schlittenlacher, J.   1034R
Schlosberg, H.   1168R
Schloss, K. B.   440L, 442R, 443L
Schluppeck, D.   98L
Schmelz, M.   1245R
Schmidt, B. P.   451R, 452R
Schmidt, I.   536R
Schmidt, R.   1465L
Schmidt, T. M.   371R
Schmidtmann, G.   645R
Schmolesky, M. T.   264R
Schmuckler, M. A.   791R, 1096R
Schneeweis, D. M.   348R
Schneider, G.   1252R
Schneider, G. E.   267R
Schneider, K. A.   160R
Schneider, W.   145R
Schoenfeld, M. A.   158R
Schoffelen, J. M.   90R
Scholl, B. J.   804R, 805R
Schooler, J. W.   152L, 159L
Schooneveldt, G. P.   1052L
Schoonover, C. E.   1459R
Schor, C. M.   743R
Schoups, A.   271R
Schreiber, K.   719R
Schröder, M.   1141L
Schroeder, C. E.   357R
Schuell, H. M.   1018L
Schuller, B.   1163L

Schulmann, D. L.　792L
Schultz, R. T.　892R
Schulze, H. H.　1666R
Schumann, C. M.　892R
Schut, C.　1254R
Schütt, H. H.　593R, 594R, 611L, 615R, 616LR
Schutz, M.　1117R
Schwartz, O.　678R
Schwartz, S.　271R
Schwarz, U.　847R
Schweinberger, S. R.　1140R, 1164L, 1165R, 1167L
Schyns, P. G.　664L
Scott, G. I.　562L
Scott, T. R.　773R, 1537LR
Scott-Samuel, N. E.　769R
Scoville, W. B.　1640R
Scudder, C. A.　832L, 834R, 838L
Seaberg, M.　223R
Seamans, J. K.　170L
Secchi, L.　1391L
Sedgwick, H. A.　703R, 704LR, 705LR, 706L, 726R
Seebeck, A.　1033L
Segal, I. Y.　854R
Segerdahl, A. R.　1248R
Seidenberg, M. S.　1021L
Seiffert, A. E.　777L, 778R
Seifi, H.　1398R
Seitz, A.　272R
Seitz, A. R.　272R, 274R
関 啓子　1022R
Sekine, T.　1339L
Sekiyama, K.　240R, 241R, 242LR, 243R, 244L, 1152LR, 1153R
積山 薫　665R
Sekuler, A. B.　643L, 656R, 658L, 658R, 806L
Sekuler, R.　692R, 725R, 806R, 1670L
Sela, L.　1511R
Selfridge, O. G.　13R
Seli, P.　159L
Semke, E.　1485R
Senden, M. von　5L, 878L, 879L, 880L, 881L
Senna, I.　1344R
Seo, H. S.　1501R, 1502L, 1503L
Sepulveda, P.　114R
世良 彰康　900L
世良 直博　1062R
Serences, J. T.　150R
Sereno, M. I.　98L
Serino, S.　1350R
Serrà, J.　1089R, 1090L
Serrano-Pedraza, I.　711R, 742R
Serre, T.　264R
Setti, A.　243L

Séverac Cauquil, A.　792R
Seydell, A.　740R
Seydell-Greenwald, A.　1174L
Shadlen, M.　958L
Shady, S.　618R
Shafer, V. L.　1175R
Shah, A.　893L
Shah, P.　202R, 205L
Shahidullah, S.　1174R
Shaikh, A. G.　832L
Shallice, T.　145R
Shams, L.　235L, 236L, 1639L, 1675R
Shankar, M. U.　1502R
Shannon, C. E.　1113R
Shannon, R. V.　995L, 1144L
Shapiro, A.　784L
Shapiro, A. G.　733R, 784L
Shapley, R.　356R, 461L
Sharan, L.　213R
Sharma, A.　173R
Sharma, G.　328R
Sharpe, L. T.　508L, 619L
Sharples, S.　943L
Sheliga, B. M.　847R, 850R
Shen, J.　1511R
Shen, L.　649R
Shepard, R. N.　13R, 240R, 953L
Sheppard, D. M.　128L
Sheriga, B. M.　624L
Sherrick, C. E.　1291L, 1292LR, 1293L
Sherrington, C. S.　1265L, 1266R
Sherwood, M. S.　114L
Shi, R.　1176R
Shi, Z.　96L
Shi, Z. H.　1666R
Shibahara, M.　1327L
Shibata, K.　102R, 114LR, 115R, 271R, 276R
Shidara, M.　254R, 847LR
Shiffrar, M.　801L
Shiffrin, R. M.　145R
志賀 正徳　985L
志賀 智一　320L
Shigemura, N.　1600L
Shigenaga, S.　1034L
Shigeno, S.　1102L, 1171LR, 1172L, 1173L
Shikata, E.　261R
嶋田 明広　1207L
Shimada, S.　1365R
島岡 譲　1087LR, 1412L, 1413L
島津 浩　1412L
清水 邦義　1511L
清水 貴央　320R
Shimizu, Y.　1303L
清水 豊　1303R, 1387L
Shimojo, S.　682R, 712R, 718R, 806R, 873R

Shimono, K.　697LR, 698L, 699L, 743R
下野 孝一　694R, 695L
Shimura, T.　1536R
真貝 富夫　1534R, 1614R
Shinn-Cunningham, B. G.　1054R, 1056L
篠田 裕之　1206R
篠田 浩一　1129R
Shinohara, K.　1590L
篠原 恵介　1590L
Shinomori, K.　619R
Shinozaki, J.　244L
Shioiri, S.　125L, 126R, 127L, 129L, 131LR, 624L, 710L, 716L, 775R
塩入 諭　131L, 593L, 625R
Shipley, T.　235R, 1675L
Shipp, S.　161L, 358L, 461R
調 廣子　882L
しらい あきひこ　1352R
白井 暁彦　1352R
Shirai, H.　925L
Shiu, L. P.　272R
Shockley, K.　1328L
Shoemaker, S. S.　1371L
庄司 健　1483R
Shoji, N.　1605L
Shomstein, S.　156R, 157L
Shore, D. I.　140R, 1638R
Shutt, C. E.　1054R, 1055L
Siderov, J.　709L
Siegel, M.　162L
Siemann, J.　148L
Siira, J.　1325L
Silvestre, D.　599L
Silvia, P. J.　211R
Simmel, M. L.　1236L
Simmons, W. K.　433R, 463R
Simner, J.　222R, 223L
Simoncelli, E. P.　264L, 955R
Simons, D. J.　17R, 132L, 133R, 135R, 156R
Simonyan, K.　959LR
Sinai, M. J.　727R
Sincich, L. C.　357R, 461R
Singer, R. N.　838R
Singer, T.　1253L
Sinha, P.　401R
Siple, P.　432R
Sirigu, A.　241L
Sisk, C. A.　143L
Sisman, B.　1136LR, 1141LR
Sitaram, R.　112R, 115L
Siu, A. F.　1393L
Siuda-Krzywicka, K.　1225L
Sivonen, V. P.　1033R
Skavenski, A. A.　855L
Skelton, R.　224L

Skinner, J. D. 1583R
Skinner, M. 1599R
Skoura, X. 241L
Skramlik, E. von. 1316L, 1317L, 1324L
Skuk, V. G 1140R
Skyberg, R. 1538R
Slaghuis, W. L. 896L
Slater, M. 238L, 947R
Sligte, I. G. 160L
Sloan, L. L. 539L
Sloboda, J. A. 1115L
Slutsky, D. A. 236L
Small, D. M. 1480R, 1501R, 1539R, 1540L, 1544L
Smallwood, J. 159L
Smalt, C. J. 997L
Smeets, J. B. 1321L
Smeets, M. A. M. 1511R
Smet, K. 432R
Smets, G. J. 1502L
Smid, H. G. O. M. 163R
Smilek, D. 223L
Smith, A. 773L
Smith, A. T. 639L, 777L, 782L, 783L
Smith, C. M. 1588R
Smith, D. V. 161L, 1537L, 1539L
Smith, E. E. 203R, 204LR
Smith, E. G. 244R
Smith, K. U. 1362R, 1363R, 1365R
Smith, N. A. 1096R
Smith, R. 334R
Smith, R. L. 1053R
Smith, V. C. 418R, 503L, 520R
Smith, W. M. 827L
Smith, Y. 173R
Smithson, H. E. 431R, 625R
Smits, R. 1183L
Snodderly, D. M. 504R, 852L
Snow, J. C. 1222L
Snowden, R. 1321L
Snowden, R. J. 217L, 609L, 622L, 625L, 714R, 767L, 782L, 784L
Snyder, F. W. 242L
So, R. H. Y. 942R, 943R
Soares, S. 1643R
Soetedjo, R. 838L
Sogo, H. 827L
十河 宏行 332L
Sokoloff, L. 105L
Sokolov, E. N. 146R
側垣 博明 525R
Soley, G. 1095R
Solis-Salazar, T. 1589R
Sollars, S. I. 1536L
Solomon, J. A. 391R, 392L, 608R, 614R
Solomon, S. G. 457L, 459LR, 461R,

462L
Somrak, A. 943L
Song, C. 649R, 650L
Song, J. H. 168R
Sonuga-Barke, E. 173R
Soriano, M. 640R
Sorokowska, A. 1468R, 1475R
Sosulski, D. L. 1459L
Souza, A. S. 160L
Sparks, B. F. 892R
Sparks, R. W. 1022R
Spauschus, A. 851L
Speed, L. J. 1503L, 1504L
Spehar, B. 265R
Spence, C. 235L, 239R, 1503L, 1627R, 1628R, 1638R, 1668R, 1669L
Sperandio, I. 705LR, 706L
Speranskaya, N. I. 486R, 490L, 509L
Sperling, G. 13R, 17L, 130R, 149L, 276R
Sperling, R. A. 1640L
Spillmann, L. 403L, 683L, 770R
Spitchen, M. 392L
Spitzer, H. 957R
Spoeror, C. J. 961L
Spray, D. C. 1230R
Squire, L. R. 1640R
Sridhar, D. 696R, 698L
Srinivasan, M. A. 1282R, 1325L, 1399L
St. John, S. J. 1537L
St. Pierre, M. E. 942R
Staddon, J. E. R. 1655R
Stadlbauer, A. 1509R
Stager, C. L. 1177L
Stagg, C. J. 102R
Stagnetto, J. M. 1486LR
Stahl, J. S. 848L
Stangl, A. 1392LR
Stanley, D. A. 640R
Stanney, K. 943L
Stefanics, G. 162R
Stefurak, D. L. 438R
Steinberg, J. C. 1032L
Steiner, J. E. 1587L
Steinicke, F. 946R
Steinman, B. A. 125R, 126L
Steinman, R. M. 768R, 852R, 854R
Steinman, S. B. 896R
Stelmach, L. B. 1638R
Stepniewska, I. 357R, 359L
Sterzer, P. 896R
Stetson, C. 1663L
Stettler, D. D. 1459L
Stevens, J. C. 1230L, 1232LR, 1234L, 1235LR, 1236L, 1327L, 1328R, 1379L
Stevens, J. K. 855R
Stevens, K. N. 1143L

Stevens, S. S. 5R, 7L, 42L, 43L, 44R, 45LR, 46L, 48R, 398L, 491L, 1027LR, 1030L, 1032R, 1034L
Stevensab, K. A. 689R
Stevenson, R. A. 244R
Stevenson, R. J. 1479R, 1485R, 1489L, 1500R, 1501LR, 1502R, 1623R
Stickgold, R. 394R
Stieger, S. 212L, 218R
Stiles, W. S. 384R, 412L, 486R, 509L, 625L
Stilla, R. 1222L
Stingl, K. 920R
Stockman, A. 410L, 412R, 414R, 451L, 503R, 504LR
Stoffregen, T. A. 791R
Stokes, A. 949L
Stone, A. A. 1590L
Stone, J. V. 1668R, 1670L
Stone, L. J. 1235R
Stott, L. H. 1666L
Strange, W. 1142R
Strassman, A. 832L
Stratton, G. M. 5L, 241R, 718L
Straube, A. 835L
Strauss, E. D. 443LR
Stream, B. J. 1522R
Stroganova, T. A. 895R
Strong, S. L. 781L
Stroop, J. R. 148R
Strybel, T. Z. 1055L, 1056L
Strzalkowski, N. D. J. 1285L
Stupacher, J. 1115R
Su, L. 92R
蘇 勲 1061L
須藤 新吉 10L
末富 大剛 1105L, 1107L
Suga, N. 997L
菅生 (宮本) 康子 662L
杉原 厚吉 719L, 732L
杉原 大志 1062R
Sugita, Y. 641L, 848L, 1668R, 1669R
杉山 昭洋 582L
Sugiyama, H. 1477R, 1479L
杉山 東子 1481R
杉山 和久 582L
Suguro, A. 1089R
Sukemiya, H. 699L
Sullivan, A. H. 1264R
Sumby, W. H. 243R, 1149L, 1291L
Sumi, S. 799R
鷲見 成正 212L, 766L, 767LR, 768LR
住谷 昌彦 1351L, 1339R
Sun, C. 1538R
Sun, H. C. 215R
Sun, J. 729R, 731R, 883L
Sun, J. Y. 733L

人名索引

Sun, P. 779R
須長 正治 328R
Sundaram, V. 520L
Suomi, K. 1144L
Super, H. 682L
Surridge, A. K. 432L, 439L, 440L
Sutherland, N. S. 767L, 781R
Suvilehto, J. T. 1210L
Suwabe, T. 1538R, 1539L
鈴木 浩明 789L
Suzuki, K. 438R, 650R, 707R, 1316R, 1317LR, 1318LR, 1319L
鈴木 郁 967L
Suzuki, M. 166L
鈴木 まや 1475L, 1489L
鈴木 美穂 212L
Suzuki, R. 1393R
鈴木 重忠 1016L
鈴木 勉 1022R
Suzuki, Y. 405R, 1028L, 1588L
鈴木 陽一 982L, 984L
Swanson, W. H. 619L, 874R
Swanston, M. T. 780R
Swenson, H. A. 701R
Swets, J. A. 64L
Swingley, D. 1177R
Sylvester, C. M. 152L
Sylvestre, P. A. 832R, 833R
Syrdal, A. K. 1142L
Szegedy, C. 959L
Szel, A. 452R
Szpunar, K. K. 159R

T

Tabata, H. 848L
Tadel, F. 91R
Tadin, D. 780R
Tajadura-Jiménez, A. 1367R
Tajima, D. 1366L
田島 譲二 431R
Tajima, K. 1145L
Takada, M. 1049R
高江洲 勲 1352L
Takagi, M. 835L, 842R
高木 峰夫 342L
高木 貞二 10R
高橋 治輝 1393R
高橋 博 1346R
Takahashi, K. 645R, 646L, 803R
Takahashi, L. K. 1488L
高橋 雅延 1485R
高橋 玲 1066L
Takahashi, S. 607L
高橋 智 900L
高橋 晋也 439R
Takahashi, T. 1642L
Takahashi, Y. 1037R

Takahata, T. 459L
Takai, Y. 1456R
高木 信二 1136LR, 1141LR
高木 康博 326L
高道 慎之介 1136L
Takane, Y. 58L
高根 芳雄 58L
Takao, S. 649L
Takashima, M. 576L
高辻 華子 1614R
武田 克彦 1018L
竹田 契一 901L
Takeda, Y. 140R, 141L
竹原 卓真 664L
竹市 博臣 883L
Takeichi, N. 837R
Takemura, A. 844R, 847LR, 849L, 850R
Takemura, H. 271L, 364L
竹内 晴彦 1477R
Takeuchi, T. 624L
武内 徹二 902R
滝沢 正仁 968R
Talbot, H. F. 389R
Tam, W. J. 743L
Tamura, H. 405R, 460L
Tan, C. C. 1590R
Tan, H. E. 1527R
Tan, L. 573R
田邉 詔子 526LR
田中 光波 1048R
Tanaka, A. 1149L
田中 平八 646R, 650R
田中 宏子 968L
Tanaka, J. 434L
Tanaka, J. W. 260L, 434LR, 435LR, 436L
Tanaka, K. 793R
田中 基八郎 1049L
Tanaka, S. 705R
田中 彰吾 1362R
Tanaka, Y. 1015L
田中 康文 1020L
Tanaka-Ishii, K. 1179L
Tanda, T. 158R
種村 純 1022R
Tang, L. 1640L
谷江 和雄 1293R
Tanigawa, H. 462L
Tanner, W. P. 613R
Taoka, M. 1219R
Tappe, T. 1668R
Tarr, M J. 259R, 260L, 262LR, 263L, 799L
Taruno, A . 1527L
Taschereau-Dumouchel, V. 114R
Tastevin, J. 1367L
立石 雅子 1022R

Taubert, J. 1667L
Taulu, S. 89R
Tausch, R. 735L
Taya, S. 716R, 736L, 740R, 741R, 742R
田谷 修一郎 741R, 895R
Tayler, F. V. 706L
Taylor, C. 440L, 442R, 443L
Taylor, J. E. 125L
Taylor, M. M. 38R
Taylor, R. P. 211R, 266L
田沢 奈緒 900R
Teghtsoonian, R. 45L, 50L
Teki, S. 1657R
Telford, C. W. 148R
Tell, F. 1539L
Teller, D. Y. 871R, 874LR
Tempère, S. 1485L
Temperly, D. 1096L
Temple, J. G. 153R
ten Hoopen, G. 1100L, 1102LR, 1105R
Tenenbaum, E. J. 244L
Teng, B. 1525L
Teramoto, W. 237L, 239R, 240L, 243R
寺本 渉 1286R
Terao, M. 1674R
Terao, N. 566R
Terao, Y. 1643R
寺崎 浩子 520L
Terhardt, E. 1048L, 1102L
Terhune, D. B. 1667R
Ternus, J. 769L, 896L
Terreros, G. 997L
Tervaniemi, M. 1085R
Teshigawara, M. 1170R
Teshima, Y. 1390R, 1391L
Thair, H. 112R
Thalman, W. A. 1344L
Theeuwes, J. 155LR
Thiadens, A. A. 520L
Thibos, L. N. 597R
Thiebaut de Schotten, M. 172R
Thiede, T. 1068L
Thielen, J. 641R
Thiéry, A. 647R, 648L, 733R
Thiessen, E. 1176R
Thilo, K. V. 1664L
Thomas, E. A. C. 1657L
Thomas, M. G. 520L
Thompson, B. 63L
Thompson, P. 663L, 781R
Thompson, S. P. 1054R
Thompson, W. B. 708L, 944R, 945L, 1117R
Thorndike, E. L. 144L
Thornhill, R. 220L

1711

Thornton, T. L.　138R
Thorpe, S.　264R
Thouless, R. H.　1327L
Thoulessab, R. H.　733R
Thunberg T.　1326R
Thurstone, L. L.　47LR, 48R
Tiippana, K.　1151L
Tillman, C. M.　146L
Tillmann, B.　1092L, 1096R
Timberlake, G. T.　852R
Timmermann, L.　1246R
Tinazzi, M.　1339R
Titchener, E. B.　6R, 10R, 1260L, 1261L, 1264L
To, M. P. S.　606R
Toda, H.　1508R
戸田 英樹　1481R
Todd, J. J.　203R, 281L, 679L, 725L, 727R, 729L, 805R
Togoli, I.　1665R
時田 保夫　1037R
東京大学分子細胞生物学研究所　892R
Tolias, A. S.　778R
Tomassini, A.　1661R
富森 美絵子　900L
Tominaga, M.　1231R
Tominaga, S.　429R
Tomita, H.　1552L
冨田 寛　1599L, 1603L
Tomita, T.　515L
Tomson, S. N.　223L
Tong, J.　620R, 1296L, 1379L
Tononi, G.　20R
Tootell, R. B.　461R, 462R, 782R
Torgerson　55L
Torgerson, W. S.　49LR
鳥居 邦夫　1580R, 1581L, 1582R
Torii, S.　882L
鳥居 修晃　5L, 37L, 39R, 878LR, 879LR, 880R, 881R, 883L, 885R, 886R, 1273R, 1307L
Toscani, M.　267L, 426R
Touhara, K.　1454R
Touzani, K.　1588L
Townsend, J. T.　138R
外山 紀子　1590R
豊田 未央　966L
豊田 怜平　954L
豊田 敏裕　431L
Toyoda, W.　1389R
Tracey, I.　1250L
Trager, G. L.　1159R
Trainor, L. J.　1097L, 1176L
Trantas, N. G.　566L
Travers, S. P.　1536R, 1538L
Travis, R. C.　791L
Trehub, S. E.　1097L

Treisman, A.　266R
Treisman, A. M.　17R, 131L, 145R, 149L, 152L, 1361R
Treisman, M.　1639R, 1651R, 1660R, 1661L, 1662R
Treitel, J.　1263R
Tremblay, N.　169R
Tremoulet, P. D.　803R
Tresilian, J. R.　701R, 798R
Treue, S.　145R, 165R, 370R
Trevarthen, C. B.　267L
Triesman, A. M.　908R
Trimmer, C.　1457L
Tritsch, M. K.　1236R
Troebinger, L.　93R
Trojan, J.　1296L, 1296R
Trojanowski, J. Q.　359L
Troje, N. F.　730R, 800LR
Troncoso, X. G.　852L, 856L
Tsai, L. S.　1317LR, 1320L
Tsakiris, M.　237R, 238L, 947R, 1340L, 1367R
Tsao, D. Y.　369L
Tsao, F. M.　1177L
Tse, P. U.　125L, 131R, 639L, 675L, 856R
Tsetserukou, D.　1351R
Tsirlin, I.　744R
Tsubokawa, T.　1255R
Tsuchiya, N.　274R, 639L, 713R
津田 裕之　332R
辻 琢真　1340R
辻川 元一　567L
Tsujimura, S.　392R
Tsukamoto, Y.　454R
常石 秀市　882L
Tsunoda, K.　264L
Tsushima, Y.　272R, 274L
Tsutsui, K.　679R
都築 俊満　318R
Tu, Y. H.　1524R
Tubaldi, F.　1503R
Tuomainen, J.　1150R
Turnbull, P. R. K.　942L
Turner, M. L.　202R
Turoman, N.　1627L
Tweed, D.　831R
Tyler, C. W.　617R, 709R, 719L, 874L
Tynan, P.　773L, 780R

U

Ubukata, H.　578R
内田 直子　968R
Uchida, T.　1163R
内田 照久　1138LR, 1163R, 1166L
Uchikawa, K.　419R, 420L, 426R, 430R, 431L, 432R, 620L

内川 恵二　444R, 445L, 447R, 449R
上田 真太郎　1293R
上野 浩晶　1577LR
上野 吉一　1484L
Uesaki, M.　783L
上島 睦　1015L
Ujiie, Y.　1152R
Ujike, H.　722R, 942R
氏家 弘裕　594R, 595R
Uka, T.　367R, 551L
Ulichney, R. A.　328R
Ullman, S.　261L, 262LR, 724R, 730R
Umeda, K.　367R
梅津 八三　879L, 880R, 1272R, 1300L
Unger, B.　1325L
Ungerleider, L.　705R
Ungerleider, L. G.　17L, 267R
Uno, K.　222R
浦久保 光男　536R
Urbanski, M.　172R
Usuda-Sato, K.　1391L
臼田－佐藤 功美子　1391L
Uttl, B. O. B.　435R

V

Valdes-Sosa, M.　157R
Valentine, D.　1566L
Valentine, T.　663R
Valet, M.　1246R
Valin, J.-M.　1068L
Vallbo, A. B.　1283L
Valvo, A.　879L, 880R
Van Assen, J. J. R.　218L
van Asten, W. N.　791R
van Beilen, M.　1624R
van Bezzoijen, R.　1170R
Van Boven, R. W.　1210R
van Boxtel, J. J.　334R
Van Buskirk, R. L.　1536R
van de Grind, W. A.　694R
van de Par, S. L. J. D. E.　1672L
van de Sand, M. F.　1250L
van den Berg, A. V.　794L
van den Bosch, I.　1489L
van den Oord, A.　1168L
Van der Burg, E.　237L
van der Horst, B. J.　1324LR
Van der Horst, K.　1590R
van der Lugt, A. H.　1144L
van der Smagt, M. J.　782L
Van Dyck, E.　1116L
van Ee, R.　711R, 716R, 719R, 736L, 743R
van Eijk, R. L.　1669L, 1669R
van Erp, J. B. F.　1350L
Van Gemert , L. J.　1464R
Van Gisbergen, J. A.　832L

Van Hedger, S. C.　1083R
Van Horn, M. R.　833R
Van Lancker, D.　1167L
van Nes, F. L.　598R
van Noorden, L. A. P. S.　1044L, 1045LR
van Norren, D.　504R
van Opstal, J.　1059L
van Rijn, H.　1666R
Van Rijn, M. R.　831R
van Rompay, T. J. L.　1628L
van Santen, J. P. H.　774R
Van Veen, B. D.　91R
van Wassenhove, V.　1150L, 1152L
Van Wert, M. J.　140L
Vanden Bosch der Nederlanden, C. M.　1095R
Vandenbeuch, A.　1520R
Vandenbroucke, A. R. E.　433R
Vandewalle, G.　371R
Vangorp, P.　215L
VanRullen, R.　139L, 162L, 169L, 256R
Vanzella, P.　1083L
Vardi, N.　349L
Vatakis, A.　236L
Vatakis, A. J.　1670L
Veale, R.　165R
Vecera, S. P.　636L
Vega-Bermudez, F.　1282R, 1283L
Veldhuizen, M. G.　1625L
Velten, E. Jr.　1169R
Vemuri, K.　426R
Vendrik, A. J. H.　1235R
Verdon, V.　173L
Verghese, P.　131L
Verhagen, L. A.　1589R
Verhoef, B. E.　262R, 462R
Verhulst, S.　996R
Verri, A.　793R
Verriest, G.　540L
Verrillo, R. T.　1300R
Verstraten, F. A.　129LR, 131L
Verweij, J.　454R
Vesanto, J.　1391R
Vessel, E. A.　219R
Vetter, T.　259L
Victor, J. D.　619R
Viemeister, N. F.　995L, 1029LR
Vierordt, K.　1262L, 1665L
Vigario, R.　89R
Vihman, M. M.　1175L, 1178L
Vijayraghavan, S.　170L
Villemure, C.　1510R
Vintch, B.　781R
Visell, Y.　1347R
Viseux, F. J. F.　1285L
Vishwanath, D.　702L, 706R

Vligen, J.　1045L
Vo, M. L.-H.　153L
Vogel, E. K.　201L, 281L
Vogels, I. M.　1324L
Voigt, A.　1389L, 1390L
Volcic, R.　1329R
Volpe, Y.　1391R
von Baumgarten, R. J.　1429L, 1441R
von Békésy, G.　993L, 1054R, 1293R, 1317L, 1318L, 1326L
von Bezold, W.　706R
von Bismarck, G.　1047R
Von Collani, G.　1317R
von der Heydt, R.　640R
von Frey, M.　1260R, 1261L, 1262R, 1263R
von Frisch, K.　7R
von Helmholtz, H.　2L, 3L, 5L, 707R, 148R, 717R, 771L, 833R, 1266R, 1372L, 1372R
Von Holst, E.　1372L
von Kries, J.　429L
von Mühlenen　141L
von Senden, M.　1273R
von Skramlik, E.　1271R, 1272L, 1338L, 1339L
Vos, J.　1102L
Vos, J. J.　503L, 504R, 508R, 738L
Vossel, S.　161L
Vouloumanos, A.　1174L
Vroman, R.　350R
Vroomen, B.　1171L
Vroomen, J.　1668R, 1670L
Vu, B. L.　546R
Vul, E.　417R, 618R
Vuoskoski, J. K.　1114L
Vurro, M.　432R

W

Waaler, G. H. M.　536L
Wachtler, T.　459R
Wackermann, J.　1653L, 1655R
Wada, A.　215R
Wada, Y.　213L, 235R
和田 佳郎　827R
Wade, A. R.　461R, 463L
Wade, N.　688L, 689L
Wade, N. J.　688R, 737R
Waespe, W.　835L
Wagemans, J.　636L, 642L, 643L
Wager, T. D.　205L, 1249R
Wagner, G.　503L
Wagner, K. D.　222L
Waite, H.　734R
Wake, H.　256R, 1305R, 1316L, 1346R
和氣 洋美　895R, 896R, 897L, 1302R, 1303R, 1304R, 1305LR, 1306R,

1319L, 1329R, 1345R, 1346R, 1348R, 1380L
Wake, T.　1294L, 1300R, 1329L
和氣 典二　444L, 901L, 902LR, 903LR, 904LR, 905LR, 907LR, 908LR, 909LR, 912LR, 1207R, 1300LR, 1301LR, 1302L, 1306L, 1308R, 1310R, 1311L, 1316L, 1329L, 1346R
Wakeling, I. N.　1566L
Walcher, J.　1285L
Wald, G.　541L
Walker, J. T.　1661L, 1665R
Walker, L.　1503L
Wall, M. B.　780L, 782R
Wallach, H.　717R, 718L, 742L, 779R
Wallach, P.　701R
Waller, D.　799L, 944R
Wallis, G.　152L
Walls, G. L.　536R
Walraven, J.　744L
Walsh, F. B.　562R, 579L
Walsh, V.　1665R
Walt, S. V. D.　332L
Walter, E.　895R
Walters, J. W.　543L
Wandell, B. A.　550L, 917R
Wang, B.　156L
Wang, F.　1579R
Wang, L.　640L, 1471R, 1484R, 1538R
Wang, Q.　1316L, 1347R
Wang, S.　111L
Wang, Y.　520R, 941R, 1145L, 1252R
Wang, Y. F.　151R
Wann, J.　796L
Wann, J. P.　798R, 941R
Ward, J.　222R, 223L, 1350R
Ward, R.　239R
Warell, A.　967L
Warm, J. S.　1510R, 1511L, 1639R
Warner, N.　1144L
Warren, D. H.　891R
Warren, P.　1183R
Warren, R. M.　1102L, 1144L
Warren, W. H.　791R, 794R, 795L, 795R, 796R
Warren, W. H. Jr.　794L
Warrington, E. K.　198L
Wässle, H.　354L
Wastiels, L.　1402L
Watanabe, I.　1322L
渡辺 功　1322L
Watanabe, J.　618R, 1344R
渡邊 淳司　1293L, 1348R, 1349R, 1352L, 1402L
Watanabe, K.　806R, 1488L
渡辺 正峰　255L
渡部 修　955R

Watanabe, S.　212R
渡辺 茂　212R
Watanabe, T.　115R, 217LR, 272R,
　276R, 883L, 1392R
渡辺 哲也　1379L, 1389L, 1392L,
　1387L, 1388R, 1389L, 1392L
渡辺 武郎　883L
Watkins, K. E.　1147R
Watson, A. B.　39L, 596L, 610LR,
　614R, 615L, 616R, 623L, 624R, 781L
Watson, D.　141R, 142L
Watson, J. B.　8R
Watson, R. T.　172LR
Watt, D. G. D.　1444R
Waugh, S. J.　625L
Weale, R. A.　520R
Wearden, J. H.　1651L, 1661L, 1662R,
　1663R
Weaver, B.　151R
Webb, N. A.　942R
Webber, A. L.　744L
Weber, A. I.　1213R
Weber, E. H.　3L, 6L, 1261R, 1262L,
　1266R, 1270L, 1300L, 1328R
Webster, D. A.　982R
Webster, M. A.　457R
Webster, M. J.　271L
Wechsler, I. S.　548R
Wedler, H. B.　1390L
Weenen, H.　1583L
Weigl, E.　1022R
Weiler, R.　350R
Weingarten, H. P.　1589L
Weinstein, S.　1284R, 1379L
Weintraub, S.　172R
Weiskrantz, L.　19R, 269R, 393L
Weiss, Y.　258L, 272L
Weitz, C. J.　519R
Welch, L.　779L
Welch, R. B.　235L, 236L, 241R, 946R
Weller, D. T.　1058R
Wende, H.　1279L
Wenderoth, P.　1318R, 1319R, 1320L
Wendt, G.　215L
Werblin, F. S.　349L, 574L
Werker, J. F.　1135R, 1175LR,
　1177LR
Werner, A.　426R
Wertheim, A. H.　841R, 842L
Wertheimer, M.　8R, 10R, 11R, 642L,
　643L, 768L, 777R, 1271L
Westheimer, G.　398R, 595L
Westheimer, M.　771R
Wetherill, G. B.　37R
Wettschureck, N.　1526L
Wexler, M.　257L
Wheatstone, C.　323R, 697L, 717L,
　718L

Wheeler, M. E.　280L
Whiddon, Z. D.　1535L
Whilby, S.　1033R
White, K. D.　792R
White, M.　402R
White, P. A.　805L
White, T. L.　1485R, 1486L, 1500R
Whitfield, T. W. A.　211R
Whitney, D.　255L, 265R, 784R, 785L,
　1669L
WHO　890L, 891L
Wichmann, F. A.　41LR, 434L, 437R,
　438R, 439L, 595R
Wickens, C. D.　149R
Wickens, T. D.　63R, 64L, 66L, 67L,
　68R, 70L, 72L, 73L, 78L
Wiebel, C. B.　213R, 215R, 265L
Wieland, M.　536L, 537L
Wiemers, U. S.　1487L
Wiener, M.　1665R, 1666L, 1667LR
Wiertlewski, M.　1325L, 1348R
Wiesel, T. N.　421R, 457R
Wiggs, C. L.　463R
Wijntjes, M. W. A.　1324R
Wikenheiser, A. M.　1641R
Wilcox, R. R.　45R, 80L
Wilelm, V.　948R
Wilhelm, H.　573L
Wilkie, R.　796R
Wilkins, A. J.　221R, 899R
Wilkins, L.　1588R
Wilkinson, F.　644R
Willander, J.　1487R
Willemsen, P.　708L, 944R, 945L
Williams, C. B.　644L
Williams, D. L.　893L
Williams, D. R.　385R, 423R, 452L
Williams, D. W.　780R
Williford, J. R.　676L
Willis, W. D.　1215R
Willmer, E. N.　423LR
Wilson, D. A.　1475L, 1503L
Wilson, H. R.　593R, 615R, 776R,
　872L, 873LR, 876L
Wilson, J. R.　357R
Wilson, K. D.　260L, 263L
Wilson, M. E.　358R
Wilting, J.　1169L
Wilton, M.　1624R
Winderickx, J.　516L, 535R
Winkielman, P.　1590R
Winters, S. J.　1135R
Winters, W.　1488R
Winterson, B. J.　852R, 855L
Witek, M. A.　1115R, 1116L
Witkowski, M.　112L
Witmer, B. G.　944R
Witte, E. A.　170R

Wittgenstein, L.　1371L
Wittinghofer, K.　800L
Wittmann, M.　1664L
Witzel, C.　426R, 432R, 433L, 434R
Wohlgemuth, A.　767L
Wokke, M. E.　641L
Wolbers, T.　1223R
Wolf, J. R.　1402R
Wolfe, H. K.　1328L
Wolfe, J.　138R, 139R, 140L
Wolfe, J. M.　17R, 145R, 153L, 265R,
　267L, 681R, 1322R
Wolpert, D. M.　1364R
Wong, A. M.　831L
Wong, M.　1379L
Wong, T. S.　1317L, 1317R
Woo, G. C.　709L
Woo, S.H.　1279R
Wood, J. B.　1476L
Wood, N.　146L
Wood, R. M.　796R
Wooding, S.　1599LR
Woodman, G. F.　164R
Woodrow, H.　1666L
Woods, D. L.　998L
Woods, S. C.　1588R
Wool, L. E.　453L, 457L
Wormsley, D. P.　1382L
Wright, W. D.　486R, 519L
Wróblewski, M.　1035L
Wu, B.　726L
Wu, C. C.　151R
Wuerge, S. M.　457R
Wuerger, S.　599L, 601L
Wundt, W.　10L
Wundt, W. M.　148R, 151L, 700R,
　1267R
Wurtz, R. H.　837L
Wysocki, C. J.　1484R
Wyszecki, G.　444R, 482L, 493L,
　504R, 521L

X

Xiao, L. Q.　271R, 275R
Xiao, Y.　462L
Xiao, Y. P.　461R
Xu, L.　1456L
Xuan, B.　1660L
薛 玉婷　221R

Y

Yaguchi, H.　502L
Yajima, T.　722R
Yamada, J.　838L
山田 恭子　1487L
山田 実　241L

Yamada, Y.　211R, 222L, 652L
山出 新一　535R
Yamagishi, N.　784L
Yamaguchi, S.　164L, 1552R, 1559R, 1567LR, 1568LR, 1612R, 1613L
Yamaguchi, T.　535R
Yamakawa, M.　392R, 399L
Yamaki, M.　1586L, 1600R
Yamamoto, K.　995L
山本 晃輔　1486R, 1487LR
山本 浩輔　1626R
山本 健太郎　213L
Yamamoto, S.　1638R, 1649L, 1670L
山本 隆　1587R
Yamamoto, T.　1587R
山本 裕子　968R
山根 清道　1270R, 1306R
Yamane, Y.　263R, 675R, 676L, 683L
山田 伸志　1037R
Yamasaki, T.　899L, 1114L
山下 利之　966LR
Yamashita, Y.　1107R
山内 泰樹　212R
山崎 健太郎　948R
Yamins, D. L.　266R
Yamins, D. L. K.　959R
Yan, K. S.,　1627R
Yan, L.　1468R
Yan, P.　716R
簗田 明教　901L
柳澤 秀吉　1328R
梁瀬 度子　968R
Yang, J.　213L, 607R, 877L
Yang, J. N.　428L
Yang, P.　520L
Yang, S. C.　1581R, 1582R, 1583L
Yang, T.　271R
矢野 博明　1349R
Yantis, S.　150R
Yarrow, K.　1664LR, 1675L
Yashiro, R.　265R
Yasoshima, Y.　1588L
Yasuda, M.　461R, 462R
Yasuma, T.　538L
安間 哲史　520L, 521L, 529LR, 536L, 878L, 879L, 880R
Yasumatsu, K.　1534R
Yazdanbakhsh, A.　896R
Yee, K. K.　1522L
Yellott, J. I. Jr.　736R
Yendrikhovskij, S. N.　432R
Yeomans, M. R.　1489L, 1587L, 1588R
延 明欽　969R
Yin, R. K.　663L
横井 健司　1207R, 1346R

横溝 寛治　319L
横向 慶子　1617R
Yokosaka, T.　1402R, 1403L
Yokosawa, K.　134LR, 443L
横澤 一彦　132R, 134L, 135LR
横山 清子　968R
横山 由己　900R
Yonas, A.　728R
Yonehara, K.　360L
Yonezawa, T.　1140R
Yoon, H. J.　941R
Yoshida, J.　1638L
Yoshida, K.　353L, 834R
Yoshida, M.　393L, 405R, 1477L
吉田 正昭　213L, 1477R
Yoshida, R.　1576L
Yoshida, T.　1372R
Yoshidam, F.　87R
Yoshikawa, K.　1481L
吉川 景子　1060L
吉川 誠次　1614L
吉川 弥　1207R
吉本 香理　895R
Yoshimoto, N.　903L
吉本 直美　903L, 909L
Yoshimoto, S.　221R, 620R
Yoshino, I.　1096R
Yoshitomi, T.　340L, 573L
Yost, W. A.　1056R, 1057L, 1059L
Yotsumoto, Y.　271R
Young, A. W.　663R
Young, L. R.　824L, 1443R
Young, T.　3L
Young, V. M.　1116R
Yovanovich, M. M.　1239L
Yu, C.　608R
Yu, H.　404R
湯浅 譲二　1065L
Yuasa, K.　1661L
Yuille, A.　681L
Yuille, A. L.　740R
Yukie, M.　357R
湯本 真人　88L
Yuval-Greenberg, S.　90R, 856R

Z

Zahn, R.　1370R
Zahorik, P.　1034L, 1054R, 1055LR, 1056LR, 1058LR
Zajonc, R. B.　1483L
Zakay, D.　1652L, 1657L, 1662LR, 1663L, 1639L
Zald, D. H.　1539R
Zampini, M.　1344R, 1669L

Zanforlin, M.　725L
Zappia, R. J.　565R
Zarzo, M.　1466L. 1479L
Zatorre, R. J.　1149L
Zavagno, D.　212R, 405R
Zeater, N.　357R
Zee, D. S.　832R, 844R
Zeiler, M. D.　959R
Zein, W. M.　543R
Zeki, S.　17L, 219R, 365R, 549R, 782R, 917LR, 1220R
Zeki, S. M.　462L, 463L, 463R
Zellner, D. A.　1469R, 1502R, 1503L, 1588L
Zenger, B.　608R
Zenger-Landolt, B.　609L
Zénon, A.　168R
Zentner, M.　1115R
Zhang, A.-J.　349L
Zhang, F.　1568L
Zhang, H. Q.　1219R
Zhang, J.　838R, 1524L, 1525L
Zhang, J. Y.　276R
Zhang, L. L.　1538L, 1539L
Zhang, R.　774L
Zhang, T.　1286R
Zhang, W.　163R, 279L
Zhang, Y.　1526L
Zhao, C.　1389R
Zhao, H.　1454R
Zhao, S.　1292R
趙 恃雷　1171R
Zhaoping, L.　638R
Zhou, H.　401L, 638L, 676L, 682L
Zhou, W.　833R
Zhou, Y.　1520R
Zhu, S.　222L
Zhu, Z.　1296R
Zia, S.　1285R
Ziemann, U.　109R
Ziemba, C. M.　679L
Zigler, M. J.　1265L
Zihl, J.　365R, 917R
Zilany, M. S. A.　997R
Zivotofsky, A. Z.　841R
Zlatkova, M. B.　714R
Zoccolan, D.　258R
Zotev, V. S.　89L
Zou L.Q.　1480L
Zrenner, E.　922L
Zucco, G. M.　1489R
Zumbansen, A.　1022R
Zwerin, M.　1107L
Zwicker, E.　1029R, 1030R, 1033LR
Zwislocki, J.　1029L

和文事項索引

ア

ISI リバーサル　624L
ISO 規格　1551L
アイコニックメモリ　17L, 276R
アイトラッカー　656L
iPS 細胞　924R
アイマークカメラ　949L
Aubert-Fleischl 現象　842L
赤目　384L
明るさ　398L
　　——の恒常性　399R
明るさ画像　964R
明るさ感　392R
明るさ知覚　372L
悪臭防止法　1466L
アクセント　1130R, 1160R, 1177R
アクセントパターン　1177R
アクティブシャッター　717R
アクティブブリー仮説　831L
悪味症　1602R
アクロスニューロンパターン説
　　1536R
アコーディオン・グレーティング錯視
　　896R
アストロノート　1440
アスペルガー症候群　898R
アセチルコリン　351L
association field モデル　643L
『アダムの創造』　1409R
アッシャー症候群　924L
圧縮　679L
圧縮型ガンマチャープ　994R
アデニル酸シクラーゼ　1526L
アデノシン三リン酸　104R
アデノ随伴ウイルス　924L
アナグリフ　717L
アナモルフォーズ　731L
アニマシー　802L
アノマロスコープ　516L
アバシック距離　708R
アバター　238L
Aha 体験　212L
アフォーダンス　15R, 271L
アポロ計画　1436L
アマクリン細胞　347R
甘味　1516R, 1517R, 1583R, 1627R
甘味受容体　1523L, 1570L
アミロプラスト成分　1438L
アミロライド　1525L

ア

現れ方　8R
Aristoteles の錯覚　1338L
RIPAE 残効　1343R
RF パルス　94R
RMS コントラスト　315R
ROI 解析　99L
ROC 曲線　67L
アルカロイド　1517
アルゴリズム　14R
RGB 表色系　484L
アルツハイマー型認知症　1476R,
　　1640L
α 運動　768L
α2 アドレナリン作動性受容体　170R
α ブロッキング　90L
アルベド　213L
アレル　534R
アレロトロピア　696L
アーレン症候群　899R
アーレン法　899R
淡い縞　365L
アンサンブル知覚　265L
暗示的運動　785R
暗順応　385L
暗所視の比視感度 V (λ)　530R
安静時　105R
安静時機能結合　90R
暗騒音レベル　988L
アンチ・フォルマント　1165L
安定化ウェーブレットメリン変換
　　996L
暗点　359L

イ

ES 細胞　924R
EOG 法　824L
イオンチャネル　1522R
異音変異　1176R
怒り顔優位性効果　139L
閾下加算　389R
閾値　1469L, 1583LL
閾値対コントラスト　602R
閾値濃度　1500L
生き物らしさ　802L
鋳型照合　13R
E 効果　1424R
意識　18L
　　——の神経相関　20L
石原色覚検査表 II　526L
異種感覚モダリティ間　1669L

異常 3 色覚　517R
異常比　527R
異性体　1456R
位相　589L
位相固定　1041R
位相像差　710L
位相符号化法　98L
位相 VOCODER　1137R
E-W 核　340R
一塩基多型　535L, 1457L, 1599L
1 型 3 色覚　518R
1 型色覚　517R
1 型 2 色覚　518R
一次運動　770L
一次運動野　109L
一次課題　198R
1 色覚　519R
一次元クリノスタット　1438R
一次恒常性スケーリング　734R
一次視覚野　360L
一次体性感覚野　1217L
一次聴覚野　997R, 1002R
一次味覚野　1541L, 1543L, 1544L,
　　1545R
1 受容体 - 1 神経 - 1 糸球体　1458L
位置的像差　710L
位置パラメータ　30L
位置変化　1420R
移調可能性　11L
一様照明　683R
一過性閾値変動　1038R
一種の構え　137L
一側性の難聴　1032L
一体性の仮定　236L
逸脱　890R
一致検出モデル　995L
一対比較法　47R
一点透視　726R
一般化 Weber の法則　40L
一般化円筒　261R
一般化線形モデル　955L
一般線型モデル　99R, 103R
一般的時間的予期ネットワーク
　　1649R
遺伝子　1429R
遺伝子解析　1438R
遺伝子型　534R
遺伝子座調節領域　516R
遺伝性難聴　1015L
遺伝的多様性　535L
遺伝的保因者　535L

和文事項索引

意図的なプロセス　145R
イノシトール三リン酸　1526R
イノシン酸　1610L, 1611L
異物検出モード　156L
イベントリレイテッドデザイン　97L
異味症　1602R
意味の文脈説　10R
意味表象　1475L
image-computable モデル　615L
色温度　297L
色恒常性　424L
色残効　464L
色識別性　434L
色失語　552R
色失認　552R
色収差　778L
色深度　317R
色選択性　458
色と運動の非同期錯視　1669L
色の現れ方　212R
色の関係性評価手法　427R
色の分布範囲　430R
色の類同　642L
色補正フィルタ　302LR
色立体視　738L
「所謂」皮質聾　1015L
陰影　675L, 680R, 725R
陰影からの構造復元　732R
因果関係解析　100R
因果の捕捉　805R
インキュベータ　1439L
インクレチン効果　1527R
インスリン　1588R, 1589R
インターブロップ　364L
インテグラルイメージング　326L
イントネーション　1130R, 1161R,
　1162R, 1173R
イントロン　515R
インナースクライブ　200L
インパルス応答　418L, 988L
インパルス応答関数　390L
インビトロ　1437R
インビボ　1437R
インフラピッチ　1102R
韻律　1176R
韻律情報　1174R
韻律的特徴　1159L
韻律ブートストラッピング説　1176R
引力　1427L

ウ

V4 野　461R
V6 野　782R
VO（V8）野　461R
ウィスコンシンカード分類課題
　895L
Weber 関数　40L

Weber コントラスト　315R
Weber の法則　40L
Weber の法則のニアミス　40L
Weber 比　39R
Weber 領域　391R
Verriest 分類　540L
Wells と Hering の視方向原理　694R
Velten 法　1169R
Wernicke 失語　1020L
Wernicke 野　1005L
ウォータージェット装置　1303L
宇宙往還機　1436R
宇宙ステーション　1436L
宇宙船　1427L
宇宙適応症候群　1436R
宇宙酔い　1428R, 1436R
うま味　1516R, 1609L, 1621L, 1627R
　―――の相乗的増強　1567R
うま味受容体　1524L
Ullman の円筒　730R
運動　1582R
　―――からの構造復元　724L, 730R
　―――の同化　780L
　―――のための視覚　268L
運動イメージ　240R
運動エネルギーモデル　774R
運動奥行き効果　724L, 730R
運動外挿　255L
運動機能　1440R
運動コヒーレンス閾　772L
運動残効　766R
運動残像　767L
運動視差　720L
運動視差モデル　793R
運動準備電位　90L
運動性失語　1005L
運動線　785R
運動前野　1642R
運動透明視　217L
運動ニューロン　833L
運動反発効果　796L
運動方向選択性　362L
運動方向選択性神経節細胞　353L
運動捕捉　780R
運動盲　917R
運動誘発性見落とし　856L
運動誘発電位　109L
運動理論　1145L

エ

AIP 野　365L
永遠主義　1636L
永久的閾値移動　1038R
hV4 野　461R
エイリアシング　256R
AX 法　1135R
液晶シャッター　324L

液晶ディスプレイ　317R
エキソン　515R
Ekman の法則　46L
A 系列　1636R
A 効果　1424R
SN 比　985R, 988L, 1068L
S オプシン遺伝子　515R
S 錐体　348L
S 錐体 1 色覚　520L
S 錐体双極細胞　454L
STS 型人工網膜システム　921
SD 法　53R, 1477R, 1503R
SPP 標準色覚検査表　526R
X 字接合　216R
X 染色体連鎖性網膜分離症　924L
X 連鎖潜性遺伝形式　518R
エッジ　636L
Edinger-Westphal 核　340R
Aδ 線維　1245L
A 特性音圧レベル　1038R
A 特性補正音圧レベル　982R
N－バック課題　203R
エネルギー消費モデル　1656R
エネルギーモデル　957L
ABX 法　1135L
エピスコティスター　652R
エピスコティスターモデル　216R
エピソード・バッファ　199L
エピポーラー線　711R
Ebbinghaus 錯視　648L
FI スキャロップ　1650L
FI スケジュール法　1650L
FRF モデル　678L
エファレントコマンド　1439R
エフェクト　1063R
FFT ケプストラム係数　1157R
F-M 100 hue テスト　528L
fMR 順応　98L
FD 錯視　896L
F5 野　270R
1/f ゆらぎ　211R
F1 野　271L
Emmert の法則　706L
MIP 野　365L
MR スペクトロスコピー　102L
M1 野　109L
MET 機構　1413L
MST 野　165R, 364R, 782R
M 選択肢強制選択　64L
M オプシン遺伝子　515R
M 細胞　352R
M 錐体　348L
M 錐体 1 色覚　520L
MD 法　212L
MT 野　782R
LIP 野　165L
LN モデル　955R
L オプシン遺伝子　515R

1717

エルコス　321R
L錐体　348R
L錐体1色覚　520R
エレクトロルミネッセンス　320L
遠位空間　238L
遠近法　725R
嚥下　1614R
嚥下運動計測法　1615L
エンコーディングモデル解析　100L
縁上回　203L
遠心加速器　1429R
遠心性コピー　1365L
遠心性神経　997L
遠心性バイアス　773R
遠心力　1427L, 1438R
演奏者の視覚情報　1117L
エンドストッピング　362L
円盤膜　348L
塩分嗜好性　1580R
円偏光　325L
塩味受容体　1525L

オ

OR遺伝子　1455R
嘔気　220R
凹形状　729L
黄金比　218R
黄色背景・青色視標視野検査　543L
横断線　528R
横断面　689R
凹点　260L
嘔吐　220R
黄斑変性　545L
黄斑色素　410L
凹面顔錯視　732R
凹面ポテト錯視　737L
Ouchi-Spillmann錯視　770R
オオカミの群れ効果　804L
大きさ　681R
　　——の恒常性　705L
　　——のスペクトル加算　1029R
　　——の類同　642L
大きさ・距離不変仮説　704L
大きさ-重さ錯覚　897L
大きさ・距離パラドクス　704R
大きさ-距離不変仮説　744L
オキュロ・グラビック錯覚　1424R
オクターブ等価性　1085L
Octopus自動視野計　564L
奥行き　688R, 699R
　　——のスケーリング　711R
奥行き恒常性　712L
奥行き知覚　688L
奥行き手がかり　692R
オシロスコープ　991L
悪心　220R
オストワルト表色系　481R

汚染嫌悪　221L
オッドボールパラダイム　89R
Oppel-Kundt錯視　650R
オートステレオグラム　719L
音の大きさ　982R, 994L, 1028L
　　——の恒常性　1034LR
　　——の時間積分　1029L
　　——のスペクトル加算　1030R
　　——の等感曲線　1028L
　　——の等比仮説　1028R
　　——の部分マスキング　1032L
　　——の両耳加算　1033L, 1034L
　　——さのレベル　1028L
音の加工　1063L
音の距離知覚　1055L
音の群化　1106R
音の3要素　1046L
音の高さ　998L, 1039R
音の強さ　1027R
　　——のレベル　983R
音の物理的強度　1027R
オートラジオグラフィー　103L
踊るハート　770R
オノマトペ　968R, 1400R
オノマトペ分布図　1400R
オーバーシュート現象　997R
オピオイド　1249R
オービター　1436R, 1446L
オブジェクトファイル　152R
オプシン　515L
オプティカル・フロー　786L
オプティックフロー　786L
オプティマルカラー　430R
オペレーションスパンテスト　202L
オムニポーズ・ニューロン　1424L
Ohmの法則　990R
重み付き最小2乗　80L
重み付き最小ノルム法　91L
オルソネイザル経路　1500L
オルファクトメータ　1464R
オレキシン　1579L
OLEDディスプレイ　320L
音圧　982L, 1027R
音圧レベル　982R, 1026R
音韻　1129L
音韻修復効果　1144L
音韻ストア　199R
音韻性情報　1129R
音韻知覚　1129L
　　新生児期の——　1157L
音韻的類似性効果　199R
音韻ループ　199L
音階　1096L
音楽スキーマ　1092R
音楽的高さ　1082L
音楽美評価システム　1089L
音感　1082L
音響インピーダンス　987L

音響クロストーク　987L
音響的な視差　1056R
音響的不変性の欠如　1142L
音源情報　1137L
音源定位　1054L
音源定位障害　1014R
音源-フィルタ理論　1131L
音質評価　1066L
音質評価指標　1047R
音声　1129L
　　——の音響分析　1153R
　　——の平均スペクトル　1031R
　　——の了解度　995L
音声言語　1129L
音声合成　1135R
音声単語認知　1178R
音声単語認知モデル　1179L
音声知覚　1129L
音声変換　1136R
音声モード　1145R
音声モーフィング　1136R, 1137R,
　　1140L, 1170L
音声了解度を予測するモデル　995L
音節　1133R
音素　1133R
音像　1054R
音素遷移確率　1176R, 1178R
音素配列　1176R
音素配列規則　1178R
音調性　1082L
温度感覚　1230L
温度感受性TRPチャネル　1231L
温度参照錯覚　1325R
温度刺激　1429L
温度性眼振　1428R, 1441R
温度手がかり　1238L
音波　982L
音脈　1042R
音脈分凝　995R, 999L, 1044L, 1045L

カ

絵画的奥行き手がかり　702L
外眼筋　829L, 1423L
回帰型ニューラルネットワーク
　　961L
開口色　447R
介在細胞　356R
開散　692R
外耳　993L, 1153R
概日リズム　371L
概日リズムの光同調作用　371L
外耳道　1013L
外集団優位性　1171L
外周輪郭　681R
外節部　384L
回旋運動　827L, 844L
回旋眼振　1419

和文事項索引

外線条体部位領域　1223L
外線条皮質　359L, 680R
回旋性眼球運動　1420R
回旋 vergence　848L
回旋輻輳　719R
外側後頭複合体　115L, 137L
外側膝状体　87L, 355R
外側膝状体外側核　352L
外側膝状体背側核　355L
外側膝状体腹側核　355R
外側終止核　360L
外側前頭前野　205L
外直筋　829L, 1423L
外的精神物理学　7L, 27L
回転　793R
外転　829R
回転円盤変形錯覚　1322L
回転加速度　1411R, 1439R, 1441R
回転視覚刺激　1424R
外転神経　830L
外転神経核　835R, 1423L
回転砂時計錯覚　1322L
回転性ベクション　1424R
回転台形窓　13L
回転ドラム　787R
海馬　205R, 1539R, 1542L, 1590L, 1640R
外発的摂食　1588L
外発的手がかり　146R
外発的な定位　146R
海馬傍回　1539R, 1542L, 1640R
海馬傍回場所領域　16R, 137L
外半規管　1413R
快−不快　1114R, 1168R, 1477R
外部ノイズ　612L
外方回旋　829R
外網状層　347R
外有毛細胞　996R
解離性味覚障害　1602R
開ループ指差し課題　696R
回廊錯視　706L
ガウス型モデル　64R
ガウス座標　68R
ガウス微分フィルタ　957L
ガウス変換　68R
顔倒立効果　800R
顔ニューロン　369L
顔認識ユニット　660R
顔の発話分析　661L
可逆圧縮符号化　988R
下丘　996R
蝸牛　993L, 1013L, 1153R
蝸牛神経　1013L
蝸牛神経核　996R
楽音　1086R
核間性ニューロン　833L
拡散強調画像　1544L
拡散反射　213R

隠し絵課題　893L
学習障害　892L
学習性の共感覚　1623L, 1625L
核スピン　94R
覚醒度　211R
覚醒ポテンシャル　219L
覚醒ポテンシャルモデル　211R
拡大の焦点　792R
拡大率　798R
拡張現実　941L
カクテルパーティー効果　17L, 146L, 1138R, 1144L
角度　648R
角度選択性　644R
角膜反射　826L
角膜反射瞳孔中心法　824L
角膜網膜電位　827R
確率加重　610R
確率的の運動刺激　772L
確率的 Brodmann 地図　1005R
確率論的機能主義　12R
隠れた注意　123L
隠れマルコフモデル　997R
影　653L, 728R
下限閾　28R
仮現運動　10R, 767R
下降試行　39R
過去経験の要因　11R
過去性　1640L
重なり　725R
カージオイド変換　659R
可視性　901L
可視放射　293L
下斜筋　829L, 1423L
荷重感　1261L
過重力　1429R, 1435L
カスケード型分類器　333R
仮性同色　526L
仮説　12L
下前頭後頭束　172R
画素　328L
仮想現実　18L
画像専用のプロセッサユニット　334R
仮想点字ディスプレイ　1347R
仮想の手錯覚　1341L
仮想表象　132L
加速度　1429R
下側頭　260R
加速度変化　1420R, 1435L
下属和音　1087L
課題切り替えのコスト　148R
形の恒常性　733R
形・配置の処理　800L
傾き残効　651R
傾きパラメータ　30R
価値 E　63L
価値因子　967R

下直筋　829L, 1423L
滑車　829R
滑車神経　830L
滑車神経核　1423L
合奏　1116R
活動　891L
活動性因子　967R
活動性 A　63L
滑動性眼球運動　254L
滑動性追跡眼球運動　839L, 1418R
活動電位　104R
仮定　13L
カテゴリカル・カラーネーミング法　445L
カテゴリカル知覚　444R
カテゴリー尺度　1556R
カテゴリ尺度法　46L
カテゴリー知覚　1135L, 1143L, 1174R
下転　829R
カデンツ　1091R
下頭頂小葉　205R
可読性　901L
過渡系　781L
Kanizsa の三角形　638R
Cajal 間質核　832R
カプグラ症候群　661L
カプサイシン　1525R
カーブネゴシエーション　796R
カプラ　987L
可変形ミラー　343L
下弁別閾　28R
下方肢方略　78R
ガボール関数　675R
ガボールパッチ　14L
構え　11R
カムフラージュ　682L
かゆみ　1244L
かゆみの心理的伝染　1253R
カラーオーダーシステム　482L
カラーネーミング　423R
カラーネーミング法　427R
顆粒細胞経路　357L
顆粒細胞層　415L
ガリレイ変換　1635L
加齢黄斑変性　916R
加齢性難聴　1016R
感音難聴　1032L
眼窩　829L
感覚　10R, 1448L
感覚閾　27R
感覚間相互作用　1503L
感覚間対応　1503L
感覚器官　1440R
感覚強度　1466R
感覚圏　3L
感覚細胞　1411R
間隔尺度　42L
感覚証拠　255L

1719

感覚性失語 1005L	眼底視野測定 566L	逆説的冷覚 1264R
感覚的促進 434L	緩電位 348R	逆相関法 655L, 955R
間隔二等分法 1650R	眼電位 90R	逆転した Purkinje 現象 520R
感覚毛 1411R	眼内閃光 1262R	逆転ベクション 789R
感覚様相間マッチング 1033L, 1034R	陥入 454R	逆符号化モデル 281R
感覚レベル 984L, 1032L	官能評価 1609L, 1617L, 1621R	逆モデル 1365L
眼窩前頭皮質 1539R, 1587L	官能評価専用ソフトウェア 1551L,	逆問題 954R
眼窩前頭皮質外側部 1509L	1556R	客観的構えの要因 12L
眼窩前頭野 1539R, 1540L	ガンベル関数 29L	逆向性マスキング 1053L
眼窩層 831L	緩変動電位 92R	gap 効果 174R
眼窩部 1174L	ガンマアミノ酪酸 351L	ギャップジャンクション 350R
眼間速度差 715R	γ運動 768L	キャンセル速度 773L
眼球運動 1417L, 1419L	ガンマチャープ 994L	嗅覚事象関連電位 1508L
眼球振盪 519R	ガンマトーン 994L	嗅覚受容体 1454L
眼球赤道道 830L	ガンマトーンフィルタ 994L	嗅覚同定能力測定用カードキット
眼球層 831L	ガンマ補正 328R	1476L
環境音楽 1059R, 1060R	顔面神経 1533L, 1538L, 1605R	嗅覚の順応 1469R
環境騒音 1036R		嗅覚表象 1475L
環境中心座標系 688R	**キ**	嗅覚疲労 1483R
環境中心視方向 691L		嗅球 1458L
間欠的 TBS 110L	記憶色 432L	球形嚢 1415L
還元型ヘモグロビン 105L	記憶色効果 432R	嗅結節 1459L
喚語障害 1018R	擬音語 1049L	9 歳の壁 1015L
感作 648L	機械刺激 1411R	嗅上皮 1457L
観察者中心 260R	機械的センサー 1437R	中心極限定理 29R
観察者中心座標系 688R	幾何学的錯視 646R	嗅神経細胞 1454L
観察者中心視距離 691R	幾何学的ホロプター 708R	嗅繊毛 1457L
観察者中心の記述 660R	危険な環境の回避 1480L	嗅内野 1640R
観察者モデル 609R	疑似 1437R	嗅粘液 1457L
感情 1113R, 1159R, 1168L	基準聴覚閾値 1036L	嗅皮質（二次中枢） 1459L
──の円環モデル 1168R	軌跡 772R	球面収差 342R
感情音声 1141L, 1168L	帰巣行動 1416L	キュードスピーチ 1016L
感情価 1168R, 1663L	期待 12L	境界 636R
感情・情動 1663L	吃音 1018L	境界拡張 136R
感情的触覚 1210L	拮抗筋 835R	強化子 1650L
感情的な意図 1173L	基底膜 993L, 1153R	共感覚 15R, 222L, 1085R
干渉法 145R	気導聴力閾値 1013L	共感覚者 222R
冠状面 689R	輝度コントラスト評価図 964L	教師信号 961L
「緩徐な世界」の事前知識 258L	輝度純度 532L	教師なし学習 961L
眼振 844L, 1417L	輝度と色度の相関 430L	共振周波数 1155L
関心領域解析 99L	輝度の明るさ効率比 399L	強制選択 64L
感性 211L	機能障害 889L	強制選択選好注視法 871R
感性学 211L	機能的 MRS 103L	協調作用 740R
感性的補完 638R	機能的結合 114R	共通運命 642L
感性満腹感 1483R, 1587R	機能的色覚障害 528R	共通運命の法則 1043L
慣性力 1414R	機能的磁気共鳴映像法 95R, 1216R,	共通軸 695L
間接グレア 405L	1539R	共通領域 642R
間接尺度構成法 1556L	機能和声 1087L	共同性眼球運動 700L, 832R
間接法 42L	忌避 1575L	共同注意 1178R
観測用気球 1433L	気分 372L	強度予測モデル 1467R
観測用ロケット 1433L	基本感情 1168L	橋被蓋網様体核 835R
桿体 383L	基本公式 6L	恐怖感 220R
桿体 1 色覚 519R	基本刺激 484L	共変調マスキング解除 995R, 1051R,
桿体視 384R	基本周波数 1039R, 1130L, 1154L	1052L
階段法 36R	基本的特徴 152L	共鳴説 2R
貫通触面 1268L	ギムネマ酸 1524L	鏡面反射 213R
眼底 566L	肌理 676R	共役勾配法 80L
眼底カメラ 566L	逆光学 14R, 787L	共役性水平眼球運動 1423L

和文事項索引

極限法　39L
局所場電位　160R
局所徴験　4R
極値探索法　79R
曲率　645R
虚性暗点　577R
距離　688R
距離知覚　688L
偽輪郭　320L
近位空間　238L
筋緊張　1261L
近見反応　341R
均質　727R
近赤外線スペクトロスコピー　103R,
　1216R
近接　642L
近接度　56L
均等色度図　492R
均等点　1665L
筋肉の感覚　1265L
筋紡錘　1419R

ク

quantitative descriptive analysis 法
　1561R
クイック関数　29L
空間的標準化　103R
空間加算　389R
空間誤差　28R
空間コントラスト感度関数　591L
空間識　1408L
空間軸　1447R
空間周波数　309R
空間周波数チャンネル　592R
空間周波数フィルタ　592R
空間充満触　1268L
空間色　8R
空間触　1268L
空間反対型　415L
空間光変調器　321R
偶然的見え　259L
櫛錯覚　1323R
屈曲したべき法則　1028L
クプラ　1413R
クラスター説　517R
グラディオメーター　88R
グラニュラ合成　1064L
グラフィカル・ユーザー・インター
　フェース　1348L
グリシン　351L
グリッド細胞　16R
クリノスタット・ローテーション
　1437R
グルーヴ　1115R
グルコース　104R
グルコーストランスポーター　106L
グルタミン　104R

グルタミン酸　104R, 1524L, 1610L,
　1611L
グループ対象空間　59L
車酔い　1441L
グレア　961R
Craik-O'Brien-Cornsweet 錯視　403R
クレーター錯視　732R
グレリン　1577R, 1579R
クロスシンセシス　1065L
クロストーク　325L
クロスモダリティマッチング　45R
クロスモーダル　1361L, 1669L
クロノスタシス　1664L, 1674R
グローバルワークスペース理論　20R
クロマ　493L
クロロキン網膜症　546R
群　517R
群化　675L, 1100R
　——の法則　642L

ケ

経験サンプリング法　1663R
経験説　3R
経験的ホロプター　708R
蛍光ランプ　295R
計算の障害　1019R
計算理論　14R, 955L
継時対比効果　402R
継時的群化　1044R, 1045L
継時マスキング　1053L
傾斜角　679L
経頭蓋磁気刺激　20R, 108L, 982R
経頭蓋電気刺激　108L
楔前部　205R, 1640L
形態素　1133R
軽明性 L　63L
系列依存性　1664R
系列位置効果　1486L
経路統合　799L
K 細胞　352R
Geschwind 野　1005L
ゲシュタルト　1093L
ゲシュタルト心理学　642L
ゲシュタルト法則　1043L
血液　1439R
血液動態反応　105R
結合強度解析　100R
結合探索　17R
結合錯誤　152R
欠失　517L
結節点　695L
血中ブドウ糖　1576L
血糖値　1576R
血流動態　96L
血流動態関数　99R
ゲーティング実験　1183L
ゲートコントロール説　1250L

Gelb 効果　402R
牽引力錯覚　1349R
減塩　1613L, 1621L
嫌悪感　220R
言語音　1129L
言語化　1475L
言語獲得　1174L
言語障害　1018L
言語情報　1158L
　非——　1136L
言語聴覚士　1015R
言語聴覚療法　1022R
言語的情報　1129L
言語発達障害　1018L
言語野　1005L
言語リズム　1174L
現在主義　1636L
現在性　1640L
幻肢　238L
原刺激　518L
幻肢痛　238L
検出　1411L
検出閾　27R
検出力　65L
検証課題　435R
現象的幾何学　705L
減数第一分裂期　517L
減衰理論　149L
検知閾　27R, 1464L, 1555L
顕著性　154L
顕著性ネットワーク　206R
顕著性マップ　154R
減能グレア　962L
顕微分光測光法　451
健忘失語　1020L
腱紡錘　1419R

コ

小足　452R
コア領域　998L
語彙判断の障害　1021L
高閾値モデル　78L, 278R
高域通過型フィルタ　311L
広域表現型　893L
構音　1130R
　——の障害　1018R
構音コントロール過程　199R
構音障害　1018L
構音抑制　199R
高解像度補償光学眼底撮影装置
　516R
効果音　1061L
光学的方法　824L
光学的隣接点　727L
光学フィルタ　302L
効果の法則　143R
光感受性発作　221R

1721

後期選択理論　149L
航空医学実験隊　1430R
口腔乾燥　1603L
光景　680R
交差　517L
虹彩　339L, 1421L
虹彩強膜境界検出法　824L
虹彩筋　827L
虹彩検出法　824L
交差性像差　710L
公算誤差　28L
高g　1435R
高周波音　1038L
高周波成分除去フィルタ　99L
高周波由来のノイズ　989R
恒常仮定　11L
恒常誤差　28R
恒常法　31R
恒常性　675L
恒常性スケーリング　734L
恒常性スケーリングの不適切な適用説　734L
交照法　417L
構成心理学　10L
光線の追跡　334R
構造記述理論　260R
構造的対応仮説　1503L
構造の符号化　660R
光束　293R
高速仮現運動　257L
拘束条件　955L
拘束線　778R
高速逐次視覚呈示　147R
高速フーリエ変換　333R, 1156R
光沢感　213R
光沢計　214R
高調波　1039L
交照法を用いた網膜電図　516R
後天色覚異常　539R
光電色彩計　307L
後天性聴覚障害　1016L
光点ディスプレイ　799R
光度　294L
行動　1416L
喉頭原音　1129R, 1130R
行動主義　8R
高等触覚　1260L
後頭頂皮質　115L
行動的時間計測理論　1652R
行動的受容野　659L
後頭葉顔領域　662L
勾配法モデル　775L
後鼻腔性嗅覚　1625R
高品質の音声分析合成技術　1136L
後部帯状回　1640L
後部帯状皮質　205R
後部島皮質　1642R
交分水嶺抑制　1416R

興奮性シナプス後電位　87L
興奮性バーストニューロン　835L
効用　65R
効率的探索　138R
交流成分　314L
高臨場感オーディオ　1068R
声　1129L
　——の個人差　1165L
　——の同一性　1167L
　——のモンタージュ　1167R
小型二層性　414R
小型両亜層分枝型神経節細胞　352R
小型両亜層分枝形　414L
五基本味　1516R
呼吸　1488L
国際宇宙ステーション　1427L
国際10-20法　88L
国際照明委員会　293L
黒質　170L
黒体　296L
黒体放射　523R
小口病　545R
誤警報　41L, 64R
心の理論　802R
誤差逆伝搬学習則　15L
誤差逆伝播法　958R
鼓索神経　1533L, 1534L, 1536L, 1538L, 1605R
誤差最小化モデル　793R
固視　850R
固視時サッケード　850R
固視ずれ　341R
固視制御　852R
固視点　695L
固視微動　850R
固視窓　851R
個人空間　59R
個人差尺度構成法　58L
個人情報ノード　660R
個人性情報　1129R
孤束核　1536L, 1537L, 1538L, 1539L
語長効果　199R
骨導聴力閾値　1013L
固定間隔スケジュール法　1650L
ことば　1129L
　——の鎖　1134R
言葉の意味が表す感情　1172L
コドン　260L
ゴニオフォトメーター　214R
Kobal式オルファクトメーター　1508R
後半規管　1413R
コピー数の多様性　535R
コヒーレンス　114R, 1002L
コヒーレント運動　898L
コホートモデル　1179R
コマ　328R
鼓膜　1153R

コマ収差　342R
ゴムの手錯覚　1340L
固有振動数　1155L
コラム　363L
コルチ器　993L
Korteの法則　768R
Goldmann視野計　562R
Kohlrausch屈曲点　519R
コレジストレーション　99L
コレジデレミア　545L
語聾　1021L
コロンビア号　1441R, 1442
Cowanの指標（Kc）　278L
交互最小2乗法　58L
混触　1264R
コンテクスト　1172L
コンデンサ　108L
混同　42L
混同軸　529L
混同色線　523L
コントラスト感度　391L, 771R
コントラスト感度関数　416R
コントラストゲインコントロール　605R
コントラスト比　316L, 317R
コントラスト標準化　781R
コントラスト・プロファイル　963L
コントラスト変調　776R
コントラスト利得制御　605R
コントロールとの差を測定する方法　1564R
コーン・プラトー　385L

サ

座位　517L
再帰的ネットワーク　255R
最急降下法　80L
サイクロープスの眼　694R
再構成　105R
歳差運動　94R
材質　265R
材質感　1398L
最小意識　20L
最小運動閾　771R
最小運動法　417R
最小可聴閾値　984L
最小規則　75L
最小輝度純度　532R
最小視角　588L
最小2乗　80L
最小分離閾角度　588L
再生　385L
再生法　1652R
最大規則　75L
最大視感度　293R
最適重み付け仮説　235R
最適規則　75L

和文事項索引

彩度　　528L	地　　8R, 636L	時間インパルス応答　　618R
最尤推定　　235R	CIE 1931 標準観測者　　488L	時間学習モデル　　1652R
最尤推定値　　81L	CIE 1931 XYZ 表色系　　488L	時間加算　　387R
最尤法　　81L	CIE 1960 UCS 色度図　　492R	視環境　　961R
最尤法を用いた差尺度法　　51R	CIE 1964 U*V*W* 表色系　　493L	時間誤差　　28R
サイン音　　1059R, 1062L	CIE 1964 XYZ 表色系　　489R	時間周波数　　314L
サウンディング・ロケット　　1433L	CIE 1976 L*a*b* 色空間　　493L	時間周波数受容野　　996L
サウンドコラージュ　　1065R	CIE 1976 L*u*v* 色空間　　493L	時間周波数チャンネル　　624R
サウンドスペクトログラム　　1131L	CIE 1976 UCS 色度図　　492R	時間縮小錯覚　　1106R
サウンドハイブリッド　　1065L	CIE 表色系　　482L	時間順序　　1649L
サウンドモザイク　　1065R	CIE L*a*b* 均等色空間　　481R	時間順序効果　　1664R
サウンドレベル・メータ　　991L	CIE 昼光　　295R	時間順序判断　　1668R, 1671L
サーカディアンリズム　　1650R	CIP 野　　365L	時間窓　　242R
サーキュラー・ベクション　　787R	子音　　1133L, 1142R, 1154L	時間対応付け　　1670R
錯語　　1018R	視運動性応答　　844L	時間知覚　　1638L
錯視的運動　　770L	視運動性眼振　　844L, 1417L	時間長延長　　1660R
錯文法　　1019L	視運動後眼振　　845L, 1423L	時間的規則性の要因　　1102L
錯味症　　1602L	JND 尺度　　43L	時間的再較正　　237L
Thurstone の比較判断の法則　　47R	ジェスチャー　　1145R	感覚間消去　　238R
サターン・ロケット　　1441L	シェーダプログラミング　　335L	時間的足し合わせ　　418L
サーチコイル法　　824L	ジオン　　260R, 262L	時間的二相性応答　　775R
サーチライトデコーディング　　92R	耳音響放射　　1017L, 1084L	時間的腹話術効果　　235L
サッカリン　　1523L	ジオン理論　　260L	時間の異方性　　1106L
サッカード　　1418R	視蓋　　358L	時間の見当識　　1637L
→ サッケード	耳介　　1013L	時間の格子　　1103L
サッカード抑制　　1418R	視蓋前域　　340R, 359R	時間の長さ　　1649L
→ サッケード抑制	視蓋前域オリーブ核　　371L	時間バインディング　　1670L
サッケード　　834L	視蓋前野　　359R	時間バインディング課題　　1672R
サッケード潜時　　125L	視角　　309L	時間評価　　1638L
サッケード適応　　836R	視覚－運動系　　839L	時間分解能　　1041L
サッケード抑制　　837L, 852L	視覚記憶　　276R	時間変調　　776R
サッチャー錯視　　896L	視覚キャッシュ　　200L	時間変調伝達関数　　995L
差動増幅　　1417	視覚・空間性スケッチパッド　　199L	時間変動　　827R
SURF 特徴量　　333R	視覚系経路　　371L	時間領域の腹話術師効果　　1675R
サブドミナント　　1087L, 1092L	視覚再建法　　920L	磁気共鳴映像法　　94L
サーマルグリル錯覚　　1326L	視覚失認　　258L, 918L	磁気共鳴分光法　　1667R
左右対称性　　664R	視覚消失防止　　852R	色相　　528L
触り心地　　1398L	視覚情報保存　　13R	色相消去法　　494L
3 型 2 色　　452L	視覚性運動失調　　268R	色相成分　　500R
残効　　1140R	視覚性運動知覚　　839R	色相選択性　　459L
三叉神経　　1533L, 1609L	視覚性短期記憶　　277L	色相弁別曲線　　531L
三次運動　　778L	視覚性誘発磁場　　89R	色素上皮　　384L
3 色覚　　450R	視覚性誘発電位　　89R	色度座標　　485R
3 次元空間　　1411R	視覚性ワーキングメモリ　　277L	識別性　　901L
3 次元空間知覚　　688L, 1408R	視覚世界　　255L	識別的触覚　　1210L
3 次元変角光度計　　214R	視覚像　　200L	色名　　444R
3 自由度　　327L	視覚像形成系経路　　371L	色名呼称障害　　552R
産出法　　1652R	視覚探索　　17R, 137R	糸球体　　1458L
残像　　785R	視覚探索法　　146L	時空　　1636L
酸素化ヘモグロビン　　105L	視覚手がかり　　692R, 693L	軸索誘導因子　　1528L
残存聴力活用型人工内耳　　1017R	視覚的思考　　212L	シグナル　　64L
三点透視　　726R	視覚的印付け　　141R	シグナル刺激　　63R
散瞳　　339L	視覚的タウ　　798R	刺激閾　　5R, 27L
酸味　　1516L	視覚的断崖　　5L	刺激オンセット時間差　　148L
酸味受容体　　1524R	視覚的不快感　　221R	刺激間時間間隔　　133L, 768R
	視覚的マスキング　　837L	刺激項目　　137R
シ	視覚誘導性自己運動知覚　　786R	刺激頂　　399R
	視覚誘導性身体動揺　　790L	試験刺激　　109R

次元説	1168R	自然な聴覚フィードバック	1134R	自閉スペクトラム症	244R
視紅	3R	事前分布	82L	視放線	917R
嗜好	1575L	持続系	781L	シマ	1166L
視交叉	917L	持続的 TBS	109R	シミュレータ酔いアンケート	943L
視交叉上核	371L, 1650R	ジター錯視	256L	地面優位効果	727R
自己運動情報	786L	ジター残効	853L	視野	561L
事後確率	15L	シータバースト刺激	109R	視野安定	852R
自己遮蔽	683R, 727R	G タンパク質共役型受容体	1454R,	ジャイアントハンド効果	1447L
自己受容	1265L		1522R	射影幾何学	725R
自己受容感覚	1214R	再調整	1670L	社会参加	891L
自己受容感覚ドリフト	237R	失音楽症	1108L	社会実装	1609L
自己身体知覚過程	1366R	疾患	890R	社会的コミュニケーション	1480L
自己相関モデル	995L	失感情症	1590R	社会的促進	1590R
自己中心座標系	173L, 688R	実験現象学	8R	社会的伝染	1254R
自己中心座標系の知覚	1366R	実験美学	211R	社会的不利	891L
自己中心視距離	691R	実行機能	153R, 895L	社会的魅力	220L
自己中心視方向	690R	実行機能の共通性・多様性モデル		斜筋	829L
事後分布	82L		154L	弱視	744L, 888L
視細胞	347L	実効光度	401L	斜視	744L
視索	917L	実効値	982R, 984R, 1027R	Judd 錯視	648R
視索核	360L	失語症	1005L, 1018L	斜塔錯視	735L
視差バリア	717R	実際運動	767R	視野内の高さ	725R
GJB2 遺伝子	1015L	失策率	30R	シャープカットフィルタ	302L
視軸	689L, 695L	実耳応答特性	986R	遮蔽	675L
耳珠間幅	660L	膝状体外系	355L	遮蔽膜	904R
視床	161L, 1539R	膝状体外系経路	392R	遮蔽面	712L
視床下部	1587L	膝状体系	355L	周囲	498R
視床下部外側野	1575R, 1586R	膝状体系経路	392R	縦横比	679L
視床下部弓状核	1579L, 1586R	膝状体前核	355R	自由音場	1027L
視床下部室傍核	1579L, 1586R	ジッタ	1166L	自由視	851R
視床下部腹内側核	1575R, 1586R	質的	40L	自由神経終末	1609L
事象関連磁場	89R	失文法	1007R, 1019L	重心説	738R
事象関連脱同期	90L	失名辞失語	1020L	重心動揺計	790R
事象関連電位	89R	CT 繊維	1214L	集団コーディング	795R
事象関連同期	90L	視点依存	260R	充填	675L
事象関連法	97L	視点依存性	259R	柔軟資源モデル	278R
事象時間	1668L	自転運動	94R	周波数解析	1155R
視床枕	151R	自伝的記憶	1487L	周波数倍増錯視	896L
茸状乳頭	1519L, 1533L	視点非依存	260R	周波数分解能	1041L
矢状面	689R	自動音声認識	1157R	周波数分析	993L
視神経	917L	自動車の運転	796L	周辺視	841R
視神経炎	548L	自動的なプロセス	145R	周辺抑制	609R
視神経円板	347L	自動利得増御装置	1032R	差明	372L
視神経症	925L	シナプス後抑制機能	1412L	自由落下	1432L
視神経乳頭	347L	シナプス終末	384L	重力	1408L, 1421R, 1427L
システム同定	955R	視認性	901R	重力加速度	1415L, 1435L
シス－トランス異性化	383R	自発語	1016L	重力環境	1440L, 1447L, 1448L
姿勢	1448L	自発推進性	802R	重力環境下	1425L, 1447L
姿勢調節	1447R	自発性異常味覚	1602L	重力空間	1447R
耳石器官	1411LR, 1414R, 1440L,	自発選好	871L	主観時間	1668L
	1441L	自発的運動	1664L	主観的感覚強度	1469R
視線	659L, 689L, 695L	自発的活動	383L	主観的等価値	1556L
C 線維	1245L	自発的身体動揺	790L	主観的等価点	28L, 1026R
事前確率	14R	自発眼振	792R	主観的同時点	1668R
自然画像	264L	視物質	370R	主観的リズム化	1100R
視線計測	828R	SIFT 特徴量	333R	主観的輪郭	638R
事前知識	255L	時分割	717L	主観評価モデル	1066L
自然テクスチャ	678R	自閉症スペクトラム障害	244R, 892L	縮瞳	339L

和文事項索引

主軸　　594R, 773R	照度　　294L	神経節細胞　　347L
樹状突起野　　371R	情動性摂食　　1590L	神経伝達物質　　1413L
主動筋　　835R	情動的な反応　　661R	神経美学　　212L
シュードスコープ　　718L	衝突までの時間　　798R	神経引き込み　　1660R
受容体　　106R	小脳核　　835R	神経連絡　　1439L
受容野　　349L	小脳皮質　　835R	人工甘味料　　1600L
手話　　1015R	小脳腹側傍片葉　　846R	信号検出理論　　63R, 997R
主和音　　1087L	上弁別閾　　28L	信号対雑音比　　985R
順位尺度　　42L	上方光源の仮定　　729L	人工多能性幹細胞　　924R
純音　　1039R	上方肢方略　　78L	人工知能　　15L, 582R
純音聴力　　1013L	上方照明仮説　　729L	人工的暗点　　856L
馴化スイッチ法　　1177L	乗法のノイズ　　612R	人工内耳　　1015R, 1016R, 1017R
馴化－脱馴化法　　1153L	情報伝達ホルモン　　1438L	信号分解　　678R
馴化法　　871L	情報統合理論　　20R, 1625L	人工耳　　987L
順光学　　787L	情報の表現とアルゴリズム　　955L	齲酌説　　705L
順向性マスキング　　1053L	情報理論　　13L	心循環器系機能　　1439R
順序効果　　1552R	常用光源　　526L	新生児期の音韻知覚　　1175L
純粋感覚　　10L	症例研究　　1108L	新生児聴覚スクリーニングシステム
純粋語聾　　1014L	初期選択理論　　149L	1017L
純粋失音楽症　　1109L	書記素　　1022R	心像　　10R
純粋失読　　552R	食塩　　1580L	心臓　　1439R
純粋な拡大運動　　798R	食塩水　　1583R	深層学習　　582R, 1135R, 1141L
瞬読性　　949L	食塩欲求　　1588R	心像性　　1179L
準ニュートン法　　80L	触空間　　1300L	深層畳み込みニューラルネットワーク
順モデル　　1365L	触識　　1268R	958R
上喉頭神経　　1533R	触質　　1268R	深層ニューラルネットワーク　　955R
上咽頭神経　　1534L	触知覚　　1361R	身体イメージ　　240R
上眼瞼挙筋　　1423L	触地図　　1388R	身体運動　　1419L
上丘　　151R, 1424L	触的湾曲　　1324L	身体運動感覚　　1265L
消去　　171R	色反対型　　416L	身体外空間　　238L
情景スキーマ　　132L	色票　　426R	身体近傍空間　　238L
上下位置　　725R	食物新奇性恐怖　　1590LR	身体交換錯覚　　1341L
上下法　　36R	食物予期活動　　1589R	身体軸　　1408L
上限閾　　28R	食欲　　1575L	身体所有感　　237R
条件刺激　　109R	食欲制御物質　　1577L	身体図式　　240L
条件性摂食開始　　1589L	除算正規化　　605R	身体倒立効果　　800R
条件等色　　521L	除算抑制　　605L	心的イメージ　　13R, 240L
照合変数　　211R	触覚　　1260L	心的回転　　953L
小細胞経路　　15L	触覚における仮現運動　　1290L	心的拡大・縮小　　953R
小細胞層　　415L	触覚の異方性　　1329	心的時間旅行　　1637L
消失点　　726R	触覚の錯覚　　1316L	心的複合体　　10L
上斜筋　　829L, 1423L	ショートパスフィルタ　　302L	心理物理同型説　　11R
勝者総取り　　610R	処理流調性　　953R	心的要素　　10L
小視野トリタノピア　　423R	自律神経系　　1441L	振動感覚　　1037R
上縦束　　172R	自律モデル　　1179L	振幅　　589L
上昇試行　　39R	視力　　901R	振幅スペクトル　　1156L
小数視力　　901R	シリンドリカルレンズ　　717R	振幅変調伝達関数　　591L
常染色体顕性遺伝型の視神経萎縮	シルエット錯視　　730R	振幅変調度　　1048L
519L	事例理論　　1147L	心房性ナトリウムホルモン　　1439R
常染色体顕性遺伝形式　　519L	心・循環器系　　1428L	心理測定関数　　27R
常染色体優性視神経萎縮　　547L	心因性発声障害　　1018L	心理的現在　　1638R
上側頭回　　172L	新奇選好　　871L, 1175L	心理的不応期　　148R
上側頭溝　　244L, 662L, 1509R, 1539R	シングルトン　　138R	心理物理学　　27L
状態依存ネットワーク　　1656R	シングルトン検出モード　　156L	
冗長性利得　　280R	single probe 型　　278L	ス
上直筋　　829L, 1423L	神経回路コンピュータ　　582L	
情緒性情報　　1129R	神経性大食症　　220L	図　　8R, 636L
上転　　829R	神経積分器　　832L	水彩効果　　682R

水準　42L
水晶体　339L
錐体　383L
錐体1色覚　519R
錐体機能不全　544R
錐体基本関数　503R
錐体コントラスト　316R
錐体細胞　87L, 360R
錐体刺激値　483L
錐体反対型　413R
錐体モザイク　342R
垂直大きさ視差　702R
垂直視差　710R
垂直水平錯視　648L
垂直同期　328R
垂直 vergence　848L
垂直ブランキング期　317L
垂直網膜像差　710R
随伴陰性変動　1667R
随伴発射　837L
水平細胞　347R
水平線　727L
推量率　30R
枢軸　459L
数値尺度法　966L
スカイラブ　1436L
スカラー期待値理論　1652L
スカラー特性　1650R
図形残効　11R
図地分化　636L
Stiles-Crawford 効果　384R
スタイルズ色彩計　487L
スターガルト病　924L
スターバーストアマクリン細胞　353L
Stargardt 病　545L
Stevens のべき法則　44R, 1027R, 1234L
スティック型嗅覚同定能力検査法　1476R
Stevens のべき則　1559L
Stevens の法則　1467R
Step-ramp 課題　839R
ステレオアノマリー　743L
ステレオ奥行き残効　716R
ステレオ奥行き対比　716L
ステレオ傾き対比　716L
ステレオグラム　717L
ステレオスコープ　717L
ステレオ透明視　217L
stopped-clock 錯視　1664L
Stroop 課題　146L
Stroop 効果　1172R
ストレスパターン　1177R
ストレス誘導性摂食　1590L
ストロボ運動　767R
spike-triggered average 法　955R
spike-triggered covariance 法　955R

スパース性の制約条件　957L
スパース符号化　616R
スピーチ・ラーニング・モデル　1148L
スピード線　785R
スピナー錯視　782L
spectrum™ 法　1561R
スペクトル軌跡　521R
スペクトル・時間興奮パターン　1029R
スペクトルセントロイド　1066R
スペクトル包絡　1155L
スペクトル歪　1068L
スペースシャトル　1428L, 1436L
スペースシャトル・コロンビア号　1429L
Spacelab-1 計画　1441R
図方向　676L
スポットチェック　580L
スポットライト　150R
ズームレンズ　128L
スライスタイミング補正　99L
ずらし効果　663R
3D プリンター　1387L
鋭さ S　63L
スロー比　321R
スローレシオ　321R

セ

正確性　242R
生活全体の質　900R
晴眼　888L
正規化　678L
正棄却　64L
正弦波　1039R
正弦波音声　1150R
正弦波格子縞　310L
正弦波モデル　1137L
制限領域　709R
声質　1162L, 1164L, 1166L
静止膜電位　104L
正常3色覚　517R, 526L
星状錐体細胞　360R
正常レイリー均等　527R
精神測定関数　27R
精神物理学　5R, 27L
生成モデル　255L
成層圏　1433L
生存時間　772R
声帯　1129R, 1154L
生態学的光学　13L
生態学的妥当性　12R
生態学的誘発性理論　440R
生体力学的制約　240R, 800R
正中面　689R
成長　1448L
成長過程　1438R

静的視野測定　562R
静的手がかり　692R, 693R
静的動的乖離　565R
性的二型性　220L, 664R
性的魅力　220L
精度　242R
声道　1129R, 1154L
声道長　995R, 1138L
声道長正規化　996L
生得説　3R
青斑核　151R
製品音　1048R
積分球光度計　214R
生命科学　1437L, 1445R
生命科学実験　1433L
声門　1130R, 1154L
声紋　1158L
整流　678L
赤視色素　520L
脊髄毛様神経節　340R
セグメンテーション　1176L
舌咽神経　1533LR, 1534R, 1536L, 1538L, 1605R
舌下神経前位核　832R
摂取行動　1479R
接触熱抵抗　1239L
接触力　1239L
絶対閾　27R
絶対運動視差　702R
絶対音感　1082L
絶対音感保持者　1083L
絶対視距離　691R
絶対的距離　699R
絶対網膜像差　711R
接点　796R
接点モデル　796R
セットサイズ　138L
z 座標　68R
z 得点　68R
z 変換　68R
セマンティックディファレンシャル　53R
セマンティックディファレンシャル法　1477R, 1503L
セマンティックプロフィール　967R
ゼロ交差点　956L
セロトニン　351L
線運動錯視　896R
線遠近法　725R
旋回型加速度試験設備　1430L
前額平行面　679L, 689R, 708R
前額面　689R
前嗅核　1459L
線形システム理論　591L
線形予測符号化　1065L
閃光　109L, 920R
全口腔法　1552L
選好注視法　871L, 1153L

和文事項索引

先行手がかり　159R
先行手がかり法　145R
選好方向　353L
潜在連合テスト　218R
全色盲　519R, 924L
全失語　1020L
線尺度法　966L
前視野緑内障　580R
線条性　1159R
線条体　172L
線条体ビート周波数モデル　1653R
線像強度分布　591R
前帯状皮質　204L
全体的な処理　662R
全体野　391L
選択陰性電位　163L
選択性　258R
選択的な色順応法　541L
選択的視覚処理　660R
選択的順応　592R
選択的注意　13R, 1624R
剪断的のひずみが生じるような変形　659R
剪断的変形　723R
前注意プロセス　145R
前庭器官　1411L, 1440R
前庭機能　1411R
前庭機能失調　1417L
前庭頸反射　1419R
前庭神経核　1414L, 1423L
前庭神経内側核　832R
前庭性眼振　844L
前庭性反対回旋　1420L
前庭動眼反射　844L, 851L, 1417L
先天色覚異常　518L, 539R
先天性聴覚障害　1015L
先天的直観　4L
前頭眼窩皮質　1471R
前頭眼窩野　19R
前頭眼窩野内側部　219R
前頭眼野　150R
前頭－頭頂ネットワーク　205R
前島皮質　206R, 1174L
前頭弁蓋部　1539R, 1540L, 1542L, 1544L, 1624R
セントリフュージ　1430L
先入観　1470L
前脳基底部　169L
前半規管　1413R
前鼻腔性嗅覚　1625R
線広がり関数　591R
前補足運動野　1642R
前面投写　321L
線要素モデル　625L
旋律　1092R
旋律的アンカーリング　1086R

ソ

騒音　1035R
騒音性難聴　1038R, 1039L
騒音レベル　983L, 1038R
相関色温度　297L
双極細胞　347L
双曲線正割関数　29L
総腱輪　829L
相互活性化モデル　1021L
相互作用モデル　1179L
相互フィードバックモデル　1113R
走査型レーザー検眼鏡　393L
創造的総合の原理　10L
相対運動処理器　796L
相対音感　1083L
相対視距離　691R
相対視方向　691L
相対的奥行き　688L
相対的距離　688R, 699R
相対網膜像差　711R
相同組換え　517L
相同性　517L
創発特性　19L
総偏差点　529L
双方向反射率分布関数　214L, 683R
僧帽細胞　1458L
相貌失認　660R, 918L, 1223L
相補的 DNA　516L
遡及手がかり　160L
即順応性神経　1280L
測色委員会　494R
促進・抑制効果　1501L
測定公式　6R
速度　781L
側頭頭頂接合部　150R
側頭弁蓋部　1540L
速度信号　1423L
速度平面　831R
側方性相互作用　643R
側抑制　648L
属和音　1087L
ソース・フィルタモデル　1157L
ソーティング　1477R
ソプラノ課題システム SDS　1088R
ソマチックマーカー　19R
ソマトトピー　1217R
Zöllner 錯視　648L
ソーン尺度　1027LR

タ

ダ・ヴィンチ立体視　712R
帯域通過型フィルタ　311R
帯域通過フィルター　1029R
大域的運動　780R
帯域幅　995R, 1040R

帯域フィルタ　1157R
第一眼位　831L
第一言語　1144R
第一次聴覚中枢　1013L
体液　1428L, 1439R
対応点問題　712L
体外離脱錯覚　1342R
大気遠近法　702L
大局的・全体的な運動処理　800L
ダイコティック受聴　987R
大細胞経路　15L
大細胞層　415L
第 III 脳神経　830L
体軸　1429R, 1446R
代謝型グルタミン酸受容体　1524L
帯状回　172L, 1247L, 1539R, 1542L
対称性　220L, 642R
代償能力　525L
褪色　516R
大錐体神経　1533L, 1605R
対数クイック関数　29L
対数尤度比　77L
対数ワイブル関数　29L
体性感覚　1440L
大浅錐体神経　1536L, 1538L
体内時計　1651L
ダイナミック MAE　767R
ダイナミックレンジ　989L
第二言語　1144R
対乳児音声　1175R
大脳基底核　1642R
大脳性色覚異常　549R
対比　1102L
対比効果　1484L
ダイブ　1435R
体部位局在性　1217L
ダイポール推定法　91L
time-intensity 法　1556L
ダイヤモンド錯視　896L
代用マーカー　103L
第 IV 脳神経　830L
対流　1428R
第 VI 脳神経　830L
タウ蛋白　107L
唾液　1588R
互いに位相が直交するガボールフィルタ　957R
高コンテクスト言語　1172L
高コンテクスト文化　1172L
多感覚統合　1502R
多義的知覚　256R
滝の錯視　766R
Douglas の式　401R
多型　515R
takete-maluma 効果　212L
多次元尺度構成法　53R, 1162R, 1168R
多重検出モデル　1029R

多重時間尺度馴化モデル　1655R
多重資源　149R
多重資源モデル　149R
多重分離　415L
多重ボクセルパターン解析　281R
多層パーセプトロン　15L
脱酸素化ヘモグロビン　105L
タッピング課題　1676L
Ternus-Pikler の刺激　769L
多物体追跡　17R
Tuft 細胞　1527R
ダブルバッファリング　329R
ダブルフラッシュ錯覚　235L
タペタム　384L
多ボクセル相違度解析　100L
ダミーヘッド　987L
単一感情　10L
単一光子放射断層撮影　103L
単一刺激法　781R
単一自由度の原理　409R
単一錐体刺激　393R
単一変数の原理　409R
Duncker 錯視　841R
単眼ギャップ立体視　712R
単眼手がかり　692R, 693L
短期記憶　1485R
短距離仮現運動　769L
単語　1133R
　——の出現頻度　1179L
　——の親密度　1179L
探索　851R
探索関数　138L
探索テンプレート　140L
探索非対称性　139R
炭酸カルシウム　1415L
短時間フーリエ変換　1156L
単耳聴　1033L
単純異型接合体　535L
単純型細胞　361L
単純触覚　1260L
単純接触効果　1483L
単純パーセプトロン　15L
単色光　482L
短潜時皮質内抑制　109R
単相性パルス　108L
弾道軌道　1435L
弾道飛行　1435L

チ

チェッカーシャドー錯視　400L
Check-all-that-apply 法　1566L
遅延聴覚フィードバック　1134R
知覚　1448L
　——のための視覚　268L
知覚学習　271R, 1485R
知覚過程　12L
知覚感度　1232L

知覚機能亢進仮説　893L
知覚狭窄　1175L
知覚交替　713L
知覚サイクル　12R
知覚的曖昧性　256R
知覚的構え　148R
知覚的受容野　659L
知覚的体制化　641R, 1085L, 1093L
知覚的テンプレートモデル　611R
知覚的補間　1065L
知覚的流暢性誤帰属説　1483L
知覚テンプレート　658L
知覚同化課題　1144R
知覚同化モデル　1148L
知覚負荷　150L
知覚マグネット効果　1143L, 1175L
逐次近似再構成法　105L
逐次の探索　138R
蓄積容量仮説　1655L
遅順応性神経　1280L
地上　1441L
着影　728R
チャープ音　1145R
チャンク化　201L
チャンネルロドプシン　924R
注意欠陥（欠如）・多動性障害　892L
注意欠如・多動症　113R, 171L
注意ゲート・モデル　1652L
注意選択　123L
注意ネットワーク検査　151R
注意の裏側　136R
注意の構え　166R
注意の前運動理論　167L
注意の捕捉　154R
注意の瞬き　18L, 148L
注意の容量モデル　149R
注意プロセス　145R
注意誘導　153L
中央横断面　689R
中央矢状面　689R
中央実行系　199L
中央処理装置　335L
中央前額面　689R
中核的嫌悪　221L
中型有棘神経細胞　1654R
中間レベル　651R
中継細胞　356R
中耳　993L, 1013L, 1153R
中次視覚皮質　680R
中心暗点　917L
中心窩　486R, 1418L
中心化行列　54R
中心化傾向　1664R
中心窩視　852R
中心窩投射領域　917R
中心周辺拮抗型　349R
中心周辺反対型　415L
中心小窩　544L

中心性漿液性脈絡網膜症　546L
中心的興味　134R
中枢プログラム　1444L
中性点　523R, 531L
中脳網様体　833L
調　1095R
調音　1130R
調音位置　1151R
調音運動　1131R, 1145R, 1155R
調音結合　1131R, 1143R
調音様式　1151R
聴覚閾値　1035R
聴覚イメージモデル　995L
聴覚口話（読話）法　1015R
聴覚失認　1013L
聴覚障害　1013L
聴覚情景分析　995R, 1042R
聴覚的カッパ効果　1102L
聴覚的把持力　1022L
聴覚ドライビング　1675L
聴覚フィードバック　1134R
聴覚フィルタ　993R, 1040R, 1041R,
　　1042L, 1051L
聴覚フィルター　1030L
聴覚フィルタバンク　993R
聴覚フィルター・モデル　1030R
聴覚フラッタ　1661L
聴覚モデル　993L
聴覚モード　1145R
聴覚野　999L, 1153R
聴覚理論　1145R
聴覚連合野　1002R
長期記憶　1486L
鳥距溝　917L
長距離仮現運動　769L
超高速範疇化　264R
重畳積分　678L
聴神経　996R
調性　1095R
調性音楽　1087L
調性スキーマ　1096R, 1097R
聴性定常反応検査　1017L
調性的体制化　1093L
聴性脳幹反応　87R, 996R, 1013L
調整法　39R
調節　341L, 692R
調節性輻輳　700L
調節微動　342L
調節ラグ　341R
長潜時皮質内抑制　109R
超低周波音　1037L
超伝導量子干渉素子　88R
丁度可知差異　27R
丁度可知差異法　7L
調波複合音　1039R, 1041LR, 1042L,
　　1043R, 1045L
重複　517L
聴放線　1013L

和文事項索引

調理　1609R
直筋　829L
直接グレア　405L
直接尺度構成法　1556L
直接知覚説　705L
直接知覚理論　1146R
直接知覚論　15R
直接評価　42L
直接法　42L, 793R
直線加速度　1411R, 1439R
直線加速度負荷装置　1430R
直線性ベクション　1424R
直線道路の角度錯視　735R
直線偏光　325L
直流成分　314L
直交受容野ペア　774R
チルトシフトレンズ　706R
Zinn 小帯　339L

ツ

追従眼球運動　844L
追唱　149L
追跡の精度　804L
追想的時間　1649R
対パルス刺激　109R
通過・反発の錯覚　1670L
通話品質客観評価モデル　1066R
壺嚢　1416L
積木模様課題　893L
強い結合　740R

テ

D-15 テスト　528L
TI 法　1559R
ティアリング　317L
TRP チャネル　1609R
T&T オルファクトメトリー　1466L
TEO 野　461R
低閾値モデル　78L
低域通過型フィルタ　311L
定位反射　146R
TE 野　461R
DAF 効果　1134R
定型発達　244R
DKL 色空間　459L
低コンテクスト言語　1172L
低コンテクスト文化　1172L
T 字接合　652L
低周波音　1037L
低周波音騒音　1037R
低周波成分除去フィルタ　99L
低出現頻度効果　140L
定常状態視覚性誘発磁場　90L
定常状態視覚性誘発電位　89R
ディスレクシア　244R
定性的視野測定　561R

定性的センサリープロファイル　1565R
T2R 遺伝子　1523L
dipper 関数　602R
ディッパー関数　391R
TvC 関数　602R
ディープラーニング　15L
定量 MRI　101R
定量的記述プロファイル　1565L
手がかり　1652R
手がかり増強性摂食　1589L
手がかりによる空間的注意の定位効果　146L
適応機制　1439R, 1440L
適応光学系　385R
適応的空間フィルタ法　91L
テクスチャ　676R, 1614L
テクスチャ合成　678R
テクスチャ勾配　679L
texture profile 法　1561R
テクストン　677R
デコーディング解析　92R
テトリス効果　394R
Tenon 囊　830L
デフォルト知覚　257R
デフォルトモード　152L
デフォルトモードネットワーク　21R, 205R, 219R
テーブル錯視　895R
Delboeuf 錯視　648R
テレステレオスコープ　717R
テレメトリー装置　1430R
伝音難聴　1013L, 1032L
展開法　60L
電気味覚検査　1604R, 1605R
典型的見え　259L
点字　1270L, 1377L, 1389R
点字読書　1381R
電磁放射　293L
点像強度分布　597L
転舵　796R
伝導失語　1019L, 1020L
点広がり関数　597L
テンプレート・モデル　793R
テンポへの引き込み　1116L
temporal dominance of sensations 法　1560L
デンドライト　1438R

ト

同一感覚モダリティ内　1669L
統一モデル　1657R
等エネルギー白色光　523R
同化　402R, 1102L
統覚型失認　258L
等価矩形帯域幅　1029R
等価騒音レベル　983L, 1036R

等価電流双極子　91L, 1542L
等価入力ノイズ法　612L
等価濃度測定　1559L
等価の視対象輝度　963R
等価の背景輝度　963R
動眼神経　340R, 830L
動眼神経核　1423L
動眼手がかり　692R
等感度曲線　561L
等輝度刺激　417R
同期・非同期弁別　1670R, 1672L
統計学習　143L
統計ブートストラッピング説　1177L
等現間隔法　46L
瞳孔　339L
統合型失認　258R
瞳孔括約筋　339L
統合コントラスト画像　964R
瞳孔散大筋　339L
瞳孔視野測定　571L
瞳孔中心　826L
瞳孔動揺　340R
瞳孔の対光反射　371L
瞳孔反応　392R
統語の障害　1019L
洞察　212L
同時運動対比　780R
同時音源の定位　1057L
透視図法　726L
同時性　1649L
同時性の時間窓　1668R
同時性判断　1668R, 1670R
同時対比効果　401R
同時的群化　1042L, 1043L, 1045R
透視投影　961R
同時マスキング　1050L
投射型　224L
投射中心点　725R
等色　410R
等色関数　412R
等色方程式　483L
頭頂間溝　150R, 161L
同調関数　593R
頭頂弁蓋部　1540L, 1541R, 1543L, 1544L, 1545L
頭頂弁蓋部と島皮質の移行部　1541R
頭頂葉内側部　1247R
疼痛　1261L
同定　13R
動的圧縮型ガンマチャープフィルタバンク　994R
動的因果性モデル　1224R
動的因果モデル　1008L
動的大きさ・距離不変仮説　704R
動的視野測定　562R
動的手がかり　692R, 693L
動的モデル　793R

糖尿病網膜症　546R
島皮質　219L, 1248L, 1471R, 1509R,
　　1539R, 1540L, 1541L, 1542L, 1543L,
　　1544L, 1545L, 1590L, 1624R
島皮質前部　115L
当否法　7L
頭部運動　1417R
頭部運動補正　99L
動物性嫌悪　221L
動物の精神物理学　10L
頭部伝達関数　1034R
等分割尺度法　46L
等方性　727R
透明感　216R
透明視　216R, 727R
同名半盲　917L
動揺病　1441L
等ラウドネスレベル曲線　1037R
倒立効果　799R
登録距離　704R
Thunberg の温度格子　1326R
特殊感官エネルギー説　2R
特殊飢餓　1588R
特殊神経エネルギー説　2R, 1262L
読唇　1149L
特性音響インピーダンス　982L
特徴探索モード　156L
特徴抽出　852R
特徴統合理論　17R, 152L
特徴に基づく注意選択　157R
特徴の共活性化　280R
特徴マップ　152L
独立成分分析　89R
読話　1013R
トータルコミュニケーション　1016L
特化型モデル　1651L
凸形状　729L
凸点　260L
トップダウン　369R, 1179L
トップダウン処理　1144R, 1481L
トニック　1087L, 1092L
トーニック・ニューロン　1423R
トノトピー　998L, 1042L
ドーパミン　351L, 1249L
ドパミントランスポーター　106R
de Vries-Rose の法則　598R
ドミナント　1087L, 1092L
ドライブ　1446L
トライポフォビア　221R
トライポフォビア尺度　221R
transient receptor potential チャネル
　　1524R
トランスデューサ関数　603L
トランスデューシン　348L
トランスポーター　106R
トリカルボン酸　104R
ドリフト　850R
ドリフトバランス　776L

Talbot の法則　401R
Talbot-Plateau の法則　389R, 401R
トレースモデル　1179R
トレマー　850R
Troxler 効果　856L
トローランド　295L
鈍圧　1261L
トーンクロマ　1082L
貪蝕　384L
トーンハイト　1082L

ナ

内因性カンナビノイド　1576R
内因性光感受性網膜神経節細胞
　　370R
内因性モデル　1651L
内耳　993L, 1013L, 1153R
内集団優位性　1171L
内節部　384L
内側オリーブ蝸牛束　997L
内側オリーブ蝸牛束反射　997L
内側膝状体　999L, 1013R
内側終止核　360L
内側縦束　833L
内側縦束吻側間質核　832L
内側前頭前野　205R
内側中隔核　169R
内直筋　829L, 1423L
内的精神物理学　7L, 27L
内的表象　15R
内転　829R
内的時計モデル　1651R
内発的手がかり　146R
内部ノイズ　611R, 658L
内部表現　610L
内方回旋　829R
内網状層　347R
内有毛細胞　996L, 1013L
仲間はずれ探索　137R
ナカ・ラシュトンの式　28R
NASA　1432L, 1442R
馴染みのある大きさ　703R
NASDA　1432L
ナチュラル・ペダゴジー理論　1178R
斜めの視点　259L
ナビゲーション　799L
名前の生成　660R
軟口蓋　1519L

二

ニオイ地図　1458L
ニオイの感覚強度　1466R
ニオイの条件づけ　1488L
ニオイの知覚　1460L
ニオイの同定　1475L
ニオイの分類カテゴリー　1477L

ニオイのワーキングメモリ　1486R
ニオイへの気づきやすさ　1511R
2 型色覚　517R
2½ 次元スケッチ　261R
苦味　1516R, 1628L
苦味受容体　1522R, 1599R
苦味物質　1599R
2 件法　32R
ニコチンアミドアデニンジヌクレオチド
　　105L
二次運動　770L
二次課題　198R
2 肢強制選択法　32R
2 刺激法　620L
二次恒常性スケーリング　734R
二次体性感覚野　1219L
二次聴覚皮質　1014R
二重課題　149R
二重課題法　198R
二重拮抗型細胞（二重反対色細胞）
　　460R
二重経路モデル　1147R
二重視覚説　3R
二重砂時計モデル　1655R
二重像　324R
二重知覚　1145R
二重中心化　54L
二重貯蔵モデル　198L
二重フラッシュ錯覚　1675R
二重母音　1134L
2 色性反射モデル　214L
2 ストローク仮現運動　776L
二相性パルス　108R
2-デオキシグルコース　103L
2 点閾　3L
二点透視　726R
二点弁別　1210L
2 パルス法　619R
二分視野刺激　423R
日本語対応手話　1015R
日本語のアクセント　1159L
日本手話　1015R
乳児制御　871L
ニューカラーテスト　551L
ニュートラルデンシティフィルタ
　　302R
ニュートン-ラフソン法　79R
ニューラルネットワーク・モデル
　　1021L
ニューラルボコーダー　1141R
ニューロフィードバック　108L
ニューロン　1449
二連訓練　275R
妊娠　1583L
認知閾　1464L, 1555R
認知地図　16R, 799L
認知的促進　434L
認知負荷　150L

ネ

ネイバーフッド・アクティベーション・モデル　1182R
ネイバーフッド頻度　1182R
ネイバーフッド密度　1182R
音色　1046L, 1155L
音色的高さ　1082L
ネオコグニトロン　266R
Necker の立方体　731R
熱浸透率　1238R
眠気尺度　371R
粘性　217R
捻転計　1421L

ノ

ノイズ　64L
ノイズ刺激　63R
ノイズ・フロア・レベル　989L
脳幹聴覚伝導路　1013L
脳血流量　105L
脳時間　1668L
脳磁図　87L, 1216R
脳磁場計測　1508L
能動触　1206R, 1361R
脳波　87L, 1216R
脳波計測　1508L
脳賦活化実験　1108R
脳梁膨大後部皮質　1641R
能力障害　889L
ノッチ雑音マスキング法　993R, 1051L
のど越し　1534L, 1609L, 1614L, 1621L
ノニウス刺激　743R
ノニウス法　697R
飲み込み法　1552L
乗換え　517L
乗り物酔い　1441L
ノルム最小化法　91L

ハ

バイアス　65R
バイアス競合モデル　153L
灰色仮説　429L
バイオフィードバック　112R
バイオロジカルモーション　17L, 799R
倍音　1045L, 1046L, 113R, 1154R
倍音構造　1154R
背外側橋核　846R
背外側前頭前野　114L
背景　498R
背景視野　391L
背景騒音　1034R

胚性幹細胞　924R
バイセクション法　79R
背側経路　16R, 1005L, 1006L, 1147R
背側視覚経路　364L
背側終止核　360L
背側線条体　115L
背側注意ネットワーク　205R
背側頭頂皮質　150R
背内側前頭前野　114R
排尿　1439R
バイノーラル信号　987R
内発的な定位　146R
ハイブリッド遺伝子　517L
バイミュージカル　1097L
背面投写　321L
俳優の感情表出　1169L
ハイライト　213R
吐き気　220R
吐き出し法　1552L
パーキンソン病　1476R, 1642R
拍　1094L
白紙　4L
白色背景・白色視標視野検査　543L
拍節構造　1095L
拍節スキーマ　1095L
拍節的体制化　1093L
拍節的単位階層化モデル　1095L
白内障　916L
薄明視　574L
バージェンス　832R
場所細胞　16R
バージョン　832R
波数　487L
バス課題システム BDS　1087R
バースター・ドライビング・ニューロン　1424L
バースト・ニューロン　1423R
バーストジェネレーター　834R
パターン　676R
パチニ小体　1212L, 1279L
バーチャル環境　790L
バーチャルリアリティ　786R, 1371L
波長多重化　717L
波長弁別曲線　531L
発現　534R
発光ダイオード　295R, 297R, 318L
発散　793R
Pashler の指標（Kp）　278L
発声障害　1018L
発声様式　1161L
Hassenstein-Reichardt のモデル　774L
発達障害　892L
発達性ディスレクシア　895L
パッチ　462R
発話意図　1160L
発話プラン生成過程　1161R
Hardy-Rand-Rittler 検査表　541R

話し言葉　1129L
話しているときの基本周波数　1131R
Panum の融合領域　709L
ハノイの塔課題　895L
バーバーポール錯視　779R
ハプティクス　1260R
ハプロスコープ　717L
Hermann 格子　403L
ハムノイズ　989R
波面収差　343L
波面センサ　343L
波面歪み　342R
ハーモニクス　1154R
速さ　781L
パラ言語情報　1130L, 1136L, 1158R
パラ言語的情報　1163R
パラソル細胞　351L
パラベルト領域　998L
パラボリック飛行　1433R, 1435L
パラレル・スイング　1431R
パラレル・スイング装置　1431R
バリュー　491L
Bálint 症候群　172L, 920L
halo-dumping 効果　1560L, 1625L
ハローダンピング効果　1501R
バロリセプター　1439L
Howard & Templeton 法　698R
範囲の効果　50L
半影　728R
ハンガー反射錯覚　1343L
半規管　1411LR, 1413L
バンク角　1429L
反射グレア　405L
反射率変化識別法　427R
半側空間無視　171L
反対回旋　1420R
反対回旋運動　1417R, 1419
反対側遅延活動　281L
判断の基準値　64R
パンデモニアム　13R
Hunt 効果　399L
バンドパスフィルタ　302L
band-limited コントラスト　315R
反応時間　137R
反応による分類　656L
反発　780L
反復回数の多様性　535R
反復磁気刺激法　109R
反復性経頭蓋磁気刺激　1224L
反復的単純接触　1484R
反復の見落とし　148L
バンプ錯覚　1322R
半母音　1133L
半盲　561L
万有引力の法則　1427L

ヒ

1731

美　218L
pRF 法　98L
pH　1551R
Psi 法　34R
PSE 測定　1559L
比音響インピーダンス　982L
非可逆音声圧縮符号化　988R
比較刺激　28L
光　293L
光異性化　385R
光遺伝学　924R
光干渉断層計　393L
光ポンピング磁力計　89L
光流動　786L
非感性的縮小　698R
非感性的補完　637L
非共同性眼球運動　700L, 832R
非共同性サッケード　848L
非偶然的特徴　262L
ピーク検出　610R
ピーク法　1650L
B 系列　1636R
非言語音　1129L
非言語情報　1158L
非言語的情報　1163R
非交差性像差　710L
飛行手順　1435R
非効率的探索　138R
P 細胞　352R
非視覚像形成系経路　371L
比視感度曲線　530R
皮質拡大係数　772R
皮質内促通　109R
皮質盲　917R
皮質聾　1015L
比尺度　42L
ビジュアルアナログ尺度　1466R
ビジュアルアナログスケール　1480R
微絨毛　1411R
尾状核　1643L
微小眼球運動　844L
微小重力　1427L, 1433R
微小重力環境　1427L
微小重力環境下　1447R
非侵襲計測　1508L
非侵襲脳刺激法　108L
ヒスノイズ　989R
歪成分耳音響放射　1013L
非線形歪み　1064R
非選好方向　353L
尾側室頂核　835L
非対称カラーマッチング法　427L
非注意による見落とし　17R
ピッチ　787R, 998L, 1039L, 1154R,
　　1408L, 1443L
ピッチ弁別能力　1086L
ヒット　64R
非定型桿体 1 色覚　519R

ビデオテープ　1446R
ビート　1050R
美度　211R
非同時マスキング　1053L
ピノキオ錯覚　1343R, 1367R
Piper の法則　599R
皮膚 "うさぎ" 錯覚　1295L
皮膚コンダクタンス反応　661R
非フーリエ運動　776L
微分モデル　793R
非母語　1172L, 1174R
肥満　1575R
ビームフォーマー法　91R
ヒューリスティック　681L
評価性因子　967R
評価法　1639L
表現型　534R
拍子　1094L
表示規則　1168R
標準イルミナント　297R
標準観測者　530R
標準色覚検査表第 2 部後天異常用
　　542L
標準刺激　28L
標準脳への変換　99R
標準比視感度 $V(\lambda)$　530R
標準 BOLD 信号波形　99R
表情　659L, 1171L
表象的慣性　785L
表情とは独立した記述　660R
表情分析　661L
病態失認　171L
評定尺度法　966L, 1466R
標的刺激　137R
標的頻度効果　140L
表面色　8R, 447R
表面触　1268L
非類似度　56L
ピルビン酸　104R
品質指標　1066R
頻度の効果　50L
Pinna-Brelstaff 錯視　770R
ピンホイール　364L

フ

ファイ−ガンマ仮説　29R
ϕ 現象　768L
ファンタム感覚　1293L
ファントム立体視　712R
VIP 野　165R
V1 野　360L
V3A 野　782R
フィッシャー情報量　81R
フィッシュボーン錯視　1323R
Fitts の法則　241L
Vieth-Müller 円　708R
V2 野　360R

フィルタ情報　1137L
フィルタ理論　149L
フィールドシークエンシャル　717R
Filehne 錯視　841R
フェーズ　1435R
フェニルチオカルバミド　1522L
フェニルチオ尿素　1599L
Fechner の法則　44L, 1467R
Ferry-Porter の法則　617R
増える線分錯視　695R
Bjerrum 領域　581R
フォトトランスダクション　348L
フォルマント　1130R
フォルマント周波数　1130R
フォルマント遷移　1142R
フォン　1028L
不快グレア　962L
不活性化　537L
不活性化理論　537R
不可能図形　731R
不可能立体　731R
負荷理論　150L
不気味の谷　211R, 222L
腹外側視索前野　371L
腹外側前頭前野　204L
複合異型接合体　535L
複合音の大きさのモデル　1031L
複合スパンテスト　201R
複合波　781R
複雑型細胞　361L
複視　695R
副視索系　846L
副尺課題　697R
復唱の障害　1019L, 1022L
複数感覚情報　1361L
輻輳　692R, 700L
輻輳開散運動　832R, 844L
輻輳角　700L
輻輳性調節　700R
腹側経路　16R, 1005R, 1006R, 1147R
腹側視覚経路　364L
腹側線条体　115L
腹側前頭皮質　150R
腹側頭頂皮質　150R
腹側被蓋野　170L
腹話術効果　235L
付随運動　721R
復帰の抑制　140R
物体　265R, 680R
　　——に基づく注意選択　157L
　　——の前駆表現　676L
物体中心　260R
物体中心座標系　173L, 688R
物体中心視距離　691R
物体中心視方向　691L
物体認知　258L
物理的空間軸　1447R
物理的な実装　955L

1732

和文事項索引

物理に基づくレンダリング　334R
不適当刺激　2R
太い縞　365L
不同視　744L
ブドウ糖感受性ニューロン　1576L
ブドウ糖受容ニューロン　1576L
不等分散ガウス型モデル　67L
ぶどう膜　339L
不動毛　1411R
ブートストラップ法　966R
不能グレア　404R
負のマスキング　391R
ブーバ／キキ　1627L
ブーバ／キキ効果　1502L
部分報告法　276R
不変項　15R
不変性　258R
プライミング　1624R
フラクタル　211R
プラズマディスプレイ　319L
Brush 細胞　1527R
フラッシュドラグ効果　785L
フラッシュラグ効果　649L, 784R
ブラッド　779L
フラットパネルディスプレイ　317R
フランカー　608L
フランカ干渉課題　146L
ブリー　830L
フーリエ解析　1155R
フーリエ合成　310L
フーリエ分解　310L
フーリエ変換　310L, 996L, 1156L
　高速——　333L, 1156L
　離散——　1156L
ブリーチング　344R
フリッカー MAE　767R
フリッカー格子縞　767R
フリッカ刺激　1660R
フリック　851L
不良設定問題　955L
篩状暗点　579R
フルオロデオキシグルコース　103L
Purkinje 移動　399R, 545L
Purkinje 細胞　837R
Purkinje 像　825L
Pulfrich 効果　785L, 958L
Pulfrich の振り子　715L
フルボディー錯覚　1341L
プレグナンツの法則　642L
flavor profile 法　1561R
フレーム　328R
フレームシークエンシャル　717R
フレームバッファ　329R
プレモーター・ニューロン　1424L
Broca 失語　1020L
Broca-Sulzer 効果　389R
Broca 対角帯　169R
Broca 野　1005L, 1006R

プロジェクタ　321L
プロスタグランジン E2　105L
プロセティック　40L
ブロックデザイン　96R
ブロブ　364L
Bloch の法則　387R
プロトタイプ　1167R
Fröhlich 効果　785L
Blondel-Ray の式　401R
雰囲気　132L
分解能・積分パラドックス　1029R
分割時間の錯覚　1100L
分割尺度法　45R
分光光束　293L
分光視感効率　293L
分光測光器　305L
分光比視感度　293L
分光分布　295R
分光法　102L
分散ガウス型モデル　65L
分散型コホートモデル　1181R
分枝　452R
分子イメージング　103R
分水嶺　1416L
吻側前帯状皮質　114L
吻側側頭野　997R
吻側野　997R
分布温度　297L
文法中枢　1007L
文脈　1131R
文脈依存記憶　1487L
文脈手がかり効果　143L
分離決定規則　75L
分類課題　435R
分裂速度　1438L

へ

平均　664R
平均輝度　589L
平均誤差法　7L
平均性　220L
平均声　1140R
閉合　642R
併合　1008L
平衡機能　1413R
平行性　642R
閉合性　681R
並進　793R
ベイズ型ショートリストモデル　1183L
ベイズ較正　1670L
ベイズ推定　15L
ベイズ統合理論　236L
並列的探索　138R
並列分散処理　15L
並列分散処理モデル　1021L
ベクション　786R

Hess 効果　785L
ベストニューロン　1536R
ペースメーカー – 蓄積器モデル　1651L
β 運動　768L
Heschl 回　997R, 1020L
ヘッドマウントディスプレイ　238L
ペデスタル　391L
ペデスタル効果　602R
ヘテロ三量体型 GTP 結合タンパク質　1526L
『蛇の回転』錯視　771L
Hering 格子　403L
Hering 錯視　648L
Hering の等神経支配法則　833L
Hering の反対色説　409L
Hering-Hillebrand 乖離　708R
ベルト領域　998L
ベルベットハンド錯覚　1325L
Helmholtz-Kohlrausch 効果　398R
変位　720L
変化検出　277L
変化検出課題　201L
変化の見落とし　17R
変化の見落としの見落とし　134L
変形　793R
変形上下法　1555L
偏光板　325L
偏光フィルタ　325L
偏差成長　1438L
変調周波数　1048L
変調周波数分析　995L
変動音の大きさ　1034R
扁桃体　662R, 1174L, 1459L, 1539R, 1587LR, 1590L
弁別　42L
弁別閾　5R, 27R, 1464L
弁別尺度　43L
弁別性　901L
弁別法　1639L
Penrose の三角形　731R

ホ

母音　1132R, 1133L, 1142L, 1154L
母音図　1155L
方位　589L
方位角　679L
包囲光配列　15R
方位コラム　363R
方位選択性　361R
方位像差　710L, 742L
方位の類同　642L
妨害刺激　137R
方向知覚　688L
放射　293L, 1154L
放射束　293L
報酬系　173R, 219R

房飾細胞　1458L
紡錘状回顔領域　16R, 139L, 1223L
傍正中橋網様体　832L
傍中心窩　544L
膨張－圧縮的変形　723R
法定盲　889R
放物線　1433L
飽和度閾　532R
where 経路　268L, 1014R
捕獲　1676R
補完　675L
ボケ　696R
母語　1144R, 1152R, 1172R, 1174R
ポジトロン断層撮影　103L, 1216R
ポジトロン断層撮影法　1539R
補償光学システム　342R
ポーズ・ニューロン　1424L
ホスホジエステラーゼ　348L
補正　103R
細い縞　365L
Poggendorff 錯視　648L
ポップアウト　138R
　　──のプライミング　142R
ボトムアップ　369R, 1179L
ボトムアップ処理　1144R
ポラロイドステレオスコープ　717L
ボリューム暗点　916R
BOLD 効果　1108R
BOLD 信号　95L
whole probe 型　278L
White 錯視　402R
what 経路　268L, 1014R
Ponzo 錯視　647L
本有観念　4L

マ

マイクロサッケード　851L
マイクロニューログラフィ　1212R
Michelson コントラスト　314L
マイスナー小体　1212L, 1279L
Meynert 核　169R
マインドワンダリング　152L, 159L
McGurk 効果　235L, 1145R, 1149LR,
　　1151L, 1152R
McGurk 効果の数理モデル　1151R
曲がり盲錯視　645R
MacAdam の楕円　492L
Maxwell スポット　487L
マグニチュード産出法　45R, 1027L,
　　1033L
マグニチュード推定　1466R
マグニチュード推定法　44R, 1027LR,
　　1033L, 1557R
マグニチュード・バランス法　1033R
マグニチュード理論　1665R
マグネットメーター　88L
マーケル盤　1212L

マスキング　592R, 1050L
　　──のパワースペクトルモデル
　　993R
マスキング・パターン　1050L
股のぞき　707R
街並失認　918L
McCollough 効果　417R
Maxwell 視　294R
末梢器官　1440L
Mach バンド　403R, 675R
窓問題　778R
窓枠問題　778R
マヌーバー　1435
マーブル手錯覚　1344R
幻の鼻錯覚　1341R
マルチコンポーネントモデル　199L
マルチモーダル　1361L
　　──な感情表出　1170R
Marré 分類　540L
まわし運動　844L
慢性掻痒　1252L
慢性疼痛　1252L
マンセル表色系　481R
満腹感　1576L

ミ

見え　262L
　　──の複合体　262R
味覚異常　1599L
味覚過敏　1602R
味覚嗅覚間連合　1623R
味覚嫌悪学習　1587R, 1588R
味覚事象関連磁場　1540R
味覚事象関連電位　1540L, 1543L
味覚受容体　1522L, 1599L
味覚障害　1599L, 1601L, 1602L
味覚消失　1602R
味覚神経　1538L
味覚増強性嗅覚嫌悪　1488L
味覚相互作用　1567L
味覚地図　1525R
味覚低下（減退）　1602R
味覚伝導経路　1602R
味覚の増強　1566R
味覚の相互作用　1566R
味覚の抑制　1566R
味覚反応テスト　1588R
味覚変革　1566R
味覚誘発電位　1624R
見かけの大きさ　691R
見かけの奥行き　692L
見かけの環境中心距離　691R
見かけの自己中心距離　691R
見かけの自己中心方向　690R
味嗅覚情報の統合　1501R
味細胞　1519R
ミジェット細胞　351R

ミス　41R, 64R
未知の声　1167R
ミッシング・ファンダメンタル
　　1040L, 1042L, 1084R
ミニチュア効果　706R
ミニマルセルフ　1366R
ミミック　1437R, 1438L
味盲　1599R
Müller の段階　409L
Müller-Lyer 錯視　647L
Münsterberg 錯視　648L
味蕾　1519L
未来性　1640L
ミラーイメージ　1417
ミラクリン　1566R, 1570L
ミラーセラピー　238R
ミラーニューロン　16L, 238R, 1147L
ミラーボックス錯視　1345R
魅力　220L
ミリランバート　295R
ミンコウスキ計量　610L

ム

無意識的推論　4R
むき運動　832R
無限階段　732L
無光沢　426R
無彩色調整法　427R
無声子音　1133L

メ

名義尺度　42L
明順応　385L
明所視　293L
明所視の標準分光視感効率　293L
迷走神経　1533L, 1536L, 1576L,
　　1577R
明度　399R, 528L
明度係数　523R
明度の恒常性　399R
命名　1475L
命名課題　435R
メタセティック　40L
メタファー　1628R
メタボリックシンドローム　1586L
メタメリック・マッチ　483R
メタメリックマッチング　410L
眼の高さ　727L
メラニン凝集ホルモン　1579L
メラノプシン　340R
メラノプシン含有網膜神経節細胞
　　340R
メラノプシン神経節細胞　370R
メリン変換　994L, 996L
メル化対数パワースペクトル　1157R
メルケル細胞　1279L

和文事項索引

メル周波数ケプストラム係数　1066R, 1157R
面　675L
面＋輪郭に基づく理論　434L
面色　8R
メンタルプラクティス　241L
面法線　680R

モ

盲　888L
盲視　19R
網状層間細胞　347R
妄想性誤認症候群　661R
盲点　347L
網膜　347L
網膜外信号　841R
網膜誤差速度　840R
網膜色素変性　545L
網膜照度　294R
網膜神経節細胞　340L, 347L
網膜像運動　852L
網膜像のぶれ　792L
網膜中心座標系　788L
網膜電図　538R
網膜濃度測定装置　516R
網膜濃度測定法　520L
網膜描画　651R
網膜部位再現　360R, 641R
網膜部位対応　917L
網膜部位対応地図　356R
網膜偏心度　600L
毛様体筋　339L
目的指向性　802R
モジュラス　45L
モーター・ニューロン　1423R, 1424L
モダリティ適切性仮説　235R
モーフィング　1065L
モーラ　1107L, 1134L
Molyneux 問題　877R
モル濃度　1551R
モンドリアン図形　713R
モンドリアン様パターン　426R

ヤ

矢印型接合　262L
Young-Helmholtz の三色説　409L

ユ

誘因刺激　222L
有郭乳頭　1519L
有機 EL　295R
有機 EL ディスプレイ　320L
有棘星状細胞　360R
融合　717L
融合遺伝子　517L

融合性輻輳　700L
有人飛行　1436R
有声開始時間　1133L
有声子音　1133L
優先順位　148L
優先順位マップ　153L
幽体離脱現象　1368R
誘導運動　780R, 1424R
誘導効果　711R
誘導刺激　682R
尤度関数　81L
尤度比　77L
誘発磁場　89R
誘発電位　89R
有毛細胞　1013L, 1411R
遊離脂肪酸　1576L
ゆがんだ部屋　13L
ユニーク色　457R
ユニークネスポイント　1179R
ユニモーダル　1669L
指文字　1016L

ヨ

ヨー　787R, 1408L
よい連続　642R
葉状乳頭　1519L, 1533L
容量　277L
予期　1116R
予期せぬ成功体験　1489R
予期的のサッケード　254L
予期的な時間　1649R
抑制性シナプス後電位　87L
抑制性バーストニューロン　835R
抑制的タグ付け　140R
よせ運動　832R
予測　255L
予測誤差　255R
予測的符号化　783R
ヨーロッパ宇宙機関　1442
弱い結合　740R
弱い結合モデルの修正版　740R
弱い全体統合仮説　893L

ラ

ライトフィールドディスプレイ　326R
line frequency パターン　645R
ラウドネス　994L, 1036R
裸眼融像　323L
ラグ 1 スペアリング　130R
落影　728R
ラジオ周波数のパルス　94R
落下塔　1432L
落下塔装置　1432L
ラバーハンド錯覚　15R, 221L, 237R, 1367L

ラプラシアン・ガウシアンフィルタ　956L
ラベルド・マグニチュード尺度　1466R
ラベルドマグニチュードスケール　1557L
ラベルドライン説　1536R
ラーモア周波数　94R
卵形嚢　1415L
ランダム・スプライシング　1170L
ランダムドット　1443R
ランダムドットキネマトグラム　766L
ランダムドットステレオグラム　718R
ランダムドットパターン　697L
ランダムネス　211R
ランダムラインステレオグラム　718R
Landau-Kleffner 症候群　1014L
ランドルト環　901R
ランベルト面　683R

リ

リアル・アピアランス画像　965L
力量性因子　967R
力量性 P　63L
離散型モデル　78L
離散スロットモデル　278R
離散モデル　793L
梨状皮質　1459L, 1471R
リスニングスパンテスト　202L
リズム　1099L
理想的観察者　66L
理想的観察者分析　596R, 658L
理想点　61L
離断　552R
リッカート尺度　1662R
リッカートスケール　1480R
Ricco の法則　387L
リッジ錯覚　1322R
立体運動効果　724L
立体視　710L
リーディングスパンテスト　201R
Riddoch 現象　565R
リニアー・ベクション　787R
リハーサル　198R
リバース・エンジニアリング　955R
リバースファイ　776L
リバースペクティブ　737R
リフレッシュレート　328L
リマッピング　368R
流暢型の失語症　1018L
領域　681R
両眼間加重　714R
両眼間転移　714L
両眼視差　709R

1735

両眼視差選択性　364R
両眼視差の時間的変化　715R
両眼視野闘争　713L
両眼像差勾配　709R
両眼像差スケーリング　709R
両眼手がかり　693L
両眼分離呈示条件　649R
両眼網膜像差　709R
両眼立体視　710L
両耳間統合　1042L
両耳側半盲　917L
両耳聴　1033L
両耳分離聴取　146L
両耳利得　1033L
両耳レベル差　1033L
量的　40L
量的視野測定　561R
量的特性　260L
両耳マスキングレベル差　1052R
緑視色素　520L
緑内障　547L
理論　27L
理論的ホロプター　708R
臨界期　363L
臨界時間　1028L, 1029L
臨界帯域　995R, 1029R, 1030LR,
　1051L
臨界呈示時間　623R
臨界比　1030L
臨界フリッカー周波数　401R
臨界融合周波数　874L
輪郭　636L
輪郭強調錯覚　1323R
輪郭に基づく理論　434L
リンパ液　1413R

ル

類似性評価　1477R
類似度　56L
累積ガウス分布関数　28R

累積正規分布関数　28R
ルクス　294L
ルータ条件　307L
Rubin の盃　636R
Rubin の壺　1150R
ルフィニ終末　1279L
ルフィニ小体　1212L
ルーメン　293R

レ

レイアウト　132L
冷陰極管　318L
励起感覚　222L
レイトレーシング　334R
レイヤー解析　93R
レイリー均等　516L
レイリー均等幅　531R
レオナルド拘束条件　698R
レースモデル不等式テスト　280R
レチナール　515R
レチネックス理論　429R
レチノトピー　360R
レトロネイザル経路　1500L
レーバー先天盲　924L
レプチン　1576L, 1579R
レベル・パラボリック・フライト
　1435R
連合学習　1460L
連合型失認　258R
レンズ・モデル　12R
連想型　224L
連続音声　1131R
連続型モデル　78L
連続記述選択法　212L
連続遂行課題　153R
連続聴錯覚　999R
連続的知覚　1135L
連続フラッシュ抑制　713R
連続報告法　279L
レンティキュラーレンズ　717R

ロ

老視　903L
老人性縮瞳　398L
老人性難聴　1016R
roex フィルタ　993R, 994L
ローカルディミング　318R
6 自由度　327L
6-n- プロピルチオウラシル　1599R
ロゴジェン・モデル　1020L, 1022L
ロジスティック関数　28R
濾紙ディスク検査　1605LR
濾紙ディスク法　1601R
ロドプシン　520L
ロービジョン　888L
ロール　787R, 1408L
ローレンツ変換　1635R
ロングパスフィルタ　302L

ワ

Y 字接合　262L
ワイブル関数　29L
和音　1086R
和音進行　1087L
ワーキングメモリ　20L, 198L
ワーキングメモリネットワーク
　205R
ワゴンホイール効果　256L
話者適応化　1129R
話者認識　1129R
話者の類似性判断　1166L
和声　1086R
和声法　1087R
和声法の禁則体系　1087R
和声理論　1087R
話速　1138L
渡部法　955R
ワット　293R

欧文事項索引

数字

1/f fluctuation　211R
11-cis-retinal chromophore　515R
2 ½ D sketch　261R
2AFC　32R
2-deoxyglucose　103L
2-DG　103L
3-D space perception　688L
3 degrees of freedom　327L
3DoF　327L
6DoF　327L

A

A circumplex model of affect　1168R
A series　1636R
a theory of magnitude　1665R
A.Q.　527R
AAV　924L
abathic distance　708R
abducens nerve　830L
abducens nucleus　835R
abduction　829R
ABR　87R, 1013L
absolute disparity　711R
absolute distance　699R
absolute motion parallax　702R
absolute pitch　1082L
absolute threshold　27R
absolute visual distance　691R
abutting grating illusion　640L
AC component　315L
ACC　204L
accessory optic system　846L
accidental view　259L
accommodation　341L, 692R
accommodative fluctuation　342L
accommodative vergence　700L
accordion grating illusion　896R
accuracy　242R
acetylcholine　351L
ACh　351L
achromatic adjustment　427R
achromatopsia　924L
acoustic analysis of speech　1153R
acoustic parallax　1056R
acquired color vision deficiency　539R
action potential　104R

activation study　1108R
active memory　198R
active pulley hypothesis　831L
active shutter　717R
active touch　1206R, 1361R
activity　63L, 891L
activity factor　967R
AD/HD　892L
adaptive optics　342R, 385R
adaptive spatial filtering　91R
adaptive-optics imaging　516R
adduction　829L
adeno associated virus　924L
adenosine triphosphate　104R
ADHD　113R, 171L
aerial perspective　702L
aesthetic measure　211R
affective response　661R
affective touch　1210L
affordance　15R, 271L
aftereffect　1140R
afterimage of motion　767L
age-related hearing loss　1016R
age-related macular degeneration　916R
AGM　1652L
agrammatism　1007R
Aha experience　212L
AI　15L, 582R
AIC　115L
AIM　995L
akinetopsia　917R
albedo　213R
AlexNet　959L
algorithm　14R
aliasing　256R
allele　534R
allelotropia　696L
allocentric coordinates　173L
allophonic variation　1176R
alpha blocking　90L
$\alpha 2$ adrenoreceptor　49L
α-gustducin　1526R, 1527L
α movement　768L
ALS method　58L
alternating current component　315L
alternating least squares　58L
Alzheimer-type dementia　1640L
amacrine cell　347R
ambient optic array　15R
AMBIQUAL　1068L

amblyopia　744L, 888R
amodal completion　637L
amodal shrinking　698R
amount　40L
amplitude　589L
amplitude modulation transfer function　591L
amusia　1108R
amygdala　662R, 1174L
anaglyph　717L
anamorphosis　731L
anger superiority effect　139L
angle　648R
angle illusion in a straight road　735R
angle selectivity　644R
animacy　802L
animal psychophysics　10L
animal reminder disgust　221L
anisometropia　744L
annulus of Zinn　829L
anomaloscope　516L
anomalous motion illusion　770L
anomalous trichromatism　517R
anosognosia　171L
Anschauung a priori　4L
ANT　151R
antagonist　835L
anterior cingulate cortex　204L
anterior insula　1174L
anterior insular cortex　115L, 206R
anterior intraparietal area　365L
anticipatory saccade　254L
anti-formant　1165L
AO　342R, 385R
AOS　846L
AP　1082L
aperture color　447R
aperture problem　778R
aphasia　1018L
apparent motion　10R, 767R
apparent movement　767R
apperceptive agnosia　258L
AR　941L
area TE　461R
area TEO　461R
area V4　461R
ARHL　1016R
arousal　211R
arousal potential　219L
arousal potential model　211R

1737

arrow junction 262L
articulation 1130R
articulatory control process 199R
articulatory movement 1145R, 1155L
articulatory suppression 199R
artificial intelligence 15L, 582R
artificial scotoma 856L
AS 898R
ascending trial 39R
ASD 246R, 892L
aspect ratio 679L
Asperger syndrome 898R
assimilation 402R, 1102L
associative agnosia 258R
associator 224L
ASSR 1017L
assumption 13L
asymmetric color matching 427L
ATOM 1665R
ATP 104R, 1527L
attached shadow 728R
attention capacity model 149R
attention deficit hyperactivity disorder 171L
attention network test 151R
attentional blink 18L, 148L
attentional capture 154R
attentional guidance 153L
attentional selection 123L
attentional set 166R
attentional-gate model 1652L
attention-deficit/hyperactivity disorder 892L
attentive process 145R
attenuation theory 149L
attraction 220L
attractiveness 220L
atypical rod monochromatism 519R
Aubert effect 1424R
Aubert-Fleischl phenomenon 842L
audio quality assessment 1066L
auditory agnosia 1013R
auditory brainstem response 87R, 1013L
auditory continuity illusion 999R
auditory cortex 1153R
auditory driving 1675L
auditory filter 993R, 1030L, 1040R, 1051L
auditory filterbank 993R
auditory flutter 1661L
auditory image model 995L
auditory kappa effect 1102L
auditory mode 1145R
auditory neuropathy 1013L
auditory scene analysis 1042R
auditory steady-state response

1017L
auditory stream segregation 999L
auditory theory 1145R
augmented reality 941L
äussere Psychophysik 7L
autism spectrum disorder 245R
autistic spectrum disorders 892L
autobiographical memory 1487L
automatic gain control（AGC）device 1032R
automatic process 145R
automatic speech recognition 1157R
autonomous model 1179L
autoradiography 103L
autosomal dominant inheritance 519L
autosomal dominant optic atrophy 519L, 547L
autostereogram 719L
avatar 238L
averaged gravity vector 1438R
averaged voice 1140R
averageness 220L, 664R
awareness 1511R

B

B series 1636R
back projection 321L
back propagation 958R
background 391L, 498R
background music 1059R
background noise level 988L
backpropagation learning rule 15L
backward masking 1053L
Bálint syndrome 172L, 920L
band-limited contrast 315R
band-pass filter 302L, 311R, 1157R
barber pole illusion 779R
basal forebrain 169R
basal ganglia 1642R
basic feature 152L
basilar membrane 1153R
Basse Donnée System 1087R
Bayesian calibration 1670L
Bayesian estimation 15L
Bayesian integration theory 236L
BC 347L
BCD 404R
BCI 92L
BDNF 1535R
beamformer 91R
beat 1094L
beauty 218L
behavioral receptive field 659L
behavioral theory of timing 1652R
behaviorism 8R
BeT 1652R

β movement 768L
BGM 1059R
bias 65R
biased competition model 153L
bidirectional reflectance distribution function 214L, 683R
bilateral symmetry 664R
binaural gain 1033L
binaural level difference for equal loudness 1033L
binaural loudness constancy 1034R
binaural loudness summation 1033L
binaural masking level difference 1052R
binocular cue 693L
binocular parallax 709R
binocular retinal disparity 709R
binocular rivalry 713L
binocular summation 714R
biofeedback 112R
biological motion 17L, 799R
biomechanical constraint 800R
biomechanical constraints 240R
bipartite stimulus 423R
biphasic pulse 108R
bipolar cell 347L
bisection method 79R
bitemporal hemianopsia 917L
bitragion breadth 660L
Bjerrum area 581R
blackbody 296L
blackbody radiation 523R
BLDEL 1033L
bleach 516R
bleaching 344R
blind 888L
blind spot 347L
blinding glare 404R
blindsight 19R
blob 364L
Bloch's law 387R
Block Design Task 893L
blockeddesign 96R
Blondel-Ray's equation 401R
blood oxygen level-dependent 1108R
blood oxygenation level dependent 95L
blood–oxygenation level–dependent 104L
blue-on-yellow, short wavelength automated perimetry 543L
blur 696R
BMI 92L, 1575L
body imagery 240R
body inversion effect 800R
body mass index 1575L
body ownership 237R
body schema 240L

欧文事項索引

BOLD　104L
bootstrap method　966R
border　636R
border ownership　636R
borderline between comfort and
　　discomfort　404R
bottom-up　369R
bottom-up processing　1144R
boundary extension　136R
brain time　1668L
brain-computer interface　92L
brain-machine interface　92L
BRDF　214R, 683R
brightness　392R, 398L
brightness constancy　399R
brightness image　964R
brightness perception　372L
Brightness to Luminance ratio　399L
broader phenotype　893L
bulimia nervosa　220R
burst generator　835L
burster driving neuron　1424L

C

calcarine sulcus　917L
Cambridge Colour Test　543R
camouflage　682L
canonical view　259L
capacitor　108L
capacity　277L
Capgras syndrome　661L
capture　1676R
cardinal axis　459L, 594R
cardinal direction　773R
cardinal stimuli　484L
cardioidal strain　659R
cascade classifier　333R
case study　1108L
cast shadow　653L, 728R
CATA　1566L
cataract　916L
categorical color naming　445L
categorical perception　444R, 1135L,
　　1143L, 1174R
category scaling　46L
cathode ray tube　317L
caudal fastigial nucleus　835L
caudal intraparietal area　365L
caudate nucleus　1643L
causal capture　805R
causality analysis　100R
CB　1029R
CBF　105L
CCFL　318L
CCT　543R
CCW　1443R
CDA　281L

cDNA　516L
center of projection　726L
centering matrix　54R
center-of-gravity model　738R
center-surround antagonism　349R
center-surround opponency　415L
central executive　199L
central interest　134R
central limit theorem　29R
central processing unit　335L
central scotoma　917L
central serous chorioretinopathy
　　546L
central tendency　1664R
cerebellar cortex　835R
cerebellar nucleus　835R
cerebral achromatopsia　549R
cerebral blood flow　105L
CFC　90R
CFF　401R, 874L
CFS　713R
cGMP　348L
change blindness　17R
change blindness blindness　134L
change detection　201L, 277L
channel rhodopsin 2　924R
chasing subtlety　804L
checkershadow illusion　400L
chirp　1145R
chlorolabe　520L
chloroquine retinopathy　546R
chord　1086R
chord progression　1087L
choroideremia　545L
ChR2　924R
chroma　493L, 528L
chromatic aberration　778R
chromaticity coordinates　485R
chromostereopsis　738L
CHRONOS　1422
chronostasis　1664L, 1674R
chunking　201L
CI　428R
CIE　293L
CIE daylight　295R
CIE L*a*b* uniform color space　481R
CIE 1931 standard observer　488L
CIE 1931 XYZ color system　488L
CIE 1964 U*V*W* color system　493L
CIE 1964 XYZ color system　489R
CIE 1976 L*a*b* color space　493L
CIE 1976 L*u*v* color space　493L
CIE CAM02　481R
CIE DE2000　495L
CIE LAB　493L
CIE LUV　493L
ciliary muscle　339L
ciliospinal center of Budge　340R

cingulate gyrus　172L
cingulate sulcus visual area　783L
circadian photoentrainment　371L
circadian rhythm　371L, 1650R
circular polarization　325L
circular vection　787R
cis-trans isomerization　383R
classification image　653R
classification task　435L
closure　642L
cluster　517R
cluster theory　517R
CM　898L
CMC　494R
CMR　995R
CNV　1667R
coarticulation　1131R, 1143R
cochlea　1153R
cocktail party effect　17L, 146L,
　　1138R, 1144L
codon　260L
cognitive facilitation　434L
cognitive load　150L
cognitive map　16R, 799L
coherence　114R
coherent motion　898L
cohort model　1179R
cold cathode fluorescent lamp　318L
collative variable　211R
collinear facilitation　643R
color aftereffect　464L
color agnosia　552R
color anomia　552R
color aphasia　552R
color constancy　424L
color constancy index　428R
color correction filter　302L
color depth　317R
color diagnosticity　434L
color gamut　430R
color matching　410R
color matching equation　483R
color matching function　412R
color name　444R
color naming　423R, 427R
color order system　482L
color plate　426R
color saturation threshold　532R
color selectivity　458
color temperature　297L
colorimetric purity　532L
color-motion asynchrony illusion
　　1669L
color-opponent　416L
Colour Measurement Committee
　　494R
column　363L
comatic aberration　342R

1739

Commission Internationale de
l'Éclairage   293L
common axis   695L
common fate   642L
common region   642R
comodulation masking release   995R,
   1051R
comparison stimulus   28L
compensatory ability   525L
complementary DNA   516L
completion   675L
complex cell   361L
complex span test   201R
compound grating   781R
compression   679L
compression nerve block   1251L
compressive gammachirp   994R
computational theory   14R, 955L
concave   260L
concavity   729L
concomitant motion   721R
concurrent   222L
conditional stimulus   109R
conditioned meal initiation   1589L
conditioned taste aversion   1587R
cone   383L
cone contrast   316R
cone dysfunction   544R
cone fundamentals   503R
cone monochromatism   519R
cone mosaic   342R
cone plateau   385L
cone stimulus value   483L
cone-opponent   413R
configural processing   800L
confusion   42L
confusion axis   529L
confusion line   523L
congenital color deficiency   518L
conjugate eye movement   700L
conjugate gradient method   80L
conjunction search   17R
connectivity analysis   100R
consciousnes   18L
consonant   1133L, 1154L
constancy   675L
constancy scaling   734L
constant error   28R
constant hypothesis   11L
constraint   955L
constraint line   778R
constriction   339L
contact force   1239L
contact sense   1260L
contagious itch   1253R
contagious pain   1254R
contamination disgust   221L
context   1131R

context dependent memory   1487L
contextual cueing   143L
contingent negative variation   1667R
continuity   642R
continuous flash suppression   713R
continuous model   78L
continuous perception   1135L
continuous performance task   153R
continuous report task   279L
continuous speech   1131R
continuous TBS   110L
contour   636L
contralateral delay activity   281L
contrast   1102L
contrast evaluation diagram   964L
contrast gain control   605R
contrast modulation   776R
contrast profile   963R
contrast ratio   316L, 317R
contrast sensitivity   391L, 771R
contrast sensitivity function   416R
controlled process   145R
convergence   692R
convergence accommodation   700R
convex   260L
convexity   729L
copy number variation   535R
core disgust   221L
coregistration   99L
corneal reflection   826L
corneal reflection-pupil center method
   824L
corneoretinal potential   827R
corollary discharge   837L
coronal plane   689R
correct rejection   64L
correlated color temperature   297L
correspondence problem   712L
corridor illusion   706L
cortical blindness   917R
cortical deafness   1015L
cortical magnification factor   772R
counterphase flickering grating
   767R
counterrolling   1417R
covert attention   123L
CPT   153R
CPU   335L
CR   64L
Craik-O'Brien-Cornsweet illusion
   403R
crater illusion   732R
criterion   64R
critical band   1029R, 1051L
critical duration   623R, 1028L
critical flicker frequency   401R
critical fusion frequency   874L
critical period   363L

cross talk   325L
crossed disparity   710L
crossfrequency coupling   90R
crossing line   528R
crossing-over   517L
crossmodal   1669L
crossmodal correspondences   1503L
crossmodal extinction   239R
cross-modality matching   45R
cross-striolar inhibition   1416R
CRT   317L
CSF   416R
CST   201R
CSv   783L
CT   1214L
CTA   1587R
C-tactile   1214L
cTBS   110L
cue   1652R
cueing paradigm   146L
cue-potentiated feeding   1589L
cue-triggered attentional-orienting
   effect   146R
cumulative Gaussian distribution
   function   28R
cumulative normal distribution function
   28R
curl   793R
curvature   645R
curvature blindness illusion   645R
curve negotiation   796R
CW   1443R
cyclic-guanosine monophosphate
   348L
cycloduction   844L
cyclopean eye   694R
cyclovergence   719R, 848L
cylindrical lens   717R

D

DA   351L
da Vinci stereopsis   712R
DAF   1134R
DAM   901L
dark adaptation   385L
DAT   106R
daylight simulator   526L
dB   982R
DC   318R
DC component   315L
DCN   958R
DD   895L
de Vries-Rose law   598R
decimal visual acuity   901R
decisionally separable rule   75L
DecNef   114L
decoded fMRI neurofeedback   114L

欧文事項索引

decoding analysis 92R
decomposition 678R
dedicated model 1651L
deep convolutional neural network 958R
deep learning 15L, 582R, 1135R
deep neural network 956L
default mode 152L
default mode network 21R, 205R, 219R
default perception 257R
deformable mirror 343L
deformation 793R
degree of amplitude modulation 1048L
delayed auditory feedback 1134R
Delboeuf illusion 648R
deletion 517L
delusional misidentification syndrome 661R
DEM 901L
demultiplexing 415L
dendritic tree 371R
deoxyHb 105L
deoxyhemoglobin 105L
depression 829R
depth 688R, 699R
depth constancy 712L
depth cue 692R
depth perception 688L
depth scaling 711R
descending trial 39R
detection 901L
detection threshold 27R
deutan 517R
developmental disability 892L
developmental dyslexia 895L
Developmental Eye Movement Test 901L
Developmental Test of Visual Perception 3rd Edition 897L
deviation 890R
deviation from reference profile 1564R
DFT 1156L
diabetic retinopathy 546R
dichoptic condition 649R
Dichoptic motion 958L
dichotic listening 146L
dichromatic reflection model 214L
die Lehre von den spezifischen Sinnesenergien 2R
Difference of Gaussians 403L, 675R
difference threshold 27R
differential limen 5R
differential model 793R
Differentz Limen 27R
diffuse reflection 213R

Digital Light Processing 321R
digital micromirror device 322R
dilation 339L
dimensional theory of emotion 1168R
dipole estimation 91L
dipper function 391R
direct current 318R
direct current component 315L
direct glare 405L
direct method 42L, 793R
direct optics 787L
direct perception theory 705L, 1146R
direct scaling 1556L
directed visual processing 660R
direction of figure 676L
direction perception 688L
direction selectivity 362L
direction-selective ganglion cell 353L
direct-to-reverberant-energy-ratio 1056L
disability 889L
disability glare 962L
disc membrane 348L
discomfort glare 962L
disconjugate saccade 848R
disconnection 552L
discrete Fourier transform 1156L
discrete model 78L, 793L
discrete slot model 278R
discriminating illuminant from reflectance changes 427R
discrimination 42L, 901L
discrimination method 1639L
discrimination scale 43L
discriminative touch 1210L
disgust 220R
disjunctive eye movement 700L
disorder 890R
disparity change over time 715R
disparity gradient 709R
disparity scaling 709R
disparity selectivity 364R
display rules 1168R
dissimilarity 56L
distance 688R
distance perception 688L
distorted room 13L
distortion product otoacoustic emission 1013L
distractor 137R
distributed cohort model 1181R
distribution temperature 297L
divergence 692R, 793R
divisive inhibition 605L
divisive normalization 605R

DKL color space 459L
DL 27R
dLGN 352L, 355L
DLP 321R
dlPFC 114L
DLPN 846R
D_{max} 766R
DMD 322R
DMN 21R, 205R, 219R
dmPFC 114R
doctrine of specific nerve energies 1262L
DOG 403L
DoG 675R
dopamine 351L
dopamine transporter 106R
dorsal attentional network 205R
dorsal lateral geniculate nucleus 352L, 355L
dorsal parietal cortex 150R
dorsal pathway 16R
dorsal stream 1147R
dorsal striatum 115L
dorsal terminal nucleus 360L
dorsal visual pathway 364R
dorsolateral pontine nucleus 846R
dorsolateral prefrontal cortex 114L
dorsomedial prefrontal cortex 114R
double buffering 329R
double centering 54R
double opponent cell 461L
double task 149R
double training 275R
double vision 695R
double-flash illusion 235L, 1675R
Douglas's equation 401R
DPOAE 1013L
Draw A Man 901L
drift 827R, 850R
drift-balanced 776L
drop tower 1432L
DRR 1056L
DS 115L
DSGC 353L
DTN 360L
DTVP-3 897L
DTVP-A 897L
DTVP-Adolescent and Adult 897R
dual klepsydra model 1655R
dual pathway model 173R
dual stream model 1147R
dual task method 198R
Duncker illusion 841R
duplex perception 1145R
duplication 517L
duplicity theory of vision 3R
duration 1649L
dynamic causal modeling 1008L

1741

dynamic causal modelling 1224R
dynamic cue 693L
dynamic false contour 320L
dynamic MAE 767R
dynamic model 793R
dyslexia 249R

E

eardrum 1153R
early selection theory 149L
Early-Right-Anterior-Negativity 1097R
earth effect 1424R
EAS 1017R
EBA 1223L
Ebbinghaus illusion 648L
ECD 1542L
ECoG 92L, 164L
ecological optics 13L
ecological valence theory 440R
ecological validity 12R
edge 636L
edge-based theory 434L
Edinger-Westphal nucleus 340R
EEG 87L, 1216R, 1552L
EF 89R
effective intensity 401L
efficient search 138R
egocentric coordinate system 688R
egocentric coordinates 173L
egocentric perception 1366R
egocentric visual direction 690R
egocentric visual distance 691R
ego-motion 786L
Eigengrau 383L
einfaches Gefühl 10L
Einstellung 11R
Ekman's law 46L
electric acoustic stimulation 1017R
electrocorticography 92L, 164L
electroencephalography 87L
electroluminescence 320L
electromagnetic radiation 293L
electrooculography 90R
electro-oculography 824L
electrooptical transfer function 327L
electroretinogram 538R
elevation 829R
Embedded Figures Test 893L
embryonic stem cell 924R
emergent property 19L
Emmert's law 706L
E-model 1067L
emotion 1663L
emotional eating 1590L
emotional speech 1141L, 1168L
empirical aesthetics 211R

empirical Bayesian beamformer 93R
empirical horopter 708R
empiricism 3R
ENaC 1525L
encoding model analysis 100L
end stopping 362L
endogenous orienting 146R
energy expenditure model 1656R
energy model 957R
enhanced perceptual functioning 893L
ensemble perception 265R
entorhinal cortex 1640R
entrainment 1116L
EOG 90R
EOTF 327L
EP 89R
epipolar line 711R
episcotister 652R
episcotister model 216R
episodic buffer 199L
EPSP 87L
equal energy spectrum white 523R
equal-loudness-level contours 1037R
equal-loudness-ratio hypothesis 1028R
equal-variance Gaussian model 65L
equiluminant/isoluminant stimulus 417R
equisection scaling 46L
equivalent background luminance 963R
equivalent continuous A-weighted sound pressure level 1036R
equivalent current dipole 91L, 1542L
equivalent input noise method 612L
equivalent rectangular bandwidth 1030L
equivalent target luminance 963R
ERAN 1097R
ERB 1030L
ERD 90L
ERF 89R
ERG 538R
ERP 89R
error-minimization model 793R
ERS 90L
Erscheinungsweise 8R
erythrolabe 520L
ESA 1442
estimation 42L
estimation method 1639L
eternalism 1636L
evaluation 63L
evaluation factor 967R
event time 1668L
event-related design 97L
event-related desynchronization 90L

event-related field 89R
event-related potential 89R
event-related synchronization 90L
evoked field 89R
evoked potential 89R
E-W nucleus 340R
excitatory burst neuron 835L
excitatory postsynaptic potential 87L
executive function 153R
exemplar theory 1147L
exocentric coordinate system 688R
exocentric visual direction 691L
exogenous cue 146R
exogenous orienting 146R
exon 515R
expansion-compression transformation 723R
expectancy 12L
experience sampling methodology 1663R
experimental phenomenology 8R
exploration 851R
expression 534R
expression analysis 661L
expression-independent descriptions 660R
external eating 1588L
external edges 681R
external noise 612L
extinction 171R
extorsion 829R
extra-geniculate pathway 392R
extrageniculate system 355L
extraocular muscle 829L
extrapersonal space 239L
extra-retinal signal 841R
extrastriate body area 1223L
extrastriate cortex 359L
extra-striate cortex 680R
eye gaze 659L
eye level 727L
eye tracker 656L
eyemark camera 949L

F

FA 64R
FAA 1589R
face inversion effect 800R
face recognition unit 660R
face-selective neuron 369L
facial expression 659L
facial speech analysis 661L
factor of objective set 12L
factor of past experience 12L
factor of temporal regularity 1102R
FAI 1213L

欧文事項索引

FAII 1213L
Faktor der Erfahrung 12L
Faktor der objektiven Einstellung 12L
false alarm 41L, 64R
familiar size 703R
Farnsworth Dichotomous Test D-15 528L
Farnsworth-Munsell 100 Hue Test 528L
fast Fourier transform 333R, 1156L
FBI 238L
FDG 103L
fear 220R
feature coactivation 280R
feature extraction 852R
feature integration theory 17R, 152L
feature map 152L
feature search mode 156L
feature-based attentional selection 157R
Fechner's law 44L
FEF 150R
Ferry-Porter law 617R
FFA 16R, 139L, 1223L
FFT 333R, 1156L
ϕ phenomenon 768L
FI scallop 1650L
field sequential 717R
Figur 8R
figural aftereffect 11R
figure 8R, 636L
figure-ground segregation 636L
Filehne illusion 841R
filling-in 675L
film colour 8R
filter information 1137L
filter theory 149L
filter-rectify-filter model 678L
First Material Processing Test 1446L
first-order motion 770L
Fisher information 81R
Fitts's law 241L
fixation 850R
fixation control 852R
fixation disparity 341R
fixation window 851R
fixational eye movement 844L, 850R
fixational saccade 850R
fixaton point 695L
fixed-interval schedule 1650L
Flächenfarbe 8R
flanker 608L
flanker interference task 146L
flash-drag effect 785L
flash-lag effect 649L, 784R
flat panel display 317R

flatternden Herzen 770R
flexible resource model 278R
flick 851L
flicker MAE 767R
flicker photometric electroretinogram 516R
flicker photometry 417L
flickering stimulus 1660R
fluorescent lamp 295R
fluorodeoxyglucose 103L
fluttering heart 771L
FMPT 1446L
fMR-adaptation 98L
fMRI 95R, 1216R, 1539R, 1543R, 1544L, 1545R, 1605L
fMRS 103L
focus of expansion 792R
FOE 792R
food anticipatory activity 1589R
forbidden zone 709R
force plate 790R
forced-choice 64L
forced-choice preferential looking method 871R
formant 1130R
formant requency 1130R
forward masking 1053L
forward model 1365L
Fourier analysis 310L, 1155R
Fourier synthesis 310L
Fourier transform 310L
fovea 486R
fovea centralis 1418L
foveal projection zone 917R
foveation 852R
foveola 544L
FPD 317R
FPN 205R
fractal 211R
frame 328R
frame buffer 329R
frame sequential 717R
free viewing 851R
free-fusing 323L
frequency analysis 1155R
frequency doubling illusion 896L
frequency effects 50L
Friedmann Visual Field Analyzer 563R
Fröhlich effect 785L
front projection 321L
frontal eye field 150R
frontal plane 689R
frontal-parietal network 205R
frontoparallel plane 679L
fronto-parallel plane 689R, 708R
full body illusion 238L
functional color deficiency 528R

functional connectivity 114R
functional harmony 1087L
functional magnetic resonance imaging 95R, 1539R
functional MRS 103L
fundamental formula 6L
fundamental frequency 1039R, 1130L, 1154L
Fundamentalformel 6L
fundus 566L
fundus camera 566L
fundus perimetry 566L
fusiform face area 16R, 139L, 1223L
fusion 717L
fusion gene 517L
fusional vergence 700L
futurity 1640L

G

GABA 351L
Gabor function 675R
Gabor patch 14L
Gabor Wavelet 957L
Galilean transformation 1635L
gamma correction 328R
γ movement 768L
gamma-aminobutyric acid 351L
gammachirp 994L
gammatone filter 994L
GAN 961L
ganglion cell 347L
Ganzfeld 391L
gap effect 174R
gap junction 350R
gap junction beta 2 1015L
Gaussian coordinate 68R
Gaussian derivative filter 957L
Gaussian model 64R
Gaussian transformation 68R
gaze tracking 828R
GC 347L
GCM 100R
Gelb effect 402R
gene locus 517L
general linear model 99R, 103R, 955R
general temporal prediction network 1649R
generalized cylinder 261R
generalized linear model 49R
Generative Adversarial Neural network 961L
generative model 255L
genetic carrier 535L
genetic variation 535L
geniculate pathway 392R
geniculate system 355L

1743

genotype   534R
geometrical horopter   708R
geometrical illusion   646R
geon   260R
geon theory   260R
Gestalt   1093L
Gestalt psychology   642L
ghost   324R
giant hand effect   1447L
gist   132L
glare   961R
glaucoma   547L
GLM   99R
global layer   831L
global motion   780R
global processing   800L
globe equator   830L
gloss meter   214R
glossiness   213R
glottis   1154L
GLT   106L
glucoreceptor neurons   1576L
glucose   104R
glucose transporter   106L
glucosesensitive neurons   1576L
glutamate   104R
glutamine   104R
Gly   351L
glycine   351L
goal directedness   802R
golden ratio   218R
Goldmann perimeter   562R
goniophotometer   214R
good continuation   642R
GoogLeNET   959L
GPCR   1522R, 1526L
GPU   334R
graded potential   348R
gradient model   775L
gradiometer   88R
Granger causality modeling   100R
grapheme   1022R
graphics processing unit   334R
gray world assumption   429L
grid cell   16R
GRN   1576L
groove   1115R
ground   8R, 636L
ground dominance effect   727R
group stimulus space   59L
grouping   675L, 1100R
Grund   8R
GSN   1576L
guess rate   30R
GUI   1348L
Gumbel function   29L
gustducin   1569L

H

habituation method   871L
habituation-dishabituation paradigm   1153L
habituation-switch procedure   1177L
half-angle rule   831R
halo-dumping effect   1501R
handicap   891L
haploscope   717L
harmonic complex tone   1039R
harmonics   1039R, 1154R
harmonics-to-noise ratio   1166R
harmony   1086R
HDD   949L
head-down display   949L
head-mounted display   238L
head-up display   948R
hearing impairment   1013L
height in the field   725R
Helmholtz-Kohlrausch effect   398R
hemianopia   561L
hemispatial neglect   171L
hemodynamic response   105R
hemodynamics   96L
hemodynamics response function   99R
Hering grid   403L
Hering illusion   648L
Hering's law of equal innervation   833L
Hering's opponent-color theory   409L
Hering-Hillebrand deviation   708R
Hermann grid   403L
Hess effect   785L
heuristic   681L
high phi   257L
highlight   213R
highpass filter   99L
high-pass filter   311L
high-threshold model   78L, 278R
hippocampus   205R, 1640R
hiss noise   989R
histogram of oriented gradients   264L
Hit   64R
HMD   238L
HNR   1166R
HOG   264L
holistic processing   662R
hollow potato illusion   737L
hollow-face illusion   732R
homogenous   727R
homologous recombination   517L
homology   517L
homonymous hemianopia   917L
horizon   727L

horizontal cell   347R
Howard and Templeton's method   698R
HRF   99R
HRR   541R
HUD   948R
hue   528L
hue cancellation method   494L
hue discrimination curve   531L
hue quadrature   500R
hue selectivity   459L
hue-saturation (and brightness) match   428L
hum noise   989R
Humphrey Field Analyzer   564L
Hunt effect   399L
hybrid gene   517L
hyperbolic secant function   29L
hypothesis   12L

I

IAT   218R
ICA   89R
ICF   109R
iconic memory   17L, 276R
idea innata   4L
ideal observer   66L
ideal observer analysis   658L
ideal point   61L
ideal-observer analysis   596R
identification   13R
IDS   1175R
ill-posed problem   955L
illuminance   294L
illusion of a divided time interval   1100L
illusory conjunction   152R
illusory motion   770L
image   10R
imageability   1179L
image-forming pathway   371L
ImageNet   959L
immersed touch   1268L
impairment   889L
implicit association test   218R
implied motion   785R
impossible figure   731R
impossible object   731R
impulse response   418L
impulse response function   390L
in vitro   1437R
in vivo   1437R
inactivation   537L
inadequate stimulus   2R
inappropriate constancy scaling theory   734L
inattentional blindness   17R

欧文事項索引

independent component analysis 89R
indifference point 1665L
indirect glare 405L
indirect method 42L
indirect scaling 1556L
individual differences scaling 58R
INDSCAL 58R
induced effect 711R
induced motion 780R
induced pluripotent stem cell 924R
inducer 222L, 682R
inefficient search 138R
infant control 871L
infant-directed speech 1175R
inferior fronto-occipital fasciculus 172R
inferior oblique muscle 829L
inferior parietal lobule 205R
inferior rectus muscle 829L
inferior temporal 260R
infinite stairs 732L
inflected exponential 1028L
information integration theory 20R
information theory 13L
infrapitch 1102R
infrasound 1037L
ingroup advantage 1171L
inhibition of return 140R
inhibitory burst neuron 835R
inhibitory postsynaptic potential 87L
inhibitory tagging 140R
inner ear 1153R
inner plexiform layer 347R
inner psychophysics 7L, 27L
inner scribe 200L
inner segment 384L
innere Psychophysik 7L
in-phase/out-of-phase discrimination 1670R
in-plane switching 319L
insight 212L
instantaneous readability 949L
insular cortex 219L
integral imaging 326R
integrated contrast image 964R
integrating sphere photometer 214R
integrative agnosia 258R
Intelligence Quotient 897L
intensity 1027R
interactive model 1179L
interblob 364L
interference paradigm 145R
intermediate level 651R
intermediate-level visual cortex 680R
intermittent TBS 110L

internal clock 1651R
internal clock model 1651R
internal noise 611R, 658L
internal representation 15R, 610L
international 10-20 method 88L
internuclear neuron 833L
interocular transfer 714L
interocular velocity difference 715R
interplexiform cell 347R
interposition 725R
intersection of constraint 779L
inter-stimulus interval 133L
interstimulusl interval 768R
interstitial nucleus of Cajal 832R
interval scale 42L
intorsion 829R
intracortical facilitation 109R
intraparietal sulcus 150R, 161L
intrinsic model 1651L
intrinsically photoreceptive retinal ganglion cell 370R
intron 515R
invagination 454R
invariance 258R
invariant 15R
inverse model 1365L
inverse optics 14R, 787L
inverse problem 954R
inversion effect 799R
inverted encoding model 281R
inverted Purkinje phenomenon 520R
inverted vection 789R
IOC 779L
IPL 205R
ipRGC 370R
IPS 150R, 161L, 319L
IPSP 87L
IQ 897L
iris 339L
iris detection method 824L
iris muscle 827L
iris-sclera border detection method 824L
Irlen method 899R
Irlen syndrome 899R
ISI 133L, 768R
ISI reversal 624L
isochromatic line 523L
isopter 561L
isotropic 727R
ISS 1436L
IT 260R
iTBS 110L
item 137R

J

Japanese Industrial Standards 1551L

JAXA 1430R, 1432L
JIS 1551L
jitter 1166L
jitter aftereffect 853L
jitter illusion 256L
JND 27R
JND scale 43L
joint attention 1178R
joint probability 81L
Judd illusion 648R
just noticeable difference 27R

K

K cell 352R
Kanizsa triangle 638R
Kansei 211L
KDE 724L
key 1095R
kinesthesis 1265R
kinetic depth effect 724L, 730R
kinetic invariance hypothesis 704R
kinetic perimetry 562R
Kohlrausch kink 519R
koniocellular layer 415L
koniocellular pathway 357L
Konstanzannahme 11L
Korte's law 768R
Kruskal's up-and-down-block algorithm 56R

L

L cone monochromatism 520R
labeled magnitude scale 1466R
lack of acoustic invariance 1142L
lag of accommodation 341R
Lag1-sparing 130R
Lambertian surface 683R
landmark agnosia 918L
Landolt ring 901R
language delay 1018L
Lanthony New Color Test 528R
Laplacian-of-Gaussian filter 956L
lapse rate 30R
Larmor frequency 94R
late access 1433R
late selection theory 149L
lateral geniculate body 355R
lateral geniculate nucleus 87R
lateral hypothalamic area 1575R
lateral hypothalamus area 1586R
lateral inhibition 648L
lateral interaction 643R
lateral intraparietal 165R
lateral occipital complex 115L, 137L
lateral prefrontal cortex 205L
lateral rectus muscle 829L

1745

lateral terminal nucleus 360L
law of categorical judgment 49L
law of common fate 1043L
law of effect 144L
law of Prägnanz 642L
layer analysis 93R
layout 132L
LCD 317R
LCMV 91R
LCoS 321R
LD 892L
Leaning Tower illusion 735L
learning disability 892L
learning-to-time model 1652R
least colorimetric purity 532R
Leber's congenital amaurosis 924L
LED 295R, 297R, 318L
legal blind 889R
legibility 901L
lens 339L
lens model 12R
lenticular lens 717R
lenticular stereoscope 717L
Leonardo's constraint 698R
LeT 1652R
LFP 160R
LGB 355R
LGN 87R
LHA 1575R, 1579L, 1586R
LICI 109R
lifetime 772R
light 293L
light adaptation 385L
light emitting diode 297R
light-emitting diode 295R, 318L
light-from-above assumption 729L
lightness 63L, 399R
lightness constancy 399R
likelihood function 81L
likelihood ratio 77L
Likert scale 1662R
line motion illusion 896R
line spread function 591R
linear constraint minimum variance 91R
linear filt 678L
linear perspective 725R
linear polarization 325L
linear predictive coding 1065L
linear systems theory 591L
linear vection 787R
linearity 1159R
Linear-Nonlinear 955R
line-element model 625L
linguistic information 1136L
lipreading 1149L
liquid crystal display 317R
Liquid Crystal on Silicon 321R

liquid crystal shutter 324L
listening span test 202L
lm 293R
LMS 1466R
load theory 150L
LOC 115L, 137L
local dimming 318R
local field potential 160R
local sign 4R
location parameter 30R
locus coeruleus 151R
locus control region 516R
log likelihood ratio 77L
log MAR 901R
logistic function 28R
log-Quick function 29L
log-Weibull function 29L
Lokalzeichen 4R
long-interval intracortical inhibition 109R
long-pass filter 302L
long-range apparent motion 769L
long-term average speech spectrum 1031R
long-wave-sensitive opsin-1 gene 515R
long-wavelength-sensitive cone 348R
L-opsin 348R
Lorentz transformation 1635R
loudness 982R, 1036R
low vision 888L
lower difference threshold 28R
lower limb strategy 78R
lower limen 28R
low-frequency sound 1037L
low-pass filter 311L
low-prevalence effect 140L
low-threshold model 78L
LPC 1065L
LPCNet 1068L
LPFC 205L
LST 202L
LTASS 1031R
LTN 360L
lumen 293R
luminance-chromaticity correlation 430L
luminosity coefficient 523R
luminous flux 293R
luminous intensity 294L
Luther condition 307L
lux 294L
lx 294L
Lyonization 537R

M

M alternative forced-choice 64L

M cell 352R
M cone monochromatism 520R
MacAdam ellipse 492L
Mach band 403R, 675R
macular degeneration 545L
macular pigment 410L
MAE 766R
MAESTRO 1089L
M-AFC 64L
magnetic resonance imaging 94L
magnetic resonance spectroscopy 102L, 1667R
magnetoencephalography 87L
magnetometer 88R
magnitude estimation 44R, 1027L, 1466R, 1557R
magnitude production 45R, 1027L
magnocellular layer 415L
magnocellular pathway 15L
MAR 588L
Marré classification 540L
masking 592R, 1050L
masking pattern 1050L
Massformel 6R
matte 426R
maximum likelihood difference scaling 51R
maximum likelihood estimation 235R
maximum likelihood estimator 81R
maximum likelihood method 81L
maximum rule 75L
Maxwell spot 487L
Maxwellian view 294R
McCollough effect 417R
McGurk effect 235L, 1149LR
MDS 53R, 1162R
ME 1466R
mean luminance 589L
mean opinion score 1066L
measurement formula 6R
medial intraparietal area 365L
medial longitudinal fasciculus 833L
medial orbitofrontal cortex 219R
medial prefrontal cortex 205R
medial rectus muscle 829L
medial septal nucleus 169R
medial superior temporal 165R, 364R
medial superior temporal area 782R
medial terminal nucleus 360L
medial vestibular nucleus 832R
median plane 689R
medium spiny neuron 1654R
medium-wave-sensitive opsin-1 gene 515R
MEG 87L, 1216R, 1552L, 1605L
meiotic first division 517L

欧文事項索引

melanopsin　　340R
melanopsin containing RGC　　340R
melanopsin ganglion cell　　370R
mel-frequency cepstrum coefficients
　　1066R, 1157L
mel-frequency power spectrum
　　1157R
melody　　1092R
memory color　　432L
memory color effect　　432R
mental expansion　　953R
mental imagery　　13R, 240L
mental orientation in time　　1637L
mental practice　　241L
mental rotation　　953L
mental time travel　　1637L
mental zooming　　953R
MEP　　109L
merge　　1008L
mesopic vision　　574L
metameric color match　　521L
metameric match　　483R
metameric matching　　410R
metathetic　　40L
meter　　1094R
method of adjustment　　39R
method of average error　　7L
method of constant stimuli　　31R
method of equal-appearing intervals
　　46L
method of just noticeable differences
　　7L
method of limits　　39L
method of paired comparison　　47R
method of right and wrong cases　　7L
method of selected description　　212L
method of single stimuli　　781R
method of successive categories　　49L
method of successive intervals　　49L
method of two categories　　32R
Methode der eben merklichen
　　Unterschiede　　7L
Methode der mittleren Fehler　　7L
Methode der richtigen und falschen
　　Fälle　　7L
metric MDS　　56R
metric property　　260L
metrical organization　　1093L
metrical schema　　1095R
metrical structure　　1095L
MFCC　　1066R, 1157R
m GluR4　　1524L
Michelson contrast　　315L
microneurography　　1212R
microsaccade　　851L
microspectrophotometry　　451
middle ear　　1153R
middle temporal visual area　　782R

middle-wavelength-sensitive cone
　　348R
mid-frontal plane　　689R
midget cell　　351R
mid-sagittal plane　　689R
mid-transverse plane　　689R
milli-lambert　　295R
Million Song Dataset　　1089R
mind wandering　　159L
miniature effect　　706R
minimal self　　1366R
Mini-Mental State Examination
　　1637R
minimum angle of resolution　　588L
minimum conscious state　　20L
minimum motion threshold　　771R
minimum rule　　75L
minimum-motion technique　　417R
Minkowski metric　　610R
miraculin　　1566R
mirror neuron　　16L, 239R
mirror neurons　　1147L
mirror therapy　　238R
misaligned effect　　663R
miss　　41R
Miss　　64R
missing fundamental　　1040L, 1084R
mL　　295R
MLDS　　51R
MLE　　81R
MLF　　833L
MMSE　　1637R
modal completion　　638R
modal model　　198L
modality appropriateness hypothesis
　　235R
modality differential method　　212L
mode of appearance　　8R, 212R
ModelFest　　610L
modification of sound　　1063L
modified weak fusion　　740R
Modifikation　　1268R
modulation frequency　　1048L
modulus　　45L
mOFC　　219R
molecular imaging　　103R
Mondrian pattern　　713R
Mondrian-like pattern　　426R
monochromatic light　　482L
monochromatism　　519R
mono-cone stimulation　　393R
monocular cue　　693L
monocular gap stereopsis　　712R
monophasic pulse　　108L
mood　　372L
M-opsin　　348R
mora　　1134L
morpheme　　1133R

MOS　　1066L
MOT　　17R
motion aftereffect　　766R
motion assimilation　　780R
motion capture　　780R
motion coherence threshold　　772L
motion correction　　99L
motion energy model　　774R
motion extrapolation　　255L
motion parallax　　720L
motion parallax model　　793R
motion repulsion effect　　796L
motion sharpening　　786L
motion streak　　785R
motion transparency　　217L
motion-induced blindness　　856L
motion-opponent operators　　796L
motor evoked potential　　109L
motor imagery　　240R
motor readiness potential　　90L
motor theory　　1145L
MPFC　　205R
mRGC　　340R
MRI　　94L
MRS　　102L, 1667R
MSD　　1089R
MSN　　1654R
MT+　　782R
MTN　　360L
Müller effect　　1424R
Müller's stage theory　　409L
Müller-Lyer illusion　　647L
multi-boxel pattern analysis　　281R
multicomponent model　　199L
multidimensional scaling　　53R
multilayer perceptron　　15L
multiple looks model　　1029R
multiple object tracking　　17R
multiple resource model　　149R
multiple resources　　149R
multiple views　　262R
multiple-time-scale model of habituation
　　1655R
multiplicative noise　　612R
multistable perception　　256R
Munsell color system　　481R
Münsterberg illusion　　648L
Musical Aesthetics Evaluation System
　　for Tonal music in Regular and
　　Orthodox style　　1089L
musical schema　　1092R
MVN　　832R
MVPA　　281R

N

N　　1206L
N2 posterior contralateral　　164R

1747

N2pc 164R
NADH 105L
NAF 1134R
Naka-Rushton function 28R
name generation 660R
naming task 435R
NASA 1432L, 1442
NASDA 1432L
nativism 3R
natural color system 482L
natural image 264L
natural texture 678L
nausea 220R
navigation 799L
N-back task 203R
NCC 20L
NCS 481R
NCT 897L
near reflex triad 341R
near-infrared spectroscopy 103R
Necker cube 731R
negative masking 391R
negative scotoma 577R
neighborhood activation model
 1182R
neighborhood density 1182R
neighborhood frequency 1182R
neocognitron 266R
neural correlates of consciousness
 20L
neural entrainment 1660R
neural integrator 832L
neural network computing 582L
neural VOCODER 1141R
neuroaesthetics 212L
neurofeedback 108L
neutral density filter 302L
neutral point 523R, 531L
new color test 551L
newborn hearing system 1017L
newton 1206L
Newton-Raphson method 79R
NHS 1017L
NIBS 108L
nicotinamide adenine dinucleotide
 105L
NIRS 103R, 1216R
Noise 64L
noise 1035R
noise stimulus 63R
noise-induced hearing loss 1038R
nominal scale 42L
non-accidental property 262L
non-Fourier motion 776L
non-invasive brain stimulation 108L
Nonius method 697R
Nonius stimulus 743R
non-linguistic information 1136L,

1158L, 1163R
nonmetric MDS 56R
non-image forming pathway 371L
non-simultaneous masking 1053L
non-speech tone 1129L
norm minimization 91L
normal auditory feedback 1134R
normal Rayleigh equation 527R
normal trichromatism 517R
normalization 99R, 678L, 781R
Northeastern State University College
 of Optometry Oculomotor Test
 901L
NOT 360L
notched-noise masking method
 1051L
novelty preference 871L, 1175L
NPH 832R
NSUCO 901L
nterneuron 356R
nuclear spin 94R
nucleus basalis of Meynert 169R
nucleus of the diagonal band of Broca
 169R
nucleus of the optic tract 360L
nucleus prepositus hypoglossi 832R
nucleus reticularis tegmenti pontis
 835R
null direction 353L
Number Coping Test 897L
numerical rating scale 966L
nystagmus 519R, 844L

O

OAE 1017L
Oberflächenfarbe 8R
object 680R
object file 152R
object recognition 258L
object-based attentional selection
 157L
object-centered 260R
object-centered coordinate system
 688R
object-centered distance 691R
object-centered visual direction
 691L
oblique muscle 829L
observer model 609R
observer-centered 260R
occipital face area 662L
occluding surface 712L
occlusion 675L
occlusion foil 904R
OCT 393L
Octopus automatic perimeter 564L
ocular dominance column 363L

ocular following response 844L
oculogravic illusion 1424R
oculomotor cue 692R
oculomotor nerve 340R, 830L
oddball paradigm 89R
odd-one search 137R
ODOG 403L
Odor Evoked Autobiographical
 Memory Questionnaire 1487R
odor identification 1475L
OEAMQ 1487R
OETF 327L
OFA 662L
OFC 19R
OFR 844L
Oguchi disease 545R
Ohm's law 990R
OKAN 845L, 1423L
OKN 844L, 1417L
OKR 844L
OLED 320L
olfactory receptor 1454L
olivary pretectal nucleus 371L
omni-pause neuron 1424L
On the Scene HUD 949R
one-point perspective 726R
onomatopoeia 968R, 1049L
openloop pointing task 696R
operation span test 202L
OPINE 1066R
OPM 89L
OPN 371L
OPN1LW 515R
OPN1MW 515R
OPN1SW 515R
Oppel-Kundt illusion 650R
opsin 515L
optic ataxia 268R
optic chiasm 917L
optic disc 347L
optic nerve 917R
optic neuritis 548L
optic neuropathy 925L
optic papilla 347L
optic radiation 917L
optic tectum 358L
optic tract 917L
optical coherence tomography 393L
optical filter 302L
optical method 824L
optically pumped magnetometers
 89L
optimal color 430R
optimal rule 75L
optimal weighting hypothesis 235R
optimization 79R
opto-electronic transfer function
 327L

欧文事項索引

optogenetics 924R
optokinetic afternystagmus 845L, 1423L
optokinetic nystagmus 844L, 1417L
optokinetic response 844L
OR 1454L
orbit 829L
orbital layer 831L
orbitofrontal cortex 19R
ordered MDS 56R
ordered subsets expectation maximization 105R
ordinal predicted variable 49R
ordinal scale 42L
ordinary least squares 80L
organic EL 295R
organic electro-luminescence 295R
organic light-emitting diode 320L
orientation 589L
orientation column 363R
orientation disparity 710L, 742L
orientation selectivity 361R
Oriented DOG 403L
orienting reflex 146R
OSEM 106L
OST 202L
Ostwald color system 481R
otoacoustic emission 1084L
Ouchi-Spillmann illusion 770R
outer ear 1153R
outer plexiform layer 347R
outer psychophysics 7L, 27L
outer segment 384L
outgroup advantage 1171L
out-of-body experience 1368R
overall performance index for network evaluation 1066R
ownbody perception 1366R
oxyHb 105L
oxyhemoglobin 105L

P

P cell 352R
PAC 90R
pacemaker-accumulator model 1651L
paired pulse stimulation 109R
pairwise similarity 1477R
pale interstripe 365L
PALPA 1022R
PAM 1148L
Pandemonium 13R
Panum's fusional area 709L
paper match 428L
paradox sensation of cold 1264L
parafovea 544L
parahippocampal gyrus 1640R

parahippocampal place area 16R, 137L
paralinguistic information 1136L, 1158L, 1163R
parallax 720L
parallax barrier 717R
parallel distribution processing 15L
parallel search 138R
parallelism 642R
paramedian pontine reticular formation 832L
parameter estimation by sequential testing 38R
parasol cell 351R
parieto-insular vestibular cortex 782R
Parkinson's disease 1642R
pars orbitalis 1174L
partial report 276R
participation 891L
partition scaling 45R
parvocellular layer 415L
parvocellular pathway 15L
passage of time judgment 1662L
passive memory 198R
passive touch 1361R
pastness 1640L
patch 462R
path integration 799L
pattern 676R
PCC 205R
PDP 15L, 319L
peak-interval procedure 1650L
PEAQ 1068L
pedestal 391L
pedestal effect 602R
pedicle 452R
PEMO-Q 1068L
Penrose triangle 731L
penumbra 728R
perceived distance 692L
perceived egocentric direction 690R
perceived egocentric distance 691R
perceived exocentric distance 691R
perceived size 691R
perceiving 12L
perception of transparency 216R
perceptive field 659L
perceptual ambiguity 256R
perceptual assimilation model 1148L
perceptual assimilation task 1144R
perceptual cycle 12R
perceptual evaluation of speech quality 1068L
perceptual learning 271R
perceptual load 150L
perceptual magnet effect 1143L, 1175L

perceptual narrowing 1175L
perceptual objective listening quality analysis 1068L
perceptual organization 641R, 1093L
perceptual set 148R
perceptual switching 713L
perceptual template 658L
perceptual template model 611R
performance index 1066R
peripersonal space 239L
peripheral vision 841R
permanent threshold shift 1038R
person identity nodes 660R
perspective 725R
perspective drawing 726L
perspective projection 961R
PESQ 1068L
PEST 38R
PET 103L, 1216R, 1539R, 1544L, 1545R
PF 27R
pH 1551R
phagocytosis 384L
phantom limb 238R
phantom limb pain 238R
phantom stereopsis 712R
phase 589L
phase disparity 710L
phase locking 1041L
phase-amplitude coupling 90R
phase-encoded method 98L
phenomenal geometry 705L
phenomenal transparency 216R
phenotype 534R
phi-gamma hypothesis 29R
phon 1028L
phonation type 1161L
phoneme 1129L, 1133R
phonemic perception 1129L
phonemic restoration effect 1144L
phonological loop 199L
phonological similarity effect 199R
phonological store 199R
phonotactic feature 1176L
phonotactic rule 1178L
phosphene 109L, 920R, 1262R
phosphodiesterase 348L
photoelectric colorimeter 307L
photoisomerization 385R
photophobia 372L
photopic vision 293L
photopigment 370R
photoreceptor 347L
photosensitive seizure 221R
phototransduction 348L
physical implementation 955L
physically based rendering 334R
PI 1066R

PIC   782R
pictorial depth cue   702L
pigment epithelium   384L
Pinna-Brelstaff illusion   770R
pinwheel   364L
Piper's law   599R
pitch   787R, 1154R
pitch synchronous overlap and add
   1137R
PIVC   782R
pixel   328L
place cell   16R
plaid   779L
plasma display panel   319L
pleasantness-unpleasantness   1168R
Poggendorff illusion   648L
point of optical adjacency   727L
point of subjective equality   28L,
   1556L
point of subjective simultaneity
   1668R
point spread function   597L
point-light display   799R
point-light walker   799R
polarizing filter   325L
polaroid stereoscope   717L
POLQA   1068L
polymorphism   515R
Ponzo illusion   647L
PoP   142R
pop out   138R
population coding   795R
population-receptive field   98L
positional disparity   710L
positron emission tomography   103L,
   1539R
possible word constraint   1144L
posterior cingulate   1640L
posterior cingulate cortex   205R
posterior distribution   82L
posterior insular cortex   782R, 1642R
posterior parietal cortex   115L
posterior probability   15L
potency   63L
potency factor   967R
POTJ   1662L
PPA   16R, 137L
PPC   115L
PPRF   832L
PPS   239L
PR   347L
preattentive process   145R
precession   94R
precision   242R
pre-cue   160L
precuneus   205R, 1640L
prediction   255L
prediction error   255R

predictive coding   783R
preferential looking method   871L
preferred direction   353L
pregeniculate nucleus   355R
premotor cortex   1642L
pre-motor neuron   1424L
premotor theory of attention   167L
preperimetric glaucoma   580R
presbyacusis   1016R
presbyopia   903L
presentism   1636L
presentness   1640L
preSMA   1643L
presupplementary motor area
   1642R
pretectal area   340R
pretectum   359R
prevention of visual fading   852R
primary constancy scaling   734R
primary position   831L
primary stimuli   518R
primary task   198R
primary visual cortex   360L
priming of pop out   142R
principle of creative synthesis   10L
principle of univariance   409R
Prinzip der schöpferischen Synthese
   10L
prior distribution   82L
prior entry effect   1669L
prior knowledge   255L
prior probability   14R
priority   148L
priority map   153L
probabilistic functionalism   12R
probability summation   610R
probable error   28L
processing fluency   954L
product sound   1048R
production method   1652R
projective geometry   725R
projector   224L, 321L
promotion   740R
PROP   1599R
proprioception   1214R, 1265L
proprioceptive drift   237R
prosodic bootstrapping hypothesis
   1176R
prosodic information   1174R
prosody   1176R
prosopagnosia   660R, 918L
prospective time   1649R
prostaglandin E2   105L
protan   517R
protanomaly   518R
protanopia   518R
prothetic   40L
proto-object   676L

proximity   56L, 642L
PSE   28L, 1556L, 1567L
pselaphesia   1260L
pseudo-isochromatic   526L
pseudoscope   718L
PSOLA   1137R
PSS   1668R
psychical compound   10L
psychical element   10L
psychisches Element   10L
psychisches Gebilde   10L
Psycholinguistic Assessments of
   Language Processing in Aphasia
   1022R
psychological present   1638R
psychological refractory period
   148R
psychometric function   27R
psychophysical isomorphism   11R
psychophysics   5R, 27L
Psychophysik   5R
PTC   1522L, 1599L
PTM   611R
PTS   1038R
Pulfrich effect   785L, 958L
Pulfrich pendulum   715L
pulley   830L
pulse   1094L
pulse width modulation   318R
pulvinar   151R
pupil   339L
pupil center   826L
pupil perimetry   571R
pupillary dilator   339L
pupillary light reflex   371L
pupillary response   392R
pupillary sphincter   339L
pupillary unrest   340R
pure alexia   552R
pure amusia   1109L
pure dilation   798R
pure sensation   10L
pure tone   1039R
pure word deafness   1014L
Purkinje cell   837L
Purkinje image   825L
Purkinje shift   399R, 545L
PWC   1144L
PWM   318R
pyramidal cell   87L
pyramidal neuron   360R
pyruvic acid   104R

Q

QDA®   1561R
qMRI   101R
QOL   900L

欧文事項索引

quadrature pair　774R
quadrature pair of Gabor filters　957R
qualitative perimetry　561R
qualitative sensory profile　1565R
quality　40L
quality of life　900L
quantitative descriptive profile　1565L
quantitative MRI　101R
quantitative perimetry　561R
quasi-Newton method　80L
QUEST　39L
Quick function　29L

R

RA　1280L
RA I　1283R
Rabin cone contrast test　543R
rACC　114L
radiant flux　293L
radiation　293L, 1154L
radio frequency pulse　94R
random splicing　1170L
random-dot kinematogram　766L
random-dot pattern　697L
random-dot stereogram　718R
random-line stereogram　718R
randomness　211R
range effects　50L
rapid serial visual presentation　147R
rapidly adapting　1280L
rarebit perimetry　580R
rate of dilation　798R
rating scale method　966L
ratio scale　42L
Raumfarbe　8R
ray tracing　334R
Rayleigh equation　516L
Rayleigh match range　531R
RDK　766L
RDM　93L
RDP　697L
RDS　718R
reaction time　137R
readability　901L
reading span test　201R
real appearance image　965L
real motion　767R
real movement　767R
realignment　103R
rear projection　321L
recalibration　1670L
receiver operating characteristic　67L
receptive field　349L
receptor　106R

reciprocal feedback model　1113R
reconstruction　105R
rectification　678L
rectified linear unit　958R
rectus muscle　829L
recurrent network　255R
recurrent neural network　961L
red eye　384L
redundancy gain　280R
reflective glare　405L
refresh rate　328L
regeneration　385L
region　681R
regions of interest　99L
registered distance　704R
rehearsal　198R
reine Empfindung　10L
reinforcer　1650L
relational color constancy　427R
relative depth　688R
relative direction　691L
relative disparity　711R
relative distance　688R, 699R
relative pitch　1083L
relative spectral luminosity curve　530R
relative visual distance　691R
relay cell　356R
ReLU　958R
remapping　368R
repetition blindness　148L
repetitive TMS　109R
representation and algorithm　955L
representational dissimilarity analysis　100R
representational dissimilarity matrix　93L
representational momentum　785R
reproduction method　1652R
repulsion　780L
repulsion compound heterozygote　535L
ResNet　959L
resolution-integration paradox　1029R
resonance frequency　1155L
resonance theory　2R
response classification　656L
resting membrane potential　104L
resting state　105R
resting-state functional connectivity　90R
retina　347L
retinal densitometry　516R, 520L
retinal eccentricity　600L
retinal error velocity　840R
retinal ganglion cell　340L, 347L
retinal illuminance　294R

retinal image motion　852L
retinal painting　651R
retinal slip　792L
retinex theory　429R
retinitis pigmentosa　545L
retinocentric coordinates　788L
retinotopic map　356R
retinotopy　360R, 641R, 917L
retro-cue　160L
retrospective time　1649R
retrosplenial cortex　1641R
REV　840R
reverse correlation　655L
reverse correlation analysis　955R
reverse engineering　955R
reversed phi　776L
reverspective　737R
reward system　173R, 219R
RGB color system　484L
RGC　340L, 347L
RHI　15R, 237R
rhodopsin　520L
rhythm　1099L
Ricco's law　387L
Riddoch phenomenon　565R
riMLF　832L
RMS　984R
RMS contrast　315R
rod　383L
rod monochromatism　519R
rod vision　384R
roll　787R
root mean square　984R
root mean square contrast　315R
rostral anterior cingulate cortex　114L
rostral interstitial nucleus of the medial longitudinal fasciculus　832L
rotating drum　787R
rotating snakes illusion　771L
rotating trapezoidal window　13L
rounded exponential　993R
RP　1083L
RST　201R
RSVP　147R
rTMS　109R, 1224L
rubber hand illusion　15R, 237R
rubber-hand illusion　221L, 1367L
Rubin's vase　636R
running-in-place aftereffect　1343R

S

S cone monochromatism　520L
SA　1280L
SA I　1281L
SA II　1283L
saccade　834L

1751

saccade latency   125L
saccadic adaptation   836R
saccadic suppression   837L
saccule   1415L
sagittal plane   689R
SALA   1022R
saliency   154R
saliency map   154R
saliency network   206R
SAP   543L, 580R
SART   153R
SAS   1436R
SBF   1653R
SC   151R
scalar expectancy theory   1652L
scalar property   1650R
scale   1096L
scale invariant feature transform
     333R
scanning laser ophthalmoscope   393L
scene   680R
scene schema   132L
Scheinbewegung   10R
Schmidt sign   536L
scleral contact lens/search coil   824L
SCN   371L
S-cone bipolar cell   454L
scotoma   359L
SCP   92R
SDIH   704L
SDN   1656R
SDT   63R
search asymmetry   139R
search function   138L
search template   140L
searchlight decoding   92R
secondary constancy scaling   734R
secondary task   198R
second-order motion   770L
selection negativity   163R
selective adaptation   592R
selective attention   13R
selective chromatic adaptation
     technique   541L
selectivity   258R
self occluding   683R
self-occlusion   727R
self-propelledness   802R
semantic differential   53R, 1477R
semantic profile   967R
semi vowel   1133L
senile miosis   398L
sensation   10R
sensation level   984L, 1032L
sensation of muscle   1265L
sense modality   2R
sensitization   648L
sensory circle   3L

sensory evidence   255L
sensory facilitation   434L
sensory threshold   27R
sequential grouping   1042R
serial dependence   1664R
serial position effect   1486L
serial search   138R
serotonin   351L
set   11R, 137R
SET   1652L
set size   138L
sexual attraction   220L
sexual dimorphism   220L, 664R
SFF   1131R
SFM   724L
shader programming   335L
shading   675L
shading and shadow   725R
shadow   728R
shape constancy   733R
shape from shading   732R
sharp cut filter   302L
sharpness   63L
shear and strain transformation
     659R
shear transformation   723R
Shepard diagram   57L
Shepard's tabletops illusion   895R
shimmer   1166L
short-interval intracortical inhibition
     109R
shortlist model with Bayesian approach
     1183L
short-pass filter   302L
short-range apparent motion   769L
short-term Fourier transform   1156L
short-wavelength-sensitive cone
     348R
short-wave-sensitive opsin-1 gene
     515R
SI   1217L
SICI   109R
sievelike scotoma   579R
sighted   888L
signal   64L
signal detection theory   63R
signal stimulus   63R
SII   1219L
silhouette illusion   730R
similarity   56L
similarity of color   642L
similarity of orientation   642L
similarity of size   642L
simple cell   361L
simple feeling   10L
simple heterozygote   535L
simple perceptron   15L
Simulator Sickness Questionnaire

     943L
simultaneity   1649L
simultaneity judgment   1668R
simultaneity window   1668R
simultaneous contrast effect   401R
simultaneous grouping   1042R
simultaneous masking   1050L
simultaneous motion contrast   780R
sine wave speech   1150R
single nucleotide polymorphism
     535R
single photon emission computed
     tomography   103L
singleton   138R
singleton detection mode   156L
sinusoidal grating   310L
sinusoidal model   1137L
SIPS   783L
size   681R
size constancy   705L
size-distance invariance hypothesis
     704L, 744L
size-distance paradox   704R
size-weight illusion   897R
SJ   1668R
skin conductance response   661R
SL   984L, 1032L
slant   679L
sleepiness scale   371R
slice timing correction   99L
SLM   321R, 1148L
SLO   393L
slope parameter   30R
slow cortical potential   92R
slowly adapting   1280L
"slow-world" prior   258L
small bistratified   414R
small bistratified ganglion cell   352R
small-field tritanopia   423R
smear   785R
smooth eye movement   254L
smooth pursuit eye movement   839L
SN   163R
Sniffin' Sticks   1476R
SNP   1457L
SNR   1068L
so called cortical deafness   1015L
SOA   148L, 1099R
social attraction   220L
somatic marker   19R
somatotopy   1217R
Sophia Analysis of Language in Aphasia
     1022R
Soprano Donnée System   1088R
S-opsin   348R
sound   1129L
sound localization   1054L
sound pressure   982L, 1027R

1752

欧文事項索引

sound pressure level　1026R
sound sign　1059R
sound spectrogram　1131L
sound wave　982L
source information　1137L
source-filter model　1157L
source-filter theory of speech　1131L
space error　28R
spacetime　1636L
sparse coding　616R
sparseness constraint　957L
spatial contrast sensitivity function
　591L
spatial frequency　309R
spatial frequency channel　592R
spatial frequency filter　592R
spatial light modulator　321R
spatial normalization　103R
spatial summation　389R
spatially opponent　415L
speaker recognition　1129R
speaking fundamental frequency
　1131R
speaking rate　1138L
SPECT　103L
spectral distortion　1068L
spectral loudness summation　1029R
spectral luminance purity　532L
spectral luminous efficiency　293L
spectral luminous flux　293L
spectral power distribution　295R
spectrophotometer　305L
spectro-temporal excitation patterns
　1029R
spectrotemporal receptive field
　996L
spectrum envelope　1155L
spectrum locus　521L
specular reflection　213R
speech　1129L
speech learning model　1148L
speech mode　1145R
speech perception　1129L
speech shadowing　149L
speech sound　1129L
speech synthesis　1135R
speech therapist　1015R
Speech Transformation and
　Representation using Adaptive
　Interpolation of weiGHTed
　spectrum　1065L
speech-language disorder　1018L
speed　781L
speed line　785R
speeded up robust features　333R
Spezifikation　1268R
spherica aberration　342R
spinner illusion　782L

spiny stellate neuron　360R
SPL　1026R
SPM　103R
spoken language　1129L
spoken word recognition　1178R
spontaneous activity　383L
spontaneous body sway　790L
spontaneous nystagmus　792R
spontaneous preference　871L
spot check　580L
spotlight　150R
SPP-2　542L
square-diamond illusion　896L
SQUID　88R
SSQ　943L
SSVEF　90L
SSVEP　90L
ST　1015R
Stabilized wavelet-Mellin transform
　996L
staircase method　36R
Standard Automated Perimetry
　580R
standard illuminant　297R
standard observer　530R
standard relative luminous efficiency
　530R
standard scotopic relative luminous
　efficiency　530R
standard stimulus　28L
star pyramid neuron　360R
starburst amacrine cell　353L
Stargardt disease　545L, 924L
state-dependent network　1656R
static cue　693L
static perimetry　562R
statistical bootstrapping theory
　1177L
statistical learning　143L
statistical parametric mapping　103R
statokinetic dissociation　565R
steady-state visually evoked field
　90L
steady-state visually evoked potential
　89R
steepest descent method　80L
steering　796R
STEP　1029R
stereoanomaly　743L
stereogram　717L
stereokinetic effect　724L
stereopsis　710L
stereoscope　717L
stereoscopic depth aftereffect　716R
stereoscopic depth contrast　716L
stereoscopic slant contrast　716L
stereoscopic transparency　217L
Stevens' power law　44R

STG　172L
Stiles Trichromator　487L
Stiles-Crawford effect　384R
stimulus limen　5R
stimulus onset asynchrony　1099R
stimulus threshold　27R
stimulus-onset asynchrony　148L
stochastic motion display　772L
stopped-clock illusion　1664L
storage size hypothesis　1655L
strabismus　744L
STRAIGHT　1065L, 1136L, 1138L
stratum proprium of interparietal
　sulcus　783L
streak　772R
stream　1042R
stream segregation　1044L
stream/bounce illusion　1670L
Stress　57R
stress-induced eating　1590L
STRF　996L
striatal beat frequency model　1653R
striatum　172L
striola　1416L
stroboscopic motion　768L
strong fusion　740R
Stroop effect　1172R
Stroop task　146L
structural correspondence　1503L
structural encoding　660R
structural psychology　10L
structure from motion　724L, 730R
STS　662L
STS-xxx　1436R
stuff　265R
stuttering　1018L
subject space　59R
subjective contour　638R
subjective rhythmization　1100R
subjective time　1668L
substantia nigra　170L
sub-threshold additivity　389R
subvocal rehearsal system　200L
successive contrast effect　402R
superconducting quantum interference
　device　88R
superior colliculus　151R, 1424L
superior longitudinal fasciculus　172R
superior oblique muscle　829L
superior rectus muscle　829L
superior temporal gyrus　172L
superior temporal sulcus　244L, 662L
suprachiasmatic nucleus　371L,
　1650R
suprachoroidal-transretinal stimulation
　922L
supramarginal gyrus　203L
surface　675L

1753

surface color 447R
surface colour 8R
surface normal 680R
surface touch 1268L
surface-color match 428L
surface-plus-edge-based theory 434L
surrogate marker 103L
surround 498R
surround suppression 609R
surroundedness 681R
Sustained Attention to Response Test 153R
sustained channel 781L
SWAP 543L
sweet 1517R
syllable 1133R
symmetry 220L, 642R
synaptic terminal 384L
synesthesia 15R, 222L, 1085R
synesthete 222R
system identification 955R

T

T1R1 1523R
T1R2 1523L
T1R3 1523L
tabula rasa 4L
tACS 110L
taking-into-account theory 705L
Talbot's law 401R
Talbot-Plateau's law 389R, 401R
tangent point 796R
tangent point model 796R
tapetum 384L
tapping task 1676L
target 137R
target prevalence effect 140L
TAS2R38 1599R, 1600R
taskswitching cost 148R
taste disturbance 1599L
taste referral 1624R
tasteblind 1599R
tau protein 107L
TBS 109R
TCA 104R
TD 248R
td 295L
tDCS 110L
TDS 1560L
teaching signal 961L
tearing 317L
telestereoscope 717R
telodendria 452R
temperature-activated transient receptor potential channel 1231L
template matching 13R

template model 793R
temporal anisotropy 1106L
temporal binding 1670R
temporal biphasic response 775R
temporal bisection procedure 1650R
temporal frequency 314L
temporal frequency channel 624R
temporal grid 1103L
temporal impulse response 618R
temporal integration of loudness 1029L
temporal masking 1053L
temporal modulation 776R
temporal modulation transfer function 995L
temporal order 1649L
temporal order judgment 1668R
temporal recalibration 237L
temporal summation 387R, 418L
temporal ventriloquism effect 235L
temporal ventriloquist 1675R
temporal window 242R
temporary threshold shift 1038R
temporoparietal junction 150R
Tenon's fascia 830L
terminal threshold 399R
Ternus-Pikler display 769L
tES 108L
test of the race model inequality 280R
Test of Visual-Perceptual Skills-3rd 897R
test stimulus 109R
Tetris effect 394R
texton 677R
texture 676R
texture gradient 679L
texture synthesis 678R
thalamus 161L
Thatcher illusion 896L
The Best PEST 38R
the context theory of meaning 10R
the dark side of attention 136R
the doctrine of specific energies of nerves 2R
the generalized Weber's law 40L
the logarithm of the minimum angle of resolution 901R
the nearmiss to Weber's law 40L
the Velten Mood Induction Procedure 1169R
theoretical horopter 708R
theory 27L
theory of direct perception 15R
theory of mind 802R
theory of natural pedagogy 1178R
theory of the specific energies of senses 2R

thermal cues 1238L
thermal effusivity 1238R
thermal grill illusion 1237R
thermal resistance 1239L
theta burst stimulation 109R
thick stripe 365L
thin stripe 365L
thing 265R
third-order motion 778L
three-point perspective 726R
three-quarter view 259L
threshold 1469R
threshold of hearing 1035R
Threshold versus Contrast 602R
throw ratio 321R
Thurstone's law of comparative judgment 47R
TI 1556L
tight junction 1520L
tilt 679L
tilt aftereffect 651R
tilt-shift lens 706R
timbre 1046L, 1155L
time dilation 1660R
time error 28R
time estimation 1638R
time order effect 1664R
time perception 1638R
time sequential 717L
time-shrinking illusion 1106R
time-to-collision 798R
T-junction 652L
TMS 20R, 108L, 982R
TMTF 995L
TN 319L
TOJ 1668R
tonal music 1087L
tonal organization 1093L
tonal schema 1096R
tonality 1095R
tone chroma 1082L
tone height 1082L
tonotopy 998L, 1042L
top-down 369R
top-down processing 1144R
torsiometer 1421L
torsion 827L
total error score 529L
touch sense 1260L
touch-transparent film 1268L
Tower of Hanoi Task 895L
TPJ 150R
TRACE model 1179R
transcranial alternating current stimulation 110L
transcranial direct current stimulation 110L
transcranial electrical stimulation

欧文事項索引

108L
transcranial magnetic stimulation
20R, 108L, 982R
transducer function   603L
transducin   348L
transient channel   781L
transitional probability   1176R
transitional probability of phoneme
1178R
translation   793R
translucency   216R
transparency   727R
Transponierbarkeit   11L
transporter   106R
transposability   11L
transverse plane   689R
tremor   850R
tricarboxylic acid   104R
trichromatism   450R
tritanopia   452L
trochlea   829R
trochlear nerve   830L
troland   295L
Troxler effect   856L
TRP   1524R
TRPV1   1525R
trypophobia   221R
trypophobia questionnaire   221R
TTC   798R
TTS   1038R
tuning function   593R
TVPS-3rd   897R
twisted nematic   319L
two-alternative forced choice   32R
two-point limen   3L
two-point perspective   726R
two-pulse method   620L
two-stroke apparent motion   776L
type   42L
typical development   247R
typical rod monochromatism   519R

U

UCS   492R
UDTR   37R
UGR   404R
Ullman's cylinder   730R
ultra-rapid categorization   264R
unbewusster Schluss   4R
uncanny valley   211R, 222L
unconscious inference   4R
uncrossed disparity   710L
unequal-variance Gaussian model
67L
unfolding   60L
Unified Glare Rating   404R
unified model   1657R

uniform color-scale diagram   492R
uniform illumination   683R
unimodal   1669L
unique hue   457R
unity and diversity of executive
functions   154L
unity assumption   236L
unsupervised learning   961L
unvoiced consonant   1133L
up-and-down method   36R
up-and-down transformed response
37R
upper difference threshold   28L
upper limb strategy   78R
upper limen   28R
UPSIT   1476L
Usher syndrome   924L
utricle   1415L
uvea   339L

V

V (λ)   293L
VA   319L, 901R
VAE   961L
valence   1168R, 1663L
value   65R, 491L, 528L
vanishing point   726R
Variational Auto Encoder   961L
VAS   1466R, 1557L
VBM   173L
VE   790L
vection   786R
VEF   89R
velocity   781L
velocity plane   831R
ventral frontal cortex   150R
ventral intraparietal   165R
ventral intraparietal area   783L
ventral lateral geniculate nucleus
355R
ventral paraflocculus   846R
ventral parietal cortex   150R
ventral pathway   16R
ventral stream   1147R
ventral striatum   115L
ventral tegmental area   170L
ventral visual pathway   364L
ventriloquism effect   235L
ventrolateral prefrontal cortex   204L
ventrolateral preoptic area   371L
ventromedial hypothalamus   1586R
ventromedial nucleus of the
hypothalamus   1575R
VEP   89R
vergence   692R, 700L, 833L, 844L
vergence angle   700L
verification task   435R

vernier task   697R
Verriest classification   540L
version   832R
vertical alignment   319L
vertical blanking interval   317L
vertical disparity   710R
vertical occipital fasciculus   783L
vertical synchronizing signal   329L
vertical vergence   848L
vertical-horizontal illusion   648L
vertical-size disparity   702R
vestibular nystagmus   844L
vestibular ocular reflex   1417L
vestibulo-ocular reflex   844L, 851L
VFC   150L
VGGNet   959L
Vieth-Müller circle   708R
view   262L
view-centered descriptions   660R
viewer-centered coordinate system
688R
viewer-centered distance   691R
viewpoint dependence   259R
viewpoint-dependent   260R
viewpoint-invariant   260R
VIP   783L
virtual environment   790L
virtual lesion study   110L
virtual reality   18L, 786R
Virtual Reality Sickness Questionnaire
943L
virtual representation   132L
viscosity   217R
visible radiation   293L
vision for action   268L
vision for perception   268L
ViSQOL   1068L
visual acuity   901R
visual agnosia   258L, 918L
visual analogue scale   1466R, 1557L
visual angle   309L
visual appearance   200L
visual axis   689L
visual cache   200L
visual capture   235L
visual cliff   5L
visual cue   692R
visual discomfort   221R
visual environment   961R
visual field   561L
visual information storage   13R
visual line   689L
visual marking   141R
visual masking   837L
visual memory   276R
visual motion perception   839R
visual pathway   371L
visual purple   3R

1755

visual restoration   920L
visual search   17R, 137R
visual search paradigm   146L
visual short-term memory   277L
visual stability   852R
visual tau   798R
visual thinking   212L
visual word form area   918L
visual working memory   277L
visual world   255L
visual τ   798R
visually evoked field   89R
visually evoked potential   89R
visually induced body sway   790L
visually-induced self-motion perception
    786R
visuomotor system   839L
visuo-spatial sketchpad   199L
Visuscope   566L
vLGN   355R
VLPFC   204L
VLPO   371L
VMH   1575R, 1579L
vocal cords   1129R, 1154L
vocal tract   1129R, 1154L
vocal tract length   995R, 1138L
VOCODER   1136L, 1137L, 1141L
VOF   783L
voice   1129L
voice conversion   1136R
voice morphing   1136R, 1170L
voice onset time   1133L, 1142R
voice quality   1162L, 1164L, 1166L
voiced consonant   1133L
volume colour   8R
volume scotoma   916R
volume touch   1268L
voluntary action   1664L
vomiting   220R
VOR   844L, 851L, 1417L
VOT   1133L, 1142R
vowel   1132R, 1154L
vowel chart   1155L
voxel-based morphometry   173L

VPFL   846R
VR   18L, 786R, 1346L
VRSQ   943L
VS   115L
VSTM   277L
V-sync   329L
VTL   995R, 1138L
VTL normalization   996L
VWFA   918L

W

W   293R
wagon wheel effect   256L
Watanabe's method   955R
watercolor effect   682R
waterfall illusion   766R
watt   293R
wave number   487L
wavefront aberration   343L
wavefront distortion   342R
wavefront sensor   343L
wavelength discrimination curve
    531L
wavelength multiplex   717L
WaveNet   1068L, 1135R, 1167R
WAVES   901L
weak central coherence   893L
weak fusion   740R
Weber contrast   315R
Weber fraction   39R
Weber function   40L
Weber region   391R
Weber's law   40L
Wechsler Intelligence Scale for Children
    901L
Weibull function   29L
weighted least squares   80L
weighted minimum norm estimate
    91L
Wells-Hering's principles of visual
    direction   694R
what pathway   268L
Wheatstone mirror stereoscope

323R
where pathway   268L
White's illusion   402R
white-on-white, standard atutomated
    perimetry   543L
Wide-range Assessment of Vision-
    related Essential Skills   901L
winner-takes-all   610R
WISC   901L
Wisconsin Card Sorting Task   895L
WMN   205R
wMNE   91L
wolfpack effect   804L
word   1133R
word familiarity   1179L
word frequency   1179L
word length effect   199R
word segmentation   1176L
working memory   20L, 198L
working memory network   205R
WORLD VOCODER   1136L

X

X junction   216R
X-linked recessive inheritance   518R
X-linked retinoschisis   924L

Y

Y junction   262L
yaw   787R
Young-Helmholtz's trichromatic theory
    409L

Z

z coordinate   68R
z transformation   68R
zero crossing   956L
Zöllner illusion   648L
zonule   339L
zoom lens   128L
z-score   68R

感覚・知覚心理学ハンドブック 第三版

2025年3月25日　第1刷発行

	和 氣 典 二
編　者	重 野 　 純
	村 上 郁 也
発 行 者	柴 田 敏 樹

発行所　株式会社　**誠 信 書 房**

〒112-0012 東京都文京区大塚3-20-6
電話 03 (3946) 5666㈹
https://www.seishinshobo.co.jp/

©Tenji Wake, Sumi Shigeno, & Ikuya Murakami, 2025
印刷／製本：三美印刷株式会社　落丁・乱丁本はお取替えいたします
ISBN978-4-414-30505-0 C3011　Printed in Japan

JCOPY ＜出版者著作権管理機構 委託出版物＞

本書の無断複製は著作権法上での例外を除き禁じられています。複製される場合は，その
つど事前に，出版者著作権管理機構（電話 03-5244-5088，FAX 03-5244-5089，e-mail:
info@jcopy.or.jp）の許諾を得てください。